COLLINS

PRAKTYCZNY SŁOWNIK
ANGIELSKO-POLSKI
POLSKO-ANGIELSKI

D1357251

£10·99
John Smith
2·99

REDAKTOR NACZELNY
JACEK FISIAK

ZASTĘPCA REDAKTORA NACZELNEGO I NADZÓR INFORMATYCZNY
MICHAŁ JANKOWSKI

REDAKTOR CZĘŚCI ANGIELSKO-POLSKIEJ
ARLETA ADAMSKA-SAŁACIAK

REDAKTOR CZĘŚCI POLSKO-ANGIELSKIEJ
MARIUSZ IDZIKOWSKI

PROJEKT OKŁADKI
Marek Zadworny

REDAKTOR TECHNICZNY
Roman Bryl

© by HarperCollins Publisher Ltd
and Polska Oficyna Wydawnicza „BGW"
Warszawa 1996

ISBN 83-7066-682-5

Polska Oficyna Wydawnicza „BGW", Warszawa 1996
Wydanie I

SKŁAD
MOTIVEX

ŁAMANIE I DIAPOZYTYWY
eMBe

DRUK I OPRAWA
Mladinska Kniga, Lublana, Słowenia

WSTĘP

Cieszymy się, że wybraliście Państwo słownik wydany przez BGW na licencji Collinsa – renomowanego wydawcy brytyjskiego. Mamy nadzieję, że polubicie go i będziecie się nim chętnie posługiwać w domu, na wakacjach i w pracy.

We wstępie znajdziecie Państwo szereg wskazówek wyjaśniających, jak najlepiej wykorzystać słownik – nie tylko jako listę wyrazów, ale również jako zbiór informacji zawartych w każdym artykule hasłowym. Pomoże to Państwu w czytaniu i rozumieniu współczesnych tekstów angielskich, a także ułatwi porozumiewanie się w tym języku.

INTRODUCTION

We are delighted that you have decided to use the Collins BGW English-Polish Polish-English Dictionary and hope that you will enjoy it and benefit from using it at home, on holiday or at work.

This introduction gives you a few tips on how to get the most out of your dictionary – not simply from its comprehensive wordlist but also from the information provided in each entry. This will help you to read and understand modern Polish, as well as communicate and express yourself in the language.

SPIS TREŚCI

CONTENTS

JAK KORZYSTAĆ ZE SŁOWNIKA

Wyrazy hasłowe

Wyraz hasłowy to wyraz, pod którym zamieszczony jest artykuł hasłowy. Wyrazy hasłowe są uporządkowane alfabetycznie i wyróżnione **wytłuszczonym drukiem**. Mogą one być częścią zwrotu lub wyrazu złożonego. U góry każdej strony umieszczono pierwszy i ostatni wyraz hasłowy występujący na danej stronie.

Znaczenia

Znaczenia wyrazów hasłowych wydrukowane są zwykłą czcionką. Te, które oddzielone są przecinkiem, mogą najczęściej być używane wymiennie. Znaczenia oddzielone średnikiem nie są wymienne. Różnice znaczeń zaznaczone są zazwyczaj przez *kwalifikatory znaczeniowe* (zob. niżej) umieszczone w nawiasach i wydrukowane kursywą.

Nie zawsze istnieje w jednym z języków ekwiwalent znaczeniowy terminu występującego w drugim. Kiedy np. wyraz angielski określa przedmiot lub instytucję nie istniejącą w Polsce, słownik podaje albo przybliżony odpowiednik poprzedzony symbolem ≈, jeśli w języku polskim takowy występuje, albo wydrukowany kursywą opis danego przedmiotu czy instytucji, jeśli brak ekwiwalentu w polszczyźnie.

Kwalifikatory

Kwalifikator to informacja w języku hasła umieszczona w nawiasach i wydrukowana kursywą. Ułatwia ona wybranie odpowiedniego znaczenia wyrazu hasłowego w zależności od kontekstu, w którym wyraz ów występuje, lub podaje jego synonim. Potoczne użycie wyrazów zaznaczone jest przy pomocy skrótu *inf* bezpośrednio po wyrazie hasłowym. Znaczenia polskie i angielskie wyrazów hasłowych są również odpowiednikami stylistycznymi.

Wymowa

W części angielsko-polskiej słownika po wyrazie hasłowym podana jest wymowa w transkrypcji fonetycznej. Jeśli w pozycji wyrazu hasłowego znajduje się zestawienie lub zwrot składający się z dwóch lub więcej wyrazów, wymowy ich należy szukać tam, gdzie występują jako wyrazy hasłowe. Np. w przypadku **bank rate** wymowa jest zamieszczona w odpowiednich miejscach przy **bank** i **rate**. Lista symboli fonetycznych znajduje się na stronach xv – xvi.

W części polsko-angielskiej słownik nie podaje wymowy. Informacje na temat reguł wymowy polskiej umieszczone są na stronach xvi – xviii.

Słowa kluczowe

Nowością w naszym słowniku jest szczególne potraktowanie tzw. słów kluczowych zarówno w części polskiej, jak i angielskiej. *Słowa kluczowe* to wyrazy o wielu znaczeniach i szerokim zakresie użycia. Po raz pierwszy w słowniku zostały one wyraźnie wyróżnione (w specjalnej ramce z nagłówkiem *KEYWORD* lub *SŁOWO KLUCZOWE*), aby ułatwić użytkownikowi ich czynne i bierne opanowanie.

Skróty i nazwy własne

Akronimy i inne skróty oraz nazwy własne zostały w słowniku potraktowane jako wyrazy hasłowe i umieszczone w porządku alfabetycznym.

Użycie *or/lub*, ukośnej kreski (/) i nawiasów

Wyrazy *or* w części angielsko-polskiej i *lub* w części polsko-angielskiej używane są między wymiennymi (synonimicznymi) znaczeniami wyrazu hasłowego lub zwrotu występującego pod hasłem. Ukośna kreska (/) oddziela różne znaczenia, niesynonimiczne i niewymienne. Nawiasy okrągłe oznaczają elementy, które można opuścić.

Amerykanizmy

Warianty pisowni amerykańskiej w tych samych wyrazach znajdują się po wyrazie hasłowym, np. **colour**, *(US)* **color**. W wyrazach odległych alfabetycznie warianty amerykańskie podane są samodzielnie według porządku alfabetycznego. Podobnie w przypadku różnych form wyrazowych, np. wyrazy **trousers/pants** występują oddzielnie.

Polskie czasowniki zwrotne

Polskie czasowniki zwrotne nie są wyróżnione w słowniku jako osobne hasła. Należy ich szukać pod formami niezwrotnymi, np. **myć się** umieszczono pod hasłem **myć**, które jest wyrazem hasłowym.

USING THE DICTIONARY

Headwords

The headword is the word you look up in a dictionary. Headwords are listed in alphabetical order, and printed in **bold type** so that they stand out on the page. Each headword may contain other references such as phrases and compounds. The two headwords appearing at the top of each page indicate the first and last word dealt with on the page in question.

Translations

The translations of the headword are printed in ordinary roman type. As a rule, translations separated by a comma can be regarded as interchangeable for the meaning indicated. Translations separated by a semi-colon are not interchangeable, though the different meaning splits are generally marked by an indicator (see below).

It is not always possible to give an exact translation equivalent, for instance when the English word denotes an object or institution which does not exist or exists in a different form in Polish. If an approximate equivalent exists, it is given preceded by ≈. If there is no cultural equivalent, a *gloss* is given to explain the source item.

Indicators

An *indicator* is a piece of information in the source language about the usage of the headword to guide you to the most appropriate translation. Indicators give some idea of the contexts in which the headword might appear, or they provide synonyms for the headword. They are printed in italic type and shown in brackets. Colloquial and informal language in the dictionary is marked at the headword. You should assume that the translation will match the source language in register.

Pronunciation

On the English-Polish side of the dictionary you will find the phonetic spelling of the word in square brackets after the headword. Where the entry is composed of two or more unhyphenated words, each of which is given elsewhere in the dictionary, you will find the pronunciation of each word in its alphabetical position. A list of symbols is given on pages xv – xvi.

On the Polish-English side the pronunciation of Polish headwords is not provided. Information on Polish pronunciation is given on pages xvi – xviii.

Keywords

In this dictionary we have given special status to "key" English and Polish words. As these words can be grammatically complex and often have many different usages, they have been given special attention in the dictionary, and are labelled *KEYWORD* and *SŁOWO KLUCZOWE*.

Abbreviations and proper names

Abbreviations, acronyms and proper names have been included in the word list in alphabetical order.

Use of *or/lub*, oblique and brackets

The words *or* on the English-Polish side and *lub* on the Polish-English side are used between interchangeable parts of a translation or source phrase. The oblique (/) is used between non-interchangeable alternatives in the translation of source phrase. Round brackets are used to show optional parts of the translation or source phrase.

American variants

American spelling variants are generally shown at the British headword, eg. **colour**, *(US)* **color**, and also as a separate entry if they are not alphabetically adjacent to the British form. Variant forms are generally shown as headwords in their own right, eg. **trousers/pants**, unless the British and American forms are alphabetically adjacent in which case the American form is only shown separately if phonetics are required.

Polish reflexive verbs

Polish reflexive verbs, eg. **myć się**, are listed under the basic verb **myć**.

STYLE AND LAYOUT
OF THE ENGLISH – POLISH DICTIONARY

Gender

The gender of Polish nouns given as translations is always shown in the dictionary. Nouns which have a common gender, eg. *sierota*, are labelled *m/f*. Indeclinable nouns are labelled with gender followed by the abbreviation *inv*.

Where the feminine form of a masculine noun is also given a translation, and the gender of the masculine noun is shown according to the guidelines given above, the gender of the feminine is shown as follows: *nauczyciel(ka) m(f)*. Plural noun translations are always labelled with the abbreviation *pl*, eg. *wakacje pl*.

Feminine forms

The following conventions are used in this dictionary to show feminine forms of masculine nouns:

— If the feminine ending adds on to the masculine form, the feminine ending is bracketed, eg. *nauczyciel(ka)*.
— If the feminine ending substitutes part of the masculine form, the last common letter of the masculine and feminine form is shown before the feminine ending, preceded by a dash and enclosed in brackets, eg. *mieszkaniec (-nka)*.
— If the feminine form is given in full, it appears next to the masculine form and is separated by an oblique (/), eg. *Czech/Czeszka*.

Adjectives

Polish translations of adjectives are always given in the masculine.

Verbs

In translation of the headword, imperfective and perfective aspects are shown in full where they both apply, eg. **beat** bić (zbić *perf*). If only one aspect is shown, it means that only one aspect works for this sense.

In infinitive phrases, if the two aspects apply they are shown and labelled, eg. **to buy sth** kupować (kupić *perf*) coś.

Where the English phrase contains the past tense of a verb in the 1st person sin-

gular, the Polish translation gives either the masculine or the feminine form, eg.
I did 'zrobiłem'/**I sang** 'śpiewałam'.

STYLE AND LAYOUT
OF THE POLISH – ENGLISH DICTIONARY

Inflectional and grammatical information

Inflectional information is shown in the dictionary in brackets immediately after
the headword and before the part of speech if it refers to the whole entry eg. **motyl**
(-a, -e) *(gen pl -i)* *m*. If a particular inflection is restricted to one sense only, it is
given in the middle of the entry.

Grammatical information is shown after the part of speech and refers to the whole
entry eg. **arty|sta (-sty, -ści)** *(dat sg -ście)* *m decl like f in sg*. Where grammatical
information is given in the middle of the entry, it then governs all the following
senses.

Use of hairline (|)

The hairline is used in headwords to show where the inflection adds on, eg.

dr|oga (-ogi, -ogi) *(dat sg -odze, gen pl -óg)* *f ... .*

Tables

Some headwords which have irregular inflections are declined in Tables of Polish
irregular forms on pages xxxii–xxxix. Shown in these tables are all cardinal and
collective numerals, as well as personal, interrogative and negative pronouns.

Nouns

In order to help you determine the declension of nouns, we have shown the genitive
singular (or plural for plural-only nouns), and nominative plural (for countable
nouns only), eg.

szy|ja (-i, -je) *f*	means	*gen. sg.* = **szyi**, *nom. pl.* = **szyje**
drzwi (-) *pl*	means	*gen. pl.* = **drzwi** *(no singular)*
wol|a (-i) *f*	means	*gen. sg.* = **woli** *(no plural).*

Where the noun has further irregularities in declension, these are shown in smaller
print and appropriately labelled, eg.

tema|t (-tu, -ty) *(loc sg -cie)* *m*

Adjectives

Adjective headwords have the form of nominative singular masculine. Some irregular comparative forms are given after the headword, eg.

wy|soki *(comp -ższy)* *adj ...*

Verbs

The majority of verbs are dealt with in aspectual pairs, but the translation is usually shown at the imperfective form of the pair. Perfective forms are cross-referred to their imperfective equivalents unless they have a specific meaning of their own. Where the aspect to be cross-referred is alphabetically adjacent to the other aspect, it is not shown separately unless there is some irregularity in its declension.

Verbs which do not occur in aspectual pairs are dealt with at their individual headwords. In phrases both aspects are shown if both work in the context. To help you see how a verb conjugates, inflections are shown immediately after the verb headword for all verbs according to the following rules:

— for most verbs the 1st and 2nd person singular are shown, eg. **prac|ować (-uję, -ujesz)**

— for verbs which are not used in the 1st and 2nd person, the 3rd person singular is shown, eg. **bol|eć (-i)**

— for all imperfective verb headwords constituting one element of an aspectual pair, the perfective ending or prefix is shown in smaller print right after the headword or, where it is restricted to a specific sense, in the middle of the entry, eg. **przepis|ywać (-uję, -ujesz)** (*perf* **-ać**) ...

— irregular 2nd person imperative forms are shown, eg. **nieść (niosę, niesiesz)** (*imp* **nieś**)

— irregular past tense forms are shown in the following order:

> *1. 3rd person singular masculine*
> *2. 3rd person singular feminine*
> *3. 3rd person plural virile*

If only one of these forms is irregular, only one form is shown.

Inflections given as separate entries

Irregular inflected forms which are distant alphabetically from their base forms are also shown at their alphabetical position and cross-referred to the base headword. In places an inflected form appears as a separate entry and is followed by *itd.*, meaning that there are other inflected forms of the same headword which follow the same pattern eg. **psa** *itd.* covers **psa, psem, psami** etc., which are all cross-referred to **pies**.

SKRÓTY UŻYWANE
W SŁOWNIKU ANGIELSKO-POLSKIM

skrót	**abbr**	abbreviation
biernik	**acc**	accusative
przymiotnik	**adj**	adjective
administracja	**ADMIN**	administration
przysłówek	**adv**	adverb
rolnictwo	**AGR**	agriculture
anatomia	**ANAT**	anatomy
architektura	**ARCHIT**	architecture
astronomia	**ASTRON**	astronomy
motoryzacja	**AUT**	automobiles
lotnictwo	**AVIAT**	aviation
biologia	**BIO**	biology
botanika	**BOT**	botany
angielszczyzna brytyjska	**BRIT**	British English
chemia	**CHEM**	chemistry
handel	**COMM**	commerce
stopień wyższy	**comp**	comparative
informatyka i komputery	**COMPUT**	computer
spójnik	**conj**	conjunction
budownictwo	**CONSTR**	construction
wyraz złożony	**cpd**	compound
kulinarny	**CULIN**	culinary
celownik	**dat**	dative
rodzajnik określony	**def art**	definite article
zdrobnienie	**dimin**	diminutive
ekonomia	**ECON**	economics
elektronika, elektrotechnika	**ELEC**	electronics, electricity
szczególnie	**esp**	especially
itd.	**etc**	et cetera
wykrzyknik	**excl**	exclamation
żeński	**f**	feminine
przenośny	**fig**	figurative
finanse	**FIN**	finance
formalny	**fml**	formal
dopełniacz	**gen**	genitive
geografia	**GEOG**	geography
geologia	**GEOL**	geology
geometria	**GEOM**	geometry
bezosobowy	**impers**	impersonal
rodzajnik nieokreślony	**indef art**	indefinite article

potoczny	*inf*	informal
obraźliwy, wulgarny	*inf!*	offensive
bezokolicznik	*infin*	infinitive
narzędnik	*instr*	instrumental
nieodmienny	*inv*	invariable
nieregularny	*irreg*	irregular
prawo	*JUR*	law
językoznawstwo	*LING*	linguistics
dosłowny	*lit*	literal
miejscownik	*loc*	locative
męski	*m*	masculine
matematyka	*MATH*	mathematics
medycyna	*MED*	medicine
meteorologia	*METEOR*	meteorology
wojskowość	*MIL*	military
muzyka	*MUS*	music
mitologia	*MYTH*	mythology,
rzeczownik	*n*	noun
żegluga	*NAUT*	nautical
mianownik	*nom*	nominative
rzeczownik w l. mnogiej	*npl*	plural noun
nijaki	*nt*	neuter
liczebnik	*num*	numeral
niemęskoosobowy	*nvir*	non-virile
siebie, się	*o.s.*	oneself
parlament	*PARL*	parliament
dopełniacz cząstkowy	*part*	partitive
pejoratywny	*pej*	pejorative
czasownik dokonany	*perf*	perfective verb
fotografia	*PHOT*	photography
fizyka	*PHYS*	physics
fizjologia	*PHYSIOL*	physiology
liczba mnoga	*pl*	plural
polityka	*POL*	politics
nie występuje bezpośrednio przed rzeczownikiem	*post*	postpositive (does not immediately precede a noun)
imiesłów bierny	*pp*	past participle
przedrostek	*pref*	prefix
przyimek	*prep*	preposition
zaimek	*pron*	pronoun
psychologia	*PSYCH*	psychology
czas przeszły	*pt*	past tense
kolej	*RAIL*	railways
religia	*REL*	religion

ktoś	*sb*	somebody
szkolnictwo	*SCOL*	school
liczba pojedyncza	*sg*	singular
coś	*sth*	something
stopień najwyższy	*superl*	superlative
technika i technologia	*TECH*	technology
telekomunikacja	*TEL*	telecommunication
teatr	*THEAT*	theatre
telewizja	*TV*	television
poligrafia	*TYP*	printing
uniwersytet	*UNIV*	university
angielszczyzna amerykańska	*US*	American English
zwykle	*usu*	usually
czasownik	*vb*	verb
czasownik nieprzechodni	*vi*	intransitive verb
męskoosobowy	*vir*	virile
wołacz	*voc*	vocative
czasownik przechodni	*vt*	transitive verb
czasownik nierozdzielny	*vt fus*	inseparable verb
zoologia	*ZOOL*	zoology
znak zastrzeżony	®	registered trademark
poprzedza odpowiednik kulturowy	≈	introduces a cultural equivalent
zmiana osoby mówiącej	–	change of speaker

ABBREVIATIONS USED
IN THE POLISH-ENGLISH DICTIONARY

abbreviation	*abbr*	skrót
accusative	*acc*	biernik
adjective	*adj*	przymiotnik
adverb	*adv*	przysłówek
anatomy	*ANAT*	anatomia
architecture	*ARCHIT*	architektura
astronomy	*ASTRON*	astronomia
atrributive	*attr*	przydawka
biology	*BIO*	biologia
botany	*BOT*	botanika
British English	*BRIT*	angielszczyzna brytyjska
construction	*BUD*	budownictwo

chemistry	**CHEM**	chemia
comparative	**comp**	stopień wyższy
conjunction	**conj**	spójnik
dative	**dat**	celownik
declined	**decl**	odmieniany
diminutive	**dimin**	zdrobnienie
literal	**dosł**	dosłowny
printing	**DRUK**	poligrafia
economics	**EKON**	ekonomia
electronics, electricity	**ELEKTR**	elektronika, elektrotechnika
exclamation	**excl**	wykrzyknik
feminine	**f**	rodzaj żeński
figurative	**fig**	przenośny
finance	**FIN**	finanse
physics	**FIZ**	fizyka
photography	**FOT**	fotografia
genitive	**gen**	dopełniacz
geography	**GEOG**	geografia
geology	**GEOL**	geologia
geometry	**GEOM**	geometria
history	**HIST**	historia
imperative	**imp**	tryb rozkazujący
imperfective	**imperf**	czasownik niedokonany
infinitive	**infin**	bezokolicznik
instrumental	**instr**	narzędnik
invariable	**inv**	nieodmienny
etc (et cetera)	**itd.**	i tak dalej
and the like	**itp.**	i tym podobne
linguistics	**JĘZ**	językoznawstwo
computing	**KOMPUT**	informatyka
formal	**książk**	użycie literackie
cooking	**KULIN**	kulinarny
literature	**LIT**	literatura
locative	**loc**	miejscownik
aviation	**LOT**	lotnictwo
masculine	**m**	rodzaj męski
mathematics	**MAT**	matematyka
medicine	**MED**	medycyna
meteorology	**METEO**	meteorologia
automobiles	**MOT**	motoryzacja
music	**MUZ**	muzyka
noun	**n**	rzeczownik
nominative	**nom**	mianownik
nonvirile	**nonvir**	niemęskoosobowy

neuter	**nt**	rodzaj nijaki
numeral	**num**	liczebnik
oneself	**o.s.**	siebie, sobie, sobą
particle	**part**	partykuła
pejorative	**pej**	pejoratywny
perfective	**perf**	dokonany
plural	**pl**	liczba mnoga
politics	**POL**	polityka
informal	**pot**	potoczny
offensive	**pot!**	obraźliwy
predicative	**pred**	orzecznik
prefix	**pref**	przedrostek
preposition	**prep**	przyimek
pronoun	**pron**	zaimek
figurative	**przen**	przenośny
psychology	**PSYCH**	psychologia
past tense	**pt**	czas przeszły
radio	**RADIO**	radio
religion	**REL**	religia
agriculture	**ROL**	rolnictwo
somebody	**sb**	ktoś
singular	**sg**	liczba pojedyncza
something	**sth**	coś
school	**SZKOL**	szkolnictwo
technology	**TECH**	technika/technologia
telecommunications	**TEL**	telekomunikacja
television	**TV**	telewizja
university	**UNIW**	uniwersytet
American English	**US**	angielszczyzna amerykańska
verb	**vb**	czasownik
intransitive verb	**vi**	czasownik nieprzechodni
virile	**vir**	męskoosobowy
vocative	**voc**	wołacz
reflexive verb	**vr**	czasownik zwrotny
transitive verb	**vt**	czasownik przechodni
military	**WOJSK**	wojskowość
zoology	**ZOOL**	zoologia
nautical	**ŻEGL**	żegluga
registered trademark	®	znak zastrzeżony
introduces a cultural equivalent	≈	poprzedza odpowiednik kulturowy
change of speaker	–	zmiana osoby mówiącej

WYMOWA ANGIELSKA

Samogłoski i dyftongi

Symbol fonetyczny	Przykład angielski	Przybliżony odpowiednik polski lub opis
[ɑ:]	part, father	tata
[ʌ]	but, come	agresja
[æ]	man, cat	bardzo otwarte „e"
[ɛ]	dress, egg	bez
[ə]	father, ago	samogłoska centralna nieakcentowana
[ə:]	bird, heard	samogłoska centralna długa
[ɪ]	it, big	samogłoska podobna do polskiej „y"
[i:]	tea, sea	kij, pij
[ɔ]	hot, wash	pod
[ɔ:]	saw, all	długie „o"
[u]	put, book	but
[u:]	too, you	długie „u"
[ɑɪ]	fly, high	kraj
[au]	how, house	miał, miau
[eɪ]	day, obey	klej
[ɪə]	hear, here	kombinacja [i] i centralnej samogłoski [ə]
[ɛə]	there, bear	kombinacja [e] i [ə]
[əu]	go, note	kombinacja [ə] i [u]
[ɔɪ]	boy, oil	oj
[uə]	poor, sure	kombinacja [u] i [ə]

Spółgłoski

Symbol fonetyczny	Przykład angielski	Przybliżony odpowiednik polski lub opis
[b]	but	but
[d]	mended	dom, bieda
[g]	go, big	góra, biegać
[dʒ]	gin, judge	dżem
[ŋ]	sing	bank w wymowie, gdzie nie słychać „k"
[h]	house, he	słabsze polskie „ch"
[j]	young	jest
[k]	come, rock	kamień, bok
[r]	red, tread	trące „r" nieprzerywane
[s]	sand, city	sad, rysa
[z]	rose, zebra	baza, zebra
[ʃ]	she, machine	szyna, maszerować
[tʃ]	chin, rich	czyn, ryczeć
[v]	valley	wał

[w]	water, which	łotr
[ʒ]	vision	ważny
[θ]	think	wymawia się jak „s" z językiem między zębami
[ð]	this	wymawia się jak „z" z językiem między zębami
[f]	face	fakt
[l]	lake	lekcja
[m]	must	musieć
[n]	nut	nuta
[p]	pat, pop	papka
[t]	take, hat	tak, kat

POLISH PRONUNCIATION

Vowels

1. Polish vowels are inherently short, whereas in English some vowels are inherently long (eg. beat) while others are inherently short (eg. bit). Polish stressed vowels, however, tend to be slightly longer than unstressed ones.

2. Polish, unlike English, has two nasal vowels, ie. [õ] and [ẽ], as in dąć and gęś. In informal speech ą is pronounced [õ] only before [s z ʃ ʒ ɕ z f v x], eg. dąs, brązowy, gąszcz, dążyć, siąść, są źli, są filmy, wąwóz, wąchać. [õ] changes into [on] in front of [t d ts dz tʃ dʒ], eg. kąt, mądry, trącać, żądza, pączek, mądrze. ą is pronounced [oŋ] before [k g], eg. bąk, drągi. [õ] changes into [om] before [p b], eg. kąpać, trąba. [ẽ], like [õ], is pronounced in informal speech before [s z ʃ ʒ ɕ z x], eg. kęs, więzy, węszyć, wytężyć, gęś, więzi, węch. [ẽ] changes into [en] in front of [t d ts tʃ dz], eg. pętla, gawęda, ręce, ręcznik, pędzel. [ẽ] changes into [eŋ] before [k g], eg. lęk, tęgi and into [em] before [p b], eg. tępy, bęben. In word-final position [ẽ] appears as [e], eg. chcę, wezmę.

3. Polish has no diphthongs.

Consonants

1. Polish has palatal and palatalised consonants. [ɲ], as in koń, is a palatal nasal consonant. 'Hard' consonants [p b k g m l f v] have 'soft' or 'palatalised' counterparts which are indicated by the 'softening' vowel letter i, eg. piegi, bieg, kiedy, Gienia, miał, liana, fiasko, wiedzieć. The 'soft' consonants are pronunced like their 'hard' counterparts with simultaneous [j] as in the English word yet.

2. There are seven pairs of voiced and voiceless consonants:

voiced: b d g v z ʒ z

voiceless: p t k f s ʃ ɕ

a) At the end of a word a voiced consonant is replaced by the corresponding voiceless consonant, eg. gen pl bud [but] (cf nom sg buda [buda]).

b) When a voiced consonant occurs before a voiceless consonant, it is replaced by the corresponding voiceless consonant, eg. kłódka [kwutka], z katalogu [skatalogu] (cf. z góry [zgurɪ]).

3. The consonants [p t k], eg. pod [pot], tak [tak], kot [kot] are pronounced without the slight puff of air which follows them in English before stressed vowels.

The pronunciation of vowels

Symbol	Spelling	Polish example	English example/explanation
[a]	a	kat	pronounced like the beginning of the diphthong in 'eye'
[i]	i	nit	neat
[ɪ]	y	byt	bit
[e]	e	ten	ten
[o]	o	kot	caught (*but shorter*)
[u]	u	but	boot (*but shorter*)
[ē]	ę	węch	*see note 2 under Vowels*
[õ]	ą	wąs	*see note 2 under Vowels*

The pronunciation of consonants

Symbol	Spelling	Polish example	English example/explanation
[b]	b	byk	bit
[b′]	bi	biały	*see note 1 under Consonants*
[p]	p, b	pas, chleb	put (*see note 3 under Consonants*)
[p′]	pi	piasek	*see note 1 under Consonants*
[d]	d	dom	day
[t]	t, d	ton, pod	tone (*see note 3 under Consonants*)
[g]	g	góra	go
[g′]	gi	biegiem	*see note 1 under Consonants*
[k]	k, g	kot, róg	cat (*see note 3 under Consonants*)
[k′]	ki	kiedy	*see note 1 under Consonants*
[v]	w	woda	vat
[v′]	wi	wiadro	*see note 1 under Consonants*
[f]	f, w	fala, rów	foam
[f′]	fi	fiasko	*see note 1 under Consonants*
[s]	s, z	sól, raz	sea
[z]	z	za	zebra
[ʃ]	sz, ż, rz	szum, już, malarz	shall
[ʒ]	ż, rz	żuk, rzecz	measure
[ɕ]	si, ś, ź	się, wieś, więź	pronounced 'softer' than [ʃ] in *sheet*
[ʑ]	zi, ź	zima, kuźnia	pronounced 'softer' than [ʒ] in *vision*
[ts]	c, dz	cegła, widz	tsetse
[dz]	dz	sadza	Leeds, adze

[tʃ]	cz, dż	czy, gwiżdż	cheap
[dʒ]	dż, drz	dżem, drzwi	jam
[tɕ]	ci, ć, dź	cichy, śmierć, jedź	pronounced 'softer' than [tʃ] in cheese
[dz]	dzi, dź	dzień, dźwięk	pronounced 'softer' than [dʒ] as gene
[r]	r	rok, bór	pronounced like rolled Scots "r" in all positions
[l]	l	lato	like
[lʹ]	li	list	least
[m]	m	mama	mother
[mʹ]	mi	miasto	mean
[n]	n	noga	nook
[ɲ]	ni, ń	nie, pień	'soft' [n]
[w]	ł	łódź	wood
[j]	j	jak	yet
[x]	h, ch	hak, chleb	hook
[xʹ]	hi, chi	historia, Chiny	see note 1 under Consonants

ANGIELSKIE CZASOWNIKI NIEREGULARNE

present	pt	pp
arise	arose	arisen
awake	awoke	awoken
be (am, is, are; being)	was, were	been
bear	bore	born(e)
beat	beat	beaten
become	became	become
befall	befell	befallen
begin	began	begun
behold	beheld	beheld
bend	bent	bent
beset	beset	beset
bet	bet, betted	bet, betted
bid (at auction, cards)	bid	bid
bid (say)	bade	bidden
bind	bound	bound
bite	bit	bitten
bleed	bled	bled
blow	blew	blown
break	broke	broken
breed	bred	bred
bring	brought	brought
build	built	built

burn	burnt, burned	burnt, burned
burst	burst	burst
buy	bought	bought
can	could	(been able)
cast	cast	cast
catch	caught	caught
choose	chose	chosen
cling	clung	clung
come	came	come
cost	cost	cost
cost *(work out price of)*	costed	costed
creep	crept	crept
cut	cut	cut
deal	dealt	dealt
dig	dug	dug
do (does)	did	done
draw	drew	drawn
dream	dreamed, dreamt	dreamed, dreamt
drink	drank	drunk
drive	drove	driven
dwell	dwelt	dwelt
eat	ate	eaten
fall	fell	fallen
feed	fed	fed
feel	felt	felt
fight	fought	fought
find	found	found
flee	fled	fled
fling	flung	flung
fly (flies)	flew	flown
forbid	forbad(e)	forbidden
forecast	forecast	forecast
forget	forgot	forgotten
forgive	forgave	forgiven
forsake	forsook	forsaken
freeze	froze	frozen
get	got	got, (US) gotten
give	gave	given
go (goes)	went	gone
grind	ground	ground
grow	grew	grown
hang	hung	hung
hang *(execute)*	hanged	hanged
have (has; having)	had	had

hear	heard	heard
hide	hid	hidden
hit	hit	hit
hold	held	held
hurt	hurt	hurt
keep	kept	kept
kneel	knelt, kneeled	knelt, kneeled
know	knew	known
lay	laid	laid
lead	led	led
lean	leant, leaned	leant, leaned
leap	leapt, leaped	leapt, leaped
learn	learnt, learned	learnt, learned
leave	left	left
lend	lent	lent
let	let	let
lie (lying)	lay	lain
light	lit, lighted	lit, lighted
lose	lost	lost
make	made	made
may	might	–
mean	meant	meant
meet	met	met
mistake	mistook	mistaken
mow	mowed	mown, mowed
must	(had to)	(had to)
pay	paid	paid
put	put	put
quit	quit, quitted	quit, quitted
read	read	read
rid	rid	rid
ride	rode	ridden
ring	rang	rung
rise	rose	risen
run	ran	run
saw	sawed	sawed, sawn
say	said	said
see	saw	seen
seek	sought	sought
sell	sold	sold
send	sent	sent
set	set	set
sew	sewed	sewn
shake	shook	shaken

shall	should	–
shear	sheared	shorn, sheared
shed	shed	shed
shine	shone	shone
shoot	shot	shot
show	showed	shown
shrink	shrank	shrunk
shut	shut	shut
sing	sang	sung
sink	sank	sunk
sit	sat	sat
slay	slew	slain
sleep	slept	slept
slide	slid	slid
sling	slung	slung
slit	slit	slit
smell	smelt, smelled	smelt, smelled
sow	sowed	sown, sowed
speak	spoke	spoken
speed	sped, speeded	sped, speeded
spell	spelt, spelled	spelt, spelled
spend	spent	spent
spill	spilt, spilled	spilt, spilled
spin	spun	spun
spit	spat	spat
spoil	spoiled, spoilt	spoiled, spoilt
spread	spread	spread
spring	sprang	sprung
stand	stood	stood
steal	stole	stolen
stick	stuck	stuck
sting	stung	stung
stink	stank	stunk
stride	strode	stridden
strike	struck	struck
strive	strove	striven
swear	swore	sworn
sweep	swept	swept
swell	swelled	swollen, swelled
swim	swam	swum
swing	swung	swung
take	took	taken
teach	taught	taught
tear	tore	torn

tell	told	told
think	thought	thought
throw	threw	thrown
thrust	thrust	thrust
tread	trod	trodden
wake	woke, waked	woken, waked
wear	wore	worn
weave	wove	woven
wed	wedded, wed	wedded, wed
weep	wept	wept
win	won	won
wind	wound	wound
wring	wrung	wrung
write	wrote	written

LICZBY • NUMBERS

Liczebniki główne		*Cardinal numbers*
jeden	1	one
dwa	2	two
trzy	3	three
cztery	4	four
pięć	5	five
sześć	6	six
siedem	7	seven
osiem	8	eight
dziewięć	9	nine
dziesięć	10	ten
jedenaście	11	eleven
dwanaście	12	twelve
trzynaście	13	thirteen
czternaście	14	fourteen
piętnaście	15	fifteen
szesnaście	16	sixteen
siedemnaście	17	seventeen
osiemnaście	18	eighteen
dziewiętnaście	19	nineteen
dwadzieścia	20	twenty
dwadzieścia jeden	21	twenty-one
dwadzieścia dwa	22	twenty-two

trzydzieści	**30**	thirty
czterdzieści	**40**	forty
pięćdziesiąt	**50**	fifty
sześćdziesiąt	**60**	sixty
siedemdziesiąt	**70**	seventy
osiemdziesiąt	**80**	eighty
dziewięćdziesiąt	**90**	ninety
sto	**100**	a hundred
sto jeden	**101**	a hundred and one
dwieście	**200**	two hundred
trzysta	**300**	three hundred
czterysta	**400**	four hundred
pięćset	**500**	five hundred
tysiąc	**1000**	a thousand
milion	**1000000**	a million

Liczebniki zbiorowe   *Collective numerals*

dwoje	**2**	two
troje	**3**	three
czworo	**4**	four
pięcioro	**5**	five
sześcioro	**6**	six
siedmioro	**7**	seven

Liczebniki porządkowe   *Ordinal numbers*

1.	pierwszy	1st	first
2.	drugi	2nd	second
3.	trzeci	3rd	third
4.	czwarty	4th	fourth
5.	piąty	5th	fifth
6.	szósty	6th	sixth
7.	siódmy	7th	seventh
8.	ósmy	8th	eighth
9.	dziewiąty	9th	ninth
10.	dziesiąty	10th	tenth
11.	jedenasty	11th	eleventh
12.	dwunasty	12th	twelfth
13.	trzynasty	13th	thirteenth
14.	czternasty	14th	fourteenth
15.	piętnasty	15th	fifteenth
16.	szesnasty	16th	sixteenth

17.	siedemnasty	17th	seventeenth
18.	osiemnasty	18th	eighteenth
19.	dziewiętnasty	19th	nineteenth
20.	dwudziesty	20th	twentieth
21.	dwudziesty pierwszy	21st	twenty-first
30.	trzydziesty	30th	thirtieth
40.	czterdziesty	40th	fortieth
50.	pięćdziesiąty	50th	fiftieth
60.	sześćdziesiąty	60th	sixtieth
70.	siedemdziesiąty	70th	seventieth
80.	osiemdziesiąty	80th	eightieth
90.	dziewięćdziesiąty	90th	ninetieth
100.	setny	100th	hundredth
101.	sto pierwszy	101st	hundred-and-first
1.000.	tysiączny	1 000th	thousandth
1.000.000.	milionowy	1 000 000th	millionth

Ułamki		*Fractions*	
1/2	pół, połowa	1/2	a half
1/3	jedna trzecia	1/3	a third
1/4	jedna czwarta	1/4	a quarter
1/5	jedna piąta	1/5	a fifth
3/4	trzy czwarte	3/4	three quarters
2/3	dwie trzecie	2/3	two thirds
1 1/2	półtora	1 1/2	one and a half
0,5	pięć dziesiątych	0·5	(nought) point five
3,4	trzy i cztery dziesiąte	3·4	three point four
6,89	sześć przecinek osiemdziesiąt dziewięć	6·89	six point eight nine
10%	dziesięć procent	10%	ten per cent
100%	sto procent	100%	a hundred per cent

CZAS I DATY • TIME AND DATE

Czas	*Time*
Która (jest) godzina?	What time is it?
Jest (godzina) piąta.	It is *or* it's 5 o'clock.

00.00	północ	midnight
01.00	pierwsza (w nocy)	one o'clock (in the morning), 1am
01.05	pięć (minut) po (godzinie) pierwszej	five (minutes) past one
01.10	dziesięć (minut) po pierwszej	ten (minutes) past one
01.15	kwadrans *lub* piętnaście po pierwszej	a quarter past one, fifteen minutes past one, one fifteen
01.20	dwadzieścia po pierwszej	twenty (minutes) past one
01.25	dwadzieścia pięć po pierwszej, za pięć (w)pół do drugiej	twenty-five (minutes) past one
01.30	pół do drugiej, pierwsza trzydzieści	half (past) one, one thirty
01.35	pięć po (w)pół do drugiej, pierwsza trzydzieści pięć, za dwadzieścia pięć (minut) druga	thirty-five (minutes) to two, one thirty-five
01.40	za dwadzieścia (minut) druga, pierwsza czterdzieści	twenty (minutes) to two, one forty
01.45	za kwadrans druga, za piętnaście druga, pierwsza czterdzieści pięć	a quarter to two, fifteen minutes to two
01.50	za dziesięć druga, pierwsza pięćdziesiąt	ten minutes to two, one fifty
12.00	dwunasta (w południe)	twelve (o'clock) noon, midday
12.30	pół do pierwszej, dwunasta trzydzieści	half (past) twelve *or* twelve thirty (in the afternoon), 12.30pm
14.00	druga (po południu), czternasta	two o'clock (in the afternoon), 2pm
19.00	siódma (wieczorem), dziewiętnasta	seven o'clock (in the evening), 7pm

O której godzinie?	At what time?
O (godzinie) +*loc.*	At ... (o'clock).
o (godzinie) siódmej	at seven (o'clock)
o północy	at midnight
o zmierzchu	at dawn, at nightfall
o świcie	at dusk, at sunrise
o zachodzie słońca	at sunset

za dwadzieścia minut	in *or* within twenty minutes
(od teraz) za godzinę	in an hour, in an hour's time, in an hour from now
w ciągu dwudziestu minut	in the next twenty minutes
dziesięć minut temu	ten minutes ago
dwie godziny temu	two hours ago
pół godziny	half an hour
kwadrans, piętnaście minut	a quarter of an hour
półtorej godziny	an hour and a half
co godzinę	every hour
o pełnej godzinie	on the hour

Daty	*Date*
dzisiaj, dziś	today
jutro	tomorrow
pojutrze	the day after tomorrow
wczoraj	yesterday
przedwczoraj	the day before yesterday
w przeddzień	the day before
następnego dnia	the day after
rano	in the morning
wieczorem	in the evening
dziś rano	this morning
dziś wieczorem	tonight, this evening
dziś po południu	this afternoon
wczoraj rano	yesterday morning
wczoraj wieczorem	last night, yesterday evening
jutro rano	tomorrow morning
jutro wieczorem	tomorrow evening
w sobotę wieczorem	on Saturday night
w sobotę rano	on Sunday morning
on przyjdzie w czwartek	he's coming on Thursday
w soboty, w sobotę	on Saturdays
w każdą sobotę, co sobotę	every Saturday
w ostatnią sobotę	last Saturday
w następną sobotę	next Saturday

od tej soboty za tydzień	a week on Saturday
od tej soboty za dwa tygodnie	two weeks on Saturday
od poniedziałku do soboty	from Monday to Saturday
codziennie, co dzień	every day
raz w tygodniu	once a week
dwa razy w tygodniu	twice a week
raz w miesiącu	once a month
tydzień temu	a week or seven days ago
dwa tygodnie temu	two weeks or a fortnight ago
w zeszłym roku	last year
za dwa dni	in two days' time
za tydzień	in seven days or one week or a week
za dwa tygodnie	in a fortnight or two weeks
w przyszłym miesiącu	next month
w przyszłym roku	next year
który dzisiaj jest?	what is today's date?, what date is it today?
pierwszego lub 1. października 1995 r.	the first or 1st October 1995
urodziłem się piątego czerwca 1981 r.	I was born on the 5th of June 1981
w 1995 r.	in 1995
tysiąc dziewięćset dziewięćdziesiąt pięć	nineteen (hundred and) ninety-five
44 p.n.e.	44 B.C.
14 n.e.	14 A.D.
w XIX wieku	in the 19th century
w latach trzydziestych, w latach 30.	in the (nineteen) thirties, in the 1930s
pewnego razu	once upon a time
dawno, dawno temu	a long, long time ago

GUIDE TO POLISH GRAMMAR

NOUNS

Gender

A Polish noun has one of three genders: masculine, feminine, or neuter. In most cases the gender of a noun is determinable by its ending:

masculine: *a consonant* (eg. *człowiek* 'man', *dom* 'house', *wilk* 'wolf')
feminine: **-a**, **-i** (eg. *kobieta* 'woman', *pani* 'Mrs, Ms')
neuter: **-o**, **-e**, **-ę**, **-um** (eg. *dziecko* 'child', *zdanie* 'sentence', *cielę* 'calf', *muzeum* 'museum').

Exceptions to this rule include masculine nouns ending in **-a** (eg. *artysta* 'artist') or **-o** (eg. *dziadzio* 'grandpa'), as well as feminine nouns ending in a consonant (eg. *noc* 'night', *twarz* 'face').

The gender of a particular noun is significant since it determines, among other things, the ending of a qualifying adjective:

> *duży dom* 'a large house'
> *duża suma* 'a large amount'
> *duże krzesło* 'a large chair'.

Declension

There are seven cases (nominative, genitive, dative, accusative, instrumental, locative and vocative) and two numbers (singular and plural) in the declension of Polish nouns. Since most endings are quite regular for each gender, they are not shown in this dictionary. However, each noun entry in the dictionary includes the Gen. Sg. ending (or Gen. Pl. for plural-only nouns) and, for countable nouns, the Nom. Pl. ending. These endings are given in parentheses right after the headword and are separated with a comma, eg.

> **pies (psa, psy)** ...
> **kompute|r (-ra, -ry)** ... .

If a given noun has no plural form, only the Gen. Sg. ending is shown after the headword, eg.

> **młodoś|ć (-ci)** ... .

Irregular forms are given in smaller print before the part of speech information or, when limited to a specific sense of the word, inside the entry:

> **ko|t (-ta, -ty)** (*loc sg* **-cie**) *m* ... .

The following tables show noun endings assumed by default to be regular for each gender. They are added directly to the Gen. Sg. stem.

Masculine

Case	Singular		Plural	
	animate	inanimate	virile	non-virile
Nom	*always shown in noun entry*		*always shown in noun entry*	
Gen	*always shown in noun entry*		-**ów**	
Dat	-**owi**		-**om**	
Acc	=*Gen. Sg.*	=*Nom. Sg.*	=*Gen. Pl.*	=*Nom. Sg.*
Instr	-**em**		-**ami**	
Loc	-**u**		-**ach**	
Voc	=*Loc. Sg.*		=*Nom. Pl.*	

Animate nouns are those designating living persons or animals, inanimate those representing objects, plants and abstract ideas. Virile nouns are those representing male human beings.

Feminine

Case	Singular		Plural	
	nouns ending in -a	nouns ending in a consonant	nouns ending in -a	nouns ending in a consonant
Nom	*always shown in noun entry*		*always shown in noun entry*	
Gen	*always shown in noun entry*		-**Ø**	=*Gen. Sg.*
Dat	=*Gen. Sg.*		-**om**	
Acc	-**ę**	-**Ø**	=*Nom. Pl.*	
Instr	-**ą**		-**ami**	
Loc	=*Gen. Sg.*		-**ach**	
Voc	-**o**	=*Gen. Sg.*	=*Nom. Pl.*	

The symbol -**Ø** means that there is no ending and that the respective form is identical to the stem.

Neuter

Case	Singular	Plural
Nom	*always shown in noun entry*	*always shown in noun entry*
Gen	*always shown in noun entry*	-**Ø**
Dat	-**u**	-**om**
Acc	=*Nom. Sg.*	=*Nom. Pl.*
Instr	-**em**	-**ami**
Loc	-**u**	-**ach**
Voc	=*Nom. Sg.*	=*Nom. Pl.*

ADJECTIVES

Adjective endings do not present major problems. They are declined according to the following pattern:

Case	Singular			Plural
	Masculine	**Neuter**	**Feminine**	
Nom	**-i** *or* **-y**	**-e**	**-a**	**-e**
Gen	**-ego**		**-ej**	**-ich** *or* **-ych**
Dat	**-emu**		**-ej**	**-im** *or* **-ym**
Acc	=*Gen. Sg.* or =*Nom. Sg.*	**-e**	**-ą**	=*Gen. Pl.* or =*Nom. Pl*
Instr	**-im** *or* **-ym**		**-ą**	**-imi** *or* **-ymi**
Loc	=*Instr. Sg.*		**-ej**	**-ich** *or* **-ych**
Voc	=*Nom. Sg.*		**-a**	=*Nom. Pl.*

NOTES:

1. Acc. Sg. takes the form of Gen. Sg. with animate masculine nouns and that of Nom. Sg. with inanimate masculine.
2. Acc. Pl. takes the form of Gen. Pl. with virile nouns and that of Nom. Pl. with non-virile nouns.
3. The only irregularity is in Nom. Pl. forms used with virile nouns. The respective endings are shown in the following tables:

Nom. Sg.	-by	-my	-ny	-ry	-ty	-dy	-ły	-py	-sy	-wy	-chy	-szy	-ży	-ki	-gi
Nom. Pl.	-bi	-mi	-ni	-rzy	-ci	-dzi	-li	-pi	-si	-wi	-si	-si	-zi	-cy	-dzy

Nom. Sg.	-ci	-pi	-si	-ni
Nom. Pl.	-ci	-pi	-si	-ni

VERBS

Aspect

The majority of Polish verbs have two aspects, the imperfective for conveying the frequency of an action or describing a process, and the perfective for emphasis on a single action or a result. It follows that the perfective can only be used in the past and future, while the imperfective can also be used in the present tense.

Aspectual pairs can be differentiated either by the presence of a prefix in the perfective aspect, eg. *zrobić* 'to do' (cf. imperfective *robić*), by the presence of an infix in the imperfective aspect, eg. *pokazywać* 'to show' (cf. perfective *pokazać*), or by a change in conjugation, eg. *zaczynać* 'to begin' (cf. perfective *zacząć*).
It should be noted, though, that some aspectual pairs do not follow this pattern,

for instance those that derive from different roots, eg. *brać* 'to take' (perfective *wziąć*). There are also a number of verbs which exist in one aspect only, eg. *pracować* 'to work' (imperfective only), and some verbs which incorporate the two aspects in one form, eg. *abdykować* 'to abdicate'.

Aspect also has a bearing on the use of the imperative mood where, generally speaking, the perfective aspect is used in positive commands (ie. telling someone to do something), while the imperfective is used in negative commands (ie. telling someone not to do something), when the imperative form is preceded by *nie*.

Conjugation

A Polish verb is conjugated according to one of four conjugation patterns. These are best described by the 1st and 2nd person singular present tense endings which are always shown in verb entries in the dictionary (with the exception of 3rd-person-only verbs).

	1st person sg.	2nd person sg.
1	-ę	-esz
2	-ę	-isz *or* -ysz
3	-am	-asz
4	-em	-esz

The following tables show verb endings assumed by default to be regular and, as such, not shown in the dictionary:

Non-past (present or future)

Person	Singular	Plural	
		Conjugations 1 and 2	**Conjugations 3 and 4**
1st	*shown in verb entry*	=3rd sg. + **-my**	
2nd	*shown in verb entry*	=3rd sg. + **-cie**	
3rd	=2nd pers sg. *(without* **-sz***)*	=1st pers. sg. *(without* **-ę***)* **+ -ą**	=1st pers sg. *(without* **-m***)* **+ -ją**

Imperative (2nd person)

Group	Singular	Plural
-ę, -esz	=2nd sg. non-past *(without* **-esz***)*	=singular + **-cie**
-ę, -isz	=2nd sg. non-past *(without* **-isz***)*	=singular + **-cie**
-ę, -ysz	=2nd sg. non-past *(without* **-ysz***)*	=singular + **-cie**
-am, -asz; -em, -esz	=3rd pl. non-past *(without* **-ą***)*	=singular + **-cie**

Past

Infinitive	3rd person singular			3rd person plural	
	Masculine	Feminine	Neuter	Virile	Non-virile
-ać	-ał	-ała	-ało	-ali	-ały
-eć	-ał	-ała	-ało	-eli	-ały
-ić	-ił	-iła	-iło	-ili	-iły
-yć	-ył	-yła	-yło	-yli	-yły
-uć	-uł	-uła	-uło	-uli	-uły
-ąć	-ął	-ęła	-ęło	-ęli	-ęły
other	*always shown in verb entries*				

The 1st and 2nd person forms are created by adding the following endings to the respective 3rd person forms:

Person	Singular		Plural
	Masculine	Feminine	
1st	-em	-m	-śmy
2nd	-eś	-ś	-ście

TABLES OF POLISH IRREGULAR FORMS

PRONOUNS

Personal Pronouns
Table 1

Nom	ja	ty	on	ona	ono
Gen	mnie	ciebie, cię	jego, niego, go	jej, niej	jego, niego, go
Dat	mi	tobie, ci	jemu, niemu, mu	jej, niej	jemu, niemu, mu
Acc	mnie	ciebie, cię	jego, niego, go	ją, nią	je
Instr	mną	tobą	nim	nią	nim
Loc	mnie	tobie	nim	niej	nim

Table 2

Nom	my	wy	oni	one
Gen	nas	was	ich, nich	ich, nich
Dat	nam	wam	im, nim	im, nim
Acc	nas	was	ich, nich	je, nie
Instr	nami	wami	nimi	nimi
Loc	nas	was	nich	nich

Reflexive pronoun

Table 3

Nom	
Gen	siebie, się
Dat	sobie
Acc	siebie, się
Instr	sobą
Loc	sobie

Interrogative pronouns

Table 4

Nom	kto	co
Gen	kogo	czego
Dat	komu	czemu
Acc	kogo	co
Instr	kim	czym
Loc	kim	czym

(NB. Similarly with **nikt**, **nic**, **ktokolwiek**, **cokolwiek** etc)

Table 5

Nom	ile
Gen	ilu
Dat	ilu
Acc	ile, ilu
Instr	iloma
Loc	ilu

(NB. Similarly with **wiele**, **niewiele**, **parę**, **kilka** etc)

Table 6

	m	f	nt	pl	pl vir
Nom	czyj	czyja	czyje	czyje	czyi
Gen	czyjego	czyjej	czyjego	czych	czych
Dat	czyjemu	czyjej	czyjemu	czyim	czyim
Acc	czyj, czyjego	czyją	czyje	czyje	czych
Instr	czyim	czyją	czyim	czyimi	czyimi
Loc	czyim	czyją	czyim	czych	czych

(NB. Similarly with **niczyj**, **czyjś**)

Possessive Pronouns
Table 7

	m	f	nt	pl	pl vir
Nom	mój	moja	moje	moje	moi
Gen	mojego	mojej	mojego	moich	moich
Dat	mojemu	mojej	mojemu	moim	moim
Acc	mój, mojego	moją	moje	moje	moich
Instr	moim	moją	moim	moim	moim
Loc	moim	mojej	moim	moich	moich

(NB. **twój** declines like **mój,** so does the reflexive possessive pronoun **swój**)

Table 8

	m	f	nt	pl	pl vir
Nom	nasz	nasza	nasze	nasze	nasi
Gen	naszego	naszej	naszego	naszych	naszych
Dat	naszemu	naszej	naszemu	naszym	naszym
Acc	nasz, naszego	naszą	nasze	nasze	naszych
Instr	naszym	naszą	naszym	naszymi	naszymi
Loc	naszym	naszej	naszym	naszych	naszych

(NB. **wasz** declines like **nasz**. The possessive pronouns **jego**, **jej**, **ich** are invariable)

Demonstrative Pronouns

Table 9

	m	f	nt	pl	pl vir
Nom	ten	ta	to	te	ci
Gen	tego	tej	tego	tych	tych
Dat	temu	tej	temu	tym	tym
Acc	ten, tego	tą, tę	to	te	tych
Instr	tym	tą	tym	tymi	tymi
Loc	tym	tej	tym	tych	tych

(NB. Similarly with **tamten**, **tamta**, **tamto** etc)

Table 10

	m	f	nt	pl	pl vir
Nom	ów	owa	owo	owe	owi
Gen	owego	owej	owego	owych	owych
Dat	owemu	owej	owemu	owym	owym
Acc	ów, owego	ową	owo	owe	owych
Instr	owym	ową	owym	owymi	owymi
Loc	owym	owej	owym	owych	owych

Indefinite Pronouns

Table 11

Nom	ktoś	coś
Gen	kogoś	czegoś
Dat	komuś	czemuś
Acc	kogoś	coś
Instr	kimś	czymś
Loc	kimś	czymś

NUMERALS

Cardinal Numerals

Table 12

	m	f	nt	pl	pl vir
Nom	jeden	jedna	jedno	jedne	jedni
Gen	jednego	jednej	jednego	jednych	jednych
Dat	jednemu	jednej	jednemu	jednym	jednym
Acc	jeden, jednego	jedną	jedno	jedne	jednych
Instr	jednym	jedną	jednym	jednymi	jednymi
Loc	jednym	jednej	jednym	jednych	jednych

(NB. Similarly with **niejeden**)

Table 13a

	m nonvir, nt	m vir	f
Nom	dwa	dwaj	dwie
Gen	dwóch, dwu	dwóch	dwóch, dwu
Dat	dwóm, dwom, dwu	dwóm, dwom, dwu	dwóm, dwom, dwu
Acc	dwa	dwóch	dwie
Instr	dwoma	dwoma	dwoma, dwiema
Loc	dwóch, dwu	dwóch, dwu	dwóch, dwu

(NB. Similarly with **obydwa** etc)

Table 13b

	m nonvir, nt	m vir	f
Nom	oba	obaj	obie
Gen	obu	obu	obu
Dat	obu	obu	obu
Acc	oba	obu	obie
Instr	oboma	oboma	oboma, obiema
Loc	obu	obu	obu

Table 14

	nonvir	*vir*
Nom	trzy	trzej
Gen	trzech	trzech
Dat	trzem	trzem
Acc	trzy	trzech
Instr	trzema	trzema
Loc	trzech	trzech

(NB. Similarly with **cztery**, **czterej**)

Table 15

	nonvir	*vir*
Nom	pięć	pięciu
Gen	pięciu	pięciu
Dat	pięciu	pięciu
Acc	pięć	pięciu
Instr	pięcioma	pięcioma
Loc	pięciu	pięciu

(NB. Similarly with **sześć, siedem, osiem, dziewięć**)

Table 16

	nonvir	*vir*
Nom	dziesięć	dziesięciu
Gen	dziesięciu	dziesięciu
Dat	dziesięciu	dziesięciu
Acc	dziesięć	dziesięciu
Instr	dziesięcioma	dziesięcioma
Loc	dziesięciu	dziesięciu

(NB. Similarly with **pięćdziesiąt, sześćdziesiąt, siedemdziesiąt, osiemdziesiąt, dziewięćdziesiąt**)

Table 17

	nonvir	*vir*
Nom	jedenaście	jedenastu
Gen	jedenastu	jedenastu
Dat	jedenastu	jedenastu
Acc	jedenaście	jedenastu
Instr	jedenastoma	jedenastoma
Loc	jedenastu	jedenastu

(NB. Similarly with **dwanaście, trzynaście, czternaście, piętnaście, szesnaście, siedemnaście, osiemnaście, dziewiętnaście, dwieście**)

Table 18

	nonvir	*vir*
Nom	dwadzieścia	dwudziestu
Gen	dwudziestu	dwudziestu
Dat	dwudziestu	dwudziestu
Acc	dwadzieścia	dwudziestu
Instr	dwudziestoma	dwudziestoma
Loc	dwudziestu	dwudziestu

(NB. Similarly with **trzydzieści, czterdzieści, sto, trzysta, czterysta**)

Table 19

	nonvir	*vir*
Nom	pięćset	pięciuset
Gen	pięciuset	pięciuset
Dat	pięciuset	pięciuset
Acc	pięćset	pięciuset
Instr	pięciuset	pięciuset
Loc	pięciuset	pięciuset

(NB. Similarly with **sześćset, siedemset, osiemset, dziewięćset**)

Collective Numerals

Table 20

Nom	dwoje
Gen	dwojga
Dat	dwojgu
Acc	dwoje
Instr	dwojgiem
Loc	dwojgu

(NB. Similarly with **troje**, **oboje**, **obydwoje**)

Table 21

Nom	czworo
Gen	czworga
Dat	czworgu
Acc	czworo
Instr	czworgiem
Loc	czworgu

(NB. Similarly with **kilkoro**, **pięcioro**, **sześcioro**, **siedmioro** etc)

COLLINS

SŁOWNIK
ANGIELSKO-POLSKI

A

A [eɪ] *n* (*MUS*) A *nt*, a *nt*.

a [ə] (*przed samogłoską lub niemym h:* **an**) *indef art* **1**: **a book/girl** książka/dziewczyna; **an apple** jabłko; **he's a doctor** on jest lekarzem. **2** (*some*): **a woman I know** pewna moja znajoma. **3** (*one*) **a year ago** rok temu; **a hundred/thousand pounds** sto/tysiąc funtów. **4** (*in expressing ratios*) na +*acc*; **10 km an hour** 10 km na godzinę. **5** (*in expressing prices*) za +*acc*; **30p a kilo** (po) 30 pensów za kilogram.

AA *n abbr* (*BRIT*: = *Automobile Association*) ≈ PZM(ot) *m*; (= *Alcoholics Anonymous*) Anonimowi Alkoholicy *vir pl*, AA.
AAA *n abbr* (= *American Automobile Association*) ≈ PZM(ot) *m*.
aback [əˈbæk] *adv*. **to be taken aback** być zaskoczonym.
abandon [əˈbændən] *vt* (*person*) porzucać (porzucić *perf*), opuszczać (opuścić *perf*); (*car*) porzucać (porzucić *perf*); (*search, research*) zaprzestawać (zaprzestać *perf*) +*gen*; (*idea*) rezygnować (zrezygnować *perf*) z +*gen* ♦ *n*: **with abandon** bez opamiętania.
abashed [əˈbæʃt] *adj* speszony.
abate [əˈbeɪt] *vi* słabnąć (osłabnąć *perf*).
abbey [ˈæbɪ] *n* opactwo *nt*.
abbot [ˈæbət] *n* opat *m*.

abbreviation [əbriːˈveɪʃən] *n* skrót *m*.
abdicate [ˈæbdɪkeɪt] *vt* zrzekać się (zrzec się *perf*) +*gen* ♦ *vi* abdykować (abdykować *perf*).
abdication [æbdɪˈkeɪʃən] *n* (*of right*) zrzeczenie się *nt*, wyrzeczenie się *nt*; (*of responsibility*) zrzeczenie się *nt*; (*monarch's*) abdykacja *f*.
abdomen [ˈæbdəmɛn] *n* brzuch *m*.
abduct [æbˈdʌkt] *vt* porywać (porwać *perf*), uprowadzać (uprowadzić *perf*).
aberration [æbəˈreɪʃən] *n* odchylenie *nt*, aberracja *f*.
abide [əˈbaɪd] *vt*: **I can't abide it/him** nie mogę tego/go znieść.
▶**abide by** *vt fus* przestrzegać +*gen*.
ability [əˈbɪlɪtɪ] *n* umiejętność *f*, zdolność *f*.
ablaze [əˈbleɪz] *adj* w płomieniach *post*.
able [ˈeɪbl] *adj* zdolny; **to be able to do sth** (*capable*) umieć coś (z)robić; (*succeed*) móc coś zrobić, zdołać (*perf*) coś zrobić.
ably [ˈeɪblɪ] *adv* umiejętnie, zręcznie.
abnormal [æbˈnɔːml] *adj* nienormalny, anormalny.
aboard [əˈbɔːd] *prep* (*NAUT, AVIAT*) na pokładzie +*gen* ♦ *adv* na pokładzie.
abode [əˈbəud] (*JUR*) *n*: **of no fixed abode** bez stałego miejsca zamieszkania.
abolish [əˈbɔlɪʃ] *vt* (*system*) obalać (obalić *perf*); (*practice*) znosić (znieść *perf*).
abolition [æbəˈlɪʃən] *n* obalenie *nt*, zniesienie *nt*.

abominable [əˈbɒmɪnəbl] adj
wstrętny, odrażający.

aborigine [æbəˈrɪdʒɪnɪ] n
aborygen(ka) m(f), tubylec m.

abort [əˈbɔːt] vt (foetus) usuwać
(usunąć perf); (activity) przerywać
(przerwać perf); (plan) zaniechać
(perf) +gen.

abortion [əˈbɔːʃən] n aborcja f,
przerywanie nt ciąży; **to have an
abortion** przerywać (przerwać perf)
ciążę, poddawać się (poddać się
perf) zabiegowi przerwania ciąży.

abound [əˈbaund] vi (be plentiful)
mnożyć się; (possess in large
numbers): **to abound in** or **with**
obfitować w +acc.

——————— KEYWORD ———————

about [əˈbaut] adv 1 (approximately)
około +gen; **about a
hundred/thousand** około
stu/tysiąca; **at about 2 o'clock**
około (godziny) drugiej; **I've just
about finished** prawie skończyłem.
2 (referring to place) dookoła; **to run
about** biegać dookoła. 3: **to be
about to do sth** mieć właśnie coś
zrobić ♦ prep 1 (relating to) o +loc;
we talked about it rozmawialiśmy o
tym; **what** or **how about going out
tonight?** (a) może byśmy gdzieś
wyszli (dziś) wieczorem? 2
(referring to place) po +loc; **to walk
about the town** spacerować po
mieście.

about-face [əˈbautˈfeɪs] n (MIL) w
tył zwrot m; (fig) zwrot m o 180
stopni, wolta f.

about-turn [əˈbautˈtəːn] n =
about-face.

above [əˈbʌv] adv (higher up,
overhead) u góry, (po)wyżej;
(greater, more) powyżej, więcej ♦
prep (higher than) nad +instr, ponad

+instr; (greater than, more than)
ponad +acc, powyżej +gen;
mentioned above wyżej
wspomniany or wzmiankowany;
above all przede wszystkim, nade
wszystko.

abrasive [əˈbreɪzɪv] adj (substance)
ścierny; (fig: person, manner)
irytujący.

abreast [əˈbrest] adv ramię przy
ramieniu, obok siebie.

abridge [əˈbrɪdʒ] vt (novel etc)
skracać (skrócić perf).

abroad [əˈbrɔːd] adv (be) za granicą;
(go) za granicę.

abrupt [əˈbrʌpt] adj (action, ending)
nagły; (person, behaviour) obcesowy.

abruptly [əˈbrʌptlɪ] adv (leave, end)
nagle; (speak) szorstko, oschle.

abscess [ˈæbsɪs] n ropień m, wrzód
m.

absence [ˈæbsəns] n (of person)
nieobecność f, brak m; (of thing)
brak m.

absent [ˈæbsənt] adj nieobecny.

absentee [æbsənˈtiː] n nieobecny
(-na) m(f).

absent-minded [ˈæbsəntˈmaɪndɪd]
adj roztargniony.

absolute [ˈæbsəluːt] adj absolutny.

absolutely [æbsəˈluːtlɪ] adv (totally)
absolutnie, całkowicie; (certainly)
oczywiście.

absolution [æbsəˈluːʃən] n
rozgrzeszenie nt.

absolve [əbˈzɒlv] vt: **to absolve sb
(from)** (blame, sin) odpuszczać
(odpuścić perf) komuś (+acc);
(responsibility) zwalniać (zwolnić
perf) kogoś (od +gen).

absorb [əbˈzɔːb] vt (liquid) wchłaniać
(wchłonąć perf), absorbować
(zaabsorbować perf); (light)
pochłaniać (pochłonąć perf),
absorbować (zaabsorbować perf);
(group, business) wchłaniać
(wchłonąć perf); (changes, effects)

dostosowywać się (dostosować się
perf) do *+gen*; (*information*)
przyswajać (przyswoić *perf*) sobie;
to be absorbed in a book być
pochłoniętym lekturą.
absorbent cotton (*US*) *n* wata *f*.
absorbing [əb'zɔ:bɪŋ] *adj* (*task,
work*) absorbujący.
absorption [əb'sɔ:pʃən] *n* (*of liquid*)
absorpcja *f*, wchłanianie *nt*; (*of light*)
absorpcja *f*, pochłanianie *nt*;
(*assimilation*) asymilacja *f*; (*interest*)
zainteresowanie *nt*, zaangażowanie *nt*.
abstain [əb'steɪn] *vi* (*in vote*)
wstrzymywać się (wstrzymać się
perf); **to abstain from**
powstrzymywać się (powstrzymać
się *perf*) od *+gen*.
abstention [əb'stɛnʃən] *n* (*action*)
wstrzymanie *nt* się od głosu; (*result*)
głos *m* wstrzymujący się.
abstinence ['æbstɪnəns] *n*
wstrzemięźliwość *f*, abstynencja *f*.
abstract ['æbstrækt] *adj* abstrakcyjny.
absurd [əb'sə:d] *adj* absurdalny.
abundance [ə'bʌndəns] *n* liczebność
f, obfitość *f*.
abundant [ə'bʌndənt] *adj* obfity.
abuse [ə'bju:s] *n* (*insults*) obelgi *pl*,
przekleństwa *pl*; (*ill-treatment*)
maltretowanie *nt*, znęcanie się *nt*; (*of
power, drugs*) nadużywanie *nt* ♦ *vt*
(*insult*) obrażać (obrazić *perf*), lżyć
(zelżyć *perf*); (*ill-treat*) maltretować,
znęcać się nad *+instr*; (*misuse*)
nadużywać (nadużyć *perf*) *+gen*.
abusive [ə'bju:sɪv] *adj* obelżywy,
obraźliwy.
abysmal [ə'bɪzməl] *adj*
(*performance*) fatalny; (*failure*)
sromotny; (*conditions, wages*)
beznadziejny.
abyss [ə'bɪs] *n* przepaść *f*, głębia *f*;
(*fig*) przepaść *f*, otchłań *f*.
AC *abbr* = **alternating current**.
academic [ækə'dɛmɪk] *adj* (*child*)
dobrze się uczący; (*system,

standard) akademicki; (*book*)
naukowy; (*pej: issue, discussion*)
akademicki, jałowy ♦ *n* naukowiec
m.
academy [ə'kædəmɪ] *n* akademia *f*;
academy of music akademia
muzyczna.
accelerate [æk'sɛləreɪt] *vt*
przyspieszać (przyspieszyć *perf*) ♦ *vi*
(*AUT*) przyspieszać (przyspieszyć
perf).
acceleration [æksɛlə'reɪʃən] *n*
przyspieszenie *nt*.
accelerator [æk'sɛləreɪtə*] *n* pedał
m przyspieszenia *or* gazu.
accent ['æksɛnt] *n* akcent *m*; (*fig*)
nacisk *m*, akcent *m*.
accept [ək'sɛpt] *vt* (*gift, invitation*)
przyjmować (przyjąć *perf*); (*fact,
situation*) przyjmować (przyjąć *perf*)
do wiadomości, godzić się
(pogodzić się *perf*) z *+instr*;
(*responsibility, blame*) brać (wziąć
perf) na siebie.
acceptable [ək'sɛptəbl] *adj* do
przyjęcia *post*.
acceptance [ək'sɛptəns] *n* przyjęcie
nt, akceptacja *f*.
access ['æksɛs] *n* (*to building, room*)
dojście *nt*; (*to information, papers*)
dostęp *m*.
accessible [æk'sɛsəbl] *adj* (*place,
goods*) dostępny; (*person*)
osiągalny; (*knowledge, art*)
przystępny.
accessory [æk'sɛsərɪ] *n* (*AUT,
COMM*) wyposażenie *nt*, akcesoria
pl; (*DRESS*) dodatek *m*; **toilet
accessories** (*BRIT*) przybory
toaletowe.
accident ['æksɪdənt] *n* (*chance
event*) przypadek *m*; (*mishap,
disaster*) wypadek *m*; **by accident**
(*unintentionally*) niechcący, przez
przypadek; (*by chance*) przez
przypadek, przypadkiem.

accidental [æksɪ'dɛntl] *adj*
przypadkowy.
accidentally [æksɪ'dɛntəlɪ] *adv*
przypadkowo, przypadkiem.
acclaim [ə'kleɪm] *n* uznanie *nt*.
acclimate [ə'klaɪmət] (*US*) *vt* =
acclimatize.
acclimatize (*US* **acclimate**)
[ə'klaɪmətaɪz] *vt*: **to become
acclimatized (to)** przyzwyczaić się
(*perf*) (do +*gen*).
accommodate [ə'kɔmədeɪt] *vt*
(*provide with lodging*) kwaterować
(zakwaterować *perf*); (*put up*)
przenocowywać (przenocować *perf*);
(*oblige*) iść (pójść *perf*) na rękę +*dat*;
(*car, hotel etc*) mieścić (zmieścić
perf), pomieścić (*perf*).
accommodating [ə'kɔmədeɪtɪŋ] *adj*
uczynny, życzliwy.
accommodation [əkɔmə'deɪʃən] *n*
zakwaterowanie *nt*, mieszkanie *nt*;
accommodations (*US*) *npl* noclegi
pl, zakwaterowanie *nt*.
accompaniment [ə'kʌmpənɪmənt] *n*
akompaniament *m*.
accompany [ə'kʌmpənɪ] *vt* (*escort,
go along with*) towarzyszyć +*dat*;
(*MUS*) akompaniować *or*
towarzyszyć +*dat*.
accomplice [ə'kʌmplɪs] *n* wspólnik
(-iczka) *m(f)*, współwinny (-na) *m(f)*.
accomplish [ə'kʌmplɪʃ] *vt* (*goal*)
osiągać (osiągnąć *perf*); (*task*)
realizować (zrealizować *perf*).
accomplished [ə'kʌmplɪʃt] *adj*
znakomity.
accomplishment [ə'kʌmplɪʃmənt] *n*
(*completion*) ukończenie *nt*; (*bringing
about*) dokonanie *nt*; (*achievement*)
osiągnięcie *nt*; **accomplishments** *npl*
umiejętności *pl*.
accord [ə'kɔːd] *n* porozumienie *nt*,
uzgodnienie *nt* ♦ *vt*: **to accord sb
sth/sth to sb** obdarzać (obdarzyć
perf) kogoś czymś, przyznawać
(przyznać *perf*) komuś coś; **of his**

own accord z własnej woli *or*
inicjatywy.
accordance [ə'kɔːdəns] *n*: **in
accordance with** w zgodzie *or*
zgodnie z +*instr*.
according [ə'kɔːdɪŋ]: **according to**
prep według +*gen*.
accordingly [ə'kɔːdɪŋlɪ] *adv*
(*appropriately*) stosownie,
odpowiednio; (*as a result*) w
związku z tym.
accordion [ə'kɔːdɪən] *n* akordeon *m*.
account [ə'kaunt] *n* (*COMM*: *bill*)
rachunek *m*; (: *also*: **monthly
account**) rachunek *m* kredytowy; (*in
bank*) konto *nt*, rachunek *m*; (*report*)
relacja *f*, sprawozdanie *nt*; **accounts**
npl (*COMM*) rozliczenie *nt*; **of no
account** bez znaczenia; **on no
account** pod żadnym pozorem; **on
account of** z uwagi *or* ze względu
na +*acc*; **to take into account, take
account of** brać (wziąć *perf*) pod
uwagę +*acc*.
►**account for** *vt fus* (*explain*)
wyjaśniać (wyjaśnić *perf*);
(*represent*) stanowić +*acc*.
accountable [ə'kauntəbl] *adj*: **to be
accountable (to)** odpowiadać (przed
+*instr*).
accountancy [ə'kauntənsɪ] *n*
księgowość *f*.
accountant [ə'kauntənt] *n* księgowy
(-wa) *m(f)*.
account number *n* numer *m* konta
or rachunku.
accredited [ə'krɛdɪtɪd] *adj*
akredytowany.
accumulate [ə'kjuːmjuleɪt] *vt*
gromadzić (nagromadzić *perf*) ♦ *vi*
gromadzić się (nagromadzić się *perf*).
accuracy ['ækjurəsɪ] *n* precyzja *f*,
dokładność *f*.
accurate ['ækjurɪt] *adj* (*description,
account*) dokładny, wierny; (*person,
device*) dokładny; (*weapon, aim*)
precyzyjny.

accurately ['ækjurɪtlɪ] adv (report, answer etc) dokładnie, ściśle; (shoot) celnie.

accusation [ækju'zeɪʃən] n (act) oskarżenie nt; (instance) zarzut m.

accuse [ə'kju:z] vt: **to accuse sb of** (crime) oskarżać (oskarżyć perf) kogoś o +acc; (incompetence) zarzucać (zarzucić perf) komuś +acc.

accused [ə'kju:zd] n: **the accused** oskarżony (-na) m(f).

accustom [ə'kʌstəm] vt przyzwyczajać (przyzwyczaić perf).

accustomed [ə'kʌstəmd] adj zwykły, charakterystyczny; **accustomed to** przyzwyczajony or przywykły do +gen.

ace [eɪs] n (CARDS) as m; (TENNIS) as m serwisowy.

ache [eɪk] n ból m ♦ vi: **my head aches** boli mnie głowa; **I've got (a) stomach ache** boli mnie brzuch.

achieve [ə'tʃi:v] vt (aim, result) osiągać (osiągnąć perf); (victory, success) odnosić (odnieść perf).

achievement [ə'tʃi:vmənt] n osiągnięcie nt.

acid ['æsɪd] adj (CHEM) kwaśny, kwasowy; (taste) kwaśny, kwaskowy ♦ n (CHEM) kwas m; (inf) LSD nt inv.

acid rain n kwaśny deszcz m.

acknowledge [ək'nɔlɪdʒ] vt (letter etc) potwierdzać (potwierdzić perf) odbiór +gen; (fact) przyznawać (przyznać perf); (situation) uznawać (uznać perf); (person) zwracać (zwrócić perf) uwagę na +acc.

acknowledgement [ək'nɔlɪdʒmənt] n (of letter etc) potwierdzenie nt odbioru.

acne ['æknɪ] n trądzik m.

acorn ['eɪkɔ:n] n żołądź f.

acoustic [ə'ku:stɪk] adj akustyczny.

acoustics [ə'ku:stɪks] n (science) akustyka f ♦ npl (of hall, room) akustyka f.

acquaint [ə'kweɪnt] vt: **to acquaint sb with sth** zapoznawać (zapoznać perf) or zaznajamiać (zaznajomić perf) kogoś z czymś.

acquaintance [ə'kweɪntəns] n (person) znajomy (-ma) m(f); (with person, subject) znajomość f.

acquire [ə'kwaɪə*] vt (obtain, buy) nabywać (nabyć perf); (develop: interest) rozwijać (rozwinąć perf); (learn: skill) posiadać (posiąść perf), nabywać (nabyć perf).

acquisition [ækwɪ'zɪʃən] n (of property, goods, skill) nabywanie nt, nabycie nt; (of language) przyswajanie nt (sobie); (purchase) nabytek m.

acquit [ə'kwɪt] vt uniewinniać (uniewinnić perf).

acquittal [ə'kwɪtl] n uniewinnienie nt.

acre ['eɪkə*] n akr m.

acrobat ['ækrəbæt] n akrobata (-tka) m(f).

acrobatic [ækrə'bætɪk] adj akrobatyczny.

acronym ['ækrənɪm] n akronim m.

across [ə'krɔs] prep w poprzek +gen; (on the other side of) po drugiej stronie +gen ♦ adv: **two kilometers across** o szerokości dwóch kilometrów; **to walk across (the road)** przechodzić (przejść perf) przez ulicę; **to run across** przebiegać (przebiec perf); **across from** naprzeciw(ko) +gen.

acrylic [ə'krɪlɪk] adj akrylowy ♦ n akryl m.

act [ækt] n (action, document, part of play) akt m; (deed) czyn m, postępek m; (of performer) numer m; (JUR) ustawa f ♦ vi (do sth, take action, have effect) działać; (behave) zachowywać się (zachować się perf); (in play, film) grać (zagrać perf); (pretend) grać ♦ vt (THEAT) grać (zagrać perf); (fig) odgrywać (odegrać perf); **in the act of** w trakcie +*gen*; **to act as** występować (wystąpić *perf*) w roli +*gen or* jako +*nom*.

acting ['æktıŋ] *adj* (*director etc*) pełniący obowiązki ♦ *n* (*profession*) aktorstwo *nt*; (*activity*) gra *f*.

action ['ækʃən] *n* (*things happening*) akcja *f*; (*deed*) czyn *m*; (*of device, force, chemical*) działanie *nt*; (*movement*) ruch *m*; (*MIL*) działania *pl*; (*JUR*) powództwo *nt*; **out of action** (*person*) wyłączony z gry; (*machine*) niesprawny; **to take action** podejmować (podjąć *perf*) działanie.

activate ['æktıveıt] *vt* (*mechanism*) uruchamiać (uruchomić *perf*).

active ['æktıv] *adj* (*person, life*) aktywny; (*volcano*) czynny.

actively ['æktıvlı] *adv* (*be involved, participate*) czynnie, aktywnie; (*discourage*) usilnie.

activist ['æktıvıst] *n* aktywista (-tka) *m(f)*.

activity [æk'tıvıtı] *n* (*being active*) działalność *f*; (*action*) działanie *nt*; (*pastime, pursuit*) zajęcie *nt*.

actor ['æktə*] *n* aktor *m*.

actress ['æktrıs] *n* aktorka *f*.

actual ['æktjuəl] *adj* (*real*) rzeczywisty, faktyczny; (*expressing emphasis*): **the actual ceremony starts at 10** sama uroczystość zaczyna się o 10.

actually ['æktjuəlı] *adv* (*really*) w rzeczywistości; (*in fact*) właściwie.

acupuncture ['ækjupʌŋktʃə*] *n* akupunktura *f*.

acute [ə'kju:t] *adj* (*illness, angle*) ostry; (*pain*) ostry, przenikliwy; (*anxiety*) silny; (*mind, person, observer*) przenikliwy; (*LING: accent*) akutowy.

AD *adv abbr* (= *Anno Domini*) (*in contrast to BC*) n.e.; (*in religious texts etc.*) A.D., R.P. (= roku Pańskiego).

ad [æd] (*inf*) *n abbr* = **advertisement** ogł.

adamant ['ædəmənt] *adj* nieugięty, niewzruszony.

Adam's apple ['ædəmz-] *n* jabłko *nt* Adama.

adapt [ə'dæpt] *vt* adaptować (zaadaptować *perf*); **to adapt sth to** przystosowywać (przystosować *perf*) coś do +*gen* ♦ *vi*: **to adapt (to)** przystosowywać się (przystosować się *perf*) (do +*gen*).

adaptation [ædæp'teıʃən] *n* (*of story, novel*) adaptacja *f*; (*of machine, equipment*) przystosowanie *nt*.

adapter [ə'dæptə*] *n* (*ELEC*) trójnik *m*.

adaptor [ə'dæptə*] *n* = **adapter**.

add [æd] *vt* dodawać (dodać *perf*) ♦ *vi*: **to add to** powiększać (powiększyć *perf*) +*acc*.

▶**add up** *vt* dodawać (dodać *perf*) ♦ *vi*: **it doesn't add up** (*fig*) to się nie zgadza.

adder ['ædə*] *n* żmija *f*.

addict ['ædıkt] *n* osoba *f* uzależniona; (*also*: **drug addict**) narkoman(ka) *m(f)*; (*devotee*) entuzjasta (-tka) *m(f)*.

addicted [ə'dıktıd] *adj*: **to be addicted to** być uzależnionym od +*gen*; (*fig*) nie móc żyć bez +*gen*.

addiction [ə'dıkʃən] *n* uzależnienie *nt*; **drug addiction** narkomania *f*.

addictive [ə'dıktıv] *adj* (*drug*) uzależniający; (*activity*) wciągający.

addition [ə'dıʃən] *n* (*adding*) dodanie *nt*; (*thing added*) dodatek *m*; (*MATH*) dodawanie *nt*; **in addition** w dodatku, na dodatek; **in addition to** oprócz +*gen*.

additional [ə'dıʃənl] *adj* dodatkowy.

additive ['ædıtıv] *n* dodatek *m* (*konserwujący, barwiący itp*).

address [ə'drɛs] *n* (*postal*) adres *m*; (*speech*) przemówienie *nt*, mowa *f* ♦ *vt* (*letter, parcel*) adresować (zaadresować *perf*); (*meeting, rally*) przemawiać (przemówić *perf*) do +*gen*; (*person*) zwracać się (zwrócić się *perf*) do +*gen*.

adept ['ædɛpt] *adj*: **adept at** biegły w +*loc*.

adequate ['ædɪkwɪt] *adj* (*amount*) wystarczający, dostateczny; (*response*) właściwy, zadowalający.

adhere [əd'hɪə*] *vi*: **to adhere to** przylegać (przylgnąć *perf*) do +*gen*; (*fig: rule, decision*) stosować się (zastosować się *perf*) do +*gen*; (*: opinion, belief*) obstawać przy +*loc*.

adhesive [əd'hi:zɪv] *n* klej *m*.

adhesive tape *n* (*BRIT*) taśma *f* klejąca; (*US: MED*) plaster *m*, przylepiec *m*.

ad hoc [æd'hɔk] *adj* ad hoc.

adjacent [ə'dʒeɪsənt] *adj* (*room etc*) przyległy, sąsiedni; **adjacent to** przylegający do +*gen*, sąsiadujący z +*instr*.

adjective ['ædʒɛktɪv] *n* przymiotnik *m*.

adjoining [ə'dʒɔɪnɪŋ] *adj* (*room*) przyległy, sąsiedni; (*table*) sąsiedni.

adjust [ə'dʒʌst] *vt* (*approach*) modyfikować (zmodyfikować *perf*); (*clothing*) poprawiać (poprawić *perf*); (*machine, device*) regulować (wyregulować *perf*) ♦ *vi*: **to adjust (to)** przystosowywać się (przystosować się *perf*) (do +*gen*).

adjustable [ə'dʒʌstəbl] *adj* regulowany.

adjustment [ə'dʒʌstmənt] *n* (*of machine, prices, wages*) regulacja *f*; (*of person*) przystosowanie się *nt*.

administer [əd'mɪnɪstə*] *vt* (*country, department*) administrować +*instr*; (*justice, punishment*) wymierzać (wymierzyć *perf*); (*test*) przeprowadzać (przeprowadzić *perf*); (*MED: drug*) podawać (podać *perf*).

administration [ədmɪnɪs'treɪʃən] *n* administracja *f*.

administrative [əd'mɪnɪstrətɪv] *adj* administracyjny.

administrator [əd'mɪnɪstreɪtə*] *n* administrator(ka) *m(f)*.

admiral ['ædmərəl] *n* admirał *m*.

Admiralty ['ædmərəltɪ] (*BRIT*) *n*: **the Admiralty** Admiralicja *f*.

admiration [ædmə'reɪʃən] *n* podziw *m*.

admire [əd'maɪə*] *vt* podziwiać.

admirer [əd'maɪərə*] *n* (*suitor*) wielbiciel *m*; (*fan*) wielbiciel(ka) *m(f)*.

admission [əd'mɪʃən] *n* (*admittance*) przyjęcie *nt*; (*entry fee*) opłata *f* za wstęp; (*confession*) przyznanie się *nt*; **"admission free"**, **"free admission"** „wstęp wolny".

admit [əd'mɪt] *vt* (*confess, accept*) przyznawać się (przyznać się *perf*) do +*gen*; (*permit to enter*) wpuszczać (wpuścić *perf*); (*to club, organization, hospital*) przyjmować (przyjąć *perf*).

►**admit to** *vt fus* (*murder etc*) przyznawać się (przyznać się *perf*) do +*gen*.

admittance [əd'mɪtəns] *n* wstęp *m*.

admittedly [əd'mɪtɪdlɪ] *adv* trzeba przyznać, co prawda.

admonish [əd'mɔnɪʃ] *vt* upominać (upomnieć *perf*).

adolescence [ædəu'lɛsns] *n* okres *m* dojrzewania.

adolescent [ædəu'lɛsnt] *adj* młodociany ♦ *n* nastolatek (-tka) *m(f)*.

adopt [ə'dɔpt] *vt* (*child*) adoptować (zaadoptować *perf*); (*position, attitude*) przyjmować (przyjąć *perf*); (*course of action, method*) obierać (obrać *perf*); (*tone etc*) przybierać (przybrać *perf*).

adopted [ə'dɔptɪd] *adj* (*child*) adoptowany.

adoption [ə'dɔpʃən] *n* (*of child*) adopcja *f*; (*of position, attitude*) przyjęcie *nt*; (*of course of action, method*) obranie *nt*.

adoptive [ə'dɔptɪv] *adj* przybrany.

adorable [ə'dɔːrəbl] *adj* (*child, kitten*) uroczy.

adore [ə'dɔː*] *vt* uwielbiać.

adrenalin [ə'drɛnəlɪn] *n* adrenalina *f.*

Adriatic [eɪdrɪ'ætɪk] *n*: **the Adriatic (Sea)** Adriatyk *m*, Morze *nt* Adriatyckie.

adult ['ædʌlt] *n* (*person*) dorosły *m*; (*animal, insect*) dorosły osobnik *m* ♦ *adj* (*grown-up*) dorosły; (*for adults*) dla dorosłych *post.*

adultery [ə'dʌltərɪ] *n* cudzołóstwo *nt.*

advance [əd'vɑːns] *n* (*movement*) posuwanie się *nt*; (*progress*) postęp *m*; (*money*) zaliczka *f* ♦ *adj* wcześniejszy, uprzedni ♦ *vt* (*money*) wypłacać (wypłacić *perf*) z góry *or* awansem ♦ *vi* (*move forward*) posuwać się (posunąć się *perf*); (*make progress*) czynić (poczynić *perf*) postępy; **in advance** (*arrive, notify*) z wyprzedzeniem; (*pay*) z góry.

advanced [əd'vɑːnst] *adj* (*studies*) wyższy; (*course*) dla zaawansowanych *post*; (*country, child*) rozwinięty.

advancement [əd'vɑːnsmənt] *n* (*furtherance*) wspieranie *nt*; (*in job*) awans *m.*

advantage [əd'vɑːntɪdʒ] *n* (*benefit*) korzyść *f*; (*beneficial feature*) zaleta *f*, dobra strona *f*; (*supremacy, point in tennis*) przewaga *f*; **to take advantage of** (*person*) wykorzystywać (wykorzystać *perf*) +*acc*; (*opportunity*) korzystać (skorzystać *perf*) z +*gen*.

advantageous [ædvən'teɪdʒəs] *adj*: **advantageous (to)** korzystny (dla +*gen*).

advent ['ædvənt] *n* (*of era*) nastanie *nt*, nadejście *nt*; (*of innovation*)

pojawienie się *nt*; (*REL*): **Advent** adwent *m.*

adventure [əd'vɛntʃə*] *n* przygoda *f.*

adventurous [əd'vɛntʃərəs] *adj* (*person*) odważny; (*action*) ryzykowny; (*life, journey*) pełen przygód.

adverb ['ædvə:b] *n* przysłówek *m.*

adversary ['ædvəsərɪ] *n* przeciwnik (-iczka) *m(f).*

adverse ['ædvə:s] *adj* niesprzyjający, niekorzystny.

adversity [əd'və:sɪtɪ] *n* przeciwności *pl* (losu).

advert ['ædvə:t] (*BRIT*) *n abbr* = **advertisement**.

advertise ['ædvətaɪz] *vi* reklamować się (zareklamować się *perf*) ♦ *vt* reklamować (zareklamować *perf*); **to advertise for** poszukiwać +*gen* (*przez ogłoszenie*).

advertisement [əd'və:tɪsmənt] *n* (*for product*) reklama *f*; (*about job, accomodation etc*) ogłoszenie *nt*, anons *m.*

advertiser ['ædvətaɪzə*] *n* reklamujący (-ca) *m(f)*, ogłaszający (-ca) *m(f).*

advertising ['ædvətaɪzɪŋ] *n* reklama *f.*

advice [əd'vaɪs] *n* (*counsel*) rada *f*; (: *doctor's, lawyer's etc*) porada *f*; (*notification*) zawiadomienie *nt*; **a piece of advice** rada; **to take legal advice** zasięgać (zasięgnąć *perf*) porady prawnej.

advisable [əd'vaɪzəbl] *adj* wskazany.

advise [əd'vaɪz] *vt* (*person*) radzić (poradzić *perf*) +*dat*; (*company*) doradzać (doradzić *perf*) +*dat*; **to advise sb of sth** powiadamiać (powiadomić *perf*) kogoś o czymś; **to advise sb against sth/doing sth** odradzać (odradzić *perf*) komuś coś/zrobienie czegoś.

advisedly [əd'vaɪzɪdlɪ] *adv* celowo, rozmyślnie.

adviser [əd'vaɪzə*] *n* doradca (-czyni) *m(f).*

advisor [əd'vaɪzə*] *n* = **adviser.**

advisory [əd'vaɪzərɪ] *adj* doradczy.

advocate ['ædvəkeɪt] *vt* (*support*) popierać (poprzeć *perf*); (*recommend*) zalecać (zalecić *perf*) ♦ *n* (*JUR*) adwokat(ka) *m(f)*; (*supporter*) zwolennik (-iczka) *m(f)*, orędownik (-iczka) *m(f).*

aerial ['ɛərɪəl] *n* antena *f* ♦ *adj* lotniczy.

aerobics [ɛə'rəubɪks] *n* aerobik *m.*

aerodynamic ['ɛərəudaɪ'næmɪk] *adj* aerodynamiczny.

aeroplane ['ɛərəpleɪn] (*BRIT*) *n* samolot *m.*

aerosol ['ɛərəsɔl] *n* aerozol *m.*

aesthetic [iːs'θɛtɪk] *adj* estetyczny.

afar [ə'fɑ:*] *adv*: **from afar** z oddali.

affable ['æfəbl] *adj* przyjemny, przyjazny.

affair [ə'fɛə*] *n* sprawa *f*; (*also*: **love affair**) romans *m.*

affect [ə'fɛkt] *vt* (*influence*) wpływać (wpłynąć *perf*) na +*acc*; (*afflict*) atakować (zaatakować *perf*); (*move deeply*) wzruszać (wzruszyć *perf*); (*concern*) dotyczyć +*gen*.

affected [ə'fɛktɪd] *adj* sztuczny, afektowany.

affection [ə'fɛkʃən] *n* uczucie *nt.*

affectionate [ə'fɛkʃənɪt] *adj* czuły.

affiliated [ə'fɪlɪeɪtɪd] *adj* stowarzyszony.

affirmative [ə'fə:mətɪv] *adj* (*statement*) twierdzący; (*nod, gesture*) potakujący.

affluent ['æfluənt] *adj* dostatni; **the affluent society** społeczeństwo dobrobytu.

afford [ə'fɔ:d] *vt* pozwalać (pozwolić *perf*) sobie na +*acc*; (*provide*) udzielać (udzielić *perf*) +*gen*; **can we afford a car?** czy stać nas na samochód?

affront [ə'frʌnt] *n* zniewaga *f*, afront *m.*

Afghanistan [æf'gænɪstæn] *n* Afganistan *m.*

afloat [ə'fləut] *adv* na wodzie, na powierzchni (wody).

afraid [ə'freɪd] *adj* przestraszony; **to be afraid of** bać się +*gen*; **to be afraid to** bać się +*infin*; **I am afraid that ...** obawiam się, że ...; **I am afraid so/not** obawiam się, że tak/nie.

Africa ['æfrɪkə] *n* Afryka *f.*

African ['æfrɪkən] *adj* afrykański ♦ *n* Afrykańczyk (-anka) *m(f).*

after ['ɑ:ftə*] *prep* (*of time*) po +*loc*; (*of place, order*) po +*loc*, za +*instr* ♦ *adv* potem, później ♦ *conj* gdy, po tym, jak; **after dinner** po obiedzie; **what/who are you after?** na co/kogo polujesz? (*inf*); **after he left** po jego wyjeździe; **to name sb after sb** dawać (dać *perf*) komuś imię po kimś; **it's twenty after eight** (*US*) jest dwadzieścia po ósmej; **to ask after sb** pytać o kogoś; **after all** (*it must be remembered that*) przecież, w końcu; (*in spite of everything*) mimo wszystko.

after-effects ['ɑ:ftərɪfɛkts] *npl* następstwa *pl.*

afternoon ['ɑ:ftə'nu:n] *n* popołudnie *nt*; **good afternoon!** (*hello*) dzień dobry!; (*goodbye*) do widzenia!

after-shave (lotion) ['ɑ:ftəʃeɪv-] *n* płyn *m* po goleniu.

afterwards (*US* **afterward**) ['ɑ:ftəwədz] *adv* później, potem.

again [ə'gɛn] *adv* (*once more, on another occasion*) znowu, znów, ponownie (*fml*); (*one more time*) jeszcze raz; **I won't be late again** już (nigdy) się nie spóźnię; **never again** nigdy więcej.

against [ə'gɛnst] *prep* (*lean, rub*) o +*acc*; (*fight*) z +*instr*; (*in opposition* *to*) przeciw(ko) +*dat*; (*in relation to*) w stosunku do +*gen*.

age [eɪdʒ] *n* wiek *m* ♦ *vi* starzeć się (zestarzeć się *perf or* postarzeć się *perf*) ♦ *vt* postarzać (postarzyć *perf*); **to come of age** osiągać (osiągnąć *perf*) pełnoletniość.

aged¹ [ˈeɪdʒd] *adj*: **aged 10** w wieku lat dziesięciu.

aged² [ˈeɪdʒd] *npl*: **the aged** osoby *pl* w podeszłym wieku.

age group *n* grupa *f* wiekowa.

age limit *n* ograniczenie *nt or* limit *m* wieku.

agency [ˈeɪdʒənsɪ] *n* (*COMM*) agencja *f*; (*government body*) urząd *m*, biuro *nt*.

agenda [əˈdʒɛndə] *n* porządek *m* dzienny.

agent [ˈeɪdʒənt] *n* (*person*) agent(ka) *m(f)*; (*CHEM*) środek *m*; (*fig*) czynnik *m*.

aggression [əˈɡrɛʃən] *n* agresja *f*.

aggressive [əˈɡrɛsɪv] *adj* agresywny.

agile [ˈædʒaɪl] *adj* (*physically*) zwinny; (*mentally*) sprawny.

agitate [ˈædʒɪteɪt] *vt* (*person*) poruszać (poruszyć *perf*) ♦ *vi*: **to agitate for/against** agitować za +*instr*/przeciw +*dat*.

agitator [ˈædʒɪteɪtə*] *n* agitator(ka) *m(f)*.

agnostic [æɡˈnɔstɪk] *n* agnostyk (-yczka) *m(f)*.

ago [əˈɡəu] *adv*: **2 days ago** dwa dni temu; **not long ago** niedawno; **how long ago?** jak dawno (temu)?

agonizing [ˈæɡənaɪzɪŋ] *adj* (*pain*) dręczący; (*cry*) rozdzierający; (*decision*) bolesny; (*wait*) męczący.

agony [ˈæɡənɪ] *n* (*pain*) (dotkliwy) ból *m*; **to be in agony** cierpieć katusze.

agree [əˈɡriː] *vt* (*price, date*) uzgadniać (uzgodnić *perf*) ♦ *vi* zgadzać się (zgodzić się *perf*); **to agree with** (*person*) zgadzać się

(zgodzić się *perf*) z +*instr*; (*food*) służyć +*dat*; (*statements etc*) pokrywać się (pokryć się *perf*) z +*instr*; **to agree to sth/to do sth** zgadzać się (zgodzić się *perf*) na coś/zrobić coś; **to agree that ...** przyznawać (przyznać *perf*), że ... .

agreeable [əˈɡriːəbl] *adj* (*pleasant*) miły; (*willing*) skłonny.

agreed [əˈɡriːd] *adj* uzgodniony.

agreement [əˈɡriːmənt] *n* (*consent*) zgoda *f*; (*contract*) porozumienie *nt*; **to be in agreement with sb** zgadzać się (zgodzić się *perf*) z kimś.

agricultural [æɡrɪˈkʌltʃərəl] *adj* rolniczy.

agriculture [ˈæɡrɪkʌltʃə*] *n* rolnictwo.

ahead [əˈhɛd] *adv* (*of place*) z przodu; (*of time*) z wyprzedzeniem, naprzód; (*into the future*) naprzód, do przodu; **ahead of** przed +*instr*; **ahead of schedule** przed terminem; **a year ahead** z rocznym wyprzedzeniem, na rok naprzód; **go right** *or* **straight ahead** proszę iść prosto przed siebie; **go ahead!** (*fig*) proszę (bardzo)!

aid [eɪd] *n* pomoc *f* ♦ *vt* pomagać (pomóc *perf*) +*dat*, wspomagać (wspomóc *perf*); **in aid of** na rzecz +*gen*; *see also* **hearing**.

aide [eɪd] *n* (*POL, MIL*) doradca (-czyni) *m(f)*.

AIDS [eɪdz] *n abbr* (= *acquired immune deficiency syndrome*) AIDS *m inv*.

ailment [ˈeɪlmənt] *n* dolegliwość *f*.

aim [eɪm] *vt*: **to aim sth (at)** (*gun*) celować (wycelować *perf*) z czegoś (do +*gen*); (*camera*) kierować (skierować *perf*) coś (na +*acc*); (*blow*) mierzyć (wymierzyć *perf*) coś (w +*acc*); (*remark*) kierować (skierować *perf*) coś (pod adresem +*gen*) ♦ *vi* celować (wycelować *perf*), mierzyć (wymierzyć *perf*) ♦ *n*

cel *m*; (*skill*) celność *f*; **to aim at**
(*with weapon*) celować (wycelować
perf) w +*acc*; (*objective*) dążyć do
+*gen*; **to aim to do sth** zamierzać
coś zrobić.
aimlessly ['eɪmlɪslɪ] *adv* bez celu.
ain't [eɪnt] (*inf*) = **am not**; (*inf*) =
aren't; (*inf*) = **isn't**.
air [εə*] *n* powietrze *nt*; (*aria*) aria *f*;
(*tune*) melodia *f*; (*mood*) atmosfera
f; (*appearance*) wygląd *m* ♦ *vt*
(*room*) wietrzyć (przewietrzyć *perf*
or wywietrzyć *perf*); (*views*) głosić,
wygłaszać; (*grievances*) wylewać ♦
cpd (*currents, attack etc*)
powietrzny; **to throw sth into the
air** podrzucić (*perf*) coś do góry; **by
air** drogą lotniczą, samolotem; **to be
on the air** (*RADIO, TV: programme*)
być na antenie, być nadawanym;
(: *station*) nadawać.
airbed ['εəbεd] (*BRIT*) *n* materac *m*
nadmuchiwany.
airborne ['εəbɔ:n] *adj* (*attack etc*)
lotniczy.
air-conditioned ['εəkən'dɪʃənd] *adj*
klimatyzowany.
air conditioning *n* klimatyzacja *f*.
aircraft ['εəkrɑ:ft] *n inv* samolot *m*.
Air Force *n* siły *pl* powietrzne.
air freshener *n* odświeżacz *m*
powietrza.
airgun ['εəgʌn] *n* wiatrówka *f*.
air hostess (*BRIT*) *n* stewardessa *f*.
air letter (*BRIT*) *n* list *m* lotniczy.
airlift ['εəlɪft] *n* most *m* powietrzny ♦
vt transportować (przetransportować
perf) drogą lotniczą.
airline ['εəlaɪn] *n* linia *f* lotnicza.
airliner ['εəlaɪnə*] *n* samolot *m*
pasażerski.
airmail ['εəmeɪl] *n*: **by airmail** pocztą
lotniczą.
airplane ['εəpleɪn] (*US*) *n* samolot *m*.
airport ['εəpɔ:t] *n* lotnisko *nt*, port *m*
lotniczy.
air raid *n* nalot *m*.

airspace ['εəspeɪs] *n* obszar *m*
powietrzny.
air terminal *n* terminal *m* (*lotniska*).
airy ['εərɪ] *adj* (*building*) przestronny,
przewiewny; (*manner*) beztroski.
aisle [aɪl] *n* (*of church*) nawa *f*
boczna; (*of theatre, in plane*)
przejście *nt*.
ajar [ə'dʒɑ:*] *adj* (*door*) uchylony.
alarm [ə'lɑ:m] *n* (*anxiety*)
zaniepokojenie *nt*, niepokój *m*; (*in
bank etc*) alarm *m*, system *m*
alarmowy ♦ *vt* niepokoić
(zaniepokoić *perf*).
alarm call *n* budzenie *nt* (*telefoniczne*).
alarm clock *n* budzik *m*.
alas [ə'læs] *excl* niestety.
Albania [æl'beɪnɪə] *n* Albania *f*.
album ['ælbəm] *n* album *m*.
alcohol ['ælkəhɔl] *n* alkohol *m*.
alcoholic [ælkə'hɔlɪk] *adj*
alkoholowy ♦ *n* alkoholik (-iczka)
m(f).
alcoholism ['ælkəhɔlɪzəm] *n*
alkoholizm *m*.
alcove ['ælkəuv] *n* wnęka *f*.
ale [eɪl] *n* rodzaj piwa angielskiego.
alert [ə'lə:t] *adj* czujny ♦ *n* stan *m*
pogotowia *or* gotowości ♦ *vt*
alarmować (zaalarmować *perf*); **to
alert sb (to sth)** uświadamiać
(uświadomić *perf*) komuś (coś); **to
be on the alert** być w pogotowiu.
algebra ['ældʒɪbrə] *n* algebra *f*.
Algeria [æl'dʒɪərɪə] *n* Algieria *f*.
algorithm ['ælgərɪðəm] *n* algorytm *m*.
alias ['eɪlɪəs] *prep* inaczej, alias ♦ *n*
pseudonim *m*.
alibi ['ælɪbaɪ] *n* alibi *nt inv*.
alien ['eɪlɪən] *n* (*foreigner*)
cudzoziemiec (-mka) *m(f)*;
(*extraterrestrial*) istota *f*
pozaziemska, kosmita *m* ♦ *adj*: **alien
(to)** obcy (+*dat*).
alienate ['eɪlɪəneɪt] *vt* zrażać (zrazić
perf).
alight [ə'laɪt] *adj* płonący, zapalony;

(fig) płomienny ♦ vi (bird) usiąść (perf); (passenger) wysiadać (wysiąść perf).

align [ə'laɪn] vt ustawiać (ustawić perf).

alike [ə'laɪk] adj podobny ♦ adv (similarly) podobnie, jednakowo; **they all look alike** oni wszyscy są do siebie podobni; **men and women alike** zarówno mężczyźni, jak i kobiety.

alimony ['ælɪmənɪ] n alimenty pl.

alive [ə'laɪv] adj (living) żywy; (lively) pełen życia.

┌─────── KEYWORD ───────

all [ɔ:l] adj (with sing) cały; (with pl) wszystkie (+nvir), wszyscy (+vir); **all the food** całe jedzenie; **all day** cały dzień; **all the books** wszystkie książki; **all five came** przyszła cała piątka ♦ pron **1** (sg) wszystko nt; (pl) wszystkie nvir pl, wszyscy vir pl; **I ate it all, I ate all of it** zjadłem (to) wszystko; **is that all?** czy to (już) wszystko?; **all of us went** wszyscy poszliśmy; **we all sat down** wszyscy usiedliśmy. **2**: **above all** przede wszystkim, nade wszystko; **after all** przecież, w końcu; **all in all** w sumie, ogółem ♦ adv zupełnie; **all alone** zupełnie sam; **it's not as hard as all that** to nie jest aż takie trudne; **all the more/the better** tym więcej/lepiej; **all but** (all except for) wszyscy z wyjątkiem or oprócz +gen; (almost) już prawie; **I had all but finished** już prawie skończyłam; **what's the score? – 2 all** jaki jest wynik? – dwa – dwa.

└──────────────────────────

all clear n koniec m niebezpieczeństwa (odwołanie alarmu); (fig) pozwolenie nt.

allegation [ælɪ'geɪʃən] n zarzut m.

allege [ə'lɛdʒ] vt utrzymywać.

allegedly [ə'lɛdʒɪdlɪ] adv rzekomo.

allegiance [ə'li:dʒəns] n lojalność f.

allegory ['ælɪgərɪ] n alegoria f.

allergic [ə'lə:dʒɪk] adj alergiczny; **allergic to** uczulony na +acc.

allergy ['ælədʒɪ] n alergia f, uczulenie nt.

alleviate [ə'li:vɪeɪt] vt łagodzić (złagodzić perf).

alley ['ælɪ] n aleja f.

alliance [ə'laɪəns] n przymierze nt, sojusz m.

allied ['ælaɪd] adj (POL, MIL) sprzymierzony, sojuszniczy.

alligator ['ælɪgeɪtə*] n aligator m.

all-in ['ɔ:lɪn] (BRIT) adj (cost etc) łączny ♦ adv łącznie, ogółem.

all-night ['ɔ:l'naɪt] adj (café) czynny całą noc; (party) całonocny.

allocate ['æləkeɪt] vt przydzielać (przydzielić perf).

all-out ['ɔ:laut] adj (effort) zdecydowany; (dedication) całkowity ♦ adv: **all out** wszelkimi środkami, na całego (inf).

allow [ə'lau] vt (behaviour) pozwalać (pozwolić perf) na +acc; (sum) przeznaczać (przeznaczyć perf); (claim, goal) uznawać (uznać perf); **to allow that ...** przyznawać (przyznać perf), że ...; **to allow sb to do sth** pozwalać (pozwolić perf) komuś coś zrobić; **he is allowed to ...** wolno mu +infin.

▶**allow for** vt fus uwzględniać (uwzględnić perf) +acc.

allowance [ə'lauəns] n (travelling etc) dieta f; (welfare payment) zasiłek m; (pocket money) kieszonkowe nt; (TAX) ulga f; **to make allowances for** brać (wziąć perf) poprawkę na +acc.

alloy ['ælɔɪ] n stop m.

all right adv (well) w porządku, dobrze; (correctly) dobrze, prawidłowo; (as answer) dobrze.

all-time [ˈɔːlˈtaɪm] *adj*: **an all-time record** rekord *m* wszech czasów.

allude [əˈluːd] *vi*: **to allude to** robić (zrobić *perf*) aluzję do +*gen*.

allusion [əˈluːʒən] *n* aluzja *f*.

ally [ˈælaɪ] *n* (*friend*) sprzymierzeniec *m*; (*POL, MIL*) sojusznik *m*.

almighty [ɔːlˈmaɪtɪ] *adj* (*omnipotent*) wszechmogący, wszechmocny; (*tremendous*) ogromny.

almond [ˈɑːmənd] *n* (*fruit*) migdał *m*.

almost [ˈɔːlməʊst] *adv* prawie; **he almost fell** o mało nie upadł.

alms [ɑːmz] *npl* jałmużna *f*.

alone [əˈləʊn] *adj* sam ♦ *adv* samotnie; **to leave sb alone** zostawiać (zostawić *perf*) kogoś w spokoju, dawać (dać *perf*) komuś spokój; **to leave sth alone** nie ruszać czegoś; **let alone ...** nie mówiąc (już) o +*loc*.

along [əˈlɒŋ] *prep* wzdłuż +*gen* ♦ *adv*: **is he coming along with us?** czy on idzie z nami?; **to drive along a street** jechać ulicą; **along with** razem *or* wraz z +*instr*; **all along** od samego początku, przez cały czas.

alongside [əˈlɒŋˈsaɪd] *prep* (*beside*) obok +*gen*; (*together with*) wraz z +*instr* ♦ *adv* obok.

aloof [əˈluːf] *adj* powściągliwy.

aloud [əˈlaʊd] *adv* (*not quietly*) głośno; (*out loud*) na głos.

alphabet [ˈælfəbet] *n* alfabet *m*, abecadło *nt*.

alphabetical [ælfəˈbetɪkl] *adj* alfabetyczny.

alpine [ˈælpaɪn] *adj* alpejski.

Alps [ælps] *npl*: **the Alps** Alpy *pl*.

already [ɔːlˈredɪ] *adv* już.

alright [ˈɔːlˈraɪt] *adv* = **all right**.

Alsatian [ælˈseɪʃən] (*BRIT*) *n* owczarek *m* alzacki *or* niemiecki, wilczur *m*.

also [ˈɔːlsəʊ] *adv* też, także, również; **and also** a także, jak również.

altar [ˈɔltə*] *n* ołtarz *m*.

alter [ˈɔltə*] *vt* zmieniać (zmienić *perf*); (*clothes*) przerabiać (przerobić *perf*) ♦ *vi* zmieniać się (zmienić się *perf*).

alteration [ɔltəˈreɪʃən] *n* (*to plans*) zmiana *f*; (*to clothes*) przeróbka *f*; (*to building*) przebudowa *f*.

alternate [ɔlˈtəːnɪt] *adj* (*processes, events*) naprzemienny; (*US: alternative: plans*) zastępczy, alternatywny ♦ *vi*: **to alternate (with)** występować na przemian (z +*instr*); **on alternate days** co drugi dzień.

alternating current [ˈɔltəːneɪtɪŋ-] *n* prąd *m* zmienny.

alternative [ɔlˈtəːnətɪv] *adj* alternatywny ♦ *n* alternatywa *f*.

alternatively [ɔlˈtəːnətɪvlɪ] *adv*: **alternatively one could ...** ewentualnie można by... .

although [ɔːlˈðəʊ] *conj* chociaż *or* choć, mimo że.

altitude [ˈæltɪtjuːd] *n* wysokość *f*.

alto [ˈæltəʊ] *n* alt *m*.

altogether [ɔːltəˈgeðə*] *adv* (*completely*) całkowicie, zupełnie; (*on the whole*) ogólnie biorąc, generalnie.

altruistic [æltruˈɪstɪk] *adj* altruistyczny.

aluminium [æljuˈmɪnɪəm] (*US* **aluminum** [əˈluːmɪnəm]) *n* aluminium *nt*, glin *m*.

always [ˈɔːlweɪz] *adv* zawsze.

am [æm] *vb see* **be**.

a.m. *adv abbr* (= *ante meridiem*) przed południem.

amass [əˈmæs] *vt* gromadzić (zgromadzić *perf*).

amateur [ˈæmətə*] *n* amator(ka) *m(f)*.

amateurish [ˈæmətərɪʃ] (*pej*) *adj* amatorski.

amaze [əˈmeɪz] *vt* zdumiewać (zdumieć *perf*); **to be amazed (at)** być zdumionym (+*instr*).

amazement [ə'meɪzmənt] n
zdumienie nt.

amazing [ə'meɪzɪŋ] adj
zdumiewający, niesamowity.

Amazon ['æməzən] n Amazonka f.

ambassador [æm'bæsədə*] n
ambasador m.

amber ['æmbə*] n (substance)
bursztyn m; (BRIT: AUT) żółte
światło nt.

ambiguity [æmbɪ'gjuɪtɪ] n
dwuznaczność f, niejasność f.

ambiguous [æm'bɪgjuəs] adj
dwuznaczny, niejasny.

ambition [æm'bɪʃən] n ambicja f.

ambitious [æm'bɪʃəs] adj ambitny.

ambivalent [æm'bɪvələnt] adj
ambiwalentny.

ambulance ['æmbjuləns] n karetka f.

ambush ['æmbuʃ] n zasadzka f,
pułapka f ♦ vt (MIL etc) wciągać
(wciągnąć perf) w zasadzkę.

amen ['ɑː'mɛn] excl amen.

amend [ə'mɛnd] vt wnosić (wnieść
perf) poprawki do +gen ♦ n: **to make
amends for sth** naprawić (perf) coś.

amendment [ə'mɛndmənt] n
poprawka f.

amenities [ə'miːnɪtɪz] npl wygody pl,
udogodnienia pl.

America [ə'mɛrɪkə] n Ameryka f.

American [ə'mɛrɪkən] adj
amerykański ♦ n Amerykanin
(-anka) m(f).

amicable ['æmɪkəbl] adj
(relationship) przyjazny,
przyjacielski; (settlement)
polubowny.

amid(st) [ə'mɪd(st)] prep wśród +gen.

amiss [ə'mɪs] adj: **there's something
amiss** coś jest nie w porządku.

ammunition [æmju'nɪʃən] n amunicja f.

amnesia [æm'niːzɪə] n amnezja f.

amnesty ['æmnɪstɪ] n amnestia f.

amok [ə'mɔk] adv: **to run amok**
dostawać (dostać perf) amoku.

among(st) [ə'mʌŋ(st)] prep
(po)między +instr, wśród +gen.

amoral [æ'mɔrəl] adj amoralny.

amount [ə'maunt] n (of food, work
etc) ilość f; (of money) suma f,
kwota f ♦ vi: **to amount to** (total)
wynosić (wynieść perf) +acc; (be
same as) sprowadzać się
(sprowadzić się perf) do +gen.

amp(ère) ['æmp(ɛə*)] n amper m.

amphibian [æm'fɪbɪən] n płaz m.

amphitheatre ['æmfɪθɪətə*] (US
amphitheater) n amfiteatr m.

ample ['æmpl] adj (large) pokaźny;
(enough) obfity.

amplifier ['æmplɪfaɪə*] n
wzmacniacz m.

amputate ['æmpjuteɪt] vt amputować
(amputować perf).

amuse [ə'mjuːz] vt (entertain) bawić
(rozbawić perf), śmieszyć
(rozśmieszyć perf); (distract)
zabawiać (zabawić perf).

amusement [ə'mjuːzmənt] n (mirth)
radość f; (pleasure) zabawa f,
wesołość f; (pastime) rozrywka f.

amusement arcade n salon m gier
automatycznych.

an [æn, ən] indef art see **a**.

anachronism [ə'nækrənɪzəm] n
anachronizm m, przeżytek m.

anaemia [ə'niːmɪə] (US **anemia**) n
anemia f, niedokrwistość f.

anaemic [ə'niːmɪk] (US **anemic**)
adj anemiczny.

anaesthetic [ænɪs'θɛtɪk] (anesthetic:
US) n środek m znieczulający;
under anaesthetic pod narkozą, w
znieczuleniu.

anaesthetist [æ'niːsθɪtɪst] n
anestezjolog m.

analogy [ə'nælədʒɪ] n analogia f.

analyse ['ænəlaɪz] (US **analyze**) vt
(situation, statistics) analizować
(przeanalizować perf); (CHEM,
MED) wykonywać (wykonać perf)

analizę +*gen*; (*PSYCH*) poddawać
(poddać *perf*) psychoanalizie.

analysis [əˈnæləsɪs] (*pl* **analyses**) *n*
analiza *f*; (*PSYCH*) psychoanaliza *f*.

analyst [ˈænəlɪst] *n* (*political etc*)
ekspert *m*, analityk *m*; (*PSYCH*)
psychoanalityk *m*.

analytic(al) [ænəˈlɪtɪk(l)] *adj*
analityczny.

analyze [ˈænəlaɪz] (*US*) *vt* = **analyse**.

anarchist [ˈænəkɪst] *n* anarchista
(-tka) *m(f)*.

anarchy [ˈænəkɪ] *n* anarchia *f*.

anatomy [əˈnætəmɪ] *n* anatomia *f*.

ancestor [ˈænsɪstə*] *n* przodek *m*.

anchor [ˈæŋkə*] *n* kotwica *f* ♦ *vi*
rzucać (rzucić *perf*) kotwicę,
kotwiczyć (zakotwiczyć *perf*) ♦ *vt*
(*fig*) przywiązywać (przywiązać *perf*).

anchovy [ˈæntʃəvɪ] *n* anchois *nt inv*.

ancient [ˈeɪnʃənt] *adj* (*civilization etc*)
starożytny; (*person, car*) wiekowy.

and [ænd] *conj* i; **and so on** i tak
dalej; **try and come** spróbuj przyjść.

Andes [ˈændiːz] *npl*: **the Andes**
Andy *pl*.

anecdote [ˈænɪkdəut] *n* anegdota *f*.

anemia *etc* (*US*) = **anaemia** *etc*.

anesthetic *etc* [ænɪsˈθetɪk] (*US*) =
anaesthetic *etc*.

anew [əˈnjuː] *adv* na nowo, od nowa.

angel [ˈeɪndʒəl] *n* anioł *m*.

anger [ˈæŋgə*] *n* gniew *m*, złość *f*.

angle [ˈæŋgl] *n* (*MATH*) kąt *m*;
(*corner*) róg *m*, narożnik *m*;
(*viewpoint*) strona *f*.

angler [ˈæŋglə*] *n* wędkarz (-arka)
m(f).

Anglican [ˈæŋglɪkən] *adj* anglikański
♦ *n* anglikanin (-nka) *m(f)*.

angling [ˈæŋglɪŋ] *n* wędkarstwo *nt*.

angrily [ˈæŋgrɪlɪ] *adv* gniewnie, w
złości.

angry [ˈæŋgrɪ] *adj* (*person*) zły,
rozgniewany; (*response, letter*)
gniewny; (*fig: wound, rash*)
zaogniony; **to be angry with sb/at**

sth złość się na kogoś/o coś; **to
get angry** rozgniewać się (*perf*),
rozzłościć się (*perf*).

anguish [ˈæŋgwɪʃ] *n* cierpienie *nt*.

angular [ˈæŋgjulə*] *adj* kanciasty.

animal [ˈænɪməl] *n* zwierzę *nt*; (*pej:
person*) bydlę *nt* (*pej*) ♦ *adj*
zwierzęcy.

animate [ˈænɪmɪt] *adj* ożywiony.

animated [ˈænɪmeɪtɪd] *adj*
(*conversation*) ożywiony; (*FILM*)
animowany.

animosity [ænɪˈmɔsɪtɪ] *n* animozja *f*,
niechęć *f*.

ankle [ˈæŋkl] (*ANAT*) *n* kostka *f*.

annex [ˈæneks] *n* (*BRIT* **annexe**)
przybudówka *f*, (nowe) skrzydło *nt* ♦
vt anektować (zaanektować *perf*),
zajmować (zająć *perf*).

annihilate [əˈnaɪəleɪt] *vt* unicestwiać
(unicestwić *perf*).

anniversary [ænɪˈvəːsərɪ] *n* rocznica
f.

announce [əˈnauns] *vt* ogłaszać
(ogłosić *perf*).

announcement [əˈnaunsmənt] *n*
(*public declaration*) oświadczenie *nt*;
(*in newspaper etc*) ogłoszenie *nt*; (*at
airport, radio*) komunikat *m*,
zapowiedź *f*.

announcer [əˈnaunsə*] (*RADIO, TV*)
n spiker(ka) *m(f)*.

annoy [əˈnɔɪ] *vt* irytować (zirytować
perf), drażnić (rozdrażnić *perf*).

annoyance [əˈnɔɪəns] *n* irytacja *f*.

annoying [əˈnɔɪɪŋ] *adj* irytujący.

annual [ˈænjuəl] *adj* (*meeting*)
doroczny; (*income, rate*) roczny ♦ *n*
(*BOT*) roślina *f* jednoroczna; (*book*)
rocznik *m*.

annually [ˈænjuəlɪ] *adv* (*once a year*)
co rok(u), corocznie, dorocznie;
(*during a year*) rocznie.

annul [əˈnʌl] *vt* (*contract*)
unieważniać (unieważnić *perf*),
anulować (anulować *perf*).

annum [ˈænəm] *n see* **per**.

anomaly [ə'nɔməlɪ] n anomalia f,
nieprawidłowość f.

anonymity [ænə'nɪmɪtɪ] n
anonimowość f.

anonymous [ə'nɔnɪməs] adj (letter,
gift) anonimowy; (place) bezimienny.

anorak ['ænəræk] n anorak m (ciepła
kurtka przeciwdeszczowa z kapturem).

anorexia [ænə'rɛksɪə] n anoreksja f,
jadłowstręt m psychiczny.

another [ə'nʌðə*] adj inny ♦ pron
(one more) następny, drugi; (a
different one) inny, drugi; see also **one**.

answer ['ɑ:nsə*] n (to question,
letter) odpowiedź f; (to problem)
rozwiązanie nt ♦ vi odpowiadać
(odpowiedzieć perf) ♦ vt (letter,
question) odpowiadać
(odpowiedzieć perf) na +acc;
(problem) rozwiązywać (rozwiązać
perf); (prayer) wysłuchiwać
(wysłuchać perf) +gen; **in answer to
your letter** w odpowiedzi na
Pana/Pani list; **to answer the phone**
odbierać (odebrać perf) telefon; **to
answer the bell** or **the door**
otworzyć (perf) drzwi.

►**answer back** vi odpyskowywać
(odpyskować perf) (inf).

►**answer for** vt fus (person etc)
ręczyć (poręczyć perf) za +acc;
(one's actions) odpowiadać
(odpowiedzieć perf) za +acc.

►**answer to** vt fus (description)
odpowiadać +dat.

answerable ['ɑ:nsərəbl] adj:
answerable to sb for sth
odpowiedzialny przed kimś za coś.

answering machine ['ɑ:nsərɪŋ-] n
automatyczna sekretarka f.

ant [ænt] n mrówka f.

antagonism [æn'tægənɪzəm] n
wrogość f, antagonizm m.

antagonize [æn'tægənaɪz] vt zrażać
(zrazić perf) sobie.

Antarctic [ænt'ɑ:ktɪk] n: **the
Antarctic** Antarktyka f.

antelope ['æntɪləup] n antylopa f.

antenatal ['æntɪ'neɪtl] adj
przedporodowy.

antenna [æn'tɛnə] (pl **antennae**) n
(of insect) czułek m; (RADIO, TV)
antena f.

anthem ['ænθəm] n: **national
anthem** hymn m państwowy.

anthology [æn'θɔlədʒɪ] n antologia f.

anthropology [ænθrə'pɔlədʒɪ] n
antropologia f.

anti-aircraft ['æntɪ'ɛəkrɑ:ft] adj
przeciwlotniczy.

antibiotic ['æntɪbaɪ'ɔtɪk] n antybiotyk
m.

antibody ['æntɪbɔdɪ] n przeciwciało
nt.

anticipate [æn'tɪsɪpeɪt] vt (foresee)
przewidywać (przewidzieć perf);
(look forward to) czekać na +acc; (do
first) antycypować.

anticipation [æntɪsɪ'peɪʃən] n
(expectation) przewidywanie nt;
(eagerness) niecierpliwość f.

anticlockwise ['æntɪ'klɔkwaɪz]
(BRIT) adv odwrotnie do ruchu
wskazówek zegara.

antics ['æntɪks] npl (of animal, child)
błazeństwa pl, figle pl.

antidote ['æntɪdəut] n (MED)
antidotum nt, odtrutka f; (fig)
antidotum nt.

antifreeze ['æntɪfri:z] (AUT) n płyn
m nie zamarzający.

antipathy [æn'tɪpəθɪ] n antypatia f.

antiquated ['æntɪkweɪtɪd] adj
przestarzały, staroświecki.

antique [æn'ti:k] n antyk m ♦ adj
zabytkowy.

antique dealer n antykwariusz m.

antique shop n sklep m z antykami,
antykwariat m.

antiquity [æn'tɪkwɪtɪ] n starożytność f.

anti-Semitism ['æntɪ'sɛmɪtɪzəm] n
antysemityzm m.

antiseptic [æntɪ'sɛptɪk] n środek m
odkażający or bakteriobójczy.

antisocial [ˈæntɪˈsəʊʃəl] *adj*
aspołeczny.

anus [ˈeɪnəs] *n* odbyt *m*.

anxiety [æŋˈzaɪətɪ] *n* (*concern*)
niepokój *m*, obawa *f*; (*MED*) lęk *m*.

anxious [ˈæŋkʃəs] *adj* (*worried*)
zaniepokojony; (*worrying*)
niepokojący; **she is anxious to go
abroad** zależy jej na wyjeździe za
granicę.

┌──── KEYWORD ────┐

any [ˈenɪ] *adj* **1** (*in questions etc*): **are
there any tickets left?** czy zostały
jakieś bilety?; **have you any sugar?**
masz trochę cukru? **2** (*with
negative*): **I haven't any
money/books** nie mam (żadnych)
pieniędzy/książek. **3** (*no matter
which*): **any excuse will do** każda
wymówka będzie dobra. **4**: **in any
case** (*at any rate*) w każdym razie;
(*besides*) zresztą, poza tym; (*no
matter what*) tak czy owak; **any day
now** lada dzień; **at any moment**
lada chwila *or* moment, w każdej
chwili; **at any rate** w każdym razie;
any time (*at any moment*) lada
chwila *or* moment; (*whenever*)
zawsze gdy ♦ *pron* **1** (*in questions
etc*): **I collect stamps; have you got
any?** zbieram znaczki – masz
jakieś?; **can any of you sing?** czy
któreś z was umie śpiewać? **2** (*with
negative*): **I haven't any (of them)**
nie mam ani jednego (z nich). **3** (*no
matter which one(s)*) jakikolwiek,
którykolwiek; **take any of them**
weź którykolwiek z nich
♦ *adv* **1** (*in questions etc*) trochę;
are you feeling any better? czy
czujesz się (choć) trochę lepiej? **2**
(*with negative*) już; **I can't hear him
any more** nie słyszę go już; **don't
wait any longer** nie czekaj (już)
dłużej.

anybody [ˈenɪbɒdɪ] = **anyone**.

┌──── KEYWORD ────┐

anyhow [ˈenɪhaʊ] *adv* **1** (*at any rate*)
i tak, tak czy owak; **I shall go
anyhow** i tak pójdę. **2** (*haphazard*)
byle jak, jak(kolwiek); **she leaves
things just anyhow** zostawia
wszystko byle jak.

┌──── KEYWORD ────┐

anyone [ˈenɪwʌn] *pron* **1** (*in
questions etc*) ktoś *m*, ktokolwiek *m*;
can you see anyone? widzisz
kogoś? **2** (*with negative*) nikt *m*; **I
can't see anyone** nikogo nie widzę.
3 (*no matter who*) każdy *m*,
ktokolwiek *m*; **anyone could have
done it** mógł to zrobić każdy *or*
ktokolwiek.

┌──── KEYWORD ────┐

anything [ˈenɪθɪŋ] *pron* **1** (*in
questions etc*) coś *nt*, cokolwiek *nt*;
can you see anything? widzisz
coś? **2** (*with negative*) nic *nt*; **I can't
see anything** nic nie widzę. **3** (*no
matter what*) co(kolwiek) *nt*, ●
wszystko *nt*; **he'll eat anything** on
wszystko zje.

┌──── KEYWORD ────┐

anyway [ˈenɪweɪ] *adv* **1** (*at any rate*)
i tak, tak czy owak; **I shall go
anyway** i tak pójdę. **2** (*besides*) w
każdym razie, (a) poza tym, (a) tak
w ogóle; **anyway, I'll let you know**
w każdym razie dam ci znać; **why
are you phoning, anyway?** a tak w
ogóle, dlaczego dzwonisz?

┌──── KEYWORD ────┐

anywhere [ˈenɪweə*] *adv* **1** (*in

questions) gdzieś; **are you going anywhere?** wychodzisz gdzieś? **2** (*with negative*) nigdzie; **I can't see him anywhere** nigdzie go nie widzę. **3** (*no matter where*) gdziekolwiek; **anywhere in the world** gdziekolwiek na świecie.

apart [əˈpɑːt] *adv* (*situate*) z dala, oddzielnie; (*move*) od siebie; (*aside*) osobno, na uboczu, z dala; **10 miles apart** w odległości 10 mil od siebie; **to take sth apart** rozbierać (rozebrać *perf*) coś na części; **apart from** (*excepting*) z wyjątkiem *or* oprócz +*gen*; (*in addition to*) oprócz +*gen*, poza +*instr*.

apartheid [əˈpɑːteɪt] *n* apartheid *m*.

apartment [əˈpɑːtmənt] *n* (*US*) mieszkanie *nt*; (*in palace etc*) apartament *m*.

apartment building (*US*) *n* blok *m* mieszkalny.

apathetic [æpəˈθetɪk] *adj* apatyczny.

apathy [ˈæpəθɪ] *n* apatia *f*.

ape [eɪp] *n* małpa *f* człekokształtna ♦ *vt* małpować (zmałpować *perf*).

aperitif [əˈperɪtiːf] *n* aperitif *m*.

aperture [ˈæpətʃuə*] *n* otwór *m*, szczelina *f*; (*PHOT*) przysłona *f*.

apex [ˈeɪpeks] *n* (*of triangle etc*) wierzchołek *m*; (*fig*) szczyt *m*.

apiece [əˈpiːs] *adv* (*per thing*) za sztukę, sztuka; (*per person*) na osobę, na głowę.

apologetic [əpɔləˈdʒetɪk] *adj* (*person*) skruszony; (*tone, letter*) przepraszający.

apologize [əˈpɔlədʒaɪz] *vi*: **to apologize (for sth to sb)** przepraszać (przeprosić *perf*) (kogoś za coś).

apology [əˈpɔlədʒɪ] *n* przeprosiny *pl*.

apostle [əˈpɔsl] *n* apostoł *m*.

apostrophe [əˈpɔstrəfɪ] *n* apostrof *m*.

appalling [əˈpɔːlɪŋ] *adj* przerażający.

apparatus [æpəˈreɪtəs] *n* (*equipment*) aparatura *f*, przyrządy *pl*; (: *in gymnasium*) przyrządy *pl*; (*of organization*) aparat *m*.

apparent [əˈpærənt] *adj* (*seeming*) pozorny; (*obvious*) widoczny, oczywisty.

apparently [əˈpærəntlɪ] *adv* najwidoczniej, najwyraźniej.

apparition [æpəˈrɪʃən] *n* zjawa *f*.

appeal [əˈpiːl] *vi* (*JUR*) wnosić (wnieść *perf*) apelację, odwoływać się (odwołać się *perf*) ♦ *n* (*JUR*) apelacja *f*, odwołanie *nt*; (*request*) apel *m*; (*charm*) urok *m*, powab *m*; **to appeal (to sb) for** apelować (zaapelować *perf*) (do kogoś) o +*acc*; **it doesn't appeal to me** to do mnie nie przemawia.

appealing [əˈpiːlɪŋ] *adj* (*attractive*) pociągający.

appear [əˈpɪə*] *vi* (*come into view*) pojawiać się (pojawić się *perf*), zjawiać się (zjawić się *perf*); (*JUR*) stawiać się (stawić się *perf*); (*be published*) ukazywać się (ukazać się *perf*) (*drukiem*); (*seem*) wydawać się (wydać się *perf*); **to appear on TV/in "Hamlet"** występować (wystąpić *perf*) w telewizji/w „Hamlecie"; **it would appear that ...** wydawałoby się, że ... .

appearance [əˈpɪərəns] *n* (*arrival*) pojawienie się *nt*; (*look*) wygląd *m*; (*in public*) wystąpienie *nt*.

appendices [əˈpendɪsiːz] *npl of* **appendix**.

appendicitis [əpendɪˈsaɪtɪs] *n* zapalenie *nt* wyrostka robaczkowego.

appendix [əˈpendɪks] (*pl* **appendices**) *n* (*ANAT*) wyrostek *m* robaczkowy; (*to publication*) dodatek *m*.

appetite [ˈæpɪtaɪt] *n* apetyt *m*; (*fig*) chętka *f*.

appetizer [ˈæpɪtaɪzə*] *n* (*food*)

przystawka *f*, zakąska *f*; (*drink*)
aperitif *m*.
appetizing ['æpɪtaɪzɪŋ] *adj*
smakowity, apetyczny.
applaud [ə'plɔːd] *vi* bić brawo,
klaskać ♦ *vt* (*actor etc*) oklaskiwać;
(*action, attitude*) pochwalać
(pochwalić *perf*); (*decision, initiative*)
przyklaskiwać (przyklasnąć *perf*)
+*dat*.
applause [ə'plɔːz] *n* (*clapping*)
oklaski *pl*; (*praise*) aplauz *m*.
apple ['æpl] *n* jabłko *nt*.
apple tree *n* jabłoń *f*.
appliance [ə'plaɪəns] *n* (*electrical,
gas etc*) urządzenie *nt*.
applicable [ə'plɪkəbl] *adj*: **applicable
(to)** odpowiedni (do +*gen*), mający
zastosowanie (w +*loc*).
applicant ['æplɪkənt] *n* kandydat(ka)
m(f).
application [æplɪ'keɪʃən] *n* (*for job*)
podanie *nt*; (*for grant*) podanie *nt*,
wniosek *m*; (*of rules, theory*)
zastosowanie *nt*; (*of cream*)
nałożenie *nt*; (*of compress*)
przyłożenie *nt*; (*of paint*) położenie
nt; (*hard work*) pilność *f*.
application form *n* formularz *m*
podania *or* wniosku.
applied [ə'plaɪd] *adj* (*science, art*)
stosowany.
apply [ə'plaɪ] *vt* (*put on*) nakładać
(nałożyć *perf*); (*put into practice*)
stosować (zastosować *perf*) ♦ *vi* (*be
applicable*) stosować się, mieć
zastosowanie; (*ask*) składać (złożyć
perf) podanie *or* wniosek, zgłaszać
się (zgłosić się *perf*); **to apply to**
mieć zastosowanie do +*gen*; **to
apply for** ubiegać się o +*acc*; **to
apply o.s. to** przykładać się
(przyłożyć się *perf*) do +*gen*.
appoint [ə'pɔɪnt] *vt* (*to post*)
mianować.
appointed [ə'pɔɪntɪd] *adj*: **at the**

appointed time o wyznaczonym
czasie.
appointment [ə'pɔɪntmənt] *n* (*of
person*) mianowanie *nt*; (*post*)
stanowisko *nt*; (*arranged meeting:
with client*) spotkanie *nt*; (: *with
doctor, hairdresser*) wizyta *f*; **to
make an appointment (with sb)**
ustalać (ustalić *perf*) termin
spotkania (z kimś), umawiać się
(umówić się *perf*) (z kimś).
appraisal [ə'preɪzl] *n* (*of situation,
market*) ocena *f*; (*of damage*)
oszacowanie *nt*, wycena *f*.
appreciate [ə'priːʃɪeɪt] *vt* (*like*)
doceniać, cenić sobie; (*be grateful
for*) być wdzięcznym za +*acc*,
doceniać (docenić *perf*); (*be aware
of*) rozumieć ♦ *vi* (*COMM*) zyskiwać
(zyskać *perf*) na wartości.
appreciation [əpriːʃɪ'eɪʃən] *n*
(*enjoyment*) uznanie *nt*; (*COMM*)
wzrost *m* wartości; (*understanding*)
zrozumienie *nt*, świadomość *f*;
(*gratitude*) wdzięczność *f*.
apprehend [æprɪ'hend] *vt* (*arrest*)
zatrzymywać (zatrzymać *perf*), ująć
(*perf*).
apprehension [æprɪ'henʃən] *n* (*fear*)
obawa *f*.
apprehensive [æprɪ'hensɪv] *adj*
pełen obawy.
apprentice [ə'prentɪs] *n* (*carpenter
etc*) uczeń/uczennica *m/f*, terminator
m.
apprenticeship [ə'prentɪsʃɪp] *n* (*for
trade*) nauka *f* rzemiosła, praktyka *f*
(zawodowa); (*fig*) praktyka *f*.
approach [ə'prəutʃ] *vi* nadchodzić
(nadejść *perf*) ♦ *vt* (*place*) zbliżać się
(zbliżyć się *perf*) do +*gen*; (*person,
problem*) podchodzić (podejść *perf*)
do +*gen*; (*ask, apply to*) zwracać się
(zwrócić się *perf*) do +*gen* ♦ *n* (*of
person*) nadejście *nt*; (*proposal*)
propozycja *f*, oferta *f*; (*access, path*)

droga *f*, dojście *nt*; (*to problem*)
podejście *nt*.

appropriate [ə'prəuprɪit] *adj* (*remark etc*) stosowny, właściwy; (*tool*)
odpowiedni ♦ *vt* przywłaszczać
(przywłaszczyć *perf*) sobie.

approval [ə'pru:vəl] *n* (*approbation*)
aprobata *f*; (*permission*) zgoda *f*.

approve [ə'pru:v] *vt* zatwierdzać
(zatwierdzić *perf*).

►**approve of** *vt fus* (*person, thing*)
akceptować; (*behaviour*) pochwalać.

approximate [ə'prɔksɪmɪt] *adj*
przybliżony.

approximately [ə'prɔksɪmɪtlɪ] *adv*
około, w przybliżeniu.

apricot ['eɪprɪkɔt] *n* morela *f*.

April ['eɪprəl] *n* kwiecień *m*.

April Fool's Day *n* prima aprilis *m*.

apron ['eɪprən] *n* (*clothing*) fartuch *m*,
fartuszek *m*.

apt [æpt] *adj* (*comment etc*) trafny;
(*person*) uzdolniony; **to be apt to
do sth** mieć tendencję do robienia
czegoś.

aptitude ['æptɪtju:d] *n* uzdolnienie *nt*.

aquarium [ə'kwɛərɪəm] *n* (*fish tank*)
akwarium *nt*; (*building*) oceanarium
nt.

Aquarius [ə'kwɛərɪəs] *n* Wodnik *m*.

Arab ['ærəb] *adj* arabski ♦ *n* Arab(ka)
m(f).

Arabian [ə'reɪbɪən] *adj* (*GEOG*)
arabski.

Arabic ['ærəbɪk] *adj* (*language,
numerals*) arabski ♦ *n* (język *m*)
arabski.

arable ['ærəbl] *adj* uprawny, orny.

arbitrary ['ɑ:bɪtrərɪ] *adj* (*attack*)
przypadkowy; (*decision*) arbitralny.

arbitration [ɑ:bɪ'treɪʃən] *n* arbitraż *m*;
the dispute went to arbitration spór
skierowano do arbitrażu.

arc [ɑ:k] *n* łuk *m*.

arcade [ɑ:'keɪd] *n* (*covered
passageway*) arkada *f*; (*shopping
mall*) pasaż *m* handlowy.

arch [ɑ:tʃ] *n* (*ARCHIT*) łuk *m*,
sklepienie *nt* łukowe; (: *of bridge*)
przęsło *nt*; (*of foot*) podbicie *nt* ♦ *vt*
wyginać (wygiąć *perf*) w łuk.

archaeologist [ɑ:kɪ'ɔlədʒɪst] *n*
archeolog *m*.

archaeology [ɑ:kɪ'ɔlədʒɪ] *n*
archeologia *f*.

archaic [ɑ:'keɪɪk] *adj* archaiczny.

archbishop [ɑ:tʃ'bɪʃəp] *n* arcybiskup
m.

archeology *etc* (*US*) = **archaeology**
etc.

archipelago [ɑ:kɪ'pɛlɪgəu] *n*
archipelag *m*.

architect ['ɑ:kɪtɛkt] *n* architekt *m*.

architecture ['ɑ:kɪtɛktʃə*] *n*
architektura *f*.

archives ['ɑ:kaɪvz] *npl* archiwa *pl*,
archiwum *nt*.

Arctic ['ɑ:ktɪk] *adj* arktyczny ♦ *n*: **the
Arctic** Arktyka *f*.

ardent ['ɑ:dənt] *adj* (*admirer*)
gorliwy, żarliwy; (*discussion*)
ożywiony.

arduous ['ɑ:djuəs] *adj* żmudny.

are [ɑ:*] *vb see* **be**.

area ['ɛərɪə] *n* (*region, zone*) obszar
m, rejon *m*; (*part*) miejsce *nt*; (*of
knowledge etc*) dziedzina *f*.

area code (*TEL*) *n* (numer *m*)
kierunkowy.

arena [ə'ri:nə] *n* arena *f*.

aren't [ɑ:nt] = **are not**.

Argentina [ɑ:dʒən'ti:nə] *n* Argentyna
f.

Argentinian [ɑ:dʒən'tɪnɪən] *adj*
argentyński ♦ *n* Argentyńczyk
(-tynka) *m(f)*.

arguable ['ɑ:gjuəbl] *adj* dyskusyjny.

arguably ['ɑ:gjuəblɪ] *adv*
prawdopodobnie, być może.

argue ['ɑ:gju:] *vi* (*quarrel*) kłócić się,
sprzeczać się; (*reason*)
argumentować; **to argue that ...**
utrzymywać, że ... .

argument ['ɑ:gjumənt] *n* (*reason*)

argument *m*; (*reasoning*)
rozumowanie *nt*; (*quarrel*) kłótnia *f*,
sprzeczka *f*.
argumentative [ɑ:gju'mentətɪv] *adj*
kłótliwy.
aria ['ɑ:rɪə] *n* aria *f*.
arid ['ærɪd] *adj* suchy, jałowy.
Aries ['ɛərɪz] *n* Baran *m*.
arise [ə'raɪz] (*pt* **arose**, *pp* **arisen**)
vi powstawać (powstać *perf*),
pojawiać się (pojawić się *perf*).
arisen [ə'rɪzn] *pp of* **arise**.
aristocracy [ærɪs'tɔkrəsɪ] *n*
arystokracja *f*.
aristocrat ['ærɪstəkræt] *n* arystokrata
(-tka) *m(f)*.
arithmetic [ə'rɪθmətɪk] *n* (*MATH*)
arytmetyka *f*; (*calculation*) obliczenia
pl, rachunki *pl*.
ark [ɑ:k] *n*: **Noah's Ark** arka *f* Noego.
arm [ɑ:m] *n* (*ANAT*) ręka *f*, ramię *nt*;
(*of jacket*) rękaw *m*; (*of chair*) poręcz
f; (*of organization etc*) ramię *nt* ♦ *vt*
zbroić, uzbrajać (uzbroić *perf*); **arms**
npl (*MIL*) broń *f*; **arm in arm** pod
rękę.
armaments ['ɑ:məmənts] *npl*
zbrojenia *pl*.
armchair ['ɑ:mtʃɛə*] *n* fotel *m*.
armed [ɑ:md] *adj* (*soldier*)
uzbrojony; (*conflict, action*) zbrojny.
armed robbery *n* rabunek *m* z
bronią w ręku.
armistice ['ɑ:mɪstɪs] *n* zawieszenie
nt broni.
armour (*US* **armor**) ['ɑ:mə*] *n* (*of
knight*) zbroja *f*.
armpit ['ɑ:mpɪt] *n* pacha *f*.
arms race [ɑ:mz-] *n*: **the arms race**
wyścig *m* zbrojeń.
army ['ɑ:mɪ] *n* (*MIL*) wojsko *nt*;
(: *unit*) armia *f*; (*fig*) armia *f*.
aroma [ə'rəumə] *n* aromat *m*.
aromatic [ærə'mætɪk] *adj*
aromatyczny.
arose [ə'rəuz] *pt of* **arise**.
around [ə'raund] *adv* (*about*)

dookoła; (*in the area*) w okolicy ♦
prep (*encircling*) wokół *or* dookoła
+*gen*; (*near*) koło +*gen*; (*fig*: *about,
roughly*) około +*gen*.
arouse [ə'rauz] *vt* (*from sleep*)
budzić (obudzić *perf*); (*sexually*)
pobudzać (pobudzić *perf*); (*interest,
passion*) rozbudzać (rozbudzić *perf*),
wzbudzać (wzbudzić *perf*).
arrange [ə'reɪndʒ] *vt* (*meeting, tour*)
organizować (zorganizować *perf*);
(*cards, papers*) układać (ułożyć
perf); (*glasses, furniture*) ustawiać
(ustawić *perf*); (*sth with/for sb*)
załatwiać (załatwić *perf*); **they've
arranged to meet her in the pub**
umówili się (, że spotkają się) z nią
w pubie.
arrangement [ə'reɪndʒmənt] *n*
(*agreement*) umowa *f*; (*order, layout*)
układ *m*; **arrangements** *npl* (*plans*)
ustalenia *pl*; (*preparations*)
przygotowania *pl*.
array [ə'reɪ] *n* (*MATH*) macierz *f*,
matryca *f*; (*COMPUT*) tablica *f*;
(*MIL*) szyk *m*; **an array of** wachlarz
+*gen*.
arrears [ə'rɪəz] *npl* zaległości *pl*
płatnicze; **to be in arrears with
one's rent** zalegać z czynszem.
arrest [ə'rɛst] *vt* (*criminal*) aresztować
(zaaresztować *perf*); (*sb's attention*)
przykuwać (przykuć *perf*) ♦ *n*
aresztowanie *nt*; **you're under arrest**
jest Pan aresztowany.
arrival [ə'raɪvl] *n* (*of person*)
przybycie *nt*; (*of train, car*) przyjazd
m; (*of plane*) przylot *m*; (*fig*: *of
invention etc*) nadejście *nt*; **new
arrival** (*at college, work*) nowy (-wa)
m(f); (*baby*) nowo narodzone
dziecko.
arrive [ə'raɪv] *vi* (*person*) przybywać
(przybyć *perf*); (*moment, news,
letter*) nadchodzić (nadejść *perf*);
(*baby*) przychodzić (przyjść *perf*) na
świat.

►**arrive at** vt fus (fig: conclusion, agreement) dochodzić (dojść perf) do +gen.

arrogance ['ærəgəns] n arogancja f.

arrogant ['ærəgənt] adj arogancki.

arrow ['ærəu] n (weapon) strzała f; (sign) strzałka f.

arse [ɑːs] (BRIT: inf!) n dupa f (inf!).

arsenal ['ɑːsɪnl] n arsenał m.

arsenic ['ɑːsnɪk] n arszenik m.

arson ['ɑːsn] n podpalenie nt.

art [ɑːt] n sztuka f; **arts** npl (SCOL) nauki pl humanistyczne.

artery ['ɑːtərɪ] n (MED) tętnica f; (fig: road) arteria f.

artful ['ɑːtful] adj chytry, przebiegły.

art gallery n galeria f sztuki.

arthritis [ɑːˈθraɪtɪs] n zapalenie nt stawów, artretyzm m.

artichoke ['ɑːtɪtʃəuk] n (also: **globe artichoke**) karczoch m; (also: **Jerusalem artichoke**) topinambur m.

article ['ɑːtɪkl] n artykuł m; (LING) przedimek m, rodzajnik m; **articles** (BRIT) npl (JUR) aplikacja f.

articulate [ɑːˈtɪkjulɪt] adj (speech) wyraźny; (sth said or written) zrozumiały, jasny; (person) elokwentny, wymowny ♦ vt wyrażać (wyrazić perf).

artificial [ɑːtɪˈfɪʃəl] adj sztuczny.

artificial respiration n sztuczne oddychanie nt.

artillery [ɑːˈtɪlərɪ] n artyleria f.

artist ['ɑːtɪst] n artysta (-tka) m(f).

artistic [ɑːˈtɪstɪk] adj artystyczny.

artistry ['ɑːtɪstrɪ] n artyzm m.

art school n ≈ akademia f sztuk pięknych.

as [æz, əz] conj **1** (referring to time) kiedy, gdy; **he came in as I was leaving** wszedł, kiedy or gdy wychodziłem; **as from tomorrow** (począwszy) od jutra. **2** (in comparisons): **as big as me** taki duży jak ja; **twice as big as you** dwa razy większy od ciebie; **she has as much money as I** ma tyle (samo) pieniędzy co ja; **as much as 200 pounds** aż 200 funtów; **as soon as you have finished** jak tylko skończysz. **3** (since, because) ponieważ; **he left early as he had to be home by ten** wyszedł wcześnie, ponieważ miał być w domu przed dziesiątą. **4** (referring to manner, way) (tak) jak; **do as you wish** rób, jak chcesz. **5** (in the capacity of) jako; **he works as a driver** pracuje jako kierowca. **6** (concerning): **as for** or **to that** co do tego, jeśli o to chodzi. **7**: **as if** or **though** jak gdyby, jakby; see also **long, such, well**.

a.s.a.p. adv abbr (= as soon as possible) jak najszybciej.

asbestos [æzˈbestəs] n azbest m.

ascend [əˈsend] vt (hill) wspinać się (wspiąć się perf) na +acc; (stairs) wspinać się (wspiąć się perf) po +loc; (throne) wstępować (wstąpić perf) na +acc ♦ vi (path, stairs) piąć się; (person: on foot) wspinać się (wspiąć się perf); (: in lift) wjeżdżać (wjechać perf).

ascent [əˈsent] n (slope) wzniesienie nt; (climb) wspinaczka f.

ascribe [əˈskraɪb] vt: **to ascribe sth to** przypisywać (przypisać perf) coś +dat.

ash [æʃ] n (of fire) popiół m; (tree, wood) jesion m.

ashamed [əˈʃeɪmd] adj zawstydzony; **to be ashamed of/to do sth** wstydzić się +gen/coś zrobić.

ashore [əˈʃɔː*] adv (swim) do brzegu; (go) na brzeg; (be) na brzegu.

ashtray ['æʃtreɪ] n popielniczka f.

Ash Wednesday n środa f popielcowa, Popielec m.

Asia ['eɪʃə] n Azja f.

Asian ['eɪʃən] adj azjatycki ♦ n Azjata (-tka) m(f).

aside [ə'saɪd] adv na bok ♦ n (incidental remark) uwaga f na marginesie; (THEAT) uwaga f na stronie (skierowana do publiczności).

ask [ɑːsk] vt (question) zadawać (zadać perf); (invite) zapraszać (zaprosić perf); **to ask sb sth/to do sth** prosić (poprosić perf) kogoś o coś/, żeby coś zrobił; **to ask sb about sth** pytać (zapytać perf or spytać perf) o coś; **to ask sb out to dinner** zapraszać (zaprosić perf) kogoś do restauracji.

►**ask for** vt fus prosić (poprosić perf) o +acc; **it's just asking for trouble/it** to się może źle skończyć.

asleep [ə'sliːp] adj śpiący, pogrążony we śnie; **to be asleep** spać; **to fall asleep** zasypiać (zasnąć perf).

asparagus [əs'pærəɡəs] n szparagi pl.

aspect ['æspɛkt] n aspekt m.

asphalt ['æsfælt] n asfalt m.

aspirations [æspə'reɪʃənz] npl aspiracje pl.

aspire [əs'paɪə*] vi: **to aspire to** aspirować do +gen.

aspirin ['æsprɪn] n aspiryna f.

ass [æs] n (lit, fig) osioł m; (US: inf!) dupa f (inf!).

assassin [ə'sæsɪn] n (killer) zabójca (-czyni) m(f); (one who attempts to kill) zamachowiec m.

assassination [əsæsɪ'neɪʃən] n zabójstwo nt (w drodze zamachu).

assault [ə'sɔːlt] n (JUR) napad m, atak m; (MIL) atak m ♦ vt atakować (zaatakować perf), napadać (napaść perf); (sexually) gwałcić (zgwałcić perf).

assemble [ə'sɛmbl] vt gromadzić (zgromadzić perf); (TECH) montować (zmontować perf) ♦ vi

zbierać się (zebrać się perf), gromadzić się (zgromadzić się perf).

assembly [ə'sɛmblɪ] n (meeting, institution) zgromadzenie nt; (construction) montaż m.

assembly line n linia f montażowa.

assent [ə'sɛnt] n zgoda f, aprobata f.

assert [ə'sɜːt] vt (opinion) wyrażać (wyrazić perf) zdecydowanie; (innocence) zapewniać (zapewnić perf) o +loc; (authority) zaznaczać (zaznaczyć perf), podkreślać (podkreślić perf).

assertion [ə'sɜːʃən] n twierdzenie nt.

assess [ə'sɛs] vt (situation, abilities, students) oceniać (ocenić perf); (tax) naliczać (naliczyć perf), obliczać (obliczyć perf); (damages, value) szacować (oszacować perf).

assessment [ə'sɛsmənt] n (of situation, abilities) ocena f; (of tax) naliczenie nt, obliczenie nt; (of damage, value) oszacowanie nt; (SCOL) ocena f (postępów).

asset ['æsɛt] n (quality) zaleta f; (person) cenny nabytek m; **assets** npl (property, funds) wkłady pl kapitałowe; (COMM) aktywa pl.

assiduous [ə'sɪdjuəs] adj gorliwy.

assign [ə'saɪn] vt: **to assign (to)** (task, resources) przydzielać (przydzielić perf) (+dat); (person) przydzielać (przydzielić perf) (do +gen), wyznaczać (wyznaczyć perf) (do +gen).

assignment [ə'saɪnmənt] n (task) zadanie nt; (appointment) wyznaczenie nt, przydzielenie nt.

assimilate [ə'sɪmɪleɪt] vt (learn) przyswajać (przyswoić perf) sobie; (absorb) wchłaniać (wchłonąć perf).

assist [ə'sɪst] vt pomagać (pomóc perf) +dat.

assistance [ə'sɪstəns] n pomoc f.

assistant [ə'sɪstənt] n pomocnik (-ica) m(f); (BRIT: also: **shop assistant**) sprzedawca (-czyni) m(f).

associate [ə'səuʃɪt] n wspólnik
(-iczka) m(f) ♦ vt kojarzyć
(skojarzyć perf) ♦ vi: **to associate
with sb** zadawać się z kimś ♦ adj:
associate director zastępca m
dyrektora; **associate professor** (US)
≈ profesor nadzwyczajny.

association [əsəusɪ'eɪʃən] n (group)
stowarzyszenie nt, zrzeszenie nt;
(involvement, link) związek m;
(PSYCH) skojarzenie nt.

assorted [ə'sɔːtɪd] adj mieszany.

assortment [ə'sɔːtmənt] n
asortyment m.

assume [ə'sjuːm] vt (suppose)
zakładać (założyć perf);
(responsibilities etc) brać (wziąć perf)
(na siebie); (appearance, name)
przybierać (przybrać perf).

assumption [ə'sʌmpʃən] n
(supposition) założenie nt; (of power
etc) przejęcie nt.

assurance [ə'ʃuərəns] n (promise)
zapewnienie nt; (confidence)
przekonanie nt; (insurance)
ubezpieczenie nt (zwłaszcza na życie).

assure [ə'ʃuə*] vt zapewniać
(zapewnić perf).

asterisk ['æstərɪsk] n gwiazdka f,
odsyłacz m.

asthma ['æsmə] n astma f.

astonish [ə'stɒnɪʃ] vt zdumiewać
(zdumieć perf), zadziwiać (zadziwić
perf).

astonishment [ə'stɒnɪʃmənt] n
zdumienie nt.

astride [ə'straɪd] prep okrakiem na
+loc.

astrologer [əs'trɒlədʒə*] n astrolog
m.

astrology [əs'trɒlədʒɪ] n astrologia f.

astronaut ['æstrənɔːt] n astronauta
(-tka) m(f), kosmonauta (-tka) m(f).

astronomer [əs'trɒnəmə*] n
astronom m.

astronomical [æstrə'nɒmɪkl] adj

(telescope, price) astronomiczny;
(odds) ogromny.

astronomy [əs'trɒnəmɪ] n astronomia f.

astute [əs'tjuːt] adj przebiegły.

asylum [ə'saɪləm] n (refuge) azyl m;
(hospital) szpital m psychiatryczny.

KEYWORD
---

at [æt] prep **1** (referring to position,
place): **at the table** przy stole; **at
home/school** w domu/szkole; **at the
top** na górze; **at my parents'
(house)** u (moich) rodziców. **2**
(referring to direction): **to look at sth**
patrzeć (popatrzeć perf) na coś; **to
throw sth at sb** rzucać (rzucić perf)
czymś w kogoś. **3** (referring to time):
at 4 o'clock o (godzinie) czwartej;
at night w nocy; **at Christmas** na
Boże Narodzenie; **at times** czasami,
czasem. **4** (referring to rates) po
+acc; **at 2 pounds a kilo** po 2 funty
za kilogram; **two at a time** po dwa
na raz. **5** (referring to speed): **at
50 km/h** z prędkością 50 km na
godzinę. **6** (referring to activity): **to
be at work** pracować; **to be good
at sth** być dobrym w czymś. **7**
(referring to cause):
shocked/surprised/annoyed at sth
wstrząśnięty/zdziwiony/
rozdrażniony czymś; **at his
command** na jego polecenie. **8**: **not
at all** (in answer to question) wcale
nie; (in answer to thanks) nie ma za
co.

---

ate [eɪt] pt of **eat**.

atheist ['eɪθɪɪst] n ateista (-tka) m(f).

Athens ['æθɪnz] n Ateny pl.

athlete ['æθliːt] n (man) sportowiec
m, sportsmen m; (woman)
sportsmenka f.

athletic [æθ'lɛtɪk] adj (tradition,
excellence) sportowy; (person)
wysportowany; (build) atletyczny.

athletics [æθ'lɛtɪks] *n* lekkoatletyka *f*.

Atlantic [ət'læntɪk] *adj* atlantycki ♦ *n*: **the Atlantic (Ocean)** Atlantyk *m*, Ocean *m* Atlantycki.

atlas ['ætləs] *n* atlas *m*.

atmosphere ['ætməsfɪə*] *n* (*of planet, place*) atmosfera *f*.

atom ['ætəm] *n* atom *m*.

atomic [ə'tɔmɪk] *adj* atomowy.

atom(ic) bomb *n* bomba *f* atomowa.

attach [ə'tætʃ] *vt* (*fasten, join*) przymocowywać (przymocować *perf*), przytwierdzać (przytwierdzić *perf*); (*document*) załączać (załączyć *perf*); (*importance etc*) przywiązywać (przywiązać *perf*); **to be attached to sb/sth** (*like*) być przywiązanym do kogoś/czegoś.

attachment [ə'tætʃmənt] *n* (*tool*) nasadka *f*, końcówka *f*; (*feeling*): **attachment (to sb)** przywiązanie *nt* (do kogoś).

attack [ə'tæk] *vt* (*MIL*) atakować (zaatakować *perf*); (*assault*) atakować (zaatakować *perf*), napadać (napaść *perf*); (*criticize*) atakować (zaatakować *perf*), napadać (napaść *perf*) na +*acc*; (*tackle*) zabierać się (zabrać się *perf*) do +*gen* ♦ *n* (*MIL*) atak *m*; (*on sb's life*) napad *m*, napaść *f*; (*fig: criticism*) atak *m*, napaść *f*; (*of illness*) napad *m*, atak *m*.

attacker [ə'tækə*] *n* napastnik (-iczka) *m(f)*.

attain [ə'teɪn] *vt* osiągać (osiągnąć *perf*).

attainments [ə'teɪnmənts] *npl* osiągnięcia *pl*.

attempt [ə'tɛmpt] *n* próba *f* ♦ *vt*: **to attempt sth/to** próbować (spróbować *perf*) czegoś/+*infin*; **to make an attempt on sb's life** dokonywać (dokonać *perf*) zamachu na czyjeś życie.

attempted [ə'tɛmptɪd] *adj* niedoszły;

attempted murder usiłowanie zabójstwa.

attend [ə'tɛnd] *vt* (*school, church*) uczęszczać do +*gen*; (*lectures, course*) uczęszczać na +*acc*; (*patient*) zajmować się (zająć się *perf*) +*instr*.

▶**attend to** *vt fus* zajmować się (zająć się *perf*) +*instr*; (*customer*) obsługiwać (obsłużyć *perf*) +*acc*.

attendance [ə'tɛndəns] *n* (*presence*) obecność *f*; (*people present*) frekwencja *f*.

attendant [ə'tɛndənt] *n* pomocnik (-ica) *m(f)*; (*in garage, museum etc*) osoba *f* z obsługi ♦ *adj*: **...and its attendant dangers** ...i związane z tym niebezpieczeństwa.

attention [ə'tɛnʃən] *n* (*concentration*) uwaga *f*; (*MED*) pomoc *f* (medyczna) ♦ *excl* (*MIL*) baczność; **for the attention of** (*ADMIN*) do wiadomości +*gen*.

attentive [ə'tɛntɪv] *adj* (*intent*) uważny; (*solicitous*) troskliwy.

attic ['ætɪk] *n* strych *m*.

attitude ['ætɪtjuːd] *n* (*posture, behaviour*) postawa *f*; (*view*): **attitude (to)** pogląd *m* (na +*acc*), stosunek *m* (do +*gen*).

attorney [ə'təːnɪ] *n* (*US*) pełnomocnik *m*.

Attorney General *n* (*BRIT*) minister *sprawiedliwości i doradca prawny rządu i Korony*; (*US*) *minister sprawiedliwości i prokurator generalny*.

attract [ə'trækt] *vt* (*people, attention*) przyciągać (przyciągnąć *perf*); (*support, publicity*) zyskiwać (zyskać *perf*); (*interest*) wzbudzać (wzbudzić *perf*); (*appeal to*) pociągać.

attraction [ə'trækʃən] *n* (*appeal*) powab *m*, urok *m*; (*usu pl: amusements*) atrakcja *f*; (*PHYS*) przyciąganie *nt*; (*fig. towards sb, sth*) pociąg *m*.

attractive [əˈtræktɪv] *adj* atrakcyjny.
attribute [ˈætrɪbjuːt] *n* atrybut *m* ♦ *vt*:
to attribute sth to przypisywać
(przypisać *perf*) coś +*dat*.
aubergine [ˈəʊbəʒiːn] *n* (*vegetable*)
bakłażan *m*, oberżyna *f*; (*colour*)
(kolor *m*) ciemnofioletowy, ciemny
fiolet *m*.
auburn [ˈɔːbən] *adj* kasztanowaty,
rudawobrązowy.
auction [ˈɔːkʃən] *n* licytacja *f*, aukcja
f ♦ *vt* sprzedawać (sprzedać *perf*) na
licytacji *or* aukcji.
auctioneer [ɔːkʃəˈnɪə*] *n*
licytator(ka) *m(f)*.
audible [ˈɔːdɪbl] *adj* słyszalny.
audience [ˈɔːdɪəns] *n* (*in theatre etc*)
publiczność *f*, widownia *f*; (*RADIO*)
słuchacze *pl*; (*TV*) widzowie *pl*;
(*with queen etc*) audiencja *f*.
audio-visual [ˈɔːdɪəʊˈvɪzjuəl] *adj*
audiowizualny.
audit [ˈɔːdɪt] (*COMM*) *vt* rewidować
(zrewidować *perf*), sprawdzać
(sprawdzić *perf*).
audition [ɔːˈdɪʃən] *n* przesłuchanie *nt*
(*do roli*).
auditor [ˈɔːdɪtə*] *n* rewident *m*
księgowy.
auditorium [ɔːdɪˈtɔːrɪəm] *n* (*building*)
audytorium *nt*; (*audience area*)
widownia *f*.
augment [ɔːgˈmɛnt] *vt* powiększać
(powiększyć *perf*), zwiększać
(zwiększyć *perf*).
August [ˈɔːgəst] *n* sierpień *m*.
aunt [ɑːnt] *n* ciotka *f*; (*affectionately*)
ciocia *f*.
auntie (*also spelled* **aunty**) [ˈɑːntɪ] *n*
dimin of **aunt** ciocia *f*; (*jocularly,
ironically*) cioteczka *f*, ciotunia *f*.
au pair [ˈəʊˈpɛə*] *n* (*also*: **au pair
girl**) *młoda cudzoziemka
pomagająca w domu w zamian za
utrzymanie i kieszonkowe*.
aura [ˈɔːrə] *n* (*fig*) atmosfera *f*.
auspicious [ɔːsˈpɪʃəs] *adj* pomyślny.

austere [ɔsˈtɪə*] *adj* (*room, person,
manner*) surowy; (*lifestyle*) prosty,
skromny.
austerity [ɔsˈtɛrɪtɪ] *n* surowość *f*,
prostota *f*; (*ECON*) trudności *pl*
gospodarcze.
Australia [ɔsˈtreɪlɪə] *n* Australia *f*.
Australian [ɔsˈtreɪlɪən] *adj*
australijski ♦ *n* Australijczyk (-jka)
m(f).
Austria [ˈɔstrɪə] *n* Austria *f*.
Austrian [ˈɔstrɪən] *adj* austriacki ♦ *n*
Austriak (-aczka) *m(f)*.
authentic [ɔːˈθɛntɪk] *adj* autentyczny.
author [ˈɔːθə*] *n* autor(ka) *m(f)*;
(*profession*) pisarz (-arka) *m(f)*.
authoritarian [ɔːθɔrɪˈtɛərɪən] *adj*
(*attitudes, conduct*) władczy,
apodyktyczny; (*government, rule*)
autorytarny.
authoritative [ɔːˈθɔrɪtətɪv] *adj*
(*person, manner*) autorytatywny;
(*source, account*) miarodajny,
wiarygodny.
authority [ɔːˈθɔrɪtɪ] *n* (*power*) władza
f; (*expert*) autorytet *m*; (*government
body*) administracja *f*; (*official
permission*) pozwolenie *nt*; **the
authorities** *npl* władze *pl*.
authorize [ˈɔːθəraɪz] *vt* (*publication*)
autoryzować; (*loan*) zatwierdzać
(zatwierdzić *perf*); (*course of action*)
wyrażać (wyrazić *perf*) zgodę na
+*acc*.
autistic [ɔːˈtɪstɪk] *adj* autystyczny.
autobiography [ɔːtəbaɪˈɔgrəfɪ] *n*
autobiografia *f*.
autograph [ˈɔːtəgrɑːf] *n* autograf *m* ♦
vt podpisywać (podpisać *perf*).
automated [ˈɔːtəmeɪtɪd] *adj*
zautomatyzowany.
automatic [ɔːtəˈmætɪk] *adj*
automatyczny; (*reaction*) odruchowy
♦ *n* (*gun*) broń *f* automatyczna;
(*washing machine*) pralka *f*
automatyczna, automat *m* (*inf*); (*car*)

samochód *m* z automatyczną skrzynią biegów.

automatically [ɔːtə'mætɪklɪ] *adv (by itself)* automatycznie; (*without thinking*) machinalnie, odruchowo.

automation [ɔːtə'meɪʃən] *n* automatyzacja *f*.

automaton [ɔː'tɔmətən] (*pl* **automata**) *n* automat *m*, robot *m*.

automobile ['ɔːtəməbiːl] (*US*) *n* samochód *m*.

autonomous [ɔː'tɔnəməs] *adj* (*region, area*) autonomiczny; (*organization, person*) niezależny.

autonomy [ɔː'tɔnəmɪ] *n* (*of country*) autonomia *f*; (*of organization, person*) niezależność *f*.

autopsy ['ɔːtɔpsɪ] *n* (*post-mortem*) sekcja *f* zwłok, autopsja *f*.

autumn ['ɔːtəm] *n* jesień *f*; **in autumn** jesienią, na jesieni.

auxiliary [ɔːg'zɪlɪərɪ] *adj* pomocniczy ♦ *n* pomocnik (-ica) *m(f)*.

avail [ə'veɪl] *vt*: **to avail o.s. of** korzystać (skorzystać *perf*) z +*gen* ♦ *n*: **to no avail** daremnie, na próżno.

availability [əveɪlə'bɪlɪtɪ] *n* (*of goods, information*) dostępność *f*; (*of staff*) osiągalność *f*.

available [ə'veɪləbl] *adj* (*article, service, information*) dostępny; (*person, time*) wolny.

avalanche ['ævəlɑːnʃ] *n* (*lit, fig*) lawina *f*.

Ave. *abbr* = **avenue** al.

avenge [ə'vendʒ] *vt* mścić (pomścić *perf*).

avenue ['ævənjuː] *n* aleja *f*; (*fig*) możliwość *f*.

average ['ævərɪdʒ] *n* średnia *f* ♦ *adj* (*mean*) średni, przeciętny; (*ordinary*) przeciętny ♦ *vt* osiągać (osiągnąć *perf*) średnio; **on average** średnio, przeciętnie.

aversion [ə'vəːʃən] *n* niechęć *f*, awersja *f*.

avert [ə'vəːt] *vt* (*accident, war*)

unikać (uniknąć *perf*) +*gen*; (*one's eyes*) odwracać (odwrócić *perf*).

aviary ['eɪvɪərɪ] *n* ptaszarnia *f*.

aviation [eɪvɪ'eɪʃən] *n* lotnictwo *nt*.

avid ['ævɪd] *adj* gorliwy; **avid for** spragniony +*gen*.

avocado [ævə'kɑːdəu] *n* (*BRIT: also:* **avocado pear**) awokado *nt inv*.

avoid [ə'vɔɪd] *vt* unikać (uniknąć *perf*) +*gen*; (*obstacle*) omijać (ominąć *perf*).

await [ə'weɪt] *vt* oczekiwać na +*acc*.

awake [ə'weɪk] (*pt* **awoke**, *pp* **awoken** *or* **awakened**) *adj*: **to be awake** nie spać ♦ *vt* budzić (obudzić *perf*) ♦ *vi* budzić się (obudzić się *perf*).

awakening [ə'weɪknɪŋ] *n* (*of emotion*) przebudzenie *nt*; (*of interest*) rozbudzenie *nt*.

award [ə'wɔːd] *n* (*prize*) nagroda *f*; (*damages*) odszkodowanie *nt* ♦ *vt* (*prize*) przyznawać (przyznać *perf*); (*damages*) zasądzać (zasądzić *perf*).

aware [ə'wɛə*] *adj*: **aware (of)** (*conscious*) świadomy (+*gen*); (*informed*) zorientowany (w +*loc*); **to become aware of/that** uświadamiać (uświadomić *perf*) sobie +*acc*/, że.

awareness [ə'wɛənɪs] *n* świadomość *f*.

away [ə'weɪ] *adv* (*be situated*) z dala, daleko; (*not present*): **to be away** być nieobecnym; (*move*): **he walked away slowly** odszedł powoli; **two kilometres away from** w odległości dwóch kilometrów od +*gen*; **two hours away by car** dwie godziny jazdy samochodem; **he's away for a week** nie będzie go przez tydzień, wyjechał na tydzień; **to take away** (*remove*) zabierać (zabrać *perf*); (*subtract*) odejmować (odjąć *perf*); **to work/pedal** *etc* **away** zawzięcie pracować/pedałować *etc*.

awe [ɔː] *n* respekt *m*.

awful ['ɔːfəl] *adj* straszny, okropny;

an awful lot (of) strasznie dużo (+*gen*).

awfully ['ɔːfəlɪ] *adv* strasznie, okropnie.

awkward ['ɔːkwəd] *adj* (*person, movement, situation*) niezręczny; (*tool, machine*) niewygodny.

awoke [ə'wəuk] *pt of* **awake**.

awoken [ə'wəukən] *pp of* **awake**.

axe (*US* **ax**) [æks] *n* siekiera *f*, topór *m* ♦ *vt* robić (zrobić *perf*) cięcia w +*loc*.

axes[1] ['æksɪz] *npl of* **ax(e)**.

axes[2] ['æksiːz] *npl of* **axis**.

axis ['æksɪs] (*pl* **axes**) *n* oś *f*.

B

B [biː] *n* (*MUS*) H *nt*, h *nt*.

BA *n abbr* (= *Bachelor of Arts*) *stopień naukowy*.

babble ['bæbl] *vi* (*person: confusedly*) bełkotać; (: *thoughtlessly, continuously*) paplać; (*baby*) gaworzyć; (*brook*) szemrać.

baby ['beɪbɪ] *n* (*infant*) niemowlę *nt*; (: *affectionately*) dzidziuś *m*; (*US: inf: darling*) kochanie *nt*; **we're going to have a baby** będziemy mieli dziecko.

baby carriage (*US*) *n* wózek *m* dziecięcy.

baby-sitter ['beɪbɪsɪtə*] *n* osoba *f* do pilnowania dziecka *or* dzieci, baby sitter *m*.

bachelor ['bætʃələ*] *n* kawaler *m*; **Bachelor of Arts/Science** *posiadacz stopnia naukowego odpowiadającego licencjatowi w dziedzinie nauk humanistycznych/ścisłych*.

back [bæk] *n* (*of person*) plecy *pl*; (*of animal*) grzbiet *m*; (*of house, car, shirt*) tył *m*; (*of hand*) wierzch *m*; (*of*

chair) oparcie *nt*; (*FOOTBALL*) obrońca *m* ♦ *vt* (*candidate*) popierać (poprzeć *perf*); (*horse*) obstawiać (obstawić *perf*); (*car*) cofać (cofnąć *perf*) ♦ *vi* (*also*: **back up**) cofać się (cofnąć się *perf*) ♦ *cpd* (*payment, rent*) zaległy; (*seat, wheels*) tylny; (*garden*) za domem *post*; (*room*) od podwórza *post* ♦ *adv* do tyłu; **he's back** wrócił; **they ran back** pobiegli z powrotem.

▶**back down** *vi* wycofywać się (wycofać się *perf*).

▶**back out** *vi* wycofywać się (wycofać się *perf*).

▶**back up** *vt* (*support*) popierać (poprzeć *perf*); (*COMPUT*) robić (zrobić *perf*) (zapasową) kopię +*gen*.

backbencher ['bæk'bɛntʃə*] (*BRIT*) *n członek brytyjskiego Parlamentu nie pełniący ważnej funkcji w rządzie ani w partii opozycyjnej i w związku z tym zasiadający w tylnych ławach Izby Gmin.*

backbone ['bækbəun] *n* kręgosłup *m*; (*fig*) odwaga *f*, siła *f* charakteru.

backfire [bæk'faɪə*] *vi* (*AUT*) strzelać (strzelić *perf*); (*plans*) odnosić (odnieść *perf*) odwrotny skutek.

background ['bækgraund] *n* (*lit, fig*) tło *nt*; (*of person: origins*) pochodzenie *nt*; (: *educational*) wykształcenie *nt*; **against a background of** na tle +*gen*.

backhand ['bækhænd] (*TENNIS etc*) *n* bekhend *m*.

backhander ['bæk'hændə*] (*BRIT: inf*) *n* łapówka *f*, wziątka *f* (*inf*).

backing ['bækɪŋ] *n* (*support*) poparcie *nt*; (: *COMM*) sponsorowanie *nt*.

backlash ['bæklæʃ] *n* (*fig*) (gwałtowna) reakcja *f* (*atakująca określony trend, ideologię itp*).

backlog ['bæklɔg] *n*: **backlog of work** zaległości *pl* w pracy.

backpack ['bækpæk] *n* plecak *m*.
backside ['bæksaɪd] (*inf*) *n* tyłek *m*
  (*inf*).
backstage [bæk'steɪdʒ] *adv* (*be*) za
  kulisami; (*go*) za kulisy.
backstroke ['bækstrəʊk] *n* styl *m*
  grzbietowy.
backup ['bækʌp] *adj* (*staff, services*)
  pomocniczy; (*COMPUT*) zapasowy ♦
  n (*people, machines*) zaplecze *nt*;
  (*also*: **backup file**) zbiór *m*
  zapasowy *or* rezerwowy, kopia *f*
  zapasowa zbioru.
backward ['bækwəd] *adj* (*movement*)
  do tyłu *post*; (*pej: country, person*)
  zacofany.
backwards ['bækwədz] *adv* (*move,
  go*) do tyłu; (*fall*) na plecy; (*walk*)
  tyłem.
backwater ['bækwɔːtə*] *n* (*fig*)
  zaścianek *m*.
backyard [bæk'jɑːd] *n* podwórko *nt*
  (*za domem*).
bacon ['beɪkən] *n* bekon *m*.
bacteria [bæk'tɪərɪə] *npl* bakterie *pl*.
bad [bæd] *adj* zły; (*naughty*)
  niedobry, niegrzeczny; (*poor: work,
  health etc*) słaby; (*mistake, accident,
  injury*) poważny; **he has a bad back**
  ma chory kręgosłup; **to go bad**
  (*meat*) psuć się (zepsuć się *perf*).
bade [bæd] *pt of* **bid**.
badge [bædʒ] *n* odznaka *f*; (*with
  name, function*) plakietka *f*.
badger ['bædʒə*] *n* borsuk *m*.
badly ['bædlɪ] *adv* źle; **badly
  wounded** poważnie ranny; **he
  needs the money badly** bardzo
  potrzebuje tych pieniędzy; **they are
  badly off (for money)** źle im się
  powodzi.
badminton ['bædmɪntən] *n*
  badminton *m*, kometka *f*.
bad-tempered ['bæd'tempəd] *adj*: **to
  be bad-tempered** (*by nature*) mieć
  nieprzyjemne *or* przykre

usposobienie; (*on one occasion*) być
  w złym humorze.
baffle ['bæfl] *vt* (*puzzle*) zdumiewać
  (zdumieć *perf*), wprawiać (wprawić
  perf) w zdumienie; (*confuse*)
  wprawiać (wprawić *perf*) w
  zakłopotanie.
bag [bæg] *n* (*large*) torba *f*; (*small*)
  torebka *f*; (*also*: **handbag**) (damska)
  torebka *f*; (*satchel*) tornister *m*;
  (*suitcase*) walizka *f*; **bags of** (*inf*)
  (cała) masa +*gen* (*inf*).
baggage ['bægɪdʒ] *n* bagaż *m*.
baggage claim *n* (*at airport*) odbiór
  m bagażu.
baggy ['bægɪ] *adj* workowaty.
bagpipes ['bægpaɪps] *npl* dudy *pl*.
Bahamas [bə'hɑːməz] *npl*: **the
  Bahamas** Wyspy *pl* Bahama.
bail [beɪl] *n* (*JUR: payment*) kaucja *f*;
  (: *release*) zwolnienie *nt* za kaucją;
  to grant bail (to sb) wyrażać
  (wyrazić *perf*) zgodę na zwolnienie
  (kogoś) za kaucją; **he was released
  on bail** został zwolniony za kaucją
  ♦ *vi* (*also*: **bail out**: *on boat*)
  wybierać (wybrać *perf*) wodę; *see
  also* **bale**.
bailiff ['beɪlɪf] *n* (*JUR: BRIT*) ≈
  komornik *m*; (: *esp US*) niski rangą
  *urzędnik sądowy pełniący funkcję
  gońca, który zajmuje się więźniami i
  pilnuje porządku.*
bait [beɪt] *n* przynęta *f* ♦ *vt* (*tease*)
  drażnić.
bake [beɪk] *vt* (*CULIN*) piec (upiec
  perf); (*TECH*) wypalać (wypalić *perf*)
  ♦ *vi* (*bread etc*) piec się; (*person*)
  piec.
baked beans [beɪkt-] *npl* fasola *z
  puszki w sosie pomidorowym.*
baker ['beɪkə*] *n* piekarz *m*.
bakery ['beɪkərɪ] *n* piekarnia *f*.
baking ['beɪkɪŋ] *n* (*act*) pieczenie *nt*;
  (*food*) wypieki *pl*.
baking powder *n* proszek *m* do
  pieczenia.

balance ['bæləns] n (equilibrium) równowaga f; (of account: sum) stan m konta; (: remainder) saldo nt rachunku; (scales) waga f ♦ vt (budget) bilansować (zbilansować perf); (account) zamykać (zamknąć perf); **balance of trade/payments** bilans handlowy/płatniczy.

balanced ['bælənst] adj (report, account) wyważony; (personality) zrównoważony; (diet) pełnowartościowy.

balcony ['bælkənɪ] n balkon m.

bald [bɔːld] adj (person, head, tyre) łysy.

bale [beɪl] n bela f.

ball [bɔːl] n (for football, tennis) piłka f; (of wool, string) kłębek m; (dance) bal m; **to play ball (with sb)** (fig) współpracować (z kimś).

ballad ['bæləd] n ballada f.

ballast ['bæləst] n balast m.

ballerina [bælə'riːnə] n balerina f.

ballet ['bæleɪ] n balet m.

balloon [bə'luːn] n (child's) balon m, balonik m; (hot air balloon) balon m.

ballot ['bælət] n tajne głosowanie nt.

ballpoint (pen) ['bɔːlpɔɪnt(-)] n długopis m.

ballroom ['bɔːlrum] n sala f balowa.

balm [bɑːm] n balsam m.

Baltic ['bɔːltɪk] n: **the Baltic (Sea)** Bałtyk m, Morze nt Bałtyckie.

bamboo [bæm'buː] n bambus m.

ban [bæn] n zakaz m ♦ vt zakazywać (zakazać perf) +gen.

banal [bə'nɑːl] adj banalny.

banana [bə'nɑːnə] n banan m.

band [bænd] n (group) banda f (pej), grupa f; (rock) grupa f, zespół m; (jazz, military etc) orkiestra f; (strip, stripe) pasek m, wstążka f.

bandage ['bændɪdʒ] n bandaż m ♦ vt (wound, leg) bandażować (zabandażować perf).

bandaid ['bændeɪd] ® (US) n plaster m.

bandit ['bændɪt] n bandyta m.

bandwagon ['bændwægən] n: **to jump on the bandwagon** (fig) przyłączać się (przyłączyć się perf) do większości.

bang [bæŋ] n (of door) trzaśnięcie nt, trzask m; (of gun, exhaust) huk m, wystrzał m; (blow) uderzenie nt, walnięcie nt ♦ vt (door) trzaskać (trzasnąć perf) +instr, (one's head etc) uderzać (uderzyć perf) +instr, walić (walnąć perf) +instr ♦ vi (door) trzaskać (trzasnąć perf); (fireworks) strzelać (strzelić perf).

bangle ['bæŋgl] n bransoletka f.

bangs [bæŋz] (US) npl grzywka f.

banish ['bænɪʃ] vt wygnać (perf), skazywać (skazać perf) na banicję or wygnanie.

banister(s) ['bænɪstə(z)] n(pl) poręcz f, balustrada f.

bank [bæŋk] n bank m; (of river, lake) brzeg m; (of earth) skarpa f, nasyp m ♦ vi (AVIAT) przechylać się (przechylić się perf).

▶**bank on** vt fus liczyć na +acc.

bank account n konto nt bankowe.

banker ['bæŋkə*] n bankier m.

bank holiday (BRIT) n jeden z ustawowo ustalonych dni, w które nieczynne są banki i wiele innych instytucji.

banking ['bæŋkɪŋ] n bankowość f.

banknote ['bæŋknəut] n banknot m.

bankrupt ['bæŋkrʌpt] adj niewypłacalny; **to go bankrupt** bankrutować (zbankrutować perf); **to be bankrupt** być w stanie bankructwa, być bankrutem.

bankruptcy ['bæŋkrʌptsɪ] n (COMM) bankructwo nt, upadłość f.

bank statement n wyciąg m z konta.

banner ['bænə*] n (for decoration, advertising) transparent m; (in demonstration) sztandar m, transparent m.

bannister(s) ['bænɪstə(z)] n(pl) = **banister(s)**.

banns [bænz] *npl* zapowiedzi *pl*.
banquet ['bæŋkwɪt] *n* bankiet *m*.
baptism ['bæptɪzəm] *n* chrzest *m*.
baptize [bæp'taɪz] *vt* chrzcić
(ochrzcić *perf*).
bar [bɑ:*] *n* (*place for drinking*) bar
m; (*counter*) kontuar *m*; (*of metal
etc*) sztaba *f*; (*on window etc*) krata
f; (*of soap*) kostka *f*; (*of chocolate*)
tabliczka *f*; (*obstacle*) przeszkoda *f*;
(*prohibition*) zakaz *m*; (*MUS*) takt *m*
♦ *vt* (*way, road*) zagradzać
(zagrodzić *perf*); (*person*) odmawiać
(odmówić *perf*) wstępu +*dat*;
(*activity*) zabraniać (zabronić *perf*) *or*
zakazywać (zakazać *perf*) +*gen*;
behind bars za kratkami; **the Bar**
(*JUR*) adwokatura; **bar none** bez
wyjątku.
barbaric [bɑ:'bærɪk] *adj* barbarzyński.
barbecue ['bɑ:bɪkju:] *n* (*cooking
device*) grill *m* (*ogrodowy*); (*meal,
party*) przyjęcie *nt* z grillem.
barbed wire ['bɑ:bd-] *n* drut *m*
kolczasty.
barber ['bɑ:bə*] *n* fryzjer *m* męski.
bar code *n* (*on goods*) kod *m*
kreskowy *or* paskowy.
bare [beə*] *adj* (*body, trees,
countryside*) nagi; (*feet*) bosy;
(*minimum*) absolutny; (*necessities*)
podstawowy ♦ *vt* obnażać (obnażyć
perf).
barefoot ['beəfut] *adj* bosy ♦ *adv*
boso, na bosaka.
barely ['beəlɪ] *adv* ledwo, ledwie.
bargain ['bɑ:gɪn] *n* (*deal, agreement*)
umowa *f*, transakcja *f*; (*good buy*)
okazja *f* ♦ *vi*: **to bargain (with sb)**
(*negotiate*) negocjować (z kimś);
(*haggle*) targować się (z kimś); **into
the bargain** w dodatku, na dodatek.
barge [bɑ:dʒ] *n* barka *f*.
►**barge in** *vi* (*enter*) włazić (wleźć
perf) (*inf*), pakować się (wpakować
się *perf*) (*inf*); (*interrupt*) wtrącać się
(wtrącić się *perf*).

bark [bɑ:k] *n* (*of tree*) kora *f*; (*of dog*)
szczekanie *nt* ♦ *vi* szczekać
(szczeknąć *perf or* zaszczekać *perf*).
barley ['bɑ:lɪ] *n* jęczmień *m*.
barmaid ['bɑ:meɪd] *n* barmanka *f*.
barman ['bɑ:mən] (*irreg like*: **man**) *n*
barman *m*.
barn [bɑ:n] *n* stodoła *f*.
barometer [bə'rɔmɪtə*] *n* barometr *m*.
baron ['bærən] *n* (*nobleman*) baron
m; (*businessman*) magnat *m*.
baroness ['bærənɪs] *n* baronowa *f*.
barracks ['bærəks] *npl* koszary *pl*.
barrage ['bærɑ:ʒ] *n* (*MIL*) ogień *m*
zaporowy; (*dam*) zapora *f*; (*fig: of
criticism, questions*) fala *f*.
barrel ['bærəl] *n* (*of wine, beer*)
beczka *f*, beczułka *f*; (*of oil*) baryłka
f; (*of gun*) lufa *f*.
barren ['bærən] *adj* jałowy.
barricade [bærɪ'keɪd] *n* barykada *f* ♦
vt barykadować (zabarykadować
perf); **to barricade o.s. (in)**
zabarykadować się (*perf*).
barrier ['bærɪə*] *n* (*at frontier*)
szlaban *m*, rogatka *f*; (*at entrance*)
bramka *f*; (*fig: to progress,
communication etc*) bariera *f*,
przeszkoda *f*.
barring ['bɑ:rɪŋ] *prep* wyjąwszy
+*acc*, o ile nie będzie +*gen*.
barrister ['bærɪstə*] (*BRIT*) *n*
adwokat(ka) *m(f)*, obrońca (-czyni)
m(f).
barrow ['bærəu] *n* (*wheelbarrow*)
taczka *f*.
bartender ['bɑ:tendə*] (*US*) *n*
barman *m*.
barter ['bɑ:tə*] *vt* wymieniać
(wymienić *perf*), wymieniać się
(wymienić się *perf*) +*instr*.
base [beɪs] *n* (*of post, tree, system of
ideas*) podstawa *f*; (*of paint, make
up*) podkład *m*; (*for military,
individual, organization*) baza *f* ♦ *vt*:
to base sth on opierać (oprzeć *perf*)

coś na +*loc* ♦ *adj* (*mind, thoughts*)
podły, nikczemny.
baseball ['beɪsbɔːl] *n* baseball *m*.
basement ['beɪsmənt] *n* suterena *f*.
bashful ['bæfful] *adj* wstydliwy,
nieśmiały.
basic ['beɪsɪk] *adj* (*problem*)
zasadniczy, podstawowy; (*principles,
wage, knowledge*) podstawowy;
(*facilities*) prymitywny.
basically ['beɪsɪklɪ] *adv*
(*fundamentally*) zasadniczo; (*in fact,
put simply*) w zasadzie.
basics ['beɪsɪks] *npl*: **the basics**
podstawy *pl*.
basil ['bæzl] *n* bazylia *f*.
basin ['beɪsn] *n* (*vessel*) miednica *f*;
(*also*: **wash basin**) umywalka *f*; (*of
river*) dorzecze *nt*; (*of lake*) basen *m*.
basis ['beɪsɪs] (*pl* **bases**) *n*
podstawa *f*; **on a voluntary basis** na
zasadzie dobrowolności.
bask [bɑːsk] *vi*: **to bask in the sun**
wygrzewać się na słońcu.
basket ['bɑːskɪt] *n* kosz *m*.
basketball ['bɑːskɪtbɔːl] *n*
koszykówka *f*.
bass [beɪs] *n* (*singer*) bas *m*.
bassoon [bə'suːn] *n* fagot *m*.
bastard ['bɑːstəd] *n* (*offspring*) bękart
m; (*infl*) gnój *m* (*infl*).
bat [bæt] *n* (*ZOOL*) nietoperz *m*; (*for
cricket, baseball*) kij *m*; (*BRIT: for
table tennis*) rakieta *f*, rakietka *f*.
batch [bætʃ] *n* (*of bread*) wypiek *m*;
(*of letters, papers*) plik *m*.
bath [bɑːθ] *n* (*bathtub*) wanna *f*; (*act
of bathing*) kąpiel *f* ♦ *vt* kąpać
(wykąpać *perf*); **to have a bath** brać
(wziąć *perf*) kąpiel, kąpać się
(wykąpać się *perf*); *see also* **baths**.
bathe [beɪð] *vi* (*swim*) kąpać się
(wykąpać się *perf*), pływać
(popływać *perf*); (*US: have a bath*)
brać (wziąć *perf*) kąpiel, kąpać się
(wykąpać się *perf*) ♦ *vt* (*wound*)
przemywać (przemyć *perf*).

bathing cap *n* czepek *m* (kąpielowy).
bathing costume (*US* **bathing
suit**) *n* kostium *m* kąpielowy.
bathroom ['bɑːθrum] *n* łazienka *f*.
baths [bɑːðz] *npl* kryta pływalnia *f*,
kryty basen *m*.
baton ['bætən] *n* (*MUS*) batuta *f*;
(*ATHLETICS*) pałeczka *f*
(sztafetowa); (*policeman's*) pałka *f*.
battalion [bə'tælɪən] *n* batalion *m*.
batter ['bætə*] *vt* (*child, wife*)
maltretować, bić; (*wind, rain*) targać
or, miotać +*instr* ♦ *n* (*CULIN*) panier
m.
battered ['bætəd] *adj* (*hat, car*)
sponiewierany.
battery ['bætərɪ] *n* (*for torch, radio
etc*) bateria *f*; (*AUT*) akumulator *m*.
battle ['bætl] *n* (*MIL*) bitwa *f*; (*fig*)
wojna *f* ♦ *vi* walczyć.
battlefield ['bætlfiːld] *n* pole *nt*
bitwy *or* walki.
bay [beɪ] *n* zatoka *f*; **to hold sb at
bay** trzymać kogoś na dystans.
bay leaf *n* liść *m or* listek *m*
bobkowy *or* laurowy.
bayonet ['beɪənɪt] *n* bagnet *m*.
bazaar [bə'zɑː*] *n* (*market*) bazar *m*,
jarmark *m*; (*fete*) kiermasz *m*
dobroczynny.
B & B *n abbr* = **bed and breakfast**.
BBC *n abbr* (= *British Broadcasting
Corporation*) BBC *nt inv*.
BC *adv abbr* (= *before Christ*) p.n.e.

──────── KEYWORD ────────

be [biː] (*pt* **was, were**, *pp* **been**)
aux vb **1** (*in continuous tenses*):
what are you doing? co robisz?;
they're coming tomorrow
przyjeżdżają jutro; **I've been
waiting for hours** czekam od
dobrych paru godzin. **2** (*forming
passives*) być, zostać (*perf*); **she was
admired** była podziwiana; **he was
killed** został zabity. **3** (*in tag
questions*) prawda; **he's**

good-looking, isn't he? jest
przystojny, prawda?; she's back
again, is she? a więc znów jest z
powrotem? 4 (+to +infin): the house
is to be sold dom ma zostać
sprzedany; you are to report to the
boss masz się zgłosić do szefa ♦ vb
+complement 1 być; I'm English
jestem Anglikiem; I am hot/cold
jest mi gorąco/zimno; 2 and 2 are 4
2 i 2 jest 4; be careful bądź
ostrożny. 2 (of health) czuć się; how
are you? jak się czujesz?; he's very
ill jest bardzo chory. 3 (of age):
how old are you? ile masz lat?; I'm
sixteen (years old) mam szesnaście
lat. 4 (cost) kosztować; that'll be 5
pounds please to będzie (razem) 5
funtów ♦ vi 1 (exist, occur etc)
istnieć; is there a God? czy istnieje
Bóg?; be that as it may tak czy
owak. 2 (referring to place) być; I
won't be here tomorrow jutro mnie
tu nie będzie; where have you
been? gdzie byłeś? ♦ impers vb 1
(referring to time, distance, weather)
być; it's five o'clock jest (godzina)
piąta; it's 10 km to the village do
wsi jest 10 km; it's too hot/cold
jest za gorąco/zimno. 2 (emphatic):
it's only me to tylko ja; it was
Maria who paid the bill to Maria
uregulowała rachunek.

beach [bi:tʃ] n plaża f ♦ vt (boat)
wyciągać (wyciągnąć perf) na brzeg.
beacon ['bi:kən] n (signal light) znak
m nawigacyjny; (marker) stawa f,
pława f.
bead [bi:d] n (glass, plastic etc)
paciorek m, koralik m; (of sweat)
kropla f.
beak [bi:k] n dziób m.
beam [bi:m] n (ARCHIT) belka f,
dźwigar m; (of light) snop m ♦ vi

rozpromieniać się (rozpromienić się
perf).
bean [bi:n] n fasola f, fasolka f;
runner bean fasol(k)a szparagowa;
broad bean bób; **coffee bean**
ziarn(k)o kawy.
beansprouts ['bi:nsprauts] npl kiełki
pl (fasoli, soi itp).
bear¹ [bɛə*] n niedźwiedź m.
bear² [bɛə*] (pt bore, pp borne) vt
(carry) nieść, nosić; (support)
podtrzymywać (podtrzymać perf);
(responsibility, cost) ponosić
(ponieść perf); (tolerate, endure)
znosić (znieść perf); (examination,
scrutiny) wytrzymywać (wytrzymać
perf); (children, fruit) rodzić (urodzić
perf) ♦ vi: to bear right/left (AUT)
trzymać się prawej/lewej strony.
►**bear out** vt (claims, suspicions etc)
potwierdzać (potwierdzić perf);
(person) popierać (poprzeć perf).
►**bear up** vi nie upadać na duchu,
trzymać się.
beard [bɪəd] n broda f, zarost m.
bearded ['bɪədɪd] adj brodaty, z
brodą post.
bearer ['bɛərə*] n (of letter, news)
doręczyciel(ka) m(f); (of cheque,
passport, title) posiadacz(ka) m(f),
właściciel(ka) m(f).
bearing ['bɛərɪŋ] n (posture) postawa
f, postura f; (connection) związek m,
powiązanie nt; **bearings** npl łożysko
nt; **to take a bearing** wziąć (perf)
namiar.
beast [bi:st] n (animal) zwierzę nt,
zwierz m; (inf: person) bestia f,
potwór m.
beat [bi:t] (pt beat, pp beaten) n (of
heart) bicie nt; (MUS) rytm m; (of
policeman) obchód m ♦ vt (wife,
child) bić (zbić perf); (eggs, cream)
ubijać (ubić perf); (opponent)
pokonywać (pokonać perf); (record)
bić (pobić perf) ♦ vi (heart, wind)
bić, uderzać (uderzyć perf); (drum,

rain) bębnić (zabębnić *perf*); **beat it!**
(*inf*) spływaj! (*inf*), zmiataj! (*inf*); **off
the beaten track** z dala od
cywilizacji.
►**beat up** *vt* pobić (*perf*).
beating ['bi:tɪŋ] *n* lanie *nt*.
beautiful ['bju:tɪful] *adj* piękny.
beautifully ['bju:tɪflɪ] *adv* (*play, sing,
etc*) pięknie.
beauty ['bju:tɪ] *n* (*quality*) piękno *nt*,
uroda *f*; (*woman*) piękność *f*; (*object*)
cudo *nt*; (*fig*) urok *m*.
beaver ['bi:və*] *n* bóbr *m*.
became [bɪ'keɪm] *pt of* **become**.
because [bɪ'kɔz] *conj* ponieważ,
dlatego, że; **because of** z powodu
+*gen*.
beck [bɛk] *n*: **to be at sb's beck and
call** być na czyjeś zawołanie.
beckon ['bɛkən] *vt* (*also*: **beckon to**)
kiwać (kiwnąć *perf*) do +*gen*, skinąć
(*perf*) na +*acc*.
become [bɪ'kʌm] (*irreg like*: **come**) *vi*
(+*noun*) zostawać (zostać *perf*) *or*
stawać się (stać się *perf*) +*instr*;
(+*adj*) stawać się (stać się *perf*)
+*nom*; **to become fat** tyć (utyć *perf*);
to become thin chudnąć (schudnąć
perf).
becoming [bɪ'kʌmɪŋ] *adj* (*behaviour*)
stosowny, właściwy; (*clothes,
colour*) twarzowy.
bed [bɛd] *n* (*furniture*) łóżko *nt*; (*of
coal etc*) pokład *m*, złoże *nt*; (*of
river, sea*) dno *nt*; (*of flowers*) klomb
m, grządka *f*; **to go to bed** iść
(pójść *perf*) do łóżka, iść (pójść *perf*)
spać.
bed and breakfast *n* (*place*) ≈
pensjonat *m*; (*terms*) pokój *m* ze
śniadaniem.
bedclothes ['bɛdkləuðz] *npl* pościel *f*.
bedding ['bɛdɪŋ] *n* posłanie *nt*,
pościel *f*.
bedpan ['bɛdpæn] *n* basen *m* (*dla
chorego*).
bedroom ['bɛdrum] *n* sypialnia *f*.

bedside ['bɛdsaɪd] *n*: **at sb's
bedside** u czyjegoś łoża.
bedsit(ter) ['bɛdsɪt(ə*)] (*BRIT*) *n* ≈
kawalerka *f*.
bedspread ['bɛdsprɛd] *n* narzuta *f*,
kapa *f*.
bedtime ['bɛdtaɪm] *n*: **it's bedtime**
pora spać.
bee [bi:] *n* pszczoła *f*.
beech [bi:tʃ] *n* buk *m*.
beef [bi:f] *n* wołowina *f*; **roast beef**
pieczeń wołowa.
beehive ['bi:haɪv] *n* ul *m*.
been [bi:n] *pp of* **be**.
beer [bɪə*] *n* piwo *nt*.
beet [bi:t] *n* burak *m*; (*US*: *also*: **red
beet**) burak *m* (ćwikłowy).
beetle ['bi:tl] *n* żuk *m*, chrząszcz *m*.
beetroot ['bi:tru:t] (*BRIT*) *n* burak *m*
(ćwikłowy).
before [bɪ'fɔ:*] *prep* (*of time*) przed
+*instr*; (*of space*) przed +*instr*,
naprzeciwko +*gen* ♦ *conj* zanim ♦
adv (*time*) (już) kiedyś, poprzednio;
before going przed wyjściem;
before she goes zanim wyjdzie;
the week before tydzień wcześniej,
w poprzednim tygodniu; **I've never
seen it before** nigdy wcześniej tego
nie widziałem.
beforehand [bɪ'fɔ:hænd] *adv*
wcześniej, z wyprzedzeniem.
beg [bɛg] *vi* żebrać ♦ *vt* (*also*: **beg
for**: *food, money*) żebrać o +*acc*;
(: *mercy etc*) błagać o +*acc*; **to beg
sb to do sth** błagać kogoś, żeby coś
zrobił; **I beg your pardon**
(*apologizing*) przepraszam; (*not
hearing*) słucham?
began [bɪ'gæn] *pt of* **begin**.
beggar ['bɛgə*] *n* żebrak (-aczka)
m(f).
begin [bɪ'gɪn] (*pt* **began**, *pp* **begun**)
vt zaczynać (zacząć *perf*),
rozpoczynać (rozpocząć *perf*) ♦ *vi*
zaczynać się (zacząć się *perf*),
rozpoczynać się (rozpocząć się

perf); **to begin doing** *or* **to do sth**
zaczynać (zacząć *perf*) coś robić.
beginner [bɪ'gɪnə*] *n* początkujący
(-ca) *m(f)*, nowicjusz(ka) *m(f)*.
beginning [bɪ'gɪnɪŋ] *n* początek *m*.
begun [bɪ'gʌn] *pp of* **begin**.
behalf [bɪ'hɑ:f] *n*: **on behalf of,** *(US)*
in behalf of *(as representative of)* w
imieniu +*gen*; *(for benefit of)* na
rzecz +*gen*; **on my/his behalf** w
swoim/jego imieniu.
behave [bɪ'heɪv] *vi (person)*
zachowywać się (zachować się *perf*),
postępować (postąpić *perf*); *(also:*
behave o.s.) być grzecznym,
zachowywać się *(poprawnie)*; **behave
yourself!** zachowuj się!
behaviour [bɪ'heɪvjə*] *(US*
behavior) *n* zachowanie *nt*,
postępowanie *nt*.
behead [bɪ'hed] *vt* ścinać (ściąć *perf*)
głowę +*dat*.
beheld [bɪ'held] *pt, pp of* **behold**.
behind [bɪ'haɪnd] *prep (at the back
of)* za +*instr*, z tyłu +*gen*;
(supporting) za +*instr*, po stronie
+*gen*; *(lower in rank etc)* za +*instr* ♦
adv z tyłu, w tyle ♦ *n* pupa *f* *(inf)*,
tyłek *m* *(inf)*; **to be behind** być
spóźnionym; **she asked me to stay
behind** poprosiła, żebym został.
behold [bɪ'həuld] *(irreg like:* **hold**)
(old) *vt* ujrzeć *(perf)*.
beige [beɪʒ] *adj* beżowy.
being ['bi:ɪŋ] *n (creature)* istota *f*,
stworzenie *nt*; *(existence)* istnienie
nt, byt *m*.
belated [bɪ'leɪtɪd] *adj (thanks etc)*
spóźniony.
belch [beltʃ] *vi*: **he belched** odbiło
mu się ♦ *vt (also:* **belch out**: *smoke
etc)* buchać (buchnąć *perf*) +*instr*.
belfry ['belfrɪ] *n* dzwonnica *f*.
Belgian ['beldʒən] *adj* belgijski ♦ *n*
Belg(ijka) *m(f)*.
Belgium ['beldʒəm] *n* Belgia *f*.
belief [bɪ'li:f] *n (opinion)* przekonanie

nt; *(trust, faith)* wiara *f*; *(religious)*
wiara *f*, wierzenie *nt*.
believe [bɪ'li:v] *vt (person)* wierzyć
(uwierzyć *perf*) +*dat*; *(story)* wierzyć
(uwierzyć *perf*) w +*acc* ♦ *vi* wierzyć
(uwierzyć *perf*); **to believe that...**
uważać *or* wierzyć, że...; **to believe
in** wierzyć (uwierzyć *perf*) w +*acc*.
bell [bel] *n (of church)* dzwon *m*;
(small, electric) dzwonek *m*.
belligerent [bɪ'lɪdʒərənt] *adj*
wojowniczy.
bellow ['beləu] *vi (bull)* ryczeć
(ryknąć *perf or* zaryczeć *perf*);
(person) grzmieć (zagrzmieć *perf*).
belly ['belɪ] *n* brzuch *m*.
belong [bɪ'lɔŋ] *vi*: **to belong to**
należeć do +*gen*; **this book belongs
here** miejsce tej książki jest tutaj.
belongings [bɪ'lɔŋɪŋz] *npl* rzeczy *pl*,
dobytek *m*.
beloved [bɪ'lʌvɪd] *adj* ukochany.
below [bɪ'ləu] *prep (beneath)* pod
+*instr*, poniżej +*gen*; *(less than)*
poniżej +*gen* ♦ *adv* pod spodem,
poniżej; **see below** *(in letter etc)*
patrz poniżej.
belt [belt] *n (clothing)* pasek *m*; *(of
land, sea, air)* pas *m*, strefa *f*;
(TECH) pas *m*, pasek *m* ♦ *vt (inf)* lać
(zlać *perf*) (pasem) *(inf)*.
bemused [bɪ'mju:zd] *adj*
zdezorientowany.
bench [bentʃ] *n (seat)* ławka *f*, ława
f; *(work bench)* warsztat *m*, stół *m*
roboczy; *(BRIT)* ława *f* *(w
parlamencie)*; **the Bench** sąd.
bend [bend] *(pt, pp* **bent**) *vt (leg)*
zginać (zgiąć *perf*); *(pipe)* giąć,
wyginać (wygiąć *perf*) ♦ *vi (person)*
zginać się (zgiąć się *perf*), schylać
się (schylić się *perf*); *(pipe)* zginać
się (zgiąć się *perf*) ♦ *n (BRIT: in
road, river)* zakręt *m*; *(in pipe)*
wygięcie *nt*.
►**bend down** *vi* schylać się (schylić
się *perf*).

beneath [bɪˈniːθ] prep (in position) pod +instr, poniżej +gen; (in status) poniżej +gen ♦ adv poniżej, pod spodem.

beneficial [benɪˈfɪʃəl] adj zbawienny, dobroczynny; **beneficial (to)** korzystny (dla +gen).

benefit [ˈbenɪfɪt] n (advantage) korzyść f, pożytek m; (money) zasiłek m ♦ vt przynosić (przynieść perf) korzyść or pożytek +dat ♦ vi: **he'll benefit from it** skorzysta na tym.

benevolent [bɪˈnevələnt] adj (person) życzliwy; (organization) dobroczynny.

benign [bɪˈnaɪn] adj (person, smile) dobroduszny, dobrotliwy; (MED) łagodny, niezłośliwy.

bent [bent] pt, pp of **bend** ♦ n zacięcie nt, żyłka f; **to be bent on** być zdecydowanym na +acc.

bereaved [bɪˈriːvd] n: **the bereaved** pogrążeni pl w smutku or żałobie.

Berlin [bəːˈlɪn] n Berlin m.

berm [bəːm] (US) n wał m ziemny (na poboczu drogi).

Bermuda [bəːˈmjuːdə] n Bermudy pl.

berry [ˈberɪ] n jagoda f.

berserk [bəˈsəːk] adj: **to go berserk** wpadać (wpaść perf) w szał.

berth [bəːθ] n (on boat) koja f; (on train) miejsce nt leżące; (NAUT) miejsce nt postoju statku ♦ vi dobijać (dobić perf) do nabrzeża.

beset [bɪˈset] (pt, pp **beset**) vt dręczyć, prześladować.

beside [bɪˈsaɪd] prep (next to) obok +gen; **to be beside o.s. (with rage)** nie posiadać się ze złości; **that's beside the point** to nie ma nic do rzeczy.

besides [bɪˈsaɪdz] adv poza tym, oprócz tego ♦ prep poza +instr, oprócz +gen.

besiege [bɪˈsiːdʒ] vt oblegać (oblec

perf); (fig) nagabywać; (: with offers, requests) zasypywać (zasypać perf).

best [best] adj najlepszy ♦ adv najlepiej; **the best part of** większa część +gen; **at best** w najlepszym razie, co najwyżej; **to make the best of** robić (zrobić perf) jak najlepszy użytek z +gen; **to do one's best** dawać (dać perf) z siebie wszystko; **to the best of my knowledge** o ile mi wiadomo; **to the best of my ability** najlepiej jak potrafię.

best man n drużba m.

bestseller [ˈbestselə*] n bestseller m.

bet [bet] (pt, pp **bet** or **betted**) n zakład m ♦ vt (wager): **to bet sb sth** zakładać się (założyć się perf) z kimś o coś; (expect, guess): **to bet that ...** zakładać się (założyć się perf), że... ♦ vi: **to bet on** obstawiać (obstawić perf) +acc.

betray [bɪˈtreɪ] vt (person, country, emotion) zdradzać (zdradzić perf); (trust) zawodzić (zawieść perf).

betrayal [bɪˈtreɪəl] n zdrada f.

better [ˈbetə*] adj lepszy ♦ adv lepiej ♦ vt poprawiać (poprawić perf) ♦ n: **to get the better of** brać (wziąć perf) górę nad +instr; **I'm much better now** czuję się teraz znacznie lepiej; **you had better do it** lepiej zrób to; **he thought better of it** rozmyślił się; **to get better** (MED) zdrowieć (wyzdrowieć perf).

better off adj zamożniejszy.

between [bɪˈtwiːn] prep między +instr, pomiędzy +instr ♦ adv: **in between** pośrodku; **between you and me** między nami (mówiąc); **a man aged between 20 and 25** mężczyzna w wieku między 20 a 25 lat; **Penn Close, Court Road and all the little streets in between** Penn Close, Court Road i wszystkie małe uliczki pomiędzy nimi.

beverage [ˈbevərɪdʒ] n napój m.

beware [bɪ'wɛə*] *vi*: **to beware (of)** wystrzegać się (+*gen*); **"beware of the dog"** „uwaga zły pies".

bewildered [bɪ'wɪldəd] *adj* skonsternowany, zdezorientowany.

bewitching [bɪ'wɪtʃɪŋ] *adj* czarujący, urzekający.

beyond [bɪ'jɔnd] *prep* poza +*instr* ♦ *adv* dalej; **beyond the age of 16** powyżej szesnastego roku życia; **beyond doubt** ponad wszelką wątpliwość; **beyond repair/recognition** nie do naprawienia/poznania; **it's beyond me** nie mogę tego pojąć.

bias ['baɪəs] *n* (*prejudice*) uprzedzenie *nt*.

bias(s)ed ['baɪəst] *adj* stronniczy, tendencyjny.

bib [bɪb] *n* śliniaczek *m*.

Bible ['baɪbl] *n* Biblia *f*.

biblical ['bɪblɪkl] *adj* biblijny.

bicycle ['baɪsɪkl] *n* rower *m*.

bid [bɪd] (*pt* **bade** *or* **bid**, *pp* **bid(den)**) *n* oferta *f* ♦ *vi* licytować ♦ *vt* oferować (zaoferować *perf*); **a bid for power** próba przejęcia władzy.

bidder ['bɪdə*] *n*: **the highest bidder** osoba *f* oferująca najwyższą cenę.

big [bɪg] *adj* duży; (*brother, sister*) starszy; (*ideas, plans*) ambitny; **to be big in** liczyć się w +*loc*.

bigheaded ['bɪg'hɛdɪd] *adj* przemądrzały.

bigotry ['bɪgətrɪ] *n* bigoteria *f*.

bike [baɪk] *n* (*bicycle*) rower *m*.

bikini [bɪ'ki:nɪ] *n* bikini *nt inv*.

bilateral [baɪ'lætərl] *adj* dwustronny, bilateralny.

bile [baɪl] *n* (*lit, fig*) żółć *f*.

bilingual [baɪ'lɪŋgwəl] *adj* dwujęzyczny, bilingwalny.

bill [bɪl] *n* rachunek *m*; (*POL*) projekt *m* ustawy; (*US*) banknot *m*; (*of bird*) dziób *m*; (*THEAT*): **on the bill** w programie; **bill me at my London** address proszę przysłać rachunek na mój londyński adres.

billboard ['bɪlbɔ:d] *n* billboard *m*.

billiards ['bɪljədz] *n* bilard *m*.

billion ['bɪljən] *n* (*BRIT*) bilion *m*; (*US*) miliard *m*.

bin [bɪn] *n* (*BRIT*: *for rubbish*) kosz *m*; (*for storing things*) pojemnik *m*.

bind [baɪnd] (*pt, pp* **bound**) *vt* (*tie*) przywiązywać (przywiązać *perf*); (*tie together*) wiązać, związywać (związać *perf*); (*oblige*) zobowiązywać (zobowiązać *perf*); (*book*) oprawiać (oprawić *perf*) ♦ *n* (*inf*) zawracanie *nt* głowy (*inf*).

binding ['baɪndɪŋ] *adj* wiążący.

bingo ['bɪŋgəu] *n* bingo *nt inv*.

binoculars [bɪ'nɔkjuləz] *npl* lornetka *f*.

biography [baɪ'ɔgrəfɪ] *n* biografia *f*.

biological [baɪə'lɔdʒɪkl] *adj* biologiczny; (*washing powder*) enzymatyczny.

biology [baɪ'ɔlədʒɪ] *n* biologia *f*.

birch [bə:tʃ] *n* brzoza *f*.

bird [bə:d] *n* ptak *m*; (*BRIT*: *inf*: *woman*) kociak *m*.

Biro ['baɪərəu] ® *n* długopis *m*.

birth [bə:θ] *n* (*lit, fig*) narodziny *pl*; **to give birth to** rodzić (urodzić *perf*) +*acc*.

birth certificate *n* metryka *f* (urodzenia).

birth control *n* (*policy*) planowanie *nt* rodziny; (*methods*) regulacja *f* urodzeń, zapobieganie *nt* ciąży.

birthday ['bə:θdeɪ] *n* urodziny *pl* ♦ *cpd* urodzinowy; *see also* **happy**.

birthplace ['bə:θpleɪs] *n* miejsce *nt* urodzenia; (*fig*) miejsce *nt* narodzin, kolebka *f*.

birth rate ['bə:θreɪt] *n* wskaźnik *m* urodzeń.

biscuit ['bɪskɪt] *n* (*BRIT*) herbatnik *m*, kruche ciasteczko *nt*; (*US*) biszkopt *m*, babeczka *f*.

bisect [baɪ'sɛkt] *vt* przepoławiać

(przepołowić *perf*), dzielić (podzielić *perf*) na połowę.

bishop ['bɪʃəp] *n* (*REL*) biskup *m*; (*CHESS*) goniec *m*.

bit [bɪt] *pt of* **bite** ♦ *n* (*piece*) kawałek *m*; (*COMPUT*) bit *m*; (*of horse*) wędzidło *nt*; **a bit of** trochę *or* odrobina +*gen*; **a bit mad** lekko stuknięty (*inf*); **bit by bit** kawałek po kawałku.

bitch [bɪtʃ] *n* suka *f*.

bite [baɪt] (*pt* **bit**, *pp* **bitten**) *vt* gryźć (ugryźć *perf*) ♦ *vi* gryźć (ugryźć *perf*), kąsać (ukąsić *perf*) ♦ *n* (*from insect*) ukąszenie *nt*; (*mouthful*) kęs *m*; **to bite one's nails** obgryzać paznokcie; **let's have a bite (to eat)** (*inf*) przekąśmy coś (*inf*).

bitten ['bɪtn] *pp of* **bite**.

bitter ['bɪtə*] *adj* (*person*) zgorzkniały; (*taste, experience, disappointment*) gorzki; (*cold, wind*) przejmujący, przenikliwy; (*struggle, criticism*) zawzięty ♦ *n* (*BRIT*) rodzaj piwa.

bitterness ['bɪtənɪs] *n* (*resentment*) gorycz *f*, rozgoryczenie *nt*; (*bitter taste*) gorycz *f*, gorzkość *f*.

bizarre [bɪ'zɑː*] *adj* dziwaczny.

blab [blæb] (*inf*) *vi* wygadać się (*perf*) (*inf*).

black [blæk] *adj* czarny ♦ *n* (*colour*) (kolor *m*) czarny, czerń *f*; (*person*) czarnoskóry (-ra) *m(f)* ♦ *vt* (*BRIT: INDUSTRY*) bojkotować (zbojkotować *perf*); **black and blue** posiniaczony; **in the black** wypłacalny; **in black and white** (*fig*) czarno na białym.

blackberry ['blækbəri] *n* jeżyna *f*.

blackbird ['blækbɔːd] *n* kos *m*.

blackboard ['blækbɔːd] *n* tablica *f*.

blackcurrant ['blæk'kʌrənt] *n* czarna porzeczka *f*.

blacken ['blækn] *vt* (*fig*) oczerniać (oczernić *perf*).

blackhead ['blækhɛd] *n* wągier *m*, zaskórnik *m*.

blackmail ['blækmeɪl] *n* szantaż *m* ♦ *vt* szantażować (zaszantażować *perf*).

blackout ['blækaut] *n* (*in wartime*) zaciemnienie *nt*; (*power cut*) przerwa *f* w dostawie energii elektrycznej; (*TV, RADIO*) zagłuszanie *nt*; (*faint*) (krótkotrwała) utrata *f* przytomności.

Black Sea *n*: **the Black Sea** Morze *nt* Czarne.

blacksmith ['blæksmɪθ] *n* kowal *m*.

bladder ['blædə*] (*ANAT*) *n* pęcherz *m* (moczowy).

blade [bleɪd] *n* (*of knife*) ostrze *nt*; (*of sword*) klinga *f*, ostrze *nt*; (*of propeller*) łopat(k)a *f*; (*of grass*) źdźbło *nt*.

blame [bleɪm] *n* wina *f* ♦ *vt*: **to blame sb for sth** obwiniać (obwinić *perf*) kogoś o coś; **to be to blame** być winnym, ponosić winę.

bland [blænd] *adj* (*taste*) mdły, nijaki.

blank [blæŋk] *adj* (*paper*) czysty, nie zapisany; (*look*) bez wyrazu *post*, obojętny ♦ *n* (*of memory*) luka *f*; (*on form*) puste *or* wolne miejsce *nt*; (*cartridge*) ślepy nabój *m*.

blank cheque *n* czek *m* in blanco.

blanket ['blæŋkɪt] *n* (*cloth*) koc *m*; (*of snow*) pokrywa *f*; (*of fog*) zasłona *f*.

blare [blɛə*] *vi* grzmieć (zagrzmieć *perf*).

blasé ['blɑːzeɪ] *adj* zblazowany.

blasphemy ['blæsfɪmɪ] *n* bluźnierstwo *nt*.

blast [blɑːst] *n* (*of wind, air*) podmuch *m*; (*explosion*) wybuch *m* ♦ *vt* wysadzać (wysadzić *perf*) w powietrze.

blatant ['bleɪtənt] *adj* rażący, krzyczący.

blaze [bleɪz] *n* pożar *m*; (*fig: of colour*) feeria *f*, (: *of glory*) blask *m* ♦ *vi* (*fire*) buchać (buchnąć *perf*);

(*guns*) walić; (*fig: eyes*) płonąć (zapłonąć *perf*).

blazer ['bleɪzə*] *n* blezer *m*.

bleach [bli:tʃ] *n* wybielacz *m* ♦ *vt* (*fabric*) wybielać (wybielić *perf*).

bleak [bli:k] *adj* ponury, posępny.

bleat [bli:t] *vi* beczeć (zabeczeć *perf*).

bled [bled] *pt, pp of* **bleed**.

bleed [bli:d] (*pt, pp* **bled**) *vi* (*MED*) krwawić; **my nose is bleeding** leci mi krew z nosa.

blemish ['blemɪʃ] *n* skaza *f*.

blend [blend] *n* mieszanka *f* ♦ *vt* (*CULIN*) miksować (zmiksować *perf*); (*colours, styles*) mieszać (zmieszać *perf*) ♦ *vi* (*also*: **blend in**) wtapiać się (wtopić się *perf*).

bless [bles] (*pt, pp* **blessed** *or* **blest**) *vt* błogosławić (pobłogosławić *perf*); **bless you!** na zdrowie!, sto lat!

blessing ['blesɪŋ] *n* błogosławieństwo *nt*.

blew [blu:] *pt of* **blow**.

blind [blaɪnd] *adj* niewidomy, ślepy;: **blind (to)** (*fig*) ślepy (na +*acc*) ♦ *n* (*for window*) roleta *f*; (*also*: **Venetian blind**) żaluzja *f* ♦ *vt* oślepiać (oślepić *perf*); (*deaden*) zaślepiać (zaślepić *perf*); **the blind** *npl* niewidomi *vir pl*.

blind alley *n* (*fig*) ślepa uliczka *f*.

blind date *n* randka *f* w ciemno.

blindfold ['blaɪndfəuld] *n* przepaska *f* na oczy ♦ *adj* z zawiązanymi oczami *post* ♦ *adv* z zawiązanymi oczami ♦ *vt* zawiązywać (zawiązać *perf*) oczy +*dat*.

blindly ['blaɪndlɪ] *adv* (*without seeing*) na oślep; (*without thinking*) ślepo.

blindness ['blaɪndnɪs] *n* (*lit, fig*) ślepota *f*.

blink [blɪŋk] *vi* (*person, animal*) mrugać (zamrugać *perf*); (*light*) migać (zamigać *perf*).

blinkers ['blɪŋkəz] *npl* klapki *pl* na oczy.

bliss [blɪs] *n* rozkosz *f*.

blister ['blɪstə*] *n* (*on skin*) pęcherz *m*; (*in paint, rubber*) pęcherzyk *m* ♦ *vi* (*paint*) pokrywać się (pokryć się *perf*) pęcherzykami.

blizzard ['blɪzəd] *n* zamieć *f* (śnieżna).

bloated ['bləutɪd] *adj* (*face*) opuchnięty; (*stomach*) wydęty; (*person*) napchany (*inf*).

blob [blɔb] *n* (*of glue, paint*) kropelka *f*; (*sth indistinct*) plamka *f*.

bloc [blɔk] (*POL*) *n* blok *m*.

block [blɔk] *n* (*large building, piece of stone*) blok *m*; (*of ice*) bryła *f*; (*of wood*) kloc *m*; (*esp US: in town, city*) *obszar zabudowany, ograniczony ze wszystkich stron kolejnymi ulicami* ♦ *vt* (*road, agreement*) blokować (zablokować *perf*); **block of flats** (*BRIT*) blok (mieszkalny); **mental block** zaćmienie (umysłu).

blockade [blɔ'keɪd] *n* blokada *f*.

blockage ['blɔkɪdʒ] *n* (*in pipe, tube*) zator *m*.

blockbuster ['blɔkbʌstə*] *n* szlagier *m* (*film lub książka*).

block capitals *npl* drukowane litery *pl*.

block letters *npl* = **block capitals**.

bloke [bləuk] (*BRIT: inf*) *n* facet *m* (*inf*), gość *m* (*inf*).

blond(e) [blɔnd] *adj* blond ♦ *n*: **blonde** blondynka *f*.

blood [blʌd] *n* krew *f*.

blood donor *n* krwiodawca *m*.

blood pressure *n* ciśnienie *nt* (krwi).

bloodshed ['blʌdʃed] *n* rozlew *m* krwi.

bloodstream ['blʌdstri:m] *n* krwiobieg *m*.

blood test *n* badanie *nt* krwi.

bloodthirsty ['blʌdθə:stɪ] *adj* krwiożerczy.

bloody ['blʌdɪ] *adj* (*battle*) krwawy; (*hands*) zakrwawiony; (*BRIT*: *inf!*) cholerny (*inf*); **bloody strong/good** (*inf!*) cholernie silny/dobry (*inf*).

bloom [blu:m] *n* kwiat *m* (*na drzewie itp*) ♦ *vi* (*be in flower*) kwitnąć; (*come into flower*) zakwitać (zakwitnąć *perf*).

blossom ['blɔsəm] *n* kwiat *m* ♦ *n inv* kwiecie *nt*, kwiaty *pl* ♦ *vi* zakwitać (zakwitnąć *perf*).

blot [blɔt] *n* kleks *m*; (*fig*) plama *f* ♦ *vt* osuszać (osuszyć *perf*) bibułą.

▸**blot out** *vt* (*view*) przesłaniać (przesłonić *perf*); (*memory, thought*) wymazywać (wymazać *perf*) z pamięci.

blouse [blauz] *n* bluzka *f*.

blow [bləu] (*pt* **blew**, *pp* **blown**) *n* (*lit, fig*) cios *m* ♦ *vi* (*wind*) wiać; (*person*) dmuchać (dmuchnąć *perf*) ♦ *vt* (*instrument*) grać na +*loc*; (*whistle*) dmuchać (dmuchnąć *perf*) w +*acc*; (*fuse*) przepalać (przepalić *perf*); **to blow one's nose** wydmuchiwać (wydmuchać *perf*) nos.

▸**blow away** *vt* wywiewać (wywiać *perf*).

▸**blow off** *vt* zwiewać (zwiać *perf*), zdmuchiwać (zdmuchnąć *perf*).

▸**blow out** *vt* (*fire, flame*) gasić (zgasić *perf*); (*candle*) zdmuchiwać (zdmuchnąć *perf*) ♦ *vi* gasnąć (zgasnąć *perf*).

▸**blow over** *vi* (*storm, row*) ucichnąć (*perf*).

▸**blow up** *vi* wybuchać (wybuchnąć *perf*) ♦ *vt* (*bridge, building*) wysadzać (wysadzić *perf*) (w powietrze); (*tyre*) pompować (napompować *perf*); (*baloon*) nadmuchiwać (nadmuchać *perf*); (*PHOT*) powiększać (powiększyć *perf*).

blow-dry ['bləudraɪ] *n* modelowanie *nt* włosów (suszarką).

blown [bləun] *pp of* **blow**.

blue [blu:] *adj* niebieski; (*from cold*) siny; (*depressed*) smutny; (*joke*) pikantny; (*film*) porno *post* ♦ *n* (kolor *m*) niebieski, błękit *m*; **blues** *n*: **the blues** blues *m*; **out of the blue** (*fig*) ni stąd, ni zowąd.

blueprint ['blu:prɪnt] *n*: **a blueprint (for)** (*fig*) projekt *m* (+*gen*).

bluff [blʌf] *vi* blefować (zablefować *perf*) ♦ *n* (*deception*) blef *m*; **to call sb's bluff** zmuszać (zmusić *perf*) kogoś do odkrycia kart.

blunder ['blʌndə*] *n* gafa *f* ♦ *vi* popełniać (popełnić *perf*) gafę.

blunt [blʌnt] *adj* (*knife, pencil*) tępy; (*person, talk*) bezceremonialny.

blur [blə:*] *n* (*shape*) niewyraźna plama *f* ♦ *vt* (*vision*) zamglić (*perf*); (*distinction*) zacierać (zatrzeć *perf*), zamazywać (zamazać *perf*).

blush [blʌʃ] *vi* rumienić się (zarumienić się *perf*), czerwienić się (zaczerwienić się *perf*) ♦ *n* rumieniec *m*.

boar [bɔ:*] *n* (*also*: **wild boar**) dzik *m*; (*male pig*) knur *m*.

board [bɔ:d] *n* (*piece of wood*) deska *f*; (*piece of cardboard*) tektura *f*; (*also*: **notice board**) tablica *f*; (*for chess etc*) plansza *f*; (*committee*) rada *f*; (*in firm*) zarząd *m*; (*NAUT, AVIAT*): **on board** na pokładzie ♦ *vt* (*ship*) wchodzić (wejść *perf*) na pokład +*gen*; (*train*) wsiadać (wsiąść *perf*) do +*gen*; **full/half board** (*BRIT*) pełne/niepełne wyżywienie; **board and lodging** mieszkanie i wyżywienie.

▸**board up** *vt* (*door, window*) zabijać (zabić *perf*) deskami.

board game *n* gra *f* planszowa.

boarding card ['bɔ:dɪŋ-] *n* = **boarding pass**.

boarding house *n* pensjonat *m*.

boarding pass *n* karta *f* pokładowa.

boarding school *n* szkoła *f* z internatem.

boast [bəust] vi: **to boast (about** or **of)** chwalić się or przechwalać się (+instr).

boat [bəut] n łódź f; (smaller) łódka f; (ship) statek m.

bob [bɔb] vi (also: **bob up and down**: boat) huśtać się; (: cork on water) podskakiwać.

►**bob up** vi wyskakiwać (wyskoczyć perf).

bobby ['bɔbɪ] (BRIT: inf) n policjant angielski.

bodily ['bɔdɪlɪ] adj (functions) fizjologiczny ♦ adv (move, lift etc) w całości.

body ['bɔdɪ] n (ANAT) ciało nt; (corpse) zwłoki pl; (main part) główna część f; (of car) karoseria f, nadwozie nt; (fig: group) grono nt; (: organization) ciało nt, gremium nt; (of facts) ilość f; (of wine) treść f, treściwość f.

body-building ['bɔdɪ'bɪldɪŋ] n kulturystyka f.

bodyguard ['bɔdɪgɑːd] n członek m ochrony (osobistej), ochroniarz m (inf).

bodywork ['bɔdɪwəːk] n nadwozie nt.

bog [bɔg] n bagno nt.

boggle ['bɔgl] vi: **the mind boggles** w głowie się nie mieści.

bogus ['bəugəs] adj fałszywy.

boil [bɔɪl] vt (water) gotować, zagotowywać (zagotować perf); (eggs etc) gotować (ugotować perf) ♦ vi (liquid) gotować się (zagotować się perf), wrzeć (zawrzeć perf); (fig: with anger) kipieć ♦ n czyrak m; **to come to the** (BRIT) or **a** (US) **boil** zagotować się (perf).

►**boil down to** vt fus (fig) sprowadzać się (sprowadzić się perf) do +gen.

►**boil over** vi kipieć (wykipieć perf).

boiler ['bɔɪlə*] n kocioł m, bojler m.

boisterous ['bɔɪstərəs] adj hałaśliwy.

bold [bəuld] adj (person, action) śmiały; (pattern, colours) krzykliwy.

bold type n tłusta czcionka f.

bolt [bəult] n (lock) zasuwa f, rygiel m; (with nut) śruba f ♦ vt (door) ryglować (zaryglować perf); (food) połykać (połknąć perf) (nie żując); **to bolt sth to sth** przykuwać (przykuć perf) coś do czegoś; (horse) ponosić (ponieść perf) ♦ adv: **bolt upright** (prosto) jakby kij połknął.

bomb [bɔm] n bomba f ♦ vt bombardować (zbombardować perf).

bombardment [bɔm'bɑːdmənt] n bombardowanie nt.

bombastic [bɔm'bæstɪk] adj (person) napuszony; (language) bombastyczny.

bomber ['bɔmə*] n (AVIAT) bombowiec m.

bombshell ['bɔmʃɛl] n (fig) sensacja f.

bond [bɔnd] n (of affection etc) więź f; (FIN) obligacja f.

bone [bəun] n (ANAT) kość f; (of fish) ość f ♦ vt (meat) oczyszczać (oczyścić perf) z kości; (fish) oczyszczać (oczyścić perf) z ości.

bonfire ['bɔnfaɪə*] n ognisko nt.

bonnet ['bɔnɪt] n (hat) czepek m; (BRIT: of car) maska f.

bonus ['bəunəs] n premia f; (fig) dodatkowa korzyść f.

bony ['bəunɪ] adj (arm, person) kościsty; (MED: tissue) kostny; (fish) ościsty.

boo [buː] excl hu (okrzyk mający na celu przestraszenie kogoś) ♦ vt wygwizdywać (wygwizdać perf).

book [buk] n książka f; (of stamps, tickets) bloczek m ♦ vt (ticket, seat, room) rezerwować (zarezerwować perf); (driver) spisywać (spisać perf); (SPORT: player) dawać (dać perf) kartkę +dat; **books** npl (COMM) księgi pl rachunkowe.

bookcase ['bukkeɪs] n biblioteczka f, regał m na książki.
booking office (BRIT) n kasa f.
book-keeping ['buk'ki:pɪŋ] n księgowość f.
booklet ['buklɪt] n broszur(k)a f.
bookseller ['bukselə*] n księgarz m.
bookshop ['bukʃɔp] n księgarnia f.
book store n = bookshop.
boom [bu:m] n (noise) huk m, grzmot m; (in exports etc) wzrost m, (dobra) koniunktura f ♦ vi grzmieć (zagrzmieć perf); (business) zwyżkować.
boon [bu:n] n dobrodziejstwo nt.
boost [bu:st] n: **a boost to sb's confidence** zastrzyk m pewności siebie ♦ vt (sales, demand) zwiększać (zwiększyć perf); (confidence) dodawać (dodać perf) +gen; (morale) podnosić (podnieść perf).
booster ['bu:stə*] n (MED) zastrzyk m przypominający.
boot [bu:t] n (for winter) kozaczek m; (for football, walking) but m; (BRIT: of car) bagażnik m ♦ vt (COMPUT) inicjować (zainicjować perf), zapuszczać (zapuścić perf) (inf).
booth [bu:ð] n (at fair) stoisko nt; (for voting, telephoning) kabina f.
booty ['bu:tɪ] n łup m.
booze [bu:z] (inf) n coś nt mocniejszego.
border ['bɔ:də*] n (of country) granica f; (for flowers) rabat(k)a f; (on cloth) lamówka f; (on plate) obwódka f ♦ vt leżeć wzdłuż +gen; (also: **border on**) graniczyć z +instr; **Borders** n: **the Borders** pogranicze angielsko-szkockie.
▸**border on** vt fus (fig) graniczyć z +instr.
borderline ['bɔ:dəlaɪn] n: **on the borderline** (fig) na granicy.
bore [bɔ:*] pt of **bear** ♦ vt (hole, tunnel) wiercić (wywiercić perf);

(person) zanudzać (zanudzić perf) ♦ n (person) nudziarz (-ara) m(f); (of gun) kaliber m; **to be bored** nudzić się.
boredom ['bɔ:dəm] n (condition) znudzenie nt; (quality) nuda f.
boring ['bɔ:rɪŋ] adj (tedious) nudny; (unimaginative) nieciekawy.
born [bɔ:n] adj: **to be born** rodzić się (urodzić się perf); **I was born in 1960** urodziłem się w roku 1960.
borne [bɔ:n] pp of **bear**.
borough ['bʌrə] n okręg m wyborczy.
borrow ['bɔrəu] vt (from sb) pożyczać (pożyczyć perf).
bosom ['buzəm] n (ANAT) biust m.
boss [bɔs] n szef(owa) m(f) ♦ vt (also: **boss around**, **boss about**) rozkazywać +dat.
bossy ['bɔsɪ] adj despotyczny.
botany ['bɔtənɪ] n botanika f.
both [bəuθ] adj obaj ♦ pron (things: with plurals of neuter and masculine nouns) oba; (: with plurals of feminine nouns) obie; (people: male) obaj; (: female) obie; (: a male and a female) oboje ♦ adv: **both A and B** zarówno A, jak i B; **both of us went, we both went** poszliśmy oboje.
bother ['bɔðə*] vt (worry) niepokoić; (disturb) przeszkadzać +dat, zawracać głowę +dat (inf) ♦ vi (also: **bother o.s.**) trudzić się, zawracać sobie głowę (inf) ♦ n (trouble) kłopot m; **to bother doing sth** zadawać sobie trud robienia czegoś; **I'm sorry to bother you** przepraszam, że przeszkadzam; **please don't bother** nie kłopocz się.
bottle ['bɔtl] n butelka f; (small) buteleczka f ♦ vt (beer, wine) rozlewać (rozlać perf) do butelek, butelkować; (fruit) zaprawiać (zaprawić perf).
bottle-opener ['bɔtləupnə*] n otwieracz m do butelek.

bottom ['bɔtəm] n (of container, sea) dno nt; (buttocks) pupa f, siedzenie nt; (of page) dół m; (of class etc) szary koniec m ♦ adj najniższy.

bottomless ['bɔtəmlɪs] adj bez dna post.

bough [bau] n konar m.

bought [bɔːt] pt, pp of **buy**.

boulder ['bəuldə*] n głaz m.

bounce [bauns] vi (ball) odbijać się (odbić się perf); (cheque) nie mieć pokrycia ♦ vt odbijać (odbić perf) ♦ n odbicie nt.

bouncer ['baunsə*] (inf) n bramkarz m (inf: na dyskotece itp).

bound [baund] pt, pp of **bind** ♦ n skok m; (usu pl: of possibility etc) granice pl ♦ vi podskakiwać (podskoczyć perf) ♦ vt otaczać (otoczyć perf), ograniczać (ograniczyć perf) ♦ adj: **bound by** (law etc) zobowiązany +instr; **he's bound to fail** na pewno mu się nie uda; **bound for** (zdążający) do +gen.

boundary ['baundrɪ] n granica f.

boundless ['baundlɪs] adj nieograniczony, bezgraniczny.

bouquet ['bukeɪ] n bukiet m.

bourgeois ['buəʒwɑː] adj burżuazyjny.

bout [baut] n (of disease) atak m; (of activity) napad m; (BOXING) walka f, mecz m.

boutique [buːˈtiːk] n butik m.

bow[1] [bəu] n (knot) kokarda f; (weapon) łuk m; (MUS) smyczek m.

bow[2] [bau] n (greeting) ukłon m; (NAUT: also: **bows**) dziób m ♦ vi kłaniać się (ukłonić się perf); **to bow to** or **before** (pressure) uginać się (ugiąć się perf) pod +instr; (sb's wishes) przystawać (przystać perf) na +acc.

bowels ['bauəlz] npl (ANAT) jelita pl; (of the earth etc) wnętrze nt.

bowl [bəul] n (for/of food) miska f; (: small) miseczka f; (SPORT) kula f ♦ vi (CRICKET, BASEBALL) rzucać (rzucić perf) (piłką).

bowler ['bəulə*] n (CRICKET, BASEBALL) gracz rzucający lub serwujący piłkę; (BRIT: also: **bowler hat**) melonik m.

bowling ['bəulɪŋ] n (game) kręgle pl.

bowling alley n kręgielnia f.

bowls [bəulz] n gra f w kule.

bow tie [bəu-] n muszka f.

box [bɔks] n pudełko nt; (cardboard box) pudło nt, karton m; (THEAT) loża f ♦ vt pakować (zapakować perf) do pudełka/pudełek; (SPORT) boksować się z +instr ♦ vi uprawiać boks.

boxer ['bɔksə*] n bokser m.

boxing ['bɔksɪŋ] (SPORT) n boks m.

Boxing Day (BRIT) n drugi dzień Świąt Bożego Narodzenia.

box office n kasa f (biletowa) (w teatrze itp).

boy [bɔɪ] n chłopiec m.

boycott ['bɔɪkɔt] n bojkot m ♦ vt bojkotować (zbojkotować perf).

boyfriend ['bɔɪfrɛnd] n chłopak m; (older woman's) przyjaciel m.

BR abbr (= British Rail).

bra [brɑː] n biustonosz m, stanik m.

brace [breɪs] n (on teeth) aparat m (korekcyjny); (tool) świder m ♦ vt (knees, shoulders) napinać (napiąć perf); **braces** npl (BRIT) szelki pl.

bracelet ['breɪslɪt] n bransoletka f.

bracing ['breɪsɪŋ] adj ożywczy, orzeźwiający.

bracket ['brækɪt] n (TECH) wspornik m, podpórka f; (group, range) przedział m; (also: **brace bracket**) nawias m klamrowy, klamra f; (also: **round bracket**) nawias m (okrągły); (also: **square bracket**) nawias m kwadratowy ♦ vt (word, phrase) brać (wziąć perf) w nawias; (also: **bracket together**) traktować (potraktować perf) razem.

brag [bræg] *vi* chwalić się,
przechwalać się.

braid [breɪd] *n* (*trimming*) galon *m*;
(*plait*) warkocz *m*.

brain [breɪn] *n* mózg *m*; (*fig*) umysł
m; **brains** *npl* (*CULIN*) móżdżek *m*;
(*intelligence*) głowa *f*.

brainwash ['breɪnwɔʃ] *vt* robić
(zrobić *perf*) pranie mózgu +*dat*.

brainwave ['breɪnweɪv] *n* olśnienie
nt.

brainy ['breɪnɪ] *adj* bystry,
rozgarnięty.

brake [breɪk] *n* hamulec *m*; (*fig*)
ograniczenie *nt* ♦ *vi* hamować
(zahamować *perf*).

bran [bræn] *n* otręby *pl*.

branch [brɑːntʃ] *n* (*lit, fig*) gałąź *f*;
(*COMM*) oddział *m* ♦ *vi* rozgałęziać
się (rozgałęzić się *perf*).

brand [brænd] *n* (*make*) marka *f*;
(*fig*) rodzaj *m*, odmiana *f* ♦ *vt* (*cattle*)
znakować (oznakować *perf*).

brand-new ['brænd'njuː] *adj*
nowiutki, nowiuteńki; (*machine etc*)
fabrycznie nowy.

brash [bræʃ] *adj* zuchwały.

brass [brɑːs] *n* mosiądz *m*; **the brass**
(*MUS*) instrumenty dęte blaszane.

brass band *n* orkiestra *f* dęta.

brat [bræt] (*pej*) *n* bachor *m* (*pej, inf*).

brave [breɪv] *adj* dzielny ♦ *vt* stawiać
(stawić *perf*) czoło +*dat*.

bravery ['breɪvərɪ] *n* dzielność *f*,
męstwo *nt*.

bravo [brɑː'vəu] *excl* brawo.

brawl [brɔːl] *n* bijatyka *f*, burda *f*.

brazen ['breɪzn] *adj* (*woman*)
bezwstydny; (*lie, accusation*)
bezczelny ♦ *vt*: **to brazen it out**
nadrabiać tupetem.

Brazil [brə'zɪl] *n* Brazylia *f*.

breach [briːtʃ] *vt* (*wall*) robić (zrobić
perf) wyłom w +*loc*; (*defence*)
przełamywać (przełamać *perf*) ♦ *n*
(*gap*) wyłom *m*; **breach of contract**
naruszenie *or* pogwałcenie umowy;

breach of the peace zakłócenie
porządku publicznego.

bread [brɛd] *n* chleb *m*.

breadbin ['brɛdbɪn] (*BRIT*) *n*
pojemnik *m* na chleb *or* pieczywo.

breadbox ['brɛdbɔks] (*US*) *n* =
breadbin.

breadcrumbs ['brɛdkrʌmz] *npl*
okruszki *pl*; (*CULIN*) bułka *f* tarta.

breadth [brɛtθ] *n* szerokość *f*; (*fig*)
rozmach *m*.

breadwinner ['brɛdwɪnə*] *n*
żywiciel(ka) *m(f)* (rodziny).

break [breɪk] (*pt* **broke**, *pp* **broken**)
vt (*crockery, glass*) tłuc (stłuc *perf*);
(*leg, promise, law*) łamać (złamać
perf); (*record*) bić (pobić *perf*) ♦ *vi*
(*crockery, glass*) tłuc się (stłuc się
perf), rozbijać się (rozbić się *perf*);
(*weather*) przełamywać się
(przełamać się *perf*); (*storm*) zrywać
się (zerwać się *perf*); (*story, news*)
wychodzić (wyjść *perf*) na jaw ♦ *n*
(*gap, pause, rest*) przerwa *f*;
(*fracture*) złamanie *nt*; (*chance*)
szansa *f*; **to break the news to sb**
przekazywać (przekazać *perf*) komuś
(złą) wiadomość; **to break even**
wychodzić (wyjść *perf*) na czysto *or*
na zero; **to break free** *or* **loose**
wyrwać się (*perf*), uwolnić się (*perf*).

▶**break down** *vt* (*figures, data*)
dzielić (podzielić *perf*), rozbijać
(rozbić *perf*) ♦ *vi* (*machine, car*) psuć
się (popsuć się *perf*).

▶**break in** *vt* (*horse*) ujeżdżać
(ujeździć *perf*) ♦ *vi* (*burgle*)
włamywać się (włamać się *perf*);
(*interrupt*) wtrącać się (wtrącić się
perf).

▶**break into** *vt fus* włamywać się
(włamać się *perf*) do +*gen*.

▶**break off** *vi* (*branch*) odłamywać
się (odłamać się *perf*); (*speaker*)
przerywać (przerwać *perf*) ♦ *vt*
(*talks, engagement*) zrywać (zerwać
perf).

▶**break out** vi (*war, fight*) wybuchać (wybuchnąć *perf*); (*prisoner*) zbiegać (zbiec *perf*); **to break out in spots/a rash** pokrywać (pokryć *perf*) się plamami/wysypką.

▶**break up** vi (*object, substance, marriage*) rozpadać się (rozpaść się *perf*); (*crowd*) rozchodzić się (rozejść się *perf*); (: *in panic*) rozpierzchać się (rozpierzchnąć się *perf*); (*SCOL*) kończyć (skończyć *perf*) naukę *or* zajęcia ♦ vt (*rocks, biscuit*) łamać (połamać *perf*), kruszyć (rozkruszyć *perf*); (*fight, meeting, monotony*) przerywać (przerwać *perf*).

breakage ['breɪkɪdʒ] n (*breaking*) uszkodzenie nt; (: *of glass etc object*) stłuczenie nt; (*damage*) szkoda f.

breakdown ['breɪkdaun] n (*AUT*) awaria f; (*of marriage, political system*) rozpad m; (*of talks*) załamanie się nt; (*of statistics*) rozbicie nt, analiza f; (*also:* **nervous breakdown**) załamanie nt (nerwowe).

breakfast ['brɛkfəst] n śniadanie nt.

break-in ['breɪkɪn] n włamywać się (włamać się *perf*).

breakthrough ['breɪkθru:] n (*fig*) przełom m.

breakwater ['breɪkwɔ:tə*] n falochron m.

breast [brɛst] n pierś f; (*of lamb, veal*) mostek m.

breast-feed ['brɛstfi:d] (*irreg like:* **feed**) vt karmić (nakarmić *perf*) piersią ♦ vi karmić piersią.

breast-stroke ['brɛststrəuk] n styl m klasyczny, żabka f (*inf*).

breath [brɛθ] n (*breathing*) oddech m; (*single intake of air*) wdech m; **to be out of breath** nie móc złapać tchu.

breathe [bri:ð] vt oddychać (odetchnąć *perf*) +instr ♦ vi oddychać (odetchnąć *perf*).

▶**breathe in** vt wdychać ♦ vi robić (zrobić *perf*) wdech.

▶**breathe out** vt wydychać ♦ vi wypuszczać (wypuścić *perf*) powietrze, robić (zrobić *perf*) wydech.

breathing ['bri:ðɪŋ] n oddychanie nt, oddech m.

breathing space n (*fig*) chwila f wytchnienia.

breathless ['brɛθlɪs] adj (*from exertion*) z(a)dyszany.

breathtaking ['brɛθteɪkɪŋ] adj zapierający dech (w piersiach).

bred [brɛd] pt, pp of **breed**.

breed [bri:d] (*pt, pp* **bred**) vt hodować (wyhodować *perf*) ♦ vi rozmnażać się ♦ n (*ZOOL*) rasa f; (*of person*) typ m.

breeding ['bri:dɪŋ] n (*upbringing*) wychowanie nt.

breeze [bri:z] n wietrzyk m.

breezy ['bri:zɪ] adj (*person*) żwawy; (*tone*) lekki; (*weather*) wietrzny.

brevity ['brɛvɪtɪ] n (*of life*) krótkotrwałość f; (*of speech, writing*) zwięzłość f.

brew [bru:] vt (*tea*) parzyć (zaparzyć *perf*); (*beer*) warzyć; (*sth unpleasant*): **a storm/crisis is brewing** zanosi się na burzę/kryzys.

brewery ['bru:ərɪ] n browar m.

bribe [braɪb] n łapówka f ♦ vt przekupywać (przekupić *perf*).

bribery ['braɪbərɪ] n przekupstwo nt.

brick [brɪk] n cegła f.

bricklayer ['brɪkleɪə*] n murarz m.

bridal ['braɪdl] adj ślubny.

bride [braɪd] n panna f młoda.

bridegroom ['braɪdgru:m] n pan m młody.

bridesmaid ['braɪdzmeɪd] n druhna f.

bridge [brɪdʒ] n (*TECH, ARCHIT*) most m; (*NAUT*) mostek m kapitański; (*CARDS*) brydż m; (*DENTISTRY*) most(ek) m; (*of nose*) grzbiet m; (*fig: gap, gulf*) zmniejszać (zmniejszyć *perf*).

bridle ['braɪdl] n uzda f.

brief [bri:f] *adj* krótki ♦ *n* (*JUR:*
documents) akta *pl* (sprawy); (*task*)
wytyczne *pl* ♦ *vt*: **to brief sb (about
sth)** (*give instructions*) instruować
(poinstruować *perf*) kogoś (o
czymś); (*give information*)
informować (poinformować *perf*)
kogoś (o czymś); **briefs** *npl* (*for
men*) slipy *pl*; (*for women*) figi *pl*.
briefcase ['bri:fkeɪs] *n* aktówka *f*.
briefing ['bri:fɪŋ] *n* instruktaż *m*;
(*MIL*) odprawa *f*; (*PRESS*) briefing *m*.
briefly ['bri:flɪ] *adv* (*smile, glance*)
przelotnie; (*explain*) pokrótce.
brigade [brɪ'geɪd] *n* brygada *f*.
bright [braɪt] *adj* (*light, room, colour*)
jasny; (*day*) pogodny; (*person*)
bystry; (*idea*) błyskotliwy; (*outlook,
future*) świetlany; (*lively*) ożywiony.
brighten ['braɪtn] (*also:* **brighten up**)
vt (*place*) upiększać (upiększyć
perf); (*event*) ożywiać (ożywić
perf) ♦ *vi* (*of weather*) rozpogadzać się
(rozpogodzić się *perf*); (*person*)
poweseleć (*perf*); (*face*) rozjaśniać
się (rozjaśnić się *perf*); (*prospects*)
polepszać się (polepszyć się *perf*).
brilliance ['brɪljəns] *n* (*of light*)
świetlistość *f*; (*of talent, skill*)
błyskotliwość *f*.
brilliant ['brɪljənt] *adj* (*person, idea,
career*) błyskotliwy; (*smile*)
promienny; (*light*) olśniewający; (*inf.
holiday etc*) kapitalny (*inf*).
brim [brɪm] *n* (*of cup*) brzeg *m*; (*of
hat*) rondo *nt*.
bring [brɪŋ] (*pt, pp* **brought**) *vt*
(*thing, satisfaction*) przynosić
(przynieść *perf*); (*person*)
przyprowadzać (przyprowadzić *perf*).
►**bring about** *vt* doprowadzać
(doprowadzić *perf*) do +*gen*.
►**bring back** *vt* (*restore*) przywracać
(przywrócić *perf*); (*return*) odnosić
(odnieść *perf*).
►**bring down** *vt* (*government*) obalać

(obalić *perf*); (*price*) obniżać
(obniżyć *perf*).
►**bring forward** *vt* (*meeting,
proposal*) przesuwać (przesunąć *perf*)
(*na wcześniejszy termin*).
►**bring out** *vt* (*person*) ośmielać
(ośmielić *perf*); (*new product*)
wypuszczać (wypuścić *perf*) (na
rynek).
►**bring up** *vt* (*carry up*) przynosić
(przynieść *perf*) (*na górę*); (*children*)
wychowywać (wychować *perf*);
(*question, subject*) podnosić
(podnieść *perf*); (*food*) zwracać
(zwrócić *perf*).
brink [brɪŋk] *n* (*of disaster, war etc*)
krawędź *f*; **to be on the brink of
doing sth** być bliskim zrobienia
czegoś.
brisk [brɪsk] *adj* (*tone, person*)
energiczny; (*pace*) dynamiczny;
(*trade*) ożywiony; **brisk walk** szybki
spacer.
bristle ['brɪsl] *n* (*on animal, chin*)
szczecina *f*; (*of brush*) włosie *nt* ♦ *vi*
(*in anger*) zjeżać się (zjeżyć się *perf*)
(*inf*); (*at memory etc*) wzdrygać się
(wzdrygnąć się *perf*).
Britain ['brɪtən] *n* (*also:* **Great
Britain**) Wielka Brytania *f*.
British ['brɪtɪʃ] *adj* brytyjski ♦ *npl*:
the British Brytyjczycy *vir pl*.
British Isles *npl*: **the British Isles**
Wyspy *pl* Brytyjskie.
British Rail *n* Kolej *f* Brytyjska.
Briton ['brɪtən] *n* Brytyjczyk (-jka)
m(f).
brittle ['brɪtl] *adj* kruchy.
broad [brɔ:d] *adj* (*street, smile,
range*) szeroki; (*outlines*) ogólny;
(*accent*) silny; **in broad daylight** w
biały dzień.
broadcast ['brɔ:dkɑ:st] (*pt, pp*
broadcast) *n* (*RADIO*) audycja *f*,
program *m*; (*TV*) program *m* ♦ *vt*
(*RADIO, TV*) nadawać (nadać *perf*),

emitować (wyemitować *perf*) ♦ *vi*
(*RADIO, TV*) nadawać.

broaden ['brɔːdn] *vt* rozszerzać
(rozszerzyć *perf*), poszerzać
(poszerzyć *perf*) ♦ *vi* rozszerzać się
(rozszerzyć się *perf*).

broadly ['brɔːdlɪ] *adv* zasadniczo.

broad-minded ['brɔːd'maɪndɪd] *adj*
tolerancyjny.

broccoli ['brɒkəlɪ] *n* brokuły *pl*.

brochure ['brəʊʃjuə*] *n* broszura *f*,
prospekt *m*.

broke [brəʊk] *pt of* **break** ♦ *adj* (*inf:
person*) spłukany (*inf*).

broken ['brəʊkn] *pp of* **break** ♦ *adj*
(*window, cup*) rozbity; (*machine*)
zepsuty; (*leg, promise, vow*)
złamany; **in broken English/Polish**
łamaną angielszczyzną/polszczyzną.

broken-hearted ['brəʊkn'hɑːtɪd] *adj*:
to be broken-hearted mieć złamane
serce.

broker ['brəʊkə*] *n* (*in shares*)
makler *m*; (*insurance broker*) broker
m ubezpieczeniowy.

bronchitis [brɒŋ'kaɪtɪs] *n* zapalenie
nt oskrzeli, bronchit *m*.

bronze [brɒnz] *n* (*metal*) brąz *m*;
(*sculpture*) rzeźba *f* z brązu.

brooch [brəʊtʃ] *n* broszka *f*.

brood [bruːd] *n* (*baby birds*) wyląg *m*
♦ *vi* (*person*) rozmyślać.

brook [brʊk] *n* strumyk *m*.

broom [brum] *n* miotła *f*; (*BOT*)
janowiec *m*.

Bros. (*COMM*) *abbr* (= *brothers*)
Bracia.

broth [brɒθ] *n* rosół *m*.

brothel ['brɒθl] *n* dom *m* publiczny,
burdel *m* (*inf*).

brother ['brʌðə*] *n* (*lit, fig*) brat *m*.

brother-in-law ['brʌðərɪn'lɔː] *n*
szwagier *m*.

brought [brɔːt] *pt, pp of* **bring**.

brow [braʊ] *n* (*forehead*) czoło *nt*;
(*old: eyebrow*) brew *f*; (*of hill*)
grzbiet *m*.

brown [braʊn] *adj* brązowy ♦ *n*
(kolor *m*) brązowy, brąz *m* ♦ *vi*
(*CULIN*) przyrumieniać się
(przyrumienić się *perf*).

brown paper *n* szary papier *m*.

browse [braʊz] *vi* (*in shop*) szperać.

bruise [bruːz] *n* (*on body*) siniec *m*,
siniak *m*; (*person*) posiniaczyć (*perf*).

brunch [brʌntʃ] *n* połączenie
późnego śniadania z lunchem.

brunette [bruː'net] *n* brunetka *f*.

brunt [brʌnt] *n*: **to bear the brunt of**
(*attack, criticism*) najbardziej
odczuwać (odczuć *perf*);

brush [brʌʃ] *n* (*for cleaning*) szczotka
f; (*for shaving, painting*) pędzel *m*;
(*unpleasant encounter*) scysja *f* ♦ *vt*
(*floor*) zamiatać (zamieść *perf*); (*hair*)
szczotkować (wyszczotkować *perf*);
(*also*: **brush against**) ocierać się
(otrzeć się *perf*) o +*acc*.

▶**brush aside** *vt* odsuwać (odsunąć
perf) na bok.

▶**brush up (on)** *vt* (*language*)
szlifować (podszlifować *perf*);
(*knowledge*) odświeżać (odświeżyć
perf).

brusque [bruːsk] *adj* szorstki.

Brussels ['brʌslz] *n* Bruksela *f*.

Brussels sprout *n* brukselka *f*.

brutal ['bruːtl] *adj* brutalny.

brutality [bruː'tælɪtɪ] *n* brutalność *f*.

brute [bruːt] *n* (*person*) brutal *m*;
(*animal*) zwierz *m*, bydlę *nt* (*inf*) ♦
adj: **by brute force** na siłę, na
chama (*inf*).

BSc *abbr* (= *Bachelor of Science*)
stopień naukowy.

bubble ['bʌbl] *n* bańka *f* ♦ *vi* (*form
bubbles: boiling liquid*) wrzeć;
(: *champagne etc*) musować;
(*gurgle*) bulgotać; (: *stream*) szemrać.

bubble bath *n* (*liquid*) płyn *m* do
kąpieli; (*bath*) kąpiel *f* w pianie.

bubble gum *n* guma *f* balonowa.

buck [bʌk] *n* (*rabbit*) królik *m*
(*samiec*); (*deer*) kozioł *m*; (*US: inf*)

dolec *m* (*inf*) ♦ *vi* (*horse*) brykać (bryknąć *perf*).

buckle ['bʌkl] *n* sprzączka *f* ♦ *vt* (*shoe, belt*) zapinać (zapiąć *perf*) (na sprzączkę) ♦ *vi* (*wheel, bridge*) wyginać się (wygiąć się *perf*).

bud [bʌd] *n* pąk *m*, pączek *m* ♦ *vi* wypuszczać (wypuścić *perf*) pąki *or* pączki.

Buddhism ['budɪzəm] *n* buddyzm *m*.

buddy ['bʌdɪ] (*US*) *n* kumpel *m*.

budge [bʌdʒ] *vt* ruszać (ruszyć *perf*) (z miejsca) ♦ *vi* (*screw etc*) ruszać się (ruszyć się *perf*); (*fig: person*) ustępować (ustąpić *perf*).

budgerigar ['bʌdʒərɪgɑ:*] *n* papużka *f* falista.

budget ['bʌdʒɪt] *n* budżet *m*.

budgie ['bʌdʒɪ] *n* = **budgerigar**.

buff [bʌf] *adj* szary ♦ *n* (*inf*) znawca (-czyni) *m(f)*.

buffalo ['bʌfələu] (*pl* **buffalo** *or* **buffaloes**) *n* (*BRIT*) bawół *m*; (*US*) bizon *m*.

buffer ['bʌfə*] *n* (*COMPUT, RAIL*) bufor *m*.

buffet ['bufeɪ] (*BRIT*) *n* bufet *m*.

buffet car *n* wagon *m* restauracyjny.

bug [bʌg] *n* (*esp US: insect*) robak *m*; (*COMPUT: in program*) błąd *m*; (*microphone*) ukryty mikrofon *m*; (*fig: germ*) wirus *m* ♦ *vt* (*inf: annoy*) wkurzać (*inf*); (: *bother*) gryźć; (*room, house*) zakładać (założyć *perf*) podsłuch w +*loc*.

buggy ['bʌgɪ] *n* (*also:* **baby buggy**) wózek *m* spacerowy, spacerówka *f* (*inf*).

build [bɪld] (*pt, pp* **built**) *n* (*of person*) budowa *f* (ciała) ♦ *vt* budować (zbudować *perf*).

▶**build up** *vt* (*production*) zwiększać (zwiększyć *perf*); (*forces*) wzmacniać (wzmocnić *perf*); (*morale*) podnosić (podnieść *perf*); (*stocks*) gromadzić (zgromadzić *perf*).

builder ['bɪldə*] *n* budowniczy *m*.

building ['bɪldɪŋ] *n* (*construction*) budowa *f*; (*structure*) budynek *m*.

building society (*BRIT*) *n* ≈ spółdzielnia *f* mieszkaniowa.

built [bɪlt] *pt, pp of* **build** ♦ *adj*: **built-in** wbudowany; **well-built** dobrze zbudowany.

bulb [bʌlb] *n* (*BOT*) bulwa *f*; (*ELEC*) żarówka *f*.

Bulgaria [bʌl'gɛərɪə] *n* Bułgaria *f*.

bulge [bʌldʒ] *n* (*bump*) wybrzuszenie *nt* ♦ *vi*: **his pocket bulged** miał wypchaną kieszeń.

bulk [bʌlk] *n* (*of object*) masa *f*; (*of person*) cielsko *nt*; **in bulk** (*COMM*) hurtowo; **the bulk of** większość +*gen*.

bulky ['bʌlkɪ] *adj* nieporęczny.

bull [bul] *n* (*ZOOL*) byk *m*.

bulldozer ['buldəuzə*] *n* spychacz *m*, buldożer *m*.

bullet ['bulɪt] *n* kula *f*.

bulletin ['bulɪtɪn] *n* (*TV etc*): **news bulletin** skrót *m* wiadomości; (*journal*) biuletyn *m*.

bulletproof ['bulɪtpru:f] *adj* kuloodporny.

bullfight ['bulfaɪt] *n* corrida *f*, walka *f* byków.

bullfighter ['bulfaɪtə*] *n* torreador *m*.

bull's-eye ['bulzaɪ] *n* środek *m* tarczy, dziesiątka *f* (*inf*).

bully ['bulɪ] *n*: **he was a bully at school** w szkole znęcał się nad słabszymi ♦ *vt* tyranizować.

bum [bʌm] (*inf*) *n* (*BRIT: backside*) zadek *m* (*inf*); (*esp US: tramp*) włóczęga *m*.

bumblebee ['bʌmblbi:] *n* trzmiel *m*.

bump [bʌmp] *n* (*car accident*) stłuczka *f*; (*jolt*) wstrząs *m*; (*on head*) guz *m*; (*on road*) wybój *m* ♦ *vt*: **to bump one's head on** *or* **against sth** uderzać (uderzyć *perf*) głową o coś.

►**bump into** vt fus wpadać (wpaść perf) na +acc.

bumper ['bʌmpə*] n zderzak m ♦ adj: **bumper crop/harvest** rekordowe zbiory pl.

bumpy ['bʌmpɪ] adj wyboisty.

bun [bʌn] n (CULIN) (słodka) bułeczka f; (hairstyle) kok m.

bunch [bʌntʃ] n (of flowers) bukiet m; (of keys) pęk m; (of bananas, grapes) kiść f; (of people) grupa f; **bunches** npl kitki pl, kucyki pl.

bundle ['bʌndl] n (of clothes, belongings) zawiniątko nt, tobołek m; (of sticks) wiązka f; (of papers) paczka f, plik m ♦ vt (also: **bundle up**) pakować (spakować perf); (put): **to bundle sth/sb into** wpychać (wepchnąć perf) coś/kogoś do +gen.

bungalow ['bʌngələu] n dom m parterowy, bungalow m.

bunk [bʌŋk] n (on ship) koja f.

bunk beds npl łóżko nt piętrowe.

bunker ['bʌŋkə*] n (coal store) skład m na węgiel; (MIL, GOLF) bunkier m.

bunny ['bʌnɪ] n (also: **bunny rabbit**) króliczek m.

buoy [bɔɪ] n boja f.

buoyant ['bɔɪənt] adj (economy, market) prężny; **to be buoyant** utrzymywać się na powierzchni wody; (fig) cieszyć się życiem.

burden ['bə:dn] n (responsibility) obciążenie nt; (load, worry) ciężar m ♦ vt: **to burden sb with** (trouble, worry) martwić kogoś +instr.

bureau ['bjuərəu] n (pl **bureaux**) n (BRIT) sekretarzyk m; (US) komoda f; (for travel, information) biuro nt.

bureaucracy [bjuə'rɔkrəsɪ] n biurokracja f.

bureaucrat ['bjuərəkræt] n biurokrata (-tka) m(f).

burglar ['bə:glə*] n włamywacz(ka) m(f).

burglar alarm n alarm m antywłamaniowy or przeciwwłamaniowy.

burglary ['bə:glərɪ] n włamanie nt.

burial ['berɪəl] n pogrzeb m.

Burma ['bə:mə] n Birma f.

burn [bə:n] (pt, pp **burned** or **burnt**) vt (papers etc) palić (spalić perf); (fuel) spalać (spalić perf); (toast etc) przypalać (przypalić perf); (part of body) parzyć (oparzyć perf or sparzyć perf) ♦ vi (house, wood) palić się (spalić się perf); (fuel) spalać się (spalić się perf); (toast etc) przypalać się (przypalić się perf); (blister etc) piec ♦ n oparzenie nt.

►**burn down** vt spalić (perf) (doszczętnie).

burner ['bə:nə*] n palnik m.

burning ['bə:nɪŋ] adj (house, forest) płonący, palący się; (sand, issue) palący; (interest, enthusiasm) gorący.

burrow ['bʌrəu] n nora f (np. królicza) ♦ vi (animal) ryć or kopać norę; (person) szperać, grzebać.

bursary ['bə:sərɪ] (BRIT) n stypendium nt.

burst [bə:st] (pt, pp **burst**) vt (balloon, ball) przebijać (przebić perf); (pipe) rozrywać (rozerwać perf) ♦ vi (pipe, tyre) pękać (pęknąć perf) ♦ n (also: **burst pipe**) pęknięta rura f; **to burst into flames** stawać (stanąć perf) w płomieniach; **to burst into tears** wybuchać (wybuchnąć perf) płaczem; **to burst out laughing** wybuchać (wybuchnąć perf) śmiechem; **to be bursting with** (container) pękać od +gen; (person) tryskać +instr; **a burst of energy/enthusiasm** przypływ energii/entuzjazmu; **a burst of laughter** wybuch śmiechu; **a burst of applause** burza oklasków.

►**burst into** vt fus wpadać (wpaść perf) do +gen.

bury ['berɪ] vt (object) zakopywać

(zakopać *perf*); (*person*) chować
(pochować *perf*).

bus [bʌs] *n* autobus *m*.

bush [buʃ] *n* (*plant*) krzew *m*, krzak
m; (*scrubland*) busz *m*; **to beat
about the bush** owijać w bawełnę.

bushy ['buʃɪ] *adj* (*eyebrows*)
krzaczasty; (*tail*) puszysty.

busily ['bɪzɪlɪ] *adv* pracowicie.

business ['bɪznɪs] *n* (*matter,
question*) sprawa *f*; (*trading*) interesy
pl, biznes *m*; (*firm*) firma *f*, biznes *m*
(*inf*); (*trade*) branża *f*; **she's away
on business** wyjechała w
interesach; **it's my business to ...**
moim obowiązkiem jest +*infin*; **it's
none of my business** to nie moja
sprawa; **he means business** on nie
żartuje.

businesslike ['bɪznɪslaɪk] *adj*
rzeczowy.

businessman ['bɪznɪsmən] (*irreg
like*: **man**) *n* biznesman *m*.

business trip *n* wyjazd *m* służbowy.

businesswoman ['bɪznɪswumən]
(*irreg like*: **woman**) *n* bizneswoman *f*
inv.

bus stop *n* przystanek *m* autobusowy.

bust [bʌst] *n* (*ANAT*) biust *m*;
(*measurement*) obwód *m* w biuście;
(*sculpture*) popiersie *nt* ♦ *adj* (*inf:
broken*) zepsuty; **to go bust**
plajtować (splajtować *perf*) (*inf*).

bustle ['bʌsl] *n* krzątanina *f* ♦ *vi*
krzątać się.

bustling ['bʌslɪŋ] *adj* gwarny,
ruchliwy.

busy ['bɪzɪ] *adj* (*person, telephone
line*) zajęty; (*street*) ruchliwy ♦ *vt*:
to busy o.s. with zajmować się
(zająć się *perf*) +*instr*.

busybody ['bɪzɪbɔdɪ] *n* ciekawski
(-ka) *m(f)*.

──────── KEYWORD ────────

but [bʌt] *conj* **1** (*yet, however*) ale,
lecz (*fml*); **I'd love to come, but I'm**

busy bardzo chciałabym przyjść,
ale jestem zajęta; **but that's far too
expensive!** ależ to o wiele za
drogo! ♦ *prep* (*apart from, except*):
we've had nothing but trouble
mieliśmy same kłopoty; **but for
your help** gdyby nie twoja pomoc;
I'll do anything but that zrobię
wszystko, tylko nie to ♦ *adv* tylko;
had I but known gdybym tylko
wiedział.

butcher ['butʃə*] *n* rzeźnik (-iczka)
m(f); (*fig*) oprawca *m* ♦ *vt* (*cattle*)
zarzynać (zarżnąć *perf*); (*people*)
dokonywać (dokonać *perf*) rzezi na
+*loc*.

butcher's (shop) ['butʃəz-] *n* (sklep
m) mięsny, rzeźnik *m*.

butler ['bʌtlə*] *n* kamerdyner *m*.

butt [bʌt] *n* (*barrel*) beczka *f*; (*of gun*)
kolba *f*; (*of cigarette*) niedopałek *m*;
(*BRIT: fig: of jokes, criticism*) obiekt
m ♦ *vt* (*person*) uderzać (uderzyć
perf) głową; (*goat*) bóść (ubóść *perf*).

►**butt in** *vi* wtrącać się (wtrącić się
perf).

butter ['bʌtə*] *n* masło *nt* ♦ *vt*
smarować (posmarować *perf*)
masłem.

buttercup ['bʌtəkʌp] *n* jaskier *m*.

butterfly ['bʌtəflaɪ] *n* motyl *m*; (*also:
butterfly stroke*) styl *m* motylkowy,
motylek *m*.

buttocks ['bʌtəks] *npl* pośladki *pl*.

button ['bʌtn] *n* (*on clothes*) guzik *m*;
(*on machine*) przycisk *m*, guzik *m*;
(*US: badge*) znaczek *m* (*do
przypinania*) ♦ *vt* (*also:* **button up**)
zapinać (zapiąć *perf*) ♦ *vi* zapinać się
(zapiąć się *perf*).

buy [baɪ] (*pt, pp* **bought**) *vt*
kupować (kupić *perf*) ♦ *n*: **good/bad
buy** dobry *or* udany/zły *or* nieudany
zakup *m*; **to buy sb sth** kupować
(kupić *perf*) komuś coś; **to buy sb a**

drink stawiać (postawić *perf*) komuś drinka.
buzz [bʌz] *n* brzęczenie *nt* ♦ *vi* (*insect, saw*) brzęczeć.
buzzer ['bʌzə*] *n* brzęczyk *m*.

------- KEYWORD -------

by [baɪ] *prep* 1 (*referring to cause, agent*) przez +*acc*; **killed by lightning** zabity przez piorun; **a painting by Picasso** obraz Picassa. 2 (*referring to method, manner, means*): **by bus** *etc* autobusem *etc*; **to pay by cheque** płacić (zapłacić *perf*) czekiem; **by moonlight** przy świetle księżyca; **by saving hard** oszczędzając każdy grosz. 3 (*via, through*) przez +*acc*; **he came in by the back door** wszedł tylnymi drzwiami. 4 (*close to*): **she sat by his bed** usiadła przy jego łóżku; **the house by the river** dom nad rzeką. 5 (*past*) obok +*gen*, koło +*gen*; **she rushed by me** przemknęła obok mnie. 6 (*not later than*) do +*gen*; **by 4 o'clock** do (godziny) czwartej; **by the time I got here it was too late** zanim tu dotarłem, było już za późno. 7 (*amount*): **paid by the hour** opłacany za godzinę; **by the kilo/metre** na kilogramy/metry. 8 (*MATH*) przez +*acc*; **to divide by 3** dzielić (podzielić *perf*) przez 3. 9 (*measure*): **a room 3 metres by 4** pokój o wymiarach 3 na 4 (metry); **it's broader by a metre** jest o metr szerszy. 10 (*according to*) według +*gen*; **to play by the rules** grać według zasad. 11: **he did it (all) by himself** zrobił to (zupełnie) sam. 12: **by the way** nawiasem mówiąc, à propos ♦ *adv* 1 *see* **go**, **pass** *etc* 2: **by and by** wkrótce, niebawem. 3: **by and large** ogólnie (rzecz) biorąc.

bye(-bye) [baɪ('baɪ)] *n excl* do widzenia; (*to child etc*) pa (pa).
by-election ['baɪɪlɛkʃən] (*BRIT*) *n* wybory *pl* uzupełniające.
bygone ['baɪgɔn] *adj* miniony ♦ *n*: **let bygones be bygones** puśćmy to w niepamięć, (co) było, minęło.
bypass ['baɪpɑːs] *n* (*AUT*) obwodnica *f*; (*MED*) połączenie *nt* omijające, bypass *m* ♦ *vt* omijać (ominąć *perf*).
by-product ['baɪprɔdʌkt] *n* (*of industrial process*) produkt *m* uboczny; (*of situation*) skutek *m* uboczny.
bystander ['baɪstændə*] *n* (*at accident etc*) świadek *m*, widz *m*.
byte [baɪt] (*COMPUT*) *n* bajt *m*.

C

C [siː] *n* (*MUS*) C *nt*, c *nt*.
C *abbr* = **Celsius, centigrade** C, °C.
CA *n abbr* (*BRIT*) = **chartered accountant**.
cab [kæb] *n* (*taxi*) taksówka *f*; (*of truck etc*) kabina *f*, szoferka *f*.
cabaret ['kæbəreɪ] *n* kabaret *m*.
cabbage ['kæbɪdʒ] *n* kapusta *f*.
cabin ['kæbɪn] *n* (*on ship, plane*) kabina *f*; (*house*) chata *f*.
cabinet ['kæbɪnɪt] *n* (*piece of furniture*) szafka *f*; (*also*: **display cabinet**) gablota *f*; (: *small*) gablotka *f*; (*POL*) gabinet *m*.
cable ['keɪbl] *n* (*rope*) lina *f*; (*ELEC*) przewód *m*; (*TEL, TV*) kabel *m* ♦ *vt* przesyłać (przesłać *perf*) telegraficznie.
cable television *n* telewizja *f* kablowa.
cackle ['kækl] *vi* (*person*) rechotać (zarechotać *perf*) (*pej*); (*hen*) gdakać (zagdakać *perf*).

cacti ['kæktaɪ] *npl of* **cactus**.

cactus ['kæktəs] (*pl* **cacti**) *n* kaktus *m*.

cadet [kə'dɛt] *n* kadet *m*.

Caesarean [si:'zɛərɪən] *adj*: **Caesarean (section)** cesarskie cięcie *nt*, cesarka *f* (*inf*).

café ['kæfeɪ] *n* kawiarnia *f*.

cafeteria [kæfɪ'tɪərɪə] *n* (*in school, factory*) stołówka *f*; (*in station*) bufet *m*.

caffein(e) ['kæfi:n] *n* kofeina *f*.

cage [keɪdʒ] *n* klatka *f*.

Cairo ['kaɪərəu] *n* Kair *m*.

cajole [kə'dʒəul] *vt* nakłaniać (nakłonić *perf*) (pochlebstwami).

cake [keɪk] *n* (*CULIN*) ciasto *nt*; (: *small*) ciastko *nt*; (*of soap*) kostka *f*; **it's a piece of cake** (*inf*) to małe piwo (*inf*).

caked [keɪkt] *adj*: **caked with** oblepiony +*instr*.

calamity [kə'læmɪtɪ] *n* katastrofa *f*, klęska *f*.

calcium ['kælsɪəm] *n* wapń *m*.

calculate ['kælkjuleɪt] *vt* (*cost, distance, sum*) obliczać (obliczyć *perf*); (*chances*) oceniać (ocenić *perf*); (*consequences*) przewidywać (przewidzieć *perf*).

calculating ['kælkjuleɪtɪŋ] *adj* wyrachowany.

calculation [kælkju'leɪʃən] *n* (*sum*) obliczenie *nt*; (*estimate*) rachuba *f*, kalkulacja *f*.

calculator ['kælkjuleɪtə*] *n* kalkulator *m*.

calculus ['kælkjuləs] *n*: **integral/differential calculus** rachunek *m* całkowy/różniczkowy.

calendar ['kæləndə*] *n* kalendarz *m*.

calendar month/year *n* miesiąc *m*/rok *m* kalendarzowy.

calf [kɑ:f] (*pl* **calves**) *n* (*of cow*) cielę *nt*; (*of elephant, seal*) młode *nt*; (*also*: **calfskin**) skóra *f* cielęca; (*ANAT*) łydka *f*.

calibre ['kælɪbə*] (*US* **caliber**) *n* kaliber *m*.

call [kɔ:l] *vt* (*name, label*) nazywać (nazwać *perf*); (*christen*) dawać (dać *perf*) na imię +*dat*; (*TEL*) dzwonić (zadzwonić *perf*) do +*gen*; (*summon*) przywoływać (przywołać *perf*), wzywać (wezwać *perf*); (*meeting*) zwoływać (zwołać *perf*) ♦ *vi* (*shout*) wołać (zawołać *perf*); (*TEL*) dzwonić (zadzwonić *perf*); (*also*: **call in, call round**) wstępować (wstąpić *perf*), wpadać (wpaść *perf*) ♦ *n* (*shout*) wołanie *nt*; (*TEL*) rozmowa *f*; (*of bird*) głos *m*; **he's called Hopkins** nazywa się Hopkins; **she's called Suzanne** ma na imię Suzanne.

▶**call back** *vi* (*return*) wstępować (wstąpić *perf*) jeszcze raz; (*TEL*) oddzwaniać (oddzwonić *perf*) ♦ *vt* (*TEL*) oddzwaniać (oddzwonić *perf*) +*dat*.

▶**call for** *vt fus* (*demand*) wzywać (wezwać *perf*) do +*gen*; (*fetch*) zgłaszać się (zgłosić się *perf*) po +*acc*.

▶**call off** *vt* (*strike, meeting*) odwoływać (odwołać *perf*); (*engagement*) zrywać (zerwać *perf*).

▶**call on** *vt fus* odwiedzać (odwiedzić *perf*) +*acc*.

▶**call out** *vi* krzyczeć (krzyknąć *perf*), wołać (zawołać *perf*).

▶**call up** *vt* (*MIL*) powoływać (powołać *perf*) do wojska; (*TEL*) dzwonić (zadzwonić *perf*) do +*gen*.

callbox ['kɔ:lbɔks] (*BRIT*) *n* budka *f* telefoniczna.

caller ['kɔ:lə*] *n* (*visitor*) gość *m*, odwiedzający (-ca) *m(f)*; (*TEL*) telefonujący (-ca) *m(f)*.

calling ['kɔ:lɪŋ] *n* (*trade, occupation*) fach *m*; (*vocation*) powołanie *nt*.

callous ['kæləs] *adj* bezduszny.

calm [kɑ:m] *adj* spokojny ♦ *n* spokój *m* ♦ *vt* (*person, fears*) uspokajać (uspokoić *perf*); (*grief, pain*) koić (ukoić *perf*).

►**calm down** *vt* uspokajać (uspokoić *perf*) ♦ *vi* uspokajać się (uspokoić się *perf*).

calorie ['kælərɪ] *n* kaloria *f*.

calves [kɑːvz] *npl of* **calf**.

Cambodia [kæm'bəudɪə] *n* Kambodża *f*.

camcorder ['kæmkɔːdə*] *n* kamera *f* wideo.

came [keɪm] *pt of* **come**.

camel ['kæməl] *n* wielbłąd *m*.

camera ['kæmərə] *n* (*PHOT*) aparat *m* (fotograficzny); (*FILM, TV*) kamera *f*.

cameraman ['kæmərəmæn] (*irreg like*: **man**) (*FILM*) *n* operator *m* (filmowy); (*TV*) kamerzysta *m*.

camouflage ['kæməflɑːʒ] *n* kamuflaż *m* ♦ *vt* (*MIL*) maskować (zamaskować *perf*).

camp [kæmp] *n* obóz *m* ♦ *vi* obozować, biwakować ♦ *adj* (*effeminate*) zniewieściały; (*exaggerated*) afektowany.

campaign [kæm'peɪn] *n* kampania *f* ♦ *vi* prowadzić (przeprowadzić *perf*) kampanię.

camp bed (*BRIT*) *n* łóżko *nt* polowe.

camping ['kæmpɪŋ] *n* kemping *m*, obozowanie *nt*, biwakowanie *nt*.

campsite ['kæmpsaɪt] *n* kemping *m*, pole *nt* namiotowe.

campus ['kæmpəs] *n* miasteczko *nt* uniwersyteckie.

can¹ *n* (*for foodstuffs*) puszka *f*; (*for oil, water*) kanister *m* ♦ *vt* puszkować (zapuszkować *perf*).

---------- KEYWORD ----------

can² [kæn, kən] (*negative* **cannot**, **can't**, *conditional and pt* **could**) *aux vb* **1** (*be able to*) móc; **you can do it if you try** możesz to zrobić, jeśli się postarasz; **I can't see you** nie widzę cię. **2** (*know how to*) umieć; **I**

can swim umiem pływać; **can you speak French?** (czy) mówisz po francusku? **3** (*expressing permission, disbelief, puzzlement, possibility*) móc; **could I have a word with you?** czy mógłbym zamienić z tobą dwa słowa?; **it can't be true!** to nie może być prawda!; **she could have been delayed** mogło ją coś zatrzymać.

Canada ['kænədə] *n* Kanada *f*.

canal [kə'næl] *n* kanał *m*; (*ANAT*) przewód *m*.

canary [kə'neərɪ] *n* kanarek *m*.

cancel ['kænsəl] *vt* (*meeting, flight, reservation*) odwoływać (odwołać *perf*); (*contract, cheque*) anulować (anulować *perf*), unieważniać (unieważnić *perf*); (*order*) cofać (cofnąć *perf*); (*words, figures*) przekreślać (przekreślić *perf*).

cancellation [kænsə'leɪʃən] *n* (*of appointment, reservation, flight*) odwołanie *nt*.

cancer ['kænsə*] *n* rak *m*, nowotwór *m*; **Cancer** Rak.

candid ['kændɪd] *adj* szczery.

candidate ['kændɪdeɪt] *n* kandydat(ka) *m(f)*.

candle ['kændl] *n* (*in house*) świeczka *f*; (*in church*) świeca *f*.

candlestick ['kændlstɪk] *n* świecznik *m*; (*big, ornate*) lichtarz *m*.

candour ['kændə*] (*US* **candor**) *n* szczerość *f*.

candy ['kændɪ] *n* (*also*: **sugar-candy**) cukierek *m*; (*US*) słodycze *pl*.

cane [keɪn] *n* trzcina *f* ♦ *vt* (*BRIT*: *SCOL*) chłostać (wychłostać *perf*).

cannabis ['kænəbɪs] *n* marihuana *f*.

canned [kænd] *adj* (*fruit, vegetables*) z puszki *post*.

cannibal ['kænɪbəl] *n* kanibal *m*.

cannon ['kænən] (*pl* **cannon** *or* **cannons**) *n* armata *f*, działo *nt*.

cannot ['kænɔt] = can not.
canoe [kə'nu:] n kajak m, kanoe or kanu nt inv.
canon ['kænən] n (clergyman) kanonik m; (principle) kanon m.
canopy ['kænəpɪ] n (above bed, throne) baldachim m.
can't [kænt] = can not.
canteen [kæn'ti:n] n (in workplace, school) stołówka f; (mobile) kuchnia f polowa.
canvas ['kænvəs] n (fabric) brezent m; (painting) płótno nt; (NAUT) żagiel m.
canvass ['kænvəs] vi agitować ♦ vt (opinions, place) badać (zbadać perf).
canyon ['kænjən] n kanion m.
cap [kæp] n (hat) czapka f; (of pen) nasadka f; (of bottle) nakrętka f, kapsel m; (also: **Dutch cap**) kapturek m dopochwowy; (for toy gun) kapiszon m ♦ vt (performance etc) ukoronować (perf), uwieńczyć (perf); (tax) nakładać (nałożyć perf) ograniczenia na +acc.
capability [keɪpə'bɪlɪtɪ] n zdolność f.
capable ['keɪpəbl] adj zdolny; **to be capable of doing sth** (able) być w stanie coś zrobić; (likely) być zdolnym do zrobienia czegoś; **to be capable of** być zdolnym do +gen.
capacity [kə'pæsɪtɪ] n (of container) pojemność f; (of ship) ładowność f; (of pipeline) przepustowość f; (capability) zdolność f; (position, role) kompetencje pl, uprawnienia pl; (of factory) wydajność f.
cape [keɪp] n (GEOG) przylądek m; (cloak) peleryna f.
caper ['keɪpə*] n (CULIN: usu pl) kapar m; (prank) psota f, figiel m.
capital ['kæpɪtl] n (city) stolica f; (money) kapitał m; (also: **capital letter**) wielka litera f.
capitalism ['kæpɪtəlɪzəm] n kapitalizm m.
capitalist ['kæpɪtəlɪst] adj kapitalistyczny ♦ n kapitalista (-tka) m(f).
capital punishment n kara f śmierci.
capitulate [kə'pɪtjuleɪt] vi kapitulować (skapitulować perf).
capricious [kə'prɪʃəs] adj kapryśny.
Capricorn ['kæprɪkɔ:n] n Koziorożec m.
capsize [kæp'saɪz] vt wywracać (wywrócić perf) dnem do góry ♦ vi wywracać się (wywrócić się perf) dnem do góry.
capsule ['kæpsju:l] n (MED) kapsułka f; (spacecraft) kapsuła f; (storage container) pojemnik m.
captain ['kæptɪn] n kapitan m; (NAUT) komandor m; (BRIT: SCOL: of debating team etc) przewodniczący (-ca) m(f).
caption ['kæpʃən] n (to picture, photograph) podpis m.
captivate ['kæptɪveɪt] vt urzekać (urzec perf).
captive ['kæptɪv] adj schwytany, pojmany ♦ n jeniec m.
captivity [kæp'tɪvɪtɪ] n niewola f.
capture ['kæptʃə*] vt (animal) schwytać (perf); (person) pojmać (perf), ująć (perf); (town, country) zdobywać (zdobyć perf); (imagination) zawładnąć (perf) +instr; (COMPUT) wychwytywać (wychwycić perf) ♦ n (of animal) schwytanie nt; (of person) pojmanie nt, ujęcie nt; (of town) zdobycie nt; (COMPUT: of data) wychwytywanie nt.
car [kɑ:*] n (AUT) samochód m; (RAIL) wagon m.
carafe [kə'ræf] n karafka f.
caramel ['kærəməl] n (sweet) karmelek m; (burnt sugar) karmel m.
carat ['kærət] n karat m.
caravan ['kærəvæn] n (BRIT: vehicle) przyczepa f kempingowa; (in desert) karawana f.

carbohydrate [kɑːbəuˈhaɪdreɪt] n
węglowodan m.
carbon [ˈkɑːbən] n (CHEM) węgiel m.
carbon monoxide [mɔˈnɔksaɪd] n
tlenek m węgla.
carbon paper n kalka f (maszynowa
or ołówkowa).
carburettor [kɑːbjuˈrɛtə*] (US
carburetor) n gaźnik m.
carcass [ˈkɑːkəs] n padlina f,
ścierwo nt; (at butcher's) tusza f.
card [kɑːd] n (index card,
membership card, playing card) karta
f; (material) karton m, tektura f;
(greetings card) kartka f
(okolicznościowa); (visiting card)
wizytówka f.
cardboard [ˈkɑːdbɔːd] n karton m,
tektura f.
cardiac [ˈkɑːdɪæk] adj sercowy;
cardiac arrest zatrzymanie akcji
serca.
cardigan [ˈkɑːdɪgən] n sweter m
rozpinany.
cardinal [ˈkɑːdɪnl] adj główny ♦ n
kardynał m.
care [kɛə*] n (attention) opieka f;
(worry) troska f ♦ vi: **to care about**
(person, animal) troszczyć się o
+acc; (thing, idea) przejmować się
+instr; **in sb's care** pod czyjąś
opieką; (problem) rozwiązywać
(rozwiązać perf) +acc; **I don't care**
nic mnie to nie obchodzi; **I couldn't
care less** wszystko mi jedno.
►**care for** vt fus (look after)
opiekować się +instr; (like): **does
she still care for him?** czy nadal jej
na nim zależy?
career [kəˈrɪə*] n kariera f ♦ vi (also:
career along) pędzić (popędzić
perf); **change/choice of career**
zmiana/wybór zawodu.
career woman (irreg like: **woman**) n
kobieta f czynna zawodowo.
carefree [ˈkɛəfriː] adj beztroski.
careful [ˈkɛəful] adj (cautious)

ostrożny; (thorough) uważny,
staranny; **(be) careful!** uważaj!
carefully [ˈkɛəfəlɪ] adv (cautiously)
ostrożnie; (methodically) starannie.
careless [ˈkɛəlɪs] adj (not careful)
nieostrożny; (negligent, heedless,
casual) niedbały.
carelessness [ˈkɛəlɪsnɪs] n
(negligence) niedbalstwo nt;
(casualness) niedbałość f,
nonszalancja f.
caress [kəˈrɛs] n pieszczota f ♦ vt
pieścić.
caretaker [ˈkɛəteɪkə*] n dozorca
(-czyni) m(f).
cargo [ˈkɑːgəu] (pl **cargoes**) n
ładunek m.
car hire (BRIT) n wynajem m
samochodów.
Caribbean [kærɪˈbiːən] n: **the
Caribbean (Sea)** Morze nt
Karaibskie.
caricature [ˈkærɪkətjuə*] n karykatura
f.
caring [ˈkɛərɪŋ] adj opiekuńczy.
carnation [kɑːˈneɪʃən] (BOT) n
goździk m.
carnival [ˈkɑːnɪvl] n karnawał m;
(US: funfair) wesołe miasteczko nt.
carnivorous [kɑːˈnɪvərəs] adj
(animal) mięsożerny; (plant)
owadożerny.
carol [ˈkærəl] n: **(Christmas) carol**
kolęda f.
car park (BRIT) n parking m.
carpenter [ˈkɑːpɪntə*] n stolarz m.
carpet [ˈkɑːpɪt] n dywan m; (fig)
kobierzec m ♦ vt wykładać (wyłożyć
perf) dywanami.
carriage [ˈkærɪdʒ] n (BRIT: RAIL)
wagon m (osobowy); (horse-drawn)
(po)wóz m; (transport costs)
przewóz m, koszt m przewozu.
carriageway [ˈkærɪdʒweɪ] (BRIT) n
nitka f (autostrady).
carrier [ˈkærɪə*] n (COMM)

przewoźnik *m*, spedytor *m*; (*MED*) nosiciel *m*.

carrier bag (*BRIT*) *n* reklamówka *f*.

carrot ['kærət] *n* marchew *f*, marchewka *f*.

carry ['kærɪ] *vt* (*take*) nieść (zanieść *perf*); (*transport*) przewozić (przewieźć *perf*); (*involve*) nieść za sobą; (*disease, virus*) przenosić (przenieść *perf*) ♦ *vi* (*sound*) nieść się; **the placards carried the slogan: ...** na transparentach widniało hasło: ...; **this loan carries 10% interest** pożyczka jest oprocentowana na 10%.

▶**carry forward** *vt* (*BOOK-KEEPING*) przenosić (przenieść *perf*).

▶**carry on** *vi* kontynuować ♦ *vt* prowadzić.

▶**carry out** *vt* (*orders*) wykonywać (wykonać *perf*); (*investigation, experiments*) przeprowadzać (przeprowadzić *perf*).

carrycot ['kærɪkɔt] (*BRIT*) *n* nosidełko *nt* (*torba do noszenia niemowlęcia*).

cart [kɑːt] *n* (*for grain, hay*) wóz *m*, furmanka *f*; (*for passengers*) powóz *m*; (*handcart*) wózek *m* ♦ *vt* (*inf*) wlec, włóczyć.

cartilage ['kɑːtɪlɪdʒ] (*ANAT*) *n* chrząstka *f*.

carton ['kɑːtən] *n* karton *m*.

cartoon [kɑː'tuːn] *n* (*drawing*) rysunek *m* satyryczny, karykatura *f*; (*FILM*) kreskówka *f*, film *m* rysunkowy; (*BRIT*) komiks *m*.

cartridge ['kɑːtrɪdʒ] *n* (*for gun, pen*) nabój *m*; (*of record-player*) wkładka *f* (*gramofonowa*).

carve [kɑːv] *vt* (*sculpt*) rzeźbić (wyrzeźbić *perf*); (*meat*) kroić (pokroić *perf*); (*initials, design*) wycinać (wyciąć *perf*).

carving ['kɑːvɪŋ] *n* (*object*) rzeźba *f*;

(*design*) rzeźbienia *pl*; (*art of carving*) rzeźbiarstwo *nt*, snycerstwo *nt*.

car wash *n* myjnia *f* samochodowa.

case [keɪs] *n* (*also MED, LING*) przypadek *m*; (*JUR*) sprawa *f*; (*for spectacles, nail scissors*) etui *nt inv*; (*for musical instrument*) futerał *m*; (*BRIT: also:* **suitcase**) walizka *f*; (*of wine*) skrzynka *f*; **in case of** w przypadku *+gen*; **in case he comes** na wypadek, gdyby przyszedł; **in any case** (*at any rate*) w każdym razie; (*besides*) zresztą, poza tym; (*no matter what*) tak czy owak; **just in case** (tak) na wszelki wypadek.

cash [kæʃ] *n* gotówka *f* ♦ *vt* (*cheque, money order*) realizować (zrealizować *perf*); **to pay (in) cash** płacić (zapłacić *perf*) gotówką; **cash on delivery** za pobraniem.

cash desk (*BRIT*) *n* kasa *f* (*w sklepie*).

cash dispenser (*BRIT*) *n* bankomat *m*.

cashier [kæ'ʃɪə*] *n* kasjer(ka) *m(f)*.

cashmere ['kæʃmɪə*] *n* kaszmir *m*.

cash register *n* kasa *f* rejestrująca *or* fiskalna.

casino [kə'siːnəu] *n* kasyno *nt*.

casserole ['kæsərəul] *n* (*CULIN*) zapiekanka *f*; (*container*) naczynie *nt* (żaroodporne) do zapiekanek.

cassette [kæ'set] *n* kaseta *f*.

cassette recorder *n* magnetofon *m* kasetowy.

cast [kɑːst] (*pt, pp* **cast**) *vt* (*shadow, glance, spell, aspersions*) rzucać (rzucić *perf*); (*net, fishing-line*) zarzucać (zarzucić *perf*); (*metal*) odlewać (odlać *perf*); (*vote*) oddawać (oddać *perf*); (*THEAT*): **to cast sb as Hamlet** obsadzać (obsadzić *perf*) kogoś w roli Hamleta ♦ *n* (*THEAT*) obsada *f*; (*also:* **plaster cast**) gips *m*; **to cast doubt on sth** podawać (podać *perf*) coś w wątpliwość.

caste [kɑːst] n (class) kasta f; (system) kastowość f.

caster sugar ['kɑːstə-] (BRIT) n cukier m puder m.

cast iron n żeliwo nt.

castle ['kɑːsl] n zamek m; (CHESS) wieża f.

castor oil n olej m rycynowy.

castrate [kæs'treɪt] vt kastrować (wykastrować perf).

casual ['kæʒjul] adj (accidental) przypadkowy; (irregular. work etc) dorywczy; (unconcerned) swobodny, niezobowiązujący.

casually ['kæʒjulɪ] adv (in a relaxed way) swobodnie, od niechcenia; (dress) na sportowo.

casualty ['kæʒjultɪ] n (person) ofiara f, (in hospital) izba f przyjęć (dla przypadków urazowych); **heavy casualties** duże straty (w ludziach).

cat [kæt] n kot m.

catalogue ['kætəlɒg] (US **catalog**) n katalog m ♦ vt (book, collection) katalogować (skatalogować perf); (events, qualities) wyliczać (wyliczyć perf).

catalyst ['kætəlɪst] n katalizator m.

catapult ['kætəpʌlt] n (BRIT: sling) proca f.

cataract ['kætərækt] n zaćma f, katarakta f.

catarrh [kə'tɑː*] n katar m.

catastrophe [kə'tæstrəfɪ] n katastrofa f.

catastrophic [kætə'strɒfɪk] adj katastrofalny.

catch [kætʃ] (pt, pp **caught**) vt (capture, get hold of) łapać (złapać perf); (surprise) przyłapywać (przyłapać perf); (hear) dosłyszeć (perf); (MED) zarażać się (zarazić się perf) +instr, łapać (złapać perf) (inf); (also: **catch up**) zrównać się (perf) z +instr, doganiać (dogonić perf) ♦ vi (fire) zapłonąć (perf); (in branches etc) zaczepić się (perf) ♦ n (of fish etc) połów m; (of ball) piłka f; (hidden problem) kruczek m; (of lock) zapadka f; **to catch fire** zapalać się (zapalić się perf), zajmować się (zająć się perf); **to catch sight of** dostrzegać (dostrzec perf) +acc.

►**catch on** vi (understand) zaskakiwać (zaskoczyć perf) (inf); (grow popular) przyjmować się (przyjąć perf się), chwytać (chwycić perf) (inf).

►**catch up** vi (with person) doganiać (dogonić perf); (fig): **to catch up on work/sleep** nadrabiać (nadrobić perf) zaległości w pracy/spaniu.

►**catch up with** vt fus doganiać (dogonić perf) +acc.

catching ['kætʃɪŋ] adj zaraźliwy.

catchy ['kætʃɪ] adj chwytliwy, wpadający w ucho.

catechism ['kætɪkɪzəm] n katechizm m.

categoric(al) [kætɪ'gɒrɪk(l)] adj kategoryczny.

category ['kætɪgərɪ] n kategoria f.

cater ['keɪtə*] vi: **cater for** (party etc) zaopatrywać (zaopatrzyć perf); (needs etc) zaspokajać (zaspokoić perf); (readers, consumers) zaspokajać (zaspokoić perf) potrzeby +gen.

catering ['keɪtərɪŋ] n gastronomia f.

caterpillar ['kætəpɪlə*] n gąsienica f.

cathedral [kə'θiːdrəl] n katedra f.

Catholic ['kæθəlɪk] adj katolicki ♦ n katolik (-iczka) m(f).

cattle ['kætl] npl bydło nt.

catwalk ['kætwɔːk] n wybieg m.

caught [kɔːt] pt, pp of **catch**.

cauliflower ['kɒlɪflauə*] n kalafior m.

cause [kɔːz] n (of outcome, effect) przyczyna f; (reason) powód m; (aim, principle) sprawa f ♦ vt powodować (spowodować perf), wywoływać (wywołać perf).

caustic ['kɔːstɪk] adj (CHEM)

kaustyczny, żrący; (*fig: remark*)
uszczypliwy.

caution ['kɔːʃən] *n* (*prudence*)
ostrożność *f*; (*warning*) ostrzeżenie
nt ♦ *vt* ostrzegać (ostrzec *perf*);
(*policeman*) udzielać (udzielić *perf*)
ostrzeżenia +*dat*.

cautious ['kɔːʃəs] *adj* ostrożny.

cautiously ['kɔːʃəslɪ] *adv* ostrożnie.

cavalry ['kævəlrɪ] *n* kawaleria *f*.

cave [keɪv] *n* jaskinia *f*, grota *f*.
►**cave in** *vi* (*roof etc*) zapadać się
(zapaść *perf* się), załamywać się
(załamać *perf* się).

caveman ['keɪvmæn] (*irreg like*:
man) *n* jaskiniowiec *m*.

caviar(e) ['kævɪɑː*] *n* kawior *m*.

cavity ['kævɪtɪ] *n* otwór *m*; (*in tooth*)
ubytek *m*, dziura *f* (*inf*).

CB *n abbr* (= *Citizens' Band (Radio)*)
CB *nt inv*, CB radio *nt*.

CBI *n abbr* (= *Confederation of British
Industry*) związek pracodawców.

cc *abbr* (= *cubic centimetre*) cm³.

cease [siːs] *vt* zaprzestawać
(zaprzestać *perf*) +*gen*, przerywać
(przerwać *perf*) ♦ *vi* ustawać (ustać
perf).

ceasefire ['siːsfaɪə*] *n* zawieszenie
nt broni.

ceaseless ['siːslɪs] *adj* nieustanny.

cedar ['siːdə*] *n* cedr *m*.

ceiling ['siːlɪŋ] *n* (*in room*) sufit *m*; (*on
wages, prices etc*) (górny) pułap *m*.

celebrate ['sɛlɪbreɪt] *vt* (*success,
victory*) świętować; (*anniversary,
birthday*) obchodzić; (*REL: mass*)
odprawiać (odprawić *perf*),
celebrować ♦ *vi* świętować; **we
ought to celebrate** powinniśmy to
uczcić.

celebration [sɛlɪ'breɪʃən] *n*
świętowanie *nt*.

celebrity [sɪ'lɛbrɪtɪ] *n* (*znana*)
osobistość *f*, sława *f*.

celeriac [sə'lɛrɪæk] *n* seler *m*.

celery ['sɛlərɪ] *n* seler *m* naciowy.

celestial [sɪ'lɛstɪəl] *adj* niebiański,
niebieski.

celibacy ['sɛlɪbəsɪ] *n* celibat *m*.

cell [sɛl] *n* (*in prison, monastery*) cela
f; (*of revolutionaries*) komórka *f*
(organizacyjna); (*BIO*) komórka *f*;
(*ELEC*) ogniwo *nt*.

cellar ['sɛlə*] *n* piwnica *f*.

cello ['tʃɛləʊ] *n* wiolonczela *f*.

cellular ['sɛljulə*] *adj* (*structure,
tissue*) komórkowy; (*fabrics*) luźno
tkany.

Celsius ['sɛlsɪəs] *adj*: **30 degrees
Celsius** 30 stopni Celsjusza.

Celt [kɛlt, sɛlt] *n* Celt *m*.

Celtic ['kɛltɪk, 'sɛltɪk] *adj* celtycki ♦ *n*
(język *m*) celtycki.

cement [sə'mɛnt] *n* (*powder,
concrete*) cement *m*.

cemetery ['sɛmɪtrɪ] *n* cmentarz *m*.

censor ['sɛnsə*] *n* cenzor(ka) *m(f)* ♦
vt cenzurować (ocenzurować *perf*).

censorship ['sɛnsəʃɪp] *n* cenzura *f*.

census ['sɛnsəs] *n* spis *m* ludności.

cent [sɛnt] (*US etc*) *n* cent *m*; *see also*
per.

centenary [sɛn'tiːnərɪ] *n* stulecie *nt*,
setna rocznica *f*.

center ['sɛntə*] (*US*) = **centre**.

centigrade ['sɛntɪɡreɪd] *adj*: **23
degrees centigrade** 23 stopnie
Celsjusza.

centimetre ['sɛntɪmiːtə*] (*US
centimeter) *n* centymetr *m*.

centipede ['sɛntɪpiːd] *n* wij *m*.

central ['sɛntrəl] *adj* (*in the centre*)
centralny, środkowy; (*close to the
city centre*) położony centralnie *or* w
centrum; (*committee etc*) centralny;
(*idea, figure*) główny.

Central America *n* Ameryka *f*
Środkowa.

central heating *n* centralne
ogrzewanie *nt*.

centre ['sɛntə*] (*US* **center**) *n* (*of
circle, room, line*) środek *m*; (*of town,
attention, power*) centrum *m*; (*of*

action, belief) podstawa *f*; (*of arts, industry)* ośrodek *m*, centrum *nt* ♦ *vt* (*weight)* umieszczać (umieścić *perf)* na środku.

centre-forward ['sɛntə'fɔːwəd] (*FOOTBALL)* n środkowy napastnik *m.*

century ['sɛntjurɪ] n wiek *m*, stulecie *nt.*

ceramic [sɪ'ræmɪk] *adj* ceramiczny.

cereal ['siːrɪəl] n (*plant, crop)* zboże *nt*; (*food)* płatki *pl* zbożowe.

cerebral ['sɛrɪbrəl] *adj* (*MED)* mózgowy; (*intellectual)* intelektualny; **cerebral hemorrhage** wylew krwi do mózgu.

ceremony ['sɛrɪmənɪ] n ceremonia *f.*

certain ['səːtən] *adj* (*sure)* pewny, pewien; (*particular, some)* pewien; **a certain Mr Smith** pewien *or* niejaki pan Smith; **certain days/places** pewne dni/miejsca; **to be certain of** być pewnym +*gen*; **for certain** na pewno.

certainly ['səːtənlɪ] *adv* (*undoubtedly)* na pewno, z pewnością; (*of course)* oczywiście, naturalnie.

certainty ['səːtəntɪ] n (*assurance)* pewność *f*; (*inevitability)* pewnik *m.*

certificate [sə'tɪfɪkɪt] n (*of birth, marriage etc)* akt *m*, świadectwo *nt*; (*diploma)* świadectwo *nt*, dyplom *m.*

certify ['səːtɪfaɪ] *vt* (*fact)* poświadczać (poświadczyć *perf)*; (*award diploma to)* przyznawać (przyznać *perf)* dyplom *or* patent +*dat.*

cervical ['səːvɪkl] *adj* szyjny, karkowy.

cf. *abbr* = **compare** por.

ch. *abbr* = **chapter** rozdz.

c.h. (*BRIT)* *abbr* = **central heating** co.

chafe [tʃeɪf] *vt* (*skin)* ocierać (otrzeć *perf)*.

chain [tʃeɪn] n łańcuch *m*; (*piece of jewellery)* łańcuszek *m*; (*of shops, hotels)* sieć *f* ♦ *vt* (*also*: **chain up**: *prisoner)* przykuwać (przykuć *perf)*

łańcuchem; (: *dog)* uwiązywać (uwiązać *perf)* na łańcuchu.

chain-smoke ['tʃeɪnsməuk] *vi* palić jednego (papierosa) za drugim.

chain store n sklep *m* należący do sieci.

chair [tʃɛə*] n (*seat)* krzesło *nt*; (*armchair)* fotel *m*; (*at university)* katedra *f*; (*of meeting etc)* przewodniczący (-ca) *m(f)* ♦ *vt* przewodniczyć +*dat.*

chairlift ['tʃɛəlɪft] n wyciąg *m* krzesełkowy.

chairman ['tʃɛəmən] (*irreg like*: **man**) n (*of committee)* przewodniczący *m*; (*BRIT*: *of company)* prezes *m.*

chalk [tʃɔːk] n kreda *f.*

challenge ['tʃælɪndʒ] n wyzwanie *nt*; (*to authority, received ideas)* kwestionowanie *nt* ♦ *vt* (*SPORT)* rzucać (rzucić *perf)* wyzwanie +*dat*, wyzywać (wyzwać *perf)*; (*rival)* stawiać (postawić *perf)* w obliczu wyzwania; (*authority, idea etc)* kwestionować (zakwestionować *perf)*; **to challenge sb to do sth** wzywać (wezwać *perf)* kogoś do zrobienia czegoś.

challenging ['tʃælɪndʒɪŋ] *adj* (*career)* stawiający wysokie wymagania; (*task)* ambitny; (*tone, look etc)* wyzywający.

chamber ['tʃeɪmbə*] n (*room)* komnata *f*; (*POL)* izba *f*; (*BRIT*: *usu pl*: *judge's office)* gabinet *m* sędziego; (: *barristers' offices)* kancelaria *f* adwokacka; **chamber of commerce** izba handlowa.

chambermaid ['tʃeɪmbəmeɪd] n pokojówka *f.*

chamber music n muzyka *f* kameralna.

champagne [ʃæm'peɪn] n szampan *m.*

champion ['tʃæmpɪən] n (*of league, contest)* mistrz(yni) *m(f)*; (*of cause)* orędownik (-iczka) *m(f)*, szermierz *m*; (*of person)* obrońca (-ńczyni) *m(f)*.

championship [ˈtʃæmpɪənʃɪp] *n*
(*contest*) mistrzostwa *pl*; (*title*)
mistrzostwo *nt*.

chance [tʃɑːns] *n* (*hope*) szansa *f*;
(*likelihood*) prawdopodobieństwo *nt*;
(*opportunity*) sposobność *f*, okazja *f*;
(*risk*) ryzyko *nt*; (*accident*)
przypadek *m* ♦ *adj* przypadkowy; **to
take a chance** ryzykować
(zaryzykować *perf*); **by chance**
przez przypadek, przypadkiem.

chancellor [ˈtʃɑːnsələ*] *n* (*head of
government*) kanclerz *m*.

Chancellor of the Exchequer
(*BRIT*) *n* Minister *m* Skarbu.

chandelier [ʃændəˈlɪə*] *n* żyrandol *m*.

change [tʃeɪndʒ] *vt* zmieniać
(zmienić *perf*); (*replace*) zamieniać
(zamienić *perf*), wymieniać
(wymienić *perf*); (*substitute,
exchange*) wymieniać (wymienić
perf); (*transform*): **to change sb/sth
into** zamieniać (zamienić *perf*) *or*
przemieniać (przemienić *perf*)
kogoś/coś w +*acc* ♦ *vi* zmieniać się
(zmienić się *perf*); (*on bus etc*)
przesiadać się (przesiąść się *perf*);
(*be transformed*): **to change into**
zamieniać się (zamienić się *perf*) *or*
przemieniać się (przemienić się *perf*)
w +*acc* ♦ *n* (*alteration*) zmiana *f*;
(*difference*) odmiana *f*; (*coins*)
drobne *pl*; (*money returned*) reszta *f*;
to change trains/buses przesiadać
się (przesiąść się *perf*); **to change a
baby** przewijać (przewinąć *perf*)
niemowlę; **to change one's mind**
zmieniać (zmienić *perf*) zdanie,
rozmyślić się (*perf*); **keep the
change** proszę zatrzymać resztę; **for
a change** dla odmiany.

changeable [ˈtʃeɪndʒəbl] *adj*
zmienny.

changing [ˈtʃeɪndʒɪŋ] *adj*
zmieniający się.

changing room (*BRIT*) *n* (*in shop*)
przymierzalnia *f*.

channel [ˈtʃænl] *n* kanał *m*; (*groove*)
rowek *m*, wyżłobienie *nt* ♦ *vt*
kierować (skierować *perf*); **the
(English) Channel** kanał La
Manche; **the Channel Islands**
Wyspy Normandzkie.

chant [tʃɑːnt] *n* (*of crowd, fans*)
skandowanie *nt*; (*REL*) pieśń *f*,
śpiew *m* ♦ *vt* (*slogans etc*)
skandować; (*song, prayer*)
intonować (zaintonować *perf*).

chaos [ˈkeɪɔs] *n* chaos *m*.

chaotic [keɪˈɔtɪk] *adj* (*jumble*)
bezładny.

chap [tʃæp] (*BRIT: inf*) *n* facet *m*
(*inf*), gość *m* (*inf*).

chapel [ˈtʃæpl] *n* kaplica *f*; (*BRIT:
non-conformist chapel*) zbór *m*.

chaplain [ˈtʃæplɪn] *n* kapelan *m*.

chapped [tʃæpt] *adj* spierzchnięty,
spękany.

chapter [ˈtʃæptə*] *n* rozdział *m*.

character [ˈkærɪktə*] *n* charakter *m*;
(*in novel, film*) postać *f*; (*letter*) znak *m*.

characteristic [ˈkærɪktəˈrɪstɪk] *adj*
charakterystyczny ♦ *n* cecha *f*
(charakterystyczna), właściwość *f*;
characteristic of charakterystyczny
dla +*gen*.

characterize [ˈkærɪktəraɪz] *vt* (*typify*)
charakteryzować, cechować;
(*describe character of*)
charakteryzować (scharakteryzować
perf).

charade [ʃəˈrɑːd] *n* farsa *f*.

charcoal [ˈtʃɑːkəul] *n* (*fuel*) węgiel *m*
drzewny; (*for drawing*) węgiel *m*
(rysunkowy).

charge [tʃɑːdʒ] *n* (*fee*) opłata *f*;
(*JUR*) zarzut *m*, oskarżenie *nt*;
(*attack*) natarcie *nt*, szarża *f*;
(*responsibility*) odpowiedzialność *f* ♦
vt (*person*) obciążać (obciążyć *perf*);
(*sum*) pobierać (pobrać *perf*); (*MIL*)
atakować (zaatakować *perf*),
nacierać (natrzeć *perf*) na +*acc*;
(*also*: **charge up**: *battery*) ładować

(naładować *perf*); (*JUR*): **to charge sb (with)** oskarżać (oskarżyć *perf*) kogoś (o +*acc*) ♦ *vi* rzucać się (rzucić się *perf*) (do ataku), szarżować; **charges** *npl* opłaty *pl*; **to reverse the charges** (*BRIT*) dzwonić na koszt osoby przyjmującej rozmowę; **how much do you charge?** ile to u państwa kosztuje?; **under my charge** pod moją opieką; **to take charge of** (*child*) zajmować się (zająć się *perf*) +*instr*; (*company*) obejmować (objąć *perf*) kierownictwo +*gen*; **to be in charge of** (*person, machine*) odpowiadać za +*acc*; (*business*) kierować +*instr*.

charge card *n* karta *f* kredytowa *or* stałego klienta (ważna w określonej placówce handlowej).

charisma [kæˈrɪsmə] *n* charyzma *f*.

charitable [ˈtʃærɪtəbl] *adj* (*organization*) charytatywny, dobroczynny.

charity [ˈtʃærɪtɪ] *n* (*organization*) organizacja *f* charytatywna *or* dobroczynna; (*kindness, generosity*) wyrozumiałość *f*; (*money, gifts*) jałmużna *f*.

charlady [ˈtʃɑːleɪdɪ] (*BRIT*) *n* sprzątaczka *f*.

charm [tʃɑːm] *n* (*appeal, spell*) czar *m*, urok *m*; (*talisman*) talizman *m*, amulet *m*; (*on bracelet etc*) wisiorek *m*, breloczek *m* ♦ *vt* zauroczyć (*perf*).

charming [ˈtʃɑːmɪŋ] *adj* czarujący, uroczy.

chart [tʃɑːt] *n* (*graph, diagram*) wykres *m*; (*NAUT*) mapa *f* (morska) ♦ *vt* (*river etc*) nanosić (nanieść *perf*) na mapę; (*progress, movements*) rejestrować (na wykresie); **charts** *npl* listy *pl* przebojów.

charter [ˈtʃɑːtə*] *vt* wynajmować (wynająć *perf*) ♦ *n* (*document, constitution*) karta *f*; (*of university, company*) statut *m*.

chartered accountant [ˈtʃɑːtəd-] (*BRIT*) *n* ≈ dyplomowany (-na) *m(f)* księgowy (-wa) *m(f)*.

charter flight *n* lot *m* charterowy.

charwoman [ˈtʃɑːwumən] (*irreg like*: **woman**) *n* = **charlady**.

chase [tʃeɪs] *vt* (*pursue*) gonić; (*also*: **chase away**) wyganiać (wygonić *perf*) ♦ *n* pościg *m*.

chasm [ˈkæzəm] *n* (*GEOL*) rozpadlina *f*.

chassis [ˈʃæsɪ] *n* podwozie *nt*.

chastity [ˈtʃæstɪtɪ] *n* czystość *f*, cnota *f*.

chat [tʃæt] *vi* (*also*: **have a chat**) gadać (pogadać *perf*), ucinać (uciąć *perf*) sobie pogawędkę ♦ *n* pogawędka *f*, pogaduszki *pl*.

chat show (*BRIT*) *n* talk show *m*.

chatter [ˈtʃætə*] *vi* (*person*) paplać (*inf*), trajkotać (*inf*); (*magpie etc*) skrzeczeć; (*teeth*) szczękać ♦ *n* (*of people*) paplanina *f*; (*of magpie etc*) skrzeczenie *nt*.

chauffeur [ˈʃəufə*] *n* szofer *m*.

chauvinist [ˈʃəuvɪnɪst] *n* (*also*: **male chauvinist**) (męski) szowinista *m*; (*POL*) szowinista (-tka) *m(f)*.

cheap [tʃiːp] *adj* (*lit, fig*) tani.

cheaper [ˈtʃiːpə*] *adj* tańszy.

cheaply [ˈtʃiːplɪ] *adv* tanio.

cheat [tʃiːt] *vi* oszukiwać (oszukać *perf*).

check [tʃɛk] *vt* (*inspect, examine, verify*) sprawdzać (sprawdzić *perf*); (*halt, restrain*) powstrzymywać (powstrzymać *perf*) ♦ *n* (*inspection*) kontrola *f*; (*curb*) powstrzymanie *nt*; (*US: bill*) rachunek *m*; = **cheque**; (*CHESS*) szach *m*; (*usu pl: pattern*) kratka *f* ♦ *adj* w kratkę *post*.

►**check in** *vi* (*at hotel*) meldować się (zameldować się *perf*); (*at airport*) zgłaszać się (zgłosić się *perf*) do odprawy ♦ *vt* (*luggage*) nadawać (nadać *perf*).

►**check out** *vi* (*of hotel*)

wymeldowywać się (wymeldować się *perf*).

►**check up on** *vt fus*: **to check up on sb** zbierać (zebrać *perf*) informacje o kimś.

checkered ['tʃɛkəd] (*US*) *adj* = chequered.

checkers ['tʃɛkəz] (*US*) *npl* warcaby *pl*.

check-in (desk) ['tʃɛkɪn-] *n* (*at airport*) punkt *m* odpraw.

checking account ['tʃɛkɪŋ-] (*US*) *n* ≈ rachunek *m* oszczędnościowo-rozliczeniowy.

checkmate ['tʃɛkmeɪt] *n* szach-mat *m*.

checkout ['tʃɛkaut] *n* kasa *f* (*w supermarkecie*).

checkpoint ['tʃɛkpɔɪnt] *n* punkt *m* kontroli granicznej.

checkroom ['tʃɛkrum] (*US*) *n* przechowalnia *f* bagażu.

checkup ['tʃɛkʌp] (*also spelled* check-up) (*MED*) *n* badanie *nt* lekarskie (*kontrolne*); (*at dentist's*) przegląd *m*.

cheek [tʃiːk] *n* (*ANAT*) policzek *m*; (*impudence*) bezczelność *f*, tupet *m*.

cheekbone ['tʃiːkbəun] *n* kość *f* policzkowa.

cheeky ['tʃiːkɪ] *adj* bezczelny.

cheep [tʃiːp] *vi* (*bird*) piszczeć (zapiszczeć *perf*).

cheer [tʃɪə*] *vt* (*team, speaker*) zgotować (*perf*) owację +*dat*; (*gladden*) pocieszać (pocieszyć *perf*) ♦ *vi* wiwatować ♦ *n* wiwat *m*; **cheers!** (*toast*) na zdrowie!; (*bye*) cześć!

►**cheer up** *vi* rozchmurzać się (rozchmurzyć się *perf*) ♦ *vt* rozweselać (rozweselić *perf*).

cheerful ['tʃɪəful] *adj* wesoły, radosny.

cheerio [tʃɪərɪ'əu] (*BRIT*) *excl* cześć (*przy pożegnaniu*).

cheese [tʃiːz] *n* ser *m*.

cheetah ['tʃiːtə] *n* gepard *m*.

chef [ʃɛf] *n* szef *m* kuchni.

chemical ['kɛmɪkl] *adj* chemiczny ♦ *n* substancja *f* chemiczna.

chemist ['kɛmɪst] *n* (*BRIT*: *pharmacist*) aptekarz (-arka) *m(f)*; (*scientist*) chemik (-iczka) *m(f)*.

chemistry ['kɛmɪstrɪ] *n* chemia *f*.

chemist's (shop) ['kɛmɪsts-] (*BRIT*) *n* apteka połączona z drogerią.

cheque [tʃɛk] (*BRIT*) *n* czek *m*; **to pay by cheque** płacić (zapłacić *perf*) czekiem.

chequebook ['tʃɛkbuk] (*BRIT*) *n* książeczka *f* czekowa.

chequered ['tʃɛkəd] (*US* **checkered**) *adj* (*fig: career, history*) burzliwy.

cherish ['tʃɛrɪʃ] *vt* (*person, freedom*) miłować (*literary*); (*right, privilege*) wysoko (sobie) cenić, przywiązywać wielką wagę do +*gen*.

cherry ['tʃɛrɪ] *n* czereśnia *f*; (*sour*) wiśnia *f*.

chess [tʃɛs] *n* szachy *pl*.

chessboard ['tʃɛsbɔːd] *n* szachownica *f*.

chest [tʃɛst] *n* (*ANAT*) klatka *f* piersiowa; (*box*) skrzynia *f*, kufer *m*.

chestnut ['tʃɛsnʌt] *n* kasztan *m*.

chest of drawers *n* komoda *f*.

chew [tʃuː] *vt* (*food*) żuć, przeżuwać; (*gum*) żuć.

chewing gum ['tʃuːɪŋ-] *n* guma *f* do żucia.

chic [ʃiːk] *adj* (*dress, hat*) modny; (*person, place*) elegancki, szykowny.

chick [tʃɪk] *n* pisklę *nt*; (*inf: girl*) laska *f* (*inf*).

chicken ['tʃɪkɪn] *n* kurczę *nt*, kurczak *m*; (*inf: person*) tchórz *m*.

►**chicken out** (*inf*) *vi* tchórzyć (stchórzyć *perf*).

chickenpox ['tʃɪkɪnpɔks] *n* ospa *f* wietrzna.

chicory ['tʃɪkərɪ] *n* cykoria *f*.

chief [tʃiːf] *n* (*of tribe*) wódz *m*; (*of*

organization, department) szef *m* ♦
adj główny.

chief executive (*US* **chief executive officer**) *n* dyrektor *m* naczelny.

chiefly ['tʃiːflɪ] *adv* głównie.

child [tʃaɪld] (*pl* **children**) *n* dziecko *nt*.

childbirth ['tʃaɪldbəːθ] *n* poród *m*.

childhood ['tʃaɪldhud] *n* dzieciństwo *nt*.

childish ['tʃaɪldɪʃ] *adj* dziecinny.

childlike ['tʃaɪldlaɪk] *adj* (*behaviour*) dziecinny; (*eyes, figure*) dziecięcy.

child minder (*BRIT*) *n* opiekun(ka) *m(f)* do dziecka.

children ['tʃɪldrən] *npl of* **child**.

Chile ['tʃɪlɪ] *n* Chile *nt inv*.

chill [tʃɪl] *n* (*coldness*) chłód *m*; (*MED*) przeziębienie *nt*; (*shiver*) dreszcz *m* ♦ *vt* (*food, drinks*) schładzać (schłodzić *perf*); (*person*): **to be chilled** przemarzać (przemarznąć *perf*).

chilli ['tʃɪlɪ] (*US* **chili**) *n* chili *nt inv*.

chilly ['tʃɪlɪ] *adj* (*lit, fig*) chłodny.

chimney ['tʃɪmnɪ] *n* komin *m*.

chimney sweep *n* kominiarz *m*.

chimpanzee [tʃɪmpæn'ziː] *n* szympans *m*.

chin [tʃɪn] *n* podbródek *m*.

China ['tʃaɪnə] *n* Chiny *pl*.

china ['tʃaɪnə] *n* (*clay*) glinka *f* porcelanowa; (*crockery*) porcelana *f*.

Chinese [tʃaɪ'niːz] *adj* chiński ♦ *n inv* (*person*) Chińczyk/Chinka *m/f*; (*LING*) (język *m*) chiński.

chip [tʃɪp] *n* (*of wood*) drzazga *f*, wiór *m*; (*of glass, stone*) odłamek *m*; (*COMPUT: also*: **microchip**) kość *f*, układ *m* scalony; **chips** *npl* (*BRIT*) frytki *pl*; (*US: also*: **potato chips**) chipsy *pl* ♦ *vt* wyszczerbiać (wyszczerbić *perf*).

►**chip in** (*inf*) *vi* (*contribute*) zrzucać się (zrzucić się *perf*) (*inf*); (*interrupt*) wtrącać się (wtrącić się *perf*).

chiropodist [kɪ'rɔpədɪst] (*BRIT*) *n* specjalista *m* chorób stóp.

chirp [tʃəːp] *vi* (*bird*) ćwierkać (zaćwierkać *perf*).

chisel ['tʃɪzl] *n* dłuto *nt*.

chitchat ['tʃɪttʃæt] (*also spelled* **chit-chat**) *n* pogawędka *f*.

chivalrous ['ʃɪvəlrəs] *adj* rycerski.

chives [tʃaɪvz] *npl* szczypiorek *m*.

chlorine ['klɔːriːn] *n* chlor *m*.

chocolate ['tʃɔklɪt] *n* (*substance, drink*) czekolada *f*; (*sweet*) czekoladka *f*.

choice [tʃɔɪs] *n* (*selection*) wybór *m*; (*option*) możliwość *f* (do wyboru); (*person preferred*) typ *m*, kandydat *m* ♦ *adj* najlepszy.

choir ['kwaɪə*] *n* chór *m*.

choke [tʃəuk] *vi* dławić się (zadławić się *perf*) ♦ *vt* (*strangle*) dusić ♦ *n* (*AUT*) ssanie *nt*.

cholera ['kɔlərə] (*MED*) *n* cholera *f*.

cholesterol [kə'lɛstərɔl] *n* cholesterol *m*.

choose [tʃuːz] (*pt* **chose**, *pp* **chosen**) *vt* wybierać (wybrać *perf*); **to choose to do sth** postanawiać (postanowić *perf*) coś zrobić.

choosy ['tʃuːzɪ] *adj* wybredny.

chop [tʃɔp] *vt* rąbać (porąbać *perf*); (*also*: **chop up**) siekać (posiekać *perf*) ♦ *n* (*CULIN*) kotlet *m*.

chopsticks ['tʃɔpstɪks] *npl* pałeczki *pl*.

choral ['kɔːrəl] *adj* chóralny.

chord [kɔːd] *n* (*MUS*) akord *m*.

chore [tʃɔː*] *n* (*domestic task*) praca *f* domowa; (*routine task*) (przykry) obowiązek *m*.

choreographer [kɔrɪ'ɔɡrəfə*] *n* choreograf(ka) *m(f)*.

chorus ['kɔːrəs] *n* chór *m*; (*part of song*) refren *m*.

chose [tʃəuz] *pt of* **choose**.

chosen ['tʃəuzn] *pp of* **choose**.

Christ [kraɪst] *n* Chrystus *m*.

christen ['krɪsn] *vt* (*baby*) chrzcić

(ochrzcić *perf*); (*with nickname*) ochrzcić (*perf*) (*fig*).

Christian ['krıstıən] *adj* chrześcijański ♦ *n* chrześcijanin (-anka) *m(f)*.

Christianity [krıstı'ænıtı] *n* chrześcijaństwo *nt*.

Christian name *n* imię *nt*.

Christmas ['krısməs] *n* Święta *pl* (Bożego Narodzenia), Boże Narodzenie *nt*; **Happy** *or* **Merry Christmas!** Wesołych Świąt!

Christmas Eve *n* Wigilia *f* (Bożego Narodzenia).

Christmas tree *n* choinka *f*.

chromosome ['krəuməsəum] *n* chromosom *m*.

chronic ['krɒnık] *adj* chroniczny.

chronicle ['krɒnıkl] *n* kronika *f*.

chronological [krɒnə'lɒdʒıkl] *adj* chronologiczny.

chrysanthemum [krı'sænθəməm] *n* chryzantema *f*.

chubby ['tʃʌbı] *adj* (*cheeks, child*) pucołowaty.

chuck [tʃʌk] (*inf*) *vt* (*lit, fig*) rzucać (rzucić *perf*).

▶**chuck out** *vt* wyrzucać (wyrzucić *perf*).

chuckle ['tʃʌkl] *vi* chichotać (zachichotać *perf*).

chum [tʃʌm] *n* kumpel *m*.

chunk [tʃʌŋk] *n* kawał *m*.

church [tʃəːtʃ] *n* kościół *m*.

churchyard ['tʃəːtʃjɑːd] *n* cmentarz *m* parafialny.

chute [ʃuːt] *n* (*also*: **rubbish chute**) zsyp *m* (na śmieci); (*for coal*) zsuwnia *f*.

CIA (*US*) *n abbr* (= *Central Intelligence Agency*) CIA *f inv*.

CID (*BRIT*) *n abbr* (= *Criminal Investigation Department*) brytyjska policja kryminalna.

cider ['saıdə*] *n* cydr *m*, jabłecznik *m*.

cigar [sı'gɑː*] *n* cygaro *nt*.

cigarette [sıgə'rɛt] *n* papieros *m*.

Cinderella [sındə'rɛlə] *n* Kopciuszek *m*.

cinema ['sınəmə] *n* kino *nt*.

cinnamon ['sınəmən] *n* cynamon *m*.

circle ['səːkl] *n* (*curved line*) okrąg *m*; (*area enclosed by curved line*) koło *nt*; (: *smaller*) kółko *nt*; (*of friends*) krąg *m*; (*in cinema, theatre*) balkon *m* ♦ *vi* krążyć, zataczać koła (zatoczyć *perf* koło) ♦ *vt* (*move round*) okrążać (okrążyć *perf*); (*surround*) otaczać (otoczyć *perf*).

circuit ['səːkıt] *n* (*ELEC*) obwód *m*; (*tour*) objazd *m*; (*track*) tor *m*; (*lap*) okrążenie *nt*.

circular ['səːkjulə*] *adj* (*plate, pond*) okrągły ♦ *n* (*letter*) okólnik *m*; **circular argument** błędne koło.

circulate ['səːkjuleıt] *vi* krążyć ♦ *vt* (*report etc*) rozprowadzać (rozprowadzić *perf*).

circulation [səːkju'leıʃən] *n* (*of report, book, newspaper*) nakład *m*; (*of air, money*) obieg *m*; (*of blood*) krążenie *nt*.

circumcise ['səːkəmsaız] *vt* obrzezywać (obrzezać *perf*).

circumstances ['səːkəmstənsız] *npl* (*of accident, death etc*) okoliczności *pl*; (*conditions*) warunki *pl*; (: *financial, domestic*) sytuacja *f*; **in** *or* **under the circumstances** w tej sytuacji; **under no circumstances** w żadnym wypadku.

circus ['səːkəs] *n* cyrk *m*.

cite [saıt] *vt* (*sum*) wymieniać (wymienić *perf*); (*author, passage*) cytować (zacytować *perf*); (*example*) przytaczać (przytoczyć *perf*); (*JUR*) wzywać (wezwać *perf*) (do sądu).

citizen ['sıtızn] *n* (*of country*) obywatel(ka) *m(f)*; (*of town*) mieszkaniec (-nka) *m(f)*.

citizenship ['sıtıznʃıp] *n* (*of country*) obywatelstwo *nt*.

city ['sıtı] *n* miasto *nt*; **the City** (*BRIT*) (londyńskie) City *nt inv*.

civic ['sɪvɪk] *adj* (*authorities*) miejski; (*duties, pride*) obywatelski.

civil ['sɪvɪl] *adj* (*disturbances, equality*) społeczny; (*authorities*) cywilny; (*rights, liberties*) obywatelski; (*behaviour, person*) uprzejmy.

civilian [sɪ'vɪlɪən] *adj* (*casualties*) cywilny ♦ *n* cywil *m*.

civilization [sɪvɪlaɪ'zeɪʃən] *n* cywilizacja *f*.

civilized ['sɪvɪlaɪzd] *adj* (*society*) cywilizowany; (*person*) kulturalny; (*place, design*) w dobrym guście *post*.

Civil Service *n*: **the Civil Service** Państwowa Służba *f* Cywilna.

civil war *n* wojna *f* domowa.

clad [klæd] *adj*: **clad in** odziany w +*acc*.

claim [kleɪm] *vt* (*rights, compensation*) żądać (zażądać *perf*) +*gen*, domagać się +*gen*; (*credit*) przypisywać (przypisać *perf*) sobie; (*expenses*) żądać (zażądać *perf*) zwrotu +*gen*; (*assert*): **he claims (that)/to be ...** twierdzi, że/że jest +*instr* ♦ *n* (*assertion*) twierdzenie *nt*; (*for pension, wage rise*) roszczenie *nt*; (*to inheritance etc*) prawo *nt*, pretensje *pl*.

clairvoyant [kleə'vɔɪənt] *n* jasnowidz *m*.

clammy ['klæmɪ] *adj* (*hands etc*) lepki, wilgotny.

clamour ['klæmə*] (*US* **clamor**) *vi*: **to clamour for** głośno domagać się +*gen*.

clamp [klæmp] *n* klamra *f*, zacisk *m*; **to clamp sth to sth** przymocowywać (przymocować *perf*) *or* przytwierdzać (przytwierdzić *perf*) coś do czegoś.

clan [klæn] *n* klan *m*.

clandestine [klæn'dɛstɪn] *adj* (*radio station*) tajny; (*meeting, marriage*) potajemny.

clap [klæp] *vi* klaskać.

claret ['klærət] *n* bordo *nt inv* (*wino*).

clarify ['klærɪfaɪ] *vt* wyjaśniać (wyjaśnić *perf*).

clarinet [klærɪ'nɛt] *n* klarnet *m*.

clarity ['klærɪtɪ] *n* jasność *f*.

clash [klæʃ] *n* (*fight, disagreement*) starcie *nt*; (*of beliefs, cultures, styles*) zderzenie *nt*; (*of events, appointments*) nałożenie się *nt*; (*of weapons*) szczęk *m*; (*of cymbals*) brzęk *m* ♦ *vi* (*gangs, political opponents*) ścierać się (zetrzeć się *perf*); (*beliefs*) kolidować (ze sobą); (*colours, styles*) kłócić się (ze sobą); (*two events, appointments*) kolidować, nakładać się (nałożyć się *perf*) (na siebie); (*weapons*) szczękać (zaszczękać *perf*); (*cymbals*) brzękać (brzęknąć *perf*).

clasp [klɑ:sp] *n* (*hold, embrace*) uścisk *m*; (*of bag*) zatrzask *m*; (*of necklace*) zapięcie *nt* ♦ *vt* ściskać (ścisnąć *perf*).

class [klɑ:s] *n* klasa *f*; (*period of teaching*) lekcja *f*; (: *at university*) zajęcia *pl*, ćwiczenia *pl* ♦ *vt* klasyfikować (zaklasyfikować *perf*).

classic ['klæsɪk] *adj* klasyczny ♦ *n* (*film, novel*) klasyczne dzieło *nt*, klasyka *f*; (*author*) klasyk *m*.

classical ['klæsɪkl] *adj* (*art, music, language*) klasyczny; (*times*) antyczny.

classification [klæsɪfɪ'keɪʃən] *n* (*process*) klasyfikacja *f*; (*category*) zaklasyfikowanie *nt*.

classified ['klæsɪfaɪd] *adj* (*information*) tajny, poufny.

classify ['klæsɪfaɪ] *vt* klasyfikować (zaklasyfikować *perf*).

classmate ['klɑ:smeɪt] *n* kolega/koleżanka *m/f* z klasy.

classroom ['klɑ:srum] *n* klasa *f*, sala *f* lekcyjna.

clatter ['klætə*] *n* (*of dishes, pots*) brzęk *m*; (*of hooves*) stukot *m* ♦ *vi* (*dishes, pots*) brzęczeć (zabrzęczeć *perf*); (*hooves*) stukotać (zastukotać *perf*).

clause [klɔːz] *n* (*JUR*) klauzula *f*; (*LING*) człon *m* zdania.

claustrophobia [klɔːstrəˈfəubɪə] *n* klaustrofobia *f*.

claw [klɔː] *n* (*of animal*) pazur *m*; (*of bird*) szpon *m*; (*of lobster*) szczypce *pl* (*no sg*).

►**claw at** *vt fus* (*curtains etc*) wczepiać się (wczepić się *perf*) w +*acc*; (*door etc*) drapać w +*acc*.

clay [kleɪ] *n* glina *f*.

clean [kliːn] *adj* (*lit, fig*) czysty; (*joke, story*) przyzwoity; (*MED: fracture*) prosty ♦ *vt* czyścić (wyczyścić *perf*).

►**clean out** *vt* (*cupboard, drawer*) opróżniać (opróżnić *perf*).

►**clean up** *vt* (*mess*) sprzątać (posprzątać *perf*); (*child*) doprowadzać (doprowadzić *perf*) do porządku.

cleaner [ˈkliːnə*] *n* (*person*) sprzątacz(ka) *m(f)*; (*substance*) środek *m* czyszczący.

cleaner's [ˈkliːnəz] *n* (*also*: **dry cleaner's**) pralnia *f* chemiczna.

cleaning [ˈkliːnɪŋ] *n* sprzątanie *nt*.

cleanliness [ˈklɛnlɪnɪs] *n* czystość *f*, schludność *f*.

cleanse [klɛnz] *vt* (*face, cut*) oczyszczać (oczyścić *perf*), przemywać (przemyć *perf*); (*fig: image, memory*) wymazywać (wymazać *perf*).

cleanser [ˈklɛnzə*] *n* płyn *m* do zmywania twarzy.

clear [klɪə*] *adj* (*report, argument*) jasny, klarowny; (*voice, photograph, commitment*) wyraźny; (*glass, plastic, water*) przezroczysty; (*road, way*) wolny; (*conscience, profit, sky*) czysty ♦ *vt* (*ground, suspect*) oczyszczać (oczyścić *perf*); (*building*) ewakuować (ewakuować *perf*); (*weeds*) usuwać (usunąć *perf*); (*fence, wall*) przeskakiwać

(przeskoczyć *perf*); (*cheque*) rozliczać (rozliczyć *perf*) ♦ *vi* (*sky*) przejaśniać się (przejaśnić się *perf*); (*fog, smoke*) przerzedzać się (przerzedzić się *perf*) ♦ *adv*. **to be clear of** nie dotykać +*gen*; **to clear the table** sprzątać (sprzątnąć *perf*) ze stołu; **to clear one's throat** odchrząkiwać (odchrząknąć *perf*); **to make it clear to sb that ...** uzmysławiać (uzmysłowić *perf*) komuś, że ... .

►**clear up** *vt* (*room, mess*) sprzątać (posprzątać *perf*); (*mystery, problem*) wyjaśniać (wyjaśnić *perf*).

clearance [ˈklɪərəns] *n* (*removal*) usunięcie *nt*; (*permission*) pozwolenie *nt*, zgoda *f*.

clear-cut [ˈklɪəˈkʌt] *adj* (*decision, issue*) jednoznaczny.

clearing [ˈklɪərɪŋ] *n* (*in wood*) polana *f*.

clearly [ˈklɪəlɪ] *adv* (*distinctly*) wyraźnie; (*coherently*) jasno, klarownie; (*obviously*) najwyraźniej, najwidoczniej.

clef [klɛf] (*MUS*) *n* klucz *m*.

cleft palate *n* rozszczep *m* podniebienia.

clemency [ˈklɛmənsɪ] *n* (*JUR*) łaska *f*.

clench [klɛntʃ] *vt* (*fist, teeth*) zaciskać (zacisnąć *perf*); (*object*) ściskać (ścisnąć *perf*).

clergy [ˈkləːdʒɪ] *n* duchowieństwo *nt*, kler *m*.

clergyman [ˈkləːdʒɪmən] (*irreg like*: **man**) *n* duchowny *m*.

clerical [ˈklɛrɪkl] *adj* (*worker, job*) biurowy; **clerical opposition** sprzeciw duchownych *or* kleru.

clerk [klɑːk] *n* (*office worker*) urzędnik (-iczka) *m(f)*; (*US: salesperson*) ekspedient(ka) *m(f)*.

clever [ˈklɛvə*] *adj* (*intelligent*) zdolny, bystry; (*deft, crafty*) sprytny; (*ingenious*) pomysłowy; (*device, gadget*) zmyślny.

cliché ['kli:ʃeɪ] *n* komunał *m*.

click [klɪk] *vt* (*tongue*) mlaskać (mlasnąć *perf*) +*instr*; (*heels*) stukać (stuknąć *perf*) *or* trzaskać (trzasnąć *perf*) +*instr* ♦ *vi* (*camera, switch*) pstrykać (pstryknąć *perf*).

client ['klaɪənt] *n* klient(ka) *m(f)*.

cliff [klɪf] *n* wybrzeże *nt* klifowe, klif *m*.

climate ['klaɪmɪt] *n* (*lit, fig*) klimat *m*.

climax ['klaɪmæks] *n* (*of battle*) punkt *m* kulminacyjny; (*of career*) szczyt *m*; (*of film, book*) scena *f* kulminacyjna; (*sexual*) szczytowanie *nt*, orgazm *m*.

climb [klaɪm] *vi* (*person, sun*) wspinać się (wspiąć się *perf*); (*plant*) piąć się; (*plane*) wznosić się (wznieść się *perf*), wzbijać się (wzbić się *perf*); (*prices, shares*) wzrastać (wzrosnąć *perf*) ♦ *vt* (*stairs, ladder*) wdrapywać się (wdrapać się *perf*) po +*loc*; (*tree, hill*) wspinać się (wspiąć się *perf*) na +*acc* ♦ *n* wspinaczka *f*; **to climb over a wall** przełazić (przeleźć *perf*) przez mur.

climbing ['klaɪmɪŋ] *n* wspinaczka *f* górska, alpinistyka *f*.

clinch [klɪntʃ] *vt* (*deal*) finalizować (sfinalizować *perf*); (*argument*) rozstrzygać (rozstrzygnąć *perf*).

cling [klɪŋ] (*pt, pp* **clung**) *vi*: **to cling to** (*mother, support*) trzymać się kurczowo +*gen*; (*idea, belief*) uporczywie trwać przy +*loc*; (*dress: body*) przylegać do +*gen*, opinać się na +*loc*.

clinic ['klɪnɪk] *n* (*centre*) klinika *f*.

clinical ['klɪnɪkl] *adj* (*tests etc*) kliniczny; (*building, white*) szpitalny; (*fig: dispassionate*) beznamiętny.

clip [klɪp] *n* (*also*: **paper clip**) spinacz *m*; (*for hair*) spinka *f*; (*TV, FILM*) clip *m* ♦ *vt* (*fasten*) przypinać (przypiąć *perf*); (*hedge*) przycinać (przyciąć *perf*); (*nails*) obcinać (obciąć *perf*).

clipping ['klɪpɪŋ] *n* (*from newspaper*) wycinek *m*.

clique [kli:k] *n* klika *f*.

cloak [kləuk] *n* peleryna *f*.

cloakroom ['kləukrum] *n* (*BRIT: for coats*) szatnia *f*; (*bathroom*) toaleta *f* (*zwłaszcza w budynku publicznym*).

clock [klɔk] *n* zegar *m*.

►**clock in** (*BRIT*) *vi* odbijać (odbić *perf*) kartę (zegarową) (*po przyjściu do pracy*).

►**clock off** (*BRIT*) *vi* odbijać (odbić *perf*) kartę (zegarową) (*przy wychodzeniu z pracy*).

clockwise ['klɔkwaɪz] *adv* zgodnie z ruchem wskazówek zegara.

clockwork ['klɔkwə:k] *n* mechanizm *m* zegarowy ♦ *adj* mechaniczny.

clone [kləun] *n* klon *m* (*potomstwo*) ♦ *vt* klonować.

close[1] [kləus] *adj* (*near*): **close to** blisko +*gen*; (*friend, relative, ties*) bliski; (*writing, print*) drobny; (*texture*) gęsty, ścisły; (*examination, look*) dokładny; (*contest*) wyrównany; (*weather*) parny ♦ *adv* blisko; **close to** *or* **up** z bliska; **close by** tuż obok; **close at hand** = **close by**; **it was a close shave** (*fig*) niewiele brakowało.

close[2] [kləuz] *vt* (*door, window*) zamykać (zamknąć *perf*); (*sale, deal*) finalizować (sfinalizować *perf*); (*conversation, speech*) zakańczać (zakończyć *perf*) ♦ *vi* (*door, lid etc*) zamykać się (zamknąć się *perf*); (*film, speech etc*): **to close (with)** kończyć się (zakończyć się *perf*) (+*instr*) ♦ *n* koniec *m*.

►**close down** *vi* (*factory, magazine*) zamykać (zamknąć *perf*).

closed [kləuzd] *adj* zamknięty.

closed-circuit ['kləuzd'sə:kɪt] *adj*: **closed-circuit television** telewizja *f* przemysłowa, sieć *f* telewizyjna zamknięta.

close-knit ['kləus'nɪt] *adj* (*family, community*) zwarty, zżyty.

closely ['kləuslɪ] *adv* (*examine,*

watch) dokładnie; (connected, related) blisko.

closet ['klɔzɪt] n (cupboard) szafa f ścienna.

close-up ['kləʊsʌp] (PHOT) n zbliżenie nt.

closure ['kləʊʒə*] n zamknięcie nt.

clot [klɔt] n (MED) skrzep m; (inf: person) baran m (inf) ♦ vi (blood) krzepnąć (zakrzepnąć perf).

cloth [klɔθ] n (material) tkanina f; (rag) szmatka f.

clothes [kləʊðz] npl ubranie nt, ubrania pl.

clothes brush n szczotka f do ubrań.

clothes line n sznur m do (suszenia) bielizny.

clothes peg (US **clothes pin**) n klamerka f.

clothing ['kləʊðɪŋ] n = **clothes**.

cloud [klaʊd] n chmura f, obłok m.

cloudy ['klaʊdɪ] adj (sky) pochmurny; (liquid) mętny.

clout [klaʊt] (inf) vt walnąć (perf) (inf).

clove [kləʊv] (CULIN) n goździki pl; **a clove of garlic** ząbek czosnku.

clover ['kləʊvə*] n koniczyna f.

clown [klaʊn] n klown m ♦ vi (also: **clown about**, **clown around**) błaznować.

club [klʌb] n (society, place) klub m; (weapon) pałka f; (also: **golf club**) kij m (golfowy) ♦ vt tłuc (stłuc perf) pałką, pałować (spałować perf) (inf); **clubs** npl (CARDS) trefle pl.

cluck [klʌk] vi (hen) gdakać.

clue [kluː] n (pointer, lead) wskazówka f; (: providing solution) klucz m; (in crossword) hasło nt; **I haven't a clue** nie mam pojęcia.

clump [klʌmp] n (of trees, bushes) kęp(k)a f; (of people, buildings) grupka f.

clumsy ['klʌmzɪ] adj (person, attempt) niezdarny; (object) pokraczny.

clung [klʌŋ] pt, pp of **cling**.

cluster ['klʌstə*] n (of people) grupka f, gromadka f; (of flowers) pęk m; (of stars) skupisko nt.

clutch [klʌtʃ] n (grip) uścisk m; (AUT) sprzęgło nt ♦ vt ściskać (ścisnąć perf) kurczowo.

clutter ['klʌtə*] vt (also: **clutter up**: room, house) zagracać (zagracić perf); (: mind) zaśmiecać (zaśmiecić perf).

cm abbr = **centimetre** cm.

CND n abbr (= Campaign for Nuclear Disarmament).

Co. abbr = **county**; **company**.

coach [kəʊtʃ] n (bus) autokar m; (horse-drawn) powóz m, kareta f; (RAIL) wagon m; (SPORT) trener(ka) m(f); (SCOL) korepetytor(ka) m(f) ♦ vt (sportsman/woman) trenować; (student) udzielać korepetycji or dawać korepetycje +dat.

coal [kəʊl] n (substance) węgiel m; (piece of coal) węgielek m.

coalmine ['kəʊlmaɪn] n kopalnia f (węgla).

coarse [kɔːs] adj (texture) szorstki; (person, laugh) nieokrzesany.

coast [kəʊst] n wybrzeże nt ♦ vi (car, bicycle etc) jechać rozpędem.

coastal ['kəʊstl] adj przybrzeżny.

coastguard ['kəʊstgɑːd] n (officer) strażnik m straży przybrzeżnej; (service) straż f przybrzeżna.

coastline ['kəʊstlaɪn] n linia f brzegowa.

coat [kəʊt] n (overcoat) płaszcz m; (of animal) sierść f; (of paint) warstwa f.

coat hanger n wieszak m.

coating ['kəʊtɪŋ] n warstwa f.

coat of arms n herb m.

coax [kəʊks] vt: **to coax sb (into doing sth)** namawiać (namówić perf) kogoś (do zrobienia czegoś) (posługując się łagodną perswazją).

cobbles ['kɔblz] npl bruk m.

cobblestones ['kɔblstəunz] *npl* = cobbles.

cobweb ['kɔbwɛb] *n* pajęczyna *f*.

cocaine [kə'keɪn] *n* kokaina *f*.

cock [kɔk] *n* kogut *m* ♦ *vt* repetować (zarepetować *perf*).

cockney ['kɔknɪ] *n* cockney *m* (*rdzenny mieszkaniec wschodniego Londynu lub dialekt, którym się posługuje*).

cockpit ['kɔkpɪt] *n* (*AVIAT*) kabina *f* pilota; (*in racing car*) kabina *f*.

cockroach ['kɔkrəutʃ] *n* karaluch *m*.

cocktail ['kɔkteɪl] *n* koktajl *m*.

cocktail cabinet *n* barek *m*.

cocoa ['kəukəu] *n* kakao *nt inv*.

coconut ['kəukənʌt] *n* (*fruit*) orzech *m* kokosowy; (*flesh*) kokos *m*.

cocoon [kə'ku:n] *n* kokon *m*.

cod [kɔd] *n* dorsz *m*.

COD *abbr* (= *cash on delivery*) za pobraniem; (*US:* = *collect on delivery*) za pobraniem.

code [kəud] *n* (*rules*) kodeks *m*; (*cipher*) szyfr *m*; (*also:* **dialling code**) (numer *m*) kierunkowy; (*also:* **post code**) kod *m* (pocztowy).

cod-liver oil ['kɔdlɪvə-] *n* tran *m*.

coercion [kəu'ə:ʃən] *n* przymus *m*.

coffee ['kɔfɪ] *n* kawa *f*.

coffee table *n* ława *f*.

coffin ['kɔfɪn] *n* trumna *f*.

cognac ['kɔnjæk] *n* koniak *m*.

coherent [kəu'hɪərənt] *adj* (*theory*) spójny; (*person*) komunikatywny.

coil [kɔɪl] *n* (*of rope, wire*) zwój *m*; (*ELEC*) cewka *f*; (*AUT*) cewka *f* zapłonowa; (*contraceptive*) spirala *f* ♦ *vt* zwijać (zwinąć *perf*).

coin [kɔɪn] *n* moneta *f* ♦ *vt* (*word, slogan*) ukuć (*perf*).

coincide [kəuɪn'saɪd] *vi* (*events*) zbiegać się (zbiec się *perf*) (w czasie); (*ideas, views*) być zbieżnym.

coincidence [kəu'ɪnsɪdəns] *n* zbieg *m* okoliczności.

Coke [kəuk] ® *n* coca cola *f*.

coke [kəuk] *n* (*coal*) koks *m*.

colander ['kɔləndə*] *n* cedzak *m*, durszlak *m*.

cold [kəuld] *adj* zimny; (*unemotional*) chłodny, oziębły ♦ *n* (*weather*) zimno *nt*; (*MED*) przeziębienie *nt*; **it's cold** jest zimno; **I am** *or* **feel cold** zimno mi; **to catch (a) cold** przeziębić się (*perf*); **in cold blood** z zimną krwią.

coldly ['kəuldlɪ] *adv* chłodno, oziębłe.

cold-shoulder [kəuld'ʃəuldə*] *vt* zachowywać się (zachować się *perf*) oziębłe wobec +*gen*.

cold sore *n* opryszczka *f* (na wardze), febra *f* (*inf*).

colic ['kɔlɪk] (*MED*) *n* kolka *f*.

collaborate [kə'læbəreɪt] *vi* (*work together*): **to collaborate (on)** pracować wspólnie (nad +*instr*); (*with enemy*) kolaborować.

collaboration [kəlæbə'reɪʃən] *n* współpraca *f*.

collage [kɔ'lɑ:ʒ] *n* collage *m*, kolaż *m*.

collapse [kə'læps] *vi* (*building*) zawalać się (zawalić się *perf*); (*table, resistance*) załamywać się (załamać się *perf*); (*marriage, system*) rozpadać się (rozpaść się *perf*); (*government, company*) upadać (upaść *perf*); (*hopes*) rozwiewać się (rozwiać się *perf*); (*plans*) runąć (*perf*); (*person: faint*) zemdleć (*perf*), zasłabnąć (*perf*); (: *from exhaustion*) padać (paść *perf*) ♦ *n* (*of building*) zawalenie się *nt*; (*of table, resistance*) załamanie się *nt*; (*of marriage, system*) rozpad *m*; (*of government, company*) upadek *m*; (*MED*) zapaść *f*.

collapsible [kə'læpsəbl] *adj* składany.

collar ['kɔlə*] *n* (*of coat, shirt*) kołnierz *m*; (*of dog, cat*) obroża *f*.

collarbone ['kɔləbəun] *n* obojczyk *m*.

colleague ['kɔli:g] *n* kolega/ koleżanka *m/f* (z pracy).

collect [kə'lɛkt] *vt* (*wood, litter*)

zbierać (zebrać *perf*); (*stamps, coins*) zbierać, kolekcjonować; (*BRIT: children from school etc*) odbierać (odebrać *perf*); (*debts, taxes*) ściągać (ściągnąć *perf*); (*mail: from box*) wybierać (wybrać *perf*), wyjmować (wyjąć *perf*) ♦ *vi* (*dust etc*) zbierać się (zebrać się *perf*); (*for charity etc*) prowadzić zbiórkę pieniędzy, kwestować; **to call collect** (*US*) dzwonić (zadzwonić *perf*) na koszt abonenta.

collection [kə'lɛkʃən] *n* (*of art, stamps*) kolekcja *f*, zbiór *m*; (*of poems, stories*) zbiór *m*; (*from place, person*) odbiór *m*; (*for charity*) zbiórka *f* pieniędzy, kwesta *f*; (*of mail*) wyjmowanie *nt* listów (*ze skrzynki pocztowej*).

collective [kə'lɛktɪv] *adj* zbiorowy.

collector [kə'lɛktə*] *n* (*of art, stamps*) kolekcjoner(ka) *m(f)*, zbieracz(ka) *m(f)*; (*of taxes, rent*) poborca *m*.

college ['kɔlɪdʒ] *n* (*in Oxford etc*) kolegium *nt*, college *m*; (*of agriculture, technology*) ≈ technikum *nt*.

collie ['kɔlɪ] *n* owczarek *m* szkocki.

colliery ['kɔlɪərɪ] (*BRIT*) *n* kopalnia *f* węgla.

collision [kə'lɪʒən] *n* zderzenie *nt*, kolizja *f*.

colloquial [kə'ləukwɪəl] *adj* potoczny.

colon ['kəulən] *n* (*punctuation mark*) dwukropek *m*; (*ANAT*) okrężnica *f*.

colonel ['kə:nl] *n* pułkownik *m*.

colonial [kə'ləunɪəl] *adj* kolonialny.

colony ['kɔlənɪ] *n* kolonia *f*.

color *etc* (*US*) = **colour** *etc*.

colour ['kʌlə*] (*US* **color**) *n* kolor *m*; (*skin colour*) kolor *m* skóry ♦ *vt* (*paint*) malować (pomalować *perf*); (*dye*) farbować (ufarbować *perf*); (*fig*) mieć (pewien) wpływ na +*acc* ♦ *vi* czerwienić się (zaczerwienić się *perf*), poczerwienieć (*perf*); **colours**

npl (*of party, club*) barwy *pl*; **in colour** (*film, magazine*) kolorowy; (*illustrations*) barwny, kolorowy.

▶**colour in** *vt* kolorować (pokolorować *perf*).

colour-blind ['kʌləblaɪnd] *adj*: **to be colour-blind** być daltonistą (-tką) *m(f)*.

coloured ['kʌləd] *adj* kolorowy.

colourful ['kʌləful] *adj* kolorowy; (*fig: account, personality*) barwny.

colouring ['kʌlərɪŋ] *n* (*complexion*) karnacja *f*; (*in food*) barwnik *m*; (*combination of colours*) kolorystyka *f*.

colour scheme *n* dobór *m* kolorów.

colour television *n* telewizja *f* kolorowa.

colt [kəult] *n* źrebię *nt*, źrebak *m*.

column ['kɔləm] *n* (*of building, people*) kolumna *f*; (*of smoke*) słup *m*; (*PRESS*) rubryka *f*.

coma ['kəumə] *n* śpiączka *f*.

comb [kəum] *n* grzebień *m* ♦ *vt* (*hair*) rozczesywać (rozczesać *perf*); (*area*) przeczesywać (przeczesać *perf*); **to comb one's hair** czesać się (uczesać się *perf*).

combat ['kɔmbæt] *n* walka *f* ♦ *vt* walczyć z +*instr*, zwalczać.

combination [kɔmbɪ'neɪʃən] *n* (*mixture*) połączenie *nt*, kombinacja *f*; (*for lock, safe*) szyfr *m*.

combine [kəm'baɪn] *vt* łączyć (połączyć *perf*) ♦ *vi* łączyć się (połączyć się *perf*) ♦ *n* (*ECON*) koncern *m*.

combustion [kəm'bʌstʃən] *n* spalanie *nt*.

──── KEYWORD ────

come [kʌm] (*pt* **came**, *pp* **come**) *vi*
1 (*movement towards: on foot*) przychodzić (przyjść *perf*); (: *by car etc*) przyjeżdżać (przyjechać *perf*); **come here!** chodź tu(taj)!; **are you coming to my party?** przyjdziesz na moje przyjęcie?; **to come**

running przybiegać (przybiec *perf*).
2 (*arrive*) przybywać (przybyć *perf*),
przyjeżdżać (przyjechać *perf*); **he's
just come from Aberdeen** właśnie
przyjechał z Aberdeen. **3** (*reach*): **to
come to** sięgać (sięgnąć *perf*) *or*
dochodzić (dojść *perf*) do +*gen*; **to
come to power** obejmować (objąć
perf) władzę; **to come to a decision**
podejmować (podjąć *perf*) decyzję.
4 (*occur*): **an idea came to me**
przyszedł mi do głowy pewien
pomysł. **5** (*be, become*): **to come
loose** poluźniać się (poluźnić się
perf); **I've come to like him**
polubiłem go.

▶**come about** *vi*: **how did it come
about?** jak do tego doszło?; **it came
about that ...** stało się tak, że ... .
▶**come across** *vt fus* natknąć się
(*perf*) na +*acc*.
▶**come away** *vi* (*leave*) odchodzić
(odejść *perf*); (*become detached*)
odpadać (odpaść *perf*), odrywać się
(oderwać się *perf*).
▶**come back** *vi* wracać (wrócić *perf*).
▶**come by** *vt fus* (*find*) zdobyć (*perf*),
znaleźć (*perf*).
▶**come down** *vi* (*price*) obniżać się
(obniżyć się *perf*); (*building, tree*)
runąć (*perf*).
▶**come forward** *vi* zgłaszać się
(zgłosić się *perf*) (na ochotnika).
▶**come from** *vt fus* pochodzić z +*gen*.
▶**come in** *vi* (*enter*) wchodzić (wejść
perf); (*report, news*) nadchodzić
(nadejść *perf*); (*on deal etc*)
wchodzić (wejść *perf*); **come in!**
proszę (wejść)!
▶**come in for** *vt fus* (*criticism etc*)
spotykać się (spotkać się *perf*) z
+*instr*.
▶**come into** *vt fus* (*money*) dostawać
(dostać *perf*) w spadku; **to come
into fashion** wchodzić (wejść *perf*)
w modę; **money doesn't come into**

it pieniądze nie mają z tym nic
wspólnego.
▶**come off** *vi* (*become detached*)
odpadać (odpaść *perf*); (*succeed*)
powieść się (*perf*) ♦ *vt fus* (*inf*):
come off it! daj spokój! (*inf*).
▶**come on** *vi* (*pupil*) robić (zrobić
perf) postęp(y); (*work, project*)
postępować (postąpić *perf*) naprzód;
(*electricity*) włączać się (włączyć się
perf); **come on!** no już!, dalej!
▶**come out** *vi* (*fact*) wychodzić
(wyjść *perf*) na jaw; (*book*)
wychodzić (wyjść *perf*); (*stain*)
schodzić (zejść *perf*); (*sun*)
wychodzić (wyjść *perf*), wyjrzeć
(*perf*).
▶**come round** *vi* (*recover
consciousness*) przychodzić (przyjść
perf) do siebie; (*visit*) wpadać
(wpaść *perf*).
▶**come to** *vi* ocknąć się (*perf*).
▶**come up** *vi* (*approach*) podchodzić
(podejść *perf*); (*sun*) wschodzić
(wzejść *perf*); (*problem*) pojawiać się
(pojawić się *perf*); (*event*) zbliżać
się; (*in conversation*) padać (paść
perf).
▶**come up against** *vt fus*
(*resistance, difficulties*) napotykać
(napotkać *perf*).
▶**come upon** *vt fus* natknąć się
(*perf*) na +*acc*.
▶**come up with** *vt fus* (*plan*)
wymyślić (*perf*); (*money*)
wykombinować (*perf*) *or* wytrzasnąć
(*perf*) (skądś) (*inf*).

comeback [ˈkʌmbæk] *n* (*of film star,
fashion*) powrót *m*, come-back *m*.
comedian [kəˈmiːdɪən] *n* komik *m*.
comedy [ˈkɔmɪdɪ] *n* (*play, film*)
komedia *f*; (*humour*) komizm *m*.
comet [ˈkɔmɪt] *n* kometa *f*.
comfort [ˈkʌmfət] *n* (*physical*)
wygoda *f*; (*luxury, freedom from*

anxiety) komfort *m*; (*cosolation*) pociecha *f*, otucha *f* ♦ *vt* pocieszać (pocieszyć *perf*); **comforts** *npl* wygody *pl*.

comfortable [ˈkʌmfətəbl] *adj* (*person: financially*) dobrze sytuowany; (: *physically*): **I'm comfortable** jest mi wygodnie; (*chair, bed*) wygodny; (*hotel, flat*) komfortowy; (*walk, climb*) łatwy; (*income*) wysoki; (*majority*) znaczny.

comfortably [ˈkʌmfətəblɪ] *adv* wygodnie.

comic [ˈkɔmɪk] *adj* komiczny ♦ *n* (*person*) komik *m*; (*BRIT: magazine*) komiks *m*.

coming [ˈkʌmɪŋ] *adj* nadchodzący, zbliżający się.

comma [ˈkɔmə] *n* przecinek *m*.

command [kəˈmɑːnd] *n* (*order*) polecenie *nt*, rozkaz *m*; (*control, charge*) kierownictwo *nt*; (*MIL*) dowództwo *nt*; (*of subject*) znajomość *f*, opanowanie *nt* ♦ *vt* (*troops*) dowodzić +*instr*; **to command sb to do sth** (*tell*) kazać (kazać *perf*) komuś coś zrobić; (*order*) rozkazywać (rozkazać *perf*) komuś coś zrobić; **to be in command of** dowodzić +*instr*; **to have/take command of** sprawować/obejmować (objąć *perf*) dowództwo nad +*instr*.

commander [kəˈmɑːndə*] *n* dowódca *m*; (*MIL*) komandor *m* porucznik *m*.

commandment [kəˈmɑːndmənt] (*REL*) *n* przykazanie *nt*.

commando [kəˈmɑːndəu] *n* (*group*) oddział *m* komandosów; (*soldier*) komandos *m*.

commemorate [kəˈmɛməreɪt] *vt* (*with statue, monument*) upamiętniać (upamiętnić *perf*); (*with celebration*) obchodzić rocznicę +*gen*.

commence [kəˈmɛns] *vt*

rozpoczynać (rozpocząć *perf*) ♦ *vi* rozpoczynać się (rozpocząć się *perf*).

commend [kəˈmɛnd] *vt* pochwalać (pochwalić *perf*); **to commend sth to sb** rekomendować (zarekomendować *perf*) coś komuś.

comment [ˈkɔmɛnt] *n* (*remark*) uwaga *f*, komentarz *m* ♦ *vi*: **to comment (on)** komentować (skomentować *perf*) (+*acc*); **"no comment"** „bez komentarza".

commentary [ˈkɔməntərɪ] *n* komentarz *m*; (*genre*) publicystyka *f*.

commentator [ˈkɔmənteɪtə*] *n* (*SPORT*) sprawozdawca *m*, komentator *m*; (*expert*) komentator(ka) *m(f)*.

commerce [ˈkɔməːs] *n* handel *m*.

commercial [kəˈməːʃəl] *adj* (*organization*) handlowy; (*success*) komercyjny ♦ *n* (*TV, RADIO*) reklama *f*.

commercialized [kəˈməːʃəlaɪzd] (*pej*) *adj* skomercjalizowany.

commiserate [kəˈmɪzəreɪt] *vi*: **to commiserate with** współczuć +*dat*; (*verbally*) składać (złożyć *perf*) wyrazy współczucia +*dat*.

commission [kəˈmɪʃən] *n* (*order for work*) zamówienie *nt*, zlecenie *nt*; (*COMM*) prowizja *f* (od sprzedaży); (*committee*) komisja *f* ♦ *vt* (*work of art*) zamawiać (zamówić *perf*); **to be out of commission** nie funkcjonować.

commissioner [kəˈmɪʃənə*] *n* komisarz *m*.

commit [kəˈmɪt] *vt* (*crime, murder*) popełniać (popełnić *perf*); (*money, resources*) przeznaczać (przeznaczyć *perf*); **to commit suicide** popełnić (*perf*) samobójstwo.

commitment [kəˈmɪtmənt] *n* zobowiązanie *nt*; (*to ideology, system*) oddanie *nt*, zaangażowanie *nt*.

committee [kəˈmɪtɪ] *n* komisja *f*, komitet *m*.

commodity [kəˈmɒdɪtɪ] *n* towar *m*.

common [ˈkɒmən] *adj* (*shared*)
wspólny; (*ordinary: object, name,
species*) pospolity; (: *experience,
phenomenon*) powszechny; (*vulgar*)
prostacki ♦ *n* błonia *pl* (wiejskie);
the Commons (*BRIT*) *npl* Izba *f*
Gmin; **to have sth in common
(with sb)** mieć coś wspólnego (z
kimś); **it's common knowledge that
...** powszechnie wiadomo, że ...; **for
the common good** dla wspólnego
dobra, dla dobra ogółu.

common law *n* prawo *nt*
zwyczajowe.

commonly [ˈkɒmənlɪ] *adv*
powszechnie.

Common Market *n*: **the Common
Market** Wspólny Rynek *m*.

commonplace [ˈkɒmənpleɪs] *adj*
powszedni, zwykły.

common sense *n* zdrowy rozsądek
m.

Commonwealth [ˈkɒmənwɛlθ]
(*BRIT*) *n*: **the Commonwealth**
(Brytyjska) Wspólnota *f* Narodów.

commotion [kəˈməʊʃən] *n*
zamieszanie *nt*, rozgardiasz *m*.

communal [ˈkɒmjuːnl] *adj* (*property*)
wspólny, społeczny.

commune [ˈkɒmjuːn] *n* (*group*)
wspólnota *f*; (*POL*) komuna *f*.

communicate [kəˈmjuːnɪkeɪt] *vt*
przekazywać (przekazać *perf*) ♦ *vi*
(*by speech, gesture*) porozumiewać
się (porozumieć się *perf*),
komunikować się; (*by letter,
telephone*) kontaktować się
(skontaktować się *perf*),
komunikować się.

communication [kəmjuːnɪˈkeɪʃən] *n*
(*process*) porozumiewanie się *nt*,
komunikowanie się *nt*; (*message*)
wiadomość *f*.

communion [kəˈmjuːnɪən] *n* (*also:*
Holy Communion) komunia *f*,
Komunia *f* (Święta).

communism [ˈkɒmjunɪzəm] *n*
komunizm *m*.

communist [ˈkɒmjunɪst] *adj*
komunistyczny ♦ *n* komunista (-tka)
m(f).

community [kəˈmjuːnɪtɪ] *n* (*local*)
społeczność *f*; (*national*)
społeczeństwo *nt*; (*business etc*)
środowisko *nt*.

community centre *n* ≈ dom *m or*
ośrodek *m* kultury.

commute [kəˈmjuːt] *vi* dojeżdżać (do
pracy) ♦ *vt* (*JUR: sentence*)
zamieniać (zamienić *perf*) (*na lżejszy*).

commuter [kəˈmjuːtə*] *n*
dojeżdżający (-ca) *m(f)* do pracy.

compact [kəmˈpækt] *adj* niewielkich
rozmiarów *post* ♦ *n* (*also:* **powder
compact**) puderniczka *f*.

compact disc *n* płyta *f* kompaktowa.

companion [kəmˈpænjən] *n*
towarzysz(ka) *m(f)*.

company [ˈkʌmpənɪ] *n* (*COMM*)
firma *f*, przedsiębiorstwo *nt*;
(*THEAT*) zespół *m* (teatralny), trupa
f (*old*); (*companionship*) towarzystwo
nt; **insurance company**
towarzystwo ubezpieczeniowe;
Smith and Company Smith i
spółka; **to keep sb company**
towarzyszyć (potowarzyszyć *perf*)
komuś.

company car *n* samochód *m*
służbowy.

comparable [ˈkɒmpərəbl] *adj* (*size,
style etc*) porównywalny.

comparative [kəmˈpærətɪv] *adj*
(*peace, safety*) względny; (*study,
literature*) porównawczy.

comparatively [kəmˈpærətɪvlɪ] *adv*
stosunkowo, względnie.

compare [kəmˈpɛə*] *vt*: **to compare
sb/sth with/to** (*contrast*)
porównywać (porównać *perf*)
kogoś/coś z +*instr* ♦ *vi*: **to compare
(un)favourably with** wypadać

(wypaść *perf*) (nie)korzystnie w porównaniu z +*instr*.

comparison [kəm'pærɪsn] *n* porównanie *nt*; **in comparison with** w porównaniu z +*instr*.

compartment [kəm'pɑːtmənt] *n* (*RAIL*) przedział *m*; (*of wallet*) przegródka *f*; (*of fridge*) komora *f*.

compass ['kʌmpəs] *n* (*NAUT*) kompas *m*; (*GEOM*) cyrkiel *m*; **compasses** *npl* (*also:* **pair of compasses**) cyrkiel *m*.

compassion [kəm'pæʃən] *n* współczucie *nt*.

compassionate [kəm'pæʃənɪt] *adj* współczujący.

compatible [kəm'pætɪbl] *adj* zgodny; (*COMPUT*) kompatybilny.

compel [kəm'pɛl] *vt* zmuszać (zmusić *perf*), przymuszać (przymusić *perf*).

compelling [kəm'pɛlɪŋ] *adj* (*argument, reason*) nie do odparcia *post*; (*poem, painting*) przykuwający uwagę.

compensate ['kɔmpənseɪt] *vt* dawać (dać *perf*) odszkodowanie +*dat* ♦ *vi*: **to compensate for** rekompensować (zrekompensować *perf*) sobie +*acc*.

compensation [kɔmpən'seɪʃən] *n* (*money*) odszkodowanie *nt*.

compete [kəm'piːt] *vi* (*in contest, game*) brać (wziąć *perf*) udział; **to compete (with)** (*companies, theories*) rywalizować *or* konkurować (z +*instr*); (*sportsmen*) rywalizować *or* współzawodniczyć (z +*instr*).

competence ['kɔmpɪtəns] *n* kompetencje *pl*, fachowość *f*.

competent ['kɔmpɪtənt] *adj* (*person*) kompetentny, fachowy.

competition [kɔmpɪ'tɪʃən] *n* (*between firms, rivals*) rywalizacja *f*, współzawodnictwo *nt*; (*contest*) konkurs *m*, zawody *pl*; (*ECON*) konkurencja *f*.

competitive [kəm'pɛtɪtɪv] *adj* (*industry, society*) oparty na współzawodnictwie; (*person*) nastawiony na współzawodnictwo; (*price, product*) konkurencyjny; (*sport*) wyczynowy.

competitor [kəm'pɛtɪtə*] *n* (*rival*) konkurent(ka) *m(f)*, rywal(ka) *m(f)*; (*participant*) zawodnik (-iczka) *m(f)*, uczestnik (-iczka) *m(f)*.

compile [kəm'paɪl] *vt* (*report*) opracowywać (opracować *perf*); (*dictionary*) kompilować (skompilować *perf*).

complacency [kəm'pleɪsnsɪ] *n* samozadowolenie *nt*.

complacent [kəm'pleɪsnt] *adj* (*person*) zadowolony z siebie; (*smile, attitude*) pełen samozadowolenia.

complain [kəm'pleɪn] *vi*: **to complain (about)** (*grumble*) narzekać (na +*acc*); (*protest: to authorities, bank*) składać (złożyć *perf*) zażalenie *or* skargę (z powodu +*gen*); (*: to shop*) zgłaszać (zgłosić *perf*) reklamację (+*gen*); **to complain of** (*pain etc*) skarżyć się na +*acc*.

complaint [kəm'pleɪnt] *n* (*activity*) narzekanie *nt*; (*instance*) skarga *f*; (*reason for complaining*) zarzut *m*; (*MED*) dolegliwość *f*; **a letter of complaint** (pisemne) zażalenie *nt*.

complement ['kɔmplɪmənt] *n* (*supplement*) uzupełnienie *nt*; (*crew*) skład *m*, załoga *f* ♦ *vt*: **to complement each other/one another** wzajemnie się uzupełniać.

complementary [kɔmplɪ'mɛntərɪ] *adj* wzajemnie się uzupełniający; **to be complementary** wzajemnie się uzupełniać.

complete [kəm'pliːt] *adj* (*silence, change, success*) zupełny, całkowity; (*list, edition, set*) cały, kompletny; (*building, task*) ukończony ♦ *vt* (*building, task*) ukończyć *(perf)*; *(set, group)* dopełnić *(dopełnić perf)*; *(form)* wypełniać *(wypełnić perf)*.

completely [kəm'pliːtlɪ] *adv* zupełnie, całkowicie, kompletnie.

completion [kəm'pliːʃən] *n (of building)* ukończenie *nt*; *(of sale)* sfinalizowanie *nt*; **to be nearing completion** być na ukończeniu.

complex ['kɒmplɛks] *adj* złożony ♦ *n* kompleks *m*.

complexion [kəm'plɛkʃən] *n* cera *f*, karnacja *f*.

complexity [kəm'plɛksɪtɪ] *n* złożoność *f*.

compliance [kəm'plaɪəns] *n* uległość *f*; **compliance with** podporządkowanie się +*dat*; **in compliance with** zgodnie z +*instr*.

complicate ['kɒmplɪkeɪt] *vt* komplikować *(skomplikować perf)*.

complicated ['kɒmplɪkeɪtɪd] *adj* skomplikowany.

complication [kɒmplɪ'keɪʃən] *n (problem)* szkopuł *m*; *(MED)* powikłanie *nt*, komplikacja *f*.

complicity [kəm'plɪsɪtɪ] *n* współudział *m*.

compliment ['kɒmplɪmənt] *n* komplement *m* ♦ *vt* gratulować *(pogratulować perf)* +*dat*; **compliments** *npl* uszanowanie *nt*, wyrazy *pl* uszanowania; **to pay sb a compliment** powiedzieć *(perf)* komuś komplement; **to compliment sb (on sth/on doing sth)** gratulować *(pogratulować perf)* komuś (czegoś/zrobienia czegoś).

complimentary [kɒmplɪ'mɛntərɪ] *adj (remark)* pochlebny; *(ticket, copy of book)* bezpłatny, gratisowy.

comply [kəm'plaɪ] *vi*: **to comply (with)** stosować się *(zastosować się perf)* (do +*gen*).

component [kəm'pəunənt] *adj* składowy ♦ *n* składnik *m*.

compose [kəm'pəuz] *vt*: **to be composed of** składać się *or* być złożonym z +*gen* ♦ *vt* komponować *(skomponować perf)*; **to compose o.s.** opanowywać się *(opanować się perf)*, uspokajać się *(uspokoić się perf)*.

composed [kəm'pəuzd] *adj* opanowany, spokojny.

composer [kəm'pəuzə*] *n* kompozytor(ka) *m(f)*.

composition [kɒmpə'zɪʃən] *n (of substance, group)* skład *m*; *(essay)* wypracowanie *nt*; *(MUS)* kompozycja *f*.

compost ['kɒmpɒst] *n (decaying material)* kompost *m*.

composure [kəm'pəuʒə*] *n* opanowanie *nt*, spokój *m*.

compound ['kɒmpaund] *n (CHEM)* związek *m*; *(enclosure)* ogrodzony *or* zamknięty teren *m*; *(LING)* wyraz *m* złożony.

comprehend [kɒmprɪ'hɛnd] *vt* pojmować *(pojąć perf)*.

comprehension [kɒmprɪ'hɛnʃən] *n (ability)* zdolność *f* pojmowania; *(understanding)* zrozumienie *nt*.

comprehensive [kɒmprɪ'hɛnsɪv] *adj* pełny.

comprehensive (school) *(BRIT)* *n* państwowa szkoła średnia, do której przyjmuje się dzieci niezależnie od dotychczasowych wyników w nauce.

compress [kəm'prɛs] *vt* ściskać *(ścisnąć perf)*; *(air, gas)* sprężać *(sprężyć perf)*; *(text, information)* kondensować *(skondensować perf)* ♦ *n* kompres *m*.

comprise [kəm'praɪz] *vt (also*: **be comprised of)** składać się *or* być złożonym z +*gen*; *(constitute)* stanowić, składać się na +*acc*.

compromise ['kɒmprəmaɪz] *n* kompromis *m* ♦ *vt (beliefs, principles)* narażać *(narazić perf)* (na szwank) ♦ *vi* iść *(pójść perf)* na kompromis, zawierać (zawrzeć *perf*) kompromis.

compulsion [kəm'pʌlʃən] *n* (*desire*) wewnętrzny przymus *m*; (*pressure*) przymus *m*.

compulsive [kəm'pʌlsɪv] *adj* (*liar, gambler*) nałogowy.

compulsory [kəm'pʌlsərɪ] *adj* (*attendance*) obowiązkowy; (*retirement*) przymusowy.

computer [kəm'pju:tə*] *n* komputer *m*.

computer game *n* gra *f* komputerowa.

computerize [kəm'pju:təraɪz] *vt* (*system, filing etc*) komputeryzować (skomputeryzować *perf*); (*information*) przetwarzać (przetworzyć *perf*) komputerowo.

computer programmer *n* programista (-tka) *m(f)*.

computer science *n* informatyka *f*.

computing [kəm'pju:tɪŋ] *n* (*activity*) praca *f* na komputerze; (*science*) informatyka *f*.

comrade ['kɔmrɪd] *n* towarzysz(ka) *m(f)*.

con [kɔn] *vt* nabierać (nabrać *perf*) (*inf*), kantować (okantować *perf*) (*inf*) ♦ *n* kant *m* (*inf*).

concave ['kɔnkeɪv] *adj* wklęsły.

conceal [kən'si:l] *vt* ukrywać (ukryć *perf*).

concede [kən'si:d] *vt* przyznawać (przyznać *perf*).

conceited [kən'si:tɪd] *adj* zarozumiały.

conceivable [kən'si:vəbl] *adj* wyobrażalny.

conceive [kən'si:v] *vt* (*child*) począć (*perf*); (*plan*) obmyślić (*perf*), wymyślić (*perf*) ♦ *vi* (BIO) zajść (*perf*) w ciążę.

concentrate ['kɔnsəntreɪt] *vi* skupiać się (skupić się *perf*), koncentrować się (skoncentrować się *perf*) ♦ *vt*

skupiać (skupić *perf*), koncentrować (skoncentrować *perf*).

concentration [kɔnsən'treɪʃən] *n* skupienie *nt*, koncentracja *f*; (CHEM) stężenie *nt*.

concentration camp *n* obóz *m* koncentracyjny.

concept ['kɔnsept] *n* pojęcie *nt*.

conception [kən'sepʃən] *n* (*idea*) koncepcja *f*; (*of child*) poczęcie *nt*.

concern [kən'sə:n] *n* (*affair*) sprawa *f*; (*anxiety*) obawa *f*; (*worry*) zmartwienie *nt*, troska *f*; (*care*) troska *f*; (COMM) koncern *m* ♦ *vt* (*worry*) martwić (zmartwić *perf*); (*relate to*) dotyczyć +*gen*; **to be concerned (about)** martwić się (o +*acc*); **as far as I am concerned** jeśli o mnie chodzi.

concerning [kən'sə:nɪŋ] *prep* dotyczący +*gen*.

concert ['kɔnsət] *n* (MUS) koncert *m*.

concert hall *n* sala *f* koncertowa.

concerto [kən'tʃə:təu] *n* koncert *m*.

concession [kən'seʃən] *n* (*compromise*) ustępstwo *nt*; (COMM) koncesja *f*; **tax concession** ulga podatkowa.

conciliatory [kən'sɪlɪətrɪ] *adj* pojednawczy.

concise [kən'saɪs] *adj* zwięzły.

conclude [kən'klu:d] *vt* (*speech, chapter*) kończyć (zakończyć *perf*); (*treaty, deal*) zawierać (zawrzeć *perf*); (*deduce*) wnioskować (wywnioskować *perf*).

conclusion [kən'klu:ʒən] *n* (*of speech, chapter*) zakończenie *nt*; (*of treaty, deal*) zawarcie *nt*; (*deduction*) wniosek *m*, konkluzja *f*.

conclusive [kən'klu:sɪv] *adj* (*evidence*) niezbity; (*defeat*) ostateczny.

concrete ['kɔŋkri:t] *n* beton *m* ♦ *adj* betonowy; (*fig*) konkretny.

concurrently [kən'kʌrntlɪ] *adv* w tym samym czasie, jednocześnie.

concussion [kən'kʌʃən] n wstrząs m mózgu.

condemn [kən'dɛm] vt (action) potępiać (potępić perf); (prisoner) skazywać (skazać perf); (building) przeznaczać (przeznaczyć perf) do rozbiórki.

condemnation [kɔndɛm'neɪʃən] n potępienie nt.

condensation [kɔndɛn'seɪʃən] n (on wall, window) skroplona para f.

condense [kən'dɛns] vi skraplać się (skroplić się perf) ♦ vt (report, information) skondensować (perf).

condescending [kɔndɪ'sɛndɪŋ] adj protekcjonalny.

condition [kən'dɪʃən] n (state) stan m; (requirement) warunek m ♦ vt (person) formować (uformować perf); **conditions** npl warunki pl; **on condition that ...** pod warunkiem, że ... .

conditional [kən'dɪʃənl] adj warunkowy.

conditioner [kən'dɪʃənə*] n (for hair) odżywka f; (for fabrics) płyn m zmiękczający.

condolences [kən'dəʊlənsɪz] npl kondolencje pl.

condom ['kɔndəm] n prezerwatywa f, kondom m (inf).

condominium [kɔndə'mɪnɪəm] (US) n (building) blok z mieszkaniami własnościowymi.

condone [kən'dəʊn] vt akceptować, godzić się na +acc.

conducive [kən'dju:sɪv] adj: **conducive to** sprzyjający +dat.

conduct ['kɔndʌkt] n (of person) zachowanie nt ♦ vt (survey, research) przeprowadzać (przeprowadzić perf); (orchestra, choir) dyrygować +instr; (heat, electricity) przewodzić; **to conduct o.s.** zachowywać się.

conducted tour [kən'dʌktɪd-] n wycieczka f z przewodnikiem.

conductor [kən'dʌktə*] n (of orchestra) dyrygent m; (on bus, train) konduktor m; (ELEC) przewodnik m.

cone [kəʊn] n (shape) stożek m; (on road) pachołek m; (ice cream) rożek m; (BOT) szyszka f.

confectioner [kən'fɛkʃənə*] n cukiernik m.

confectionery [kən'fɛkʃənrɪ] n (sweets, candies) słodycze pl.

confederation [kənfɛdə'reɪʃən] n konfederacja f.

confer [kən'fə:*] vt: **to confer sth on sb** nadawać (nadać perf) coś komuś ♦ vi (jury, panel) naradzać się.

conference ['kɔnfərəns] n konferencja f; (daily, routine) narada f.

confess [kən'fɛs] vt (sin, guilt) wyznawać (wyznać perf); (crime, ignorance, weakness) przyznawać się (przyznać się perf) do +gen ♦ vi przyznawać się (przyznać się perf).

confession [kən'fɛʃən] n (admission) przyznanie się nt; (REL: of sins) spowiedź f; (: of faith) wyznanie nt.

confetti [kən'fɛtɪ] n konfetti nt inv.

confide [kən'faɪd] vi: **to confide in** zwierzać się (zwierzyć się perf) +dat.

confidence ['kɔnfɪdns] n (faith) zaufanie nt; (self-assurance) pewność f siebie; (secret) zwierzenie nt.

confidence trick n oszustwo nt.

confident ['kɔnfɪdənt] adj (self-assured) pewny siebie; (positive) pewny.

confidential [kɔnfɪ'dɛnʃəl] adj (information, tone) poufny.

confine [kən'faɪn] vt: **to confine (to)** (limit) ograniczać (ograniczyć perf) (do +gen); (shut up) zamykać (zamknąć perf) (w +loc).

confined [kən'faɪnd] adj ograniczony.

confinement [kən'faɪnmənt] n (imprisonment) zamknięcie nt.

confines ['kɔnfaɪnz] *npl*: **within the confines of** (*area*) w granicach +*gen*.

confirm [kən'fə:m] *vt* potwierdzać (potwierdzić *perf*).

confirmation [kɔnfə'meɪʃən] *n* potwierdzenie *nt*; (*REL*) bierzmowanie *nt*.

confirmed [kən'fə:md] *adj* (*bachelor, teetotaller*) zaprzysięgły.

confiscate ['kɔnfɪskeɪt] *vt* konfiskować (skonfiskować *perf*).

conflict ['kɔnflɪkt] *n* konflikt *m* ♦ *vi* ścierać się (zetrzeć się *perf*).

conflicting [kən'flɪktɪŋ] *adj* sprzeczny.

conform [kən'fɔ:m] *vi* dostosowywać się (dostosować się *perf*), podporządkowywać się (podporządkować się *perf*); **to conform to** (*wish, ideal, standard*) odpowiadać +*dat*.

confound [kən'faund] *vt* wprawiać (wprawić *perf*) w zakłopotanie.

confront [kən'frʌnt] *vt* (*problems, task*) stawać (stanąć *perf*) przed +*instr*; (*enemy, danger*) stawiać (stawić *perf*) czoło +*dat*.

confrontation [kɔnfrən'teɪʃən] *n* konfrontacja *f*.

confuse [kən'fju:z] *vt* (*perplex*) wprawiać (wprawić *perf*) w zakłopotanie; (*mix up*) mylić (pomylić *perf*); (*complicate*) gmatwać (pogmatwać *perf*).

confused [kən'fju:zd] *adj* (*bewildered*) zakłopotany, zmieszany; (*disordered*) pogmatwany; **to get confused** gubić się (pogubić się *perf*).

confusing [kən'fju:zɪŋ] *adj* (*plot, instructions*) zagmatwany; (*signals*) mylący.

confusion [kən'fju:ʒən] *n* (*mix-up*) pomyłka *f*; (*perplexity*) zakłopotanie *nt*, zmieszanie *nt*; (*disorder*) zamieszanie *nt*, zamęt *m*.

congeal [kən'dʒi:l] *vi* (*blood*) krzepnąć (zakrzepnąć *perf*); (*sauce*) gęstnieć (zgęstnieć *perf*).

congenital [kən'dʒenɪtl] *adj* (*MED*) wrodzony.

congested [kən'dʒestɪd] *adj* (*nose*) zapchany; (*road, area*) zatłoczony.

congestion [kən'dʒestʃən] *n* (*MED*) przekrwienie *nt*; (*of road*) zator *m*.

conglomerate [kən'glɔmərɪt] *n* (*COMM*) konglomerat *m*.

congratulate [kən'grætjuleɪt] *vt*: **to congratulate sb (on)** gratulować (pogratulować *perf*) komuś (+*gen*).

congratulations [kəngrætju'leɪʃənz] *npl* gratulacje *pl*; **congratulations!** (moje) gratulacje!, gratuluję!

congregation [kɔŋgrɪ'geɪʃən] *n* kongregacja *f*.

congress ['kɔŋgres] *n* kongres *m*; (*US*): **Congress** Kongres *m*.

congressman ['kɔŋgresmən] (*US*) (*irreg like*: **man**) *n* członek *m* Kongresu, kongresman *m*.

conifer ['kɔnɪfə*] *n* drzewo *nt* iglaste.

conjecture [kən'dʒektʃə*] *n* domysł *m*, przypuszczenie *nt*.

conjugate ['kɔndʒugeɪt] *vt* (*LING*) koniugować, odmieniać (odmienić *perf*).

conjunction [kən'dʒʌŋkʃən] *n* (*LING*) spójnik *m*.

conjunctivitis [kəndʒʌŋktɪ'vaɪtɪs] *n* zapalenie *nt* spojówek.

conjure ['kʌndʒə*] *vi* pokazywać sztuczki (magiczne).

▶**conjure up** *vt* (*ghost, memories*) wywoływać (wywołać *perf*).

conjurer ['kʌndʒərə*] *n* sztukmistrz *m*, iluzjonista (-tka) *m(f)*.

con man (*irreg like*: **man**) *n* oszust *m*, kanciarz *m* (*inf*).

connect [kə'nekt] *vt* (*lit, fig*) łączyć (połączyć *perf*); (*TEL: telephone, subscriber*) podłączać (podłączyć *perf*); (*join*): **to connect sth (to)** podłączać (podłączyć *perf*) coś (do

+*gen*) ♦ *vi*: **to be connected with**
być związanym z +*instr*.
connection [kə'nɛkʃən] *n* połączenie
nt; (*of telephone, subscriber*)
podłączenie *nt*; (*ELEC*) styk *m*,
połączenie *nt*; (*fig*) związek *m*; **I
missed my connection** spóźniłem
się *or* nie zdążyłem na przesiadkę.
connoisseur [kɔnɪ'sə:*] *n*
koneser(ka) *m(f)*.
conquer ['kɔŋkə*] *vt* (*MIL*)
zdobywać (zdobyć *perf*), podbijać
(podbić *perf*); (*fig: fear, feelings*)
przemagać (przemóc *perf*),
pokonywać (pokonać *perf*).
conqueror ['kɔŋkərə*] *n* zdobywca
m.
conquest ['kɔŋkwɛst] *n* podbój *m*.
cons [kɔnz] *npl see* **convenience, pro**.
conscience ['kɔnʃəns] *n* sumienie *nt*.
conscientious [kɔnʃɪ'ɛnʃəs] *adj*
sumienny.
conscious ['kɔnʃəs] *adj* (*awake*)
przytomny; (*deliberate*) świadomy;
(*aware*): **conscious (of)** świadomy
(+*gen*).
consciousness ['kɔnʃəsnɪs] *n*
świadomość *f*; (*MED*) przytomność *f*.
conscript ['kɔnskrɪpt] *n* poborowy *m*.
consecrate ['kɔnsɪkreɪt] *vt* święcić
(poświęcić *perf*).
consecutive [kən'sɛkjutɪv] *adj*
kolejny.
consensus [kən'sɛnsəs] *n*
(powszechna) zgoda *f*,
jednomyślność *f*.
consent [kən'sɛnt] *n* zgoda *f* ♦ *vi*: **to
consent to** zgadzać się (zgodzić się
perf) na +*acc*.
consequence ['kɔnsɪkwəns] *n*
konsekwencja *f*; **of consequence**
znaczący, doniosły.
consequently ['kɔnsɪkwəntlɪ] *adv* w
rezultacie.
conservation [kɔnsə'veɪʃən] *n* (*of
environment*) ochrona *f*; (*of paintings,*

books) konserwacja *f*; (*of energy,
mass, momentum*) zachowanie *nt*.
conservative [kən'sə:vətɪv] *adj*
(*person, attitude*) konserwatywny,
zachowawczy; (*estimate etc*)
skromny; (*BRIT*): **Conservative**
konserwatywny ♦ *n* (*BRIT*):
Conservative konserwatysta (-tka)
m(f).
conservatory [kən'sə:vətrɪ] *n* (*with
plants*) oszklona weranda *f*; (*MUS*)
konserwatorium *nt*.
conserve [kən'sə:v] *vt* (*preserve*)
utrzymywać (utrzymać *perf*),
chronić; (*supplies, energy*)
oszczędzać (zaoszczędzić *perf*) ♦ *n*
konfitury *pl*.
consider [kən'sɪdə*] *vt* (*believe*): **to
consider sb/sth as** uważać
kogoś/coś za +*acc*; (*study, take into
account*) rozważać (rozważyć *perf*);
to consider doing sth rozważać
(rozważyć *perf*) zrobienie czegoś.
considerable [kən'sɪdərəbl] *adj*
znaczny.
considerably [kən'sɪdərəblɪ] *adv*
znacznie.
considerate [kən'sɪdərɪt] *adj* liczący
się z innymi.
consideration [kənsɪdə'reɪʃən] *n*
(*deliberation*) namysł *m*; (*factor*)
czynnik *m*, okoliczność *f*.
considering [kən'sɪdərɪŋ] *prep*
zważywszy na +*acc*.
consignment [kən'saɪnmənt] *n*
partia *f* towaru.
consist [kən'sɪst] *vi*: **to consist of**
składać się z +*gen*.
consistency [kən'sɪstənsɪ] *n* (*of
actions*) konsekwencja *f*; (*of yoghurt
etc*) konsystencja *f*.
consistent [kən'sɪstənt] *adj* (*person*)
konsekwentny; (*argument*) spójny;
consistent with zgodny z +*instr*.
consolation [kɔnsə'leɪʃən] *n*
pocieszenie *nt*.
console [kən'səul] *vt* pocieszać

(pocieszyć *perf*) ♦ *n* konsola *f*,
konsoleta *f*.

consolidate [kən'sɔlɪdeɪt] *vt*
konsolidować (skonsolidować *perf*).

consommé [kən'sɔmeɪ] *n* bulion *m*.

consonant ['kɔnsənənt] *n* spółgłoska
f.

consortium [kən'sɔ:tɪəm] *n*
konsorcjum *nt*.

conspicuous [kən'spɪkjuəs] *adj*
rzucający się w oczy.

conspiracy [kən'spɪrəsɪ] *n* spisek *m*.

conspire [kən'spaɪə*] *vi* (*criminals,
revolutionaries*) spiskować; (*events*)
sprzysięgać się (sprzysiąc się *perf*).

constable ['kʌnstəbl] (*BRIT*) *n*
posterunkowy *m*.

constant ['kɔnstənt] *adj* stały.

constantly ['kɔnstəntlɪ] *adv* stale.

constellation [kɔnstə'leɪʃən] *n*
gwiazdozbiór *m*, konstelacja *f*.

consternation [kɔnstə'neɪʃən] *n*
konsternacja *f*.

constipated ['kɔnstɪpeɪtɪd] *adj*: **to
be constipated** cierpieć na zaparcie.

constipation [kɔnstɪ'peɪʃən] *n*
zaparcie *nt*.

constituency [kən'stɪtjuənsɪ] *n*
(*area*) okręg *m* wyborczy; (*electors*)
wyborcy *vir pl*.

constituent [kən'stɪtjuənt] *n* (*POL*)
wyborca *m*; (*component*) składnik *m*.

constitute ['kɔnstɪtju:t] *vt* (*represent*)
stanowić; (*make up*) stanowić,
składać się na *+acc*.

constitution [kɔnstɪ'tju:ʃən] *n* (*of
country*) konstytucja *f*; (*of
organization*) statut *m*; (*of committee
etc*) skład *m*; **he has a strong
constitution** ma silny organizm.

constitutional [kɔnstɪ'tju:ʃənl] *adj*
konstytucyjny.

constraint [kən'streɪnt] *n* (*restriction*)
ograniczenie *nt*; (*compulsion*)
przymus *m*.

construct [kən'strʌkt] *vt* (*building*)
budować (zbudować *perf*); (*machine,*

argument, theory) budować
(zbudować *perf*), konstruować
(skonstruować *perf*).

construction [kən'strʌkʃən] *n*
(*activity*) budowa *f*; (*structure*)
konstrukcja *f*.

constructive [kən'strʌktɪv] *adj*
konstruktywny.

consul ['kɔnsl] *n* konsul *m*.

consulate ['kɔnsjulɪt] *n* konsulat *m*.

consult [kən'sʌlt] *vt* (*friend*) radzić
się (poradzić się *perf*) *+gen*;
(*reference book*) sprawdzać
(sprawdzić *perf*) w *+loc*.

consultant [kən'sʌltənt] *n* (*MED*) ≈
lekarz *m* specjalista *m*; (*other
specialist*) doradca *m*.

consultation [kɔnsəl'teɪʃən] *n*
konsultacja *f*.

consume [kən'sju:m] *vt* (*food, drink*)
konsumować (skonsumować *perf*);
(*fuel, energy*) zużywać (zużyć *perf*);
(*time*) pochłaniać (pochłonąć *perf*).

consumer [kən'sju:mə*] *n*
konsument(ka) *m(f)*.

consumer goods *npl* dobra *pl* or
towary *pl* konsumpcyjne.

consumption [kən'sʌmpʃən] *n* (*of
food, drink*) konsumpcja *f*, spożycie
nt; (*of fuel, energy, time*) zużycie *nt*;
(*buying*) konsumpcja *f*.

cont. *abbr* (= *continued*) c.d., cd.

contact ['kɔntækt] *n* kontakt *m* ♦ *vt*
kontaktować się (skontaktować się
perf) z *+instr*.

contact lenses *npl* soczewki *pl* or
szkła *pl* kontaktowe.

contagious [kən'teɪdʒəs] *adj*
(*disease*) zakaźny; (*fig: laughter,
enthusiasm*) zaraźliwy.

contain [kən'teɪn] *vt* (*objects,
ingredients*) zawierać; (*growth,
feeling*) powstrzymywać
(powstrzymać *perf*); **to contain o.s.**
opanowywać się (opanować się *perf*).

container [kən'teɪnə*] *n* pojemnik
m; (*COMM*) kontener *m*.

contamination [kənˌtæmɪˈneɪʃən] n zanieczyszczenie nt; (radioactive) skażenie nt.

contemplate [ˈkɒntəmpleɪt] vt (idea, course of action) rozważać; (subject) rozmyślać o +loc; (painting etc) kontemplować.

contemporary [kənˈtɛmpərərɪ] adj współczesny; **contemporary with** współczesny +dat.

contempt [kənˈtɛmpt] n pogarda f; **contempt of court** (disobedience) niezastosowanie się do nakazu sądu; (disrespect) obraza sądu.

contemptuous [kənˈtɛmptjuəs] adj pogardliwy.

contend [kənˈtɛnd] vt: **to contend that ...** twierdzić or utrzymywać, że ... ♦ vi: **to contend with** borykać się z +instr ♦ vi: **to contend for** rywalizować o +acc.

contender [kənˈtɛndə*] n (in election) kandydat(ka) m(f); (in competition) uczestnik (-iczka) m(f); (for title) pretendent(ka) m(f).

content [kənˈtɛnt] vt zadowalać (zadowolić perf) ♦ n zawartość f; (of book etc) treść f; **contents** npl zawartość f; (of book etc) treść f; **(table of) contents** spis treści.

contented [kənˈtɛntɪd] adj zadowolony.

contention [kənˈtɛnʃən] n (assertion) twierdzenie nt; (dispute) spór m; **bone of contention** kość niezgody.

contentment [kənˈtɛntmənt] n zadowolenie nt.

contest [ˈkɒntɛst] n (competition) konkurs m; (for control, power) rywalizacja f ♦ vt (election, competition) uczestniczyć or startować w +loc; (decision, testament) kwestionować (zakwestionować perf).

contestant [kənˈtɛstənt] n (in quiz, competition) uczestnik (-iczka) m(f); (in election) kandydat(ka) m(f).

context [ˈkɒntɛkst] n kontekst m.

continent [ˈkɒntɪnənt] n kontynent m; **the Continent** (BRIT) Europa f (z wyłączeniem Wysp Brytyjskich).

continental [kɒntɪˈnɛntl] (BRIT) adj kontynentalny.

contingency [kənˈtɪndʒənsɪ] n ewentualność f.

contingent [kənˈtɪndʒənt] n reprezentacja f; (MIL) kontyngent m.

continual [kənˈtɪnjuəl] adj ciągły, nieustający.

continually [kənˈtɪnjuəlɪ] adv ciągle, nieustannie.

continuation [kəntɪnjuˈeɪʃən] n (persistence) ciągłość f; (after interruption) wznowienie nt.

continue [kənˈtɪnjuː] vi (carry on) trwać (nadal); (after interruption) zostawać (zostać perf) wznowionym ♦ vt kontynuować; **to be continued** ciąg dalszy nastąpi; **continued on page 10** ciąg dalszy na stronie 10.

continuity [kɒntɪˈnjuːɪtɪ] n ciągłość f.

continuous [kənˈtɪnjuəs] adj (growth) ciągły, stały; (line, verb form) ciągły; (relationship) stały.

contort [kənˈtɔːt] vt (body) wyginać (wygiąć perf); (face) wykrzywiać (wykrzywić perf).

contour [ˈkɒntuə*] n (also: **contour line**: on map) poziomica f, warstwica f; (usu pl: outline) kontur m.

contraception [kɒntrəˈsɛpʃən] n antykoncepcja f, zapobieganie nt ciąży.

contraceptive [kɒntrəˈsɛptɪv] adj antykoncepcyjny ♦ n środek m antykoncepcyjny.

contract [ˈkɒntrækt] n kontrakt m, umowa f ♦ vi (become smaller) kurczyć się (skurczyć się perf) ♦ vt (illness) nabawiać się (nabawić się perf) +gen.

contraction [kənˈtrækʃən] n (of muscle, uterus) skurcz m; (of metal,

power) kurczenie się *nt*; (*LING*)
forma *f* ściągnięta.
contractor [kən'træktə*] *n*
zleceniobiorca *m*; (*for building*)
wykonawca *m*; (*for supplies*)
dostawca *m*.
contradict [kɔntrə'dıkt] *vt* (*person,
statement*) zaprzeczać (zaprzeczyć
perf) +*dat*; (*be contrary to*)
pozostawać w sprzeczności z +*instr*,
przeczyć +*dat*.
contradiction [kɔntrə'dıkʃən] *n*
sprzeczność *f*.
contradictory [kɔntrə'dıktərı] *adj*
sprzeczny.
contraption [kən'træpʃən] (*pej*) *n*
ustrojstwo *nt* (*inf*).
contrary ['kɔntrərı] *adj*
przeciwstawny ♦ *n* przeciwieństwo
nt; **on the contrary** przeciwnie;
unless you hear to the contrary
jeśli nie otrzymasz innych instrukcji.
contrast ['kɔntrɑːst] *n* kontrast *m* ♦
vt zestawiać (zestawić *perf*),
porównywać (porównać *perf*); **in
contrast to** *or* **with** w
przeciwieństwie do +*gen*.
contribute [kən'trıbjuːt] *vi*: **to
contribute to** (*charity etc*) zasilać
(zasilić *perf*); (*magazine*) pisywać do
+*gen*, współpracować z +*instr*;
(*situation, problem*) przyczyniać się
(przyczynić się *perf*) do +*gen*;
(*discussion, conversation*) brać
(wziąć *perf*) udział w +*loc* ♦ *vt*: **to
contribute 10 pounds to** (*charity*)
wpłacać (wpłacić *perf*) *or*
ofiarowywać (ofiarować *perf*) 10
funtów na +*acc*.
contribution [kɔntrı'bjuːʃən] *n*
(*donation*) datek *m*; (*to debate,
campaign*) wkład *m*, przyczynek *m*;
(*to magazine*) artykuł *m*; (*BRIT: for
social security*) składka *f*.
contributor [kən'trıbjutə*] *n* (*to
appeal*) ofiarodawca (-czyni) *m(f)*;

(*to magazine*) współpracownik
(-iczka) *m(f)*.
contrive [kən'traıv] *vt* (*device*)
zmajstrować (*perf*) ♦ *vi*: **to contrive
to do sth** znajdować (znaleźć *perf*)
sposób na zrobienie czegoś.
control [kən'trəul] *vt* (*country*)
sprawować władzę w +*loc*;
(*organization*) sprawować kontrolę
nad +*instr*, kierować +*instr*;
(*machinery, process*) sterować
+*instr*; (*wages, prices*) kontrolować;
(*one's emotions*) panować nad
+*instr*; (*disease*) zwalczać (zwalczyć
perf) ♦ *n* (*of country*) władza *f*; (*of
organization, stocks*) kontrola *f*;
controls *npl* (*of vehicle*) układ *m*
sterowania; (*on radio, television*)
przełączniki *pl*; (*governmental*)
kontrola *f*; **to be in control of**
panować nad +*instr*; **everything is
under control** panujemy nad
sytuacją; **the car went out of
control** kierowca stracił kontrolę
nad samochodem; **circumstances
beyond our control** okoliczności od
nas niezależne; **to get out of
control** wymykać się (wymknąć się
perf) spod kontroli.
control panel *n* pulpit *m*
sterowniczy.
control tower *n* wieża *f* kontrolna.
controversial [kɔntrə'vəːʃl] *adj*
kontrowersyjny.
controversy ['kɔntrəvəːsı] *n*
kontrowersja *f*.
convalescence [kɔnvə'lɛsns] *n*
rekonwalescencja *f*.
convector [kən'vɛktə*] *n* grzejnik *m*
konwektorowy.
convene [kən'viːn] *vt* (*meeting,
conference*) zwoływać (zwołać *f*) ♦
vi (*parliament, jury*) zbierać się
(zebrać się *perf*).
convenience [kən'viːnıəns] *n*
wygoda *f*; **at your convenience** w
dogodnej (dla ciebie) chwili; **all**

modern conveniences, (BRIT) all
mod cons z wygodami.
convenient [kən'vi:nɪənt] adj
dogodny.
convent ['kɔnvənt] n klasztor m.
convention [kən'vɛnʃən] n (custom)
konwenans m; (conference) zjazd m;
(agreement) konwencja f.
conventional [kən'vɛnʃənl] adj
konwencjonalny.
converge [kən'və:dʒ] vi (roads,
interests) zbiegać się (zbiec się perf).
conversation [kɔnvə'seɪʃən] n
rozmowa f.
conversely [kɔn'və:slɪ] adv
odwrotnie.
conversion [kən'və:ʃən] n (CHEM)
zamiana f, konwersja f; (MATH)
przeliczenie nt; (REL) nawrócenie nt.
convert [kən'və:t] vt (change): **to
convert sth into/to** zamieniać
(zamienić perf) or przekształcać
(przekształcić perf) coś w +acc;
(REL, POL) nawracać (nawrócić
perf) ♦ n nawrócony (-na) m(f).
convex ['kɔnvɛks] adj wypukły.
convey [kən'veɪ] vt (information,
thanks) przekazywać (przekazać
perf); (cargo, travellers) przewozić
(przewieźć perf).
conveyor belt n przenośnik m
taśmowy.
convict [kən'vɪkt] vt skazywać
(skazać perf) ♦ n skazaniec m,
skazany (-na) m(f).
conviction [kən'vɪkʃən] n (belief,
certainty) przekonanie nt; (JUR)
skazanie nt.
convince [kən'vɪns] vt przekonywać
(przekonać perf).
convinced [kən'vɪnst] adj:
convinced of/that ... przekonany o
+locl, że ... .
convincing [kən'vɪnsɪŋ] adj
przekonywający, przekonujący.
convoy ['kɔnvɔɪ] n konwój m.

convulsion [kən'vʌlʃən] n drgawki
pl, konwulsje pl.
coo [ku:] vi (dove, pigeon) gruchać
(zagruchać perf); (person) gruchać.
cook [kuk] vt gotować (ugotować
perf) ♦ vi (person) gotować; (meat
etc) gotować się (ugotować się perf)
♦ n kucharz (-arka) m(f).
cookbook ['kukbuk] n książka f
kucharska.
cooker ['kukə*] n kuchenka f.
cookery book (BRIT) n = cookbook.
cookie ['kukɪ] (US) n herbatnik m.
cooking ['kukɪŋ] n gotowanie nt,
kuchnia f.
cool [ku:l] adj (temperature, drink)
chłodny; (clothes) lekki,
przewiewny; (person: calm)
spokojny, opanowany; (: unfriendly)
chłodny ♦ vt ochładzać (ochłodzić
perf) ♦ vi ochładzać się (ochłodzić
się perf).
coolness ['ku:lnɪs] n (lit, fig) chłód
m; (calmness) spokój m.
cooperate [kəu'ɔpəreɪt] vi
(collaborate) współpracować; (assist)
pomagać (pomóc perf).
cooperation [kəuɔpə'reɪʃən] n
(collaboration) współpraca f;
(assistance) pomoc f.
cooperative [kəu'ɔpərətɪv] adj
(enterprise) wspólny; (farm)
spółdzielczy; (person) pomocny ♦ n
(factory, business) spółdzielnia f.
coordinate [kəu'ɔ:dɪneɪt] vt
koordynować (skoordynować perf) ♦
n współrzędna f.
coordination [kəuɔ:dɪ'neɪʃən] n
koordynacja f.
co-ownership ['kəu'əunəʃɪp] n
współwłasność f.
cop [kɔp] (inf) n glina m (inf),
gliniarz m (inf).
cope [kəup] vi: **to cope with** borykać
się z +instr; (successfully) radzić
sobie z +instr.
copper ['kɔpə*] n miedź f; (BRIT:

inf) gliniarz *m* (*inf*); **coppers** *npl* miedziaki *pl*.

copulate [ˈkɔpjuleɪt] *vi* kopulować, spółkować.

copy [ˈkɔpɪ] *n* (*duplicate*) kopia *f*, odpis *m*; (*of book, record*) egzemplarz *m* ♦ *vt* kopiować (skopiować *perf*).

copyright [ˈkɔpɪraɪt] *n* prawo *nt* autorskie.

coral [ˈkɔrəl] *n* koral *m*.

coral reef *n* rafa *f* koralowa.

cord [kɔːd] *n* (*string*) sznur *m*; (*ELEC*) przewód *m*; (*fabric*) sztruks *m*.

cordial [ˈkɔːdɪəl] *adj* serdeczny.

cordon [ˈkɔːdn] *n* kordon *m*.

corduroy [ˈkɔːdərɔɪ] *n* sztruks *m*.

core [kɔː*] *n* (*of apple*) ogryzek *m*; (*of organization, earth*) jądro *nt*; (*of problem*) sedno *nt* ♦ *vt* (*apple, pear*) wydrążać (wydrążyć *perf*).

coriander [kɔrɪˈændə*] *n* kolendra *f*.

cork [kɔːk] *n* korek *m*.

corkscrew [ˈkɔːkskruː] *n* korkociąg *m*.

corn [kɔːn] *n* (*BRIT*) zboże *nt*; (*US*) kukurydza *f*; (*on foot*) odcisk *m*; **corn on the cob** gotowana kolba kukurydzy.

corner [ˈkɔːnə*] *n* (*outside*) róg *m*; (*inside*) kąt *m*, róg *m*; (*in road*) zakręt *m*, róg *m*; (*FOOTBALL: also*: **corner kick**) rzut *m* rożny, róg *m* (*inf*); (*BOXING*) narożnik *m* ♦ *vt* (*trap*) przypierać (przyprzeć *perf*) do muru; (*COMM*) monopolizować (zmonopolizować *perf*) ♦ *vi* (*car*) brać zakręty.

cornerstone [ˈkɔːnəstəun] *n* kamień *m* węgielny; (*fig*) podstawa *f*.

cornflakes [ˈkɔːnfleɪks] *npl* płatki *pl* kukurydziane.

cornflour [ˈkɔːnflauə*] (*BRIT*) *n* mąka *f* kukurydziana.

Cornwall [ˈkɔːnwəl] *n* Kornwalia *f*.

coronary [ˈkɔrənərɪ] *n* (*also*:

coronary thrombosis) zakrzepica *f* tętnicy wieńcowej.

coronation [kɔrəˈneɪʃən] *n* koronacja *f*.

coroner [ˈkɔrənə*] (*JUR*) *n* koroner *m* (*urzędnik zajmujący się ustalaniem przyczyn nagłych zgonów*).

corporal [ˈkɔːpərl] *n* kapral *m* ♦ *adj*: **corporal punishment** kary *pl* cielesne.

corporate [ˈkɔːpərɪt] *adj* (*COMM*) korporacyjny.

corporation [kɔːpəˈreɪʃən] *n* (*COMM*) korporacja *f*; (*of town*) władze *pl* miejskie.

corps [kɔː*] (*pl* **corps**) *n* korpus *m*.

corpse [kɔːps] *n* zwłoki *pl*.

corpuscle [ˈkɔːpʌsl] (*BIO*) *n* ciałko *nt*.

correct [kəˈrɛkt] *adj* (*accurate*) poprawny, prawidłowy; (*proper*) prawidłowy ♦ *vt* poprawiać (poprawić *perf*); **you are correct** masz rację.

correction [kəˈrɛkʃən] *n* (*act of correcting*) poprawa *f*; (*instance*) poprawka *f*.

correctly [kəˈrɛktlɪ] *adv* poprawnie, prawidłowo.

correlation [kɔrɪˈleɪʃən] *n* związek *m*, korelacja *f* (*fml*).

correspond [kɔrɪsˈpɔnd] *vi*: **to correspond (with)** (*write*) korespondować (z +*instr*); (*tally*) pokrywać się *or* zgadzać się (z +*instr*); **to correspond to** odpowiadać +*dat*.

correspondence [kɔrɪsˈpɔndəns] *n* (*letters*) korespondencja *f*; (*relationship*) odpowiedniość *f*.

correspondent [kɔrɪsˈpɔndənt] *n* korespondent(ka) *m(f)*.

corridor [ˈkɔrɪdɔː*] *n* korytarz *m*.

corroborate [kəˈrɔbəreɪt] *vt* potwierdzać (potwierdzić *perf*).

corrosion [kəˈrəuʒən] *n* (*damage*) rdza *f*; (*process*) korozja *f*.

corrugated iron n blacha f stalowa
falista.
corrupt [kə'rʌpt] adj (dishonest)
skorumpowany; (depraved) zepsuty;
(COMPUT: data) uszkodzony ♦ vt
korumpować (skorumpować perf).
corruption [kə'rʌpʃən] n (dishonesty)
korupcja f.
cosmetic [kɔz'metɪk] n kosmetyk m
♦ adj (lit, fig) kosmetyczny;
cosmetic surgery operacja
plastyczna.
cosmic ['kɔzmɪk] adj kosmiczny.
cosmonaut ['kɔzmənɔ:t] n
kosmonauta (-tka) m(f).
cosmopolitan [kɔzmə'pɔlɪtn] adj
kosmopolityczny.
cosmos ['kɔzmɔs] n: **the cosmos**
kosmos m.
cost [kɔst] (pt, pp **cost**) n koszt m ♦
vt kosztować; (find out
cost of: pt, pp costed) ustalać
(ustalić perf) koszt +gen; **costs** npl
(COMM: overheads) koszty pl
(stałe); (JUR) koszty pl (sądowe);
how much does it cost? ile to
kosztuje?; **it cost me time/effort**
kosztowało mnie to wiele
czasu/wysiłku; **at all costs** za
wszelką cenę.
costly ['kɔstlɪ] adj kosztowny.
costume ['kɔstju:m] n (outfit)
kostium m; (style of dress) strój m;
(BRIT: also: **swimming costume**)
kostium m (kąpielowy).
cosy ['kəuzɪ] (US **cozy**) adj (room,
house) przytulny; **I am/feel very
cosy here** jest mi tu bardzo
wygodnie.
cot [kɔt] n (BRIT) łóżeczko nt
(dziecięce); (US) łóżko nt polowe or
rozkładane.
cottage ['kɔtɪdʒ] n domek m.
cottage cheese n ≈ serek m
ziarnisty.
cotton ['kɔtn] n (fabric, plant)
bawełna f; (esp BRIT: thread) nici pl.

cotton wool (BRIT) n wata f.
couch [kautʃ] n kanapa f; (doctor's)
leżanka f.
couchette [ku:'ʃet] n kuszetka f.
cough [kɔf] vi (person) kaszleć
(zakaszleć perf) ♦ n
kaszel m.
could [kud] pt of **can**.
couldn't ['kudnt] = **could not**.
council ['kaunsl] n rada f; **city** or
town council rada miejska.
council housing (BRIT) n ≈
budownictwo nt komunalne.
councillor ['kaunslə*] n radny (-na)
m(f).
counsel ['kaunsl] n (advice) rada f;
(lawyer) prawnik m (mogący
występować w sądach wyższej instancji)
♦ vt: **to counsel sth/sb to do sth**
doradzać (doradzić perf) coś/komuś,
by coś zrobił.
counsellor ['kaunslə*] n (advisor):
marriage etc counsellor pracownik
(-ica) m(f) poradni małżeńskiej etc;
(US: lawyer) adwokat m.
count [kaunt] vt liczyć (policzyć
perf) ♦ vi (matter, qualify) liczyć się;
(enumerate) wyliczać (wyliczyć
perf) ♦ n (of things, people) liczba f;
(of cholesterol, pollen etc) poziom m;
(nobleman) hrabia m.
►**count on** vt fus liczyć na +acc.
countdown ['kauntdaun] n
odliczanie nt.
counter ['kauntə*] n (in shop, café)
lada f, kontuar m; (in bank, post
office) okienko nt; (in game) pionek
m ♦ vt (oppose) przeciwstawiać się
(przeciwstawić się perf) +dat ♦ adv:
to run counter to być niezgodnym
z +instr.
counteract ['kauntər'ækt] vt (effect,
tendency) przeciwdziałać +dat.
counter-intelligence n
kontrwywiad m.
counterpart ['kauntəpa:t] n (of
person, company) odpowiednik m.

counter-productive
['kauntəprə'dʌktɪv] *adj*: **to be counter-productive** przynosić (przynieść *perf*) efekty odwrotne do zamierzonych.

countess ['kauntɪs] *n* hrabina *f*.

countless ['kauntlɪs] *adj* niezliczony.

country ['kʌntrɪ] *n* (*state, population, native land*) kraj *m*; (*rural area*) wieś *f*; (*region*) teren *m*.

countryman ['kʌntrɪmən] (*irreg like*: **man**) *n* (*compatriot*) rodak *m*; (*country dweller*) wieśniak *m*.

countryside ['kʌntrɪsaɪd] *n* krajobraz *m* (wiejski); **in the countryside** na wsi.

county ['kauntɪ] *n* hrabstwo *nt*.

coup [ku:] (*pl* **coups**) *n* (*also*: **coup d'état**) zamach *m* stanu; (*achievement*) osiągnięcie *nt*.

couple ['kʌpl] *n* para *f*; **a couple of** (*two*) para +*gen*; (*a few*) parę +*gen*.

coupon ['ku:pɔn] *n* (*voucher*) talon *m*; (*detachable form*) kupon *m*, odcinek *m*.

courage ['kʌrɪdʒ] *n* odwaga *f*.

courageous [kə'reɪdʒəs] *adj* odważny.

courgette [kuə'ʒet] (*BRIT*) *n* cukinia *f*.

courier ['kurɪə*] *n* (*messenger*) goniec *m*, kurier *m*; (*for tourists*) pilot *m*.

course [kɔ:s] *n* (*SCOL, NAUT*) kurs *m*; (*of life, events, river*) bieg *m*; (*of injections, drugs*) seria *f*; (*approach*) stanowisko *nt*; (*GOLF*) pole *nt*; (*part of meal*): **first/next/last course** pierwsze/następne/ostatnie danie *nt*; **of course** oczywiście; **in due course** w swoim czasie, we właściwym czasie; **course of action** sposób *or* tryb postępowania; **course of lectures** cykl wykładów.

court [kɔ:t] *n* (*royal*) dwór *m*; (*JUR*) sąd *m*; (*for tennis etc*) kort *m* ♦ *vt* (*woman*) zalecać się do +*gen*; **to**

take sb to court (*JUR*) podawać (podać *perf*) kogoś do sądu.

courteous ['kɔ:tɪəs] *adj* uprzejmy.

courtesy ['kɔ:təsɪ] *n* grzeczność *f*, uprzejmość *f*; **(by) courtesy of** dzięki uprzejmości +*gen*.

court-martial (*pl* **courts-martial**) *n* sąd *m* wojenny *or* wojskowy ♦ *vt* oddawać (oddać *perf*) pod sąd wojenny.

courtroom ['kɔ:trum] *n* sala *f* rozpraw.

courtyard ['kɔ:tjɑ:d] *n* dziedziniec *m*.

cousin ['kʌzn] *n* kuzyn(ka) *m(f)*; **first cousin** (*male*) brat cioteczny; (*female*) siostra cioteczna.

cove [kəuv] *n* zatoczka *f*.

covenant ['kʌvənənt] *n* umowa *f*, ugoda *f*.

cover ['kʌvə*] *vt* (*protect, hide*): **to cover (with)** zakrywać (zakryć *perf*) (+*instr*); (*INSURANCE*): **to cover (for)** ubezpieczać (ubezpieczyć *perf*) (od +*gen*); (*include*) obejmować (objąć *perf*); (*distance*) przemierzać (przemierzyć *perf*), pokonywać (pokonać *perf*); (*topic*) omawiać (omówić *perf*), poruszać (poruszyć *perf*); (*PRESS*) robić (zrobić *perf*) reportaż o +*loc* ♦ *n* (*for furniture, machinery*) pokrowiec *m*; (*of book, magazine*) okładka *f*; (*shelter*) schronienie *nt*; (*INSURANCE*) zwrot *m* kosztów; **to be covered in** *or* **with** być pokrytym +*instr*; **to take cover** kryć się (skryć się *perf*), chronić się (schronić się *perf*); **under cover** osłonięty; **under cover of darkness** pod osłoną ciemności; **under separate cover** (*COMM*) osobną pocztą ♦ *vi*: **to cover up for sb** (*fig*) kryć *or* osłaniać kogoś.

coverage ['kʌvərɪdʒ] *n* (*TV, PRESS*) sprawozdanie *nt*.

covering ['kʌvərɪŋ] *n* (*layer*) powłoka *f*; (*of snow, dust*) warstwa *f*.

covert ['kʌvət] *adj* (*glance*)
ukradkowy; (*threat*) ukryty.

cover-up ['kʌvərʌp] *n* tuszowanie *nt*,
maskowanie *nt*.

cow [kau] *n* krowa *f*; (*inf!: woman*)
krowa *f* (*inf!*), krówsko *nt* (*inf!*) ♦ *vt*
zastraszać (zastraszyć *perf*).

coward ['kauəd] *n* tchórz *m*.

cowardice ['kauədɪs] *n* tchórzostwo
nt.

cowardly ['kauədlɪ] *adj* tchórzliwy.

cowboy ['kaubɔɪ] *n* kowboj *m*.

coy [kɔɪ] *adj* nieśmiały, wstydliwy.

coyote [kɔɪ'əutɪ] *n* kojot *m*.

cozy ['kəuzɪ] (*US*) *adj* = **cosy**.

crab [kræb] *n* krab *m*.

crack [kræk] *n* (*noise*) trzask *m*;
(*gap*) szczelina *f*, szpara *f*; (*in bone*)
pęknięcie *nt*; (*in wall, dish*) pęknięcie
nt, rysa *f* ♦ *vt* (*whip, twig*) trzaskać
(trzasnąć *perf*) +*instr*; (*knee etc*)
stłuc (*perf*); (*nut*) rozłupywać
(rozłupać *perf*); (*problem*) rozgryzać
(rozgryźć *perf*); (*code*) łamać
(złamać *perf*) ♦ *adj* (*athlete, expert*)
pierwszorzędny; (*regiment*) elitarny.

►**crack down on** *vt fus* (*offenders
etc*) rozprawiać się (rozprawić się
perf) z +*instr*.

►**crack up** *vi* (*PSYCH*) załamywać
się (załamać się *perf*).

crackle ['krækl] *vi* (*fire, twig*) trzaskać.

cradle ['kreɪdl] *n* kołyska *f*.

craft [krɑːft] *n* (*weaving etc*)
rękodzieło *nt*; (*journalism etc*) sztuka
f; (*skill*) biegłość *f*; (*pl inv: boat*)
statek *m*; (: *plane*) samolot *m*.

craftsman ['krɑːftsmən] (*irreg like:*
man) *n* rzemieślnik *m*.

craftsmanship ['krɑːftsmənʃɪp] *n*
kunszt *m*.

crafty ['krɑːftɪ] *adj* przebiegły.

cram [kræm] *vt*: **to cram sth with**
wypełniać (wypełnić *perf*) coś (po
brzegi) +*instr* ♦ *vi* kuć (*inf*), wkuwać
(*inf*).

cramp [kræmp] *n* (*MED*) skurcz *m*.

cramped [kræmpt] *adj*
(*accommodation*) ciasny.

cranberry ['krænbərɪ] *n* borówka *f*,
żurawina *f*.

crane [kreɪn] *n* (*machine*) dźwig *m*;
(*bird*) żuraw *m*.

crank [kræŋk] *n* (*person*)
nawiedzony (-na) *m(f)* (*inf*); (*handle*)
korba *f*.

crash [kræʃ] *n* (*noise*) trzask *m*;
(*COMM*) krach *m* ♦ *vt* rozbijać
(rozbić *perf*) ♦ *vi* (*plane, car*)
rozbijać się (rozbić się *perf*); (*two
cars*) zderzać się (zderzyć się *perf*);
(*glass, cup*) roztrzaskiwać się
(roztrzaskać się *perf*); (*market, firm*)
upadać (upaść *perf*); **car crash**
wypadek samochodowy; **plane
crash** katastrofa lotnicza.

crash course *n* błyskawiczny kurs *m*.

crash landing (*also spelled*
crash-landing) *n* lądowanie *nt*
awaryjne.

crass [kræs] *adj* (*person, comment*)
głupi, prymitywny; (*ignorance*)
rażący.

crate [kreɪt] *n* (*of fruit, wine*)
skrzynka *f*.

crater ['kreɪtə*] *n* (*of volcano*) krater
m; (*of bomb blast*) lej *m*.

cravat [krə'væt] *n* apaszka *f*.

crave [kreɪv] *vt* (*also:* **crave for**:
drink, cigarette) mieć nieprzepartą
ochotę na +*acc*; (: *luxury, admiration*)
być złaknionym +*gen*.

crawl [krɔːl] *vi* (*adult*) czołgać się;
(*baby*) raczkować; (*insect*) pełzać,
pełznąć; (*vehicle*) wlec się ♦ *n* kraul
m.

crayon ['kreɪən] *n* kredka *f*.

craze [kreɪz] *n* moda *f*, szaleństwo *nt*
(*fig*).

crazy ['kreɪzɪ] *adj* pomylony,
zwariowany; **to be crazy about
sb/sth** (*inf*) szaleć za kimś/czymś,
mieć bzika na punkcie kogoś/czegoś

(*inf*); **to go crazy** wariować
(zwariować *perf*).
creak [kri:k] *vi* skrzypieć
(zaskrzypieć *perf*).
cream [kri:m] *n* (*from milk*) śmietana
f, śmietanka *f*; (*cake and chocolate
filling, cosmetic*) krem *m*; (*fig*)
śmietanka *f* ♦ *adj* kremowy.
creamy ['kri:mɪ] *adj* (*colour*)
kremowy; (*milk*) tłusty; (*coffee*) ze
śmietanką *post*.
crease [kri:s] *n* (*fold*) zgięcie *nt*;
(*wrinkle*) zmarszczka *f*; (*in trousers*)
kant *m* ♦ *vt* gnieść (pognieść *perf*),
miąć (pomiąć *perf*) ♦ *vi* gnieść się
(pognieść się *perf*), miąć się (pomiąć
się *perf*).
create [kri:'eɪt] *vt* tworzyć (stworzyć
perf).
creation [kri:'eɪʃən] *n* (*bringing into
existence*) tworzenie *nt*; (*production,
design*) wyrób *m*; (*REL*) stworzenie
nt (świata).
creative [kri:'eɪtɪv] *adj* (*artistic*)
twórczy; (*inventive*) twórczy,
kreatywny.
creator [kri:'eɪtə*] *n* twórca (-czyni)
m(f); **the Creator** Stwórca *m*.
creature ['kri:tʃə*] *n* stworzenie *nt*.
credentials [krɪ'dɛnʃlz] *npl*
(*references*) referencje *pl*; (*identity
papers*) dokumenty *pl*.
credibility [krɛdɪ'bɪlɪtɪ] *n*
wiarygodność *f*.
credible ['krɛdɪbl] *adj* wiarygodny.
credit ['krɛdɪt] *n* (*COMM*) kredyt *m*;
(*recognition*) uznanie *nt* ♦ *vt* (*believe*)
dawać (dać *perf*) wiarę +*dat*;
(*COMM*): **to credit sth to sb/sb's
account** zapisywać (zapisać *perf*)
coś na dobro czyjegoś rachunku;
credits *npl* (*FILM, TV*) napisy *pl*
(końcowe); **to credit sb with sth**
(*fig*) przypisywać (przypisać *perf*)
komuś coś.
credit card *n* karta *f* kredytowa.
creditor ['krɛdɪtə*] *n* wierzyciel *m*.

creed [kri:d] *n* wyznanie *nt*.
creek [kri:k] *n* (*inlet*) wąska zatoka *f*;
(*US: stream*) strumień *m*.
creep [kri:p] (*pt, pp* **crept**) *vi*
(*person, animal*) skradać się.
creeper ['kri:pə*] *n* pnącze *nt*.
creepy ['kri:pɪ] *adj* straszny.
cremation [krɪ'meɪʃən] *n* kremacja *f*.
crept [krɛpt] *pt, pp of* **creep**.
crescent ['krɛsnt] *n* (*shape*)
półksiężyc *m*; (*street*) ulica *f* (*w
kształcie półkola*).
cress [krɛs] *n* rzeżucha *f*.
crest [krɛst] *n* (*of hill*) szczyt *m*,
wierzchołek *m*; (*of bird*) czub(ek) *m*,
grzebień *m* (*z piór*); (*coat of arms*)
herb *m*.
crew [kru:] *n* (*NAUT, AVIAT*) załoga
f; (*TV, FILM*) ekipa *f*.
crew-cut ['kru:kʌt] *n* fryzura *f* na
jeża, jeżyk *m* (*inf*).
crib [krɪb] *n* (*cot*) łóżeczko *nt*
(dziecięce) ♦ *vt* (*inf: copy*) ściągać
(ściągnąć *perf*) (*inf*).
cricket ['krɪkɪt] *n* (*SPORT*) krykiet
m; (*insect*) świerszcz *m*.
crime [kraɪm] *n* (*illegal activities*)
przestępczość *f*; (*illegal action*)
przestępstwo *nt*; (*fig*) zbrodnia *f*.
criminal ['krɪmɪnl] *n* przestępca
(-czyni) *m(f)* ♦ *adj* (*illegal*)
kryminalny; (*morally wrong*)
karygodny; **criminal law** prawo
karne.
crimson ['krɪmzn] *adj* karmazynowy.
cripple ['krɪpl] *n* (*old*) kaleka *m* ♦ *vt*
(*person*) okaleczać (okaleczyć *perf*),
uczynić (*perf*) kaleką.
crisis ['kraɪsɪs] (*pl* **crises**) *n* kryzys
m.
crisp [krɪsp] *adj* (*vegetables*) kruchy;
(*bacon, roll*) chrupiący; (*weather*)
rześki; (*tone, reply*) rzeczowy.
crisps [krɪsps] (*BRIT*) *npl* chrupki *pl*,
chipsy *pl*.
criteria [kraɪ'tɪərɪə] *npl of* **criterion**.

criterion [kraɪˈtɪərɪən] (*pl* **criteria**) *n* kryterium *nt*.

critic [ˈkrɪtɪk] *n* krytyk *m*.

critical [ˈkrɪtɪkl] *adj* krytyczny.

critically [ˈkrɪtɪklɪ] *adv* krytycznie; **he's critically ill** jest w stanie krytycznym.

criticism [ˈkrɪtɪsɪzəm] *n* (*disapproval, complaint*) krytyka *f*; (*of book, play*) analiza *f* krytyczna; **literary criticism** krytyka literacka.

criticize [ˈkrɪtɪsaɪz] *vt* krytykować (skrytykować *perf*).

croak [krəʊk] *vi* (*frog*) rechotać (zarechotać *perf*); (*crow*) krakać (zakrakać *perf*); (*person*) chrypieć (zachrypieć *perf*).

Croatia [krəʊˈeɪʃə] *n* Chorwacja *f*.

crochet [ˈkrəʊʃeɪ] *n* szydełkowanie *nt*.

crockery [ˈkrɔkərɪ] (*also*: **crocks**) *n* naczynia *pl* stołowe.

crocodile [ˈkrɔkədaɪl] *n* krokodyl *m*.

crocus [ˈkrəʊkəs] *n* krokus *m*.

crook [kruk] *n* (*criminal*) kanciarz *m*; (*of shepherd*) kij *m* pasterski.

crooked [ˈkrukɪd] *adj* (*branch, table, smile*) krzywy; (*street, lane*) kręty; (*person*) nieuczciwy.

crop [krɔp] *n* (*plant*) roślina *f* uprawna; (*harvest*) zbiór *m*, plon *m*; (*amount produced*) produkcja *f*; (*also*: **riding crop**) szpicruta *f* (*zakończona pętelką*) ♦ *vt* (*hair*) przycinać (przyciąć *perf*) (krótko).

▶**crop up** *vi* pojawiać się (pojawić się *perf*).

cross [krɔs] *n* krzyż *m*; (*small*) krzyżyk *m*; (*BIO, BOT*) krzyżówka *f* ♦ *vt* (*street, room*) przechodzić (przejść *perf*) przez +*acc*; (*cheque*) zakreślać (zakreślić *perf*); (*arms, animals, plants*) krzyżować (skrzyżować *perf*) ♦ *adj* podenerwowany, poirytowany.

▶**cross out** *vt* skreślać (skreślić *perf*).

▶**cross over** *vi* przechodzić (przejść *perf*) na drugą stronę.

cross-country (race) [ˈkrɔsˈkʌntrɪ-] *n* wyścig *m* przełajowy.

cross-examine [ˈkrɔsɪɡˈzæmɪn] (*JUR*) *vt* przesłuchiwać (przesłuchać *perf*) (*świadka strony przeciwnej*).

cross-eyed [ˈkrɔsaɪd] *adj* zezowaty.

crossfire [ˈkrɔsfaɪə*] *n* ogień *m* krzyżowy.

crossing [ˈkrɔsɪŋ] *n* (*sea passage*) przeprawa *f*; (*also*: **pedestrian crossing**) przejście *nt* dla pieszych.

cross-reference [ˈkrɔsˈrɛfrəns] *n* odsyłacz *m*.

crossroads [ˈkrɔsrəʊdz] *n* skrzyżowanie *nt*.

cross section *n* przekrój *m*.

crossword [ˈkrɔswəːd] *n* krzyżówka *f*.

crotch [krɔtʃ], **crutch** *n* (*ANAT*) krocze *nt*; (*of garment*) krok *m*.

crouch [krautʃ] *vi* (*move*) kucać (kucnąć *perf*), przykucać (przykucnąć *perf*); (*sit*) siedzieć w kucki.

croupier [ˈkruːpɪə*] *n* krupier *m*.

crow [krəʊ] *n* wrona *f* ♦ *vi* piać (zapiać *perf*).

crowd [kraud] *n* tłum *m* ♦ *vi*: **to crowd round sb/sth** tłoczyć się (stłoczyć się *perf*) dookoła kogoś/czegoś;: **to crowd in/into** wpychać się (wepchnąć się *perf*) do środka/do +*gen*.

crowded [ˈkraudɪd] *adj* (*full*) zatłoczony; (*densely populated*) przeludniony.

crown [kraun] *n* (*of monarch, tooth*) korona *f*; (*of head*) ciemię *nt*; (*of hill*) wierzchołek *m*, szczyt *m* ♦ *vt* koronować (ukoronować *perf*); (*fig*) ukoronować (*perf*), uwieńczyć (*perf*); **the Crown** (*monarchy*) Korona.

crown prince *n* następca *m* tronu.

crow's feet *npl* kurze łapki *pl*.

crow's nest *n* (*NAUT*) bocianie gniazdo *nt*.

crucial [ˈkruːʃl] *adj* (*vote*)

rozstrzygający, decydujący; (*issue*)
zasadniczy, kluczowy.

crucifixion [kruːsɪ'fɪkʃən] *n*
ukrzyżowanie *nt*.

crude [kruːd] *adj* (*materials*) surowy;
(*tool*) prosty, prymitywny; (*person*)
niekrzesany.

crude (oil) *n* ropa *f* naftowa.

cruel ['kruəl] *adj* okrutny.

cruelty ['kruəltɪ] *n* okrucieństwo *nt*.

cruise [kruːz] *n* rejs *m* wycieczkowy
♦ *vi* (*ship*) płynąć (ze stałą
prędkością); (*car*) jechać (ze stałą
prędkością).

cruiser ['kruːzə*] *n* (*motorboat*) łódź
f motorowa; (*warship*) krążownik *m*.

crumb [krʌm] *n* okruch *m*; (*small*)
okruszek *m*.

crumble ['krʌmbl] *vt* kruszyć
(pokruszyć *perf*) ♦ *vi* (*bread, plaster,
brick*) kruszyć się (pokruszyć się
perf); (*building, society, organization*)
rozpadać się (rozpaść się *perf*).

crumple ['krʌmpl] *vt* (*paper*) gnieść
(zgnieść *perf*), miąć (zmiąć *perf*);
(*clothes*) gnieść (pognieść *perf*),
miąć (wymiąć *perf*).

crunch [krʌntʃ] *vt* (*food etc*) chrupać
(schrupać *perf*); (*underfoot*)
miażdżyć (zmiażdżyć *perf*) ♦ *n*: **the
crunch** (*fig*) krytyczny moment *m*.

crunchy ['krʌntʃɪ] *adj* (*food*)
chrupiący, chrupki.

crusade [kruː'seɪd] *n* wyprawa *f*
krzyżowa, krucjata *f*; (*fig*) kampania
f.

crush [krʌʃ] *n* (*crowd*) (gęsty) tłum
m; (*drink*) sok *m* (ze świeżych owoców
i wody) ♦ *vt* (*press, break*) miażdżyć
(zmiażdżyć *perf*); (*paper*) gnieść
(zgnieść *perf*), miąć (zmiąć *perf*);
(*clothes*) gnieść (pognieść *perf*),
miąć (wymiąć *perf*); (*garlic*)
rozgniatać (rozgnieść *perf*); (*enemy,
opposition*) rozniosić (roznieść *perf*);
(*hopes, person*) zdruzgotać (*perf*); **to**

have a crush on sb być
zadurzonym w kimś.

crutch [krʌtʃ] *n* (*MED*) kula *f*.

crux [krʌks] *n* sedno *nt*.

cry [kraɪ] *vi* (*weep*) płakać (zapłakać
perf); (*also*: **cry out**) krzyczeć
(krzyknąć *perf*) ♦ *n* (*shriek*) (o)krzyk
m; (*of bird*) krzyk *m*; (*of wolf*) wycie
nt; **to cry for help** wołać (zawołać
perf) o pomoc.

crypt [krɪpt] *n* krypta *f*.

cryptic ['krɪptɪk] *adj* zagadkowy.

crystal ['krɪstl] *n* kryształ *m*.

crystal clear *adj* (*sky, air, sound*)
kryształowo czysty.

cub [kʌb] *n* (*of wild animal*) młode *nt*;
(*also*: **cub scout**) ≈ zuch *m*;
lion/wolf/bear cub
lwiątko/wilczek/niedźwiadek.

Cuba ['kjuːbə] *n* Kuba *f*.

cube [kjuːb] *n* (*shape*) kostka *f*;
(*MATH*) sześcian *m*, trzecia potęga *f*
♦ *vt* podnosić (podnieść *perf*) do
sześcianu.

cube root *n* pierwiastek *m*
sześcienny *or* trzeciego stopnia.

cubic ['kjuːbɪk] *adj* (*metre, foot*)
sześcienny.

cubicle ['kjuːbɪkl] *n* (*at pool*) kabina
f; (*in hospital*) część sali oddzielona
zasłoną.

cuckoo ['kuku:] *n* kukułka *f*.

cucumber ['kjuːkʌmbə*] *n* ogórek *m*.

cue [kjuː] *n* (*snooker cue*) kij *m*
bilardowy; (*hint*) sygnał *m*.

cuff [kʌf] *n* (*of garment*) mankiet *m*;
(*blow*) trzepnięcie *nt*; **off the cuff**
(tak) z głowy.

cuff links *npl* spinki *pl* do mankietów.

cuisine [kwɪ'ziːn] *n* kuchnia *f*
(*danego regionu, kraju itp*).

cul-de-sac ['kʌldəsæk] *n* ślepa
uliczka *f*.

culinary ['kʌlɪnərɪ] *adj* kulinarny.

culmination [kʌlmɪ'neɪʃən] *n* (*of
career etc*) ukoronowanie *nt*; (*of
process*) punkt *m* kulminacyjny.

culprit ['kʌlprɪt] n (of crime) sprawca (-czyni) m(f).

cult [kʌlt] n kult m.

cultivate ['kʌltɪveɪt] vt (land, crop) uprawiać; (person) zabiegać o względy +gen.

cultivation [kʌltɪ'veɪʃən] n uprawa f.

cultural ['kʌltʃərəl] adj (tradition, link) kulturowy; (concerning the arts) kulturalny.

culture ['kʌltʃə*] n kultura f.

cultured ['kʌltʃəd] adj (person) kulturalny.

cumbersome ['kʌmbəsəm] adj (object) nieporęczny; (system) nieefektywny.

cumulative ['kjuːmjulətɪv] adj (effect) kumulacyjny; (result) łączny.

cunning ['kʌnɪŋ] n przebiegłość f ♦ adj przebiegły.

cup [kʌp] n (for drinking) filiżanka f; (trophy) puchar m; (of bra) miseczka f.

cupboard ['kʌbəd] n kredens m.

curate ['kjuərɪt] n ≈ wikary m (w kościele anglikańskim).

curator [kjuə'reɪtə*] n kustosz m.

curb [kəːb] vt (powers, expenditure) ograniczać (ograniczyć perf); (person) okiełznywać (okiełznać perf) ♦ n (restraint) ograniczenie nt; (US: kerb) krawężnik m.

curdle ['kəːdl] vi zsiadać się (zsiąść się perf).

cure [kjuə*] vt (MED) leczyć (wyleczyć perf); (CULIN) konserwować (zakonserwować perf) ♦ n lekarstwo nt.

curfew ['kəːfjuː] n godzina f policyjna.

curiosity [kjuərɪ'ɒsɪtɪ] n (interest) ciekawość f, zaciekawienie nt; (nosiness) ciekawość f; (unusual thing) osobliwość f.

curious ['kjuərɪəs] adj (interested) ciekawy, zaciekawiony; (nosy) ciekawski; (strange, unusual) dziwny.

curl [kəːl] n (of hair) lok m ♦ vt (hair: loosely) układać (ułożyć perf) w fale; (: tightly) zakręcać (zakręcić perf) ♦ vi (hair) kręcić się.

►**curl up** vi (person) kulić się (skulić się perf); (animal) zwijać się (zwinąć się perf) (w kłębek).

curler ['kəːlə*] n wałek m (do włosów).

curly ['kəːlɪ] adj (hair) kręcony.

currant ['kʌrnt] n (dried fruit) rodzynek m; (also: **blackcurrant**) czarna porzeczka f; (also: **redcurrant**) czerwona porzeczka f.

currency ['kʌrnsɪ] n waluta f.

current ['kʌrnt] n prąd m ♦ adj (methods, rate) obecny; (month, year) bieżący; (beliefs etc) powszechnie przyjęty.

current account (BRIT) n rachunek m bieżący.

current affairs npl aktualności pl.

currently ['kʌrntlɪ] adv obecnie.

curriculum [kə'rɪkjuləm] (pl **curriculums** or **curricula**) n program m zajęć or nauczania.

curriculum vitae [-'viːtaɪ] n życiorys m.

curry ['kʌrɪ] n curry nt inv (potrawa).

curry powder n curry nt inv (przyprawa).

curse [kəːs] vi kląć (zakląć perf), przeklinać ♦ vt przeklinać (przekląć perf) ♦ n (spell) klątwa f, przekleństwo nt; (swearword, scourge) przekleństwo nt.

cursor ['kəːsə*] (COMPUT) n kursor m.

cursory ['kəːsərɪ] adj pobieżny.

curt [kəːt] adj (reply, tone) szorstki.

curtain ['kəːtn] n zasłona f; (THEAT) kurtyna f.

curts(e)y ['kəːtsɪ] vi dygać (dygnąć perf).

curve [kəːv] n łuk m; (MATH) krzywa f ♦ vi zataczać (zatoczyć perf) łuk.

cushion ['kuʃən] *n* poduszka *f* ♦ *vt*
(*collision, fall*) amortyzować
(zamortyzować *perf*); (*shock, effect*)
osłabiać (osłabić *perf*).

custard ['kʌstəd] *n* sos *z* mleka,
cukru, mąki i jaj do polewania
deserów.

custodian [kʌs'təudɪən] *n* (*of
building*) dozorca (-rczyni) *m(f)*.

custody ['kʌstədɪ] *n* (*JUR: of child*)
opieka *f* nad dzieckiem; **to take sb
into custody** aresztować
(zaaresztować *perf*) kogoś.

custom ['kʌstəm] *n* (*traditional
activity*) obyczaj *m*, zwyczaj *m*;
(*habit, convention*) zwyczaj *m*.

customary ['kʌstəmərɪ] *adj* (*time,
behaviour*) zwykły; (*method,
celebration*) tradycyjny.

customer ['kʌstəmə*] *n* klient(ka)
m(f).

custom-made ['kʌstəm'meɪd] *adj* na
zamówienie *post*.

customs ['kʌstəmz] *npl* (*at border,
airport*) punkt *m* odprawy celnej.

customs officer *n* celnik (-iczka)
m(f).

cut [kʌt] (*pt, pp* **cut**) *vt* (*bread, meat*)
kroić (pokroić *perf*); (*hand, knee*)
rozcinać (rozciąć *perf*); (*grass*)
przycinać (przyciąć *perf*); (*hair*)
obcinać (obciąć *perf*); (*scene: from
book*) usuwać (usunąć *perf*); (: *from
film, broadcast*) wycinać (wyciąć
perf); (*prices*) obniżać (obniżyć *perf*);
(*spending, supply*) ograniczać
(ograniczyć *perf*) ♦ *vi* ciąć ♦ *n* (*in
skin*) skaleczenie *nt*; (*in salary,
spending*) cięcie *nt*; (*of meat*) płat *m*;
(*of garment*) krój *m*; **to cut one's
finger** skaleczyć się (*perf*) w palec.

▶**cut down** *vt* (*tree*) ścinać (ściąć
perf); (*consumption*) ograniczać
(ograniczyć *perf*).

▶**cut off** *vt* (*piece, village, supply*)
odcinać (odciąć *perf*); (*limb*) obcinać

(obciąć *perf*); (*TEL*) rozłączać
(rozłączyć *perf*).

cute [kju:t] *adj* (*sweet*) śliczny,
milutki.

cutlery ['kʌtlərɪ] *n* sztućce *pl*.

cutlet ['kʌtlɪt] *n* kotlet *m*.

cutout ['kʌtaut] *n* (*switch*) wyłącznik
m; (*paper figure*) wycinanka *f*.

cut-price ['kʌt'praɪs] (*US* **cut-rate**)
adj przeceniony.

cutting ['kʌtɪŋ] *adj* (*edge*) tnący; (*fig:
remark*) kąśliwy ♦ *n* (*BRIT: from
newspaper*) wycinek *m*; (*from plant*)
sadzonka *f*.

CV *n abbr* = **curriculum vitae**.

cwt. *abbr* = **hundredweight**.

cyanide ['saɪənaɪd] *n* cyjanek *m*.

cycle ['saɪkl] *n* (*bicycle*) rower *m*;
(*series*) cykl *m*; (*movement*) obrót *m*
♦ *vi* jechać (pojechać *perf*) rowerem
or na rowerze; (: *regularly*) jeździć
na rowerze.

cycling ['saɪklɪŋ] *n* jazda *f* na
rowerze; (*SPORT*) kolarstwo *nt*.

cyclist ['saɪklɪst] *n* rowerzysta (-tka)
m(f); (*SPORT*) kolarz *m*.

cyclone ['saɪkləun] *n* cyklon *m*.

cylinder ['sɪlɪndə*] *n* (*shape*) walec
m; (*of gas*) butla *f*; (*in engine,
machine*) cylinder *m*.

cymbals ['sɪmblz] *npl* (*MUS*) talerze
pl.

cynic ['sɪnɪk] *n* cynik (-iczka) *m(f)*.

cynical ['sɪnɪkl] *adj* cyniczny.

cynicism ['sɪnɪsɪzəm] *n* cynizm *m*.

cypress ['saɪprɪs] *n* cyprys *m*.

Cyprus ['saɪprəs] *n* Cypr *m*.

cyst [sɪst] *n* (*under skin*) pęcherz *m*;
(*inside body*) torbiel *f*.

cystitis [sɪs'taɪtɪs] *n* zapalenie *nt*
pęcherza (moczowego).

czar [zɑ:*] *n* = **tsar**.

Czech [tʃek] *adj* czeski ♦ *n* (*person*)
Czech/Czeszka *m/f*; (*LING*) (język
m) czeski.

Czech Republic *n*: **the Czech
Republic** Republika *f* Czeska.

D

D [di:] n (MUS) D nt, d nt.
dab [dæb] vt (wound) (delikatnie)
przemywać (przemyć perf); (paint,
cream) nakładać (nałożyć perf).
dabble ['dæbl] vi: **to dabble in** parać
się +instr, zajmować się po
amatorsku +instr.
dachshund ['dækshund] n jamnik m.
dad [dæd] n tata m, tatuś m.
daddy ['dædɪ] n = dad.
daffodil ['dæfədɪl] n żonkil m.
daft [dɑ:ft] adj (person) głupi; (thing)
zwariowany.
dagger ['dægə*] n sztylet m.
daily ['deɪlɪ] adj (dose, wages)
dzienny; (routine, life) codzienny ♦ n
(paper) dziennik m ♦ adv codziennie.
dainty ['deɪntɪ] adj filigranowy.
dairy ['dɛərɪ] n (shop) sklep m
nabiałowy.
dairy products npl nabiał m,
produkty pl mleczne.
dais ['deɪɪs] n podium nt.
daisy ['deɪzɪ] n stokrotka f.
dalmatian [dæl'meɪʃən] n
dalmatyńczyk m.
dam [dæm] n (on river) tama f,
zapora f ♦ vt stawiać (postawić perf)
zaporę or tamę na +loc.
damage ['dæmɪdʒ] n (harm) szkody
pl; (dents etc) uszkodzenia pl; (fig)
szkoda f, uszczerbek m ♦ vt
(physically) uszkadzać (uszkodzić
perf); (affect) narażać (narazić perf)
na szwank, wyrządzać (wyrządzić
perf) szkodę +dat; **damages** npl
(JUR) odszkodowanie nt.
damn [dæm] vt (curse at) przeklinać
(przekląć perf); (condemn) potępiać
(potępić perf) ♦ n (inf): **I don't give
a damn** mam to gdzieś (inf) ♦ adj
(inf. also: **damned**) cholerny (inf);
damn (it)! cholera! (inf).

damning ['dæmɪŋ] adj (evidence)
obciążający.
damp [dæmp] adj wilgotny ♦ n
wilgoć f ♦ vt (also: **dampen**: cloth,
rag) zwilżać (zwilżyć perf);
(: enthusiasm etc) ostudzić
(perf).
dance [dɑ:ns] n taniec m; (social
event) bal m (taneczny) ♦ vi tańczyć
(zatańczyć perf).
dance hall n sala f balowa.
dancer ['dɑ:nsə*] n tancerz (-rka)
m(f).
dancing ['dɑ:nsɪŋ] n taniec m, tańce
pl.
dandelion ['dændɪlaɪən] n
dmuchawiec m, mlecz m.
dandruff ['dændrəf] n łupież m.
Dane [deɪn] n Duńczyk/Dunka m/f.
danger ['deɪndʒə*] n (unsafe
situation) niebezpieczeństwo nt;
(hazard) zagrożenie nt; "**danger!**"
„uwaga!"; **to be in danger**
znajdować się (znaleźć się perf) w
niebezpieczeństwie; **to put sb in
danger** narażać (narazić perf) kogoś
na niebezpieczeństwo; **he's in
danger of losing his job** grozi mu
utrata pracy.
dangerous ['deɪndʒrəs] adj
niebezpieczny.
dangle ['dæŋgl] vt wymachiwać
+instr ♦ vi zwisać, dyndać (inf).
Danish ['deɪnɪʃ] adj duński ♦ n
(język m) duński.
dare [dɛə*] vt: **to dare sb to do sth**
rzucać (rzucić perf) komuś
wyzwanie do zrobienia czegoś,
wzywać (wezwać perf) kogoś do
zrobienia czegoś ♦ vi: **to dare (to)
do sth** ośmielać się (ośmielić się
perf) coś zrobić, odważyć się (perf)
coś zrobić; **I dare say...** zapewne...,
przypuszczam, że... .
daredevil ['dɛədɛvl] n śmiałek m.
daring ['dɛərɪŋ] adj odważny, śmiały
♦ n odwaga f, śmiałość f.

dark [dɑːk] *adj* ciemny ♦ *n*: **in the dark** w ciemności, po ciemku; **after dark** po zmroku; **dark blue** ciemnoniebieski; **it is getting dark** ściemnia się.

darken [dɑːkn] *vt* przyciemniać (przyciemnić *perf*) ♦ *vi* ciemnieć (ściemnieć *perf or* pociemnieć *perf*).

dark glasses *npl* ciemne okulary *pl*.

darkness [dɑːknɪs] *n* ciemność *f*, mrok *m*.

darkroom [dɑːkrum] *n* ciemnia *f*.

darling [dɑːlɪŋ] *adj* (u)kochany ♦ *n* (*as form of address*) kochanie *nt*.

dart [dɑːt] *n* (*in game*) rzutka *f*, strzałka *f*; (*in sewing*) zaszewka *f* ♦ *vi*: **to dart towards** (*also*: **make a dart towards**) rzucać się (rzucić się *perf*) w kierunku *or* w stronę +*gen*; **to dart along** pędzić (popędzić *perf*).

darts [dɑːts] *n* gra *f* w rzutki *or* strzałki.

dash [dæʃ] *n* (*small quantity*) odrobina *f*; (*sign*) myślnik *m*, kreska *f* ♦ *vt* (*object*) ciskać (cisnąć *perf*); (*hopes*) grzebać (pogrzebać *perf*) ♦ *vi*: **to dash towards** rzucać się (rzucić się *perf*) w kierunku *or* w stronę +*gen*.

dashboard [dæʃbɔːd] *n* (*AUT*) tablica *f* rozdzielcza.

data [deɪtə] *npl* dane *pl*.

database [deɪtəbeɪs] *n* baza *f* danych.

data processing *n* przetwarzanie *nt* danych.

date [deɪt] *n* (*day*) data *f*; (*appointment*) (umówione) spotkanie *nt*; (: *with girlfriend, boyfriend*) randka *f*; (*fruit*) daktyl *m* ♦ *vt* (*event, object*) określać (określić *perf*) wiek +*gen*; (*letter*) datować; (*person*) chodzić z +*instr*; **date of birth** data urodzenia; **to date** do chwili obecnej, do dzisiaj; **out-of-date** (*old-fashioned*) przestarzały; (*expired*) przeterminowany; **up-to-date** nowoczesny.

dated [deɪtɪd] *adj*: **to be dated** trącić myszką.

daughter [dɔːtə*] *n* córka *f*.

daughter-in-law [dɔːtərɪnlɔː] *n* synowa *f*.

daunting [dɔːntɪŋ] *adj* (*task*) onieśmielający; (*prospect*) zniechęcający.

dawdle [dɔːdl] *vi* guzdrać się, grzebać się.

dawn [dɔːn] *n* (*of day*) świt *m*; (*of period, situation*) początek *m*, zaranie *nt* (*literary*) ♦ *vi* świtać (zaświtać *perf*); **it dawned on him that ...** zaświtało mu (w głowie), że ... .

day [deɪ] *n* (*as opposed to night*) dzień *m*; (*twenty-four hours*) doba *f*, dzień *m*; (*heyday*) czas *m*, dni *pl*; **the day before/after** poprzedniego/następnego dnia, dzień wcześniej/później; **the day after tomorrow** pojutrze; **the day before yesterday** przedwczoraj; **the following day** następnego dnia; **by day** za dnia.

daybreak [deɪbreɪk] *n* świt *m*, brzask *m*.

daydream [deɪdriːm] *vi* marzyć, fantazjować ♦ *n* marzenie *nt*, mrzonka *f*.

daylight [deɪlaɪt] *n* światło *nt* dzienne.

day return (ticket) (*BRIT*) *n* bilet *m* powrotny jednodniowy.

daytime [deɪtaɪm] *n*: **in the daytime** za dnia.

day-to-day [deɪtədeɪ] *adj* (*daily*) codzienny.

daze [deɪz] *vt* (*stun*) oszałamiać (oszołomić *perf*) ♦ *n*: **in a daze** oszołomiony.

dazzle [dæzl] *vt* (*bewitch*) olśniewać (olśnić *perf*); (*blind*) oślepiać (oślepić *perf*).

DC *abbr* = **direct current**.

D-day ['di:deɪ] n godzina f zero.
dead [dɛd] adj (person) zmarły;
(animal) zdechły, nieżywy; (plant)
zwiędły; (city) wymarły; (language)
martwy; (body part) zdrętwiały,
ścierpnięty; (engine) zepsuty;
(telephone) głuchy; (battery)
wyładowany ♦ adv (completely)
całkowicie, zupełnie; (directly,
exactly) akurat, dokładnie ♦ npl: the
dead umarli pl, zmarli pl; **she's
dead** (ona) nie żyje; **to shoot sb
dead** zastrzelić (perf) kogoś; **dead
tired** skonany; **he stopped dead**
stanął jak wryty.
deaden [dɛdn] vt tłumić (stłumić
perf), przytępiać (przytępić perf).
dead end n ślepa uliczka f.
deadline ['dɛdlaɪn] n
nieprzekraczalny termin m.
deadlock ['dɛdlɔk] n impas m.
deadly ['dɛdlɪ] adj (weapon)
śmiercionośny; (poison, insult)
śmiertelny; (accuracy) absolutny.
Dead Sea n: the Dead Sea Morze nt
Martwe.
deaf [dɛf] adj (totally) głuchy.
deaf-and-dumb ['dɛfən'dʌm] adj
głuchoniemy; **deaf-and-dumb
alphabet** alfabet głuchoniemych.
deafen [dɛfn] vt ogłuszać (ogłuszyć
perf).
deaf-mute ['dɛfmju:t] n głuchoniemy
(-ma) m(f).
deafness ['dɛfnɪs] n głuchota f.
deal [di:l] (pt, pp **dealt**) n (COMM)
transakcja f, interes m; (POL)
porozumienie nt, układ m ♦ vt (blow)
wymierzać (wymierzyć perf),
zadawać (zadać perf); (cards)
rozdawać (rozdać perf); **a good/
great deal** (bardzo) dużo or wiele.
►**deal in** vt fus handlować +instr.
►**deal with** vt fus (COMM)
utrzymywać stosunki handlowe z
+instr, robić interesy z +instr (inf);
(handle) radzić (poradzić perf) sobie

z +instr, uporać się (perf) z +instr;
(be about) dotyczyć +gen, traktować
o +instr.
dealer ['di:lə*] n (COMM) handlarz m.
dealings ['di:lɪŋz] npl (business)
interesy pl; (relations) kontakty pl,
stosunki pl.
dealt [dɛlt] pt, pp of **deal**.
dean [di:n] n dziekan m.
dear [dɪə*] adj drogi ♦ n (as form of
address) kochanie nt; **my dear** mój
drogi m/moja droga f ♦ excl: **dear
me!** ojej!; **Dear Sir/Madam**
Szanowny Panie/Szanowna Pani;
Dear Mr/Mrs X Drogi Panie X/
Droga Pani X.
dearly ['dɪəlɪ] adv (love) szczerze;
(pay) drogo.
death [dɛθ] n (BIO) zgon m, śmierć f;
(fig) śmierć f; (fatality) ofiara f
(śmiertelna).
death certificate n świadectwo nt or
akt m zgonu.
death penalty n kara f śmierci.
death sentence n wyrok m śmierci.
debase [dɪ'beɪs] vt (value, quality)
deprecjonować (zdeprecjonować
perf), dewaluować (zdewaluować
perf).
debatable [dɪ'beɪtəbl] adj dyskusyjny.
debate [dɪ'beɪt] n debata f ♦ vt (topic)
debatować or dyskutować nad +instr.
debilitating [dɪ'bɪlɪteɪtɪŋ] adj
osłabiający.
debit ['dɛbɪt] n debet m ♦ vt: **to debit
a sum to sb** or **to sb's account**
obciążać (obciążyć perf) kogoś or
czyjś rachunek kwotą.
debris ['dɛbri:] n gruzy pl.
debt [dɛt] n (money owed) dług m;
(state of owing money) długi pl,
zadłużenie nt; **to be in debt** mieć
długi.
debtor ['dɛtə*] n dłużnik (-iczka) m(f).
debut ['deɪbju:] n debiut m.
decade ['dɛkeɪd] n dziesięciolecie nt.
decadence ['dɛkədəns] n (period)

dekadencja *f*, schyłek *m*; (*of morals, standards*) dekadencja *f*, upadek *m*.

decaffeinated [dɪˈkæfɪneɪtɪd] *adj* bezkofeinowy.

decanter [dɪˈkæntə*] *n* karafka *f*.

decay [dɪˈkeɪ] *n* (*of organic matter, society, morals*) rozkład *m*, rozpad *m*; (*of building*) niszczenie *nt*; (*of tooth*) próchnica *f* ♦ *vi* (*body*) rozkładać się (rozłożyć się *perf*); (*leaves, wood*) gnić (zgnić *perf*); (*teeth*) psuć się.

deceased [dɪˈsiːst] *n*: **the deceased** zmarły (-ła) *m(f)*, nieboszczyk (-czka) *m(f)*.

deceit [dɪˈsiːt] *n* (*quality*) fałsz *m*, nieuczciwość *f*, (*act*) oszustwo *nt*, kłamstwo *nt*.

deceive [dɪˈsiːv] *vt* oszukiwać (oszukać *perf*), okłamywać (okłamać *perf*).

December [dɪˈsembə*] *n* grudzień *m*.

decency [ˈdiːsənsɪ] *n* przyzwoitość *f*, poczucie *nt* przyzwoitości.

decent [ˈdiːsənt] *adj* przyzwoity.

deception [dɪˈsepʃən] *n* oszustwo *nt*, podstęp *m*.

deceptive [dɪˈseptɪv] *adj* złudny, zwodniczy.

decibel [ˈdesɪbel] *n* decybel *m*.

decide [dɪˈsaɪd] *vt* (*person*) przekonywać (przekonać *perf*); (*question, argument*) rozstrzygać (rozstrzygnąć *perf*) ♦ *vi* decydować (się) (zdecydować (się) *perf*); **to decide to** decydować się (zdecydować się *perf*) +*infin*; **to decide that ...** decydować (z(a)decydować *perf*), że ... ; **to decide on sth** decydować się (zdecydować się *perf*) na coś.

decided [dɪˈsaɪdɪd] *adj* (*resolute*) zdecydowany, stanowczy; (*clear, definite*) zdecydowany, wyraźny.

decidedly [dɪˈsaɪdɪdlɪ] *adv* (*emphatically*) zdecydowanie,

stanowczo; (*distinctly*) zdecydowanie, wyraźnie.

decimal [ˈdesɪməl] *adj* dziesiętny ♦ *n* ułamek *m* dziesiętny; **to three decimal places** do trzech miejsc po przecinku.

decimate [ˈdesɪmeɪt] *vt* dziesiątkować (zdziesiątkować *perf*).

decipher [dɪˈsaɪfə*] *vt* (*coded message*) rozszyfrowywać (rozszyfrować *perf*); (*writing*) odcyfrowywać (odcyfrować *perf*).

decision [dɪˈsɪʒən] *n* (*choice*) decyzja *f*; (*decisiveness*) zdecydowanie *nt*, stanowczość *f*.

decisive [dɪˈsaɪsɪv] *adj* (*action, intervention*) decydujący, rozstrzygający; (*person, reply*) zdecydowany, stanowczy.

deck [dek] *n* (*NAUT*) pokład *m*; (*of bus*) piętro *nt*; (*record deck*) gramofon *m* (*bez wzmacniacza*); (*of cards*) talia *f*.

deckchair [ˈdektʃeə*] *n* leżak *m*.

declaration [dekləˈreɪʃən] *n* (*statement, public announcement*) deklaracja *f*, oświadczenie *nt*; (*of love*) wyznanie *nt*; (*of war*) wypowiedzenie *nt*.

declare [dɪˈkleə*] *vt* (*intentions, result*) oznajmiać (oznajmić *perf*); (*income*) deklarować (zadeklarować *perf*); **have you anything to declare?** czy ma Pan/Pani coś do oclenia?

decline [dɪˈklaɪn] *n*: **decline in/of** spadek *m* +*gen* ♦ *vt* (*invitation, offer*) nie przyjmować (nie przyjąć *perf*) +*gen* ♦ *vi* podupadać (podupaść *perf*); **to be on the decline** zanikać.

decode [ˈdiːˈkəud] *vt* rozszyfrowywać (rozszyfrować *perf*).

decompose [diːkəmˈpəuz] *vi* rozkładać się (rozłożyć się *perf*).

décor [ˈdeɪkɔː*] *n* wystrój *m* (wnętrza).

decorate [ˈdekəreɪt] *vt* (*room, flat*:

with paint) malować (pomalować perf or wymalować perf); (: with paper) tapetować (wytapetować perf); **to decorate sth (with)** ozdabiać (ozdobić perf) or dekorować (udekorować perf) coś (+instr).

decoration [dɛkəˈreɪʃən] n (on dress, Christmas tree) ozdoba f; (of interior) wystrój m; (medal) order m, odznaczenie nt.

decorative [ˈdɛkərətɪv] adj ozdobny, dekoracyjny.

decorator [ˈdɛkəreɪtə*] n malarz m.

decrease [ˈdiːkriːs] n: **decrease (in)** zmniejszanie się nt (+gen) ♦ vt zmniejszać (zmniejszyć perf) ♦ vi zmniejszać się (zmniejszyć się perf), maleć (zmaleć perf).

decree [dɪˈkriː] n (ADMIN) rozporządzenie nt, zarządzenie nt; (JUR) orzeczenie nt, wyrok m.

decrepit [dɪˈkrɛpɪt] adj (house) walący się; (person) zniedołężniały.

dedicate [ˈdɛdɪkeɪt] vt: **to dedicate to** (time) poświęcać (poświęcić perf) +dat; (book, record) dedykować (zadedykować perf) +dat.

dedication [dɛdɪˈkeɪʃən] n (devotion) oddanie nt, poświęcenie nt; (in book, on radio) dedykacja f.

deduce [dɪˈdjuːs] vt: **to deduce (that ...)** wnioskować (wywnioskować perf) or dedukować (wydedukować perf) (, że ...).

deduct [dɪˈdʌkt] vt potrącać (potrącić perf), odciągać (odciągnąć perf).

deduction [dɪˈdʌkʃən] n (reasoning) wnioskowanie nt; (: in logic) dedukcja f; (subtraction) potrącenie nt.

deed [diːd] n (act) czyn m, uczynek m; (feat) wyczyn m; (JUR) akt m prawny.

deem [diːm] (fml) vt: **to deem sb/sth to be** uważać kogoś/coś za +acc, uznawać (uznać perf) kogoś/coś za +acc.

deep [diːp] adj (hole, thoughts, sleep) głęboki; (voice) niski; (trouble, concern) poważny; (colour) ciemny, intensywny ♦ adv: **the spectators stood 20 deep** widzowie stali w 20 rzędach; **deep down** w głębi duszy.

deepen [ˈdiːpn] vt pogłębiać (pogłębić perf) ♦ vi pogłębiać się (pogłębić się perf).

deep freeze n zamrażarka f.

deep-fry [ˈdiːpˈfraɪ] vt smażyć (usmażyć perf) w głębokim tłuszczu.

deeply [ˈdiːplɪ] adv głęboko.

deep-sea [ˈdiːpˈsiː] adj (diving) głębinowy; (fishing) dalekomorski.

deep-seated [ˈdiːpˈsiːtɪd] adj (głęboko) zakorzeniony.

deer [dɪə*] n inv zwierzyna f płowa; **(red) deer** jeleń m; **(roe) deer** sarna f.

deface [dɪˈfeɪs] vt (wall, notice) niszczyć (zniszczyć perf); (grave, monument) bezcześcić (zbezcześcić perf).

default [dɪˈfɔːlt] n (COMPUT: also: **default value**) wartość f domyślna; **to win by default** wygrywać (wygrać perf) walkowerem.

defeat [dɪˈfiːt] n (in battle) porażka f, klęska f; (failure) niepowodzenie nt, porażka f ♦ vt pokonywać (pokonać perf).

defect [ˈdiːfɛkt] n wada f, defekt m ♦ vi: **to defect to the enemy** przejść (perf) na stronę wroga.

defective [dɪˈfɛktɪv] adj wadliwy, wybrakowany.

defence [dɪˈfɛns] (US **defense**) n (protection, justification) obrona f; (assistance) pomoc f.

defenceless [dɪˈfɛnslɪs] adj bezbronny.

defend [dɪˈfɛnd] vt (also SPORT) bronić +gen (obronić perf +acc); (JUR) bronić +gen.

defendant [dɪˈfɛndənt] (JUR) n (in criminal case) oskarżony (-na) m(f); (in civil case) pozwany (-na) m(f).

defender [dɪ'fɛndə*] n (also SPORT)
obrońca (-czyni) m(f).

defense [dɪ'fɛns] (US) n = **defence**.

defensive [dɪ'fɛnsɪv] adj obronny,
defensywny ♦ n: **on the defensive**
w defensywie.

defer [dɪ'fə:*] vt odraczać (odroczyć
perf), wstrzymywać (wstrzymać perf).

deference ['dɛfərəns] n szacunek m,
poważanie nt.

defiance [dɪ'faɪəns] n bunt m; **in
defiance of** (rules, orders etc)
wbrew or na przekór +dat.

defiant [dɪ'faɪənt] adj buntowniczy.

deficiency [dɪ'fɪʃənsɪ] n (lack) brak
m, niedobór m; (inadequacy)
niedostatki pl, słabość f.

deficient [dɪ'fɪʃənt] adj (service) nie
wystarczający; (product)
wybrakowany; **to be deficient in**
wykazywać niedobór or niedostatek
+gen.

deficit ['dɛfɪsɪt] n deficyt m.

defile [dɪ'faɪl] vt bezcześcić
(zbezcześcić perf).

define [dɪ'faɪn] vt (limits etc) określać
(określić perf), wyznaczać
(wyznaczyć perf); (word etc)
definiować (zdefiniować perf).

definite ['dɛfɪnɪt] adj (fixed)
określony; (clear) wyraźny; (certain)
pewny.

definitely ['dɛfɪnɪtlɪ] adv
zdecydowanie.

definition [dɛfɪ'nɪʃən] n (of word)
definicja f; (of photograph)
rozdzielczość f.

definitive [dɪ'fɪnɪtɪv] adj ostateczny,
rozstrzygający.

deflate [di:'fleɪt] vt wypuszczać
(wypuścić perf) or spuszczać
(spuścić perf) powietrze z +gen.

deflect [dɪ'flɛkt] vt (attention)
odwracać (odwrócić perf); (criticism)
odpierać (odeprzeć perf); (shot)
odbijać (odbić perf); (light) odchylać
(odchylić perf).

deformed [dɪ'fɔ:md] adj
zniekształcony, zdeformowany.

deformity [dɪ'fɔ:mɪtɪ] n (condition)
kalectwo nt; (distorted part)
deformacja f, zniekształcenie nt.

defrost [di:'frɔst] vt rozmrażać
(rozmrozić perf).

deft [dɛft] adj zręczny, zgrabny.

defuse [di:'fju:z] vt (bomb) rozbrajać
(rozbroić perf); (fig: tension)
rozładowywać (rozładować perf).

defy [dɪ'faɪ] vt (disobey: person)
przeciwstawiać się (przeciwstawić
się perf) +dat; (: order) ignorować
(zignorować perf), postępować
(postąpić perf) wbrew +dat;
(challenge) wyzywać (wyzwać perf);
(fig): **to defy description/imitation**
być nie do opisania/podrobienia, nie
dawać się opisać/podrobić.

degenerate [dɪ'dʒɛnəreɪt] vi
pogarszać się (pogorszyć się perf) ♦
adj zwyrodniały, zdegenerowany.

degrading [dɪ'greɪdɪŋ] adj poniżający.

degree [dɪ'gri:] n stopień m; (SCOL)
stopień m naukowy; **a degree in
maths** dyplom z matematyki; **by
degrees** stopniowo; **to some
degree, to a certain degree** w
pewnym stopniu, do pewnego
stopnia.

dehydrated [di:haɪ'dreɪtɪd] adj
(MED) odwodniony; (milk etc) w
proszku post.

deign [deɪn] vi: **to deign to do sth**
raczyć coś zrobić, zechcieć (perf)
(łaskawie) coś zrobić.

deity ['di:ɪtɪ] n boskość f, bóstwo nt.

delay [dɪ'leɪ] vt (decision etc)
odwlekać (odwlec perf), odkładać
(odłożyć perf) (na później); (person)
zatrzymywać (zatrzymać perf); (train
etc) powodować (spowodować perf)
opóźnienie +gen ♦ vi zwlekać,
ociągać się ♦ n (waiting period)
opóźnienie nt, zwłoka f;
(postponement) opóźnienie nt;

without delay bezzwłocznie; **to be
delayed** (*person*) być spóźnionym;
(*flight etc*) mieć opóźnienie, być
opóźnionym.

delectable [dɪ'lɛktəbl] *adj* (*person*)
powabny, rozkoszny; (*food*)
wyśmienity.

delegate ['dɛlɪgɪt] *n* delegat(ka) *m(f)*,
wysłannik (-iczka) *m(f)* ♦ *vt* (*person*)
delegować (wydelegować *perf*);
(*task*) przekazywać (przekazać *perf*).

delegation [dɛlɪ'geɪʃən] *n* (*group*)
delegacja *f*; (*by manager etc*)
udzielanie *nt* pełnomocnictw,
dzielenie się *nt* odpowiedzialnością
(*z podwładnymi*).

delete [dɪ'liːt] *vt* (*cross out*) skreślać
(skreślić *perf*), wykreślać (wykreślić
perf); (*COMPUT*) kasować
(skasować *perf*).

deliberate [dɪ'lɪbərɪt] *adj* (*intentional*)
umyślny, zamierzony; (*unhurried*)
spokojny, nieśpieszny ♦ *vi* (*consider*)
zastanawiać się; (*debate*) naradzać
się.

deliberately [dɪ'lɪbərɪtlɪ] *adv* (*on
purpose*) umyślnie, celowo.

delicacy ['dɛlɪkəsɪ] *n* delikatność *f*;
(*choice food*) przysmak *m*.

delicate ['dɛlɪkɪt] *adj* delikatny.

delicatessen [dɛlɪkə'tɛsn] *n*
delikatesy *pl*.

delicious [dɪ'lɪʃəs] *adj* (*food, smell*)
wyśmienity, (prze)pyszny; (*feeling,
person*) rozkoszny, przemiły.

delight [dɪ'laɪt] *n* (*feeling*) zachwyt
m, radość *f*; (*experience etc*)
(wielka) przyjemność *f*, rozkosz *f* ♦
vt cieszyć (ucieszyć *perf*),
zachwycać (zachwycić *perf*); **to take
(a) delight in** lubować się w +*loc*,
rozkoszować się +*instr*.

delighted [dɪ'laɪtɪd] *adj*: **delighted at**
or **with** zachwycony +*instr*; **he was
delighted to meet them again** był
zachwycony, że mógł ich znów

zobaczyć; **I'd be delighted** byłoby
mi bardzo przyjemnie.

delightful [dɪ'laɪtful] *adj*
zachwycający.

delinquent [dɪ'lɪŋkwənt] *adj* winny
przestępstwa *or* wykroczenia ♦ *n*
(młodociany (-na) *m(f)*) przestępca
(-czyni) *m(f)*.

delirious [dɪ'lɪrɪəs] *adj*: **to be
delirious** (*MED*) majaczyć, bredzić;
(*fig*) szaleć (z radości).

deliver [dɪ'lɪvə*] *vt* (*distribute*)
dostarczać (dostarczyć *perf*),
doręczać (doręczyć *perf*); (*hand
over*) oddawać (oddać *perf*),
przekazywać (przekazać *perf*);
(*verdict etc*) wydawać (wydać *perf*);
(*speech*) wygłaszać (wygłosić *perf*);
to deliver a baby odbierać (odebrać
perf) poród.

delivery [dɪ'lɪvərɪ] *n* (*distribution*)
dostawa *f*; (*of speaker*) sposób *m*
mówienia; (*MED*) poród *m*; **to take
delivery of sth** obejmować (objąć
perf) coś w posiadanie.

delta ['dɛltə] *n* delta *f*.

delude [dɪ'luːd] *vt* zwodzić (zwieść
perf), wprowadzać (wprowadzić
perf) w błąd.

deluge ['dɛljuːdʒ] *n* (*of rain*) ulewa *f*,
potop *m*; (*fig: of petitions etc*) lawina
f, zalew *m*.

delusion [dɪ'luːʒən] *n* złudzenie *nt*,
ułuda *f*.

delve [dɛlv] *vi*: **to delve into**
(*subject, past etc*) zagłębiać się
(zagłębić się *perf*) w +*acc*.

demand [dɪ'mɑːnd] *vt* (*ask for, insist
on*) żądać (zażądać *perf*) +*gen*,
domagać się +*gen* ♦ *n* (*request*)
żądanie *nt*; (*claim*) wymaganie *nt*;
(*ECON*) popyt *m*; **to be in demand**
mieć powodzenie, być
rozchwytywanym; **on demand** na
żądanie.

demanding [dɪ'mɑːndɪŋ] *adj*
wymagający.

demarcation [diːmɑːˈkeɪʃən] n
rozgraniczenie nt.

demean [dɪˈmiːn] vt: to demean o.s.
poniżać się (poniżyć się perf).

demeanour [dɪˈmiːnə*] (US
demeanor) n zachowanie (się) nt.

demented [dɪˈmɛntɪd] adj obłąkany.

demise [dɪˈmaɪz] n (death) zgon m;
(end) zanik m.

demo ['dɛməʊ] (inf) n abbr =
demonstration.

democracy [dɪˈmɔkrəsɪ] n (system)
demokracja f; (country) państwo nt
demokratyczne.

democrat ['dɛməkræt] n demokrata
(-tka) m(f).

democratic [dɛməˈkrætɪk] adj
demokratyczny.

demolish [dɪˈmɔlɪʃ] vt (building)
burzyć (zburzyć perf); (fig:
argument) obalać (obalić perf).

demolition [dɛməˈlɪʃən] n (of
building) zburzenie nt; (of argument)
obalenie nt.

demon ['diːmən] n demon m.

demonstrate ['dɛmənstreɪt] vt
(theory) dowodzić (dowieść perf)
+gen; (principle) pokazywać
(pokazać perf); (skill) wykazywać
(wykazać perf); (appliance)
demonstrować (zademonstrować
perf) ♦ vi: to demonstrate
(for/against) demonstrować
(zademonstrować perf) or
manifestować (zamanifestować perf)
(za +instr/przeciw(ko) +dat).

demonstration [dɛmənˈstreɪʃən] n
(POL) demonstracja f, manifestacja
f; (proof) dowód m; (exhibition)
demonstracja f, pokaz m.

demonstrator ['dɛmənstreɪtə*] n
(POL) demonstrant(ka) m(f),
manifestant(ka) m(f).

demoralize [dɪˈmɔrəlaɪz] vt
zniechęcać (zniechęcić perf).

demote [dɪˈməʊt] vt degradować
(zdegradować perf).

demure [dɪˈmjʊə*] adj skromny.

den [dɛn] n (of animal) nora f,
legowisko nt; (of thieves) melina f;
(room) mały, cichy pokój, w którym
jego użytkownikowi nie
przeszkadzają inni domownicy.

denial [dɪˈnaɪəl] n (of allegation)
zaprzeczenie nt; (of rights, liberties)
odmawianie nt; (of country, religion
etc) wyparcie się nt.

denim ['dɛnɪm] n dżins m, drelich m;
denims npl dżinsy pl.

Denmark ['dɛnmɑːk] n Dania f.

denomination [dɪnɔmɪˈneɪʃən] n (of
money) nominał m; (REL) wyznanie
nt.

denominator [dɪˈnɔmɪneɪtə*]
(MATH) n mianownik m.

denote [dɪˈnəʊt] vt oznaczać
(oznaczyć perf).

denounce [dɪˈnaʊns] vt potępiać
(potępić perf).

dense [dɛns] adj gęsty; (inf: person)
tępy.

densely ['dɛnslɪ] adv gęsto.

density ['dɛnsɪtɪ] n gęstość f;
double-/high-density disk dyskietka
o podwójnej/wysokiej gęstości.

dent [dɛnt] n (in metal) wgniecenie nt
♦ vt (metal) wgniatać (wgnieść perf).

dental ['dɛntl] adj (treatment)
dentystyczny, stomatologiczny;
(sound) zębowy.

dental floss [-flɔs] n nić f
dentystyczna.

dental surgeon n lekarz m dentysta
m or stomatolog m.

dentist ['dɛntɪst] n dentysta (-tka)
m(f), stomatolog m.

dentures ['dɛntʃəz] npl proteza f
(zębowa), sztuczna szczęka f (inf).

denunciation [dɪnʌnsɪˈeɪʃən] n
potępienie nt.

deny [dɪˈnaɪ] vt (allegation)
zaprzeczać (zaprzeczyć perf) +dat;
(permission, rights) odmawiać
(odmówić perf) +gen.

deodorant [di:'əudərənt] *n*
dezodorant *m*.

depart [dɪ'pɑːt] *vi* (*visitor: on foot*)
wychodzić (wyjść *perf*); (: *by train*
etc) wyjeżdżać (wyjechać *perf*);
(*train*) odjeżdżać (odjechać *perf*);
(*plane*) odlatywać (odlecieć *perf*); **to**
depart from (*fig*) odchodzić (odejść
perf) *or* odstępować (odstąpić *perf*)
od +*gen*.

department [dɪ'pɑːtmənt] *n* (*COMM*)
dział *m*; (*SCOL*) instytut *m*, wydział
m; (*POL*) departament *m*,
ministerstwo *nt*.

department store *n* dom *m*
towarowy.

departure [dɪ'pɑːtʃə*] *n* (*of visitor: on*
foot) wyjście *nt*; (: *by train etc*)
wyjazd *m*; (*of train*) odjazd *m*; (*of*
plane) odlot *m*; (*of employee,*
colleague) odejście *nt*.

departure lounge *n* hala *f* odlotów.

depend [dɪ'pɛnd] *vi*: **to depend on**
(*be supported by*) zależeć od +*gen*;
(*rely on*) polegać na +*loc*; **it**
depends to zależy; **depending on**
the result w zależności od wyniku.

dependable [dɪ'pɛndəbl] *adj*
niezawodny.

dependant [dɪ'pɛndənt] (*also spelled*
dependent) *n*: **to be sb's**
dependant być na czyimś
utrzymaniu.

dependence [dɪ'pɛndəns] *n*
uzależnienie *nt*.

dependent [dɪ'pɛndənt] *adj*: **to be**
dependent on być uzależnionym od
+*gen* ♦ *n* = **dependant**.

depict [dɪ'pɪkt] *vt* (*in picture*)
przedstawiać (przedstawić *perf*);
(*describe*) odmalowywać
(odmalować *perf*).

depilatory [dɪ'pɪlətrɪ] *n* (*also:*
depilatory cream) krem *m* do
depilacji, depilator *m* (w kremie).

deplorable [dɪ'plɔːrəbl] *adj*

(*conditions*) żałosny; (*lack of*
concern) godny ubolewania.

deplore [dɪ'plɔː*] *vt* ubolewać *or*
boleć nad +*instr*.

deploy [dɪ'plɔɪ] *vt* rozmieszczać
(rozmieścić *perf*) (strategicznie).

deport [dɪ'pɔːt] *vt* deportować
(deportować *perf*).

depose [dɪ'pəuz] *vt* (*official*)
dymisjonować (zdymisjonować
perf); (*ruler*) detronizować
(zdetronizować *perf*).

deposit [dɪ'pɔzɪt] *n* (*in account*)
wkład *m*, lokata *f*; (*down payment*)
pierwsza wpłata *f*, zadatek *m*;
(*CHEM*) osad *m*; (*of ore, oil*) złoże *nt*
♦ *vt* (*money*) wpłacać (wpłacić *perf*),
deponować (zdeponować *perf*);
(*case etc*) oddawać (oddać *perf*) (na
przechowanie); (*valuables*)
deponować (zdeponować *perf*).

deposit account *n* rachunek *m*
terminowy.

depot ['dɛpəu] *n* (*storehouse*)
magazyn *m*, skład *m*; (*for vehicles*)
zajezdnia *f*; (*US: station*) dworzec *m*.

depraved [dɪ'preɪvd] *adj* (*conduct*)
niemoralny; (*person*)
zdeprawowany, zepsuty.

depreciation [dɪpriːʃɪ'eɪʃən] *n*
spadek *m* wartości, deprecjacja *f*
(*fml*).

depress [dɪ'prɛs] *vt* (*person*)
przygnębiać (przygnębić *perf*);
(*price, wages*) obniżać (obniżyć
perf); (*press down*) naciskać
(nacisnąć *perf*).

depressed [dɪ'prɛst] *adj* (*person*)
przygnębiony, przybity; (*area*)
dotknięty bezrobociem.

depressing [dɪ'prɛsɪŋ] *adj*
przygnębiający.

depression [dɪ'prɛʃən] *n* (*PSYCH*)
depresja *f*; (*ECON*) kryzys *m*,
depresja *f*; (*weather system*) niż *m*;
(*hollow*) zagłębienie *nt*.

deprivation [dɛprɪ'veɪʃən] n (poverty) ubóstwo nt.

deprive [dɪ'praɪv] vt: **to deprive sb of sth** pozbawiać (pozbawić perf) kogoś czegoś.

deprived [dɪ'praɪvd] adj (area) upośledzony; (children) z ubogich rodzin post.

depth [dɛpθ] n (of hole, water etc) głębokość f; (of emotion, knowledge) głębia f; **in the depths of despair** w skrajnej rozpaczy; **to be out of one's depth** (fig) nie czuć gruntu pod nogami.

deputize ['dɛpjutaɪz] vi: **to deputize for sb** zastępować (zastąpić perf) kogoś.

deputy ['dɛpjutɪ] cpd: **deputy chairman/leader** etc wiceprzewodniczący (-ca) m(f) ♦ n (assistant, replacement) zastępca (-czyni) m(f); (POL) deputowany (-na) m(f); (US: also: **deputy sheriff**) zastępca (-czyni) m(f) szeryfa.

derail [dɪ'reɪl] vt: **to be derailed** wykolejać się (wykoleić się perf).

derailment [dɪ'reɪlmənt] n wykolejenie nt.

deranged [dɪ'reɪndʒd] adj (also: **mentally deranged**) obłąkany.

derelict ['dɛrɪlɪkt] adj (building) opuszczony.

derisory [dɪ'raɪsərɪ] adj (sum) śmiechu wart; (laughter, person) drwiący.

derivative [dɪ'rɪvətɪv] n (MATH, CHEM) pochodna f; (LING) wyraz m pochodny, derywat m.

derive [dɪ'raɪv] vt: **to derive pleasure/benefit from** czerpać przyjemność/korzyści z +gen ♦ vi: **to derive from** wywodzić się z +gen.

derogatory [dɪ'rɔgətərɪ] adj uwłaczający.

descend [dɪ'sɛnd] vt (stairs) schodzić (zejść perf) po +loc; (hill) schodzić (zejść perf) z +gen; (slope) schodzić

(zejść perf) w dół +gen ♦ vi schodzić (zejść perf); **to be descended from** wywodzić się z +gen, pochodzić od +gen; **to descend to** (lying etc) zniżać się (zniżyć się perf) do +gen.

descendant [dɪ'sɛndənt] n potomek m.

descent [dɪ'sɛnt] n (of stairs, hill etc) schodzenie nt; (AVIAT) opadanie nt, wytracanie nt wysokości; (origin) pochodzenie nt, rodowód m.

describe [dɪs'kraɪb] vt opisywać (opisać perf).

description [dɪs'krɪpʃən] n (account) opis m; (sort) rodzaj m.

descriptive [dɪs'krɪptɪv] adj opisowy.

desert ['dɛzət] n pustynia f ♦ vt opuszczać (opuścić perf), porzucać (porzucić perf) ♦ vi dezerterować (zdezerterować perf).

deserter [dɪ'zə:tə*] n dezerter m.

desertion [dɪ'zə:ʃən] n (MIL) dezercja f; (JUR) porzucenie nt.

desert island n bezludna wyspa f.

deserve [dɪ'zə:v] vt zasługiwać (zasłużyć perf) na +acc.

deserving [dɪ'zə:vɪŋ] adj (person) zasłużony; (action, cause) chwalebny, godny poparcia; **deserving of** zasługujący na +acc.

design [dɪ'zaɪn] n (art, process) projektowanie nt; (drawing) projekt m; (layout, shape) zaprojektowanie nt; (pattern) deseń m; (intention) zamiar m, zamysł m ♦ vt (house, product) projektować (zaprojektować perf); (test) układać (ułożyć perf).

designate ['dɛzɪgneɪt] vt desygnować, wyznaczać (wyznaczyć perf) ♦ adj: **chairman/ minister designate** desygnowany przewodniczący/minister.

designer [dɪ'zaɪnə*] n projektant(ka) m(f); (TECH) konstruktor(ka) m(f) ♦ adj (clothes, label etc) od znanego projektanta post.

desirable [dɪ'zaɪərəbl] adj (proper) pożądany, wskazany; (attractive) godny pożądania.

desire [dɪ'zaɪə*] n (urge) chęć f, ochota f; (sexual urge) pożądanie nt, żądza f ♦ vt (want) pragnąć (zapragnąć perf) +gen, życzyć (zażyczyć perf) sobie +gen; (lust after) pożądać +gen.

desk [dɛsk] n (in office) biurko nt; (for pupil) ławka f; (in hotel) recepcja f; (at airport) informacja f; (BRIT: in shop, restaurant) kasa f.

desk-top publishing ['dɛsktɔp-] n komputerowe wspomaganie nt prac wydawniczych.

desolate ['dɛsəlɪt] adj (place) wyludniony, opuszczony; (person) niepocieszony.

despair [dɪs'pɛə*] n rozpacz f ♦ vi: **to despair of** tracić (stracić perf) nadzieję na +acc, wątpić (zwątpić perf) w +acc.

despatch n, vt = **dispatch**.

desperate ['dɛspərɪt] adj (person) zdesperowany; (action) rozpaczliwy, desperacki; (situation, cry) rozpaczliwy; **to be desperate for sth/to do sth** rozpaczliwie potrzebować czegoś/pragnąć coś zrobić.

desperation [dɛspə'reɪʃən] n desperacja f, rozpacz f.

despicable [dɪs'pɪkəbl] adj nikczemny, podły.

despise [dɪs'paɪz] vt gardzić (wzgardzić perf) +instr, pogardzać (pogardzić perf) +instr.

despite [dɪs'paɪt] prep (po)mimo +gen; **despite o.s.** wbrew (samemu) sobie.

despot ['dɛspɔt] n despota (-tka) m(f).

dessert [dɪ'zə:t] n deser m.

destination [dɛstɪ'neɪʃən] n (of traveller) cel m (podróży); (of goods) miejsce nt przeznaczenia; (of letter) adres m, adresat m.

destined ['dɛstɪnd] adj: **destined for** przeznaczony do +gen; **destined for Warsaw** w drodze do Warszawy; **he was destined to do it** było mu pisane or przeznaczone, że to zrobi.

destiny ['dɛstɪnɪ] n przeznaczenie nt, los m.

destitute ['dɛstɪtjuːt] adj pozbawiony środków do życia.

destroy [dɪs'trɔɪ] vt (building, faith) niszczyć (zniszczyć perf); (animal) uśmiercać (uśmiercić perf).

destruction [dɪs'trʌkʃən] n zniszczenie nt, zagłada f.

destructive [dɪs'trʌktɪv] adj (force) niszczący, niszczycielski; (criticism, child) destruktywny.

detach [dɪ'tætʃ] vt odczepiać (odczepić perf), zdejmować (zdjąć perf).

detached [dɪ'tætʃt] adj (attitude, person) bezstronny; (house) wolno stojący.

detachment [dɪ'tætʃmənt] n obojętność f, dystans m; (MIL) oddział m (specjalny).

detail ['diːteɪl] n szczegół m, detal m ♦ vt wyszczególniać (wyszczególnić perf); **in detail** szczegółowo; **to go into details** wdawać się (wdać się perf) w szczegóły.

detailed ['diːteɪld] adj szczegółowy, drobiazgowy.

detain [dɪ'teɪn] vt zatrzymywać (zatrzymać perf).

detect [dɪ'tɛkt] vt wyczuwać (wyczuć perf); (MED, TECH) wykrywać (wykryć perf).

detection [dɪ'tɛkʃən] n wykrycie nt.

detective [dɪ'tɛktɪv] n detektyw m, wywiadowca (-czyni) m(f).

detective story n powieść f kryminalna or detektywistyczna, kryminał m (inf).

detector [dɪ'tɛktə*] n detektor m, wykrywacz m.

détente [deɪ'tɑːnt] n odprężenie nt.

detention [dɪˈtɛnʃən] n (arrest)
zatrzymanie nt; (SCOL): **to be in
detention** zostawać (zostać perf) (za
karę) po lekcjach.

deter [dɪˈtəː*] vt odstraszać
(odstraszyć perf).

detergent [dɪˈtəːdʒənt] n detergent m.

deteriorate [dɪˈtɪərɪəreɪt] vi
pogarszać się (pogorszyć się perf),
psuć się (popsuć się perf).

deterioration [dɪtɪərɪəˈreɪʃən] n
pogorszenie nt.

determination [dɪtəːmɪˈneɪʃən] n
(resolve) determinacja f,
zdecydowanie nt; (establishment)
określenie nt, ustalenie nt.

determine [dɪˈtəːmɪn] vt (facts,
budget, quantity) ustalać (ustalić
perf); (limits etc) określać (określić
perf), wyznaczać (wyznaczyć perf).

determined [dɪˈtəːmɪnd] adj (person)
zdecydowany, zdeterminowany;
determined to do sth zdecydowany
coś zrobić.

deterrent [dɪˈtɛrənt] n czynnik m
odstraszający.

detest [dɪˈtɛst] vt nienawidzić +gen,
nie cierpieć +gen.

detonate [ˈdɛtəneɪt] vi wybuchać
(wybuchnąć perf) ♦ vt detonować
(zdetonować perf).

detour [ˈdiːtuə*] n (diversion) objazd
m; **to make a detour** zbaczać
(zboczyć perf) z trasy.

detract [dɪˈtrækt] vi: **to detract from**
(effect, achievement) umniejszać
(umniejszyć perf) +acc.

detriment [ˈdɛtrɪmənt] n: **to the
detriment of** ze szkodą dla +gen.

detrimental [dɛtrɪˈmɛntl] adj:
detrimental to (wielce) szkodliwy
dla +gen.

devaluation [dɪvæljuˈeɪʃən] n
dewaluacja f.

devalue [ˈdiːˈvæljuː] vt (work,
person) lekceważyć (zlekceważyć

perf); (currency) dewaluować
(zdewaluować perf).

devastate [ˈdɛvəsteɪt] vt
(doszczętnie) niszczyć (zniszczyć
perf); (fig): **to be devastated by** być
zdruzgotanym +instr.

devastating [ˈdɛvəsteɪtɪŋ] adj
(weapon, storm) niszczycielski,
siejący spustoszenie; (news, effect)
druzgocący.

develop [dɪˈvɛləp] vt (business, idea)
rozwijać (rozwinąć perf); (land)
zagospodarowywać
(zagospodarować perf); (resource)
wykorzystywać (wykorzystać perf);
(PHOT) wywoływać (wywołać perf);
(disease) dostawać (dostać perf)
+gen, nabawić się (perf) +gen ♦ vi
(advance, evolve) rozwijać się
(rozwinąć się perf); (appear)
występować (wystąpić perf),
pojawiać się (pojawić się perf).

development [dɪˈvɛləpmənt] n
(advance) rozwój m; (in affair, case)
wydarzenie nt; (of land)
zagospodarowanie nt.

deviate [ˈdiːvɪeɪt] vi: **to deviate from**
(view) odstępować (odstąpić perf) od
+gen; (norm) odbiegać (odbiec perf)
od +gen; (path) zbaczać (zboczyć
perf) z +gen.

deviation [diːvɪˈeɪʃən] n odchylenie
nt, dewiacja f.

device [dɪˈvaɪs] n (apparatus)
przyrząd m, urządzenie nt.

devil [ˈdɛvl] n diabeł m; **talk of the
devil!** o wilku mowa... .

devious [ˈdiːvɪəs] adj (person)
przebiegły.

devise [dɪˈvaɪz] vt (plan) obmyślać
(obmyślić perf); (machine) wynaleźć
(perf).

devoid [dɪˈvɔɪd] adj: **devoid of**
pozbawiony +gen.

devolution [diːvəˈluːʃən] n
decentralizacja f (władzy).

devote [dɪˈvəut] vt: **to devote sth to**

sb/sth poświęcać (poświęcić *perf*) coś komuś/czemuś.

devoted [dɪ'vəʊtɪd] *adj* (*service, friendship*) ofiarny; (*admirer, partner*) oddany; **to be devoted to sb** być komuś oddanym; **the book is devoted to politics** książka poświęcona jest polityce.

devotion [dɪ'vəʊʃən] *n* oddanie *nt*; (*REL*) pobożność *f*.

devour [dɪ'vaʊə*] *vt* pożerać (pożreć *perf*).

devout [dɪ'vaut] *adj* pobożny, nabożny.

dew [dju:] *n* rosa *f*.

dexterity [dɛks'tɛrɪtɪ] *n* (*manual*) sprawność *f*, zręczność *f*; (*mental*) sprawność *f*.

diabetes [daɪə'bi:ti:z] *n* cukrzyca *f*.

diabetic [daɪə'bɛtɪk] *adj* chory na cukrzycę.

diagnose [daɪəg'nəʊz] *vt* rozpoznawać (rozpoznać *perf*), diagnozować (zdiagnozować *perf*).

diagnoses [daɪəg'nəʊsi:z] *npl of* **diagnosis**.

diagnosis [daɪəg'nəʊsɪs] (*pl* **diagnoses**) *n* diagnoza *f*, rozpoznanie *nt*.

diagonal [daɪ'ægənl] *adj* ukośny ♦ *n* przekątna *f*.

diagram ['daɪəgræm] *n* wykres *m*, diagram *m*.

dial ['daɪəl] *n* (*indicator*) skala *f* (tarczowa); (*tuner*) pokrętło *nt*, potencjometr *m*; (*of phone*) tarcza *f* ♦ *vt* (*number*) wykręcać (wykręcić *perf*), wybierać (wybrać *perf*) (*fml*).

dialect ['daɪəlɛkt] *n* dialekt *m*, gwara *f*.

dialling code ['daɪəlɪŋ-] (*US* **dial code**) *n* (numer *m*) kierunkowy.

dialling tone (*US* **dial tone**) *n* sygnał *m* (zgłoszenia) (*w telefonie*).

dialogue ['daɪəlɔg] (*US* **dialog**) *n* dialog *m*.

diameter [daɪ'æmɪtə*] *n* średnica *f*.

diamond ['daɪəmənd] *n* (*stone*) diament *m*; (: *polished*) brylant *m*; (*shape*) romb *m*; **diamonds** *npl* (*CARDS*) karo *nt inv*.

diaper ['daɪəpə*] (*US*) *n* pieluszka *f*.

diaphragm ['daɪəfræm] *n* (*ANAT*) przepona *f*; (*contraceptive*) krążek *m* dopochwowy.

diarrhoea [daɪə'ri:ə] (*US* **diarrhea**) *n* biegunka *f*.

diary ['daɪərɪ] *n* (*engagements book*) terminarz *m*, notatnik *m*; (*daily account*) pamiętnik *m*, dziennik *m*.

dice [daɪs] *n inv* (*in game*) kostka *f* (do gry); (*game*) kości *pl* ♦ *vt* (*CULIN*) kroić (pokroić *perf*) w kostkę.

dictate [dɪk'teɪt] *vt* dyktować (podyktować *perf*).

dictation [dɪk'teɪʃən] *n* (*of letter etc*) dyktowanie *nt*; (*order*) dyktat *m*; (*SCOL*) dyktando *nt*; **to take dictation from** pisać pod dyktando +*gen*.

dictator [dɪk'teɪtə*] *n* dyktator(ka) *m(f)*.

dictatorship [dɪk'teɪtəʃɪp] *n* dyktatura *f*.

diction ['dɪkʃən] *n* dykcja *f*.

dictionary ['dɪkʃənrɪ] *n* słownik *m*.

did [dɪd] *pt of* **do**.

didactic [daɪ'dæktɪk] *adj* dydaktyczny.

didn't ['dɪdnt] = **did not**.

die [daɪ] *vi* (*person*) umierać (umrzeć *perf*); (*animal*) zdychać (zdechnąć *perf*); (*plant*) usychać (uschnąć *perf*); (*fig*) umierać (umrzeć *perf*), ginąć (zginąć *perf*); **to die of** *or* **from** umierać (umrzeć *perf*) na +*acc*; (*fig*) umierać (umrzeć *perf*) z +*gen*; **to be dying for sth/to do sth** bardzo chcieć czegoś/zrobić coś.
▶**die away** *vi* (*sound, light*) niknąć, zanikać (zaniknąć *perf*).
▶**die down** *vi* cichnąć (ucichnąć

perf), uspokajać się (uspokoić się *perf*).

▶**die out** *vi* (*custom*) zanikać (zaniknąć *perf*); (*species*) wymierać (wymrzeć *perf*).

diehard ['daɪhɑːd] *n* (zatwardziały (-ła) *m(f)*) konserwatysta (-tka) *m(f)*.

diesel ['diːzl] *n* (*vehicle*) pojazd *m* napędzany ropą, diesel *m* (*inf*); (*also*: **diesel oil**) olej *m* napędowy.

diet ['daɪət] *n* (*food intake*) odżywianie *nt*, dieta *f*; (*restricted food*) dieta *f* ♦ *vi* (*also*: **to be on a diet**) być na diecie.

differ ['dɪfə*] *vi*: **to differ (from)** różnić się (od +*gen*); **to differ (about)** nie zgadzać się (co do +*gen*).

difference ['dɪfrəns] *n* (*dissimilarity*) różnica *f*; (*disagreement*) różnica *f* poglądów.

different ['dɪfrənt] *adj* (*not the same, unlike*) inny, różny; (*various*) różny.

differentiate [dɪfə'renʃɪeɪt] *vi*: **to differentiate between** rozróżniać (rozróżnić *perf*) pomiędzy +*instr*.

differently ['dɪfrəntlɪ] *adv* (*in a different way*) inaczej, odmiennie; (*in different ways*) różnie.

difficult ['dɪfɪkəlt] *adj* trudny.

difficulty ['dɪfɪkəltɪ] *n* trudność *f*.

diffident ['dɪfɪdənt] *adj* nieśmiały.

diffuse [dɪ'fjuːs] *adj* (*idea, sense*) niejasny; (*light*) rozproszony ♦ *vt* (*information*) rozpowszechniać (rozpowszechnić *perf*), szerzyć.

dig [dɪg] (*pt, pp* **dug**) *vt* (*hole etc*) kopać, wykopywać (wykopać *perf*); (*garden*) kopać w +*loc*, przekopywać (przekopać *perf*) ♦ *n* (*prod*) kuksaniec *m*, szturchaniec *m*; (*also*: **archaeological dig**) wykopalisko *nt*; (*remark*) przytyk *m*; **to dig one's nails into sth** wbijać (wbić *perf*) w coś paznokcie.

▶**dig into** *vt fus* (*savings*) sięgać (sięgnąć *perf*) do +*gen*.

▶**dig up** *vt* (*plant*) wykopywać

(wykopać *perf*); (*information*) wydobywać (wydobyć *perf*) na jaw.

digest [daɪ'dʒest] *vt* (*food*) trawić (strawić *perf*); (*fig: facts*) przetrawiać (przetrawić *perf*) ♦ *n* kompendium *nt*.

digestion [dɪ'dʒestʃən] *n* trawienie *nt*.

digestive [dɪ'dʒestɪv] *adj* trawienny; **the digestive system** układ pokarmowy.

digital ['dɪdʒɪtl] *adj* cyfrowy.

dignified ['dɪgnɪfaɪd] *adj* dostojny, pełen godności.

dignity ['dɪgnɪtɪ] *n* godność *f*, dostojeństwo *nt*.

digress [daɪ'gres] *vi*: **to digress from** (*topic*) odchodzić (odejść *perf*) od +*gen*.

digs [dɪgz] (*BRIT: inf*) *npl* kwatera *f*.

dilapidated [dɪ'læpɪdeɪtɪd] *adj* walący się, w rozsypce *post*.

dilemma [daɪ'lemə] *n* dylemat *m*.

diligent ['dɪlɪdʒənt] *adj* pilny.

dilute [daɪ'luːt] *vt* (*liquid*) rozcieńczać (rozcieńczyć *perf*).

dim [dɪm] *adj* (*room*) ciemny; (*outline, figure*) niewyraźny; (*light*) przyćmiony; (*memory*) niewyraźny, mglisty; (*eyesight*) osłabiony; (*prospects*) ponury; (*inf: person*) ciemny (*inf*) ♦ *vt* (*light*) przyciemniać (przyciemnić *perf*); (*US*): **to dim one's lights** włączać (włączyć *perf*) światła mijania.

dime [daɪm] (*US*) *n* dziesięciocentówka *f*.

dimension [daɪ'menʃən] *n* (*aspect, measurement*) wymiar *m*; (*also pl: scale, size*) rozmiary *pl*.

diminish [dɪ'mɪnɪʃ] *vi* zmniejszać się (zmniejszyć się *perf*), maleć (zmaleć *perf*).

diminutive [dɪ'mɪnjutɪv] *adj* malutki, maleńki ♦ *n* (*LING*) zdrobnienie *nt*.

dimple ['dɪmpl] *n* (*on cheek, chin*) dołeczek *m*.

din [dɪn] *n* hałas *m*, gwar *m*.

dine [daɪn] *vi* jeść (zjeść *perf*) obiad.

diner ['daɪnə*] n (in restaurant) gość
m; (US) (tania) restauracja f.

dinghy ['dɪŋgɪ] n (also: **rubber
dinghy**) nadmuchiwana łódź f
ratunkowa; (also: **sailing dinghy**)
bączek m, bąk m.

dingy ['dɪndʒɪ] adj (streets, room)
obskurny; (clothes, curtains: dirty)
przybrudzony; (: faded) wyblakły,
wypłowiały.

dining car ['daɪnɪŋ-] (BRIT) n wagon
m restauracyjny.

dining room n (in house) pokój m
jadalny or stołowy, jadalnia f; (in
hotel) restauracja f.

dinner ['dɪnə*] n (evening meal) ≈
kolacja f; (lunch) ≈ obiad m;
(banquet) przyjęcie nt.

dinner jacket n smoking m.

dinosaur ['daɪnəsɔ:*] n dinozaur m.

dip [dɪp] n (slope) nachylenie nt,
spadek m; (CULIN) sos m (do
maczania zakąsek), dip m ♦ vt
zanurzać (zanurzyć perf), zamaczać
(zamoczyć perf) ♦ vi opadać (opaść
perf); **to take a dip, go for a dip** iść
(pójść perf) popływać; **to dip the
headlights** (BRIT) włączać (włączyć
perf) światła mijania.

diploma [dɪ'pləumə] n dyplom m.

diplomacy [dɪ'pləuməsɪ] n
dyplomacja f.

diplomat ['dɪpləmæt] n dyplomata
(-tka) m(f).

diplomatic [dɪplə'mætɪk] adj
dyplomatyczny.

dip switch (BRIT: AUT) n
przełącznik m świateł (mijania).

dire [daɪə*] adj (danger, misery)
skrajny; (consequences) zgubny;
(prediction) złowieszczy.

direct [daɪ'rɛkt] adj bezpośredni ♦ vt
(letter, remarks, attention) kierować
(skierować perf); (company, project)
kierować (pokierować perf) +instr;
(play, film) reżyserować
(wyreżyserować perf);: **to direct sb**

to do sth polecać (polecić perf)
komuś zrobić coś ♦ adv
bezpośrednio; **can you direct me to
...?** czy może mi Pan/Pani wskazać
drogę do +gen?

direction [dɪ'rɛkʃən] n (way)
kierunek m, strona f; (TV, RADIO,
FILM) reżyseria f; **directions** npl
wskazówki pl; **sense of direction**
orientacja (w terenie); **directions
for use** przepis użytkowania.

directly [dɪ'rɛktlɪ] adv bezpośrednio.

director [dɪ'rɛktə*] n (COMM)
członek m rady nadzorczej; (of
project) kierownik (-iczka) m(f); (TV,
RADIO, FILM) reżyser m.

directory [dɪ'rɛktərɪ] n (TEL) książka
f telefoniczna; (COMPUT) katalog
m; (COMM) zarząd m.

directory enquiries (US **directory
assistance**) n biuro nt numerów.

dirt [də:t] n brud m; (earth) ziemia f.

dirt-cheap ['də:t'tʃi:p] adj tani jak
barszcz ♦ adv za psie pieniądze.

dirty ['də:tɪ] adj brudny; (joke, story)
nieprzyzwoity ♦ vt brudzić
(zabrudzić perf or pobrudzić perf).

disability [dɪsə'bɪlɪtɪ] n (physical)
kalectwo nt, inwalidztwo nt;
(mental) upośledzenie nt (umysłowe).

disabled [dɪs'eɪbld] adj (physically)
kaleki; (mentally) upośledzony
(umysłowo) ♦ npl: **the disabled**
inwalidzi vir pl.

disadvantage [dɪsəd'vɑ:ntɪdʒ] n
ujemna strona f, wada f; **to work to
sb's disadvantage** działać na czyjąś
niekorzyść.

disagree [dɪsə'gri:] vi nie zgadzać
się, być innego or odmiennego
zdania; **to disagree with** (action,
proposal) być przeciwnym +dat.

disagreeable [dɪsə'gri:əbl] adj
nieprzyjemny.

disagreement [dɪsə'gri:mənt] n (lack
of consensus) różnica f zdań;
(refusal to agree) niezgoda f;

(*between statements, reports*) niezgodność *f*; (*argument*) nieporozumienie *nt*.

disappear [dɪsə'pɪə*] *vi* znikać (zniknąć *perf*); (*custom etc*) zanikać (zaniknąć *perf*).

disappearance [dɪsə'pɪərəns] *n* zniknięcie *nt*; (*of custom etc*) zanik *m*.

disappoint [dɪsə'pɔɪnt] *vt* rozczarowywać (rozczarować *perf*), zawodzić (zawieść *perf*).

disappointed [dɪsə'pɔɪntɪd] *adj* rozczarowany, zawiedziony.

disappointing [dɪsə'pɔɪntɪŋ] *adj* (*result*) nie spełniający oczekiwań; (*book etc*) zaskakująco słaby.

disappointment [dɪsə'pɔɪntmənt] *n* rozczarowanie *nt*, zawód *m*.

disapproval [dɪsə'pruːvəl] *n* dezaprobata *f*.

disapprove [dɪsə'pruːv] *vi*: **to disapprove of** nie pochwalać +*gen*.

disarm [dɪs'ɑːm] *vt* (*lit, fig*) rozbrajać (rozbroić *perf*).

disarmament [dɪs'ɑːməmənt] *n* rozbrojenie *nt*.

disarming [dɪs'ɑːmɪŋ] *adj* rozbrajający.

disarray *n* [dɪsə'reɪ]: **in disarray** w nieładzie.

disaster [dɪ'zɑːstə*] *n* (*natural*) klęska *f* żywiołowa; (*AVIAT etc*) katastrofa *f*; (*fig*) nieszczęście *nt*, katastrofa *f*.

disastrous [dɪ'zɑːstrəs] *adj* katastrofalny.

disband [dɪs'bænd] *vt* (*regiment, group*) rozwiązywać (rozwiązać *perf*) ♦ *vi* rozwiązywać się (rozwiązać się *perf*).

disbelief ['dɪsbə'liːf] *n* niedowierzanie *nt*.

disc [dɪsk] *n* (*ANAT*) dysk *m*; (*record*) płyta *f*, krążek *m*; (*COMPUT*) = **disk**.

discard [dɪs'kɑːd] *vt* wyrzucać (wyrzucić *perf*), pozbywać się (pozbyć się *perf*) +*gen*; (*fig*)

porzucać (porzucić *perf*), odrzucać (odrzucić *perf*).

discern [dɪ'səːn] *vt* (*perceive*) (ledwie) dostrzegać (dostrzec *perf*); (*discriminate*) rozróżniać (rozróżnić *perf*); (*understand*) rozeznawać się (rozeznać się *perf*) w +*loc*.

discerning [dɪ'səːnɪŋ] *adj* (*judgement, look*) wnikliwy; (*audience*) wyrobiony.

discharge [dɪs'tʃɑːdʒ] *vt* (*duties*) wypełniać (wypełnić *perf*); (*waste*) wydalać (wydalić *perf*); (*patient*) wypisywać (wypisać *perf*); (*employee, defendant, soldier*) zwalniać (zwolnić *perf*) ♦ *n* (*CHEM*) emisja *f*; (*ELEC*) wyładowanie *nt*, rozładowanie *nt*; (*MED*) wydzielina *f*, wysięk *m*; (*of patient*) wypisanie *nt* (ze szpitala); (*of defendant, soldier*) zwolnienie *nt*.

disciple [dɪ'saɪpl] *n* (*REL, fig*) uczeń/ uczennica *m/f*.

discipline ['dɪsɪplɪn] *n* dyscyplina *f* ♦ *vt* (*train*) narzucać (narzucić *perf*) dyscyplinę +*dat*; (*punish*) karać (ukarać *perf*) (dyscyplinarnie).

disc jockey *n* dyskdżokej *m*.

disclaim [dɪs'kleɪm] *vt* wypierać się (wyprzeć się *perf*) +*gen*.

disclose [dɪs'kləʊz] *vt* ujawniać (ujawnić *perf*).

disclosure [dɪs'kləʊʒə*] *n* ujawnienie *nt*.

disco ['dɪskəʊ] *n abbr* = **discothèque**.

discolo(u)red [dɪs'kʌləd] *adj* przebarwiony.

discomfort [dɪs'kʌmfət] *n* (*unease*) zakłopotanie *nt*, zażenowanie *nt*; (*physical*) dyskomfort *m*; (*inconvenience*) niewygoda *f*.

disconcert [dɪskən'səːt] *vt* (*perturb*) niepokoić (zaniepokoić *perf*); (*embarass*) wprawiać (wprawić *perf*) w zakłopotanie.

disconnect [dɪskə'nɛkt] *vt* odłączać

(odłączyć *perf*); (*TEL*) rozłączać
(rozłączyć *perf*).

discontent [dɪskən'tɛnt] *n*
niezadowolenie *nt*.

discontinue [dɪskən'tɪnju:] *vt*
przerywać (przerwać *perf*).

discord ['dɪskɔ:d] *n* niezgoda *f*;
(*MUS*) dysonans *m*.

discount ['dɪskaunt] *n* zniżka *f*, rabat
m ♦ *vt* (*COMM*) udzielać (udzielić
perf) rabatu w wysokości +*gen*;
(*idea, fact*) pomijać (pominąć *perf*),
nie brać (nie wziąć *perf*) pod uwagę
+*gen*.

discourage [dɪs'kʌrɪdʒ] *vt*
zniechęcać (zniechęcić *perf*); **to
discourage sb from doing sth**
zniechęcać (zniechęcić *perf*) kogoś
do (z)robienia czegoś.

discouraging [dɪs'kʌrɪdʒɪŋ] *adj*
zniechęcający.

discourteous [dɪs'kə:tɪəs] *adj*
nieuprzejmy, niegrzeczny.

discover [dɪs'kʌvə*] *vt* odkrywać
(odkryć *perf*); (*missing person,
object*) odnajdować (odnaleźć *perf*);
to discover that ... odkrywać
(odkryć *perf*), że ... .

discovery [dɪs'kʌvərɪ] *n* odkrycie *nt*;
(*of missing person, object*)
odnalezienie *nt*.

discredit [dɪs'krɛdɪt] *vt*
dyskredytować (zdyskredytować
perf).

discreet [dɪs'kri:t] *adj* dyskretny;
(*distance*) bezpieczny.

discrepancy [dɪs'krɛpənsɪ] *n*
rozbieżność *f*.

discretion [dɪs'krɛʃən] *n* dyskrecja *f*;
at the discretion of według uznania
+*gen*; **use your own discretion**
zdecyduj sam.

discriminate [dɪs'krɪmɪneɪt] *vi*: **to
discriminate between sth and sth**
odróżniać (odróżnić *perf*) coś od
czegoś; **to discriminate against**
dyskryminować +*acc*.

discriminating [dɪs'krɪmɪneɪtɪŋ] *adj*
(*public*) wyrobiony.

discrimination [dɪskrɪmɪ'neɪʃən] *n*
(*bias*) dyskryminacja *f*;
(*discernment*) rozeznanie *nt*.

discuss [dɪs'kʌs] *vt* (*talk over*)
omawiać (omówić *perf*); (*analyse*)
dyskutować o +*loc* or nad +*instr*
(przedyskutować *perf* +*acc*).

discussion [dɪs'kʌʃən] *n* dyskusja *f*;
under discussion omawiany,
będący przedmiotem dyskusji.

disdain [dɪs'deɪn] *n* pogarda *f*.

disease [dɪ'zi:z] *n* (*lit, fig*) choroba *f*.

disembark [dɪsɪm'ba:k] *vt* (*freight*)
wyładowywać (wyładować *perf*);
(*passengers*) wysadzać (wysadzić
perf) ♦ *vi* wysiadać (wysiąść *perf*).

disenchanted ['dɪsɪn'tʃɑ:ntɪd] *adj*:
disenchanted (with) rozczarowany
(+*instr*), pozbawiony złudzeń (co do
+*gen*).

disfigure [dɪs'fɪgə*] *vt* oszpecać
(oszpecić *perf*), zeszpecać (zeszpecić
perf).

disgrace [dɪs'greɪs] *n* hańba *f* ♦ *vt*
przynosić (przynieść *perf*) hańbę
+*dat*, hańbić (zhańbić *perf*).

disgraceful [dɪs'greɪsful] *adj*
haniebny, hańbiący.

disgruntled [dɪs'grʌntld] *adj*
rozczarowany.

disguise [dɪs'gaɪz] *n* (*costume*)
przebranie *nt*; (*art*) kamuflaż *m* ♦ *vt*:
to disguise sb (as) przebierać
(przebrać *perf*) kogoś (za +*acc*); **in
disguise** w przebraniu.

disgust [dɪs'gʌst] *n* obrzydzenie *nt*,
wstręt *m* ♦ *vt* wzbudzać (wzbudzić
perf) obrzydzenie or wstręt w +*loc*,
napawać obrzydzeniem or wstrętem.

disgusting [dɪs'gʌstɪŋ] *adj*
obrzydliwy, wstrętny.

dish [dɪʃ] *n* (*piece of crockery*)
naczynie *nt*; (*shallow plate*) półmisek
m; (*recipe, food*) potrawa *f*; **to do** or

wash the dishes zmywać
(pozmywać *perf*) (naczynia).
dishcloth [ˈdɪʃklɔθ] *n* (*for drying*)
ścier(ecz)ka *f* do naczyń; (*for
washing*) zmywak *m* (do naczyń).
dishearten [dɪsˈhɑːtn] *vt* zniechęcać
(zniechęcić *perf*).
dishevelled [dɪˈʃevəld] (*US*
disheveled) *adj* (*hair*)
rozczochrany; (*clothes*) w nieładzie
post.
dishonest [dɪsˈɔnɪst] *adj* nieuczciwy.
dishonesty [dɪsˈɔnɪstɪ] *n*
nieuczciwość *f*.
dishonour [dɪsˈɔnə*] (*US*
dishonor) *n* hańba *f*.
dishtowel [ˈdɪʃtauəl] (*US*) *n*
ścier(ecz)ka *f* do naczyń.
dishwasher [ˈdɪʃwɔʃə*] *n* zmywarka
f (do naczyń).
disillusion [dɪsɪˈluːʒən] *vt* pozbawiać
(pozbawić *perf*) złudzeń ♦ *n* =
disillusionment.
disillusionment [dɪsɪˈluːʒənmənt] *n*
rozczarowanie *nt*.
disinfect [dɪsɪnˈfekt] *vt* odkażać
(odkazić *perf*), dezynfekować
(zdezynfekować *perf*).
disinfectant [dɪsɪnˈfektənt] *n* środek
m odkażający *or* dezynfekujący.
disintegrate [dɪsˈɪntɪgreɪt] *vi*
rozpadać się (rozpaść się *perf*).
disinterested [dɪsˈɪntrəstɪd] *adj*
(*impartial*) bezinteresowny.
disk [dɪsk] *n* dysk *m*; (*floppy*)
dyskietka *f*.
disk drive *n* stacja *f or* napęd *m*
dysków.
diskette [dɪsˈket] (*US*) *n* dyskietka *f*.
dislike [dɪsˈlaɪk] *n* (*feeling*) niechęć *f*;
one's dislikes rzeczy, których się
nie lubi ♦ *vt* nie lubić +*gen*.
dislocate [ˈdɪsləkeɪt] *vt* (*joint*)
zwichnąć (*perf*).
dislodge [dɪsˈlɔdʒ] *vt* wyrywać
(wyrwać *perf*).
disloyal [dɪsˈlɔɪəl] *adj*: **disloyal (to)**

nielojalny (wobec *or* w stosunku do
+*gen*).
dismal [ˈdɪzml] *adj* (*weather, mood,
prospects*) ponury; (*results*) fatalny.
dismantle [dɪsˈmæntl] *vt* (*machine*)
rozbierać (rozebrać *perf*),
demontować (zdemontować *perf*).
dismay [dɪsˈmeɪ] *n* (wielki) niepokój
m, konsternacja *f* ♦ *vt* napełniać
(napełnić *perf*) niepokojem *or*
konsternacją.
dismiss [dɪsˈmɪs] *vt* (*worker*)
zwalniać (zwolnić *perf*) (z pracy);
(*pupils*) puszczać (puścić *perf*) (*do
domu lub na przerwę*); (*soldiers*)
rozpuszczać (rozpuścić *perf*);
(*possibility, problem*) lekceważyć
(zlekceważyć *perf*); (*JUR: case*)
oddalać (oddalić *perf*).
dismissal [dɪsˈmɪsl] *n* zwolnienie *nt*
(z pracy).
dismount [dɪsˈmaunt] *vi* zsiadać
(zsiąść *perf*) (*z konia, roweru*).
disobedience [dɪsəˈbiːdɪəns] *n*
nieposłuszeństwo *nt*.
disorder [dɪsˈɔːdə*] *n* (*untidiness*)
nieporządek *m*, bałagan *m*; (*rioting*)
niepokoje *pl*, rozruchy *pl*; (*MED*)
zaburzenia *pl*.
disorderly [dɪsˈɔːdəlɪ] *adj* (*room*)
nieporządny; (*meeting*) chaotyczny;
(*behaviour*) rozpasany.
disorganized [dɪsˈɔːgənaɪzd] *adj* źle
zorganizowany.
disown [dɪsˈaun] *vt* (*action*) wypierać
się (wyprzeć się *perf*) +*gen*; (*child*)
wyrzekać się (wyrzec się *perf*) +*gen*.
disparaging [dɪsˈpærɪdʒɪŋ] *adj*
pogardliwy, lekceważący.
disparity [dɪsˈpærɪtɪ] *n* nierówność *f*,
różnica *f*.
dispassionate [dɪsˈpæʃənət] *adj*
beznamiętny.
dispatch [dɪsˈpætʃ] *vt* (*send*) wysyłać
(wysłać *perf*) ♦ *n* (*sending*) wysyłka
f, wysłanie *nt*; (*PRESS*) doniesienie

nt, depesza *f*; (*MIL*) meldunek *m*,
komunikat *m*.

dispel [dɪsˈpel] *vt* rozwiewać
(rozwiać *perf*).

dispense [dɪsˈpens] *vt* (*medicines*)
wydawać (wydać *perf*).

▶**dispense with** *vt fus* (*do without*)
obchodzić się (obejść się *perf*) *or*
obywać się (obyć się *perf*) bez +*gen*;
(*get rid of*) pozbywać się (pozbyć
się *perf*) +*gen*.

dispenser [dɪsˈpensə*] *n*: **drinks
dispenser** automat *m* z napojami;
cash dispenser bankomat; **soap
dispenser** dozownik mydła.

disperse [dɪsˈpəːs] *vt* rozpraszać
(rozproszyć *perf*) ♦ *vi* rozpraszać się
(rozproszyć się *perf*).

dispirited [dɪsˈpɪrɪtɪd] *adj*
zniechęcony.

displaced person [dɪsˈpleɪst-] *n*
wysiedleniec *m*.

display [dɪsˈpleɪ] *n* (*in shop window*)
wystawa *f*; (*of fireworks etc*) pokaz
m; (*of feelings*) okazywanie *nt*;
(*COMPUT*) monitor *m*; (*TECH*)
wyświetlacz *m* ♦ *vt* (*collection,
goods*) wystawiać (wystawić *perf*);
(*feelings*) okazywać (okazać *perf*).

displeased [dɪsˈpliːzd] *adj*:
displeased with niezadowolony z
+*gen*.

displeasure [dɪsˈpleʒə*] *n*
niezadowolenie *nt*.

disposable [dɪsˈpəuzəbl] *adj* (*lighter,
bottle, syringe*) jednorazowy.

disposal [dɪsˈpəuzl] *n* (*of rubbish*)
wywóz *m*; (*of radioactive waste*)
usuwanie *nt*; (*of body, unwanted
goods*) pozbycie się *nt*; **at one's
disposal** do (swojej) dyspozycji.

dispose [dɪsˈpəuz]: **dispose of** *vt fus*
(*body, unwanted goods*) pozbywać
się (pozbyć się *perf*) +*gen*; (*problem,
task*) radzić (poradzić *perf*) sobie z
+*instr*.

disposed [dɪsˈpəuzd] *adj*: **to be**

disposed to do sth (*inclined*) być
skłonnym coś zrobić; (*willing*) mieć
ochotę coś zrobić; **to be well
disposed towards** być przyjaźnie
usposobionym *or* nastawionym do
+*gen*.

disposition [dɪspəˈzɪʃən] *n* (*nature*)
usposobienie *nt*; (*inclination*)
skłonność *f*.

disproportionate [dɪsprəˈpɔːʃənət]
adj nieproporcjonalny.

disprove [dɪsˈpruːv] *vt* (*belief, theory*)
obalać (obalić *perf*).

dispute [dɪsˈpjuːt] *n* spór *m* ♦ *vt* (*fact,
statement*) podawać (podać *perf*) w
wątpliwość, kwestionować
(zakwestionować *perf*); (*ownership
etc*) spierać się o +*acc*.

disqualify [dɪsˈkwɔlɪfaɪ] *vt* (*SPORT*)
dyskwalifikować (zdyskwalifikować
perf); **to disqualify sb for sth**
dyskwalifikować (zdyskwalifikować
perf) *or* wykluczać (wykluczyć *perf*)
kogoś za coś; **to disqualify sb from
doing sth** odbierać (odebrać *perf*)
komuś prawo robienia czegoś.

disregard [dɪsrɪˈgɑːd] *vt* lekceważyć,
nie zważać na +*acc*.

disrespectful [dɪsrɪˈspektful] *adj*
(*person*) lekceważący; (*conduct*)
obraźliwy.

disrupt [dɪsˈrʌpt] *vt* (*plans*)
krzyżować (pokrzyżować *perf*);
(*conversation, proceedings*)
przerywać (przerwać *perf*); (*event,
process*) zakłócać (zakłócić *perf*).

disruption [dɪsˈrʌpʃən] *n* zakłócenie
nt.

dissatisfaction [dɪssætɪsˈfækʃən] *n*
niezadowolenie *nt*.

dissatisfied [dɪsˈsætɪsfaɪd] *adj*
niezadowolony; **dissatisfied with**
niezadowolony z +*gen*.

disseminate [dɪˈsemɪneɪt] *vt*
rozpowszechniać (rozpowszechnić
perf).

dissent [dɪˈsent] *n* (*disagreement*)

różnica *f* zdań *or* poglądów; (*protest*) protest *m*.

dissertation [dɪsəˈteɪʃən] *n* rozprawa *f*, dysertacja *f*.

dissident [ˈdɪsɪdnt] *adj* dysydencki ♦ *n* dysydent(ka) *m(f)*.

dissimilar [dɪˈsɪmɪlə*] *adj* odmienny, różny; **dissimilar to** niepodobny do +*gen*.

dissociate [dɪˈsəuʃɪeɪt] *vt* rozdzielać (rozdzielić *perf*), oddzielać (oddzielić *perf*); **to dissociate o.s. from** odcinać się (odciąć się *perf*) od +*gen*.

dissolution [dɪsəˈluːʃən] *n* (*breaking up officially*) rozwiązanie *nt*; (*decay*) rozpad *m*.

dissolve [dɪˈzɔlv] *vt* (*in liquid*) rozpuszczać (rozpuścić *perf*); (*organization, marriage*) rozwiązywać (rozwiązać *perf*) ♦ *vi* rozpuszczać się (rozpuścić się *perf*); **to dissolve in(to) tears** zalewać się (zalać się *perf*) łzami.

dissuade [dɪˈsweɪd] *vt*: **to dissuade sb from** odwodzić (odwieść *perf*) kogoś od +*gen*.

distance [ˈdɪstns] *n* (*interval*) odległość *f*; (*remoteness*) oddalenie *nt*; **in the distance** w oddali.

distant [ˈdɪstnt] *adj* (*place, time*) odległy; (*relative*) daleki; (*manner*) chłodny.

distaste [dɪsˈteɪst] *n* wstręt *m*, obrzydzenie *nt*.

distasteful [dɪsˈteɪstful] *adj* wstrętny, obrzydliwy.

distil [dɪsˈtɪl] (*US* **distill**) *vt* destylować.

distillery [dɪsˈtɪlərɪ] *n* gorzelnia *f*.

distinct [dɪsˈtɪŋkt] *adj* (*separate*) odrębny; (*different*) różny; (*clear*) wyraźny; (*unmistakable*) niewątpliwy, zdecydowany; **as distinct from** w odróżnieniu od +*gen*.

distinction [dɪsˈtɪŋkʃən] *n* (*difference*) różnica *f*; (*mark of respect, recognition of achievement*) wyróżnienie *nt*; **a writer of distinction** wybitny pisarz.

distinctive [dɪsˈtɪŋktɪv] *adj* wyróżniający.

distinguish [dɪsˈtɪŋgwɪʃ] *vt* (*differentiate*) odróżniać (odróżnić *perf*); (*identify*) rozpoznawać (rozpoznać *perf*); **to distinguish between** rozróżniać (rozróżnić *perf*) pomiędzy +*instr*; **to distinguish o.s.** (*in battle etc*) odznaczać się (odznaczyć się *perf*).

distinguished [dɪsˈtɪŋgwɪʃt] *adj* (*eminent*) wybitny; (*in appearance*) dystyngowany.

distinguishing [dɪsˈtɪŋgwɪʃɪŋ] *adj* wyróżniający.

distort [dɪsˈtɔːt] *vt* (*argument*) wypaczać (wypaczyć *perf*); (*sound, image, news*) zniekształcać (zniekształcić *perf*).

distortion [dɪsˈtɔːʃən] *n* (*of argument*) wypaczenie *nt*; (*of sound, image, news*) zniekształcenie *nt*.

distract [dɪsˈtrækt] *vt* (*person, attention*) rozpraszać (rozproszyć *perf*); **to distract sb's attention from sth** odrywać (oderwać *perf*) czyjąś uwagę od czegoś; **it distracted them from their work** to im przeszkadzało w pracy.

distracted [dɪsˈtræktɪd] *adj* (*dreaming*) nieuważny, roztargniony; (*anxious*) strapiony.

distraction [dɪsˈtrækʃən] *n* (*diversion*) zakłócenie *nt*; (*amusement*) rozrywka *f*.

distraught [dɪsˈtrɔːt] *adj*: **distraught with** (*pain, worry*) oszalały z +*gen*.

distress [dɪsˈtrɛs] *n* (*extreme worry*) rozpacz *f*; (*suffering*) cierpienie *nt* ♦ *vt* sprawiać (sprawić *perf*) ból *or* przykrość +*dat*.

distressing [dɪsˈtrɛsɪŋ] *adj* przykry.

distress signal *n* (*AVIAT, NAUT*) sygnał *m* SOS.

distribute [dɪsˈtrɪbjuːt] vt (hand out)
rozdawać (rozdać perf); (deliver)
rozprowadzać (rozprowadzić perf);
(share out) rozdzielać (rozdzielić
perf); (spread out) rozmieszczać
(rozmieścić perf).

distribution [dɪstrɪˈbjuːʃən] n (of
goods) rozprowadzanie nt; (of profits
etc) rozdział m.

district [ˈdɪstrɪkt] n (of country)
region m; (of town) dzielnica f;
(ADMIN) okręg m.

distrust [dɪsˈtrʌst] n nieufność f,
podejrzliwość f ♦ vt nie ufać or nie
dowierzać +dat.

disturb [dɪsˈtɜːb] vt (interrupt)
przeszkadzać (przeszkodzić perf)
+dat; (upset) martwić (zmartwić
perf); (rearrange) naruszać (naruszyć
perf).

disturbance [dɪsˈtɜːbəns] n
(emotional) niepokój m; (political etc)
niepokoje pl; (violent event) zajście
nt; (of mind) zaburzenia pl.

disturbed [dɪsˈtɜːbd] adj (worried,
upset) zaniepokojony, poruszony;
(childhood) trudny; **emotionally
disturbed** niezrównoważony
emocjonalnie.

disturbing [dɪsˈtɜːbɪŋ] adj
niepokojący, poruszający.

disused [dɪsˈjuːzd] adj (building)
opuszczony; (airfield) nie używany.

ditch [dɪtʃ] n (at roadside) rów m;
(irrigation ditch) kanał m ♦ vt (inf:
partner) rzucać (rzucić perf); (: plan)
zarzucać (zarzucić perf); (: car)
porzucać (porzucić perf).

dither [ˈdɪðə*] (pej) vi wahać się.

ditto [ˈdɪtəu] adv jak wyżej.

dive [daɪv] n (from board) skok m (do
wody); (underwater) nurkowanie nt ♦
vi (into water) skakać (skoczyć perf)
do wody; (under water) nurkować
(zanurkować perf); (submarine)
zanurzać się (zanurzyć się perf); **to
dive into** (bag, drawer) sięgać

(sięgnąć perf) do +gen; (shop, car)
dawać (dać perf) nura do +gen.

diver [ˈdaɪvə*] n (from board)
skoczek m (do wody).

diverge [daɪˈvɜːdʒ] vi rozchodzić się
(rozejść się perf).

divergent [daɪˈvɜːdʒənt] adj
(interests, views) rozbieżny; (groups)
różnorodny.

diverse [daɪˈvɜːs] adj różnorodny,
zróżnicowany.

diversify [daɪˈvɜːsɪfaɪ] vi (COMM)
poszerzać (poszerzyć perf) ofertę.

diversion [daɪˈvɜːʃən] n (BRIT: AUT)
objazd m; (distraction) urozmaicenie
nt, rozrywka f; (of investment etc)
zmiana f kierunku.

diversity [daɪˈvɜːsɪtɪ] n różnorodność
f, urozmaicenie nt.

divert [daɪˈvɜːt] vt (sb's attention)
odwracać (odwrócić perf); (money)
zmieniać (zmienić perf)
przeznaczenie +gen; (traffic)
zmieniać (zmienić perf) kierunek
+gen, kierować (skierować perf)
objazdem.

divide [dɪˈvaɪd] vt dzielić (podzielić
perf) ♦ vi dzielić się (podzielić się
perf).

dividend [ˈdɪvɪdend] n dywidenda f;
(fig): **to pay dividends** procentować
(zaprocentować perf).

divine [dɪˈvaɪn] adj (REL) boski,
boży; (fig) boski.

diving [ˈdaɪvɪŋ] n (underwater)
nurkowanie nt; (from board) skoki pl
do wody.

diving board n trampolina f.

divinity [dɪˈvɪnɪtɪ] n (quality) boskość
f; (god, goddess) bóstwo nt; (SCOL)
teologia f.

divisible [dɪˈvɪzəbl] (MATH) adj:
divisible (by) podzielny (przez +acc).

division [dɪˈvɪʒən] n (of cells,
property, within party) podział m;
(MATH) dzielenie nt; (MIL) dywizja
f; (esp FOOTBALL) liga f.

divorce [dɪ'vɔːs] n rozwód m ♦ vt
(spouse) rozwodzić się (rozwieść
się perf) z +instr; (sth from sth else)
oddzielać (oddzielić perf).
divorced [dɪ'vɔːst] adj rozwiedziony.
divorcee [dɪvɔː'siː] n rozwodnik
(-wódka) m(f).
divulge [daɪ'vʌldʒ] vt wyjawiać
(wyjawić perf).
DIY (BRIT) n abbr = **do-it-yourself**.
dizzy ['dɪzɪ] adj (height) zawrotny;
dizzy spell or **turn** atak zawrotów
głowy; **I feel dizzy** kręci mi się w
głowie.
DJ n abbr = **disc jockey** DJ m.

┌─────── KEYWORD ───────┐

do [duː] (pt **did**, pp **done**) aux vb **1**
(in negative constructions): **I don't
understand** nie rozumiem. **2** (to
form questions): **didn't you know?**
nie wiedziałaś?; **what do you
think?** jak myślisz? **3** (for emphasis)
istotnie, rzeczywiście; **she does
seem rather late** istotnie, wydaje
się, że się spóźnia; **oh do shut up!**
och, zamknij się wreszcie! (inf). **4**
(in polite expressions) (bardzo)
proszę; **do sit down/help yourself**
(bardzo) proszę usiąść/poczęstować
się. **5** (used to avoid repeating vb):
she swims better than I do ona
pływa lepiej niż ja or ode mnie;
who made this mess? – I did kto
tak nabałaganił – ja. **6** (in question
tags) prawda; **you like him, don't
you?** lubisz go, prawda?; **I don't
know him, do I?** przecież go nie
znam ♦ vt **1** (usu) robić (zrobić
perf); **what are you doing tonight?**
co robisz (dziś) wieczorem?; **I've
got nothing to do** nie mam nic do
roboty; **to do the cooking** gotować.
2 (AUT etc: of distance): **we've
done 200 km already** zrobiliśmy
już 200 km; (: of speed): **the car
was doing 100** samochód jechał

setką ♦ vi **1** (act, behave) robić
(zrobić perf); **do as I tell you** rób,
jak ci każę; **you did well to come
so quickly** dobrze zrobiłeś, że tak
szybko przyszedłeś. **2** (get on)
radzić sobie; **he's doing well/badly
at school** dobrze/źle sobie radzi w
szkole; **how do you do?** miło mi
Pana/Panią poznać. **3** (suit) nadawać
się (nadać się perf); **will it do?** czy
to się nada? **4** (be sufficient)
starczać (starczyć perf), wystarczać
(wystarczyć perf); **will 10 pounds
do?** czy wystarczy dziesięć
funtów?; **to make do with**
zadowalać się (zadowolić się perf)
+instr ♦ n (inf) impreza f (inf); **we're
having a little do on Saturday** w
sobotę robimy małą imprezę.

└─────────────────────────┘

docile ['dəusaɪl] adj potulny.
dock [dɔk] n (NAUT) dok m; (JUR)
ława f oskarżonych ♦ vi (ship)
wchodzić (wejść perf) do portu; (two
spacecraft) łączyć się (połączyć się
perf); **docks** npl (NAUT) port m.
docker ['dɔkə*] n doker m.
dockyard ['dɔkjaːd] n stocznia f.
doctor ['dɔktə*] n (MED) lekarz
(-arka) m(f); (PhD etc) doktor m ♦ vt
(figures, election results) fałszować
(sfałszować perf).
doctorate ['dɔktərɪt] n doktorat m.
doctrine ['dɔktrɪn] n doktryna f.
document ['dɔkjumənt] n dokument
m.
documentary [dɔkju'mɛntərɪ] n film
m dokumentalny.
documentation [dɔkjumən'teɪʃən] n
dokumentacja f.
dodge [dɔdʒ] n unik m ♦ vt (tax)
uchylać się (uchylić się perf) od
+gen; (blow, ball) uchylać się
(uchylić się perf) przed +instr; **to
dodge out of the way** uskakiwać
(uskoczyć perf); **to dodge through**

the traffic przemykać się (przemknąć się *perf*) między samochodami.

doe [dəu] *n* (*deer*) łania *f*; (*rabbit*) królica *f*.

does [dʌz] *vb see* **do**.

doesn't ['dʌznt] = **does not**.

dog [dɔg] *n* pies *m* ♦ *vt* (*person*) chodzić za +*instr*; (*bad luck, memory*) prześladować.

dog collar *n* (*of dog*) obroża *f*; (*inf: of priest*) koloratka *f*.

dog-eared ['dɔgɪəd] *adj* (*book etc*) zniszczony.

dogged ['dɔgɪd] *adj* uparty, zawzięty.

dogma ['dɔgmə] *n* dogmat *m*.

dogmatic [dɔg'mætɪk] *adj* dogmatyczny.

doings ['duɪŋz] *npl* poczynania *pl*.

do-it-yourself ['du:ɪtjɔ:'sɛlf] *n* majsterkowanie *nt*.

dole [dəul] (*BRIT: inf*) *n* zasiłek *m*; **to be on the dole** być na zasiłku.

►**dole out** *vt* wydzielać (wydzielić *perf*).

doleful ['dəulful] *adj* smętny, żałosny.

doll [dɔl] *n* (*toy*) lalka *f*; (*US: inf: attractive woman*) laska *f* (*inf*).

dollar ['dɔlə*] (*US etc*) *n* dolar *m*.

dolphin ['dɔlfɪn] *n* delfin *m*.

domain [də'meɪn] *n* (*sphere*) dziedzina *f*; (*empire*) królestwo *nt* (*fig*).

dome [dəum] *n* kopuła *f*.

domestic [də'mɛstɪk] *adj* (*trade, policy*) wewnętrzny; (*flight*) krajowy; (*animals, tasks, happiness*) domowy.

domesticated [də'mɛstɪkeɪtɪd] *adj* (*animal*) oswojony.

dominant ['dɔmɪnənt] *adj* (*share*) przeważający; (*role*) główny; (*partner*) dominujący.

dominate ['dɔmɪneɪt] *vt* (*discussion*) dominować (zdominować *perf*); (*people, place*) mieć zwierzchnictwo nad +*instr*.

domineering [dɔmɪ'nɪərɪŋ] *adj* apodyktyczny.

dominion [də'mɪnɪən] *n* (*territory*) dominium *nt*; (*authority*): **to have dominion over** mieć zwierzchnictwo nad +*instr*.

domino ['dɔmɪnəu] (*pl* **dominoes**) *n* klocek *m* domina.

dominoes ['dɔmɪnəuz] *n* domino *nt* (*gra*).

don [dɔn] *n* (*BRIT*) nauczyciel *m* akademicki (*zwłaszcza w Oxfordzie lub Cambridge*).

donate [də'neɪt] *vt*: **to donate (to)** ofiarowywać (ofiarować *perf*) (na +*acc*).

donation [də'neɪʃən] *n* (*act of giving*) ofiarowanie *nt*; (*contribution*) darowizna *f*.

done [dʌn] *pp of* **do**.

donkey ['dɔŋkɪ] *n* osioł *m*.

donor ['dəunə*] *n* (*MED*) dawca *m*; (*to charity*) ofiarodawca *m*.

don't [dəunt] = **do not**.

doodle ['du:dl] *vi* gryzmolić, bazgrać.

doom [du:m] *n* fatum *nt* ♦ *vt*: **to be doomed to failure** być skazanym na porażkę.

doomsday ['du:mzdeɪ] *n* sądny dzień *m*; (*REL*): **Doomsday** dzień *m* Sądu Ostatecznego.

door [dɔ:*] *n* (*of house, room, car*) drzwi *pl*; (*of cupboard*) drzwiczki *pl*.

doorbell ['dɔ:bɛl] *n* dzwonek *m* u drzwi.

door handle *n* klamka *f*.

doormat ['dɔ:mæt] *n* wycieraczka *f*.

doorstep ['dɔ:stɛp] *n* próg *m*.

doorway ['dɔ:weɪ] *n*: **in the doorway** w drzwiach.

dope [dəup] *n* (*inf: illegal drug*) narkotyk *m*; (: *medicine*) środek *m* odurzający; (: *person*) idiota (-tka) *m(f)* ♦ *vt* odurzać (odurzyć *perf*) (*przez podanie narkotyku*).

dopey ['dəupɪ] (*inf*) *adj* (*groggy*)

otumaniony, ogłupiały (*inf*); (*stupid*)
głupkowaty (*inf*).
dormant ['dɔːmənt] *adj* (*plant*) w
okresie spoczynku *post*; (*volcano*)
drzemiący.
dormitory ['dɔːmɪtrɪ] *n* (*room*)
sypialnia *f* (*wieloosobowa w
internacie*); (*US*) dom *m* akademicki,
akademik *m* (*inf*).
DOS [dɒs] (*COMPUT*) *n abbr* (= *disk
operating system*) DOS *m*.
dosage ['dəusɪdʒ] *n* (*MED*) dawka *f*.
dose [dəus] *n* (*of medicine*) dawka *f*.
dossier ['dɒsɪeɪ] *n* akta *pl*, dossier *nt
inv*.
dot [dɒt] *n* (*round mark*) kropka *f*;
(*speck, spot*) punkcik *m* ♦ *vt*: **dotted
with** (*pictures, decorations*)
upstrzony +*instr*; (*stars, freckles*)
usiany +*instr*; **on the dot** co do
minuty.
dote [dəut]: **to dote on** *vt fus* świata
nie widzieć poza +*instr*, mieć bzika
na punkcie +*gen* (*inf*).
dot-matrix printer [dɒt'meɪtrɪks-] *n*
drukarka *f* igłowa.
double ['dʌbl] *adj* podwójny ♦ *adv*:
to cost double kosztować
podwójnie ♦ *n* sobowtór *m* ♦ *vt*
(*offer, amount*) podwajać (podwoić
perf); (*paper, blanket*) składać
(złożyć *perf*) na pół ♦ *vi* podwajać
się (podwoić się *perf*); **on the
double,** (*BRIT*) **at the double** dwa
razy szybciej.
double bass *n* kontrabas *m*.
double bed *n* łóżko *nt* dwuosobowe.
double-breasted ['dʌbl'brestɪd] *adj*
(*jacket etc*) dwurzędowy.
double-cross *vt* wystawiać
(wystawić *perf*) do wiatru.
double-decker *n* autobus *m*
piętrowy.
double glazing [-'gleɪzɪŋ] (*BRIT*) *n*
podwójne szyby *pl*.
double room *n* pokój *m*
dwuosobowy.

doubles ['dʌblz] *n* debel *m*.
doubly ['dʌblɪ] *adv* podwójnie.
doubt [daut] *n* wątpliwość *f* ♦ *vt*
(*disbelieve*) wątpić (zwątpić *perf*) w
+*acc*; (*mistrust, suspect*) nie
dowierzać +*dat*; **without (a) doubt**
bez wątpienia; **to doubt if** *or*
whether ... wątpić, czy ... .
doubtful ['dautful] *adj* (*fact*)
niepewny; **to be doubtful about sth**
mieć wątpliwości co do czegoś.
doubtless ['dautlɪs] *adv*
niewątpliwie.
dough [dəu] *n* (*CULIN*) ciasto *nt*.
doughnut ['dəunʌt] (*US* **donut**) *n* ≈
pączek *m*.
dove [dʌv] *n* gołąb *m*; (*symbol of
peace*) gołąb(ek) *m*.
dowdy ['daudɪ] *adj* (*clothes*)
niemodny; (*person*) zaniedbany.
down [daun] *n* (*feathers*) puch *m*;
(*hair*) meszek *m* ♦ *adv* w dół ♦ *prep*
w dół +*gen* ♦ *vt* (*inf*: *drink*) wychylić
(*perf*); **the price of meat is down**
cena mięsa spadła; **I've got it down
in my diary** zapisałam to w
pamiętniku; **to pay 5 pounds down**
zapłacić (*perf*) 5 funtów zaliczki;
England are two goals down Anglia
przegrywa dwoma bramkami; **to
down tools** (*BRIT*) przerywać
(przerwać *perf*) pracę (*na znak
protestu*); **down with X!** precz z X!
downcast ['daunkɑːst] *adj* (*person*)
przybity.
downfall ['daunfɔːl] *n* upadek *m*.
downhill ['daun'hɪl] *adv*: **to go
downhill** (*road*) biec w dół zbocza;
(*person*) schodzić (zejść *perf*) ze
zbocza; (*car*) zjeżdżać (zjechać *perf*)
ze zbocza; (*fig*: *person*) staczać się
(stoczyć się *perf*); (: *business,
career*) podupadać (podupaść *perf*).
down payment *n* zaliczka *f*.
downpour ['daunpɔː*] *n* ulewa *f*.
downright ['daunraɪt] *adj* (*liar etc*)

skończony; (*lie, insult*) jawny ♦ *adv* wręcz.

Down's syndrome [daunz-] *n* zespół *m* Downa.

downstairs ['daun'stɛəz] *adv* (*below, on ground floor*) na dole; (*downwards, to ground floor*) na dół (po schodach).

downstream ['daunstri:m] *adv* (*be*) w dole rzeki; (*go*) w dół rzeki.

down-to-earth ['dauntu'ə:θ] *adj* (*realistic*) praktyczny; (*direct*) bezpośredni; (*reason*) przyziemny.

downtown ['daun'taun] *adv* (*in the centre*) w mieście *or* centrum; (*to the centre*) do miasta *or* centrum.

downward ['daunwəd] *adj*: **downward movement** ruch *m* ku dołowi *or* w dół ♦ *adv* ku dołowi, w dół.

downwards ['daunwədz] *adv* = **downward**.

dowry ['dauri] *n* posag *m*.

doz. *abbr* = **dozen**.

doze [dəuz] *vi* drzemać.
►**doze off** *vi* zdrzemnąć się (*perf*).

dozen ['dʌzn] *n* tuzin *m*; **a dozen books** tuzin książek; **dozens of** dziesiątki *+gen*.

Dr *abbr* = **doctor** dr.

drab [dræb] *adj* (*life, clothes*) szary, bezbarwny; (*weather*) ponury.

draft [drɑ:ft] *n* (*first version*) szkic *m*; (*POL: of bill*) projekt *m*; (*bank draft*) przekaz *m*; (*US: call-up*) pobór *m* ♦ *vt* (*plan*) sporządzać (sporządzić *perf*) projekt *or* szkic *+gen*; (*write roughly*) pisać (napisać *perf*) pierwszą wersję *+gen*; *see also* **draught**.

draftsman ['drɑ:ftsmən] (*US*) (*irreg like*: **man**) *n* = **draughtsman**.

drag [dræg] *vt* (*bundle, person*) wlec (zawlec *perf*); (*river*) przeszukiwać (przeszukać *perf*) ♦ *vi* (*time, event*) wlec się ♦ *n* (*inf: bore*) męka *f*.
►**drag on** *vi* wlec się.

dragon ['drægn] *n* smok *m*.

dragonfly ['drægənflaɪ] *n* ważka *f*.

drain [dreɪn] *n* (*in street*) studzienka *f* ściekowa; (*fig: on resources*) odpływ *m* ♦ *vt* (*land*) drenować, osuszać (osuszyć *perf*); (*marshes, pond*) osuszać (osuszyć *perf*); (*vegetables*) osączać (osączyć *perf*); (*glass, cup*) wysączyć (*perf*) napój z *+gen* ♦ *vi* spływać (spłynąć *perf*).

drainage ['dreɪnɪdʒ] *n* (*system*) system *m* odwadniający; (*process*) odwadnianie *nt*, drenaż *m*.

draining board ['dreɪnɪŋ-] (*US* **drainboard**) *n* ociekacz *m*.

drainpipe ['dreɪnpaɪp] *n* rura *f* odpływowa.

drama ['drɑ:mə] *n* (*lit, fig*) dramat *m*; (*of situation*) dramaturgia *f*.

dramatic [drə'mætɪk] *adj* (*theatrical, exciting*) dramatyczny; (*marked*) radykalny; (*sudden*) gwałtowny.

dramatist ['dræmətɪst] *n* dramaturg *m*, dramatopisarz (-arka) *m(f)*.

dramatize ['dræmətaɪz] *vt* (*events*) dramatyzować (udramatyzować *perf*); (*book, story*) adaptować (zaadaptować *perf*).

drank [dræŋk] *pt of* **drink**.

drape [dreɪp] *vt* drapować (udrapować *perf*).

drapes [dreɪps] (*US*) *npl* zasłony *pl*.

drastic ['dræstɪk] *adj* drastyczny.

draught [drɑ:ft] (*US* **draft**) *n* (*of wind*) podmuch *m*; (: *between open doors etc*) przeciąg *m*; (*NAUT*) zanurzenie *nt*; **beer on draught** piwo beczkowe.

draughtboard ['drɑ:ftbɔ:d] (*BRIT*) *n* plansza *f* do gry w warcaby, szachownica *f*.

draughts [drɑ:fts] (*BRIT*) *n* warcaby *pl*.

draughtsman ['drɑ:ftsmən] (*irreg like*: **man**) (*US* **draftsman**) *n* (*ART*) rysownik (-iczka) *m(f)*; (*TECH*) kreślarz (-arka) *m(f)*.

draw [drɔ:] (*pt* **drew**, *pp* **drawn**) *vt*
(*ART, TECH*) rysować (narysować
perf); (*cart etc*) ciągnąć; (*curtain:
close*) zaciągać (zaciągnąć *perf*),
zasuwać (zasunąć *perf*); (: *open*)
odsuwać (odsunąć *perf*); (*gun,
conclusion*) wyciągać (wyciągnąć
perf); (*tooth*) wyrywać (wyrwać
perf); (*attention*) przyciągać
(przyciągnąć *perf*); (*response*)
spotykać się (spotkać się *perf*) z
+*instr*; (*admiration*) wzbudzać
(wzbudzić *perf*); (*money*)
podejmować (podjąć *perf*); (*wages*)
otrzymywać ♦ *vi* (*ART, TECH*)
rysować; (*SPORT*) remisować
(zremisować *perf*) ♦ *n* (*SPORT*)
remis *m*; (*prize draw*) loteria *f*; **to
draw near** zbliżać się.
▶**draw out** *vi* (*train*) ruszać (ruszyć
perf) (*ze stacji*) ♦ *vt* (*money*)
podejmować (podjąć *perf*).
▶**draw up** *vi* (*car etc*) podjeżdżać
(podjechać *perf*) ♦ *vt* (*chair*)
przysuwać (przysunąć *perf*); (*plan*)
kreślić (nakreślić *perf*).
drawback ['drɔ:bæk] *n* wada *f*,
minus *m*.
drawbridge ['drɔ:brɪdʒ] *n* most *m*
zwodzony.
drawer [drɔ:*] *n* szuflada *f*.
drawing ['drɔ:ɪŋ] *n* rysunek *m*.
drawing board *n* deska *f* kreślarska,
rysownica *f*.
drawing pin (*BRIT*) *n* pinezka *f*.
drawing room *n* salon *m*.
drawn [drɔ:n] *pp of* **draw**.
dread [drɛd] *n* strach *m* ♦ *vt* bać się
+*gen*.
dreadful ['drɛdful] *adj* straszny.
dream [dri:m] (*pt, pp* **dreamed** *or*
dreamt) *n* (*while asleep*) sen *m*;
(: *PSYCH*) marzenie *nt* senne, sen
m; (*ambition*) marzenie *nt* ♦ *vi* (*while
asleep*): **I dreamt about my father**
śnił mi się ojciec; **she dreamt that
...** śniło jej się, że ...; (*fantasize*): **he**

dreamt about/that... marzył o
+*loc*/(o tym), że... .
dreamer ['dri:mə*] *n* (*fig*)
marzyciel(ka) *m(f)*.
dreamt [drɛmt] *pt, pp of* **dream**.
dreamy ['dri:mɪ] *adj* (*expression*)
rozmarzony; (*person*) marzycielski;
(*music*) kojący.
dreary ['drɪərɪ] *adj* (*depressing*)
ponury; (*boring*) drętwy.
dregs [drɛgz] *npl* (*of wine, juice*)
męty *pl*; (*of tea, coffee*) fusy *pl*.
drench [drɛntʃ] *vt* przemoczyć (*perf*).
dress [drɛs] *n* suknia *f*, sukienka *f*;
(*no pl*) odzież *f* ♦ *vt* (*child*) ubierać
(ubrać *perf*); (*wound*) opatrywać
(opatrzyć *perf*) ♦ *vi* ubierać się
(ubrać się *perf*); **to get dressed**
ubierać się (ubrać się *perf*).
▶**dress up** *vi* stroić się (wystroić się
perf); **to dress up (as)** przebierać
się (przebrać się *perf*) (za +*acc*).
dresser ['drɛsə*] *n* (*BRIT*) kredens
m; (*US*) komoda *f* (z lustrem).
dressing ['drɛsɪŋ] *n* (*MED*)
opatrunek *m*; (*CULIN*) sos *m*
(*sałatkowy*).
dressing gown (*BRIT*) *n* szlafrok *m*.
dressing room *n* (*THEAT*)
garderoba *f*; (*SPORT*) szatnia *f*,
przebieralnia *f*.
dressing table *n* toaletka *f*.
dressmaker ['drɛsmeɪkə*] *n*
krawiec/krawcowa *m/f*.
dress rehearsal *n* próba *f* generalna.
drew [dru:] *pt of* **draw**.
dribble ['drɪbl] *vi* (*liquid*) spływać,
ściekać; (*baby*) ślinić się ♦ *vt* (*ball*)
prowadzić (poprowadzić *perf*).
dried [draɪd] *adj* (*fruit*) suszony;
(*eggs, milk*) w proszku *post*.
drier ['draɪə*] *n* = **dryer**.
drift [drɪft] *n* (*of current*) prąd *m*; (*of
snow*) zaspa *f*; (*of thought, argument*)
sens *m* ♦ *vi* (*boat*) dryfować; (*sand,
snow*) tworzyć zaspy.
drill [drɪl] *n* (*drill bit*) wiertło *nt*;

(*machine: for DIY etc*) wiertarka *f*;
(: *of dentist*) wiertarka *f*
(dentystyczna); (: *for mining etc*)
świder *m*; (*MIL*) musztra *f* ♦ *vt* (*hole*)
wiercić (wywiercić *perf*); (*troops*)
musztrować ♦ *vi* wiercić.

drink [drɪŋk] (*pt* **drank**, *pp* **drunk**) *n*
(*fruit etc*) napój *m*; (*alcoholic*) drink
m; (*sip*) łyk *m* ♦ *vt* pić, wypijać
(wypić *perf*) ♦ *vi* pić; **a** (**hot/cold**)
drink coś (ciepłego/zimnego) do
picia; **cold/hot drinks** (*on menu etc*)
napoje zimne/gorące; **to have a**
drink napić się (*perf*); **would you**
like a drink of water? czy chciałbyś
się napić wody?

drinker ['drɪŋkə*] *n* pijący (-ca) *m(f)*;
to be a heavy drinker dużo pić.

drinking water *n* woda *f* pitna.

drip [drɪp] *n* (*noise*) kapanie *nt*;
(*MED*) kroplówka *f* ♦ *vi* (*water, rain*)
kapać; (*tap*) cieknąć, ciec.

drip-dry ['drɪp'draɪ] *adj* nie
wymagający prasowania.

drive [draɪv] (*pt* **drove**, *pp* **driven**)
n (*journey*) jazda *f or* podróż *f*
(samochodem); (*also:* **driveway**)
wjazd *m*, droga *f* dojazdowa;
(*energy*) werwa *f*, zapał *m*;
(*campaign*) działania *pl*; (*also:* **disk**
drive) stacja *f* dysków ♦ *vt* (*vehicle*)
prowadzić, kierować +*instr*; (*TECH:*
motor, wheel) napędzać; (*nail,*
stake): **to drive sth into sth** wbijać
(wbić *perf*) coś w coś ♦ *vi* (*as driver*)
prowadzić (samochód), jeździć
samochodem; (*travel*) jechać
(pojechać *perf*) (samochodem);
left-/right-hand drive
lewostronny/prawostronny układ
kierowniczy; **to drive sb home/to**
the airport zawozić (zawieźć *perf*)
or odwozić (odwieźć *perf*) kogoś do
domu/na lotnisko; **to drive sb mad**
doprowadzać (doprowadzić *perf*)
kogoś do szału; **what are you**
driving at? do czego zmierzasz?

driven ['drɪvn] *pp of* **drive**.

driver ['draɪvə*] *n* (*of car, bus*)
kierowca *m*; (*RAIL*) maszynista *m*.

driver's license ['draɪvəz-] (*US*) *n*
prawo *nt* jazdy.

driveway ['draɪvweɪ] *n* wjazd *m*,
droga *f* dojazdowa.

driving ['draɪvɪŋ] *n* prowadzenie *nt*
(samochodu), jazda *f* (samochodem).

driving licence (*BRIT*) *n* prawo *nt*
jazdy.

driving test *n* egzamin *m* na prawo
jazdy.

drizzle ['drɪzl] *n* mżawka *f*.

drone [drəun] *n* (*of insects*)
bzyczenie *nt*, brzęczenie *nt*; (*of*
engine) warkot *m*; (*of traffic*) szum
m; (*male bee*) truteń *m*.

drool [dru:l] *vi* ślinić się.

droop [dru:p] *vi* opadać (opaść *perf*),
zwieszać się (zwiesić się *perf*).

drop [drɔp] *n* (*of liquid*) kropla *f*;
(*reduction, distance*) spadek *m* ♦ *vt*
(*object*) upuszczać (upuścić *perf*);
(*voice*) zniżać (zniżyć *perf*); (*eyes*)
spuszczać (spuścić *perf*); (*price*)
zniżać (zniżyć *perf*), opuszczać
(opuścić *perf*); (*set down from car:*
person) wysadzać (wysadzić *perf*),
wyrzucać (wyrzucić *perf*) (*inf*);
(: *object*) podrzucać (podrzucić *perf*)
(*inf*); (*omit*) opuszczać (opuścić *perf*)
♦ *vi* (*object, temperature*) spadać
(spaść *perf*); (*wind*) ucichać
(ucichnąć *perf*); **drops** *npl* krople *pl*.

▶**drop in** (*inf*) *vi*: **to drop in (on sb)**
wpadać (wpaść *perf*) (do kogoś).

▶**drop off** *vi* zasypiać (zasnąć *perf*)
(*mimowolnie*) ♦ *vt* podrzucać
(podrzucić *perf*).

▶**drop out** *vi* wycofywać się
(wycofać się *perf*); **to drop out of**
school porzucać (porzucić *perf*)
szkołę.

dropper ['drɔpə*] *n* zakraplacz *m*.

droppings ['drɔpɪŋz] *npl* odchody *pl*
(*ptaków i małych zwierząt*).

drought [draut] n susza f.

drove [drəuv] pt of **drive**.

drown [draun] vt topić (utopić perf); (fig. also: **drown out**) zagłuszać (zagłuszyć perf) ♦ vi tonąć (utonąć perf), topić się (utopić się perf).

drowsy ['drauzı] adj senny, śpiący.

drudgery ['drʌdʒərı] n harówka f.

drug [drʌg] n (MED) lek m; (narcotic) narkotyk m ♦ vt podawać (podać perf) środki nasenne +dat; **to be on drugs** (MED) brać leki; (addicted) brać narkotyki; **hard/soft drugs** twarde/miękkie narkotyki.

drug addict n narkoman(ka) m(f).

drugstore ['drʌgstɔ:*] (US) n drogeria prowadząca też sprzedaż leków, napojów chłodzących i prostych posiłków.

drum [drʌm] n bęben m; (for oil etc) beczka f; **drums** npl perkusja f.

drummer ['drʌmə*] n perkusista (-tka) m(f).

drunk [drʌŋk] pp of **drink** ♦ adj pijany ♦ n pijak (-aczka) m(f); **to get drunk** upijać się (upić się perf).

drunken ['drʌŋkən] adj (laughter etc) pijacki; (person) pijany.

dry [draı] adj suchy; (lake) wyschnięty; (humour) ironiczny; (wine) wytrawny ♦ vt (clothes, hair) suszyć (wysuszyć perf); (ground) osuszać (osuszyć perf); (hands, dishes) wycierać (wytrzeć perf); (tears) ocierać (otrzeć perf) ♦ vi schnąć, wysychać (wyschnąć perf).

▶**dry up** vi (river, well) wysychać (wyschnąć perf).

dry-cleaner's ['draɪ'kli:nəz] n pralnia f chemiczna.

dry-cleaning ['draɪ'kli:nɪŋ] n czyszczenie nt or pranie nt chemiczne.

dryer ['draɪə*] n suszarka f.

dryness ['draɪnɪs] n suchość f.

DSS (BRIT) n abbr (= Department of Social Security) Ministerstwo nt Ubezpieczeń Społecznych.

dual ['djuəl] adj podwójny.

dual carriageway (BRIT) n droga f dwupasmowa.

dual nationality n podwójne obywatelstwo nt.

dubbed [dʌbd] adj (film) dubbingowany.

dubious ['dju:bɪəs] adj (claim, reputation) wątpliwy; (past, company) podejrzany; **to be dubious (about)** mieć wątpliwości (co do +gen).

Dublin ['dʌblɪn] n Dublin m.

duchess ['dʌtʃɪs] n księżna f.

duck [dʌk] n kaczka f ♦ vi (also: **duck down**) uchylać się (uchylić się perf).

duckling ['dʌklɪŋ] (ZOOL) n kaczątko nt, kaczuszka f; (CULIN) kaczka f.

duct [dʌkt] n przewód m, kanał m.

dud [dʌd] n (object) bubel m; (bomb) niewypał m ♦ adj: **dud cheque** (BRIT) czek m bez pokrycia.

due [dju:] adj (arrival) planowy; (publication, meeting) planowany; (money) należny; (attention) należny, należyty ♦ n: **to give sb his** (or **her**) **due** oddawać (oddać perf) komuś sprawiedliwość ♦ adv: **due north** dokładnie na północ; **dues** npl (for club, union) składki pl (członkowskie); (in harbour) opłaty pl postojowe; **in due course** w swoim czasie, we właściwym czasie; **due to** z powodu +gen; **to be due to do sth** mieć coś zrobić.

duel ['djuəl] n pojedynek m; (fig) konflikt m.

duet [dju:'et] n duet m.

dug [dʌg] pt, pp of **dig**.

duke [dju:k] n książę m.

dull [dʌl] adj (dark) mroczny; (boring) nudny; (pain, person) tępy; (sound)

głuchy; (*weather, day*) pochmurny ♦
vt przytępiać (przytępić *perf*).

duly ['dju:lɪ] *adv* (*properly*) należycie;
(*on time*) zgodnie z planem.

dumb [dʌm] *adj* niemy; (*pej*) głupi.

dumbfounded [dʌm'faʊndɪd] *adj*
oniemiały.

dummy ['dʌmɪ] *n* (*tailor's model*)
manekin *m*; (*COMM, TECH*) atrapa
f, makieta *f*; (*BRIT: for baby*)
smoczek *m* ♦ *adj* (*bullet*) ślepy;
(*firm*) fikcyjny.

dump [dʌmp] *n* (*also*: **rubbish
dump**) wysypisko *nt* (śmieci); (*inf:
place*) nora *f* (*inf*) ♦ *vt* (*throw down*)
rzucać (rzucić *perf*); (*get rid of*)
wyrzucać (wyrzucić *perf*);
(*COMPUT: data*) zrzucać (zrzucić
perf) (*inf*).

dumpling ['dʌmplɪŋ] *n* knedel *m*,
pyza *f*.

dune [dju:n] *n* wydma *f*.

dung [dʌŋ] *n* gnój *m*.

dungarees [dʌŋgə'ri:z] *npl* (*for work*)
kombinezon *m*.

dungeon ['dʌndʒən] *n* loch *m*.

duo ['dju:əʊ] *n* para *f*; (*MUS*) duet *m*.

dupe [dju:p] *n* naiwniak *m* ♦ *vt*
naciągać (naciągnąć *perf*) (*inf*).

duplicate ['dju:plɪkət] *n* kopia *f*,
duplikat *m* ♦ *vt* powielać (powielić
perf), kopiować (skopiować *perf*); **in
duplicate** w dwóch egzemplarzach.

duplicity [dju:'plɪsɪtɪ] *n* obłuda *f*.

durable ['djʊərəbl] *adj* trwały,
wytrzymały.

duration [djʊə'reɪʃən] *n* okres *m or*
czas *m* (trwania).

duress [djʊə'rɛs] *n*: **under duress**
pod przymusem.

during ['djʊərɪŋ] *prep* podczas +*gen*,
w czasie +*gen*.

dusk [dʌsk] *n* zmierzch *m*, zmrok *m*.

dust [dʌst] *n* kurz *m*, pył *m* ♦ *vt*
(*furniture*) odkurzać (odkurzyć *perf*);
(*cake etc*): **to dust with** posypywać
(posypać *perf*) +*instr*.

dustbin ['dʌstbɪn] (*BRIT*) *n* kosz *m*
na śmieci.

duster ['dʌstə*] *n* ściereczka *f* (do
kurzu).

dust jacket *n* obwoluta *f*.

dustman ['dʌstmən] (*BRIT*) (*irreg
like*: **man**) *n* śmieciarz *m*.

dusty ['dʌstɪ] *adj* zakurzony.

Dutch [dʌtʃ] *adj* holenderski ♦ *n*
(język *m*) holenderski ♦ *adv*: **to go
Dutch** (*inf*) płacić (zapłacić *perf*)
każdy za siebie; **the Dutch** *npl*
Holendrzy *vir pl*.

dutiful ['dju:tɪful] *adj* (*child*)
posłuszny.

duty ['dju:tɪ] *n* (*responsibility*)
obowiązek *m*; (*tax*) cło *nt*; **on/off
duty** na/po służbie.

duty-free ['dju:tɪ'fri:] *adj* wolny od
cła, wolnocłowy; **duty-free shop**
sklep wolnocłowy.

duvet ['du:veɪ] (*BRIT*) *n* kołdra *f*.

dwarf [dwɔ:f] (*pl* **dwarves**) *n* karzeł
m.

dwarves [dwɔ:vz] *npl of* **dwarf**.

dwell [dwel] (*pt, pp* **dwelt**) *vi*
mieszkać.

▸**dwell on** *vt fus* rozpamiętywać
+*acc*.

dwelling ['dwelɪŋ] *n* mieszkanie *nt*.

dwelt [dwelt] *pt, pp of* **dwell**.

dwindle ['dwɪndl] *vi* (*interest,
attendance*) maleć (zmaleć *perf*).

dye [daɪ] *n* (*for hair*) farba *f*; (*for
cloth*) barwnik *m* ♦ *vt* (*hair*)
farbować (ufarbować *perf*); (*cloth*)
barwić (zabarwić *perf*), farbować
(zafarbować *perf*).

dying ['daɪɪŋ] *adj* umierający.

dyke [daɪk] *n* (*BRIT*) grobla *f*.

dynamic [daɪ'næmɪk] *adj*
dynamiczny.

dynamite ['daɪnəmaɪt] *n* dynamit *m*.

dynamo ['daɪnəməʊ] *n* prądnica *f*
(prądu stałego), dynamo *nt*.

dynasty ['dɪnəstɪ] *n* dynastia *f*.

dyslexia [dɪs'lɛksɪə] *n* dysleksja *f*.

E

E [i:] n (MUS) E nt, e nt.

each [i:tʃ] adj każdy ♦ pron każdy; **they blamed each other** oskarżali się nawzajem; **they hate/love each other** oni się nienawidzą/kochają; **you are jealous of each other** jesteście o siebie zazdrośni; **they have two books each** mają po dwie książki każdy.

eager ['i:gə*] adj (keen) gorliwy; (excited) podniecony; **to be eager to do sth** być chętnym do zrobienia czegoś; **to be eager for** niecierpliwie oczekiwać +gen.

eagerly ['i:gəlɪ] adv (talk etc) z zapałem; (awaited) niecierpliwie.

eagle ['i:gl] n orzeł m.

ear [ɪə*] n (ANAT) ucho nt; (of corn) kłos m.

earache ['ɪəreɪk] n ból m ucha.

earl [ə:l] (BRIT) n ≈ hrabia m.

earlier ['ə:lɪə*] adj wcześniejszy ♦ adv wcześniej; **in earlier times** dawniej, niegdyś.

early ['ə:lɪ] adv (not late) wcześnie; (ahead of time) wcześniej ♦ adj (hours, stage, lunch) wczesny; (death) przedwczesny; (Christians, settlers) pierwszy; (reply) szybki; **early last week/month** na początku zeszłego tygodnia/miesiąca; **early in the morning** wcześnie rano, wczesnym rankiem; **in the early** or **early in the 19th century** w początkach 19. wieku; **in the early** or **early in the spring** wczesną wiosną; **to have an early night** kłaść się (położyć się perf) (spać) wcześniej; **you're early** przyszedłeś za wcześnie.

early retirement n: **to take early retirement** iść (pójść perf) na wcześniejszą emeryturę.

earn [ə:n] vt (salary) zarabiać

(zarobić perf); (COMM: profit) przynosić (przynieść perf); (praise) zyskiwać (zyskać perf); (hatred) zasłużyć (perf) na +acc.

earnest ['ə:nɪst] adj (wish, desire) szczery; (person, manner) poważny; **in earnest** adv na poważnie or serio ♦ adj: **she was in earnest about what she was to say** była (bardzo) przejęta tym, co miała powiedzieć.

earnings ['ə:nɪŋz] npl (personal) zarobki pl; (of company) dochody pl.

earphones ['ɪəfəunz] npl słuchawki pl.

earring ['ɪərɪŋ] n kolczyk m.

earth [ə:θ] n (planet) Ziemia f; (land, surface, soil) ziemia f; (BRIT: ELEC) uziemienie nt ♦ vt (BRIT) uziemiać (uziemić perf).

earthenware ['ə:θnwɛə*] n ceramika f, wyroby pl ceramiczne.

earthly ['ə:θlɪ] adj doczesny, ziemski; **earthly paradise** raj na ziemi; **there is no earthly reason to think that ...** nie ma najmniejszego powodu (, by) sądzić, że ... .

earthquake ['ə:θkweɪk] n trzęsienie nt ziemi.

ease [i:z] n (easiness) łatwość f; (comfort) beztroska f ♦ vt (pain) łagodzić (złagodzić perf); (tension, problem) łagodzić (załagodzić perf); **to ease sth in/out** włożyć/wyjąć coś; **at ease!** spocznij!

easel ['i:zl] n sztaluga f.

easily ['i:zɪlɪ] adv (without difficulty, quickly) łatwo; (in a relaxed way) swobodnie; (by far) bez wątpienia; (possibly, well) śmiało.

east [i:st] n wschód m ♦ adj wschodni ♦ adv na wschód; **the East** (Orient, Eastern Europe) Wschód m.

Easter ['i:stə*] n Wielkanoc f.

easterly ['i:stəlɪ] adj wschodni.

eastern ['i:stən] adj wschodni.

East Germany (old) n Niemcy pl
Wschodnie, NRD nt inv.

eastward(s) ['iːstwəd(z)] adv na
wschód.

easy ['iːzɪ] adj (task, life, prey) łatwy;
(conversation, manner) swobodny ♦
adv: **to take it** or **things easy** (go
slowly) nie przemęczać się; (not
worry) nie przejmować się; (for
health) oszczędzać się.

easy-going ['iːzɪ'gəuɪŋ] adj
spokojny, opanowany.

eat [iːt] (pt **ate**, pp **eaten**) vt jeść
(zjeść perf) ♦ vi jeść.

eaves [iːvz] npl okap m.

eavesdrop ['iːvzdrɔp] vi: **to
eavesdrop (on)** podsłuchiwać (+acc).

ebb [ɛb] n odpływ m ♦ vi (tidewater)
odpływać, opadać; (fig: strength)
odpływać (odpłynąć perf); (: feeling)
słabnąć (osłabnąć perf).

ebony ['ɛbənɪ] n heban m.

EC n abbr (= European Community)
Wspólnota f Europejska.

eccentric [ɪk'sɛntrɪk] adj
ekscentryczny ♦ n ekscentryk
(-yczka) m(f).

ecclesiastic(al) [ɪkliːzɪ'æstɪk(l)] adj
kościelny.

echo ['ɛkəu] (pl **echoes**) n echo nt ♦
vt powtarzać (powtórzyć perf) ♦ vi
(sound) odbijać się (odbić się perf)
echem; (cave) rozbrzmiewać
(rozbrzmieć perf) echem.

eclipse [ɪ'klɪps] n zaćmienie nt.

ecology [ɪ'kɔlədʒɪ] n (environment)
ekosystem m; (discipline) ekologia f.

economic [iːkə'nɔmɪk] adj (system,
history) gospodarczy, ekonomiczny;
(business) rentowny.

economical [iːkə'nɔmɪkl] adj
(system, car) oszczędny,
ekonomiczny; (person) gospodarny,
oszczędny.

economics [iːkə'nɔmɪks] n
ekonomia f ♦ npl ekonomika f.

economist [ɪ'kɔnəmɪst] n
ekonomista (-tka) m(f).

economize [ɪ'kɔnəmaɪz] vi
oszczędzać.

economy [ɪ'kɔnəmɪ] n (of country)
gospodarka f; (financial prudence)
oszczędność f.

economy class n (AVIAT) klasa f
turystyczna.

ecstasy ['ɛkstəsɪ] n (rapture) ekstaza
f, uniesienie nt; (drug) ekstaza f.

ecstatic [ɛks'tætɪk] adj (welcome,
reaction) entuzjastyczny; (person)
rozentuzjazmowany.

ecumenical [iːkju'mɛnɪkl] adj
ekumeniczny.

eczema ['ɛksɪmə] n egzema f.

edge [ɛdʒ] n (of forest, road) skraj m;
(of table, chair) krawędź f, brzeg m;
(of knife) ostrze nt ♦ vt okrawać
(okroić perf); **on edge** (fig) = **edgy**;
to edge away from (powoli)
oddalać się (oddalić się perf) od
+gen.

edgy ['ɛdʒɪ] adj podenerwowany,
poirytowany.

edible ['ɛdɪbl] adj jadalny.

edict ['iːdɪkt] n edykt m.

edifice ['ɛdɪfɪs] n gmach m; (fig)
struktura f, formacja f.

Edinburgh ['ɛdɪnbərə] n Edynburg m.

edit ['ɛdɪt] vt (book) redagować
(zredagować perf); (text) adiustować
(zadiustować perf); (film, broadcast)
montować (zmontować perf);
(newspaper, magazine) wydawać.

edition [ɪ'dɪʃən] n wydanie nt.

editor ['ɛdɪtə*] n (of newspaper,
magazine) redaktor m naczelny; (of
book, TV programme) redaktor m.

editorial [ɛdɪ'tɔːrɪəl] adj redakcyjny ♦
n artykuł m redakcyjny or wstępny.

educate ['ɛdjukeɪt] vt (teach)
kształcić (wykształcić perf),
edukować (literary); (inform)
uświadamiać (uświadomić perf).

education [ɛdju'keɪʃən] n (process)

kształcenie *nt*, nauczanie *nt*;
(*system, area of work*) oświata *f*;
(*knowledge, culture*) wykształcenie *nt*.
educational [ɛdju'keɪʃən] *adj*
(*institution, policy*) oświatowy; (*toy*)
edukacyjny; (*experience*) pouczający.
EEC *n abbr* = **European Economic
Community** EWG *nt inv*.
eel [i:l] *n* węgorz *m*.
eerie ['ɪərɪ] *adj* niesamowity.
effect [ɪ'fɛkt] *n* (*result, consequence*)
skutek *m*; (*impression*) efekt *m* ♦ *vt*
(*repairs*) dokonywać (dokonać *perf*)
+*gen*; (*savings*) czynić (poczynić
perf); **to take effect** (*law*) wchodzić
(wejść *perf*) w życie; (*drug*)
zaczynać (zacząć *perf*) działać; **in
effect** w praktyce.
effective [ɪ'fɛktɪv] *adj* (*successful*)
skuteczny; (*actual*) faktyczny.
effectively [ɪ'fɛktɪvlɪ] *adv*
(*successfully*) skutecznie; (*in reality*)
faktycznie.
effectiveness [ɪ'fɛktɪvnɪs] *n*
skuteczność *f*.
effeminate [ɪ'fɛmɪnɪt] *adj*
zniewieściały.
effervescent [ɛfə'vɛsnt] *adj*
musujący.
efficiency [ɪ'fɪʃənsɪ] *n* (*of person,
organization*) sprawność *f*; (*of
machine*) wydajność *f*.
efficient [ɪ'fɪʃənt] *adj* (*person*)
sprawny; (*organization*) sprawnie
działający; (*machine*) wydajny.
effort ['ɛfət] *n* (*endeavour, exertion*)
wysiłek *m*; (*determined attempt*)
próba *f*, usiłowanie *nt*.
effortless ['ɛfətlɪs] *adj* (*action*) nie
wymagający wysiłku; (*style*) lekki,
swobodny.
effusive [ɪ'fju:sɪv] *adj* wylewny.
e.g. *adv abbr* (= *exempli gratia*) np.
egg [ɛg] *n* jajo *nt*, jajko *nt*;
hard-boiled/soft-boiled egg jajko na
twardo/na miękko.

eggcup ['ɛgkʌp] *n* kieliszek *m* do
jajek.
eggplant ['ɛgplɑ:nt] (*esp US*) *n*
bakłażan *m*.
ego ['i:gəu] *n* ego *nt inv*.
egotism ['ɛgəutɪzəm], **egoism** *n*
egotyzm *m*, egoizm *m*.
egotist ['ɛgəutɪst], **egoist** *n* egotysta
(-tka) *m(f)*, egoista (-tka) *m(f)*.
Egypt ['i:dʒɪpt] *n* Egipt *m*.
Egyptian [ɪ'dʒɪpʃən] *adj* egipski ♦ *n*
Egipcjanin (-anka) *m(f)*.
eight [eɪt] *num* osiem.
eighteen [eɪ'ti:n] *num* osiemnaście.
eighth [eɪtθ] *num* ósmy.
eighty ['eɪtɪ] *num* osiemdziesiąt.
Eire ['ɛərə] *n* Irlandia *f*.
either ['aɪðə*] *adj* (*one or other*)
obojętnie który (*z dwóch*); (*both,
each*) i jeden, i drugi ♦ *pron*: **either
(of them)** (oni) obaj; (*with negative*)
żaden (z nich dwóch) ♦ *adv* też
(nie) ♦ *conj*: **either ... or** albo ...
albo; (*with negative*) ani, ... ani; **on
either side** po obu stronach; **I don't
like either** nie lubię ani jednego, ani
drugiego; **no, I don't either** nie, ja
też nie.
eject [ɪ'dʒɛkt] *vt* (*object, gatecrasher*)
wyrzucać (wyrzucić *perf*); (*tenant*)
eksmitować (eksmitować *perf or*
wyeksmitować *perf*).
elaborate [ɪ'læbərɪt] *adj* (*complex*)
złożony; (*intricate*) zawiły; (*ornate*)
misterny, kunsztowny ♦ *vt* (*expand*)
rozwijać (rozwinąć *perf*); (*refine*)
dopracowywać (dopracować *perf*) ♦
vi: **to elaborate (on)** (*plan etc*)
podawać (podać *perf*) szczegóły
(+*gen*).
elapse [ɪ'læps] *vi* (*time*) mijać (minąć
perf), upływać (upłynąć *perf*).
elastic [ɪ'læstɪk] *n* guma *f* ♦ *adj*
rozciągliwy, elastyczny; (*fig*)
elastyczny.
elated [ɪ'leɪtɪd] *adj* rozradowany.
elbow ['ɛlbəu] *n* łokieć *m*.

elder ['ɛldə*] *adj* starszy ♦ *n* (*tree*) czarny bez *m*; (*usu pl*) starszyzna *f*.

elderly ['ɛldəlɪ] *adj* starszy, w podeszłym wieku *post* ♦ *npl*: **the elderly** ludzie *vir pl* starsi.

eldest ['ɛldɪst] *adj* najstarszy ♦ *n* najstarsze dziecko *nt*.

elect [ɪ'lɛkt] *vt* wybierać (wybrać *perf*) ♦ *adj*: **the president elect** prezydent *m* elekt *m*; **to elect to do sth** zdecydować się (*perf*) coś (z)robić.

election [ɪ'lɛkʃən] *n* (*voting*) wybory *pl*; (*installation*) wybór *m*.

electioneering [ɪlɛkʃə'nɪərɪŋ] *n* agitacja *f* (przed)wyborcza.

electoral [ɪ'lɛktərəl] *adj* wyborczy.

electorate [ɪ'lɛktərɪt] *n* wyborcy *vir pl*, elektorat *m*.

electric [ɪ'lɛktrɪk] *adj* elektryczny.

electrical [ɪ'lɛktrɪkl] *adj* elektryczny.

electrical engineer *n* inżynier *m* elektryk *m*.

electrician [ɪlɛk'trɪʃən] *n* elektryk *m*.

electricity [ɪlɛk'trɪsɪtɪ] *n* elektryczność *f*, prąd *m*.

electrify [ɪ'lɛktrɪfaɪ] *vt* elektryfikować (zelektryfikować *perf*); (*fig*) elektryzować (zelektryzować *perf*).

electrode [ɪ'lɛktrəud] *n* elektroda *f*.

electron [ɪ'lɛktrɔn] *n* elektron *m*.

electronic [ɪlɛk'trɔnɪk] *adj* elektroniczny.

electronic mail *n* poczta *f* elektroniczna.

electronics [ɪlɛk'trɔnɪks] *n* elektronika *f*.

elegance ['ɛlɪgəns] *n* elegancja *f*.

elegant ['ɛlɪgənt] *adj* elegancki.

element ['ɛlɪmənt] *n* (*part*) element *m*; (*CHEM*) pierwiastek *m*; (*of heater, kettle etc*) element *m* grzejny.

elementary [ɛlɪ'mɛntərɪ] *adj* elementarny; (*school, education*) podstawowy.

elephant ['ɛlɪfənt] *n* słoń *m*.

elevation [ɛlɪ'veɪʃən] *n* (*to peerage etc*) wyniesienie *nt*; (*hill*) wzniesienie *nt*; (*of place*) wysokość *f* (nad poziomem morza).

elevator ['ɛlɪveɪtə*] *n* (*US*) winda *f*; (*in warehouse etc*) podnośnik *m*.

eleven [ɪ'lɛvn] *num* jedenaście.

elf [ɛlf] (*pl* **elves**) *n* elf *m*.

elicit [ɪ'lɪsɪt] *vt*: **to elicit sth from sb** (*response, reaction*) wywoływać (wywołać *perf*) coś z czyjejś strony.

eligible ['ɛlɪdʒəbl] *adj* (*man, woman*) wolny, do wzięcia *post*; **an eligible bachelor** dobra partia; **to be eligible for sth** mieć prawo ubiegać się o coś.

eliminate [ɪ'lɪmɪneɪt] *vt* (*poverty, smoking*) likwidować (zlikwidować *perf*); (*candidate, team, contestant*) eliminować (wyeliminować *perf*).

elimination [ɪlɪmɪ'neɪʃən] *n* (*of poverty, smoking*) likwidacja *f*; (*of candidate, team, contestant*) eliminacja *f*.

élite [eɪ'liːt] *n* elita *f*.

elm [ɛlm] *n* wiąz *m*.

elongated ['iːlɔŋgeɪtɪd] *adj* wydłużony.

eloquent ['ɛləkwənt] *adj* (*speech, description*) sugestywny; (*person*) wymowny, elokwentny.

else [ɛls] *adv*: **or else** (*otherwise*) bo inaczej; **something else** coś innego, coś jeszcze; **somewhere else** gdzie(ś) indziej; **where else?** gdzie(ż) indziej?; **there was little else to do** niewiele więcej można było zrobić; **nobody else spoke** nikt więcej *or* inny się nie odezwał.

elsewhere [ɛls'wɛə*] *adv* gdzie indziej.

elude [ɪ'luːd] *vt* (*captor*) umykać (umknąć *perf*) +*dat*; (*capture*) uciekać (uciec *perf*) przed +*instr*; **his name eludes me** nie mogę sobie przypomnieć jego nazwiska.

elusive [ɪ'lu:sɪv] *adj* (*person, animal*)
nieuchwytny; (*quality*) ulotny.
elves [ɛlvz] *npl of* **elf**.
emaciated [ɪ'meɪsɪeɪtɪd] *adj*
wychudzony.
emanate ['ɛməneɪt] *vi*: **to emanate
from** (*idea*) wywodzić się od +*gen*;
(*feeling*) emanować z +*gen*; (*sound,
light, smell*) dochodzić z +*gen*.
emancipate [ɪ'mænsɪpeɪt] *vt* (*slaves*)
wyzwalać (wyzwolić *perf*); (*women*)
emancypować (wyemancypować
perf).
emancipation [ɪmænsɪ'peɪʃən] *n* (*of
slaves*) wyzwolenie *nt*; (*of women*)
emancypacja *f*.
embankment [ɪm'bæŋkmənt] *n* (*of
road, railway*) nasyp *m*; (*of river*)
nabrzeże *nt*.
embargo [ɪm'bɑ:gəu] (*pl*
embargoes) *n* embargo *nt*.
embark [ɪm'bɑ:k] *vi* (*NAUT*): **to
embark (on)** zaokrętować się (*perf*)
(na +*loc*).
▶**to embark on** *vt fus* (*journey*)
wyruszać (wyruszyć *perf*) w +*acc*;
(*task, course of action*) podejmować
(podjąć *perf*).
embarkation [ɛmbɑ:'keɪʃən] *n* (*of
people*) zaokrętowanie *nt*; (*of cargo*)
załadunek *m*.
embarrass [ɪm'bærəs] *vt*
(*emotionally*) wprawiać (wprawić
perf) w zakłopotanie; (*politician,
government*) stawiać (postawić *perf*)
w trudnym położeniu.
embarrassed [ɪm'bærəst] *adj* (*laugh,
silence*) pełen zakłopotania *or*
zażenowania *post*.
embarrassing [ɪm'bærəsɪŋ] *adj*
(*situation*) kłopotliwy, krępujący;
(*statement*) wprawiający w
zakłopotanie.
embarrassment [ɪm'bærəsmənt] *n*
(*shame*) wstyd *m*; (*shyness*)
zażenowanie *nt*, skrępowanie *nt*;
(*problem*) kłopotliwa sytuacja *f*.

embassy ['ɛmbəsɪ] *n* ambasada *f*.
embedded [ɪm'bedɪd] *adj* (*attitude,
feeling*) zakorzeniony; (*object*):
embedded in wbity w +*acc*,
osadzony w +*loc*.
embezzlement [ɪm'bɛzlmənt] *n*
malwersacja *f*, defraudacja *f*.
emblem ['ɛmbləm] *n* (*of country*)
godło *nt*; (*of sports club etc*)
emblemat *m*; (*mark, symbol*) symbol
m.
embody [ɪm'bɔdɪ] *vt* (*express,
manifest*) być ucieleśnieniem +*gen*,
reprezentować.
embrace [ɪm'breɪs] *vt* obejmować
(objąć *perf*) ▶ *vi* obejmować się
(objąć się *perf*) ▶ *n* uścisk *m*, objęcie
nt (*usu pl*).
embroidery [ɪm'brɔɪdərɪ] *n* haft *m*.
embryo ['ɛmbrɪəu] *n* zarodek *m*,
embrion *m*.
emerald ['ɛmərəld] *n* szmaragd *m*.
emerge [ɪ'mə:dʒ] *vi* pojawiać się
(pojawić się *perf*); **to emerge from**
(*room, imprisonment*) wychodzić
(wyjść *perf*) z +*gen*; (*sleep, reverie*)
ocknąć się (*perf*) z +*gen*; (*discussion,
investigation*) wyłaniać się (wyłonić
się *perf*) z +*gen*.
emergency [ɪ'mə:dʒənsɪ] *n* nagły
wypadek *m*; **in an emergency** w
razie niebezpieczeństwa; **a state of
emergency** stan wyjątkowy.
emergency exit *n* wyjście *nt*
awaryjne.
emergent [ɪ'mə:dʒənt] *adj* (*country*)
nowo powstały; (*group, movement,
idea*) wyłaniający się.
emigrant ['ɛmɪgrənt] *n* emigrant(ka)
m(f).
emigrate ['ɛmɪgreɪt] *vi* emigrować
(emigrować *perf or* wyemigrować
perf).
emigration [ɛmɪ'greɪʃən] *n* emigracja
f.
eminent ['ɛmɪnənt] *adj* znakomity,
wybitny.

emission [ɪˈmɪʃən] *n* emisja *f*.
emit [ɪˈmɪt] *vt* emitować (emitować *perf* or wyemitować *perf*).
emotion [ɪˈməuʃən] *n* uczucie *nt*; (*as opposed to reason*) emocja *f* (*usu pl*); **he was overcome by** *or* **with emotion** ogarnęło go wzruszenie.
emotional [ɪˈməuʃənl] *adj* (*person*) uczuciowy; (*needs, attitude*) emocjonalny; (*issue*) budzący emocje; (*speech, plea*) wzruszający.
emotive [ɪˈməutɪv] *adj* (*subject*) budzący *or* wywołujący emocje; (*language*) odwołujący się do emocji.
emperor [ˈɛmpərə*] *n* cesarz *m*, imperator *m*.
emphasis [ˈɛmfəsɪs] (*pl* **emphases**) *n* nacisk *m*.
emphasize [ˈɛmfəsaɪz] *vt* (*word*) akcentować (zaakcentować *perf*); (*point, feature*) podkreślać (podkreślić *perf*).
emphatic [ɛmˈfætɪk] *adj* dobitny, stanowczy.
emphatically [ɛmˈfætɪklɪ] *adv* (*forcefully*) stanowczo; (*certainly*) zdecydowanie.
empire [ˈɛmpaɪə*] *n* imperium *nt*, cesarstwo *nt*; (*fig*) imperium *nt*.
empirical [ɛmˈpɪrɪkl] *adj* (*study*) doświadczalny; (*knowledge*) empiryczny.
employ [ɪmˈplɔɪ] *vt* (*workforce, person*) zatrudniać (zatrudnić *perf*); (*tool, weapon*) stosować (zastosować *perf*).
employee [ɪmplɔɪˈiː] *n* zatrudniony (-na) *m(f)*, pracownik (-ica) *m(f)*.
employer [ɪmˈplɔɪə*] *n* pracodawca *m*.
employment [ɪmˈplɔɪmənt] *n* zatrudnienie *nt*.
emptiness [ˈɛmptɪnɪs] *n* (*of area, life*) pustka *f*; (*of sea, ocean*) bezkres *m*.
empty [ˈɛmptɪ] *adj* pusty; (*fig: threat, promise*) czczy, gołosłowny ♦ *vt*

(*container*) opróżniać (opróżnić *perf*); (*liquid*) wylewać (wylać *perf*) ♦ *vi* (*house*) pustoszeć (opustoszeć *perf*); (*container*) opróżniać się (opróżnić się *perf*).
empty-handed [ˈɛmptɪˈhændɪd] *adj*: **he returned empty-handed** wrócił z pustymi rękami.
emulate [ˈɛmjuleɪt] *vt* naśladować; (*COMPUT*) emulować.
emulsion [ɪˈmʌlʃən] *n* (*PHOT*) emulsja *f*; (*also*: **emulsion paint**) farba *f* emulsyjna.
enable [ɪˈneɪbl] *vt*: **to enable sb to do sth** umożliwiać (umożliwić *perf*) komuś (z)robienie czegoś.
enact [ɪˈnækt] *vt* (*law*) uchwalać (uchwalić *perf*); (*play, role*) grać (zagrać *perf*), odgrywać (odegrać *perf*).
enamel [ɪˈnæməl] *n* emalia *f*; (*of tooth*) szkliwo *nt*.
enchanted [ɪnˈtʃɑːntɪd] *adj* (*castle*) zaczarowany; (*person*) oczarowany.
enchanting [ɪnˈtʃɑːntɪŋ] *adj* czarujący.
encircle [ɪnˈsəːkl] *vt* otaczać (otoczyć *perf*).
encl. *abbr* (= *enclosed, enclosure*) zał.
enclave [ˈɛnkleɪv] *n* enklawa *f*.
enclose [ɪnˈkləuz] *vt* (*land, space*) otaczać (otoczyć *perf*); (*letter, cheque*) załączać (załączyć *perf*); **please find enclosed ...** w załączeniu przesyłamy +*acc*.
enclosure [ɪnˈkləuʒə*] *n* (*area*) ogrodzone miejsce *nt*.
encompass [ɪnˈkʌmpəs] *vt* (*subject, measure*) obejmować (objąć *perf*).
encore [ɔŋˈkɔː*] *n, excl* bis *m*; **as an encore** na bis.
encounter [ɪnˈkauntə*] *n* (*meeting*) spotkanie *nt*; (*experience*) zetknięcie się *nt* ♦ *vt* (*person*) spotykać (spotkać *perf*); (*problem*) napotykać (napotkać *perf*); (*new experience*)

spotykać się (spotkać się *perf*) *or*
stykać się (zetknąć się *perf*) z +*instr*.

encourage [ɪnˈkʌrɪdʒ] *vt* (*person*): **to
encourage sb (to do sth)** zachęcać
(zachęcić *perf*) kogoś (do zrobienia
czegoś); (*activity*) zachęcać do +*gen*;
(*attitude*) popierać (poprzeć *perf*);
(*growth*) pobudzać (pobudzić *perf*).

encouragement [ɪnˈkʌrɪdʒmənt] *n*
(*inspiration*) zachęta *f*; (*support*)
poparcie *nt*.

encouraging [ɪnˈkʌrɪdʒɪŋ] *adj*
zachęcający.

encroach [ɪnˈkrəutʃ] *vi*: **to encroach
(up)on** (*rights*) naruszać (naruszyć
perf) +*acc*; (*property*) wtargnąć (*perf*)
or wdzierać się (wedrzeć się *perf*) na
teren +*gen*; (*time*) zabierać (zabrać
perf) +*acc*.

encyclop(a)edia [ɛnsaɪkləuˈpiːdɪə] *n*
encyklopedia *f*.

end [ɛnd] *n* koniec *m*; (*purpose*) cel
m ♦ *vt* kończyć (skończyć *perf*),
zakańczać (zakończyć *perf*) ♦ *vi*
kończyć się (skończyć się *perf*); **in
the end** w końcu; **on end** na sztorc;
for hours on end (całymi)
godzinami; **to bring to an end, put
an end to** kłaść (położyć *perf*) kres
+*dat*.

▶**end up** *vi*: **to end up in** (*prison etc*)
kończyć (skończyć *perf*) w +*loc*,
trafiać (trafić *perf*) do +*gen*; **he
ended up in tears** skończyło się na
tym, że wybuchnął płaczem; **we
ended up taking a taxi** koniec
końców wzięliśmy taksówkę.

endanger [ɪnˈdeɪndʒə*] *vt* zagrażać
(zagrozić *perf*) +*dat*; **an endangered
species** gatunek zagrożony
(wymarciem).

endearing [ɪnˈdɪərɪŋ] *adj* ujmujący.

endeavour [ɪnˈdɛvə*] (*US
endeavor*) *n* usiłowanie *nt*, próba *f*
♦ *vi*: **to endeavour to do sth**
usiłować coś zrobić, próbować
(spróbować *perf*) coś zrobić.

ending [ˈɛndɪŋ] *n* (*of book, film*)
zakończenie *nt*; (*LING*) końcówka *f*.

endless [ˈɛndlɪs] *adj* (*argument,
search*) nie kończący się; (*forest,
beach*) bezkresny.

endorse [ɪnˈdɔːs] *vt* (*cheque*)
podpisywać (podpisać *perf*) na
odwrocie, indosować (indosować
perf) (*fml*); (*proposal, candidate*)
popierać (poprzeć *perf*), udzielać
(udzielić *perf*) poparcia +*dat*.

endorsement [ɪnˈdɔːsmənt] *n*
poparcie *nt*; (*BRIT: on driving
licence*) adnotacja *f* (*o wykroczeniu
drogowym*).

endow [ɪnˈdau] *vt* wspomagać
(wspomóc *perf*) finansowo,
dokonywać (dokonać *perf*) zapisu na
rzecz +*gen*; **to be endowed with**
(*talent, ability*) być obdarzonym
+*instr*.

endurance [ɪnˈdjuərəns] *n*
wytrzymałość *f*.

endure [ɪnˈdjuə*] *vt* znosić (znieść
perf) ♦ *vi* trwać (przetrwać *perf*).

enemy [ˈɛnəmɪ] *n* (*MIL*) wróg *m*; (*MIL*)
nieprzyjaciel *m* ♦ *cpd*: **enemy
forces/strategy** siły *pl*/strategia *f*
nieprzyjaciela.

energetic [ɛnəˈdʒɛtɪk] *adj* energiczny.

energy [ˈɛnədʒɪ] *n* energia *f*.

enforce [ɪnˈfɔːs] *vt* (*JUR: impose*)
wprowadzać (wprowadzić *perf*) w
życie; (*compel observance of*)
egzekwować.

engage [ɪnˈgeɪdʒ] *vt* (*attention*)
zajmować (zająć *perf*); (*consultant,
lawyer*) angażować (zaangażować
perf); (*AUT: clutch*) włączać
(włączyć *perf*) ♦ *vi* (*TECH*)
zaczepiać się (zaczepić się *perf*),
sprzęgać się (sprzęc się *perf*); **to
engage in** zajmować się (zająć się
perf) +*instr*.

engaged [ɪnˈgeɪdʒd] *adj* (*betrothed*)
zaręczony; (*BRIT: TEL*) zajęty; **to**

get engaged (to sb) zaręczać się (zaręczyć się *perf*) (z kimś).

engaged tone (*BRIT: TEL*) *n* sygnał *m* „zajęte".

engagement [ɪn'geɪdʒmənt] *n* (*appointment*) umówione spotkanie *nt*, zobowiązanie *nt* (towarzyskie); (*of actor*) angaż *m*; (*to marry*) zaręczyny *pl*; **I have a previous engagement** jestem już (z kimś) umówiony.

engagement ring *n* pierścionek *m* zaręczynowy.

engaging [ɪn'geɪdʒɪŋ] *adj* (*personality, trait*) ujmujący.

engine ['ɛndʒɪn] *n* (*AUT*) silnik *m*; (*RAIL*) lokomotywa *f*.

engine driver *n* maszynista (-tka) *m(f)*.

engineer [ɛndʒɪ'nɪə*] *n* (*designer*) inżynier *m*; (*BRIT: for repairs*) technik *m*; (*US: RAIL*) maszynista *m*; (*on ship*) mechanik *m*.

engineering [ɛndʒɪ'nɪərɪŋ] *n* inżynieria *f*; (*of ships, machines*) budowa *f*.

England ['ɪŋglənd] *n* Anglia *f*.

English ['ɪŋglɪʃ] *adj* angielski ♦ *n* (język *m*) angielski; **the English** *npl* Anglicy *vir pl*.

English Channel *n*: **the English Channel** kanał *m* La Manche.

Englishman ['ɪŋglɪʃmən] (*irreg like*: **man**) *n* Anglik *m*.

Englishwoman ['ɪŋglɪʃwumən] (*irreg like*: **woman**) *n* Angielka *f*.

engraving [ɪn'greɪvɪŋ] *n* sztych *m*, rycina *f*.

engrossed [ɪn'grəust] *adj*: **engrossed in** pochłonięty +*instr*.

enhance [ɪn'hɑ:ns] *vt* (*value*) podnosić (podnieść *perf*); (*beauty*) uwydatniać (uwydatnić *perf*); (*reputation*) poprawiać (poprawić *perf*).

enigma [ɪ'nɪgmə] *n* zagadka *f*.

enigmatic [ɛnɪg'mætɪk] *adj* enigmatyczny, zagadkowy.

enjoy [ɪn'dʒɔɪ] *vt* (*like*): **I enjoy dancing** lubię tańczyć; (*health, life*) cieszyć się +*instr*; **to enjoy o.s.** dobrze się bawić; **did you enjoy the concert?** czy podobał ci się koncert?

enjoyable [ɪn'dʒɔɪəbl] *adj* przyjemny.

enjoyment [ɪn'dʒɔɪmənt] *n* przyjemność *f*.

enlarge [ɪn'lɑ:dʒ] *vt* powiększać (powiększyć *perf*) ♦ *vi*: **to enlarge on** rozwodzić się nad +*instr*.

enlargement [ɪn'lɑ:dʒmənt] *n* powiększenie *nt*.

enlightened [ɪn'laɪtnd] *adj* oświecony.

enlist [ɪn'lɪst] *vt* (*soldier*) werbować (zwerbować *perf*); (*support, help*) pozyskiwać (pozyskać *perf*); (*person*) zjednywać (zjednać *perf*) sobie ♦ *vi*: **to enlist in** zaciągać się (zaciągnąć się *perf*) do +*gen*.

enormous [ɪ'nɔ:məs] *adj* ogromny.

enough [ɪ'nʌf] *adj* dosyć *or* dość (+*gen*) ♦ *pron* dosyć, dość ♦ *adv*: **big enough** dość *or* dostatecznie *or* wystarczająco duży; **have you had enough to eat?** najadłeś się?; **enough!** dość (tego)!; **that's enough, thanks** dziękuję, wystarczy; **I've had enough of him** mam go dosyć; **oddly/funnily enough, ... co dziwne/zabawne, ...,** dziwnym trafem, ...

enquire [ɪn'kwaɪə*] *vt, vi* = **inquire**.

enrich [ɪn'rɪtʃ] *vt* wzbogacać (wzbogacić *perf*).

enrol [ɪn'rəul] (*US* **enroll**) *vi*: **to enrol (at a school/on a course)** zapisywać się (zapisać się *perf*) (do szkoły/na kurs).

en route [ɔn'ru:t] *adv* po drodze.

ensue [ɪn'sju:] *vi* następować (nastąpić *perf*), wywiązywać się (wywiązać się *perf*).

ensure [ɪnˈʃuə*] vt zapewniać
(zapewnić perf).

entail [ɪnˈteɪl] vt pociągać (pociągnąć
perf) za sobą.

entangled [ɪnˈtæŋgld] adj: **to
become entangled (in)** zaplątywać
się (zaplątać się perf) (w +acc).

enter [ˈɛntə*] vt (room, building)
wchodzić (wejść perf) do +gen;
(club, army) wstępować (wstąpić
perf) do +gen; (university) wstępować
(wstąpić perf) na +acc; (race,
contest) brać (wziąć perf) udział w
+loc; (person: for competition)
zgłaszać (zgłosić perf); (write down)
zapisywać (zapisać perf); (COMPUT)
wprowadzać (wprowadzić perf) ♦ vi
wchodzić (wejść perf).

►**enter for** vt fus zapisywać się
(zapisać się perf) na +acc.

►**enter into** vt fus (discussion)
wdawać się (wdać się perf) w +acc;
(correspondence) nawiązywać
(nawiązać perf) +acc; (agreement)
zawierać (zawrzeć perf) +acc.

enterprise [ˈɛntəpraɪz] n (company)
przedsiębiorstwo nt; (venture)
przedsięwzięcie nt; (initiative)
przedsiębiorczość f; **free enterprise**
wolna konkurencja (rynkowa).

enterprising [ˈɛntəpraɪzɪŋ] adj
(person) przedsiębiorczy, rzutki;
(scheme) pomysłowy.

entertain [ɛntəˈteɪn] vt (amuse)
zabawiać (zabawić perf); (play host
to) przyjmować (przyjąć perf);
(consider) brać (wziąć perf) pod
uwagę.

entertainer [ɛntəˈteɪnə*] artysta
(-tka) m(f) estradowy (-wa) m(f).

entertaining [ɛntəˈteɪnɪŋ] adj
zabawny.

entertainment [ɛntəˈteɪnmənt] n
(amusement) rozrywka f; (show)
widowisko nt.

enthusiasm [ɪnˈθuːzɪæzəm] n
entuzjazm m.

enthusiast [ɪnˈθuːzɪæst] n entuzjasta
(-tka) m(f).

enthusiastic [ɪnθuːzɪˈæstɪk] adj
(person, response) pełen
entuzjazmu; (reception)
entuzjastyczny; (crowds)
rozentuzjazmowany; **to be
enthusiastic about** entuzjazmować
się +instr.

entice [ɪnˈtaɪs] vt wabić (zwabić perf).

entire [ɪnˈtaɪə*] adj cały.

entirely [ɪnˈtaɪəlɪ] adv (exclusively)
wyłącznie; (completely) całkowicie.

entitle [ɪnˈtaɪtl] vt: **to be entitled to
do sth** mieć prawo coś (z)robić.

entitled [ɪnˈtaɪtld] adj zatytułowany,
pod tytułem.

entity [ˈɛntɪtɪ] n jednostka f.

entourage [ɔntuˈrɑːʒ] n świta f.

entrance [ˈɛntrns] n wejście nt ♦ vt
oczarowywać (oczarować perf).

entrance examination n egzamin
m wstępny.

entrenched [ɛnˈtrɛntʃt] adj (ideas)
zakorzeniony; (power) utrwalony.

entrepreneur [ɔntrəprəˈnəː*] n
przedsiębiorca m.

entrust [ɪnˈtrʌst] vt: **to entrust sth to
sb, sb with sth** powierzać
(powierzyć perf) coś komuś.

entry [ˈɛntrɪ] n (way in, arrival)
wejście nt; (in competition: story,
drawing) praca f (konkursowa);
(: taking part) udział m; (in register,
account book) pozycja f, zapis m; (in
reference book) hasło nt; (to country)
wjazd m; **"no entry"** „zakaz
wstępu"; (AUT) „zakaz wjazdu".

entry phone (BRIT) n domofon m.

enumerate [ɪˈnjuːməreɪt] vt wyliczać
(wyliczyć perf).

envelop [ɪnˈvɛləp] vt okrywać (okryć
perf).

envelope [ˈɛnvələup] n koperta f.

envious [ˈɛnvɪəs] adj zazdrosny.

environment [ɪnˈvaɪrnmənt] n
(surroundings) środowisko nt,

otoczenie *nt*; **the environment**
środowisko (naturalne).
environmental [ɪnvaɪərn'mɛntl] *adj*
(*studies*) środowiskowy.
envisage [ɪn'vɪzɪdʒ] *vt* przewidywać
(przewidzieć *perf*).
envoy ['ɛnvɔɪ] *n* wysłannik (-iczka)
m(f).
envy ['ɛnvɪ] *n* zawiść *f*, zazdrość *f* ♦
vt: **to envy sb (sth)** zazdrościć
komuś (czegoś).
enzyme ['ɛnzaɪm] *n* enzym *m*.
ephemeral [ɪ'fɛmərl] *adj* ulotny,
efemeryczny.
epic ['ɛpɪk] *n* epos *m*, epopeja *f* ♦ *adj*
(*great*) imponujący.
epidemic [ɛpɪ'dɛmɪk] *n* epidemia *f*.
epilepsy ['ɛpɪlɛpsɪ] *n* padaczka *f*,
epilepsja *f*.
epileptic [ɛpɪ'lɛptɪk] *adj* epileptyczny
♦ *n* epileptyk (-yczka) *m(f)*.
episode ['ɛpɪsəud] *n* (*period, event*)
epizod *m*; (*TV, RADIO*) odcinek *m*.
epitaph ['ɛpɪtɑːf] *n* epitafium *nt*.
epithet ['ɛpɪθɛt] *n* epitet *m*.
epitome [ɪ'pɪtəmɪ] *n* (*person*)
uosobienie *nt*; (*thing*) typowy
przykład *m*.
epoch ['iːpɔk] *n* epoka *f*.
equal ['iːkwl] *adj* równy; (*intensity,*
quality) jednakowy ♦ *n* równy *m* ♦ *vt*
(*number, amount*) równać się;
(*match, rival*) dorównywać
(dorównać *perf*) +*dat*; **to be equal to**
the task stawać (stanąć *perf*) na
wysokości zadania.
equality [iː'kwɔlɪtɪ] *n* równość *f*.
equally ['iːkwəlɪ] *adv* (*share, divide*)
równo; (*good, bad*) równie.
equals sign *n* znak *m* równości.
equate [ɪ'kweɪt] *vt*: **to equate sth**
with identyfikować coś z +*instr*; **to**
equate A to B przyrównywać
(przyrównać *perf*) A do B.
equation [ɪ'kweɪʃən] *n* równanie *nt*.
equator [ɪ'kweɪtə*] *n*: **the equator**
równik *m*.

equestrian [ɪ'kwɛstrɪən] *adj*
(*competition*) hipiczny; (*club*)
jeździecki; (*outfit*) do jazdy konnej
post.
equilibrium [iːkwɪ'lɪbrɪəm] *n*
równowaga *f*.
equinox ['iːkwɪnɔks] *n* równonoc *f*.
equip [ɪ'kwɪp] *vt*: **to equip (with)**
wyposażać (wyposażyć *perf*) (w
+*acc*).
equipment [ɪ'kwɪpmənt] *n*
wyposażenie *nt*, sprzęt *m*.
equivalent [ɪ'kwɪvələnt] *adj*:
equivalent (to) równoważny (+*dat*);
(*in meaning*) równoznaczny (z
+*instr*) ♦ *n* (*counterpart*)
odpowiednik *m*; (*sth of equal value*)
równoważnik *m*, ekwiwalent *m*.
equivocal [ɪ'kwɪvəkl] *adj*
dwuznaczny, niejednoznaczny.
era ['ɪərə] *n* era *f*.
eradicate [ɪ'rædɪkeɪt] *vt* (*prejudice,*
bad habits) wykorzeniać
(wykorzenić *perf*); (*problems*)
eliminować (wyeliminować *perf*).
erase [ɪ'reɪz] *vt* (*lit, fig*) wymazywać
(wymazać *perf*); (*recording*) kasować
(skasować *perf*).
eraser [ɪ'reɪzə*] *n* gumka *f*.
erect [ɪ'rɛkt] *adj* (*posture*)
wyprostowany, prosty; (*tail, ears*)
podniesiony ♦ *vt* (*build*) wznosić
(wznieść *perf*); (*assemble*) ustawiać
(ustawić *perf*).
erection [ɪ'rɛkʃən] *n* (*of monument*)
wzniesienie *nt*; (*of tent*) postawienie
nt; (*of machine*) montaż *m*;
(*PHYSIOL*) wzwód *m*, erekcja *f*.
erode [ɪ'rəud] *vt* powodować
(spowodować *perf*) erozję +*gen*; (*fig:*
freedom) ograniczać (ograniczyć
perf); (: *authority*) podrywać
(poderwać *perf*); (: *confidence*)
podkopywać (podkopać *perf*).
erosion [ɪ'rəuʒən] *n* erozja *f*; (*fig: of*
freedom) ograniczenie *nt*.
erotic [ɪ'rɔtɪk] *adj* erotyczny.

eroticism [ɪˈrɒtɪsɪzəm] n (of book, picture) erotyka f; (of person) erotyzm m.

err [əː*] (fml) vi błądzić (zbłądzić perf).

errand [ˈɛrənd] n polecenie nt; **to run errands** załatwiać sprawy.

erratic [ɪˈrætɪk] adj (behaviour, attempts) niekonsekwentny; (noise) nieregularny.

erroneous [ɪˈrəunɪəs] adj błędny, mylny.

error [ˈɛrə*] n błąd m.

erupt [ɪˈrʌpt] vi wybuchać (wybuchnąć perf).

eruption [ɪˈrʌpʃən] n (of volcano) erupcja f, wybuch m; (of fighting) wybuch m.

escalate [ˈɛskəleɪt] vi nasilać się (nasilić się perf).

escalator [ˈɛskəleɪtə*] n schody pl ruchome.

escapade [ɛskəˈpeɪd] n eskapada f.

escape [ɪsˈkeɪp] n ucieczka f; (of liquid) wyciek m; (of gas) ulatnianie się nt ♦ vi (person) uciekać (uciec perf); (liquid) wyciekać (wyciec perf); (gas) uchodzić, ulatniać się ♦ vt (consequences, responsibility) unikać (uniknąć perf) +gen; **his name escapes me** nie mogę sobie przypomnieć jego nazwiska; **to escape from** (place) uciekać (uciec perf) z +gen; (person) uciekać (uciec perf) od +gen.

escort [ˈɛskɔːt] n (companion) osoba f towarzysząca; (MIL, POLICE) eskorta f ♦ vt towarzyszyć +dat; (MIL, POLICE) eskortować (odeskortować perf).

Eskimo [ˈɛskɪməu] n Eskimos(ka) m(f).

esophagus [iːˈsɔfəgəs] (US) n = **oesophagus**.

especially [ɪsˈpɛʃlɪ] adv (above all, particularly) szczególnie, zwłaszcza.

espionage [ˈɛspɪənɑːʒ] n szpiegostwo nt.

espouse [ɪsˈpauz] vt opowiadać się za +instr.

essay [ˈɛseɪ] n (SCOL) wypracowanie nt; (LITERATURE) esej m.

essence [ˈɛsns] n (soul, spirit) istota f; (CULIN) esencja f, olejek m.

essential [ɪˈsenʃl] adj (necessary, vital) niezbędny; (basic) istotny, zasadniczy ♦ n rzecz f niezbędna.

essentially [ɪˈsenʃəlɪ] adv (broadly, basically) zasadniczo; (really) w gruncie rzeczy.

establish [ɪsˈtæblɪʃ] vt (organization, firm) zakładać (założyć perf); (facts, cause) ustalać (ustalić perf); (relations, contact) nawiązywać (nawiązać perf).

established [ɪsˈtæblɪʃt] adj (business) o ustalonej reputacji post; (custom, practice) ustalony, przyjęty.

establishment [ɪsˈtæblɪʃmənt] n (of organization, firm) założenie nt; (shop etc) placówka f; **the Establishment** establishment.

estate [ɪsˈteɪt] n (land) posiadłość f, majątek m (ziemski); (BRIT: also: **housing estate**) osiedle nt (mieszkaniowe); (JUR) majątek m.

estate agent (BRIT) n pośrednik (-iczka) m(f) w handlu nieruchomościami.

esteem [ɪsˈtiːm] n: **to hold sb in high esteem** darzyć kogoś wielkim szacunkiem.

estimate [ˈɛstɪmət] n (calculation) szacunkowe or przybliżone obliczenie nt, szacunek m; (assessment) ocena f; (of builder etc) kosztorys m ♦ vt szacować (oszacować perf).

estranged [ɪsˈtreɪndʒd] adj: **to be estranged from** (spouse) pozostawać w separacji z +instr; (family) nie mieszkać z +instr.

estuary ['ɛstjuərɪ] *n* ujście *nt* (rzeki).
etc. *abbr* (= *et cetera*) itd.
eternal [ɪ'tə:nl] *adj* (*everlasting*)
wieczny; (*unchanging*) niezmienny.
eternity [ɪ'tə:nɪtɪ] *n* wieczność *f*.
ethical ['ɛθɪkl] *adj* etyczny.
ethics ['ɛθɪks] *n* etyka *f* (*nauka*) ♦ *npl*
etyka *f* (*moralność*).
Ethiopia [i:θɪ'əupɪə] *n* Etiopia *f*.
ethnic ['ɛθnɪk] *adj* etniczny.
etiquette ['ɛtɪkɛt] *n* etykieta *f*.
eucalyptus [ju:kə'lɪptəs] *n*
eukaliptus *m*.
euphemism ['ju:fəmɪzəm] *n*
eufemizm *m*.
euphoria [ju:'fɔ:rɪə] *n* euforia *f*.
Eurocheque ['juərəutʃɛk] *n* euroczek
m.
Europe ['juərəp] *n* Europa *f*.
European [juərə'pi:ən] *adj*
europejski ♦ *n* Europejczyk (-jka)
m(f).
euthanasia [ju:θə'neɪzɪə] *n*
eutanazja *f*.
evacuate [ɪ'vækjueɪt] *vt* ewakuować
(ewakuować *perf*).
evacuation [ɪvækju'eɪʃən] *n*
ewakuacja *f*.
evade [ɪ'veɪd] *vt* (*tax, duty,
responsibility*) uchylać się (uchylić
się *perf*) od +*gen*; (*question*) uchylać
się (uchylić się *perf*) od odpowiedzi
na +*acc*; (*person: avoid meeting*)
unikać (uniknąć *perf*) +*gen*;
(: *escape from*) umykać (umknąć
perf) *or* wymykać się (wymknąć się
perf) +*dat*.
evaluate [ɪ'væljueɪt] *vt* oceniać
(ocenić *perf*).
evaporate [ɪ'væpəreɪt] *vi*
wyparowywać (wyparować *perf*);
(*fig*) ulatniać się (ulotnić się *perf*).
evasion [ɪ'veɪʒən] *n* (*of responsibility,
tax etc*) uchylanie się *nt*.
evasive [ɪ'veɪsɪv] *adj* (*reply*)
wymijający.

eve [i:v] *n*: on the eve of w
przeddzień *or* przededniu +*gen*.
even ['i:vn] *adj* (*level, equal*) równy;
(*smooth*) gładki; (*distribution,
breathing*) równomierny; (*number*)
parzysty ♦ *adv* (*showing surprise*)
nawet; (*introducing a comparison*)
jeszcze; **even if** nawet jeśli; **even
though** (po)mimo że, chociaż; **even
so** mimo to; **not even** nawet nie; **I'll
get even with you!** jeszcze ci się
odpłacę *or* odwdzięczę!
▶**even out** *vi* wyrównywać się
(wyrównać się *perf*).
evening ['i:vnɪŋ] *n* wieczór *m*; **in the
evening** wieczorem.
evening dress *n* (*no pl: formal
clothes*) strój *m* wieczorowy;
(*woman's gown*) suknia *f*
wieczorowa.
evenly ['i:vnlɪ] *adv* (*distribute, space,
spread*) równomiernie, równo;
(*divide*) równo; (*breathe*)
równomiernie.
event [ɪ'vɛnt] *n* (*occurrence*)
wydarzenie *nt*; (*SPORT*)
konkurencja *f*; **in the event of** w
przypadku *or* razie +*gen*.
eventful [ɪ'vɛntful] *adj* obfitujący *or*
bogaty w wydarzenia *post*.
eventual [ɪ'vɛntʃuəl] *adj* ostateczny,
końcowy.
eventuality [ɪvɛntʃu'ælɪtɪ] *n*
ewentualność *f*.
eventually [ɪ'vɛntʃuəlɪ] *adv*
ostatecznie, koniec końców.
ever ['ɛvə*] *adv* (*always*) zawsze; (*at
any time*) kiedykolwiek; **you cannot
do that – why ever not?** nie
możesz tego zrobić – (a) dlaczegóż
by nie?; **have you ever been to
Poland?** (czy) byłeś kiedyś w
Polsce?; **where ever have you
been?** gdzieś ty był?; **the best
movie ever** najlepszy film wszech
czasów; **better than ever (before)**
lepszy niż kiedykolwiek (przedtem);

ever since adv od tego czasu, od tej pory ♦ conj już od +gen.

evergreen ['ɛvəgriːn] n (BOT) roślina f zimozielona.

everlasting [ɛvə'lɑːstɪŋ] adj wieczny.

---KEYWORD---

every ['ɛvrɪ] adj **1** (each) każdy; **every time** za każdym razem; **every one of them** (persons) (oni) wszyscy vir pl, (one) wszystkie nvir pl; (objects) wszystkie pl. **2** (all possible): **we wish you every success** życzymy ci wszelkich sukcesów.

everybody ['ɛvrɪbɔdɪ] pron (each) każdy m; (all) wszyscy vir pl.

everyday ['ɛvrɪdeɪ] adj codzienny.

everyone ['ɛvrɪwʌn] pron = **everybody**.

everything ['ɛvrɪθɪŋ] pron wszystko nt.

everywhere ['ɛvrɪwɛə*] adv wszędzie.

eviction [ɪ'vɪkʃən] n eksmisja f.

evidence ['ɛvɪdns] n (proof) dowód m; (JUR: information) dowody pl; (: testimony) zeznania pl; (signs, indications) oznaki pl, dowody pl; **to give evidence** składać (złożyć perf) zeznania.

evident ['ɛvɪdnt] adj widoczny; **evident to** oczywisty dla +gen.

evidently ['ɛvɪdntlɪ] adv (obviously) ewidentnie; (apparently) najwyraźniej.

evil ['iːvl] adj zły ♦ n zło nt.

evocative [ɪ'vɔkətɪv] adj (description, music) poruszający.

evoke [ɪ'vəuk] vt wywoływać (wywołać perf).

evolution [iːvə'luːʃən] n ewolucja f.

evolve [ɪ'vɔlv] vt rozwijać (rozwinąć perf) ♦ vi rozwijać się (rozwinąć się perf), ewoluować (literary).

ewe [juː] n owca f.

ex- [ɛks] pref eks-, były (adj).

exacerbate [ɛks'æsəbeɪt] vt (situation, pain) zaostrzać (zaostrzyć perf).

exact [ɪg'zækt] adj dokładny ♦ vt: **to exact sth (from)** egzekwować (wyegzekwować perf) coś (od +gen).

exacting [ɪg'zæktɪŋ] adj (master, boss) wymagający; (task) pracochłonny.

exactly [ɪg'zæktlɪ] adv dokładnie.

exaggerate [ɪg'zædʒəreɪt] vt wyolbrzymiać (wyolbrzymić perf) ♦ vi przesadzać (przesadzić perf).

exaggeration [ɪgzædʒə'reɪʃən] n przesada f.

exalted [ɪg'zɔːltɪd] adj (prominent) wysoko postawiony.

exam [ɪg'zæm] n abbr = **examination**.

examination [ɪgzæmɪ'neɪʃən] n (of object) oględziny pl; (of plan) analiza f; (of accounts) kontrola f; (SCOL) egzamin m; (MED) badanie nt; **to take** or (BRIT) **sit an examination** przystępować (przystąpić perf) do egzaminu.

examine [ɪg'zæmɪn] vt (object) oglądać (obejrzeć perf); (plan) analizować (przeanalizować perf); (accounts) kontrolować (skontrolować perf); (SCOL) egzaminować (przeegzaminować perf); (MED) badać (zbadać perf).

examiner [ɪg'zæmɪnə*] n (SCOL) egzaminator(ka) m(f).

example [ɪg'zɑːmpl] n (illustration) przykład m; (model) wzór m; **for example** na przykład.

exasperating [ɪg'zɑːspəreɪtɪŋ] adj doprowadzający do rozpaczy.

exasperation [ɪgzɑːspə'reɪʃən] n rozdrażnienie nt, złość f.

excavate ['ɛkskəveɪt] vt wykopywać (wykopać perf).

excavation [ɛkskə'veɪʃən] n wykop m.

exceed [ɪk'si:d] vt przekraczać
(przekroczyć perf).
exceedingly [ɪk'si:dɪŋlɪ] adv
niezmiernie.
excel [ɪk'sɛl] vi być najlepszym; **to
excel in** or **at** celować w +loc.
excellence ['ɛksələns] n doskonałość
f.
Excellency ['ɛksələnsɪ] n: **His
Excellency** Jego Ekscelencja m.
excellent ['ɛksələnt] adj doskonały.
except [ɪk'sɛpt] prep (also: **except
for**) oprócz +gen, poza +instr ♦ vt: **to
except sb (from)** wyłączać
(wyłączyć perf) kogoś (spod +gen);
except if/when chyba, że; **except
that** (tyle) tylko, że.
exception [ɪk'sɛpʃən] n wyjątek m;
to take exception to (be offended)
czuć się (poczuć się perf) urażonym
+instr; (complain) protestować
(zaprotestować perf) przeciw +dat;
with the exception of z wyjątkiem
+gen.
exceptional [ɪk'sɛpʃənl] adj
wyjątkowy.
excerpt ['ɛksə:pt] n (from text,
symphony) wyjątek m, ustęp m;
(from film) urywek m.
excess [ɪk'sɛs] n (surfeit) nadmiar m;
(amount by which sth is greater)
nadwyżka f; **excesses** npl
(irresponsible, stupid) wybryki pl,
ekscesy pl; (cruel) okrucieństwa pl.
excess baggage n dodatkowy
bagaż m.
excessive [ɪk'sɛsɪv] adj nadmierny.
exchange [ɪks'tʃeɪndʒ] n (of
prisoners, infomation, students)
wymiana f; (conversation) wymiana
f zdań; (also: **telephone exchange**)
centrala f (telefoniczna) ♦ vt: **to
exchange (for)** wymieniać
(wymienić perf) (na +acc); **in
exchange for** w zamian za +acc.
exchange rate n kurs m dewizowy.

Exchequer [ɪks'tʃɛkə*] (BRIT) n: **the
Exchequer** Ministerstwo nt Skarbu.
excise ['ɛksaɪz] n akcyza f.
excite [ɪk'saɪt] vt (stimulate)
ekscytować; (arouse) podniecać
(podniecić perf); **to get excited**
podniecać się (podniecić się perf).
excitement [ɪk'saɪtmənt] n (agitation)
podniecenie nt; (exhilaration)
podniecenie nt, podekscytowanie nt.
exciting [ɪk'saɪtɪŋ] adj (place)
ekscytujący; (event, period)
pasjonujący.
exclaim [ɪks'kleɪm] vi zawołać (perf),
wykrzyknąć (perf).
exclamation [ɛksklə'meɪʃən] n
okrzyk m.
exclamation mark (LING) n
wykrzyknik m.
exclude [ɪks'klu:d] vt (person, fact)
wyłączać (wyłączyć perf),
wykluczać (wykluczyć perf);
(possibility) wykluczać (wykluczyć
perf).
exclusion [ɪks'klu:ʒən] n (of person,
fact) wyłączenie nt, wykluczenie nt;
(of possibility) wykluczenie nt.
exclusive [ɪks'klu:sɪv] adj (club,
district) ekskluzywny; (use, property)
wyłączny; (story, interview)
zastrzeżony.
exclusively [ɪks'klu:sɪvlɪ] adv
wyłącznie.
excruciating [ɪks'kru:ʃɪeɪtɪŋ] adj
nieznośny, straszliwy.
excursion [ɪks'kə:ʃən] n wycieczka f.
excuse [ɪks'kju:s] n (justification)
usprawiedliwienie nt,
wytłumaczenie nt; (: untrue)
wymówka f; (reason (not) to do sth)
pretekst m ♦ vt (justify)
usprawiedliwiać (usprawiedliwić
perf), tłumaczyć (wytłumaczyć perf);
(forgive) wybaczać (wybaczyć perf);
to excuse sb from doing sth
zwalniać (zwolnić perf) kogoś z
robienia czegoś; **excuse me!**

przepraszam!; **if you will excuse
me** jeśli Pan/Pani pozwoli.
ex-directory [ˈɛksdɪˈrɛktərɪ] (*BRIT:
TEL*) *adj* zastrzeżony.
execute [ˈɛksɪkjuːt] *vt* (*person*)
wykonywać (wykonać *perf*)
egzekucję na +*loc*, stracić (*perf*)
(*literary*); (*order, movement,
manouvre*) wykonywać (wykonać
perf); (*plan*) przeprowadzać
(przeprowadzić *perf*), wprowadzać
(wprowadzić *perf*) w życie.
execution [ɛksɪˈkjuːʃən] *n* (*of person*)
egzekucja *f*; (*of order, movement,
manouvre*) wykonanie *nt*; (*of plan*)
przeprowadzenie *nt*, wprowadzenie
nt w życie.
executioner [ɛksɪˈkjuːʃnə*] *n* kat *m*.
executive [ɪgˈzɛkjutɪv] *n* (*of
company*) pracownik *m* szczebla
kierowniczego; (*of political party*)
komitet *m* wykonawczy,
egzekutywa *f*; (*POL*) władza *f*
wykonawcza, egzekutywa *f* ♦ *adj*
(*role*) wykonawczy, kierowniczy;
(*car, chair*) dyrektorski; **executive
board** zarząd.
exemplary [ɪgˈzɛmplərɪ] *adj*
przykładny.
exemplify [ɪgˈzɛmplɪfaɪ] *vt* (*typify*)
stanowić przykład +*gen*; (*illustrate*)
ilustrować (zilustrować *perf*).
exempt [ɪgˈzɛmpt] *adj*: **exempt from**
zwolniony z +*gen* ♦ *vt*: **to exempt
sb from** zwalniać (zwolnić *perf*)
kogoś z +*gen*.
exemption [ɪgˈzɛmpʃən] *n*
zwolnienie *nt* (*z obowiązku itp*).
exercise [ˈɛksəsaɪz] *n* (*no pl: keep-fit*)
ćwiczenia *pl* fizyczne; (*piece of
work, practice*) ćwiczenie *nt*; (*MIL*)
ćwiczenia *pl*, manewry *pl* ♦ *vt* (*right*)
korzystać (skorzystać *perf*) z +*gen*;
(*patience*) wykazywać (wykazać
perf); (*dog*) ćwiczyć; (*problem:
mind*) zaprzątać ♦ *vi* (*also*: **to take
exercise**) uprawiać sport.

exercise bike *n* rower *m* treningowy.
exercise book *n* zeszyt *m*.
exert [ɪgˈzəːt] *vt* (*influence*) wywierać
(wywrzeć *perf*); (*authority*) używać
(użyć *perf*) +*gen*; **to exert o.s.**
wytężać się, wysilać się.
exertion [ɪgˈzəːʃən] *n* wysiłek *m*.
exhale [ɛksˈheɪl] *vt* wydychać ♦ *vi*
wypuszczać (wypuścić *perf*)
powietrze.
exhaust [ɪgˈzɔːst] *n* (*also*: **exhaust
pipe**) rura *f* wydechowa; (*fumes*)
spaliny *pl* ♦ *vt* wyczerpywać
(wyczerpać *perf*).
exhausted [ɪgˈzɔːstɪd] *adj*
wyczerpany.
exhaustion [ɪgˈzɔːstʃən] *n*
wyczerpanie *nt*, przemęczenie *nt*.
exhaustive [ɪgˈzɔːstɪv] *adj*
wyczerpujący.
exhibit [ɪgˈzɪbɪt] *n* (*ART*) eksponat *m*;
(*JUR*) dowód *m* (rzeczowy) ♦ *vt*
(*quality, ability*) wykazywać
(wykazać *perf*); (*emotion*) okazywać
(okazać *perf*); (*paintings*) wystawiać
(wystawić *perf*).
exhibition [ɛksɪˈbɪʃən] *n* (*of paintings
etc*) wystawa *f*; (*of ill-temper, talent*)
pokaz *m*.
exhibitionist [ɛksɪˈbɪʃənɪst] *n*
(*show-off*) osoba *f* lubiąca się
popisywać; (*PSYCH*) ekshibicjonista
m.
exhilarating [ɪgˈzɪləreɪtɪŋ] *adj*
radosny.
exile [ˈɛksaɪl] *n* (*state*) wygnanie *nt*,
emigracja *f*; (*person*) wygnaniec *m*,
emigrant *m* ♦ *vt* skazywać (skazać
perf) na wygnanie.
exist [ɪgˈzɪst] *vi* (*be present*) istnieć;
(*live*) egzystować, utrzymywać się
przy życiu.
existence [ɪgˈzɪstəns] *n* (*reality*)
istnienie *nt*; (*life*) egzystencja *f*.
existing [ɪgˈzɪstɪŋ] *adj* istniejący.
exit [ˈɛksɪt] *n* wyjście *nt*; (*from*

motorway) zjazd *m*, wylot *m* ♦ *vi*
wychodzić (wyjść *perf*).

exit visa *n* wiza *f* wyjazdowa.

exorbitant [ɪgˈzɔːbɪtnt] *adj* (*prices*)
niebotyczny.

exorcize [ˈɛksɔːsaɪz] *vt*
egzorcyzmować.

exotic [ɪgˈzɔtɪk] *adj* egzotyczny.

expand [ɪksˈpænd] *vt* (*business*)
rozwijać (rozwinąć *perf*); (*area,
staff*) powiększać (powiększyć *perf*);
(*influence*) rozszerzać (rozszerzyć
perf) ♦ *vi* (*population, business*)
rozrastać się (rozrosnąć się *perf*);
(*gas, metal*) roszerzać się
(rozszerzyć się *perf*).

expanse [ɪksˈpæns] *n* obszar *m*,
przestrzeń *f*.

expansion [ɪksˈpænʃən] *n* (*of
business, economy etc*) rozwój *m*,
wzrost *m*.

expatriate [ɛksˈpætrɪət] *n*: **expatriate
Poles** Polacy *vir pl* (żyjący) na
emigracji.

expect [ɪksˈpɛkt] *vt* (*anticipate, hope
for*) spodziewać się *+gen*; (*await,
require, count on*) oczekiwać *+gen*;
(*suppose*): **to expect that ...**
przypuszczać, że ... ♦ *vi*: **to be
expecting** spodziewać się dziecka.

expectancy [ɪksˈpɛktənsɪ] *n*
wyczekiwanie *nt*, nadzieja *f*; **life
expectancy** średnia długość życia.

expectation [ɛkspɛkˈteɪʃən] *n*
oczekiwanie *nt*.

expedient [ɪksˈpiːdɪənt] *adj* celowy,
wskazany ♦ *n* doraźny środek *m*.

expedition [ɛkspəˈdɪʃən] *n* wyprawa
f, ekspedycja *f*.

expel [ɪksˈpɛl] *vt* (*person: from
school, organization*) wydalać
(wydalić *perf*), usuwać (usunąć *perf*);
(: *from place*) wypędzać (wypędzić
perf); (*gas, liquid*) wyrzucać
(wyrzucić *perf*).

expenditure [ɪksˈpɛndɪtʃə*] *n* (*of

money) wydatki *pl*; (*of energy, time*)
wydatkowanie *nt*, nakład *m*.

expense [ɪksˈpɛns] *n* (*cost*) koszt *m*;
(*expenditure*) wydatek *m*; **expenses**
npl wydatki *pl*, koszty *pl*; **at the
expense of** kosztem *+gen*.

expensive [ɪksˈpɛnsɪv] *adj* (*article*)
drogi, kosztowny; (*mistake, tastes*)
kosztowny.

experience [ɪksˈpɪərɪəns] *n*
(*knowledge, skill*) doświadczenie *nt*;
(*event, activity*) przeżycie *nt* ♦ *vt*
(*situation, problem*) doświadczać
(doświadczyć *perf*) *+gen*; (*feeling*)
doznawać (doznać *perf*) *+gen*.

experienced [ɪksˈpɪərɪənst] *adj*
doświadczony.

experiment [ɪksˈpɛrɪmənt] *n*
(*SCIENCE*) eksperyment *m*,
doświadczenie *nt*; (*trial*)
eksperyment *m*, próba *f* ♦ *vi*
(*SCIENCE*): **to experiment (with/on)**
eksperymentować *or* prowadzić
doświadczenia (z *+instr*/na *+loc*);
(*fig*) eksperymentować.

experimental [ɪkspɛrɪˈmɛntl] *adj*
(*methods*) eksperymentalny; (*ideas*)
eksperymentatorski; (*tests*)
doświadczalny.

expert [ˈɛkspəːt] *adj* (*driver etc*)
wytrawny; (*help, advice*)
specjalistyczny ♦ *n* ekspert *m*.

expertise [ɛkspəːˈtiːz] *n* wiedza *f*
(specjalistyczna), umiejętności *pl*
(specjalistyczne).

expire [ɪksˈpaɪə*] *vi* wygasać
(wygasnąć *perf*), tracić (stracić *perf*)
ważność.

expiry date *n* data *f* ważności.

explain [ɪksˈpleɪn] *vt* wyjaśniać
(wyjaśnić *perf*), tłumaczyć
(wytłumaczyć *perf*).

explanation [ɛkspləˈneɪʃən] *n*
(*reason*) wyjaśnienie *nt*,
wytłumaczenie *nt*; (*description*)
objaśnienie *nt*.

explanatory [ɪksˈplænətrɪ] *adj*

(*statement*) wyjaśniający; (*leaflet, note*) objaśniający.

explicit [ɪksˈplɪsɪt] *adj* wyraźny.

explode [ɪksˈpləʊd] *vi* (*bomb*) wybuchać (wybuchnąć *perf*), eksplodować (eksplodować *perf*); (*person*) wybuchać (wybuchnąć *perf*).

exploit [ˈɛksplɔɪt] *n* wyczyn *m* ♦ *vt* (*person*) wyzyskiwać (wyzyskać *perf*); (*idea, opportunity*) wykorzystywać (wykorzystać *perf*); (*resources*) eksploatować (wyeksploatować *perf*).

exploitation [ɛksplɔɪˈteɪʃən] *n* (*of person*) wyzysk *m*; (*of idea, opportunity*) wykorzystanie *nt*; (*of resources*) eksploatacja *f*.

exploration [ɛkspləˈreɪʃən] *n* (*of place, space*) badanie *nt*, eksploracja *f* (*fml*); (*of idea, suggestion*) zgłębianie *nt*.

exploratory [ɪksˈplɔrətrɪ] *adj* (*expedition*) badawczy; (*talks*) przygotowawczy, wstępny; (*operation*) rozpoznawczy.

explore [ɪksˈplɔ:*] *vt* (*place, space*) badać (zbadać *perf*); (*idea, suggestion*) zgłębiać (zgłębić *perf*).

explorer [ɪksˈplɔ:rə*] *n* badacz(ka) *m(f)*.

explosion [ɪksˈpləʊʒən] *n* (*of bomb*) wybuch *m*, eksplozja *f*; (*of population*) eksplozja *f*; (*of rage, laughter*) wybuch *m*.

explosive [ɪksˈpləʊsɪv] *adj* (*material, temper*) wybuchowy; (*situation*) zapalny ♦ *n* materiał *m* wybuchowy.

exponent [ɪksˈpəʊnənt] *n* (*of idea, theory*) propagator(ka) *m(f)*; (*of skill, activity*) przedstawiciel(ka) *m(f)*, reprezentant(ka) *m(f)*.

export [ɛksˈpɔ:t] *vt* eksportować (eksportować *perf*) ♦ *n* (*process*) eksport *m*; (*product*) towar *m or* produkt *m* eksportowy ♦ *cpd*: **export duty** cło *nt* eksportowe *or* wywozowe.

expose [ɪksˈpəʊz] *vt* (*object*)

odsłaniać (odsłonić *perf*); (*person*) demaskować (zdemaskować *perf*); (*situation*) ujawniać (ujawnić *perf*).

exposed [ɪksˈpəʊzd] *adj* nie osłonięty, odkryty.

exposure [ɪksˈpəʊʒə*] *n* (*publicity*) nagłośnienie *nt*; (*of truth*) ujawnienie *nt*; (*of person*) zdemaskowanie *nt*; (*PHOT: amount of light*) naświetlenie *nt*; **exposure to** (*heat, radiation etc*) wystawienie na +*acc or* na działanie +*gen*; **death from exposure** śmierć na skutek nadmiernego ochłodzenia organizmu.

express [ɪksˈprɛs] *adj* (*command, intention*) wyraźny; (*letter, train, bus*) ekspresowy ♦ *n* (*RAIL*) ekspres *m* ♦ *vt* wyrażać (wyrazić *perf*).

expression [ɪksˈprɛʃən] *n* (*word, phrase*) wyrażenie *nt*, zwrot *m*; (*of welcome, support*) wyraz *m*; (*on face*) wyraz *m* twarzy; (*of actor, singer*) ekspresja *f*.

expressive [ɪksˈprɛsɪv] *adj* pełen wyrazu.

expressly [ɪksˈprɛslɪ] *adv* wyraźnie.

expulsion [ɪksˈpʌlʃən] *n* (*SCOL, POL*) wydalenie *nt*; (*of gas, liquid*) wypuszczenie *nt*.

exquisite [ɛksˈkwɪzɪt] *adj* (*beautiful*) przepiękny; (*perfect*) znakomity, wyśmienity.

extend [ɪksˈtɛnd] *vt* (*make longer*) przedłużać (przedłużyć *perf*); (*make larger*) powiększać (powiększyć *perf*); (*offer*) składać (złożyć *perf*); (*invitation*) wystosowywać (wystosować *perf*); (*arm, hand*) wyciągać (wyciągnąć *perf*) ♦ *vi* (*land, road*) rozciągać się, ciągnąć się; (*period*) trwać, ciągnąć się.

extension [ɪksˈtɛnʃən] *n* (*of building*) dobudówka *f*; (*of time, road, table*) przedłużenie *nt*; (*of campaign, rights*) rozszerzenie *nt*; (*ELEC*) przedłużacz *m*; (*TEL: in private house*)

dodatkowy aparat *m*; (: *in office*)
numer *m* wewnętrzny.
extensive [ɪks'tɛnsɪv] *adj* (*area,
knowledge, damage*) rozległy;
(*coverage, discussion, inquiries*)
szczegółowy; (*quotation*) obszerny.
extensively [ɪks'tɛnsɪvlɪ] *adv*: **he's
travelled extensively** wiele
podróżował.
extent [ɪks'tɛnt] *n* (*of area, land*)
rozmiary *pl*; (*of problem*) zakres *m*,
zasięg *m*; **to some extent, to a
certain extent** do pewnego stopnia,
w pewnej mierze; **to the extent of
... aż po** +*acc*; **to such an extent
that ...** do tego stopnia, że ... .
extenuating [ɪks'tɛnjueɪtɪŋ] *adj*:
extenuating circumstances
okoliczności *pl* łagodzące.
exterior [ɛks'tɪərɪə*] *adj* zewnętrzny
♦ *n* (*outside*) zewnętrzna *f* strona;
(*appearance*) powierzchowność *f*.
extermination [ɪkstə'mɪ'neɪʃən] *n* (*of
animals*) wytępienie *nt*; (*of people*)
eksterminacja *f*.
external [ɛks'tə:nl] *adj* (*walls, use*)
zewnętrzny; (*examiner, auditor*) z
zewnątrz *post*.
extinct [ɪks'tɪŋkt] *adj* (*animal, plant*)
wymarły; (*volcano*) wygasły.
extinction [ɪks'tɪŋkʃən] *n* wyginięcie
nt, wymarcie *nt*.
extinguish [ɪks'tɪŋgwɪʃ] *vt* (*fire*)
gasić (ugasić *perf*); (*light, cigarette*)
gasić (zgasić *perf*).
extinguisher [ɪks'tɪŋgwɪʃə*] *n* (*also:
fire extinguisher) gaśnica *f*.
extortion [ɪks'tɔ:ʃən] *n* (*crime*)
wymuszenie *nt*; (*exorbitant charge*)
zdzierstwo *nt*.
extortionate [ɪks'tɔ:ʃnɪt] *adj*
wygórowany.
extra ['ɛkstrə] *adj* dodatkowy ♦ *adv*
dodatkowo, ekstra (*inf*) ♦ *n* (*luxury*)
dodatek *m*; (*surcharge*) dopłata *f*;
(*FILM, THEAT*) statysta (-tka) *m(f)*.
extract [ɪks'trækt] *vt* (*object*)

wyciągać (wyciągnąć *perf*); (*mineral:
from ground*) wydobywać (wydobyć
perf); (: *from another substance*)
uzyskiwać (uzyskać *perf*); (*promise,
confession*) wymuszać (wymusić
perf); (*money*) wyłudzać (wyłudzić
perf) ♦ *n* (*of novel*) wyjątek *m*,
urywek *m*; (*of recording*) fragment
m; (*from plant etc*) wyciąg *m*,
ekstrakt *m*.
extracurricular ['ɛkstrəkə'rɪkjulə*]
adj ponadprogramowy.
extradite ['ɛkstrədaɪt] *vt* ekstradować
(*perf*).
extradition [ɛkstrə'dɪʃən] *n*
ekstradycja *f*.
extramarital ['ɛkstrə'mærɪtl] *adj*
pozamałżeński.
extramural ['ɛkstrə'mjuərl] *adj*
(*studies, course*) zaoczny; (*activities*)
dodatkowy.
extraordinary [ɪks'trɔ:dnrɪ] *adj*
nadzwyczajny, niezwykły; (*meeting*)
nadzwyczajny.
extravagance [ɪks'trævəgəns] *n* (*no
pl: quality*) rozrzutność *f*; (*instance*)
ekstrawagancja *f*.
extravagant [ɪks'trævəgənt] *adj*
(*person*) rozrzutny; (*gift*)
(przesadnie) kosztowny.
extreme [ɪks'tri:m] *adj* (*conditions,
opinions, methods*) ekstremalny;
(*poverty, example*) skrajny; (*caution*)
największy ♦ *n* ekstremalność *f*,
skrajność *f*.
extremely [ɪks'tri:mlɪ] *adv*
niezmiernie, nadzwyczajnie.
extremity [ɪks'trɛmɪtɪ] *n* (*edge, end*)
kraniec *m*, skraj *m*; (*of situation*)
skrajność *f*.
extrovert ['ɛkstrəvə:t] *n* ekstrawertyk
(-yczka) *m(f)*.
exuberant [ɪg'zju:bərnt] *adj* (*person*)
tryskający energią *or* entuzjazmem;
(*imagination, foliage*) bujny,
wybujały.
eye [aɪ] *n* (*ANAT*) oko *nt*; (*of needle*)

ucho nt ♦ vt przypatrywać się
(przypatrzyć się perf) +dat; **to keep
an eye on** mieć na oku +acc.
eyeball ['aɪbɔ:l] n gałka f oczna.
eyebrow ['aɪbrau] n brew f.
eyedrops ['aɪdrɔps] npl krople pl do
oczu.
eyelash ['aɪlæʃ] n rzęsa f.
eyelid ['aɪlɪd] n powieka f.
eyeliner ['aɪlaɪnə*] n ołówek m do
oczu, eyeliner m.
eyeshadow ['aɪʃædəu] n cień m do
powiek.
eyesight ['aɪsaɪt] n wzrok m.
eye witness n naoczny świadek m.

F

F [ɛf] n (MUS) F nt, f nt.
F abbr = **Fahrenheit** °F.
fable ['feɪbl] n bajka f.
fabric ['fæbrɪk] n (cloth) tkanina f.
fabrication [fæbrɪ'keɪʃən] n (lie)
wymysł m.
fabulous ['fæbjuləs] adj (person,
looks, mood) fantastyczny; (beauty,
wealth, luxury) bajeczny; (mythical)
baśniowy, bajkowy.
facade n (lit, fig) fasada f.
face [feɪs] n (ANAT) twarz f;
(expression) mina f; (of clock) tarcza
f; (of mountain, cliff) ściana f ♦ vt
(person: direction, object) zwracać
się (zwrócić się perf) twarzą do
+gen; (: unpleasant situation) stawiać
(stawić perf) czoło +dat; (building,
seat) być zwróconym w kierunku
+gen; **face down/up** (person)
(leżący) na brzuchu/plecach; (card)
zakryty/odkryty; **to lose/save face**
stracić (perf)/zachować (perf) twarz;
to make or **pull a face** robić (zrobić
perf) minę; **in the face of** w obliczu
+gen; **on the face of it** na pierwszy

rzut oka; **face to face (with)** twarzą
w twarz (z +instr); **to be facing
sb/sth** (person) być zwróconym
twarzą do kogoś/czegoś.
►**face up to** vt fus (problems,
obstacles) stawiać (stawić perf)
czoło +dat; (one's responsibilities,
duties) uznawać (uznać perf) +acc.
face lift n (of person) lifting m
twarzy; (of building, room, furniture)
odnowienie nt.
face value n wartość f nominalna; **to
take sth at face value** (fig) brać
(wziąć perf) coś za dobrą monetę.
facial ['feɪʃl] adj: **facial expression**
wyraz m twarzy; **facial hair**
owłosienie nt twarzy, zarost m.
facilitate [fə'sɪlɪteɪt] vt ułatwiać
(ułatwić perf).
facilities [fə'sɪlɪtɪz] npl (buildings)
pomieszczenia pl; (equipment)
urządzenia pl.
fact [fækt] n fakt m; **in fact**
(expressing emphasis) faktycznie;
(disagreeing) w rzeczywistości;
(qualifying statement) właściwie.
faction ['fækʃən] n odłam m, frakcja f.
factor ['fæktə*] n czynnik m.
factory ['fæktərɪ] n fabryka f.
factual ['fæktjuəl] adj (analysis,
information) rzeczowy.
faculty ['fækəltɪ] n (sense, ability)
zdolność f; (of university) wydział m;
(US: teaching staff) wykładowcy vir pl.
fad [fæd] n przelotna or chwilowa
moda f.
fade [feɪd] vi (colour, wallpaper,
photograph) blaknąć (wyblaknąć
perf); (sound) cichnąć, ucichać
(ucichnąć perf); (hope, memory,
smile) gasnąć (zgasnąć perf); **the
light was fading** ściemniało się.
fag [fæg] n (BRIT: inf: cigarette) fajka
f (inf).
fail [feɪl] vt (person: exam) nie
zdawać (nie zdać perf) +gen,
oblewać (oblać perf); (examiner.

candidate) oblewać (oblać *perf*); (*leader, memory*) zawodzić (zawieść *perf*); (*courage*) opuszczać (opuścić *perf*) ♦ *vi* (*candidate*) nie zdawać (nie zdać *perf*), oblewać (oblać *perf*); (*attempt*) nie powieść się (*perf*); (*brakes*) zawodzić (zawieść *perf*); (*eyesight, health*) pogarszać się (pogorszyć się *perf*); (*light*) gasnąć (zgasnąć *perf*); **to fail to do sth** (*not succeed*) nie zdołać (*perf*) czegoś zrobić; (*neglect*) nie zrobić (*perf*) czegoś; **without fail** (*always, religiously*) obowiązkowo; (*definitely*) na pewno.

failing ['feɪlɪŋ] *n* wada *f* ♦ *prep* jeżeli nie będzie +*gen*.

failure ['feɪljə*] *n* (*lack of success*) niepowodzenie *nt*; (*person*) ofiara *f* (życiowa), nieudacznik *m*; (*of engine*) uszkodzenie *nt*; (*of heart*) niedomoga *f*, niewydolność *f*.

faint [feɪnt] *adj* nikły, słaby ♦ *vi* (*MED*) mdleć (zemdleć *perf*) ♦ *n* (*MED*) omdlenie *nt*; **I feel faint** słabo mi.

fair [fɛə*] *adj* (*just, impartial*) sprawiedliwy; (*honest, honourable*) uczciwy; (*size, number, chance*) spory; (*guess, assessment*) trafny; (*complexion, hair*) jasny; (*weather*) ładny ♦ *adv*: **to play fair** (*SPORT*) grać fair; (*fig*) postępować uczciwie ♦ *n* (*also*: **trade fair**) targi *pl*; (*BRIT*: *also*: **funfair**) wesołe miasteczko *nt*.

fairly ['fɛəlɪ] *adv* (*justly*) sprawiedliwie; (*quite*) dość, dosyć.

fairness ['fɛənɪs] *n* sprawiedliwość *f*.

fair play *n* fair play *nt inv*.

fairy ['fɛərɪ] *n* wróżka *f* (*z bajki*).

fairy tale *n* bajka *f*, baśń *f*.

faith [feɪθ] *n* wiara *f*.

faithful ['feɪθful] *adj* wierny; **to be faithful to** (*spouse*) być wiernym +*dat*; (*book, original*) wiernie oddawać (oddać *perf*) +*acc*.

faithfully ['feɪθfəlɪ] *adv* wiernie; **Yours faithfully** Z poważaniem.

fake [feɪk] *n* falsyfikat *m*, podróbka *f* (*inf*) ♦ *adj* (*antique*) podrabiany; (*passport*) fałszywy; (*laugh*) udawany ♦ *vt* (*painting, document, signature*) podrabiać (podrobić *perf*); (*illness, emotion*) udawać (udać *perf*).

falcon ['fɔːlkən] *n* sokół *m*.

fall [fɔːl] (*pt* **fell**, *pp* **fallen**) *n* (*of person, object, government*) upadek *m*; (*in price, temperature*) spadek *m*; (*of snow*) opady *pl*; (*US: autumn*) jesień *f* ♦ *vi* (*person, object, government*) upadać (upaść *perf*); (*snow, rain*) padać, spadać (spaść *perf*); (*price, temperature, dollar*) spadać (spaść *perf*); (*night, darkness, silence*) zapadać (zapaść *perf*); **falls** *npl* wodospad *m*; **to fall flat** nie udawać się (nie udać się *perf*), nie wychodzić (nie wyjść *perf*); **to fall in love (with sb/sth)** zakochiwać się (zakochać się *perf*) (w kimś/czymś).

▶**fall back on** *vt fus* zdawać się (zdać się *perf*) na +*acc*, uciekać się (uciec się *perf*) do +*gen*.

▶**fall behind** *vi* pozostawać (pozostać *perf*) w tyle.

▶**fall down** *vi* (*person*) upadać (upaść *perf*); (*building*) walić się (zawalić się *perf*).

▶**fall for** *vt fus* (*trick, story*) dawać (dać *perf*) się nabrać na +*acc*; (*person*) zakochiwać się (zakochać się *perf*) w +*loc*.

▶**fall in** *vi* (*roof*) zapadać się (zapaść się *perf*); (*MIL*) formować (sformować *perf*) szereg.

▶**fall off** *vi* (*person, object*) odpadać (odpaść *perf*); (*takings, attendance*) spadać (spaść *perf*).

▶**fall out** *vi* (*hair, teeth*) wypadać (wypaść *perf*); (*friends etc*): **to fall out (with sb)** poróżnić się (*perf*) (z kimś).

►**fall through** *vi* nie dochodzić (nie dojść *perf*) do skutku.

fallacy ['fæləsɪ] *n* (*misconception*) mit *m*; (*in reasoning, argument*) błąd *m* (logiczny).

fallen ['fɔːlən] *pp of* **fall**.

fallible ['fæləbl] *adj* (*person*) omylny; (*memory*) zawodny.

fallopian tube [fə'ləupɪən-] *n* jajowód *m*.

fallout ['fɔːlaut] *n* opad *m* radioaktywny.

fallout shelter *n* schron *m* przeciwatomowy.

false [fɔːls] *adj* fałszywy.

falsely ['fɔːlslɪ] *adv* (*accuse*) bezpodstawnie.

false teeth (*BRIT*) *npl* sztuczna szczęka *f*.

falter ['fɔːltə*] *vi* (*engine*) przerywać.

fame [feɪm] *n* sława *f*.

familiar [fə'mɪlɪə*] *adj* (*well-known*) (dobrze) znany, znajomy; (*too intimate*) poufały; **I am familiar with her work** znam jej prace.

familiarize [fə'mɪlɪəraɪz] *vt:* **to familiarize o.s. with sth** zaznajamiać się (zaznajomić się *perf*) z czymś.

family ['fæmɪlɪ] *n* rodzina *f*; **after raising a family** po odchowaniu dzieci.

famine ['fæmɪn] *n* głód *m*, klęska *f* głodu.

famished ['fæmɪʃt] (*inf*) *adj* wygłodniały; **I'm famished** umieram z głodu.

famous ['feɪməs] *adj* sławny, znany; **famous for** słynny *or* słynący z +*gen*.

fan [fæn] *n* (*folding*) wachlarz *m*; (*ELEC*) wentylator *m*; (*of pop star*) fan(ka) *m(f)*; (*of sports team*) kibic *m* ♦ *vt* (*face, person*) wachlować (powachlować *perf*); (*fire, fear, anger*) podsycać (podsycić *perf*).

fanatic [fə'nætɪk] *n* fanatyk (-yczka) *m(f)*.

fanatical [fə'nætɪkl] *adj* fanatyczny.

fanciful ['fænsɪful] *adj* (*notion, idea*) dziwaczny; (*design, name*) udziwniony, wymyślny.

fancy ['fænsɪ] *n* (*liking*) upodobanie *nt*; (*imagination*) wyobraźnia *f*, fantazja *f*; (*fantasy*) marzenie *nt*, mrzonka *f* ♦ *adj* (*clothes, hat*) wymyślny, fantazyjny; (*hotel*) wytworny, luksusowy ♦ *vt* (*feel like, want*) mieć ochotę na +*acc*; (*imagine*) wyobrażać (wyobrazić *perf*) sobie; **I fancied (that) ...** wydawało mi się, że ...; **I took a fancy to him** przypadł mi do gustu; **she fancies you** (*inf*) podobasz jej się; **well, fancy that!** a to dopiero!, coś takiego!

fancy dress *n* przebranie *nt*, kostium *m*.

fancy-dress ball ['fænsɪdres-] *n* bal *m* kostiumowy *or* przebierańców.

fanfare ['fænfɛə*] *n* fanfara *f*.

fang [fæŋ] *n* kieł *m*.

fantastic [fæn'tæstɪk] *adj* fantastyczny; (*strange, incredible*) niezwykły.

fantasy ['fæntəsɪ] *n* (*dream*) marzenie *nt*; (*unreality*) fikcja *f*; (*imagination*) wyobraźnia *f*; (*LITERATURE*) fantastyka *f* baśniowa.

far [fɑː*] *adj* daleki ♦ *adv* (*a long way*) daleko; (*much, greatly*) w dużym stopniu; **at the far side** na drugiej stronie; **at the far end** na drugim końcu; **far away** daleko; **far off** daleko; **he was far from poor** nie był bynajmniej biedny; **by far** zdecydowanie; **go as far as the farm** idź (aż) do farmy; **as far as I know** o ile wiem; **as far as possible** na tyle, na ile (to) możliwe, w miarę możliwości; **far from it** bynajmniej; **so far** (jak) dotąd *or* do tej pory, dotychczas; **how far?** (*in distance, progress*) jak daleko?; (*in degree*) na ile?, do jakiego stopnia?; **the far left/right** (*POL*) skrajna lewica/prawica.

faraway ['fɑːrəweɪ] *adj* (*place*) odległy, daleki; (*sound*) daleki; (*look, thought*) oddalony.

farce [fɑːs] *n* (*lit, fig*) farsa *f*.

farcical ['fɑːsɪkl] *adj* absurdalny, niedorzeczny.

fare [fɛə*] *n* (*on train, bus*) opłata *f* (za przejazd); (*food*) strawa *f*; (*in taxi*) klient(ka) *m(f)*; **how did you fare?** jak ci poszło?; **half/full fare** opłata ulgowa/normalna.

Far East *n*: **the Far East** Daleki Wschód *m*.

farewell [fɛə'wɛl] *excl* żegnaj(cie) ♦ *n* pożegnanie *nt*.

farm [fɑːm] *n* gospodarstwo *nt* (rolne); (*specialist*) farma *f* ♦ *vt* (*land*) uprawiać.

farmer ['fɑːmə*] *n* rolnik *m*; (*on specialist farm*) farmer *m*.

farming ['fɑːmɪŋ] *n* (*agriculture*) gospodarka *f* rolna; (*of crops*) uprawa *f*; (*of animals*) hodowla *f*.

farmland ['fɑːmlænd] *n* pole *nt* uprawne.

farmyard ['fɑːmjɑːd] *n* podwórze *nt*.

far-reaching ['fɑː'riːtʃɪŋ] *adj* dalekosiężny.

far-sighted ['fɑː'saɪtɪd] *adj* (*US*) dalekowzroczny.

fart [fɑːt] (*inf!*) *vi* pierdzieć (pierdnąć *perf*) (*inf!*).

farther ['fɑːðə*] *adv* dalej ♦ *adj* (*shore, side*) drugi.

farthest ['fɑːðɪst] *adv* najdalej.

fascinate ['fæsɪneɪt] *vt* fascynować (zafascynować *perf*).

fascinating ['fæsɪneɪtɪŋ] *adj* fascynujący.

fascination [fæsɪ'neɪʃən] *n* fascynacja *f*, zafascynowanie *nt*.

fascism ['fæʃɪzəm] *n* faszyzm *m*.

fashion ['fæʃən] *n* (*trend, clothes*) moda *f*; (*manner*) sposób *m* ♦ *vt* (*out*

of clay etc) modelować (wymodelować *perf*); **in fashion** w modzie; **to go out of fashion** wychodzić (wyjść *perf*) z mody.

fashionable ['fæʃnəbl] *adj* modny.

fashion show *n* pokaz *m* mody.

fast [fɑːst] *adj* (*runner, car, progress*) szybki; (*dye, colour*) trwały ♦ *adv* (*run, act, think*) szybko; (*stuck, held*) mocno ♦ *n* post *m* ♦ *vi* pościć; **to be fast asleep** spać głęboko.

fasten ['fɑːsn] *vt* (*one thing to another*) przymocowywać (przymocować *perf*); (*coat, dress, seat-belt*) zapinać (zapiąć *perf*) ♦ *vi* (*dress etc*) zapinać się (zapiąć się *perf*).

fastener ['fɑːsnə*] *n* zapięcie *nt*.

fastening ['fɑːsnɪŋ] *n* = **fastener**.

fast food *n* szybkie dania *pl*.

fat [fæt] *adj* (*animal*) tłusty; (*person, book, wallet*) gruby; (*profit*) pokaźny ♦ *n* tłuszcz *m*.

fatal ['feɪtl] *adj* (*injury, illness, accident*) śmiertelny; (*mistake*) fatalny.

fatalistic [feɪtə'lɪstɪk] *adj* fatalistyczny.

fatality [fə'tælɪtɪ] *n* (*death*) wypadek *m* śmiertelny.

fatally ['feɪtəlɪ] *adv* (*wounded, injured*) śmiertelnie.

fate [feɪt] *n* los *m*.

fateful ['feɪtful] *adj* brzemienny w skutki.

father ['fɑːðə*] *n* (*lit, fig*) ojciec *m*.

father-in-law ['fɑːðərənlɔː] *n* teść *m*.

fatherly ['fɑːðəlɪ] *adj* ojcowski.

fathom ['fæðəm] *n* (*NAUT*) sążeń *m* (angielski) ♦ *vt* (*mystery*) zgłębiać (zgłębić *perf*); (*meaning, reason*) pojmować (pojąć *perf*).

fatigue [fə'tiːg] *n* (*tiredness*) zmęczenie *nt*; **metal fatigue** zmęczenie metalu.

fatten ['fætn] *vt* tuczyć (utuczyć

perf); **chocolate is fattening**
czekolada jest tucząca.

fatty ['fætɪ] *adj* (*food*) tłusty ♦ *n* (*inf*)
grubas(ka) *m(f)*.

fatuous ['fætjuəs] *adj* niedorzeczny.

faucet ['fɔ:sɪt] (*US*) *n* kran *m*.

fault [fɔ:lt] *n* (*mistake*) błąd *m*;
(*defect: in person*) wada *f*; (: *in
machine*) usterka *f*; (*GEOL*) uskok
m; (*TENNIS*) błąd *m* serwisowy ♦ *vt*:
I couldn't fault him nie mogłem mu
nic zarzucić; **it's my fault** to moja
wina; **if my memory is not at fault**
jeśli mnie pamięć nie myli; **to find
fault with sb/sth** czepiać się
kogoś/czegoś; **to be at fault** ponosić
winę.

faulty ['fɔ:ltɪ] *adj* wadliwy.

fauna ['fɔ:nə] *n* fauna *f*.

favour ['feɪvə*] (*US* **favor**) *n*
(*approval*) przychylność *f*; (*act of
kindness*) przysługa *f* ♦ *vt* (*prefer:
solution, view*) preferować;
(: *person*) faworyzować; (*be
advantageous to*) sprzyjać +*dat*; **to
do sb a favour** wyświadczać
(wyświadczyć *perf*) komuś
przysługę; **in favour of** na korzyść
+*gen*; **to be in favour of sth/doing
sth** być zwolennikiem
czegoś/(z)robienia czegoś.

favourable ['feɪvrəbl] *adj* (*reaction,
review*) przychylny; (*terms,
conditions, impression*) korzystny.

favourite ['feɪvrɪt] *adj* ulubiony ♦ *n*
(*of teacher, parent*) ulubieniec (-ica)
m(f); (*in race*) faworyt(ka) *m(f)*.

fawn [fɔ:n] *n* jelonek *m* ♦ *adj* (*also:*
fawn-coloured) płowy.

fax [fæks] *n* faks *m* ♦ *vt* faksować
(przefaksować *perf*).

FBI (*US*) *n* *abbr* (= *Federal Bureau of
Investigation*) FBI *nt inv*.

fear [fɪə*] *n* (*dread*) strach *m*;
(: *indefinite, irrational*) lęk *m*;
(*anxiety*) obawa *f* ♦ *vt* (*be scared of*)
bać się +*gen*; (*be worried about*)

obawiać się +*gen*; **for fear of
offending him** (w obawie,) żeby go
nie urazić.

fearful ['fɪəful] *adj* (*person*)
bojaźliwy; (*sight, consequences*)
przerażający, straszny; (*scream,
racket*) przeraźliwy, straszliwy.

fearless ['fɪəlɪs] *adj* nieustraszony.

feasible ['fi:zəbl] *adj* wykonalny.

feast [fi:st] *n* (*banquet*) uczta *f*;
(*REL: also:* **feast day**) święto *nt* ♦ *vi*
ucztować.

feat [fi:t] *n* wyczyn *m*.

feather ['feðə*] *n* pióro *nt*.

feature ['fi:tʃə*] *n* cecha *f*; (*PRESS,
TV, RADIO*) (obszerny) reportaż *m*
(*na poważny temat nie związany
bezpośrednio z najświeższymi
wiadomościami*) ♦ *vi*: **to feature in**
(*film*) grać (zagrać *perf*)
pierwszoplanową rolę w +*loc*;
(*situation*) odgrywać (odegrać *perf*)
ważną rolę w +*loc*; **features** *npl*
rysy *pl* (twarzy).

feature film *n* film *m* fabularny.

February ['februərɪ] *n* luty *m*.

fed [fɛd] *pt, pp of* **feed**.

federal ['fɛdərəl] *adj* federalny.

federation [fɛdə'reɪʃən] *n* federacja *f*.

fed up *adj*: **to be fed up (with)** mieć
dość (+*gen*).

fee [fi:] *n* opłata *f*; (*of doctor, lawyer*)
honorarium *nt*; **school fees** czesne.

feeble ['fi:bl] *adj* słaby; (*joke,
excuse*) kiepski.

feed [fi:d] (*pt* **fed**) *n* (*feeding*)
karmienie *nt*; (*fodder*) pasza *f*; (*on
printer*) dane *pl* wejściowe ♦ *vt*
(*baby, invalid, dog*) karmić
(nakarmić *perf*); (*family*) żywić
(wyżywić *perf*); (*data, information:
into computer*) wprowadzać
(wprowadzić *perf*); (*coins: into
meter, payphone*) wrzucać (wrzucić
perf).

▶**feed on** *vt fus* żywić się +*instr*.

feedback ['fi:dbæk] n (noise) sprzężenie nt.

feel [fi:l] (pt **felt**) vt (touch) dotykać (dotknąć perf) +gen; (experience) czuć (poczuć perf); (think, believe): **to feel that ...** uważać, że ...; **we didn't feel hungry** nie odczuwaliśmy głodu; **I feel cold/hot** jest mi zimno/gorąco; **I don't feel well** nie czuję się dobrze; **I feel sorry for her** żal mi jej; **the cloth feels soft** tkanina jest miękka w dotyku; **to feel like sth** mieć ochotę na coś.

►**feel about** vi szukać po omacku.

feeler ['fi:lə*] n (of insect) czułek m.

feeling ['fi:lɪŋ] n uczucie nt.

feet [fi:t] npl of **foot**.

feign [feɪn] vt (illness) symulować; (interest, surprise) udawać (udać perf).

fell [fɛl] pt of **fall** ♦ vt (tree) ścinać (ściąć perf).

fellow ['fɛləu] n (chap) gość m (inf), facet m (inf); (comrade) towarzysz m; (of learned society) ≈ członek m (rzeczywisty) ♦ cpd: **their fellow prisoners** ich współwięźniowie vir pl; **a fellow passenger** towarzysz podróży; **his fellow workers** jego koledzy z pracy.

fellow citizen n współobywatel(ka) m(f).

fellow men npl bliźni vir pl.

fellowship ['fɛləuʃɪp] n (comradeship) koleżeństwo nt; (society) towarzystwo nt; (SCOL) członkostwo kolegium uniwersytetu.

felony ['fɛlənɪ] n ciężkie przestępstwo nt.

felt [fɛlt] pt, pp of **feel** ♦ n filc m.

felt-tip pen ['fɛlttɪp-] n pisak m.

female ['fi:meɪl] n (ZOOL) samica f; (woman) kobieta f ♦ adj (child) płci żeńskiej post; (sex, plant, plug) żeński; (ZOOL: instincts) samiczy;

(: animal): **female whale** samica f wieloryba.

feminine ['fɛmɪnɪn] adj kobiecy; (LING: gender) żeński; (: noun, pronoun) rodzaju żeńskiego post.

feminist ['fɛmɪnɪst] n feminista (-tka) m(f).

fence [fɛns] n płot m ♦ vt (also: **fence in**) ogradzać (ogrodzić perf) ♦ vi (SPORT) uprawiać szermierkę.

fencing ['fɛnsɪŋ] n (SPORT) szermierka f.

fend [fɛnd] vi: **grown-up children should fend for themselves** dorosłe dzieci powinny radzić sobie same.

►**fend off** vt (attack, attacker, blow) odpierać (odeprzeć perf).

fender ['fɛndə*] n (of fireplace) osłona f zabezpieczająca; (on boat) odbijacz m; (US: of car) błotnik m.

ferment [fə'mɛnt] vi fermentować (sfermentować perf) ♦ n (fig) wrzenie nt, ferment m.

fern [fə:n] n paproć f.

ferocious [fə'rəuʃəs] adj (animal, yell) dziki; (assault, fighting, heat) okrutny; (climate, expression, criticism) srogi; (competition, opposition) ostry.

ferocity [fə'rɔsɪtɪ] n (of animal) dzikość f; (of assault) okrucieństwo nt; (of climate) srogość f; (of competition) ostrość f.

ferret ['fɛrɪt] n fretka f.

►**ferret out** vt (information) wyszperać (perf).

ferry ['fɛrɪ] n prom m ♦ vt (by sea, air, road) przewozić (przewieźć perf).

fertile ['fə:taɪl] adj (soil) żyzny, urodzajny; (imagination, woman) płodny.

fertility [fə'tɪlɪtɪ] n (of soil) żyzność f; (of imagination, woman) płodność f.

fertilizer ['fə:tɪlaɪzə*] n nawóz m.

fervent ['fə:vənt] adj (admirer, supporter) zagorzały; (belief) żarliwy.

fervour ['fə:və*] (US **fervor**) n
zapał m, gorliwość f.
festival ['fɛstɪvəl] n (REL) święto nt;
(ART, MUS) festiwal m.
festive ['fɛstɪv] adj świąteczny,
odświętny.
festivities [fɛs'tɪvɪtɪz] npl
uroczystości pl, obchody pl.
fetch [fɛtʃ] vt przynosić (przynieść
perf).
fetching ['fɛtʃɪŋ] adj (woman)
ponętny; (dress) twarzowy.
fête [feɪt] n (at school) festyn m; (at
church) odpust m.
fetus ['fi:təs] (US) n = **foetus**.
feud [fju:d] n waśń f.
feudal ['fju:dl] adj feudalny.
fever ['fi:və*] n gorączka f.
feverish ['fi:vərɪʃ] adj (child, face)
rozpalony; (fig: emotion, activity)
gorączkowy; (: person)
rozgorączkowany.
few [fju:] adj niewiele (+gen), mało
(+gen); (of groups of people including
at least one male) niewielu (+gen) ♦
pron niewiele; (of groups of people
including at least one male)
niewielu; **a few** adj kilka (+gen),
parę (+gen); (of groups of people
including at least one male) kilku
(+gen), paru (+gen); (of children,
groups of people of both sexes)
kilkoro (+gen) ♦ pron kilka, parę;
(of groups of people including at
least one male) kilku, paru.
fewer ['fju:ə*] adj mniej (+gen).
fewest ['fju:ɪst] adj najmniej (+gen).
fiancé [fɪ'ɑ̃:ŋseɪ] n narzeczony m.
fiancée [fɪ'ɑ̃:ŋseɪ] n narzeczona f.
fiasco [fɪ'æskəu] n fiasko nt.
fib [fɪb] n bajka f, bujda f (inf); **to tell
fibs** bujać (inf).
fibre ['faɪbə*] (US **fiber**) n włókno
nt; (roughage) błonnik m.
fibre-glass ['faɪbəglɑ:s] (US
fiber-glass) n włókno nt szklane.
fickle ['fɪkl] adj kapryśny, zmienny.

fiction ['fɪkʃən] n (LITERATURE)
beletrystyka f, literatura f piękna;
(invention, lie) fikcja f.
fictional ['fɪkʃnl] adj fikcyjny.
fictitious [fɪk'tɪʃəs] adj fikcyjny,
zmyślony.
fiddle ['fɪdl] n (MUS) skrzypki pl,
skrzypce pl; (fraud) szwindel m (inf)
♦ vt (BRIT: accounts) fałszować
(sfałszować perf).
►**fiddle with** vt fus bawić się +instr.
fidelity [fɪ'delɪtɪ] n wierność f.
fidget ['fɪdʒɪt] vi wiercić się.
field [fi:ld] n (also ELEC, COMPUT)
pole nt; (SPORT) boisko nt; (fig)
dziedzina f, pole nt.
fieldwork ['fi:ldwə:k] n badania pl
terenowe.
fiend [fi:nd] n potwór m.
fierce [fɪəs] adj (animal) dziki;
(warrior) zaciekły, zawzięty; (loyalty)
niezłomny; (resistance, competition)
zaciekły; (storm) gwałtowny.
fiery ['faɪərɪ] adj (sun) ognisty; (fig)
ognisty, płomienny.
fifteen [fɪf'ti:n] num piętnaście.
fifth [fɪfθ] num piąty.
fifty ['fɪftɪ] num pięćdziesiąt.
fifty-fifty ['fɪftɪ'fɪftɪ] adj (deal etc) pół
na pół post ♦ adv pół na pół, po
połowie.
fig [fɪg] n (fruit) figa f.
fight [faɪt] n walka f; (brawl) bójka f;
(row) kłótnia f, sprzeczka f ♦ vt (pt
fought) (person, urge) walczyć z
+instr; (cancer, prejudice etc)
walczyć z +instr, zwalczać
(zwalczyć perf); (BOXING) walczyć
przeciwko +dat or z +instr ♦ vi
walczyć, bić się.
fighter ['faɪtə*] n (combatant)
walczący m; (plane) samolot m
myśliwski, myśliwiec m.
fighting ['faɪtɪŋ] n (battle) walka f,
bitwa f; (brawl) bójka f, bijatyka f.
figment ['fɪgmənt] n: **a figment of**

sb's imagination wytwór *m* czyjejś wyobraźni.

figurative ['fɪgjurətɪv] *adj* (*expression*) przenośny, metaforyczny; (*style*) obfitujący w przenośnie; (*art*) figuratywny.

figure ['fɪgə*] *n* (*GEOM*) figura *f*; (*number*) liczba *f*, cyfra *f*; (*body*) figura *f*; (*person*) postać *f*; (*personality*) postać *f*, figura *f* ♦ *vt* (*esp US*) dojść *(perf)* do wniosku ♦ *vi* figurować, pojawiać się (pojawić się *perf*).

►**figure out** *vt* wymyślić *(perf)*, wykombinować *(perf)* (*inf*).

figurehead ['fɪgəhɛd] *n* (*NAUT*) galion *m*; (*POL*) marionetkowy przywódca *m*.

figure of speech *n* figura *f* retoryczna.

file [faɪl] *n* (*dossier*) akta *pl*, dossier *nt inv*; (*folder*) kartoteka *f*, teczka *f*; (*COMPUT*) plik *m*; (*tool*) pilnik *m* ♦ *vt* (*document*) włączać (włączyć *perf*) do dokumentacji; (*lawsuit*) wnosić (wnieść *perf*); (*metal, fingernails*) piłować (spiłować *perf*); **to file in** wchodzić (wejść *perf*) jeden za drugim *or* gęsiego; **to file for divorce** wnosić (wnieść *perf*) sprawę o rozwód.

fill [fɪl] *vt* (*container*) napełniać (napełnić *perf*); (*vacancy*) zapełniać (zapełnić *perf*) ♦ *vi* wypełniać się (wypełnić się *perf*), zapełniać się (zapełnić się *perf*) ♦ *n*: **to eat/drink one's fill** najeść się *(perf)*/napić się *(perf)* do syta; **to have one's fill of sth** mieć czegoś dosyć.

►**fill in** *vt* wypełniać (wypełnić *perf*).

►**fill up** *vt* (*container*) napełniać (napełnić *perf*); (*space*) wypełniać (wypełnić *perf*) ♦ *vi* wypełniać się (wypełnić się *perf*), zapełniać się (zapełnić się *perf*).

fillet ['fɪlɪt] *n* filet *m*.

fillet steak *n* stek *m* z polędwicy.

filling ['fɪlɪŋ] *n* (*for tooth*) wypełnienie *nt*, plomba *f*; (*of cake*) nadzienie *nt*.

filling station *n* stacja *f* paliw.

film [fɪlm] *n* (*FILM, TV, PHOT*) film *m*; (*of dust etc*) cienka warstwa *f*, warstewka *f*; (*of tears*) mgiełka *f* ♦ *vt* filmować (sfilmować *perf*) ♦ *vi* filmować, kręcić (*inf*).

film star *n* gwiazda *f* filmowa.

filter ['fɪltə*] *n* (*also PHOT*) filtr *m* ♦ *vt* filtrować (przefiltrować *perf*).

filth [fɪlθ] *n* (*dirt*) brud *m*.

filthy ['fɪlθɪ] *adj* (*object, person*) bardzo brudny; (*language*) sprośny, plugawy; (*behaviour*) obrzydliwy, ohydny.

fin [fɪn] *n* płetwa *f*.

final ['faɪnl] *adj* (*last*) ostatni, końcowy; (*penalty*) najwyższy; (*irony*) największy; (*decision, offer*) ostateczny ♦ *n* (*SPORT*) finał *m*; **finals** *npl* (*SCOL*) egzaminy *pl* końcowe.

finalist ['faɪnəlɪst] *n* finalista (-tka) *m(f)*.

finalize ['faɪnəlaɪz] *vt* finalizować (sfinalizować *perf*).

finally ['faɪnəlɪ] *adv* (*eventually*) w końcu, ostatecznie; (*lastly*) na koniec.

finance [faɪ'næns] *n* (*backing*) środki *pl* finansowe, finanse *pl*; (*management*) gospodarka *f* finansowa ♦ *vt* finansować (sfinansować *perf*); **finances** *npl* fundusze *pl*.

financial [faɪ'nænʃəl] *adj* finansowy.

financier [faɪ'nænsɪə*] *n* (*backer*) sponsor *m*; (*expert*) finansista *m*.

find [faɪnd] (*pt* **found**) *vt* (*locate*) znajdować (znaleźć *perf*), odnajdywać (odnaleźć *perf*) (*fml*); (*discover: answer, solution*) znajdować (znaleźć *perf*); (: *object, person*) odkryć *(perf)*; (*consider*) uznać *(perf)* za +*acc*, uważać za +*acc* ♦ *n* (*discovery*) odkrycie *nt*; (*object* *found)* znalezisko *nt*; **to find sb guilty** (*JUR*) uznawać (uznać *perf*) kogoś za winnego.

►**find out** *vt* (*fact*) dowiadywać się (dowiedzieć się *perf*) +*gen*; (*truth*) odkrywać (odkryć *perf*), poznawać (poznać *perf*); (*person*) poznać się na +*loc*.

findings ['faindıŋz] *npl* (*of committee*) wyniki *pl* badań; (*of report*) wnioski *pl*.

fine [fain] *adj* (*quality etc*) świetny; (*thread*) cienki; (*sand etc*) drobny, miałki; (*detail etc*) drobny; (*weather*) piękny ♦ *adv* (*well*) świetnie ♦ *n* grzywna *f* ♦ *vt* karać (ukarać *perf*) grzywną; **(I'm) fine** (mam się) dobrze; **don't cut it fine** nie rób tego na styk (*inf*); **you're doing fine** świetnie ci idzie.

finesse [fɪ'nɛs] *n* finezja *f*.

finger ['fıŋɡə*] *n* palec *m* ♦ *vt* dotykać (dotknąć *perf*) palcem +*gen*; **little/index finger** mały/wskazujący palec.

fingernail ['fıŋɡəneil] *n* paznokieć *m* (*u ręki*).

fingerprint ['fıŋɡəprınt] *n* odcisk *m* palca.

finish ['fınıʃ] *n* (*end*) koniec *m*, zakończenie *nt*; (*SPORT*) końcówka *f*, finisz *m*; (*polish etc*) wykończenie *nt* ♦ *vt* kończyć (skończyć *perf*) ♦ *vi* (*person*) kończyć (skończyć *perf*); (*course*) kończyć się (skończyć się *perf*); **to finish doing sth** kończyć (skończyć *perf*) coś robić; **to finish third** zająć (*perf*) trzecie miejsce.

►**finish off** *vt* (*job*) dokończyć (*perf*), skończyć (*perf*); (*dinner*) dokończyć (*perf*); (*kill*) wykończyć (*perf*) (*inf*).

►**finish up** *vt* dokończyć (*perf*), skończyć (*perf*).

Finland ['fınlənd] *n* Finlandia *f*.

Finn [fın] *n* Fin(ka) *m(f)*.

Finnish ['fınıʃ] *adj* fiński ♦ *n* (język *m*) fiński.

fir [fə:*] *n* jodła *f*.

fire ['faıə*] *n* ogień *m*; (*accidental*) pożar *m* ♦ *vt* (*shoot: gun*) strzelać (strzelić *perf*) z +*gen*; (: *arrow*) wystrzeliwać (wystrzelić *perf*); (*stimulate*) rozpalać (rozpalić *perf*); (*inf*) wyrzucać (wyrzucić *perf*) z pracy, wylać (*perf*) (*inf*) ♦ *vi* strzelać (strzelić *perf*); **to catch fire** zapalać się (zapalić się *perf*), zajmować się (zająć się *perf*); **to be on fire** palić się, płonąć; **to fire a shot** oddawać (oddać *perf*) strzał.

fire alarm *n* alarm *m* pożarowy.

firearm ['faıərɑ:m] *n* broń *f* palna.

fire brigade *n* straż *f* pożarna.

fire engine *n* wóz *m* strażacki.

fire escape *n* schody *pl* pożarowe.

fireman ['faıəmən] (*irreg like*: **man**) *n* strażak *m*.

fireplace ['faıəpleıs] *n* kominek *m*.

fire station *n* posterunek *m* straży pożarnej.

fireworks ['faıəwə:ks] *npl* fajerwerki *pl*, sztuczne ognie *pl*.

firing squad *n* pluton *m* egzekucyjny.

firm [fə:m] *adj* (*mattress*) twardy; (*ground*) ubity; (*grasp, hold*) mocny, pewny; (*views*) niewzruszony; (*leadership*) nieugięty; (*voice*) pewny ♦ *n* przedsiębiorstwo *nt*, firma *f*.

firmly ['fə:mlı] *adv* (*strongly*) mocno; (*securely*) pewnie; (*say, tell*) stanowczo.

first [fə:st] *adj* pierwszy ♦ *adv* (*before anyone else*) (jako) pierwszy; (*when listing reasons*) po pierwsze ♦ *n* (*AUT*) pierwszy bieg *m*, jedynka *f* (*inf*); (*BRIT: SCOL*) *dyplom ukończenia studiów z najwyższą oceną*; **at first** najpierw, z początku; **first of all** przede wszystkim.

first aid *n* pierwsza pomoc *f*.

first-aid kit [fə:st'eɪd-] *n* apteczka *f*
(pierwszej pomocy).

first-class ['fə:st'klɑ:s] *adj*
pierwszorzędny; **a first-class
carriage/ticket** wagon/bilet
pierwszej klasy.

first-hand ['fə:st'hænd] *adj* z
pierwszej ręki *post*.

first lady (*US*) *n* pierwsza dama *f*
(*żona prezydenta*).

firstly ['fə:stlɪ] *adv* po pierwsze.

first name *n* imię *nt*.

first-rate ['fə:st'reɪt] *adj*
pierwszorzędny.

fiscal ['fɪskl] *adj* fiskalny, podatkowy.

fish [fɪʃ] *n inv* ryba *f* ♦ *vi*
(*commercially*) poławiać ryby; (*as
sport, hobby*) łowić ryby,
wędkować; **to go fishing** iść (pójść
perf) na ryby.

fisherman ['fɪʃəmən] (*irreg like*:
man) *n* rybak *m*; (*amateur*) wędkarz
m.

fishing rod *n* wędka *f*.

fishmonger's (shop) ['fɪʃmʌŋgəz-]
n sklep *m* rybny.

fishy ['fɪʃɪ] (*inf*) *adj* (*suspicious*)
podejrzany.

fissure ['fɪʃə*] *n* szczelina *f*.

fist [fɪst] *n* pięść *f*.

fit [fɪt] *adj* (*suitable*) odpowiedni;
(*healthy*) sprawny (fizycznie), w
dobrej kondycji *or* formie *post* ♦ *vt*
(*be the right size for*) pasować na
+*acc*; (*suit*) odpowiadać +*dat*,
pasować do +*gen* ♦ *vi* pasować ♦ *n*
(*MED*) napad *m*, atak *m*; **to be fit for
sth** nadawać się do czegoś; **to keep
fit** utrzymywać dobrą kondycję; **to
see fit to do sth** uznawać (uznać
perf) za stosowne coś zrobić; **to fit
sth with sth** wyposażać (wyposażyć
perf) coś w coś; **a fit of rage/pride**
przypływ gniewu/dumy; **this dress
is a good fit** ta sukienka dobrze
leży; **by fits and starts** zrywami.

►**fit in** *vi* mieścić się (zmieścić się
perf); (*fig*) pasować.

fitful ['fɪtful] *adj* (*sleep*) niespokojny.

fitness ['fɪtnɪs] *n* sprawność *f*
fizyczna, kondycja *f*.

fitted carpet ['fɪtɪd-] *n* wykładzina *f*
dywanowa.

fitter ['fɪtə*] *n* monter *m*.

fitting ['fɪtɪŋ] *adj* stosowny ♦ *n*
przymiarka *f*; **fittings** *npl* armatura *f*.

fitting room *n* przymierzalnia *f*,
kabina *f*.

five [faɪv] *num* pięć.

fiver ['faɪvə*] (*inf*) *n* (*BRIT*) banknot
m pięciofuntowy, piątka *f* (*inf*).

fix [fɪks] *vt* (*date, amount*) ustalać
(ustalić *perf*), wyznaczać
(wyznaczyć *perf*); (*leak, radio*)
naprawiać (naprawić *perf*); (*meal*)
przygotowywać (przygotować *perf*)
♦ *n*: **to be in a fix** (*inf*) być w
tarapatach.

►**fix up** *vt* (*meeting etc*) organizować
(zorganizować *perf*); **to fix sb up
with sth** załatwiać (załatwić *perf*)
komuś coś.

fixation [fɪk'seɪʃən] *n* fiksacja *f*.

fixed [fɪkst] *adj* (*price, intervals etc*)
stały, niezmienny; (*ideas*) (głęboko)
zakorzeniony; (*smile*) przylepiony.

fixture ['fɪkstʃə*] *n* element *m*
instalacji (*wanna, zlew itp*); (*SPORT*)
impreza *f*.

fizzy ['fɪzɪ] *adj* gazowany, musujący.

flabbergasted ['flæbəgɑ:stɪd] *adj*
osłupiały.

flabby ['flæbɪ] *adj* sflaczały.

flag [flæg] *n* (*of country, for
signalling*) flaga *f*; (*of organization*)
sztandar *m*, chorągiew *f*; (*also*:
flagstone) płyta *f* chodnikowa ♦ *vi*
słabnąć (osłabnąć *perf*); **to flag
down** (*taxi etc*) zatrzymywać
(zatrzymać *perf*).

flagrant ['fleɪgrənt] *adj* (*injustice etc*)
rażący.

flair [flɛə*] n styl m; **to have a flair for sth** mieć smykałkę do czegoś.

flak [flæk] n ogień m przeciwlotniczy; (inf) ogień m krytyki.

flake [fleɪk] n płatek m ♦ vi (also: **flake off**) złuszczać się (złuszczyć się perf).

flamboyant [flæm'bɔɪənt] adj (brightly coloured) krzykliwy (pej); (showy, confident) ekstrawagancki.

flame [fleɪm] n płomień m.

flammable ['flæməbl] adj łatwopalny.

flank [flæŋk] n (of animal) bok m; (of army) skrzydło nt ♦ vt: **flanked by** (po)między +instr.

flannel ['flænl] n (fabric) flanela f; (BRIT: also: **face flannel**) myjka f; **flannels** npl spodnie pl flanelowe.

flap [flæp] n klapa f; (small) klapka f ♦ vt machać (machnąć perf) +instr ♦ vi łopotać (załopotać perf).

flare [flɛə*] n rakieta f świetlna, raca f.

▶**flare up** vi (fire) zapłonąć (perf); (fighting) wybuchać (wybuchnąć perf).

flash [flæʃ] n (of light) błysk m; (PHOT) flesz m, lampa f błyskowa ♦ vt (light) błyskać (błysnąć perf) +instr; (news, message) przesyłać (przesłać perf); (look, smile) posyłać (posłać perf) ♦ vi (lightning, light) błyskać (błysnąć perf); (eyes) miotać błyskawice; **in a flash** w okamgnieniu; **to flash by** or **past** przemykać (przemknąć perf) obok +gen.

flashback ['flæʃbæk] n (FILM) retrospekcja f.

flashlight ['flæʃlaɪt] n latarka f.

flashy ['flæʃɪ] adj (pej) krzykliwy (pej).

flask [flɑːsk] n płaska butelka f, piersiówka f (inf); (also: **vacuum flask**) termos m.

flat [flæt] adj (surface) płaski; (tyre) bez powietrza post; (battery) rozładowany; (beer) zwietrzały; (refusal) stanowczy; (MUS) za niski; (rate, fee) ryczałtowy ♦ n (BRIT) mieszkanie nt; (AUT) guma f (inf); (MUS) bemol m ♦ n: **the flat of one's hand** otwarta dłoń f; **to work flat out** pracować na wysokich obrotach; **in 10 minutes flat** dokładnie za 10 minut.

flatly ['flætlɪ] adv (refuse etc) stanowczo.

flatmate ['flætmeɪt] (BRIT) n współlokator(ka) m(f).

flatten ['flætn] vt (also: **flatten out**) spłaszczać (spłaszczyć perf); (terrain) wyrównywać (wyrównać perf); (building, city) zrównywać (zrównać perf) z ziemią.

flatter ['flætə*] vt schlebiać or pochlebiać +dat.

flattering ['flætərɪŋ] adj (comment) pochlebny; (dress) twarzowy; (photograph) udany.

flattery ['flætərɪ] n pochlebstwo nt.

flaunt [flɔːnt] vt obnosić się or afiszować się z +instr.

flavour ['fleɪvə*] (US **flavor**) n smak m ♦ vt (food) przyprawiać (przyprawić perf), doprawiać (doprawić perf); (drink) aromatyzować; **strawberry-flavoured** o smaku truskawkowym.

flavouring ['fleɪvərɪŋ] n dodatek m smakowy.

flaw [flɔː] n skaza f; (in argument, policy) słaby punkt m.

flawless ['flɔːlɪs] adj nieskazitelny, bez skazy post.

flax [flæks] n len m.

flea [fliː] n pchła f.

fleck [flɛk] n plamka f ♦ vt: **flecked with mud/blood** poplamiony błotem/krwią; **flecks of dust** drobinki kurzu.

fled [flɛd] pt, pp of **flee**.

flee [fli:] (*pt* **fled**) *vt* (*danger, famine*) uciekać (uciec *perf*) przed +*instr*; (*country*) uciekać (uciec *perf*) z +*gen* ♦ *vi* uciekać (uciec *perf*).

fleece [fli:s] *n* runo *nt*, wełna *f* ♦ *vt* (*inf: cheat*) oskubać (*perf*) (*inf*).

fleet [fli:t] *n* (*of ships*) flota *f*; (*of lorries etc*) park *m* (*samochodowy*).

fleeting ['fli:tɪŋ] *adj* przelotny.

Flemish ['flemɪʃ] *adj* flamandzki.

flesh [fleʃ] *n* (*of pig etc*) mięso *nt*; (*of fruit*) miąższ *m*; (*skin*) ciało *nt*.

flesh wound [-wu:nd] *n* rana *f* powierzchowna.

flew [flu:] *pt of* **fly**.

flex [fleks] *n* sznur *m* sieciowy ♦ *vt* (*muscles*) napinać (napiąć *perf*); (*fingers*) wyginać (wygiąć *perf*).

flexibility [fleksɪ'bɪlɪtɪ] *n* giętkość *f*, elastyczność *f*.

flexible ['fleksəbl] *adj* (*adaptable*) elastyczny; (*bending easily*) giętki, elastyczny.

flick [flɪk] *n* (*of hand, arm*) wyrzut *m*; (*of finger*) prztyczek *m*; (*of towel, whip*) trzaśnięcie *nt*, smagnięcie *nt*; (*through book, pages*) kartkowanie *nt* ♦ *vt* (*with finger, hand*) strzepywać (strzepnąć *perf*); (*whip*) strzelać (strzelić *perf*) z +*gen*; (*ash*) strząsać (strząsnąć *perf*); (*switch*) pstrykać (pstryknąć *perf*) +*instr*;

►**flick through** *vt fus* kartkować.

flicker ['flɪkə*] *vi* migotać (zamigotać *perf*).

flight [flaɪt] *n* lot *m*; (*escape*) ucieczka *f*; (*also*: **flight of stairs**) kondygnacja *f*, piętro *nt*.

flight attendant (*US*) *n* steward(essa) *m(f)*.

flimsy ['flɪmzɪ] *adj* (*clothes*) cienki; (*hut*) lichy; (*excuse, evidence*) marny.

flinch [flɪntʃ] *vi* wzdrygać się (wzdrygnąć się *perf*); **to flinch from** wzdragać się przed +*instr*.

fling [flɪŋ] (*pt* **flung**) *vt* ciskać (cisnąć *perf*), rzucać (rzucić *perf*).

flint [flɪnt] *n* (*stone*) krzemień *m*; (*in lighter*) kamień *m* do zapalniczki.

flip [flɪp] *vt* (*switch*) pstrykać (pstryknąć *perf*) +*instr*; (*coin*) rzucać (rzucić *perf*).

flipper ['flɪpə*] *n* płetwa *f*.

flirt [flə:t] *vi* flirtować ♦ *n* flirt *m*.

float [fləut] *n* (*for swimming*) pływak *m*; (*for fishing*) spławik *m*; (*money*) drobne *pl*; (*in carnival*) ruchoma platforma *f* (*na której odgrywane są sceny rodzajowe*) ♦ *vi* (*on water, through air*) unosić się.

flock [flɔk] *n* (*of sheep etc*) stado *nt*; (*REL*) parafia *f*.

►**to flock to** *vt fus* (*gather*) gromadzić się (zgromadzić się *perf*) (tłumnie) przy +*instr*; (*go*) podążać (podążyć *perf*) (tłumnie) do +*gen*.

flog [flɔg] *vt* chłostać (wychłostać *perf*).

flood [flʌd] *n* (*of water*) powódź *f*; (*of letters, imports*) zalew *m*; (*REL*): **the Flood** potop *m* ♦ *vt* zalewać (zalać *perf*); **to flood into** napływać (napłynąć *perf*) do +*gen*.

flooding ['flʌdɪŋ] *n* wylew *m* (*rzeki*).

floodlight ['flʌdlaɪt] *n* reflektor *m*.

floor [flɔ:*] *n* (*of room*) podłoga *f*; (*storey*) piętro *nt*; (*of sea, valley*) dno *nt*; (*for dancing*) parkiet *m* ♦ *vt* powalać (powalić *perf*) (na ziemię); (*fig*) zbijać (zbić *perf*) z tropu; **ground floor** (*US* **first floor**) parter; **first floor** (*US* **second floor**) pierwsze piętro; **to have/take the floor** mieć/zabierać (zabrać *perf*) głos.

flop [flɔp] *n* klapa *f* (*inf*) ♦ *vi* (*fail*) robić (zrobić *perf*) klapę (*inf*); (*into chair, onto floor*) klapnąć (*perf*).

floppy disk *n* (*COMPUT*) dyskietka *f*.

floral ['flɔ:rl] *adj* kwiecisty.

florist's (shop) ['flɔrɪsts-] *n* kwiaciarnia *f*.

flour ['flauə*] *n* mąka *f*.

flourish ['flʌrɪʃ] *vi* kwitnąć ♦ *n* (*in writing*) zawijas *m*; (*bold gesture*):
with a flourish z rozmachem.

flourishing ['flʌrɪʃɪŋ] *adj* kwitnący.

flow [fləu] *n* (*of blood, river, information*) przepływ *m*; (*of traffic*) strumień *m*; (*of tide*) przypływ *m* ♦ *vi* płynąć; (*clothes, hair*) spływać.

flower ['flauə*] *n* kwiat *m* ♦ *vi* kwitnąć.

flower bed *n* klomb *m*.

flowerpot ['flauəpɔt] *n* doniczka *f*.

flowery ['flauərɪ] *adj* (*pattern, speech*) kwiecisty; (*perfume*) kwiatowy.

flown [fləun] *pp of* fly.

flu [flu:] *n* grypa *f*.

fluctuate ['flʌktjueɪt] *vi* zmieniać się (nieregularnie), wahać się.

fluctuation [flʌktju'eɪʃən] *n* zmiany *pl*, wahania *pl*.

fluent ['flu:ənt] *adj* (*linguist*) biegły; (*speech, writing*) płynny; **he speaks fluent French, he's fluent in French** biegle mówi po francusku.

fluently ['flu:əntlɪ] *adv* biegle, płynnie.

fluff [flʌf] *n* (*on jacket, carpet*) meszek *m*, kłaczki *pl*; (*of young animal*) puch *m*.

fluffy ['flʌfɪ] *adj* puszysty, puchaty.

fluid ['flu:ɪd] *adj* płynny ♦ *n* płyn *m*.

fluke [flu:k] (*inf*) *n* fuks *m* (*inf*).

flung [flʌŋ] *pt, pp of* fling.

fluorescent [fluə'resnt] *adj* (*dial, paint*) fluorescencyjny; (*light*) jarzeniowy, fluorescencyjny.

fluoride ['fluəraɪd] *n* fluorek *m*.

flurry ['flʌrɪ] *n* śnieżyca *f*; **a flurry of activity/excitement** przypływ ożywienia/podniecenia.

flush [flʌʃ] *n* (*on face*) rumieniec *m*, wypieki *pl* ♦ *vt* przepłukiwać (przepłukać *perf*) ♦ *vi* rumienić się (zarumienić się *perf*), czerwienić się (zaczerwienić się *perf*) ♦ *adv*: **flush**

with równo z +*instr*; **to flush the toilet** spuszczać (spuścić *perf*) wodę (w toalecie).

flushed ['flʌʃt] *adj* zarumieniony, zaczerwieniony.

flustered ['flʌstəd] *adj* podenerwowany.

flute [flu:t] *n* flet *m*.

flutter ['flʌtə*] *n* (*of wings*) trzepot *m*, trzepotanie *nt*; (*of panic, excitement*) przypływ *m* ♦ *vi* trzepotać (zatrzepotać *perf*) ♦ *vt* trzepotać (zatrzepotać *perf*) +*instr*.

flux [flʌks] *n*: **to be in a state of flux** nieustannie się zmieniać.

fly [flaɪ] (*pt* **flew**, *pp* **flown**) *n* (*insect*) mucha *f*; (*also*: **flies**) rozporek *m* ♦ *vt* (*plane*) pilotować; (*passengers, cargo*) przewozić (przewieźć *perf*) samolotem; (*distances*) przelatywać (przelecieć *perf*) ♦ *vi* (*plane, passengers*) lecieć (polecieć *perf*); (: *habitually*) latać; (*bird, insect*) lecieć (polecieć *perf*), frunąć (pofrunąć *perf*); (: *habitually*) latać, fruwać; (*prisoner*) uciekać (uciec *perf*); (*flags*) fruwać.

▸**fly away** *vi* odlatywać (odlecieć *perf*).

▸**fly off** *vi* = fly away.

flying ['flaɪŋ] *n* latanie *nt* ♦ *adj*: **a flying visit** krótka wizyta *f*; **with flying colours** z honorami.

flying saucer *n* latający talerz *m*.

foal [fəul] *n* źrebię *nt*, źrebak *m*.

foam [fəum] *n* (*surf, soapy water*) piana *f*; (*on beer, coffee*) pianka *f*; (*also*: **foam rubber**) guma *f* piankowa ♦ *vi* pienić się.

focal point ['fəukl-] *n* punkt *m* centralny.

focus ['fəukəs] (*pl* **focuses**) *n* (*PHOT*) ostrość *f*; (*fig*) skupienie *nt* uwagi ♦ *vt* (*telescope etc*) ustawiać (ustawić *perf*) ostrość +*gen* ♦ *vi*: **to focus (on)** (*with camera*) nastawiać (nastawić *perf*) ostrość (na +*acc*);

(*person*) skupiać się (skupić się *perf*)
(na +*loc*); **in/out of focus**
ostry/nieostry; **to be the focus of**
attention stanowić centrum
zainteresowania.

fodder ['fɔdə*] *n* pasza *f*.

foe [fəu] *n* wróg *m*, nieprzyjaciel *m*.

foetus ['fi:təs] (*US* **fetus**) *n* płód *m*.

fog [fɔg] *n* mgła *f*.

foggy ['fɔgɪ] *adj* mglisty; **it's foggy**
jest mgła.

fog lamp (*US* **fog light**) *n* (*AUT*)
reflektor *m* przeciwmgłowy *or*
przeciwmgielny.

foil [fɔɪl] *vt* (*attack, attempt*)
udaremniać (udaremnić *perf*); (*plans*)
krzyżować (pokrzyżować *perf*) ♦ *n*
(*for wrapping food*) folia *f*;
(*complement*) dodatek *m*;
(*FENCING*) floret *m*.

fold [fəuld] *n* (*in paper*) zagięcie *nt*;
(*in dress, of skin*) fałda *f*; (*for sheep*)
koszara *f*; (*fig*) owczarnia *f* ♦ *vt*
(*clothes*) składać (złożyć *perf*);
(*paper*) składać (złożyć *perf*),
zaginać (zagiąć *perf*); (*one's arms*)
krzyżować (skrzyżować *perf*).

folder ['fəuldə*] *n* teczka *f*
(papierowa).

folding ['fəuldɪŋ] *adj* składany.

foliage ['fəulɪdʒ] *n* listowie *nt*.

folk [fəuk] *npl* (*people*) ludzie *vir pl*;
(*ethnic group*) lud *m* ♦ *cpd* ludowy;
folks (*inf*) *npl* (*parents*) starzy *vir pl*
(*inf*).

folklore ['fəuklɔ:*] *n* folklor *m*.

folk music *n* muzyka *f* ludowa.

follow ['fɔləu] *vt* (*person: on foot*) iść
(pójść *perf*) za +*instr*, podążać
(podążyć *perf*) za +*instr* (*fml*); (: *by*
vehicle) jechać (pojechać *perf*) za
+*instr*; (*suspect, event, story*)
śledzić; (*route, path: on foot*) iść
(pójść *perf*) +*instr*; (: *by vehicle*)
jechać (pojechać *perf*) +*instr*;
(*advice, instructions*) stosować się
(zastosować się *perf*) do +*gen*;

(*example*) iść (pójść *perf*) za +*instr*;
(*with eyes*) wodzić (powieść *perf*)
wzrokiem po +*loc* ♦ *vi* (*person*): **she**
made for the stairs and he
followed skierowała się ku
schodom, a on podążył *or* poszedł
za nią; (*period of time*) następować
(nastąpić *perf*); (*result, conclusion*)
wynikać (wyniknąć *perf*); **to follow**
suit (*fig*) iść (pójść *perf*) za czyimś
przykładem.

►**follow up** *vt* (*offer*) sprawdzać
(sprawdzić *perf*); (*idea, suggestion*)
badać (zbadać *perf*).

follower ['fɔləuə*] *n* zwolennik
(-iczka) *m(f)*.

following ['fɔləuɪŋ] *adj* (*next*)
następny; (*next-mentioned*)
następujący ♦ *n* zwolennicy *vir pl*.

folly ['fɔlɪ] *n* (*foolishness*) szaleństwo
nt.

fond [fɔnd] *adj* (*smile, look*) czuły;
(*hopes, dreams*) naiwny; **to be fond**
of sb/sth lubić kogoś/coś; **to be**
fond of doing sth lubić coś robić.

fondle ['fɔndl] *vt* pieścić.

font [fɔnt] *n* (*in church*) chrzcielnica
f; (*TYP*) czcionka *f*.

food [fu:d] *n* żywność *f*, pokarm *m*.

food processor *n* robot *m* kuchenny.

fool [fu:l] *n* (*person*) głupiec *m*,
idiota (-tka) *m(f)* ♦ *vt* oszukiwać
(oszukać *perf*), nabierać (nabrać *perf*)
♦ *vi* wygłupiać się.

foolhardy ['fu:lhɑ:dɪ] *adj* ryzykancki.

foolish ['fu:lɪʃ] *adj* (*stupid*) głupi;
(*rash*) pochopny.

foolproof ['fu:lpru:f] *adj* niezawodny.

foot [fut] (*pl* **feet**) *n* (*of person, as*
measure) stopa *f*; (*of animal*) łapa *f*;
(*of cliff*) podnóże *nt*; **on foot** pieszo,
piechotą; **to foot the bill (for sth)**
płacić (zapłacić *perf*) (za coś).

footage ['futɪdʒ] *n* materiał *m*
filmowy.

football ['futbɔ:l] *n* (*ball*) piłka *f*
nożna; (*SPORT: BRIT*) piłka *f*

nożna, futbol *m*; (: *US*) futbol *m*
amerykański.

footbrake ['futbreɪk] *n* hamulec *m*
nożny.

footbridge ['futbrɪdʒ] *n* kładka *f*.

foothold ['futhəuld] *n* oparcie *nt* dla
stóp.

footing ['futɪŋ] *n* (*fig*) stopa *f*; **to lose
one's footing** tracić (stracić *perf*)
równowagę.

footlights ['futlaɪts] *npl* (*THEAT*)
rampa *f*.

footnote ['futnəut] *n* przypis *m*.

footpath ['futpɑːθ] *n* ścieżka *f*.

footprint ['futprɪnt] *n* (*of person*)
odcisk *m* stopy; (*of animal*) odcisk *m*
łapy.

footstep ['futstɛp] *n* krok *m*.

footwear ['futwɛə*] *n* obuwie *nt*.

---- KEYWORD ----

for [fɔː*] *prep* **1** (*indicating recipient*)
dla +*gen*. **2** (*indicating destination,
application*) do +*gen*; **the train for
London** pociąg do Londynu; **what's
it for?** do czego to jest? **3**
(*indicating intention*) po +*acc*; **he
went for the paper** wyszedł po
gazetę. **4** (*indicating purpose*): **give
it to me – what for?** daj mi to – po
co?; **it's time for lunch** czas na
obiad; **to pray for peace** modlić się
o pokój. **5** (*representing*): **the MP
for Hove** poseł/posłanka *m/f* z Hove;
I'll ask him for you zapytam go w
twoim imieniu; **N for Nan** ≈ N jak
Natalia. **6** (*because of*) z +*gen*; **for
this reason** z tego powodu; **the
town is famous for its canals**
miasto słynie ze swoich kanałów. **7**
(*with regard to*): **he's mature for his
age** jest dojrzały (jak) na swój
wiek; **a gift for languages** talent do
języków. **8** (*in exchange for*) za
+*acc*; **I sold it for 5 pounds**
sprzedałam to za 5 funtów. **9** (*in
favour of*) za +*instr*; **are you for or**

against us? jesteś za nami, czy
przeciwko nam?; **vote for X** głosuj
na X. **10** (*referring to distance*)
(przez) +*acc*; **we walked for miles**
szliśmy wiele mil. **11** (*referring to
time*): **he was away for two years**
nie było go (przez) dwa lata; **it
hasn't rained for 3 weeks** nie
padało od trzech tygodni; **can you
do it for tomorrow?** czy możesz to
zrobić na jutro? **12** (*with infinitive
clause*): **it would be best for you to
leave** byłoby najlepiej, gdybyś
wyjechał; **for this to be possible**
aby to było możliwe. **13** (*in spite
of*) (po)mimo +*gen*; **for all his
complaints, he is very fond of her**
(po)mimo wszystkich zastrzeżeń,
bardzo ją lubi ♦ *conj* (*fml*)
ponieważ, gdyż; **she was very
angry, for he was late again** była
bardzo zła, ponieważ *or* gdyż znów
się spóźnił.

forbid [fə'bɪd] (*pt* **forbad(e)**, *pp*
forbidden) *vt* zakazywać (zakazać
perf) +*gen*; **to forbid sb to do sth**
zabraniać (zabronić *perf*) komuś coś
robić.

forbidden [fə'bɪdn] *pp of* **forbid**.

forbidding [fə'bɪdɪŋ] *adj* (*prospect*)
posępny; (*look, person*) posępny,
odpychający.

force [fɔːs] *n* (*also PHYS*) siła *f*;
(*power, influence*) siła *f*, moc *f* ♦ *vt*
(*person*) zmuszać (zmusić *perf*);
(*confession etc*) wymuszać
(wymusić *perf*); (*push*) pchnąć (*perf*);
(*lock, door*) wyłamywać (wyłamać
perf); **the Forces** (*BRIT*) *npl* Siły *pl*
Zbrojne; **in force** licznie, masowo;
to force o.s. to do sth zmuszać się
(zmusić *perf*) do (z)robienia
czegoś.

forced [fɔːst] *adj* (*labour, landing*)
przymusowy; (*smile*) wymuszony.

force-feed ['fɔːsfiːd] vt karmić (nakarmić perf) siłą.

forceful ['fɔːsful] adj (person, point) przekonujący; (attack) silny.

forceps ['fɔːsɛps] npl kleszcze pl, szczypce pl.

forcibly ['fɔːsəblɪ] adv (remove) siłą; (express) dobitnie, dosadnie.

ford [fɔːd] n bród m.

fore [fɔː*] n: **to come to the fore** wysuwać się (wysunąć się perf) na czoło.

forearm ['fɔːrɑːm] n przedramię nt.

foreboding [fɔːˈbəudɪŋ] n złe przeczucie nt.

forecast ['fɔːkɑːst] (irreg like: cast) n przewidywanie nt, prognoza f ♦ vt przewidywać (przewidzieć perf); **the weather forecast** prognoza pogody.

forecourt ['fɔːkɔːt] n podjazd m.

forefathers ['fɔːfɑːðəz] npl przodkowie vir pl, ojcowie vir pl.

forefinger ['fɔːfɪŋgə*] n palec m wskazujący.

forefront ['fɔːfrʌnt] n: **in the forefront of** na czele +gen.

foreground ['fɔːgraund] n pierwszy plan m.

forehead ['fɔrɪd] n czoło nt.

foreign ['fɔrɪn] adj (country, matter) obcy; (trade, student) zagraniczny.

foreigner ['fɔrɪnə*] n cudzoziemiec (-mka) m(f).

foreign exchange n (system) wymiana f walut.

Foreign Office (BRIT) n Ministerstwo nt Spraw Zagranicznych.

Foreign Secretary (BRIT) n Minister m Spraw Zagranicznych.

foreman ['fɔːmən] (irreg like: man) n (in factory) brygadzista m; (on building site) kierownik m (robót).

foremost ['fɔːməust] adj główny ♦ adv: **first and foremost** przede wszystkim.

forensic [fəˈrɛnsɪk] adj (medicine) sądowy; (skill) prawniczy.

forerunner ['fɔːrʌnə*] n prekursor m.

foresee [fɔːˈsiː] (irreg like: see) vt przewidywać (przewidzieć perf).

foreseeable [fɔːˈsiːəbl] adj dający się przewidzieć, przewidywalny.

foreshadow [fɔːˈʃædəu] vt (event) zapowiadać (zapowiedzieć perf).

foresight ['fɔːsaɪt] n zdolność f przewidywania, przezorność f.

forest ['fɔrɪst] n las m.

forestry ['fɔrɪstrɪ] n leśnictwo nt.

foretaste ['fɔːteɪst] n: **a foretaste of** przedsmak m +gen.

foretell [fɔːˈtɛl] (irreg like: tell) vt przepowiadać (przepowiedzieć perf).

foretold [fɔːˈtəuld] pt, pp of **foretell**.

forever [fəˈrɛvə*] adv (permanently) trwale, na trwale; (always) (na) zawsze, wiecznie; (continually) ciągle, bezustannie.

foreword ['fɔːwəːd] n przedmowa f.

forfeit ['fɔːfɪt] n grzywna f ♦ vt (right, chance etc) tracić (stracić perf).

forgave [fəˈgeɪv] pt of **forgive**.

forge [fɔːdʒ] n kuźnia f ♦ vt (signature, money etc) fałszować (sfałszować perf); (wrought iron) kuć (wykuć perf).

forger ['fɔːdʒə*] n fałszerz m.

forgery ['fɔːdʒərɪ] n (crime) fałszerstwo nt; (document, painting etc) falsyfikat m.

forget [fəˈgɛt] (pt **forgot**, pp **forgotten**) vt zapominać (zapomnieć perf) +gen; (birthday, appointment, person) zapominać (zapomnieć perf) o +loc ♦ vi zapominać (zapomnieć perf).

forgetful [fəˈgɛtful] adj: **to be forgetful** mieć słabą pamięć.

forget-me-not [fəˈgɛtmɪnɔt] n niezapominajka f.

forgive [fəˈgɪv] (pt **forgave**, pp **forgiven**) vt wybaczać (wybaczyć perf) or przebaczać (przebaczyć perf)

+*dat*; **to forgive sb for sth**
wybaczyć (*perf*) komuś coś; **to**
forgive sb for doing sth wybaczyć
(*perf*) komuś, że coś zrobił.

forgiveness [fə'gɪvnɪs] *n*
przebaczenie *nt*.

forgiving [fə'gɪvɪŋ] *adj* wyrozumiały.

forgot [fə'gɒt] *pt of* **forget**.

forgotten [fə'gɒtn] *pp of* **forget**.

fork [fɔːk] *n* (*for eating*) widelec *m*;
(*for gardening*) widły *pl*; (*in road,*
river) rozwidlenie *nt* ♦ *vi* (*road*)
rozwidlać się.

▸**fork out** (*inf*) *vt* bulić (wybulić *perf*)
(*inf*).

forlorn [fə'lɔːn] *adj* (*person*)
opuszczony; (*cry, voice*) żałosny;
(*place*) wymarły; (*attempt, hope*)
rozpaczliwy.

form [fɔːm] *n* (*type*) forma *f*; (*shape*)
postać *f*; (*SCOL*) klasa *f*;
(*questionnaire*) formularz *m* ♦ *vt*
(*shape, organization*) tworzyć
(utworzyć *perf*); (*idea, impression*)
wyrabiać (wyrobić *perf*) sobie;
(*relationship*) zawierać (zawrzeć
perf); (*habit*) nabierać (nabrać *perf*)
+*gen*.

formal ['fɔːməl] *adj* (*education, style*)
formalny; (*statement, behaviour*)
formalny, oficjalny; (*occasion,*
dinner) uroczysty; (*gardens*)
tradycyjny, typowy; **formal dress**
strój oficjalny *or* wizytowy.

formality [fɔː'mælɪtɪ] *n* (*procedure*)
formalność *f*; (*politeness*) formalna
uprzejmość *f*; **formalities** *npl*
formalności *pl*.

formally ['fɔːməlɪ] *adv* (*announce,*
approve) formalnie, oficjalnie;
(*dress, behave*) formalnie.

format ['fɔːmæt] *n* forma *f* ♦ *vt*
(*COMPUT*) formatować
(sformatować *perf*).

formation [fɔː'meɪʃən] *n* (*of*
organization, business) utworzenie
nt; (*of theory, ideas*) powstawanie *nt*,

formowanie się *nt*; (*pattern*)
formacja *f*; (*of rocks, clouds*)
tworzenie się *nt*, powstawanie *nt*.

formative ['fɔːmətɪv] *adj*: **formative**
years okres kształtujący osobowość.

former ['fɔːmə*] *adj* (*one-time*) były;
(*earlier*) dawny ♦ *n*: **the former** (ten)
pierwszy *m*/(ta) pierwsza *f*/(to)
pierwsze *nt*.

formerly ['fɔːməlɪ] *adv* uprzednio.

formidable ['fɔːmɪdəbl] *adj*
(*opponent*) budzący grozę; (*task*)
ogromny.

formula ['fɔːmjulə] (*pl* **formulae** *or*
formulas) *n* (*MATH, CHEM*) wzór
m, formuła *f*; (*plan*) recepta *f*,
przepis *m*.

formulate ['fɔːmjuleɪt] *vt* (*plan,*
strategy) opracowywać (opracować
perf); (*thought, opinion*) formułować
(sformułować *perf*).

forsake [fə'seɪk] (*pt* **forsook**, *pp*
forsaken) *vt* porzucać (porzucić
perf).

fort [fɔːt] *n* (*MIL*) fort *m*.

forte ['fɔːtɪ] *n* mocna strona *f*.

forth [fɔːθ] *adv*: **to set forth**
wyruszać (wyruszyć *perf*); **back and**
forth tam i z powrotem; **and so**
forth i tak dalej.

forthcoming [fɔːθ'kʌmɪŋ] *adj*
(*event*) nadchodzący, zbliżający się;
(*book*) mający się ukazać; (*help,*
money) dostępny; (*person*)
rozmowny.

fortify ['fɔːtɪfaɪ] *vt* (*city*)
obwarowywać (obwarować *perf*);
(*person*) umacniać (umocnić *perf*).

fortnight ['fɔːtnaɪt] (*BRIT*) *n* dwa
tygodnie *pl*.

fortnightly ['fɔːtnaɪtlɪ] *adj* (*lasting*
two weeks) dwutygodniowy;
(*happening every two weeks*)
odbywający się co dwa tygodnie ♦
adv co dwa tygodnie; **a fortnightly**
magazine dwutygodnik.

fortress ['fɔːtrɪs] *n* twierdza *f*, forteca *f*.

fortuitous [fɔːˈtjuːɪtəs] *adj*
przypadkowy.

fortunate [ˈfɔːtʃənɪt] *adj* (*person*)
szczęśliwy; (*event*) pomyślny; **it is
fortunate that ...** dobrze się składa,
że ... .

fortunately [ˈfɔːtʃənɪtlɪ] *adv* na
szczęście, szczęśliwie.

fortune [ˈfɔːtʃən] *n* (*luck*) szczęście
nt, powodzenie *nt*; (*wealth*) fortuna *f*,
majątek *m*.

fortune-teller [ˈfɔːtʃəntelə*] *n* wróżka
f.

forty [ˈfɔːtɪ] *num* czterdzieści.

forum [ˈfɔːrəm] *n* forum *nt*.

forward [ˈfɔːwəd] *adj* (*movement*) do
przodu *post*; (*part*) przedni; (*not shy*)
śmiały ♦ *n* (*SPORT*) napastnik
(-iczka) *m(f)* ♦ *vt* (*letter, parcel*)
przesyłać (przesłać *perf*) (dalej);
(*career, plans*) posuwać (posunąć
perf) do przodu.

forward(s) [ˈfɔːwəd(z)] *adv* (*in
space*) do przodu; (*in development,
time*) naprzód; **to look forward**
patrzeć w przyszłość.

fossil [ˈfɔsl] *n* skamielina *f*.

foster [ˈfɔstə*] *vt* (*child*)
wychowywać, brać (wziąć *perf*) na
wychowanie; (*idea, activity*)
rozwijać (rozwinąć *perf*), popierać
(poprzeć *perf*).

foster child *n* przybrane dziecko *nt*.

fought [fɔːt] *pt, pp of* **fight**.

foul [faul] *adj* (*place, taste*) wstrętny,
paskudny; (*smell*) cuchnący;
(*temper, weather*) okropny;
(*language*) sprośny, plugawy ♦ *n*
(*SPORT*) faul *m* ♦ *vt* brudzić
(zabrudzić *perf*), zanieczyszczać
(zanieczyścić *perf*).

found [faund] *pt, pp of* **find** ♦ *vt*
zakładać (założyć *perf*).

foundation [faunˈdeɪʃən] *n* (*of
business, theatre etc*) założenie *nt*;
(*basis*) podstawa *f*; (*organization*)
fundacja *f*; (*also:* **foundation cream**)
podkład *m* (pod makijaż);
foundations *npl* fundamenty *pl*.

founder [ˈfaundə*] *n* założyciel(ka)
m(f) ♦ *vi* (*ship*) tonąć (zatonąć *perf*).

foundry [ˈfaundrɪ] *n* odlewnia *f*.

fountain [ˈfauntɪn] *n* fontanna *f*.

fountain pen *n* wieczne pióro *nt*.

four [fɔː*] *num* cztery; **on all fours**
na czworakach.

four-poster [ˈfɔːˈpəustə*] *n* (*also:*
four-poster bed) łoże *nt* z
baldachimem.

fourteen [ˈfɔːˈtiːn] *num* czternaście.

fourth [ˈfɔːθ] *num* czwarty.

fowl [faul] *n* (*bird*) ptak *m*; (*birds*)
ptactwo *nt*; (: *domestic*) drób *m*.

fox [fɔks] *n* lis *m* ♦ *vt* dezorientować
(zdezorientować *perf*).

foyer [ˈfɔɪeɪ] *n* foyer *nt inv*.

fraction [ˈfrækʃən] *n* (*portion*)
odrobina *f*; (*MATH*) ułamek *m*; **for a
fraction of a second** przez ułamek
sekundy.

fracture [ˈfræktʃə*] *n* (*of bone*)
złamanie *nt*, pęknięcie *nt* ♦ *vt* (*bone*)
powodować (spowodować *perf*)
pęknięcie +*gen*.

fragile [ˈfrædʒaɪl] *adj* (*object,
structure*) kruchy; (*person*) delikatny.

fragment [ˈfrægmənt] *n* część *f*,
kawałek *m*; (*of bone, cup*) odłamek
m; (*of conversation, poem*) fragment
m, urywek *m*; (*of paper, fabric*)
skrawek *m*.

fragrance [ˈfreɪgrəns] *n* zapach *m*.

fragrant [ˈfreɪgrənt] *adj* pachnący.

frail [freɪl] *adj* (*person*) słabowity,
wątły; (*structure*) kruchy.

frame [freɪm] *n* (*of picture, bicycle*)
rama *f*; (*of door, window*) framuga *f*,
rama *f*; (*of building, structure*)
szkielet *m*; (*of human, animal*)
sylwetka *f*, ciało *nt*; (*of spectacles:
also:* **frames**) oprawka *f* ♦ *vt*
(*picture*) oprawiać (oprawić *perf*).

frame of mind *n* nastrój *m*.

framework ['freɪmwɜːk] n (structure) struktura f, szkielet m.

France [frɑːns] n Francja f.

franchise ['fræntʃaɪz] n (POL) prawo nt wyborcze; (COMM) franszyza f (koncesja na autoryzowaną dystrybucję).

frank [fræŋk] adj szczery ♦ vt (letter) frankować (ofrankować perf).

frankly ['fræŋklɪ] adv (honestly) szczerze; (candidly) otwarcie; **frankly, ...** szczerze mówiąc, ...

frankness ['fræŋknɪs] n szczerość f.

frantic ['fræntɪk] adj (person) oszalały; (rush, pace) szalony.

fraternal [frə'tɜːnl] adj braterski.

fraternity [frə'tɜːnɪtɪ] n (feeling) braterstwo nt; (group of people) bractwo nt.

fraud [frɔːd] n (crime) oszustwo nt; (person) oszust(ka) m(f).

fraudulent ['frɔːdjulənt] adj oszukańczy.

fray [freɪ] vi strzępić się (postrzepić się perf); **tempers were frayed** nerwy zawodziły.

freak [friːk] n (in attitude, behaviour) dziwak (-aczka) m(f); (in appearance) dziwoląg m, wybryk m natury.

freckle ['frɛkl] n pieg m.

free [friː] adj wolny; (meal, ticket) bezpłatny ♦ vt (prisoner, colony) uwalniać (uwolnić perf); (jammed object) zwalniać (zwolnić perf); **free (of charge), for free** za darmo.

freedom ['friːdəm] n wolność f.

free-for-all ['friːfərɔːl] n: **it's a free-for-all** wszystkie chwyty (są) dozwolone.

free kick n rzut m wolny.

freelance ['friːlɑːns] adj (journalist, photographer) niezależny ♦ n wolny strzelec m.

freely ['friːlɪ] adv (talk, move) swobodnie; (perspire, donate) obficie; (spend) lekką ręką.

freeway ['friːweɪ] (US) n autostrada f.

free will n wolna wola f; **of one's own free will** z własnej woli.

freeze [friːz] (pt **froze**, pp **frozen**) vi (weather) mrozić (przymrozić perf); (liquid, pipe) zamarzać (zamarznąć perf); (person: with cold) marznąć (zmarznąć perf); (: from fear) zastygać (zastygnąć perf) (w bezruchu) ♦ vt (water, lake) skuwać (skuć perf) lodem; (food, prices) zamrażać (zamrozić perf) ♦ n (cold weather) przymrozek m; (on arms, wages) zamrożenie nt; **it'll freeze tonight** dziś wieczorem będzie mróz.

freeze-dried ['friːzdraɪd] adj liofilizowany.

freezer ['friːzə*] n zamrażarka f.

freezing ['friːzɪŋ] adj (also: **freezing cold**) lodowaty; **3 degrees below freezing** 3 stopnie poniżej zera.

freight [freɪt] n fracht m.

freight train (US) n pociąg m towarowy.

French [frɛntʃ] adj francuski; **the French** npl Francuzi vir pl.

French fries [-fraɪz] (esp US) npl frytki pl.

Frenchman ['frɛntʃmən] (irreg like: **man**) n Francuz m.

frenetic [frə'nɛtɪk] adj gorączkowy.

frenzy ['frɛnzɪ] n (of violence) szał m; (of joy, excitement) szał m, szaleństwo nt.

frequency ['friːkwənsɪ] n (of event) częstość f, częstotliwość f; (RADIO) częstotliwość f.

frequent ['friːkwənt] adj częsty ♦ vt często bywać w +loc.

frequently ['friːkwəntlɪ] adv często.

fresco ['frɛskəu] n fresk m.

fresh [frɛʃ] adj świeży; (approach) nowatorski; (water) słodki; (person) bezczelny; **to make a fresh start** zaczynać (zacząć perf) od nowa.

fresher ['frɛʃə*] (BRIT: inf) n student(ka) m(f) pierwszego roku.

freshly ['frɛʃlɪ] adv świeżo.

freshman ['freʃmən] (*US*) (*irreg like*: man) *n* = **fresher**.
freshness ['freʃnɪs] *n* świeżość *f*.
freshwater ['freʃwɔːtə*] *adj* słodkowodny.
fret [fret] *vi* gryźć się, trapić się (*literary*).
friar ['fraɪə*] *n* zakonnik *m*, brat *m* zakonny.
friction ['frɪkʃən] *n* (*resistance*) tarcie *nt*; (*rubbing*) ocieranie *nt*; (*conflict*) tarcia *pl*.
Friday ['fraɪdɪ] *n* piątek *m*.
fridge [frɪdʒ] (*BRIT*) *n* lodówka *f*.
fried [fraɪd] *pt, pp of* **fry** ♦ *adj* smażony.
friend [frend] *n* przyjaciel (-ciółka) *m(f)*; (*not close*) kolega/koleżanka *m/f*.
friendly ['frendlɪ] *adj* (*person, smile, country*) przyjazny, życzliwy; (*place, restaurant*) przyjemny; (*game, match, argument*) towarzyski ♦ *n* (*SPORT*) spotkanie *nt* towarzyskie; **to be friendly with** przyjaźnić się z +*instr*; **to be friendly to** być przyjaźnie nastawionym do +*gen*.
friendship ['frendʃɪp] *n* przyjaźń *f*.
fright [fraɪt] *n* (*terror*) przerażenie *nt*; (*shock*) strach *m*, przestrach *m*; **to get a fright** przestraszyć się (*perf*); **to take fright** przestraszyć się (*perf*).
frighten ['fraɪtn] *vt* przestraszać (przestraszyć *perf*), przerażać (przerazić *perf*).
frightened ['fraɪtnd] *adj* (*afraid*) przestraszony, przerażony; (*anxious*) wylękniony; **to be frightened (that/to...)** bać się (, że/+*infin*).
frightening ['fraɪtnɪŋ] *adj* przerażający.
frightful ['fraɪtful] *adj* przeraźliwy.
frightfully ['fraɪtfəlɪ] *adv* strasznie, straszliwie.
frigid ['frɪdʒɪd] *adj* oziębły.
frill [frɪl] *n* falbanka *f*.
fringe [frɪndʒ] *n* (*BRIT*: *of hair*)

grzywka *f*; (*on shawl, lampshade*) frędzle *pl*; (*of forest*) skraj *m*.
frisk [frɪsk] *vt* przeszukiwać (przeszukać *perf*) (*podejrzanego*).
frivolous ['frɪvələs] *adj* (*flippant*) frywolny; (*unimportant*) błahy.
fro [frəu] *adv*: **to and fro** tam i z powrotem.
frock [frɔk] *n* sukienka *f*.
frog [frɔg] *n* żaba *f*.
frolic ['frɔlɪk] *vi* baraszkować.

─── KEYWORD ───

from [frɔm] *prep* **1** (*indicating starting place, origin etc*): **from London to Glasgow** z Londynu do Glasgow; **a letter/telephone call from my sister** list/telefon od mojej siostry; **a quotation from Dickens** cytat z Dickensa; **where do you come from?** skąd Pan/Pani pochodzi? **2** (*indicating time, distance, range of price, number etc*) od +*gen*; **from one o'clock to** *or* **until** *or* **till two** od (godziny) pierwszej do drugiej; **from January (on)** (począwszy) od stycznia; **we're still a long way from home** wciąż jesteśmy daleko od domu. **3** (*indicating change of price, number etc*) z +*gen*; **the interest rate was increased from 9% to 10%** oprocentowanie zostało podniesione z 9% na 10%. **4** (*indicating difference*) od +*gen*; **to be different from sb/sth** być różnym od kogoś/czegoś *or* innym niż ktoś/coś. **5** (*because of, on the basis of*) z +*gen*; **from what he says** z tego, co (on) mówi; **weak from hunger** słaby z głodu.

front [frʌnt] *n* przód *m*; (*also*: **sea front**) brzeg *m* morza; (*MIL, METEOR*) front *m*; (*fig: pretence*) pozory *pl* ♦ *adj* przedni; **in front** przodem, z przodu; **in front of**

przed +*instr*; (*in the presence of*)
przy +*loc*.

frontal ['frʌntl] *adj* (*attack*) czołowy,
frontalny.

front door *n* drzwi *pl* frontowe *or*
wejściowe.

frontier ['frʌntɪə*] *n* granica *f*;
(*between settled and wild country*)
kresy *pl*.

front page *n* strona *f* tytułowa.

front room (*BRIT*) *n* pokój *m* od
ulicy.

front-wheel drive ['frʌntwi:l-] *n*
(*AUT*) napęd *m* przedni.

frost [frɒst] *n* (*weather*) mróz *m*;
(*substance*) szron *m*.

frostbite ['frɒstbaɪt] *n* odmrożenie *nt*.

frosted ['frɒstɪd] *adj* (*glass*) matowy.

frosty ['frɒstɪ] *adj* (*weather, night*)
mroźny; (*welcome, look*) lodowaty.

froth ['frɒθ] *n* piana *f*.

frown [fraun] *n* zmarszczenie *nt* brwi
♦ *vi* marszczyć (zmarszczyć *perf*)
brwi.

froze [frəuz] *pt of* **freeze**.

frozen ['frəuzn] *pp of* **freeze** ♦ *adj*
(*food*) mrożony; (*lake*) zamarznięty;
(*fingers*) zmarznięty.

frugal ['fru:gl] *adj* (*person*)
oszczędny; (*meal*) skromny.

fruit [fru:t] *n inv* owoc *m*; (*fig: results*)
owoce *pl*.

fruitful ['fru:tful] *adj* owocny.

fruition [fru:'ɪʃən] *n*: **to come to
fruition** (*actions, efforts*) owocować
(zaowocować *perf*); (*plan, hope*)
ziszczać się (ziścić się *perf*).

fruit juice *n* sok *m* owocowy.

fruit machine (*BRIT*) *n* automat *m*
do gry.

frustrate [frʌs'treɪt] *vt* (*person*)
frustrować (sfrustrować *perf*).

frustration [frʌs'treɪʃən] *n* (*irritation*)
frustracja *f*, złość *f*; (*of hope, plan*)
fiasko *nt*.

fry [fraɪ] (*pt* **fried**) *vt* smażyć
(usmażyć *perf*).

frying pan ['fraɪŋ-] *n* patelnia *f*.

ft. *abbr* = **foot, feet**.

fudge [fʌdʒ] *n* krówka *f* (*cukierek*).

fuel ['fjuəl] *n* opał *m*; (*for vehicles,
industry*) paliwo *nt*.

fugitive ['fju:dʒɪtɪv] *n* zbieg *m*,
uciekinier(ka) *m(f)*.

fulfil [ful'fɪl] (*US* **fulfill**) *vt* spełniać
(spełnić *perf*).

fulfilment [ful'fɪlmənt] (*US*
fulfillment) *n* satysfakcja *f*,
zaspokojenie *nt*; (*of promise, desire*)
spełnienie *nt*.

full [ful] *adj* pełny; (*skirt, sleeve*)
szeroki ♦ *adv*: **to know full well
that ...** w pełni zdawać sobie sprawę
(z tego), że ...; **I'm full (up)** jestem
najedzony; **a full week** okrągły
tydzień; **at full speed** z pełną *or*
maksymalną prędkością; **full of**
pełen +*gen*; **in full** w całości.

full-length ['ful'leŋθ] *adj* (*film*)
pełnometrażowy; (*coat*) długi;
(*portrait, mirror*) obejmujący całą
postać.

full moon *n* pełnia *f* księżyca.

full-scale ['fulskeɪl] *adj* (*attack, war*)
totalny; (*model*) naturalnej wielkości.

full stop *n* kropka *f*.

full-time ['ful'taɪm] *adj* pełnoetatowy,
na pełen etat *post* ♦ *adv* (*work*) na
pełen etat; (*study*) w pełnym
wymiarze godzin; **a full time
student** ≈ student stacjonarny.

fully ['fulɪ] *adv* (*completely*) w pełni;
(*in full*) dokładnie, wyczerpująco;
(*as many as*) aż.

fully-fledged ['fulɪ'fledʒd] *adj*
(*teacher, doctor*) wykwalifikowany.

fume [fju:m] *vi* wściekać się.

fumes [fju:mz] *npl* (*of fire*) dymy *pl*;
(*of fuel, alcohol*) opary *pl*; (*of
factories*) wyziewy *pl*; (*of car*)
spaliny *pl*.

fun [fʌn] *n* zabawa *f*; **to have fun**
dobrze się bawić; **for fun** dla

przyjemności; **to make fun of** wyśmiewać +acc.

function [ˈfʌŋkʃən] n funkcja f; (social occasion) uroczystość f ♦ vi działać, funkcjonować.

functional [ˈfʌŋkʃənl] adj (operational) na chodzie post; (practical) funkcjonalny.

fund [fʌnd] n (of money) fundusz m; (source, store) zapas m; **funds** npl fundusze pl.

fundamental [fʌndəˈmɛntl] adj (essential) podstawowy; (basic, elementary) zasadniczy, fundamentalny.

fundamentalist [fʌndəˈmɛntəlɪst] n fundamentalista (-tka) m(f).

funeral [ˈfjuːnərəl] n pogrzeb m.

funeral parlour n dom m pogrzebowy.

funfair [ˈfʌnfɛə*] (BRIT) n wesołe miasteczko nt.

fungus [ˈfʌŋɡəs] (pl **fungi**) n grzyb m.

funnel [ˈfʌnl] n (for pouring) lejek m; (of ship) komin m.

funny [ˈfʌnɪ] adj (amusing) zabawny; (strange) dziwny.

fur [fə:*] n (of animal) futro nt, sierść f; (garment) futro nt; (BRIT: in kettle etc) osad m, kamień m kotłowy.

fur coat n futro nt.

furious [ˈfjuərɪəs] adj (person) wściekły; (row, argument) zażarty; (effort, speed) szaleńczy, szalony.

furlough [ˈfə:ləu] n (MIL) urlop m.

furnace [ˈfə:nɪs] n (in foundry, power plant) piec m.

furnish [ˈfə:nɪʃ] vt (room, building) meblować (umeblować perf); (supply) dostarczać (dostarczyć perf); **to furnish sb with sth** dostarczać (dostarczyć perf) komuś czegoś, wyposażać (wyposażyć perf) kogoś w coś.

furnishings [ˈfə:nɪʃɪŋz] npl wyposażenie nt.

furniture [ˈfə:nɪtʃə*] n meble pl; **a piece of furniture** mebel m.

furrow [ˈfʌrəu] n bruzda f.

furry [ˈfə:rɪ] adj (tail, animal) puszysty.

further [ˈfə:ðə*] adj dalszy ♦ adv (in distance, time) dalej; (in degree) dalej, jeszcze bardziej; (in addition) ponadto, w dodatku ♦ vt (project, cause) popierać (poprzeć perf), wspierać (wesprzeć perf); **I have nothing further to say** nie mam nic więcej do powiedzenia; **to further one's interests/one's career** troszczyć się o swoje sprawy/swoją karierę; **until further notice** (aż) do odwołania.

further education (BRIT) n ≈ kształcenie pomaturalne.

furthermore [fə:ðəˈmɔ:*] adv ponadto, co więcej.

furthest [ˈfə:ðɪst] adv (in distance, time) najdalej; (in degree) najdalej, najbardziej.

furtive [ˈfə:tɪv] adj potajemny, ukradkowy.

fury [ˈfjuərɪ] n furia f.

fuse [fju:z] (US **fuze**) n (in plug, circuit) bezpiecznik m; (for bomb etc) zapalnik m ♦ vt (metal) topić (stopić perf); (fig: ideas, systems) łączyć (połączyć perf) ♦ vi (metal) topić się (stopić się perf); (fig: ideas, systems) łączyć się (połączyć się perf).

fuselage [ˈfju:zəlɑ:ʒ] n kadłub m samolotu.

fusion [ˈfju:ʒən] n połączenie nt; (also: **nuclear fusion**) synteza f jądrowa.

fuss [fʌs] n (bother) zamieszanie nt; (annoyance) awantura f; **to make a fuss (about sth)** robić (zrobić perf) zamieszanie (z powodu or wokół czegoś); **to make a fuss of sb** nadskakiwać komuś, robić dużo hałasu wokół kogoś.

fussy [ˈfʌsɪ] adj (person) grymaśny,

wybredny; (*clothes, curtains*)
przeładowany ozdobami.

futile ['fju:taɪl] *adj* (*attempt*)
daremny; (*remark*) płytki,
powierzchowny.

future ['fju:tʃə*] *adj* przyszły ♦ *n*
przyszłość *f*; (*LING*) czas *m*
przyszły; **in (the) future** w
przyszłości; **in the near/foreseeable**
future w najbliższej/przewidywalnej
przyszłości.

fuze (*US*) *n, vt, vi* = **fuse**.

fuzzy ['fʌzɪ] *adj* (*photo, image*)
zamazany, nieostry; (*hair*)
kędzierzawy.

G

G [dʒi:] *n* (*MUS*) G *nt*, g *nt*.

gable ['geɪbl] *n* szczyt *m* (*domu*).

gadget ['gædʒɪt] *n* urządzenie *nt*,
gadżet *m* (*inf*).

Gaelic ['geɪlɪk] *adj* celtycki ♦ *n*
(*język m*) gaëlicki (*używany w Irlandii*
i Szkocji).

gag [gæg] *n* (*on mouth*) knebel *m*;
(*joke*) gag *m* ♦ *vt* kneblować
(*zakneblować perf*).

gaiety ['geɪɪtɪ] *n* wesołość *f*.

gaily ['geɪlɪ] *adv* wesoło.

gain [geɪn] *n* (*increase, improvement*)
przyrost *m*; (*profit*) korzyść *f* ♦ *vt*
(*speed, confidence*) nabierać (nabrać
perf) +*gen*; (*weight*) przybierać
(przybrać *perf*) na +*loc* ♦ *vi* (*clock,*
watch) śpieszyć się; (*benefit*): **to**
gain from sth zyskiwać (zyskać
perf) na czymś; **to gain on sb**
doganiać (dogonić *perf*) kogoś; **to**
gain 3lbs (in weight) przybierać
(przybrać *perf*) 3 funty (na wadze).

gait [geɪt] *n* chód *m*, sposób *m*
chodzenia.

gala ['gɑ:lə] *n* gala *f*.

galaxy ['gæləksɪ] *n* galaktyka *f*.

gale [geɪl] *n* wichura *f*.

gallant ['gælənt] *adj* (*brave*)
waleczny; (*polite*) szarmancki.

gall bladder *n* pęcherzyk *m or*
woreczek *m* żółciowy.

gallery ['gælərɪ] *n* (*of art, at*
Parliament) galeria *f*; (*in theatre*)
balkon *m*, galeria *f*; (*in church*) chór
m, balkon *m*.

galley ['gælɪ] *n* (*also*: **galley proof**)
korekta *f* (szpaltowa).

gallon ['gæln] *n* (*BRIT* = 4.5*l*; *US* =
3.8*l*) galon *m*.

gallop ['gæləp] *n* galop *m* ♦ *vi*
galopować.

gallows ['gæləuz] *n* szubienica *f*.

galore [gə'lɔ:*] *adv* w bród.

gambit ['gæmbɪt] *n* (*fig*): **(opening)**
gambit zagrywka *f*.

gamble ['gæmbl] *n* ryzyko *nt* ♦ *vt*: **to**
gamble away (*money, profits*)
przegrywać (przegrać *perf*),
przepuszczać (przepuścić *perf*) (*inf*)
♦ *vi* (*risk*) ryzykować (zaryzykować
perf); (*bet*) uprawiać hazard; **to**
gamble on stawiać (postawić *perf*)
na +*acc*.

gambler ['gæmblə*] *n* hazardzista
(-tka) *m(f)*.

gambling ['gæmblɪŋ] *n* hazard *m*.

game [geɪm] *n* (*lit, fig*) gra *f*; (*of*
football etc) mecz *m*; (*part of tennis*
match) gem *m*; (*HUNTING*)
zwierzyna *f*; (*CULIN*) dziczyzna *f* ♦
adj odważny; **big game** gruba
zwierzyna; **I'm game to try/for**
anything jestem gotów
spróbować/na wszystko.

gamekeeper ['geɪmki:pə*] *n* leśnik
m.

gammon ['gæmən] *n* (*bacon*) bekon
m; (*ham*) szynka *f*.

gang [gæŋ] *n* (*of criminals*) gang *m*;
(*of hooligans*) banda *f*; (*of friends*)
paczka *f*; (*of workmen*) brygada *f*.

▸**gang up** *vi*: **to gang up on sb**

sprzysięgać się (sprzysiąc się *perf*) przeciwko komuś.

gangster ['gæŋstə*] *n* gangster *m*.

gangway ['gæŋweɪ] *n* (*from ship*) trap *m*; (*BRIT: in cinema, bus, plane*) przejście *nt*.

gaol [dʒeɪl] (*BRIT*) *n*, *vt* = **jail**.

gap [gæp] *n* (*in mountains*) szczelina *f*; (*in teeth*) szpara *f*; (*in time*) przerwa *f*; (*fig*) przepaść *f*.

gape [geɪp] *vi* (*person*) gapić się (*inf*); (*shirt, lips*) rozchylać się; (*hole*) ziać.

gaping ['geɪpɪŋ] *adj* (*hole*) ziejący; (*wound*) otwarty; (*mouth*) rozdziawiony (*inf*).

garage ['gærɑːʒ] *n* (*of private house*) garaż *m*; (*for car repairs*) warsztat *m*.

garbage ['gɑːbɪdʒ] *n* (*US: rubbish*) śmieci *pl*; (*inf: nonsense*) bzdury *pl* (*inf*).

garbage can (*US*) *n* pojemnik *m* na śmieci.

garbled ['gɑːbld] *adj* przekręcony, przeinaczony.

garden ['gɑːdn] *n* ogród *m*; **gardens** *npl* (*public*) park *m*; (*botanical, private*) ogród *m*.

gardener ['gɑːdnə*] *n* ogrodnik *m*.

gardening ['gɑːdnɪŋ] *n* ogrodnictwo *nt*.

gargle ['gɑːgl] *vi* płukać gardło.

garish ['gɛərɪʃ] *adj* jaskrawy.

garland ['gɑːlənd] *n* (*on head*) wianek *m*; (*round neck*) girlanda *f*.

garlic ['gɑːlɪk] *n* czosnek *m*.

garment ['gɑːmənt] *n* część *m* garderoby.

garnish ['gɑːnɪʃ] *vt* (*CULIN*) przybierać (przybrać *perf*), garnirować.

garrison ['gærɪsn] *n* garnizon *m*.

garrulous ['gærjʊləs] *adj* gadatliwy.

garter ['gɑːtə*] *n* (*BRIT*) podwiązka *f* (*opaska podtrzymująca pończochę lub skarpetkę*); (*US*) podwiązka *f* (*część pasa do pończoch*).

gas [gæs] *n* gaz *m*; (*US: gasoline*) benzyna *f* ♦ *vt* (*kill*) zagazowywać (zagazować *perf*).

gash [gæʃ] *n* (*wound*) (głęboka) rana *f* cięta; (*tear*) rozdarcie *nt* ♦ *vt* (*arm etc*) rozciąć (*perf*).

gasoline ['gæsəliːn] (*US*) *n* benzyna *f*.

gasp [gɑːsp] *n*: **to breathe in gasps** mieć przerywany oddech ♦ *vi* (*pant*) łapać (złapać *perf*) (z trudem) powietrze.

gas station (*US*) *n* stacja *f* benzynowa.

gastric ['gæstrɪk] *adj* żołądkowy, gastryczny.

gate [geɪt] *n* (*of building*) brama *f*; (*of garden, field*) furtka *f*; (*at airport*) wyjście *nt*.

gatecrash ['geɪtkræʃ] (*BRIT*) *vt* wchodzić (wejść *perf*) bez zaproszenia na +*acc*.

gateway ['geɪtweɪ] *n* brama *f*; (*fig*) droga *f*.

gather ['gæðə*] *vt* zbierać (zebrać *perf*), gromadzić (zgromadzić *perf*); (*SEWING*) marszczyć (zmarszczyć *perf*) ♦ *vi* (*people, clouds*) zbierać się (zebrać się *perf*), gromadzić się (zgromadzić się *perf*); **to gather speed** nabierać (nabrać *perf*) prędkości.

gathering ['gæðərɪŋ] *n* zgromadzenie *nt*.

gauche [gəʊʃ] *adj* niezdarny.

gaudy ['gɔːdɪ] *adj* (*clothes etc*) krzykliwy.

gauge [geɪdʒ] *n* (*instrument*) przyrząd *m* pomiarowy ♦ *vt* (*amount, quantity*) określać (określić *perf*); (*fig: feelings, character*) oceniać (ocenić *perf*).

gaunt [gɔːnt] *adj* (*haggard*) wymizerowany; (*stark*) nagi.

gauntlet ['gɔːntlɪt] *n* rękawica *f*; **to run the gauntlet of** być wystawionym *or* narażonym na +*acc*; **to throw down the gauntlet**

rzucać (rzucić *perf*) wyzwanie *or*
rękawicę.

gauze [gɔːz] *n* gaza *f*.

gave [geɪv] *pt of* **give**.

gay [geɪ] *adj* (*person*): **he's gay** on jest
homoseksualistą; (*organization, rights*)
homoseksualistów *post*; (*bar,
magazine*) gejowski, dla
homoseksualistów *or* gejów *post*; (*old:
cheerful*) wesoły; (*colour, music*)
żywy; (*dress*) barwny ♦ *n* gej *m*.

gaze [geɪz] *n* wzrok *m*, spojrzenie *nt*
♦ *vi*: **to gaze at sth** wpatrywać się
w coś.

gazelle [gəˈzɛl] *n* gazela *f*.

GB *abbr* = **Great Britain**.

GCSE (*BRIT*) *n abbr* (= *General
Certificate of Secondary Education*)
świadectwo ukończenia szkoły
średniej, nie uprawniające do
podjęcia studiów wyższych.

gear [gɪə*] *n* (*equipment*) sprzęt *m*;
(*clothing*) strój *m*; (*TECH*)
przekładnia *f*; (*AUT*) bieg *m* ♦ *vt*: **to
be geared to** *or* **for** być
nastawionym na +*acc*; **top** *or* (*US*)
high/low/bottom gear
wysokie/niskie/najniższe obroty; **in
gear** na biegu.

gearbox [ˈgɪəbɔks] *n* skrzynia *f*
biegów.

gear lever (*US* **gear shift**) *n*
dźwignia *f* zmiany biegów.

geese [giːs] *npl of* **goose**.

gel [dʒɛl] *n* żel *m* ♦ *vi* (*liquid*) tężeć
(stężeć *perf*); (*fig: thought, idea*)
krystalizować się (wykrystalizować
się *perf*).

gelatin(e) [ˈdʒɛlətiːn] *n* żelatyna *f*.

gem [dʒɛm] *n* kamień *m* szlachetny,
klejnot *m*.

Gemini [ˈdʒɛmɪnaɪ] *n* Bliźnięta *pl*.

gender [ˈdʒɛndə*] *n* (*sex*) płeć *f*;
(*LING*) rodzaj *m*.

gene [dʒiːn] *n* gen *m*.

general [ˈdʒɛnərl] *n* generał *m* ♦ *adj*
ogólny; (*secretary etc*) generalny; **in**

general (*on the whole*) ogólnie *or*
generalnie (rzecz) biorąc; (*as a
whole*) w ogóle; (*ordinarily*) na ogół.

general election *n* wybory *pl*
powszechne.

generalization [ˈdʒɛnrəlaɪˈzeɪʃən] *n*
uogólnienie *nt*, generalizacja *f*.

generally [ˈdʒɛnrəlɪ] *adv* ogólnie *or*
generalnie (rzecz) biorąc.

general practitioner *n* lekarz *m*
ogólny.

generate [ˈdʒɛnəreɪt] *vt* (*energy,
electricity*) wytwarzać (wytworzyć
perf); (*jobs*) stwarzać (stworzyć
perf); (*profits*) przynosić (przynieść
perf).

generation [dʒɛnəˈreɪʃən] *n* (*people*)
pokolenie *nt*, generacja *f*; (*period of
time*) pokolenie *nt*; (*of electricity etc*)
wytwarzanie *nt*.

generator [ˈdʒɛnəreɪtə*] *n* generator
m.

generosity [dʒɛnəˈrɔsɪtɪ] *n* (*of spirit*)
wspaniałomyślność *f*,
wielkoduszność *f*; (*with money, gifts*)
hojność *f*, szczodrość *f*.

generous [ˈdʒɛnərəs] *adj*
(*magnanimous*) wspaniałomyślny,
wielkoduszny; (*lavish, liberal*) hojny,
szczodry.

genetic engineering *n* inżynieria *f*
genetyczna.

genetics [dʒɪˈnetɪks] *n* genetyka *f*.

Geneva [dʒɪˈniːvə] *n* Genewa *f*.

genial [ˈdʒiːnɪəl] *adj* miły, przyjazny.

genitals [ˈdʒɛnɪtlz] *npl* genitalia *pl*.

genius [ˈdʒiːnɪəs] *n* (*person*) geniusz
m; (*ability, skill*): **a genius for
(doing) sth** (wielki) talent do
(robienia) czegoś.

genocide [ˈdʒɛnəusaɪd] *n*
ludobójstwo *nt*.

gent [dʒɛnt] (*BRIT: inf*) *n abbr* =
gentleman.

gentle [ˈdʒɛntl] *adj* łagodny.

gentleman [ˈdʒɛntlmən] (*irreg like:
man*) *n* (*man*) pan *m*; (*referring to*

social position) człowiek m
szlachetnie or wysoko urodzony, ≈
szlachcic m (old); (well-mannered
man) dżentelmen m.

gentleness [ˈdʒɛntlnɪs] n łagodność f.

gently [ˈdʒɛntlɪ] adv łagodnie;
(lightly) delikatnie.

gentry n inv: the gentry ≈ szlachta f.

gents [dʒɛnts] n: the gents męska
toaleta f.

genuine [ˈdʒɛnjuɪn] adj (real)
prawdziwy; (sincere) szczery.

geographic(al) [dʒɪəˈgræfɪk(l)] adj
geograficzny.

geography [dʒɪˈɔgrəfɪ] n geografia f.

geology [dʒɪˈɔlədʒɪ] n geologia f.

geometric(al) [dʒɪəˈmɛtrɪk(l)] adj
geometryczny.

geometry [dʒɪˈɔmətrɪ] n geometria f.

geranium [dʒɪˈreɪnɪəm] n pelargonia
f.

geriatric [dʒɛrɪˈætrɪk] adj
geriatryczny.

germ [dʒəːm] n (MED) zarazek m.

German [ˈdʒəːmən] adj niemiecki ♦
n (person) Niemiec (-mka) m(f);
(LING) (język m) niemiecki.

German measles (BRIT) n
różyczka f.

Germany [ˈdʒəːmənɪ] n Niemcy pl.

gesticulate [dʒɛsˈtɪkjuleɪt] vi
gestykulować.

gesture [ˈdʒɛstjə*] n (movement)
gest m; (symbol, token) gest m, akt m.

------ KEYWORD ------

get [gɛt] (pt, pp **got**) (US: pp **gotten**)
vi **1** (become, be) stawać się (stać
się perf), robić się (zrobić się perf);
(+past partciple) zostać (perf); **this is
getting more and more difficult** to
się staje coraz trudniejsze; **it's
getting late** robi się późno; **to get
elected** zostać (perf) wybranym. **2**
(go): **to get from/to** dostawać się
(dostać się perf) z +gen/do +gen; **to
get home** docierać (dotrzeć perf) do

domu. **3** (begin) zaczynać (zacząć
perf); **I'm getting to like him**
zaczynam go lubić; **to get to know
sb** poznawać (poznać perf) kogoś
(bliżej) ♦ modal aux vb: **you've
got to do it** musisz to zrobić ♦ vt **1**:
to get sth done (do oneself) zrobić
(perf) coś; (have done) (od)dać (perf)
coś do zrobienia; **to get one's hair
cut** obcinać (obciąć perf) sobie
włosy; **to get sb to do sth** nakłonić
(perf) kogoś, żeby coś zrobił. **2**
(obtain, find, receive, acquire)
dostawać (dostać perf); **how much
did you get for the painting?** ile
dostałeś za ten obraz? **3** (fetch:
person, doctor) sprowadzać
(sprowadzić perf); (: object)
przynosić (przynieść perf); **to get
sth for sb** (obtain) zdobyć (perf) coś
dla kogoś; (fetch) przynieść (perf)
coś komuś. **4** (catch) łapać (złapać
perf). **5** (hit) trafić (perf); **the bullet
got him in the leg** kula trafiła go w
nogę. **6** (take, move): **to get sth to
sb** dostarczyć (perf) coś komuś. **6**
(take: plane, bus etc): **we got a
plane to London and then a train
to Colchester** do Londynu
polecieliśmy samolotem, a potem
pojechaliśmy pociągiem do
Colchester. **7** (understand) rozumieć
(zrozumieć perf); **I get it** rozumiem.
8 (have, possess): **how many have
you got?** ile (ich) masz?

▸**get about** vi (person) przenosić się
z miejsca na miejsce; (news,
rumour) rozchodzić się (rozejść się
perf).

▸**get along** vi (be friends) być w
dobrych stosunkach; (depart) pójść
(perf) (sobie).

▸**get at** vt fus (attack, criticize)
naskakiwać (naskoczyć perf) na
+acc; (reach) dosięgać (dosięgnąć
perf) +gen; **what are you getting at?**
do czego zmierzasz?

►**get away** vi (leave) odchodzić (odejść perf), wyrywać się (wyrwać się perf) (inf); (escape) uciekać (uciec perf).

►**get away with** vt fus: **he'll never get away with it!** nie ujdzie mu to na sucho!

►**get back** vi wracać (wrócić perf) ♦ vt odzyskiwać (odzyskać perf).

►**get by** vi (pass) przechodzić (przejść perf); (manage) radzić (poradzić perf) sobie (jakoś), dawać (dać perf) sobie (jakoś) radę.

►**get down** vi (descend) schodzić (zejść perf); (on floor, ground) siadać (siąść (perf)), usiąść perf ♦ vt (depress) przygnębiać (przygnębić perf).

►**get down to** vt fus zabierać się (zabrać się perf) do +gen.

►**get in** vi (be elected) wchodzić (wejść perf) (do parlamentu itp); (train) wjeżdżać (wjechać perf) (na stację), przyjeżdżać (przyjechać perf) (na miejsce); (arrive home) wchodzić (wejść perf) do domu.

►**get into** vt fus (conversation, fight) wdawać się (wdać się perf) w +acc; (vehicle) wsiadać (wsiąść perf) do +gen; (clothes) wchodzić (wejść perf) w +acc.

►**get off** vi (from train etc) wysiadać (wysiąść perf); (escape) wykpić się (perf) ♦ vt (clothes) zdejmować (zdjąć perf); (stain) wywabiać (wywabić perf) ♦ vt fus (train, bus) wysiadać (wysiąść perf) z +gen.

►**get on** vi (be friends) być w dobrych stosunkach ♦ vt fus (bus, train) wsiadać (wsiąść perf) do +gen; **how are you getting on?** jak ci idzie?

►**to get on with** vt fus (person) być w dobrych stosunkach z +instr; (meeting, work) kontynuować +acc.

►**get out** vi (of place) wychodzić (wyjść perf); (: with effort) wydostawać się (wydostać się perf);

(of vehicle) wysiadać (wysiąść perf) ♦ vt (object) wyciągać (wyciągnąć perf), wyjmować (wyjąć perf).

►**get out of** vt fus (duty etc) wymigiwać się (wymigać się perf) od +gen.

►**get over** vt fus (illness, shock) wychodzić (wyjść perf) z +gen ♦ vt: **to get it over with** raz z tym skończyć (perf).

►**get round** vt fus (law, rule) obchodzić (obejść perf); (person) przekonać (perf).

►**get round to** vt fus (w końcu) zabrać się (perf) za +acc.

►**get through** vi (TEL) uzyskiwać (uzyskać perf) połączenie.

►**get through to** (TEL) vt fus dodzwonić się (perf) do +gen.

►**get together** vi spotykać się (spotkać się perf) ♦ vt (people) zbierać (zebrać perf).

►**get up** vi wstawać (wstać perf).

►**get up to** vt fus wyprawiać or wyrabiać +acc.

geyser ['gi:zə*] n (GEOL) gejzer m; (BRIT: water heater) bojler m.

ghastly ['gɑ:stlɪ] adj koszmarny; (complexion, whiteness) upiorny.

gherkin ['gə:kɪn] n korniszon m.

ghetto ['gɛtəu] n getto nt.

ghost [gəust] n duch m.

giant ['dʒaɪənt] n (in stories) olbrzym m, wielkolud m; (fig: large company) gigant m, potentat m ♦ adj gigantyczny.

gibberish ['dʒɪbərɪʃ] n bełkot m, bzdury pl.

gibe [dʒaɪb] n przycinek m, docinek m.

giddy ['gɪdɪ] adj (dizzy): **to be/feel giddy** mieć/odczuwać zawroty głowy; (fig) przyprawiający o zawrót głowy.

gift [gɪft] n (present) prezent m,

upominek *m*; **gift of** dar +*gen*; **gift for** talent do +*gen*.

gifted ['gɪftɪd] *adj* utalentowany.

gift token *n* talon *m or m* bon na zakupy (*dawany w prezencie*).

gift voucher *n* = **gift token**.

gigantic [dʒaɪ'gæntɪk] *adj* gigantyczny.

giggle ['gɪgl] *vi* chichotać (zachichotać *perf*).

gills [gɪlz] *npl* skrzela *pl*.

gilt [gɪlt] *adj* złocony, pozłacany ♦ *n* złocenie *nt*, pozłota *f*.

gimmick ['gɪmɪk] *n* sztuczka *f*.

gin [dʒɪn] *n* dżin *m*.

ginger ['dʒɪndʒə*] *n* imbir *m*.

gingerbread ['dʒɪndʒəbrɛd] *n* (*cake*) piernik *m*; (*biscuit*) pierniczek *m*.

gingerly ['dʒɪndʒəlɪ] *adv* ostrożnie.

gipsy ['dʒɪpsɪ] *n* Cygan(ka) *m(f)*.

giraffe [dʒɪ'rɑːf] *n* żyrafa *f*.

girdle ['gəːdl] *n* (*corset*) gorset *m*; (*belt*) pasek *m*.

girl [gəːl] *n* (*child, daughter*) dziewczynka *f*; (*young woman*) dziewczyna *f*; **an English girl** (młoda) Angielka; **a girls' school** szkoła dla dziewcząt.

girlfriend ['gəːlfrɛnd] *n* (*of girl*) koleżanka *f*; (: *close*) przyjaciółka *f*; (*of boy*) dziewczyna *f*.

girlish ['gəːlɪʃ] *adj* dziewczęcy.

giro ['dʒaɪrəu] *n* (*bank giro*) bankowy system *m* przelewowy; (*post office giro*) pocztowy system *m* przelewowy; (*BRIT: welfare cheque*) *przekaz pocztowy z zasiłkiem*.

gist [dʒɪst] *n* (*general meaning*) esencja *f*, sedno *nt*; (*main points*) najważniejsze *pl* punkty.

────── KEYWORD ──────

give [gɪv] (*pt* **gave**, *pt* **given**) *vt* **1**: **to give sb sth, give sth to sb** dawać (dać *perf*) komuś coś. **2** (*used with noun to replace verb*): **to give a sigh** westchnąć (*perf*); **to**

give a cry zapłakać (*perf*). **3** (*deliver: news, message etc*) podawać (podać *perf*), przekazywać (przekazać *perf*); (: *advice*) dawać (dać *perf*). **4** (*provide: opportunity, job etc*) dawać (dać *perf*); (: *surprise*) sprawiać (sprawić *perf*). **5** (*bestow: title, honour*) nadawać (nadać *perf*); (: *right*) dawać (dać *perf*). **6** (*devote: time, attention*) poświęcać (poświęcić *perf*); (: *one's life*) oddawać (oddać *perf*). **7** (*organize*): **to give a party/dinner** wydawać (wydać *perf*) przyjęcie/obiad ♦ *vi* **1** (*also*: **give way**) załamywać się (załamać się *perf*); **the roof gave as I stepped on it** dach załamał się, gdy na nim stanąłem. **2** (*stretch*) rozciągać się (rozciągnąć się *perf*).

▶**give away** *vt* (*money, prizes*) rozdawać (rozdać *perf*); (*opportunity*) pozbawiać się (pozbawić się *perf*) +*gen*; (*secret, information*) wyjawiać (wyjawić *perf*); (*bride*) poprowadzić (*perf*) do ołtarza (*do pana młodego*).

▶**give back** *vt* oddawać (oddać *perf*).

▶**give in** *vi* poddawać się (poddać się *perf*), ustępować (ustąpić *perf*) ♦ *vt* (*essay etc*) składać (złożyć *perf*), oddawać (oddać *perf*).

▶**give off** *vt* (*heat, smoke*) wydzielać (wydzielić *perf*).

▶**give out** *vt* rozdawać (rozdać *perf*).

▶**give up** *vi* poddawać się (poddać się *perf*), rezygnować (zrezygnować *perf*) ♦ *vt* (*job, boyfriend, habit*) rzucać (rzucić *perf*); (*idea, hope*) porzucać (porzucić *perf*); **to give o.s. up to** oddawać się (oddać się *perf*) +*dat*.

▶**give way** *vi* (*yield*) ustępować (ustąpić *perf*) (miejsca); (*rope, ladder etc*) nie wytrzymać (*perf*), puścić (*perf*) (*inf*); (*BRIT: AUT*) ustępować (ustąpić *perf*) pierwszeństwa przejazdu.

glacier ['glæsɪə*] n lodowiec m.
glad [glæd] adj zadowolony.
gladly ['glædlɪ] adv chętnie.
glamorous ['glæmərəs] adj
olśniewający.
glamour ['glæmə*] n blask m,
świetność f.
glance [glɑːns] n zerknięcie nt, rzut
m oka ♦ vi: **to glance at** zerkać
(zerknąć perf) na +acc, rzucać
(rzucić perf) okiem na +acc.
glancing ['glɑːnsɪŋ] adj (blow)
ukośny, z boku post.
gland [glænd] n gruczoł m.
glare [glɛə*] n (look) piorunujące
spojrzenie nt; (light) oślepiające
światło nt; (fig: of publicity) blask m
♦ vi świecić oślepiającym blaskiem;
to glare at patrzyć z wściekłością
na +acc.
glaring ['glɛərɪŋ] adj (mistake) rażący.
glass [glɑːs] n (substance) szkło nt;
(for/of milk, water etc) szklanka f;
(for/of beer) kufel m; (for/of wine,
champagne) lampka f; (for/of other
alcoholic drink) kieliszek m; **glasses**
npl okulary pl.
glaze [gleɪz] vt (window etc) szklić
(oszklić perf); (pottery) glazurować ♦
n glazura f.
glazed [gleɪzd] adj (eyes) szklisty,
szklany; (pottery) glazurowany.
gleam [gliːm] vi błyszczeć, świecić
się.
glee [gliː] n radość f.
glen [glɛn] n dolina f (górska).
glib [glɪb] adj (person) wygadany;
(promise) (zbyt) łatwy; (response)
bez zająknienia post.
glide [glaɪd] vi (snake) ślizgać się,
sunąć; (dancer, boat) sunąć; (bird,
aeroplane) szybować.
glider ['glaɪdə*] n szybowiec m.
gliding ['glaɪdɪŋ] n (sport)
szybownictwo nt; (activity)
szybowanie nt.
glimmer ['glɪmə*] n (of light) (wątły)

promyk m, migotanie nt; (fig)
przebłysk m.
glimpse [glɪmps] n mignięcie nt ♦ vt
ujrzeć (perf) przelotnie.
glint [glɪnt] vi błyskać, iskrzyć się.
glisten ['glɪsn] vi lśnić, połyskiwać.
glitter ['glɪtə*] vi błyszczeć, skrzyć
się.
gloat [gləut] vi tryumfować; **to gloat
over** (one's own success) napawać
się +instr; (sb else's failure) cieszyć
się z +gen.
global ['gləubl] adj (worldwide)
(ogólno)światowy.
globe [gləub] n (world) kula f
ziemska, świat m; (model) globus m;
(shape) kula f.
gloom [gluːm] n (dark) mrok m;
(sadness) ponurość f, posępność f.
glorify ['glɔːrɪfaɪ] vt wysławiać,
gloryfikować.
glorious ['glɔːrɪəs] adj wspaniały.
glory ['glɔːrɪ] n (prestige) sława f,
chwała f; (splendour)
wspaniałość f.
gloss [glɔs] n (shine) połysk m; (also:
gloss paint) emalia f.
glossary ['glɔsərɪ] n słowniczek m
(w książce).
glossy ['glɔsɪ] adj (hair) lśniący;
(photograph) z połyskiem post.
glove [glʌv] n rękawiczka f; (boxer's,
surgeon's) rękawica f.
glove compartment (AUT) n
schowek m na rękawiczki.
glow [gləu] vi (embers) żarzyć się,
jarzyć się; (stars) jarzyć się; (eyes)
błyszczeć; (face) różowić się.
glucose ['gluːkəus] n glukoza f.
glue [gluː] n klej m ♦ vt: **to glue sth
onto sth** naklejać (nakleić perf) coś
na coś.
glum [glʌm] adj przybity.
glut [glʌt] n przesycenie nt.
glutton ['glʌtn] n żarłok m,
obżartuch m (inf).

gluttony ['glʌtənı] n (act) obżarstwo
nt; (habit) żarłoczność f.
glycerin(e) ['glısəri:n] n gliceryna f.
gnarled [nɑ:ld] adj sękaty.
gnat [næt] n komar m.
gnaw [nɔ:] vt o(b)gryzać (o(b)gryźć
perf).
gnome [nəum] n krasnal m,
krasnoludek m.

┌──────── KEYWORD ────────┐

go [gəu] (pt **went**, pp **gone**, pl
goes) vi 1 (on foot) iść (pójść perf);
(: habitually, regularly) chodzić; (by
car etc) jechać (pojechać perf);
(: habitually, regularly) jeździć. 2
(depart: on foot) wychodzić (wyjść
perf), iść (pójść perf); (: by car etc)
odjeżdżać (odjechać perf),
wyjeżdżać (wyjechać perf). 3
(attend) chodzić; **she goes to her
dancing class on Tuesdays** we
wtorki chodzi na swój kurs tańca. 4
(take part in an activity) iść (pójść
perf); (: habitually, regularly) chodzić;
to go for a walk iść (pójść perf) na
spacer. 5 (work) chodzić; **the tape
recorder was still going**
magnetofon ciągle chodził; **the bell
went just then** właśnie wtedy
zadzwonił dzwonek. 6 (become): **to
go pale** blednąć (zblednąć perf). 7
(be sold): **to go for 10 pounds**
pójść (perf) za 10 funtów. 8 (intend
to): **we're going to leave in an
hour** wyjdziemy za godzinę. 9 (be
about to): **it's going to rain** będzie
padać. 10 (time) mijać (minąć perf),
płynąć. 11 (event, activity) iść (pójść
perf); **how did it go?** jak poszło? 12
(be given): **to go to sb** dostać się
(perf) komuś. 13 (break etc) pójść
(perf) (inf); **the fuse went** poszedł
bezpiecznik. 14 (be placed) **the
milk goes in the fridge** mleko
trzymamy w lodówce ♦ n 1 (try): **to
have a go (at)** próbować

(spróbować perf) (+gen). 2 (turn)
kolej f; **whose go is it?** czyja
(teraz) kolej? 3 (move): **to be on
the go** być w ruchu.
▶**go about** vi (also: **go around**)
krążyć ♦ vt fus: **how do I go about
this?** jak (mam) się za to zabrać?
▶**go after** vt fus (person) ruszać
(ruszyć perf) w pogoń za +instr;
(job) szukać +gen; (record)
próbować (spróbować perf) pobić
+acc.
▶**go ahead** vi (proceed) przebiegać
(przebiec perf); **to go ahead (with)**
przystępować (przystąpić perf) (do
+gen); **do you mind if I smoke? –
go ahead!** czy mogę zapalić? –
proszę (bardzo)!
▶**go along** vi przechodzić (przejść
perf).
▶**go along with** vt fus (agree with:
plan, decision) postępować (postąpić
perf) zgodnie z +instr.
▶**go away** vi odchodzić (odejść perf);
"go away!" „idź sobie!".
▶**go back** vi wracać (wrócić perf).
▶**go back on** vt fus (promise etc) nie
dotrzymywać (nie dotrzymać perf)
+gen.
▶**go by** vi płynąć or upływać
(upłynąć perf), mijać (minąć perf) ♦
vt fus (rule etc) kierować się +instr.
▶**go down** vi (descend: on foot)
schodzić (zejść perf) (na dół); (: in
lift etc) zjeżdżać (zjechać perf);
(ship) iść (pójść perf) na dno; (sun)
zachodzić (zajść perf); (price, level)
obniżać się (obniżyć się perf) ♦ vt
fus (stairs, ladder) schodzić (zejść
perf) po +loc.
▶**go for** vt fus (fetch) iść (pójść perf)
po +acc; (favour) woleć +acc;
(attack) rzucać się (rzucić się perf)
na +acc; (apply to) dotyczyć +gen.
▶**go in** vi wchodzić (wejść perf) (do
środka).
▶**go in for** vt fus (competition)

startować (wystartować *perf*) w +*loc*;
(*activity*) uprawiać +*acc*.

►**go into** *vt fus* (*enter*) wchodzić
(wejść *perf*) do +*gen*; (*investigate*)
zagłębiać się (zagłębić się *perf*) w
+*acc*; (*career*) zająć się *(perf)* +*instr*.

►**go off** *vi* (*person*) wychodzić
(wyjść *perf*); (*food*) psuć się (zepsuć
się *perf*); (*bomb*) eksplodować
(eksplodować *perf*); (*gun*) wypalić
(*perf*); (*event*) przebiegać (przebiec
perf), iść (pójść *perf*) (*inf*) ♦ *vt fus*
(*inf. person, place, food*) przestawać
(przestać *perf*) lubić +*acc*.

►**go on** *vi* (*continue: on foot*) iść
(pójść *perf*) dalej; (: *in a vehicle*)
jechać (pojechać *perf*) dalej;
(*happen*) dziać się, odbywać się; **to
go on doing sth** robić coś dalej;
what's going on here? co się tu
dzieje?

►**go out** *vt fus* wychodzić (wyjść
perf) ♦ *vi* (*fire, light*) gasnąć (zgasnąć
perf); (*couple*): **they went out for 3
years** chodzili ze sobą (przez) trzy
lata.

►**go over** *vi* przechodzić (przejść
perf) ♦ *vt* sprawdzać (sprawdzić
perf); **go over and help him** idź tam
i pomóż mu.

►**go through** *vt fus* (*undergo*)
przechodzić (przejść *perf*) (przez)
+*acc*; (*search through*) przeszukiwać
(przeszukać *perf*) +*acc*; (*discuss*)
omawiać (omówić *perf*) +*acc*.

►**go through with** *vt fus*
przeprowadzić *(perf)*, doprowadzić
(perf) do końca; **I couldn't go
through with it** nie mogłem się na
to zdobyć.

►**go under** *vi* iść (pójść *perf*) na dno;
(*fig. business, project*) padać (paść
perf).

►**go up** *vi* (*on foot*) iść (pójść *perf*) na
górę; (*in lift etc*) wjeżdżać (wjechać
perf) (na górę); (*price, level*) iść
(pójść *perf*) w górę.

►**go with** *vt fus* (*suit*) pasować do
+*gen*.

►**go without** *vt fus* (*food*) nie mieć
+*gen*; (*treats, luxury*) obywać się
(obyć się *perf*) bez +*gen*.

go-ahead ['gəuəhɛd] *adj* (*person*)
przedsiębiorczy, rzutki;
(*organization*) postępowy ♦ *n* zgoda *f*.

goal [gəul] *n* (SPORT: *point gained*)
bramka *f*, gol *m*; (: *space*) bramka *f*;
(*aim*) cel *m*.

goalkeeper ['gəulki:pə*] *n* bramkarz
m.

goalpost ['gəulpəust] *n* słupek *m*
(bramki).

goat [gəut] *n* koza *f*; (*male*) kozioł *m*.

gobble ['gɔbl] *vt* (*also*: **gobble down,
gobble up**) pożerać (pożreć *perf*).

go-between ['gəubitwi:n] *n*
(*intermediary*) pośrednik (-iczka)
m(f); (*messenger*) posłaniec *m*.

God [gɔd] *n* Bóg *m*.

god [gɔd] *n* (MYTH, REL) bóg *m*,
bóstwo *nt*; (: *less important*) bożek
m; (*fig*) bóstwo *nt*, bożyszcze *nt*.

godchild ['gɔdtʃaild] (*irreg like*:
child) *n* chrześniak (-aczka) *m(f)*.

goddaughter ['gɔddɔ:tə*] *n*
chrześniaczka *f*.

goddess ['gɔdɪs] *n* bogini *f*.

godfather ['gɔdfɑːðə*] *n* ojciec *m*
chrzestny.

godmother ['gɔdmʌðə*] *n* matka *f*
chrzestna.

godson ['gɔdsʌn] *n* chrześniak *m*.

goggles ['gɔglz] *npl* gogle *pl*.

going ['gəuiŋ] *n* sytuacja *f*, warunki
pl ♦ *adj*: **the going rate** aktualna
stawka *f*.

gold [gəuld] *n* złoto *nt* ♦ *adj* złoty.

golden ['gəuldən] *adj* (*gold*) złoty; (*in
colour*) złoty, złocisty.

goldfish ['gəuldfiʃ] *n* złota rybka *f*.

goldmine ['gəuldmain] *n* kopalnia *f*
złota.

gold-plated ['gəuld'pleɪtɪd] *adj*
pozłacany, złocony.

goldsmith ['gəuldsmɪθ] *n* złotnik *m*.

golf [gɔlf] *n* golf *m*.

golf club *n* (*organization*) klub *m*
golfowy; (*stick*) kij *m* do golfa.

golf course *n* pole *nt* golfowe.

gondola ['gɔndələ] *n* gondola *f*.

gone [gɔn] *pp of* **go**.

gong [gɔŋ] *n* gong *m*.

good [gud] *adj* dobry; (*valid*) ważny;
(*well-behaved*) grzeczny ♦ *n* dobro
nt; **goods** *npl* towary *pl*, towar *m*;
good! dobrze!; **to be good at** być
dobrym w +*loc*; **to be good for**
sth/sb być dobrym do czegoś/dla
kogoś; **to feel good** czuć się
dobrze; **it's good to see you** miło
cię widzieć; **would you be good**
enough to ...? czy zechciałbyś
+*infin*?; **a good deal (of)** dużo
(+*gen*); **a good many** bardzo wiele;
to make good (*damage*) naprawiać
(naprawić *perf*); (*loss*)
rekompensować (zrekompensować
perf); **it's no good complaining** nie
ma co narzekać; **for good** na dobre;
good morning/afternoon! dzień
dobry!; **good evening!** dobry
wieczór!; **good night!** dobranoc!

goodbye [gud'baɪ] *excl* do widzenia;
to say goodbye żegnać się
(pożegnać się *perf*).

Good Friday *n* Wielki Piątek *m*.

good-looking ['gud'lukɪŋ] *adj*
atrakcyjny.

good-natured ['gud'neɪtʃəd] *adj*
(*person, pet*) o łagodnym
usposobieniu *post*.

goodness ['gudnɪs] *n* dobroć *f*; **for**
goodness sake! na litość *or* miłość
boską!; **goodness gracious!** Boże
(drogi)!

goods train (*BRIT*) *n* pociąg *m*
towarowy.

goodwill [gud'wɪl] *n* dobra wola *f*.

goose [gu:s] (*pl* **geese**) *n* gęś *f*.

gooseberry ['guzbərɪ] *n* agrest *m*.

gooseflesh ['gu:sfleʃ] *n* = **goose**
pimples.

goose pimples *npl* gęsia skórka *f*.

gore [gɔ:*] *vt* brać (wziąć *perf*) na
rogi ♦ *n* (*rozlana*) krew *f*.

gorge [gɔ:dʒ] *n* wąwóz *m* ♦ *vt*: **to**
gorge o.s. (on) objadać się (objeść
się *perf*) (+*instr*).

gorgeous ['gɔ:dʒəs] *adj* wspaniały,
cudowny.

gorilla [gə'rɪlə] (*ZOOL*) *n* goryl *m*.

gory ['gɔ:rɪ] *adj* krwawy.

gospel ['gɔspl] *n* (*REL*) ewangelia *f*.

gossip ['gɔsɪp] *n* (*rumours, chat*)
plotki *pl*; (*person*) plotkarz (-arka)
m(f) ♦ *vi* plotkować (poplotkować
perf).

got [gɔt] *pt, pp of* **get**.

gotten ['gɔtn] (*US*) *pp of* **get**.

gout [gaut] (*MED*) *n* dna *f*, skaza *f*
moczanowa.

govern ['gʌvən] *vt* rządzić +*instr*.

governess ['gʌvənɪs] *n* guwernantka
f.

government ['gʌvnmənt] *n* (*act*)
rządzenie *nt*, zarządzanie *nt*; (*body*)
rząd *m*; (*BRIT: ministers*) rada *f*
ministrów, rząd *m*.

governor ['gʌvənə*] *n* (*of state,*
colony) gubernator *m*; (*of bank,*
school etc) członek (-nkini) *m(f)*
zarządu; (*BRIT: of prison*) naczelnik
m; **the Board of Governors** zarząd.

gown [gaun] *n* (*dress*) suknia *f*;
(*BRIT: of teacher, judge*) toga *f*.

GP *n abbr* = **general practitioner**.

grab [græb] *vt* chwytać (chwycić
perf); (*chance, opportunity*) korzystać
(skorzystać *perf*) z +*gen* ♦ *vi*: **to**
grab at porywać (porwać *perf*) +*acc*,
rzucać się (rzucić się *perf*) na +*acc*.

grace [greɪs] *n* (*REL*) łaska *f*;
(*gracefulness*) gracja *f* ♦ *vt* (*honour*)
zaszczycać (zaszczycić *perf*); (*adorn*)
zdobić, ozdabiać (ozdobić *perf*); **5**
days' grace 5 dni wytchnienia.

graceful ['greisful] adj pełen wdzięku.

gracious ['greiʃəs] adj (person, smile) łaskawy ♦ excl: **(good) gracious!** Boże (drogi)!

grade [greid] n (COMM) jakość f; (in hierarchy) ranga f; (mark) stopień m, ocena f; (US: SCOL) klasa f ♦ vt klasyfikować (sklasyfikować perf).

grade crossing (US) n przejazd m kolejowy.

grade school (US) n ≈ szkoła f podstawowa.

gradient ['greidiənt] n (of road, slope) nachylenie nt.

gradual ['grædjuəl] adj stopniowy.

gradually ['grædjuəli] adv stopniowo.

graduate ['grædjuit] n absolwent(ka) m(f) ♦ vi kończyć (skończyć perf) studia; (US) kończyć (skończyć perf) szkołę średnią.

graduation [grædju'eiʃən] n uroczystość f wręczenia świadectw.

graffiti [grə'fi:ti] n, npl graffiti pl.

graft [grɑ:ft] n (AGR) szczep m; (MED) przeszczep m; (BRIT: inf) harówka f (inf); (US) łapówka f ♦ vt: **to graft (onto)** (AGR) zaszczepiać (zaszczepić perf) (na +loc); (MED) przeszczepiać (przeszczepić perf) (na +acc), wszczepiać (wszczepić perf) (do +gen); (fig) doczepiać (doczepić perf) (na siłę) (do +gen).

grain [grein] n (seed) ziarno nt; (no pl. cereals) zboże nt; (of sand, salt) ziar(e)nko nt; (of wood) słoje pl.

gram [græm] n gram m.

grammar ['græmə*] n gramatyka f.

grammar school (BRIT) n ≈ liceum nt (ogólnokształcące).

grammatical [grə'mætikl] adj gramatyczny.

gramme [græm] n = **gram**.

gramophone ['græməfəun] (BRIT: old) n gramofon m, adapter m.

grand [grænd] adj (splendid, impressive) okazały; (inf. great,

wonderful) świetny; (gesture) wielkopański; (scale, plans) wielki.

grandchild ['græntʃaild] (irreg like: child) n wnuk m.

granddad ['grændæd] (inf) n dziadek m, dziadzio m.

granddaughter ['grændɔ:tə*] n wnuczka f.

grandeur ['grændjə*] n okazałość f, wspaniałość f.

grandfather ['grændfɑ:ðə*] n dziadek m.

grandiose ['grændiəus] (pej) adj (scheme) wielce ambitny; (building) pretensjonalny.

grandma ['grænmɑ:] (inf) n babcia f.

grandmother ['grænmʌðə*] n babka f.

grandpa ['grænpɑ:] (inf) n = **granddad**.

grandparents ['grændpɛərənts] npl dziadkowie vir pl.

grand piano n fortepian m.

grandson ['grænsʌn] n wnuk m.

grandstand ['grændstænd] (SPORT) n trybuna f główna.

granite ['grænit] n granit m.

granny ['græni] (inf) n babcia f, babunia f.

grant [grɑ:nt] vt (money) przyznawać (przyznać perf); (request) spełniać (spełnić perf); (visa) udzielać (udzielić perf) +gen ♦ n (SCOL) stypendium m; (ADMIN) dotacja f; **to take sb for granted** zaniedbywać kogoś; **to take sth for granted** przyjmować (przyjąć perf) coś za pewnik.

granulated sugar ['grænjuleitid-] n cukier m kryształ m.

grape [greip] n (fruit) winogrono nt; (plant) winorośl f.

grapefruit ['greipfru:t] (pl **grapefruit** or **grapefruits**) n grejpfrut m.

graph [grɑ:f] n wykres m.

graphic ['græfik] adj (account,

description) obrazowy; (: *of sth unpleasant*) drastyczny; (*art, design*) graficzny; *see also* **graphics**.

graphics ['græfıks] *n* (*art*) grafika *f* ♦ *npl* (*drawings*) grafika *f*.

grapple ['græpl] *vi*: **to grapple with sb/sth** mocować się z kimś/czymś.

grasp [grɑːsp] *vt* (*hold, seize*) chwytać (chwycić *perf*); (*understand*) pojmować (pojąć *perf*) ♦ *n* (*grip*) (u)chwyt *m*; (*understanding*) pojmowanie *nt*.

grasping ['grɑːspıŋ] *adj* zachłanny.

grass [grɑːs] *n* trawa *f*.

grasshopper ['grɑːshɔpə*] *n* konik *m* polny, pasikonik *m*.

grass-roots ['grɑːsruːts] *cpd*: **grass-roots support** poparcie *nt* zwykłych ludzi.

grate [greıt] *n* palenisko *nt* (*w kominku*) ♦ *vi*: **to grate (on)** (*metal, chalk*) zgrzytać (zazgrzytać *perf*) (na +*loc*); (*fig: noise, laughter*) działać na nerwy (+*dat*) ♦ *vt* (*CULIN*) trzeć (zetrzeć *perf*).

grateful ['greıtful] *adj* (*person*) wdzięczny; (*thanks*) pełen wdzięczności.

grater ['greıtə*] *n* tarka *f*.

gratifying ['grætıfaıŋ] *adj* zadowalający, satysfakcjonujący.

grating ['greıtıŋ] *n* krata *f* ♦ *adj* zgrzytliwy.

gratitude ['grætıtjuːd] *n* wdzięczność *f*.

gratuity [grə'tjuːıtı] *n* napiwek *m*.

grave [greıv] *n* grób *m* ♦ *adj* poważny.

gravel ['grævl] *n* żwir *m*.

gravestone ['greıvstəun] *n* nagrobek *m*.

graveyard ['greıvjɑːd] *n* cmentarz *m*.

gravity ['grævıtı] *n* (*PHYS*) ciążenie *nt*, grawitacja *f*; (*seriousness*) powaga *f*.

gravy ['greıvı] *n* sos *m* (*mięsny*).

gray [greı] (*US*) *adj* = **grey**.

graze [greız] *vi* paść się ♦ *vt* (*scrape*) otrzeć (*perf*) (do krwi); (*touch lightly*) muskać (musnąć *perf*) ♦ *n* otarcie *nt* naskórka.

grease [griːs] *n* (*lubricant*) smar *m*; (*fat*) tłuszcz *m* ♦ *vt* (*lubricate*) smarować (nasmarować *perf*); (*CULIN*) smarować (posmarować *perf*) tłuszczem, natłuszczać (natłuścić *perf*).

greaseproof paper ['griːspruːf-] (*BRIT*) *n* papier *m* woskowany.

greasy ['griːsı] *adj* (*full of grease*) tłusty; (*covered with grease*) zatłuszczony; (*BRIT: slippery*) śliski; (*hair*) tłusty, przetłuszczający się.

great [greıt] *adj* wielki; (*idea*) świetny.

Great Britain *n* Wielka Brytania *f*.

great-grandfather [greıt'grænfɑːðə*] *n* pradziadek *m*, pradziad *m* (*fml*).

great-grandmother [greıt'grænmʌðə*] *n* prababka *f*.

greatly ['greıtlı] *adv* wielce.

greatness ['greıtnıs] *n* wielkość *f*.

Greece [griːs] *n* Grecja *f*.

greed [griːd] *n* (*also*: **greediness**) chciwość *f*, zachłanność *f*; (*for power, wealth*) żądza *f*.

greedy ['griːdı] *adj* chciwy, zachłanny; **greedy for power/wealth** żądny władzy/bogactw.

Greek [griːk] *adj* grecki ♦ *n* (*person*) Grek/Greczynka *m/f*; (*LING*) (język *m*) grecki.

green [griːn] *adj* zielony ♦ *n* (*colour*) (kolor *m*) zielony, zieleń *f*; (*grass*) zieleń *f*; (*GOLF*) pole *nt* puttingowe; **greens** *npl* warzywa *pl* zielone.

green belt *n* pas *m* or pierścień *m* zieleni.

green card *n* (*AUT*) ubezpieczenie *nt* międzynarodowe; (*US: ADMIN*) zielona karta *f*.

greenery ['griːnərı] *n* zieleń *f*.

greengrocer ['griːngrəusə*] (*BRIT*)

n (*person*) kupiec *m* warzywny,
zieleniarz (-arka) *m(f)*; (*shop*) sklep
m warzywny, warzywniak *m* (*inf*).
greenhouse ['gri:nhaus] *n* szklarnia
f, cieplarnia *f*.
greenhouse effect *n*: the
greenhouse effect efekt *m*
cieplarniany.
greenish ['gri:nɪʃ] *adj* zielonkawy.
Greenland ['gri:nlənd] *n* Grenlandia
f.
greet [gri:t] *vt* (*in the street etc*)
pozdrawiać (pozdrowić *perf*);
(*welcome*) witać (powitać *perf*);
(*receive: news*) przyjmować
(przyjąć *perf*).
greeting ['gri:tɪŋ] *n* (*salutation*)
pozdrowienie *nt*; (*welcome*)
powitanie *nt*.
gregarious [grə'gɛərɪəs] *adj* (*person*)
towarzyski; (*animal*) stadny.
grenade [grə'neɪd] *n* (*also*: **hand
grenade**) granat *m*.
grew [gru:] *pt of* **grow**.
grey [greɪ] (*US* **gray**) *adj* (*colour*)
szary, popielaty; (*hair*) siwy;
(*dismal*) szary ♦ *n* (kolor *m*) szary *or*
popielaty, popiel *m*.
greyhound ['greɪhaund] *n* chart *m*
angielski.
grid [grɪd] *n* (*pattern*) kratka *f*, siatka
f; (*ELEC*) sieć *f*.
grief [gri:f] *n* (*distress*) zmartwienie
nt, zgryzota *f*; (*sorrow*) żal *m*.
grievance ['gri:vəns] *n* (*feeling*) żal
m, pretensja *f*; (*complaint*) skarga *f*.
grieve [gri:v] *vi* martwić się, smucić
się ♦ *vt* martwić (zmartwić *perf*),
zasmucać (zasmucić *perf*); **to grieve
for sb** opłakiwać kogoś.
grievous ['gri:vəs] *adj* (*mistake*)
poważny; **grievous bodily harm**
(*JUR*) ciężkie uszkodzenie ciała.
grill [grɪl] *n* (*on cooker*) ruszt *m*, grill
m; (*also*: **mixed grill**) mięso *nt* z
rusztu ♦ *vt* (*BRIT: food*) piec (upiec

perf) (na ruszcie); (*inf: person*)
maglować (wymaglować *perf*)(*inf*).
grim [grɪm] *adj* (*unpleasant*) ponury;
(*serious, stern*) groźny, surowy.
grimace [grɪ'meɪs] *n* grymas *m* ♦ *vi*
wykrzywiać się (wykrzywić się *perf*).
grin [grɪn] *n* szeroki uśmiech *m* ♦ *vi*:
to grin (at) uśmiechać się
(uśmiechnąć się *perf*) szeroko (do
+*gen*), szczerzyć się *or* szczerzyć
zęby (do +*gen*) (*inf*).
grind [graɪnd] (*pt*, *pp* **ground**) *vt*
(*tablet etc*) kruszyć (rozkruszyć
perf); (*coffee, pepper, meat*) mielić
(zmielić *perf*); (*knife*) ostrzyć
(naostrzyć *perf*) ♦ *n* harówka *f*;
grip [grɪp] *n* (*hold*) (u)chwyt *m*,
uścisk *m*; (*control, grasp*) kontrola *f*,
panowanie *nt*; (*of tyre, shoe*)
przyczepność *f*; (*handle*) rękojeść *f*,
uchwyt *m*; (*holdall*) torba *f*
(podróżna) ♦ *vt* (*object*) chwytać
(chwycić *perf*); (*person*) pasjonować,
fascynować; (*attention*) przyciągać
(przyciągnąć *perf*); **to come to grips
with** zmierzyć się (*perf*) z +*instr*.
gripping ['grɪpɪŋ] *adj* pasjonujący,
fascynujący.
grisly ['grɪzlɪ] *adj* makabryczny,
potworny.
grit [grɪt] *n* (*stone*) żwirek *m*, grys *m*;
(*of person*) zacięcie *nt*, determinacja
f ♦ *vt* posypywać (posypać *perf*)
żwirkiem; **to grit one's teeth**
zaciskać (zacisnąć *perf*) zęby.
groan [grəun] *n* (*of pain*) jęk *m*; (*of
disapproval*) pomruk *m* ♦ *vi* (*in pain*)
jęczeć (jęknąć *perf or* zajęczeć *perf*).
groceries ['grəusərɪz] *npl* artykuły *pl*
spożywcze.
grocer's (shop) *n* sklep *m*
spożywczy.
groggy ['grɔgɪ] *adj* oszołomiony,
odurzony.
groin [grɔɪn] *n* pachwina *f*.
groom [gru:m] *n* (*for horse*) stajenny
m; (*also*: **bridegroom**) pan *m* młody

♦ vt (horse) oporządzać (oporządzić perf); **to groom sb for** sposobić or przysposabiać (przysposobić perf) kogoś do +gen; **well-groomed** zadbany.

groove [gru:v] n (in record etc) rowek m.

grope [grəup] vi: **to grope for** szukać po omacku +gen; (fig) (words) szukać +gen.

gross [grəus] adj (neglect, injustice) rażący; (behaviour) grubiański, ordynarny; (income, weight) brutto post; (earrings etc) toporny.

grossly ['grəuslɪ] adv rażąco.

grotesque [grə'tesk] adj groteskowy.

grotto ['grɔtəu] n grota f.

ground [graund] pt, pp of **grind** ♦ n (earth, soil) ziemia f; (floor) podłoga f; (land) grunt m; (area) teren m; (US: also: **ground wire**) uziemienie nt; (usu pl: reason) podstawa f ♦ vt (plane, pilot) odmawiać (odmówić perf) zgody na start +dat; (US: ELEC) uziemiać (uziemić perf); **grounds** npl (of coffee etc) fusy pl; (gardens etc) teren m; **to gain/lose ground** zyskiwać (zyskać perf)/tracić (stracić perf) poparcie.

grounding ['graundɪŋ] n: **grounding (in)** (podstawowe) przygotowanie nt (z zakresu +gen).

groundless ['graundlɪs] adj bezpodstawny.

groundwork ['graundwə:k] n podwaliny pl.

group [gru:p] n grupa f; (also: **pop-group**) zespół m ♦ vt (also: **group together**) grupować (zgrupować perf) ♦ vi (also: **group together**) łączyć się (połączyć się perf) w grupy.

grouse [graus] n inv pardwa f.

grove [grəuv] n gaj m.

grow [grəu] (pt **grew**, pp **grown**) vi (plant, tree) rosnąć (wyrosnąć perf); (person, animal) rosnąć (urosnąć

perf); (increase) rosnąć (wzrosnąć perf) ♦ vt (roses, vegetables) hodować; (crops) uprawiać; (beard) zapuszczać (zapuścić perf); **to grow rich** bogacić się (wzbogacić się perf).

▶**grow out of** vt fus wyrastać (wyrosnąć perf) z +gen.

▶**grow up** vi (child) dorastać (dorosnąć perf).

grower ['grəuə*] n hodowca m.

growing ['grəuɪŋ] adj rosnący; **growing pains** (MED) bóle wzrostowe; (fig) początkowe trudności.

growl [graul] vi warczeć (warknąć perf).

grown [grəun] pp of **grow**.

grown-up [grəun'ʌp] n dorosły m.

growth [grəuθ] n (growing, development) wzrost m; (increase in amount) przyrost m; (MED) narośl f.

grub [grʌb] n larwa f; (inf: food) żarcie nt (inf).

grubby ['grʌbɪ] adj niechlujny.

grudge [grʌdʒ] n uraza f ♦ vt: **to grudge sb sth** zazdrościć komuś czegoś; **to bear sb a grudge** żywić do kogoś urazę.

gruelling ['gruəlɪŋ] (US **grueling**) adj wyczerpujący.

gruesome ['gru:səm] adj makabryczny.

gruff [grʌf] adj szorstki.

grumble ['grʌmbl] vi zrzędzić.

grumpy ['grʌmpɪ] adj zrzędliwy.

grunt [grʌnt] vi (pig) chrząkać (chrząknąć perf); (person) burknąć (perf).

guarantee [gærən'ti:] n gwarancja f ♦ vt (assure) gwarantować (zagwarantować perf); (COMM) dawać (dać perf) gwarancję na +acc.

guard [gɑ:d] n (one person) strażnik m; (squad) straż f; (on machine) osłona f; (also: **fireguard**) krata f przed kominkiem; (BRIT: RAIL) konduktor(ka) m(f).

guarded ['gɑːdɪd] *adj* ostrożny.
guardian ['gɑːdɪən] *n* (*JUR*)
opiekun(ka) *m(f)*; (*defender*) stróż *m*,
obrońca *m*.
guerrilla [gə'rɪlə] *n* partyzant(ka) *m(f)*.
guess [ges] *vt* (*number, distance etc*)
zgadywać (zgadnąć *perf*); (*correct
answer*) odgadywać (odgadnąć *perf*)
♦ *vi* domyślać się (domyślić się *perf*)
♦ *n*: **I'll give you three guesses**
możesz zgadywać trzy razy; **to take**
or **have a guess** zgadywać; **I guess
so** chyba tak.
guesswork ['geswə:k] *n* domysły *pl*,
spekulacje *pl*.
guest [gest] *n* gość *m*; **be my guest**
(*inf*) proszę bardzo, nie krępuj się.
guest-house ['gesthaus] *n* pensjonat
m.
guest room *n* pokój *m* gościnny.
guidance ['gaɪdəns] *n* porada *f*.
guide [gaɪd] *n* (*person*) przewodnik
(-iczka) *m(f)*; (*book*) przewodnik *m*;
(*BRIT: also*: **girl guide**) ≈ harcerka *f*
♦ *vt* (*round city, museum*)
oprowadzać (oprowadzić *perf*);
(*lead, direct*) prowadzić
(poprowadzić *perf*).
guidebook ['gaɪdbuk] *n* przewodnik *m*.
guide dog *n* pies *m* przewodnik *m*.
guidelines ['gaɪdlaɪnz] *npl*
wskazówki *pl*.
guild [gɪld] *n* cech *m*.
guile [gaɪl] *n* przebiegłość *f*.
guillotine ['gɪləti:n] *n* (*for execution*)
gilotyna *f*; (*for paper*) gilotynka *f*.
guilt [gɪlt] *n* wina *f*.
guilty ['gɪltɪ] *adj* (*to blame*) winny;
(*expression*) zmieszany; (*secret,
conscience*) nieczysty.
guinea ['gɪnɪ] (*BRIT: old*) *n* gwinea *f*.
guinea pig *n* świnka *f* morska; (*fig*)
królik *m* doświadczalny.
guise [gaɪz] *n*: **in** *or* **under the guise
of** pod płaszczykiem +*gen*.
guitar [gɪ'tɑː*] *n* gitara *f*.

gulf [gʌlf] *n* (*bay*) zatoka *f*; (*abyss,
difference*) przepaść *f*.
gull [gʌl] *n* mewa *f*.
gullet ['gʌlɪt] *n* przełyk *m*.
gullible ['gʌlɪbl] *adj* łatwowierny.
gully ['gʌlɪ] *n* (*ravine*) wąwóz *m*
(*bardzo stromy i wąski*).
gulp [gʌlp] *vt* (*also*: **gulp down**) (w
pośpiechu) połykać (połknąć *perf*).
gum [gʌm] *n* (*ANAT*) dziąsło *nt*;
(*glue*) klej *m*; (*also*: **gumdrop**)
żelatynka *f* (*cukierek*); (*also*:
chewing-gum) guma *f* (do żucia).
gun [gʌn] *n* (*revolver, pistol*) pistolet
m; (*rifle, airgun*) strzelba *f*; (*cannon*)
działo *nt*.
gunfire ['gʌnfaɪə*] *n* ogień *m*
armatni *or* z broni palnej.
gunman ['gʌnmən] (*irreg like*: **man**)
n uzbrojony bandyta *m*.
gunpoint ['gʌnpɔɪnt] *n*: **to hold sb
at gunpoint** trzymać kogoś na
muszce.
gunpowder ['gʌnpaudə*] *n* proch *m*
(*strzelniczy*).
gunshot ['gʌnʃɒt] *n* wystrzał *m*.
gurgle ['gə:gl] *vi* (*baby*) gaworzyć;
(*water*) bulgotać (zabulgotać *perf*).
guru ['guru:] *n* guru *m inv*.
gush [gʌʃ] *vi* tryskać (trysnąć *perf*).
gust [gʌst] *n* podmuch *m*, powiew *m*.
gut [gʌt] *n* (*ANAT*) jelito *nt*; **guts** *npl*
(*ANAT*) wnętrzności *pl*, trzewia *pl*;
(*fig: inf*) odwaga *f*.
gutter ['gʌtə*] *n* (*in street*) rynsztok
m; (*of roof*) rynna *f*.
guttural ['gʌtərl] *adj* gardłowy.
guy [gaɪ] *n* (*inf: man*) gość *m* (*inf*),
facet *m* (*inf*); (*also*: **guyrope**) naciąg
m (namiotu); (*also*: **Guy Fawkes**)
kukła *Guya Fawkesa*, palona 5.
listopada na pamiątkę nieudanej
próby podpalenia parlamentu.
gym [dʒɪm] *n* (*also*: **gymnasium**) sala
f gimnastyczna; (*also*: **gymnastics**)
gimnastyka *f*.

gymnastics [dʒɪm'næstɪks] *n* gimnastyka *f*.

gym shoes *npl* tenisówki *pl*.

gynaecologist [gaɪnɪ'kɒlədʒɪst] (*US* **gynecologist**) *n* ginekolog *m*.

gypsy ['dʒɪpsɪ] *n* = **gipsy**.

H

habit ['hæbɪt] *n* (*custom*) zwyczaj *m*; (*addiction*) nałóg *m*; (*REL*) habit *m*; **a marijuana/cocaine habit** uzależnienie od marihuany/kokainy; **to get into the habit of doing sth** przyzwyczajać się (przyzwyczaić się *perf*) do robienia czegoś.

habitat ['hæbɪtæt] *n* (naturalne) środowisko *nt*.

habitual [hə'bɪtjuəl] *adj* (*action*) charakterystyczny; (*drinker, smoker*) nałogowy; (*liar, criminal*) notoryczny.

habitually [hə'bɪtjuəlɪ] *adv* stale, notorycznie.

hack [hæk] *vt* rąbać (porąbać *perf*) ♦ *n* (*pej: writer*) pismak *m* (*pej*).

hacker ['hækə*] (*COMPUT*) *n* maniak *m* komputerowy, haker *m* (*pej*).

hackneyed ['hæknɪd] *adj* (*phrase*) wyświechtany, wytarty.

had [hæd] *pt, pp* of **have**.

haddock ['hædək] (*pl* **haddock** or **haddocks**) *n* łupacz *m*.

hadn't ['hædnt] = **had not**.

haemorrhage ['hɛmərɪdʒ] (*US* **hemorrhage**) *n* krwotok *m*.

haemorrhoids ['hɛmərɔɪdz] (*US* **hemorrhoids**) *npl* hemoroidy *pl*.

haggard ['hægəd] *adj* zabiedzony, wymizerowany.

haggle ['hægl] *vi* targować się.

Hague [heɪg] *n*: **The Hague** Haga *f*.

hail [heɪl] *n* grad *m* ♦ *vt* (*call*) przywoływać (przywołać *perf*);

(*acclaim*): **to hail sb/sth as** okrzykiwać (okrzyknąć *perf*) or obwoływać (obwołać *perf*) kogoś/coś +*instr* ♦ *vi*: **it hailed** padał grad.

hailstorm ['heɪlstɔːm] *n* burza *f* gradowa, gradobicie *nt*.

hair [hɛə*] *n* (*of person*) włosy *pl*; (*of animal*) sierść *f*; **to do one's hair** układać (ułożyć *perf*) sobie włosy.

hairbrush ['hɛəbrʌʃ] *n* szczotka *f* do włosów.

haircut ['hɛəkʌt] *n* (*action*) strzyżenie *nt*, obcięcie *nt* włosów; (*style*) fryzura *f*; **to have/get a haircut** dać (*perf*) sobie obciąć or ostrzyc włosy.

hairdo ['hɛəduː] *n* fryzura *f*, uczesanie *nt*.

hairdresser ['hɛədrɛsə*] *n* fryzjer(ka) *m(f)*.

hairdresser's ['hɛədrɛsəz] *n* zakład *m* fryzjerski, fryzjer *m*.

hair dryer *n* suszarka *f* do włosów.

hairpin ['hɛəpɪn] *n* wsuwka *f* or spinka *f* do włosów.

hair remover *n* depilator *m*.

hair spray *n* lakier *m* do włosów.

hairstyle ['hɛəstaɪl] *n* fryzura *f*, uczesanie *nt*.

hairy ['hɛərɪ] *adj* (*person, arms*) owłosiony; (*animal*) włochaty, kosmaty; (*inf: situation*) gorący (*inf*).

hake [heɪk] (*pl* **hake** or **hakes**) *n* morszczuk *m*.

half [hɑːf] (*pl* **halves**) *n* (*of amount, object*) połowa *f*; (*TRAVEL*) połówka *f* (*inf*) ♦ *adj*: **half bottle** pół *nt inv* butelki; **half pay** połowa zapłaty ♦ *adv* do połowy, w połowie; **a half of beer** pół kufla piwa; **two and a half** dwa i pół; **half a dozen** sześć, pół tuzina (*fml*); **to cut sth in half** przecinać (przeciąć *perf*) coś na pół; **half past three** (w)pół do czwartej; **half empty** w połowie opróżniony; **half closed** (w)półprzymknięty; **to go halves (with sb)** dzielić się

(podzielić się *perf*) (z kimś) po
połowie; **she never does things by
halves** (ona) nigdy niczego nie robi
połowicznie; **he's too clever by
half** jest o wiele za sprytny.
half-hearted ['hɑːˈfhɑːtɪd] *adj*
wymuszony, bez przekonania *or*
entuzjazmu *post*.
half-hour [hɑːˈfauə*] *n* pół *nt inv*
godziny.
half-price ['hɑːˈfpraɪs] *adj* o połowę
tańszy ♦ *adv* za pół ceny.
half-time [hɑːˈftaɪm] (*SPORT*) *n*
przerwa *f* (*po pierwszej połowie meczu*).
halfway ['hɑːˈfweɪ] *adv* (*in space*) w
połowie drogi; (*in time*) w połowie.
hall [hɔːl] *n* (*of flat*) przedpokój *m*; (*of
building*) hall *m*, hol *m*; (*for concerts*)
sala *f*; (*for meetings*) aula *f*, sala *f*.
hallmark ['hɔːlmɑːk] *n* (*on metal*)
próba *f*, znak *m* stempla
probierczego (*fml*); (*of writer, artist*)
cecha *f* charakterystyczna.
hallo [həˈləu] *excl* = hello.
hall of residence (*BRIT*: *pl* **halls
of residence**) *n* ≈ dom *m*
studencki; ≈ akademik *m* (*inf*).
Hallowe'en ['hæləuˈiːn] *n* wigilia *f*
Wszystkich Świętych.
hallucination [həluːsɪˈneɪʃən] *n*
halucynacja *f*.
hallway ['hɔːlweɪ] *n* hall *m*, hol *m*.
halo ['heɪləu] *n* aureola *f*.
halt [hɔːlt] *n*: **to come to a halt**
zatrzymać się (*perf*) ♦ *vt*
powstrzymać (*perf*), zatrzymać (*perf*)
♦ *vi* przystanąć (*perf*), zatrzymać się
(*perf*).
halve [hɑːv] *vt* (*reduce*) zmniejszać
(zmniejszyć *perf*) o połowę; (*divide*)
dzielić (podzielić *perf*) na pół,
przepoławiać (przepołowić *perf*).
halves [hɑːvz] *pl of* **half**.
ham [hæm] *n* (*meat*) szynka *f*.
hamburger ['hæmbəːgə*] *n*
hamburger *m*.
hammer ['hæmə*] *n* młot *m*; (*small*)

młotek *m* ♦ *vt* (*nail*) wbijać (wbić
perf) ♦ *vi* walić; **to hammer sth into
sb** wbijać (wbić *perf*) coś komuś do
głowy.
hammock ['hæmək] *n* hamak *m*.
hamper ['hæmpə*] *vt* (*person*)
przeszkadzać +*dat*; (*movement,
effort*) utrudniać ♦ *n* kosz(yk) *m* (z
przykrywką).
hamster ['hæmstə*] *n* chomik *m*.
hand [hænd] *n* (*ANAT*) ręka *f*; (*of
clock*) wskazówka *f*; (*handwriting*)
pismo *nt*, charakter *m* pisma;
(*worker*) robotnik (-ica) *m(f)*; (*deal of
cards*) rozdanie *nt*; (*cards held in
hand*) karty *pl* ♦ *vt* podawać (podać
perf); **to give** *or* **lend sb a hand**
pomóc (*perf*) komuś; **at hand** pod
ręką; **time in hand** czas do
dyspozycji; **we have the matter in
hand** panujemy nad sytuacją; **to be
on hand** być *or* pozostawać do
dyspozycji; **on the one hand ..., on
the other hand ...** z jednej strony ...,
z drugiej strony ... .
▶**hand in** *vt* (*essay, work*) oddawać
(oddać *perf*).
▶**hand out** *vt* (*things*) wydawać
(wydać *perf*), rozdawać (rozdać
perf); (*information*) udzielać (udzielić
perf) +*gen*; (*punishment*) wymierzać
(wymierzyć *perf*).
▶**hand over** *vt* przekazywać
(przekazać *perf*).
handbag ['hændbæg] *n* torebka *f*
(damska).
handbook ['hændbuk] *n* (*for school*)
podręcznik *m*; (*of practical advice*)
poradnik *m*.
handbrake ['hændbreɪk] *n* ręczny
hamulec *m*.
handcuffs ['hændkʌfs] *npl* kajdanki
pl.
handful ['hændful] *n* (*of soil, stones*)
garść *f*; (*of people*) garstka *f*.
handicap ['hændɪkæp] *n* (*disability*)
ułomność *f*, upośledzenie *nt*;

(*disadvantage*) przeszkoda *f*, utrudnienie *nt*; (*horse racing, golf*) handicap *m*, wyrównanie *nt* ♦ *vt* utrudniać (utrudnić *perf*); **mentally/physically handicapped** umysłowo/fizycznie niepełnosprawny.

handkerchief [ˈhæŋkətʃif] *n* chusteczka *f* (do nosa).

handle [ˈhændl] *n* rączka *f*; (*of door*) klamka *f*; (*of drawer*) uchwyt *m*; (*of cup, mug*) ucho *nt* ♦ *vt* (*touch*) dotykać (dotknąć *perf*) +*gen*; (*deal with*) obchodzić się (obejść się *perf*) z +*instr*; (: *successfully*) radzić (poradzić *perf*) sobie z +*instr*; **"handle with care"** „ostrożnie"; **to fly off the handle** tracić (stracić *perf*) panowanie nad sobą.

handlebar(s) [ˈhændlbɑː(z)] *n(pl)* kierownica *f* (roweru).

hand luggage *n* bagaż *m* ręczny.

handmade [ˈhændˈmeɪd] *adj* robiony ręcznie; **it's handmade** to ręczna robota.

handout [ˈhændaʊt] *n* (*money, food etc*) jałmużna *f*; (*publicity leaflet*) ulotka *f* reklamowa; (*at lecture, meeting*) konspekt *m*.

handrail [ˈhændreɪl] *n* (*on stair, ledge*) poręcz *f*.

handshake [ˈhændʃeɪk] *n* uścisk *m* dłoni.

handsome [ˈhænsəm] *adj* (*person*) przystojny; (*building, garden*) ładny; (*fig: profit*) pokaźny.

handwriting [ˈhændraɪtɪŋ] *n* charakter *m* pisma, pismo *nt*.

handy [ˈhændɪ] *adj* (*useful*) przydatny; (*easy to use*) poręczny; (*skilful*) zręczny; (*close at hand*) pod ręką *post*; **to come in handy** przydawać się (przydać się *perf*).

hang [hæŋ] (*pt, pp* **hung**) *vt* (*painting*) zawieszać (zawiesić *perf*); (*criminal*) (*pt, pp* **hanged**) wieszać (powiesić *perf*) ♦ *vi* (*painting, coat*) wisieć; (*drapery*) zwisać; (*hair*) opadać; **once you have got the hang of it, ...** (*inf*) jak już raz chwycisz, o co chodzi, ... (*inf*).

► **hang about** *vi* pałętać się (*inf*).

► **hang around** *vi* = hang about.

► **hang on** *vi* poczekać (*perf*).

► **hang up** *vi*: **to hang up (on sb)** odkładać (odłożyć *perf*) słuchawkę ♦ *vt* (*coat*) wieszać (powiesić *perf*); (*painting*) zawieszać (zawiesić *perf*).

hangar [ˈhæŋə*] *n* hangar *m*.

hanger [ˈhæŋə*] *n* (*also:* **coat hanger**) wieszak *m*.

hang-gliding [ˈhæŋglaɪdɪŋ] *n* lotniarstwo *nt*.

hangover [ˈhæŋəʊvə*] *n* (*after drinking*) kac *m*.

hang-up [ˈhæŋʌp] *n* zahamowanie *nt*.

hankie [ˈhæŋkɪ] *n abbr* = **handkerchief**.

hanky [ˈhæŋkɪ] *n abbr* = **hankie**.

haphazard [hæpˈhæzəd] *adj* przypadkowy, niesystematyczny; **in a haphazard way** na chybił trafił.

happen [ˈhæpən] *vi* zdarzać się (zdarzyć się *perf*), wydarzać się (wydarzyć się *perf*); **if you happen to see Jane, ...** gdybyś przypadkiem zobaczył Jane, ...; **as it happens, ...** tak się (akurat) składa, że ...; **what happened?** co się stało?

happening [ˈhæpnɪŋ] *n* wydarzenie *nt*.

happily [ˈhæpɪlɪ] *adv* (*luckily*) na szczęście, szczęśliwie; (*cheerfully*) wesoło.

happiness [ˈhæpɪnɪs] *n* szczęście *nt*.

happy [ˈhæpɪ] *adj* szczęśliwy; **to be happy with** być zadowolonym z +*gen*; **we'll be happy to help you** chętnie *or* z przyjemnością ci pomożemy; **happy birthday!** wszystkiego najlepszego w dniu urodzin!

happy-go-lucky [ˈhæpɪgəʊˈlʌkɪ] *adj* niefrasobliwy.

harass ['hærəs] vt nękać.

harassment ['hærəsmənt] n nękanie nt; **sexual harassment** napastowanie (seksualne).

harbour ['hɑːbə*] (US **harbor**) n port m ♦ vt (hope, fear) żywić; (criminal, fugitive) dawać (dać perf) schronienie +dat.

hard [hɑːd] adj (object, surface, drugs) twardy; (question, problem) trudny; (work, life) ciężki; (person) surowy; (evidence) niepodważalny, niezbity ♦ adv (work) ciężko; (think) intensywnie; (try) mocno; **to look hard at** poważnie przyglądać się (przyjrzeć się perf) +dat; **no hard feelings!** bez urazy!; **to be hard of hearing** mieć słaby słuch.

hardback ['hɑːdbæk] n książka f w twardej or sztywnej oprawie.

hard cash n gotówka f.

hard disk n dysk m twardy or stały.

harden ['hɑːdn] vt (wax, glue) utwardzać (utwardzić perf); (person) hartować (zahartować perf) ♦ vi (wax, glue) twardnieć (stwardnieć perf).

hard labour n ciężkie roboty pl.

hardly ['hɑːdlɪ] adv ledwie, ledwo; **hardly anywhere/ever** prawie nigdzie/nigdy.

hardship ['hɑːdʃɪp] n trudności pl.

hard up (inf) adj spłukany (inf).

hardware ['hɑːdwɛə*] n (ironmongery) towary pl żelazne; (COMPUT) hardware m; (MIL) ciężkie uzbrojenie nt.

hard-working [hɑːd'wəːkɪŋ] adj pracowity.

hardy ['hɑːdɪ] adj odporny.

hare [hɛə*] n zając m.

hare-brained ['hɛəbreɪnd] adj (person) postrzelony; (scheme, idea) niedorzeczny.

harm [hɑːm] n (physical) uszkodzenie nt ciała; (damage) szkoda f; (: to person) krzywda f ♦ vt (person)

krzywdzić (skrzywdzić perf); (object) uszkadzać (uszkodzić perf).

harmful ['hɑːmful] adj szkodliwy.

harmless [hɑːmlɪs] adj (person, animal) nieszkodliwy; (joke, pleasure) niewinny.

harmonica [hɑː'mɔnɪkə] n harmonijka f (ustna), organki pl.

harmonious [hɑː'məunɪəs] adj harmonijny.

harmony ['hɑːmənɪ] n (accord) zgoda f; (MUS) harmonia f.

harness ['hɑːnɪs] n (for horse) uprząż f; (for child) szelki pl; (also: **safety harness**) pas m bezpieczeństwa (np. do pracy na wysokości) ♦ vt (resources, energy) wykorzystywać (wykorzystać perf); (horse, dog) zaprzęgać (zaprząc perf).

harp [hɑːp] n harfa f.

harpoon [hɑː'puːn] n harpun m.

harrowing ['hærəuɪŋ] adj wstrząsający.

harsh [hɑːʃ] adj (judge, criticism, winter) surowy; (sound, light, colour) ostry.

harvest ['hɑːvɪst] n (harvest time) żniwa pl; (crops) zbiory pl ♦ vt zbierać (zebrać perf).

has [hæz] vb see **have**.

hash [hæʃ] n **to make a hash of sth** zawalić (perf) coś (inf).

hashish ['hæʃɪʃ] n haszysz m.

hasn't ['hæznt] = **has not**.

hassle ['hæsl] (inf) n (bother) kłopot m, zawracanie nt głowy (inf).

haste [heɪst] n pośpiech m.

hasten ['heɪsn] vt przyśpieszać (przyśpieszyć perf) ♦ vi: **I hasten to add** od razu dodam, śpieszę dodać (literary).

hastily ['heɪstɪlɪ] adv (hurriedly) pośpiesznie; (rashly) pochopnie.

hasty ['heɪstɪ] adj pośpieszny; (rash) pochopny.

hat [hæt] n kapelusz m.

hatch [hætʃ] n (NAUT) luk m, właz

m; (*also*: **service hatch**) okienko *nt* ♦
vi wylęgać się (wylęgnąć się *perf*),
wykluwać się (wykluć się *perf*).
hatchet ['hætʃɪt] *n* topór *m*.
hate [heɪt] *vt* nienawidzić
(znienawidzić *perf*) ♦ *n* nienawiść *f*; **I
hate to trouble you, but ...**
przepraszam, że cię niepokoję, ale ... .
hatred ['heɪtrɪd] *n* nienawiść *f*.
haughty ['hɔːtɪ] *adj* wyniosły.
haul [hɔːl] *vt* (*pull*) ciągnąć, wyciągać
(wyciągnąć *perf*) ♦ *n* (*stolen goods
etc*) łup *m*, zdobycz *f*; (*of fish*)
połów *m*.
haulage ['hɔːlɪdʒ] *n* przewóz *m*.
haunch [hɔːntʃ] *n* (*ANAT*) pośladek
m (*razem z biodrem i górną częścią
uda*); (*of meat*) udziec *m*, comber *m*;
to sit on one's haunches
przykucać (przykucnąć *perf*).
haunt [hɔːnt] *vt* (*ghost, spirit*)
straszyć, nawiedzać; (*fig: mystery,
memory*) nie dawać spokoju +*dat*,
prześladować; (*problem, fear*) nękać
♦ *n* (ulubione) miejsce *nt* spotkań.
haunted ['hɔːntɪd] *adj* (*expression,
look*) udręczony, znękany; **haunted
house** dom, w którym straszy.

--- KEYWORD ---

have [hæv] (*pt, pp* **had**) *aux vb* **1**
(*usu*) **to have arrived** przybyć (*perf*);
she has been promoted dostała
awans; **has he told you?**
powiedział ci?; **having finished** *or*
when he had finished, he left
skończywszy *or* kiedy skończył,
wyszedł. **2** (*in tag questions*)
prawda; **you've done it, haven't
you?** zrobiłeś to, prawda? **3** (*in
short answers and questions*):
**you've made a mistake – no I
haven't/so I have** pomyliłeś się –
nie/tak (, rzeczywiście); **we haven't
paid – yes we have!** nie
zapłaciliśmy – ależ tak!; **I've been
there before – have you?** już

kiedyś tam byłem – naprawdę? ♦
modal aux vb: **to have (got) to do
sth** musieć coś (z)robić; **I haven't
got** *or* **I don't have to wear glasses**
nie muszę nosić okularów ♦ *vt* **1**
(*possess*) mieć; **he has (got) blue
eyes** ma niebieskie oczy; **do you
have** *or* **have you got a car?** (czy)
masz samochód? **2** (*eat*) jeść (zjeść
perf); (*drink*) pić (wypić *perf*); **to
have breakfast** jeść (zjeść *perf*)
śniadanie. **3** (*receive, obtain etc*)
mieć, dostawać (dostać *perf*); **you
can have it for 5 pounds** możesz to
dostać *or* mieć za pięć funtów. **4**
(*allow*) pozwalać (pozwolić *perf*) na
+*acc*; **I won't have it!** nie pozwolę
na to! **5**: **to have sth done** dawać
(dać *perf*) *or* oddawać (oddać *perf*)
coś do zrobienia, kazać (kazać *perf*)
(sobie) coś zrobić; **to have one's
hair cut** obcinać (obciąć *perf*) włosy.
6 (*experience, suffer*) mieć; **to have
a cold** być przeziębionym; **she had
her bag stolen** ukradli jej torebkę.
7 (+*noun*): **to have a swim**
popływać (*perf*); **to have a rest**
odpocząć (*perf*); **to have a baby**
urodzić (*perf*) dziecko; **let's have a
look** spójrzmy, popatrzmy. **8** (*inf*):
you've been had dałeś się nabrać
(*inf*).
►**have out** *vt*: **to have it out with sb**
zagrać (*perf*) z kimś w otwarte karty.

haven ['heɪvn] *n* schronienie *nt*,
przystań *f*.
haven't ['hævnt] = **have not**.
havoc ['hævək] *n* (*devastation*)
spustoszenia *pl*; (*confusion*) zamęt
m, zamieszanie *nt*.
Hawaii [hə'waɪiː] *n* Hawaje *pl*.
hawk [hɔːk] *n* jastrząb *m*.
hay [heɪ] *n* siano *nt*.
hay fever *n* katar *m* sienny.
haystack ['heɪstæk] *n* stóg *m* siana.

hazard ['hæzəd] *n* zagrożenie *nt*, niebezpieczeństwo *nt* ♦ *vt* ryzykować (zaryzykować *perf*).

hazardous ['hæzədəs] *adj* (*dangerous*) niebezpieczny; (*risky*) ryzykowny.

haze [heɪz] *n* (*light mist*) mgiełka *f*; (*of smoke, fumes*) opary *pl*.

hazelnut ['heɪzlnʌt] *n* orzech *m* laskowy.

hazy ['heɪzɪ] *adj* (*sky, view*) zamglony; (*idea, memory*) mglisty.

he [hiː] *pron* on; **he who ...** ten, kto ... .

head [hed] *n* (*lit, fig*) głowa *f*; (*of table*) szczyt *m*; (*of company*) dyrektor *m*; (*of country, organization*) przywódca (-czyni) *m(f)*; (*of school*) dyrektor(ka) *m(f)* ♦ *vt* (*list, group*) znajdować się na czele *+gen*; (*company*) prowadzić, kierować *+instr*; (*ball*) odbijać (odbić *perf*) głową; **heads or tails?** orzeł czy reszka?; **head first** (*fall*) głową naprzód *or* do przodu; (*dive*) na główkę; **head over heels in love** zakochany po uszy.

► **head for** *vt fus* (*place*) zmierzać *or* kierować się do *+gen or* ku *+dat*; (*disaster*) zmierzać (prosto) do *+gen or* ku *+dat*.

headache ['hedeɪk] *n* ból *m* głowy; **I have a headache** boli mnie głowa.

heading ['hedɪŋ] *n* nagłówek *m*.

headlamp ['hedlæmp] (*BRIT*) *n* = **headlight**.

headland ['hedlənd] *n* cypel *m*, przylądek *m*.

headlight ['hedlaɪt] *n* reflektor *m*.

headline ['hedlaɪn] (*PRESS, TV*) *n* nagłówek *m*; (*RADIO, TV*) skrót *m* (najważniejszych) wiadomości.

headlong ['hedlɔŋ] *adv* (*fall*) głową naprzód *or*; (*run*) na łeb, na szyję; (*rush*) na oślep, bez namysłu.

headmaster [hed'mɑːstə*] *n* dyrektor *m* (szkoły).

headmistress [hed'mɪstrɪs] *n* dyrektorka *f* (szkoły).

head office *n* centrala *f*, siedziba *f* główna.

head-on [hed'ɔn] *adj* (*collision*) czołowy; (*confrontation*) twarzą w twarz *post*.

headphones ['hedfəunz] *npl* słuchawki *pl*.

headquarters ['hedkwɔːtəz] *npl* (*of company, organization*) centrala *f*, siedziba *f* główna; (*MIL*) kwatera *f* główna, punkt *m* dowodzenia.

headstrong ['hedstrɔŋ] *adj* zawzięty, nieustępliwy.

headway ['hedweɪ] *n*: **to make headway** robić (zrobić *perf*) postępy, posuwać się (posunąć się *perf*) naprzód.

heady ['hedɪ] *adj* (*experience, time*) ekscytujący, podniecający; (*drink, atmosphere*) idący *or* uderzający do głowy.

heal [hiːl] *vt* leczyć (wyleczyć *perf*); (*esp miraculously*) uzdrawiać (uzdrowić *perf*) ♦ *vi* goić się (zagoić się *perf*).

health [helθ] *n* zdrowie *nt*.

health food *n* zdrowa *f* żywność.

the (National) Health Service (*BRIT*) *n* służba *f* zdrowia.

healthy ['helθɪ] *adj* zdrowy; (*fig: profit, majority*) znaczny, pokaźny.

heap [hiːp] *n* stos *m*, sterta *f* ♦ *vt*: **to heap (up)** (*sand etc*) usypywać (usypać *perf*) stos z *+gen*; (*stones etc*) układać (ułożyć *perf*) w stos ♦ *vt*: **to heap sth on sth** układać (ułożyć *perf*) coś w stos na czymś; **we've got heaps of time/money** (*inf*) mamy kupę czasu/pieniędzy (*inf*).

hear [hɪə*] (*pt, pp* **heard**) *vt* (*sound, information*) słyszeć (usłyszeć *perf*); (*JUR: case*) rozpoznawać (rozpoznać *perf*); **have you heard about ...?** (czy) słyszałeś o *+loc*?; **to**

hear from sb mieć wiadomości od kogoś; **I can't hear you** nie słyszę cię.

heard [hɜ:d] *pt, pp of* **hear**.

hearing ['hɪərɪŋ] *n* (*sense*) słuch *m*; (*JUR*) rozprawa *f*; **within sb's hearing** w zasięgu czyichś uszu.

hearing aid *n* aparat *m* słuchowy.

hearsay ['hɪəseɪ] *n* pogłoski *pl*.

hearse [hɜ:s] *n* karawan *m*.

heart [hɑ:t] *n* (*lit, fig*) serce *nt*; (*of lettuce etc*) środek *m*; **hearts** *npl* kiery *pl*; **to lose heart** tracić (stracić *perf*) ducha; **to take heart** nabierać (nabrać *perf*) otuchy; **at heart** w głębi serca; **by heart** na pamięć.

heart attack *n* atak *m* serca, zawał *m*.

heartbeat ['hɑ:tbi:t] *n* bicie *nt* serca; (*single*) uderzenie *nt* serca.

heartbreaking ['hɑ:tbreɪkɪŋ] *adj* rozdzierający serce.

heartbroken ['hɑ:tbrəukən] *adj*: **to be heartbroken** mieć złamane serce.

heartburn ['hɑ:tbɜ:n] *n* zgaga *f*.

heart failure *n* niewydolność *f* serca.

heartfelt ['hɑ:tfɛlt] *adj* (*płynący*) z głębi serca.

hearth [hɑ:θ] *n* palenisko *nt*.

heartless ['hɑ:tlɪs] *adj* bez serca *post*, nieczuły.

hearty ['hɑ:tɪ] *adj* serdeczny; (*appetite*) zdrowy.

heat [hi:t] *n* (*warmth*) gorąco *nt*, ciepło *nt*; (*temperature*) ciepło *nt*, temperatura *f*; (*weather*) upał *m*; (*excitement*) gorączka *f*; (*also*: **qualifying heat**) wyścig *m* eliminacyjny ♦ *vt* (*food*) podgrzewać (podgrzać *perf*); (*water*) zagrzewać (zagrzać *perf*); (*room*) ogrzewać (ogrzać *perf*).

heated ['hi:tɪd] *adj* (*room*) ogrzewany; (*pool*) podgrzewany; (*argument*) gorący.

heater ['hi:tə*] *n* (*electric, gas etc*) grzejnik *m*; (*in car*) ogrzewanie *nt*.

heath [hi:θ] *n* wrzosowisko *nt*.

heathen ['hi:ðn] *n* poganin (-anka) *m(f)*.

heather ['hɛðə*] *n* wrzos *m*.

heating ['hi:tɪŋ] *n* ogrzewanie *nt*.

heat-stroke *n* udar *m* cieplny.

heatwave ['hi:tweɪv] *n* fala *f* upałów.

heaven ['hɛvn] *n* niebo *nt*, raj *m*.

heavenly ['hɛvnlɪ] *adj* (*REL*) niebiański, boski; (*body*) niebieski; (*fig*) boski.

heavily ['hɛvɪlɪ] *adv* ciężko; (*drink, smoke*) dużo; (*depend*) w dużym stopniu.

heavy ['hɛvɪ] *adj* ciężki; (*rain, snow*) obfity; (*responsibility*) wielki; (*drinker, smoker*) nałogowy; (*schedule*) obciążony, przeciążony; (*food*) ciężko strawny.

Hebrew ['hi:bru:] *adj* hebrajski ♦ *n* (*język m*) hebrajski.

Hebrides ['hɛbrɪdi:z] *npl*: **the Hebrides** Hebrydy *pl*.

hectic ['hɛktɪk] *adj* gorączkowy.

he'd [hi:d] = **he would; he had**.

hedge [hɛdʒ] *n* żywopłot *m* ♦ *vi* wykręcać się (wykręcić się *perf*).

hedgehog ['hɛdʒhɔg] *n* jeż *m*.

heed [hi:d] *vt* (*also*: **take heed of**) brać (wziąć *perf*) pod uwagę.

heedless ['hi:dlɪs] *adj*: **to be heedless of** nie zważać na +*acc*, nie dbać o +*acc*.

heel [hi:l] *n* (*of foot*) pięta *f*; (*of shoe*) obcas *m* ♦ *vt* dorabiać (dorobić *perf*) obcas *or* obcasy do +*gen*.

hefty ['hɛftɪ] *adj* (*person*) masywny, zwalisty; (*parcel*) ciężki; (*profit*) ogromny.

height [haɪt] *n* (*of person*) wzrost *m*; (*of building, plane*) wysokość *f*; (*of terrain*) wzniesienie *nt*; (*fig*) szczyt *m*; **what height are you?** ile masz wzrostu?, ile mierzysz?; **of average height** średniego wzrostu.

heighten ['haɪtn] *vt* wzmagać (wzmóc *perf*), potęgować (spotęgować *perf*).

heir [ɛə*] n (to throne) następca m; (to fortune) spadkobierca m.

heiress ['ɛərɛs] n (to throne) następczyni f; (to fortune) spadkobierczyni f.

held [hɛld] pt, pp of **hold**.

helicopter ['hɛlɪkɒptə*] n helikopter m.

helium ['hi:lɪəm] n hel m.

hell [hɛl] n piekło nt; **hell!** (inf!) do diabła! (inf).

he'll [hi:l] = **he will; he shall**.

hello [hə'ləu] excl (as greeting) cześć, witam; (to attract attention) halo; (expressing surprise) no no.

helm [hɛlm] n koło nt sterowe, ster m.

helmet ['hɛlmɪt] n kask m; (of soldier) hełm m.

help [hɛlp] n pomoc f; (charwoman) pomoc f domowa ♦ vt pomagać (pomóc perf) +dat; **help!** pomocy!, ratunku!; **can I help you?** czym mogę służyć?; **help yourself** poczęstuj się; **he can't help it** nie może nic na to poradzić.

helper ['hɛlpə*] n pomocnik (-ica) m(f).

helpful ['hɛlpful] adj pomocny, przydatny.

helping ['hɛlpɪŋ] n porcja f.

helpless ['hɛlplɪs] adj (incapable) bezradny; (defenceless) bezbronny.

hem [hɛm] n rąbek m, brzeg m ♦ vt obrębiać (obrębić perf), obszywać (obszyć perf).

hemisphere ['hɛmɪsfɪə*] n półkula f.

hemorrhage ['hɛmərɪdʒ] (US) n = **haemorrhage**.

hemorrhoids ['hɛmərɔɪdz] (US) npl = **haemorrhoids**.

hen [hɛn] n (female chicken) kura f; (female bird) samica f (ptaka).

hence [hɛns] adv stąd, w związku z tym; **2 years hence** za 2 lata.

henceforth [hɛns'fɔ:θ] adv odtąd.

hepatitis [hɛpə'taɪtɪs] n zapalenie nt wątroby.

her [hə:*] adj jej ♦ pron (direct) ją; (indirect) jej; **not her again!** tylko nie ona!; see also **my, me**.

herald ['hɛrəld] n zwiastun m ♦ vt zwiastować.

herb [hə:b] n ziele nt, zioło nt.

herd [hə:d] n stado nt.

here [hɪə*] adv tu(taj); **she left here yesterday** wyjechała stąd wczoraj; **"here!"** ,,obecny (-na)!'' m(f); **here is the news** oto wiadomości; **here you are** proszę bardzo or uprzejmie; **here she is!** otóż i ona!

hereby [hɪə'baɪ] (fml) adv niniejszym.

hereditary [hɪ'rɛdɪtrɪ] adj dziedziczny.

heredity [hɪ'rɛdɪtɪ] n dziedziczność f.

heresy ['hɛrəsɪ] n herezja f.

heretic ['hɛrətɪk] n heretyk (-yczka) m(f).

heritage ['hɛrɪtɪdʒ] n dziedzictwo nt, spuścizna f.

hermit ['hə:mɪt] n pustelnik (-ica) m(f).

hernia ['hə:nɪə] n przepuklina f.

hero ['hɪərəu] (pl **heroes**) n bohater m; (idol) idol m.

heroic [hɪ'rəuɪk] adj bohaterski, heroiczny.

heroin ['hɛrəuɪn] n heroina f (narkotyk).

heroine ['hɛrəuɪn] n (in book, film) bohaterka f, heroina f (literary); (of battle, struggle) bohaterka f; (idol) idol m.

heroism ['hɛrəuɪzəm] n bohaterstwo nt, heroizm m.

heron ['hɛrən] n czapla f.

herring ['hɛrɪŋ] n śledź m.

hers [hə:z] pron jej.

herself [hə:'sɛlf] pron (reflexive) się; (after prep) siebie (gen, acc), sobie (dat, loc), sobą (instr); (after conj) ona; (emphatic) sama; see also **oneself**.

he's [hi:z] = **he is; he has**.

hesitant ['hɛzɪtənt] adj (smile)

niepewny; (*reaction*)
niezdecydowany.
hesitate ['hezɪteɪt] *vi* wahać się
(zawahać się *perf*).
hesitation [hezɪ'teɪʃən] *n* wahanie *nt*.
heterosexual ['hetərəu'seksjuəl] *adj*
heteroseksualny.
heyday ['heɪdeɪ] *n*: **the heyday of**
okres *m* rozkwitu +*gen*.
hi [haɪ] *excl* (*as greeting*) cześć,
witam; (*to attract attention*) hej.
hibernate ['haɪbəneɪt] *vi* (*animal*)
zapadać (zapaść *perf*) w sen zimowy.
hiccough ['hɪkʌp] *vi* mieć czkawkę,
czkać (czknąć *perf*) ♦ *n* (*fig*)
(drobna) przeszkoda *f*.
hiccoughs ['hɪkʌps] *npl* czkawka *f*.
hiccup ['hɪkʌp] *vi* = **hiccough**.
hiccups ['hɪkʌps] *npl* = **hiccoughs**.
hid [hɪd] *pt of* **hide**.
hidden ['hɪdn] *pp of* **hide**.
hide [haɪd] (*pt* **hid**, *pp* **hidden**) *n*
skóra *f* (*zwierzęca*) ♦ *vt* (*object*,
person) ukrywać (ukryć *perf*),
chować (schować *perf*); (*feeling*)
ukrywać (ukryć *perf*), skrywać; (*sun*,
view) zasłaniać (zasłonić *perf*) ♦ *vi*:
to hide (from sb) ukrywać się
(ukryć się *perf*) *or* chować się
(schować się *perf*) (przed kimś).
hide-and-seek ['haɪdən'si:k] *n*
zabawa *f* w chowanego.
hideaway ['haɪdəweɪ] *n* kryjówka *f*.
hideous ['hɪdɪəs] *adj* (*painting*, *face*)
ohydny, szkaradny.
hiding ['haɪdɪŋ] *n* (*beating*) lanie *nt*;
(*seclusion*): **to be in hiding**
pozostawać w ukryciu, ukrywać się.
hierarchy ['haɪərɑ:kɪ] *n* (*system*)
hierarchia *f*; (*people*) władze *pl*.
high [haɪ] *adj* wysoki; (*speed*) duży;
(*wind*) silny ♦ *adv* wysoko; **it is 20
m high** ma 20 metrów wysokości;
high in the air wysoko w powietrzu.
high chair *n* wysokie krzesełko *nt*
(*do sadzania dziecka podczas posiłków*).

higher education *n* wyższe
wykształcenie *nt*.
high-heeled [haɪ'hi:ld] *adj* na
wysokim obcasie *post*.
high jump *n* skok *m* wzwyż.
Highlands ['haɪləndz] *npl*: **the
Highlands** pogórze *w* północnej
Szkocji.
highlight ['haɪlaɪt] *n* (*fig*) główna
atrakcja *f* ♦ *vt* (*problem*, *need*)
zwracać (zwrócić *perf*) uwagę na
+*acc*; (*piece of text*) zakreślać
(zakreślić *perf*); **highlights** *npl* (*in
hair*) pasemka *pl*.
highly ['haɪlɪ] *adv* (*placed*, *skilled*)
wysoko; (*improbable*, *complex*)
wysoce, wielce; (*paid*) bardzo
dobrze; (*critical*) bardzo;
(*confidential*) ściśle; **to speak highly
of** wyrażać się (bardzo) pochlebnie
o +*loc*; **to think highly of** mieć
wysokie mniemanie o +*loc*.
highly strung *adj* nerwowy.
highness ['haɪnɪs] *n*: **Her/His
Highness** Jego/Jej Wysokość.
high-pitched [haɪ'pɪtʃt] *adj* (*tone*)
wysoki; (*voice*) cienki.
high-rise ['haɪraɪz] *adj* (*building*)
wielopiętrowy; (*flats*) w wieżowcu
post.
high school *n* ≈ szkoła *f* średnia.
high season (*BRIT*) *n*: **the high
season** szczyt *m* or środek *m* sezonu.
high street (*BRIT*) *n* główna ulica *f*.
highway ['haɪweɪ] *n* (*US*) autostrada
f; (*public road*) szosa *f*.
Highway Code (*BRIT*) *n*: **the
Highway Code** kodeks *m* drogowy.
hijack ['haɪdʒæk] *vt* (*plane etc*)
porywać (porwać *perf*).
hijacker ['haɪdʒækə*] *n*
porywacz(ka) *m(f)*.
hike [haɪk] *vi* wędrować (pieszo) ♦ *n*
piesza wycieczka *f*.
hiker ['haɪkə*] *n* turysta (-tka) *m(f)*
pieszy (-sza) *m(f)*.
hilarious [hɪ'leərɪəs] *adj* komiczny.

hill [hɪl] n (small) pagórek m, wzniesienie nt; (fairly high) wzgórze nt.

hillside ['hɪlsaɪd] n stok m.

hilly ['hɪlɪ] adj pagórkowaty.

him [hɪm] pron (direct) (je)go; (indirect) (je)mu; (after prep) niego (gen), nim (instr, loc); (after conj) on; **not him!** (tylko) nie on!; see also **me**.

hind [haɪnd] adj tylny, zadni.

hinder ['hɪndə*] vt utrudniać.

hindrance ['hɪndrəns] n przeszkoda f.

hindsight ['haɪndsaɪt] n: **with hindsight** po fakcie.

Hindu ['hɪndu:] adj hinduski.

hinge [hɪndʒ] n zawias m ♦ vi: **to hinge on** (fig) zależeć (całkowicie) od +gen.

hint [hɪnt] n (indirect suggestion) aluzja f; (advice) wskazówka f; (sign, glimmer) cień m, ślad m ♦ vt: **to hint that ...** sugerować (zasugerować perf), że ... ♦ vi: **to hint at** dawać (dać perf) do zrozumienia +acc.

hip [hɪp] n biodro nt.

hippopotamus [hɪpə'pɔtəməs] (pl **hippopotamuses** or **hippopotami**) n hipopotam m.

hire ['haɪə*] vt (BRIT: car, equipment, hall) wynajmować (wynająć perf) (od kogoś); (worker) najmować (nająć perf) ♦ n (BRIT) wynajęcie nt; **for hire** (boat etc) do wynajęcia; (taxi) wolny.

hire purchase (BRIT) n sprzedaż f ratalna.

his [hɪz] pron jego ♦ adj jego.

hiss [hɪs] vi (snake, gas, fat) syczeć (zasyczeć perf); (person) syczeć (syknąć perf); (audience) syczeć.

historian [hɪ'stɔ:rɪən] n historyk (-yczka) m(f).

historic(al) [hɪ'stɔrɪk(əl)] adj (person, novel) historyczny.

history ['hɪstərɪ] n historia f.

hit [hɪt] (pt, pp **hit**) vt (strike) uderzać (uderzyć perf); (reach) trafiać (trafić

perf) w +acc; (collide with, affect) uderzać (uderzyć perf) w +acc ♦ n (knock, blow) uderzenie nt; (shot) trafienie nt; (play, film, song) hit m, przebój m; **to hit it off with sb** zaprzyjaźnić się (perf) kimś.

hitch [hɪtʃ] vt (fasten) przyczepiać (przyczepić perf); (also: **hitch up**: trousers, skirt) podciągać (podciągnąć perf) ♦ n komplikacja f; **to hitch a lift** łapać (złapać perf) okazję (inf).

hitch-hike ['hɪtʃhaɪk] vi (travel around) jeździć or podróżować autostopem; (to a place) jechać (pojechać perf) autostopem.

hitch-hiker ['hɪtʃhaɪkə*] n autostopowicz(ka) m(f).

hi-tech ['haɪ'tɛk] adj supernowoczesny.

hitherto [hɪðə'tu:] adv dotychczas.

HIV n abbr (= human immunodeficiency virus) (wirus m) HIV.

hive [haɪv] n ul m.

HMS (BRIT) abbr (= His (or Her) Majesty's Ship) skrót stanowiący część nazwy brytyjskich okrętów wojennych.

hoard [hɔ:d] n zapasy pl, zasoby pl ♦ vt gromadzić (zgromadzić perf).

hoarfrost ['hɔ:frɔst] n szron m.

hoarse [hɔ:s] adj zachrypły, ochrypły.

hoax [həuks] n (głupi) żart m or kawał m (zwykle w celu wywołania fałszywego alarmu).

hob [hɔb] n płyta f grzejna (kuchenki).

hobby ['hɔbɪ] n hobby nt inv.

hobby-horse ['hɔbɪhɔ:s] n (fig) konik m.

hockey ['hɔkɪ] n hokej m.

hoe [həu] n motyka f.

hog [hɔg] n wieprz m ♦ vt (fig: telephone, bathroom) okupować.

hoist [hɔɪst] n dźwig m, wyciąg m ♦ vt (heavy object) podnosić (podnieść *perf*); (*flag, sail*) wciągać (wciągnąć *perf*) (na maszt).

hold [həuld] (*pt, pp* **held**) *vt* (*in hand*) trzymać; (*contain*) mieścić (pomieścić *perf*); (*qualifications*) posiadać; (*power, permit, opinion*) mieć; (*meeting, conversation*) odbywać (odbyć *perf*); (*prisoner, hostage*) przetrzymywać (przetrzymać *perf*) ∮ *vi* (*glue etc*) trzymać (mocno); (*argument etc*) zachowywać (zachować *perf*) ważność, pozostawać w mocy ∮ *n* (*grasp*) chwyt *m*; (*of ship, plane*) ładownia *f*; **to hold sb responsible/liable** obarczać (obarczyć *perf*) kogoś odpowiedzialnością; **to have a hold over sb** trzymać kogoś w garści; **to get hold of** (*fig: object, information*) zdobywać (zdobyć *perf*) +*acc*; (*person*) łapać (złapać *perf*) +*acc* (*inf*); **hold the line!** proszę nie odkładać słuchawki!; **to hold one's own** (*fig*) nie poddawać się; **to catch** *or* **get (a) hold of** chwycić się (*perf*) +*gen*, złapać (*perf*) za +*acc* (*inf*); **hold it!** zaczekaj!

▶**hold back** *vt* (*person, thing*) powstrzymywać (powstrzymać *perf*); (*information*) zatajać (zataić *perf*).

▶**hold down** *vt* (*person*) przytrzymywać (przytrzymać *perf*); (*job*) utrzymywać (utrzymać *perf*).

▶**hold off** *vt* (*enemy*) powstrzymywać (powstrzymać *perf*); (*decision*) wstrzymywać się (wstrzymać się *perf*) z +*instr*.

▶**hold on** *vi* (*hang on*) przytrzymywać się (przytrzymać się *perf*); (*wait*) czekać (poczekać *perf or* zaczekać *perf*).

▶**hold on to** *vt fus* (*for support*) przytrzymywać się (przytrzymać się *perf*) +*gen*; (*keep: for o.s.*) nie oddawać (nie oddać *perf*) +*gen*; (: *for*

sb) przechowywać (przechować *perf*) +*acc*.

▶**hold out** *vt* (*hand*) wyciągać (wyciągnąć *perf*); (*hope*) dawać (dać *perf*).

▶**hold up** *vt* (*raise*) unosić (unieść *perf*); (*support*) podtrzymywać (podtrzymać *perf*), podpierać (podeprzeć *perf*); (*delay*) zatrzymywać (zatrzymać *perf*); (*bank etc*) napadać (napaść *perf*) na +*acc* (*przy użyciu broni palnej*).

holder ['həuldə*] *n* (*of lamp etc*) uchwyt *m*; (*person*) posiadacz *m*.

holding ['həuldıŋ] *n* (*share*) udziały *pl*; (*small farm*) gospodarstwo *nt* rolne.

hold-up ['həuldʌp] *n* (*robbery*) napad *m* rabunkowy; (*delay*) komplikacje *pl*; (*BRIT: in traffic*) zator *m* (drogowy), korek *m* (uliczny).

hole [həul] *n* (*lit, fig*) dziura *f* ∮ *vt* (*make holes*) dziurawić (podziurawić *perf*); (*make a hole*) dziurawić (przedziurawić *perf*).

holiday ['həlıdeı] *n* (*BRIT: vacation*) wakacje *pl*; (*leave*) urlop *m*; (*public holiday*) święto *nt*; **to be/go on holiday** być na wakacjach/wyjeżdżać (wyjechać *perf*) na wakacje.

holidaymaker ['hɔlıdeımeıkə*] (*BRIT*) *n* wczasowicz(ka) *m(f)*.

Holland ['hɔlənd] *n* Holandia *f*.

hollow ['hɔləu] *adj* (*container, log, tree*) pusty, wydrążony; (*cheeks, eyes*) zapadnięty; (*claim, promise, laugh*) pusty; (*water*) święcony; (*sound*) głuchy ∮ *n* wgłębienie *nt*, zagłębienie *nt* ∮ *vt*: **to hollow out** wydrążać (wydrążyć *perf*).

holly ['hɔlı] *n* (*BOT*) ostrokrzew *m*.

holocaust ['hɔləkɔːst] *n* zagłada *f*.

holy ['həulı] *adj* (*picture, place*) święty; (*water*) święcony; (*person*) świątobliwy.

homage ['hɔmıdʒ] *n* hołd *m*, cześć *f*;

to pay homage to składać (złożyć *perf*) hołd *or* oddawać (oddać *perf*) cześć +*dat*.

home [həum] *n* dom *m* ♦ *cpd* (*employment*) chałupniczy; (*ECON, POL*) wewnętrzny, krajowy; (*SPORT: team*) miejscowy; (: *game, win*) na własnym boisku *post*, u siebie *post* ♦ *adv* (*be*) w domu; (*go, travel*) do domu; (*press, push*) do środka, na swoje miejsce; **at home** (*in house*) w domu; (*in country*) w kraju; (*comfortable*) swojsko, jak u siebie; **make yourself at home** czuj się jak u siebie (w domu).

homeland [ˈhəumlænd] *n* ziemia *f* ojczysta *or* rodzinna.

homeless [ˈhəumlɪs] *adj* bezdomny.

homely [ˈhəumlɪ] *adj* prosty, skromny.

home-made [həumˈmeɪd] *adj* (*bread*) domowej roboty *post*; (*bomb*) wykonany domowym sposobem.

Home Office (*BRIT*) *n*: **the Home Office** ≈ Ministerstwo *nt* Spraw Wewnętrznych.

homeopathy [həumɪˈɔpəθɪ] (*US*) *n* = **homoeopathy**.

Home Secretary (*BRIT*) *n*: **the Home Secretary** ≈ Minister *m* Spraw Wewnętrznych.

homesick [ˈhəumsɪk] *adj*: **to be** *or* **feel homesick** tęsknić za domem.

home town *n* miasto *nt* rodzinne.

homework [ˈhəumwəːk] *n* zadanie *nt* domowe, praca *f* domowa; **he never did any homework** nigdy nie odrabiał zadań domowych.

homicide [ˈhɔmɪsaɪd] (*US*) *n* zabójstwo *nt*.

homoeopathy [həumɪˈɔpəθɪ] (*US* **homeopathy**) *n* homeopatia *f*.

homogeneous [hɔməuˈdʒiːnɪəs] *adj* jednorodny, homogeniczny.

homosexual [hɔməuˈsɛksjuəl] *adj*

homoseksualny ♦ *n* homoseksualista (-tka) *m(f)*.

honest [ˈɔnɪst] *adj* (*truthful, trustworthy*) uczciwy; (*sincere*) szczery.

honestly [ˈɔnɪstlɪ] *adv* (*truthfully*) uczciwie; (*sincerely*) szczerze.

honesty [ˈɔnɪstɪ] *n* (*truthfulness*) uczciwość *f*; (*sincerity*) szczerość *f*.

honey [ˈhʌnɪ] *n* miód *m*.

honeycomb [ˈhʌnɪkəum] *n* plaster *m* miodu.

honeymoon [ˈhʌnɪmuːn] *n* (*trip*) podróż *f* poślubna; (*period*) miodowy miesiąc *m*.

honeysuckle [ˈhʌnɪsʌkl] *n* kapryfolium *nt*, przewiercień *m*.

honor [ˈɔnə*] (*US*) *vt, n* = **honour**.

honorary [ˈɔnərərɪ] *adj* (*job, title*) honorowy.

honour [ˈɔnə*] (*US* **honor**) *vt* (*person*) uhonorować (*perf*); (*commitment, agreement*) honorować; (*promise*) dotrzymywać (dotrzymać *perf*) +*gen* ♦ *n* (*pride, self-respect*) honor *m*; (*tribute*) zaszczyt *m*.

hono(u)rable [ˈɔnərəbl] *adj* (*person, action*) honorowy.

hood [hud] *n* (*of coat*) kaptur *m*; (*of cooker*) pokrywa *f*; (*AUT: BRIT*) składany dach *m*; (: *US*) maska *f*.

hoof [huːf] (*pl* **hooves**) *n* kopyto *nt*.

hook [huk] *n* (*for coats, curtains*) hak *m*; (*for fishing*) haczyk *m*; (*on dress*) haftka *f* (*jej haczykowata część*) ♦ *vt* (*fasten*) przyczepiać (przyczepić *perf*); (*fish*) łapać (złapać *perf*) (na haczyk).

hooligan [ˈhuːlɪgən] *n* chuligan *m*.

hoop [huːp] *n* obręcz *f*.

hooray [huːˈreɪ] *excl* = **hurrah**.

hoot [huːt] *vi* (*AUT*) trąbić (zatrąbić *perf*); (*siren*) wyć (zawyć *perf*); (*owl*) hukać (zahukać *perf*).

hoover [ˈhuːvə*] ® (*BRIT*) *n*

odkurzacz *m* ♦ *vt* odkurzać
(odkurzyć *perf*).

hooves [huːvz] *npl of* **hoof**.

hop [hɔp] *vi* (*person*) podskakiwać *or*
skakać na jednej nodze; (*bird*)
skakać, podskakiwać.

hope [həup] *n* nadzieja *f* ♦ *vi* mieć
nadzieję ♦ *vt*: **to hope that ...** mieć
nadzieję, że ...; **to hope to do sth**
mieć nadzieję, że się coś zrobi; **I
hope so/not** mam nadzieję, że
tak/nie.

hopeful ['həupful] *adj* (*person*) pełen
nadziei; (*situation*) napawający
nadzieją, rokujący nadzieje.

hopefully ['həupfulɪ] *adv*
(*expectantly*) z nadzieją; (*one hopes*)
o ile szczęście dopisze.

hopeless ['həuplɪs] *adj* (*desperate*:
situation) beznadziejny; (: *person*)
zrozpaczony; (: *grief*) rozpaczliwy; (:
useless) beznadziejny.

hops [hɔps] *npl* chmiel *m*.

horizon [hə'raɪzn] *n* horyzont *m*.

horizontal [hɔrɪ'zɔntl] *adj* poziomy.

hormone ['hɔːməun] *n* hormon *m*.

horn [hɔːn] *n* róg *m*; (*also*: **French
horn**) waltornia *f*, róg *m*; (*AUT*)
klakson *m*.

horny ['hɔːnɪ] (*inf*) *adj* napalony (*inf*).

horoscope ['hɔrəskəup] *n* horoskop
m.

horrendous [hə'rɛndəs] *adj* (*crime,
error*) straszliwy; (*price, cost*)
horrendalny.

horrible ['hɔrɪbl] *adj* (*colour, food,
mess*) okropny; (*scream, dream*)
straszny.

horrid ['hɔrɪd] *adj* obrzydliwy,
wstrętny.

horrify ['hɔrɪfaɪ] *vt* przerażać
(przerazić *perf*).

horror ['hɔrə*] *n* (*alarm*) przerażenie
nt; (*of battle, warfare*) groza *f*;
(*abhorrence*): **horror of** wstręt *m* do
+*gen*.

horror film *n* film *m* grozy, horror *m*.

hors d'oeuvre [ɔː'dəːvrə] *n*
przystawka *f*.

horse [hɔːs] *n* koń *m*.

horseback ['hɔːsbæk] *adv* konno,
wierzchem (*old*); **on horseback** na
koniu.

horsepower ['hɔːspauə*] *n* ≈ koń *m*
mechaniczny.

horse-racing ['hɔːsreɪsɪŋ] *n* wyścigi
pl konne.

horseradish ['hɔːsrædɪʃ] *n* chrzan *m*.

horseshoe ['hɔːsʃuː] *n* podkowa *f*.

horticulture ['hɔːtɪkʌltʃə*] *n*
ogrodnictwo *nt*.

hose [həuz] *n* (*also*: **hosepipe**) wąż
m; (*TECH*) wężyk *m*; (*also*: **garden
hose**) wąż *m* (ogrodowy).

hospice ['hɔspɪs] *n* hospicjum *nt*.

hospitable ['hɔspɪtəbl] *adj* (*person*)
gościnny; (*invitation, welcome*)
serdeczny.

hospital ['hɔspɪtl] *n* szpital *m*.

hospitality [hɔspɪ'tælɪtɪ] *n* (*of
person*) gościnność *f*; (*of welcome*)
serdeczność *f*.

host [həust] *n* (*at party, dinner*)
gospodarz *m*; (*TV, RADIO*)
gospodarz *m* (programu); (*REL*)
hostia *f*; **a host of** mnóstwo +*gen*.

hostage ['hɔstɪdʒ] *n* zakładnik
(-iczka) *m(f)*.

hostel ['hɔstl] *n* (*for homeless*)
schronisko *nt*; (*also*: **youth hostel**)
schronisko *nt* (młodzieżowe).

hostess ['həustɪs] *n* (*at party, dinner*)
gospodyni *f*; (*BRIT*: *also*: **air
hostess**) stewardessa *f*; (*TV,
RADIO*) gospodyni *f* (programu).

hostile ['hɔstaɪl] *adj* (*person*)
nieprzyjazny, wrogo nastawiony *or*
usposobiony; (*attitude*) wrogi;
(*conditions, environment*)
niesprzyjający.

hostility [hɔ'stɪlɪtɪ] *n* wrogość *f*;
hostilities *npl* działania *pl* wojenne.

hot [hɔt] *adj* gorący; (*spicy*) ostry,
pikantny; (*contest, argument*)

zawzięty; (temper) porywczy; **I am
hot** jest mi gorąco; **it was terribly
hot yesterday** wczoraj było
okropnie gorąco.

hotbed ['hɔtbɛd] n (fig: of evil)
siedlisko nt; (of criminals)
wylęgarnia f.

hot dog n hot-dog m.

hotel [həu'tɛl] n hotel m.

hot-headed [hɔt'hedɪd] adj w
gorącej wodzie kąpany.

hothouse ['hɔthaus] n cieplarnia f.

hotly ['hɔtlɪ] adv (contest) ostro,
zawzięcie; (speak, deny) stanowczo,
kategorycznie.

hot-water bottle [hɔt'wɔːtə-] n
termofor m.

hound [haund] vt napastować ♦ n
pies m gończy, ogar m.

hour ['auə*] n godzina f.

hourly ['auəlɪ] adj (service)
cogodzinny; (rate) godzinny.

house [haus] n dom m; (POL) izba f;
(THEAT) sala f, widownia f; (of
Windsor etc) dynastia f ♦ vt (person)
przydzielać (przydzielić perf)
mieszkanie +dat; (collection, library)
mieścić; **the House of
Representatives** (US) Izba
Reprezentantów; **on the house** (fig)
na koszt firmy.

housebreaking ['hausbreɪkɪŋ] n
włamanie nt.

housecoat ['hauskəut] n podomka f.

household ['haushəuld] n (people)
rodzina f; (home) gospodarstwo nt
(domowe).

housekeeper ['hauskiːpə*] n
gosposia f.

housekeeping ['hauskiːpɪŋ] n
(work) prowadzenie nt gospodarstwa
(domowego); (money) pieniądze pl
na życie.

house-warming (party)
['hauswɔːmɪŋ-] n oblewanie nt
nowego mieszkania/domu,
parapetówa f (inf).

housewife ['hauswaɪf] (irreg like:
wife) n gospodyni f domowa.

housework ['hauswəːk] n prace pl
domowe.

housing ['hauzɪŋ] n (buildings)
zakwaterowanie nt; (conditions)
warunki pl mieszkaniowe;
(provision) gospodarka f
mieszkaniowa.

housing development (BRIT) n =
housing estate.

housing estate n osiedle nt
(mieszkaniowe).

hovel ['hɔvl] n (nędzna) chałupa f;
(fig) nora f.

hover ['hɔvə*] vi (bird, insect) wisieć
or unosić się w powietrzu.

hovercraft ['hɔvəkrɑːft] n
poduszkowiec m.

how [hau] adv jak; **how are you?** jak
się masz?; **how is school?** jak tam
szkoła or w szkole?; **how long have
you been here?** jak długo (już) tu
jesteś?; **how lovely/awful!** jak
cudownie/okropnie!; **how many
people?** ilu ludzi?; **how much
milk?** ile mleka?

however [hau'evə*] conj jednak(że).

howl [haul] vi (animal, person) wyć;
(baby) głośno płakać; (wind) wyć,
zawodzić.

HP (BRIT) n abbr = **hire purchase**.

h.p. (AUT) abbr = **horsepower** KM.

HQ abbr = **headquarters** KG.

hub [hʌb] n (of wheel) piasta f; (fig)
centrum nt.

hue [hjuː] n (colour) barwa f; (shade)
odcień m.

hug [hʌg] vt (person) ściskać
(uściskać perf), przytulać (przytulić
perf) (do siebie); (thing) obejmować
(objąć perf) (rękoma), przyciskać
(przycisnąć perf) (do siebie).

huge [hjuːdʒ] adj ogromny.

hull [hʌl] n (of ship) kadłub m.

hullo [hə'ləu] excl = **hello**.

hum [hʌm] vt nucić (zanucić perf) ♦

vi (*person*) nucić (sobie); (*machine*) (głośno) buczeć; (*insect*) bzykać, bzyczeć.

human ['hju:mən] *adj* ludzki ♦ *n* (*also*: **human being**) człowiek *m*, istota *f* ludzka; **the human race** rodzaj ludzki.

humane [hju:'meɪn] *adj* (*treatment*) humanitarny, ludzki; (*slaughter*) humanitarny.

humanitarian [hju:mænɪ'tɛərɪən] *adj* humanitarny.

humanity [hju:'mænɪtɪ] *n* (*mankind*) ludzkość *f*; (*condition*) człowieczeństwo *nt*; (*humaneness, kindness*) człowieczeństwo *nt*, humanitaryzm *m*.

humble ['hʌmbl] *adj* (*modest*) skromny; (*deferential*) pokorny; (*background, birth*) niski ♦ *vt* upokarzać (upokorzyć *perf*).

humid ['hju:mɪd] *adj* wilgotny.

humidity [hju:'mɪdɪtɪ] *n* wilgotność *f*.

humiliate [hju:'mɪlɪeɪt] *vt* poniżać (poniżyć *perf*), upokarzać (upokorzyć *perf*).

humiliation [hju:mɪlɪ'eɪʃən] *n* poniżenie *nt*, upokorzenie *nt*.

humility [hju:'mɪlɪtɪ] *n* (*modesty*) skromność *f*; (*deference*) pokora *f*.

humor ['hju:mə*] (*US*) *n* = **humour**.

humorous ['hju:mərəs] *adj* (*book*) humorystyczny; (*person, remark*) dowcipny.

humour ['hju:mə*] (*US* **humor**) *n* humor *m* ♦ *vt* spełniać (spełnić *perf*) zachcianki +*gen*.

hump [hʌmp] *n* garb *m*.

hunch [hʌntʃ] *n* przeczucie *nt*.

hunchback ['hʌntʃbæk] *n* garbus *m*.

hunched [hʌntʃt] *adj* zgarbiony.

hundred ['hʌndrəd] *num* sto.

hung [hʌŋ] *pt, pp of* **hang**.

Hungarian [hʌŋ'gɛərɪən] *adj* węgierski ♦ *n* (*person*) Węgier(ka) *m(f)*; (*LING*) (język *m*) węgierski.

Hungary ['hʌŋgərɪ] *n* Węgry *pl*.

hunger ['hʌŋgə*] *n* głód *m* ♦ *vi*: **to hunger for** łaknąć *or* być złaknionym +*gen*.

hungry ['hʌŋgrɪ] *adj* głodny; **hungry for** złakniony +*gen*.

hunk [hʌŋk] *n* (*of bread etc*) kawał *m*.

hunt [hʌnt] *vt* (*animals*) polować na +*acc*; (*criminal*) ścigać, tropić ♦ *vi* polować ♦ *n* (*for animals*) polowanie *nt*; (*search*) poszukiwanie *nt*; (*SPORT*) klub myśliwych polujących na lisa; **to hunt for** (*right word etc*) szukać +*gen*.

hunter ['hʌntə*] *n* myśliwy *m*.

hunting ['hʌntɪŋ] *n* myślistwo *nt*; (*SPORT*) polowanie *nt* na lisa.

hurdle ['hə:dl] *n* przeszkoda *f*; (*SPORT*) płotek *m*.

hurl [hə:l] *vt* ciskać (cisnąć *perf*).

hurrah [hu'rɑ:] *excl* hur(r)a.

hurray [hu'reɪ] *n* = **hurrah**.

hurricane ['hʌrɪkən] *n* huragan *m*.

hurried ['hʌrɪd] *adj* pośpieszny.

hurriedly ['hʌrɪdlɪ] *adv* pośpiesznie, w pośpiechu.

hurry ['hʌrɪ] *n* pośpiech *m* ♦ *vi* śpieszyć się (pośpieszyć się *perf*) ♦ *vt* (*person*) popędzać (popędzić *perf*); (*work*) wykonywać (wykonać *perf*) w pośpiechu; **to be in a hurry** śpieszyć się.

▶**hurry up** *vt* popędzać (popędzić *perf*) ♦ *vi* śpieszyć się (pośpieszyć się *perf*).

hurt [hə:t] (*pt, pp* **hurt**) *vt* (*cause pain to*) sprawiać (sprawić *perf*) ból +*dat*; (*injure: lit, fig*) ranić (zranić *perf*) ♦ *vi* boleć (zaboleć *perf*) ♦ *adj* ranny.

hurtful ['hə:tful] *adj* bolesny.

husband ['hʌzbənd] *n* mąż *m*.

hush [hʌʃ] *n* cisza *f* ♦ *vi* uciszać się (uciszyć się *perf*); **hush!** sza!

▶**hush up** *vt* (*scandal etc*) tuszować (zatuszować *perf*).

husk [hʌsk] *n* łuska *f*.

husky ['hʌskɪ] *adj* (*voice*) chrypiący,
chrapliwy ♦ *n* (*dog*) husky *m*.
hustle ['hʌsl] *vt* wypychać
(wypchnąć *perf*) ♦ *n*: **hustle and
bustle** zgiełk *m*.
hut [hʌt] *n* (*house*) chata *f*; (*shed*)
szopa *f*.
hutch [hʌtʃ] *n* klatka *f*.
hyacinth ['haɪəsɪnθ] *n* hiacynt *m*.
hybrid ['haɪbrɪd] *n* (*plant, animal*)
mieszaniec *m*, hybryd *m*; (*fig*)
skrzyżowanie *nt*.
hydraulic [haɪ'drɔːlɪk] *adj*
hydrauliczny.
hydrogen ['haɪdrədʒən] *n* wodór *m*.
hyena [haɪ'iːnə] *n* hiena *f*.
hygiene ['haɪdʒiːn] *n* higiena *f*.
hygienic [haɪ'dʒiːnɪk] *adj* higieniczny.
hymn [hɪm] *n* hymn *m*.
hype [haɪp] (*inf*) *n* szum *m* ♦ *vt* robić
szum (narobić *perf* szumu) wokół
+*gen*.
hyphen ['haɪfn] *n* łącznik *m*.
hypnosis [hɪp'nəusɪs] *n* hipnoza *f*.
hypnotic [hɪp'nɔtɪk] *adj* hipnotyczny.
hypnotize ['hɪpnətaɪz] *vt*
hipnotyzować (zahipnotyzować
perf); (*fig*) fascynować
(zafascynować *perf*).
hypochondriac [haɪpə'kɔndrɪæk] *n*
hipochondryk (-yczka) *m(f)*.
hypocrisy [hɪ'pɔkrɪsɪ] *n* hipokryzja *f*,
obłuda *f*.
hypothesis [haɪ'pɔθɪsɪs] (*pl*
hypotheses) *n* hipoteza *f*.
hypothetical [haɪpəu'θɛtɪk(l)] *adj*
hipotetyczny.
hysteria [hɪ'stɪərɪə] *n* histeria *f*.
hysterical [hɪ'stɛrɪkl] *adj*
histeryczny; (*inf: hilarious*)
komiczny.

I

I [aɪ] *pron* ja.
ice [aɪs] *n* lód *m* ♦ *vt* (*cake*) lukrować
(polukrować *perf*) ♦ *vi* (*also*: **ice
over, ice up**) pokrywać się (pokryć
się *perf*) lodem.
iceberg ['aɪsbəːg] *n* góra *f* lodowa.
icebox ['aɪsbɔks] *n* (*US*) lodówka *f*;
(*BRIT*) zamrażalnik *m*; (*insulated
box*) lodówka *f* turystyczna.
ice cream *n* lody *pl*.
ice cube *n* kostka *f* lodu.
iced [aɪst] *adj* (*cake*) lukrowany;
(*beer*) schłodzony; (*tea*) mrożony.
ice hockey *n* hokej *m* (na lodzie).
Iceland ['aɪslənd] *n* Islandia *f*.
ice rink *n* lodowisko *nt*.
ice-skating ['aɪsskeɪtɪŋ] *n*
łyżwiarstwo *nt*.
icicle ['aɪsɪkl] *n* sopel *m*.
icing ['aɪsɪŋ] *n* (*CULIN*) lukier *m*.
icing sugar (*BRIT*) *n* ≈ cukier *m*
puder *m*.
icon ['aɪkɔn] *n* ikona *f*.
icy ['aɪsɪ] *adj* (*water*) lodowaty; (*road*)
oblodzony.
I'd [aɪd] = **I would**; **I had**.
idea [aɪ'dɪə] *n* (*scheme*) pomysł *m*;
(*opinion*) pogląd *m*; (*notion*) pojęcie
nt; (*objective*) założenie *nt*, idea *f*.
ideal [aɪ'dɪəl] *n* ideał *m* ♦ *adj* idealny.
idealist [aɪ'dɪəlɪst] *n* idealista (-tka)
m(f).
identical [aɪ'dɛntɪkl] *adj* identyczny.
identification [aɪdɛntɪfɪ'keɪʃən] *n*
rozpoznanie *nt*; (*of person, dead
body*) identyfikacja *f*; **(means of)
identification** dowód tożsamości.
identify [aɪ'dɛntɪfaɪ] *vt* rozpoznawać
(rozpoznać *perf*); (*suspect, dead
body*) identyfikować
(zidentyfikować *perf*); **this will
identify him** po tym będzie można
go rozpoznać; **to identify sb/sth**

with utożsamiać (utożsamić *perf*) kogoś/coś z +*instr*.
Identikit [aɪˈdɛntɪkɪt] ® *n*: **Identikit (picture)** portret *m* pamięciowy.
identity [aɪˈdɛntɪtɪ] *n* tożsamość *f*.
identity card *n* ≈ dowód *m* osobisty.
ideology [aɪdɪˈɔlədʒɪ] *n* ideologia *f*.
idiom [ˈɪdɪəm] *n* (*in architecture, music*) styl *m*; (*LING*) idiom *m*.
idiomatic [ɪdɪəˈmætɪk] *adj* idiomatyczny.
idiosyncrasy [ɪdɪəuˈsɪŋkrəsɪ] *n* dziwactwo *nt*.
idiot [ˈɪdɪət] *n* idiota (-tka) *m(f)*.
idiotic [ɪdɪˈɔtɪk] *adj* idiotyczny.
idle [ˈaɪdl] *adj* (*inactive*) bezczynny; (*lazy*) leniwy; (*unemployed*) bezrobotny; (*machinery, factory*) nieczynny; (*conversation*) jałowy; (*threat, boast*) pusty ♦ *vi* (*machine, engine*) pracować na wolnych obrotach.
idol [ˈaɪdl] *n* idol *m*.
idyllic [ɪˈdɪlɪk] *adj* idylliczny, sielankowy.
i.e. *abbr* (= *id est*) tj.

┌─────── KEYWORD ───────┐

if [ɪf] *conj* **1** (*conditional use*) jeżeli, jeśli; (: *with unreal or unlikely conditions, in polite requests*) gdyby; **I'll go if you come with me** pójdę, jeśli *or* jeżeli pójdziesz ze mną; **if we had known** gdybyśmy wiedzieli; **if only I could** gdybym tylko mógł; **if necessary** jeśli to konieczne, jeśli trzeba; **if I were you ...** (ja) na twoim miejscu ... . **2** (*whenever*) gdy tylko, zawsze gdy *or* kiedy; **if we are in Scotland, we always go to see her** gdy tylko jesteśmy w Szkocji, zawsze ją odwiedzamy. **3** (*although*): **(even) if** choćby (nawet). **4** (*whether*) czy; **ask him if he can come** zapytaj go, czy może przyjść. **5**: **if so/not** jeśli tak/nie; **if only to**

choćby po to, (że)by +*infin*; *see also* **as**.

└────────────────────┘

ignite [ɪgˈnaɪt] *vt* zapalać (zapalić *perf*) ♦ *vi* zapalać się (zapalić się *perf*).
ignition [ɪgˈnɪʃən] *n* (*AUT*) zapłon *m*.
ignorance [ˈɪgnərəns] *n* niewiedza *f*, ignorancja *f*.
ignorant [ˈɪgnərənt] *adj* niedouczony; **to be ignorant of** (*subject*) nie znać +*gen*; (*events*) nie wiedzieć o +*loc*.
ignore [ɪgˈnɔ:*] *vt* (*pay no attention to*) ignorować (zignorować *perf*); (*fail to take into account*) nie brać (nie wziąć *perf*) pod uwagę +*gen*.
I'll [aɪl] = **I will**; **I shall**.
ill [ɪl] *adj* (*person*) chory; (*effects*) szkodliwy ♦ *n* (*evil*) zło *nt*; (*trouble*) dolegliwość *f* ♦ *adv*: **to speak/think ill of sb** źle o kimś mówić/myśleć; **to be taken ill** (nagle) zachorować (*perf*).
ill-at-ease [ɪlətˈi:z] *adj* skrępowany.
illegal [ɪˈli:gl] *adj* (*activity*) sprzeczny z prawem, nielegalny; (*immigrant, organization*) nielegalny.
illegible [ɪˈlɛdʒɪbl] *adj* nieczytelny.
illegitimate [ɪlɪˈdʒɪtɪmət] *adj* (*child*) nieślubny.
ill feeling *n* uraza *f*.
illicit [ɪˈlɪsɪt] *adj* (*sale*) nielegalny; (*substance*) zakazany, niedozwolony.
illiterate [ɪˈlɪtərət] *adj* niepiśmienny; **he's illiterate** jest analfabetą.
ill-mannered [ɪlˈmænəd] *adj* źle wychowany.
illness [ˈɪlnɪs] *n* choroba *f*.
illogical [ɪˈlɔdʒɪkl] *adj* (*argument*) nielogiczny; (*fear*) niedorzeczny.
illuminate [ɪˈlu:mɪneɪt] *vt* oświetlać (oświetlić *perf*).
illuminating [ɪˈlu:mɪneɪtɪŋ] *adj* pouczający.
illumination [ɪlu:mɪˈneɪʃən] *n* (*lighting*) oświetlenie *nt*; (*illustration*)

iluminacja *f*; **illuminations** *npl*
dekoracje *pl* świetlne.

illusion [ɪ'luːʒən] *n* (*false idea, belief*)
złudzenie *nt*, iluzja *f*; (*trick*) sztuczka
f magiczna.

illusory [ɪ'luːsəri] *adj* złudny,
iluzoryczny.

illustrate ['ɪləstreɪt] *vt* ilustrować
(zilustrować *perf*).

illustration [ɪlə'streɪʃən] *n* (*picture,
example*) ilustracja *f*; (*act of
illustrating*) ilustrowanie *nt*.

illustrious [ɪ'lʌstrɪəs] *adj* znakomity.

ill will *n* wrogość *f*.

I'm [aɪm] = **I am**.

image ['ɪmɪdʒ] *n* (*picture, public face*)
wizerunek *m*; (*reflection*) odbicie *nt*.

imagery ['ɪmɪdʒəri] *n* (*in writing,
painting*) symbolika *f*.

imaginary [ɪ'mædʒɪnəri] *adj*
wyimaginowany.

imagination [ɪmædʒɪ'neɪʃən] *n*
(*inventiveness, part of mind*)
wyobraźnia *f*.

imaginative [ɪ'mædʒɪnətɪv] *adj*
(*person*) twórczy; (*solution*)
pomysłowy.

imagine [ɪ'mædʒɪn] *vt* (*visualize*)
wyobrażać (wyobrazić *perf*) sobie;
(*suppose*): **I imagine that ...** zdaje
mi się, że ...; **you must have
imagined it** zdawało ci się.

imbalance [ɪm'bæləns] *n* brak *m*
równowagi.

imbecile ['ɪmbəsiːl] *n* imbecyl *m*.

imbue [ɪm'bjuː] *vt*: **to be imbued
with** być przepojonym +*instr*.

imitate ['ɪmɪteɪt] *vt* (*copy*)
naśladować; (*mimic*) naśladować,
imitować.

imitation [ɪmɪ'teɪʃən] *n* (*act*)
naśladowanie *nt*; (*instance*) imitacja *f*.

immaculate [ɪ'mækjulət] *adj*
(*spotless*) nieskazitelnie czysty;
(*flawless*) nieskazitelny; (*REL*)
niepokalany.

immaterial [ɪmə'tɪərɪəl] *adj* nieistotny.

immature [ɪmə'tjuə*] *adj* niedojrzały.

immediate [ɪ'miːdɪət] *adj* (*reaction,
answer*) natychmiastowy; (*need*)
pilny; (*vicinity, predecessor*)
bezpośredni; (*family, neighbourhood*)
najbliższy.

immediately [ɪ'miːdɪətlɪ] *adv* (*at
once*) natychmiast; (*directly*)
bezpośrednio.

immense [ɪ'mɛns] *adj* ogromny.

immerse [ɪ'məːs] *vt*: **to immerse sth
(in)** zanurzać (zanurzyć *perf*) coś (w
+*loc*).

immigrant ['ɪmɪgrənt] *n* imigrant(ka)
m(f).

immigration [ɪmɪ'greɪʃən] *n*
(*process*) imigracja *f*; (*also*:
immigration control) kontrola *f*
paszportowa *or* graniczna.

imminent ['ɪmɪnənt] *adj* (*war,
disaster*) nieuchronny; (*arrival*) bliski.

immobile [ɪ'məubaɪl] *adj* nieruchomy.

immoral [ɪ'mɔrl] *adj* niemoralny.

immortal [ɪ'mɔːtl] *adj* nieśmiertelny.

immortality [ɪmɔː'tælɪtɪ] *n*
nieśmiertelność *f*.

immune [ɪ'mjuːn] *adj*: **immune (to)**
(*disease*) odporny (na +*acc*);
(*flattery, criticism*) nieczuły (na +*acc*).

immunity [ɪ'mjuːnɪtɪ] *n* (*to disease*)
odporność *f*; (*of diplomat etc*)
immunitet *m*, nietykalność *f*.

immunize ['ɪmjunaɪz] *vt* (*MED*): **to
immunize (against)** uodparniać
(uodpornić *perf*) (przeciwko +*dat*).

imp [ɪmp] *n* diabełek *m*.

impact ['ɪmpækt] *n* (*of bullet, crash:
contact*) uderzenie *nt*; (: *force*) siła *f*
uderzenia; (*of law, measure*) wpływ
m; **on impact** przy uderzeniu.

impair [ɪm'pɛə*] *vt* osłabiać (osłabić
perf).

impale [ɪm'peɪl] *vt*: **to impale sth
(on)** nadziewać (nadziać *perf*) coś
(na +*acc*).

impart [ɪm'pɑːt] *vt*: **to impart (to)**
(*information*) przekazywać

(przekazać *perf*) (+*dat*); (*flavour*)
nadawać (nadać *perf*) (+*dat*).

impartial [ɪm'pɑːʃl] *adj* bezstronny.

impasse [æm'pɑːs] *n* impas *m*.

impassive [ɪm'pæsɪv] *adj*
beznamiętny.

impatience [ɪm'peɪʃəns] *n*
(*annoyance, irritation*)
zniecierpliwienie *nt*; (*eagerness*)
niecierpliwość *f*.

impatient [ɪm'peɪʃənt] *adj* (*annoyed*)
zniecierpliwiony; (*irritable, eager, in
a hurry*) niecierpliwy; **to be
impatient to do sth** niecierpliwić
się, żeby coś zrobić; **to get** *or* **grow
impatient** zaczynać (zacząć *perf*) się
niecierpliwić.

impeccable [ɪm'pɛkəbl] *adj*
nienaganny.

impede [ɪm'piːd] *vt* utrudniać
(utrudnić *perf*).

impediment [ɪm'pɛdɪmənt] *n*
utrudnienie *nt*, przeszkoda *f*; **speech
impediment** wada wymowy.

impenetrable [ɪm'pɛnɪtrəbl] *adj*
(*jungle*) niedostępny, nie do
przebycia *post*; (*fortress*) nie do
zdobycia *post*; (*fig: text*)
nieprzystępny; (: *look, expression*)
nieprzenikniony; (: *mystery*)
niezgłębiony.

imperative [ɪm'pɛrətɪv] *adj*: **it's
imperative that you (should) call
him immediately** koniecznie musisz
natychmiast do niego zadzwonić ♦ *n*
(*LING*) tryb *m* rozkazujący; (*moral*)
imperatyw *m*.

imperceptible [ɪmpə'sɛptɪbl] *adj*
niezauważalny.

imperfect [ɪm'pəːfɪkt] *adj* wadliwy ♦
n (*LING: also*: **imperfect tense**) czas
m przeszły o aspekcie
niedokonanym.

imperial [ɪm'pɪərɪəl] *adj* imperialny;
(*BRIT*): **imperial system** *tradycyjny
brytyjski system miar i wag*.

impersonal [ɪm'pəːsənl] *adj*
bezosobowy.

impersonate [ɪm'pəːsəneɪt] *vt* (*pass
o.s. off as*) podawać się (podać się
perf) za +*acc*; (*THEAT*) wcielać się
(wcielić się *perf*) w postać +*gen*.

impertinent [ɪm'pəːtɪnənt] *adj*
impertynencki.

impervious [ɪm'pəːvɪəs] *adj* (*fig*):
impervious to nieczuły na +*acc*.

impetuous [ɪm'pɛtjuəs] *adj*
porywczy.

impetus ['ɪmpətəs] *n* (*of runner*)
rozpęd *m*, impet *m*; (*fig*) bodziec *m*.

impinge [ɪm'pɪndʒ] *vt fus*: **to
impinge on** (*sb's life*) rzutować na
+*acc*; (*sb's rights*) naruszać +*acc*.

implant [ɪm'plɑːnt] *vt* (*MED*)
wszczepiać (wszczepić *perf*); (*fig*)
zaszczepiać (zaszczepić *perf*).

implement ['ɪmplɪmənt] *n* narzędzie
nt ♦ *vt* wprowadzać (wprowadzić
perf) w życie.

implicate ['ɪmplɪkeɪt] *vt*: **to be
implicated in** być zamieszanym w
+*acc*.

implication [ɪmplɪ'keɪʃən] *n*
(*inference*) implikacja *f*; **by
implication** tym samym.

implicit [ɪm'plɪsɪt] *adj* (*threat,
meaning*) ukryty; (*belief, trust*)
bezgraniczny.

implore [ɪm'plɔː*] *vt*: **to implore sb
(to do sth)** błagać kogoś (, żeby coś
zrobił).

imply [ɪm'plaɪ] *vt* (*hint*) sugerować
(zasugerować *perf*), dawać (dać *perf*)
do zrozumienia; (*mean*) implikować.

impolite [ɪmpə'laɪt] *adj* niegrzeczny.

import [ɪm'pɔːt] *vt* importować
(importować *perf*) ♦ *n* (*article*) towar
m importowany; (*importation*) import
m, przywóz *m*.

importance [ɪm'pɔːtns] *n* znaczenie
nt, waga *f*.

important [ɪm'pɔːtnt] *adj* ważny; **it's**

not important to nieważne, to nie ma znaczenia.

impose [ɪmˈpəuz] vt (*sanctions, restrictions*) nakładać (nałożyć *perf*); (*discipline*) narzucać (narzucić *perf*) ♦ vi: **to impose on sb** nadużywać czyjejś uprzejmości.

impossible [ɪmˈpɔsɪbl] adj niemożliwy; (*situation*) beznadziejny.

impotence [ˈɪmpətns] n niemoc f; (*MED*) impotencja f.

impotent [ˈɪmpətnt] adj (*powerless*) bezsilny; (*MED*): **he's impotent** jest impotentem.

impoverished [ɪmˈpɔvərɪʃt] adj zubożały.

impractical [ɪmˈpræktɪkl] adj (*plan, expectation*) nierealny; (*person*) niepraktyczny.

imprecise [ɪmprɪˈsaɪs] adj nieścisły, nieprecyzyjny.

impregnate [ˈɪmprɛgneɪt] vt (*saturate*) nasączać (nasączyć *perf*); (*fertilize*) zapładniać (zapłodnić *perf*).

impresario [ɪmprɪˈsɑːrɪəu] (*THEAT*) n impresario m.

impress [ɪmˈprɛs] vt (*person*) wywierać (wywrzeć *perf*) wrażenie na +*loc*, imponować (zaimponować *perf*) +*dat*; (*imprint*) odciskać (odcisnąć *perf*); **to impress sth on sb** uzmysłowić (*perf*) coś komuś.

impression [ɪmˈprɛʃən] n (*of situation, person*) wrażenie nt; (*of stamp, seal*) odcisk m; (*idea*) wrażenie nt, impresja f; (*imitation*) parodia f; **to be under the impression that ...** mieć wrażenie, że ... .

impressionable [ɪmˈprɛʃnəbl] adj łatwowierny, bezkrytyczny.

impressionist [ɪmˈprɛʃənɪst] n (*ART*) impresjonista (-tka) m(f); (*entertainer*) parodysta (-tka) m(f).

impressive [ɪmˈprɛsɪv] adj imponujący, robiący wrażenie.

imprint [ˈɪmprɪnt] n (*of hand etc*)

odcisk m; (*fig*) piętno nt; (*TYP*) metryczka f (*książki*).

imprison [ɪmˈprɪzn] vt zamykać (zamknąć *perf*) w więzieniu, wtrącać (wtrącić *perf*) do więzienia.

imprisonment [ɪmˈprɪznmənt] n (*form of punishment*) kara f więzienia, więzienie nt; (*act*) uwięzienie nt, wtrącenie nt do więzienia.

improbable [ɪmˈprɔbəbl] adj nieprawdopodobny.

impromptu [ɪmˈprɔmptjuː] adj improwizowany, zaimprowizowany.

improper [ɪmˈprɔpə*] adj (*conduct, procedure*) niestosowny, niewłaściwy; (*activities*) niedozwolony.

improve [ɪmˈpruːv] vt poprawiać (poprawić *perf*), ulepszać (ulepszyć *perf*) ♦ vi poprawiać się (poprawić się *perf*), polepszać się (polepszyć się *perf*); **she may improve with treatment** po leczeniu stan jej zdrowia może się poprawić.

improvement [ɪmˈpruːvmənt] n: **improvement (in)** poprawa f (+*gen*).

improvise [ˈɪmprəvaɪz] vt robić (zrobić *perf*) naprędce *or* prowizorycznie ♦ vi improwizować (zaimprowizować *perf*).

impudent [ˈɪmpjudnt] adj zuchwały.

impulse [ˈɪmpʌls] n (*urge*) (nagła) ochota f *or* chęć f, poryw m; (*ELEC*) impuls m; **to act on impulse** działać pod wpływem impulsu.

impulsive [ɪmˈpʌlsɪv] adj (*purchase*) nie planowany; (*gesture*) odruchowy; (*person*) impulsywny, porywczy.

impunity [ɪmˈpjuːnɪtɪ] n: **with impunity** bezkarnie.

impurity [ɪmˈpjuərɪtɪ] n zanieczyszczenie nt.

———— KEYWORD ————

in [ɪn] prep **1** (*indicating place*) w

+*loc*; **in town** w mieście; **in the country** na wsi; **in here/there** tu/tam (wewnątrz). **2** (*indicating time: during*) w +*loc*; **in winter/summer** w zimie/lecie, zimą/latem; **in the afternoon** po południu. **3** (*indicating time: in the space of*) w +*acc*; **I did it in three hours/days** zrobiłem to w trzy godziny/dni. **4** (*indicating time: after*) za +*acc*; **I'll see you in 2 weeks** *or* **in 2 weeks' time** do zobaczenia za 2 tygodnie. **5** (*indicating manner etc*): **in a loud voice** głośno; **in pencil** ołówkiem. **6** (*indicating circumstances, mood, state*) w +*loc*; **in the sun/rain** w słońcu/deszczu; **in anger/despair/haste** w gniewie/rozpaczy/pośpiechu. **7** (*with ratios, numbers*) na +*acc*; **one in ten men** jeden mężczyzna na dziesięciu. **8** (*referring to people, works*) u +*gen*; **the disease is common in children** ta choroba często występuje u dzieci; **in Dickens** u Dickensa. **9** (*indicating profession etc*): **to be in teaching/publishing** zajmować się nauczaniem/działalnością wydawniczą. **10** (*with present participle*): **in saying this** mówiąc to ♦ *adv*: **to be in** (*person: at home*) być w domu; (: *at work*) być w pracy, być obecnym; (*train*) przyjechać (*perf*); (*ship*) przypłynąć (*perf*); (*plane*) przylecieć (*perf*); (*in fashion*) być popularnym *or* w modzie; **to ask sb in** prosić (poprosić *perf*) kogoś do środka ♦ *n*: **the ins and outs** szczegóły *pl*, zawiłości *pl*.

in. *abbr* = **inch**.
inability [ɪnəˈbɪlɪtɪ] *n*: **inability (to do sth)** niemożność *f* (zrobienia czegoś).
inaccessible [ɪnəkˈsɛsɪbl] *adj* (*place*)

niedostępny; (*fig: text etc*) nieprzystępny.
inaccurate [ɪnˈækjʊrət] *adj* niedokładny, nieścisły.
inactivity [ɪnækˈtɪvɪtɪ] *n* bezczynność *f*.
inadequate [ɪnˈædɪkwət] *adj* (*amount*) niedostateczny, niewystarczający; (*reply*) niepełny, niezadowalający; (*person*) nieodpowiedni.
inadvertently [ɪnədˈvəːtntlɪ] *adv* nieumyślnie.
inadvisable [ɪnədˈvaɪzəbl] *adj* niewskazany, nie zalecany.
inane [ɪˈneɪn] *adj* bezmyślny.
inanimate [ɪnˈænɪmət] *adj* nieożywiony; (*LING*) nieżywotny.
inappropriate [ɪnəˈprəuprɪət] *adj* (*unsuitable*) nieodpowiedni; (*improper*) niewłaściwy, niestosowny.
inarticulate [ɪnɑːˈtɪkjʊlət] *adj* (*person*) nie potrafiący się wysłowić; (*speech*) niewyraźny, nieartykułowany.
inasmuch as [ɪnəzˈmʌtʃ-] *adv* (*in that ...*) przez to, że...; (*insofar as*) o tyle, o ile ..., w (takim) stopniu, w jakim.
inaudible [ɪnˈɔːdɪbl] *adj* niesłyszalny.
inaugural [ɪˈnɔːgjʊrəl] *adj* inauguracyjny.
inaugurate [ɪˈnɔːgjʊreɪt] *vt* (*official*) wprowadzać (wprowadzić *perf*) na stanowisko *or* urząd; (*system*) wprowadzać (wprowadzić *perf*); (*festival*) inaugurować (zainaugurować *perf*).
inauguration [ɪnɔːgjuˈreɪʃən] *n* (uroczyste) wprowadzenie *nt* na stanowisko *or* urząd.
in-between [ɪnbɪˈtwiːn] *adj* przejściowy, pośredni.
inborn [ɪnˈbɔːn] *adj* wrodzony.
Inc. *abbr* = **incorporated**.
incalculable [ɪnˈkælkjuləbl] *adj* nieobliczalny, nieoszacowany.

incapable [ɪn'keɪpəbl] *adj*
nieporadny; **to be incapable of
sth/doing sth** (*incompetent*) nie
potrafić czegoś/(z)robić czegoś; (*not
bad enough*) nie być zdolnym do
czegoś/zrobienia czegoś.

incapacity [ɪnkə'pæsɪtɪ] *n*
(*weakness*) niesprawność *f*, niemoc
f; (*inability*) nieumiejętność *f*.

incarnation [ɪnkɑ:'neɪʃən] *n* (*of
beauty, evil*) ucieleśnienie *nt*; (*REL*)
wcielenie *nt*.

incense ['ɪnsɛns] *n* kadzidło *nt* ♦ *vt*
rozwścieczać (rozwścieczyć *perf*).

incentive [ɪn'sɛntɪv] *n* bodziec *m*,
zachęta *f*.

incessant [ɪn'sɛsnt] *adj* ustawiczny,
nieustający.

incessantly [ɪn'sɛsntlɪ] *adv*
nieprzerwanie, bez przerwy.

incest ['ɪnsɛst] *n* kazirodztwo *nt*.

inch [ɪntʃ] *n* cal *m*.

incidence ['ɪnsɪdns] *n* (*frequency*)
częstość *f or* częstotliwość *f*
(występowania); (*extent*) zasięg *m*
(występowania).

incident ['ɪnsɪdnt] *n* wydarzenie *nt*;
(*involving violence etc*) incydent *m*,
zajście *nt*.

incidental [ɪnsɪ'dɛntl] *adj* uboczny.

incidentally [ɪnsɪ'dɛntəlɪ] *adv*
nawiasem mówiąc.

incinerator [ɪn'sɪnəreɪtə*] *n* piec *m*
do spalania śmieci.

incipient [ɪn'sɪpɪənt] *adj* w stadium
początkowym *post*, rozpoczynający
się.

incision [ɪn'sɪʒən] (*MED*) *n* cięcie *nt*,
nacięcie *nt*.

incisive [ɪn'saɪsɪv] *adj* cięty, zjadliwy.

incite [ɪn'saɪt] *vt* (*rioters*) podburzać
(podburzyć *perf*); (*hatred*) wzniecać
(wzniecić *perf*).

inclination [ɪnklɪ'neɪʃən] *n*
(*tendency*) skłonność *f*; (*disposition*)
upodobanie *nt*, inklinacja *f*.

incline ['ɪnklaɪn] *n* (*of terrain*)

pochyłość *f*, spadek *m*; (*of mountain*)
zbocze *nt* ♦ *vt* pochylać (pochylić
perf) ♦ *vi* być nachylonym; **to be
inclined to do sth** mieć skłonność
or skłonności do robienia czegoś.

include [ɪn'klu:d] *vt* zawierać
(zawrzeć *perf*), obejmować (objąć
perf).

including [ɪn'klu:dɪŋ] *prep* w tym
+*acc*, wliczając (w to) +*acc*.

inclusion [ɪn'klu:ʒən] *n* włączenie *nt*.

inclusive [ɪn'klu:sɪv] *adj* globalny,
łączny; **inclusive of** z wliczeniem *or*
włączeniem +*gen*; **Monday to
Friday inclusive** od poniedziałku do
piątku włącznie.

incoherent [ɪnkəʊ'hɪərənt] *adj*
(*argument*) niespójny; (*speech*)
nieskładny, nie trzymający się kupy
(*inf*); (*person*): **he was incoherent**
mówił bez ładu i składu (*inf*).

income ['ɪnkʌm] *n* (*earned*) dochód
m; (*from property, investment,
pension*) dochody *pl*.

income tax *n* podatek *m* dochodowy.

incomparable [ɪn'kɔmpərəbl] *adj*
niezrównany.

incompatible [ɪnkəm'pætɪbl] *adj*
(*aims*) nie do pogodzenia (ze sobą)
post; (*COMPUT*) niekompatybilny.

incompetence [ɪn'kɔmpɪtns] *n* brak
m kompetencji, nieudolność *f*.

incompetent [ɪn'kɔmpɪtnt] *adj*
nieudolny.

incomplete [ɪnkəm'pli:t] *adj*
(*unfinished*) niedokończony, nie
skończony; (*partial*) niepełny,
niekompletny.

incomprehensible
[ɪnkɔmprɪ'hɛnsɪbl] *adj* niezrozumiały.

inconceivable [ɪnkən'si:vəbl] *adj*
niepojęty, nie do pomyślenia *post*.

incongruous [ɪn'kɔŋgruəs] *adj*
(*situation, figure*) osobliwy,
absurdalny; (*remark, act*)
niestosowny, nie na miejscu *post*.

inconsistency [ɪnkən'sɪstənsɪ] *n*

brak *m* konsekwencji,
niekonsekwencja *f*.

inconsistent [ɪnkən'sɪstnt] *adj*
(*behaviour, person*)
niekonsekwentny; (*work*) nierówny;
(*statement*) wewnętrznie sprzeczny;
inconsistent with niezgodny z +*instr*.

inconspicuous [ɪnkən'spɪkjuəs] *adj*
niepozorny, nie rzucający się w
oczy.

inconvenience [ɪnkən'vi:njəns] *n*
(*problem*) niedogodność *f*; (*trouble*)
kłopot *m* ♦ *vt* przysparzać
(przysporzyć *perf*) kłopotu +*dat*.

inconvenient [ɪnkən'vi:njənt] *adj*
(*time, place*) niedogodny; (*visitor*)
uciążliwy, kłopotliwy.

incorporate [ɪn'kɔ:pəreɪt] *vt* (*include*)
włączać (włączyć *perf*); (*contain*)
zawierać (w sobie).

incorrigible [ɪn'kɔrɪdʒɪbl] *adj*
niepoprawny.

incorruptible [ɪnkə'rʌptɪbl] *adj*
nieprzekupny.

increase ['ɪnkri:s] *n*: **increase (in/of)**
wzrost *m* (+*gen*) ♦ *vi* wzrastać
(wzrosnąć *perf*), zwiększać się
(zwiększyć się *perf*) ♦ *vt* (*number,
size*) zwiększać (zwiększyć *perf*);
(*prices, wages*) podwyższać
(podwyższyć *perf*).

increasing [ɪn'kri:sɪŋ] *adj* rosnący.

increasingly [ɪn'kri:sɪŋlɪ] *adv* (*more
and more*): **increasingly
strong/difficult** coraz
mocniejszy/trudniejszy; (*more often*)
coraz częściej.

incredible [ɪn'krɛdɪbl] *adj*
niewiarygodny.

incredulous [ɪn'krɛdjuləs] *adj*
(*person*) nie dowierzający; (*tone,
expression*) pełen niedowierzania
post.

incubator ['ɪnkjubeɪtə*] *n* inkubator
m.

incur [ɪn'kə:*] *vt* (*expenses, loss*)
ponosić (ponieść *perf*); (*debt*)

zaciągać (zaciągnąć *perf*);
(*disapproval, anger*) wywoływać
(wywołać *perf*).

incurable [ɪn'kjuərəbl] *adj*
nieuleczalny.

indebted [ɪn'dɛtɪd] *adj*: **to be
indebted to sb** być komuś
wdzięcznym *or* zobowiązanym.

indecent [ɪn'di:snt] *adj*
nieprzyzwoity, gorszący.

indecisive [ɪndɪ'saɪsɪv] *adj*
niezdecydowany.

indeed [ɪn'di:d] *adv* (*certainly, in fact*)
istotnie; (*furthermore*) wręcz, (a)
nawet; **yes indeed!** ależ
oczywiście!; **thank you very much
indeed** dziękuję bardzo; **we have
very little information indeed**
mamy naprawdę bardzo mało
informacji.

indefinite [ɪn'dɛfɪnɪt] *adj* (*answer,
view*) niejasny; (*period, number*)
nieokreślony.

indefinitely [ɪn'dɛfɪnɪtlɪ] *adv*
(*continue, wait*) bez końca; (*closed,
postponed*) na czas nieokreślony.

independence [ɪndɪ'pɛndns] *n* (*of
country*) niepodległość *f*; (*of person,
thinking*) niezależność *f*,
samodzielność *f*.

independent [ɪndɪ'pɛndnt] *adj*
(*country*) niepodległy; (*person,
thought*) niezależny, samodzielny;
(*business, inquiry*) niezależny;
(*school, broadcasting company*) ≈
prywatny.

indestructible [ɪndɪs'trʌktəbl] *adj*
niezniszczalny.

indeterminate [ɪndɪ'tə:mɪnɪt] *adj*
nieokreślony.

index ['ɪndɛks] (*pl* **indexes**) *n* (*in
book*) indeks *m*, skorowidz *m*; (*in
library*) katalog *m* (alfabetyczny); (*pl
indices: ratio, sign*) wskaźnik *m*.

India ['ɪndɪə] *n* Indie *pl*.

Indian ['ɪndɪən] *adj* (*of India*)
indyjski; (*American Indian*) indiański

♦ n (from India) Hindus(ka) m(f); (American Indian) Indianin(anka) m(f).

indicate ['ɪndɪkeɪt] vt (show, point to) wskazywać (wskazać perf); (mention) sygnalizować (zasygnalizować perf).

indication [ɪndɪ'keɪʃən] n znak m.

indicative [ɪn'dɪkətɪv] adj: **to be indicative of** być przejawem +gen ♦ n (LING) tryb m oznajmujący.

indicator ['ɪndɪkeɪtə*] n (marker, signal) oznaka f; (AUT) kierunkowskaz m; (device, gauge) wskaźnik m.

indices ['ɪndɪsi:z] npl of **index**.

indifference [ɪn'dɪfrəns] n obojętność f.

indifferent [ɪn'dɪfrənt] adj (uninterested) obojętny; (mediocre) mierny.

indigenous [ɪn'dɪdʒɪnəs] adj (population) rdzenny.

indigestion [ɪndɪ'dʒɛstʃən] n niestrawność f.

indignant [ɪn'dɪgnənt] adj: **to be indignant at sth/with sb** być oburzonym na coś/na kogoś.

indignation [ɪndɪg'neɪʃən] n oburzenie nt.

indirect [ɪndɪ'rɛkt] adj (way, effect) pośredni; (answer) wymijający; (flight) z przesiadką post.

indiscreet [ɪndɪs'kri:t] adj niedyskretny.

indiscriminate [ɪndɪs'krɪmɪnət] adj (bombing) masowy; (taste, person) niewybredny.

indispensable [ɪndɪs'pɛnsəbl] adj (tool) nieodzowny, niezbędny; (worker) niezastąpiony.

indisputable [ɪndɪs'pju:təbl] adj niezaprzeczalny, bezsprzeczny.

indistinct [ɪndɪs'tɪŋkt] adj niewyraźny.

individual [ɪndɪ'vɪdjuəl] n osoba f; (as opposed to group, society) jednostka f ♦ adj (personal)

osobisty; (single) pojedynczy; (unique) indywidualny.

individualist [ɪndɪ'vɪdjuəlɪst] n indywidualista (-tka) m(f).

individually [ɪndɪ'vɪdjuəlɪ] adv (work) indywidualnie; (packed, wrapped) osobno.

indivisible [ɪndɪ'vɪzɪbl] adj niepodzielny.

indoctrinate [ɪn'dɔktrɪneɪt] vt indoktrynować.

indoctrination [ɪndɔktrɪ'neɪʃən] n indoktrynacja f.

Indonesia [ɪndə'ni:zɪə] n Indonezja f.

indoor ['ɪndɔ:*] adj (plant) pokojowy; (swimming pool) kryty; (games, sport) halowy.

indoors [ɪn'dɔ:z] adv (be) wewnątrz; (go) do środka; **she stayed indoors all day** przez cały dzień nie wychodziła z domu.

induce [ɪn'dju:s] vt (feeling, birth) wywoływać (wywołać perf); **to induce sb to do sth** nakłaniać (nakłonić perf) kogoś do zrobienia czegoś.

inducement [ɪn'dju:smənt] n (incentive) bodziec m; (pej: bribe) łapówka f.

indulge [ɪn'dʌldʒ] vt (desire, whim) zaspokajać (zaspokoić perf); (person, child) spełniać zachcianki (spełnić zachciankę perf) +gen; (also: **indulge in**: vice, hobby) oddawać się +dat.

indulgence [ɪn'dʌldʒəns] n (pleasure) słabostka f; (leniency) pobłażliwość f.

indulgent [ɪn'dʌldʒənt] adj pobłażliwy.

industrial [ɪn'dʌstrɪəl] adj przemysłowy; **industrial accident** wypadek w miejscu pracy.

industrial action n akcja f protestacyjna or strajkowa.

industrialize [ɪn'dʌstrɪəlaɪz] vt uprzemysławiać (uprzemysłowić

perf), industrializować
(zindustrializować *perf*).
industry [ˈɪndəstrɪ] *n* (*COMM*)
przemysł *m*; (*diligence*) pracowitość *f*.
inedible [ɪnˈɛdɪbl] *adj* niejadalny.
ineffective [ɪnɪˈfɛktɪv] *adj*
nieskuteczny.
inefficiency [ɪnɪˈfɪʃənsɪ] *n* (*of
person*) nieudolność *f*; (*of machine,
system*) niewydolność *f*.
inefficient [ɪnɪˈfɪʃənt] *adj* (*person*)
nieudolny; (*machine, system*)
niewydolny.
inept [ɪˈnɛpt] *adj* niekompetentny.
inequality [ɪnɪˈkwɔlɪtɪ] *n* nierówność
f.
inert [ɪˈnəːt] *adj* bezwładny; (*gas*)
obojętny.
inertia [ɪˈnəːʃə] *n* bezwład *m*, inercja *f*.
inescapable [ɪnɪˈskeɪpəbl] *adj*
nieunikniony.
inevitable [ɪnˈɛvɪtəbl] *adj*
nieuchronny, nieunikniony.
inevitably [ɪnˈɛvɪtəblɪ] *adv*
nieuchronnie.
inexcusable [ɪnɪksˈkjuːzəbl] *adj*
niewybaczalny.
inexhaustible [ɪnɪgˈzɔːstɪbl] *adj*
niewyczerpany.
inexorable [ɪnˈɛksərəbl] *adj*
nieuchronny.
inexpensive [ɪnɪkˈspɛnsɪv] *adj*
niedrogi.
inexperienced [ɪnɪkˈspɪərɪənst] *adj*
niedoświadczony.
inexplicable [ɪnɪkˈsplɪkəbl] *adj*
niewytłumaczalny.
inextricably [ɪnɪkˈstrɪkəblɪ] *adv*
nierozerwalnie.
infallible [ɪnˈfælɪbl] *adj* nieomylny.
infamous [ˈɪnfəməs] *adj* niesławny.
infancy [ˈɪnfənsɪ] *n* (*of person*)
wczesne dzieciństwo *nt*.
infant [ˈɪnfənt] *n* (*baby*) niemowlę *nt*;
(*young child*) małe dziecko *nt*.
infantile [ˈɪnfəntaɪl] *adj* (*disease etc*)

dziecięcy; (*childish*) dziecinny,
infantylny.
infantry [ˈɪnfəntrɪ] *n* piechota *f*.
infatuated [ɪnˈfætjueɪtɪd] *adj*:
infatuated with zadurzony w +*loc*.
infatuation [ɪnfætjuˈeɪʃən] *n*
zadurzenie *nt*.
infect [ɪnˈfɛkt] *vt* (*lit, fig*) zarażać
(zarazić *perf*); (*food*) zakażać
(zakazić *perf*); **to become infected**
(*wound*) ulegać (ulec *perf*) zakażeniu.
infection [ɪnˈfɛkʃən] (*MED*) *n*
(*disease*) infekcja *f*; (*contagion*)
zakażenie *nt*.
infectious [ɪnˈfɛkʃəs] *adj* (*disease*)
zaraźliwy, zakaźny; (*fig*) zaraźliwy.
infer [ɪnˈfəː*] *vt* (*deduce*)
wnioskować (wywnioskować *perf*);
(*imply*) dawać (dać *perf*) do
zrozumienia.
inference [ˈɪnfərəns] *n* (*result*)
wniosek *m*; (*process*) wnioskowanie
nt.
inferior [ɪnˈfɪərɪə*] *adj* (*in rank*)
niższy; (*in quality*) gorszy,
pośledniejszy ♦ *n* (*subordinate*)
podwładny (-na) *m(f)*; (*junior*)
młodszy (-sza) *m(f)* rangą.
inferiority complex *n* kompleks *m*
niższości.
inferno [ɪnˈfəːnəu] *n* piekło *nt*.
infertile [ɪnˈfəːtaɪl] *adj* (*soil*)
nieurodzajny; (*person, animal*)
niepłodny, bezpłodny.
infertility [ɪnfəːˈtɪlɪtɪ] *n* (*of soil*)
nieurodzajność *f*; (*of person, animal*)
niepłodność *f*, bezpłodność *f*.
infested [ɪnˈfɛstɪd] *adj*: **infested
(with vermin)** zaatakowany (przez
szkodniki).
infidelity [ɪnfɪˈdɛlɪtɪ] *n* niewierność *f*.
infinite [ˈɪnfɪnɪt] *adj* (*without limits*)
nieskończony; (*very great*) ogromny.
infinitive [ɪnˈfɪnɪtɪv] *n* (*LING*)
bezokolicznik *m*.
infinity [ɪnˈfɪnɪtɪ] *n* nieskończoność *f*;
(*infinite number*) nieskończona liczba *f*.

infirm [ɪn'fɔːm] adj (weak)
niedołężny; (: from old age)
zniedołężniały; (ill) chory.
infirmary [ɪn'fɔːmərɪ] n szpital m.
inflamed [ɪn'fleɪmd] adj (throat,
appendix) w stanie zapalnym post.
inflammable [ɪn'flæməbl] adj
łatwopalny.
inflammation [ɪnflə'meɪʃən] n
(MED) zapalenie nt.
inflatable [ɪn'fleɪtəbl] adj
nadmuchiwany.
inflate [ɪn'fleɪt] vt (tyre) pompować
(napompować perf); (balloon)
nadmuchiwać (nadmuchać perf);
(price) (sztucznie) zawyżać
(zawyżyć perf).
inflation [ɪn'fleɪʃən] n inflacja f.
inflexible [ɪn'fleksɪbl] adj (rules,
hours) sztywny; (person) mało
elastyczny; (: in particular matter)
nieugięty.
inflict [ɪn'flɪkt] vt: to inflict on sb
(damage) wyrządzać (wyrządzić
perf) komuś; (pain) zadawać (zadać
perf) komuś; (punishment)
wymierzać (wymierzyć perf) komuś.
influence [ˈɪnfluəns] n wpływ m ♦ vt
wpływać (wpłynąć perf) na +acc;
under the influence of alcohol pod
wpływem alkoholu.
influential [ɪnflu'ɛnʃl] adj wpływowy.
influenza [ɪnflu'ɛnzə] n grypa f.
influx [ˈɪnflʌks] n (of refugees)
napływ m; (of funds) dopływ m.
inform [ɪn'fɔːm] vt: to inform sb of
sth powiadamiać (powiadomić perf)
or informować (poinformować perf)
kogoś o czymś ♦ vi: to inform on
sb donosić (donieść perf) na kogoś.
informal [ɪn'fɔːml] adj (manner)
bezpośredni; (language) potoczny;
(discussion, clothes) swobodny;
(visit, invitation, announcement)
nieoficjalny.
informant [ɪn'fɔːmənt] n
informator(ka) m(f).

information [ɪnfə'meɪʃən] n
informacja f; a piece of information
informacja.
information science n informatyka f.
informative [ɪn'fɔːmətɪv] adj
(providing useful facts) zawierający
dużo informacji; (providing useful
ideas) pouczający.
informer [ɪn'fɔːmə*] n (also: police
informer) informator(ka) m(f).
infra-red [ɪnfrə'rɛd] adj podczerwony.
infrastructure [ˈɪnfrəstrʌktʃə*] n
infrastruktura f.
infrequent [ɪn'friːkwənt] adj rzadki.
infringe [ɪn'frɪndʒ] vt naruszać
(naruszyć perf) ♦ vi: to infringe on
naruszać (naruszyć perf) +acc.
infringement [ɪn'frɪndʒmənt] n
naruszenie nt.
infuriate [ɪn'fjuərɪeɪt] vt
rozwścieczać (rozwścieczyć perf).
ingenious [ɪn'dʒiːnjəs] adj
pomysłowy.
ingenuity [ɪndʒɪ'njuːɪtɪ] n
pomysłowość f.
ingenuous [ɪn'dʒɛnjuəs] adj
prostoduszny.
ingrained [ɪn'greɪnd] adj
zakorzeniony.
ingredient [ɪn'griːdɪənt] n (of cake)
składnik m; (of situation) element m.
inhabit [ɪn'hæbɪt] vt zamieszkiwać.
inhabitant [ɪn'hæbɪtnt] n
mieszkaniec (-nka) m(f).
inhale [ɪn'heɪl] vt wdychać ♦ vi
(breathe in) robić (zrobić perf)
wdech; (when smoking) zaciągać się
(zaciągnąć się perf).
inherent [ɪn'hɪərənt] adj (innate)
wrodzony; **inherent in/to** właściwy
+dat/dla +gen.
inherit [ɪn'hɛrɪt] vt dziedziczyć
(odziedziczyć perf).
inheritance [ɪn'hɛrɪtəns] n spadek m;
(cultural, political) dziedzictwo nt,
spuścizna f; (genetic) dziedziczenie
nt.

inhibit [ɪnˈhɪbɪt] vt (growth) hamować (zahamować perf); (person): **to inhibit sb from** powstrzymywać (powstrzymać perf) kogoś przed +instr.

inhibited [ɪnˈhɪbɪtɪd] (PSYCH) adj cierpiący na zahamowania.

inhibition [ɪnhɪˈbɪʃən] n zahamowanie nt.

inhospitable [ɪnhɔsˈpɪtəbl] adj (person) niegościnny; (place, climate) nieprzyjazny; (weather) niesprzyjający.

inhuman [ɪnˈhjuːmən] adj nieludzki.

initial [ɪˈnɪʃl] adj początkowy ♦ n pierwsza litera f ♦ vt parafować (parafować perf); **initials** npl inicjały pl; **can I have your initial, Mrs Jones?** poproszę o pierwszą literę Pani imienia, Pani Jones.

initially [ɪˈnɪʃəlɪ] adv (at first) początkowo; (originally) pierwotnie.

initiate [ɪˈnɪʃɪeɪt] vt (talks, process) zapoczątkowywać (zapoczątkować perf), inicjować (zainicjować perf); **to initiate sb into** (club, society) wprowadzać (wprowadzić perf) kogoś do +gen; (new skill) zapoznawać (zapoznać perf) kogoś z +instr.

initiation [ɪnɪʃɪˈeɪʃən] n (beginning) zapoczątkowanie nt; (into secret) wtajemniczenie nt; (into adulthood) inicjacja f.

initiative [ɪˈnɪʃətɪv] n inicjatywa f; **to take the initiative** podejmować (podjąć perf) inicjatywę.

inject [ɪnˈdʒɛkt] vt wstrzykiwać (wstrzyknąć perf); **to inject sb with sth** robić (zrobić perf) komuś zastrzyk z czegoś, wstrzykiwać (wstrzyknąć perf) komuś coś.

injection [ɪnˈdʒɛkʃən] n (lit, fig) zastrzyk m.

injunction [ɪnˈdʒʌŋkʃən] (JUR) n nakaz m sądowy.

injure [ˈɪndʒə*] vt (person, feelings) ranić (zranić perf); (reputation) szargać (zszargać perf); **to injure o.s.** zranić się (perf); **to injure one's arm** zranić się (perf) w ramię.

injured [ˈɪndʒəd] adj (person) ranny; (arm, feelings) zraniony; (tone) urażony.

injury [ˈɪndʒərɪ] n uraz m; (SPORT) kontuzja f.

injustice [ɪnˈdʒʌstɪs] n niesprawiedliwość f.

ink [ɪŋk] n atrament m.

inkling [ˈɪŋklɪŋ] n: **to have an inkling of** mieć pojęcie o +loc.

inland [ˈɪnlənd] adj śródlądowy ♦ adv w głąb lądu.

Inland Revenue (BRIT) n ≈ Urząd m Skarbowy.

in-laws [ˈɪnlɔːz] npl teściowie vir pl.

inlet [ˈɪnlɛt] n (wąska) zatoczka f.

inmate [ˈɪnmeɪt] n (of prison) więzień/więźniarka m/f; (of asylum) pacjent(ka) m(f).

inn [ɪn] n gospoda f.

innate [ɪˈneɪt] adj wrodzony.

inner [ˈɪnə*] adj wewnętrzny.

inner city n zamieszkana przez ubogich część śródmieścia, borykająca się z problemami ekonomicznymi i społecznymi.

innocence [ˈɪnəsns] n niewinność f.

innocent [ˈɪnəsnt] adj niewinny.

innocuous [ɪˈnɔkjuəs] adj nieszkodliwy.

innovation [ɪnəuˈveɪʃən] n innowacja f.

innuendo [ɪnjuˈɛndəu] (pl **innuendoes**) n insynuacja f.

innumerable [ɪˈnjuːmrəbl] adj niezliczony.

inoculation [ɪnɔkjuˈleɪʃən] n szczepienie nt.

input [ˈɪnput] n (of resources) wkład m; (COMPUT) dane pl wejściowe.

inquest [ˈɪnkwɛst] n dochodzenie nt (zwłaszcza mające na celu ustalenie przyczyny zgonu).

inquire [ɪn'kwaɪə*] *vi* pytać (zapytać *perf or* spytać *perf*) ♦ *vt* **to inquire (about)** pytać (zapytać *perf or* spytać *perf*) o +*acc*.

►**inquire into** *vt fus* badać (zbadać *perf*) +*acc*.

inquiry [ɪn'kwaɪərɪ] *n* (*question*) zapytanie *nt*; (*investigation*) dochodzenie *nt*.

inquisitive [ɪn'kwɪzɪtɪv] *adj* dociekliwy.

ins *abbr* (= *inches*).

insane [ɪn'seɪn] *adj* (*MED*) chory umysłowo; (*foolish, crazy*) szalony.

insanity [ɪn'sænɪtɪ] *n* (*MED*) choroba *f* umysłowa; (*of idea etc*) niedorzeczność *f*.

insatiable [ɪn'seɪʃəbl] *adj* nienasycony.

inscription [ɪn'skrɪpʃən] *n* (*on gravestone, memorial*) napis *m*, inskrypcja *f*; (*in book*) dedykacja *f*.

inscrutable [ɪn'skru:təbl] *adj* (*comment*) zagadkowy; (*expression*) nieodgadniony.

insect ['ɪnsɛkt] *n* owad *m*.

insecticide [ɪn'sɛktɪsaɪd] *n* środek *m* owadobójczy.

insecure [ɪnsɪ'kjuə*] *adj* (*structure, job*) niepewny; **to be insecure** (*person*) nie wierzyć w siebie; **to feel insecure** nie czuć się pewnie.

insecurity [ɪnsɪ'kjuərɪtɪ] *n* niepewność *f*.

insemination [ɪnsɛmɪ'neɪʃən] *n*: **artificial insemination** sztuczne zapłodnienie *nt*, inseminacja *f*.

insensible [ɪn'sɛnsɪbl] *adj* (*unconscious*) nieprzytomny.

insensitive [ɪn'sɛnsɪtɪv] *adj* (*uncaring*) nieczuły; (*to pain etc*) niewrażliwy.

inseparable [ɪn'sɛprəbl] *adj* (*friends*) nierozłączny.

insert [ɪn'sə:t] *vt* wkładać (włożyć *perf*).

insertion [ɪn'sə:ʃən] *n* (*of needle*) wprowadzenie *nt*; (*of peg etc*) włożenie *nt*; (*of comment*) wtrącenie *nt*.

inside ['ɪn'saɪd] *n* (*interior*) wnętrze *nt* ♦ *adj* wewnętrzny ♦ *adv* (*go*) do środka; (*be*) w środku, wewnątrz ♦ *prep* (*location*) wewnątrz +*gen*; (*time*) w ciągu +*gen*; **insides** *npl* (*inf*) wnętrzności *pl*.

inside out *adv* na lewą stronę; (*fig: know*) na wylot.

insidious [ɪn'sɪdɪəs] *adj* zdradziecki, podstępny.

insight ['ɪnsaɪt] *n* (*doglębne*) zrozumienie *nt*; (*PSYCH*) wgląd *m*.

insignificant [ɪnsɪg'nɪfɪknt] *adj* (*unimportant*) mało znaczący, bez znaczenia *post*; (*small*) nieznaczny.

insincere [ɪnsɪn'sɪə*] *adj* nieszczery.

insinuate [ɪn'sɪnjueɪt] *vt* (*imply*) insynuować.

insipid [ɪn'sɪpɪd] *adj* mdły, bez smaku *post*; (*fig: person, style*) bezbarwny.

insist [ɪn'sɪst] *vi* upierać się, nalegać; **to insist on sth** upierać się przy czymś; **to insist that ...** (*demand*) upierać się *or* nalegać, żeby ...; (*claim*) utrzymywać *or* uparcie twierdzić, że ... .

insistence [ɪn'sɪstəns] *n* nalegania *pl*; **insistence on** upieranie się przy +*loc*.

insistent [ɪn'sɪstənt] *adj* (*resolute*) stanowczy; (*continual*) uporczywy; **he was insistent that we should have a drink** nalegał, żebyśmy się napili.

insolent ['ɪnsələnt] *adj* bezczelny.

insoluble [ɪn'sɔljubl] *adj* nierozwiąz(yw)alny, nie do rozwiązania *post*.

insolvent [ɪn'sɔlvənt] *adj* niewypłacalny.

insomnia [ɪn'sɔmnɪə] *n* bezsenność *f*.

inspect [ɪn'spɛkt] *vt* (*examine*) badać (zbadać *perf*); (*premises, equipment*)

kontrolować (skontrolować *perf*),
robić (zrobić *perf*) przegląd *or*
inspekcję +*gen*; (*troops*) dokonywać
(dokonać *perf*) przeglądu *or*
inspekcji +*gen*.

inspection [ɪnˈspɛkʃən] *n*
(*examination*) badanie *nt*; (*of
premises, equipment, troops*)
przegląd *m*, inspekcja *f*.

inspector [ɪnˈspɛktə*] *n* (*ADMIN,
POLICE*) inspektor *m*; (*BRIT: on
bus, train*) kontroler(ka) *m(f)*
(biletów).

inspiration [ɪnspəˈreɪʃən] *n*
(*encouragement*) inspiracja *f*;
(*influence, source*) źródło *nt*
inspiracji; (*idea*) natchnienie *nt*.

inspire [ɪnˈspaɪə*] *vt* (*person*)
inspirować (zainspirować *perf*);
(*confidence, hope*) wzbudzać
(wzbudzić *perf*).

instability [ɪnstəˈbɪlɪtɪ] *n* brak *m*
stabilności, chwiejność *f*.

install [ɪnˈstɔ:l] *vt* (*machine*)
instalować (zainstalować *perf*);
(*official*) wprowadzać (wprowadzić
perf) na stanowisko.

installation [ɪnstəˈleɪʃən] *n* instalacja
f.

instalment [ɪnˈstɔ:lmənt] (*US
installment*) *n* (*of payment*) rata *f*;
(*of story, TV serial*) odcinek *m*; **in
instalments** w ratach.

instance [ˈɪnstəns] *n* przypadek *m*;
for instance na przykład; **in the
first instance** w pierwszej
kolejności.

instant [ˈɪnstənt] *n* chwila *f*, moment
m ♦ *adj* (*reaction, success*)
natychmiastowy; (*coffee*)
rozpuszczalny, instant *post*;
(*potatoes, rice*) błyskawiczny.

instantaneous [ɪnstənˈteɪnɪəs] *adj*
natychmiastowy.

instantly [ˈɪnstəntlɪ] *adv* natychmiast.

instead [ɪnˈstɛd] *adv* zamiast tego;
instead of zamiast +*gen*.

instep [ˈɪnstɛp] *n* podbicie *nt*.

instigate [ˈɪnstɪgeɪt] *vt* (*rebellion*)
wzniecać (wzniecić *perf*); (*search*)
wszczynać (wszcząć *perf*); (*talks*)
doprowadzać (doprowadzić *perf*) do
+*gen*.

instil [ɪnˈstɪl] *vt*: **to instil fear** *etc* **into
sb** wzbudzać (wzbudzić *perf*) w
kimś strach *etc*.

instinct [ˈɪnstɪŋkt] *n* (*BIO*) instynkt
m; (*reaction*) odruch *m*.

instinctive [ɪnˈstɪŋktɪv] *adj*
instynktowny, odruchowy.

institute [ˈɪnstɪtju:t] *n* instytut *m* ♦ *vt*
(*system, rule*) ustanawiać (ustanowić
perf); (*scheme, course of action*)
wprowadzać (wprowadzić *perf*);
(*proceedings, inquiry*) wszczynać
(wszcząć *perf*).

institution [ɪnstɪˈtju:ʃən] *n*
(*establishment*) ustanowienie *nt*;
(*custom, tradition, organization*)
instytucja *f*; (*mental home etc*)
zakład *m*.

instruct [ɪnˈstrʌkt] *vt* (*teach*): **to
instruct sb in sth** szkolić
(wyszkolić *perf*) kogoś w czymś;
(*order*): **to instruct sb to do sth**
instruować (poinstruować *perf*)
kogoś, żeby coś zrobił.

instruction [ɪnˈstrʌkʃən] *n* szkolenie
nt, instruktaż *m*; **instructions** *npl*
instrukcje *pl*; **instructions (for use)**
instrukcja (obsługi).

instructive [ɪnˈstrʌktɪv] *adj*
pouczający.

instructor [ɪnˈstrʌktə*] *n*
instruktor(ka) *m(f)*.

instrument [ˈɪnstrumənt] *n* narzędzie
nt; (*MUS*) instrument *m*.

instrumental [ɪnstruˈmɛntl] *adj*
(*MUS*) instrumentalny; **to be
instrumental in** odgrywać (odegrać
perf) znaczącą rolę w +*loc*.

insubordination [ɪnsəbɔ:dəˈneɪʃən]
n niesubordynacja *f*.

insufficient [ɪnsə'fɪʃənt] *adj* niewystarczający.

insular ['ɪnsjulə*] *adj* (*outlook*) ciasny; (*person*) zasklepiony w sobie.

insulate ['ɪnsjuleɪt] *vt* izolować (odizolować *perf*); (*against electricity*) izolować (zaizolować *perf*).

insulation [ɪnsju'leɪʃən] *n* izolacja *f*.

insulin ['ɪnsjulɪn] *n* insulina *f*.

insult ['ɪnsʌlt] *n* zniewaga *f*, obelga *f* ♦ *vt* znieważać (znieważyć *perf*), obrażać (obrazić *perf*).

insulting [ɪn'sʌltɪŋ] *adj* obelżywy.

insurance [ɪn'ʃuərəns] *n* ubezpieczenie *nt*.

insure [ɪn'ʃuə*] *vt*: **to insure (against)** ubezpieczać (ubezpieczyć *perf*) (od +*gen*); **to insure (o.s.) against sth** (*to prevent it from happenning*) zabezpieczać się (zabezpieczyć się *perf*) przed czymś; (*in case it happens*) zabezpieczać się (zabezpieczyć się *perf*) na wypadek czegoś.

insurrection [ɪnsə'rɛkʃən] *n* powstanie *nt*.

intact [ɪn'tækt] *adj* nietknięty, nienaruszony.

intake ['ɪnteɪk] *n* (*of food, drink*) spożycie *nt*; (*of air, oxygen*) zużycie *nt*; (*BRIT: SCOL*) nabór *m*.

intangible [ɪn'tændʒɪbl] *adj* (*idea, quality*) nieuchwytny; (*benefit*) nienamacalny.

integral ['ɪntɪɡrəl] *adj* integralny.

integrate ['ɪntɪɡreɪt] *vt* (*newcomer*) wprowadzać (wprowadzić *perf*); (*ideas, systems*) łączyć (połączyć *perf*) (w jedną całość), integrować (zintegrować *perf*) ♦ *vi* integrować się (zintegrować się *perf*).

integrity [ɪn'tɛɡrɪtɪ] *n* (*of person*) prawość *f*.

intellect ['ɪntəlɛkt] *n* (*intelligence*) inteligencja *f*; (*cleverness*) intelekt *m*.

intellectual [ɪntə'lɛktjuəl] *adj* intelektualny ♦ *n* intelektualista (-tka) *m(f)*.

intelligence [ɪn'tɛlɪdʒəns] *n* inteligencja *f*; (*MIL etc*) wywiad *m*.

intelligence service *n* służba *f* wywiadowcza.

intelligent [ɪn'tɛlɪdʒənt] *adj* inteligentny.

intelligible [ɪn'tɛlɪdʒɪbl] *adj* zrozumiały.

intend [ɪn'tɛnd] *vt*: **to intend sth for sb** przeznaczać (przeznaczyć *perf*) coś dla kogoś; **to intend to do sth** zamierzać coś (z)robić.

intended [ɪn'tɛndɪd] *adj* (*effect, insult*) zamierzony; (*journey*) planowany.

intense [ɪn'tɛns] *adj* (*heat*) wielki; (*effort, activity*) intensywny; (*effect, emotion, experience*) silny, głęboki; (*person: serious*) poważny; (: *emotional*) uczuciowy.

intensely [ɪn'tɛnslɪ] *adv* (*extremely*) wielce; (*feel, experience*) silnie, głęboko.

intensify [ɪn'tɛnsɪfaɪ] *vt* nasilać (nasilić *perf*).

intensity [ɪn'tɛnsɪtɪ] *n* (*of heat, anger*) nasilenie *nt*; (*of effort*) intensywność *f*.

intensive [ɪn'tɛnsɪv] *adj* intensywny.

intensive care unit *n* oddział *m* intensywnej opieki medycznej.

intent [ɪn'tɛnt] *n* (*fml*) intencja *f* ♦ *adj* skupiony; **intent on** skupiony na +*loc*; **to be intent on doing sth** być zdecydowanym coś (z)robić.

intention [ɪn'tɛnʃən] *n* zamiar *m*.

intentional [ɪn'tɛnʃənl] *adj* zamierzony, celowy.

intentionally [ɪn'tɛnʃnəlɪ] *adv* celowo.

intently [ɪn'tɛntlɪ] *adv* w skupieniu, uważnie.

interact [ɪntər'ækt] *vi* oddziaływać na siebie (wzajemnie); **to interact (with sb)** (*co-operate*) współdziałać (z kimś).

interaction [intər'ækʃən] n wzajemne oddziaływanie nt; (co-operation) współdziałanie nt; (social) interakcja f.

interactive [intər'æktıv] adj interakcyjny.

intercept [intə'sɛpt] vt (message) przechwytywać (przechwycić perf); (person, car) zatrzymywać (zatrzymać perf).

interchange ['intətʃeindʒ] n (of information etc) wymiana f; (AUT) rozjazd m (na autostradzie).

interchangeable [intə'tʃeindʒəbl] adj zamienny.

intercom ['intəkɔm] n telefon m komunikacji wewnętrznej, intercom m.

intercourse ['intəkɔ:s] n (sexual) stosunek m, zbliżenie nt; **social intercourse** współżycie społeczne.

interest ['intrist] n (desire to know, pastime): **interest (in)** zainteresowanie nt (+instr); (advantage, profit) interes m; (COMM: in company) udział m; (: sum of money) odsetki pl, procent m ♦ vt interesować (zainteresować perf).

interested ['intristid] adj zainteresowany; **to be interested in sth/sb** interesować się czymś/kimś; **to be interested in doing sth** być zainteresowanym robieniem czegoś.

interesting ['intristiŋ] adj interesujący, ciekawy.

interest rate n stopa f procentowa.

interface ['intəfeis] n (COMPUT) interfejs m.

interfere [intə'fiə*] vi: **to interfere in** wtrącać się (wtrącić się perf) do +gen or w +acc; **to interfere with** (object) majstrować przy +loc; (career) przeszkadzać (przeszkodzić perf) w +loc; (plans) kolidować z +instr.

interference [intə'fiərəns] n (in sb's affairs) wtrącanie się nt, ingerencja f; (RADIO, TV) interferencja f.

interim ['intərim] adj tymczasowy ♦ n: **in the interim** w międzyczasie.

interior [in'tiəriə*] n wnętrze nt ♦ adj wewnętrzny; **interior minister/department** Minister/Departament Spraw Wewnętrznych.

interjection [intə'dʒɛkʃən] n (interruption) wtrącenie nt; (LING) wykrzyknik m.

interlude ['intəlu:d] n (break) przerwa f; (THEAT) antrakt m.

intermediary [intə'mi:diəri] n pośrednik (-iczka) m(f).

intermediate [intə'mi:diət] adj (stage) pośredni; (student) średniozaawansowany.

interminable [in'tə:minəbl] adj nie kończący się, bez końca post.

intermission [intə'miʃən] n przerwa f; (THEAT) antrakt m.

intermittent [intə'mitnt] adj (noise) przerywany; (publication) nieregularny.

internal [in'tə:nl] adj wewnętrzny.

internally [in'tə:nəli] adv: "not to be taken internally" „do użytku zewnętrznego".

Internal Revenue Service (US) n ≈ Izba f Skarbowa.

international [intə'næʃənl] adj międzynarodowy ♦ n (BRIT: SPORT) mecz m międzypaństwowy.

interplay ['intəplei] n: **interplay (of/between)** (wzajemne) oddziaływanie nt (+gen/między +instr).

interpret [in'tə:prit] vt (explain, understand) interpretować (zinterpretować perf); (translate) tłumaczyć (przetłumaczyć perf) (ustnie) ♦ vi tłumaczyć (ustnie).

interpretation [intə:pri'teiʃən] n interpretacja f.

interpreter [in'tə:pritə*] n
tłumacz(ka) m(f).

interrelated [intəri'leitid] adj
powiązany (ze sobą).

interrogate [in'terəugeit] vt
przesłuchiwać (przesłuchać perf).

interrogation [interəu'geiʃən] n
przesłuchanie nt.

interrogative [intə'rɔgətiv] (LING)
adj pytajny.

interrupt [intə'rʌpt] vt (speaker)
przerywać (przerwać perf) +dat;
(conversation) przerywać (przerwać
perf) ♦ vi przerywać (przerwać perf).

interruption [intə'rʌpʃən] n: there
were several interruptions kilka
razy przerywano.

intersection [intə'sɛkʃən] n (of
roads) przecięcie nt, skrzyżowanie nt.

intertwine [intə'twain] vi splatać się
(spleść się perf).

interval ['intəvl] n przerwa f; sunny
intervals przejaśnienia; at
six-month intervals w
sześciomiesięcznych odstępach.

intervene [intə'vi:n] vi (in situation)
interweniować (zainterweniować
perf); (in speech) wtrącać się
(wtrącić się perf); (event)
przeszkadzać (przeszkodzić perf);
(years, months) upływać (upłynąć
perf).

intervention [intə'vɛnʃən] n
interwencja f.

interview ['intəvju:] n (for job)
rozmowa f kwalifikacyjna; (RADIO,
TV) wywiad m ♦ vt (for job)
przeprowadzać (przeprowadzić perf)
rozmowę kwalifikacyjną z +instr;
(RADIO, TV) przeprowadzać
(przeprowadzić perf) wywiad z
+instr.

intestine [in'testin] n jelito nt.

intimacy ['intiməsi] n bliskość f.

intimate ['intimət] adj (friend) bliski;
(relations, matter, detail) intymny;
(restaurant, atmosphere) kameralny;

(knowledge) gruntowny ♦ vt
napomykać (napomknąć perf) o +loc.

intimidate [in'timideit] vt zastraszać
(zastraszyć perf).

intimidation [intimi'deiʃən] n
zastraszenie nt.

┌─────────── KEYWORD ───────────

into ['intu] prep 1 (indicating motion
or direction) do +gen; throw it into
the fire wrzuć to do ognia or w
ogień; research into cancer badania
nad rakiem. 2 (indicating change of
condition, result): the vase broke
into pieces wazon rozbił się na
kawałki; she burst into tears
wybuchła płaczem; they got into
trouble wpadli w tarapaty.

└───────────────────────────────

intolerable [in'tɔlərəbl] adj (life,
situation) nieznośny, nie do
zniesienia post; (quality, methods)
nie do przyjęcia post.

intolerance [in'tɔlərns] n
nietolerancja f.

intonation [intəu'neiʃən] n intonacja
f.

intoxicated [in'tɔksikeitid] adj
odurzony or upojony (alkoholem).

intransitive [in'trænsitiv] adj (LING)
nieprzechodni.

intravenous [intrə'vi:nəs] adj
dożylny.

intricate ['intrikət] adj zawiły.

intrigue [in'tri:g] n (plotting) intrygi
pl; (instance) intryga f ♦ vt
intrygować (zaintrygować perf).

intriguing [in'tri:giŋ] adj intrygujący.

intrinsic [in'trinsik] adj (goodness,
superiority) wrodzony; (part)
nieodłączny; these objects have no
intrinsic value przedmioty te nie
przedstawiają sobą żadnej wartości.

introduce [intrə'dju:s] vt (new idea,
method) wprowadzać (wprowadzić
perf); (speaker) przedstawiać

(przedstawić *perf*); **to introduce sb (to sb)** przedstawiać (przedstawić *perf*) kogoś (komuś); **to introduce sb to sth** zaznajamiać (zaznajomić *perf*) kogoś z czymś.

introduction [ɪntrəˈdʌkʃən] *n (of new idea, measure)* wprowadzenie *nt*; *(of person)* przedstawienie *nt*, prezentacja *f*; *(to new experience)* zapoznanie *nt*, zaznajomienie *nt*; *(in book)* wstęp *m*, wprowadzenie *nt*.

introductory [ɪntrəˈdʌktərɪ] *adj* wstępny.

introvert [ˈɪntrəuvəːt] *n* introwertyk (-yczka) *m(f)* ♦ *adj (also:* **introverted**: *behaviour)* introwersyjny; *(child)* introwertyczny.

intrude [ɪnˈtruːd] *vi* przeszkadzać (przeszkodzić *perf*); **to intrude on** zakłócać (zakłócić *perf*) +*acc*.

intruder [ɪnˈtruːdə*] *n* intruz *m*.

intrusion [ɪnˈtruːʒən] *n (of person)* wtargnięcie *nt*; *(of outside influences)* wpływ *m*.

intuition [ɪntjuːˈɪʃən] *n* intuicja *f*; **an intuition** przeczucie *nt*.

intuitive [ɪnˈtjuːɪtɪv] *adj* intuicyjny.

inundate [ˈɪnʌndeɪt] *vt*: **to inundate sb/sth with** zasypywać (zasypać *perf*) kogoś/coś +*instr*.

invade [ɪnˈveɪd] *vt (MIL)* najeżdżać (najechać *perf*).

invalid [ˈɪnvəlɪd] *n* inwalida (-dka) *m(f)* ♦ *adj (ticket)* nieważny; *(argument)* oparty na błędnych przesłankach.

invaluable [ɪnˈvæljuəbl] *adj* nieoceniony.

invariably [ɪnˈvɛərɪəblɪ] *adv* niezmiennie.

invasion [ɪnˈveɪʒən] *n (lit, fig)* najazd *m*, inwazja *f*.

invent [ɪnˈvɛnt] *vt (machine, system)* wynajdywać (wynaleźć *perf*); *(game, phrase)* wymyślać (wymyślić *perf*); *(fabricate)* zmyślać (zmyślić *perf*), wymyślać (wymyślić *perf*).

invention [ɪnˈvɛnʃən] *n (machine, system)* wynalazek *m*; *(untrue story)* wymysł *m*; *(act of inventing)* wynalezienie *nt*.

inventive [ɪnˈvɛntɪv] *adj* pomysłowy.

inventor [ɪnˈvɛntə*] *n* wynalazca (-czyni) *m(f)*.

inventory [ˈɪnvəntrɪ] *n* spis *m* inwentarza.

inverse [ɪnˈvəːs] *adj* odwrotny.

invertebrate [ɪnˈvəːtɪbrət] *n* bezkręgowiec *m*.

inverted commas [ɪnˈvəːtɪd-] *(BRIT) npl* cudzysłów *m*.

invest [ɪnˈvɛst] *vt* inwestować (zainwestować *perf*) ♦ *vi*: **invest in** inwestować (zainwestować *perf*) w +*acc*.

investigate [ɪnˈvɛstɪgeɪt] *vt* badać (zbadać *perf*); *(POLICE)* prowadzić (poprowadzić *perf*) dochodzenie w sprawie +*gen*.

investigation [ɪnvɛstɪˈgeɪʃən] *n* dochodzenie *nt*.

investigator [ɪnˈvɛstɪgeɪtə*] *n* badacz(ka) *m(f)*; *(POLICE)* oficer *m* śledczy.

investment [ɪnˈvɛstmənt] *n (activity)* inwestowanie *pl*; *(amount of money)* inwestycja *f*.

investor [ɪnˈvɛstə*] *n* inwestor *m*.

invidious [ɪnˈvɪdɪəs] *adj (task)* niewdzięczny; *(comparison, decision)* krzywdzący.

invigilator [ɪnˈvɪdʒɪleɪtə*] *n* osoba nadzorująca przebieg egzaminu.

invigorating [ɪnˈvɪgəreɪtɪŋ] *adj* orzeźwiający; *(fig)* ożywczy.

invincible [ɪnˈvɪnsɪbl] *adj (army)* niepokonany, niezwyciężony; *(belief)* niezachwiany.

invisible [ɪnˈvɪzɪbl] *adj* niewidoczny; *(in fairy tales etc)* niewidzialny.

invitation [ɪnvɪˈteɪʃən] *n* zaproszenie *nt*.

invite [ɪnˈvaɪt] *vt* zapraszać (zaprosić *perf*); *(discussion, criticism)* zachęcać

(zachęcić *perf*) do +*gen*; **to invite sb
to do sth** poprosić *(perf)* kogoś,
żeby coś zrobił.
inviting [ɪn'vaɪtɪŋ] *adj* kuszący.
invoice ['ɪnvɔɪs] *n* (*COMM*) faktura *f*
♦ *vt* fakturować (zafakturować *perf*).
invoke [ɪn'vəʊk] *vt* (*law*) powoływać
się (powołać się *perf*) na +*acc*.
involuntary [ɪn'vɔləntrɪ] *adj*
mimowolny.
involve [ɪn'vɔlv] *vt* (*entail*) wymagać
+*gen*; (*concern, affect*) dotyczyć
+*gen*; **to involve sb (in sth)**
angażować (zaangażować *perf*)
kogoś (w coś).
involved [ɪn'vɔlvd] *adj* (*complicated*)
zawiły; **to be involved in** być
zaangażowanym w +*acc*.
involvement [ɪn'vɔlvmənt] *n*
zaangażowanie *nt*.
inward ['ɪnwəd] *adj* (*thought, feeling*)
skryty; (*concentration*) wewnętrzny;
(*movement*) do wewnątrz *post*.
inward(s) ['ɪnwəd(z)] *adv* do
wewnątrz, do środka.
iodine ['aɪəʊdi:n] *n* jodyna *f*.
ion ['aɪən] *n* jon *m*.
IOU *n abbr* (= *I owe you*) rewers *m*,
skrypt *m* dłużny.
IQ *n abbr* (= *intelligence quotient*) IQ
nt inv, iloraz *m* inteligencji.
IRA *n abbr* (= *Irish Republican Army*)
IRA *f inv*.
Iran [ɪ'rɑ:n] *n* Iran *m*.
Iraq [ɪ'rɑ:k] *n* Irak *m*.
Iraqi [ɪ'rɑ:kɪ] *adj* iracki ♦ *n* Irakijczyk
(-jka) *m(f)*.
Ireland ['aɪələnd] *n* Irlandia *f*.
iris ['aɪrɪs] (*pl* **irises**) *n* (*ANAT*)
tęczówka *f*; (*BOT*) irys *m*.
Irish ['aɪrɪʃ] *adj* irlandzki ♦ *npl*: **the
Irish** Irlandczycy *vir pl*.
Irishman ['aɪrɪʃmən] (*irreg like*: **man**)
n Irlandczyk *m*.
irksome ['ə:ksəm] *adj* drażniący.
iron ['aɪən] *n* żelazo *nt*; (*for clothes*)

żelazko *nt* ♦ *cpd* żelazny ♦ *vt*
prasować (wyprasować *perf*).
▶**iron out** *vt* (*fig*) rozwiązywać
(rozwiązać *perf*).
ironic(al) [aɪ'rɔnɪk(l)] *adj* ironiczny;
(*situation*) paradoksalny.
ironing board *n* deska *f* do
prasowania.
ironmonger's (shop)
['aɪənmʌŋgəz-] *n* sklep *m* z
wyrobami żelaznymi.
irony ['aɪrənɪ] *n* ironia *f*.
irrational [ɪ'ræʃənl] *adj* irracjonalny.
irreconcilable [ɪrɛkən'saɪləbl] *adj*
(*ideas, views*) nie do pogodzenia
post; (*conflict*) nierozwiązywalny.
irrefutable [ɪrɪ'fju:təbl] *adj*
niepodważalny, niezbity.
irregular [ɪ'rɛgjulə*] *adj* (*action,
pattern, verb*) nieregularny; (*surface*)
nierówny; (*behaviour*)
nieodpowiedni.
irregularity [ɪrɛgju'lærɪtɪ] *n* (*of
action, pattern, verb*) nieregularność
f; (*of surface*) nierówność *f*;
(*anomaly*) nieprawidłowość *f*.
irrelevant [ɪ'rɛləvənt] *adj* (*remark*)
nie na temat *post*; (*detail*) nieistotny.
irreparable [ɪ'rɛprəbl] *adj*
nieodwracalny.
irreplaceable [ɪrɪ'pleɪsəbl] *adj*
niezastąpiony.
irresistible [ɪrɪ'zɪstɪbl] *adj* nieodparty.
irrespective [ɪrɪ'spɛktɪv]:
irrespective of *prep* bez względu na
+*acc*.
irresponsible [ɪrɪ'spɔnsɪbl] *adj*
nieodpowiedzialny.
irreverent [ɪ'rɛvərnt] *adj* lekceważący.
irrevocable [ɪ'rɛvəkəbl] *adj*
nieodwołalny.
irrigation [ɪrɪ'geɪʃən] *n* nawadnianie
nt.
irritable ['ɪrɪtəbl] *adj* drażliwy.
irritate ['ɪrɪteɪt] *vt* drażnić (rozdrażnić
perf), irytować (zirytować *perf*);
(*MED*) drażnić (podrażnić *perf*).

irritating [ˈɪrɪteɪtɪŋ] adj drażniący, irytujący.

irritation [ɪrɪˈteɪʃən] n (feeling) rozdrażnienie nt, irytacja f; (MED) podrażnienie nt; (thing) utrapienie nt.

IRS (US) n abbr = **Internal Revenue Service**.

is [ɪz] vb see **be**.

Islam [ˈɪzlɑːm] n islam m.

Islamic [ɪzˈlæmɪk] adj islamski.

island [ˈaɪlənd] n wyspa f.

isle [aɪl] n wyspa f.

isn't [ˈɪznt] = **is not**.

isolate [ˈaɪsəleɪt] vt izolować (izolować perf), odizolowywać (odizolować perf); (substance) izolować (wyizolować perf).

isolated [ˈaɪsəleɪtɪd] adj (place, incident) odosobniony; (person) wyobcowany.

isolation [aɪsəˈleɪʃən] n izolacja f, odosobnienie nt.

Israel [ˈɪzreɪl] n Izrael m.

Israeli [ɪzˈreɪlɪ] adj izraelski ♦ n Izraelczyk (-lka) m(f).

issue [ˈɪʃuː] n (problem) sprawa f, kwestia f; (of magazine: edition) wydanie nt; (: number) numer m ♦ vt wydawać (wydać perf); **the point at issue is ...** chodzi o +acc; **to take issue with sb (over)** nie zgadzać się (nie zgodzić się perf) z kimś (w kwestii +gen); **to make an issue of sth** robić (zrobić perf) z czegoś (wielką) sprawę.

─────── KEYWORD ───────

it [ɪt] pron **1** (specific) ono nt (also: on, ona, depending on grammatical gender of replaced noun), to nt; **give it to me** daj mi to; **about/in/on/with it** o/w/na/z tym; **from/to/without it** z/do/bez tego. **2** (impersonal): **it's raining** pada (deszcz); **it's six o'clock/the 10th of August** jest szósta/dziesiąty sierpnia; **how far is it?** jak to daleko?; **who is it? – it's me** kto tam? – (to) ja.

Italian [ɪˈtæljən] adj włoski ♦ n (person) Włoch/Włoszka m/f; (LING) (język m) włoski.

italics [ɪˈtælɪks] npl kursywa f.

Italy [ˈɪtəlɪ] n Włochy pl.

itch [ɪtʃ] n swędzenie nt ♦ vi: **I itch** swędzi mnie; **my toes are itching** swędzą mnie palce u nóg; **to be itching to do sth** mieć chętkę coś zrobić.

itchy [ˈɪtʃɪ] adj swędzący; **I'm all itchy** wszystko mnie swędzi.

it'd [ˈɪtd] = **it would**; **it had**.

item [ˈaɪtəm] n rzecz f; (on list, agenda) punkt m, pozycja f; (also: **news item**) wiadomość f.

itinerary [aɪˈtɪnərərɪ] n plan m podróży.

it'll [ˈɪtl] = **it will**; **it shall**.

its [ɪts] adj swój, jego; **the baby was lying in its room** dziecko leżało w swoim pokoju; **the creature lifted its head** stworzenie uniosło głowę.

it's [ɪts] = **it is**; **it has**.

itself [ɪtˈsɛlf] pron (reflexive) się; (after prep) siebie (gen, acc), sobie (dat, loc), sobą (instr); (emphatic) samo.

ITV (BRIT: TV) n abbr (= Independent Television).

IUD n abbr (= intra-uterine device) wkładka f domaciczna or wewnątrzmaciczna.

I've [aɪv] = **I have**.

ivory [ˈaɪvərɪ] n kość f słoniowa.

ivy [ˈaɪvɪ] n bluszcz m.

J

jab [dʒæb] vt (person) dźgać (dźgnąć perf); (finger, stick etc): **to jab a**

finger at sb dźgać (dźgnąć *perf*) kogoś palcem ♦ *n* (*inf*: *injection*) szczepienie *nt*.

jack [dʒæk] *n* (*AUT*) podnośnik *m*, lewarek *m*; (*CARDS*) walet *m*.

jackal ['dʒækl] *n* szakal *m*.

jacket ['dʒækɪt] *n* (*men's*) marynarka *f*, (*women's*) żakiet *m*; (*coat*) kurtka *f*; (*of book*) obwoluta *f*.

jackpot ['dʒækpɔt] *n* najwyższa stawka *f*, cała pula *f*.

jaded ['dʒeɪdɪd] *adj* znudzony.

jagged ['dʒægɪd] *adj* (*outline*, *edge*) postrzępiony; (*blade*) wyszczerbiony.

jail [dʒeɪl] *n* więzienie *nt* ♦ *vt* wsadzać (wsadzić *perf*) do więzienia.

jam [dʒæm] *n* (*food*) dżem *m*; (*also*: **traffic jam**) korek *m*; (*inf*: *difficulty*) tarapaty *pl* ♦ *vt* (*passage*, *road*) tarasować (zatarasować *perf*); (*mechanism*, *drawer*) zablokowywać (zablokować *perf*); (*RADIO*) zagłuszać (zagłuszyć *perf*) ♦ *vi* (*mechanism*, *drawer etc*) zacinać się (zaciąć się *perf*), zablokowywać się (zablokować się *perf*); **to jam sth into sth** wpychać (wepchnąć *perf*) coś do czegoś.

Jamaica [dʒə'meɪkə] *n* Jamajka *f*.

jangle ['dʒæŋgl] *vi* pobrzękiwać.

janitor ['dʒænɪtə*] *n* (*esp US*) stróż *m*.

January ['dʒænjuərɪ] *n* styczeń *m*.

Japan [dʒə'pæn] *n* Japonia *f*.

Japanese [dʒæpə'niːz] *adj* japoński ♦ *n inv* (*person*) Japończyk (-onka) *m(f)*; (*LING*) (język *m*) japoński.

jar [dʒɑ:*] *n* słoik *m*; (*large*) słój *m* ♦ *vi* (*sound*) drażnić.

jargon ['dʒɑ:gən] *n* żargon *m*.

jasmine ['dʒæzmɪn] *n* jaśmin *m*.

jaundice ['dʒɔ:ndɪs] *n* żółtaczka *f*.

jaunt [dʒɔ:nt] *n* wypad *m*.

jaunty ['dʒɔ:ntɪ] *adj* raźny.

javelin ['dʒævlɪn] *n* oszczep *m*.

jaw [dʒɔ:] *n* szczęka *f*.

jazz [dʒæz] *n* jazz *m*.

jealous ['dʒɛləs] *adj*: **jealous (of)** zazdrosny (o +*acc*).

jealousy ['dʒɛləsɪ] *n* zazdrość *f*, zawiść *f*.

jeans [dʒiːnz] *npl* dżinsy *pl*.

jeep [dʒiːp] ® *n* jeep *m*.

jelly ['dʒɛlɪ] *n* galaretka *f*.

jellyfish ['dʒɛlɪfɪʃ] *n* meduza *f*.

jeopardy ['dʒɛpədɪ] *n*: **to be in jeopardy** być zagrożonym *or* w niebezpieczeństwie.

jerk [dʒə:k] *n* szarpnięcie *nt*; (*inf*: *idiot*) palant *m* (*inf*) ♦ *vt* szarpać (szarpnąć *perf*) ♦ *vi* szarpać (szarpnąć *perf*).

jersey ['dʒə:zɪ] *n* (*garment*) pulower *m*.

Jerusalem [dʒə'ru:sləm] *n* Jerozolima *f*.

Jesus ['dʒi:zəs] *n* Jezus *m*.

jet [dʒɛt] *n* (*of gas*, *liquid*) silny strumień *m*; (*AVIAT*) odrzutowiec *m*.

jet lag *n* zmęczenie po podróży samolotem spowodowane różnicą czasu.

jetty ['dʒɛtɪ] *n* pirs *m*.

Jew [dʒu:] *n* Żyd *m*.

jewel ['dʒu:əl] *n* (*lit*, *fig*) klejnot *m*; (*in watch*) kamień *m*.

jeweller ['dʒu:ələ*] (*US* **jeweler**) *n* jubiler *m*.

jeweller's (shop) *n* sklep *m* jubilerski, jubiler *m*.

jewellery ['dʒu:əlrɪ] (*US* **jewelry**) *n* biżuteria *f*.

Jewess ['dʒu:ɪs] *n* Żydówka *f*.

Jewish ['dʒu:ɪʃ] *adj* żydowski.

jibe [dʒaɪb] *n* = **gibe**.

jiffy ['dʒɪfɪ] (*inf*) *n*: **in a jiffy** za sekundkę *or* momencik.

jigsaw ['dʒɪgsɔ:] *n* (*also*: **jigsaw puzzle**) układanka *f*.

jilt [dʒɪlt] *vt* porzucać (porzucić *perf*).

job [dʒɔb] *n* praca *f*; **it's a good job that ...** (to) dobrze, że ...; **it's not my job** to nie należy do mnie.

job centre (*BRIT*) *n* ≈ biuro *nt*
pośrednictwa pracy.
jobless [ˈdʒɔblɪs] *adj* bez pracy *post*.
jockey [ˈdʒɔkɪ] *n* dżokej *m*.
jocular [ˈdʒɔkjuləˣ] *adj* (*person*)
dowcipny; (*remark*) żartobliwy.
jog [dʒɔg] *vt* trącać (trącić *perf*),
potrącać (potrącić *perf*) ♦ *vi*
uprawiać jogging; **to jog your**
memory żeby ci pomóc sobie
przypomnieć.
jogging [ˈdʒɔgɪŋ] *n* jogging *m*.
join [dʒɔɪn] *vt* (*queue*) dołączać
(dołączyć *perf*) do +*gen*; (*club*,
organization) wstępować (wstąpić
perf) do +*gen*; (*things, places*) łączyć
(połączyć *perf*); (*person: meet*)
spotykać się (spotkać się *perf*) z
+*instr*; (: *in an activity*) przyłączać
się (przyłączyć się *perf*) do +*gen*;
(*road, river*) łączyć się z +*instr* ♦ *vi*
(*roads, rivers*) łączyć się ♦ *n*
złączenie *nt*.
►**join in** *vi* włączać się (włączyć się
perf) ♦ *vt fus* (*work, discussion*)
włączać się (włączyć się *perf*) do
+*gen*.
►**join up** *vi* (*MIL*) wstępować
(wstąpić *perf*) do wojska.
joiner [ˈdʒɔɪnəˣ] (*BRIT*) *n* stolarz *m*
(*robiący drzwi, framugi itp*).
joint [dʒɔɪnt] *n* (*TECH*) złącze *nt*,
spoina *f*; (*ANAT*) staw *m*; (*BRIT:*
CULIN) sztuka *f* mięsa; (*inf: place*)
lokal *m*; (: *of cannabis*) skręt *m* (*inf*)
♦ *adj* wspólny.
joke [dʒəuk] *n* (*gag*) dowcip *m*,
kawał *m* (*inf*); (*sth not serious*) żart
m; (*also:* **practical joke**) psikus *m*,
kawał *m* (*inf*) ♦ *vi* żartować; **to play**
a joke on sb robić (zrobić *perf*)
komuś kawał.
joker [ˈdʒəukəˣ] *n* (*CARDS*) joker *m*,
dżoker *m*.
jolly [ˈdʒɔlɪ] *adj* wesoły ♦ *adv* (*BRIT:*
inf) naprawdę.
jolt [dʒəult] *n* (*jerk*) szarpnięcie *nt*;

(*shock*) wstrząs *m* ♦ *vt* (*physically*)
szarpnąć (*perf*), potrząsnąć (*perf*)
+*instr*; (*emotionally*) wstrząsnąć (*perf*)
+*instr*.
journal [ˈdʒəːnl] *n* (*magazine*)
czasopismo *nt*; (: *in titles*) magazyn
m; (*diary*) dziennik *m*.
journalism [ˈdʒəːnəlɪzəm] *n*
dziennikarstwo *nt*.
journalist [ˈdʒəːnəlɪst] *n* dziennikarz
(-arka) *m(f)*.
journey [ˈdʒəːnɪ] *n* podróż *f*.
jovial [ˈdʒəuvɪəl] *adj* jowialny.
joy [dʒɔɪ] *n* radość *f*.
joyful [ˈdʒɔɪful] *adj* (*mood, laugh*)
radosny; (*person*) uradowany.
joyrider [ˈdʒɔɪraɪdəˣ] *n amator*
przejażdżek kradzionymi
samochodami.
joystick [ˈdʒɔɪstɪk] *n* (*AVIAT*) drążek
m sterowy; (*COMPUT*) joystick *m*,
dżojstik *m*.
Jr *abbr* (*in names*) = **junior** jr.
jubilant [ˈdʒuːbɪlnt] *adj* rozradowany.
jubilee [ˈdʒuːbɪliː] *n* jubileusz *m*.
judge [dʒʌdʒ] *n* (*JUR*) sędzia (-ina)
m(f); (*in competition*) sędzia (-ina)
m(f), juror(ka) *m(f)*; (*fig*) ekspert *m* ♦
vt (*competition, match*) sędziować;
(*estimate*) określać (określić *perf*),
oceniać (ocenić *perf*); (*evaluate*)
oceniać; (*consider*) uznawać (uznać
perf) za +*acc*.
judg(e)ment [ˈdʒʌdʒmənt] *n* (*JUR*)
orzeczenie *nt*, wyrok *m*; (*view,*
opinion) pogląd *m*, opinia *f*;
(*discernment*) ocena *f* sytuacji.
judicial [dʒuːˈdɪʃl] *adj* sądowy.
judiciary [dʒuːˈdɪʃɪərɪ] *n*: **the**
judiciary sądownictwo *nt*, władza *f*
sądownicza.
judicious [dʒuːˈdɪʃəs] *adj* rozważny,
rozsądny.
judo [ˈdʒuːdəu] *n* judo *nt inv*, dżudo
nt inv.
jug [dʒʌg] *n* dzbanek *m*.
juggle [ˈdʒʌgl] *vi* żonglować ♦ *vt* (*fig*)

zmieniać (zmienić *perf*), przesuwać (przesunąć *perf*).

juice [dʒu:s] *n* sok *m*.

juicy ['dʒu:sɪ] *adj* soczysty.

jukebox ['dʒu:kbɔks] *n* szafa *f* grająca.

July [dʒu:'laɪ] *n* lipiec *m*.

jumble ['dʒʌmbl] *n* (*of things, colours, qualities*) (bezładna) mieszanina *f* ♦ *vt* (*also*: **jumble up**) mieszać (pomieszać *perf*).

jumble sale (*BRIT*) *n* wyprzedaż *f* rzeczy używanych (*zwykle na cele dobroczynne*).

jumbo ['dʒʌmbəu] *n* (*also*: **jumbo jet**) wielki odrzutowiec *m*, Jumbo Jet *m*.

jump [dʒʌmp] *vi* skakać (skoczyć *perf*); (*with fear, surprise*) (aż) podskoczyć (*perf*) ♦ *vt* przeskakiwać (przeskoczyć *perf*) (przez) ♦ *n* (*leap*) skok *m*; (*increase*) skok *m* (w górę); **to jump the queue** (*BRIT*) wpychać się (wepchnąć się *perf*) poza kolejką *or* kolejnością.

jumper ['dʒʌmpə*] *n* (*BRIT*) pulower *m*; (*US*) bezrękawnik *m*.

junction ['dʒʌŋkʃən] (*BRIT*) *n* (*of roads*) skrzyżowanie *nt*; (*RAIL*) rozjazd *m*, stacja *f* węzłowa.

June [dʒu:n] *n* czerwiec *m*.

jungle ['dʒʌŋgl] *n* dżungla *f*, puszcza *f*; (*fig*) dżungla *f*.

junior ['dʒu:nɪə*] *adj* niższy rangą, młodszy ♦ *n* (*subordinate*) podwładny (-na) *m(f)*; (*BRIT*) ≈ uczeń/uczennica *m/f* szkoły podstawowej (*w wieku 7-11 lat*); **he's my junior by 2 years, he's 2 years my junior** jest ode mnie o 2 lata młodszy.

junk [dʒʌŋk] *n* (*rubbish*) graty *pl*, rupiecie *pl*; (*cheap goods*) starzyzna *f*.

junk food *n* niezdrowe jedzenie *nt*.

junkie ['dʒʌŋkɪ] (*inf*) *n* ćpun(ka) *m(f)* (*inf*).

junk shop *n* sklep *m* ze starzyzną.

jurisdiction [dʒuərɪs'dɪkʃən] *n* jurysdykcja *f*.

juror ['dʒuərə*] *n* (*JUR*) przysięgły (-ła) *m(f)*; (*in competition*) juror(ka) *m(f)*.

jury ['dʒuərɪ] *n* (*JUR*) sąd *m or* ława *f* przysięgłych; (*in competition*) jury *nt inv*.

just [dʒʌst] *adj* (*decision, person, society*) sprawiedliwy; (*reward*) zasłużony; (*cause*) słuszny ♦ *adv* (*exactly*) właśnie, dokładnie; (*merely*) tylko, jedynie; **he's just left** właśnie wyszedł; **just right** w sam raz; **just now** (*a moment ago*) dopiero co; (*at the present time*) w tej chwili; **she's just as clever as you** jest nie mniej inteligentna niż ty; **it's just as well (that ...)** no i dobrze (, że ...); **just as he was leaving** w chwili, gdy wychodził; **just before/after** krótko przed +*instr*/po +*loc*; **just after you called** krótko po tym, jak zadzwoniłeś; **just enough** akurat tyle, ile potrzeba; **there was just enough petrol** ledwo starczyło benzyny; **just here** o tutaj; **he just missed** minimalnie chybił; **just listen** posłuchaj tylko.

justice ['dʒʌstɪs] *n* (*JUR*) sprawiedliwość *f*, wymiar *m* sprawiedliwości; (*of cause*) słuszność *f*; (*of complaint*) zasadność *f*; (*fairness*) sprawiedliwość *f*; (*US: judge*) sędzia *m*; **to do justice to** (*fig: represent, capture*) dobrze oddawać (oddać *perf*) +*acc*; (*deal properly with*) dawać (dać *perf*) sobie radę z +*instr*, uporać się (*perf*) z +*instr*.

justification [dʒʌstɪfɪ'keɪʃən] *n* (*reason*) uzasadnienie *nt*.

justify ['dʒʌstɪfaɪ] *vt* (*action, decision*) uzasadniać (uzasadnić *perf*), tłumaczyć (wytłumaczyć *perf*); (*TYP: text*) justować.

jut [dʒʌt] *vi* (*also*: **jut out**) wystawać, sterczeć.

juvenile [ˈdʒuːvənaɪl] *adj* (*offender*) nieletni, młodociany; (*mentality, person*) dziecinny ♦ *n* nieletni(a) *m(f)*; **juvenile crime** przestępczość nieletnich; **juvenile court** sąd dla nieletnich.

juxtapose [ˈdʒʌkstəpəuz] *vt* zestawiać (zestawić *perf*) (ze sobą).

K

K *abbr* (= *one thousand*) (*COMPUT*) = **kilobyte** kB.

kangaroo [kæŋɡəˈruː] *n* kangur (-urzyca) *m(f)*.

karate [kəˈrɑːtɪ] *n* karate *nt inv*.

kebab [kəˈbæb] *n* kebab *m*.

keel [kiːl] *n* kil *m*.

keen [kiːn] *adj* (*person*) zapalony, gorliwy; (*interest, desire*) żywy; (*eye, intelligence*) bystry, przenikliwy; (*competition*) zawzięty; (*edge, blade*) ostry; **to be keen to do** *or* **on doing sth** palić się do (robienia) czegoś; **to be keen on sth/sb** interesować się czymś/kimś.

keep [kiːp] (*pt* **kept**) *vt* (*retain: receipt*) zachowywać (zachować *perf*); (: *money*) zatrzymywać (zatrzymać *perf*); (: *job*) utrzymywać (utrzymać *perf*); (*preserve, store*) przechowywać (przechować *perf*), trzymać; (*detain*) zatrzymywać (zatrzymać *perf*); (*hold back*) powstrzymywać (powstrzymać *perf*); (*shop, accounts, notes*) prowadzić; (*chickens etc*) hodować, trzymać (*inf*); (*family*) utrzymywać; (*promise*) dotrzymywać (dotrzymać *perf*) +*gen* ♦ *vi* trzymać się ♦ *n* (*expenses*) utrzymanie *nt*; (*of castle*) baszta *f*; **I keep thinking about it** ciągle o tym

myślę; **keep walking** idź dalej; **to keep sth to o.s.** zachowywać (zachować *perf*) coś dla siebie; **to keep sth (back) from sb** zatajać (zataić *perf*) coś przed kimś; **to keep sb from doing sth** powstrzymywać (powstrzymać *perf*) kogoś od (z)robienia czegoś; **to keep sth from happening** zapobiegać (zapobiec *perf*) czemuś; **to keep time** (*clock*) wskazywać czas; **keep to the path** trzymaj się ścieżki.

►**keep on** *vi*: **to keep on doing sth** nadal coś robić; **to keep on (about sth)** nudzić (o czymś).

►**keep out** *vt* (*intruder etc*) trzymać z daleka; **"keep out"** (*do not enter*) „wstęp wzbroniony"; (*stay away*) „nie zbliżać się".

►**keep up** *vt* (*standards etc*) utrzymywać (utrzymać *perf*); (*person*) nie pozwalać (nie pozwolić *perf*) spać +*dat* ♦ *vi*: **to keep up (with)** nadążać (nadążyć *perf*) (za +*instr*).

keeper [ˈkiːpə*] *n* (*in zoo, park*) dozorca *m*.

keep fit *n* zajęcia *pl* sportowe.

kennel [ˈkɛnl] *n* psia buda *f*.

kennels [ˈkɛnlz] *npl* schronisko *nt* dla psów.

Kenya [ˈkɛnjə] *n* Kenia *f*.

kept *pt, pp of* **keep**.

kerb [kəːb] (*BRIT*) *n* krawężnik *m*.

kerosene [ˈkɛrəsiːn] (*US*) *n* nafta *f*.

ketchup [ˈkɛtʃəp] *n* keczup *m*.

kettle [ˈkɛtl] *n* czajnik *m*.

key [kiː] *n* (*lit, fig*) klucz *m*; (*MUS*) tonacja *f*; (*of piano, computer*) klawisz *m* ♦ *adj* kluczowy ♦ *vt* (*also*: **key in**) wpisywać (wpisać *perf*) (*za pomocą klawiatury*).

keyboard [ˈkiːbɔːd] *n* klawiatura *f*.

keyhole [ˈkiːhəul] *n* dziurka *f* od klucza.

key ring *n* kółko *nt* na klucze, breloczek *m*.

khaki ['kɑːkɪ] *n* khaki *nt inv*.
kick [kɪk] *vt* kopać (kopnąć *perf*); (*inf*: *addiction*) rzucać (rzucić *perf*) ♦ *vi* wierzgać (wierzgnąć *perf*) ♦ *n* (*of person*) kopnięcie *nt*, kopniak *m*; (*of animal*) wierzgnięcie *nt*, kopnięcie *nt*; (*of ball*) rzut *m* wolny; (*thrill*) frajda *f* (*inf*).
▸ **kick off** (*SPORT*) *vi* rozpoczynać (rozpocząć *perf*) mecz.
kid [kɪd] *n* (*inf*: *child*) dzieciak *m*, dziecko *nt*; (*goat*) koźlę *nt*; (*leather*) kozia skóra *f* ♦ *vi* (*inf*) żartować.
kidnap ['kɪdnæp] *vt* porywać (porwać *perf*).
kidnapper ['kɪdnæpə*] *n* porywacz(ka) *m(f)*.
kidnapping ['kɪdnæpɪŋ] *n* porwanie *nt*.
kidney ['kɪdnɪ] *n* (*ANAT*) nerka *f*; (*CULIN*) cynaderka *f*.
kill [kɪl] *vt* zabijać (zabić *perf*).
killer ['kɪlə*] *n* zabójca (-czyni) *m(f)*.
kilo ['kiːləu] *n* kilo *nt inv*.
kilobyte ['kiːləubaɪt] *n* kilobajt *m*.
kilogram(me) ['kɪləugræm] *n* kilogram *m*.
kilometre ['kɪləmiːtə*] (*US* **kilometer**) *n* kilometr *m*.
kilt [kɪlt] *n* spódnica *f* szkocka.
kind [kaɪnd] *adj* uprzejmy, życzliwy ♦ *n* rodzaj *m*; **of some kind** jakiś; **that kind of thing** coś w tym rodzaju; **in kind** (*COMM*) w towarze; **they're two of a kind** (obaj) są ulepieni z tej samej gliny.
kindergarten ['kɪndəgɑːtn] *n* przedszkole *nt*.
kind-hearted [kaɪnd'hɑːtɪd] *adj* życzliwy.
kindly ['kaɪndlɪ] *adj* (*person*) dobrotliwy; (*tone, interest*) życzliwy ♦ *adv* uprzejmie, życzliwie; **will you kindly ...** czy mógłbyś łaskawie +*infin*?
kindness ['kaɪndnɪs] *n* (*quality*) uprzejmość *f*, życzliwość *f*.

king [kɪŋ] *n* król *m*.
kingdom ['kɪŋdəm] *n* królestwo *nt*.
kingfisher ['kɪŋfɪʃə*] *n* zimorodek *m*.
kiosk ['kiːɔsk] *n* (*shop*) kiosk *m* spożywczy; (*BRIT*: *TEL*) budka *f* (telefoniczna).
kipper ['kɪpə*] *n* śledź *m* wędzony.
kiss [kɪs] *n* pocałunek *m*, całus *m* ♦ *vt* całować (pocałować *perf*) ♦ *vi* całować się (pocałować się *perf*).
kit [kɪt] *n* (*sports kit etc*) strój *m*, kostium *m*; (*MIL*) ekwipunek *m*; (*of tools etc*) komplet *m*, zestaw *m*; (*for assembly*) zestaw *m*.
kitchen ['kɪtʃɪn] *n* kuchnia *f*.
kite [kaɪt] *n* (*toy*) latawiec *m*.
kitten ['kɪtn] *n* kotek *m*, kociątko *nt*.
kitty ['kɪtɪ] *n* wspólna kasa *f*.
km *abbr* = **kilometre** km.
knack [næk] *n*: **to have the knack of/for** mieć talent do +*gen*.
knapsack ['næpsæk] *n* chlebak *m*.
knee [niː] *n* kolano *nt*.
kneel [niːl] (*pt* **knelt**) *vi* (*also*: **kneel down**) klękać (klęknąć *perf or* uklęknąć *perf*).
knelt [nɛlt] *pt, pp of* **kneel**.
knew [njuː] *pt of* **know**.
knickers ['nɪkəz] (*BRIT*) *npl* figi *pl*.
knife [naɪf] (*pl* **knives**) *n* nóż *m* ♦ *vt* pchnąć (*perf*) nożem.
knight [naɪt] *n* rycerz *m*; (*CHESS*) skoczek *m*, konik *m* ♦ *vt* nadawać (nadać *perf*) tytuł szlachecki +*dat*.
knit [nɪt] *vt* robić (zrobić *perf*) na drutach ♦ *vi* robić na drutach; (*bones*) zrastać się (zrosnąć się *perf*); **to knit one's brows** marszczyć (zmarszczyć *perf*) brwi.
knitting ['nɪtɪŋ] *n* (*activity*) robienie *nt* na drutach; (*garment being knitted*) robótka *f*.
knitting needle *n* drut *m* (do robót dzianych).
knives [naɪvz] *npl of* **knife**.
knob [nɔb] *n* gałka *f*.
knock [nɔk] *vt* (*strike*) uderzać

(uderzyć *perf*); (*hole*) wybijać
(wybić *perf*); (*inf: criticize*) najeżdżać
(najechać *perf*) na +*acc* (*inf*) ♦ *vi* (*at
door etc*) pukać (zapukać *perf*),
stukać (zastukać *perf*) ♦ *n* (*blow,
bump*) uderzenie *nt*; (*on door*)
pukanie *nt*, stukanie *nt*; **she
knocked at the door** zapukała do
drzwi.
►**knock down** *vt* (*AUT*) potrącić
(*perf*); (: *fatally*) przejechać (*perf*).
►**knock out** *vt* (*person*) pozbawiać
(pozbawić *perf*) przytomności;
(*drug*) zwalać (zwalić *perf*) z nóg;
(*BOXING*) nokautować
(znokautować *perf*); (*in game,
competition*) eliminować
(wyeliminować *perf*).
►**knock over** *vt* przewracać
(przewrócić *perf*); (*AUT*) potrącić
(*perf*).
knockout ['nɔkaut] *n* nokaut *m* ♦ *adj*
(*competition etc*) rozgrywany
systemem pucharowym.
knot [nɔt] *n* (*in rope*) węzeł *m*, supeł
m; (*in wood*) sęk *m*; (*NAUT*) węzeł *m*
♦ *vt* związywać (związać *perf*).
knotty ['nɔtɪ] *adj* zawiły.
know [nəu] (*pt* **knew**, *pp* **known**) *vt*
(*be aware of/that/how etc*) wiedzieć;
(*be acquainted with, have experience
of*) znać; (*recognize*) poznawać
(poznać *perf*); **to know how to swim**
umieć pływać; **to know English**
znać angielski; **to know about** *or* **of
sth/sb** wiedzieć o czymś/kimś; **as
far as I know** o ile wiem.
know-all ['nəuɔːl] (*BRIT: inf, pej*) *n*
mądrala *m/f*.
know-how ['nəuhau] *n* wiedza *f*
(technologiczna).
knowingly ['nəuɪŋlɪ] *adv*
(*intentionally*) świadomie; (*smile,
look*) porozumiewawczo.
knowledge ['nɔlɪdʒ] *n* wiedza *f*; (*of
language etc*) znajomość *f*; **not to**

my knowledge nic mi o tym nie
wiadomo.
knowledgeable ['nɔlɪdʒəbl] *adj*: **to
be knowledgeable about** dobrze
znać się na +*loc*.
known [nəun] *pp of* **know**.
knuckle ['nʌkl] *n* kostka *f* (*u ręki*).
KO *n abbr* (= *knockout*) KO *nt inv*,
nokaut *m* ♦ *vt* nokautować
(znokautować *perf*).
Korea [kə'rɪə] *n* Korea *f*.
kosher ['kəuʃə*] *adj* koszerny.

L

L *abbr* (*BRIT: AUT: = learner*) L.
l² *abbr* = **litre** l.
lab [læb] *n abbr* = **laboratory** lab.
label ['leɪbl] *n* (*adhesive*) etykieta *f*,
nalepka *f*; (*tie-on*) etykieta *f*,
przywieszka *f* ♦ *vt* etykietować.
labor *etc* (*US*) *n* = **labour** *etc*.
laboratory [lə'bɔrətərɪ] *n* (*scientific*)
laboratorium *nt*; (*school*) pracownia *f*.
laborious [lə'bɔːrɪəs] *adj* mozolny,
żmudny.
labour ['leɪbə*] (*US* **labor**) *n* (*hard
work*) ciężka praca *f*; (*work force*)
siła *f* robocza; (*work done by work
force*) praca *f*; (*MED*): **to be in
labour** rodzić ♦ *vt*: **to labour a
point** (zbytnio) rozwodzić się nad
zagadnieniem; **Labour, the Labour
Party** (*BRIT*) Partia Pracy.
labo(u)red ['leɪbəd] *adj* (*breathing*)
ciężki.
labo(u)rer ['leɪbərə*] *n* robotnik
(-ica) *m(f)*.
labyrinth ['læbɪrɪnθ] *n* labirynt *m*.
lace [leɪs] *n* (*fabric*) koronka *f*; (*of
shoe etc*) sznurowadło *nt* ♦ *vt* (*also:
lace up: shoe etc*) sznurować
(zasznurować *perf*).
lack [læk] *n* brak *m* ♦ *vt*: **he lacks**

money/confidence brak(uje) mu
pieniędzy/pewności siebie; **through**
or **for lack of** ze względu na brak
+*gen*; **something is lacking here**
czegoś tu brak(uje); **to be lacking
in** być pozbawionym +*gen*.

lad [læd] *n* (*boy*) chłopak *m*; (*young
man*) młodzieniec *m*.

ladder ['lædə*] *n* (*metal, wood*)
drabina *f*; (*rope*) drabinka *f*; (*BRIT:
in tights*) oczko *nt*.

laden ['leɪdn] *adj*: **to be laden (with)**
uginać się (od +*gen*).

ladle ['leɪdl] *n* chochla *f*, łyżka *f*
wazowa.

lady ['leɪdɪ] *n* kobieta *f*, pani *f*
(*polite*); (*dignified etc*) dama *f*; **ladies
and gentlemen, ...** Panie i Panowie,
..., Szanowni Państwo, ...; **young
lady** młoda dama; **the ladies'
(room)** toaleta damska.

ladybird ['leɪdɪbə:d] *n* biedronka *f*.

ladybug ['leɪdɪbʌg] (*US*) *n* =
ladybird.

lag [læg] *n* opóźnienie *nt* ♦ *vi* (*also:
lag behind*) pozostawać (pozostać
perf) w tyle; (*trade etc*) podupadać
(podupaść *perf*) ♦ *vt* (*pipes etc*)
izolować (izolować *perf*).

lager ['lɑ:gə*] *n* piwo *nt* pełne jasne.

lagoon [lə'gu:n] *n* laguna *f*.

laid [leɪd] *pt, pp of* **lay**.

laid-back [leɪd'bæk] (*inf*) *adj*
(*person*) na luzie *post* (*inf*),
wyluzowany (*inf*); (*atmosphere*)
swobodny.

lain [leɪn] *pp of* **lie**.

lake [leɪk] *n* jezioro *nt*.

lamb [læm] *n* (*ZOOL*) jagnię *nt*;
(*REL: fig*) baranek *m*; (*in nursery
rhymes etc*) owieczka *f*; (*CULIN*)
jagnięcina *f*.

lame [leɪm] *adj* (*person, animal*)
kulawy, chromy (*literary*); (*excuse,
argument*) lichy, kiepski.

lament [lə'mɛnt] *n* (*mourning*)
opłakiwanie *nt*; (*complaining*) lament

m, biadanie *nt* ♦ *vt* (*mourn*)
opłakiwać; (*complain about*)
lamentować or biadać nad +*instr*.

lamp [læmp] *n* lampa *f*.

lamppost ['læmppəust] (*BRIT*) *n*
latarnia *f* (uliczna).

lampshade ['læmpʃeɪd] *n* abażur *m*;
(*glass*) klosz *m*.

lance [lɑ:ns] *n* lanca *f* ♦ *vt* (*MED*)
nacinać (naciąć *perf*) (ropień *itp*).

land [lænd] *n* (*area of open ground*)
ziemia *f*; (*property, estate*) ziemia *f*,
grunty *pl*; (*as opposed to sea*) ląd
m; (*country*) kraj *m*, ziemia *f*
(*literary*) ♦ *vi* (*lit, fig*) lądować
(wylądować *perf*) ♦ *vt* (*passengers*)
wysadzać (wysadzić *perf*); (*goods*)
wyładowywać (wyładować *perf*); **to
land sb with sth** (*inf*) zwalać
(zwalić *perf*) komuś coś na głowę
(*inf*).

▶**land up** *vi*: **to land up in** lądować
(wylądować *perf*) w +*loc*.

landing ['lændɪŋ] *n* (*of house*)
półpiętro *nt*; (*AVIAT*) lądowanie *nt*.

landlady ['lændleɪdɪ] *n* (*of rented
house, flat*) właścicielka *f*; (*of rented
room*) gospodyni *f*; (*of pub: owner*)
właścicielka *f*; (*: manageress*)
kierowniczka *f*.

landlocked ['lændlɔkt] *adj* nie
posiadający dostępu do morza, bez
dostępu do morza *post*.

landlord ['lændlɔ:d] *n* (*of rented
house, flat*) właściciel *m*; (*of rented
room*) gospodarz *m*; (*of pub: owner*)
właściciel *m*; (*: manager*) kierownik
m.

landmark ['lændmɑ:k] *n* punkt *m*
orientacyjny; (*fig*) kamień *m* milowy.

landowner ['lændəunə*] *n*
właściciel(ka) *m(f)* ziemski (-ka) *m(f)*.

landscape ['lænskeɪp] *n* krajobraz
m; (*ART*) pejzaż *m*.

landscape architect *n* architekt *m*
krajobrazu, projektant(ka) *m(f)*
terenów zielonych.

landslide ['lændslaɪd] *n* osunięcie się *nt* ziemi; (*fig*): **a landslide victory** przygniatające zwycięstwo *nt*.

lane [leɪn] *n* (*in country*) dróżka *f*; (*AUT*) pas *m* (*ruchu*); (*of race course, swimming pool*) tor *m*.

language ['læŋgwɪdʒ] *n* język *m*; **bad language** wulgarny język.

languid ['læŋgwɪd] *adj* (*person*) powolny; (*movement*) leniwy, ociężały.

languish ['læŋgwɪʃ] *vi* (*person*) marnieć, usychać.

lantern ['læntən] *n* lampion *m*.

lap [læp] *n* (*in race*) okrążenie *nt*; (*of person*): **in his/my lap** u niego/u mnie na kolanach ♦ *vt* (*also*: **lap up**) chłeptać (wychłeptać *perf*) ♦ *vi* (*water*) pluskać.

▶**lap up** *vt* (*fig*) przyjmować (przyjąć *perf*) za dobrą monetę.

lapel [lə'pɛl] *n* klapa *f*, wyłóg *m*.

lapse [læps] *n* (*bad behaviour*) uchybienie *nt*; (*of time*) upływ *m* ♦ *vi* (*contract, membership*) wygasać (wygasnąć *perf*); **a lapse of attention/concentration** chwila nieuwagi; **to lapse into bad habits** popadać (popaść *perf*) w złe nawyki.

laptop (computer) *n* laptop *m*.

lard [lɑːd] *n* smalec *m*.

larder ['lɑːdə*] *n* spiżarnia *f*.

large [lɑːdʒ] *adj* duży, wielki; **at large** (*at liberty*) na wolności; **the country at large** cały kraj.

largely ['lɑːdʒlɪ] *adv* w dużej mierze.

large-scale ['lɑːdʒ'skeɪl] *adj* (*event*) na dużą skalę *post*; (*map*) w dużej skali *post*.

lark [lɑːk] *n* (*bird*) skowronek *m*; (*joke*) kawał *m*.

larva ['lɑːvə] (*pl* **larvae**) *n* larwa *f*.

laryngitis [lærɪn'dʒaɪtɪs] *n* zapalenie *nt* krtani.

laser ['leɪzə*] *n* laser *m*.

lash [læʃ] *n* (*also*: **eyelash**) rzęsa *f*; (*of whip*) uderzenie *nt* (*batem*) ♦ *vt*

(*whip*) chłostać (wychłostać *perf*); (*wind*) smagać; (*rain*) zacinać; **to lash to** przywiązywać (przywiązać *perf*) do +*gen*.

▶**lash out** *vi*: **to lash out (at sb)** (*with weapon, hands*) bić (kogoś) na oślep; (*with feet*) kopać (kogoś) na oślep.

lass [læs] (*BRIT*) *n* dziewczyna *f*.

last [lɑːst] *adj* ostatni ♦ *adv* (*most recently*) ostatnio, ostatni raz; (*finally*) na końcu ♦ *vi* (*continue*) trwać; (*food*) zachowywać (zachować *perf*) świeżość; (*money, commodity*) wystarczać (wystarczyć *perf*), starczać (starczyć *perf*); **last week** w zeszłym tygodniu; **last night** zeszłej nocy; **at last** wreszcie, w końcu; **last but one** przedostatni.

lasting ['lɑːstɪŋ] *adj* trwały.

lastly ['lɑːstlɪ] *adv* na koniec.

last-minute ['lɑːstmɪnɪt] *adj* (*decision etc*) w ostatniej chwili *post*.

latch [lætʃ] *n* (*metal bar*) zasuwa *f*; (*automatic lock*) zatrzask *m*.

late [leɪt] *adj* (*far on in time*) późny; (*not on time*) spóźniony; (*deceased*) świętej pamięci ♦ *adv* (*far on in time*) późno; (*behind time*) z opóźnieniem; **of late** ostatnio; **in late May** pod koniec maja.

latecomer ['leɪtkʌmə*] *n* spóźnialski (-ka) *m(f)*.

lately ['leɪtlɪ] *adv* ostatnio.

latent ['leɪtnt] *adj* ukryty, utajony.

later ['leɪtə*] *adj* późniejszy ♦ *adv* później; **later on** później.

latest ['leɪtɪst] *adj* ostatni, najnowszy; **at the latest** najpóźniej.

lathe [leɪð] *n* tokarka *f*.

lather ['lɑːðə*] *n* piana *f* ♦ *vt* namydlać (namydlić *perf*).

Latin ['lætɪn] *n* (*LING*) łacina *f* ♦ *adj* łaciński.

Latin America *n* Ameryka *f* Łacińska.

latitude ['lætɪtjuːd] n szerokość f
geograficzna; (fig) swoboda f.

latter ['lætə*] adj (of two) drugi;
(recent) ostatni ♦ n: **the latter** ten
ostatni m/ta ostatnia f/to ostatnie nt.

laudable ['lɔːdəbl] adj chwalebny,
godny pochwały.

laugh [lɑːf] n śmiech m ♦ vi śmiać
się (zaśmiać się perf); **for a laugh**
dla śmiechu.

►**laugh at** vt fus śmiać się z +gen.

laughable ['lɑːfəbl] adj śmieszny.

laughing stock n: **to be the
laughing stock of** być
pośmiewiskiem +gen.

laughter ['lɑːftə*] n śmiech m.

launch [lɔːntʃ] n (of ship) wodowanie
nt; (of rocket, satellite) wystrzelenie
nt; (COMM) wprowadzenie nt or
wypuszczenie nt na rynek;
(motorboat) motorówka f ♦ vt (ship)
wodować (zwodować perf); (rocket,
satellite) wystrzeliwać (wystrzelić
perf); (COMM) wprowadzać
(wprowadzić perf) or wypuszczać
(wypuścić perf) na rynek; (fig)
zapoczątkowywać (zapoczątkować
perf).

►**launch into** vt fus (activity)
angażować się (zaangażować się
perf) w +acc; (description) wdawać
się (wdać się perf) w +acc.

laundrette [lɔːnˈdret] (BRIT) n
pralnia f samoobsługowa.

laundry ['lɔːndrɪ] n (clothes, linen)
pranie nt; (place) pralnia f.

laurel ['lɔrl] n laur m, wawrzyn m.

lava ['lɑːvə] n lawa f.

lavatory ['lævətərɪ] n toaleta f.

lavender ['lævəndə*] n lawenda f.

lavish ['lævɪʃ] adj (amount,
hospitality) szczodry ♦ vt: **to lavish
gifts/praise on sb** obsypywać
(obsypać perf) kogoś
prezentami/pochwałami.

law [lɔː] n prawo nt.

law-abiding ['lɔːəbaɪdɪŋ] adj
prawomyślny, praworządny.

law and order n prawo nt i
porządek m.

lawful ['lɔːful] adj legalny.

lawless ['lɔːlɪs] adj bezprawny.

lawn [lɔːn] n trawnik m.

lawnmower ['lɔːnməuə*] n kosiarka
f (do trawy).

lawn tennis n tenis m ziemny.

lawsuit ['lɔːsuːt] n proces m (sądowy).

lawyer ['lɔːjə*] n (solicitor) prawnik
(-iczka) m(f), radca m prawny;
(barrister) adwokat m.

lax [læks] adj (behaviour) zbyt
swobodny, niedbały; (discipline,
security) rozluźniony.

laxative ['læksətɪv] n środek m
przeczyszczający.

lay [leɪ] (pt, pp **laid**) pt of **lie** ♦ adj
(REL) świecki; (not expert): **lay
person** laik m ♦ vt (put) kłaść
(położyć perf); (table) nakrywać
(nakryć perf), nakrywać (nakryć
perf) do +gen; (egg: insect, frog)
składać (złożyć perf); (: bird) znosić
(znieść perf).

►**lay aside** vt odkładać (odłożyć
perf) (na bok).

►**lay down** vt (pen, book) odkładać
(odłożyć perf); (rules etc)
ustanawiać (ustanowić perf); (arms)
składać (złożyć perf); **to lay down
the law** rządzić się (pej).

►**lay off** vt zwalniać (zwolnić perf) (z
pracy).

►**lay on** vt (meal, entertainment)
zadbać (perf) or zatroszczyć się (perf)
o +acc.

►**lay out** vt wykładać (wyłożyć perf).

layabout ['leɪəbaut] (inf, pej) n
obibok m (pej), leser(ka) m(f) (pej).

lay-by ['leɪbaɪ] (BRIT: AUT) n
zato(cz)ka f.

layer ['leɪə*] n warstwa f.

layman ['leɪmən] (irreg like: man) n
laik m.

layout ['leɪaut] n (of garden, building) rozkład m; (of piece of writing) układ m (graficzny).

laziness ['leɪzɪnɪs] n lenistwo nt.

lazy ['leɪzɪ] adj leniwy.

lb. abbr (= pound (weight)) funt m (jednostka wagi).

lead¹ [li:d] (pt, pp **led**) n (SPORT) prowadzenie nt; (fig) przywództwo nt; (piece of information, clue) trop m; (in play, film) główna rola f; (for dog) smycz f; (ELEC) przewód m ♦ vt (walk in front, guide) prowadzić (poprowadzić perf); (organization, activity) kierować (pokierować perf) +instr ♦ vi prowadzić; **in the lead** na prowadzeniu; **to lead the way** prowadzić, wskazywać drogę.

▶**lead on** vt zwodzić.

▶**lead to** vt fus prowadzić (doprowadzić perf) do +gen.

▶**lead up to** vt fus (events) prowadzić (doprowadzić perf) do +gen; (person) starać się skierować rozmowę na +acc.

lead² [lɛd] n (metal) ołów m; (in pencil) grafit m ♦ cpd ołowiany.

leaden ['lɛdn] adj (sky, sea) ołowiany.

leader ['li:də*] n (of group, organization) przywódca (-czyni) m(f), lider(ka) m(f); (SPORT) lider(ka) m(f), prowadzący (-ca) m(f).

leadership ['li:dəʃɪp] n (group) kierownictwo nt; (position) stanowisko nt przywódcy; (quality) umiejętność f przewodzenia.

lead-free ['lɛdfri:] (old) adj bezołowiowy.

leading ['li:dɪŋ] adj (most important) czołowy; (first, front) prowadzący, znajdujący się na czele; (role) główny.

leading light n czołowa postać f.

lead singer [li:d-] n główny (-na) m(f) wokalista (-tka) m(f).

leaf [li:f] (pl **leaves**) n liść m.

leaflet ['li:flɪt] n ulotka f.

league [li:g] n liga f; **to be in league with sb** być w zmowie z kimś.

leak [li:k] n (of liquid, gas) wyciek m; (in pipe etc) dziura f; (piece of information) przeciek m ♦ vi (ship, roof) przeciekać; (shoes) przemakać; (liquid) wyciekać (wyciec perf), przeciekać (przeciec perf); (gas) ulatniać się (ulotnić się perf) ♦ vt (information) ujawniać (ujawnić perf).

lean [li:n] (pt, pp **leaned** or **leant**) adj (person) szczupły; (meat, year) chudy ♦ vt: **to lean sth on sth** opierać (oprzeć perf) coś na czymś ♦ vi pochylać się (pochylić się perf); **to lean against** opierać się (oprzeć się perf) o +acc; **to lean on** (rely on) polegać na +loc; (pressurize) wywierać nacisk na +acc; **to lean forward/back** pochylać się (pochylić się perf) do przodu/do tyłu.

▶**lean out** vi wychylać się (wychylić się perf).

▶**lean over** vi przechylać się (przechylić się perf).

leant [lɛnt] pt, pp of **lean**.

leap [li:p] (pt, pp **leaped** or **leapt**) n (lit, fig) skok m ♦ vi (jump) skakać (skoczyć perf); (price, number etc) skakać (skoczyć perf), podskoczyć (perf).

leapt [lɛpt] pt, pp of **leap**.

leap year n rok m przestępny.

learn [lə:n] (pt, pp **learned** or **learnt**) vt uczyć się (nauczyć się perf) +gen ♦ vi uczyć się; **to learn about** or **of sth** (hear, read) dowiadywać się (dowiedzieć się perf) o czymś; **to learn to do sth** uczyć się (nauczyć się perf) coś robić.

learned ['lə:nɪd] adj uczony.

learning ['lə:nɪŋ] n (knowledge) wiedza f.

learnt [lə:nt] pt, pp of **learn**.

lease [li:s] *n* umowa *f* o dzierżawę *or* najem ♦ *vt* dzierżawić (wydzierżawić *perf*).

leash [li:ʃ] *n* smycz *f*.

least [li:st] *adj*: **the least** (*smallest amount of*) najmniej (+*gen*); (*slightest*) najmniejszy ♦ *adv* (+*verb*) najmniej; (+*adjective*): **the least** najmniej; **at least** (*in expressions of quantity, comparisons*) co najmniej, przynajmniej; (*still, or rather*) przynajmniej; **you could at least have written** mogłeś przynajmniej napisać; **I do not mind in the least** absolutnie mi to nie przeszkadza.

leather ['leðə*] *n* skóra *f* (*zwierzęca, wyprawiona*).

leave [li:v] (*pt, pp* **left**) *vt* (*place: on foot*) wychodzić (wyjść *perf*) z +*gen*; (: *in vehicle*) wyjeżdżać (wyjechać *perf*) z +*gen*; (*place, institution: permanently*) opuszczać (opuścić *perf*), odchodzić (odejść *perf*) z +*gen*; (*person, thing, space, time*) zostawiać (zostawić *perf*); (*mark, stain*) zostawiać (zostawić *perf*), pozostawiać (pozostawić *perf*); (*husband, wife*) opuszczać (opuścić *perf*), odchodzić (odejść *perf*) od +*gen*, zostawiać (zostawić *perf*) (*inf*) ♦ *vi* (*person: on foot*) odchodzić (odejść *perf*); (: *in vehicle*) wyjeżdżać (wyjechać *perf*); (: *permanently*) odchodzić (odejść *perf*); (*bus, train*) odjeżdżać (odjechać *perf*), odchodzić (odejść *perf*); (*plane*) odlatywać (odlecieć *perf*) ♦ *n* urlop *m*; **to leave sth to sb** zostawiać (zostawić *perf*) coś komuś; **you have/there was ten minutes left** zostało ci/zostało (jeszcze) dziesięć minut; **to be left over** (*food, drink*) zostawać (zostać *perf*); **on leave** na urlopie; **on sick leave** na zwolnieniu (lekarskim).

►**leave behind** *vt* zostawiać (zostawić *perf*).

►**leave out** *vt* opuszczać (opuścić *perf*), pomijać (pominąć *perf*).

leave of absence *n* urlop *m*.

leaves [li:vz] *npl of* **leaf**.

Lebanon ['lebənən] *n* Liban *m*.

lecture ['lektʃə*] *n* wykład *m* ♦ *vi* prowadzić wykłady, wykładać ♦ *vt*: **to lecture sb on** *or* **about sth** robić komuś uwagi na temat czegoś; **to give a lecture on** wygłaszać (wygłosić *perf*) wykład na temat +*gen*.

lecturer ['lektʃərə*] (*BRIT*) *n* (*at university*) wykładowca *m*.

led [led] *pt, pp of* **lead**[1].

ledge [ledʒ] *n* (*of mountain*) występ *m* skalny, półka *f* skalna; (*of window*) parapet *m*; (*on wall*) półka *f*.

leech [li:tʃ] *n* pijawka *f*; (*fig*) pasożyt *m*.

leek [li:k] *n* por *m*.

leeway ['li:weɪ] *n* (*fig*): **to have some leeway** mieć pewną swobodę działania.

left [left] *pt, pp of* **leave** ♦ *adj* (*of direction, position*) lewy ♦ *n*: **the left** lewa strona *f* ♦ *adv* (*turn, look etc*) w lewo; **on/to the left** na lewo; **the Left** (*POL*) lewica.

left-handed [left'hændɪd] *adj* leworęczny.

left-luggage (office) [left'lʌgɪdʒ(-)] (*BRIT*) *n* przechowalnia *f* bagażu.

leftovers ['leftəuvəz] *npl* resztki *pl*.

left-wing ['left'wɪŋ] *adj* lewicowy.

leg [leg] *n* (*of person, animal, table*) noga *f*; (*of trousers*) nogawka *f*; (*CULIN: of lamb, pork*) udziec *m*; (: *of chicken*) udko *nt*; (*of journey etc*) etap *m*; **1st/2nd/final leg** (*SPORT*) pierwsza/druga/ostatnia runda.

legacy ['legəsɪ] *n* spadek *m*; (*fig*) spuścizna *f*, dziedzictwo *nt*.

legal ['li:gl] *adj* (*of the law*) prawny; (*allowed by law*) legalny, zgodny z prawem.

legality [lɪ'gælɪtɪ] *n* legalność *f*.

legalize ['li:gəlaɪz] *vt* legalizować (zalegalizować *perf*).

legally ['li:gəlɪ] *adv* (*with regard to the law*) prawnie.

legend ['ledʒənd] *n* legenda *f*; (*fig: person*) (*żywa*) legenda *f*.

legendary ['ledʒəndərɪ] *adj* legendarny.

legible ['ledʒəbl] *adj* czytelny.

legion ['li:dʒən] *n* legion *m*, legia *f*.

legislation [ledʒɪs'leɪʃən] *n* legislacja *f*, ustawodawstwo *nt*.

legislative ['ledʒɪslətɪv] *adj* legislacyjny, ustawodawczy.

legislature ['ledʒɪslətʃə*] *n* ciało *nt* ustawodawcze.

legitimate [lɪ'dʒɪtɪmət] *adj* (*valid*) uzasadniony; (*legal*) legalny.

leisure ['leʒə*] *n* wolny czas *m*; **at leisure** bez pośpiechu, w spokoju.

leisure centre *n* kompleks *m* rekreacyjny (*mieszczący halę sportową, sale konferencyjne, kawiarnię itp*).

leisurely ['leʒəlɪ] *adj* spokojny, zrelaksowany.

lemon ['lemən] *n* cytryna *f*.

lemonade [lemə'neɪd] *n* lemoniada *f*.

lend [lend] (*pt, pp* **lent**) *vt*: **to lend sth to sb** pożyczać (pożyczyć *perf*) coś komuś.

length [leŋθ] *n* długość *f*; (*piece of wood, string etc*) kawałek *m*; **at length** (*at last*) wreszcie; (*fully*) obszernie; (*for a long time*) długo.

lengthen ['leŋθn] *vt* (*workday*) wydłużać (wydłużyć *perf*); (*tramline, cord*) przedłużać (przedłużyć *perf*); (*dress*) podłużać (podłużyć *perf*) ♦ *vi* (*queue, waiting list*) wydłużać się (wydłużyć się *perf*); (*silence*) przedłużać się (przedłużyć się *perf*).

lengthways ['leŋθweɪz] *adv* wzdłuż.

lengthy ['leŋθɪ] *adj* przydługi, rozwlekły.

lenient ['li:nɪənt] *adj* (*person, attitude*) pobłażliwy; (*judge's sentence*) łagodny.

lens [lenz] *n* (*of spectacles*) soczewka *f*; (*of camera, telescope*) obiektyw *m*.

Lent [lent] *n* wielki post *m*.

lent [lent] *pt, pp of* **lend**.

lentil ['lentl] *n* soczewica *f*.

Leo ['li:əu] *n* Lew *m*.

leopard ['lepəd] *n* lampart *m*.

leotard ['li:əta:d] *n* trykot *m*.

leprosy ['leprəsɪ] *n* trąd *m*.

lesbian ['lezbɪən] *adj* lesbijski ♦ *n* lesbijka *f*.

less [les] *adj* mniej (*+gen*) ♦ *pron* mniej ♦ *adv* mniej ♦ *prep*: **less tax/10% discount** minus podatek/10% rabatu; **less than half** mniej niż połowa; **less than ever** mniej niż kiedykolwiek; **less and less** coraz mniej; **the less he works** ... im mniej pracuje, ...

lessen ['lesn] *vi* zmniejszać się (zmniejszyć się *perf*), maleć (zmaleć *perf*) ♦ *vt* zmniejszać (zmniejszyć *perf*).

lesser ['lesə*] *adj* (*in degree, amount*) mniejszy; (*in importance*) pomniejszy; **to a lesser extent** w mniejszym stopniu.

lesson ['lesn] *n* (*class*) lekcja *f*; (*example, warning*) nauka *f*, nauczka *f*; **to teach sb a lesson** (*fig*) dawać (dać *perf*) komuś nauczkę.

lest [lest] *conj* żeby nie.

let [let] (*pt, pp* **let**) *vt* (*allow*) pozwalać (pozwolić *perf*); (*BRIT: lease*) wynajmować (wynająć *perf*); **to let sb do sth** pozwalać (pozwolić *perf*) komuś coś robić; **to let sb know sth** powiadamiać (powiadomić *perf*) kogoś o czymś; **let's go** chodźmy; **let him come** niech przyjdzie; **"to let"** „do wynajęcia"; **to let go** *vi* (*release one's grip*) puszczać się (puścić się *perf*) ♦ *vt* wypuszczać (wypuścić *perf*).

▶**let down** *vt* (*tyre*) spuszczać

(spuścić *perf*) powietrze z +*gen*;
(*person*) zawodzić (zawieść *perf*).
▶**let in** *vt* (*water, air*) przepuszczać
(przepuścić *perf*); (*person*)
wpuszczać (wpuścić *perf*).
▶**let off** *vt* (*culprit*) puszczać (puścić
perf) wolno; (*gun*) wystrzelić (*perf*) z
+*gen*; (*bomb*) detonować
(zdetonować *perf*); (*firework*)
puszczać (puścić *perf*).
▶**let on** *vi* wygadywać się (wygadać
się *perf*).
▶**let out** *vt* (*person, air, water*)
wypuszczać (wypuścić *perf*);
(*sound*) wydawać (wydać *perf*).
lethal ['li:θl] *adj* śmiercionośny.
lethargic [lɛ'θɑ:dʒɪk] *adj* (*sleep*)
letargiczny; (*person*) ospały.
letter ['lɛtə*] *n* (*correspondence*) list
m; (*of alphabet*) litera *f*.
letterbox ['lɛtəbɔks] (*BRIT*) *n* (*on
door, at entrance*) skrzynka *f* na
listy; (*mailbox*) skrzynka *f* pocztowa
or na listy.
lettuce ['lɛtɪs] *n* sałata *f*.
let-up ['lɛtʌp] *n* (*in violence etc*)
spadek *m*.
leukaemia [lu:'ki:mɪə] (*US*
leukemia) *n* białaczka *f*.
level ['lɛvl] *adj* równy ♦ *adv*: **to draw
level with** zrównywać się (zrównać
się *perf*) z +*instr* ♦ *n* (*lit, fig*) poziom
m ♦ *vt* zrównywać (zrównać *perf*) z
ziemią; **to be/keep level with**
być/utrzymywać się na tym samym
poziomie co +*nom*; **'A' levels** (*BRIT*)
*egzaminy końcowe z poszczególnych
przedmiotów w szkole średniej na
poziomie zaawansowanym*; **'O'
levels** (*BRIT*) *egzaminy z
poszczególnych przedmiotów na
poziomie średniozaawansowanym,
do których uczniowie przystępują w
wieku 15-16 lat.*
level crossing (*BRIT*) *n* przejazd *m*
kolejowy.

lever ['li:və*] *n* dźwignia *f*; (*fig*)
środek *m* nacisku.
leverage ['li:vərɪdʒ] *n* nacisk *m*; (*fig*)
wpływ *m*.
levity ['lɛvɪtɪ] *n* beztroska *f*.
levy ['lɛvɪ] *n* pobór *m* ♦ *vt* (*tax:
impose*) nakładać (nałożyć *perf*);
(: *collect*) pobierać (pobrać *perf*),
ściągać (ściągnąć *perf*).
lewd [lu:d] *adj* lubieżny.
liability [laɪə'bɪlətɪ] *n* (*person, thing*)
ciężar *m*, kłopot *m*; (*JUR*)
odpowiedzialność *f* (karna);
liabilities *npl* (*COMM*) pasywa *pl*.
liable ['laɪəbl] *adj* (*prone*): **liable to**
podatny na +*acc*; (*responsible*):
liable for odpowiedzialny za +*acc*;
(*likely*): **she's liable to cry when
she gets upset** ma tendencję do
płaczu, kiedy się zdenerwuje.
liaison [li:'eɪzɔn] *n* (*cooperation*)
współpraca *f*, współdziałanie *nt*;
(*sexual*) związek *m*, romans *m*.
liar ['laɪə*] *n* kłamca *m*, łgarz *m*; (*in
small matters*) kłamczuch(a) *m(f)*.
libel ['laɪbl] *n* zniesławienie *nt* ♦ *vt*
zniesławiać (zniesławić *perf*).
liberal ['lɪbərl] *adj* (*open-minded*)
liberalny; (*generous*) hojny,
szczodry ♦ *n* liberał *m*.
liberate ['lɪbəreɪt] *vt* (*people, country*)
wyzwalać (wyzwolić *perf*); (*hostage,
prisoner*) uwalniać (uwolnić *perf*).
liberation [lɪbə'reɪʃən] *n* wyzwolenie
nt.
liberty ['lɪbətɪ] *n* (*of individual*)
wolność *f*; (*of movement*) swoboda
f; **to be at liberty** być *or* przebywać
na wolności; **to be at liberty to do
sth** mieć przyzwolenie na
(z)robienie czegoś; **to take the
liberty of doing sth** pozwalać
(pozwolić *perf*) sobie zrobić coś.
Libra ['li:brə] *n* Waga *f*.
librarian [laɪ'brɛərɪən] *n* bibliotekarz
(-arka) *m(f)*.
library ['laɪbrərɪ] *n* (*institution,*

collection of books) biblioteka f; (of gramophone records) płytoteka f.
Libya ['lɪbɪə] n Libia f.
lice [laɪs] npl of **louse**.
licence ['laɪsns] (US **license**) n (official document) pozwolenie nt, zezwolenie nt; **a driving** or **driver's licence** prawo jazdy; **to manufacture sth under licence** wytwarzać or produkować coś na licencji.
license ['laɪsns] n (US) = **licence** ♦ vt udzielać (udzielić perf) pozwolenia or zezwolenia +dat.
licensed ['laɪsnst] adj (car etc) zarejestrowany; (hotel, restaurant) posiadający koncesję na sprzedaż alkoholu.
license plate (US) n tablica f rejestracyjna.
licentious [laɪ'sɛnʃəs] adj rozpustny, rozwiązły.
lichen ['laɪkən] n (BOT) porost m, porosty pl.
lick [lɪk] vt lizać (polizać perf); **to lick one's lips** oblizywać się (oblizać się perf); (fig) zacierać ręce.
lid [lɪd] n (of case, large box) wieko nt; (of jar, small box) wieczko nt; (of pan) pokrywka f; (of large container) pokrywa f; (eyelid) powieka f.
lie [laɪ] (pt **lay**, pp **lain**) vi (lit, fig) leżeć; (pt, pp **lied**) kłamać (skłamać perf) ♦ n kłamstwo nt; **to tell lies** kłamać.
lie-down ['laɪdaun] (BRIT) n: **to have a lie-down** położyć się (perf) (do łóżka).
lie-in ['laɪɪn] (BRIT) n: **to have a lie-in** poleżeć (perf) sobie (w łóżku).
lieu [lu:]: **in lieu of** prep zamiast or w miejsce +gen.
lieutenant [lɛf'tɛnənt] n porucznik m.
life [laɪf] (pl **lives**) n życie nt; **to come to life** (fig) ożywiać się (ożywić się perf).

lifebelt ['laɪfbɛlt] (BRIT) n koło nt ratunkowe.
lifeboat ['laɪfbəut] n łódź f ratunkowa.
lifebuoy ['laɪfbɔɪ] n koło nt ratunkowe.
life expectancy n średnia długość f życia.
lifeguard ['laɪfgɑ:d] n ratownik (-iczka) m(f) (na plaży, basenie).
life jacket n kamizelka f ratunkowa.
lifeless ['laɪflɪs] adj martwy; (fig) bez życia post.
lifelike ['laɪflaɪk] adj (model etc) jak żywy post; (painting, performance) realistyczny.
lifeline ['laɪflaɪn] n lina f ratunkowa.
lifelong ['laɪflɔŋ] adj (friend) na całe życie post; (ambition) życiowy.
life preserver (US) n = **lifebelt**; **life jacket**.
life sentence n kara f dożywocia or dożywotniego więzienia.
life-size(d) ['laɪfsaɪz(d)] adj naturalnych rozmiarów post, naturalnej wielkości post.
life-span ['laɪfspæn] n długość f życia; (fig: of product etc) żywotność f.
lifetime ['laɪftaɪm] n (of person) życie nt; (of thing) okres m istnienia.
lift [lɪft] vt (thing, part of body) ponosić (podnieść perf), unosić (unieść perf); (ban, requirement) znosić (znieść perf) ♦ vi (fog) podnosić się (podnieść się perf) ♦ n (BRIT) winda f; **to give sb a lift** (BRIT) podwozić (podwieźć perf) kogoś, podrzucać (podrzucić perf) kogoś (inf).
lift-off ['lɪftɔf] n start m (samolotu lub rakiety).
ligament ['lɪgəmənt] n (ANAT) wiązadło nt.
light [laɪt] (pt, pp **lit**) n światło nt; (for cigarette etc) ogień m ♦ vt (candle, cigarette) zapalać (zapalić perf); (fire) rozpalać (rozpalić perf); (room) oświetlać (oświetlić perf); (sky)

rozświetlać (rozświetlić *perf*) ♦ *adj*
lekki; (*pale, bright*) jasny; **lights** *npl*
(*also*: **traffic lights**) światła *pl*; **to
come to light** wychodzić (wyjść
perf) na jaw; **in the light of** w
świetle +*gen*.

►**light up** *vi* rozjaśniać się (rozjaśnić
się *perf*).

light bulb *n* żarówka *f*.

lighten ['laɪtn] *vt* zmniejszać
(zmniejszyć *perf*).

lighter ['laɪtə*] *n* (*also*: **cigarette
lighter**) zapalniczka *f*.

light-headed [laɪt'hɛdɪd] *adj*
(*excited*) beztroski; (*dizzy*): **to
be/feel light headed** mieć zawroty
głowy.

light-hearted [laɪt'hɑːtɪd] *adj*
(*person*) beztroski; (*question,
remark*) niefrasobliwy.

lighthouse ['laɪthaus] *n* latarnia *f*
morska.

lighting ['laɪtɪŋ] *n* oświetlenie *nt*.

lightly ['laɪtlɪ] *adv* lekko; **to get off
lightly** wykręcić się (*perf*) sianem.

lightness ['laɪtnɪs] *n* lekkość *f*.

lightning ['laɪtnɪŋ] *n* błyskawica *f*.

lightning conductor *n*
piorunochron *m*.

lightning rod (*US*) *n* = **lightning
conductor**.

light year *n* rok *m* świetlny.

like [laɪk] *vt* lubić (polubić *perf*) ♦
prep (taki) jak +*nom* ♦ *n*: **and the
like** i tym podobne; **I would like, I'd
like** chciał(a)bym; **if you like** jeśli
chcesz; **to be/look like sb/sth**
być/wyglądać jak ktoś/coś;
something like that coś w tym
rodzaju; **what does it
look/taste/sound like?** jak to
wygląda/smakuje/brzmi?; **what's he
like?** jaki on jest?; **that's just like
him** to do niego pasuje; **do it like
this** (z)rób to tak *or* w ten sposób; **it
is nothing like ...** to zupełnie nie to

(*samo*), co...; **his likes and dislikes**
jego sympatie i antypatie.

likeable ['laɪkəbl] *adj* przyjemny.

likelihood ['laɪklɪhud] *n*
prawdopodobieństwo *nt*.

likely ['laɪklɪ] *adj* prawdopodobny; **he
is likely to do it** on
prawdopodobnie to zrobi; **not likely!**
(*inf*) na pewno nie!, jeszcze czego!

likeness ['laɪknɪs] *n* podobieństwo *nt*.

likewise ['laɪkwaɪz] *adv* podobnie; **to
do likewise** robić (zrobić *perf*) to
samo.

liking ['laɪkɪŋ] *n*: **liking (for)** (*thing*)
upodobanie *nt* (do +*gen*); (*person*)
sympatia *f* (do +*gen*); **to be to sb's
liking** odpowiadać komuś.

lilac ['laɪlək] *n* bez *m*.

lily ['lɪlɪ] *n* lilia *f*.

lily of the valley *n* konwalia *f*.

limb [lɪm] *n* (*ANAT*) kończyna *f*.

lime [laɪm] *n* (*citrus fruit*) limona *f*;
(*also*: **lime juice**) sok *m* z limony;
(*linden*) lipa *f*; (*for soil*) wapno *nt*;
(*rock*) wapień *m*.

limelight ['laɪmlaɪt] *n*: **to be in the
limelight** znajdować się w centrum
zainteresowania.

limerick ['lɪmərɪk] *n* limeryk *m*.

limestone ['laɪmstəun] *n* wapień *m*.

limit ['lɪmɪt] *n* (*greatest amount,
extent*) granica *f*, kres *m*; (*on time,
money etc*) ograniczenie *nt*, limit *m*;
(*of area*) granica *f*, kraniec *m* ♦ *vt*
ograniczać (ograniczyć *perf*).

limitation [lɪmɪ'teɪʃən] *n* ograniczenie
nt.

limited ['lɪmɪtɪd] *adj* ograniczony.

limited (liability) company (*BRIT*)
n spółka *f* z ograniczoną
odpowiedzialnością.

limousine ['lɪməziːn] *n* limuzyna *f*.

limp [lɪmp] *n*: **to have a limp** utykać,
kuleć ♦ *vi* utykać, kuleć ♦ *adj*
bezwładny.

line [laɪn] *n* (*mark*) linia *f*, kreska *f*;
(*wrinkle*) zmarszczka *f*; (*of people*)

kolejka *f*; (*of things*) rząd *m*, szpaler *m*; (*of writing, song*) linijka *f*, wiersz *m*; (*rope*) lina *f*, sznur *m*; (*for fishing*) żyłka *f*; (*wire*) przewód *m*; (*TEL*) linia *f*, połączenie *nt*; (*railway track*) tor *m*; (*bus, train route*) linia *f*; (*fig: attitude, policy*) linia *f*, kurs *m*; (: *business, work*) dziedzina *f*, branża *f*; (*COMM: of product(s)*) typ *m*, model *m* ♦ *vt* (*road*) ustawiać się (ustawić się *perf*) wzdłuż +*gen*, tworzyć (utworzyć *perf*) szpaler wzdłuż +*gen*; (*clothing*) podszywać (podszyć *perf*); (*container*) wykładać (wyłożyć *perf*); **to line sth with sth** wykładać (wyłożyć *perf*) coś czymś; **to line the streets** wypełniać (wypełnić *perf*) ulice; **hold the line please!** (*TEL*) proszę nie odkładać słuchawki!; **in line** rzędem, w szeregu; **in line with** w zgodzie z +*instr*.

►**line up** *vi* ustawiać się (ustawić się *perf*) w rzędzie *or* rzędem ♦ *vt* (*people*) zbierać (zebrać *perf*); (*event*) przygotowywać (przygotować *perf*).

linear ['lɪnɪə*] *adj* (*process, sequence*) liniowy, linearny; (*shape, form*) linearny.

lined [laɪnd] *adj* (*face*) pomarszczony, pokryty zmarszczkami; (*paper*) w linie *post*, liniowany.

linen ['lɪnɪn] *n* (*cloth*) płótno *nt*; (*sheets etc*) bielizna *f* (*pościelowa lub stołowa*).

liner ['laɪnə*] *n* (*ship*) liniowiec *m*; (*also*: **bin liner**) worek *m* na śmieci (*wkładany do kosza*).

linesman ['laɪnzmən] (*irreg like*: **man**) (*SPORT*) *n* sędzia *m* liniowy.

line-up ['laɪnʌp] *n* (*US*) kolejka *f*; (*SPORT*) skład *m* (*zespołu*).

linger ['lɪŋɡə*] *vi* (*smell, tradition*) utrzymywać się (utrzymać się *perf*);

(*person: remain long*) zasiedzieć się (*perf*); (: *tarry*) zwlekać, ociągać się.

lingerie ['lænʒəri:] *n* bielizna *f* damska.

linguist ['lɪŋɡwɪst] *n* (*specialist*) językoznawca *m*, lingwista (-tka) *m(f)*; **she's a good linguist** (*speaks several languages*) zna (obce) języki.

linguistic [lɪŋˈɡwɪstɪk] *adj* językoznawczy, lingwistyczny.

linguistics [lɪŋˈɡwɪstɪks] *n* językoznawstwo *nt*, lingwistyka *f*.

lining ['laɪnɪŋ] *n* (*cloth*) podszewka *f*.

link [lɪŋk] *n* więź *f*, związek *m*; (*communications link*) połączenie *nt*; (*of chain*) ogniwo *nt* ♦ *vt* łączyć (połączyć *perf*); **links** *npl* pole *nt* golfowe (*nad morzem*).

►**link up** *vt* podłączać (podłączyć *perf*) ♦ *vi* łączyć się (połączyć się *perf*).

lino ['laɪnəu] *n* = **linoleum**.

linoleum [lɪˈnəuliəm] *n* linoleum *nt*.

lion ['laɪən] *n* lew *m*.

lioness ['laɪənɪs] *n* lwica *f*.

lip [lɪp] *n* (*ANAT*) warga *f*.

lip-read ['lɪpri:d] *vi* czytać z (ruchu) warg.

lipstick ['lɪpstɪk] *n* pomadka *f* (do ust), szminka *f*.

liqueur [lɪˈkjuə*] *n* likier *m*.

liquid ['lɪkwɪd] *adj* płynny ♦ *n* płyn *m*, ciecz *f*.

liquidate ['lɪkwɪdeɪt] *vt* likwidować (zlikwidować *perf*).

liquidizer ['lɪkwɪdaɪzə*] *n* mikser *m*.

liquor ['lɪkə*] wysokoprocentowy napój *m* alkoholowy, (silny) trunek *m*.

liquor store (*US*) *n* (sklep *m*) monopolowy.

Lisbon ['lɪzbən] *n* Lizbona *f*.

lisp [lɪsp] *n* seplenienie *nt* ♦ *vi* seplenić.

list [lɪst] *n* lista *f*, spis *m* ♦ *vt* (*record*) wyliczać (wyliczyć *perf*), wymieniać

(wymienić *perf*); (*put down on list*)
umieszczać (umieścić *perf*) na liście.
listen ['lɪsn] *vi* słuchać; **to listen to
sb/sth** słuchać kogoś/czegoś.
listener ['lɪsnə*] *n* słuchacz(ka) *m(f)*;
(*RADIO*) (radio)słuchacz(ka) *m(f)*.
listless ['lɪstlɪs] *adj* apatyczny.
lit [lɪt] *pt, pp of* **light**.
liter ['liːtə*] (*US*) *n* = **litre**.
literacy ['lɪtərəsɪ] *n* umiejętność *f*
czytania i pisania.
literal ['lɪtərl] *adj* dosłowny.
literally ['lɪtrəlɪ] *adv* dosłownie.
literary ['lɪtərərɪ] *adj* literacki.
literate ['lɪtərət] *adj* (*able to read etc*)
piśmienny, umiejący czytać i pisać;
(*educated*) oczytany.
literature ['lɪtrɪtʃə*] *n* literatura *f*.
lithe [laɪð] *adj* gibki, giętki.
litre ['liːtə*] (*US* **liter**) *n* litr *m*.
litter ['lɪtə*] *n* (*rubbish*) śmieci *pl*;
(*young animals*) miot *m*.
littered ['lɪtəd] *adj*: **littered with**
zawalony +*instr*.
little ['lɪtl] *adj* mały; (*brother etc*)
młodszy; (*distance, time*) krótki ♦
adv mało, niewiele; **a little** trochę,
troszkę; **a little bit** troszkę,
troszeczkę; **little by little** po trochu.
live [lɪv] *vi* żyć; (*reside*) mieszkać ♦
adj żywy; (*performance etc*) na
żywo *post*; (*ELEC*) pod napięciem
post; (*bullet, bomb*) ostry; **to live
with sb** żyć z kimś.
▶**live down** *vt* odkupywać (odkupić
perf), zmazywać (zmazać *perf*);
you'd never live it down nigdy by
ci tego nie zapomniano.
▶**live on** *vt fus* (*food*) żyć na +*loc*;
(*salary*) żyć z +*gen*.
▶**live up to** *vt fus* spełniać (spełnić
perf) +*acc*.
livelihood ['laɪvlɪhud] *n* środki *pl*
egzystencji *or* do życia.
lively ['laɪvlɪ] *adj* (*person*) żwawy,
pełen życia; (*place*) tętniący życiem,
pełen życia; (*interest*) żywy;

(*conversation*) ożywiony; (*book*)
zajmujący.
liven up ['laɪvn-] *vt* ożywiać (ożywić
perf) ♦ *vi* ożywiać się (ożywić się
perf).
liver ['lɪvə*] *n* (*ANAT*) wątroba *f*;
(*CULIN*) wątróbka *f*.
livery ['lɪvərɪ] *n* liberia *f*.
lives [laɪvz] *npl of* **life**.
livestock ['laɪvstɔk] *n* żywy
inwentarz *m*.
living ['lɪvɪŋ] *adj* żyjący ♦ *n*: **to earn**
or **make a living** zarabiać (zarobić
perf) na życie.
living room *n* salon *m*.
lizard ['lɪzəd] *n* jaszczurka *f*.
load [ləud] *n* (*thing carried*) ładunek
m; (*weight*) obciążenie *nt* ♦ *vt*
ładować, załadowywać (załadować
perf); **a load of rubbish** (*inf*) stek
bzdur; **loads of** *or* **a load of** (*fig*)
mnóstwo +*gen*.
loaded ['ləudɪd] *adj* (*vehicle*)
załadowany; (*question*)
podchwytliwy; (*inf: person*)
nadziany (*inf*).
loaf [ləuf] (*pl* **loaves**) *n* bochenek *m*.
loan [ləun] *n* pożyczka *f*; (*from bank*)
kredyt *m* ♦ *vt* pożyczać (pożyczyć
perf); **on loan** pożyczony,
wypożyczony.
loathe [ləuð] *vt* nie cierpieć +*gen*.
loaves [ləuvz] *npl of* **loaf**.
lobby ['lɔbɪ] *n* (*of building*) westybul
m, hall *m*; (*POL*) lobby *nt inv* ♦ *vt*
(*MP etc*) wywierać nacisk na +*acc*.
lobe [ləub] *n* (*of ear*) płatek *m*; (*of
brain, lung*) płat *m*.
lobster ['lɔbstə*] *n* homar *m*.
local ['ləukl] *adj* lokalny, miejscowy
♦ *n* pub *m* (*pobliski, często
odwiedzany*); **the locals** *npl*
miejscowi *vir pl*.
local government *n* samorząd *m*
terytorialny.
locality [ləu'kælɪtɪ] *n* rejon *m*.

locally [ˈləukəlɪ] *adv* lokalnie, miejscowo.

locate [ləuˈkeɪt] *vt* lokalizować (zlokalizować *perf*), umiejscawiać (umiejscowić *perf*); **located in** umiejscowiony *or* położony w +*loc*.

location [ləuˈkeɪʃən] *n* położenie *nt*; **on location** (*FILM*) w plenerach.

loch [lɔx] *n* jezioro *nt*.

lock [lɔk] *n* (*of door, suitcase*) zamek *m*; (*on canal*) śluza *f*; (*of hair*) lok *m*, loczek *m* ♦ *vt* (*door etc*) zamykać (zamknąć *perf*) na klucz ♦ *vi* (*door etc*) zamykać się (zamknąć się *perf*) na klucz; (*knee, mechanism*) blokować się (zablokować się *perf*); **the battery locked into place** bateria wskoczyła na miejsce.

▶**lock in** *vt* zamykać (zamknąć *perf*) na klucz, brać (wziąć *perf*) pod klucz.

▶**lock out** *vt* (*person*) zamykać (zamknąć *perf*) drzwi na klucz przed +*instr*/za +*instr*.

▶**lock up** *vt* (*criminal, mental patient*) zamykać (zamknąć *perf*) ♦ *vi* pozamykać (*perf*).

locker [ˈlɔkə*] *n* (*in school*) szafka *f*; (*at railway station*) schowek *m* na bagaż.

locker room *n* (*in sports club etc*) szatnia *f*.

locksmith [ˈlɔksmɪθ] *n* ślusarz *m*.

locomotive [ləukəˈməutɪv] *n* lokomotywa *f*.

locust [ˈləukəst] *n* szarańcza *f*.

lodge [lɔdʒ] *n* (*small house*) stróżówka *f*; (*hunting lodge*) domek *m* myśliwski ♦ *vi* (*bullet*) utkwić (*perf*); (*person*): **to lodge (with)** mieszkać (zamieszkać *perf*) (u +*gen*) ♦ *vt* (*complaint etc*) wnosić (wnieść *perf*).

lodger [ˈlɔdʒə*] *n* lokator(ka) *m(f)*.

lodgings [ˈlɔdʒɪŋz] *npl* wynajęte mieszkanie *nt*.

loft [lɔft] *n* strych *m*.

lofty [ˈlɔftɪ] *adj* (*ideal, aim*) wzniosły; (*manner*) wyniosły.

log [lɔg] *n* (*piece of wood*) kłoda *f*; (*written account*) dziennik *m* ♦ *n abbr* (*MATH*) = **logarithm** log, lg ♦ *vt* zapisywać (zapisać *perf*) w dzienniku.

logbook [ˈlɔgbuk] *n* (*NAUT*) dziennik *m* okrętowy; (*AVIAT*) dziennik *m* pokładowy; (*of car*) dowód *m* rejestracyjny.

logic [ˈlɔdʒɪk] *n* logika *f*.

logical [ˈlɔdʒɪkl] *adj* logiczny.

logo [ˈləugəu] *n* logo *nt inv*.

loin [lɔɪn] *n* polędwica *f*.

lollipop [ˈlɔlɪpɔp] *n* lizak *m*.

London [ˈlʌndən] *n* Londyn *m*.

Londoner [ˈlʌndənə*] *n* londyńczyk *m*, mieszkaniec (-nka) *m(f)* Londynu.

lone [ləun] *adj* samotny.

loneliness [ˈləunlɪnɪs] *n* samotność *f*.

lonely [ˈləunlɪ] *adj* (*person, period of time*) samotny; (*place*) odludny.

long [lɔŋ] *adj* długi ♦ *adv* długo ♦ *vi*: **to long for sth** tęsknić do czegoś; **so** *or* **as long as** (*on condition that*) pod warunkiem, że; (*while*) jak długo, dopóki; **don't be long!** pośpiesz się!; **to be 6 metres long** mieć 6 metrów długości; **to be 6 months long** trwać 6 miesięcy; **all night long** (przez) całą noc; **he no longer comes** już nie przychodzi; **long before** na długo przed +*instr*; **long after** długo po +*loc*; **they'll catch him before long** niedługo go złapią; **at long last** wreszcie.

long-distance [lɔŋˈdɪstəns] *adj* (*travel*) daleki; (*phone call: within same country*) międzymiastowy; (: *international*) międzynarodowy.

longevity [lɔnˈdʒevɪtɪ] *n* długowieczność *f*.

long-haired [ˈlɔŋˈhɛəd] *adj* długowłosy.

longing [ˈlɔŋɪŋ] *n* tęsknota *f*.

longitude [ˈlɔŋgɪtjuːd] *n* długość *f* geograficzna.

long jump *n* skok *m* w dal.

long-life [ˈlɔŋlaɪf] *adj* o przedłużonej trwałości *post.*

long-lost [ˈlɔŋlɔst] *adj* (*relative, friend*) dawno nie widziany.

long-range [ˈlɔŋˈreɪndʒ] *adj* (*plan*) długookresowy; (*forecast*) długoterminowy; (*missile*) dalekiego zasięgu *post.*

long-sighted [ˈlɔŋˈsaɪtɪd] *adj*: **to be long-sighted** być dalekowidzem.

long-standing [ˈlɔŋˈstændɪŋ] *adj* (*offer, invitation*) dawny; (*reputation*) (dawno) ugruntowany.

long-suffering [lɔŋˈsʌfərɪŋ] *adj* anielsko cierpliwy.

long-term [ˈlɔŋtəːm] *adj* długoterminowy.

long-winded [lɔŋˈwɪndɪd] *adj* rozwlekły.

loo [luː] (*BRIT: inf*) *n* ubikacja *f*.

look [luk] *vi* patrzeć (popatrzeć *perf*) ♦ *n* (*glance*) spojrzenie *nt*; (*appearance, expression*) wygląd *m*; **looks** *npl* uroda *f*; **he looked scared** wyglądał na przestraszonego; **to look south/(out) onto the sea** (*building etc*) wychodzić na południe/na morze; **look!** patrz!; **look (here)!** słuchaj (no)!; **it looks about 4 metres long** na oko ma ze 4 metry (długości); **everything looks all right to me** moim zdaniem wszystko jest w porządku; **let's have a look** spójrzmy, popatrzmy; **to have a look at sth** przyglądać się (przyjrzeć się *perf*) czemuś; **to have a look for sth** szukać (poszukać *perf*) czegoś; **to look ahead** patrzeć (popatrzeć *perf*) przed siebie; (*fig*) patrzeć (popatrzeć *perf*) w przyszłość.

▶**look after** *vt fus* (*care for*) opiekować się (zaopiekować się *perf*) +*instr*; (*deal with*) zajmować się (zająć się *perf*) +*instr*.

▶**look at** *vt fus* patrzeć (popatrzeć *perf*) na +*acc*; (*read quickly*) przeglądać (przejrzeć *perf*) +*acc*; (*study, consider*) przyglądać się (przyjrzeć się *perf*) +*dat*.

▶**look back** *vi* patrzeć (popatrzeć *perf*) *or* spoglądać (spojrzeć *perf*) wstecz.

▶**look down on** *vt fus* (*fig*) spoglądać z góry na +*acc*.

▶**look for** *vt fus* szukać (poszukać *perf*) +*gen*.

▶**look forward to** *vt fus* z niecierpliwością czekać na +*acc or* oczekiwać +*gen*, cieszyć się na +*acc*; **we look forward to hearing from you** (*in letter*) czekamy na wiadomości od was.

▶**look into** *vt fus* (*investigate*) badać (zbadać *perf*) +*acc*.

▶**look on** *vi* przyglądać się.

▶**look out** *vi* uważać.

▶**look out for** *vt fus* wypatrywać +*gen*.

▶**look round** *vi* rozglądać się (rozejrzeć się *perf*).

▶**look through** *vt fus* przeglądać (przejrzeć *perf*).

▶**look to** *vt fus*: **to look to sb for sth** oczekiwać od kogoś czegoś.

▶**look up** *vi* podnosić (podnieść *perf*) wzrok, spoglądać (spojrzeć *perf*) w górę; **things are looking up** idzie ku lepszemu ♦ *vt* (*in dictionary, timetable etc*) sprawdzać (sprawdzić *perf*).

look-alike [ˈlukəlaɪk] *n* sobowtór *m*.

lookout [ˈlukaut] *n* (*tower etc*) punkt *m* obserwacyjny; (*person*) obserwator *m*; **to be on the lookout for** (*work*) rozglądać się za +*instr*; (*mistakes, explosives*) uważać na +*acc*.

loom [luːm] *vi* (*also*: **loom up**: *object, shape*) wyłaniać się (wyłonić się

perf); (*event*) zbliżać się, nadchodzić
♦ *n* krosno *nt*.

loony ['lu:nɪ] (*inf*) *adj* pomylony (*inf*)
♦ *n* pomyleniec *m* (*inf*).

loop [lu:p] *n* pętla *f* ♦ *vt*: **to loop sth
around sth** obwiązywać (obwiązać
perf) czymś coś.

loose [lu:s] *adj* luźny; (*hair*)
rozpuszczony; (*life*) rozwiązły ♦ *n*:
to be on the loose być na wolności.

loose change *n* drobne *pl*.

loose end *n*: **to be at a loose end**
or (*US*) **at loose ends** nie mieć nic
do roboty.

loosely ['lu:slɪ] *adv* luźno.

loosen ['lu:sn] *vt* (*screw etc*)
poluzowywać (poluzować *perf*);
(*clothing, belt*) rozluźniać (rozluźnić
perf).

loot [lu:t] *n* (*inf*) łup *m* ♦ *vt* grabić
(ograbić *perf*), plądrować
(splądrować *perf*).

lopsided ['lɔp'saɪdɪd] *adj* krzywy.

lord [lɔ:d] *n* (*BRIT*) lord *m*; **the Lord**
(*REL*) Pan (Bóg); **my lord** (*to noble*)
milordzie; (*to bishop, judge*)
ekscelencjo; **good Lord!** dobry
Boże!; **the (House of) Lords** (*BRIT*)
Izba Lordów.

lorry ['lɔrɪ] (*BRIT*) *n* ciężarówka *f*.

lose [lu:z] (*pt, pp* **lost**) *vt* (*object,
pursuers*) gubić (zgubić *perf*); (*job,
money, patience, voice, father*) tracić
(stracić *perf*); (*game, election*)
przegrywać (przegrać *perf*) ♦ *vi*
przegrywać (przegrać *perf*).

loser ['lu:zə*] *n* (*in contest*)
przegrywający (-ca) *m(f)*; (*inf*:
failure) ofiara *f* (życiowa).

loss [lɔs] *n* (*no pl*: *of memory, blood,
consciousness*) utrata *f*; (*of time,
money, person through death*) strata
f; **heavy losses** (*MIL*) ciężkie straty;
I'm at a loss nie wiem, co robić;
I'm at a loss for words nie wiem,
co powiedzieć.

lost [lɔst] *pt, pp of* **lose** ♦ *adj*

(*person, animal*) zaginiony; (*object*)
zgubiony; **to get lost** gubić się
(zgubić się *perf*); **get lost!** (*inf*)
spadaj! (*inf*).

lost property *n* biuro *nt* rzeczy
znalezionych.

lot [lɔt] *n* (*of things*) zestaw *m*; (*of
people*) grupa *f*; (*of merchandise*)
partia *f*; (*at auctions*) artykuł *m*; **the
(whole) lot** wszystko; **a lot (of)** dużo
(+*gen*); **quite a lot (of)** sporo (+*gen*);
lots of mnóstwo +*gen*; **a lot
bigger/more expensive** dużo
większy/droższy; **have you been
seeing a lot of each other?** (czy)
często się widujecie?; **thanks a lot!**
dziękuję bardzo!; **to draw lots**
ciągnąć losy.

lotion ['ləuʃən] *n* płyn *m*
kosmetyczny.

lottery ['lɔtərɪ] *n* loteria *f*.

loud [laud] *adj* (*noise, voice*) głośny;
(*clothes*) krzykliwy ♦ *adv* głośno;
out loud na głos.

loudly ['laudlɪ] *adv* głośno.

loudspeaker [laud'spi:kə*] *n* głośnik
m.

lounge [laundʒ] *n* (*in house*) salon
m; (*in hotel*) hall *m*; (*at station*)
poczekalnia *f*; (*BRIT*: *also*: **lounge
bar**) bar *m* (*w hotelu lub pubie*) ♦ *vi*
rozpierać się; **arrivals/departures
lounge** (*at airport*) hala
przylotów/odlotów.

louse [laus] (*pl* **lice**) *n* wesz *f*.

lousy ['lauzɪ] (*inf*) *adj* (*show, meal*)
nędzny.

lout [laut] *n* cham *m*, prostak *m*.

lovable ['lʌvəbl] *adj* miły,
sympatyczny.

love [lʌv] *n* miłość *f*; (*for sport,
activity*) zamiłowanie *nt* ♦ *vt* kochać
(pokochać *perf*); **"love (from) Anne"**
„uściski *or* ściskam, Anna"; **I'd love
to come** przyszedłbym z
przyjemnością; **I love chocolate**
uwielbiam czekoladę; **to be in love**

with sb być w kimś zakochanym; **to fall in love with sb** zakochiwać się (zakochać się *perf*) w kimś; **to make love** kochać się; **"15 love"** (*TENNIS*) „15: 0".

love affair *n* romans *m*.

love life *n* życie *nt* intymne.

lovely ['lʌvlɪ] *adj* (*place, person*) śliczny, uroczy; (*meal, holiday*) cudowny.

lover ['lʌvə*] *n* (*sexual partner*) kochanek (-nka) *m(f)*; (*person in love*) zakochany (-na) *m(f)*; **a lover of art/music** miłośnik (-iczka) *m(f)* sztuki/muzyki.

loving ['lʌvɪŋ] *adj* (*person*) kochający; (*action*) pełen miłości.

low [ləu] *adj* niski; (*quiet*) cichy; (*depressed*) przygnębiony ♦ *adv* (*speak*) cicho; (*fly*) nisko ♦ *n* (*METEOR*) niż *m*; **we're running low on milk** kończy nam się mleko; **to reach a new** *or* **an all-time low** spadać (spaść *perf*) do rekordowo niskiego poziomu.

low-calorie ['ləu'kælərɪ] *adj* niskokaloryczny.

low-cut ['ləukʌt] *adj* głęboko wycięty, z dużym dekoltem *post.*

lower ['ləuə*] *adj* (*bottom*) dolny; (*less important*) niższy ♦ *vt* (*object*) opuszczać (opuścić *perf*); (*prices, level*) obniżać (obniżyć *perf*); (*voice*) zniżać (zniżyć *perf*); (*eyes*) spuszczać (spuścić *perf*).

low-fat ['ləu'fæt] *adj* o niskiej zawartości tłuszczu *post.*

lowlands ['ləuləndz] *npl* niziny *pl.*

loyal ['lɔɪəl] *adj* lojalny.

loyalty ['lɔɪəltɪ] *n* lojalność *f.*

lozenge ['lɔzɪndʒ] *n* (*tablet*) tabletka *f* do ssania.

LP *n abbr* = **long-playing record**.

Ltd (*COMM*) *abbr* = **limited company** ≈ Sp. z o.o.

lubricate ['lu:brɪkeɪt] *vt* smarować (nasmarować *perf*).

lucid ['lu:sɪd] *adj* (*writing, speech*) klarowny; (*person, mind*) przytomny.

luck [lʌk] *n* szczęście *nt*; **good luck** szczęście; **bad luck** pech; **good luck!** powodzenia!; **bad** *or* **hard** *or* **tough luck!** a to pech!

luckily ['lʌkɪlɪ] *adv* na szczęście.

lucky ['lʌkɪ] *adj* szczęśliwy; **she's lucky** ma szczęście.

lucrative ['lu:krətɪv] *adj* intratny, lukratywny.

ludicrous ['lu:dɪkrəs] *adj* śmieszny, śmiechu warty.

luggage ['lʌgɪdʒ] *n* bagaż *m.*

lukewarm ['lu:kwɔ:m] *adj* (*lit, fig*) letni.

lull [lʌl] *n* okres *m* ciszy ♦ *vt*: **to lull sb (to sleep)** kołysać (ukołysać *perf*) kogoś (do snu); **they were lulled into a false sense of security** ich czujność została uśpiona.

lullaby ['lʌləbaɪ] *n* kołysanka *f.*

lumberjack ['lʌmbədʒæk] *n* drwal *m.*

luminous ['lu:mɪnəs] *adj* (*fabric*) świecący; (*dial*) fosforyzujący.

lump [lʌmp] *n* (*of clay etc*) bryła *f*; (*on body*) guzek *m*; (*also*: **sugar lump**) kostka *f* (cukru) ♦ *vt*: **to lump together** traktować (potraktować *perf*) jednakowo, wrzucać (wrzucić *perf*) do jednego worka (*inf*); **a lump sum** jednorazowa wypłata.

lumpy ['lʌmpɪ] *adj* (*sauce*) grudkowaty; (*bed*) nierówny.

lunar ['lu:nə*] *adj* księżycowy.

lunatic ['lu:nətɪk] *adj* szalony.

lunch [lʌntʃ] *n* lunch *m.*

luncheon meat *n* mielonka *f* (*konserwa*).

lung [lʌŋ] *n* płuco *nt.*

lurch [lə:tʃ] *vi* (*vehicle*) szarpnąć (*perf*); (*person*) zatoczyć się (*perf*) ♦ *n* szarpnięcie *nt*; **to leave sb in the lurch** zostawiać (zostawić *perf*) kogoś na lodzie (*inf*); **he fell with a lurch** zatoczywszy się, upadł.

lure [luə*] *n* powab *m* ♦ *vt* wabić (zwabić *perf*).

lurk [ləːk] *vi* czaić się (zaczaić się *perf*).

lush [lʌʃ] *adj* (*vegetation*) bujny.

lust [lʌst] (*pej*) *n* (*sexual*) pożądanie *nt*, żądza *f*; (*for money, power*) żądza *f*.
▶**lust after** *vt fus* (*desire sexually*) pożądać +*gen*.
▶**lust for** *vt fus* = **lust after**.

lustre ['lʌstə*] (*US* **luster**) *n* połysk *m*.

luxuriant [lʌg'zjuərɪənt] *adj* bujny.

luxurious [lʌg'zjuərɪəs] *adj* luksusowy.

luxury ['lʌkʃərɪ] *n* luksus *m* ♦ *cpd* luksusowy.

lynch [lɪntʃ] *vt* linczować (zlinczować *perf*).

lyrical ['lɪrɪkl] *adj* liryczny.

lyrics ['lɪrɪks] *npl* (*of song*) słowa *pl*, tekst *m*.

M

m. *abbr* = **metre** m; = **mile**; = **million** mln.

MA *n abbr* (= *Master of Arts*) stopień naukowy; ≈ mgr.

mac [mæk] (*BRIT*) *n* płaszcz *m* nieprzemakalny.

macabre [mə'kɑːbrə] *adj* makabryczny.

macaroni [mækə'rəʊnɪ] *n* makaron *m* rurki.

machine [mə'ʃiːn] *n* maszyna *f*; (*fig*) machina *f* ♦ *vt* (*TECH*) obrabiać (obrobić *perf*); (*dress etc*) szyć (uszyć *perf*) na maszynie.

machinery [mə'ʃiːnərɪ] *n* (*equipment*) maszyny *pl*; (*fig: of government etc*) mechanizm *m* (funkcjonowania +*gen*).

mackerel ['mækrl] *n inv* makrela *f*.

mackintosh ['mækɪntɔʃ] (*BRIT*) *n* płaszcz *m* nieprzemakalny.

mad [mæd] *adj* (*insane*) szalony, obłąkany; (*foolish*) szalony, pomylony; (*angry*) wściekły; **to be mad about** szaleć za +*instr*; **to go mad** (*insane*) szaleć (oszaleć *perf*), wariować (zwariować *perf*); (*angry*) wściekać się (wściec się *perf*).

madam ['mædəm] *n* (*form of address*) proszę pani (*voc*).

madden ['mædn] *vt* rozwścieczać (rozwścieczyć *perf*).

made [meɪd] *pt, pp of* **make**.

made-to-measure ['meɪdtə'mɛʒə*] (*BRIT*) *adj* szyty na miarę.

madly ['mædlɪ] *adv* (*frantically*) jak szalony; (*very*) szalenie; **madly in love** zakochany do szaleństwa.

madman ['mædmən] (*irreg like*: **man**) *n* szaleniec *m*.

madness ['mædnɪs] *n* (*insanity*) szaleństwo *nt*, obłęd *m*; (*foolishness*) szaleństwo *nt*.

Madrid [mə'drɪd] *n* Madryt *m*.

Mafia ['mæfɪə] *n*: **the Mafia** mafia *f*.

magazine [mægə'ziːn] *n* (*PRESS*) (czaso)pismo *nt*; (*RADIO, TV*) magazyn *m*.

maggot ['mægət] *n* larwa *f* muchy.

magic ['mædʒɪk] *n* (*supernatural power*) magia *f*, czary *pl*; (*conjuring*) sztu(cz)ki *pl* magiczne ♦ *adj* (*powers, ritual, formula*) magiczny.

magical ['mædʒɪkl] *adj* (*powers, ritual*) magiczny; (*experience, evening*) cudowny.

magician [mə'dʒɪʃən] *n* (*wizard*) czarodziej *m*, czarnoksiężnik *m*; (*conjurer*) magik *m*, sztukmistrz *m*.

magistrate ['mædʒɪstreɪt] *n* (*JUR*) sędzia *m* pokoju.

magnanimous [mæg'nænɪməs] *adj* wspaniałomyślny.

magnate ['mægneɪt] *n* magnat *m*.

magnet ['mægnɪt] *n* magnes *m*.

magnetic [mæg'nɛtɪk] *adj* (*PHYS*)

magnetyczny; (*personality, appeal*)
zniewalający.
magnificent [mæg'nɪfɪsnt] *adj*
wspaniały.
magnify ['mægnɪfaɪ] *vt* (*enlarge*)
powiększać (powiększyć *perf*);
(*increase: sound*) wzmacniać
(wzmocnić *perf*).
magnifying glass ['mægnɪfaɪɪŋ-] *n*
szkło *nt* powiększające.
magnitude ['mægnɪtjuːd] *n* (*size*)
rozmiary *pl*; (*importance*) waga *f*.
magpie ['mægpaɪ] *n* sroka *f*.
mahogany [mə'hɔgənɪ] *n* mahoń *m*.
maid [meɪd] *n* pokojówka *f*; **old
maid** (*pej*) stara panna.
maiden ['meɪdn] *n* (*literary*) panna *f*,
dziewica *f* (*old, literary*) ♦ *adj* (*aunt*)
niezamężny; (*voyage*) dziewiczy;
(*speech*) pierwszy.
maiden name *n* nazwisko *nt*
panieńskie.
mail [meɪl] *n* poczta *f* ♦ *vt* wysyłać
(wysłać *perf*) (pocztą).
mailbox ['meɪlbɔks] *n* (*US*) skrzynka
f pocztowa (*przed domem*).
mailman ['meɪlmæn] (*US*) (*irreg like*:
man) *n* listonosz *m*.
mail order *n* sprzedaż *f* wysyłkowa.
maim [meɪm] *vt* okaleczać
(okaleczyć *perf*).
main [meɪn] *adj* główny ♦ *n*: **gas/
water main** magistrala *f* gazowa/
wodna; **the mains** *npl* (*ELEC etc*)
sieć *f*.
mainframe ['meɪnfreɪm] *n* komputer
m dużej mocy.
mainland ['meɪnlənd] *n*: **the
mainland** ląd *m* stały.
mainly ['meɪnlɪ] *adv* głównie.
mainstay ['meɪnsteɪ] *n* podstawa *f*.
mainstream ['meɪnstriːm] *n* główny
or dominujący nurt *m*.
maintain [meɪn'teɪn] *vt* utrzymywać
(utrzymać *perf*); (*friendship, good
relations*) podtrzymywać
(podtrzymać *perf*).

maintenance ['meɪntənəns] *n*
utrzymanie *nt*; (*JUR*) alimenty *pl*.
maize [meɪz] *n* kukurydza *f*.
majestic [mə'dʒestɪk] *adj*
majestatyczny.
majesty ['mædʒɪstɪ] *n* (*splendour*)
majestatyczność *f*; **Your Majesty**
(*form of address*) Wasza Królewska
Mość.
major ['meɪdʒə*] *n* (*MIL*) major *m* ♦
adj ważny, znaczący; (*MUS*) dur
post.
majority [mə'dʒɔrɪtɪ] *n* większość *f*.
make [meɪk] (*pt, pp* **made**) *vt*
(*object, mistake, remark*) robić
(zrobić *perf*); (*clothes*) szyć (uszyć
perf); (*cake*) piec (upiec *perf*);
(*noise*) robić, narobić (*perf*) +*gen*;
(*speech*) wygłaszać (wygłosić *perf*);
(*goods*) produkować
(wyprodukować *perf*), wytwarzać;
(*money*) zarabiać (zarobić *perf*);
(*cause to be*): **to make sb
sad/happy** zasmucać (zasmucić
perf)/uszczęśliwiać (uszczęśliwić
perf) kogoś; (*force*): **to make sb do
sth** zmuszać (zmusić *perf*) kogoś do
(z)robienia czegoś; (*equal*): **2 and 2
make 4** dwa i dwa jest cztery ♦ *n*
marka *f*; **to make the bed** słać
(posłać *perf*) łóżko; **to make a fool
of sb** ośmieszać (ośmieszyć *perf*)
kogoś; **to make a profit** osiągać
(osiągnąć *perf*) zysk, zarabiać
(zarobić *perf*); **to make a loss**
(*business*) przynosić (przynieść *perf*)
straty; (*company*) ponosić (ponieść
perf) straty; **he made it** (*arrived*)
dotarł na miejsce; (*arrived in time*)
zdążył; (*succeeded*) udało mu się;
to make do with zadowalać się
(zadowolić się *perf*) +*instr*.
▶**make for** *vt fus* kierować się
(skierować się *perf*) do +*gen or* ku
+*dat*.
▶**make out** *vt* (*decipher*) odczytać
(*perf*); (*understand*) zorientować się

(perf) w *+loc*; *(see)* dostrzegać
(dostrzec *perf*); *(write: cheque)*
wypisywać (wypisać *perf*).

►**make up** *vt (constitute)* stanowić;
(invent) wymyślać (wymyślić *perf*);
(prepare) przygotowywać
(przygotować *perf*) ♦ *vi (after
quarrel)* godzić się (pogodzić się
perf); *(with cosmetics)* robić (zrobić
perf) (sobie) makijaż, malować się
(umalować się *perf*); **to make up
one's mind** zdecydować się *(perf)*;
to be made up of składać się z *+gen*.

►**make up for** *vt fus* nadrabiać
(nadrobić *perf*) *+acc*.

make-believe ['meɪkbɪliːv] *n* pozory
pl.

maker ['meɪkə*] *n* producent *m*.

makeshift ['meɪkʃɪft] *adj*
prowizoryczny.

make-up ['meɪkʌp] *n (cosmetics)*
kosmetyki *pl* upiększające; *(on sb)*
makijaż *m*; *(also:* **stage make-up**)
charakteryzacja *f*.

make-up bag *n* kosmetyczka *f*.

make-up remover *n* płyn *m* do
demakijażu.

making ['meɪkɪŋ] *n (fig)*: **he's a
linguist in the making** będzie z
niego językoznawca; **to have the
makings of** mieć (wszelkie) zadatki
na *+acc*.

malaria [mə'lɛərɪə] *n* malaria *f*.

male [meɪl] *n (BIO)* samiec *m*; *(man)*
mężczyzna *m* ♦ *adj (sex, attitude)*
męski; *(child)* płci męskiej *post*.

male nurse *n* pielęgniarz *m*.

malice ['mælɪs] *n* złośliwość *f*.

malicious [mə'lɪʃəs] *adj (person,
gossip, accusation)* złośliwy.

malignant [mə'lɪgnənt] *adj (tumour,
growth)* złośliwy.

mall [mɔːl] *n (also:* **shopping mall**)
centrum *nt* handlowe.

mallet ['mælɪt] *n* drewniany młotek
m, pobijak *m*.

malnutrition [mælnjuː'trɪʃən] *n*

(eating too little) niedożywienie *nt*;
(eating wrong food) niewłaściwe *or*
złe odżywianie *nt*.

malpractice [mæl'præktɪs] *n*
postępowanie *nt* niezgodne z etyką
zawodową.

malt [mɔːlt] *n (grain)* słód *m*; *(also:*
malt whisky) whisky *f inv* słodowa.

maltreat [mæl'triːt] *vt* maltretować.

mammal ['mæml] *n* ssak *m*.

mammoth ['mæməθ] *n* mamut *m* ♦
adj gigantyczny.

man [mæn] *(pl* **men***) n (male)*
mężczyzna *m*; *(human being,
mankind)* człowiek *m* ♦ *vt (post)*
obsadzać (obsadzić *perf*); *(machine)*
obsługiwać; **man and wife** mąż i
żona.

manage ['mænɪdʒ] *vi (get by
financially)* dawać (dać *perf*) sobie
radę; *(succeed)*: **he managed to
find her** udało mu się ją odnaleźć ♦
vt (business, organization) zarządzać
+instr; *(object, device, person)* radzić
(poradzić *perf*) sobie z *+instr*.

management ['mænɪdʒmənt] *n*
(control, organization) zarządzanie *nt*;
(persons) zarząd *m*, dyrekcja *f*.

manager ['mænɪdʒə*] *n (of large
business, institution, department)*
dyrektor *m*; *(of smaller business,
unit, institution)* kierownik *m*; *(of pop
star, sports team)* menażer *m*.

manageress [mænɪdʒə'rɛs] *n*
kierowniczka *f*.

managerial [mænɪ'dʒɪərɪəl] *adj (role,
post, staff)* kierowniczy; *(skills)*
menedżerski; *(decisions)* dotyczący
zarządzania.

managing director ['mænɪdʒɪŋ-] *n*
dyrektor *m* (główny *or* naczelny).

mandarin ['mændərɪn] *n (also:*
mandarin orange) mandarynka *f*;
(official) szycha *f (inf)*; (: *Chinese*)
mandaryn *m*.

mandate ['mændeɪt] *n (POL)* mandat
m; *(task)* zadanie *nt*.

mandatory ['mændətərɪ] *adj*
obowiązkowy.

mane [meɪn] *n* grzywa *f*.

maneuver [mə'nu:və*] (*US*) =
manoeuvre.

mango ['mæŋgəʊ] (*pl* **mangoes**) *n*
mango *nt inv*.

mangy ['meɪndʒɪ] *adj* wyliniały.

manhandle ['mænhændl] *vt*
(*mistreat*) poniewierać +*instr*.

manhole ['mænhəʊl] *n* właz *m*
(kanalizacyjny).

manhood ['mænhʊd] *n* (*age*) wiek *m*
męski (*fml*); (*state*) męskość *f*.

man-hour ['mænaʊə*] *n*
roboczogodzina *f*.

manhunt ['mænhʌnt] *n* obława *f*.

mania ['meɪnɪə] *n* mania *f*.

maniac ['meɪnɪæk] *n* (*lunatic*) maniak
m, szaleniec *m*; (*fig*) maniak (-aczka)
m(f).

manic ['mænɪk] *adj* szaleńczy.

manicure ['mænɪkjʊə*] *n* manicure
m.

manifest ['mænɪfest] *vt*
manifestować (zamanifestować *perf*)
♦ *adj* oczywisty, wyraźny.

manifestation [mænɪfes'teɪʃən] *n*
przejaw *m*, oznaka *f*.

manifesto [mænɪ'festəʊ] *n* manifest
m.

manipulate [mə'nɪpjʊleɪt] *vt*
manipulować +*instr*.

mankind [mæn'kaɪnd] *n* ludzkość *f*.

manly ['mænlɪ] *adj* męski.

man-made ['mæn'meɪd] *adj* sztuczny.

manner ['mænə*] *n* (*way*) sposób *m*;
(*behaviour*) zachowanie *nt*; (*type,
sort*): **all manner of things/people**
wszelkiego rodzaju rzeczy/ludzie;
manners *npl* maniery *pl*.

mannerism ['mænərɪzəm] *n* maniera
f.

manoeuvre [mə'nu:və*] (*US*
maneuver) *vt* (*car etc*)
manewrować (wymanewrować *perf*)
+*instr* ♦ *n* (*fig*) manewr *m*.

manor ['mænə*] *n* (*also*: **manor
house**) rezydencja *f* ziemska, dwór *m*.

manpower ['mænpaʊə*] *n* siła *f*
robocza.

mansion ['mænʃən] *n* rezydencja *f*.

manslaughter ['mænslɔ:tə*] (*JUR*)
n nieumyślne spowodowanie *nt*
śmierci.

mantelpiece ['mæntlpi:s] *n* gzyms *m*
kominka.

manual ['mænjʊəl] *adj* (*work, worker*)
fizyczny; (*controls*) ręczny ♦ *n*
podręcznik *m*.

manufacture [mænju'fæktʃə*] *vt*
produkować (wyprodukować *perf*) ♦
n produkcja *f*.

manufacturer [mænju'fæktʃərə*] *n*
wytwórca *m*, producent *m*.

manure [mə'njʊə*] *n* nawóz *m*
naturalny, obornik *m*.

manuscript ['mænjuskrɪpt] *n* rękopis
m; (*ancient*) manuskrypt *m*.

many ['menɪ] *adj* wiele (+*gen nvir pl*),
wielu (+*gen vir pl*), dużo (+*gen pl*) ♦
pron wiele *nvir*, wielu *vir*; **a great
many men/women** bardzo wielu
mężczyzn/wiele kobiet; **how many?**
ile?; **too many difficulties** zbyt
wiele trudności; **twice as many** dwa
razy tyle; **many a time** niejeden raz.

map [mæp] *n* mapa *f*.

maple ['meɪpl] *n* klon *m*.

mar [mɑ:*] *vt* (*appearance*) szpecić
(zeszpecić *perf or* oszpecić *perf*);
(*day, event*) psuć (zepsuć *perf*).

marathon ['mærəθən] *n* maraton *m*.

marathon runner *n* maratończyk *m*.

marble ['mɑ:bl] *n* (*stone*) marmur *m*;
(*toy*) kulka *f* (*do gry*).

March [mɑ:tʃ] *n* marzec *m*.

march [mɑ:tʃ] *vi* (*soldiers, protesters*)
maszerować (przemaszerować *perf*);
(*walk briskly*) maszerować
(pomaszerować *perf*) ♦ *n* marsz *m*.

mare [meə*] *n* klacz *f*.

margarine [mɑ:dʒə'ri:n] *n*
margaryna *f*.

marge [mɑːʒ] (*BRIT: inf*) *n abbr* = **margarine**.

margin ['mɑːdʒɪn] *n* (*on page, of society, for error, safety*) margines *m*; (*of votes*) różnica *f*; (*of wood etc*) skraj *m*; (*COMM*) marża *f*.

marginal ['mɑːdʒɪnl] *adj* marginesowy, marginalny.

marginally ['mɑːdʒɪnəlɪ] *adv* (*different*) (tylko) nieznacznie; (*kinder etc*) (tylko) trochę.

marigold ['mærɪɡəʊld] *n* nagietek *m*.

marijuana [mærɪ'wɑːnə] *n* marihuana *f*.

marina [mə'riːnə] *n* przystań *f*.

marinate ['mærɪneɪt] *vt* marynować (zamarynować *perf*).

marine [mə'riːn] *adj* (*life, plant*) morski; (*engineering*) okrętowy ♦ *n* (*BRIT*) żołnierz *m* służący w marynarce; (*also:* **US marine**) żołnierz *m* piechoty morskiej.

marital ['mærɪtl] *adj* małżeński; **marital status** stan cywilny.

maritime ['mærɪtaɪm] *adj* morski.

marjoram ['mɑːdʒərəm] *n* majeranek *m*.

mark [mɑːk] *n* (*sign*) znak *m*; (: *of friendship, respect*) oznaka *f*; (*trace*) ślad *m*; (*stain*) plama *f*; (*point*) punkt *m*; (*level*) poziom *m*; (*BRIT: SCOL: grade*) stopień *m*, ocena *f*; (*currency*): **the German Mark** marka *f* niemiecka ♦ *vt* (*label*) znakować (oznakować *perf*), oznaczać (oznaczyć *perf*); (*stain*) plamić (poplamić *perf*); (*characterise*) cechować; (*with shoes, tyres*) zostawiać (zostawić *perf*) ślad(y) na +*loc*; (*passage, page in book*) zaznaczać (zaznaczyć *perf*); (*place, time*) wyznaczać (wyznaczyć *perf*); (*event, occasion*) upamiętniać (upamiętnić *perf*); (*BRIT: SCOL*) oceniać (ocenić *perf*).

marked [mɑːkt] *adj* wyraźny.

markedly ['mɑːkɪdlɪ] *adv* wyraźnie.

marker ['mɑːkə*] *n* (*sign*) znak *m*; (*bookmark*) zakładka *f*; (*pen*) zakreślacz *m*.

market ['mɑːkɪt] *n* (*for vegetables etc*) targ *m*; (*COMM*) rynek *m* (zbytu) ♦ *vt* sprzedawać; (*new product*) wprowadzać (wprowadzić *perf*) na rynek.

marketing ['mɑːkɪtɪŋ] *n* marketing *m*.

marketplace ['mɑːkɪtpleɪs] *n* rynek *m*, plac *m* targowy; (*COMM*) rynek *m*.

market research *n* badanie *nt* rynku.

marksman ['mɑːksmən] (*irreg like:* **man**) *n* strzelec *m* wyborowy.

marmalade ['mɑːməleɪd] *n* marmolada *f*.

maroon [mə'ruːn] *adj* bordowy ♦ *vt*: **marooned** wyrzucony (na brzeg) (*np. bezludnej wyspy*); (*fig*) pozostawiony sam(emu) sobie.

marquee [mɑː'kiː] *n* (duży) namiot *m* (*na festynie itp*).

marriage ['mærɪdʒ] *n* (*relationship, institution*) małżeństwo *nt*; (*wedding*) ślub *m*.

marriage certificate *n* akt *m* małżeństwa *or* ślubu.

married ['mærɪd] *adj* (*man*) żonaty; (*woman*) zamężny; (*life, love*) małżeński; **to get married** (*man*) żenić się (ożenić się *perf*); (*woman*) wychodzić (wyjść *perf*) za mąż; (*couple*) pobierać się (pobrać się *perf*), brać (wziąć *perf*) ślub.

marrow ['mærəʊ] *n* (*vegetable*) kabaczek *m*; (*also:* **bone marrow**) szpik *m* kostny.

marry ['mærɪ] *vt* (*man*) żenić się (ożenić się *perf*) z +*instr*; (*woman*) wychodzić (wyjść *perf*) (za mąż) za +*acc*; (*registrar, priest*) udzielać (udzielić *perf*) ślubu +*dat* ♦ *vi* (*couple*) pobierać się (pobrać się *perf*), brać (wziąć *perf*) ślub.

Mars [mɑːz] *n* Mars *m*.

marsh [mɑːʃ] *n* bagna *pl*, moczary *pl*.

marshal ['mɑːʃl] n (MIL) marszałek m; (US: of police, fire department) ≈ komendant m; (at sports meeting etc) organizator m ♦ vt (thoughts, soldiers) zbierać (zebrać perf); (support) zdobywać (zdobyć perf).

marshy ['mɑːʃɪ] adj bagnisty, grząski.

marsupial [mɑːˈsuːpɪəl] (ZOOL) n torbacz m.

martial ['mɑːʃl] adj (music) wojskowy; (behaviour) żołnierski.

martial arts npl (wschodnie) sztuki pl walki.

martial law n stan m wojenny.

Martian ['mɑːʃən] n Marsjanin (-anka) m(f).

martyr ['mɑːtə*] n męczennik (-ica) m(f).

martyrdom ['mɑːtədəm] n męczeństwo nt.

marvel ['mɑːvl] n cud m ♦ vi: to **marvel (at)** (in admiiration) zachwycać się (+instr); (in surprise) zdumiewać się (+instr).

marvellous ['mɑːvləs] (US **marvelous**) adj cudowny.

Marxist ['mɑːksɪst] adj marksistowski ♦ n marksista (-tka) m(f).

marzipan ['mɑːzɪpæn] n marcepan m.

mascara [mæsˈkɑːrə] n tusz m do rzęs.

mascot ['mæskət] n maskotka f.

masculine ['mæskjulɪn] adj (characteristics, pride, gender) męski; (noun, pronoun) rodzaju męskiego post.

mash [mæʃ] (CULIN) vt tłuc (utłuc perf).

mashed potatoes [mæʃt-] npl ziemniaki pl purée.

mask [mɑːsk] n maska f ♦ vt (face) zakrywać (zakryć perf), zasłaniać (zasłonić perf); (feelings) maskować (zamaskować perf).

masochist ['mæsəukɪst] n masochista (-tka) m(f).

mason ['meɪsn] n (also: **stone** mason) kamieniarz m; (also: **freemason**) mason(ka) m(f).

masonic [məˈsɔnɪk] adj masoński.

masonry ['meɪsnrɪ] n konstrukcje pl z kamienia.

masquerade [mæskəˈreɪd] vi: to **masquerade as** udawać +acc.

mass [mæs] n masa f; (of air) masy pl; (of land) połacie pl; (REL): **Mass** msza f ♦ cpd masowy ♦ vi gromadzić się (zgromadzić się perf) masowo or licznie; **the masses** npl masy pl; **masses of** (inf) (cała) masa f +gen (inf).

massacre ['mæsəkə*] n masakra f.

massage ['mæsɑːʒ] n masaż m ♦ vt masować (wymasować perf).

masseur [mæˈsə:*] n masażysta m.

masseuse [mæˈsə:z] n masażystka f.

massive ['mæsɪv] adj masywny; (fig: changes, increase etc) ogromny.

mass media n inv: the mass media mass media pl, środki pl masowego przekazu.

mass-production ['mæsprəˈdʌkʃən] n produkcja f masowa.

mast [mɑːst] n maszt m.

master ['mɑːstə*] n (of servant, animal, situation) pan m; (secondary school teacher) ≈ profesor m; (title for boys): **Master X** panicz m X ♦ vt (overcome) przezwyciężać (przezwyciężyć perf); (learn, understand) opanowywać (opanować perf).

masterly ['mɑːstəlɪ] adj mistrzowski.

mastermind ['mɑːstəmaɪnd] n mózg m (fig) ♦ vt sterować +instr; (robbery etc) zaplanować (perf).

Master of Arts n (degree) ≈ stopień m magistra (nauk humanistycznych).

Master of Science n (degree) ≈ tytuł m magistra (nauk ścisłych lub przyrodniczych).

masterpiece ['mɑːstəpiːs] n arcydzieło nt.

masterstroke ['mɑːstəstrəuk] n majsterszyk m.

mastery ['mɑːstərɪ] n: **mastery of** biegłe opanowanie nt +gen.

masturbation [mæstə'beɪʃən] n onanizm m, masturbacja f.

mat [mæt] n (on floor) dywanik m; (also: **doormat**) wycieraczka f; (also: **table mat**) podkładka f (pod nakrycie) ♦ adj = **matt**.

match [mætʃ] n (game) mecz m; (for lighting fire) zapałka f; (equivalent): **to be a good** etc **match** dobrze etc pasować ♦ vt (go well with) pasować do +gen; (equal) dorównywać (dorównać perf) +dat; (correspond to) odpowiadać +dat; (also: **match up**) dopasowywać (dopasować perf) (do siebie) ♦ vi pasować (do siebie); **they are a good match** tworzą dobraną parę.

matchbox ['mætʃbɔks] n pudełko nt od zapałek.

matching ['mætʃɪŋ] adj dobrze dobrany; (in colour) pod kolor post.

mate [meɪt] n (inf: friend) kumpel m (inf); (assistant) pomocnik m; (NAUT) oficer m (na statku handlowym); (animal, spouse) partner(ka) m(f); (in chess) mat m ♦ vi (animals) łączyć się or kojarzyć się w pary.

material [mə'tɪərɪəl] n materiał m ♦ adj (possessions, existence) materialny; **materials** npl materiały pl; **writing materials** przybory do pisania.

materialistic [mətɪərɪə'lɪstɪk] adj materialistyczny.

materialize [mə'tɪərɪəlaɪz] vi (event) zaistnieć (perf); (person) pojawiać się (pojawić się perf); (hopes, plans) materializować się (zmaterializować się perf).

maternal [mə'tə:nl] adj macierzyński.

maternity [mə'tə:nɪtɪ] n macierzyństwo nt.

maternity dress n suknia f ciążowa.

maternity leave n urlop m macierzyński.

mathematical [mæθə'mætɪkl] adj matematyczny.

mathematician [mæθəmə'tɪʃən] n matematyk (-yczka) m(f).

mathematics [mæθə'mætɪks] n matematyka f.

maths [mæθs] (US **math**) n abbr = **mathematics**.

matrices ['meɪtrɪsiːz] npl of **matrix**.

matriculation [mətrɪkju'leɪʃən] n immatrykulacja f.

matrimonial [mætrɪ'məunɪəl] adj małżeński.

matrimony ['mætrɪmənɪ] n małżeństwo nt.

matrix ['meɪtrɪks] (pl **matrices**) n (social, cultural etc) kontekst m; (TECH) matryca f; (MATH) macierz f.

matron ['meɪtrən] n (in hospital) przełożona f pielęgniarek; (in school) pielęgniarka f (szkolna).

matt [mæt] (also spelled **mat**) adj matowy.

matted ['mætɪd] adj splątany.

matter ['mætə*] n (situation, problem) sprawa f; (PHYS) materia f; (substance) substancja f; (MED: pus) ropa f ♦ vi liczyć się, mieć znaczenie; **matters** npl sytuacja f; **it doesn't matter** (is not important, makes no difference) to nie ma znaczenia; (never mind) (nic) nie szkodzi; **what's the matter?** o co chodzi?; **no matter what** bez względu na to, co się stanie; **as a matter of course** automatycznie; **as a matter of fact** właściwie; **it's a matter of habit** to kwestia przyzwyczajenia; **printed matter** druki; **reading matter** (BRIT) lektura.

matter-of-fact ['mætərəv'fækt] adj rzeczowy.

mattress ['mætrɪs] n materac m.

mature [mə'tjuə*] adj dojrzały ♦ vi dojrzewać (dojrzeć perf).

maturity [mə'tjuərıtı] n dojrzałość f.

mausoleum [mɔːsə'lıəm] n mauzoleum nt.

mauve [məuv] adj jasnofioletowy.

maverick ['mævrık] n (fig) indywidualista (-tka) m(f).

maxim ['mæksım] n maksyma f.

maximum ['mæksıməm] (pl **maxima** or **maximums**) adj maksymalny ♦ n maksimum nt.

May [meı] n maj m.

may [meı] (conditional **might**) vi (indicating possibility, permission) móc; (indicating wishes): **may he justify our hopes** oby spełnił nasze nadzieje; **you may as well go** (właściwie) możesz iść; **may God bless you!** niech cię Bóg błogosławi!

maybe ['meıbiː] adv (być) może.

mayhem ['meıhɛm] n chaos m.

mayonnaise [meıə'neız] n majonez m.

mayor [mɛə*] n burmistrz m.

maze [meız] n labirynt m.

MD n abbr (= Doctor of Medicine) stopień naukowy; ≈ dr.

---------------- KEYWORD ----------------

me [miː] pron **1** (direct object) mnie; **can you hear me?** słyszysz mnie?; **it's me** to ja. **2** (indirect object) mi; (: stressed) mnie; **he gave me the money** dał mi pieniądze; **he gave the money to me, not to her** dał pieniądze mnie, nie jej; **give them to me** daj mi je. **3** (after prep): **it's for me** to dla mnie; **without me** beze mnie; **with me** ze mną; **about me** o mnie.

----

meadow ['mɛdəu] n łąka f.

meagre ['miːgə*] (US **meager**) adj skąpy, skromny.

meal [miːl] n (occasion, food) posiłek m; (flour) mąka f razowa.

mean [miːn] (pt, pp **meant**) adj (with money) skąpy; (unkind: person, trick) podły; (shabby) nędzny; (average) średni ♦ vt (signify) znaczyć, oznaczać; (refer to): **I thought you meant her** sądziłem, że miałeś na myśli ją; (intend): **to mean to do sth** zamierzać or mieć zamiar coś zrobić ♦ n (average) średnia f; **means** (pl **means**) n środek m, sposób m ♦ npl środki pl; **by means of sth** za pomocą czegoś; **by all means!** jak najbardziej!; **do you mean it?** mówisz poważnie?; **what do you mean?** co masz na myśli?; **to be meant for sb** być przeznaczonym dla kogoś.

meaning ['miːnıŋ] n (of word, gesture, book) znaczenie nt; (purpose, value) sens m.

meaningful ['miːnıŋful] adj (result, explanation) sensowny; (glance, remark) znaczący; (relationship, experience) głęboki.

meaningless ['miːnıŋlıs] adj (incomprehensible) niezrozumiały; (of no importance or relevance) bez znaczenia post; (futile) bezsensowny.

meanness ['miːnnıs] n (with money) skąpstwo nt; (unkindness) podłość f; (shabbiness) nędza f.

meant [mɛnt] pt, pp of **mean**.

meantime ['miːntaım] adv (also: **in the meantime**) tymczasem.

meanwhile ['miːnwaıl] adv = meantime.

measles ['miːzlz] n odra f.

measure ['mɛʒə*] vt mierzyć (zmierzyć perf) ♦ vi mierzyć ♦ n (degree) stopień m; (portion) porcja f; (ruler) miar(k)a f; (action) środek m (zaradczy).

measured ['mɛʒəd] adj (tone) wyważony; (step) miarowy.

measurements ['mɛʒəmənts] *npl* wymiary *pl.*

meat [miːt] *n* mięso *nt*; **cold meats** (*BRIT*) wędliny.

meatball ['miːtbɔːl] *n* klopsik *m.*

mechanic [mɪ'kænɪk] *n* mechanik *m.*

mechanical [mɪ'kænɪkl] *adj* mechaniczny.

mechanics [mɪ'kænɪks] *n* (*PHYS*) mechanika *f* ♦ *npl*: **the mechanics of the market** mechanizmy *pl* rynkowe.

mechanism ['mɛkənɪzəm] *n* (*device, automatic reaction*) mechanizm *m*; (*procedure*) tryb *m.*

mechanization [mɛkənaɪ'zeɪʃən] *n* mechanizacja *f.*

medal ['mɛdl] *n* medal *m.*

medallion [mɪ'dælɪən] *n* medalion *m.*

medallist ['mɛdlɪst] (*US* **medalist**) *n* medalista (-tka) *m(f).*

meddle ['mɛdl] *vi*: **to meddle in** *or* **with** mieszać się w +*acc or* do +*gen.*

media ['miːdɪə] *npl* (*mass*) media *pl*, środki *pl* (masowego) przekazu.

mediaeval [mɛdɪ'iːvl] *adj* = **medieval**.

mediate ['miːdɪeɪt] *vi* pośredniczyć, występować (wystąpić *perf*) w roli mediatora.

mediator ['miːdɪeɪtə*] *n* mediator(ka) *m(f).*

Medicaid ['mɛdɪkeɪd] (*US*) *n* rządowy program pomagający osobom o niskich dochodach pokryć koszty leczenia.

medical ['mɛdɪkl] *adj* medyczny ♦ *n* badania *pl* (*kontrolne lub okresowe*).

medical certificate *n* zaświadczenie *nt* lekarskie.

Medicare ['mɛdɪkɛə*] (*US*) *n* rządowy program pomagający osobom w podeszłym wieku w pokryciu kosztów leczenia.

medicated ['mɛdɪkeɪtɪd] *adj* leczniczy.

medication [mɛdɪ'keɪʃən] *n* leki *pl.*

medicinal [mɛ'dɪsɪnl] *adj* leczniczy.

medicine ['mɛdsɪn] *n* (*science*) medycyna *f*; (*drug*) lek *m.*

medieval [mɛdɪ'iːvl] *adj* średniowieczny.

mediocre [miːdɪ'əukə*] *adj* mierny, pośledni.

mediocrity [miːdɪ'ɔkrɪtɪ] *n* (*quality*) mierność *f*; (*person*) miernota *f.*

meditate ['mɛdɪteɪt] *vi* (*think carefully*): **to meditate (on)** rozmyślać *or* medytować (nad +*instr or* o +*loc*); (*REL*) oddawać się medytacji.

meditation [mɛdɪ'teɪʃən] *n* rozmyślania *pl*, medytacja *f*; (*REL*) medytacja *f.*

Mediterranean [mɛdɪtə'reɪnɪən] *adj* śródziemnomorski; **the Mediterranean (Sea)** Morze Śródziemne.

medium ['miːdɪəm] (*pl* **media** *or* **mediums**) *adj* (*size, level*) średni; (*colour*) pośredni ♦ *n* (*of communication*) środek *m* przekazu; (*ART*) forma *f* przekazu; (*environment*) ośrodek *m*, środowisko *nt*; (*pl* **mediums**: *person*) medium *nt.*

medley ['mɛdlɪ] *n* mieszanka *f*; (*MUS*) składanka *f.*

meek [miːk] *adj* potulny.

meet [miːt] (*pt, pp* **met**) *vt* (*accidentally*) spotykać (spotkać *perf*); (*by arrangement*) spotykać się (spotkać się *perf*) z +*instr*; (*for the first time*) poznawać (poznać *perf*); (*condition*) spełniać (spełnić *perf*); (*need*) zaspokajać (zaspokoić *perf*); (*problem, challenge*) sprostać (*perf*) +*dat* ♦ *vi* spotykać się (spotkać się *perf*); (*for the first time*) poznawać się (poznać się *perf*); **pleased to meet you!** miło mi Pana/Panią poznać.

▶**meet with** *vt fus* (*difficulties*) napotykać (napotkać *perf*); (*success*) odnosić (odnieść *perf*).

meeting ['miːtɪŋ] *n* spotkanie *nt*; (*COMM*) zebranie *nt*.

megaphone ['mɛgəfəun] *n* megafon *m*.

melancholy ['mɛlənkəlɪ] *n* melancholia *f* ♦ *adj* melancholijny.

mellow ['mɛləu] *adj* (*sound, light, person*) łagodny; (*voice*) aksamitny; (*colour*) spokojny; (*wine*) dojrzały ♦ *vi* (*person*) łagodnieć (złagodnieć *perf*).

melodrama ['mɛləudrɑːmə] *n* melodramat *m*.

melody ['mɛlədɪ] *n* melodia *f*.

melon ['mɛlən] *n* melon *m*.

melt [mɛlt] *vi* (*metal*) topić się (stopić się *perf*); (*snow*) topnieć (stopnieć *perf*) ♦ *vt* (*metal*) topić (stopić *perf*); (*snow, butter*) roztapiać (roztopić *perf*).

►**melt down** *vt* (*metal*) przetapiać (przetopić *perf*).

meltdown ['mɛltdaun] *n* topnienie *nt* (*rdzenia reaktora atomowego*).

melting pot *n* (*fig*) tygiel *m*.

member ['mɛmbə*] *n* członek *m*; **Member of Parliament** (*BRIT*) poseł/posłanka *m/f* (do parlamentu).

membership ['mɛmbəʃɪp] *n* (*state*) członkostwo *nt*; (*members*) członkowie *vir pl*; (*number of members*) liczba *f* członków.

membrane ['mɛmbreɪn] (*ANAT, BIO*) *n* błona *f*.

memento [mə'mɛntəu] *n* pamiątka *f*.

memo ['mɛməu] *n* notatka *f* (*zwłaszcza służbowa*).

memoirs ['mɛmwɑːz] *npl* wspomnienia *pl*, pamiętniki *pl*.

memorable ['mɛmərəbl] *adj* pamiętny.

memorandum [mɛmə'rændəm] (*pl* **memoranda**) *n* (*memo*) notatka *f* (*zwłaszcza służbowa*); (*POL*) memorandum *nt*.

memorial [mɪ'mɔːrɪəl] *n* pomnik *m* ♦ *adj* (*plaque etc*) pamiątkowy;

memorial service nabożeństwo żałobne.

memorize ['mɛməraɪz] *vt* uczyć się (nauczyć się *perf*) na pamięć +*gen*.

memory ['mɛmərɪ] *n* (*also COMPUT*) pamięć *f*; (*recollection*) wspomnienie *nt*; **in memory of** ku pamięci +*gen*.

men [mɛn] *npl of* **man**.

menace ['mɛnɪs] *n* (*threat*) groźba *f*; (*nuisance*) zmora *f* ♦ *vt* zagrażać +*dat*.

menacing ['mɛnɪsɪŋ] *adj* groźny.

mend [mɛnd] *vt* (*repair*) naprawiać (naprawić *perf*); (*darn*) cerować (zacerować *perf*) ♦ *n*: **to be on the mend** wracać do zdrowia; **to mend one's ways** poprawiać się (poprawić się *perf*).

menial ['miːnɪəl] (*often pej*) *adj* (*work*) służebny, czarny (*pej*).

meningitis [mɛnɪn'dʒaɪtɪs] *n* zapalenie *nt* opon mózgowych.

menopause ['mɛnəupɔːz] (*MED*) *n*: **the menopause** menopauza *f*, klimakterium *nt*.

menstruation [mɛnstru'eɪʃən] *n* miesiączka *f*, menstruacja *f*.

mental ['mɛntl] *adj* umysłowy.

mentality [mɛn'tælɪtɪ] *n* mentalność *f*.

mention ['mɛnʃən] *n* wzmianka *f* ♦ *vt* wspominać (wspomnieć *perf*) o +*loc*; **thank you – don't mention it!** dziękuję – nie ma za co!; **not to mention ...** nie mówiąc (już) o +*loc*.

mentor ['mɛntɔː*] *n* mentor(ka) *m(f)*.

menu ['mɛnjuː] *n* (*selection of dishes*) zestaw *m*; (*printed*) menu *nt inv*, karta *f* (dań *or* potraw); (*COMPUT*) menu *nt inv*.

MEP (*BRIT*) *n abbr* (= *Member of the European Parliament*) poseł/posłanka *m/f* do Parlamentu Europejskiego.

mercenary ['məːsɪnərɪ] *adj* wyrachowany, interesowny ♦ *n* najemnik *m* (*żołnierz*).

merchandise ['məːtʃəndaɪz] *n* towar *m*, towary *pl*.

merchant ['mə:tʃənt] n kupiec m.
merchant navy (US **merchant marine**) n marynarka f handlowa.
merciful ['mə:sıful] adj litościwy, miłosierny.
merciless ['mə:sılıs] adj bezlitosny.
mercury ['mə:kjurı] n rtęć f.
mercy ['mə:sı] n litość f; **to be at the mercy of** być zdanym na łaskę +gen.
mere [mıə*] adj zwykły; **his mere presence irritates her** sama jego obecność denerwuje ją; **she's a mere child** jest tylko dzieckiem.
merely ['mıəlı] adv tylko, jedynie.
merge [mə:dʒ] vt łączyć (połączyć perf) ♦ vi (roads, companies) łączyć się (połączyć się perf); (colours, sounds) zlewać się (zlać się perf).
merger ['mə:dʒə*] (COMM) n fuzja f.
meringue [məˈræŋ] n beza f.
merit ['mɛrıt] n (worth, value) wartość f; (advantage) zaleta f ♦ vt zasługiwać (zasłużyć perf) na +acc.
mermaid ['mə:meıd] n syrena f.
merry ['mɛrı] adj wesoły; **Merry Christmas!** Wesołych Świąt!
merry-go-round ['mɛrıgəuraund] n karuzela f.
mesh [mɛʃ] n (net) siatka f.
mesmerize ['mɛzməraız] vt hipnotyzować (zahipnotyzować perf).
mess [mɛs] n (in room) bałagan m; (MIL) kantyna f; (: officers') kasyno nt; (NAUT) mesa f; **in a mess** (untidy) w nieładzie.
▶**mess about** (inf) vi (waste time) obijać się; (fool around) wygłupiać się.
▶**mess about with** (inf) vt fus (thing) grzebać przy +loc; (person) nie traktować poważnie +gen.
▶**mess around** (inf) vi = **mess about**.
▶**mess around with** (inf) vt fus = **mess about with**.
▶**mess up** (inf) vt (spoil) spaprać (perf) (inf); (dirty) zapaprać (perf) (inf).

message ['mɛsıdʒ] n (piece of information) wiadomość f; (meaning) przesłanie nt; **he finally got the message** (inf: fig) wreszcie do niego dotarło (inf).
messenger ['mɛsındʒə*] n posłaniec m.
Messrs ['mɛsəz] abbr (on letters: = messieurs) Panowie.
messy ['mɛsı] adj (dirty) brudny; (untidy) niechlujny.
met [mɛt] pt, pp of **meet**.
metabolism [mɛˈtæbəlızəm] n przemiana f materii, metabolizm m.
metal ['mɛtl] n metal m.
metallic [mıˈtælık] adj metaliczny.
metamorphosis [mɛtəˈmɔ:fəsıs] (pl **metamorphoses**) n metamorfoza f.
metaphor ['mɛtəfə*] n przenośnia f, metafora f.
meteor ['mi:tıə*] n meteor m.
meteorite ['mi:tıəraıt] n meteoryt m.
meteorology [mi:tıəˈrɔlədʒı] n meteorologia f.
mete out [mi:t-] vt wymierzać (wymierzyć perf).
meter ['mi:tə*] n licznik m; (parking meter) parkometr m; (US) = **metre**.
method ['mɛθəd] n metoda f.
methodical [mıˈθɔdıkl] adj metodyczny.
Methodist ['mɛθədıst] n metodysta (-tka) m(f).
methodology [mɛθəˈdɔlədʒı] n (of research) metodologia f; (of teaching) metodyka f.
meticulous [mıˈtıkjuləs] adj skrupulatny.
metre ['mi:tə*] (US **meter**) n metr m.
metric ['mɛtrık] adj metryczny.
metropolitan [mɛtrəˈpɔlıtn] adj wielkomiejski; (POL) metropolitalny.
mew [mju:] vi miauczeć (zamiauczeć perf).
mews [mju:z] (BRIT) n: **mews flat** mieszkanie w budynku przerobionym z dawnych stajni.

Mexican ['mɛksɪkən] *adj* meksykański ♦ *n* Meksykanin (-anka) *m(f)*.

Mexico ['mɛksɪkəu] *n* Meksyk *m*.

miaow [miːˈau] *vi* miauczeć (zamiauczeć *perf*).

mice [maɪs] *npl of* **mouse**.

microcosm ['maɪkrəukɔzəm] *n* mikrokosmos *m*.

microphone ['maɪkrəfəun] *n* mikrofon *m*.

microscope ['maɪkrəskəup] *n* mikroskop *m*.

microscopic [maɪkrəˈskɔpɪk] *adj* mikroskopijny.

microwave ['maɪkrəuweɪv] *n* (*also*: **microwave oven**) kuchenka *f* mikrofalowa, mikrofalówka *f* (*inf*).

mid- [mɪd] *adj*: **in mid-May** w połowie maja; **in mid-afternoon** po południu; **in mid-air** w powietrzu; **he's in his mid-thirties** ma około trzydziestu pięciu lat.

midday [mɪdˈdeɪ] *n* południe *nt*.

middle ['mɪdl] *n* (*centre*) środek *m*; (*half-way point*) połowa *f*; (*midriff*) brzuch *m* ♦ *adj* (*place, position*) środkowy; (*course*) pośredni; **in the middle of the night** w środku nocy.

middle-aged [mɪdlˈeɪdʒd] *adj* w średnim wieku *post*.

Middle Ages *npl*: **the Middle Ages** średniowiecze *nt*, wieki *pl* średnie.

middle class(es) *n(pl)*: **the middle class(es)** klasa *f or* warstwa *f* średnia, (klasy *pl or* warstwy *pl* średnie).

Middle East *n*: **the Middle East** Bliski Wschód *m*.

middleman ['mɪdlmæn] (*irreg like*: **man**) *n* pośrednik *m*.

middle name *n* drugie imię *nt*.

midge [mɪdʒ] *n* komar *f*.

midget ['mɪdʒɪt] *n* karzeł/karlica *m/f*.

Midlands ['mɪdləndz] (*BRIT*) *npl*: **the Midlands** środkowa Anglia.

midnight ['mɪdnaɪt] *n* północ *f*.

midst [mɪdst] *n*: **in the midst of** (*crowd*) wśród *or* pośród +*gen*; (*event*) w (samym) środku +*gen*; (*action*) w trakcie +*gen*.

midsummer [mɪdˈsʌmə*] *n* pełnia *f or* środek *m* lata.

midway [mɪdˈweɪ] *adj* w połowie drogi *post* ♦ *adv*: **midway (between)** (*in space*) w połowie drogi (między +*instr*); **midway through** (*in time*) w połowie +*gen*.

midweek [mɪdˈwiːk] *adv* w środku *or* połowie tygodnia.

midwife ['mɪdwaɪf] (*pl* **midwives**) *n* położna *f*, akuszerka *f*.

might [maɪt] *vb see* **may** ♦ *n* moc *f*, potęga *f*; **with all one's might** z całej siły, z całych sił.

mighty ['maɪtɪ] *adj* potężny.

migraine ['miːgreɪn] *n* migrena *f*.

migrant ['maɪgrənt] *adj* wędrowny.

migrate [maɪˈgreɪt] *vi* migrować.

migration [maɪˈgreɪʃən] *n* migracja *f*.

mike [maɪk] *n abbr* = **microphone**.

Milan [mɪˈlæn] *n* Mediolan *m*.

mild [maɪld] *adj* (*gentle*) łagodny; (*slight*) umiarkowany.

mildew ['mɪldjuː] *n* pleśń *f*.

mildly ['maɪldlɪ] *adv* (*gently*) łagodnie; (*slightly*) umiarkowanie, w miarę; **to put it mildly** delikatnie mówiąc.

mile [maɪl] *n* mila *f*.

mileage ['maɪlɪdʒ] *n* (przebyta) odległość *f or* droga *f* (*w milach*).

milestone ['maɪlstəun] *n* kamień *m* milowy.

militant ['mɪlɪtnt] *adj* wojowniczy, wojujący.

military ['mɪlɪtərɪ] *adj* militarny, wojskowy.

militia [mɪˈlɪʃə] *n* milicja *f*.

milk [mɪlk] *n* mleko *nt* ♦ *vt* doić (wydoić *perf*); (*fig*) eksploatować (wyeksploatować *perf*).

milkman ['mɪlkmən] (*irreg like*: **man**) *n* mleczarz *m*.

milkshake ['mɪlkʃeɪk] n koktajl m mleczny.

milky ['mɪlkɪ] adj (colour) mleczny; (drink) z mlekiem post.

mill [mɪl] n (for grain) młyn m; (also: **coffee mill**) młynek m (do kawy); (also: **pepper mill**) młynek f (do pieprzu); (factory) zakład m (przemysłowy) ♦ vt mielić (zmielić perf) ♦ vi (also: **mill about**: crowd etc) falować.

miller ['mɪlə*] n młynarz m.

millimetre ['mɪlɪmiːtə*] (US **millimeter**) n milimetr m.

million ['mɪljən] n milion m.

millionaire [mɪljə'neə*] n milioner(ka) m(f).

mime [maɪm] n (ART) pantomima f; (actor) mim m ♦ vt pokazywać (pokazać perf) na migi; **in mime** na migi.

mimic ['mɪmɪk] n imitator m ♦ vt imitować, naśladować.

min. abbr = **minute** min.

mince [mɪns] vt (in mincer) mielić (zmielić perf); (with knife) siekać (posiekać perf) ♦ vi dreptać ♦ n (BRIT) (mięso nt) mielone.

mincemeat ['mɪnsmiːt] n (BRIT) słodkie nadzienie z bakalii, tłuszczu i przypraw korzennych; (US) (mięso nt) mielone.

mince pie n rodzaj okrągłego pierożka z nadzieniem z bakalii spożywanego tradycyjnie w okresie Świąt Bożego Narodzenia.

mincer ['mɪnsə*] n maszynka f do (mielenia) mięsa.

mind [maɪnd] n (intellect) umysł m; (thoughts) myśli pl; (head) głowa f ♦ vt (attend to, look after) doglądać +gen; (be careful of) uważać na +acc; (object to) mieć coś przeciwko +dat; **do you mind if I smoke?** czy nie będzie Panu/Pani przeszkadzało, jeżeli zapalę?; **to my mind** według mnie; **he must be out of his mind**

chyba postradał zmysły; **to keep** or **bear sth in mind** pamiętać o czymś; **to make up one's mind** zdecydować się (perf); **to change one's mind** zmieniać (zmienić perf) zdanie, rozmyślić się (perf); **I don't mind** (when choosing) wszystko jedno; (when offered drink etc) chętnie; **mind you, ...** zwróć uwagę, że ...; **never mind!** (nic) nie szkodzi!; **"mind the step"** „uwaga stopień".

minder ['maɪndə*] n (also: **childminder**) opiekun(ka) m(f) do dziecka; (inf: bodyguard) goryl m (inf).

mindful ['maɪndful] adj: **to be mindful of** mieć na względzie +acc.

mindless ['maɪndlɪs] adj bezmyślny.

mine¹ pron mój; **that book is mine** ta(mta) książka jest moja; **a friend of mine** (pewien) (mój) kolega m/(pewna) (moja) koleżanka f.

mine² n (coal etc) kopalnia f; (bomb) mina f ♦ vt (coal) wydobywać (wydobyć perf); (beach) minować (zaminować perf).

minefield ['maɪnfiːld] n pole nt minowe; (fig) niebezpieczny grunt m.

miner ['maɪnə*] n górnik m.

mineral ['mɪnərəl] adj mineralny ♦ n minerał m; **minerals** npl (BRIT) napoje pl gazowane.

mingle ['mɪŋgl] vi bywać wśród ludzi; **to mingle with** (people) obracać się wśród +gen; (sounds, smells) mieszać się z +instr.

miniature ['mɪnətʃə*] adj miniaturowy ♦ n miniatura f.

minibus ['mɪnɪbʌs] n mikrobus m.

minim ['mɪnɪm] n (MUS) półnuta f.

minimal ['mɪnɪml] adj minimalny.

minimize ['mɪnɪmaɪz] vt (reduce) minimalizować (zminimalizować perf); (play down) umniejszać (umniejszyć perf).

minimum ['mınıməm] (*pl* **minima**)
n minimum *nt* ♦ *adj* minimalny.
mining ['maınıŋ] *n* górnictwo *nt*.
miniskirt ['mınıskə:t] *n*
minispódniczka *f*.
minister ['mınıstə*] *n* (*BRIT*: *POL*)
minister *m*; (*REL*) duchowny *m*
(*protestancki*).
ministerial [mınıs'tıərıəl] (*BRIT*) *adj*
ministerialny.
ministry ['mınıstrı] *n* (*BRIT*: *POL*)
ministerstwo *nt*.
mink [mıŋk] (*pl* **minks** *or* **mink**) *n*
(*fur*) norki *pl*; (*animal*) norka *f*.
minor ['maınə*] *adj* (*repairs, injuries*)
drobny; (*poet*) pomniejszy; (*MED*:
operation) mały; (*MUS*) moll *post* ♦
n nieletni(a) *m(f)*.
minority [maı'nɔrıtı] *n* mniejszość *f*.
mint [mınt] *n* (*BOT, CULIN*) mięta *f*;
(*sweet*) miętówka *f*; (*factory*)
mennica *f* ♦ *vt* (*coins*) bić, wybijać
(wybić *perf*); **in mint condition** w
idealnym stanie.
minus ['maınəs] *n* (*also*: **minus sign**)
minus *m* ♦ *prep*: **12 minus 6 equals
6** 12 minus 6 równa się 6; **minus 24
(degrees)** minus 24 (stopnie
Celsjusza).
minute[1] [maı'nju:t] *adj* (*search*)
drobiazgowy; (*amount*) minimalny.
minute[2] ['mınıt] *n* minuta *f*; (*fig*)
minu(t)ka *f*; **minutes** *npl* (*of
meeting*) protokół *m*; **at the last
minute** w ostatniej chwili.
miracle ['mırəkl] *n* cud *m*.
miraculous [mı'rækjuləs] *adj*
cudowny.
mirror ['mırə*] *n* (*in bedroom,
bathroom*) lustro *nt*; (*in car*) lusterko *nt*.
mirror image *n* lustrzane odbicie *nt*.
mirth [mə:θ] *n* rozbawienie *nt*,
wesołość *f*.
misbehave [mısbı'heıv] *vi* źle się
zachowywać.
misbehaviour [mısbı'heıvjə*] (*US*
misbehavior) *n* złe zachowanie *nt*.

miscarriage ['mıskærıdʒ] *n*
poronienie *nt*; **miscarriage of
justice** pomyłka sądowa.
miscarry [mıs'kærı] *vi* (*MED*) ronić
(poronić *perf*); (*plans*) nie powieść
się (*perf*).
miscellaneous [mısı'leınıəs] *adj*
różny, rozmaity.
mischief ['mıstʃıf] *n* (*naughtiness*: *of
child*) psoty *pl*; (*playfulness*)
figlarność *f*; (*maliciousness*) intrygi
pl.
mischievous ['mıstʃıvəs] *adj*
(*naughty*) psotny; (*playful*) figlarny.
misconception ['mıskən'sepʃən] *n*
błędne mniemanie *nt or* przekonanie
nt.
misconduct [mıs'kɔndʌkt] *n* (*bad
behaviour*) złe prowadzenie się *nt*;
(*instance*) występek *m*; **professional
misconduct** zachowanie niezgodne
z etyką zawodową.
misdemeanour [mısdı'mi:nə*] (*US*
misdemeanor) *n* występek *m*,
wykroczenie *nt*.
miser ['maızə*] *n* skąpiec *m*, sknera
m/f (*inf*).
miserable ['mızərəbl] *adj* (*unhappy*)
nieszczęśliwy; (*unpleasant*: *weather*)
ponury; (: *person*) nieprzyjemny;
(*wretched*: *conditions*) nędzny;
(*contemptible*: *donation etc*) nędzny,
marny; (: *failure*) sromotny.
misery ['mızərı] *n* (*unhappiness*)
nieszczęście *nt*; (*wretchedness*)
nędza *f*.
misfire [mıs'faıə*] *vi* (*plan*) spełznąć
(*perf*) na niczym, nie wypalić (*perf*)
(*inf*).
misfit ['mısfıt] *n* odmieniec *m*.
misfortune [mıs'fɔ:tʃən] *n*
nieszczęście *nt*.
misgiving [mıs'gıvıŋ] *n* (*often pl*)
obawy *pl*, złe przeczucia *pl*.
misguided [mıs'gaıdıd] *adj* (*opinion*)
błędny, mylny.

mishap ['mɪshæp] *n* niefortunny
wypadek *m*.

mishear [mɪs'hɪə*] (*irreg like*: **hear**)
vt źle usłyszeć (*perf*) ♦ *vi* przesłyszeć
się (*perf*).

misinterpret [mɪsɪn'tə:prɪt] *vt* źle *or*
błędnie interpretować
(zinterpretować *perf*).

misjudge [mɪs'dʒʌdʒ] *vt* (*person*) źle
osądzić (*perf*); (*situation, action*) źle
or niewłaściwie ocenić (*perf*).

mislay [mɪs'leɪ] (*irreg like*: **lay**) *vt*
zapodziać (*perf*), zawieruszyć (*perf*).

mislead [mɪs'li:d] (*irreg like*: **lead**) *vt*
wprowadzać (wprowadzić *perf*) w
błąd, zmylić (*perf*).

misleading [mɪs'li:dɪŋ] *adj* mylący,
wprowadzający w błąd.

misnomer [mɪs'nəumə*] *n* błędna *or*
niewłaściwa nazwa *f*.

misplaced [mɪs'pleɪst] *adj* (*feeling*:
inappropriate) nie na miejscu *post*;
(: *directed towards wrong person*) źle
or niewłaściwie ulokowany.

misprint ['mɪsprɪnt] *n* literówka *f*.

Miss [mɪs] *n* (*with surname*) pani *f*,
panna *f* (*old*); (*SCOL: as form of
address*) proszę pani (*voc*); (*beauty
queen*) miss *f inv*.

miss [mɪs] *vt* (*train etc*) spóźniać się
(spóźnić się *perf*) na +*acc*; (*target*)
nie trafiać (nie trafić *perf*) w +*acc*;
(*chance*) tracić (stracić *perf*);
(*meeting*) opuszczać (opuścić *perf*);
(*notice loss of*) zauważać (zauważyć
perf) brak +*gen*; (*regret absence of*)
tęsknić za +*instr* ♦ *vi* chybiać
(chybić *perf*), nie trafiać (nie trafić
perf), pudłować (spudłować *perf*)
(*inf*) ♦ *n* chybienie *nt*, pudło *nt* (*inf*);
you can't miss it nie można tego
przeoczyć *or* nie zauważyć; **the bus
just missed the wall** autobus omal
nie wpadł na mur.

►**miss out** (*BRIT*) *vt* opuszczać
(opuścić *perf*).

►**miss out on** *vt fus* tracić (stracić

perf) +*acc*, nie załapać się (*perf*) na
+*acc* (*inf*).

misshapen [mɪs'ʃeɪpən] *adj*
zniekształcony.

missile ['mɪsaɪl] *n* pocisk *m*;
missiles (*objects thrown*) amunicja.

missing ['mɪsɪŋ] *adj* (*lost*) zaginiony;
(*removed*: *tooth, wheel*) brakujący;
(*MIL*): **missing in action** zaginiony
w toku działań; **sb/sth is missing**
kogoś/czegoś brakuje.

mission ['mɪʃən] *n* misja *f*; (*MIL*) lot
m bojowy.

missionary ['mɪʃənrɪ] *n* misjonarz
(-arka) *m(f)*.

mist [mɪst] *n* mgła *f*; (*light*) mgiełka *f*
♦ *vi* (*also*: **mist over**: *eyes*)
zachodzić (zajść *perf*) mgłą, zamglić
się (*perf*); (*BRIT*: *also*: **mist over,
mist up**: *windows*) zaparowywać
(zaparować *perf*).

mistake [mɪs'teɪk] (*irreg like*: **take**) *n*
(*error*) błąd *m*; (*misunderstanding*)
pomyłka *f* ♦ *vt* (*address etc*)
pomylić (*perf*); **by mistake** przez
pomyłkę, omyłkowo; **to make a
mistake** (*in writing, calculation*)
popełniać (popełnić *perf*) *or* robić
(zrobić *perf*) błąd, mylić się
(pomylić się *perf*); **to make a
mistake about sb/sth** mylić się
(pomylić się *perf*) co do
kogoś/czegoś; **to mistake sb/sth for**
mylić (pomylić *perf*) kogoś/coś z
+*instr*, brać (wziąć *perf*) kogoś/coś
za +*acc*.

mistaken [mɪs'teɪkən] *pp of* **mistake**
♦ *adj* mylny, błędny; **to be
mistaken** mylić się, być w błędzie.

mistletoe ['mɪsltəu] *n* jemioła *f*.

mistook [mɪs'tuk] *pt of* **mistake**.

mistress ['mɪstrɪs] *n* (*lover*)
kochanka *f*; (*of servant, dog,
situation*) pani *f*; (*BRIT*: *SCOL*)
nauczycielka *f*.

mistrust [mɪs'trʌst] *vt* nie ufać +*dat*,
nie dowierzać +*dat*.

misty ['mɪstɪ] adj (day) mglisty; (glasses, windows) zamglony.

misunderstand [mɪsʌndə'stænd] (irreg like: **stand**) vt źle rozumieć (zrozumieć perf) ♦ vi nie rozumieć (nie zrozumieć perf).

misunderstanding ['mɪsʌndə'stændɪŋ] n nieporozumienie nt.

misuse [mɪs'juːs] n (of power, funds) nadużywanie nt; (of tool, word) niewłaściwe używanie nt ♦ vt (power) nadużywać (nadużyć perf) +gen; (word) niewłaściwie używać (użyć perf) +gen.

mitigate ['mɪtɪgeɪt] vt łagodzić (złagodzić perf).

mitt(en) ['mɪt(n)] n rękawiczka f (z jednym palcem).

mix [mɪks] vt (ingredients, colours) mieszać (zmieszać perf); (drink, sauce) przyrządzać (przyrządzić perf); (cake) kręcić (ukręcić perf); (cement) mieszać (wymieszać perf) ♦ vi: **to mix (with)** utrzymywać kontakty towarzyskie (z +instr) ♦ n (combination) połączenie nt; (powder) mieszanka f.

►**mix up** vt (confuse) mylić (pomylić perf) (ze sobą); (muddle up) mieszać (pomieszać perf).

mixed [mɪkst] adj mieszany.

mixer ['mɪksə*] n (machine) mikser m; **he's a good mixer** łatwo nawiązuje (nowe) znajomości.

mixture ['mɪkstʃə*] n mieszanka f; (MED) mikstura f (old).

mix-up ['mɪksʌp] n zamieszanie nt, nieporozumienie nt.

mm abbr = **millimetre** mm.

moan [məun] n jęk m ♦ vi (inf): **to moan (about)** jęczeć (z powodu +gen) (inf).

moat [məut] n fosa f.

mob [mɔb] n (disorderly) tłum m, motłoch m (pej) ♦ vt oblegać (oblec perf) (tłumnie).

mobile ['məubaɪl] adj (workforce, social group) mobilny; (able to move): **to be mobile** móc się poruszać ♦ n (decoration) mobile pl.

mobile phone n przenośny aparat m telefoniczny.

mobility [məu'bɪlɪtɪ] n (physical) możliwość f poruszania się.

mobilize ['məubɪlaɪz] vt (work force) organizować (zorganizować perf); (country, army, organization) mobilizować (zmobilizować perf).

moccasin ['mɔkəsɪn] n mokasyn m.

mock [mɔk] vt kpić z +gen; (by imitating) przedrzeźniać ♦ adj (exam, battle) próbny; (terror, disbelief) udawany; **mock crystal** etc imitacja kryształu etc.

mockery ['mɔkərɪ] n kpina f; **to make a mockery of** wystawiać (wystawić perf) na pośmiewisko +acc.

mock-up ['mɔkʌp] n makieta f.

mod cons ['mɔd'kɔnz] (BRIT) npl abbr (= modern conveniences) wygody pl.

mode [məud] n (of life) tryb m; (of action) sposób m; (of transport) forma f.

model ['mɔdl] n (of boat, building etc) model m; (fashion model, artist's model) model(ka) m(f); (example) wzór m, model m ♦ adj (excellent) wzorowy ♦ vt (clothes) prezentować; (object) wykonywać (wykonać perf) model +gen ♦ vi (for designer) pracować jako model(ka) m(f); (for painter, photographer) pozować.

moderate ['mɔdərət] adj umiarkowany; (change) nieznaczny ♦ vi (wind etc) słabnąć (osłabnąć perf) ♦ vt łagodzić (złagodzić perf).

moderation [mɔdə'reɪʃən] n umiar m.

modern ['mɔdən] adj (contemporary) współczesny; (up-to-date)

nowoczesny; **modern languages**
języki nowożytne.
modernize ['mɔdənaɪz] *vt*
modernizować (zmodernizować
perf), unowocześniać (unowocześnić
perf).
modest ['mɔdɪst] *adj* skromny.
modesty ['mɔdɪstɪ] *n* skromność *f*.
modification [mɔdɪfɪ'keɪʃən] *n*
modyfikacja *f*.
modify ['mɔdɪfaɪ] *vt* modyfikować
(zmodyfikować *perf*).
module ['mɔdjuːl] *n* moduł *m*;
(*SPACE*) człon *m* (statku
kosmicznego).
mohair ['məuheə*] *n* moher *m*.
moist [mɔɪst] *adj* wilgotny.
moisten ['mɔɪsn] *vt* zwilżać (zwilżyć
perf).
moisture ['mɔɪstʃə*] *n* wilgoć *f*.
moisturizer ['mɔɪstʃəraɪzə*] *n* krem
m nawilżający.
molar ['məulə*] *n* ząb *m* trzonowy.
mold (*US*) *n*, *vt* = **mould**.
mole [məul] *n* (*on skin*) pieprzyk *m*;
(*ZOOL*) kret *m*; (*fig: spy*) wtyczka *f*
(*inf*).
molecule ['mɔlɪkjuːl] *n* cząsteczka *f*,
molekuła *f*.
molest [mə'lest] *vt* napastować.
molt [məult] (*US*) *vi* = **moult**.
molten ['məultən] *adj* roztopiony.
mom [mɔm] (*US*) *n* = **mum**.
moment ['məumənt] *n* chwila *f*,
moment *m*; **at the moment** w tej
chwili; **for a moment** (*go out*) na
chwilę; (*hesitate*) przez chwilę; **for
the moment** na razie, chwilowo.
momentary ['məuməntərɪ] *adj*
chwilowy.
momentous [məu'mentəs] *adj*
doniosły, wielkiej wagi *post*.
momentum [məu'mentəm] *n* (*PHYS*)
pęd *m*; (*fig: of change*) tempo *nt*; **to
gather momentum** nabierać (nabrać
perf) rozpędu; (*fig: change*) nabierać
(nabrać *perf*) impetu; (: *movement*,

struggle) przybierać (przybrać *perf*)
na sile.
mommy ['mɔmɪ] (*US*) *n* = **mummy**.
monarch ['mɔnək] *n* monarcha *m*.
monarchy ['mɔnəkɪ] *n* monarchia *f*.
monastery ['mɔnəstərɪ] *n* klasztor *m*.
Monday ['mʌndɪ] *n* poniedziałek *m*.
monetary ['mʌnɪtərɪ] *adj* (*system*)
walutowy, pieniężny; (*policy*)
walutowy, monetarny; (*control*)
dewizowy.
money ['mʌnɪ] *n* pieniądze *pl*; **to
make money** (*person*) zarabiać
(zarobić *perf*).
money order *n* przekaz *m*
(pieniężny).
mongrel ['mʌŋgrəl] *n* kundel *m*.
monitor ['mɔnɪtə*] *n* monitor *m* ♦ *vt*
(*heartbeat, progress*) monitorować;
(*broadcasts*) wsłuchiwać się w +*acc*.
monk [mʌŋk] *n* mnich *m*, zakonnik *m*.
monkey ['mʌŋkɪ] *n* małpa *f*.
monologue ['mɔnəlɔg] *n* monolog *m*.
monopoly [mə'nɔpəlɪ] *n* monopol *m*.
monotonous [mə'nɔtənəs] *adj*
monotonny.
monotony [mə'nɔtənɪ] *n* monotonia *f*.
monsoon [mɔn'suːn] *n* monsun *m*.
monster ['mɔnstə*] *n* (*animal,
person, imaginary creature*) potwór
m; (*monstrosity*) monstrum *nt*.
monstrosity [mɔn'strɔsɪtɪ] *n*
monstrum *nt*.
monstrous ['mɔnstrəs] *adj* (*ugly,
atrocious*) potworny, monstrualny;
(*huge*) monstrualnie wielki.
month [mʌnθ] *n* miesiąc *m*.
monthly ['mʌnθlɪ] *adj* (*ticket,
installment, income*) miesięczny;
(*meeting*) comiesięczny ♦ *adv* co
miesiąc; (*paid*) miesięcznie.
monument ['mɔnjumənt] *n* pomnik
m, monument *m* (*literary*).
monumental [mɔnju'mentl] *adj*
(*building, work*) monumentalny;
(*storm, row*) straszny.
moo [muː] *vi* ryczeć (zaryczeć *perf*).

mood [muːd] n (of person) nastrój m, humor m; (of crowd, group) nastrój m; **to be in a good/bad mood** być w dobrym/złym nastroju or humorze; **I'm not in the mood for** nie jestem w nastroju do +gen.

moody ['muːdɪ] adj (temperamental) kapryśny, humorzasty (inf); (sullen) markotny, w złym humorze post.

moon [muːn] n księżyc m.

moonlight ['muːnlaɪt] n światło nt księżyca.

moor [muə*] n wrzosowisko nt ♦ vt cumować (zacumować perf or przycumować perf) ♦ vi cumować (zacumować perf).

moose [muːs] n inv łoś m (amerykański).

moot [muːt] adj: **moot point** punkt m sporny.

mop [mɔp] n (for floor) mop m; (for dishes) zmywak m (na rączce); (of hair) czupryna f ♦ vt (floor) myć (umyć perf), zmywać (zmyć perf); (eyes, face) ocierać (otrzeć perf).

► **mop up** vt (liquid) ścierać (zetrzeć perf).

mope [məup] vi rozczulać się nad sobą.

moped ['məupɛd] n motorower m.

moral ['mɔrl] adj moralny ♦ n morał m; **morals** npl moralność f.

morale [mɔ'rɑːl] n morale nt inv.

morality [mə'rælɪtɪ] n moralność f.

morass [mə'ræs] n bagno nt, mokradło nt.

morbid ['mɔːbɪd] adj (imagination, interest) niezdrowy, chorobliwy; (subject, joke) makabryczny.

────── KEYWORD ──────

more [mɔː*] adj 1 (greater in number etc) więcej (+gen); **more people/work than we expected** więcej ludzi/pracy niż się spodziewaliśmy; **more and more problems** coraz więcej kłopotów. 2 (additional) jeszcze; (: in negatives) już; **do you want (some) more tea?** chcesz jeszcze (trochę) herbaty?; **I have no** or **I don't have any more money** nie mam już więcej pieniędzy ♦ pron 1 (greater amount) więcej; **more than 10** więcej niż dziesięć. 2 (further or additional amount) jeszcze (trochę); (: in negatives) już; **is there any more?** czy jest jeszcze trochę?; **this cost much more** to kosztowało znacznie więcej; **you can take this pen; I have many more** możesz wziąć ten długopis – mam (ich) jeszcze dużo ♦ adv bardziej; **more lonely (than you)** bardziej samotny (niż ty or od ciebie); **more difficult** trudniejszy; **more easily** łatwiej; **more and more** coraz bardziej; **more or less** mniej więcej; **more beautiful than ever** piękniejsza niż kiedykolwiek.

moreover [mɔː'rəuvə*] adv ponadto, poza tym.

morgue [mɔːg] n kostnica f.

Mormon ['mɔːmən] n mormon(ka) m(f).

morning ['mɔːnɪŋ] n poranek m, ranek m ♦ cpd (sun, walk) ranny, poranny; (paper) poranny; **this morning** dziś rano; **in the morning** (between midnight and 3 o'clock) w nocy; (shortly before dawn) nad ranem; (around waking time) rano; (before noon) przed południem; **three o'clock in the morning** trzecia w nocy; **seven o'clock in the morning** siódma rano.

morning sickness n mdłości pl poranne.

Morocco [mə'rɔkəu] n Maroko nt.

moron ['mɔːrɔn] (inf) n debil(ka) m(f) (inf).

morose [mə'rəus] adj posępny, ponury.

morphine ['mɔːfiːn] n morfina f.

Morse [mɔːs] n (also: **Morse code**) alfabet m Morse'a, mors m (inf).

morsel ['mɔːsl] n (tasty piece of food) kąsek m; (small piece or quantity) odrobina f.

mortal ['mɔːtl] adj śmiertelny ♦ n śmiertelnik m.

mortality [mɔːˈtælɪtɪ] n (being mortal) śmiertelność f; (number of deaths) umieralność f, śmiertelność f.

mortar ['mɔːtə*] n (MIL, CULIN) moździerz m; (CONSTR) zaprawa f (murarska).

mortgage ['mɔːgɪdʒ] n (loan) kredyt m hipoteczny (na budowę lub zakup domu) ♦ vt zastawiać (zastawić perf), oddawać (oddać perf) w zastaw hipoteczny (fml).

mortify ['mɔːtɪfaɪ] vt zawstydzać (zawstydzić perf).

mortuary ['mɔːtjuərɪ] n kostnica f.

mosaic [məuˈzeɪɪk] n mozaika f.

Moscow ['mɔskəu] n Moskwa f.

Moslem ['mɔzləm] adj, n = **Muslim**.

mosque [mɔsk] n meczet m.

mosquito [mɔsˈkiːtəu] (pl **mosquitoes**) n (in damp places) komar m; (in tropics) moskit m.

moss [mɔs] n mech m.

─────── KEYWORD ───────

most [məust] adj **1** (people, things) większość f (+gen); **most men behave like that** większość mężczyzn tak się zachowuje. **2** (interest, money etc) najwięcej +gen; **he derived the most pleasure from her visit** jej wizyta sprawiła mu najwięcej przyjemności ♦ pron większość; **most of it/them** większość (tego)/z nich; **the most** najwięcej; **to make the most of sth** maksymalnie coś wykorzystać (wykorzystać perf); **at the (very) most** (co) najwyżej ♦ adv (+verb: spend, eat, work etc) najwięcej; (+adjective): **the most expensive**
---

najbardziej kosztowny, najkosztowniejszy; (+adverb: carefully, easily etc) najbardziej; (very: polite, interesting etc) wysoce, wielce.

---

mostly ['məustlɪ] adv (chiefly) głównie; (for the most part) przeważnie.

motel [məuˈtɛl] n motel m.

moth [mɔθ] n ćma f; (also: **clothes moth**) mól m.

mother ['mʌðə*] n matka f ♦ cpd (country) ojczysty; (company) macierzysty ♦ vt (act as mother to) wychowywać; (pamper, protect) matkować +dat.

motherhood ['mʌðəhud] n macierzyństwo nt.

mother-in-law ['mʌðərɪnlɔː] n teściowa f.

motherly ['mʌðəlɪ] adj (attitude) macierzyński; (hands. care) matczyny.

mother tongue n język m ojczysty.

motif [məuˈtiːf] n (design) wzór m.

motion ['məuʃən] n (movement, gesture) ruch m; (proposal) wniosek m ♦ vt, vi: **to motion (to) sb to do sth** skinąć (perf) na kogoś, żeby coś zrobił.

motionless ['məuʃənlɪs] adj nieruchomy, w bezruchu post.

motion picture n film m.

motivated ['məutɪveɪtɪd] adj: **to be (highly) motivated** mieć (silną) motywację; **motivated by** (envy, desire) powodowany +instr.

motivation [məutɪˈveɪʃən] n motywacja f.

motive ['məutɪv] n motyw m, pobudka f.

motley ['mɔtlɪ] adj: **motley collection/crew** etc zbieranina f.

motor ['məutə*] n (of machine, vehicle) silnik m; (BRIT: inf: car)

maszyna f (inf) ♦ cpd (industry) motoryzacyjny; (mechanic, accident) samochodowy.
motorbike ['məutəbaɪk] n motor m.
motorboat ['məutəbəut] n motorówka f.
motorcar ['məutəkɑ:] (BRIT) n samochód m.
motorcycle ['məutəsaɪkl] n motocykl m.
motoring ['məutərɪŋ] (BRIT) n jazda f or kierowanie nt samochodem.
motorist ['məutərɪst] n kierowca m.
motor racing (BRIT) n wyścigi pl samochodowe.
motor vehicle n pojazd m mechaniczny.
motorway ['məutəweɪ] (BRIT) n autostrada f.
mottled ['mɔtld] adj cętkowany, w cętki post.
motto ['mɔtəu] (pl **mottoes**) n (of school, in book) motto nt; (watchword) motto nt (życiowe), dewiza f.
mould [məuld] (US **mold**) n (cast) forma f; (mildew) pleśń f ♦ vt (plastic, clay etc) modelować; (fig: public opinion, character) kształtować, urabiać.
mo(u)ldy ['məuldɪ] adj (bread, cheese) spleśniały; (smell) stęchły.
moult [məult] (US **molt**) vi linieć (wylinieć perf).
mound [maund] n (of earth) kopiec m; (of blankets, leaves) stos m.
mount [maunt] n (in proper names): **Mount Carmel** Mount m inv Carmel ♦ vt (horse) dosiadać (dosiąść perf) +gen; (exhibition, display) urządzać (urządzić perf); (machine, engine) mocować (zamocować perf), montować (zamontować perf); (jewel, picture) oprawiać (oprawić perf); (staircase) wspinać się (wspiąć się perf) na +acc ♦ vi (inflation, tension, problems) nasilać się

(nasilić się perf), narastać (narosnąć perf).
►**mount up** vi (costs) rosnąć, wzrastać (wzrosnąć perf); (savings) rosnąć (urosnąć perf).
mountain ['mauntɪn] n góra f ♦ cpd górski.
mountaineer [mauntɪ'nɪə*] n alpinista (-tka) m(f), ≈ taternik (-iczka) m(f).
mountainous ['mauntɪnəs] adj górzysty.
mourn [mɔ:n] vt opłakiwać ♦ vi: to mourn for sb opłakiwać kogoś; to mourn for or over sth żałować czegoś.
mournful ['mɔ:nful] adj zasmucony, (bardzo) smutny.
mourning ['mɔ:nɪŋ] n żałoba f; in mourning w żałobie.
mouse [maus] (pl **mice**) n (ZOOL, COMPUT) mysz f.
mousetrap ['maustræp] n (pu)łapka f na myszy.
mousse [mu:s] n (CULIN) mus m; (cosmetic) pianka f.
moustache [məs'tɑ:ʃ] (US **mustache**) n wąsy pl.
mouth [mauθ] (pl **mouths**) n (ANAT) usta pl; (of cave, hole) wylot m; (of river) ujście nt.
mouthful ['mauθful] n (of drink) łyk m; (of food) kęs m.
mouth organ n harmonijka f ustna, organki pl.
mouthpiece ['mauθpi:s] n (of musical instrument) ustnik m; (spokesperson) rzecznik (-iczka) m(f).
mouthwash ['mauθwɔʃ] n płyn m do płukania jamy ustnej.
mouth-watering ['mauθwɔ:tərɪŋ] adj apetyczny, smakowity.
movable ['mu:vəbl] adj ruchomy.
move [mu:v] n (movement) ruch m; (action) posunięcie nt; (of house) przeprowadzka f; (of employee) przesunięcie nt ♦ vt (furniture, car)

przesuwać (przesunąć *perf*); (*in game*) przesuwać (przesunąć *perf*), ruszać (ruszyć *perf*); (*emotionally*) wzruszać (wzruszyć *perf*), poruszać (poruszyć *perf*) ♦ *vi* (*person, animal*) ruszać się (ruszyć się *perf*); (*traffic*) posuwać się (posunąć się *perf*); (*also*: **move house**) przeprowadzać się (przeprowadzić się *perf*); (*develop: events*) biec; (: *situation*) rozwijać się; **get a move on!** rusz się!

▶**move about** *vi* (*change position*) ruszać się; (*travel*) jeździć; (*change residence, job*) przenosić się.

▶**move along** *vi* przesuwać się (przesunąć się *perf*).

▶**move around** *vi* = **move about**.

▶**move away** *vi* (*leave*) wyprowadzać się (wyprowadzić się *perf*); (*step away*) odsuwać się (odsunąć się *perf*).

▶**move back** *vi* (*return*) wracać (wrócić *perf*); (*to the rear*) cofać się (cofnąć się *perf*).

▶**move forward** *vi* posuwać się (posunąć się *perf*) naprzód *or* do przodu.

▶**move in** *vi* (*to house*) wprowadzać się (wprowadzić się *perf*); (*police, soldiers*) wkraczać (wkroczyć *perf*).

▶**move on** *vi* ruszać (ruszyć *perf*).

▶**move out** *vi* wyprowadzać się (wyprowadzić się *perf*).

▶**move over** *vi* (*to make room*) przesuwać się (przesunąć się *perf*).

▶**move up** *vi* (*employee*) awansować (awansować *perf*).

moveable ['mu:vəbl] *adj* = **movable**.

movement ['mu:vmənt] *n* ruch *m*; (*of goods*) przewóz *m*; (*in attitude, policy*) tendencja *f*; (*of symphony etc*) część *f*.

movie ['mu:vɪ] *n* film *m*; **to go to the movies** iść (pójść *perf*) do kina.

movie camera *n* kamera *f* filmowa.

moving ['mu:vɪŋ] *adj* (*emotional*) wzruszający; (*mobile*) ruchomy.

mow [məu] (*pt* **mowed**, *pp* **mowed** *or* **mown**) *vt* kosić (skosić *perf*).

mower ['məuə*] *n* (*also*: **lawnmower**) kosiarka *f* (do trawy).

MP *n abbr* (= *Member of Parliament*) poseł/posłanka *m/f*.

mph *abbr* (= *miles per hour*).

Mr ['mɪstə*] (*US* **Mr.**) *n*: **Mr Smith** pan *m* Smith.

Mrs ['mɪsɪz] (*US* **Mrs.**) *n*: **Mrs Smith** pani *f* Smith.

Ms [mɪz] (*US* **Ms.**) *n*: **Ms Smith** pani *f* Smith.

MSc *n abbr* (= *Master of Science*) *stopień naukowy*; ≈ mgr.

─────── KEYWORD ───────

much [mʌtʃ] *adj* (*time, money, effort*) dużo (+*gen*), wiele (+*gen*); **we haven't got much time/money** nie mamy dużo *or* wiele czasu/pieniędzy; **I have as much money/intelligence as you** mam tyle samo pieniędzy/rozumu co ty; **as much as 50 pounds** aż 50 funtów ♦ *pron* dużo, wiele; **there isn't much to do** nie ma dużo *or* wiele do zrobienia; **how much is it?** ile to kosztuje? ♦ *adv* **1** (*greatly, a great deal*) bardzo; **thank you very much** dziękuję bardzo; **I read as much as possible/as ever** czytam tyle, ile to możliwe/co zawsze; **he is as much a part of the community as you** jest w takim samym stopniu częścią tej społeczności, co i ty. **2** (*by far: +comparative*) znacznie; (: *+superlative*) zdecydowanie; **I'm much better now** czuję się teraz znacznie lepiej; **it's much the biggest publishing company in Europe** jest to zdecydowanie największe wydawnictwo w Europie. **3** (*almost*): **the view is**

much as it was ten years ago
widok jest w dużym stopniu taki,
jak dziesięć lat temu; **how are you
feeling? – much the same** jak się
czujesz? – prawie tak samo.

muck [mʌk] n (dirt) brud m; (manure)
gnój m.
►**muck up** (inf) vt (test, exam)
zawalać (zawalić perf) (inf).
mucus ['mju:kəs] n śluz m.
mud [mʌd] n błoto nt.
muddle ['mʌdl] n (mess) bałagan m;
(confusion) zamieszanie nt, zamęt m
♦ vt (person) mieszać (namieszać
perf) w głowie +dat; (also: **muddle
up**: things) mieszać (pomieszać
perf); (: names etc) mylić (pomylić
perf).
muddy ['mʌdɪ] adj (field) błotnisty;
(floor) zabłocony.
mudguard ['mʌdgɑ:d] n błotnik m.
muesli ['mju:zlɪ] n muesli nt inv.
muffled ['mʌfld] adj (sound)
stłumiony; (against cold) opatulony.
muffler ['mʌflə*] n (US: AUT) tłumik
m.
mug [mʌg] n (cup) kubek m; (for
beer) kufel m; (inf: face) gęba f (inf);
(: fool) frajer m (inf) ♦ vt napadać
(napaść perf) (na ulicy).
mugging ['mʌgɪŋ] n napad m
(uliczny).
mule [mju:l] n muł m.
mull over [mʌl-] vt przetrawić perf
+acc (fig).
multicoloured ['mʌltɪkʌləd] (US
multicolored) adj wielobarwny,
różnokolorowy.
multi-level ['mʌltɪlɛvl] (US) adj
wielopoziomowy.
multinational [mʌltɪ'næʃənl] adj
(company) międzynarodowy; (state)
wielonarodowościowy.
multiple ['mʌltɪpl] adj (collision)
zbiorowy; (injuries) wielokrotny;

(interests, causes) wieloraki ♦ n
wielokrotność f.
multiple sclerosis n stwardnienie
nt rozsiane.
multiplication [mʌltɪplɪ'keɪʃən] n
(MATH) mnożenie nt.
multiply ['mʌltɪplaɪ] vt mnożyć
(pomnożyć perf) ♦ vi (animals)
rozmnażać się; (problems) mnożyć
się.
multi-storey (BRIT) adj
wielopiętrowy.
multitude ['mʌltɪtju:d] n (crowd)
rzesza f; **a multitude of** mnóstwo
+gen.
mum [mʌm] (BRIT: inf) n mama f ♦
adj: **to keep mum** nie puszczać (nie
puścić perf) pary z ust.
mumble ['mʌmbl] vt mamrotać
(wymamrotać perf) ♦ vi mamrotać
(wymamrotać perf).
mummy ['mʌmɪ] n (BRIT: mother)
mamusia f; (corpse) mumia f.
mumps [mʌmps] (MED) n świnka f.
munch [mʌntʃ] vt żuć ♦ vi żuć.
mundane [mʌn'deɪn] adj przyziemny.
municipal [mju:'nɪsɪpl] adj miejski,
municypalny (fml).
mural ['mjuərl] n malowidło nt
ścienne.
murder ['mə:də*] n morderstwo nt ♦
vt mordować (zamordować perf).
murderer ['mə:dərə*] n morderca m.
murderous ['mə:dərəs] adj
(tendencies) zbrodniczy; (attack,
instinct) morderczy.
murky ['mə:kɪ] adj (street) mroczny;
(water) mętny.
murmur ['mə:mə*] n szmer m ♦ vt
mruczeć (mruknąć perf) ♦ vi
mruczeć (mruknąć perf).
muscle ['mʌsl] n (ANAT) mięsień m;
(fig) siła f.
muscular ['mʌskjulə*] adj (pain)
mięśniowy; (person) umięśniony,
muskularny; (build) muskularny.
muse [mju:z] vi dumać ♦ n muza f.

museum [mjuːˈzɪəm] n muzeum nt.

mushroom [ˈmʌʃrum] n grzyb m ♦ vi (fig: town, organization) szybko się rozrastać (rozrosnąć perf).

music [ˈmjuːzɪk] n muzyka f.

musical [ˈmjuːzɪkl] adj (career, skills) muzyczny; (person) muzykalny; (sound, tune) melodyjny ♦ n musical m.

music(al) box n pozytywka f.

music hall n wodewil m.

musician [mjuːˈzɪʃən] n muzyk m.

musk [mʌsk] n piżmo nt.

Muslim [ˈmʌzlɪm] adj muzułmański ♦ n muzułmanin (-anka) m(f).

muslin [ˈmʌzlɪn] n muślin m.

mussel [ˈmʌsl] n małż m (jadalny).

must [mʌst] aux vb (necessity, obligation): **I must do it** muszę to zrobić; (prohibition): **you mustn't do it** nie wolno ci tego robić; (probability): **he must be there by now** musi już tam być, pewnie już tam jest; (suggestion, invitation): **you must come and see me** (koniecznie) musisz mnie odwiedzić; (guess, assumption): **I must have made a mistake** musiałam się pomylić; (indicating sth unwelcome): **why must he always call so late?** dlaczego zawsze musi dzwonić tak późno? ♦ n konieczność f; **it's a must** to konieczne.

mustache [ˈmʌstæʃ] (US) n = **moustache**.

mustard [ˈmʌstəd] n musztarda f.

muster [ˈmʌstə*] vt (energy, troops) zbierać (zebrać perf); (support) uzyskiwać (uzyskać perf).

mustn't [ˈmʌsnt] = **must not**.

musty [ˈmʌstɪ] adj (smell) stęchły.

mutation [mjuːˈteɪʃən] n (BIO) mutacja f; (alteration) zmiana f.

mute [mjuːt] adj niemy.

muted [ˈmjuːtɪd] adj przytłumiony.

mutilate [ˈmjuːtɪleɪt] vt (person)

okaleczać (okaleczyć perf); (thing) uszkadzać (uszkodzić perf).

mutiny [ˈmjuːtɪnɪ] n bunt m ♦ vi buntować się (zbuntować się perf).

mutter [ˈmʌtə*] vt mamrotać (wymamrotać perf) ♦ vi mamrotać (wymamrotać perf).

mutton [ˈmʌtn] n baranina f.

mutual [ˈmjuːtʃuəl] adj (help, respect) wzajemny; (friend, interest) wspólny.

mutually [ˈmjuːtʃuəlɪ] adv (exclusive, respectful) wzajemnie.

muzzle [ˈmʌzl] n (of dog) pysk m; (of gun) wylot m lufy; (for dog) kaganiec m ♦ vt zakładać (założyć perf) kaganiec +dat.

my [maɪ] adj mój; **this is my house/brother** to (jest) mój dom/brat; **I've washed my hair** umyłem włosy; **I've cut my finger** skaleczyłam się w palec.

myself [maɪˈsɛlf] pron (reflexive) się; (emphatic): **I dealt with it myself** sam sobie z tym poradziłem; (after prep) siebie (gen, acc), sobie (dat, loc), sobą (instr); **he's a Pole, like myself** jest Polakiem, podobnie jak ja; see also **oneself**.

mysterious [mɪsˈtɪərɪəs] adj tajemniczy.

mysteriously [mɪsˈtɪərɪəslɪ] adv (smile) tajemniczo; (disappear) w tajemniczy sposób; (die) w tajemniczych okolicznościach.

mystery [ˈmɪstərɪ] n (puzzle) tajemnica f; (strangeness) tajemniczość f.

mystic [ˈmɪstɪk] n mistyk (-yczka) m(f).

mystic(al) [ˈmɪstɪk(l)] adj mistyczny.

mystify [ˈmɪstɪfaɪ] vt zadziwiać (zadziwić perf).

myth [mɪθ] n mit f.

mythology [mɪˈθɒlədʒɪ] n mitologia f.

N

n/a abbr (= not applicable) nie dot.
nag [næg] vt strofować.
nagging ['nægɪŋ] adj (doubt, suspicion) dręczący; (pain) dokuczliwy.
nail [neɪl] n (on finger) paznokieć m; (metal) gwóźdź m; **to nail sth to sth** przybijać (przybić perf) coś do czegoś.
nailbrush ['neɪlbrʌʃ] n szczoteczka f do paznokci.
nailfile ['neɪlfaɪl] n pilnik m do paznokci.
nail polish n lakier m do paznokci.
nail polish remover n zmywacz m do paznokci.
nail scissors npl nożyczki pl do paznokci.
nail varnish (BRIT) n = **nail polish**.
naïve [naɪ'i:v] adj naiwny.
naivety [naɪ'i:vteɪ] n naiwność f.
naked ['neɪkɪd] adj (person) nagi; (flame) odkryty.
nakedness ['neɪkɪdnɪs] n nagość f.
name [neɪm] n (first name) imię nt; (surname) nazwisko nt; (of animal, place, illness) nazwa f; (of pet) imię nt; (reputation) reputacja f, dobre imię nt ♦ vt (baby) dawać (dać perf) na imię +dat; (ship etc) nadawać (nadać perf) imię +dat; (criminal etc) wymieniać (wymienić perf) z nazwiska; (price, date etc) podawać (podać perf); **what's your name?** (surname) jak się Pan/Pani nazywa?; (first name) jak masz na imię?, jak ci na imię?; **by name** z nazwiska; **in the name of** na nazwisko +nom; (fig) w imię +gen; **in sb's name** na czyjeś nazwisko; **my name is Peter** mam na imię Peter.
nameless ['neɪmlɪs] adj (anonymous) nieznany, bezimienny.

namely ['neɪmlɪ] adv (a) mianowicie.
namesake ['neɪmseɪk] n imiennik (-iczka) m(f).
nanny ['nænɪ] n niania f.
nap [næp] n (sleep) drzemka f ♦ vi: **to be caught napping** (fig) dać (perf) się zaskoczyć; **to have a nap** ucinać (uciąć perf) sobie drzemkę.
napalm ['neɪpa:m] n napalm m.
nape [neɪp] n: **the nape of the neck** kark m.
napkin ['næpkɪn] n serwetka f.
nappy ['næpɪ] (BRIT) n pieluszka f.
narcissus [nɑ:'sɪsəs] (pl **narcissi**) n (BOT) narcyz m.
narcotic [nɑ:'kɔtɪk] adj narkotyczny ♦ n narkotyk m.
narration [nə'reɪʃən] n (in novel etc) narracja f; (to film etc) komentarz m.
narrative ['nærətɪv] n (in novel etc) narracja f; (of journey etc) relacja f.
narrator [nə'reɪtə*] n narrator(ka) m(f).
narrow ['nærəu] adj (space, sense) wąski; (majority, defeat) nieznaczny; (ideas, view) ograniczony ♦ vi (road) zwężać się (zwężyć się perf); (gap) zmniejszać się (zmniejszyć się perf) ♦ vt (gap) zmniejszać (zmniejszyć perf); (eyes) mrużyć (zmrużyć perf); **to have a narrow escape** ledwo ujść (perf) cało; **to narrow sth down (to sth)** zawężać (zawęzić perf) coś (do czegoś).
narrowly ['nærəulɪ] adv ledwo, z ledwością.
narrow-minded [nærəu'maɪndɪd] adj (person) ograniczony, o wąskich horyzontach (umysłowych) post; (attitude) pełen uprzedzeń.
nasal ['neɪzl] adj nosowy.
nasty ['nɑ:stɪ] adj (remark) złośliwy; (person) złośliwy, niemiły; (taste, smell) nieprzyjemny; (wound, accident, weather) paskudny; (shock) niemiły, przykry; (problem) trudny; (question) podstępny, podchwytliwy.

nation ['neɪʃən] n (people) naród m; (country) państwo nt.

national ['næʃənl] adj (newspaper) (ogólno)krajowy; (monument, characteristic) narodowy; (interests) państwowy ♦ n obywatel(ka) m(f).

national anthem n hymn m państwowy.

national dress n strój m narodowy.

National Health Service (BRIT) n ≈ służba f zdrowia.

National Insurance (BRIT) n ≈ Zakład m Ubezpieczeń Społecznych.

nationalism ['næʃnəlɪzəm] n nacjonalizm m.

nationalist ['næʃnəlɪst] adj nacjonalistyczny ♦ n nacjonalista (-tka) m(f).

nationality [næʃə'nælɪtɪ] n narodowość f; (dual etc) obywatelstwo nt.

nationalization [næʃnəlaɪ'zeɪʃən] n nacjonalizacja f, upaństwowienie nt.

nationalize ['næʃnəlaɪz] vt nacjonalizować (znacjonalizować perf), upaństwawiać (upaństwowić perf).

nationally ['næʃnəlɪ] adv na szczeblu centralnym.

national park n park m narodowy.

national service n obowiązkowa służba f wojskowa.

nationwide ['neɪʃənwaɪd] adj ogólnokrajowy ♦ adv w całym kraju.

native ['neɪtɪv] n tubylec m, krajowiec m ♦ adj (population) rodowity; (country, language) ojczysty.

native speaker n rodzimy użytkownik m języka.

Nativity [nə'tɪvɪtɪ] n (REL): **the Nativity** narodzenie nt Chrystusa.

NATO ['neɪtəu] n abbr (= North Atlantic Treaty Organization) NATO nt inv.

natural ['nætʃrəl] adj naturalny; (disaster) żywiołowy; (performer,

hostess etc) urodzony; (MUS) niealterowany.

natural gas n gaz m ziemny.

naturalist ['nætʃrəlɪst] n przyrodnik (-iczka) m(f).

naturally ['nætʃrəlɪ] adv naturalnie; (result, happen) w sposób naturalny; (die) śmiercią naturalną; (cheerful, talented) z natury.

naturalness ['nætʃrəlnɪs] n naturalność f.

natural resources npl bogactwa pl naturalne.

nature ['neɪtʃə*] n (also: **Nature**) natura f, przyroda f; (kind, sort) natura f; (character, of thing) istota f, właściwość f; (: of person) usposobienie nt, natura f; **by nature** z natury.

nature reserve (BRIT) n rezerwat m przyrody.

naturist ['neɪtʃərɪst] n naturysta (-tka) m(f).

naught [nɔːt] n = **nought**.

naughty ['nɔːtɪ] adj (child) niegrzeczny, krnąbrny.

nausea ['nɔːsɪə] n mdłości pl.

nauseate ['nɔːsɪeɪt] vt przyprawiać (przyprawić perf) o mdłości; (fig) budzić wstręt or obrzydzenie w +loc.

nautical ['nɔːtɪkl] adj żeglarski.

nautical mile n mila f morska (= 1853 m).

naval ['neɪvl] adj (uniform) marynarski; (battle, forces) morski.

naval officer n oficer m marynarki.

nave [neɪv] n (ARCHIT) nawa f główna.

navel ['neɪvl] n (ANAT) pępek m.

navigable ['nævɪgəbl] adj żeglowny, spławny.

navigate ['nævɪgeɪt] vt (river, path) pokonywać (pokonać perf) ♦ vi (birds etc) odnajdywać drogę; (NAUT, AVIAT) nawigować; (AUT) pilotować.

navigation [nævɪ'geɪʃən] n (activity)

nawigowanie *nt*, pilotowanie *nt*; (*science*) nawigacja *f*.

navigator ['nævɪgeɪtə*] *n* (*NAUT*, *AVIAT*) nawigator *m*; (*AUT*) pilot *m*.

navy ['neɪvɪ] *n* (*branch of military*) marynarka *f* (wojenna); (*ships*) flota *f* (wojenna).

navy(-blue) ['neɪvɪ('bluː)] *adj* granatowy.

Nazi ['nɑːtsɪ] *n* nazista (-tka) *m(f)*.

NB *abbr* (= *nota bene*) nb.

near [nɪə*] *adj* (*in space, time*) bliski; niedaleki; (*relative*) bliski; (*darkness*) prawie zupełny ♦ *adv* (*in space*) blisko; (*perfect, impossible*) prawie, niemal ♦ *prep* (*also*: **near to**: *in space*) blisko +*gen*; (: *in time*) około +*gen*; (: *in situation, intimacy*) bliski +*gen* ♦ *vt* zbliżać się (zbliżyć się *perf*) do +*gen*; **in the near future** w niedalekiej przyszłości; **near here/there** tutaj/tam niedaleko, niedaleko stąd/stamtąd; **the building is nearing completion** budowa jest na ukończeniu *or* dobiega końca.

nearby [nɪə'baɪ] *adj* pobliski ♦ *adv* w pobliżu.

Near East *n*: **the Near East** Bliski Wschód *m*.

nearly ['nɪəlɪ] *adv* prawie; **I nearly fell** o mało nie upadłem.

near miss *n* (*shot*) minimalnie chybiony strzał *m*; **it was a near miss** (*accident avoided*) o mało (co) nie doszło do wypadku.

near-sighted [nɪə'saɪtɪd] *adj* krótkowzroczny.

neat [niːt] *adj* (*person, room*) schludny; (*handwriting*) staranny; (*plan*) zgrabny; (*solution, description*) elegancki; (*spirits*) czysty.

neatly ['niːtlɪ] *adv* (*tidily*) starannie; (*conveniently*) zgrabnie.

necessarily ['nɛsɪsrɪlɪ] *adv* z konieczności; **not necessarily** niekoniecznie.

necessary ['nɛsɪsrɪ] *adj* (*skill, item*)

niezbędny; (*effect*) nieunikniony; (*connection, condition*) konieczny.

necessitate [nɪ'sɛsɪteɪt] *vt* wymagać +*gen*.

necessity [nɪ'sɛsɪtɪ] *n* (*inevitability*) konieczność *f*; (*compelling need*) potrzeba *f*, konieczność *f*; (*essential item*) artykuł *m* pierwszej potrzeby.

neck [nɛk] *n* szyja *f*; (*of shirt, dress*) wykończenie *nt* przy szyi; (*of bottle*) szyjka *f* ♦ *vi* (*inf*) całować się.

necklace ['nɛklɪs] *n* naszyjnik *m*.

neckline ['nɛklaɪn] *n* dekolt *m*.

necktie ['nɛktaɪ] (*esp US*) *n* krawat *m*.

nectarine ['nɛktərɪn] *n* nektarynka *f*.

need [niːd] *n* (*necessity*) potrzeba *f*, konieczność *f*; (*demand*) potrzeba *f*, zapotrzebowanie *nt* ♦ *vt* (*want*) potrzebować +*gen*; (*could do with*) wymagać +*gen*; **I need to do it** muszę to zrobić; **you don't need to go, you needn't go** nie musisz iść.

needle ['niːdl] *n* igła *f*; (*for knitting*) drut *m* ♦ *vt* (*fig*: *inf*) dokuczać +*dat*.

needless ['niːdlɪs] *adj* niepotrzebny; **needless to say** rzecz jasna.

needn't ['niːdnt] = **need not**.

needy ['niːdɪ] *adj* ubogi.

negative ['nɛgətɪv] *adj* (*answer*) odmowny, negatywny; (*attitude, experience*) negatywny; (*pregnancy test, electrical charge*) ujemny ♦ *n* (*PHOT*) negatyw *m*.

neglect [nɪ'glɛkt] *vt* (*leave undone*) zaniedbywać (zaniedbać *perf*); (*ignore*) nie dostrzegać (nie dostrzec *perf*) +*gen*, lekceważyć (zlekceważyć *perf*) ♦ *n* zaniedbanie *nt*.

neglected [nɪ'glɛktɪd] *adj* (*child, garden*) zaniedbany; (*artist*) niedostrzegany, niedoceniany.

negligence ['nɛglɪdʒəns] *n* niedbalstwo *nt*.

negligent ['nɛglɪdʒənt] *adj* (*person*) niedbały.

negligible ['nɛglɪdʒɪbl] *adj* nieistotny.

negotiable [nɪ'gəʊʃɪəbl] adj (salary) do uzgodnienia post.

negotiate [nɪ'gəʊʃɪeɪt] vi negocjować ♦ vt (treaty etc) negocjować (wynegocjować perf); (obstacle, bend) pokonywać (pokonać perf); **to negotiate with sb (for sth)** pertraktować z kimś (w sprawie czegoś).

negotiation [nɪgəʊʃɪ'eɪʃən] n negocjacje pl.

negotiator [nɪ'gəʊʃɪeɪtə*] n negocjator(ka) m(f).

Negro ['ni:grəʊ] n (pl **Negroes**) Murzyn m ♦ adj murzyński.

neigh [neɪ] vi rżeć (zarżeć perf).

neighbour ['neɪbə*] (US **neighbor**) n sąsiad(ka) m(f); (REL) bliźni m.

neighbourhood ['neɪbəhud] n (place) okolice pl; (part of town) dzielnica f; (people) sąsiedzi vir pl.

neighbouring ['neɪbərɪŋ] adj sąsiedni.

neighbourly ['neɪbəlɪ] adj życzliwy, przyjazny.

neither ['naɪðə*] pron żaden (z dwóch), ani jeden, ani drugi ♦ adv: **neither ... nor ...** ani ..., ani ...; **neither story is true** żadna z tych dwóch historii nie jest prawdziwa; **neither do I/have I** ja też nie.

neon ['ni:ɔn] n neon m.

neon light n neonówka f.

nephew ['nɛvju:] n (sister's son) siostrzeniec m; (brother's son) bratanek m.

nerve [nə:v] n (ANAT) nerw m; (courage) odwaga f; (impudence) czelność f; **nerves** npl nerwy pl; **he gets on my nerves** on działa mi na nerwy.

nerve-centre ['nə:vsɛntə*] n (fig) ośrodek m decyzyjny.

nerve gas n gaz m paraliżujący.

nervous ['nə:vəs] adj (also MED) nerwowy; (anxious) zdenerwowany;

to be nervous of/about obawiać się +gen.

nervous breakdown n załamanie nt nerwowe.

nervousness ['nə:vəsnɪs] n zdenerwowanie nt, niepokój m.

nervous system n układ m nerwowy.

nest [nɛst] n gniazdo nt ♦ vi gnieździć się.

nestle ['nɛsl] vi przytulać się (przytulić się perf).

net [nɛt] n siatka f; (for fish) podbierak m; (also: **fishing net**) sieć f (rybacka); (fabric) tiul m; (fig) sieć f ♦ adj (COMM) netto post; (result) ostateczny, końcowy ♦ vt (fish, butterfly) łapać (złapać perf) (w sieć, siatkę); (profit) przynosić (przynieść perf) na czysto.

net curtains npl firanki pl.

Netherlands ['nɛðələndz] npl: **the Netherlands** Holandia f.

nett [nɛt] adj = **net**.

netting ['nɛtɪŋ] n siatka f.

nettle ['nɛtl] n pokrzywa f.

network ['nɛtwə:k] n sieć f; (of veins) siateczka f.

neuralgia [njuə'rældʒə] n nerwoból m.

neurotic [njuə'rɔtɪk] adj przewrażliwiony; (MED) neurotyczny ♦ n neurotyk (-yczka) m(f).

neuter ['nju:tə*] adj (LING) nijaki ♦ vt (animal) sterylizować (wysterylizować perf).

neutral ['nju:trəl] adj (country) neutralny; (view, person) neutralny, bezstronny; (colour) niezdecydowany, bliżej nieokreślony; (shoe cream) bezbarwny; (ELEC: wire) zerowy ♦ n (AUT) bieg m jałowy.

neutrality [nju:'trælɪtɪ] n (of country) neutralność f; (of view, person) neutralność f, bezstronność f.

neutralize ['nju:trəlaız] vt
neutralizować (zneutralizować perf).
neutron ['nju:trɔn] n neutron m.
never ['nɛvə*] adv (not at any time)
nigdy; (not) wcale nie; **never in my
life** nigdy w życiu.
never-ending [nɛvər'ɛndıŋ] adj nie
kończący się.
nevertheless [nɛvəðə'lɛs] adv
pomimo to, niemniej jednak.
new [nju:] adj nowy; (country, parent)
młody.
newborn ['nju:bɔ:n] adj nowo
narodzony.
newcomer ['nju:kʌmə*] n przybysz
m, nowy (-wa) m(f) (inf).
new-found ['nju:faund] adj świeżo
odkryty.
newly ['nju:lı] adv nowo.
newly-weds ['nju:lıwɛdz] npl
nowożeńcy vir pl, państwo vir pl
młodzi.
new moon n nów m.
news [nju:z] n wiadomość f,
wiadomości pl; **a piece of news**
wiadomość; **the news** (RADIO, TV)
wiadomości.
news agency n agencja f prasowa.
newsagent ['nju:zeıdʒənt] (BRIT) n
(person) kioskarz (-arka) m(f);
(shop) kiosk m z gazetami.
news bulletin n serwis m
informacyjny.
newscaster ['nju:zka:stə*] n
prezenter(ka) m(f) wiadomości.
newsdealer ['nju:zdi:lə*] (US) n =
newsagent.
newsflash ['nju:zflæʃ] n wiadomości
pl z ostatniej chwili.
newsletter ['nju:zlɛtə*] n biuletyn m.
newspaper ['nju:zpeıpə*] n gazeta f.
newsreader ['nju:zri:də*] n =
newscaster.
newsreel ['nju:zri:l] n kronika f
filmowa.
New Year n Nowy Rok m; **Happy**

New Year! Szczęśliwego Nowego
Roku!
New Year's Day n Nowy Rok m.
New Year's Eve n sylwester m.
New York [-'jɔ:k] n Nowy Jork m.
New Zealand [-'zi:lənd] n Nowa
Zelandia f.
next [nɛkst] adj (in space) sąsiedni,
znajdujący się obok; (in time)
następny, najbliższy ♦ adv (in
space) obok; (in time) następnie,
potem; **the next day** następnego
dnia, nazajutrz (literary); **next time**
następnym razem; **next year** w
przyszłym roku; **next to** obok +gen;
next to nothing tyle co nic; **next
please!** następny, proszę!
next door adv obok ♦ adj (flat)
sąsiedni; (neighbour) najbliższy, zza
ściany post.
next-of-kin ['nɛkstəv'kın] n
najbliższa rodzina f.
NHS (BRIT) n abbr = **National Health
Service.**
nib [nıb] n stalówka f.
nibble ['nıbl] vt (eat) skubać
(skubnąć perf or poskubać perf);
(bite) przygryzać (przygryźć perf).
Nicaragua [nıkə'ræɡjuə] n
Nikaragua f.
nice [naıs] adj (kind, friendly) miły;
(pleasant) przyjemny; (attractive)
ładny.
nicely ['naıslı] adv (attractively)
ładnie; (satisfactorily) dobrze.
niceties ['naısıtız] npl: **the niceties**
subtelności pl.
nick [nık] n (on face etc)
zadraśnięcie nt; (in metal, wood)
nacięcie nt ♦ vt (BRIT: inf: steal)
zwędzić (perf) (inf); **in the nick of
time** w samą porę.
nickel ['nıkl] n (metal) nikiel m; (US)
pięciocentówka f.
nickname ['nıkneım] n przezwisko
nt, przydomek m ♦ vt przezywać,
nadawać przydomek +dat.

nicotine ['nɪkəti:n] n nikotyna f.
niece [ni:s] n (sister's daughter)
siostrzenica f; (brother's daughter)
bratanica f.
Nigeria [naɪ'dʒɪərɪə] n Nigeria f.
nigger [nɪgə*] (inf!) n czarnuch m
(inf!).
niggling ['nɪglɪŋ] adj (doubt, anxiety)
dręczący; (pain) uporczywy.
night [naɪt] n noc f; (evening)
wieczór m; **the night before last**
przedwczoraj w nocy; **at night** w
nocy; **by night** nocą; **nine o'clock
at night** dziewiąta wieczór.
nightclub ['naɪtklʌb] n nocny lokal m.
nightdress ['naɪtdres] n koszula f
nocna.
nightfall ['naɪtfɔ:l] n zmrok m.
nightgown ['naɪtgaun] n =
nightdress.
nightie ['naɪtɪ] n = **nightdress**.
nightingale ['naɪtɪŋgeɪl] n słowik m.
nightlife ['naɪtlaɪf] n nocne życie nt.
nightly ['naɪtlɪ] adj wieczorny ♦ adv
(every night) co noc; (every evening)
co wieczór.
nightmare ['naɪtmeə*] n koszmarny
sen m; (fig) koszmar m.
night porter n nocny portier m (w
hotelu).
night school n szkoła f wieczorowa.
night shift n nocna zmiana f.
night-time ['naɪttaɪm] n noc f.
night watchman (irreg like: **man**) n
nocny stróż m.
nil [nɪl] n nic nt; (BRIT: SPORT) zero
nt.
Nile [naɪl] n: **the Nile** Nil m.
nimble ['nɪmbl] adj (person,
movements) zwinny; (mind) bystry.
nine [naɪn] num dziewięć.
nineteen ['naɪn'ti:n] num
dziewiętnaście.
nineteenth ['naɪn'ti:nθ] num
dziewiętnasty.
ninety ['naɪntɪ] num dziewięćdziesiąt.
ninth [naɪnθ] num dziewiąty.

nip [nɪp] vt szczypać (szczypnąć perf
or uszczypnąć perf) ♦ n (bite)
uszczypnięcie nt; (drink) łyk m; **to
nip out** (BRIT: inf) wyskakiwać
(wyskoczyć perf) (inf).
nipple ['nɪpl] n (ANAT) brodawka f
sutkowa.
nitrogen ['naɪtrədʒən] n azot m.

─────── KEYWORD ───────

no [nəu] adv nie ♦ adj: **I have no
money/books** nie mam (żadnych)
pieniędzy/książek; **there is no
time/bread left** nie zostało ani
trochę czasu/chleba; **"no entry"**
„wstęp wzbroniony"; **"no smoking"**
„palenie wzbronione" ♦ n (pl **noes**)
(in voting) głos m przeciw; (refusal)
odmowa f.

nobility [nəu'bɪlɪtɪ] n (aristocracy)
szlachta f.
noble ['nəubl] adj (admirable)
szlachetny; (aristocratic) szlachecki.
nobody ['nəubədɪ] pron nikt.
nocturnal [nɔk'tə:nl] adj nocny.
nod [nɔd] vi (in agreement)
przytakiwać (przytaknąć perf); (as
greeting) kłaniać się (ukłonić się
perf); (gesture) wskazywać (wskazać
perf) ruchem głowy; (fig. flowers etc)
kołysać się ♦ vt: **to nod one's head**
skinąć (perf) głową ♦ n kiwnięcie nt,
skinienie nt.
▶**nod off** vi przysypiać (przysnąć
perf) (inf).
noise [nɔɪz] n (sound) dźwięk m,
odgłos m; (din) hałas m.
noiseless ['nɔɪzlɪs] adj bezgłośny.
noisy ['nɔɪzɪ] adj (audience, machine)
hałaśliwy; (place) pełen zgiełku.
nomadic [nəu'mædɪk] adj
koczowniczy.
no-man's-land ['nəumænzlænd] n
ziemia f niczyja.

nominal ['nɔmɪnl] adj (leader)
tytularny; (price) nominalny.

nominate ['nɔmɪneɪt] vt (propose)
wysuwać kandydaturę +gen,
nominować +acc; (appoint)
mianować.

nomination [nɔmɪ'neɪʃən] n
(proposal) kandydatura f;
(appointment) mianowanie nt.

nominee [nɔmɪ'niː] n kandydat(ka)
m(f).

non... [nɔn] pref nie..., bez... .

non-alcoholic [nɔnælkə'hɔlɪk] adj
bezalkoholowy.

non-aligned [nɔnə'laɪnd] adj
niezaangażowany, neutralny.

non-breakable [nɔn'breɪkəbl] adj
nietłukący.

nonchalant ['nɔnʃələnt] adj
nonszalancki.

nondescript ['nɔndɪskrɪpt] adj
(person, clothes) nijaki; (colour)
nieokreślony, nijaki.

none [nʌn] pron (not one) żaden, ani
jeden; (not any) ani trochę; **none of
us** żaden z nas; **I've none left** (not
any) nie zostało mi ani trochę; (not
one) nie został mi ani jeden.

nonentity [nɔ'nɛntɪtɪ] n (person)
miernota f.

nonetheless ['nʌnðə'lɛs] adv
pomimo to.

non-existent [nɔnɪg'zɪstənt] adj nie
istniejący.

non-fiction [nɔn'fɪkʃən] n literatura f
faktu.

non-flammable [nɔn'flæməbl] adj
niepalny.

nonplussed [nɔn'plʌst] adj
skonsternowany.

nonsense ['nɔnsəns] n nonsens m.

non-smoker ['nɔn'sməukə*] n
niepalący (-ca) m(f).

non-stick ['nɔn'stɪk] adj teflonowy.

non-stop ['nɔn'stɔp] adj (unceasing)
nie kończący się; (without pauses)
nieprzerwany; (flight) bezpośredni ♦

adv (speak) bez przerwy; (fly)
bezpośrednio.

noodles ['nuːdlz] npl makaron m.

noon [nuːn] n południe nt.

no-one ['nəuwʌn] pron = **nobody**.

noose [nuːs] n pętla f.

nor [nɔː*] conj = **neither** ♦ adv see
neither.

norm [nɔːm] n norma f.

normal ['nɔːml] adj normalny ♦ n: **to
return to normal** wracać (wrócić
perf) do normy.

normally ['nɔːməlɪ] adv normalnie.

north [nɔːθ] n północ f ♦ adj
północny ♦ adv na północ.

North America n Ameryka f
Północna.

north-east [nɔːθ'iːst] n północny
wschód m ♦ adj północno-wschodni
♦ adv na północny wschód.

northerly ['nɔːðəlɪ] adj północny.

northern ['nɔːðən] adj północny.

Northern Ireland n Irlandia f
Północna.

North Pole n: **the North Pole** biegun
m północny.

northward(s) ['nɔːθwəd(z)] adv na
północ.

north-west [nɔːθ'wɛst] n północny
zachód m ♦ adj północno-zachodni ♦
adv na północny zachód.

Norway ['nɔːweɪ] n Norwegia f.

Norwegian [nɔː'wiːdʒən] adj
norweski ♦ n (person) Norweg
(-eżka) m(f); (LING) (język m)
norweski.

nose [nəuz] n nos m; (of aircraft)
dziób m; (of car) przód m ♦ vi (also:
nose one's way) sunąć powoli.

►**nose about** vi węszyć.

►**nose around** vi = **nose about**.

nosebleed ['nəuzbliːd] n krwawienie
nt z nosa.

nose-dive ['nəuzdaɪv] n (of plane)
lot m nurkowy; (of prices)
gwałtowny spadek m.

nosey ['nəuzɪ] (inf) adj = **nosy**.

nostalgia [nɔsˈtældʒɪə] n nostalgia f.
nostalgic [nɔsˈtældʒɪk] adj nostalgiczny.
nostril [ˈnɔstrɪl] n nozdrze nt.
nosy [ˈnəuzɪ] (inf) adj wścibski.
not [nɔt] adv nie; **he is not** or **isn't here** nie ma go tu(taj); **you must not** or **you mustn't do that** nie wolno (ci) tego robić; **he asked me not to do it** (po)prosił, żebym tego nie robił; **not yet** jeszcze nie; **not now** nie teraz; see also **all, only**.
notably [ˈnəutəblɪ] adv (particularly) w szczególności, zwłaszcza; (markedly) wyraźnie.
notary [ˈnəutərɪ] n (JUR: also: **notary public**) notariusz m.
notch [nɔtʃ] n nacięcie nt, karb m.
note [nəut] n (MUS) nuta f; (of lecturer, secretary) notatka f; (in book) przypis m; (letter) wiadomość f (na piśmie); (banknote) banknot m ♦ vt (notice) zauważyć (perf); (also: **note down**) notować (zanotować perf), zapisywać (zapisać perf); (fact) odnotowywać (odnotować perf).
notebook [ˈnəutbuk] n notatnik m, notes m.
noted [ˈnəutɪd] adj znany.
notepad [ˈnəutpæd] n (for letters) blok m listowy; (for notes) blok m biurowy.
notepaper [ˈnəutpeɪpə*] n papier m listowy.
noteworthy [ˈnəutwə:ðɪ] adj znaczący, godny uwagi.
nothing [ˈnʌθɪŋ] n nic nt; **nothing new/worse** etc nic nowego/gorszego etc; **nothing else** nic innego; **for nothing** (free) za darmo, za nic; (in vain) na próżno.
notice [ˈnəutɪs] n (announcement) ogłoszenie nt; (dismissal) wymówienie nt ♦ vt zauważać (zauważyć perf); **to take no notice of** nie zwracać (nie zwrócić perf) uwagi na +acc; **at short notice** (leave etc) bezzwłocznie; **until further notice** (aż) do odwołania.
noticeable [ˈnəutɪsəbl] adj zauważalny, widoczny.
noticeboard [ˈnəutɪsbɔ:d] (BRIT) n tablica f ogłoszeń.
notify [ˈnəutɪfaɪ] vt: **to notify sb (of sth)** powiadamiać (powiadomić perf) kogoś (o czymś).
notion [ˈnəuʃən] n (idea) pojęcie nt; (belief) pogląd m.
notorious [nəuˈtɔ:rɪəs] adj (liar etc) notoryczny; (place) cieszący się złą sławą.
notwithstanding [nɔtwɪθˈstændɪŋ] adv jednak, mimo wszystko ♦ prep pomimo +gen.
nought [nɔ:t] n zero nt.
noun [naun] n rzeczownik m.
nourish [ˈnʌrɪʃ] vt (feed) odżywiać; (fig: foster) żywić.
nourishing [ˈnʌrɪʃɪŋ] adj pożywny.
nourishment [ˈnʌrɪʃmənt] n pożywienie nt.
novel [ˈnɔvl] n powieść f ♦ adj nowatorski.
novelist [ˈnɔvəlɪst] n powieściopisarz (-arka) m(f).
novelty [ˈnɔvəltɪ] n nowość f.
November [nəuˈvɛmbə*] n listopad m.
novice [ˈnɔvɪs] n nowicjusz(ka) m(f).
now [nau] adv teraz ♦ conj: **now (that)** teraz, gdy; **right now** w tej chwili; **by now** teraz, w tej chwili; **(every) now and then, (every) now and again** od czasu do czasu, co jakiś czas; **from now on** od tej pory.
nowadays [ˈnauədeɪz] adv obecnie, dzisiaj.
nowhere [ˈnəuwɛə*] adv (be) nigdzie; (go) donikąd.
nuance [ˈnju:ã:ns] n niuans m.
nuclear [ˈnju:klɪə*] adj jądrowy.
nuclei [ˈnju:klɪaɪ] npl of **nucleus**.
nucleus [ˈnju:klɪəs] (pl **nuclei**) n (of

atom, cell) jądro *nt*; *(fig: of group)* zaczątek *m*.

nude [njuːd] *adj* nagi ♦ *n (ART)* akt *m*; **in the nude** nago.

nudge [nʌdʒ] *vt* szturchać (szturchnąć *perf*).

nudist ['njuːdɪst] *n* nudysta (-tka) *m(f)*.

nudity ['njuːdɪtɪ] *n* nagość *f*.

nuisance ['njuːsns] *n (situation)* niedogodność *f*; *(thing, person)* utrapienie *nt*; **what a nuisance!** a niech to! *(inf)*.

null [nʌl] *adj*: **null and void** nieważny, nie posiadający mocy prawnej.

numb [nʌm] *adj* zdrętwiały.

number ['nʌmbə*] *n* liczba *f*; *(of house, bus etc)* numer *m* ♦ *vt (pages etc)* numerować (ponumerować *perf*); *(amount to)* liczyć; **a number of** kilka *+gen*; **to be numbered among** zaliczać się do *+gen*.

number plate ['nʌmbəpleɪt] *(BRIT)* *n* tablica *f* rejestracyjna.

numeral ['njuːmərəl] *n* liczebnik *m*.

numerical [njuːˈmerɪkl] *adj* liczbowy.

numerous ['njuːmərəs] *adj* liczny.

nun [nʌn] *n* zakonnica *f*.

nurse [nəːs] *n (in hospital)* pielęgniarka (-arz) *f(m)*; *(also:* **nursemaid)** opiekunka *f* do dzieci ♦ *vt (patient)* opiekować się *+instr*, pielęgnować.

nursery ['nəːsərɪ] *n (institution)* żłobek *m*; *(room)* pokój *m* dziecięcy; *(for plants)* szkółka *f*.

nursery rhyme *n* wierszyk *m* dla dzieci, rymowanka *f*.

nursery school *n* przedszkole *nt*.

nursery slope *(BRIT)* *n* ośla łączka *f*.

nursing ['nəːsɪŋ] *n (profession)* pielęgniarstwo *nt*; *(care)* opieka *f* pielęgniarska.

nursing home *n (hospital)* klinika *f* prywatna; *(residential home)* ≈ dom *m* pogodnej starości.

nursing mother *n* matka *f* karmiąca.

nurture ['nəːtʃə*] *vt (child)* wychowywać; *(plant)* hodować.

nut [nʌt] *n (TECH)* nakrętka *f*; *(BOT)* orzech *m*.

nutcrackers ['nʌtkrækəz] *npl* dziadek *m* do orzechów.

nutmeg ['nʌtmeg] *n* gałka *f* muszkatołowa.

nutrient ['njuːtrɪənt] *n* składnik *m* pokarmowy.

nutrition [njuːˈtrɪʃən] *n (diet)* odżywianie *nt*; *(nourishment)* wartość *f* odżywcza.

nutritionist [njuːˈtrɪʃənɪst] *n* dietetyk (-yczka) *m(f)*.

nutritious [njuːˈtrɪʃəs] *adj* pożywny.

nuts [nʌts] *(inf) adj* świrnięty *(inf)*.

nutshell ['nʌtʃel] *n* łupina *f* orzecha; **in a nutshell** *(fig)* w (dużym) skrócie.

nylon ['naɪlɒn] *n* nylon *m* ♦ *adj* nylonowy.

O

oak [əuk] *n (tree)* dąb *m* ♦ *adj* dębowy.

OAP *(BRIT) n abbr* = **old-age pensioner**.

oar [ɔː*] *n* wiosło *nt*.

oasis [əuˈeɪsɪs] *(pl* **oases)** *n* oaza *f*.

oath [əuθ] *n (promise)* przysięga *f*; *(swear word)* przekleństwo *nt*; **on** *(BRIT) or* **under oath** pod przysięgą.

oatmeal ['əutmiːl] *n* płatki *pl* owsiane.

oats [əuts] *n* owies *m*.

obedience [əˈbiːdɪəns] *n* posłuszeństwo *nt*.

obedient [əˈbiːdɪənt] *adj* posłuszny.

obesity [əuˈbiːsɪtɪ] *n* otyłość *f*.

obey [əˈbeɪ] *vt (person)* słuchać (usłuchać *perf or* posłuchać *perf*) *+gen*; *(order)* wykonywać (wykonać *perf*); (*instructions, law*) przestrzegać +*gen*.

obituary [ə'bɪtjuərɪ] *n* nekrolog *m*.

object ['ɔbdʒɪkt] *n* (*thing*) przedmiot *m*, obiekt *m*; (*aim, purpose*) cel *m*; (*LING*) dopełnienie *nt* ♦ *vi*: **to object (to)** sprzeciwiać się (sprzeciwić się *perf*) (+*dat*); **money is no object** pieniądze nie grają roli; **he objected that ...** wysunął zarzut, że ...; **I object!** sprzeciw!, protestuję!

objection [əb'dʒɛkʃən] *n* (*expression of opposition*) sprzeciw *m*; **I have no objection to** nie mam nic przeciwko +*dat*.

objectionable [əb'dʒɛkʃənəbl] *adj* nie do przyjęcia *post*.

objective [əb'dʒɛktɪv] *adj* obiektywny ♦ *n* cel *m*.

obligation [ɔblɪ'geɪʃən] *n* obowiązek *m*.

obligatory [ə'blɪgətərɪ] *adj* obowiązkowy.

oblige [ə'blaɪdʒ] *vt*: **to oblige sb to do sth** zobowiązywać (zobowiązać *perf*) kogoś do zrobienia czegoś; **to be obliged to sb for sth** być zobowiązanym komuś za coś.

obliging [ə'blaɪdʒɪŋ] *adj* uczynny.

oblique [ə'bliːk] *adj* (*line*) ukośny, pochyły; (*compliment*) ukryty; (*reference*) niewyraźny.

oblivion [ə'blɪvɪən] *n* (*unconsciousness*) stan *m* nieświadomości; (*being forgotten*) niepamięć *f*, zapomnienie *nt*.

oblivious [ə'blɪvɪəs] *adj*: **oblivious of** *or* **to** nieświadomy +*gen*.

obnoxious [əb'nɔkʃəs] *adj* (*behaviour, person*) okropny; (*smell*) ohydny.

oboe ['əubəu] *n* obój *m*.

obscene [əb'siːn] *adj* nieprzyzwoity.

obscure [əb'skjuə*] *adj* (*place, author etc*) mało znany; (*point, issue*) niejasny; (*shape*) niewyraźny, słabo widoczny ♦ *vt* przysłaniać (przysłonić *perf*).

observant [əb'zəːvnt] *adj* spostrzegawczy.

observation [ɔbzə'veɪʃən] *n* obserwacja *f*; (*remark*) uwaga *f*.

observatory [əb'zəːvətrɪ] *n* obserwatorium *nt*.

observe [əb'zəːv] *vt* (*watch*) obserwować; (*notice*) zauważyć (*perf*), spostrzec (*perf*); (*remark*) zauważać (zauważyć *perf*); (*rule, convention*) przestrzegać +*gen*.

observer [əb'zəːvə*] *n* obserwator(ka) *m(f)*.

obsession [əb'seʃən] *n* obsesja *f*.

obsessive [əb'sesɪv] *adj* obsesyjny, chorobliwy; (*person*): **to be obsessive about** mieć obsesję na punkcie +*gen*.

obsolescence [ɔbsə'lɛsns] *n* starzenie się *nt*.

obstacle ['ɔbstəkl] *n* przeszkoda *f*.

obstetrics [ɔb'stɛtrɪks] *n* położnictwo *nt*.

obstinate ['ɔbstɪnɪt] *adj* uparty; (*cough*) uporczywy.

obstruct [əb'strʌkt] *vt* (*road, path, traffic*) blokować (zablokować *perf*); (*fig*) utrudniać (utrudnić *perf*).

obstruction [əb'strʌkʃən] *n* przeszkoda *f*.

obtain [əb'teɪn] *vt* (*book etc*) dostawać (dostać *perf*), nabywać (nabyć *perf*) (*fml*); (*degree, information*) uzyskiwać (uzyskać *perf*), otrzymywać (otrzymać *perf*).

obvious ['ɔbvɪəs] *adj* oczywisty.

obviously ['ɔbvɪəslɪ] *adv* (*clearly*) wyraźnie; (*of course*) oczywiście; **obviously not** najwyraźniej nie.

occasion [ə'keɪʒən] *n* (*point in time*) sytuacja *f*; (*event, celebration etc*) wydarzenie *nt*; (*opportunity*) okazja *f*.

occasional [ə'keɪʒənl] *adj* sporadyczny.

occasionally [ə'keɪʒənəlɪ] *adv* czasami.

occupant ['ɔkjupənt] *n* (*of house*)

mieszkaniec (-nka) *m(f)*, lokator(ka) *m(f)*; (*of room*) sublokator(ka) *m(f)*; (*of office*) użytkownik (-iczka) *m(f)*; (*of vehicle*) pasażer(ka) *m(f)*.

occupation [ɔkju'peɪʃən] *n* (*job*) zawód *m*; (*pastime*) zajęcie *nt*; (*of building, country*) okupacja *f*.

occupy ['ɔkjupaɪ] *vt* zajmować (zająć *perf*); **to occupy o.s. in** *or* **with sth/doing sth** zajmować się czymś/robieniem czegoś.

occur [ə'kə:*] *vi* (*event*) zdarzać się (zdarzyć się *perf*), wydarzać się (wydarzyć się *perf*), mieć miejsce; (*phenomenon*) występować (wystąpić *perf*); **to occur to sb** przychodzić (przyjść *perf*) komuś do głowy.

occurrence [ə'kʌrəns] *n* (*event*) wydarzenie *nt*; (*incidence*) występowanie *nt*.

ocean ['əuʃən] *n* ocean *m*.

o'clock [ə'klɔk] *adv*: **it is five o'clock** jest (godzina) piąta.

octave ['ɔktɪv] *n* oktawa *f*.

October [ɔk'təubə*] *n* październik *m*.

octopus ['ɔktəpəs] *n* ośmiornica *f*.

odd [ɔd] *adj* (*strange*) dziwny; (*uneven*) nieparzysty; (*not paired*) nie do pary *post*; **sixty-odd** sześćdziesiąt kilka *or* parę; **at odd times** co jakiś czas; **to be the odd one out** wyróżniać się.

oddly ['ɔdlɪ] *adv* dziwnie; *see also* **enough**.

odds [ɔdz] *npl* (*in betting*) szanse *pl* wygranej; (*fig*) szanse *pl* powodzenia; **the odds are that...** wszystko wskazuje na to, że...; **to be at odds (with)** (*in disagreement*) nie zgadzać się (z +*instr*); (*at variance*) nie pasować (do +*gen*), kłócić się (z +*instr*).

odour ['əudə*] (*US* **odor**) *n* zapach *m*.

---KEYWORD---

of [ɔv, əv] *prep* **1** (*usu*): **the history**

of Europe historia Europy; **the winter of 1987** zima roku 1987; **the 5th of July** 5 lipca; **a friend of ours** (pewien nasz) kolega; **a boy of 10** dziesięcioletni chłopiec. **2** (*from, out of*) z +*gen*; **made of wood** zrobiony z drewna. **3** (*about*) o +*loc*; **I've never heard of him** nigdy o nim nie słyszałam. **4** (*indicating source, direction*) od +*gen*; **don't expect too much of him** nie oczekuj od niego zbyt wiele; **south of London** na południe od Londynu.

---KEYWORD---

off [ɔf] *adv* **1** (*referring to distance*): **it's a long way off** to daleko (stąd). **2** (*referring to time*) za +*acc*; **the game is 3 days off** mecz jest za trzy dni. **3** (*departure*): **I must be off** muszę (już) iść. **4** (*removal*): **to take off one's hat/clothes** zdejmować (zdjąć *perf*) kapelusz/ubranie; **10% off** (*COMM*) 10% zniżki *or* rabatu. **5**: **to be off** (*not at work: on holiday*) mieć wolne *or* urlop; (: *due to sickness*) być na zwolnieniu (lekarskim); **to have a day off** mieć dzień wolny; **to be well off** być dobrze sytuowanym ♦ *adj* **1** (*not turned on: machine, light, engine*) wyłączony; (: *water, gas, tap*) zakręcony. **2** (*cancelled: meeting, match*) odwołany; (: *agreement, negotiations*) zerwany. **3** (*BRIT: not fresh*) nieświeży, zepsuty. **4**: **on the off chance** na wypadek, gdyby ♦ *prep* **1** (*indicating motion, removal etc*): **he fell off a cliff** spadł ze skały; **a button came off my coat** guzik mi odpadł od płaszcza. **2** (*distant from*) (w bok) od +*gen*; **it's 5 km off the main road** to pięć kilometrów (w bok) od głównej drogi. **3**: **I am off**

meat/beer (już) nie lubię
mięsa/piwa.

offence [əˈfɛns] (*US* **offense**) *n*
(*crime*) przestępstwo *nt*,
wykroczenie *nt*; **to take offence (at)**
obrażać się (obrazić się *perf*) (na
+*acc*).
offend [əˈfɛnd] *vt* obrażać (obrazić
perf), urażać (urazić *perf*).
offender [əˈfɛndə*] *n* przestępca
(-czyni) *m(f)*.
offensive [əˈfɛnsɪv] *adj* (*remark*,
behaviour) obraźliwy; (*smell etc*)
wstrętny, ohydny; (*weapon*)
zaczepny ♦ *n* ofensywa *f*.
offer [ˈɔfə*] *n* oferta *f*; (*of assistance
etc*) propozycja *f* ♦ *vt* (*cigarette, seat
etc*) proponować (zaproponować
perf); (*service, product*) oferować
(zaoferować *perf*); (*help, friendship*)
ofiarować (zaofiarować *perf*);
(*advice, praise*) udzielać (udzielić
perf) +*gen*; (*congratulations*) składać
(złożyć *perf*); (*opportunity, prospect*)
dawać (dać *perf*), stwarzać
(stworzyć *perf*).
off-hand [ɔfˈhænd] *adj*
bezceremonialny, obcesowy ♦ *adv*
(tak) od razu *or* od ręki.
office [ˈɔfɪs] *n* (*room, workplace*)
biuro *nt*; (*position*) urząd *m*; **doctor's
office** (*US*) gabinet lekarski; **to take
office** (*government*) obejmować
(objąć *perf*) władzę; (*minister*)
obejmować (objąć *perf*) urząd.
office hours *npl* (*COMM*) godziny *pl*
urzędowania; (*US: MED*) godziny *pl*
przyjęć.
officer [ˈɔfɪsə*] *n* (*MIL*) oficer *m*;
(*also*: **police officer**) policjant(ka)
m(f); (*of organization*)
przedstawiciel(ka) *m(f)*.
office worker *n* urzędnik (-iczka)
m(f).
official [əˈfɪʃl] *adj* oficjalny ♦ *n*

urzędnik *m* (*w rządzie, związkach
zawodowych itp*).
off-licence [ˈɔflaɪsns] (*BRIT*) *n* ≈
(sklep *m*) monopolowy.
off-peak [ˈɔfpiːk] *adj* poza
godzinami szczytu *post*.
off-putting [ˈɔfputɪŋ] (*BRIT*) *adj*
odpychający.
offset [ˈɔfsɛt] (*irreg like*: **set**) *vt*
równoważyć (zrównoważyć *perf*).
offshoot [ˈɔffuːt] *n* (*of organization
etc*) gałąź *f*, odgałęzienie *nt*.
offshore [ɔfˈʃɔː*] *adj* (*breeze*) od
lądu *post*; (*oilrig, fishing*) przybrzeżny.
offspring [ˈɔfsprɪŋ] *n inv* potomstwo *nt*.
offstage [ɔfˈsteɪdʒ] *adv* za sceną; (*of
actors' behaviour*) prywatnie.
off-white [ˈɔfwaɪt] *adj* w kolorze
złamanej bieli *post*.
often [ˈɔfn] *adv* często; **more often
than not** najczęściej; **every so often**
co jakiś czas.
oh [əu] *excl* ach.
oil [ɔɪl] *n* (*CULIN*) olej *m*, oliwa *f*;
(*petroleum*) ropa *f* (naftowa); (*for
heating*) paliwo *nt* olejowe ♦ *vt*
oliwić (naoliwić *perf*).
oilfield [ˈɔɪlfiːld] *n* pole *nt* naftowe.
oil painting *n* obraz *m* olejny.
oil rig *n* szyb *m* naftowy.
oily [ˈɔɪlɪ] *adj* (*substance*) oleisty;
(*rag*) zatłuszczony; (*food*) tłusty.
ointment [ˈɔɪntmənt] *n* maść *f*.
O.K. [ˈəuˈkeɪ] (*inf*) *excl* (*showing
agreement*) w porządku; (*in
questions*) dobrze?, zgoda? ♦ *adj*
(*average*) w porządku *post*;
(*acceptable*) do przyjęcia *post* ♦ *vt*
zgadzać się (zgodzić się *perf*) na
+*acc*.
okay [ˈəuˈkeɪ] = **O.K.**.
old [əuld] *adj* stary; (*former*) stary,
dawny; **how old are you?** ile masz
lat?; **he's ten years old** ma dziesięć
lat; **older brother** starszy brat.
old age *n* starość *f*.

old age pensioner (BRIT) n emeryt(ka) m(f).

old-fashioned ['əuld'fæʃnd] adj (style, design, clothes) staromodny, niemodny; (person, values) staroświecki.

olive ['ɔlɪv] n (fruit) oliwka f; (tree) drzewo nt oliwne ♦ adj (also: **olive-green**) oliwkowy.

olive oil n oliwa f z oliwek.

Olympic Games npl: **the Olympic Games** (also: **the Olympics**) igrzyska pl olimpijskie, olimpiada f.

omelette ['ɔmlɪt] (US **omelet**) n omlet m.

omen ['əumən] n omen m.

ominous ['ɔmɪnəs] adj (silence) złowrogi, złowieszczy.

omission [əu'mɪʃən] n (thing omitted) przeoczenie nt; (act of omitting) pominięcie nt.

omit [əu'mɪt] vt pomijać (pominąć perf).

-------KEYWORD-------

on [ɔn] prep 1 (indicating position) na +loc; **on the wall** na ścianie; **on the left** na lewo; **the house is on the main road** dom stoi przy głównej drodze. 2 (indicating means, method, condition etc): **on foot** pieszo, piechotą; **on the train/plane** (go) pociągiem/samolotem; (be) w pociągu/samolocie; **she's on the telephone** rozmawia przez telefon; **on television/the radio** w telewizji/radiu; **to be on holiday** być na wakacjach. 3 (referring to time) w +acc; **on Friday** w piątek; **on June 20th** dwudziestego czerwca; **on arrival** po przyjeździe; **on seeing this** widząc or ujrzawszy to. 4 (about, concerning) o +loc, na temat +gen; **books on philosophy** książki o or na temat filozofii ♦ adv 1 (referring to clothes) na sobie; **to have one's coat on** mieć na sobie

płaszcz; **she put her hat on** założyła kapelusz. 2 (referring to covering): **screw the lid on tightly** przykręć mocno pokrywę. 3 (further, continuously) dalej; **to walk on** iść (pójść perf) dalej ♦ adj 1 (in operation: machine, radio, TV, light) włączony; (: tap) odkręcony; (: handbrake) zaciągnięty; (: meeting) w toku post. 2 (not cancelled) aktualny. 3: **that's not on!** (inf) to (jest) nie do przyjęcia!

once [wʌns] adv (on one occasion) (jeden) raz; (formerly) dawniej, kiedyś; (a long time ago) kiedyś, swego czasu ♦ conj zaraz po tym, jak, gdy tylko; **at once** (immediately) od razu; (simultaneously) na raz; **once a week** raz w tygodniu or na tydzień; **once more** or **again** jeszcze raz; **once and for all** raz na zawsze; **once upon a time** pewnego razu.

oncoming ['ɔnkʌmɪŋ] adj (traffic) (nadjeżdżający) z przeciwka; (winter) nadchodzący.

-------KEYWORD-------

one [wʌn] num jeden; **one hundred and fifty** sto pięćdziesiąt; **one day there was a knock at the door** któregoś or pewnego dnia rozległo się pukanie do drzwi; **one by one** pojedynczo ♦ adj 1 (sole) jedyny; **that is my one worry** to moje jedyne zmartwienie. 2 (same) (ten) jeden; **they came in the one car** przyjechali (tym) jednym samochodem ♦ pron 1: **this one** ten m/ta f/to nt; **that one** (tam)ten m/(tam)ta f/(tam)to nt; **she chose the black dress, though I liked the red one** wybrała tę czarną sukienkę, choć mnie podobała się ta czerwona. 2: **one another** się; **do**

you two ever see one another? czy
wy dwoje w ogóle się widujecie?;
**the boys didn't dare look at one
another** chłopcy nie mieli odwagi
spojrzeć na siebie. **3** (*impersonal*):
one never knows nigdy nie
wiadomo; **to cut one's finger**
skaleczyć się (*perf*) w palec.

one-man [ˈwʌnˈmæn] *adj* (*show*)
jednoosobowy; (*business*)
indywidualny.
one-off [wʌnˈɔf] (*BRIT: inf*) *n* fuks *m*
(*inf*).

── KEYWORD ──

oneself [wʌnˈsɛlf] *pron* (*reflexive*)
się; (*after prep*) siebie (*gen, acc*),
sobie (*dat, loc*), sobą (*instr*);
(*emphatic*) samemu; **to hurt oneself**
ranić (zranić *perf*) się; **to talk to
oneself** mówić do siebie; **to talk
about oneself** mówić o sobie; **to be
oneself** być sobą; **others might find
odd what one finds normal oneself**
to, co samemu uważa się za
normalne, inni mogą uznać za
dziwne.

one-sided [wʌnˈsaɪdɪd] *adj*
jednostronny.
one-way [ˈwʌnweɪ] *adj* (*street, traffic*)
jednokierunkowy; (*ticket, trip*) w
jedną stronę *post*.
ongoing [ˈɒŋɡəʊɪŋ] *adj* (*discussion*)
toczący się; (*crisis*) trwający.
onion [ˈʌnjən] *n* cebula *f*.
on-line [ˈɒnlaɪn] (*COMPUT*) *adj*
(*mode, processing*) bezpośredni;
(*database*) dostępny bezpośrednio ♦
adv w trybie bezpośrednim.
onlooker [ˈɒnlʊkə*] *n* widz *m*,
obserwator(ka) *m(f)*.
only [ˈəʊnlɪ] *adv* (*solely*) jedynie;

(*merely, just*) tylko ♦ *adj* jedyny ♦
conj tylko; **an only child** jedynak
(-aczka) *m(f)*; **not only ... but (also)**
nie tylko..., lecz (także).
onset [ˈɒnsɛt] *n* początek *m*.
onshore [ˈɒnʃɔː*] *adj* (*wind*) od
morza *post*.
onslaught [ˈɒnslɔːt] *n* szturm *m*.
onto [ˈɒntu] *prep* = **on to**.
onward(s) [ˈɒnwəd(z)] *adv* (*move,
travel*) dalej.
ooze [uːz] *vi* wyciekać, sączyć się.
opal [ˈəʊpl] *n* opal *m*.
opaque [əʊˈpeɪk] *adj*
nieprzezroczysty.
OPEC [ˈəʊpɛk] *n abbr* (= *Organization
of Petroleum-Exporting Countries*)
OPEC *f inv*, Organizacja *f*
Państw-Eksporterów Ropy Naftowej.
open [ˈəʊpn] *adj* otwarty; (*vacancy*)
wolny ♦ *vt* otwierać (otworzyć *perf*)
♦ *vi* otwierać się (otworzyć się *perf*);
(*debate etc*) rozpoczynać się
(rozpocząć się *perf*); **in the open
(air)** na wolnym powietrzu.
▸**open on to** *vt fus* (*room, door*)
wychodzić na +*acc*.
▸**open up** *vi* otwierać (otworzyć
perf).
opening [ˈəʊpnɪŋ] *adj* początkowy ♦
n (*gap, hole*) otwór *m*; (*of play,
book*) początek *m*; (*of new building*)
otwarcie *nt*; (*job*) wakat *m*; **the
opening ceremony** uroczystość *or*
ceremonia otwarcia.
openly [ˈəʊpnlɪ] *adv* otwarcie.
open-minded [əʊpnˈmaɪndɪd] *adj*
(*person*) otwarty; (*approach*) wolny
od uprzedzeń.
opera [ˈɒpərə] *n* opera *f*.
operate [ˈɒpəreɪt] *vt* (*machine*)
obsługiwać; (*tool, method*)
posługiwać się +*instr* ♦ *vi* działać;
(*MED*) operować.
operatic [ɒpəˈrætɪk] *adj* operowy.
operating table *n* stół *m* operacyjny.

operating theatre *n* sala *f*
operacyjna.
operation [ɔpə'reɪʃən] *n* operacja *f*;
(*of machine, vehicle*) obsługa *f*; (*of
company*) działanie *nt*; **to be in
operation** (*scheme, regulation*) być
stosowanym; **I had an operation on
my spine** miałem operację
kręgosłupa.
operational [ɔpə'reɪʃənl] *adj* sprawny.
operative ['ɔpərətɪv] *adj* działający.
operator ['ɔpəreɪtə*] *n* (*TEL*)
telefonista (-tka) *m(f)*; (*of machine*)
operator(ka) *m(f)*.
opinion [ə'pɪnjən] *n* opinia *f*, zdanie
nt; **in my opinion** moim zdaniem.
opinionated [ə'pɪnjəneɪtɪd] (*pej*) *adj*
zadufany (w sobie) (*pej*).
opinion poll *n* badanie *nt* opinii
publicznej.
opium ['əupɪəm] *n* opium *nt inv*.
opponent [ə'pəunənt] *n* przeciwnik
(-iczka) *m(f)*.
opportunity [ɔpə'tjuːnɪtɪ] *n* (*chance*)
okazja *f*, sposobność *f*; (*prospects*)
możliwości *pl*; **I took the
opportunity of visiting her**
skorzystałem z okazji i odwiedziłem
ją.
oppose [ə'pəuz] *vt* sprzeciwiać się
(sprzeciwić się *perf*) +*dat*; **to be
opposed to sth** być przeciwnym
czemuś; **(there is a need for) X as
opposed to Y** (potrzebne jest) X, a
nie Y.
opposing [ə'pəuzɪŋ] *adj* (*side, team*)
przeciwny; (*ideas, tendencies*)
przeciwstawny.
opposite ['ɔpəzɪt] *adj* (*house, door*)
naprzeciw(ko) *post*; (*end*)
przeciwległy; (*direction, point of
view, effect*) przeciwny ♦ *adv*
naprzeciw(ko) ♦ *prep* (*in front of*)
naprzeciw(ko) +*gen*; (*next to: on list
etc*) przy +*loc* ♦ *n*: **the opposite**
przeciwieństwo *nt*; **he says one
thing and does the opposite** on

mówi jedno, a robi coś (wręcz)
odwrotnego.
opposition [ɔpə'zɪʃən] *n* (*resistance*)
opozycja *f*, opór *m*; **the Opposition**
(*POL*) opozycja.
oppress [ə'prɛs] *vt* uciskać, gnębić.
oppressed [ə'prɛst] *adj* uciskany,
gnębiony.
oppression [ə'prɛʃən] *n* ucisk *m*.
oppressive [ə'prɛsɪv] *adj* (*weather,
heat*) przytłaczający; (*political
regime*) oparty na ucisku.
opt [ɔpt] *vi*: **to opt for** optować za
+*instr*; **he opted to fight**
zdecydował się walczyć.
▶**opt out (of)** *vi* (*not participate*)
wycofywać się (wycofać się *perf*) (z
+*gen*); (*POL: hospital, school*)
uniezależniać się (uniezależnić się
perf) (od +*gen*).
optical ['ɔptɪkl] *adj* optyczny.
optician [ɔp'tɪʃən] *n* optyk (-yczka)
m(f).
optimism ['ɔptɪmɪzəm] *n* optymizm
m.
optimist ['ɔptɪmɪst] *n* optymista
(-tka) *m(f)*.
optimistic [ɔptɪ'mɪstɪk] *adj*
optymistyczny.
optimum ['ɔptɪməm] *adj* optymalny.
option ['ɔpʃən] *n* opcja *f*.
optional ['ɔpʃənl] *adj*
nadobowiązkowy, fakultatywny.
or [ɔː*] *conj* (*linking alternatives*) czy;
(*also*: **or else**) bo inaczej; (*qualifying
previous statement*) albo; **he hasn't
seen or heard anything** niczego nie
widział ani nie słyszał.
oracle ['ɔrəkl] *n* wyrocznia *f*.
oral ['ɔːrəl] *adj* (*spoken*) ustny;
(*MED*) doustny ♦ *n* (*SCOL*) egzamin
m ustny.
orange ['ɔrɪndʒ] *n* pomarańcza *f* ♦
adj pomarańczowy.
orbit ['ɔːbɪt] *n* orbita *f* ♦ *vt* okrążać
(okrążyć *perf*).
orchard ['ɔːtʃəd] *n* sad *m*.

orchestra ['ɔːkɪstrə] *n* orkiestra *f*.

orchid ['ɔːkɪd] *n* orchidea *f*, storczyk *m*.

ordeal [ɔːˈdiːl] *n* przeprawa *f*, gehenna *f*.

order ['ɔːdə*] *n* (*command*) rozkaz *m*; (*from shop, company, in restaurant*) zamówienie *nt*; (*sequence, organization, discipline*) porządek *m* ♦ *vt* (*command*) nakazywać (nakazać *perf*), rozkazywać (rozkazać *perf*); (*from shop, company, in restaurant*) zamawiać (zamówić *perf*); (*also*: **put in order**) porządkować (uporządkować *perf*); **in order** w porządku; **in (working) order** na chodzie; **in order to/that** żeby +*infin*; **out of order** (*not working*) niesprawny; (*in wrong sequence*) nie po kolei; (*resolution, behaviour*) niezgodny z przepisami; **to order sb to do sth** kazać (kazać *perf*) komuś coś zrobić.

orderly ['ɔːdəlɪ] *n* (*MIL*) ordynans *m*; (*MED*) sanitariusz *m* ♦ *adj* (*sequence*) uporządkowany; (*system*) sprawny; (*manner*) zorganizowany.

ordinary ['ɔːdnrɪ] *adj* zwyczajny, zwykły; (*pej*) pospolity; **out of the ordinary** niezwykły, niepospolity.

ore [ɔː*] *n* ruda *f*.

organ ['ɔːgən] *n* (*ANAT*) narząd *m*, organ *m*; (*MUS*) organy *pl*.

organic [ɔːˈgænɪk] *adj* organiczny.

organism ['ɔːgənɪzəm] *n* organizm *m*.

organist ['ɔːgənɪst] *n* organista *m*.

organization [ɔːgənaɪˈzeɪʃən] *n* organizacja *f*.

organize ['ɔːgənaɪz] *vt* organizować (zorganizować *perf*).

organizer ['ɔːgənaɪzə*] *n* organizator(ka) *m(f)*.

orgasm ['ɔːgæzəm] *n* orgazm *m*.

orgy ['ɔːdʒɪ] *n* orgia *f*.

Orient ['ɔːrɪənt] *n*: **the Orient** Orient *m*.

oriental [ɔːrɪˈɛntl] *adj* orientalny, dalekowschodni.

origin ['ɔrɪdʒɪn] *n* początek *m*, źródło *nt*; (*of person*) pochodzenie *nt*.

original [əˈrɪdʒɪnl] *adj* (*first*) pierwotny, pierwszy; (*genuine*) oryginalny, autentyczny; (*imaginative*) oryginalny ♦ *n* oryginał *m*, autentyk *m*.

originality [ərɪdʒɪˈnælɪtɪ] *n* oryginalność *f*.

originally [əˈrɪdʒɪnəlɪ] *adv* pierwotnie, początkowo.

originate [əˈrɪdʒɪneɪt] *vi*: **to originate in** powstawać (powstać *perf*) w +*loc*, pochodzić z +*gen*; **to originate with** *or* **from sb** pochodzić od kogoś.

Orkneys ['ɔːknɪz] *npl*: **the Orkneys** (*also*: **the Orkney Islands**) Orkady *pl*.

ornament ['ɔːnəmənt] *n* (*object*) ozdoba *f*.

ornamental [ɔːnəˈmɛntl] *adj* ozdobny.

ornate [ɔːˈneɪt] *adj* ozdobny.

orphan ['ɔːfn] *n* sierota *f*.

orphanage ['ɔːfənɪdʒ] *n* sierociniec *m*.

orthodox ['ɔːθədɔks] *adj* ortodoksyjny.

oscillate ['ɔsɪleɪt] *vi* oscylować.

ostensibly [ɔsˈtɛnsɪblɪ] *adv* rzekomo.

ostentatious [ɔstɛnˈteɪʃəs] *adj* (*showy*) wystawny; (*deliberately conspicuous*) ostentacyjny; (*person*) chełpliwy.

ostracize ['ɔstrəsaɪz] *vt* bojkotować (towarzysko).

ostrich ['ɔstrɪtʃ] *n* struś *m*.

other ['ʌðə*] *adj* inny; (*opposite*) przeciwny, drugi ♦ *pron*: **the other (one)** (ten) drugi; **others** (*other people*) inni; (*other ones*) inne; **the others** (*the other people*) pozostali; (*the other ones*) pozostałe; **there is no choice other than to...** nie ma innego wyjścia jak tylko +*infin*; **the other day** parę dni temu.

otherwise ['ʌðəwaɪz] *adv* (*differently*) inaczej; (*apart from that*) poza tym; (*if not*) w przeciwnym razie.

otter ['ɔtə*] n (ZOOL) wydra f.

ouch [autʃ] excl au.

ought [ɔ:t] (pt **ought**) aux vb: **I ought to do it** powinienem to zrobić; **this ought to have been corrected** to powinno było zostać poprawione; **he ought to win** powinien wygrać.

ounce [auns] n uncja f.

our ['auə*] adj nasz; see also **my**.

ours [auəz] pron nasz; see also **mine**[1].

ourselves pron pl (reflexive) się; siebie (gen, acc), sobie (dat, loc), sobą (instr); (emphatic) sami.

oust [aust] vt usuwać (usunąć perf).

KEYWORD
---

out [aut] adv 1 (not in) na zewnątrz, na dworze; **they're out in the garden** są w ogrodzie; **it's hot out here** gorąco tutaj; **to go/come out** wychodzić (wyjść perf) (na zewnątrz); **out loud** głośno, na głos. **2** (not at home, absent): **she's out at the moment** nie ma jej w tej chwili; **to have a day/night out** spędzać (spędzić perf) dzień/wieczór poza domem. **3** (indicating distance) (o) +acc dalej; **the boat was 10 km out** łódź była (o) dziesięć kilometrów dalej. **4** (SPORT) na aut; **the ball is/has gone out** piłka jest na aucie/wyszła na aut ♦ adj **1**: **to be out** (unconscious) być nieprzytomnym; (of game) wypaść (perf) z gry; (of fashion) wyjść (perf) z mody. **2** (have appeared: flowers) zakwitnąć (perf); (: news, secret) wyjść (perf) na jaw. **3** (extinguished: fire, light, gas) nie palić się. **3** (finished) skończyć się (perf); **before the week was out** zanim tydzień się skończył. **4**: **to be out to do sth** mieć zamiar coś (z)robić. **5**: **to be out in one's calculations** mylić się (pomylić się perf) w obliczeniach.

out-and-out ['autəndaut] adj absolutny.

outbreak ['autbreɪk] n (of war) wybuch m; (of disease) epidemia f.

outburst ['autbə:st] n wybuch m.

outcast ['autkɑ:st] n wyrzutek m.

outcome ['autkʌm] n wynik m.

outcry ['autkraɪ] n głosy pl protestu.

outdated [aut'deɪtɪd] adj przestarzały.

outdo [aut'du:] (irreg like: do) vt prześcigać (prześcignąć perf), przewyższać (przewyższyć perf).

outdoor [aut'dɔ:*] adj (activities, work) na świeżym powietrzu post; (swimming pool) odkryty; (clothes) wierzchni.

outdoors [aut'dɔ:z] adv na dworze or (świeżym) powietrzu.

outer ['autə*] adj zewnętrzny.

outer space n przestrzeń f kosmiczna, kosmos m.

outfit ['autfɪt] n (clothes) strój m.

outgoing ['autgəuɪŋ] adj (extrovert) otwarty; (retiring) ustępujący.

outgrow [aut'grəu] (irreg like: **grow**) vt (lit, fig) wyrastać (wyrosnąć perf) z +gen.

outing ['autɪŋ] n wycieczka f.

outlandish [aut'lændɪʃ] adj dziwaczny.

outlaw ['autlɔ:] n osoba f wyjęta spod prawa, banita m (old) ♦ vt (person, organization) wyjmować (wyjąć perf) spod prawa; (activity) zakazywać (zakazać perf) +gen.

outlet ['autlet] n (hole) wylot m; (pipe) odpływ m; (US: ELEC) gniazdo nt wtykowe; (also: retail **outlet**) punkt m sprzedaży detalicznej.

outline ['autlaɪn] n (lit, fig) zarys m; (rough sketch) szkic m ♦ vt (fig) szkicować (naszkicować perf), przedstawiać (przedstawić perf) w zarysie.

outlive [aut'lɪv] vt przeżyć (perf).

outlook ['autluk] n (view, attitude)

pogląd *m*; (*prospects*) perspektywy *pl*; (*for weather*) prognoza *f*.

outnumber [aut'nʌmbə*] *vt* przewyższać (przewyższyć *f*) liczebnie.

KEYWORD

out of *prep* 1 (*outside*) z *+gen*; **to go out of the house** wychodzić (wyjść *perf*) z domu. 2 (*beyond*): **out of town** za miastem; **she is out of danger** nie zagraża jej już niebezpieczeństwo. 3 (*indicating cause, motive, origin, material*) z *+gen*; **out of curiosity/greed** z ciekawości/chciwości; **to drink out of a cup** pić z filiżanki; **made of glass** zrobiony ze szkła. 4 (*from among*) na *+acc*; **one out of three** jeden na trzech. 5 (*without*) bez *+gen*; **out of breath** bez tchu; **to be out of milk/sugar** nie mieć mleka/cukru.

---

out-of-date [autəv'deɪt] *adj* (*passport, ticket*) nieważny; (*dictionary, concept*) przestarzały; (*clothes*) niemodny.

out-of-the-way ['autəvðə'weɪ] *adj* (*place*) odległy.

outpatient ['autpeɪʃənt] *n* pacjent(ka) *m(f)* ambulatoryjny (-na) *m(f)*.

output ['autput] *n* (*of factory*) produkcja *f*; (*of writer*) twórczość *f*, dorobek *m*; (*COMPUT*) dane *pl* wyjściowe.

outrage ['autreɪdʒ] *n* (*anger*) oburzenie *nt*; (*atrocity*) akt *m* przemocy; (*scandal*) skandal *m* ♦ *vt* oburzać (oburzyć *perf*).

outrageous [aut'reɪdʒəs] *adj* oburzający.

outright [aut'raɪt] *adv* (*win*) bezapelacyjnie; (*ban*) całkowicie; (*buy*) za gotówkę; (*ask*) wprost; (*deny*) otwarcie ♦ *adj* (*winner,*

victory) bezapelacyjny; (*denial, hostility*) otwarty; **he was killed outright** zginął na miejscu.

outset ['autset] *n* początek *m*.

outside [aut'saɪd] *n* zewnętrzna strona *f* ♦ *adj* (*wall*) zewnętrzny; (*lavatory*) na zewnątrz *post* ♦ *adv* na zewnątrz ♦ *prep* (*building*) przed *+instr*; (*door*) za *+instr*; (*office hours, organization, country*) poza *+instr*.

outsider [aut'saɪdə*] *n* (*person not involved*) osoba *f* postronna.

outskirts ['autskə:ts] *npl* peryferie *pl*.

outspoken [aut'spəukən] *adj* otwarty.

outstanding [aut'stændɪŋ] *adj* (*actor, work*) wybitny; (*debt, problem*) zaległy.

outstretched [aut'stretʃt] *adj* (*hand*) wyciągnięty; (*arms*) wyciągnięty, rozpostarty; (*body*) rozciągnięty; (*wings*) rozpostarty.

outward ['autwəd] *adj* (*sign, appearances*) zewnętrzny; (*journey*) w tamtą stronę *post*.

outwardly ['autwədlɪ] *adv* pozornie, na pozór.

outward(s) *adv* na zewnątrz.

outweigh [aut'weɪ] *vt* przeważać (przeważyć *perf*).

outwit [aut'wɪt] *vt* przechytrzać (przechytrzyć *perf*).

oval ['əuvl] *adj* owalny ♦ *n* owal *m*.

ovary ['əuvərɪ] *n* jajnik *m*.

ovation [əu'veɪʃən] *n* owacja *f*.

oven ['ʌvn] *n* piekarnik *m*.

ovenproof ['ʌvnpru:f] *adj* żaroodporny.

KEYWORD

over ['əuvə*] *adv* 1 (*across*): **to cross over to the other side** przechodzić (przejść *perf*) na drugą stronę; **you can come over tonight** możesz przyjść dziś wieczorem; **over here/there** tu/tam. 2 (*indicating movement from upright*): **to fall over**

przewracać się (przewrócić się *perf*).
3 (*finished*): **to be over** skończyć się
(*perf*). **4** (*excessively*) zbyt,
nadmiernie. **5** (*remaining*): **there are
three over** zostały (jeszcze) trzy. **6:
all over** wszędzie; **over and over
(again)** wielokrotnie, w kółko (*inf*) ♦
prep **1** (*above*) nad +*instr*; (*on top
of*) na +*loc*. **2** (*on the other side of*)
po drugiej stronie +*gen*; (*to the other
side of*) przez +*acc*, na drugą stronę
+*gen*; **the pub over the road** pub po
drugiej stronie ulicy; **he jumped
over the wall** przeskoczył przez
mur *or* na drugą stronę muru. **3**
(*more than*) ponad +*acc*; **over and
above** poza +*instr*, w dodatku do
+*gen*. **4** (*during*) przez +*acc*, podczas
+*gen*; **over the last few years** przez
parę ostatnich lat; **let's discuss it
over dinner** porozmawiajmy o tym
przy obiedzie.

overall ['əʊvərɔːl] *adj* (*length, cost*)
całkowity; (*impression, view*) ogólny
♦ *adv* (*measure, cost*) w sumie;
(*generally*) ogólnie (biorąc) ♦ *n*
(*BRIT*) kitel *m*; **overalls** *npl*
kombinezon *m* (*roboczy*).
overboard ['əʊvəbɔːd] *adv* (*be*) za
burtą; (*fall*) za burtę.
overcast ['əʊvəkɑːst] *adj* pochmurny.
overcoat ['əʊvəkəʊt] *n* płaszcz *m*.
overcome [əʊvə'kʌm] (*irreg like*:
come) *vt* przezwyciężać
(przezwyciężyć *perf*).
overcrowded [əʊvə'kraʊdɪd] *adj*
przepełniony.
overdo [əʊvə'duː] (*irreg like*: do) *vt*
przesadzać (przesadzić *perf*) z +*instr*;
don't overdo it (*don't exaggerate*)
nie przesadzaj; (*when ill, weak etc*)
nie przemęczaj się.
overdose ['əʊvədəʊs] *n*
przedawkowanie *nt*; **to take an**

overdose przedawkowywać
(przedawkować *perf*).
overdraft ['əʊvədrɑːft] *n*
przekroczenie *nt* stanu konta, debet *m*.
overdue [əʊvə'djuː] *adj* (*bill, library
book*) zaległy; **to be overdue**
(*person, bus, train*) spóźniać się;
(*change, reform*) opóźniać się.
overestimate [əʊvər'estɪmeɪt] *vt*
przeceniać (przecenić *perf*).
overflow [əʊvə'fləu] *vi* (*river*)
wylewać (wylać *perf*); (*sink, bath*)
przelewać się (przelać się *perf*) ♦ *n*
(*also*: **overflow pipe**) rurka *f*
przelewowa.
overgrown [əʊvə'grəun] *adj* (*garden*)
zarośnięty.
overhead [əʊvə'hɛd] *adv* (*above*) na
górze, nad głową; (*in the sky*) w
górze ♦ *adj* (*light, lighting*) górny;
(*cables, wires*) napowietrzny ♦ *n* (*US*)
= **overheads**; **overheads** *npl* koszty
pl stałe.
overhear [əʊvə'hɪə*] (*irreg like*:
hear) *vt* podsłuchać (*perf*),
przypadkiem usłyszeć (*perf*).
overjoyed [əʊvə'dʒɔɪd] *adj*
uradowany, zachwycony.
overkill ['əʊvəkɪl] *n* (*fig*): **it would be
overkill** to by była przesada.
overlap [əʊvə'læp] *vi* (*edges, figures*)
zachodzić (zajść *perf*) na siebie; (*fig*:
ideas, activities) zazębiać się
(zazębić się *perf*) (o siebie).
overleaf [əʊvə'liːf] *adv* na odwrocie
(strony).
overload [əʊvə'ləud] *vt*
przeładowywać (przeładować *perf*),
przeciążać (przeciążyć *perf*).
overlook [əʊvə'luk] *vt* (*building, hill*)
wznosić się *or* górować nad +*instr*;
(*window*) wychodzić na +*acc*; (*fail to
notice*) nie zauważać (nie zauważyć
perf) +*gen*, przeoczyć (*perf*); (*excuse,
forgive*) przymykać (przymknąć *perf*)
oczy na +*acc*, nie zwracać (nie
zwrócić *perf*) uwagi na +*acc*.

overnight [əuvə'naɪt] adv na or
przez (całą) noc; (fig) z dnia na
dzień; **to stay overnight** zostawać
(zostać perf) na noc.
overpass ['əuvəpɑ:s] n (esp US)
estakada f.
overpowering [əuvə'pauərɪŋ] adj
(heat, smell) obezwładniający;
(feeling) przytłaczający; (desire)
przemożny.
overrate [əuvə'reɪt] vt przeceniać
(przecenić perf), przereklamowywać
(przereklamować perf).
overriding [əuvə'raɪdɪŋ] adj
nadrzędny.
overrule [əuvə'ru:l] vt (decision)
unieważniać (unieważnić perf);
(claim) odrzucać (odrzucić perf);
(JUR: objection) uchylać (uchylić
perf).
overrun [əuvə'rʌn] (irreg like: run) vt
(country etc) opanowywać
(opanować perf) ♦ vi (meeting etc)
przedłużać się (przedłużyć się perf).
overseas [əuvə'si:z] adv (live, work)
za granicą; (travel) za granicę ♦ adj
zagraniczny.
overshadow [əuvə'ʃædəu] vt
wznosić się or górować nad +instr;
(fig) usuwać (usunąć perf) w cień.
oversight ['əuvəsaɪt] n
niedopatrzenie nt.
oversleep [əuvə'sli:p] (irreg like:
sleep) vi zaspać (perf).
overt [əu'və:t] adj otwarty, jawny.
overtake [əuvə'teɪk] (irreg like: take)
vt (AUT) wyprzedzać (wyprzedzić
perf).
overthrow [əuvə'θrəu] (irreg like:
throw) vt obalać (obalić perf).
overtime ['əuvətaɪm] n nadgodziny
pl.
overture ['əuvətʃuə*] n (MUS)
uwertura f; (fig) wstęp m.
overturn [əuvə'tə:n] vt przewracać
(przewrócić perf); (fig: decision)
unieważniać (unieważnić perf);

(: government) obalać (obalić perf) ♦
vi wywracać się (wywrócić się perf).
overweight [əuvə'weɪt] adj: **to be
overweight** mieć nadwagę.
overwhelm [əuvə'wɛlm] vt (defeat)
obezwładniać (obezwładnić perf);
(affect deeply) przytłaczać
(przytłoczyć perf).
overwhelming [əuvə'wɛlmɪŋ] adj
(majority, feeling) przytłaczający;
(heat) obezwładniający; (desire)
przemożny.
overwork [əuvə'wə:k] n
przepracowanie nt.
overwrought [əuvə'rɔ:t] adj
wyczerpany nerwowo.
owe [əu] vt: **to owe sb sth, to owe
sth to sb** (money, explanation) być
komuś coś winnym; (life, talent)
zawdzięczać coś komuś.
owing to ['əuɪŋ-] prep z powodu
+gen.
owl [aul] n (ZOOL) sowa f.
own [əun] vt posiadać ♦ adj własny;
a room of my/his etc **own** (swój)
własny pokój; **to live on one's own**
mieszkać samotnie; **from now on,
you're on your own** od tej chwili
jesteś zdany na własne siły.
▶**own up** vi przyznać się (perf).
owner ['əunə*] n właściciel(ka) m(f).
ownership ['əunəʃɪp] n posiadanie
nt, własność f.
ox [ɔks] (pl **oxen**) n wół m.
oxtail ['ɔksteɪl] n: **oxtail soup** zupa f
ogonowa.
oxygen ['ɔksɪdʒən] n tlen m.
oyster ['ɔɪstə*] n ostryga f.
oz. abbr = **ounce**.
ozone ['əuzəun] n ozon m.
ozone layer n: **the ozone layer**
powłoka f or warstwa f ozonowa.

P

p (*BRIT*) *abbr* = **penny, pence**.

PA *n abbr* = **personal assistant**; **public address system**.

pa [pɑ:] (*inf*) *n* tata *m*.

p.a. *abbr* (= *per annum*) roczn.

pace [peɪs] *n* (*step, manner of walking*) krok *m*; (*speed*) tempo *nt* ♦ *vi*: **to pace up and down** chodzić tam i z powrotem; **to keep pace with** (*person*) dotrzymywać (dotrzymać *perf*) kroku +*dat*.

pacemaker ['peɪsmeɪkə*] *n* (*MED*) stymulator *m* serca; (*SPORT*) nadający (-ca) *m(f)* tempo.

Pacific [pə'sɪfɪk] *n*: **the Pacific (Ocean)** Ocean *m* Spokojny, Pacyfik *m*.

pacifist ['pæsɪfɪst] *n* pacyfista (-tka) *m(f)*.

pacify ['pæsɪfaɪ] *vt* uspokajać (uspokoić *perf*).

pack [pæk] *n* (*packet*) paczka *f*; (*back pack*) plecak *m*; (*of hounds*) sfora *f*; (*of people*) paczka *f* (*inf*); (*of cards*) talia *f* ♦ *vt* pakować (spakować *perf*) ♦ *vi* pakować się (spakować się *perf*); **to pack into** wpakowywać (wpakować *perf*) do +*gen* (*inf*).

package ['pækɪdʒ] *n* (*parcel*) paczka *f*; (*also*: **package deal**) umowa *f* wiązana.

package holiday (*BRIT*) *n* wczasy *pl* zorganizowane.

packed [pækt] *adj*: **packed (with)** wypełniony (+*instr*), pełen (+*gen*).

packet ['pækɪt] *n* (*of cigarettes, crisps*) paczka *f*; (*of washing powder etc*) opakowanie *nt*.

packing ['pækɪŋ] *n* (*act*) pakowanie *nt*; (*paper, plastic etc*) opakowanie *nt*.

pact [pækt] *n* pakt *m*, układ *m*.

pad [pæd] *n* (*of paper*) blok *m*, bloczek *m*; (*of cotton wool*) tampon *m*; (*shoulder pad: in jacket, dress*) poduszka *f*; (*SPORT*) ochraniacz *m*; (*inf: home*) cztery ściany *pl* ♦ *vt* (*upholster*) obijać (obić *perf*); (*stuff*) wypychać (wypchać *perf*).

padding ['pædɪŋ] *n* (*of coat etc*) podszycie *nt*; (*of door*) obicie *nt*.

paddle ['pædl] *n* wiosło *nt*; (*US: for table tennis*) rakietka *f* ♦ *vi* (*at seaside*) brodzić; (*row*) wiosłować.

paddling pool ['pædlɪŋ-] (*BRIT*) *n* brodzik *m*.

paddock ['pædək] *n* wybieg *m* (dla koni); (*at race course*) padok *m*.

padlock ['pædlɔk] *n* kłódka *f*.

pagan ['peɪgən] *adj* pogański ♦ *n* poganin (-anka) *m(f)*.

page [peɪdʒ] *n* (*of book etc*) strona *f*; (*knight's servant*) paź *m*; (*also*: **page boy**: *in hotel*) boy *m* or chłopiec *m* hotelowy ♦ *vt* wzywać (wezwać *perf*) (*przez głośnik itp*).

pager ['peɪdʒə*] *n* pager *m*.

pagination [pædʒɪ'neɪʃən] *n* numeracja *f* stron.

paid [peɪd] *pt, pp of* **pay** ♦ *adj* (*work, holiday*) płatny; (*staff*) opłacany.

pail [peɪl] *n* wiadro *nt*.

pain [peɪn] *n* ból *m*; **I have a pain in the chest/arm** mam bóle w klatce piersiowej/ramieniu; **to be in pain** cierpieć (ból); **to take pains to do sth** zadawać (zadać *perf*) sobie trud, żeby coś zrobić.

painful ['peɪnful] *adj* (*sore*) obolały; (*causing pain*) bolesny; (*laborious*) żmudny, mozolny.

painfully ['peɪnfəlɪ] *adv* (*fig*) boleśnie, dotkliwie.

painkiller ['peɪnkɪlə*] *n* środek *m* przeciwbólowy.

painless ['peɪnlɪs] *adj* bezbolesny.

painstaking ['peɪnzteɪkɪŋ] *adj* staranny, skrupulatny.

paint [peɪnt] *n* farba *f* ♦ *vt* (*wall etc*) malować (pomalować *perf*); (*person, picture*) malować (namalować *perf*);

to paint the door blue malować (pomalować *perf*) drzwi na niebiesko.

paintbrush ['peɪntbrʌʃ] *n* pędzel *m*.

painter ['peɪntə*] *n* (*artist*) malarz (-arka) *m(f)*; (*decorator*) malarz *m* (pokojowy).

painting ['peɪntɪŋ] *n* (*activity*) malowanie *nt*; (*art*) malarstwo *nt*; (*picture*) obraz *m*.

paintwork ['peɪntwə:k] *n* farba *f*; (*of car*) lakier *m*.

pair [pɛə*] *n* para *f*; **a pair of scissors** nożyczki.

pajamas [pə'dʒɑ:məz] (*US*) *npl* piżama *f*.

pal [pæl] (*inf*) *n* kumpel *m* (*inf*).

palace ['pæləs] *n* pałac *m*.

palatable ['pælɪtəbl] *adj* (*food*) smaczny.

palate ['pælɪt] *n* podniebienie *nt*.

pale [peɪl] *adj* blady.

pallet ['pælɪt] *n* paleta *f* (*rodzaj platformy*).

pallid ['pælɪd] *adj* blady; (*fig*) bezbarwny.

palm [pɑ:m] *n* (*also:* **palm tree**) palma *f*; (*of hand*) dłoń *f* ♦ *vt:* **to palm sth off on sb** (*inf*) wcisnąć (*perf*) *or* opchnąć (*perf*) coś komuś (*inf*).

Palm Sunday *n* Niedziela *f* Palmowa.

palpable ['pælpəbl] *adj* ewidentny.

paltry ['pɔ:ltrɪ] *adj* marny.

pamper ['pæmpə*] *vt* rozpieszczać (rozpieścić *perf*).

pamphlet ['pæmflət] *n* broszur(k)a *f*.

pan [pæn] *n* (*also:* **saucepan**) rondel *m*; (*also:* **frying pan**) patelnia *f*.

pancake ['pænkeɪk] *n* naleśnik *m*.

pancreas ['pæŋkrɪəs] *n* trzustka *f*.

panda ['pændə] *n* panda *f*.

pandemonium [pændɪ'məunɪəm] *n* zamieszanie *nt*, wrzawa *f*.

pane [peɪn] *n* szyba *f*.

panel ['pænl] *n* (*of wood, glass etc*) płycina *f*; (*of experts*) zespół *m* ekspertów; (*of judges*) komisja *f*.

panelling ['pænəlɪŋ] (*US* **paneling**) *n* boazeria *f*.

pang [pæŋ] *n:* **a pang of regret** ukłucie *nt* żalu; **hunger pangs** skurcze głodowe (żołądka).

panic ['pænɪk] *n* panika *f* ♦ *vi* wpadać (wpaść *perf*) w panikę.

panic-stricken ['pænɪkstrɪkən] *adj* ogarnięty (panicznym) strachem.

pansy ['pænzɪ] *n* (*BOT*) bratek *m*; (*inf. pej*) mięczak *m* (*inf. pej*).

pant [pænt] *vi* (*person*) dyszeć; (*dog*) ziajać.

panther ['pænθə*] *n* pantera *f*.

panties ['pæntɪz] *npl* majtki *pl*, figi *pl*.

pantomime ['pæntəmaɪm] *n* (*also:* **mime**) pantomima *f*; (*BRIT*) bajka *muzyczna dla dzieci wystawiana w okresie Gwiazdki.*

pantry ['pæntrɪ] *n* spiżarnia *f*.

pants [pænts] *npl* (*BRIT: woman's*) majtki *pl*; (: *man's*) slipy *pl*; (*US*) spodnie *pl*.

panty hose *n* rajstopy *pl*.

papal ['peɪpəl] *adj* papieski.

paper ['peɪpə*] *n* papier *m*; (*also:* **newspaper**) gazeta *f*; (*exam*) egzamin *m*; (*academic essay*) referat *m*; (*wallpaper*) tapeta *f* ♦ *adj* papierowy, z papieru *post* ♦ *vt* tapetować (wytapetować *perf*); **papers** *npl* (*documents, identity papers*) papiery *pl*.

paperback ['peɪpəbæk] *n* książka *f* w miękkiej okładce.

paper clip *n* spinacz *m*.

paperweight ['peɪpəweɪt] *n* przycisk *m* (do papieru).

paperwork ['peɪpəwə:k] *n* papierkowa robota *f*.

paprika ['pæprɪkə] *n* papryka *f* (*przyprawa*).

par [pɑ:*] *n* (*GOLF*) norma *f*; **to be on a par with** stać na równi z +*instr*.

parable ['pærəbl] *n* przypowieść *f*.

parachute ['pærəʃuːt] *n* spadochron *m*.

parade [pə'reɪd] *n* (*public procession*) (uroczysty) pochód *m*; (*wealth etc*) afiszować się z +*instr* ♦ *vi* defilować (przedefilować *perf*).

paradise ['pærədaɪs] *n* raj *m*.

paradox ['pærədɔks] *n* paradoks *m*.

paradoxically [pærə'dɔksɪklɪ] *adv* paradoksalnie.

paraffin ['pærəfɪn] (*BRIT*) *n* (*also*: **paraffin oil**) nafta *f*.

paragon ['pærəgən] *n* (niedościgniony) wzór *m*.

paragraph ['pærəgrɑːf] *n* akapit *m*, ustęp *m*.

parallel ['pærəlɛl] *adj* (*also COMPUT*) równoległy; (*fig*) zbliżony, podobny ♦ *n* (*similarity*) podobieństwo *nt*, paralela *f* (*fml*); (*sth similar*) odpowiednik *m*; (*GEOG*) równoleżnik *m*.

paralyse ['pærəlaɪz] (*BRIT*) *vt* paraliżować (sparaliżować *perf*).

paralysis [pə'rælɪsɪs] (*pl* **paralyses**) *n* paraliż *m*.

parameter [pə'ræmɪtə*] *n* parametr *m*.

paramilitary [pærə'mɪlɪtərɪ] *adj* paramilitarny.

paramount ['pærəmaunt] *adj* najważniejszy.

paranoia [pærə'nɔɪə] *n* paranoja *f*.

paranoid ['pærənɔɪd] *adj* paranoidalny, paranoiczny; (*person*): **he's paranoid** to paranoik.

parapet ['pærəpɪt] *n* gzyms *m*.

paraphernalia [pærəfə'neɪlɪə] *n* akcesoria *pl*.

paraphrase ['pærəfreɪz] *vt* parafrazować (sparafrazować *perf*).

parasite ['pærəsaɪt] *n* (*lit, fig*) pasożyt *m*.

parasol ['pærəsɔl] *n* parasolka *f* (*od słońca*).

paratrooper ['pærətruːpə*] (*MIL*) *n* spadochroniarz *m*.

parcel ['pɑːsl] *n* paczka *f* ♦ *vt* (*also*: **parcel up**) pakować, zapakowywać (zapakować *perf*).

parched [pɑːtʃt] *adj* (*lips, skin*) spieczony.

parchment ['pɑːtʃmənt] *n* pergamin *m*.

pardon ['pɑːdn] *n* (*JUR*) ułaskawienie *nt* ♦ *vt* (*person*) wybaczać (wybaczyć *perf*) +*dat*; (*sin, error*) wybaczać (wybaczyć *perf*); **pardon me!, I beg your pardon!** przepraszam!; **(I beg your) pardon?,** (*US*) **pardon me?** słucham?

parent ['pɛərənt] *n* (*mother*) matka *f*; (*father*) ojciec *m*; **parents** *npl* rodzice *vir pl*.

parental [pə'rɛntl] *adj* rodzicielski.

parenthesis [pə'rɛnθɪsɪs] (*pl* **parentheses**) *n* (*phrase*) zdanie *nt* wtrącone; (*word*) wyraz *m* wtrącony; **parentheses** *npl* (*brackets*) nawiasy *pl*.

Paris ['pærɪs] *n* Paryż *m*.

parish ['pærɪʃ] *n* (*REL*) parafia *f*; (*BRIT*: *civil*) ≈ gmina *f*.

parity ['pærɪtɪ] *n* równość *f*; (*ECON*) parytet *m*.

park [pɑːk] *n* park *m* ♦ *vt* parkować (zaparkować *perf*) ♦ *vi* parkować (zaparkować *perf*).

parking ['pɑːkɪŋ] *n* (*action*) parkowanie *nt*; **"no parking"** „zakaz parkowania".

parking lot (*US*) *n* parking *m*.

parking meter *n* parkometr *m*.

parking ticket *n* mandat *m* za niedozwolone parkowanie.

parliament ['pɑːləmənt] (*BRIT*) *n* parlament *m*.

parliamentary [pɑːlə'mɛntərɪ] *adj* parlamentarny.

parlour ['pɑːlə*] (*US* **parlor**) *n* salon *m*.

parochial [pə'rəukɪəl] (*pej*) *adj* zaściankowy.

parody ['pærədɪ] *n* parodia *f*.

parole [pə'rəul] (*JUR*) *n* zwolnienie *nt* warunkowe; **he was released on parole** został zwolniony warunkowo.

parquet ['pɑːkeɪ] *n*: **parquet floor(ing)** parkiet *m*.

parrot ['pærət] *n* papuga *f*.

parry ['pærɪ] *vt* (*blow*) odparowywać (odparować *perf*).

parsimonious [pɑːsɪ'məunɪəs] *adj* skąpy.

parsley ['pɑːslɪ] *n* pietruszka *f*.

parsnip ['pɑːsnɪp] *n* pasternak *m*.

parson ['pɑːsn] *n* duchowny *m*.

part [pɑːt] *n* (*section, division, component*) część *f*; (*role*) rola *f*; (*episode*) odcinek *m*; (*US: in hair*) przedziałek *m* ♦ *adv* = **partly** ♦ *vt* rozdzielać (rozdzielić *perf*) ♦ *vi* (*two people*) rozstawać się (rozstać się *perf*); (*crowd*) rozstępować się (rozstąpić się *perf*); **to take part in** brać (wziąć *perf*) udział w +*loc*; **to take sb's part** stawać (stanąć *perf*) po czyjejś stronie; **on his part** z jego strony; **for my part** jeśli o mnie chodzi; **for the most part** (*usually*) przeważnie; (*generally*) w przeważającej części.

▶**part with** *vt fus* rozstawać się (rozstać się *perf*) z +*instr*.

partial ['pɑːʃl] *adj* (*not complete*) częściowy; **to be partial to** mieć słabość do +*gen*.

participant [pɑː'tɪsɪpənt] *n* uczestnik (-iczka) *m(f)*.

participate [pɑː'tɪsɪpeɪt] *vi* udzielać się; **to participate in** uczestniczyć w +*loc*.

participation [pɑːtɪsɪ'peɪʃən] *n* udział *m*, uczestnictwo *nt*.

participle ['pɑːtɪsɪpl] *n* imiesłów *m*.

particle ['pɑːtɪkl] *n* cząsteczka *f*.

particular [pə'tɪkjulə*] *adj* szczególny; **particulars** *npl* (*details*) szczegóły *pl*; (*name, address etc*) dane *pl* osobiste; **in particular** w szczególności; **to be very particular**

about być bardzo wymagającym, jeśli chodzi o +*acc*.

particularly [pə'tɪkjuləlɪ] *adv* szczególnie.

parting ['pɑːtɪŋ] *n* (*farewell*) rozstanie *nt*; (*of crowd etc*) rozstąpienie się *nt*; (*of roads*) rozejście się *nt*; (*BRIT: in hair*) przedziałek *m* ♦ *adj* pożegnalny.

partisan [pɑːtɪ'zæn] *adj* (*politics, views*) stronniczy ♦ *n* (*fighter*) partyzant *m*; (*supporter*) zwolennik (-iczka) *m(f)*.

partition [pɑː'tɪʃən] *n* (*wall, screen*) przepierzenie *nt*; (*of country*) podział *m*; (: *among foreign powers*) rozbiór *m*.

partly ['pɑːtlɪ] *adv* częściowo.

partner ['pɑːtnə*] *n* partner(ka) *m(f)*; (*COMM*) wspólnik (-iczka) *m(f)*.

partnership ['pɑːtnəʃɪp] *n* partnerstwo *nt*; (*COMM*) spółka *f*.

partridge ['pɑːtrɪdʒ] *n* kuropatwa *f*.

part-time ['pɑːt'taɪm] *adj* niepełnoetatowy ♦ *adv* na niepełen etat.

party ['pɑːtɪ] *n* (*POL*) partia *f*; (*celebration, social event*) przyjęcie *nt*; (*of people*) grupa *f*; (*JUR*) strona *f* ♦ *cpd* (*POL*) partyjny; **to give** *or* **throw a party** wydawać (wydać *perf*) przyjęcie.

pass [pɑːs] *vt* (*time*) spędzać (spędzić *perf*); (*salt, glass etc*) podawać (podać *perf*); (*place, person*) mijać (minąć *perf*); (*car*) wyprzedzać (wyprzedzić *perf*); (*exam*) zdawać (zdać *perf*); (*law*) uchwalać (uchwalić *perf*); (*proposal*) przyjmować (przyjąć *perf*) ♦ *vi* (*person*) przechodzić (przejść *perf*); (: *in exam etc*) zdawać (zdać *perf*); (*time*) mijać (minąć *perf*); (*vehicle*) przejeżdżać (przejechać *perf*) ♦ *n* (*permit*) przepustka *f*; (*in mountains*) przełęcz *f*; (*SPORT*) podanie *nt*; **to get a pass in** (*SCOL*) otrzymywać (otrzymać *perf*) zaliczenie z +*gen*; **to**

make a pass at sb (inf) przystawiać
się do kogoś (inf).
▶**pass away** vi umrzeć (perf).
▶**pass by** vi przechodzić (przejść
perf) ♦ vt (lit, fig) przechodzić
(przejść perf) obok +gen.
▶**pass for** vt uchodzić za +acc.
▶**pass on (to)** vt (news, object)
przekazywać (przekazać perf) (+dat);
(illness) zarażać (zarazić perf) +instr
(+acc).
▶**pass out** vi mdleć (zemdleć perf).
▶**pass up** vt (opportunity)
przepuszczać (przepuścić perf).
passable ['pɑːsəbl] adj (road)
przejezdny; (acceptable) znośny.
passage ['pæsɪdʒ] n (also:
passageway) korytarz m; (in book)
fragment m, ustęp m; (ANAT)
przewód m; (act of passing) przejazd
m; (journey) przeprawa f.
passenger ['pæsɪndʒə*] n
pasażer(ka) m(f).
passer-by [pɑːsə'baɪ] (pl
passers-by) n przechodzień m.
passing ['pɑːsɪŋ] adj przelotny; **in
passing** mimochodem.
passing place (AUT) n mijanka f.
passion ['pæʃən] n namiętność f;
(fig) pasja f.
passionate ['pæʃənɪt] adj namiętny.
passive ['pæsɪv] adj bierny.
Passover ['pɑːsəuvə*] n Pascha f.
passport ['pɑːspɔːt] n paszport m.
password ['pɑːswɜːd] n hasło nt.
past [pɑːst] prep (in front of) obok
+gen; (beyond: be) za or poza +instr;
(: go) za or poza +acc; (later than)
po +loc ♦ adj (previous: government)
poprzedni; (: week, month) ubiegły,
miniony; (experience) wcześniejszy;
(LING) przeszły ♦ n przeszłość f;
he's past forty jest po czterdziestce;
ten/quarter past eight/midnight
dziesięć/kwadrans po ósmej/
północy; **for the past few days**
przez ostatnich kilka dni.

pasta ['pæstə] n makaron m.
paste [peɪst] n (wet mixture) papka f;
(glue) klej m mączny, klajster m;
(CULIN) pasta f ♦ vt smarować
(posmarować perf) klejem; **to paste
sth on sth** naklejać (nakleić perf)
coś na coś.
pastel ['pæstl] adj pastelowy.
pasteurized ['pæstʃəraɪzd] adj
pasteryzowany.
pastille ['pæstl] n pastylka f (cukierek).
pastime ['pɑːstaɪm] n hobby nt inv.
pastoral ['pɑːstərl] (REL) adj
duszpasterski.
pastry ['peɪstrɪ] n (dough) ciasto nt;
(cake) ciastko nt.
pasture ['pɑːstʃə*] n pastwisko nt.
pat [pæt] vt klepać (klepnąć perf),
poklepywać (poklepać perf).
patch [pætʃ] n (piece of material) łata
f; (also: **eye patch**) przepaska f na
oko; (damp, black etc) plama f ♦ vt
łatać (załatać perf or połatać perf); **a
bald patch** łysina; **to go through a
bad patch** przechodzić zły okres.
▶**patch up** vt (clothes) łatać (załatać
perf or połatać perf); (quarrel)
łagodzić (załagodzić perf);
(relationship) naprawiać (naprawić
perf).
patchwork ['pætʃwɜːk] n patchwork
m.
patchy ['pætʃɪ] adj (colour)
niejednolity; (information,
knowledge) wyrywkowy.
pâté ['pæteɪ] n pasztet m.
patent ['peɪtnt] n patent m ♦ vt
opatentowywać (opatentować perf) ♦
adj oczywisty, ewidentny.
paternal [pə'tɜːnl] adj (love, duty)
ojcowski; (grandmother) ze strony
ojca post.
paternity [pə'tɜːnɪtɪ] n ojcostwo nt.
path [pɑːθ] n ścieżka f, dróżka f;
(trajectory) tor m.
pathetic [pə'θetɪk] adj żałosny.

pathological [pæθə'lɔdʒɪkl] *adj*
patologiczny.
pathology [pə'θɔlədʒɪ] *n* patologia *f.*
pathos ['peɪθɔs] *n* patos *m.*
patience ['peɪʃns] *n* cierpliwość *f;*
(*BRIT: CARDS*) pasjans *m.*
patient ['peɪʃnt] *n* pacjent(ka) *m(f)* ♦
adj cierpliwy.
patio ['pætɪəʊ] *n* patio *nt.*
patriot ['peɪtrɪət] *n* patriota (-tka) *m(f).*
patriotic [pætrɪ'ɔtɪk] *adj* (*song,
speech*) patriotyczny; (*person*):
he/she is patriotic jest
patriotą/patriotką.
patriotism ['pætrɪətɪzəm] *n*
patriotyzm *m.*
patrol [pə'trəʊl] *n* patrol *m* ♦ *vt*
patrolować.
patron ['peɪtrən] *n* (*of shop*) (stały
(-ła) *m(f)*) klient(ka) *m(f)*; (*of hotel,
restaurant*) gość *m* (*zwłaszcza częsty*);
(*benefactor*) patron *m*; **patron of the
arts** mecenas sztuki.
patronage ['pætrənɪdʒ] *n*: **patronage
(of)** (*artist, charity etc*) patronat *m*
(nad *+instr*).
patronize ['pætrənaɪz] *vt* (*pej: look
down on*) traktować protekcjonalnie;
(*artist*) być patronem *+gen*; (*shop*)
kupować w *+loc*; (*restaurant etc*)
(często) bywać w *+loc*; (*firm*)
korzystać z usług *+gen.*
patronizing ['pætrənaɪzɪŋ] *adj*
protekcjonalny.
patron saint (*REL*) *n* patron(ka) *m(f).*
patter ['pætə*] *n* (*of feet*) tupot *m*; (*of
rain*) bębnienie *nt*; (*sales talk etc*)
gadka *f* (*inf*) ♦ *vi* (*footsteps*) tupać
(zatupać *perf*); (*rain*) bębnić
(zabębnić *perf*).
pattern ['pætən] *n* (*design*) wzór *m.*
paunch [pɔːntʃ] *n* brzuch *m.*
pauper ['pɔːpə*] *n* nędzarz (-arka)
m(f).
pause [pɔːz] *n* przerwa *f* ♦ *vi* (*stop
temporarily*) zatrzymywać się

(zatrzymać się *perf*); (: *while
speaking*) przerywać (przerwać *perf*).
pave [peɪv] *vt* (*with stone*) brukować
(wybrukować *perf*); (*with concrete*)
betonować (wybetonować *perf*); **to
pave the way for** (*fig*) torować
(utorować *perf*) drogę *+dat* or dla
+gen.
pavement ['peɪvmənt] *n* (*BRIT*)
chodnik *m.*
pavilion [pə'vɪlɪən] *n* (*SPORT*)
szatnia *f*; (*at exhibition*) pawilon *m.*
paw [pɔː] *n* łapa *f.*
pawn [pɔːn] *n* pionek *m* ♦ *vt*
zastawiać (zastawić *perf*).
pawnbroker ['pɔːnbrəʊkə*] *n*
właściciel(ka) *m(f)* lombardu.
pawnshop ['pɔːnʃɔp] *n* lombard *m.*
pay [peɪ] (*pt* **paid**) *n* płaca *f* ♦ *vt*
(*sum of money, bill*) płacić (zapłacić
perf); (*person*) płacić (zapłacić *perf*)
+dat ♦ *vi* opłacać się (opłacić się
perf); (*fig*) opłacać się (opłacić się
perf), popłacać; **to pay attention (to)**
zwracać (zwrócić *perf*) uwagę (na
+acc); **to pay sb a visit** składać
(złożyć *perf*) komuś wizytę.
▶**pay back** *vt* (*money*) zwracać
(zwrócić *perf*), oddawać (oddać
perf); (*loan*) spłacać (spłacić *perf*);
(*person*) zwracać (zwrócić *perf*) or
oddawać (oddać *perf*) pieniądze *+dat.*
▶**pay for** *vt fus* (*lit, fig*) płacić
(zapłacić *perf*) za *+acc.*
▶**pay in** *vt* wpłacać (wpłacić *perf*).
▶**pay off** *vt* (*debt, creditor*) spłacać
(spłacić *perf*); (*person: before
dismissing*) dać (dawać *perf*)
odprawę *+dat*; (*person: bribe*)
przekupywać (przekupić *perf*) ♦ *vi*
opłacać się (opłacić się *perf*).
▶**pay out** *vt* (*money*) wydawać
(wydać *perf*); (*rope*) popuszczać
(popuścić *perf*).
▶**pay up** *vi* oddawać (oddać *perf*)
pieniądze (*zwłaszcza niechętnie lub po
terminie*).

payable ['peɪəbl] *adj* (*tax etc*) do zapłaty *post*; **cheques should be made payable to** czeki powinny być wystawione na +*acc*.

pay day *n* dzień *m* wypłaty.

payee [peɪ'i:] *n* (*of postal order*) odbiorca *m*; (*of cheque*) beneficjant *m*, remitent *m*.

payment ['peɪmənt] *n* (*act*) zapłata *f*; (*sum of money*) wypłata *f*.

pay phone *n* automat *m* telefoniczny (*na monety*).

payroll ['peɪrəul] *n* lista *f* płac.

PC *n abbr* = **personal computer** pecet *m* (*inf*); (*BRIT*) = **police constable**.

pc *abbr* = **per cent** proc.

pea [pi:] *n* groch *m*, groszek *m*.

peace [pi:s] *n* (*not war*) pokój *m*; (*calm*) spokój *m*.

peaceful ['pi:sful] *adj* (*calm*) spokojny; (*without violence*) pokojowy.

peach [pi:tʃ] *n* brzoskwinia *f*.

peacock ['pi:kɔk] *n* paw *m*.

peak [pi:k] *n* (*lit, fig*) szczyt *m*; (*of cap*) daszek *m*.

peak hours *npl* godziny *pl* szczytu.

peanut ['pi:nʌt] *n* orzeszek *m* ziemny.

peanut butter *n* masło *nt* orzechowe.

pear [pɛə*] *n* gruszka *f*.

pearl [pə:l] *n* perła *f*.

peasant ['pɛznt] *n* chłop(ka) *m(f)*.

peat [pi:t] *n* torf *m*.

pebble ['pɛbl] *n* kamyk *m*, otoczak *m*.

peck [pɛk] *vt* dziobać (dziobnąć *perf*) ♦ *n* (*of bird*) dziobnięcie *nt*; (*kiss*) muśnięcie *nt* (wargami); **to peck a hole in sth** wydziobywać (wydziobać *perf*) w czymś dziurę.

peckish ['pɛkɪʃ] (*BRIT: inf*) *adj* głodnawy.

peculiar [pɪ'kju:lɪə*] *adj* osobliwy; **peculiar to** właściwy (szczególnie) +*dat*.

peculiarity [pɪkju:lɪ'ærɪtɪ] *n* (*strange habit, characteristic*) osobliwość *f*;

(*distinctive feature*) cecha *f* szczególna.

pedal ['pɛdl] *n* pedał *m* ♦ *vi* pedałować.

pedantic [pɪ'dæntɪk] *adj* pedantyczny.

peddler ['pɛdlə*] *n* (*also:* **drug peddler**) handlarz (-arka) *m(f)* narkotyków.

pedestal ['pɛdəstl] *n* piedestał *m*.

pedestrian [pɪ'dɛstrɪən] *n* pieszy (-sza) *m(f)* ♦ *adj* pieszy.

pedestrian crossing (*BRIT*) *n* przejście *nt* dla pieszych.

pediatrics [pi:dɪ'ætrɪks] (*US*) *n* = **paediatrics**.

pedigree ['pɛdɪgri:] *n* (*lit, fig*) rodowód *m* ♦ *cpd*: **pedigree dog** pies *m* z rodowodem.

pee [pi:] (*inf*) *vi* siusiać (*inf*).

peek [pi:k] *vi*: **to peek at/over** zerkać (zerknąć *perf*) na +*acc*/ponad +*instr* ♦ *n*: **to have** *or* **take a peek (at)** rzucać (rzucić *perf*) okiem (na +*acc*).

peel [pi:l] *n* (*of orange etc*) skórka *f* ♦ *vt* obierać (obrać *perf*) ♦ *vi* (*paint*) łuszczyć się; (*wallpaper*) odpadać (płatami); (*skin*) schodzić; **my back's peeling** schodzi mi skóra z pleców.

peep [pi:p] *n* (*look*) zerknięcie *nt*; (*sound*) pisk *m* ♦ *vi* (*look*) zerkać (zerknąć *perf*).

peephole ['pi:phəul] *n* wizjer *m*, judasz *m* (*inf*).

peer [pɪə*] *n* (*noble*) par *m*; (*equal*) równy (-na) *m(f)*; (*contemporary*) rówieśnik (-iczka) *m(f)* ♦ *vi*: **to peer at** przyglądać się (przyjrzeć się *perf*) +*dat*.

peevish ['pi:vɪʃ] *adj* drażliwy.

peg [pɛg] *n* (*for coat*) wieszak *m*; (*BRIT: also:* **clothes peg**) klamerka *f*.

pejorative [pɪ'dʒɔrətɪv] *adj* pejoratywny.

pelican ['pɛlɪkən] *n* pelikan *m*.

pelican crossing (*BRIT*) *n* przejście *nt* dla pieszych;

pelvis ['pɛlvɪs] (*ANAT*) n miednica f.

pen [pɛn] n (*also*: **fountain pen**) wieczne pióro nt; (*also*: **ballpoint pen**) długopis m; (*also*: **felt-tip pen**) pisak m; (*for sheep etc*) zagroda f.

penal ['pi:nl] adj karny.

penalize ['pi:nəlaɪz] vt karać (ukarać *perf*).

penalty ['pɛnltɪ] n (*punishment*) kara f; (*fine*) grzywna f; (*SPORT*: *disadvantage*) kara f; (: *penalty kick*) rzut m karny.

penance ['pɛnəns] (*REL*) n pokuta f.

pence [pɛns] npl of **penny**.

pencil ['pɛnsl] n ołówek m.

pendant ['pɛndnt] n wisiorek m.

pending ['pɛndɪŋ] prep (*until*) do czasu +gen; (*during*) podczas +gen ♦ adj (*exam*) zbliżający się; (*lawsuit*) w toku *post*; (*question etc*) nie rozstrzygnięty; (*business*) do załatwienia *post*.

pendulum ['pɛndjuləm] n wahadło nt.

penetrate ['pɛnɪtreɪt] vt (*person*: *territory*) przedostawać się (przedostać się *perf*) na +acc; (*light*, *water*) przenikać (przeniknąć *perf*) przez +acc.

penetrating ['pɛnɪtreɪtɪŋ] adj (*sound*, *gaze*) przenikliwy; (*observation*) wnikliwy.

penetration [pɛnɪ'treɪʃən] n przedostanie się nt, przeniknięcie nt.

penfriend ['pɛnfrɛnd] (*BRIT*) n korespondencyjny (-na) przyjaciel (-iółka) m(f).

penguin ['pɛŋgwɪn] n pingwin m.

penicillin [pɛnɪ'sɪlɪn] n penicylina f.

peninsula [pə'nɪnsjulə] n półwysep m.

penis ['pi:nɪs] n członek m, prącie nt.

penitent ['pɛnɪtnt] adj skruszony.

penitentiary [pɛnɪ'tɛnʃərɪ] (*US*) n więzienie nt.

penknife ['pɛnnaɪf] n scyzoryk m.

pen name n pseudonim m literacki.

penniless ['pɛnɪlɪs] adj bez grosza *post*.

penny ['pɛnɪ] (*pl* **pennies** *or* BRIT **pence**) n (*BRIT*) pens m; (*US*) moneta f jednocentowa, jednocentówka f.

pen pal n = **penfriend**.

pension ['pɛnʃən] n (*when retired*) emerytura f; (*when disabled*) renta f.

pensioner ['pɛnʃənə*] (*BRIT*) n emeryt(ka) m(f).

pensive ['pɛnsɪv] adj zamyślony.

pentagon ['pɛntəgən] (*US*) n: **the Pentagon** Pentagon m.

penthouse ['pɛnthaus] n apartament m na ostatnim piętrze.

pent-up ['pɛntʌp] adj (*feelings*) zdławiony.

penultimate [pɛ'nʌltɪmət] adj przedostatni.

people ['pi:pl] npl ludzie *vir pl* ♦ n (*tribe*, *race*) lud m; (*nation*) naród m; **the people** (*POL*) lud m; **people say that ...** mówią *or* mówi się, że... .

pepper ['pɛpə*] n (*spice*) pieprz m; (*green*, *red etc*) papryka f.

peppermint ['pɛpəmɪnt] n (*sweet*) miętówka f.

per [pə:*] prep na +acc; **per day/person** na dzień/osobę; **per annum** na rok.

perceive [pə'si:v] vt (*sound*, *light*) postrzegać; (*difference*) dostrzegać (dostrzec *perf*); (*view*, *understand*) widzieć, postrzegać.

per cent n procent m.

percentage [pə'sɛntɪdʒ] n procent m.

perception [pə'sɛpʃən] n (*insight*) wnikliwość f; (*impression*) wrażenie nt; (*opinion*, *belief*) opinia f; (*observation*) spostrzeżenie nt; (*understanding*) rozumienie nt; (*faculty*) postrzeganie nt, percepcja f.

perceptive [pə'sɛptɪv] adj (*person*) spostrzegawczy; (*analysis*) wnikliwy.

perch [pə:tʃ] n (*for bird*) grzęda f;

(*fish*) okoń *m* ♦ *vi*: **to perch (on)**
przysiadać (przysiąść *perf*) (na +*loc*).

percolator [ˈpəːkəleɪtə*] *n* dzbanek
m do parzenia kawy.

percussion [pəˈkʌʃən] *n* perkusja *f*,
instrumenty *pl* perkusyjne.

peremptory [pəˈrɛmptərɪ] (*pej*) *adj*
nie znoszący sprzeciwu.

perennial [pəˈrɛnɪəl] *adj* (*BOT: plant*)
wieloletni; (*fig: problem*) wieczny;
(: *feature*) nieodłączny.

perfect [ˈpəːfɪkt] *adj* (*faultless, ideal*)
doskonały; (*utter*) zupełny ♦ *vt*
doskonalić (udoskonalić *perf*) ♦ *n*:
the perfect (*also*: **the perfect tense**)
czas *m* dokonany.

perfection [pəˈfɛkʃən] *n* perfekcja *f*,
doskonałość *f*.

perfectionist [pəˈfɛkʃənɪst] *n*
perfekcjonista (-tka) *m(f)*.

perfectly [ˈpəːfɪktlɪ] *adv* (*honest etc*)
zupełnie; (*perform, do etc*)
doskonale; (*agree*) całkowicie, w
zupełności; **you know perfectly well**
doskonale wiesz.

perforation [pəːfəˈreɪʃən] *n* (*small
hole*) otwór *m*.

perform [pəˈfɔːm] *vt* (*task, piece of
music etc*) wykonywać (wykonać
perf); (*ceremony*) prowadzić
(poprowadzić *perf*); (: *REL*)
odprawiać (odprawić *perf*) ♦ *vi* (*well,
badly*) wypadać (wypaść *perf*); **the
ceremony will be performed next
week** ceremonia odbędzie się w
przyszłym tygodniu.

performance [pəˈfɔːməns] *n* (*of
actor, athlete*) występ *m*; (*of play*)
przedstawienie *nt*; (*of car, engine*)
osiągi *pl*; (*of company*) wyniki *pl*
działalności.

performer [pəˈfɔːmə*] *n* wykonawca
(-czyni) *m(f)*.

perfume [ˈpəːfjuːm] *n* (*cologne etc*)
perfumy *pl*; (*fragrance*) woń *f*,
zapach *m*.

perfunctory [pəˈfʌŋktərɪ] *adj*

(*search*) pobieżny; (*kiss, remark*)
niedbały.

perhaps [pəˈhæps] *adv* (być) może.

peril [ˈpɛrɪl] *n* niebezpieczeństwo *nt*.

perimeter [pəˈrɪmɪtə*] *n* (*length of
edge*) obwód *m*; (*of camp, clearing*)
granice *pl*.

period [ˈpɪərɪəd] *n* (*length of time*)
okres *m*, czas *m*; (*SCOL*) lekcja *f*;
(*esp US: full stop*) kropka *f*; (*MED*)
okres *m*, miesiączka *f* ♦ *adj* stylowy,
z epoki *post*.

periodic [pɪərɪˈɔdɪk] *adj* okresowy.

periodical [pɪərɪˈɔdɪkl] *n* czasopismo
nt ♦ *adj* okresowy.

peripheral [pəˈrɪfərəl] *adj* uboczny ♦
n (*COMPUT*) urządzenie *nt*
peryferyjne.

periphery [pəˈrɪfərɪ] *n* skraj *m*.

perish [ˈpɛrɪʃ] *vi* (*die*) ginąć (zginąć
perf); (*rubber, leather*) rozpadać się
(rozpaść się *perf*).

perishable [ˈpɛrɪʃəbl] *adj* (*food*)
łatwo psujący się.

perjury [ˈpəːdʒərɪ] (*JUR*) *n*
krzywoprzysięstwo *nt*.

perks [pəːks] (*inf*) *npl* korzyści *pl*
uboczne.

perk up *vi* ożywiać się (ożywić się
perf).

perky [ˈpəːkɪ] *adj* żwawy.

perm [pəːm] *n* trwała *f*.

permanent [ˈpəːmənənt] *adj* (*lasting
forever*) trwały; (*present all the time*)
ciągły.

permeate [ˈpəːmɪeɪt] *vt* przenikać
(przeniknąć *perf*).

permissible [pəˈmɪsɪbl] *adj*
dopuszczalny, dozwolony.

permission [pəˈmɪʃən] *n* (*consent*)
pozwolenie *nt*; (*authorization*)
zezwolenie *nt*.

permissive [pəˈmɪsɪv] *adj*
pobłażliwy, permisywny (*fml*).

permit [ˈpəːmɪt] *n* (*authorization*)
zezwolenie *nt*; (*entrance pass*)
przepustka *f* ♦ *vt* pozwalać

(pozwolić *perf*) na *+acc*; **weather permitting** jeśli pogoda dopisze.

pernicious [pə'nɪʃəs] *adj* (*lie, nonsense*) szkodliwy.

perpendicular [pə:pən'dɪkjulə*] *adj* pionowy.

perpetrate ['pə:pɪtreɪt] *vt* popełniać (popełnić *perf*).

perpetual [pə'pɛtjuəl] *adj* (*motion, darkness*) wieczny; (*noise, questions*) nieustanny.

perpetuate [pə'pɛtjueɪt] *vt* zachowywać (zachować *perf*).

perplex [pə'plɛks] *vt* wprawiać (wprawić *perf*) w zakłopotanie.

persecute ['pə:sɪkju:t] *vt* prześladować.

persecution [pə:sɪ'kju:ʃən] *n* prześladowanie *nt*.

perseverance [pə:sɪ'vɪərns] *n* wytrwałość *f*.

persevere [pə:sɪ'vɪə*] *vi* wytrwać (*perf*), nie ustawać.

Persian ['pə:ʃən] *adj* perski ♦ *n* (język *m*) perski; **the (Persian) Gulf** Zatoka Perska.

persist [pə'sɪst] *vi* (*pain, weather etc*) utrzymywać się; (*person*) upierać się; **to persist with sth** obstawać przy czymś; **to persist in doing sth** wciąż coś robić, nie przestawać czegoś robić.

persistence [pə'sɪstəns] *n* wytrwałość *f*.

persistent [pə'sɪstənt] *adj* (*noise, smell, cough*) uporczywy; (*person*) wytrwały.

person ['pə:sn] *n* osoba *f*; **in person** osobiście.

personal ['pə:snl] *adj* (*belongings, account, appeal etc*) osobisty; (*opinion, life, habits*) prywatny.

personal assistant *n* osobisty (-ta) *m(f)* asystent(ka) *m(f)*.

personal column *n* ogłoszenia *pl* drobne.

personality [pə:sə'nælɪtɪ] *n*

(*character*) osobowość *f*; (*famous person*) osobistość *f*.

personally ['pə:snəlɪ] *adv* osobiście; **to take sth personally** brać (wziąć *perf*) coś do siebie.

personal organizer *n* terminarz *m*.

personal stereo *n* walkman *m*.

personify [pə:'sɔnɪfaɪ] *vt* (*LITERATURE*) personifikować.

personnel [pə:sə'nɛl] *n* personel *m*, pracownicy *vir pl*.

personnel department *n* dział *m* kadr.

perspective [pə'spɛktɪv] *n* (*ARCHIT, ART*) perspektywa *f*; (*way of thinking*) punkt *m* widzenia, pogląd *m*; **to get sth into perspective** (*fig*) spojrzeć (*perf*) na coś z właściwej perspektywy.

perspiration [pə:spɪ'reɪʃən] *n* (*sweat*) pot *m*; (*act of sweating*) pocenie się *nt*.

persuade [pə'sweɪd] *vt*: **to persuade sb to do sth** przekonywać (przekonać *perf*) kogoś, by coś zrobił.

persuasion [pə'sweɪʒən] *n* (*act*) perswazja *f*; (*creed*) wyznanie *nt*.

persuasive [pə'sweɪsɪv] *adj* przekonujący.

pertaining [pə:'teɪnɪŋ]: **pertaining to** *prep* odnoszący się do *+gen*.

pertinent ['pə:tɪnənt] *adj* adekwatny, na temat *post*.

perturb [pə'tə:b] *vt* niepokoić (zaniepokoić *perf*).

pervade [pə'veɪd] *vt* przenikać (przeniknąć *perf*).

perverse [pə'və:s] *adj* (*wayward*) przekorny, przewrotny; (*devious*) perwersyjny.

perversion [pə'və:ʃən] *n* (*sexual*) zboczenie *nt*, perwersja *f*; (*of truth, justice*) wypaczenie *nt*.

pervert ['pə:və:t] *n* zboczeniec *m* ♦ *vt* (*person, mind*) deprawować (zdeprawować *perf*); (*truth, sb's words*) wypaczać (wypaczyć *perf*).

pessimism ['pɛsɪmɪzəm] *n* pesymizm *m*.

pessimist ['pɛsɪmɪst] *n* pesymista (-tka) *m(f)*.

pessimistic [pɛsɪ'mɪstɪk] *adj* pesymistyczny.

pest [pɛst] *n* (*insect*) szkodnik *m*; (*fig: nuisance*) utrapienie *nt*.

pester ['pɛstə*] *vt* męczyć.

pesticide ['pɛstɪsaɪd] *n* pestycyd *m*.

pet [pɛt] *n* zwierzę *nt* domowe ♦ *adj* ulubiony ♦ *vt* pieścić ♦ *vi* (*inf: sexually*) pieścić się; **teacher's pet** pupilek (-lka) *m(f)* nauczyciela.

petal ['pɛtl] *n* płatek *m*.

petite [pə'ti:t] *adj* drobny.

petition [pə'tɪʃən] *n* (*signed document*) petycja *f*; (*JUR*) pozew *m*.

petrified ['pɛtrɪfaɪd] *adj* skamieniały.

petrol ['pɛtrəl] (*BRIT*) *n* benzyna *f*; **two/four-star petrol** benzyna niebieska/żółta.

petrol can *n* kanister *m*.

petroleum [pə'trəʊlɪəm] *n* ropa *f* naftowa.

petrol pump (*BRIT*) *n* (*in garage*) dystrybutor *m*.

petrol station (*BRIT*) *n* stacja *f* benzynowa.

petticoat ['pɛtɪkəʊt] *n* (*full length*) halka *f*.

petty ['pɛtɪ] *adj* (*detail, problem*) drobny, nieistotny; (*crime*) drobny; (*person*) małostkowy.

pew [pju:] *n* ławka *f* kościelna.

phantom ['fæntəm] *n* zjawa *f*, widmo *nt*, fantom *m*.

pharmaceutical [fɑ:mə'sju:tɪkl] *adj* farmaceutyczny.

pharmacist ['fɑ:məsɪst] *n* farmaceuta (-tka) *m(f)*.

pharmacy ['fɑ:məsɪ] *n* (*shop*) apteka *f*.

phase [feɪz] *n* faza *f* ♦ *vt*: **to phase sth in** wprowadzać (wprowadzić *perf*) coś; **to phase sth out** wycofywać (wycofać *perf*) coś.

PhD *n abbr* (= *Doctor of Philosophy*) stopień naukowy; ≈ dr.

pheasant ['fɛznt] *n* bażant *m*.

phenomena [fə'nɔmɪnə] *npl of* **phenomenon**.

phenomenal [fə'nɔmɪnl] *adj* fenomenalny.

phenomenon [fə'nɔmɪnən] (*pl* **phenomena**) *n* zjawisko *nt*.

philosopher [fɪ'lɔsəfə*] *n* filozof *m*.

philosophical [fɪlə'sɔfɪkl] *adj* filozoficzny.

philosophy [fɪ'lɔsəfɪ] *n* filozofia *f*.

phlegm [flɛm] *n* flegma *f*.

phlegmatic [flɛg'mætɪk] *adj* flegmatyczny.

phobia ['fəʊbjə] *n* fobia *f*, chorobliwy lęk *m*.

phone [fəʊn] *n* telefon *m* ♦ *vt* dzwonić (zadzwonić *perf*) *or* telefonować (zatelefonować *perf*) do +*gen*; **to be on the phone** (*possess phone*) mieć telefon; (*be calling*) rozmawiać przez telefon.

►**phone back** *vt* zadzwonić (*perf*) później do +*gen* ♦ *vi* zadzwonić (*perf*) później, oddzwonić (*perf*).

►**phone up** *vt* dzwonić (zadzwonić *perf*) do +*gen* ♦ *vi* dzwonić (zadzwonić *perf*).

phone booth *n* kabina *f* telefoniczna.

phone box (*BRIT*) *n* budka *f* telefoniczna.

phone call *n* rozmowa *f* telefoniczna.

phonetics [fə'nɛtɪks] *n* fonetyka *f*.

phoney ['fəʊnɪ] *adj* (*address, person*) fałszywy; (*accent*) sztuczny.

phosphorus ['fɔsfərəs] *n* fosfor *m*.

photo ['fəʊtəʊ] *n* fotografia *f*, zdjęcie *nt*.

photocopier ['fəʊtəʊkɔpɪə*] *n* fotokopiarka *f*.

photocopy ['fəʊtəʊkɔpɪ] *n* fotokopia *f* ♦ *vt* robić (zrobić *perf*) fotokopię +*gen*.

photogenic [fəutəu'dʒenɪk] *adj* fotogeniczny.

photograph ['fəutəgræf] *n* fotografia *f*, zdjęcie *nt* ♦ *vt* fotografować (sfotografować *perf*).

photographer [fə'tɔgrəfə*] *n* fotograf *m*.

photography [fə'tɔgrəfɪ] *n* (*subject*) fotografia *f*; (*art*) fotografika *f*.

phrase [freɪz] *n* (*group of words, expression*) zwrot *m*, określenie *nt*; (*LING*) zwrot *m* ♦ *vt* (*thought, idea*) wyrażać (wyrazić *perf*).

phrase book *n* rozmówki *pl*.

physical ['fɪzɪkl] *adj* (*geography, properties*) fizyczny; (*world, universe, object*) materialny; (*law, explanation*) naukowy; **physical examination** badanie lekarskie.

physical education *n* wychowanie *nt* fizyczne.

physically ['fɪzɪklɪ] *adv* fizycznie.

physician [fɪ'zɪʃən] *n* lekarz (-arka) *m(f)*.

physicist ['fɪzɪsɪst] *n* fizyk *m*.

physics ['fɪzɪks] *n* fizyka *f*.

physiology [fɪzɪ'ɔlədʒɪ] *n* fizjologia *f*.

physiotherapy [fɪzɪəu'θɛrəpɪ] *n* fizjoterapia *f*.

physique [fɪ'zi:k] *n* budowa *f* (ciała), konstytucja *f*.

pianist ['pi:ənɪst] *n* pianista (-tka) *m(f)*.

piano [pɪ'ænəu] *n* pianino *nt*; **grand piano** fortepian.

pick [pɪk] *n* kilof *m*, oskard *m* ♦ *vt* (*select*) wybierać (wybrać *perf*); (*fruit, flowers*) zrywać (zerwać *perf*); (*mushrooms*) zbierać (zebrać *perf*); (*book from shelf etc*) zdejmować (zdjąć *perf*); (*lock*) otwierać (otworzyć *perf*); **take your pick** wybieraj; **the pick of** najlepsza część +*gen*; **to pick one's nose/teeth** dłubać w nosie/zębach; **to pick a quarrel (with sb)**

wywoływać (wywołać *perf*) kłótnię (z kimś).

►**pick at** *vt fus* (*food*) dziobać (dziobnąć *perf*).

►**pick on** *vt fus* czepiać się +*gen*.

►**pick out** *vt* (*distinguish*) dostrzegać (dostrzec *perf*); (*select*) wybierać (wybrać *perf*).

►**pick up** *vi* (*health*) poprawiać się (poprawić się *perf*); (*economy, trade*) polepszać się (polepszyć się *perf*) ♦ *vt* (*lift*) podnosić (podnieść *perf*); (*arrest*) przymykać (przymknąć *perf*) (*inf*); (*collect: person, parcel*) odbierać (odebrać *perf*); (*hitchhiker*) zabierać (zabrać *perf*); (*girl*) podrywać (poderwać *perf*); (*language, skill*) nauczyć się (*perf*) +*gen*; (*RADIO*) łapać (złapać *perf*) (*inf*); **to pick up speed** nabierać (nabrać *perf*) szybkości; **to pick o.s. up** zbierać się (pozbierać się *perf*), podnosić się (*perf*).

picket ['pɪkɪt] *n* pikieta *f* ♦ *vt* pikietować.

pickle ['pɪkl] *n* (*also*: **pickles**) pikle *pl* ♦ *vt* (*in vinegar*) marynować (zamarynować *perf*); (*in salt water*) kwasić (zakwasić *perf*), kisić (zakisić *perf*).

pickpocket ['pɪkpɔkɪt] *n* złodziej *m* kieszonkowy, kieszonkowiec *m*.

pick-up ['pɪkʌp] *n* (*also*: **pick-up truck**) furgonetka *f*.

picnic ['pɪknɪk] *n* piknik *m*.

picture ['pɪktʃə*] *n* (*lit, fig*) obraz *m*; (*photo*) zdjęcie *nt*; (*film*) film *m*, obraz *m* (*fml*); **the pictures** (*BRIT: inf*) kino *nt*; **to take a picture of sb/sth** robić (zrobić *perf*) komuś/czemuś zdjęcie; **to put sb in the picture** wprowadzać (wprowadzić *perf*) kogoś w sytuację.

picturesque [pɪktʃə'rɛsk] *adj* malowniczy.

pie [paɪ] *n* placek *m* (*z nadzieniem mięsnym, warzywnym lub owocowym*).

piece [piːs] n (bit) kawałek m; (part) część f; **a piece of clothing** część garderoby; **a piece of furniture** mebel; **a piece of advice** rada.

▶**piece together** vt układać (ułożyć perf) w całość, poskładać (perf).

piecemeal ['piːsmiːl] adv po kawałku.

piecework ['piːswəːk] n praca f na akord.

pie chart (MATH) n diagram m kołowy.

pier [pɪə*] n molo nt, pomost m.

pierce [pɪəs] vt przebijać (przebić perf), przekłuwać (przekłuć perf).

piercing ['pɪəsɪŋ] adj (fig) przeszywający.

piety ['paɪətɪ] n pobożność f.

pig [pɪg] n (lit, fig) świnia f.

pigeon ['pɪdʒən] n gołąb m.

pigeonhole ['pɪdʒənhəul] n (for letters, messages) przegródka f, dziupla f (inf).

piggy bank ['pɪgɪ-] n skarbonka f.

pig-headed ['pɪg'hɛdɪd] (pej) adj (głupio) uparty.

piglet ['pɪglɪt] n prosię nt, prosiak m.

pigment ['pɪgmənt] n barwnik m, pigment m.

pigsty ['pɪgstaɪ] n (lit, fig) chlew m.

pigtail ['pɪgteɪl] n warkoczyk m.

pike [paɪk] n (fish) szczupak m.

pilchard ['pɪltʃəd] n sardynka f (europejska).

pile [paɪl] n (heap, stack) stos m, sterta f; (of carpet, velvet) włos m ♦ vt (also: **pile up**) układać (ułożyć perf) w stos; **to pile into** ładować się (władować się perf) do +gen; **to pile out of** wylewać się or wysypywać się z +gen.

▶**pile up** vi gromadzić się (nagromadzić się perf).

piles [paɪlz] (MED) npl hemoroidy pl.

pile-up ['paɪlʌp] (AUT) n karambol m.

pilgrim ['pɪlgrɪm] n pielgrzym m.

pilgrimage ['pɪlgrɪmɪdʒ] n pielgrzymka f.

pill [pɪl] n pigułka f; **the pill** pigułka antykoncepcyjna; **to be on the pill** stosować pigułkę antykoncepcyjną or antykoncepcję doustną.

pillage ['pɪlɪdʒ] n grabież f ♦ vt grabić (ograbić perf).

pillar ['pɪlə*] n (lit, fig) filar m.

pillar box (BRIT) n skrzynka f pocztowa.

pillow ['pɪləu] n poduszka f.

pillowcase ['pɪləukeɪs] n poszewka f (na poduszkę).

pilot ['paɪlət] n pilot(ka) m(f) ♦ adj pilotażowy ♦ vt pilotować.

pilot light n (on cooker, boiler) płomyk m zapalacza.

pimp [pɪmp] n sutener m, alfons m (inf).

pimple ['pɪmpl] n pryszcz m.

pin [pɪn] n (for clothes, papers) szpilka f ♦ vt przypinać (przypiąć perf); **pins and needles** mrowienie.

▶**pin down** vt (fig): **to pin sb down (to sth)** zmuszać (zmusić perf) kogoś do zajęcia stanowiska (w jakiejś sprawie).

pinafore ['pɪnəfɔː*] n (also: **pinafore dress**) bezrękawnik m.

pincers ['pɪnsəz] npl (tool) obcęgi pl, szczypce pl; (of crab, lobster) szczypce pl.

pinch [pɪntʃ] n szczypta f ♦ vt szczypać (uszczypnąć perf); (inf. thing, money) zwędzić (perf), zwinąć (perf) (inf); (idea) podkradać (podkraść perf); **at a pinch** w ostateczności.

pincushion ['pɪnkuʃən] n poduszeczka f na igły.

pine [paɪn] n sosna f ♦ vi: **to pine for** usychać z tęsknoty za +instr.

pineapple ['paɪnæpl] n ananas m.

ping-pong ['pɪŋpɔŋ] ® n ping-pong m.

pink [pɪŋk] adj różowy ♦ n (colour)

(kolor *m*) różowy, róż *m*; (*BOT*)
goździk *m*.
pinnacle ['pɪnəkl] *n* (*of building,
mountain*) iglica *f*; (*fig*) szczyt *m*.
pinpoint ['pɪnpɔɪnt] *vt* wskazywać
(wskazać *perf*) (dokładnie).
pint [paɪnt] *n* (*measure*) pół *nt inv*
kwarty (*BRIT* = *0,568 l*, *US* = *0,473
l*); (*BRIT*: *inf*) ≈ duże piwo *nt*.
pioneer [paɪə'nɪə*] *n* pionier(ka) *m(f)*.
pious ['paɪəs] *adj* pobożny.
pip [pɪp] *n* pestka *f*.
pipe [paɪp] *n* (*for water, gas*) rura *f*;
(*for smoking*) fajka *f* ♦ *vt*
doprowadzać (doprowadzić *perf*)
(rurami); **pipes** *npl* (*also*: **bagpipes**)
dudy *pl*.
pipeline ['paɪplaɪn] *n* (*for oil*)
rurociąg *m*; (*for gas*) gazociąg *m*.
piper ['paɪpə*] *n* dudziarz *m*.
piping ['paɪpɪŋ] *adv*: **piping hot**
wrzący.
pirate ['paɪərət] *n* pirat *m* ♦ *vt*
nielegalnie kopiować (skopiować
perf); **pirated video tapes** pirackie
kasety wideo.
pirouette [pɪru'et] *n* piruet *m*.
Pisces ['paɪsi:z] *n* Ryby *pl*.
piss [pɪs] (*inf!*) *vi* sikać (*inf*); **to be
pissed off with sb/sth** mieć
kogoś/czegoś po dziurki w nosie.
pissed [pɪst] (*inf!*) *adj* zalany (*inf*).
pistol ['pɪstl] *n* pistolet *m*.
piston ['pɪstən] *n* tłok *m*.
pit [pɪt] *n* (*hole dug*) dół *m*, wykop *m*;
(*in road, face*) dziura *f*; (*coal mine*)
kopalnia *f* ♦ *vt*: **to pit one's wits
against sb** mierzyć się (zmierzyć
się *perf*) (intelektualnie) z kimś; **the
pits** *npl* (*AUT*) boks *m*, kanał *m*.
pitch [pɪtʃ] *n* (*BRIT*: *SPORT*) boisko
nt; (*of note, voice*) wysokość *f*; (*fig*)
poziom *m*; (*tar*) smoła *f* ♦ *vt* (*throw*)
rzucać (rzucić *perf*) ♦ *vi* (*person*)
upaść (*perf*) or runąć (*perf*) (głową do
przodu); **to pitch a tent** rozbijać
(rozbić *perf*) namiot.

pitchfork ['pɪtʃfɔ:k] *n* widły *pl*.
piteous ['pɪtɪəs] *adj* żałosny.
pitfall ['pɪtfɔ:l] *n* pułapka *f*.
pith [pɪθ] *n* (*of orange, lemon*)
miękisz *m* (skórki).
pithy ['pɪθɪ] *adj* zwięzły, treściwy.
pitiful ['pɪtɪful] *adj* żałosny.
pitiless ['pɪtɪlɪs] *adj* bezlitosny.
pity ['pɪtɪ] *n* litość *f*, współczucie *nt* ♦
vt współczuć +*dat*, żałować +*gen*; **I
pity you** żal mi cię; **what a pity!**
jaka szkoda!
pivot ['pɪvət] *n* (*TECH*) sworzeń *m*,
oś *f*; (*fig*) oś *f*.
pizza ['pi:tsə] *n* pizza *f*.
placard ['plæka:d] *n* (*outside
newsagent's*) afisz *m*; (*in march*)
transparent *m*.
placate [plə'keɪt] *vt* (*person*)
udobruchać (*perf*); (*anger*)
załagodzić (*perf*).
place [pleɪs] *n* miejsce *nt* ♦ *vt* (*put*)
umieszczać (umieścić *perf*); (*identify*:
person) przypominać (przypomnieć
perf) sobie; **to take place** mieć
miejsce; **at his place** u niego (w
domu); **in places** miejscami; **out of
place** nie na miejscu; **in the first
place** po pierwsze; **to be placed
first/third** plasować się (uplasować
się *perf*) na pierwszym/trzecim
miejscu; **to change places with sb**
zamieniać się (zamienić się *perf*)
(miejscami) z kimś.
placenta [plə'sentə] *n* (*ANAT*)
łożysko *nt*.
placid ['plæsɪd] *adj* spokojny.
plagiarism ['pleɪdʒərɪzəm] *n*
(*activity*) plagiatorstwo *nt*; (*instance*)
plagiat *m*.
plague [pleɪg] *n* (*disease*) dżuma *f*;
(*epidemic*) zaraza *f*; (*fig*: *of locusts
etc*) plaga *f* ♦ *vt* (*fig*: *problems etc*)
nękać.
plaice [pleɪs] *n inv* płastuga *f*.
plaid [plæd] *n* materiał *m* w kratę.
plain [pleɪn] *adj* (*unpatterned*) gładki;

(*simple*) prosty; (*clear, easily understood*) jasny; (*not beautiful*) nieładny ♦ *adv* po prostu ♦ *n* (*area of land*) równina *f*.

plain-clothes ['pleɪnkləuðz] *adj* (*police officer*) ubrany po cywilnemu.

plainly ['pleɪnlɪ] *adv* wyraźnie.

plaintiff ['pleɪntɪf] *n* (*JUR*) powód(ka) *m(f)*.

plaintive ['pleɪntɪv] *adj* (*cry, voice*) zawodzący, żałosny.

plait [plæt] *n* (*hair*) warkocz *m*; (*rope*) (pleciona) lina *f*.

plan [plæn] *n* plan *m* ♦ *vt* planować (zaplanować *perf*) ♦ *vi* planować; **to plan to do sth/on doing sth** planować coś (z)robić.

plane [pleɪn] *n* (*AVIAT*) samolot *m*; (*MATH*) płaszczyzna *f*; (*tool*) strug *m*, hebel *m*; (*also*: **plane tree**) platan *m*; (*fig*) poziom *m*.

planet ['plænɪt] *n* planeta *f*.

plank [plæŋk] *n* (*of wood*) deska *f*.

planner ['plænə*] *n* (*town planner*) urbanista (-tka) *m(f)*; (*of project etc*) planista (-tka) *m(f)*.

planning ['plænɪŋ] *n* planowanie *nt*; (*also*: **town planning**) planowanie *nt* przestrzenne, urbanistyka *f*.

plant [plɑːnt] *n* (*BOT*) roślina *f*; (*machinery*) maszyny *pl*; (*factory*) fabryka *f*; (*also*: **power plant**) elektrownia *f* ♦ *vt* (*plants, trees*) sadzić (zasadzić *perf*); (*seed, crops*) siać (zasiać *perf*); (*field, garden: with plants*) obsadzać (obsadzić *perf*); (*: with crops*) obsiewać (obsiać *perf*); (*microphone, bomb, incriminating evidence*) podkładać (podłożyć *perf*).

plantation [plæn'teɪʃən] *n* plantacja *f*.

plaque [plæk] *n* (*on building*) tablica *f* (pamiątkowa); (*on teeth*) płytka *f* nazębna.

plasma ['plæzmə] *n* plazma *f*.

plaster ['plɑːstə*] *n* (*for walls*) tynk *m*; (*also*: **plaster of Paris**) gips *m*; (*BRIT*: *also*: **sticking plaster**) plaster

m, przylepiec *m* ♦ *vt* tynkować (otynkować *perf*); **in plaster** (*BRIT*) w gipsie.

plastered ['plɑːstəd] *adj* (*inf*: *drunk*) zaprawiony (*inf*).

plastic ['plæstɪk] *n* plastik *m* ♦ *adj* (*made of plastic*) plastikowy.

Plasticine ['plæstɪsiːn] ® *n* plastelina *f*.

plastic surgery *n* (*branch of medicine*) chirurgia *f* plastyczna; (*operation*) operacja *f* plastyczna.

plate [pleɪt] *n* (*dish, plateful*) talerz *m*; (*gold plate, silver plate*) platery *pl*; (*in book*) rycina *f*; (*dental plate*) proteza *f* (stomatologiczna).

plateau ['plætəu] (*pl* **plateaus** *or* **plateaux**) *n* (*GEOG*) plateau *nt inv*.

platform ['plætfɔːm] *n* (*for speaker*) podium *nt*, trybuna *f*; (*for landing, loading*) platforma *f*; (*RAIL*) peron *m*; (*BRIT*: *of bus*) pomost *m*, platforma *f*; (*POL*) program *m*.

platinum ['plætɪnəm] *n* platyna *f*.

platitude ['plætɪtjuːd] *n* frazes *m*.

platonic [plə'tɔnɪk] *adj* platoniczny.

platoon [plə'tuːn] *n* (*MIL*) pluton *m*.

platter ['plætə*] *n* półmisek *m*.

plausible ['plɔːzɪbl] *adj* (*theory, excuse, statement*) prawdopodobny; (*person*) budzący zaufanie.

play [pleɪ] *n* (*THEAT etc*) sztuka *f*; (*activity*) zabawa *f* ♦ *vt* (*hide-and-seek etc*) bawić się w +*acc*; (*football, chess*) grać (zagrać *perf*) w +*acc*; (*team, opponent*) grać (zagrać *perf*) z +*instr*; (*role, piece of music, note*) grać (zagrać *perf*); (*instrument*) grać (zagrać *perf*) na +*loc*; (*tape, record*) puszczać (puścić *perf*) ♦ *vi* (*children*) bawić się (pobawić się *perf*); (*orchestra, band*) grać (zagrać *perf*); (*record, tape, radio*) grać; **to play a part/role in** (*fig*) odgrywać (odegrać *perf*) rolę w +*loc*; **to play safe** nie ryzykować.

▶**play down** vt pomniejszać (pomniejszyć *perf*) znaczenie +*gen*.

▶**play up** vi (*machine, knee*) nawalać (*inf*); (*children*) szaleć.

player ['pleɪə*] n (*in sport, game*) gracz *m*; (*THEAT*) aktor(ka) *m(f)*; (*MUS*): **guitar** *etc* **player** gitarzysta (-tka) *m(f)* etc.

playful ['pleɪful] adj (*remark, gesture*) żartobliwy; (*person*) figlarny; (*animal*) rozbrykany.

playground ['pleɪgraund] n (*in park*) plac *m* zabaw; (*in school*) boisko *nt*.

playgroup ['pleɪgruːp] n rodzaj *środowiskowego przedszkola organizowanego przez grupę zaprzyjaźnionych rodziców.*

playmate ['pleɪmeɪt] n towarzysz(ka) *m(f)* zabaw.

playpen ['pleɪpɛn] n kojec *m*.

plaything ['pleɪθɪŋ] n zabawka *f*.

playtime ['pleɪtaɪm] n przerwa *f* (*w szkole*).

playwright ['pleɪraɪt] n dramaturg *m*, dramatopisarz (-arka) *m(f)*.

plc (*BRIT*) abbr (= public limited company) *duża spółka akcyjna, której akcje mogą być kupowane na giełdzie*; ≈ S.A.

plea [pliː] n (*request*) błaganie *nt*, apel *m*; (*JUR*): **plea of (not) guilty** (nie)przyznanie się *nt* do winy.

plead [pliːd] vt (*ignorance, ill health*) tłumaczyć się +*instr*; (*JUR*): **to plead sb's case** bronić czyjejś sprawy ♦ vi (*JUR*) odpowiadać na zarzuty przedstawione w akcie oskarżenia; **to plead with sb to do sth** błagać kogoś, żeby coś (z)robił; **to plead (not) guilty** (nie) przyznawać się ((nie) przyznać się *perf*) do winy.

pleasant ['plɛznt] adj przyjemny; (*person*) miły, sympatyczny.

please [pliːz] excl proszę ♦ vt (*satisfy*) zadowalać (zadowolić *perf*); (*give pleasure*) sprawiać (sprawić *perf*) przyjemność +*dat* ♦ vi: **to be eager/anxious to please** bardzo się starać; **yes, please** tak, poproszę; **could I speak to Sue, please?** czy mógłbym rozmawiać z Sue?, czy mogę prosić Sue?; **he's difficult/impossible to please** trudno/nie sposób mu dogodzić; **do as you please** rób, jak uważasz; **please yourself!** (*inf*) rób, jak chcesz! (*inf*).

pleased [pliːzd] adj: **pleased (with/about)** zadowolony (z +*gen*); **pleased to meet you** bardzo mi miło.

pleasing ['pliːzɪŋ] adj przyjemny.

pleasure ['plɛʒə*] n (*happiness, satisfaction*) zadowolenie *nt*; (*fun, enjoyable experience*) przyjemność *f*; **it's a pleasure, my pleasure** cała przyjemność po mojej stronie; **with pleasure** z przyjemnością.

pleat [pliːt] n plisa *f*.

pledge [plɛdʒ] n przyrzeczenie *nt*, zobowiązanie *nt* ♦ vt przyrzekać (przyrzec *perf*).

plentiful ['plɛntɪful] adj (*abundant, copious*) obfity; (*amount*) olbrzymi.

plenty ['plɛntɪ] n: **plenty of** (*food, people*) pełno or dużo +*gen*; (*money, jobs, houses*) dużo +*gen*; **we've got plenty of time to get there** mamy dużo czasu (na to), żeby tam dotrzeć; **five should be plenty** pięć powinno (w zupełności) wystarczyć.

pliable ['plaɪəbl] adj giętki; (*fig: easily controlled*) uległy; (: *easily influenced*) podatny na wpływy.

pliant ['plaɪənt] adj = **pliable**.

pliers ['plaɪəz] npl szczypce *pl*, kombinerki *pl*.

plight [plaɪt] n ciężkie położenie *nt*.

plimsolls ['plɪmsəlz] (*BRIT*) npl tenisówki *pl*.

plinth [plɪnθ] n cokół *m*, postument *m*.

plod [plɔd] vi wlec się (powlec się perf); (fig) harować.

plonk [plɔŋk] (inf) n (BRIT: wine) belt m (inf) ♦ vt: **he plonked himself down on the sofa** walnął się na kanapę (inf).

plot [plɔt] n (secret plan) spisek m; (of story, play, film) fabuła f; (of land) działka f ♦ vt knuć (uknuć perf); (AVIAT, NAUT) nanosić (nanieść perf) na mapę; (MATH) nanosić (nanieść perf) (na wykres itp) ♦ vi spiskować.

plough [plau] (US **plow**) n pług m ♦ vt orać (zaorać perf).

ploy [plɔɪ] n chwyt m, sztuczka f.

pluck [plʌk] vt (fruit, flower, leaf) zrywać (zerwać perf); (bird) skubać (oskubać perf); (eyebrows) wyskubywać (wyskubać perf); (strings) uderzać (uderzyć perf) w +acc ♦ n odwaga f; **to pluck up courage** zbierać się (zebrać się perf) na odwagę.

plug [plʌg] n (ELEC) wtyczka f; (in sink, bath) korek m; (AUT: also: **spark(ing) plug**) świeca f ♦ vt zatykać (zatkać perf); (inf) zachwalać.
▶**plug in** vt (ELEC) włączać (włączyć perf) (do kontaktu).

plum [plʌm] n śliwka f.

plumage ['pluːmɪdʒ] n (of bird) upierzenie nt.

plumber ['plʌmə*] n hydraulik m, instalator m.

plumbing ['plʌmɪŋ] n (piping) instalacja f or sieć f wodno-kanalizacyjna; (trade) instalatorstwo nt.

plume [pluːm] n (of bird) pióro nt; (on helmet, horse's head) pióropusz m.

plummet ['plʌmɪt] vi (bird) spadać (spaść perf); (aircraft) runąć (perf); (price etc) gwałtownie zniżkować.

plump [plʌmp] adj pulchny.

▶**plump for** (inf) vt fus wybierać (wybrać perf) +acc.

plunder ['plʌndə*] n (activity) grabież f; (stolen things) łup m ♦ vt plądrować (splądrować perf).

plunge [plʌndʒ] n (of bird) nurkowanie nt; (of person) skok m (do morza itp); (fig. of prices, rates) gwałtowny spadek m ♦ vt (hand: into pocket) wkładać (włożyć perf); (knife) zatapiać (zatopić perf) ♦ vi (fall) wpadać (wpaść perf); (dive: bird) nurkować (zanurkować perf); (: person) wskakiwać (wskoczyć perf); (fig. prices, rates) spadać (spaść perf) (gwałtownie); **to take the plunge** (fig) podejmować (podjąć perf) życiową decyzję.

plunger ['plʌndʒə*] n (for sink) przepychacz m.

plunging ['plʌndʒɪŋ] adj: **plunging neckline** głęboki dekolt m.

plural ['pluərl] n liczba f mnoga ♦ adj (number) mnogi m.

plus [plʌs] n (lit, fig) plus m ♦ prep plus +nom; (MATH): **two plus three** dwa dodać or plus trzy; **ten/twenty plus** ponad dziesięć/dwadzieścia, powyżej dziesięciu/dwudziestu.

plush [plʌʃ] adj (hotel etc) luksusowy.

plutonium [pluːˈtəunɪəm] n (CHEM) pluton m.

ply [plaɪ] vt (trade) uprawiać ♦ vi (ship) kursować ♦ n (of wool, rope) grubość f; **to ply sb with questions** zasypywać (zasypać perf) kogoś pytaniami.

plywood ['plaɪwud] n sklejka f.

PM (BRIT) abbr = **Prime Minister**.

p.m. adv abbr (= post meridiem) po południu.

pneumatic drill n młot m pneumatyczny.

pneumonia [njuːˈməunɪə] n zapalenie nt płuc.

poach [pəutʃ] vt (steal) kłusować na +acc; (cook: egg) gotować (ugotować *perf*) bez skorupki; (: *fish etc*) gotować (ugotować *perf*) we wrzątku ♦ *vi* kłusować.

poacher ['pəʊtʃə*] *n* kłusownik (-iczka) *m(f)*.

PO Box *n abbr* = **Post Office Box** skr. poczt.

pocket ['pɒkɪt] *n* kieszeń *f*; (*fig: small area*) ognisko *nt* (*fig*) ♦ *vt* wkładać (włożyć *perf*) do kieszeni; (*steal*) przywłaszczać (przywłaszczyć *perf*) sobie; **to be out of pocket** (*BRIT*) ponieść (*perf*) stratę.

pocketbook ['pɒkɪtbuk] *n* (*US: wallet*) portfel *m*.

pocket money *n* kieszonkowe *nt*.

pod [pɒd] *n* strączek *m*.

poem ['pəʊɪm] *n* wiersz *m*.

poet ['pəʊɪt] *n* poeta (-tka) *m(f)*.

poetic [pəʊ'ɛtɪk] *adj* poetycki.

poetry ['pəʊɪtrɪ] *n* poezja *f*.

poignant ['pɔɪnjənt] *adj* (*emotion*) przejmujący; (*pain*) dojmujący; (*moment*) wzruszający; (*taste, remark*) cierpki; (*smell*) ostry.

point [pɔɪnt] *n* (*also GEOM*) punkt *m*; (*sharpened tip*) czubek *m*, szpic *m*; (*purpose*) sens *m*; (*significant part*) cecha *f*, istota *f*; (*ELEC: also:* **power point**) gniazdko *nt*; (*also:* **decimal point**) przecinek *m* ♦ *vt* wskazywać (wskazać *perf*) ♦ *vi* (*with finger etc*) wskazywać (wskazać *perf*); **points** *npl* (*AUT*) styki *pl*; (*RAIL*) zwrotnica *f*; **at this point** w tym momencie; **to point at** wskazywać (wskazać *perf*) na +*acc*; **to point sth at sb** celować (wycelować *perf*) czymś w kogoś, kierować (skierować *perf*) coś w stronę kogoś; **to be on the point of doing sth** mieć właśnie coś zrobić; **to make a point of doing sth** dokładać (dołożyć *perf*) starań, aby coś zrobić; **to miss the point** nie dostrzegać (nie dostrzec *perf*) istoty sprawy; **to come/get to the point** przechodzić (przejść *perf*) do sedna

sprawy; **that's the whole point!** w tym cały problem!; **to be beside the point** nie mieć nic do rzeczy; **there's no point (in doing it)** nie ma sensu (tego robić).

▶**point out** *vt* (*person, object*) wskazywać (wskazać *perf*); (*in debate etc*) wykazywać (wykazać *perf*), zwracać (zwrócić *perf*) uwagę na +*acc*.

▶**point to** *vt fus* wskazywać (wskazać *perf*) na +*acc*.

point-blank ['pɔɪnt'blæŋk] *adv* (*ask*) wprost, bez ogródek; (*refuse*) kategorycznie; (*also:* **at point-blank range**) z bliska.

pointed ['pɔɪntɪd] *adj* (*chin, nose*) spiczasty; (*stick, pencil*) ostry, zaostrzony; (*fig: remark*) uszczypliwy; (: *look*) znaczący.

pointer ['pɔɪntə*] *n* (*on machine, scale*) wskaźnik *m*, strzałka *f*; (*fig: advice*) wskazówka *f*.

pointless ['pɔɪntlɪs] *adj* bezcelowy.

point of view *n* punkt *m* widzenia.

poise [pɔɪz] *n* (*composure*) opanowanie *nt*, pewność *f* siebie.

poison ['pɔɪzn] *n* trucizna *f* ♦ *vt* truć (otruć *perf*).

poisoning ['pɔɪznɪŋ] *n* zatrucie *nt*.

poisonous ['pɔɪznəs] *adj* (*substance*) trujący; (*snake*) jadowity.

poke [pəʊk] *vt* szturchać (szturchnąć *perf*); **to poke sth in(to)** wtykać (wetknąć *perf*) coś do +*gen*.

▶**poke about** *vi* myszkować.

▶**poke out** *vi* wystawać.

poker ['pəʊkə*] *n* pogrzebacz *m*; (*CARDS*) poker *m*.

Poland ['pəʊlənd] *n* Polska *f*.

polar ['pəʊlə*] *adj* polarny.

polarize ['pəʊləraɪz] *vt* polaryzować (spolaryzować *perf*).

Pole [pəʊl] *n* Polak (-lka) *m(f)*.

pole [pəʊl] *n* (*post*) słup *m*; (*stick*) drąg *m*; (*also:* **flag pole**) maszt *m*; (*GEOG, ELEC*) biegun *m*.

pole vault ['pəʊlvɔːlt] n skok m o
tyczce.
police [pə'liːs] npl policja f ♦ vt
patrolować.
policeman [pə'liːsmən] (irreg like:
man) n policjant m.
police station n komisariat m policji.
policewoman [pə'liːswʊmən] (irreg
like: **woman**) n policjantka f.
policy ['pɔlɪsɪ] n (POL, ECON)
polityka f; (also: **insurance policy**)
polisa f ubezpieczeniowa; **to take
out a policy** ubezpieczać się
(ubezpieczyć się perf).
polio ['pəʊlɪəʊ] n choroba f
Heinego-Medina, polio nt inv.
Polish ['pəʊlɪʃ] adj polski ♦ n (język
m) polski.
polish ['pɔlɪʃ] n (for shoes, floors)
pasta f; (for furniture) środek m do
polerowania; (shine) połysk m; (fig)
polor m, blask m ♦ vt (shoes,
furniture) polerować (wypolerować
perf); (floor etc) froterować
(wyfroterować perf).
polished ['pɔlɪʃt] adj (fig) wytworny.
polite [pə'laɪt] adj (person) uprzejmy,
grzeczny; (company) kulturalny.
politeness [pə'laɪtnɪs] n uprzejmość
f, grzeczność m.
political [pə'lɪtɪkl] adj polityczny;
(person) rozpolitykowany.
politically [pə'lɪtɪklɪ] adv politycznie.
politician [pɔlɪ'tɪʃən] n polityk m.
politics ['pɔlɪtɪks] n polityka f ♦ npl
przekonania pl polityczne.
poll [pəʊl] n (also: **opinion poll**)
ankieta f, badanie nt opinii
publicznej; (election) głosowanie nt,
wybory pl ♦ vt (people) ankietować;
(votes) zdobywać (zdobyć perf).
pollen ['pɔlən] n pyłek m kwiatowy.
polling station (BRIT) n lokal m
wyborczy.
pollute [pə'luːt] vt zanieczyszczać
(zanieczyścić perf).
pollution [pə'luːʃən] n

(contamination) zanieczyszczenie nt;
(substances) zanieczyszczenia pl.
polo ['pəʊləʊ] n polo nt inv.
polo-necked ['pəʊləʊnɛkt] adj z
golfem post.
polyester [pɔlɪ'ɛstə*] n poliester m.
polystyrene [pɔlɪ'staɪriːn] n
polistyren m.
polytechnic [pɔlɪ'tɛknɪk] n
politechnika f.
polythene ['pɔlɪθiːn] n polietylen m.
pomegranate ['pɔmɪɡrænɪt] n granat
m (owoc).
pomp [pɔmp] n pompa f, przepych m.
pompous ['pɔmpəs] (pej) adj
pompatyczny (pej).
pond [pɔnd] n staw m.
ponder ['pɔndə*] vt rozważać.
pontoon [pɔn'tuːn] n ponton m.
pony ['pəʊnɪ] n kucyk m.
ponytail ['pəʊnɪteɪl] n (hairstyle)
koński ogon m.
poodle ['puːdl] n pudel m.
pool [puːl] n (pond) sadzawka f;
(also: **swimming pool**) basen m; (of
light) krąg m; (of blood etc) kałuża f;
(SPORT) bilard m ♦ vt (money)
składać (złożyć perf) do wspólnego
funduszu; (knowledge, resources)
tworzyć (stworzyć perf) (wspólny)
bank +gen; **pools** npl totalizator m
sportowy; **typing pool,** (US)
secretary pool hala maszyn.
poor [pʊə*] adj (not rich) biedny,
ubogi; (bad) słaby, kiepski ♦ npl:
the poor biedni vir pl; **poor in** ubogi
w +acc.
poorly ['pʊəlɪ] adj chory ♦ adv słabo,
kiepsko.
pop [pɔp] n (MUS) pop m; (drink)
napój m gazowany or musujący;
(US: inf: father) tata m; (sound) huk
m, trzask m ♦ vi (balloon) pękać
(pęknąć perf); (cork) strzelać
(strzelić perf) ♦ vt: **to pop sth
into/onto/on** etc wsuwać (wsunąć
perf) coś do +gen/na +acc.

►**pop in** vi wpadać (wpaść perf).

►**pop out** vi wyskakiwać (wyskoczyć perf).

►**pop up** vi pojawiać się (pojawić się perf).

popcorn ['popkɔːn] n prażona kukurydza f.

pope [pəup] n papież m.

poplar ['poplə*] n topola f.

poplin ['poplɪn] n popelina f.

poppy ['popɪ] n mak m.

pop star n gwiazda f muzyki pop.

popular ['popjulə*] adj (well-liked, fashionable, non-specialist) popularny; (general) powszechny; (POL: movement, cause) (ogólno)społeczny.

popularity [popju'lærɪtɪ] n popularność f.

popularize ['popjuləraɪz] vt popularyzować (spopularyzować perf).

population [popju'leɪʃən] n (inhabitants) ludność f; (number of people) liczba f ludności or mieszkańców.

populous ['popjuləs] adj gęsto zaludniony.

porcelain ['pɔːslɪn] n porcelana f.

porch [pɔːtʃ] n ganek m; (US) weranda f.

porcupine ['pɔːkjupaɪn] n jeżozwierz m.

pore [pɔː*] n por m ♦ vi: **to pore over** (book, article) zagłębiać się w +acc; (map, chart) studiować +acc.

pork [pɔːk] n wieprzowina f.

pornographic [pɔːnə'græfɪk] adj pornograficzny.

pornography [pɔː'nɔgrəfɪ] n pornografia f.

porous ['pɔːrəs] adj porowaty.

porpoise ['pɔːpəs] n morświn m.

porridge ['porɪdʒ] n owsianka f.

port [pɔːt] n (harbour) port m; (NAUT) lewa burta f; (wine) porto nt

inv; **port of call** (NAUT) port zawinięcia or pośredni.

portable ['pɔːtəbl] adj przenośny.

porter ['pɔːtə*] n (for luggage) bagażowy m, tragarz m; (doorkeeper) portier(ka) m(f).

portfolio [pɔːt'fəuliəu] n (for papers, drawings) teczka f; (POL) teka f; (FIN) portfel m.

portion ['pɔːʃən] n (part) część f; (helping) porcja f.

portrait ['pɔːtreɪt] n portret m.

portray [pɔː'treɪ] vt (depict) przedstawiać (przedstawić perf), portretować (sportretować perf); (actor) odtwarzać (odtworzyć perf) rolę +gen.

portrayal [pɔː'treɪəl] n (depiction) przedstawienie nt, portret m; (actor's) odtworzenie nt roli.

Portugal ['pɔːtjugl] n Portugalia f.

Portuguese [pɔːtju'giːz] adj portugalski ♦ n inv (person) Portugalczyk (-lka) m(f); (LING) (język m) portugalski.

pose [pəuz] n poza f ♦ vt (question) stawiać (postawić perf); (problem, danger) stanowić ♦ vi: **to pose as** podawać się za +acc; **to pose for** (painting etc) pozować do +gen.

posh [poʃ] (inf) adj (smart) elegancki; (upper-class) z wyższych sfer post.

position [pə'zɪʃən] n (place, situation) położenie nt; (of body, in competition, society) pozycja f; (job, attitude) stanowisko nt ♦ vt umieszczać (umieścić perf).

positive ['pozɪtɪv] adj (certain) pewny; (hopeful, confident, affirmative) pozytywny; (decisive) stanowczy; (MATH, ELEC) dodatni.

positively ['pozɪtɪvlɪ] adv (expressing emphasis) wręcz; (encouragingly) pozytywnie; (definitely) stanowczo; (ELEC) dodatnio.

possess [pə'zɛs] vt (have, own) posiadać.

possession [pə'zɛʃən] n (state of possessing) posiadanie nt; **possessions** npl dobytek m; **to take possession of** brać (wziąć perf) w posiadanie +acc.

possessive [pə'zɛsɪv] adj (of another person) zaborczy; (of things) zazdrosny; (LING) dzierżawczy.

possibility [pɔsɪ'bɪlɪtɪ] n możliwość f.

possible ['pɔsɪbl] adj możliwy; **it's possible** (to jest) możliwe; **as soon as possible** (możliwie) jak najszybciej.

possibly ['pɔsɪblɪ] adv (perhaps) być może; **what could they possibly want?** czegóż mogą chcieć?; **if you possibly can** jeśli tylko możesz.

post [pəust] n (BRIT) poczta f; (pole) słup m, pal m; (job) stanowisko nt; (MIL) posterunek m ♦ vt (BRIT: letter) wysyłać (wysłać perf).

postage ['pəustɪdʒ] n opłata f pocztowa.

postage stamp n znaczek m pocztowy.

postal ['pəustl] adj pocztowy.

postal order (BRIT) n przekaz m pocztowy.

postbox ['pəustbɔks] (BRIT) n skrzynka f pocztowa.

postcard ['pəustkɑ:d] n pocztówka f, widokówka f.

postcode ['pəustkəud] (BRIT) n kod m pocztowy.

poster ['pəustə*] n plakat m, afisz m.

poste restante [pəust'rɛstɑ̃:nt] (BRIT) n poste restante nt inv.

posterity [pɔs'tɛrɪtɪ] n potomność f.

postgraduate ['pəust'grædjuət] n (working for MA etc) ≈ magistrant(ka) m(f); (working for PhD etc) ≈ doktorant(ka) m(f).

posthumous ['pɔstjuməs] adj pośmiertny.

postman ['pəustmən] (irreg like: **man**) n listonosz m.

postmark ['pəustmɑ:k] n stempel m pocztowy.

postmortem [pəust'mɔ:təm] n (MED) sekcja f zwłok.

post office n urząd m pocztowy; **the Post Office** ≈ Poczta Polska.

postpone [pəus'pəun] vt odraczać (odroczyć perf), odkładać (odłożyć perf).

postscript ['pəustskrɪpt] n postscriptum nt.

posture ['pɔstʃə*] n postura f, postawa f.

postwar [pəust'wɔ:*] adj powojenny.

posy ['pəuzɪ] n bukiecik m.

pot [pɔt] n (for cooking) garnek m; (teapot, coffee pot, potful) dzbanek m; (for jam etc) słoik m; (flowerpot) doniczka f; (inf: marijuana) traw(k)a f (inf) ♦ vt sadzić (posadzić perf) w doniczce; **to go to pot** (inf) schodzić (zejść perf) na psy.

potato [pə'teɪtəu] (pl **potatoes**) n ziemniak m.

potent ['pəutnt] adj (weapon) potężny; (argument) przekonujący; (drink) mocny; (man) sprawny seksualnie.

potential [pə'tɛnʃl] adj potencjalny ♦ n (talent, ability) potencjał m; (promise, possibilities) zadatki pl.

potentially [pə'tɛnʃəlɪ] adv potencjalnie.

pothole ['pɔthəul] n (in road) wybój m; (cave) jaskinia f.

potion ['pəuʃən] n (medicine) płynny lek m; (poison) trujący napój m; (charm) napój m magiczny, eliksir m.

potted ['pɔtɪd] adj (food) wekowany; (plant) doniczkowy; (history, biography) skrócony.

potter ['pɔtə*] n garncarz (-arka) m(f) ♦ vi: **to potter around, potter about** (BRIT) pałętać się.

pottery ['pɔtərɪ] n (pots, dishes) wyroby pl garncarskie; (work, hobby) garncarstwo nt.

potty ['pɒtɪ] adj (inf) stuknięty (inf) ♦
n nocniczek m.
pouch [pautʃ] n (for tobacco)
kapciuch m; (for coins) sakiewka f;
(ZOOL) torba f.
poultry ['pəultrɪ] n drób m.
pounce [pauns] vi: to pounce on
rzucać się (rzucić się perf) na +acc;
(fig: mistakes) wytykać (wytknąć
perf) +acc.
pound [paund] n (unit of money,
weight) funt m ♦ vt (beat) walić w
+acc; (crush) tłuc (utłuc perf) ♦ vi
(heart) walić.
pound sterling n funt m szterling.
pour [pɔ:*] vt lać, nalewać (nalać
perf) ♦ vi (water, blood, sweat) lać
się; (rain) lać; to pour sb some tea
nalewać (nalać perf) komuś herbaty.
►**pour away** vt wylewać (wylać perf).
►**pour in** vi (people, crowd) wlewać
się; (letters) (masowo) napływać.
►**pour out** vi (people, crowd)
wylewać się ♦ vt nalewać (nalać
perf); (fig: thoughts, feelings)
wylewać (wylać perf) z siebie.
pouring ['pɔ:rɪŋ] adj: pouring rain
ulewny deszcz m.
pout [paut] vi wydymać (wydąć perf)
wargi.
poverty ['pɒvətɪ] n bieda f, ubóstwo
nt.
powder ['paudə*] n (granules)
proszek m; (face powder) puder m
(kosmetyczny) ♦ vt: to powder
one's face pudrować (upudrować
perf or przypudrować perf) twarz.
powdered milk ['paudəd-] n mleko
nt w proszku.
powder room (euphemism) n
damska toaleta f.
power ['pauə*] n (control) władza f;
(ability: of speech etc) zdolność f;
(legal right) uprawnienie nt; (of
engine, electricity) moc f; (strength:
lit, fig) siła f; to be in power być u

władzy; to turn the power on
włączać (włączyć perf) zasilanie.
power cut n przerwa f w dopływie
energii elektrycznej.
powered ['pauəd] adj: powered by
napędzany +instr.
powerful ['pauəful] adj (strong)
mocny, silny; (influential)
wpływowy; (ruler) potężny.
powerless ['pauəlɪs] adj bezsilny.
power point (BRIT) n gniazdo nt
sieciowe.
power station n elektrownia f.
pp. abbr (= pages) s.
PR n abbr = public relations.
practicable ['præktɪkəbl] adj
wykonalny.
practical ['præktɪkl] adj praktyczny;
(good with hands) sprawny
manualnie; (ideas, methods)
możliwy (do zastosowania) w
praktyce.
practical joke n psikus m, figiel m.
practically ['præktɪklɪ] adv
praktycznie.
practice ['præktɪs] n praktyka f;
(custom) zwyczaj m; (exercise,
training) wprawa f ♦ vt, vi (US) =
practise; in practice w praktyce; I
am out of practice wyszedłem z
wprawy.
practise ['præktɪs] (US practice) vt
ćwiczyć; (SPORT) trenować;
(custom, activity) praktykować;
(profession) wykonywać ♦ vi
ćwiczyć; (sportsman) trenować;
(lawyer, doctor) praktykować,
prowadzić praktykę.
practising ['præktɪsɪŋ] adj (Christian,
lawyer) praktykujący.
practitioner [præk'tɪʃənə*] n:
medical practitioner terapeuta (-tka)
m(f).
pragmatic [præg'mætɪk] adj
pragmatyczny.
prairie ['prɛərɪ] n preria f.

praise [preɪz] n pochwała f ♦ vt chwalić (pochwalić perf).

praiseworthy ['preɪzwə:ðɪ] adj (behaviour) godny pochwały; (attempt) chwalebny.

pram [præm] (BRIT) n wózek m dziecięcy.

prank [præŋk] n psikus m.

prawn [prɔ:n] n krewetka f.

pray [preɪ] vi modlić się (pomodlić się perf).

prayer [preə*] n modlitwa f.

preach [pri:tʃ] vi wygłaszać (wygłosić perf) kazanie ♦ vt (sermon) wygłaszać (wygłosić perf); (ideology etc) propagować.

preacher ['pri:tʃə*] n kaznodzieja m.

precarious [prɪ'kɛərɪəs] adj niebezpieczny; (position) niepewny.

precaution [prɪ'kɔ:ʃən] n zabezpieczenie nt.

precede [pri'si:d] vt (event, words) poprzedzać (poprzedzić perf); (person) iść przed +instr; **she preceded us, we were preceded by her** szła przed nami.

precedence ['prɛsɪdəns] n pierwszeństwo nt.

precedent ['prɛsɪdənt] n precedens m.

preceding [prɪ'si:dɪŋ] adj poprzedni.

precinct ['pri:sɪŋkt] n (US) dzielnica f; **precincts** npl (of cathedral, palace) teren m; **pedestrian precinct** (BRIT) strefa ruchu pieszego; **shopping precinct** (BRIT) centrum handlowe (zamknięte dla ruchu samochodowego).

precious ['prɛʃəs] adj cenny.

precious stone n kamień m szlachetny.

precipice ['prɛsɪpɪs] n urwisko nt, przepaść f.

precipitate [prɪ'sɪpɪteɪt] vt przyśpieszać (przyśpieszyć perf).

precise [prɪ'saɪs] adj (nature, position) dokładny; (instructions, definition) precyzyjny, dokładny.

precisely [prɪ'saɪslɪ] adv dokładnie.

precision [prɪ'sɪʒən] n precyzja f, dokładność f.

preclude [prɪ'klu:d] vt wykluczać (wykluczyć perf).

precocious [prɪ'kəuʃəs] adj (child) rozwinięty nad wiek; (talent) wcześnie rozwinięty.

preconceived [pri:kən'si:vd] adj z góry przyjęty or założony.

precondition ['pri:kən'dɪʃən] n warunek m wstępny.

precursor [pri:'kə:sə*] n prekursor m.

predator ['prɛdətə*] n drapieżnik m.

predecessor ['pri:dɪsɛsə*] n poprzednik (-iczka) m(f).

predicament [prɪ'dɪkəmənt] n kłopotliwe położenie nt.

predict [prɪ'dɪkt] vt przewidywać (przewidzieć perf).

predictable [prɪ'dɪktəbl] adj przewidywalny, do przewidzenia post.

prediction [prɪ'dɪkʃən] n przewidywanie nt.

predominantly [prɪ'dɔmɪnəntlɪ] adv w przeważającej mierze or części, przeważnie.

predominate [prɪ'dɔmɪneɪt] vi przeważać.

pre-empt [pri:'ɛmt] vt (plan) udaremniać (udaremnić perf); (decision) uprzedzać (uprzedzić perf).

preface ['prɛfəs] n przedmowa f.

prefer [prɪ'fə:*] vt woleć, preferować (fml); **to prefer doing sth** or **to do sth** woleć coś robić; **I prefer coffee to tea** wolę kawę od herbaty.

preferable ['prɛfrəbl] adj bardziej pożądany.

preferably ['prɛfrəblɪ] adv najlepiej.

preference ['prɛfrəns] n preferencja f; **to have a preference for** woleć or preferować +acc.

preferential [prɛfə'rɛnʃəl] adj: **preferential treatment** traktowanie nt preferencyjne.

prefix ['pri:fɪks] n przedrostek m.

pregnancy ['prɛgnənsɪ] n ciąża f.
pregnant ['prɛgnənt] adj w ciąży
post, ciężarny; **three months
pregnant** w trzecim miesiącu ciąży.
prehistoric ['priːhɪs'tɔrɪk] adj
prehistoryczny.
prejudice ['prɛdʒudɪs] n (against)
uprzedzenie nt; (in favour)
przychylne nastawienie nt.
prejudiced ['prɛdʒudɪst] adj (person:
against) uprzedzony; (: in favour)
przychylnie nastawiony.
preliminary [prɪ'lɪmɪnərɪ] adj
wstępny.
prelude ['prɛljuːd] n preludium nt.
premarital ['priː'mærɪtl] adj
przedmałżeński.
premature ['prɛmətʃuə*] adj
przedwczesny; **premature baby**
wcześniak.
premeditated [priː'mɛdɪteɪtɪd] adj
(act) przemyślany; (crime) z
premedytacją post.
premier ['prɛmɪə*] adj główny ♦ n
premier m.
première ['prɛmɪɛə*] n premiera f.
premise ['prɛmɪs] n (of argument)
przesłanka f; **premises** npl teren m,
siedziba f; **on the premises** na
miejscu.
premium ['priːmɪəm] n (extra
money) premia f; (INSURANCE)
składka f ubezpieczeniowa; **at a
premium** (expensive) sprzedawany
po wyższej cenie; (hard to get)
poszukiwany.
premium bond (BRIT) n obligacja f
pożyczki premiowej.
premonition [prɛmə'nɪʃən] n
przeczucie nt.
preoccupation [priːɔkju'peɪʃən] n:
preoccupation with zaabsorbowanie
nt +instr.
preoccupied [priː'ɔkjupaɪd] adj
zaabsorbowany.
prepaid [priː'peɪd] adj opłacony.
preparation [prɛpə'reɪʃən] n (activity)

przygotowanie nt; (medicine,
cosmetic) preparat m; (food)
przetwór m; **preparations** npl
przygotowania pl.
preparatory [prɪ'pærətərɪ] adj
przygotowawczy.
preparatory school n (BRIT)
prywatna szkoła podstawowa.
prepare [prɪ'pɛə*] vt przygotowywać
(przygotować perf) ♦ vi: **to prepare
for** (action, exam) przygotowywać
się (przygotować się perf) do +gen;
(sth new or unpleasant)
przygotowywać się (przygotować
się perf) na +acc.
prepared [prɪ'pɛəd] adj: **prepared to**
gotowy +infin; **prepared for** (action,
exam) przygotowany do +gen; (sth
new or unpleasant) przygotowany na
+acc.
preponderance [prɪ'pɔndərns] n
przewaga f.
preposition [prɛpə'zɪʃən] n przyimek
m.
preposterous [prɪ'pɔstərəs] adj
niedorzeczny.
prep school n = **preparatory school**.
prerequisite [priː'rɛkwɪzɪt] n
warunek m wstępny.
Presbyterian [prɛzbɪ'tɪərɪən] adj
prezbiteriański ♦ n prezbiterianin
(-anka) m(f).
preschool ['priː'skuːl] adj (age)
przedszkolny; (child) w wieku
przedszkolnym post.
prescribe [prɪ'skraɪb] vt (MED)
przepisywać (przepisać perf).
prescription [prɪ'skrɪpʃən] n (slip of
paper) recepta f; (medicine)
przepisane lekarstwo nt.
presence ['prɛzns] n (being
somewhere) obecność f; (personality)
prezencja f; **in sb's presence** w
czyjejś obecności.
presence of mind n przytomność f
umysłu.
present ['prɛznt] adj obecny ♦ n (gift)

prezent *m*; (*actuality*): **the present**
teraźniejszość *f* ♦ *vt* (*prize*) wręczać
(wręczyć *perf*); (*difficulty, threat*)
stanowić; (*person, information*)
przedstawiać (przedstawić *perf*);
(*radio/tv programme*) prowadzić
(poprowadzić *perf*); **to give sb a**
present dawać (dać *perf*) komuś
prezent; **at present** obecnie.

presentable [prɪ'zɛntəbl] *adj*
(*person*) o dobrej prezencji *post*; **to**
be/look presentable dobrze się
prezentować.

presentation [prɛzn'teɪʃən] *n* (*of*
plan etc) przedstawienie *nt*,
prezentacja *f*; (*appearance*) wygląd
m.

present-day ['prɛzntdeɪ] *adj*
dzisiejszy, współczesny.

presenter [prɪ'zɛntə*] *n*
prezenter(ka) *m(f)*.

presently ['prɛzntlɪ] *adv* (*soon, soon*
after) wkrótce; (*currently*) obecnie.

preservation [prɛzə'veɪʃən] *n* (*of*
peace) zachowanie *nt*; (*of standards*)
utrzymanie *nt*.

preservative [prɪ'zəːvətɪv] *n* (*for*
food) konserwant *m*; (*for wood,*
metal) środek *m* konserwujący.

preserve [prɪ'zəːv] *vt* (*customs,*
independence etc) zachowywać
(zachować *perf*); (*building,*
manuscript, food) konserwować
(zakonserwować *perf*) ♦ *n* (*often pl*:
jam etc) zaprawy *pl*.

preside [prɪ'zaɪd] *vi*: **to preside over**
(*meeting*) przewodniczyć +*dat*;
(*event*) kierować (pokierować *perf*)
+*instr*.

presidency ['prɛzɪdənsɪ] *n* (*POL*:
position) urząd *m* prezydenta;
(: *function, period of time*)
prezydentura *f*.

president ['prɛzɪdənt] *n* (*POL*)
prezydent *m*; (*of organization*) prezes
m, przewodniczący(ca) *m(f)*.

presidential [prɛzɪ'dɛnʃl] *adj*

(*election, campaign*) prezydencki;
presidential adviser/representative
doradca/przedstawiciel prezydenta;
presidential candidate kandydat na
prezydenta.

press [prɛs] *n* (*also*: **printing press**)
prasa *f* (drukarska); (*of switch, bell*)
naciśnięcie *nt* ♦ *vt* (*one thing against*
another) przyciskać (przycisnąć
perf); (*button, switch*) naciskać
(nacisnąć *perf*); (*clothes*) prasować
(wyprasować *perf*); (*person*)
naciskać (nacisnąć *perf*) (na +*acc*) ♦
vi przeciskać się (przecisnąć się
perf); **the Press** prasa; **to press sth**
(up)on sb wciskać (wcisnąć *perf*)
coś komuś; **to press for** domagać
się +*gen*.

►**press on** *vi* nie ustawać w
wysiłkach.

press conference *n* konferencja *f*
prasowa.

pressing ['prɛsɪŋ] *adj* pilny, nie
cierpiący zwłoki.

press release *n* oświadczenie *nt*
prasowe.

press stud (*BRIT*) *n* zatrzask *m*.

press-up ['prɛsʌp] (*BRIT*) *n* pompka
f (*ćwiczenie*).

pressure ['prɛʃə*] *n* (*physical force*)
nacisk *m*, ucisk *m*; (*of air, water*)
ciśnienie *nt*; (*fig*: *demand*) naciski *pl*;
(: *stress*) napięcie *nt*; **to put**
pressure on sb (to do sth)
wywierać (wywrzeć *perf*) presję na
kogoś (, by coś zrobił).

prestige [prɛs'tiːʒ] *n* prestiż *m*.

prestigious [prɛs'tɪdʒəs] *adj*
prestiżowy.

presumably [prɪ'zjuːməblɪ] *adv*
przypuszczalnie.

presume [prɪ'zjuːm] *vt*: **to presume**
that ... przyjmować (przyjąć *perf*),
że ... .

presumption [prɪ'zʌmpʃən] *n*
(*supposition*) założenie *nt*,
domniemanie *nt*.

presumptuous [prɪ'zʌmpʃəs] *adj* arogancki.

presuppose [pri:sə'pəuz] *vt* zakładać.

pretence [prɪ'tɛns] (*US* **pretense**) *n* pozory *pl*.

pretend [prɪ'tɛnd] *vt* udawać (udać *perf*) ♦ *vi* udawać; **I don't pretend to understand it** nie twierdzę, że to rozumiem.

pretense [prɪ'tɛns] (*US*) *n* = **pretence**.

pretentious [prɪ'tɛnʃəs] *adj* pretensjonalny.

pretext ['pri:tɛkst] *n* pretekst *m*.

pretty ['prɪtɪ] *adj* ładny ♦ *adv*: **pretty clever/good** całkiem bystry/niezły.

prevail [prɪ'veɪl] *vi* (*be current*) przeważać, dominować; (*triumph*) brać (wziąć *perf*) górę.

prevailing [prɪ'veɪlɪŋ] *adj* (*wind*) przeważający; (*fashion, view*) panujący, powszechny.

prevalent ['prɛvələnt] *adj* powszechny.

prevent [prɪ'vɛnt] *vt* zapobiegać (zapobiec *perf*) +*dat*; **to prevent sb from doing sth** uniemożliwiać (uniemożliwić *perf*) komuś zrobienie czegoś; **to prevent sth from happening** zapobiegać (zapobiec *perf*) czemuś, nie dopuszczać (nie dopuścić *perf*) do czegoś.

prevention [prɪ'vɛnʃən] *n* zapobieganie *nt*, profilaktyka *f*.

preventive [prɪ'vɛntɪv] *adj* zapobiegawczy, profilaktyczny.

preview ['pri:vju:] *n* pokaz *m* przedpremierowy.

previous ['pri:vɪəs] *adj* poprzedni.

previously ['pri:vɪəslɪ] *adv* (*before*) wcześniej; (*formerly*) poprzednio.

prewar [pri:'wɔ:*] *adj* przedwojenny.

prey [preɪ] *n* zdobycz *f*.
▸**prey on** *vt fus* polować na +*acc*.

price [praɪs] *n* cena *f* ♦ *vt* wyceniać (wycenić *perf*).

priceless ['praɪslɪs] *adj* bezcenny.

price list *n* cennik *m*.

prick [prɪk] *n* ukłucie *nt* ♦ *vt* (*make hole in*) nakłuwać (nakłuć *perf*); (*scratch*) kłuć (pokłuć *perf*); **to prick up one's ears** nadstawiać (nadstawić *perf*) uszu.

prickly ['prɪklɪ] *adj* (*plant*) kłujący, kolczasty; (*fabric*) kłujący, szorstki.

pride [praɪd] *n* duma *f*; (*pej*) pycha *f* ♦ *vt*: **to pride o.s. on** szczycić się +*instr*.

priest [pri:st] *n* (*Christian*) ksiądz *m*, kapłan *m*; (*non-Christian*) kapłan *m*.

prig [prɪg] *n* zarozumialec *m*.

prim [prɪm] (*pej*) *adj* (*person, avoidance of issue*) pruderyjny (*pej*); (*voice*) afektowany; (*manner*) wymuszony, sztywny.

primarily ['praɪmərɪlɪ] *adv* w pierwszym rzędzie, głównie.

primary ['praɪmərɪ] *adj* podstawowy ♦ *n* (*US*) wybory *pl* wstępne.

primary school (*BRIT*) *n* szkoła *f* podstawowa.

primate ['praɪmɪt] *n* (*ZOOL*) naczelny *m*, ssak *m* z rzędu naczelnych.

prime [praɪm] *adj* pierwszorzędny ♦ *n* najlepsze lata *pl* ♦ *vt* (*wood*) zagruntowywać (zagruntować *perf*); (*fig: person*) instruować (poinstruować (*perf*)); **a prime example of** klasyczny przykład +*gen*.

Prime Minister *n* premier *m*, Prezes *m* Rady Ministrów.

primitive ['prɪmɪtɪv] *adj* prymitywny.

primrose ['prɪmrəuz] *n* pierwiosnek *m*.

prince [prɪns] *n* książę *m*, królewicz *m*.

princess [prɪn'sɛs] *n* księżniczka *f*, królewna *f*.

principal ['prɪnsɪpl] *adj* główny ♦ *n* (*SCOL*) dyrektor(ka) *m(f)*.

principle ['prɪnsɪpl] *n* zasada *f*; **in principle** w zasadzie; **on principle** z *or* dla zasady.

print [prɪnt] n (TYP) druk m; (ART)
sztych m, rycina f; (PHOT) odbitka f
♦ vt (books etc) drukować
(wydrukować perf); (cloth, pattern)
drukować; (write in capitals) pisać
(napisać perf) drukowanymi
literami; **prints** npl odciski pl
palców; **the book is out of print**
nakład książki jest wyczerpany; **in
print** w sprzedaży (o książce itp).

printer ['prɪntə*] n (person) drukarz
m; (firm) drukarnia f; (machine)
drukarka f.

printout ['prɪntaut] (COMPUT) n
wydruk m.

prior ['praɪə*] adj (previous)
uprzedni, wcześniejszy; (more
important) ważniejszy; **prior to**
przed +instr.

priority [praɪˈɔrɪtɪ] n sprawa f
nadrzędna; **priorities** npl priorytety
pl, hierarchia f ważności; **to take** or
have priority (over) być
nadrzędnym (w stosunku do +gen).

prison ['prɪzn] n (lit, fig) więzienie nt
♦ cpd więzienny.

prisoner ['prɪznə*] n (in prison)
więzień/więźniarka m/f; (during war
etc) jeniec m.

prisoner of war n jeniec m wojenny.

privacy ['prɪvəsɪ] n prywatność f; **in
the privacy of one's own home** w
zaciszu własnego domu.

private ['praɪvɪt] adj (personal,
confidential, not public) prywatny;
(secluded) ustronny; (secretive)
skryty ♦ n (MIL) szeregowy (-wa)
m(f); **"private"** (on envelope)
„poufne", „do rąk własnych"; (on
door) „obcym wstęp wzbroniony";
in private na osobności, bez
świadków.

private eye n prywatny detektyw m.

privatize ['praɪvɪtaɪz] vt
prywatyzować (sprywatyzować perf).

privilege ['prɪvɪlɪdʒ] n (advantage)
przywilej m; (honour) zaszczyt m.

privileged ['prɪvɪlɪdʒd] adj
uprzywilejowany.

prize [praɪz] n (in competition, sports)
nagroda f; (at lottery) wygrana f ♦
adj (first-class) pierwszorzędny,
przedni ♦ vt wysoko (sobie) cenić.

prize-giving ['praɪzgɪvɪŋ] n rozdanie
nt nagród.

pro [prəu] n (SPORT) zawodowiec m
♦ prep za +instr; **the pros and cons**
za i przeciw.

probability [prɔbəˈbɪlɪtɪ] n: **the
probability that/of**
prawdopodobieństwo nt, że/+gen; **in
all probability** według wszelkiego
prawdopodobieństwa.

probable ['prɔbəbl] adj
prawdopodobny.

probably ['prɔbəblɪ] adv
prawdopodobnie.

probation [prəˈbeɪʃən] n: **to be on
probation** (law-breaker) odbywać
wyrok w zawieszeniu; (employee)
odbywać staż.

probe [prəub] n (MED) sonda f,
zgłębnik m; (SPACE) sonda f
kosmiczna; (enquiry) dochodzenie nt
♦ vt badać (zbadać perf).

problem ['prɔbləm] n problem m;
(MATH) zadanie nt.

problematic(al) [prɔbləˈmætɪk(l)]
adj skomplikowany.

procedure [prəˈsiːdʒə*] n procedura
f.

proceed [prəˈsiːd] vi (carry on)
kontynuować; (go) iść; **to proceed
to do sth** przystępować (przystąpić
perf) do robienia czegoś.

proceedings [prəˈsiːdɪŋz] npl
(organized events) przebieg m
(uroczystości, obchodów itp); (JUR)
postępowanie nt prawne.

proceeds ['prəusiːdz] npl dochód m.

process ['prəuses] n proces m ♦ vt
(raw materials, food) przerabiać
(przerobić perf), przetwarzać
(przetworzyć perf); (application)

rozpatrywać (rozpatrzyć *perf*); (*data*) przetwarzać (przetworzyć *perf*).

processing ['prəusɛsɪŋ] (*PHOT*) *n* obróbka *f* (fotograficzna).

procession [prə'sɛʃən] *n* pochód *m*; (*REL*) procesja *f*.

proclaim [prə'kleɪm] *vt* proklamować, ogłaszać (ogłosić *perf*).

proclamation [prɔklə'meɪʃən] *n* proklamacja *f*.

procure [prə'kjuə*] *vt* zdobywać (zdobyć *perf*).

prod [prɔd] *vt* szturchać (szturchnąć *perf*); (*with sth sharp*) dźgać (dźgnąć *perf*) ♦ *n* szturchnięcie *nt*; (*with sth sharp*) dźgnięcie *nt*.

prodigal ['prɔdɪgl] *adj*: **prodigal son** syn *m* marnotrawny.

prodigious [prə'dɪdʒəs] *adj* kolosalny.

prodigy ['prɔdɪdʒɪ] *n* cudowne dziecko *nt*.

produce ['prɔdjuːs] *n* płody *pl* rolne ♦ *vt* (*effect etc*) przynosić (przynieść *perf*); (*goods*) produkować (wyprodukować *perf*); (*BIO, CHEM*) wytwarzać (wytworzyć *perf*); (*fig: evidence etc*) przedstawiać (przedstawić *perf*); (*play*) wystawiać (wystawić *perf*); (*film, programme*) być producentem +*gen*; (*bring or take out*) wyjmować (wyjąć *perf*).

producer [prə'djuːsə*] *n* producent *m*.

product ['prɔdʌkt] *n* (*goods*) produkt *m*; (*result*) wytwór *m*.

production [prə'dʌkʃən] *n* produkcja *f*; (*THEAT*) wystawienie *nt* (sztuki), inscenizacja *f*.

productive [prə'dʌktɪv] *adj* wydajny; (*fig*) owocny.

productivity [prɔdʌk'tɪvɪtɪ] *n* wydajność *f*.

profess [prə'fɛs] *vt* (*feelings, opinions*) wyrażać (wyrazić *perf*); **he professed ignorance, he professed**

not to know anything utrzymywał, że nic nie wie.

profession [prə'fɛʃən] *n* zawód *m*.

professional [prə'fɛʃənl] *adj* (*not amateur*) zawodowy; (*skilful*) fachowy, profesjonalny ♦ *n* (*not amateur*) zawodowiec *m*; (*skilled person*) fachowiec *m*, profesjonalista (-tka) *m(f)*.

professor [prə'fɛsə*] *n* (*BRIT*) profesor *m*; (*US, CANADA*) nauczyciel *m* akademicki.

proficiency [prə'fɪʃənsɪ] *n* biegłość *f*, wprawa *f*.

proficient [prə'fɪʃənt] *adj* biegły, wprawny.

profile ['prəufaɪl] *n* profil *m*; (*fig*) rys *m* biograficzny.

profit ['prɔfɪt] *n* zysk *m* ♦ *vi*: **to profit by** *or* **from** (*fig*) odnosić (odnieść *perf*) korzyść *or* korzyści z +*gen*, mieć pożytek z +*gen*.

profitability [prɔfɪtə'bɪlɪtɪ] *n* opłacalność *f*.

profitable ['prɔfɪtəbl] *adj* opłacalny, dochodowy.

profound [prə'faund] *adj* głęboki.

profusely [prə'fjuːslɪ] *adv* wylewnie.

prognosis [prɔg'nəusɪs] (*pl* **prognoses**) *n* (*MED*) rokowanie *nt*.

programme ['prəugræm] *n* program *m* ♦ *vt* programować (zaprogramować *perf*).

programmer ['prəugræmə*] (*COMPUT*) *n* programista (-tka) *m(f)*.

programming ['prəugræmɪŋ] (*US* **programing**) (*COMPUT*) *n* programowanie *nt*.

progress ['prəugrɛs] *n* (*improvement, advances*) postęp *m*; (*development*) rozwój *m* ♦ *vi* (*advance*) robić (zrobić *perf*) postęp(y); (*become higher in rank*) awansować (awansować *perf*); (*continue*) postępować *or* posuwać się naprzód; **in progress** w toku.

progression [prə'grɛʃən] n
(*development*) postęp m.

progressive [prə'grɛsɪv] adj
(*enlightened*) postępowy; (*gradual*)
postępujący.

prohibit [prə'hɪbɪt] vt zakazywać
(zakazać *perf*) +gen.

prohibition [prəuɪ'bɪʃən] n zakaz m.

project ['prɔdʒɛkt] n projekt m;
(*SCOL*) referat m ♦ vt (*plan*)
projektować (zaprojektować *perf*);
(*estimate*) przewidywać
(przewidzieć *perf*); (*film*) wyświetlać
(wyświetlić *perf*) ♦ vi wystawać.

projection [prə'dʒɛkʃən] n (*estimate*)
przewidywanie nt; (*overhang*)
występ m; (*FILM*) projekcja f.

projector [prə'dʒɛktə*] n rzutnik m.

proletarian [prəulɪ'tɛərɪən] adj
proletariacki.

proliferate [prə'lɪfəreɪt] vi mnożyć
się.

prolific [prə'lɪfɪk] adj (*writer etc*)
płodny.

prologue ['prəulɔg] (*US* **prolog**) n
prolog m.

prolong [prə'lɔŋ] vt przedłużać
(przedłużyć *perf*).

prom [prɔm] n abbr = **promenade**.

promenade [prɔmə'nɑːd] n
promenada f.

promenade concert (*BRIT*) n
koncert m na świeżym powietrzu.

prominence ['prɔmɪnəns] n ważność
f.

prominent ['prɔmɪnənt] adj
(*important*) wybitny; (*very
noticeable*) widoczny.

promiscuous [prə'mɪskjuəs] adj
rozwiązły.

promise ['prɔmɪs] n (*vow*)
przyrzeczenie nt, obietnica f;
(*potential*) zadatki pl; (*hope*)
nadzieja f ♦ vi przyrzekać (przyrzec
perf), obiecywać (obiecać *perf*) ♦ vt:
**to promise sb sth, promise sth to
sb** przyrzekać (przyrzec *perf*) or

obiecywać (obiecać *perf*) coś
komuś; **to promise (sb) to do sth**
obiecywać (obiecać *perf*) (komuś)
coś zrobić; **to promise (sb) that ...**
dawać (dać *perf*) (komuś) słowo, że
... .

promising ['prɔmɪsɪŋ] adj obiecujący.

promote [prə'məut] vt (*employee*)
awansować (awansować *perf*),
dawać (dać *perf*) awans +dat;
(*product*) promować (wypromować
perf), lansować (wylansować *perf*);
(*understanding, peace*) przyczyniać
się (przyczynić się *perf*) do +gen.

promoter [prə'məutə*] n (*of concert,
sporting event*) sponsor m; (*of cause,
idea*) rzecznik (-iczka) m(f).

promotion [prə'məuʃən] n (*at work*)
awans m; (*of product*) reklama f; (*of
idea*) propagowanie nt; (*publicity
campaign*) promocja f.

prompt [prɔmpt] adj natychmiastowy
♦ adv punktualnie ♦ n (*COMPUT*)
znak m zachęty or systemu ♦ vt
(*cause*) powodować (spowodować
perf); (*when talking*) zachęcać
(zachęcić *perf*) (do kontynuowania
wypowiedzi); **to prompt sb to do
sth** skłonić (*perf*) or nakłonić (*perf*)
kogoś do zrobienia czegoś.

promptly ['prɔmptlɪ] adv
(*immediately*) natychmiast; (*exactly*)
punktualnie.

prone [prəun] adj leżący twarzą w
dół or na brzuchu; **to be prone to**
mieć skłonność do +gen.

pronoun ['prəunaun] n zaimek m.

pronounce [prə'nauns] vt (*word*)
wymawiać (wymówić *perf*); (*verdict,
opinion*) ogłaszać (ogłosić *perf*); **to
pronounce sb guilty/dead** uznawać
(uznać *perf*) kogoś za
winnego/zmarłego;

pronounced [prə'naunst] adj
wyraźny.

pronunciation [prənʌnsɪ'eɪʃən] n
wymowa f.

proof [pru:f] *n* dowód *m*; (*TYP*) korekta *f* ♦ *adj*: **proof against** odporny na +*acc*; **to be 70% proof** (*alcohol*) zawierać 40% alkoholu.

prop [prɔp] *n* podpora *f*; (*fig*) podpora *f*, ostoja *f* ♦ *vt*: **to prop sth against** opierać (oprzeć *perf*) coś o +*acc*.

►**prop up** *vt* podpierać (podeprzeć *perf*), podtrzymywać (podtrzymać *perf*); (*fig*) wspierać (wesprzeć *perf*), wspomagać (wspomóc *perf*).

propaganda [prɔpə'gændə] *n* propaganda *f*.

propagate ['prɔpəgeɪt] *vt* (*ideas*) propagować, szerzyć.

propel [prə'pɛl] *vt* (*machine*) napędzać.

propeller [prə'pɛlə*] *n* śmigło *nt*.

propensity [prə'pɛnsɪtɪ] *n*: **a propensity for** *or* **to sth** skłonność *f* do czegoś.

proper ['prɔpə*] *adj* (*genuine*) prawdziwy; (*correct*) właściwy; (*socially acceptable*) stosowny; **in the town/city proper** w samym mieście.

properly ['prɔpəlɪ] *adv* (*eat, work*) odpowiednio, właściwie; (*behave*) stosownie.

proper noun *n* nazwa *f* własna.

property ['prɔpətɪ] *n* (*possessions*) własność *f*, mienie *nt*; (*building and its land*) posiadłość *f*, nieruchomość *f*; (*quality*) własność *f*.

prophecy ['prɔfɪsɪ] *n* proroctwo *nt*, przepowiednia *f*.

prophet ['prɔfɪt] *n* prorok *m*.

proportion [prə'pɔ:ʃən] *n* (*part*) odsetek *m*; (*quantity*) liczba *f*, ilość *f*; (*ratio*) stosunek *m*; (*MATH*) proporcja *f*.

proportional [prə'pɔ:ʃənl] *adj*: **proportional to** proporcjonalny do +*gen*.

proportionate [prə'pɔ:ʃənɪt] *adj* = **proportional**.

proposal [prə'pəuzl] *n* propozycja *f*; (*of marriage*) oświadczyny *pl*.

propose [prə'pəuz] *vt* (*plan*) proponować (zaproponować *perf*); (*motion*) składać (złożyć *perf*), przedkładać (przedłożyć *perf*); (*toast*) wznosić (wznieść *perf*) ♦ *vi* oświadczać się (oświadczyć się *perf*); **to propose to do** *or* **doing sth** zamierzać coś (z)robić.

proposition [prɔpə'zɪʃən] *n* (*statement*) twierdzenie *nt*; (*offer*) propozycja *f*.

proprietor [prə'praɪətə*] *n* właściciel(ka) *m(f)*.

propriety [prə'praɪətɪ] *n* stosowność *f*.

prosaic [prəu'zeɪɪk] *adj* prozaiczny.

prose [prəuz] *n* proza *f*.

prosecute ['prɔsɪkju:t] *vt* podawać (podać *perf*) do sądu, wnosić (wnieść *perf*) oskarżenie przeciwko +*dat*.

prosecution [prɔsɪ'kju:ʃən] *n* (*action*) zaskarżenie *nt*, wniesienie *nt* oskarżenia; (*accusing side*) oskarżenie *nt*.

prosecutor ['prɔsɪkju:tə*] *n* oskarżyciel *m*, prokurator *m*; (*also*: **public prosecutor**) oskarżyciel *m* publiczny, prokurator *m*.

prospect ['prɔspɛkt] *n* (*likelihood*) perspektywa *f*; (*thought*) myśl *f* ♦ *vi*: **to prospect for** poszukiwać +*gen*; **prospects** *npl* perspektywy *pl*.

prospective [prə'spɛktɪv] *adj* (*son-in-law, legislation*) przyszły; (*customer*) potencjalny.

prospectus [prə'spɛktəs] *n* prospekt *m* (*informator*).

prosper ['prɔspə*] *vi* prosperować.

prosperity [prɔ'spɛrɪtɪ] *n* (*of business*) (dobra) koniunktura *f*; (*of person*) powodzenie *nt*.

prosperous ['prɔspərəs] *adj* (*business*) (dobrze) prosperujący.

prostitute ['prɔstɪtju:t] *n* prostytutka *f*.

prostrate ['prɒstreɪt] adj leżący twarzą ku ziemi.

protagonist [prə'tægənɪst] n (of idea) szermierz m; (LITERATURE) protagonista m.

protect [prə'tɛkt] vt chronić, ochraniać (ochronić perf).

protection [prə'tɛkʃən] n ochrona f.

protective [prə'tɛktɪv] adj ochronny; (person) opiekuńczy.

protein ['prəuti:n] n białko nt, proteina f.

protest ['prəutɛst] n protest m ♦ vi: to protest about/against/at protestować przeciw(ko) +dat ♦ vt: to protest (that ...) zapewniać (zapewnić perf) (, że ...).

Protestant ['prɒtɪstənt] adj protestancki ♦ n protestant(ka) m(f).

protester [prə'tɛstə*] n protestujący (-ca) m(f).

protocol ['prəutəkɒl] n protokół m.

prototype ['prəutətaɪp] n prototyp m.

protracted [prə'træktɪd] adj przedłużający się.

protrude [prə'tru:d] vi wystawać, sterczeć.

proud [praud] adj dumny; (pej) pyszny, hardy; proud of sb/sth dumny z kogoś/czegoś.

prove [pru:v] vt udowadniać (udowodnić perf), dowodzić (dowieść perf) +gen ♦ vi: to prove (to be) correct/useful okazywać się (okazać się perf) słusznym/użytecznym.

proverb ['prɒvə:b] n przysłowie nt.

proverbial [prə'və:bɪəl] adj przysłowiowy.

provide [prə'vaɪd] vt dostarczać (dostarczyć perf) +gen; to provide sb with (food) zaopatrywać (zaopatrzyć perf) kogoś w +acc; (information) dostarczać (dostarczyć perf) komuś +gen; (job) zapewniać (zapewnić perf) komuś +acc.

▶**provide for** vt fus (person) utrzymywać (utrzymać perf) +acc.

provided [prə'vaɪdɪd] conj: provided that pod warunkiem, że.

providing [prə'vaɪdɪŋ] conj: providing (that) = provided (that).

province ['prɒvɪns] n (ADMIN) prowincja f; (of person) kompetencje pl.

provincial [prə'vɪnʃəl] adj prowincjonalny.

provision [prə'vɪʒən] n (supplying) zaopatrywanie nt; (of contract, agreement) warunek m, klauzula f; **provisions** npl zapasy pl.

provisional [prə'vɪʒənl] adj tymczasowy.

provocation [prɒvə'keɪʃən] n prowokacja f.

provocative [prə'vɒkətɪv] adj prowokacyjny; (sexually) prowokujący.

provoke [prə'vəuk] vt (person, fight) prowokować (sprowokować perf); (reaction, criticism) wywoływać (wywołać perf).

prow [prau] n (of boat) dziób m.

proximity [prɒk'sɪmɪtɪ] n bliskość f.

proxy ['prɒksɪ] n: by proxy przez pełnomocnika.

prudent ['pru:dnt] adj rozważny, roztropny.

prune [pru:n] n suszona śliwka f ♦ vt (tree) przycinać (przyciąć perf).

pry [praɪ] vi węszyć; to pry into wścibiać nos w +acc.

PS abbr = postscript PS.

psalm [sɑ:m] n psalm m.

pseudonym ['sju:dənɪm] n pseudonim m.

psyche ['saɪkɪ] n psychika f.

psychiatric [saɪkɪ'ætrɪk] adj psychiatryczny.

psychiatrist [saɪ'kaɪətrɪst] n psychiatra m.

psychiatry [saɪ'kaɪətrɪ] n psychiatria f.

psychic [ˈsaɪkɪk] adj (disorder)
psychiczny; (person) mający
zdolności parapsychiczne ♦ n
medium nt.
psychoanalysis [saɪkəʊəˈnælɪsɪs]
(pl **psychoanalyses**) n
psychoanaliza f.
psychological [saɪkəˈlɒdʒɪkl] adj
(mental) psychiczny; (relating to
psychology) psychologiczny.
psychologist [saɪˈkɒlədʒɪst] n
psycholog m.
psychology [saɪˈkɒlədʒɪ] n (science)
psychologia f; (character) psychika f.
psychopath [ˈsaɪkəʊpæθ] n
psychopata (-tka) m(f).
PTO abbr (= please turn over) verte.
pub [pʌb] n = **public house**.
puberty [ˈpjuːbətɪ] n dojrzewanie nt
płciowe, pokwitanie nt.
pubic [ˈpjuːbɪk] adj łonowy.
public [ˈpʌblɪk] adj publiczny;
(support, interest) społeczny;
(spending, official) państwowy ♦ n:
the public (people in general)
społeczeństwo nt; (particular set of
people) publiczność f; **in public**
publicznie; **to make sth public**
ujawniać (ujawnić perf) coś.
publican [ˈpʌblɪkən] n właściciel(ka)
m(f) pubu.
publication [pʌblɪˈkeɪʃən] n (act)
wydanie nt, publikacja f; (book,
magazine) publikacja f.
public convenience (BRIT) n
toaleta f publiczna.
publicity [pʌbˈlɪsɪtɪ] n (information)
reklama f; (attention) rozgłos m.
publicize [ˈpʌblɪsaɪz] vt podawać
(podać perf) do publicznej
wiadomości.
publicly [ˈpʌblɪklɪ] adv publicznie.
public opinion n opinia f publiczna.
public relations n kreowanie nt
wizerunku firmy.
public school n (BRIT) szkoła f

prywatna (średniego stopnia); (US)
szkoła f państwowa.
public transport n komunikacja f
publiczna.
publish [ˈpʌblɪʃ] vt (book, magazine,
newspaper) wydawać (wydać perf);
(letter, article) publikować
(opublikować perf).
publisher [ˈpʌblɪʃə*] n wydawca m.
publishing [ˈpʌblɪʃɪŋ] n działalność f
wydawnicza.
pudding [ˈpudɪŋ] n pudding m;
(BRIT: dessert) deser m; **black
pudding**, (US) **blood pudding** ≈
kaszanka.
puddle [ˈpʌdl] n kałuża f.
puff [pʌf] n (of cigarette, pipe)
zaciągnięcie się nt; (gasp) sapnięcie
nt; (of air) podmuch m ♦ vt (also:
puff on, puff at: pipe) pykać
(pyknąć perf) +acc; (cigarette)
zaciągać się (zaciągać się perf)
+instr ♦ vi sapać.
▶**puff out** vt (one's chest) wypinać
(wypiąć perf); (one's cheeks)
nadymać (nadąć perf).
puffy [ˈpʌfɪ] adj (face) spuchnięty;
(eye) podpuchnięty.
pull [pul] vt (rope, hair etc) ciągnąć
(pociągnąć perf) za +acc; (handle)
pociągać (pociągnąć perf) za +acc;
(trigger) naciskać (nacisnąć perf) (na
+acc); (cart etc) ciągnąć; (curtain,
blind) zaciągać (zaciągnąć perf) ♦ vi
ciągnąć (pociągnąć perf) ♦ n (of
moon, magnet) przyciąganie nt; (fig)
wpływ m; **to give sth a pull**
pociągnąć (perf) (za) coś; **to pull a
face** robić (zrobić perf) minę; **to
pull sth to pieces** (fig) nie
zostawiać (nie zostawić perf) na
czymś suchej nitki; **to pull o.s.
together** brać się (wziąć się perf) w
garść; **to pull sb's leg** (fig) nabierać
(nabrać perf) kogoś.
▶**pull apart** vt rozdzielać (rozdzielić
perf).

►**pull down** vt (building) rozbierać (rozebrać perf).

►**pull in** vi (AUT: at the kerb) zatrzymywać się (zatrzymać się perf); (RAIL) wjeżdżać (wjechać perf) (na peron or stację).

►**pull off** vt (clothes) ściągać (ściągnąć perf); (fig: difficult thing) dokonywać (dokonać perf) +gen.

►**pull out** vi (AUT: from kerb) odjeżdżać (odjechać perf); (: when overtaking) zmieniać (zmienić perf) pas ruchu; (RAIL) odjeżdżać (odjechać perf) (z peronu or stacji); (withdraw) wycofywać się (wycofać się perf) ♦ vt wyciągać (wyciągnąć perf).

►**pull over** vi (AUT) zjeżdżać (zjechać perf) na bok.

►**pull through** vi wyzdrowieć (perf), wylizać się (perf) (inf).

►**pull up** vi (AUT, RAIL) zatrzymywać się (zatrzymać się perf) ♦ vt (object, clothing) podciągać (podciągnąć perf); (weeds) wyrywać (wyrwać perf).

pulley ['pulɪ] n blok m, wielokrążek m.

pullover ['puləuvə*] n pulower m.

pulp [pʌlp] n (of fruit) miąższ m.

pulsate [pʌl'seɪt] vi (heart) bić.

pulse [pʌls] n (lit, fig) tętno nt, puls m; (TECH) impuls m ♦ vi pulsować; **pulses** npl nasiona pl roślin strączkowych; **to take sb's pulse** mierzyć (zmierzyć (perf)) komuś tętno; **to have one's finger on the pulse** (fig) trzymać rękę na pulsie.

puma ['pju:mə] n puma f.

pump [pʌmp] n pompa f; (for bicycle) pompka f; (petrol pump) dystrybutor m (paliwa), pompa f benzynowa; (shoe) czółenko nt ♦ vt pompować.

pumpkin ['pʌmpkɪn] n dynia f.

pun [pʌn] n kalambur m, gra f słów.

punch [pʌntʃ] n (blow) uderzenie nt pięścią; (tool) dziurkacz m; (drink) poncz m ♦ vt (person) uderzać (uderzyć perf) pięścią.

punchline ['pʌntʃlaɪn] n puenta f.

punctual ['pʌŋktjuəl] adj punktualny.

punctuation [pʌŋktju'eɪʃən] n interpunkcja f.

puncture ['pʌŋktʃə*] (AUT) n przebicie nt dętki ♦ vt przebijać (przebić perf).

punish ['pʌnɪʃ] vt karać (ukarać perf).

punishment ['pʌnɪʃmənt] n kara f.

punk [pʌŋk] n (also: punk rocker) punk m; (also: punk rock) punk-rock m; (US: inf: hoodlum) chuligan m.

punter ['pʌntə*] (BRIT) n gracz m na wyścigach konnych; (inf) klient(ka) m(f).

pup [pʌp] n (young dog) szczenię nt.

pupil ['pju:pl] n (SCOL) uczeń/uczennica m/f; (of eye) źrenica f.

puppet ['pʌpɪt] n kukiełka f; (fig) marionetka f.

puppy ['pʌpɪ] n szczenię nt, szczeniak m.

purchase ['pə:tʃɪs] n (act) zakup m, kupno nt; (item) zakup m, nabytek m ♦ vt nabywać (nabyć perf), zakupywać (zakupić perf).

purchaser ['pə:tʃɪsə*] n nabywca m, kupujący m.

pure [pjuə*] adj (lit, fig) czysty.

purée ['pjuəreɪ] n przecier m.

purely ['pjuəlɪ] adv (wholly) całkowicie.

purgatory ['pə:gətərɪ] n czyściec m.

purge [pə:dʒ] n czystka f.

purify ['pjuərɪfaɪ] vt oczyszczać (oczyścić perf).

puritan ['pjuərɪtən] n purytanin (-anka) m(f).

purity ['pjuərɪtɪ] n czystość f.

purple ['pə:pl] adj fioletowy.

purpose ['pə:pəs] n cel m; **on purpose** celowo.

purposeful ['pə:pəsful] adj celowy.

purr [pə:*] *vi* (*cat*) mruczeć.
purse [pə:s] *n* (*BRIT*) portmonetka *f*; (*US*) (damska) torebka *f* ♦ *vt* (*lips*) zaciskać (zacisnąć *perf*).
pursue [pə'sju:] *vt* ścigać; (*fig*: *policy, interest, plan*) realizować; (: *aim, objective*) dążyć do osiągnięcia +*gen*.
pursuit [pə'sju:t] *n* (*pastime*) zajęcie *nt*; (*chase*) pościg *m*; (: *fig*) pogoń *f*.
pus [pʌs] (*MED*) *n* ropa *f*.
push [puʃ] *n* (*of button etc*) naciśnięcie *nt*; (*of door*) pchnięcie *nt*; (*of car, person*) popchnięcie *nt* ♦ *vt* (*button, knob*) naciskać (nacisnąć *perf*); (*door*) pchać (pchnąć *perf*); (*car, person*) popychać (popchnąć *perf*); (*fig*: *person*: *to work harder*) dopingować; (: : *to reveal information*) naciskać; (: *product*) reklamować ♦ *vi* (*press*) naciskać (nacisnąć *perf*); (*shove*) pchać (pchnąć *perf*); **to push for** domagać się +*gen*.
▶**push off** (*inf*) *vi* spływać (spłynąć *perf*) (*inf*).
▶**push through** *vt* (*measure, scheme*) przeprowadzać (przeprowadzić *perf*).
▶**push up** *vt* (*prices etc*) podnosić (podnieść *perf*).
pushchair ['puʃtʃɛə*] (*BRIT*) *n* spacerówka *f*.
push-up ['puʃʌp] (*US*) *n* pompka *f* (*ćwiczenie*).
pushy ['puʃı] (*pej*) *adj* natarczywy, natrętny.
puss [pus] (*inf*) *n* kiciuś *m*.
pussy(cat) ['pusı(kæt)] (*inf*) *n* = **puss**.
put [put] (*pt, pp* **put**) *vt* (*thing*) kłaść (położyć *perf*); (*person*: *in room, institution*) umieszczać (umieścić *perf*); (: *in position, situation*) stawiać (postawić *perf*); (*idea, view, case*) przedstawiać (przedstawić *perf*); (*question*) stawiać (postawić *perf*); (*in class, category*) zaliczać

(zaliczyć *perf*); (*word, sentence*) zapisywać (zapisać *perf*).
▶**put across** *vt* (*ideas etc*) wyjaśniać (wyjaśnić *perf*).
▶**put away** *vt* (*shopping etc*) chować (pochować *perf*).
▶**put back** *vt* (*replace*) odkładać (odłożyć *perf*); (*postpone*) przekładać (przełożyć *perf*); (*delay*) opóźniać (opóźnić *perf*).
▶**put by** *vt* (*money, supplies*) odkładać (odłożyć *perf*).
▶**put down** *vt* (*book, spectacles*) odkładać (odłożyć *perf*); (*cup, chair*) odstawiać (odstawić *perf*); (*in writing*) zapisywać (zapisać *perf*); (*riot, rebellion*) tłumić (stłumić *perf*); (*kill*: *animal*) usypiać (uśpić *perf*).
▶**put down to** *vt* przypisywać (przypisać *perf*) +*dat*.
▶**put forward** *vt* (*proposal*) wysuwać (wysunąć *perf*), przedstawiać (przedstawić *perf*); (*ideas, argument*) przedstawiać (przedstawić *perf*).
▶**put in** *vt* (*application, complaint*) składać (złożyć *perf*); (*time, effort*) wkładać (włożyć *perf*).
▶**put off** *vt* (*postpone*) odkładać (odłożyć *perf*); (*discourage*) zniechęcać (zniechęcić *perf*); (*distract*) rozpraszać.
▶**put on** *vt* (*clothes, glasses*) zakładać (założyć *perf*); (*make-up, ointment*) nakładać (nałożyć *perf*); (*light, TV, record*) włączać (włączyć *perf*); (*play*) wystawiać (wystawić *perf*); (*brake*) naciskać (nacisnąć *perf*) na +*acc*; (*kettle, dinner*) wstawiać (wstawić *perf*); (*accent etc*) udawać; **to put on weight** przybierać (przybrać *perf*) na wadze, tyć (przytyć *perf*).
▶**put out** *vt* (*fire*) gasić (ugasić *perf*); (*candle, cigarette, light*) gasić (zgasić *perf*); (*rubbish*) wystawiać (wystawić *perf*) (*przed dom, do zabrania przez służby oczyszczania miasta*); (*cat*)

wypuszczać (wypuścić *perf*); (*one's hand*) wyciągać (wyciągnąć *perf*); (*one's tongue*) wystawiać (wystawić *perf*); (*inf: inconvenience*) fatygować.

▶**put through** *vt* (*TEL*) łączyć (połączyć *perf*); (*plan, agreement*) przyjmować (przyjąć *perf*).

▶**put up** *vt* (*fence, building, tent*) stawiać (postawić *perf*); (*umbrella*) rozkładać (rozłożyć *perf*); (*poster, sign*) wywieszać (wywiesić *perf*); (*price, cost*) podnosić (podnieść *perf*); (*person*) przenocowywać (przenocować *perf*).

▶**put up with** *vt fus* znosić (znieść *perf*) +*acc*.

putty ['pʌtɪ] *n* kit *m*.

puzzle ['pʌzl] *n* (*mystery*) zagadka *f*; (*game, toy*) układanka *f* ♦ *vt* stanowić zagadkę dla +*gen* ♦ *vi*: **to puzzle over sth** głowić się nad czymś.

puzzling ['pʌzlɪŋ] *adj* zagadkowy.

pyjamas [pɪ'dʒɑːməz] (*US* **pajamas**) *npl*: (**a pair of**) **pyjamas** piżama *f*.

pyramid ['pɪrəmɪd] *n* (*ARCHIT*) piramida *f*; (*GEOM*) ostrosłup *m*; (*pile*) stos *m*.

python ['paɪθən] *n* pyton *m*.

Q

quadrangle ['kwɔdræŋgl] *n* (*courtyard*) czworokątny dziedziniec *m*.

quadruple [kwɔ'druːpl] *vt* czterokrotnie zwiększać (zwiększyć *perf*) ♦ *vi* wzrastać (wzrosnąć *perf*) czterokrotnie.

quail [kweɪl] *n* (*bird*) przepiórka *f*.

quaint [kweɪnt] *adj* oryginalny, ciekawy (*najczęściej także staromodny*).

quake [kweɪk] *vi* trząść się, dygotać ♦ *n* = **earthquake**.

Quaker ['kweɪkə*] *n* kwakier(ka) *m(f)*.

qualification [kwɔlɪfɪ'keɪʃən] *n* (*often pl: degree, diploma*) kwalifikacje *pl*; (*attribute*) zdolność *f*; (*reservation*) zastrzeżenie *nt*.

qualified ['kwɔlɪfaɪd] *adj* (*doctor, engineer*) dyplomowany; (*worker*) wykwalifikowany; (*agreement, success*) połowiczny; (*praise*) powściągliwy; **to be/feel qualified to do sth** być/czuć się kompetentnym, by coś (z)robić.

qualify ['kwɔlɪfaɪ] *vt* (*entitle*) upoważniać (upoważnić *perf*); (*modify*) uściślać (uściślić *perf*) ♦ *vi* zdobywać (zdobyć *perf*) dyplom; **to qualify for** (*be eligible*) móc ubiegać się o +*acc*; (*in competition*) kwalifikować się (zakwalifikować się *perf*) do +*gen*.

quality ['kwɔlɪtɪ] *n* (*standard*) jakość *f*; (*characteristic: of person*) cecha *f* (charakteru), przymiot *m* (*usu pl*); (*: of wood, stone*) właściwość *f*.

quantity ['kwɔntɪtɪ] *n* ilość *f*.

quarantine ['kwɔrntiːn] *n* kwarantanna *f*; **to be in quarantine** przechodzić (przejść *perf*) kwarantannę.

quarrel ['kwɔrl] *n* kłótnia *f* ♦ *vi* kłócić się.

quarrelsome ['kwɔrəlsəm] *adj* kłótliwy.

quarry ['kwɔrɪ] *n* (*for stone*) kamieniołom *m*; (*animal being hunted*) zwierzyna *f*.

quart [kwɔːt] *n* kwarta *f* (*1.137 l*).

quarter ['kwɔːtə*] *n* (*fourth part*) ćwierć *f*; (*US: coin*) ćwierć *f* dolara; (*of year*) kwartał *m*; (*of city*) dzielnica *f* ♦ *vt* ćwiartować (poćwiartować *perf*); (*MIL: lodge*) zakwaterowywać (zakwaterować *perf*); **quarters** *npl* (*MIL*) kwatery *pl*; (*for servants, for sleeping etc*) pomieszczenia *pl*; **a quarter of an hour** kwadrans; **it's a quarter to 3,** *(US)* **it's a quarter of 3** jest za kwadrans trzecia; **it's a quarter past 3,** *(US)* **it's a quarter after 3** jest kwadrans po trzeciej.

quarterfinal ['kwɔːtə'faɪnl] *n* ćwierćfinał *m*.

quarterly ['kwɔːtəlɪ] *adj* kwartalny ♦ *adv* kwartalnie.

quartz [kwɔːts] *n* kwarc *m*.

quay [kiː] *n* nabrzeże *nt*.

queasy ['kwiːzɪ] *adj*: **to feel queasy** mieć mdłości; *(fig)* czuć się niewyraźnie.

queen [kwiːn] *n* królowa *f*; *(CARDS)* dama *f*; *(CHESS)* hetman *m*, królowa *f*.

queer [kwɪə*] *adj* dziwny ♦ *n (inf!)* pedał *m (inf!)*.

quell [kwɛl] *vt* tłumić (stłumić *perf*).

quench [kwɛntʃ] *vt*: **to quench one's thirst** gasić (ugasić *perf*) pragnienie.

query ['kwɪərɪ] *n* zapytanie *nt* ♦ *vt* kwestionować (zakwestionować *perf*).

quest [kwɛst] *n* poszukiwanie *nt*.

question ['kwɛstʃən] *n (query, problem in exam)* pytanie *nt*; *(doubt)* wątpliwość *f*; *(issue)* kwestia *f* ♦ *vt (interrogate)* pytać; *(doubt)* wątpić; **it's beyond question** to nie ulega wątpliwości; **it's out of the question** (to) wykluczone.

questionable ['kwɛstʃənəbl] *adj* wątpliwy.

question mark *n* znak *m* zapytania, pytajnik *m*.

questionnaire [kwɛstʃə'nɛə*] *n* kwestionariusz *m*, ankieta *f*.

queue [kjuː] *(BRIT) n* kolejka *f* ♦ *vi (also:* **queue up)** stać w kolejce.

quibble ['kwɪbl] *vi*: **to quibble about** *or* **over sth/with sb** sprzeczać się (posprzeczać się *perf*) o coś/z kimś ♦ *n* drobne zastrzeżenie *nt*.

quick [kwɪk] *adj (fast, swift)* szybki; **be quick!** szybko!, pospiesz się!

quicken ['kwɪkən] *vt (pace, step)* przyśpieszać (przyśpieszyć *perf*) +gen ♦ *vi*: **his pace quickened** przyśpieszył kroku.

quickly ['kwɪklɪ] *adv* szybko.

quickness ['kwɪknɪs] *n* szybkość *f*; **quickness of mind** bystrość umysłu.

quick-witted [kwɪk'wɪtɪd] *adj* bystry.

quid [kwɪd] *(BRIT: inf) n inv* funciak *m (inf)*.

quiet ['kwaɪət] *adj (lit, fig)* cichy; *(peaceful, not busy)* spokojny; *(not speaking)* milczący ♦ *n (silence)* cisza *f*; *(peacefulness)* spokój *m* ♦ *vt, vi (US)* = **quieten.**

quieten ['kwaɪətn] *(BRIT: also:* **quieten down)** *vi (grow calm)* uspokajać się (uspokoić się *perf*); *(grow silent)* cichnąć, ucichać (ucichnąć *perf*) ♦ *vt (make less active)* uspokajać (uspokoić *perf*); *(make less noisy)* uciszać (uciszyć *perf*).

quietly ['kwaɪətlɪ] *adv (not loudly)* cicho; *(without speaking)* w milczeniu.

quilt [kwɪlt] *n* narzuta *f (na łóżko)*; *(also:* **continental quilt)** kołdra *f*.

quirk [kwəːk] *n* dziwactwo *nt*; **a quirk of fate** kaprys losu.

quit [kwɪt] *(pt* **quit** *or* **quitted)** *vt (smoking, job)* rzucać (rzucić *perf*); *(premises)* opuszczać (opuścić *perf*) ♦ *vi* rezygnować (zrezygnować *perf*); **to quit doing sth** przestawać (przestać *perf*) coś robić.

quite [kwaɪt] *adv (rather)* całkiem, dosyć *or* dość; *(entirely)* całkowicie, zupełnie; **it's not quite big enough** jest odrobinę za mały; **quite a few** sporo; **quite (so)!** (no) właśnie!

quits [kwɪts] *adj*: **we're quits** jesteśmy kwita.

quiver ['kwɪvə*] *vi* drżeć.

quiz [kwɪz] n (game) kwiz m, quiz m
♦ vt przepytywać (przepytać perf).

quota ['kwəʊtə] n (of imported
goods) kontyngent m; (ration)
przydział m.

quotation [kwəʊ'teɪʃən] n (from book
etc) cytat m; (estimate) wycena f.

quotation marks npl cudzysłów m.

quote [kwəʊt] n (from book etc) cytat
m; (estimate) wycena f ♦ vt cytować
(zacytować perf); (price) podawać
(podać perf); **quotes** npl cudzysłów m.

quotient ['kwəʊʃənt] n współczynnik
m.

R

rabbi ['ræbaɪ] n rabin m.

rabbit ['ræbɪt] n królik m.

rabble ['ræbl] (pej) n motłoch m (pej).

rabid ['ræbɪd] adj wściekły; (fig)
fanatyczny.

rabies ['reɪbiːz] n wścieklizna f.

RAC (BRIT) n abbr (= Royal
Automobile Club).

raccoon [rə'kuːn] n szop m (pracz m).

race [reɪs] n (species) rasa f;
(competition) wyścig m ♦ vt: **to race
horses/cars** etc brać udział w
wyścigach
konnych/samochodowych etc ♦ vi
(compete) ścigać się; (hurry) pędzić
(popędzić perf), gnać (pognać perf);
(heart) bić szybko; (engine)
pracować na podwyższonych
obrotach.

racecourse ['reɪskɔːs] n tor m
wyścigowy.

racehorse ['reɪshɔːs] n koń m
wyścigowy.

racetrack ['reɪstræk] n (for people)
bieżnia f; (for cars) tor m wyścigowy.

racial ['reɪʃl] adj (discrimination,
prejudice) rasowy; **racial equality**
równouprawnienie ras.

racing ['reɪsɪŋ] n wyścigi pl.

racing car (BRIT) n samochód m
wyścigowy.

racism ['reɪsɪzəm] n rasizm m.

racist ['reɪsɪst] adj rasistowski ♦ n
rasista (-tka) m(f).

rack [ræk] n (also: **luggage rack**)
półka f (na bagaż); (also: **roof rack**)
bagażnik m na dach; (for dresses)
wieszak m; (for dishes) suszarka f ♦
vt: **racked by** (pain, anxiety)
dręczony +instr; (doubts) nękany
+instr; **to rack one's brains** łamać
sobie głowę.

racket ['rækɪt] n (for tennis etc)
rakieta f; (noise) hałas m; (swindle)
kant m.

radar ['reɪdɑː*] n radar m.

radial ['reɪdɪəl] adj promienisty ♦ n
(AUT: also: **radial tyre**) opona f
radialna.

radiance ['reɪdɪəns] n blask m.

radiant ['reɪdɪənt] adj (smile)
promienny; (person) rozpromieniony.

radiate ['reɪdɪeɪt] vt promieniować,
wypromieniowywać
(wypromieniować perf); (fig)
promieniować +instr ♦ vi (lines,
roads) rozchodzić się promieniście.

radiation [reɪdɪ'eɪʃən] n
promieniowanie nt.

radiator ['reɪdɪeɪtə*] n (heater)
kaloryfer m; (AUT) chłodnica f.

radical ['rædɪkl] adj radykalny ♦ n
radykał m.

radii ['reɪdɪaɪ] npl of **radius**.

radio ['reɪdɪəʊ] n (broadcasting) radio
nt; (device: for receiving broadcasts)
radioodbiornik m, radio nt; (: for
transmitting and receiving)
radiostacja f ♦ vt (person) łączyć się
(połączyć się perf) przez radio z
+instr; **on the radio** w radiu.

radioactive ['reɪdɪəʊ'æktɪv] adj
promieniotwórczy, radioaktywny.

radiology [ˌreɪdɪˈɔlədʒɪ] n radiologia f, rentgenologia f.

radio station n stacja f radiowa.

radiotherapy [ˈreɪdɪəʊˈθɛrəpɪ] n radioterapia f.

radish [ˈrædɪʃ] n rzodkiewka f.

radius [ˈreɪdɪəs] (pl **radii**) n promień m.

RAF (BRIT) n abbr = **Royal Air Force**.

raffle [ˈræfl] n loteria f fantowa.

raft [rɑːft] n (craft) tratwa f; (also: **life raft**) tratwa f ratunkowa.

rag [ræg] n (piece of cloth) szmata f; (: small) szmatka f; (pej: newspaper) szmatławiec m (pej); (BRIT: SCOL) seria imprez studenckich, z których dochód przeznaczony jest na cele dobroczynne; **rags** npl łachmany pl.

rage [reɪdʒ] n wściekłość f ♦ vi (person) wściekać się; (storm) szaleć; (debate) wrzeć; **it's all the rage** to (jest) ostatni krzyk mody.

ragged [ˈrægɪd] adj (edge, line) nierówny; (clothes) podarty; (person) obdarty; (beard) postrzępiony.

raid [reɪd] n (MIL) atak m; (by aircraft, police) nalot m; (by criminal) napad m ♦ vt (MIL) atakować; (by aircraft) dokonywać (dokonać perf) nalotu na +acc; (police) robić (zrobić perf) nalot na +acc; (criminal) napadać (napaść perf) na +acc.

rail [reɪl] n (on stairs, bridge) poręcz f; (on deck of ship) reling m; **rails** npl szyny pl; **by rail** koleją.

railing(s) [ˈreɪlɪŋ(z)] n(pl) płot m (z metalowych prętów).

railroad [ˈreɪlrəʊd] (US) n = **railway**.

railway [ˈreɪlweɪ] (BRIT) n (system, company) kolej f; (track) linia f kolejowa.

railwayman [ˈreɪlweɪmən] (BRIT: irreg) n kolejarz m.

railway station (BRIT) n dworzec m kolejowy.

rain [reɪn] n deszcz m ♦ vi: **it's**

raining pada (deszcz); **in the rain** w or na deszczu.

rainbow [ˈreɪnbəʊ] n tęcza f.

raincoat [ˈreɪnkəʊt] n płaszcz m przeciwdeszczowy.

raindrop [ˈreɪndrɔp] n kropla f deszczu.

rainfall [ˈreɪnfɔːl] n opad m or opady pl deszczu.

rainy [ˈreɪnɪ] adj (day, season) deszczowy.

raise [reɪz] n (esp US: payrise) podwyżka f ♦ vt (hand, one's voice, salary, question) podnosić (podnieść perf); (objection) wnosić (wnieść perf); (doubts, hopes) wzbudzać (wzbudzić perf); (cattle, plant) hodować (wyhodować perf); (crop) uprawiać; (child) wychowywać (wychować perf); (funds, army) zbierać (zebrać perf); (loan) zaciągać (zaciągnąć perf).

raisin [ˈreɪzn] n rodzynek m, rodzynka f.

rake [reɪk] n (tool) grabie pl ♦ vt (person: soil, lawn) grabić (zagrabić perf); (: leaves) grabić (zgrabić perf); (gun) ostrzeliwać (ostrzelać perf); (searchlight) przeczesywać (przeczesać perf).

rally [ˈrælɪ] n (POL) wiec m; (AUT) rajd m; (TENNIS etc) wymiana f piłek ♦ vt (support) pozyskiwać (pozyskać perf); (public opinion, supporters) mobilizować (zmobilizować perf) ♦ vi (sick person) dochodzić (dojść perf) do siebie; (Stock Exchange) zwyżkować, ożywiać się (ożywić się perf).

▶**rally round** vi łączyć (połączyć perf) siły.

RAM [ræm] (COMPUT) n abbr = **random access memory** RAM m.

ram [ræm] n baran m ♦ vt (crash into) taranować (staranować perf); (force *into place: post, stick*) wbijać (wbić *perf*); (: *bolt*) zasuwać (zasunąć *perf*).

ramble ['ræmbl] *n* wędrówka *f*, (piesza) wycieczka *f* ♦ *vi* (*walk*) wędrować; (*also*: **ramble on**) mówić bez ładu i składu.

rambler ['ræmblə*] *n* (*walker*) turysta (-tka) *m(f)* pieszy (-sza) *m(f)*.

rambling ['ræmblɪŋ] *adj* (*speech, letter*) bezładny, chaotyczny; (*house*) chaotycznie zbudowany.

ramp [ræmp] *n* podjazd *m*; **on ramp** (*US*) wjazd na autostradę; **off ramp** (*US*) zjazd z autostrady.

rampage [ræm'peɪdʒ] *n*: **to be/go on the rampage** siać zniszczenie.

rampant ['ræmpənt] *adj*: **to be rampant** szerzyć się.

ramshackle ['ræmʃækl] *adj* (*house*) walący się; (*cart, table*) rozklekotany.

ran [ræn] *pt of* **run**.

ranch [rɑːntʃ] *n* ranczo *nt*, rancho *nt*.

rancid ['rænsɪd] *adj* zjełczały.

random ['rændəm] *adj* (*arrangement, selection*) przypadkowy; (*COMPUT, MATH*) losowy ♦ *n*: **at random** na chybił trafił.

random access memory (*COMPUT*) *n* pamięć *f* o dostępie swobodnym.

rang [ræŋ] *pt of* **ring**.

range [reɪndʒ] *n* (*of mountains*) łańcuch *m*; (*of missile*) zasięg *m*; (*of voice*) skala *f*; (*of subjects, possibilities*) zakres *m*; (*of products*) asortyment *m*; (*also*: **rifle range**) strzelnica *f*; (*also*: **kitchen range**) piec *m* (kuchenny) ♦ *vt* ustawiać (ustawić *perf*) w rzędzie ♦ *vi*: **to range over** obejmować +*acc*; **to range from ... to ...** wahać się od +*gen* do +*gen*; **at close range** z bliska.

ranger ['reɪndʒə*] *n* strażnik *m* leśny.

rank [ræŋk] *n* (*row*) szereg *m*; (*status*) ranga *f*; (*MIL*) stopień *m*; (*of society*) warstwa *f*; (*BRIT*: *also*: **taxi**

rank) postój *m* (taksówek) ♦ *vi*: **to rank as/among** zaliczać się do +*gen* ♦ *vt*: **he is ranked third** jest klasyfikowany na trzecim miejscu ♦ *adj* (*stinking*) cuchnący; **the rank and file** (*of organization*) szeregowi członkowie; **to close ranks** (*fig*) zwierać (zewrzeć *perf*) szeregi.

ransack ['rænsæk] *vt* (*search*) przetrząsać (przetrząsnąć *perf*); (*plunder*) plądrować (splądrować *perf*).

ransom ['rænsəm] *n* okup *m*; **to hold to ransom** trzymać *or* przetrzymywać w charakterze zakładnika; (*fig*) stawiać (postawić *perf*) w przymusowej sytuacji.

rant [rænt] *vi*: **to rant (and rave)** wygłaszać (wygłosić *perf*) tyradę; (*angrily*) rzucać gromy.

rap [ræp] *vi* (*on door, table*) pukać (zapukać *perf*), stukać (zastukać *perf*).

rape [reɪp] *n* (*crime*) gwałt *m*; (*BOT*) rzepak *m* ♦ *vt* gwałcić (zgwałcić *perf*).

rapid ['ræpɪd] *adj* (*growth, change*) gwałtowny.

rapidity [rə'pɪdɪtɪ] *n* (*of growth, change*) gwałtowność *f*; (*of movement*) szybkość *f*.

rapidly ['ræpɪdlɪ] *adv* (*grow, increase*) gwałtownie.

rapist ['reɪpɪst] *n* gwałciciel *m*.

rapport [ræ'pɔː*] *n* porozumienie *nt*, wzajemne zrozumienie *nt*.

rapture ['ræptʃə*] *n* zachwyt *m*.

rapturous ['ræptʃərəs] *adj* (*applause*) pełen zachwytu *or* uniesienia; (*welcome*) entuzjastyczny.

rare [reə*] *adj* rzadki; (*steak*) krwisty.

rarely ['reəlɪ] *adv* rzadko.

rarity ['reərɪtɪ] *n* rzadkość *f*.

rascal ['rɑːskl] *n* (*child*) łobuz *m*.

rash [ræʃ] *adj* pochopny ♦ *n* (*MED*) wysypka *f*; (*of events, robberies*) seria *f*; **to come out in a rash** dostawać (dostać *perf*) wysypki.

rasher ['ræʃə*] *n* (*of bacon*) plasterek *m*.

raspberry ['rɑːzbərɪ] *n* malina *f*.

rat [ræt] *n* szczur *m*.

rate [reɪt] *n* (*pace*) tempo *nt*; (*ratio*) współczynnik *m* ♦ *vt* (*value*) cenić; (*estimate*) oceniać (ocenić *perf*); **rates** *npl* (*BRIT: property tax*) podatek *m* od nieruchomości; (*fees*) składki *pl*; (*prices*) ceny *pl*; **to rate sb/sth as** uważać kogoś/coś za +*acc*; **to rate sb/sth among** zaliczać (zaliczyć *perf*) kogoś/coś do +*gen*.

rather ['rɑːðə*] *adv* dość, dosyć; **rather a lot** trochę (za) dużo; **it's rather expensive** to (jest) trochę (zbyt) drogie; **it's rather a pity** trochę szkoda; **I would rather go** wolałabym pójść; **I'd rather not say** wolałbym nie mówić; **rather than** zamiast +*gen*; **or rather** czy (też) raczej.

ratification [rætɪfɪ'keɪʃən] *n* ratyfikacja *f*.

ratify ['rætɪfaɪ] *vt* ratyfikować (ratyfikować *perf*).

rating ['reɪtɪŋ] *n* (*score*) wskaźnik *m*; (*assessment*) ocena *f*; (*NAUT: BRIT*) marynarz *m*; **ratings** *npl* (*RADIO, TV*) notowania *pl*.

ratio ['reɪʃɪəu] *n* stosunek *m*; **in the ratio of five to one** w stosunku pięć do jednego.

ration ['ræʃən] *n* przydział *m*, racja *f* ♦ *vt* racjonować, wydzielać; **rations** *npl* (*MIL*) racje *pl* żywnościowe.

rational ['ræʃənl] *adj* racjonalny.

rationalization [ræʃnəlaɪ'zeɪʃən] *n* racjonalizacja *f*.

rationalize ['ræʃnəlaɪz] *vt* racjonalizować (zracjonalizować *perf*).

rationally ['ræʃnəlɪ] *adv* racjonalnie.

rationing ['ræʃnɪŋ] *n* reglamentacja *f*.

rattle ['rætl] *n* (*of window*) stukanie *nt*; (*of train*) turkot *m*; (*of engine*) stukot *m*; (*of coins*) brzęk *m*; (*of*

chain) szczęk *m*; (*for baby*) grzechotka *f* ♦ *vi* (*window, engine*) stukać; (*train*) turkotać (zaturkotać *perf*); (*coins, bottles*) brzęczeć (zabrzęczeć *perf*); (*chains*) szczękać (szczęknąć *perf*) ♦ *vt* trząść (zatrząść *perf*) +*instr*; (*fig*) wytrącać (wytrącić *perf*) z równowagi; **to rattle along** przejeżdżać (przejechać *perf*) z turkotem.

rattlesnake ['rætlsneɪk] *n* grzechotnik *m*.

raucous ['rɔːkəs] *adj* (*voice, laughter*) chrapliwy; (*party*) hałaśliwy.

ravage ['rævɪdʒ] *vt* pustoszyć (spustoszyć *perf*).

rave [reɪv] *vi* (*in anger*) wrzeszczeć. ►**rave about** zachwycać się +*instr*.

raven ['reɪvən] *n* kruk *m*.

ravenous ['rævənəs] *adj* (*person*) wygłodniały; (*appetite*) wilczy.

ravine [rə'viːn] *n* wąwóz *m*.

ravishing ['rævɪʃɪŋ] *adj* olśniewający.

raw [rɔː] *adj* (*meat, cotton*) surowy; (*sugar*) nierafinowany; (*wound*) otwarty; (*skin*) obtarty; (: *from sun*) spalony; (*person: inexperienced*) zielony (*inf*); (*day*) przenikliwie zimny.

raw material *n* surowiec *m*.

ray [reɪ] *n* promień *m*.

rayon ['reɪɔn] *n* sztuczny jedwab *m*.

raze [reɪz] *vt* (*also*: **raze to the ground**) zrównywać (zrównać *perf*) z ziemią.

razor ['reɪzə*] *n* brzytwa *f*; (*safety razor*) maszynka *f* do golenia; (*electric*) golarka *f* elektryczna, elektryczna maszynka *f* do golenia.

razor blade *n* żyletka *f*.

Rd *abbr* = **road** ul.

re [riː] *prep* (*in letter*) dotyczy +*gen*, w sprawie +*gen*.

reach [riːtʃ] *n* zasięg *m* ♦ *vt* (*destination*) docierać (dotrzeć *perf*) do +*gen*; (*conclusion*) dochodzić (dojść *perf*) do +*gen*; (*decision*) podejmować (podjąć *perf*); (*age, agreement*) osiągać (osiągnąć *perf*); (*extend to*) sięgać (sięgnąć *perf*) do +*gen*, dochodzić (dojść *perf*) do +*gen*; (*be able to touch*) dosięgać (dosięgnąć *perf*) (do) +*gen*; (*by telephone*) kontaktować się (skontaktować się *perf*) (telefonicznie) z +*instr* ♦ *vi* wyciągać (wyciągnąć *perf*) rękę; **reaches** *npl* (*of river*) dorzecze *nt*; **within reach** osiągalny; **out of reach** nieosiągalny; **within (easy) reach** of the shops/station (bardzo) blisko sklepów/dworca; "**keep out of the reach of children**" „chronić przed dziećmi".

►**reach out** *vt* wyciągać (wyciągnąć *perf*) ♦ *vi* wyciągać (wyciągnąć *perf*) rękę; **to reach out for sth** sięgać (sięgnąć *perf*) po coś.

react [riːˈækt] *vi* (*respond*): **to react (to)** reagować (zareagować *perf*) (na +*acc*); (*rebel*): **to react (against)** buntować się (zbuntować się *perf*) (przeciwko +*dat*); (*CHEM*): **to react (with)** reagować (z +*instr*).

reaction [riːˈækʃən] *n* reakcja *f*; **reactions** *npl* (*reflexes*) reakcje *pl*; **a reaction against sth** bunt przeciwko czemuś.

reactionary [riːˈækʃənrɪ] *adj* reakcyjny.

reactor [riːˈæktə*] *n* (*also*: **nuclear reactor**) reaktor *m* (jądrowy).

read [riːd] (*pt* **read**) *vi* (*person*) czytać; (*piece of writing*) brzmieć ♦ *vt* (*book*) czytać (przeczytać *perf*); (*sb's mood*) odgadywać (odgadnąć *perf*); (*sb's thoughts*) czytać w +*loc*; (*sb's lips*) czytać z +*gen*; (*meter etc*) odczytywać (odczytać *perf*); (*subject at university*) studiować; **to read sb's mind** czytać w czyichś myślach.

►**read out** *vt* odczytywać (odczytać *perf*) (na głos).

reader [ˈriːdə*] *n* (*person*) czytelnik (-iczka) *m(f)*; (*book*) wypisy *pl*; (: *for children*) czytanka *f*; (*BRIT*: *at university*) starszy wykładowca, niższy o stopień od profesora.

readership [ˈriːdəʃɪp] *n* czytelnicy *vir pl*.

readily [ˈrɛdɪlɪ] *adv* (*accept, agree*) chętnie; (*available*) łatwo.

readiness [ˈrɛdɪnɪs] *n* gotowość *f*; **in readiness for** gotowy do +*gen*.

reading [ˈriːdɪŋ] *n* (*of books etc*) czytanie *nt*, lektura *f*; (*literary event*) czytanie *nt*; (*on meter etc*) odczyt *m*.

readjust [riːəˈdʒʌst] *vt* (*knob, focus*) ustawiać (ustawić *perf*) ♦ *vi*: **to readjust (to)** przystosowywać się (przystosować się *perf*) (do +*gen*).

ready [ˈrɛdɪ] *adj* gotowy ♦ *n*: **at the ready** (*MIL*) gotowy do strzału; **to get ready** *vi* przygotowywać się (przygotować się *perf*) ♦ *vt* przygotowywać (przygotować *perf*).

ready-made [ˈrɛdɪˈmeɪd] *adj* (*clothes*) gotowy.

reaffirm [riːəˈfəːm] *vt* potwierdzać (potwierdzić *perf*).

real [rɪəl] *adj* prawdziwy; **in real life** w rzeczywistości; **in real terms** faktycznie.

real estate *n* nieruchomość *f*.

realism [ˈrɪəlɪzəm] *n* realizm *m*.

realist [ˈrɪəlɪst] *n* realista (-tka) *m(f)*.

realistic [rɪəˈlɪstɪk] *adj* realistyczny.

reality [riːˈælɪtɪ] *n* rzeczywistość *f*; **in reality** w rzeczywistości.

realization [rɪəlaɪˈzeɪʃən] *n* (*understanding*) uświadomienie *nt* sobie, zrozumienie *nt*; (*of dreams, hopes*) spełnienie *nt*; (*FIN*: *of asset*) upłynnienie *nt*.

realize [ˈrɪəlaɪz] *vt* (*understand*) uświadamiać (uświadomić *perf*) sobie, zdawać (zdać *perf*) sobie sprawę z +*gen*; (*dreams, hopes*) spełniać (spełnić *perf*); (*amount, profit*) przynosić (przynieść *perf*); I

realize that ... zdaję sobie sprawę (z tego), że ... .

really ['rɪəlɪ] adv naprawdę, rzeczywiście; **really?** naprawdę?; **really!** coś podobnego!

realm [rɛlm] n (fig: field) dziedzina f, sfera f; (kingdom) królestwo nt.

reap [ri:p] vt (crop, rewards) zbierać (zebrać perf); (benefits) czerpać.

reappear [ri:ə'pɪə*] vi pojawiać się (pojawić się perf) ponownie.

rear [rɪə*] adj tylny ♦ n (back) tył m ♦ vt (cattle, chickens) hodować; (children) wychowywać (wychować perf) ♦ vi (also: **rear up**) stawać (stanąć perf) dęba.

rearrange [ri:ə'reɪndʒ] vt (furniture) przestawiać (przestawić perf); (meeting) przekładać (przełożyć perf).

reason ['ri:zn] n (cause) powód m, przyczyna f; (rationality) rozum m; (common sense) rozsądek m ♦ vi: **to reason with sb** przemawiać (przemówić perf) komuś do rozsądku; **it stands to reason that ...** jest zrozumiałe, że ...; **within reason** w granicach (zdrowego) rozsądku.

reasonable ['ri:znəbl] adj (person) rozsądny; (explanation, request) sensowny; (amount, price) umiarkowany.

reasonably ['ri:znəblɪ] adv (fairly) dość, dosyć; (sensibly) rozsądnie.

reasoning ['ri:znɪŋ] n rozumowanie nt.

reassurance [ri:ə'ʃuərəns] n (comfort) wsparcie nt (duchowe), otucha f.

reassure [ri:ə'ʃuə*] vt dodawać (dodać perf) otuchy +dat.

reassuring [ri:ə'ʃuərɪŋ] adj dodający otuchy.

rebate ['ri:beɪt] n zwrot m nadpłaty.

rebel ['rɛbl] n (POL) rebeliant(ka) m(f); (against society, parents) buntownik (-iczka) m(f) ♦ vi buntować się (zbuntować się perf).

rebellion [rɪ'bɛljən] n (POL) rebelia f; (against society, parents) bunt m.

rebellious [rɪ'bɛljəs] adj (subject, child) nieposłuszny; (behaviour) buntowniczy.

rebound [rɪ'baund] vi odbijać się (odbić się perf) ♦ n: **on the rebound** (ball) odbity; **she married him on the rebound** wyszła za niego po przeżyciu zawodu miłosnego.

rebuild [ri:'bɪld] (irreg like: **build**) vt odbudowywać (odbudować perf).

rebuke [rɪ'bju:k] vt karcić (skarcić perf), upominać (upomnieć perf).

recall [rɪ'kɔ:l] vt (remember) przypominać (przypomnieć perf) sobie; (ambassador) odwoływać (odwołać perf) ♦ n (of past event) przypomnienie nt (sobie), przywołanie nt; (of ambassador etc) odwołanie nt.

recap ['ri:kæp] vt rekapitulować (zrekapitulować perf), reasumować (zreasumować perf) ♦ vi rekapitulować, reasumować.

recapitulate [ri:kə'pɪtjuleɪt] vt, vi = **recap**.

recapture [ri:'kæptʃə*] vt (town) odbijać (odbić perf); (escaped prisoner) ponownie ująć (perf); (atmosphere, mood) odtwarzać (odtworzyć perf).

recede [rɪ'si:d] vi (tide) cofać się (cofnąć się perf); (lights) oddalać się (oddalić się perf); (hope) wygasać (wygasnąć perf); (memory) słabnąć (osłabnąć perf); (hair) rzednąć (na skroniach).

receding [rɪ'si:dɪŋ] adj cofnięty.

receipt [rɪ'si:t] n (for goods purchased) pokwitowanie nt, paragon m; (act of receiving) odbiór m; **receipts** npl (COMM) wpływy pl.

receive [rɪ'si:v] vt (money, letter) otrzymywać (otrzymać perf); (injury) odnosić (odnieść perf); (criticism, acclaim) spotykać się (spotkać się

perf) z +*instr*; (*visitor*) przyjmować
(przyjąć *perf*).
receiver [rɪ'si:və*] *n* (*TEL*)
słuchawka *f*; (*RADIO, TV*) odbiornik
m; (*of stolen goods*) paser *m*;
(*COMM*) syndyk *m*, zarządca *m*
masy upadłościowej.
recent ['ri:snt] *adj* niedawny, ostatni.
recently ['ri:sntlɪ] *adv* (*not long ago*)
niedawno; (*lately*) ostatnio; **until**
recently do niedawna.
receptacle [rɪ'septɪkl] *n* pojemnik *m*.
reception [rɪ'sepʃən] *n* (*in hotel*)
recepcja *f*; (*in office*) portiernia *f*; (*in
hospital*) rejestracja *f*; (*party,
welcome*) przyjęcie *nt*; (*RADIO, TV*)
odbiór *m*.
reception desk *n* (*in hotel*) recepcja *f*.
receptionist [rɪ'sepʃənɪst] *n* (*in hotel*)
recepcjonista (-tka) *m(f)*; (*in doctor's
surgery*) rejestrator(ka) *m(f)*.
receptive [rɪ'septɪv] *adj* (*person,
attitude*) otwarty.
recess [rɪ'ses] *n* (*in room*) nisza *f*,
wnęka *f*; (*secret place*) zakamarek
m; (*of parliament*) wakacje *pl*,
przerwa *f* (między sesjami).
recession [rɪ'seʃən] *n* recesja *f*.
recipe ['resɪpɪ] *n* (*CULIN*) przepis *m*;
a recipe for success recepta na
sukces.
recipient [rɪ'sɪpɪənt] *n* odbiorca
(-czyni) *m(f)*.
reciprocal [rɪ'sɪprəkl] *adj*
obustronny, obopólny.
recital [rɪ'saɪtl] *n* recital *m*.
recite [rɪ'saɪt] *vt* (*poem*) recytować
(wyrecytować *perf*), deklamować
(zadeklamować *perf*).
reckless ['rekləs] *adj* lekkomyślny;
(*driver, driving*) nieostrożny.
recklessly ['rekləslɪ] *adv*
lekkomyślnie; (*drive*) nieostrożnie.
reckon ['rekən] *vt* (*consider*): **to
reckon sb/sth to be** uznawać
(uznać *perf*) kogoś/coś za +*acc*;

(*calculate*) obliczać (obliczyć *perf*); **I
reckon that ...** myślę, że ... .
reclaim [rɪ'kleɪm] *vt* (*luggage: at
airport etc*) odbierać (odebrać *perf*);
(*money*) żądać (zażądać *perf*) zwrotu
+*gen*; (*land: from sea, forest*)
rekultywować (zrekultywować *perf*);
(*waste materials*) utylizować
(zutylizować *perf*).
recline [rɪ'klaɪn] *vi* układać się
(ułożyć się *perf*) w pozycji
półleżącej.
reclining [rɪ'klaɪnɪŋ] *adj* (*seat*) z
opuszczanym oparciem *post*.
recluse [rɪ'klu:s] *n* odludek *m*.
recognition [rekəg'nɪʃən] *n* (*of
person, place*) rozpoznanie *nt*; (*of
fact, achievement*) uznanie *nt*; **to
change beyond recognition**
zmieniać się (zmienić się *perf*) nie
do poznania.
recognizable ['rekəgnaɪzəbl] *adj*
rozpoznawalny.
recognize ['rekəgnaɪz] *vt* (*person,
place, voice*) rozpoznawać
(rozpoznać *perf*), poznawać (poznać
perf); (*sign, symptom*) rozpoznawać
(rozpoznać *perf*); (*problem, need*)
uznawać (uznać *perf*) istnienie +*gen*;
(*achievement, government*) uznawać
(uznać *perf*); (*qualifications*)
honorować; **to recognize sb by/as**
rozpoznawać (rozpoznać *perf*) kogoś
po +*loc*/jako +*acc*.
recoil [rɪ'kɔɪl] *vi*: **to recoil (from)**
odsuwać się (odsunąć się *perf*) (od
+*gen*); (*fig*) wzdrygać się
(wzdrygnąć się *perf*) (na widok
+*gen*) ♦ *n* (*of gun*) odrzut *m*.
recollect [rekə'lekt] *vt* przypominać
(przypomnieć *perf*) sobie.
recollection [rekə'lekʃən] *n*
wspomnienie *nt*.
recommend [rekə'mend] *vt* (*book,
person*) polecać (polecić *perf*);
(*course of action*) zalecać (zalecić
perf).

recommendation [rɛkəmɛn'deɪʃən]
n (act of recommending)
rekomendacja f; (suggestion to
follow) zalecenie nt.

reconcile ['rɛkənsaɪl] vt godzić
(pogodzić perf); **to reconcile o.s. to
sth** godzić się (pogodzić się perf) z
czymś.

reconciliation [rɛkənsɪlɪ'eɪʃən] n (of
people) pojednanie nt; (of facts,
beliefs) pogodzenie nt.

reconsider [ri:kən'sɪdə*] vt
(decision) rozważać (rozważyć perf)
ponownie; (opinion) rewidować
(zrewidować perf).

reconstruct [ri:kən'strʌkt] vt
(building, policy) odbudowywać
(odbudować perf); (event, crime)
rekonstruować (zrekonstruować
perf), odtwarzać (odtworzyć perf).

reconstruction [ri:kən'strʌkʃən] n
(of building, country) odbudowa f; (of
crime) rekonstrukcja f.

record ['rɛkɔ:d] n (written account)
zapis m; (of meeting) protokół m; (of
attendance) lista f; (COMPUT,
SPORT) rekord m; (MUS) płyta f;
(history: of person, company)
przeszłość f ♦ vt (events etc)
zapisywać (zapisać perf);
(temperature, speed, time)
wskazywać; (voice, song) nagrywać
(nagrać perf) ♦ adj rekordowy; **he
has a criminal record** był wcześniej
karany; **off the record** (statement)
nieoficjalny; (speak) nieoficjalnie.

recorded delivery [rɪ'kɔ:dɪd-]
(BRIT) n: **send the letter (by)
recorded delivery** wyślij list jako
polecony.

recorder [rɪ'kɔ:də*] n (MUS) flet m
prosty.

record holder n rekordzista (-tka)
m(f).

recording [rɪ'kɔ:dɪŋ] n nagranie nt.

record player n gramofon m.

recount [rɪ'kaunt] vt (story)

opowiadać (opowiedzieć perf);
(event) opowiadać (opowiedzieć
perf) o +loc.

recourse [rɪ'kɔ:s] n: **to have
recourse to** uciekać się (uciec się
perf) do +gen.

recover [rɪ'kʌvə*] vt odzyskiwać
(odzyskać perf); (from dangerous
place etc) wydobywać (wydobyć
perf) ♦ vi (from illness) zdrowieć
(wyzdrowieć perf); (from shock,
experience) dochodzić (dojść perf)
do siebie.

recovery [rɪ'kʌvərɪ] n (from illness)
wyzdrowienie nt; (in economy)
ożywienie nt; (of sth stolen)
odzyskanie nt.

recreate [ri:krɪ'eɪt] vt odtwarzać
(odtworzyć perf).

recreation [rɛkrɪ'eɪʃən] n rekreacja f.

recruit [rɪ'kru:t] n (MIL) rekrut m; (in
company) nowicjusz(ka) m(f) ♦ vt
(MIL) rekrutować; (staff)
przyjmować (przyjąć perf) (do
pracy); (new members) werbować
(zwerbować perf).

recruitment [rɪ'kru:tmənt] n nabór m.

rectangle ['rɛktæŋgl] n prostokąt m.

rectangular [rɛk'tæŋgjulə*] adj
prostokątny.

rectify ['rɛktɪfaɪ] vt naprawiać
(naprawić perf).

rector ['rɛktə*] (REL) n proboszcz m
(w kościele anglikańskim).

recuperate [rɪ'kju:pəreɪt] vi wracać
(wrócić perf) do zdrowia.

recur [rɪ'kɔ:*] vi (error, event)
powtarzać się (powtórzyć się perf);
(illness, pain) nawracać.

recurrence [rɪ'kʌrəns] n (of error,
event) powtórzenie się nt; (of illness,
pain) nawrót m.

recurrent [rɪ'kʌrnt] adj (error, event)
powtarzający się; (illness, pain)
nawracający.

recycle [ri:'saɪkl] vt utylizować.

red [rɛd] n (colour) (kolor m)

czerwony, czerwień f; (pej: POL)
czerwony (-na) m(f) ♦ adj czerwony;
(hair) rudy; **I'm** or **my bank account
is in the red** mam debet na koncie.
Red Cross n Czerwony Krzyż m.
redcurrant ['rɛdkʌrənt] n czerwona
porzeczka f.
redden ['rɛdn] vt zabarwiać
(zabarwić perf) na czerwono ♦ vi
czerwienić się (zaczerwienić się
perf), czerwienieć (poczerwienieć
perf).
reddish ['rɛdɪʃ] adj czerwonawy;
(hair) rudawy.
redeem [rɪ'di:m] vt (situation,
reputation) ratować (uratować perf);
(sth in pawn) wykupywać (wykupić
perf); (loan) spłacać (spłacić perf);
(REL) odkupić (perf).
redemption [rɪ'dɛmʃən] n (REL)
odkupienie nt.
redeploy [ri:dɪ'plɔɪ] vt (staff)
przegrupowywać (przegrupować
perf); (resources) przerzucać
(przerzucić perf).
redhead ['rɛdhɛd] n rudzielec m (inf),
rudy (-da) m(f).
red herring n (fig) manewr m dla
odwrócenia uwagi.
red-hot [rɛd'hɔt] adj rozgrzany do
czerwoności.
redirect [ri:daɪ'rɛkt] vt (mail)
przeadresowywać (przeadresować
perf); (traffic) skierowywać
(skierować perf) inną trasą.
red tape n (fig) biurokracja f.
reduce [rɪ'dju:s] vt zmniejszać
(zmniejszyć perf), redukować
(zredukować perf); **to reduce sb to**
(tears) doprowadzać (doprowadzić
perf) kogoś do +gen; (begging,
stealing, silence) zmuszać (zmusić
perf) kogoś do +gen.
reduction [rɪ'dʌkʃən] n (in price,
cost) obniżka f; (in numbers)
obniżenie nt, redukcja f.
redundancy [rɪ'dʌndənsɪ] (BRIT) n

(dismissal) zwolnienie nt z pracy (w
sytuacji nadmiaru zatrudnienia);
(unemployment) bezrobocie nt.
redundant [rɪ'dʌndnt] adj (BRIT:
worker) zwolniony; (superfluous)
zbędny, zbyteczny; **he was made
redundant** zwolnili go (z pracy).
reed [ri:d] n (BOT) trzcina f; (MUS)
stroik m.
reef [ri:f] n rafa f.
reek [ri:k] vi (smell): **to reek (of)**
cuchnąć (+instr); (fig): **to reek of**
trącić or zalatywać +instr.
reel [ri:l] n (of thread) szpulka f; (of
film, tape) szpula f; (PHOT) rolka f;
(on fishing-rod) kołowrotek m;
(dance) skoczny taniec szkocki lub
irlandzki ♦ vi (person) zataczać się
(zatoczyć się perf).
ref [rɛf] (SPORT: inf) n abbr =
referee.
refectory [rɪ'fɛktərɪ] n refektarz m.
refer [rɪ'fə:*] vt: **to refer sb to** (book)
odsyłać (odesłać perf) kogoś do
+gen; (doctor, hospital, manager)
kierować (skierować perf) kogoś do
+gen.
▶**refer to** vt fus (mention) wspominać
(wspomnieć perf) o +loc; (relate to:
name, number) oznaczać +acc;
(: remark) odnosić się do +gen;
(consult: dictionary etc) korzystać
(skorzystać perf) z +gen.
referee [rɛfə'ri:] n (SPORT) sędzia
m; (BRIT: for job application) osoba f
polecająca ♦ vt sędziować.
reference ['rɛfrəns] n (mention)
wzmianka f; (idea, phrase)
odniesienie nt; (for job application:
letter) list m polecający; (: person)
osoba f polecająca; **references** npl
(list of books) bibliografia f; (for job
application) referencje pl; **with
reference to** (in letter) w nawiązaniu
do +gen.
reference book n encyklopedia,
słownik, leksykon itp.

referendum [rɛfə'rɛndəm] (*pl* **referenda**) *n* referendum *nt*.

refill [ri:'fɪl] *vt* powtórnie napełniać (napełnić *perf*) ♦ *n* (*for pen etc*) wkład *m*.

refine [rɪ'faɪn] *vt* (*sugar, oil*) rafinować; (*theory*) udoskonalać (udoskonalić *perf*).

refined [rɪ'faɪnd] *adj* (*person, taste*) wytworny, wykwintny.

refinement [rɪ'faɪnmənt] *n* (*of person*) wytworność *f*, wykwintność *f*; (*of system, ideas*) udoskonalenie *nt*.

refinery [rɪ'faɪnərɪ] *n* rafineria *f*.

reflect [rɪ'flɛkt] *vt* (*light, image*) odbijać (odbić *perf*); (*fig: situation, attitude*) odzwierciedlać (odzwierciedlić *perf*) ♦ *vi* zastanawiać się (zastanowić się *perf*).

►**reflect on** *vt fus* (*discredit*) stawiać (postawić *perf*) w złym świetle +*acc*.

reflection [rɪ'flɛkʃən] *n* odbicie *nt*; (*fig: of situation, attitude*) odzwierciedlenie *nt*; (: *thought*) zastanawianie się *nt*, refleksja *f*; **on reflection** po zastanowieniu.

reflector [rɪ'flɛktə*] *n* (*on car, bicycle*) światło *nt* odblaskowe; (*for light, heat*) reflektor *m*.

reflex [ri:'flɛks] *adj* odruch *m*; **reflexes** *npl* odruchy *pl*; **to have slow/quick reflexes** mieć słaby/szybki refleks.

reflexive [rɪ'flɛksɪv] (*LING*) *adj* zwrotny.

reform [rɪ'fɔ:m] *n* reforma *f* ♦ *vt* reformować (zreformować *perf*) ♦ *vi* poprawiać się (poprawić się *perf*).

Reformation [rɛfə'meɪʃən] *n*: **the Reformation** reformacja *f*.

refrain [rɪ'freɪn] *vi*: **to refrain from doing sth** powstrzymywać się (powstrzymać się *perf*) od (z)robienia czegoś ♦ *n* refren *m*.

refresh [rɪ'frɛʃ] *vt* (*drink*) orzeźwiać (orzeźwić *perf*); (*swim*) odświeżać (odświeżyć *perf*); (*sleep, rest*) pokrzepiać (pokrzepić *perf*).

refreshing [rɪ'frɛʃɪŋ] *adj* (*drink*) orzeźwiający; (*swim*) odświeżający; (*sleep, rest*) pokrzepiający.

refreshments [rɪ'frɛʃmənts] *npl* przekąski *pl* i napoje *pl*.

refrigerator [rɪ'frɪdʒəreɪtə*] *n* lodówka *f*, chłodziarka *f*.

refuel [ri:'fjuəl] *vt, vi* tankować (zatankować *perf*).

refuge ['rɛfju:dʒ] *n* schronienie *nt*; (*fig*) ucieczka *f*; **to take refuge in** chronić się (schronić się *perf*) w +*loc*.

refugee [rɛfju'dʒi:] *n* uchodźca *m*.

refund ['ri:fʌnd] *n* zwrot *m* pieniędzy ♦ *vt* zwracać (zwrócić *perf*).

refurbish [ri:'fə:bɪʃ] *vt* odnawiać (odnowić *perf*).

refusal [rɪ'fju:zəl] *n* odmowa *f*; **first refusal** prawo pierwokupu.

refuse[1] [rɪ'fju:z] *vt* (*permission, consent*) odmawiać (odmówić *perf*) +*gen*; (*request*) odmawiać (odmówić *perf*) +*dat*; (*invitation, gift, offer*) odrzucać (odrzucić *perf*) ♦ *vi* odmawiać (odmówić *perf*); (*horse*) zatrzymywać się (zatrzymać się *perf*) przed przeszkodą; **to refuse to do sth** odmawiać (odmówić *perf*) zrobienia czegoś.

refuse[2] ['rɛfju:s] *n* odpadki *pl*, śmieci *pl*.

refute [rɪ'fju:t] *vt* obalać (obalić *perf*).

regain [rɪ'geɪn] *vt* odzyskiwać (odzyskać *perf*).

regard [rɪ'gɑ:d] *n* szacunek *m* ♦ *vt* (*consider*) uważać; (*view*) patrzeć na +*acc*; **to give one's regards to** przekazywać (przekazać *perf*) pozdrowienia +*dat*; "**with kindest regards**" „łączę najserdeczniejsze pozdrowienia"; **as regards, with regard to** co do +*gen*, jeśli chodzi o +*acc*.

regarding [rɪ'gɑ:dɪŋ] *prep* odnośnie do +*gen*.

regardless [rɪ'gɑːdlɪs] *adv* mimo to;
regardless of bez względu na +*acc*.
regenerate [rɪ'dʒɛnəreɪt] *vt* (*inner
cities, feelings*) ożywiać (ożywić
perf); (*arts, democracy*) odradzać
(odrodzić *perf*) ♦ *vi* (*BIO*)
regenerować się (zregenerować się
perf).
regime [reɪ'ʒiːm] *n* reżim *m*.
regiment ['rɛdʒɪmənt] *n* (*MIL*) pułk *m*.
region ['riːdʒən] *n* (*of land*) okolica *f*,
rejon *m*; (: *geographical*) region *m*;
(: *administrative*) okręg *m*; (*of body*)
okolica *f*; **in the region of** około
+*gen*.
regional ['riːdʒənl] *adj* (*committee
etc*) okręgowy; (*accent, foods*)
regionalny.
register ['rɛdʒɪstə*] *n* (*ADMIN, MUS,
LING*) rejestr *m*; (*also*: **electoral
register**) spis *m* wyborców; (*SCOL*)
dziennik *m* ♦ *vt* rejestrować
(zarejestrować *perf*); (*letter*) nadawać
(nadać *perf*) jako polecony ♦ *vi*
(*person: at hotel, for work*)
meldować się (zameldować się
perf); (: *at doctor's*) rejestrować się
(zarejestrować się *perf*); (*amount,
measurement*) zostać (*perf*)
zarejestrowanym.
registered ['rɛdʒɪstəd] *adj* (*letter*)
polecony.
registered trademark *n* znak *m*
handlowy prawnie zastrzeżony.
registrar ['rɛdʒɪstrɑː*] *n* (*in registry
office*) urzędnik (-iczka) *m(f)* stanu
cywilnego.
registration [rɛdʒɪs'treɪʃən] rejestracja
f.
registration number (*BRIT: AUT*) *n*
numer *m* rejestracyjny.
registry ['rɛdʒɪstrɪ] *n* archiwum *nt*.
registry office (*BRIT*) *n* urząd *m*
stanu cywilnego.
regret [rɪ'grɛt] *n* żal *m* ♦ *vt* (*decision,
action*) żałować +*gen*; (*loss, death*)
opłakiwać; (*inconvenience*) wyrażać

(wyrazić *perf*) ubolewanie z powodu
+*gen*.
regretfully [rɪ'grɛtfəlɪ] *adv* z żalem.
regrettable [rɪ'grɛtəbl] *adj* (*causing
sadness*) godny ubolewania; (*causing
disapproval*) pożałowania
godny, żałosny.
regular ['rɛgjulə*] *adj* (*breathing,
features, exercise, verb*) regularny;
(*time, doctor, customer*) stały;
(*soldier*) zawodowy ♦ *n* (*in shop*)
stały (-ła) *m(f)* klient(ka) *m(f)*; (*in
pub etc*) stały (-ła) *m(f)* bywalec
(-lczyni) *m(f)*.
regularity [rɛgju'lærɪtɪ] *n* regularność
f.
regularly ['rɛgjuləlɪ] *adv* regularnie.
regulate ['rɛgjuleɪt] *vt* (*control*)
kontrolować; (*adjust*) regulować.
regulation [rɛgju'leɪʃən] *n* (*control*)
kontrola *f*; (*rule*) przepis *m*.
rehabilitate [riːə'bɪlɪteɪt] *vt* (*criminal*)
resocjalizować (zresocjalizować
perf).
rehabilitation ['riːəbɪlɪ'teɪʃən] *n* (*of
criminal*) resocjalizacja *f*.
rehearsal [rɪ'həːsəl] *n* próba *f*; **dress
rehearsal** próba generalna.
rehearse [rɪ'həːs] *vt* (*play*) robić
(zrobić *perf*) próbę +*gen*, próbować
(*inf*); (*dance, speech*) ćwiczyć.
reign [reɪn] *n* (*of monarch*)
panowanie *nt*; (*fig: of terror etc*)
rządy *pl* ♦ *vi* (*lit, fig*) panować,
rządzić.
reimburse [riːɪm'bəːs] *vt*: **to
reimburse sb for sth** zwracać
(zwrócić *perf*) komuś koszty czegoś,
refundować (zrefundować *perf*)
komuś coś.
rein [reɪn] *n*: **reins** (*for horse*) lejce
pl; (*for toddler*) szelki *pl*.
reincarnation [riːɪnkɑː'neɪʃən] *n*
(*belief*) reinkarnacja *f*.
reindeer ['reɪndɪə*] *n inv* renifer *m*.
reinforce [riːɪn'fɔːs] *vt* (*object*)

wzmacniać (wzmocnić *perf*); (*belief, prejudice*) umacniać (umocnić *perf*).

reinforcement [riːɪnˈfɔːsmənt] *n* (*of object*) wzmocnienie *nt*;
reinforcements *pl* (MIL) posiłki *pl*.

reinstate [riːɪnˈsteɪt] *vt* (*employee*) przywracać (przywrócić *perf*) do pracy; (*tax, law*) przywracać (przywrócić *perf*).

reiterate [riːˈɪtəreɪt] *vt* (wielokrotnie) powtarzać (powtórzyć *perf*).

reject [ˈriːdʒɛkt] *n* (COMM) odrzut *m* ♦ *vt* odrzucać (odrzucić *perf*).

rejection [rɪˈdʒɛkʃən] *n* odrzucenie *nt*.

rejoice [rɪˈdʒɔɪs] *vi*: **to rejoice at** *or* **over** radować się +*instr or* z +*gen*.

rejuvenate [rɪˈdʒuːvəneɪt] *vt* (*person*) odmładzać (odmłodzić *perf*).

relapse [rɪˈlæps] *n* (MED) nawrót *m*.

relate [rɪˈleɪt] *vt* (*tell*) relacjonować (zrelacjonować *perf*); (*connect*) wiązać (powiązać *perf*) ♦ *vi*: **to relate to** (*other people*) nawiązywać (nawiązać *perf*) kontakt z +*instr*, znajdować (znaleźć *perf*) wspólny język z +*instr*; (*idea*) identyfikować się z +*instr*; (*subject, thing*) odnosić się do +*gen*.

related [rɪˈleɪtɪd] *adj* (*people, species*) spokrewniony; (*languages, words*) pokrewny; (*questions, issues*) powiązany.

relating to [rɪˈleɪtɪŋ-] *prep* odnośnie do +*gen*.

relation [rɪˈleɪʃən] *n* (*member of family*) krewny(na) *m(f)*; (*connection*) relacja *f*, związek *m*; **relations** *npl* (*dealings*) relacje *pl*, stosunki *pl*; (*relatives*) krewni *vir pl*.

relationship [rɪˈleɪʃənʃɪp] *n* (*between two people*) stosunek *m*; (*between two countries*) stosunki *pl*; (*between two things*) związek *m*, powiązanie *nt*; (*affair*) związek *m*.

relative [ˈrɛlətɪv] *n* krewny(na) *m(f)* ♦ *adj* (*not absolute*) względny; (*comparative*) względny,

stosunkowy; **relative to** w stosunku do +*gen*.

relatively [ˈrɛlətɪvlɪ] *adv* względnie, stosunkowo.

relax [rɪˈlæks] *vi* (*unwind*) odprężać się (odprężyć się *perf*), relaksować się (zrelaksować się *perf*); (*muscle*) rozluźniać się (rozluźnić się *perf*) ♦ *vt* (*one's grip*) rozluźniać (rozluźnić *perf*); (*mind, person*) relaksować (zrelaksować *perf*); (*rule, control*) łagodzić (złagodzić *perf*).

relaxation [riːlækˈseɪʃən] *n* (*rest, recreation*) odprężenie *nt*, relaks *m*; (*of rule, control*) złagodzenie *nt*.

relaxed [rɪˈlækst] *adj* (*person*) odprężony, rozluźniony; (*atmosphere*) spokojny.

relaxing [rɪˈlæksɪŋ] *adj* odprężający, relaksujący.

relay [ˈriːleɪ] *n* sztafeta *f* ♦ *vt* (*message, news*) przekazywać (przekazać *perf*); (*programme, broadcast*) transmitować.

release [rɪˈliːs] *n* (*from prison, obligation*) zwolnienie *nt*; (*of documents*) udostępnienie *nt*; (*of funds*) uruchomienie *nt*; (*of gas, water*) spuszczenie *nt*; (*of book, record*) wydanie *nt*; (*of film*) wejście *nt* na ekrany ♦ *vt* (*from prison, obligation, responsibility*) zwalniać (zwolnić *perf*); (*from wreckage etc*) uwalniać (uwolnić *perf*), wyswobadzać (wyswobodzić *perf*); (*gas etc*) spuszczać (spuścić *perf*); (*catch, brake*) zwalniać (zwolnić *perf*); (*film, record*) wypuszczać (wypuścić *perf*); (*report, news, figures*) publikować (opublikować *perf*).

relegate [ˈrɛləgeɪt] *vt* degradować (zdegradować *perf*).

relentless [rɪˈlɛntlɪs] *adj* (*heat, noise*) bezustanny; (*person*) nieustępliwy.

relevance [ˈrɛləvəns] *n* (*of remarks,*

information) odniesienie _nt_; (_of action, question_) doniosłość _f_.

relevant ['rɛləvənt] _adj_ (_information, question_) istotny; **to be relevant to** mieć związek z _+instr_.

reliability [rɪlaɪə'bɪlɪtɪ] _n_ (_of person, firm_) solidność _f_; (_of method, machine_) niezawodność _f_.

reliable [rɪ'laɪəbl] _adj_ (_person, firm_) solidny; (_method, machine_) niezawodny; (_information, source_) wiarygodny, pewny.

reliance [rɪ'laɪəns] _n_: **reliance on** (_person_) poleganie _nt_ na _+loc_; (_drugs, financial support_) uzależnienie _nt_ od _+gen_.

relic ['rɛlɪk] _n_ (_REL_) relikwia _f_; (_of the past_) relikt _m_.

relief [rɪ'li:f] _n_ (_feeling_) ulga _f_; (_aid_) pomoc _f_; (_ART_) relief _m_, płaskorzeźba _f_; (_GEOL_) rzeźba _f_ terenu.

relieve [rɪ'li:v] _vt_ (_pain, fear_) łagodzić (złagodzić _perf_), uśmierzać (uśmierzyć _perf_); (_colleague, guard_) zmieniać (zmienić _perf_), zluzowywać (zluzować _perf_) (_inf_); **to relieve sb of** (_load_) uwalniać (uwolnić _perf_) kogoś od _+gen_; (_duties, post_) zwalniać (zwolnić _perf_) kogoś z _+gen_.

relieved [rɪ'li:vd] _adj_: **to be** _or_ **feel relieved** odczuwać (odczuć _perf_) ulgę.

religion [rɪ'lɪdʒən] _n_ religia _f_.

religious [rɪ'lɪdʒəs] _adj_ religijny.

religiously [rɪ'lɪdʒəslɪ] _adv_ sumiennie, skrupulatnie.

relinquish [rɪ'lɪŋkwɪʃ] _vt_ (_authority_) zrzekać się (zrzec się _perf_) _+gen_; (_claim_) zaniechać (_perf_) _+gen_; rezygnować (zrezygnować _perf_) z _+gen_.

relish ['rɛlɪʃ] _n_ (_CULIN_) przyprawa _f_ smakowa (_sos, marynata itp_); (_enjoyment_) rozkosz _f_ ♦ _vt_ rozkoszować się _+instr_.

reluctance [rɪ'lʌktəns] _n_ niechęć _f_.

reluctant [rɪ'lʌktənt] _adj_ niechętny; **he was reluctant to go** nie miał ochoty iść.

reluctantly [rɪ'lʌktəntlɪ] _adv_ niechętnie.

rely on [rɪ'laɪ-] _vt fus_ (_be dependent on_) zależeć od _+gen_; (_trust_) polegać na _+loc_.

remain [rɪ'meɪn] _vi_ (_stay_) zostawać (zostać _perf_); (_survive, continue to be_) pozostawać (pozostać _perf_); **to remain silent** zachowywać (zachować _perf_) milczenie; **that remains to be seen** to się dopiero okaże.

remainder [rɪ'meɪndə*] _n_ reszta _f_.

remaining [rɪ'meɪnɪŋ] _adj_ pozostały.

remains [rɪ'meɪnz] _npl_ (_of meal_) resztki _pl_; (_of building etc_) pozostałości _pl_; (_of body, corpse_) szczątki _pl_.

remand [rɪ'mɑːnd] _n_: **to be on remand** przebywać w areszcie śledczym ♦ _vt_: **to be remanded in custody** przebywać w areszcie śledczym.

remark [rɪ'mɑːk] _n_ uwaga _f_ ♦ _vi_: **to remark (that ...)** zauważać (zauważyć _perf_) (, że ...); **to remark on sth** robić (zrobić _perf_) uwagę na temat czegoś.

remarkable [rɪ'mɑːkəbl] _adj_ nadzwyczajny, niezwykły.

remarry [riː'mærɪ] _vi_ (_woman_) ponownie wychodzić (wyjść _perf_) za mąż; (_man_) ponownie się żenić (ożenić _perf_).

remedial [rɪ'miːdɪəl] _adj_ (_tuition, classes_) wyrównawczy; (_exercise_) rehabilitacyjny, korekcyjny.

remedy ['rɛmədɪ] _n_ lekarstwo _nt_; (_fig_) środek _m_ ♦ _vt_ (_situation_) zaradzić (_perf_) _+dat_; (_mistake_) naprawiać (naprawić _perf_).

remember [rɪ'mɛmbə*] _vt_ (_recall_) przypominać (przypomnieć _perf_) sobie; (*bear in mind*) pamiętać (zapamiętać *perf*); **I remember seeing it, I remember having seen it** pamiętam, że to widziałem.

remembrance [rɪˈmɛmbrəns] *n* (*memory*) pamięć *f*; (*souvenir*) pamiątka *f*; **in remembrance of sth** na pamiątkę czegoś.

remind [rɪˈmaɪnd] *vt*: **to remind sb of sth/to do sth** przypominać (przypomnieć *perf*) komuś o czymś/, żeby coś zrobił; **to remind sb that ...** przypominać (przypomnieć *perf*) komuś, że...; **she reminds me of my mother** przypomina mi moją matkę.

reminder [rɪˈmaɪndə*] *n* (*of person, event*) przypomnienie *nt*; (*letter*) upomnienie *nt*.

reminisce [rɛmɪˈnɪs] *vi*: **to reminisce (about)** wspominać (+*acc*).

reminiscent [rɛmɪˈnɪsnt] *adj*: **to be reminiscent of sth** przypominać coś.

remission [rɪˈmɪʃən] *n* (*of prison sentence*) zmniejszenie *nt* kary; (*MED*) remisja *f*; (*REL: of sins*) odpuszczenie *nt*.

remit [rɪˈmɪt] *vt* (*money*) przesyłać (przesłać *perf*).

remnant [ˈrɛmnənt] *n* pozostałość *f*; (*of cloth*) resztka *f*.

remorse [rɪˈmɔːs] *n* wyrzuty *pl* sumienia.

remote [rɪˈməut] *adj* (*place, time*) odległy; (*person*) nieprzystępny; (*possibility, chance*) niewielki.

remote control *n* zdalne sterowanie *nt*; (*TV etc*) pilot *m*.

removable [rɪˈmuːvəbl] *adj* ruchomy.

removal [rɪˈmuːvəl] *n* (*of object, stain, kidney*) usunięcie *nt*; (*from office*) zwolnienie *nt*; (*BRIT*) przewóz *m* mebli.

remove [rɪˈmuːv] *vt* (*obstacle, stain, kidney*) usuwać (usunąć *perf*); (*employee*) zwalniać (zwolnić *perf*); (*plates, debris*) uprzątać (uprzątnąć

perf); (*clothing, bandage*) zdejmować (zdjąć *perf*).

remover [rɪˈmuːvə*] *n* (*for paint*) rozpuszczalnik *m*; (*for varnish*) zmywacz *m*; **stain remover** odplamiacz.

Renaissance [rɪˈneɪsɑːs] *n*: **the Renaissance** Renesans *m*, Odrodzenie *nt*.

render [ˈrɛndə*] *vt* (*assistance, aid*) udzielać (udzielić *perf*) +*gen*; **to render sb/sth harmless** unieszkodliwiać (unieszkodliwić *perf*) kogoś/coś.

rendezvous [ˈrɔndɪvuː] *n* (*meeting*) spotkanie *nt* (*zwłaszcza potajemne*); (: *of lovers*) schadzka *f*; (*haunt*) (ulubione) miejsce *nt* spotkań.

renegade [ˈrɛnɪgeɪd] *n* renegat *m*, odstępca *m*.

renew [rɪˈnjuː] *vt* (*efforts, attack*) ponawiać (ponowić *perf*); (*loan*) przedłużać (przedłużyć *perf*) (termin płatności +*gen*; (*negotiations*) podejmować (podjąć *perf*) na nowo; (*acquaintance, contract*) odnawiać (odnowić *perf*).

renewal [rɪˈnjuːəl] *n* (*of hostilities etc*) wznowienie *nt*; (*of licence etc*) odnowienie *nt*, przedłużenie *nt* ważności.

renounce [rɪˈnauns] *vt* (*belief, course of action*) wyrzekać się (wyrzec się *perf*) +*gen*; (*right, title*) zrzekać się (zrzec się *perf*) +*gen*.

renovate [ˈrɛnəveɪt] *vt* odnawiać (odnowić *perf*), przeprowadzać (przeprowadzić *perf*) renowację +*gen*.

renovation [rɛnəˈveɪʃən] *n* renowacja *f*.

renown [rɪˈnaun] *n* sława *f*.

renowned [rɪˈnaund] *adj* sławny.

rent [rɛnt] *pt, pp of* **rend** ♦ *n* czynsz *m* ♦ *vt* (*house, room*) wynajmować (wynająć *perf*); (*television, car*) wypożyczać (wypożyczyć *perf*).

rental ['rentl] n (for television, car) opłata f (kwartalna, miesięczna).

reorganize [ri:'ɔ:gənaɪz] vt reorganizować (zreorganizować perf).

rep [rep] n abbr (COMM) = **representative**; (THEAT) = **repertory**.

repair [rɪ'peə*] n naprawa f ♦ vt naprawiać (naprawić perf), reperować (zreperować perf); (building) remontować (wyremontować perf); **in good/bad repair** w dobrym/złym stanie.

repay [ri:'peɪ] (irreg like: **pay**) vt (money) oddawać (oddać perf), zwracać (zwrócić perf); (person) zwracać (zwrócić perf) pieniądze +dat; (sb's efforts) być wartym +gen; (favour) odwdzięczać się (odwdzięczyć się perf) or rewanżować się (zrewanżować się perf) za +acc.

repayment [ri:'peɪmənt] n spłata f.

repeat [rɪ'pi:t] n (RADIO, TV) powtórka f ♦ vt powtarzać (powtórzyć perf); (order) ponawiać (ponowić perf) ♦ vi powtarzać (powtórzyć perf).

repeatedly [rɪ'pi:tɪdlɪ] adv wielokrotnie.

repel [rɪ'pɛl] vt (drive away) odpierać (odeprzeć perf); (disgust) odpychać.

repellent [rɪ'pɛlənt] adj (appearance, smell) odpychający, odrażający; (idea, thought) odrażający, wstrętny ♦ n: **insect repellent** (also: **insect repellant**) środek m odstraszający owady.

repent [rɪ'pɛnt] vi: **to repent (of)** żałować (+gen).

repentance [rɪ'pɛntəns] n żal m, skrucha f.

repercussions [ri:pə'kʌʃənz] npl reperkusje pl.

repertoire ['rɛpətwɑ:*] n (MUS, THEAT) repertuar m; (fig) repertuar m, zakres m.

repetition [rɛpɪ'tɪʃən] n (repeat) powtórzenie nt, powtórka f.

repetitive [rɪ'pɛtɪtɪv] adj (movement) powtarzający się; (noise, work) monotonny; (speech) zawierający powtórzenia.

replace [rɪ'pleɪs] vt (put back) odkładać (odłożyć perf) (na miejsce); (take the place of) zastępować (zastąpić perf).

replacement [rɪ'pleɪsmənt] n (substitution) zastąpienie nt; (substitute) zastępca (-czyni) m(f).

replay ['ri:pleɪ] n powtórny mecz m.

replenish [rɪ'plɛnɪʃ] vt (glass) dopełniać (dopełnić perf); (stock etc) uzupełniać (uzupełnić perf).

replica ['rɛplɪkə] n kopia f, replika f.

reply [rɪ'plaɪ] n odpowiedź f ♦ vi odpowiadać (odpowiedzieć perf).

report [rɪ'pɔ:t] n (account) sprawozdanie nt, raport m; (PRESS, TV etc) doniesienie nt, relacja f; (BRIT: also: **school report**) świadectwo nt (szkolne); (of gun) huk m ♦ vt (state) komunikować (zakomunikować perf); (PRESS, TV etc) relacjonować (zrelacjonować perf); (casualties, damage etc) donosić (donieść perf) o +loc, odnotowywać (odnotować perf); (bring to notice: theft, accident) zgłaszać (zgłosić perf); (: person) donosić (donieść perf) na +acc ♦ vi sporządzać (sporządzić perf) raport; **to report to sb** (present o.s. to) zgłaszać się (zgłosić się perf) do kogoś; (be responsible to) podlegać komuś.

report card (US, Scottish) n świadectwo nt szkolne.

reportedly [rɪ'pɔ:tɪdlɪ] adv podobno.

reporter [rɪ'pɔ:tə*] n reporter(ka) m(f).

represent [rɛprɪ'zɛnt] vt (person, nation, view) reprezentować; (symbolize: word, object) przedstawiać; (: idea, emotion) być

symbolem +*gen*; (*constitute*)
stanowić; **to represent sth as**
przedstawiać (przedstawić *perf*) coś
jako +*acc*.
representation [rεprɪzεn'teɪʃən] *n*
(*state of being represented*)
reprezentacja *f*; (*picture, statue*)
przedstawienie *nt*; **representations**
npl zażalenia *pl*.
representative [rεprɪ'zεntətɪv] *n*
przedstawiciel(ka) *m(f)*; (*US: POL*)
członek izby niższej Kongresu
federalnego lub jednego z
kongresów stanowych ♦ *adj*
reprezentatywny.
repress [rɪ'prεs] *vt* (*people*)
utrzymywać (utrzymać *perf*) w
ryzach, poskramiać (poskromić
perf); (*revolt*) tłumić (stłumić *perf*);
(*feeling, impulse*) tłumić (stłumić
perf), pohamowywać (pohamować
perf); (*desire*) powstrzymywać
(powstrzymać *perf*), pohamowywać
(pohamować *perf*).
repression [rɪ'prεʃən] *n* (*of people,
country*) ucisk *m*; (*of feelings*)
tłumienie *nt*.
repressive [rɪ'prεsɪv] *adj* represyjny.
reprieve [rɪ'priːv] *n* (*JUR*)
ułaskawienie *nt*; (*fig*) ulga *f*.
reprimand ['rεprɪmɑːnd] *n* nagana *f*,
reprymenda *f* ♦ *vt* ganić (zganić
perf), udzielać (udzielić *perf*) nagany
+*dat*.
reprint ['riːprɪnt] *n* przedruk *m*,
wznowienie *nt* ♦ *vt* przedrukowywać
(przedrukować *perf*), wznawiać
(wznowić *perf*).
reprisal [rɪ'praɪzl] *n* odwet *m*;
reprisals *npl* czyny *pl or* środki *pl*
odwetowe.
reproach [rɪ'prəʊtʃ] *n* wyrzut *m* ♦ *vt*:
to reproach sb for sth wyrzucać
komuś coś.
reproduce [riːprə'djuːs] *vt* (*copy*)
powielać (powielić *perf*); (*in
newspaper etc*) publikować

(opublikować *perf*); (*sound*)
naśladować ♦ *vi* rozmnażać się
(rozmnożyć się *perf*).
reproduction [riːprə'dʌkʃən] *n*
(*copy*) powielenie *nt*; (*in newspaper*)
opublikowanie *nt*; (*of sound*)
odtwarzanie *nt*; (*of painting*)
reprodukcja *f*; (*BIO*) rozmnażanie
się *nt*.
reproductive [riːprə'dʌktɪv] *adj*
rozrodczy.
reptile ['rεptaɪl] *n* gad *m*.
republic [rɪ'pʌblɪk] *n* republika *f*.
republican [rɪ'pʌblɪkən] *adj*
republikański ♦ *n* republikanin
(-anka) *m(f)*; (*US: POL*): **Republican**
Republikanin (-anka) *m(f)*.
repugnant [rɪ'pʌgnənt] *adj* wstrętny,
odrażający.
repulsion [rɪ'pʌlʃən] *n* wstręt *m*,
odraza *f*.
repulsive [rɪ'pʌlsɪv] *adj* odpychający.
reputable ['rεpjutəbl] *adj* szanowany,
cieszący się poważaniem.
reputation [rεpju'teɪʃən] *n* reputacja
f, renoma *f*; **to have a reputation
for** być znanym z +*gen*.
reputed [rɪ'pjuːtɪd] *adj* rzekomy.
reputedly [rɪ'pjuːtɪdlɪ] *adv* rzekomo.
request [rɪ'kwεst] *n* (*polite*) prośba *f*;
(*formal*) wniosek *m* ♦ *vt* prosić
(poprosić *perf*) o +*acc*.
request stop (*BRIT*) *n* przystanek *m*
na żądanie.
require [rɪ'kwaɪə*] *vt* (*need: person*)
potrzebować +*gen*, życzyć
(zażyczyć *perf*) sobie +*gen*; (: *thing,
situation*) wymagać +*gen*; (*demand*)
wymagać +*gen*; **to require sb to do
sth** wymagać od kogoś, by coś
robił; **if required** w razie potrzeby.
requirement [rɪ'kwaɪəmənt] *n* (*need*)
potrzeba *f*.
requisite ['rεkwɪzɪt] *adj* wymagany;
requisites *npl* (*COMM*): **toilet/travel
requisites** przybory *pl* toaletowe/do
podróży.

resale [riː'seɪl] n odsprzedaż f; **"not for resale"** „egzemplarz bezpłatny".

rescue ['reskju:] n (help) ratunek m; (from drowning etc) akcja f ratownicza ♦ vt ratować (uratować perf); **to come to sb's rescue** przychodzić (przyjść perf) komuś na ratunek.

research [ri'səːtʃ] n badanie nt or badania pl (naukowe) ♦ vt badać (zbadać perf).

researcher [ri'səːtʃə*] n badacz(ka) m(f).

resemblance [ri'zembləns] n podobieństwo nt.

resemble [ri'zembl] vt przypominać, być podobnym do +gen.

resent [ri'zent] vt (attitude, treatment) czuć się urażonym +instr, oburzać się na +acc; (person) mieć pretensje do +gen.

resentful [ri'zentful] adj urażony, pełen urazy.

resentment [ri'zentmənt] n uraza f.

reservation [rezə'veɪʃən] n (booking) rezerwacja f; (doubt) zastrzeżenie nt; (land) rezerwat m; **to make a reservation** robić (zrobić perf) rezerwację.

reserve [ri'zəːv] n zapas m, rezerwa f; (fig: of energy, talent etc) rezerwa f; (SPORT) rezerwowy (-wa) m(f); (nature reserve) rezerwat m przyrody; (restraint) powściągliwość f, rezerwa f ♦ vt rezerwować (zarezerwować perf); **reserves** npl (MIL) rezerwy pl; **in reserve** w rezerwie.

reserved [ri'zəːvd] adj (person) powściągliwy.

reservoir ['rezəvwaː*] n (of water) rezerwuar m, zbiornik m.

reshuffle [riː'ʃʌfl] n: **Cabinet reshuffle** (POL) przetasowanie nt w gabinecie.

reside [ri'zaɪd] vi zamieszkiwać.

▶**reside in** vt fus tkwić w +loc.

residence ['rezidəns] n (fml: home) rezydencja f; (length of stay) pobyt m.

resident ['rezidənt] n (of country, town) mieszkaniec (-nka) m(f); (in hotel) gość m ♦ adj (population) stały; (doctor, landlord) mieszkający na miejscu; **to be resident in** mieszkać w +loc.

residential [rezi'denʃəl] adj (area) mieszkaniowy; (staff) mieszkający w miejscu pracy.

residue ['rezidju:] n (CHEM) pozostałość f.

resign [ri'zaɪn] vt rezygnować (zrezygnować perf) z +gen ♦ vi ustępować (ustąpić perf); **to resign o.s. to** pogodzić się (perf) z +instr.

resignation [rezig'neɪʃən] n rezygnacja f.

resigned [ri'zaɪnd] adj: **resigned to** (situation etc) pogodzony z +instr.

resilience [ri'zɪliəns] n (of material) sprężystość f; (of person) prężność f.

resilient [ri'zɪliənt] adj (material) sprężysty; (person) prężny.

resin ['rezin] n żywica f.

resist [ri'zist] vt opierać się (oprzeć się perf) +dat.

resistance [ri'zistəns] n (to change, attack) opór m; (to illness) odporność f.

resolute ['rezəlu:t] adj zdecydowany, stanowczy.

resolution [rezə'lu:ʃən] n (decision) rezolucja f; (determination) zdecydowanie nt, stanowczość f; (of problem) rozwiązanie nt.

resolve [ri'zɔlv] n (determination) zdecydowanie nt; (intention) postanowienie nt ♦ vt rozwiązywać (rozwiązać perf) ♦ vi: **to resolve to do sth** postanawiać (postanowić perf) coś zrobić.

resolved [ri'zɔlvd] adj zdecydowany.

resonant ['rezənənt] adj (voice) donośny.

resort [ri'zɔːt] n (town) miejscowość

f wypoczynkowa; (*recourse*)
uciekanie się *nt* ♦ *vi*: **to resort to**
uciekać się (uciec się *perf*) do +*gen*;
as a last resort w ostateczności; **in
the last resort** koniec końców.

resound [rɪˈzaund] *vi*: **to resound
(with)** rozbrzmiewać (+*instr*).

resounding [rɪˈzaundɪŋ] *adj* (*voice*)
głośny; (*fig*: *success etc*)
oszałamiający.

resource [rɪˈsɔːs] *n* surowiec *m*;
resources *npl* (*coal, oil etc*) zasoby
pl; (*money*) zasoby *pl* or środki *pl*
(pieniężne).

resourceful [rɪˈsɔːsful] *adj*
pomysłowy, zaradny.

respect [rɪsˈpɛkt] *n* szacunek *m* ♦ *vt*
szanować (uszanować *perf*);
respects *npl* wyrazy *pl*
uszanowania; **with respect to, in
respect of** pod względem +*gen*, w
związku z +*instr*; **in this respect**
pod tym względem.

respectability [rɪspɛktəˈbɪlɪtɪ] *n*
(*repute*) poważanie *nt*; (*decency*)
poczucie *nt* przyzwoitości.

respectable [rɪsˈpɛktəbl] *adj*
(*reputable*) poważany, szanowany;
(*decent, adequate*) przyzwoity,
porządny.

respectful [rɪsˈpɛktful] *adj* pełen
szacunku *or* uszanowania.

respective [rɪsˈpɛktɪv] *adj*: **they
returned to their respective homes**
wrócili każdy do swego domu.

respectively [rɪsˈpɛktɪvlɪ] *adv*
odpowiednio.

respond [rɪsˈpɔnd] *vi* (*answer*)
odpowiadać (odpowiedzieć *perf*);
(*react*) reagować (zareagować *perf*).

response [rɪsˈpɔns] (*to question*)
odpowiedź *f*; (*to situation, event*)
reakcja *f*.

responsibility [rɪspɔnsɪˈbɪlɪtɪ] *n*
odpowiedzialność *f*; (*duty*)
obowiązek *m*.

responsible [rɪsˈpɔnsɪbl] *adj*

odpowiedzialny; **to be responsible
for sth** odpowiadać za coś.

responsive [rɪsˈpɔnsɪv] *adj*: **to be
responsive (to)** (żywo) reagować
(na +*acc*).

rest [rɛst] *n* (*relaxation, pause*)
odpoczynek *m*; (*remainder*) reszta *f*;
(*MUS*) pauza *f* ♦ *vi* odpoczywać
(odpocząć *perf*) ♦ *vt* (*eyes, legs*)
dawać (dać *perf*) odpoczynek +*dat*;
to rest sth on/against sth opierać
(oprzeć *perf*) coś na czymś/o coś; **to
rest on sth** (*lit, fig*) opierać się
(oprzeć się *perf*) na czymś; **may
he/she rest in peace** niech
spoczywa w pokoju.

restaurant [ˈrɛstərɔŋ] *n* restauracja *f*.

restaurant car (*BRIT*) *n* wagon *m*
restauracyjny.

restful [ˈrɛstful] *adj* (*lighting, music*)
kojący; (*place*) spokojny.

restless [ˈrɛstlɪs] *adj* niespokojny.

restoration [rɛstəˈreɪʃən] *n* (*of
painting, church*) restauracja *f*; (*of
health, rights, order*) przywrócenie
nt; (*of land, stolen property*) zwrot *m*.

restore [rɪˈstɔ:*] *vt* (*painting, building*)
odrestaurowywać (odrestaurować
perf); (*order, health, faith*)
przywracać (przywrócić *perf*); (*land,
stolen property*) zwracać (zwrócić
perf); **to restore sb to power**
przywracać (przywrócić *perf*) komuś
władzę.

restrain [rɪsˈtreɪn] *vt* (*person, feeling*)
hamować (pohamować *perf*);
(*growth, inflation*) hamować
(zahamować *perf*); **to restrain
sb/o.s. from doing sth**
powstrzymywać (powstrzymać *perf*)
kogoś/się od zrobienia czegoś.

restrained [rɪsˈtreɪnd] *adj* (*person,
behaviour*) powściągliwy; (*style*)
surowy; (*colours*) spokojny.

restraint [rɪsˈtreɪnt] *n* (*restriction*)
ograniczenie *nt*; (*moderation*) umiar
m, powściągliwość *f*.

restrict [rɪs'trɪkt] vt ograniczać
(ograniczyć perf*).

restriction [rɪs'trɪkʃən] n ograniczenie
nt.

restrictive [rɪs'trɪktɪv] adj (law,
policy) restrykcyjny; (clothing)
krępujący.

rest room (US) n toaleta f.

restructure [riː'strʌktʃə*] vt
restrukturyzować
(zrestrukturyzować perf).

result [rɪ'zʌlt] n (consequence)
skutek m, rezultat m; (of exam,
competition, calculation) wynik m ♦
vi: **to result in** prowadzić
(doprowadzić perf) do +gen; **as a
result of** na skutek or w wyniku
+gen; **to result (from)** wynikać
(wyniknąć perf) (z +gen).

resume [rɪ'zju:m] vt (work, journey)
podejmować (podjąć perf) na nowo,
kontynuować (po przerwie); (efforts)
wznawiać (wznowić perf) ♦ vi
rozpoczynać się (rozpocząć się perf)
na nowo.

résumé ['reɪzju:meɪ] n streszczenie
nt; (US: curriculum vitae) życiorys m.

resumption [rɪ'zʌmpʃən] n
(ponowne) podjęcie nt, wznowienie
nt.

resurrection [rezə'rekʃən] n (of
fears, customs) wskrzeszenie nt; (of
hopes) (ponowne) rozbudzenie nt;
(of event, practice) wznowienie nt;
(REL): **the Resurrection**
Zmartwychwstanie nt.

resuscitate [rɪ'sʌsɪteɪt] vt (MED)
reanimować.

resuscitation [rɪsʌsɪ'teɪʃən] (MED) n
reanimacja f.

retail ['ri:teɪl] adj detaliczny ♦ adv
detalicznie, w detalu.

retailer ['ri:teɪlə*] n kupiec m
detaliczny, detalista (-tka) m(f).

retail price n cena f detaliczna.

retain [rɪ'teɪn] vt (independence,
souvenir, ticket) zachowywać

(zachować perf); (heat, moisture)
zatrzymywać (zatrzymać perf).

retaliate [rɪ'tælɪeɪt] vi brać (wziąć
perf) odwet.

retaliation [rɪtælɪ'eɪʃən] n odwet m.

retarded [rɪ'tɑ:dɪd] adj (also:
mentally retarded) opóźniony w
rozwoju.

retch [retʃ] vi mieć torsje.

reticent ['retɪsnt] adj małomówny.

retina ['retɪnə] n (ANAT) siatkówka f.

retire [rɪ'taɪə*] vi (give up work)
przechodzić (przejść perf) na
emeryturę; (withdraw) oddalać się
(oddalić się perf); (go to bed)
udawać się (udać się perf) na
spoczynek.

retired [rɪ'taɪəd] adj emerytowany.

retirement [rɪ'taɪəmənt] n (state)
emerytura f; (act) przejście nt na
emeryturę.

retiring [rɪ'taɪərɪŋ] adj (shy)
nieśmiały; (official, MP) ustępujący.

retort [rɪ'tɔ:t] vi ripostować
(zripostować perf).

retract [rɪ'trækt] vt (promise,
confession) cofać (cofnąć perf);
(claws) chować (schować perf);
(undercarriage) wciągać (wciągnąć
perf).

retrain [ri:'treɪn] vt
przekwalifikowywać
(przekwalifikować perf).

retreat [rɪ'tri:t] n (place) ustronie nt;
(withdrawal) ucieczka f; (MIL)
odwrót m ♦ vi wycofywać się
(wycofać się perf).

retribution [retrɪ'bju:ʃən] n kara f.

retrieval [rɪ'tri:vəl] n (of object:
regaining) odzyskanie nt; (: finding)
odnalezienie nt; (COMPUT)
wyszukiwanie nt.

retrieve [rɪ'tri:v] vt (person: object)
odzyskiwać (odzyskać perf);
(: situation) ratować (uratować perf).

retrospect ['retrəspekt] n: **in
retrospect** z perspektywy czasu.

retrospective [rɛtrəˈspɛktɪv] *adj* (*exhibition*) retrospektywny; (*law, tax*) działający wstecz; (*opinion*) z perspektywy czasu *post* ♦ *n* (*ART*) wystawa *f* retrospektywna, retrospektywa *f*.

return [rɪˈtəːn] *n* (*going or coming back*) powrót *m*; (*of sth stolen, borrowed, bought*) zwrot *m*; (*from land, shares, investment*) dochód *m*; (*tax etc*) zeznanie *nt* ♦ *cpd* (*journey, ticket*) powrotny; (*match*) rewanżowy ♦ *vi* (*person*) wracać (wrócić *perf*); (*feelings*) powracać (powrócić *perf*) ♦ *vt* (*greetings, sentiment*) odwzajemniać (odwzajemnić *perf*); (*sth borrowed, stolen, bought*) zwracać (zwrócić *perf*); (*verdict*) wydawać (wydać *perf*); (*ball: during game*) odsyłać (odesłać *perf*); (*POL*) wybierać (wybrać *perf*) (do parlamentu); **returns** *npl* (*COMM*) dochody *pl*; **in return (for)** w zamian (za +*acc*); **many happy returns (of the day)!** wszystkiego najlepszego (z okazji urodzin)!.

►**return to** *vt fus* powracać (powrócić *perf*) do +*gen*.

reunion [riːˈjuːnɪən] *n* (*of school, class, family*) zjazd *m*; (*of two people*) spotkanie *nt* (po latach).

reunite [riːjuːˈnaɪt] *vt* (*country*) (ponownie) jednoczyć (zjednoczyć *perf*); (*organization, movement*) przywracać (przywrócić *perf*) jedność w +*loc*; **to be reunited** (*friends etc*) spotykać się (spotkać się *perf*) (po latach); (*families*) łączyć się (połączyć się *perf*).

rev [rɛv] (*AUT*) *n abbr* (= **revolution**) obr. ♦ *vt* (*also:* **rev up**: *MOT*) rozgrzewać (*na wysokich obrotach*).

revamp [riːˈvæmp] *vt* reformować (zreformować *perf*).

reveal [rɪˈviːl] *vt* (*make known*) ujawniać (ujawnić *perf*); (*make visible*) odsłaniać (odsłonić *perf*).

revealing [rɪˈviːlɪŋ] *adj* odkrywczy; **she wore a revealing dress** miała na sobie sukienkę, która niewiele zakrywała.

revelation [rɛvəˈleɪʃən] *n* rewelacja *f*; (*REL*) objawienie *nt*.

revenge [rɪˈvɛndʒ] *n* zemsta *f*; **to take (one's) revenge (on sb)** dokonywać (dokonać *perf*) zemsty (na kimś).

revenue [ˈrɛvənjuː] *n* dochody *pl*.

reverberation [rɪvəːbəˈreɪʃən] *n* pogłos *m*, echo *nt*; (*fig*) reperkusje *pl*.

reverence [ˈrɛvərəns] *n* cześć *f*.

Reverend [ˈrɛvərənd] *adj* wielebny.

reversal [rɪˈvəːsl] *n* (*of decision, policy*) (radykalna) zmiana *f*; (*of roles*) odwrócenie *nt*.

reverse [rɪˈvəːs] *n* (*opposite*) przeciwieństwo *nt*; (*of paper*) odwrotna strona *f*; (*of cloth*) lewa strona *f*; (*of coin, medal*) rewers *m*; (*also:* **reverse gear**) (bieg *m*) wsteczny; (*setback*) niepowodzenie *nt*; (*defeat*) porażka *f* ♦ *adj* (*side*) odwrotny; (*process*) przeciwny; (*direction*) przeciwny, odwrotny ♦ *vt* (*order, roles*) odwracać (odwrócić *perf*); (*car*) cofać (cofnąć *perf*) ♦ *vi* (*BRIT: AUT*) cofać się (cofnąć się *perf*); **in reverse order** w odwrotnej kolejności.

revert [rɪˈvəːt] *vi*: **to revert to** (*previous owner, topic, state*) powracać (powrócić *perf*) do +*gen*; (*less advanced state*) cofać się (cofnąć się *perf*) do +*gen*.

review [rɪˈvjuː] *n* przegląd *m*; (*of book, play etc*) recenzja *f*; (*of policy etc*) rewizja *f* ♦ *vt* (*MIL: troops*) dokonywać (dokonać *perf*) przeglądu +*gen*; (*book, play*) recenzować (zrecenzować *perf*); (*policy*) rewidować (zrewidować *perf*).

reviewer [rɪ'vju:ə*] n recenzent(ka) m(f).

revise [rɪ'vaɪz] vt (manuscript) poprawiać (poprawić perf); (opinion, attitude) rewidować (zrewidować perf); (price, procedure) korygować (skorygować perf) ♦ vi (for exam etc) powtarzać (materiał).

revision [rɪ'vɪʒən] n (of manuscript) korekta f; (of schedule) zmiana f; (of law) rewizja f; (for exam) powtórka f.

revival [rɪ'vaɪvəl] n (ECON) ożywienie nt; (THEAT) wznowienie nt.

revive [rɪ'vaɪv] vt (person) cucić (ocucić perf); (economy) ożywiać (ożywić perf); (custom) wskrzeszać (wskrzesić perf); (hope, interest) (ponownie) rozbudzać (rozbudzić perf); (play) wznawiać (wznowić perf) ♦ vi (person) odzyskiwać (odzyskać perf) przytomność; (activity, economy) ożywiać się (ożywić się perf); (hope, faith, interest) odradzać się (odrodzić się perf).

revoke [rɪ'vəuk] vt (treaty) unieważniać (unieważnić perf); (law) uchylać (uchylić perf).

revolt [rɪ'vəult] n bunt m, rewolta f ♦ vi buntować się (zbuntować się perf) ♦ vt budzić (wzbudzić perf) odrazę w +loc.

revolting [rɪ'vəultɪŋ] adj odrażający, budzący odrazę.

revolution [rɛvə'lu:ʃən] n (in politics, industry, education) rewolucja f; (of wheel, earth) obrót m.

revolutionary [rɛvə'lu:ʃənrɪ] adj rewolucyjny ♦ n rewolucjonista (-tka) m(f).

revolutionize [rɛvə'lu:ʃənaɪz] vt rewolucjonizować (zrewolucjonizować perf).

revolve [rɪ'vɔlv] vi obracać się (obrócić się perf); **to revolve (a)round** obracać się wokół +gen.

revolver [rɪ'vɔlvə*] n rewolwer m.

revolving [rɪ'vɔlvɪŋ] adj obrotowy.

revulsion [rɪ'vʌlʃən] n odraza f, wstręt m.

reward [rɪ'wɔ:d] n nagroda f ♦ vt nagradzać (nagrodzić perf).

rewarding [rɪ'wɔ:dɪŋ] adj (job) przynoszący satysfakcję; (experience) cenny.

rewind [ri:'waɪnd] (irreg like: wind) vt (tape, cassette) przewijać (przewinąć perf).

rewrite [ri:'raɪt] (irreg like: write) vt przerabiać (przerobić perf); (completely) pisać (napisać perf) od nowa.

rhetorical [rɪ'tɔrɪkl] adj retoryczny.

rheumatic [ru:'mætɪk] adj (changes, pain) reumatyczny; (person): **to be rheumatic** mieć reumatyzm.

rheumatism ['ru:mətɪzəm] n reumatyzm m.

Rhine [raɪn] n: **the Rhine** Ren m.

rhinoceros [raɪ'nɔsərəs] n nosorożec m.

rhubarb ['ru:bɑ:b] n rabarbar m.

rhyme [raɪm] n (rhyming words) rym m; (verse) wierszyk m, rymowanka f; (technique) rymowanie nt.

rhythm ['rɪðm] n rytm m.

rhythmic(al) ['rɪðmɪk(l)] adj rytmiczny.

rib [rɪb] n (ANAT) żebro nt.

ribbon ['rɪbən] n (for hair, decoration) wstążka f; (of typewriter) taśma f; **in ribbons** w strzępach.

rice [raɪs] n ryż m.

rich [rɪtʃ] adj (person) bogaty; (life) urozmaicony; (soil) żyzny; (colour) nasycony; (voice) głęboki; (tapestries, silks) kosztowny; (food, diet) bogaty w tłuszcze i węglowodany ♦ npl: **the rich** bogaci vir pl; **rich in** bogaty w +acc.

riches ['rɪtʃɪz] npl bogactwo nt, bogactwa pl.

richly ['rɪtʃlɪ] adv (decorated) bogato;

(*deserved*, *earned*) w pełni;
(*rewarded*) sowicie.

rickets ['rɪkɪts] *n* krzywica *f*.

rickety ['rɪkɪtɪ] *adj* chybotliwy.

rickshaw ['rɪkʃɔ:] *n* riksza *f*.

ricochet ['rɪkəʃeɪ] *vi* odbijać się
(odbić się *perf*) rykoszetem.

rid [rɪd] (*pt* **rid**) *vt*: **to rid sb/sth of**
uwalniać (uwolnić *perf*) kogoś/coś
od +*gen*; **to get rid of** pozbywać się
(pozbyć się *perf*) +*gen*.

riddance ['rɪdns] *n*: **good riddance!**
krzyżyk na drogę!

ridden ['rɪdn] *pp of* ride.

riddle ['rɪdl] *n* zagadka *f* ♦ *vt*: **riddled
with** (*guilt*, *doubts*) pełen +*gen*;
(*corruption*) przesiąknięty +*instr*.

ride [raɪd] (*pt* **rode**, *pp* **ridden**) *n*
jazda *f* ♦ *vi* (*as sport*) jeździć konno;
(*go somewhere*, *travel*) jechać
(pojechać *perf*) ♦ *vt* (*horse*, *bicycle*)
jeździć na +*loc*; (*distance*)
przejeżdżać (przejechać *perf*); **to
take sb for a ride** zabierać (zabrać
perf) kogoś na przejażdżkę; (*fig*)
nabierać (nabrać *perf*) kogoś; **to
give sb a ride** podwozić (podwieźć
perf) kogoś.

rider ['raɪdə*] *n* (*on horse*) jeździec
m; (*on bicycle*) rowerzysta (-tka)
m(f); (*on motorcycle*) motocyklista
(-tka) *m(f)*.

ridge [rɪdʒ] *n* (*of hill*) grzbiet *m*; (*of
roof*) kalenica *f*; (*in ploughed land*)
skiba *f*.

ridicule ['rɪdɪkju:l] *n* kpiny *pl* ♦ *vt*
wyśmiewać (wyśmiać *perf*).

ridiculous [rɪ'dɪkjuləs] *adj* śmieszny.

riding ['raɪdɪŋ] *n* jazda *f* konna.

rife [raɪf] *adj*: **to be rife** (*corruption*,
superstition) kwitnąć; (*disease*)
srożyć się; **the office was rife with
rumours** w biurze huczało od plotek.

rifle ['raɪfl] *n* karabin *m*; (*for hunting*)
strzelba *f* ♦ *vt* (*sb's wallet*, *pocket*)
opróżniać (opróżnić *perf*).

▶**rifle through** *vt fus* przetrząsać
(przetrząsnąć *perf*) +*acc*.

rift [rɪft] *n* szczelina *f*; (*fig*) rozdźwięk
m.

rig [rɪg] *n* (*also*: **oil rig**: *at sea*)
platforma *f* wiertnicza ♦ *vt* (*election*,
cards) fałszować (sfałszować *perf*).

rigging ['rɪgɪŋ] *n* olinowanie *nt*.

right [raɪt] *adj* (*correct*) dobry,
poprawny; (*suitable*) właściwy,
odpowiedni; (*morally good*) dobry;
(*not left*) prawy ♦ *n* (*what is morally
right*) dobro *nt*; (*entitlement*) prawo
nt; (*not left*): **the right** prawa strona *f*
♦ *adv* dobrze; (*turn*) w prawo;
(*swerve*) na prawo ♦ *vt* naprawiać
(naprawić *perf*) ♦ *excl* dobrze; **the
Right** (*POL*) prawica; **you're right**
masz rację; **you are French, is that
right?** jesteś Francuzem, prawda?;
is that clock right? czy ten zegar
dobrze chodzi?; **right now** w tej
chwili; **by rights** na dobrą sprawę;
he's in the right słuszność jest po
jego stronie; **right away**
natychmiast; **right in the middle** w
samym środku; **I'll be right back**
zaraz wracam.

right angle *n* kąt *m* prosty.

righteous ['raɪtʃəs] *adj* (*person*)
prawy; (*indignation*) słuszny.

rightful ['raɪtful] *adj* (*heir*, *owner*)
prawowity, prawny; (*place*, *share*)
należny.

right-handed [raɪt'hændɪd] *adj*
praworęczny.

rightly ['raɪtlɪ] *adv* (*with reason*)
słusznie.

right of way *n* (*AUT*) pierwszeństwo
nt przejazdu; (*on path etc*) prawo
przechodzenia przez teren prywatny.

right-wing [raɪt'wɪŋ] *adj* (*POL*)
prawicowy.

rigid ['rɪdʒɪd] *adj* (*structure*, *back*)
sztywny; (*attitude*, *views*) skostniały;
(*control*, *censorship*) ścisły;
(*methods*) surowy.

rigorous ['rɪgərəs] *adj*
rygorystyczny; (*training*)
wymagający.

rigour ['rɪgə*] (*US* **rigor**) *n* (*of law,
punishment*) surowość *f*; (*of
argument*) dyscyplina *f* logiczna; (*of
research, methods*) dokładność *f*,
ścisłość *f*.

rim [rɪm] *n* (*of glass, dish*) brzeg *m*;
(*of spectacles*) obwódka *f*; (*of
wheel*) obręcz *f*.

rind [raɪnd] *n* skórka *f*.

ring [rɪŋ] (*pt* **rang**, *pp* **rung**) *n* (*on
finger*) pierścionek *m*; (: *large*)
pierścień *m*; (*also*: **wedding ring**)
obrączka *f*; (*for keys, of smoke*)
kółko *nt*; (*of people, objects*) krąg *m*,
koło *nt*; (*of spies*) siatka *f*; (*of
drug-dealers*) gang *m*; (*for boxing*)
ring *m*; (*of circus, for bullfighting*)
arena *f*; (*on cooker*) palnik *m*;
(*sound of bell*) dzwonek *m* ♦ *vi*
dzwonić (zadzwonić *perf*); (*also*:
ring out) rozbrzmiewać (rozbrzmieć
perf) ♦ *vt* (*BRIT*: *TEL*) dzwonić
(zadzwonić *perf*) do +*gen*; (*mark*)
zakreślać (zakreślić *perf*), brać
(wziąć *perf*) w kółeczko (*inf*); **to
give sb a ring** (*BRIT*) dzwonić
(zadzwonić *perf*) do kogoś; **the
name doesn't ring a bell (with me)**
to nazwisko nic mi nie mówi.
▸**ring back** (*BRIT*) *vt* oddzwaniać
(oddzwonić *perf*) +*dat* ♦ *vi*
oddzwaniać (oddzwonić *perf*).
▸**ring off** (*BRIT*) *vi* odkładać
(odłożyć *perf*) słuchawkę.
▸**ring up** (*BRIT*) *vt* dzwonić
(zadzwonić *perf*) do +*gen*.

ringing ['rɪŋɪŋ] dzwonienie *nt*.

ring road (*BRIT*) *n* obwodnica *f*.

rink [rɪŋk] *n* (*also*: **ice rink**)
lodowisko *nt*.

rinse [rɪns] *n* (*act*) płukanie *nt*; (*hair
dye*) płukanka *f* do włosów ♦ *vt*
(*dishes*) płukać (opłukać *perf*);
(*hands*) opłukiwać (opłukać *perf*);

(*hair*) płukać (spłukać *perf*); (*also*:
rinse out: *clothes*) płukać
(wypłukać *perf*); (: *mouth*)
przepłukiwać (przepłukać *perf*).

riot ['raɪət] *n* rozruchy *pl* ♦ *vi* burzyć
się; **to run riot** szaleć.

riotous ['raɪətəs] *adj* (*mob, crowd*)
wzburzony; (*living*) hulaszczy;
(*party, welcome*) hałaśliwy.

rip [rɪp] *n* rozdarcie *nt* ♦ *vt* drzeć
(podrzeć *perf*) ♦ *vi* drzeć się
(podrzeć się *perf*).

ripe [raɪp] *adj* dojrzały.

ripen ['raɪpn] *vi* dojrzewać (dojrzeć
perf) ♦ *vt* (*fruit, crop etc*): **the sun
will ripen them soon** na słońcu
szybko dojrzeją.

ripple ['rɪpl] *n* (*wave*) zmarszczka *f*;
(*of applause*) szmer *m* ♦ *vi* (*water*)
marszczyć się (zmarszczyć się *perf*).

rise [raɪz] (*pt* **rose**, *pp* **risen**) *n*
(*incline*) wzniesienie *nt*; (*BRIT*:
salary increase) podwyżka *f*; (*in
prices, temperature*) wzrost *m*; (*fig*):
rise to power dojście *nt* do władzy
♦ *vi* (*prices, numbers*) rosnąć,
wzrastać (wzrosnąć *perf*); (*waters,
voice, level*) podnosić się (podnieść
się *perf*); (*sun, moon*) wschodzić
(wzejść *perf*); (*wind*) przybierać
(przybrać *perf*) na sile; (*sound*)
wznosić się (wznieść się *perf*); (*from
bed, knees*) wstawać (wstać *perf*);
(*also*: **rise up**: *tower, building*)
wznosić się; (: *rebel*) powstawać
(powstać *perf*); **to give rise to**
(*discussion, misunderstandings*)
wywoływać (wywołać *perf*); (*life*)
dawać (dać *perf*) początek +*dat*; **to
rise to the occasion** stawać (stanąć
perf) na wysokości zadania.

risen [rɪzn] *pp of* **rise**.

rising ['raɪzɪŋ] *adj* (*number, prices*)
rosnący; (*sun, film star*) wschodzący;
(*politician, musician*) dobrze się
zapowiadający.

risk [rɪsk] *n* ryzyko *nt*; (*danger*)

niebezpieczeństwo *nt* ♦ *vt*
ryzykować (zaryzykować *perf*); **to
take a risk** podejmować (podjąć
perf) ryzyko; **to run the risk of**
narażać się na +*acc*; **at risk** w
niebezpieczeństwie; **at one's own
risk** na (swoje) własne ryzyko; **to
be a fire/health risk** stanowić
zagrożenie pożarowe/dla zdrowia.

risky ['rɪskɪ] *adj* ryzykowny.

rite [raɪt] *n* obrządek *m*, obrzęd *m*;
last rites (*REL*) ostatnie
namaszczenie.

ritual ['rɪtjuəl] *adj* rytualny ♦ *n* rytuał
m.

rival ['raɪvl] *n* (*in competition, love*)
rywal(ka) *m(f)*; (*in business*)
konkurent(ka) *m(f)* ♦ *adj* (*firm,
newspaper*) konkurencyjny; (*team*)
przeciwny ♦ *vt* równać się z +*instr*.

rivalry ['raɪvlrɪ] *n* rywalizacja *f*,
współzawodnictwo *nt*.

river ['rɪvə*] *n* (*lit, fig*) rzeka *f* ♦ *cpd*
rzeczny; **up/down river** w górę/dół
rzeki.

road [rəud] *n* (*lit, fig*) droga *f*;
(*motorway etc*) szosa *f*, autostrada *f*;
(*in town*) ulica *f* ♦ *cpd* drogowy;
major/minor road droga
główna/boczna.

road map *n* mapa *f* samochodowa.

roadside ['rəudsaɪd] *n* pobocze *nt*
(drogi).

road sign *n* znak *m* drogowy.

roadway ['rəudweɪ] *n* jezdnia *f*.

road works *npl* roboty *pl* drogowe.

roam [rəum] *vi* wędrować, włóczyć
się.

roar [rɔ:*] *n* ryk *m* ♦ *vi* ryczeć
(zaryczeć *perf*); **to roar with
laughter** ryczeć (ryknąć *perf*)
śmiechem.

roast [rəust] *n* pieczeń *f* ♦ *vt* (*meat,
potatoes*) piec (upiec *perf*); (*coffee*)
palić.

roast beef *n* rostbef *m*, pieczeń *f*
wołowa.

rob [rɔb] *vt* rabować (obrabować
perf), okradać (okraść *perf*); **to rob
sb of sth** okradać (okraść *perf*)
kogoś z czegoś; (*fig*) pozbawiać
(pozbawić *perf*) kogoś czegoś.

robber ['rɔbə*] *n* rabuś *m*, bandyta *m*.

robbery ['rɔbərɪ] *n* rabunek *m*; (*using
force or threats*) napad *m*.

robe [rəub] *n* (*for ceremony*) toga *f*;
(*also*: **bath robe**) płaszcz *m*
kąpielowy; (*US*) szlafrok *m*,
podomka *f*.

robin ['rɔbɪn] *n* (*European*) rudzik *m*;
(*North American*) drozd *m* wędrowny.

robot ['rəubɔt] *n* robot *m*.

robust [rəu'bʌst] *adj* (*person*)
krzepki; (*appetite*) zdrowy, tęgi;
(*economy*) silny.

rock [rɔk] *n* (*substance*) skała *f*;
(*boulder*) skała *f*, głaz *m*; (*US: small
stone*) kamień *m*; (*also*: **rock music**)
rock *m* ♦ *vt* (*person: baby, cradle*)
kołysać; (*waves: ship*) kołysać
+*instr*; (*explosion, news*) wstrząsać
(wstrząsnąć *perf*) +*instr* ♦ *vi* kołysać
się (zakołysać się *perf*); **on the
rocks** (*drink*) z lodem *post*; (*marriage
etc*) w rozsypce *post*.

rock and roll *n* rock and roll *m*.

rocket ['rɔkɪt] *n* rakieta *f*.

rocking chair ['rɔkɪŋ-] *n* fotel *m*
bujany.

rocking horse *n* koń *m* na
biegunach.

rocky ['rɔkɪ] *adj* skalisty; (*fig*)
chwiejny, niepewny.

rod [rɔd] *n* (*bar*) pręt *m*; (*stick*) rózga
f; (*also*: **fishing rod**) wędka *f*.

rode [rəud] *pt of* ride.

rodent ['rəudnt] *n* gryzoń *m*.

rodeo ['rəudɪəu] (*US*) *n* rodeo *nt*.

rogue [rəug] *n* łobuz *m*.

role [rəul] *n* rola *f*.

roll [rəul] *n* (*of paper*) rolka *f*; (*of
cloth*) bela *f*; (*of banknotes*) zwitek
m; (*of members etc*) lista *f*, wykaz
m; (*in parish etc*) rejestr *m*,

archiwum *nt*; (*of drums*) werbel *m*;
(*also*: **bread roll**) bułka *f* ♦ *vt* (*ball,
dice*) toczyć, kulać; (*also*: **roll up**:
string) zwijać (zwinąć *perf*);
(: *sleeves*) podwijać (podwinąć
perf); (*cigarette*) skręcać (skręcić
perf); (*eyes*) przewracać +*instr*; (*also*:
roll out: *pastry*) wałkować,
rozwałkowywać (rozwałkować *perf*);
(*road, lawn*) walcować ♦ *vi* (*ball,
stone, tears*) toczyć się (potoczyć
się *perf*); (*thunder*) przetaczać się
(przetoczyć się *perf*); (*ship*) kołysać
się; (*sweat*) spływać.
► **roll about** *vi* turlać się, tarzać się.
► **roll around** *vi* = **roll about**.
► **roll in** *vi* (*money, invitations*)
napływać (napłynąć *perf*).
► **roll over** *vi*: **to roll over (on one's
stomach)** przewracać się
(przewrócić się *perf*) (na brzuch).
► **roll up** *vi* (*inf*) nadciągać (nadciągnąć
perf), napływać (napłynąć *perf*) ♦ *vt*
zwijać (zwinąć *perf*).
roll call *n* odczytanie *nt* listy
obecności.
roller ['rəulə*] *n* (*in machine*) wałek
m, rolka *f*; (*for lawn, road*) walec *m*;
(*for hair*) wałek *m*.
roller skates *npl* wrotki *pl*.
rolling ['rəulɪŋ] *adj* (*hills*) falisty.
rolling pin *n* wałek *m* do ciasta.
rolling stock *n* tabor *m* kolejowy.
ROM [rɔm] (*COMPUT*) *n abbr* (=
read-only memory) ROM *m*.
Roman ['rəumən] *adj* rzymski.
Roman Catholic *adj*
rzymskokatolicki ♦ *n* katolik
(-iczka) *m(f)*.
romance [rə'mæns] *n* (*love affair,
novel*) romans *m*; (*charm*) urok *m*,
czar *m*.
Romania [rəu'meɪnɪə] *n* Rumunia *f*.
romantic [rə'mæntɪk] *adj*
romantyczny.
Rome [rəum] *n* Rzym *m*.
roof [ru:f] (*pl* **roofs**) *n* dach *m* ♦ *vt*

pokrywać (pokryć *perf*) dachem,
zadaszać (zadaszyć *perf*); **the roof
of the mouth** podniebienie.
rook [ruk] *n* (*ZOOL*) gawron *m*;
(*CHESS*) wieża *f*.
room [ru:m] *n* (*in house, hotel*) pokój
m; (*in school etc*) sala *f*,
pomieszczenie *nt*; (*space*) miejsce
nt; (*for change, maneouvre*) pole *nt*;
rooms *npl* mieszkanie *nt*; "**rooms to
let**", (*US*) "**rooms for rent**" „pokoje
do wynajęcia"; **single/double room**
pokój jednoosobowy/dwuosobowy.
roommate ['ru:mmeɪt] *n*
współlokator(ka) *m(f)*,
współmieszkaniec (-nka) *m(f)*.
room service *n* obsługa *f* kelnerska
do pokojów; **to call room service**
dzwonić (zadzwonić *perf*) po kelnera.
roost [ru:st] *vi* siedzieć na grzędzie.
rooster ['ru:stə*] (*esp US*) *n* kogut *m*.
root [ru:t] *n* (*of plant, tooth*) korzeń
m; (*MATH*) pierwiastek *m*; (*of hair*)
cebulka *f*; (*of problem, belief*) źródło
nt ♦ *vi* ukorzeniać się (ukorzenić się
perf), wypuszczać (wypuścić *perf*)
korzenie ♦ *vt*: **to be rooted in** być
zakorzenionym w +*loc*; **roots** *npl*
korzenie *pl*.
rope [rəup] *n* (*thick string*) sznur *m*,
powróz *m*; (*NAUT*) cuma *f*, lina *f*;
(*for climbing*) lina *f* ♦ *vt* (*also*: **rope
together**) związywać (związać *perf*),
powiązać (*perf*); (*tie*): **to rope sth
(to)** przywiązywać (przywiązać *perf*)
coś (do +*gen*); **to know the ropes**
(*fig*) znać się na rzeczy.
rosary ['rəuzərɪ] *n* różaniec *m*.
rose [rəuz] *pt of* **rise** ♦ *n* róża *f*.
rosebud ['rəuzbʌd] *n* pączek *m* róży.
rosemary ['rəuzmərɪ] *n* rozmaryn *m*.
roster ['rɔstə*] *n*: **duty roster**
harmonogram *m* dyżurów.
rostrum ['rɔstrəm] *n* mównica *f*.
rosy ['rəuzɪ] *adj* (*colour*) różowy;
(*cheeks*) zaróżowiony; (*situation*)
obiecujący.

rot [rɔt] *n* (*decay*) gnicie *nt*; (*fig. rubbish*) bzdury *pl* ♦ *vt* psuć (zepsuć *perf*), niszczyć (zniszczyć *perf*) ♦ *vi* (*teeth*) psuć się (popsuć się *perf*); (*wood, fruit, etc*) gnić (zgnić *perf*).

rota ['rəutə] *n* rozkład *m or* harmonogram *m* dyżurów.

rotary ['rəutərɪ] *adj* (*motion*) obrotowy, rotacyjny; (*cutter*) krążkowy.

rotate [rəu'teɪt] *vt* (*spin*) obracać (obrócić *perf*) ♦ *vi* obracać się (obrócić się *perf*).

rotation [rəu'teɪʃən] *n* (*of planet, drum*) obrót *m*; (*of crops*) płodozmian *m*; (*of jobs*) rotacja *f*.

rote [rəut] *n*: **by rote** na pamięć.

rotor ['rəutə*] *n* (*also*: **rotor blade**) wirnik *m*.

rotten ['rɔtn] *adj* (*fruit*) zgniły; (*meat, eggs, teeth*) zepsuty; (*wood*) spróchniały, zmurszały; (*inf. unpleasant*) paskudny; (: *bad*) kiepski, marny; **to feel rotten** czuć się podle.

rouble ['ru:bl] (*US* **ruble**) *n* rubel *m*.

rouge [ru:ʒ] *n* róż *m*.

rough [rʌf] *adj* (*surface*) szorstki, chropowaty; (*terrain*) nierówny, wyboisty; (*person, manner*) grubiański, obcesowy; (*town, area*) niespokojny; (*treatment*) brutalny; (*conditions, journey*) ciężki; (*sea*) wzburzony; (*sketch, plan*) schematyczny; (*estimate*) przybliżony ♦ *vt*: **to rough it** żyć w prymitywnych warunkach, obywać się bez wygód; **to sleep rough** (*BRIT*) spać pod gołym niebem.

rough-and-ready ['rʌfən'redɪ] *adj* prymitywny, prowizoryczny.

rough copy *n* brudnopis *m*.

rough draft *n* szkic *m*.

roughly ['rʌflɪ] *adv* (*push, grab*) gwałtownie; (*make*) niestarannie; (*answer*) pobieżnie; (*approximately*) z grubsza, mniej więcej.

roughness ['rʌfnɪs] *n* (*of surface*) szorstkość *f*, chropowatość *f*; (*of manner*) grubiaństwo *nt*.

roulette [ru:'let] *n* ruletka *f*.

Roumania [ru:'meɪnɪə] *n* = **Romania**.

round [raund] *adj* okrągły ♦ *n* (*by policeman, doctor*) obchód *m*; (*of competition, talks*) runda *f*; (*of golf*) partia *f*; (*of ammunition*) nabój *m*, pocisk *m*; (*of drinks*) kolejka *f*; (*of sandwiches*) porcja *f* ♦ *vt* (*lake etc*) okrążać (okrążyć *perf*) ♦ *prep*: **round his neck/the table** wokół jego szyi/stołu; **to sail round the world** płynąć (popłynąć *perf*) dookoła świata; **to move round a room** chodzić po pokoju; **round about 300** około 300 ♦ *adv*: **all round** dookoła; **the long way round** okrężną drogą; **all (the) year round** przez cały rok; **the wrong way round** odwrotnie, na odwrót; **it's just round the corner** to jest tuż za rogiem; **to go round to sb's (house)** zachodzić (zajść *perf*) do kogoś; **to go round the back** wchodzić (wejść *perf*) od tyłu; **there is enough to go round** wystarczy dla wszystkich; **round the clock** (przez) całą dobę, na okrągło (*inf*); **the daily round** (*fig*) dzienny przydział; **a round of applause** owacja; **to round the corner** skręcać (skręcić *perf*) za róg.

▸**round off** *vt* zakańczać (zakończyć *perf*).

▸**round up** *vt* (*cattle*) spędzać (spędzić *perf*), zaganiać (zagonić *perf*); (*people*) spędzać (spędzić *perf*); (*price, figure*) zaokrąglać (zaokrąglić *perf*).

roundabout ['raundəbaut] (*BRIT*) *n* (*AUT*) rondo *nt*; (*at fair*) karuzela *f* ♦ *adj* okrężny; (*fig. way, means*) zawoalowany.

roundly ['raundlɪ] *adv* (*fig*) otwarcie.

round-shouldered ['raund'ʃəuldəd] *adj* przygarbiony.

round trip *n* podróż *f* w obie strony.

roundup ['raundʌp] *n* (*of news*)

przegląd *m*; (*of animals*) spęd *m*; (*of criminals*) obława *f*.

rouse [rauz] *vt* (*wake up*) budzić (obudzić *perf*); (*stir up*) wzbudzać (wzbudzić *perf*).

rousing ['rauzıŋ] *adj* porywający.

route [ru:t] *n* (*way*) szlak *m*, droga *f*; (*of bus, procession*) trasa *f*; (*of shipping*) szlak *m*; (*fig*) droga *f*.

routine [ru:'ti:n] *adj* rutynowy ♦ *n* (*organization*) rozkład *m* zajęć; (*drudgery*) monotonna harówka *f*; (*THEAT*) układ *m*.

rove [rəuv] *vt* włóczyć się po +*loc*.

row[1] [rəu] *n* rząd *m* ♦ *vi* wiosłować ♦ *vt*: **to row a boat** wiosłować; **in a row** (*fig*) z rzędu.

row[2] [rau] *n* (*din*) zgiełk *m*; (*dispute*) awantura *f*; (*quarrel*) kłótnia *f* ♦ *vi* kłócić się (pokłócić się *perf*).

rowdy ['raudı] *adj* awanturniczy.

rowing ['rəuıŋ] *n* wioślarstwo *nt*.

royal ['rɔıəl] *adj* królewski.

Royal Air Force (*BRIT*) *n*: **the Royal Air Force** Królewskie Siły *pl* Powietrzne.

royalty ['rɔıəltı] *n* członkowie *vir pl* rodziny królewskiej; **royalties** *npl* tantiemy *pl*.

rpm *abbr* (= *revolutions per minute*) obr./min.

RSVP *abbr* (= *répondez s'il vous plaît*) uprasza się o odpowiedź.

rub [rʌb] *vt* (*part of body*) pocierać (potrzeć *perf*); (*object*) przecierać (przetrzeć *perf*); (*hands*) zacierać (zatrzeć *perf*) ♦ *n*: **to give sth a rub** przecierać (przetrzeć *perf*) coś; **to rub sb up** *or* (*US*) **rub sb the wrong way** działać komuś na nerwy.

►**rub off** *vi* (*paint*) ścierać się (zetrzeć się *perf*).

►**rub off on** *vt fus* udzielać się (udzielić się *perf*) +*dat*.

►**rub out** *vt* wymazywać (wymazać *perf*), zmazywać (zmazać *perf*).

rubber ['rʌbə*] *n* (*substance*) guma *f*; (*BRIT: eraser*) gumka *f*.

rubber band *n* gumka *f*, recepturka *f*.

rubbish ['rʌbıʃ] (*BRIT*) *n* śmieci *pl*, odpadki *pl*; (*fig: junk*) szmira *f*; (: *nonsense*) bzdury *pl*, brednie *pl*.

rubbish bin (*BRIT*) *n* pojemnik *m* na śmieci *or* odpadki.

rubble ['rʌbl] *n* (*debris*) gruz *m*; (*of house*) gruzy *pl*.

ruble ['ru:bl] (*US*) *n* = **rouble**.

ruby ['ru:bı] *n* rubin *m*.

rucksack ['rʌksæk] *n* plecak *m*.

rudder ['rʌdə*] *n* ster *m*.

ruddy ['rʌdı] *adj* (*face*) rumiany.

rude [ru:d] *adj* (*person, behaviour*) niegrzeczny; (*word, joke*) nieprzyzwoity; (*shock*) gwałtowny.

rudeness ['ru:dnıs] *n* niegrzeczność *f*.

rudimentary [ru:dı'mɛntərı] *adj* elementarny, podstawowy.

rudiments ['ru:dımənts] *npl* podstawy *pl*.

rueful ['ru:ful] *adj* smutny.

ruffle ['rʌfl] *vt* (*hair*) mierzwić (zmierzwić *perf*), wichrzyć (zwichrzyć *perf*); (*bird: feathers*) stroszyć (nastroszyć *perf*); (*fig: person*) poruszać (poruszyć *perf*).

rug [rʌg] *n* (*on floor*) dywanik *m*; (*BRIT: blanket*) pled *m*.

rugby ['rʌgbı] *n* (*also*: **rugby football**) rugby *nt inv*.

rugged ['rʌgıd] *adj* (*landscape, features, face*) surowy; (*character*) szorstki.

ruin ['ru:ın] *n* (*destruction, remains*) ruina *f*; (*downfall*) upadek *m*; (*bankruptcy*) upadek *m*, ruina *f* ♦ *vt* (*building, person, health*) rujnować (zrujnować *perf*); (*plans*) niweczyć (zniweczyć *perf*); (*prospects, relations*) psuć (popsuć *perf*); (*clothes, carpet*) niszczyć (zniszczyć *perf*); (*hopes*) pogrzebać (*perf*); **ruins** *npl* ruiny *pl*.

rule [ru:l] *n* (*norm*) reguła *f*;
(*regulation*) przepis *m*; (*government*)
rządy *pl*, panowanie *nt* ♦ *vt* rządzić
+*instr* ♦ *vi*: **to rule (over sb/sth)**
rządzić (kimś/czymś); **as a rule** z
reguły.
►**rule out** *vt* wykluczać (wykluczyć
perf).
ruled [ru:ld] *adj* (*paper*) liniowany, w
linię *post*.
ruler ['ru:lə*] *n* (*sovereign*) władca
(-czyni) *m(f)*; (*for measuring*) linijka *f*.
ruling ['ru:lɪŋ] *adj* rządzący ♦ *n*
(*JUR*) orzeczenie *nt*.
rum [rʌm] *n* rum *m*.
Rumania *etc* *n* = **Romania** *etc*.
rumble ['rʌmbl] *n* (*of thunder, guns*)
dudnienie *nt*; (*of voices*) gwar *m* ♦ *vi*
dudnić (zadudnić *perf*); **my stomach
was rumbling** burczało mi w
brzuchu.
rummage ['rʌmɪdʒ] *vi* grzebać,
szperać.
rumour ['ru:mə*] (*US* **rumor**) *n*
pogłoska *f* ♦ *vt*: **it is rumoured that
...** chodzą słuchy, że ... .
rump [rʌmp] *n* (*of animal*) zad *m*.
run [rʌn] (*pt* **ran**, *pp* **run**) *n* (*fast
pace, race*) bieg *m*; (*in car*)
przejażdżka *f*; (*of train, bus, for
skiing*) trasa *f*; (*of victories, defeats*)
seria *f*; (*in tights, stockings*) oczko
nt; (*CRICKET, BASEBALL*) *punkt za
przebiegnięcie między oznaczonymi
miejscami po uderzeniu piłki* ♦ *vt*
(*distance*) biec (przebiec *perf*);
(*business, shop, hotel*) prowadzić;
(*competition, course*) przeprowadzać
(przeprowadzić *perf*); (*COMPUT*:
program) uruchamiać (uruchomić
perf); (*hand, fingers*) przesuwać
(przesunąć *perf*); (*water*) puszczać
(puścić *perf*); (*PRESS*: *article*)
zamieszczać (zamieścić *perf*) ♦ *vi*
(*move quickly*) biec (pobiec *perf*);
(: *habitually, regularly*) biegać; (*flee*)
uciekać (uciec *perf*); (*bus, train*:

operate) kursować, jeździć; (: *travel*)
jechać (pojechać *perf*); (*play, show*)
być granym, iść (*inf*); (*contract*) być
ważnym; (*river, tears*) płynąć
(popłynąć *perf*); (*colours, washing*)
farbować, puszczać; (*road, railway*)
biec; (*horse*: *in race*) ścigać się;
there was a run on ... był run na
+*acc*; **in the long/short run** na
dłuższą/krótką metę; **we'll have to
make a run for it** będziemy musieli
szybko (stąd) uciekać; **to be on the
run** (*fugitive*) ukrywać się; **I'll run
you to the station** zawiozę cię na
dworzec; **to run the risk of** narażać
się na +*acc*; **the baby's nose was
running** niemowlę miało katar.
►**run across** *vt fus* (*find*) natykać się
(natknąć się *perf*) na +*acc*.
►**run after** *vt fus* biec (pobiec *perf*)
za +*instr*.
►**run away** *vi* uciekać (uciec *perf*).
►**run down** *vt* (*production*)
ograniczać (ograniczyć *perf*);
(*company*) ograniczać (ograniczyć
perf) działalność +*gen*; (*AUT*:
person) potrącać (potrącić *perf*);
(*criticize*) źle mówić o +*loc*; **she's
run down** jest wyczerpana.
►**run in** (*BRIT*) *vt* (*car*) docierać
(dotrzeć *perf*).
►**run into** *vt fus* (*person, fence, post*)
wpadać (wpaść *perf*) na +*acc*;
(*problems*) napotykać (napotkać
perf); (*another vehicle*) zderzać się
(zderzyć się *perf*) z +*instr*.
►**run off** *vt* (*liquid*) wylewać (wylać
perf); (*copies*) robić (zrobić *perf*) ♦ *vi*
uciekać (uciec *perf*).
►**run out** *vi* (*time, money*) kończyć
się (skończyć się *perf*); (*passport*)
tracić (stracić *perf*) ważność.
►**run out of** *vt fus*: **we're running
out of money/ideas/matches**
kończą nam się
pieniądze/pomysły/zapałki.

▶**run over** vt (AUT: person) przejechać (perf).

▶**run through** vt fus (discuss) omawiać (omówić perf); (examine) przeglądać (przejrzeć perf); (rehearse) ćwiczyć (przećwiczyć perf).

▶**run up** vt (debt) zaciągać (zaciągnąć perf).

▶**run up against** vt fus (difficulties) napotykać (napotkać perf).

runaway ['rʌnəweɪ] adj (slave, prisoner) zbiegły.

rung [rʌŋ] pp of **ring** ♦ n (lit, fig) szczebel m.

runner ['rʌnə*] n (in race: person) biegacz(ka) m(f); (: horse) koń m wyścigowy; (on sledge) płoza f; (on drawer) prowadnica f.

runner-up [rʌnər'ʌp] n zdobywca (-czyni) m(f) drugiego miejsca.

running ['rʌnɪŋ] n (sport) bieganie nt; (of business, organization) prowadzenie nt ♦ adj (stream) płynący; (water) bieżący; **to be in/out of the running for sth** mieć szansę/nie mieć szansy na coś; **six days running** sześć dni z rzędu.

running costs npl koszty pl eksploatacji or użytkowania.

runny ['rʌni] adj (honey, omelette) (zbyt) rzadki; (eyes) załzawiony; **his nose is runny** cieknie mu z nosa.

run-of-the-mill ['rʌnəvðə'mɪl] adj tuzinkowy.

run-up ['rʌnʌp] n: **the run-up to** okres m poprzedzający +acc.

runway ['rʌnweɪ] n pas m startowy.

rupee [ruː'piː] n rupia f.

rupture ['rʌptʃə*] n (MED: hernia) przepuklina f; (: of blood vessel, appendix) pęknięcie nt.

rural ['ruərl] adj (area) wiejski; (economy) rolny; (country) rolniczy.

rush [rʌʃ] n (hurry) pośpiech m; (COMM) nagły popyt m; (of air)

podmuch m; (of feeling, emotion) przypływ m ♦ vt (lunch, job) śpieszyć się (pośpieszyć się perf) z +instr; (supplies) natychmiast wysyłać (wysłać perf) ♦ vi (person) pędzić (popędzić perf); (air, water): **to rush in(to)** wdzierać się (wedrzeć się perf) (do +gen); **rushes** npl (BOT) sitowie nt.

rush hour n godzina f szczytu.

Russia ['rʌʃə] n Rosja f.

rust [rʌst] n rdza f ♦ vi rdzewieć (zardzewieć perf).

rustic ['rʌstɪk] adj wiejski; (style, furniture) rustykalny.

rustle ['rʌsl] vi szeleścić (zaszeleścić perf) ♦ vt (paper etc) szeleścić (zaszeleścić perf) +instr; (US: cattle) kraść (ukraść perf).

rusty ['rʌsti] adj zardzewiały; (fig: skill): **my German is pretty rusty** dużo zapomniałem z niemieckiego.

rut [rʌt] n (in path, ground) koleina f; (ZOOL) okres m godowy; **he is in a rut** (fig) popadł w rutynę.

ruthless ['ruːθlɪs] adj bezwzględny.

rye [raɪ] n żyto nt.

S

Sabbath ['sæbəθ] n (Jewish) sabat m, szabas m; (Christian) Dzień m Pański.

sabbatical [sə'bætɪkl] n (also: **sabbatical year**) urlop m naukowy.

sabotage ['sæbətɑːʒ] n sabotaż m ♦ vt (machine, building) niszczyć (zniszczyć perf) (w akcie sabotażu); (plan, meeting) sabotować.

saccharin(e) ['sækərɪn] n sacharyna f.

sachet ['sæʃeɪ] n torebeczka f.

sack [sæk] n worek m ♦ vt (dismiss) zwalniać (zwolnić perf), wylewać (wylać perf) (inf); (plunder) łupić

(złupić *perf*); **he got the sack**
zwolnili *or* wylali (*inf*) go.
sacking ['sækɪŋ] *n* (*dismissal*)
zwolnienie *nt*; (*material*) płótno *nt*
workowe.
sacrament ['sækrəmənt] *n*
sakrament *m*.
sacred ['seɪkrɪd] *adj* (*music, writings*)
sakralny; (*animal, calling, duty*)
święty.
sacrifice ['sækrɪfaɪs] *n* (*offering*)
składanie *nt* ofiary; (*animal etc
offered*) ofiara *f*; (*fig*) poświęcenie
nt, wyrzeczenie *nt* ♦ *vt* składać
(złożyć *perf*) w ofierze, składać
(złożyć *perf*) ofiarę z +*gen*; (*fig*)
poświęcać (poświęcić *perf*); **to make
sacrifices (for sb)** poświęcać się
(dla kogoś).
sad [sæd] *adj* smutny.
saddle ['sædl] *n* (*for horse*) siodło *nt*;
(*of bicycle*) siodełko *nt* ♦ *vt* (*horse*)
siodłać (osiodłać *perf*).
saddlebag ['sædlbæg] *n* sakwa *f*
(*przy siodle, rowerowa itp*).
sadism ['seɪdɪzəm] *n* sadyzm *m*.
sadist ['seɪdɪst] *n* sadysta (-tka) *m(f)*.
sadistic [sə'dɪstɪk] *adj* sadystyczny.
sadly ['sædlɪ] *adv* (*unhappily*)
smutno, ze smutkiem; (*unfortunately*)
niestety; (*mistaken, neglected*)
poważnie.
sadness ['sædnɪs] *n* smutek *m*.
safari [sə'fɑːrɪ] *n* safari *nt inv*.
safe [seɪf] *adj* bezpieczny; (*POL:
seat*) pewny ♦ *n* sejf *m*; **they are
safe from attack** nie grozi im atak;
safe and sound cały i zdrowy;
(just) to be on the safe side (tak)
na wszelki wypadek.
safeguard ['seɪfgɑːd] *n*
zabezpieczenie *nt* ♦ *vt* (*future*)
zabezpieczać (zabezpieczyć *perf*);
(*life, interests*) ochraniać, chronić.
safekeeping ['seɪf'kiːpɪŋ] *n*
przechowanie *nt*.
safely ['seɪflɪ] *adv* (*assume, say*)

spokojnie, śmiało; (*drive, arrive*)
bezpiecznie.
safe sex *n* bezpieczny seks *m*.
safety ['seɪftɪ] *n* bezpieczeństwo *nt*.
safety belt *n* pas *m* bezpieczeństwa.
safety pin *n* agrafka *f*.
sag [sæg] *vi* (*bed*) zapadać się;
(*breasts*) obwisać.
saga ['sɑːgə] *n* saga *f*.
sage [seɪdʒ] *n* (*BOT*) szałwia *f*;
(*person*) mędrzec *m*.
Sagittarius [sædʒɪ'tɛərɪəs] *n* Strzelec
m.
said [sɛd] *pt, pp of* **say**.
sail [seɪl] *n* żagiel *m* ♦ *vt* (*ship, boat*)
płynąć (popłynąć *perf*) +*instr*;
(: *regularly, as job*) pływać na +*loc*;
(*ocean*) przepływać (przepłynąć
perf) ♦ *vi* (*travel*) płynąć (popłynąć
perf); (*SPORT*) uprawiać żeglarstwo,
żeglować; (*also*: **set sail**) wypływać
(wypłynąć *perf*); (*fig: ball etc*)
szybować (poszybować *perf*); **to go
for a sail** wybierać się (wybrać się
perf) na żagle.
▶**sail through** *vt fus* (*fig*): **she
sailed through the exam**
śpiewająco zdała egzamin.
sailboat ['seɪlbəut] (*US*) *n* żaglówka *f*.
sailing ['seɪlɪŋ] *n* (*SPORT*)
żeglarstwo *nt*; (*voyage*) rejs *m*.
sailor ['seɪlə*] *n* marynarz *m*; (*on
sailing boat/ship*) żeglarz (-arka) *m(f)*.
saint [seɪnt] *n* święty (-ta) *m(f)*.
saintly ['seɪntlɪ] *adj* świątobliwy.
sake [seɪk] *n*: **for the sake of sb/sth,
for sb's/sth's sake** ze względu *or*
przez wzgląd na kogoś/coś; **for the
sake of argument** (czysto)
teoretycznie; **for heaven's sake!** na
miłość *or* litość boską!
salad ['sæləd] *n* sałatka *f*.
salad bowl *n* salaterka *f*.
salami [sə'lɑːmɪ] *n* salami *nt inv*.
salary ['sælərɪ] *n* pensja *f*, pobory *pl*.
sale [seɪl] *n* (*selling*) sprzedaż *f*; (*at
reduced prices*) wyprzedaż *f*;

(*auction*) aukcja *f*, licytacja *f*; **sales** *npl* obroty *pl*, ogół *m* transakcji; "**for sale**" „na sprzedaż"; **on sale** (*available in shops*) w sprzedaży.

sales assistant [seɪlz-] (*US* **sales clerk**) *n* sprzedawca (-czyni) *m(f)*, ekspedient(ka) *m(f)*.

salesman [ˈseɪlzmən] (*irreg like*: **man**) *n* (*in shop*) sprzedawca *m*, ekspedient *m*; (*representative*) akwizytor *m*.

saleswoman [ˈseɪlzwumən] (*irreg like*: **woman**) *n* (*in shop*) sprzedawczyni *f*, ekspedientka *f*; (*representative*) akwizytorka *f*.

salient [ˈseɪlɪənt] *adj* (*points*) najistotniejszy; (*features*) (najbardziej) rzucający się w oczy.

saliva [səˈlaɪvə] *n* ślina *f*.

salmon [ˈsæmən] *n inv* łosoś *m*.

salon [ˈsælɔn] *n*: **beauty salon** gabinet *m* kosmetyczny, salon *m* piękności; **hairdressing salon** salon fryzjerski.

saloon [səˈluːn] *n* (*US*) bar *m*; (*BRIT*: *AUT*) sedan *m*; (*ship's lounge*) salon *m*.

salt [sɔːlt] *n* sól *f* ♦ *vt* (*preserve*) solić, zasalać (zasolić *perf*); (*potatoes, soup*) solić (posolić *perf*).

salt cellar *n* solniczka *f*.

salty [ˈsɔːltɪ] *adj* słony.

salute [səˈluːt] *n* (*MIL*) honory *pl* (wojskowe); (: *with guns*) salut *m*, salwa *f* (honorowa); (*greeting*) pozdrowienie *nt* ♦ *vt* (*officer*) salutować (zasalutować *perf*) +*dat*; (*flag*) oddawać (oddać *perf*) honory (wojskowe) +*dat*; (*fig*) oddawać (oddać *perf*) cześć *or* hołd +*dat*.

salvage [ˈsælvɪdʒ] *n* (*saving*) ocalenie *nt*; (*things saved*) ocalone mienie *nt* ♦ *vt* (*lit, fig*) ratować (uratować *perf*), ocalać (ocalić *perf*).

salvation [sælˈveɪʃən] *n* (*REL*) zbawienie *nt*; (*fig*) ratunek *m*, wybawienie *nt*.

Salvation Army *n* Armia *f* Zbawienia.

same [seɪm] *adj* ten sam; (*identical*) taki sam ♦ *pron*: **the same (is true of art)** to samo (dotyczy sztuki); **(he will never be) the same (again)** (już nigdy nie będzie) taki sam; **at the same time** (*simultaneously*) w tym samym momencie, równocześnie; (*yet*) jednocześnie, zarazem; **all** *or* **just the same** (po)mimo to, niemniej jednak; **to do the same (as sb)** robić (zrobić *perf*) to samo (co ktoś); **happy New year! – same to you!** szczęśliwego Nowego Roku! – nawzajem!

sample [ˈsɑːmpl] *n* próbka *f* ♦ *vt* (*food, wine*) próbować (spróbować *perf*) +*gen*.

sanatorium [sænəˈtɔːrɪəm] (*pl* **sanatoria**) *n* sanatorium *nt*.

sanction [ˈsæŋkʃən] *n* (*approval*) poparcie *nt* ♦ *vt* sankcjonować (usankcjonować *perf*); **sanctions** *npl* sankcje *pl*; **to impose economic sanctions on** *or* **against** nakładać (nałożyć *perf*) sankcje ekonomiczne na +*acc*.

sanctuary [ˈsæŋktjuərɪ] *n* (*for birds, animals*) rezerwat *m*; (*for person*) (bezpieczne) schronienie *nt*, azyl *m*; (*in church*) prezbiterium *nt*.

sand [sænd] *n* piasek *m* ♦ *vt* (*also*: **sand down**) wygładzać (wygładzić *perf*) papierem ściernym.

sandal [ˈsændl] *n* sandał *m*.

sandbox [ˈsændbɔks] (*US*) *n* = **sandpit**.

sandpaper [ˈsændpeɪpə*] *n* papier *m* ścierny.

sandstone [ˈsændstəun] *n* piaskowiec *m*.

sandstorm [ˈsændstɔːm] *n* burza *f* piaskowa.

sandwich [ˈsændwɪtʃ] *n* kanapka *f* ♦ *vt*: **sandwiched between** wciśnięty (po)między +*acc*; **cheese/ham sandwich** kanapka z serem/szynką.

sandy ['sændɪ] *adj* (*beach*) piaszczysty; (*hair*) rudoblond.

sane [seɪn] *adj* (*person: MED*) zdrowy psychicznie; (: *fig*) zdrowy na umyśle, przy zdrowych zmysłach *post*; (*decision, action*) rozumny, rozsądny.

sang [sæŋ] *pt of* **sing**.

sanitary ['sænɪtərɪ] *adj* (*inspector, conditions, facilities*) sanitarny; (*clean*) higieniczny.

sanitary towel (*US* **sanitary napkin**) *n* podpaska *f* (higieniczna).

sanitation [sænɪ'teɪʃən] *n* (*conditions*) warunki *f* sanitarne; (*facilities*) urządzenia *pl* sanitarne.

sanity ['sænɪtɪ] *n* (*of person*) zdrowie *nt* psychiczne; (*common sense*) (zdrowy) rozsądek *m*.

sank [sæŋk] *pt of* **sink**.

Santa Claus [sæntə'klɔːz] *n* Święty Mikołaj *m*.

sap [sæp] *n* sok *m* (*z rośliny*) ♦ *vt* nadwątlać (nadwątlić *perf*).

sapling ['sæplɪŋ] *n* młode drzewko *nt*.

sapphire ['sæfaɪə*] *n* szafir *m*.

sarcasm ['sɑːkæzm] *n* sarkazm *m*.

sarcastic [sɑː'kæstɪk] *adj* sarkastyczny.

sardine [sɑː'diːn] *n* sardynka *f*.

sash [sæʃ] *n* (*of garment*) szarfa *f*.

sat [sæt] *pt, pp of* **sit**.

Satan ['seɪtn] *n* szatan *m*.

satchel ['sætʃl] *n* tornister *m*.

satellite ['sætəlaɪt] *n* satelita *m*.

satellite dish *n* antena *f* satelitarna.

satin ['sætɪn] *n* atłas *m*, satyna *f* ♦ *adj* atłasowy, satynowy.

satire ['sætaɪə*] *n* satyra *f*.

satirical [sə'tɪrɪkl] *adj* satyryczny.

satisfaction [sætɪs'fækʃən] *n* (*contentment*) zadowolenie *nt*, satysfakcja *f*; (*apology*) zadośćuczynienie *nt*; (*refund*) rekompensata *f*.

satisfactory [sætɪs'fæktərɪ] *adj* zadowalający; (*SCOL: grade*) dostateczny.

satisfied ['sætɪsfaɪd] *adj* (*customer*) zadowolony; **to be satisfied (with sth)** być zadowolonym (z czegoś).

satisfy ['sætɪsfaɪ] *vt* (*person*) zadowalać (zadowolić *perf*); (*needs, demand*) zaspokajać (zaspokoić *perf*); (*conditions*) spełniać (spełnić *perf*); **to satisfy sb that ...** przekonać (*perf*) kogoś, że...; **to satisfy o.s. that ...** upewniać się (upewnić się *perf*), że... .

satisfying ['sætɪsfaɪɪŋ] *adj* (*meal*) suty; (*feeling*) przyjemny; (*job*) dający zadowolenie *or* satysfakcję.

saturate ['sætʃəreɪt] *vt*: **to saturate (with)** nasycać (nasycić *perf*) (+*instr*).

saturation [sætʃə'reɪʃən] *n* nasycenie *nt*.

Saturday ['sætədɪ] *n* sobota *f*.

sauce [sɔːs] *n* sos *m*.

saucepan ['sɔːspən] *n* rondel *m*.

saucer ['sɔːsə*] *n* spodek *m*, spodeczek *m*.

sauna ['sɔːnə] *n* sauna *f*.

sausage ['sɔsɪdʒ] *n* kiełbasa *f*.

sauté ['səuteɪ] *vt* smażyć (usmażyć *perf*) (*bez panierowania*) ♦ *adj*: **sauté** *or* **sautéed potatoes** ziemniaki *pl* sauté.

savage ['sævɪdʒ] *adj* (*animal, tribe*) dziki; (*attack*) wściekły, brutalny; (*voice, criticism*) srogi, ostry ♦ *n* (*old, pej*) dzikus(ka) *m(f)*.

save [seɪv] *vt* (*person, sb's life, marriage*) ratować (uratować *perf*), ocalać (ocalić *perf*); (*food, wine*) zachowywać (zachować *perf*) (na później); (*money, time*) oszczędzać (oszczędzić *perf or* zaoszczędzić *perf*); (*work, trouble*) oszczędzać (oszczędzić *perf*) *or* zaoszczędzać (zaoszczędzić *perf*) +*gen*; (*receipt etc*) zachowywać (zachować *perf*); (*seat: for sb*) zajmować (zająć *perf*);

(*SPORT*) bronić (obronić *perf*);
(*COMPUT*) zapisywać (zapisać *perf*)
♦ *vi* (*also*: **save up**) oszczędzać ♦ *n*
(*SPORT*): **he made a brilliant save**
znakomicie obronił (piłkę) ♦ *prep*
(*fml*) z wyjątkiem +*gen*, wyjąwszy
+*acc* (*fml*).

saving ['seɪvɪŋ] *n* oszczędność *f* ♦
adj: **the saving grace of sth** jedyny
plus *m* czegoś.

savings account *n* rachunek *m*
oszczędnościowy.

saviour ['seɪvjə*] (*US* **savior**) *n*
zbawca *m*; (*REL*) Zbawiciel *m*.

savour ['seɪvə*] (*US* **savor**) *vt*
delektować się +*instr*.

savoury ['seɪvərɪ] (*US* **savory**) *adj*
(*food, dish*) pikantny.

saw [sɔ:] (*pt* **sawed**, *pp* **sawed** *or*
sawn) *vt* piłować, przepiłowywać
(przepiłować *perf*) ♦ *n* piła *f* ♦ *pt of*
see.

sawdust ['sɔ:dʌst] *n* trociny *pl*.

sawmill ['sɔ:mɪl] *n* tartak *m*.

sawn [sɔ:n] *pp of* **saw**.

saxophone ['sæksəfəun] *n* saksofon
m.

say [seɪ] (*pt, pp* **said**) *vt* mówić
(powiedzieć *perf*) ♦ *n*: **to have one's
say** wypowiadać się (wypowiedzieć
się *perf*); **to have a** *or* **some say in
sth** mieć coś do powiedzenia w
jakiejś sprawie, mieć na coś
(pewien) wpływ; **to say yes**
zgadzać się (zgodzić się *perf*); **to
say no** odmawiać (odmówić *perf*);
could you say that again? czy
mógłbyś powtórzyć?; **you can say
that again!** zgadza się!; **that is to
say** to znaczy *or* jest; **it goes
without saying that ...** to oczywiste,
że ... .

saying ['seɪɪŋ] *n* powiedzenie *nt*.

scab [skæb] *n* (*on wound*) strup *m*;
(*pej: person*) łamistrajk *m*.

scaffolding ['skæfəldɪŋ] *n*
rusztowanie *nt*.

scald [skɔ:ld] *n* poparzenie *nt*
(*wrzątkiem*) ♦ *vt* parzyć (poparzyć
perf) (*wrzątkiem*).

scale [skeɪl] *n* (*of numbers, salaries,
model*) skala *f*; (*of map*) skala *f*,
podziałka *f*; (*of fish*) łuska *f*; (*MUS*)
gama *f*; (*size, extent*) rozmiary *pl*,
wielkość *f* ♦ *vt* wdrapywać się
(wdrapać się *perf*) na +*acc*; **scales**
npl waga *f*; **on a large scale** na
dużą *or* wielką skalę.

scalp [skælp] *n* skóra *f* głowy;
(*removed from dead body*) skalp *m* ♦
vt skalpować (oskalpować *perf*).

scalpel ['skælpl] (*MED*) *n* skalpel *m*.

scampi ['skæmpɪ] (*BRIT*) *npl*
panierowane krewetki *pl*.

scan [skæn] *vt* (*scrutinize*) badawczo
przyglądać się (przyjrzeć się *perf*)
+*dat*; (*look through*) przeglądać
(przejrzeć *perf*); (*RADAR*) badać,
penetrować; (*TV*) składać ♦ *n*
(*MED*): **brain** *etc* **scan** obrazowanie
nt mózgu *etc* (*za pomocą tomografii,
magnetycznego rezonansu jądrowego itp*).

scandal ['skændl] *n* (*shocking event,
disgrace*) skandal *m*; (*gossip*) plotki
pl.

scandalize ['skændəlaɪz] *vt* gorszyć
(zgorszyć *perf*), oburzać (oburzyć
perf).

scandalous ['skændələs] *adj*
skandaliczny.

Scandinavian [skændɪ'neɪvɪən] *adj*
skandynawski.

scanner ['skænə*] *n* (*MED*) skaner
m; (*RADAR*) antena *f* radarowa *or*
przeszukująca.

scant [skænt] *adj* niewielki.

scapegoat ['skeɪpgəut] *n* kozioł *m*
ofiarny.

scar [ska:] *n* (*on skin*) blizna *f*,
szrama *f*; (*fig*) piętno *nt* ♦ *vt*
pokrywać (pokryć *perf*) bliznami;
(*fig*) wywoływać (wywołać *perf*)
(trwały) uraz u +*gen*.

scarce [skeəs] *adj*: **water/food was**

scarce brakowało *or* było za mało wody/jedzenia; **to make o.s. scarce** (*inf*) ulatniać się (ulotnić się *perf*) (*inf*).

scarcely ['skɛəslɪ] *adv* ledwo, (za)ledwie; **scarcely anybody** prawie nikt.

scare [skɛə*] *n* (*fright*): **to give sb a scare** napędzać (napędzić *perf*) komuś strachu *or* stracha; (*public fear*) panika *f* ♦ *vt* przestraszać (przestraszyć *perf*); **bomb scare** panika wywołana informacją o podłożeniu bomby.

►**scare away** *vt* (*animal*) płoszyć (spłoszyć *perf*); (*investor, buyer*) odstraszać (odstraszyć *perf*).

scarecrow ['skɛəkrəu] *n* strach *m* na wróble.

scared ['skɛəd] *adj* przestraszony, wystraszony; **to be scared (to do sth *or* of doing sth)** bać się (coś zrobić); **I was scared stiff** śmiertelnie się bałam.

scarf [skɑːf] (*pl* **scarfs** *or* **scarves**) *n* (*long*) szal *m*, szalik *m*; (*square, triangular*) chusta *f*.

scarlet ['skɑːlɪt] *adj* jasnoczerwony.

scarlet fever *n* szkarlatyna *f*.

scarves [skɑːvz] *npl of* **scarf**.

scary ['skɛərɪ] (*inf*) *adj* straszny.

scathing ['skeɪðɪŋ] *adj* (*comment ect*) cięty, zjadliwy.

scatter ['skætə*] *vt* (*seeds, papers*) rozrzucać (rozrzucić *or* porozrzucać *perf*); (*flock of birds, crowd*) rozpędzać (rozpędzić *perf*) ♦ *vi* (*crowd*) rozpraszać się (rozproszyć się *perf*).

scatterbrained ['skætəbreɪnd] (*inf*) *adj* roztrzepany.

scattered ['skætəd] *adj* rozproszony, rozsiany; **scattered showers** przelotne opady.

scenario [sɪ'nɑːrɪəu] *n* (*lit, fig*) scenariusz *m*.

scene [siːn] *n* (*lit, fig*) scena *f*; (*of crime, accident*) miejsce *nt*; (*sight*) obraz *m*.

scenery ['siːnərɪ] *n* (*THEAT*) dekoracje *pl*; (*landscape*) krajobraz *m*.

scenic ['siːnɪk] *adj* (*route, location*) malowniczy.

scent [sɛnt] *n* (*fragrance*) woń *f*, zapach *m*; (*perfume*) perfumy *pl*; (*track: lit, fig*) trop *m*.

sceptic ['skɛptɪk] (*US* **skeptic**) *n* sceptyk (-yczka) *m(f)*.

sceptical ['skɛptɪkl] (*US* **skeptical**) *adj* sceptyczny.

scepticism ['skɛptɪsɪzəm] (*US* **skepticism**) *n* sceptycyzm *m*.

sceptre ['sɛptə*] (*US* **scepter**) *n* berło *nt*.

schedule ['ʃɛdjuːl] *n* (*of trains, buses*) rozkład *m* jazdy; (*of events and times*) harmonogram *m*, rozkład *m* (*zajęć*); (*of prices, details etc*) wykaz *m*, zestawienie *nt* ♦ *vt* planować (zaplanować *perf*); **they arrived ahead of schedule** przybyli przed czasem; **we are behind schedule** mamy opóźnienie.

schematic [skɪ'mætɪk] *adj* schematyczny.

scheme [skiːm] *n* plan *m*; (*of government etc*) program *m* ♦ *vi* spiskować, knuć *or* snuć intrygi; **colour scheme** kolorystyka.

scheming ['skiːmɪŋ] *adj* intrygancki ♦ *n* intrygi *pl*.

schism ['skɪzəm] *n* schizma *f*.

schizophrenic [skɪtsə'frɛnɪk] *adj* schizofreniczny.

scholar ['skɔlə*] *n* (*learned person*) naukowiec *m*.

scholarly ['skɔləlɪ] *adj* (*text, approach*) naukowy; (*person*) uczony.

scholarship ['skɔləʃɪp] *n* (*knowledge: of person*) uczoność *f*, erudycja *f*; (*: of period, area*) nauka *f*; (*grant*) stypendium *nt*.

school [sku:l] *n* (*primary, secondary*) szkoła *f*; (*faculty, college*) ≈ instytut *m*; (*US: inf*) uniwersytet *m* ♦ *cpd* szkolny.

schoolboy ['sku:lbɔɪ] *n* uczeń *m*.

schoolchildren ['sku:ltʃɪldrən] *npl* uczniowie *vir pl*.

schoolgirl ['sku:lgə:l] *n* uczennica *f*.

schooling ['sku:lɪŋ] *n* nauka *f* szkolna; **they had no schooling at all** nie mieli żadnego wykształcenia.

schoolteacher ['sku:lti:tʃə*] *n* nauczyciel(ka) *m(f)*.

science ['saɪəns] *n* nauka *f*; **the sciences** nauki przyrodnicze; (*SCOL*) przedmioty ścisłe.

science fiction *n* fantastyka *f* naukowa, science fiction *f inv*.

scientific [saɪən'tɪfɪk] *adj* naukowy.

scientist ['saɪəntɪst] *n* naukowiec *m*.

scintillating ['sɪntɪleɪtɪŋ] *adj* (*fig*) błyskotliwy.

scissors ['sɪzəz] *npl*: (**a pair of) scissors** nożyczki *pl*; (*large*) nożyce *pl*.

scoff [skɔf] *vt* (*BRIT: inf: eat*) wsuwać (wsunąć *perf*) (*inf*) ♦ *vi*: **to scoff (at)** naśmiewać się (z +*gen*).

scold [skəuld] *vt* besztać (zbesztać *perf*), krzyczeć (nakrzyczeć *perf*) na +*acc*.

scone [skɔn] *n rodzaj babeczki jadanej z masłem na podwieczorek*.

scoop [sku:p] *n* (*for flour etc*) łopatka *f*; (*for ice cream*) łyżka *f*; (*of ice cream*) gałka *f*, kulka *f*; (*PRESS*) sensacyjna wiadomość *f* (*opublikowana wcześniej niż w konkurencyjnych gazetach*).

▶**scoop out** *vt* wybierać (wybrać *perf*), wyskrobywać (wyskrobać *perf*).

scooter ['sku:tə*] *n* (*also*: **motor scooter**) skuter *m*; (*toy*) hulajnoga *f*.

scope [skəup] *n* (*opportunity*) miejsce *nt*; (*range: of plan, undertaking*) zasięg *m*, zakres *m*; (: *of person*) możliwości *pl* (działania).

scorch [skɔ:tʃ] *vt* (*iron: clothes*) przypalać (przypalić *perf*); (*sun: earth, grass*) wypalać (wypalić *perf*).

score [skɔ:*] *n* (*total number of points*) wynik *m*; (*MUS*) partytura *f*; (*to film, play*) muzyka *f*; (*twenty*) dwudziestka *f* ♦ *vt* (*goal, point*) zdobywać (zdobyć *perf*); (*mark*) wydrapywać (wydrapać *perf*), wyryć (*perf*); (*success*) odnosić (odnieść *perf*) ♦ *vi* (*in game*) zdobyć (*perf*) punkt; (*FOOTBALL etc*) zdobyć (*perf*) bramkę; (*keep score*) notować wyniki, liczyć punkty; **scores of** dziesiątki +*gen*; **on that score** w tej mierze, w tym względzie; **to score six out of ten** uzyskać (*perf*) sześć punktów na dziesięć (możliwych).

scoreboard ['skɔ:bɔ:d] *n* tablica *f* wyników.

scorn [skɔ:n] *n* pogarda *f* ♦ *vt* (*despise*) gardzić (wzgardzić *perf*) +*instr*, pogardzać +*instr*.

scornful ['skɔ:nful] *adj* pogardliwy.

Scorpio ['skɔ:pɪəu] *n* Skorpion *m*.

scorpion ['skɔ:pɪən] *n* skorpion *m*.

Scot [skɔt] *n* Szkot(ka) *m(f)*.

Scotch [skɔtʃ] *n* (*whisky*) szkocka *f*.

scotch [skɔtʃ] *vt* zdusić (*perf*) w zarodku.

Scotland ['skɔtlənd] *n* Szkocja *f*.

Scots [skɔts] *adj* (*accent*) szkocki.

Scotsman ['skɔtsmən] (*irreg like*: **man**) *n* Szkot *m*.

Scottish ['skɔtɪʃ] *adj* (*history, clans*) szkocki.

scoundrel ['skaundrl] *n* łajdak *m*.

scour ['skauə*] *vt* (*countryside etc*) przetrząsać (przetrząsnąć *perf*), przeszukiwać (przeszukać *perf*); (*book etc*) wertować (przewertować *perf*).

scourge [skə:dʒ] *n* (*thing*) plaga *f*, zmora *f*; (*person*) utrapienie *nt*.

scout [skaut] *n* (*MIL*) zwiadowca *m*; (*also*: **boy scout**) skaut *m*, ≈ harcerz *m*; **girl scout** (*US*) ≈ harcerka *f*.

scowl [skaul] *vi* krzywić się
(skrzywić się *perf*), nachmurzyć się
(perf) ♦ *n* nachmurzona mina *f*; **to
scowl at sb** krzywić się (skrzywić
się *perf*) na kogoś.

scrabble ['skræbl] *vi* macać rękami
dokoła ♦ *n*: **Scrabble** ® Scrabble *nt
inv*.

scramble ['skræmbl] *n* (*climb*)
wdrapanie się *nt*; (*struggle, rush*)
szamotanina *f* ♦ *vi*: **to scramble up**
wdrapywać się (wdrapać się *perf*).

scrambled eggs ['skræmbld-] *n*
jajecznica *f*.

scrap [skræp] *n* (*of paper, material*)
skrawek *m*; (*fig: of truth, evidence*)
odrobina *f*, krzt(yn)a *f*; (*fight*)
utarczka *f*, starcie *nt*; (*also*: **scrap
metal**) złom *m* ♦ *vt* (*machines etc*)
przeznaczać (przeznaczyć *perf*) na
złom; (*fig: plans etc*) skasować (*perf*)
(*inf*) ♦ *vi* gryźć się (pogryźć się *perf*)
(*fig*); **scraps** *npl* (*of food*) resztki *pl*;
(*of material*) skrawki *pl*, resztki *pl*.

scrapbook ['skræpbuk] *n* album *m* z
wycinkami.

scrap dealer *n* handlarz *m* złomem.

scrape [skreɪp] *vt* (*mud, paint, etc*)
zeskrobywać (zeskrobać *perf*),
zdrapywać (zdrapać *perf*); (*potato,
carrot*) skrobać (oskrobać *perf*);
(*hand, car*) zadrapać (*perf*),
zadrasnąć (*perf*).

scrap merchant (*BRIT*) *n* handlarz
m złomem.

scrap metal *n* złom *m*.

scrap yard *n* skład *m* złomu; (*for
cars*) złomowisko *nt*.

scratch [skrætʃ] *n* (*on furniture,
record*) rysa *f*; (*on body*) zadrapanie
nt, zadraśnięcie *nt* ♦ *vt* (*body*) drapać
(podrapać *perf*); (*paint, car, record*)
porysować (*perf*); (*with claw, nail*)
zadrapać (*perf*), zadrasnąć (*perf*);
(*COMPUT*) wymazywać (wymazać
perf) (*z dysku*) ♦ *vi* drapać się
(podrapać się *perf*) ♦ *cpd* naprędce

sklecony; **to scratch one's
nose/head** drapać się (podrapać się
perf) w nos/głowę; **to start from
scratch** zaczynać (zacząć *perf*) od
zera; **to be up to scratch** spełniać
wymogi.

scrawl [skrɔːl] *n* bazgroły *pl*,
gryzmoły *pl* ♦ *vt* bazgrać (nabazgrać
perf), gryzmolić (nagryzmolić *perf*).

scream [skriːm] *n* krzyk *m*, wrzask
m; (*of tyres, brakes*) pisk *m*; (*of
siren*) wycie *nt*, buczenie *nt* ♦ *vi*
wrzeszczeć (wrzasnąć *perf*),
krzyczeć (krzyknąć *perf*); **he's a
scream** on jest pocieszny *or*
komiczny.

screech [skriːtʃ] *vi* (*person, bird*)
skrzeczeć (zaskrzeczeć *perf*); (*tyres,
brakes*) piszczeć (zapiszczeć *perf*).

screen [skriːn] *n* (*FILM, TV,
COMPUT*) ekran *m*; (*movable
barrier*) parawan *m*; (*fig: cover*)
zasłona *f*, przykrywka *f* ♦ *vt* (*protect,
conceal*) zasłaniać (zasłonić *perf*);
(*from wind etc*) osłaniać (osłonić
perf); (*film, programme*) wyświetlać
(wyświetlić *perf*), emitować
(wyemitować *perf*) (*w TV*);
(*candidates*) sprawdzać (sprawdzić
perf), badać (zbadać *perf*).

screening ['skriːnɪŋ] *n* (*MED*)
badania *pl* przesiewowe.

screenplay ['skriːnpleɪ] *n* scenariusz
m.

screw [skruː] *n* śruba *f*, wkręt *m* ♦ *vt*
(*fasten*) przykręcać (przykręcić
perf); **to screw sth in** wkręcać
(wkręcić *perf*) coś.

►**screw up** *vt* (*paper etc*) zmiąć
(*perf*), zgnieść (*perf*); **to screw up
one's eyes** mrużyć (zmrużyć *perf*)
oczy.

screwdriver ['skruːdraɪvə*] *n*
śrubokręt *m*.

scribble ['skrɪbl] *n* gryzmoły *pl* ♦ *vt*
(*note, letter etc*) skrobać (skrobnąć
perf) ♦ *vi* bazgrać (nabazgrać *perf*);

to scribble sth down (szybko) coś zapisać (perf).

script [skrɪpt] n (FILM etc) scenariusz m; (alphabet) pismo nt.

scripture(s) n(pl) święte pisma pl or księgi pl; **the Scriptures** Biblia.

scroll [skrəʊl] n zwój m.

scrub [skrʌb] n obszar porośnięty karłowatą roślinnością ♦ vt (floor, hands, washing) szorować (wyszorować perf); (inf: idea, plan) odrzucić (perf).

scruffy [ˈskrʌfɪ] adj niechlujny.

scruple [ˈskruːpl] n (usu pl) skrupuły pl.

scrupulous [ˈskruːpjuləs] adj (painstaking) sumienny, skrupulatny; (fair-minded) uczciwy.

scrupulously [ˈskruːpjuəslɪ] adv (behave, act) uczciwie; (honest, fair, clean) nienagannie.

scrutinize [ˈskruːtɪnaɪz] vt (face) przypatrywać się (przypatrzeć się perf) +dat; (data, records) analizować (przeanalizować perf).

scrutiny [ˈskruːtɪnɪ] n badanie nt, analiza f; **under the scrutiny of sb** pod czyjąś obserwacją.

scuba diving n nurkowanie nt z akwalungiem or aparatem tlenowym.

scuffle [ˈskʌfl] n starcie nt.

sculptor [ˈskʌlptə*] n rzeźbiarz (-arka) m(f).

sculpture [ˈskʌlptʃə*] n (art) rzeźba f, rzeźbiarstwo nt; (object) rzeźba f.

scum [skʌm] n (on liquid) piana f; (pej: people) szumowiny pl (pej).

scurry [ˈskʌrɪ] vi mknąć (pomknąć perf), pędzić (popędzić perf).

►**scurry off** vi rzucać się (rzucić się perf) do ucieczki.

scythe [saɪð] n kosa f.

sea [siː] n morze nt ♦ cpd (breeze, bird etc) morski; **by sea** morzem; **on the sea** na morzu.

seafood [ˈsiːfuːd] n owoce pl morza.

seafront [ˈsiːfrʌnt] n ulica f nadbrzeżna.

seagull [ˈsiːgʌl] n mewa f.

seal [siːl] n (animal) foka f; (official stamp) pieczęć f; (in machine etc) plomba f, uszczelnienie nt ♦ vt (envelope, opening) zaklejać (zakleić perf).

►**seal off** vt odcinać (odciąć perf) dostęp do +gen.

sea level n poziom m morza.

seam [siːm] n (line of stitches) szew m; (where edges meet) łączenie nt; (of coal etc) pokład m.

seaman [ˈsiːmən] (irreg like: man) n marynarz m.

séance [ˈseɪɔns] n seans m (spirytystyczny).

search [səːtʃ] n (for person, thing) poszukiwania pl; (COMPUT) szukanie nt (w dokumencie); (of sb's home) rewizja f ♦ vt (place) przeszukiwać (przeszukać perf); (mind, memory) szukać w +loc; (person, luggage) przeszukiwać (przeszukać perf), rewidować (zrewidować perf) ♦ vi: **to search for** poszukiwać +gen; **in search of** w poszukiwaniu +gen.

►**search through** vt fus przeszukiwać (przeszukać perf), przetrząsać (przetrząsnąć perf).

searching [ˈsəːtʃɪŋ] adj (look) dociekliwy, badawczy; (question) dociekliwy, wnikliwy.

searchlight [ˈsəːtʃlaɪt] n reflektor m.

search warrant n nakaz m rewizji.

seashore [ˈsiːʃɔː*] n brzeg m morza.

seasick [ˈsiːsɪk] adj: **to be seasick** dostać (perf) choroby morskiej.

seaside [ˈsiːsaɪd] n wybrzeże nt; **to go to the seaside** jechać (pojechać perf) nad morze; **at the seaside** nad morzem.

season [ˈsiːzn] n (of year) pora f roku; (AGR) sezon m, pora f; (SPORT) sezon m; (of films etc)

przegląd *m*, cykl *m* ♦ *vt* (*food*)
doprawiać (doprawić *perf*);
raspberries are in season now jest
teraz sezon na maliny.

seasonal ['siːznl] *adj* (*work*)
sezonowy.

seasoned ['siːznd] *adj* (*fig: traveller*)
wytrawny.

seasoning ['siːznɪŋ] *n* (*condiment*)
przyprawa *f*; (*spices*) przyprawy *pl*.

season ticket *n* (*RAIL*) bilet *m*
okresowy; (*SPORT, THEAT*)
abonament *m*.

seat [siːt] *n* miejsce *nt*; (*PARL*)
miejsce *nt*, mandat *m*; (*buttocks, of
trousers*) siedzenie *nt* ♦ *vt* (*place:
guests etc*) sadzać (posadzić *perf*);
(*have room for*) móc pomieścić; **to
be seated** siedzieć.

seat belt (*AUT*) *n* pas *m*
(bezpieczeństwa).

seaweed ['siːwiːd] *n* wodorosty *pl*.

sec. *abbr* = **second**.

secluded [sɪ'kluːdɪd] *adj*
odosobniony, zaciszny.

seclusion [sɪ'kluːʒən] *n* (*place*)
zacisze *nt*, ustronie *nt*; (*state*)
odosobnienie *nt*, osamotnienie *nt*.

second¹ [sɪ'kɒnd] (*BRIT*) *vt*
(*employee*) przesuwać (przesunąć
perf), oddelegowywać (oddelegować
perf).

second² ['sɛkənd] *adj* drugi ♦ *adv*
(*in race etc*) jako drugi; (*when
listing*) po drugie ♦ *n* (*unit of time*)
sekunda *f*; (*AUT: also*: **second gear**)
drugi bieg *m*, dwójka *f* (*inf*);
(*COMM*) towar *m* wybrakowany ♦ *vt*
(*motion*) popierać (poprzeć *perf*);
upper/lower second (*BRIT*) dyplom
*ukończenia studiów z wynikiem
dobrym/zadowalającym.*

secondary ['sɛkəndərɪ] *adj*
drugorzędny.

secondary school *n* szkoła *f*
średnia.

secondhand ['sɛkənd'hænd] *adj*
używany, z drugiej ręki *post*.

second hand *n* wskazówka *f*
sekundowa, sekundnik *m*.

secondly ['sɛkəndlɪ] *adv* po drugie,
po wtóre (*fml*).

second-rate ['sɛkənd'reɪt] *adj*
podrzędny.

second thoughts *npl*: **on second
thoughts** *or* (*US*) **thought** po
namyśle; **to have second thoughts
(about sth)** mieć wątpliwości (co do
czegoś).

secrecy ['siːkrəsɪ] *n* (*state of being
kept secret*) tajemnica *f*; (*act of
keeping sth secret*) dyskrecja *f*.

secret ['siːkrɪt] *adj* (*plan*) tajny;
(*passage*) tajemny, potajemny;
(*admirer*) cichy ♦ *n* sekret *m*,
tajemnica *f*; **in secret** potajemnie, w
sekrecie; **can you keep a secret?**
czy potrafisz dochować tajemnicy?

secretarial [sɛkrɪ'tɛərɪəl] *adj*:
secretarial course kurs dla
sekretarek.

secretariat [sɛkrɪ'tɛərɪət] *n*
sekretariat *m*.

secretary ['sɛkrətərɪ] *n* (*COMM*)
sekretarz (-arka) *m(f)*; (*of club*)
sekretarz *m*; **Secretary of State (for)**
(*BRIT*) ≈ minister (do spraw +*gen*);
Secretary of State (*US*) Sekretarz
Stanu.

secretion [sɪ'kriːʃən] *n* wydzielina *f*.

secretive ['siːkrətɪv] *adj* tajemniczy.

secretly ['siːkrɪtlɪ] *adv* potajemnie,
po cichu.

secret service *n* tajne służby *pl*.

sect [sɛkt] *n* sekta *f*.

sectarian [sɛk'tɛərɪən] *adj* (*views*)
sekciarski; (*violence*) na tle różnic
między sektami *post*.

section ['sɛkʃən] *n* (*of society, exam*)
część *f*; (*of road etc*) odcinek *m*; (*of
company*) dział *m*; (*of orchestra,
sports club*) sekcja *f*; (*of document*)

paragraf *m*; (*cross-section*) przekrój *m*.

sector [ˈsɛktə*] *n* sektor *m*; (*MIL*) sektor *m*, strefa *f*.

secular [ˈsɛkjulə*] *adj* świecki.

secure [sɪˈkjuə*] *adj* (*safe*) bezpieczny; (*free from anxiety*) spokojny; (*job, investment*) pewny; (*building, windows*) zabezpieczony; (*rope, shelf*) dobrze umocowany ♦ *vt* (*shelf etc*) mocować (umocować *perf*); (*votes etc*) uzyskiwać (uzyskać *perf*).

security [sɪˈkjuərɪtɪ] *n* (*freedom from anxiety*) bezpieczeństwo *nt*, poczucie *nt* bezpieczeństwa; (*security measures*) środki *pl* bezpieczeństwa; (*FIN*) zabezpieczenie *nt*.

sedate [sɪˈdeɪt] *adj* (*person, life*) stateczny; (*pace*) powolny ♦ *vt* (*MED*) podawać (podać *perf*) środek uspokajający +*dat*.

sedative [ˈsɛdɪtɪv] *n* środek *m* uspokajający.

sedentary [ˈsɛdntrɪ] *adj* (*work*) siedzący; (*population*) osiadły.

sediment [ˈsɛdɪmənt] *n* osad *m*.

seduce [sɪˈdjuːs] *vt* (*entice*) kusić (skusić *perf*), nęcić (znęcić *perf*); (*beguile*) mamić (omamić *perf*), zwodzić (zwieść *perf*); (*sexually*) uwodzić (uwieść *perf*).

seduction [sɪˈdʌkʃən] *n* (*attraction*) pokusa *f*; (*act of seducing*) uwiedzenie *nt*.

seductive [sɪˈdʌktɪv] *adj* (*look*) uwodzicielski; (*fig: offer*) kuszący.

see [si:] (*pt* **saw**, *pp* **seen**) *vt* (*perceive*) widzieć; (*look at*) zobaczyć (*perf*); (*understand*) rozumieć (zrozumieć *perf*); (*notice*) zauważać (zauważyć *perf*), spostrzegać (spostrzec *perf*); (*doctor etc*) iść (pójść *perf*) do +*gen*; (*film*) oglądać (obejrzeć *perf*), zobaczyć (*perf*) ♦ *vi* widzieć; (*find out: by searching*) sprawdzić (*perf*); (: *by inquiring*) dowiedzieć się (*perf*); **to see that ...** dopilnować (*perf*), żeby ...; **I've seen** *or* **I saw this play** widziałem tę sztukę; **to see sb to the door** odprowadzać (odprowadzić *perf*) kogoś do drzwi; **I see** rozumiem; **as far as I can see** o ile się orientuję; **see you!** do zobaczenia!, cześć! (*inf*); **see you soon!** do zobaczenia wkrótce!

▶**see off** *vt* odprowadzać (odprowadzić *perf*).

▶**see through** *vt* wspierać (wesprzeć *perf*) ♦ *vt fus* przejrzeć (*perf*).

▶**see to** *vt fus* zajmować się (zająć się *perf*) +*instr*.

seed [si:d] *n* nasienie *nt*; (*fig: usu pl*) ziarno *nt*.

seedling [ˈsiːdlɪŋ] *n* sadzonka *f*.

seedy [ˈsiːdɪ] *adj* zapuszczony (*pej*).

seeing [ˈsiːɪŋ] *conj*: **seeing as** *or* **that** skoro, jako że.

seek [si:k] (*pt, pp* **sought**) *vt* szukać (poszukać *perf*) +*gen*.

seem [si:m] *vi* wydawać się (wydać się *perf*) (być); **there seems to be ...** zdaje się, że jest ... .

seemingly [ˈsiːmɪŋlɪ] *adv* pozornie.

seen [si:n] *pp of* **see**.

seep [si:p] *vi* (*liquid*) przeciekać (przeciec *perf*), przesączać się (przesączyć się *perf*); (*gas*) przenikać (przeniknąć *perf*), przedostawać się (przedostać się *perf*); (*fig: information*) przeciekać (przeciec *perf*).

seesaw [ˈsiːsɔː] *n* huśtawka *f*.

seethe [si:ð] *vi*: **the street seethed with people/isects** na ulicy roiło się od ludzi/owadów.

see-through [ˈsiːθruː] *adj* przejrzysty, przezroczysty.

segment [ˈsɛgmənt] *n* część *f*; (*GEOM*) odcinek *m*; (*of orange*) cząstka *f*.

segregate ['sɛgrɪgeɪt] *vt* rozdzielać
(rozdzielić *perf*).
segregation [sɛgrɪ'geɪʃən] *n*
segregacja *f*, rozdział *m*.
seismic ['saɪzmɪk] *adj* sejsmiczny.
seize [siːz] *vt* (*person, object*)
chwytać (chwycić *perf*); (*fig:
opportunity*) korzystać (skorzystać
perf) z +*gen*; (*power*) przechwytywać
(przechwycić *perf*), przejmować
(przejąć *perf*); (*territory*) zajmować
(zająć *perf*), zdobywać (zdobyć
perf); (*criminal*) chwytać (schwytać
perf).
▶**seize (up)on** *vt fus* wykorzystywać
(wykorzystać *perf*) +*acc*.
seizure ['siːʒə*] *n* (*MED*) napad *m*;
(*of power*) przechwycenie *nt*,
przejęcie *nt*.
seldom ['sɛldəm] *adv* rzadko.
select [sɪ'lɛkt] *adj* (*school, district*)
ekskluzywny; (*group*) doborowy ♦
vt wybierać (wybrać *perf*); (*SPORT*)
selekcjonować (wyselekcjonować
perf).
selection [sɪ'lɛkʃən] *n* wybór *m*.
selective [sɪ'lɛktɪv] *adj*
(*discriminating*) wybiórczy,
selektywny; (*strike etc*) ograniczony;
(*education etc*) elitarny.
self [sɛlf] (*pl* **selves**) *n* (swoje) ja *nt
inv*; **to be/become one's normal
self** być/stawać się (stać się *perf*)
sobą.
self... [sɛlf] *pref* samo... .
self-assured [sɛlfə'ʃuəd] *adj* pewny
siebie.
self-catering [sɛlf'keɪtərɪŋ] (*BRIT*)
adj z wyżywieniem we własnym
zakresie *post*.
self-centred [sɛlf'sɛntəd] (*US*
self-centered) *adj* egocentryczny.
self-confidence [sɛlf'kɔnfɪdns] *n*
wiara *f* w siebie.
self-conscious [sɛlf'kɔnʃəs] *adj*
skrępowany.

self-contained [sɛlfkən'teɪnd]
(*BRIT*) *adj* (*flat etc*) samodzielny.
self-control [sɛlfkən'trəul] *n*
opanowanie *nt*.
self-defence [sɛlfdɪ'fɛns] (*US*
self-defense) *n* samoobrona *f*; **to
act in self-defence** działać w
obronie własnej.
self-discipline [sɛlf'dɪsɪplɪn] *n*
samodyscyplina *f*.
self-evident [sɛlf'ɛvɪdnt] *adj*
oczywisty.
self-governing [sɛlf'gʌvənɪŋ] *adj*
samorządny.
self-interest [sɛlf'ɪntrɪst] *n* korzyść *f*
własna.
selfish ['sɛlfɪʃ] *adj* samolubny.
selfishness ['sɛlfɪʃnɪs] *n*
samolubstwo *nt*, egoizm *m*.
selfless ['sɛlflɪs] *adj* bezinteresowny.
self-made ['sɛlfmeɪd] *adj*: **self-made
man** człowiek *m*, który wszystko
zawdzięcza sobie.
self-pity [sɛlf'pɪtɪ] *n* rozczulanie się
nt nad sobą.
self-portrait [sɛlf'pɔːtreɪt] *n*
autoportret *m*.
self-preservation ['sɛlfprɛzə'veɪʃən]
n: **the instinct of** *or* **for
self-preservation** instynkt *m*
samozachowawczy.
self-respect [sɛlfrɪs'pɛkt] *n* szacunek
m dla samego siebie.
self-satisfied [sɛlf'sætɪsfaɪd] *adj*
(*person*) zadowolony z siebie;
(*smile*) pełen samozadowolenia.
self-service [sɛlf'səːvɪs] *adj*
samoobsługowy.
self-sufficient [sɛlfsə'fɪʃənt] *adj*
samowystarczalny.
self-taught [sɛlf'tɔːt] *adj*: **self-taught
pianist** pianista *m* samouk *m*.
sell [sɛl] (*pt, pp* **sold**) *vt* sprzedawać
(sprzedać *perf*); (*fig*): **to sell sth to
sb** przekonywać (przekonać *perf*)
kogoś do czegoś ♦ *vi* sprzedawać się

(sprzedać się *perf*); **to sell at** *or* **for 10 pounds** kosztować 10 funtów.

▶**sell off** *vt* wyprzedawać (wyprzedać *perf*).

▶**sell out** *vi*: **to sell out (of sth)** wyprzedać *(perf)* (coś); **the tickets are sold out** bilety zostały wyprzedane.

sell-by date ['sɛlbaɪ-] *n* data *f* ważności.

selling price ['sɛlɪŋ-] *n* cena *f* zbytu.

sellotape ['sɛləuteɪp] ® (*BRIT*) *n* ≈ taśma *f* klejąca.

selves [sɛlvz] *pl of* **self**.

semantic [sɪ'mæntɪk] *adj* semantyczny.

semantics [sɪ'mæntɪks] *n* semantyka *f*.

semblance ['sɛmblns] *n* pozory *pl*.

semen ['si:mən] *n* nasienie *nt*.

semester [sɪ'mɛstə*] (*esp US*) *n* semestr *m*.

semicircle ['sɛmɪsə:kl] *n* półkole *nt*.

semicolon [sɛmɪ'kəulən] *n* średnik *m*.

semiconductor [sɛmɪkən'dʌktə*] *n* półprzewodnik *m*.

semidetached (house) (*BRIT*) *n* dom *m* bliźniaczy, bliźniak *m* (*inf*).

semifinal [sɛmɪ'faɪnl] *n* półfinał *m*.

seminar ['sɛmɪnɑ:*] *n* seminarium *nt*.

seminary ['sɛmɪnərɪ] (*REL*) *n* seminarium *nt*.

semi-precious [sɛmɪ'prɛʃəs] *adj* półszlachetny.

semi-skimmed [sɛmɪ'skɪmd] *adj* (*milk*) półtłusty.

senate ['sɛnɪt] *n* senat *m*.

senator ['sɛnɪtə*] *n* senator *m*.

send [sɛnd] (*pt, pp* **sent**) *vt* (*letter etc*) wysyłać (wysłać *perf*); (*signal, picture*) przesyłać (przesłać *perf*).

▶**send away** *vt* (*visitor*) odprawiać (odprawić *perf*).

▶**send back** *vt* odsyłać (odesłać *perf*).

▶**send for** *vt fus* (*by post*) zamawiać (zamówić *perf*) (pocztą); (*doctor, police*) wzywać (wezwać *perf*).

▶**send off** *vt* (*goods*) wysyłać (wysłać *perf*); (*BRIT: SPORT*) usuwać (usunąć *perf*) z boiska.

▶**send out** *vt* (*invitation, signal*) wysyłać (wysłać *perf*); (*heat*) wydzielać (wydzielić *perf*).

sender ['sɛndə*] *n* nadawca (-czyni) *m(f)*.

senile ['si:naɪl] *adj* zniedołężniały.

senior ['si:nɪə*] *adj* (*staff, officer*) starszy *or* wysoki rangą; (*manager*) wysoki rangą; (*post, position*) wysoki; **to be senior to sb** być od kogoś starszym rangą; **she is 15 years his senior** jest (od niego) starsza o 15 lat.

senior citizen *n* emeryt(ka) *m(f)*.

seniority [si:nɪ'ɔrɪtɪ] *n* (*degree of importance*) starszeństwo *nt*; (*length of work*) staż *m* pracy, wysługa *f* lat.

sensation [sɛn'seɪʃən] *n* (*feeling*) uczucie *nt*; (*ability to feel*) czucie *nt*; (*great success*) wydarzenie *nt*, sensacja *f*.

sensational [sɛn'seɪʃənl] *adj* (*wonderful*) wspaniały, fantastyczny; (*surprising, exaggerated*) sensacyjny.

sense [sɛns] *n* (*physical*) zmysł *m*; (*of guilt*) poczucie *nt*; (*of shame, pleasure*) uczucie *nt*; (*good sense*) rozsądek *m*; (*of word*) sens *m*, znaczenie *nt*; (*of letter, conversation*) sens *m* ♦ *vt* wyczuwać (wyczuć *perf*); **it makes sense** to ma sens.

senseless ['sɛnslɪs] *adj* (*pointless*) bezsensowny; (*unconscious*) nieprzytomny.

sense of humour *n* poczucie *nt* humoru.

sensibility [sɛnsɪ'bɪlɪtɪ] *n* wrażliwość *f*.

sensible ['sɛnsɪbl] *adj* (*person, advice*) rozsądny.

sensitive ['sɛnsɪtɪv] *adj* (*person, skin*) wrażliwy; (*instrument*) czuły; (*fig: touchy*) drażliwy.

sensitivity [sɛnsɪ'tɪvɪtɪ] *n* (*of person,*

skin) wrażliwość *f*; (*to touch etc*) czułość *f*; (*of issue etc*) delikatna natura *f*.

sensual ['sɛnsjuəl] *adj* (*of the senses*) zmysłowy; (*life*) pełen zmysłowych przyjemności *post*.

sensuous ['sɛnsjuəs] *adj* (*lips*) zmysłowy; (*material*) przyjemny w dotyku.

sent [sɛnt] *pt, pp of* **send**.

sentence ['sɛntns] *n* (*LING*) zdanie *nt*; (*JUR: judgement*) wyrok *m*; (: *punishment*) kara *f* ♦ *vt*: **to sentence sb to death/to five years in prison** skazywać (skazać *perf*) kogoś na karę śmierci/na karę pięciu lat więzienia.

sentiment ['sɛntɪmənt] *n* (*tender feelings*) tkliwość *f*, sentyment *m*; (*also pl: opinion*) odczucie *nt*, zapatrywanie *nt*.

sentimental [sɛntɪ'mɛntl] *adj* sentymentalny; **to get sentimental** roztkliwiać się (roztkliwić się *perf*).

sentry ['sɛntrɪ] *n* wartownik *m*.

separate ['sɛprɪt] *adj* (*piles*) osobny; (*occasions, reasons, ways*) różny; (*rooms*) oddzielny ♦ *vt* (*people, things*) rozdzielać (rozdzielić *perf*); (*ideas*) oddzielać (oddzielić *perf*) (od siebie) ♦ *vi* (*part*) rozstawać się (rozstać się *perf*), (*move apart*) rozchodzić się (rozejść się *perf*), rozdzielać się (rozdzielić się *perf*); (*split up: couple*) rozstawać się (rozstać się *perf*); (: *parents, married couple*) brać (wziąć *perf*) separację.

separately ['sɛprɪtlɪ] *adv* osobno, oddzielnie.

separation [sɛpə'reɪʃən] *n* (*being apart*) oddzielenie *nt*; (*time spent apart*) rozłąka *f*; (*JUR*) separacja *f*.

September [sɛp'tɛmbə*] *n* wrzesień *m*.

septic ['sɛptɪk] *adj* (*MED*) septyczny, zakaźny; (*wound, finger*) zakażony.

sequel ['si:kwl] *n* (*follow-up*) dalszy ciąg *m*; (*consequence*) następstwo *nt*.

sequence ['si:kwəns] *n* (*order*) kolejność *f*, porządek *m*; (*ordered chain*) seria *f*; (*in dance, film*) sekwencja *f*.

serene [sɪ'ri:n] *adj* spokojny.

sergeant ['sɑ:dʒənt] *n* sierżant *m*.

serial ['sɪərɪəl] *n* serial *m*.

series *n inv* seria *f*; (*TV: of shows, talks*) cykl *m*, seria *f*; (: *of films*) serial *m*.

serious ['sɪərɪəs] *adj* poważny; **to be serious** nie żartować; **are you serious (about it)?** mówisz (to) poważnie?

seriously ['sɪərɪəslɪ] *adv* poważnie; **to take sb/sth seriously** brać (wziąć *perf*) kogoś/coś (na) poważnie *or* serio.

seriousness ['sɪərɪəsnɪs] *n* (*of person, situation*) powaga *f*; (*of problem*) waga *f*.

sermon ['sə:mən] *n* kazanie *nt*.

serum ['sɪərəm] *n* surowica *f*.

servant ['sə:vənt] *n* służący (-ca) *m(f)*; (*fig*) sługa *m*.

serve [sə:v] *vt* (*country, purpose*) służyć +*dat*; (*guest, customer*) obsługiwać (obsłużyć *perf*); (*apprenticeship, prison term*) odbywać (odbyć *perf*) ♦ *vi* (*at table*) podawać (podać *perf*); (*TENNIS*) serwować (zaserwować *perf*) ♦ *n* (*TENNIS*) serwis *m*, serw *m*; **to serve as/for** służyć (posłużyć *perf*) za +*acc*; **it serves him right** dobrze mu tak.

service ['sə:vɪs] *n* usługa *f*; (*in hotel, restaurant*) obsługa *f*; (*also*: **train service**) komunikacja *f* kolejowa; (*REL*) nabożeństwo *nt*; (*AUT*) przegląd *m*; (*TENNIS*) serwis *m*, podanie *nt*; (*plates, etc*) serwis *m*; **the Services** *npl* siły *pl* zbrojne ♦ *vt* dokonywać (dokonać *perf*) przeglądu +*gen*; **services (to)** usługi

(dla +*gen*); (*extraordinary*) zasługi *pl*
(dla +*gen*); **national service**
powszechna służba wojskowa.
serviette [səːvɪˈɛt] (*BRIT*) *n* serwetka
f.
servile [ˈsəːvaɪl] *adj* służalczy.
session [ˈsɛʃən] *n* (*period of activity*)
sesja *f*; **to be in session** (*court etc*)
obradować.
set [sɛt] (*pt, pp* **set**) *n* (*of problems*)
zespół *m*; (*of saucepans, books*)
komplet *m*; (*of people*) grupa *f*;
(*also*: **radio set**) radio *nt*, odbiornik
m radiowy; (*also*: **TV set**) telewizor
m, odbiornik *m* telewizyjny;
(*TENNIS*) set *m*; (*MATH*) zbiór *m*;
(*FILM*) plan *m*; (*THEAT*) dekoracje
pl; (*of hair*) ułożenie *nt*,
modelowanie *nt* ♦ *adj* (*fixed*)
ustalony, stały; (*ready*) gotowy ♦ *vt*
(*place, stage*) przygotowywać
(przygotować *perf*); (*time, rules*)
ustalać (ustalić *perf*); (*record*)
ustanawiać (ustanowić *perf*); (*alarm,
watch*) nastawiać (nastawić *perf*);
(*task, exercise*) zadawać (zadać
perf); (*exam*) układać (ułożyć *perf*) ♦
vi (*sun*) zachodzić (zajść *perf*); (*jelly,
concrete*) tężeć (stężeć *perf*); (*glue*)
wysychać (wyschnąć *perf*); (*bone*)
zrastać się (zrosnąć się *perf*); **to be
set on doing sth** być
zdeterminowanym coś zrobić; **to set
sth to music** komponować
(skomponować *perf*) muzykę do
czegoś; **to set on fire** podpalać
(podpalić *perf*); **to set free** uwalniać
(uwolnić *perf*), zwalniać (zwolnić
perf).
► **set about** *vt fus* przystępować
(przystąpić *perf*) do +*gen*.
► **set aside** *vt* (*money etc*) odkładać
(odłożyć *perf*); (*time*) rezerwować
(zarezerwować *perf*).
► **set back** *vt*: **to set sb back 5
pounds** kosztować kogoś 5 funtów;

to set sb back (by) opóźniać
(opóźnić *perf*) kogoś (o +*acc*).
► **set off** *vi* wyruszać (wyruszyć *perf*)
♦ *vt* (*bomb*) detonować (zdetonować
perf); (*alarm*) uruchamiać
(uruchomić *perf*); (*chain of events*)
wywoływać (wywołać *perf*); (*jewels*)
uwydatniać (uwydatnić *perf*); (*tan,
complexion*) podkreślać (podkreślić
perf).
► **set out** *vi* wyruszać (wyruszyć *perf*)
♦ *vt* (*goods etc*) wystawiać
(wystawić *perf*); (*arguments*)
wykładać (wyłożyć *perf*); **to set out
to do sth** przystępować (przystąpić
perf) do robienia czegoś.
► **set up** *vt* (*organization*) zakładać
(założyć *perf*).
setback [ˈsɛtbæk] *n* (*hitch*)
komplikacja *f*.
settee [sɛˈtiː] *n* sofa *f*.
setting [ˈsɛtɪŋ] *n* (*background*)
miejsce *nt*, otoczenie *nt*; (*of controls*)
nastawa *f*; (*of jewel*) oprawa *f*.
settle [ˈsɛtl] *vt* (*argument*)
rozstrzygać (rozstrzygnąć *perf*);
(*accounts*) regulować (uregulować
perf) ♦ *vi* (*also*: **settle down**)
sadowić się (usadowić się *perf*);
(*calm down*) uspokajać się (uspokoić
się *perf*); (*bird, insect*) siadać (siąść
perf or usiąść *perf*); (*dust, sediment*)
osiadać (osiąść *perf*), osadzać się
(osadzić się *perf*).
► **settle for** *vt fus* zadowalać się
(zadowolić się *perf*) +*instr*.
► **settle in** *vi* przyzwyczajać się
(przyzwyczaić się *perf*) (do nowego
miejsca).
► **settle on** *vt fus* decydować się
(zdecydować się *perf*) na +*acc*.
► **settle up** *vi*: **to settle up with sb**
rozliczać się (rozliczyć się *perf*) z
kimś.
settlement [ˈsɛtlmənt] *n* (*payment: of
debt*) spłata *f*; (: *in compensation*)
odszkodowanie *nt*; (*agreement*)

rozstrzygnięcie *nt*, porozumienie *nt*;
(*village etc*) osada *f*.

settler ['sɛtlə*] *n* osadnik (-iczka)
m(f).

setup ['sɛtʌp] (*also spelled* **set-up**) *n*
układ *m*.

seven ['sɛvn] *num* siedem.

seventeen [sɛvn'tiːn] *num*
siedemnaście.

seventh ['sɛvnθ] *num* siódmy.

seventy ['sɛvntɪ] *num* siedemdziesiąt.

sever ['sɛvə*] *vt* (*artery, pipe*)
przerywać (przerwać *perf*); (*fig:
relations*) zrywać (zerwać *perf*).

several ['sɛvərl] *adj* kilka (*+gen*); (*of
groups of people including at least
one male*) kilku (*+gen*) ♦ *pron* kilka;
(*of groups of people including at
least one male*) kilku; **several of us**
kilkoro z nas; **several times** kilka
razy.

severe [sɪ'vɪə*] *adj* (*pain*) ostry;
(*damage, shortage*) poważny.

severity [sɪ'vɛrɪtɪ] *n* surowość *f*; (*of
pain, attacks*) ostrość *f*.

sew [səu] (*pt* **sewed**, *pp* **sewn**) *vt*
(*dress etc*) szyć (uszyć *perf*);
(*edges*) zszywać (zszyć *perf*).

▶**sew up** *vt* (*pieces of cloth*) zszywać
(zszyć *perf*); (*tear*) zaszywać (zaszyć
perf).

sewage ['suːɪdʒ] *n* ścieki *pl*.

sewer ['suːə*] *n* ściek *m*.

sewing ['səuɪŋ] *n* szycie *nt*.

sewing machine *n* maszyna *f* do
szycia.

sewn [səun] *pp of* **sew**.

sex [sɛks] *n* (*gender*) płeć *f*;
(*lovemaking*) seks *m*; **to have sex
with sb** mieć z kimś stosunek.

sexism ['sɛksɪzəm] *n* seksizm *m*.

sexist ['sɛksɪst] *adj* seksistowski.

sextet [sɛks'tɛt] *n* sekstet *m*.

sexual ['sɛksjuəl] *adj* płciowy;
sexual equality równouprawnienie
płci.

sexy ['sɛksɪ] *adj* seksowny.

shabby ['ʃæbɪ] *adj* (*person*) obdarty;
(*clothes*) wytarty, wyświechtany;
(*trick, behaviour*) podły.

shack [ʃæk] *n* chałupa *f*.

shackles ['ʃæklz] *npl* kajdany *pl*;
(*fig*) pęta *pl*.

shade [ʃeɪd] *n* (*shelter*) cień *m*; (*for
lamp*) abażur *m*, klosz *m*; (*of colour*)
odcień *m* ♦ *vt* (*shelter*) ocieniać
(ocienić *perf*); (*eyes*) osłaniać
(osłonić *perf*); **in the shade** w cieniu.

shadow ['ʃædəu] *n* cień *m* ♦ *vt*
śledzić.

shadow cabinet (*BRIT*) *n* gabinet *m*
cieni.

shady ['ʃeɪdɪ] *adj* cienisty; (*fig*)
podejrzany.

shaft [ʃɑːft] *n* (*of arrow, spear*)
drzewce *nt*; (*AUT, TECH*) wał(ek) *m*;
(*of mine, lift*) szyb *m*; (*of light*) snop *m*.

shaggy ['ʃægɪ] *adj* (*beard*)
zmierzwiony; (*man*) zarośnięty;
(*dog, sheep*) kudłaty.

shake [ʃeɪk] (*pt* **shook**, *pp* **shaken**)
vt trząść *+instr*, potrząsać
(potrząsnąć *perf*) *+instr*; (*bottle,
person*) wstrząsać (wstrząsnąć *perf*)
+instr; (*cocktail*) mieszać (zmieszać
perf); (*beliefs, resolve*) zachwiać
(*perf*) *+instr* ♦ *vi* trząść się (zatrząść
się *perf*), drżeć (zadrżeć *perf*); **to
shake one's head** kręcić (pokręcić
perf) głową; **to shake hands with
sb** uściskać (*perf*) czyjąś dłoń,
podawać (podać *perf*) komuś rękę.

▶**shake off** *vt* strząsać (strząsnąć
perf), strącać (strącić *perf*); (*fig:
pursuer*) zgubić (*perf*).

▶**shake up** *vt* (*ingredients*) mieszać
(zmieszać *perf*); (*fig: person*)
wstrząsać (wstrząsnąć *perf*) *+instr*.

shaky ['ʃeɪkɪ] *adj* (*hand, voice*)
trzęsący się, drżący.

shall [ʃæl] *aux vb*: **I shall go** pójdę;
shall I open the door? czy mam
otworzyć drzwi?; **I'll get some,
shall I?** przyniosę kilka, dobrze?

shallow [ˈʃæləu] adj (lit, fig) płytki.

sham [ʃæm] n pozór m ♦ vt udawać (udać perf).

shambles [ˈʃæmblz] n bałagan m.

shame [ʃeɪm] n wstyd m ♦ vt zawstydzać (zawstydzić perf); **it is a shame to ...** szkoda +infin; **it is a shame that ...** szkoda, że ...; **what a shame!** co za wstyd!

shamefaced [ˈʃeɪmfeɪst] adj zawstydzony.

shameful [ˈʃeɪmful] adj haniebny.

shameless [ˈʃeɪmlɪs] adj bezwstydny.

shampoo [ʃæmˈpuː] n szampon m ♦ vt myć (umyć perf) (szamponem).

shan't [ʃɑːnt] = shall not.

shanty town [ˈʃæntɪ-] n dzielnica f slumsów.

shape [ʃeɪp] n kształt m ♦ vt (with one's hands) formować (uformować perf); (sb's ideas, sb's life) kształtować (ukształtować perf); **to take shape** nabierać (nabrać perf) kształtu.

▶**shape up** vi (events) dobrze się układać (ułożyć perf); (person) radzić sobie.

shapeless [ˈʃeɪplɪs] adj bezkształtny, nieforemny.

shapely [ˈʃeɪplɪ] adj (woman, legs) zgrabny.

share [ʃɛə*] n (part) część f; (contribution) udział m; (COMM) akcja f, udział m ♦ vt (books, cost) dzielić (podzielić perf); (room, taxi) dzielić.

▶**share out** vt rozdzielać (rozdzielić perf).

shareholder [ˈʃɛəhəuldə*] n akcjonariusz(ka) m(f).

shark [ʃɑːk] n rekin m.

sharp [ʃɑːp] adj ostry; (MUS) podwyższony o pół tonu; (person, eye) bystry ♦ n (MUS) nuta f z krzyżykiem; (: symbol) krzyżyk m ♦ adv: **at 2 o'clock sharp** punktualnie o drugiej.

sharpen [ˈʃɑːpn] vt ostrzyć (zaostrzyć perf).

sharpener [ˈʃɑːpnə*] n (also: **pencil sharpener**) temperówka f.

sharply [ˈʃɑːplɪ] adv ostro.

shatter [ˈʃætə*] vt roztrzaskiwać (roztrzaskać perf); (fig) rujnować (zrujnować perf) ♦ vi roztrzaskiwać się (roztrzaskać się perf).

shattered [ˈʃætəd] adj (overwhelmed) zdruzgotany; (inf: exhausted) wykończony (inf).

shattering [ˈʃætərɪŋ] adj (experience) wstrząsający; (effect) druzgocący; (exhausting) wyczerpujący.

shave [ʃeɪv] vt (person, face, legs) golić (ogolić perf); (beard) golić (zgolić perf) ♦ vi golić się (ogolić się perf) ♦ n: **to have a shave** golić się (ogolić się perf).

shaver [ˈʃeɪvə*] n (also: **electric shaver**) golarka f elektryczna, (elektryczna) maszynka f do golenia.

shaving [ˈʃeɪvɪŋ] n golenie nt; **shavings** npl strużyny pl, wióry pl.

shawl [ʃɔːl] n szal m.

she [ʃiː] pron ona f.

sheaf [ʃiːf] (pl **sheaves**) n (of corn) snop m; (of papers) plik m.

shear [ʃɪə*] (pt **sheared**, pp **shorn**) vt (sheep) strzyc (ostrzyc perf).

shears [ˈʃɪəz] npl nożyce pl ogrodnicze, sekator m.

sheath [ʃiːθ] n (of knife) pochwa f; (contraceptive) prezerwatywa f.

sheaves [ʃiːvz] npl of sheaf.

shed [ʃɛd] (pt, pp **shed**) n (for bicycles, tools) szopa f ♦ vt (skin) zrzucać (zrzucić perf); (tears) wylewać (wylać perf); (blood) przelewać (przelać perf); (load) gubić (zgubić perf); (workers) pozbywać się (pozbyć się perf) +gen.

she'd [ʃiːd] = she had; she would.

sheen [ʃiːn] n połysk m.

sheep [ʃiːp] n inv owca f.

sheepdog [ˈʃiːpdɔg] n owczarek m.

sheepish ['ʃiːpɪʃ] adj zmieszany.
sheer [ʃɪə*] adj (utter) czysty,
najzwyklejszy; (steep) stromy,
pionowy; (almost transparent)
przejrzysty ♦ adv stromo, pionowo.
sheet [ʃiːt] n (on bed) prześcieradło
nt; (of paper) kartka f; (of glass)
płyta f; (of metal) arkusz m, płyta f;
(of ice) tafla f.
sheik(h) [ʃeɪk] n szejk m.
shelf [ʃɛlf] (pl **shelves**) n półka f.
shell [ʃɛl] n (on beach) muszla f;
(: small) muszelka f; (of egg)
skorupka f; (of nut etc) łupina f; (of
tortoise) skorupa f; (explosive)
pocisk m; (of building) szkielet m ♦
vt (peas) łuskać; (egg) obierać
(obrać perf) ze skorupki; (MIL)
ostrzeliwać (ostrzelać perf).
she'll [ʃiːl] = she will; she shall.
shellfish ['ʃɛlfɪʃ] n inv skorupiak m;
(as food) małż m.
shelter ['ʃɛltə*] n (refuge)
schronienie nt; (protection) osłona f,
ochrona f; (also: **air-raid shelter**)
schron m ♦ vt (protect) osłaniać
(osłonić perf); (give lodging to)
udzielać (udzielić perf) schronienia
+dat ♦ vi (from rain etc) chronić się
(schronić się perf).
sheltered ['ʃɛltəd] adj (life) pod
kloszem post; (spot) osłonięty.
shelve [ʃɛlv] vt (fig: plan) odkładać
(odłożyć perf) do szuflady.
shelves [ʃɛlvz] npl of shelf.
shepherd ['ʃɛpəd] n pasterz m ♦ vt
prowadzić (poprowadzić perf).
sheriff ['ʃɛrɪf] (US) n szeryf m.
sherry ['ʃɛrɪ] n sherry f inv.
she's [ʃiːz] = she is; she has.
Shetland ['ʃɛtlənd] n (also: **the
Shetland Islands**) Szetlandy pl.
shield [ʃiːld] n (MIL) tarcza f;
(SPORT) odznaka f; (fig) osłona f ♦
vt: **to shield (from)** osłaniać
(osłonić perf) (przed +instr).
shift [ʃɪft] n zmiana f ♦ vt (move)

przesuwać (przesunąć perf);
(remove) usuwać (usunąć perf) ♦ vi
przesuwać się (przesunąć się perf).
shilling ['ʃɪlɪŋ] (BRIT: old) n szyling m.
shilly-shally ['ʃɪlɪʃælɪ] vi wahać się.
shimmer ['ʃɪmə*] vi migotać, skrzyć
się.
shin [ʃɪn] n goleń f.
shine [ʃaɪn] (pt, pp **shone**) n połysk
m ♦ vi (sun, light) świecić; (eyes,
hair) błyszczeć, lśnić; (fig: person)
błyszczeć ♦ vt (shoes etc: pt, pp
shined) czyścić (wyczyścić perf) (do
połysku), pucować (wypucować
perf) (inf); **to shine a torch on sth**
oświetlać (oświetlić perf) coś latarką.
shiny ['ʃaɪnɪ] adj (coin, hair)
błyszczący, lśniący; (shoes)
wypolerowany.
ship [ʃɪp] n statek m, okręt m ♦ vt
(transport: by ship) przewozić
(przewieźć perf) drogą morską; (: by
rail etc) przewozić (przewieźć perf).
shipment ['ʃɪpmənt] n (of goods)
transport m.
shipping ['ʃɪpɪŋ] n (of cargo)
transport m morski; (ships) flota f
handlowa.
shipwreck ['ʃɪprɛk] n (event)
katastrofa f morska; (ship) wrak m
(statku) ♦ vt: **to be shipwrecked**
ocaleć (perf) z katastrofy morskiej.
shipyard ['ʃɪpjɑːd] n stocznia f.
shire ['ʃaɪə*] (BRIT) n hrabstwo nt.
shirt [ʃəːt] n (man's) koszula f;
(woman's) bluzka f (koszulowa); **in
(one's) shirt sleeves** w samej
koszuli, bez marynarki.
shit [ʃɪt] (inf!) excl cholera! (inf).
shiver ['ʃɪvə*] n drżenie nt ♦ vi drżeć
(zadrżeć perf).
shoal [ʃəul] n (of fish) ławica f; (also:
shoals: fig) tłumy pl.
shock [ʃɔk] n wstrząs m, szok m;
(also: **electric shock**) porażenie nt
(prądem) ♦ vt (upset) wstrząsać

(wstrząsnąć *perf*) +*instr*; (*offend*)
szokować (zaszokować *perf*).

shock absorber (*AUT*) *n*
amortyzator *m*.

shocking [ˈʃɔkɪŋ] *adj* (*very bad*)
fatalny; (*outrageous*) szokujący.

shoddy [ˈʃɔdɪ] *adj* lichy.

shoe [ʃuː] (*pt, pp* **shod**) *n* (*for
person*) but *m*; (*for horse*) podkowa *f*
♦ *vt* (*horse*) podkuwać (podkuć *perf*).

shoelace [ˈʃuːleɪs] *n* sznurowadło *nt*.

shoe polish *n* pasta *f* do butów.

shone [ʃɔn] *pt, pp of* **shine**.

shook [ʃuk] *pt of* **shake**.

shoot [ʃuːt] (*pt, pp* **shot**) *n* (*on
branch*) pęd *m*; (*on seedling*) kiełek
m ♦ *vt* (*arrow*) wystrzelić (*perf*);
(*gun*) (wy)strzelić (*perf*) z +*gen*; (*kill*)
zastrzelić (*perf*); (*wound*) postrzelić
(*perf*); (*execute*) rozstrzeliwać
(rozstrzelać *perf*); (*film*) kręcić
(nakręcić *perf*) ♦ *vi*: **to shoot (at)**
strzelać (strzelić *perf*) (do +*gen*).

►**shoot down** *vt* zestrzeliwać
(zestrzelić *perf*).

►**shoot up** *vi* (*fig. inflation etc*)
skakać (skoczyć *perf*), podskakiwać
(podskoczyć *perf*).

shooting [ˈʃuːtɪŋ] *n* (*shots*) strzelanina
f, (*HUNTING*) polowanie *nt*.

shooting star *n* spadająca gwiazda *f*.

shop [ʃɔp] *n* (*selling goods*) sklep *m*;
(*workshop*) warsztat *m* ♦ *vi* (*also*: **go
shopping**) robić (zrobić *perf*)
zakupy.

shop assistant (*BRIT*) *n*
sprzedawca (-czyni) *m(f)*.

shopkeeper [ˈʃɔpkiːpə*] *n*
sklepikarz (-arka) *m(f)*.

shoplifting [ˈʃɔplɪftɪŋ] *n* kradzież *f*
sklepowa.

shopper [ˈʃɔpə*] *n* kupujący (-ca)
m(f), klient(ka) *m(f)*.

shopping [ˈʃɔpɪŋ] *n* zakupy *pl*.

shopping bag *n* torba *f* na zakupy.

shopping centre (*US* **shopping
center**) *n* centrum *nt* handlowe.

shop window *n* witryna *f*, wystawa
f sklepowa.

shore [ʃɔː*] *n* (*of sea*) brzeg *m*,
wybrzeże *nt*; (*of lake*) brzeg *m*; **on
shore** na lądzie.

shorn [ʃɔːn] *pp of* **shear**.

short [ʃɔːt] *adj* (*not long*) krótki; (*not
tall*) niski; (*curt*) szorstki; **money is
short** brakuje pieniędzy; **we are
short of staff** brakuje nam
personelu; **in short** jednym słowem;
short of sth/doing sth bez
posuwania się do +*gen*; **it is short
for ...** to skrót od +*gen*; **to cut short**
(*speech*) ucinać (uciąć *perf*); (*visit*)
skracać (skrócić *perf*); **everything
short of ...** wszystko z wyjątkiem
+*gen*; **to fall short of expectations**
zawodzić (zawieść *perf*)
oczekiwania; **we were running
short of food** zaczynało nam
brakować żywności; **to stop short**
(nagle) przestać (*perf*) *or* przerwać
(*perf*); **to stop short of**
powstrzymywać się (powstrzymać
się *perf*) przed +*instr*.

shortage [ˈʃɔːtɪdʒ] *n*: **a shortage of**
niedobór *m* +*gen*.

shortcoming [ˈʃɔːtkʌmɪŋ] *n*
niedostatek *m*, mankament *m*.

short cut *n* skrót *m*; **to take a short
cut** iść (pójść *perf*) na skróty.

shorten [ˈʃɔːtn] *vt* skracać (skrócić
perf).

shortfall [ˈʃɔːtfɔːl] *n* niedobór *m*.

shorthand [ˈʃɔːthænd] *n* (*BRIT*)
stenografia *f*.

short list (*BRIT*) *n* (ostateczna) lista
f kandydatów.

short-lived [ˈʃɔːtˈlɪvd] *adj*
krótkotrwały.

shortly [ˈʃɔːtlɪ] *adv* wkrótce.

shorts [ʃɔːts] *npl* szorty *pl*.

short-sighted [ʃɔːtˈsaɪtɪd] *adj* (*lit, fig*)
krótkowzroczny.

short story *n* opowiadanie *nt*,
nowela *f*.

short-term [ˈʃɔːttəːm] *adj* krótkoterminowy.

shot [ʃɔt] *pt, pp of* **shoot** ♦ *n* (*of gun*) wystrzał *m*, strzał *m*; (*FOOTBALL etc*) strzał *m*; (*injection*) zastrzyk *m*; (*PHOT*) ujęcie *nt*; **a big shot** (*inf*) gruba ryba *f* (*inf*), szycha *f* (*inf*); **a good/poor shot** dobry/zły strzelec; **like a shot** migiem.

shotgun [ˈʃɔtɡʌn] *n* śrutówka *f*.

should [ʃud] *aux vb*: **I should go now** powinienem już iść; **I should go if I were you** na twoim miejscu poszłabym; **I should like to** chciałbym; **should he phone ...** gdyby (przypadkiem) dzwonił, ...

shoulder [ˈʃəuldə*] *n* (*ANAT*) bark *m* ♦ *vt* (*fig: burden*) brać (wziąć *perf*) na swoje barki; (*responsibility*) brać (wziąć *perf*) na siebie.

shoulder bag *n* torba *f* na ramię.

shoulder blade *n* (*ANAT*) łopatka *f*.

shouldn't [ˈʃudnt] = **should not**.

shout [ʃaut] *n* okrzyk *m* ♦ *vt* krzyczeć (krzyknąć *perf*) ♦ *vi* (*also:* **shout out**) krzyczeć (krzyknąć *perf*), wykrzykiwać (wykrzyknąć *perf*).

►**shout down** *vt* zakrzykiwać (zakrzyczeć *perf*).

shouting [ˈʃautɪŋ] *n* krzyki *pl*.

shove [ʃʌv] *vt* pchać (pchnąć *perf*).

shovel [ˈʃʌvl] *n* szufla *f*, łopata *f*; (*mechanical*) koparka *f* ♦ *vt* szuflować.

show [ʃəu] (*pt* **showed**, *pp* **shown**) *n* (*of emotion*) wyraz *m*, przejaw *m*; (*flower show etc*) wystawa *f*; (*THEAT*) spektakl *m*, przedstawienie *nt*; (*FILM*) seans *m*; (*TV*) program *m* rozrywkowy, show *m* ♦ *vt* (*indicate*) pokazywać (pokazać *perf*), wykazywać (wykazać *perf*); (*exhibit*) wystawiać (wystawić *perf*); (*illustrate, depict*) pokazywać (pokazać *perf*), przedstawiać (przedstawić *perf*); (*courage, ability*) wykazywać (wykazać *perf*);

(*programme, film*) pokazywać (pokazać *perf*) ♦ *vi* być widocznym; **for show** na pokaz; **on show** wystawiony.

►**show in** *vt* wprowadzać (wprowadzić *perf*), wpuszczać (wpuścić *perf*).

►**show off** *vi* (*pej*) popisywać się ♦ *vt* popisywać się +*instr*.

►**show out** *vt* odprowadzać (odprowadzić *perf*) do wyjścia.

►**show up** *vi* (*stand out*) być widocznym; (*inf: turn up*) pokazywać się (pokazać się *perf*), pojawiać się (pojawić się *perf*) ♦ *vt* uwidaczniać (uwidocznić *perf*), odsłaniać (odsłonić *perf*).

show business *n* przemysł *m* rozrywkowy.

showdown [ˈʃəudaun] *n* ostateczna rozgrywka *f*.

shower [ˈʃauə*] *n* (*rain*) przelotny deszcz *m*; (*of stones etc*) grad *m*; (*for bathing*) prysznic *m* ♦ *vi* brać (wziąć *perf*) prysznic ♦ *vt*: **to shower sb with** (*gifts, kisses*) obsypywać (obsypać *perf*) kogoś +*instr*; **to have** *or* **take a shower** brać (wziąć *perf*) prysznic.

showing [ˈʃəuɪŋ] *n* (*of film*) projekcja *f*, pokaz *m*.

show jumping *n* konkurs *m* hipiczny.

shown [ʃəun] *pp of* **show**.

show-off [ˈʃəuɔf] (*inf*) *n*: **he's a show-off** lubi się popisywać.

showpiece [ˈʃəupiːs] *n* eksponat *m*.

showroom [ˈʃəurum] *n* salon *m* wystawowy *or* sprzedaży.

shrank [ʃræŋk] *pt of* **shrink**.

shrapnel [ˈʃræpnl] *n* szrapnel *m*.

shred [ʃrɛd] *n* (*usu pl*) strzęp *m* ♦ *vt* (*paper, cloth*) strzępić (postrzępić *perf*); (*CULIN*) szatkować (poszatkować *perf*).

shredder [ˈʃrɛdə*] *n* (*vegetable*

shredder) szatkownica *f*; (*document shredder*) niszczarka *f* dokumentów.

shrewd [ʃruːd] *adj* przebiegły, sprytny.

shriek [ʃriːk] *n* pisk *m* ♦ *vi* piszczeć (zapiszczeć *perf*).

shrill [ʃrɪl] *adj* piskliwy.

shrimp [ʃrɪmp] *n* krewetka *f*.

shrine [ʃraɪn] *n* (*REL: place*) miejsce *nt* kultu (*np. grób świętego będący celem pielgrzymek*); (: *container*) relikwiarz *m*; (*fig*) kaplica *f*.

shrink [ʃrɪŋk] (*pt* **shrank**, *pp* **shrunk**) *vi* kurczyć się (skurczyć się *perf*); (*also*: **shrink away**) wzdrygać się (wzdrygnąć się *perf*) ♦ *n* (*inf: pej*) psychiatra *m*; **to shrink from (doing) sth** wzbraniać się od (robienia) czegoś *or* przed robieniem czegoś.

shrivel [ˈʃrɪvl] (*also*: **shrivel up**) *vt* wysuszać (wysuszyć *perf*) ♦ *vi* wysychać (wyschnąć *perf*).

shroud [ʃraud] *n* całun *m* ♦ *vt*: **shrouded in mystery** okryty tajemnicą.

Shrove Tuesday [ˈʃrəuv-] *n* ostatki *pl*.

shrub [ʃrʌb] *n* krzew *m*, krzak *m*.

shrug [ʃrʌg] *n* wzruszenie *nt* ramion ♦ *vi* wzruszać (wzruszyć *perf*) ramionami ♦ *vt*: **to shrug one's shoulders** wzruszać (wzruszyć *perf*) ramionami.

▶**shrug off** *vt* bagatelizować (zbagatelizować *perf*), nic sobie nie robić z +*gen*.

shrunk [ʃrʌŋk] *pp of* **shrink**.

shudder [ˈʃʌdə*] *n* dreszcz *m* ♦ *vi* dygotać (zadygotać *perf*), wzdrygać się (wzdrygnąć się *perf*).

shuffle [ˈʃʌfl] *vt* tasować (potasować *perf*) ♦ *vi* iść powłócząc nogami; **to shuffle (one's feet)** przestępować (przestąpić *perf*) z nogi na nogę.

shun [ʃʌn] *vt* (*publicity*) unikać +*gen*; (*neighbours*) stronić od +*gen*.

shut [ʃʌt] (*pt, pp* **shut**) *vt* zamykać (zamknąć *perf*) ♦ *vi* zamykać się (zamknąć się *perf*); **the shops shut at six** sklepy zamyka się o szóstej.

▶**shut down** *vt* (*factory etc*) zamykać (zamknąć *perf*) ♦ *vi* zostać (*perf*) zamkniętym.

▶**shut off** *vt* (*supply etc*) odcinać (odciąć *perf*); (*view*) zasłaniać (zasłonić *perf*).

▶**shut up** *vi* (*inf*) uciszyć się (*perf*), zamknąć się (*perf*) (*inf*) ♦ *vt* uciszać (uciszyć *perf*).

shutter [ˈʃʌtə*] (*on window*) okiennica *f*; (*PHOT*) migawka *f*.

shuttle [ˈʃʌtl] *n* (*plane etc*) środek transportu kursujący tam i z powrotem (*wahadłowo*); (*space shuttle*) prom *m* kosmiczny; (*also*: **shuttle service**) linia *f* lokalna.

shy [ʃaɪ] *adj* (*person*) nieśmiały; (*animal*) płochliwy.

shyness [ˈʃaɪnɪs] *n* nieśmiałość *f*.

sibling [ˈsɪblɪŋ] *n* (*brother*) brat *nt*; (*sister*) siostra *nt*; **siblings** rodzeństwo *nt*.

sick [sɪk] *adj* chory; (*humour*) niesmaczny; **to be sick** wymiotować (zwymiotować *perf*); **I feel sick** jest mi niedobrze; **to be (off) sick** być na zwolnieniu (lekarskim); **I am sick of** (*fig*) niedobrze mi się robi od +*gen*.

sicken [ˈsɪkn] *vt* napawać obrzydzeniem.

sickening [ˈsɪknɪŋ] *adj* (*fig*) obrzydliwy.

sickle [ˈsɪkl] *n* sierp *m*.

sick leave *n* zwolnienie *nt* (lekarskie).

sickly [ˈsɪklɪ] *adj* chorowity; (*smell*) mdły.

sickness [ˈsɪknɪs] *n* (*illness*) choroba *f*; (*vomiting*) wymioty *pl*.

side [saɪd] *n* strona *f*; (*of body*) bok *m*; (*team*) przeciwnik *m*; (*of hill*) zbocze *nt* ♦ *adj* boczny ♦ *vi*: **to side**

with sb stawać (stanąć *perf*) po
czyjejś stronie; **side by side** (*work*)
wspólnie; (*stand*) obok siebie.
sideboard ['saɪdbɔːd] *n* (niski)
kredens *m*; **sideboards** (*BRIT*) *npl* =
sideburns.
sideburns ['saɪdbəːnz] *npl* baczki *pl*.
side effect *n* (*MED*) działanie *nt*
uboczne; (*fig*) skutek *m* uboczny.
side street *n* boczna uliczka *f*.
sidetrack ['saɪdtræk] *vt* (*fig*)
odwracać (odwrócić *perf*) uwagę
+*gen*.
sidewalk ['saɪdwɔːk] (*US*) *n* chodnik
m.
sideways ['saɪdweɪz] *adv* (*lean*) na
bok; (*go in*, *move*) bokiem.
siding ['saɪdɪŋ] *n* bocznica *f*.
siege [siːdʒ] *n* oblężenie *nt*.
siesta [sɪ'estə] *n* sjesta *f*.
sieve [sɪv] *n* sito *nt*; (*small*) sitko *nt* ♦
vt przesiewać (przesiać *perf*).
sift [sɪft] *vt* (*flour etc*) przesiewać
(przesiać *perf*); (*also*: **sift through**:
documents etc) segregować
(posegregować *perf*).
sigh [saɪ] *n* westchnienie *nt* ♦ *vi*
wzdychać (westchnąć *perf*).
sight [saɪt] *n* (*faculty*) wzrok *m*;
(*spectacle*) widok *m*; (*on gun*)
celownik *m* ♦ *vt* widzieć, zobaczyć
(*perf*); **in sight** w zasięgu wzroku;
on sight (*shoot*) bez uprzedzenia;
out of sight poza zasięgiem
wzroku; **at first sight** na pierwszy
rzut oka; **love at first sight** miłość
od pierwszego wejrzenia.
sightseeing ['saɪtsiːɪŋ] *n* zwiedzanie
nt; **to go sightseeing** udawać się
(udać się *perf*) na zwiedzanie.
sign [saɪn] *n* (*symbol*) znak *m*;
(*notice*) napis *m*; (*with hand*) gest *m*;
(*indication*, *evidence*) oznaka *f* (*usu*
pl) ♦ *vt* (*document*) podpisywać
(podpisać *perf*); **to sign one's name**
podpisywać się (podpisać się *perf*);

to sign sth over to sb przepisywać
(przepisać *perf*) coś na kogoś.
►**sign on** *vi* (*MIL*) zaciągać się
(zaciągnąć się *perf*); (*for course*)
zapisywać się (zapisać się *perf*);
(*BRIT*: *as unemployed*) zgłaszać się
(zgłosić się *perf*) (*w urzędzie d/s
bezrobotnych*) ♦ *vt* (*MIL*) wcielać
(wcielić *perf*) do służby wojskowej;
(*employee*) przyjmować (przyjąć
perf).
►**sign up** *vi* (*MIL*) wstępować
(wstąpić *perf*) do wojska; (*for
course*) zapisywać się (zapisać się
perf) ♦ *vt* werbować (zwerbować
perf).
signal ['sɪgnl] *n* sygnał *m*; (*RAIL*)
semafor *m* ♦ *vi* (*AUT*) włączyć
(włączać *perf*) migacz *or*
kierunkowskaz ♦ *vt* dawać (dać *perf*)
znak +*dat*.
signature ['sɪgnətʃə*] *n* podpis *m*.
significance [sɪg'nɪfɪkəns] *n*
znaczenie *nt*.
significant [sɪg'nɪfɪkənt] *adj*
znaczący.
signify ['sɪgnɪfaɪ] *vt* oznaczać.
sign language *n* język *m* migowy.
silence ['saɪləns] *n* cisza *f*;
(*someone's*) milczenie *nt* ♦ *vt*
uciszać (uciszyć *perf*); (*fig*) zamykać
(zamknąć *perf*) usta +*dat*.
silent ['saɪlənt] *adj* (*quiet*) cichy;
(*taciturn*) małomówny; (*film*) niemy;
to remain silent zachowywać
(zachować *perf*) milczenie.
silhouette [sɪluːˈet] *n* zarys *m*,
sylwetka *f*.
silk [sɪlk] *n* jedwab *m* ♦ *adj* jedwabny.
silky ['sɪlkɪ] *adj* jedwabisty.
silly ['sɪlɪ] *adj* głupi, niemądry.
silver ['sɪlvə*] *n* (*metal*) srebro *nt*;
(*coins*) bilon *m*; (*items made of
silver*) srebra *pl* ♦ *adj* srebrny.
silver-plated [sɪlvə'pleɪtɪd] *adj*
posrebrzany.
silversmith ['sɪlvəsmɪθ] *n* złotnik *m*.

similar ['sımılə*] *adj*: similar (to) podobny (do +*gen*).

similarity [sımı'lærıtı] *n* podobieństwo *nt*.

similarly ['sımıləlı] *adv* podobnie.

simmer ['sımə*] (*CULIN*) *vi* gotować się (na wolnym ogniu).

simple ['sımpl] *adj* (*easy, plain*) prosty; (*foolish*) ograniczony.

simplicity [sım'plısıtı] prostota *f*.

simplify ['sımplıfaı] *vt* upraszczać (uprościć *perf*).

simply ['sımplı] *adv* (*just, merely*) po prostu; (*in a simple way*) prosto.

simulate ['sımjuleıt] *vt* (*enthusiasm, innocence*) udawać; (*illness*) symulować, pozorować.

simulated ['sımjuleıtıd] *adj* (*pleasure*) udawany; (*nuclear explosion*) symulowany; (*fur, hair*) sztuczny.

simulation [sımju'leıʃən] *n* udawanie *nt*; (*TECH*) symulacja *f*.

simultaneous [sıməl'teınıəs] *adj* (*broadcast*) równoczesny; (*translation*) symultaniczny, równoległy.

simultaneously [sıməl'teınıəslı] *adv* równocześnie.

sin [sın] *n* grzech *m* ♦ *vi* grzeszyć (zgrzeszyć *perf*).

since [sıns] *adv* od tego czasu ♦ *prep* od +*gen* ♦ *conj* (*time*) odkąd; (*because*) ponieważ; **since then, ever since** od tego czasu.

sincere [sın'sıə*] *adj* szczery.

sincerely [sın'sıəlı] *adv* szczerze; **Yours sincerely** Z poważaniem.

sincerity [sın'serıtı] *n* szczerość *f*.

sinew ['sınjuː] *n* ścięgno *nt*.

sinful ['sınful] *adj* grzeszny.

sing [sıŋ] (*pt* **sang**, *pp* **sung**) *vt* śpiewać (zaśpiewać *perf*) ♦ *vi* śpiewać (zaśpiewać *perf*).

singer ['sıŋə*] *n* (*in opera etc*) śpiewak (-aczka) *m(f)*; (*pop, rock etc*) piosenkarz (-arka) *m(f)*.

singing ['sıŋıŋ] *n* śpiew *m*.

single ['sıŋgl] *adj* (*solitary*) jeden; (*individual, not double*) pojedynczy; (*unmarried: man*) nieżonaty; (: *woman*) niezamężny ♦ *n* (*BRIT: also*: **single ticket**) bilet *m* (w jedną stronę); (*record*) singel *m*.

▶**single out** *vt* wybierać (wybrać *perf*).

single file *n*: **in single file** gęsiego.

single-handed [sıŋgl'hændıd] *adv* bez niczyjej pomocy; (*sail*) samotnie.

single-minded [sıŋgl'maındıd] *adj*: **to be single-minded** mieć (tylko) jeden cel.

single room *n* pokój *m* pojedynczy.

singly ['sıŋglı] *adv* pojedynczo.

singular ['sıŋgjulə*] *adj* (*outstanding*) wyjątkowy; (*LING*) pojedynczy; (*odd*) szczególny ♦ *n* (*LING*) liczba *f* pojedyncza.

sinister ['sınıstə*] *adj* (*event, implications*) złowróżbny, złowieszczy; (*figure*) złowrogi, groźny.

sink [sıŋk] (*pt* **sank**, *pp* **sunk**) *n* zlew *m*, zlewozmywak *m* ♦ *vt* (*ship*) zatapiać (zatopić *perf*); (*well, foundations*) wykopywać (wykopać *perf*) ♦ *vi* (*ship*) tonąć (zatonąć *perf*); (*heart*) zamierać (zamrzeć *perf*); (*ground*) zapadać się (zapaść się *perf*); (*also*: **sink down**: *in exhaustion*) osuwać się (osunąć się *perf*); **to sink one's teeth/claws into** zatapiać (zatopić *perf*) zęby/pazury w +*loc*.

▶**sink in** *vi* (*fig*): **it took a moment for her words to sink in** dopiero po chwili dotarło do mnie, co powiedziała.

sinner ['sınə*] *n* grzesznik (-ica) *m(f)*.

sinus ['saınəs] (*ANAT*) *n* zatoka *f*.

sip [sıp] *n* łyk *m*, łyczek *m* ♦ *vt* popijać (*małymi łykami*).

sir [sə*] *n* uprzejma forma zwracania się do mężczyzn, zwłaszcza w *sytuacjach formalnych*; **yes, sir** tak, proszę Pana; (*MIL*) tak jest; **Sir John Smith** Sir John Smith (*tytuł szlachecki*); **Dear Sir** Szanowny Panie.

siren ['saɪərn] *n* syrena *f*.

sissy ['sɪsɪ] (*inf, pej*) *n* (*boy, man*) baba *f* (*inf, pej*).

sister ['sɪstə*] *n* (*relation, nun*) siostra *f*; (*BRIT: nurse*) siostra *f* oddziałowa.

sister-in-law ['sɪstərɪnlɔ:] *n* (*husband's sister, wife's sister*) szwagierka *f*; (*brother's wife*) bratowa *f*, szwagierka *f*.

sit [sɪt] (*pt, pp* **sat**) *vi* (*sit down*) siadać (usiąść *perf*); (*be sitting*) siedzieć; (*for painter*) pozować; (*assembly*) obradować ♦ *vt* (*exam*) zdawać, przystępować (przystąpić *perf*) do +*gen*.

▶**sit down** *vi* siadać (usiąść *perf*).

▶**sit up** *vi* (*after lying*) podnosić się (podnieść się *perf*); (*straight*) wyprostowywać się (wyprostować się *perf*); (*stay up*) nie kłaść się (spać).

sitcom ['sɪtkɔm] (*TV*) *n abbr* = **situation comedy**.

site [saɪt] *n* miejsce *nt*; (*also:* **building site**) plac *m* budowy ♦ *vt* (*factory*) lokalizować (zlokalizować *perf*); (*missiles*) rozmieszczać (rozmieścić *perf*).

sit-in ['sɪtɪn] *n* okupacja *f* (budynku);

sitting ['sɪtɪŋ] *n* (*of assembly*) posiedzenie *nt*; (*in canteen*) zmiana *f* (*osób jedzących posiłek*).

sitting room *n* salon *m*.

situated ['sɪtjueɪtɪd] *adj* położony; **to be situated** znajdować się; (*town etc*) być położonym.

situation [sɪtju'eɪʃən] *n* (*state*) sytuacja *f*; (*job*) posada *f*; (*location*) położenie *nt*; **"situations vacant"** (*BRIT*) ≈ „Praca" (*rubryka w ogłoszeniach gazetowych*).

situation comedy *n* (*TV*) komedia *f* sytuacyjna.

six [sɪks] *num* sześć.

sixteen [sɪks'ti:n] *num* szesnaście.

sixth ['sɪksθ] *num* szósty.

sixty ['sɪkstɪ] *num* sześćdziesiąt.

size [saɪz] *n* wielkość *f*; (*of project etc*) rozmiary *pl*; (*of clothing, shoes*) rozmiar *m*, numer *m*.

▶**size up** *vt* (*person*) mierzyć (zmierzyć *perf*) wzrokiem; (*situation*) oceniać (ocenić *perf*).

sizeable ['saɪzəbl] *adj* spory, pokaźny.

sizzle ['sɪzl] *vi* skwierczeć.

skate [skeɪt] *n* (*ice skate*) łyżwa *f*; (*roller skate*) wrotka *f*; (*fish*) płaszczka *f* ♦ *vi* (*on ice*) jeździć na łyżwach; (*roller skate*) jeździć na wrotkach.

skateboard ['skeɪtbɔ:d] *n* deskorolka *f*.

skater ['skeɪtə*] *n* (*on ice*) łyżwiarz (-arka) *m(f)*; (*on roller skates*) wrotkarz (-arka) *m(f)*.

skating ['skeɪtɪŋ] *n* jazda *f* na łyżwach; (*SPORT*) łyżwiarstwo *nt*.

skating rink *n* lodowisko *nt*.

skeleton ['skelɪtn] *n* (*ANAT, TECH*) szkielet *m*; (*outline*) zarys *m*.

skeptic *etc* (*US*) = **sceptic** *etc*.

sketch [sketʃ] *n* (*drawing, outline*) szkic *m*; (*THEAT, TV*) skecz *m* ♦ *vt* szkicować (naszkicować *perf*); (*also:* **sketch out**) nakreślać (nakreślić *perf*), zarysowywać (zarysować *perf*).

sketchbook ['sketʃbuk] *n* szkicownik *m*.

sketchy ['sketʃɪ] *adj* pobieżny.

ski [ski:] *n* narta *f* ♦ *vi* jeździć na nartach.

skid [skɪd] *n* (*AUT*) poślizg *m* ♦ *vi*: **the car skidded** samochód zarzuciło.

skier ['ski:ə*] *n* narciarz (-arka) *m(f)*.

skiing ['ski:ɪŋ] *n* jazda *f* na nartach; (*SPORT*) narciarstwo *nt*.

skilful ['skɪlful] (*US* **skillful**) *adj* (*negotiator etc*) wprawny; (*handling of situation*) umiejętny, zręczny.

ski lift *n* wyciąg *m* narciarski.

skill [skɪl] n (dexterity) wprawa f,
zręczność f; (expertise) umiejętności
pl; (work or art requiring training)
umiejętność f.

skilled [skɪld] adj (worker)
wykwalifikowany.

skilful ['skɪlful] (US) adj = skilful.

skim [skɪm] vt (also: **skim off**: cream,
fat) zbierać (zebrać perf); (glide over)
prześlizgiwać się (prześlizgnąć się
perf) po +loc; (also: **skim through**)
przeglądać (przejrzeć perf)
(pobieżnie).

skimmed milk [skɪmd-] n ≈ chude
mleko nt.

skin [skɪn] n (of person, animal)
skóra f; (of fruit) skórka f;
(complexion) cera f ♦ vt (animal)
zdejmować (zdjąć perf) skórę z +gen.

skin cancer n rak m skóry.

skin-deep ['skɪn'diːp] adj
powierzchowny.

skinny ['skɪnɪ] adj chudy.

skip [skɪp] n (movement) podskok m;
(BRIT: for rubbish, debris) kontener
m ♦ vi (jump) podskakiwać
(podskoczyć perf); (with rope)
skakać przez skakankę ♦ vt (pass
over) opuszczać (opuścić perf),
pomijać (pominąć perf); (miss: lunch
etc) nie jeść +gen; (: lecture etc) nie
iść (nie pójść perf) na +acc.

skipper ['skɪpə*] n (NAUT) szyper m;
(inf: SPORT) kapitan m.

skipping rope ['skɪpɪŋ-] n skakanka
f.

skirt [skəːt] n spódnica f ♦ vt (fig:
issue etc) unikać podjęcia +gen.

skulk [skʌlk] vi przyczaić się (perf),
przycupnąć (perf).

skull [skʌl] n czaszka f.

skunk [skʌŋk] n skunks m.

sky [skaɪ] n niebo nt.

skylight ['skaɪlaɪt] n świetlik m
(okno).

skyscraper ['skaɪskreɪpə*] n drapacz
m chmur.

slab [slæb] n (of stone, wood) płyta f.

slack [slæk] adj (trousers, skin)
obwisły; (security, discipline)
rozluźniony; **slacks** npl spodnie pl.

slacken ['slækn] vi (also: **slacken
off**: speed, demand) maleć (zmaleć
perf); (: depression, effort) tracić
(stracić perf) na sile ♦ vt zwalniać
(zwolnić perf).

slag heap [slæg-] n hałda f.

slain [sleɪn] pp of **slay**.

slalom ['slɑːləm] n slalom m.

slam [slæm] vt (door) trzaskać
(trzasnąć perf) +instr; (money,
papers) ciskać (cisnąć perf); (person,
proposal) zjechać (perf) (inf) ♦ vi
(door) trzaskać (trzasnąć perf).

slander ['slɑːndə*] n (JUR)
zniesławienie nt.

slang [slæŋ] n (informal language)
slang m; (prison slang etc) gwara f.

slant [slɑːnt] n (position) nachylenie
nt; (fig) punkt m widzenia ♦ vi być
nachylonym.

slanted ['slɑːntɪd] adj skośny.

slanting ['slɑːntɪŋ] = **slanted**.

slap [slæp] n klaps m ♦ vt dawać
(dać perf) klapsa +dat ♦ adv (inf)
prosto; **to slap sb in** or **across the
face** uderzyć (perf) kogoś w twarz;
to slap some paint on the wall
pacnąć (perf) trochę farby na ścianę
(inf).

slash [slæʃ] vt (upholstery etc) ciąć
(pociąć perf); (fig: prices)
drastycznie obniżać (obniżyć perf).

slate [sleɪt] n (material) łupki pl; (for
roof) płytka f łupkowa ♦ vt (fig:
criticize) zjechać (perf) (inf).

slaughter ['slɔːtə*] n rzeź f ♦ vt
(animals) ubijać (ubić perf); (people)
dokonywać (dokonać perf) rzezi na
+loc.

slaughterhouse ['slɔːtəhaus] n
rzeźnia f.

Slav [slɑːv] adj słowiański.

slave [sleɪv] *n* niewolnik (-ica) *m(f)* ♦
vi (*also*: **slave away**) harować.

slavery ['sleɪvərɪ] *n* (*system*)
niewolnictwo *nt*; (*condition*) niewola *f*.

slavish ['sleɪvɪʃ] *adj* (*obedience*)
niewolniczy; (*imitation*) dosłowny.

slay [sleɪ] (*pt* **slew**, *pp* **slain**) *vt*
(*literary*) zgładzić (*perf*), uśmiercać
(uśmiercić *perf*).

sleazy ['sli:zɪ] *adj* obskurny.

sledge [sledʒ] *n* (*for travelling*) sanie
pl; (*child's*) sanki *pl*, saneczki *pl*;
(*SPORT*) saneczki *pl*.

sleek [sli:k] *adj* (*hair, fur*) lśniący;
(*car, boat*) elegancki.

sleep [sli:p] (*pt, pp* **slept**) *n* sen *m* ♦
vi spać; **to go to sleep** zasypiać
(zasnąć *perf*).

►**sleep around** *vi* sypiać z
wszystkimi dookoła.

►**sleep in** *vi* (*oversleep*) zaspać (*perf*).

sleeper ['sli:pə*] *n* (*train*) pociąg *m*
sypialny; (*berth*) miejsce *nt* w
wagonie sypialnym; (*BRIT*: *on track*)
podkład *m* kolejowy.

sleeping bag *n* śpiwór *m*.

sleeping car *n* wagon *m* sypialny.

sleeping pill *n* tabletka *f* nasenna.

sleepless ['sli:plɪs] *adj* (*night*)
bezsenny.

sleepwalker ['sli:pwɔ:kə*] *n* lunatyk
(-yczka) *m(f)*.

sleepy ['sli:pɪ] *adj* (*person*) śpiący,
senny; (*fig*: *town etc*) senny.

sleet [sli:t] *n* deszcz *m* ze śniegiem.

sleeve [sli:v] *n* (*of jacket etc*) rękaw
m; (*of record*) okładka *f*.

sleeveless ['sli:vlɪs] *adj* bez
rękawów *post*.

sleigh [sleɪ] *n* sanie *pl*.

slender ['slɛndə*] *adj* (*figure*)
smukły, szczupły; (*means*)
skromny; (*majority*) niewielki,
nieznaczny; (*prospects*) nikły.

slept [slɛpt] *pt, pp of* **sleep**.

slew [slu:] *pt of* **slay**.

slice [slaɪs] *n* (*of ham, lemon*)
plasterek *m*; (*of bread*) kromka *f*;
(*cake slice, fish slice*) łopatka *f* ♦ *vt*
kroić (pokroić *perf*) w plasterki;
(*bread*) kroić (pokroić *perf*).

slick [slɪk] *adj* (*film etc*) sprawnie
zrobiony; (*pej*: *salesman, answer*)
sprytny ♦ *n* (*also*: **oil slick**) plama *f*
ropy.

slid [slɪd] *pt, pp of* **slide**.

slide [slaɪd] (*pt, pp* **slid**) *n*
(*downward movement*) obniżanie się
nt; (: *moral etc*) staczanie się *nt*; (*in
playground*) zjeżdżalnia *f*; (*PHOT*)
przeźrocze *nt*, slajd *m*; (*BRIT*: *also*:
hair slide) klamra *f* do włosów ♦ *vt*:
to slide sth into sth wsuwać
(wsunąć *perf*) coś do czegoś ♦ *vi*
przesuwać się (przesunąć się *perf*),
sunąć.

slight [slaɪt] *adj* (*person, error*)
drobny; (*accent, pain*) lekki;
(*increase, difference*) nieznaczny,
niewielki; (*book etc*) mało znaczący
♦ *n* afront *m*; **not in the slightest**
ani trochę, zupełnie nie.

slightly ['slaɪtlɪ] *adv* odrobinę;
slightly built drobnej budowy *post*.

slim [slɪm] *adj* (*figure*) szczupły;
(*chance*) znikomy, nikły ♦ *vi*
odchudzać się.

slimming [slɪmɪŋ] *n* odchudzanie *nt*.

slimy ['slaɪmɪ] *adj* (*pond*) mulisty,
zamulony.

sling [slɪŋ] (*pt, pp* **slung**) *n* (*MED*)
temblak *m*; (*for baby*) nosidełko *nt*;
(*weapon*) proca *f* ♦ *vt* (*throw*) ciskać
(cisnąć *perf*); **to have one's arm in
a sling** mieć rękę na temblaku.

slip [slɪp] *n* (*fall*) poślizgnięcie (się)
nt; (*mistake*) pomyłka *f*; (*underskirt*)
halka *f*; (*of paper*) kawałek *m* ♦ *vt*
wsuwać (wsunąć *perf*) ♦ *vi* (*person*)
poślizgnąć się (*perf*); (*production,
profits*) spadać (spaść *perf*); **to slip
into the room** wślizgiwać się
(wślizgnąć się *perf*) do pokoju; **to
slip out of the house** wymykać się

(wymknąć się *perf*) z domu; **a slip of the tongue** przejęzyczenie; **to give sb the slip** zwiać *(perf)* komuś *(inf)*; **to slip on one's shoes** wciągać (wciągnąć *perf*) buty.

▶**slip away** *vi* wymykać się (wymknąć się *perf*).

▶**slip in** *vt* wsuwać (wsunąć *perf*) *or* wrzucać (wrzucić *perf*) do +*gen*.

▶**slip out** *vi* (*go out*) wyskakiwać (wyskoczyć *perf*).

▶**slip up** *vi* pomylić się *(perf)*.

slipper ['slɪpə*] *n* pantofel *m* (domowy), kapeć *m*.

slippery ['slɪpərɪ] *adj* śliski.

slip-up ['slɪpʌp] *n* potknięcie *nt* (*fig*), wpadka *f* (*inf*).

slit [slɪt] (*pt, pp* **slit**) *n* (*cut*) nacięcie *nt*; (*opening*) szpara *f* ♦ *vt* rozcinać (rozciąć *perf*).

slither ['slɪðə*] *vi* (*person*) ślizgać się; (*snake*) pełzać (zygzakiem).

sliver ['slɪvə*] *n* (*of wood, glass*) drzazga *f*; (*of cheese etc*) skrawek *m*.

slob [slɔb] (*inf*) *n* niechluj *m* (*inf*).

slog [slɔg] (*BRIT*) *vi* mozolić się ♦ *n*: **it was a hard slog** to była ciężka robota.

slogan ['sləugən] *n* hasło *nt*, slogan *m*.

slope [sləup] *n* (*gentle hill*) wzniesienie *nt*; (*side of mountain*) zbocze *nt*, stok *m*; (*ski slope*) stok *m* narciarski; (*slant*) nachylenie *nt* ♦ *vi*: **to slope down** opadać; **to slope up** wznosić się.

sloping ['sləupɪŋ] *adj* pochyły.

sloppy ['slɔpɪ] *adj* (*work*) byle jaki; (*appearance*) niechlujny.

slot [slɔt] *n* otwór *m* (*automatu, telefonu itp*) ♦ *vt*: **to slot sth in** wrzucać (wrzucić *perf*) coś.

slouch [slautʃ] *vi* garbić się.

slovenly ['slʌvənlɪ] *adj* niechlujny.

slow [sləu] *adj* wolny, powolny ♦ *adv* wolno, powoli ♦ *vt* (*also*: **slow down, slow up**: *speed*) zmniejszać

(zmniejszyć *perf*); (: *business etc*) przyhamowywać (przyhamować *perf*) ♦ *vi* (*also*: **slow down, slow up**) zwalniać (zwolnić *perf*); **to slow down** *or* **up the car** zwalniać (zwolnić *perf*); **business is slow** w interesach panuje zastój; **to go slow** (*driver*) jechać wolno *or* powoli; (*BRIT*: *workers*) zwalniać (zwolnić *perf*) tempo pracy (*w ramach akcji protestacyjnej*).

slowly ['sləulɪ] *adv* (*not quickly*) wolno, powoli; (*gradually*) powoli.

slow motion *n*: **in slow motion** w zwolnionym tempie.

slug [slʌg] *n* ślimak *m* nagi; (*US*: *inf*. *bullet*) kula *f*.

sluggish ['slʌgɪʃ] *adj* (*person*) ociężały, ospały; (*engine*) powolny; (*COMM*: *business*) w zastoju *post*.

sluice [slu:s] *n* (*gate*) śluza *f*; (*channel*) kanał *m*.

slum [slʌm] *n* slumsy *pl*.

slump [slʌmp] *n* (*economic*) załamanie *nt*, kryzys *m* ♦ *vi* (*prices*) (gwałtownie) spadać (spaść *perf*); **he slumped into his chair** ciężko opadł na krzesło.

slung [slʌŋ] *pt, pp* of **sling**.

slur [slə:*] *n* (*fig*) obelga *f* ♦ *vt*: **to slur one's words** mówić niewyraźnie.

slut [slʌt] (*pej*) *n* dziwka *f* (*pej*).

sly [slaɪ] *adj* przebiegły.

smack [smæk] *n* klaps *m*; (*on face*) policzek *m* ♦ *vt* (*hit*) klepać (klepnąć *perf*); (: *child*) dawać (dać *perf*) klapsa +*dat*; (: *on face*) uderzać (uderzyć *perf*) ♦ *vi*: **to smack of** trącić +*instr*; **to smack one's lips** cmokać (cmoknąć *perf*).

small [smɔ:l] *adj* mały.

small ads (*BRIT*) *npl* ogłoszenia *pl* drobne.

small change *n* drobne *pl*.

small hours *npl*: **in the small hours**

wczesnym ran(ki)em, we wczesnych godzinach rannych.

smallpox ['smɔːlpɔks] *n* ospa *f*.

small talk *n* rozmowa *f* towarzyska.

smart [smɑːt] *adj* (*neat, fashionable*) elegancki; (*clever. person*) bystry, rozgarnięty; (: *idea*) chytry, sprytny; (*pace*) żwawy; (*blow*) silny ♦ *vi* (*eyes, wound*) piec, szczypać.

smarten up ['smɑːtn-] *vi* ogarniać się (ogarnąć się *perf*) ♦ *vt* (*room etc*) odświeżać (odświeżyć *perf*).

smash [smæʃ] *n* (*also*: **smash-up**) kraksa *f*; (*song, play, film*) przebój *m* ♦ *vt* roztrzaskiwać (roztrzaskać *perf*); (: *record*) bić (pobić *perf*) ♦ *vi* (*break*) roztrzaskiwać się (roztrzaskać się *perf*); (*against wall/into sth*) walnąć (*perf*).

smashing ['smæʃɪŋ] (*inf*) *adj* kapitalny, fantastyczny.

smear [smɪə*] *n* (*trace*) smuga *f*; (*MED*) wymaz *m*, rozmaz *m* ♦ *vt* (*spread*) rozmazywać (rozmazać *perf*); (*make dirty*) usmarować (*perf*), umazać (*perf*).

smell [smɛl] (*pt, pp* **smelt** *or* **smelled**) *n* (*odour*) zapach *m*; (*sense*) węch *m*, powonienie *nt* ♦ *vt* wyczuwać (wyczuć *perf*) ♦ *vi* pachnieć; (*pej*) śmierdzieć; **to smell of** pachnieć +*instr*; (*pej*) śmierdzieć +*instr*.

smelly ['smɛlɪ] (*pej*) *adj* śmierdzący.

smile [smaɪl] *n* uśmiech *m* ♦ *vi* uśmiechać się (uśmiechnąć się *perf*).

smirk [smə:k] (*pej*) *n* uśmiech *m* wyższości, uśmieszek *m*.

smog [smɔg] *n* smog *m*.

smoke [sməuk] *n* dym *m* ♦ *vi* (*person*) palić; (*chimney*) dymić ♦ *vt* palić (wypalić *perf*).

smoked ['sməukt] *adj* (*bacon, salmon*) wędzony; (*glass*) zadymiony, przyciemniony.

smoker ['sməukə*] *n* (*person*)

palacz(ka) *m(f)*; (*RAIL*) wagon *m* dla palących.

smokescreen ['sməukskriːn] *n* (*lit, fig*) zasłona *f* dymna.

smoking ['sməukɪŋ] palenie *nt*; "**no smoking**" „palenie wzbronione".

smoky ['sməukɪ] *adj* zadymiony; (*whisky*) pachnący dymem.

smolder ['sməuldə*] (*US*) *vi* = **smoulder**.

smooth [smuːð] *adj* gładki; (*flavour, landing, take-off*) łagodny; (*movement*) płynny; (*pej. person*) ugrzeczniony.

►**smooth out** *vt* (*skirt, piece of paper*) wygładzać (wygładzić *perf*); (*fig. difficulties*) usuwać (usunąć *perf*).

smother ['smʌðə*] *vt* (*fire, emotions*) tłumić (stłumić *perf*), dusić (zdusić *perf*); (*person*) dusić (udusić *perf*).

smoulder ['sməuldə*] (*US* **smolder**) *vi* (*lit, fig*) tlić się.

smudge [smʌdʒ] *n* smuga *f* ♦ *vt* rozmazywać (rozmazać *perf*).

smug [smʌg] (*pej*) *adj* zadowolony z siebie.

smuggle ['smʌgl] *vt* przemycać (przemycić *perf*), szmuglować (przeszmuglować *perf*).

smuggler ['smʌglə*] *n* przemytnik (-iczka) *m(f)*, szmugler *m*.

smuggling ['smʌglɪŋ] *n* przemyt *m*.

snack [snæk] *n* przekąska *f*.

snag [snæg] *n* (*drobny*) problem *m*.

snail [sneɪl] *n* ślimak *m*.

snake [sneɪk] *n* wąż *m*.

snap [snæp] *n* (*sound*) trzask *m*; (*photograph*) zdjęcie *nt*, fotka *f* (*inf*) ♦ *adj* (*decision etc*) nagły ♦ *vt* łamać (złamać *perf*) ♦ *vi* pękać (pęknąć *perf*); **to snap one's fingers** pstrykać (pstryknąć *perf*) *or* strzelać (strzelić *perf*) palcami; **to snap shut** zamykać się (zamknąć się *perf*) z trzaskiem.

►**snap at** *vt fus* (*dog*) kłapać (kłapnąć *perf*) zębami na +*acc*;

(*person*) warczeć (warknąć *perf*) na +*acc*.

►**snap off** *vt* odłamywać (odłamać *perf*).

►**snap up** *vt* rzucać się (rzucić się *perf*) na +*acc*.

snapshot ['snæpʃɔt] *n* zdjęcie *nt*, fotka *f* (*inf*).

snare [snɛə*] *n* sidła *pl*, wnyki *pl*.

snarl [snɑ:l] *vi* warczeć (warknąć *perf*).

snatch [snætʃ] *n* strzęp *m*, urywek *m* ♦ *vt* porywać (porwać *perf*); (*fig: opportunity*) (skwapliwie) korzystać (skorzystać *perf*) z +*gen*; (: *time*) urywać (urwać *perf*) (*inf*).

sneak [sni:k] (*pt* (*US*) *also* **snuck**) *vi*: **to sneak in** zakradać się (zakraść się *perf*); **to sneak out** wymykać się (wymknąć się *perf*) ♦ *n* (*inf, pej*) donosiciel(ka) *m(f)* (*inf, pej*).

►**sneak up** *vi*: **to sneak up on sb** donosić (donieść *perf*) na kogoś.

sneakers ['sni:kəz] *npl* tenisówki *pl*.

sneer [snɪə*] *vi* uśmiechać się (uśmiechnąć się *perf*) szyderczo;: **to sneer at** szydzić z +*gen* ♦ *n* (*remark*) drwina *f*, szyderstwo *nt*; (*expression*) szyderczy uśmiech *m*.

sneeze [sni:z] *n* kichnięcie *nt* ♦ *vi* kichać (kichnąć *perf*).

sniff [snɪf] *n* (*sound*) pociągnięcie *nt* nosem; (*smell*) obwąchanie *nt* ♦ *vi* pociągać (pociągnąć *perf*) nosem ♦ *vt* wąchać (powąchać *perf*); (*glue*) wąchać.

snip [snɪp] *n* cięcie *nt*, ciachnięcie *nt* (*inf*); (*BRIT: inf: bargain*) okazja *f* ♦ *vt* przecinać (przeciąć *perf*), ciachać (ciachnąć *perf*) (*inf*).

sniper ['snaɪpə*] *n* snajper *m*.

snivelling ['snɪvlɪŋ] (*sniveling: US*) *adj* pochlipujący.

snob [snɔb] *n* snob(ka) *m(f)*.

snobbery ['snɔbərɪ] *n* snobizm *m*.

snobbish ['snɔbɪʃ] *adj* snobistyczny.

snooker ['snu:kə*] *n* (*SPORT*) snooker *m*.

snoop ['snu:p] *vi*: **to snoop about** węszyć.

snooze [snu:z] *n* drzemka *f* ♦ *vi* drzemać.

snore [snɔ:*] *n* chrapanie *nt* ♦ *vi* chrapać.

snorkel ['snɔ:kl] *n* fajka *f* (*do nurkowania*).

snort [snɔ:t] *n* prychnięcie *nt*, parsknięcie *nt* ♦ *vi* prychać (prychnąć *perf*), parskać (parsknąć *perf*).

snotty ['snɔtɪ] (*inf*) *adj* zasmarkany; (*pej: proud*) zadzierający nosa.

snout [snaut] *n* (*of pig*) ryj *m*; (*of dog*) pysk *m*.

snow [snəu] *n* śnieg *m* ♦ *vi*: **it snowed/is snowing** padał/pada śnieg.

snowball ['snəubɔ:l] *n* śnieżka *f* ♦ *vi* (*fig: campaign, business*) rozkręcać się (rozkręcić się *perf*); (: *problem*) narastać (narosnąć *perf*) (w szybkim tempie).

snowdrift ['snəudrɪft] *n* zaspa *f* (śnieżna).

snowdrop ['snəudrɔp] *n* przebiśnieg *m*.

snowfall ['snəufɔ:l] *n* opad *m* śniegu.

snowflake ['snəufleɪk] *n* płatek *m* śniegu, śnieżynka *f*.

snowman ['snəumæn] *n* (*irreg like*: **man**) bałwan *m*.

snowplough ['snəuplau] (*US* **snowplow**) *n* pług *m* śnieżny.

snowshoe ['snəuʃu:] *n* rakieta *f* śnieżna.

snowstorm ['snəustɔ:m] *n* zamieć *f* śnieżna, śnieżyca *f*.

snub [snʌb] *vt* robić (zrobić *perf*) afront +*dat* ♦ *n* afront *m*.

snub-nosed [snʌb'nəuzd] *adj* z zadartym nosem *post*.

snuff [snʌf] *n* tabaka *f*.

snug [snʌg] *adj* (*place*) przytulny;

(*garment*) (dobrze) dopasowany; **I'm very snug here** jest mi tu bardzo wygodnie.

snuggle ['snʌgl] *vi*: **to snuggle up to sb** przytulać się (przytulić się *perf*) do kogoś.

─────── KEYWORD ───────

so [səu] *adv* **1** (*thus, likewise*) tak; **if so** jeśli tak; **I didn't do it – you did so!** ja tego nie zrobiłem – a właśnie, że zrobiłeś!; **so do I, so am I** *etc* ja też; **it's five o'clock – so it is!** jest piąta – rzeczywiście!; **I hope so** mam nadzieję, że tak; **so far** (jak) dotąd *or* do tej pory, dotychczas. **2** (*to such a degree*: +*adjective*) tak *or* taki; (: +*adverb*) tak; **so big (that)** tak(i) duży (, że); **so quickly (that)** tak szybko (, że). **3**: **so much** *adj* tyle +*gen*, tak dużo *or* wiele +*gen* ♦ *adv* tak bardzo; **I love you so much** tak bardzo cię kocham; **so many** tyle +*gen*, tak wiele *or* dużo +*gen*. **4** (*phrases*): **ten or so** z dziesięć; **so long!** (*inf*) tymczasem! (*inf*), na razie! (*inf*) ♦ *conj* **1** (*expressing purpose*): **so as to** żeby +*infin*; **we hurried so as not to be late** popędziliśmy, żeby się nie spóźnić; **so (that)** żeby; **I brought it so (that) you could see it** przyniosłem, żebyś mógł to zobaczyć. **2** (*expressing result*) więc; **he didn't arrive so I left** nie przyjechał, więc wyszedłem; **so I was right after all** (a) więc jednak miałam rację.

soak [səuk] *vt* (*drench*) przemoczyć (*perf*); (*steep in water*) namaczać (namoczyć *perf*) ♦ *vi* moczyć się.
▸**soak in** *vi* wsiąkać (wsiąknąć *perf*).
▸**soak up** *vt* wchłaniać (wchłonąć *perf*).
soap [səup] *n* mydło *nt*.

soapflakes ['səupfleɪks] *npl* płatki *pl* mydlane.
soap opera *n* telenowela *f*, powieść *f* telewizyjna.
soapy ['səupɪ] *adj* (*water*) mydlany; (*hands*) namydlony.
soar [sɔː*] *vi* (*bird, plane*) wzbijać się (wzbić się *perf*) (wysoko); (*buildings, trees*) wznosić się (wysoko); (*price, production, temperature*) gwałtownie wzrastać (wzrosnąć *perf*) *or* iść (pójść *perf*) w górę.
sob [sɔb] *n* szloch *m* ♦ *vi* szlochać.
sober ['səubə*] *adj* (*not drunk, realistic, practical*) trzeźwy; (*serious*) poważny; (*colour etc*) spokojny, stonowany.
▸**sober up** *vt* otrzeźwiać (otrzeźwić *perf*) ♦ *vi* trzeźwieć (wytrzeźwieć *perf*).
so-called ['səu'kɔːld] *adj* tak zwany.
soccer ['sɔkə*] *n* piłka *f* nożna.
sociable ['səuʃəbl] *adj* towarzyski.
social ['səuʃl] *adj* (*history, structure, background*) społeczny; (*policy, benefit*) socjalny; (*event, contact*) towarzyski; (*animal*) stadny ♦ *n* spotkanie *nt* towarzyskie.
socialism ['səuʃəlɪzəm] *n* socjalizm *m*.
socialist ['səuʃəlɪst] *adj* socjalistyczny ♦ *n* socjalista (-tka) *m(f)*.
socialize ['səuʃəlaɪz] *vi* udzielać się towarzysko; **to socialize with** utrzymywać stosunki (towarzyskie) z +*instr*.
socially ['səuʃəlɪ] *adv* (*visit*) towarzysko, w celach towarzyskich; (*acceptable*) społecznie.
social security (*BRIT*) *n* ubezpieczenia *pl* społeczne.
social worker *n* pracownik (-ica) *m(f)* opieki społecznej.
society [sə'saɪətɪ] *n* społeczeństwo *nt*; (*local*) społeczność *f*; (*club*)

towarzystwo *nt*; (*also*: **high society**) wytworne towarzystwo *nt*.

sociologist [səʊsɪˈɒlədʒɪst] *n* socjolog *m*.

sociology [səʊsɪˈɒlədʒɪ] *n* socjologia *f*.

sock [sɔk] *n* skarpeta *f*, skarpetka *f*.

socket [ˈsɔkɪt] *n* (*ANAT*: *of eye*) oczodół *m*; (: *of tooth*) zębodół *m*; (: *of hip etc*) panewka *f* (stawu); (*BRIT*: *in wall*) gniazdko *nt*.

sod [sɔd] *n* (*earth*) darń *f*; (*BRIT*: *infl*: *person*) gnojek *m* (*inf!*).

soda [ˈsəʊdə] *n* (*CHEM*) soda *f*; (*also*: **soda water**) woda *f* sodowa; (*US*: *also*: **soda pop**) napój *m* gazowany.

sodden [ˈsɔdn] *adj* (*clothes*) przemoczony; (*ground*) rozmokły.

sodium [ˈsəʊdɪəm] *n* sód *m*.

sofa [ˈsəʊfə] *n* kanapa *f*.

soft [sɔft] *adj* (*lit*, *fig*) miękki; (*voice*, *music*, *light*) łagodny; (*skin*) delikatny.

soft drink *n* napój *m* bezalkoholowy.

soften [ˈsɔfn] *vt* zmiękczać (zmiękczyć *perf*); (*effect*, *blow*) łagodzić (złagodzić *perf*) ♦ *vi* mięknąć (zmięknąć *perf*); (*voice*, *expression*) łagodnieć (złagodnieć *perf*).

softly [ˈsɔftlɪ] *adv* miękko, łagodnie.

softness [ˈsɔftnɪs] *n* miękkość *f*, (*gentleness*) łagodność *f*, delikatność *f*.

soft spot *n*: **to have a soft spot for sb** mieć do kogoś słabość.

software [ˈsɔftwɛə*] *n* oprogramowanie *nt*.

soggy [ˈsɔgɪ] *adj* rozmokły.

soil [sɔɪl] *n* (*earth*) gleba *f*, ziemia *f*; (*territory*) ziemia *f* ♦ *vt* brudzić (pobrudzić *perf*).

solace [ˈsɔlɪs] *n* pocieszenie *nt*.

solar [ˈsəʊlə*] *adj* słoneczny.

solar panel *n* bateria *f* słoneczna.

sold [səʊld] *pt*, *pp of* **sell**.

sold out *adj* (*goods, tickets*) wyprzedany; **the concert was sold out** (wszystkie) bilety na koncert zostały wyprzedane; **we're sold out (of bread)** (chleba) (już) nie ma.

solder [ˈsəʊldə*] *vt* lutować (zlutować *perf*) ♦ *n* lut *m*.

soldier [ˈsəʊldʒə*] *n* żołnierz *m*.

sole [səʊl] *n* (*of foot, shoe*) podeszwa *f*; (*fish*: *pl inv*) sola *f* ♦ *adj* (*unique*) jedyny.

solely [ˈsəʊllɪ] *adv* jedynie, wyłącznie.

solemn [ˈsɔləm] *adj* uroczysty.

solicitor [səˈlɪsɪtə*] (*BRIT*) *n* notariusz *m*.

solid [ˈsɔlɪd] *adj* (*not hollow*) lity; (*not liquid*) stały; (*reliable, strong*) solidny; (*unbroken*: *hours etc*) bity; (*pure*: *gold etc*) szczery, czysty ♦ *n* ciało *nt* stałe; **solids** *npl* pokarmy *pl* stałe.

solidarity [sɔlɪˈdærɪtɪ] *n* solidarność *f*.

solidify [səˈlɪdɪfaɪ] *vi* krzepnąć (skrzepnąć *perf*), tężeć (stężeć *perf*); (*fig*) krzepnąć (okrzepnąć *perf*), utrwalać się (utrwalić się *perf*).

solitaire [sɔlɪˈtɛə*] *n* (*gem*) soliter *m*; (*game*) samotnik *m*; (*card game*) pasjans *m*.

solitary [ˈsɔlɪtərɪ] *adj* (*lonely, single*) samotny; (*empty*) pusty, opustoszały.

solitary confinement *n* więzienna izolatka *f*.

solitude [ˈsɔlɪtjuːd] *n* samotność *f*.

solo [ˈsəʊləʊ] *n* solo *nt inv* ♦ *adv* w pojedynkę, solo.

soloist [ˈsəʊləʊɪst] *n* solista (-tka) *m(f)*.

soluble [ˈsɔljubl] *adj* rozpuszczalny.

solution [səˈluːʃən] *n* (*answer*) rozwiązanie *nt*; (*liquid*) roztwór *m*, mieszanina *f*.

solve [sɔlv] *vt* rozwiązywać (rozwiązać *perf*).

solvent [ˈsɔlvənt] *adj* wypłacalny ♦ *n* (*CHEM*) rozpuszczalnik *m*.

sombre [ˈsɔmbə*] (*US* **somber**) *adj*

(*dark*) ciemny, mroczny; (*grave*)
ponury, posępny.

KEYWORD
---

some [sʌm] *adj* **1** (*a certain amount
of*) trochę +*gen*; (*a certain number
of*) parę +*gen nvir pl*, paru +*gen vir
pl*, kilka +*gen nvir pl*, kilku +*gen vir
pl*; **some tea/water** trochę
herbaty/wody; **some biscuits** parę
or kilka herbatników; **some
policemen** paru *or* kilku
policjantów. **2** (*certain: in contrasts*)
niektóre +*nvir pl*, niektórzy +*vir pl*;
some people say that ... niektórzy
(ludzie) mówią, że ...; **some films
were excellent** niektóre filmy były
świetne. **3** (*unspecified*): **some
woman was asking for you** jakaś
kobieta pytała o ciebie; **some day**
pewnego dnia ♦ *pron* **1** (*a certain
number*) parę *nvir pl*, paru *vir pl*,
kilka *nvir pl*, kilku *vir pl*; **have you
got any friends? – yes, I've got
some** (czy) masz jakichś
przyjaciół? – tak, mam paru *or*
kilku; **have you got any stamps? –
yes, I've got some** (czy) masz
jakieś znaczki? – tak, mam parę *or*
kilka. **2** (*a certain amount*) trochę;
**have we got any money? – yes,
we've got some** (czy) mamy jakieś
pieniądze? – tak, mamy trochę;
some was left trochę zostało ♦ *adv*:
some ten people jakieś dziesięć
osób.

somebody ['sʌmbədɪ] *pron* =
someone.
somehow ['sʌmhaʊ] *adv* jakoś.
someone ['sʌmwʌn] *pron* ktoś *m*.
someplace ['sʌmpleɪs] (*US*) *adv* =
somewhere.
somersault ['sʌməsɔːlt] *n* koziołek
m, fikołek *m*; (*SPORT*) salto *nt* ♦ *vi*
koziołkować (przekoziołkować *perf*).

something ['sʌmθɪŋ] *pron* coś *nt*;
something nice coś miłego;
something to do coś do zrobienia;
there's something wrong coś tu
jest nie tak, coś tu nie gra (*inf*).
sometime ['sʌmtaɪm] *adv* kiedyś.
sometimes ['sʌmtaɪmz] *adv*
czasami, czasem.
somewhat ['sʌmwɔt] *adv* w
pewnym stopniu, nieco.
somewhere ['sʌmwɛə*] *adv* gdzieś;
**it's somewhere or other in
Scotland** to (jest) gdzieś w Szkocji;
somewhere else gdzie(ś) indziej.
son [sʌn] *n* syn *m*.
song [sɔŋ] *n* (*MUS*) pieśń *f*; (: *popular*)
piosenka *f*; (*of bird*) śpiew *m*.
songbook ['sɔŋbʊk] *n* śpiewnik *m*.
son-in-law ['sʌnɪnlɔː] *n* zięć *m*.
sonnet ['sɔnɪt] *n* sonet *m*.
sonny ['sʌnɪ] (*inf*) *n* synu (*voc*) (*inf*).
soon [suːn] *adv* (*before long*)
wkrótce, niebawem; (*early*)
wcześnie; **soon afterwards** wkrótce
or niedługo potem; *see also* **as**.
sooner ['suːnə*] *adv* (*time*) prędzej;
(*preference*): **I would sooner read
than watch TV** wolałbym poczytać,
niż oglądać telewizję; **sooner or
later** prędzej czy później; **no
sooner had we left than ...** ledwie
wyszliśmy, gdy ... .
soot [sʊt] *n* sadza *f*.
soothe [suːð] *vt* (*person, animal*)
uspokajać (uspokoić *perf*); (*pain*)
koić (ukoić *perf*), łagodzić
(złagodzić *perf*).
sophisticated [sə'fɪstɪkeɪtɪd] *adj*
(*person, audience*) wyrobiony,
bywały; (*fashion, dish*)
wyrafinowany, wyszukany,
wymyślny; (*machinery, arguments*)
skomplikowany.
sophomore ['sɔfəmɔː*] (*US: SCOL*)
n student drugiego roku college'u.
soporific [sɔpə'rɪfɪk] *adj* (*drug*)
nasenny.

soppy ['sɒpɪ] (pej) adj ckliwy (pej).
soprano [sə'prɑ:nəu] n sopran m,
sopranista (-tka) m(f).
sorcerer ['sɔ:sərə*] n czarnoksiężnik
m.
sordid ['sɔ:dɪd] adj (dirty) obskurny;
(wretched) paskudny, ohydny.
sore [sɔ:*] adj (painful) bolesny,
obolały ♦ n owrzodzenie nt.
sorely ['sɔ:lɪ] adv: **I am sorely
tempted (to)** mam wielką ochotę
(+infin).
sorrow ['sɒrəu] n smutek m, żal m;
sorrows npl smutki pl, żale pl.
sorrowful ['sɒrəuful] adj (day)
przygnębiający; (smile)
przygnębiony.
sorry ['sɒrɪ] adj (condition) opłakany;
to be sorry żałować; **sorry!**
przepraszam!; **sorry?** słucham?; **to
feel sorry for sb** współczuć komuś.
sort [sɔ:t] n (type) rodzaj m ♦ vt
(also: **sort out**: papers, belongings)
segregować (posegregować perf);
(: problems) rozwiązywać
(rozwiązać perf).
SOS n abbr (= save our souls) SOS
nt inv.
so-so ['səusəu] adv tak sobie ♦ adj
taki sobie.
soufflé ['su:fleɪ] n suflet m.
sought [sɔ:t] pt, pp of **seek**.
soul [səul] n dusza f.
soulful ['səulful] adj (eyes, music)
pełen wyrazu.
sound [saund] adj (healthy) zdrowy;
(not damaged) nietknięty; (reliable,
thorough) solidny, dogłębny;
(investment) pewny, bezpieczny;
(advice) rozsądny ♦ adv: **to be
sound asleep** spać głęboko ♦ n
(noise) dźwięk m, odgłos m;
(volume: on TV etc) dźwięk m,
głośność f; (GEOG) przesmyk m ♦ vt
(alarm, horn) włączać (włączyć perf)
♦ vi (alarm, horn) dźwięczeć
(zadźwięczeć perf); (fig: seem)

wydawać się; **to sound like sb**
mówić or brzmieć jak ktoś; **I don't
like the sound of it** nie podoba mi
się to.
►**sound out** vt badać (wybadać
perf), sondować (wysondować perf).
soundly ['saundlɪ] adv (sleep)
głęboko, mocno; (beat) dotkliwie.
soundproof ['saundpru:f] adj
dźwiękoszczelny.
soundtrack ['saundtræk] n ścieżka f
dźwiękowa.
soup [su:p] n zupa f.
soup plate n głęboki talerz m.
sour ['sauə*] adj kwaśny; (milk)
kwaśny, skwaśniały; (fig) cierpki.
source [sɔ:s] n źródło nt.
south [sauθ] n południe nt ♦ adj
południowy ♦ adv na południe.
South America n Ameryka f
Południowa.
south-east [sauθ'i:st] n południowy
wschód m.
southerly ['sʌðəlɪ] adj południowy.
southern ['sʌðən] adj południowy.
South Pole n: **the South Pole**
biegun m południowy.
southward(s) ['sauθwəd(z)] adv na
południe.
south-west [sauθ'west] n
południowy zachód m.
souvenir [su:və'nɪə*] n pamiątka f,
souvenir m.
sovereign ['sɒvrɪn] n monarcha m.
sovereignty ['sɒvrɪntɪ] n suwerenność
f.
Soviet ['səuvɪət] adj radziecki; **the
Soviet Union** Związek Radziecki.
sow¹ [sau] n locha f, maciora f.
sow² [səu] (pt **sowed**, pp **sown**) vt
siać (posiać perf), wysiewać (wysiać
perf); (fig: suspicion etc) siać (zasiać
perf).
soya ['sɔɪə] (US **soy**) n: **soya bean**
soja f; **soya sauce** sos sojowy.
spa [spɑ:] n (town) uzdrowisko nt;

(US: also: **health spa**) ≈ centrum *m* odnowy biologicznej.

space [speɪs] *n* (gap) szpara *f*; (room) miejsce *nt*; (beyond Earth) przestrzeń *f* kosmiczna, kosmos *m*; (period): **(with)in the space of** na przestrzeni *or* w przeciągu +gen ♦ *vt* (also: **space out**: text) rozmieszczać (rozmieścić *perf*); (: payments, visits) rozkładać (rozłożyć *perf*).

spacecraft ['speɪskrɑːft] *n* statek *m* kosmiczny.

spaceship ['speɪʃɪp] = **spacecraft**.

spacing ['speɪsɪŋ] *n* odstęp *m*.

spacious ['speɪʃəs] *adj* przestronny.

spade [speɪd] *n* łopata *f*; (child's) łopatka *f*; **spades** *npl* (CARDS) piki *pl*.

spaghetti [spə'getɪ] *n* spaghetti *nt inv*.

Spain [speɪn] *n* Hiszpania *f*.

span [spæn] *n* (of wings, arch) rozpiętość *f*; (in time) okres *m* ♦ *vt* (river) łączyć (połączyć *perf*) brzegi +gen; (fig: time) obejmować (objąć *perf*).

Spaniard ['spænjəd] *n* Hiszpan(ka) *m(f)*.

spaniel ['spænjəl] *n* spaniel *m*.

Spanish ['spænɪʃ] *adj* hiszpański ♦ *n* (język *m*) hiszpański; **the Spanish** *npl* Hiszpanie *vir pl*.

spank [spæŋk] *vt* dawać (dać *perf*) klapsa +dat.

spanner ['spænə*] (BRIT) *n* klucz *m* (maszynowy).

spare [speə*] *adj* (free) wolny; (extra) zapasowy ♦ *n* = **spare part** ♦ *vt* (save: trouble etc) oszczędzać (oszczędzić *perf*) +gen; (make available) przeznaczać (przeznaczyć *perf*); (refrain from hurting) oszczędzać (oszczędzić *perf*); **to spare** w zapasie.

spare part *n* część *f* zamienna *or* zapasowa.

spare time *n* wolny czas *m*.

spare wheel *n* zapasowe koło *nt*.

sparingly ['speərɪŋlɪ] *adv* oszczędnie.

spark [spɑːk] *n* iskra *f*; (fig: of wit etc) przebłysk *m*.

spark(ing) plug ['spɑːk(ɪŋ)-] *n* świeca *f* zapłonowa.

sparkle ['spɑːkl] *n* połysk *m* ♦ *vi* mienić się, skrzyć się.

sparkling ['spɑːklɪŋ] *adj* (water) gazowany; (wine) musujący; (fig: conversation, performance) błyskotliwy.

sparrow ['spærəu] *n* wróbel *m*.

sparse [spɑːs] *adj* (hair) rzadki; (rainfall) skąpy; (population) nieliczny.

spartan ['spɑːtən] *adj* (fig) spartański.

spasm ['spæzəm] *n* (MED) skurcz *m*, spazm *m*.

spasmodic [spæz'mɔdɪk] *adj* (fig) nerwowy.

spastic ['spæstɪk] (old: MED) *n* osoba *f* z porażeniem kurczowym.

spat [spæt] *pt*, *pp* of **spit**.

spate [speɪt] *n* (fig): **a spate of** (letters etc) nawał *m* *or* powódź *f* +gen.

spatter ['spætə*] *vt* (liquid) rozpryskiwać (rozpryskać *perf*); (surface) opryskiwać (opryskać *perf*).

spatula ['spætjulə] *n* (CULIN) łopatka *f*; (MED) szpatułka *f*.

speak [spiːk] (*pt* **spoke**, *pp* **spoken**) *vi* (use voice) mówić; (make a speech) przemawiać (przemówić *perf*); (truth) mówić (powiedzieć *perf*); **to speak to sb/of** *or* **about sth** rozmawiać (porozmawiać *perf*) z kimś/o czymś; **speak up!** mów głośniej!; **to speak English** mówić po angielsku; **so to speak** że tak powiem, że się tak wyrażę.

speaker ['spiːkə*] *n* (person) mówca *m*; (also: **loudspeaker**) głośnik *m*;: **the Speaker** (BRIT, US) *przewodniczący jednej z izb parlamentu.*

spear [spɪə*] *n* włócznia *f* ♦ *vt* dźgać (dźgnąć *perf*) włócznią.

special ['spɛʃl] *adj* (*effort, help, occasion*) specjalny, szczególny; (*adviser, permission, school*) specjalny; **today's special is...** dziś polecamy +*acc*.

specialist ['spɛʃəlɪst] *n* specjalista (-tka) *m(f)*.

speciality [spɛʃɪ'ælɪtɪ] *n* specjalność *f*.

specialize ['spɛʃəlaɪz] *vi*: **to specialize (in)** specjalizować się (w +*loc*).

specially ['spɛʃlɪ] *adv* specjalnie.

specialty ['spɛʃəltɪ] (*esp US*) = **speciality**.

species ['spiːʃiːz] *n inv* gatunek *m*.

specific [spə'sɪfɪk] *adj* (*fixed*) określony; (*exact*) ścisły.

specifically [spə'sɪfɪklɪ] *adv* (*specially*) specjalnie; (*exactly*) ściśle.

specification [spɛsɪfɪ'keɪʃən] *n* (*TECH*) opis *m* techniczny; (*requirement*) wymóg *m*; **specifications** *npl* (*TECH*) parametry *pl*.

specify ['spɛsɪfaɪ] *vt* wyszczególniać (wyszczególnić *perf*).

specimen ['spɛsɪmən] *n* (*single example*) okaz *m*; (*MED*) próbka *f*.

speck [spɛk] *n* drobinka *f*, pyłek *m*.

speckled ['spɛkld] *adj* (*hen, eggs*) nakrapiany.

specs [spɛks] (*inf*) *npl* okulary *pl*.

spectacle ['spɛktəkl] *n* widowisko *nt*; **spectacles** *npl* okulary *pl*.

spectacular [spɛk'tækjulə*] *adj* (*rise etc*) dramatyczny; (*success*) spektakularny.

spectator [spɛk'teɪtə*] *n* widz *m*.

spectrum ['spɛktrəm] (*pl* **spectra**) *n* widmo *nt*.

speculate ['spɛkjuleɪt] *vi* (*FIN*) spekulować, grać (*na giełdzie*); **to speculate about** snuć domysły na temat +*gen*.

speculation [spɛkju'leɪʃən] *n* (*FIN*)

spekulacja *f*; (*guesswork*) domysły *pl*, spekulacje *pl*.

speech [spiːtʃ] *n* (*faculty, act, part of play*) mowa *f*; (*formal talk*) przemówienie *nt*, przemowa *f*.

speechless ['spiːtʃlɪs] *adj* oniemiały; **he was speechless** zaniemówił, oniemiał.

speed [spiːd] (*pt, pp* **sped**) *n* (*rate*) prędkość *f*, szybkość *f*; (*fast travel, promptness, haste*) szybkość *f* ♦ *vi*: **to speed (along/by)** pędzić (popędzić *perf*) (wzdłuż +*gen*/obok +*gen*); **at full** *or* **top speed** z maksymalną prędkością.

►**speed up** (*pt, pp* **speeded up**) *vi* przyspieszać (przyspieszyć *perf*) ♦ *vt* przyspieszać (przyspieszyć *perf*).

speedily ['spiːdɪlɪ] *adv* szybko, pośpiesznie.

speeding ['spiːdɪŋ] (*AUT*) *n* jazda *f* z nadmierną prędkością, przekroczenie *nt* dozwolonej prędkości.

speed limit (*AUT*) *n* ograniczenie *nt* prędkości.

speedometer [spɪ'dɔmɪtə*] (*AUT*) *n* szybkościomierz *m*.

speedy ['spiːdɪ] *adj* (*fast*) szybki, prędki; (*prompt*) szybki, rychły.

spell [spɛl] (*pt, pp* **spelt** (*BRIT*) *or* **spelled**) *n* (*also*: **magic spell**) zaklęcie *nt*, urok *m*; (*period*) okres *m* ♦ *vt* (*in writing*) pisać (napisać *perf*); (*also*: **spell out**) literować (przeliterować *perf*); (*signify: danger etc*) oznaczać; **to cast a spell on sb** rzucać (rzucić *perf*) na kogoś czar *or* urok; **cold/hot spell** fala chłodów/upałów; **he can't spell** on robi błędy ortograficzne.

spellbound ['spɛlbaund] *adj* oczarowany.

spelling ['spɛlɪŋ] *n* (*word form*) pisownia *f*; (*ability*) ortografia *f*.

spend [spɛnd] (*pt, pp* **spent**) *vt*

(*money*) wydawać (wydać *perf*);
(*time, life*) spędzać (spędzić *perf*).
spent [spɛnt] *pt, pp of* **spend**.
sperm [spəːm] *n* nasienie *nt*, sperma
f; (*single*) plemnik *m*.
sphere [sfɪə*] *n* (*round object*) kula
f; (*area*) sfera *f*.
spherical ['sfɛrɪkl] *adj* kulisty,
sferyczny.
spice [spaɪs] *n* przyprawa *f* ♦ *vt*
przyprawiać (przyprawić *perf*).
spicy ['spaɪsɪ] *adj* mocno
przyprawiony, ostry.
spider ['spaɪdə*] *n* pająk *m*.
spike [spaɪk] *n* (*point*) kolec *m*;
(*BOT*) kwiatostan *f* stożkowaty.
spill [spɪl] (*pt, pp* **spilt** *or* **spilled**) *vt*
rozlewać (rozlać *perf*) ♦ *vi* rozlewać
się (rozlać się *perf*), wylewać się
(wylać się *perf*).
spin [spɪn] (*pt* **spun, span**, *pp*
spun) *n* (*in car*) przejażdżka *f*;
(*AVIAT*) korkociąg *m* ♦ *vt* (*wool etc*)
prząść (uprząść *perf*) ♦ *vi* (*make
thread*) prząść; (*turn round*) okręcać
się (okręcić się *perf*), obracać się
(obrócić się *perf*).
spinach ['spɪnɪtʃ] *n* szpinak *m*.
spinal ['spaɪnl] *adj*: **spinal injury**
uraz *m* kręgosłupa.
spinal cord *n* rdzeń *m* kręgowy.
spin-dryer [spɪn'draɪə*] (*BRIT*) *n*
wirówka *f*.
spine [spaɪn] *n* (*ANAT*) kręgosłup *m*;
(*thorn*) kolec *m*.
spinning ['spɪnɪŋ] *n* przędzenie *nt*.
spinning top *n* (*toy*) bąk *m*.
spinning wheel *n* kołowrotek *m*.
spinster ['spɪnstə*] *n* stara panna *f*.
spiral ['spaɪərl] *n* spirala *f* ♦ *vi* (*fig:
prices etc*) wzrastać (wzrosnąć *perf*)
gwałtownie.
spire ['spaɪə*] *n* iglica *f*.
spirit ['spɪrɪt] *n* (*soul*) dusza *f*; (*ghost,
sense*) duch *m*; (*courage*) odwaga *f*;
(*frame of mind*) nastrój *m*; **spirits** *npl*
napoje *pl* alkoholowe; **in good**

spirits w dobrym humorze *or*
nastroju.
spirited ['spɪrɪtɪd] *adj* (*resistance*)
żarliwy, zagorzały; (*performance*)
porywający.
spiritual ['spɪrɪtjuəl] *adj* duchowy ♦
n (*also*: **Negro spiritual**) *utwór
chóralny o charakterze religijnym
wywodzący się z kultury Murzynów
północnoamerykańskich.*
spit [spɪt] (*pt, pp* **spat**) *n* (*for
roasting*) rożen *m*; (*saliva*) plwocina
f ♦ *vi* (*person*) pluć (plunąć *perf*),
spluwać (splunąć *perf*); (*cooking*)
skwierczeć (zaskwierczeć *perf*);
(*fire*) trzaskać (trzasnąć *perf*); (*inf:
rain*) siąpić.
spite [spaɪt] *n* złośliwość *f* ♦ *vt* robić
(zrobić *perf*) na złość +*dat*; **in spite
of** (po)mimo +*gen*.
spiteful ['spaɪtful] *adj* złośliwy,
zawzięty.
splash [splæʃ] *n* (*sound*) plusk *m*,
pluśnięcie *nt*; (*of colour*) plama *f* ♦ *vt*
ochlapywać (ochlapać *perf*) ♦ *vi*
(*also*: **splash about**) pluskać się;
(*water*) chlapać.
spleen [spliːn] *n* śledziona *f*.
splendid ['splendɪd] *adj* (*excellent*)
doskonały, świetny; (*impressive*)
okazały, wspaniały.
splendour ['splendə*] (*US
splendor) *n* wspaniałość *f*;
splendours *npl* wspaniałości *pl*.
splint [splɪnt] *n* szyna *f*
(usztywniająca), łubek *m*.
splinter ['splɪntə*] *n* (*of wood*)
drzazga *f*; (*of glass*) odłamek *m* ♦ *vi*
rozszczepiać się (rozszczepić się
perf), rozłupywać się (rozłupać się
perf).
split [splɪt] (*pt, pp* **split**) *n* (*crack,
tear*) pęknięcie *nt*; (*fig*) podział *m*;
(*POL*) rozłam *m* ♦ *vt* (*divide*) dzielić
(podzielić *perf*); (*party*) powodować
(spowodować *perf*) podział *or*
rozłam w +*loc*; (*work, profits*) dzielić

(podzielić *perf*) ♦ *vi* (*divide*) dzielić
się (podzielić się *perf*).
►**split up** *vi* (*couple*) zrywać (zerwać
perf) (ze sobą), rozstawać się
(rozstać się *perf*); (*group*) rozdzielać
się (rozdzielić się *perf*).
splutter ['splʌtə*] *vi* prychać
(prychnąć *perf*), parskać (parsknąć
perf).
spoil [spɔɪl] (*pt, pp* **spoilt** *or*
spoiled) *vt* (*thing*) uszkadzać
(uszkodzić *perf*); (*enjoyment*) psuć
(zepsuć *perf*); (*child*) rozpieszczać
(rozpieścić *perf*), psuć.
spoils [spɔɪlz] *npl* łupy *pl*.
spoilsport ['spɔɪlspɔːt] (*pej*) *n*: **don't
be a spoilsport** nie psuj ludziom
zabawy.
spoilt [spɔɪlt] *pt, pp of* **spoil** ♦ *adj*
(*child*) rozpieszczony; (*ballot paper*)
nieważny.
spoke [spəuk] *pt of* **speak** ♦ *n*
szprycha *f*.
spoken ['spəukn] *pp of* **speak**.
spokesman ['spəuksmən] (*irreg like*:
man) *n* rzecznik *m*.
spokesperson ['spəukspəːsn] *n*
(*irreg like*: **person**) rzecznik (-iczka)
m(f).
spokeswoman ['spəukswumən] *n*
(*irreg like*: **woman**) rzeczniczka *f*.
sponge [spʌndʒ] *n* gąbka *f*; (*also*:
sponge cake) biszkopt *m* ♦ *vt*
przecierać (przetrzeć *perf*) gąbką ♦
vi: **to sponge off** *or* **on sb**
wyciągać od kogoś pieniądze.
sponge bag (*BRIT*) *n* kosmetyczka *f*.
sponsor ['spɔnsə*] *n* (*of player,
programme, event*) sponsor(ka) *m(f)*;
(*for application*) poręczyciel(ka) *m(f)*;
(*for bill in parliament*) inicjator(ka)
m(f) ♦ *vt* (*player, programme, event*)
sponsorować; (*proposal*)
przedkładać (przedłożyć *perf*).
sponsorship ['spɔnsəʃɪp] *n*
sponsorowanie *nt*.

spontaneous [spɔn'teɪnɪəs] *adj*
spontaniczny.
spooky ['spuːkɪ] (*inf*) *adj* straszny.
spool [spuːl] *n* (*for thread*) szpulka *f*;
(*for film, tape*) szpula *f*.
spoon [spuːn] *n* łyżka *f*; (*small*)
łyżeczka *f*.
spoonful ['spuːnful] *n* (pełna) łyżka *f*.
sporadic [spə'rædɪk] *adj*
sporadyczny.
sport [spɔːt] *n* (*game*) sport *m*; (*also*:
good sport) świetny kumpel *m* ♦ *vt*
(*piece of clothing, jewellery*)
paradować w +*loc*; (*purse, umbrella*)
paradować z +*instr*.
sporting ['spɔːtɪŋ] *adj* (*event*)
sportowy; (*gesture*) szlachetny.
sports car *n* samochód *m* sportowy.
sportsman ['spɔːtsmən] *n* (*irreg like*:
man) sportowiec *m*.
sportswear ['spɔːtswɛə*] *n* odzież *f*
sportowa.
sportswoman ['spɔːtswumən] *n*
(*irreg like*: **woman**) sportsmenka *f*.
sporty ['spɔːtɪ] *adj* wysportowany.
spot [spɔt] *n* (*dot*) kropka *f*; (*mark*:
dirty, unwanted) plama *f*; (: *on
animal*) cętka *f*; (*on skin*) pryszcz *m*;
(*place*) miejsce *nt*; (*RADIO, TV*)
*część programu zarezerwowana dla
konkretnego artysty lub określonego
typu rozrywki* ♦ *vt* zauważać
(zauważyć *perf*); **on the spot** (*in that
place*) na miejscu; (*immediately*) z
miejsca; **a spot of trouble** mały
kłopot.
spotless ['spɔtlɪs] *adj* nieskazitelny.
spotlight ['spɔtlaɪt] *n* jupiter *m*.
spotted ['spɔtɪd] *adj* (*bird*)
nakrapiany; (*animal*) cętkowany;
(*garment*) w kropki *post*.
spotty ['spɔtɪ] *adj* pryszczaty.
spouse [spaus] *n* małżonek (-nka)
m(f).
spout [spaut] *n* (*of jug, teapot*)
dziobek *m*; (*of pipe*) wylot *m* ♦ *vi*

chlustać (chlusnąć *perf*), bluzgać (bluznąć *perf*).

sprain [spreɪn] *n* (*MED*) skręcenie *nt* ♦ *vt*: **to sprain one's ankle/wrist** skręcić *(perf)* nogę w kostce/rękę w nadgarstku.

sprang [spræŋ] *pt of* **spring**.

sprawl [sprɔ:l] *vi* rozciągać się (rozciągnąć się *perf*).

spray [spreɪ] *n* (*small drops*) rozpylona ciecz *f*; (: *of water*) pył *m* wodny; (*sea spray*) mgiełka *f* od wody; (*container*) spray *m*, aerozol *m*; (*garden spray*) spryskiwacz *m* ogrodowy; (*of flowers*) gałązka *f* ♦ *vt* (*liquid*) rozpryskiwać (rozpryskać *perf*); (*crops*) opryskiwać (opryskać *perf*).

spread [sprɛd] (*pt, pp* **spread**) *n* (*area covered*) zasięg *m*; (*span, variety*) rozpiętość *f*; (*distribution*) rozkład *m*; (*expansion*) rozprzestrzenianie się *nt*; (*CULIN*) pasta *f* (*do smarowania pieczywa*); (*inf: food*) uczta *f* ♦ *vt* (*objects, one's arms, repayments*) rozkładać (rozłożyć *perf*); (*dirt, rumour, disease*) roznosić (roznieść *perf*) ♦ *vi* (*disease*) rozprzestrzeniać się (rozprzestrzenić się *perf*); (*news*) rozchodzić się (rozejść się *perf*); (*stain*) rozlewać się (rozlać się *perf*).

►**spread out** *vi* (*move apart*) rozchodzić się (rozejść się *perf*), rozdzielać się (rozdzielić się *perf*); (*extend*) rozciągać się.

spreadsheet ['sprɛdʃi:t] (*COMPUT*) *n* arkusz *m* kalkulacyjny.

spree [spri:] *n*: **let's go on a spree** chodźmy zaszaleć.

sprightly ['spraɪtlɪ] *adj* dziarski, żwawy.

spring [sprɪŋ] (*pt* **sprang**, *pp* **sprung**) *n* (*coiled metal*) sprężyna *f*; (*season*) wiosna *f*; (*of water*) źródło *nt*; (: *small*) źródełko *nt*; **in spring**

wiosną, na wiosnę; **to spring from** wynikać (wyniknąć *perf*) z +*gen*.

►**spring up** *vi* wyrastać (wyrosnąć *perf*) (jak grzyby po deszczu).

springboard ['sprɪŋbɔ:d] *n* (*SPORT*) trampolina *f*.

spring-clean(ing) [sprɪŋ'kli:n(ɪŋ)] *n* wiosenne porządki *pl*.

springtime ['sprɪŋtaɪm] *n* wiosenna pora *f*; **in springtime** wiosną, na wiosnę.

sprinkle ['sprɪŋkl] *vt*: **to sprinkle water on sth, to sprinkle sth with water** skrapiać (skropić *perf*) *or* zraszać (zrosić *perf*) coś wodą; **to sprinkle salt/sugar on sth, to sprinkle sth with salt/sugar** posypywać (posypać *perf*) coś solą/cukrem.

sprinkler ['sprɪŋklə*] *n* (*for lawn*) spryskiwacz *m*, zraszacz *m*; (*to put out fire*) instalacja *f* tryskaczowa *or* sprinklerowa.

sprint [sprɪnt] *n* sprint *m* ♦ *vi* biec (pobiec *perf*) sprintem.

sprinter ['sprɪntə*] *n* sprinter(ka) *m(f)*.

sprout [spraut] *vi* kiełkować (wykiełkować *perf*).

sprouts [sprauts] *npl* (*also*: **Brussels sprouts**) brukselka *f*.

spruce [spru:s] *n inv* świerk *m* ♦ *adj* elegancki.

sprung [sprʌŋ] *pp of* **spring**.

spun [spʌn] *pt, pp of* **spin**.

spur [spə:*] *n* ostroga *f*; (*fig*) bodziec *m*, zachęta *f* ♦ *vt* (*also*: **spur on**) zachęcać (zachęcić *perf*); **on the spur of the moment** pod wpływem chwilowego impulsu.

spurious ['spjuərɪəs] *adj* (*attraction*) złudny; (*argument*) błędny; (*sympathy*) fałszywy, udawany.

spurn [spə:n] *vt* (*proposal, idea*) odrzucać (odrzucić *perf*); (*person*) odtrącać (odtrącić *perf*).

spurt [spə:t] *n* (*of blood etc*) struga *f*; (*of emotion*) poryw *m* ♦ *vi* (*blood*)

tryskać (trysnąć *perf*); (*flame*)
strzelać (strzelić *perf*).

spy [spaɪ] *n* szpieg *m* ♦ *vi*: **to spy on**
szpiegować *+acc* ♦ *vt* ujrzeć (*perf*),
spostrzec (*perf*).

spying ['spaɪɪŋ] *n* szpiegostwo *nt*.

sq. *abbr* = **square** kw.

squabble ['skwɔbl] *vi* sprzeczać się
(posprzeczać się *perf*).

squad [skwɔd] *n* (MIL, POLICE)
oddział *m*; (SPORT) ekipa *f*.

squadron ['skwɔdrn] *n* (MIL)
szwadron *m*; (AVIAT, NAUT) eskadra *f*.

squalid ['skwɔlɪd] *adj* (*conditions,
house*) nędzny; (*story*) plugawy.

squalor ['skwɔlə*] *n* nędza *f*.

squander ['skwɔndə*] *vt* (*money*)
trwonić (roztrwonić *perf*); (*chances*)
trwonić (strwonić *perf*).

square [skwɛə*] *n* (*shape*) kwadrat
m; (*in town*) plac *m* ♦ *adj* (*in shape*)
kwadratowy; (*meal*) solidny; (*inf:
ideas, person*) staromodny,
staroświecki ♦ *vt* (*arrange*) układać
(ułożyć *perf*); (MATH) podnosić
(podnieść *perf*) do kwadratu;
(*reconcile*) godzić (pogodzić *perf*);
the match was all square wynik
meczu był remisowy; **two metres
square** kwadrat o boku dwóch
metrów; **two square metres** dwa
metry kwadratowe.

squarely ['skwɛəlɪ] *adv* (*fall etc*)
prosto; (*confront, look*) odważnie,
wprost.

squash [skwɔʃ] *n* (US) kabaczek *m*;
(SPORT) squash *m*; (BRIT):
lemon/orange squash sok *m*
cytrynowy/pomarańczowy (*z
koncentratu*) ♦ *vt* zgniatać (zgnieść
perf).

squat [skwɔt] *adj* przysadzisty ♦ *vi*
(*also*: **squat down**) przykucać
(przykucnąć *perf*).

squatter ['skwɔtə*] *n* dziki (-ka) *m(f)*
lokator(ka) *m(f)*.

squeak [skwiːk] *vi* (*door*) skrzypieć

(zaskrzypieć *perf*); (*mouse*) piszczeć
(zapiszczeć *perf*).

squeal [skwiːl] *vi* piszczeć
(zapiszczeć *perf*).

squeamish ['skwiːmɪʃ] *adj*
przewrażliwiony, przeczulony.

squeeze [skwiːz] *n* (*of hand etc*)
uścisk *m*; (ECON) ograniczenie *nt* ♦
vt ściskać (ścisnąć *perf*).

▶**squeeze out** *vt* (*juice etc*)
wyciskać (wycisnąć *perf*).

squelch [skwɛltʃ] *vi* chlupać
(chlupnąć *perf*), chlupotać
(zachlupotać *perf*).

squid [skwɪd] *n* kałamarnica *f*, mątwa
f.

squint [skwɪnt] *vi*: **to squint (at)**
patrzeć (popatrzeć *perf*) przez
zmrużone oczy (na *+acc*) ♦ *n* zez *m*.

squire ['skwaɪə*] (BRIT) *n* ≈
dziedzic *m*; ≈ ziemianin *m*.

squirrel ['skwɪrəl] *n* wiewiórka *f*.

squirt [skwəːt] *vi* tryskać (trysnąć
perf), sikać (siknąć *perf*) (*inf*) ♦ *vt*
strzykać (strzyknąć *perf*) *+instr*.

Sr *abbr* (*in names*) = **senior** sen., sr.

St *abbr* = **saint** św.; = **street** ul.

stab [stæb] *n* (*with knife etc*)
pchnięcie *nt*, dźgnięcie *nt*; (*of pain*)
ukłucie *nt*; (*inf*): **to have a stab at
sth/doing sth** próbować (spróbować
perf) czegoś/zrobić coś ♦ *vt* pchnąć
(*perf*) *or* dźgnąć (*perf*) nożem.

stabbing ['stæbɪŋ] *n* napad *m* z
nożem ♦ *adj* kłujący.

stability [stə'bɪlɪtɪ] *n* stabilność *f*.

stabilize ['steɪbəlaɪz] *vt* stabilizować
(ustabilizować *perf*) ♦ *vi*
stabilizować się (ustabilizować się
perf).

stable ['steɪbl] *adj* (*prices, patient's
condition*) stabilny; (*marriage*) trwały
♦ *n* (*for horse*) stajnia *f*.

stack [stæk] *n* stos *m* ♦ *vt* (*also*:
stack up) układać (ułożyć *perf*) w
stos, gromadzić (nagromadzić *perf*).

stadium ['steɪdɪəm] (pl **stadia** or **stadiums**) n stadion m.

staff [stɑːf] n (workforce) pracownicy vir pl, personel m; (BRIT: also: **teaching staff**) grono nt nauczycielskie or pedagogiczne ♦ vt obsadzać (obsadzić perf).

stag [stæg] n rogacz m.

stage [steɪdʒ] n (in theatre etc) scena f; (platform) podium nt, estrada f; (point, period) etap m, okres m ♦ vt (play) wystawiać (wystawić perf); (demonstration) organizować (zorganizować perf); **in stages** stopniowo.

stagecoach ['steɪdʒkəʊtʃ] n dyliżans m.

stage fright n trema f.

stagger ['stægə*] vi zataczać się (zatoczyć się perf), iść (pójść perf) zataczając się ♦ vt wstrząsać (wstrząsnąć perf) +instr; (hours, holidays) układać (ułożyć perf) naprzemiennie.

staggering ['stægərɪŋ] adj (sum, price) zawrotny.

stagnant ['stægnənt] adj (water) stojący; (economy) martwy, w zastoju post.

stagnation [stæg'neɪʃən] n stagnacja f, zastój m.

stag party n wieczór m kawalerski.

staid [steɪd] adj stateczny.

stain [steɪn] n (mark) plama f; (colouring) bejca f ♦ vt (mark) plamić (poplamić perf); (: fig) plamić (splamić perf); (wood) bejcować (zabejcować perf).

stained glass window [steɪnd-] n witraż m.

stainless steel ['steɪnlɪs-] n stal f nierdzewna.

stain remover n odplamiacz m, wywabiacz m plam.

stair [steə*] n stopień m; **stairs** npl schody pl.

staircase ['steəkeɪs] n klatka f schodowa.

stairway ['steəweɪ] = **staircase**.

stake [steɪk] n (post) słup m; (COMM) udział m; (BETTING: usu pl) stawka f ♦ vt (money) stawiać (postawić perf); (life, reputation) ryzykować (zaryzykować perf); **to stake a claim (to sth)** rościć sobie prawo (do czegoś); **to be at stake** wchodzić w grę.

stalagmite ['stæləgmaɪt] n stalagmit m.

stale [steɪl] adj (bread) czerstwy; (food) nieświeży; (smell, air) stęchły; (beer) zwietrzały.

stalemate ['steɪlmeɪt] n (CHESS) pat m; (fig) sytuacja f patowa.

stalk [stɔːk] n (of flower) łodyga f; (of fruit) szypułka f ♦ vt śledzić, podchodzić.

stall [stɔːl] n (BRIT) stoisko nt, stragan m; (in stable) przegroda f ♦ vt (AUT): **I stalled the car** zgasł mi silnik; (fig. decision etc) opóźniać (opóźnić perf), przeciągać (przeciągnąć perf); (: person) zwodzić (zwieść perf), zbywać (zbyć perf) ♦ vi (engine, car) gasnąć (zgasnąć perf); (fig: person) grać na zwłokę or czas; **stalls** npl (BRIT: in cinema, theatre) parter m.

stamina ['stæmɪnə] n wytrzymałość f, wytrwałość f.

stammer ['stæmə*] n jąkanie (się) nt ♦ vi jąkać się, zająkiwać się (zająknąć się perf).

stamp [stæmp] n (postage stamp) znaczek m (pocztowy); (rubber stamp, mark) pieczątka f, stempel m; (fig) piętno nt ♦ vi (also: **stamp one's foot**) tupać (tupnąć perf) ♦ vt (letter) naklejać (nakleić perf) znaczek na +acc; (mark) znaczyć (oznaczyć perf), znakować (oznakować perf); (with rubber _stamp_) stemplować (ostemplować _perf_).

stamp album _n_ album _m_ na znaczki _or_ filatelistyczny.

stamp collecting _n_ filatelistyka _f_, zbieranie _nt_ znaczków.

stampede [stæmˈpiːd] _n_ paniczna ucieczka _f_; (_fig_) panika _f_, popłoch _m_; **a stampede for tickets** pogoń za biletami.

stance [stæns] _n_ pozycja _f_; (_fig_) postawa _f_, stanowisko _nt_.

stand [stænd] (_pt, pp_ **stood**) _n_ (COMM: _stall_) stoisko _nt_, budka _f_; (: _at exhibition_) stoisko _nt_; (_SPORT_) sektor _m_; (_piece of furniture_) wieszak _m_, stojak _m_ ♦ _vi_ (_be on foot, be placed_) stać; (_rise_) wstawać (wstać _perf_), powstawać (powstać _perf_); (_remain_) pozostawać (pozostać _perf_) ważnym, zachowywać (zachować _perf_) aktualność; (_in election etc_) kandydować ♦ _vt_ (_object_) stawiać (postawić _perf_); (_person, situation_) znosić (znieść _perf_); **to stand at** (_level, score etc_) wynosić (wynieść _perf_); **to make a stand against sth** dawać (dać _perf_) odpór czemuś; **to stand for parliament** (BRIT) kandydować do parlamentu; **to stand sb a drink/meal** stawiać (postawić _perf_) komuś drinka/obiad.

▶**stand by** _vi_ (_be ready_) być gotowym _or_ przygotowanym, stać w pogotowiu; (_fig_) stać (bezczynnie) ♦ _vt fus_ (_opinion_) podtrzymywać (podtrzymać _perf_); (_person_) stawać (stanąć _perf_) po stronie +_gen_.

▶**stand down** _vi_ ustępować (ustąpić _perf_), wycofywać się (wycofać się _perf_).

▶**stand for** _vt fus_ (_signify_) znaczyć, oznaczać; (_represent_) reprezentować (sobą), przedstawiać (sobą); (_tolerate_) znosić (znieść _perf_).

▶**stand in for** _vt fus_ zastępować (zastąpić _perf_).

▶**stand out** _vi_ wyróżniać się, rzucać się w oczy.

▶**stand up** _vi_ wstawać (wstać _perf_), powstawać (powstać _perf_).

▶**stand up for** _vt fus_ stawać (stanąć _perf_) w obronie +_gen_.

▶**stand up to** _vt fus_ (_pressure etc_) (dobrze) wytrzymywać _or_ znosić +_acc_; (_person_) stawiać (stawić _perf_) czoło +_dat_.

standard [ˈstændəd] _n_ (_level_) poziom _m_; (_norm, criterion_) norma _f_, standard _m_; (_flag_) sztandar _m_ ♦ _adj_ (_size etc_) typowy; (_textbook_) klasyczny; **standards** _npl_ obyczaje _pl_.

standardization [stændədaɪˈzeɪʃən] _n_ standaryzacja _f_, ujednolicenie _nt_.

standardize [ˈstændədaɪz] _vt_ standaryzować, ujednolicać (ujednolicić _perf_).

standard lamp (BRIT) _n_ lampa _f_ stojąca.

standard of living _n_ stopa _f_ życiowa.

stand-by [ˈstændbaɪ] (_also spelled_ **standby**) _n_ rezerwa _f_, środek _m_ awaryjny; **on stand-by** w pogotowiu.

stand-in [ˈstændɪn] _n_ zastępca (-czyni) _m(f)_.

standing [ˈstændɪŋ] _adj_ stały ♦ _n_ pozycja _f_ (społeczna); **standing ovation** owacja na stojąco.

standing joke _n_ pośmiewisko _nt_.

standing order (BRIT) _n_ (_at bank_) zlecenie _nt_ stałe.

standing room _n_ miejsca _pl_ stojące.

stand-offish [stændˈɔfɪʃ] _adj_ sztywny.

standpoint [ˈstændpɔɪnt] _n_ punkt _m_ widzenia, stanowisko _nt_.

standstill [ˈstændstɪl] _n_: **at a standstill** zablokowany; (_fig_) w martwym punkcie; **to come to a standstill** (_traffic_) stanąć (_perf_).

stank [stæŋk] _pt of_ **stink**.

stanza [ˈstænzə] _n_ zwrotka _f_.

staple [ˈsteɪpl] _n_ (_for papers_) zszywka _f_ ♦ _adj_ (_food etc_)

podstawowy, główny ♦ *vt* zszywać
(zszyć *perf*).

stapler ['steɪplə*] *n* zszywacz *m*.

star [stɑ:*] *n* gwiazda *f* ♦ *vt*: **the
movie starred Lana Turner** główną
rolę w filmie grała Lana Turner ♦
vi: **to star in** grać (zagrać *perf*)
(jedną z głównych ról) w +*loc*; **the
stars** *npl* (*horoscope*) gwiazdy *pl*.

starch [stɑ:tʃ] *n* (*for clothes*)
krochmal *m*; (*CULIN*) skrobia *f*.

stare [stɛə*] *n* spojrzenie *nt* ♦ *vi*: **to
stare at** wpatrywać się w +*acc*,
gapić się na +*acc* (*pej*).

starfish ['stɑ:fɪʃ] *n* rozgwiazda *f*.

stark [stɑ:k] *adj* (*landscape,
simplicity*) surowy ♦ *adv*: **stark
naked** zupełnie nagi.

starry ['stɑ:rɪ] *adj* gwiaździsty.

start [stɑ:t] *n* (*beginning*) początek *m*;
(*SPORT*) start *m*; (*sudden
movement*) poderwanie się *nt*;
(*advantage*) fory *pl* ♦ *vt* (*begin*)
rozpoczynać (rozpocząć *perf*),
zaczynać (zacząć *perf*); (*panic etc*)
powodować (spowodować *perf*);
(*business etc*) zakładać (założyć
perf); (*engine*) uruchamiać
(uruchomić *perf*) ♦ *vi* (*begin*)
rozpoczynać się (rozpocząć się *perf*),
zaczynać się (zacząć się *perf*); (*with
fright*) wzdrygać się (wzdrygnąć się
perf); (*engine etc*) zaskakiwać
(zaskoczyć *perf*); **to start doing** *or*
to do sth zaczynać (zacząć *perf*) coś
robić.

►**start off** *vi* (*begin*) zaczynać
(zacząć *perf*) działać; (*leave*)
wyruszać (wyruszyć *perf*).

►**start up** *vt* (*business etc*) zakładać
(założyć *perf*); (*engine, car*)
uruchamiać (uruchomić *perf*).

starter ['stɑ:tə*] *n* (*AUT*) rozrusznik
m; (*SPORT: official*) starter *m*;
(*BRIT: CULIN*) przystawka *f*.

starting point ['stɑ:tɪŋ-] *n* punkt *m*
wyjścia.

startle ['stɑ:tl] *vt* zaskakiwać
(zaskoczyć *perf*), przestraszać
(przestraszyć *perf*).

startling ['stɑ:tlɪŋ] *adj* (*news etc*)
zaskakujący.

starvation [stɑ:'veɪʃən] *n* głód *m*.

starve [stɑ:v] *vi* (*be very hungry*) być
wygłodzonym; (*to death*) umierać
(umrzeć *perf*) *or* ginąć (zginąć *perf*)
z głodu ♦ *vt* głodzić (zagłodzić *perf*),
morzyć (zamorzyć *perf*) głodem.

state [steɪt] *n* (*condition*) stan *m*;
(*government*) państwo *nt* ♦ *vt*
oświadczać (oświadczyć *perf*),
stwierdzać (stwierdzić *perf*); **the
States** *npl* Stany *pl* (Zjednoczone);
to be in a state być
zdenerwowanym; **to get into a
state** denerwować się
(zdenerwować się *perf*).

stately ['steɪtlɪ] *adj* majestatyczny;
stately home rezydencja.

statement ['steɪtmənt] *n*
oświadczenie *nt*, wypowiedź *f*.

statesman ['steɪtsmən] (*irreg like*:
man) *n* mąż *m* stanu.

static ['stætɪk] *n* (*RADIO, TV*)
zakłócenia *pl* ♦ *adj* statyczny,
nieruchomy.

station ['steɪʃən] *n* (*RAIL*) dworzec
m; (: *small*) stacja *f*; (*also*: **bus
station**) dworzec *m* autobusowy;
(*also*: **police station**) posterunek *m*
(policji); (*RADIO*) stacja *f* ♦ *vt*
(*guards etc*) wystawiać (wystawić
perf).

stationary ['steɪʃnərɪ] *adj*
nieruchomy, stały.

stationer's (shop) *n* sklep *m*
papierniczy *or* z artykułami
piśmiennymi.

stationery ['steɪʃnərɪ] *n* artykuły *pl*
piśmienne.

statistic [stə'tɪstɪk] *n* dana *f*
statystyczna (*usu pl*).

statistical [stə'tɪstɪkl] *adj*
statystyczny.

statistics [stə'tɪstɪks] *n* statystyka *f.*

statue ['stætju:] *n* posąg *m,* statua *f.*

stature ['stætʃə*] *n* postura *f.*

status ['steɪtəs] *n* pozycja *f,* status *m;*
the status quo (istniejący) stan
rzeczy, status quo.

statute ['stætju:t] *n* ustawa *f.*

statutory ['stætjutrɪ] *adj* ustawowy,
statutowy.

staunch [stɔ:ntʃ] *adj* zagorzały.

stay [steɪ] *n* pobyt *m* ♦ *vi* pozostawać
(pozostać *perf*), zostawać (zostać
perf); **to stay put** nie ruszać się (z
miejsca); **to stay the night**
zostawać (zostać *perf*) na noc.
►**stay behind** *vi* zostawać (zostać
perf), zaczekać *(perf).*
►**stay in** *vi* zostawać (zostać *perf*) w
domu.
►**stay on** *vi* pozostawać (pozostać
perf).
►**stay out** *vi* (*of house*) pozostawać
(pozostać *perf*) *or* być poza domem.
►**stay up** *vi* nie kłaść się (spać).

steadfast ['stedfɑ:st] *adj* (*person*)
niezachwiany.

steadily ['stedɪlɪ] *adv* (*breathe*)
równomiernie, miarowo; (*rise, grow*)
stale; (*look*) bacznie.

steady ['stedɪ] *adj* (*constant*) stały;
(*regular*) równomierny, miarowy;
(*firm*) pewny; (*calm: look*) baczny;
(: *voice*) opanowany; (*person,
character*) solidny ♦ *vt* (*stabilize*)
podtrzymywać (podtrzymać *perf*);
(*nerves*) uspokajać (uspokoić *perf*).

steak [steɪk] *n* stek *m.*

steal [sti:l] (*pt* **stole,** *pp* **stolen**) *vt*
kraść (ukraść *perf*) ♦ *vi* kraść; (*move
secretly*) skradać się.

stealthy ['stelθɪ] *adj* ukradkowy.

steam [sti:m] *n* para *f* (wodna) ♦ *vt*
gotować (ugotować *perf*) na parze ♦
vi parować.

steam engine *n* (*RAIL*) parowóz *m.*

steamer ['sti:mə*] *n* (*ship*) parowiec
m.

steel [sti:l] *n* stal *f* ♦ *adj* stalowy.

steep [sti:p] *adj* (*stair, slope*) stromy;
(*increase*) gwałtowny; (*price*)
wygórowany ♦ *vt* zamaczać
(zamoczyć *perf*).

steeple ['sti:pl] *n* (*ARCHIT*) wieża *f*
strzelista.

steeplechase ['sti:pltʃeɪs] *n* (*on
horse*) długodystansowy wyścig *m* z
przeszkodami; (*on foot*) bieg *m* z
przeszkodami.

steer [stɪə*] *vt* (*vehicle*) kierować
+instr; (*boat*) sterować *+instr*;
(*person*) prowadzić (poprowadzić
perf).

steering ['stɪərɪŋ] (*AUT*) *n* układ *m*
kierowniczy.

steering wheel *n* kierownica *f.*

stem [stem] *n* (*of plant*) łodyga *f*; (*of
glass*) nóżka *f* ♦ *vt* tamować
(zatamować *perf*).
►**stem from** *vt fus* mieć swoje
źródło w *+loc*, brać się z *+gen*.

stench [stentʃ] (*pej*) *n* smród *m* (*pej*).

stenographer [stɛ'nɔgrəfə*] (*US*) *n*
stenografista (-tka) *m(f).*

step [step] *n* krok *m*; (*of stairs*)
stopień *m* ♦ *vi*: **to step forward/back**
występować (wystąpić *perf*) w
przód/w tył; **steps** *npl* (*BRIT*) =
**stepladder; to march in/out of step
(with)** maszerować w takt/nie w takt
(*+gen*).
►**step down** *vi* (*fig*) ustępować
(ustąpić *perf*).
►**step on** *vt fus* następować
(nastąpić *perf*) na *+acc*.
►**step up** *vt* (*efforts*) wzmagać
(wzmóc *perf*); (*pace*) przyśpieszać
(przyśpieszyć *perf*).

stepbrother ['stepbrʌðə*] *n* brat *m*
przyrodni.

stepdaughter ['stepdɔ:tə*] *n*
pasierbica *f.*

stepfather ['stepfɑ:ðə*] *n* ojczym *m.*

stepladder ['steplædə*] (*BRIT*) *n*
składane schodki *pl.*

stepmother ['stεpmʌðə*] *n* macocha *f*.

stepsister ['stεpsɪstə*] *n* siostra *f* przyrodnia.

stepson ['stεpsʌn] *n* pasierb *m*.

stereo ['stεrɪəu] *n* zestaw *m* stereo ♦ *adj* stereofoniczny.

stereotype ['stɪərɪətaɪp] *n* stereotyp *m*.

sterile ['stεraɪl] *adj* (*free from germs*) sterylny, wyjałowiony; (*barren*) bezpłodny.

sterilize ['stεrɪlaɪz] *vt* (*thing, place*) wyjaławiać (wyjałowić *perf*), sterylizować (wysterylizować *perf*); (*person, animal*) sterylizować (wysterylizować *perf*).

sterling ['stə:lɪŋ] *adj* (*silver*) standardowy ♦ *n* funt *m* szterling.

stern [stə:n] *adj* surowy ♦ *n* rufa *f*.

stethoscope ['stεθəskəup] *n* słuchawka *f* lekarska, stetoskop *m*.

stew [stju:] *n* gulasz *m* ♦ *vt* (*meat, vegetables*) dusić (udusić *perf*); (*fruit*) robić (zrobić *perf*) kompot z +*gen*.

steward ['stju:əd] *n* (*on ship, plane etc*) steward *m*.

stewardess ['stjuədεs] *n* stewardessa *f*.

stick [stɪk] (*pt, pp* **stuck**) *n* (*of wood*) kij *m*; (: *smaller*) patyk *m*, kijek *m* ♦ *vt* (*with glue etc*) przyklejać (przykleić *perf*); (*inf: put*) wtykać (wetknąć *perf*); (: *tolerate*) wytrzymywać (wytrzymać *perf*); (*thrust*): **to stick sth into** wbijać (wbić *perf*) coś w +*acc* ♦ *vi* (*dough etc*) kleić się, lepić się; (*thought: in mind*) tkwić (utkwić *perf*).

▶**stick out** *vi* wystawać.

▶**stick up** *vi* sterczeć.

▶**stick up for** *vt fus* stawać (stanąć *perf*) w obronie +*gen*.

sticker ['stɪkə*] *n* naklejka *f*.

stick-up ['stɪkʌp] (*inf*) *n* napad *m* z bronią w ręku.

sticky ['stɪkɪ] *adj* (*hands*) lepki; (*tape*) klejący; (*day*) parny.

stiff [stɪf] *adj* sztywny; (*competition*) zacięty; (*penalty*) ciężki; (*drink*) mocny; (*breeze*) silny ♦ *adv*: **bored/scared stiff** śmiertelnie znudzony/przestraszony.

stiffen ['stɪfn] *vi* sztywnieć (zesztywnieć *perf*).

stifle ['staɪfl] *vt* tłumić (stłumić *perf*).

stifling ['staɪflɪŋ] *adj* duszący.

stigma ['stɪgmə] *n* (*of failure etc*) piętno *nt*.

stiletto [stɪ'lεtəu] (*BRIT*) *n* (*also*: **stiletto heel**) szpilka *f* (*but lub obcas*).

still [stɪl] *adj* (*motionless*) nieruchomy; (*tranquil*) spokojny ♦ *adv* (*up to this time*) nadal, ciągle; (*even, yet*) jeszcze; (*nonetheless*) mimo to.

stillborn ['stɪlbɔ:n] *adj* martwo urodzony.

still life *n* martwa natura *f*.

stimulant ['stɪmjulənt] *n* środek *m* pobudzający, stymulant *m*.

stimulate ['stɪmjuleɪt] *vt* (*demand*) pobudzać (pobudzić *perf*), stymulować; (*person*) pobudzać (pobudzić *perf*) do działania, inspirować (zainspirować *perf*).

stimulating ['stɪmjuleɪtɪŋ] *adj* inspirujący, stymulujący.

stimulus ['stɪmjuləs] (*pl* **stimuli**) *n* bodziec *m*.

sting [stɪŋ] (*pt, pp* **stung**) *n* (*wound: of mosquito, snake*) ukąszenie *nt*; (: *of bee, wasp*) użądlenie *nt*; (: *of nettle, jellyfish*) oparzenie *nt*; (*organ*) żądło *nt* ♦ *vt* kłuć (ukłuć *perf*); (*fig*) dotykać (dotknąć *perf*), urazić (*perf*)) ♦ *vi* (*bee, wasp*) żądlić; (*mosquito, snake*) kąsać; (*plant, hedgehog*) kłuć; (*nettle, jellyfish*) parzyć; (*eyes, ointment*) szczypać, piec.

stingy ['stɪndʒɪ] (*pej*) *adj* skąpy, sknerowaty.

stink [stɪŋk] (pt **stank**, pp **stunk**) n smród m ♦ vi śmierdzieć.

stinking ['stɪŋkɪŋ] (inf) adj (fig) parszywy (inf).

stir [stə:*] n (fig) poruszenie nt ♦ vt (tea etc) mieszać (zamieszać perf); (fig: emotions, person) poruszać (poruszyć perf) ♦ vi drgać (drgnąć perf).

► **stir up** vt (trouble) wywoływać (wywołać perf).

stirrup ['stɪrəp] n strzemię nt.

stitch [stɪtʃ] n (SEWING) ścieg m; (KNITTING) oczko nt; (MED) szew m; (pain) kolka f ♦ vt zszywać (zszyć perf).

stock [stɔk] n (supply) zapas m; (COMM) zapas m towaru; (AGR) (żywy) inwentarz m; (CULIN) wywar m; (descent, origin) ród m; (FIN) papiery pl wartościowe ♦ adj (reply, excuse) szablonowy ♦ vt mieć na składzie; **stocks and shares** akcje i obligacje; **in stock** na składzie; **out of stock** wyprzedany; **to take stock of** (fig) oceniać (ocenić perf) +acc.

► **stock up** vi: **to stock up (with)** robić (zrobić perf) zapasy (+gen).

stockbroker ['stɔkbrəukə*] n makler m giełdowy.

stock cube (BRIT) n kostka f bulionowa or rosołowa.

stock exchange n giełda f papierów wartościowych.

stocking ['stɔkɪŋ] n pończocha f.

stock market (BRIT) n rynek m papierów wartościowych.

stocktaking ['stɔkteɪkɪŋ] (BRIT) n inwentaryzacja f, remanent m.

stocky ['stɔkɪ] adj krępy.

stoic(al) ['stəuɪk(l)] adj stoicki.

stole [stəul] pt of **steal**.

stolen ['stəuln] pp of **steal**.

stomach ['stʌmək] n (ANAT) żołądek m; (belly) brzuch m ♦ vt (fig) trawić (strawić perf).

stone [stəun] n (also MED) kamień m; (pebble) kamyk m, kamyczek m; (in fruit) pestka f; (BRIT: weight) 6,35 kg ♦ adj kamienny ♦ vt (person) kamienować (ukamienować perf); (fruit) drylować (wydrylować perf).

stone-deaf ['stəun'def] adj głuchy jak pień.

stony ['stəunɪ] adj (ground) kamienisty; (fig: silence, face) kamienny; (: glance) lodowaty.

stood [stud] pt, pp of **stand**.

stool [stu:l] n taboret m.

stoop [stu:p] vi (also: **stoop down**) schylać się (schylić się perf); (walk with a stoop) garbić się.

stop [stɔp] n przystanek m; (also: **full stop**) kropka f ♦ vt (person) powstrzymywać (powstrzymać perf); (car) zatrzymywać (zatrzymać perf); (pay) wstrzymywać (wstrzymać perf); (crime) zapobiegać (zapobiec perf) +dat ♦ vi (person) zatrzymywać się (zatrzymać się perf); (watch, clock) stawać (stanąć perf); (rain, noise) ustawać (ustać perf); **to come to a stop** zatrzymywać się (zatrzymać się perf); **to stop doing sth** przestawać (przestać perf) coś robić.

► **stop by** vi zachodzić (zajść perf), wpadać (wpaść perf).

stopgap ['stɔpgæp] n (person) (tymczasowe) zastępstwo nt; (thing) substytut m.

stopover ['stɔpəuvə*] n przerwa f (w podróży).

stoppage ['stɔpɪdʒ] n (strike) przestój m.

stopper ['stɔpə*] n korek m, zatyczka f.

stopwatch ['stɔpwɔtʃ] n stoper m.

storage ['stɔ:rɪdʒ] n przechowywanie nt, składowanie nt.

store [stɔ:*] n (stock) zapasy pl; (depot) schowek m; (shop: US) sklep *m*; (: *BRIT*) dom *m* towarowy; (*fig: of patience, understanding*) pokłady *pl* ♦ *vt* (*information, medicines, files*) przechowywać; (*goods*) magazynować; **stores** *npl* (*provisions*) zapasy *pl* żywności (*podczas ekspedycji, operacji wojskowej itp*); **in store** na przechowaniu; **who knows what's in store for us?** kto wie, co nas czeka?

storeroom ['stɔːruːm] *n* schowek *m*.

storey ['stɔːrɪ] (*US* **story**) *n* piętro *nt*.

stork [stɔːk] *n* bocian *m*.

storm [stɔːm] *n* (*lit, fig*) burza *f*; (*at sea*) sztorm *m* ♦ *vi* (*fig: speak angrily*) grzmieć (zagrzmieć *perf*) ♦ *vt* szturmować, przypuszczać (przypuścić *perf*) szturm na +*acc*; **to take by storm** brać (wziąć *perf*) szturmem.

stormy ['stɔːmɪ] *adj* (*weather*) burzowy; (: *at sea*) sztormowy; (*fig*) burzliwy.

story ['stɔːrɪ] *n* (*history*) historia *f*; (*account*) opowieść *f*; (*tale*) opowiadanie *nt*; (*lie*) historyjka *f*, bajka *f*; (*US*) = **storey**.

stout [staut] *adj* (*branch*) gruby; (*person*) tęgi, korpulentny; (*supporter, resistance*) niezłomny ♦ *n* porter *m*.

stove [stəuv] *n* (*for cooking*) kuchenka *f*; (*for heating*) piec *m*, piecyk *m*.

straight [streɪt] *adj* (*line, back, hair*) prosty; (*answer*) jasny; (*choice, fight*) bezpośredni ♦ *adv* prosto; **to put** *or* **get sth straight** (*make clear*) wyjaśniać (wyjaśnić *perf*) coś; **straight away, straight off** od razu.

straighten ['streɪtn] *vt* (*skirt, bed*) poprawiać (poprawić *perf*).

▶**straighten out** *vt* (*fig: problem*) wyjaśniać (wyjaśnić *perf*); (*matters*) porządkować (uporządkować *perf*).

straightforward [streɪt'fɔːwəd] *adj*

(*simple*) prosty; (*honest*) prostolinijny.

strain [streɪn] *n* (*pressure*) obciążenie *nt*; (*MED: physical*) nadwerężenie *nt*; (: *mental*) stres *m*; (*of virus*) szczep *m*; (*breed*) odmiana *f* ♦ *vt* (*one's back, resources*) nadwerężać (nadwerężyć *perf*); (*potatoes etc*) cedzić (odcedzić *perf*) ♦ *vi*: **to strain to hear/see** wytężać (wytężyć *perf*) słuch/wzrok; **strains** *npl* (*MUS*) dźwięki *pl*.

strained [streɪnd] *adj* (*back, muscle*) nadwerężony; (*laugh*) wymuszony; (*relations*) napięty.

strainer ['streɪnə*] *n* cedzak *m*, durszlak *m*.

strait [streɪt] *n* cieśnina *f*; **straits** *npl* (*fig*): **to be in dire straits** znajdować się w ciężkich tarapatach.

straitjacket ['streɪtdʒækɪt] *n* kaftan *m* bezpieczeństwa.

strand [strænd] *n* (*of thread, wool*) włókno *nt*; (*of wire*) żyła *f*; (*of hair*) kosmyk *m*.

stranded ['strændɪd] *adj*: **to be stranded** (*ship*) osiąść (*perf*) na mieliźnie; (*sea creature*) zostać (*perf*) wyrzuconym na brzeg; (*traveller, holidaymaker*) znaleźć się (*perf*) w tarapatach (*bez pieniędzy, paszportu itp*).

strange [streɪndʒ] *adj* (*unfamiliar*) obcy; (*odd*) dziwny.

strangely ['streɪndʒlɪ] *adv* dziwnie; *see also* **enough**.

stranger ['streɪndʒə*] *n* (*unknown person*) nieznajomy (-ma) *m(f)*; (*from another area*) obcy (-ca) *m(f)*.

strangle ['stræŋgl] *vt* (*victim*) dusić (udusić *perf*); (*fig: creativity etc*) tłamsić (stłamsić *perf*).

strap [stræp] *n* (*of watch, bag*) pasek *m*; (*of slip, dress*) ramiączko *nt*.

strata ['strɑːtə] *npl of* **stratum**.

stratagem ['strætɪdʒəm] *n* fortel *m*.

strategic [strə'ti:dʒɪk] *adj*
strategiczny.

strategy ['strætɪdʒɪ] *n* strategia *f*.

stratum ['strɑːtəm] (*pl* **strata**) *n*
warstwa *f*.

straw [strɔː] *n* (*dried stalks*) słoma *f*;
(*for drinking*) słomka *f*; **that's the
last straw!** tego już za wiele!

strawberry ['strɔːbərɪ] *n* truskawka *f*.

stray [streɪ] *adj* (*animal*) bezpański;
(*bullet*) z(a)błąkany; (*pieces of
information*) nie powiązany (ze sobą)
♦ *vi* (*animals*) uciekać (uciec *perf*);
(*children*) błąkać się (zabłąkać się
perf); (*thoughts*) błądzić.

streak [stri:k] *n* smuga *f*, pasmo *nt*;
(*in hair*) pasemko *nt* ♦ *vt* tworzyć
smugi na +*loc*.

stream [stri:m] *n* (*small river*)
strumień *m*, potok *m*; (*of people,
vehicles, insults*) strumień *m*, potok
m; (*of smoke*) warkocz *m*; (*of
questions*) seria *f*.

►**stream down** *vi* spływać (spłynąć
perf).

►**stream out** *vi* wypływać
(wypłynąć *perf*).

streamlined ['stri:mlaɪnd] *adj*
opływowy.

street [stri:t] *n* ulica *f*.

streetcar ['stri:tkɑː*] (*US*) *n* tramwaj
m.

street lamp *n* latarnia *f* uliczna.

streetwise ['stri:twaɪz] (*inf*) *adj*
cwany (*inf*).

strength [streŋθ] *n* (*lit, fig*) siła *f*; (*of
knot etc*) wytrzymałość *f*.

strengthen ['streŋθən] *vt* (*lit, fig*)
wzmacniać (wzmocnić *perf*),
umacniać (umocnić *perf*).

strenuous ['strenjuəs] *adj* (*walk,
exercise*) forsowny; (*efforts*)
wytężony, uparty.

stress [stres] *n* (*applied to object*)
nacisk *m*; (*internal to object*)
naprężenie *nt*; (*mental strain*) stres

m; (*emphasis*) nacisk *m*, akcent *m* ♦
vt akcentować (zaakcentować *perf*).

stretch [stretʃ] *n* (*of ocean, forest*)
obszar *m*; (*of water*) akwen *m*; (*of
road, river, beach*) odcinek *m* ♦ *vi*
(*person, animal*) przeciągać się
(przeciągnąć się *perf*); (*land, area*)
rozciągać się, ciągnąć się ♦ *vt*
rozciągać (rozciągnąć *perf*); (*fig: job,
task*) zmuszać (zmusić *perf*) do
wysiłku; **to stretch one's legs**
rozprostowywać (rozprostować *perf*)
nogi.

►**stretch out** *vi* wyciągać się
(wyciągnąć się *perf*) ♦ *vt* (*arm etc*)
wyciągać (wyciągnąć *perf*).

stretcher ['stretʃə*] *n* nosze *pl*.

stricken ['strɪkən] *adj* (*industry, city*)
dotknięty *or* ogarnięty kryzysem;
stricken by (*fear, doubts*) ogarnięty
+*instr*; **stricken with** (*disease*)
dotknięty +*instr*.

strict [strɪkt] *adj* (*severe, firm*)
surowy; (*precise*) ścisły.

strictly ['strɪktlɪ] *adv* (*severely*)
surowo; (*exactly*) ściśle; (*solely*)
wyłącznie.

stride [straɪd] (*pt* **strode**, *pp*
stridden) *n* krok *m* ♦ *vi* kroczyć.

strident ['straɪdnt] *adj* (*voice, sound*)
ostry, przenikliwy.

strife [straɪf] *n* spór *m*.

strike [straɪk] (*pt, pp* **struck**) *n* (*of
workers*) strajk *m*; (*attack*) uderzenie
nt ♦ *vt* (*person, thing*) uderzać
(uderzyć *perf*); (*oil etc*) natrafiać
(natrafić *perf*) na +*acc*; (*deal*)
zawierać (zawrzeć *perf*); (*fig: occur
to*) uderzać (uderzyć *perf*) ♦ *vi*
(*workers*) strajkować (zastrajkować
perf); (*illness, snake*) atakować
(zaatakować *perf*); (*clock*) bić,
wybijać (wybić *perf*) godzinę; (*killer*)
uderzać (uderzyć *perf*); **to be on
strike** strajkować; **the clock struck
eleven** zegar wybił (godzinę)

jedenastą; **to strike a match** zapalać
(zapalić *perf*) zapałkę.

▶**strike down** *vt* powalać (powalić
perf).

▶**strike up** *vt* (*MUS*) zaczynać
(zacząć *perf*) grać; (*conversation*)
zagajać (zagaić *perf*); (*friendship*)
zawierać (zawrzeć *perf*).

striking ['straɪkɪŋ] *adj* (*remarkable*)
uderzający.

string [strɪŋ] (*pt, pp* **strung**) *n* (*thin
rope*) sznurek *m*; (*of beads, cars,
islands*) sznur *m*; (*MUS*) struna *f* ♦
vt: **to string together** związywać
(związać *perf*) (ze sobą); **the strings**
npl (*MUS*) smyczki *pl*.

strip [strɪp] *n* (*of paper, cloth*) pasek
m; (*of land, water*) pas *m* ♦ *vt*
(*person*) rozbierać (rozebrać *perf*);
(*paint*) zdrapywać (zdrapać *perf*);
(*also*: **strip down**: *machine*)
rozbierać (rozebrać *perf*) na części ♦
vi rozbierać się (rozebrać się *perf*).

stripe [straɪp] *n* pasek *m*; **stripes** *npl*
(*MIL, POLICE*) ≈ belki *pl*.

striped [straɪpt] *adj* w paski *post*.

stripper ['strɪpə*] *n* striptizerka *f*.

striptease ['strɪpti:z] *n* striptiz *m*,
striptease *m*.

strive [straɪv] (*pt* **strove**, *pp*
striven) *vi*: **to strive for sth** dążyć
do czegoś, starać się coś osiągnąć;
to strive to ... starać się +*infin*.

strode [strəud] *pt of* **stride**.

stroke [strəuk] *n* (*blow*) raz *m*,
uderzenie *nt*; (*SWIMMING*) styl *m*;
(*MED*) udar *m*, wylew *m*; (*of
paintbrush*) pociągnięcie *nt* ♦ *vt*
głaskać (pogłaskać *perf*); **at a stroke**
za jednym zamachem *or*
pociągnięciem.

stroll [strəul] *n* spacer *m*,
przechadzka *f* ♦ *vi* spacerować,
przechadzać się.

stroller ['strəulə*] (*US*) *n*
spacerówka *f*.

strong [strɔŋ] *adj* silny, mocny; **50
strong** w sile *or* liczbie 50 ludzi.

stronghold ['strɔŋhəuld] *n* forteca *f*;
(*fig*) bastion *m*.

strongly ['strɔŋlɪ] *adv* silnie, mocno;
(*defend, advise, argue*)
zdecydowanie.

strove [strəuv] *pt of* **strive**.

struck *pt, pp of* **strike**.

structural ['strʌktʃrəl] *adj* (*changes,
similarities*) strukturalny; (*defect*)
konstrukcyjny.

structure ['strʌktʃə*] *n* struktura *f*;
(*building*) konstrukcja *f*.

struggle ['strʌgl] *n* (*fight*) walka *f*;
(*effort*) zmaganie się *nt*, borykanie
się *nt* ♦ *vi* walczyć; **to struggle to
do sth** usiłować coś zrobić.

strung *pt, pp of* **string**.

stub [stʌb] *n* (*of cheque, ticket*)
odcinek *m* (kontrolny); (*of cigarette*)
niedopałek *m* ♦ *vt*: **to stub one's
toe** uderzyć się (*perf*) w palec u nogi.

▶**stub out** *vt* (*cigarette*) gasić (zgasić
perf).

stubble ['stʌbl] *n* (*on field*)
ściernisko *nt*; (*on chin*) szczecina *f*.

stubborn ['stʌbən] *adj* (*child*) uparty.

stuck [stʌk] *pt, pp of* **stick** ♦ *adj*
zablokowany.

stud [stʌd] *n* (*on clothing*) ćwiek *m*;
(*jewellery*) kolczyk *m* (*tzw. wkrętka*);
(*on sole of boot*) korek *m*; (*also*:
stud farm) stadnina *f*; (*also*: **stud
horse**) ogier *m* rozpłodowy ♦ *vt*:
studded with (*precious stones*)
nabijany +*instr*; (*stars*) usiany +*instr*.

student ['stju:dənt] *n* (*at university*)
student(ka) *m(f)*, słuchacz(ka) *m(f)*;
(*at school*) uczeń/uczennica *m/f* ♦
cpd studencki.

studio ['stju:dɪəu] *n* (*TV etc*) studio
nt; (*sculptor's etc*) pracownia *f*,
atelier *nt inv*.

studio flat (*US* **studio apartment**)
n ≈ kawalerka *f*.

studiously ['stju:dɪəslɪ] *adv* pilnie, starannie.

study ['stʌdɪ] *n* (*activity*) nauka *f*; (*room*) gabinet *m* ♦ *vt* (*subject*) studiować, uczyć się +*gen*; (*face, evidence*) studiować (przestudiować *perf*) ♦ *vi* studiować, uczyć się; **studies** *npl* studia *pl*.

stuff [stʌf] *n* (*thing(s)*) rzeczy *pl*; (*substance*) coś *nt* ♦ *vt* (*soft toy, dead animals*) wypychać (wypchać *perf*); (*CULIN*) faszerować (nafaszerować *perf*), nadziewać (nadziać *perf*); (*inf: push*) upychać (upchnąć *perf*).

stuffing ['stʌfɪŋ] *n* (*in sofa, pillow*) wypełnienie *nt*; (*CULIN*) farsz *m*, nadzienie *nt*.

stuffy ['stʌfɪ] *adj* (*room*) duszny; (*person, ideas*) staroświecki.

stumble ['stʌmbl] *vi* potykać się (potknąć się *perf*); **to stumble across** *or* **on** (*fig*) natykać się (natknąć się *perf*) na +*acc*.

stump [stʌmp] *n* (*of tree*) pniak *m*; (*of limb*) kikut *m*.

stun [stʌn] *vt* (*news*) oszałamiać (oszołomić *perf*); (*blow on head*) ogłuszać (ogłuszyć *perf*).

stung [stʌŋ] *pt, pp of* **sting**.

stunk [stʌŋk] *pp of* **stink**.

stunning ['stʌnɪŋ] *adj* (*victory*) oszałamiający; (*girl, dress*) uderzająco piękny, zachwycający.

stunted ['stʌntɪd] *adj* (*trees*) skarłowaciały; (*growth*) zahamowany.

stuntman ['stʌntmæn] (*irreg like:* **man**) *n* kaskader *m*.

stupendous [stju:'pɛndəs] *adj* zdumiewająco wielki.

stupid ['stju:pɪd] *adj* głupi.

stupidity [stju:'pɪdɪtɪ] *n* głupota *f*.

stupidly ['stju:pɪdlɪ] *adv* głupio.

sturdy ['stə:dɪ] *adj* mocny.

stutter ['stʌtə*] *n* jąkanie (się) *nt* ♦ *vi* jąkać się.

style [staɪl] *n* (*way, attitude*) styl *m*; (*elegance*) styl *m*, szyk *m*; (*design*) fason *m*.

stylish ['staɪlɪʃ] *adj* szykowny.

suave [swɑ:v] *adj* uprzedzająco grzeczny.

subconscious [sʌb'kɒnʃəs] *adj* podświadomy.

subdue [səb'dju:] *vt* (*rebels etc*) ujarzmiać (ujarzmić *perf*); (*emotions*) tłumić (stłumić *perf*).

subdued [səb'dju:d] *adj* (*light*) przyćmiony, przytłumiony; (*person*) przygnębiony.

subject ['sʌbdʒɪkt] *n* (*matter*) temat *m*; (*SCOL*) przedmiot *m*; (*of kingdom*) poddany (-na) *m(f)*; (*LING*) podmiot *m* ♦ *vt*: **to subject sb to sth** poddawać (poddać *perf*) kogoś czemuś; **to be subject to** (*law, tax*) podlegać +*dat*; (*heart attacks*) być narażonym na +*acc*.

subjective [səb'dʒɛktɪv] *adj* subiektywny.

subject matter *n* tematyka *f*, temat *m*.

subjugate ['sʌbdʒugeɪt] *vt* (*people*) podbijać (podbić *perf*); (*wishes, desires*) podporządkowywać (podporządkować *perf*).

sublet [sʌb'lɛt] *vt* podnajmować (podnająć *perf*).

sublime [sə'blaɪm] *adj* wzniosły, wysublimowany.

submarine [sʌbmə'ri:n] *n* łódź *f* podwodna.

submerge [səb'mə:dʒ] *vt* zanurzać (zanurzyć *perf*) ♦ *vi* zanurzać się (zanurzyć się *perf*).

submission [səb'mɪʃən] *n* (*subjection*) uległość *f*, posłuszeństwo *nt*; (*of plan, proposal*) przedłożenie *nt*; (*of application*) złożenie *nt*.

submissive [səb'mɪsɪv] *adj* uległy, posłuszny.

submit [səb'mɪt] *vt* (*proposal*) przedkładać (przedłożyć *perf*);

(application, resignation) składać
(złożyć perf) ♦ vi: **to submit to sth**
poddawać się (poddać się perf)
czemuś.
subordinate [sə'bɔːdɪnət] n
podwładny (-na) m(f).
subscribe [səb'skraɪb] vi: **to**
subscribe to (theory, values)
wyznawać +acc; (opinion)
podpisywać się pod +instr; (fund,
charity) wspierać finansowo +acc,
łożyć na +acc; (magazine etc)
prenumerować +acc.
subscriber [səb'skraɪbə*] n (to
magazine) prenumerator m; (TEL)
abonent m.
subscription [səb'skrɪpʃən] n (to
magazine etc) prenumerata f.
subsequent ['sʌbsɪkwənt] adj
późniejszy.
subsequently ['sʌbsɪkwəntlɪ] adv
później.
subside [səb'saɪd] vi (feeling, pain)
ustępować (ustąpić perf); (earth)
obsuwać się (obsunąć się perf); **the**
flood subsided wody powodziowe
opadły.
subsidence [səb'saɪdns] n
obsuwanie się nt gruntu.
subsidiary [səb'sɪdɪərɪ] adj (question,
role) drugorzędny ♦ n (also:
subsidiary company)
przedsiębiorstwo nt filialne, filia f.
subsidize ['sʌbsɪdaɪz] vt dotować,
subsydiować.
subsidy ['sʌbsɪdɪ] n dotacja f.
subsistence [səb'sɪstəns] n
utrzymanie się nt przy życiu,
przetrwanie nt.
substance ['sʌbstəns] n substancja f.
substantial [səb'stænʃl] adj (building,
meal) solidny; (amount) pokaźny.
substantially [səb'stænʃəlɪ] adv (by
a large amount) znacznie; (in
essence) z gruntu, zasadniczo.
substantiate [səb'stænʃɪeɪt] vt
(confirm) potwierdzać (potwierdzić

perf); (prove) udowadniać
(udowodnić perf).
substitute ['sʌbstɪtjuːt] n (thing)
substytut m; (person): **to be a**
substitute for zastępować (zastąpić
perf) +acc ♦ vt: **to substitute sth for**
sth zastępować (zastąpić perf) coś
czymś.
substitution [sʌbstɪ'tjuːʃən] n
zastąpienie nt; (FOOTBALL) zmiana f.
subterranean [sʌbtə'reɪnɪən] adj
podziemny.
subtitles ['sʌbtaɪtlz] (FILM) npl
napisy pl.
subtle ['sʌtl] adj subtelny.
subtlety ['sʌtltɪ] n subtelność f;
subtleties npl subtelności pl.
subtract [səb'trækt] vt odejmować
(odjąć perf).
subtraction [səb'trækʃən] n
odejmowanie nt.
subtropical [sʌb'trɔpɪkl] adj
podzwrotnikowy, subtropikalny.
suburb ['sʌbəːb] n przedmieście nt;
the suburbs npl przedmieścia pl,
peryferie pl.
suburban [sə'bəːbən] adj (train)
podmiejski; (lifestyle) zaściankowy
(pej).
subversive [səb'vəːsɪv] adj
wywrotowy.
subway ['sʌbweɪ] n (US) metro nt;
(BRIT) przejście nt podziemne.
succeed [sək'siːd] vi (plan) powieść
się (perf); (person) odnieść (perf)
sukces ♦ vt (in job) przejmować
(przejąć perf) obowiązki po +loc; (in
order) następować (nastąpić perf) po
+loc; **did you succeed in finding**
them? czy udało ci się ich znaleźć?
succeeding [sək'siːdɪŋ] adj następny.
success [sək'sɛs] n (achievement)
sukces m, powodzenie nt; (hit)
przebój m; **to be a success** odnieść
(perf) sukces.
successful [sək'sɛsful] adj (venture,
attempt) udany, pomyślny; (writer)

wzięty; **to be successful as**
odnosić sukcesy jako +*nom*; **I was**
successful in getting the job udało
mi się zdobyć tę pracę.
successfully [sək'sɛsfəlɪ] *adv*
pomyślnie.
succession [sək'sɛʃən] *n* (*of things,*
events) seria *f*; (*to throne, peerage*)
sukcesja *f*; **three years in**
succession przez trzy kolejne lata.
successive [sək'sɛsɪv] *adj*
następujący po sobie, kolejny.
successor [sək'sɛsə*] *n* następca
(-czyni) *m(f)*.
succinct [sək'sɪŋkt] *adj* zwięzły.
succulent ['sʌkjulənt] *adj* soczysty.
succumb [sə'kʌm] *vi* (*to temptation*)
ulegać (ulec *perf*) +*dat*; (*to illness*)
poddawać się (poddać się *perf*) +*dat*.
such [sʌtʃ] *adj* taki; **such a book**
taka książka; **such courage** taka
odwaga; **such a lovely day** taki
piękny dzień; **such a lot of** tyle *or*
tak dużo +*gen*; **such as** taki jak
+*nom*; **as such** jako taki.
such-and-such ['sʌtʃənsʌtʃ] *adj* taki
a taki.
suck [sʌk] *vt* ssać.
sucker ['sʌkə*] *n* (*ZOOL, TECH*)
przyssawka *f*; (*inf*) frajer *m* (*inf*).
suction ['sʌkʃən] *n* ssanie *nt*.
sudden ['sʌdn] *adj* nagły; **all of a**
sudden nagle.
suddenly ['sʌdnlɪ] *adv* nagle.
suds [sʌdz] *npl* mydliny *pl*.
sue [su:] *vt* podawać (podać *perf*) do
sądu, zaskarżać (zaskarżyć *perf*).
suede [sweɪd] *n* zamsz *m*.
suffer ['sʌfə*] *vt* (*undergo*) doznawać
(doznać *perf*) +*gen*, doświadczać
(doświadczyć *perf*) +*gen*; (*old: bear,*
allow) cierpieć (ścierpieć *perf*) ♦ *vi*:
your studies are suffering cierpią
na tym twoje studia; **to suffer from**
(*illness*) cierpieć na +*acc*; (*shock*)
doznawać (doznać *perf*) +*gen*.

sufferer ['sʌfərə*] *n* (*MED*) cierpiący
(-ca) *m(f)*.
suffering ['sʌfərɪŋ] *n* cierpienie *nt*.
suffice [sə'faɪs] *vi* wystarczać
(wystarczyć *perf*).
sufficient [sə'fɪʃənt] *adj*
wystarczający, dostateczny.
sufficiently [sə'fɪʃəntlɪ] *adv*
wystarczająco, dostatecznie.
suffix ['sʌfɪks] *n* (*LING*) przyrostek *m*.
suffocate ['sʌfəkeɪt] *vi* (*have*
difficulty breathing) dusić się; (*die*
from lack of air) udusić się (*perf*).
sugar ['ʃugə*] *n* cukier *m* ♦ *vt*
słodzić (posłodzić *perf*).
sugar bowl *n* cukierniczka *f*.
sugar cane *n* trzcina *f* cukrowa.
suggest [sə'dʒɛst] *vt* (*propose*)
proponować (zaproponować *perf*);
(*indicate*) wskazywać na +*acc*.
suggestion [sə'dʒɛstʃən] *n* (*proposal*)
propozycja *f*; (*indication*) oznaka *f*.
suggestive [sə'dʒɛstɪv] (*pej*) *adj*
niedwuznaczny.
suicidal [suɪ'saɪdl] *adj* (*act*)
samobójczy; (*person*): **to be** *or* **feel**
suicidal być w nastroju
samobójczym.
suicide ['suɪsaɪd] *n* (*act*)
samobójstwo *nt*; (*person*) samobójca
(-czyni) *m(f)*; *see also* **commit**.
suicide attempt *n* próba *f*
samobójstwa.
suit [su:t] *n* (*man's*) garnitur *m*,
ubranie *nt*; (*woman's*) kostium *m*,
garsonka *m*; (*JUR*) proces *m*;
(*CARDS*) kolor *m* ♦ *vt* odpowiadać
+*dat*; **to suit sth to** dostosowywać
(dostosować *perf*) coś do +*gen*; **that**
colour/hat doesn't suit you w tym
kolorze/kapeluszu nie jest ci do
twarzy; **a well suited couple**
dobrana para.
suitable ['su:təbl] *adj* odpowiedni.
suitably ['su:təblɪ] *adv* odpowiednio.
suitcase ['su:tkeɪs] *n* walizka *f*.
suite [swi:t] *n* (*in hotel*) apartament

m; (*MUS*) suita *f*; **bedroom/dining room suite** komplet mebli do sypialni/jadalni.

sulfur ['sʌlfə*] (*US*) *n* = **sulphur**.

sulfuric [sʌl'fjuərɪk] (*US*) = **sulphuric**.

sulk [sʌlk] *vi* dąsać się.

sulky ['sʌlkɪ] *adj* (*child, face*) nadąsany.

sullen ['sʌlən] *adj* ponury.

sulphur ['sʌlfə*] (*US* **sulfur**) *n* siarka *f*.

sultan ['sʌltən] *n* sułtan *m*.

sultana [sʌl'tɑːnə] *n* rodzynka *f* sułtańska, sułtanka *f*.

sultry ['sʌltrɪ] *adj* duszny, parny.

sum [sʌm] *n* (*calculation*) obliczenie *nt*; (*result of addition*) suma *f*; (*amount*) suma *f*, kwota *f*.

►**sum up** *vt* (*describe*) podsumowywać (podsumować *perf*)
♦ *vi* podsumowywać (podsumować *perf*).

summarize ['sʌməraɪz] *vt* streszczać (streścić *perf*).

summary ['sʌmərɪ] *n* streszczenie *nt*, skrót *m*.

summer ['sʌmə*] *n* lato *nt* ♦ *cpd* (*dress, school*) letni; **in summer** w lecie, latem.

summerhouse ['sʌməhaus] *n* altana *f*.

summertime ['sʌmətaɪm] *n* lato *nt*, pora *f* letnia.

summer time *n* czas *m* letni.

summing-up [sʌmɪŋ'ʌp] *n* mowa *f* podsumowująca (*skierowana do przysięgłych*).

summit ['sʌmɪt] *n* (*of mountain*) szczyt *m*, wierzchołek *m*; (*also*: **summit conference/meeting**) szczyt *m*.

summon ['sʌmən] *vt* (*police, witness*) wzywać (wezwać *perf*); (*meeting*) zwoływać (zwołać *perf*).

►**summon up** *vt* (*strength, energy*) zbierać (zebrać *perf*); (*courage*)

zebrać się (*perf*) or zdobyć się (*perf*) na +*acc*.

sumptuous ['sʌmptjuəs] *adj* wspaniały, okazały.

sun [sʌn] *n* słońce *nt*.

sunbathe ['sʌnbeɪð] *vi* opalać się.

sunburn ['sʌnbəːn] *n* oparzenie *nt* słoneczne.

sunburned ['sʌnbəːnd] *adj* = **sunburnt**.

sunburnt ['sʌnbəːnt] *adj* (*tanned*) opalony; (*painfully*) spalony (słońcem).

Sunday ['sʌndɪ] *n* niedziela *f*.

sundial ['sʌndaɪəl] *n* zegar *m* słoneczny.

sundown ['sʌndaun] (*esp US*) *n* zachód *m* (słońca).

sundry ['sʌndrɪ] *adj* różny, rozmaity.

sunflower ['sʌnflauə*] *n* słonecznik *m*.

sung [sʌŋ] *pp of* **sing**.

sunglasses ['sʌnglɑːsɪz] *npl* okulary *pl* (przeciw)słoneczne.

sunk [sʌŋk] *pp of* **sink**.

sunlight ['sʌnlaɪt] *n* światło *nt* słoneczne, słońce *nt*.

sunlit ['sʌnlɪt] *adj* nasłoneczniony.

sunny ['sʌnɪ] *adj* (*weather, day, place*) słoneczny.

sunrise ['sʌnraɪz] *n* wschód *m* (słońca).

sun roof *n* (*AUT*) szyberdach *m*.

sunset ['sʌnset] *n* zachód *m* (słońca).

sunshine ['sʌnʃaɪn] *n* słońce *nt*, (piękna) pogoda *f*.

sunstroke ['sʌnstrəuk] *n* porażenie *nt* słoneczne, udar *m* słoneczny.

suntan ['sʌntæn] *n* opalenizna *f*.

suntan lotion *n* emulsja *f* do opalania.

suntanned ['sʌntænd] *adj* opalony.

super ['suːpə*] (*inf*) *adj* super (*inf*).

superb [suː'pəːb] *adj* pierwszorzędny, znakomity.

superficial [suːpə'fɪʃəl] *adj* powierzchowny.

superficially [su:pə'fɪʃəlɪ] adv
powierzchownie, z wierzchu.

superfluous [su'pə:fluəs] adj
zbyteczny.

superimpose ['su:pərɪm'pəuz] vt
nakładać (nałożyć perf).

superintendent [su:pərɪn'tɛndənt] n
(of place, activity) kierownik m;
(POLICE) inspektor m.

superior [su'pɪərɪə*] adj (better)
lepszy; (more senior) starszy
(rangą); (smug) wyniosły ♦ n
przełożony (-na) m(f).

superiority [supɪərɪ'ɔrɪtɪ] n wyższość
f, przewaga f.

superlative [su'pə:lətɪv] n (LING)
stopień m najwyższy ♦ adj
doskonały.

superman ['su:pəmæn] (irreg like:
man) n superman m.

supermarket ['su:pəmɑ:kɪt] n
supermarket m, supersam m.

supernatural [su:pə'nætʃərəl] adj
nadprzyrodzony ♦ n: **the
supernatural** siły pl or zjawiska pl
nadprzyrodzone.

superpower ['su:pəpauə*] n
supermocarstwo nt.

superstition [su:pə'stɪʃən] n przesąd
m, zabobon m.

superstitious [su:pə'stɪʃəs] adj
(person) przesądny, zabobonny;
(practices) zabobonny.

supervise ['su:pəvaɪz] vt (person,
activity) nadzorować; (children)
pilnować +gen.

supervision [su:pə'vɪʒən] n nadzór m.

supervisor ['su:pəvaɪzə*] n (of
workers) kierownik (-iczka) m(f); (of
students) opiekun(ka) m(f),
promotor(ka) m(f).

supper ['sʌpə*] n kolacja f.

supplant [sə'plɑ:nt] vt wypierać
(wyprzeć perf), zastępować (zastąpić
perf).

supple ['sʌpl] adj (person, body)

gibki, giętki; (leather etc) miękki,
elastyczny.

supplement ['sʌplɪmənt] n (of
vitamins etc) uzupełnienie nt, dawka
f uzupełniająca; (of book) suplement
m; (of newspaper, magazine)
dodatek m ♦ vt uzupełniać
(uzupełnić perf).

supplementary [sʌplɪ'mɛntərɪ] adj
dodatkowy, uzupełniający.

supplementary benefit (BRIT: old)
n zasiłek m.

supplier [sə'plaɪə*] n dostawca m.

supply [sə'plaɪ] vt (provide, deliver)
dostarczać (dostarczyć perf); (satisfy)
zaspokajać (zaspokoić perf) ♦ n
(stock) zapas m; (supplying) dostawa
f; **supplies** npl dostawy pl.

support [sə'pɔ:t] n (moral) poparcie
m, wsparcie nt; (financial) wsparcie
nt; (TECH) podpora f ♦ vt (policy)
popierać (poprzeć perf); (family)
utrzymywać (utrzymać perf); (TECH)
podtrzymywać (podtrzymać perf),
podpierać (podeprzeć perf); (theory)
potwierdzać (potwierdzić perf);
(football team etc) kibicować +dat.

supporter [sə'pɔ:tə*] n (POL etc)
stronnik (-iczka) m(f); (SPORT)
kibic m.

suppose [sə'pəuz] vt (think likely)
sądzić; (imagine) przypuszczać; **he
is supposed to do it** ma or
powinien to zrobić; **I suppose
so/not** sądzę, że tak/nie.

supposedly [sə'pəuzɪdlɪ] adv
podobno.

supposing [sə'pəuzɪŋ] conj (a) jeśli
or gdyby, przypuśćmy, że.

suppress [sə'prɛs] vt (revolt, feeling,
yawn) tłumić (stłumić perf); (activities)
zakazywać (zakazać perf) +gen;
(information) zatajać (zataić perf);
(publication) zakazywać (zakazać perf)
rozpowszechniania +gen.

suppression [sə'prɛʃən] n (of rights)
odebranie nt; (of activities) zakaz m;

(*of information*) zatajenie *nt*; (*of feelings, yawn, revolt*) (s)tłumienie *nt*.

supremacy [su'prɛməsɪ] *n* supremacja *f*.

supreme [su'priːm] *adj* (*in titles*) najwyższy, naczelny; (*effort, achievement*) niezwykły, olbrzymi.

sure [ʃuə*] *adj* (*convinced*) pewny; (*reliable*) niezawodny; **to make sure that** upewniać się (upewnić się *perf*), że *or* czy; **to make sure of sth** upewniać się (upewnić się *perf*) co do czegoś; **sure!** jasne!, pewnie!; **sure enough** rzeczywiście.

surely ['ʃuəlɪ] *adv* z pewnością, na pewno.

surf [səːf] *n* morska piana *f* (*z fal rozbijających się o brzeg lub skały*).

surface ['səːfɪs] *n* powierzchnia *f*; (*of lake, pond*) tafla *f* ♦ *vt* (*road*) pokrywać (pokryć *perf*) (nową) nawierzchnią ♦ *vi* wynurzać się (wynurzyć się *perf*), wypływać (wypłynąć *perf*) (na powierzchnię); (*fig: news, feeling*) pojawiać się (pojawić się *perf*).

surface mail *n* poczta *f* zwykła (*lądowa lub morska*).

surfing ['səːfɪŋ] *n* surfing *m*, pływanie *nt* na desce.

surge [səːdʒ] *n* (*increase*) skok *m*, nagły wzrost *m*; (*fig: of emotion*) przypływ *m* ♦ *vi* (*water*) przelewać się; (*people*) rzucać się (rzucić się *perf*); (*emotion*) wzbierać (wezbrać *perf*).

surgeon ['səːdʒən] *n* chirurg *m*.

surgery ['səːdʒərɪ] *n* (*practice*) chirurgia *f*; (*operation*) operacja *f*; (*: minor*) zabieg *m* (chirurgiczny); (*BRIT*) gabinet *m* (lekarski); (*: also:* **surgery hours**) godziny *pl* przyjęć.

surgical ['səːdʒɪkl] *adj* (*instrument, mask*) chirurgiczny; (*treatment*) chirurgiczny, operacyjny.

surly ['səːlɪ] *adj* opryskliwy.

surmount [səː'maunt] *vt* (*fig: obstacle*) przezwyciężać (przezwyciężyć *perf*).

surname ['səːneɪm] *n* nazwisko *nt*.

surpass [səː'pɑːs] *vt* (*fig*) przewyższać (przewyższyć *perf*).

surplus ['səːpləs] *n* nadwyżka *f* ♦ *adj*: **surplus stock/grain** nadwyżka zapasów/ziarna.

surprise [sə'praɪz] *n* (*unexpected event*) niespodzianka *f*, zaskoczenie *nt*; (*astonishment*) zdziwienie *nt* ♦ *vt* (*astonish*) dziwić (zdziwić *perf*); (*catch unawares*) zaskakiwać (zaskoczyć *perf*).

surprising [sə'praɪzɪŋ] *adj* zaskakujący, niespodziewany.

surprisingly [sə'praɪzɪŋlɪ] *adv* zaskakująco, niespodziewanie.

surrender [sə'rɛndə*] *n* poddanie się *nt* ♦ *vi* poddawać się (poddać się *perf*).

surrogate ['sʌrəgɪt] *n* namiastka *f*, surogat *m*.

surround [sə'raund] *vt* otaczać (otoczyć *perf*).

surrounding [sə'raundɪŋ] *adj* otaczający, okoliczny.

surroundings [sə'raundɪŋz] *npl* otoczenie *nt*, okolica *f*.

surveillance [səː'veɪləns] *n* inwigilacja *f*.

survey ['səːveɪ] *n* (*examination: of land*) pomiar *m*; (*: of house*) oględziny *pl*, ekspertyza *f*; (*comprehensive view*) przegląd *m* ♦ *vt* (*land*) dokonywać (dokonać *perf*) pomiarów +*gen*; (*house*) poddawać (poddać *perf*) ekspertyzie *or* oględzinom; (*scene, prospects etc*) oceniać (ocenić *perf*), przyglądać się (przyjrzeć się *perf*) +*dat*.

surveyor [sə'veɪə*] *n* (*of land*) mierniczy *m*; (*of house*) rzeczoznawca *m* budowlany.

survival [sə'vaɪvl] *n* (*state*) przetrwanie *nt*, przeżycie *nt*; (*object*) relikt *m*.

survive [sə'vaɪv] *vi* (*person, animal*)

przeżyć *(perf)*; *(custom etc)*
przetrwać *(perf)* ♦ *vt* przeżyć *(perf)*.
survivor [səˈvaɪvə*] *n* ocalały *m*,
pozostały *m* przy życiu.
susceptible [səˈsɛptəbl] *adj*:
susceptible (to) *(injury, pressure)*
podatny (na +*acc*); *(heat)* wrażliwy
(na +*acc*).
suspect [ˈsʌspɛkt] *adj* podejrzany ♦
n podejrzany (-na) *m(f)* ♦ *vt*
podejrzewać.
suspend [səsˈpɛnd] *vt* *(lit, fig)*
zawieszać (zawiesić *perf*).
suspenders [səsˈpɛndəz] *npl* *(BRIT)*
podwiązki *pl*; *(US)* szelki *pl*.
suspense [səsˈpɛns] *n* *(uncertainty)*
niepewność *f*; *(in film etc)* napięcie
nt; **to keep sb in suspense** trzymać
kogoś w niepewności.
suspension [səsˈpɛnʃən] *n*
zawieszenie *nt*; *(liquid)* zawiesina *f*.
suspension bridge *n* most *m*
wiszący.
suspicion [səsˈpɪʃən] *n* *(distrust)*
podejrzenie *nt*; *(idea)* myśl *f*.
suspicious [səsˈpɪʃəs] *adj*
(suspecting) podejrzliwy; *(causing
suspicion)* podejrzany.
sustain [səsˈteɪn] *vt* *(interest etc)*
podtrzymywać (podtrzymać *perf*);
(injury) odnosić (odnieść *perf*); *(give
energy)* krzepić (pokrzepić *perf*).
sustained [səsˈteɪnd] *adj* ciągły,
nieprzerwany.
swallow [ˈswɔləu] *n* *(bird)* jaskółka *f*
♦ *vt* przełykać (przełknąć *perf*),
połykać (połknąć *perf*); *(fig: story,
insult)* przełykać (przełknąć *perf*);
(: *one's words)* odwoływać
(odwołać *perf*); (: *one's pride)*
przezwyciężać (przezwyciężyć *perf*).
▶**swallow up** *vt* *(savings)* pochłaniać
(pochłonąć *perf*); *(business)*
wchłaniać (wchłonąć *perf*).
swam [swæm] *pt of* **swim**.
swamp [swɔmp] *n* bagno *nt*,
mokradło *nt* ♦ *vt* *(ship etc)* zatapiać

(zatopić *perf*); *(fig: with complaints
etc)* zalewać (zalać *perf*).
swan [swɔn] *n* łabędź *m*.
swap [swɔp] *n* zamiana *f*, wymiana *f*
♦ *vt*: **to swap (for)** *(exchange)*
zamieniać (zamienić *perf*) (na +*acc*);
(replace) wymieniać (wymienić *perf*)
(na +*acc*).
swarm [swɔ:m] *n* *(of bees)* rój *m*; *(of
people)* mrowie *nt* ♦ *vi* *(bees)* roić
się; *(people)* tłoczyć się, iść tłumem.
sway [sweɪ] *vi* chwiać się (zachwiać
się *perf*), kołysać się (zakołysać się
perf) ♦ *vt* sterować +*instr*.
swear [swɛə*] *(pt* **swore**, *pp*
sworn) *vi* *(curse)* kląć (zakląć *perf*),
przeklinać ♦ *vt* *(promise)* przysięgać
(przysiąc *perf*).
swearword [ˈswɛəwə:d] *n*
przekleństwo *nt*.
sweat [swɛt] *n* pot *m* ♦ *vi* pocić się
(spocić się *perf*).
sweater [ˈswɛtə*] *n* sweter *m*.
sweatshirt [ˈswɛtʃə:t] *n* bluza *f*.
sweaty [ˈswɛtɪ] *adj* *(clothes)*
przepocony; *(hands)* spocony.
Swede [swi:d] *n* Szwed(ka) *m(f)*.
swede [swi:d] *(BRIT)* *n* brukiew *f*.
Sweden [ˈswi:dn] *n* Szwecja *f*.
Swedish [ˈswi:dɪʃ] *adj* szwedzki ♦ *n*
(język *m*) szwedzki.
sweep [swi:p] *(pt, pp* **swept**) *n* *(act)*
zamiecenie *nt*; *(also:* **chimney
sweep**) kominiarz *m* ♦ *vt* *(brush)*
zamiatać (zamieść *perf*); *(with hand)*
zgarniać (zgarnąć *perf*); *(current)*
znosić (znieść *perf*) ♦ *vi* *(wind)* wiać;
(hand, arm) machnąć *(perf)*.
▶**sweep past** *vi* przemykać
(przemknąć *perf*) *(obok)*.
▶**sweep up** *vi* zamiatać (pozamiatać
perf).
sweeping [ˈswi:pɪŋ] *adj* *(gesture)*
zamaszysty; *(statement)* pochopny.
sweet [swi:t] *n* *(candy)* cukierek *m*;
(BRIT: pudding) deser *m* ♦ *adj* *(lit,
fig)* słodki; *(kind)* dobry.

sweetcorn ['swiːtkɔːn] *n* (słodka) kukurydza *f*.

sweeten ['swiːtn] *vt* słodzić (posłodzić *perf*).

sweetheart ['swiːthɑːt] *n* ukochany (-na) *m(f)*.

sweetness ['swiːtnɪs] (*amount of sugar*) słodkość *f*, słodycz *f*; (*kindness*) słodycz *f*, dobroć *f*.

sweet pea (*BOT*) *n* groszek *m* pachnący.

swell [swɛl] (*pt* **swelled**, *pp* **swollen** *or* **swelled**) *n* (*of sea*) fala *f* ♦ *adj* (*US*: *inf*) kapitalny ♦ *vi* (*increase*) wzrastać (wzrosnąć *perf*); (*get stronger*) narastać (narosnąć *perf*), wzmagać się (wzmóc się *perf*); (*also*: **swell up**) puchnąć (spuchnąć *perf or* opuchnąć *perf*).

swelling ['swɛlɪŋ] *n* opuchlizna *f*, obrzęk *m*.

sweltering ['swɛltərɪŋ] *adj* upalny, skwarny.

swept [swɛpt] *pt, pp of* **sweep**.

swerve [swəːv] *vi* (gwałtownie) skręcać (skręcić *perf*).

swift [swɪft] *n* jerzyk *m* ♦ *adj* szybki; (*stream*) wartki, bystry.

swiftly ['swɪftlɪ] *adv* szybko.

swim [swɪm] (*pt* **swam**, *pp* **swum**) *vi* płynąć (popłynąć *perf*); (*regularly etc*) pływać; (*shimmer*) latać przed oczami ♦ *vt* przepływać (przepłynąć *perf*) ♦ *n*: **to go for a swim, to go swimming** iść (pójść *perf*) popływać.

swimmer ['swɪmə*] *n* pływak (-aczka) *m(f)*.

swimming ['swɪmɪŋ] *n* pływanie *nt*.

swimming cap *n* czepek *m* (kąpielowy).

swimming costume (*BRIT*) *n* kostium *m or* strój *m* kąpielowy.

swimming pool *n* basen *m*, pływalnia *f*.

swimming trunks *npl* kąpielówki *pl*.

swimsuit ['swɪmsuːt] *n* = **swimming costume**.

swindle ['swɪndl] *n* szwindel *m* (*inf*), kant *m* (*inf*) ♦ *vt* kantować (okantować *perf*) (*inf*).

swine [swaɪn] (*inf!*) *n* świnia *f* (*inf*).

swing [swɪŋ] (*pt, pp* **swung**) *n* (*in playground*) huśtawka *f*; (*movement*) kołysanie *nt*; (*in opinions etc*) zwrot *m*; (*MUS*) swing *m* ♦ *vt* machać *or* wymachiwać +*instr* ♦ *vi* kołysać się, huśtać się; (*also*: **swing round**: *person*) obracać się (obrócić się *perf*); (: *vehicle*) zawracać (zawrócić *perf*); **the party was in full swing** przyjęcie rozkręciło się na dobre; **to swing the car (round)** zawracać (zawrócić *perf*).

swing door (*US* **swinging door**) *n* drzwi *pl* wahadłowe.

swirl [swəːl] *vi* wirować (zawirować *perf*).

swish [swɪʃ] *vi* (*tail*) świsnąć (*perf*); (*curtains*) szeleścić (zaszeleścić *perf*).

Swiss [swɪs] *adj* szwajcarski ♦ *n inv* Szwajcar(ka) *m(f)*.

switch [swɪtʃ] *n* (*for light, radio etc*) przełącznik *m*, wyłącznik *m*; (*change*) zmiana *f*, zwrot *m* ♦ *vt* (*change*) zmieniać (zmienić *perf*).

▶**switch off** *vt* wyłączać (wyłączyć *perf*).

▶**switch on** *vt* włączać (włączyć *perf*).

switchboard ['swɪtʃbɔːd] *n* centrala *f or* łącznica *f* (telefoniczna).

Switzerland ['swɪtsələnd] *n* Szwajcaria *f*.

swivel ['swɪvl] *vi* (*also*: **swivel round**) obracać się (obrócić się *perf*), okręcać się (okręcić się *perf*).

swollen ['swəulən] *pp of* **swell**.

sword [sɔːd] *n* miecz *m*.

swore [swɔː*] *pt of* **swear**.

sworn [swɔːn] *pp of* **swear** ♦ *adj* (*statement, evidence*) pod przysięgą *post*; (*enemy*) zaprzysięgły.

swum [swʌm] *pp of* **swim**.

swung [swʌŋ] *pt, pp of* **swing**.

syllable ['sɪləbl] *n* sylaba *f*, zgłoska *f*.

syllabus ['sɪləbəs] *n* program *m or* plan *m* zajęć.

symbol ['sɪmbl] *n* symbol *m*.

symbolic(al) [sɪm'bɔlɪk(l)] *adj* symboliczny.

symbolism ['sɪmbəlɪzəm] *n* symbolizm *m*.

symbolize ['sɪmbəlaɪz] *vt* symbolizować.

symmetrical [sɪ'mɛtrɪkl] *adj* symetryczny.

symmetry ['sɪmɪtrɪ] *n* symetria *f*.

sympathetic [sɪmpə'θɛtɪk] *adj* (*understanding*) współczujący; (*likeable*) sympatyczny; (*supportive*) życzliwy.

sympathize ['sɪmpəθaɪz] *vi*: **to sympathize with** (*person*) współczuć *+dat*; (*feelings*) podzielać *+acc*; (*cause*) sympatyzować z *+instr*.

sympathizer ['sɪmpəθaɪzə*] (*POL*) *n* sympatyk (-yczka) *m(f)*.

sympathy ['sɪmpəθɪ] *n* współczucie *nt*; **sympathies** *npl* sympatie *pl*; **with our deepest sympathy** z wyrazami najgłębszego współczucia; **to come out in sympathy** przeprowadzać (przeprowadzić *perf*) strajk solidarnościowy.

symphony ['sɪmfənɪ] *n* symfonia *f*.

symptom ['sɪmptəm] *n* objaw *m*, symptom *m*; (*fig*) oznaka *f*.

symptomatic [sɪmptə'mætɪk] *adj*: **to be symptomatic of** być przejawem *+gen*.

synagogue ['sɪnəgɔg] *n* synagoga *f*, bóżnica *f*.

synchronize ['sɪŋkrənaɪz] *vt* synchronizować (zsynchronizować *perf*).

syndicate ['sɪndɪkɪt] *n* syndykat *m*.

syndrome ['sɪndrəum] *n* syndrom *m*.

synonym ['sɪnənɪm] *n* synonim *m*.

synonymous [sɪ'nɔnɪməs] *adj* (*fig*): **synonymous (with)** równoznaczny (z *+instr*).

synopsis [sɪ'nɔpsɪs] (*pl* **synopses**) *n* streszczenie *nt*.

syntax ['sɪntæks] *n* składnia *f*, syntaksa *f*.

synthesis ['sɪnθəsɪs] (*pl* **syntheses**) *n* synteza *f*.

synthesizer ['sɪnθəsaɪzə*] *n* syntezator *m*.

synthetic [sɪn'θɛtɪk] *adj* syntetyczny.

syphilis ['sɪfɪlɪs] *n* kiła *f*, syfilis *m*.

syphon ['saɪfən] = **siphon**.

syringe [sɪ'rɪndʒ] *n* strzykawka *f*.

syrup ['sɪrəp] *n* syrop *m*; (*also*: **golden syrup**) przesycony roztwór cukrów używany do celów spożywczych.

system ['sɪstəm] *n* (*organization, method*) system *m*; (*body*) organizm *m*; (*ANAT*) układ *m*.

systematic [sɪstə'mætɪk] *adj* systematyczny.

T

ta [tɑ:] (*BRIT: inf*) *excl* dzięki (*inf*).

tab [tæb] *n abbr* = **tabulator**; **to keep tabs on sb/sth** (*fig*) mieć kogoś/coś na oku.

table ['teɪbl] *n* (*furniture*) stół *m*; (*MATH, CHEM etc*) tabela *f*, tablica *f* ♦ *vt* (*BRIT: motion etc*) przedstawiać (przedstawić *perf*); **to lay** *or* **set the table** nakrywać (nakryć *perf*) do stołu.

tablecloth ['teɪblklɔθ] *n* obrus *m*.

tablemat ['teɪblmæt] *n* (*for plate*) serwetka *f*; (*for hot dish*) podkładka *f*.

table of contents *n* spis *m* treści.

table salt *n* sól *f* kuchenna.

tablespoon ['teɪblspu:n] *n* łyżka *f* stołowa.

tablet ['tæblɪt] *n* (*MED*) tabletka *f*.

table tennis *n* tenis *m* stołowy.

tabloid ['tæblɔɪd] *n* ≈ brukowiec *m* (*pej*); **the tabloids** ≈ prasa brukowa.

taboo [tə'bu:] *n* tabu *nt* ♦ *adj* zakazany, tabu *post*.

tacit ['tæsɪt] *adj* milczący.

taciturn ['tæsɪtə:n] *adj* małomówny.

tack [tæk] *n* pinezka *f* ♦ *vt* (*nail*) przypinać (przypiąć *perf*) (pinezkami); (*stitch*) fastrygować (sfastrygować *perf*) ♦ *vi* (*NAUT*) halsować; **to change tack** (*fig*) zmieniać (zmienić *perf*) kurs.

tackle ['tækl] *n* (*for fishing*) sprzęt *m* wędkarski; (*for lifting*) wyciąg *m* (wielokrążkowy); (*FOOTBALL, RUGBY*) zablokowanie *nt* ♦ *vt* (*deal with, challenge*) stawiać (stawić *perf*) czoło +*dat*; (*grapple with*) podejmować (podjąć *perf*) walkę z +*instr*; (*FOOTBALL, RUGBY*) blokować (zablokować *perf*).

tacky ['tækɪ] *adj* (*sticky*) lepki; (*pej*) tandetny (*pej*).

tact [tækt] *n* takt *m*.

tactful ['tæktful] *adj* taktowny.

tactical ['tæktɪkl] *adj* taktyczny.

tactics ['tæktɪks] *npl* taktyka *f*.

tactless ['tæktlɪs] *adj* nietaktowny.

tadpole ['tædpəul] *n* kijanka *f*.

tag [tæg] *n* (*price*) metka *f*; (*airline*) przywieszka *f*.

tail [teɪl] *n* (*of animal, plane*) ogon *m*; (*of shirt, coat*) poła *f* ♦ *vt* śledzić; **tails** *npl* frak *m*.

tailback ['teɪlbæk] (*BRIT*) *n* korek *m* (*uliczny*).

tailgate ['teɪlgeɪt] *n* (*AUT*) tylna klapa *f*.

tailor ['teɪlə*] *n* krawiec *m* męski.

tailor-made ['teɪlə'meɪd] *adj* (*suit*) (szyty) na miarę; (*fig: part in play, person for job*) wymarzony.

tailwind ['teɪlwɪnd] *n* wiatr *m* w plecy.

tainted ['teɪntɪd] *adj* (*food, air*) skażony, zanieczyszczony; (*fig: reputation*) zbrukany, nadszarpnięty.

take [teɪk] (*pt* **took**, *pp* **taken**) *vt* (*shower, holiday*) brać (wziąć *perf*); (*photo*) robić (zrobić *perf*); (*decision*) podejmować (podjąć *perf*); (*steal*) zabierać (zabrać *perf*); (*courage, time*) wymagać +*gen*; (*pain etc*) znosić (znieść *perf*); (*passengers, spectators etc*) mieścić (pomieścić *perf*); (*accompany: person*) zabierać (zabrać *perf*); (*carry, bring: object*) brać (wziąć *perf*), zabierać (zabrać *perf*); (*exam, test*) zdawać, podchodzić (podejść *perf*) do +*gen*; (*drug, pill etc*) brać (wziąć *perf*), zażywać (zażyć *perf*); **to take sth from** wyjmować (wyjąć *perf*) coś z +*gen*; **I take it (that)** zakładam (, że); **it won't take long** to nie potrwa długo.

▶**take after** *vt fus* przypominać +*acc*, być podobnym do +*gen*.

▶**take apart** *vt* rozbierać (rozebrać *perf*) (na części).

▶**take away** *vt* (*remove*) odbierać (odebrać *perf*); (*carry off*) wynosić (wynieść *perf*); (*MATH*) odejmować (odjąć *perf*).

▶**take back** *vt* (*goods*) zwracać (zwrócić *perf*); (*one's words*) cofać (cofnąć *perf*), odwoływać (odwołać *perf*).

▶**take down** *vt* (*write down*) notować (zanotować *perf*), zapisywać (zapisać *perf*).

▶**take in** *vt* (*deceive*) oszukiwać (oszukać *perf*); (*understand*) przyjmować (przyjąć *perf*) do wiadomości; (*include*) wchłaniać (wchłonąć *perf*); (*lodger*) brać (wziąć *perf*).

▶**take off** *vi* (*AVIAT*) startować (wystartować *perf*); (*go away*) wybrać się (*perf*) ♦ *vt* (*clothes*) zdejmować (zdjąć *perf*); (*make-up*) usuwać (usunąć *perf*).

▶**take on** *vt* (*work, responsibility, employee*) przyjmować (przyjąć *perf*); (*competitor*) stawać (stanąć *perf*) do współzawodnictwa z +*instr*.

►**take out** *vt* (*person*) zapraszać (zaprosić *perf*) (*do lokalu*); (*tooth*) usuwać (usunąć *perf*); (*licence*) uzyskiwać (uzyskać *perf*); **to take sth out of sth** wyjmować (wyjąć *perf*) coś z czegoś; **don't take it out on me!** nie odgrywaj się na mnie!

►**take over** *vt* (*business*) przejmować (przejąć *perf*); (*country*) zajmować (zająć *perf*) ♦ *vi*: **to take over from sb** przejmować (przejąć *perf*) od kogoś obowiązki, zastępować (zastąpić *perf*) kogoś.

►**take to** *vt fus* polubić (*perf*).

►**take up** *vt* (*hobby, sport*) zainteresować się (*perf*) *or* zająć się (*perf*) +*instr*; (*post*) obejmować (objąć *perf*); (*idea, suggestion*) podejmować (podjąć *perf*), podchwytywać (podchwycić *perf*); (*time, space*) zajmować (zająć *perf*), zabierać (zabrać *perf*); **to take sb up on an offer/invitation** skorzystać (*perf*) z czyjejś propozycji/czyjegoś zaproszenia.

takeaway ['teɪkəweɪ] (*BRIT*) *n* (*food*) dania *pl* na wynos; (*shop, restaurant*) restauracja *specjalizująca się w daniach na wynos*.

takeoff ['teɪkɔf] (*AVIAT*) *n* start *m*.

takeout ['teɪkaut] (*US*) *n* = **takeaway**.

takeover ['teɪkəuvə*] *n* (*COMM*) przejęcie *nt*.

takings ['teɪkɪŋz] (*COMM*) *npl* wpływy *pl*.

talc [tælk] *n* talk *m*.

tale [teɪl] *n* (*story*) baśń *f*, opowieść *f*; (*account*) historia *f*; **to tell tales** skarżyć.

talent ['tælnt] *n* talent *m*.

talented ['tæləntɪd] *adj* utalentowany, uzdolniony.

talk [tɔːk] *n* (*prepared speech*) wykład *m*; (: *non-academic*)

pogadanka *f*; (*conversation*) rozmowa *f*; (*gossip*) plotki *pl* ♦ *vi* (*speak*) mówić; (*gossip*) gadać (*inf*); (*chat*) rozmawiać; **talks** *npl* (*POL etc*) rozmowy *pl*; **to talk about** mówić *or* rozmawiać o +*loc*; **to talk sb into doing sth** namówić (*perf*) kogoś do zrobienia czegoś; **to talk sb out of doing sth** wyperswadować (*perf*) komuś zrobienie czegoś; **to talk shop** rozmawiać o sprawach zawodowych.

►**talk over** *vt* omawiać (omówić *perf*).

talkative ['tɔːkətɪv] *adj* rozmowny.

talk show *n* talk show *m*.

tall [tɔːl] *adj* wysoki; **to be 6 feet tall** mieć 6 stóp (wzrostu).

tambourine [tæmbə'riːn] *n* tamburyn *m*.

tame [teɪm] *adj* (*animal*) oswojony; (*fig: story, performance*) ugłaskany.

tamper ['tæmpə*] *vi*: **to tamper with sth** majstrować przy czymś.

tampon ['tæmpɔn] *n* tampon *m*.

tan [tæn] *n* (*also*: **suntan**) opalenizna *f* ♦ *vi* opalać się (opalić się *perf*) ♦ *adj* jasnobrązowy.

tandem ['tændəm] *n* (*cycle*) tandem *m*; **in tandem (with)** w parze (z +*instr*).

tang [tæŋ] *n* (*flavour*) posmak *m*; (*smell*) intensywny zapach *m*.

tangent ['tændʒənt] *n* tangens *m*.

tangerine [tændʒə'riːn] *n* (*fruit*) mandarynka *f*.

tangible ['tændʒəbl] *adj* namacalny.

tangle ['tæŋgl] *n* plątanina *f*, gąszcz *m*; (*fig*) mętlik *m*; **to be/get in a tangle** plątać się/zaplątać się (*perf*).

tank [tæŋk] *n* (*for water, petrol*) zbiornik *m*; (*also*: **fish tank**) akwarium *nt*; (*MIL*) czołg *m*.

tanker ['tæŋkə*] *n* (*ship*) tankowiec *m*; (*truck*) samochód *m* cysterna *f*.

tanned [tænd] *adj* opalony.

tantamount ['tæntəmaunt] *adj*:

tantamount to równoznaczny z +*instr*.

tantrum ['tæntrəm] *n* napad *m* złości.

tap [tæp] *n* (*on sink*) kran *m*; (*gas tap*) zawór *m*, kurek *m*; (*gentle blow*) klepnięcie *nt* ♦ *vt* (*hit gently*) klepać (klepnąć *perf*); (*exploit: resources etc*) wykorzystywać (wykorzystać *perf*); **on tap** (*fig: resources, information*) dostępny; **to tap sb's telephone** zakładać (założyć *perf*) u kogoś podsłuch.

tape [teɪp] *n* (*also*: **magnetic tape**) taśma *f* (magnetyczna); (*cassette*) kaseta *f*; (*also*: **sticky tape**) taśma *f* klejąca; (*for tying*) tasiemka *f* ♦ *vt* (*record, conversation*) nagrywać (nagrać *perf*); (*stick*) przyklejać (przykleić *perf*) (*taśmą*).

tape measure *n* centymetr *m* (*miara*).

taper ['teɪpə*] *n* długa cienka świeca *f* ♦ *vi* zwężać się (ku dołowi).

tape recorder *n* magnetofon *m*.

tapestry ['tæpɪstrɪ] *n* gobelin *m*.

tar [tɑː] *n* smoła *f*.

target ['tɑːgɪt] *n* cel *m*; (*fig*) obiekt *m*.

tariff ['tærɪf] *n* (*on goods*) taryfa *f* celna; (*BRIT: in hotel etc*) cennik *m*.

tarmac ['tɑːmæk] *n* ® (*BRIT*) ≈ asfalt *m*; (*AVIAT*): **on the tarmac** w kolejce do startu.

tarpaulin [tɑː'pɔːlɪn] *n* brezent *m*.

tarragon ['tærəgən] *n* estragon *m*.

tart [tɑːt] *n* tarta *f* (*z owocami, dżemem itp*); (*BRIT: inf*) dziwka *f* (*inf, pej*) ♦ *adj* cierpki.

tartan ['tɑːtn] *n* tartan *m* ♦ *adj* w szkocką kratę *post*.

tartar ['tɑːtə*] *n* kamień *m* (*nazębny*).

task [tɑːsk] *n* zadanie *nt*; **to take sb to task** udzielać (udzielić *perf*) komuś nagany.

taste [teɪst] *n* (*lit, fig: flavour*) smak *m*; (*sense*) smak *m*, zmysł *m* smaku; (*sample*) odrobina *f* na spróbowanie ♦ *vt* (*get flavour of*) czuć (poczuć *perf*) smak +*gen*; (*test*) próbować

(spróbować *perf*) *or* kosztować (skosztować *perf*) +*gen* ♦ *vi*: **to taste of** *or* **like sth** smakować jak coś; **you can taste the garlic (in it)** czuć w tym czosnek; **to be in good/bad taste** być w dobrym/złym guście.

tasteful ['teɪstful] *adj* gustowny.

tasteless ['teɪstlɪs] *adj* (*food*) bez smaku *post*; (*remark, joke*) niesmaczny; (*furnishings*) niegustowny.

tasty ['teɪstɪ] *adj* smaczny.

tatters ['tætəz] *npl*: **in tatters** w strzępach.

tattoo [tə'tuː] *n* (*on skin*) tatuaż *m*; (*spectacle*) capstrzyk *m* ♦ *vt*: **to tattoo sth on sth** tatuować (wytatuować *perf*) coś na czymś.

taught [tɔːt] *pt, pp of* **teach**.

taunt [tɔːnt] *n* drwina *f* ♦ *vt* szydzić *or* drwić z +*gen*.

Taurus ['tɔːrəs] *n* Byk *m*.

taut [tɔːt] *adj* napięty, naprężony.

tavern ['tævən] *n* tawerna *f*.

tax [tæks] *n* podatek *m* ♦ *vt* opodatkowywać (opodatkować *perf*); (*fig*) wystawiać (wystawić *perf*) na próbę.

taxable ['tæksəbl] *adj* podlegający opodatkowaniu.

taxation [tæk'seɪʃən] *n* (*system*) opodatkowanie *nt*; (*money paid*) podatki *pl*.

tax-free ['tæksfriː] *adj* wolny od podatku.

taxi ['tæksɪ] *n* taksówka *f*, taxi *nt inv* ♦ *vi* (*AVIAT*) kołować.

taxi driver *n* taksówkarz *m*.

taxi rank (*BRIT*) *n* postój *m* taksówek.

taxpayer ['tækspeɪə*] *n* podatnik (-iczka) *m(f)*.

tax relief *n* ulga *f* podatkowa.

tax return *n* zeznanie *nt* podatkowe, deklaracja *f* podatkowa.

TB *n abbr* = **tuberculosis**.

tea [tiː] *n* (*drink, plant*) herbata *f*; (*BRIT: also*: **high tea**) (*późny*) obiad

m, obiadokolacja *f*; (: *also*:
afternoon tea) podwieczorek *m*.

tea bag *n* torebka *f* herbaty
ekspresowej.

tea break (*BRIT*) *n* przerwa *f* na
herbatę.

teach [tiːtʃ] (*pt* **taught**) *vt* (*pupils*)
uczyć; (*subject*) uczyć *or* nauczać
+*gen*; (*instruct*): **to teach sb sth,
teach sth to sb** uczyć (nauczyć
perf) kogoś czegoś ♦ *vi* uczyć.

teacher [ˈtiːtʃə*] *n* nauczyciel(ka)
m(f).

teaching [ˈtiːtʃɪŋ] *n* nauczanie *nt*,
uczenie *nt*.

teacup [ˈtiːkʌp] *n* filiżanka *f* do
herbaty.

team [tiːm] *n* (*of people, experts*)
zespół *m*; (*SPORT*) drużyna *f*; (*of
horses, oxen*) zaprzęg *m*.

teamwork [ˈtiːmwəːk] *n* praca *f*
zespołowa.

teapot [ˈtiːpɔt] *n* dzbanek *m* do
herbaty.

tear¹ [tɛə*] (*pt* **tore**, *pp* **torn**) *n*
rozdarcie *nt*, dziura *f* ♦ *vt* drzeć
(podrzeć *perf*) ♦ *vi* drzeć się
(podrzeć się *perf*).

►**tear up** *vt* (*sheet of paper, cheque*)
drzeć (podrzeć *perf*).

tear² [tɪə*] *n* łza *f*; **in tears** we łzach.

tearful [ˈtɪəful] *adj* zapłakany.

tear gas *n* gaz *m* łzawiący.

tearoom [ˈtiːruːm] *n* = teashop.

tease [tiːz] *vt* dokuczać +*dat* ♦ *n*
kpiarz *m*.

tea set *n* serwis *m* do herbaty.

teashop [ˈtiːʃɔp] (*BRIT*) *n*
herbaciarnia *f*.

teaspoon [ˈtiːspuːn] *n* łyżeczka *f* (do
herbaty).

teat [tiːt] *n* (*on bottle*) smoczek *m*.

teatime [ˈtiːtaɪm] *n* pora *f*
podwieczorku.

tea towel (*BRIT*) *n* ścier(ecz)ka *f* do
naczyń.

technical [ˈtɛknɪkl] *adj* (*advances*)

techniczny; (*terms, language*)
techniczny, fachowy.

technical college (*BRIT*) *n* ≈
technikum *nt*.

technicality [tɛknɪˈkælɪtɪ] *n* (*detail*)
szczegół *m* techniczny; (*point of law*)
szczegół *m* (prawny).

technically [ˈtɛknɪklɪ] *adv* (*strictly
speaking*) formalnie rzecz biorąc;
(*regarding technique: of dancer,
musician*) technicznie, z
technicznego punktu widzenia; (: *of
painter, actor*) warsztatowo, pod
względem warsztatu.

technician [tɛkˈnɪʃən] *n* technik *m*.

technique [tɛkˈniːk] *n* technika *f*.

technological [tɛknəˈlɔdʒɪkl] *adj*
techniczny.

technology [tɛkˈnɔlədʒɪ] *n* technika *f*.

teddy (bear) [ˈtɛdɪ(-)] *n* (pluszowy)
miś *m*.

tedious [ˈtiːdɪəs] *adj* nużący.

teem [tiːm] *vi*: **the museum was
teeming with tourists/visitors** w
muzeum roiło się od
turystów/zwiedzających.

teenage [ˈtiːneɪdʒ] *adj* (*fashions*)
młodzieżowy; (*children*) nastoletni.

teenager [ˈtiːneɪdʒə*] *n* nastolatek
(-tka) *m(f)*.

teens [tiːnz] *npl*: **to be in one's
teens** być nastolatkiem (-ką) *m(f)*.

tee-shirt [ˈtiːʃəːt] *n* = T-shirt.

teeth [tiːθ] *npl of* tooth.

teethe [tiːð] *vi*: **she's teething**
ząbkuje, wyrzynają jej się ząbki.

teething ring [ˈtiːðɪŋ-] *n* gryzak *m*.

teetotal [tiːˈtəutl] *adj* niepijący.

teetotaller [tiːˈtəutlə*] (*US
teetotaler*) *n* abstynent(ka) *m(f)*,
niepijący (-ca) *m(f)*.

telecommunications
[ˈtɛlɪkəmjuːnɪˈkeɪʃənz] *n*
telekomunikacja *f*.

telegram [ˈtɛlɪgræm] *n* telegram *m*.

telegraph [ˈtɛlɪgrɑːf] *n* telegraf *m*.

telepathy [təˈlɛpəθɪ] *n* telepatia *f*.

telephone ['tɛlɪfəun] *n* telefon *m* ♦ *vt* telefonować (zatelefonować *perf*) *or* dzwonić (zadzwonić *perf*) do +*gen* ♦ *vi* telefonować (zatelefonować *perf*), dzwonić (zadzwonić *perf*); **to be on the telephone** (*talking*) rozmawiać przez telefon; (*possess phone*) mieć telefon.

telephone booth (*BRIT* **telephone box**) *n* budka *f* telefoniczna.

telephone call *n* rozmowa *f* telefoniczna; **there was a telephone call for you** był do ciebie telefon; **can I make a telephone call?** czy mogę zatelefonować ?

telephone directory *n* książka *f* telefoniczna.

telescope ['tɛlɪskəup] *n* teleskop *m*.

television ['tɛlɪvɪʒən] *n* (*set*) telewizor *m*; (*system, business*) telewizja *f*; **to be on television** (*person*) występować (wystąpić *perf*) w telewizji; **what's on television tonight?** co jest dziś wieczorem w telewizji?

television set *n* telewizor *m*.

telex ['tɛlɛks] *n* teleks *m* ♦ *vt* (*message*) przesyłać (przesłać *perf*) teleksem; (*company*) teleksować (zateleksować *perf*) do +*gen*.

tell [tɛl] (*pt* **told**) *vt* (*say*) mówić (powiedzieć *perf*); (*relate*) opowiadać (opowiedzieć *perf*); (*distinguish*): **to tell sth from sth** odróżniać (odróżnić *perf*) coś od czegoś ♦ *vi*: **to tell on** (*affect*) odbijać się (odbić się *perf*) na +*loc*; **to tell sb to do sth** kazać (kazać *perf*) komuś coś zrobić; **to tell sb of** *or* **about sth** (*inform*) mówić (powiedzieć *perf*) komuś o czymś; (*at length*) opowiadać (opowiedzieć *perf*) komuś o czymś; **(I) tell you what ...** wiesz co, ...

►**tell off** *vt* besztać (zbesztać *perf*).

teller ['tɛlə*] *n* (*in bank*) kasjer(ka) *m(f)*.

telling ['tɛlɪŋ] *adj* (*revealing*) wymowny, wiele mówiący; (*significant*) znaczący.

telly ['tɛlɪ] (*BRIT*: *inf*) *n abbr* = **television**.

temper ['tɛmpə*] *n* (*nature*) usposobienie *nt*; (*mood*) nastrój *m*, humor *m*; (*fit of anger*) gniew *m* ♦ *vt* (*moderate*) łagodzić (złagodzić *perf*); **to be in a temper** być rozdrażnionym; **to lose one's temper** tracić (stracić *perf*) panowanie nad sobą.

temperament ['tɛmprəmənt] *n* temperament *m*, usposobienie *nt*.

temperamental [tɛmprə'mɛntl] *adj* (*person*) zmienny, (łatwo) ulegający nastrojom; (*fig*: *car, machine*) kapryśny.

temperate ['tɛmprət] *adj* umiarkowany.

temperature ['tɛmprətʃə*] *n* temperatura *f*; **to have** *or* **run a temperature** mieć gorączkę.

tempest ['tɛmpɪst] *n* burza *f*.

tempi ['tɛmpiː] *npl of* **tempo**.

temple ['tɛmpl] *n* (*building*) świątynia *f*; (*ANAT*) skroń *f*.

tempo ['tɛmpəu] (*pl* **tempos** *or* **tempi**) *n* tempo *nt*.

temporarily ['tɛmpərərɪlɪ] *adv* (*stay, accommodate*) tymczasowo, chwilowo.

temporary ['tɛmpərərɪ] *adj* tymczasowy.

tempt [tɛmpt] *vt* (*attract*) kusić (skusić *perf*); (: *client, customer*) przyciągać (przyciągnąć *perf*); (*persuade*): **to tempt sb to do sth/into doing sth** nakłaniać (nakłonić *perf*) kogoś do zrobienia czegoś; **to be tempted to do sth** mieć (wielką) ochotę coś (z)robić.

temptation [tɛmp'teɪʃən] *n* pokusa *f*.

tempting ['tɛmptɪŋ] *adj* kuszący.

ten [tɛn] *num* dziesięć.

tenacity [tə'næsɪtɪ] *n* upór *m*,
nieustępliwość *f*.

tenancy ['tɛnənsɪ] *n* dzierżawa *f*,
najem *m*.

tenant ['tɛnənt] *n* (*of land, property*)
dzierżawca *m*, najemca *m*; (*of flat*)
najemca *m*, lokator(ka) *m(f)*; (*of
room*) sublokator(ka) *m(f)*.

tend [tɛnd] *vt* (*crops*) uprawiać; (*sick
person*) doglądać +*gen* ♦ *vt*: **I tend
to wake up early** mam zwyczaj
budzić się *or* zwykle budzę się
wcześnie.

tendency ['tɛndənsɪ] *n* (*inclination*)
skłonność *f*; (*habit*) zwyczaj *m*;
(*trend*) tendencja *f*.

tender ['tɛndə*] *adj* (*affectionate*)
czuły; (*sore*) obolały; (*meat*)
miękki, kruchy ♦ *n* (*COMM*) oferta
f; (*money*): **legal tender** środek *m*
płatniczy ♦ *vt* (*offer, resignation*)
składać (złożyć *perf*).

tenderness ['tɛndənɪs] *n* (*affection*)
czułość *f*; (*of meat*) miękkość *f*,
kruchość *f*.

tendon ['tɛndən] *n* ścięgno *nt*.

tenement ['tɛnəmənt] *n* kamienica *f*
czynszowa.

tennis ['tɛnɪs] *n* tenis *m*.

tenor ['tɛnə*] *n* (*MUS*) tenor *m*.

tense [tɛns] *adj* (*person*) spięty;
(*situation, atmosphere*) napięty;
(*muscle*) napięty, naprężony; (*smile*)
nerwowy ♦ *n* (*LING*) czas *m*.

tension ['tɛnʃən] *n* (*nervousness*)
napięcie *nt*; (*between ropes etc*)
naprężenie *nt*, napięcie *nt*.

tent [tɛnt] *n* namiot *m*.

tentacle ['tɛntəkl] *n* (*ZOOL: of
octopus*) macka *f*; (: *of snail*) czułek
m; (*fig: of organization*) macka *f*;
(: *of idea, class background*) okowa *f*
(*usu pl*).

tentative ['tɛntətɪv] *adj* (*conclusion,
plans*) wstępny; (*person, step, smile*)
niepewny.

tentatively ['tɛntətɪvlɪ] *adv* (*suggest*)
wstępnie; (*wave, smile*) niepewnie.

tenth [tɛnθ] *num* dziesiąty.

tenuous ['tɛnjuəs] *adj* (*hold, links
etc*) słaby.

tenure ['tɛnjuə*] *n* (*of land, buildings*)
tytuł *m* własności; (*holding of office*)
urzędowanie *nt*; (*period in office*)
kadencja *f*.

tepid ['tɛpɪd] *adj* letni.

term [tə:m] *n* (*word*) termin *m*;
(*expression*) określenie *nt*; (*period in
power*) kadencja *f*; (*SCOL*) ≈
semestr *m* ♦ *vt* nazywać (nazwać
perf); **terms** *npl* warunki *pl*; **in
economic/political terms** w
kategoriach ekonomicznych/
politycznych; **in terms of** (*as
regards*) pod względem +*gen*; **in the
short/long term** na krótką/dłuższą
metę; **to be on good terms with sb**
być z kimś w dobrych stosunkach;
to come to terms with godzić się
(pogodzić się *perf*) z +*instr*.

terminal ['tə:mɪnl] *adj* (*disease*)
nieuleczalny; (*patient*) nieuleczalnie
chory ♦ *n* (*ELEC*) końcówka *f*,
przyłącze *nt*; (*COMPUT*) terminal *m*;
(*also*: **air terminal**) terminal *m*
lotniczy; (*BRIT: also*: **bus terminal**)
pętla *f* autobusowa.

terminate ['tə:mɪneɪt] *vt* (*discussion*)
zakańczać (zakończyć *perf*);
(*pregnancy*) przerywać (przerwać
perf); (*contract*) rozwiązywać
(rozwiązać *perf*).

terminology [tə:mɪ'nɔlədʒɪ] *n*
terminologia *f*.

terminus ['tə:mɪnəs] (*pl* **termini**) *n*
(*for buses*) przystanek *m* końcowy;
(*for trains*) stacja *f* końcowa.

terrace ['tɛrəs] *n* (*on roof, of garden*)
taras *m*; (*next to house*) patio *nt*;
(*BRIT: houses*) *szereg
przylegających do siebie domków
jednorodzinnych*; **the terraces**

(*BRIT: SPORT*) *npl* trybuny *pl*
stojące.
terraced [ˈtɛrəst] *adj* (*house*)
szeregowy; (*garden*) tarasowy.
terrain [tɛˈreɪn] *n* teren *m*.
terrible [ˈtɛrɪbl] *adj* straszny,
okropny; (*inf: awful*) okropny.
terribly [ˈtɛrɪblɪ] *adv* strasznie,
okropnie.
terrier [ˈtɛrɪə*] *n* terier *m*.
terrific [təˈrɪfɪk] *adj* (*very great:
thunderstorm*) straszny, okropny;
(*: speed etc*) zawrotny; (*wonderful*)
wspaniały.
terrify [ˈtɛrɪfaɪ] *vt* przerażać
(przerazić *perf*); **to be terrified** być
przerażonym.
territorial [tɛrɪˈtɔːrɪəl] *adj* terytorialny.
territory [ˈtɛrɪtərɪ] *n* terytorium *nt*;
(*fig*) teren *m*.
terror [ˈtɛrə*] *n* przerażenie *nt*,
paniczny strach *m*.
terrorism [ˈtɛrərɪzəm] *n* terroryzm *m*.
terrorist [ˈtɛrərɪst] *n* terrorysta (-tka)
m(f).
terrorize [ˈtɛrəraɪz] *vt* terroryzować
(sterroryzować *perf*).
terse [təːs] *adj* (*statement*) zwięzły,
lakoniczny.
test [tɛst] *n* (*trial, check*) próba *f*;
(*MED*) badanie *nt*, analiza *f*; (*SCOL*)
sprawdzian *m*, test *m*; (*also:* **driving
test**) egzamin *m* na prawo jazdy ♦
vt (*try out*) testować (przetestować
perf); (*examine*) badać (zbadać *perf*);
(*SCOL: pupil*) testować
(przetestować *perf*); (*: knowledge*)
sprawdzać (sprawdzić *perf*).
testament [ˈtɛstəmənt] *n* (*testimony*)
świadectwo *nt*; (*also:* **last will and
testament**) testament *m*; **the
Old/New Testament** Stary/Nowy
Testament.
testicle [ˈtɛstɪkl] (*MED*) *n* jądro *nt*.
testify [ˈtɛstɪfaɪ] *vi* zeznawać (zeznać
perf); **to testify to sth** (*JUR*)
poświadczać (poświadczyć *perf*) coś.

testimony [ˈtɛstɪmənɪ] *n* zeznanie *nt*.
test pilot *n* oblatywacz *m*.
test tube *n* probówka *f*.
test-tube baby [ˈtɛsttjuːb-] *n*
dziecko *nt* z probówki.
tetanus [ˈtɛtənəs] *n* tężec *m*.
text [tɛkst] *n* tekst *m*.
textbook [ˈtɛkstbuk] *n* podręcznik *m*.
textiles [ˈtɛkstaɪlz] *npl* (*fabrics*)
tekstylia *pl*, wyroby *pl*
włókiennicze; (*industry*)
włókiennictwo *nt*, przemysł *m*
włókienniczy.
texture [ˈtɛkstʃə*] *n* (*of cloth, paper*)
faktura *f*; (*of rock*) tekstura *f*; (*of
soil*) struktura *f*.
Thames [tɛmz] *n*: **the Thames**
Tamiza *f*.
than [ðæn, ðən] *conj* niż; **I have
more than you** mam więcej niż ty;
she is older than you think jest
starsza, niż przypuszczasz; **more
than once** nie raz.
thank [θæŋk] *vt* dziękować
(podziękować *perf*) +*dat*; **thank you
(very much)** dziękuję (bardzo);
thank God! dzięki Bogu!
thankful [ˈθæŋkful] *adj*: **thankful
(for)** wdzięczny (za +*acc*).
thankless [ˈθæŋklɪs] *adj*
niewdzięczny.
thanks [θæŋks] *npl* podziękowanie
nt, podziękowania *pl* ♦ *excl* (*also:*
many thanks, thanks a lot)
(stokrotne) dzięki; **thanks to** dzięki
+*dat*.
Thanksgiving (Day)
[ˈθæŋksɡɪvɪŋ(-)] (*US*) *n* Święto *nt*
Dziękczynienia.

┌──────── *KEYWORD* ────────┐

that [ðæt, ðət] (*pl* **those**) *adj*
(*demonstrative*) ten; (*: in contrast to
'this' or to indicate (greater) distance*)
tamten; **that man/woman/chair** ten
mężczyzna/ta kobieta/to krzesło;
that one (tam)ten *m*/(tam)ta

fl(tam)to *nt* ♦ *pron* **1** (*demonstrative*) to *nt*; (: *in contrast to 'this' or referring to something (more) distant*) tamto *nt*; **who's/what's that?** kto/co to (jest)?; **is that you?** czy to ty?; **that's what he said** to właśnie powiedział; **what happened after that?** co się stało potem?; **that is (to say)** to jest *or* znaczy. **2** (*relative*) który; (: *after 'all', 'anything' etc*) co; **the man (that) I saw** człowiek, którego widziałem; **all (that) I have** wszystko, co mam. **3** (*relative: of time*) kiedy, gdy; **the day (that) he came** tego dnia, kiedy *or* gdy przyszedł ♦ *conj* że, iż (*fml*); **he thought that I was ill** myślał, że jestem chory ♦ *adv* (*+adjective*) (aż) tak *or* taki; (*+adverb*) (aż) tak; **I didn't realize it was that bad** nie zdawałam sobie sprawy, że jest (aż) tak źle.

thatched [θætʃt] *adj* kryty strzechą.
thaw [θɔ:] *n* odwilż *f* ♦ *vi* (*ice*) topić się (stopić się *perf*), tajać (stajać *perf*); (*food*) rozmrażać się (rozmrozić się *perf*) ♦ *vt* (*also*: **thaw out**) rozmrażać (rozmrozić *perf*).

┌─────── KEYWORD ───────┐

the [ðə, ði:] *def art* **1** (*usu*): **the history of Poland** historia Polski; **the books/children are in the library** książki/dzieci są w bibliotece; **the rich and the poor** bogaci i biedni. **2** (*in titles*): **Elizabeth the First** Elżbieta I. **3** (*in comparisons*): **the more he works the more he earns** im więcej pracuje, tym więcej zarabia.

└──────────────────────┘

theatre [ˈθɪətə*] (*US* **theater**) *n* teatr *m*; (*also*: **lecture theatre**) sala *f*

wykładowa; (*also*: **operating theatre**) sala *f* operacyjna.
theatrical [θɪˈætrɪkl] *adj* teatralny.
theft [θeft] *n* kradzież *f*.
their [ðeə*] *adj* ich, swój; **companies and their workers** przedsiębiorstwa i ich pracownicy; **they never left their village** nigdy nie wyjeżdżali ze swojej wioski.
theirs [ðeəz] *pron* ich; *see also* **my, mine**[1].
them [ðem, ðəm] *pron* (*direct*) ich *vir*, je *nvir*; (*indirect*) im; (*stressed, after prep*) nich; *see also* **me**.
theme [θi:m] *n* temat *m*.
themselves [ðəmˈselvz] *pl pron* (*reflexive*) się; (*after prep*) siebie (*gen, acc*), sobie (*dat, loc*), sobą (*instr*); (*emphatic*) sami *vir*, same *nvir*.
then [ðen] *adv* (*at that time*) wtedy, wówczas; (*next*) następnie, potem ♦ *conj* tak więc ♦ *adj*: **the then president** ówczesny prezydent; **by then** (*past*) do tego czasu; (*future*) do tej pory, do tego czasu; **from then on** od tego czasu, od tamtej chwili *or* pory.
theology [θɪˈɔlədʒɪ] *n* teologia *f*.
theoretical [θɪəˈretɪkl] *adj* teoretyczny.
theorize [ˈθɪəraɪz] *vi* teoretyzować.
theory [ˈθɪərɪ] *n* teoria *f*; **in theory** teoretycznie.
therapeutic [θerəˈpju:tɪk] *adj* terapeutyczny, leczniczy.
therapist [ˈθerəpɪst] *n* terapeuta (-tka) *m(f)*.
therapy [ˈθerəpɪ] *n* terapia *f*, leczenie *nt*.

┌─────── KEYWORD ───────┐

there [ðeə*] *adv*. **there is/there are** jest/są; **there are 3 of them** jest ich 3; **there has been an accident** wydarzył się wypadek; **there will be a meeting tomorrow** jutro odbędzie się zebranie. **2** (*referring to place*)

tam; **up/down there** tam na
górze/na dole; **there he is!** oto i on!
3: **there, there** (no) już dobrze.

thereabouts ['ðɛərə'bauts] *adv*
(*place*) gdzieś tam (w pobliżu), w
okolicy; (*amount*) coś koło tego.
thereafter [ðɛər'ɑ:ftə*] *adv* od tego
czasu.
thereby ['ðɛəbaɪ] *adv* przez to, tym
samym.
therefore ['ðɛəfɔ:*] *adv* dlatego
(też), zatem.
there's ['ðɛəz] = **there is**; **there has**.
thermal ['θə:ml] *adj* (*energy*)
cieplny; (*underwear*) ocieplany.
thermometer [θə'mɔmɪtə*] *n*
termometr *m*.
Thermos ['θə:məs] ® *n* (*also*:
Thermos flask) termos *m*.
thermostat ['θə:məustæt] *n*
termostat *m*.
thesaurus [θɪ'sɔ:rəs] *n* tezaurus *m*, ≈
słownik *m* wyrazów
bliskoznacznych.
these [ði:z] *pl adj* ci (+*vir pl*), te
(+*nvir pl*) ♦ *pl pron* ci *vir*, te *nvir*.
thesis ['θi:sɪs] (*pl* **theses**) *n* (*for
doctorate etc*) rozprawa *f*, praca *f*.
they [ðeɪ] *pl pron* oni; **they say that
...** mówią *or* mówi się, że... .
they'd = **they had**; **they would**.
they'll = **they shall**; **they will**.
they're = **they are**.
they've [ðeɪv] = **they have**.
thick [θɪk] *adj* (*slice, line, socks*)
gruby; (*sauce, forest, hair*) gęsty;
(*inf: person*) tępy ♦ *n*: **in the thick
of the battle** w wirze walki; **it's 20
cm thick** ma 20 cm grubości.
thicken ['θɪkn] *vi* gęstnieć (zgęstnieć
perf) ♦ *vt* zagęszczać (zagęścić *perf*).
thickness ['θɪknɪs] *n* grubość *f*.
thick-skinned [θɪk'skɪnd] *adj* (*fig*)
gruboskórny.
thief [θi:f] (*pl* **thieves**) *n* złodziej *m*.

thieves [θi:vz] *npl of* **thief**.
thigh [θaɪ] *n* udo *nt*.
thimble ['θɪmbl] *n* naparstek *m*.
thin [θɪn] *adj* (*slice, line, book*)
cienki; (*person, animal*) chudy;
(*soup, fog, hair*) rzadki ♦ *vt*: **to thin
(down)** rozrzedzać (rozrzedzić *perf*),
rozcieńczać (rozcieńczyć *perf*).
thing [θɪŋ] *n* rzecz *f*; **things** *npl*
rzeczy *pl*; **poor thing** biedactwo;
the best thing would be to ...
najlepiej byłoby +*infin*; **how are
things?** co słychać?
think [θɪŋk] (*pt* **thought**) *vi* (*reflect*)
myśleć (pomyśleć *perf*); (*reason*)
myśleć ♦ *vt* myśleć (pomyśleć *perf*);
what did you think of them? jakie
zrobili na tobie wrażenie?; **to think
about sth/sb** myśleć (pomyśleć
perf) o czymś/kimś; **I'll think about
it** zastanowię się nad tym; **she
thinks of going away to Italy** myśli
o wyjeździe do Włoch; **I think
so/not** myślę, że tak/nie; **to think
highly of sb** być wysokiego
mniemania o kimś.
▶**think over** *vt* przemyśliwać
(przemyśleć *perf*), rozważać
(rozważyć *perf*).
▶**think up** *vt* (*excuse*) wymyślać
(wymyślić *perf*); (*plan*) obmyślać
(obmyślić *perf*).
thinly ['θɪnlɪ] *adv* (*spread, cut*)
cienko; (*disguised*) ledwie.
third [θə:d] *num* trzeci ♦ *n* (*fraction*)
jedna trzecia *f*; (*AUT*) trzeci bieg *m*,
trójka *f* (*inf*); (*BRIT: SCOL*) *dyplom
ukończenia studiów z najniższą oceną*.
thirdly ['θə:dlɪ] *adv* po trzecie.
third party insurance (*BRIT*) *n*
ubezpieczenie *nt* od
odpowiedzialności cywilnej.
third-rate ['θə:d'reɪt] (*pej*) *adj*
trzeciorzędny.
Third World *n*: **the Third World**
Trzeci Świat *m*.
thirst [θə:st] *n* pragnienie *nt*.

thirsty ['θəːstɪ] adj spragniony; **I am thirsty** chce mi się pić.

thirteen [θəː'tiːn] num trzynaście.

thirty ['θəːtɪ] num trzydzieści.

---------------- KEYWORD ----------------

this [ðɪs] (pl **these**) adj
(demonstrative) ten; **this**
man/woman/child ten mężczyzna/ta
kobieta/to dziecko; **these people** ci
ludzie; **these children** te dzieci;
this one ten m/ta f/to nt ♦ pron to;
who/what is this? co/kto to jest?;
this is where I live tutaj (właśnie)
mieszkam; **this is Mr Brown** (in
introductions) (to) pan Brown; (in
photo) to (jest) pan Brown; (on
telephone) mówi Brown, tu Brown ♦
adv (+adjective) tak or taki;
(+adverb) tak; **it was about this big**
to było mniej więcej takie duże;
now we've gone this far teraz, gdy
zaszliśmy (już) tak daleko.

thistle ['θɪsl] n oset m.

thorn [θɔːn] n cierń m, kolec m.

thorny ['θɔːnɪ] adj ciernisty; (fig)
najeżony trudnościami.

thorough ['θʌrə] adj gruntowny;
(person) sumienny, skrupulatny.

thoroughbred ['θʌrəbrɛd] n koń m
czystej krwi.

thoroughfare ['θʌrəfɛə*] n główna
arteria f komunikacyjna.

thoroughly ['θʌrəlɪ] adv gruntownie;
I was thoroughly ashamed było mi
bardzo wstyd.

those [ðəuz] pl adj (tam)ci (+vir pl),
(tam)te (+nvir pl) ♦ pl pron (tam)ci
vir, (tam)te nvir.

though [ðəu] conj chociaż, mimo że
♦ adv jednak; **even though**
(po)mimo że, chociaż; **it's not easy,
though** nie jest to jednak łatwe.

thought [θɔːt] pt, pp of think ♦ n
(idea, intention) myśl f; (reflection)
namysł m; **thoughts** npl zdanie nt,
opinia f.

thoughtful ['θɔːtful] adj (pensive)
zamyślony; (considerate) troskliwy.

thoughtless ['θɔːtlɪs] adj bezmyślny.

thousand ['θauzənd] num tysiąc;
two thousand dwa tysiące;
thousands of tysiące +gen.

thousandth ['θauzəntθ] num
tysięczny.

thrash [θræʃ] vt (beat) bić (zbić perf),
lać (zlać perf) (inf); (defeat) pobić
(perf) na głowę.
►**thrash about** vi rzucać się.
►**thrash around** vi = thrash about.

thread [θrɛd] n (yarn) nić f, nitka f;
(of screw) gwint m ♦ vt (needle)
nawlekać (nawlec perf).

threadbare ['θrɛdbɛə*] adj wytarty,
przetarty.

threat [θrɛt] n groźba f, pogróżka f;
(fig) zagrożenie nt.

threaten ['θrɛtn] vi grozić, zagrażać
♦ vt: **to threaten sb with sth** grozić
(zagrozić perf) komuś czymś.

three [θriː] num trzy.

three-dimensional [θriːdɪ'mɛnʃnəl]
adj trójwymiarowy.

three-piece suit ['θriːpiːs-] n
garnitur m trzyczęściowy.

three-piece suite n zestaw m
wypoczynkowy.

three-quarters [θriː'kwɔːtəz] npl
trzy czwarte pl; **three-quarters full**
napełniony w trzech czwartych.

threshold ['θrɛʃhəuld] n próg m.

threw [θruː] pt of throw.

thrifty ['θrɪftɪ] adj oszczędny,
zapobiegliwy.

thrill [θrɪl] n (excitement) dreszcz(yk)
m emocji, emocje pl; (shudder)
dreszcz m ♦ vt ekscytować; **to be
thrilled** być podekscytowanym.

thriller ['θrɪlə*] n dreszczowiec m.

thrilling ['θrɪlɪŋ] adj podniecający,
ekscytujący.

thrive [θraɪv] (pt **thrived** or **throve**,

pp **thrived**) *vi* dobrze się rozwijać;
he thrives on hard work ciężka
praca mu służy.
thriving ['θraɪvɪŋ] *adj* kwitnący,
(dobrze) prosperujący.
throat [θrəut] *n* gardło *nt*; **I have a
sore throat** boli mnie gardło.
throb [θrɔb] *n* (*of heart*) (silne) bicie
nt; (*of pain*) rwanie *nt*, pulsowanie
nt; (*of engine*) warkot *m* ♦ *vi* (*heart*)
walić; (*arm etc*) rwać; (*machine*)
warczeć.
throes [θrəuz] *npl*: **in the throes of**
w wirze *or* ferworze +*gen*.
throne [θrəun] *n* tron *m*.
throng ['θrɔŋ] *n* tłum *m* ♦ *vt* (*streets
etc*) wypełniać (wypełnić *perf*).
throttle ['θrɔtl] *n* przepustnica *f*,
zawór *m* dławiący ♦ *vt* dusić (udusić
perf).
through [θru:] *prep* przez +*acc* ♦ *adj*
(*train etc*) bezpośredni ♦ *adv*
bezpośrednio, prosto; **(from)
Monday through Friday** (*US*) od
poniedziałku do piątku; **to put sb
through to sb** (*TEL*) łączyć
(połączyć *perf*) kogoś z kimś; **to be
through** (*TEL*) mieć połączenie; **to
be through with sb/sth** skończyć
(*perf*) z kimś/czymś; **"no through
road"** (*BRIT*) ślepa uliczka.
throughout [θru:'aut] *prep* (*place*) w
całym +*loc*; (*time*) przez cały +*acc* ♦
adv (*everywhere*) wszędzie; (*the
whole time*) od początku do końca,
przez cały czas.
throve [θrəuv] *pt of* **thrive**.
throw [θrəu] (*pt* **threw**, *pp* **thrown**)
n rzut *m* ♦ *vt* (*object*) rzucać (rzucić
perf); (*rider*) zrzucać (zrzucić *perf*);
to throw a party urządzać (urządzić
perf) przyjęcie.
►**throw away** *vt* (*rubbish*) wyrzucać
(wyrzucić *perf*); (*money*) trwonić
(roztrwonić *perf*), przepuszczać
(przepuścić *perf*) (*inf*).
►**throw off** *vt* zrzucać (zrzucić *perf*).

►**throw out** *vt* (*rubbish, person*)
wyrzucać (wyrzucić *perf*); (*idea*)
odrzucać (odrzucić *perf*).
►**throw up** *vi* wymiotować
(zwymiotować *perf*).
thru [θru:] (*US*) = **through**.
thrush [θrʌʃ] *n* (*bird*) drozd *m*.
thrust [θrʌst] (*pt* **thrust**) *n* (*TECH*)
ciąg *m*, siła *f* ciągu ♦ *vt* pchać
(pchnąć *perf*); **to thrust sth into sth**
wpychać (wepchnąć *perf*) coś do
czegoś.
thud [θʌd] *n* łomot *m*.
thug [θʌg] *n* opryszek *m*, zbir *m*.
thumb [θʌm] *n* kciuk *m* ♦ *vt*: **to
thumb a lift** zatrzymywać
(zatrzymać *perf*) autostop.
►**thumb through** *vt fus* kartkować
(przekartkować *perf*), przerzucać
(przerzucić *perf*) strony +*gen*.
thumbtack ['θʌmtæk] (*US*) *n*
pluskiewka *f*, pinezka *f*.
thump [θʌmp] *n* grzmotnięcie *nt* ♦ *vt*
grzmocić (grzmotnąć *perf*) (*inf*),
walić (walnąć *perf*) (*inf*) ♦ *vi* (*heart
etc*) walić.
thunder ['θʌndə*] *n* grzmot *m* ♦ *vi*
grzmieć (zagrzmieć *perf*); **thunder
and lightning** piorun.
thunderstorm ['θʌndəstɔ:m] *n* burza
f z piorunami.
Thursday ['θə:zdɪ] *n* czwartek *m*.
thus [ðʌs] *adv* (*in this way*) tak, w
ten sposób; (*consequently*) tak więc,
a zatem.
thwart [θwɔ:t] *vt* (*plans*) krzyżować
(pokrzyżować *perf*); (*person*) psuć
(popsuć *perf*) szyki +*dat*.
thyme [taɪm] *n* tymianek *m*.
thyroid ['θaɪrɔɪd] *n* (*also*: **thyroid
gland**) tarczyca *f*.
tic [tɪk] *n* tik *m*.
tick [tɪk] *n* (*sound*) tykanie *nt*; (*mark*)
fajka *f* (*inf*), ptaszek *m* (*inf*); (*ZOOL*)
kleszcz *m*; (*BRIT*: *inf*) momencik *m*,
chwileczka *f* ♦ *vi* tykać ♦ *vt* (*item on
list*) odfajkowywać (odfajkować

perf) (*inf*), odhaczać (odhaczyć *perf*)
(*inf*).

▶**tick off** *vt* (*item on list*)
odfajkowywać (odfajkować *perf*)
(*inf*), odhaczać (odhaczyć *perf*) (*inf*);
(*person*) besztać (zbesztać *perf*).

ticket ['tɪkɪt] *n* bilet *m*; (*in shop*: on
goods) metka *f*, etykieta *f*; (*for
library*) karta *f*; (*also*: **parking ticket**)
mandat *m* (za złe parkowanie).

ticket office *n* (*RAIL*) kasa *f*
biletowa; (*THEAT*) kasa *f*.

tickle ['tɪkl] *vt* łaskotać (połaskotać
perf) ♦ *vi* łaskotać.

ticklish ['tɪklɪʃ] *adj* (*problem etc*)
delikatny, drażliwy; (*person*): **to be
ticklish** mieć łaskotki.

tidal ['taɪdl] *adj* pływowy.

tide [taɪd] *n* (*in sea*) pływ *m*; (*fig*: of
events, opinion) fala *f*; **high tide**
przypływ; **low tide** odpływ.

▶**tide over** *vt*: **this money will tide
me over till Monday** dzięki tym
pieniądzom przeżyję do
poniedziałku.

tidy ['taɪdɪ] *adj* (*room*) czysty,
schludny; (*person*) staranny,
schludny ♦ *vt* (*also*: **tidy up**)
porządkować (uporządkować *perf*),
sprzątać (posprzątać *perf*).

tie [taɪ] *n* (*BRIT*: *also*: **necktie**) krawat
m; (*string etc*) wiązanie *nt*, wiązadło
nt; (*fig*) więź *f*; (*match*) spotkanie *nt*,
mecz *m*; (*draw*) remis *m* ♦ *vt* (*parcel*)
związywać (związać *perf*);
(*shoelaces*) zawiązywać (zawiązać
perf) ♦ *vi* remisować (zremisować
perf); **to tie sth in a bow**
zawiązywać (zawiązać *perf*) coś na
kokardkę; **to tie a knot in sth**
zawiązywać (zawiązać *perf*) na
czymś węzeł.

▶**tie down** *vt* (*fig*: *person*) krępować
(skrępować *perf*).

▶**tie up** *vt* (*parcel*) związywać
(związać *perf*); (*dog, boat*) wiązać
(uwiązać *perf*); (*person*) związywać

(związać *perf*), krępować
(skrępować *perf*); **to be tied up** być
zajętym.

tier [tɪə*] *n* (*of stadium etc*) rząd *m*,
kondygnacja *f*; (*of cake*) warstwa *f*.

tiger ['taɪgə*] *n* tygrys *m*.

tight [taɪt] *adj* (*screw*) dokręcony;
(*knot*) zaciśnięty; (*grip*) mocny;
(*clothes*) obcisły; (*shoes*) ciasny;
(*budget, schedule*) napięty; (*bend,
security*) ostry; (*inf*: *drunk*)
wstawiony (*inf*); (: *stingy*) skąpy ♦
adv (*hold, squeeze*) mocno; (*shut*:
window) szczelnie; (: *eyes*) mocno;
money is tight krucho z
pieniędzmi; **hold tight!** trzymaj się
mocno!

tighten ['taɪtn] *vt* (*rope*) napinać
(napiąć *perf*), naprężać (naprężyć
perf); (*screw*) dokręcać (dokręcić
perf); (*grip*) zacieśniać (zacieśnić
perf); (*security*) zaostrzać (zaostrzyć
perf) ♦ *vi* (*fingers*) zaciskać się
(zacisnąć się *perf*); (*rope, chain*)
napinać się (napiąć się *perf*),
naprężać się (naprężyć się *perf*).

tightly ['taɪtlɪ] *adv* (*grasp, cling*)
mocno; (*pack*) ciasno.

tightrope ['taɪtrəup] *n* lina *f* (*do
akrobacji*); **to be on** *or* **walking a
tightrope** (*fig*) balansować na linie.

tights [taɪts] *npl* (*BRIT*) rajstopy *pl*.

tile [taɪl] *n* (*on roof*) dachówka *f*; (*on
floor, wall*) kafelek *m* ♦ *vt* (*wall,
bathroom etc*) wykładać (wyłożyć
perf) kafelkami, kafelkować
(wykafelkować *perf*) (*inf*).

tiled [taɪld] *adj* (*wall, bathroom*)
wykafelkowany.

till [tɪl] *n* kasa *f* (*sklepowa*) ♦ *vt* (*land*)
uprawiać ♦ *prep, conj* = **until**.

tilt [tɪlt] *vt* przechylać (przechylić
perf) ♦ *vi* przechylać się (przechylić
się *perf*).

timber ['tɪmbə*] *n* (*material*) drewno
nt; (*trees*) drzewa *pl* na budulec.

time [taɪm] *n* czas *m*; (*often pl*:

epoch) czasy *pl*; (*moment*) chwila *f*;
(*occasion*) raz *m*; (*MUS*): **in 3/4 time**
w rytmie na 3/4 ♦ *vt* (*measure time
of*) mierzyć (zmierzyć *perf*) czas
+*gen*; (*fix moment for*) ustalać
(ustalić *perf*) czas +*gen*; **for a long
time** przez długi czas; **for the time
being** na razie; **four at a time** (po)
cztery na raz; **from time to time** od
czasu do czasu; **at times** czasami,
czasem; **in time** (*soon enough*) na
czas, w porę; (*eventually*) z czasem;
(*MUS*) w takt, do taktu; **in a week's
time** za tydzień; **in no time** w
mgnieniu oka, w mig; **any time**
obojętnie kiedy; **any time you want**
kiedy tylko zechcesz; **on time** na
czas; **5 times 5** 5 razy 5; **what time
is it?** która (jest) godzina?; **to have
a good time** dobrze się bawić;
time's up! czas minął!

time bomb *n* bomba *f* zegarowa.
time-consuming ['taɪmkənsju:mɪŋ]
adj czasochłonny.
timeless ['taɪmlɪs] *adj* ponadczasowy.
time limit *n* termin *m*.
timely ['taɪmlɪ] *adj* w (samą) porę
post.
time off *n* wolne *nt*.
timer ['taɪmə*] *n* regulator *m*
czasowy.
timescale ['taɪmskeɪl] (*BRIT*) *n* okres
m.
timetable ['taɪmteɪbl] *n* (*RAIL*)
rozkład *m* jazdy; (*SCOL*) plan *m*
zajęć.
time zone *n* strefa *f* czasu.
timid ['tɪmɪd] *adj* (*person*) nieśmiały;
(*animal*) bojaźliwy.
timing ['taɪmɪŋ] *n* (*SPORT*) wyczucie
nt czasu; **the timing of his
resignation was completely wrong**
wybrał fatalny moment na złożenie
rezygnacji.
tin [tɪn] *n* (*metal*) cyna *f*; (*for biscuits
etc*) (blaszane) pudełko *nt*; (*BRIT*:
can) puszka *f*.

tinfoil ['tɪnfɔɪl] *n* folia *f* aluminiowa.
tinge [tɪndʒ] *n* (*of colour*) odcień *m*;
(*fig*: *of emotion*) domieszka *f* ♦ *vt*:
tinged with (*fig*: *emotion etc*)
zabarwiony +*instr*.
tingle ['tɪŋgl] *vi*: **my leg was tingling**
czułem mrowienie w nodze.
tinker ['tɪŋkə*] *n* druciarz *m*.
►**tinker with** *vt fus* majstrować przy
+*loc*.
tinned [tɪnd] (*BRIT*) *adj* (*food*)
puszkowany; (*salmon, peas*)
konserwowy.
tin opener [-əupnə*] (*BRIT*) *n*
otwieracz *m* do puszek *or* konserw.
tint [tɪnt] *n* (*colour*) odcień *m*,
zabarwienie *nt*; (*for hair*) płukanka *f*
koloryzująca.
tinted ['tɪntɪd] *adj* (*glass*) barwiony;
(*hair*) farbowany.
tiny ['taɪnɪ] *adj* malutki, maleńki.
tip [tɪp] *n* (*of paintbrush, tree*) czubek
m; (*of tongue*) koniec *m*; (*gratuity*)
napiwek *m*; (*BRIT*: *for rubbish*)
wysypisko *nt*; (*advice*) rada *f*,
wskazówka *f* ♦ *vt* (*waiter*) dawać
(dać *perf*) napiwek +*dat*; (*bowl,
bottle*) przechylać (przechylić *perf*);
(*also*: **tip over**) przewracać
(przewrócić *perf*); (*also*: **tip out**)
wysypywać (wysypać *perf*).
tip-off ['tɪpɔf] *n* poufna informacja *f*,
cynk *m* (*inf*).
tipsy ['tɪpsɪ] (*inf*) *adj* wstawiony (*inf*).
tiptoe ['tɪptəu] *n*: **on tiptoe** na
palcach *or* paluszkach.
tire ['taɪə*] *n* (*US*) = **tyre** ♦ *vt*
męczyć (zmęczyć *perf*) ♦ *vi* męczyć
się (zmęczyć się *perf*); **to tire of**
męczyć się (zmęczyć się *perf*) +*instr*.
tired ['taɪəd] *adj* zmęczony; **to be
tired of sth/of doing sth** mieć
dosyć czegoś/robienia czegoś.
tiredness ['taɪədnɪs] *n* zmęczenie *nt*.
tireless ['taɪəlɪs] *adj* niestrudzony.
tiresome ['taɪsəm] *adj* dokuczliwy.
tiring ['taɪərɪŋ] *adj* męczący.

tissue ['tɪʃuː] n (ANAT, BIO) tkanka f; (paper handkerchief) chusteczka f higieniczna.

tissue paper n bibułka f.

tit [tɪt] n (ZOOL) sikora f; **tit for tat** wet za wet.

title ['taɪtl] n tytuł m.

KEYWORD
---

to [tuː, tə] prep 1 (usu) do +gen; **to go to Germany** jechać (pojechać perf) do Niemiec; **to count to ten** liczyć (policzyć perf) do dziesięciu; **to the left/right** na lewo/prawo; **she is secretary to the director** jest sekretarką dyrektora; **30 miles to the gallon** 1 galon na 30 mil. 2 (with expressions of time) za +acc; **a quarter to five** za kwadrans or za piętnaście piąta. 3 (introducing indirect object): **to give sth to sb** dawać (dać perf) coś komuś; **to talk to sb** rozmawiać (porozmawiać perf) z kimś; **to be a danger to sb/sth** stanowić zagrożenie dla kogoś/czegoś. 4 (purpose, result): **to come to sb's aid** przychodzić (przyjść perf) komuś z pomocą; **to my surprise** ku m(oj)emu zdziwieniu ♦ with verb 1 (simple infinitive): **to eat** jeść (zjeść perf); **to want to sleep** chcieć spać. 2 (with verb omitted): **I don't want to** nie chcę; **you ought to** powinieneś. 3 (purpose, result) żeby, (a)by; **I did it to help you** zrobiłem to, żeby or aby ci pomóc; **he came to see you** przyszedł (, żeby) się z tobą zobaczyć. 4 (equivalent to relative clause): **he has a lot to lose** ma wiele do stracenia; **I have things to do** jestem zajęta; **the main thing is to try** najważniejsza rzecz to spróbować. 5 (after adjective etc) żeby, (a)by; **too old/young to ...** za stary/młody, żeby +infin; **ready to go** gotowy do drogi ♦ adv: **to push/pull the door to** przymykać (przymknąć perf) drzwi.

---

toad [təud] n ropucha f.

toadstool ['təudstuːl] n muchomor m.

toast [təust] n (CULIN) grzanka f, tost m; (drink) toast m ♦ vt (CULIN) opiekać (opiec perf); (drink to) wznosić (wznieść perf) toast za +acc.

toaster ['təustə*] n opiekacz m, toster m.

tobacco [tə'bækəu] n tytoń m.

tobacconist's (shop) [tə'bækənɪsts-] n sklep m z wyrobami tytoniowymi.

today [tə'deɪ] adv dzisiaj, dziś ♦ n dzisiaj nt inv, dziś nt inv; **the writers of today** dzisiejsi pisarze.

toddler ['tɒdlə*] n maluch m, szkrab m.

toe [təu] n (of foot) palec m (u nogi); (of shoe, sock) palce pl; **to toe the line** (fig) podporządkowywać się (podporządkować się perf).

toenail ['təuneɪl] n paznokieć m u nogi.

toffee ['tɒfɪ] n toffi nt inv.

together [tə'gɛðə*] adv razem; **together with** razem or wraz z +instr.

toil [tɔɪl] n trud m ♦ vi trudzić się.

toilet ['tɔɪlət] n toaleta f ♦ cpd toaletowy.

toilet paper n papier m toaletowy.

toiletries ['tɔɪlətrɪz] npl przybory pl toaletowe.

token ['təukən] n (sign) znak m; (souvenir) pamiątka f; (substitute coin) żeton m ♦ adj symboliczny; **by the same token** (for the same reasons) z tych samych powodów; (in the same way) tak samo; (thereby) tym samym; **gift token** (BRIT) talon or bon na zakupy (dawany w prezencie).

told [təuld] pt, pp of tell.

tolerable ['tɒlərəbl] adj znośny.

tolerance ['tɔlərns] n tolerancja f.

tolerant ['tɔlərnt] adj tolerancyjny.

tolerate ['tɔləreɪt] vt znosić (znieść perf).

toll [təʊl] n (casualties) liczba f ofiar; (charge) opłata f (za przejazd) ♦ vi (bell) bić.

tomato [tə'mɑːtəʊ] (pl **tomatoes**) n pomidor m.

tomb [tuːm] n grobowiec m.

tombstone ['tuːmstəʊn] n nagrobek m.

tomorrow [tə'mɔrəʊ] adv jutro ♦ n jutro nt; **tomorrow morning** jutro rano; **the day after tomorrow** pojutrze; **tomorrow's performance** jutrzejsze przedstawienie.

ton [tʌn] n (metric ton) tona f; (BRIT) 1016 kg; (US: also: **short ton**) 907,18 kg; **I've got tons of books** (inf) mam masę książek (inf).

tone [təʊn] n ton m ♦ vi: **to tone in with** pasować do +gen, harmonizować z +instr.

►**tone down** vt tonować (stonować perf).

►**tone up** vt (muscles) wyrabiać (wyrobić perf).

tone-deaf [təʊn'dɛf] adj pozbawiony słuchu.

tongs [tɔŋz] npl szczypce pl; (also: **curling tongs**) lokówka f (nożycowa).

tongue [tʌŋ] n język m; (CULIN) ozór m, ozorek m; **tongue in cheek** (speak, say) żartem.

tongue-twister ['tʌŋtwɪstə*] n łamaniec m językowy.

tonic ['tɔnɪk] n (MED) lek m tonizujący; (also: **tonic water**) tonik m; (fig) pokrzepienie nt.

tonight [tə'naɪt] adv (this evening) dzisiaj or dziś wieczorem; (this night) dzisiejszej nocy ♦ n (this evening) dzisiejszy wieczór m; (this night) dzisiejsza noc f.

tonsil ['tɔnsl] n migdałek m.

tonsillitis [tɔnsɪ'laɪtɪs] n zapalenie nt migdałków, angina f.

too [tuː] adv (excessively) zbyt, za; (also) też, także ♦ adj: **there's too much water** jest za dużo wody; **there are too many people** jest za dużo ludzi; **she loves him too much to ...** zbyt or zanadto go kocha, żeby +infin.

took [tuk] pt of **take**.

tool [tuːl] n narzędzie nt.

tooth [tuːθ] (pl **teeth**) n ząb m.

toothache ['tuːθeɪk] n ból m zęba; **she has toothache** boli ją ząb.

toothbrush ['tuːθbrʌʃ] n szczoteczka f do zębów.

toothpaste ['tuːθpeɪst] n pasta f do zębów.

toothpick ['tuːθpɪk] n wykałaczka f.

top [tɔp] n (of mountain, ladder) szczyt m; (of tree) wierzchołek m; (of cupboard, table) blat m; (of page, pyjamas) góra f; (of bottle) zakrętka f; (of jar, box) wieczko nt; (also: **spinning top**) bąk m; (blouse etc) góra f ♦ adj najwyższy ♦ vt (be first in) znajdować się (znaleźć się perf) na czele +gen; (exceed) przewyższać (przewyższyć perf); **on top of** (on) na +loc; (in addition to) w dodatku do +gen; **on top of that** na dodatek; **from top to bottom** od góry do dołu; **to go over the top** (inf) przeholować (perf) (inf).

►**top up** (US **top off**) vt (salary) podnosić (podnieść perf).

top hat n cylinder m.

topic ['tɔpɪk] n temat m.

topical ['tɔpɪkl] adj aktualny.

topless ['tɔplɪs] adj (bather) rozebrany do pasa; (waitress) w toplesie post (inf).

topmost ['tɔpməʊst] adj najwyższy.

topple ['tɔpl] vt (government, leader) obalać (obalić perf) ♦ vi przewracać się (przewrócić się perf).

top-secret ['tɔp'siːkrɪt] *adj* ściśle
tajny.

topsy-turvy ['tɔpsɪ'təːvɪ] *adj*
postawiony na głowie, przewrócony
do góry nogami ♦ *adv* do góry
nogami.

torch [tɔːtʃ] *n* (*with flame*) pochodnia
f; (*BRIT: electric*) latarka *f*.

tore [tɔː*] *pt of* **tear**.

torment ['tɔːment] *n* męczarnie *pl* ♦
vt dręczyć.

torn [tɔːn] *pp of* **tear¹**.

tornado [tɔː'neɪdəu] (*pl* **tornadoes**)
n tornado *nt*.

torpedo [tɔː'piːdəu] (*pl* **torpedoes**)
n torpeda *f*.

torrent ['tɔrnt] *n* (*lit, fig*) potok *m*.

torrential [tə'renʃl] *adj* ulewny.

torso ['tɔːsəu] *n* tułów *m*.

tortoise ['tɔːtəs] *n* żółw *m* (*lądowy lub
słodkowodny*).

torture ['tɔːtʃə*] *n* tortury *pl*; (*fig*)
tortura *f*, męczarnia *f* ♦ *vt*
torturować; (*fig*) zadręczać.

Tory ['tɔːrɪ] (*BRIT*) *adj* torysowski ♦
n torys *m*.

toss [tɔs] *vt* (*object*) rzucać (rzucić
perf); **to toss a coin** rzucać (rzucić
perf) monetę; **to toss up for sth**
grać (zagrać *perf*) o coś w orła i
reszkę; **to toss and turn** (*in bed*)
przewracać się (z boku na bok),
rzucać się.

total ['təutl] *adj* (*number, cost*)
całkowity; (*failure, wreck, stranger*)
zupełny ♦ *n* (*of figures*) suma *f*; (*of
things, people*) ogólna liczba *f* ♦ *vt*
(*add up*) sumować (zsumować *perf*),
dodawać (dodać *perf*); (*add up to*)
wynosić (wynieść *perf*).

totalitarian [təutælɪ'tɛərɪən] *adj*
totalitarny.

totally ['təutəlɪ] *adv* całkowicie,
zupełnie.

totter ['tɔtə*] *vi* (*person*) zataczać się
(zatoczyć się *perf*), chwiać się
(zachwiać się *perf*) (na nogach).

touch [tʌtʃ] *n* (*sense*) dotyk *m*;
(*contact*) dotknięcie *nt*; (*skill*) ręka *f*
♦ *vt* dotykać (dotknąć *perf*) +*gen*;
(*tamper with*) tykać (tknąć *perf*);
(*emotionally: move*) wzruszać
(wzruszyć *perf*); (: *stir*) poruszać
(poruszyć *perf*) ♦ *vi* dotykać się
(dotknąć się *perf*), stykać się
(zetknąć się *perf*); **a touch of** (*fig*)
odrobina +*gen*; **to get in touch with
sb** kontaktować się (skontaktować
się *perf*) z kimś; **I'll be in touch**
odezwę się; **we've lost touch**
straciliśmy (ze sobą) kontakt; **touch
wood!** odpukać (w niemalowane
drewno)!

▸**touch on** *vt fus* (*topic*) poruszać
(poruszyć *perf*) +*acc*.

▸**touch up** *vt* retuszować
(podretuszować *perf*).

touchdown ['tʌtʃdaun] *n* (*of rocket,
plane*) lądowanie *nt*; (*US:
FOOTBALL*) przyłożenie *nt*.

touched [tʌtʃt] *adj* (*moved*)
wzruszony.

touching ['tʌtʃɪŋ] *adj* wzruszający.

touchline ['tʌtʃlaɪn] (*SPORT*) *n* linia
f autowa *or* boczna.

touchy ['tʌtʃɪ] *adj* (*person*)
przewrażliwiony.

tough [tʌf] *adj* (*material, meat,
policy*) twardy; (*person, animal*)
wytrzymały; (*choice, task*) trudny,
ciężki.

toughen ['tʌfn] *vt* (*sb's character*)
hartować (zahartować *perf*); (*glass
etc*) utwardzać (utwardzić *perf*),
hartować.

toupee ['tuːpeɪ] *n* tupecik *m*, peruczka
f.

tour ['tuə*] *n*: **a tour (of)** (*country,
region*) podróż *f* (po +*loc*); (*town,
museum*) wycieczka *f* (po +*loc*); (*by
pop group etc*) tournée *nt inv* (po
+*loc*) ♦ *vt* (*in vehicle*) objeżdżać
(objechać *perf*); (*on foot*) obchodzić

(obejść *perf*), zwiedzać (zwiedzić *perf*).

tourism ['tuərɪzm] *n* turystyka *f*.

tourist ['tuərɪst] *n* turysta (-tka) *m(f)* ♦ *cpd* turystyczny.

tournament ['tuənəmənt] *n* turniej *m*.

tow [təu] *vt* holować; **"on** *or* (*US*) **in tow"** (*AUT*) „pojazd na holu".

tow away *vt* odholowywać (odholować *perf*).

toward(s) [tə'wɔːd(z)] *prep* (*to*) do +*gen*, ku +*dat* (*fml*); (*in direction of*) w kierunku *or* stronę +*gen*; (*in relation to*) do +*gen*, wobec +*gen*; (*as conributon to*) na +*acc*, na rzecz +*gen*; **towards noon** około południa.

towel ['tauəl] *n*: (*hand/bath*) **towel** ręcznik *m* (do rąk/kąpielowy).

tower ['tauə*] *n* wieża *f* ♦ *vi*: **to tower (above** *or* **over sb/sth)** wznosić się (nad kimś/czymś).

tower block (*BRIT*) *n* wieżowiec *m*.

towering ['tauərɪŋ] *adj* gigantyczny.

town [taun] *n* miasto *nt*; **to go to town** iść (pójść *perf*) do miasta; (*fig*) zaszaleć (*perf*) (*inf*); **I'll be out of town** nie będzie mnie w mieście.

town centre *n* centrum *nt* (miasta).

town council *n* rada *f* miejska.

town hall *n* ratusz *m*.

town planning *n* urbanistyka *f*.

towrope ['təurəup] *n* (*AUT*) linka *f* holownicza, hol *m*.

toxic ['tɔksɪk] *adj* toksyczny, trujący.

toy [tɔɪ] *n* zabawka *f*.

toyshop ['tɔɪʃɔp] *n* sklep *m* z zabawkami.

trace [treɪs] *n* (*sign, small amount*) ślad *m*; (*of emotion*) cień *m* ♦ *vt* (*draw*) odrysowywać (odrysować *perf*) przez kalkę, kalkować (przekalkować *perf*); (*locate*) odszukiwać (odszukać *perf*); (: *cause*) odkrywać (odkryć *perf*).

track [træk] *n* (*road*) droga *f* (*gruntowa*); (*path*) ścieżka *f*; (*of bullet, planet, for train*) tor *m*; (*of suspect, animal*) ślad *m*; (*on tape, record*) utwór *m*; (*SPORT*) bieżnia *f* ♦ *vt* tropić (wytropić *perf*); **to keep track of** (*fig*) śledzić +*acc*.

▶**track down** *vt* tropić (wytropić *perf*).

tracksuit ['træksuːt] *n* dres *m*.

tract [trækt] *n* (*of land*) przestrzeń *f*; (*pamphlet*) traktat *m*.

traction ['trækʃən] *n* (*power*) trakcja *f*; (*MED*): **in traction** na wyciągu.

tractor ['træktə*] *n* traktor *m*, ciągnik *m*.

trade [treɪd] *n* (*exchanging goods*) handel *m*; (*business*) branża *f*; (*skill, job*) fach *m* ♦ *vi* handlować ♦ *vt*: **to trade sth (for sth)** wymieniać (wymienić *perf*) coś (na coś).

▶**trade in** *vt* wymieniać (wymienić *perf*) na nowy za dopłatą.

trade fair *n* targi *pl* handlowe.

trademark ['treɪdmɑːk] *n* znak *m* fabryczny *or* towarowy.

trade name *n* nazwa *f* handlowa *or* firmowa.

tradesman ['treɪdzmən] *n* (*irreg like*: **man**) (*shopkeeper*) handlowiec *m*.

trade union *n* związek *m* zawodowy.

trade unionist [-'juːnjənɪst] *n* działacz(ka) *m(f)* związkowy(wa) *m(f)*.

tradition [trə'dɪʃən] *n* tradycja *f*.

traditional [trə'dɪʃənl] *adj* tradycyjny.

traffic ['træfɪk] *n* (*AUT, AVIAT etc*) ruch *m*; (*in drugs, stolen goods*) handel *m* ♦ *vi*: **to traffic in** handlować +*instr*.

traffic jam *n* korek *m* (uliczny).

traffic lights *npl* sygnalizacja *f* świetlna, światła *pl*.

traffic warden *n funkcjonariusz kontrolujący prawidłowość parkowania pojazdów.*

tragedy ['trædʒədɪ] *n* tragedia *f*.

tragic ['trædʒɪk] *adj* tragiczny.

tragically ['trædʒɪkəlɪ] *adv* tragicznie.

trail [treɪl] *n* (*path*) szlak *m*; (*of*

smoke) smuga *f* ♦ *vt* (*drag*) ciągnąć; (*follow*) tropić ♦ *vi* (*hang loosely*) ciągnąć się; (*in game, contest*) przegrywać.

trailer ['treɪlə*] *n* (*AUT*) przyczepa *f*; (*US: caravan*) przyczepa *f* kempingowa; (*FILM, TV*) zwiastun *m*.

train [treɪn] *n* (*RAIL*) pociąg *m*; (*underground train*) kolejka *f* (*podziemna*); (*of dress*) tren *m* ♦ *vt* (*apprentice, doctor*) szkolić (wyszkolić *perf*); (*dog*) tresować (wytresować *perf*); (*athlete*) trenować (wytrenować *perf*); (*mind*) ćwiczyć (wyćwiczyć *perf*); (*camera, gun*): **to train on** celować (wycelować *perf*) w +*acc* ♦ *vi* (*learn a skill*) szkolić się; (*SPORT*) trenować; **my train of thought** tok moich myśli.

trained [treɪnd] *adj* (*worker, manpower*) wykwalifikowany; (*animal*) tresowany.

trainee [treɪ'niː] *n* praktykant(ka) *m(f)*, stażysta (-tka) *m(f)*.

trainer ['treɪnə*] *n* (*coach*) trener(ka) *m(f)*; (*shoe*) but *m* sportowy; (*of animals*) treser(ka) *m(f)*.

training ['treɪnɪŋ] *n* (*for occupation*) szkolenie *nt*; (*SPORT*) trening *m*; **to be in training for** (*SPORT*) trenować do +*gen*.

training college *n* (*for teachers*) kolegium *nt* nauczycielskie.

trait [treɪt] *n* cecha *f*.

traitor ['treɪtə*] *n* zdrajca (-jczyni) *m(f)*.

tram [træm] (*BRIT*) *n* (*also*: **tramcar**) tramwaj *m*.

tramp [træmp] *n* włóczęga *m*, tramp *m*; (*inf, pej*) dziwka *f* (*inf, pej*) ♦ *vi* brnąć.

trample ['træmpl] *vt*: **to trample (underfoot)** deptać (podeptać *perf*).

trampoline ['træmpəliːn] *n* trampolina *f*.

trance [trɑːns] *n* trans *m*.

tranquil ['træŋkwɪl] *adj* spokojny.

tranquillity [træŋ'kwɪlɪtɪ] (*US* **tranquility**) *n* spokój *m*.

tranquillizer ['træŋkwɪlaɪzə*] (*US* **tranquilizer**) *n* środek *m* uspokajający.

transaction [træn'zækʃən] *n* transakcja *f*.

transatlantic ['trænzət'læntɪk] *adj* transatlantycki.

transcend [træn'sɛnd] *vt* wykraczać poza +*acc*.

transcript ['trænskrɪpt] *n* zapis *m*, transkrypt *m*.

transcription [træn'skrɪpʃən] *n* transkrypcja *f*.

transfer ['trænsfə*] *n* (*of employee*) przeniesienie *nt*; (*of money*) przelew *m*; (*of power*) przekazanie *nt*; (*SPORT*) transfer *m*; (*picture etc*) kalkomania *f* ♦ *vt* (*employee*) przenosić (przenieść *perf*); (*money*) przelewać (przelać *perf*); (*power, ownership*) przekazywać (przekazać *perf*).

transform [træns'fɔːm] *vt* odmieniać (odmienić *perf*); **to transform into** przekształcać (przekształcić *perf*) w +*acc*.

transformation [trænsfə'meɪʃən] *n* przemiana *f*, transformacja *f*.

transfusion [træns'fjuːʒən] *n* (*also*: **blood transfusion**) transfuzja *f* (krwi).

transient ['trænzɪənt] *adj* przelotny.

transistor [træn'zɪstə*] *n* tranzystor *m*.

transit ['trænzɪt] *n*: **in transit** (*things*) podczas transportu; (*people*) w podróży.

transition [træn'zɪʃən] *n* przejście *nt*.

transitional [træn'zɪʃənl] *adj* przejściowy.

transitive ['trænzɪtɪv] *adj* (*LING*) przechodni.

transitory ['trænzɪtərɪ] *adj* (*emotion*)

przemijający, krótkotrwały; (*arrangement, character*) przejściowy.

translate [trænz'leɪt] *vt*: **to translate (from/into)** tłumaczyć (przetłumaczyć *perf*) *or* przekładać (przełożyć *perf*) (z +*gen*/na +*acc*).

translation [trænz'leɪʃən] *n* tłumaczenie *nt*, przekład *m*.

translator [trænz'leɪtə*] *n* tłumacz(ka) *m(f)*.

translucent [trænz'luːsnt] *adj* półprzezroczysty.

transmission [trænz'mɪʃən] *n* (*of information, energy, data*) przesyłanie *nt*; (*of disease*) przenoszenie *nt*; (*TV*) transmisja *f*; (*AUT*) przekładnia *f*.

transmit [trænz'mɪt] *vt* (*message, signal*) przesyłać (przesłać *perf*), transmitować; (*disease*) przenosić (przenieść *perf*).

transmitter [trænz'mɪtə*] *n* przekaźnik *m*.

transparency [træns'pɛərnsɪ] *n* (*quality*) przezroczystość *f*; (*BRIT: PHOT*) przezrocze *nt*.

transparent [træns'pærnt] *adj* przezroczysty.

transpire [træns'paɪə*] *vi* (*become known*): **it finally transpired that ...** w końcu okazało się *or* wyszło na jaw, że ... .

transplant [træns'plɑːnt] *vt* (*MED*) przeszczepiać (przeszczepić *perf*); (*seedlings*) przesadzać (przesadzić *perf*) ♦ *n* (*MED*) przeszczep *m*.

transport [trænspɔːt] *n* transport *m* ♦ *vt* przewozić (przewieźć *perf*).

transportation ['trænspɔː'teɪʃən] *n* (*moving*) przewóz *m*, transport *m*; (*means of transport*) środek *m* transportu.

transvestite [trænz'vestaɪt] *n* transwestyta (-tka) *m(f)*.

trap [træp] *n* (*for mice, rats*) pułapka *f*; (*for larger animals*) sidła *pl*, wnyki *pl*; (*carriage*) dwukółka *f*; (*fig*) pułapka *f*, zasadzka *f* ♦ *vt* (*mouse*) łapać (złapać *perf*) w pułapkę; (*hare etc*) łapać (złapać *perf*) w sidła *or* we wnyki.

trap door (*also spelled* **trapdoor**) *n* drzwi *pl* spustowe; (*in stage*) zapadnia *f*; (*in mine*) drzwi *pl* zapadowe.

trapeze [trə'piːz] *n* trapez *m* (*przyrząd*).

trash [træʃ] *n* (*rubbish*) śmieci *pl*; (*pej: books etc*) chłam *m* (*pej*).

trauma ['trɔːmə] *n* bolesne przeżycie *nt*.

traumatic [trɔː'mætɪk] *adj* traumatyczny.

travel ['trævl] *n* podróż *f* ♦ *vi* (*person*) podróżować; (*news, sound*) rozchodzić się (rozejść się *perf*) ♦ *vt* (*distance*) przejeżdżać (przejechać *perf*); **travels** *npl* podróże *pl*.

travel agency *n* biuro *nt* podróży.

traveller ['trævlə*] (*US* **traveler**) *n* podróżnik (-iczka) *m(f)*.

traveller's cheque (*US* **traveler's check**) *n* czek *m* podróżny.

travel sickness *n* choroba *f* lokomocyjna.

travesty ['trævəstɪ] *n* parodia *f*.

trawler ['trɔːlə*] *n* trawler *m*.

tray [treɪ] *n* taca *f*; (*also*: **in-tray/out-tray**) tacka *f* (na korespondencję).

treacherous ['trɛtʃərəs] *adj* (*person, look*) zdradziecki; (*ground, tide*) zdradliwy.

treachery ['trɛtʃərɪ] *n* zdrada *f*.

treacle ['triːkl] *n* (*black treacle*) melasa *f*.

tread [trɛd] (*pt* **trod**, *pp* **trodden**) *n* (*of tyre*) bieżnik *m*; (*step*) chód *m*; (*of stair*) stopień *m* ♦ *vi* stąpać.

▶**tread on** *vt fus* nadeptywać (nadepnąć *perf*) na +*acc*.

treason ['triːzn] *n* zdrada *f*.

treasure ['trɛʒə*] *n* (*lit, fig*) skarb *m* ♦ *vt* (*object*) być bardzo przywiązanym do +*gen*; (*memory, thought*) (pieczołowicie) przechowywać w pamięci; (*friendship*) pielęgnować; **treasures** *npl* skarby *pl*.

treasurer ['trɛʒərə*] *n* skarbnik (-iczka) *m(f)*.

treasury ['trɛʒərɪ] *n*: **the Treasury,** *(US)* **the Treasury Department** ≈ Ministerstwo *nt* Finansów.

treat [triːt] *n* uczta *f* (*fig*) ♦ *vt* (*handle, regard*) traktować (potraktować *perf*); (*MED*) leczyć; (*TECH*) impregnować (zaimpregnować *perf*); **this is my treat** ja stawiam; **she treated us to dinner** poczęstowała nas obiadem.

treatment ['triːtmənt] *n* (*attention, handling*) traktowanie *nt*; (*MED*) leczenie *nt*.

treaty ['triːtɪ] *n* traktat *m*.

treble ['trɛbl] *adj* (*triple*) potrójny ♦ *vt* potrajać (potroić *perf*) ♦ *vi* potrajać się (potroić się *perf*).

tree [triː] *n* drzewo *nt*.

trek [trɛk] *n* (*long difficult journey*) wyprawa *f*; (*tiring walk*) wędrówka *f*.

tremble ['trɛmbl] *vi* drżeć (zadrżeć *perf*).

tremendous [trɪ'mɛndəs] *adj* (*enormous*) olbrzymi, ogromny; (*excellent*) wspaniały.

tremor ['trɛmə*] *n* (*of excitement, fear*) dreszcz *m*; (*in voice*) drżenie *nt*; (*also*: **earth tremor**) wstrząs *m* (podziemny).

trench [trɛntʃ] *n* rów *m*; (*MIL*) okop *m*.

trend [trɛnd] *n* (*in attitudes, fashion*) trend *m*; (*of events*) kierunek *m*.

trendy ['trɛndɪ] *adj* modny.

trespass ['trɛspəs] *vi*: **to trespass on** (*private property*) wkraczać (wkroczyć *perf*) na +*acc*; **"no trespassing"** „teren prywatny – wstęp wzbroniony".

trial ['traɪəl] *n* (*JUR*) proces *m*; (*of machine, drug etc*) próba *f*; **trials** *npl*

(*unpleasant*) przykre przejścia *pl*; (*difficult*) perypetie *pl*; **he went on trial for larceny** był sądzony za kradzież; **by trial and error** metodą prób i błędów.

trial period *n* okres *m* próbny.

triangle ['traɪæŋgl] *n* trójkąt *m*.

triangular [traɪ'æŋgjulə*] *adj* trójkątny.

tribal ['traɪbl] *adj* plemienny.

tribe [traɪb] *n* plemię *nt*.

tribunal [traɪ'bjuːnl] *n* trybunał *m*.

tributary ['trɪbjutərɪ] *n* dopływ *m*.

tribute ['trɪbjuːt] *n* (*compliment*) wyrazy *pl* uznania; **to pay tribute to** wyrażać (wyrazić *perf*) uznanie dla +*gen*.

trick [trɪk] *n* sztuczka *f*; (*CARDS*) lewa *f* ♦ *vt* oszukiwać (oszukać *perf*); **the trick is to ...** (cała) sztuka polega na tym, żeby +*infin*; **to play a trick on sb** spłatać (*perf*) komuś figla; **that should do the trick** to powinno załatwić sprawę.

trickle ['trɪkl] *n* strużka *f* ♦ *vi* (*water*) sączyć się, kapać; (*rain, tears*) kapać.

tricky ['trɪkɪ] *adj* (*problem etc*) skomplikowany.

tricycle ['traɪsɪkl] *n* rower *m* trójkołowy.

trifle ['traɪfl] *n* błahostka *f*, drobnostka *f* ♦ *adv*: **a trifle long** (nieco) przydługi.

trigger ['trɪgə*] *n* spust *m*, cyngiel *m*.

▶**trigger off** *vt fus* wywoływać (wywołać *perf*).

trim [trɪm] *adj* (*house, garden*) starannie utrzymany; (*figure, person*) szczupły ♦ *n* (*haircut*) podstrzyżenie *nt*, podcięcie *nt* ♦ *vt* (*cut*) przycinać (przyciąć *perf*), przystrzygać (przystrzyc *perf*); (*decorate*): **to trim (with)** ozdabiać (ozdobić *perf*) (+*instr*).

trinity ['trɪnɪtɪ] *n* (*REL*): **the (Holy) Trinity** Trójca *f* Święta.

trinket ['trɪŋkɪt] *n* (*ornament*)

ozdóbka *f*; (*piece of jewellery*)
błyskotka *f*, świecidełko *nt*.
trio ['tri:əu] *n* trójka *f*.
trip [trɪp] *n* (*journey*) podróż *f*;
(*outing*) wycieczka *f* ♦ *vi* (*stumble*)
potykać się (potknąć się *perf*); (*go
lightly*) iść lekkim krokiem; **to go on
a (business) trip** wyjeżdżać
(wyjechać *perf*) w podróż
(służbową).
▶**trip up** *vi* potykać się (potknąć się
perf) ♦ *vt* podstawiać (podstawić
perf) nogę +*dat*.
tripe [traɪp] *n* (*CULIN*) flaczki *pl*,
flaki *pl*; (*pej*) bzdury *pl*.
triple ['trɪpl] *adj* potrójny.
triplets ['trɪplɪts] *npl* trojaczki *pl*.
trite [traɪt] (*pej*) *adj* wyświechtany,
oklepany.
triumph ['traɪʌmf] *n* tryumf *m* or
triumf *m* ♦ *vi* tryumfować
(zatryumfować *perf*); **to triumph
over** (*opponent*) odnosić (odnieść
perf) zwycięstwo nad +*instr*;
(*disabilities, adversities*)
przezwyciężać (przezwyciężyć *perf*)
+*acc*.
triumphant [traɪ'ʌmfənt] *adj* (*team*)
zwycięski, tryumfujący or
triumfujący; (*return*) tryumfalny or
triumfalny; (*smile, expression*)
tryumfalny or triumfalny,
tryumfujący or triumfujący.
trivia ['trɪvɪə] (*pej*) *npl* błahostki *pl*.
trivial ['trɪvɪəl] *adj* (*unimportant*)
błahy; (*commonplace*) trywialny,
banalny.
trod [trɔd] *pt of* tread.
trodden [trɔdn] *pp of* tread.
trolley ['trɔlɪ] *n* (*for luggage,
shopping*) wózek *m*; (*table*) stolik *m*
na kółkach; (*also*: **trolley bus**)
trolejbus *m*.
trombone [trɔm'bəun] *n* puzon *m*.
troop [tru:p] *n* (*of people*) gromada *f*;
(*of monkeys*) stado *nt*; **troops** *npl*
wojsko *nt*, żołnierze *pl*.

trophy ['trəufɪ] *n* trofeum *m*.
tropical ['trɔpɪkl] *adj* tropikalny,
zwrotnikowy.
trot [trɔt] *n* (*fast pace*) trucht *m*; (*of
horse*) kłus *m* ♦ *vi* (*horse*) kłusować
(pokłusować *perf*); (*person*) biec
(pobiec *perf*) truchtem.
trouble ['trʌbl] *n* (*difficulty, bother*)
kłopot *m*; (*unrest*) zamieszki *pl* ♦ *vt*
(*worry*) martwić (zmartwić *perf*);
(*disturb*) niepokoić ♦ *vi*: **to trouble
to do sth** zadawać (zadać *perf*)
sobie trud zrobienia czegoś;
troubles *npl* kłopoty *pl*; **to be in
trouble** mieć kłopoty or
nieprzyjemności; (*ship, climber etc*)
być w tarapatach or opałach; **what's
the trouble?** co się stało?; (*to
patient*) co Panu/Pani dolega?
troubled [trʌbld] *adj* (*person*)
zmartwiony; (*era, life*) burzliwy;
(*water*) wzburzony; (*country*)
targany konfliktami.
troublemaker ['trʌblmeɪkə*] *n*
wichrzyciel *m*.
troublesome ['trʌblsəm] *adj* (*child*)
nieznośny; (*cough, stammer*)
dokuczliwy.
trough [trɔf] *n* (*also*:
drinking/feeding trough) koryto *nt*;
(*low point*) spadek *m*.
troupe [tru:p] *n* trupa *f*.
trousers ['trauzəz] *npl* spodnie *pl*;
short trousers krótkie spodenki.
trout [traut] *n inv* pstrąg *m*.
truant ['truənt] (*BRIT*) *n*: **to play
truant** iść (pójść *perf*) na wagary;
(*frequently*) chodzić na wagary,
wagarować.
truce [tru:s] *n* rozejm *m*, zawieszenie
nt broni.
truck [trʌk] *n* (*lorry*) ciężarówka *f*,
samochód *m* ciężarowy; (*RAIL*)
platforma *f*.
true [tru:] *adj* (*not false, real,
genuine*) prawdziwy; (*accurate,
faithful*) wierny; **it's true** to prawda;

to come true (*dreams*) spełniać się (spełnić się *perf*); (*predictions*) sprawdzać się (sprawdzić się *perf*).

truffle ['trʌfl] *n* trufla *f*.

truly ['truːlɪ] *adv* (*genuinely, truthfully*) naprawdę; (*really*) doprawdy; **yours truly** (*in letter*) z poważaniem.

trump [trʌmp] *n* (*lit, fig*) karta *f* atutowa.

trumpet ['trʌmpɪt] *n* trąbka *f*.

truncheon ['trʌntʃən] (*BRIT: POLICE*) *n* pałka *f*.

trunk [trʌŋk] *n* (*of tree*) pień *m*; (*of person*) tułów *m*; (*of elephant*) trąba *f*; (*case*) kufer *m*; (*US: AUT*) bagażnik *m*; **trunks** *npl* (*also*: **swimming trunks**) kąpielówki *pl*.

trust [trʌst] *n* zaufanie *nt*; (*in bright future, human goodness etc*) ufność *f*; (*COMM*) trust *m* ♦ *vt* ufać (zaufać *perf*) +*dat*; **to take sth on trust** przyjmować (przyjąć *perf*) coś na słowo.

trusted ['trʌstɪd] *adj* zaufany.

trustee [trʌs'tiː] *n* (*JUR*) powiernik (-iczka) *m*; (*of school etc*) członek *m* zarządu.

trustful ['trʌstful] *adj* ufny.

trusting ['trʌstɪŋ] *adj* ufny.

trustworthy ['trʌstwəːðɪ] *adj* godny zaufania.

truth [truːθ] (*pl* **truths**) *n* prawda *f*.

truthful ['truːθful] *adj* (*person*) prawdomówny.

try [traɪ] *n* próba *f*; (*RUGBY*) przyłożenie *nt* ♦ *vt* (*attempt, experience*) próbować (spróbować *perf*) +*gen*; (*JUR*) sądzić; (*patience*) wystawiać (wystawić *perf*) na próbę ♦ *vi* (*attempt*) próbować (spróbować *perf*); (*make effort*) starać się (postarać się *perf*); **to have a try** próbować (spróbować *perf*); **to try to do sth** próbować (spróbować *perf*) coś zrobić.
▶**try on** *vt* przymierzać (przymierzyć *perf*).

trying ['traɪɪŋ] *adj* męczący.

T-shirt ['tiːʃəːt] *n* koszulka *f* (z krótkim rękawem).

tub [tʌb] *n* (*container*) kadź *f*; (*bath*) wanna *f*.

tube [tjuːb] *n* (*pipe*) rurka *f*; (: *wide*) rura *f*; (*container*) tubka *f*; (*BRIT: underground*) metro *nt*.

tuberculosis [tjubəːkjuˈləusɪs] *n* gruźlica *f*.

tubular ['tjuːbjulə*] *adj* (*scaffolding, furniture*) rurowy; (*container*) cylindryczny.

TUC (*BRIT*) *n abbr* (= *Trades Union Congress*) federacja brytyjskich związków zawodowych.

tuck [tʌk] *vt* wsuwać (wsunąć *perf*).
▶**tuck in** *vt* (*shirt etc*) wkładać (włożyć *perf*) w spodnie/spódnicę; (*child*) otulać (otulić *perf*) (*do snu*) ♦ *vi* zajadać, wcinać (*inf*).
▶**tuck up** *vt* otulać (otulić *perf*);

Tuesday ['tjuːzdɪ] *n* wtorek *m*.

tuft [tʌft] *n* kępka *f*.

tug [tʌg] *n* holownik *m* ♦ *vt* pociągać (pociągnąć *perf*) (mocno).

tug-of-war [tʌgəvˈwɔː*] *n* zawody *pl* w przeciąganiu liny; (*fig*) rywalizacja *f*.

tuition [tjuːˈɪʃən] *n* (*BRIT: instruction*) nauka *f*, lekcje *pl*; (*US: school fees*) czesne *nt*.

tulip ['tjuːlɪp] *n* tulipan *m*.

tumble ['tʌmbl] *n* upadek *m* ♦ *vi* spadać (spaść *perf*), staczać się (stoczyć się *perf*).

tumble dryer (*BRIT*) *n* suszarka *f* (bębnowa).

tumbler ['tʌmblə*] *n* (*glass*) szklaneczka *f*; (: *tall*) szklanka *f*.

tummy ['tʌmɪ] (*inf*) *n* brzuch *m*.

tumour ['tjuːmə*] (*US* **tumor**) (*MED*) *n* guz *m*.

tumult ['tjuːmʌlt] *n* (*uproar*) zgiełk *m*, tumult *m*.

tumultuous [tjuːˈmʌltjuəs] *adj* burzliwy.

tuna ['tjuːnə] *n inv* (*also:* **tuna fish**) tuńczyk *m*.

tune [tjuːn] *n* melodia *f* ♦ *vt* (*MUS*) stroić (nastroić *perf*); (*RADIO, TV*) nastawiać (nastawić *perf*); (*AUT*) regulować (wyregulować *perf*); **to be in tune** (*instrument*) być nastrojonym; (*singer*) śpiewać czysto; **to be out of tune** (*instrument*) być nie nastrojonym; (*singer*) fałszować; **to be in/out of tune with** (*fig*) harmonizować/nie harmonizować z +*instr*.
►**tune in** *vi* (*RADIO, TV*): **to tune in (to)** nastawiać (nastawić *perf*) odbiornik (na +*acc*).
►**tune up** *vi* stroić (nastroić *perf*) instrumenty.

tuneful ['tjuːnful] *adj* melodyjny.

tuner ['tjuːnə*] *n* (*radio set*) tuner *m*; **piano tuner** stroiciel fortepianów.

tunic ['tjuːnɪk] *n* tunika *f*.

tunnel ['tʌnl] *n* (*passage*) tunel *m*; (*in mine*) sztolnia *f* ♦ *vi* przekopywać (przekopać *perf*) tunel.

turban ['təːbən] *n* turban *m*.

turbine ['təːbaɪn] *n* turbina *f*.

turbulence ['təːbjuləns] *n* turbulencja *f*.

turbulent ['təːbjulənt] *adj* (*lit, fig*) burzliwy.

tureen [təˈriːn] *n* waza *f*.

turf [təːf] *n* (*grass*) darń *f*; (*clod*) bryła *f* darni ♦ *vt* pokrywać (pokryć *perf*) darnią.

Turkey ['təːkɪ] *n* Turcja *f*.

turkey ['təːkɪ] *n* indyk *m*.

Turkish ['təːkɪʃ] *adj* turecki ♦ *n* (język *m*) turecki.

turmoil ['təːmɔɪl] *n* zgiełk *m*, wrzawa *f*; **in turmoil** wzburzony.

turn [təːn] *n* (*rotation*) obrót *m*; (*in road*) zakręt *m*; (*change*) zmiana *f*; (*chance*) kolej *f*; (*performance*) występ *m*; (*inf: of illness*) napad *m* ♦ *vt* (*handle*) przekręcać (przekręcić *perf*); (*key*) przekręcać (przekręcić *perf*), obracać (obrócić *perf*); (*steak, page*) przewracać (przewrócić *perf*) ♦ *vi* (*rotate*) obracać się (obrócić się *perf*); (*change direction*) skręcać (skręcić *perf*); (*face in different direction*) odwracać się (odwrócić się *perf*); (*milk*) kwaśnieć (skwaśnieć *perf*); **her hair is turning grey** włosy jej siwieją; **he has turned forty** skończył czterdzieści lat; **I did him a good turn** wyświadczyłam mu przysługę; **"no left turn"** „zakaz skrętu w lewo"; **it's your turn** twoja kolej; **in turn** (*in succession*) po kolei; (*indicating consequence, cause etc*) z kolei; **to take turns (at)** zmieniać się (zmienić się *perf*) (przy +*loc*); **at the turn of the century** u schyłku wieku, na przełomie wieków.
►**turn around** *vi* odwracać się (odwrócić się *perf*).
►**turn against** *vt fus* zwracać się (zwrócić się *perf*) przeciw(ko) +*dat*.
►**turn away** *vi* odwracać się (odwrócić się *perf*) ♦ *vt* (*applicants*) odprawiać (odprawić *perf*) (z niczym *or* z kwitkiem).
►**turn back** *vi* zawracać (zawrócić *perf*) ♦ *vt* zawracać (zawrócić *perf*).
►**turn down** *vt* (*offer*) odrzucać (odrzucić *perf*); (*person, request*) odmawiać (odmówić *perf*) +*dat*; (*heater*) przykręcać (przykręcić *perf*); (*radio*) przyciszać (przyciszyć *perf*), ściszać (ściszyć *perf*); (*bedclothes*) odwijać (odwinąć *perf*).
►**turn in** *vi* (*inf*) iść (pójść *perf*) spać ♦ *vt* (*to police*) wydawać (wydać *perf*).
►**turn into** *vt fus* zamieniać się (zamienić się *perf*) w +*acc*.
►**turn off** *vi* (*from road*) skręcać (skręcić *perf*) ♦ *vt* (*light, engine, radio*) wyłączać (wyłączyć *perf*); (*tap*) zakręcać (zakręcić *perf*).
►**turn on** *vt* (*light, engine, radio*)

włączać (włączyć *perf*); (*tap*)
odkręcać (odkręcić *perf*).
►**turn out** *vt* (*light, gas*) wyłączać
(wyłączyć *perf*) ♦ *vi* (*people*)
przybywać (przybyć *perf*); **the
house turned out to be a ruin** dom
okazał się (być) ruiną.
►**turn round** *vi* (*person*) odwracać
się (odwrócić się *perf*); (*vehicle*)
zawracać (zawrócić *perf*); (*rotate*)
obracać się (obrócić się *perf*).
►**turn up** *vi* (*person*) pojawiać się
(pojawić się *perf*); (*lost object*)
znajdować się (znaleźć się *perf*) ♦ *vt*
(*collar*) stawiać (postawić *perf*);
(*radio*) podgłaśniać (podgłośnić
perf); (*heater*) podkręcać (podkręcić
perf).
turning ['tə:nɪŋ] *n* (*in road*) zakręt *m*.
turning point *n* (*fig*) punkt *m*
zwrotny.
turnip ['tə:nɪp] *n* rzepa *f*.
turnout ['tə:naut] *n* (*of voters etc*)
frekwencja *f*.
turnover ['tə:nəuvə*] *n* (*COMM*)
obrót *m*, obroty *pl*; **turnover of staff**
fluktuacja kadr.
turntable ['tə:nteɪbl] *n* (*on record
player*) talerz *m* obrotowy.
turn-up ['tə:nʌp] (*BRIT*) *n* (*on
trousers*) mankiet *m*.
turpentine ['tə:pəntaɪn] *n* (*also*:
turps) terpentyna *f*.
turquoise ['tə:kwɔɪz] *n* turkus *m* ♦
adj turkusowy.
turtle ['tə:tl] *n* żółw *m*.
turtleneck (sweater) ['tə:tlnɛk(-)] *n*
golf *m*.
tusk [tʌsk] *n* kieł *m*.
tussle ['tʌsl] *n* bójka *f*.
tutor ['tju:tə*] *n* (*BRIT*) *wykładowca
prowadzący zajęcia z małą grupą
studentów lub opiekujący się
indywidualnymi studentami*; (*private
tutor*) prywatny(na) *m(f)* nauczyciel
(-ka) *m(f)*.

tutorial [tju:'tɔ:rɪəl] *n* zajęcia *pl* (*dla
małej grupy studentów*).
tuxedo [tʌk'si:dəu] (*US*) *n* smoking
m.
TV [ti:'vi:] *n abbr* = **television**.
tweed [twi:d] *n* tweed *m*.
tweezers ['twi:zəz] *npl* pinceta *f*.
twelfth [twɛlfθ] *num* dwunasty.
twelve [twɛlv] *num* dwanaście; **at
twelve (o'clock)** o (godzinie)
dwunastej.
twentieth ['twɛntɪθ] *num* dwudziesty.
twenty ['twɛntɪ] *num* dwadzieścia.
twice [twaɪs] *adv* dwa razy,
dwukrotnie; **twice as much** dwa
razy tyle; **twice a week** dwa razy w
tygodniu.
twiddle ['twɪdl] *vt* kręcić +*instr* ♦ *vi*:
to twiddle with sth kręcić czymś.
twig [twɪg] *n* gałązka *f* ♦ *vi* (*BRIT:
inf*) skapować (się) (*perf*) (*inf*).
twilight ['twaɪlaɪt] *n* (*evening*)
zmierzch *m*.
twin [twɪn] *n* bliźniak (-aczka) *m(f)* ♦
vt: **Nottingham is twinned with
Poznań** Nottingham i Poznań to
miasta bliźniacze; **twin brother**
(brat) bliźniak; **twin sister** (siostra)
bliźniaczka; **twins** bliźniaki,
bliźnięta.
twinkle ['twɪŋkl] *vi* (*star, light*)
migotać (zamigotać *perf*); (*eyes*)
skrzyć się.
twist [twɪst] *n* (*of body*) skręt *m*; (*of
coil*) zwój *m*; (*in road*) (ostry) zakręt
m; (*in attitudes, story*) zwrot *m* ♦ *vt*
(*head*) odwracać (odwrócić *perf*);
(*ankle etc*) skręcać (skręcić *perf*);
(*scarf etc*) owijać (owinąć *perf*); (*fig:
words*) przekręcać (przekręcić *perf*);
(: *meaning*) wypaczać (wypaczyć
perf) ♦ *vi* (*road, river*) wić się.
twisted ['twɪstɪd] *adj* (*rope*)
poskręcany; (*ankle, wrist*) skręcony;
(*fig: logic*) pokrętny; (: *personality*)
skrzywiony.
twitch [twɪtʃ] *n* (*nervous*) drgnięcie

nt; (*at sleeve*) szarpnięcie *nt* ♦ *vi*
drgać.

two [tu:] *num* dwa; **to put two and**
two together (*fig*) kojarzyć
(skojarzyć *perf*) fakty.

two-door [tu:ˈdɔ:*] *adj* dwudrzwiowy.

two-faced [tu:ˈfeɪst] *adj* (*pej*)
dwulicowy.

twofold [ˈtu:fəuld] *adv* (*increase*)
dwukrotnie.

two-piece (suit) [ˈtu:pi:s-] *n*
kostium *m*.

two-piece (swimsuit) *n* kostium *m*
(kąpielowy) dwuczęściowy.

twosome [ˈtu:səm] *n* dwójka *f*.

two-way [ˈtu:weɪ] *adj* (*traffic, street*)
dwukierunkowy.

tycoon [taɪˈku:n] *n* magnat *m*.

type [taɪp] *n* typ *m*; (*TYP*) czcionka *f*
♦ *vt* pisać (napisać *perf*) na maszynie.

typescript [ˈtaɪpskrɪpt] *n* maszynopis
m.

typewriter [ˈtaɪpraɪtə*] *n* maszyna *f*
do pisania.

typhoid [ˈtaɪfɔɪd] *n* tyfus *m or* dur *m*
brzuszny.

typhoon [taɪˈfu:n] *n* tajfun *m*.

typical [ˈtɪpɪkl] *adj*: **typical (of)**
typowy (dla +*gen*).

typist [ˈtaɪpɪst] *n* maszynistka *f*.

tyranny [ˈtɪrənɪ] *n* tyrania *f*.

tyrant [ˈtaɪərnt] *n* tyran *m*.

tyre [ˈtaɪə*] *n* (*US* **tire**) *n* opona *f*.

U

ubiquitous [ju:ˈbɪkwɪtəs] *adj*
wszechobecny.

udder [ˈʌdə*] *n* wymię *nt*.

UFO [ˈju:fəu] *n abbr* (= *unidentified*
flying object) UFO *nt inv*, NOL *m* (=
Niezidentyfikowany Obiekt
Latający).

ugliness [ˈʌglɪnɪs] *n* brzydota *f*.

ugly [ˈʌglɪ] *adj* brzydki; (*situation,*
incident) paskudny.

UK *n abbr* = **United Kingdom**.

ulcer [ˈʌlsə*] *n* (*also*: **stomach** *etc*
ulcer) wrzód *m*; (*also*: **mouth ulcer**)
afta *f*.

Ulster [ˈʌlstə*] *n* Ulster *m*.

ultimate [ˈʌltɪmət] *adj* (*final*)
ostateczny; (*greatest: insult,*
deterrent) największy; (: *authority*)
najwyższy.

ultimately [ˈʌltɪmətlɪ] *adv* ostatecznie.

ultimatum [ʌltɪˈmeɪtəm] (*pl*
ultimatums *or* **ultimata**) *n*
ultimatum *nt*.

ultrasound [ˈʌltrəsaund] *n*
ultradźwięk *m*.

ultraviolet [ˈʌltrəˈvaɪəlɪt] *adj*
ultrafioletowy, nadfioletowy.

umbilical cord [ʌmˈbɪlɪkl-] *n*
pępowina *f*.

umbrella [ʌmˈbrɛlə] *n* parasol *m*;
(*lady's*) parasolka *f*.

umpire [ˈʌmpaɪə*] *n* arbiter *m*,
sędzia *m* ♦ *vt*, *vi* sędziować.

UN *n abbr* = **United Nations**.

unable [ʌnˈeɪbl] *adj*: **to be unable to**
do sth nie być w stanie czegoś
(z)robić.

unaccompanied [ʌnəˈkʌmpənɪd]
adj (*child, luggage*) bez opieki *post*;
(*song*) bez akompaniamentu *post*.

unaccountably [ʌnəˈkauntəblɪ] *adv*
z niewyjaśnionych przyczyn.

unaccustomed [ʌnəˈkʌstəmd] *adj*:
to be unaccustomed to nie być
przyzwyczajonym do +*gen*.

unanimous [ju:ˈnænɪməs] *adj*
jednomyślny, jednogłośny.

unarmed [ʌnˈɑ:md] *adj* nie
uzbrojony; **unarmed combat** walka
wręcz.

unashamed [ʌnəˈʃeɪmd] *adj*
bezwstydny.

unassuming [ʌnəˈsju:mɪŋ] *adj*
(*person*) skromny; (*manner*) nie
narzucający się.

unattached [ˌʌnə'tætʃt] adj (single) samotny; (unconnected): **unattached to** nie związany z +instr.

unattractive [ˌʌnə'træktɪv] adj (person, appearance) nieatrakcyjny; (character, idea) nieciekawy.

unauthorized [ʌn'ɔːθəraɪzd] adj (visit, use) bezprawny, bez pozwolenia post; (version) nie autoryzowany.

unavoidable [ˌʌnə'vɔɪdəbl] adj nieunikniony.

unaware [ˌʌnə'wɛə*] adj: **to be unaware of** być nieświadomym +gen.

unawares [ˌʌnə'wɛəz] adv znienacka.

unbalanced [ʌn'bælənst] adj (report etc) nie wyważony; (person, mind) niezrównoważony.

unbearable [ʌn'bɛərəbl] adj nieznośny, nie do zniesienia or wytrzymania post.

unbeatable [ʌn'biːtəbl] adj bezkonkurencyjny.

unbelievable [ˌʌnbɪ'liːvəbl] adj niewiarygodny.

unbiased [ʌn'baɪəst] adj bezstronny.

unborn [ʌn'bɔːn] adj nie narodzony.

unbreakable [ʌn'breɪkəbl] adj (glass, china) nietłukący; (plastic) niełamliwy.

unbroken [ʌn'brəukən] adj (seal) nie uszkodzony; (silence) niezmącony; (record) nie pobity; (series) nieprzerwany.

unbutton [ʌn'bʌtn] vt rozpinać (rozpiąć perf).

uncanny [ʌn'kænɪ] adj (resemblance, silence) niesamowity; (knack) osobliwy.

uncertain [ʌn'sɜːtn] adj niepewny.

uncertainty [ʌn'sɜːtntɪ] n niepewność f; **uncertainties** npl niewiadome pl.

unchanged [ʌn'tʃeɪndʒd] adj nie zmieniony.

unchecked [ʌn'tʃɛkt] adv w niekontrolowany sposób.

uncle ['ʌŋkl] n wujek m, wuj m.

uncomfortable [ʌn'kʌmfətəbl] adj (chair, situation, fact) niewygodny; (person: nervous) nieswój; **I am uncomfortable here** jest mi tu niewygodnie; **to feel uncomfortable** czuć się (poczuć się perf) niezręcznie or nieswojo.

uncommon [ʌn'kɔmən] adj niezwykły.

uncompromising [ʌn'kɔmprəmaɪzɪŋ] adj bezkompromisowy.

unconditional [ˌʌnkən'dɪʃənl] adj bezwarunkowy.

unconscious [ʌn'kɔnʃəs] adj nieprzytomny; **unconscious of** nieświadomy +gen ♦ n: **the unconscious** podświadomość f.

unconsciously [ʌn'kɔnʃəslɪ] adv nieświadomie, bezwiednie.

uncontrollable [ˌʌnkən'trəuləbl] adj (person, animal) nieokiełznany, nieposkromiony; (temper, laughter) niepohamowany.

unconventional [ˌʌnkən'vɛnʃənl] adj niekonwencjonalny.

uncover [ʌn'kʌvə*] vt odkrywać (odkryć perf).

undecided [ˌʌndɪ'saɪdɪd] adj (person) niezdecydowany; (question) nie rozstrzygnięty.

undeniable [ˌʌndɪ'naɪəbl] adj niezaprzeczalny.

under ['ʌndə*] prep (in space) pod +instr; (in age, price) poniżej +gen; (law, agreement etc) w myśl +gen, zgodnie z +instr; (sb's leadership) pod rządami +gen ♦ adv pod spodem; **under there** tam (na dole); **under repair** w naprawie.

undercarriage ['ʌndəkærɪdʒ] (AVIAT) n podwozie nt.

undercover [ˌʌndə'kʌvə*] adj tajny.

underdone [ʌndə'dʌn] *adj* nie
dogotowany.

underestimate ['ʌndər'ɛstɪmeɪt] *vt*
nie doceniać (nie docenić *perf*) +gen.

undergo [ʌndə'gəu] (*irreg like*: **go**) *vt*
(*change*) ulegać (ulec *perf*) +dat;
(*test, operation*) zostawać (zostać
perf) poddanym +dat, przechodzić
(przejść *perf*).

undergraduate [ʌndə'grædjuɪt] *n*
student, który nie zdobył jeszcze
stopnia BA.

underground ['ʌndəgraund] *n*: **the
underground** (*BRIT*) metro *nt*;
(*POL*) podziemie *nt* ♦ *adj*
podziemny ♦ *adv* pod ziemią; **to go
underground** (*POL*) schodzić (zejść
perf) do podziemia.

underline [ʌndə'laɪn] *vt* podkreślać
(podkreślić *perf*).

undermine [ʌndə'maɪn] *vt*
podkopywać (podkopać *perf*).

underneath [ʌndə'ni:θ] *adv* pod
spodem ♦ *prep* pod +instr.

undernourished [ʌndə'nʌrɪʃt] *adj*
niedożywiony.

underpants ['ʌndəpænts] *npl* slipy *pl*.

underpass ['ʌndəpa:s] (*BRIT*) *n*
przejście *nt* podziemne.

underprivileged [ʌndə'prɪvɪlɪdʒd]
adj społecznie upośledzony.

understand [ʌndə'stænd] (*irreg like*:
stand) *vt* rozumieć (zrozumieć *perf*);
I understand (that) ... rozumiem, że
... .

understandable [ʌndə'stændəbl] *adj*
zrozumiały.

understanding [ʌndə'stændɪŋ] *adj*
wyrozumiały ♦ *n* (*of subject,
language*) znajomość *f*; (*sympathy*)
wyrozumiałość *f*, zrozumienie *nt*;
(*co-operation*) porozumienie *nt*.

understatement ['ʌndəsteɪtmənt] *n*
niedopowiedzenie *nt*,
niedomówienie *nt*; **that's an
understatement!** to mało
powiedziane!

understood [ʌndə'stud] *pt, pp of*
understand ♦ *adj* (*agreed*) ustalony;
(*implied*) zrozumiały sam przez się.

undertake [ʌndə'teɪk] (*irreg like*:
take) *vt* podejmować się (podjąć się
perf) +gen ♦ *vi*: **to undertake to do
sth** podejmować się (podjąć się
perf) zrobienia czegoś.

undertaker ['ʌndəteɪkə*] *n*
przedsiębiorca *m* pogrzebowy.

undertaking ['ʌndəteɪkɪŋ] *n* (*job*)
przedsięwzięcie *nt*; (*promise*)
zobowiązanie *nt*.

underwater [ʌndə'wɔːtə*] *adv* pod
wodą ♦ *adj* podwodny.

underwear ['ʌndəwɛə*] *n* bielizna *f*.

underworld ['ʌndəwəːld] *n* świat *m*
przestępczy.

undesirable [ʌndɪ'zaɪərəbl] *adj*
(*objectionable*) nieodpowiedni.

undisputed ['ʌndɪs'pjuːtɪd] *adj*
bezdyskusyjny, bezsporny.

undo [ʌn'duː] (*irreg like*: **do**) *vt*
(*shoelaces, string*) rozwiązywać
(rozwiązać *perf*); (*buttons*) rozpinać
(rozpiąć *perf*); (*fig: work, hopes*)
niweczyć (zniweczyć *perf*);
(: *person*) gubić (zgubić *perf*).

undoubted [ʌn'dautɪd] *adj*
niewątpliwy.

undoubtedly [ʌn'dautɪdlɪ] *adv*
niewątpliwie, bez wątpienia.

undress [ʌn'drɛs] *vi* rozbierać się
(rozebrać się *perf*).

undue [ʌn'djuː] *adj* nadmierny,
zbytni.

undulating ['ʌndjuleɪtɪŋ] *adj*
(*landscape*) pofalowany, falisty;
(*movement*) falujący.

unduly [ʌn'djuːlɪ] *adv* nadmiernie,
zbytnio.

uneasy [ʌn'iːzɪ] *adj* (*person*)
zaniepokojony; (*feeling*)
nieprzyjemny, nie dający spokoju;
(*peace*) niepewny.

uneducated [ʌn'ɛdjukeɪtɪd] *adj*

niewykształcony, bez wykształcenia *post*.

unemployed [ʌnɪm'plɔɪd] *adj* bezrobotny ♦ *npl*: **the unemployed** bezrobotni *vir pl*.

unemployment [ʌnɪm'plɔɪmənt] *n* bezrobocie *nt*.

uneven [ʌn'iːvn] *adj* nierówny.

unexpected [ʌnɪks'pɛktɪd] *adj* nieoczekiwany, niespodziewany.

unexpectedly [ʌnɪks'pɛktɪdlɪ] *adv* nieoczekiwanie, niespodziewanie.

unfair [ʌn'fɛə*] *adj* (*system*) niesprawiedliwy; (*advantage*) nieuczciwy; **unfair to** niesprawiedliwy w stosunku do +*gen*.

unfaithful [ʌn'feɪθful] *adj* niewierny.

unfamiliar [ʌnfə'mɪlɪə*] *adj* nieznany; **to be unfamiliar with** nie znać +*gen*.

unfashionable [ʌn'fæʃnəbl] *adj* niemodny.

unfasten [ʌn'fɑːsn] *vt* rozpinać (rozpiąć *perf*).

unfavourable [ʌn'feɪvrəbl] (*US* **unfavorable**) *adj* (*circumstances, weather*) niesprzyjający; (*opinion*) nieprzychylny.

unfinished [ʌn'fɪnɪʃt] *adj* nie dokończony.

unfit [ʌn'fɪt] *adj* (*physically*) mało sprawny, w słabej kondycji *post*; (*incompetent*) niezdolny; **unfit for work** niezdolny do pracy.

unfold [ʌn'fəuld] *vt* rozkładać (rozłożyć *perf*) ♦ *vi* rozwijać się (rozwinąć się *perf*).

unforeseen ['ʌnfɔː'siːn] *adj* nieprzewidziany.

unforgettable [ʌnfə'gɛtəbl] *adj* niezapomniany.

unforgivable [ʌnfə'gɪvəbl] *adj* niewybaczalny.

unfortunate [ʌn'fɔːtʃənət] *adj* (*person*) pechowy; (*accident*) nieszczęśliwy; (*event, remark*) niefortunny.

unfortunately [ʌn'fɔːtʃənətlɪ] *adv* niestety.

unfounded [ʌn'faundɪd] *adj* bezpodstawny, nieuzasadniony.

unfriendly [ʌn'frɛndlɪ] *adj* (*person*) nieprzyjazny; (*behaviour, remark*) nieprzyjemny.

ungrateful [ʌn'greɪtful] *adj* niewdzięczny.

unhappy [ʌn'hæpɪ] *adj* nieszczęśliwy; **unhappy about/with** niezadowolony z +*gen*.

unharmed [ʌn'hɑːmd] *adj* bez szwanku *post*.

unhealthy [ʌn'hɛlθɪ] *adj* (*person*) chory; (*place*) niezdrowy; (*fig: interest*) chorobliwy, niezdrowy.

unhurt [ʌn'hɜːt] *adj* bez szwanku *post*; **to be unhurt** nie doznać (*perf*) (żadnych) obrażeń.

unidentified [ʌnaɪ'dɛntɪfaɪd] *adj* (*unfamiliar*) niezidentyfikowany; (*unnamed*) (bliżej) nieokreślony; *see also* **UFO**.

uniform ['juːnɪfɔːm] *n* mundur *m* ♦ *adj* jednolity.

unify ['juːnɪfaɪ] *vt* jednoczyć się (zjednoczyć się *perf*).

unilateral [juːnɪ'lætərəl] *adj* jednostronny.

uninhabited [ʌnɪn'hæbɪtɪd] *adj* (*house*) niezamieszkały; (*island*) bezludny.

unintentional [ʌnɪn'tɛnʃənəl] *adj* nie zamierzony.

union ['juːnjən] *n* (*unification*) zjednoczenie *nt*, unia *f*; (*also*: **trade union**) związek *m* zawodowy ♦ *cpd* (*activities, leader*) związkowy.

unique [juː'niːk] *adj* (*object, performance*) jedyny w swoim rodzaju, niepowtarzalny; (*number*) nie powtarzający się.

unison ['juːnɪsn] *n*: **in unison** (*say, act*) zgodnie; (*sing*) unisono.

unit ['juːnɪt] *n* jednostka *f*; **kitchen unit** szafka kuchenna.

unite [juːˈnaɪt] *vt* jednoczyć
(zjednoczyć *perf*) ♦ *vi* jednoczyć się
(zjednoczyć się *perf*).

united [juːˈnaɪtɪd] *adj* (*agreed*)
zgodny; (*country, party*) zjednoczony.

United Kingdom *n*: **the United
Kingdom** Zjednoczone Królestwo *nt*
(Wielkiej Brytanii).

United Nations *n*: **the United
Nations** Narody *pl* Zjednoczone,
Organizacja *f* Narodów
Zjednoczonych.

United States (of America) *n*: **the
United States** Stany *pl* Zjednoczone
(Ameryki Północnej).

unity [ˈjuːnɪtɪ] *n* jedność *f*.

universal [juːnɪˈvəːsl] *adj*
powszechny, uniwersalny.

universe [ˈjuːnɪvəːs] *n* wszechświat
m.

university [juːnɪˈvəːsɪtɪ] *n*
uniwersytet *m*.

unjust [ʌnˈdʒʌst] *adj* niesprawiedliwy.

unkind [ʌnˈkaɪnd] *adj* niegrzeczny,
nieżyczliwy.

unknown [ʌnˈnəun] *adj* (*fact*)
nieznany, niewiadomy.

unlawful [ʌnˈlɔːful] *adj* bezprawny,
nielegalny.

unleaded [ˈʌnˈlɛdɪd] *adj*
bezołowiowy.

unleash [ʌnˈliːʃ] *vt* (*fig: feeling,
forces etc*) uwalniać (uwolnić *perf*).

unless [ʌnˈlɛs] *conj* jeżeli nie, o ile
nie, chyba że; **...unless he comes**
...jeżeli nie przyjdzie, ...chyba że
przyjdzie.

unlike [ʌnˈlaɪk] *adj* niepodobny ♦
prep (*not like*) w odróżnieniu od
+*gen*; (*different from*) niepodobny do
+*gen*.

unlikely [ʌnˈlaɪklɪ] *adj* (*not likely*)
nieprawdopodobny, mało
prawdopodobny; (*unexpected*)
nieoczekiwany.

unlimited [ʌnˈlɪmɪtɪd] *adj*
nieograniczony, bez ograniczeń *post*.

unload [ʌnˈləud] *vt* wyładowywać
(wyładować *perf*), rozładowywać
(rozładować *perf*).

unlock [ʌnˈlɔk] *vt* otwierać
(otworzyć *perf*) (*kluczem*).

unlucky [ʌnˈlʌkɪ] *adj* (*person*)
nieszczęśliwy, pechowy; (*object,
number*) pechowy; **to be unlucky**
mieć pecha.

unmarried [ʌnˈmærɪd] *adj* (*man*)
nieżonaty; (*woman*) niezamężna.

unmask [ʌnˈmɑːsk] *vt* demaskować
(zdemaskować *perf*).

unmistak(e)able [ʌnmɪsˈteɪkəbl] *adj*
wyraźny, niewątpliwy.

unnatural [ʌnˈnætʃrəl] *adj*
nienaturalny.

unnecessary [ʌnˈnɛsəsərɪ] *adj*
niepotrzebny, zbyteczny.

unnoticed [ʌnˈnəutɪst] *adj*: **to go** *or*
pass unnoticed pozostawać
(pozostać *perf*) nie zauważonym.

UNO [ˈjuːnəu] *n abbr* (= *United
Nations Organization*) ONZ *m*.

unobtrusive [ʌnəbˈtruːsɪv] *adj* nie
rzucający się w oczy, dyskretny.

unofficial [ʌnəˈfɪʃl] *adj* (*news*) nie
potwierdzony; (*strike*) nieoficjalny.

unorthodox [ʌnˈɔːθədɔks] *adj*
(*treatment*) niekonwencjonalny;
(*REL*) nieortodoksyjny.

unpack [ʌnˈpæk] *vi* rozpakowywać
się (rozpakować się *perf*) ♦ *vt*
rozpakowywać (rozpakować *perf*).

unparalleled [ʌnˈpærəlɛld] *adj*
niezrównany.

unpleasant [ʌnˈplɛznt] *adj*
nieprzyjemny, niemiły.

unplug [ʌnˈplʌg] *vt* wyłączać
(wyłączyć *perf*) z sieci.

unpopular [ʌnˈpɔpjulə*] *adj*
niepopularny.

unpredictable [ʌnprɪˈdɪktəbl] *adj*
nieprzewidywalny.

unprofessional [ʌnprəˈfɛʃənl] *adj*
(*attitude*) nieprofesjonalny; (*conduct*)
sprzeczny z etyką zawodową.

unqualified [ʌn'kwɔlɪfaɪd] adj (nurse etc) niewykwalifikowany; (disaster) kompletny; (success) pełen.

unquestionably [ʌn'kwestʃənəblɪ] adv niewątpliwie, bezsprzecznie.

unreal [ʌn'rɪəl] adj (artificial) sztuczny; (peculiar) nierzeczywisty, nierealny.

unrealistic ['ʌnrɪə'lɪstɪk] adj nierealistyczny.

unreasonable [ʌn'riːznəbl] adj (person) nierozsądny; (idea) niedorzeczny; (demand) wygórowany; (length of time) nadmierny.

unrelated [ʌnrɪ'leɪtɪd] adj (incident) nie powiązany, nie związany; (family) nie spokrewniony.

unreliable [ʌnrɪ'laɪəbl] adj (person, firm) niesolidny; (machine, method) zawodny.

unrest [ʌn'rest] n niepokój m.

unroll [ʌn'rəul] vt rozwijać (rozwinąć perf).

unruly [ʌn'ruːlɪ] adj niesforny.

unsafe [ʌn'seɪf] adj (in danger) zagrożony; (dangerous) niebezpieczny.

unsatisfactory ['ʌnsætɪs'fæktərɪ] adj niezadowalający.

unscathed [ʌn'skeɪðd] adj nietknięty.

unscrew [ʌn'skruː] vt odkręcać (odkręcić perf).

unscrupulous [ʌn'skruːpjuləs] adj pozbawiony skrupułów.

unsettled [ʌn'setld] adj (person) niespokojny.

unshaven [ʌn'ʃeɪvn] adj nie ogolony.

unsightly [ʌn'saɪtlɪ] adj szpetny.

unskilled [ʌn'skɪld] adj niewykwalifikowany.

unspeakable [ʌn'spiːkəbl] adj (indescribable) niewymowny, niewypowiedziany; (awful) okropny.

unstable [ʌn'steɪbl] adj (piece of furniture) chwiejny; (government)

niestabilny; (person: mentally) niezrównoważony.

unsteady [ʌn'stedɪ] adj niepewny.

unstuck [ʌn'stʌk] adj: **to come unstuck** (label etc) odklejać się (odkleić się perf); (fig: plan, system) zawodzić (zawieść perf).

unsuccessful [ʌnsək'sesful] adj (attempt, marriage) nieudany; **he was unsuccessful** (in attempting sth) nie udało mu się; (in examination) nie powiodło mu się; (as writer etc) nie miał powodzenia.

unsuccessfully [ʌnsək'sesfəlɪ] adv bez powodzenia.

unsuitable [ʌn'suːtəbl] adj nieodpowiedni.

unsure [ʌn'ʃuə*] adj niepewny; **to be unsure of o.s.** nie być pewnym siebie.

unsuspecting [ʌnsəs'pektɪŋ] adj niczego nie podejrzewający.

unsympathetic ['ʌnsɪmpə'θetɪk] adj (showing no understanding) obojętny; (unlikeable) niesympatyczny, antypatyczny.

unthinkable [ʌn'θɪŋkəbl] adj nie do pomyślenia post.

untidy [ʌn'taɪdɪ] adj (room) nie posprzątany; (person) nieporządny.

untie [ʌn'taɪ] vt (knot, parcel, prisoner) rozwiązywać (rozwiązać perf); (dog, horse) odwiązywać (odwiązać perf).

until [ən'tɪl] prep (aż) do +gen ♦ conj aż; **they didn't find her until the next day** znaleźli ją dopiero następnego dnia; **she waited until he had gone** poczekała, aż wyszedł; **until he comes** dopóki nie przyjdzie; **until now** dotychczas; **until then** do tego czasu.

untimely [ʌn'taɪmlɪ] adj (arrival) nie w porę post; (moment) niedogodny; (death) przedwczesny.

untold [ʌn'təuld] adj (suffering, wealth) nieopisany.

unused¹ [ʌn'juːzd] adj (clothes) nie używany; (land) nie wykorzystany.

unused² [ʌn'juːst] adj: **to be unused to sth/to doing sth** nie być przyzwyczajonym do czegoś/do robienia czegoś.

unusual [ʌn'juːʒuəl] adj niezwykły, niecodzienny.

unveil [ʌn'veɪl] vt odsłaniać (odsłonić perf).

unwanted [ʌn'wɔntɪd] adj (clothing) niepotrzebny; (child, pregnancy) nie chciany.

unwelcome [ʌn'wɛlkəm] adj (guest) niepożądany, niemile widziany; (facts, situation) niewygodny.

unwell [ʌn'wɛl] adj: **I feel unwell** źle się czuję; **she's unwell** jest chora.

unwilling [ʌn'wɪlɪŋ] adj: **to be unwilling to do sth** nie chcieć czegoś (z)robić.

unwillingly [ʌn'wɪlɪŋlɪ] adv niechętnie.

unwind [ʌn'waɪnd] (irreg like: **wind**) vt (bandage) odwijać (odwinąć perf); (ball of string) rozwijać (rozwinąć perf) ♦ vi odprężać się (odprężyć się perf), relaksować się (zrelaksować się perf).

unwise [ʌn'waɪz] adj niemądry.

unwitting [ʌn'wɪtɪŋ] adj bezwiedny.

unworthy [ʌn'wə:ðɪ] adj: **unworthy of** niegodny or niewart +gen.

─────── KEYWORD ───────

up [ʌp] prep: **to go up the stairs** wchodzić (wejść perf) po schodach; **he went up the hill** wszedł na wzgórze; **the cat was up a tree** kot był na drzewie ♦ adv **1** (upwards, higher): **up in the sky/the mountains** wysoko na niebie/w górach; **up there** tam w or na górze; **up above** wysoko. **2**: **to be up** (out of bed) być na nogach; (prices, level) wzrosnąć (perf); (building, tent) stać. **3**: **up to** +gen; **I've read up**

to page 60 przeczytałem do strony 60.; **up to now** do tej pory. **4**: **to be up to** (depend on) zależeć od +gen; **it's up to you** to zależy od ciebie. **5**: **to be up to** (equal to: person) podołać (perf) or sprostać (perf) +dat; (: work etc) spełniać (spełnić perf) +acc, odpowiadać +dat; **he's not up to it** nie podoła temu. **6**: **to be up to** (inf: be doing) porabiać; **what is he up to?** co on porabia?; (showing disapproval, suspicion) co on kombinuje? (inf) ♦ n: **ups and downs** wzloty pl i upadki pl.

upbringing ['ʌpbrɪŋɪŋ] n wychowanie nt.

update [ʌp'deɪt] vt uaktualniać (uaktualnić perf).

upgrade [ʌp'greɪd] vt (house) podnosić (podnieść perf) standard +gen; (pay, status) podnosić (podnieść perf); (employee) awansować (awansować perf).

upheaval [ʌp'hiːvl] n (emotional) wstrząs m; (POL) wstrząsy pl, wrzenie nt.

uphill [ʌp'hɪl] adj (climb) pod górę post; (fig: task) żmudny ♦ adv pod górę; **to go uphill** wspinać się (w górę).

uphold [ʌp'həʊld] (irreg like: **hold**) vt (law, principle) przestrzegać +gen; (decision, conviction) podtrzymywać (podtrzymać perf).

upholstery [ʌp'həʊlstərɪ] n tapicerka f, obicie nt.

upkeep ['ʌpkiːp] n utrzymanie nt, koszty pl utrzymania.

upon [ə'pɔn] prep na +loc.

upper ['ʌpə*] adj górny, wyższy ♦ n (of shoe) wierzch m, cholewka f.

uppermost ['ʌpəməʊst] adj najwyższy, znajdujący się na (samej) górze.

upright ['ʌpraɪt] adj (vertical)

pionowy; (*erect*) wyprostowany; (*fig: honest*) prawy ♦ *adv* prosto.

uprising [ˈʌpraɪzɪŋ] *n* powstanie *nt*.

uproar [ˈʌprɔː*] *n* (*shouts*) hałas *m*; (*protest*) poruszenie *nt*, wrzawa *f*.

upset [ʌpˈset] (*irreg like*: **set**) *vt* (*knock over*) przewracać (przewrócić *perf*); (*make sad*) martwić (zmartwić *perf*); (*make angry or nervous*) denerwować (zdenerwować *perf*); (*routine, plan*) dezorganizować (zdezorganizować *perf*) ♦ *adj* (*person: worried*) zmartwiony; (: *angry*) zdenerwowany; (*stomach*) rozstrojony ♦ *n*: **to have a stomach upset** (*BRIT*) mieć rozstrój żołądka.

upshot [ˈʌpʃɔt] *n* wynik *m*, rezultat *m*.

upside down [ˈʌpsaɪd-] *adv* do góry nogami.

upstairs [ʌpˈstɛəz] *adv* (*be*) na piętrze, na górze; (*go*) na piętro, na górę ♦ *adj* na piętrze *post* ♦ *n* piętro *nt*, góra *f*.

upstream [ʌpˈstriːm] *adv* pod prąd.

uptake [ˈʌpteɪk] *n*: **to be quick/slow on the uptake** szybko/wolno się orientować.

uptight [ʌpˈtaɪt] (*inf*) *adj* spięty.

up-to-date [ˈʌptəˈdeɪt] *adj* (*modern*) nowoczesny; (*having latest information: map etc*) aktualny; (: *person*) dobrze poinformowany.

upward [ˈʌpwəd] *adj* (*movement*) w górę *post*.

upwards [ˈʌpwədz] *adv* w górę; **upward(s) of 200,000 people** z górą 200 tysięcy osób.

uranium [juəˈreɪnɪəm] *n* uran *m*.

urban [ˈəːbən] *adj* (wielko)miejski.

urge [əːdʒ] *n* pragnienie *nt*, chęć *f* ♦ *vt*: **to urge sb to do sth** namawiać (namówić *perf*) kogoś, żeby coś zrobił *or* do zrobienia czegoś.

urgency [ˈəːdʒənsɪ] *n* (*need to act quickly*) pośpiech *m*; (*of tone*) zaniepokojenie *nt*; **a matter of urgency** (bardzo) pilna sprawa.

urgent [ˈəːdʒənt] *adj* (*need*) naglący; (*message*) pilny; (*voice*) natarczywy.

urinate [ˈjuərɪneɪt] *vi* oddawać (oddać *perf*) mocz.

urine [ˈjuərɪn] *n* mocz *m*.

urn [əːn] *n* (*container*) urna *f*; (*also*: **tea urn**) termos *m* bufetowy.

US *n abbr* = **United States**.

us [ʌs] *pron* nas (*gen, acc, loc*), nam (*dat*), nami (*instr*); *see also* **me**.

USA *n abbr* = **United States of America**; (*MIL*: = **United States Army**).

use [juːs] *n* (*using*) użycie *nt*, stosowanie *nt*; (*usefulness*) użytek *m*, zastosowanie *nt* ♦ *vt* używać (użyć *perf*) +*gen*, posługiwać się (posłużyć się *perf*) +*instr*; **in use** w użyciu; **to go out of use** wychodzić (wyjść *perf*) z użycia; **to be of use** przydawać się (przydać się *perf*); **to make use of sth** stosować (zastosować *perf*) *or* wykorzystywać (wykorzystać *perf*) coś; **it's no use!** nic z tego!; **it's no use arguing with you** dyskusja z tobą nie ma sensu; **she used to live in this street** mieszkała kiedyś na tej ulicy; **to be used to** być przyzwyczajonym do +*gen*; **to get used to** przyzwyczajać się (przyzwyczaić się *perf*) *or* przywykać (przywyknąć *perf*) do +*gen*.

▶**use up** *vt* (*food, leftovers*) zużywać (zużyć *perf*); (*money*) wydawać (wydać *perf*).

used [juːzd] *adj* używany.

useful [ˈjuːsful] *adj* użyteczny, przydatny.

useless [ˈjuːslɪs] *adj* (*unusable*) bezużyteczny, nieprzydatny; (*pointless*) bezcelowy; (*bad, hopeless*) beznadziejny.

user [ˈjuːzə*] *n* użytkownik (-iczka) *m(f)*.

user-friendly [ˈjuːzəˈfrɛndlɪ] adj
łatwy w użyciu or zastosowaniu.

USSR n abbr (formerly: = Union of
Soviet Socialist Republics) ZSRR nt
inv.

usual [ˈjuːʒuəl] adj zwykły; **as usual**
jak zwykle.

usually [ˈjuːʒuəlɪ] adv zwykle,
zazwyczaj.

utensil [juːˈtɛnsl] n: **kitchen utensils**
przybory pl kuchenne.

uterus [ˈjuːtərəs] (ANAT) n macica f.

utility [juːˈtɪlɪtɪ] n użyteczność f,
przydatność f; **public utilities** usługi
komunalne.

utilize [ˈjuːtɪlaɪz] vt wykorzystywać
(wykorzystać perf), użytkować
(zużytkować perf).

utmost [ˈʌtməust] adj najwyższy ♦ n:
we will do our utmost to ...
zrobimy wszystko, co w naszej
mocy, by +infin.

utter [ˈʌtə*] adj (conviction) pełny,
całkowity; (amazement) kompletny;
(rubbish, fool) zupełny, skończony ♦
vt (sounds) wydawać (wydać perf)
(z siebie); (words) wypowiadać
(wypowiedzieć perf).

utterance [ˈʌtrns] n wypowiedź f.

utterly [ˈʌtəlɪ] adv zupełnie.

U-turn [ˈjuːtəːn] n (AUT) zawracanie
nt.

V

vacancy [ˈveɪkənsɪ] n (BRIT: job)
wakat m, wolny etat m; (in hotel)
wolny pokój m.

vacant [ˈveɪkənt] adj (room, post)
wolny; (look, expression) nieobecny.

vacation [vəˈkeɪʃən] n (esp US)
urlop m; (SCOL) wakacje pl.

vaccinate [ˈvæksɪneɪt] vt: **to
vaccinate sb (against sth)** szczepić

(zaszczepić perf) kogoś (przeciwko
czemuś).

vaccine [ˈvæksiːn] n szczepionka f.

vacuum [ˈvækjum] n próżnia f.

vacuum cleaner n odkurzacz m.

vacuum-packed [ˈvækjumˈpækt] adj
pakowany próżniowo.

vagabond [ˈvægəbɔnd] n włóczęga
m, wagabunda m.

vagina [vəˈdʒaɪnə] (ANAT) n pochwa
f.

vague [veɪg] adj (blurred)
niewyraźny; (unclear) niejasny; (not
precise) ogólnikowy; (evasive)
wymijający.

vaguely [ˈveɪglɪ] adv (not precisely)
ogólnikowo; (evasively) wymijająco;
(slightly) trochę.

vain [veɪn] adj (person) próżny;
(attempt) daremny; **in vain** na
próżno, (na)daremnie.

valid [ˈvælɪd] adj (ticket, document)
ważny; (argument) przekonujący;
(reason, criticism) uzasadniony.

validity [vəˈlɪdɪtɪ] n (of argument,
reason) zasadność f; (of figures,
data) wiarygodność f, prawdziwość f.

valley [ˈvælɪ] n dolina f.

valuable [ˈvæljuəbl] adj (jewel etc)
wartościowy, cenny; (advice, time)
cenny.

valuables [ˈvæljuəblz] npl
kosztowności pl.

valuation [væljuˈeɪʃən] n (of house
etc) wycena f; (judgement of quality)
ocena f.

value [ˈvæljuː] n (financial worth)
wartość f; (importance) znaczenie nt
♦ vt (fix price of) wyceniać (wycenić
perf); (appreciate) doceniać (docenić
perf); **values** npl wartości pl.

value added tax (BRIT) n podatek
m od wartości dodanej.

valued [ˈvæljuːd] adj (advice) cenny;
(specialist, customer) ceniony.

valve [vælv] n (TECH) zawór m;
(MED) zastawka f.

vampire ['væmpaɪə*] n (lit) wampir
(-irzyca) m(f).

van [væn] n (AUT) furgonetka f,
półciężarówka f.

vandal ['vændl] n wandal m.

vandalism ['vændəlɪzəm] n
wandalizm m.

vanilla [və'nɪlə] n wanilia f.

vanish ['vænɪʃ] vi znikać (zniknąć
perf).

vanity ['vænɪtɪ] n próżność f.

vantage point ['vɑːntɪdʒ-] n
dogodny punkt m (obserwacyjny).

vapour ['veɪpə*] (US **vapor**) n (gas)
para f; (mist, steam) opary pl.

variable ['veərɪəbl] adj (likely to
change) zmienny; (able to be
changed) regulowany.

variance ['veərɪəns] n: **to be at
variance (with)** różnić się (od +gen).

variation [veərɪ'eɪʃən] n (fluctuation)
zmiany pl; (different form) odmiana
f; (MUS) wariacja f.

varicose ['værɪkəus] adj: **varicose
veins** żylaki pl.

varied ['veərɪd] adj (diverse)
różnorodny; (full of changes)
urozmaicony.

variety [və'raɪətɪ] n (degree of
choice) wybór m; (diversity)
zróżnicowanie nt, urozmaicenie nt;
(type) rodzaj m.

various ['veərɪəs] adj (different,
diverse) różny; (several) kilku (+gen
vir pl), kilka (+gen nvir pl).

varnish ['vɑːnɪʃ] n lakier m ♦ vt
(wood etc) lakierować
(polakierować perf); (nails) malować
(pomalować perf).

vary ['veərɪ] vt urozmaicać
(urozmaicić perf) ♦ vi różnić się; **to
vary with** zmieniać się w zależności
od +gen.

vase [vɑːz] n wazon m.

vast [vɑːst] adj (knowledge) rozległy;
(expense, area) olbrzymi, ogromny.

VAT [væt] (BRIT) n abbr = **value
added tax** VAT m.

Vatican ['vætɪkən] n: **the Vatican**
Watykan m.

vault [vɔːlt] n (of roof) sklepienie nt;
(in church) krypta f; (in cemetery)
grobowiec m; (in bank) skarbiec m ♦
vt (also: **vault over**) przeskakiwać
(przeskoczyć perf) (przez).

VCR n abbr = **video casse**tte
recorder.

veal [viːl] n cielęcina f.

veer [vɪə*] vi skręcać (skręcić perf)
gwałtownie.

vegetable ['vedʒtəbl] n warzywo nt ♦
cpd (oil, matter) roślinny.

vegetarian [vedʒɪ'teərɪən] n
wegetarianin (-anka) m(f), jarosz m ♦
adj (diet, dish) wegetariański, jarski;
(restaurant) wegetariański.

vegetate ['vedʒɪteɪt] vi wegetować.

vegetation [vedʒɪ'teɪʃən] n
roślinność f.

vehement ['viːɪmənt] adj gwałtowny.

vehicle ['viːɪkl] n pojazd m; (fig:
means) narzędzie nt.

veil [veɪl] n woalka f, (long) welon m.

vein [veɪn] n (blood vessel, mineral
deposit) żyła f; (of leaf) żyłka f.

velocity [vɪ'lɔsɪtɪ] n prędkość f,
szybkość f.

velvet ['velvɪt] n aksamit m ♦ adj
aksamitny.

vendor ['vendə*] n (of house, land)
sprzedający m.

veneer [və'nɪə*] n okleina f, fornir
m; (fig) pozory pl, fasada f.

venereal [vɪ'nɪərɪəl] adj: **venereal
disease** choroba f weneryczna.

vengeance ['vendʒəns] n zemsta f;
with a vengeance (fig) zapamiętale,
zawzięcie.

venison ['venɪsn] n dziczyzna f.

venom ['venəm] n (of snake, insect)
jad m; (of person, remark)
jadowitość f.

vent [vent] n (also: **air vent**) otwór m

wentylacyjny; (in jacket) rozcięcie nt
♦ vt (fig) dawać (dać perf) upust +dat.

ventilate ['vɛntɪleɪt] vt wietrzyć
(wywietrzyć perf).

ventilation [vɛntɪ'leɪʃən] n wentylacja
f.

ventilator ['vɛntɪleɪtə*] n (TECH)
wentylator m; (MED) respirator m.

venture ['vɛntʃə*] n przedsięwzięcie
nt ♦ vt: to venture an opinion
nieśmiało wyrażać (wyrazić perf)
swoje zdanie ♦ vi odważyć się (perf)
or ośmielić się (perf) pójść;
business venture przedsięwzięcie
handlowe, interes.

venue ['vɛnjuː] n miejsce nt
(konferencji, występu itp).

veranda(h) [və'rændə] n weranda f.

verb [vəːb] n czasownik m.

verbal ['vəːbl] adj (skills) werbalny;
(translation) ustny; (attack) słowny;
(of a verb) czasownikowy, werbalny.

verdict ['vəːdɪkt] n (JUR) orzeczenie
nt, werdykt m; (fig) opinia f, zdanie
nt; **verdict of guilty/not guilty**
wyrok skazujący/uniewinniający.

verge [vəːdʒ] n (BRIT: of road)
pobocze nt; **he was on the verge of
giving up** już miał zrezygnować.
►**verge on** vt fus graniczyć z +instr.

verify ['vɛrɪfaɪ] vt weryfikować
(zweryfikować perf).

vermin ['vəːmɪn] npl (mice, rats etc)
szkodniki pl; (fleas, lice etc)
robactwo nt.

versatile ['vəːsətaɪl] adj (person)
wszechstronny; (substance, tool)
mający wiele zastosowań.

verse [vəːs] n (poetry) poezja f,
wiersze pl; (part of poem or song)
strofa f, zwrotka f; (in Bible) werset
m.

version ['vəːʃən] n wersja f.

versus ['vəːsəs] prep (in contrast to)
a +nom; (against) kontra +nom,
przeciw +dat.

vertebra ['vəːtɪbrə] (pl **vertebrae**) n
kręg m.

vertebrate ['vəːtɪbrɪt] n kręgowiec m.

vertical ['vəːtɪkl] adj pionowy.

vertigo ['vəːtɪgəu] n zawroty pl
głowy.

verve [vəːv] n werwa f.

very ['vɛrɪ] adv bardzo ♦ adj: the
very book which... właśnie ta
książka, która...; **the very last**
(zupełnie) ostatni; **at the very least**
przynajmniej; **very much** bardzo.

vessel ['vɛsl] n (military) okręt m;
(fishing) statek m; (container, vein)
naczynie nt.

vest [vɛst] n (BRIT) podkoszulek m;
(US) kamizelka f.

vestige ['vɛstɪdʒ] n pozostałość f,
ślad m.

vet [vɛt] n abbr = **veterinary surgeon**
♦ vt (BRIT: candidate) weryfikować
(zweryfikować perf).

veteran ['vɛtərn] n kombatant(ka)
m(f), weteran(ka) m(f).

veterinarian [vɛtrɪ'nɛərɪən] (US) n
weterynarz m.

veterinary surgeon (BRIT) n
weterynarz m.

veto ['viːtəu] (pl **vetoes**) n (right)
prawo nt weta; (act) weto nt ♦ vt
wetować (zawetować perf).

via ['vaɪə] prep przez +acc.

viable ['vaɪəbl] adj (project)
wykonalny; (alternative) realny;
(company) rentowny.

viaduct ['vaɪədʌkt] n wiadukt m.

vibrant ['vaɪbrnt] adj (lively) żywy;
(colour, light) jaskrawy; (voice)
dźwięczny.

vibrate [vaɪ'breɪt] vi (house, machine)
drżeć (zadrżeć perf).

vibration [vaɪ'breɪʃən] n wibracja f,
drganie nt; (single) drgnięcie nt,
drgnienie nt.

vicar ['vɪkə*] n pastor m (kościoła
anglikańskiego).

vice [vaɪs] n (moral fault) wada f,
przywara f; (TECH) imadło nt.

vice-chairman [vaɪs'tʃɛəmən] n
wiceprzewodniczący m, wiceprezes
m.

vice chancellor (BRIT) n rektor m
(uniwersytetu).

vice versa ['vaɪsɪ'və:sə] adv na
odwrót, vice versa.

vicinity [vɪ'sɪnɪtɪ] n: **in the vicinity
(of)** w pobliżu or sąsiedztwie (+gen).

vicious ['vɪʃəs] adj (attack, blow)
wściekły; (words) zjadliwy; (look)
nienawistny; (horse) narowisty;
(dog) zły.

vicious circle n błędne koło nt.

victim ['vɪktɪm] n ofiara f.

Victorian [vɪk'tɔ:rɪən] adj
wiktoriański.

victorious [vɪk'tɔ:rɪəs] adj zwycięski.

victory ['vɪktərɪ] n zwycięstwo nt.

video ['vɪdɪəu] n (film) film m wideo,
wideo nt; (also: **video cassette**)
kaseta f wideo; (also: **video cassette
recorder**) magnetowid m, wideo nt.

video game n gra f wideo.

video tape n taśma f wideo.

vie [vaɪ] vi: **to vie (with sb) (for sth)**
rywalizować (z kimś) (o coś).

Vienna [vɪ'enə] n Wiedeń m.

Vietnam [vjɛt'næm] n Wietnam m.

Vietnamese [vjɛtnə'mi:z] adj
wietnamski ♦ n inv (person)
Wietnamczyk (-mka) m(f); (LING)
(język m) wietnamski.

view [vju:] n (sight) widok m;
(outlook) spojrzenie nt; (opinion)
pogląd m ♦ vt (look at) oglądać
(obejrzeć perf), przyglądać się
(przyjrzeć się perf) +dat; (fig)
ustosunkowywać się (ustosunkować
się perf) do +gen; **in full view of** na
oczach +gen; **in view of ...**
zważywszy na +acc; **in my view** w
moim mniemaniu.

viewer ['vju:ə*] (person) (tele)widz
m.

viewfinder ['vju:faɪndə*] n wizjer m,
celownik m.

viewpoint ['vju:pɔɪnt] n (attitude)
punkt m widzenia; (place) punkt m
widokowy.

vigil ['vɪdʒɪl] n czuwanie nt.

vigilant ['vɪdʒɪlənt] adj czujny.

vigorous ['vɪgərəs] adj (action)
energiczny; (plant) żywotny.

vigour ['vɪgə*] (US **vigor**) n (of
person) wigor m, energia f; (of
campaign, democracy) prężność f.

vile [vaɪl] adj (evil) nikczemny,
podły; (unpleasant) obrzydliwy,
wstrętny.

villa ['vɪlə] n willa f.

village ['vɪlɪdʒ] n wieś f, wioska f.

villain ['vɪlən] n (scoundrel) łajdak m,
łotr m; (in novel, film) czarny
charakter m; (BRIT: criminal)
złoczyńca f.

vindicate ['vɪndɪkeɪt] vt (person)
rehabilitować (zrehabilitować perf);
(action) potwierdzać (potwierdzić
perf) słuszność +gen.

vindictive [vɪn'dɪktɪv] adj mściwy.

vine [vaɪn] n winorośl f.

vinegar ['vɪnɪgə*] n ocet m.

vineyard ['vɪnjɑ:d] n winnica f.

vintage ['vɪntɪdʒ] n (of wine) dobry
rocznik m ♦ cpd (comedy,
performance etc) klasyczny; **the
1970 vintage** (of wine) rocznik 1970.

vinyl ['vaɪnl] n (material) winyl m.

viola [vɪ'əulə] n altówka f.

violate ['vaɪəleɪt] vt (agreement)
naruszać (naruszyć perf); (peace)
zakłócać (zakłócić perf); (graveyard)
bezcześcić (zbezcześcić perf).

violation [vaɪə'leɪʃən] n (of
agreement etc) naruszenie nt.

violence ['vaɪələns] n przemoc f;
(strength) gwałtowność f.

violent ['vaɪələnt] adj gwałtowny.

violet ['vaɪələt] adj fioletowy ♦ n
(colour) (kolor m) fioletowy, fiolet
m; (plant) fiołek m.

violin [vaɪə'lɪn] n skrzypce pl.

violinist [vaɪə'lɪnɪst] n skrzypek (-paczka) m(f).

VIP n abbr (= very important person) VIP m.

virgin ['və:dʒɪn] n (woman) dziewica f; (man) prawiczek m ♦ adj dziewiczy.

virginity [və:'dʒɪnɪtɪ] n dziewictwo nt.

Virgo ['və:gəu] n Panna f.

virile ['vɪraɪl] adj męski.

virtual reality n rzeczywistość f wirtualna.

virtually ['və:tjuəlɪ] adv praktycznie.

virtue ['və:tju:] n (moral correctness) moralność f; (good quality) cnota f; (advantage) zaleta f; **by virtue of** z racji +gen.

virtuous ['və:tjuəs] adj cnotliwy.

virus ['vaɪərəs] n wirus m.

visa ['vi:zə] n wiza f.

viscose ['vɪskəus] n wiskoza f.

visibility [vɪzɪ'bɪlɪtɪ] n widoczność f, widzialność f.

visible ['vɪzəbl] adj widoczny; (fig) wyraźny, dostrzegalny.

vision ['vɪʒən] n (sight) wzrok m; (foresight) zdolność f or dar m przewidywania; (in dream etc) wizja f, widzenie nt.

visit ['vɪzɪt] n (to person) wizyta f, odwiedziny pl; (to place) pobyt m, wizyta f ♦ vt odwiedzać (odwiedzić perf).

visiting hours npl godziny pl odwiedzin.

visitor ['vɪzɪtə*] n gość m.

visual ['vɪzjuəl] adj (image) wizualny; (memory) wzrokowy; **visual arts** sztuki plastyczne.

visual display unit (COMPUT) n monitor m ekranowy.

visualize ['vɪzjuəlaɪz] vt wyobrażać (wyobrazić perf) sobie.

vital ['vaɪtl] adj (essential) zasadniczy, istotny; (full of life) pełen życia; (necessary for life) żywotny.

vitality [vaɪ'tælɪtɪ] n witalność f.

vitally ['vaɪtəlɪ] adv: **vitally important** niezwykle ważny.

vitamin ['vɪtəmɪn] n witamina f.

vivid ['vɪvɪd] adj (imagination, memory, colour) żywy; (light) jaskrawy.

vividly ['vɪvɪdlɪ] adv żywo.

vocabulary [vəu'kæbjulərɪ] n słownictwo nt.

vocal cords npl wiązadła pl głosowe.

vocation [vəu'keɪʃən] n powołanie nt.

vocational [vəu'keɪʃənl] adj zawodowy.

vodka ['vɔdkə] n wódka f.

vogue [vəug] n (fashion) moda f; **in vogue** w modzie.

voice [vɔɪs] n głos m ♦ vt wyrażać (wyrazić perf).

void [vɔɪd] n (hole) przepaść f; (fig: emptiness) próżnia f, pustka f ♦ adj nieważny.

volatile ['vɔlətaɪl] adj (situation) niestabilny; (person) zmienny; (substance) lotny.

volcanic [vɔl'kænɪk] adj wulkaniczny.

volcano [vɔl'keɪnəu] (pl **volcanoes**) n wulkan m.

volley ['vɔlɪ] n (of gunfire) salwa f; (of stones) grad m; (of questions) potok m; (TENNIS etc) wolej m.

volleyball ['vɔlɪbɔ:l] n siatkówka f.

volt [vəult] n wolt m.

voltage ['vəultɪdʒ] n napięcie nt.

volume ['vɔlju:m] n (space) objętość f; (amount: of exports, trade) wolumen m, rozmiary pl; (: of traffic) natężenie nt; (of book) tom m; (sound level) głośność f.

voluntarily ['vɔləntrɪlɪ] adv dobrowolnie.

voluntary ['vɔləntərɪ] adj (done willingly) dobrowolny; (unpaid) ochotniczy.

volunteer [vɔlən'tɪə*] n ochotnik (-iczka) m(f) ♦ vt (information) (dobrowolnie) udzielać (udzielić

perf) +*gen* ♦ *vi* zgłaszać się (zgłosić
się *perf*) na ochotnika; **to volunteer
to do sth** ofiarować się
(zaofiarować się *perf*) coś zrobić.
vomit ['vɔmɪt] *n* wymiociny *pl* ♦ *vt*,
vi wymiotować (zwymiotować *perf*).
vote [vəut] *n* (*indication of choice*)
głos *m*; (*votes cast*) głosy *pl*; (*right
to vote*) prawo *nt* do głosowania,
czynne prawo *nt* wyborcze ♦ *vt*
(*elect*): **he was voted chairman**
wybrano go na przewodniczącego;
(*propose*): **to vote that** proponować
(zaproponować *perf*), żeby ♦ *vi*
głosować (zagłosować *perf*); **to vote
to do sth** głosować *or* opowiadać
się za zrobieniem czegoś; **to put sth
to the vote, take a vote on sth**
poddawać (poddać *perf*) coś pod
głosowanie; **to vote for** *or* **in favour
of/against** głosować za +*instr*/
przeciw(ko) +*dat*; **to vote on sth**
poddawać (poddać *perf*) coś pod
głosowanie; **to vote yes to**
przyjmować (przyjąć *perf*) +*acc*; **to
vote no to** odrzucać (odrzucić *perf*)
+*acc*; **to pass a vote of
confidence/no confidence** uchwalać
(uchwalić *perf*) wotum
zaufania/nieufności.
voter ['vəutə*] *n* głosujący *m*,
wyborca *m*.
voting ['vəutɪŋ] *n* głosowanie *nt*.
voucher ['vautʃə*] *n* (*with petrol etc*)
kupon *m*, talon *m*.
vow [vau] *n* przyrzeczenie *nt* ♦ *vt*: **to
vow that/to do sth** przyrzekać
(przyrzec *perf*) (uroczyście), że/, że
się coś zrobi.
vowel ['vauəl] *n* samogłoska *f*.
voyage ['vɔɪdʒ] *n* podróż *m*.
vulgar ['vʌlgə*] *adj* (*rude*) wulgarny,
ordynarny; (*in bad taste*) ordynarny.
vulnerable ['vʌlnərəbl] *adj* (*position*)
trudny do obrony; (*point*) czuły;
(*person*): **vulnerable (to)** (*influences,*

depression, infection) podatny (na
+*acc*); (*danger*) narażony (na +*acc*).
vulture ['vʌltʃə*] *n* sęp *m*.

W

wad [wɔd] *n* (*of cotton wool*) tampon
m; (*of paper, banknotes*) zwitek *m*.
waddle ['wɔdl] *vi* człapać.
wade [weɪd] *vi* brodzić; **to wade
across** (*river etc*) przechodzić
(przejść *perf*) (w bród) przez +*acc*;
to wade through (*fig: a book*) brnąć
(przebrnąć *perf*) przez +*acc*.
wafer ['weɪfə*] *n* (*biscuit*) wafelek *m*;
(*REL*) opłatek *m*.
waffle ['wɔfl] *n* (*CULIN*) gofr *m*;
(*empty talk*) ględzenie *nt* ♦ *vi* ględzić.
waft [wɔft] *vt* (*sound, scent*) nieść,
unosić (unieść *perf*) ♦ *vi* (*sound,
scent*) nieść się, unosić się (unieść
się *perf*).
wag [wæg] *vt* (*tail*) merdać (zamerdać
perf) +*instr*; (*finger*) kiwać (pokiwać
perf) +*instr* ♦ *vi* kiwać się.
wage [weɪdʒ] *n* (*also*: **wages**)
zarobki *pl*, płaca *f* ♦ *vt*: **to wage war**
toczyć *or* prowadzić wojnę.
wager ['weɪdʒə*] *n* zakład *m*.
wag(g)on ['wægən] *n* (*horse-drawn*)
wóz *m* (zaprzęgowy); (*BRIT: RAIL*)
wagon *m*.
wail [weɪl] *n* (*of person*) płacz *m*,
zawodzenie *nt* ♦ *vi* (*person*)
zawodzić, płakać (zapłakać *perf*);
(*siren*) wyć (zawyć *perf*).
waist [weɪst] *n* (*ANAT*) talia *f*, pas *m*;
(*of clothing*) talia *f*, pas(ek) *m*.
waistcoat ['weɪskəut] (*BRIT*) *n*
kamizelka *f*.
waistline ['weɪstlaɪn] *n* talia *f*.
wait [weɪt] *n* (*interval*) przerwa *f*; (*act
of waiting*) oczekiwanie *nt* ♦ *vi*
czekać (poczekać *perf* or zaczekać

perf); **to keep sb waiting** kazać (kazać *perf*) komuś czekać; **I can't wait to tell her** nie mogę się doczekać, kiedy jej powiem; **to wait for sb/sth** czekać (poczekać *perf*) na kogoś/coś.

▶**wait on** *vt fus* obsługiwać (obsłużyć *perf*) +*acc*.

waiter ['weɪtə*] *n* kelner *m*.

waiting ['weɪtɪŋ] *n*: "**no waiting**" (BRIT) „zakaz *m* postoju".

waiting list *n* lista *f* oczekujących.

waiting room *n* poczekalnia *f*.

waitress ['weɪtrɪs] *n* kelnerka *f*.

waive [weɪv] *vt* odstępować (odstąpić *perf*) od +*gen*.

wake [weɪk] (*pt* **woke, waked**, *pp* **woken, waked**) *vt* (*also:* **wake up**) budzić (obudzić *perf*) ♦ *vi* (*also:* **wake up**) budzić się (obudzić się *perf*) ♦ *n* (*for dead*) stypa *f*; (NAUT) kilwater *m*; **in the wake of** (*fig*) w ślad za +*instr*.

Wales [weɪlz] *n* Walia *f*; **the Prince of Wales** książę Walii.

walk [wɔːk] *n* (*hike*) wycieczka *f*; (*shorter*) spacer *m*; (*gait*) chód *m*; (*along coast etc*) promenada *f* ♦ *vi* (*go on foot*) chodzić, iść (pójść *perf*); (*for pleasure, exercise*) chodzić piechotą *or* pieszo *or* na piechotę, iść (pójść *perf*) piechotą, przechadzać się (przejść się *perf*) ♦ *vt* (*distance*) przechodzić (przejść *perf*); (*dog*) wyprowadzać (wyprowadzić *perf*) (na spacer); **it's ten minutes' walk from here** to jest piechotą dziesięć minut stąd; **to go for a walk** iść (pójść *perf*) na spacer; **I'll walk you home** odprowadzę cię do domu.

▶**walk out** *vi* (*audience*) wychodzić (wyjść *perf*) przed końcem (przedstawienia); (*workers*) strajkować (zastrajkować *perf*).

▶**walk out on** (*inf*) *vt fus* (*boyfriend etc*) odchodzić (odejść *perf*) od +*gen*.

walker ['wɔːkə*] *n* piechur *m*.

walking stick *n* laska *f*.

walkout ['wɔːkaut] *n* strajk *m*.

walkover ['wɔːkəuvə*] (*inf*) *n* łatwe zwycięstwo *nt*.

walkway ['wɔːkweɪ] *n* pasaż *m*, przejście *nt*.

wall [wɔːl] *n* (*interior*) ściana *f*; (*exterior*) mur *m*, ściana *f*; (*of tunnel, cave*) ściana *f*, ścianka *f*; (*city wall etc*) mur *m*.

walled [wɔːld] *adj* otoczony murem.

wallet ['wɔlɪt] *n* portfel *m*.

wallflower ['wɔːlflauə*] *n* (BOT) lak *m* wonny; **to be a wallflower** (*fig*) podpierać ściany.

wallow ['wɔləu] *vi* (*in mud*) tarzać się; (*in water*) pławić się; (*in grief etc*) pogrążać się (pogrążyć się *perf*).

wallpaper ['wɔːlpeɪpə*] *n* tapeta *f* ♦ *vt* tapetować (wytapetować *perf*).

walnut ['wɔːlnʌt] *n* (*nut, tree*) orzech *m* włoski; (*wood*) orzech *m*.

walrus ['wɔːlrəs] (*pl* **walrus** *or* **walruses**) *n* mors *m*.

waltz [wɔːlts] *n* walc *m* ♦ *vi* tańczyć (zatańczyć *perf*) walca.

wan [wɔn] *adj* blady, mizerny.

wand [wɔnd] *n* (*also:* **magic wand**) (czarodziejska) różdżka *f*.

wander ['wɔndə*] *vi* (*person*) wędrować, włóczyć się; (*mind*) błądzić ♦ *vt* przemierzać, przechadzać się po +*loc*.

wane [weɪn] *vi* zmniejszać się (zmniejszyć się *perf*), maleć (zmaleć *perf*); **the moon is waning** ubywa księżyca.

want [wɔnt] *vt* (*wish for*) chcieć +*gen or* +*acc*; (*need, require*) wymagać +*gen* ♦ *n*: **for want of** z braku +*gen*; **wants** *pl* potrzeby *pl*; **to want to do sth** chcieć coś (z)robić; **to want sb to do sth** chcieć, żeby ktoś coś (z)robił.

wanted ['wɔntɪd] *adj* poszukiwany;

"**cook wanted**" „zatrudnię kucharza".

wanting ['wɔntɪŋ] adj niedoskonały, nie spełniający wymogów.

wanton ['wɔntn] adj (violence) nieusprawiedliwiony, niepotrzebny; (woman) rozwiązły.

war [wɔ:*] n wojna f; **to make war (on)** prowadzić or toczyć wojnę or wojny (z +instr); **a war on drugs/crime** walka z narkotykami/przestępczością.

ward [wɔ:d] n (in hospital) oddział m; (POL) okręg m, dzielnica f; (also: **ward of court**) osoba niepełnoletnia pod kuratelą sądu.

▶**ward off** vt (attack) odpierać (odeprzeć perf); (danger, illness) zapobiegać (zapobiec perf) +dat; (evil spirits) odpędzać (odpędzić perf).

warden ['wɔ:dn] n (of game reserve etc) ≈ gajowy m; (of jail) naczelnik m; (BRIT: of youth hostel, in university) ≈ dyrektor m (administracyjny); (: also: **traffic warden**) funkcjonariusz nadzorujący poprawność parkowania pojazdów.

warder ['wɔ:də*] (BRIT) n strażnik m (więzienny).

wardrobe ['wɔ:drəub] n (for clothes) szafa f; (collection of clothes) garderoba f, odzież f; (FILM, THEAT) garderoba f.

warehouse ['wɛəhaus] n magazyn m, hurtownia f.

wares [wɛəz] npl towary pl.

warfare ['wɔ:fɛə*] n działania pl wojenne, wojna f.

warhead ['wɔ:hɛd] n głowica f bojowa.

warily ['wɛərɪlɪ] adv ostrożnie, z rezerwą.

warlike ['wɔ:laɪk] adj (nation) wojowniczy; (appearance) zawadiacki.

warm [wɔ:m] adj ciepły; (thanks, applause) gorący, serdeczny;

(person, heart) czuły; **it's warm** jest ciepło; **I'm warm** ciepło mi.

▶**warm up** vi (weather) ocieplać się (ocieplić się perf); (water) zagrzewać się (zagrzać się perf); (athlete) rozgrzewać się (rozgrzać się perf); (engine) nagrzewać się (nagrzać się perf) ♦ vt (food) podgrzewać (podgrzać perf), odgrzewać (odgrzać perf); (person) rozgrzewać (rozgrzać perf), ogrzewać (ogrzać perf).

warm-hearted [wɔ:m'hɑ:tɪd] adj serdeczny.

warmly ['wɔ:mlɪ] adv ciepło.

warmth [wɔ:mθ] n (heat) ciepło nt; (friendliness) serdeczność f.

warm-up ['wɔ:mʌp] n (also: **warm-up exercise**) rozgrzewka f.

warn [wɔ:n] vt: **to warn sb that ...** przestrzegać (przestrzec perf) or ostrzegać (ostrzec perf) kogoś, że ...; **to warn sb of/against sth** przestrzegać (przestrzec perf) or ostrzegać (ostrzec perf) kogoś przed czymś.

warning ['wɔ:nɪŋ] n ostrzeżenie nt; (signal) uprzedzenie nt.

warp [wɔ:p] vi wypaczać się (wypaczyć się perf) ♦ vt (fig) wypaczać (wypaczyć perf).

warrant ['wɔrnt] n (for arrest) nakaz m; (also: **search warrant**) nakaz m rewizji.

warranty ['wɔrəntɪ] n gwarancja f.

warrior ['wɔrɪə*] n wojownik m.

Warsaw ['wɔ:sɔ:] n Warszawa f.

warship ['wɔ:ʃɪp] n okręt m wojenny.

wart [wɔ:t] n brodawka f.

wartime ['wɔ:taɪm] n: **in wartime** w czasie wojny.

wary ['wɛərɪ] adj nieufny.

was [wɔz] pt of **be**.

wash [wɔʃ] vt (clothes) prać (wyprać perf); (objects, face, hair) myć (umyć perf); (dishes, grease, paint) zmywać (zmyć perf) ♦ vi myć się (umyć się perf) ♦ n pranie nt; (of ship) kilwater *m*; **to wash over/against sth** (*sea etc*) obmywać (obmyć *perf*) coś; **to have a wash** myć się (umyć się *perf*); **to give sth a wash** myć (umyć *perf*) coś.

►**wash away** *vt* (*flood etc*) zmywać (zmyć *perf*).

►**wash off** *vi* zmywać się (zmyć się *perf*); (*in the wash*) spierać się (sprać się *perf*) ♦ *vt* zmywać (zmyć *perf*).

►**wash out** *vt* spierać (sprać *perf*).

►**wash up** *vi* (*BRIT*) zmywać (zmyć *perf* or pozmywać *perf*) (naczynia); (*US*) myć się (umyć się *perf*).

washable ['wɔʃəbl] *adj* (*fabric*) nadający się do prania; (*wallpaper*) zmywalny.

washbasin ['wɔʃbeɪsn] *n* umywalka *f*.

washbowl ['wɔʃbəul] (*US*) *n* umywalka *f*.

washer ['wɔʃə*] *n* (*on tap etc*) podkładka *f*.

washing ['wɔʃɪŋ] *n* pranie *nt*.

washing machine *n* pralka *f* (automatyczna).

washing powder (*BRIT*) *n* proszek *m* do prania.

Washington ['wɔʃɪŋtən] *n* Waszyngton *m*.

washing-up [wɔʃɪŋ'ʌp] *n* mycie *nt* naczyń, zmywanie *nt*.

wash-out ['wɔʃaut] (*inf*) *n* klapa *f* (*inf*).

washroom ['wɔʃrum] (*US*) *n* toaleta *f*.

wasn't ['wɔznt] = **was not**.

wasp [wɔsp] *n* osa *f*.

wastage ['weɪstɪdʒ] *n* (*amount wasted*) straty *pl*; (*loss: in manufacturing etc*) marnotrawstwo *nt*, marnowanie *nt*.

waste [weɪst] *n* (*of life, energy*) marnowanie *nt*; (*of money, time*) strata *f*; (*act of wasting*) marnotrawstwo *nt*; (*rubbish*) odpady *pl* ♦ *adj* (*by-product*) odpadowy; (*left over*) nie wykorzystany ♦ *vt* (*time, money*) tracić (stracić *perf*);

(*opportunity, life, energy*) marnować (zmarnować *perf*); **wastes** *npl* pustkowie *nt*.

►**waste away** *vi* marnieć (zmarnieć *perf*).

waste disposal unit (*BRIT*) *n* młynek *m* zlewozmywakowy, kuchenny rozdrabniacz *m* odpadków.

wasteful ['weɪstful] *adj* (*person*) rozrzutny; (*process*) nieekonomiczny.

waste ground (*BRIT*) *n* nieużytki *pl*.

wastepaper basket ['weɪstpeɪpə-] (*BRIT*) *n* kosz *m* na śmieci.

waste pipe *n* rura *f* ściekowa.

watch [wɔtʃ] *n* (*also*: **wristwatch**) zegarek *m*; (*surveillance*) obserwacja *f*; (*group of guards*) warta *f*; (*NAUT*: *spell of duty*) wachta *f* ♦ *vt* (*people, objects*) przyglądać się +*dat*, patrzeć *or* patrzyć na +*acc*; (*match, TV*) oglądać (obejrzeć *perf*); (*spy on, guard*) obserwować; (*be careful of*) uważać na +*acc* ♦ *vi* patrzyć, przyglądać się.

►**watch out** *vi* uważać; **watch out!** uważaj!

watchdog ['wɔtʃdɔg] *n* pies *m* podwórzowy; (*fig*) jednostka *f* nadzorująca.

watchful ['wɔtʃful] *adj* czujny.

watchmaker ['wɔtʃmeɪkə*] *n* zegarmistrz *m*.

watchstrap ['wɔtʃstræp] *n* pasek *m* do zegarka.

water ['wɔːtə*] *n* woda *f* ♦ *vt* podlewać (podlać *perf*) ♦ *vi* łzawić; **my mouth's watering** cieknie mi ślinka; **in British waters** na brytyjskich wodach (terytorialnych).

►**water down** *vt* rozwadniać (rozwodnić *perf*); (*fig*) tonować (stonować *perf*).

water closet (*BRIT*) *n* ustęp *m*, WC *nt inv*.

watercolour ['wɔːtəkʌlə*] (*US* **watercolor**) *n* akwarela *f*.

watercress ['wɔ:təkrɛs] n rzeżucha f.
waterfall ['wɔ:təfɔ:l] n wodospad m.
watering can ['wɔ:tərɪŋ-] n konewka f.
waterlogged ['wɔ:tələgd] adj
(ground) zalany (wodą); (wood)
przesiąknięty wodą.
watermelon ['wɔ:təmɛlən] n arbuz m.
waterproof ['wɔ:təpru:f] adj (clothes)
nieprzemakalny; (watch)
wodoodporny.
watershed ['wɔ:təʃɛd] n (GEOG)
dział m wodny; (fig) punkt m zwrotny.
watertight ['wɔ:tətaɪt] adj (seal,
door) wodoszczelny.
waterway ['wɔ:təweɪ] n (canal, river)
droga f wodna.
waterworks ['wɔ:təwə:ks] n zakład
m wodociągowy.
watery ['wɔ:tərɪ] adj (soup etc)
wodnisty; (eyes) załzawiony.
watt [wɔt] n wat m.
wave [weɪv] n fala f; (of hand)
machnięcie nt ♦ vi (move in the air)
falować (zafalować perf); (signal)
machać (pomachać perf) ♦ vt (hand,
handkerchief) machać (pomachać
perf) +instr; (flag) powiewać +instr;
(gun, stick) wymachiwać +instr.
wavelength ['weɪvlɛŋθ] n (size)
długość f fali; (frequency)
częstotliwość f; **to be on the same
wavelength** (fig) świetnie się
rozumieć.
waver ['weɪvə*] vi (voice) drżeć
(zadrżeć perf); (eyes) mrugać
(mrugnąć perf); (love) chwiać się
(zachwiać się perf); (person) wahać
się (zawahać się perf).
wavy ['weɪvɪ] adj (line) falisty; (hair)
falujący.
wax [wæks] n wosk m; (for skis)
parafina f; (in ear) woskowina f ♦ vt
(floor, car) woskować (nawoskować
perf); (skis) smarować (nasmarować
perf); **the moon is waxing** przybywa
księżyca.
waxworks ['wækswə:ks] npl figury

pl woskowe ♦ n gabinet m figur
woskowych.
way [weɪ] n (route) droga f; (access)
przejście nt; (distance) kawał(ek) m
(drogi); (direction) strona f;
(manner, method) sposób m; (habit)
zwyczaj m, przyzwyczajenie nt; **a
way of life** styl życia; **which way?
– this way** którędy? – tędy; **on the
way** po drodze; **to be on one's
way** być w drodze; **to go out of
one's way to do sth** zadawać
(zadać perf) sobie wiele trudu, żeby
coś zrobić; **to be in the way**
zawadzać; **to lose one's way**
błądzić (zabłądzić perf), gubić
(zgubić perf) drogę; **under way** w
toku; **in a way** w pewnym sensie;
in some ways pod pewnymi
względami; **no way!** (inf) ani mi się
śni! (inf); **by the way** à propos,
nawiasem mówiąc; **"way in"** (BRIT)
„wejście"; **"way out"** (BRIT)
„wyjście"; **"give way"** (BRIT: AUT)
„ustąp pierwszeństwa przejazdu".
waylay [weɪ'leɪ] (irreg like: lay) vt
zasadzać się (zasadzić się perf) na
+acc; **to get waylaid** (fig) zostać
(perf) zatrzymanym.
wayward ['weɪwəd] adj krnąbrny.
WC (BRIT) n abbr = **water closet**.
we [wi:] pl pron my; **here we are**
(arriving) jesteśmy na miejscu;
(finding) (już) jest, (już) mam.
weak [wi:k] adj słaby.
weaken ['wi:kn] vi słabnąć (osłabnąć
perf) ♦ vt osłabiać (osłabić perf).
weakling ['wi:klɪŋ] n słabeusz m.
weakness ['wi:knɪs] n (frailty)
osłabienie nt; (of system etc) słabość
f; **to have a weakness for** mieć
słabość do +gen.
wealth [wɛlθ] n bogactwo nt; (of
knowledge) (duży) zasób m.
wealthy ['wɛlθɪ] adj bogaty,
zamożny (fml).

wean [wi:n] *vt* odstawiać (odstawić *perf*) od piersi.

weapon ['wɛpən] *n* broń *f*.

wear [wɛə*] (*pt* **wore**, *pp* **worn**) *n* (*use*) noszenie *nt* (*odzieży, butów itp*); (*damage through use*) zużycie *nt* ♦ *vt* (*clothes, shoes*) mieć na sobie, być ubranym w +*acc*; (: *habitually*) nosić, ubierać się w +*acc*; (*spectacles, beard*) nosić; (*put on*) ubierać się (ubrać się *perf*) w +*acc* ♦ *vi* (*last*) być trwałym; (*become old*) zużywać się (zużyć się *perf*); (: *clothes, shoes etc*) wycierać się (wytrzeć się *perf*), zdzierać się (zedrzeć się *perf*); **sports/babywear** odzież sportowa/niemowlęca.

▶**wear down** *vt* (*heels*) ścierać (zetrzeć *perf*); (*person, strength*) wyczerpywać (wyczerpać *perf*); (*resistance*) łamać (złamać *perf*).

▶**wear off** *vi* (*pain etc*) mijać (minąć *perf*), przechodzić (przejść *perf*).

▶**wear out** *vt* (*shoes, clothing*) zdzierać (zedrzeć *perf*); (*person, strength*) wyczerpywać (wyczerpać *perf*).

wear and tear [-tɛə*] *n* zużycie *nt* (eksploatacyjne).

weary ['wɪərɪ] *adj* (*tired*) znużony; (*dispirited*) bezbarwny ♦ *vi*: **I'm beginning to weary of it** zaczyna mnie to nużyć.

weasel ['wi:zl] *n* łasica *f*.

weather ['wɛðə*] *n* pogoda *f* ♦ *vt* (*crisis etc*) przetrwać (*perf*); **under the weather** (*fig*) chory.

weather forecast *n* prognoza *f* pogody.

weatherman ['wɛðəmæn] (*irreg like*: **man**) *n* synoptyk *m*.

weave [wi:v] (*pt* **wove**, *pp* **woven**) *vt* (*cloth*) tkać (utkać *perf*); (*basket*) pleść (upleść *perf*).

weaver ['wi:və*] *n* tkacz(ka) *m(f)*.

web [wɛb] *n* (*of spider*) pajęczyna *f*; (*on duck's foot*) błona *f* pławna;

(*network*) sieć *f*; (*fig: of reasons etc*) splot *m*.

wed [wɛd] (*pt* **wedded**) *vt* poślubiać (poślubić *perf*) ♦ *vi* pobierać się (pobrać się *perf*), brać (wziąć *perf*) ślub.

we'd [wi:d] = **we had**; **we would**.

wedding [wɛdɪŋ] *n* (*ceremony*) ślub *m*; (*party*) wesele *nt*; **silver/golden wedding** srebrne/złote gody *or* wesele.

wedding ring *n* obrączka *f*.

wedge [wɛdʒ] *n* klin *m*; (*of cake*) kawałek *m* ♦ *vt* (*fasten*) klinować (zaklinować *perf*).

Wednesday ['wɛnzdɪ] *n* środa *f*.

wee [wi:] (*Scottish*) *adj* mały.

weed [wi:d] *n* (*BOT*) chwast *m*; (*pej*) wymoczek *m* (*pej*), cherlak *m* (*pej*) ♦ *vt* pielić (wypielić *perf*).

week [wi:k] *n* tydzień *m*; **a week today/on Friday** od dziś/od piątku za tydzień.

weekday ['wi:kdeɪ] *n* (*Monday to Friday*) dzień *m* roboczy; (*Monday to Saturday*) dzień *m* powszedni.

weekend [wi:k'ɛnd] *n* weekend *m*.

weekly ['wi:klɪ] *adv* (*once a week*) raz w tygodniu; (*every week*) co tydzień ♦ *adj* (co)tygodniowy ♦ *n* tygodnik *m*.

weep [wi:p] (*pt* **wept**) *vi* płakać (zapłakać *perf*), łkać (załkać *perf*) (*literary*).

weeping willow ['wi:pɪŋ-] *n* wierzba *f* płacząca.

weigh [weɪ] *vt* ważyć (zważyć *perf*); (*fig: evidence, risks*) rozważać (rozważyć *perf*) ♦ *vi* ważyć; **to weigh anchor** podnosić (podnieść *perf*) kotwicę.

▶**weigh down** *vt* obciążać (obciążyć *perf*); (*fig*): **to be weighed down by** *or* **with** być przytłoczonym +*instr*.

▶**weigh up** *vt* (*person*) oceniać (ocenić *perf*); (*offer, pros and cons*) rozważać (rozważyć *perf*).

weight [weɪt] n (metal object)
odważnik m; (heaviness) waga f; **to
lose/put on weight** tracić (stracić
perf)/przybierać (przybrać perf) na
wadze.

weightlifter ['weɪtlɪftə*] n
ciężarowiec m.

weighty ['weɪtɪ] adj (heavy) ciężki;
(important) ważki.

weir [wɪə*] n jaz m.

weird [wɪəd] adj (strange) dziwny,
dziwaczny; (eerie) przedziwny,
niesamowity.

welcome ['welkəm] adj mile
widziany ♦ n powitanie nt ♦ vt (bid
welcome to) witać (powitać perf);
(be glad of) witać (powitać perf) z
zadowoleniem; **welcome to
Szczecin** witamy w Szczecinie;
thank you – you're welcome!
dziękuję – proszę bardzo!

weld [weld] n spaw m ♦ vt spawać
(zespawać perf).

welfare ['welfeə*] n (well-being)
dobro nt; (US: social aid) opieka f
społeczna; (: supplementary benefit)
zasiłek m (z opieki społecznej).

welfare state n państwo nt
opiekuńcze.

well [wel] n (for water) studnia f; (oil
well) szyb m naftowy ♦ adv dobrze
♦ adj: **she's well** (healthy) jest
zdrowa ♦ excl (no) cóż; **I woke well
before dawn** obudziłam się (na)
długo przed świtem; **as well**
również; **X as well as Y** zarówno X,
jak i Y; **well done!** brawo!, bardzo
dobrze!; **get well soon!** wracaj
szybko do zdrowia!; **to do well**
dobrze sobie radzić (poradzić perf).
►**well up** vi wzbierać (wezbrać perf).

we'll = we will; we shall.

well-behaved ['welbɪ'heɪvd] adj
dobrze wychowany.

well-being ['wel'biːɪŋ] n dobro nt,
pomyślność f.

well-deserved ['weldɪ'zəːvd] adj
zasłużony.

wellingtons ['welɪŋtənz] npl
gumowce pl.

well-known ['wel'nəun] adj dobrze
znany.

well-off ['wel'ɔf] adj dobrze
sytuowany, zamożny.

well-read ['wel'red] adj oczytany.

well-to-do ['weltə'duː] adj dobrze
sytuowany, zamożny.

Welsh [welʃ] adj walijski ♦ n (język
m) walijski; **the Welsh** npl
Walijczycy vir pl.

Welshman ['welʃmən] (irreg like:
man) n Walijczyk m.

Welshwoman ['welʃwumən] (irreg
like: woman) n Walijka f.

went [went] pt of go.

wept [wept] pt, pp of weep.

were [wəː*] pt of be.

we're [wɪə*] = we are.

weren't [wəːnt] = were not.

west [west] n zachód m ♦ adj
zachodni ♦ adv na zachód; **west of**
na zachód od +gen.

West [west]: **the West** n Zachód m.

westerly ['westəlɪ] adj zachodni.

western ['westən] zachodni ♦ n
(FILM) western m.

westward(s) ['westwəd(z)] adv na
zachód.

wet [wet] adj mokry; (weather, day)
deszczowy; (climate) wilgotny; **to
get wet** moknąć (zmoknąć perf);
"wet paint" „świeżo malowane".

wetsuit ['wetsuːt] n strój m piankowy.

we've [wiːv] = we have.

whale [weɪl] n wieloryb m.

wharf [wɔːf] (pl wharves) n
nabrzeże nt.

―――――― KEYWORD ――――――

what [wɔt] adj **1** (in questions) jaki;
what colour/shape is it? jakiego to
jest koloru/kształtu? **2** (in
exclamations) co za, ale(ż); **what a**

mess! co za bałagan!; **what a fool I am!** ale głupiec ze mnie! ♦ *pron* **1** (*interrogative*) co; **what are you doing?** co robisz?; **what about me?** (a) co ze mną?; **what is it called?** jak to się nazywa?; **what about having something to eat?** (a) może byśmy coś zjedli? **2** (*relative*) (to,) co; **I saw what you did** widziałam, co zrobiłeś ♦ *excl* (*disbelieving*) co?!

whatever [wɔt'ɛvə*] *adj* jakikolwiek ♦ *pron*: **do whatever is necessary/you want** rób, co konieczne/co chcesz; **whatever happens** cokolwiek się stanie; **for no reason whatever** *or* **whatsoever** zupełnie *or* absolutnie bez powodu; **nothing whatever** *or* **whatsoever** zupełnie *or* absolutnie nic.

whatsoever [wɔtsəu'ɛvə*] *adj* = **whatever**.

wheat [wi:t] *n* pszenica *f*.

wheedle ['wi:dl] *vt*: **to wheedle sth out of sb** wyłudzać (wyłudzić *perf*) coś od kogoś.

wheel [wi:l] *n* koło *nt*; (*also*: **steering wheel**) kierownica *f*; (*NAUT*) koło *nt* sterowe, ster *m* ♦ *vt* (*pram, cart*) pchać; (*bicycle*) prowadzić ♦ *vi* (*birds*) krążyć; (*also*: **wheel round**: *person*) odwracać się (odwrócić się *perf*).

wheelbarrow ['wi:lbærəu] *n* taczki *pl*.

wheelchair ['wi:ltʃɛə*] *n* wózek *m* (inwalidzki).

wheeze [wi:z] *vi* rzęzić.

─── KEYWORD ───

when [wɛn] *adv* kiedy; **when will you be back?** kiedy wrócisz? ♦ *conj* **1** kiedy, gdy; **she was reading when I came in** czytała, gdy *or* kiedy wszedłem; **on the day when I met him** w dniu, kiedy go

poznałam; **that was when I needed you** wtedy właśnie cię potrzebowałem. **2** (*whereas*): **why did you buy that when you can't afford it?** dlaczego to kupiłaś, kiedy cię na to nie stać?

whenever [wɛn'ɛvə*] *adv* kiedykolwiek, obojętnie kiedy ♦ *conj* (*any time that*) kiedy *or* gdy tylko; (*every time that*) ilekroć, zawsze kiedy *or* gdy.

where [wɛə*] *adv* gdzie ♦ *conj* gdzie; **this is where ...** to właśnie tutaj...; **where are you from?** skąd jesteś?

whereabouts [wɛərə'bauts] *adv* gdzie, w którym miejscu ♦ *n*: **nobody knows his whereabouts** nikt nie zna miejsca jego pobytu.

whereas [wɛər'æz] *conj* podczas gdy.

whereby [wɛə'baɪ] (*fml*) *adv* (*by means of which*: *system, solution*) dzięki któremu, za pomocą którego; (*according to which*: *decision, law*) na mocy którego, zgodnie z którym; (*in consequence of which*) przez co.

whereupon *conj* po czym.

wherever [wɛər'ɛvə*] *conj* gdziekolwiek, obojętnie gdzie ♦ *adv*: **wherever have you been?** gdzieś ty był?

wherewithal ['wɛəwɪðɔːl] *n*: **the wherewithal (to do sth)** środki *pl* (na zrobienie czegoś).

whet [wɛt] *vt* (*appetite*) zaostrzać (zaostrzyć *perf*).

whether ['wɛðə*] *conj* czy; **I don't know whether to accept the proposal or not** nie wiem, czy (mam) przyjąć tę propozycję, czy nie.

─── KEYWORD ───

which [wɪtʃ] *adj* **1** który; **which picture do you want?** który obraz chcesz? **2**: **the train may be late, in which case don't wait up** pociąg może się spóźnić. W takim wypadku nie czekaj na mnie ♦ *pron* **1** (*interrogative*) który; **which (of these) are yours?** które (z tych) są twoje? **2** (*relative: referring to preceding noun*) który; (*: referring to preceding clause*) co; **the chair on which you are sitting** krzesło, na którym siedzisz; **she said I was late, which was true** powiedziała, że się spóźniłem, co było prawdą; **after which** po czym.

whichever [wɪtʃˈɛvə*] *adj*: **take whichever book you prefer** weź tę książkę, którą wolisz; **whichever book you take, ...** którąkolwiek *or* obojętnie którą książkę weźmiesz, ...

whiff [wɪf] *n* zapach *m*.

while [waɪl] *n* jakiś *or* pewien czas *m*; (*very short*) chwila *f* ♦ *conj* (*at the same moment as*) w chwili *or* momencie, gdy; (*during the time that*) (podczas) gdy *or* kiedy; (*although*) chociaż, choć; **for/in a while** przez/za jakiś czas; **all the while** (przez) cały czas; **we'll make it worth your while** postaramy się, żeby Pan/Pani na tym nie stracił/a.

► **while away** *vt* (*time*) skracać (skrócić *perf*) (sobie).

whim [wɪm] *n* zachcianka *f*.

whimper [ˈwɪmpə*] *n* (*of baby*) kwilenie *nt*; (*of dog*) skomlenie *nt* ♦ *vi* (*baby*) kwilić (zakwilić *perf*); (*dog*) skomleć (zaskomleć *perf*).

whimsical [ˈwɪmzɪkl] *adj* (*person*) kapryśny; (*smile, look*) żartobliwy; (*story*) dziwaczny, wymyślny.

whine [waɪn] *n* (*of person*) jęk *m*; (*of dog*) skomlenie *nt*; (*of siren*) wycie *nt* ♦ *vi* (*person*) jęczeć (zajęczeć *perf*); (*dog*) skomleć (zaskomleć

perf); (*siren*) wyć (zawyć *perf*); (*fig: complain*) jęczeć, marudzić.

whip [wɪp] *n* (*lash*) bat *m*, bicz *m*; (*riding whip*) pejcz *m*; (*POL*) poseł odpowiedzialny za obecność członków swej partii na głosowaniach ♦ *vt* (*person, animal: hit*) smagać (smagnąć *perf*) batem; (*: beat*) smagać (wysmagać *perf*) batem; (*cream, eggs*) ubijać (ubić *perf*); **to whip sth off** zerwać (*perf*) *or* zedrzeć (*perf*) coś; **to whip sth away** wyrwać (*perf*) *or* wydrzeć (*perf*) coś.

whipped cream [wɪpt-] *n* bita śmietana *f*.

whirl [wəːl] *vt* kręcić (zakręcić *perf*) +*instr* ♦ *vi* wirować.

whirlpool [ˈwəːlpuːl] *n* wir *m* (wodny).

whirlwind [ˈwəːlwɪnd] *n* trąba *f* powietrzna.

whirr [wəː*] *vi* (*motor*) warkotać, warczeć; (*wings*) furkotać.

whisk [wɪsk] *n* trzepaczka *f* (do ubijania piany), ubijacz *m* ♦ *vt* ubijać (ubić *perf*); **to whisk sb away** *or* **off** błyskawicznie kogoś zabierać (zabrać *perf*).

whiskers [ˈwɪskəz] *npl* (*of cat*) wąsy *pl*; (*of man: also*: **side whiskers**) baczki *pl*, bokobrody *pl*.

whisky [ˈwɪskɪ] (*US, IRISH* **whiskey**) *n* whisky *f inv*.

whisper [ˈwɪspə*] *n* szept *m* ♦ *vi* szeptać (szepnąć *perf*) ♦ *vt* szeptać (szepnąć *perf*), wyszeptać (*perf*).

whistle [ˈwɪsl] *n* (*sound*) gwizd *m*; (*object*) gwizdek *m* ♦ *vi* (*person*) gwizdać (gwizdnąć *perf or* zagwizdać *perf*), pogwizdywać; (*bird, kettle*) gwizdać (zagwizdać *perf*); (*bullet*) świstać (świsnąć *perf*).

white [waɪt] *adj* biały ♦ *n* (*colour*) (kolor *m*) biały, biel *f*; (*person*) biały (-ła) *m(f)*; (*of egg*) białko *nt*.

white-collar worker ['waɪtkɔlə-] n
pracownik m umysłowy, urzędnik m.
white elephant n (fig) chybiona
inwestycja f.
white lie n niewinne kłamstwo nt.
whiteness ['waɪtnɪs] n biel f.
white paper n (POL) raport m
rządowy.
whitewash ['waɪtwɔʃ] n wapno nt
(do bielenia) ♦ vt bielić (pobielić
perf); (fig) wybielać (wybielić perf).
whiting n inv (fish) witlinek m.
Whitsun ['wɪtsn] n Zielone Świątki
pl.
whizz [wɪz] vi: **to whizz past** or **by**
śmigać (śmignąć perf) obok.
whizz kid (inf) n geniusz m, cudowne
dziecko nt.

who [hu:] pron **1** (interrogative) kto
m; **who is it?, who's there?** kto to?,
kto tam?; **who are you looking for?**
kogo szukasz? **2** (relative) który; **the
woman who spoke to me** kobieta,
która ze mną rozmawiała; **those
who can swim** ci, którzy umieją
pływać.
└───────────────────────┘

whole [həul] adj cały ♦ n całość f;
the whole of July cały lipiec; **on
the whole** ogólnie (rzecz) biorąc.
wholefood(s) ['həulfu:d(z)] n(pl)
żywność f naturalna.
wholehearted [həul'hɑ:tɪd] adj
(agreement) całkowity; (support)
gorący.
wholemeal ['həulmi:l] (BRIT) adj
(bread, flour) razowy.
wholesale ['həulseɪl] n hurt m ♦ adj
(price) hurtowy; (destruction)
masowy ♦ adv hurtowo, hurtem.
wholesome ['həulsəm] adj zdrowy.
wholewheat ['həulwi:t] =
wholemeal.
wholly ['həulɪ] adv całkowicie.

whom [hu:m] pron **1** (interrogative):
whom did you see? kogo
widziałaś?; **to whom did you give
it?** komu to dałeś? **2** (relative): **the
man whom I saw** człowiek, którego
widziałem.
└───────────────────────┘

whooping cough ['hu:pɪŋ-] n
koklusz m.

whose [hu:z] adj **1** (interrogative)
czyj; **whose book is this?, whose
is this book?** czyja to książka?,
czyja jest ta książka? **2** (relative):
**the girl whose sister you were
speaking to** dziewczyna, z której
siostrą rozmawiałeś ♦ pron czyj m,
czyja f, czyje nt; **I know whose it is**
wiem, czyje to jest.
└───────────────────────┘

why [waɪ] adv dlaczego, czemu (inf);
why is he always late? dlaczego on
zawsze się spóźnia?; **fancy a drink?
– why not?** może drinka? – czemu
nie? ♦ conj dlaczego; **I wonder why
he said that** zastanawiam się,
dlaczego to powiedział; **that's not
why I'm here** nie dlatego tu jestem;
the reason why I'm here powód, dla
którego tu jestem ♦ excl (expressing
surprise, annoyance etc) och;
(explaining) ależ, przecież; **why, it's
you!** och, to ty!; **why, that's
impossible!** ależ to niemożliwe!; **I
don't understand – why, it's
obvious!** nie rozumiem – przecież to
oczywiste!
└───────────────────────┘

wicked ['wɪkɪd] adj (crime) haniebny;
(man) podły, niegodziwy; (witch)
zły; (smile, wit) szelmowski.

wickerwork ['wɪkə*wəːk] *adj*
wiklinowy ♦ *n* wyroby *pl*
wikliniarskie *or* z wikliny.

wicket ['wɪkɪt] (*CRICKET*) *n*
(*stumps*) bramka *f*; (*grass area*)
*obszar boiska do krykieta pomiędzy
dwiema bramkami.*

wide [waɪd] *adj* szeroki ♦ *adv*: **to
open wide** otwierać (otworzyć *perf*)
szeroko; **to go wide** (*shot etc*)
przechodzić (przejść *perf*) obok; **the
bridge is 3 metres wide** most ma 3
metry szerokości.

wide-awake [waɪdə'weɪk] *adj*
(całkiem) rozbudzony.

widely ['waɪdlɪ] *adv* (*differ, vary*)
znacznie; (*travel*) dużo; (*spaced,
known*) szeroko.

widen ['waɪdn] *vt* (*road, river*)
poszerzać (poszerzyć *perf*); (*one's
experience*) rozszerzać (rozszerzyć
perf) ♦ *vi* (*road, river*) rozszerzać się;
(*gap*) powiększać się (powiększyć się
perf).

wide open *adj* szeroko otwarty.

widespread ['waɪdspred] *adj*
powszechny, rozpowszechniony.

widow ['wɪdəu] *n* wdowa *f*.

widowed ['wɪdəud] *adj* owdowiały.

widower ['wɪdəuə*] *n* wdowiec *m*.

width [wɪdθ] *n* szerokość *f*.

wield [wiːld] *vt* dzierżyć.

wife [waɪf] (*pl* **wives**) *n* żona *f*.

wig [wɪg] *n* peruka *f*.

wiggle ['wɪgl] *vt* (*hips*) kręcić +*instr*;
(*ears*) ruszać +*instr*.

wild [waɪld] *adj* (*animal, plant, land*)
dziki; (*weather, night, applause*)
burzliwy; (*sea*) wzburzony;
(*idea*) szalony; (*person*): **wild with
anger** *etc* oszalały z gniewu *etc*;
the wilds *npl* pustkowie *nt*; **I'm not
wild about him** nie przepadam za
nim.

wilderness ['wɪldənɪs] *n* dzicz *f*,
pustynia *f*.

wild-goose chase [waɪld'guːs-] *n*
(*fig*) szukanie *nt* wiatru w polu.

wildlife ['waɪldlaɪf] *n* (dzika)
przyroda *f*.

wildly ['waɪldlɪ] *adv* dziko; (*applaud*)
burzliwie; (*shake etc*) gwałtownie,
wściekle; (*romantic*) niesamowicie;
(*erratic, inefficient*) wysoce.

wilful ['wɪlful] (*US* **willful**) *adj* (*child,
character*) uparty; (*action, disregard*)
umyślny.

───────── KEYWORD ─────────

will [wɪl] (*vt: pt, pp* **willed**) *aux vb* **1**
(*forming future tense*): **I will finish it
tomorrow** skończę to jutro; **I will
have finished it by tomorrow**
skończę to do jutra. **2** (*in
conjectures, predictions*): **he will** *or*
he'll be there by now (pewnie) już
tam jest; **that will be the postman**
to pewnie listonosz. **3** (*in
commands, requests, offers*): **will
you be quiet!** bądźże cicho!; **will
you help me?** (czy) możesz mi
pomóc?, pomożesz mi?; **will you
have a cup of tea?** (czy) napije się
Pan/Pani herbaty? ♦ *vt*: **to will sb to
do sth** zmuszać (zmusić *perf*)
kogoś, by coś (z)robił; **he willed
himself to go on** zmusił się, by iść
dalej ♦ *n* (*volition*) wola *f*; (*also*: **last
will**) testament *m*; **he did it against
his will** zrobił to wbrew swojej woli.

willful ['wɪlful] (*US*) *adj* = **wilful**.

willing ['wɪlɪŋ] *adj* (*having no
objection*) chętny; (*enthusiastic*)
ochoczy; **he's willing to do it** on
chętnie to zrobi.

willingly ['wɪlɪŋlɪ] *adv* chętnie.

willingness ['wɪlɪŋnɪs] *n* (*readiness*)
chęć *f*, gotowość *f*; (*enthusiasm*)
ochota *f*.

willow ['wɪləu] *n* wierzba *f*.

willpower ['wɪl'pauə*] *n* siła *f* woli.

willy-nilly ['wɪlɪ'nɪlɪ] *adv* chcąc nie chcąc.

wilt [wɪlt] *vi* więdnąć (zwiędnąć *perf*).

wily ['waɪlɪ] *adj* przebiegły, chytry.

win [wɪn] (*pt* **won**) *n* zwycięstwo *nt*, wygrana *f* ♦ *vt* (*game, competition, election*) wygrywać (wygrać *perf*), zwyciężać (zwyciężyć *perf*) w +*loc*; (*prize, support, popularity*) zdobywać (zdobyć *perf*) ♦ *vi* wygrywać (wygrać *perf*), zwyciężać (zwyciężyć *perf*).

▶**win over** *vt* pozyskiwać (pozyskać *perf*).

▶**win round** (*BRIT*) *vt* = **win over**.

wince [wɪns] *vi* krzywić się (skrzywić się *perf*).

winch [wɪntʃ] *n* kołowrót *m*.

wind¹ [wɪnd] *n* (*air*) wiatr *m*; (*MED*) wzdęcie *nt*; (*breath*) dech *m* ♦ *vt* pozbawiać (pozbawić *perf*) tchu.

wind² [waɪnd] (*pt* **wound**) *vt* (*thread, rope*) nawijać (nawinąć *perf*); (*bandage*) zawijać (zawinąć *perf*); (*clock, toy*) nakręcać (nakręcić *perf*) ♦ *vi* wić się.

▶**wind up** *vt* (*clock, toy*) nakręcać (nakręcić *perf*); (*debate*) kończyć (zakończyć *perf*).

windbreaker ['wɪndbreɪkə*] (*US*) *n* = **windcheater**.

windcheater ['wɪndtʃiːtə*] *n* wiatrówka *f* (*kurtka*).

windfall ['wɪndfɔːl] *n* (*money*) nieoczekiwany przypływ *m* gotówki.

winding ['waɪndɪŋ] *adj* kręty, wijący się.

windmill ['wɪndmɪl] *n* wiatrak *m*.

window ['wɪndəu] *n* (*of house, vehicle, on computer screen*) okno *nt*; (*of shop*) witryna *f*.

window ledge *n* parapet *m*.

window pane *n* szyba *f* (okienna).

window-shopping ['wɪndəuʃɔpɪŋ] *n* oglądanie *nt* wystaw sklepowych.

windowsill ['wɪndəusɪl] *n* parapet *m*.

windpipe ['wɪndpaɪp] *n* tchawica *f*.

windscreen ['wɪndskriːn] *n* (*AUT*) przednia szyba *f*.

windshield ['wɪndʃiːld] (*US*) *n* = **windscreen**.

windswept ['wɪndswɛpt] *adj* (*place*) nie osłonięty, odsłonięty; (*hair*) potargany (przez wiatr).

windy ['wɪndɪ] *adj* wietrzny; **it's windy** wieje silny wiatr.

wine [waɪn] *n* wino *nt*.

wine bar *n* winiarnia *f*.

wing [wɪŋ] *n* skrzydło *nt*; (*AUT*) błotnik *m*; **the wings** *npl* (*THEAT*) kulisy *pl*; **in the wings** za kulisami.

winger ['wɪŋə*] (*SPORT*) *n* skrzydłowy (-wa) *m(f)*.

wink [wɪŋk] *n* mrugnięcie *nt* ♦ *vi* mrugać (mrugnąć *perf*).

winner ['wɪnə*] *n* (*of race, competition*) zwycięzca/zwyciężczyni *m/f*; (*of prize*) zdobywca (-czyni) *m(f)*.

winning ['wɪnɪŋ] *adj* (*team, competitor, goal*) zwycięski; (*smile*) ujmujący; *see also* **winnings**.

winnings ['wɪnɪŋz] *npl* wygrana *f*.

winter ['wɪntə*] *n* zima *f*; **in winter** zimą, w zimie.

wintry ['wɪntrɪ] *adj* (*weather, day*) zimowy; (*smile*) lodowaty.

wipe [waɪp] *vt* (*dry, clean*) wycierać (wytrzeć *perf*); (*erase*) zmazywać (zmazać *perf*) ♦ *n*: **to give sth a wipe** przecierać (przetrzeć *perf*) coś.

▶**wipe off** *vt* ścierać (zetrzeć *perf*).

▶**wipe out** *vt* (*city etc*) zmiatać (zmieść *perf*) z powierzchni ziemi.

wire ['waɪə*] *n* drut *m*; (*ELEC*) przewód *m*; (*telegram*) telegram *m*, depesza *f* (*old*) ♦ *vt* (*US: person*) wysyłać (wysłać *perf*) telegram do +*gen*; (*also*: **wire up**: *electrical fitting*) podłączać (podłączyć *perf*).

wireless ['waɪəlɪs] (*BRIT*: *old*) *n* radio *nt*.

wiring ['waɪərɪŋ] (*ELEC*) *n* instalacja *f* elektryczna.

wiry ['waɪərɪ] *adj* (*person*) silny; (*hair, grass*) szorstki.

wisdom ['wɪzdəm] *n* (*of person*) mądrość *f*; (*of action, remark*) sens *m*.

wise [waɪz] *adj* mądry.

...wise [waɪz] *suff* (*with regard to*): **timewise** *etc* jeśli chodzi o czas *etc*; (*in the manner of*): **crabwise** *etc* jak rak *etc*.

wish [wɪʃ] *n* pragnienie *nt*; (*specific*) życzenie *nt* ♦ *vt*: **I wish I were/I had been ...** żałuję, że nie jestem/nie byłem ...; **best wishes** (*for birthday etc*) najlepsze życzenia; **with best wishes** (*in letter*) łączę pozdrowienia; **she wished him good luck** życzyła mu powodzenia.

wishful ['wɪʃful] *adj*: **it's wishful thinking** to pobożne życzenia.

wisp [wɪsp] *n* (*of grass, hay*) wiązka *f*; (*of hair*) kosmyk *m*; (*of smoke*) smuga *f*.

wistful ['wɪstful] *adj* tęskny.

wit [wɪt] *n* (*wittiness*) dowcip *m*; (*also*: **wits**) inteligencja *f*; (*person*) humorysta *m*.

witch [wɪtʃ] *n* czarownica *f*.

witchcraft ['wɪtʃkrɑːft] *n* czary *pl*.

witch doctor *n* szaman *m*.

witch-hunt ['wɪtʃhʌnt] *n* (*fig*) polowanie *nt* na czarownice, nagonka *m*.

──────── KEYWORD ────────

with [wɪð, wɪθ] *prep* **1** (*accompanying, in the company of*) z +*instr*; **I was with him** byłem z nim; **we stayed with friends** zatrzymaliśmy się u przyjaciół; **I'll be with you in a minute** zaraz się Panem/Panią zajmę; **I'm with you** rozumiem; **to be with it** (*inf: up-to-date*) być na bieżąco; (: *alert*) kontaktować (*inf*). **2** (*descriptive*): **a room with a view** pokój z widokiem; **the man with the grey hat** (ten) mężczyzna w szarym kapeluszu. **3** (*indicating manner, means, cause*): **with tears in her eyes** ze łzami w oczach; **to walk with a stick** chodzić o lasce; **red with anger** czerwony ze złości; **to fill sth with water** napełniać (napełnić *perf*) coś wodą.

withdraw [wɪθ'drɔː] (*irreg like*: **draw**) *vt* (*object*) wyjmować (wyjąć *perf*); (*offer, troops*) wycofywać (wycofać *perf*); (*statement*) cofać (cofnąć *perf*), odwoływać (odwołać *perf*); (*money: from bank*) podejmować (podjąć *perf*) ♦ *vi* wycofywać się (wycofać się *perf*).

withdrawal [wɪθ'drɔːəl] *n* (*of offer, troops, services*) wycofanie *nt*; (*of statement*) cofnięcie *nt*, odwołanie *nt*; (*of participation*) wycofanie się *nt*; (*of money*) podjęcie *nt*.

withdrawal symptoms *npl* zespół *m* abstynencji.

withdrawn [wɪθ'drɔːn] *pp of* **withdraw** ♦ *adj* zamknięty w sobie.

wither ['wɪðə*] *vi* usychać (uschnąć *perf*), więdnąć (zwiędnąć *perf*).

withhold [wɪθ'həuld] (*irreg like*: **hold**) *vt* (*rent etc*) odmawiać (odmówić *perf*) płacenia +*gen*; (*permission*) odmawiać (odmówić *perf*) +*gen*; (*information*) zatajać (zataić *perf*).

within [wɪð'ɪn] *prep* (*object*) wewnątrz *or* w środku +*gen*; (*building, area*) na terenie +*gen*; (*time*) w (prze)ciągu *or* na przestrzeni +*gen*; (*distance*) w odległości +*gen* ♦ *adv* wewnątrz, w środku; **from within** ze środka; **within reach of** w miejscu dostępnym dla +*gen*; **they came within sight of the gate** dotarli do miejsca, z którego widać było bramę; **the end is within sight** widać już koniec.

without [wɪð'aut] *prep* bez +*gen*; **without a coat** bez płaszcza; **without speaking** nic nie mówiąc; **it goes without saying** to się rozumie samo przez się.

withstand [wɪθ'stænd] (*irreg like*: **stand**) *vt* (*wind*) stawiać (stawić *perf*) opór +*dat*; (*attack*) wytrzymywać (wytrzymać *perf*).

witness ['wɪtnɪs] *n* świadek *m* ♦ *vt* (*lit, fig*) być świadkiem +*gen*.

witness box *n* miejsce *nt* dla świadka.

witness stand (*US*) = **witness box**.

witty ['wɪtɪ] *adj* dowcipny.

wives [waɪvz] *npl of* **wife**.

wizard ['wɪzəd] *n* czarodziej *m*.

wk *abbr* = **week** tydz.

wobble ['wɔbl] *vi* (*legs, jelly*) trząść się; (*chair*) chwiać się.

woe [wəu] *n* (*sorrow*) żałość *f*; (*misfortune*) nieszczęście *nt*.

woke [wəuk] *pt of* **wake**.

woken ['wəukn] *pp of* **wake**.

wolf [wulf] (*pl* **wolves**) *n* wilk *m*.

woman ['wumən] (*pl* **women**) *n* kobieta *f*.

womanly ['wumənlɪ] *adj* kobiecy.

womb [wu:m] *n* (*ANAT*) macica *f*; (*fig*) łono *nt*; **a baby in its mother's womb** dziecko w łonie matki.

women ['wɪmɪn] *npl of* **woman**.

Women's (Liberation) Movement *n* ruch *m* wyzwolenia kobiet.

won [wʌn] *pt, pp of* **win**.

wonder ['wʌndə*] *n* (*miracle*) cud *m*; (*awe*) zdumienie *nt* ♦ *vi*: **to wonder whether/why** zastanawiać się, czy/dlaczego; **to wonder at** dziwić się +*dat*; **to wonder about** zastanawiać się nad +*instr*; **it's no wonder (that)** nic dziwnego (, że); **I wonder if you could help me** czy byłbyś uprzejmy mi pomóc?; **I**

wonder why he's late ciekawe, czemu się spóźnia.

wonderful ['wʌndəful] *adj* (*excellent*) wspaniały; (*miraculous*) cudowny.

wonderfully ['wʌndəfəlɪ] *adv* (*kind, funny etc*) niezwykle.

won't [wəunt] = **will not**.

woo [wu:] *vt* (*woman*) zalecać się do +*gen*; (*audience, voters*) zabiegać o względy +*gen*.

wood [wud] *n* (*timber*) drewno *nt*; (*forest*) las *m*.

wooden ['wudn] *adj* drewniany; (*fig: performance etc*) bez wyrazu *post*.

woodpecker ['wudpɛkə*] *n* dzięcioł *m*.

woodwork ['wudwə:k] *n* stolarka *f*.

wool [wul] *n* wełna *f*; **to pull the wool over sb's eyes** (*fig*) mydlić komuś oczy.

woollen ['wulən] (*US* **woolen**) *adj* wełniany.

woolly ['wulɪ] (*US* **wooly**) *adj* wełniany; (*fig: ideas*) mętny.

word [wə:d] *n* (*unit of language, promise*) słowo *nt*; (*news*) wiadomość *f* ♦ *vt* formułować (sformułować *perf*); **in other words** innymi słowy; **to break one's word** łamać (złamać *perf*) (dane) słowo; **to keep one's word** dotrzymywać (dotrzymać *perf*) słowa; **to have words with sb** rozmówić się (*perf*) z kimś; **I'll take your word for it** wierzę ci na słowo.

wording ['wə:dɪŋ] *n* sposób *m* sformułowania.

word processor [-prəusɛsə*] *n* edytor *m* tekstów.

wore [wɔ:*] *pt of* **wear**.

work [wə:k] *n* praca *f*; (*ART, LITERATURE*) dzieło *nt*; (*MUS*) utwór *m* ♦ *vi* (*person*) pracować; (*mechanism*) działać; (*medicine*) działać (zadziałać *perf*) ♦ *vt* (*wood, stone*) obrabiać; (*land*) uprawiać; (*machine*) obsługiwać; **to be out of**

work nie mieć pracy; **to work loose** (*screw etc*) obluzowywać się (obluzować się *perf*); (*knot*) rozluźniać się (rozluźnić się *perf*); **to work miracles** *or* **wonders** czynić cuda.

►**work on** *vt fus* (*task, person*) pracować nad +*instr*.

►**work out** *vi* (*job, relationship*) układać się (ułożyć się *perf*); (*plan*) powieść się (*perf*) ♦ *vt* (*problem*) rozpracowywać (rozpracować *perf*); (*plan*) opracowywać (opracować *perf*); **he couldn't work out why ...** nie mógł dojść, dlaczego ...; **it works out at 100 pounds** to wynosi 100 funtów.

►**work up** *vt*: **to get worked up** denerwować się (zdenerwować się *perf*).

workable ['wəːkəbl] *adj* (*solution, idea*) wykonalny; (*system, proposal*) nadający się do zastosowania *or* wykorzystania.

workaholic [wəːkə'hɔlɪk] *n* pracoholik *m*.

worker ['wəːkə*] *n* (*physical*) robotnik (-ica) *m(f)*; (*employee*) pracownik (-ica) *m(f)*.

workforce ['wəːkfɔːs] *n* siła *f* robocza; (*in particular company, area*) liczba *f* zatrudnionych.

working class *n* klasa *f* robotnicza.

working-class ['wəːkɪŋ'klɑːs] *adj* robotniczy.

working order *n*: **in working order** sprawny, na chodzie (*inf*).

workman ['wəːkmən] (*irreg like*: **man**) *n* robotnik *m*.

works [wəːks] (*BRIT*) *n* (*factory*) zakład *m* ♦ *npl* (*of clock, machine*) mechanizm *m*.

workshop ['wəːkʃɔp] *n* (*building*) warsztat *m*; (*practical session*) warsztaty *pl*.

work station *n* stanowisko *nt* pracy.

world [wəːld] *n* świat *m* ♦ *cpd*

światowy; **all over the world** na całym świecie; **to think the world of sb** (*think highly*) bardzo kogoś cenić; (*like, love*) świata poza kimś nie widzieć.

worldly ['wəːldlɪ] *adj* (*not spiritual*) ziemski, doczesny; (*knowledgeable*) światowy.

worldwide ['wəːld'waɪd] *adj* (ogólno)światowy.

worm [wəːm] *n* robak *m*.

worn [wɔːn] *pp of* **wear** ♦ *adj* (*carpet*) wytarty; (*shoe*) znoszony.

worn-out ['wɔːnaut] (*object*) zużyty; (*person*) wyczerpany, wykończony (*inf*).

worried ['wʌrɪd] *adj* (*anxious*) zaniepokojony; (*distressed*) zmartwiony.

worry ['wʌrɪ] *n* (*anxiety*) troski *pl*, zmartwienia *pl*; (*problem*) zmartwienie *nt* ♦ *vt* (*upset*) martwić (zmartwić *perf*), trapić; (*alarm*) niepokoić (zaniepokoić *perf*) ♦ *vi* martwić się, niepokoić się.

worrying ['wʌrɪɪŋ] *adj* niepokojący.

worse [wəːs] *adj* gorszy ♦ *adv* gorzej ♦ *n* gorsze *nt*; **a change for the worse** zmiana na gorsze.

worsen ['wəːsn] *vt* pogarszać (pogorszyć *perf*) ♦ *vi* pogarszać się (pogorszyć się *perf*).

worse off *adj* (*financially*) biedniejszy; (*fig*) w gorszej sytuacji *post*.

worship ['wəːʃɪp] *n* uwielbienie *nt*, kult *m* ♦ *vt* (*god*) oddawać (oddać *perf*) cześć +*dat*, wielbić (*fml*); (*person*) uwielbiać; **freedom of worship** wolność wyznania.

worst [wəːst] *adj* najgorszy ♦ *adv* (*dressed*) najgorzej; (*affected*) najbardziej, najsilniej ♦ *n* najgorsze *nt*; **at worst** w najgorszym razie.

worth [wəːθ] *n* wartość *f* ♦ *adj*

warty; **it's worth it** to (jest) warte
zachodu; **the film is worth seeing**
ten film warto zobaczyć; **it will be
worth your while to do it** opłaci ci
się to zrobić.

worthless ['wə:θlɪs] *adj* (*thing*)
bezwartościowy; (*person*) nic nie
wart *post*.

worthwhile ['wə:θ'waɪl] wart
zachodu *post*.

worthy ['wə:ðɪ] *adj* (*person*)
szanowny, czcigodny; (*motive*)
szlachetny, zacny; **to be worthy of**
być wartym +*gen*.

KEYWORD
---

would [wud] *aux vb* **1** (*conditional*):
if you asked him he would do it
gdybyś go poprosił, zrobiłby to; **if
you had asked him he would have
done it** gdybyś go (wtedy) poprosił,
zrobiłby to. **2** (*in offers, invitations,
requests*): **would you like a biscuit?**
może herbatnika?; **would you ask
him to come in?** (czy) mógłbyś go
poprosić (, żeby wszedł)? **3** (*in
indirect speech*): **I said I would do it**
powiedziałam, że to zrobię. **4**
(*emphatic*): **it WOULD have to rain
today!** musiało akurat dzisiaj padać!
5 (*insistence*): **she wouldn't give in**
nie chciała się poddać, nie dawała
za wygraną. **6** (*conjecture*): **it would
have been midnight** pewnie było
już koło północy; **it would seem so**
na to by wyglądało. **7** (*indicating
habit*): **he would go there on
Mondays** chadzał tam w
poniedziałki.

---

would-be ['wudbi:] *adj* niedoszły.
wouldn't ['wudnt] = **would not**.
wound¹ [waund] *pt, pp of* **wind²**.
wound² [wu:nd] *n* rana *f* ♦ *vt* ranić
(zranić *perf*).
wove [wəuv] *pt of* **weave**.

woven ['wəuvn] *pp of* **weave**.
wrangle ['ræŋgl] *n* sprzeczka *f*.
wrap [ræp] *n* (*shawl*) szal *m*; (*cape*)
pelerynka *f*, narzutka *f* ♦ *vt* (*cover*)
pakować (opakować *perf*); (*also*:
wrap up) pakować (zapakować
perf); (*wind*) owijać (owinąć *perf*).
wrapper ['ræpə*] *n* (*on chocolate*)
opakowanie *nt*; (*BRIT: of book*)
obwoluta *f*.
wrath [rɔθ] *n* gniew *m*.
wreath [ri:θ] (*pl* **wreaths**) *n* wieniec
m.
wreck [rɛk] *n* (*vehicle, ship*) wrak *m*;
(*pej: person*) wrak *m* (człowieka) ♦
vt (*car*) rozbijać (rozbić *perf*);
(*device*) niszczyć (zniszczyć *perf*)
(doszczętnie); (*chances*) niweczyć
(zniweczyć *perf*).
wreckage ['rɛkɪdʒ] *n* szczątki *pl*.
wren [rɛn] *n* strzyżyk *m*.
wrench [rɛntʃ] *n* (*TECH*) klucz *m*
(francuski); (*tug*) szarpnięcie *nt*; (*fig*)
bolesne przeżycie *nt* ♦ *vt* (*arm, joint*)
skręcić (*perf*); **to wrench sth off** *or*
away oderwać (*perf*) coś; **to wrench
sth from sb** wyrwać (*perf*) coś
komuś.
wrestle ['rɛsl] *vi*: **to wrestle (with
sb)** mocować się (z kimś).
wrestling ['rɛslɪŋ] *n* zapasy *pl*.
wretched ['rɛtʃɪd] *adj* (*poor*) nędzny;
(*unhappy*) nieszczęsny; (*inf*) głupi;
to be *or* **feel wretched** czuć się
okropnie.
wriggle ['rɪgl] *vi* (*also*: **wriggle
about**: *person*) wiercić się; (: *fish*)
trzepotać (się); (: *snake*) wić się.
wring [rɪŋ] (*pt* **wrung**) *vt* (*wet
clothes*) wykręcać (wykręcić *perf*);
(*hands*) załamywać (załamać *perf*);
(*bird's neck*) ukręcać (ukręcić *perf*);
to wring sth out of sb/sth (*fig*)
wyciskać (wycisnąć *perf*) coś z
kogoś/czegoś (*inf*).
wrinkle ['rɪŋkl] *n* (*on skin*)
zmarszczka *f*; (*on paper etc*)

zagniecenie *nt* ♦ *vt* marszczyć
(zmarszczyć *perf*) ♦ *vi* marszczyć się
(zmarszczyć się *perf*).

wrist [rɪst] *n* nadgarstek *m*, przegub
m (dłoni).

wristwatch ['rɪstwɔtʃ] *n* zegarek *m*
(na rękę).

writ [rɪt] (*JUR*) *n* nakaz *m* urzędowy.

write [raɪt] (*pt* **wrote**, *pp* **written**) *vt*
(*letter, novel*) pisać (napisać *perf*);
(*cheque, receipt, prescription*)
wypisywać (wypisać *perf*) ♦ *vi* pisać
(napisać *perf*); **to write to sb** pisać
(napisać *perf*) do kogoś.

►**write down** *vt* zapisywać (zapisać
perf).

►**write off** *vt* (*debt*) umarzać
(umorzyć *perf*); (*plan, person*)
spisywać (spisać *perf*) na straty.

►**write out** *vt* (*report, list*) spisywać
(spisać *perf*); (*cheque, receipt*)
wypisywać (wypisać *perf*).

►**write up** *vt* przepisywać (przepisać
perf) (na czysto).

writer ['raɪtə*] *n* (*job*) pisarz (-arka)
m(f); (*of report, document*) autor(ka)
m(f).

writhe [raɪð] *vi* skręcać się, wić się.

writing ['raɪtɪŋ] *n* (*words written*)
napis *m*; (*also*: **handwriting**) pismo
nt, charakter *m* pisma; (*of author*)
pisarstwo *nt*; (*activity*) pisanie *nt*; **in
writing** na piśmie.

written ['rɪtn] *pp of* **write**.

wrong [rɔŋ] *adj* (*inappropriate,
morally bad*) niewłaściwy; (*incorrect*)
zły, błędny; (*unfair*) niesprawiedliwy
♦ *adv* źle, błędnie ♦ *n* (*injustice*)
krzywda *f* ♦ *vt* wyrządzać
(wyrządzić *perf*) krzywdę +*dat*,
krzywdzić (skrzywdzić *perf*); **you
were wrong to speak to the
newspapers** źle zrobiłeś,
rozmawiając z dziennikarzami; **you
are wrong about that, you've got it
wrong** mylisz się co do tego; **who's
in the wrong?** kto zawinił?; **what's

wrong? co się stało?; **to go wrong**
(*person*) mylić się (pomylić się
perf); (*machine, relationship*) psuć się
(popsuć się *perf*).

wrongful ['rɔŋful] *adj* bezprawny.

wrongly ['rɔŋlɪ] *adv* (*answer,
translate, spell*) źle, błędnie.

wrote [rəut] *pt of* **write**.

wrought [rɔ:t] *adj*: **wrought iron**
kute żelazo *nt*.

wrung [rʌŋ] *pt, pp of* **wring**.

wry [raɪ] *adj* lekko drwiący.

wt. *abbr* = **weight**.

X

Xmas ['eksməs] *n abbr* = **Christmas**.

X-ray [eks'reɪ] *n* (*ray*) promień *m*
Rentgena *or* X; (*photo*) zdjęcie *nt*
rentgenowskie, prześwietlenie *nt* ♦
vt prześwietlać (prześwietlić *perf*).

xylophone ['zaɪləfəun] *n* ksylofon *m*.

Y

yacht [jɔt] *n* jacht *m*.

yank [jæŋk] *vt* szarpać (szarpnąć
perf) ♦ *n* szarpnięcie *nt*.

yard [jɑ:d] *n* (*of house*) podwórko *nt*;
(*measure*) jard *m* (*91,4 cm*).

yarn [jɑ:n] *n* (*thread*) przędza *f*; (*tale*)
opowieść *f*.

yawn [jɔ:n] *n* ziewnięcie *nt* ♦ *vi*
ziewać (ziewnąć *perf*).

yeah [jeə] (*inf*) *adv* tak, no (*inf*).

year [jɪə*] *n* rok *m*; **a** *or* **per year** na
rok, rocznie; **to be 8 years old** mieć
8 lat; **an eight-year-old child**
ośmioletnie dziecko.

yearly ['jɪəlɪ] *adj* (*once a year*)
doroczny; (*every year*) coroczny;

(*per year*) roczny ♦ *adv* (*once a year*) raz do *or* w roku; (*every year*) corocznie; (*per year*) rocznie.

yearn [jə:n] *vi*: **to yearn for sth** tęsknić do czegoś; **to yearn to do sth** (bardzo) pragnąć coś (z)robić.

yeast [ji:st] *n* drożdże *pl*.

yell [jɛl] *n* wrzask *m* ♦ *vi* wrzeszczeć (wrzasnąć *perf*).

yellow ['jɛləu] *adj* żółty.

yes [jɛs] *adv* tak ♦ *n* (*consent*) tak *nt*; (*in voting*) głos *m* za; **to say yes** zgadzać się (zgodzić się *perf*).

yesterday ['jɛstədɪ] *adv* wczoraj ♦ *n* wczoraj *nt*, dzień *m* wczorajszy; **yesterday morning/evening** wczoraj rano/wieczorem; **all day yesterday** (przez) cały wczorajszy dzień.

yet [jɛt] *adv* jeszcze ♦ *conj* ale, (a) mimo to; **not yet** jeszcze nie; **as yet** jak dotąd, na razie.

yew [ju:] *n* cis *m*.

Yiddish ['jɪdɪʃ] *n* (*LING*) jidysz *m inv*.

yield [ji:ld] *n* (*AGR*) plon *m*; (*COMM*) zysk *m* ♦ *vt* (*control*) oddawać (oddać *perf*); (*results, profit*) dawać (dać *perf*), przynosić (przynieść *perf*) ♦ *vi* (*surrender*) ulegać (ulec *perf*), ustępować (ustąpić *perf*); (*US: AUT*) ustępować (ustąpić *perf*) pierwszeństwa przejazdu; (*break, move position*) ustępować (ustąpić *perf*), nie wytrzymywać (nie wytrzymać *perf*).

yog(h)ourt ['jəugət] *n* jogurt *m*.

yog(h)urt ['jəugət] *n* = **yog(h)ourt**.

yoke [jəuk] *n* jarzmo *nt*.

yolk [jəuk] *n* żółtko *nt*.

--- KEYWORD ---

you [ju:] *pron* **1** (*subject sg*) ty; (*subject pl*) wy; **you and I** ty i ja; **you French** wy Francuzi. **2** (*direct object sg*) cię; (: *stressed*) ciebie; (*direct object pl*) was; **I know you**

znam cię/was; **I saw you, not her** widziałam ciebie, nie ją. **3** (*indirect object sg*) ci; (: *stressed*) tobie; (*indirect object pl*) wam; **I told you** mówiłam ci. **4** (*after prep, in comparisons*): **it's for you** to dla ciebie/was; **can I come with you?** (czy) mogę pójść z tobą/wami?; **she's younger than you** jest młodsza od ciebie. **5** (*polite sg*) Pan(i) *m(f)*; (*polite pl*) Państwo *vir pl*; **can I help you?** czym mogę Panu/Pani/Państwu służyć? **6** (*impersonal*): **you never know** nigdy nie wiadomo; **you can't do that!** tak nie można!

you'd = **you had; you would**.

you'll [ju:l] = **you will; you shall**.

young [jʌŋ] *adj* młody; **the young** *npl* (*of animal*) młode *pl*; (*people*) młodzież *f*.

younger [jʌŋgə*] *adj* młodszy.

youngster ['jʌŋstə*] *n* (*child*) dziecko *nt*; (*young man*) chłopak *m*; (*young woman*) dziewczyna *f*.

your [jɔ:*] *adj* twój; *see also* **my**.

you're [juə*] = **you are**.

yours [jɔ:z] *pron* twój; **yours sincerely/faithfully** z poważaniem; *see also* **mine**[1].

yourself [jɔ:'sɛlf] *pron* (*reflexive*) się; (*after prep*) siebie *(gen, acc)*, sobie *(dat, loc)*, sobą *(instr)*; (*after conj*) ty; (*emphatic*) sam.

yourselves [jɔ:'sɛlvz] *pl pron* (*reflexive*) się; (*after prep*) siebie *(gen, acc)*, sobie *(dat, loc)*, sobą *(instr)*; (*after conj*) wy; (*emphatic*) sami.

youth [ju:θ] *n* (*young days*) młodość *f*; (*young man*) młodzieniec *m*.

youthful ['ju:θful] *adj* (*person*) młody; (*enthusiasm*) młodzieńczy.

youth hostel *n* schronisko *nt* młodzieżowe.

you've [juːv] = **you have**.
Yugoslavia [ˈjuːgəʊˈslɑːvɪə] *n* Jugosławia *f*.

Z

zap [zæp] (*COMPUT*) *vt* usuwać (usunąć *perf*).
zeal [ziːl] *n* zapał *m*.
zealous [ˈzeləs] *adj* zagorzały.
zebra [ˈziːbrə] *n* zebra *f*.
zebra crossing (*BRIT*) *n* przejście *nt* dla pieszych, pasy *pl*.
zero [ˈzɪərəʊ] *n* zero *nt*.
zest [zest] *n* zapał *m*, entuzjazm *m*; **orange/lemon zest** skórka pomarańczowa/cytrynowa.

zigzag [ˈzɪgzæg] *n* zygzak *m* ♦ *vi* (*on foot*) iść (pójść *perf*) zygzakiem; (*car*) jechać (pojechać *perf*) zygzakiem.
zinc [zɪŋk] *n* cynk *m*.
zip [zɪp] *n* zamek *m* błyskawiczny ♦ *vt*: **to zip up sth** zapinać (zapiąć *perf*) coś (na zamek).
zip code (*US*) *n* kod *m* pocztowy.
zipper [ˈzɪpə*] (*US*) *n* = **zip**.
zodiac [ˈzəudɪæk] *n* zodiak *m*.
zombie [ˈzɔmbɪ] *n* (*fig*) żywy trup *m*.
zone [zəun] *n* strefa *f*.
zoo [zuː] *n* zoo *nt inv*.
zoology [zuːˈɔlədʒɪ] *n* zoologia *f*.
zoom [zuːm] *vi*: **to zoom past (sth)** przemykać (przemknąć *perf*) obok (czegoś).
zoom lens *n* teleobiektyw *m*.
zucchini [zuːˈkiːnɪ] (*US*) *n(pl)* cukinia *f*.

COLLINS

SŁOWNIK
POLSKO-ANGIELSKI

A

a *conj* and; **ja skończyłem, a ty?** I'm done, and how about you?; **między szafą a biurkiem** between the wardrobe and the desk; **a to co?** now, what would that be?

abażu|r (-ru, -ry) (*loc sg* -rze) *m* lampshade.

ABC *nt inv* ABC.

abecad|ło (-ła, -ła) (*loc sg* -le, *gen pl* -eł) *nt* alphabet; (*przen: podstawy*) the ABCs *pl*.

abonamen|t (-tu, -ty) (*loc sg* -cie) *m* (*telewizyjny*) licence fee (*BRIT*), ≈ service fee (*US*); (*telefoniczny*) standing charges *pl*; **abonament na coś** subscription to sth.

abonen|t (-ta, -ci) (*loc sg* -cie) *m* subscriber.

aborcj|a (-i, -e) (*gen pl* -i) *f* abortion; **dokonywać (dokonać** *perf*) **aborcji** to have *lub* get an abortion.

absencj|a (-i, -e) (*gen pl* -i) *f* (*nieobecność: jednorazowa*) absence; (: *wielokrotna*) absenteeism.

absolutnie *adv* absolutely.

absolutny *adj* absolute; (*racja, cisza*) complete; **zero absolutne** (*FIZ*) absolute zero.

absolwen|t (-ta, -ci) (*loc sg* -cie) *m* graduate.

absorb|ować (-uję, -ujesz) (*perf* za-) *vt* to absorb.

abstrah|ować (-uję, -ujesz) *vi* (*im*)*perf*: **abstrahować (od** +*gen*) to disregard; **abstrahując od** +*gen* aside *lub* apart from.

abstrakcyjny *adj* abstract.

abstynen|t (-ta, -ci) (*loc sg* -cie) *m* teetotaller (*BRIT*), teetotaler (*US*).

absur|d (-du, -dy) (*loc sg* -dzie) *m* nonsense, absurdity.

absurdalny *adj* absurd.

aby *conj* (in order) to, so that; **ona pojechała do Anglii, aby uczyć się angielskiego** she went to England to learn English; **aby nie przestraszyć dziecka** so as not to frighten the child.

ach *excl* oh.

aczkolwiek *conj* although, albeit.

adaptacj|a (-i, -e) (*gen pl* -i) *f* adaptation; (*utworu muzycznego*) arrangement.

adapte|r (-ra, -ry) (*loc sg* -rze) *m* record player.

adapt|ować (-uję, -ujesz) (*perf* za-) *vt* to adapt; (*utwór muzyczny*) to arrange.

▸**adaptować się** *vr* to adapt.

adekwatny *adj*: **adekwatny (do** +*gen*) commensurate (with), adequate (to *lub* for).

adidas|y (-ów) *pl* trainers *pl* (*BRIT*), training shoes *pl* (*BRIT*), sneakers *pl* (*US*), tennis shoes *pl* (*US*).

adiutan|t (-ta, -ci) (*loc sg* -cie) *m* aide-de-camp.

administracj|a (-i, -e) (*gen pl* -i) *f* (*zarządzanie*) administration, management; (*zarząd*) management, board of directors; (*władza*) administration.

administracyjny *adj* administrative, managing.

administrato|r (-ra, -rzy) (*loc sg* -rze) *m* administrator, manager.

administr|ować (-uję, -ujesz) *vt* to administer, to manage.

admira|ł (-ła, -łowie) (*loc sg* -le) *m* admiral.

adnotacj|a (-i, -e) (*gen pl* -i) *f* (*w książce, artykule*) note, annotation; (*na dokumencie*) endorsement.

adopcj|a (-i, -e) (*gen pl* -i) *f* adoption.

adopt|ować (-uję, -ujesz) (*perf* za-) *vt* to adopt.

ador|ować (-uję, -ujesz) *vt* (*wielbić*) to adore.

adre|s (-su, -sy) (*loc sg* -sie) *m* address.

adresa|t (-ta, -ci) (*loc sg* -cie) *m* (*odbiorca listu*) addressee; (*odbiorca dzieła*) audience.

adres|ować (-uję, -ujesz) (*perf* za-) *vt* to address.

adwen|t (-tu, -ty) (*loc sg* -cie) *m* (*REL*) Advent.

adwoka|t (-ta, -ci) (*loc sg* -cie) *m* barrister (*BRIT*), attorney (*US*).

aerobi|k (-ku) (*instr pl* -kiem) *m* aerobics.

aerodynamiczny *adj* (*kształt*) streamlined; (*siła*) aerodynamic.

aerozo|l (-lu, -le) (*gen pl* -li) *m* aerosol.

afe|ra (-ry, -ry) (*dat sg* -rze) *f* scandal.

aferzy|sta (-sty, -ści) (*loc sg* -ście) *m* *decl like f in sg* swindler.

Afganista|n (-nu) (*loc sg* -nie) *m* Afghanistan.

afisz (-a, -e) *m* poster, bill.

Afry|ka (-ki) (*dat sg* -ce) *f* Africa.

Afryka|nin (-nina, -nie) (*loc sg* -ninie, *gen pl* -nów) *m* African.

Afrykańczy|k (-ka, -cy) (*instr sg* -kiem) *m* African.

afrykański *adj* African.

agencj|a (-i, -e) (*gen pl* -i) *f* (*przedstawicielstwo*) agent(s) (*pl*); (*fotograficzna, prasowa*) agency.

agen|t (-ta, -ci) (*loc sg* -cie) *m* (*przedstawiciel*) agent, rep(resentative); (*szpieg*) agent, spy.

agitacj|a (-i) *f* canvassing, campaigning.

agit|ować (-uję, -ujesz) *vi* to canvass, to campaign.

agoni|a (-i) *f* agony.

agraf|ka (-ki, -ki) (*dat sg* -ce, *gen pl* -ek) *f* safety pin.

agresj|a (-i, -e) (*gen pl* -i) *f* aggression.

agre|st (-stu, -sty) (*loc sg* -ście) *m* gooseberry.

agresywny *adj* aggressive.

aha *excl* oh.

AIDS *abbr* AIDS (*acquired immune deficiency syndrome*); **chory na AIDS** an AIDS victim.

ajencj|a (-i, -e) (*gen pl* -i) *f* branch.

akacj|a (-i, -e) (*gen pl* -i) *f* acacia.

akademi|a (-i, -e) (*gen pl* -i) *f* academy; (*uroczystość*) ceremony.

akademicki *adj* academic; **dom akademicki** hall of residence (*BRIT*), dormitory (*US*); **rok akademicki** academic year.

akademi|k (-ka, -ki) (*instr sg* -kiem) *m* (*pot*) dorm (*pot*).

akapi|t (-tu, -ty) (*loc sg* -cie) *m* paragraph.

akcen|t (-tu, -ty) (*loc sg* -cie) *m* (*JĘZ*) stress; (*wymowa*) accent; (*znak*) accent (mark); (*nacisk*) stress, emphasis; (*MUZ*) emphasis.

akcent|ować (-uję, -ujesz) (*perf* za-) *vt* to stress; (*przen*) to stress, to emphasize.

akceptacj|a (-i, -e) (*gen pl* -i) *f* (*przyjęcie*) acceptance; (*aprobata*) approval.

akcept|ować (-uję, -ujesz) (*perf* za-) *vt* (*przyjmować*) to accept; (*aprobować*) to approve of.

akcesori|a (-ów) *pl* accessories *pl*.

akcj|a (-i, -e) (*gen pl* -i) *f* (*kampania*) campaign, operation; (*działalność*) action; (*fabuła*) plot; (*FIN*) share; (*SPORT*) breakaway.

akcjonariusz (-a, -e) (*gen pl* -y) *m* shareholder, stockholder.

akcyjny *adj* share *attr*, stock *attr*; **spółka akcyjna** joint-stock company.

aklimatyzacj|a (-i) *f* (re)adjustment.

aklimatyz|ować się (-uję, -ujesz) (*perf* za-) *vr* to (re)adjust.

akompaniamen|t (-tu) (*loc sg* -cie) *m* accompaniment.

akompaniato|r (-ra, -rzy) (*loc sg* -rze) *m* accompanist.

akompani|ować (-uję, -ujesz) *vi* to accompany.

akor|d (-du, -dy) (*loc sg* -dzie) *m* (*MUZ*) chord; (*EKON*) piece-work; **pracować na akord** to do piece-work.

akordeo|n (-nu, -ny) (*loc sg* -nie) *m* accordion.

akordowy *adj*: **praca akordowa** piece-work.

ak|r (-ra, -ry) (*loc sg* -rze) *m* acre.

akredytowany *adj* accredited.

akroba|ta (-ty, -ci) (*dat sg* -cie) *m* *decl like f in sg* acrobat.

akrobaty|ka (-ki) (*dat sg* -ce) *f* acrobatics.

aksami|t (-tu, -ty) (*loc sg* -cie) *m* velvet.

aksamitny *adj* velvet *attr*; (*mech, głos*) velvety.

ak|t (-tu, -ty) (*loc sg* -cie) *m* act; (*ceremonia*) ceremony; (*ART*) nude; (*dokument*) (*nom pl* -ta *lub* -ty) certificate; **akta** (*gen pl* **akt**) *pl* (*dokumenty*) record(s) (*pl*), file(s) (*pl*); (*dotyczące osoby, sprawy*) dossier; **akt oskarżenia** indictment; **akt ślubu/urodzenia/zgonu** marriage/birth/death certificate.

akto|r (-ra, -rzy) (*loc sg* -rze) *m* actor.

aktor|ka (-ki, -ki) (*dat sg* -ce, *gen pl* -ek) *f* actress.

aktów|ka (-ki, -ki) (*dat sg* -ce, *gen pl* -ek) *f* briefcase, attaché case.

aktualiz|ować (-uję, -ujesz) (*perf* z-) *vt* to update.

aktualnie *adv* currently, at present.

aktualny *adj* (*obecny*) current, present; (*będący na czasie*) up-to-date, current.

aktywi|sta (-sty, -ści) (*dat sg* -ście) *m decl like f in sg* activist.

aktywnoś|ć (-ci) *f* activity.

aktywny *adj* active.

akumulato|r (-ra, -ry) (*loc sg* -rze) *m* (*ELEKTR*) accumulator; (*MOT*) battery.

akurat *adv* (*dokładnie*) exactly; (*w tej chwili*) at this *lub* that very moment.

akustyczny *adj* acoustic.

akwarel|a (-i, -e) *f* watercolour (*BRIT*), watercolor (*US*).

akwari|um (-um, -a) (*gen pl* -ów) *nt inv in sg* (fish) tank, aquarium.

alar|m (-mu, -my) (*loc sg* -mie) *m* (*sygnał*) alarm; (*stan gotowości*) alert; (*pot. urządzenie*) alarm system; (: *w bibliotece, sklepie*) anti-theft system; (: *przeciwwłamaniowy*) burglar alarm.

alarm|ować (-uję, -ujesz) (*perf* za-) *vt* (*ostrzegać*) to alert; (*niepokoić*) to alarm, to startle.

alarmowy *adj* alarm *attr*.

Alas|ka (-ki) (*dat sg* -ce) *f* Alaska.

Albani|a (-i) *f* Albania.

albo *conj* or; **albo ... albo ...** either ... or ... .

albu|m (-mu, -my) (*loc sg* -mie) *m* album.

ale *conj* but ♦ *part*: **ale pogoda!** what weather!; **ale głupiec ze mnie!** what a fool I am!

ale|ja (-i, -je) (*gen pl* -i) *f* (*uliczka, przejście*) alley; (*droga*) avenue.

alergi|a (-i, -e) (*gen pl* -i) *f* allergy.

alergiczny *adj* (*reakcja*) allergic; (*poradnia*) allergy *attr*.

ależ *excl* but; **ależ oczywiście!** but of course!; **ależ skąd!** not at all!

alfabe|t (-tu, -ty) (*loc sg* -cie) *m*
alphabet; **alfabet Braille'a** Braille;
alfabet Morse'a Morse (code).

alfabetyczny *adj* alphabetical; **w
porządku alfabetycznym** in
alphabetical order.

algeb|ra (-ry) (*dat sg* -rze) *f* algebra.

Algieri|a (-i) *f* Algeria.

alibi *nt inv* alibi.

aliment|y (*gen pl* -ów) *pl* alimony.

alkohol (-u, -e) (*gen pl* -i *lub* -ów) *m*
(*CHEM*) alcohol; (*napój alkoholowy*)
alcohol, alcoholic drink *lub* beverage.

alkoholi|k (-ka, -cy) (*instr sg* -kiem)
m alcoholic.

alkoholiz|m (-mu) (*loc sg* -mie) *m*
alcoholism.

alpejski *adj* Alpine.

alpini|sta (-sty, -ści) (*dat sg* -ście) *m*
decl like f in sg climber, mountaineer.

alpiniz|m (-mu) (*loc sg* -mie) *m*
climbing, mountaineering.

Alp|y (-) *pl* the Alps.

al|t (-tu, -ty) (*loc sg* -cie) *m* (*MUZ*)
alto; (*śpiewaczka*) (*gen sg* -ta) alto.

alta|na (-ny, -ny) (*dat sg* -nie) *f*
(*domek na działce*) garden shed;
(*ażurowa konstrukcja*) arbour (*BRIT*),
arbor (*US*).

alternato|r (-ra, -ry) (*loc sg* -rze) *m*
(*MOT*) alternator.

alternaty|wa (-wy, -wy) (*dat sg* -wie)
f alternative.

alternatywny *adj* alternative.

altów|ka (-ki, -ki) (*dat sg* -ce, *gen pl*
-ek) *f* (*MUZ*) viola.

aluminiowy *adj* aluminium *attr*
(*BRIT*), aluminum *attr* (*US*); **folia
aluminiowa** tinfoil.

aluminium *nt inv* aluminium (*BRIT*),
aluminum (*US*).

aluzj|a (-i, -e) (*gen pl* -i) *f* hint,
allusion; **robić (zrobić** *perf*) **aluzję
do czegoś** to hint at sth, to allude
to sth.

amato|r (-ra, -rzy) (*loc sg* -rze) *m*
(*niefachowiec*) amateur, layman;
(*miłośnik, chętny*) lover; (*SPORT*)
amateur.

amatorski *adj* (*niedoskonały*)
amateurish; (*niezawodowy*) amateur
attr.

ambasa|da (-dy, -dy) (*dat sg* -dzie) *f*
embassy.

ambasado|r (-ra, -rzy *lub* -rowie)
(*loc sg* -rze) *m* ambassador;
(*rzecznik*) champion, advocate.

ambicj|a (-i, -e) (*gen pl* -i) *f* (*honor,
pragnienie*) ambition; (*pycha*) pride.

ambitny *adj* ambitious.

ambo|na (-ny, -ny) (*dat sg* -nie) *f* (*w
kościele*) pulpit.

ambulatori|um (-um, -a) (*gen pl*
-ów) *nt inv in sg* out-patients' clinic.

ame|ba (-by, -by) (*dat sg* -bie) *f*
amoeba (*BRIT*), ameba (*US*).

amen *nt inv* amen.

Amery|ka (-ki, -ki) (*dat sg* -ce) *f*
America; **Ameryka Łacińska** Latin
America; **Ameryka
Południowa/Północna** South/North
America.

Ameryka|nin (-nina, -nie) (*loc sg*
-ninie, *gen pl* -nów) *m* American.

Amerykan|ka (-ki, -ki) (*dat sg* -ce,
gen pl -ek) *f* American.

amerykański *adj* American.

amety|st (-stu, -sty) (*loc sg* -ście) *m*
amethyst.

amfiteat|r (-ru, -ry) (*loc sg* -rze) *m*
amphitheatre (*BRIT*), amphitheater
(*US*).

amnesti|a (-i, -e) (*gen pl* -i) *f*
amnesty, pardon.

amonia|k (-ku) (*instr sg* -kiem) *m*
(*gaz*) ammonia; (*roztwór*) ammonia
water.

amortyzato|r (-ra, -ry) (*loc sg* -rze)
m (*MOT*) shock absorber.

amplitu|da (-dy, -dy) (*dat sg* -dzie) *f*
amplitude.

amputacj|a (-i, -e) (gen pl -i) f
amputation.
amput|ować (-uję, -ujesz) vt (im)perf
to amputate.
amunicj|a (-i) f ammunition.
anachroniczny adj (out)dated,
anachronistic.
analfabe|ta (-ty, -ci) (dat sg -cie) m
decl like f in sg illiterate.
analfabetyz|m (-mu) (loc sg -mie) m
illiteracy.
analityczny adj analytic(al).
anali|za (-zy, -zy) (dat sg -zie) f
(CHEM, FIZ) analysis; (MED) test.
analiz|ować (-uję, -ujesz) (perf z-) vt
to analyse (BRIT), to analyze (US).
analogi|a (-i, -e) (gen pl -i) f analogy,
parallel; **przez analogię** by analogy.
analogiczny adj analogous, parallel.
anana|s (-sa, -sy) (loc sg -sie) m
pineapple.
anarchi|a (-i) f anarchy.
anarchi|sta (-sty, -ści) (dat sg -ście)
m decl like f in sg anarchist.
anarchistyczny adj anarchist.
anatomi|a (-i) f anatomy.
anatomiczny adj anatomical.
andrzej|ki (-ek) pl St Andrew's Day
(30th November).
anegdo|ta (-ty, -ty) (loc sg -cie) f
anecdote.
anemi|a (-i) f anaemia (BRIT), anemia
(US).
anemiczny adj anaemic (BRIT),
anemic (US).
angaż|ować (-uję, -ujesz) (perf za-)
vt (zatrudniać) to hire, to employ;
(wciągać) to engage, to involve.
▸**angażować się** vr (zatrudniać się)
to take up a job; (wciągać się) to
become involved.
Angiel|ka (-ki, -ki) (dat sg -ce, gen pl
-ek) f Englishwoman.
angielski adj English ♦ m decl like
adj (język) English; **ziele angielskie**
(całe) pimento; (mielone) allspice;

mówić/czytać/rozumieć po
angielsku to speak/read/understand
English; **tłumaczyć na angielski** to
translate into English.
angielszczy|zna (-zny) (dat sg -źnie)
f: **mówić łamaną angielszczyzną** to
speak in broken English.
angi|na (-ny) (loc sg -nie) f strep
throat.
Angli|a (-i) f England; (pot. Wielka
Brytania) Britain, UK.
Angli|k (-ka, -cy) (instr sg -kiem) m
Englishman.
anglikański adj Anglican; **Kościół
Anglikański** the Church of England.
ani conj nor, neither; (z innym
wyrazem przeczącym) or, either; **ani
... ani ...** neither ... nor ...; (z innym
wyrazem przeczącym) either ... or ...
♦ part not a (single); (z innym
wyrazem przeczącym) a (single); **ani
jeden** not a single one, none; **ani
trochę** not a bit.
animowany adj: **film animowany**
cartoon.
ani|oł (-oła, -ołowie lub -oły) (loc sg
-ele) m angel.
ankie|ta (-ty, -ty) (dat sg -cie) f
(badanie opinii) poll; (formularz)
questionnaire; **ankieta personalna**
(a form for) personal details.
anoni|m (-mu, -my) (loc sg -mie) m
(człowiek) anonymous person; (list)
anonymous letter.
anonimowy adj anonymous.
Antarkty|da (-dy) (dat sg -dzie) f
Antarctica.
Antarkty|ka (-ki) (dat sg -ce) f the
Antarctic.
ante|na (-ny, -ny) (dat sg -nie) f
aerial (BRIT), antenna (US); **antena
satelitarna** satellite dish.
antropologi|a (-i) f anthropology.
antybioty|k (-ku, -ki) (instr sg -kiem)
m antibiotic.

antyczny adj (epoka, świat) ancient; (literatura) classical; (mebel) antique.

anty|k (-ku, -ki) (instr sg -kiem) m (okres, kultura) antiquity; (przedmiot) antique.

antykoncepcj|a (-i) f contraception.

antykoncepcyjny adj: **środek antykoncepcyjny** contraceptive.

antykwaria|t (-tu, -ty) (loc sg -cie) m (księgarnia) second-hand bookshop (BRIT) lub bookstore (US); (sklep z antykami) antique shop.

antylo|pa (-py, -py) (dat sg -pie) f antelope.

antypatyczny adj unsympathetic.

antysemi|ta (-ty, -ci) (dat sg -cie) m decl like f in sg anti-Semite.

antysemityz|m (-mu) (loc sg -mie) m anti-Semitism.

anul|ować (-uję, -ujesz) vt (im)perf to annul.

anyż (-u, -e) m aniseed.

aor|ta (-ty, -ty) (loc sg -cie) f aorta.

apara|t (-tu, -ty) (loc sg -cie) m (urządzenie) apparatus; **aparat fotograficzny** camera; **aparat słuchowy** hearing aid; **aparat telefoniczny** telephone.

aparatu|ra (-ry, -ry) (dat sg -rze) f apparatus.

apartamen|t (-tu, -ty) (loc sg -cie) m (luksusowe mieszkanie) apartment; (w hotelu) suite.

apati|a (-i) f apathy.

apatyczny adj apathetic.

apel (-u, -e) (gen pl -i lub -ów) m (odezwa) appeal; (zbiórka) assembly.

apelacj|a (-i, -e) (gen pl -i) f (PRAWO) appeal.

apel|ować (-uję, -ujesz) vi (PRAWO) to appeal; (zwracać się): **apelować do** +gen (perf **za-**) to appeal to.

Apenin|y (-) pl the Apennines.

apetyczny adj appetizing.

apety|t (-tu, -ty) (loc sg -cie) m appetite.

aplik|ować (-uję, -ujesz) vt (perf **za-**) (lek) to administer.

apolityczny adj apolitical.

aposto|ł (-ła, -łowie) (loc sg -le) m apostle.

apostro|f (-fu, -fy) (loc sg -fie) m apostrophe.

aproba|ta (-ty) (dat sg -cie) f approval.

aprob|ować (-uję, -ujesz) (perf **za-**) vt to approve of.

aprowizacj|a (-i) f (zaopatrzenie) food supply.

aptecz|ka (-ki, -ki) (dat sg -ce, gen pl -ek) f medicine cabinet lub chest; **apteczka samochodowa** first-aid kit.

apte|ka (-ki, -ki) (dat sg -ce) f pharmacy, (dispensing) chemist('s) (BRIT), drugstore (US).

apteka|rz (-rza, -rze) (gen pl -rzy) m pharmacist, chemist (BRIT), druggist (US).

Ara|b (-ba, -bowie) (loc sg -bie) m Arab.

Arabi|a (-i) f: **Arabia Saudyjska** Saudi Arabia.

arabski adj (kraje, kultura) Arab; (pustynia, półwysep) Arabian; (język, cyfra) Arabic ♦ m decl like adj (język) Arabic.

aranżacj|a (-i, -e) (gen pl -i) f arrangement.

aranż|ować (-uję, -ujesz) (perf **za-**) vt to arrange.

arbit|er (-ra, -rzy) (loc sg -rze) m (znawca, rozjemca) arbiter; (w tenisie, pływaniu, baseballu) umpire; (w koszykówce, piłce nożnej, hokeju) referee.

arbitralny adj arbitrary.

arbu|z (-za, -zy) (loc sg -zie) m watermelon.

archaiczny adj archaic.

archaiz|m (-mu, -my) (loc sg -mie) m archaism.

archeolo|g (-ga, -dzy lub -gowie)

(*instr sg* **-giem**) *m* archaeologist
(*BRIT*), archeologist (*US*).
archeologi|a (**-i**) *f* archaeology
(*BRIT*), archeology (*US*).
archeologiczny *adj* archaeological
(*BRIT*), archeological (*US*).
archipela|g (**-gu, -gi**) (*instr sg* **-giem**)
m archipelago.
architek|t (**-ta, -ci**) (*loc sg* **-cie**) *m*
architect; **architekt wnętrz** interior
designer.
architektoniczny *adj* architectural.
architektu|ra (**-ry**) (*dat sg* **-rze**) *f*
architecture; **architektura wnętrz**
interior design.
archiwalny *adj* archival.
archiw|um (**-um, -a**) (*gen pl* **-ów**) *nt*
inv in sg archive.
arcybisku|p (**-pa, -pi**) (*loc sg* **-pie**) *m*
archbishop.
arcydzie|ło (**-ła, -ła**) (*loc sg* **-le**) *nt*
masterpiece.
area|ł (**-łu, -ły**) (*loc sg* **-le**) *m* acreage.
are|na (**-ny, -ny**) (*loc sg* **-nie**) *f* arena.
aresz|t (**-tu, -ty**) (*loc sg* **-cie**) *m*
(*aresztowanie*) arrest;
(*pomieszczenie*) detention house; **w**
areszcie in custody.
areszt|ować (**-uję, -ujesz**) (*perf also*
za-) *vt* (*im*)*perf* to arrest, to take into
custody.
aresztowa|nie (**-nia, -nia**) (*gen pl* **-ń**)
nt arrest; **nakaz aresztowania**
warrant of arrest.
Argenty|na (**-ny**) (*dat sg* **-nie**) *f*
Argentina.
argumen|t (**-tu, -ty**) (*loc sg* **-cie**) *m*
argument.
argument|ować (**-uję, -ujesz**) (*perf*
u-) *vi* to argue.
ari|a (**-i, -e**) (*gen pl* **-i**) *f* aria.
Arkty|ka (**-ki**) (*dat sg* **-ce**) *f* the Arctic.
arkusz (**-a, -e**) (*gen pl* **-y**) *m* sheet;
arkusz kalkulacyjny (*KOMPUT*)
spreadsheet.

arma|ta (**-ty, -ty**) (*dat sg* **-cie**) *f*
cannon.
armi|a (**-i, -e**) (*gen pl* **-i**) *f* army.
arogancj|a (**-i**) *f* arrogance.
arogancki *adj* arrogant.
aroma|t (**-tu, -ty**) (*loc sg* **-cie**) *m*
(*zapach*) aroma; (*substancja*)
flavouring (*BRIT*), flavoring (*US*).
aromatyczny *adj* aromatic.
arteri|a (**-i, -e**) (*gen pl* **-i**) *f* artery.
artretyz|m (**-mu**) (*loc sg* **-mie**) *m*
arthritis.
artyku|ł (**-łu, -ły**) (*loc sg* **-le**) *m*
article; **artykuły spożywcze**
groceries; **artykuły pierwszej**
potrzeby necessities.
artyleri|a (**-i**) *f* artillery.
arty|sta (**-sty, -ści**) (*dat sg* **-ście**)
m decl like f in sg artist;
(*pot. aktor*) actor; **artysta malarz**
painter.
artyst|ka (**-ki, -ki**) (*dat sg* **-ce, gen pl**
-ek) *f* artist; (*aktorka*) actress.
artystyczny *adj* artistic.
arystokracj|a (**-i**) *f* aristocracy.
arystokra|ta (**-ty, -ci**) (*loc sg* **-cie**) *m*
decl like f in sg aristocrat.
arystokratyczny *adj* aristocratic,
upper-class; (*przen*) aristocratic.
arytmetyczny *adj* arithmetical.
arytmety|ka (**-ki**) (*dat sg* **-ce**) *f*
arithmetic.
as (**asa, asy**) (*loc sg* **asie**) *m* ace.
asce|ta (**-ty, -ci**) (*dat sg* **-cie**) *m decl*
like f in sg ascetic.
asekuracj|a (**-i**) *f* (*ubezpieczenie*)
insurance; (*zabezpieczenie*) security
lub safety measures *pl*.
asekur|ować (**-uję, -ujesz**) *vt* to
protect, to safeguard.
▸**asekurować się** *vr* to play safe, to
cover o.s.
aseptyczny *adj* aseptic.
asfal|t (**-tu**) (*loc sg* **-cie**) *m* asphalt.
asortymen|t (**-tu, -ty**) (*loc sg* **-cie**) *m*
assortment, range.

aspek|t (**-tu, -ty**) (*loc sg* **-cie**) *m*
aspect, facet; (*JĘZ*) aspect.

aspiry|na (**-ny, -ny**) (*loc sg* **-nie**) *f*
aspirin.

aspołeczny *adj* antisocial.

ast|ma (**-my**) (*dat sg* **-mie**) *f* asthma.

astrolo|g (**-ga, -dzy** *lub* **-gowie**) (*instr sg* **-giem**) *m* astrologer.

astrologi|a (**-i**) *f* astrology.

astronau|ta (**-ty, -ci**) (*loc sg* **-cie**) *m*
astronaut.

astrono|m (**-ma, -mowie**) (*loc sg* **-mie**) *m* astronomer.

astronomi|a (**-i**) *f* astronomy.

astronomiczny *adj* astronomical.

asygn|ować (**-uję, -ujesz**) (*perf* **wy-**) *vt* to appropriate.

asymetryczny *adj* asymmetrical.

asymilacj|a (**-i**) *f* assimilation; (*wchłonięcie*) absorption.

asymil|ować (**-uję, -ujesz**) (*perf* **z-**) *vt* to assimilate.

▸**asymilować się** *vr* to adapt, to assimilate.

asysten|t (**-ta, -ci**) (*loc sg* **-cie**) *m*
assistant.

asystent|ka (**-ki, -ki**) (*dat sg* **-ce**, *gen pl* **-ek**) *f* assistant.

asyst|ować (**-uję, -ujesz**) *vi*:
asystować komuś (*towarzyszyć*) to accompany sb; (*pomagać*) to assist sb.

ata|k (**-ku, -ki**) (*instr sg* **-kiem**) *m*
attack; (*MED*) fit, attack; (*SPORT*) the forwards; **atak serca** heart attack.

atak|ować (**-uję, -ujesz**) (*perf* **za-**) *vt*
to attack, to assault.

atei|sta (**-sty, -ści**) (*dat sg* **-ście**) *m*
decl like f in sg atheist.

ateistyczny *adj* atheistic.

ateiz|m (**-mu**) (*loc sg* **-mie**) *m* atheism.

Aten|y (**-**) *pl* Athens.

ate|st (**-stu, -sty**) (*loc sg* **-ście**) *m*
certificate.

atlantycki *adj* Atlantic; **Ocean Atlantycki** the Atlantic (Ocean).

Atlanty|k (**-ku**) (*instr sg* **-kiem**) *m* the Atlantic.

atla|s (**-su, -sy**) (*loc sg* **-sie**) *m* atlas; **atlas geograficzny/samochodowy** geographical/road atlas.

atle|ta (**-ty, -ci**) (*dat sg* **-cie**) *m decl like f in sg* strongman.

atlety|ka (**-ki**) (*dat sg* **-ce**) *f*: **lekka atletyka** athletics *pl* (*BRIT*), track and field sports *pl* (*US*).

atmosfe|ra (**-ry, -ry**) (*loc sg* **-rze**) *f*
atmosphere; (*przen*) atmosphere, climate.

ato|m (**-mu, -my**) (*loc sg* **-mie**) *m*
atom.

atomowy *adj* nuclear; **bomba atomowa** atom(ic) bomb.

atrakcj|a (**-i, -e**) (*gen pl* **-i**) *f*
attraction; **główna atrakcja** highlight, main feature; **atrakcje turystyczne** sights *pl*.

atrakcyjny *adj* attractive.

atramen|t (**-tu, -ty**) (*loc sg* **-cie**) *m* ink.

atramentowy *adj*: **drukarka atramentowa** ink-jet printer.

atra|pa (**-py, -py**) (*dat sg* **-pie**) *f*
dummy.

atrybu|t (**-tu, -ty**) (*loc sg* **-cie**) *m*
attribute.

atu|t (**-tu, -ty**) (*loc sg* **-cie**) *m* trump (card).

audiencj|a (**-i, -e**) (*gen pl* **-i**) *f*
audience.

audycj|a (**-i, -e**) (*gen pl* **-i**) *f* (radio) broadcast.

aukcj|a (**-i, -e**) (*gen pl* **-i**) *f* auction.

aul|a (**-i, -e**) (*gen pl* **-i**) *f* hall.

au|ra (**-ry**) (*dat sg* **-rze**) *f* (*pogoda*) weather; (*nastrój*) aura, atmosphere.

Australi|a (**-i**) *m* Australia.

Australijczy|k (**-ka, -cy**) (*instr sg* **-kiem**) *m* Australian.

Australij|ka (**-ki, -ki**) (*dat sg* **-ce**, *gen pl* **-ek**) *f* Australian.

australijski *adj* Australian.
Austri|a (**-i**) *f* Austria.
austriacki *adj* Austrian.
Austriacz|ka (**-ki**, **-ki**) (*dat sg* **-ce**, *gen pl* **-ek**) *f* Austrian.
Austria|k (**-ka**, **-cy**) (*instr sg* **-kiem**) *m* Austrian.
au|t (**-tu**, **-ty**) (*loc sg* **-cie**) *m* (*SPORT*) out.
autentyczny *adj* authentic, genuine.
autenty|k (**-ku**, **-ki**) (*instr sg* **-kiem**) *m* original.
au|to (**-ta**, **-ta**) (*loc sg* **-cie**) *nt* car, automobile (*US*).
autoalar|m (**-mu**, **-my**) (*loc sg* **-mie**) *m* car alarm.
autobiografi|a (**-i**, **-e**) (*gen pl* **-i**) *f* autobiography.
autobu|s (**-su**, **-sy**) (*loc sg* **-sie**) *m* (*miejski*) bus; (*międzymiastowy*) coach.
autobusowy *adj* bus *attr*; **przystanek autobusowy** bus stop.
autogra|f (**-fu**, **-fy**) (*loc sg* **-fie**) *m* autograph.
autoka|r (**-ru**, **-ry**) (*loc sg* **-rze**) *m* coach.
automa|t (**-tu**, **-ty**) (*loc sg* **-cie**) *m* (*robot*) automaton; (*telefoniczny*) pay phone, public telephone; (*do sprzedaży*) vending machine, slot-machine; (*pralka*) automatic washing machine.
automatyczny *adj* automatic; **sekretarka automatyczna** answering machine; **ołówek automatyczny** propelling pencil.
automatyzacj|a (**-i**) *f* automation.
automatyz|ować (**-uję**, **-ujesz**) (*perf* **z-**) *vt* to automate.
automyj|nia (**-ni**, **-nie**) *f* car wash.
autonomi|a (**-i**) *f* autonomy.
autonomiczny *adj* autonomous.
autoportre|t (**-tu**, **-ty**) (*loc sg* **-cie**) *m* self-portrait.

auto|r (**-ra**, **-rzy**) (*loc sg* **-rze**) *m* author; (*pisarz*) writer.
autor|ka (**-ki**, **-ki**) (*dat sg* **-ce**, *gen pl* **-ek**) *f* author, authoress; (*pisarka*) writer.
autorski *adj*: **prawa autorskie** copyright; **honorarium autorskie** royalty.
autorst|wo (**-wa**) *nt* authorship.
autoryte|t (**-tu**, **-ty**) (*loc sg* **-cie**) *m* authority; (*poważanie*) prestige.
autoryzowany *adj* authorized.
autosto|p (**-pu**) (*loc sg* **-pie**) *m* hitch-hiking; **jechać autostopem** to hitch-hike.
autostopowicz (**-a**, **-e**) *m* hitch-hiker.
autostra|da (**-dy**, **-dy**) (*dat sg* **-dzie**) *f* motorway (*BRIT*), superhighway (*US*), freeway (*US*).
awangar|da (**-dy**, **-dy**) (*loc sg* **-dzie**) *f* avant-garde.
awan|s (**-su**, **-se** *lub* **-sy**) (*loc sg* **-sie**) *m* promotion.
awans|ować (**-uję**, **-ujesz**) *vt (im)perf* to promote ◊ *vi* to be promoted.
awantu|ra (**-ry**, **-ry**) (*dat sg* **-rze**) *f* row, disturbance.
awantur|ować się (**-uję**, **-ujesz**) *vr* to make a fuss *lub* row.
awari|a (**-i**, **-e**) (*gen pl* **-i**) *f* breakdown; **awaria silnika** engine failure.
awaryjny *adj* emergency *attr*, stand-by *attr*; **wyjście awaryjne** emergency exit; **lądowanie awaryjne** crash *lub* emergency landing; **światła awaryjne** hazard (warning) lights.
awersj|a (**-i**) *f* aversion.
awista *inv*: **płatny awista** payable at sight.
awi|zo (**-za**, **-za**) (*loc sg* **-zie**, *gen pl* **-zów**) *nt* advice note.
awokado *nt inv* avocado.

azbe|st (-stu, -sty) (*loc sg* -**ście**) *m* asbestos.

Azj|a (-i) *m* Asia; **Azja Mniejsza** Asia Minor.

Azja|ta (-ty, -ci) (*dat sg* -**cie**) *m decl like f in sg* Asian.

Azjat|ka (-ki, -ki) (*dat sg* -**ce**, *gen pl* -**ek**) *f* Asian.

azjatycki *adj* Asian.

azo|t (-tu) (*loc sg* -**cie**) *m* nitrogen.

azyl (-u, -e) *m* (political) asylum.

azymu|t (-tu, -ty) (*loc sg* -**cie**) *m* azimuth.

aż *conj* till, until; **poczekaj, aż przyjdę** wait till I come ♦ *part:* **to kosztuje aż 100 złotych** it costs as much as 100 zloty; **aż 10 błędów** as many as 10 errors; **aż do Berlina** all the way to Berlin; **aż za dużo** more than enough; **idź aż do płotu** go as far as the fence; **nie mogę aż tyle pracować** I can't work that much.

ażeby *conj* in order to, so that.

B

ba|ba (-by, -by) (*dat sg* -**bie**) *f* (*pot. pej: kobieta*) woman; (*wieśniaczka*) countrywoman; (*tchórz*) coward.

bab|cia (-ci, -cie) (*gen pl* -**ci** *lub* -**ć**) *f* grandma, granny; (*pot. staruszka*) old woman.

bab|ka (-ki, -ki) (*dat sg* -**ce**, *gen pl* -**ek**) *f* (*babcia*) grandmother; (*pot. dziewczyna*) chick (*pot*); (*KULIN*) pound cake; (*z piasku*) mud pie.

bacho|r (-ra, -ry) (*loc sg* -**rze**) *m* brat.

bacz|ki (-ków) *pl* whiskers *pl*.

bacznie *adv* (*obserwować*) intently.

baczność (-ci) *f:* **mieć się na baczności przed** +*instr* to beware, to be on one's guard against; **baczność!** (*WOJSK*) attention!

baczny *adj* (*uwaga*) close; (*spojrzenie*) intent; (*widz*) attentive.

bać się (**boję, boisz**) (*imp* **bój**) *vr* to be afraid; **bać się kogoś/czegoś** to be afraid of sb/sth; **bać się o** +*acc* to be worried *lub* concerned about.

badacz (-a, -e) (*gen pl* -**y**) *m* (*naukowiec*) researcher; (*odkrywca*) explorer.

bad|ać (-am, -asz) (*perf* **z-**) *vt* (*zjawisko, język*) to study; (*krew, strukturę*) to test; (*dokumenty, pacjenta*) to examine.

bada|nie (-nia, -nia) (*gen pl* -**ń**) *nt* examination, test; (*lekarskie*) examination; **badanie krwi** blood count; **badania** *pl* research.

badawczy *adj* (*metoda, instytut*) research *attr*; (*spojrzenie, wzrok*) scrutinizing.

badminto|n (-na) (*loc sg* -**nie**) *m* badminton.

bagataliz|ować (-uję, -ujesz) (*perf* **z-**) *vt* (*pomniejszać znaczenie*) to belittle; (*lekceważyć*) to underestimate.

bagaż (-u, -e) (*gen pl* -**y**) *m* luggage, baggage (*US*); **bagaż ręczny** carry-on luggage, hand luggage.

bagażni|k (-ka, -ki) (*instr sg* -**kiem**) *m* (*samochodowy*) boot (*BRIT*), trunk (*US*); (: *na dachu*) roof rack; (*rowerowy*) carrier.

bagażowy *adj* (*kwit, wagon*) luggage *attr*, baggage *attr* ♦ *m decl like adj* (*tragarz*) porter.

bagne|t (-tu, -ty) (*loc sg* -**cie**) *m* bayonet.

bagnisty *adj* boggy, marshy.

ba|gno (-gna, -gna) (*loc sg* -**gnie**, *gen pl* -**gien**) *nt* bog, swamp; (*przen: pot*) morass.

baj|ka (-ki, -ki) (*dat sg* -**ce**, *gen pl* -**ek**) *f* fairy tale; (*LIT*) fable.

bajkowy adj (piękny) fabulous.
ba|k (-ku, -ki) (instr sg -kiem) m (fuel) tank.
bakali|e (-i) pl nuts and raisins pl.
bakcyl (-a, -e) (gen pl -i) m bacillus; (przen) bug.
bakłaża|n (-na lub -nu, -ny) (loc sg -nie) m aubergine (BRIT), eggplant (US).
bakteri|a (-i, -e) (gen pl -i) f germ, bacterium; **bakterie** pl bacteria pl.
bakteriobójczy adj germicidal, antiseptic.
bal[1] (-u, -e) (gen pl -ów) m (zabawa) ball; **bal kostiumowy** fancy-dress ball (BRIT), costume ball (US).
bal[2] (-a, -e) (gen pl -i) m (kłoda) log.
balans|ować (-uję, -ujesz) vi to balance.
bala|st (-stu) (loc sg -ście) m ballast.
balero|n (-nu, -ny) (loc sg -nie) m smoked ham.
bale|t (-tu, -ty) (loc sg -cie) m ballet.
baletmistrz (-a, -e) m ballet master.
baletnic|a (-y, -e) f ballet dancer.
balko|n (-nu, -ny) (loc sg -nie) m balcony; (w teatrze) gallery, balcony.
balla|da (-dy, -dy) (dat sg -dzie) f ballad.
balo|n (-nu, -ny) (loc sg -nie) m balloon.
baloni|k (-ka, -ki) (instr sg -kiem) m balloon.
balsa|m (-mu, -my) (loc sg -mie) m balm, balsam; (przen) balm.
balustra|da (-dy, -dy) (dat sg -dzie) f (zabezpieczenie) balustrade, banister(s) (pl); (poręcz) rail(ing).
bałaga|n (-nu) (loc sg -nie) m mess.
bałaga|nić (-nię, -nisz) (imp -ń, perf na-) vi to mess things up.
Bałkan|y (-ów) pl the Balkans.
bałtycki adj (kraj, język) Baltic; **Morze Bałtyckie** the Baltic (Sea).
Bałty|k (-ku) (instr sg -kiem) m the Baltic (Sea).

bałwa|n (-na, -ny) (loc sg -nie) m (ze śniegu) snowman; (fala) roller; (głupiec) moron.
bambu|s (-sa, -sy) (loc sg -sie) m bamboo.
banalny adj (prostacki) corny, banal; (trywialny) trivial.
bana|n (-na, -ny) (loc sg -nie) m banana.
ban|da (-dy, -dy) (dat sg -dzie) f gang.
bandaż (-a, -e) (gen pl -y) m bandage; **bandaż elastyczny** elastic bandage.
bandaż|ować (-uję, -ujesz) (perf o- lub za-) vt to bandage.
bandy|ta (-ty, -ci) (dat sg -cie) m decl like f in sg bandit.
ban|k (-ku, -ki) (instr sg -kiem) m bank; **bank danych** data bank.
bankie|r (-ra, -rzy) (loc sg -rze) banker.
bankie|t (-tu, -ty) (loc sg -cie) m banquet.
bankno|t (-tu, -ty) (loc sg -cie) m (bank)note (BRIT), bill (US).
bankowość|ć (-ci) f banking.
bankoma|t (-tu, -ty) (loc sg -cie) m cash machine, cash point lub dispenser (BRIT), ATM (US).
bankruct|wo (-wa, -wa) (loc sg -wie) nt bankruptcy.
bankru|t (-ta, -ci) (loc sg -cie) m bankrupt.
bankrut|ować (-uję, -ujesz) (perf z-) vi to go bankrupt lub broke.
ba|ńka (-ńki, -ńki) (dat sg -ńce, gen pl -niek) f (blaszana) can; (szklana) flagon; (pęcherzyk) bubble; (MED) cupping glass; **bańki mydlane** soap bubbles.
ba|r (-ru, -ry) (loc sg -rze) m bar; (bufet) cafeteria; **bar kawowy** coffee bar; **bar mleczny** self-service restaurant serving cheap meals; **bar szybkiej obsługi** fast food restaurant.

bara|k (-ku, -ki) (*instr sg* -kiem) *m* barrack.

bara|n (-na, -ny) (*loc sg* -nie) *m* ram; (*głupiec*) idiot; **Baran** (*ASTROLOGIA*) Aries.

baran|ek (-ka, -ki) (*instr sg* -kiem) *m* lamb; (*futro*) sheepskin; **baranki** *pl* (*chmury*) (fleecy) clouds *pl*.

barani|na (-ny) (*dat sg* -nie) *f* mutton.

barbarzyńc|a (-y, -y) *m decl like f in sg* barbarian.

barbarzyński *adj* barbaric, barbarous.

barczysty *adj* broad-shouldered.

bardziej *adv comp od* **bardzo** more; **bardziej uważny/niebezpieczny** more careful/dangerous; **tym bardziej, że ...** especially as ..., the more so because ...; **coraz bardziej** more and more.

bar|dzo (*comp* -dziej) *adv* (*z przymiotnikami*) very; (*z czasownikami*) very much; **bardzo dobry** very good, ≈ A (*school grade*); **jak bardzo?** how much?; **tak bardzo** so much; **za bardzo** too much; **bardzo dziękuję** thank you very much; **bardzo proszę** I insist; **bardzo przepraszam** I'm very *lub* so sorry.

bar|ek (-ku, -ki) (*instr sg* -kiem) *m* cocktail cabinet.

barie|ra (-ry, -ry) (*dat sg* -rze) *f* (*przeszkoda, granica*) barrier; (*zapora*) gate.

bar|k (-ku, -ki) (*instr sg* -kiem) *m* shoulder.

bar|ka (-ki, -ki) (*dat sg* -ce, *gen pl* -ek) *f* barge.

barma|n (-na, -ni) (*loc sg* -nie) *m* barman, bartender (*US*).

barman|ka (-ki, -ki) (*dat sg* -ce, *gen pl* -ek) *f* barmaid.

baro|k (-ku) (*instr sg* -kiem) *m* baroque.

barokowy *adj* baroque.

baromet|r (-ru, -ry) (*loc sg* -rze) *m* barometer.

barszcz (-u, -e) (*gen pl* -y) *m*: **barszcz (czerwony)** beetroot soup; **barszcz ukraiński** borsch.

bar|wa (-wy, -wy) (*dat sg* -wie) *f* (*kolor*) colour (*BRIT*), color (*US*); (*brzmienie*) timbre.

bar|wić (-wię, -wisz) *vt* to dye.

barwni|k (-ka, -ki) (*instr sg* -kiem) *m* dye; **barwnik spożywczy** food colo(u)ring dye.

barwny *adj* (*wielobarwny*) colourful (*BRIT*), colorful (*US*); (*nie czarno-biały*) colour *attr* (*BRIT*), color *attr* (*US*); (*urozmaicony*) variegated.

baryka|da (-dy, -dy) (*gen pl* -dzie) *f* barricade.

barykad|ować (-uję, -ujesz) (*perf* za-) *vt* to barricade.

baryto|n (-nu, -ny) (*loc sg* -nie) *m* (*głos*) baritone; (*śpiewak*) (*gen sg* -na) baritone.

ba|s (-su, -sy) (*loc sg* -sie) *m* (*instrument, głos*) bass; (*śpiewak*) (*gen sg* -sa) bass.

base|n (-nu, -ny) (*loc sg* -nie) *m* (*zbiornik wodny*) basin; (*pływacki*) (swimming) pool.

basi|sta (-sty, -ści) (*dat sg* -ście) *m decl like f in sg* bass player.

baskijski *adj* Basque.

basowy *adj* (*gitara, partia*) bass *attr*.

basz|ta (-ty, -ty) (*dat sg* -cie) *f* keep, donjon.

baś|ń (-ni, -nie) (*gen pl* -ni) *f* fairy tale.

ba|t (-ta, -ty) (*loc sg* -cie) *m* whip; **baty** *pl* (*chłosta*) whipping.

batalio|n (-nu, -ny) (*loc sg* -nie) *m* (*WOJSK*) battalion.

bateri|a (-i, -e) (*gen pl* -i) *f* battery.

bateryj|ka (-ki, -ki) (*dat sg* -ce, *gen pl* -ek) *f* battery.

bato|n (-nu, -ny) (*loc sg* -nie) *m* bar (*of chocolate*).

batoni|k (-ka, -ki) (*instr sg* -kiem) *m* dimin *od* baton.

batu|ta (-ty, -ty) (*dat sg* -cie) *f* baton; pod batutą +*gen* conducted by.

bawełna (-ny) (*dat sg* -nie) *f* cotton.

bawełniany *adj* cotton *attr*.

ba|wić (-wię, -wisz) *vt* (*zajmować: gościa*) to entertain; (*rozweselać, ciekawić*) (*perf* u-) to entertain, to amuse.

▶**bawić się** *vr* (*o dziecku*) to play; (*hulać*) to have a good time; (*mieć uciechę*) (*perf* u-) to have fun; **baw się dobrze!** enjoy yourself!, have a good time!

baw|ół (-ołu, -oły) (*loc sg* -ole) *m* buffalo.

ba|za (-zy, -zy) (*dat sg* -zie) *f* base; **baza danych** (*KOMPUT*) database.

baza|r (-ru, -ry) (*loc sg* -rze) *m* bazaar.

bazg|rać (-rzę, -rzesz) (*imp* -rz *lub* -raj) *vi* to scribble.

bazyli|a (-i, -e) (*gen pl* -i) *f* basil.

bażan|t (-ta, -ty) (*loc sg* -cie) *m* pheasant.

bąb|el (-la, -le) (*gen pl* -li) *m* (*na ciele*) blister; (*na wodzie*) bubble.

bąbel|ek (-ka, -ki) (*instr sg* -kiem) *m* bubble.

bądź *vb patrz* **być**; **bądź tak dobry i** ... would you be so kind and ... ♦ *conj*: **bądź to... bądź to...** either ... or ... ♦ *part*: **co bądź** anything; **kto bądź** anybody; **gdzie bądź** anywhere; **bądź co bądź** after all.

ba|k (-ka, -ki) (*instr sg* -kiem) *m* (*owad*) gadfly; (*zabawka*) (spinning) top; (*pot: dziecko*) tot.

bąk|ać (-am, -asz) (*perf* -nąć) *vi* (*mówić niewyraźnie*) to mumble; (*napomykać*) to remark (*shyly or casually*).

bdb *abbr* (= bardzo dobry) (*SZKOL*) ≈ A.

becz|eć (-ę, -ysz) *vi* (*o owcy, kozie*)

(*perf* **beknąć**) to bleat; (*pot: o dziecku*) to blubber.

becz|ka (-ki, -ki) (*dat sg* -ce, *gen pl* -ek) *f* barrel; (*LOT*) roll.

befszty|k (-ka *lub* -ku, -ki) (*instr sg* -kiem) *m* (beef)steak.

bejc|a (-y, -e) (*gen pl* -y) *f* stain (*colouring*).

bek|ać (-am, -asz) (*perf* -nąć) *vi* (*pot*) to burp.

beko|n (-nu, -ny) (*loc sg* -nie) *m* bacon.

bel|a (-i, -e) (*gen pl* - *lub* -i) *f* (*materiału, papieru*) bale.

beletrysty|ka (-ki) (*dat sg* -ce) *f* fiction.

Bel|g (-ga) (*instr sg* -giem) *m* Belgian.

Belgi|a (-i) *f* Belgium.

Belgij|ka (-ki, -ki) (*dat sg* -ce, *gen pl* -ek) *f* Belgian.

belgijski *adj* Belgian.

Belgra|d (-du) (*log sg* -dzie) *m* Belgrade.

bel|ka (-ki, -ki) (*dat sg* -ce, *gen pl* -ek) *f* beam; (*pot: naszywka*) stripe.

bełko|t (-tu, -ty) (*loc sg* -cie) *m* gibberish.

bełko|tać (-czę, -czesz) *vi* to gibber.

Beneluk|s (-su) (*loc sg* -sie) *m* Benelux.

benzy|na (-ny) (*dat sg* -nie) *f* petrol (*BRIT*), gas(oline) (*US*); (*do czyszczenia*) petroleum spirits.

benzynowy *adj*: **stacja benzynowa** filling station, petrol (*BRIT*) *lub* gas (*US*) station.

ber|ek (-ka) (*instr sg* -kiem) *m* tag.

bere|t (-tu, -ty) (*loc sg* -cie) *m* beret.

Bermud|y (-ów) *pl* Bermuda.

besti|a (-i, -e) (*gen pl* -i) *f* beast.

bestialski *adj* bestial.

bestselle|r (-ra, -ry) (*loc sg* -rze) *m* bestseller.

beto|n (-nu, -ny) (*loc sg* -nie) *m* concrete.

betoniar|ka (-ki, -ki) (*dat sg* -ce, *gen pl* -ek) *f* concrete mixer.

beton|ować (-uję, -ujesz) *vt* to concrete.

bez¹ (bzu, bzy) (*loc sg* bzie) *m* lilac.

bez² *prep* without; **bez wątpienia** undoubtedly.

bezalkoholowy *adj* (*wino, piwo*) non-alcoholic; (*kosmetyk*) alcohol-free.

bezbarwny *adj* colourless (*BRIT*), colorless (*US*); (*przen*) pallid.

bezbłędny *adj* faultless; (*pot*) super (*pot*).

bezbolesny *adj* painless.

bezbronny *adj* (*bezradny*) helpless; (*nie uzbrojony*) defenceless.

bezcelowy *adj* pointless.

bezcenny *adj* (*wiadomość, pracownik*) invaluable; (*klejnot*) priceless.

bezchmurny *adj* cloudless.

bezcłowy *adj* duty-free.

bezczelność (-ci, -ci) (*gen pl* -ci) *f* insolence.

bezczelny *adj* insolent.

bezczynny *adj* idle, inactive.

bezdomny *adj* homeless ♦ *m decl like adj.* **bezdomni** *pl* the homeless *pl.*

bezduszny *adj* unfeeling, callous.

bezdzietny *adj* childless.

bezdźwięczny *adj* (*głos*) dull; (*JĘZ*) voiceless.

bezimienny *adj* (*bohater*) nameless; (*autor*) anonymous.

bezinteresowny *adj* disinterested.

bezkarnie *adv* with impunity.

bezkofeinowy *adj* decaffeinated.

bezkompromisowy *adj* uncompromising.

bezkonkurencyjny *adj* unbeatable.

bezkrwawy *adj* bloodless.

bezkrytyczny *adj* uncritical.

bezlitosny *adj* merciless, pitiless.

bezludny *adj* uninhabited; **bezludna wyspa** desert island.

bezła|d (-du) (*loc sg* -dzie) *m* disorder.

bezładny *adj* disordered.

bezmięsny *adj*: **dania bezmięsne** vegetarian dishes.

bezmyślny *adj* (*człowiek*) thoughtless; (*czyn*) mindless; (*wyraz twarzy*) blank.

beznadziejny *adj* hopeless.

bezokolicznl|k (-ka, -ki) (*instr sg* -kiem) *m* infinitive.

bezołowiowy *adj*: **benzyna bezołowiowa** unleaded *lub* lead-free petrol (*BRIT*) *lub* gasoline (*US*).

bezowocny *adj* fruitless.

bezpański *adj* (*pies, kot*) stray.

bezpartyjny *adj* (*poseł itp.*) independent.

bezpieczeńst|wo (-wa) (*loc sg* -wie) *nt* safety, security; **służba** *lub* **aparat bezpieczeństwa** secret police.

bezpiecznl|k (-ka, -ki) (*instr sg* -kiem) *m* (*ELEKTR*) fuse; (*u broni*) safety catch.

bezpieczny *adj* (*nie zagrożony*) safe, secure; (*nie zagrażający*) safe.

bezpłatnie *adv* free of charge.

bezpłatny *adj* (*bilet, porada*) free; (*urlop*) unpaid.

bezpłodność (-ci) *f* infertility, sterility.

bezpłodny *adj* infertile, sterile; (*przen*) sterile.

bezpodstawny *adj* groundless, unfounded.

bezpośredni *adj* direct.

bezpośrednio *adv* directly.

bezprawi|e (-a) *nt* lawlessness.

bezprawny *adj* unlawful.

bezprecedensowy *adj* unprecedented.

bezprzewodowy *adj* cordless.

bezradny *adj*: **bezradny (wobec +gen)** helpless (in the face of).

bezroboci|e (-a) *nt* unemployment.

bezrobotny *adj* unemployed, jobless ♦ *m decl like adj* unemployed person; **bezrobotni** pl the unemployed.

bezruch (-u) m stillness.

bezsenność (-ci) f sleeplessness, insomnia.

bezsenny adj sleepless.

bezsens (-su, -sy) (loc sg -sie) m (czynu) senselessness; (brednia) nonsense.

bezsensowny adj (czyn) senseless; (argument) nonsensical.

bezsilny adj (bezradny) powerless; (płacz, złość) helpless.

bezstronny adj impartial.

beztroska (-ki) (dat sg -ce) f (brak trosk) carefreeness; (niefrasobliwość) carelessness.

beztroski adj (dzieciństwo) carefree; (postępowanie) careless.

bezustannie adv incessantly.

bezustanny adj incessant.

bezużyteczny adj useless.

bezwartościowy adj worthless.

bezwład (-du) (loc sg -dzie) m (ociężałość) inertia; (apatia) inertia, inertness; (MED) palsy.

bezwładny adj inert; (ręka, noga) numb.

bezwstydny adj (dowcip, zachowanie) lewd; (człowiek) shameless; (kłamstwo) brazen.

bezwzględnie adv (traktować) ruthlessly; (przestrzegać) strictly; (ufać) unreservedly; (koniecznie) definitely.

bezwzględny adj (człowiek, postępowanie) ruthless; (posłuszeństwo, zakaz) strict; (szacunek) total; (zero, skala, wysokość) absolute.

bezzwłocznie adv without delay, promptly.

beżowy adj beige.

bęben (-na, -ny) (loc sg -nie) m drum.

bębenek (-ka, -ki) (instr sg -kiem) m

drum; (pot. błona bębenkowa) eardrum.

bębenkowy adj: błona bębenkowa eardrum.

bębnić (-nię, -nisz) (imp -nij) vi to drum.

będę, będzie itd. vb patrz **być**.

bękart (-ta, -ty) (loc sg -cie) m bastard.

białaczka (-ki, -ki) (dat sg -ce) f leukaemia (BRIT), leukemia (US).

białko (-ka, -ka) (instr sg -kiem, gen pl -ek) nt (w jajku) (egg)white; (CHEM, BIO) protein; (oka) white.

Białorusin (-na, -ni) (loc sg -nie) m Belorussian.

Białorusinka (-ki, -ki) (dat sg -ce, gen pl -ek) f Belorussian.

białoruski adj Belorussian.

Białoruś (-si) f Belorus.

biały (comp bielszy) adj white; **w biały dzień** in broad daylight ♦ m decl like adj white person; **biali** pl the whites pl.

biatlon (-nu) (loc sg -nie) m biathlon.

Biblia (-i, -e) (gen pl -i) f the Bible.

bibliografia (-i, -e) (gen pl -i) f bibliography.

biblioteczka (-ki, -ki) (dat sg -ce, gen pl -ek) f bookcase.

biblioteka (-ki, -ki) (dat sg -ce) f library; (szafa) bookcase.

bibliotekarka (-ki, -ki) (dat sg -ce, gen pl -ek) f librarian.

bibliotekarz (-a, -e) (gen pl -y) librarian.

bibuła (-ły, -ły) (dat sg -le) f (do atramentu) blotting paper.

bicie (-a) nt (dzwonu) ringing; (serca) beating; (zegara) chiming.

bicz (-a, -e) (gen pl -ów) m whip.

bić (-ję, -jesz) vt (człowieka) to beat, to hit; (monety) (perf **wy-**) to mint; (rekord) (perf **po-**) to beat; (zabijać: zwierzęta) (perf **u-**) to slaughter; (o zegarze) (perf **wy-**) to

strike ♦ *vi* (*o człowieku: uderzać*) to
hit; (*o źródle*) to gush; (*o dzwonach*)
to ring; (*o sercu*) to beat, to pound.
►**bić się** *vr* to fight.
bide|t (**-tu, -ty**) (*loc sg* **-cie**) *m* bidet.
bie|c, bie|gnąć (**-gnę, -gniesz**) (*imp*
-gnij, *pt* **-gł**) *vi* to run; (*o czasie*) to
pass.
bie|da (**-dy**) (*dat sg* **-dzie**) *f* (*ubóstwo*)
poverty; (*pot: kłopot*) trouble.
bieda|k (**-ka, -cy** *lub* **-ki**) (*instr sg*
-kiem) *m* (*nędzarz*) poor person;
(*przen: nieszczęśnik*) poor fellow.
biedny *adj* poor.
biedron|ka (**-ki, -ki**) (*dat sg* **-ce,** *gen
pl* **-ek**) *f* ladybird (*BRIT*), ladybug
(*US*).
bie|g (**-gu, -gi**) (*instr sg* **-giem**) *m* run;
(*zdarzeń, rzeki*) course; (*MOT,
TECH*) gear; **bieg przez płotki**
(*SPORT*) hurdles *pl*; **bieg z
przeszkodami** steeplechase; **z
biegiem czasu** in the course of
time, in time; **pierwszy/wsteczny
bieg** first/reverse gear; **zmieniać
biegi** to change gears.
biegacz (**-a, -e**) (*gen pl* **-y**) *m* runner.
bieg|ać (**-am, -asz**) *vi* to run;
(*rekreacyjnie*) to jog.
biegle *adv* (*mówić*) fluently; (*pisać
na maszynie*) proficiently; **mówić
biegle po angielsku** to speak
English fluently.
biegłoś|ć (**-ci**) *f* (*w mówieniu*)
fluency; (*w pisaniu na maszynie*)
proficiency.
biegły *adj* (*w mówieniu*) fluent; (*w
pisaniu na maszynie, liczeniu*)
proficient ♦ *m decl like adj* expert.
bieg|nąć (**-nę, -niesz**) (*pt* **-ł**) *vb* =
biec.
biegu|n (**-na, -ny**) (*loc sg* **-nie**) *m*
pole; (*kołyski*) rocker.
biegun|ka (**-ki, -ki**) (*dat sg* **-ce,** *gen pl*
-ek) *f* diarrhoea (*BRIT*), diarrhea (*US*).
biel (**-i**) (*gen pl* **-i**) *f* whiteness.

bieli|zna (**-zny**) (*dat sg* **-źnie**) *f*
(*pościelowa*) (bed) linen; (*osobista*)
underwear, underclothes *pl*.
bier|ki (**-ek**) *pl* (*gra*) pick-a-stick.
biernie *adv* passively.
bierni|k (**-ka, -ki**) (*instr sg* **-kiem**) *m*
accusative.
bierny *adj* passive; **strona bierna** the
passive (voice).
bierz *itd. vb patrz* **brać**.
bierzmowa|nie (**-nia, -nia**) (*gen pl*
-ń) *nt* confirmation.
bieżąco *adv:* **załatwiać sprawy na
bieżąco** to deal with matters as they
come; **być z czymś na bieżąco** to
be up-to-date with sth, to keep
abreast of *lub* with sth.
bieżący *adj* (*rachunek*) current; (*rok,
miesiąc*) current, this; (*numer
sprawy*) current; (*woda, metr*)
running.
bież|nia (**-ni, -nie**) (*gen pl* **-ni**) *f* (race)
track.
bieżni|k (**-ka, -ki**) (*instr sg* **-kiem**) *m*
(*MOT*) tread.
bigo|s (**-su, -sy**) (*loc sg* **-sie**) *m*
*Polish dish made of sauerkraut,
sausage and mushrooms.*
bijaty|ka (**-ki, -ki**) (*dat sg* **-ce**) *f* brawl.
bilan|s (**-su, -se** *lub* **-sy**) (*loc sg* **-sie**)
m (*FIN, EKON*) balance; (*przen*)
total effect.
bilar|d (**-du, -dy**) (*loc sg* **-dzie**) *m*
billiards *sg*.
bile|t (**-tu, -ty**) (*loc sg* **-cie**) *m* ticket;
bilet wizytowy visiting card (*BRIT*),
calling card (*US*).
bilete|r (**-ra, -rzy**) (*loc sg* **-rze**) *m*
usher.
bileter|ka (**-ki, -ki**) (*dat sg* **-ce,** *gen pl*
-ek) *f* usherette.
biletowy *adj:* **kasa biletowa** (*na
dworcu*) ticket office; (*w kinie,
teatrze*) box office.
bilio|n (**-na, -ny**) (*loc sg* **-nie**) *m*
trillion.

bilo|n (**-nu**) (*loc sg* **-nie**) *m* (loose) change.

bimb|er (**-ru**) (*loc sg* **-rze**) *m* (*pot*) bootleg vodka, ≈ moonshine (*US*).

biochemiczny *adj* biochemical.

biod|ro (**-ra**, **-ra**) (*loc sg* **-rze**, *gen pl* **-er**) *nt* hip.

biografi|a (**-i**, **-e**) (*gen pl* **-i**) *f* biography.

biolo|g (**-ga**, **-gowie** *lub* **-dzy**) (*instr sg* **-giem**) *m* biologist.

biologi|a (**-i**) *f* biology.

biologiczny *adj* biological.

biorc|a (**-y**, **-y**) *m decl like f in sg* recipient.

biorę *itd. vb patrz* **brać**.

biosfe|ra (**-ry**, **-ry**) (*dat sg* **-rze**) *f* biosphere.

bi|s (**-su**, **-sy**) (*loc sg* **-sie**) *m* encore; **bis!** encore!

bisku|p (**-pa**, **-pi**) (*loc sg* **-pie**) *m* bishop.

biskupst|wo (**-wa**, **-wa**) (*loc sg* **-wie**) *nt* bishopric.

bis|ować (**-uję**, **-ujesz**) *vi* to perform an encore.

bist|ro (**-ra**, **-ra**) (*loc sg* **-rze**) *nt (also inv)* bistro, snack bar.

biszkop|t (**-tu**, **-ty**) (*loc sg* **-cie**) *m* (*ciasto*) sponge cake; (*ciastko*) biscuit.

bi|t (**-tu**, **-ty**) (*loc sg* **-cie**) *m* bit.

bit|ki (**-ek**) *pl* cutlets *pl*.

bit|wa (**-wy**, **-wy**) (*dat sg* **-wie**) (*walka*) battle; (*pot. bójka*) fight.

bity *adj* (*pot. cały*) full; **bita śmietana** whipped cream.

biulety|n (**-nu**, **-ny**) (*loc sg* **-nie**) *m* bulletin, newsletter.

biur|ko (**-ka**, **-ka**) (*instr sg* **-kiem**, *gen pl* **-ek**) *nt* desk.

biu|ro (**-ra**, **-ra**) (*loc sg* **-rze**) *nt* (*pomieszczenie*) office; (*instytucja*) office, bureau; **biuro podróży** travel agency; **biuro rzeczy znalezionych** lost property (office) (*BRIT*),

lost-and-found (office) (*US*); **biuro matrymonialne** marriage bureau.

biurokracj|a (**-i**) *f* bureaucracy.

biurokra|ta (**-ty**, **-ci**) (*dat sg* **-cie**) *m decl like f in sg* bureaucrat.

biurokratyczny *adj* bureaucratic.

biuro|wiec (**-wca**, **-wce**) *m* office building.

biu|st (**-stu**, **-sty**) (*loc sg* **-ście**) *m* (*piersi kobiece*) breasts *pl*, bosom; (*rzeźba*) bust.

biustonosz (**-a**, **-e**) (*gen pl* **-y**) *m* bra.

biwa|k (**-ku**, **-ki**) (*instr sg* **-kiem**) *m* bivouac.

biwakowy *adj. pole biwakowe* campsite, camping site.

bizne|s (**-su**, **-sy**) (*loc sg* **-sie**) *m* business.

biznesme|n (**-na**, **-ni**) (*loc sg* **-nie**) *m* businessman.

bizo|n (**-na**, **-ny**) (*loc sg* **-nie**) *m* buffalo, bison.

biżuteri|a (**-i**) (*gen pl* **-i**) *f* jewellery (*BRIT*), jewelry (*US*).

bla|cha (**-chy**, **-chy**) (*dat sg* **-sze**) *f* (*płyta metalowa*) sheet metal; (*forma do ciasta*) baking tray *lub* sheet.

bl|ady (*comp* **-edszy**) *adj* pale.

blankie|t (**-tu**, **-ty**) (*loc sg* **-cie**) *m* blank form.

blas|k (**-ku**, **-ki**) (*instr sg* **-kiem**) *m* (*klejnotów*) glitter; (*słońca*) glare; (*księżyca*) glow.

blasz|ka (**-ki**, **-ki**) (*dat sg* **-ce**, *gen pl* **-ek**) *f* metal strip.

bla|t (**-tu**, **-ty**) (*loc sg* **-cie**) *m* table top.

bled|nąć (**-nę**, **-niesz**) (*imp* **-nij**, *perf* **z-**) *vi* to go pale *lub* white.

blef|ować (**-uję**, **-ujesz**) *vt* to bluff.

bli|ski (*comp* **-ższy**) *adj* (*sąsiedni*) near; (*przyjaciel*) close; (*krewny*) close, near; (*związek, przyjaźń*) close; (*przyszłość*) near; **bliski płaczu** close to tears; **być bliskim śmierci** to be about to die; **z bliska** at close range; **Bliski Wschód** the

Middle East, the Near East ♦ *m decl like adj* relative; **bliscy** *pl* relatives *pl.*

bli|sko (*comp* **-żej**) *adv* (*w przestrzeni*) close, near; (*w czasie*) near; (*prawie*) almost; (*w zażyłych stosunkach*) close ♦ *prep +gen* close to, near (to).

bliskoś|ć (**-ci**) *f* (*zażyłość*) closeness, intimacy; (*sąsiedztwo*) nearness.

bli|zna (**-zny, -zny**) (*dat sg* **-źnie**) *f* scar.

bliź|ni (**-niego, -ni**) *m decl like adj* neighbour (*BRIT*), neighbor (*US*), fellowman.

bliźniacz|ka (**-ki, -ki**) (*dat sg* **-ce**, *gen pl* **-ek**) *f* twin (sister).

bliźnia|k (**-ka, -ki**) (*instr sg* **-kiem**) *m* (*bliźnię*) twin; (*domek*) semidetached house.

bliźni|ę (**-ęcia, -ęta**) (*gen pl* **-ąt**) *nt* twin; **Bliźnięta** *pl* (*ASTROLOGIA*) Gemini.

bliżej *adv comp od* **blisko**.

bliższy *adj comp od* **bliski**; (*dokładny*) specific; **dopełnienie bliższe** (*JĘZ*) direct object.

blocz|ek (**-ka, -ki**) (*instr sg* **-kiem**) *m* (*notes*) notepad; (*TECH*) (small) pulley.

blo|k (**-ku, -ki**) (*instr sg* **-kiem**) *m* (*bryła*) block; (*budynek*) block of flats, apartment house (*US*); (*zeszyt*) writing-pad; (*POL*) bloc; (*TECH*) pulley.

bloka|da (**-dy, -dy**) (*dat sg* **-dzie**) *f* blockade.

blok|ować (**-uję, -ujesz**) (*perf* **za-**) *vt* (*drogę, przejazd*) to block, to obstruct; (*miejsce, magazyn*) to take up; (*stosować blokadę*) to blockade.

blond *adj*: **włosy blond** blonde *lub* fair hair.

blondy|n (**-na, -ni**) (*loc sg* **-nie**) *m* blond, blonde (*esp BRIT*).

blondyn|ka (**-ki, -ki**) (*dat sg* **-ce**, *dat pl* **-ek**) *f* blonde.

bluszcz (**-u, -e**) (*gen pl* **-y** *lub* **-ów**) *m* ivy.

blu|za (**-zy, -zy**) (*dat sg* **-zie**) *f* (*sportowa*) sweatshirt; (*część munduru*) tunic.

bluz|ka (**-ki, -ki**) (*dat sg* **-ce**, *gen pl* **-ek**) *f* blouse.

bluźnierst|wo (**-wa, -wa**) (*loc sg* **-wie**) *nt* blasphemy.

błag|ać (**-am, -asz**) *vi*: **błagać (o coś)** to beg (for sth) ♦ *vt*: **błagać kogoś (o coś)** to beg sb (for sth).

błahy *adj* insignificant, trifling.

bła|zen (**-zna, -zny** *lub* **-źni**) (*loc sg* **-źnie**) *m* clown; (*dworski*) jester.

błą|d (**-ędu, -ędy**) (*loc sg* **-ędzie**) *m* (*pomyłka*) error, mistake; (*wada*) fault; **błąd ortograficzny** spelling error; **błąd maszynowy** typing error, typo; **być w błędzie** to be wrong; **popełniać (popełnić** *perf*) **błąd** to make a mistake.

błą|dzić (**-dzę, -dzisz**) (*imp* **-dź**) *vi* (*szukać drogi*) to wander about *lub* around, to go round in circles; (*mylić się*) to err.

błąk|ać się (**-am, -asz**) *vr* to wander (about).

błędny *adj* (*odpowiedź*) wrong; (*pogląd, założenie*) false; (*wzrok*) wild; **błędne koło** vicious circle.

błękitny *adj* blue.

bło|cić (**-cę, -cisz**) (*imp* **-ć**, *perf* **za-**) *vt* to soil with mud.

błogi *adj* blissful.

błogosła|wić (**-wię, -wisz**) *vt* (*REL*) (*perf* **po-**) to bless.

błogosławieńst|wo (**-wa, -wa**) (*loc sg* **-wie**) *nt* blessing.

bło|na (**-ny, -ny**) (*dat sg* **-nie**) *f* membrane; **błona fotograficzna** film; **błona śluzowa** mucous membrane; **błona dziewicza** hymen.

błonic|a (**-y**) *m* (*MED*) diphtheria.

błotni|k (**-ka, -ki**) (*instr sg* **-kiem**) *m*

(*MOT*) wing (*BRIT*), fender (*US*); (*roweru*) mudguard, fender (*US*).

błotnisty *adj* muddy.

bło|to (**-ta, -ta**) (*loc sg* **-cie**) *nt* mud.

błys|k (**-ku, -ki**) (*instr sg* **-kiem**) *m* flash.

błys|kać (**-kam, -kasz**) (*perf* **-nąć**) *vi* (*o świetle*) to flash.

▸**błyskać się** *vr*: **błyska się** there's lightning.

błyskawic|a (**-y, -e**) *f* lightning.

błyskawicznie *adv* (*szybko*) with lightning speed, in a flash; (*natychmiast*) instantly.

błyskawiczny *adj* instant; **zamek błyskawiczny** zip (fastener) (*BRIT*), zipper (*US*); **zupa błyskawiczna** instant soup.

błyskotliwy *adj* witty.

błyskowy *adj*: **lampa błyskowa** flash.

błyszczący *adj* shiny, shining.

błyszcz|eć (**-ę, -ysz**) *vi* (*o gwiazdach*) to shine, to glitter; (*o biżuterii*) to glitter; (*o oczach*) to glisten, to glitter.

▸**błyszczeć się** *vr* to shine.

bm. *abbr* (= *bieżącego miesiąca*) (*of*) the current month.

bo *conj* (*ponieważ*) because; (*w przeciwnym razie*) or (else).

boazeri|a (**-i, -e**) (*gen pl* **-i**) *f* panelling (*BRIT*), paneling (*US*).

bobkowy *adj*: **liść bobkowy** bay leaf.

bobra *itd. n patrz* **bóbr**.

bobsle|j (**-ja, -je**) (*gen pl* **-jów** *lub* **-i**) *m* (*SPORT*) bobsleigh.

bochen|ek (**-ka, -ki**) (*instr sg* **-kiem**) *m* loaf.

bocia|n (**-na, -ny**) (*loc sg* **-nie**) *m* stork.

bocz|ek (**-ku, -ki**) (*instr sg* **-kiem**) *m* bacon.

bocznic|a (**-y, -e**) *f* (*ulica*) side street; (*kolejowa*) siding.

boczny *adj* (*droga, drzwi, kieszeń*) side *attr*.

bo|dziec (**-dźca, -dźce**) *m* (*czynnik*) stimulus; (*zachęta*) spur, incentive.

boga *itd. n patrz* **bóg**.

boga|cić się (**-cę, -cisz**) (*imp* **-ć**, *perf* **wz-**) *vr* to grow *lub* become rich.

bogact|wo (**-wa, -wa**) (*loc sg* **-wie**) *nt* (*dobrobyt*) wealth, affluence; (*obfitość*) abundance; **bogactwa naturalne** natural resources.

bogacz (**-a, -e**) (*gen pl* **-y**) *m* person of substance, wealthy person.

bogaty *adj* rich; (*zamożny*) wealthy, rich; **bogaty w rudę/witaminy** rich in ore/vitamins ♦ *m decl like adj*: **bogaci** *pl* the rich *lub* wealthy.

bogi|ni (**-ni, -nie**) (*gen pl* **-ń**) *f* goddess.

bogobojny *adj* pious.

bohate|r (**-ra, -rowie** *lub* **-rzy**) (*loc sg* **-rze**) *m* hero.

bohater|ka (**-ki, -ki**) (*dat sg* **-ce**, *gen pl* **-ek**) *f* heroine.

bohaterski *adj* heroic.

bohaterst|wo (**-wa**) (*loc sg* **-wie**) *nt* heroism.

bois|ko (**-ka, -ka**) (*instr sg* **-kiem**) *nt* sports field *lub* ground.

bo|ja (**-i, -je**) (*gen pl* **-i**) *f* buoy.

bojaźliwy *adj* fearful.

boje|r (**-ra, -ry**) (*loc sg* **-rze**) *m* (*SPORT*) iceboat.

boję *itd. vb patrz* **bać się**.

bojko|t (**-tu, -ty**) (*loc sg* **-cie**) *m* boycott.

bojkot|ować (**-uję, -ujesz**) (*perf* **z-**) *vt* to boycott.

bojowni|k (**-ka, -cy**) (*instr sg* **-kiem**) *m* fighter, militant.

bojowy *adj* (*zawodnik*) combative; (*postawa*) militant; (*akcja*) combat *attr*; (*głowica, samolot, środek*) war *attr*; (*organizacja*) military.

bo|k (**-ku, -ki**) (*instr sg* **-kiem**) *m* side; **omijać bokiem** to dodge sideways; **patrzeć na kogoś bokiem** to look askance at sb; **odsuwać na bok** to move aside.

bok|s (**-su**) (*loc sg* **-sie**) *m* (*SPORT*) boxing.

bokse|r (**-ra**) (*loc sg* **-rze**) *m* (*pięściarz*) (*nom pl* **-rzy**) boxer; (*pies*) (*nom pl* **-ry**) bulldog.

bol|ec (**-ca**, **-ce**) *m* (*TECH*) pin; (*z gwintem*) bolt.

bole|ć¹ (**-ję**, **-jesz**) *vi*: **boleć nad** +*instr* to be troubled by.

bol|eć² (**-i**) *vi* to ache, to hurt; **boli mnie głowa** I have a headache; **co cię boli?** where does it hurt?

bolesny *adj* painful; (*miejsce, rana*) sore.

bom|ba (**-by**, **-by**) (*dat sg* **-bie**) *f* (*pocisk*) bomb; (*sensacja*) sensation; **bomba atomowa** atom(ic) bomb; **bomba zegarowa** time bomb.

bombard|ować (**-uję**, **-ujesz**) (*perf* **z-**) *vt* to bomb.

bomb|ka (**-ki**, **-ki**) (*dat sg* **-ce**, *gen pl* **-ek**) *f* (*ozdoba choinkowa*) glass ball (*Christmas tree ornament*).

bombonier|ka (**-ki**, **-ki**) (*dat sg* **-ce**, *gen pl* **-ek**) *f* chocolate box.

bombo|wiec (**-wca**, **-wca**) *m* bomber (*aircraft*).

bombowy *adj* (*nalot, samolot*) bomb *attr*; (*pot. efektowny*) smashing; **nalot bombowy** air raid.

bo|n (**-nu**, **-ny**) (*loc sg* **-nie**) *m* (*gift*) token, voucher.

bonifika|ta (**-ty**, **-ty**) (*dat sg* **-cie**) *f* (*HANDEL*) discount, rebate.

borowi|k (**-ka**, **-ki**) (*instr sg* **-kiem**) *m* (*BOT*) boletus (*edible fungus*).

borów|ka (**-ki**, **-ki**) (*dat sg* **-ce**, *gen pl* **-ek**) *f*: **borówka brusznica** cowberry, mountain cranberry; **borówka czarna** bilberry, whortleberry.

borsu|k (**-ka**, **-ki**) (*instr sg* **-kiem**) *m* badger.

bosa|k (**-ka**, **-ki**) (*instr sg* **-kiem**) *m* (*drąg*) boathook; **na bosaka** (*boso*) barefoot.

boski *adj* divine; (*pot. cudowny*) heavenly.

bosma|n (**-na**, **-ni**) (*loc sg* **-nie**) *m* boatswain.

boso *adv* barefoot.

bosy *adj* barefoot.

Boś|nia (**-ni**) *f* Bosnia.

bośniacki *adj* Bosnian.

botaniczny *adj* botanical.

botani|ka (**-ki**) (*dat sg* **-ce**) *f* botany.

bowiem *conj* as, since.

boże *n patrz* **bóg**.

boż|ek (**-ka**, **-ki**) (*instr sg* **-kiem**) *m* god, idol.

boży *adj* God's; **Boże Ciało** Corpus Christi; **Boże Narodzenie** Christmas.

bożyszcz|e (**-a**, **-a**) (*gen pl* **-y**) *nt* idol; (*bożek*) god, idol.

bób (**bobu**) (*dat sg* **bobu**, *loc sg* **bobie**) *m* broad bean.

bóbr (**bobra**, **bobry**) (*loc sg* **bobrze**) *m* beaver.

bóg (**boga**, **bogowie**) (*dat sg* **bogu**, *voc sg* **boże**) *m* god; **(Pan) Bóg** God, Lord.

bój (**boju**, **boje**) *m* combat.

bój|ka (**-ki**, **-ki**) (*dat sg* **-ce**, *gen pl* **-ek**) *f* fight, brawl.

ból (**-u**, **-e**) (*dat sg* **-owi**) *m* (*fizyczny*) pain, ache; (*przen: zmartwienie*) pain, distress; **ból głowy** headache; **ból zęba** toothache; **ból gardła** sore throat; **ból brzucha** stomach *lub* belly ache.

bór (**boru**, **bory**) (*loc sg* **borze**) *m* forest.

bóst|wo (**-wa**, **-wa**) (*loc sg* **-wie**) *nt* deity.

br. *abbr* (= *bieżącego roku*) of the current year.

brać (**biorę**, **bierzesz**) (*perf* **wziąć**) *vt* to take; (*wynagrodzenie*) to receive; (*kąpiel*) to take, to have; (*przykład*) to follow, to copy; (*posadę*) to take,

to assume; (*obowiązek*) to take on ♦
vi (*o rybie*) to bite.

▸**brać się** *vr* (*powstawać*) to arise;
brać się do czegoś to set about
doing sth; **skąd się to bierze?**
where does it come from?

brajl (-a) *m* Braille.

bra|k¹ (-ku) (*instr sg* -kiem) *m* (*czasu,
dowodów*) lack; (*pieniędzy,
pożywienia*) lack, shortage; (*produkt
wybrakowany*) defective product,
dud (*pot*); **braki** *pl* (*niedociągnięcia*)
defects.

brak² *inv*: **brak mi 100 złotych** I'm
short of 100 zloty; **brak mi ciebie** I
miss you; **brak mi słów** I'm lost for
words.

brakoróbst|wo (-wa) (*loc sg* -wie) *nt*
defective production.

brak|ować (-uje) *vi* to lack; **brakuje
mi ciebie** I miss you; **kogo
brakuje?** who is missing?; **niewiele**
lub **mało brakowało!** that was a
close shave!

bra|ma (-my, -my) (*dat sg* -mie) *f*
gate(way).

bram|ka (-ki, -ki) (*dat sg* -ce, *gen pl*
-ek) *f* (*furtka*) gate; (*piłkarska*) goal;
(*gol*) goal.

bramkarz (-a, -e) (*gen pl* -y) *m*
(*SPORT*) goalkeeper; (*w klubie*)
bouncer.

bransole|ta (-ty, -ty) (*dat sg* -cie) *f*
bracelet, bangle.

branż|a (-y, -e) *f* line, trade.

bra|t (-ta, -cia) (*dat sg* -tu, *loc sg* -cie,
gen pl -ci, *dat pl* -ciom, *instr pl* -ćmi,
loc pl -ciach) *m* brother; (*zakonnik*)
friar; **brat przyrodni** stepbrother,
half-brother.

bratan|ek (-ka, -kowie) (*instr sg*
-kiem) *m* nephew (*brother's son*).

bratanic|a (-y, -e) *f* niece (*brother's
daughter*).

brat|ek (-ka, -ki) (*instr sg* -kiem) *m*
(*BOT*) pansy.

braterski *adj* brotherly, fraternal.

braterst|wo (-wa) (*loc sg* -wie) *nt*
brotherhood, fraternity; **braterstwo
broni** brotherhood in arms.

bratow|a (-ej, -e) *f decl like adj*
sister-in-law.

bra|wo (-wa, -wa) (*loc sg* -wie) *nt*
applause; **brawo!** bravo!; **bić brawo**
to applaud.

brawu|ra (-ry) (*dat sg* -rze) *f* (*werwa*)
verve, enthusiasm; (*ryzykanctwo*)
bravado.

Brazyli|a (-i) *f* Brazil.

brazylijski *adj* Brazilian.

brą|z (-zu, -zy) (*loc sg* -zie) *m* (*kolor*)
brown; (*metal*) bronze.

brązowy *adj* brown; (*z brązu*)
bronze; **brązowy medal** bronze
(medal).

bred|nie (-ni) *pl* nonsense, rubbish
(*pot*).

bre|dzić (-dzę, -dzisz) (*imp* -dź) *vi* to
rave; (*przen*) to talk rubbish.

brelocz|ek, brelo|k (-ka, -ki) (*instr
sg* -kiem) *m* pendant; (*do klucza*)
key ring.

br|ew (-wi, -wi) (*gen pl* -wi) *f* eyebrow.

br|nąć (-nę, -niesz) (*imp* -nij, *perf* za-)
vi (*iść z trudem*) to wade, to struggle.

br|oda (-ody, -ody) (*dat sg* -odzie,
gen pl -ód) *f* (*część twarzy*) chin;
(*zarost*) beard.

brodaty *adj* bearded.

brodaw|ka (-ki, -ki) (*dat sg* -ce, *gen
pl* -ek) *f* (*sutek*) nipple; (*narośl*) wart.

bro|dzić (-dzę, -dzisz) (*imp* -dź) *vi* to
paddle (*in shallow water*).

brodzi|k (-ka *lub* -ku, -ki) (*instr sg*
-kiem) *m* paddling pool.

broka|t (-tu, -ty) (*loc sg* -cie) *m*
brocade.

brokuł|y (-ów) *pl* broccoli.

bro|na (-ny, -ny) (*dat sg* -nie) *f*
harrow.

bro|nić (-nię, -nisz) (*imp* -ń) *vt* (*perf*
o-) to defend; (*osłaniać, strzec*) to

guard; (*zabraniać*) (*perf* **za-**) to forbid.

►**bronić się** *vr* to defend o.s.

bro|ń (**-ni**) *f* weapon; (*zbiorowo*) arms *pl*; (*przen*: *środek*) weapon; **broń atomowa/chemiczna** nuclear/chemical weapons *pl*; **broń palna** firearms *pl*.

brosz|ka (**-ki, -ki**) (*dat sg* **-ce**, *gen pl* **-ek**) *f* brooch.

broszu|ra (**-ry, -ry**) (*dat sg* **-rze**) *f* brochure, pamphlet.

browa|r (**-ru, -ry**) (*loc sg* **-rze**) *m* brewery.

br|ód (**-odu, -ody**) (*loc sg* **-odzie**) *m* ford; **jest czegoś w bród** sth is in profusion.

bru|d (**-du, -dy**) (*loc sg* **-dzie**) *m* dirt, filth; **brudy** *pl* (*brudna bielizna*) laundry; (*przen*) filth.

bruda|s (**-sa, -sy**) (*loc sg* **-sie**) (*pot*) *m* sloven, pig (*pot*).

brudno *adv*: **jest tu brudno** it's dirty here; **pisać coś na brudno** to write a rough copy of sth.

brudnopi|s (**-su, -sy**) (*loc sg* **-sie**) *m* (*tekst*) first draft.

brudny *adj* dirty, filthy.

bru|dzić (**-dzę, -dzisz**) (*imp* **-dź**, *perf* **po-** *lub* **za-**) *vt* to dirty, to soil.

►**brudzić się** *vr* to get dirty.

bru|k (**-ku, -ki**) (*instr sg* **-kiem**) *m* paving, pavement (*US*).

bru|kiew (**-kwi, -kwie**) (*gen pl* **-kwi**) *f* swede, rutabaga (*US*).

bruko|wiec (**-wca, -wce**) *m* (*pot*: *czasopismo*) tabloid.

Bruksel|a (**-i**) *f* Brussels.

bruksel|ka (**-ki, -ki**) (*dat sg* **-ce**, *gen pl* **-ek**) *f* Brussels sprouts *pl*.

brulio|n (**-nu, -ny**) (*loc sg* **-nie**) *m* (*zeszyt*) exercise book.

brunatny *adj* dark brown; **węgiel brunatny** lignite, brown coal; **niedźwiedź brunatny** brown bear.

brune|t (**-ta, -ci**) (*loc sg* **-cie**) *m* dark-haired man.

brunet|ka (**-ki, -ki**) (*dat sg* **-ce**, *gen pl* **-ek**) *f* brunette.

brutalny *adj* brutal.

brutto *inv* gross; **waga/zysk brutto** gross weight/profit.

bru|zda (**-zdy, -zdy**) (*dat sg* **-ździe**) *f* furrow.

brydż (**-a**) *m* bridge (*card game*).

bryga|da (**-dy, -dy**) (*dat sg* **-dzie**) *f* (*WOJSK*) brigade; (*robotników*) gang.

brylan|t (**-tu, -ty**) (*loc sg* **-cie**) *m* diamond.

bry|ła (**-ły, -ły**) (*dat sg* **-le**) *f* lump; (*ziemi*) clod; (*MAT, FIZ*) solid.

brystol (**-u, -e**) (*gen pl* **-i**) *m* Bristol board.

brytfan|na (**-ny, -ny**) (*dat sg* **-nie**) *f* baking pan.

Brytyjczy|k (**-ka, -cy**) (*loc sg* **-kiem**) *m* Briton, Britisher (*US*); **Brytyjczycy** *pl* the British.

Brytyj|ka (**-ki, -ki**) (*dat sg* **-ce**, *gen pl* **-ek**) *f* Briton, Britisher (*US*).

brytyjski *adj* British.

brzas|k (**-ku, -ki**) (*instr sg* **-kiem**) *m* dawn, daybreak.

brze|g (**-gu, -gi**) (*instr sg* **-giem**) *m* (*rzeki*) bank, riverside; (*jeziora*) shore; (*morza*) shore, coast; (*przepaści*) brink; (*plaża*) beach; (*naczynia, kapelusza*) brim; (*krawędź*) edge.

brzęcz|eć (**-ę, -ysz**) *vi* (*o kluczach, monetach*) to clink; (*o owadzie*) to buzz, to hum; (*o szkle*) to clink, to clatter; (*o strunie*) to twang.

brzę|k (**-ku, -ki**) (*instr sg* **-kiem**) *m* (*owadów*) buzz, hum; (*kluczy, monet*) clink; (*szkła*) clink, clatter.

brz|mieć (**-mię, -misz**) (*imp* **-mij**) *vi* to sound, to ring; **list brzmi jak następuje ...** the letter reads as follows ...; **rozkaz brzmiał: nie strzelać!** the order was not to shoot.

brzmie|nie (-nia, -nia) (*gen pl* -ń) *nt*
tone.

brzoskwi|nia (-ni, -nie) (*gen pl* -ń) *f*
peach.

brz|oza (-ozy, -ozy) (*dat sg* -ozie, *gen*
pl -óz) *f* birch.

brzuch (-a, -y) *m* stomach, belly (*pot*).

brzuchomówc|a (-y, -y) *m*
ventriloquist.

brzyd|ki (*comp* -szy) *adj* (*nieładny*)
ugly; (*czyn, słowo*) dirty.

brzy|dko (*comp* -dziej) *adv*
(*wyglądać*) ugly; (*śpiewać, pisać*)
terribly; (*postępować*) meanly.

brzy|dzić się (-dzę, -dzisz) (*imp* -dź)
vr: **brzydzić się kimś/czymś** to find
sb/sth repulsive.

brzyt|wa (-wy, -wy) (*dat sg* -wie) *f*
razor.

bub|el (-la, -le) (*gen pl* -li) *m* (*pot*)
trash (*pot*).

buci|k (-ka, -ki) (*instr sg* -kiem) *m*
dimin od **but**.

bu|da (-dy, -dy) (*dat sg* -dzie) *f*
(*szopa*) shed; (*psia*) kennel;
(*jarmarczna*) stall, booth; (*pot*)
school.

Budapesz|t (-tu) (*loc sg* -cie) *m*
Budapest.

bud|ka (-ki, -ki) (*dat sg* -ce, *gen pl*
-ek) *f* (*z gazetami*) kiosk; (*dla*
ptaków) nesting box; **budka suflera**
prompt box; **budka telefoniczna**
call *lub* (tele)phone box (*BRIT*),
(tele)phone booth (*US*).

budo|wa (-wy, -wy) (*dat sg* -wie) *f*
(*budowanie: domu itp.*) building;
(*; silnika itp.*) construction; (*atomu,*
utworu, wyrazu) structure;
(*człowieka*) build, physique; (*teren*
budowy) building site.

bud|ować (-uję, -ujesz) (*perf* z- *lub*
wy-) *vt* (*dom, państwo, szczęście*) to
build; (*silnik*) to construct.

budowl|a (-i, -e) (*gen pl* -i) *f*

(*budynek*) building; (*most, wieża*)
structure.

budownict|wo (-wa) (*loc sg* -wie) *nt*
building *lub* construction industry.

budul|ec (-ca) *m* building material.

budyn|ek (-ku, -ki) (*instr sg* -kiem) *m*
building.

budy|ń (-niu, -nie) (*gen pl* -ni *lub*
-niów) *m a kind of dessert made*
from milk, sugar and starch.

budze|nie (-nia, -nia) (*gen pl* -ń) *nt*
alarm call.

bu|dzić (-dzę, -dzisz) (*imp* -dź) *vt*
(*perf* z- *lub* o-) (*człowieka*) to wake
(up), to awake; (*zachwyt, lęk*) (*perf*
wz-) to arouse, to awake.

►**budzić się** (*perf* o-) *vr* to wake
(up), to awake; (*o nadziei*) to arise.

budzi|k (-ka, -ki) (*instr sg* -kiem) *m*
alarm clock.

budże|t (-tu, -ty) (*dat sg* -cie) *m*
budget.

bufe|t (-tu, -ty) (*loc sg* -cie) *m* buffet.

buj|ać (-am, -asz) *vi* (*w powietrzu*) to
float; (*pot. kłamać*) to tell fibs (*pot*)
♦ *vt* (*oszukiwać*) to cheat; (*kołysać*)
to rock; **bujać w obłokach** (*przen*)
to have one's head in the clouds
(*przen*).

►**bujać się** *vr* (*huśtać się*) to swing,
to rock.

bujny *adj* (*roślinność*) lush, luxuriant;
(*włosy*) luxuriant; (*wyobraźnia*)
vivid; (*życie*) eventful.

bu|k (-ku *lub* -ka, -ki) (*instr sg* -kiem)
m beech.

Bukaresz|t (-tu) (*loc sg* -cie) *m*
Bucharest.

bukie|t (-tu, -ty) (*loc sg* -cie) *m*
bouquet; **bukiet z jarzyn** assorted
vegetables.

buldo|g (-ga, -gi) (*instr sg* -giem) *m*
bulldog.

buldoże|r (-ra, -ry) (*loc sg* -rze) *m*
bulldozer.

bulgo|tać (-cze) *vi* to gurgle.

bulio|n (-nu, -ny) (*loc sg* -nie) *m* consommé.

bulwa|r (-ru, -ry) (*loc sg* -rze) *m* (*ulica*) boulevard; (*obmurowanie brzegu*) embankment.

Bułga|r (-ra, -rzy) (*loc sg* -rze) *m* Bulgarian.

Bułgari|a (-i) *f* Bulgaria.

Bułgar|ka (-ki, -ki) (*dat sg* -ce, *gen pl* -ek) *f* Bulgarian.

bułgarski *adj* Bulgarian.

buł|ka (-ki, -ki) (*dat sg* -ce, *gen pl* -ek) *f* roll; (*słodka*) bun; **bułka paryska** French stick, French loaf (*BRIT*); **tarta bułka** breadcrumbs.

bumeran|g (-gu *lub* -ga, -gi) (*instr sg* -giem) *m* boomerang.

bun|kier (-kra, -kry) (*loc sg* -krze) *m* bunker.

bun|t (-tu, -ty) (*loc sg* -cie) *m* rebellion, revolt.

bunt|ować (-uję, -ujesz) (*perf* z-) *vt* to incite to protest.
▸**buntować się** *vr*: **buntować się przeciw** +*dat* to rebel *lub* revolt against.

buntowni|k (-ka, -cy) (*instr sg* -kiem) *m* rebel.

buracz|ki (-ków) *pl* (*KULIN*) beetroot salad.

bura|k (-ka, -ki) (*instr sg* -kiem) *m* beet; **burak ćwikłowy** (red)beet, beetroot; **burak cukrowy** sugar beet.

burdel (-u, -e) (*gen pl* -i *lub* -ów) (*pot!*) *m* (*dom publiczny*) brothel; (*pot. bałagan*) mess.

burmistrz (-a, -e *lub* -owie) *m* mayor.

bur|sa (-sy, -sy) (*dat sg* -sie) *f* dormitory.

bursztyn (-nu, -ny) (*loc sg* -nie) *m* amber.

bur|ta (-ty, -ty) (*dat sg* -cie) *f* (*ŻEGL*) board; **człowiek za burtą!** man overboard!

burz|a (-y, -e) *f* (*z piorunami*) (thunder)storm; **burza piaskowa** sandstorm.

burzliwy *adj* (*pogoda, dyskusja*) stormy; (*owacja*) thunderous; (*czas, dzieje*) tumultuous, turbulent.

burz|yć (-ę, -ysz) *vt* (*dom, mur*) (*perf* z- *lub* wy-) to demolish, to knock down; (*spokój*) (*perf* z-) to destroy; (*włosy, wodę*) (*perf* wz-) to ruffle.
▸**burzyć się** *vr* (*o wodzie*) (*perf* wz-) to surge; (*denerwować się*) (*perf* wz-) to seethe with anger; (*buntować się*) to riot.

burżuazj|a (-i) *f* bourgeoisie.

busol|a (-i, -e) *f* compass.

busz (-u) *m* the bush.

bu|t (-ta, -ty) (*loc sg* -cie) *m* shoe; (*wysoki*) boot.

butel|ka (-ki, -ki) (*dat sg* -ce, *gen pl* -ek) *f* bottle.

buti|k (-ku, -ki) (*instr sg* -kiem) *f* boutique.

butl|a (-i, -e) (*gen pl* -i) *f* (*do tlenu, gazu*) cylinder.

bu|zia (-zi, -zie) (*gen pl* -zi *lub* -ź) (*pot*) *f* (*usta*) mouth; (*twarz*) face.

by *part*: **on by tego nie zrobił** he wouldn't do that ▸ *conj* (in order) to.

być (**jestem, jesteś**) (*1 pl* **jesteśmy**, *2 pl* **jesteście**, *3 pl* **są**, *imp* **bądź**, *pt* **był, była, byli**, *1 sg fut* **będę**, *2 sg fut* **będziesz**) *vi* to be; **jestem!** present!, here!; **jestem samochodem** I've come by car; **jest ciepło/zimno** it's warm/cold; **jest mi zimno/przykro** I'm cold/sorry; **co ci jest?** what's the matter with you?; **będę pamiętać** *lub* **pamiętał** I will remember; **ten dom był zbudowany w 1874** this house was built in 1874; **być może** maybe.

byd|ło (-ła) (*loc sg* -le) *nt* cattle.

by|k (-ka, -ki) (*instr sg* -kiem) *m* bull; (*pot*) spelling mistake; **Byk** (*ASTROLOGIA*) Taurus.

byle *conj*: **byle nie to** anything but

that ♦ *part* any; **byle tylko nie padało** let's hope it doesn't rain; **byle co** any old thing; **byle gdzie** anywhere; **to nie byle kto** he's not just anybody; **byle jaki** (*jakikolwiek*) any; (*podłej jakości*) trashy.

były *adj* former; **była żona** ex-wife; **były premier** the former *lub* ex-Prime Minister.

bynajmniej *adv*: **bynajmniej nie** not in the least; **bynajmniej!** far from it!

bystry *adj* (*nurt, rzeka*) swift; (*wzrok*) sharp; (*człowiek*) bright, quick- *lub* sharp-witted.

by|t (**-tu, -ty**) (*loc sg* **-cie**) *m* (*istnienie*) existence; (*FILOZOFIA*) being.

bywa|ać (**-am, -asz**) *vi* (*w restauracji, galerii*) to frequent; (*udzielać się towarzysko*) to mingle, to socialize; (*zdarzać się*) to happen.

bywal|ec (**-ca, -cy**) (*voc sg* **-cze**) *m*: **stały bywalec** frequent visitor.

bzdu|ra (**-ry, -ry**) (*dat sg* **-rze**) *f* nonsense, rubbish.

bzi|k (**-ka**) (*instr sg* **-kiem**) *m* (*pot*): **mieć bzika (na punkcie** +*gen*) to be crazy (about); **dostać** (*perf*) **bzika** to go crazy.

bzu *itd.* *n patrz* **bez**.

C

C *abbr* (= *Celsjusza*) C (= Celsius, centigrade).

ca *abbr* (= *circa*) c, ca. (= circa).

cack|ać się (**-am, -asz**) *vr* (*pot*): **cackać się z kimś/czymś** to handle *lub* treat sb/sth with kid gloves.

cac|ko (**-ka, -ka**) (*instr sg* **-kiem**, *gen pl* **-ek**) *nt* (*przen*) gem.

ca|l (**-la, -le**) (*gen pl* **-li**) *m* inch.

cal. *abbr* (= *kaloria*) cal. (= calorie).

cał|ka (**-ki, -ki**) (*dat sg* **-ce**, *gen pl* **-ek**) *f* (*MAT*) integral.

całkiem *adv* (*zupełnie*) entirely; (*dosyć*) quite, pretty.

całkowicie *adv* entirely, completely.

całkowity *adj* (*mrok, cisza*) complete, total; (*kwota*) total; (*MAT*: *liczba*) integer.

cało *adv* safely.

całodobowy *adj* twenty-four-hour *attr*.

całodzienny *adj* daylong.

całonocny *adj* all-night *attr*.

całoroczny *adj* yearlong.

cało|ść (**-ci, -ci**) *f* (*wszystko*) whole, the lot; (*nienaruszalność*) integrity; **w całości** entirely.

cał|ować (**-uję, -ujesz**) (*perf* **po-**) *vt* to kiss.

▶**całować się** *vr* to kiss; (*pieścić się*) to neck.

cału|s (**-sa, -sy**) (*loc sg* **-sie**) *m* kiss.

cały *adj* whole; **cały czas** all the time; **cały dzień** all day (long), the whole day; **całe miasto** the whole town; **cała nuta** (*MUZ*) semibreve (*BRIT*), whole note (*US*).

campin|g, kempin|g (**-gu, -gi**) (*instr sg* **-giem**) *m* (*obozowisko*) camp(ing) site, campground (*US*); (*pot. domek*) chalet (*BRIT*), cabin (*US*).

ca|r (**-ra, -rowie**) (*loc sg* **-rze**) *m* tsar, czar (*US*).

cdn. *abbr* (= *ciąg dalszy nastąpi*) to be continued.

ceb|er (**-ra, -ry**) (*loc sg* **-rze**) *m*: **leje jak z cebra** (*przen: pot*) the rain's *lub* it's pouring down.

cebu|la (**-li, -le**) *f* onion.

cebul|ka (**-ki, -ki**) (*dat sg* **-ce**, *gen pl* **-ek**) *f* (*BOT*) bulb; (*włosa*) root; **zielona cebulka** scallion, green onion.

ce|cha (**-chy, -chy**) (*dat sg* **-sze**) *f* feature; **cecha szczególna** characteristic.

cech|ować (**-uję, -ujesz**) *vt* to characterize, to mark.

▸**cechować się** *vr*: **cechować się czymś** to be characterized *lub* marked by sth.

cedza|k (**-ka, -ki**) (*instr sg* **-kiem**) *m* colander, strainer.

ce|dzić (**-dzę, -dzisz**) (*imp* **-dź**) *vt* (*perf* **prze-**) to strain; (*słowa*) (*perf* **wy-**) to drawl.

cegieł|ka (**-ki, -ki**) (*dat sg* **-ce**, *gen pl* **-ek**) *f dimin od* **cegła**; (*przen: udział*) share, contribution.

ce|gła (**-gły, -gły**) (*dat sg* **-gle**, *gen pl* **-gieł**) *f* brick.

Cejlo|n (**-nu**) (*loc sg* **-nie**) *m* Ceylon.

ceki|n (**-na** *lub* **-nu, -ny**) (*loc sg* **-nie**) *m* sequin.

cel (**-u, -e**) *m* (*dążeń, życia*) aim, goal; (*podróży*) destination; (*tarcza*) target; **w celu** *lub* **celem zrobienia czegoś** (in order) to do sth.

ce|la (**-li, -le**) *f* cell.

celiba|t (**-tu**) (*loc sg* **-cie**) *m* celibacy.

celni|k (**-ka, -cy**) (*instr sg* **-kiem**) *m* customs officer.

celny *adj* (*cios, strzał*) accurate; (*dowcip, uwaga*) relevant; (*urząd, opłata, kontrola*) customs *attr*.

celofa|n (**-nu**) (*loc sg* **-nie**) *m* cellophane ®.

cel|ować (**-uję, -ujesz**) *vi* (*perf* **wy-**) to take aim; **celować do kogoś/w coś** to aim at sb/sth; **celować w czymś** to excel at sth.

celowni|k (**-ka, -ki**) (*instr sg* **-kiem**) *m* (*karabinu*) sight; (*aparatu*) viewfinder; (*JĘZ*) dative.

celowo *adv* intentionally, on purpose.

celowoś|ć (**-ci**) *f* (*przydatność*) usefulness, purposefulness; (*stosowność*) advisability.

celowy *adj* intentional, purposeful.

Celsjusz (**-a**) *m*: **5 stopni Celsjusza** 5 degrees Celsius *lub* centigrade.

celtycki *adj* Celtic.

celujący *adj* (*stopień*) excellent; (*uczeń*) exceptional.

celulo|za (**-zy**) (*dat sg* **-zie**) *f* cellulose.

cemen|t (**-tu, -ty**) (*loc sg* **-cie**) *m* cement.

cement|ować (**-uję, -ujesz**) *vt* (*zalewać cementem*) (*perf* **za-**) to cement (over).

ce|na (**-ny, -ny**) (*dat sg* **-nie**) *f* price; **za wszelką cenę** (*przen*) at all costs, at any price; **za żadną cenę** (*przen*) (not) at any price.

ce|nić (**-nię, -nisz**) (*imp* **-ń**) *vt* (*szanować*) to value; **cenić sobie kogoś/coś** to think highly of sb/sth.

▸**cenić się** *vr* to have self-esteem.

cenni|k (**-ka, -ki**) (*instr sg* **-kiem**) *m* price list.

cenny *adj* valuable, precious.

cen|t (**-ta, -ty**) (*loc sg* **-cie**) *m* cent.

centra|la (**-li, -le**) (*gen pl* **-li** *lub* **-l**) *f* (*TEL: też*: **centrala telefoniczna**) (telephone) exchange, switchboard; (*w hotelu*) switchboard; (*instytucja nadrzędna*) headquarters, head office.

centralizacj|a (**-i**) *f* centralization.

centraliz|ować (**-uję, -ujesz**) (*perf* **s-**) *vt* to centralize.

centralny *adj* central; **centralne ogrzewanie** central heating.

centr|um (**-um, -a**) (*gen pl* **-ów**) *nt inv in sg* centre (*BRIT*), center (*US*); **centrum miasta** town *lub* city centre (*BRIT*), downtown (*US*); **centrum handlowe** shopping centre (*BRIT*) *lub* center (*US*), mall.

centymet|r (**-ra, -ry**) (*loc sg* **-rze**) *m* centimetre (*BRIT*), centimeter (*US*); **centymetr krawiecki** tape measure.

cenzu|ra (**-ry**) (*dat sg* **-rze**) *f* censorship.

cenzur|ować (**-uję, -ujesz**) (*perf* **o-**) *vt* to censor.

ce|ra (**-ry**) (*dat sg* **-rze**) *f* (*skóra twarzy*) complexion.

ceramiczny *adj* ceramic.

cerami|ka (**-ki**) (*dat sg* **-ce**) *f* (*sztuka*) ceramics; (*przedmioty*) pottery, ceramics *pl*.

cera|ta (**-ty**, **-ty**) (*dat sg* **-cie**) *f* (*materiał*) oilcloth; (*obrus*) plastic tablecloth.

ceremoni|a (**-i**, **-e**) (*gen pl* **-i**) *f* ceremony.

cer|kiew (**-kwi**, **-kwie**) (*gen pl* **-kwi**) *f* Orthodox church.

cer|ować (**-uję**, **-ujesz**) (*perf* **za-**) *vt* to darn.

certyfika|t (**-tu**, **-ty**) (*loc sg* **-cie**) *m* certificate.

cesarski *adj* imperial; **cesarskie cięcie** (*MED*) Caesarean (*BRIT*) *lub* Cesarean (*US*) section.

cesarst|wo (**-wa**, **-wa**) (*loc sg* **-wie**) *nt* empire.

cesarz (**-a**, **-e**) (*gen pl* **-y**) *m* emperor.

cew|ka (**-ki**, **-ki**) (*dat sg* **-ce**, *gen pl* **-ek**) *f* (*ELEKTR*) coil; **cewka moczowa** urethra.

cęt|ka (**-ki**, **-ki**) (*dat sg* **-ce**, *gen pl* **-ek**) *f* spot; **w cętki** spotted.

chab|er (**-ra** *lub* **-ru**, **-ry**) (*loc sg* **-rze**) *m* cornflower.

chał|wa (**-wy**, **-wy**) (*dat sg* **-wie**) *f* halvah.

cha|m (**-ma**, **-my**) (*loc sg* **-mie**) *m* (*pot!*) brute (*pot*).

chamski *adj* (*pej*) boorish.

chamst|wo (**-wa**) (*loc sg* **-wie**) *nt* (*pej*) boorishness.

chao|s (**-su**) (*loc sg* **-sie**) *m* chaos.

chaotyczny *adj* chaotic.

charakte|r (**-ru**, **-ry**) (*loc sg* **-rze**) *m* (*człowieka*) character; (*zjawiska, przedmiotu*) character, nature; **w charakterze** +*gen* in the capacity of; **charakter pisma** handwriting.

charakterystyczny *adj*: **charakterystyczny** (**dla** +*gen*) characteristic (of).

charakterysty|ka (**-ki**, **-ki**) (*dat sg* **-ce**) *f* profile.

charakteryzacj|a (**-i**, **-e**) (*gen pl* **-i**) *f* make-up.

charakteryzato|r (**-ra**, **-rzy**) (*loc sg* **-rze**) *m* make-up man.

charakteryz|ować (**-uję**, **-ujesz**) *vt* (*opisywać*) (*perf* **s-**) to characterize, to describe; (*o cechach, przymiotach*) to characterize; (*TEATR, FILM*) (*perf* **u-**) to make up.

▶**charakteryzować się** *vr*: **charakteryzować się czymś** to be characterized by sth.

char|t (**-ta**, **-ty**) (*loc sg* **-cie**) *m* greyhound.

charytatywny *adj* charitable; **na cele charytatywne** for charity.

charyzmatyczny *adj* charismatic.

chaszcz|e (**-y** *lub* **-ów**) *pl* thicket.

cha|ta (**-ty**, **-ty**) (*dat sg* **-cie**) *f* cabin, hut; (*pot. mieszkanie*) place.

chcieć (**chcę**, **chcesz**) (*imp* **chciej**) *vt* to want; **chcieć coś zrobić** to want to do sth; **chcę, żeby on tam pojechał** I want him to go there; **chce mi się spać/pić** I feel sleepy/thirsty; **chce mi się tańczyć** I feel like dancing; **chciałbym ...** I would like ...; **czy chciałbyś ...?** would you like ...?; **jak chcesz** (*pot*) as you wish.

chciwoś|ć (**-ci**) *f* greed.

chciwy *adj* greedy.

cheł|pić się (**-pię**, **-pisz**) *vr*: **chełpić się** (**czymś**) to boast (about sth).

chemi|a (**-i**) *f* chemistry.

chemiczny *adj* chemical.

chemi|k (**-ka**, **-cy**) (*instr sg* **-kiem**) *m* (*naukowiec*) chemist; (*nauczyciel*) chemistry teacher.

chemikali|a (**-ów**) *pl* chemicals.

chę|ć (**-ci**, **-ci**) *f* desire; **chęć do życia/pracy** a will to live/work; **z chęcią** willingly, with pleasure.

chętnie *adv* willingly, eagerly.

chętny *adj* willing, eager.

chicho|tać (-czę, -czesz) (*perf* za-, *imp* -cz) *vi* to giggle.

Chile *nt inv* Chile.

Chin|ka (-ki, -ki) (*dat sg* -ce, *gen pl* -ek) *f* Chinese.

Chi|ny (-n) *pl* China.

Chińczy|k (-ka, -cy) (*instr sg* -kiem) *m* Chinese.

chiński *adj* Chinese; **Chińska Republika Ludowa** the People's Republic of China.

chips|y (-ów) *pl* crisps (*BRIT*), chips (*US*).

chirur|g (-ga, -dzy) (*instr sg* -giem) *m* surgeon.

chirurgi|a (-i) *f* surgery.

chirurgiczny *adj* surgical.

chla|pać (-pię, -piesz) (*perf* -pnąć) *vt/vi* to splash.

chle|b (-ba, -by) (*loc sg* -bie) *m* bread.

chleba|k (-ka, -ki) (*instr sg* -kiem) *m* haversack.

chle|w (-wa *lub* -wu, -wy) (*loc sg* -wie) *m* pigsty (*BRIT*), pigpen (*US*).

chlo|r (-ru) (*loc sg* -rze) *m* (*CHEM*) chlorine.

chlu|ba (-by, -by) (*dat sg* -bie) *f* (*osoba, rzecz*) pride; (*sława*) glory.

chlu|bić się (-bię, -bisz) *vr*: **chlubić się czymś** to take pride in sth.

chlubny *adj* glorious.

chlu|pać (-pię, -piesz) (*perf* -pnąć) *vi* to splash; (*bulgotać*) to squelch.

chlupo|tać (-cze) (*perf* za-) *vi* to squelch.

chlu|stać (-stam, -stasz *lub* -szczę, -szczesz) (*perf* -snąć) *vi* (*o płynie*) to spurt.

chłep|tać (-czę, -czesz) (*imp* -cz, *perf* wy-) *vt* to lap.

chłod|nia (-ni, -nie) (*gen pl* -ni) *f* refrigerator.

chłodnic|a (-y, -e) *f* (*MOT*) radiator.

chłodni|k (-ka, -ki) (*instr sg* -kiem) *m* *vegetable or fruit soup usually served cold*.

chłodno *adv* (*witać, przyjmować*) coolly; **jest chłodno** it is cold *lub* chilly; **robi się chłodno** it is getting cold *lub* chilly.

chłodny *adj* cool.

chłodziar|ka (-ki, -ki) (*dat sg* -ce, *gen pl* -ek) *f* refrigerator.

chło|dzić (-dzę, -dzisz) (*imp* -dź) *vt* to cool, to chill; (*zamrażać*) to refrigerate ♦ *vi* (*o wietrze, napoju*) to be cooling; **napoje chłodzące** cold drinks.

► **chłodzić się** *vr* to cool.

chło|nąć (-nę, -niesz) (*imp* -ń) *vt* (*absorbować*) to absorb.

chłonny *adj* (*przen*) absorptive; (*umysł*) receptive.

chło|p (-pa) (*loc sg* -pie) *m* (*nom pl* -pi) peasant; (*pot: mężczyzna*) (*nom pl* -py) fellow, chap.

chłopa|k (-ka, -cy) (*instr sg* -kiem) *m* boy; (*sympatia*) boyfriend.

chłopczy|k (-ka, -ki) (*instr sg* -kiem) *m* little boy.

chło|piec (-pca, -pcy) (*dat sg* -pcu) *m* boy; (*sympatia*) boyfriend; **chłopiec na posyłki** (*przen*) errand boy.

chłopięcy *adj* boyish.

chłopski *adj* peasant *attr*; **chłopski rozum** (*pot*) common sense.

chło|sta (-sty, -sty) (*dat sg* -ście) *f* flogging.

chł|ód (-odu, -ody) (*loc sg* -odzie) *m* chill; (*przen*) coldness.

chma|ra (-ry, -ry) (*dat sg* -rze) *f* (*owadów*) swarm; **chmara ludzi** hordes of people.

chmiel (-u) *m* hop.

chmu|ra (-ry, -ry) (*dat sg* -rze) *f* cloud.

chmurz|yć (-ę, -ysz) (*perf* za-) *vt*: **chmurzyć czoło** to frown.

► **chmurzyć się** *vr* to cloud over.

choch|la (-li, -le) (*gen pl* -li) *f* ladle.

chociaż, **choć** *conj* though, although ♦ *part* (*przynajmniej*) at least.

chociażby, **choćby** conj even if ◆ part (nawet) even.

choć conj = **chociaż**.

choćby conj = **chociażby**.

choda|k (-ka, -ki) (instr sg -kiem) m clog.

chodliwy adj (pot: towar) fast-selling.

chodni|k (-ka, -ki) (instr sg -kiem) m (część ulicy) pavement (BRIT), sidewalk (US); (dywan) runner.

cho|dzić (-dzę, -dzisz) (imp -dź) vi (spacerować) to walk; (uczęszczać) to go; (funkcjonować) to work; (pot: kursować) to run; **chodzić z kimś** (pot) to go out with sb; **o co chodzi?** what's the problem?

choin|ka (-ki, -ki) (dat sg -ce, gen pl -ek) f (w lesie) spruce; (świąteczna) Christmas tree.

chole|ra (-ry) (dat sg -rze) f (MED) cholera; (pot!: wyzwisko) (nom pl -ry) asshole (pot!); (: przekleństwo): **cholera!** shit! (pot!), damn! (pot!); **idź do cholery!** (pot!) go to hell! (pot!).

cholerny adj (pot!) damn (pot!), bloody (pot!: BRIT).

cholery|k (-ka, -cy) (instr sg -kiem) m hot-tempered man.

cholestero|l (-lu) m cholesterol.

chole|wa (-wy, -wy) (dat sg -wie) f leg (part of a boot).

chomi|k (-ka, -ki) (instr sg -kiem) m hamster.

chorą|giew (-gwi, -gwie) (gen pl -gwi) f (flaga) flag; (sztandar) standard.

chorągiew|ka (-ki, -ki) (gen pl -ce, gen pl -ek) f dim od **chorągiew**.

chorąż|y (-ego, -owie) m decl like adj in sg warrant officer.

choreografi|a (-i) f choreography.

chor|oba (-oby, -oby) (dat sg -obie, gen pl -ób) f (schorzenie) disease; (stan) illness; **choroba morska** seasickness.

chorobow|e (-ego, -e) nt decl like adj in sg: **być na chorobowym** to be off sick.

chor|ować (-uję, -ujesz) vi to be ill, to be sick (US); **chorować na grypę** to have lub suffer from flu; **chorować na serce** to have a bad heart, to have a heart condition lub problem.

chorowity adj sickly.

Chorwacj|a (-i) f Croatia.

chorwacki adj Croatian.

Chorwa|t (-ta, -ci) (loc sg -cie) m Croat.

chory adj (człowiek, zwierzę) ill, sick; (gardło, noga) sore; (ząb, serce) bad; (drzewo, roślina) sick ◆ m decl like adj (chory człowiek) sick person; (pacjent) patient; **być chorym na grypę/serce** to have flu/a bad heart.

chow|ać (-am, -asz) vt (wkładać) (perf **s-**) to put (somewhere); (odkładać) (perf **s-**) to put away; (ukrywać) (perf **s-**) to hide; (trzymać) to keep; (składać do grobu) (perf **po-**) to bury.

▶**chować się** vr (kryć się) (perf **s-**) to hide.

chód (**chodu**) (loc sg **chodzie**) m walk, gait; (SPORT: też: **chód sportowy**) (race) walking.

chó|r (-ry, -ry) (loc sg -rze) m (zespół) choir, chorus; (utwór) chorus.

chór|ek (-ku, -ki) (instr sg -kiem) m (pot) backing singers.

chrabąszcz (-a, -e) (gen pl -y lub -ów) m cockchafer, may-bug.

chra|pać (-pię, -piesz) vi (perf -pnąć) to snore.

chro|m (-mu) (loc sg -mie) m chrome; (CHEM) chromium.

chromoso|m (-mu, -my) (loc sg -mie) m chromosome.

chromowany adj chromium-plated.

chroniczny adj chronic.

chro|nić (**-nię, -nisz**) (*imp* **-ń**) *vt* to protect; **chronić kogoś/coś przed** *+instr* to protect sb/sth against.
▶**chronić się** *vr* (*szukać schronienia*) (*perf* **s-**) to take shelter; (*strzec się*) (*perf* **u-**) to protect o.s.

chronologi|a (**-i**) *f* chronology.

chronologiczny *adj* chronological.

chropowaty *adj* rough.

chru|pać (**-pię, -piesz**) *vt* (*gryźć*) to crunch.

chrupiący *adj* crunchy, crispy.

chrup|ki *adj* crispy ♦ *pl* (*gen pl* **-ek**) crisps *pl*; **pieczywo chrupkie** crisp bread.

chru|st (**-stu**) (*loc sg* **-ście**) *m* brushwood.

chry|pieć (**-pię, -pisz**) (*perf* **za-**) *vi* (*o człowieku*) to have a hoarse *lub* husky voice.

chryp|ka (**-ki, -ki**) (*dat sg* **-ce**, *gen pl* **-ek**) *f* hoarseness.

Chrystu|s (**-sa**) (*loc sg* **-sie**) *m* Christ; **Jezus Chrystus** Jesus Christ.

chryzante|ma (**-my, -my**) (*dat sg* **-mie**) *f* chrysanthemum.

chrza|n (**-nu**) (*loc sg* **-nie**) *m* horseradish.

chrząk|ać (**-am, -asz**) (*perf* **-nąć**) *vi* (*o człowieku*) to clear one's throat; (*o świni*) to grunt.

chrząst|ka (**-ki, -ki**) (*dat sg* **-ce**, *gen pl* **-ek**) *f* (*ANAT*) cartilage, gristle; (*KULIN*) gristle.

chrząszcz (**-a, -e**) (*gen pl* **-y**) *m* beetle.

chrz|cić (**-czę, -cisz**) (*imp* **-cij**, *perf* **o-**) *vt* (*dziecko*) to baptize; (*nadawać imię*) to baptize, to christen; (*statek*) to christen.

chrzci|ny (**-n**) *pl* party given by parents on the day of their child's baptism.

chrz|est (**-tu, -ty**) (*loc sg* **-cie**) *m* (*dziecka*) baptism; (*statku*) christening.

chrzestn|a (**-ej, -e**) *f decl like adj* (*też*: **matka chrzestna**) godmother.

chrzestny *adj* (*imię*) Christian ♦ *m decl like adj* (*też*: **ojciec chrzestny**) godfather.

chrześcija|nin (**-nina, -nie**) (*loc sg* **-ninie**) *m* Christian.

chrześcijański *adj* Christian.

chrześcijaństw|o (**-wa**) (*loc sg* **-wie**) *nt* Christianity.

chrześniacz|ka (**-ki, -ki**) (*dat sg* **-ce**, *gen pl* **-ek**) *f* goddaughter.

chrześnia|k (**-ka, -cy**) (*instr sg* **-kiem**) *m* godson.

chuch|ać (**-am, -asz**) (*perf* **-nąć**) *vi*: **chuchać na** *+acc* (*zmarznięte ręce*) to blow on.

chud|nąć (**-nę, -niesz**) (*imp* **-nij**, *perf* **s-**, *pt* **chudł** *lub* **chudnął, chudła, chudli**) *vi* to lose weight.

chudy *adj* (*człowiek, zwierzę*) thin, skinny; (*mięso, ser*) lean.

chuliga|n (**-na, -ni**) (*loc sg* **-nie**) *m* hooligan.

chu|sta (**-sty, -sty**) (*dat sg* **-ście**) *f* scarf.

chustecz|ka (**-ki, -ki**) (*dat sg* **-ce**, *gen pl* **-ek**) *f* (*też*: **chusteczka do nosa**) handkerchief; (*też*: **chusteczka higieniczna**) tissue, Kleenex ®.

chust|ka (**-ki, -ki**) (*dat sg* **-ce**, *gen pl* **-ek**) *f* scarf; **chustka do nosa** handkerchief.

chwa|lić (**-lę, -lisz**) (*perf* **po-**) *vt* (*mówić z uznaniem*) to praise.
▶**chwalić się** *vr*: **chwalić się** (**czymś**) to brag *lub* to boast (about sth).

chwa|ła (**-ły**) (*loc sg* **-le**) *f* glory.

chwa|st (**-stu, -sty**) (*loc sg* **-ście**) *m* weed.

chwi|ać (**-eję, -ejesz**) (*perf* **za-**) *vt*: **chwiać czymś** to shake sth.
▶**chwiać się** *vr* (*o człowieku*) to sway; (*o płomieniu*) to flicker; (*o

zębie) to wobble; (*wahać się*) to waver, to falter.

chwiejny *adj* shaky; (*przen*) wavering.

chwi|la (-**li**, -**le**) *f* moment, instant; **poczekaj chwilę!** wait a minute!, just a moment!; **chwilami** now and then; **co chwila** every now and then; **w każdej chwili** (*lada moment*) any minute now; **w ostatniej chwili** at the last moment; **za chwilę** in a minute.

chwilecz|ka (-**ki**, -**ki**) (*dat sg* -**ce**, *gen pl* -**ek**) *f*: **chwileczkę!** just a minute!

chwilowo *adv* (*obecnie*) at the moment, for the time being; (*nieczynny, zamknięty*) temporarily.

chwilowy *adj* temporary.

chwy|cić (-**cę**, -**cisz**) (*imp* -**ć**) *vb perf od* **chwytać**.

chwy|t (-**tu**, -**ty**) (*loc sg* -**cie**) *m* hold, grip; (*przen: fortel*) trick, catch.

chwyt|ać (-**am**, -**asz**) (*perf* **chwycić**) *vt* (*łapać: piłkę itp.*) to catch; (*przen: życie, chwilę*) to seize ♦ *vi* (*pot: o pomyśle, reklamie*) to catch on; **chwycić kogoś za rękę** to grab *lub* to seize sb by the hand; **mróz chwycił** it suddenly froze.

▶**chwytać się** *vr*: **chwytać się czegoś** *lub* **za coś** to seize sth; **chwytać się za głowę** to take one's head in one's hands; **chwytać się na czymś** (*przen*) to catch o.s. doing sth.

chyba *part* probably ♦ *conj*: **chyba że** unless; **chyba tak/chyba nie** I think so/I don't think so.

chy|biać (-**biam**, -**biasz**) (*perf* -**bić**) *vi* to miss; **chybić** (*perf*) **celu** to miss one's aim.

chybo|tać się (-**czę**, -**czesz**) *vr* to shake, to wobble.

chy|lić (-**lę**, -**lisz**) *vt* (*książk*): **chylić czoło** *lub* **głowę przed kimś** to pay homage to sb.

▶**chylić się** *vr* (*przen*): **chylić się ku upadkowi** to be on the decline.

chyłkiem *adv* stealthily.

chytry *adj* (*przebiegły*) cunning, sly; (*pot: urządzenie*) artful, ingenious; (: *chciwy*) greedy.

chyży *adj* swift.

ci (*see* Table 9) *pron nom pl od* **ten** these ♦ *pron dat od* **ty** (to) you; **ci chłopcy** these boys; **powiedział ci?** has he told you?

ciał|ko (-**ka**, -**ka**) (*instr sg* -**kiem**, *gen pl* -**ek**) *nt*: **białe/czerwone ciałka krwi** white/red blood cells.

ci|ało (-**ała**, -**ała**) (*loc sg* -**ele**) *nt* body; **ciało niebieskie** heavenly body; **ciało stałe** solid; **Boże Ciało** Corpus Christi.

ciar|ki (-**ek**) *pl*: **ciarki mnie przeszły na myśl o ...** the thought of ... sent shivers down my spine.

ciasno *adv* tightly.

cia|sny (*comp* -**śniejszy**) *adj* tight; (*kąt, pokój*) small.

ciastkar|nia (-**ni**, -**nie**) (*gen pl* -**ni** *lub* -**ń**) *f* (*sklep*) patisserie; (*wytwórnia*) bakery.

ciast|ko (-**ka**, -**ka**) (*instr sg* -**kiem**, *gen pl* -**ek**) *nt* cake, pastry.

ci|asto (-**asta**, -**asta**) (*loc sg* -**eście**) *nt* (*masa*) dough; (*wypiek*) cake.

ciąć (**tnę**, **tniesz**) (*imp* **tnij**) *vt* (*nożem, nożyczkami*) to cut; (*o komarach, osach*) to sting.

cią|g (-**gu**, -**gi**) (*instr sg* -**giem**) *m* (*komunikacyjny*) route; (*myśli*) train; (*powietrza*) draught (*BRIT*), draft (*US*); (*MAT*) sequence; **w ciągu dnia** by day; **w ciągu trzech dni** within three days; **ciąg dalszy nastąpi** to be continued.

ciągle *adv* (*nadal*) still; (*nieustannie*) continuously, continually; (*w sposób powtarzający się*) continually, constantly; **on ciągle jeszcze jest bez pracy** he is still jobless.

ciągłoś|ć (-ci) *f* continuity.

ciągły *adj* continuous; (*strach, ból*) constant; (*ruch*) continual.

ciąg|nąć (-nę, -niesz) (*imp* -nij) *vt* (*wlec*) (*perf* po-) to pull; (*losy*) to draw, to cast ♦ *vi* (*mówić dalej*) to continue, to go on; (*o wojsku*) to proceed, to move.

►**ciągnąć się** *vr* (*o drodze, lesie, plaży*) to extend, to stretch; (*o dyskusji, procesie*) to drag on.

ciągni|k (-ka, -ki) (*instr sg* -kiem) *m* tractor.

ciąż|a (-y, -e) *f* pregnancy; **być w ciąży** to be pregnant.

ciąż|yć (-ę, -ysz) *vi*: **ciążyć komuś** (*być ciężarem*) to weigh sb down; (*być uciążliwym*) to be a burden for sb.

cichaczem *adv* (*pot*) on the q.t. (*pot*).

cich|nąć (-nę, -niesz) (*imp* -nij, *perf* u-) *vi* (*o hałasie*) to die away, to fade; (*o miejscu*) to become quieter; (*o burzy*) to subside.

ci|cho (*comp* -szej) *adv* quietly; (*bez żadnego dźwięku*) silently; (*mówić*) in a soft voice; **być** *lub* **siedzieć cicho** to be quiet.

cichy *adj* (*dom, noc*) quiet, silent; (*głos, szept*) low; **po cichu** (*bezgłośnie*) quietly, silently; (*potajemnie*) on the quiet, secretly.

ciebie *pron gen, acc sg od* **ty** you.

cie|c, cie|knąć (-knie) *vi* (*o wodzie*) (*perf* po-) to drip, to trickle; (*o kranie*) to leak.

ciecz (-y, -e) (*gen pl* -y) *f* liquid.

ciekaw *adj* = **ciekawy**.

cieka|wić (-wi) *vt* to interest.

ciekawost|ka (-ki, -ki) (*dat sg* -ce, *gen pl* -ek) *f* (*przedmiot*) curiosity; (*nowinka*) interesting fact.

ciekawoś|ć (-ci) *f* curiosity.

ciekawski *adj* (*pot*) prying, nosy (*pot*).

ciekawy *adj* (*interesujący*) interesting; (*dociekliwy*) curious.

ciekły *adj* liquid.

ciek|nąć (-nie) *vi* = **ciec**.

cielesny *adj* (*miłość*) physical; (*żądza*) carnal; (*kara*) corporal.

ciel|ę (-ęcia, -ęta) (*gen pl* -ąt) *nt* calf; (*przen*) oaf.

cielęci|na (-ny) (*dat sg* -nie) *f* veal.

ciel|lić się (-li) (*perf* o-) *vr* to calve.

ciemi|ę (-enia, -ona) (*gen pl* -on) *nt* crown (of the head).

ciemięż|yć (-ę, -ysz) *vt* (*książk*) to oppress.

ciemku *inv*: **po ciemku** in the dark.

ciem|nia (-ni, -nie) (*gen pl* -ni) *f* darkroom.

ciemni|eć (-eje) *vi* (*perf* ś- *lub* po-) to darken.

ciem|no (-na) (*loc sg* -nie) *nt*: **w ciemno** on spec; **randka w ciemno** blind date ♦ *adv* darkly; **robi się ciemno** it's getting dark.

ciemnoś|ć (-ci, -ci) (*dat sg* -ci) *f* darkness; **w ciemności** in the dark.

ciemny *adj* (*włosy, chmura, odcień*) dark; (*pokój*) dim; (*chleb*) brown; (*głupi*) dumb; (*podejrzany*) shady.

cieni|ować (-uję, -ujesz) (*perf* wy-) *vt* (*SZTUKA*) to shade; (*włosy*) to layer.

cie|nki (*comp* -ńszy) *adj* thin.

cie|nko (*comp* -niej) *adv* thinly.

cienkopi|s (-su, -sy) (*loc sg* -sie) *m* a fine-tip felt pen.

cie|ń (-nia, -nie) (*gen pl* -ni) *m* (*odbicie*) shadow; (*miejsce*) shade; **cień do powiek** eyeshadow.

cieplar|nia (-ni, -nie) (*gen pl* -ni *lub* -ń) *f* greenhouse.

cieplny *adj* thermal.

ciep|ło (-ła) (*loc sg* -le) *nt* warmth; (*FIZ*) heat ♦ *adv* (*comp* -lej) (*serdecznie*) warmly; **jest ciepło** it's warm; **było mi ciepło** I was warm.

ciep|ły (*comp* -lejszy) *adj* warm.

cier|ń (-nia, -nie) (*gen pl* -ni) *m* thorn.

cier|pieć (-pię, -pisz) *vt* (*nędzę, głód*) to suffer ♦ *vi* (*znosić ból*) to suffer, to be in pain; **nie cierpieć kogoś/czegoś** to hate sb/sth, to detest sb/sth; **cierpieć na** +*acc* to suffer from.

cierpie|nie (-nia, -nia) (*gen pl* -ń) *nt* suffering.

cierpki *adj* tart.

cierpliwie *adv* patiently.

cierpliwoś|ć (-ci) *f* patience.

cierpliwy *adj* patient.

cierp|nąć (-nę, -niesz) (*perf* ś-) *vi* (*o kończynie*) to become *lub* grow numb.

piesz|yć (-ę, -ysz) (*perf* u-) *vt* to delight, to gladden.

▸**cieszyć się** *vr*: **cieszyć się (z czegoś)** to be pleased *lub* delighted (with sth); **cieszyć się na coś** to look forward to sth; **cieszyć się życiem/dobrym zdrowiem** to enjoy life/good health.

cieś|la (-li, -le) (*gen pl* -li) *m decl like f in sg* carpenter.

cieśni|na (-ny, -ny) (*dat sg* -nie) *f* strait.

cię *pron gen, acc sg od* **ty** you.

cięci|wa (-wy, -wy) (*dat sg* -wie) *f* (*łuku, kuszy*) bowstring; (*GEOM*) chord.

cięża|r (-ru, -ry) (*loc sg* -rze) *m* (*waga*) weight; (*ładunek*) load; (*przen*) burden; **podnoszenie ciężarów** weight lifting.

ciężarna *adj* pregnant ♦ *f decl like adj* pregnant woman.

ciężarowy *adj*: **samochód ciężarowy** lorry (*BRIT*), truck (*US*).

ciężarów|ka (-ki, -ki) (*dat sg* -ce, *gen pl* -ek) *f* lorry (*BRIT*), truck (*US*).

cięż|ki (*comp* -szy) *adj* heavy; (*praca*) hard; (*problem*) tough; (*zarzut, choroba, wypadek*) serious;

przemysł ciężki heavy industry; **waga ciężka** heavyweight.

cięż|ko (*comp* -ej) *adv* (*pracować*) hard; (*oddychać*) heavily; (*chory*) seriously; (*ranny*) badly.

ciężkoś|ć (-ci) *f*: **środek ciężkości** centre (*BRIT*) *lub* center (*US*) of gravity; **siła ciężkości** (*FIZ*) gravity.

cio|cia (-ci, -cie) (*gen pl* -ć) *f* (*pot*) aunt, auntie (*pot*).

cio|s (-su, -sy) (*loc sg* -sie) *m* blow.

ciot|ka (-ki, -ki) (*dat sg* -ce, *gen pl* -ek) *f* aunt.

ci|s (-su, -sy) (*loc sg* -sie) *m* (*BOT*) yew (tree).

cis|kać (-kam, -kasz) (*imp* -kaj, *perf* -nąć) (*przedmiot*) to fling; (*wyzwiska, obelgi*) to hurl.

ci|snąć (-snę, -śniesz) (*imp* -śnij) *vb perf od* **ciskać** ♦ *vt* (*o butach*) to pinch.

cisz|a (-y) *f* silence.

ciszej *adv comp od* **cicho**.

ciśnie|nie (-nia, -nia) (*gen pl* -ń) *nt* pressure; **ciśnienie krwi** blood pressure.

ciuch (-a, -y) *m* (*pot*) garment; **ciuchy** *pl* (*pot*) clothes, togs (*pot*).

ciuciubab|ka (-ki) (*dat sg* -ce) *f*: **bawić się w ciuciubabkę** to play blind man's buff.

ciuł|ać (-am, -asz) *vt* to put aside for a rainy day.

ciu|pa (-py, -py) (*dat sg* -pie) *f* (*pot. więzienie*) clink (*pot*), can (*pot*).

ckliwy *adj* sentimental.

clić (**clę, clisz**) (*imp* **clij**, *perf* **o-**) *vt* to clear (*through customs*).

cło (**cła, cła**) (*loc sg* **cle**, *gen pl* **ceł**) *nt* duty; **wolny od cła** duty-free.

cm *abbr* (= *centymetr*) cm.

cmentarz (-a, -e) (*gen pl* -y) *m* cemetery; (*przy kościele*) churchyard, graveyard.

cn|ota (-oty) (*gen sg* -ocie) *f* (*moralność*) virtue; (*zaleta*) (*nom pl*

-oty, *gen pl* -ót) virtue; (*dziewictwo*) virginity.

cnotliwy *adj* (*życie, kobieta*) virtuous; (*myśli*) virtuous, chaste.

c.o. *abbr* (= *centralne ogrzewanie*) central heating.

---SŁOWO KLUCZOWE---

co (*see* **Table 4**) *pron* **1** (*w pytaniach*) what; **co to jest?** what is this?; **co to za książka?** what book is that? **2** (*w zdaniach względnych*): **to drzewo, co rośnie koło domu** the tree that grows by the house; **wspominał tych, co odeszli** he remembered those who had left; **zdałem egzamin, co wszystkich zaskoczyło** I passed the exam, which surprised everybody. **3** (*w równoważnikach zdań*): **rób, co chcesz** do what you want; **nie ma co tu czekać** there's no point in waiting here. **4** (*w zdaniach wykrzyknikowych*): **co za niespodzianka!** what a surprise! ♦ *part* **1** (*wzmacniająco*): **co najwyżej** at (the) most; **co najmniej** at least; **co prawda** as a matter of fact; **co gorsza** what's worse, worse still; **co więcej** what's more, furthermore. **2**: **co chwila/krok** every *lub* each minute/step; **co drugi/trzeci** *itd.* every second/third *itd.*. **3**: **co do** +*gen* (*odnośnie do*) as to, as for; **co do mnie** as far as I am concerned. **4** (*dokładnie*) (exact) to; **wszyscy co do jednego** all to a man; **co do sekundy** exactly on time.

codziennie *adv* every day, daily.
codzienny *adj* daily, everyday.
cof|ać (-am, -asz) (*perf* -nąć) *vt* (*rękę*) to take back; (*samochód*) to reverse; (*zegarek*) to put back; (*słowo, obietnicę*) to withdraw.

►**cofać się** *vr* (*ustępować miejsca*) to move back; (*uciekać*) to retreat, to pull back.

cokolwiek (*like*: **co**) *pron* anything ♦ *adv* (*trochę*) a little.

cok|ół (-ołu, -oły) (*loc sg* -ole) *m* (*ARCHIT*) pedestal.

consensu|s (-su, -sy) (*loc sg* -sie) *m* consensus.

coraz *adv*: **coraz lepiej** better and better; **coraz większy** bigger and bigger.

coroczny *adj* yearly, annual.

corri|da (-dy, -dy) (*loc sg* -dzie) *f* corrida, bullfight.

cosinu|s (-sa, -sy) (*loc sg* -sie) *m* (*MAT*) cosine.

coś (*see* **Table 11**) *pron* (*w zdaniach twierdzących*) something; (*w zdaniach pytajnych*) anything; **coś innego** something else; **coś do picia/jedzenia** something to drink/eat; **coś do pisania** something to write with.

cotygodniowy *adj* weekly.

cór|ka (-ki, -ki) (*dat sg* -ce, *gen pl* -ek) *f* daughter.

córz *pron* what(ever) ♦ *part* well.

cuchnący *adj* stinking.

cuch|nąć (-nę, -niesz) (*imp* -nij) *vi* to stink.

cu|cić (-cę, -cisz) (*imp* -ć, *perf* o-) *vt* to bring round *lub* to, to revive.

cu|d (-du, -da) (*loc sg* -dzie) *m* (*REL*) miracle; (*zjawisko*) wonder; **ocaleć cudem** to be saved by a miracle.

cudotwórc|a (-y, -y) *m decl like f in sg* wonder-worker.

cudownie *adv* wonderfully.

cudowny *adj* (*nadprzyrodzony*) miraculous; (*wspaniały*) wonderful.

cudzołóst|wo (-wa, -wa) (*loc sg* -wie) *nt* adultery.

cudzozie|miec (-mca, -mcy) *m* foreigner, alien.

cudzoziem|ka (-ki, -ki) (*dat sg* -ce, *gen pl* -ek) *f* foreigner, alien.

cudzoziemski *adj* foreign.

cudzy *adj* somebody else's.

cudzysł|ów (-owu, -owy) (*loc sg* -owie) *m* quotation marks *pl*.

cug|le (-li) *pl* reins.

cu|kier (-kru) (*loc sg* -krze) *m* sugar; **cukier puder** icing sugar.

cukier|ek (-ka, -ki) (*instr sg* -kiem) *m* sweet (*BRIT*), candy (*US*).

cukier|nia (-ni, -nie) (*gen pl* -ni *lub* -ń) *f* cake shop.

cukiernicz|ka (-ki, -ki) (*dat sg* -ce, *gen pl* -ek) *f* sugar bowl.

cukierni|k (-ka, -cy) (*instr sg* -kiem) *m* confectioner.

cuki|nia (-ni, -nie) (*gen pl* -ni) *f* courgette (*BRIT*), zucchini (*US*).

cukrowni|a (-, -e) (*gen pl* -) *f* sugar factory.

cukrowy *adj*: **burak cukrowy** sugar beet; **trzcina cukrowa** sugar cane.

cukrzyc|a (-y) *f* (*MED*) diabetes.

cu|ma (-my, -my) (*dat sg* -mie) *f* (*ŻEGL*) mooring rope.

cum|ować (-uję, -ujesz) (*perf* za-) *vt/vi* to moor.

cwał|ować (-uję, -ujesz) (*perf* po-) *vi* to gallop.

cwania|k (-ka, -cy *lub* -ki) (*instr sg* -kiem) *m* (*pot*) smart ass (*pot*), sly fellow (*pot*).

cwany *adj* (*pot*) shrewd, canny.

cyf|ra (-ry, -ry) (*dat sg* -rze) *f* digit, figure.

Cyga|n (-na, -nie) (*loc sg* -nie) *m* Gypsy.

Cygan|ka (-ki, -ki) (*dat sg* -ce, *gen pl* -ek) *f* Gypsy.

cyga|ro (-ra, -ra) (*loc sg* -rze) *nt* cigar.

cyjan|ek (-ku, -ki) (*instr sg* -kiem) *m* cyanide.

cyk|l (-lu, -le) (*gen pl* -li *lub* -lów) *m* cycle; (*wykładów, koncertów*) series.

cykliczny *adj* serial.

cyklo|n (-nu, -ny) (*loc sg* -nie) *m* cyclone.

cylind|er (-ra, -ry) (*loc sg* -rze) *m* (*TECH*) cylinder; (*kapelusz*) top hat.

cymba|ł (-ła, -ły) (*loc sg* -le) *m* (*pot. niezdara*) blockhead (*pot*); **cymbały** *pl* (*MUZ*) dulcimer.

cymbał|ki (-ków) *pl* glockenspiel, xylophone.

cy|na (-ny) (*dat sg* -nie) *f* tin.

cynamo|n (-nu) (*loc sg* -nie) *m* cinnamon.

cyniczny *adj* cynical.

cyni|k (-ka, -cy) (*instr sg* -kiem) *m* cynic.

cyniz|m (-mu) (*loc sg* -mie) *m* cynicism.

cyn|k (-ku) (*instr sg* -kiem) *m* (*CHEM*) zinc.

cynkowany *adj* zinc-plated.

cyp|el (-la, -le) (*gen pl* -li *lub* -lów) *m* cape, headland.

Cyp|r (-ru) (*loc sg* -rze) *m* Cyprus.

Cypryjczy|k (-ka, -cy) (*instr sg* -kiem) *m* Cypriot.

cypryjski *adj* Cypriot.

cypry|s (-sa *lub* -su, -sy) (*loc sg* -sie) *m* (*BOT*) cypress.

cyr|k (-ku, -ki) (*instr sg* -kiem) *m* circus.

cyr|kiel (-kla, -kle) (*gen pl* -kli) *m* compasses *pl*.

cyrko|wiec (-wca, -wcy) *m* circus artist.

cyrkowy *adj* circus *attr*.

cyrkulacj|a (-i, -e) (*gen pl* -i) *f* circulation.

cyster|na (-ny, -ny) (*dat sg* -nie) *f* (*pojazd*) tanker, tank truck (*US*).

cytade|la (-li, -le) (*gen pl* -li) *f* citadel.

cyta|t (-tu, -ty) (*loc sg* -cie) *m* citation, quotation.

cyt|ować (-uję, -ujesz) (*perf* za-) *vt* to quote, to cite.

cytru|s (-sa, -sy) (*dat sg* -sie) *m* citrus (fruit).

cytrusowy adj citrus attr.

cytry|na (-ny, -ny) (dat sg -nie) f lemon; **herbata z cytryną** tea with lemon.

cytrynowy adj lemon attr.

cywil (-a, -e) m (WOJSK) civilian; **iść do cywila** to be discharged from the army.

cywilizacj|a (-i, -e) (gen pl -i) f civilization.

cywilizowany adj civilized.

cywilny adj (ludność, lotnictwo, ślub) civil; (ubranie) ordinary, plain; **stan cywilny** marital status; **spółka cywilna** civil partnership.

cz. abbr (= część) part.

cza|d (-du, -dy) (loc sg -dzie) m (tlenek węgla) carbon monoxide.

cza|ić się (-ję, -isz) vr: **czaić się na** +acc to lie in wait for.

czajnicz|ek (-ka, -ki) (instr sg -kiem) m teapot.

czajni|k (-ka, -ki) (instr sg -kiem) m kettle.

czap|ka (-ki, -ki) (dat sg -ce, gen pl -ek) f hat; (z daszkiem) cap.

czap|la (-li, -le) (gen pl -li) f (ZOOL) heron.

cza|r (-ru, -ry) (loc sg -rze) m (wdzięk) charm; **czary** pl magic.

czarno-biały adj black and white attr.

Czarnogó|ra (-ry) (dat sg -rze) f (GEOG) Montenegro.

czarnoksiężni|k (-ka, -cy) (instr sg -kiem) m wizard.

czarnorynkowy adj (cena) black market attr.

czarnoskóry adj black.

czarny adj (kolor, oczy) black; (pot: brudny) black, dirty; (pesymistyczny: wizja, humor, myśli) dark, gloomy; **czarny rynek** black market; **czarna porzeczka** blackcurrant; **czarna skrzynka** black box; **czarno na białym** (przen) down in black and white.

czarodzie|j (-ja, -je) (gen pl -i lub -jów) m wizard, sorcerer.

czarodziejski adj magic.

czar|ować (-uję, -ujesz) vt (perf za-) (pot) to charm, to bewitch, to hex (US); (pot: zwodzić) to lead up the garden path ♦ vi (uprawiać czary) to work charms.

czarownic|a (-y, -e) f witch.

czarowni|k (-ka, -cy) (instr sg -kiem) m medicine man.

czarterowy adj charter attr.

czarujący adj charming, enchanting.

cza|s (-su) (loc sg -sie) m time; (okres) (nom pl -sy) period; (JĘZ) (nom pl -sy) tense; **dobre/złe/dawne czasy** good/bad/old times; **najwyższy czas** it is high time; **na czas** in lub on time, on schedule; **od czasu do czasu** from time to time, (every) now and then.

czasami adv sometimes.

czasem adv (czasami) sometimes; (pot: może) by any chance.

czasochłonny adj time-consuming.

czasopi|smo (-sma, -sma) (loc sg -śmie) nt periodical.

czasowni|k (-ka, -ki) (instr sg -kiem) m (JĘZ) verb.

czasowy adj (chwilowy) temporary; (odnoszący się do czasu) temporal.

czasz|ka (-ki, -ki) (dat sg -ce, gen pl -ek) f skull.

cząstecz|ka (-ki, -ki) (dat sg -ce, gen pl -ek) f (CHEM, FIZ) particle, molecule.

cząst|ka (-ki, -ki) (dat sg -ce, gen pl -ek) f (drobna część) particle.

czcicie|l (-la, -le) (gen pl -li) m worshipper.

czcić (czczę, czcisz) (imp czcij) vt (Boga, bóstwo) to worship; (rocznicę) (perf u-) to celebrate.

czcigodny adj venerable, hono(u)rable.

czcion|ka (-ki, -ki) (*dat sg* -ce, *gen pl* -ek) *f* type; (*DRUK, KOMPUT*) font.

czczo *adv.* na czczo on an empty stomach.

czczy *adj* (*słowa, gadanina*) idle; na czczy żołądek on an empty stomach.

Cze|ch (-cha, -si) *m* Czech.

Czechosłowacj|a (-i) *f* (*HIST*) Czechoslovakia.

Czech|y (-) *pl* (*region*) Bohemia; (*państwo*) the Czech Republic.

czego *pron gen od* co what.

czegoś *pron gen od* coś something.

cze|k (-ku, -ki) (*instr sg* -kiem) *m* cheque (*BRIT*), check (*US*).

czek|ać (-am, -asz) *vt* (*o przyszłości*): czekać kogoś to await sb ♦ *vi* (*oczekiwać*) (*perf* po- *lub* za-): czekać (na +acc) to wait (for).

czekani|e (-a) *nt* waiting.

czekola|da (-dy, -dy) (*dat sg* -dzie) *f* chocolate; tabliczka czekolady a bar of chocolate.

czekolad|ka (-ki, -ki) (*dat sg* -ce, *gen pl* -ek) *f* chocolate.

czekoladowy *adj* chocolate *attr.*

czele *n patrz* czoło.

czemu *pron dat od* co; czemu? (*pot*) how come? (*pot*).

czep|ek (-ka, -ki) (*instr sg* -kiem) *m* bonnet; czepek kąpielowy bathing cap.

czepi|ać się (-am, -asz) *vr:* czepiać się +gen (*chwytać się*) to stick to, to cling to; (*przen: krytykować*) to pick on.

czereś|nia (-ni, -nie) (*gen pl* -ni) *f* (*owoc*) (sweet) cherry; (*drzewo*) cherry tree.

czer|ń (-ni, -nie) (*gen pl* -ni) *f* (*kolor*) black; kobieta w czerni a woman in black.

czer|pać (-pię, -piesz) *vt* (*wodę*) to draw; (*korzyści, przyjemność*) to derive, to draw.

czerstwy *adj* (*pieczywo*) stale; (*przen: staruszek*) hale and hearty.

czer|wiec (-wca, -wce) *m* June.

czerwie|nić się (-nię, -nisz) (*imp* -ń, *perf* za-) *vr* (*stawać się czerwonym*) to redden, to turn red; (*rumienić się*) to blush.

czerwie|ń (-ni, -nie) (*gen pl* -ni) *f* (*kolor*) red.

czerwon|ka (-ki) (*dat sg* -ce) *f* (*MED*) dysentery.

czer|wony (*comp* -wieńszy) *adj* red; Czerwony Krzyż Red Cross ♦ *m decl like adj* (*pot, pej: komunista*) Red.

cze|sać (-szę, -szesz) *vt* (*włosy*) (*perf* u-) (*samemu*) to comb, to brush; (*o fryzjerze*) to do.

▸**czesać się** *vr* (*grzebieniem, szczotką*) to comb *lub* to brush one's hair.

czeski *adj* Czech ♦ *m decl like adj* (*język*) Czech.

czesn|e (-ego) *nt decl like adj* (*SZKOL*) tuition (fee).

Czesz|ka (-ki, -ki) (*dat sg* -ce, *gen pl* -ek) *f* Czech.

cześć (czci) *f* (*kult, uwielbienie*) reverence; (*pot*): cześć! (*na powitanie*) hi!, hello!; (*na pożegnanie*) see you!; na cześć kogoś/czegoś (*bankiet*) in hono(u)r of sb/sth.

czę|sto (*comp* -ściej) *adv* often, frequently.

częstotliwoś|ć (-ci) *f* frequency.

częst|ować (-uję, -ujesz) (*perf* po-) *vt:* częstować kogoś czymś to treat sb to sth.

▸**częstować się** *vr* to help oneself.

częsty *adj* common, frequent.

częściowo *adv* partially, partly.

częściowy *adj* partial.

częś|ć (-ci, -ci) (*gen pl* -ci) *f* part; części zamienne *lub* zapasowe spare parts; **część mowy** (*JĘZ*) part of speech.

czkaw|ka (-**ki**) (*dat sg* -**ce**) *f* hiccup *lub* hiccough.

człekokształtny *adj*: **mała człekokształtna** ape.

czło|n (-**nu**, -**ny**) (*loc sg* -**nie**) *m* (*statku kosmicznego*) module; (*zdania*) clause.

człon|ek (-**ka**) (*instr sg* -**kiem**) *m* (*organizacji, klubu*) (*nom pl* -**kowie**) member; (*nom pl* -**ki**) (*część ciała*) limb; (*też*: **członek męski**) penis.

członkost|wo (-**wa**) (*loc sg* -**wie**) *nt* membership.

człowieczeństw|o (-**wa**) (*loc sg* -**wie**) *nt* humanity.

człowie|k (-**ka**, **ludzie**) (*instr sg* -**kiem**, *gen pl* **ludzi**, *dat pl* **ludziom**, *instr pl* **ludźmi**, *loc pl* **ludziach**) *m* human being; (*mężczyzna*) man; (*bezosobowo*): **człowiek nie wie, co robić** one doesn't *lub* you don't know what to do; *patrz też* **ludzie**.

czołg (-**gu**, -**gi**) (*instr sg* -**giem**) *m* tank.

czołg|ać się (-**am**, -**asz**) *vr* (*pełzać*) to crawl; (*przen*): **czołgać się przed kimś** to grovel to *lub* before sb.

cz|oło (-**oła**, -**oła**) (*dat sg* -**ołu**, *loc sg* -**ole**, *gen pl* -**ół**) *nt* forehead; (*przód*) (*loc sg* -**ele**) front.

czołowy *adj* (*przedni*) front *attr*; (*przen: wybitny*) leading; **zderzenie czołowe** head-on collision.

czołów|ka (-**ki**, -**ki**) (*dat sg* -**ce**, *gen pl* -**ek**) *f* (*front, czoło*) forefront; (*w gazecie*) front page; (*FILM*) the credits (*at the beginning of a film*); (*SPORT*) lead, top.

czop|ek (-**ka**, -**ki**) (*instr sg* -**kiem**) *m* (*MED*) suppository.

czosn|ek (-**ku**, -**ki**) (*instr sg* -**kiem**) *m* garlic.

czół|no (-**na**, -**na**) (*loc sg* -**nie**) *m* boat, canoe.

czterdziest|ka (-**ki**, -**ki**) (*dat sg* -**ce**, *gen pl* -**ek**) *f* forty; **on jest po czterdziestce** he is in his forties.

czterdziestoletni *adj* forty-year-old.

czterdziesty *num* fortieth; **czterdziesty pierwszy** forty-first.

czterdzieści (*like*: **dwadzieścia**) *num* forty.

czterej (*like*: **trzej**) *num* four.

czternasty *num* fourteenth.

czternaście (*like*: **jedenaście**) *num* fourteen.

czteroosobowy *adj* for four persons.

czterosuwowy *adj* (*silnik*) four-stroke *attr*, four-cycle *attr*.

cztery (*like*: **trzy**) *num* four.

czterysta (*like*: **dwadzieścia**) *num* four hundred.

czu|b (-**ba**, -**by**) (*loc sg* -**bie**) *m* (*u ptaka*) crest.

czubaty *adj* (*łyżka, talerz*) heaped; (*ptak*) crested.

czub|ek (-**ka**, -**ki**) (*instr sg* -**kiem**) *m* tip; (*głowy, drzewa*) top; (*pot: idiota*) nut (*pot*).

czuci|e (-**a**) *nt* sense, feeling.

czu|ć (-**ję**, -**jesz**) (*perf* **po-**) *vt* to feel; (*zapach*) to smell; **czuję, że ...** I feel that ...; **czułem, jak ...** I could feel ... .

▸**czuć się** *vr*: **czuć się dobrze/źle** to feel well/unwell; **jak się czujesz?** how are you feeling?

czujni|k (-**ka**, -**ki**) (*instr sg* -**kiem**) *m* sensor.

czujnoś|ć (-**ci**) *f* vigilance.

czujny *adj* vigilant, wary.

czule *adv* affectionately, tenderly.

czułoś|ć (-**ci**) *f* (*tkliwość*) affection, tenderness; (*filmu*) sensitivity, speed; (*przyrządu*) sensitivity; (*zmysłu*) acuteness.

czu|ły (*comp* -**lszy**) *adj* (*tkliwy*) affectionate, tender; (*wrażliwy*): **czuły (na +acc)** sensitive (to); (*przyrząd*,

film) sensitive; **czułe miejsce** sore
spot; **czuły punkt** sore point.

czuw|ać (**-am, -asz**) *vi* (*być czujnym*)
to be on the alert; (*o strażnikach*) to
keep watch; (*nie spać*) to keep vigil;
czuwać nad *+instr* to watch over.

czwart|ek (**-ku, -ki**) (*instr sg* **-kiem**) *m*
Thursday; **Wielki Czwartek** (*REL*)
Maundy Thursday; **tłusty czwartek**
the last Thursday before Lent.

czwarty *num* fourth; **o czwartej** at
four (o'clock); **jedna czwarta** one
fourth, a quarter.

czworacz|ki (**-ków**) *pl* quadruplets *pl.*

czwora|ki (**-ków**) *pl*: (*chodzić*) **na
czworakach** (to walk) on all fours.

czworo (*see* Table 21) *num* four.

czworoką|t (**-ta, -ty**) (*loc sg* **-cie**) *m*
quadrangle.

czworokątny *adj* quadrangular.

czworon|óg (**-oga, -ogi**) (*instr sg*
-ogiem) *m* quadruped.

czwór|ka (**-ki, -ki**) (*dat sg* **-ce**, *gen pl*
-ek) *f* (*cyfra, numer*) four; (*grupa*)
foursome; (*pot. autobus, pokój*)
number four.

────SŁOWO KLUCZOWE────

czy *part* **1** (*w pytaniach*): **czy znasz
tę książkę?** do you know this
book?; **czy byłeś kiedyś za
granicą?** have you ever been
abroad?; **czy mogę wstać?** can I
stand up?; **czy ja wiem?** (*pot*) I
don't know. **2** (*w zdaniach
podrzędnych*) if, whether; **nie wiem,
czy to jest prawda** I don't know if
it's true; **zapytaj ją, czy przyjdzie**
ask her if she's coming ♦ *conj* or;
kawa czy herbata? coffee or tea?;
prędzej czy później sooner or later;
tak czy inaczej one way or another.

---

czyh|ać (**-am, -asz**) *vi*: **czyhać na**

+acc to lurk waiting for; (*przen: o
niebezpieczeństwie*) to lurk.

czyj (*see* Table 6) *pron* whose; **czyje
to dziecko?** whose child is it?

czyjś (*like*: **czyj**) *pron* someone's,
somebody's.

czyli *part* that is, i.e.

czym *pron instr, loc od* **co** what;
czym to zrobiłeś? what did you do
it with?; **czym się pan zajmuje?**
what do you do?; **o czym jest ta
książka?** what is this book about?;
czym prędzej as soon as possible.

czymś *pron instr, loc od* **coś**
something.

czy|n (**-nu, -ny**) (*loc sg* **-nie**) *m*
(*postępek*) act, deed.

czy|nić (**-nię, -nisz**) (*imp* **-ń**, *perf* **u-**)
vt (*wykonywać*) to do ♦ *vi*
(*postępować*) to act.

czynieni|e (**-a**) *nt*: **mieć z kimś do
czynienia** to deal with sb.

czynnie *adv* actively.

czynni|k (**-ka, -ki**) (*instr sg* **-kiem**) *m*
factor.

czynnoś|ć (**-ci, -ci**) *f* (*akt działania*)
action, activity; **czynności** *pl*
(*urzędowe, sądowe*) actions.

czynny *adj* active; (*sklep*) open;
(*urządzenie*) in working order;
strona czynna (*JĘZ*) the active
(voice); **imiesłów czynny** (*JĘZ*)
present participle.

czynsz (**-u, -e**) (*gen pl* **-ów**) *m* rent.

czyra|k (**-ka, -ki**) (*instr sg* **-kiem**) *m*
boil.

czyst|ka (**-ki, -ki**) (*dat sg* **-ce**, *gen pl*
-ek) *f* purge.

czy|sto (*comp* **-ściej**) *adv* (*porządnie*)
clean(ly); (*przejrzyście*) clear(ly);
(*śpiewać, brzmieć*) in tune;
(*tylko: ekonomiczny, formalny*) purely.

czystopi|s (**-su, -sy**) (*loc sg* **-sie**) *m*
final draft.

czystoś|ć (**-ci**) *f* (*porządek*)
cleanliness; (*brak brudu*) cleanness;

(*przejrzystość: powietrza, wody*)
clarity; (*dźwięku*) purity, clarity.

czy|sty adj (*ręce, bielizna*) clean;
(*powietrze, woda, niebo*) clear; (*tlen,
wełna*) pure; (*pot: szaleństwo,
przypadek*) sheer; (*pot: niewinny*)
clean (*pot*).

czyszczący adj: **środek czyszczący**
cleaner; **płyn czyszczący** liquid
cleaner.

czy|ścić (**-szczę, -ścisz**) (*imp* **-ść**,
perf **wy-**) vt to clean.

czyś|ciec (**-ćca, -ćce**) m (*REL*)
purgatory.

czyt|ać (**-am, -asz**) (*perf* **prze-**) vt/vi
to read.

czytani|e (**-a**) nt (*czynność*) reading;
(*w parlamencie, kościele*) (*nom pl* **-a**)
reading.

czytan|ka (**-ki, -ki**) (*dat sg* **-ce**, *gen pl*
-ek) f (*SZKOL*) text (*in a reader*).

czytel|nia (**-ni, -nie**) (*gen pl* **-ni**) f
reading room.

czytelnie adv legibly.

czytelni|k (**-ka, -cy**) (*instr sg* **-kiem**)
m reader.

czytelny adj legible.

czyż part = **czy**.

czyżby part: **czyżby zapomniał?**
could he have forgotten?; **czyżby?**
really?

Ć

ćma (**ćmy, ćmy**) (*dat sg* **ćmie**, *gen pl*
ciem) f moth.

ćp|ać (**-am, -asz**) vi (*pot*) to do drugs
(*pot*).

ćwiart|ka (**-ki, -ki**) (*dat sg* **-ce**, *gen pl*
-ek) f a quarter.

ćwicze|nie (**-nia, -nia**) (*gen pl* **-ń**) nt
(*czynność*) practice; (*SZKOL*,

SPORT) exercise; **ćwiczenia** pl
(*UNIW*) classes pl; (*WOJSK*)
exercises pl.

ćwicz|yć (**-ę, -ysz**) vt (*powtarzać*) to
practise (*BRIT*), to practice (*US*);
(*doskonalić: człowieka*) (*perf* **wy-**) to
train; (: *mięśnie, umysł*) (*perf* **wy-**) to
exercise ♦ vi to practise (*BRIT*), to
practice (*US*); (*uprawiać sport*) to
exercise.

ćwier|ć (**-ci, -ci**) f a quarter.

ćwierćfina|ł (**-łu, -ły**) (*loc sg* **-le**) m
quarterfinal.

ćwierćnu|ta (**-ty, -ty**) (*dat sg* **-cie**) f
(*MUZ*) crotchet (*BRIT*), quarter note
(*US*).

ćwierk|ać (**-am, -asz**) (*perf* **za-**) vi to
chirp.

ćwikłowy adj: **burak ćwikłowy**
(red)beet, beetroot.

D

d. abbr (= *dawny*) former; (= *dawniej*)
formerly.

dach (**-u, -y**) m roof.

dachów|ka (**-ki, -ki**) (*dat sg* **-ce**, *gen
pl* **-ek**) f (roof) tile.

dać (**dam, dasz**) (*3 pl* **dadzą**) vb perf
od **dawać**.

dag abbr (= *dekagram*) dag (=
decagram).

daktyl (**-a, -e**) (*gen pl* **-i**) m (*BOT*)
date.

dal (**-i**) (*gen pl* **-i**) f distance; **skok w
dal** long jump.

dalej adv comp od **daleko**; (*w
przestrzeni*) farther; (*w czasie*)
further; **i tak dalej** and so on.

dal|eki (*comp* **-szy**) adj (*kraj*)
far-away; (*krewny, podobieństwo,
czasy, cel*) distant; (*podróż, zasięg*)
long; **Daleki Wschód** the Far East.

daleko (*comp* **dalej**) *adv* far; **jak daleko (jest) do dworca?** how far is it to the station?

dalekobieżny *adj* long-distance.

dalekosiężny *adj* far-reaching.

dalekowidz (-a, -e) *m*: **być dalekowidzem** to be long-sighted.

dalekowzroczny *adj* (*MED*) long-sighted; (*przen*) far-sighted.

dalmierz (-a, -e) (*gen pl* -y) *m* rangefinder.

dalszy *adj comp od* **daleki**; (*przyszły*) further; **dopełnienie dalsze** (*JĘZ*) indirect object; **dalszy ciąg nastąpi** to be continued.

daltoni|sta (-sty, -ści) (*dat sg* -ście) *m decl like f in sg*: **być daltonistą** to be colour-blind (*BRIT*) *lub* color-blind (*US*).

da|ma (-my, -my) (*dat sg* -mie) *f* lady; (*KARTY*) queen.

Damasz|ek (-ku) (*instr sg* -kiem) *m* Damascus.

damski *adj* lady's; (*towarzystwo*) female.

dancin|g, dansin|g (-gu, -gi) (*instr sg* -giem) *m* dance.

dan|e (-ych) *pl* data.

Dani|a (-i) *f* Denmark.

da|nie (-nia, -nia) (*gen pl* -ń) *nt* (*potrawa*) dish; (*część posiłku*) course; **drugie danie** main course.

dany *adj* given; **w danej chwili** at a given moment.

da|r (-ru, -ry) (*loc sg* -rze) *m* (*upominek, talent*) gift.

daremnie *adv* in vain.

daremny *adj* futile.

darł *itd. vb patrz* **drzeć**.

darmo *adv*: **za darmo** (for) free; **na darmo** in vain.

darmowy *adj* free.

dar|ować (-uję, -ujesz) *vt perf* (*upominek*) to give; (*karę*) to pardon; (*życie*) to spare; (*dług*) to remit; (*urazę, winę*) to forgive.

darowi|zna (-zny, -zny) (*dat sg* -źnie) *f* (*dar*) donation; (*umowa*) deed of gift.

darz|yć (-ę, -ysz) *vt*: **darzyć kogoś szacunkiem** to hold sb in high esteem; **darzyć kogoś sympatią** to feel affinity with *lub* for sb; **darzyć kogoś zaufaniem** to have confidence in sb.

dasz|ek (-ku, -ki) (*instr sg* -kiem) *m* (*mały dach*) canopy; (*czapki*) peak, visor.

da|ta (-ty, -ty) (*dat sg* -cie) *f* date.

dat|ować (-uję, -ujesz) *vt* to date.

▶**datować się** *vr*: **datować się od** +*gen* to date back to; **datować się z** +*gen* to date from.

da|wać (-ję, -jesz) (*perf* **dać**) *vt* to give.

▶**dawać się** *vr*: **nie daj się** don't give in; **to się da zrobić** it can be done.

dawc|a (-y, -y) *m decl like f in sg* donor.

daw|ka (-ki, -ki) (*dat sg* -ce, *gen pl* -ek) *f* dose.

dawk|ować (-uję, -ujesz) *vt* to dose.

dawkowani|e (-a) *nt* dosage.

dawniej *adv comp od* **dawno**; (*przedtem*) formerly.

dawno *adv*: **dawno (temu)** long ago; **już dawno go nie widziałem** I haven't seen him for a (long) while; **już dawno powinien tu być** he should have been here a long time ago.

dawny *adj* former; (*starożytny*) ancient; **od dawna** for a long time.

dąb (dębu, dęby) (*loc sg* dębie) *m* oak.

dąs|ać się (-am, -asz) *vr* to sulk.

dąże|nie (-nia, -nia) (*gen pl* -ń) *nt*: **dążenie (do czegoś)** (*zmierzanie*) aspiration(s) (*pl*) (for *lub* after sth); (*pragnienie*) desire (for sth).

dąż|yć (**-ę**, **-ysz**) *vi*: **dążyć do** +*gen* to aim at.

db *abbr* (= *dobry*) ≈ B (*grade at school*).

db|ać (**-am**, **-asz**) (*perf* **za-**) *vi*: **dbać o kogoś/coś** to take care of sb/sth; **nie dbać o coś** not to care (a bit) about sth.

dbały *adj* (*troskliwy*) caring; (*staranny*) conscientious; **dbały o** +*acc* careful of.

deba|ta (**-ty**, **-ty**) (*dat sg* **-cie**) *f* debate.

debil (**-a**, **-e**) (*gen pl* **-i**) *m* (*pot*) moron (*pot*).

debiu|t (**-tu**, **-ty**) (*loc sg* **-cie**) *m* debut.

debiut|ować (**-uję**, **-ujesz**) (*perf* **za-**) *vi* to make one's debut.

dech (**tchu**) *m* (*oddech*) breath; **dech mi zaparło** it took my breath away; **bez tchu** out of breath; **z zapartym tchem** with bated breath.

decyd|ować (**-uję**, **-ujesz**) *vi*: **decydować (o czymś)** (*podejmować decyzję*) (*perf* **z-**) to decide (on sth); (*mieć decydujące znaczenie*) (*perf* **za-**) to determine (sth).

▸ **decydować się** (*perf* **z-**) *vr* (*podejmować decyzję*) to make up one's mind; (*o losie: rozstrzygać się*) to be determined; **decydować się na coś** to opt for sth.

decydujący *adj* decisive.

decyme|tr (**-ra**, **-ry**) (*loc sg* **-rze**) *m* decimetre (*BRIT*), decimeter (*US*).

decyzj|a (**-i**, **-e**) (*gen pl* **-i**) *f* decision; **podjąć** *lub* **powziąć** (*perf*) **decyzję** to take *lub* make a decision.

dedykacj|a (**-i**, **-e**) (*gen pl* **-i**) *f* (*tekst, napis*) inscription; (*fakt zadedykowania*) dedication.

dedyk|ować (**-uję**, **-ujesz**) (*perf* **za-**) *vt* to dedicate.

defek|t (**-tu**, **-ty**) (*loc sg* **-cie**) *m* (*usterka*) defect; (*wada fizyczna*) handicap.

defensy|wa (**-wy**, **-wy**) (*dat sg* **-wie**) *f* defence (*BRIT*), defense (*US*).

deficy|t (**-tu**) (*loc sg* **-cie**) *m* (*FIN*) deficit; (*niedobór*) shortage; **deficyt budżetowy** budget deficit.

definicj|a (**-i**, **-e**) (*gen pl* **-i**) *f* definition.

definitywnie *adv* finally.

definitywny *adj* final.

deform|ować (**-uję**, **-ujesz**) (*perf* **z-**) *vt* to deform.

defraudacj|a (**-i**, **-e**) (*gen pl* **-i**) *f* embezzlement.

degeneracj|a (**-i**) *f* (*zwyrodnienie moralne*) degeneracy; (*MED, BIO*) degeneration, degeneracy.

degradacj|a (**-i**) (*gen pl* **-i**) *f* (*pracownika, oficera*) demotion; (*upadek*) degradation; (*środowiska naturalnego*) deterioration.

degrad|ować (**-uję**, **-ujesz**) (*perf* **z-**) *vt* to demote.

degust|ować (**-uję** **-ujesz**) (*perf* **z-**) *vt* to taste.

deka *nt* (*pot: dekagram*): **10 deka kawy** 100 grams of coffee.

deka|da (**-dy**, **-dy**) (*dat sg* **-dzie**) *f* ten days; **w trzeciej dekadzie lipca** towards the end of July.

dekagra|m (**-ma**, **-my**) (*loc sg* **-mie**) *m* dekagram, decagram;

deklam|ować (**-uję**, **-ujesz**) (*perf* **za-**) *vt* (*wiersz*) to recite.

deklaracj|a (**-i**, **-e**) (*gen pl* **-i**) *f* declaration; (*zobowiązanie*) pledge; **deklaracja celna** customs declaration; **deklaracja podatkowa** tax return.

deklar|ować (**-uję**, **-ujesz**) (*perf* **za-**) *vt* (*ogłaszać*) to declare; (*przyrzekać*) to pledge.

▸ **deklarować się** (*perf* **z-**) *vr*: **deklarować się za czymś** to declare for sth; **deklarować się przeciw czemuś** to declare against sth.

deklinacj|a (**-i**, **-e**) (*gen pl* **-i**) *f* (*JĘZ*) declension.

deklin|ować (-uję, -ujesz) *vt* (*JĘZ*) to decline.

dekode|r (-ra, -ry) (*loc sg* -rze) *m* decoder.

dekod|ować (-uję, -ujesz) (*perf* z-) *vt* to decode.

dekol|t (-tu, -ty) (*loc sg* -cie) *m* (*krój przy szyi*) neckline; (*część ciała*) cleavage; **suknia z dekoltem** low-cut dress.

dekoracj|a (-i, -e) (*gen pl* -i) *f* decoration; (*TEATR, FILM*) set.

dekoracyjny *adj* (*sztuka, tkanina, roślina*) decorative.

dekor|ować (-uję, -ujesz) (*perf* u-) *vt* to decorate.

dekre|t (-tu, -ty) (*loc sg* -cie) *m* decree.

delegacj|a (-i, -e) (*gen pl* -i) *f* (*grupa delegatów*) delegation; (*wyjazd służbowy*) business trip; (*zaświadczenie*) expense report.

delegaliz|ować (-uję, -ujesz) (*perf* z-) *vt* to ban, to make illegal.

delega|t (-ta, -ci) (*loc sg* -cie) *m* delegate.

deleg|ować (-uję, -ujesz) (*perf* wy-) *vt* to delegate.

delekt|ować się (-uję, -ujesz) *vr.* **delektować się czymś** to savour (*BRIT*) *lub* savor (*US*) sth.

delfi|n (-na, -ny) (*loc sg* -nie) *m* dolphin.

delikates|y (-ów) *pl* (*przysmaki*) delicacies *pl*; (*sklep*) deli(catessen).

delikatnie *adv* (*dotykać, krytykować*) gently; (*dźwięczeć, pachnieć*) softly.

delikatny *adj* (*subtelny*) gentle; (*drobny*) delicate; (*kolor*) soft; (*zapach*) mild; (*chorowity*) delicate, fragile; (*sprawa, misja*) sensitive.

demago|g (-ga, -dzy *lub* -gowie) (*instr sg* -giem) *m* demagogue.

demagogi|a (-i) *f* demagoguery.

demask|ować (-uję, -ujesz) (*perf* z-) *vt* to expose, to debunk.

▸**demaskować się** *vr* to throw off the mask.

dement|ować (-uję, -ujesz) (*perf* z-) *vt* to deny.

demobilizacj|a (-i) *f* demobilization.

demobiliz|ować (-uję, -ujesz) (*perf* z-) *vt* (*WOJSK*) to demobilize.

demograficzny *adj* demographic.

demokracj|a (-i, -e) (*gen pl* -i) *f* democracy.

demokra|ta (-ty, -ci) (*dat sg* -cie) *m* decl like f in sg democrat.

demokratyczny *adj* democratic.

demol|ować (-uję, -ujesz) (*perf* z-) *vt* to vandalize.

demonstracj|a (-i, -e) (*gen pl* -i) *f* demonstration.

demonstr|ować (-uję, -ujesz) (*perf* za-) *vt* (*pokazywać*) to demonstrate ▸ *vi* (*manifestować*) to demonstrate.

demont|ować (-uję, -ujesz) (*perf* z-) *vt* to disassemble, to take apart.

demoraliz|ować (-uję, -ujesz) (*perf* z-) *vt* to deprave.

denatura|t (-tu) (*loc sg* -cie) *m* methylated spirits.

denerw|ować (-uję, -ujesz) (*perf* z-) *vt* (*drażnić*) to irritate; (*złościć*) to annoy; **to mnie denerwuje** it gets on my nerves.

▸**denerwować się** *vr* (*niepokoić się*) to be nervous; (*złościć się*) to be irritated.

denerwujący *adj* irritating, annoying.

denty|sta (-sty, -ści) (*dat sg* -ście) *m* decl like f in sg dentist.

dentystyczny *adj* (*gabinet, fotel*) dentist's *attr*; (*technik*) dental *attr*.

departamen|t (-tu, -ty) (*loc sg* -cie) *m* (*dział ministerstwa*) department.

depesz|a (-y, -e) *f* (*telegram*) telegram, cable; (*wiadomość*) dispatch.

depilato|r (-ra, -ry) (*loc sg* -rze) *m* depilatory; (*urządzenie*) hair remover.

deport|ować (-uję, -ujesz) *vt* to deport.

depozy|t (-tu, -ty) (*loc sg* -cie) *m* deposit.

depresj|a (-i, -e) (*gen pl* -i) *f* depression.

dep|tać (-czę, -czesz) (*perf* po-) *vt* to tread, to trample (on); „nie deptać trawnika" "keep off the grass".

dermatologi|a (-i) *f* dermatology.

desan|t (-tu, -ty) (*loc sg* -cie) *m* landing (operation).

dese|ń (-nia, -nie) (*gen pl* -ni) *m* pattern, design.

dese|r (-ru, -ry) (*loc sg* -rze) *m* dessert, afters *pl* (*pot*); **na deser** for dessert *lub* afters (*pot*).

des|ka (-ki, -ki) (*dat sg* -ce, *gen pl* -ek) *f* (*gruba*) board; (*cienka*) plank; **deski** *pl* (*pot: narty*) skis *pl*; **deska do prasowania** ironing board; **deska surfingowa** surfboard.

deskorol|ka (-ki, -ki) (*dat sg* -ce, *gen pl* -ek) *f* skateboard.

despo|ta (-ty, -ci) (*dat sg* -cie) *m decl like f in sg* despot.

despotyczny *adj* (*władca, rządy*) authoritarian; (*człowiek*) despotic, bossy.

destabiliz|ować (-uję, -ujesz) (*perf* z-) *vt* to destabilize.

destrukcyjny, destruktywny *adj* destructive.

destyl|ować (-uję, -ujesz) (*perf* prze-) *vt* to distil.

desygn|ować (-uję, -ujesz) *vt* to designate, to appoint.

deszcz (-u, -e) *m* rain; (*przen*) shower; **pada deszcz** it is raining; **kwaśny deszcz** acid rain.

deszczowy *adj* rainy.

detal (-u, -e) (*gen pl* -i *lub* -ów) *m* (*szczegół*) detail; (HANDEL) retail.

detaliczny *adj* (HANDEL) retail *attr*.

detekty|w (-wa, -wi) (*loc sg* -wie) *m*

detective; **prywatny detektyw** private detective *lub* investigator.

detektywistyczny *adj* (*film, powieść*) detective *attr*.

determinacj|a (-i) *f* determination.

determin|ować (-uję, -ujesz) (*perf* z-) *vt* to determine.

dewaluacj|a (-i, -e) (*gen pl* -i) *f* devaluation.

dewast|ować (-uję, -ujesz) (*perf* z-) *vt* to vandalize.

dewi|za (-zy, -zy) (*dat sg* -zie) *f* motto; **dewizy** *pl* foreign currency.

dewot|ka (-ki, -ki) (*dat sg* -ce, *gen pl* -ek) *f* bigot.

dezaproba|ta (-ty) (*dat sg* -cie) *f* disapproval.

dezercj|a (-i, -e) (*gen pl* -i) *f* desertion.

dezerte|r (-ra, -rzy) (*loc sg* -rze) *m* deserter.

dezodoran|t (-tu, -ty) (*loc sg* -cie) *m* deodorant.

dezorganiz|ować (-uję, -ujesz) (*perf* z-) *vt* to disorganize.

dezorient|ować (-uję, -ujesz) (*perf* z-) *vt* to confuse.

dezynfekcj|a (-i) *f* disinfection.

dezynfek|ować (-uję, -ujesz) (*perf* z-) *vt* to disinfect.

dezynfekujący *adj*: **środek dezynfekujący** disinfectant.

dębu *itd. n patrz* **dąb**.

dęt|ka (-ki, -ki) (*dat sg* -ce, *gen pl* -ek) *f* (*w oponie*) (inner) tube; (*w piłce*) bladder.

dęty *adj* (*instrument, orkiestra*) wind *attr*.

diabelski *adj* devilish; **diabelski młyn** big *lub* Ferris wheel.

diab|eł (-ła, -ły *lub* -li) (*dat sg* -łu, *loc sg* -le) *m* devil; **idź do diabła!** go to hell!

diagno|za (-zy, -zy) (*dat sg* -zie) *f* diagnosis; **stawiać (postawić** *perf***) diagnozę** to diagnose.

dialek|t (-tu, -ty) (*loc sg* -cie) *m* dialect.

dialo|g (-gu, -gi) (*instr sg* -giem) *m* dialogue (*BRIT*), dialog (*US*).

diamen|t (-tu, -ty) (*loc sg* -cie) *m* diamond.

diecezj|a (-i, -e) (*gen pl* -i) *f* diocese.

die|ta (-ty, -ty) (*dat sg* -cie) *f* diet; **diety** *pl* (*zwrot kosztów utrzymania w podróży*) travelling allowance (*BRIT*), traveling allowance (*US*); **być na diecie** to be on a diet; **diety poselskie** MP's salary.

dietetyczny *adj* diet *attr*.

dinozau|r (-ra, -ry) (*loc sg* -rze) *m* dinosaur.

dio|da (-dy, -dy) (*loc sg* -dzie) *f* diode; **dioda świecąca** LED.

disco *nt inv* disco; **muzyka disco** disco music.

dla *prep* +*gen* (*dla oznaczenia przeznaczenia*) for; (*wobec*) to, towards; **ta książka jest dla ciebie** this book is for you; **był to dla niej wielki cios** it was a great shock for her; **dla przyjemności** for pleasure.

dlaczego *adv*, *conj* why; **dlaczego nie?** why not?

dlatego *conj* (*więc*) so, therefore; (*z tego powodu*) that's why; **padał deszcz, dlatego wziął parasol** it was raining, so he took an umbrella; **dlatego, że** because.

dł. *abbr* (= *długość*) l., L (= length).

dło|ń (-ni, -nie) (*gen pl* -ni, *instr pl* -niami *lub* -ńmi) *f* (*wewnętrzna część ręki*) palm; (*ręka*) hand.

dłu|bać (-bię, -biesz) *vi*: **dłubać (w czymś)** (*drążyć*) to hollow (sth) out; (*pot*): **dłubać (przy czymś)** (*majstrować*) to tinker (with/at sth); **dłubać w nosie/zębach** to pick one's nose/teeth.

dłu|g (-gu, -gi) (*instr sg* -giem) *m* debt.

dłu|gi (*comp* -ższy) *adj* long.

dłu|go (*comp* -żej) *adv* long; **jak długo?** how long?; **tak długo jak ...** as long as ... .

długofalowy *adj* long-range, long-term.

długopi|s (-su, -sy) (*loc sg* -sie) *m* pen, ballpoint (pen).

długoś|ć (-ci, -ci) (*gen pl* -ci) *f* length; **długość fali** (*FIZ*) wavelength; **wąż długości sześciu metrów** a snake 6 metres long; **długość geograficzna** longitude.

długotrwały *adj* long-lasting.

długowieczność|ć (-ci) *f* longevity.

dłu|to (-ta, -ta) (*loc sg* -cie) *nt* chisel.

dłużej *adv comp od* **długo**.

dłużni|k (-ka, -cy) (*instr sg* -kiem) *m* debtor.

dłużny *adj*: **być komuś coś dłużnym** to owe sb sth, to owe sth to sb; **być komuś dłużnym (za coś)** to owe a debt to sb (for sth).

dłuższy *adj comp od* **długi**; **na dłuższą metę** in the long run.

dłuż|yć się (-y) *vr* (*o czasie, koncercie*) to drag.

dm *abbr* (= *decymetr*) dm.

dmuch|ać (-am, -asz) (*perf* -nąć) *vi* to blow.

dnia *itd. n patrz* **dzień**.

dnie|ć (-je) *vi*: **dnieje** it's dawning.

dniów|ka (-ki, -ki) (*dat sg* -ce, *gen pl* -ek) *f* (*dzień pracy*) working day; (*wynagrodzenie*) daily wage.

dno (dna, dna) (*loc sg* dnie, *gen pl* den) *nt* (*naczynia*) bottom; (*oceanu, jeziora*) bed, bottom; (*przen: najniższy poziom*) bottom.

---SŁOWO KLUCZOWE---

do *prep* +*gen* **1** (*w kierunku*) to; **jadę do Warszawy** I'm going to Warsaw; **idę do pracy/kina** I'm going to work/the cinema; **chodzić do szkoły** to go to school. **2** (*do wnętrza*) into; **do szafy/szuflady/ kieszeni** into a wardrobe/drawer/

pocket; **wejść do pokoju** to enter a room. **3** (*nie dalej niż*) to; **odprowadź ją do drzwi** see her to the door; **podejdź do mnie** come up to me; **z** *lub* **od A do B** from A to B. **4** (*nie dłużej niż*) till, until; **zostanę do piątku** I'll stay till *lub* until Friday; **zrobię to do piątku** I'll do it by Friday; **(w)pół do drugiej** half past one; **do jutra!** see you tomorrow!; **do widzenia/zobaczenia!** good bye!, see you! **5** (*nie więcej niż*) up to; **kara wynosi do 100 złotych** the fine is up to 100 zloty. **6** (*o przeznaczeniu*): **krem do rąk** hand cream; **coś do jedzenia/picia** something to eat/drink; **do czego to jest?** what is it for?

doba (**doby, doby**) (*dat sg* **dobie**, *gen pl* **dób**) *f* (*dzień i noc*) day (and night), twenty four hours; (*przen: epoka*) age; **(przez) całą dobę** day and night.

dobi|egać (**-egam, -egasz**) (*perf* **-ec**) *vi* (*o dźwięku, hałasie*) to come; (*o czasie*) to draw on; (*o ścieżce*) to run, to lead; **dobiega trzecia** it's almost three o'clock; **dobiegać końca** to draw to a close *lub* an end; **dobiegał sześćdziesiątki** he was getting on for sixty.

do|bierać (**-bieram, -bierasz**) (*perf* **-brać**) *vt* (*słowa, przyjaciół*) to select; **dobierać coś do czegoś** to match sth (up) with sth.

dobosz (**-a, -e**) (*gen pl* **-y** *lub* **-ów**) *m* (army) drummer.

dob|ór (**-oru**) (*loc sg* **-orze**) *m* selection.

dobranoc *inv*: **dobranoc!** good night!

dob|ro (**-ra, -ra**) (*loc sg* **-ru**) *nt* good; **dobra** *pl* (*towary*) goods *pl*; (*majątek*) property.

dobroby|t (**-tu**) (*loc sg* **-cie**) *m* prosperity, well-being.

dobroczynnoś|ć (**-ci**) *f* charity.

dobroczynny *adj* charitable; **działalność dobroczynna** charity.

dobroczyńc|a (**-y, -y**) *m decl like f in sg* benefactor.

dobro|ć (**-ci**) *f* goodness, kindness.

dobroduszny *adj* good-natured.

dobrowolnie *adv* voluntarily.

dobrowolny *adj* voluntary.

dobry (*comp* **lepszy**) *adj* good; (*uprzejmy*) good, kind; **ona jest dobra z matematyki** she's good at maths; **dobry wieczór!** good evening!; **wszystkiego dobrego!** all the best!; **dobra!** (*pot*) O.K.! ♦ *m decl like adj* (*SZKOL: ocena*) ≈ B.

dobrze (*comp* **lepiej**) *adv* well; (*przyjmować*) warmly; **dobrze!** O.K.!, all right!; **dobrze znany** well-known; **dobrze komuś życzyć** to wish sb well; **jak dobrze pójdzie** if everything goes well.

dobyt|ek (**-ku**) (*instr sg* **-kiem**) *m* belongings *pl*; (*PRAWO*) goods and chattels *pl*.

doce|niać (**-niam, -niasz**) (*perf* **-nić**) *vt* to appreciate; **nie doceniać** to underestimate.

docen|t (**-ta, -ci**) (*loc sg* **-cie**) *m* (*UNIW*) reader (*BRIT*), assistant professor (*US*).

dochodowy *adj* (*przedsięwzięcie*) profitable, profit-making; **podatek dochodowy** income tax.

dochodze|nie (**-nia, -nia**) (*gen pl* **-ń**) *nt* investigation.

do|chodzić (**-chodzę, -chodzisz**) (*imp* **-chodź**, *perf* **-jść**) *vi*: **dochodzić (do** +*gen*) to reach; (*o liście*) to arrive; (*sięgać*) to reach (as far as); **dochodzi pierwsza/północ** it's almost one o'clock/midnight; **dochodzić do siebie (po chorobie)** to recover; (*odzyskiwać* *przytomność*) to come round; **jak do tego doszło?** how did it happen?

dochow|ywać (-uję, -ujesz) (*perf* -**ać**) *vt*: **dochowywać tajemnicy/przysięgi** to keep a secret/promise; **dochować zobowiązania** to keep to *lub* meet an obligation.

doch|ód (-odu, -ody) (*loc sg* -**odzie**) *m* (*zarobki*) income; (*zysk*) profit; **dochody** *pl* earnings *pl*; (*wpływy do budżetu*) revenue.

do|cierać (-cieram, -cierasz) (*perf* -**trzeć**) *vt* (*samochód*) to run in ♦ *vi*: **docierać (do** +*gen*) to reach.

docin|ek (-ka, -ki) (*instr sg* -**kiem**) *m* cutting remark, taunt.

docis|kać (-kam, -kasz) (*perf* -**nąć**) *vt* (*pokrywę, drzwi*) to close tight; (*śrubę*) to tighten; **dociskać pasa** (*przen*) to tighten one's belt.

doczek|ać (-am, -asz) *vi perf*: **doczekać czegoś** (*dotrwać czekając*) to wait till *lub* until; (*dożyć*) to live to.

▶**doczekać się** *vr perf*: **nie mogę się ciebie doczekać** I can't wait to see you.

dod|ać (-am, -asz) (*imp* -**aj**) *vb perf od* **dodawać**.

dodat|ek (-ku, -ki) (*instr sg* -**kiem**) *m* (*do gazety, czasopisma*) supplement; (*do wynagrodzenia*) bonus; (*do potrawy*) additive; **na dodatek** *lub* **w dodatku** further, in addition.

dodatkowo *adv* additionally; (*płacić*) extra.

dodatkowy *adj* additional, supplementary.

dodatni *adj* positive.

dodatnio *adv* positively.

doda|wać (-ję, -jesz) (*perf* **dodać**) *vt* (*dokładać*) to add; (*sumować*) to add (up).

dodawani|e (-a) *nt* addition.

dodzwo|nić się (-nię, -nisz) (*imp* -**ń**)

vr perf: **dodzwonić się (do** +*gen*) to get through (to).

dogad|ywać (-uję, -ujesz) (*perf* -**ać**) *vi*: **dogadywać komuś** to make *lub* pass nasty remarks about sb.

▶**dogadywać się** *vr* (*w obcym języku*) to make o.s. understood.

dogadz|ać (-am, -asz) (*perf* **dogodzić**) *vi*: **dogadzać komuś** to please *lub* pamper sb.

dogani|ać (-am, -asz) (*perf* **dogonić**) *vt* to catch (up with).

dogłębny *adj*: **dogłębna wiedza/analiza** in-depth knowledge/analysis.

dogma|t (-tu, -ty) (*loc sg* -**cie**) *m* dogma.

dogod|ny (*comp* -**niejszy**) *adj* (*moment, położenie*) convenient; (*warunki*) favourable (*BRIT*), favorable (*US*); (*cena, propozycja*) attractive.

dogryw|ka (-ki, -ki) (*dat sg* -**ce**, *gen pl* -**ek**) *f* (*SPORT*) extra time (*BRIT*), overtime (*US*); (*GIEŁDA*) extra-time trading.

doić (**doję, doisz**) (*imp* **dój**, *perf* **wy-**) *vt* to milk.

doj|azd (-azdu, -azdy) (*loc sg* -**eździe**) *m* (*do budynku itp.*) drive, approach *lub* access road; (*dostęp*) access, approach.

dojeżdż|ać (-am, -asz) (*perf* **dojechać**) *vi* to approach; **dojeżdżać do pracy** to commute.

dojrzałoś|ć (-ci) *f* maturity; (*owocu*) ripeness; **dojrzałość płciowa** sexual maturity; **świadectwo dojrzałości** *certificate of secondary education*; ≈ GCSE (*BRIT*), ≈ High School Diploma (*US*).

dojrza|ły (*comp* -**lszy**) *adj* (*człowiek, wino, postępowanie*) mature; (*zboże, owoc*) ripe; (*ser*) ripe, mature.

dojrz|eć[1] (-ę, -ysz) (*imp* -**yj**) *vb perf*

od **doglądać ♦** *vt perf* to catch sight
of, to spot.

dojrz|eć² (-eję, -ejesz) *vb perf od*
dojrzewać.

dojrzew|ać (-am, -asz) *(perf* **dojrzeć)**
vi (o człowieku, winie, planach) to
mature; *(o zbożu, owocach)* to ripen;
(o serze) to ripen, to mature.

dojrzewani|e (-a) *nt:* **okres**
dojrzewania adolescence;
dojrzewanie płciowe puberty.

dojść *(dojdę, dojdziesz) (imp* **dojdź,**
pt **doszedł, doszła, doszli)** *vb perf*
od **dochodzić.**

dokańcz|ać (-am, -asz) *(perf*
dokończyć) *vt* to finish.

dokaz|ywać (-uję, -ujesz) *(perf* -ać)
vi to romp, to frolic.

dokąd *pron:* **dokąd?** where (to)?; **nie**
wiem, dokąd poszła I don't know
where she went; **nie miał dokąd**
pójść he had nowhere to go.

dokądkolwiek *pron* wherever.

dokład|ać (-am, -asz) *(perf* **dołożyć)**
vt to add.

dokład|ka (-ki, -ki) *(dat sg* -ce, *gen pl*
-ek) *f (pot)* seconds *pl*, second
helping.

dokładnie *adv* exactly, precisely.

dokładność|ć (-ci) *f* accuracy,
precision; **z dokładnością do 1 mm**
exact to a millimetre *(BRIT) lub*
millimeter *(US)*.

dokładny *adj (plan, obliczenia)*
accurate, exact; *(tłumaczenie)* close;
(czas) exact, precise; *(pracownik)*
thorough.

dokoła *adv* (all) (a)round ♦ *prep*
+*gen* (a)round.

dokon|ać (-am, -asz) *vb perf od*
dokonywać.

dokonany *adj (czasownik)* perfective.

dokon|ywać (-uję, -ujesz) *(perf* -ać)
vt +*gen (odkrycia)* to make;
(wynalazku) to come up with;
(morderstwa, przestępstwa) to

commit; **dokonywać cudów** to
work *lub* do wonders.

►**dokonywać się** *vr (o reformach,*
przemianach) to take place.

dokończe|nie (-nia, -nia) *(gen pl* -ń)
nt conclusion.

dokoń|czyć (-czę, -czysz) *vb perf od*
dokańczać ♦ *vt perf:* **nie dokończyć**
czegoś to leave sth unfinished.

dokształł|cać się (-cam, -casz) *(perf*
-cić) *vr* to supplement one's
education.

dokto|r (-ra, -rzy) *(loc sg* -rze) *m*
doctor.

doktora|t (-tu, -ty) *(loc sg* -cie) *m*
(stopień) doctorate; *(praca)* doctoral
lub PhD dissertation *lub* thesis.

doktorski *adj:* **rozprawa doktorska**
doctoral dissertation *lub* thesis.

doktry|na (-ny, -ny) *(dat sg* -nie) *f*
doctrine.

dokucz|ać (-am, -asz) *(perf* -yć) *vi:*
dokuczać komuś to tease sb; **cały**
dzień dokuczał mi ból/głód
pain/hunger was nagging me all day.

dokuczliwy *adj (człowiek, komar)*
bothersome; *(głód, ból)* nagging;
(wiatr, mróz) gnawing.

dokumen|t (-tu, -ty) *(loc sg* -cie) *m*
document; **dokumenty** *pl (dowód*
tożsamości) identification, I.D.

dokumentalny *adj:* **film**
dokumentalny documentary.

dol|a (-i) *f (los)* lot; *(pot: część łupu)*
share.

dola|r (-ra, -ry) *(loc sg* -rze) *m* dollar.

doleg|ać (-a) *vi (o bólu, chłodzie)* to
bother; *(o nodze, żołądku)* to give
trouble; **co Panu/Pani dolega?** what
seems to be the trouble?; **nic mi nie**
dolega I'm all right.

dolegliwość|ć (-ci, -ci) *(gen pl* -ci) *f*
ailment.

dolew|ać (-am, -asz) *(perf* **dolać)** *vt:*
dolewać komuś to top up sb's
drink *lub* glass; **dolewać oliwy do**

ognia to pour oil on the flames, to
add fuel to the flame.
doli|na (-ny, -ny) (*dat sg* -nie) *f* valley.
dolny *adj* (*warga, kończyna*) lower;
(*szuflada, półka, pokład*) bottom;
(*granica*) minimum.
dołącz|ać (-am, -asz) (*perf* **dołączyć**)
vt (*do listu, dokumentu*) to enclose ♦
vi: **dołączać do** +*gen* to join.
►**dołączać się** *vr* (*do dyskusji,
śpiewu*) to join in; **dołączać się do
grupy** to join the group.
doł|ek (-ka, -ki) (*instr sg* -kiem) *m* (*w
ziemi*) hole; (*na policzku, brodzie*)
dimple.
dołu *itd. n patrz* **dół**.
dom (-u, -y) *m* (*budynek*) house;
(*mieszkanie, rodzina*) home;
(*gospodarstwo domowe*) household;
dom akademicki *lub* **studencki** hall
of residence (*BRIT*), dormitory (*US*);
dom dziecka orphanage; **dom
poprawczy** borstal (*BRIT*),
reformatory (*US*); **dom publiczny**
brothel; **dom towarowy** department
store; **iść do domu** to go home; **w
domu** at home.
domag|ać się (-am, -asz) *vr*:
domagać się czegoś to demand sth.
domato|r (-ra, -rzy) (*loc sg* -rze) *m*
stay-at-home (*BRIT*), homebody (*US*).
dom|ek (-ku, -ki) (*instr sg* -kiem) *m*
dimin od **dom**; **domek kempingowy**
(holiday) cabin *lub* chalet; **domek
letniskowy** summer house.
domi|no (-na, -na) (*loc sg* -nie) *nt*
(*gra*) dominoes *sg*; (*kostka*) domino.
domin|ować (-uję, -ujesz) *vi*
(*przeważać*) to predominate;
dominować (nad +*instr*) to dominate.
dominujący *adj* dominant,
predominant.
domniemany *adj* alleged.
domofo|n (-nu, -ny) (*loc sg* -nie) *m*
intercom, entry phone (*BRIT*).

domowni|k (-ka, -cy) (*instr sg* -kiem)
m household member.
domowy *adj* (*adres, telefon*) home
attr; (*jedzenie*) home-made;
(*zwierzę*) domestic.
domy|sł (-słu, -sły) (*loc sg* -śle) *m*
guess, conjecture; **domysły** *pl*
guesswork.
domyśl|ać się (-am, -asz) (*perf* -**ić
się**) *vr*: **domyślać się (czegoś)** to
guess (at sth).
donicz|ka (-ki, -ki) (*dat sg* -ce, *gen pl*
-ek) *f* flowerpot.
doniczkowy *adj*: **kwiat doniczkowy**
houseplant.
doniesie|nie (-nia, -nia) (*gen pl* -ń)
nt report.
doniosłoś|ć (-ci) *f* importance.
doniosły *adj* momentous.
dono|s (-su, -sy) (*loc sg* -sie) *m*
denunciation.
donosiciel (-a, -e) (*gen pl* -i) *m*
informer.
dono|sić (-szę, -sisz) (*imp* -**ś**, *perf*
donieść) *vt* (*dostarczać*) to deliver;
(*przynosić więcej*) to bring more (of)
♦ *vi*: **donosić (o czymś)** to report
(on sth); **donosić (na kogoś)** to
inform (on *lub* against sb).
donośny *adj* loud.
dookoła *adv, prep* = **dokoła**.
dopełniacz (-a, -e) (*gen pl* -y) *m*
(*JĘZ*) genitive.
dopełnie|nie (-nia, -nia) (*gen pl* -ń)
nt (*JĘZ*) object; **dopełnienie
bliższe/dalsze** direct/indirect object.
dopiero *adv* (*tylko*) just, only; (*nie
wcześniej niż*) only; **ona ma dopiero
dwa lata** she's only two years old;
dopiero co (*przed chwilą*) only just;
dopiero wczoraj only yesterday;
wyjeżdżam dopiero jutro I'm not
leaving until tomorrow.
dopiln|ować (-uję, -ujesz) *vi perf*:
dopilnować czegoś to see to sth.
dopin|g (-gu) (*instr sg* -giem) *m*

(*SPORT*) doping, use of steroids;
(*publiczności*) cheers *pl*, cheering;
(*przen*: *zachęta*) encouragement.
dopingujący *adj*: **środek**
dopingujący (*SPORT*) steroid.
dopis|ek (**-ku, -ki**) (*instr sg* **-kiem**) *m*
postscript.
dopis|ywać (**-uję, -ujesz**) (*perf* **-ać**)
vt (*dodawać do tekstu*) to add ♦ *vi*:
pogoda dopisała the weather was
good; **zdrowie mu dopisuje** he is in
good health.
dopła|cać (**-cam, -casz**) (*perf* **-cić**) *vt*
to pay extra.
dopła|ta (**-ty, -ty**) (*dat sg* **-cie**) *f* extra
(charge); (*do biletu*) excess fare.
dopły|w (**-wu**) (*loc sg* **-wie**) *m* (*prądu,
informacji*) supply; (*rzeka*) (*nom pl*
-wy) tributary.
dopływ|ać (**-am, -asz**) (*perf*
dopłynąć) *vi*: **dopływać do** +*gen* (*o
człowieku, rybie*) to swim up to; (*o
wodzie, prądzie*) to flow to;
dopływać do portu (*o statku, łodzi*)
to make *lub* reach port.
dopomin|ać się (**-am, -asz**) *vr*:
dopominać (dopomnieć *perf*) **się o
coś** to claim, to demand;
dopominać się czegoś (*odczuwać
brak*) to be in need *lub* want of sth.
dopóki *adv* as long as; **dopóki nie
będzie padać** as long as it doesn't
rain; **zaczekaj dopóki nie przyjdę**
wait until I come.
doprawdy *adv* truly, really;
doprawdy? really?
dopra|wiać (**-wiam, -wiasz**) (*perf*
-wić) *vt* to season.
doprowa|dzać (**-dzam, -dzasz**) (*perf*
-dzić) *vt* (*więźnia*) to escort; (*gaz,
prąd*) to supply ♦ *vi* **doprowadzać
do** +*gen* to lead to, to result in;
doprowadzać kogoś do szału *lub*
wściekłości to drive sb mad.
dopuszcz|ać (**-am, -asz**) (*perf*
dopuścić) *vt* to admit ♦ *vi*: **nie**

dopuszczę do tego I won't let it
happen.
▸**dopuszczać się** *vr*: **dopuszczać
się przestępstwa** to commit a crime.
dopuszczalny *adj* permissible,
acceptable.
dorabi|ać (**-am, -asz**) (*perf* **dorobić**)
vt: **dorabiać klucz** to make a
duplicate key ♦ *vi* (*pot*: *zarabiać
dodatkowo*) to have a second job, to
moonlight (*pot*).
▸**dorabiać się** *vr* (*bogacić się*) to
grow rich.
doradc|a (**-y, -y**) *m decl like f in sg*
adviser (*BRIT*), advisor (*US*).
dora|dzać (**-dzam, -dzasz**) (*perf*
-dzić) *vt* to advise, to counsel.
dorast|ać (**-am, -asz**) (*perf*
dorosnąć) *vi* (*o dziecku*) to grow up.
dorastający *adj* adolescent.
doraźny *adj* (*cel, korzyść*) short-term;
(*środek*) temporary; (*prawo, sąd,
kara*) summary; **doraźna pomoc**
relief; (*pierwsza pomoc*) first aid.
doręcz|ać (**-am, -asz**) (*perf* **-yć**) *vt* to
deliver.
doręczyciel (**-a, -e**) (*gen pl* **-i**) *m* (*też*:
doręczyciel pocztowy) postman
(*BRIT*), mailman (*US*).
dorob|ek (**-ku**) (*instr sg* **-kiem**) *m*
(*majątek*) property; (*twórczość*)
output.
doroczny *adj* annual, yearly.
dorodny *adj* (*człowiek, roślina*)
robust; (*owoc*) ripe.
dorosły *adj* (*człowiek*) adult,
grown-up; (*zwierzę*) adult ♦ *m decl
like adj* (*dorosły człowiek*) adult,
grown-up (*pot*); **dorośli** *pl* adults *pl*,
grown-ups *pl* (*pot*).
dorówn|ywać (**-uję, -ujesz**) (*perf*
-ać) *vt*: **dorównywać komuś (w
czymś)** to equal sb (in sth);
dorównywać czemuś to match *lub*
come up to sth.
dorsz (**-a, -e**) (*gen pl* **-y**) *m* cod.

dorzecz|e (-a, -a) (*gen pl* -y) *nt*
(river) basin.

dorzu|cać (-cam, -casz) (*perf* -cić) *vt*
+gen (*dokładać rzucając*) to throw in
more ♦ *vt* +acc (*dopowiadać*) to
throw in, to add.

dosadny *adj* (*wymowny*) plain, blunt;
(*wulgarny*) crude.

dosiad|ać (-am, -asz) (*perf* **dosiąść**)
vt (*konia*) to mount.

►**dosiadać się** *vr*: **dosiadać się do
kogoś** to sit (down) next to sb; **czy
można się dosiąść?** may I join you?

dosięg|ać (-am, -asz) (*perf* -nąć) *vt*:
dosięgać kogoś/czegoś to reach
sb/sth.

doskonale *adv* (*znakomicie*)
perfectly; **doskonale!** (*pot*)
excellent!, fine!

doskonal|ić (-ę, -isz) (*perf* u-) *vt* to
perfect, to improve.

►**doskonalić się (w czymś)** *vr* to
improve o.s. (in sth).

doskonały *adj* (*najlepszy*) perfect;
(*świetny*) splendid; (*absolutny*)
absolute.

doskwier|ać (-a) *vi*: **doskwierać
komuś** to trouble *lub* annoy sb.

dosłownie *adv* literally; (*tłumaczyć*)
word for word; (*cytować*) verbatim.

dosłowny *adj* literal; (*tłumaczenie*)
word-for-word.

dosłysz|eć (-ę, -ysz) *vt perf* to catch,
to hear; **przepraszam, nie
dosłyszałem** (I'm) sorry, I didn't
catch you.

dosta|ć (-nę, -niesz) (*imp* -ń) *vb perf*
od **dostawać** ♦ *vt perf* (*pot*: *kupić*) to
get.

dostarcz|ać (-am, -asz) (*perf* -yć) *vt*
(*towar*, *list*) to deliver; **dostarczać
coś komuś** to deliver sth to sb;
dostarczać komuś czegoś to
supply *lub* provide sb with sth.

dostateczny *adj* (*wystarczający*)
sufficient; (*zadowalający*)

satisfactory, adequate ♦ *m decl like
adj* (*SZKOL*) ≈ C (*grade*).

dostat|ek (-ku) (*dobrobyt*) affluence;
(*obfitość*) abundance.

dostatni *adj* affluent.

dosta|wa (-wy, -wy) (*dat sg* -wie) *f*
delivery.

dost|awać (-aję, -ajesz) (*imp* -awaj,
perf -ać) *vt* to get; (*zastrzyk*) to have
♦ *vi* (*otrzymywać ciosy*) to be beaten.

►**dostawać się** *vr*: **dostać się w
czyjeś ręce** to fall into sb's hands;
dostać się na studia to be admitted
to a university *lub* college; **dostać
się do niewoli** to be taken prisoner;
dostać się do środka to get inside;
dostało mu się he got a scolding.

dostawc|a (-y, -y) *m decl like f in sg*
deliverer.

dostawczy *adj*: **samochód
dostawczy** delivery van.

dosta|wiać (-wiam, -wiasz) (*perf
-wić*) *vt* (*dostarczać*) to deliver.

dostę|p (-pu) (*loc sg* -pie) *m* access;
mieć dostęp do +gen to have
access to.

dostępny *adj* (*miejsce*) easy to
reach, accessible; (*osoba*)
accessible, approachable; (*towar*)
accessible, available; (*cena*)
reasonable; (*zrozumiały*) accessible,
comprehensible.

dostojny *adj* (*starzec*, *mina*)
dignified; (*gość*) distinguished.

dostosow|ywać (-uję, -ujesz) (*perf
-ać*) *vt*: **dostosowywać coś do
czegoś** to adjust sth to sth, to adapt
sth to sth.

►**dostosowywać się** *vr*:
dostosowywać się do +gen to
adjust (o.s.) to, to adapt (o.s.) to;
(*do przepisów*) to conform to.

dostrze|c (-gę, -żesz) (*imp* -ż, *pt* -gł)
vt perf (*zobaczyć*) to spot.

dostrzeg|ać (-am, -asz) (*perf
dostrzec*) *vt* (*zauważać*) to perceive;

nie dostrzegać kogoś/czegoś to disregard sb/sth.

dosyć adv (*wystarczająco dużo*) enough; (*bogaty, ładny*) fairly; (*biedny, brzydki*) rather; **mieć czegoś dosyć** to be tired *lub* sick of sth, to be fed up with sth; **mam tego dosyć!** I've had enough!

dościg|ać (-am, -asz) (*perf* -nąć) *vt* (*dorównywać*) to equal sb.

dościg|nąć (-nę, -niesz) (*imp* -nij) *vb perf od* **dościgać** ♦ *vt perf*: **doścignąć kogoś** (*dogonić*) to catch up with sb.

dość adv = **dosyć**.

doświadcz|ać (-am, -asz) (*perf* -yć) *vt*: **doświadczać czegoś** to experience sth; (*głodu, przykrości*) to suffer from sth.

doświadczalny adj experimental; **królik doświadczalny** (*przen*) guinea pig.

doświadcze|nie (-nia, -nia) (*gen pl* -ń) *nt* experience; (*eksperyment*) experiment.

doświadczony adj experienced.

dotacj|a (-i, -e) (*gen pl* -i) *f* subsidy.

dotąd adv (*do tego miejsca: blisko*) this far; (*daleko*) that far; (*do tego czasu*) so far, until now.

dotkliwy adj (*ból, strata*) severe; (*chłód, wiatr*) biting, bitter.

dotk|nąć (-nę, -niesz) (*imp* -nij) *vb perf od* **dotykać** ► *vt perf*: **dotknąć kogoś/czegoś** to touch sb/sth; **dotknąć czegoś ręką** to feel sth; **dotknąć kogoś** (*przen*) to hurt sb.

dotknię|cie (-cia, -cia) (*gen pl* -ć) *nt* touch; (*pędzla*) stroke.

dot|ować (-uję, -ujesz) *vt* to subsidize.

dotrw|ać (-am, -asz) *vi perf* (*przetrwać*) to survive; (*wytrzymać*) to last out.

dot|rzeć (-rę, -rzesz) (*imp* -rzyj, *pt* -arł) *vb perf od* **docierać**.

dotrzym|ywać (-uję, -ujesz) (*perf* **dotrzymać**) *vt*: **dotrzymywać słowa/obietnicy/tajemnicy** to keep one's word/a promise/a secret; **dotrzymywać umowy/warunków** to keep to an agreement/conditions; **dotrzymywać komuś kroku** to keep pace with sb; **dotrzymywać komuś towarzystwa** to keep sb company.

dotychczas adv so far, until now.

dotychczasowy adj: **jego dotychczasowa praca** the work he has been doing so far.

dotycz|yć (-y) *vi*: **dotyczyć kogoś/czegoś** to concern sb/sth; (*mieć zastosowanie*) to apply to sb/sth.

doty|k (-ku) (*instr sg* -kiem) *m* (*dotknięcie*) touch; (*zmysł*) (sense of) touch; **miękki/przyjemny w dotyku** soft/nice to the touch.

dotyk|ać (-am, -asz) (*perf* **dotknąć**) *vt*: **dotykać kogoś/czegoś** (*stykać się*) to touch sb/sth; (*badać dotykiem*) to feel sth; **dotykać czegoś** (*podłogi, pedałów*) to reach sth; (*tematu, sprawy*) to touch on *lub* upon sth; **dotykać kogoś** (*o chorobie, nieszczęściu*) to afflict sb.

doustny adj oral.

dowci|p (-pu, -py) (*loc sg* -pie) *m* (*żart*) joke; (*cecha umysłu*) wit.

dowcipny adj witty.

dowiad|ywać się (-uję, -ujesz) (*perf* **dowiedzieć się**) *vr*: **dowiadywać się o kogoś/coś** to inquire after sb/sth.

dowi|edzieć się (-em, -esz) (*3 pl* -edzą) *vb perf od* **dowiadywać się** ♦ *vr perf*: **dowiedzieć się (o czymś)** to learn about *lub* of sth, to find sth out.

dowierz|ać (-am, -asz) *vi*: **nie dowierzać komuś/czemuś** to distrust *lub* mistrust sb/sth.

dow|odzić[1] (-odzę, -odzisz) (*imp* -ódź, *perf* **dowieść**) *vt*: **dowodzić czegoś** (*udowadniać*) to prove sth;

(*ukazywać*) to show; (*być dowodem*) to prove ♦ *vi* to argue; **dowieść, że ...** to prove that ... .

dow|odzić² (**-odzę, -odzisz**) (*imp* **-ódź**) *vi* (*sprawować dowództwo*): **dowodzić** (*+instr*) to command, to be in command (of).

dowolnie *adv* freely.

dowolny *adj* (*jakikolwiek*) any; (*nieobowiązkowy*) discretionary; **przekład dowolny** free translation.

dow|ód (**-odu, -ody**) (*loc sg* **-odzie**) *m* (*okoliczność dowodząca czegoś*) evidence, proof; (*oznaka*) evidence; (*rozumowanie*) argument; **dowód odbioru** delivery receipt; **dowód osobisty** *lub* **tożsamości** identity card, (means of) identification.

dowódc|a (**-y, -y**) *m decl like f in sg* (*wódz*) commander; (*oficer dowodzący*) commanding officer; (*komendant*) commandant.

dowództ|wo (**-wa**) (*loc sg* **-wie**) *nt* command; (*siedziba*) headquarters.

doza (**dozy, dozy**) (*dat sg* **dozie**, *gen pl* **dóz**) *f* dose.

dozgonny *adj* (*przyjaźń*) undying, lifelong; (*wdzięczność*) undying.

dozn|awać (**-aję, -ajesz**) (*imp* **-awaj**, *perf* **-ać**) *vt*: **doznawać czegoś** to experience; (*obrażeń*) to sustain; (*cierpienia, bólu*) to suffer from; (*życzliwości, nieuprzejmości*) to meet with.

dozorc|a (**-y, -y**) *m decl like f in sg* caretaker, janitor (*US*); (*strażnik*) guard.

dozor|ować (**-uję, -ujesz**) *vt* to supervise.

doz|ór (**-oru**) (*loc sg* **-orze**) *m* supervision.

dozwolony *adj* (*prędkość*) permitted; **film dozwolony od lat 18** an X-rated film.

dożywoci|e (**-a, -a**) *nt* (*pot: kara*

więzienia) life imprisonment *lub* sentence.

dożywotni *adj* life *attr*, lifelong.

dół (**dołu, doły**) (*loc sg* **dole**) *m* (*otwór w ziemi*) pit; (*najniższa część*) bottom; **na dole** at the bottom; (*na niższym piętrze*) downstairs; **na dół** down; (*na niższe piętro*) downstairs; **w dole** (down) below; **w dół** down.

dr *abbr* = **doktor**.

drabi|na (**-ny, -ny**) (*dat sg* **-nie**) *f* ladder; (*pokojowa*) stepladder.

drama|t (**-tu, -ty**) (*loc sg* **-cie**) *m* drama; (*przen*) tragedy.

dramatopisarz (**-a, -e**) (*gen pl* **-y**) *m* playwright, dramatist.

dramatur|g (**-ga, -gowie** *lub* **-dzy**) (*instr sg* **-giem**) *m* playwright, dramatist.

dramatyczny *adj* (*teatralny*) dramatic; (*przen: tragiczny*) tragic; (*: wstrząsający*) dramatic.

dramatyz|ować (**-uję, -ujesz**) (*perf* **u-**) *vt* to dramatize.

dra|ń (**-nia, -nie**) (*gen pl* **-ni**) *m* (*pot*) bastard (*pot*).

drapacz (**-a, -e**) (*gen pl* **-y**) *m*: **drapacz chmur** skyscraper.

dra|pać (**-pię, -piesz**) *vt* (*perf* **po-**) (*skrobać*) to scratch ♦ *vi* (*o dymie*) to irritate; (*o ubraniu*) to be itchy.

▶**drapać się** *vr* (*skrobać się*) (*perf* **po-**) to scratch (o.s.).

drapieżni|k (**-ka, -ki**) (*instr sg* **-kiem**) *m* predator.

drapieżny *adj* predatory; **ptaki drapieżne** birds of prey.

drastyczny *adj* (*metoda, środki*) drastic.

drażet|ka (**-ki, -ki**) (*dat sg* **-ce**, *gen pl* **-ek**) *f* (*pigułka*) coated tablet; (*cukierek*) sugar-coated sweet.

drażliwy *adj* sensitive, touchy.

draż|nić (**-nię, -nisz**) (*imp* **-nij**) *vt* (*zmysły*) to irritate; (*denerwować*) to irritate, to annoy; (*dokuczać*) to tease.

drąg (-ga, -gi) (*instr sg* -giem) *m* pole.

drążek (-ka, -ki) (*instr sg* -kiem) *m* (*dźwignia*) lever; **drążek sterowy** control stick, joystick (*pot*).

drąż|yć (-ę, -ysz) (*perf* wy-) *vt* (*tunel, kanał*) to bore; (*owoce*) to pit, to core; (*przen: niepokoić*) to trouble.

drelich (-u, -y) *m* denim.

dre|n (-nu, -ny) (*loc sg* -nie) *m* drain.

drenaż (-u, -e) (*gen pl* -y) *m* drainage.

dre|s (-su, -sy) (*loc sg* -sie) *m* tracksuit.

dreszcz (-u, -e) (*gen pl* -y) *m* shiver, shudder; **dreszcze** *pl* the shivers.

dreszczo|wiec (-wca, -wce) *m* thriller.

drewniany *adj* wooden; **instrumenty drewniane** (*MUZ*) woodwind instruments.

dre|wno (-wna, -wna) (*loc sg* -wnie, *gen pl* -wien) *nt* (*materiał*) wood, timber; (*odrąbany kawałek*) piece of wood, log.

dręcz|yć (-ę, -ysz) *vt* to torment.

drętwi|eć (-eję, -ejesz) (*perf* z-) *vi* (*o człowieku*) to stiffen; (*o kończynie*) to go numb.

drętwy *adj* (*kończyna*) numb; (*przemówienie*) dry.

drg|ać (-am, -asz) (*perf* -nąć) *vi* (*o strunie*) to vibrate; (*o powiece, mięśniu*) to twitch; (*o głosie, dźwięku*) to tremble; (*o świetle*) to flicker.

drga|nie (-nia, -nia) (*gen pl* -ń) *nt* vibration; **drgania** *pl* (*FIZ*) vibration; (*ELEKTR*) oscillation.

drgaw|ki (-ek) *pl* convulsions *pl*.

drg|nąć (-nę, -niesz) (*imp* -nij) *vb perf od* **drgać** ♦ *vi perf* (*poruszyć się*) to stir; (: *z przeczeniem*) to budge; (*ożywić się*) to liven up; **ani (nie) drgnął** he didn't turn a hair.

drin|k (-ka, -ki) (*instr sg* -kiem) *m* (*pot*) drink.

drobiaz|g (-gu, -gi) (*instr sg* -giem) *m* (*drobny przedmiot*) trinket, knick-knack; (*błahostka*) trifle.

drobiazgowy *adj* (*opis, badania*) detailed; (*człowiek*) meticulous.

drobiowy *adj* chicken *attr*.

drobn|e (-ych) *pl* small change; **rozmienić** (*perf*) **na drobne** to change; **nie mam drobnych** I've no small change.

drobnomieszczański *adj* ≈ lower middle class *attr*, petit-bourgeois.

drobnomieszczańst|wo (-wa) (*loc sg* -wie) *nt* (*grupa*) ≈ lower middle class.

drobnost|ka (-ki, -ki) (*dat sg* -ce, *gen pl* -ek) *f* trifle.

drobny *adj* small; (*błahy*) petty; (*wątły*) frail; (*ziarno, deszcz, proszek*) fine.

dr|oga (-ogi, -ogi) (*dat sg* -odze, *gen pl* -óg) *f* (*pas terenu*) road; (*trasa*) way; (*właściwy kierunek*) way; (*podróż*) journey; (*odległość między dwoma punktami*) distance; (*przen*) way; **Droga Krzyżowa** (*REL*) the Way of the Cross; **Droga Mleczna** the Milky Way; **droga okrężna** bypass; **drogą lotniczą/morską** by air/sea; **po drodze** on the way, en route; **swoją drogą ...** still, ...; **szczęśliwej drogi!** have a safe trip!

drogeri|a (-i, -e) (*gen pl* -i) *f* ≈ chemist's(s) (*BRIT*), ≈ drugstore (*US*).

dro|gi (*comp* -ższy) *adj* (*kosztowny*) expensive; (*kochany*) dear; **Drogi Janku!** (*nagłówek listu*) Dear Janek; **drogi kamień** precious stone; **mój drogi/moja droga** my dear.

dro|go (*comp* -żej) *adv* (*sprzedać*) at a high price; (*kosztować, zapłacić*) a lot.

drogocenny *adj* (*pierścień, czas*)

precious; (*wskazówka, rada*) valuable.

drogowska|z (-zu, -zy) (*loc sg* -zie) *m* signpost.

drogowy *adj* road *attr*; **kodeks drogowy** rules of the road, ≈ Highway Code (*BRIT*); **kontrola drogowa** traffic patrol; **roboty drogowe** road works *pl* (*BRIT*), roadwork (*US*); **wypadek drogowy** traffic accident; **znak drogowy** traffic *lub* road sign.

drop|s (-sa, -sy) (*loc sg* -sie) *m* drop (*sweet*).

drożdż|e (-y) *pl* yeast.

drożdżowy *adj* leavened.

drożdżów|ka (-ki, -ki) (*dat sg* -ce, *gen pl* -ek) *f a kind of sweet bun*.

droż|eć (-eje) (*perf* z- *lub* po-) *vi* to go up (*in price*).

droższy *adj comp od* **drogi**.

dr|ób (-obiu) *m* poultry.

dróż|ka (-ki, -ki) (*dat sg* -ce, *gen pl* -ek) *f* path.

druci|k (-ka, -ki) (*instr sg* -kiem) *m* dimin od **drut**.

drugi *num decl like adj* second; (*jeden z dwóch*) (the) other; (*inny*) another; **druga klasa** (*w pociągu*) second class; (*w szkole*) second form (*BRIT*) *lub* grade (*US*); **drugi maja** the second of May, May the second; **po drugie, ...** second(ly), ...; **drugi gatunek** seconds *pl*; **drugie śniadanie** (*posiłek*) elevenses (*BRIT*), midmorning snack (*US*); (*kanapki*) packed lunch (*BRIT*), box *lub* bag lunch (*US*); **druga wojna światowa** the Second World War, World War Two; **co drugi dzień** every other day; **jest godzina druga** it's two (o'clock); **z drugiej strony ...** on the other hand ...; **jeden drugiego** one another; **jeden za drugim** one after another, one by one; **pierwszy... drugi...** the former... the latter... .

drogorzędny *adj* (*mniej ważny*) minor; (*podrzędny*) second-rate.

druh (-a, -owie) *m* (boy) scout.

druh|na (-ny, -ny) (*dat sg* -nie, *gen pl* -en) *f* (*harcerka*) (girl) scout, girl guide (*BRIT*); (*na ślubie*) bridesmaid.

dru|k (-ku) (*instr sg* -kiem) *m* (*drukowanie*) printing; (*krój liter*) type; (*tekst*) print; (*blankiet*) form; **druki** *pl* (*wydawnictwa drukowane*) printed matter; **błąd w druku** misprint.

drukar|ka (-ki, -ki) (*dat sg* -ce, *gen pl* -ek) *f* printer; **drukarka igłowa** dot-matrix printer; **drukarka atramentowa** ink-jet printer; **drukarka laserowa** laser printer.

drukar|nia (-ni, -nie) (*gen pl* -ni) *f* printing house.

drukarz (-a, -e) (*gen pl* -y) *m* printer.

druk|ować (-uję, -ujesz) (*perf* wy-) *vt* to print; (*publikować*) to publish.

drukowany *adj* printed; **pisać drukowanymi literami** to print.

dru|t (-tu, -ty) (*loc sg* -cie) *m* wire; (*do robótek*) (knitting) needle; **drut kolczasty** barbed wire; **robić na drutach** to knit.

druży|na (-ny, -ny) (*dat sg* -nie) *f* (*SPORT*) team; (*WOJSK*) squad; **drużyna harcerska** scouting troop.

drwal (-a, -e) (*gen pl* -i) *m* woodcutter, lumberjack (*US*).

dr|wić (-wię, -wisz) (*imp* -wij, *perf* za-) *vi*: **drwić (z** +*gen*) (*wyśmiewać się*) to mock (at); (*lekceważyć*) to sneer (at), to jeer (at).

drwi|na (-ny, -ny) (*dat sg* -nie) *f* derision, mockery.

dryf|ować (-uję, -ujesz) (*perf* z-) *vi* (*ŻEGL*) to drift.

dryl|ować (-uję, -ujesz) *vt* (*owoce*) to stone (*fruit*).

drzaz|ga (-gi, -gi) (*dat sg* -dze) *f* splinter.

drzeć (drę, drzesz) (*imp* drzyj, *pt*

darł vt (rozrywać) (perf **po-**) to tear, to rip.

▸**drzeć się** vr (rozdzierać się) (perf **po-**) to tear, to rip; (zużywać się) (perf **ze-**) to wear out; (wrzeszczeć: pot) to bawl (pot).

drze|mać (-**mię**, -**miesz**) vi to doze; (przen: nie ujawniać się) to lurk.

drzem|ka (-**ki**, -**ki**) (dat sg **-ce**, gen pl **-ek**) f nap.

drzewny adj wood attr; **węgiel drzewny** charcoal.

drze|wo (-**wa**) (loc sg **-wie**) nt (roślina) (nom pl **-wa**) tree; (budulec) timber, wood; (opał) wood.

drzwi (-) pl door.

drżący adj shaking, trembling.

drż|eć (-**ę**, -**ysz**) (imp **-yj**) vi to tremble, to shake.

dubbin|g (-**gi**) (instr sg **-giem**) m dubbing.

dubeltów|ka (-**ki**, -**ki**) (dat sg **-ce**, gen pl **-ek**) f double-barrelled gun (BRIT), double-barreled gun (US).

duble|r (-**ra**, -**rzy**) (loc sg **-rze**) m (FILM: kaskader) (stunt) double; (: w scenach nie kaskaderskich) body double; (TEATR) understudy.

duch (-**a**) m spirit; (zjawa) (nom pl **-y**) ghost; **Duch Święty** (REL) Holy Spirit lub Ghost.

duchowieństw|o (-**wa**) (loc sg **-wie**) nt the clergy.

duchowny adj (stan, osoba) clerical ♦ m decl like adj minister.

duchowy adj spiritual.

dud|nić (-**nię**, -**nisz**) (imp **-nij**) vi to rumble.

due|t (-**tu**, -**ty**) (loc sg **-cie**) m (MUZ: utwór) duet; (zespół) duo.

du|ma (-**my**) (dat sg **-mie**) f pride.

dumny adj: **dumny (z** +gen) proud (of).

Dunaj (-**u**) m the Danube.

Dun|ka (-**ki**, -**ki**) (dat sg **-ce**, gen pl **-ek**) f Dane.

Duńczy|k (-**ka**, -**cy**) (instr sg **-kiem**) m Dane.

duński adj Danish.

du|pa (-**py**, -**py**) (dat sg **-pie**) f (pot!: pośladki) arse (BRIT: pot!), ass (US: pot!); (pot!: oferma) arsehole (BRIT: pot!), asshole (US: pot!).

duplika|t (-**tu**, -**ty**) (loc sg **-cie**) m duplicate.

du|r¹ (-**ru**, -**ry**) (loc sg **-rze**) m (MED) **dur brzuszny** typhoid (fever).

dur² inv (MUZ) major; **C-dur** C major.

dur|eń (-**nia**, -**nie**) (gen pl **-niów** lub **-ni**) m (pot!) idiot (pot!).

durszla|k (-**ka**, -**ki**) (instr sg **-kiem**) m strainer.

dusiciel (-**a**, -**e**) (gen pl **-i**) m (człowiek) strangler; (wąż) constrictor.

du|sić (-**szę**, -**sisz**) (imp **-ś**) vt (ściskać za gardło) (perf **u-**) to strangle; (o gazie, dymie) to choke; (ściskać) (perf **z-**) to squeeze; (płacz, żal, tęsknotę) (perf **z-**) to suppress; (mięso, warzywa) (perf **u-**) to stew.

▸**dusić się** vr (nie móc oddychać) to suffocate; (o mięsie, warzywach) to stew.

dusz|a (-**y**, -**e**) f soul.

duszkiem adv: **wypić** (perf) **coś duszkiem** to drink sth in lub at one gulp.

dusznic|a (-**y**) f: **dusznica bolesna** (MED) angina pectoris.

duszno adv: **jest duszno** it's stuffy; **jest mi duszno** I can't breathe.

duszność (-**ci**, -**ci**) f shortness of breath; **mieć duszności** to be short of breath.

duszny adj (powietrze, dzień) stuffy; (zapach) sickly.

duszony adj (mięso, warzywa) stewed.

dużo (comp **więcej**) adv (ludzi, jabłek) many, a lot of; (mleka, pieniędzy) much, a lot of; (bez rzeczownika) a lot; **za dużo** too many/much; **dość dużo** quite a lot (of).

duży (*comp* **większy**) *adj* (*znacznych rozmiarów*) big, large; (*wybitny*) great; (*dorosły*) big; **duże litery** capital letters; **duży palec** (*u nogi*) big toe; (*u ręki*) thumb.

dwa (*see* **Table 13a**) *num* two; **dwa koty/obrazy/jabłka** two cats/pictures/apples; **dwa razy** twice; **co dwa dni/miesiące/lata** every other day/month/year.

dwadzieścia (*see* **Table 18**) *num* twenty.

dwaj (*see* **Table 13a**) *num* two; **idą dwaj mężczyźni** *lub* **idzie dwóch mężczyzn** two men are coming.

dwanaście (*like:* **jedenaście**) *num* twelve.

dwie (*see* **Table 13a**) *num* two; **dwie kobiety/książki/owce** two women/books/sheep.

dwieście (*like:* **jedenaście**) *num* two hundred.

dwojacz|ki (-**ków**) *pl* twins *pl*.

dwojaki *adj* twofold.

dwoje (*see* **Table 20**) *num* two; **dwoje ludzi/dzieci/drzwi** two people/children/doors.

dwo|rzec (-**rca**, -**rce**) *m*: **dworzec kolejowy** railway (*BRIT*) *lub* railroad (*US*) station; **dworzec autobusowy** bus station; **dworzec lotniczy** airport.

dwóch *num patrz* **dwa, dwaj, dwie**.

dwój|ka (-**ki**, -**ki**) (*dat sg* -**ce**, *gen pl* -**ek**) *f* two; (*para*) twosome; **dwójkami** two by two.

dw|ór (-**oru**, -**ory**) (*loc sg* -**orze**) *m* (*królewski*) court; (*ziemiański*) manor; **bawić się na dworze** to play outside; **wyjść na dwór** to go out.

dwucyfrowy *adj* two-digit *attr*.

dwudniowy *adj* two-day *attr*.

dwudziest|ka (-**ki**, -**ki**) (*dat sg* -**ce**, *gen pl* -**ek**) *f* twenty.

dwudziestole|cie (-**cia**, -**cia**) (*gen pl* -**ci**) *nt* (*okres*) two decades; (*jubileusz*) twentieth anniversary.

dwudziestoletni *adj* (*okres*) twenty-year *attr*; (*osoba*) twenty-year-old *attr*.

dwudziestowieczny *adj* twentieth-century *attr*.

dwudziesty *num* twentieth; **dwudziesty pierwszy** twenty-first.

dwugodzinny *adj* two-hour *attr*.

dwujęzyczny *adj* bilingual.

dwukierunkowy *adj* (*ruch*) two-way.

dwukrop|ek (-**ka**, -**ki**) (*instr sg* -**kiem**) *m* colon.

dwukrotnie *adv* twice; **dwukrotnie większy** twice as big.

dwukrotny *adj* (*mistrz, porażka*) two-time; (*wzrost*) double, twofold.

dwuletni *adj* (*okres*) two-year *attr*; (*dziecko*) two-year-old *attr*.

dwulicowy *adj* hypocritical, duplicitous.

dwunast|ka (-**ki**, -**ki**) (*dat sg* -**ce**, *gen pl* -**ek**) *f* twelve.

dwunastnic|a (-**y**, -**e**) *f* (*MED*) duodenum.

dwunasty *num* twelfth; **jest dwunasta** it's twelve (o'clock); **o dwunastej** at twelve (o'clock).

dwuogniskowy *adj*: **okulary dwuogniskowe** bifocals *pl*.

dwuosobowy *adj* (*pokój, przedział, łóżko*) double; (*zespół, grupa*) two-person.

dwupasmowy *adj*: **droga dwupasmowa** dual carriageway (*BRIT*), divided highway (*US*).

dwupiętrowy *adj* three-storey(ed) *attr* (*BRIT*), three-storied *attr* (*US*).

dwupokojowy *adj* two-room *attr*.

dwupoziomowy *adj*: **mieszkanie dwupoziomowe** bi-level flat (*BRIT*) *lub* apartment (*US*).

dwurzędowy *adj* (*garnitur*) double-breasted.

dwusetny *adj* two-hundredth.

dwustronny *adj* (*materiał*)
reversible; (*umowa*) bilateral.

dwusuwowy *adj* (*silnik*) two-stroke
attr, two-cycle *attr*.

dwutlen|ek (**-ku, -ki**) (*instr sg* **-kiem**)
m (*CHEM*) dioxide; **dwutlenek
węgla** carbon dioxide.

dwutygodni|k (**-ka, -ki**) (*instr sg*
-kiem) *m* biweekly.

dwuwiersz (**-a, -e**) (*gen pl* **-y**) *m*
couplet.

dwuwymiarowy *adj*
two-dimensional.

dwuznaczno|ść (**-ci**) *f* ambiguity.

dwuznaczny *adj* ambiguous;
(*komplement*) backhanded;
(*uśmiech*) equivocal.

dy|cha (**-chy, -chy**) (*dat sg* **-sze**) *f*
(*pot*) tenner (*pot*).

dydaktyczny *adj* teaching *attr*.

dydakty|ka (**-ki**) (*dat sg* **-ce**) *f*
teaching.

dyfton|g (**-gu, -gi**) (*instr sg* **-giem**) *m*
diphthong.

dyg|ać (**-am, -asz**) (*perf* **-nąć**) *vi* to
curts(e)y.

dygnitarz (**-a, -e**) (*gen pl* **-y**) *m*
dignitary.

dygo|tać (**-czę, -czesz**) *vi* (*ze
strachu*) to quake, to shudder.

dygresj|a (**-i, -e**) (*gen pl* **-i**) *f*
digression.

dykcj|a (**-i**) *f* diction.

dyk|ta (**-ty, -ty**) (*dat sg* **-cie**) *f*
plywood.

dyktafo|n (**-nu, -ny**) (*loc sg* **-nie**) *m*
Dictaphone ®.

dyktan|do (**-da, -da**) (*loc sg* **-dzie**) *nt*
dictation.

dyktato|r (**-ra, -rzy**) (*loc sg* **-rze**) *m*
dictator.

dyktatu|ra (**-ry**) (*dat sg* **-rze**) *f*
dictatorship.

dykt|ować (**-uję, -ujesz**) (*perf* **po-**) *vt*
to dictate; (*przen: o sercu, umyśle*)
to tell.

dylema|t (**-tu, -ty**) (*loc sg* **-cie**) *m*
dilemma.

dyletan|t (**-ta, -ci**) (*loc sg* **-cie**) *m*
dilettante, dabbler.

dy|m (**-mu, -my**) (*loc sg* **-mie**) *m*
smoke.

dy|mić (**-mię, -misz**) (*perf* **za-**) *vi* to
be smoking.

►**dymić się** *vr*. **dymi się z komina**
smoke is coming out of the chimney.

dymisj|a (**-i, -e**) (*gen pl* **-i**) *f*
(*zwolnienie*) dismissal; (*ustąpienie*)
resignation; **podać się** (*perf*) **do
dymisji** to resign.

dymny *adj*. **zasłona dymna**
smokescreen.

dynamiczny *adj* dynamic.

dynami|t (**-tu**) (*loc sg* **-cie**) *m*
dynamite.

dyna|mo (**-ma, -ma**) (*loc sg* **-mie**) *nt*
dynamo.

dynasti|a (**-i, -e**) (*gen pl* **-i**) *f* dynasty;
dynastia Tudorów the house of
Tudor.

dy|nia (**-ni, -nie**) (*gen pl* **-ń**) *f*
pumpkin.

dyplo|m (**-mu, -my**) (*loc sg* **-mie**) *m*
diploma.

dyplomacj|a (**-i, -e**) (*gen pl* **-i**) *f*
diplomacy; (*instytucja*) diplomatic
service.

dyploma|ta (**-ty, -ci**) (*dat sg* **-cie**) *m*
decl like f in sg diplomat.

dyplomatyczny *adj* diplomatic.

dyplomowany *adj* (*pielęgniarka*)
registered; (*księgowy*) chartered
(*BRIT*), certified (*US*).

dyr. *abbr* (= *dyrektor*) Mgr (=
manager).

dyrekcj|a (**-i, -e**) (*gen pl* **-i**) *f*
(*kierownictwo*) management; **pod
dyrekcją ...** (*o orkiestrze*) conducted
by ... .

dyrekto|r (**-ra, -rzy** *lub* **-rowie**) (*loc sg*
-rze) *m* (*przedsiębiorstwa, firmy*)

manager, director; (*szkoły*)
headmaster (*BRIT*), principal (*US*).
dyrygen|t (**-ta, -ci**) (*loc sg* **-cie**) *m*
conductor.
dyryg|ować (**-uję, -ujesz**) *vi* (*vt*):
dyrygować (orkiestrą) to conduct
(an orchestra).
dyscypli|na (**-ny, -ny**) (*dat sg* **-nie**) *f*
discipline.
dys|k (**-ku, -ki**) (*instr sg* **-kiem**) *m*
(*SPORT*) discus; (*KOMPUT*) disk;
(*MED*) disc (*BRIT*), disk (*US*); **rzut
dyskiem** the discus; **twardy dysk**
hard disk; **stacja dysków** disk drive.
dyskiet|ka (**-ki, -ki**) (*dat sg* **-ce**, *gen pl*
-ek) *f* (floppy) disk, diskette.
dyskot|eka (**-eki, -eki**) (*dat sg* **-ece**,
gen pl **-ek**) *f* disco(theque).
dyskrecj|a (**-i**) *f* discretion.
dyskredyt|ować (**-uję, -ujesz**) (*perf*
z-) *vt* to discredit.
dyskretny *adj* discreet; (*światło,
muzyka*) soft.
dyskryminacj|a (**-i, -e**) (*gen pl* **-i**) *f*
discrimination.
dyskrymin|ować (**-uję, -ujesz**) *vt* to
discriminate against.
dyskusj|a (**-i, -e**) (*gen pl* **-i**) *f*
discussion.
dyskusyjny *adj* debatable; **klub
dyskusyjny** debating society.
dyskut|ować (**-uję, -ujesz**) *vt* (*perf*
prze-) to discuss ↓ *vi* to debate;
dyskutować nad *lub* **o czymś** to
discuss sth.
dyskwalifikacj|a (**-i**) *f*
disqualification.
dyskwalifik|ować (**-uję, -ujesz**) (*perf*
z-) *vt* to disqualify.
dyspon|ować (**-uję, -ujesz**) (*imp* **-uj**,
perf **za-**) *vt* (*majątkiem*) to
administer; **dysponować gotówką**
to have ready cash; **dysponować
czasem** to have time to spare.
dyspozycj|a (**-i, -e**) (*gen pl* **-i**) *f*
order, instruction; **być do czyjejś**

dyspozycji to be at sb's disposal;
mieć coś do swojej dyspozycji to
have sth at one's disposal.
dysproporcj|a (**-i, -e**) (*gen pl* **-i**) *f*
disproportion.
dystan|s (**-su, -se**) (*loc sg* **-sie**) *m*
distance.
dystans|ować się (**-uję, -ujesz**)
(*perf* **z-**) *vr*: **dystansować się od**
+*gen* to distance o.s. from.
dystrybucj|a (**-i**) *f* distribution.
dystyngowany *adj* dignified,
distinguished (*in appearance*).
dysyden|t (**-ta, -ci**) (*loc sg* **-cie**) *m*
dissident.
dysz|eć (**-ę, -ysz**) *vi* (*ze zmęczenia*)
to pant; (*o chorym*) to wheeze.
dywa|n (**-nu, -ny**) (*loc sg* **-nie**) *m*
carpet.
dywani|k (**-ka, -ki**) (*instr sg* **-kiem**) *m*
rug, mat; (*przen*) **wzywać (wezwać
perf) kogoś na dywanik** to carpet sb
(*pot*).
dywanowy *adj*: **wykładzina
dywanowa** fitted carpet, carpeting.
dywersan|t (**-ta, -ci**) (*loc sg* **-cie**) *m*
saboteur.
dywersj|a (**-i**) *f* sabotage.
dywiden|da (**-dy, -dy**) (*dat sg* **-dzie**) *f*
dividend.
dywizj|a (**-i, -e**) (*gen pl* **-i**) *f* division;
generał dywizji Major-General.
dyżu|r (**-ru, -ry**) (*loc sg* **-rze**) *m* duty
hours *pl*; **być na dyżurze** (*o lekarzu,
pielęgniarce*) to be on call; **ostry
dyżur** *emergency service offered by
a clinic*.
dyżurny *adj*: **lekarz/oficer dyżurny**
doctor/officer on duty ↓ *m decl like
adj* (*SZKOL*) ≈ monitor.
dyżur|ować (**-uję, -ujesz**) *vi* to be on
duty.
dzba|n (**-na, -ny**) (*loc sg* **-nie**) *m*
pitcher (*BRIT*), ewer.
dzban|ek (**-ka, -ki**) (*instr sg* **-kiem**) *m*
jug (*BRIT*), pitcher (*US*); **dzbanek**

do kawy coffee pot; **dzbanek do herbaty** teapot; **dzbanek do mleka** milk jug.

dziać się (dzieje) *vr*: **co tu się dzieje?** what's going on here?; **co się z tobą dzieje?** what's the matter with you?

dzia|d (-da, -dy) (*loc sg* **-dzie**, *voc sg* **-dzie**) *m* (*starzec*) old man; (*żebrak*) pauper; (*dziadek*) grandfather.

dziad|ek (-ka, -kowie) (*instr sg* **-kiem**) *m* grandfather, grandpa (*pot*); (*starzec*) old man; **dziadek do orzechów** nutcracker(s *pl*); **dziadkowie** *pl* grandparents *pl*.

dzia|ł (-łu, -ły) (*loc sg* **-le**) *m* (*gałąź*) branch; (*czasopisma*) section; (*instytucji*) department; **dział wodny** watershed.

działacz (-a, -e) (*gen pl* **-y**) *m* activist.

dział|ać (-am, -asz) *vt*: **działać cuda** to work *lub* do wonders *lub* miracles ♦ *vi* (*pracować*) to act; (*oddziaływać*) to have an effect; (*obowiązywać*) to operate; (*funkcjonować*) to work, to operate.

działalnoś|ć (-ci) *f* activity.

działa|nie (-nia, -nia) (*gen pl* **-ń**) *nt* (*akcja*) action; (*funkcjonowanie*) operation, working; (*oddziaływanie*) effect; (*MAT*) operation.

dział|ka (-ki, -ki) (*dat sg* **-ce**, *gen pl* **-ek**) *f* (*kawałek gruntu*) plot; (*ogródek działkowy*) allotment; **działka budowlana** building plot.

działkowy *adj*: **ogródek działkowy** allotment.

dzia|ło (-ła, -ła) (*loc sg* **-le**) *nt* cannon.

działowy *adj*: **ścianka działowa** partition (*wall*).

dziani|na (-ny, -ny) (*loc sg* **-nie**) *f* knitwear.

dzią|sło (-sła, -sła) (*loc sg* **-śle**, *gen pl* **-seł**) *nt* gum.

dzicz|eć (-eję, -ejesz) (*perf* **z-**) *vi* to run wild.

dziczy|zna (-zny) (*dat sg* **-źnie**) *f* game.

dzieci *n patrz* **dziecko**.

dziecia|k (-ka, -ki) (*instr sg* **-kiem**) *m* kid.

dziecięcy *adj* children's *attr*, baby *attr*; (*głos*) child's *attr*.

dziecinny *adj* (*naiwny*) childish, infantile; **pokój dziecinny** nursery; **wózek dziecinny** perambulator *lub* pram (*BRIT*), baby carriage (*US*).

dzieciństw|o (-wa) (*loc sg* **-wie**) *nt* childhood.

dzie|cko (-cka, -ci) (*instr sg* **-ckiem**, *gen pl* **-ci**) *nt* child; **dzieci** *pl* children; **dom dziecka** orphanage.

dziedzic (-a, -e) *m* (*spadkobierca*) successor, heir; (*ziemianin*) squire.

dziedzictw|o (-wa, -wa) (*loc sg* **-wie**) *nt* (*spadek*) inheritance; (*spuścizna*) heritage.

dziedziczeni|e (-a) *nt* inheritance.

dziedzicznoś|ć (-ci) *f* (*BIO*) heredity; (*tronu, urzędu*) succession.

dziedziczny *adj* hereditary.

dziedzicz|yć (-ę, -ysz) (*perf* **o-**) *vt* to inherit.

dziedzi|na (-ny, -ny) (*dat sg* **-nie**) *f* (*nauki, literatury*) discipline, domain; (*działalności*) field.

dziedzi|niec (-ńca, -ńce) *m* courtyard; (*kościoła*) churchyard.

dziej|e (-ów) *pl* history.

dziejowy *adj* historic.

dzieka|n (-na, -ni) (*loc sg* **-nie**) *m* dean.

dziekana|t (-tu, -ty) (*loc sg* **-cie**) *m* dean's office.

dzieleni|e (-a) *nt* (*MAT*) division.

dziel|ić (-ę, -isz) (*perf* **po-**) *vt* to divide; (*rozdawać*) (*perf* **roz-**) to share out; (*różnić*) to differ; (*rozgraniczać*) to differentiate; (*korzystać wspólnie*) to share.

▸**dzielić się** *vr* to divide; **dzielić się czymś z kimś** to share sth with sb;

ludzie dzielą się na dobrych i złych there are good and bad people; **6 dzieli się przez 2** six is divisible by two.

dzielnic|a (-y, -e) f (*część miasta*) district, quarter; (*prowincja*) province, region.

dzielnicowy adj (*urząd, komisariat*) district attr, precinct attr (*US*).

dzielny adj (*waleczny*) brave; (*zaradny*) resourceful.

dzie|ło (-ła, -ła) (*loc sg* -le) nt (*praca*) work; (*utwór*) work, composition; (*wynik*) result; **dzieło sztuki** work of art.

dziennicz|ek (-ka, -ki) (*instr sg* -kiem) m (*pamiętnik*) diary; (*też*: **dzienniczek ucznia**) parent-teacher correspondence note-book.

dziennie adv daily; **osiem godzin dziennie** eight hours per *lub* a day; **cztery razy dziennie** four times a day.

dzienni|k (-ka, -ki) (*instr sg* -kiem) m (*gazeta*) daily (newspaper); (*pot. wiadomości*) daily news; (*pamiętnik*) diary; **dziennik lekcyjny** *lub* **klasowy** school *lub* class register.

dziennikar|ka (-ki, -ki) (*dat sg* -ce, *gen pl* -ek) f journalist.

dziennikarst|wo (-wa) (*loc sg* -wie) nt journalism.

dziennikarz (-a, -e) (*gen pl* -y) m journalist.

dzienny adj day attr; (*połączenie*) daytime attr; (*zwierzę, ptak*) diurnal; (*przydział, utarg*) daily; (*nakład*) day's attr; **porządek dzienny** agenda; **światło dzienne** daylight; **pokój dzienny** living room.

dzień (**dnia, dni** *lub* **dnie**) m day; (*doba*) day and night; (*termin*) date; **dzień dobry!** (*przed południem*) good morning; (*po południu*) good afternoon; **co dzień** every day; **cały dzień** all day (long), the whole day;

dzień w dzień day in day out, every day.

dzierża|wa (-wy, -wy) (*dat sg* -wie) f lease, tenancy.

dzierżawc|a (-y, -y) m leaseholder, lessee.

dzierżawczy adj (*JĘZ*) possessive.

dzierża|wić (-wię, -wisz) vt to rent.

dziesiąt|ka (-ki, -ki) (*dat sg* -ce, *gen pl* -ek) f ten.

dziesiąty num decl like adj tenth.

dziesięcioleci|e (-a, -a) nt (*okres*) decade; (*jubileusz*) tenth anniversary.

dziesięcioletni adj (*dziecko, whisky*) ten-year-old; (*przerwa*) ten-year; (*praktyka*) ten years' attr.

dziesięć (*see* **Table 16**) num ten.

dziewczęcy adj girlish.

dziewczy|na (-ny, -ny) (*dat sg* -nie) f (*młoda kobieta*) young woman; (*sympatia*) girlfriend.

dziewczyn|ka (-ki, -ki) (*dat sg* -ce, *gen pl* -ek) f girl.

dziewiarst|wo (-wa) (*loc sg* -wie) nt knitting.

dziewiąt|ka (-ki, -ki) (*dat sg* -ce, *gen pl* -ek) f nine.

dziewiąty num decl like adj ninth.

dziewic|a (-y, -e) f virgin.

dziewiczy adj virgin attr; **błona dziewicza** hymen.

dziewięcioletni adj (*dziecko*) nine-year-old; (*przerwa*) nine-year; (*praktyka*) nine years' attr.

dziewięć (*like*: **pięć**) num nine.

dziewięćdziesiąt (*like*: **dziesięć**) num ninety.

dziewięćdziesiąty num decl like adj ninetieth.

dziewięćset (*like*: **pięćset**) num nine hundred.

dziewiętnasty num decl like adj nineteenth; **dziewiętnasta** f decl like adj (*godzina*) seven (o'clock) p.m.

dziewiętnaście (*like*: **jedenaście**) num nineteen.

dzięcio|ł (-ła, -ły) (*loc sg* -le) *m* woodpecker.

dzięki *prep*: dzięki komuś/czemuś thanks to sb/sth; **dzięki Bogu!** thank God!; **dzięki!** thanks!, ta! (*BRIT*: *pot*).

dzięk|ować (-uję, -ujesz) (*perf* po-) *vt*: dziękować komuś (za coś) to thank sb (for sth) ♦ *vi* to thank; **dziękuję (bardzo)!** thank you (very much)!

dzi|k (-ka, -ki) (*instr sg* -kiem) *m* wild boar.

dziki *adj* wild; (*człowiek, plemię*) savage; (*okrutny*) fierce, ferocious; (*nietowarzyski*) anti-social.

dziku|s (-sa, -sy) (*loc sg* -sie) *m* savage, barbarian.

dzi|ób (-obu, -oby) (*loc sg* -obie) *m* (*ptaka*) beak, bill; (*statku*) bow; (*samolotu*) nose; (*pot*: *usta*) mouth.

dziób|ek (-ka, -ki) (*instr sg* -kiem) *m* (*ptaka*) beak, bill; (*dzbanka, czajnika*) spout.

dzisiaj, dziś *adv* today; (*obecnie*) nowadays, presently; **dzisiaj rano/wieczorem** this morning/evening; **dzisiaj w nocy** tonight; **od dzisiaj** as of today, from now on; **którego dzisiaj mamy?** what date is it today?

dzisiejszy *adj* today's *attr*; (*współczesny*) contemporary, present-day *attr*.

dziś *adv* = dzisiaj; **od dziś** from now on.

dziu|ra (-ry, -ry) (*dat sg* -rze) *f* hole; (*w zębie*) cavity; (*pot*: *mała miejscowość*) hole.

dziura|wić (-wię, -wisz) (*perf* prze-) *vt* to perforate.

dziurawy *adj* (*but, płaszcz*) full of holes; (*garnek*) leaky; (*ząb*) decayed.

dziur|ka (-ki, -ki) (*dat sg* -ce, *gen pl* -ek) *f dimin od* dziura; **dziurka od guzika** buttonhole; **dziurka od klucza** keyhole; **mieć czegoś po**

dziurki w nosie to be fed up with sth.

dziurkacz (-a, -e) (*gen pl* -y) *m* punch.

dziurk|ować (-uję, -ujesz) (*perf* prze-) *vt* to punch.

dzi|w (-wu, -wy) (*loc sg* -wie) *m*: aż dziw bierze, że ... it is a wonder that ...; **nie dziw, że ...** it is no wonder that ... .

dziwaczny *adj* (*nietypowy*) bizarre, odd; (*śmieszny*) funny.

dziwa|k (-ka, -cy) (*instr sg* -kiem) *m* eccentric, freak.

dzi|wić (-wię, -wisz) (*perf* z-) *vt* to surprise.

▸**dziwić się** *vr* to be surprised.

dziw|ka (-ki, -ki) (*dat sg* -ce, *gen pl* -ek) *f* (*pot!*) whore (*pot!*).

dziwny *adj* (*osobliwy*) strange, weird; (*niezrozumiały*) odd; **nic dziwnego, że ...** (it is) no wonder that ... .

dzi|wo (-wa, -wa) (*loc sg* -wie) *nt*: o dziwo! fancy that!, would you believe it!

dzwo|n (-nu, -ny) (*loc sg* -nie) *m* bell; (*dzwonienie*) ringing.

dzwon|ek (-ka, -ki) (*instr sg* -kiem) *m* (*urządzenie*) bell; (*dzwonienie*) ringing; (*BOT*) bluebell; **dzwonek do drzwi/roweru** door/bicycle bell.

dzwo|nić (-nię, -nisz) (*imp* -ń, *perf* za-) *vi* to ring the bell; (*kluczami*) to jangle, to clink; (*szklankami*) to clink; (*pot*: *telefonować*) to call, to ring (up); **dzwonić do kogoś** to call sb, to ring sb (up).

dzwonnic|a (-y, -e) *f* belfry.

dźwięcz|eć (-y) *vi* to ring.

dźwięczny *adj* (*głos*) resonant; (*JĘZ*) voiced.

dźwię|k (-ku, -ki) (*instr sg* -kiem) *m* sound; (*MUZ*) tone.

dźwiękoszczelny *adj* soundproof.

dźwiękowy *adj* sound *attr*; **ścieżka dźwiękowa** soundtrack.

dźwi|g (-gu, -gi) (*instr sg* -giem) *m* (*TECH*: *żuraw*) crane; (*winda*) lift (*BRIT*), elevator (*US*).

dźwig|ać (-am, -asz) *vt* (*podnosić*) (*perf* -nąć) to lift; (*przenosić*) to carry.

dźwig|nia (-ni, -nie) (*gen pl* -ni) *f* lever; (*przen*) mainspring; **dźwignia zmiany biegów** gear lever.

dżdżownic|a (-y, -e) *f* earthworm.

dżdżysty *adj* rainy.

dże|m (-mu, -my) (*loc sg* -mie) *m* jam.

dżentelme|n (-na, -ni) (*loc sg* -nie) *m* gentleman.

dżentelmeński *adj* gentlemanly; **umowa dżentelmeńska** gentleman's *lub* gentlemen's agreement.

dżin|s (-su) (*loc sg* -sie) *m* (*materiał*) denim; **dżinsy** *pl* denims *pl*, jeans *pl*.

dżinsowy *adj* denim *attr*, jeans *attr*.

dżokej (-a, -e) (*gen pl* -ów) *m* jockey.

dżudo *nt inv* judo.

dżungl|a (-i, -e) (*gen pl* -i) *f* jungle.

E

ech|o (-a, -a) *nt* echo; (*oddźwięk*) response.

edukacj|a (-i) *f* education.

edycj|a (-i, -e) (*gen pl* -i) *f* edition.

Edynbur|g (-ga) (*instr sg* -giem) *m* Edinburgh.

edyto|r (-ra) (*loc sg* -rze) *m* (*redaktor*) (*nom pl* -rzy) editor; (*KOMPUT*: *też*: **edytor tekstu**) (*nom pl* -ry) word processor.

EEG *abbr* (= *elektroencefalogram*) EEG.

efek|t (-tu, -ty) (*loc sg* -cie) *m* (*rezultat*) effect; (*wrażenie*) impression, effect.

efektowny *adj* (*wygląd, strój*) showy; (*kobieta*) glamorous; (*gest*) show-offish.

efektywny *adj* effective, efficient.

egalitarny *adj* egalitarian.

Egipcja|nin (-nina, -nie) (*loc sg* -ninie, *gen pl* -n) *m* Egyptian.

Egipcjan|ka (-ki, -ki) (*dat sg* -ce, *gen pl* -ek) *f* Egyptian.

egipski *adj* Egyptian.

Egip|t (-tu) (*loc sg* -cie) *m* Egypt.

egocentryczny *adj* egocentric, self-centred.

egocentry|k (-ka, -cy) (*instr sg* -kiem) *m* egocentric.

egoi|sta (-sty, -ści) (*dat sg* -ście) *m decl like f in sg* egoist, egotist.

egoistyczny *adj* egoistic, selfish.

egoiz|m (-mu) (*loc sg* -mie) *m* selfishness, egoism.

egz. *abbr* (= *egzemplarz*) copy.

egzami|n (-nu, -ny) (*loc sg* -nie) *m* examination, exam (*pot*); **egzamin dojrzałości** *secondary school leaving exam*; ≈ A-levels *pl* (*BRIT*); **zdawać** (*imperf*) **egzamin** to take an exam(ination), to sit an examination (*BRIT*); **zdać** (*perf*) **egzamin** to pass an exam(ination); **nie zdać** (*perf*) **egzaminu** to fail an exam(ination).

egzaminacyjny *adj* examination *attr*.

egzamin|ować (-uję, -ujesz) (*perf* prze-) *vt*: **egzaminować kogoś (z czegoś)** to examine *lub* test sb (in sth).

egzekucj|a (-i, -e) (*gen pl* -i) *f* execution.

egzekucyjny *adj*: **pluton egzekucyjny** firing squad.

egze|ma (-my) (*dat sg* -mie) *f* (*MED*) eczema.

egzemplarz (-a, -e) (*gen pl* -y) *m* (*książki, pisma*) copy; (*okaz*) specimen.

egzotyczny *adj* (*kraj, roślina*) exotic; (*uroda, zainteresowania*) rare, singular.

egzystencj|a (-i, -e) (*gen pl* -i) *f*
existence.

egzyst|ować (-uję, -ujesz) *vi* to
subsist, to make (both) ends meet.

EKG, ekg *abbr* (= *elektrokardiogram*)
ECG.

ekier|ka (-ki, -ki) (*dat sg* -ce, *gen pl*
-ek) *f* set square.

eki|pa (-py, -py) (*dat sg* -pie) *f*
(*sportowców, naukowców*) team;
(*ratowników, poszukiwaczy*) party;
(*robotników*) (work) gang.

ekle|r (-ra, -ry) (*loc sg* -rze) *m* (*zamek
błyskawiczny*) zip (fastener) (*BRIT*),
zipper (*US*); (*ciastko*) éclair.

ekolo|g (-ga, -dzy *lub* -gowie) (*instr
sg* -giem) *m* (*specjalista*) ecologist;
(*pot. orędownik*) conservationist,
environmentalist.

ekologi|a (-i) *f* ecology,
environmentalism.

ekologiczny *adj* (*badania, warunki*)
ecological; (*samochód, technologia*)
environmentally friendly, green (*pot*).

ekonomi|a (-i) *f* (*nauka*) economics;
(*gospodarka*) economy.

ekonomiczny *adj* (*kryzys, polityka*)
economic; (*samochód*) economical.

ekonomi|sta (-sty, -ści) (*dat sg*
-ście) *m decl like f in sg* economist.

ekra|n (-nu, -ny) (*loc sg* -nie) *m*
screen.

ekranizacj|a (-i, -e) (*gen pl* -i) *f*
(*filmowanie*) filming; (*wersja
filmowa*) screen version.

ekscentryczny *adj* eccentric.

ekscentry|k (-ka, -cy) (*instr sg*
-kiem) *m* eccentric.

ekscyt|ować (-uję, -ujesz) (*perf
pod-*) *vt* to excite, to thrill.

►**ekscytować się** *vr*: ekscytować
się (czymś) to be excited (by sth),
to rave (about sth).

ekscytujący *adj* thrilling, exciting.

ekshibicjoni|sta (-sty, -ści) (*dat sg*

-ście) *m decl like f in sg*
exhibitionist.

ekskluzywny *adj* exclusive.

ekslibri|s (-su, -sy) (*loc sg* -sie) *m*
book-plate, ex libris.

eksmisj|a (-i, -e) (*gen pl* -i) *f* eviction.

eksmit|ować (-uję, -ujesz) (*perf* wy-)
vt to evict.

ekspansj|a (-i) *f* expansion.

ekspansywny *adj* (*polityka*)
expansionist; (*człowiek*) pushy.

ekspedien|t (-ta, -ci) (*loc sg* -cie) *m*
shop assistant, salesclerk (*US*).

ekspedient|ka (-ki, -ki) (*dat sg* -ce,
gen pl -ek) *f* shop assistant,
salesclerk (*US*).

ekspedycj|a (-i, -e) (*gen pl* -i) *f*
(*wyprawa*) expedition.

eksper|t (-ta, -ci) (*loc sg* -cie) *m*
expert, authority.

eksperty|za (-zy, -zy) (*dat sg* -zie) *f*
(*lekarska*) medical assessment;
(*prawna*) legal evaluation.

eksperymen|t (-tu, -ty) (*loc sg* -cie)
m experiment.

eksperymentalny *adj* experimental.

eksperyment|ować (-uję, -ujesz) *vi*:
eksperymentować (na +*instr*) to
experiment (on).

eksploatacj|a (-i) *f* (*człowieka,
bogactw*) exploitation; (*maszyny,
kopalni*) utilization; (*samochodu*)
operation.

eksploat|ować (-uję, -ujesz) (*perf
wy-*) *vt* (*wykorzystywać: złoża,
robotników*) to exploit; (*maszynę*) to
utilize; (*samochód*) to operate.

eksplod|ować (-uję, -ujesz) *vi* to
explode.

eksplozj|a (-i, -e) (*gen pl* -i) *f*
explosion; (*przen*) outburst.

ekspona|t (-tu, -ty) (*loc sg* -cie) *m*
exhibit.

ekspon|ować (-uję, -ujesz) (*perf*
wy-) *vt* (*prezentować*) to display, to

exhibit; (*wysuwać na pierwszy plan*) to feature, to give prominence to.

ekspor|t (-tu) (*loc sg* -**cie**) *m* export.

eksporte|r (-ra, -rzy) (*loc sg* -**rze**) *m* exporter.

eksport|ować (-uję, -ujesz) (*perf* **wy-**) *vt* to export.

ekspozytu|ra (-ry, -ry) (*dat sg* -**rze**) *f* branch (office).

ekspre|s (-su, -sy) (*loc sg* -**sie**) *m* (*pociąg*) express (train); (*list*) express letter; (*do kawy*) espresso coffee maker; **kawa z ekspresu** espresso.

ekspresj|a (-i) *f* expression.

ekspresowy *adj* (*przesyłka, pociąg*) express *attr*; **herbata ekspresowa** tea bags *pl*.

eksta|za (-zy) (*dat sg* -**zie**) *f* ecstasy.

ekstra *adv* (*dodatkowo*) extra, in addition; (*nadzwyczaj*) extremely.

ekstradycj|a (-i, -e) (*gen pl* -**i**) *f* (*PRAWO*) extradition.

ekstrak|t (-tu, -ty) (*loc sg* -**cie**) *m* extract.

ekstrawagancki *adj* eccentric.

ekstrawerty|k (-ka, -cy) (*instr sg* -**kiem**) *m* extrovert.

ekstremalny *adj* (*sytuacja, warunki*) extreme.

ekstremi|sta (-sty, -ści) (*dat sg* -**ście**) *m decl like f in sg* extremist.

ekwipun|ek (-ku) (*instr sg* -**kiem**) *m* gear, equipment.

ekwiwalen|t (-tu, -ty) (*loc sg* -**cie**) *m* equivalent.

elastyczny *adj* (*sprężysty: guma, krok*) elastic; (*przen: człowiek, natura*) flexible; **bandaż elastyczny** elastic bandage.

elegancj|a (-i) *f* elegance.

elegancki *adj* (*człowiek*) elegant, smart (*BRIT*).

elegan|t (-ta, -ci) (*loc sg* -**cie**) *m* man of fashion.

elegant|ka (-ki, -ki) (*dat sg* -**ce**, *gen pl* -**ek**) *f* snappy dresser.

elek|t (-ta, -ci) (*loc sg* -**cie**) *m*: **prezydent elekt** the President elect.

elektora|t (-tu) (*loc sg* -**cie**) *m* electorate.

elektrociepłow|nia (-ni, -nie) (*gen pl* -**ni**) *f* heat and power plant.

elektro|da (-dy, -dy) (*loc sg* -**dzie**) *f* electrode.

elektrokardiogra|m (-mu, -my) (*loc sg* -**mie**) *m* (*MED*) electrocardiogram.

elektroli|t (-tu, -ty) (*loc sg* -**cie**) *m* electrolyte.

elektroluk|s (-su, -sy) (*loc sg* -**sie**) *m* vacuum cleaner, hoover ® (*BRIT*).

elektromagnetyczny *adj* electromagnetic.

elektromechani|k (-ka, -cy) (*instr sg* -**kiem**) *m* electrical engineer.

elektroniczny *adj* electronic; (*zegarek*) digital.

elektroni|k (-ka, -cy) (*instr sg* -**kiem**) *m* electronic engineer.

elektroni|ka (-ki) (*dat sg* -**ce**) *f* electronics.

elektrotechniczny *adj* electrotechnical.

elektrow|nia (-ni, -nie) (*gen pl* -**ni**) *f* power plant *lub* station.

elektryczność|ć (-ci) *f* electricity.

elektryczny *adj* (*prąd, urządzenie, światło*) electric; (*usterka*) electrical; **krzesło elektryczne** electric chair.

elektry|k (-ka, -cy) (*instr sg* -**kiem**) *m* electrician.

elektryz|ować (-uję, -ujesz) *vt* (*perf* **na-**) to electrify; (*przen: widzów*) (*perf* **z-**) to thrill, to electrify.

▶**elektryzować się** *vr* (*o materiale*) to pick up static.

elemen|t (-tu, -ty) (*loc sg* -**cie**) *m* (*część*) element, component; (*grupa ludzi*) circle; **elementy** *pl* (*podstawy*) elements.

elementarny *adj* elementary.

elementarz (-a, -e) (gen pl -y) m
reading primer.

elewacj|a (-i, -e) (gen pl -i) f
(ARCHIT) elevation.

elewato|r (-ra, -ry) (loc sg -rze) m
elevator.

eliksi|r (-ru, -ry) (loc sg -rze) m elixir.

eliminacj|a (-i, -e) (gen pl -i) f
elimination; **eliminacje** pl (SPORT)
qualifying round.

elimin|ować (-uję, -ujesz) (perf wy-)
vt to eliminate.

elip|sa (-sy, -sy) (dat sg -sie) f
(GEOM) ellipse.

eli|ta (-ty, -ty) (dat sg -cie) f elite.

elitarny adj elitist.

elokwentny adj eloquent.

emali|a (-i, -e) (gen pl -i) f enamel.

emancypacj|a (-i) f emancipation;
emancypacja kobiet the
emancipation of women.

embar|go (-ga) (instr sg -giem) nt
embargo.

emblema|t (-tu, -ty) (loc sg -cie) m
emblem.

embrio|n (-nu, -ny) (loc sg -nie) m
embryo.

emery|t (-ta, -ci) (loc sg -cie) m (old
age) pensioner.

emerytalny adj (wiek) pensionable;
fundusz emerytalny pension fund.

emeryt|ka (-ki, -ki) (dat sg -ce, gen pl
-ek) f (old age) pensioner.

emerytowany adj retired.

emerytu|ra (-ry, -ry) (dat sg -rze) f
(świadczenie) (old age) pension;
(okres) retirement.

emigracj|a (-i, -e) (gen pl -i) f
emigration.

emigracyjny adj: **rząd emigracyjny**
government in exile; **urząd
emigracyjny** emigration office.

emigran|t (-ta, -ci) (loc sg -cie) m
emigrant; (polityczny) émigré.

emigr|ować (-uję, -ujesz) (perf wy-)
vi to emigrate.

emisj|a (-i, -e) (gen pl -i) f (pieniędzy,
akcji) issue; (zanieczyszczeń)
emission, discharge; (TV) screening;
(RADIO) broadcasting; (FIZ)
emission.

emit|ować (-uję, -ujesz) (perf wy-) vt
(pieniądze, akcje) to issue;
(zanieczyszczenia) to emit, to
discharge; (TV) to screen; (RADIO)
to broadcast; (FIZ) to emit.

emocj|a (-i, -e) (gen pl -i) f emotion;
emocje pl emotions pl.

emocjonalny adj emotional.

emocjon|ować (-uję, -ujesz) vt:
emocjonować kogoś to excite lub
thrill sb.

▶**emocjonować się** vr:
emocjonować się czymś to be
excited about sth.

emocjonujący adj exciting.

empiryczny adj empirical.

emulsj|a (-i, -e) (gen pl -i) f (też:
farba emulsyjna) emulsion (paint);
emulsja do opalania suntan lotion.

encyklopedi|a (-i, -e) (gen pl -i) f
encyclop(a)edia.

energetyczny adj: **przemysł
energetyczny** power industry;
surowiec energetyczny source of
energy; **kryzys energetyczny**
energy crisis.

energety|ka (-ki) (dat sg -ce) f
(przemysł) power industry; (FIZ)
energetics.

energi|a (-i) f energy; **energia
atomowa/słoneczna** atomic/solar
energy.

energiczny adj energetic.

enigmatyczny adj (książk)
enigmatic.

entuzja|sta (-sty, -ści) (dat sg -ście)
m decl like f in sg enthusiast.

entuzjastyczny adj enthusiastic.

entuzjaz|m (-mu) (loc sg -mie) m
enthusiasm; **pełen entuzjazmu**

enthusiastic; **robić coś bez
entuzjazmu** to do sth half-heartedly.
enzy|m (**-mu, -my**) (*loc sg* **-mie**) *m*
enzyme.
epicki *adj* epic.
epidemi|a (**-i, -e**) (*gen pl* **-i**) *f*
epidemic.
epilepsj|a (**-i**) *f* epilepsy.
epilo|g (**-gu, -gi**) (*instr sg* **-giem**) *m*
epilogue.
episkopa|t (**-tu, -ty**) (*loc sg* **-cie**) *m*
episcopate.
epite|t (**-tu, -ty**) (*loc sg* **-cie**) *m* epithet.
epizo|d (**-du, -dy**) (*loc sg* **-dzie**) *m*
episode; (*TEATR, FILM*) bit part.
epo|ka (**-ki, -ki**) (*dat sg* **-ce**) *f* epoch;
(*GEOL*) age.
epokowy *adj* epoch-making.
era (**ery, ery**) (*dat sg* **erze**) *f* era;
naszej ery A.D.; **przed naszą erą**
B.C.
erekcj|a (**-i, -e**) (*gen pl* **-i**) *f* erection.
erotoma|n (**-na, -ni**) (*loc sg* **-nie**) *m*
sex maniac.
erotyczny *adj* erotic.
erozj|a (**-i, -e**) (*gen pl* **-i**) *f* erosion.
erra|ta (**-ty, -ty**) (*dat sg* **-cie**) *f* erratum.
erudycj|a (**-i**) *f* erudition.
esej (**-u, -e**) *m* essay.
esencj|a (**-i, -e**) (*gen pl* **-i**) *f* essence;
(*herbaciana*) strong tea brew to
which fresh boiling water is added
before serving.
eskalacj|a (**-i, -e**) (*gen pl* **-i**) *f*
escalation.
eskapa|da (**-dy, -dy**) (*dat sg* **-dzie**) *f*
escapade.
Eskimo|s (**-sa, -si**) (*loc sg* **-sie**) *m*
Eskimo.
eskor|ta (**-ty, -ty**) (*dat sg* **-cie**) *f*
escort; **pod eskortą** under escort.
eskort|ować (**-uję, -ujesz**) *vi* to
escort.
este|ta (**-ty, -ci**) (*dat sg* **-cie**) *m decl
like f in sg* aesthete (*BRIT*), esthete
(*US*).

estetyczny *adj* (*zmysł, doznania*)
aesthetic (*BRIT*), esthetic (*US*);
(*gustowny*) tasteful.
estety|ka (**-ki**) (*dat sg* **-ce**) *f* (*nauka*)
aesthetics (*BRIT*), esthetics (*US*);
(*piękno*) beauty.
Estoni|a (**-i**) *f* Estonia.
Estończy|k (**-ka, -cy**) (*instr sg* **-kiem**)
m Estonian.
estoński *adj* Estonian.
estra|da (**-dy, -dy**) (*loc sg* **-dzie**) *f*
stage; (*na wolnym powietrzu*)
bandstand.
eta|p (**-pu, -py**) (*loc sg* **-pie**) *m* stage.
eta|t (**-tu, -ty**) (*loc sg* **-cie**) *m*: (*wolny*)
etat (job) vacancy; **na pełen etat**
full-time; **na pół etatu** part-time.
etatowy *adj*: **pracownik etatowy**
full-time employee.
ete|r (**-ru, -ry**) (*loc sg* **-rze**) *m* ether.
Etiopi|a (**-i**) *f* Ethiopia.
etiu|da (**-dy, -dy**) (*dat sg* **-dzie**) *f*
étude.
etniczny *adj* ethnic.
etnologi|a (**-i**) *f* ethnology.
etui *nt inv* case.
etyczny *adj* ethical.
ety|ka (**-ki**) (*dat sg* **-ce**) *f* (*zbiór norm*)
ethics *pl*; (*nauka*) ethics.
etykie|ta (**-ty**) (*dat sg* **-cie**) *f* (*nalepka*)
(*nom pl* **-ty**) label; (*zachowanie*)
etiquette.
etyli|na (**-ny**) (*dat sg* **-nie**) *f*
high-octane petrol (*BRIT*), premium
gasoline (*US*).
etymologi|a (**-i**) *f* etymology.
eufemiz|m (**-mu, -my**) (*loc sg* **-mie**)
m euphemism.
eufori|a (**-i**) *f* euphoria.
eukaliptu|s (**-sa, -sy**) (*loc sg* **-sie**) *m*
eucalyptus.
eurocze|k (**-ku, -ki**) (*instr sg* **-kiem**)
m Eurocheque.
Euro|pa (**-py**) (*dat sg* **-pie**) *f* Europe.
Europejczy|k (**-ka, -cy**) (*instr sg*
-kiem) *m* European.

Europej|ka (-ki, -ki) (*dat sg* -ce, *gen pl* -ek) f European.

europejski *adj* European.

eutanazj|a (-i) f euthanasia.

ewakuacj|a (-i, -e) (*gen pl* -i) f evacuation.

ewakuacyjny *adj*: **droga ewakuacyjna** escape route; **plan ewakuacyjny** evacuation plan.

ewaku|ować (-uję, -ujesz) *vt* to evacuate.

▸**ewakuować się** *vr* to evacuate.

ewangeli|a (-i, -e) (*gen pl* -i) f Gospel; **ewangelia według św. Łukasza** the Gospel according to St Luke.

ewangelicki *adj* evangelical.

ewentualnie *adv* (*w razie czego*) if need be; (*albo*) alternatively.

ewentualnoś|ć (-ci, -ci) (*gen pl* -ci) f eventuality.

ewentualny *adj* possible.

ewidencj|a (-i, -e) (*gen pl* -i) f record.

ewidentnie *adv* evidently.

ewidentny *adj* evident.

ewolucj|a (-i, -e) (*gen pl* -i) f evolution; **teoria ewolucji** the theory of evolution.

ewolucyjny *adj* evolutionary.

F

fabryczny *adj* factory *attr*; **znak fabryczny** trademark.

fabry|ka (-ki, -ki) (*dat sg* -ce) f factory.

fabularny *adj*: **film fabularny** feature film.

fabu|ła (-ły, -ły) (*dat sg* -le) f plot.

face|t (-ta, -ci) (*loc sg* -cie) m (*pot*) fellow (*pot*), guy (*pot*).

fach (-u, -y) m trade.

facho|wiec (-wca, -wcy) m (*specjalista*) specialist, expert.

fachowy *adj* (*czasopismo, terminologia*) specialist; (*porada*) professional, expert; (*pracownik*) skilled.

fair *adj inv*: **to nie jest fair** it's not fair ▸ *adv*: **postępować (postąpić** *perf*) **(nie) fair** (not) to play fair.

fajerwer|ki (-ków) *pl* fireworks *pl*.

faj|ka (-ki, -ki) (*dat sg* -ce, *gen pl* -ek) f pipe.

fajnie *adv* (*pot*) great (*pot*).

fajny *adj* (*pot*) great (*pot*).

fajran|t (-tu, -ty) (*loc sg* -cie) m (*pot*) knock-off time (*pot*).

fak|s (-su, -sy) (*loc sg* -sie) m (*urządzenie*) fax (machine); (*wiadomość*) fax (message).

faks|ować (-uję, -ujesz) (*perf* prze-) *vt/vi* to fax.

fak|t (-tu, -ty) (*loc sg* -cie) m fact; **fakt, że ...** (*pot*) true enough, ...; **stać się** (*perf*) **faktem** to become fact.

faktu|ra (-ry, -ry) (*dat sg* -rze) f (*HANDEL*) invoice.

faktycznie *adv* actually, in fact.

faktyczny *adj* actual.

fa|la (-li, -le) f wave.

falban|ka (-ki, -ki) (*dat sg* -ce, *gen pl* -ek) f frill.

falisty *adj* wavy.

falochro|n (-nu, -ny) (*loc sg* -nie) m breakwater.

fal|ować (-uje) *vi* (*woda, zasłona, tłum*) (*perf* za-) to roll.

falstar|t (-tu, -ty) (*loc sg* -cie) m (*SPORT*) false start.

falsyfika|t (-tu, -ty) (*loc sg* -cie) m forgery.

fał|da (-dy, -dy) (*dat sg* -dzie) f, m fold.

fałsz (-u, -e) m falsity, falsehood.

fałszerst|wo (-wa, -wa) (*loc sg* -wie) *nt* forgery.

fałszerz (-a, -e) (*gen pl* -y) m forger.

fałsz|ować (-uję, -ujesz) (*perf* s-) *vt*

(*pieniądze, obrazy*) to forge; (*dane, dokumenty*) to fabricate, to cook up (*pot*) ♦ *vi* (*grać nieczysto*) to play *lub* be out of tune; (*śpiewać nieczysto*) to sing *lub* be out of tune.

fałszywie *adv* (*nieprawdziwie*) falsely; (*obłudnie*) insincerely.

fałszywy *adj* (*podrobiony*) counterfeit; (*niezgodny z prawdą*) false; (*obłudnie*) insincere; (*ton, dźwięk, nuta*) off-key.

fa|n (-na, -ni) (*loc sg* -nie) *m* (*pot*) fan.

fanatyczny *adj* fanatical.

fanaty|k (-ka, -cy) (*instr sg* -kiem) *m* fanatic.

fan-clu|b (-bu, -by) (*loc sg* -bie) *m* fan club.

fantastyczny *adj* fantastic; **powieść fantastyczna** a science-fiction novel.

fantazj|a (-i, -e) (*gen pl* -i) *f* (*wyobraźnia*) imagination; (*wymysł*) fantasy.

farao|n (-na, -nowie) (*loc sg* -nie) *m* pharaoh.

far|ba (-by, -by) (*dat sg* -bie) *f* paint; (*drukarska*) ink; (*do włosów*) tint, dye.

farb|ować (-uję, -ujesz) *vt* (*odzież, włosy: barwić*) (*perf* u- *lub* po-) to dye ♦ *vi* (*puszczać kolor*) to bleed, to run.

far|ma (-my, -my) (*dat sg* -mie) *f* farm.

farmaceutyczny *adj* pharmaceutical.

farmakologiczny *adj* (*środek*) pharmacological.

farme|r (-ra, -rzy) (*loc sg* -rze) *m* farmer.

far|sa (-sy, -sy) (*dat sg* -sie) *f* (*TEATR*) farce; (*przen*) travesty.

farsz (-u, -e) *m* stuffing.

fartuch (-a, -y) *m* (*kuchenny*) apron; (*lekarski*) (doctor's) gown.

fartusz|ek (-ka, -ki) (*instr sg* -kiem) *m* (*dziecięcy*) pinafore.

fasa|da (-dy, -dy) (*dat sg* -dzie) *f* (*ARCHIT*) facade.

fascynacj|a (-i, -e) (*gen pl* -i) *f* fascination.

fascyn|ować (-uję, -ujesz) *vt* (*perf* za-) to fascinate.

fascynujący *adj* fascinating.

faso|la (-li, -le) (*gen pl* -li) *f* bean.

faso|n (-nu, -ny) (*loc sg* -nie) *m* (*krój*) cut.

faszy|sta (-sty, -ści) (*dat sg* -ście) *m decl like f in sg* fascist.

faszystowski *adj* fascist.

faszyz|m (-mu) (*loc sg* -mie) *m* fascism.

fatalny *adj* (*błąd, skutek*) disastrous; (*liczba, numer*) unlucky; (*stan, pogoda, opinia*) appalling.

fatamorga|na (-ny) (*dat sg* -nie) *f* mirage; (*przen*) mirage, illusion.

faty|ga (-gi) (*dat sg* -dze) *f* trouble; **zadawać** (**zadać** *perf*) **sobie fatygę** to take the trouble.

fatyg|ować (-uję, -ujesz) *vt* to trouble, to put out.

▶**fatygować się** (*perf* po-) *vr* to take the trouble; **proszę się nie fatygować** please don't trouble yourself/yourselves.

fau|l (-lu, -le) (*gen pl* -li *lub* -lów) *m* (*SPORT*) foul.

faul|ować (-uję, -ujesz) (*perf* s-) *vt* (*SPORT*) to foul.

fau|na (-ny) (*dat sg* -nie) *f* fauna.

fawory|t (-ta, -ci) (*loc sg* -cie) *m* front-runner, favourite (*BRIT*), favorite (*US*).

faworyz|ować (-uję, -ujesz) *vt* to favour (*BRIT*), to favor (*US*).

fax (-u, -y) *m* = **faks**.

fa|za (-zy, -zy) (*dat sg* -zie) *f* stage, phase.

federacj|a (-i, -e) (*gen pl* -i) *f* federation.

federalny *adj* federal; **Republika Federalna Niemiec** the Federal Republic of Germany.

fele|r (-ru, -ry) (*loc sg* **-rze**) *m* (*pot*) flaw, snag (*pot*).

felieto|n (-nu, -ny) (*loc sg* **-nie**) *m* feature article.

feminist|ka (-ki, -ki) (*dat sg* **-ce**, *gen pl* **-ek**) *f* feminist.

feministyczny *adj* feminist.

feminiz|m (-mu) (*loc sg* **-mie**) *m* feminism.

feni|g (-ga, -gi) (*instr sg* **-giem**) *m* (*moneta*) pfennig.

fenomenalny *adj* phenomenal.

feralny *adj* unlucky.

feri|e (-i) *pl* (*krótkie*) break; (*długie*) holiday(s) (*pl*) (*BRIT*), vacation (*US*).

fer|ma (-my, -my) (*dat sg* **-mie**) *f* poultry *lub* chicken farm.

fermentacj|a (-i, -e) (*gen pl* **-i**) *f* fermentation.

ferment|ować (-uje) (*perf* **s-**) *vi* to ferment.

festiwa|l (-lu, -le) (*gen pl* **-li** *lub* **-lów**) *m* festival.

festy|n (-nu, -ny) (*loc sg* **-nie**) *m* gala.

feto|r (-ru, -ry) (*loc sg* **-rze**) *m* stench.

fetysz (-a, -e) (*gen pl* **-y** *lub* **-ów**) *m* fetish.

feudaliz|m (-mu) (*loc sg* **-mie**) *m* feudalism.

feudalny *adj* feudal.

fias|ko (-ka, -ka) (*instr sg* **-kiem**) *nt* fiasco; **zakończyć się** (*perf*) **fiaskiem** to come to grief.

fi|ga (-gi, -gi) (*loc sg* **-dze**) *f* (*owoc, drzewo*) fig; (*pot. nic*) zero, nothing.

fi|giel (-gla, -gle) (*gen pl* **-glów**) *m* prank; **płatać figle** to play tricks.

figu|ra (-ry, -ry) (*dat sg* **-rze**) *f* figure; (*szachowa*) piece; (*karciana*) court *lub* picture card.

figur|ka (-ki, -ki) (*dat sg* **-ce**, *gen pl* **-ek**) *f* (*posążek*) figurine.

figur|ować (-uję, -ujesz) *vi*: **figurować w spisie/na liście** to be *lub* appear in a register/on a list.

figurowy *adj*: **łyżwiarstwo figurowe** *lub* **jazda figurowa na lodzie** figure skating.

fikcj|a (-i, -e) (*gen pl* **-i**) *f* fiction.

fikcyjny *adj* (*postać, świat*) fictitious, fictional; (*nazwisko*) fictitious.

fiku|s (-sa, -sy) (*loc sg* **-sie**) *m* (*BOT*) rubber plant.

Filadelfi|a (-i) *f* Philadelphia.

filantro|p (-pa, -pi) (*loc sg* **-pie**) *m* philanthropist.

fila|r (-ru *lub* **-ra**, **-ry**) (*loc sg* **-rze**) *m* pillar.

filateli|sta (-sty, -ści) (*dat sg* **-ście**) *m* *decl like f in sg* stamp collector.

filc (-u, -e) *m* felt.

file|t (-ta *lub* **-tu**, **-ty**) (*loc sg* **-cie**) *m* fillet.

filharmoni|a (-i, -e) (*gen pl* **-i**) *f* (*instytucja*) philharmonic (society); (*budynek*) concert hall.

fili|a (-i, -e) (*gen pl* **-i**) *f* branch.

filigranowy *adj* dainty.

Filipin|y (-) *pl* the Philippines.

filiżan|ka (-ki, -ki) (*dat sg* **-ce**, *gen pl* **-ek**) *f* (*naczynie*) cup; (*zawartość*) cupful; **filiżanka kawy/herbaty** a cup of coffee/tea.

fil|m (-mu, -my) (*loc sg* **-mie**) *m* film; (*fabularny*) (feature) film; (*dokumentalny*) documentary (film); (*kinematografia*) film (*BRIT*) *lub* movie (*US*) industry.

film|ować (-uję, -ujesz) (*perf* **s-**) *vt* (*scenę, krajobraz*) to film; (*powieść*) to make into a film.

filmowy *adj* film *attr* (*BRIT*), movie *attr* (*US*).

filologi|a (-i, -e) (*gen pl* **-i**) *f* philology.

filozo|f (-fa, **-fowie**) (*loc sg* **-fie**) *m* philosopher.

filozofi|a (-i, -e) (*gen pl* **-i**) *f* philosophy.

filozoficzny *adj* philosophical.

filt|r (-ru *lub* **-ra**, **-ry**) (*loc sg* **-rze**) *m* filter; (*papierosowy*) filter tip.

filtr|ować (-uję, -ujesz) *vt* (*wodę*)

(*perf* **prze-**) to filter; (*osad*) (*perf*
od-) to filter out.

Fi|n (-na, -nowie) (*loc sg* -nie) *m* Finn.

finali|sta (-sty, -ści) (*dat sg* -ście) *m*
decl like f in sg finalist.

finaliz|ować (-uję, -ujesz) (*perf* **s-**) *vt*
to finalize.

fina|ł (-łu, -ły) (*loc sg* -le) *m*
(*zakończenie*) ending; (*SPORT*) final.

finałowy *adj* final.

finans|e (-ów) *pl* finance(s *pl*).

finansi|sta (-sty, -ści) (*dat sg* -ście)
m decl like f in sg banker, financier.

finans|ować (-uję, -ujesz) (*perf* **s-**)
vt to fund, to finance.

finansowy *adj* financial.

finisz (-u, -e) (*gen pl* -ów) *m*
(*SPORT*) finish.

finisz|ować (-uję, -ujesz) *vi* to spurt
(*in a race*).

fin|ka (-ki, -ki) (*dat sg* -ce, *gen pl* -ek)
f (*nóż*) sheath knife; **Finka**
(*mieszkanka Finlandii*) Finn.

Finlandi|a (-i) *f* Finland.

fiński *adj* Finnish ♦ *m decl like adj*
(*język*) Finnish.

fiole|t (-tu, -ty) (*loc sg* -cie) *m* purple.

fioletowy *adj* purple.

fioł|ek (-ka, -ki) (*instr sg* -kiem) *m*
(*BOT*) violet.

fira|na (-ny, -ny) (*loc sg* -nie) *f* net
curtain.

firan|ka (-ki, -ki) (*dat sg* -ce, *gen pl*
-ek) *f* net curtain.

fir|ma (-my, -my) (*dat sg* -mie) *f*
(*małe przedsiębiorstwo*) firm,
business; (*duże przedsiębiorstwo*)
company.

firmowy *adj* (*papier, samochód*)
company *attr*; **danie firmowe**
speciality (*BRIT*), specialty (*US*);
znak firmowy trademark.

fizjologiczny *adj* physiological.

fizyczny *adj* physical; (*laboratorium*)
physics *attr*; (*praca, pracownik*)

manual; **wychowanie fizyczne**
(*SZKOL*) physical education.

fizy|k (-ka, -cy) (*instr sg* -kiem) *m*
physicist; (*nauczyciel*) physics
teacher.

fizy|ka (-ki) (*dat sg* -ce) *f* physics.

flacz|ki (-ków) *pl* (*KULIN*) tripe.

fla|ga (-gi, -gi) (*dat sg* -dze) *f* flag.

fla|k (-ka, -ki) (*instr sg* -kiem) *m* (*na
kiełbasie*) skin; **flaki** *pl*
(*pot: wnętrzności*) guts *pl* (*pot*);
(*KULIN*) tripe; **nudny jak flaki z
olejem** (*pot*) (as) dull as ditch-water
(*pot*).

flamast|er (-ra, -ry) (*loc sg* -rze) *m*
felt-tip pen.

flane|la (-li, -le) (*gen pl* -li) *f* flannel.

flanelowy *adj* flannel *attr*.

flasz|ka (-ki, -ki) (*dat sg* -ce, *gen pl*
-ek) *f* (*pot*) bottle.

fląd|ra (-ry, -ry) (*dat sg* -rze) *f*
flounder.

fleg|ma (-my) (*dat sg* -mie) *f* phlegm.

flegmatyczny *adj* phlegmatic.

flesz (-a *lub* -u, -e) (*gen pl* -ów) *m*
(*FOT*) flash.

fle|t (-tu, -ty) (*loc sg* -cie) *m* flute; **flet
prosty** recorder.

flir|t (-tu, -ty) (*loc sg* -cie) *m* flirtation.

flirt|ować (-uję, -ujesz) *vi*: **flirtować
(z kimś)** to flirt (with sb).

flo|ra (-ry) (*dat sg* -rze) *f* flora.

flo|ta (-ty, -ty) (*dat sg* -cie) *f* fleet;
flota handlowa merchant marine *lub*
navy; **flota wojenna** navy.

fluo|r (-ru) (*loc sg* -rze) *m* fluorine;
pasta z fluorem fluoride toothpaste.

fobi|a (-i, -e) (*gen pl* -i) *f* phobia.

fo|ka (-ki, -ki) (*dat sg* -ce) *f* seal.

folde|r (-ru *lub* -ra, -ry) (*loc sg* -rze)
m brochure.

foli|a (-i, -e) (*gen pl* -i) *f* foil.

folklo|r (-ru) (*loc sg* -rze) *m* folklore.

fonety|ka (-ki) (*dat sg* -ce) *f*
phonetics.

foni|a (-i) *f* sound.

fontan|na (-ny, -ny) (*dat sg* -nie) *f* fountain.

forem|ka (-ki, -ki) (*dat sg* -ce, *gen pl* -ek) *f* (*do piasku*) mould (*BRIT*), mold (*US*); (*do ciasta*) baking tin.

foremny *adj* regular.

for|ma (-my, -my) (*dat sg* -mie) *f* form; (*do ciasta*) baking tin; (*TECH*) mould (*BRIT*), mold (*US*); **być w dobrej/złej formie** to be in good/bad shape *lub* form.

formalnie *adv* formally.

formalnoś|ć (-ci, -ci) (*gen pl* -ci) *f* formality.

formalny *adj* formal.

forma|t (-tu, -ty) (*loc sg* -cie) *m* format.

format|ować (-uję, -ujesz) (*perf* s-) *vt* (*KOMPUT*) to format.

form|ować (-uję, -ujesz) (*perf* u-) *vt* (*tworzyć*) to form; (*kształtować*) to shape.

►**formować się** *vr* (*tworzyć się*) to form; (*kształtować się*) to be shaped.

formularz (-a, -e) (*gen pl* -y) *m* form; **formularz wizowy** visa application form.

formu|ła (-ły, -ły) (*dat sg* -le) *f* formula.

formuł|ować (-uję, -ujesz) (*perf* s-) *vt* to formulate.

for|sa (-sy) (*dat sg* -sie) *f* (*pot*) dough (*pot*).

forte|ca (-cy, -ce) *f* fortress.

fortepia|n (-nu, -ny) (*loc sg* -nie) *m* (grand) piano.

fortu|na (-ny) (*dat sg* -nie) *f* fortune.

fo|sa (-sy, -sy) (*dat sg* -sie) *f* moat.

fosfo|r (-ru) (*loc sg* -rze) *m* phosphorus.

fot. *abbr* (= *fotografia*) phot.

fotel (-a *lub* -u, -e) (*gen pl* -i) *m* armchair; **fotel na biegunach** rocking chair, rocker.

fotoamato|r (-ra, -rzy) (*loc sg* -rze) *m* (amateur) photographer.

fotogra|f (-fa, -fowie) (*loc sg* -fie) *m* photographer.

fotografi|a (-i) *f* (*rzemiosło, sztuka*) photography; (*zdjęcie*) (*nom pl* -e, *gen pl* -i) photo(graph).

fotograficzny *adj* photographic; **aparat fotograficzny** camera.

fotograf|ować (-uję, -ujesz) (*perf* s-) *vt* to photograph.

fotokomór|ka (-ki, -ki) (*dat sg* -ce, *gen pl* -ek) *f* photocell, electric eye.

fotomontaż (-u, -e) (*gen pl* -y) *m* trick photo(graph).

fotoreportaż (-u, -e) (*gen pl* -y) *m* photo essay.

fotoreporte|r (-ra, -rzy) (*loc sg* -rze) *m* press *lub* news photographer.

foto|s (-su, -sy) (*loc sg* -sie) *m* (*FILM*) still.

frachto|wiec (-wca, -wce) (*loc sg* -wcu) *m* freighter.

fragmen|t (-tu, -ty) (*loc sg* -cie) *m* fragment.

fragmentaryczny *adj* fragmentary.

fraj|da (-dy, -dy) (*dat sg* -dzie) *f* (*pot*) fun, thrill (*pot*).

fraje|r (-ra, -rzy) (*loc sg* -rze) *m* (*pej*) sucker (*pej*).

fra|k (-ka, -ki) (*instr sg* -kiem) *m* tail coat, tails *pl*.

frakcj|a (-i, -e) (*gen pl* -i) *f* faction.

framu|ga (-gi, -gi) (*dat sg* -dze) *f* frame.

Francj|a (-i) *f* France.

francuski *adj* French ♦ *m decl like adj* (*język*) French; **ciasto francuskie** puff pastry; **klucz francuski** monkey wrench.

Francu|z (-za, -zi) (*loc sg* -zie) *m* Frenchman.

Francuz|ka (-ki, -ki) (*dat sg* -ce, *gen pl* -ek) *f* Frenchwoman.

fran|k (-ka, -ki) (*instr sg* -kiem) *m* franc.

frapujący *adj* fascinating.

frasz|ka (-ki, -ki) (*dat sg* -ce, *gen pl*

-ek) f (*LIT*) epigram; (*błahostka*) trifle.

fra|za (**-zy, -zy**) (*dat sg* **-zie**) f phrase.

fraze|s (**-su, -sy**) (*loc sg* **-sie**) m platitude.

frekwencj|a (**-i**) f (*w szkole*) attendance; (*wyborcza*) turnout.

fres|k (**-ku, -ki**) (*instr sg* **-kiem**) m fresco.

frezj|a (**-i, -e**) (*gen pl* **-i**) f (*BOT*) freesia.

frędz|el (**-la, -le**) (*gen pl* **-li**) f tassel; **frędzle** *pl* fringe.

fron|t (**-tu, -ty**) (*loc sg* **-cie**) m front.

frontowy *adj* front *attr*.

froter|ować (**-uję, -ujesz**) (*perf* **wy-**) *vt* to polish.

frotowy *adj* terry(-cloth) *attr*.

frotte *adj inv:* **ręcznik frotte** terry towel.

frustracj|a (**-i, -e**) (*gen pl* **-i**) f frustration.

frustr|ować (**-uję, -ujesz**) (*perf* **s-**) *vt* to frustrate.

fruw|ać (**-am, -asz**) *vi* to fly.

fryt|ki (**-ek**) *pl* (*potato*) chips *pl* (*BRIT*), (French) fries *pl* (*US*).

frywolny *adj* frivolous.

fryzje|r (**-ra, -rzy**) (*loc sg* **-rze**) m hairdresser; (*męski*) barber.

fryzjer|ka (**-ki, -ki**) (*dat sg* **-ce**, *gen pl* **-ek**) f hairdresser.

fryzjerski *adj:* **zakład fryzjerski** hairdresser's; (*męski*) barber's; **salon fryzjerski** hair(dressing) salon.

fryzu|ra (**-ry, -ry**) (*dat sg* **-rze**) f hair style, haircut.

fujar|ka (**-ki, -ki**) (*dat sg* **-ce**, *gen pl* **-ek**) f pipe.

fundacj|a (**-i, -e**) (*gen pl* **-i**) f foundation.

fundamen|t (**-tu, -ty**) (*loc sg* **-cie**) m (*budynku*) foundation(s *pl*); (*przen*) foundation.

fundamentalny *adj* fundamental.

fund|ować (**-uję, -ujesz**) *vt* (*perf* **za-**):

fundować komuś coś to treat sb to sth; (*stypendium*) (*perf* **u-**) to found, to establish.

fundusz (**-u, -e**) (*gen pl* **-ów** *lub* **-y**) m fund; **fundusze** *pl* funds *pl*.

funkcj|a (**-i, -e**) (*gen pl* **-i**) f function; (*stanowisko*) function, position.

funkcjonalny *adj* functional, practical.

funkcjon|ować (**-uję, -ujesz**) *vi* to function.

fun|t (**-ta, -ty**) (*loc sg* **-cie**) m pound; **funt szterling** (pound) sterling.

furgonet|ka (**-ki, -ki**) (*dat sg* **-ce**, *gen pl* **-ek**) f van.

furi|a (**-i**) f fury.

furo|ra (**-ry**) (*dat sg* **-rze**) f: **robić** (**zrobić** *perf*) **furorę** to make it big.

furt|ka (**-ki, -ki**) (*dat sg* **-ce**, *gen pl* **-ek**) f gate.

fus|y (**-ów**) *pl* (*kawowe*) dregs; (*herbaciane*) tea leaves.

futbol (**-u**) m (*association*) football, soccer; **futbol amerykański** (American) football.

futera|ł (**-łu, -ły**) (*loc sg* **-le**) m holder, case.

fut|ro (**-ra, -ra**) (*loc sg* **-rze**, *gen pl* **-er**) nt (*sierść*) fur; (*płaszcz*) fur coat.

futry|na (**-ny, -ny**) (*dat sg* **-nie**) f frame.

futrzany *adj* fur *attr*.

G

g *abbr* (= *godzina*) h (= hour); (= *gram*) g (= gram).

gabine|t (**-tu, -ty**) (*loc sg* **-cie**) m (*w domu*) study; (*w pracy*) office; (*lekarski*) surgery (*BRIT*), office (*US*); (*POL*) Cabinet; **gabinet kosmetyczny** beauty salon *lub* parlor (*US*).

gablo|ta (-ty, -ty) (*dat sg* -cie) *f* showcase.

ga|cie (-ci) *pl* (*pot*) underpants.

ga|d (-da, -dy) (*loc sg* -dzie) *m* (*ZOOL*) reptile.

gad|ać (-am, -asz) *vi* (*pot*) to talk, to chatter.

gadatliwy *adj* loquacious, garrulous.

gadu|ła (-ły, -ły) (*dat sg* -le) *f/m decl like f* (*pot*) chatterbox.

ga|j (-ju, -je) (*gen pl* -i) *m* grove.

gajo|wy (-wego, -wi) *m decl like adj* forester.

ga|la (-li, -le) *f* (*uroczystość*) gala, festivity; (*strój*) gala dress *lub* attire.

galakty|ka (-ki, -ki) (*dat sg* -ce) *f* (*ASTRON*) galaxy.

galanteri|a (-i) *f* (*wyroby*) haberdashery (*BRIT*), notions *pl* (*US*).

galaret|ka (-ki, -ki) (*dat sg* -ce, *gen pl* -ek) *f* jelly.

galeri|a (-i, -e) (*gen pl* -i) *f* gallery.

galo|n (-nu, -ny) (*loc sg* -nie) *m* (*miara objętości*) gallon.

galo|p (-pu, -py) (*loc sg* -pie) *m* gallop.

galop|ować (-uję, -ujesz) *vi* to gallop.

galowy *adj* gala *attr.*

gałąz|ka (-ki, -ki) (*dat sg* -ce, *gen pl* -ek) *f* twig, sprig.

gałą|ź (-ęzi, -ęzie) (*gen pl* -ęzi, *instr pl* -ęziami *lub* -ęźmi) *f* branch.

gał|ka (-ki, -ki) (*dat sg* -ce, *gen pl* -ek) *f* (*na drzwiach, przy radiu*) knob; (*lodów*) scoop; **gałka oczna** eyeball; **gałka muszkatołowa** nutmeg.

ga|ma (-my, -my) (*loc sg* -mie) *f* (*MUZ*) scale; (*przen*) range.

gan|ek (-ku, -ki) (*instr sg* -kiem) *m* (*przybudówka*) porch; (*przejście*) gallery.

gan|g (-gu, -gi) (*instr sg* -giem) *m* gang, mob (*pot*).

gangre|na (-ny) (*dat sg* -nie) *f* (*MED*) gangrene.

gangste|r (-ra, -rzy) (*loc sg* -rze) *m* gangster, mobster (*pot*).

ga|nić (-nię, -nisz) (*imp* -ń, *perf* z-) *vt* to rebuke, to reprimand.

ga|p (-pia, -pie) *m* onlooker.

ga|pa (-py, -py) (*dat sg* -pie) *m/f decl like f* (*pot*) dope (*pot: slow-witted person*); **pasażer na gapę** fare dodger; (*na statku, w samolocie*) stowaway; **jechać na gapę** (*pot*) to steal a ride, to dodge paying one's fare.

ga|pić się (-pię, -pisz) *vr* (*pot*): **gapić się (na** +*acc*) to stare (at), to gape (at).

garaż (-u, -e) (*gen pl* -y *lub* -ów) *m* garage.

gar|b (-bu, -by) (*loc sg* -bie) *m* hump.

garbar|nia (-ni, -nie) (*gen pl* -ni) *f* tannery.

garbaty *adj* (*człowiek*) hunchbacked; (*nos*) hooked.

gar|bić się (-bię, -bisz) (*perf* z-) *vr* to stoop.

garb|ować (-uję, -ujesz) (*perf* wy-) *vt* to tan.

garbu|s (-sa, -sy) (*loc sg* -sie) *m* (*pot: człowiek*) hunchback.

gardero|ba (-by, -by) (*loc sg* -bie) *f* (*ubrania*) wardrobe, clothing; (*TEATR*) dressing room; (*szatnia*) cloakroom.

gard|ło (-ła, -ła) (*loc sg* -le, *gen pl* -eł) *nt* throat.

gar|dzić (-dzę, -dzisz) (*imp* -dź, *perf* wz-) *vt*: **gardzić kimś/czymś** to despise sb/sth.

gar|nąć się (-nę, -niesz) (*imp* -nij) *vr*: **garnąć się do kogoś** to feel attracted to sb.

garncarst|wo (-wa) (*loc sg* -wie) *nt* pottery.

garn|ek (-ka, -ki) (*instr sg* -kiem) *m* pot.

garnitu|r (-ru, -ry) (*loc sg* -rze) *m* (*ubranie*) suit.

garnizo|n (-nu, -ny) (*loc sg* -nie) *m*
(*WOJSK*) garrison.
garson|ka (-ki, -ki) (*dat sg* -ce, *gen pl*
-ek) *f* (woman's) suit.
garst|ka (-ki, -ki) (*dat sg* -ce, *gen pl*
-ek) *f* (*niewielka ilość*) handful.
garś|ć (-ci, -cie *lub* -ci) (*gen pl* -ci) *f*
(*dłoń*) cupped hand; (*pieniędzy,
informacji*) handful.
ga|sić (-szę, -sisz) (*imp* -ś, *perf* z-) *vt*
(*ogień*) to put out, to extinguish;
(*papierosa, świecę*) to put out;
(*światło, radio, silnik*) to turn *lub*
switch off; (*zapał, dobry humor*) to
kill; (*pragnienie*) (*perf* u-) to quench.
ga|snąć (-snę, -śniesz) (*imp* -śnij,
perf z-) *vi* (*o ogniu, latarni*) to go out;
(*o silniku*) to stall; (*o nadziei, zapale*)
to fade.
gastronomi|a (-i) *f* (*sztuka kulinarna*)
gastronomy; (*dział usług*) catering
industry.
gaśnic|a (-y, -e) *f* fire-extinguisher.
gat. *abbr* (= *gatunek*) quality.
gatun|ek (-ku, -ki) (*instr sg* -kiem) *m*
(*rodzaj, typ*) kind, sort; (*BIO*)
species; (*jakość*) quality; **gatunek
pierwszy/drugi** first(s)/second(s);
gatunek literacki literary genre.
gawę|dzić (-dzę, -dzisz) (*imp* -dź) *vi*
to chat.
gawro|n (-na, -ny) (*loc sg* -nie) *m*
(*ZOOL*) rook.
ga|z (-zu, -zy) (*loc sg* -zie) *m* (*FIZ,
CHEM*) gas; (*MOT*) gas pedal,
accelerator; (*pot. instalacja gazowa*)
gas fittings *pl*; **gazy** *pl* (*wiatry*) wind
sg, flatus *sg*; **gaz łzawiący** tear gas;
gaz ziemny natural gas; **na gazie**
(*pot. podpity*) tipsy.
ga|za (-zy, -zy) (*dat sg* -zie) *f* gauze.
gaze|la (-li, -le) (*gen pl* -l *lub* -li) *f*
gazelle.
gaze|ta (-ty, -ty) (*dat sg* -cie) *f*
newspaper.
gazet|ka (-ki, -ki) (*dat sg* -ce, *gen pl*

-ek) *f* (*ścienna*) board bulletin;
(*szkolna*) school newspaper; (*ulotka*)
pamphlet.
gazocią|g (-gu, -gi) (*instr sg* -giem)
m gas pipeline.
gazomierz (-a, -e) (*gen pl* -y) *m*
gas-meter.
gazowany *adj* (*napój, woda*)
carbonated, sparkling.
gazow|nia (-ni, -nie) (*gen pl* -ni) *f*
gas-works.
gazowy *adj* (*kuchenka, maska*) gas
attr; (*opatrunek*) gauze *attr*; **komora
gazowa** (*HIST*) gas chamber.
gaźni|k (-ka, -ki) (*instr sg* -kiem) *m*
(*MOT*) carburettor (*BRIT*), carburetor
(*US*).
gaż|a (-y, -e) (*gen pl* - *lub* -y) *f* salary.
gąb|ka (-ki, -ki) (*dat sg* -ce, *gen pl*
-ek) *f* sponge.
gąsienic|a (-y, -e) *f* caterpillar; (*w
ciągniku*) caterpillar tread.
gąszcz (-u, -e) (*gen pl* -ów *lub* -y) *m*
(*krzaków, lasu*) thicket; (*myśli,
informacji*) tangle.
gbu|r (-ra, -ry) (*loc sg* -rze) *m* (*pej*)
boor.
gda|kać (-cze) *vi* (*o kurze*) to cackle.
gder|ać (-am, -asz) *vi* (*pot*) to
grumble.

─────── SŁOWO KLUCZOWE ───────

gdy *conj* **1** (*kiedy*) when, as; **spała
już, gdy wróciłem** she was asleep
when I returned; **podczas gdy**
((*wtedy*) *kiedy*) while; (*natomiast*)
whereas; **gdy tylko** as soon as. **2**
(*jeżeli*) when.

---

gdyby *conj* if.
gdyż *conj* because, for.

─────── SŁOWO KLUCZOWE ───────

gdzie *pron* **1** (*w zdaniach pytających*)
where; **gdzie ona jest?** where is

she? **2** (*w zdaniach podrzędnych*)
where; **nie wiem, gdzie ona jest** I
don't know where she is. **3** (*w
zdaniach względnych*) where; **wszedł
do pokoju, gdzie stał duży stół** he
entered the room where there was a
big table. **4: nie miał gdzie spać** he
didn't have anywhere to sleep, he
had nowhere to sleep; **gdzie bądź**
anywhere.

gdziekolwiek *pron* anywhere.
gdzieniegdzie *adv* here and there.
gdzieś *adv* somewhere.
gehen|na (-ny) (*loc sg* **-nie**) *f* (*przen*)
ordeal.
gej (-a, -e) *m* (*homoseksualista*)
homosexual, gay.
gejze|r (-ru, -ry) (*loc sg* **-rze**) *m*
geyser.
ge|n (-nu, -ny) (*loc sg* **-nie**) *m* (*BIO*)
gene.
gen. *abbr* (= *generał*) Gen.
genealogi|a (-i, -e) (*gen pl* **-i**) *f*
genealogy.
genealogiczny *adj*: **drzewo
genealogiczne** family tree.
generacj|a (-i, -e) (*gen pl* **-i**) *f*
generation.
generalizacj|a (-i, -e) *f*
generalization.
generaliz|ować (-uję, -ujesz) *vt* to
generalize.
generalny *adj* general; **próba
generalna** dress rehearsal; **Sekretarz
Generalny** Secretary General;
generalne porządki spring-clean;
sztab generalny chief headquarters.
genera|ł (-ła, -łowie) (*loc sg* **-le**) *m*
general.
generato|r (-ra, -ry) (*loc sg* **-rze**) *m*
generator.
gener|ować (-uję, -ujesz) (*imp* **wy-**)
vt to generate.
genetyczny *adj* genetic.

genety|ka (-ki) (*dat sg* **-ce**) *f* (*MED*)
genetics.
Gene|wa (-wy) (*dat sg* **-wie**) *f* Geneva.
gene|za (-zy) (*dat sg* **-zie**) *f* origin.
genialny *adj* (*człowiek*) brilliant.
genitali|a (-ów) *pl* genitals.
geniusz (-a, -e) (*gen pl* **-y** *lub* **-ów**) *m*
(*człowiek*) (man of) genius; (*talent,
zdolności*) (*gen sg* **-u**) genius.
geodezj|a (-i) *f* geodesy.
geogra|f (-fa, -fowie) (*loc sg* **-fie**) *m*
geographer.
geografi|a (-i) *f* geography.
geograficzny *adj* geographic(al);
atlas geograficzny geographical
atlas.
geolo|g (-ga, -gowie *lub* **-dzy**) (*instr
sg* **-giem**) *m* geologist.
geologi|a (-i) *f* geology.
geologiczny *adj* geologic(al).
geometri|a (-i) *f* geometry.
geometryczny *adj* geometrical.
gepar|d (-da, -dy) (*loc sg* **-dzie**) *m*
(*ZOOL*) cheetah.
geranium *nt inv* (*BOT*) geranium.
gerbe|ra (-ry, -ry) (*dat sg* **-rze**) *f*
(*BOT*) gerbera.
germani|sta (-sty, -ści) (*dat sg* **-ście**)
m decl like f in sg (*specjalista*)
Germanist; (*student*) Germanist,
student of German.
germanisty|ka (-ki) (*dat sg* **-ce**) *f*
German studies.
germański *adj* (*HIST*) Germanic,
Teutonic.
ge|st (-stu, -sty) (*loc sg* **-ście**) *m*
gesture.
gesti|a (-i) *f*: **leżeć w czyjejś gestii**
to be *lub* to lie in sb's hands.
gestykul|ować (-uję, -ujesz) *vi* to
gesticulate.
get|to (-ta, -ta) (*loc sg* **-cie**) *nt* ghetto.
gęba (gęby, gęby) (*dat sg* **gębie**, *gen
pl* **gąb**) *f* (*pot*) mug (*pot*).
gęsi *adj* (*jajo, pióro*) goose *attr*; **gęsia
skórka** gooseflesh, goose pimples;

iść gęsiego to walk (in) Indian *lub* single file.

gęstni|eć (**-eje**) (*perf* **z-**) *vi* to thicken.

gęstoś|ć (**-ci**) *f* density.

gęsty *adj* (*las, mgła*) thick, dense; (*włosy, zupa*) thick.

gę|ś (**-si, -si**) *f* goose.

giąć (**gnę, gniesz**) (*imp* **gnij**, *perf* **z-**) *vt* to bend.

►**giąć się** *vr* to bend.

Gibralta|r (**-ru**) (*loc sg* **-rze**) *m* Gibraltar.

gieł|da (**-dy, -dy**) (*dat sg* **-dzie**) *f* (*EKON*) exchange; **giełda papierów wartościowych** stock exchange; **giełda samochodowa** car auction; **giełda pracy** employment exchange.

giętki *adj* flexible.

giętkoś|ć (**-ci**) *f* flexibility.

gigan|t (**-ta**) (*loc sg* **-cie**) *m* (*olbrzym*) (*nom pl* **-ci** *lub* **-ty**) giant.

gigantyczny *adj* gigantic.

giloty|na (**-ny, -ny**) (*dat sg* **-nie**) *f* guillotine.

gimnastycz|ka (**-ki, -ki**) (*dat sg* **-ce**, *gen pl* **-ek**) *f* gymnast.

gimnastyczny *adj* (*ćwiczenia*) gymnastic; (*koszulka, obuwie*) gym *attr*; **sala gimnastyczna** gymnasium, gym (*pot*).

gimnasty|ka (**-ki**) (*dat sg* **-ce**) *f* gymnastics; **poranna gimnastyka** morning exercises.

gimnastyk|ować (**-uję, -ujesz**) *vt* to exercise.

►**gimnastykować się** *vr* to exercise.

gi|nąć (**-nę, -niesz**) (*imp* **-ń**, *perf* **z-**) *vi* (*tracić życie*) to perish; (*zanikać*) to disappear; (*zapodziewać się*) to get lost.

ginekolo|g (**-ga, -dzy** *lub* **-gowie**) (*instr sg* **-giem**) *m* gynaecologist (*BRIT*), gynecologist (*US*).

ginekologiczny *adj* gynaecological (*BRIT*), gynecological (*US*).

gip|s (**-su**) (*loc sg* **-sie**) *m* (*materiał*) plaster; (*opatrunek*) plaster cast.

gips|ować (**-uję, -ujesz**) (*perf* **za-**) *vt* to plaster.

gita|ra (**-ry, -ry**) (*dat sg* **-rze**) *f* guitar; **gitara elektryczna/basowa** electric/bass guitar; **grać na gitarze** to play the guitar.

gitarzy|sta (**-sty, -ści**) (*dat sg* **-ście**) *m decl like f in sg* guitarist, guitar player.

gle|ba (**-by, -by**) (*dat sg* **-bie**) *f* soil.

glicery|na (**-ny**) (*dat sg* **-nie**) *f* glycerine.

gli|n (**-nu**) (*loc sg* **-nie**) *m* aluminium (*BRIT*), aluminum (*US*).

gli|na (**-ny, -ny**) (*dat sg* **-nie**) *f* clay ♦ *m decl like adj* (*pot: policjant*) cop.

gliniany *adj* clay *attr*; **gliniane naczynia** pottery.

gliniarz (**-a, -e**) (*gen pl* **-y**) *m* (*pot: policjant*) cop.

glo|b (**-bu, -by**) (*loc sg* **-bie**) *m* globe.

globalny *adj* global.

globu|s (**-sa, -sy**) (*loc sg* **-sie**) *m* globe.

glo|n (**-nu, -ny**) (*loc sg* **-nie**) *m* algae.

gluko|za (**-zy**) (*dat sg* **-zie**) *f* glucose.

glutaminia|n (**-nu**) (*loc sg* **-nie**) *m*: **glutaminian sodu** monosodium glutamate.

gł. *abbr* (= *główny*) main.

gładki *adj* (*skóra, morze*) smooth; (*droga*) smooth, even; (*włosy, fryzura*) sleek; (*materiał, bluzka*) plain.

gładko *adv* smoothly; (*ogolony*) clean *attr*.

gła|dzić (**-dzę, -dzisz**) (*imp* **-dź**, *perf* **po-**) *vt* to stroke; **gładzić kogoś po głowie** to stroke sb's head.

gła|skać (**-szczę, -szczesz**) (*perf* **po-**) *vt* to stroke.

gła|z (**-zu, -zy**) (*loc sg* **-zie**) *m* boulder.

głąb[1] (**-ąba, -ąby**) (*loc sg* **-ąbie**) *m* (*w kapuście*) heart; (*przen*) idiot.

głąb² (-ębi, -ębie) (*gen pl* -ębi) *f:* w głąb czegoś deep *lub* far into sth.

głębia (-bi, -bie) (*gen pl* -bi) *f* depth.

głęboki *adj* deep; (*ukłon, skłon*) low; (*dekolt*) low(-cut); (*umysł, cisza, zmiana*) profound; (*wiara*) strong.

głęboko *adv* (*nurkować*) deep; (*zranić*) deeply.

głębokoś|ć (-ci, -ci) (*gen pl* -ci) *f* depth.

głodny *adj* hungry.

głod|ować (-uję, -ujesz) *vi* to starve, to go hungry.

głodów|ka (-ki, -ki) (*dat sg* -ce, *gen pl* -ek) *f* hunger strike.

gło|s (-su, -sy) (*loc sg* -sie) *m* voice; (*prawo przemawiania*) voice, say; (w wyborach) vote; **na głos** aloud *lub* out loud; **na cały głos** at the top of one's voice; **podnosić (podnieść** *perf***) głos na kogoś** to raise one's voice to sb; **oddać** (*perf*) **głos (na kogoś)** to cast one's vote (on sb).

gło|sić (-szę, -sisz) (*imp* -ś) *vt* to advocate, to propagate.

głos|ka (-ki, -ki) (*dat sg* -ce, *gen pl* -ek) *f* (*JĘZ*) sound.

głos|ować (-uję, -ujesz) (*perf* za-) *vi* to vote; **głosować na kogoś/za czymś** to vote on sb/for sth.

głosowa|nie (-nia, -nia) (*gen pl* -ń) *nt* vote, voting.

głośni|k (-ka, -ki) (*instr sg* -kiem) *m* loudspeaker.

głośno *adv* loudly.

głośny *adj* (*słyszalny*) loud; (*hałaśliwy*) noisy; (*sławny*) famous.

głowa (-owy, -owy) (*dat sg* -owie, *gen pl* -ów) *f* head; (*pot: umysł*) brain, mind; **na głowę** per capita; **stracić** (*perf*) **głowę** to lose one's head; **przyszło mi do głowy, że ...** it (has) just occurred to me, that ... .

głowic|a (-y, -e) *f* (*TECH*) head.

głowić się (-owię, -owisz) (*imp* -ów)

vr: **głowić się (nad czymś)** to rack one's brains (about sth).

głó|d (-odu) (*loc sg* -odzie) *m* (*uczucie*) hunger; (*klęska głodu*) famine; **głód wiedzy** hunger for knowledge; **głód narkotyczny** *drug-related withdrawal symptoms*.

głó|g (-ogu, -ogi) (*instr sg* -ogiem) *m* hawthorn.

głów|ka (-ki, -ki) (*dat sg* -ce, *gen pl* -ek) *f* head; (*FUTBOL*) header.

głównie *adv* mainly, chiefly.

główny *adj* (*wejście, nagroda*) main; (*księgowy*) chief, head; (*rola*) lead; **liczebnik główny** cardinal number.

głuchonie|my (-mego, -mi) *m decl like adj* deaf-mute.

głuchy *adj* (*człowiek*) deaf; (*dźwięk*) hollow.

głupi *adj* (*pot: niemądry*) foolish, stupid; (*błahy*) silly; (*kłopotliwy*) awkward.

głu|piec (-pca, -pcy) *m* fool.

głupo|ta (-ty) (*dat sg* -cie) *f* foolishness, stupidity.

głupst|wo (-wa, -wa) (*loc sg* -wie) *nt* (*narobić*) foolish *lub* stupid thing; (*bzdura*) nonsense; (*błahostka*) trifle.

gmach (-u, -y) *m* edifice, building.

gmatw|ać (-am, -asz) (*perf* za-) *vt* to complicate.

gmi|na (-ny, -ny) (*dat sg* -nie) *f* commune; **Izba Gmin** House of Commons.

gn|ać (-am, -asz) (*perf* po-) *vi* to rush.

gnę|bić (-bię, -bisz) *vt* (*uciskać*) to oppress; (*trapić*) to worry, to bother.

gniady *adj* bay.

gniazd|ko (-ka, -ka) (*instr sg* -kiem, *gen pl* -ek) *nt* (*ELEKTR*) socket, outlet (*US*).

gni|azdo (-azda, -azda) (*loc sg* -eździe) *nt* nest.

gnić (gniję, gnijesz) (*imp* gnij, *perf* z-) *vi* to rot, to decay.

gnieść (gniotę, gnieciesz) (*imp*

gnieć, *perf* **po-** *lub* **wy-**) *vt* to crumple.

▸**gnieść się** *vr* to crumple, to crease.

gnie|w (**-wu**) (*loc sg* **-wie**) *m* anger, wrath.

gniew|ać (**-am, -asz**) (*perf* **roz-**) *vt* to anger.

▸**gniewać się** *vr* to be angry; **gniewać się na** +*acc* to be angry at *lub* with.

gniewny *adj* angry.

gn|ój *m* (*gen sg* **-oju**) manure, dung.

gnuśny *adj* shiftless.

go *pron acc od* **on**; (*o osobach*) him; (*o przedmiotach, zwierzętach*) it.

gobeli|n (**-nu, -ny**) (*loc sg* **-nie**) *m* Gobelin tapestry.

god|ło (**-ła, -ła**) (*loc sg* **-le**, *gen pl* **-eł**) *nt* emblem.

godnoś|ć (**-ci**) *f* (*duma, honor*) dignity, self-respect.

godny *adj* (*zachowanie, postawa*) stately; **godny zaufania** trustworthy; **godny wzmianki** worth mentioning.

godz. *abbr* (= *godzina*) h. *lub* hr.

godzić (**godzę, godzisz**) (*imp* **gódź**, *perf* **po-**) *vt* (*doprowadzać do zgody*) to reconcile; **godzić coś z czymś** to reconcile sth with sth.

▸**godzić się** *vr* (*jednać się*) (*perf* **po-**) to become reconciled; **godzić się z czymś** to come to terms with sth; **godzić się** (**zgodzić się** *perf*) **na coś** to agree *lub* consent to sth.

godzi|na (**-ny, -ny**) (*dat sg* **-nie**) *f* hour; **jest** (**godzina**) **czwarta** it's four o'clock; **pół godziny** half an hour; (**całymi**) **godzinami** for hours (on end); **która** (**jest**) **godzina?** what time is it?

godzinny *adj* hourlong.

godziwy *adj* decent.

gof|r (**-ra, -ry**) (*loc sg* **-rze**) *m* waffle.

goić się (**goi**) (*imp* **gój**, *perf* **za-**) *vr* to heal.

go|l (**-la, -le**) (*gen pl* **-li**) *m* goal;

strzelić *lub* **zdobyć** (*perf*) **gola** to score a goal.

golar|ka (**-ki, -ki**) (*dat sg* **-ce**, *gen pl* **-ek**) *f* shaver, (electrical) razor.

gola|s (**-sa, -sy**) (*loc sg* **-sie**) *m* (*pot*) naked person; **na golasa** (*pot*) in the nude.

goleni|e (**-a**) *nt* shaving; **krem do golenia** shaving cream.

gole|ń (**-ni, -nie**) (*gen pl* **-ni**) *f* shin.

gol|f (*loc sg* **-fie**) *m* (SPORT) (*gen sg* **-fa**) golf; (*sweter*) (*gen sg* **-fu**, *nom pl* **-fy**) (*z luźno wywiniętym kołnierzem*) polo-necked sweater; (*z obcisłym kołnierzem*) turtle-necked sweater.

golić (**golę, golisz**) (*imp* **gol**, *perf* **o-**) *vt* to shave.

▸**golić się** *vr* to shave.

golon|ka (**-ki, -ki**) (*dat sg* **-ce**, *gen pl* **-ek**) *f* (KULIN) knuckle of pork.

goł|ąb (**-ębia, -ębie**) (*gen pl* **-ębi**) *m* pigeon; **gołąb pocztowy** carrier pigeon.

gołole|dź (**-dzi**) *f* glazed frost.

goły *adj* (*nagi*) naked; (*pusty*) bare; (*pot. bez pieniędzy*) penniless, broke; **gołym okiem** with the naked eye; **pod gołym niebem** in the open air.

gon|g (**-gu, -gi**) (*instr sg* **-giem**) *m* gong.

go|nić (**-nię, -nisz**) (*imp* **-ń**) *vt* (*ścigać*) to chase; (*poganiać*) to drive.

▸**gonić się** *vr* to chase one another.

go|niec (**-ńca**) *m* (*w biurze*) (*nom pl* **-ńcy**) office junior, office boy.

gor|ąco (**-ąca**) *nt* (*upał*) heat ◆ *adv* (*comp* **-ęcej**) (*ciepło*) hot; (*przen: oklaskiwać, pozdrawiać*) warmly; **gorąco mi** I'm hot; **na gorąco** served hot.

gor|ący (*comp* **-ętszy**) *adj* hot; (*prośba*) urgent; (*wielbiciel, patriota*) fervent; **gorący czas/okres** hectic *lub* hot time/period; **złapać** (*perf*)

kogoś na gorącym uczynku to catch sb red-handed *lub* in the act; **w gorącej wodzie kąpany** (*pot*) hot-headed.

gorącz|ka (-ki, -ki) (*dat sg* -ce) *f* fever.

gorączkowy *adj* frantic, hectic.

gorczyc|a (-y) *f* (*BOT*) white mustard.

gorliwy *adj* zealous, ardent.

gorse|t (-tu, -ty) (*loc sg* -cie) *m* corset.

gorszy *adj comp od* **zły** worse.

gor|szyć (-szę, -szysz) (*perf* z-) *vt* to scandalize, to shock.

▸**gorszyć się** *vr* to be scandalized *lub* shocked.

gorycz (-y) *f* bitterness.

gory|l (-la, -le) (*gen pl* -li) *m* (*ZOOL*) gorilla; (*pot. obstawa*) bodyguard.

gorzej *adv comp od* **źle** worse.

gorzki *adj* (*lekarstwo, prawda*) bitter; (*herbata*) unsweetened.

gorzknie|ć (-ję, -jesz) (*perf* z-) *vi* to grow *lub* become embittered.

gosp|oda (-ody, -ody) (*dat sg* -odzie, *gen pl* -ód) *f* inn.

gospodarczy *adj* economic.

gospodar|ka (-ki, -ki) (*dat sg* -ce, *gen pl* -ek) *f* economy.

gospodarny *adj* thrifty, economical.

gospodarski *adj* farm *attr*.

gospodarst|wo (-wa, -wa) (*loc sg* -wie) *nt* (*domowe*) household; (*rolne*) farm.

gospodarz (-a, -e) (*gen pl* -y) *m* (*rolnik*) farmer; (*pan domu*) host; (*właściciel kamienicy*) landlord.

gospody|ni (-ni, -nie) (*gen pl* -ń) *f* (*pani domu*) hostess; (*właścicielka domu*) landlady; (*żona rolnika*) farmer's wife.

gospo|sia (-si, -sie) (*gen pl* -ś) *f* housekeeper.

go|ścić (-szczę, -ścisz) (*imp* -ść) *vt* (*podejmować*) (*perf* u-) to entertain, to have as a guest; (*o hotelu*) to

house, to accommodate ♦ *vi*: **gościć (u kogoś)** to stay (at sb's place).

gościnnie *adv* (*przyjmować, podejmować*) hospitably.

gościnnoś|ć (-ci) *f* hospitality.

gościnny *adj* (*człowiek*) hospitable; (*pokój, występ*) guest *attr*.

goś|ć (-cia, -cie) (*gen pl* -ci, *instr pl* -ćmi) *m* (*odwiedzający*) guest, visitor; (*klient*) guest; (*pot. mężczyzna*) fellow, guy, bloke (*BRIT*).

got|ować (-uję, -ujesz) *vt* (*perf* u-) (*posiłek*) to cook; (*kartofle*) (*perf* u-) to boil; (*wodę, mleko*) (*perf* za-) to boil.

▸**gotować się** *vr* (*o posiłku*) (*perf* u-) to cook; (*o kartoflach*) (*perf* u-) to boil; (*o wodzie, mleku*) (*perf* za-) to boil.

gotowany *adj* boiled.

gotowoś|ć (-ci) *f* (*przygotowanie*) readiness; (*chęć*) willingness.

gotowy *adj* (*skończony*) finished; (*przygotowany*) ready; (*kupiony w sklepie*) ready-made; (: *ubranie, suknia*) off the peg, ready-to-wear.

gotów|ka (-ki) (*dat sg* -ce) *f* cash, ready money (*pot*); **płacić (zapłacić** *perf*) **gotówką** to pay (in) cash; **kupować (kupić** *perf*) **coś za gotówkę** to buy sth for cash.

gotycki *adj* Gothic.

goty|k (-ku) (*instr sg* -kiem) *m* (*ARCHIT*) Gothic.

goździ|k (-ka, -ki) (*instr sg* -kiem) *m* (*kwiat*) carnation, pink; (*przyprawa*) clove.

gó|ra (-ry, -ry) (*dat sg* -rze) *f* mountain; (*ubrania*) top; (*domu*) upstairs; (*śmieci, książek*) heap; **góra lodowa** iceberg; **w górach** in the mountains; **mieszkać na górze** to live upstairs; **iść na górę** to go upstairs; **iść pod górę** to walk uphill; **do góry nogami** upside down; **iść (pójść** *perf***) w górę** (*o cenach, akcjach*) to go up; **płacić/dziękować z góry** to pay/thank in advance.

góra|l (**-la, -le**) (*gen pl* **-li**) *m* highlander.

góralski *adj* highlander *attr.*

gór|ka (**-ki, -ki**) (*dat sg* **-ce**, *gen pl* **-ek**) *f* hill; **pod górkę** uphill.

górnic|two (**-wa**) (*loc sg* **-wie**) *nt* mining.

górniczy *adj* (*sprzęt, przemysł*) mining *attr.*

górni|k (**-ka, -cy**) (*instr sg* **-kiem**) *m* miner.

górny *adj* (*warga, piętro*) upper; (*półka*) top.

gór|ować (**-uję, -ujesz**) *vi*: **górować nad kimś/czymś** (*być wyższym*) to tower over sb/sth; (*być lepszym*) to be head and shoulders above sb/sth.

górski *adj* mountain *attr.*

górzysty *adj* mountainous, hilly.

gówniarz (**-a, -e**) (*gen pl* **-y**) *m* (*pot!*) squirt (*pot!*), punk (*pot!*).

gó|wno (**-wna, -wna**) (*loc sg* **-wnie**, *gen pl* **-wien**) *nt* (*pot!*) shit (*pot!*), crap (*pot!*).

gr *abbr* = **grosz(y)**.

gra (**gry, gry**) (*dat sg* **grze**, *gen pl* **gier**) *f* game; (*aktorska*) acting; (*przen: udawanie*) act, pretense; **to nie wchodzi w grę** it's out of the question.

grabarz (**-a, -e**) (*gen pl* **-y**) *m* gravedigger.

gra|bić (**-bię, -bisz**) *vt* (*liście*) to rake; (*perf* **o-**) (*łupić*) to plunder, to loot; (*ludność*) to plunder.

gra|bie (**-bi**) *pl* rake.

grabież (**-y, -e**) (*gen pl* **-y**) *f* plunder, pillage.

gracj|a (**-i**) *f* (*wdzięk*) grace.

gracz (**-a, -e**) (*gen pl* **-y**) *m* player.

gr|ać (**-am, -asz**) (*perf* **za-**) *vt/vi* to play; **grać na skrzypcach** to play

the violin; **grać w piłkę/brydża** to play ball/bridge; **grać komuś na nerwach** to get on sb's nerves; **to nie gra roli** it doesn't matter; **coś dziś grają w kinie/teatrze?** what's on at the cinema/theatre?

gra|d (**-du**) (*loc sg* **-dzie**) *m* hail; (*przen*) hail, volley.

graficzny *adj* graphic.

grafi|k (**-ka, -cy**) (*instr sg* **-kiem**) *m* graphic artist.

grafi|ka (**-ki**) (*dat sg* **-ce**) *f* (*sztuka*) graphic arts *pl*; (*dzieło*) (*nom pl* **-ki**) print.

grafi|t (**-tu, -ty**) (*loc sg* **-cie**) *m* (*minerał*) graphite; (*w ołówku*) lead.

gra|m (**-ma, -my**) (*loc sg* **-mie**) *m* gram(me).

gramatyczny *adj* grammatical.

gramaty|ka (**-ki, -ki**) (*dat sg* **-ce**) *f* (*nauka*) grammar; (*podręcznik*) grammar (book).

gramofo|n (**-nu, -ny**) (*loc sg* **-nie**) *m* record player.

grana|t (**-tu, -ty**) (*loc sg* **-cie**) *m* (*pocisk*) grenade; (*kolor*) navy (blue).

granatowy *adj* navy (blue).

granic|a (**-y, -e**) *f* (*państwa*) border; (*miasta*) boundary, limit(s) (*pl*) (*US*); (*kres, miara*) limit; **za granicą** (*mieszkać, studiować*) abroad; **za granicę** (*jechać, wysyłać*) abroad.

graniczny *adj* border *attr.*

granicz|yć (**-ę, -ysz**) *vi*: **graniczyć z** +*instr* (*mieć wspólną granicę*) to border on; (*być podobnym*) to verge on.

grani|t (**-tu, -ty**) (*loc sg* **-cie**) *m* granite.

granulowany *adj* granulated.

gra|t (**-ta, -ty**) (*loc sg* **-cie**) *m* (*stary mebel, urządzenie*) piece of junk; (*pot. stary samochód*) jalopy.

gratis *adv inv* free (of charge).

gratulacj|e (**-i**) *pl* congratulations *pl*; **składać (złożyć** *perf***) komuś**

gratulacje to offer sb one's congratulations; **moje gratulacje!** congratulations!

gratul|ować (-uję, -ujesz) (perf po-) vi: **gratulować (komuś czegoś)** to congratulate (sb on sth).

grawer|ować (-uję, -ujesz) (perf wy-) vt to engrave.

grawitacj|a (-i, -e) (gen pl -i) f gravitation.

grdy|ka (-ki, -ki) (dat sg -ce) f Adam's apple.

Grecj|a (-i) f Greece.

grecki adj Greek.

Greczyn|ka (-ki, -ki) (dat sg -ce, gen pl -ek) f Greek.

grejpfru|t (-ta lub -tu, -ty) (loc sg -cie) m grapefruit.

Gre|k (-ka, -cy) (instr sg -kiem) m Greek.

Grenlandi|a (-i) f Greenland.

grill (-a, -e) (gen pl -ów) m barbecue.

grobie itd. n patrz **grób**.

grobo|wiec (-wca, -wce) m tomb; **grobowiec rodzinny** family vault.

grobowy adj grave attr, tomb attr; (nastrój, głos) sepulchral; (mina) gloomy.

groch (-u) m (BOT) pea; (zbiorowo) peas pl; **grochy** pl (deseń) polka dots.

grochów|ka (-ki, -ki) (dat sg -ce, gen pl -ek) f pea soup.

gro|m (-mu, -my) (loc sg -mie) m (a clap of) thunder.

groma|da (-dy, -dy) (dat sg -dzie) f group.

groma|dzić (-dzę, -dzisz) (imp -dź, perf z-) vt to accumulate.

▸**gromadzić się** vr (o ludziach, chmurach) to gather.

gromki adj (brawa) rapturous; (głos) booming; (krzyk) loud.

gro|no (-na, -na) (loc sg -nie) nt (grupa ludzi) team; (winne) bunch (of grapes).

grosz (-a, -e) (gen pl -y) m grosz (Polish monetary unit equal to 1/100 zloty).

grosz|ek (-ku, -ki) (instr sg -kiem) m (zielony) green peas pl; (BOT: pachnący) sweet pea; (deseń): **w groszki** spotted, polka-dotted.

gro|ta (-ty, -ty) (dat sg -cie) f grotto, cave.

groteskowy adj grotesque.

gro|za (-zy) (dat sg -zie) f (niebezpieczeństwo) peril; (lęk) terror, awe.

gr|ozić (-ożę, -ozisz) (imp -oź) vi (straszyć) to threaten; (zagrażać) to be imminent.

gr|oźba (-oźby, -oźby) (dat sg -oźbie, gen pl -óźb) f (pogróżka) threat; (niebezpieczeństwo) threat, menace.

groźny adj (przeciwnik) dangerous, formidable; (sytuacja) dangerous, threatening; (mina, głos) menacing.

gr|ób (-obu, -oby) (loc sg -obie) m grave.

gruba|s (-sa, -sy) (loc sg -sie) m (pot) fatty, fatso (pot!).

grubo adv (mielić) coarsely; (smarować) thickly; (ubierać się) warmly.

gruboskórny adj inconsiderate, tactless.

gruboś|ć (-ci) f thickness; **mieć 3 cm grubości** to be 3 cm thick.

grubszy adj comp od **gruby**; **z grubsza** roughly.

gruby adj (ołówek, książka) thick; (człowiek) fat.

grucho|tać (-czę, -czesz) vt (perf po- lub z-) (miażdżyć) to crush.

gruczoł (-łu, -ły) (loc sg -le) m (ANAT) gland.

grud|ka (-ki, -ki) (dat sg -ce, gen pl -ek) f lump.

gru|dzień (-dnia, -dnie) (gen pl -dni) m December.

grun|t (**-tu, -ty** *lub* **-ta**) (*loc sg* **-cie**) *m* (*gleba*) soil; (*teren*) land; (*dno*) bottom; **w gruncie rzeczy** in fact, essentially.

gruntowny *adj* thorough.

gru|pa (**-py, -py**) (*dat sg* **-pie**) *f* group; (*drzew*) cluster; **grupa krwi** blood group.

grup|ka (**-ki, -ki**) (*dat sg* **-ce**, *gen pl* **-ek**) *f* (small) group.

grup|ować (**-uję, -ujesz**) *vt* (*klasyfikować: fakty*) (*perf* **po-**) to group; (*gromadzić: słuchaczy, widzów*) (*perf* **z-**) to bring in.
▶**grupować się** *vr* (*o ludziach*) to assemble.

grupowy *adj* (*praca*) team *attr*; (*ubezpieczenie, zdjęcie*) group *attr*.

grusz|a (**-y, -e**) *f* pear tree.

grusz|ka (**-ki, -ki**) (*dat sg* **-ce**, *gen pl* **-ek**) *f* (*owoc*) pear; (*drzewo*) pear tree.

gru|z (**-zu, -zy**) (*loc sg* **-zie**) *m* rubble; **gruzy** *pl* (*ruiny*) ruins *pl*.

Gruzi|n (**-na, -ni**) (*loc sg* **-nie**) *m* Georgian.

Gruzin|ka (**-ki, -ki**) (*dat sg* **-ce**, *gen pl* **-ek**) *f* Georgian.

gruziński *adj* Georgian.

Gruzj|a (**-i**) *f* Georgia.

gruźlic|a (**-y**) *f* (*MED*) tuberculosis, TB (*pot*).

gry|ka (**-ki**) (*dat sg* **-ce**) *f* buckwheat.

gryma|s (**-su, -sy**) (*loc sg* **-sie**) *m* (*mina*) grimace; **grymasy** *pl* (*kaprysy*) whims *pl*.

gryma|sić (**-szę, -sisz**) (*imp* **-ś**, *perf* **po-**) *vi* (*wybredzać*) to be fussy *lub* choosy; (*o dziecku*) to be fretful.

grymaśny *adj* (*dziecko*) fretful; (*usposobienie*) capricious.

gry|pa (**-py**) (*dat sg* **-pie**) *f* influenza, flu (*pot*).

gryzący *adj* (*dym*) acrid, pungent; (*wełna*) scratchy; (*ironia*) biting.

gryzo|ń (**-nia, -nie**) (*gen pl* **-ni**) *m* rodent.

gry|źć (**-zę, -ziesz**) (*imp* **-ź**, *pt* **-zł, -zła, -źli**) *vt* to bite; (*rzuć*) to chew, to munch; (*kość*) to gnaw ♦ *vi* (*o dymie*) to sting; (*o wełnie*) to itch.
▶**gryźć się** *vr* (*o psach*) to fight; (*o kolorach*) to clash.

grz|ać (**-eję, -ejesz**) *vt* (*wodę*) (*perf* **za-**) to heat; (*ręce*) (*perf* **o-**) to warm ♦ *vi* (*o słońcu*) to beat down; (*o piecu*) to be hot, to give off heat.
▶**grzać się** *vr* (*na słońcu*) to bask (in the sun); (*przy piecu*) to warm o.s.; (*o żelazku, wodzie*) to heat up.

grzał|ka (**-ki, -ki**) (*dat sg* **-ce**, *gen pl* **-ek**) *f* (water) heater; (*do herbaty*) travel heater.

grzan|ka (**-ki, -ki**) (*dat sg* **-ce**, *gen pl* **-ek**) *f* (a slice of) toast; **grzanki** *pl* toast.

grząd|ka (**-ki, -ki**) (*dat sg* **-ce**, *gen pl* **-ek**) *f* (*w ogrodzie*) bed.

grząski *adj* (*teren*) boggy; (*błoto*) sticky.

grzbie|t (**-tu, -ty**) (*loc sg* **-cie**) *m* back, spine; (*góry*) ridge; (*dłoni, książki*) back.

grze|bać (**-bię, -biesz**) *vt* (*chować zmarłego*) (*perf* **po-**) to bury ♦ *vi* (*szukać*) to rummage.
▶**grzebać się** *vr* (*guzdrać się*) to dawdle.

grzebie|ń (**-nia, -nie**) (*gen pl* **-ni**) *m* comb; (*u zwierząt*) crest.

grzech (**-u, -y**) *m* sin.

grzechot|ka (**-ki, -ki**) (*dat sg* **-ce**, *gen pl* **-ek**) *f* rattle.

grzechotni|k (**-ka, -ki**) (*instr sg* **-kiem**) *m* rattlesnake.

grzecznoś|ć (**-ci**) *f* (*uprzejmość*) politeness; (*przysługa*) kindness, favour (*BRIT*), favor (*US*); **grzeczności** *pl* (*komplementy*) attentions.

grzeczny adj (obsługa, ukłon) polite; (dziecko) good.

grzejni|k (-ka, -ki) (instr sg -kiem) m (kaloryfer) radiator; **grzejnik elektryczny** (electric) heater.

grzeszni|k (-ka, -cy) (instr sg -kiem) m sinner.

grzeszny adj sinful.

grzesz|yć (-ę, -ysz) (perf **z-**) vi to sin.

grz|ęznąć (-ęznę, -ęźniesz) (imp -ęźnij, pt -ązł, -ęzła, -ęźli, perf **u-**) vi to get stuck; (o pojeździe) to get bogged down.

grz|mieć (-mię, -misz) (imp -mij, perf **za-**) vi (o oklaskach, o człowieku) to thunder; (o głosie, o działach) to boom; **grzmi** (w czasie burzy) it's thundering.

grzmo|t (-tu, -ty) (loc sg -cie) m (wyładowanie atmosferyczne) (a clap of) thunder; (huk) boom.

grzy|b (-ba, -by) (acc sg -ba lub -b, loc sg -bie) m (BIO) fungus; (jadalny) mushroom; (trujący) toadstool; (na ścianie) mould; **iść na grzyby** to go mushrooming.

grzybic|a (-y, -e) f (MED) mycosis; **grzybica stóp** athlete's foot.

grzybowy adj mushroom attr.

grzy|wa (-wy, -wy) (dat sg -wie) f (końska, lwia) mane.

grzyw|ka (-ki, -ki) (dat sg -ce, gen pl -ek) f fringe.

grzy|wna (-wny, -wny) (dat sg -wnie, gen pl -wien) f fine.

gubernato|r (-ra, -rzy lub -rowie) (loc sg -rze) m governor.

gu|bić (-bię, -bisz) (perf **z-**) vt to lose.
►**gubić się** vr (w lesie) to lose one's way; (o przedmiotach) to get lost, to be mislaid.

gulasz (-u, -e) (gen pl -ów) m goulash.

gu|ma (-my, -my) (dat sg -mie) f (surowiec) rubber; **guma do żucia** chewing gum; **złapać gumę** (pot) to have a flat tyre.

gumia|k (-ka, -ki) (instr sg -kiem) m (pot: kalosz) rubber boot, wellington (boot).

gum|ka (-ki, -ki) (dat sg -ce, gen pl -ek) f (do mazania) rubber (BRIT), eraser (US); (do pakowania) rubber band; (do bielizny) elastic.

gumowy adj rubber attr.

gu|st (-stu, -sty lub -sta) (loc sg -ście) m taste.

gust|ować (-uję, -ujesz) vi: **gustować w czymś** to have a liking for sth.

gustowny adj tasteful.

gu|z (-za, -zy) (loc sg -zie) m (stłuczenie) bump; (MED) tumour (BRIT), tumor (US); **nabijać (nabić perf) sobie guza** to bump one's head lub forehead.

guzi|k (-ka, -ki) (instr sg -kiem) m button.

gwał|cić (-cę, -cisz) (imp -ć) vt (kobietę) (perf **z-**) to rape; (prawo) (perf **po-**) to violate.

gwał|t (-tu, -ty) (dat sg -cie) m (przemoc) violence; (na kobiecie) rape.

gwałtowny adj (charakter, usposobienie) violent; (ulewa) torrential; (śmierć) violent; (zmiana) sudden.

gwa|r (-ru) (loc sg -rze) m din.

gwa|ra (-ry, -ry) (dat sg -rze) f local dialect.

gwarancj|a (-i, -e) (gen pl -i) f guarantee, warranty.

gwarancyjny adj guarantee attr.

gwarant|ować (-uję, -ujesz) (perf **za-**) vt to guarantee.

gwardi|a (-i, -e) (gen pl -i) f (WOJSK) guard.

gwi|azda (-azdy, -azdy) (dat sg -eździe) f star; (przen: sławny _człowiek_) celebrity; **gwiazda filmowa** film star.

gwiazd|ka (-ki, -ki) (_dat sg_ -ce, _gen pl_ -ek) _f_ (small) star; (_Boże Narodzenie_) Christmas; (_filmowa_) starlet; (_znak_) asterisk.

gwiazdo|r (-ra, -rzy) (_loc sg_ -rze) _m_ (_filmowy_) film star.

gwiazdozbi|ór (-oru, -ory) (_loc sg_ -orze) _m_ constellation.

gwiaździsty _adj_ (_niebo_) starry; (_kształt_) star-shaped.

gwin|t (-tu, -ty) (_loc sg_ -cie) _m_ thread (_of a screw_).

gwi|zd (-zdu, -zdy) (_loc sg_ -ździe) _m_ (_człowieka, lokomotywy_) whistle; (_syreny_) whine; (_wiatru_) howling; (_pocisku_) whiz(z); **gwizdy** _pl_ catcall, boos _pl_.

gwi|zdać (-żdżę, -żdżesz) (_perf_ -zdnąć) _vi_ to whistle; (_o syrenie_) to whine; (_o publiczności_) to boo.

gwizd|ek (-ka, -ki) (_instr sg_ -kiem) _m_ whistle.

gw|óźdź (-oździa, -oździe) (_gen pl_ -oździ, _instr pl_ -oździami _lub_ -oźdźmi) _m_ nail; (_pot_): **gwóźdź programu** highlight, main feature.

H

h _abbr_ (= _godzina_) h (= hour).

ha _abbr_ (= _hektar_) ha (= hectare).

habilitowany _adj_: **doktor habilitowany** ≈ reader (_BRIT_), ≈ assistant professor (_US_).

habi|t (-tu, -ty) (_loc sg_ -cie) _m_ habit (_of monk or nun_).

haczy|k (-ka, -ki) (_instr sg_ -kiem) _m_ hook; (_u drzwi_) catch; (_na ryby_) (fish) hook; (_przen: szczegół_) catch.

haf|t (-tu, -ty) (_loc sg_ -cie) _m_ embroidery.

haft|ować (-uję, -ujesz) _vt/vi_ (_perf_ wy-) to embroider.

Ha|ga (-gi) (_dat sg_ -dze) _f_ the Hague.

Haiti _nt inv_ Haiti.

ha|k (-ka, -ki) (_instr sg_ -kiem) _m_ hook.

ha|la (-li, -le) _f_ (_duża sala_) hall; (_pastwisko w górach_) _meadow or pasture land in the mountains_; **hala przylotów/odlotów** arrivals/departures lounge.

hal|ka (-ki, -ki) (_dat sg_ -ce, _gen pl_ -ek) _f_ slip.

hall, hol (-u, -e) (_gen pl_ -i _lub_ -ów) _m_ (_w mieszkaniu_) hall(way); (_w hotelu, teatrze_) foyer, lobby.

halo _excl_ hello.

halowy _adj_ (_rekord, zawody_) indoor _attr_.

halucynacj|a (-i, -e) (_gen pl_ -i) _f_ hallucination.

hała|s (-su, -sy) (_loc sg_ -sie) _m_ noise.

hałas|ować (-uję, -ujesz) _vi_ to make noise.

hałaśliwy _adj_ noisy.

hama|k (-ka, -ki) (_instr sg_ -kiem) _m_ hammock.

hamburge|r (-ra, -ry) (_dat sg_ -rze) _m_ hamburger.

ham|ować (-uję, -ujesz) _vt_ (_rozwój, wzrost_) to slow down, to restrain; (_łzy, płacz_) (_perf_ po-) to hold back ♦ _vi_ to brake.

▸**hamować się** _vr_ (_perf_ po-) to hold back, to control o.s.; _patrz też_ **zahamować**.

hamulcowy _adj_: **płyn hamulcowy** brake fluid.

hamul|ec (-ca, -ce) _m_ (_TECH_) brake; **hamulec bezpieczeństwa** communication cord (_BRIT_), emergency brake (_US_); **hamulec ręczny** handbrake (_BRIT_), parking brake (_US_).

hand|el (-lu) _m_ trade, commerce.

handlarz (-a, -e) (_gen pl_ -y) _m_ salesman, dealer.

handl|ować (-uję, -ujesz) *vi* to trade; **handlować czymś** to trade *lub* deal in sth.

handlo|wiec (-wca, -wcy) *m* tradesman, dealer.

handlowy *adj* trade *attr*; **szkoła handlowa** business school *lub* college; **dzielnica handlowa** shopping district.

hanga|r (-ru, -ry) (*loc sg* -rze) *m* hangar.

haniebny *adj* (*czyn*) dishonourable (*BRIT*), dishonorable (*US*).

hań|ba (-by) (*dat sg* -bie) *f* dishonour (*BRIT*), dishonor (*US*).

hań|bić (-bię, -bisz) (*perf* z-) *vt* to disgrace, to dishonour (*BRIT*), to dishonor (*US*).

▸**hańbić się** *vr* to disgrace o.s.

harcer|ka (-ki, -ki) (*dat sg* -ce, *gen pl* -ek) *f* scout, girl guide (*BRIT*), girl scout (*US*).

harcerst|wo (-wa) (*loc sg* -wie) *nt* scout movement, scouting.

harcerz (-a, -e) (*gen pl* -y) *m* scout, boy scout (*US*).

hardy *adj* (*dumny*) proud; (*nieposłuszny*) defiant.

hare|m (-mu, -my) (*loc sg* -mie) *m* harem.

har|fa (-fy, -fy) (*dat sg* -fie) *f* harp.

harmoni|a (-i) *f* harmony; (*instrument*) (*nom pl* -e, *gen pl* -i) concertina.

harmonij|ka (-ki, -ki) (*dat sg* -ce, *gen pl* -ek) *f*: **harmonijka ustna** harmonica, mouth organ.

harmonijny *adj* harmonious.

harmoniz|ować (-uję, -ujesz) (*perf* z-) *vt/vi* to harmonize.

har|ować (-uję, -ujesz) *vi* (*pot*) to slave, to work one's finger to the bone.

harpu|n (-na, -ny) (*loc sg* -nie) *m* harpoon.

har|t (-tu) (*loc sg* -cie) *m*: **hart ducha** toughness.

hart|ować (-uję, -ujesz) *vt* (*TECH*: *stal*) to temper; (*dziecko*) to toughen.

▸**hartować się** *vr* to toughen o.s.

ha|sło (-sła, -sła) (*loc sg* -śle, *gen pl* -seł) *nt* (*slogan*) watchword; (*sygnał*) signal; (*umożliwiające rozpoznanie*) password; (*w słowniku*) entry.

haszysz (-u) *m* hashish.

hau|st (-stu, -sty) (*loc sg* -ście) *m* (*płynu*) gulp.

Hawaj|e (-ów) *pl* Hawaii.

hawajski *adj* Hawaiian.

Hawa|na (-ny) (*dat sg* -nie) *f* Havana.

hazar|d (-du, -dy) (*loc sg* -dzie) *m* gambling.

hazardzi|sta (-sty, -ści) (*dat sg* -ście) *m decl like f in sg* gambler.

heba|n (-nu) (*loc sg* -nie) *m* ebony.

heb|el (-la, -le) (*gen pl* -li) *m* plane.

hebl|ować (-uję, -ujesz) (*perf* z-) *vt* to plane.

hebrajski *adj* Hebrew ♦ *m decl like adj* (*język*) Hebrew.

hejna|ł (-łu, -ły) (*loc sg* -le) *m* bugle-call.

hekta|r (-ra, -ry) (*loc sg* -rze) *m* hectare.

helikopte|r (-ra, -ry) (*loc sg* -rze) *m* helicopter.

heł|m (-mu, -my) (*loc sg* -mie) *m* helmet.

hemoroid|y (-ów) *pl* haemorrhoids (*BRIT*), hemorrhoids (*US*).

her|b (-bu, -by) (*loc sg* -bie) *m* (*znak dziedziczny*) coat of arms; (*godło*: *miasta*) crest; (: *państwa*) emblem.

herbaciar|nia (-ni, -nie) (*gen pl* -ni *lub* -ń) *f* tea shop.

herba|ta (-ty, -ty) (*dat sg* -cie) *f* tea.

herbatni|k (-ka, -ki) (*instr sg* -kiem) *m* biscuit.

herety|k (-ka, -cy) (*instr sg* -kiem) *m* heretic.

herezj|a (-i, -e) (*gen pl* -i) *f* heresy.
hermetyczny *adj* hermetic, airtight.
heroiczny *adj* heroic.
heroi|na (-ny) (*dat sg* -nie) *f* heroin.
heroiz|m (-mu) (*loc sg* -mie) *m* heroism.
hetma|n (-na) (*loc sg* -nie) *m* (*SZACHY*) (*nom pl* -ny) queen.
hiacyn|t (-tu *lub* -ta, -ty) (*loc sg* -cie) *m* hyacinth.
hie|na (-ny, -ny) (*dat sg* -nie) *f* (*ZOOL*) hyena.
hierarchi|a (-i, -e) (*gen pl* -i) *f* hierarchy.
hierogli|f (-fu, -fy) (*loc sg* -fie) *m* hieroglyph(ic).
hi-fi *adj inv:* **sprzęt hi-fi** hi-fi equipment.
higie|na (-ny) (*dat sg* -nie) *f* (*zachowanie czystości*) hygiene; **higiena osobista** personal hygiene.
higieniczny *adj* hygienic; **chusteczka higieniczna** paper tissue, Kleenex ® (*US*).
Himalaj|e (-ów) *pl* the Himalayas.
Hindu|s (-sa, -si) (*loc sg* -sie) *m* Indian (*male from India*).
hinduski *adj* Hindu.
hipi|s, hippi|s (-sa, -si) (*loc sg* -sie) *m* hippie.
hipnotyz|ować (-uję, -ujesz) (*perf* za-) *vt* to hypnotize.
hipno|za (-zy) (*dat sg* -zie) *f* hypnosis.
hipochondry|k (-ka, -cy) (*instr sg* -kiem) *m* hypochondriac.
hipokry|ta (-ty, -ci) (*dat sg* -cie) *decl like f in sg m* hypocrite.
hipokryzj|a (-i) *f* hypocrisy.
hipopota|m (-ma, -my) (*loc sg* -mie) *m* hippopotamus.
hipoteczny *adj:* **kredyt hipoteczny** mortgage.
hipote|ka (-ki, -ki) (*dat sg* -ce) *f* (*zabezpieczenie*) collateral; (*księga*) mortgage deed.
hipotetyczny *adj* hypothetical.

hipote|za (-zy, -zy) (*dat sg* -zie) *f* hypothesis.
histeri|a (-i) *f* hysteria.
histeryczny *adj* hysterical.
histeryz|ować (-uję, -ujesz) *vi* to be hysterical.
histori|a (-i, -e) (*gen pl* -i) *f* history; (*opowieść*) story; **historia literatury/sztuki/Polski** history of literature/art/Poland.
historyczny *adj* historical; (*ważny*) historic; (*zabytkowy*) historic.
historyj|ka (-ki, -ki) (*dat sg* -ce, *gen pl* -ek) *f* (*wymyślona historia*) story.
history|k (-ka, -cy) (*instr sg* -kiem) *m* historian; (*nauczyciel*) history teacher.
Hiszpa|n (-na, -nie) (*loc sg* -nie) *m* Spaniard.
Hiszpani|a (-i) *f* Spain.
Hiszpan|ka (-ki, -ki) (*dat sg* -ce, *gen pl* -ek) *f* Spaniard.
hiszpański *adj* Spanish ♦ *m decl like adj* (*język*) Spanish.
hi|t (-tu, -ty) (*loc sg* -cie) *m* (*przebój*) hit.
hitlerowski *adj* Hitlerite, Nazi.
hobbi|sta (-sty, -ści) (*dat sg* -ście) *m decl like f in sg* hobbyist.
hobby *nt inv* hobby.
hod|ować (-uję, -ujesz) (*perf* wy-) *vt* (*rośliny, kwiaty*) to grow, to breed; (*zwierzęta*) to raise, to breed.
hodowc|a (-y, -y) *m decl like f in sg* (*zwierząt*) raiser, breeder; (*kwiatów, warzyw*) grower.
hodowl|a (-i, -e) (*gen pl* -i) *f* (*hodowanie*) raising, breeding; (*miejsce*) animal farm.
hojny *adj* generous.
hokej (-a) *m* (*też:* **hokej na lodzie**) (ice) hockey; **hokej na trawie** field hockey.
hol (-u, -e) *m* (*lina*) (*gen pl* -ów) towrope, towline; (*pomieszczenie*) (*gen pl* -ów *lub* -i) hall(way).

Holandi|a (-i) *f* Holland, the Netherlands.

holdin|g (-gu, -gi) (*instr sg* -**giem**) *m* holding company.

Holend|er (-ra, -rzy) (*loc sg* -**rze**) *m* Dutchman.

Holender|ka (-ki, -ki) (*dat sg* -**ce**, *gen pl* -**ek**) *f* Dutchwoman.

holenderski *adj* Dutch.

hol|ować (-uję, -ujesz) *vt* to tow.

hoł|d (-du, -dy) (*loc sg* -**dzie**) *m* homage.

hoło|ta (-ty) (*dat sg* -**cie**) *f* (*pej*) the riffraff, the rabble.

homa|r (-ra, -ry) (*loc sg* -**rze**) *m* lobster.

homeopatyczny *adj* homeopathic.

homogenizowany *adj* homogenized.

homoseksuali|sta (-sty, -ści) (*dat sg* -**ście**) *m decl like f in sg* homosexual, gay.

hono|r (-ru) (*loc sg* -**rze**) *m* honour (*BRIT*), honor (*US*); **honory** *pl*: **oddawać honory** to salute; **słowo honoru** word of hono(u)r.

honorari|um (-um, -a) (*gen pl* -**ów**) *nt inv in sg* fee.

honor|ować (-uję, -ujesz) *vt* (*czek, kartę rabatową*) to accept; (*wizę, zaświadczenie*) to recognize; (*człowieka: okazywać szacunek*) (*perf* **u-**) to honour (*BRIT*) *lub* honor (*US*).

honorowy *adj* (*człowiek: mający poczucie honoru*) honourable (*BRIT*), honorable (*US*); (*członek, konsul, gość*) honorary; (*bramka, punkt: SPORT*) face-saving.

hormo|n (-nu, -ny) (*loc sg* -**nie**) *m* hormone.

horosko|p (-pu, -py) (*loc sg* -**pie**) *m* horoscope.

horro|r (-ru, -ry) (*loc sg* -**rze**) *m* (*film grozy*) horror (film *lub* movie); (*pot: dramat*) horror.

horyzon|t (-tu, -ty) (*loc sg* -**cie**) *m* horizon.

hot-do|g (-ga, -gi) (*instr sg* -**giem**) *m* hot dog.

hotel (-u, -e) (*gen pl* -**i**) *m* hotel; **mieszkać w hotelu** to stay at a hotel.

hotelowy *adj* (*restauracja, bufet*) hotel *attr*.

hra|bia (-biego, -biowie) (*dat sg* -**biemu**, *instr sg* -**bią**, *loc sg* -**bi**, *voc sg* -**bio**, *gen pl* -**biów**) *m* count.

hrabi|na (-ny, -ny) (*dat sg* -**nie**) *f* countess.

hu|czeć (-czy) *vi* (*o wodospadzie, falach*) (*perf* **za-**) to rumble; (*o strzałach, armatach*) (*perf* -**knąć**) to boom.

hu|k (-ku, -ki) (*instr sg* -**kiem**) *m* (*armat, dział, eksplozji*) bang; (*wodospadu, fal*) rumble; (*pioruna*) roll; **z hukiem** (*spaść, otworzyć się*) with a bang.

hulajn|oga (-ogi, -ogi) (*dat sg* -**odze**, *gen pl* -**óg**) *f* scooter.

humani|sta (-sty, -ści) (*dat sg* -**ście**) *m decl like f in sg* humanist.

humanistyczny *adj* (*wartości, ideały*) humanistic; (*przedmiot, studia*) arts *attr*; **nauki humanistyczne** the humanities.

humanitarny *adj* humane; **pomoc humanitarna** humanitarian aid.

humo|r (-ru) (*loc sg* -**rze**) *m* (*komizm*) humour (*BRIT*), humor (*US*); (*nastrój*) mood; **poczucie humoru** sense of humo(u)r.

hura!, hurra! *excl* hurray!, hurrah!

huraga|n (-nu, -ny) (*loc sg* -**nie**) *m* hurricane.

hur|t (-tu) (*loc sg* -**cie**) *m* (*sprzedaż*) wholesale.

hurtow|nia (-ni, -nie) (*gen pl* -**ni**) *f* (*przedsiębiorstwo*) wholesalers *pl*; (*magazyn*) (wholesale) warehouse.

hurtowy *adj* (*sprzedaż*) wholesale *attr*.

huśt|ać (-am, -asz) *vt* to swing;

huśtać łódką/statkiem to rock a
boat/ship.
►**huśtać się** *vr* to swing.
huśtaw|ka (**-ki, -ki**) (*dat sg* **-ce**, *gen pl*
-ek) *f* (*wisząca*) swing; (*pozioma*)
seesaw.
hu|ta (**-ty, -ty**) (*dat sg* **-cie**) *f* (*też*: **huta**
żelaza) steelworks; **huta szkła**
glassworks.
hutnict|wo (**-wa**) (*loc sg* **-wie**) *nt*
(*przemysł*) steel industry.
hutniczy *adj* metallurgical.
hutni|k (**-ka, -cy**) (*instr sg* **-kiem**) *m*
steelworker.
hydran|t (**-tu, -ty**) (*loc sg* **-cie**) *m*
hydrant.
hydrauliczny *adj* hydraulic.
hydrauli|k (**-ka, -cy**) (*instr sg* **-kiem**)
m plumber.
hydroelektrow|nia (**-ni, -nie**) (*gen pl*
-ni) *f* hydro-electric power plant.
hym|n (**-nu, -ny**) (*loc sg* **-nie**) *m*
(*kościelny*) hymn; **hymn państwowy**
national anthem.

I

i *conj* and; **i ja, i on** both me and him.
Iberyjski *adj*: **Półwysep Iberyjski** the
Iberian Peninsula.
ich *pron gen pl od* **oni, one**; **nie było**
ich they were not there;
zobaczyłem ich I saw them ♦
possessive pron (*z rzeczownikiem*)
their; (*bez rzeczownika*) theirs; **to**
jest ich samochód this is their car;
ich przyjaciel a friend of theirs.
ide|a (**-i, -e**) (*gen pl* **-i**) *f* idea.
ideali|sta (**-sty, -ści**) (*dat sg* **-ście**) *m*
decl like f in sg idealist.
idealistyczny *adj* idealistic.
idealiz|m (**-mu**) (*loc sg* **-mie**) *m*
idealism.

idealnie *adv* (*doskonale*) perfectly;
(*nierealnie*) ideally.
idealny *adj* (*doskonały*) perfect;
(*nierealny*) ideal.
idea|ł (**-łu, -ły**) (*loc sg* **-le**) *m* ideal;
ideał piękna a paragon of beauty;
ideał męża the ideal husband.
identyczny *adj* identical.
identyfik|ować (**-uję, -ujesz**) (*perf*
z-)* *vt* to identify.
►**identyfikować się** *vr*:
identyfikować się z kimś to identify
o.s. with sb.
ideologi|a (**-i, -e**) (*gen pl* **-i**) *f*
ideology.
ideologiczny *adj* ideological.
idę *itd. vb patrz* **iść**.
idio|m (**-mu, -my**) (*loc sg* **-mie**) *m*
(*JĘZ*) idiom.
idio|ta (**-ty, -ci**) (*dat sg* **-cie**) *m decl*
like f in sg (*pot*) idiot, moron (*pot*).
idiot|ka (**-ki, -ki**) (*dat sg* **-ce**, *gen pl*
-ek) *f* (*pot*) idiot, moron (*pot*).
idiotyczny *adj* idiotic, stupid.
idiotyz|m (**-mu**) (*loc sg* **-mie**) (*pot*) *m*
(*głupota*) idiocy; (*bzdura,*
niedorzeczność) (*nom pl* **-my**)
stupidity, nonsense.
idol (**-a, -e**) (*gen pl* **-i**) *m* idol.
idyll|a (**-i**) *f* idyll.
idziesz *itd. vb patrz* **iść**.
iglasty *adj* coniferous; **drzewo**
iglaste conifer, evergreen.
igliwi|e (**-a**) *nt* needles (*of a conifer*).
igloo *nt inv* igloo.
igła (**igły, igły**) (*dat sg* **igle**, *gen pl*
igieł) *f* needle.
ignorancj|a (**-i**) *f* ignorance.
ignorancki *adj* ignorant.
ignor|ować (**-uję, -ujesz**) (*perf* **z-**) *vt*
to ignore, to disregard.
igr|ać (**-am, -asz**) *vi*: **igrać ze**
śmiercią/z niebezpieczeństwem to
court death/danger.
igre|k (**-ka, -ki**) (*instr sg* **-kiem**) *m*
(letter) Y.

igrzysk|a (-) *pl* (*SPORT*): **Igrzyska Olimpijskie** the Olympics, the Olympic Games.

iko|na (-ny, -ny) (*dat sg* -nie) *f* icon.

ik|ra (-ry) (*dat sg* -rze) *f* (*w wodzie*) spawn; (*w ciele ryby*) (hard) roe.

ik|s (-sa, -sy) (*loc sg* -sie) *m* (letter) X; **iksy** *pl* (*krzywe nogi*) knock-knees.

---SŁOWO KLUCZOWE---

ile (*see* Table 5) *pron* +*gen* **1** (*z rzeczownikami policzalnymi*) how many; **ile kwiatów/ludzi?** how many flowers/people?; **ilu mężczyzn/studentów?** how many men/students?; **ile masz lat?** how old are you?; **ile razy?** how many times? **2** (*z rzeczownikami niepoliczalnymi*) how much; **ile masła/wody/pieniędzy?** how much butter/water/money?; **ile czasu?** how long?; **ile to kosztuje?** how much is it? **3** (*w zdaniach względnych*: *z rzeczownikami policzalnymi*) as many; (: *z rzeczownikami niepoliczalnymi*) as much; **bierz ile chcesz** take as many/much as you want. **4**: **ile ludzi!** what a lot of people!; **ile wody!** what a lot of water! **5**: **ile sił** as hard as you can; **ile tchu** as fast as you can. **6**: **o ile** if; **o ile nie** unless, if not; **o ile wiem/pamiętam** as far as I know/remember; **o tyle o ile** (*pot*) not too bad.

ilekroć *conj* whenever, every time.
ileś *pron* +*gen* some, a number of.
iloczy|n (-nu, -ny) (*loc sg* -nie) *m* (*MAT*) product.
ilora|z (-zu, -zy) (*loc sg* -zie) *m* (*MAT*) quotient.
iloś|ć (-ci, -ci) (*gen pl* -ci) *f* amount, quantity.

ilu *pron patrz* **ile**.
ilustracj|a (-i, -e) (*gen pl* -i) *f* illustration.
ilustr|ować (-uję, -ujesz) (*perf* z-) *vt* (*książkę*) to illustrate; (*unaoczniać*) to illustrate, to exemplify.
ilustrowany *adj* illustrated.
iluś *pron* +*gen* some, a number of.
iluzj|a (-i, -e) (*gen pl* -i) *f* illusion.
iluzjoni|sta (-sty, -ści) (*dat sg* -ście) *m decl like f in sg* conjurer.
ił (**iłu**, **iły**) (*loc sg* **ile**) *m* loam.
im *pron dat pl od* **oni, one** (to) them; **nie wierzę im** I don't believe them; **daj im te pieniądze** give them the money; **daj im to** give it to them ♦ *adv*: **im prędzej, tym lepiej** the sooner the better.
im. *abbr* (= *imienia*): **Uniwersytet im. Adama Mickiewicza** Adam Mickiewicz University.
imad|ło (-ła, -ła) (*loc sg* -le, *gen pl* -eł) *nt* vice, vise (*US*).
imbecyl (-a, -e) (*gen pl* -i *lub* -ów) *m* (*pot*) imbecile (*pot*).
imbi|r (-ru) (*loc sg* -rze) *m* ginger.
imbrycz|ek (-ka, -ki) (*instr sg* -kiem) *m* teapot.
imbry|k (-ka, -ki) (*instr sg* -kiem) *m* kettle.
imienin|y (-) *pl* saint's day, name day.
imienni|k (-ka, -cy) (*instr sg* -kiem) *m* namesake.
imiesł|ów (-owu, -owy) (*loc sg* -owie) *m* (*JĘZ*) participle.
imi|ę (-enia, -ona) *nt* name; (*człowieka*) first name; (*reputacja*) reputation; **jak masz** *lub* **ci na imię?** (*pot*) what's your name?; **szkoła imienia Tadeusza Kościuszki** Tadeusz Kosciuszko School; **w czyimś imieniu** on behalf of sb; **w imię czegoś** in the name of sth.
imigracj|a (-i, -e) (*gen pl* -i) *f* immigration.

imigran|t (**-ta, -ci**) (*loc sg* **-cie**) *m* immigrant.

imitacj|a (**-i, -e**) (*gen pl* **-i**) *f* imitation.

imit|ować (**-uję, -ujesz**) *vt* to imitate, to mimic.

immunite|t (**-tu, -ty**) (*loc sg* **-cie**) *m* immunity.

impa|s (**-su**) (*loc sg* **-sie**) *m* (*zastój*) deadlock, impasse.

imperato|r (**-ra, -rzy**) (*loc sg* **-rze**) *m* emperor.

imperialistyczny *adj* imperialist.

imperializ|m (**-mu**) (*loc sg* **-mie**) *m* imperialism.

imperialny *adj* imperial.

imperi|um (**-um, -a**) (*gen pl* **-ów**) *nt* *inv in sg* empire.

impertynencki *adj* impertinent.

impertynen|t (**-ta, -ci**) (*loc sg* **-cie**) *m* impertinent.

impe|t (**-tu**) (*loc sg* **-cie**) *m* impetus, momentum.

implikacj|a (**-i, -e**) (*gen pl* **-i**) *f* implication; **implikacje** *pl* ramifications *pl*.

impon|ować (**-uję, -ujesz**) (*perf* **za-**) *vi*: **imponować (czymś) komuś** to impress sb (with sth).

imponujący *adj* (*godny podziwu*) impressive; (*ogromny*) grand, imposing.

impor|t (**-tu**) (*loc sg* **-cie**) *m* importation; **towary z importu** imports, imported goods.

importe|r (**-ra, -rzy**) (*loc sg* **-rze**) *m* importer.

import|ować (**-uję, -ujesz**) *vt* to import.

importowany *adj* imported.

impotencj|a (**-i**) *f* impotence.

impoten|t (**-ta, -ci**) (*loc sg* **-cie**) *m* impotent.

impregnowany *adj* waterproofed.

impresjoni|sta (**-sty, -ści**) (*dat sg* **-ście**) *m decl like f in sg* impressionist.

impresjoniz|m (**-mu**) (*loc sg* **-mie**) *m* impressionism.

impre|za (**-zy, -zy**) (*dat sg* **-zie**) *f* (*teatralna, sportowa*) event; (*pot: przyjęcie*) do.

improwizacj|a (**-i, -e**) (*gen pl* **-i**) *f* improvisation.

improwiz|ować (**-uję, -ujesz**) (*perf* **za-**) *vt/vi* to improvise.

improwizowany *adj* (*utwór*) improvised; (*mowa, przyjęcie*) impromptu.

impul|s (**-su, -sy**) (*loc sg* **-sie**) *m* impulse.

impulsywny *adj* impulsive.

inaczej *adv* (*w inny sposób*) differently; (*w przeciwnym razie*) otherwise, or (else); **tak czy inaczej** one way or another.

inauguracj|a (**-i, -e**) (*gen pl* **-i**) *f* (*sezonu*) opening; (*roku szkolnego*) inauguration.

inauguracyjny *adj* (*mowa, uroczystość, mecz*) inaugural; (*przedstawienie*) opening.

inaugur|ować (**-uję, -ujesz**) (*perf* **za-**) *vt* (*sezon piłkarski*) to open; (*uroczystość, rok szkolny*) to inaugurate.

in blanco *adv*: **czek in blanco** blank cheque.

incognito *adv* incognito.

incyden|t (**-tu, -ty**) (*loc sg* **-cie**) *m* incident.

indek|s (**-su, -sy**) (*loc sg* **-sie**) *m* (*spis*) index; (*studencki*) ≈ credit book.

India|nin (**-nina, -nie**) (*loc sg* **-ninie**, *gen pl* **-n**) *m* (American) Indian.

indiański *adj* (American) Indian.

Indi|e (**-i**) *pl* India.

indoktrynacj|a (**-i**) *f* indoctrination.

indoktryn|ować (**-uję, -ujesz**) *vt* to indoctrinate.

Indonezj|a (**-i**) *f* Indonesia.

indonezyjski *adj* Indonesian.

indukcyjny *adj* inductive.

indyjski *adj*: **Ocean Indyjski** the Indian Ocean.

indy|k (**-ka, -ki**) (*instr sg* **-kiem**) *m* turkey.

indywiduali|sta (**-sty, -ści**) (*dat sg* **-ście**) *m decl like f in sg* individualist.

indywidualnoś|ć (**-ci**) *f* (*osoba*) (*nom pl* **-ci**, *gen pl* **-ci**) (*osobowość*) personality.

indywidualny *adj* individual; **turysta indywidualny** freelance tourist.

indziej *adv*: **gdzie indziej** elsewhere, somewhere else; **kiedy indziej** some other time.

infantylny *adj* infantile.

infekcj|a (**-i, -e**) (*gen pl* **-i**) *f* infection.

inflacj|a (**-i, -e**) (*gen pl* **-i**) *f* inflation.

informacj|a (**-i, -e**) (*gen pl* **-i**) *f* (*wiadomość*) piece of information; (*dane*) information; (*biuro, okienko*) information office (*BRIT*), information bureau (*US*); **informacja turystyczna** tourist information centre (*BRIT*) *lub* center (*US*); **zasięgnąć** (*perf*) **informacji o czymś** to inquire about sth; **zadzwonić** (*perf*) **do informacji** to ring directory enquiries (*BRIT*), to call information (*US*).

informacyjny *adj*: **serwis informacyjny** news bulletin; **polityka informacyjna** public relations policy.

informato|r (**-ra**) (*loc sg* **-rze**) *m* (*publikacja*) (*nom pl* **-ry**) brochure; (*osoba*) (*nom pl* **-rzy**) informer, informant.

informaty|k (**-ka, -cy**) (*instr sg* **-kiem**) *m* computer scientist.

informaty|ka (**-ki**) (*dat sg* **-ce**) *f* computing; (*nauka*) information *lub* computer science.

inform|ować (**-uję, -ujesz**) *vt* (*perf*

po-): **informować kogoś o czymś** to inform sb of sth.

▶**informować się** *vr*: **informować się o czymś** to inquire about sth.

infrastruktu|ra (**-ry, -ry**) (*dat sg* **-rze**) *f* infrastructure.

ingerencj|a (**-i, -e**) (*gen pl* **-i**) *f* interference.

inger|ować (**-uję, -ujesz**) *vi*: **ingerować (w** +*acc*) to interfere (in).

inhalacj|a (**-i, -e**) (*gen pl* **-i**) *f* inhalation.

inicja|ł (**-łu, -ły**) (*loc sg* **-le**) *m* initial.

inicjato|r (**-ra, -rzy**) (*loc sg* **-rze**) *m* originator, initiator.

inicjaty|wa (**-wy**) (*dat sg* **-wie**) *f* (*nom pl* **-wy**) initiative; **z czyjejś/własnej inicjatywy** on sb's/one's own initiative.

inicj|ować (**-uję, -ujesz**) (*perf* **za-**) *vt* to initiate.

inkasen|t (**-ta, -ci**) (*loc sg* **-cie**) *m* collector.

inkas|ować (**-uję, -ujesz**) (*perf* **za-**) *vt* to collect.

inklinacj|e (**-i**) *pl* inclinations *pl*.

inkubato|r (**-ra, -ry**) (*loc sg* **-rze**) *m* incubator.

innowacj|a (**-i, -e**) (*gen pl* **-i**) *f* innovation.

inny *pron* (*nie ten*) another; (*odmienny*) other, different ♦ *m decl like adj* (*pot*) another man; **inni** *pl* (the) others *pl*; **coś innego** something else; **ktoś inny** somebody *lub* someone else.

inscenizacj|a (**-i, -e**) (*gen pl* **-i**) *f* staging.

insceniz|ować (**-uję, -ujesz**) (*perf* **za-**) *vt* (*TEATR*) to stage.

inspekcj|a (**-i, -e**) (*gen pl* **-i**) *f* inspection.

inspekto|r (**-ra, -rzy** *lub* **-rowie**) (*loc sg* **-rze**) *m* inspector.

inspiracj|a (**-i, -e**) (*gen pl* **-i**) *f* (*natchnienie*) inspiration.

inspir|ować (-uję, -ujesz) (*perf* **za-**)
vt to inspire.

instalacj|a (-i, -e) (*gen pl* -i) *f*
(*montaż*) installation; **instalacja
elektryczna** wiring; **instalacja
wodno-kanalizacyjna** plumbing.

instalato|r (-ra, -rzy) (*loc sg* -rze) *m*
(*hydraulik*) plumber; (*elektryk*)
electrician; (*monter z gazowni*) gas
fitter (*BRIT*), pipe fitter (*US*).

instal|ować (-uję, -ujesz) (*perf* **za-**)
vt to install, to put in.

instancj|a (-i, -e) (*gen pl* -i) *f*: **sąd
pierwszej instancji** court of first
instance.

instant *adj inv*: **kawa instant** instant
coffee; **mleko instant** powdered
milk.

instrukcj|a (-i, -e) (*gen pl* -i) *f*
(*rozkaz*) instruction; **instrukcja
obsługi** instructions *pl* (for use).

instruktaż (-u) *m* briefing,
instruction.

instrukto|r (-ra, -rzy) (*loc sg* -rze) *m*
instructor.

instrumen|t (-tu, -ty) (*loc sg* -cie) *m*
instrument.

instrumentali|sta (-sty, -ści) (*dat sg*
-ście) *m decl like f in sg*
instrumentalist.

instrumentalny *adj* (*muzyka*)
instrumental.

instru|ować (-uję, -ujesz) (*perf* **po-**)
vt to instruct.

instynk|t (-tu, -ty) (*loc sg* -cie) *m*
instinct.

instynktowny *adj* instinctive.

instytucj|a (-i, -e) (*gen pl* -i) *f*
institution.

instytu|t (-tu, -ty) (*loc sg* -cie) *m*
institute.

insuli|na (-ny) (*dat sg* -nie) *f* insulin.

insygni|a (-ów) *pl* insignia.

insynuacj|a (-i, -e) (*gen pl* -i) *f*
insinuation, innuendo.

insynu|ować (-uję, -ujesz) *vt* to
insinuate.

integracj|a (-i) *f* integration.

integralny *adj* integral.

integr|ować (-uję, -ujesz) (*perf* **z-**) *vt*
to integrate.

intelek|t (-tu) (*loc sg* -cie) *m* intellect.

intelektuali|sta (-sty, -ści) (*dat sg*
-ście) *m decl like f in sg* intellectual.

intelektualny *adj* intellectual.

inteligencj|a (-i) *f* (*zdolność*)
intelligence; (*warstwa społeczna*)
intelligentsia.

inteligentny *adj* intelligent.

intencj|a (-i, -e) (*gen pl* -i) *f* intention,
intent.

intensyfik|ować (-uję, -ujesz) (*perf*
z-) *vt* to intensify.

intensywny *adj* (*praca,
poszukiwania*) intensive; (*barwy*)
intense.

intere|s (-su, -sy) (*loc sg* -sie) *m*
(*korzyść*) interest; (*sprawa, firma,
sklep*) business; (*transakcja*) deal;
(to) nie twój interes! it's none of
your business!

interesan|t (-ta, -ci) (*loc sg* -cie) *m*
client.

interes|ować (-uję, -ujesz) (*perf* **za-**)
vt to interest.

►**interesować się** *vr*: **interesować
się kimś/czymś** to be interested in
sb/sth.

interesujący *adj* interesting.

interna|t (-tu, -ty) (*loc sg* -cie) *m*
(school) dormitory; **szkoła z
internatem** boarding school.

interni|sta (-sty, -ści) (*dat sg* -ście)
m decl like f in sg (*MED*) internist.

intern|ować (-uję, -ujesz) *vt* to
intern.

interpretacj|a (-i, -e) (*gen pl* -i) *f*
interpretation.

interpret|ować (-uję, -ujesz) (*perf*
z-) *vt* (*wyjaśniać*) to interpret;
(*odbierać, rozumieć*) to interpret, to

construe; (*odtwarzać*) to interpret, to render.

interpunkcj|a (**-i**) *f* punctuation.

interwencj|a (**-i, -e**) (*gen pl* **-i**) *f* intervention; **interwencja zbrojna** armed intervention.

interweni|ować (**-uję, -ujesz**) *vi* to intervene.

intonacj|a (**-i, -e**) (*gen pl* **-i**) *f* intonation.

intratny *adj* lucrative.

introligato|r (**-ra, -rzy**) (*loc sg* **-rze**) *m* bookbinder.

introwerty|k (**-ka, -cy**) (*instr sg* **-kiem**) *m* introvert.

intru|z (**-za, -zy** *lub* **-zi**) (*loc sg* **-zie**) *m* intruder.

intry|ga (**-gi, -gi**) (*dat sg* **-dze**) *f* (*podstępne działanie*) intrigue, plot; (*TEATR, LIT*) plot.

intryg|ować (**-uję, -ujesz**) *vt* (*zaciekawiać*) (*perf* **za-**) to intrigue.

intuicj|a (**-i**) *f* intuition.

intymny *adj* intimate.

inwali|da (**-dy, -dzi**) (*dat sg* **-dzie**) *m decl like f in sg* invalid, disabled person.

inwalidzki *adj*: **renta inwalidzka** disability pension; **wózek inwalidzki** wheelchair.

inwazj|a (**-i, -e**) (*gen pl* **-i**) *f*: **inwazja (na** +*acc*) invasion (of).

inwencj|a (**-i**) *f* (*pomysłowość*) inventiveness; (*MUZ*) invention; **inwencja twórcza** creativity.

inwentarz (**-a, -e**) (*gen pl* **-y**) *m* (*spis majątku*) inventory; **żywy inwentarz** livestock.

inwesto|r (**-ra, -rzy**) (*loc sg* **-rze**) *m* investor.

inwest|ować (**-uję, -ujesz**) (*perf* **za-**) *vi* (*vi*): **inwestować (w** +*acc*) to invest (in).

inwestycj|a (**-i, -e**) (*gen pl* **-i**) *f* (*przedsięwzięcie*) investment; (*obiekt*) construction.

inwestycyjny *adj*: **spółka inwestycyjna** investment trust.

inż. *abbr* (= **inżynier**) engineer.

inżynie|r (**-ra, -rowie**) (*loc sg* **-rze**) *m* engineer.

inżynieri|a (**-i**) *f* engineering.

iracki *adj* Iraqi.

Ira|k (**-ku**) (*instr sg* **-kiem**) *m* Iraq.

Ira|n (**-nu**) (*loc sg* **-nie**) *m* Iran.

irański *adj* Iranian.

Irlandczy|k (**-ka, -cy**) (*instr sg* **-kiem**) *m* Irishman.

Irlandi|a (**-i**) *f* Ireland; **Irlandia Północna** Northern Ireland.

Irland|ka (**-ki, -ki**) (*dat sg* **-ce**, *gen pl* **-ek**) *f* Irishwoman.

irlandzki *adj* Irish.

ironi|a (**-i**) *f* irony.

ironiczny *adj* ironic.

irracjonalny *adj* irrational.

irygacj|a (**-i, -e**) (*gen pl* **-i**) *f* irrigation.

iry|s (**-sa, -sy**) (*loc sg* **-sie**) *m* (*BOT*) iris; (*cukierek*) toffee.

iryt|ować (**-uję, -ujesz**) (*perf* **z-**) *vt* to annoy, to irritate.

▶**irytować się** *vr*: **irytować się (o coś)** to get annoyed (at sth), to get irritated (by sth).

irytujący *adj* irritating, annoying.

is|kra (**-kry, -kry**) (*dat sg* **-krze**, *gen pl* **-kier**) *f* spark.

isla|m (**-mu**) (*loc sg* **-mie**) *m* Islam.

islamski *adj* Islamic.

Islandczy|k (**-ka, -cy**) (*instr sg* **-kiem**) *m* Icelander.

Islandi|a (**-i**) *f* Iceland.

islandzki *adj* Icelandic.

Istambu|ł (**-łu**) (*loc sg* **-le**) *m* Istanbul.

ist|nieć (**-nieję, -niejesz**) *vi* to be, to exist; **istnieć od ...** to be in existence since ... .

istniejący *adj* existing.

isto|ta (**-ty, -ty**) (*dat sg* **-cie**) *f* (*stworzenie*) creature; (*sedno*) essence; **w istocie** in fact, in reality; **istota ludzka** human being.

istotnie adv (rzeczywiście) indeed; (zasadniczo) essentially, fundamentally.

istotny adj essential, crucial; (różnica) significant.

iść (**idę, idziesz**) (imp **idź**, pt **szedł, szła, szli**, perf **pójść**) vi to go; (pieszo) to walk; (o towarze) to sell; **iść (do** +gen/**na** +acc**)** to go (to); **idę!** (I'm) coming!; **idziesz ze mną?** are you coming with me?; **iść dalej** to go on; **iść do domu** to go home; **iść ulicą** to walk down lub along the street; **iść na grzyby** to go mushrooming; **iść na spacer** to go for a walk; **iść spać/do łóżka** to go to sleep/bed; **pójść po coś** to (go) fetch sth, to get sth; **iść za** +instr to follow; **idzie deszcz** it's going to rain; **idzie zima** winter is coming; **jak ci idzie?** (pot) how are you doing?, how is it going?

itd. abbr (= i tak dalej) etc.

itp. abbr (= i tym podobne lub podobnie) etc.

iz|ba (**-by, -by**) (loc sg **-bie**) f (pomieszczenie) room; (w parlamencie) house; **Izba Gmin/Lordów** the House of Commons/Lords; **Izba Reprezentantów** the House of Representatives.

izolacj|a (**-i**) f (odosobnienie) isolation; (TECH) insulation.

izolat|ka (**-ki, -ki**) (dat sg **-ce**, gen pl **-ek**) f (w szpitalu) isolation ward.

izolato|r (**-ra, -ry**) (loc sg **-rze**) m (materiał) insulator.

izol|ować (**-uję, -ujesz**) vt (chorych, państwo) (perf **od-**) to isolate; (TECH) (perf **za-**) to insulate.

Izrael (**-a**) m Israel.

Izraelczy|k (**-ka, -cy**) (instr sg **-kiem**) m Israeli.

izraelski adj Israeli.

iż conj (książk) that.

J

ja (see **Table 1**) pron I ♦ nt inv (własna osoba) self; **to tylko ja** it's only me; **wyższy niż ja** taller than I lub me.

jabłeczni|k (**-ka, -ki**) (instr sg **-kiem**) m (ciasto) apple cake; (wino) cider.

jabł|ko (**-ka, -ka**) (instr sg **-kiem**, gen pl **-ek**) nt apple.

jabło|ń (**-ni, -nie**) (gen pl **-ni**) f apple tree.

jach|t (**-tu, -ty**) (loc sg **-cie**) m yacht.

jachtklu|b (**-bu, -by**) (loc sg **-bie**) m yacht club.

ja|d (**-du, -dy**) (loc sg **-dzie**) m venom, poison; (przen) venom.

jad|ać (**-am, -asz**) vt/vi to eat; **gdzie jadasz obiady?** where do you usually have lunch/dinner?

jadal|nia (**-ni, -nie**) (gen pl **-ni**) f dining room.

jadalny adj (grzyb, roślina) edible; **pokój jadalny** dining room ♦ m decl like adj (pokój jadalny) dining room.

jadę itd. vb patrz **jechać**.

jadł itd. vb patrz **jeść**.

jadłospi|s (**-su, -sy**) (loc sg **-sie**) m menu.

jadowity adj poisonous, venomous.

jagni|ę (**-ęcia, -ęta**) (gen pl **-ąt**) nt lamb.

jag|oda (**-ody, -ody**) (dat sg **-odzie**, gen pl **-ód**) f (rodzaj owocu) berry; (też: **czarna jagoda**) bilberry, whortleberry.

jajecznic|a (**-y, -e**) f scrambled eggs pl; **smażyć (usmażyć** perf**) jajecznicę** to scramble eggs.

jaj|ko (**-ka, -ka**) (instr sg **-kiem**, gen pl **-ek**) nt egg; **jajko na miękko/twardo** soft-/hard-boiled egg; **jajko sadzone** fried egg.

jajni|k (**-ka, -ki**) (instr sg **-kiem**) m (ANAT) ovary.

jaj|o (**-a, -a**) nt egg; (BIO) ovum, egg.

jajowaty adj (owalny) egg-shaped, oval.

---SŁOWO KLUCZOWE---

jak pron **1** (w pytaniach) how; **jak dużo?** how much/many?; **jak długo?** how long?; **jak się masz?** how are you? (BRIT), how are you doing? (US); **jak wyglądam? – świetnie!** how do I look? – great!; **jak ona wygląda?** what does she look like? **2** (w zdaniach względnych): **zrobiłem, jak chciałeś** I did as you wanted; **nie wiem, jak to zrobić** I don't know how to do it; **nie wiem, jak ona wygląda** I don't know what she looks like. **3** (w jakim stopniu): **jak szybko!** how quickly! ♦ conj **1** (w porównaniach) as; **biały jak śnieg** (as) white as snow; **za wysoki jak na dżokeja** too tall for a jockey; **tak jak ...** (just) like ... . **2** (kiedy): **jak go zobaczysz, pozdrów go** when you see him, say hello from me; **widziałem (ją), jak wychodziła z biura** I saw her leave lub leaving the office. **3** (jeśli) if, when; **jak nie chcesz jechać, możesz zostać z nami** you can stay with us if you don't want to go; **jak nie dziś, to jutro** if not today then tomorrow ♦ part **1**: **jak najlepiej/najszybciej** as well/soon as possible. **2**: **jak tylko** as soon as; **jak i** lub **również** as well as; **jak to?** what lub how do you mean?; **jak gdyby** as if, as though.

jakby conj (gdyby) if; (w porównaniach) as if.

---SŁOWO KLUCZOWE---

jaki pron decl like adj **1** (w pytaniach) what; **jaki lubisz kolor?** what colo(u)r do you like?; **jaka dzisiaj jest pogoda?** what's the weather like today? **2** (który) which; **jaki wybierasz: biały czy czarny?** which one do you choose: white or black? **3** (z przymiotnikami) how; **jaka ona jest dobra!** how kind she is! **4** (z rzeczownikami) what; **jaki piękny samochód!** what a beautiful car!

jakikolwiek (f **jakakolwiek**, nt **jakiekolwiek**) pron any.

jakiś (f **jakaś**, nt **jakieś**) pron some; **dzwonił jakiś Pan Kowalski** a Mr Kowalski called; **to jest jakieś 6 km stąd** it's about 6 km from here; **był jakiś przygnębiony** he was kind of depressed.

jakkolwiek conj (chociaż) although; (obojętnie jak) no matter how.

jako conj as; **ja jako były premier ...** as a former prime minister, I ...; **jako że** (ponieważ) since, as; **jako tako** (nieźle) quite well; (tak sobie) so-so.

jakoby conj: **mówiono, jakoby zamierzał odejść na emeryturę** he was presumably to retire.

jakoś adv somehow.

jakościowy adj qualitative.

jakość|ć (-ci) f quality.

jakże pron (jak): **jakże tak można!** how can you!; **jakże się cieszę!** I'm so happy!

jałmuż|na (-ny) (dat sg **-nie**) f alms pl, charity.

jało|wiec (-wca, -wce) m (BOT) juniper.

jałowy adj (ziemia) barren; (dyskusja) idle; (opatrunek) sterile.

jałów|ka (-ki, -ki) (dat sg **-ce**, gen pl **-ek**) f heifer.

ja|ma (-my, -my) (dat sg **-mie**) f (dół) pit; (jaskinia) cave; (nora) hole; (ANAT) cavity.

jamni|k (-ka, -ki) (*instr sg* -kiem) *m* dachshund.

Japoni|a (-i) *f* Japan.

Japon|ka (-ki, -ki) (*dat sg* -ce, *gen pl* -ek) *f* Japanese *inv.*

Japończy|k (-ka, -cy) (*instr sg* -kiem) *m* Japanese *inv.*

japoński *adj* Japanese.

jar|d (-da, -dy) (*loc sg* -dzie) *m* yard.

jarmar|k (-ku, -ki) (*instr sg* -kiem) *m* fair.

jarmuż (-u) *m* (*BOT, KULIN*) kale, collard.

jarosz (-a, -e) (*gen pl* -ów *lub* -y) *m* vegetarian.

jarski *adj* vegetarian.

jarzeniów|ka (-ki, -ki) (*dat sg* -ce, *gen pl* -ek) *f* arc lamp *lub* light; (*pot*: *świetlówka*) fluorescent lamp.

jarzębi|na (-ny, -ny) (*dat sg* -nie) *f* (*BOT*) rowan, (European) mountain ash; (*owoc*) rowan(-berry).

jarz|mo (-ma, -ma) (*loc sg* -mie, *gen pl* -m *lub* -em) *nt* yoke.

jarz|yć się (-y) *vr* to glow.

jarzy|na (-ny, -ny) (*dat sg* -nie) *f* vegetable.

jarzynowy *adj* vegetable *attr.*

ja|siek (-śka, -śki) (*instr sg* -śkiem) *m* small pillow.

jas|kier (-kra, -kry) (*loc sg* -krze) *m* (*BOT*) buttercup.

jaski|nia (-ni, -nie) (*gen pl* -ń) *f* cave.

jaskinio|wiec (-wca, -wcy) *m* caveman.

jaskół|ka (-ki, -ki) (*dat sg* -ce, *gen pl* -ek) *f* swallow.

jaskrawo... *pref* bright ...;
jaskrawoczerwony bright red.

jaskrawy *adj* (*kolor*) garish; (*przykład*) glaring.

ja|sno (*comp* -śniej) *adv* (*mówić, tłumaczyć*) clearly; (*świecić*) brightly.

jasnowidz (-a, -e) *m* clairvoyant.

ja|sny (*comp* -śniejszy) *adj* (*światło, dzień, uśmiech*) bright; (*kolor*) light;

(*cera*) pale; (*język*) clear; **to jasne** that much is clear, that's for sure; **jasne, że wiem** of course I know.

jastrz|ąb (-ębia, -ębie) (*gen pl* -ębi) *m* hawk.

jaszczur|ka (-ki, -ki) (*dat sg* -ce, *gen pl* -ek) *f* lizard.

jaśmi|n (-nu, -ny) (*loc sg* -nie) *m* (*BOT*) jasmine.

jaw *inv*: **wyjść** (*perf*) **na jaw** to come to light.

ja|wa (-wy) (*dat sg* -wie) *f* reality.

jawność (-ci) *f* publicness.

jawny *adj* (*głosowanie, obrady*) public; (*niechęć, wzgarda*) open; (*sprzeczność*) evident.

jaz|da (-dy, -dy) (*dat sg* **jeździe**) *f* (*podróż: samochodem*) drive; (: *pociągiem*) journey; (: *na motocyklu, rowerze, koniu*) ride; (*prowadzenie: samochodu*) driving; (: *motocykla, roweru*) riding; (*lekcja prowadzenia pojazdu*) driving lesson; **jazda na łyżwach** skating; **jazda na nartach** skiing; **jazda konna** horse riding; **nauka jazdy** (*kurs*) driving school; (*kierowca*) learner *lub* student driver; **prawo jazdy** driving licence (*BRIT*), driver's license (*US*); **rozkład jazdy** timetable (*BRIT*), schedule (*US*).

jazz (jazzu) (*loc sg* **jazzie**) *m* jazz.

jazzowy *adj* jazz *attr.*

ją *pron acc od* **ona** her.

jąd|ro (-ra, -ra) (*loc sg* -rze, *gen pl* -er) *m* (*ANAT*) testicle; (*orzecha*) kernel; (*Ziemi*) core; (*BIO: też*: **jądro komórkowe**) nucleus; (*FIZ: też*: **jądro atomowe**) (atomic) nucleus.

jądrowy *adj* nuclear.

jąk|ać się (-am, -asz) *vr* to stammer, to stutter.

je *pron acc sg od* **ono** it ♦ *pron acc pl od* **one** them.

jechać (**jadę, jedziesz**) (*imp* **jedź**, *perf* **po-**) *vi* (*podróżować*) to go;

(*motocyklem, rowerem, konno*) to ride; (*samochodem: jako kierowca*) to drive; (: *jako pasażer*) to ride; (*o samochodzie, pociągu*) to go; **jechać samochodem** (*jako kierowca*) to drive a car; (*jako pasażer*) to ride in a car; **jechać za granicę/na urlop** to go abroad/on holiday.

jeden (*see* **Table 12**) *num* one ♦ *adj* (*wspólny*) one; (*pewien*) a; **jedna druga** (one) half; **jeszcze jeden** one more, (yet) another; **ani jeden** not a single one, none; **jeden za** *lub* **po drugim** one by one; **z jednej strony ... z drugiej strony ...** one (the) one hand ... on the other hand ... .

jedenasty *num* eleventh; **godzina jedenasta** eleven (o'clock).

jedenaście (*see* **Table 17**) *num* eleven.

jedn|ać (**-am, -asz**) (*perf* **z-**) *vt*: **jednać sobie kogoś** to win sb over.
►**jednać się** (*perf* **po-**) *vr*: **jednać się (z kimś)** to become reconciled (with sb).

jednak *conj* but, (and) yet.

jednakowo *adv* alike, equally.

jednakowy *adj* equal.

jedno *pron* (*jedna rzecz*) one thing; (*całość*) one (whole); (*to samo*) one (and the same); **jedno jest pewne** one thing's for sure; **jedno z dwojga** one or the other.

jednobarwny *adj* monochromatic.

jednoczesny *adj* simultaneous.

jednocześnie *adv* at the same time, simultaneously.

jedno|czyć (**-czę, -czysz**) (*perf* **z-**) *vt* to unite.
►**jednoczyć się** *vr* to unite.

jednodniowy *adj* (*strajk*) one-day; (*niemowlę*) one-day-old.

jednogłośnie *adv* unanimously.

jednogłośny *adj* unanimous.

jednokierunkowy *adj* (*ruch, ulica*) one-way.

jednokrotny *adj* single-time *attr*.

jednolity *adj* uniform.

jednomyślnie *adv* unanimously.

jednomyślny *adj* unanimous.

jednoosobowy *adj* (*kierownictwo*) one-man *attr*; (*pokój*) single.

jednopiętrowy *adj* two-storey(ed) *attr* (*BRIT*), two-storied *attr* (*US*).

jednopokojowy *adj*: **mieszkanie jednopokojowe** studio (flat) (*BRIT*), efficiency (apartment) (*US*).

jednorazowy *adj* (*wysiłek, opłata*) single; **jednorazowego użytku** disposable.

jednorodny *adj* homogeneous.

jednorodzinny *adj*: **domek jednorodzinny** detached house.

jednorzędowy *adj*: **marynarka jednorzędowa** single-breasted jacket.

jednosilnikowy single-engine *attr*.

jednostajność (**-ci**) *f* monotony.

jednostajny *adj* monotonous.

jednost|ka (**-ki, -ki**) (*dat sg* **-ce**, *gen pl* **-ek**) *f* (*człowiek*) individual; (*też*: **jednostka miary**) unit (of measure).

jednostkowy *adj* (*przypadek*) isolated; **cena jednostkowa** unit price.

jednostronny *adj* (*rozwój, produkcja*) one-sided; (*druk*) one-side *attr*; (*PRAWO, POL*) unilateral.

jednoś|ć (**-ci**) *f* (*państwa, opinii*) unity; (*oddzielna całość*) whole.

jednotygodniowy *adj* one-week *attr*.

jednoznaczny *adj* clear-cut, unambiguous.

jedwa|b (**-biu, -bie**) *m* silk.

jedwabisty *adj* silky.

jedwabni|k (**-ka, -ki**) (*instr sg* **-kiem**) *m* silkworm.

jedwabny *adj* silk *attr*.

jedyna|k (**-ka, -cy**) (*instr sg* **-kiem**) *m* only child.

jedynie *adv* only, merely.

jedyn|ka (**-ki, -ki**) (*dat sg* **-ce**, *gen pl* **-ek**) *f* one; (*SZKOL*) ≈ F (*grade*).

jedyny adj only; (ukochany) dearest;
  jedyny w swoim rodzaju unique.
jedzeni|e (-a) nt (żywność) food;
  (spożywanie) eating.
jee|p (-pa, -py) (loc sg -pie) m jeep.
jego pron gen od on, ono ♦
  possessive pron inv (o osobie) his;
  (o przedmiocie, zwierzęciu) its.
jej pron gen od ona ♦ possessive pron
  inv (o osobie: przed rzeczownikiem)
  her; (: bez rzeczownika) hers; (o
  przedmiocie, zwierzęciu) its; **nie ma
  jej** she's not here; **nie widzę jej** I
  can't see her; **to jest jej klucz** it's
  her key.
jele|ń (-nia, -nie) (gen pl -ni) m
  (ZOOL) (red) deer.
jeli|to (-ta, -ta) (loc sg -cie) nt
  intestine.
jemio|ła (-ły, -ły) (dat sg -le) f
  mistletoe.
jemu pron dat od on (to) him ♦ pron
  dat od ono (to) it.
je|n (-na, -ny) (loc sg -nie) m yen.
je|niec (-ńca, -ńcy) m prisoner,
  captive.
jeniecki adj: **obóz jeniecki** prison
  camp.
Jerozoli|ma (-my) (dat sg -mie) f
  Jerusalem.
jesienny adj autumn attr, fall attr
  (US).
jesie|ń (-ni, -nie) (gen pl -ni) nt (pora
  roku) autumn, fall (US).
jesio|n (-nu, -ny) (loc sg -nie) m ash.
jest itd. vb patrz **być**.
jeszcze part (wciąż) still; (z
  przeczeniem) yet; (ze stopniem
  wyższym) even; **jeszcze przed
  wojną** already before the war;
  mamy jeszcze dwie godziny we
  still have two hours; **jeszcze nie** not
  yet; **jeszcze nie skończyłem** I
  haven't finished yet; **jeszcze
  lepszy/gorszy** even better/worse;
  kto/co jeszcze? who/what else?;

czy ktoś/coś jeszcze?
  anybody/anything else?; **jeszcze raz**
  one more time, once again.
jeść (**jem, jesz**) (3 pl **jedzą**, imp **jedz**,
  pt **jadł, jedli**, perf **z-**) vt to eat; **jeść
  śniadanie/kolację** to have
  breakfast/supper; **chce mi się jeść**
  I'm hungry; **co jadłeś na
  śniadanie?** what did you have for
  breakfast?
jeśli conj if; **jeśli nie** if not, unless;
  jeśli o mnie chodzi as far as I am
  concerned.
jeśliby conj if.
jezd|nia (-ni, -nie) (gen pl -ni) f
  road(way).
jezio|ro (-ra, -ra) (loc sg -rze) nt lake.
Jezu|s (-sa) (loc sg -sie) m Jesus.
je|ździć (-żdżę, -ździsz) (imp -źdź) vi
  to go; (podróżować) to travel; (o
  pociągu, autobusie: kursować) to
  run, to go; **jeździć za granicę/na
  urlop** to go abroad/on holiday;
  jeździć konno to ride (a horse);
  jeździć samochodem to drive (a
  car); **jeździć na łyżwach** to skate;
  jeździć na nartach to ski; **jeździć
  na rowerze** to cycle.
jeź|dziec (-dźca, -dźcy) m rider.
jeździect|wo (-wa) (loc sg -wie) nt
  horse-riding.
jeż (-a, -e) (gen pl -y) m hedgehog;
  fryzura na jeża crew-cut.
jeżeli conj if; **jeżeli nie** if not, unless;
  patrz też **jeśli**.
jeż|yć (-y) vt (grzywę, sierść) (perf **z-**)
  to bristle (up).
▸**jeżyć się** vr (przen: o człowieku)
  (perf **na-**) to bristle; (: o
  przeszkodach) to spring up.
jeży|k (-ka, -ki) (instr sg -kiem) m
  dimin od **jeż**; (fryzura) crew-cut.
jeży|na (-ny, -ny) (dat sg -nie) f
  blackberry, bramble.
ję|czeć (-czę, -czysz) (perf -knąć) vi
  to groan, to moan.

jęczmie|ń (-nia, -nie) (*gen pl* -ni) *m* (*BOT*) barley; (*MED*) sty(e).

jędrny *adj* firm.

jędz|a (-y, -e) *f* (*w bajce*) witch; (*przen*) shrew.

ję|k (-ku, -ki) (*instr sg* -kiem) *m* groan, moan.

języ|k (-ka, -ki) (*instr sg* -kiem) *m* language; (*ANAT*) tongue; **pokazywać (pokazać** *perf*) **komuś język** to stick out one's tongue at sb.

językowy *adj* (*norma*) linguistic; (*laboratorium*) language *attr*.

językoznawst|wo (-wa) (*loc sg* -wie) *nt* linguistics.

jo|d (-du) (*loc sg* -dzie) *m* iodine.

jode|łka (-łki, -łki) (*dat sg* -łce, *gen pl* -łek) *f* (*wzór*) herring-bone.

jod|ła (-ły, -ły) (*dat sg* -le, *gen pl* -eł) *f* fir (tree).

jody|na (-ny) (*dat sg* -nie) *f* iodine (solution).

jo|ga (-gi) (*dat sg* -dze) *f* yoga.

joggin|g (-gu) (*instr sg* -giem) *m* jogging.

jogur|t (-tu, -ty) (*loc sg* -cie) *m* yoghurt.

jo|n (-nu, -ny) (*loc sg* -nie) *m* ion.

Jordani|a (-i) *f* Jordan.

Jowisz (-a) *m* Jupiter.

jubila|t (-ta, -ci) (*loc sg* -cie) *m man celebrating a birthday or an anniversary*.

jubile|r (-ra, -rzy) (*loc sg* -rze) *m* jeweller (*BRIT*), jeweler (*US*).

jubilerski *adj*: **sklep jubilerski** jeweller's (shop) (*BRIT*), jeweler's (shop) (*US*); **wyroby jubilerskie** jewellery (*BRIT*), jewelry (*US*).

jubileusz (-u, -e) (*gen pl* -y *lub* -ów) *m* jubilee.

Jugosławi|a (-i) *f* Yugoslavia.

junio|r (-ra, -rzy) (*loc sg* -rze) *m* junior.

jupite|r (-ra, -ry) (*loc sg* -rze) *m* spotlight.

juro|r (-ra, -rzy) (*loc sg* -rze) *m* juror; (*w piłce nożnej*) referee.

jury *nt inv* jury.

jurysdykcj|a (-i, -e) (*gen pl* -i) *f* jurisdiction.

jut|ro (-ra) (*loc sg* -rze) *nt* tomorrow ♦ *adv* tomorrow; **do jutra!** see you tomorrow!; **jutro wieczorem** tomorrow evening *lub* night.

jutrzejszy *adj* tomorrow's *attr*.

już *adv* (*w zdaniach twierdzących*) already; (*w pytaniach*) yet; **już to widziałem** I've already seen it, I've seen it before; **czy widziałeś już ten film?** have you seen that film yet?; **już nie** no longer.

K

kabacz|ek (-ka, -ki) (*instr sg* -kiem) *m* (*BOT*) marrow (*BRIT*), squash (*US*).

kabano|s (-sa, -sy) (*loc sg* -sie) *m thin smoked pork sausage*.

kabare|t (-tu, -ty) (*loc sg* -cie) *m* cabaret.

kab|el (-la, -le) (*gen pl* -li) *m* cable.

kabi|na (-ny, -ny) (*dat sg* -nie) *f* (*pilota, kierowcy, pasażerska*) cabin; (*w toalecie*) cubicle; **kabina telefoniczna** (tele)phone booth.

kabriole|t (-tu, -ty) (*loc sg* -cie) *m* convertible.

kac (-a) *m* hangover.

kacz|ka (-ki, -ki) (*dat sg* -ce, *gen pl* -ek) *f* duck; **kaczka dziennikarska** (*przen*) canard.

kaczo|r (-ra, -ry) (*loc sg* -rze) *m* drake.

kadencj|a (-i, -e) (*gen pl* -i) *f* tenure, term (of office); (*MUZ*) cadence.

kade|t (-ta, -ci) (*loc sg* -cie) *m* cadet.

kadłu|b (-ba, -by) (*loc sg* -bie) *m* (*samolotu*) fuselage; (*statku*) hull.

kad|r (-ru, -ry) (*loc sg* -rze) *m* frame.

kad|ra (-ry, -ry) (*dat sg* -rze) *f* personnel, staff; (*WOJSK*) cadre; **kadry** *pl* (*pot*: *biuro kadr*) personnel.

kadzid|ło (-ła, -ła) (*loc sg* -le, *gen pl* -eł) *nt* incense.

kafel|ek (-ka, -ki) (*instr sg* -kiem) *m* tile.

kafta|n (-na, -ny) (*loc sg* -nie) *m* (*arabski*) kaftan; (*roboczy*) smock; **kaftan bezpieczeństwa** straitjacket.

kaftani|k (-ka, -ki) (*instr sg* -kiem) *m* (*dziecięcy*) (wrapover) vest.

kaga|niec (-ńca, -ńce) *m* muzzle.

Kai|r (-ru) (*loc sg* -rze) *m* Cairo.

kaja|k (-ku, -ki) *m* kayak, canoe.

kajakarst|wo (-wa) (*loc sg* -wie) *nt* canoeing.

kajdan|ki (-ek) *pl* handcuffs *pl*.

kajdan|y (-) *pl* irons *pl*; (*przen*) shackles *pl*, fetters *pl*.

kaju|ta (-ty, -ty) (*dat sg* -cie) *f* cabin.

kakao *nt inv* cocoa.

kakaowy *adj* cocoa *attr*.

kaktu|s (-sa, -sy) (*loc sg* -sie) *m* cactus.

kalafio|r (-ra, -ry) (*loc sg* -rze) *m* cauliflower.

kalare|pa (-py, -py) (*dat sg* -pie) *f* kohlrabi.

kalect|wo (-wa, -wa) (*loc sg* -wie) *nt* disability.

kalecz|yć (-ę, -ysz) *vt* (*perf* s-) to cut; (*przen*: *język*) to murder.

▸**kaleczyć się** *vr* to cut o.s.; **skaleczyć** (*perf*) **się w palec** to cut one's finger.

kale|ka (-ki, -ki) (*dat sg* -ce) *f, m decl like f* cripple.

kaleki *adj* crippled, disabled.

kalendarz (-a, -e) (*gen pl* -y) *m* calendar.

kalendarzy|k (-ka, -ki) (*instr sg* -kiem) *m* (pocket) diary (*BRIT*), calendar (*US*).

kaleson|y (-ów) *pl* long johns *pl* (*pot*).

kalib|er (-ru, -ry) (*loc sg* -rze) *m* calibre (*BRIT*), caliber (*US*); **człowiek wielkiego kalibru** high calibre person.

Kaliforni|a (-i) *f* California.

kaligrafi|a (-i) *f* calligraphy.

kal|ka (-ki, -ki) (*dat sg* -ce, *gen pl* -k) *f* (*maszynowa, ołówkowa*) carbon paper; (*też*: **kalka techniczna**) tracing paper.

kalkomani|a (-i, -e) (*gen pl* -i) *f* transfer (*BRIT*), decal(comania) (*US*).

kalkulacj|a (-i, -e) (*gen pl* -i) *f* calculation.

kalkulato|r (-ra, -ry) (*loc sg* -rze) *m* calculator.

kalori|a (-i, -e) (*gen pl* -i) *f* calorie.

kaloryczny *adj* caloric.

kaloryfe|r (-ra, -ry) (*loc sg* -rze) *m* radiator.

kalosz|e (*gen* -y) *pl* wellingtons; (*nakładane na buty*) galoshes.

ka|ł (-łu) (*loc sg* -le) *m* faeces (*BRIT*), feces (*US*).

kałuż|a (-y, -e) (*dat sg* -y) *f* puddle.

kameleo|n (-na, -ny) (*loc sg* -nie) *m* chameleon.

kame|ra (-ry, -ry) (*loc sg* -rze) *f* camera; **kamera wideo** camcorder.

kameralny *adj* (*nastrój*) intimate, cosy; **muzyka/orkiestra kameralna** chamber music/orchestra.

kamerzy|sta (-sty, -ści) (*dat sg* -ście) *m decl like f in sg* cameraman.

kamic|a (-y) *f*: **kamica nerkowa** nephrolithiasis; **kamica pęcherzyka żółciowego** cholelithiasis.

kamienic|a (-y, -e) *f* tenement (house).

kamienioło|m (-mu, -my) (*loc sg* -mie) *m* quarry.

kamienisty *adj* stony.

kamienny *adj* (*most, posadzka*) stone *attr*; (*twarz, wzrok*) stony; (*sen*) heavy; **epoka kamienna** the

Stone Age; **węgiel kamienny** hard coal.

kamie|ń (-nia, -nie) (*gen pl* -ni) *m* stone; (*w zegarku*) jewel; (*do zapalniczki*) flint; **kamień szlachetny** gem(stone), precious stone; **kamień nazębny** tartar; **kamień żółciowy** gallstone; **kamień węgielny** cornerstone; (*przen*) cornerstone, keystone; **kamień spadł mi z serca** (*przen*) it's a weight *lub* load off my mind.

kamionkowy *adj*: **naczynia kamionkowe** stone pottery, stoneware.

kamizel|ka (-ki, -ki) (*dat sg* -ce, *gen pl* -ek) *f* waistcoat (*BRIT*), vest (*US*); **kamizelka kuloodporna** bullet-proof vest; **kamizelka ratunkowa** life jacket.

kampani|a (-i, -e) (*gen pl* -i) *f* campaign; **prowadzić kampanię na rzecz czegoś/przeciwko czemuś** to campaign for/against sth.

kamuflaż (-u, -e) (*gen pl* -y) *m* camouflage.

kamy|k (-ka, -ki) (*instr sg* -kiem) *m* pebble.

Kana|da (-dy) (*loc sg* -dzie) *f* Canada.

Kanadyjczy|k (-ka, -cy) (*instr sg* -kiem) *m* Canadian.

Kanadyj|ka (-ki, -ki) (*dat sg* -ce, *gen pl* -ek) *f* Canadian; **kanadyjka** *f* (*łódź*) Canadian canoe.

kanadyjski *adj* Canadian.

kanali|a (-i, -e) (*gen pl* -i) *f* (*pej*) skunk (*pej*).

kanalizacj|a (-i) *f* sewage system.

kanalizacyjny *adj*: **rura kanalizacyjna** sewage pipe; **instalacja wodno-kanalizacyjna** plumbing.

kana|ł (-łu, -ły) (*loc sg* -le) *m* (*rów*) ditch; (*ściek*) sewer; (*morski, telewizyjny*) channel; (*sztuczna droga morska*) canal.

kana|pa (-py, -py) (*dat sg* -pie) *f* couch, sofa.

kanap|ka (-ki, -ki) (*dat sg* -ce, *gen pl* -ek) *f* sandwich.

kanar|ek (-ka, -ki) (*instr sg* -kiem) *m* canary.

kancelari|a (-i, -e) (*gen pl* -i) *f* office; **kancelaria adwokacka** chambers *pl* (*BRIT*).

kanclerz (-a, -e) (*gen pl* -y) *m* chancellor.

kandyda|t (-ta, -ci) (*loc sg* -cie) *m* candidate.

kandydatu|ra (-ry, -ry) (*dat sg* -rze) *f* candidacy, candidature (*BRIT*).

kandyd|ować (-uję, -ujesz) *vi*: **kandydować (do parlamentu)** to stand (for Parliament) (*BRIT*), to run (for Congress) (*US*).

kangu|r (-ra, -ry) (*loc sg* -rze) *m* kangaroo.

kanibal (-a, -e) (*gen pl* -i) *m* cannibal.

kanibaliz|m (-mu) (*loc sg* -mie) *m* cannibalism.

kanio|n (-nu, -ny) (*loc sg* -nie) *m* canyon.

kanist|er (-ra, -ry) (*loc sg* -rze) *m* jerry can.

kano|n (-nu, -ny) (*loc sg* -nie) *m* canon.

kanoniz|ować (-uję, -ujesz) *vt* to canonize.

kan|t (-tu, -ty) (*loc sg* -cie) *m* (*stołu, biurka*) edge; (*u spodni*) crease; (*oszustwo*) swindle.

kanto|r (-ra, -ry) (*loc sg* -rze) *m* (*też*: **kantor wymiany walut**) exchange office.

kanty|na (-ny, -ny) (*dat sg* -nie) *f* (*WOJSK*) canteen (*store*).

ka|pać (-pie) (*perf* -pnąć) *vi* to drip, to trickle.

kap|eć (-cia, -cie) (*gen pl* -ci) *m* (*miękki pantofel*) slipper.

kapel|a (-i, -e) (*gen pl* - *lub* -i) *f*

(*zespół ludowy*) folk group; (*pot: zespół młodzieżowy*) band.

kapela|n (-na, -ni) (*loc sg* -nie) *m* chaplain.

kapelusz (-a, -e) (*gen pl* -y) *m* hat; (*grzyba*) cap.

kapitali|sta (-sty, -ści) (*dat sg* -ście) *m decl like f in sg* capitalist.

kapitalistyczny *adj* capitalist, capitalistic (*pej*).

kapitaliz|m (-mu) (*loc sg* -mie) *m* capitalism.

kapitalny *adj* (*zasadniczy, istotny*) cardinal, fundamental; (*świetny*) brilliant; **remont kapitalny** major overhaul.

kapitał (-łu, -ły) (*loc sg* -le) *m* capital.

kapita|n (-na, -nowie) (*loc sg* -nie) *m* captain.

kapitulacj|a (-i) *f* capitulation.

kapitul|ować (-uję, -ujesz) (*perf* s-) *vi* to capitulate; (*przen: dawać za wygraną*) to give in *lub* up.

kaplic|a (-y, -e) *f* chapel.

kaplicz|ka (-ki, -ki) (*dat sg* -ce, *gen pl* -ek) *f* wayside shrine.

kapła|n (-na, -ni) (*loc sg* -nie) *m* (*REL*) priest.

kapłaństw|o (-wa) (*loc sg* -wie) *nt* priesthood.

kap|nąć (-nę, -niesz) (*imp* -nij) *vb perf od* **kapać**.

▸**kapnąć się** *vr perf* (*pot: zorientować się*) to twig (*pot: BRIT*).

kap|ować (-uję, -ujesz) (*perf* za-) (*pot*) *vi* (*rozumieć*) to twig (*pot: BRIT*), to dig (*pot: US*); (*donosić*) to grass (*pot*).

kapral (-a, -e) (*gen pl* -i) *m* corporal.

kapry|s (-su, -sy) (*loc sg* -sie) *m* (*zachcianka*) caprice, whim; (*pogody, losu*) quirk, caprice.

kapry|sić (-szę, -sisz) (*imp* -ś) *vi* to be capricious.

kapryśny *adj* capricious.

kaps|el (-la, -le) (*gen pl* -li) *m* crown cap.

kapsuł|ka (-ki, -ki) (*dat sg* -ce, *gen pl* -ek) *f* capsule.

kaptu|r (-ra, -ry) (*loc sg* -rze) *m* hood.

kapu|sta (-sty) (*dat sg* -ście) *f* cabbage; **kapusta kiszona** *lub* **kwaszona** sauerkraut; **kapusta włoska** savoy (cabbage).

kapu|ś (-sia, -sie) *m* (*pot*) grass (*pot*).

kapuśniacz|ek (-ka, -ki) (*instr sg* -kiem) *m* (*deszcz*) drizzle.

kapuśnia|k[1] (-ku, -ki) *m* cabbage soup.

kapuśnia|k[2] (-ka, -ki) (*instr sg* -kiem) *m* (*deszcz*) drizzle.

ka|ra (-ry, -ry) (*dat sg* -rze) *f* punishment; (*administracyjna, sądowa*) penalty; **kara śmierci** capital punishment, the death penalty.

karabi|n (-nu, -ny) (*loc sg* -nie) *m* rifle; **karabin maszynowy** machine gun.

ka|rać (-rzę, -rzesz) (*perf* u-) *vt* to punish; (*administracyjnie, sądownie*) to penalize.

karaf|ka (-ki, -ki) (*dat sg* -ce, *gen pl* -ek) *f* decanter.

karaibski *adj* Caribbean; **Morze Karaibskie** the Caribbean (Sea).

karalny *adj* (*czyn*) punishable.

karaluch (-a, -y) *m* cockroach.

karany *adj* previously convicted.

kara|ś (-sia, -sie) (*gen pl* -si) *m* (*ZOOL*) crucian (carp).

kara|t (-ta, -ty) (*loc sg* -cie) *m* (*jednostka masy*) carat; (*jednostka zawartości*) carat, karat (*US*).

karate *nt inv* karate.

karawa|n (-nu, -ny) (*loc sg* -nie) *m* hearse.

karawa|na (-ny, -ny) (*dat sg* -nie) *f* caravan.

kar|b (-bu, -by) (*loc sg* -bie) *m* (*nacięcie*) notch.

karcący *adj* (*ton, spojrzenie*) reproachful.

kar|cić (**-cę, -cisz**) (*imp* **-ć**, *perf* **s-**) *vt* to scold, to rebuke.

karczoch (**-a, -y**) *m* artichoke.

karcz|ować (**-uję, -ujesz**) (*perf* **wy-**) *vt* to grub out.

kardiochirur|g (**-ga, -dzy** *lub* **-gowie**) (*instr sg* **-giem**) *m* cardiac *lub* open-heart surgeon.

kardiogra|m (**-mu, -my**) (*loc sg* **-mie**) *m* cardiogram.

kardiolo|g (**-ga, -dzy** *lub* **-gowie**) (*instr sg* **-giem**) *m* heart specialist, cardiologist.

kardynalny *adj* (*błąd*) fundamental; **kardynalna zasada** cardinal rule.

kardyna|ł (**-ła, -łowie**) (*loc sg* **-le**) *m* cardinal.

kare|ta (**-ty, -ty**) (*dat sg* **-cie**) *f* carriage; (*KARTY*) four of a kind.

karet|ka (**-ki, -ki**) (*dat sg* **-ce**, *gen pl* **-ek**) *f*: **karetka pogotowia** ambulance.

karie|ra (**-ry, -ry**) (*dat sg* **-rze**) *f* career.

karierowicz (**-a, -e**) *m* (*pej*) careerist.

kar|k (**-ku, -ki**) (*instr sg* **-kiem**) *m* nape of the neck; **mieć głowę na karku** to have one's head screwed on.

karkołomny *adj* (*szybkość, tempo*) breakneck *attr*; (*ewolucja, wyczyn*) daredevil *attr*; (*hipoteza*) far-fetched.

karków|ka (**-ki, -ki**) (*dat sg* **-ce**, *gen pl* **-ek**) *f* neck; (*wieprzowa*) shoulder.

karłowaty *adj* dwarf *attr*.

kar|ma (**-my**) (*dat sg* **-mie**) *f* fodder, feed.

karmel|ek (**-ka, -ki**) (*instr sg* **-kiem**) *m* caramel.

kar|mić (**-mię, -misz**) *vt* (*żywić*) (*perf* **na-**) to feed; (*piersią*) to breast-feed, to suckle; (*butelką*) to bottle-feed.

▸**karmić się (czymś)** *vr* to feed (on sth).

karmni|k (**-ka, -ki**) (*instr sg* **-kiem**) *m* bird table.

karnacj|a (**-i, -e**) (*gen pl* **-i**) *f* complexion.

karnawa|ł (**-łu, -ły**) (*loc sg* **-le**) *m* carnival.

karne|t (**-tu, -ty**) (*loc sg* **-cie**) *m* (*na przedstawienia, koncerty*) subscription card; (: *na autobus, tramwaj*) book of tickets.

karnoś|ć (**-ci**) *f* discipline.

karny *adj* (*prawo, kodeks*) criminal; (*kolonia*) penal; (*SPORT*) penalty *attr*; **rzut karny** penalty kick.

ka|ro (**-ra, -ra**) (*loc sg* **-rze**) *nt* (*KARTY*) diamond(s) (*pl*).

karoseri|a (**-i, -e**) (*gen pl* **-i**) *f* (*MOT*) body (*of a car*).

kar|p (**-pia, -pie**) (*gen pl* **-pi**) *m* carp.

Karpat|y (**-**) *pl* the Carpathian Mountains, the Carpathians.

kar|ta (**-ty, -ty**) (*dat sg* **-cie**) *f* (*do pisania, rysowania*) sheet (of paper); (*w książce*) leaf; (*do gry*) (playing) card; (*jadłospis*) menu; **karta kredytowa** credit card; **karta pocztowa** postcard; **grać w karty** to play cards.

kartel (**-u, -e**) (*gen pl* **-i**) *m* (*EKON*) cartel.

kart|ka (**-ki, -ki**) (*dat sg* **-ce**, *gen pl* **-ek**) *f* (*do pisania, rysowania*) sheet (of paper); (*w książce*) leaf; **kartka pocztowa** postcard; **kartka świąteczna** Christmas card.

kartk|ować (**-uję, -ujesz**) (*perf* **prze-**) *vt* to leaf through, to flick through.

kartof|el (**-la, -le**) (*gen pl* **-li**) *m* potato.

karto|n (**-nu, -ny**) (*loc sg* **-nie**) *m* (*papier*) cardboard; (*pudełko*) carton, cardboard box.

kartot|eka (**-eki, -eki**) (*dat sg* **-ece**, *gen pl* **-ek**) *f* (*zbiór fiszek*) card index; (*zbiór danych*) files *pl*.

karuzel|a (**-i, -e**) (*gen pl* **-i**) *f* merry-go-round, roundabout (*BRIT*), carousel (*US*).

karygodny adj (postępek) reprehensible; (zaniedbanie) criminal.

karykatu|ra (-ry, -ry) (dat sg -rze) f (rysunek) caricature.

ka|rzeł (-rła, -rły) (loc sg -rle) m dwarf.

ka|sa (-sy, -sy) (dat sg -sie) f (w sklepie) cash desk; (w supermarkecie) check-out; (w domu towarowym) till; (w kinie, teatrze) box office; (na dworcu) ticket office; (pieniądze organizacji) treasury; **kasa pancerna** strongbox, safe; **kasa fiskalna** cash register.

kase|ta (-ty, -ty) (dat sg -cie) f (magnetofonowa, video) cassette; (FOT) cartridge.

kaset|ka (-ki, -ki) (dat sg -ce, gen pl -ek) f casket (BRIT), jewel box.

kasetowy adj cassette attr.

kasje|r (-ra, -rzy) (loc sg -rze) m (w sklepie) cashier; (w kinie, teatrze) box-office clerk; (w banku) cashier, teller; (na dworcu) booking clerk.

kasjer|ka (-ki, -ki) (dat sg -ce, gen pl -ek) f (w sklepie) cashier; (w kinie, teatrze) box-office clerk; (w banku) cashier, teller; (na dworcu) ticket clerk.

kas|k (-ku, -ki) (instr sg -kiem) m crash helmet.

kaska|da (-dy, -dy) (dat sg -dzie) f cascade; (dźwięków) ripple.

kaskade|r (-ra, -rzy) m (loc sg -rze) stuntman.

kas|ować (-uję, -ujesz) (perf s-) vt (bilet) to punch; (nagranie, plik) to erase.

kasowni|k (-ka, -ki) (instr sg -kiem) m (do biletów) ticket puncher.

kasowy adj (obrót, wpływy) cash attr; (sukces) box-office attr.

kaste|t (-tu, -ty) (loc sg -cie) m knuckle-duster (BRIT), brass knuckles pl (US).

kastr|ować (-uję, -ujesz) (perf wy-) vt to castrate.

kasy|no (-na, -na) (loc sg -nie) nt (dom gry) casino; (WOJSK) mess.

kasz|a (-y, -e) f (produkt) groats pl; (potrawa) porridge; **kasza gryczana** buckwheat groats pl; **kasza jęczmienna** pearl barley groats pl; **kasza manna** semolina.

kaszan|ka (-ki, -ki) (dat sg -ce, gen pl -ek) f black lub blood pudding (BRIT), blood sausage (US).

kasz|el (-lu) m cough.

kasz|ka (-ki, -ki) (dat sg -ce, gen pl -ek) f dimin od kasza.

kaszl|eć (-ę, -esz) (perf -nąć) vi to cough.

kaszta|n (-na, -ny) (loc sg -nie) m chestnut; (niejadalny) horse chestnut, conker.

kasztano|wiec (-wca, -wce) m (BOT) horse chestnut.

ka|t (-ta, -ci) (dat sg -towi lub -tu, loc sg -cie) m executioner.

katakliz|m (-mu, -my) (loc sg -mie) m disaster, calamity.

katalizato|r (-ra, -ry) (loc sg -rze) m (MOT) catalytic converter.

katalo|g (-gu, -gi) (instr sg -giem) m catalogue (BRIT), catalog (US).

katalog|ować (-uję, -ujesz) (perf s-) vt to catalogue (BRIT), to catalog (US).

katapul|ta (-ty, -ty) (loc sg -cie) f (LOT) ejection lub ejector seat; (HIST) catapult.

kata|r (-ru, -ry) (loc sg -rze) m catarrh, runny nose (pot); **katar sienny** hay fever; **mam katar** my nose is running.

kataryn|ka (-ki, -ki) (dat sg -ce, gen pl -ek) f barrel organ.

katastro|fa (-fy, -fy) (dat sg -fie) f (drogowa, kolejowa) accident; (samolotowa) (plane) crash; (wielkie nieszczęście) disaster, catastrophe.

katastrofalny adj (*skutek, susza*) catastrophic, disastrous.

kateche|ta (-ty, -ci) (*loc sg* -**cie**) m *decl like f in sg* catechist, catechizer.

katechet|ka (-ki, -ki) (*dat sg* -**ce**, *gen pl* -**ek**) m catechist, catechizer.

katechiz|m (-mu, -my) (*loc sg* -**mie**) m (*REL*) catechism.

kated|ra (-ry, -ry) (*dat sg* -**rze**) f (*kościół*) cathedral; (*pulpit*) teacher's desk; (*w szkole wyższej: jedn. administracyjna*) department; (: *stanowisko*) chair.

kategori|a (-i, -e) (*gen pl* -**i**) f category.

kategoryczny adj (*ton*) emphatic; (*żądanie*) categorical.

katolicki adj Catholic; **Kościół Katolicki** the (Roman) Catholic Church.

katolicyz|m (-mu) (*loc sg* -**mie**) m (Roman) Catholicism.

katolicz|ka (-ki, -ki) (*loc sg* -**ce**, *gen pl* -**ek**) f (Roman) Catholic.

katoli|k (-ka, -cy) (*instr sg* -**kiem**) m (Roman) Catholic.

kat|ować (-uję, -ujesz) (*perf* **s-**) vt to torture, to torment.

kaucj|a (-i, -e) (*gen pl* -**i**) f (*PRAWO*) bail; (*za butelkę*) deposit.

kauczu|k (-ku, -ki) (*instr sg* -**kiem**) m (India) rubber, caoutchouc.

ka|wa (-wy) (*dat sg* -**wie**) f (*roślina*) coffee (tree); (*ziarna*) coffee (beans *pl*); (*napój*) coffee; (*porcja napoju*) (*nom pl* -**wy**) a (cup of) coffee; **biała/czarna kawa** white/black coffee; **kawa po turecku** Turkish coffee.

kawale|r (-ra, -rowie *lub* -**rzy**) (*loc sg* -**rze**) m (*nieżonaty mężczyzna*) bachelor; (*młodzieniec*) youth; (*orderu*) knight.

kawaleri|a (-i) f cavalry.

kawaler|ka (-ki, -ki) (*dat sg* -**ce**, *gen pl* -**ek**) f bachelor flat (*BRIT*) *lub* apartment (*US*).

kawalerski adj (*stan*) unmarried; **wieczór kawalerski** stag (*BRIT*) *lub* bachelor (*US*) party.

kawalerzy|sta (-sty, -ści) (*dat sg* -**ście**) m *decl like f in sg* cavalryman, trooper.

kawa|ł (-łu, -ły) (*loc sg* -**le**) m (*duża część*) chunk; (*dowcip*) joke; (*psota*) trick, practical joke; **opowiedzieć** (*perf*) **kawał** to tell a joke; **zrobić** (*perf*) **komuś kawał** to play a joke *lub* trick on sb.

kawał|ek (-ka, -ki) (*instr sg* -**kiem**) m bit, piece; (*pot: utwór muzyczny*) piece.

kawiar|nia (-ni, -nie) (*gen pl* -**ni**) f café.

kawio|r (-ru) (*loc sg* -**rze**) m caviar.

kaw|ka (-ki, -ki) (*dat sg* -**ce**, *gen pl* -**ek**) f (*ZOOL*) jackdaw.

kawowy adj coffee *attr*.

ka|zać (-żę, -żesz) vi (*im*)*perf*. **kazać komuś coś zrobić** to tell sb to do sth.

kaza|nie (-nia, -nia) (*gen pl* -**ń**) nt sermon; (*przen*) talking-to.

kazirodzt|wo (-wa) (*loc sg* -**wie**) nt incest.

każdorazowo adv each *lub* every time.

każdy pron *decl like adj* every; (*z określonych*) each; (*każdy człowiek*) everybody; **każdego dnia/roku** every day/year; **o każdej porze** any time of the day; **za każdym razem** each *lub* every time; **w każdym razie** in any case, at any rate; **każdy z nas** each of us; **mam coś dla każdego z was** I have something for each of you.

kąci|k (-ka, -ki) (*instr sg* -**kiem**) m (*róg pokoju*) corner; (*pot: mieszkanie*) pad (*pot*);

(*schronienie*) nook, cubbyhole; (*dział w gazecie*) column.

ką|pać (**-pię, -piesz**) (*perf* **wy-**) *vt* to bath (*BRIT*), to bathe (*US*).

▶**kąpać się** *vr* (*w łazience*) to take a bath, to bathe (*US*); (*w rzece*) to bathe, to swim.

kąpiel (**-i, -e**) (*gen pl* **-i**) *f* (*w łazience*) bath; (*w rzece*) bathe, swim; **brać** (**wziąć** *perf*) **kąpiel** to take a bath.

kąpielis|ko (**-ka, -ka**) (*instr sg* **-kiem**) *nt* (*miejscowość*) seaside resort; (*plaża*) bathing beach; (*basen*) swimming pool.

kąpielowy *adj*: **czepek kąpielowy** bathing cap; **spodenki kąpielowe** swimming trunks; **kostium kąpielowy** swimming costume, bathing suit (*US*); **ręcznik kąpielowy** bath towel.

kąpielów|ki (**-ek**) *pl* swimming trunks.

kąs|ek (**-ka, -ki**) (*instr sg* **-kiem**) *m* (*kawałek*) bite, morsel.

kąśliwy *adj* (*uwaga*) cutting; (*ton*) withering.

ką|t (**-ta, -ty**) (*loc sg* **-cie**) *m* (*GEOM*) angle; (*róg*) corner; (*pot. mieszkanie*) pad.

kątomierz (**-a, -e**) (*gen pl* **-y**) *m* protractor.

kciu|k (**-ka, -ki**) (*instr sg* **-kiem**) *m* thumb; **trzymać kciuki** (**za kogoś/coś**) (*przen*) to keep one's fingers crossed (for sb/sth).

keczu|p (**-pu**) (*loc sg* **-pie**) *m* ketchup.

kefi|r (**-ru**) (*loc sg* **-rze**) *m* kefir.

kelne|r (**-ra, -rzy**) (*loc sg* **-rze**) *m* waiter.

kelner|ka (**-ki, -ki**) (*dat sg* **-ce**, *gen pl* **-ek**) *f* waitress.

kempin|g (**-gu, -gi**) (*instr sg* **-giem**) *m* camp(ing) site, camping ground.

kempingowy *adj* (*sprzęt*) camping *attr*; **przyczepa kempingowa** caravan (*BRIT*), trailer (*US*); **domek**

kempingowy (holiday) cabin *lub* chalet.

Keni|a (**-i**) *f* Kenya.

kędzierzawy *adj* curly.

kę|pa (**-py, -py**) (*dat sg* **-pie**) *f* cluster.

kę|s (**-sa, -sy**) (*loc sg* **-sie**) *m* bite.

kg *abbr* (= *kilogram*) kg.

khaki *adj inv*: **koszula koloru khaki** a khaki shirt.

kibic (**-a, -e**) *m* looker-on; (*SPORT*) supporter, fan.

kibic|ować (**-uję, -ujesz**) *vi* to look on; **kibicować komuś** to support sb, to cheer sb on.

kich|ać (**-am, -asz**) (*perf* **-nąć**) *vi* to sneeze.

kicz (**-u, -e**) *m* kitsch.

kiedy *pron* when ♦ *conj* when, as; (*podczas gdy*) while; **kiedy wrócisz?** when will you be back?; **od kiedy?** since when?; **kiedy bądź** any time; **kiedy indziej** some other time; **kiedy tylko miałem okazję** whenever I had a chance; **kiedy tylko wstałem, on usiadł** as soon as I stood up, he sat down.

kiedykolwiek *adv* (*obojętnie kiedy*) at any time, whenever; (*w pytaniach*) ever; **czy byłaś kiedykolwiek w Paryżu?** have you ever been to Paris?

kiedyś *adv* (*w przeszłości*) once, sometime; (*w przyszłości*) one *lub* some day, sometime.

kielich (**-a, -y**) *m* goblet; (*kwiatu*) calyx.

kielisz|ek (**-ka, -ki**) (*instr sg* **-kiem**) *m* (*do wina, wódki*) glass; (*do jaj*) (egg) cup.

kieł (**kła, kły**) (*loc sg* **kle**) *m* (*ANAT*) canine (tooth), eye tooth; (*u psa, wilka*) fang; (*u słonia, dzika*) tusk.

kiełba|sa (**-sy, -sy**) (*loc sg* **-sie**) *f* sausage.

kiełbasiany *adj*: **jad kiełbasiany** botulin.

kieł|ek (**-ka, -ki**) (*instr sg* **-kiem**) *m* shoot, sprout; **kiełki pszeniczne** wheatgerm.

kiełk|ować (**-uje**) *vi* (*o roślinie*) (*perf* **wy-**) to sprout; (*o planie, pomyśle*) (*perf* **za-**) to germinate.

kiepski *adj* lousy.

kie|r (**-ra, -ry**) (*loc sg* **-rze**) *m* (*KARTY*) heart(s) (*pl*).

kiermasz (**-u, -e**) *m* fair.

kier|ować (**-uję, -ujesz**) *vt +acc* (*wysyłać*) (*perf* **s-**) to refer; (*krytykę, oskarżenie*) to direct, to level; (*broń, cios, wysiłki*) to aim; (*spojrzenie*) to direct; (*pretensje, skargi*) to file ⧫ *vt +instr* (*samochodem*) to drive; (*samolotem, statkiem*) to steer, to navigate; (*firmą, pracą*) to manage.
▸**kierować się** *vr*: **kierować się do** (*perf* **s-**) to make one's way towards, to head *lub* make for; **kierować się uczuciem/rozsądkiem** to be governed *lub* guided by emotions/(common) sense.

kierowc|a (**-y, -y**) *m decl like f in sg* driver; (*osobisty*) chauffeur.

kierownic|a (**-y, -e**) *f* (*samochodu*) (steering) wheel; (*roweru*) handlebar(s *pl*).

kierownict|wo (**-wa**) (*loc sg* **-wie**) *nt* (*przywództwo*) leadership; (*zarząd, dyrekcja*) (*nom pl* **-wa**) management.

kierownicz|ka (**-ki, -ki**) (*dat sg* **-ce**, *gen pl* **-ek**) *f* (*działu, sklepu*) manageress.

kierowniczy *adj* managerial; **układ kierowniczy** (*TECH*) steering (mechanism); **układ kierowniczy prawostronny/lewostronny** right-/left-hand drive.

kierowni|k (**-ka, -cy**) (*instr sg* **-kiem**) *m* manager.

kierun|ek (**-ku, -ki**) *m* (*drogi, marszu*) direction; (*w sztuce*) trend; (*studiów*) ≈ major; **w kierunku Lublina** towards Lublin; **w przeciwnym kierunku** in the other direction.

kierunkowska|z (**-zu, -zy**) (*loc sg* **-zie**) *m* indicator (*BRIT*), turn signal (*US*).

kierunkowy *m decl like adj* (*też*: **numer kierunkowy**) area code.

kiesze|ń (**-ni, -nie**) (*gen pl* **-ni**) *f* pocket; (*magnetofonu*) cassette compartment; **tylna/wewnętrzna kieszeń** back/inside pocket; **znać coś jak własną kieszeń** (*przen*) to know sth inside out.

kieszonko|wiec (**-wca, -wcy**) *m* pickpocket.

kieszonkowy *adj* pocket *attr*; **kieszonkowe** *pl* pocket money; (*dawane dziecku*) allowance, pocket money (*BRIT*).

ki|j (**-ja, -je**) (*gen pl* **-jów**) *m* stick; **kij bilardowy** cue; **kij golfowy** (golf) club.

kijan|ka (**-ki, -ki**) (*dat sg* **-ce**, *gen pl* **-ek**) *f* tadpole.

kij|ek (**-ka, -ki**) (*instr sg* **-kiem**) *m* stick; **kijek narciarski** ski pole *lub* stick.

kiku|t (**-ta, -ty**) (*loc sg* **-cie**) *m* stump.

kil (**-u** *lub* **-a, -e**) *m* keel.

kilka (*like*: **ile**) *num* a few, several, some.

kilkadziesiąt (*like*: **dziesięć**) *num* a few dozen.

kilkakrotnie *adv* several times, on several occasions.

kilkakrotny *adj* multiple.

kilkanaście (*like*: **jedenaście**) *num* a dozen or so.

kilkaset (*like*: **pięćset**) *num* a few hundred.

kilkoro (*like*: **czworo**) *num* a few, several, some.

kilkuletni *adj* (*pobyt*) of several years, a few years' *attr*; (*chłopiec*) small.

kilo *nt inv* kilo.

kilo|f (-fa, -fy) (*loc sg* -fie) *m* pick(axe) (*BRIT*), pick(ax) (*US*).

kilogra|m (-ma, -my) (*loc sg* -mie) *m* kilogram(me), kilo; **8 złotych za kilogram** 8 zloty a *lub* per kilo.

kilomet|r (-ra, -ry) (*loc sg* -rze) *m* kilometre (*BRIT*), kilometer (*US*).

kilowy *adj*: **kilowa paczka** a one-kilo packet.

ki|ła (-ły) (*dat sg* -le) *f* syphilis.

kim *pron instr, loc od* **kto** who; **z kim rozmawiałeś?** who were you talking to?

kimo|no (-na, -na) (*loc sg* -nie) *nt* kimono.

kimś *pron instr, loc od* **ktoś**.

kinematografi|a (-i, -e) (*gen pl* -i) *f* (*produkcja*) filmmaking; (*sztuka, technika*) cinematography.

kinesko|p (-pu, -py) (*loc sg* -pie) *m* picture tube.

kinkie|t (-tu, -ty) (*loc sg* -cie) *m* wall light *lub* lamp.

ki|no (-na, -na) (*loc sg* -nie) *nt* (*budynek*) cinema (*BRIT*), (movie) theater (*US*); (*sztuka*) the cinema (*BRIT*), the movies *pl* (*US*); **iść (pójść** *perf*) **do kina** to go to the pictures (*BRIT*) *lub* movies (*US*); **co grają w kinie?** what's on *lub* playing (at the cinema (*BRIT*) *lub* movies (*US*))?

kios|k (-ku, -ki) (*instr sg* -kiem) *m* kiosk.

kioskarz (-a, -e) (*gen pl* -y) *m* newsagent.

ki|pieć (-pię, -pisz) *vi* (*o mleku, wodzie*) (*perf* **wy-**) to boil over; **kipieć ze złości** to boil with anger.

ki|sić (-szę, -sisz) (*imp* -ś, *perf* **u-**) *vt* to pickle.
▸**kisić się** *vr* to pickle.

kisiel (-u, -e) (*gen pl* -i) *m* jelly-type dessert made with potato starch.

kiszony *adj* (*ogórek*) pickled; **kiszona kapusta** sauerkraut.

kiś|ć (-ci, -cie) (*gen pl* -ci) *f* bunch.

ki|t (-tu, -ty) (*loc sg* -cie) *m* putty.

ki|ta (-ty, -ty) (*dat sg* -cie) *f* (*pęk piór*) crest; (*ogon*) brush.

kit|ka (-ki, -ki) (*loc sg* -ce) *f dimin od* **kita**; (*koński ogon*) ponytail; **kitki** *pl* bunches *pl*.

kiw|ać (-am, -asz) *vt* (*pot: nabierać*) (*perf* **wy-**) to double-cross ♦ *vi* (*perf* **-nąć**) (*głową*) to nod; (*ręką*) to wave; **kiwać nogami** to swing one's legs; **pies kiwał ogonem** the dog was wagging its tail.
▸**kiwać się** *vr* (*perf* **-nąć się**) (*o głowie, człowieku*) to swing; (*o meblu*) to be rickety.

kiwi *m inv* (*ZOOL*) kiwi; (*BOT*) kiwi (fruit).

klacz (-y, -e) (*gen pl* -y) *f* mare.

klakso|n (-nu, -ny) (*loc sg* -nie) *m* horn, hoot.

klamer|ka (-ki, -ki) (*dat sg* -ce, *gen pl* -ek) *f* (*zapinka*) clasp; (*do bielizny*) (clothes) peg.

klam|ka (-ki, -ki) (*dat sg* -ce, *gen pl* -ek) *f* (*podłużna*) handle; (*okrągła*) knob.

klam|ra (-ry, -ry) (*dat sg* -rze, *gen pl* -er) *f* (*zapięcie*) buckle; (*umocowanie*) clamp; (*nawias*) brace, curly bracket.

klamrowy *adj*: **nawias klamrowy** brace, curly bracket.

kla|n (-nu, -ny) (*loc sg* -nie) *m* clan.

kla|pa (-py, -py) (*dat sg* -pie) *f* (*ciężarówki*) tailgate; (*toalety*) cover; (*kołnierza*) lapel; (*pot: fiasko*) flop (*pot*).

klap|ki (-ek) *pl* (*obuwie*) flip-flops *pl*.

klap|s (-sa, -sy) (*loc sg* -sie) *m* smack, slap.

klarne|t (-tu, -ty) (*loc sg* -cie) *m* clarinet.

klar|ować (-uję, -ujesz) (*perf* **wy-**) *vt* (*oczyszczać*) to clear; (*pot: tłumaczyć*) to clear up.

▶**klarować się** vr (o pogodzie) to clear up.

kla|sa (-sy, -sy) (dat sg -sie) f class; (SZKOL: grupa uczniów) class; (: sala) classroom; (: rocznik nauczania) form (BRIT), grade (US).

klase|r (-ra, -ry) (loc sg -rze) m stamp album.

kla|skać (-szczę, -szczesz) (perf -snąć) vi to clap (one's hands).

klasów|ka (-ki, -ki) (dat sg -ce, gen pl -ek) f (classroom) test.

klasycyz|m (-mu) (loc sg -mie) m classicism.

klasyczny adj (antyczny) classic(al); (typowy, doskonały) classic.

klasyfikacj|a (-i, -e) (gen pl -i) f classification.

klasyfik|ować (-uję, -ujesz) (perf s-) vt to classify.

klasy|k (-ka, -cy) (instr sg -kiem) m classic.

klaszto|r (-ru, -ry) (loc sg -rze) m (męski) monastery; (żeński) convent; **wstąpić** (perf) **do klasztoru** to join a monastery/convent.

klat|ka (-ki, -ki) (dat sg -ce, gen pl -ek) f cage; (FILM) frame; **klatka schodowa** staircase; **klatka piersiowa** chest; (ANAT) ribcage.

klawesy|n (-nu, -ny) (loc sg -nie) m harpsichord.

klawiatu|ra (-ry, -ry) (dat sg -rze) f keyboard.

klawisz (-a, -e) (gen pl -y) m key; (pot: strażnik więzienny) (gen pl -y lub -ów) screw (pot).

kl|ąć (-nę, -niesz) (imp -nij, perf za-) vi to swear, to curse.

kląt|wa (-wy, -wy) (loc sg -wie) f curse.

kle|ić (-ję, -isz) (imp -j, perf s-) vt to glue (together).

▶**kleić się** vr to stick.

klei|k (-ku, -ki) (instr sg -kiem) m gruel.

klej (-u, -e) m glue.

klejno|t (-tu, -ty) (loc sg -cie) m jewel, gem.

kleko|tać (-czę, -czesz) vi to clatter.

klek|s (-sa, -sy) (loc sg -sie) m blot.

kle|pać (-pię, -piesz) (perf -pnąć) vt to tap, to pat ♦ vi (pot: paplać) to prattle (on).

klep|ka (-ki, -ki) (dat sg -ce, gen pl -ek) f (podłogowa) floorboard; (w beczce) stave.

klepsyd|ra (-ry, -ry) (dat sg -rze) f (zegar) hourglass.

kle|r (-ru) (loc sg -rze) m clergy.

kleszcz (-a, -e) (gen pl -y) m (ZOOL) tick.

kleszcz|e (-y) pl (TECH) pliers pl; (MED) forceps pl.

klęcz|eć (-ę, -ysz) vi to kneel.

klęk|ać (-am, -asz) (perf -nąć lub uklęknąć) vi to kneel (down).

klęs|ka (-ki, -ki) (dat sg -ce) f (porażka) defeat; (nieszczęście) disaster.

klien|t (-ta, -ci) (loc sg -cie) m (w sklepie) customer; (w banku, u adwokata) client.

klient|ka (-ki, -ki) (dat sg -ce, gen pl -ek) f (w sklepie) customer; (w banku, u adwokata) client.

kli|ka (-ki, -ki) (dat sg -ce) f clique.

klimakterium nt inv the menopause.

klima|t (-tu) (loc sg -cie) m (nom pl -ty) climate.

klimatyzacj|a (-i) f air conditioning.

klimatyzowany adj air-conditioned.

kli|n (-na, -ny) (loc sg -nie) m (z drewna, metalu) wedge; (w rajstopach itp.) gusset.

klini|ka (-ki, -ki) (dat sg -ce) f clinic.

klinowy adj: **pasek klinowy** (MOT) fan belt.

klip|s (-sa, -sy) (loc sg -sie) m clip earring.

klisz|a (-y, -e) f (FOT) film.

kloc (-a, -e) m (kłoda) log.

kloc|ek (**-ka, -ki**) (*instr sg* **-kiem**) *m* dimin *od* **kloc**; (*do zabawy*) block.

klom|b (**-bu, -by**) (*loc sg* **-bie**) *m* (flower) bed.

klo|n (**-nu, -ny**) (*loc sg* **-nie**) *m* (*BOT*) maple; (*BIO, KOMPUT*) clone.

klop|s (**-sa, -sy**) (*loc sg* **-sie**) *m* (*KULIN*) meatball.

klosz (**-a, -e**) *m* (lamp)shade.

klow|n (**-na, -ni** *lub* **-ny**) (*loc sg* **-nie**) *m* clown.

klu|b (**-bu, -by**) (*loc sg* **-bie**) *m* club; **klub sportowy/poselski** athletic/parliamentary club; **klub studencki** students' union.

klucz (**-a, -e**) (*gen pl* **-y**) *m* (*do zamka, testu, szczęścia*) key; (*MUZ*) clef; (*TECH*) spanner (*BRIT*), wrench (*US*); **zamknąć** (*perf*) **coś na klucz** to lock sth; **klucz francuski** monkey wrench.

kluczowy *adj* key *attr*; **kluczowy dla** +*gen* crucial to.

klucz|yć (**-ę, -ysz**) *vi* to weave (one's way).

kluczy|k (**-ka, -ki**) (*instr sg* **-kiem**) *m* key.

klus|ka (**-ki, -ki**) (*dat sg* **-ce**, *gen pl* **-ek**) *f* dumpling.

kład|ka (**-ki, -ki**) (*dat sg* **-ce**, *gen pl* **-ek**) *f* footbridge.

kła|mać (**-mię, -miesz**) (*perf* **s-**) *vi* to lie.

kłamc|a (**-y, -y**) *m decl like f in sg* liar.

kłamczuch (**-a, -y**) *m* (*pot*) liar.

kłamliwy *adj* (*człowiek*) lying; (*plotka*) untrue.

kłamst|wo (**-wa, -wa**) (*loc sg* **-wie**) *nt* lie.

kłani|ać się (**-am, -asz**) (*perf* **ukłonić się**) *vr* (*pochylać tułów*) to bow; (*pochylać głowę*) to nod; (*przen*) to say hello.

kła|ść (**-dę, -dziesz**) (*imp* **-dź**, *pt* **-dł**, *perf* **położyć**) *vt* (*na stole, na stół*) to put, to lay; (*go garnka, torebki*) to put; (*fundamenty*) to lay.

▸**kłaść się** *vr* (*na łóżku, podłodze*) to lie down; (*iść spać*) to go to bed; (*przen: o mgle, cieniu*) to fall.

kłą|b (**-ębu, -ęby**) (*loc sg* **-ębie**) *m* (*kurzu, dymu*) cloud.

kłęb|ek (**-ka, -ki**) (*instr sg* **-kiem**) *m* (*włóczki*) ball.

kłoda (**-ody, -ody**) (*dat sg* **-odzie**, *gen pl* **-ód**) *f* log.

kłopo|t (**-tu, -ty**) (*loc sg* **-cie**) *m* problem; **kłopoty** *pl* trouble; **mieć kłopoty** to be in trouble; **wpaść** (*perf*) **w kłopoty** to get into trouble.

kłopotliwy *adj* (*sprawiający kłopot*) inconvenient; (*wprawiający w zakłopotanie*) embarrassing.

kło|s (**-sa, -sy**) (*loc sg* **-sie**) *m* ear (*of a cereal plant*).

kłó|cić się (**-cę, -cisz**) (*imp* **-ć**) *vr* (*sprzeczać się*) (*perf* **po-**) to quarrel, to argue.

kłód|ka (**-ki, -ki**) (*dat sg* **-ce**, *gen pl* **-ek**) *f* padlock.

kłótliwy *adj* quarrelsome, argumentative.

kłót|nia (**-ni, -nie**) (*gen pl* **-ni**) *f* quarrel, argument.

kłu|ć (**-ję, -jesz**) *vt* (*perf* **u-**) to prick; **kłuje mnie w boku** I have a stabbing pain in my side.

kłujący *adj* (*roślina*) prickly; (*ból*) stabbing.

kłu|s (**-sa**) (*loc sg* **-sie**) *m* trot.

kłus|ować (**-uję, -ujesz**) *vi* (*o koniu, jeźdźcu*) to trot; (*o kłusowniku*) to poach.

kłusownict|wo (**-wa**) (*loc sg* **-wie**) *nt* poaching.

kłusowni|k (**-ka, -cy**) (*instr sg* **-kiem**) *m* poacher.

km *abbr* (= **kilometr**) km.

kmin|ek (**-ku**) (*instr sg* **-kiem**) *m* caraway (seed).

kneb|el (**-la, -le**) (*gen pl* **-li**) *m* gag.

knebl|ować (**-uję, -ujesz**) (*perf* **za-**) *vt* to gag.

kned|el (**-la, -le**) (*gen pl* **-li**) *m* fruit-filled dumpling.

kno|t (**-ta, -ty**) (*loc sg* **-cie**) *m* wick.

knu|ć (**-ję, -jesz**) (*perf* **u-**) *vt* to plot.

koal|a (**-i, -e**) (*gen pl* **-i**) *m* koala.

koalicj|a (**-i, -e**) (*gen pl* **-i**) *f* coalition.

koalicyjny *adj*: **rząd koalicyjny** coalition government.

kobiecy *adj* (*pismo, wdzięk, wrażliwość*) feminine; (*narządy*) female; (*literatura, choroby*) women's *attr*.

kobie|ta (**-ty, -ty**) (*dat sg* **-cie**) *f* woman.

kob|ra (**-ry, -ry**) (*dat sg* **-rze**) *f* cobra.

koc (**-a, -e**) (*gen pl* **-ów**) *m* blanket.

koch|ać (**-am, -asz**) *vt* to love.
  ►**kochać się** *vr* to love each other; **kochać się (z kimś)** to make love (to sb); **kochać się w kimś** to be in love with sb.

kochan|ek (**-ka, -kowie**) (*instr sg* **-kiem**) *m* lover.

kochan|ka (**-ki, -ki**) (*dat sg* **-ce**, *gen pl* **-ek**) *f* lover, mistress.

kochany *adj* dear.

kocia|k (**-ka, -ki**) (*instr sg* **-kiem**) *m* (*mały kot*) kitten; (*pot. ładna dziewczyna*) chick (*pot*).

ko|cioł (**-tła, -tły**) (*loc sg* **-tle**) *m* (*TECH*) boiler.

kocz|ować (**-uję, -ujesz**) *vi* to migrate; (*pot. przebywać chwilowo*) to hang around (*pot*), to crash-pad (*pot*).

ko|d (**-du, -dy**) (*loc sg* **-dzie**) *m* code; **kod pocztowy** postcode (*BRIT*), zip code (*US*).

kodek|s (**-su, -sy**) (*loc sg* **-sie**) *m* code; **kodeks drogowy** rules of the road, ≈ Highway Code (*BRIT*); **kodeks cywilny/karny** civil/criminal code; **kodeks handlowy** commercial code.

kofei|na (**-ny**) (*dat sg* **-nie**) *f* caffeine.

kogo *pron gen, acc od* **kto** who; **kogo nie ma?** who's absent?; **kogo spotkałeś?** who(m) did you meet?; **ktoś, kogo nie znam** someone I don't know.

kogoś *pron gen, acc od* **ktoś** somebody, someone.

kogu|t (**-ta, -ty**) (*loc sg* **-cie**) *m* cock (*BRIT*), rooster (*US*).

ko|ić (**-ję, -isz**) (*imp* **kój**, *perf* **u-**) *vt* (*ból, cierpienie*) to soothe; (*nerwy*) to calm.

ko|ja (**-i, -je**) (*gen pl* **-i**) *f* berth.

kojarz|yć (**-ę, -ysz**) (*perf* **s-**) *vt* (*fakty*) to associate; (*pary, małżeństwa*) to join.
  ►**kojarzyć się** *vr*: **to się kojarzy z** +*instr* it makes me think of.

ko|k (**-ka, -ki**) (*instr sg* **-kiem**) *m* bun (*hairstyle*).

kokai|na (**-ny**) (*dat sg* **-nie**) *f* cocaine.

kokar|da (**-dy, -dy**) (*dat sg* **-dzie**) *f* bow.

koklusz (**-u**) *m* whooping cough.

koko|s (**-su** *lub* **-sa, -sy**) (*loc sg* **-sie**) *m* coconut.

kokosowy *adj* coconut *attr*; **kokosowy interes** (*pot. przen*) gold mine (*przen*).

kok|s (**-su**) (*loc sg* **-sie**) *m* coke.

koktajl (**-u, -e**) (*gen pl* **-i**) *m* (*napój*) cocktail; (*przyjęcie*) cocktail party; (*mleczny*) milkshake.

kolaboracj|a (**-i**) *f* collaboration (*with an enemy*).

kolaboran|t (**-ta, -ci**) (*loc sg* **-cie**) *m* (*pej*) collaborator.

kolacj|a (**-i, -e**) (*gen pl* **-i**) *f* supper; (*wczesna i obfita*) dinner.

kola|no (**-na, -na**) (*loc sg* **-nie**) *nt* knee; **na kolanach** on one's knees; **siedzieć u kogoś na kolanach** to sit in sb's lap; **po kolana** (*w śniegu, wodzie, błocie*) knee-deep; **do kolan** (*trawa, skarpetki*) knee-high.

kolarst|wo (-wa) (*loc sg* -wie) *nt* cycling.

kolarz (-a, -e) (*gen pl* -y) *m* cyclist.

kol|ba (-by, -by) (*loc sg* -bie) *f* (*karabinu*) butt.

kolczasty *adj* (*krzew*) prickly; **drut kolczasty** barbed wire.

kolczy|k (-ka, -ki) (*instr sg* -kiem) *m* earring.

kol|ec (-ca, -ce) *m* (*u roślin*) spike, thorn; (*u zwierząt*) spine.

kole|ga (-gi, -dzy) (*dat sg* -dze) *m decl like f in sg* friend; **kolega ze szkoły** school friend, schoolmate; **kolega z pracy** colleague, fellow worker.

kolegi|um (-um, -a) (*gen pl* -ów) *nt inv in sg* (*redakcyjne*) board; (*sędziowskie*) jury; (*orzekające*) *a court handling minor civil offences*; (*nauczycielskie*) college.

kolei|na (-ny, -ny) (*dat sg* -nie) *f* rut.

kole|j (-i, -je) (*gen pl* -i) *f* (*środek transportu*) railway (*BRIT*), railroad (*US*); (*instytucja*) rail; (*kolejność*) turn; **jechać koleją** to take a train, to go *lub* travel by rail; **moja kolej** *lub* **kolej na mnie** (it's) my turn; **po kolei** in turn.

kolejarz (-a, -e) (*gen pl* -y) *m* railwayman (*BRIT*), railroader (*US*).

kolej|ka (-ki, -ki) (*dat sg* -ce, *gen pl* -ek) *f* (*środek transportu*) commuter train; (*zabawka*) model railway (*BRIT*) *lub* railroad (*US*); (*następstwo*) turn; (*rząd czekających ludzi*) queue (*BRIT*), line (*US*).

kolejno *adv* in turn.

kolejnoś|ć (-ci) *f* order, sequence.

kolejny *adj* (*następny*) next; (*sąsiedni*) consecutive; (*jeszcze jeden*) another.

kolejowy *adj* (*dworzec, linia*) railway *attr* (*BRIT*), railroad *attr* (*US*); (*bilet, połączenie, katastrofa*) train *attr*; (*transport*) rail *attr*.

kolekcj|a (-i, -e) (*gen pl* -i) *f* collection.

kolekcjone|r (-ra, -rzy) (*loc sg* -rze) *m* collector.

kolekcjon|ować (-uję, -ujesz) *vt* to collect.

koleżan|ka (-ki, -ki) (*dat sg* -ce, *gen pl* -ek) *f* friend; **koleżanka ze szkoły** school friend, schoolmate; **koleżanka z pracy** colleague, fellow worker.

koleżeński *adj* (*człowiek, przysługa*) friendly.

kolę|da (-dy, -dy) (*dat sg* -dzie) *f* (Christmas) carol.

kolib|er (-ra, -ry) (*loc sg* -rze) *m* hummingbird.

kolid|ować (-uje) *vi*: **kolidować z czymś** to clash with sth; **kolidować z prawem** to be against the law.

kolizj|a (-i, -e) (*gen pl* -i) *f* (*zderzenie*) collision.

kol|ka (-ki, -ki) (*dat sg* -ce, *gen pl* -ek) *f* (*kłucie w boku*) stitch.

koloni|a (-i, -e) (*gen pl* -i) *f* colony; **kolonie** *pl* (*wakacje*) holiday camp.

kolonializ|m (-mu) (*loc sg* -mie) *m* colonialism.

kolonialny *adj* colonial.

koloński *adj*: **woda kolońska** (eau de) cologne.

kolo|r (-ru, -ry) (*loc sg* -rze) *m* (*barwa*) colour (*BRIT*), color (*US*); (*w kartach*) suit; **jaki kolor ma ...?** what colo(u)r is ...?; **jakiego koloru jest ...?** what colo(u)r is ...?

kolor|ować (-uję, -ujesz) (*perf* po-) *vt* to colour (in) (*BRIT*), to color (in) (*US*).

kolorowy *adj* (*nie czarno-biały*) colour *attr* (*BRIT*), color *attr* (*US*); (*wielobarwny*) colourful (*BRIT*), colorful (*US*); (*ludność, rasa*) coloured (*BRIT*), colored (*US*).

koloryz|ować (-uję, -ujesz) *vt* (*opowieść*) to embellish.

kolo|s (-sa, -sy) (*loc sg* -sie) *m* giant.
kolosalny *adj* colossal.
kolportaż (-u) *m* distribution.
Kolumbi|a (-i) *f* Colombia.
kolum|na (-ny, -ny) (*dat sg* -nie) *f* column; (*też*: **kolumna głośnikowa**) speaker.
kołd|ra (-ry, -ry) (*dat sg* -rze, *gen pl* -er) *f* quilt.
koł|ek (-ka, -ki) (*instr sg* -kiem) *m* (*bolec*) pin; (*do wbijania*) peg.
kołnierz (-a, -e) (*gen pl* -y) *m* (*koszuli, płaszcza*) collar; (*krój przy szyi*) neck.
kołnierzy|k (-ka, -ki) (*instr sg* -kiem) *m dimin od* **kołnierz**.
ko|ło (-ła, -ła) (*loc sg* -le, *gen pl* kół) *nt* (*okrąg*) circle, ring; (*MAT, GEOM: figura płaska*) circle; (*pojazdu, w maszynie*) wheel ♦ *prep* +*gen* (*w pobliżu*) by, next to; **w koło** (*chodzić*) round (in circles).
kołować (-uje) *vi* (*o samolocie*) to taxi.
kołowrot|ek (-ka, -ki) (*instr sg* -kiem) *m* (*wędkarski*) fishing reel.
kołowy *adj* (*tor, orbita*) circular.
kołpa|k (-ka, -ki) (*instr sg* -kiem) *m* (*MOT*) hub cap.
koły|sać (-szę, -szesz) *vt* +*acc* (*wózek*) to rock ♦ *vt* +*instr* (*drzewami*) to sway, to swing ♦ *vi* (*o statku*) to roll.
►**kołysać się** *vr* (*w fotelu*) to rock; (*na falach*) to roll; (*o drzewie*) to sway.
kołysan|ka (-ki, -ki) (*dat sg* -ce, *gen pl* -ek) *f* lullaby.
kołys|ka (-ki, -ki) (*dat sg* -ce, *gen pl* -ek) *f* cradle.
komando|s (-sa, -si) (*loc sg* -sie) *m* commando.
koma|r (-ra, -ry) (*loc sg* -rze) *m* mosquito.
kombaj|n (-nu, -ny) (*loc sg* -nie) *m* (combine) harvester.

kombatan|t (-ta, -ci) (*loc sg* -cie) *m* veteran.
kombi *nt inv* estate car (*BRIT*), station wagon (*US*).
kombinacj|a (-i, -e) (*gen pl* -i) *f* combination.
kombina|t (-tu, -ty) (*loc sg* -cie) *m* plant, factory.
kombiner|ki (-ek) *pl* combination pliers *pl* (*BRIT*), lineman's pliers *pl* (*US*).
kombinezo|n (-nu, -ny) (*loc sg* -nie) *m* (*roboczy*) overalls *pl*; (*narciarski*) ski suit.
kombin|ować (-uję, -ujesz) *vi* (*pot*: *pot. postępować nieuczciwie*) to wangle (*pot*); **on coś kombinuje** (*pot*) he's up to something (*pot*).
komedi|a (-i, -e) (*gen pl* -i) *f* (*FILM, TEATR*) comedy; (*przen*: *udawanie*) game.
komen|da (-dy, -dy) (*dat sg* -dzie) *f* command; (*siedziba*: *policji, straży pożarnej*) headquarters.
komendan|t (-ta, -ci) (*loc sg* -cie) *m* (*w wojsku, policji*) commanding officer; (*straży pożarnej*) fire chief.
komentarz (-a, -e) (*gen pl* -y) *m* commentary; (*uwaga*) comment.
komentato|r (-ra, -rzy) (*loc sg* -rze) *m* commentator.
koment|ować (-uję, -ujesz) (*perf* s-) *vt* to comment on; (*SPORT*) to commentate on.
komercyjny *adj* commercial.
kome|ta (-ty, -ty) (*dat sg* -cie) *f* comet.
komet|ka (-ki, -ki) (*dat sg* -ce, *gen pl* -ek) *f* (*pot*) badminton.
komfor|t (-tu) (*loc sg* -cie) *m* comfort.
komfortowy *adj* (*fotel, warunki*) comfortable; (*hotel, samochód*) luxury *attr*.
komiczny *adj* (*zachowanie, sytuacja*) comical; (*mina, ubiór*) comic.
komi|k (-ka, -cy) (*instr sg* -kiem) *m*

(*aktor*) comedy actor; (*satyryk*) comedian, comic.

komik|s (**-su**, **-sy**) (*loc sg* **-sie**) *m* (*rubryka w gazecie*) comic strip, (*strip*) cartoon; (*zeszyt*) comic book.

komi|n (**-na**, **-ny**) (*loc sg* **-nie**) *m* chimney; (*fabryczny*) chimney, smokestack; (*na statku*) funnel.

komin|ek (**-ka**, **-ki**) (*instr sg* **-kiem**) *m* fireplace.

kominiarz (**-a**, **-e**) (*gen pl* **-y**) *m* chimney sweep.

komi|s (**-su**, **-sy**) (*loc sg* **-sie**) *m* (*HANDEL*) consignment; (*pot*) junk shop (*pot*).

komisaria|t (**-tu**, **-ty**) (*loc sg* **-cie**) *m* (*też*: **komisariat policji**) police station.

komisarz (**-a**, **-e**) (*gen pl* **-y**) *m* (*też*: **komisarz policji**) ≈ superintendent (*BRIT*).

komisj|a (**-i**, **-e**) (*gen pl* **-i**) *f* (*sejmowa, kwalifikacyjna*) committee; (*egzaminacyjna, lekarska*) board.

komite|t (**-tu**, **-ty**) (*loc sg* **-cie**) *m* committee; **komitet rodzicielski** ≈ parent-teacher association, ≈ PTA.

komo|da (**-dy**, **-dy**) (*dat sg* **-dzie**) *f* chest of drawers.

kom|ora (**-ory**, **-ory**) (*dat sg* **-orze**, *gen pl* **-ór**) *f* (*ANAT*) ventricle; (*TECH*) chamber; **komora gazowa** gas chamber.

komorni|k (**-ka**, **-cy**) (*instr sg* **-kiem**) *m* (debt) collector.

komór|ka (**-ki**, **-ki**) (*dat sg* **-ce**, *gen pl* **-ek**) *f* (*BIO*) cell.

komórkowy *adj* cellular.

kompaktowy *adj*: **odtwarzacz kompaktowy** compact disc player; **płyta kompaktowa** compact disc.

kompa|n (**-na**, **-ni**) (*loc sg* **-nie**) *m* (*pot*) buddy (*pot*).

kompani|a (**-i**, **-e**) (*gen pl* **-i**) *f* company; **kompania honorowa** guard of honour (*BRIT*) *lub* honor (*US*).

kompa|s (**-su**, **-sy**) (*loc sg* **-sie**) *m* compass.

kompens|ować (**-uję**, **-ujesz**) (*perf* **s-**) *vt* to compensate for.

kompetencj|a (**-i**, **-e**) (*gen pl* **-i**) *f* competence; **kompetencje** *pl* authority.

kompetentny *adj* (*organ*) pertinent; (*pracownik, opinia*) competent.

komplek|s (**-su**, **-sy**) (*loc sg* **-sie**) *m* complex.

komplemen|t (**-tu**, **-ty**) (*loc sg* **-cie**) *m* compliment.

komple|t (**-tu**, **-ty**) (*loc sg* **-cie**) *m* (*sztućców, narzędzi*) set; (*ubraniowy*) suit; (*widzów*) full house; (*pasażerów w samolocie*) full flight.

kompletnie *adv* completely.

kompletny *adj* (*pełny*) complete; (*zupełny*) total.

komplikacj|a (**-i**, **-e**) (*gen pl* **-i**) *f* complication.

komplik|ować (**-uję**, **-ujesz**) (*perf* **s-**) *vt* to complicate.

▶**komplikować się** *vr* to become more complicated.

kompon|ować (**-uję**, **-ujesz**) (*perf* **s-**) *vt* to compose.

kompo|t (**-tu**, **-ty**) (*loc sg* **-cie**) *m* (*napój*) stewed fruit.

kompozycj|a (**-i**, **-e**) (*gen pl* **-i**) *f* (*MUZ*) composition, piece; (*układ*) layout; (*budowa*) composition.

kompozyto|r (**-ra**, **-rzy**) (*loc sg* **-rze**) *m* composer.

kompre|s (**-su**, **-sy**) (*loc sg* **-sie**) *m* compress.

kompromi|s (**-su**, **-sy**) (*loc sg* **-sie**) *m* compromise.

kompromisowy *adj* compromise *attr*.

kompromitacj|a (**-i**) *f* embarrassment.

kompromit|ować (**-uję**, **-ujesz**) (*perf* **s-**) *vt* to discredit.

▸**kompromitować się** *vr* to
compromise o.s.
kompute|r (-ra, -ry) (*loc sg* -rze) *m*
computer.
komputerowy *adj* computer *attr.*
komputeryzacj|a (-i) *f*
computerization.
komu *pron dat od* **kto** who, (to)
whom; **komu to dałeś?** who did
you give it to?
komunalny *adj* (*służby, gospodarka*)
municipal; (*mieszkanie,*
budownictwo) council *attr* (*BRIT*),
low-cost *attr* (*US*).
komuni|a (-i, -e) (*gen pl* -i) *f*
communion; **Pierwsza Komunia**
(Święta) first (Holy) Communion.
komunikacj|a (-i) *f* (*transport*)
transport (*BRIT*), transportation (*US*);
(*porozumiewanie się*) communication.
komunika|t (-tu, -ty) (*loc sg* -cie) *m*
(*prasowy, oficjalny*) communiqué;
(*informacyjny*) announcement.
komunikatywny *adj* articulate.
komunik|ować się (-uję, -ujesz) *vr*
(*porozumieć się*) to communicate;
(*kontaktować się*) to be in touch
(with one another).
komuni|sta (-sty, -ści) (*dat sg* -ście)
m decl like f in sg communist.
komunistyczny *adj* communist *attr.*
komuniz|m (-mu) (*loc sg* -mie) *m*
communism.
komuś *pron dat sg od* **ktoś**
somebody, someone; **dać** (*perf*) **coś**
komuś to give somebody sth, to
give sth to somebody; **zabrać** (*perf*)
coś komuś to take sth away from
somebody.
kon|ać (-am, -asz) *vi* to be dying.
kona|r (-ra *lub* -ru, -ry) (*loc sg* -rze)
m bough, branch.
koncentracj|a (-i) *f* concentration.
koncentracyjny *adj*: **obóz**
koncentracyjny concentration camp.
koncentra|t (-tu, -ty) (*loc sg* -cie) *m*

concentrate; **koncentrat**
pomidorowy tomato puree.
koncentr|ować (-uję, -ujesz) (*perf*
s-) *vt* to concentrate.
koncepcj|a (-i, -e) (*gen pl* -i) *f*
conception.
koncer|n (-nu, -ny) (*loc sg* -nie) *m*
concern.
koncer|t (-tu, -ty) (*loc sg* -cie) *m*
(*impreza*) concert; (*utwór muzyczny*)
concerto.
koncert|ować (-uję, -ujesz) *vi* to
give concerts.
koncertowy *adj* (*sala, album*)
concert *attr*; (*przen: popisowy*)
masterly.
koncesj|a (-i, -e) (*gen pl* -i) *f* licence
(*BRIT*), license (*US*).
koncesjonowany *adj* licenced.
kondensato|r (-ra, -ry) (*loc sg* -rze)
m capacitor, condenser.
kondolencj|e (-i) *pl* condolences.
konduk|t (-tu, -ty) (*loc sg* -cie) *m*:
kondukt żałobny *lub* **pogrzebowy**
cortege, funeral procession.
kondukto|r (-ra, -rzy) (*loc sg* -rze) *m*
conductor, ticket inspector.
kondycj|a (-i) *f* (*sprawność fizyczna*)
fitness.
kondygnacj|a (-i) *f* (*budynku*) storey
(*BRIT*), story (*US*).
koneksj|e (-i) *pl* (*znajomości*)
connections.
konese|r (-ra, -rzy) (*loc sg* -rze) *m*
connoisseur.
konew|ka (-ki, -ki) (*dat sg* -ce, *gen pl*
-ek) *f* watering can.
konfekcj|a (-i) *f* ready-to-wear
clothes.
konferencj|a (-i, -e) (*gen pl* -i) *f*
conference; **konferencja prasowa**
press conference.
konfesjona|ł (-łu, -ły) (*loc sg* -le) *m*
confessional (box).
konfetti *nt inv* confetti.

konfiguracj|a (-i, -e) (*gen pl* -i) *f* configuration.

konfiska|ta (-ty) (*loc sg* -cie) *f* confiscation.

konfisk|ować (-uję, -ujesz) (*perf* s-) *vt* to confiscate.

konfitur|y (-) *pl* conserve *sg*.

konflik|t (-tu, -ty) (*loc sg* -cie) *m* conflict.

konformi|sta (-sty, -ści) (*loc sg* -ście) *m decl like f in sg* conformist.

konformiz|m (-mu) (*loc sg* -mie) *m* conformity.

konfrontacj|a (-i, -e) (*gen pl* -i) *f* confrontation; (*porównanie*) comparison.

konfront|ować (-uję, -ujesz) (*perf* s-) *vt* (*porównywać*) to compare; (*świadków*) to confront.

kongre|s (-su, -sy) (*loc sg* -sie) *m* (*zjazd*) congress; **Kongres Stanów Zjednoczonych** the U.S. Congress.

konia|k (-ku, -ki) (*instr sg* -kiem) *m* brandy; (*oryginalny*) cognac.

koniczy|na (-ny, -ny) (*dat sg* -nie) *f* clover.

ko|niec (-ńca, -ńce) *m* end; (*ołówka*) tip; **do (samego) końca** until the (very) end; **od końca** in reverse order; **w końcu** finally, at last; **wiązać koniec z końcem** (*przen*) to make ends meet.

koniecznie *adv* absolutely, necessarily.

konieczno|ść (-ci) *f* necessity.

konieczny *adj* essential, necessary.

koni|k (-ka, -ki) (*instr sg* -kiem) *m* *dimin od* **koń**; (*figura szachowa*) knight; (*zainteresowanie*) hobby; **konik polny** grasshopper.

koniunktu|ra (-ry) (*loc sg* -rze) *f* (*EKON*) economic situation *lub* conditions.

koniusz|ek (-ka, -ki) (*instr sg* -kiem) *m* tip.

konkre|t (-tu, -ty) (*loc sg* -cie) *m* fact.

konkretny *adj* (*przykład*) concrete; (*pytanie, sytuacja*) clear-cut, specific; (*człowiek*) businesslike.

konkurencj|a (-i) *f* competition; (*SPORT*) (*nom pl* -e, *gen pl* -i) event.

konkurencyjny *adj* (*cena*) competitive; (*firma*) rival.

konkuren|t (-ta, -ci) (*loc sg* -cie) *m* rival.

konkur|ować (-uję, -ujesz) *vi*: **konkurować z** +*instr* to compete with.

konkur|s (-su, -sy) (*loc sg* -sie) *m* competition, contest.

konno *adv* on horseback.

konsekwencj|a (-i) *f* (*wynik, skutek*) (*nom pl* -e, *gen pl* -i) consequence; (*stanowczość, systematyczność*) consistency.

konsekwentny *adj* consistent.

konser|wa (-wy, -wy) (*dat sg* -wie) *f* tinned (*BRIT*) *lub* canned (*US*) food.

konserwacj|a (-i) *f* (*zabytków*) conservation; (*dróg, urządzeń*) maintenance.

konserwato|r (-ra, -rzy) (*loc sg* -rze) *m* restorer, conservator.

konserwaty|sta (-sty, -ści) (*loc sg* -ście) *m* conservative.

konserwatywny *adj* conservative.

konserwatyz|m (-mu) (*loc sg* -mie) *m* conservatism.

konserw|ować (-uję, -ujesz) *vt* (*żywność*) (*perf* za-) to preserve; (*zabytki*) to restore, to conserve; (*maszyny*) to maintain.

konserwowy *adj* (*szynka*) tinned (*BRIT*), canned (*US*); (*ogórek*) pickled.

konsolid|ować (-uję, -ujesz) (*perf* s-) *vt* to consolidate.

► **konsolidować się** *vr* to consolidate.

konspiracj|a (-i) *f* (*tajność*) conspiracy; (*organizacja*) underground.

konsternacj|a (-i) *f* consternation, dismay.

konstrukcj|a (-i) *f* (*struktura*) (*nom pl* -e, *gen pl* -i) structure, construction; (*budowanie*) construction.

konstrukto|r (-ra, -rzy) (*loc sg* -rze) *m* (*wykonawca*) constructor; (*projektant*) designer.

konstruktywny *adj* constructive.

konstru|ować (-uję, -ujesz) (*perf* s-) *vt* (*wykonywać*) to construct; (*projektować*) to design.

konstytucj|a (-i, -e) (*gen pl* -i) *f* constitution.

konsul (-a, -owie) *m* consul.

konsula|t (-tu, -ty) (*loc sg* -cie) *m* consulate.

konsultacj|a (-i, -e) (*gen pl* -i) *f* (*porady*) consultation; (*wizyta u lekarza*) examination, consultation.

konsultan|t (-ta, -ci) (*loc sg* -cie) *m* consultant.

konsultingowy *adj* consulting *attr*.

konsult|ować (-uję, -ujesz) (*perf* s-) *vt*: **konsultować coś z kimś** to consult sth with sb.

▸**konsultować się** *vr*: **konsultować się z kimś** to consult sb.

konsumen|t (-ta, -ci) (*loc sg* -cie) *m* consumer.

konsum|ować (-uję, -ujesz) (*perf* s-) *vt* to consume.

konsumpcj|a (-i) *f* consumption.

konsystencj|a (-i) *f* consistency.

kontak|t (-tu, -ty) (*loc sg* -cie) *m* (*styczność*) contact; (*ELEKTR: gniazdko*) socket, power point (*BRIT*), (electrical) outlet (*US*); (*ELEKTR: pot. wyłącznik*) switch.

kontakt|ować (-uję, -ujesz) (*perf* s-) *vt*: **kontaktować kogoś z kimś** to put sb in touch with sb.

▸**kontaktować się** *vr*: **kontaktować się (z kimś)** to be in contact *lub* touch (with sb).

kontaktowy *adj* (*człowiek*) outgoing;

szkła *lub* **soczewki kontaktowe** contact lenses.

kontek|st (-stu, -sty) (*loc sg* -ście) *m* context.

kontemplacj|a (-i) *f* contemplation.

kontempl|ować (-uję, -ujesz) *vt/vi* to contemplate.

kontene|r (-ra, -ry) (*loc sg* -rze) *m* container.

kon|to (-ta, -ta) (*loc sg* -cie) *nt* account; **zakładać (założyć** *perf*) **konto** to open an account.

kont|ra (-ry, -ry) (*dat sg* -rze) *f* (*FUTBOL*) counterattack ▸ *prep inv* (*przeciwko*): **kontra** +*nom* versus.

kontraba|s (-su, -sy) (*loc sg* -sie) *m* double bass.

kontrahen|t (-ta, -ci) (*loc sg* -cie) *m* contracting party.

kontrak|t (-tu, -ty) (*loc sg* -cie) *m* contract.

kontra|st (-stu, -sty) (*loc sg* -ście) *m* contrast.

kontrata|k (-ku, -ki) (*instr sg* -kiem) *m* counterattack.

kontratak|ować (-uję, -ujesz) *vi* to counterattack.

kontrofensy|wa (-wy, -wy) (*loc sg* -wie) *f* (*WOJSK*) counter-offensive.

kontrol|a (-i) *f* (*nadzór*) control; (*sprawdzenie*) (*nom pl* -e, *gen pl* -i) check; (*badanie kontrolne*) check-up.

kontrole|r (-ra, -rzy) (*loc sg* -rze) *m* ticket inspector.

kontrolny *adj* (*wieża*) control *attr*; (*przyrząd*) testing.

kontrol|ować (-uję, -ujesz) (*perf* s-) *vt* to control.

▸**kontrolować się** *vr* (*czuwać nad sobą*) to control o.s.; (*sprawdzać jeden drugiego*) to check one another.

kontrowersj|a (-i, -e) (*gen pl* -i) *f* controversy.

kontrowersyjny *adj* controversial.

kontrwywia|d (-du, -dy) (*loc sg*

-dzie) *m* counter-intelligence *lub*
-espionage.

kontu|r (-ru, -ry) (*loc sg* -rze) *m*
contour, outline.

kontuzj|a (-i, -e) (*gen pl* -i) *f*
(*SPORT*) minor injury.

kontuzjowany *adj* (*SPORT*) injured.

kontynen|t (-tu, -ty) (*loc sg* -cie) *m*
continent.

kontyngen|t (-tu, -ty) (*loc sg* -cie) *m*
(*EKON*) quota.

kontynuacj|a (-i, -e) (*gen pl* -i) *f*
continuation.

kontynuato|r (-ra, -rzy) (*loc sg* -rze)
m continuator.

kontynu|ować (-uję, -ujesz) *vt* to
continue.

konwali|a (-i, -e) (*gen pl* -i) *f* lily of
the valley.

konwencj|a (-i, -e) (*gen pl* -i) *f*
convention.

konwencjonalny *adj* (*broń, metoda*)
conventional.

konwersacj|a (-i, -e) (*gen pl* -i) *f*
conversation.

konw|ój (-oju, -oje) *m* convoy.

konwulsj|e (-i) *pl* convulsions.

ko|ń (-nia, -nie) (*gen pl* -ni, *instr pl*
-ńmi) *m* horse; **żołnierz/policjant na
koniu** mounted soldier/policeman;
koń mechaniczny horsepower; **koń
na biegunach** rocking horse.

końcowy *adj* final.

końców|ka (-ki, -ki) (*dat sg* -ce, *gen
pl* -ek) *f* (*filmu, zdania*) ending;
(*JĘZ*) ending.

koncz|yć (-ę, -ysz) *vt* (*rozmowę*)
(*perf* s-) to end; (*kawę, pracę*) (*perf*
s-) to finish; (*szkołę, uniwersytet*)
(*perf* u-) to graduate from; (*kurs*)
(*perf* u- *lub* s-) to finish ♦ *vi* to
finish; **kończyć coś robić** to finish
doing sth.

►**kończyć się** *vr* (*perf* s-) (*o
wakacjach, dniu*) to end; **kończą**

nam się pieniądze/zapasy cukru
we are running out of money/sugar.

kończy|na (-ny, -ny) (*dat sg* -nie) *f*
limb.

kooperacj|a (-i, -e) (*gen pl* -i) *f*
co-operation.

koordynacj|a (-i) *f* co-ordination.

koordyn|ować (-uję, -ujesz) (*perf* s-)
vt to co-ordinate.

ko|pać (-pię, -piesz) *vt* (*piłkę,
przeciwnika*) (*perf* -pnąć) to kick;
(*dół, norę*) (*perf* wy-) to dig ♦ *vi*
(*machać nogami*) to kick; (*w ziemi*)
to dig.

kopal|nia (-ni, -nie) (*gen pl* -ni) *f*
mine.

kopar|ka (-ki, -ki) (*dat sg* -ce, *gen pl*
-ek) *f* excavator.

kop|cić (-cę, -cisz) (*imp* -ć) *vi*
(*dymić*) to smoke; (*pej. palić
papierosy*) to smoke like a chimney.

►**kopcić się** *vr* (*pot*) to be smoking.

Kopenha|ga (-gi) (*dat sg* -dze) *f*
Copenhagen.

kop|er (-ru) (*loc sg* -rze) *m* dill;
koper włoski fennel.

koper|ek (-ku) (*instr sg* -kiem) *m* dill.

koper|ta (-ty, -ty) (*dat sg* -cie) *f* (*na
listy*) envelope; (*zegarka*) watch-case.

kopi|a (-i, -e) (*gen pl* -i) *f* (*obrazu,
oryginału*) reproduction; (*rzeźby,
broni*) replica; (*dokumentu, listu*)
copy.

kopi|ować (-uję, -ujesz) *vt* (*powielać*)
(*perf* s-) to copy; (*KOMPUT*) (*perf*
prze-) to copy.

kop|nąć (-nę, -niesz) (*imp* -nij) *vb
perf od* **kopać**.

kopulacj|a (-i, -e) (*gen pl* -i) *f*
copulation.

kopul|ować (-uję, -ujesz) *vi* to
copulate.

kopu|ła (-ły, -ły) (*dat sg* -le) *f* dome,
cupola.

kopy|to (-ta, -ta) (*loc sg* -cie) *nt* hoof.

ko|ra (-ry) (*dat sg* -**rze**) *f* (*drzewa*) bark.

koral (-a, -e) (*gen pl* -i) *m* (*ZOOL*) coral; (*paciorek*) bead; **korale** *pl* (*naszyjnik*) (necklace of) beads.

koralowy *adj* coral *attr*; **rafa koralowa** coral reef.

Kora|n (-nu) (*loc sg* -**nie**) *m* (*REL*) the Koran.

kor|ba (-by, -by) (*dat sg* -**bie**) *f* crank.

korbowy *adj*: **wał korbowy** crankshaft.

kor|cić (-ci) *vt*: **korci mnie, żeby coś zrobić** I am itching to do sth.

kordo|n (-nu, -ny) (*loc sg* -**nie**) *m* cordon.

Kore|a (-i) *f* Korea.

Koreańczy|k (-ka, -cy) (*instr sg* -**kiem**) *m* Korean.

koreański *adj* Korean.

kor|ek (-ka, -ki) (*instr sg* -**kiem**) *m* cork; (*do wanny, umywalki*) (*nom pl* -**ki**) plug; (*zator na drodze*) traffic jam; (*pot. bezpiecznik*) fuse.

korek|ta (-ty, -ty) (*dat sg* -**cie**) *f* (*poprawka*) correction; (*DRUK*) proofreading.

korelacj|a (-i, -e) (*gen pl* -i) *f* correlation.

korepetycj|e (-i) *pl* private lessons.

korespondencj|a (-i) *f* (*pisanie listów*) correspondence; (*listy*) mail, post (*BRIT*); (*reportaż*) (*nom pl* -**e**, *gen pl* -i) report.

koresponden|t (-ta, -ci) (*loc sg* -**cie**) *m* correspondent.

korespond|ować (-uję, -ujesz) *vi*: **korespondować z** +*instr* to correspond with.

korkocią|g (-gu, -gi) (*instr sg* -**giem**) *m* (*do butelek*) corkscrew; (*LOT*) spin.

kormora|n (-na, -ny) (*loc sg* -**nie**) *m* cormorant.

korni|k (-ka, -ki) (*instr sg* -**kiem**) *m* woodworm.

korniszo|n (-na, -ny) (*loc sg* -**nie**) *m* (*ogórek*) gherkin.

Kornwali|a (-i) *f* Cornwall.

korod|ować (-uje) (*perf* **s**-) *vi* to corrode.

koro|na (-ny, -ny) (*loc sg* -**nie**) *f* (*królewska*) crown; (*drzewa*) crown, tree top; (*waluta*) krone; (*MED*) crown (*BRIT*), cap (*US*).

koronacj|a (-i, -e) (*gen pl* -i) *f* coronation.

koron|ka (-ki, -ki) (*dat sg* -**ce**, *gen pl* -**ek**) *f* (*tkanina*) lace.

koronny *adj* (*dobra, klejnoty*) crown *attr*; **koronny świadek** key witness.

koron|ować (-uję, -ujesz) (*perf* **u**-) *vt* to crown.

korozj|a (-i) *f* corrosion.

korporacj|a (-i, -e) (*gen pl* -i) *f* corporation.

korpu|s (-su, -sy) (*loc sg* -**sie**) *m* (*tułów*) trunk; (*WOJSK*) corps.

korri|da (-dy, -dy) (*dat sg* -**dzie**) *f* bullfight.

kor|t (-tu, -ty) (*loc sg* -**cie**) *m*: **kort tenisowy** tennis court.

korupcj|a (-i) *f* corruption.

koryg|ować (-uję, -ujesz) (*perf* **s**-) *vt* to correct.

korytarz (-a, -e) (*gen pl* -y) *m* (*w budynku*) corridor, passageway.

kory|to (-ta, -ta) (*loc sg* -**cie**) *f* (*dla zwierząt*) trough; (*rzeki*) river bed.

korze|ń (-nia, -nie) (*gen pl* -ni) *m* root; **korzenie** *pl* (*pochodzenie*) roots; (*przyprawy*) spice(s *pl*).

korzyst|ać (-am, -asz) (*perf* **s**-) *vi*: **korzystać z czegoś** (*z telefonu, łazienki*) to use sth; (*z praw*) to exercise sth; (*z sytuacji*) to take advantage of sth.

korzystny *adj* (*interes*) profitable; (*wrażenie, warunki*) good, favourable (*BRIT*), favorable (*US*).

korzyś|ć (-ci, -ci) (*gen pl* -ci) *f*

(*pożytek*) advantage, benefit; (*zysk*) profit.

ko|s (**-sa, -sy**) (*loc sg* **-sie**) *m* blackbird.

ko|sa (**-sy, -sy**) (*dat sg* **-sie**) *f* scythe.

kosiar|ka (**-ki, -ki**) (*dat sg* **-ce**, *gen pl* **-ek**) *f* mower; (*do trawy*) lawn mower.

ko|sić (**-szę, -sisz**) (*imp* **-ś**) *vt* (*perf* **s-**) to mow.

kosmetycz|ka (**-ki, -ki**) (*dat sg* **-ce**, *gen pl* **-ek**) *f* (*osoba*) beautician; (*torebka*) vanity bag *lub* case.

kosmetyczny *adj* cosmetic; **gabinet kosmetyczny** beauty salon *lub* parlor (*US*).

kosmety|k (**-ku, -ki**) (*instr sg* **-kiem**) *m* cosmetic.

kosmiczny *adj* (*statek, lot*) space *attr*; (*pył, promienie*) cosmic; **przestrzeń kosmiczna** (outer) space.

kosmi|ta (**-ty, -ci**) (*dat sg* **-cie**) *m decl like f in sg* extraterrestrial.

kosmonau|ta (**-ty, -ci**) (*loc sg* **-cie**) *m decl like f in sg* astronaut; (*w Rosji*) cosmonaut.

kosmopoli|ta (**-ty, -ci**) (*dat sg* **-cie**) *m decl like f in sg* cosmopolitan.

kosmopolityczny *adj* cosmopolitan.

kosmo|s (**-su**) (*loc sg* **-sie**) *m* (*przestrzeń kosmiczna*) (outer) space; (*wszechświat*) cosmos.

kostiu|m (**-mu, -my**) (*loc sg* **-mie**) *m* (*ubiór kobiecy*) suit; (*teatralny*) costume; **kostium kąpielowy** bathing suit.

kost|ka (**-ki, -ki**) (*dat sg* **-ce**, *gen pl* **-ek**) *f dimin od* **kość**; (*u nogi*) ankle; (*u ręki*) knuckle; (*do rzucania*) dice; (*do gry na gitarze*) pick; **kostka cukru** sugar lump; **kostka lodu** ice cube; **kostka masła** slab of butter.

kostnic|a (**-y, -e**) *f* morgue, mortuary (*BRIT*).

kosz (**-a, -e**) (*gen pl* **-y** *lub* **-ów**) *m* basket; (*pot: koszykówka*) basketball; **kosz na śmieci** dustbin (*BRIT*), garbage can (*US*).

koszar|y (**-**) *pl* barracks *sg*.

koszerny *adj* kosher.

koszma|r (**-ru, -ry**) (*loc sg* **-rze**) *m* nightmare.

koszmarny *adj* nightmarish, ghastly.

kosz|t (**-tu, -ty**) (*loc sg* **-cie**) *m* (*EKON*) cost, price; **koszty** *pl* (*nakład pieniężny*) expense, cost; (*wydatki*) expenses *pl*; **kosztem czegoś/kogoś** (*przen*) at the cost *lub* expense of sth/sb.

kosztory|s (**-su, -sy**) (*loc sg* **-sie**) *m* cost estimate *lub* calculation.

koszt|ować (**-uję, -ujesz**) *vt* (*o towarze*) to cost; (*próbować*) (*perf* **s-**) to try, to taste.

kosztowności (**-ci**) *pl* valuables *pl*.

kosztowny *adj* dear, expensive.

koszul|a (**-i, -e**) *f* shirt; **koszula nocna** nightgown, nightdress.

koszul|ka (**-ki, -ki**) (*dat sg* **-ce**, *gen pl* **-ek**) *f* T-shirt.

koszy|k (**-ka, -ki**) (*instr sg* **-kiem**) *m dimin od* **kosz**.

koszykarz (**-a, -e**) (*gen pl* **-y**) *m* basketball player.

koszyków|ka (**-ki**) (*dat sg* **-ce**) *f* basketball.

kościelny *adj* church *attr* ♦ *m decl like adj* sexton, sacristan.

kościotru|p (**-pa, -py**) (*loc sg* **-pie**) *m* (*pot*) skeleton.

koś|ciół (**-cioła, -cioły**) (*loc sg* **-ciele**) *m* (*budynek*) church; (*organizacja*) Church.

koś|ć (**-ci, -ci**) (*gen pl* **-ci**) *f* (*ANAT*) bone; (*TECH, KOMPUT*) chip; **kości** *pl* (*do gry*) dice; **kość słoniowa** ivory.

ko|t (**-ta, -ty**) (*loc sg* **-cie**) *m* cat.

kota|ra (**-ry, -ry**) (*dat sg* **-rze**) *f* curtain.

kot|ek (**-ka, -ki**) (*instr sg* **-kiem**) *m* (*pot: kot*) pussy-cat; (*młody kot*) kitten; **kotku!** honey!

kotle|t (-ta, -ty) (*loc sg* -cie) *m*
(*KULIN*) chop; **kotlet schabowy**
pork chop; **kotlet cielęcy** veal
cutlet; **kotlet mielony** hamburger.

kotli|na (-ny, -ny) (*dat sg* -nie) *f*
valley.

kotłow|nia (-ni, -nie) (*gen pl* -ni) *f*
boiler house.

kotwic|a (-y, -e) *f* anchor.

kowadł|o (-ła, -ła) (*loc sg* -le, *gen pl*
-eł) *nt* anvil.

kowal (-a, -e) (*gen pl* -i) *m* blacksmith.

kowboj (-a, -e) *m* cowboy.

ko|za (-zy, -zy) (*dat sg* -zie, *gen pl*
kóz) *f* goat.

kozacz|ki (-ków) *pl dimin od* **kozaki**.

koza|k (-ka) (*instr sg* -kiem) *m* **kozaki**
pl high boots.

kozi *adj* goat's *attr*.

kozic|a (-y, -e) *f* chamois.

ko|zioł (-zła, -zły) (*loc sg* -źle) *m*
billy-goat.

kozioł|ek (-ka, -ki) (*instr sg* -kiem) *m*
dimin od **kozioł**; (*przewrót*)
somersault.

koziołk|ować (-uję, -ujesz) (*perf*
prze-) *vi* to turn somersaults.

koziorož|ec (-ca, -ce) *m* Koziorożec
(*ASTROLOGIA*) Capricorn; **Zwrotnik
Koziorożca** the Tropic of Capricorn.

kozł|ować (-uję, -ujesz) *vt* to dribble.

kożuch (-a, -y) *m* (*owcza skóra*)
sheepskin; (*ubranie*) sheepskin coat;
(*na mleku, farbie*) skin.

kół|ko (-ka, -ka) (*instr sg* -kiem) *nt*
dimin od **koło**; (*przedmiot*) ring;
(*narysowany znaczek*) circle;
(*stowarzyszenie*) circle; **w kółko**
(*biegać*) in circles, round and round;
(*powtarzać*) over and over (again).

kpić (kpię, kpisz) (*perf* za-) *vi*: **kpić
(sobie) (z +gen)** to deride, to mock.

kpi|na (-ny, -ny) (*dat sg* -nie) *f*
mockery, scoffing.

kpt. *abbr* (= *kapitan*) Capt. (= captain).

kra (kry, kry) (*dat sg* **krze**, *gen pl* **kier**)
f ice float.

kra|b (-ba, -by) (*loc sg* -bie) *m* crab.

krach (-u, -y) *m* (*EKON*) crash.

kraciasty *adj* checquered (*BRIT*) *lub*
checkered (*US*).

kradzież (-y, -e) (*gen pl* -y) *f* theft,
robbery.

krai|na (-ny, -ny) (*loc sg* -nie) *f*
(*książk*: kraj) land; (*geograficzna*)
region.

kraj (-u, -e) *m* (*państwo*) country; **w
kraju** at home; **ciepłe kraje** warmer
climes.

kraj|ać (-ę, -esz) (*perf* po-) *vt* to cut.

krajobra|z (-zu, -zy) (*loc sg* -zie) *m*
scenery, landscape.

krajowy *adj* (*ogólnokrajowy*) national;
(*wewnętrzny*) domestic.

krajoznawst|wo (-wa) (*loc sg* -wie)
nt touring, sightseeing.

kra|kać (-czę, -czesz) *vi* (*o ptaku*) to
caw, to croak; (*o człowieku*) to
foretell evil, to croak (*pot*).

kraker|s (-sa, -sy) (*loc sg* -sie) *m*
cracker.

Krak|ów (-owa) (*loc sg* -owie) *m*
Cracow.

krak|sa (-sy, -sy) (*dat sg* -sie) *f*
crash, accident.

kra|n (-nu, -ny) (*loc sg* -nie) *m*
(*kurek*) tap, faucet (*US*).

kra|niec (-ńca, -ńce) *m*: **kraniec
świata** world's end; **kraniec miasta**
city limits *lub* outskirts *pl*.

krasnolud|ek (-ka, -ki) (*instr sg*
-kiem) *m* dwarf, gnome.

kra|ść (-dnę, -dniesz) (*imp* -dnij, *perf*
u-) *vt* to steal; **ukraść coś komuś** to
steal sth from sb.

kra|ta (-ty, -ty) (*dat sg* -cie) *f*
(*przegroda*) grating, grille; (*wzór*)
check; (*w oknie*) bars *pl*.

krate|r (-ru, -ry) (*loc sg* -rze) *m* crater.

krat|ka (-ki, -ki) (*dat sg* -ce, *gen pl*
-ek) *f dimin od* **krata**; (*w formularzu*)

blank; **w kratkę** (*o tkaninie*) checked, checkered.

kraul (**-a**) *m* (*SPORT*) crawl (stroke).

krawa|t (**-ta** *lub* **-tu, -ty**) (*loc sg* **-cie**) *m* (neck)tie.

krawco|wa (**-wej, -we**) *f decl like adj* dressmaker.

krawę|dź (**-dzi, -dzie**) (*gen pl* **-dzi**) *f* edge.

krawężni|k (**-ka, -ki**) (*instr sg* **-kiem**) *m* kerb (*BRIT*), curb (*US*).

kra|wiec (**-wca, -wcy**) *m* (*męski*) tailor; (*damski*) dressmaker.

krawiect|wo (**-wa**) (*loc sg* **-wie**) *nt* (*damskie*) dressmaking; (*męskie*) tailoring.

kr|ąg (**-ęgu, -ęgi**) (*instr sg* **-ęgiem**) *m* (*kształt, układ*) circle, ring; (*przen: ludzi, znajomych*) circle; (*przen: zainteresowań, badań*) range, sphere.

krąż|ek (**-ka, -ki**) (*instr sg* **-kiem**) *m* dimin od **krąg**; (*przedmiot*) disc (*BRIT*), disk (*US*); (*hokejowy*) puck.

krąże|nie (**-nia**) *nt* circulation.

krążowni|k (**-ka, -ki**) (*instr sg* **-kiem**) *m* cruiser.

krąż|yć (**-ę, -ysz**) *vi* (*o ptakach, samolotach*) to make circles; (*o krwi*) to circulate; (*o przedmiocie*) to be passed around; (*o planetach*) to rotate.

kreacj|a (**-i, -e**) (*gen pl* **-i**) *f* (*strój*) outfit.

kre|da (**-dy**) (*dat sg* **-dzie**) *f* (*do pisania*) (*nom pl* **-dy**) chalk.

kreden|s (**-su, -sy**) (*loc sg* **-sie**) *m* cupboard.

kred|ka (**-ki, -ki**) (*dat sg* **-ce**, *gen pl* **-ek**) *f* crayon; (*kolorowy ołówek*) coloured (*BRIT*) *lub* colored (*US*) pencil; **kredka do ust** lipstick; **kredka do brwi** eyebrow pencil.

kredo *nt inv* credo.

kredy|t (**-tu, -ty**) (*loc sg* **-cie**) *m* credit.

kre|m (**-mu, -my**) (*loc sg* **-mie**) *m*

cream; **krem do golenia/twarzy/rąk** shaving/face/hand cream.

kremacj|a (**-i, -e**) (*gen pl* **-i**) *f* cremation.

krematori|um (**-um, -a**) (*gen pl* **-ów**) *nt inv in sg* crematory.

kremowy *adj* cream *attr*.

kre|ować (**-uję, -ujesz**) (*perf* **wy-**) *vt* (*książk*) to create; (*TEATR, FILM*) to perform the role of.

kre|pa (**-py**) (*dat sg* **-pie**) *f* crepe.

kre|s (**-su, -sy**) (*loc sg* **-sie**) *m* (*książk: koniec*) end; (*granica*) limit.

kres|ka (**-ki, -ki**) (*dat sg* **-ce**, *gen pl* **-ek**) *f* (*linia*) line; (*myślnik*) dash; (*łącznik*) hyphen; (*nad literą*) accent; (*na termometrze*) mark.

kresków|ka (**-ki, -ki**) (*dat sg* **-ce**, *gen pl* **-ek**) *f* (*FILM*) (animated) cartoon.

kreślarz (**-a, -e**) (*gen pl* **-y**) *m* draughtsman (*BRIT*), draftsman (*US*).

kreśl|ić (**-ę, -isz**) *vt* (*projekt, rysunek*) to draw; (*wyrazy, zdania*) to cross out.

kre|t (**-ta, -ty**) (*loc sg* **-cie**) *m* (*ZOOL*) mole.

Kre|ta (**-ty**) (*dat sg* **-cie**) *f* Crete.

krety|n (**-na, -ni**) (*loc sg* **-nie**) *m* cretin.

kr|ew (**-wi**) *f* blood; **błękitna krew** (*przen*) blue blood; **zachować** (*perf*)/**stracić** (*perf*) **zimną krew** (*przen*) to keep/lose one's cool; **z zimną krwią** in cold blood.

krewet|ka (**-ki, -ki**) (*dat sg* **-ce**, *gen pl* **-ek**) *f* shrimp, prawn.

krewn|a (**-ej**) *f decl like adj* relative.

krewn|y (**-nego, -ni**) *m decl like adj* relative.

kręc|ić (**-cę, -cisz**) (*imp* **-ć**) *vt* (*włosy*) to curl; (*wąsa*) to twirl; (*masę, krem*) to mix ♦ *vi* (*pot*): **kręcić czymś** to turn sth; **kręcić** (**pokręcić** *perf*) **głową** to shake one's head; **kręcić** (**nakręcić** *perf*) **film** to shoot a film (*BRIT*) *lub* movie (*US*).

►**kręcić się** *vr* (*wirować*) to turn, to spin; (*wiercić się*) to squirm; **kręci mi się w głowie** my head is spinning.

kręcony *adj* (*włosy*) curly; **kręcone schody** spiral staircase.

krę|g (**-gu**, **-gi**) (*-instr sg* **-giem**) *m* (*ANAT*) vertebra.

krę|giel (*gen pl* **-gli**) *m* skittle; **kręgle** *pl* (*gra*) skittles *pl*.

kręgiel|nia (**-ni**, **-nie**) (*gen pl* **-ni**) *f* bowling alley.

kręgosłu|p (**-pa**, **-py**) (*loc sg* **-pie**) *m* spine, backbone.

kręgo|wiec (**-wca**, **-wce**) *m* (*ZOOL*) vertebrate.

kręp|ować (**-uję**, **-ujesz**) *vt* (*przen: żenować*) to embarrass; (*przen: ograniczać*) to hamper; (*wiązać*) (*perf* **s-**) to tie up.

►**krępować się** *vr* to be bashful.

krępujący *adj* embarrassing.

krępy *adj* stocky.

kręty *adj* (*schody, uliczka*) winding.

krnąbrny *adj* defiant.

krochmal (**-u**) *m* starch.

krochmal|ić (**-ę**, **-isz**) (*perf* **wy-**) *vt* to starch.

krocz|e (**-a**, **-a**) (*gen pl* **-y**) *nt* (*ANAT*) crotch.

krocz|yć (**-ę**, **-ysz**) *vi* to strut.

kr|oić (**-oję**, **-oisz**) (*imp* **-ój**) *vt* (*kromkę chleba*) (*perf* **u-**) to cut; (*spodnie*) (*perf* **s-**) to tailor; **kroić (pokroić** *perf***) coś na kawałki** to cut sth to pieces; **kroić (pokroić** *perf***) coś w kostkę/na plasterki** to dice/slice sth.

kro|k (**-ku**, **-ki**) (*instr sg* **-kiem**) *m* (*ruch*) step; (*przen: czyn, działanie*) measure, step; (*krocze*) crotch; **co krok** every now and then; **krok po kroku** step by step; **o krok** *lub* **parę kroków stąd** (just) a few steps from here; **spotykać coś na każdym kroku** to run into sth at every step;

podejmować (podjąć *perf***) kroki w celu ...** to take steps *lub* measures to ... .

krokodyl (**-a**, **-e**) (*gen pl* **-i**) *m* crocodile.

kroku|s (**-sa**, **-sy**) (*loc sg* **-sie**) *m* crocus.

krom|ka (**-ki**, **-ki**) (*dat sg* **-ce**, *gen pl* **-ek**) *f* slice.

kroni|ka (**-ki**, **-ki**) (*dat sg* **-ce**) *f* chronicle; **kronika filmowa** newsreel.

kropel|ka (**-ki**, **-ki**) (*dat sg* **-ce**, *gen pl* **-ek**) *f dimin od* **kropla**.

kro|pić (**-pię**, **-pisz**) *vt* (*polewać*) (*perf* **s-**) to sprinkle ♦ *vi* (*o deszczu*) to spit.

krop|ka (**-ki**, **-ki**) (*dat sg* **-ce**, *gen pl* **-ek**) *f* dot; (*znak przestankowy*) full stop (*BRIT*), period (*US*); **postawić** (*perf*) **kropkę nad i** (*przen*) to spell it out; **znaleźć się** (*perf*) **w kropce** to be put on the spot.

kropl|a (**-i**, **-e**) (*gen pl* **-i**) *f* drop; **kropla w morzu** (*przen*) a drop in the ocean; **krople** *pl* (*lekarstwo*) drops *pl*.

kroplomierz (**-a**, **-e**) (*gen pl* **-y**) *m* dropper.

kroplów|ka (**-ki**, **-ki**) (*dat sg* **-ce**, *gen pl* **-ek**) *f* (*MED*) drip.

kro|sta (**-sty**, **-sty**) (*loc sg* **-ście**) *f* spot, pimple.

krost|ka (**-ki**, **-ki**) (*loc sg* **-ce**, *gen pl* **-ek**) *f dimin od* **krosta**.

kr|owa (**-owy**, **-owy**) (*dat sg* **-owie**, *gen pl* **-ów**) *f* cow.

kr|ój (**-oju**, **-oje**) *m* (*ubrania, sukni*) cut.

król (**-a**) *m* (*władca*) (*nom pl* **-owie**) king; (*SZACHY, KARTY*) (*nom pl* **-e**) king; **(Święto) Trzech Króli** (*REL*) Epiphany.

królest|wo (**-wa**, **-wa**) (*loc sg* **-wie**) *nt* (*państwo*) kingdom; (*przen: teren działalności, władzy*) realm.

królewicz (**-a**, **-e**) *m* prince.

króle|wna (-wny, -wny) (*dat sg* -wnie, *gen pl* -wien) *f* princess.

królewski *adj* royal.

króli|k (-ka, -ki) (*instr sg* -kiem) *m* rabbit; **królik doświadczalny** guinea pig.

królo|wa (-wej, -we) *f decl like adj* queen.

król|ować (-uję, -ujesz) *vi* to reign.

krót|ki (*comp* -szy) *adj* (*włosy, sukienka*) short; (*odpowiedź, wizyta*) brief; **krótkie spodnie** *lub* **spodenki** shorts *pl*; **na krótką metę** (*przen*) in the short term *lub* run.

król|tko (*comp* -cej) *adv* (*ostrzyżony*) closely; (*mówić*) briefly; **krótko mówiąc** briefly put.

krótkofalowy *adj* (*RADIO*) short-wave *attr*; (*przen: obliczony na krótki czas*) short-term.

krótkofalów|ka (-ki, -ki) (*dat sg* -ce, *gen pl* -ek) *f* short-wave radio *lub* transmitter.

krótkometrażowy *adj*: **film krótkometrażowy** short subject.

krótkoterminowy *adj* short-term.

krótkotrwały *adj* short-lived.

krótkowidz (-a, -e) *m*: **być krótkowidzem** to be near-sighted *lub* short-sighted.

krótkowzroczno|ść (-ci) *f* (*MED*) near-sightedness, short-sightedness; (*przen*) short-sightedness.

krótkowzroczny *adj* (*MED*) near-sighted, short-sighted; (*przen*) short-sighted.

krta|ń (-ni, -nie) (*gen pl* -ni) *f* larynx.

kruchy *adj* (*lód, skała*) fragile; (*pieczywo*) crisp; (*mięso, drób*) tender; (*przen: wątły, nietrwały*) fragile.

krucyfik|s (-su, -sy) (*loc sg* -sie) *m* crucifix.

krucz|ek (-ka, -ki) (*instr sg* -kiem) *m* (*pułapka*) catch; **kruczek prawny** loophole.

kru|k (-ka, -ki) (*instr sg* -kiem) *m* (*ZOOL*) raven.

krupie|r (-ra, -rzy) (*loc sg* -rze) *m* croupier.

krupni|k (-ku, -ki) (*instr sg* -kiem) *m* barley soup.

krusz|yć (-ę, -ysz) *vt* (*chleb*) (*perf* po-) to crumble; (*skałę*) (*perf* s-) to crush.

▶**kruszyć się** *vr* (*o chlebie*) (*perf* po-) to crumble; (*o skale*) to crumble.

krwa|wić (-wię, -wisz) *vi* to bleed.

krwawie|nie (-nia, -nie) (*gen pl* -ń) *nt* bleeding.

krwawy *adj* bloody.

krwi *itd. n patrz* **krew**.

krwia|k (-ka, -ki) (*instr sg* -kiem) *m* (*MED*) h(a)ematoma.

krwin|ka (-ki, -ki) (*dat sg* -ce, *gen pl* -ek) *f* blood cell.

krwiobie|g (-gu, -gi) (*instr sg* -giem) *m* (*krążenie*) blood circulation; (*krążąca krew*) bloodstream.

krwiodawc|a (-y, -y) *m decl like f in sg* blood donor.

krwiodawst|wo (-wa) (*loc sg* -wie) *nt* blood donation.

krwionośny *adj*: **układ krwionośny** circulatory *lub* cardiovascular system; **naczynie krwionośne** blood vessel.

krwiożerczy *adj* bloodthirsty.

krwisty *adj* (*befsztyk*) rare, underdone.

krwoto|k (-ku, -ki) (*instr sg* -kiem) *m* bleeding, h(a)emorrhage.

kry|ć (-ję, -jesz) *vt* (*chować*) (*perf* u-) to hide; (*uczucia, zamiary*) to hide, to conceal; (*dach, zwierzęta*) (*perf* po-) to cover; (*SPORT: pilnować*) to cover, to mark (*BRIT*).

▶**kryć się** *vr* (*chować się*) (*perf* u- *lub* s-) to hide; **coś się za tym kryje** there's more to it than meets the eye.

kryjów|ka (-ki, -ki) (*dat sg* -ce, *gen pl* -ek) *f* hideout.

krykie|t (-ta) (*loc sg* -cie) *m* (*SPORT*) cricket.

Kry|m (-mu) (*loc sg* -mie) *m* the Crimea.

kryminali|sta (-sty, -ści) (*dat sg* -ście) *m decl like f in sg* criminal.

kryminalny *adj* (*przestępca, policja*) criminal; **film kryminalny** detective picture.

kryminał (-łu, -ły) (*loc sg* -le) *m* (*książka*) detective story; (*film*) detective picture.

kryp|ta (-ty, -ty) (*dat sg* -cie) *f* crypt.

kryptoni|m (-mu, -my) (*loc sg* -mie) *m* code name.

krystaliczny *adj* crystalline; (*przen*) crystal clear.

krystaliz|ować się (-uje) (*perf* **wy-**) *vr* to crystallize.

kryszta|ł (-łu, -ły) (*loc sg* -le) *m* (*minerał*) crystal; (*szkło*) crystal (glass); (*wyrób*) crystal vase.

kryształowy *adj* crystal; (*przen*) spotless.

kryteri|um (-um, -a) (*gen pl* -ów) *nt inv in sg* criterion.

kryty *adj* (*kort, wagon*) covered.

krytyczny *adj* critical.

kryty|k (-ka, -cy) (*instr sg* -kiem) *m* critic.

kryty|ka (-ki) (*dat sg* -ce) *f* (*nom pl* -ki) (*ocena, analiza*) criticism; (*recenzja*) critique.

krytyk|ować (-uję, -ujesz) (*perf* **s-**) *vt* to criticize.

kryzy|s (-su, -sy) (*loc sg* -sie) *m* crisis; (*EKON*) crisis, depression.

kryzysowy *adj* crisis *attr.*

krza|k (-ka *lub* -ku, -ki) (*instr sg* -kiem) *m* bush, shrub; **krzaki** *pl* shrubbery.

krzątać się (-am, -asz) *vr* to busy o.s., to bustle about.

krze|m (-mu) (*loc sg* -mie) *m* silicon.

krzemie|ń (-nia, -nie) (*gen pl* -ni) *m* flint.

krzemowy *adj* silicon *attr.*

krzepki *adj* brawny.

krzep|nąć (-nie) (*perf* **s-**) *vi* (*twardnieć*) to set; (*o krwi*) to clot; (*o wodzie*) to freeze.

krzesełkowy *adj*: **wyciąg krzesełkowy** chairlift.

krze|sło (-sła, -sła) (*loc sg* -śle, *gen pl* -seł) *nt* chair.

krze|w (-wu, -wy) (*loc sg* -wie) *m* bush, shrub.

krztu|sić się (-szę, -sisz) (*imp* -ś) *vr* to choke.

krztu|siec (-śca) *m* (*MED*) whooping cough.

krzy|czeć (-czę, -czysz) (*perf* **-knąć**) *vi* to shout, to scream; **krzyczeć na kogoś** to shout at sb.

krzy|k (-ku, -ki) (*instr sg* -kiem) *m* shout, scream.

krzykliwy *adj* (*hałaśliwy*) noisy; (*zwracający uwagę*) gaudy.

krzyk|nąć (-nę, -niesz) (*imp* -nij) *vb perf od* **krzyczeć**.

krzyw|da (-dy, -dy) (*dat sg* -dzie) *f* harm, wrong; **wyrządzić** (*perf*) **komuś krzywdę** to harm sb.

krzyw|dzić (-dzę, -dzisz) (*imp* -dź, *perf* **s-**) *vt* to harm, to wrong.

krzywic|a (-y) *f* (*MED*) rickets.

krzy|wić (-wię, -wisz) *vt* (*wyginać*) to bend.

► **krzywić się** *vr* (*robić grymasy*) to make *lub* pull a face.

krzywo *adv* (*stać*) askew; (*pisać*) clumsily.

krzywoprzysięst|wo (-wa, -wa) (*loc sg* -wie) *nt* perjury.

krzywy *adj* (*kij*) crooked; (*nogi*) knock-kneed; (*powierzchnia*) uneven; **patrzeć na kogoś/coś krzywym okiem** (*przen*) to frown at sb/sth.

krzyż (-a, -e) (*gen pl* -y) *m*

(*przedmiot*) cross; (*część kręgosłupa*) lower back; **Czerwony Krzyż** Red Cross.

krzyż|ować (**-uję, -ujesz**) *vt* (*nogi, ramiona*) (*perf* **s-**) to cross; (*przybijać do krzyża*) (*perf* **u-**) to crucify; **krzyżować czyjeś plany** (*perf* **po-**) to thwart sb's plans.

▸**krzyżować się** *vr* (*perf* **s-**) (*przecinać się*) to intersect.

krzyżów|ka (**-ki, -ki**) (*dat sg* **-ce**, *gen pl* **-ek**) *f* (*łamigłówka*) crossword (puzzle); (*BIO*) cross; (*pot:* skrzyżowanie) intersection.

krzyży|k (**-ka, -ki**) (*instr sg* **-kiem**) *m* *dimin od* **krzyż**; (*MUZ*) sharp.

ks. *abbr* (= **ksiądz**) Rev., Revd; (= **książę**) (*tytuł nadany*) Duke; (*syn króla*) Prince.

ksero *nt inv* (*pot: urządzenie*) Xerox ® (machine); (*pot: odbitka*) Xerox (copy).

kserokopi|a (**-i, -e**) (*gen pl* **-i**) *f* Xerox (copy).

kserokopiar|ka (**-ki, -ki**) (*dat sg* **-ce**, *gen pl* **-ek**) *f* Xerox machine.

kser|ować (**-uję, -ujesz**) (*perf* **s-**) *vt* to Xerox.

ksiądz (**księdza, księża**) (*voc sg* **księże**, *gen pl* **księży**, *instr pl* **księżmi**) *m* priest.

książecz|ka (**-ki, -ki**) (*dat sg* **-ce**, *gen pl* **-ek**) *f* *dimin od* **książka**; **książeczka czekowa** chequebook (*BRIT*), checkbook (*US*).

książę (**księcia, książęta**) (*gen pl* **książąt**) *m* (*tytuł nadany*) duke; (*syn króla*) prince.

książ|ka (**-ki, -ki**) (*dat sg* **-ce**, *gen pl* **-ek**) *f* book; **książka kucharska** cookbook; **książka telefoniczna** phone book, (telephone) directory.

książkowy *adj* (*wydanie*) in book form; (*wyrażenie*) bookish, formal.

księga (**księgi, księgi**) (*dat sg*

księdze, *gen pl* **ksiąg**) *f* (*duża książka*) tome.

księgar|nia (**-ni, -nie**) (*gen pl* **-ń**) *f* bookshop (*BRIT*), bookstore (*US*).

księgo|wa (**-wej, -we**) *f decl like adj* accountant.

księg|ować (**-uję, -ujesz**) (*perf* **za-**) *vt* to enter in the books.

księgowoś|ć (**-ci**) *f* (*prowadzenie ksiąg*) book-keeping, accounting; (*dział biura*) accounts.

księgo|wy (**-wego, -wi**) *m decl like adj* accountant ▸ *adj:* **kontroler** *lub* **rewident księgowy** auditor.

księgozbi|ór (**-oru, -ory**) (*loc sg* **-orze**) *m* book collection.

księst|wo (**-wa, -wa**) (*loc sg* **-wie**) *nt* duchy.

księż|na (**-nej, -ne**) *f decl like adj* duchess.

księżnicz|ka (**-ki, -ki**) (*dat sg* **-ce**, *gen pl* **-ek**) *f* princess.

księżyc (**-a, -e**) *m* moon.

ksylofo|n (**-nu, -ny**) (*loc sg* **-nie**) *m* (*MUZ*) xylophone.

kształ|cić (**-cę, -cisz**) (*imp* **-ć**, *perf* **wy-**) *vt* (*uczniów*) to educate; (*umysł, wolę*) to train.

▸**kształcić się** *vr:* **kształcić się (na lekarza)** to study (to be a doctor) ▸ *vi:* **podróże kształcą** travel broadens the mind.

kształ|t (**-tu, -ty**) (*loc sg* **-cie**) *m* shape; **w kształcie serca/cygara** heart/cigar-shaped.

kształt|ować (**-uję, -ujesz**) (*perf* **u-**) *vt* (*opinię, charakter*) to mould (*BRIT*), to mold (*US*).

▸**kształtować się** *vr:* **ceny kształtują się wysoko** prices are riding high.

─────SŁOWO KLUCZOWE─────

kto (*see* **Table 4**) *pron* **1** (*w zdaniach pytajnych lub ich równoważnikach*) who; **kto to (jest)?** who is it?; **kto**

tam? who's there?, who is it? **2** (*w zdaniach podrzędnych*) who; **sprawdź, kto przyszedł** see who has arrived; **ten, kto ją znajdzie** whoever finds her. **3**: **obojętnie kto** (*nieważne kto*) no matter who; (*ktokolwiek*) anybody, anyone.

ktokolwiek (*like*: **kto**) *pron* (*obojętnie kto*) anyone, anybody; **ktokolwiek wie ...** whoever knows ... .
ktoś (*see* **Table 11**) *pron* (*w zdaniach oznajmujących*) someone, somebody; (*w zdaniach pytających*) anyone, anybody; **czy zauważyłeś kogoś?** have you noticed anybody *lub* anyone?; **on myśli, że jest naprawdę kimś** he thinks he's really somebody; **ktoś inny** somebody *lub* someone else; **ktoś, kogo nie znam** someone I don't know.
którędy *pron* which way.

———SŁOWO KLUCZOWE———
który *pron decl like adj* **1** (*w zdaniach pytajnych*) which; **którą książkę chcesz?** which book do you want?; **którego dzisiaj mamy?** what's the date today?; **która godzina?** what time is it?, what's the time?; **który z was ...** which one of you ... . **2** (*w zdaniach podrzędnych*): **człowiek, którego widzisz ...** the man (that) you see ...; **nie wiem, którą wybrać** I don't know which to choose; **ludzie, z którymi pracuję** the people (that) I work with; **dziewczyna, z której siostrą rozmawiałem** the girl whose sister I was talking to.

którykolwiek (*like*: **który**) *pron*: **którykolwiek (z** +*gen*) (*z wielu*) any (of); (*z dwu*) either (of).

któryś *pron*: **któryś z nich/z moich ludzi** one of them/of my men; **któregoś dnia** one day, one of these days.
ku *prep* +*dat* (*książk*): **ku morzu/niebu** toward(s) the sea/sky; **ku pamięci/czci** (+*gen*) in honour (*BRIT*) *lub* honor (*US*) of; **ku mojemu zdziwieniu** to my surprise; **ku radości wszystkich** to everyone's joy.
Ku|ba (**-by**) (*dat sg* **-bie**) *f* Cuba.
Kubańczy|k (**-ka, -cy**) (*instr sg* **-kiem**) *m* Cuban.
kubański *adj* Cuban.
kub|ek (**-ka, -ki**) (*instr sg* **-kiem**) *m* mug.
kub|eł (**-ła, -ły**) (*loc sg* **-le**) *m* (*wiadro*) bucket, pail; (*kosz na śmieci*) (dust)bin (*BRIT*), garbage can (*US*).
kuchar|ka (**-ki, -ki**) (*dat sg* **-ce**, *gen pl* **-ek**) *f* cook.
kucharski *adj*: **książka kucharska** cookbook.
kucharz (**-a, -e**) (*gen pl* **-y**) *m* cook, chef.
kuchen|ka (**-ki, -ki**) (*dat sg* **-ce**, *gen pl* **-ek**) *f* cooker; (*też*: **kuchenka turystyczna**) camp stove; **kuchenka mikrofalowa** microwave (oven).
kuchenny *adj* kitchen *attr*.
kuch|nia (**-ni, -nie**) (*gen pl* **-ni**) *f* (*pomieszczenie*) kitchen; (*tradycja kulinarna*) cuisine; (*gotowanie*) cooking.
kucy|k (**-ka, -ki**) (*instr sg* **-kiem**) *m* pony.
ku|ć (**-ję, -jesz**) *vt* (*żelazo, miecz*) to forge; (*otwór*) (*perf* **wy-**) to chip, to chisel (out) ♦ *vi* (*rąbać*) to chisel; (*pot: uczyć się*) to cram, to swot (*pot: BRIT*).
kudłaty *adj* hairy, shaggy.
kuf|el (**-la, -le**) (*gen pl* **-li**) *m* (*naczynie*) (beer) mug; (*porcja*) ≈ pint (of beer).

kukieł|ka (-ki, -ki) (*dat sg* -ce, *gen pl* -ek) *f* puppet.

kukuł|ka (-ki, -ki) (*dat sg* -ce, *gen pl* -ek) *f* cuckoo.

kukurydz|a (-y) *f* maize (*BRIT*), corn (*US*); **prażona kukurydza** popcorn.

kukurydziany *adj* (*mąka, olej*) corn *attr*; **płatki kukurydziane** cornflakes.

kul|a (-i, -e) *f* (*przedmiot*) ball; (*GEOM: bryła*) sphere; (*pocisk*) bullet; **kule** *pl*: **chodzić o kuli/kulach** to walk on crutches; **pchnięcie kulą** (*SPORT*) shot put; **kula ziemska** the globe.

kulawy *adj* lame.

kule|ć (-ję, -jesz) *vi* to limp.

kul|ić (-ę, -isz) (*perf* s-) *vt* (*ramiona*) to hunch; (*głowę*) to duck.
►**kulić się** *vr* to shrink, to cringe.

kulig (-gu, -gi) (*instr sg* -giem) *m* sleigh ride.

kulinarny *adj* (*sztuka*) culinary; (*przepis*) cooking *attr*.

kulisty *adj* spherical.

kulis|y (-) *pl* (*TEATR*) wings *pl*; (*przen: nieznane okoliczności*) the behind-the-scenes *pl*.

kul|ka (-ki, -ki) (*dat sg* -ce, *gen pl* -ek) *f dimin od* **kula**; (*papierowa, metalowa*) ball; (*lodów*) scoop; (*pot: pocisk*) slug (*pot*).

kulminacyjny *adj*: **moment/punkt kulminacyjny** climax.

kul|t (-tu, -ty) (*loc sg* -cie) *m* cult.

kultu|ra (-ry, -ry) (*dat sg* -rze) *f* culture; **dom kultury** ≈ community centre (*BRIT*) *lub* center (*US*).

kulturalny *adj* (*centrum, rozwój*) cultural; (*człowiek, sposób bycia*) well-mannered, cultured.

kulturowy *adj* cultural.

kultury|sta (-sty, -ści) (*dat sg* -ście) *decl like f in sg m* body-builder.

kulturysty|ka (-ki) (*dat sg* -ce) *f* body-building.

kultyw|ować (-uję, -ujesz) *vt* to cultivate.

kumoterst|wo (-wa) (*loc sg* -wie) *nt* (*pot*) nepotism.

kump|el (-la, -le) (*gen pl* -li) *m* (*pot*) mate (*pot*), pal (*pot*).

kumul|ować (-uję, -ujesz) (*perf* s-) *vt* to accumulate.
►**kumulować się** *vr* to pile up.

kund|el (-la, -le) (*gen pl* -li) *m* mongrel.

kunszt (-tu, -ty) (*loc sg* -cie) *m* artistry.

ku|pa (-py, -py) (*dat sg* -pie) *f* (*sterta*) pile, heap; (*pot!*) turd (*pot!*).

ku|pić (-pię, -pisz) *vb perf od* **kupować**.

ku|piec (-pca, -pcy) *m* (*handlowiec*) merchant; (*nabywca*) buyer.

kup|ka (-ki, -ki) (*dat sg* -ce, *gen pl* -ek) *f dimin od* **kupa**; (*stos*) heap.

kup|no (-na) (*loc sg* -nie) *nt* purchase.

kupo|n (-nu, -ny) (*loc sg* -nie) *m* coupon, voucher.

ku|pować (-puję, -pujesz) (*perf* -pić) *vt* to buy.

kupują|cy (-ego, -y) *m decl like adj* buyer, shopper.

ku|ra (-ry, -ry) (*loc sg* -rze) *f* hen.

kuracj|a (-i, -e) (*gen pl* -i) *f* treatment.

kuratori|um (-um, -a) (-*gen pl* -ów) *nt inv in sg* (*local*) department of education.

kurcz (-u, -e) (*gen pl* -y) *m* cramp.

kurcza|k (-ka, -ki) (*instr sg* -kiem) *m* chicken.

kurcz|ę (-ęcia, -ęta) (*gen pl* -ąt) *nt* chicken; **kurczę (pieczone)!** (*pot*) damn! (*pot*).

kurcz|yć się (-ę, -ysz) (*perf* s-) *vr* (*o tkaninie, zapasach*) to shrink; (*o metalu, mięśniu*) to contract.

kur|ek (-ka, -ki) (*instr sg* -kiem) *m* (*kran*) tap, faucet (*US*).

kurie|r (-ra, -rzy) (*loc sg* -rze) *m* courier, dispatch rider.

kurni|k (-ka, -ki) (*instr sg* -**kiem**) *m* hen house, chicken coop.

kuropat|wa (-wy, -wy) (*dat sg* -**wie**) *f* partridge.

kuror|t (-tu, -ty) (*loc sg* -**cie**) *m* spa, health resort.

kur|ować (-uję, -ujesz) (*perf* **wy-**) *vt* to treat.

▸**kurować się** *vr* (*pot*) to undergo treatment.

kur|s (-su, -sy) (*loc sg* -**sie**) *m* (*przejazd*) ride; (*kierunek*) course; (*waluty*) exchange rate; (*GIEŁDA*) price; (*UNIW, SZKOL*) course.

kurs|ować (-uję, -ujesz) *vi* to run.

kursy|wa (-wy, -wy) (*dat sg* -**wie**) *f* (*DRUK*) italics.

kurt|ka (-ki, -ki) (*dat sg* -**ce**, *gen pl* -**ek**) *f* jacket.

kurty|na (-ny, -ny) (*dat sg* -**nie**) *f* curtain.

kur|wa (-wy, -wy) (*dat sg* -**wie**, *gen pl* -**ew**) *f* (*pot!: prostytutka*) whore (*pot!*); **kurwa (mać)!** (*pot!*) fuck! (*pot!*), bugger! (*pot!: BRIT*).

kurz (-u, -e) *m* dust.

kurz|yć (-ę, -ysz) *vi* (*podnosić tumany kurzu*) to raise dust; (*pot: palić papierosa*) to smoke, to puff.

▸**kurzyć się** *vr*: **kurzyło się za samochodem** the car raised a cloud of dust; **kurzyło się z komina** smoke was spilling from the chimney.

ku|sić (-szę, -sisz) (*imp* -**ś**, *perf* **s-**) *vt* to tempt.

kustosz (-a, -e) (*gen pl* -**y**) *m* curator.

kusz|a (-y, -e) *f* crossbow.

kuszący *adj* tempting.

kuszet|ka (-ki, -ki) (*dat sg* -**ce**, *gen pl* -**ek**) *f* berth, couchette.

kut|er (-ra, -ry) (*loc sg* -**rze**) *m* (*też*: **kuter rybacki**) fishing boat.

kuwejcki *adj* Kuwaiti.

Kuwej|t (-tu) (*loc sg* -**cie**) *m* Kuwait.

kuzy|n (-na, -ni) (*loc sg* -**nie**) *m* cousin.

kuzyn|ka (-ki, -ki) (*dat sg* -**ce**, *gen pl* -**ek**) *f* cousin.

kuź|nia (-ni, -nie) (*gen pl* -**ni**) *f* smithy, forge.

kw. *abbr* (= *kwadratowy*): **120 m kw.** 120 sq. m.

kwadran|s (-sa, -se) (*loc sg* -**sie**) *m* quarter (*of an hour*); **kwadrans po pierwszej** a quarter past (*BRIT*) *lub* after (*US*) one; **za kwadrans pierwsza** a quarter to one.

kwadra|t (-tu, -ty) (*loc sg* -**cie**) *m* (*figura*) square; (*potęga*): **pięć do kwadratu** five squared.

kwadratowy *adj* square.

kwalifikacj|e (-i) *pl* qualifications *pl*.

kwalifik|ować (-uję, -ujesz) *vt* (*perf* **za-**) (*zaliczać*) to classify; (*określać*) to describe; (*oceniać*) to evaluate.

▸**kwalifikować się** *vr*: **kwalifikować się (do czegoś)** to be qualified (for sth).

kwarantan|na (-ny, -ny) (*dat sg* -**nie**) *f* quarantine.

kwarc (-u, -e) *m* quartz.

kwartalni|k (-ka, -ki) (*instr sg* -**kiem**) *m* quarterly.

kwartalny *adj* quarterly *attr*.

kwarta|ł (-łu, -ły) (*loc sg* -**le**) *m* quarter (*of a year*).

kwarte|t (-tu, -ty) (*loc sg* -**cie**) *m* (*MUZ*) quartet.

kwa|s (-su, -sy) (*loc sg* -**sie**) *m* acid.

kwaszony *adj*: **kapusta kwaszona** sauerkraut.

kwaśnie|ć (-je) (*perf* **s-**) *vi* (*o mleku*) to turn (sour).

kwaśny *adj* (*owoc, smak*) sour, acid; (*mina*) sour; **kwaśne mleko** sour milk; **kwaśny deszcz** acid rain.

kwate|ra (-ry, -ry) (*dat sg* -**rze**) *f* (*prywatna*) lodgings *pl*.

kwater|ować (-uję, -ujesz) (*perf* **za-**) *vt* to quarter ♦ *vi* to be quartered.

kwesti|a (-i, -e) (*gen pl* -**i**) *f* (*sprawa*) issue; (*TEATR*) line(s *pl*); **kwestia**

czasu/pieniędzy a matter *lub* question of time/money.

kwestionariusz (-a, -e) (*gen pl* -y) *m* questionnaire.

kwestion|ować (-uję, -ujesz) (*perf* za-) *vt* to (call into) question.

kwiaciar|nia (-ni, -nie) (*gen pl* -ni) *f* florist('s).

kwia|t (-tu, -ty) (*loc sg* kwiecie) *m* (*cięty, polny*) flower; (*roślina doniczkowa*) plant; (*na drzewie*) blossom; **kwiat młodzieży** the flower *lub* cream of youth.

kwiat|ek (-ka, -ki) (*instr sg* -kiem) *m* *dimin od* kwiat.

kwie|cień (-tnia, -tnie) (*gen pl* -tni) *m* April.

kwietni|k (-ka, -ki) (*instr sg* -kiem) *m* flowerbed.

kwintal (-a, -e) (*gen pl* -i) *m* (*ROL*) quintal (= *100 kg*).

kwinte|t (-tu, -ty) (*loc sg* -cie) *m* (*MUZ*) quintet.

kwi|t (-tu, -ty) (*loc sg* -cie) *m* receipt.

kwitnący *adj* (*kwiat*) blooming; (*drzewo*) blossoming; (*przen*) flourishing, thriving.

kwit|nąć (-nie) *vi* (*o kwiatach*) to bloom; (*o drzewach*) to blossom; (*przen*) to flourish, to thrive.

kwit|ować (-uję, -ujesz) *vt* (*perf* po-): **kwitować odbiór czegoś** to sign for sth, to acknowledge receipt of sth.

kwi|z (-zu, -zy) (*loc sg* -zie) *m* = quiz.

kwo|ta (-ty, -ty) (*dat sg* -cie) *f* sum, amount.

L

l *abbr* (= *litr*) l (= litre).

labiryn|t (-tu, -ty) (*loc sg* -cie) *m* labyrinth, maze.

laboran|t (-ta, -ci) (*loc sg* -cie) *m* lab(oratory) assistant.

laboratori|um (-um, -a) (*gen pl* -ów) *nt inv in sg* lab(oratory).

lać (leję, lejesz) *vt* (*płyn*) to pour; (*pot*: bić) (*perf* z-) to beat, to belt (*pot*) ♦ *vi* (*o deszczu*) to pour; (*pot!*: *oddawać mocz*) to piss (*pot!*).

▶**lać się** (*o wodzie, krwi*) *vr* to pour; (*pot*: *bić się*) to fight.

la|da (-dy, -dy) (*dat sg* -dzie) *f* (*też*: **lada sklepowa**) counter ♦ *inv*: **lada dzień/chwila** any day/moment; **nie lada sukces** a huge success.

lagu|na (-ny, -ny) (*dat sg* -nie) *f* lagoon.

laicki *adj* lay.

laicyzacj|a (-i) *f* secularization.

lai|k (-ka, -cy) (*instr sg* -kiem) *m* layman.

la|k (-ku, -ki) (*instr sg* -kiem) *m* sealing wax.

lakie|r (-ru, -ry) (*loc sg* -rze) *m* varnish, lacquer; **lakier do paznokci** nail polish; **lakier do włosów** hair spray.

lakier|ki (-ek) *pl* patent leather shoes *pl*.

lakier|ować (-uję, -ujesz) (*perf* po-) *vt* (*paznokcie*) to polish; (*meble*) to varnish; (*samochód*) to paint.

lakmusowy *adj*: **papierek lakmusowy** litmus *lub* test paper.

lakoniczny *adj* laconic.

lal|ka (-ki, -ki) (*dat sg* -ce, *gen pl* -ek) *f* (*zabawka*) doll; (*kukiełka*) puppet.

la|ma (-my) (*dat sg* -mie) *f* (*ZOOL*) (*nom pl* -my) llama.

lamen|t (-tu, -ty) (*loc sg* -cie) *m* lament.

lament|ować (-uję, -ujesz) *vi* to lament.

lamin|ować (-uję, -ujesz) (*perf* z-) *vt* to laminate.

lamów|ka (-ki, -ki) (*dat sg* -ce, *gen pl* -ek) *f* trimming.

lam|pa (-py, -py) (*dat sg* -pie) *f* lamp;
(*ELEKTR*) valve (*BRIT*), (vacuum)
tube (*US*); **lampa błyskowa**
flash(light); **lampa naftowa** paraffin
lamp.

lampar|t (-ta, -ty) (*loc sg* -cie) *m*
leopard.

lamp|ka (-ki, -ki) (*dat sg* -ce, *gen pl*
-ek) *f* (*mała lampa*) lamp; (*kieliszek*)
glass; **lampka nocna** bedside lamp.

lamu|s (-sa) (*loc sg* -sie) *m*: **złożyć**
(*perf*) **coś do lamusa** to scrap *lub*
discard sth.

lance|t (-tu, -ty) (*loc sg* -cie) *m*
(*MED*) lancet.

landryn|ka (-ki, -ki) (*dat sg* -ce, *gen
pl* -ek) *f* fruit drop.

lani|e (-a) *nt* hiding, beating; **dostać**
(*perf*) **lanie** to take a hiding.

lans|ować (-uję, -ujesz) (*perf* **wy-**) *vt*
to promote, to launch.

lapidarny *adj* terse, curt.

lapto|p (-pa, -py) (*loc sg* -pie) *m*
laptop (computer).

lar|wa (-wy, -wy) (*dat sg* -wie) *f* larva.

laryngolo|g (-ga, -gowie *lub* -dzy)
(*instr sg* -giem) *m* (ear, nose and)
throat specialist.

la|s (-su, -sy) (*loc sg* lesie) *m* (*duży*)
forest; (*mały*) wood; (*przen*: *rąk,
sztandarów*) forest.

las|ek (-ku, -ki) (*instr sg* -kiem) *m*
grove, wood.

lase|r (-ra, -ry) (*loc sg* -rze) *m* laser.

las|ka (-ki, -ki) (*dat sg* -ce, *gen pl* -ek)
f cane, walking stick;
(*pot*: *dziewczyna*) chick (*pot*);
chodzić o lasce to use a stick *lub*
cane (for walking).

laskowy *adj*: **orzech laskowy**
hazelnut.

las|so (-sa, -sa) (*loc sg* -sie) *nt* lasso.

lat|a (-) *pl* years *pl*; (*wiek*) age; **lata
dwudzieste/trzydzieste** the
twenties/thirties; **od wielu lat** for
many years; **przed laty** many years

ago; **sto lat!** many happy returns (of
the day)!; **ile masz lat?** how old are
you?; **mam 10 lat** I'm ten (years
old); *patrz też* **rok**.

lat|ać (-am, -asz) *vi* to fly;
(*pot*: *biegać*) to run.

latar|ka (-ki, -ki) (*dat sg* -ce, *gen pl*
-ek) *f* torch (*BRIT*), flashlight (*US*).

latar|nia (-ni, -nie) (*gen pl* -ni) *f*
(*uliczna*) street lamp; **latarnia
morska** lighthouse.

lata|wiec (-wca, -wce) *m* kite.

la|to (-ta, -ta) (*loc sg* lecie) *nt*
summer; **latem** *lub* **w lecie** in (the)
summer.

latry|na (-ny, -ny) (*dat sg* -nie) *f*
latrine.

latynoamerykański *adj* Latin
American.

Latyno|s (-sa, -si) (*loc sg* -sie) *m*
Latin American.

laur|y (-ów) *pl*: **zdobywać** *lub* **zbierać
laury** to win *lub* reap laurels (*przen*);
spoczywać (spocząć *perf*) **na
laurach** to rest on one's laurels.

laurea|t (-ta, -ci) (*loc sg* -cie) *m*
prizewinner, laureate.

laureat|ka (-ki, -ki) (*dat sg* -ce, *gen pl*
-ek) *f* prizewinner, laureate.

laur|ka (-ki, -ki) (*dat sg* -ce, *gen pl*
-ek) *f* card.

laurowy *adj* (*wieniec, drzewo*) laurel
attr; **liść laurowy** bay leaf.

la|wa (-wy) (*dat sg* -wie) *f* lava.

lawen|da (-dy, -dy) (*dat sg* -dzie) *f*
lavender.

lawi|na (-ny, -ny) (*dat sg* -nie) *f*
avalanche; (*przen*) cornucopia.

lawir|ować (-uję, -ujesz) *vi* (*kluczyć*)
to swerve; (*przen*) to steer a middle
course (*pot*).

lazurowy *adj* azure.

lą|d (-du, -dy) (*loc sg* -dzie) *m* land;
stały ląd mainland, dry land.

ląd|ować (-uję, -ujesz) (*perf* **wy-**) *vi*
to land.

lądowa|nie (-nia, -nia) (*gen pl* -ń) *nt*
landing, touchdown.

lądowy *adj* (*wojska*) ground *attr*;
(*zwierzęta*) terrestrial; (*granica,
obszar*) land *attr*; (*klimat*)
continental; (*transport*) overland;
(*budownictwo*) land.

leasin|g (-gu) (*instr sg* -giem) *m*
(*EKON*) leasing.

le|c, le|gnąć (-gnę, -gniesz) (*imp*
-gnij, *pt* -gł) *vi* (*książk*: położyć się)
to lie down; (: *zginąć*) to fall.

lecie *n patrz* **lato.**

le|cieć (-cę, -cisz) (*imp* -ć) *vi* (*o
ptaku, samolocie*) (*perf* po-) to fly;
(*o wodzie, krwi*) (*perf* po-) to flow;
(*o liściach, kamieniach*) (*perf* z-) to
fall (down); (*pot*. *pędzić*) (*perf* po-)
to run; (*pot*. *w radiu, telewizji*) to air,
to be on.

lecz *conj* but, yet.

leczeni|e (-a) *nt* treatment.

lecznic|a (-y, -e) *f* clinic; **lecznica
dla zwierząt** animal *lub* veterinary
clinic.

lecznict|wo (-wa) (*loc sg* -wie) *nt*
health care.

leczniczy *adj* (*ziele, środek*)
medicinal; (*działanie*) therapeutic.

lecz|yć (-ę, -ysz) (*perf* wy-) *vt* (*o
człowieku*) to treat; (*o substancji*) to
cure.

▶**leczyć się** *vr* to get treatment.

ledwo, ledwie *adv*: **ledwo
widoczny/słyszalny** barely
visible/audible; **ledwo umie czytać**
he can hardly read; **ledwo (co)
wyszedł, a już ...** he's only just left,
and ..., no sooner had he left than ... .

legalizacj|a (-i) *f* legalization.

legaliz|ować (-uję, -ujesz) (*perf* za-)
vt to legalize.

legalnie *adv* legally, lawfully.

legalnoś|ć (-ci) *f* legality, lawfulness.

legalny *adj* legal, lawful.

legen|da (-dy, -dy) (*dat sg* -dzie) *f*
legend.

legendarny *adj* legendary.

legins|y (-ów) *pl* leggings *pl*.

legio|n (-nu, -ny) (*loc sg* -nie) *m*
legion.

legislacyjny *adj* legislative.

legitymacj|a (-i, -e) (*gen pl* -i) *f*
(*identyfikująca*) ID, identity card;
(*członkowska*) membership card.

legitym|ować (-uję, -ujesz) (*perf*
wy-) *vt*: **legitymować kogoś** to
check sb's ID.

▶**legitymować się** *vr* (*okazywać
legitymację*) (*perf* wy-) to show one's
ID; **legitymować się tytułem** to
hold a title.

legowis|ko (-ka, -ka) (*instr sg* -kiem)
nt (*miejsce do leżenia*) bed;
(*zwierzęce*) den, lair.

le|j (-ja, -je) *m* (*gen pl* -jów)
(*zagłębienie*) crater.

lejc|e (-ów) *pl* reins *pl*.

lej|ek (-ka, -ki) (*instr sg* -kiem) *m*
funnel.

le|k (-ku, -ki) (*instr sg* -kiem) *m*
medicine, drug.

lek. *abbr* (= *lekarz*) ≈ MD.

lekar|ka (-ki, -ki) (*dat sg* -ce, *gen pl*
-ek) *f* (woman) physician *lub* doctor.

lekarski *adj* (*gabinet, porada*)
physician's *attr*, doctor's *attr*;
(*badanie*) physical, medical;
(*zaświadczenie, zwolnienie*) doctor's
attr.

lekarst|wo (-wa, -wa) (*loc sg* -wie) *nt*
medicine, drug; (*przen*: *środek*) cure.

lekarz (-a, -e) (*gen pl* -y) *m* doctor,
physician.

lekceważąco *adv* disrespectfully.

lekceważący *adj* disrespectful.

lekceważ|yć (-ę, -ysz) (*perf* z-) *vt*
(*traktować pogardliwie*) to scorn;
(*bagatelizować*) to disregard.

lekcj|a (-i, -e) (*gen pl* -i) *f* lesson;
(*szkolna, prywatna*) lesson, class;

lekcje *pl* (*zadanie domowe*): **odrabiać** (**odrobić** *perf*) **lekcje** to do (one's) homework; **lekcja angielskiego/matematyki** English/math lesson *lub* class.

lekki (*comp* **lżejszy**) *adj* light; (*mróz, zmęczenie*) slight; (*zapach*) faint.

lekko (*comp* **lżej**) *adv* lightly; (*nieznacznie*) slightly; **z lekka** a little.

lekkoatle|ta (**-ty, -ci**) (*dat sg* **-cie**) *m decl like f in sg* athlete.

lekkoatlety|ka (**-ki**) *f* (*dat sg* **-ce**) athletics *pl* (*BRIT*), track and field sports *pl* (*US*).

lekkomyślnie *adv* recklessly.

lekkomyślnoś|ć (**-ci**) *f* recklessness.

lekkomyślny *adj* reckless.

lekkostrawny *adj* light (*food*).

lekoma|n (**-na, -ni**) (*loc sg* **-nie**) *m* pill taker *lub* addict.

leksyko|n (**-nu, -ny**) (*loc sg* **-nie**) *m* lexicon.

lekto|r (**-ra, -rzy**) (*loc sg* **-rze**) *m* (*SZKOL*) instructor; (*spiker*) announcer.

lektu|ra (**-ry, -ry**) (*dat sg* **-rze**) *f* (*czytanie*) reading; (*materiały do czytania*) reading material *lub* matter; (: *SZKOL*) suggested reading.

lemonia|da (**-dy, -dy**) (*dat sg* **-dzie**) *f* lemonade.

len (**lnu, lny**) (*loc sg* **lnie**) *m* (*roślina*) flax; (*tkanina*) linen.

le|nić się (**-nię, -nisz**) (*imp* **-ń**) *vr* to be (bone) idle.

lenist|wo (**-wa**) (*loc sg* **-wie**) *nt* laziness.

leniuch|ować (**-uję, -ujesz**) *vi* to laze (away).

leniwy *adj* lazy.

le|ń (**-nia, -nie**) (*gen pl* **-ni** *lub* **-niów**) *m* idler, sluggard.

le|pić (**-pię, -pisz**) *vt* (*formować*) (*perf* **u-**) to model; (*kleić*) (*perf* **z-**) to glue (together).

▶**lepić się** *vr* (*przyklejać się*) (*perf* **przy-**) to stick; (*być lepkim*) to stick, to be sticky.

lepiej *adv comp od* **dobrze** better; **coraz lepiej** better and better; **im prędzej tym lepiej** the sooner the better; **lepiej już pójdę** I'd better go now.

lepki *adj* sticky.

lepsz|e (**-ego**) *nt decl like adj*: **zmiana na lepsze** a change for the better.

lepszy *adj comp od* **dobry** better; **pierwszy lepszy** (*pot*) any old one.

lesbij|ka (**-ki, -ki**) (*dat sg* **-ce**, *gen pl* **-ek**) *f* lesbian.

lesie *n patrz* **las**.

leszcz (**-a, -e**) (*gen pl* **-y** *lub* **-ów**) *m* bream (*freshwater fish*).

leszczy|na (**-ny, -ny**) (*dat sg* **-nie**) *f* (*BOT*) hazel.

leśnict|wo (**-wa**) (*loc sg* **-wie**) *nt* forestry.

leśniczów|ka (**-ki, -ki**) (*dat sg* **-ce**, *gen pl* **-ek**) *f* forester's lodge.

leśnicz|y (**-ego, -owie**) *m decl like adj* forest ranger.

leśni|k (**-ka, -cy**) (*instr sg* **-kiem**) *m* forester.

leśny *adj* forest *attr*.

letni *adj* (*wakacje, sukienka*) summer *attr*; (*woda, herbata*) lukewarm, tepid; **czas letni** Daylight Saving Time.

letniskowy *adj* summer-resort *attr*, holiday *attr*.

lew (**lwa, lwy**) (*loc sg* **lwie**) *m* (*ZOOL*) lion; **Lew** (*ASTROLOGIA*) Leo.

lewar|ek (**-ka, -ki**) (*instr sg* **-kiem**) *m* (*MOT*) jack.

lewaty|wa (**-wy, -wy**) (*dat sg* **-wie**) *f* enema.

lewic|a (**-y**) *f* (*POL*) the left.

lewicowy *adj* left-wing, leftist.

lewo *adv*: **w** *lub* **na lewo** (to the) left; **na prawo i lewo** right and left, all

over the place; **na lewo**
(*pot.* sprzedawać, załatwiać) on the
q.t. (*pot*), under the table (*pot*).
leworęczny *adj* left-handed.
lewostronny *adj:* **ruch lewostronny**
left-hand driving *lub* traffic.
lewy *adj* (*bok, but*) left; (*o stronie
tkaniny*) inside *attr*;
(*pot.* sfałszowany) phoney (*pot*);
lewy pas (*MOT*) outside *lub* fast
lane.
le|źć (**-zę, -ziesz**) (*imp* **-ź**, *pt* **lazł,
leźli**) *vi* (*pot*) to straggle.
leża|k (**-ka, -ki**) (*instr sg* **-kiem**) *m*
deckchair (*BRIT*), beach chair (*US*).
leżąco *adv:* **na leżąco** lying down.
leż|eć (**-ę, -ysz**) (*pt* **-ał**) *vi* to lie; (*o
ubraniu*) to fit; **leżeć w
łóżku/szpitalu** to stay in bed/in (the
(*US*)) hospital.
lędź|wie (**-wi**) *pl* loins *pl*.
lę|k (**-ku, -ki**) (*instr sg* **-kiem**) *m* fear,
anxiety; **lęk przestrzeni/wysokości**
a fear of open spaces/heights.
lęk|ać się (**-am, -asz**) *vr* to fear.
lękliwy *adj* apprehensive.
lg|nąć (**-nę, -niesz**) (*imp* **-nij**) *vi*
(*przylepiać się*) (*perf* **przy-**): **lgnąć
(do** +*gen*) to cling (to).
lia|na (**-ny, -ny**) (*dat sg* **-nie**) *f* liana.
libacj|a (**-i, -e**) (*gen pl* **-i**) *f* drinking
spree.
Liba|n (**-nu**) (*loc sg* **-nie**) *m* Lebanon.
libański *adj* Lebanese.
liberaliz|m (**-mu**) (*loc sg* **-mie**) *m*
liberalism.
liberalny *adj* liberal.
Libi|a (**-i**) *f* Libya.
libijski *adj* Libyan.
liceali|sta (**-sty, -ści**) (*dat sg* **-ście**) *m
decl like f in sg* secondary school
student (*BRIT*), high school student
(*US*).
licealist|ka (**-ki, -ki**) (*dat sg* **-ce**, *gen
pl* **-ek**) *f* secondary school student
(*BRIT*), high school student (*US*).

licealny *adj* secondary school *attr*
(*BRIT*), high school *attr* (*US*).
licencj|a (**-i, -e**) (*gen pl* **-i**) *f* licence
(*BRIT*), license (*US*).
lice|um (**-um, -a**) (*gen pl* **-ów**) *nt inv
in sg* secondary school (*BRIT*), high
school (*US*); **liceum zawodowe**
vocational school; **liceum
ogólnokształcące** ≈ grammar school
(*BRIT*), ≈ high school (*US*).
lich|o (**-a**) *nt* devil; **do licha!** for
God's sake!; **co u licha ...?** what on
earth ...?
lichwiarz (**-a, -e**) *m* usurer.
lichy *adj* (*kiepski*) shoddy;
(*niepozorny*) flimsy.
licytacj|a (**-i, -e**) (*gen pl* **-i**) *f*
(*przetarg*) auction; (*KARTY*) bidding.
licyt|ować (**-uję, -ujesz**) *vt* (*sprzedać
na aukcji*) (*perf* **z-**) to auction;
(*KARTY*) (*perf* **za-**) to bid.
licz|ba (**-by, -by**) (*dat sg* **-bie**) *f*
number; (*JĘZ*): **liczba
pojedyncza/mnoga** singular/plural
(number).
liczbowy *adj* numerical.
liczebni|k (**-ka, -ki**) (*instr sg* **-kiem**) *m*
numeral.
liczebny *adj* (*przewaga*) measured in
numbers.
licznie *adv* in large numbers.
liczni|k (**-ka, -ki**) (*instr sg* **-kiem**) *m*
(*gazowy, telefoniczny, prądu*) meter.
liczny *adj* numerous.
licz|yć (**-ę, -ysz**) *vt* (*perf* **po-**) to count
♦ *vi* (*rachować*) (*perf* **po-**) to
calculate; (*wynosić*): **klasa liczy 20
osób** the class numbers 20; **liczyć
na** +*acc* to count on.
▶**liczyć się** *vr* (*mieć znaczenie*) to
matter; **liczyć się z** +*instr* to take
into account.
lide|r (**-ra, -rzy**) (*loc sg* **-rze**) *m* leader.
Liechtenstei|n (**-nu**) (*loc sg* **-nie**) *m*
Liechtenstein.
li|ga (**-gi, -gi**) (*dat sg* **-dze**) *f* league.

likie|r (**-ru**, **-ry**) (*loc sg* **-rze**) *m* liqueur.
likwidacj|a (**-i**, **-e**) (*gen pl* **-i**) *f*
liquidation; (*zniesienie*) abolition.
likwid|ować (**-uję**, **-ujesz**) (*perf* **z-**) *vt*
(*usuwać*) to eliminate; (*zabijać*) to
liquidate.
lili|a (**-i**, **-e**) (*gen pl* **-i**) *f* lily.
liliowy *adj* lilac.
lim|fa (**-fy**) (*dat sg* **-fie**) *f* lymph.
limfatyczny *adj* lymphatic; **węzeł
limfatyczny** lymph node.
limi|t (**-tu**, **-ty**) (*loc sg* **-cie**) *m* limit.
limit|ować (**-uję**, **-ujesz**) *vt* to limit.
limuzy|na (**-ny**, **-ny**) (*dat sg* **-nie**) *f*
limo(usine).
li|na (**-ny**, **-ny**) (*dat sg* **-nie**) *f* rope.
lincz (**-u**, **-e**) *m* lynch.
lincz|ować (**-uję**, **-ujesz**) (*perf* **z-**) *vt*
to lynch.
lini|a (**-i**, **-e**) (*gen pl* **-i**) *f* line; (*trasa*)
line, route; **w linie** (*o zeszycie*) lined.
lini|eć (**-eje**) (*perf* **wy-**) *vi* to moult
(*BRIT*), to molt (*US*).
linij|ka (**-ki**, **-ki**) (*dat sg* **-ce**, *gen pl*
-ek) *f* (*przyrząd*) ruler; (*wiersz
tekstu*) line.
lin|ka (**-ki**, **-ki**) (*dat sg* **-ce**, *gen pl* **-ek**)
f cord, line; **linka holownicza**
towline.
linowy *adj*: **kolejka linowa** (*system
transportu*) cable railway; (*wagonik*)
cable car.
li|pa (**-py**, **-py**) (*dat sg* **-pie**) *f* (*BOT*)
lime (tree), linden.
li|piec (**-pca**, **-pce**) *m* July.
li|ra (**-ry**, **-ry**) (*dat sg* **-rze**) *f* lyre.
liryczny *adj* lyrical.
li|s (**-sa**, **-sy**) (*loc sg* **-sie**) *m* fox;
chytry jak lis (as) sly as a fox.
li|st (**-stu**, **-sty**) (*loc sg* **-ście**) *m* letter;
list zwykły surface-mail letter; **list
polecony** registered letter, recorded
delivery letter (*BRIT*), certified letter
(*US*); **list lotniczy** airmail letter; **list
polecający** letter of
recommendation.

li|sta (**-sty**, **-sty**) (*dat sg* **-ście**) *f* list;
lista przebojów (*spis utworów*) the
charts *pl*; (*program*) hit parade; **lista
obecności** roll.
listonosz (**-a**, **-e**) (*gen pl* **-y**) *m*
postman (*BRIT*), mailman (*US*).
listopa|d (**-da**, **-dy**) (*loc sg* **-dzie**) *m*
November.
listownie *adv* by mail.
listowny *adj* written.
listowy *adj*: **papier listowy** writing
paper.
list|wa (**-wy**, **-wy**) (*dat sg* **-wie**) *f*
(*podkładowa*) batten; (*zewnętrzna*)
slat.
liściasty *adj* deciduous.
liś|ć (**-cia**, **-cie**) (*gen pl* **-ci**, *instr pl*
-ćmi) *m* leaf.
lite|ra (**-ry**, **-ry**) (*loc sg* **-rze**) *f* letter;
wielka *lub* **duża litera** capital
(letter); **mała litera** small *lub*
lowercase letter; **litery drukowane**
printed characters.
literacki *adj* literary.
litera|t (**-ta**, **-ci**) (*loc sg* **-cie**) *m* man
of letters.
literatu|ra (**-ry**, **-ry**) (*dat sg* **-rze**) *f*
literature.
liter|ować (**-uję**, **-ujesz**) (*perf* **prze-**)
vt to spell.
litewski *adj* Lithuanian.
litoś|ć (**-ci**) *f* (*łaska*) mercy;
(*współczucie*) compassion.
lit|ować się (**-uję**, **-ujesz**) (*perf* **z-**) *vr*.
litować się (nad +*instr*) to have
mercy (on).
lit|r (**-ra**, **-ry**) (*loc sg* **-rze**) *m* litre
(*BRIT*), liter (*US*).
Lit|wa (**-wy**) (*dat sg* **-wie**) *f* Lithuania.
Litwi|n (**-na**, **-ni**) (*loc sg* **-nie**) *m*
Lithuanian.
li|zać (**-żę**, **-żesz**) (*perf* **-znąć**) *vt* to
lick.
liza|k (**-ka**, **-ki**) (*instr sg* **-kiem**) *m*
lollipop.
Lizbo|na (**-ny**) (*dat sg* **-nie**) *f* Lisbon.

li|znąć (**-znę, -źniesz**) (*imp* **-źnij**) *vb perf od* **lizać** ♦ *vt perf.* **liznąć czegoś** (*pot. poznać, nauczyć się*) to get a smattering of sth.

lizu|s (**-sa, -sy**) (*loc sg* **-sie**) *m* toady.

lm. *abbr* (= *liczba mnoga*) pl (= plural).

lniany *adj* (*płótno*) linen *attr*; (*olej*) linseed *attr*; **siemię lniane** flaxseed, linseed.

loch (**-u, -y**) *m* dungeon.

locie *n patrz* **lot**.

lodowaty *adj* ice-cold; (*przen*) icy.

lodo|wiec (**-wca, -wce**) *m* glacier.

lodowis|ko (**-ka, -ka**) (*instr sg* **-kiem**) *nt* skating *lub* ice rink.

lodowy *adj* (*twór*) glacial; (*epoka, powłoka*) ice *attr*; (*tort*) ice-cream *attr*; **góra lodowa** iceberg.

lodów|ka (**-ki, -ki**) (*dat sg* **-ce**, *gen pl* **-ek**) *f* fridge, refrigerator.

lodu *itd. n patrz* **lód**.

lod|y (**-ów**) *pl* ice cream.

logiczny *adj* logical.

logi|ka (**-ki**) (*dat sg* **-ce**) *f* logic.

lojalnoś|ć (**-ci**) *f* loyalty.

lojalny *adj* loyal.

lo|k (**-ku, -ki**) (*instr sg* **-kiem**) *m* curl, lock.

lokal (**-u, -e**) (*gen pl* **-i** *lub* **-ów**) *m* (*ogólnie*) premises *pl*; (*restauracja*) restaurant; **nocny lokal** night club.

lokaliz|ować (**-uję, -ujesz**) (*perf* **z-**) *vt* (*umieszczać*) to situate; (*znajdować*) to locate.

lokalny *adj* local.

loka|ta (**-ty, -ty**) (*dat sg* **-cie**) *f* (*pozycja*) place; (*też*: **lokata kapitału**) (capital) investment; (*też*: **lokata pieniężna**) deposit.

lokato|r (**-ra, -rzy**) (*loc sg* **-rze**) *m* occupant.

lokomocj|a (**-i**) *f*: **środek lokomocji** means of transport (*BRIT*) *lub* transportation (*US*).

lokomoty|wa (**-wa, -wy**) (*dat sg* **-wie**) *f* engine, locomotive.

lok|ować (**-uję, -ujesz**) (*perf* **u-**) *vt* (*umieszczać*) to place; (*EKON*) to invest.

loków|ka (**-ki, -ki**) (*dat sg* **-ce**, *gen pl* **-ek**) *f* curler; **lokówka elektryczna** curling tongs *lub* irons.

lombar|d (**-du, -dy**) (*loc sg* **-dzie**) *m* pawnshop.

Londy|n (**-nu**) (*loc sg* **-nie**) *m* London.

lor|d (**-da, -dowie**) (*loc sg* **-dzie**) *m* lord.

lornet|ka (**-ki, -ki**) (*dat sg* **-ce**, *gen pl* **-ek**) *f* binoculars *pl*.

lo|s (**-su, -sy**) (*loc sg* **-sie**) *m* (*koleje życia*) lot; (*przeznaczenie*) fate; (*na loterii*) (lottery) ticket; **zły los** bad fortune; **ironia losu** (*przen*) an ironic twist of fate.

los|ować (**-uję, -ujesz**) *vt* (*perf* **wy-**) to draw ♦ *vi* to draw lots.

losowa|nie (**-nia, -nia**) (*gen pl* **-ń**) *nt* drawing.

losowy *adj* (*wybór, próba*) random; **zdarzenie losowe** act of God.

lo|t (**-tu, -ty**) (*loc sg* **-cie**) *m* flight.

loteri|a (**-i, -e**) (*gen pl* **-i**) *f* lottery.

lot|ka (**-ki, -ki**) (*dat sg* **-ce**, *gen pl* **-ek**) *f* (*ZOOL*) flight feather; (*LOT*) aileron; (*SPORT*) shuttlecock, (badminton) bird.

lot|nia (**-ni, -nie**) (*gen pl* **-ni**) *f* hang-glider.

lotnict|wo (**-wa**) (*loc sg* **-wie**) *nt* (*cywilne*) aviation; (*wojskowe*) air force.

lotniczy *adj* air *attr*; **linia lotnicza** (air) carrier, airline.

lotni|k (**-ka, -cy**) (*instr sg* **-kiem**) *m* aviator.

lotnis|ko (**-ka, -ka**) (*instr sg* **-kiem**) *nt* (*pasażerskie*) airport; (*lądowisko*) airfield.

lotnisko|wiec (**-wca, -wce**) *m* aircraft carrier.

lotny adj (*CHEM, FIZ*) volatile; (*bystry*) nimble.

loż|a (-y, -e) (*gen pl* **lóż**) f box (*in a theatre*).

lód (**lodu, lody**) (*loc sg* **lodzie**) m ice; **zimny jak lód** (as) cold as ice; *patrz też* **lody**.

lp. abbr (= *liczba porządkowa*) (Item) No.

lśniący adj glittering, glistening.

lśni|ć (-nię, -nisz) (*imp* -**nij**) vi to glitter, to glisten.

lub conj or; **lub też** or else.

lubiany adj popular.

lu|bić (-bię, -bisz) vt to like; **lubić coś robić** to like doing sth *lub* to do sth.

► **lubić się** vr to like one another.

lubieżny adj lascivious; **czyn lubieżny** lewd conduct.

lu|d (-du) (*loc sg* -**dzie**) m (*masy*) people; (*plemię, szczep*) (*nom pl* -**dy**) people.

ludnoś|ć (-ci) f population.

ludobójst|wo (-wa, -wa) (*loc sg* -**wie**) nt genocide.

ludowy adj (*strój, taniec, muzyka*) folk attr; (*władza, republika*) people's attr.

ludożerc|a (-y, -y) m cannibal.

lu|dzie (-dzi) (*instr pl* -**dźmi**) pl people; *patrz też* **człowiek**.

ludzki adj (*ciało, istota, natura*) human; (*traktowanie, stosunek*) humane.

ludzkoś|ć (-ci) f humankind, humanity.

lu|fa (-fy, -fy) (*dat sg* -**fie**) f barrel.

lu|ka (-ki, -ki) (*dat sg* -**ce**) f gap; **luka w prawie** loophole.

lu|kier (-kru, -kry) (*loc sg* -**krze**) m icing.

lukr|ować (-uję, -ujesz) (*perf* **po-**) vt to ice.

Luksembur|g (-ga) (*instr sg* -**giem**) m Luxembourg.

luksu|s (-su, -sy) (*loc sg* -**sie**) m luxury.

luksusowy adj luxury attr.

lunapar|k (-ku, -ki) (*instr sg* -**kiem**) m funfair (*BRIT*), amusement park (*US*).

lunaty|k (-ka, -cy) (*instr sg* -**kiem**) m sleepwalker.

lune|ta (-ty, -ty) (*dat sg* -**cie**) f telescope.

lu|pa (-py, -py) (*loc sg* -**pie**) f magnifying glass.

luster|ko (-ka, -ka) (*instr sg* -**kiem**, *gen pl* -**ek**) nt mirror; **lusterko wsteczne** rear-view mirror; **lusterko boczne** wing (*BRIT*) *lub* outside (*US*) mirror.

lust|ro (-ra, -ra) (*loc sg* -**rze**, *gen pl* -**er**) nt mirror.

luterański adj Lutheran.

lut|ować (-uję, -ujesz) (*perf* **z-**) vt to solder.

lutownic|a (-y, -e) f soldering iron.

lut|y (-ego, -e) m decl like adj February.

lu|z (-zu, -zy) (*loc sg* -**zie**) m (*wolny czas*) (free) time; (*wolne miejsce*) room; (*TECH*) play, clearance; (*MOT*) neutral; (*pot. swoboda: no pl*) elbow room (*pot*).

luźny adj (*spodnie, obuwie*) loose(-fitting); (*lina, wodze*) slack; (*kartka*) loose; (*przen: uwaga*) casual, detached; (*kontakt*) occasional; (*pot. rozmowa, atmosfera*) casual.

Lw|ów (-owa) (*loc sg* -**owie**) m Lvov.

lżej adv comp od **lekko**.

lżejszy adj comp od **lekki**.

Ł

Ła|ba (-by) (*loc sg* -**bie**) f the Elbe.

łabę|dź (-dzia, -dzie) (*gen pl* -**dzi**) m swan.

łaci|na (-ny) (*dat sg* -**nie**) f Latin.

łaciński *adj* Latin.

ła|d (**-du**) (*loc sg* **-dzie**) *m* order.

ładnie *adv* (*ubierać się, prosić, czytać*) nicely; **to ładnie wygląda/pachnie** it looks/smells nice *lub* pretty.

ładny *adj* pretty, nice; (*dziewczyna*) pretty; (*pogoda, dzień*) nice.

ład|ować (**-uję, -ujesz**) *vt* (*paczki, ciężarówkę, broń*) (*perf* **za-**) to load; (*akumulator*) (*perf* **na-**) to charge.

ładow|nia (**-ni, -nie**) (*gen pl* **-ni**) *f* (cargo) hold.

ładowność (**-ci**) *f* carrying capacity.

ładun|ek (**-ku, -ki**) (*instr sg* **-kiem**) *m* load; (*towary*) cargo; (*bomba*) bomb; (*materiał wybuchowy*) charge; (*ELEKTR*) charge.

łagodnie *adv* (*mówić, spoglądać*) softly; (*skręcać, hamować*) gently.

łagodny *adj* (*człowiek, uwaga, zakręt*) gentle; (*wyrok, zima, klimat*) mild; (*proszek, lek, działanie*) mild, gentle.

łagodzący *adj:* **okoliczności łagodzące** extenuating *lub* mitigating circumstances.

łag|odzić (**-odzę, -odzisz**) (*imp* **-odź** *lub* **-ódź**, *perf* **z-** *lub* **za-**) *vt* (*żal*) to soothe, to ease; (*cierpienie, ból*) to alleviate; (*spór*) to mitigate, to moderate.

łajda|k (**-ka, -cy**) (*instr sg* **-kiem**) *m* rascal, scoundrel.

łako|cie (**-ci**) *pl* sweets *pl*, candy (*US*).

łakomczuch (**-a, -y**) *m* glutton.

łakomst|wo (**-wa**) (*loc sg* **-wie**) *nt* gluttony, greediness.

łakomy *adj* (*żarłoczny*) gluttonous, greedy.

ła|m (**-mu, -my**) (*loc sg* **-mie**) *m* column; **na łamach gazet** *lub* **prasy** in the papers.

ła|mać (**-mię, -miesz**) (*perf* **z-**) *vt* (*gałąź, obietnicę, prawo*) to break; (*opór*) to break (down).

▶**łamać się** *vr* (*o gałęzi*) to break; (*o głosie*) to falter.

łamany *adj* broken; **mówić łamaną angielszczyzną** to speak in broken English.

łamigłów|ka (**-ki, -ki**) (*dat sg* **-ce**, *gen pl* **-ek**) *f* puzzle; (*układanka*) jigsaw (puzzle).

łańcuch (**-a, -y**) *m* chain; **łańcuch górski** mountain range.

łańcuchowy *adj:* **reakcja łańcuchowa** chain reaction.

łańcusz|ek (**-ka, -ki**) (*instr sg* **-kiem**) *m dimin od* **łańcuch**.

ła|pa (**-py, -py**) (*dat sg* **-pie**) *f* (*kota, psa*) paw; (*pot: ręka*) paw (*pot*).

ła|pać (**-pię, -piesz**) (*perf* **z-**) *vt* to catch.

łapczywie *adv* greedily.

łap|ka (**-ki, -ki**) (*dat sg* **-ce**, *gen pl* **-ek**) *f dimin od* **łapa**; (*na myszy*) mousetrap.

łapów|ka (**-ki, -ki**) (*dat sg* **-ce**, *gen pl* **-ek**) *f* bribe; **dawać (dać** *perf***) komuś łapówkę** to bribe sb.

łapu-capu *adv:* **na łapu-capu** helter-skelter.

łasic|a (**-y, -e**) *f* weasel.

ła|sić się (**-szę, -sisz**) (*imp* **-ś**) *vr:* **łasić się do kogoś** to fawn on sb.

łas|ka (**-ki, -ki**) (*dat sg* **-ce**, *gen pl* **-k**) *f* (*przychylność*) favour (*BRIT*), favor (*US*); (*ułaskawienie*) pardon; **być na łasce kogoś/czegoś** to be at the mercy of sb/sth.

łaskawy *adj* (*uśmiech, los*) favourable (*BRIT*) *lub* favorable (*US*).

łasko|tać (**-czę, -czesz**) *vt* to tickle.

łasy *adj:* **łasy na coś** greedy for sth.

ła|ta (**-ty, -ty**) (*dat sg* **-cie**) *f* patch.

łat|ać (**-am, -asz**) (*perf* **za-**) *vt* to patch.

łat|ka (**-ki, -ki**) (*dat sg* **-ce**, *gen pl* **-ek**) *f dimin od* **łata**.

łatwi|zna (**-zny**) (*dat sg* **-źnie**) *f:* **iść (pójść** *perf***) na łatwiznę** to follow the line of least resistance; **ten egzamin to łatwizna** this exam is a piece of cake (*pot*).

łatwo *adv* easily; **łatwo zrozumiały** easy to understand.

łatwopalny *adj* (in)flammable.

łatwoś|ć (**-ci**) *f.* **z łatwością** easily, with ease.

łatwowierny *adj* gullible, credulous.

łatwy *adj* easy.

ła|wa (**-wy, -wy**) (*dat sg* **-wie**) *f* (*stolik*) coffee table; (*do siedzenia*) bench; **ława oskarżonych** dock (*in court*); **ława przysięgłych** jury (box).

ławic|a (**-y, -e**) *f* (*ryb*) shoal, school.

ław|ka (**-ki, -ki**) (*dat sg* **-ce**, *gen pl* **-ek**) *f* (*w parku*) bench; (*w szkole*) desk; (*w kościele*) pew.

ła|zić (**-żę, -zisz**) (*imp* **-ź**, *perf* **po-**) *vi* (*pot*) to walk.

łazien|ka (**-ki, -ki**) (*dat sg* **-ce**, *gen pl* **-ek**) *f* bathroom.

łaź|nia (**-ni, -nie**) (*gen pl* **-ni**) *f* baths *sg lub pl*.

łącznie *adv*: **łącznie z** +*instr* (*wliczając*) including; **pisać coś łącznie** to write sth as one word.

łączni|k (**-ka**) (*instr sg* **-kiem**) *m* (*znak graficzny*) (*nom pl* **-ki**) hyphen; (*WOJSK*) (*nom pl* **-cy**) liaison officer.

łącznoś|ć (**-ci**) *f* (*kontakt*) contact; (*wspólnota*) unity; (*komunikacja*) communication(s *pl*).

łącz|yć (**-ę, -ysz**) (*perf* **po-**) *vt* (*elementy*) to join; (*punkty, miasta*) to link, to connect; (*TEL*) to connect, to put through; (*mieszać*) to mix, to blend; (*jednoczyć*) to unite.

►**łączyć się** *vr* (*stykać się: o elementach*) to be joined; (*o dłoniach, gałęziach*) to meet, to join; (*o rzekach, drogach*) to merge.

łą|ka (**-ki, -ki**) (*dat sg* **-ce**) *f* meadow.

łeb (**łba, łby**) (*loc sg* **łbie**) *m* (*zwierzęcy*) head; (*pot: głowa ludzka*) nut (*pot*).

łeb|ek, łep|ek (**-ka, -ki**) (*instr sg* **-kiem**) *m dimin od* **łeb**; (*gwoździa, szpilki*) head.

łep|ek (**-ka, -ki**) (*instr sg* **-kiem**) *m* = **łebek**.

łez *n patrz* **łza**.

łk|ać (**-am, -asz**) *vi* to sob.

łobu|z (**-za, -zy**) (*loc sg* **-zie**) *m* (*urwis*) urchin; (*chuligan*) hooligan.

łody|ga (**-gi, -gi**) (*dat sg* **-dze**) *f* stem, stalk.

ło|kieć (**-kcia, -kcie**) (*gen pl* **-kci**) *m* elbow.

ło|m (**-mu, -my**) (*loc sg* **-mie**) *m* crowbar.

łomo|t (**-tu, -ty**) (*loc sg* **-cie**) *m* (*hałas*) din; (*dudnienie*) rumble; (*głuchy odgłos*) thud; (*huk*) bang.

łomo|tać (**-czę, -czesz**) (*perf* **za-**) *vi* (*hałasować*) to knock; (*o sercu*) to thud.

ło|no (**-na, -na**) (*loc sg* **-nie**) *nt* (*ANAT*) womb; (*pierś*) bosom.

łopa|ta (**-ty, -ty**) (*dat sg* **-cie**) *f* shovel.

łopat|ka (**-ki, -ki**) (*dat sg* **-ce**, *gen pl* **-ek**) *f dimin od* **łopata**; (*KULIN*) spatula; (*ANAT*) shoulder blade.

łopo|tać (**-czę, -czesz**) (*perf* **za-**) *vi* to flap, to flutter.

łosko|t (**-tu, -ty**) (*loc sg* **-cie**) *m* (*hałas*) din; (*huk*) bang; (*stukot*) clatter.

łoso|ś (**-sia, -sie**) (*gen pl* **-si**) *m* salmon.

ło|ś (**-sia, -sie**) (*gen pl* **-si**) *m* elk.

łotewski *adj* Latvian.

łot|r (**-ra, -ry**) (*loc sg* **-rze**) *m* scoundrel.

Łot|wa (**-wy**) (*dat sg* **-wie**) *f* Latvia.

Łotysz (**-a, -e**) (*gen pl* **-y** *lub* **-ów**) *m* Latvian.

łowc|a (**-y, -y**) *m* hunter.

ło|wić (**-wię, -wisz**) (*imp* **łów**, *perf* **z-**)

vt (*zwierzynę*) to hunt; (*ryby, motyle*) to catch; **łowić ryby** to fish.

łowiect|wo (-wa) (*loc sg* -wie) *nt* hunting.

łożys|ko (-ka, -ka) (*instr sg* -kiem) *nt* (*TECH*) bearing; (*ANAT*) placenta.

łód|ka (-ki, -ki) (*dat sg* -ce, *gen pl* -ek) *f* boat.

łódź (łodzi, łodzie) (*gen pl* łodzi) *f* boat; **łódź ratunkowa** lifeboat; **łódź podwodna** submarine.

łóżecz|ko (-ka, -ka) (*instr sg* -kiem, *gen pl* -ek) *nt* cot (*BRIT*), crib (*US*).

łóż|ko (-ka, -ka) (*instr sg* -kiem, *gen pl* -ek) *nt* bed.

łuczni|k (-ka, -cy) (*instr sg* -kiem) *m* archer.

łu|dzić (-dzę, -dzisz) (*imp* -dź) *vt* to deceive.

▶**łudzić się** *vr*: łudzić się, że ... to be under the illusion that ... .

łu|k (-ku, -ki) (*instr sg* -kiem) *m* (*krzywizna*) curve; (*broń*) bow; (*ARCHIT*) arch; (*GEOM, ELEKTR*) arc.

łu|na (-ny, -ny) (*dat sg* -nie) *f* glow.

łu|p (-pu, -py) (*loc sg* -pie) *m* loot.

łu|pać (-pię, -piesz) *vt* to crack.

łupież (-u) *m* dandruff.

łupi|na (-ny, -ny) (*dat sg* -nie) *f* (*orzecha*) (nut)shell; (*ziemniaka*) skin.

łus|ka (-ki, -ki) (*dat sg* -ce, *gen pl* -ek) *f* (*ryby*) scale; (*nasiona, zboża*) husk; (*grochu, fasoli*) shell; (*WOJSK*) shell.

łusk|ać (-am, -asz) *vt* to shell.

łuszcz|yć się (-y) (*perf* z-) *vr* to peel off.

łu|t (-ta, -ty) (*loc sg* -cie) *m*: **łut szczęścia** a stroke of luck.

łycz|ek (-ka, -ki) (*instr sg* -kiem) *m* sip.

łyd|ka (-ki, -ki) (*dat sg* -ce, *gen pl* -ek) *f* calf.

ły|k (-ku, -ki) (*instr sg* -kiem) *m* swallow.

łyk|ać (-am, -asz) (*perf* -nąć) *vt* to swallow.

łyk|nąć (-nę, -niesz) (*imp* -nij) *vb perf od* łykać.

łysi|eć (-eję, -ejesz) (*perf* wy-) *vi* to go *lub* grow bald.

łysiejący *adj* balding.

łysi|na (-ny, -ny) (*loc sg* -nie) *f* (*miejsce*) bald patch; (*łysa głowa*) bald head.

łysy *adj* bald.

łyżecz|ka (-ki, -ki) (*dat sg* -ce, *gen pl* -ek) *f dimin od* łyżka; (*też*: **łyżeczka do herbaty**) teaspoon; (*zawartość*) teaspoonful.

łyż|ka (-ki, -ki) (*dat sg* -ce, *gen pl* -ek) *f* spoon; (*zawartość*) spoonful; **łyżka do butów** shoehorn; **łyżka wazowa** ladle.

łyż|wa (-wy, -wy) (*dat sg* -wie, *gen pl* -ew) *f* skate; **jeździć na łyżwach** to skate.

łyżwiar|ka (-ki, -ki) (*dat sg* -ce, *gen pl* -ek) *f* skater.

łyżwiarski *adj* skating *attr*.

łyżwiarst|wo (-wa) (*loc sg* -wie) *nt* skating.

łyżwiarz (-a, -e) (*gen pl* -y) *m* skater.

łza (łzy, łzy) (*dat sg* łzie, *gen pl* łez) *f* tear.

łzawiący *adj*: **gaz łzawiący** tear gas.

łza|wić (-wi) *vi*: **oczy mi łzawią** my eyes are running.

łzawy *adj* sentimental.

M

ma *vb patrz* mieć.

mac|ać (-am, -asz) *vt* (*badać*) to feel, to finger; (*pot*: *dotykać lubieżnie*) to paw (*pot*), to grope (*pot*).

Macedoni|a (-i) *f* Macedonia.

macedoński *adj* Macedonian.

mach|ać (**-am, -asz**) *vi* (*perf* **-nąć**) (*chusteczką, ręką*) to wave; (*ogonem*) to wag; (*skrzydłami*) to flap; (*szablą*) to brandish.

machinacj|e (**-i**) *pl* machinations *pl*.

macic|a (**-y, -e**) *f* (*ANAT*) uterus.

macie *patrz* mat, mata, mieć.

macierzyński *adj* (*instynkt*) maternal; (*miłość*) motherly; **urlop macierzyński** maternity leave.

macierzyńst|wo (**-wa**) (*loc sg* **-wie**) *nt* maternity; **świadome macierzyństwo** planned parenthood.

macio|ra (**-ry, -ry**) (*dat sg* **-rze**) *f* sow.

mac|ka (**-ki, -ki**) (*dat sg* **-ce**, *gen pl* **-ek**) *f* tentacle, feeler.

maco|cha (**-chy, -chy**) (*dat sg* **-sze**) *f* stepmother.

macz|ać (**-am, -asz**) (*perf* **zamoczyć**) *vt*: **maczać** (*coś w czymś*) to dip (sth in sth); **na pewno maczał w tym palce** (*przen*) he must have had a hand in this.

maczu|ga (**-gi, -gi**) (*dat sg* **-dze**) *f* club.

ma|ć (**-ci**) *f*: **psia mać!** (*pot*) damn (it)! (*pot*); **kurwa mać!** (*pot!*) fuck (it)! (*pot!*).

Madon|na (**-ny**) (*dat sg* **-nie**) *f* Madonna.

Madry|t (**-tu**) (*loc sg* **-cie**) *m* Madrid.

mafi|a (**-i, -e**) (*gen pl* **-i**) *f* mob; (*sycylijska*) the Mafia; (*przen*) mafia.

magazy|n (**-nu, -ny**) (*loc sg* **-nie**) *m* (*budynek*) warehouse, storehouse; (*pomieszczenie*) store(room), stockroom; (*czasopismo, program*) magazine.

magazyn|ek (**-ku, -ki**) (*instr sg* **-kiem**) *f* (*WOJSK*) magazine.

magazynie|r (**-ra, -rzy**) (*loc sg* **-rze**) *m* warehouse manager *lub* attendant.

magazyn|ować (**-uję, -ujesz**) *vt* (*przechowywać*) to store; (*gromadzić*) (*perf* **z-**) to store up.

magi|a (**-i, -e**) (*gen pl* **-i**) *f* magic; **to**

dla mnie czarna magia it's (all) Greek to me.

magiczny *adj* (*sztuka, obrzęd*) magic; (*siła, wpływ*) magical.

ma|giel (**-gla, -gle**) (*gen pl* **-gli**) *m* linen press.

magi|k (**-ka, -cy**) (*instr sg* **-kiem**) *m* magician.

magist|er (**-ra, -rzy** *lub* **-rowie**) (*loc sg* **-rze**) *m* (*nauk ścisłych, przyrodniczych*) Master of Science; (*nauk humanistycznych*) Master of Arts.

magisterski *adj* master's *attr*.

magl|ować (**-uję, -ujesz**) (*perf* **wy-**) *vt* to press.

magna|t (**-ta, -ci**) (*loc sg* **-cie**) *m* magnate.

magne|s (**-su, -sy**) (*loc sg* **-sie**) *m* magnet.

magnetofo|n (**-nu, -ny**) (*loc sg* **-nie**) *m* (*ze wzmacniaczem*) tape recorder; (*bez wzmacniacza*) tape deck; **magnetofon kasetowy** cassette recorder *lub* deck.

magnetofonowy *adj* (*taśma*) magnetic; **zapis magnetofonowy** tape recording.

magnetowi|d (**-du, -dy**) (*loc sg* **-dzie**) *m* video (cassette recorder), VCR.

magnetyczny *adj* magnetic.

magnetyz|m (**-mu**) (*loc sg* **-mie**) *m* magnetism.

magne|z (**-zu**) (*loc sg* **-zie**) *m* magnesium.

magnoli|a (**-i, -e**) (*gen pl* **-i**) *f* magnolia.

mahometa|nin (**-nina, -nie**) (*loc sg* **-ninie**, *gen pl* **-n**) *m* Muslim.

mahometański *adj* Muslim.

maho|ń (**-niu, -nie**) (*gen pl* **-ni** *lub* **-niów**) *m* mahogany.

maj (**-a, -e**) *m* May.

majacz|yć (**-ę, -ysz**) *vi* (*bredzić*) to

be delirious; (*ukazywać się*) (*perf* **za-**) to emerge.

mają *vb patrz* **mieć**.

mająt|ek (**-ku**) (*instr sg* **-kiem**) *m* (*mienie*) property, possessions *pl*; (*bogactwo*) fortune; (*ziemski*) estate.

majątkowy *adj:* **prawo majątkowe** property law; **sytuacja majątkowa** financial situation.

majeran|ek (**-ku, -ki**) (*instr sg* **-kiem**) *m* marjoram.

majesta|t (**-tu**) (*loc sg* **-cie**) *m* majesty.

majestatyczny *adj* majestic.

majętny *adj* moneyed, monied.

majone|z (**-zu, -zy**) (*loc sg* **-zie**) *m* mayonnaise.

majo|r (**-ra, -rowie** *lub* **-rzy**) (*loc sg* **-rze**) *m* major.

majów|ka (**-ki, -ki**) (*dat sg* **-ce**, *gen pl* **-ek**) *f* picnic.

majst|er (**-ra, -rowie** *lub* **-rzy**) (*loc sg* **-rze**) *m* (*w przemyśle*) foreman; (*w rzemiośle*) master.

majsterk|ować (**-uję, -ujesz**) *vi* to do (some) DIY.

majsterkowicz (**-a, -e**) *m* DIY man.

majstr|ować (**-uję, -ujesz**) *vi:* **majstrować przy czymś** (*pot*) to tinker *lub* fiddle with sth (*pot*).

majt|ki (**-ek**) *pl* (*damskie, dziecięce*) panties *pl*; (*męskie*) briefs *pl*.

ma|k (**-ku**) *m* (*roślina*) (*pl* **-ki**) poppy; (*nasiona*) poppyseed; **było cicho jak makiem zasiał** the place was as silent as the grave.

makabryczny *adj* macabre.

makaro|n (**-nu, -ny**) (*loc sg* **-nie**) *m* (*ogólnie*) pasta; (*nitki*) spaghetti; (*rurki*) macaroni.

makie|ta (**-ty, -ty**) (*dat sg* **-cie**) *f* (*ARCHIT*) model; (*TECH*) mock-up; (*DRUK*) dummy.

makijaż (**-u, -e**) (*gen pl* **-y** *lub* **-ów**) *m* make-up.

makle|r (**-ra, -rzy**) (*loc sg* **-rze**) *m* (stock)broker.

maklerski *adj* stockbroking; **dom maklerski** brokerage house.

mako|wiec (**-wca, -wce**) *m* poppyseed cake.

maków|ka (**-ki, -ki**) (*dat sg* **-ce**, *gen pl* **-ek**) *f* poppy-head; (*pot. głowa*) bean (*pot*).

makrel|a (**-i, -e**) (*gen pl* **- lub -i**) *f* mackerel.

maksim|um (**-um, -a**) (*gen pl* **-ów**) *nt inv in sg* maximum ♦ *adv* maximum.

maksymalny *adj* maximum.

makulatu|ra (**-ry**) (*dat sg* **-rze**) *f* recycling paper; (*po przetworzeniu*) recycled paper.

malari|a (**-i**) *f* malaria.

malar|ka (**-ki, -ki**) (*dat sg* **-ce**, *gen pl* **-ek**) *f* painter.

malarski *adj* (*pracownia*) painter's *attr*; (*technika*) painting *attr*.

malarst|wo (**-wa**) (*loc sg* **-wie**) *nt* (*sztuka*) painting; (*obrazy*) paintings *pl*.

malarz (**-a, -e**) (*gen pl* **-y**) *m* painter; (*też:* **malarz pokojowy**) decorator, painter.

mal|ec (**-ca, -cy**) (*voc sg* **-cze**) *m* kid.

mal|eć (**-eję, -ejesz**) (*perf* **z-**) *vi* to diminish, to decrease.

malejący *adj* diminishing, decreasing.

maleńst|wo (**-wa, -wa**) (*loc sg* **-wie**) *nt* (*pot*) little one (*pot*).

mali|na (**-ny, -ny**) (*dat sg* **-nie**) *f* raspberry.

malkonten|t (**-ta, -ci**) (*loc sg* **-cie**) *m* grumbler.

mal|ować (**-uje, -ujesz**) *vt* (*płot, kaloryfer, ścianę*) (*perf* **po-**) to paint; (*mieszkanie*) (*perf* **wy-**) to decorate, to paint; (*obraz*) (*perf* **na-**) to paint; (*usta*) (*perf* **po-** *lub* **u-**) to paint.

▶**malować się** *vr* (*nakładać makijaż*) to make up; (*o uczuciach*) to appear; (*o przyszłości*) to look; (*o szczytach* *gór*) to stand out; **malować (pomalować** *perf*) **coś na czerwono** to paint sth red.

malowany *adj*: „**świeżo malowane**" "wet paint".

malowniczy *adj* (*krajobraz, widok*) picturesque; (*opis*) vivid.

Mal|ta (-ty) (*dat sg* **-cie**) *f* Malta.

maltret|ować (-uję, -ujesz) (*perf* z-) *vt* to maltreat, to abuse.

maluch (-a, -y) *m* toddler.

mal|wa (-wy, -wy) (*dat sg* **-wie**) *f* hollyhock.

malwersacj|a (-i, -e) (*gen pl* **-i**) *f* embezzlement.

mało (*comp* **mniej**) *adv* (*ludzi, drzew*) few; (*czasu, światła, wody*) little; (*mówić, wiedzieć*) little; (*zniszczony, prawdopodobny*) hardly; **mało kto wie, że ...** (very) few people know that ...; **mało tego** that's not all; **o mało (co) nie upadłem** I nearly fell.

małoduszny *adj* mean.

małolitrażowy *adj*: **samochód małolitrażowy** small-engine car.

małomówny *adj* taciturn, reticent.

Małopols|ka (-ki) (*dat sg* **-ce**) *f a province in southern Poland*.

małostkowy *adj* petty.

mał|pa (-py, -py) (*dat sg* **-pie**) *f* monkey; (*też*: **małpa człekokształtna**) ape; (*pot!*: *kobieta*) bitch (*pot!*).

małp|ować (-uję, -ujesz) *vi* to ape.

ma|ły (*comp* **mniejszy**) *adj* small; (*palec, spacer, chwilka*) little; (*dziecko, chłopiec*) small, little; (*litera*) lower-case, small.

małż (-a, -e) (*gen pl* **-y** *lub* **-ów**) *m* (*ZOOL*) shellfish; (*też*: **małż jadalny**) mussel.

małżeński *adj* (*para*) married; (*pożycie, przysięga*) marital; **związek małżeński** marriage, matrimony.

małżeńst|wo (-wa, -wa) (*loc sg* **-wie**) *nt* (*związek prawny*) marriage; (*para*)

(married) couple; (*stan*) matrimony, wedlock.

małżon|ek (-ka, -kowie) (*instr sg* **-kiem**) *m* spouse, husband; **małżonkowie** *pl* husband and wife, both spouses *pl*.

małżon|ka (-ki, -ki) (*dat sg* **-ce**, *gen pl* **-ek**) *f* spouse, wife.

małżowi|na (-ny, -ny) (*dat sg* **-nie**) *f* (*też*: **małżowina uszna**) auricle.

mam *vb patrz* **mieć**.

ma|ma (-my, -my) (*dat sg* **-mie**) *f* mum.

maminsyn|ek (-ka, -kowie *lub* **-ki**) (*instr sg* **-kiem**) *m* (*pej*) mother's boy (*pej*).

mamro|tać (-czę, -czesz) (*perf* **wy-**) *vi* to mutter.

mamu|sia (-si, -sie) (*gen pl* **-ś**) *f* mummy.

mamu|t (-ta, -ty) (*loc sg* **-cie**) *m* mammoth.

mamy *vb patrz* **mieć**.

mandaryn|ka (-ki, -ki) (*dat sg* **-ce**, *gen pl* **-ek**) *f* tangerine, mandarin.

manda|t (-tu, -ty) (*loc sg* **-cie**) *m* (*kara*) ticket; (*poselski*) seat; (*pełnomocnictwo*) mandate.

mandoli|na (-ny, -ny) (*dat sg* **-nie**) *f* mandolin(e).

maneki|n (-na, -ny) (*loc sg* **-nie**) *m* (*u krawca*) (tailor's) dummy; (*w sklepie*) mannequin, dummy.

manew|r (-ru, -ry) (*loc sg* **-rze**) *m* manoeuvre (*BRIT*), maneuver (*US*); **manewry** *pl* (*WOJSK*) man(o)euvres *pl*.

manewr|ować (-uję, -ujesz) *vi* to manoeuvre (*BRIT*), to maneuver (*US*).

mani|a (-i, -e) (*gen pl* **-i**) *f* mania.

maniacki *adj* (*upór*) maniac(al).

mania|k (-ka, -cy) (*instr sg* **-kiem**) *m* maniac.

manie|ra (-ry, -ry) (*dat sg* **-rze**) *f* (*zmanierowanie*) mannerism; (*styl*) manner; **maniery** *pl* manners *pl*.

manier|ka (**-ki, -ki**) (*dat sg* **-ce**, *gen pl* **-ek**) *f* canteen, (water-)flask.

manife|st (**-stu, -sty**) (*loc sg* **-ście**) *m* manifesto.

manifestacj|a (**-i, -e**) (*gen pl* **-i**) *f* (*uczuć*) expression; (*zgromadzenie*) demonstration.

manifest|ować (**-uję, -ujesz**) (*perf* **za-**) *vt* to manifest, to demonstrate ♦ *vi* to demonstrate.

manikiu|r (**-ru**) (*loc sg* **-rze**) = **manicure**.

manipulacj|a (**-i, -e**) (*gen pl* **-i**) *f* manipulation; **manipulacje** *pl* (*finansowe, handlowe*) dishonest dealings *pl*.

manipul|ować (**-uję, -ujesz**) *vi* to manipulate.

mankamen|t (**-tu, -ty**) (*loc sg* **-cie**) *m* shortcoming.

mankie|t (**-tu, -ty**) (*loc sg* **-cie**) *m* (*u koszuli*) cuff; (*u spodni*) turn-up.

man|ko (**-ka, -ka**) (*instr sg* **-kiem**) *nt* cash shortage.

man|na (**-ny**) (*dat sg* **-nie**) *f* (*też*: **kasza manna**) semolina.

manomet|r (**-ru, -ry**) (*loc sg* **-rze**) *m* manometer.

manualny *adj* manual.

mańku|t (**-ta, -ci**) (*loc sg* **-cie**) *m* left-hander; **jestem mańkutem** I'm left-handed.

ma|pa (**-py, -py**) (*loc sg* **-pie**) *f* map; **mapa samochodowa** road map.

marato|n (**-nu, -ny**) (*loc sg* **-nie**) *m* marathon.

maratończy|k (**-ka, -cy**) (*instr sg* **-kiem**) *m* marathon runner.

marcepa|n (**-na, -ny**) (*loc sg* **-nie**) *m* marzipan.

march|ew (**-wi, -wie**) (*gen pl* **-wi**) *f* carrot.

margary|na (**-ny, -ny**) (*dat sg* **-nie**) *f* margarine.

margine|s (**-su, -sy**) (*loc sg* **-sie**) *m* margin.

marginesowy *adj* marginal.

marihua|na (**-ny**) (*dat sg* **-nie**) *f* marihuana.

marionet|ka (**-ki, -ki**) (*dat sg* **-ce**, *gen pl* **-ek**) *f* puppet.

mar|ka (**-ki, -ki**) (*dat sg* **-ce**, *gen pl* **-ek**) *f* (*znak fabryczny*) brand; (*waluta*) mark; (*samochodu*) make.

marketin|g (**-gu**) (*instr sg* **-giem**) *m* marketing.

marki|za (**-zy, -zy**) (*dat sg* **-zie**) *f* (*daszek*) awning; (*ciastko*) cream-filled biscuit (*BRIT*) *lub* cookie (*US*).

markowy *adj* brand-name *attr*.

marksiz|m (**-mu**) (*loc sg* **-mie**) *m* Marxism.

marmola|da (**-dy, -dy**) (*dat sg* **-dzie**) *f* jam; (*z owoców cytrusowych*) marmalade.

marmu|r (**-ru, -ry**) (*loc sg* **-rze**) *m* marble.

marmurowy *adj* marble *attr*.

marni|eć (**-eję, -ejesz**) (*perf* **z-**) *vi* (*o człowieku*) to waste *lub* pine away; (*o roślinie*) to wither (away).

marnotra|wić (**-wię, -wisz**) (*perf* **z-**) *vt* to squander.

marnotrawny *adj*: **syn marnotrawny** prodigal son.

marnotrawst|wo (**-wa**) (*loc sg* **-wie**) *nt* waste.

marn|ować (**-uję, -ujesz**) (*perf* **z-**) *vt* to waste.

▸**marnować się** *vr* to go to waste.

marny *adj* (*pensja, grosz*) paltry; (*zdrowie, kucharz*) poor; **iść (pójść** *perf*) **na marne** to go to waste.

Maro|ko (**-ka**) (*instr sg* **-kiem**) *nt* Morocco.

Mar|s (**-sa**) (*loc sg* **-sie**) *m* Mars.

marsz (**-u, -e**) march.

marszałek (**-ka, -kowie**) (*instr sg* **-kiem**) *m* (*WOJSK*) marshal; (*sejmu, senatu*) speaker.

marszcz|yć (**-ę, -ysz**) (*perf* **z-**) *vt*

(*czoło, nos*) to wrinkle; (*sukienkę*) to gather.

►**marszczyć się** *vr* (*o twarzy*) to wrinkle; (*o materiale*) to crease.

mart|wić (**-wię, -wisz**) (*perf* **z-**) *vt* to upset.

►**martwić się** *vr* to worry; **martwić się czymś** to worry about *lub* over sth; **martwić się o** +*acc* to be concerned about; **nie martw się!** don't worry!

martwy *adj* dead; **martwa natura** still life.

marudny *adj* grumpy.

maru|dzić (**-dzę, -dzisz**) (*imp* **-dź**) *vi* (*zrzędzić*) to whine, to grumble.

marynar|ka (**-ki**) (*dat sg* **-ce**) *f* (*ubiór*) (*nom pl* **-ki**, *gen pl* **-ek**) jacket; (*też:* **marynarka wojenna**) navy; (*też:* **marynarka handlowa**) merchant marine *lub* navy.

marynarz (**-a, -e**) (*gen pl* **-y**) *m* seaman, sailor.

maryn|ować (**-uję, -ujesz**) (*perf* **za-**) *vt* (*konserwować*) to pickle; (*przed gotowaniem*) to marinate.

marynowany *adj* pickled.

ma|rzec (**-rca, -rce**) *m* March.

marze|nie (**-nia, -nia**) (*gen pl* **-ń**) *nt* dream.

marz|nąć (**-nę, -niesz**) (*imp* **-nij**) *vi* (*o człowieku*) (*perf* **z-**) to freeze; (*o deszczu, mżawce*) (*perf* **za-**) to freeze.

marzyciel (**-a, -e**) (*gen pl* **-i**) *m* (day)dreamer.

marzycielski *adj* dreamy.

marz|yć (**-ę, -ysz**) *vi* to (day)dream; **marzyć o** +*loc* to dream of.

marż|a (**-y, -e**) *f* (*HANDEL*) (profit) margin.

ma|sa (**-sy, -sy**) (*dat sg* **-sie**) *f* mass; **masy** *pl* (*lud*) the masses *pl*.

masak|ra (**-ry, -ry**) (*dat sg* **-rze**) *f* massacre.

masakr|ować (**-uję, -ujesz**) (*perf* **z-**) *vt* to massacre.

masaż (**-u, -e**) (*gen pl* **-y**) *m* massage.

masaży|sta (**-sty, -ści**) (*dat sg* **-ście**) *f decl like f in sg* masseur.

masażyst|ka (**-ki, -ki**) (*dat sg* **-ce**, *gen pl* **-ek**) *f* masseuse.

masecz|ka (**-ki, -ki**) (*dat sg* **-ce**, *gen pl* **-ek**) *f* mask.

maselnicz|ka (**-ki, -ki**) (*dat sg* **-ce**, *gen pl* **-ek**) *f* butter dish.

mas|ka (**-ki, -ki**) (*dat sg* **-ce**, *gen pl* **-ek**) *f* mask; (*MOT*) bonnet (*BRIT*), hood (*US*); **maska gazowa** gas mask.

maskara|da (**-dy, -dy**) (*loc sg* **-dzie**) *f* masquerade.

maskot|ka (**-ki, -ki**) (*dat sg* **-ce**, *gen pl* **-ek**) *f* mascot.

mask|ować (**-uję, -ujesz**) (*perf* **za-**) *vt* to camouflage; (*przen*) to mask.

►**maskować się** *vr* to assume a disguise.

maskowy *adj*: **bal maskowy** masked ball.

ma|sło (**-sła**) (*loc sg* **-śle**) *nt* butter; **masło orzechowe** peanut butter; **masło kakaowe** cocoa butter; **jak po maśle** swimmingly.

masochi|sta (**-sty, -ści**) (*dat sg* **-ście**) *m decl like f in sg* masochist.

masochiz|m (**-mu**) (*loc sg* **-mie**) *m* masochism.

mas|ować (**-uję, -ujesz**) (*perf* **po-**) *vt* to massage.

masowy *adj* mass *attr*; **środki (masowego) przekazu** the (mass) media.

mass-medi|a (**-ów**) *pl* the (mass) media *pl*.

masturbacj|a (**-i**) *f* masturbation.

masy|w (**-wu, -wy**) (*loc sg* **-wie**) *m* (*górski*) massif.

masywny *adj* (*budowla*) massive; (*człowiek*) hefty.

masz *vb patrz* **mieć**.

maszer|ować (-uję, -ujesz) (*perf* **po-**) *vi* to march.

masz|t (-tu, -ty) (*loc sg* -**cie**) *m* pole; (*ŻEGL*) mast.

maszy|na (-ny, -ny) (*dat sg* -**nie**) *f* machine; **maszyna do pisania** typewriter; **maszyna do szycia** sewing machine; **pisać na maszynie** to type.

maszyni|sta (-sty, -ści) (*dat sg* -**ście**) *m decl like f in sg* engine driver (*BRIT*), engineer (*US*).

maszynist|ka (-ki, -ki) (*dat sg* -**ce**, *gen pl* -**ek**) *f* typist.

maszyn|ka (-ki, -ki) (*dat sg* -**ce**, *gen pl* -**ek**) *f* machine; (*kuchenka*) cooker; **maszynka do golenia** razor.

maszynopi|s (-su, -sy) (*loc sg* -**sie**) *m* typescript.

maszynowy *adj* (*dotyczący maszyny*) machine *attr*; (*wykonany maszyną*) machine-made; **karabin/pistolet maszynowy** machine/submachine gun.

maś|ć (-ci, -ci) (*gen pl* -**ci**) *f* (*MED*) ointment; (*konia, krowy*) colour (*BRIT*), color (*US*).

maślan|ka (-ki) (*dat sg* -**ce**) *f* buttermilk.

ma|t (*loc sg* -**cie**) *m* (*gen sg* -**tu**) (*wykończenie*) mat(t) (finish); (*SZACHY*) (*gen sg* -**ta**) checkmate.

ma|ta (-ty, -ty) (*dat sg* -**cie**) *f* mat.

matczyny *adj* motherly.

matematyczny *adj* (*wzór*) mathematical; (*maszyna*) calculating, computing.

matematy|k (-ka, -cy) *m* mathematician.

matematy|ka (-ki) (*dat sg* -**ce**) *f* mathematics; (*przedmiot, lekcja*) maths (*BRIT*), math (*US*).

matera|c (-ca, -ce) (*gen pl* -**cy** *lub* -**ców**) *m* mattress.

materi|a (-i) *f* matter.

materiali|sta (-sty, -ści) (*dat sg* -**ście**) *m decl like f in sg* materialist.

materializ|m (-mu) (*loc sg* -**mie**) *m* materialism.

materialny *adj* (*świat, kultura*) material; (*środki, sytuacja*) financial.

materia|ł (-łu, -ły) (*loc sg* -**le**) *m* material; (*tkanina*) fabric; **materiał wybuchowy** explosive; **materiał dowodowy** the evidence.

mat|ka (-ki, -ki) (*dat sg* -**ce**, *gen pl* -**ek**) *f* mother; **matka chrzestna** godmother; **Matka Boska** the Virgin Mary.

mato|wieć (-wieje) (*perf* **z-**) *vi* to tarnish.

matowy *adj* (*szkło*) frosted; (*głos*) dull; (*farba, odbitka*) mat(t) *attr*.

matryc|a (-y, -e) *f* matrix.

matrymonialny *adj* matrimonial; **biuro matrymonialne** marriage bureau; **ogłoszenie matrymonialne** singles ad.

matu|ra (-ry, -ry) (*dat sg* -**rze**) *f* ≈ GCSE (*BRIT*), ≈ high school finals (*US*); **zdać** (*perf*) **maturę** ≈ to pass the GCSE (*BRIT*), ≈ to graduate (*US*).

maturalny *adj*: **świadectwo maturalne** ≈ GCSE (*BRIT*), ≈ High School Diploma (*US*); **bal maturalny** graduation ball; **egzamin maturalny** = **matura**.

maturzy|sta (-sty, -ści) (*dat sg* -**ście**) *m decl like f in sg* ≈ secondary school leaver (*BRIT*), ≈ high school graduate (*US*).

mauzole|um (-um, -a) (*gen pl* -**ów**) *nt inv in sg* mausoleum.

ma|zać (-żę, -żesz) *vt* (*brudzić*) (*perf* -**znąć** *lub* **po-**) to smear; (*ścierać*) (*perf* **z-**) to erase.

maza|k (-ka, -ki) (*instr* -**kiem**) *m* felt-tip (pen).

Mazur|y (-) *pl a region in north-eastern Poland*.

ma|ź (-zi, -zie) (*gen pl* -**zi**) *f* gunk.

mą|cić (**-cę, -cisz**) (*imp* **-ć**, *perf* **z-**) *vt* (*wodę*) to stir; (*przen: spokój, radość*) to disturb.

mącz|ka (**-ki, -ki**) (*dat sg* **-ce**, *gen pl* **-ek**) *f*: **mączka ziemniaczana** potato starch.

mądral|a (**-i, -e**) (*gen pl* **-i**) *m decl like f* (*pot*) know-all (*pot*).

mądroś|ć (**-ci, -ci**) (*gen pl* **-ci**) *f* wisdom.

mąd|ry (*comp* **-rzejszy**) *adj* wise.

mądrz|eć (**-eję, -ejesz**) (*perf* **z-**) *vi* to grow wise.

mądrz|yć się (**-ę, -ysz**) *vr* (*pot*) to play the wise guy (*pot*).

mą|ka (**-ki, -ki**) (*dat sg* **-ce**) *f* flour; (*grubo zmielona*) meal.

mąż (**męża, mężowie**) *m* husband; **wyjść** (*perf*) **za mąż** to get married, to marry; **mąż stanu** statesman; **mąż zaufania** intermediary.

mdl|eć (**-eję, -ejesz**) (*perf* **ze-**) *vi* to faint.

mdl|ić (**-i**) *vt* to nauseate, to make sick; **mdli mnie** I feel sick.

mdłości (**-**) *pl* nausea; **mieć mdłości** to feel nauseous.

mdły *adj* (*nijaki*) bland; (*mdlący*) nauseating.

meb|el (**-la, -le**) (*gen pl* **-li**) *m* a piece of furniture; **meble** *pl* furniture.

mebl|ować (**-uję, -ujesz**) (*perf* **u-**) *vt* to furnish.

mecena|s (**-sa, -si** *lub* **-sowie**) (*loc sg* **-sie**) *m* patron; (*PRAWO*) *polite term used when addressing a lawyer*.

mech (**mchu, mchy**) *m* moss.

mechaniczny *adj* mechanical; **pojazd mechaniczny** motor vehicle; **koń mechaniczny** horsepower.

mechani|k (**-ka, -cy**) *m* mechanic.

mechaniz|m (**-mu, -my**) (*loc sg* **-mie**) *m* (*maszyny*) mechanism; (*zjawiska*) mechanics.

mecz (**-u, -e**) *m* match, game.

mecze|t (**-tu, -ty**) (*loc sg* **-cie**) *m* mosque.

medal (**-u, -e**) (*gen pl* **-i**) *m* medal.

medali|sta (**-sty, -ści**) (*dat sg* **-ście**) *m decl like f in sg* medallist (*BRIT*), medalist (*US*); **złoty medalista** gold medal(l)ist.

medi|a (**-ów**) *pl* the media *pl*.

mediato|r (**-ra, -rzy**) (*loc sg* **-rze**) *m* mediator.

Mediola|n (**-nu**) (*loc sg* **-nie**) *m* Milan.

medu|za (**-zy, -zy**) (*dat sg* **-zie**) *f* jellyfish.

medycy|na (**-ny**) (*dat sg* **-nie**) *f* medicine; **studiować medycynę** to study medicine.

medyczny *adj* medical.

medytacj|a (**-i, -e**) (*gen pl* **-i**) *f* meditation.

medyt|ować (**-uję, -ujesz**) *vi* to meditate.

megabaj|t (**-ta, -ty**) (*loc sg* **-cie**) *m* megabyte.

megafo|n (**-nu, -ny**) (*loc sg* **-nie**) *m* megaphone.

megaloma|n (**-na, -ni**) (*loc sg* **-nie**) *m* megalomaniac.

megalomani|a (**-i**) *f* megalomania.

megasa|m (**-mu, -my**) (*loc sg* **-mie**) *m* superstore.

Meksy|k (**-ku**) (*instr sg* **-kiem**) *m* (*państwo*) Mexico; (*miasto*) Mexico City.

meksykański *adj* Mexican.

melancholi|a (**-i**) *f* melancholy.

melancholijny *adj* melancholy, melancholic.

meld|ować (**-uję, -ujesz**) (*perf* **za**) *vi* to report ♦ *vt* to report; (*lokatora*) to register; **meldować o** *+loc* to report of.

▶**meldować się** *vr* to report; (*jako lokator*) to register.

meldun|ek (**-ku, -ki**) (*instr sg* **-kiem**) *m* (*doniesienie*) report.

melioracj|a (-i, -e) (*gen pl* -i) *f* land improvement.

melodi|a (-i, -e) (*gen pl* -i) *f* melody.

melodrama|t (-tu, -ty) (*loc sg* -cie) *f* melodrama.

melodyjny *adj* melodious.

meloma|n (-na, -ni) (*loc sg* -nie) *m* music lover.

melo|n (-na, -ny) (*loc sg* -nie) *m* melon.

meloni|k (-ka, -ki) (*instr sg* -kiem) *m* bowler (hat).

membra|na (-ny, -ny) (*dat sg* -nie) *f* membrane.

menedże|r (-ra, -rowie) (*loc sg* -rze) *m* manager.

mennic|a (-y, -e) *f* mint.

menopau|za (-zy, -zy) (*dat sg* -zie) *f* the menopause.

menstruacj|a (-i, -e) (*gen pl* -i) *f* menstruation.

mentalnoś|ć (-ci) *f* mentality.

menu *nt inv* menu.

menue|t (-ta, -ty) (*loc sg* -cie) *m* minuet.

merytoryczny *adj* content-related.

me|sa (-sy, -sy) (*dat sg* -sie) *f* mess.

mesz|ek (-ku) (*instr sg* -kiem) *m* (*na skórze, owocach*) down; (*na materiale*) fluff.

me|ta (-ty, -ty) (*dat sg* -cie) *f* finish (line), finishing line; **na dłuższą/krótszą metę** in the long/short run.

metaboliz|m (-mu) (*loc sg* -mie) *m* metabolism.

metafo|ra (-ry, -ry) (*dat sg* -rze) *f* metaphor.

metal (-u, -e) (*gen pl* -i) *m* metal.

metaliczny *adj* metallic.

metalowy *adj* metal *attr*; (*przemysł*) metallurgical.

metalurgi|a (-i) *f* metallurgy.

metamorfo|za (-zy, -zy) (*dat sg* -zie) *f* metamorphosis.

meteo|r (-ru, -ry) (*loc sg* -rze) *m* meteor.

meteorolo|g (-ga, -gowie *lub* -dzy) *m* (*RADIO, TV*) weatherman; (*naukowiec*) meteorologist.

meteorologi|a (-i) *f* meteorology.

meteorologiczny *adj* (*prognoza*) weather *attr*; (*stacja*) meteorological.

meteory|t (-tu, -ty) (*loc sg* -cie) *m* meteorite.

met|ka (-ki, -ki) (*dat sg* -ce, *gen pl* -ek) *f* (*etykietka: naklejana*) label; (: *przywieszana*) tag.

metkownic|a (-y, -e) *f* labeller (*BRIT*), labeler (*US*).

meto|da (-dy, -dy) (*dat sg* -dzie) *f* method.

metodologi|a (-i, -e) (*gen pl* -i) *f* methodology.

metodyczny *adj* (*systematyczny*) methodical; (*dotyczący metody*) methodological.

metody|ka (-ki) (*dat sg* -ce) *f* methodology.

met|r (-ra, -ry) (*loc sg* -rze) *m* metre (*BRIT*), meter (*US*); **metr kwadratowy/sześcienny** square/cubic metre.

met|ro (-ra) (*loc sg* -rze) *nt* tube (*BRIT*), underground (*BRIT*), subway (*US*).

metropoli|a (-i, -e) (*gen pl* -i) *f* metropolis.

metryczny *adj* metric.

metry|ka (-ki, -ki) (*dat sg* -ce) *f* (*chrztu, urodzenia*) certificate; (*rodowód zwierzęcia*) pedigree.

me|wa (-wy, -wy) (*dat sg* -wie) *f* seagull.

męczar|nia (-ni, -nie) (*gen pl* -ni) *f* (*duchowa*) torment; (*fizyczna*) torture.

męczący *adj* tiring, tiresome.

męczenni|k (-ka, -cy) (*instr sg* -kiem) *m* martyr.

męczeńst|wo (-wa) (*loc sg* -wie) *nt* martyrdom.

męcz|yć (-ę, -ysz) vt (powodować zmęczenie) (perf z-) to tire; (znęcać się) to torment; (o kaszlu, hałasie) to bother.

►**męczyć się** vr (odczuwać zmęczenie) (perf z-) to get tired; (cierpieć) to suffer; **męczyć się nad czymś** to toil over sth.

mędr|zec (-rca, -rcy) (voc sg -rcze) m sage.

mę|ka (-ki, -ki) (dat sg -ce, gen pl mąk) f (cierpienie fizyczne) torture; (cierpienie moralne) torment.

męski adj (konfekcja, oddział, fryzjer) men's attr; (charakter, decyzja) masculine, manly; **rodzaj męski** masculine (gender).

męskoosobowy adj: **rodzaj męskoosobowy** (JĘZ) virile gender.

męskoś|ć (-ci) f masculinity, manhood.

męst|wo (-wa) (loc sg -wie) f bravery.

mętni|eć (-eje) (perf z-) vi to cloud (up).

mętny adj (woda, sok) cloudy, murky; (wzrok) glassy; (rozumowanie, wypowiedź) cloudy.

mężat|ka (-ki, -ki) (dat sg -ce, gen pl -ek) f married woman.

mężczy|zna (-zny, -źni) (dat sg -źnie, gen pl -zn) m decl like f in sg man; (BIO) male.

mężny adj (odważny) brave; (dzielny) valiant.

mglisty adj (dzień) foggy, misty; (niewyraźny) hazy; (niejasny) vague.

mgł|a (-ły, -ły) (dat sg -le, gen pl mgieł) f (gęsta) fog; (średnia) mist; (lekka) haze.

mgnie|nie (-nia, -nia) (gen pl -ń) nt: **w mgnieniu oka** in the twinkling of an eye.

mgr abbr (= magister) (nauk humanistycznych) ≈ MA, (= Master of Arts); (nauk ścisłych,

przyrodniczych) ≈ MSc, (= Master of Science).

miałki adj (sypki) fine.

mian|ować (-uję, -ujesz) vt (im)perf to appoint, to nominate.

mianowicie adv: **(a) mianowicie** namely.

mianowni|k (-ka, -ki) (instr sg -kiem) m (JĘZ) nominative; (MAT) denominator.

mia|ra (-ry, -ry) (dat sg **mierze**) f measure; (rozmiar) size; (umiarkowanie) moderation, measure; **w dużej mierze** to a large degree.

miarodajny adj authoritative, reliable.

miarowy adj regular.

miastecz|ko (-ka, -ka) (gen pl -ek, instr sg -kiem) nt (small) town; **wesołe miasteczko** funfair (BRIT), amusement park (US).

miast|o (-a, -a) (loc sg **mieście**) nt (małe lub średnie) town; (duże) city; **iść (pójść perf) do miasta** to go (in)to town (BRIT), to go downtown (US).

miau|czeć (-czy) (perf -knąć) vi to mew, to miaow.

miaz|ga (-gi) (dat sg -dze) f pulp.

miażdżący adj crushing.

miażdżyc|a (-y) f atherosclerosis.

miażdż|yć (-ę, -ysz) (perf z-) vt to crush.

miąższ (-u) m (owocu) pulp, flesh.

miecz (-a, -e) (gen pl -ów lub -y) m sword.

───────SŁOWO KLUCZOWE───────

mieć (mam, masz) (imp **miej**, pt **miał**, **mieli**) vt **1** (posiadać) to have; **mieć coś na sobie** to have sth on, to be wearing sth. **2** (składać się z czegoś) to have; **kwadrat ma cztery boki** a square has four sides. **3** (zmartwienie, trudności, grypę, operację) to have; **mieć coś do**

kogoś to have sth to ask sb; **mieć
coś przeciw czemuś** to have sth
against sth. **4** (*z różnymi
dopełnieniami*) to have; **mieć
miejsce** to take place; **masz
(jeszcze) czas!** take your time!;
**mieć ochotę na coś/zrobienie
czegoś** to feel like sth/doing sth. **5**
(*dla wyrażenia powinności*) to be
supposed to, to be to; **masz spać**
you're supposed to be sleeping. **6**
(*dla wyrażenia zamiaru*) to be going
to; **ona ma przyjść jutro** she's
going to come tomorrow. **7** (*forma
zaprzeczona czasownika być*): **nie
ma** (*liczba pojedyncza*) there's no;
(*liczba mnoga*) there are no; **nie ma
czasu** there's no time; **nie ma ludzi**
there are no people; **nie ma co
czekać/żałować** there's no use
waiting/regretting; **nie ma się
czemu dziwić** (there's) no wonder;
nie ma za co! you're welcome!;
cudów nie ma (*pot*) miracles
(simply) don't happen.
►**mieć się** *vr*: **jak się masz?** how are
you?; **mieć się za** +*acc* to consider
o.s. ... .

miednic|a (-*y*, -*e*) *f* basin, bowl;
(*ANAT*) pelvis.
mie|dź (-*dzi*) *f* copper.
miejsc|e (-*a*, -*a*) *nt* (*wolna przestrzeń*)
space, room; (*wycinek przestrzeni*)
place, spot; (*położenie*) position;
(*miejscowość*) place; (*w hotelu*)
vacancy; (*siedzące*) seat; (*urywek
tekstu*) passage; (*pozycja, ranga*)
place, position; **miejsce
przeznaczenia** destination; **miejsce
zamieszkania** (place of) residence;
na miejscu (*tam, gdzie coś lub ktoś
jest*) on the spot; (*u celu*) there;
mieć miejsce to take place; **na
twoim miejscu** if I were you;

miejscami in places; **z miejsca** right
away.
miejscowni|k (-*ka*, -*ki*) (*instr sg*
-**kiem**) *m* locative.
miejscowoś|ć (-*ci*, -*ci*) (*gen pl* -**ci**) *f*
place.
miejscowy *adj* local.
miejsców|ka (-*ki*, -*ki*) (*dat sg* -**ce**, *gen
pl* -**ek**) *f* seat reservation.
miejski *adj* urban.
miel|ić (-**ę**, -**isz**) (*perf* z-) *vb* = **mleć**.
mieli|zna (-*zny*, -*zny*) (*dat sg* -**źnie**) *f*
shallow.
mielone (-**go**) *nt decl like adj* (*mięso*)
mince (*BRIT*), hamburger (*US*).
mielony *adj* (*kawa, pieprz*) ground;
(*mięso*) minced ♦ *m decl like adj* (*też*:
kotlet mielony) ≈ hamburger.
mieni|e (-*a*) *nt* property, possessions
pl.
mierni|k (-*ka*, -*ki*) (*instr sg* -**kiem**) *m*
(*TECH*) meter, gauge; (*czasu, pracy*)
measure; (*przen*) yardstick,
touchstone.
mierny *adj* mediocre.
mierz|yć (-**ę**, -**ysz**) (*perf* z-) *vt*
(*dokonywać pomiaru*) to measure ♦ *vi*
(*perf* **wy-**): **mierzyć (do kogoś)** to
aim (at sb); **mierzyć (w coś)** to aim
(at sth).
miesi|ąc (-*ąca*, -*ące*) (*gen pl* -**ęcy**) *m*
month; **miodowy miesiąc**
honeymoon.
miesiącz|ka (-*ki*, -*ki*) (*dat sg* -**ce**, *gen
pl* -**ek**) *f* period.
miesięczni|k (-*ka*, -*ki*) (*instr sg*
-**kiem**) *m* monthly.
miesięczny *adj* monthly.
miesz|ać (-*am*, -*asz*) *vt* (*rozrabiać*)
(*perf* **wy-** *lub* **za-**) to stir; (*łączyć*)
(*perf* **z-**) to blend, to mix;
(*potrząsać*) to shake; (*wplątywać*)
(*perf* **w-**) to involve; (*mylić*) (*perf*
po-) to mix up, to confuse; **mieszać
(wmieszać** *perf*) **kogoś w coś** to
involve sb in sth.

►**mieszać się** vr (*łączyć się*) to blend, to mix; (*wtrącać się*) to meddle; **wszystko mi się miesza** I got it all mixed up.

mieszani|na (-ny, -ny) (*dat sg* -**nie**) f mixture, mix.

mieszan|ka (-ki, -ki) (*dat sg* -**ce**, *gen pl* -**ek**) f mixture, mix; (*MOT*) mixture.

mieszany *adj* mixed.

mieszczański *adj* (*gust, moralność*) ≈ middle-class *attr*.

mieszk|ać (-am, -asz) vi (*stale*) to live; (*chwilowo*) to stay.

mieszkalny *adj* (*dom, budynek*) residential; (*dzielnica*) residential, living *attr*.

mieszka|nie (-nia, -nia) (*gen pl* -**ń**) *nt* flat (*BRIT*), apartment (*US*).

mieszka|niec (-ńca, -ńcy) m (*domu*) occupant; (*miasta*) inhabitant; (*kraju*) resident.

mie|ścić (-szczę, -ścisz) (*imp* -**ść**) vt (*zawierać: o naczyniu*) to hold; (*o budynku*) to house; (*o sali koncertowej*) to seat.

►**mieścić się** vr (*znajdować się*) to be situated; (*znajdować dość miejsca*) (*perf* **z-**) to fit.

mieście *n patrz* **miasto**.

mięcza|k (-ka, -ki) (*instr sg* -**kiem**) m (*ZOOL*) mollusc; (*pot. o człowieku*) wimp (*pot*).

między *prep* +*loc* (*dla oznaczenia miejsca: pomiędzy*) between; (: *wśród*) among; (*dla określenia przedziału czasu*) between ♦ *prep* +*acc* (*dla oznaczenia kierunku: pomiędzy*) between; (: *wśród*) among; (*przy podziale*) between; (*przy wyborze*) between; **między (godziną) szóstą a siódmą** between six and seven (o'clock); **między nami mówiąc** between you and me; **między sobą** between

ourselves/yourselves/themselves; **między innymi** among other things.

międzylądowa|nie (-nia, -nia) (*gen pl* -**ń**) *nt* intermediate landing.

międzymiastow|a (-ej, -e) f *decl like adj* (*pot. też*: **rozmowa międzymiastowa**) long-distance call; (*pot. też*: **centrala międzymiastowa**) long-distance operator.

międzymiastowy *adj* (*transport*) intercity *attr*; (*połączenie telefoniczne*) long-distance *attr*; **rozmowa międzymiastowa** long-distance call.

międzynarodowy *adj* international.

międzypaństwowy *adj* international.

miękki (*comp* **miększy**) *adj* soft.

miękko (*comp* **miękcej**) *adv* softly; **jajko na miękko** soft-boiled egg.

mię|sień (-śnia, -śnie) (*gen pl* -**śni**) m muscle.

mięsny *adj* meat *attr*.

mię|so (-sa, -sa) (*loc sg* -**sie**) *nt* meat.

mię|ta (-ty, -ty) (*dat sg* -**cie**) f mint; **mięta pieprzowa** peppermint.

miętowy *adj* (pepper)mint.

mi|g (-gu, -gi) (*instr sg* -**giem**) m: **na migi** in sign language; **migiem** *lub* **w mig** in a jiffy.

migacz (-a, -e) (*gen pl* -**y**) m (*MOT*) indicator (*BRIT*), turn signal (*US*).

mig|ać (-am, -asz) (*perf* -**nąć**) vi to flash.

migaw|ka (-ki, -ki) (*dat sg* -**ce**, *gen pl* -**ek**) f (*FOT*) shutter; **migawki** pl (*z podróży*) snapshots pl.

migda|ł (-ła, -ły) (*loc sg* -**le**) m almond.

migdał|ek (-ka, -ki) (*instr sg* -**kiem**) m tonsil.

migo|tać (-cze) (*imp* -**cz**) vi to flicker.

migowy *adj*: **język migowy** sign language.

migre|na (-ny) (*dat sg* -**nie**) f migraine.

mij|ać (-am, -asz) (*perf* **minąć**) *vt* to pass, to go past ♦ *vi* (*o czasie*) to go by, to pass; (*o bólu*) to go away.

▸**mijać się** *vr* (*wymijać się*) to pass (each other); (*rozmijać się*) to miss each other.

mija|nie (-nia) *nt*: światła mijania (*MOT*) dipped (*BRIT*) *lub* dimmed (*US*) (head)lights.

Mikołaj (-a, -e) *m* (*też*: Święty Mikołaj) Father Christmas (*BRIT*), Santa (Claus) (*US*).

mikrobiologi|a (-i) *f* microbiology.

mikrobu|s (-su, -sy) (*loc sg* -sie) *m* minibus.

mikrofalowy *adj* microwave *attr*; kuchenka mikrofalowa microwave (oven).

mikrofalów|ka (-ki, -ki) (*dat sg* -ce, *gen pl* -ek) *f* (*pot*) microwave.

mikrofil|m (-mu, -my) (*loc sg* -mie) *m* microfilm.

mikrofo|n (-nu, -ny) (*loc sg* -nie) *m* microphone.

mikrokompute|r (-ra, -ry) (*loc sg* -rze) *m* microcomputer.

mikroproceso|r (-ra, -ry) (*loc sg* -rze) *m* microprocessor, microchip.

mikrosko|p (-pu, -py) (*loc sg* -pie) *m* microscope.

mikroskopijny *adj* microscopic.

mikse|r (-ra, -ry) (*loc sg* -rze) *m* (*kuchenny elektryczny*) food mixer, liquidizer (*BRIT*), blender (*US*); (*TECH*) mixer.

mil|a (-i, -e) *f* mile.

milczący *adj* silent.

milcz|eć (-ę, -ysz) *vi* to keep *lub* remain silent.

milczeni|e (-a) *nt* silence.

mile *adv* (*uśmiechać się*) kindly; (*wspominać*) pleasantly; **mile widziany** (very) welcome.

miliar|d (-da, -dy) (*loc sg* -dzie) *m* billion.

miligra|m (-ma, -my) (*loc sg* -mie) *m* milligram(me).

milimet|r (-ra, -ry) (*loc sg* -rze) *m* millimetre (*BRIT*), millimeter (*US*).

milio|n (-na, -ny) (*loc sg* -nie) *m* million.

milione|r (-ra, -rzy) (*loc sg* -rze) *m* millionaire.

militarny *adj* (*siła, działania*) military; (*państwo*) militaristic.

milk|nąć (-nę, -niesz) (*imp* -nij, *perf* za-) *vi* to fall silent.

milowy *adj*: kamień milowy (*przen*) milestone.

miło (*comp* **milej**) *adv* (*przyjemnie*) pleasantly, nicely; (*serdecznie*) kindly; **miło mi (Pana/Panią) poznać** pleased to meet you; **to bardzo miło z twojej strony** that's very kind of you.

miłosierdzi|e (-a) *nt* mercy.

miłosierny *adj* merciful.

miłosny *adj* amorous *attr*.

miłoś|ć (-ci, -ci) (*gen pl* -ci) *f* love; **na miłość boską!** (*pot*) for God's *lub* heaven's sake!

miłośni|k (-ka, -cy) (*instr sg* -kiem) *m* lover, fan.

miły (*comp* **milszy**) *adj* (*człowiek*) nice; (*widok, nastrój, niespodzianka*) nice, pleasant; **bądź tak miły i ...** would you be so kind and ... .

mimi|ka (-ki) (*dat sg* -ce) *f* facial expression; (*TEATR*) mime.

mimo *prep* +*gen* despite, in spite of; **mimo to** *lub* **wszystko** nevertheless, all the same; **mimo woli** unintentionally, involuntarily; **mimo że** *lub* **iż** although, (even) though.

mimochodem *adv* incidentally, in passing.

mimowolnie *adv* involuntarily, unintentionally.

mimowolny *adj* (*ruch, gest*) involuntary; (*świadek*) unintentional.

m.in. *abbr* (= *między innymi*) among other things, inter alia.

min. *abbr* (= *minuta*) min. (= minute); (= *minimum*) min. (= minimum).

mi|na (-ny, -ny) (*dat sg* -nie) *f* (*wyraz twarzy*) face, look (*on sb's face*); (*bomba*) mine.

mi|nąć (-nę, -niesz) (*imp* -ń) *vb perf od* **mijać**.

mineralny *adj* mineral.

minera|ł (-łu, -ły) (*loc sg* -le) *m* mineral.

mini *f inv* (*pot. spódniczka*) mini(skirt).

miniatu|ra (-ry, -ry) (*dat sg* -rze) *f* miniature.

miniaturowy *adj* miniature.

minimalnie *adj* (*wzrosnąć*) marginally; (*chybić, wygrać*) narrowly.

minimalny *adj* minimum, minimal.

minim|um (-um, -a) (*gen pl* -ów) *nt inv in sg* minimum ♦ *adv* (*przynajmniej*) at least.

miniony *adj* (*era, stulecia*) bygone, past; (*rok, miesiąc*) last, past.

minispódnicz|ka (-ki, -ki) (*dat sg* -ce, *gen pl* -ek) *f* miniskirt.

minist|er (-ra, -rowie) (*loc sg* -rze) *m* minister, Secretary of State (*BRIT*), Secretary (*US*); **rada ministrów** the Cabinet.

ministerst|wo (-wa, -wa) (*loc sg* -wie) *nt* ministry, department (*US*).

min|ować (-uję, -ujesz) (*perf* za-) *vt* to mine.

minu|s (-sa, -sy) (*loc sg* -sie) *m* (*MAT*) minus; (*wada*) minus, drawback; **plus minus** more or less.

minusowy *adj* (*temperatura*) subzero; (*wynik*) negative.

minu|ta (-ty, -ty) (*dat sg* -cie) *f* minute; **za minutę** in a minute.

miodowy *adj* (*cukierek*) honey-flavoured (*BRIT*) *lub* flavored (*US*); (*kolor*) honey-coloured (*BRIT*)

lub colored (*US*); **miodowy miesiąc** honeymoon.

miotacz (-a, -e) (*gen pl* -y) *m* (*SPORT*) shot putter; **miotacz ognia** flame thrower.

miot|ać (-am, -asz) *vt* (*rzucać*) to hurl; (*uderzać*) to batter.

▶**miotać się** *vr* to struggle.

miot|ła (-ły, -ły) (*dat sg* -le, *gen pl* -eł) *f* broom.

miód (**miodu**) (*loc sg* **miodzie**) *m* honey; (*napój*) mead.

misecz|ka (-ki, -ki) (*dat sg* -ce, *gen pl* -ek) *f* (*naczynie*) bowl.

misj|a (-i, -e) (*gen pl* -i) *f* mission.

misjonarz (-a, -e) (*gen pl* -y) *m* missionary.

mis|ka (-ki, -ki) (*dat sg* -ce, *gen pl* -ek) *f* bowl; **miska olejowa** (*MOT*) (oil) sump (*BRIT*), oil pan (*US*).

miss *f inv* beauty queen.

misterny *adj* (*robota*) meticulous; (*fryzura, plan*) elaborate; (*haft, rzeźba*) subtle, delicate.

mistrz (-a, -owie) *m* master; (*SPORT*) champion.

mistrzost|wo (-wa, -wa) (*loc sg* -wie) *nt* (*kunszt*) mastery; (*SPORT*) championship; **mistrzostwa** *pl* championships.

mistrzowski *adj* (*gra, wyczyn*) masterly; (*drużyna*) champion *attr.*

mistyczny *adj* mystic(al).

mistyfikacj|a (-i, -e) (*gen pl* -i) *f* mystification.

mi|ś (-sia, -sie) *m* (*pot. niedźwiedź*) bear; (*zabawka*) teddy bear; (*tkanina*) fur.

mi|t (-tu, -ty) (*loc sg* -cie) *m* myth.

mitologi|a (-i, -e) (*gen pl* -i) *f* mythology.

mityczny *adj* mythical.

mizeri|a (-i, -e) (*gen pl* -i) *f* (*KULIN*) cucumber salad.

mizerny *adj* (*twarz, dziecko*) sickly; (*zarobek, żywot, wynik*) poor.

mjr *abbr* (= *major*) Maj. (= Major).

mk|nąć (-nę, -niesz) (*imp* -nij) *vi* to speed.

mla|skać (-skam, -skasz *lub* -szczę, -szczesz) (*perf* **mlasnąć**) *vi* to smack one's lips.

mld *abbr* (= *miliard*) bn (= billion).

mlecz (-a, -e) (*gen pl* -y *lub* -ów) *m* (*BOT*) sow thistle; (*ZOOL*) (soft) roe, milt.

mleczar|nia (-ni, -nie) (*gen pl* -ni *lub* -ń) *f* dairy, creamery.

mleczarz (-a, -e) (*gen pl* -y) *m* milkman.

mleczny *adj* (*czekolada, ząb*) milk *attr*; (*gruczoł*) mammary *attr*; (*szkło, żarówka*) frosted; **Droga Mleczna** the Milky Way.

mleć (**mielę, mielesz**) (*imp* **miel**, *pt* **mełł, mełła, mełli**) *vt* (*kawę, pieprz, ziarno*) to grind; (*mięso*) to mince.

mle|ko (-ka) *nt* milk; **kwaśne mleko** sour milk; **mleko w proszku** powdered milk.

mln *abbr* (= *milion*) m, M (= million).

młod|e (-ych) *pl decl like adj* young *pl*, offspring *pl*.

młodociany *adj* juvenile ♦ *m decl like adj* juvenile.

młodoś|ć (-ci) *f* youth.

młodszy *adj comp od* **młody** younger.

młody (*comp* **młodszy**) *adj* young; (*ziemniaki*) new; **pan młody** (bride)groom; **panna młoda** bride; **młoda para** *lub* **państwo młodzi** (*przed ślubem*) bride and groom; (*po ślubie*) newlyweds.

młodzie|niec (-ńca, -ńcy) *m* (*książk*) youth.

młodzieńczy *adj* youthful.

młodzież (-y) *f* youth.

młodzieżowy *adj* youth *attr*; **muzyka młodzieżowa** pop music.

mło|t (-ta, -ty) (*loc sg* -cie) *m* (*narzędzie*) (big) hammer; (*SPORT*)

hammer; **młot pneumatyczny** pneumatic drill.

młot|ek (-ka, -ki) (*instr sg* -kiem) *m* hammer; (*drewniany*) mallet.

młó|cić (-cę, -cisz) (*imp* -ć, *perf* **wy-**) *vt* (*zboże*) to thresh; (*przen: uderzać*) to thrash.

mły|n (-na, -ny) (*loc sg* -nie) *m* mill.

młynarz (-a, -e) (*gen pl* -y) *m* miller.

młyn|ek (-ka, -ki) (*instr sg* -kiem) *m*: **młynek do kawy** coffee-grinder *lub* -mill; **młynek do pieprzu** pepper mill.

mną *pron instr od* **ja** me; **ze mną** with me.

mni|ch (-cha, -si) *m* monk.

mnie *pron gen, dat, acc, loc od* **ja** me; **o mnie** about me.

mniej *adv comp od* **mało**; (*krzeseł, ludzi*) fewer; (*wody, pieniędzy*) less; **mniej interesujący** less interesting; **mniej więcej** more or less.

mniejszoś|ć (-ci, -ci) (*gen pl* -ci) *f* minority.

mniejszy *adj comp od* **mały**; **mniejsza o to** *lub* **mniejsza z tym** never mind.

mniem|ać (-am, -asz) *vi* (*książk*) to suppose.

mniema|nie (-nie, -nia) (*gen pl* -ń) *nt* opinion.

mnogi *adj*: **liczba mnoga** the plural.

mnoże|nie (-nia, -nia) (*gen pl* -ń) *nt* multiplication; **tabliczka mnożenia** multiplication table.

mnoż|yć (-ę, -ysz) (*imp* **mnóż**, *perf* **po-**) *vt* to multiply.

▶**mnożyć się** *vr* to multiply.

mnóst|wo (-wa) (*loc sg* -wie) *nt*: **mnóstwo ludzi/czasu** plenty *lub* lots of people/time; **on mnóstwo zarabia** he earns a whole lot.

mobilizacj|a (-i, -e) (*gen pl* -i) *f* (*wojsk, sił*) mobilization; (*gotowość*) eagerness.

mobiliz|ować (-uję, -ujesz) (*perf* **z-**)

vt (*wojsko, organizację*) to mobilize; (*siły*) to muster; **mobilizować kogoś (do czegoś)** to stimulate sb (to sth).

►**mobilizować się** vr (*zbierać w sobie*) to pull o.s. together; (*organizować się*) to get o.s. organized.

mobilny adj mobile.

moc (**-y, -e**) (*gen pl* **-y**) f power; (*argumentu, wybuchu*) force, power.

mocarst|wo (**-wa, -wa**) (*loc sg* **-wie**) nt superpower.

mocno adv (*trzymać, przyklejać, wtykać*) firmly, fast; (*uderzać, kopnąć, naciskać*) hard; (*zakręcać, nakładać*) tightly; (*tęsknić, kochać*) very much; (*pachnieć, przesadzać, zawodzić*) strongly; (*zdziwiony, zaniedbany*) very; **wczoraj mocno padało** it rained hard lub heavily yesterday; **mocno spała** she was fast asleep.

mocny adj strong; (*ramię, cios, światło, argument*) strong, powerful; (*uścisk*) firm, tight; (*silnik*) powerful.

moc|ować (**-uję, -ujesz**) vt (*zakładać*) (*perf* **za-**) to mount; (*przytwierdzać na stałe*) (*perf* **u-** lub **za-**) to fix.

►**mocować się** vr: **mocować się (z** +instr) to wrestle with.

mocz (**-u**) m urine.

moczow|ód (**-odu, -ody**) (*loc sg* **-odzie**) m ureter.

mocz|yć (**-ę, -ysz**) vt (*zwilżać*) (*perf* **z-**) to wet; (*zanurzać w płynie*) (*perf* **na-**) to soak.

►**moczyć się** vr (*być moczonym*) to soak; (*oddawać mocz*) (*perf* **z-**) to wet o.s.

mo|da (**-dy, -dy**) (*loc sg* **-dzie**, *gen pl* **mód**) f fashion; **być w modzie** to be in fashion lub vogue; **wyjść** (*perf*) **z mody** to go out of fashion.

model (*nom pl* **-e**) m (*makieta, typ, wzór*) (*gen sg* **-u**, *gen pl* **-i**) model;

(*osoba pozująca*) (*gen sg* **-a**, *gen pl* **-i**) model.

modelarst|wo (**-wa**) (*loc sg* **-wie**) nt model making.

modelarz (**-a, -e**) (*gen pl* **-y**) m modeller (*BRIT*), modeler (*US*).

model|ka (**-ki, -ki**) (*dat sg* **-ce**, *gen pl* **-ek**) f model.

model|ować (**-uję, -ujesz**) (*perf* **wy-**) vt (*w glinie*) to model; (*włosy*) to do, to set.

mode|m (**-mu, -my**) (*loc sg* **-mie**) m modem.

modernizacj|a (**-i**) f modernization.

moderniz|ować (**-uję, -ujesz**) (*perf* **z-**) vt to modernize.

modl|ić się (**-ę, -isz**) (*imp* **módl**) vr to pray.

modlitewni|k (**-ka, -ki**) (*instr sg* **-kiem**) m prayer book.

modlit|wa (**-wy, -wy**) (*dat sg* **-wie**) f prayer.

modny adj fashionable.

modrze|w (**-wia, -wie**) (*gen pl* **-wi**) m larch.

modulacj|a (**-i, -e**) (*gen pl* **-i**) f modulation.

modul|ować (**-uję, -ujesz**) vt to modulate.

modyfikacj|a (**-i, -e**) (*gen pl* **-i**) f modification.

modyfik|ować (**-uję, -ujesz**) (*perf* **z-**) vt to modify.

mogę itd. vb patrz **móc**.

mogi|ła (**-ły, -ły**) (*dat sg* **-le**) f (*książk*) grave.

moi itd. pron patrz **mój**.

moja, moje itd. pron patrz **mój**.

Mojżesz (**-a**) m (*REL*) Moses.

mokasy|n (**-na, -ny**) (*loc sg* **-nie**) m moccasin.

mok|nąć (**-nę, -niesz**) (*imp* **-nij**, *pt* **mókł**, *perf* **z-**) vi to get wet (*in rain*).

mokrad|ła (**-eł**) pl swamps.

mokro adv **jest mokro** it is wet.

mokry adj wet.

molekularny *adj* molecular.

molest|ować (**-uję, -ujesz**) *vt*
  (*naprzykrzać się*) to pester;
  (*prześladować*) to harass;
  (*seksualnie, fizycznie*) to molest.

moll *inv* (*MUZ*) minor; **symfonia
  c-moll** symphony in C-minor.

mol|o (**-a, -a**) *nt* pier.

molowy *adj* (*MUZ*) minor.

Mołdawi|a (**-i**) *f* Moldova.

momen|t (**-tu, -ty**) (*loc sg* **-cie**) *m*
  moment; **na** *lub* **przez moment** for a
  while *lub* moment; **w tym
  momencie** (*teraz*) at the moment;
  (*wtedy*) at that moment.

momentalnie *adv* instantly.

momentalny *adj* instant,
  instantaneous.

MON *abbr* (= *Ministerstwo Obrony
  Narodowej*) ≈ MoD (*BRIT*), ≈ DOD
  (*US*).

Monachium *nt inv* Munich.

Monako *nt inv* Monaco.

monar|cha (**-chy, -chowie**) (*dat sg*
  -sze) *decl like f in sg m* monarch,
  sovereign.

monarchi|a (**-i, -e**) (*gen pl* **-i**) *f*
  monarchy.

mone|ta (**-ty, -ty**) (*dat sg* **-cie**) *f* coin;
  automat na monety coin-operated
  public phone.

monetarny *adj* monetary.

Mongoli|a (**-i**) *f* Mongolia.

moni|t (**-tu, -ty**) (*loc sg* **-cie**) *m*
  reminder.

monito|r (**-ra, -ry**) (*loc sg* **-rze**) *m*
  (*urządzenie*) monitor; (*ekran*)
  display.

monit|ować (**-uję, -ujesz**) *vt*:
  monitować kogoś to send sb a
  reminder.

mono *adj inv* mono.

monofoniczny *adj* mono(phonic).

monogamiczny *adj* monogamous.

monografi|a (**-i, -e**) (*gen pl* **-i**) *f*
  monograph.

monogra|m (**-mu, -my**) (*loc sg* **-mie**)
  m monogram.

monolo|g (**-gu, -gi**) (*instr sg* **-giem**)
  m (*mówienie do siebie*) soliloquy;
  (*długa wypowiedź jednej osoby*)
  monologue (*BRIT*), monolog (*US*).

monopol (**-u, -e**) (*gen pl* **-i**) *m*
  monopoly.

monopoliz|ować (**-uję, -ujesz**) (*perf*
  z-) *vt* to monopolize.

monopolowy *adj* (*wyroby*) alcoholic;
  sklep monopolowy off-licence
  (*BRIT*), liquor store (*US*).

monotoni|a (**-i**) *f* monotony.

monotonny *adj* monotonous.

monstrualny *adj* monstrous.

monstr|um (**-um, -a**) (*gen pl* **-ów**) *nt
  inv in sg* monster.

monsu|n (**-nu, -ny**) (*loc sg* **-nie**) *m*
  monsoon.

montaż (**-u, -e**) (*gen pl* **-y**) *m*
  (*składanie*) assembly; (*zakładanie*)
  instalment (*BRIT*), installment (*US*);
  (*FILM: obróbka filmu*) editing;
  (: *rodzaj filmu*) montage.

monte|r (**-ra, -rzy**) (*loc sg* **-rze**) *m*
  fitter.

mont|ować (**-uję, -ujesz**) *vt* (*składać*)
  (*perf* **z-**) to assemble; (*zakładać*)
  (*perf* **za-**) to install; (*pot: zespół*)
  (*perf* **z-**) to muster; (*FILM*) (*perf* **z-**)
  to edit.

monumentalny *adj* monumental.

moralizatorski *adj* moralistic.

moraliz|ować (**-uję, -ujesz**) *vi* to
  moralize.

moralnoś|ć (**-ci**) *f* morality.

moralny *adj* moral.

mora|ł (**-łu, -ły**) (*loc sg* **-le**) *m* moral.

mor|da (**-dy, -dy**) (*dat sg* **-dzie**) *f*
  (*psia*) muzzle; (*pot!: twarz*) mug
  (*pot*).

morderc|a (**-y, -y**) *m decl like f in sg*
  murderer.

morderczy *adj* (*spojrzenie,
  skłonności*) murderous.

morderst|wo (**-wa**) (*loc sg* **-wie**) *nt*
murder.

mord|ować (**-uję, -ujesz**) *vt* (*zabijać*)
(*perf* **za-**) to murder.

morel|a (**-i, -e**) (*gen pl* **-i**) *f* (*owoc*)
apricot; (*drzewo*) apricot (tree).

morfi|na (**-ny**) (*dat sg* **-nie**) *f*
morphine.

mormo|n (**-na, -ni**) (*loc sg* **-nie**) *m*
Mormon.

mor|s (**-sa, -sy**) (*loc sg* **-sie**) *m*
(*ZOOL*) walrus; (*pot. alfabet
Morse'a*) Morse code.

morski *adj* sea *attr*; (*ubezpieczenie,
oddział*) marine *attr*; (*klimat, prawo,
muzeum*) maritime *attr*; (*szkoła, siły*)
naval *attr*; **port morski** seaport;
choroba morska seasickness;
świnka morska guinea pig;
piechota morska Royal Marines *pl*
(*BRIT*), Marine Corps (*US*), Marines
pl (*US*).

morz|e (**-a, -a**) (*gen pl* **mórz**) *nt* sea;
nad morzem (*blisko morza*) by the
sea; (*o wakacjach*) at *lub* by the
seaside; **nad poziomem morza**
above sea level; **jechać nad morze**
to go to the seaside.

mosiądz (**-u, -e**) *m* brass.

mosiężny *adj* brass *attr*.

Mosk|wa (**-wy**) (*dat sg* **-wie**) *f*
Moscow.

mo|st (**-stu, -sty**) (*loc sg* **-ście**) *m*
bridge.

most|ek (**-ku, -ki**) (*instr sg* **-kiem**) *m*
dimin od **most**; (*ANAT*) sternum,
breastbone (*pot*).

motel (**-u, -e**) (*gen pl* **-i**) *m* motel.

mołłoch (**-u**) *m* (*pej*) riffraff (*pej*).

motocykl (**-a, -e**) (*gen pl* **-i**) *m*
motorcycle.

motocykli|sta (**-sty, -ści**) (*dat sg*
-ście) *decl like f in sg m*
motorcyclist, motorcycle rider.

moto|r (**-ru, -ry**) (*loc sg* **-rze**) *m*
(*silnik*) motor; (*pot*) (motor)bike.

motornicz|y (**-ego, -owie**) *m decl
like adj* tram driver (*BRIT*),
motorman (*US*).

motorowe|r (**-ru, -ry**) (*loc sg* **-rze**) *m*
lightweight motorcycle, moped
(*BRIT*).

motorów|ka (**-ki, -ki**) (*dat sg* **-ce**, *gen
pl* **-ek**) *f* motorboat.

motoryzacyjny *adj* (*przemysł*) motor
attr, auto(motive) *attr* (*US*); **sklep
motoryzacyjny** motor (*BRIT*) *lub*
automobile (*US*) accessory shop.

mot|to (**-ta, -ta**) (*loc sg* **-cie**) *nt* motto.

moty|ka (**-ki, -ki**) (*dat sg* **-ce**) *f* hoe.

motyl (**-a, -e**) (*gen pl* **-i**) *m* butterfly.

moty|w (**-wu, -wy**) (*loc sg* **-wie**) *m*
(*postępowania, zbrodni*) motive;
(*utworu, kompozycji*) motif.

motywacj|a (**-i, -e**) (*gen pl* **-i**) *f*
motivation.

motyw|ować (**-uję, -ujesz**) (*perf* **u-**)
vt (*popierać*) to support;
(*uzasadniać*) to justify sth.

mo|wa (**-wy**) (*dat sg* **-wie**) *f* (*język*)
language, tongue; (*zdolność
mówienia*) speech; (*przemówienie*)
(*nom pl* **-wy**, *gen pl* **mów**) speech;
nie ma mowy! that's out of the
question!; **część mowy** (*JĘZ*) part
of speech; **mowa
zależna/niezależna** (*JĘZ*)
indirect/direct speech.

mozai|ka (**-ki, -ki**) (*dat sg* **-ce**) *f*
mosaic.

mozolny *adj* arduous.

moździerz (**-a, -e**) (*gen pl* **-y**) *m*
mortar.

może *inv* perhaps, maybe; **być może**
maybe; **może wyjdziemy?** how *lub*
what about going out?; **może byś
coś zjadł?** why don't you eat
something?

możesz *itd. vb patrz* **móc.**

możliwie *adv*: **zrób to możliwie
szybko/dobrze** do it as soon/well as
you possibly can.

możliwoś|ć (-ci, -ci) (gen pl -ci) f possibility; (sposobność) chance, opportunity; **w miarę możliwości** if at all possible; **możliwości** pl abilities pl.

możliwy adj (do wyobrażenia) conceivable; (ewentualny) possible; (pot: dość dobry) passable; **możliwe, że zadzwonią jutro** they may give us a ring tomorrow; **o ile to możliwe** if that's possible; **możliwy do uniknięcia/rozpoznania** avoidable/recognizable.

można inv: **można stwierdzić, że ...** one lub you may say that ...; **można już iść** you may lub can go now; **nie można tego kupić** you can't buy this; **nie można tak myśleć** you mustn't think that; **czy tu można palić?** may lub can I smoke here?

możnoś|ć (-ci) f opportunity.

---SŁOWO KLUCZOWE---

móc (mogę, możesz) (pt mógł, mogła, mogli) vi **1** (potrafić) to be able; **czy możesz to zrobić na jutro?** can you do it for tomorrow?; **będzie mógł wam pomóc** he will be able to help you; **szkoda, że nie możesz przyjść** it is a pity that you can't come; **gdybym tylko mógł** if only I could. **2** (mieć pozwolenie): **móc coś zrobić** to be permitted lub allowed to do sth; **czy mogę wyjść wcześniej?** may lub can I leave early?; **czy mógłbym rozmawiać z Sue?** could I speak to Sue, please? **3** (dla wyrażenia przypuszczenia): **on może się spóźnić** he may lub might be late; **kto to może być?** who can it be?; **mogła zapomnieć** she may have forgotten; **mógł cię zabić!** he could have killed you!; **nie może być!** this lub it can't be! **4** (w prośbach) **czy mógłbyś zamknąć okno?** could you close the window?

5 (dla wyrażenia pretensji): **mogłeś mi powiedzieć** you might have told me.

---

mój (see Table 7) possessive pron (z rzeczownikiem) my; (bez rzeczownika) mine; **to są moje książki** these are my books; **te książki są moje** these books are mine.

mól (mola, mole) (gen pl moli) m (odzieżowy) clothes moth.

mówc|a (-y, -y) m decl like f in sg speaker.

mó|wić (-wię, -wisz) vt (coś) to say; (prawdę, kłamstwa) to tell ♦ vi (przemawiać) to speak; (rozmawiać, opowiadać) to talk; **on mówi, że ...** he says that ...; **mówił mi, że ...** he told me that ...; **mówić po angielsku/polsku** to speak English/Polish; **nie mówiąc (już) o** +loc to say nothing of, let alone; **prawdę mówiąc** to tell the truth.

mózg (-u, -i) m brain; (przen) mastermind.

mroczny adj dark.

mro|k (-ku, -ki) (instr sg -kiem) m darkness.

mrowi|e (-a) (loc sg -u) nt (ludzi) swarm; (świateł) myriad; (ciarki) chill.

mrowie|nie (-nia) nt pins and needles pl.

mrowis|ko (-ka, -ka) (instr sg -kiem) nt ant-hill.

mro|zić (-żę, -zisz) (imp -ź) vt (ziębić) to chill; (o lodówce) to freeze.

mroźny adj frosty.

mrożący adj: **mrożący krew w żyłach** bloodcurdling.

mrożon|ki (-ek) pl deep-frozen foods.

mrożony adj (owoce, warzywa) deep-frozen; (kawa, herbata) iced.

mrów|ka (-ki, -ki) (*dat sg* -ce, *gen pl* -ek) *f* ant.

mr|óz (-ozu, -ozy) (*loc sg* -ozie) *m* frost; **5 stopni mrozu** 5 degrees below (zero).

mru|czeć (-czę, -czysz) (*perf* -knąć) *vi* (*mamrotać*) to murmur; (*o kocie*) to purr.

mrug|ać (-am, -asz) (*perf* -nąć) *vi* (*o gwiazdach, światłach*) to twinkle, to wink; **mrugać okiem (do kogoś)** to wink (at sb); **mrugać oczami** to blink (one's eyes).

mruż|yć (-ę, -ysz) (*perf* z-) *vt*: **mrużyć oczy** to squint.

mrzon|ka (-ki, -ki) (*dat sg* -ce, *gen pl* -ek) *f* daydream.

MSW *abbr* = **Ministerstwo Spraw Wewnętrznych**.

MSZ *abbr* = **Ministerstwo Spraw Zagranicznych**.

msz|a (-y, -e) (*gen pl* -y) *f* mass.

mścić się (**mszczę, mścisz**) (*imp* **mścij**, *perf* **ze-**) *vr*: **mścić się (na kimś)** to revenge o.s. (on sb); **mścić się (za coś)** to get one's revenge (for sth).

mściwy *adj* vindictive, revengeful.

mu *pron dat od* **on**; (*o człowieku*) (to) him; (*o zwierzęciu*) (to) it ◆ *pron dat od* **ono** (to) it; **dałem mu książkę** I gave him the book, I gave the book to him.

mu|cha (-chy, -chy) (*dat sg* -sze) *f* (*ZOOL*) fly; (*krawat*) bow tie.

muchomo|r (-ra, -ry) (*loc sg* -rze) *m* (*BOT*) amanita; (*pot*) toadstool.

Mula|t (-ta, -ci) (*loc sg* -cie) *m* mulatto.

multimilione|r (-ra, -rzy) (*loc sg* -rze) *m* multimillionaire.

multum *nt inv* plenty.

mu|ł¹ (-ła, -ły) (*loc sg* -le) *m* (*ZOOL*) mule.

mu|ł² (-łu, -ły) (*loc sg* -le) (*szlam*) silt.

mumi|a (-i, -e) (*gen pl* -i) *f* mummy.

mundu|r (-ru, -ry) (*loc sg* -rze) *m* uniform.

mundur|ek (-ka, -ki) (*instr sg* -kiem) *m* uniform.

municypalny *adj* municipal; **policja municypalna** municipal police.

mu|r (-ru, -ry) (*loc sg* -rze) *m* wall.

murarz (-a, -e) (*gen pl* -y) *m* bricklayer.

mura|wa (-wy, -wy) (*dat sg* -wie) *f* grass.

mur|ować (-uję, -ujesz) (*perf* wy-) *vt* to build ◆ *vi* to lay bricks.

murowany *adj* (*dom: z cegły*) brick *attr*; (: *z kamienia*) stone *attr*.

Murzy|n (-na, -ni) (*loc sg* -nie) *m* Black (man); **Murzyni** *pl* Blacks, Black people.

Murzyn|ka (-ki, -ki) (*dat sg* -ce, *gen pl* -ek) *f* Black (woman).

murzyński *adj* Black.

musical (-u, -e) (*gen pl* -i) *m* musical comedy.

---SŁOWO KLUCZOWE---

mu|sieć (-szę, -sisz) *vi* **1** (*podlegać konieczności*): **musisz to zrobić** you have to do it, you've got to do it; **nie musisz przychodzić** you don't have *lub* need to come. **2** (*być zobowiązanym*) **muszę to zrobić** I must do it, I need to do it; **czy musisz już iść?** must you go just yet?; **nie musiałeś tutaj przychodzić** you needn't have come here. **3** (*dla wyrażenia prawdopodobieństwa*): **ona musi być w kuchni** she must be in the kitchen; **musiała mu powiedzieć** she must have told him.

muskularny *adj* muscular.

musujący *adj* fizzy, sparkling.

muszel|ka (-ki, -ki) (*dat sg* -ce, *gen pl* -ek) *f dimin od* **muszla**.

muszę *itd. vb patrz* **musieć.**

musz|ka (-ki, -ki) (*dat sg* -ce, *gen pl* -ek) *f dimin od* **mucha**; (*krawat*) bow tie; (*w broni palnej*) frontsight.

muszkatołowy *adj*: **gałka muszkatołowa** nutmeg.

muszl|a (-i, -e) (*gen pl* -i) *f* (*skorupka*) shell; **muszla klozetowa** toilet bowl; **muszla koncertowa** (concert) bowl.

musztar|da (-dy) (*dat sg* -dzie) *f* mustard.

muszt|ra (-ry) (*dat sg* -rze) *f* drill.

muśli|n (-nu, -ny) (*loc sg* -nie) *m* muslin.

mutacj|a (-i, -e) (*gen pl* -i) *f* mutation; **przeszedł mutację głosu 2 lata temu** his voice broke 2 years ago.

mutan|t (-ta, -ty) (*loc sg* -cie) *m* mutant.

mu|za (-zy, -zy) (*dat sg* -zie) *f* muse; **dziesiąta muza** (*kino*) cinema.

muze|um (-um, -a) (*gen pl* -ów) *nt inv in sg* museum.

muzułma|nin (-nina, -nie) (*loc sg* -ninie, *gen pl* -nów) *m* Muslim.

muzułmański *adj* Muslim.

muzyczny *adj* musical.

muzy|k (-ka, -cy) (*instr sg* -kiem) *m* musician.

muzy|ka (-ki) (*dat sg* -ce) *f* music.

muzykalny *adj* musical.

my (*see* Table 2) *pron* we; **to my** it's us.

myci|e (-a) *nt* washing; **mycie naczyń** washing up.

my|ć (-ję, -jesz) (*perf* u-) *vt* (*ręce, twarz, talerz*) to wash; (*okna, podłogę*) to clean; (*zęby*) to brush, to clean.

►**myć się** *vr* to wash (o.s.), to have a wash.

mydelnicz|ka (-ki, -ki) (*dat sg* -ce, *gen pl* -ek) *f* soap dish.

mydlin|y (-) *pl* (soap)suds, soapy water.

mydł|o (-ła, -ła) (*loc sg* -le, *gen pl* -eł) *nt* soap.

myj|nia (-ni, -nie) (*gen pl* -ni) *f*: **myjnia (samochodowa)** car wash.

myl|ić (-ę, -isz) *vt* (*daty, twarze*) (*perf* po-) to confuse, to mix up; (*o wzroku, słuchu*) (*perf* z-) to mislead.

►**mylić się** *vr* (*popełniać błędy*) to make mistakes; (*być w błędzie*) to be wrong.

mylny *adj* mistaken, erroneous.

mysz (-y, -y) (*gen pl* -y) *f* mouse; **myszy** *pl* mice.

myszk|ować (-uję, -ujesz) *vi* to ferret.

myśl (-i, -i) (*gen pl* -i) *f* thought; **mieć kogoś/coś na myśli** to have sb/sth in mind; **co masz na myśli?** what do you mean?

myślący *adj* intelligent.

myśl|eć (-ę, -isz) (*pt* -ał, -eli) *vi* to think; **myśleć o +loc** (*rozmyślać o*) to think about; (*rozważać, zamierzać*) to think of; (*troszczyć się*) to think of; **myślę, że tak** I think so; **myślę, że nie** I don't think so.

myśleni|e (-a) *nt* thinking.

myśliciel (-a, -e) (*gen pl* -i) *m* thinker.

myśli|wiec (-wca, -wce) *m* (*samolot*) fighter (plane).

myśliwski *adj* hunting *attr*; **samolot myśliwski** fighter (plane).

myśli|wy (-wego, -wi) *m* hunter.

myślni|k (-ka, -ki) (*instr sg* -kiem) *m* (*w zdaniu*) dash; (*pot. w wyrazie*) hyphen.

mżaw|ka (-ki, -ki) (*dat sg* -ce, *gen pl* -ek) *f* drizzle.

mż|yć (-y) *vi*: **mży** it's drizzling.

N

na prep +loc **1** (miejsce) on; **na stole/ścianie/Księżycu** on the table/wall/Moon; **na Węgrzech/Śląsku** in Hungary/Silesia; **na wsi/zachodzie** in the country/west; **na Kubie** in Cuba; **na obrazie/zdjęciu** in the picture/photograph; **na niebie** in the sky; **na ulicy** in lub on (US) the street; **na koncercie/wykładzie** at a concert/lecture ♦ prep +acc **1** (kierunek) to; **na plażę/wieś** to the beach/country; **na Węgry/Kubę** to Hungary/Cuba; **wchodzić (wejść perf) na drzewo** to climb a tree; **na zachód/północ** west/north, westward(s)/northward(s); **wpadać (wpaść perf) na kogoś** to bump into sb. **2** (okres): **na dwa dni** for two days; **na 5 minut przed** +loc five minutes before ... . **3** (termin): **na poniedziałek** for Monday; **na czwartą** (zrobić coś) by four (o'clock); (przyjść) at four (o'clock). **4** (okazja): **na śniadanie** for breakfast; **na wiosnę** in spring. **5** (sposób): **na sztuki/tuziny** by the piece/the dozen; **na czyjś koszt** at sb's expense; **na raty** on hire purchase (BRIT) lub installments (US); **jajko na twardo** hard-boiled egg; **pranie na sucho** dry cleaning. **6** (przyczyna): **na czyjąś prośbę/zaproszenie** at sb's request/invitation; **na czyjś sygnał/życzenie** on sb's signal/wish; **chory na grypę** ill lub sick (US) with flu. **7** (miara): **100 km na godzinę** 100 km per hour; **dwa razy na tydzień** twice a lub per week. **8** (rezultat): **kroić (pokroić perf) coś na kawałki** to cut sth into pieces; **malować (pomalować perf) coś na biało** to paint sth white. **9** (przeznaczenie): **album na znaczki** stamp album; **kosz na śmieci** dustbin (BRIT), garbage can (US); **przerwa na kawę** coffee break. **10** (zamiar): **iść na spacer** to go for a walk; **jechać na wakacje/wycieczkę** to go on holiday/a trip; **iść na wykład/koncert** to go to a lecture/concert.

nabia|ł (-łu) (loc sg -le) m dairy products pl.

na|bić (-biję, -bijesz) vb perf od **nabijać**.

nabier|ać (-am, -asz) (perf **nabrać**) vt: **nabierać czegoś** (wody, powietrza) to take in; (apetytu, zwyczaju) to develop; (szybkości) to gather, to pick up; (wysokości) to gain; **nabierać kształtu** to take shape; **nabierać wprawy** to become adept lub skilled; **nabierać kogoś** (pot: żartować) to pull sb's leg; (pot: oszukiwać) to deceive.

nabij|ać (-am, -asz) (perf **nabić**) vt (broń) to load; (fajkę) to fill.

▸**nabijać się** vr (pot): **nabijać się z kogoś** to make fun of sb.

nabity adj (broń) loaded; (fajka) filled; (pot: sala) packed.

nabożeństw|o (-a) (loc sg -wie) nt (REL) (nom pl -wa) service.

nab|ój (-oju, -oje) (gen pl -oi lub -ojów) m cartridge.

nabrzeż|e (-a, -a) (gen pl -y) nt (rzeki, morza) embankment; (w porcie) landing pier.

nabrzmiały adj swollen.

nabrzmiew|ać (-a) (perf **nabrzmieć**) vi to swell.

na|być (-będę, -będziesz) (imp -bądź) vb perf od **nabywać**.

nabyt|ek (**-ku, -ki**) (*instr sg* **-kiem**) *m* (*zakup*) purchase; (*do kolekcji*) acquisition.

nabyty *adj* acquired.

nabyw|ać (**-am, -asz**) (*perf* **nabyć**) *vt* (*kupować*) to purchase, to buy; **nabywać czegoś** (*zdobywać*) to acquire, to gain.

nabywc|a (**-y, -y**) *m* buyer, purchaser.

nachalny *adj* pushy.

nacho|dzić (**-dzę, -dzisz**) (*imp* **-dź**, *perf* **najść**) *vt* (*o człowieku: przychodzić*) to keep coming to; (: *naprzykrzać się*) to intrude (up)on; (*o myślach, obawach*) to haunt, to pester ♦ *vi:* **nachodzić (na coś)** to overlap (sth).

nachyl|ać się (**-am, -asz**) *vr* (*o człowieku*) (*perf* **-ić**) to bend down; (*o terenie*) to slope.

nachyle|nie (**-nia, -nia**) (*gen pl* **-ń**) *nt* slope, inclination.

naciąg|ać (**-am, -asz**) (*perf* **-nąć**) *vt* (*linę, strunę*) to tighten; (*łuk*) to draw; (*buty, sweter*) to pull on; (*mięsień*) to pull.

nacier|ać (**-am, -asz**) (*perf* **natrzeć**) *vt* to rub ♦ *vi:* **nacierać (na +acc)** to charge (at sb/sth).

nacię|cie (**-cia, -cia**) (*gen pl* **-ć**) *nt* cut, incision.

nacin|ać (**-am, -asz**) (*perf* **naciąć**) *vt* to incise.

nacis|k (**-ku, -ki**) (*instr sg* **-kiem**) *m* pressure; (*akcent*) stress; **pod czyimś naciskiem** under pressure from sb.

nacis|kać (**-kam, -kasz**) (*perf* **-nąć**) *vt* to press ♦ *vi:* **naciskać na kogoś, żeby coś zrobił** (*przen*) to press sb to do sth.

naci|snąć (**-snę, -śniesz**) (*imp* **-śnij**) *vb perf od* **naciskać.**

nacjonali|sta (**-sty, -ści**) (*dat sg* **-ście**) *m decl like f in sg* nationalist.

nacjonalistyczny *adj* nationalist.

nacjonalizacj|a (**-i**) *f* nationalization.

nacjonaliz|m (**-mu**) (*loc sg* **-mie**) *m* nationalism.

nacjonaliz|ować (**-uję, -ujesz**) (*perf* **z-**) *vt* to nationalize.

naczelni|k (**-ka, -cy**) (*instr sg* **-kiem**) *m* (*policji, straży pożarnej*) chief; (*więzienia*) governor; (*wydziału*) head.

naczelny *adj* (*główny*) chief *attr* ♦ *m decl like adj* (*pot. dyrektor naczelny*) manager.

nacze|pa (**-py, -py**) (*dat sg* **-pie**) *f* semitrailer.

naczy|nie (**-nia, -nia**) (*gen pl* **-ń**) *nt* (*kuchenne*) dish; (*drewniane, gliniane*) vessel; **naczynie krwionośne** blood vessel; **naczynia** *pl* dishes *pl*; **zmywać** (*pozmywać perf*) **naczynia** to wash *lub* do the dishes, to wash up.

na|ć (**-ci**) *f* top leaves *pl*.

---SŁOWO KLUCZOWE---

nad *prep +instr* **1** (*powyżej*) over, above; **nad stołem/górami** over the table/mountains. **2** (*o przewadze, władzy, kontroli*) over. **3** (*w pobliżu*): **nad rzeką** by the river; **nad morzem** at the seaside; **nad ranem** at daybreak, in the small hours (of the morning). **4** (*na temat*): **myśleć nad czymś** to think about sth; **pracować nad czymś** to work on sth ♦ *prep +acc* (*kierunek*): **nad morze/rzekę** to the seaside/river.

nadajni|k (**-ka, -ki**) (*instr sg* **-kiem**) *m* transmitter.

nadal *adv* still.

nadaremnie *adv* in vain.

nadarz|ać się (**-a**) (*perf* **-yć**) *vr* to occur, to come up.

nad|awać (**-aję, -ajesz**) (*perf* **-ać**) *vt* (*audycję, program*) to broadcast;

(*sygnał*) to transmit; (*list, paczkę*) to send, to mail (*US*).

►**nadawać się** *vr*: **nadawać się (do czegoś)** to be fit (for sth).

nadawc|a (**-y, -y**) *m decl like f in sg* sender.

nadąsany *adj* sulky, petulant.

nadąż|ać (**-am, -asz**) (*perf* **-yć**) *vi*: **nie nadążać (z czymś)** to fall behind (with sth); **nie nadążałem (za nim)** I could not keep up (with him).

nadchodzący *adj* (forth)coming.

nadcho|dzić (**-dzę, -dzisz**) (*imp* **-dź**, *perf* **nadejść**) *vi* (*o człowieku, burzy, śmierci*) to come; (*o liście*) to arrive, to come.

nadciąg|ać (**-am, -asz**) (*perf* **-nąć**) *vi* to approach.

nadciśnie|nie (**-nia**) *nt* (*MED*) hypertension.

naddat|ek (**-ku, -ki**) (*instr sg* **-kiem**) *m* surplus; **płacić (zapłacić** *perf***) z naddatkiem** to pay in excess.

naddźwiękowy *adj* supersonic.

nade *prep* = **nad**; **nade wszystko** above all.

nadejś|cie (**-cia**) *nt* arrival.

nadej|ść (**-dę, -dziesz**) (*imp* **-dź**) *vb perf od* **nadchodzić**.

nadep|tywać (**-tuję, -tujesz**) (*perf* **-nąć**) to tread on, to step on.

nade|słać (**-ślę, -ślesz**) (*imp* **-ślij**) *vb perf od* **nadsyłać**.

nadg|aniać (**-aniam, -aniasz**) (*perf* **-onić**) *vt* to make up for ♦ *vi* to catch up.

nadgarst|ek (**-ka, -ki**) (*instr sg* **-kiem**) *m* wrist.

nadgodzin|y (**-**) *pl* overtime.

nadgorliwy *adj* officious.

nadjeżdż|ać (**-am, -asz**) (*perf* **nadjechać**) *vi* to arrive, to come.

nadkład|ać (**-am, -asz**) (*perf* **nadłożyć**) *vt*: **nadkładać drogi** to take a roundabout way.

nadkwaśnoś|ć (**-ci**) (*dat sg* **-ci**) *f* hyperacidity.

nadlat|ywać (**-uję, -ujesz**) (*perf* **nadlecieć**) *vi* (*o samolocie*) to arrive; (*o pociskach, ptaku*) to come flying.

nadleśnicz|y (**-ego, -y**) *m decl like adj* forest manager.

nadliczbowy *adj* overtime *attr*.

nadludzki *adj* superhuman.

nadmia|r (**-ru**) (*loc sg* **-rze**) *m* excess; **w nadmiarze** in excess.

nadmie|niać (**-niam, -niasz**) (*perf* **-nić**) *vt/vi* to mention.

nadmiernie *adv* excessively.

nadmierny *adj* excessive.

nadmorski *adj* seaside *attr*.

nadmu|chiwać (**-chuję, -chujesz**) (*perf* **-chać**) *vt* to inflate.

nadmuchiwany *adj* inflatable.

nadobowiązkowy *adj* optional.

nadpła|ta (**-ty, -ty**) (*dat sg* **-cie**) *f* excess payment.

nadprodukcj|a (**-i, -e**) (*gen pl* **-i**) *f* overproduction.

nadprzyrodzony *adj* supernatural.

nadrabi|ać (**-am, -asz**) (*perf* **nadrobić**) *vt* to make up for.

nadro|bić (**-bię, -bisz**) (*imp* **nadrób**) *vb perf od* **nadrabiać**.

nadru|k (**-ku, -ki**) (*instr sg* **-kiem**) *m* (*na książce, nalepce*) (printed) inscription; (*na koszulce*) printed design.

nadrzędny *adj* (*cel, racja*) overriding, imperative; (*wartość, władza*) superior; **zdanie nadrzędne** (*JĘZ*) main clause.

nadska|kiwać (**-kuję, -kujesz**) *vi*: **nadskakiwać komuś** to fawn on sb.

nadsłu|chiwać (**-chuję, -chujesz**) *vi* to listen; **nadsłuchiwać czegoś** to listen (out) for sth.

nadspodziewany *adj* unexpected.

nadsta|wiać (**-wiam, -wiasz**) (*perf* **-wić**) *vt* (*policzek*) to present;

nadstawiać głowy *lub* **karku** (*przen*) to risk one's neck.

nadsył|ać (**-am, -asz**) (*perf* **nadesłać**) *vt* to send (in).

nadto *adv*: **aż nadto** more than enough.

naduży|cie (**-cia, -cia**) (*gen pl* **-ć**) *nt* abuse.

nadużyw|ać (**-am, -asz**) (*perf* **nadużyć**) *vt*: **nadużywać czegoś** (*władzy, zaufania*) to abuse; (*alkoholu*) to overuse.

nadwa|ga (**-gi**) (*dat sg* **-dze**) *f* overweight; **mieć nadwagę** to be overweight.

nadweręż|ać (**-am, -asz**) (*perf* **-yć**) *vt* (*zaufanie, cierpliwość*) to stretch; (*siły*) to overtax.

▶**nadwerężać się** *vr* to overtax o.s.

nadwo|zie (**-zia, -zia**) (*gen pl* **-zi**) *nt* (*MOT*) body(work).

nadwrażliwość (**-ci**) *f* oversensitivity.

nadwrażliwy *adj* oversensitive.

nadwyż|ka (**-ki, -ki**) (*dat sg* **-ce**, *gen pl* **-ek**) *f* surplus.

nadziej|a (**-i, -je**) (*gen pl* **-i**) *f* hope; **mam nadzieję, że ...** I hope that ...; **mam nadzieję, że tu zostanę** I hope to stay here.

nadzie|nie (**-nia, -nia**) (*gen pl* **-ń**) *nt* (*w cieście, czekoladzie*) filling; (*w mięsie, potrawie*) stuffing.

nadziew|ać (**-am, -asz**) (*perf* **nadziać**) (*wbijać*) *vt*: **nadziewać coś (na coś)** to impale sth (on sth); (*KULIN*) to skewer sth (on sth); **nadziewać coś (czymś)** to stuff sth (with sth).

nadzorc|a (**-y, -y**) *m decl like f in sg* supervisor.

nadzorczy *adj*: **rada nadzorcza** board of supervisors, supervisory board.

nadzor|ować (**-uję, -ujesz**) *vt* to supervise.

nadz|ór (**-oru**) (*loc sg* **-orze**) *m* supervision, inspection.

nadzwyczajny *adj* (*niezwykły*) extraordinary; (*specjalny*) special.

naf|ta (**-ty**) (*dat sg* **-cie**) *f* kerosene; (*pot*: *ropa naftowa*) oil.

naftowy *adj* (*przemysł, szyb*) oil *attr*; (*lampa, piec*) paraffin *attr*; **ropa naftowa** petroleum, oil.

nagab|ywać (**-uję, -ujesz**) (*perf* **-nąć**) *vt* (*zagadywać*) to approach; **nagabywać kogoś o coś** to pester sb for sth.

naga|na (**-ny, -ny**) (*dat sg* **-nie**) *f* rebuke, reprimand.

naganny *adj* reprehensible, blameworthy.

nagi *adj* (*człowiek*) naked, nude; (*fakty, prawda*) plain.

nagin|ać (**-am, -asz**) (*perf* **nagiąć**) *vt* (*gałąź*) to bend down; (*przen*: *prawo, reguły*) to bend.

naglący *adj* urgent, pressing.

nagle *adv* suddenly, all of a sudden; (*umrzeć*) unexpectedly.

nagl|ić (**-ę, -isz**) (*imp* **-ij**) *vt*: **naglić kogoś (do zrobienia czegoś)** to press *lub* urge sb (to do sth) ♦ *vi*: **nagliła, żeby wracać** she insisted on going back.

nagłów|ek (**-ka, -ki**) (*instr sg* **-kiem**) *m* (*w tekście*) heading, title; (*w gazecie*) headline; (*na papierze listowym*) letterhead.

nagły *adj* (*wyjazd, zgon*) sudden, unexpected; (*potrzeba*) urgent, pressing; **w nagłym wypadku** *lub* **przypadku** in case of emergency.

nagminny *adj* common.

nago *adv* in the nude.

nagon|ka (**-ki, -ki**) (*dat sg* **-ce**, *gen pl* **-ek**) *f* (*przen*) witch-hunt.

nagoś|ć (**-ci**) *f* nudity.

nagradz|ać (**-am, -asz**) (*perf* **nagrodzić**) *vt* to reward.

nagra|nie (-nia, -nia) (*gen pl* -ń) *nt*
recording.

nagrob|ek (-ka, -ki) (*instr sg* -kiem)
m (*pozioma płyta*) tombstone,
gravestone; (*pionowa tablica*)
headstone.

nagro|da (-dy, -dy) (*loc sg* -dzie, *gen
pl* **nagród**) *f* (*w turnieju*) prize; (*za
zasługi, pomoc*) reward;
(*przyznawana przez organizacje*)
award; **Nagroda Nobla** the Nobel
prize.

nagr|odzić (-odzę, -odzisz) (*imp*
-ódź *lub* -ódź) *vb perf od* **nagradzać**.

nagroma|dzić (-dzę, -dzisz) (*imp*
-dź) *vb perf od* **gromadzić**.

nagryw|ać (-am, -asz) (*perf* **nagrać**)
vt (*płytę*) to record; (*na magnetofon*)
to tape; (*na taśmę video*) to
videotape.

nagrzew|ać (-am, -asz) (*perf*
nagrzać) *vt* to warm, to heat.
▸**nagrzewać się** *vr* to warm up.

naiwnoś|ć (-ci) *f* naivety, naïveté.

naiwny *adj* naive.

najazd (-u, -y) (*loc sg* **najeździe**) *m*
invasion.

naj|ąć (-mę, -miesz) (*imp* -mij) *vb
perf od* **najmować**.

najbardziej *adv superl od* **bardzo**
(the) most; **jak najbardziej!** by all
means!

najbliższy *adj superl od* **bliski**; (*o
miejscu*) (the) nearest; (*o osobie*)
(the) closest; (*o czasie*) (the) next;
w najbliższym czasie very soon.

najdalej *adv superl od* **daleko**; (*o
miejscu*) (the) farthest, (the) furthest;
(*w największym stopniu*) (the)
furthest; (*najpóźniej*) at the latest.

najedzony *adj* full, full up (*BRIT*).

najemc|a (-y, -y) *m decl like f in sg*
lessee; **najemca lokalu** occupier.

najemni|k (-ka, -cy) (*instr sg* -kiem)
m (*żołnierz*) mercenary; (*robotnik*)
hired hand.

naj|eść się (-em, -esz) (*3 pl* -edzą,
imp -edz, *pt* -adł, -adła, -edli) *vr perf*
to eat one's fill.

najeźdźc|a (-y, -y) *m decl like f in sg*
invader.

najeżdż|ać (-am, -asz) (*perf*
najechać) *vt*: **najeżdżać na** +*acc*
(*kraj*) to invade; (*krawężnik*) to run
onto; (*słup*) to run into.

najgorszy *adj superl od* **zły** (the)
worst; **w najgorszym wypadku** *lub*
razie at the worst.

najgorzej *adv superl od* **źle** (the)
worst; **nie najgorzej** not too bad.

najlepiej *adv superl od* **dobrze** (the)
best.

najlepszy *adj superl od* **dobry** (the)
best; **w najlepszym wypadku** at best.

najmniej *adv superl od* **mało**; (*znać,
kochać*) (the) least; **najmniej
wody/kłopotu** the least
water/trouble; **najmniej
ludzi/zabawek** the fewest
people/toys; **co najmniej** at least.

najmniejszy *adj superl od* **mały** (the)
smallest; (*prawie żaden*) (the) least;
nie mam najmniejszego pojęcia
(*pot*) I don't have the slightest *lub*
foggiest idea.

najm|ować (-uję, -ujesz) (*perf* **najać**)
vt (*lokal, sprzęt*) to lease; (*ludzi*) to
hire.
▸**najmować się** *vr* to get hired.

najnowszy *adj superl od* **nowy**;
(*najmłodszy*) (the) newest; (*ostatni*)
(the) most recent, (the) latest.

najpierw *adv* first (of all), in the first
place.

najpóźniej *adv superl od* **późno** (the)
latest; (*jako ostatni*) last; **najpóźniej
we czwartek** on Thursday at the
(very) latest.

najstarszy *adj superl od* **stary** (the)
oldest; (*w rodzinie*) (the) eldest.

najwięcej *adv superl od* **dużo, wiele**
(the) most.

najwyżej adv superl od **wysoko**; (fruwać, latać) (the) highest ♦ adv: **najwyżej siedem** seven at the (very) most.

najwyższy adj superl od **wysoki**; (góra, liczba, dźwięk) (the) highest; (człowiek, drzewo, budynek) (the) tallest; **najwyższy czas, żebyśmy poszli** it's high time we left; **Sąd Najwyższy** ≈ the High Court (BRIT), ≈ the Supreme Court (US); **najwyższe piętro** the top floor; **stopień najwyższy** (JĘZ) superlative degree.

nakar|mić (-mię, -misz) vb perf od **karmić**.

naka|z (-zu, -zy) (loc sg -zie) m order; (PRAWO) warrant; **znak nakazu** (MOT) regulatory sign.

nakaz|ywać (-uję, -ujesz) (perf -ać) vt to order; **nakazywać komuś coś zrobić** to order sb to do sth; **nakazać dietę** to prescribe a diet.

naklej|ać (-am, -asz) (perf -ić) vt to stick on.

naklej|ka (-ki, -ki) (dat sg -ce, gen pl -ek) f (etykieta) label; (nalepka) sticker.

nakła|d (-du, -dy) (loc sg -dzie) m (książki) edition; **książka ma wyczerpany nakład** the book is out of print; **nakłady** pl expenditure, outlay.

nakład|ać (-am, -asz) (perf **nałożyć**) vt (farbę, krem) to apply; (ubranie, czapkę) to put on; (podatek, embargo) to impose.
►**nakładać się** vr to overlap.

nakłani|ać (-am, -asz) (perf **nakłonić**) vt to induce sb to do sth.

nakło|nić (-nię, -nisz) (imp -ń) vb perf od **nakłaniać**.

nakłuw|ać (-am, -asz) (perf **nakłuć**) vt to prick.

nakrę|cać (-cam, -casz) (perf -cić) vt (zegar) to wind up.

nakrę|cić (-cę, -cisz) (imp -ć) vb perf od **nakręcać**.

nakręt|ka (-ki, -ki) (dat sg -ce, gen pl -ek) f (na śrubę) nut; (na butelkę) (screw) top.

nakry|cie (-cia, -cia) (gen pl -ć) nt covering; (stołowe) cover, place setting; **nakrycie głowy** headgear.

nakry|ć (-ję, -jesz) vb perf od **nakrywać** ♦ vt perf (pot: przyłapać) to nail (pot).

nakryw|ać (-am, -asz) (perf **nakryć**) vt to cover; **nakrywać do stołu** to lay lub set the table.

nal|ać (-eję, -ejesz) vb perf od **nalewać**.

naleg|ać (-am, -asz) vi: **nalegać na coś** to insist on (doing) sth; **nalegać na kogoś, żeby coś zrobił** to insist on sb's doing sth.

nale|piać (-piam, -piasz) (perf -pić) vt to stick, to paste.

nalep|ka (-ki, -ki) (dat sg -ce, gen pl -ek) f sticker.

naleśni|k (-ka, -ki) (instr sg -kiem) m pancake (BRIT), crepe (US).

nalew|ać (-am, -asz) (perf **nalać**) vt to pour.

należ|eć (-ę, -ysz) vi: **należeć do** +gen to belong to; **należy ...** it's necessary to ..., one should ... .
►**należeć się** vr: **ile się należy?** how much do I owe you?; **to mi się należy** I deserve this.

należnoś|ć (-ci, -ci) (gen pl -ci) f amount due.

należny adj due.

nalo|t (-tu, -ty) (loc sg -cie) m (powietrzny) air raid; (policyjny) raid; (cienka warstwa) coating.

nałogo|wiec (-wca, -wcy) m addict.

nałogowy adj (alkoholik) chronic; (palacz) habitual, heavy.

nałoż|yć (-ę, -ysz) (imp **nałóż**) vb perf od **nakładać**.

nał|óg (-ogu, -ogi) (instr pl -ogiem)

m (*zły nawyk*) bad habit; (*uzależnienie*) addiction.

nam *pron dat od* **my** us.

namacalny *adj* tangible.

namaszcze|nie (**-nia, -nia**) (*gen pl* **-ń**) *nt*: **ostatnie namaszczenie** the last rites *pl*; **z namaszczeniem** with deliberation.

namawi|ać (**-am, -asz**) *vt* to urge, to encourage.

nami *pron instr od* **my** us; **z nami** with us.

namiast|ka (**-ki, -ki**) (*dat sg* **-ce**, *gen pl* **-ek**) *f*: **namiastka czegoś** a poor substitute for sth.

namiętność (**-ci, -ci**) (*gen pl* **-ci**) *f* passion.

namiętny *adj* passionate.

namio|t (**-tu, -ty**) (*loc sg* **-cie**) *m* tent.

namiotowy *adj*: **pole namiotowe** camping site (*BRIT*), campsite (*BRIT*), campground (*US*).

nam|owa (**-owy, -owy**) (*dat sg* **-owie**, *gen pl* **-ów**) *f* suggestion; **za czyjąś namową** at sb's instigation, at sb's insistence.

namó|wić (**-wię, -wisz**) *vt perf*: **namówić kogoś do (zrobienia) czegoś** to coax *lub* talk sb into doing sth.

namy|sł (**-słu, -sły**) (*loc sg* **-śle**) *m* thought, consideration; **bez namysłu** without a second thought; **po namyśle** on second thoughts.

namyśl|ać się (**-am, -asz**) (*perf* **-ić**) *vr* to think it over.

naoczny *adj*: **naoczny świadek** eye witness.

naokoło *prep* +*gen* round, around ♦ *adv* round, around.

napa|d (**-du, -dy**) (*loc sg* **-dzie**) *m* (*agresja*) assault; (*choroby, szału, śmiechu*) fit.

napad|ać (**-am, -asz**) (*perf* **napaść**) *vt* to attack, to assault ♦ *vi*: **napadać na kogoś** to attack sb, to assault sb.

napalony *adj* (*pot*) excited, horny (*pot*).

naparst|ek (**-ka, -ki**) (*instr sg* **-kiem**) *m* thimble.

napastliwy *adj* belligerent.

napastni|k (**-ka, -cy**) (*instr sg* **-kiem**) *m* assailant, attacker; (*SPORT*) forward.

napaś|ć[1] (**-ci, -ci**) (*gen pl* **-ci**) *f* assault.

napa|ść[2] (**-dnę, -dniesz**) (*imp* **-dnij**) *vb perf od* **napadać**.

napaw|ać (**-am, -asz**) *vt* to fill with.

▸**napawać się** *vr*: **napawać się czymś** (*widokiem*) to relish sth, to delight in sth; (*sukcesem, radością*) to savour (*BRIT*) *lub* savor (*US*) sth.

napeł|niać (**-niam, -niasz**) (*perf* **-nić**) *vt* to fill.

napeł|nić (**-nię, -nisz**) (*imp* **-nij**) *vb perf od* **napełniać**.

napę|d (**-du, -dy**) (*loc sg* **-dzie**) *m* (*elektryczny, spalinowy*) drive; (*rakietowy, odrzutowy*) propulsion; (*KOMPUT*) disk drive.

napę|dzać (**-dzam, -dzasz**) (*perf* **-dzić**) *vt* (*wprawiać w ruch*) to drive, to propel.

napę|dzić (**-dzę, -dzisz**) (*imp* **-dź**) *vb perf od* **napędzać** ♦ *vt perf*: **napędzić komuś strachu** to give sb a scare.

napi|ć się (**-ję, -jesz**) *vr perf* to have a drink.

napię|cie (**-cia, -cia**) (*gen pl* **-ć**) *nt* (*ELEKTR*) voltage; (*naprężenie*) tension; (*stan psychiczny*) tension.

napięty *adj* (*plan*) tight; (*uwaga*) rapt; (*atmosfera, nerwy*) tense.

napin|ać (**-am, -asz**) (*perf* **napiąć**) *vt* (*linę*) to tighten; (*mięśnie: na pokaz*) to flex; (: *z wysiłku*) to tense.

napi|s (**-su, -sy**) (*loc sg* **-sie**) *m* caption, inscription; **napisy** *pl* (*FILM: na początku lub końcu filmu*) the credits; (: *tłumaczenia dialogów*) subtitles.

napi|sać (-szę, -szesz) (*imp* -sz) *vb perf od* **pisać**.

napiw|ek (-ku, -ki) (*instr sg* -kiem) *m* tip.

napły|nąć (-nę, -niesz) (*imp* -ń) *vb perf od* **napływać**.

napły|w (-wu, -wy) (*loc sg* -wie) *m* (*wody*) inflow; (*ludzi*) influx.

napływ|ać (-am, -asz) (*perf* **napłynąć**) *vi* (*o wodzie*) to flow in; (*o ludziach, wiadomościach, listach*) to come flooding in.

napomk|nąć (-nę, -niesz) (*imp* -nij) *vb perf od* **napomykać**.

napomyk|ać (-am, -asz) (*perf* **napomknąć**) *vi*: **napomykać o** +*loc* to mention.

napotyk|ać (-am, -asz) (*perf* **napotkać**) *vt* to encounter, to run into.

nap|ój (-oju, -oje) (*gen pl* -ojów) *m* drink, beverage.

napra|wa (-wy, -wy) (*dat sg* -wie) *f* repair; **w naprawie** under repair.

naprawdę *adv* really, truly; **naprawdę?** really?

napra|wiać (-wiam, -wiasz) (*perf* -wić) *vt* (*reperować*) to repair, to mend; (*przen: krzywdę*) to undo; (: *stratę*) to make good.

naprędce *adv* hastily.

naprowa|dzać (-dzam, -dzasz) (*perf* -dzić) *vt* (*kierować*) to direct; (*dawać wskazówki*) to guide.

naprzeciw *prep* +*gen* opposite, across from.

naprzód *adv* ahead, forward.

naprzykrz|ać się (-am, -asz) *vr*: **naprzykrzać się komuś** to nag sb.

napuszony *adj* (*przen: mina*) proud; (*człowiek*) puffed up; (*styl*) bombastic, pompous.

napyt|ać (-am, -asz) *vt perf*: **napytać sobie biedy** (*pot*) to get into trouble.

nara|da (-dy, -dy) (*loc sg* -dzie) *f* (*zebranie*) conference, meeting; (*naradzanie się*) deliberation.

nara|dzać się (-dzam, -dzasz) (*perf* -dzić) *vr* to confer, to deliberate.

nara|dzić się (-dzę, -dzisz) (*imp* -dź) *vb perf od* **naradzać się**.

naramienni|k (-ka, -ki) (*instr sg* -kiem) *m* (*WOJSK*) epaulette (*BRIT*), epaulet (*US*).

naraz *adv* (*nagle*) suddenly, all at once; (*jednocześnie*) at the same time; **wszyscy naraz** all together.

nara|zić (-żę, -zisz) (*imp* -ź) *vb perf od* **narażać**.

naraż|ać (-am, -asz) (*perf* **narazić**) *vt* to endanger, to jeopardize; **narażać kogoś na coś** to expose sb to sth; **narażać życie** to risk one's life.

►**narażać się** *vr*: **narażać się na coś** to run the risk of sth; **narazić się komuś** to make o.s. unpopular with sb.

narażony *adj*: **być narażonym na coś** to be open *lub* subject to sth.

narciarski *adj* ski *attr*.

narciarst|wo (-wa) (*loc sg* -wie) *nt* skiing.

narciarz (-a, -e) (*gen pl* -y) *m* skier.

narcy|z (-za, -zy) (*loc sg* -zie) *m* (*BOT*) narcissus; (*człowiek*) narcissist.

nareszcie *adv* at last.

narkoma|n (-na, -ni) (*loc sg* -nie) *m* drug addict.

narkomani|a (-i) *f* drug addiction.

narkoty|k (-ku, -ki) (*instr sg* -kiem) *m* drug, narcotic.

narko|za (-zy, -zy) (*dat sg* -zie) *f* (*MED*) anaesthesia; **pod narkozą** under an anaesthetic.

nar|obić (-obię, -obisz) (*imp* -ób) *vt perf* **narobić hałasu** to make a noise; **narobić szkody** to cause *lub* do damage.

narodowoś|ć (-ci, -ci) (*gen pl* -ci) *f* nationality.

narodowy adj national.

narodze|nie (-nia, -nia) (gen pl -ń) nt birth; **Boże Narodzenie** Christmas.

nar|odzić się (-odzę, -odzisz) (imp -ódź) vr to be born.

narodzin|y (-) pl birth sg.

naroś|l (-i, -e) (gen pl -i) f growth.

narożni|k (-ka, -ki) (instr sg -kiem) m (domu, pokoju, obrusa) corner.

nar|ód (-odu, -ody) (loc sg -odzie) m (grupa etniczna) nation; (populacja kraju) people; **Narody Zjednoczone** the United Nations.

narrato|r (-ra, -rzy) (loc sg -rze) m narrator.

nar|ta (-ty, -ty) (dat sg -cie) f ski; **jeździć na nartach** to ski.

narusz|ać (-am, -asz) (perf -yć) vt (granice, prawo, pokój) to violate; (równowagę) to upset.

narusze|nie (-nia, -nia) (gen pl -ń) nt violation, infringement.

narwany adj (pot) hot-headed.

naryb|ek (-ku) (instr sg -kiem) m (ZOOL) fry pl; (przen) new blood (przen).

narys|ować (-uję, -ujesz) vb perf od **rysować**.

narzą|d (-du, -dy) (loc sg -dzie) m organ.

narzeczon|a (-ej, -e) f decl like adj fiancée.

narzeczon|y (-onego, -eni) m decl like adj fiancé; **narzeczeni** the engaged couple.

narzek|ać (-am, -asz) vi: **narzekać na** +acc to complain about.

narzędni|k (-ka, -ki) (instr sg -kiem) m (JĘZ) instrumental (case).

narzę|dzie (-dzia, -dzia) (gen pl -dzi) nt tool, instrument.

narzu|cać (-cam, -casz) (perf -cić) vt (płaszcz) to throw on; (wolę, warunki) to impose.

▸**narzucać się** vr: **narzucać się komuś** to force o.s. upon sb.

narzu|ta (-ty, -ty) (dat sg -cie) f bedspread, coverlet.

nas pron gen, acc, loc od **my**; **nie ma nas w domu** we're out (at the moment); **o nas** about us; **bez nas** without us.

nasenny adj: **pigułka nasenna** sleeping pill.

nasi pron patrz **nasz**.

nasiąk|ać (-am, -asz) (perf -nąć) vi: **nasiąkać wodą** to soak up water.

na|sienie (-sienia) nt (BOT) (nom pl -siona) seed; (sperma) semen.

nasil|ać się (-a) (perf -ić) vr to intensify, to escalate.

nasłoneczniony adj sunny, insolated.

nasłuch|iwać (-uję, -ujesz) vt: **nasłuchiwać kogoś/czegoś** to listen (out) for sb/sth.

nasta|ć (-nę, -niesz) (imp -ń) vb perf od **nastawać**.

nast|awać (-aję, -ajesz) (imp -awaj, perf -ać) vi (o porze, okresie) to come.

nasta|wiać (-wiam, -wiasz) (perf -wić) vt (kawę, radio) to put on; (zegar, budzik) to set; (kość, ramię) to set.

▸**nastawiać się** vr: **nastawiać się na coś** to expect sth.

nastawie|nie (-nia) nt: **nastawienie (do** +gen) attitude (to lub towards).

nastą|pić (-pię, -pisz) vb perf od **następować** ♦ vi perf: **nastąpić na coś** to step lub tread on sth.

następc|a (-y, -y) m decl like f in sg successor.

następnie adv then, next.

następny adj next, following.

następ|ować (-uję, -ujesz) (perf **nastąpić**) vi (pojawiać się kolejno) to follow; (o śmierci, zderzeniu, zmianie) to ensue; **ciąg dalszy nastąpi** to be continued.

następst|wo (-wa, -wa) (loc sg -wie)

nt after-effect; **następstwa**
after-effects *pl*, aftermath; **w**
następstwie czegoś in the
aftermath of sth.
następujący *adj* following;
następujący po sobie successive.
nastolat|ek (**-ka, -ki**) (*instr sg* **-kiem**)
m teenager, adolescent.
nastrojowy *adj* romantic.
nastrosz|yć (**-ę, -ysz**) *vb perf od*
stroszyć.
nastr|ój (**-oju, -oje**) *m* (*stan*
psychiczny) mood; (*panująca*
atmosfera) atmosphere; **być w**
dobrym/złym nastroju to be in a
good /bad mood.
nasturcj|a (**-i, -e**) (*gen pl* **-i**) *f*
nasturtium.
nasu|nąć (**-nę, -niesz**) (*imp* **-ń**) *vb*
perf od **nasuwać**.
nasuw|ać (**-am, -asz**) (*perf* **nasunąć**)
vt: **nasuwać kapelusz na oczy** to
pull one's hat over one's eyes;
nasuwać komuś coś na myśl to
suggest sth to sb.
▸**nasuwać się** *vr* (*o myśli*) to come
to mind.
nasy|cić (**-cę, -cisz**) (*imp* **-ć**)
▸**nasycić się** *vr* (*najeść się*) to eat
one's fill.
nasy|p (**-pu, -py**) (*loc sg* **-pie**) *m*
embankment.
nasz (*see* **Table 8**) *possessive pron*
(*przed rzeczownikiem*) our; (*bez*
rzeczownika) ours; **to jest nasz**
samochód this is our car; **ten**
samochód jest nasz this car is ours.
naszyjni|k (**-ka, -ki**) (*instr sg* **-kiem**)
m necklace.
naszyw|ka (**-ki, -ki**) (*dat sg* **-ce**, *gen*
pl **-ek**) *f* badge.
naślad|ować (**-uję, -ujesz**) *vt*
(*wzorować się*) to copy, to emulate;
(*imitować*) to imitate.
naśladowc|a (**-y, -y**) *m decl like* f *in*
sg imitator.

naśmiew|ać się (**-am, -asz**) *vr*:
naśmiewać się z +*gen* to mock, to
laugh at.
naświetl|ać (**-am, -asz**) (*perf* **-ić**) *vt*
(*promieniami*) to irradiate; (*MED*) to
give radiation treatment; (*FOT*) to
expose; (*przen*) to throw *lub* cast
light on.
natar|cie (**-cia, -cia**) (*gen pl* **-ć**) *nt*
offensive, attack.
natarczywy *adj* importunate.
natch|nąć (**-nę, -niesz**) (*imp* **-nij**) *vt*
perf to inspire, to infuse.
natchnie|nie (**-nia, -nia**) (*gen pl* **-ń**)
nt inspiration.
natchniony *adj* inspired.
natęż|ać (**-am, -asz**) (*perf* **-yć**) *vt*
(*wzrok, słuch*) to strain.
▸**natężać się** *vr* to intensify.
natęże|nie (**-nia, -nia**) (*gen pl* **-ń**) *nt*
(*dźwięku*) volume; (*ELEKTR*)
intensity.
nat|ka (**-ki**) (*dat sg* **-ce**) *f* tops *pl*;
natka pietruszki parsley.
natk|nąć się (**-nę, -niesz**) (*imp* **-nij**)
vb perf od **natykać się**.
natło|k (**-ku**) (*instr sg* **-kiem**) *m*: **w**
natłoku spraw/myśli in the rush of
events/ideas.
natomiast *adv* however.
natra|fiać (**-fiam, -fiasz**) (*perf* **-fić**) *vi*:
natrafiać na +*acc* to come across
sth.
natrętny *adj* obtrusive.
natrys|k (**-ku, -ki**) (*instr sg* **-kiem**) *m*
shower.
nat|rzeć (**-rę, -rzesz**) (*imp* **-rzyj**) *vb*
perf od **nacierać**.
natu|ra (**-ry**) (*loc sg* **-rze**) *f* nature;
martwa natura still life.
naturalnie *adv* naturally.
naturalny *adj* natural.
natury|sta (**-sty, -ści**) (*dat sg* **-ście**)
m decl like f *in sg* naturist.
natychmiast *adv* immediately,
instantly.

natychmiastowy adj immediate, instant.

natyk|ać się (-am, -asz) (perf **natknąć się**) vr: natykać się na +acc to encounter, to come up against.

naucz|ać (-am, -asz) vt: nauczać kogoś (czegoś) to teach sb (sth); nauczać (kogoś) czegoś to teach sth (to sb).

naucz|ka (-ki, -ki) (dat sg -ce, gen pl -ek) f lesson.

nauczyciel (-a, -e) (gen pl -i) m teacher; nauczyciel angielskiego/fizyki English/physics teacher.

nauczyciel|ka (-ki, -ki) (dat sg -ce, gen pl -ek) f teacher.

nauczycielski adj: pokój nauczycielski staff lub teachers' room; kolegium nauczycielskie teacher training college.

naucz|yć (-ę, -ysz) vb perf od uczyć.

nau|ka (-ki, -ki) (dat sg -ce) f (wiedza, teoria) science; (uczenie się) study; (przestroga) lesson; nauka jazdy (kurs) driving school; (kierowca) learner lub student driver.

nauko|wiec (-wca, -wcy) m scholar; (w dyscyplinach przyrodniczych i ścisłych) scientist, scholar.

naukowy adj (ekspedycja) scientific; badania naukowe research; pracownik naukowy research worker; pomoce naukowe teaching aids.

naumyślnie adv deliberately.

na|wa (-wy, -wy) (loc sg -wie) f: nawa główna nave; nawa boczna aisle.

nawad|niać (-niam, -niasz) (perf nawodnić) vt to irrigate.

nawal|ać (-am, -asz) (perf -ić) (pot) vi (o urządzeniu) to pack up (pot); (o osobie) to blow it (pot).

nawa|ł (-łu) (loc sg -le) m: nawał pracy mountains lub a mountain of work (pot).

nawet adv even.

nawia|s (-su, -sy) (loc sg -sie) m parenthesis, bracket (BRIT); nawias okrągły parenthesis, round bracket (BRIT); nawias kwadratowy square bracket; nawias klamrowy brace, curly bracket; w nawiasie in parentheses.

nawią|zać (-żę, -żesz) vb perf od nawiązywać.

nawiąz|ka (-ki, -ki) (dat sg -ce, gen pl -ek) f: z nawiązką with interest.

nawiąz|ywać (-uję, -ujesz) vt (stosunki, kontakty) to establish; (rozmowy, korespondencję) to enter into ♦ vi: nawiązywać do czegoś to refer to sth.

nawiedzony adj (pot: o osobie) cranky (pot).

nawierzch|nia (-ni, -nie) (gen pl -ni) f (MOT) surface.

nawi|eźć (-ozę, -eziesz) (imp -eź, pt -ózł, -ozła, -eźli) vb perf od nawozić.

nawigacj|a (-i) f navigation.

nawij|ać (-am, -asz) vt (perf nawinąć) to wind.

nawilż|ać (-am, -asz) (perf -yć) vt (skórę) to moisturize; (powietrze) to humidify.

nawi|nąć (-nę, -niesz) (imp -ń) vb perf od nawijać.

▶**nawinąć się** vr (pot) to crop up.

nawl|ec (-okę, -eczesz) (pt -ókł, -ekła, -ekli) vb perf od nawlekać.

nawlek|ać (-am, -asz) (perf nawlec) vt (igłę) to thread; (korale itp.) to string.

nawoł|ywać (-uję, -ujesz) vt (krzyczeć) to call; nawoływać kogoś do (zrobienia) czegoś to exhort sb to do sth.

naw|ozić (-ożę, -ozisz) (imp -oź lub -óź, perf -ieźć) vt (ROL) to fertilize.

naw|óz (-ozu, -ozy) (*loc sg* -ozie) *m*
fertilizer.

nawrac|ać (-am, -asz) (*perf*
nawrócić) *vt* (*samochód*) to turn
back; (*REL*) to convert.

▶**nawracać się** *vr*: nawracać się na
+*acc* to be converted to.

nawró|cić (-cę, -cisz) (*imp* -ć) *vb*
perf od **nawracać**.

nawy|k (-ku, -ki) (*instr sg* -kiem) *m*
habit.

nawzajem *adv* (*obopólnie*) each
other, one another; **dziękuję,
nawzajem!** thank you! same to you!

nazajutrz *adv* (*książk*) (on) the next
lub following day.

nazbyt *adv* too, excessively.

nazi|sta (-sty, -ści) (*loc sg* -ście) *m
decl like f in sg* Nazi.

nazistowski *adj* Nazi.

naznacz|ać (-am, -asz) (*perf* -yć) *vt*
(*opatrywać znakiem*) to mark;
(*wyznaczać*) to set.

naz|wa (-wy, -wy) (*dat sg* -wie) *f*
name; **nosić nazwę X** to be named
X.

naz|wać (-wę, -wiesz) (*imp* -wij) *vb
perf od* **nazywać**.

nazwis|ko (-ka, -ka) (*instr sg* -kiem)
nt surname (*BRIT*), last name (*US*);
nazwisko panieńskie maiden name;
czek na czyjeś nazwisko a cheque
in sb's name.

nazyw|ać (-am, -asz) (*perf* **nazwać**)
vt to call; **nazywać rzecz(y) po
imieniu** to call a spade a spade.

▶**nazywać się** *vr* to be called; **jak
się Pan/Pani nazywa?** what's your
name, please?; **jak to się nazywa?**
what is it called?, what do you call
it?

n.e. *abbr* (= *naszej ery*) AD, CE.

Neapol (-u) *m* Naples.

negaty|w (-wu, -wy) (*loc sg* -wie) *m*
negative.

negatywny *adj* negative.

negocjacj|e (-i) *pl* negotiations *pl*.

neg|ować (-uję, -ujesz) (*perf* **za**-) *vt*
(*zaprzeczać*) to deny; (*nie uznawać*)
to negate.

nekrolo|g (-gu, -gi) (*instr sg* -giem)
m obituary.

nektaryn|ka (-ki, -ki) (*dat sg* -ce) *f*
nectarine.

neo... *pref* neo... .

neofaszy|sta (-sty, -ści) (*dat sg*
-ście) *m decl like f in sg* Neo-Nazi.

neogotycki *adj* Neo-Gothic.

neoklasyczny *adj* neoclassical.

neo|n (-nu, -ny) (*loc sg* -nie) *m*
(*CHEM*) neon; (*reklama*) neon sign
lub light.

neonów|ka (-ki, -ki) (*dat sg* -ce, *gen
pl* -ek) *f* neon light.

nepotyz|m (-mu) (*loc sg* -mie) *m*
nepotism.

ner|ka (-ki, -ki) (*dat sg* -ce, *gen pl* -ek)
f kidney.

ner|w (-wu, -wy) (*loc sg* -wie) *m*
nerve; **działać komuś na nerwy** to
get on sb's nerves; **mieć
mocne/słabe nerwy** to have
strong/weak nerves.

nerwic|a (-y, -e) *f* neurosis.

nerwoból (-u, -e) (*gen pl* -ów *lub* -i)
m neuralgia.

nerwowoś|ć (-ci) *f* nervousness.

nerwowy *adj* nervous; **komórka
nerwowa** nerve cell.

nerwu|s (-sa, -sy) (*loc sg* -sie) *m*
(*pot*) edgy fellow (*pot*).

netto *inv* net.

neurochirur|g (-ga, -dzy *lub* -gowie)
m neurosurgeon, brain surgeon.

neurolo|g (-ga, -dzy *lub* -gowie) *m*
neurologist.

neutraliz|ować (-uję, -ujesz) (*perf*
z-) *vt* to neutralize.

neutralnoś|ć (-ci) *f* neutrality.

neutralny *adj* neutral; (*POL*)
non-aligned.

newralgiczny *adj*: **punkt/rejon newralgiczny** trouble spot/area.

nęcący *adj* tempting, seductive.

nę|cić **(-cę, -cisz)** (*imp* **-ć**, *perf* **z-**) *vt* to tempt, to seduce.

nędz|a **(-y, -e)** *f* misery.

nędzarz **(-a, -e)** (*gen pl* **-y**) *m* pauper.

nędzny *adj* miserable, wretched.

nęk|ać **(-am, -asz)** *vt* to plague, to haunt.

ni *conj*: **ni ... ni ...** neither ... nor ...; **ni stąd, ni zowąd** out of the blue.

nia|nia **(-ni, -nie)** (*gen pl* **-ń**) *f* nanny.

nią *pron instr od* **ona** her; (*w odniesieniu do przedmiotu, zwierzęcia*) it.

niby *part* (*rzekomo*) supposedly, allegedly; **niby przypadkiem** as if *lub* though by accident; **robić coś na niby** to make believe one is doing sth.

nic (*like:* **co**) *pron* nothing; (*: z innym wyrazem przeczącym*) anything; **nic dziwnego** no wonder; **nic z tego** it's no use!; **to nic** (*nie szkodzi*) never mind; **nic a nic** not a thing.

nicpo|ń **(-nia, -nie)** (*gen pl* **-ni** *lub* **-niów**) *m* good-for-nothing.

niczyj (*see* **Table 6**) *adj* nobody's, no-one's; **ziemia niczyja** no-man's-land.

ni|ć **(-ci, -ci)** (*instr pl* **-ćmi**) *f* thread.

nie *part* no; (*z czasownikiem*) not; **nie ma go tutaj** he's not here; **co to, to nie!** that is out of the question!; **nie ma co narzekać** it's no good complaining; **nie martw się!** don't worry!

nie... *pref* (*z przymiotnikami*) un..., in...; (*z rzeczownikami*) non-.

nieaktualny *adj* (*bilet*) invalid; (*oferta*) unavailable; (*informacja*) out-of-date.

nieapetyczny *adj* unappetizing.

nieartykułowany *adj* inarticulate.

niebagatelny *adj* considerable, substantial.

niebawem *adv* (*książk*) soon, by and by (*książk*).

niebezpieczeńst|wo **(-wa, -wa)** (*loc sg* **-wie**) *nt* (*zagrożenie*) danger, peril; (*narażenie*) risk, hazard; (*sytuacja awaryjna*) emergency.

niebezpieczny *adj* (*sytuacja, bandyta*) dangerous; (*posunięcie*) risky; (*ładunek, substancja*) hazardous.

niebieski *adj* (*kolor*) blue; (*ciało*) heavenly, celestial; (*królestwo*) heavenly; **benzyna niebieska** (*pot*) two-star petrol (*BRIT*).

niebi|osa **(-os)** (*loc* **-osach**) *pl* heaven.

nie|bo **(-ba, -ba)** (*loc sg* **-bie**, *gen pl* **-bios**, *dat pl* **-biosom**, *instr pl* **-biosami**, *loc pl* **-biosach**) *nt* sky; (*REL*) heaven; **na niebie** in the sky; **w niebie** in heaven; **spać pod gołym niebem** to sleep rough; **niebo w gębie!** (*pot*) delicious!

niebora|k **(-ka, -cy** *lub* **-ki)** (*instr sg* **-kiem**) *m* poor thing.

nieboszczy|k **(-ka, -cy** *lub* **-ki)** (*instr sg* **-kiem**) *m* the deceased.

niebrzydki *adj* rather pretty.

niebywale *adv* unusually.

niebywały *adj* (*most*) unusual.

niecały *adj*: **niecały rok/tydzień** less than a year/week.

niecelny *adj*: **niecelny strzał** miss.

niecelowy *adj* inadvisable.

niecenzuralny *adj* obscene.

niech *part*: **niech wejdą** let them come in; **niech pomyślę** let me think *lub* see; **niech i tak będzie** so be it.

niechcący *adv* unintentionally, by accident.

niechcenia *inv*: **od niechcenia** casually, negligently.

niechę|ć **(-ci, -ci)** *f* dislike; **żywić**

niechęć do kogoś to dislike sb;
czuć niechęć do pracy to have an
aversion to work; **z niechęcią**
reluctantly.

niechętnie *adv* reluctantly.

niechętny *adj* reluctant.

niechlubny *adj* (*książk*) shameful.

niechluj (**-a, -e**) *m* (*pot*) slob.

niechlujny *adj* sloppy.

niechybny *adj* certain.

nieciekawy *adj* uninteresting.

niecierpli|wić (**-wię, -wisz**) (*perf* **z-**)
vt to make impatient.

►**niecierpliwić się** *vr* to grow
impatient.

niecierpliwoś|ć (**-ci**) *f* impatience; **z**
niecierpliwością impatiently.

niecierpliwy *adj* impatient.

nieco *adv* somewhat; **nieco większy**
somewhat larger; **co nieco** a little.

niecodzienny *adj* unusual.

nieczuły *adj* (*obojętny*) insensitive,
callous; (*odporny*) impervious.

nieczynny *adj* inactive, inoperative;
(*sklep*) closed; (*urządzenie*) out of
order *pred*; (*wulkan*) dormant;
(: *wygasły*) extinct.

nieczysty *adj* (*skóra*) dirty, soiled;
(*głos*) out of tune *pred*; (*myśli*)
impure, unclean; (*zamiary*)
dishonest; (*sumienie*) guilty.

nieczytelny *adj* (*pismo*) illegible,
unreadable; (*informacja*) unclear.

niedaleki *adj* (*w przestrzeni*) nearby;
(*w czasie*) near, prospective.

niedaleko *adv* (*w małej odległości*)
near (by); (*blisko w czasie*) soon.

niedawno *adv* recently, not long ago.

niedawny *adj* recent; **do niedawna**
until recently; **od niedawna** since
recently.

niedbalst|wo (**-wa**) (*loc sg* **-wie**) *nt*
negligence, neglect.

niedbały *adj* (*pracownik*) negligent,
inattentive; (*strój*) untidy; (*gest*)
offhand.

niedelikatny *adj* (*człowiek*) tactless;
(*pytanie, uwaga*) indelicate, tactless.

niedługo *adv* (*wkrótce*) soon, before
long; (*krótko*) a little while.

niedob|ór (**-oru, -ory**) (*loc sg* **-orze**)
m (*witamin*) deficiency; (*pieniędzy,
siły roboczej*) shortage; (*żywności*)
scarcity, shortage; (*w budżecie*)
deficit.

niedobrany *adj* (*małżeństwo*)
mismatched, ill-suited; (*meble*)
mismatched, ill-matched.

niedobry *adj* not good, bad;
(*człowiek*) evil, wicked; (*wiadomość*)
bad; (*jedzenie*) disgusting, yucky
(*pot*).

niedobrze *adv* (*niezdrowo*) sickly,
unwell; (*niepomyślnie*) badly;
(*niewłaściwie*) wrongly;
(*nieprzyjaźnie*) unkindly; **niedobrze**
mi I feel sick; **robi mi się**
niedobrze I'm beginning to feel
sick; **czuć się niedobrze** to feel
unwell.

niedochodowy *adj* (*interes*)
unprofitable; (*organizacja*) non-profit.

niedociągnię|cie (**-cia, -cia**) (*gen pl*
-ć) *nt* shortcoming.

niedogodnoś|ć (**-ci, -ci**) *f*
inconvenience.

niedogodny *adj* inconvenient.

niedojrzałoś|ć (**-ci**) *f* immaturity.

niedojrzały *adj* (*człowiek*) immature;
(*zboże, owoc*) unripe, green; (*wino*)
immature, green; (*ser*) immature,
unripe.

niedokładnoś|ć (**-ci, -ci**) (*gen pl* **-ci**)
f inaccuracy.

niedokładny *adj* (*człowiek*) careless,
negligent; (*praca*) sloppy; (*nie
sprecyzowany*) inaccurate.

niedokonany *adj* (*JĘZ*) imperfective.

niedokończony *adj* unfinished,
incomplete.

niedokrwistoś|ć (**-ci**) *f* (*MED*)
anaemia (*BRIT*), anemia (*US*).

niedol|a (-i, -e) (*gen pl* -i) *f* misery.

niedołężny *adj* (*niesprawny*) infirm; (*nieudolny*) incompetent; (*niezdarny*) awkward.

niedomag|ać (-am, -asz) *vi* (*o człowieku*) to be ailing; (*o narzędzie, urządzeniu*) to malfunction.

niedopał|ek (-ka, -ki) (*instr sg* -kiem) *m* (cigarette) butt, (cigarette) stub.

niedopatrze|nie (-nia, -nia) (*gen pl* -ń) *nt* oversight.

niedopieczony *adj* (*mięso, kotlet*) underdone, rare.

niedopowiedze|nie (-nia, -nia) (*gen pl* -ń) *n* allusion, understatement.

niedopuszczalny *adj* unacceptable, inadmissible.

niedorozwinięty *adj* (*człowiek*) retarded, mentally handicapped *lub* deficient.

niedorozw|ój (-oju) *m* (*umysłowy*) mental deficiency.

niedorzeczny *adj* preposterous, absurd.

niedoskonałoś|ć (-ci, -ci) (*gen pl* -ci) *f* imperfection, flaw.

niedosłysz|eć (-ę, -ysz) *vi* to be hard of hearing.

niedostateczny *adj* insufficient, inadequate ‣ *m decl like adj* (*SZKOL: ocena*) unsatisfactory *lub* failing mark (*BRIT*) *lub* grade (*US*).

niedostat|ek (-ku, -ki) (*instr sg* -kiem) *m* scarcity, shortage.

niedostępny *adj* (*miejsce*) inaccessible; (*człowiek*) aloof, unapproachable.

niedosy|t (-tu) (*loc sg* -cie) *m* want, insufficiency.

niedoświadczony *adj* inexperienced.

niedowa|ga (-gi) (*dat sg* -dze) *f* underweight.

niedowi|dzieć (-dzę, -dzisz) (*imp* -dź) *vi*: **on niedowidzi** his sight is failing.

niedowierza|nie (-nia) *nt*: **z niedowierzaniem** in disbelief.

niedożywie|nie (-nia) *nt* malnutrition.

niedożywiony *adj* undernourished.

niedrogi *adj* inexpensive.

niedużo *adv* (*mleka, pieniędzy*) not much, little; (*książek, drzew*) not many, few.

nieduży *adj* small.

niedwuznaczny *adj* unambiguous.

niedyskretny *adj* indiscreet.

niedziel|a (-i, -e) *f* Sunday; **Niedziela Palmowa/Wielkanocna** Palm/Easter Sunday.

niedźwie|dź (-dzia, -dzie) (*gen pl* -dzi) *m* bear.

nieefektowny *adj* unattractive.

nieekonomiczny *adj* uneconomical.

nieelegancki *adj* (*niegustowny*) inelegant; (*nieuprzejmy*) impolite.

nieestetyczny *adj* unsightly.

niefachowy *adj* incompetent, amateurish.

nieforemny *adj* irregular.

nieformalny *adj* (*nieoficjalny*) informal; (*niezgodny z przepisami*) illegal.

niefortunny *adj* unfortunate.

niefrasobliwy *adj* light-hearted.

niegazowany *adj* (*napój*) still, noncarbonated.

niegłupi *adj* (quite) clever.

niegodny *adj* (*czyn, postępowanie*) mean; **niegodny czegoś/kogoś** undeserving of sth/sb.

niegodziwy *adj* wicked, mean.

niegospodarny *adj* uneconomical, wasteful.

niegościnny *adj* inhospitable.

niegroźny *adj* (*dolegliwość*) mild.

niegrzeczny *adj* (*nieuprzejmy*) impolite; (*dziecko*) bad, naughty.

niegustowny *adj* tasteless.

niehigieniczny *adj* unhygienic, insanitary.

nieistotny *adj* (*nieważny*)
unimportant; (*nie powiązany*)
irrelevant.

niej *pron gen, dat, loc od* **ona**; (*w
odniesieniu do osoby*) her; (*w
odniesieniu do rzeczy, zwierzęcia*) it.

niejadalny *adj* (*niesmaczny*)
uneatable; (*niezdatny do jedzenia*)
inedible.

niejaki *adj* (*pewien*) some, a; **niejaki
pan Smith** a Mr Smith.

niejasnoś|ć (**-ci, -ci**) (*gen pl* **-ci**) *f*
ambiguity, vagueness.

niejasny *adj* (*sformułowanie*) unclear,
vague; (*przeczucie*) indefinite.

niejeden (*like*: **jeden**) *pron* more than
one; **niejeden raz** many a time.

niejednokrotnie *adv* more than
once, many a time.

niejednorodny *adj* heterogenous.

niejednoznaczny *adj* ambiguous.

niekiedy *adv* sometimes.

niekoleżeński *adj* unsociable,
unfriendly.

niekompatybilny *adj* (*KOMPUT*)
incompatible.

niekompetencj|a (**-i, -e**) (*gen pl* **-i**) *f*
incompetence.

niekompetentny *adj* (*nieumiejętny*)
incompetent; (*nie uprawniony*)
unauthorized.

niekompletny *adj* incomplete.

niekoniecznie *adv* not necessarily.

niekonsekwentny *adj* inconsistent.

niekorzystny *adj* unfavourable
(*BRIT*), unfavorable (*US*),
disadvantageous.

niekorzyś|ć (**-ci**) *f*: **na czyjąś
niekorzyść** to sb's disadvantage.

niekrępujący *adj* (*pokój*) private.

niektórzy (*f, nt* **niektóre**) *pron* some;
niektórzy mówią, że ... some
(people) say that ... .

niekulturalny *adj* uncivil, rude.

nielegalny *adj* illegal.

nieletni *adj* juvenile ♦ *m decl like adj*

minor, juvenile; **sąd dla nieletnich**
juvenile court; **przestępczość
nieletnich** juvenile delinquency *lub*
crime.

nieliczny *adj* sparse, few.

nielogiczny *adj* illogical.

nielojalny *adj* disloyal.

nieludzki *adj* (*okrutny*) inhuman(e);
(*nadludzki*) superhuman.

nieła|d (**-du**) (*loc sg* **-dzie**) *m* disarray.

nieładnie *adv* (*postępować*) unfairly;
nieładnie się porusza her/his
movements are clumsy; **nieładnie
pisze** her/his handwriting is ugly.

nieładny *adj* (*brzydki*) ugly;
(*nieuczciwy*) unfair.

niełas|ka (**-ki**) (*dat sg* **-ce**) *f* disgrace,
disfavour (*BRIT*), disfavor (*US*).

niełatwy *adj* not easy, difficult.

niemal *adv* almost, (very) nearly;
jestem niemal pewien I am almost
certain; **niemal się nie spóźnił** he
was very nearly late.

niemało *adv*: **niemało czegoś** quite
a lot of sth.

niemądry *adj* unwise, silly.

Nie|mcy (**-miec**) (*loc* **-mczech**) *pl*
Germany; **Republika Federalna
Niemiec** the Federal Republic of
Germany.

Nie|miec (**-mca, -mcy**) (*voc sg*
-mcze) *m* German.

niemiecki *adj* German; **Niemiecka
Republika Demokratyczna** the
German Democratic Republic;
owczarek niemiecki Alsatian
(*BRIT*), German shepherd (*US*).

niemile, niemiło *adv* (*zaskoczony*)
unpleasantly; **niemile widziany**
unwelcome.

niemiłosierny *adj* (*bezlitosny*)
merciless; (*przen: okropny*) terrible,
awful.

niemiły *adj* (*wygląd, zapach*)
unpleasant; (*człowiek*) unkind.

Niem|ka (-ki, -ki) (*dat sg* -ce, *gen pl* -ek) *f* German.

niemniej *adv* still, however; **tym niemniej** even so; **niemniej jednak** nevertheless.

niemodny *adj* unfashionable, out-of-date.

niemoralny *adj* immoral.

niem|owa (-owy, -owy) (*dat sg* -owie, *gen pl* -ów) *f/m decl like f in sg* mute.

niemowl|ę (-ęcia, -ęta) (*gen pl* -ąt) *nt* baby.

niemożliwy *adj* impossible; **niemożliwy do zrobienia** unfeasible.

niemożność (-ci) *f* impossibility.

niemy *adj* (*człowiek*) mute, dumb; (*film, aprobata*) silent.

nienagannie *adv* (*zachowywać się*) faultlessly; **nienagannie ubrany** impeccably dressed.

nienaganny *adj* (*strój, zachowanie*) impeccable.

nienaruszalny *adj* (*POL*) unalterable, inalienable.

nienasycony *adj* insatiable.

nienaturalny *adj* unnatural, artificial.

nienaumyślnie *adv* (*zrobić coś*) unintentionally.

nienawi|dzić (-dzę, -dzisz) (*imp* -dź) *vt* to hate, to detest.

nienawistny *adj* (*pełen nienawiści*) hateful; (*znienawidzony*) odious.

nienawiś|ć (-ci) *f* hatred, hate.

nienormalny *adj* (*niezgodny z normą*) abnormal; (*niezgodny z oczekiwanym rezultatem*) anomalous; (*chory psychicznie*) mad, insane.

nieobcy *adj* (*znajomy*) familiar; **nieobce mu były ...** he was no stranger to ... .

nieobecność (-ci) *f* absence.

nieobecny *adj* absent; **nieobecny duchem** (*przen*) absent in soul.

nieobliczalny *adj* unpredictable.

nieobyty *adj* unsophisticated, uncultured.

nieoceniony *adj* invaluable.

nieoczekiwanie *adv* unexpectedly, surprisingly.

nieoczekiwany *adj* unexpected, surprising.

nieodłączny *adj* inseparable, inherent.

nieodmienny *adj* (*stały*) invariable; (*JĘZ*) uninflected.

nieodpłatnie *adv* free of charge, at no cost *lub* charge.

nieodpłatny *adj* free.

nieodpowiedni *adj* inappropriate, unsuitable.

nieodpowiedzialny *adj* irresponsible.

nieodwołalnie *adv* irrevocably, beyond recall.

nieodwołalny *adj* irrevocable, unalterable.

nieodwracalny *adj* (*decyzja*) irreversible; (*szkoda*) irreparable.

nieodzowny *adj* indispensable, essential.

nieoficjalnie *adv* unofficially.

nieoficjalny *adj* unofficial.

nieograniczony *adj* (*możliwości, zaufanie*) unlimited, endless; (*swoboda, władza*) unrestricted.

nieokreślony *adj* (*lęk, przeczucie*) vague; (*kolor, wiek*) indeterminate; **przedimek nieokreślony** (*JĘZ*) indefinite article.

nieokrzesany *adj* coarse, crude.

nieomal *adv* = **niemal**.

nieomylny *adj* infallible.

nieopatrzny *adj* reckless, careless.

nieopisany *adj* (*lęk*) untold, indescribable; (*bałagan*) indescribable.

nieopłacalny *adj* unprofitable.

nieosiągalny *adj* unattainable.

nieostrożność (-ci) *f* carelessness.

nieostrożny *adj* careless.

nieostry *adj* (*nóż*) blunt; (*zdjęcie*) out of focus; (*obraz*) blurred.

niepalący *adj* non-smoking ♦ *m decl like adj* non-smoker; **przedział dla niepalących** a non-smoking compartment.

nieparzysty *adj* odd.

niepełnoletni *adj* under age, under-age *attr*.

niepełnosprawny *adj* handicapped.

niepełny *adj* (*nie napełniony*) not (quite) full; (*niekompletny*) incomplete.

niepewnoś|ć (**-ci**) *f* uncertainty.

niepewny *adj* (*człowiek*) hesitant; (*krok*) unsteady; (*pochodzenie, sytuacja*) uncertain; (*partner, sojusznik*) doubtful.

niepochlebny *adj* unfavourable (*BRIT*), unfavorable (*US*), critical.

niepocieszony *adj* disconsolate.

niepoczytalny *adj* insane.

niepodległoś|ć (**-ci**) *f* independence.

niepodległy *adj* independent.

niepodobny *adj* unlike, dissimilar; **być niepodobnym do kogoś** to be unlike sb; **to do niego niepodobne** it's very unlike him.

niepodważalny *adj* irrefutable, unquestionable.

niepodzielnie *adv* (*panować, rządzić*) absolutely.

niepogo|da (**-dy**) (*dat sg* **-dzie**) *f* bad weather.

niepohamowany *adj* uncontrollable.

niepojęty *adj* inconceivable.

niepok|oić (**-oję, -oisz**) (*imp* **-ój**, *perf* **za-**) *vt* (*wzbudzać niepokój*) to worry; (*nie dawać spokoju*) to bother.

►**niepokoić się** *vr* to worry; **niepokoić się o** +*acc* to worry about.

niepokojący *adj* disturbing.

niepokonany *adj* invincible.

niepok|ój (**-oju**) *m* anxiety.

niepomyślny *adj* (*wiadomość*) bad; (*wiatr*) adverse; (*próba*) unsuccessful.

niepoprawny *adj* (*odpowiedź*) incorrect, wrong; (*człowiek*) incorrigible.

niepopularny *adj* unpopular.

nieporadny *adj* incapable, incompetent.

nieporęczny *adj* unwieldy.

nieporozumie|nie (**-nia, -nia**) (*gen pl* **-ń**) *nt* (*pomyłka*) misunderstanding; (*konflikt*) disagreement.

nieporząd|ek (**-ku, -ki**) (*instr sg* **-kiem**) *m* mess.

nieporządny *adj* (*człowiek*) untidy.

nieposłuszeńst|wo (**-wa**) (*loc sg* **-wie**) *nt* disobedience.

niepostrzeżenie *adv* imperceptibly.

niepotrzebnie *adv* unnecessarily.

niepotrzebny *adj* (*niekonieczny*) unnecessary; (*nie chciany*) unwanted.

niepoważny *adj* (*człowiek*) silly; (*podejście*) unserious, frivolous.

niepowodze|nie (**-nia, -nia**) (*gen pl* **-ń**) *nt* failure.

niepowtarzalny *adj* unique.

niepoznaki *inv* (*pot*): **dla niepoznaki** to distract (sb's) attention; **zmieniony do niepoznaki** changed beyond *lub* past (all) recognition.

niepozorny *adj* inconspicuous.

niepraktyczny *adj* impractical, unpractical.

niepraw|da (**-dy**) (*dat sg* **-dzie**) *f* untruth; **to nieprawda!** that's a lie!, that's not true!; **ten jest ładny, nieprawda(ż)?** this one is pretty, isn't it?

nieprawdopodobny *adj* incredible, improbable.

nieprawdziwy *adj* (*niezgodny z prawdą*) untrue; (*nierzeczywisty*) unreal; (*sztuczny*) artificial, false.

nieprawidłowy *adj* (*niezgodny z normami*) against the rules *pred*; (*niepoprawny. odpowiedź*) incorrect.

nieprecyzyjny *adj* imprecise.

nieprędko *adj* not soon.

nieproporcjonalny *adj*
disproportionate.

nieproszony *adj*: **nieproszony gość**
unwelcome *lub* uninvited guest *lub*
visitor, gatecrasher (*pot*).

nieprzechodni *adj* (*JĘZ*) intransitive.

nieprzeciętny *adj* superior,
outstanding.

nieprzejednany *adj* intransigent,
uncompromising.

nieprzejezdny *adj* (*droga*: *z powodu
robót*) closed; (: *z powodu złych
warunków*) impassable.

**nieprzekonujący,
nieprzekonywający** *adj*
unconvincing.

nieprzemakalny *adj* (*odzież*)
rainproof; (*opakowanie*) waterproof;
płaszcz nieprzemakalny raincoat.

nieprzepisowy *adj* (*SPORT*) foul;
(*WOJSK*) non-conforming, contrary
to the regulations *pred*.

nieprzerwany *adj* uninterrupted,
continuous.

nieprzewidziany *adj* unforeseen.

nieprzezroczysty *adj* opaque.

nieprzychylny *adj* (*nieprzyjazny*)
unfriendly; (*niesprzyjający*: *wiatr*)
foul.

nieprzydatny *adj* useless.

nieprzyja|ciel (**-ciela, -ciele**) (*gen pl*
-ciół, *dat pl* **-ciołom**, *instr pl* **-ciółmi**,
loc pl **-ciołach**) *m* enemy.

nieprzyjacielski *adj* enemy *attr*.

nieprzyjazny *adj* unfriendly, hostile.

nieprzyjemnie *adv* unpleasantly.

nieprzyjemności *pl* trouble; **mieć
nieprzyjemności** to be in trouble.

nieprzyjemny *adj* unpleasant.

nieprzypadkowo *adv* not
accidentally.

nieprzytomny *adj* (*człowiek*)
unconscious; (*oczy, wzrok*) vacant;
(*ze strachu, ze złości*) mad.

nieprzyzwoity *adj* obscene, indecent.

niepunktualny *adj* unpunctual.

nierad *adv*: **rad nierad** willy-nilly.

nierasowy *adj*: **pies nierasowy**
mongrel (dog).

nieraz *adv* (*niejednokrotnie*) many
times, many a time; (*niekiedy*)
sometimes.

nierdzewny *adj* stainless, rust-proof.

nierealny *adj* (*nierzeczywisty*) unreal;
(*niewykonalny*) unfeasible.

nieregularny *adj* irregular.

nierentowny *adj* unprofitable.

nierozerwalnie *adv* inseparably.

nierozpuszczalny *adj* insoluble.

nieroztropny *adj* imprudent.

nierozważny *adj* reckless.

nier|ób (**-oba, -oby**) (*loc sg* **-obie**) *m*
(*pot*) loafer (*pot*).

nieróbst|wo (**-wa**) (*loc sg* **-wie**) *nt*
idleness.

nierównomierny *adj* (*podział*)
unequal; (*puls*) irregular.

nierównoś|ć (**-ci, -ci**) (*gen pl* **-ci**) *f*
(*drogi*) unevenness; (*społeczna*)
inequality.

nierówny *adj* (*powierzchnia*) uneven,
rough; (*droga*) bumpy; (*MAT*) not
equal; (*podział*) unequal; (*pismo,
rytm*) uneven; (*charakter*)
inconsistent.

nieruchomoś|ć (**-ci, -ci**) (*gen pl* **-ci**)
f (*dobra nieruchome*) property
(*BRIT*), real estate (*US*).

nieruchomy *adj* immobile,
motionless; (*majątek*) immovable.

nierzadko *adv* not infrequently.

nierzą|d (**-du**) (*loc sg* **-dzie**) *m*
prostitution.

niesamowity *adj* (*przerażający*)
eerie; (*niezwykły*) amazing.

niesiesz *itd. vb patrz* **nieść**.

nieskazitelny (*książk*) *adj* flawless.

nieskomplikowany *adj*
unsophisticated, uncomplicated.

nieskończenie *adv* infinitely,
extremely.

nieskończony adj (bezmiar, lasy)
infinite, endless.
nieskory adj: **nieskory do czegoś**
unwilling to do sth.
nieskromny adj (zarozumiały)
immodest; (nieprzyzwoity) indecent.
nieskuteczny adj ineffective.
niesłowny adj unreliable.
niesłusznie adv unfairly, wrongly.
niesłuszny adj (decyzja, wniosek)
erroneous; (podejrzenie) unfair.
niesłychany adj (niezwykły)
unheard-of.
niesmaczny adj (nieapetyczny)
tasteless; (żart) sick, tasteless.
niesma|k (-ku) (instr sg -kiem) m:
budzić (wzbudzić perf) niesmak to
be disgusting; **czuć niesmak** to be
disgusted.
niesnas|ki (-ek) pl disputes pl,
disagreements pl.
niesolidny adj unreliable.
niespecjalny adj (pot: niezbyt dobry)
so-so, fair-to-middling (pot).
niespełna adv (w przybliżeniu) less
than.
niespodzian|ka (-ki, -ki) (dat sg -ce,
gen pl -ek) f surprise; **zrobić** (perf)
komuś niespodziankę to give sb a
surprise.
niespodziewany adj unexpected.
niespokojny adj (człowiek,
spojrzenie, wzrok) anxious; (czasy)
turbulent; (morze) rough; (sen)
restless.
niespójny adj incoherent.
niesprawiedliwoś|ć (-ci, -ci) (gen pl
-ci) f injustice.
niesprawiedliwy adj unfair, unjust.
niesprawny adj (zepsuty) out of
order; (nie wyćwiczony) unfit, out of
shape.
niesprzyjający adj (okoliczność)
unfavourable (BRIT), unfavorable
(US); (wiatr) foul.
niestabilny adj unstable.

niestały adj changeable.
niestaranny adj careless.
niestety adv unfortunately.
niestosowny adj improper.
niestrawnoś|ć (-ci) f indigestion,
dyspepsia.
niestrawny adj (pokarm)
indigestible; (przen: nudny) dry;
(: zbyt trudny) indigestible.
niestrudzony adj tireless, untiring.
niesubordynacj|a (-i, -e) (gen pl -i) f
insubordination.
niesumienny adj unconscientious.
nieswojo adv: **czuć się nieswojo** to
feel uneasy lub uncomfortable.
nieswój adj ill at ease.
niesymetryczny adj asymmetrical.
niesympatyczny adj unpleasant.
niesystematyczny adj (uczeń)
unmethodical, disorganized; (tryb
życia) irregular, disorganized.
nieszczególnie adv (pot): **wygląda
nieszczególnie** (s)he doesn't look
very well.
nieszczelnoś|ć (-ci) f (brak
szczelności) leakiness; (otwór) (nom
pl -ci, gen pl -ci) leak.
nieszczelny adj leaky.
nieszczeroś|ć (-ci) f insincerity.
nieszczery adj insincere.
nieszczęś|cie (-cia, -cia) (gen pl -ć)
nt (zmartwienie) unhappiness; (zły
los) bad luck, misfortune; (tragedia)
disaster; (bieda) misery; (wypadek)
accident.
nieszczęśliwy adj unhappy; (kaleka,
mina) miserable; (zbieg okoliczności)
unfortunate.
nieszczęśni|k (-ka, -cy) (instr sg
-kiem) m poor thing lub soul.
nieszkodliwy adj harmless;
nieszkodliwy dla środowiska
environment(ally) friendly.
nieścisły adj inaccurate, imprecise.
nieść (**niosę, niesiesz**) (imp **nieś**, pt
niósł, niosła, nieśli) vt to carry;

(*przynosić*) (*perf* **przy-**) to bring;
(*zanosić*) (*perf* **za-**) to carry, to take;
(*znosić: jaja*) (*perf* **z-**) to lay; **nieść
pociechę/pomoc** to bring comfort/
help ♦ *vi*: **wieść niesie, że ...** it is
rumoured (*BRIT*) *lub* rumored (*US*)
that ... .

nieślubny *adj* illegitimate.

nieśmiały *adj* shy, timid.

nieśmiertelny *adj* immortal.

nieświadomy *adj* (*bezwiedny*)
unconscious; **być nieświadomym
czegoś** to be unaware of sth.

nieświeży *adj* (*chleb*) stale; (*mięso,
oddech*) bad; (*pościel*) dirty.

nietak|t (**-tu, -ty**) (*loc sg* **-cie**) *m* faux
pas, gaffe.

nietaktowny *adj* tactless.

nietknięty *adj* (*pieczęć, stan*) intact;
(*człowiek*) unharmed, sound.

nietolerancj|a (**-i**) *f* intolerance.

nietolerancyjny *adj* intolerant.

nietoperz (**-a, -e**) (*gen pl* **-y**) *m* bat.

nietowarzyski *adj* unsociable.

nietrafny *adj* (*uwaga*) irrelevant;
nietrafny strzał/uderzenie miss;
nietrafna ocena misjudgement.

nietrudny *adj* not difficult.

nietrwały *adj* (*barwnik, kolor*)
fast-fading; (*uczucie*) fleeting;
(*żywność*) perishable.

nietrzeźwoś|ć (**-ci**) *f* intoxication; **w
stanie nietrzeźwości** in a state of
drunkenness.

nietrzeźwy *adj* drunk, intoxicated; **w
stanie nietrzeźwym** in a state of
drunkenness.

nietutejszy *adj* (*produkt*)
non-domestic *lub* local; **jestem
nietutejszy** I'm a stranger here.

nietykalnoś|ć (**-ci**) *f* inviolability;
nietykalność osobista personal
immunity.

nietykalny *adj* (*granica, własność*)
inviolable; (*osoba*) untouchable.

nietypowy *adj* atypical; (*rozmiar*)
non-standard.

nieubłaganie *adv* (*bezwzględnie*)
unrelentingly; (*nieuchronnie*)
inevitably.

nieubłagany *adj* (*bezwzględny*)
implacable; (*nieunikniony*) inevitable.

nieuchronny *adj* inevitable.

nieuchwytny *adj* (*złodziej*) elusive;
(*czar, wpływ*) indefinable.

nieuct|wo (**-wa**) (*loc sg* **-wie**) *nt*
ignorance.

nieuczciwoś|ć (**-ci, -ci**) (*gen pl* **-ci**) *f*
dishonesty.

nieuczciwy *adj* dishonest.

nieudany *adj* (*próba*) unsuccessful.

nieudolnoś|ć (**-ci, -ci**) (*gen pl* **-ci**) *f*
inefficiency, incompetence.

nieudolny *adj* clumsy.

nieufnoś|ć (**-ci**) *f* distrust, mistrust.

nieufny *adj* distrustful.

nieugięty *adj* unbending, relentless.

nieuleczalnie *adv*: **nieuleczalnie
chory** incurably ill.

nieuleczalny *adj* incurable.

nieumiarkowany *adj* immoderate;
(*apetyt, optymizm*) intemperate.

nieumiejętnoś|ć (**-ci**) *f* inability,
incapacity.

nieumyślny *adj* (*nie planowany*)
unintentional, inadvertent;
(*mimowolny*) involuntary.

nieunikniony *adj* unavoidable,
inevitable.

nieuprzejmy *adj* impolite.

nieurodzaj (**-u, -e**) *m* crop failure;
był nieurodzaj na jabłka/ziemniaki
the apple/potato crop failed.

nieustannie *adv* unceasingly,
continuously.

nieustanny *adj* incessant, continuous.

nieustępliwy *adj* persistent, tenacious.

nieustraszony *adj* (*książk*) fearless.

nieuwa|ga (**-gi**) (*dat sg* **-dze**) *f*
inattention; **przez nieuwagę** through
inattention.

nieuważny adj (roztargniony) inattentive, absent-minded; (nierozważny) careless.

nieuzasadniony adj groundless, unfounded.

nieużyt|ki (-ków) pl (ROL) wastelands.

niewart adv: niewart czegoś not worth sth, unworthy of sth.

nieważkość (-ci) f: stan nieważkości weightlessness.

nieważny adj (nieistotny) unimportant, insignificant; (przedawniony) invalid.

niewątpliwie adv undoubtedly.

niewątpliwy adj undoubted, unquestionable.

niewdzięczność (-ci) f ingratitude.

niewdzięczny adj (człowiek) ungrateful; (praca, temat) unrewarding.

niewiadom|a (-ej, -e) f decl like adj (MAT) unknown.

niewiadomy adj unknown.

niewi|ara (-ary) (dat sg -erze) f: niewiara (w coś) disbelief (in sth).

niewiarygodny adj (nie zasługujący na zaufanie) unreliable; (nieprawdopodobny) incredible, unbelievable.

niewidoczny adj invisible, unseen.

niewidomy adj blind ♦ m decl like adj: niewidomi the blind.

niewidzialny adj invisible.

niewiedz|a (-y) f ignorance.

niewiele (like: ile) pron (światła, pieniędzy) not much, little; (osób, rzeczy) not many, few ♦ adv (trochę) little.

niewielki adj not big, not large.

niewielu pron patrz niewiele.

niewierność (-ci, -ci) (gen pl -ci) f (zdrada) infidelity, unfaithfulness; (nielojalność) disloyalty, infidelity.

niewierny adj (mąż, żona) unfaithful; (pot: nieufny) distrustful.

niewierzący adj unbelieving ♦ m decl like adj non-believer.

niewiniąt|ko (-ka, -ka) (instr sg -kiem, gen pl -ek) nt innocent.

niewinność (-ci) f (brak winy) innocence; (bezgrzeszność) innocence, purity.

niewinny adj innocent; uznany za niewinnego presumed innocent.

niewłaściwie adv (błędnie) wrongly; (niestosownie) improperly.

niewłaściwy adj (błędny, nieprawidłowy) wrong; (niestosowny) inappropriate, improper.

niewol|a (-i) f captivity.

niewolnict|wo (-wa) (loc sg -wie) nt slavery.

niewolni|k (-ka, -cy) (instr sg -kiem) m slave.

niewrażliwy adj (nie reagujący) insensitive; (odporny) insensible; niewrażliwy na coś insensitive lub insensible to sth.

niewybaczalny adj unforgivable, inexcusable.

niewybredny adj (czytelnik) undemanding; (gust) unrefined.

niewyczerpany adj inexhaustible.

niewydolność (-ci) f failure.

niewygodny adj (but, łóżko) uncomfortable; (obecność, świadek) inconvenient.

niewyg|ody (-ód) pl discomforts.

niewykluczony adj (prawdopodobny) conceivable.

niewykonalny adj unworkable, unfeasible.

niewykwalifikowany adj unskilled, unqualified.

niewypa|ł (-łu, -ły) (loc sg -le) m dud.

niewypłacalność (-ci) f insolvency.

niewyraźny adj (słabo słyszalny) faint; (słabo widzialny) faint, dim; (niepewny) vague; (niezrozumiały) vague, obscure; (podejrzany) obscure.

niewysoki adj not (very) tall lub

high; (*człowiek*) not (very) tall, rather short.

niewystarczający *adj* insufficient.

niewyszukany *adj* simple, unrefined.

niewytłumaczalny *adj* inexplicable.

niewzruszony *adj* (*postawa*) inflexible; (*człowiek*) inflexible, adamant.

niezadowole|nie (-nia) *nt* discontent, dissatisfaction.

niezadowolony *adj* dissatisfied, unhappy; **niezadowolony z** +*gen* discontented *lub* dissatisfied with.

niezależnie *adv* independently; **niezależnie od** +*gen* irrespective *lub* regardless of.

niezależnoś|ć (-ci) *f* independence.

niezależny *adj* independent; **mowa niezależna** (*JĘZ*) direct speech.

niezamężna *adj*: **niezamężna kobieta** unmarried *lub* single woman.

niezapominaj|ka (-ki, -ki) (*dat sg* **-ce**, *gen pl* **-ek**) *f* forget-me-not.

niezapomniany *adj* unforgettable.

niezaprzeczalny *adj* undeniable, undisputed.

niezaradny *adj* (*niezapobiegliwy*) resourceless; (*bezradny*) helpless.

niezasłużony *adj* undeserved.

niezastąpiony *adj* irreplaceable.

niezatarty *adj* indelible.

niezauważalny *adj* (*niedostrzegalny*) imperceptible; (*nie zwracający uwagi*) inconspicuous.

niezawisły *adj* independent.

niezawodny *adj* (*urządzenie, kuracja*) reliable, trustworthy; (*przyjaciel*) dependable, reliable; (*środek*) unfailing.

niezbędny *adj* essential, indispensable.

niezbity *adj* (*argument, dowód*) irrefutable, incontrovertible.

niezbyt *adv* not very *lub* too; **niezbyt duży** not too big.

niezdarny *adj* (*niezgrabny*) clumsy,

awkward; (*nieudolny*) inept, ineffectual.

niezdatny *adj* unfit; **niezdatny do czegoś** unfit for sth.

niezdecydowany *adj* undecided, irresolute.

niezdolny *adj*: **niezdolny do czegoś** incapable of sth.

niezdrowy *adj* (*chory*) unhealthy, unwell; (*chorobliwy*) unhealthy, sickly; (*szkodliwy*) unhealthy.

niezdyscyplinowany *adj* undisciplined, recalcitrant.

niezgo|da (-dy) (*dat sg* **-dzie**) *f* disagreement, discord; **być w niezgodzie z czymś** to be in conflict *lub* at variance with sth.

niezgodnoś|ć (-ci, -ci) (*gen pl* **-ci**) *f* (*charakterów*) incompatibility.

niezgodny *adj* (*kłótliwy*) quarrelsome; (*sprzeczny ze sobą*) inconsistent; **niezgodny z czymś** inconsistent with sth, not in agreement *lub* keeping with sth.

niezgrabny *adj* (*niekształtny*) unshapely; (*niezręczny*) clumsy, awkward.

niezliczony *adj* innumerable, countless.

niezłomny *adj* (*bojownik*) steadfast; (*postanowienie, wiara*) unshaken, unwavering.

niezły *adj* pretty good, not bad.

niezmienny *adj* invariable.

niezmierny *adj* extreme, immense.

niezmordowany *adj* indefatigable.

nieznaczny *adj* insignificant.

nieznajomoś|ć (-ci) *f*: **nieznajomość czegoś** ignorance of sth.

nieznajomy *adj* unknown, unfamiliar ♦ *m decl like adj* stranger.

nieznany *adj* unknown.

nieznośny *adj* (*o bólu*) unbearable, unendurable; (*dziecko*) unbearable.

niezręcznoś|ć (-ci, -ci) (*gen pl* **-ci**) *f*

(*niezaradność*) clumsiness,
awkwardness; (*niezręczna
wypowiedź*) blunder.

niezręczny *adj* (*niezdarny*) clumsy,
awkward; (*sytuacja*) awkward.

niezrozumiały *adj* incomprehensible.

niezrównany *adj* unmatched,
unequalled.

niezupełnie *adv* not quite.

niezwłocznie *adv* promptly,
immediately.

niezwyciężony *adj* (*armia*)
invincible; (*trudności*)
insurmountable.

niezwykle *adv* (*inaczej niż zwykle*)
unusually; (*bardzo*) extremely.

niezwykły *adj* unusual.

nieźle *adv* pretty *lub* fairly well.

nieżonaty *adj* unmarried, single.

nieżyciowy *adj* (*człowiek*)
unrealistic; (*plany*) unrealistic,
unworkable.

nieżyczliwy *adj* unfriendly.

nieżywotny *adj* (*JĘZ*) inanimate.

nieżywy *adj* dead.

nigdy *adv* never; (*w pytaniach i
przeczeniach*) ever; **nigdy więcej**
never again; **już nigdy (więcej)**
never ever; **nigdy nie wiadomo** you
never know *lub* can tell.

nigdzie *adv* nowhere; (*w pytaniach i
przeczeniach*) anywhere; **nigdzie
indziej** nowhere else.

Nigeri|a (**-i**) *f* Nigeria.

nigeryjski *adj* Nigerian.

nijaki *adj* nondescript; **rodzaj nijaki**
(*JĘZ*) neuter.

Nikaragu|a (**-i**) *f* Nicaragua.

nikczemny *adj* mean.

niklowany *adj* nickel-plated.

nikły *adj* (*światło, zarys*) faint;
(*nadzieja, szanse*) slender.

nik|nąć (**-nę, -niesz**) (*imp* **-nij**) *vi*
(*znikać*) (*perf* **z-**) to vanish; (*zanikać*)
(*perf* **za-**) to fade away.

nikoty|na (**-ny**) (*dat sg* **-nie**) *f*
nicotine.

nikt (*like*: **kto**) *pron* nobody, no-one;
(*w pytaniach i przeczeniach*) anyone,
anybody; **nikt z nas** none of us.

nim *pron loc, instr od* **on, ono**; (*o
mężczyźnie*) him; (*o dziecku,
zwierzęciu, przedmiocie*) it.

nimfoman|ka (**-ki, -ki**) (*dat sg* **-ce,
gen pl** **-ek**) *f* nymphomaniac.

nimi *pron instr od* **oni, one** them.

niosę *itd. vb patrz* **nieść**.

niski (*comp* **niższy**) *adj* (*płot, drzewo,
sufit, poziom*) low; (*człowiek*) short.

nisko (*comp* **niżej**) *adv* low.

niszcze|ć (**-ję, -jesz**) (*perf* **z-**) *vi* to
become spoiled *lub* ruined.

niszcz|yć (**-ę, -ysz**) (*perf* **z-**) *vt* to
destroy.

▸**niszczyć się** *vr patrz* **niszczeć**.

ni|t (**-tu, -ty**) (*loc sg* **-cie**) *m* rivet.

nit|ka (**-ki, -ki**) (*dat sg* **-ce, gen pl** **-ek**)
f thread; **nitka dentystyczna** dental
floss; **nitki** *pl* (*makaron*) vermicelli.

nit|ować (**-uję, -ujesz**) (*perf* **za-**) *vt* to
rivet.

niwecz|yć (**-ę, -ysz**) (*perf* **z-**) *vt* to
thwart.

nizi|na (**-ny, -ny**) (*dat sg* **-nie**) *f*
lowland.

nizinny *adj* lowland *attr*; (*rejon*)
low-lying.

niż[1] (**-u, -e**) *m* (*METEO*) low,
depression; (*GEOG*) lowland.

niż[2] *conj* than.

niżej *adv comp od* **nisko** lower; (*w
tekście*) below; **niżej wymieniony**
mentioned below; **niżej podpisany**
the undersigned.

niższy *adj comp od* **niski**; (*mur,
poziom, drzewo*) lower; (*człowiek*)
shorter; (*jakość*) inferior; (*ranga*)
subordinate.

no *part*: **no, no!** (*zdziwienie*) well,
well!; (*uspokajająco*) there, now!;

no to idź! so go!; **no to co?** so
what?; **no nie?** right?
nobilitacj|a (-i) *f* ennoblement.
noc (-y, -e) (*gen pl* -y) *f* night; **w
nocy** at night; **co noc** every night.
nocle|g (-gu, -gi) (*instr sg* -giem) *m*
somewhere to spend the night.
nocni|k (-ka, -ki) (*instr sg* -kiem) *m*
chamber pot, potty (*pot*).
nocny *adj* night *attr*.
noc|ować (-uję, -ujesz) (*perf* prze-)
vi to stay for the night.
no|ga (-gi, -gi) (*dat sg* -dze, *gen pl*
nóg) *f* (*kończyna*) leg; (*stopa*) foot;
(*stołu, łóżka*) leg; **być na nogach** to
be on one's feet; **do góry nogami**
upside down.
nogaw|ka (-ki, -ki) (*dat sg* -ce, *gen pl*
-ek) *f* (trouser) leg.
nokaut|ować (-uję, -ujesz) (*perf* z-)
vt to knock out.
nomenklatu|ra (-ry, -ry) (*dat sg* -rze)
f (*nazewnictwo*) terminology;
(*ludzie*) nomenclature.
nominacj|a (-i, -e) (*gen pl* -i) *f*
(*powołanie na stanowisko*)
appointment; (*w wyborach, do
nagrody*) nomination.
nominalnie *adv* nominally.
nominalny *adj* nominal; **wartość
nominalna** face value.
nomina|ł (-łu, -ły) (*loc sg* -le) *m*
denomination.
nomin|ować (-uję, -ujesz) *vt* (im)*perf*
(*na stanowisko*) to appoint; (*w
wyborach, do nagrody*) to nominate.
nonkonformi|sta (-sty, -ści) (*dat sg*
-ście) *m decl like f in sg*
nonconformist.
nonsen|s (-su, -sy) (*loc sg* -sie) *m*
nonsense.
nonsensowny *adj* nonsensical.
nonszalancj|a (-i) *f* nonchalance.
nonszalancki *adj* nonchalant.
no|ra (-ry, -ry) (*dat sg* -rze) *f* (*królika,*

lisa) burrow; (*myszy*) hole;
(*pej: mieszkanie*) hole, hovel.
nordycki *adj* Nordic.
nor|ka (-ki, -ki) (*dat sg* -ce, *gen pl* -ek)
f dimin od nora; (*ZOOL*) mink; **norki**
pl (*futro*) mink coat.
nor|ma (-my, -my) (*dat sg* -mie) *f*
norm, standard.
normalizacj|a (-i) *f* standardization.
normaliz|ować się (-uję, -ujesz)
(*perf* z-) *vr* to normalize.
normalnie *adv* normally.
normalny *adj* normal; (*objaw,
reakcja*) normal, usual; (*godziny
odjazdu*) normal, regular; (*bilet*) full
fare *attr*.
norm|ować się (-uję, -ujesz) (*perf*
u-) *vr* to normalize.
Norwe|g (-ga, -dzy) (*instr sg* -giem)
m Norwegian.
Norwegi|a (-i) *f* Norway.
norweski *adj* Norwegian ♦ *m decl
like adj.* (**język**) **norweski** Norwegian.
no|s (-sa, -sy) (*loc sg* -sie) *m* nose.
no|sić (-szę, -sisz) (*imp* noś) *vt*
(*ciężary, pieniądze*) to carry;
(*spodnie, okulary*) to wear; (*brodę,
długie włosy*) to have, to wear;
(*nazwę*) to bear; (*nazwisko*) to use.
nosoroż|ec (-ca, -ce) *m* rhinoceros,
rhino (*pot*).
nosowy *adj* nasal.
nostalgi|a (-i) *f* nostalgia.
nostalgiczny *adj* nostalgic.
nosz|e (-y) *pl* stretcher *sg*.
nośnoś|ć (-ci) *f* (*mostu*) load
capacity; (*statku*) deadweight.
no|ta (-ty, -ty) (*dat sg* -cie) *f* (*POL*)
note; (*ocena*) grade.
notacj|a (-i, -e) (*gen pl* -i) *f* notation.
notarialny *adj* (*akt*) notarized; (*biuro*)
notary's.
notariusz (-a, -e) (*gen pl* -y) *m*
notary (public).
notat|ka (-ki, -ki) (*dat sg* -ce, *gen pl*

-ek) *f* note; **robić notatki** to make notes.

notatni|k (-ka, -ki) *(instr sg* **-kiem)** *m* notebook.

noteboo|k (-ka, -ki) *(instr sg* **-kiem)** *m (KOMPUT)* notebook computer.

note|s (-su, -sy) *(loc sg* **-sie)** *m* notebook.

notoryczny *adj* notorious.

not|ować (-uję, -ujesz) *(perf* **za-)** *vt (zapisywać)* to write down; *(rejestrować)* to keep a record of ◆ *vi* to make notes.

nowato|r (-ra, -rzy) *(loc sg* **-rze)** *m* innovator.

nowatorski *adj* innovative.

Nowa Zelandia (Nowej Zelandii) *f* New Zealand.

nowel|a (-i, -e) *f* short story.

nowicjusz (-a, -e) *(gen pl* **-y)** *m* novice.

nowi|na (-ny, -ny) *(dat sg* **-nie)** *f* news.

nowobogac|ki (-kiego, -cy) *m decl like adj* nouveau riche.

nowoczesnoś|ć (-ci) *f* modernity.

nowoczesny *adj* modern.

noworoczny *adj* New Year's *attr.*

noworod|ek (-ka, -ki) *(instr sg* **-kiem)** *m* baby, infant.

nowoś|ć (-ci, -ci) *(gen pl* **-ci)** *f (coś nowego)* novelty; *(cecha)* newness.

nowotw|ór (-oru, -ory) *(loc sg* **-orze)** *m (MED)* tumour *(BRIT)*, tumor *(US)*.

nowożeń|cy (-ców) *pl* newlyweds *pl.*

nowy *adj* new; **fabrycznie nowy** brand new; **jak nowy** as good as new; **Nowy Rok** New Year.

Nowy Jork (Nowego Jorku) *(instr sg* **Nowym Jorkiem)** *n (miasto)* New York (City); *(stan)* New York (State).

nozdrz|e (-a, -a) *(gen pl* **-y)** *nt* nostril.

nożny *adj:* **hamulec nożny** footbrake; **piłka nożna** (association) football, soccer.

nożyc|e (-) *pl* shears *pl.*

nożycz|ki (-ek) *pl* scissors *pl*; **nożyczki do paznokci** nail scissors.

nóż (noża, noże) *(gen pl* **noży)** *m* knife.

nóż|ka (-ki, -ki) *(dat sg* **-ce,** *gen pl* **-ek)** *f dimin od* **noga**; *(grzyba, kieliszka)* stem; *(kurczaka)* drumstick.

np. *abbr* (= **na przykład**) e.g.

nr *abbr* (= **numer**) no.

nu|cić (-cę, -cisz) *(imp* **-ć,** *perf* **za-)** *vt* to hum.

nu|da (-dy, -dy) *(dat sg* **-dzie,** *gen pl* **-dów)** *f* boredom.

nudnoś|ci (-i) *pl* nausea.

nudny *adj* boring, dull.

nudy|sta (-sty, -ści) *(dat sg* **-ście)** *m decl like f in sg* nudist.

nudziarz (-a, -e) *(gen pl* **-y)** *m* bore.

nu|dzić (-dzę, -dzisz) *(imp* **-dź,** *perf* **z-)** *vt* to bore.

▸**nudzić się** *vr* to be bored.

nume|r (-ru, -ry) *(loc sg* **-rze)** *m (liczba)* number; *(rozmiar)* size; *(czasopisma)* issue, number; *(w przedstawieniu)* act, turn *(BRIT)*; **numer rejestracyjny** registration number.

numeracj|a (-i, -e) *(gen pl* **-i)** *f* numbering.

numer|ek (-ka, -ki) *(instr sg* **-kiem)** *m (w szatni)* ticket.

numer|ować (-uję, -ujesz) *(perf* **po-)** *vt* to number.

nur|ek (-ka) *(instr sg* **-kiem)** *m (człowiek)* *(nom pl* **-kowie)** diver; *(skok do wody)* *(nom pl* **-ki)** dive.

nur|ki (-ków) *pl (futro)* mink coat.

nurk|ować (-uję, -ujesz) *(perf* **za-)** *vi* to dive; *(o samolocie)* to nosedive.

nur|t (-tu, -ty) *(loc sg* **-cie)** *m (rzeki, strumienia)* current; *(tendencja)* trend.

nurt|ować (-uję, -ujesz) *vt (o pytaniu)* to bother.

nurz|ać się (-am, -asz) *vr* to wallow.

nu|ta (-ty, -ty) (*dat sg* -cie) *f* note; **nuty** *pl* score.

nutri|a (-i, -e) (*gen pl* -i) *f* coypu.

nuż *part*: **a nuż ...** what if ... .

nużący *adj* wearisome, tiresome.

nuż|yć (-ę, -ysz) (*perf* z-) *vt* to tire.

nygu|s (-sa, -sy) (*loc sg* -sie) *m* (*pot*) lazybones (*pot*).

nylonowy *adj* nylon *attr*.

O

o *prep* +*loc* **1** (*na temat*) about, on; **książka o wojnie** a book about *lub* on war; **mówić/myśleć/wiedzieć o czymś** to talk/think/know about sth. **2** (*za pomocą*): **o własnych siłach** on one's own; **o kulach** on crutches. **3** (*z określeniami czasu*) at; **o (godzinie) pierwszej** at one (o'clock); **o zmroku/północy/świcie** at dusk/midnight/dawn. **4** (*przy opisach*) with; **dziewczyna o długich włosach** a girl with long hair ♦ *prep* +*acc* **1** (*przy porównaniach*) by; **o połowę krótszy** shorter by half; **starszy o rok** a year older. **2** (*z czasownikami*): **kłócić się o coś** to quarrel about sth; **niepokoić się o kogoś/coś** to worry about sb/sth; **prosić/pytać o coś** to ask for *lub* about sth. **3**: **opierać się o coś** to lean against sth ♦ *excl* oh.

oa|za (-zy, -zy) (*loc sg* -zie) *f* oasis.

ob. *abbr* = **obywatel** citizen.

oba (*see* **Table 13b**) *num* both; **oba zdania/koty** both sentences/cats.

obaj (*see* **Table 13b**) *num* both; **obaj mężczyźni** both men.

obal|ać (-am, -asz) (*perf* -ić) *vt* (*przeciwnika*) to knock down; (*drzewo*) to fell; (*ustrój, rząd*) to overthrow, to bring down; (*teorię, twierdzenie*) to refute, to disprove.

obarcz|ać (-am, -asz) (*perf* -yć) *vt*: **obarczać kogoś czymś** to burden sb with sth.

oba|wa (-wy, -wy) (*dat sg* -wie) *f*: **obawa (o kogoś/coś)** concern (for sb/sth); **obawa (przed kimś/czymś)** fear (of sb/sth).

obawi|ać się (-am, -asz) *vr*: **obawiać się kogoś/czegoś** to fear *lub* dread sb/sth; **obawiam się, że ...** I am afraid (that) ... .

obca|s (-sa, -sy) (*loc sg* -sie) *m* heel (*of a shoe*).

obcąż|ki (-ków) *pl* pliers *pl*.

obcę|gi (-gów) *pl* pliers *pl*, pincers *pl*.

obcho|dzić (-dzę, -dzisz) (*imp* -dź, *perf* **obejść**) *vt* (*dom, plac*) to walk round; (*przeszkodę*) to go *lub* walk round; (*zakaz, trudność*) to get round, to evade; (*rocznicę, imieniny*) to celebrate; (*interesować*) to interest, to concern; **nic mnie to nie obchodzi** I don't care, I couldn't care less.

▸**obchodzić się** *vr*: **obchodzić się z czymś** to handle *lub* use sth; **obchodzić się z kimś** to treat sb (*in some way*); **obchodzić się bez czegoś** to do without sth.

obch|ód (-odu, -ody) (*loc sg* -odzie) *m* (*inspekcja*) round; **obchody** *pl* (*uroczystości*) celebrations *pl*, festivities *pl*.

ob|ciąć (-etnę, -etniesz) (*imp* -etnij) *vb perf od* **obcinać**.

obciąż|ać (-am, -asz) (*perf* -yć) *vt* (*obładowywać*) to weigh down; (*zaopatrywać w balast*) to weight, to ballast; (*obowiązkami*) to burden, to saddle; (*pamięć*) to burden.

obciąże|nie (-nia, -nia) (gen pl -ń) nt load.

obcier|ać (-am, -asz) (perf **obetrzeć**) vt (łzy) to wipe; (kaleczyć) to graze, to scrape; (o butach) to pinch.

obcin|ać (-am, -asz) (perf **obciąć**) vt (włosy, paznokcie) to clip, to cut; (gałąź) to cut off; (wydatki) to cut (back), to cut down (on).

obcisły adj (skin)tight, close-fitting.

obco adv: **czuję się tu obco** I feel like a stranger here, I don't belong here.

obcojęzyczny adj foreign language attr.

obcokrajo|wiec (-wca, -wcy) (voc sg -wcze lub -wcu) m foreigner.

obc|ować (-uję, -ujesz) vi: **obcować z** +instr to associate lub mix with.

obcy adj (cudzy) somebody else's attr, other people's attr; (nietutejszy) strange, alien; (zagraniczny) foreign ♦ m decl like adj (obca osoba) stranger, alien; **„obcym wstęp wzbroniony"** (w terenie) "no trespassing"; (w biurze, sklepie) "private"; (w budynku wojskowym itp) "authorized personnel only".

obdarow|ywać (-uję, -ujesz) vt: **obdarowywać kogoś czymś** to present sb with sth.

obdarty adj ragged, tattered.

obdarzony adj: **być obdarzonym czymś** to be endowed lub blessed with sth.

obdzier|ać (-am, -asz) (perf **obedrzeć**) vt to strip, to peel off.

obecnie adv at present, currently.

obecnoś|ć (-ci) f (bytność) presence, attendance; (istnienie) existence; **w czyjejś obecności** in sb's presence.

obecny adj (będący na miejscu) present; (teraźniejszy) present, current; **być obecnym na czymś** to attend sth, to be present at sth; **w chwili obecnej** at present;

obecny/obecna! (SZKOL) here!, present! ♦ m: **obecni** pl those present pl.

obejm|ować (-uję, -ujesz) (perf **objąć**) vt (tulić) to embrace, to hug; (zawierać) to include, to encompass.

► **obejmować się** vr to embrace, to hug.

obejrz|eć (-ę, -ysz) (imp -yj) vb perf od **oglądać**.

obel|ga (-gi, -gi) (dat sg -dze) f insult.

obelżywy adj insulting, abusive.

oberwa|nie (-nia) (gen pl -ń) nt: **oberwanie chmury** cloudburst.

obeznany adj: **obeznany z czymś** acquainted with sth.

obezwład|niać (-niam, -niasz) (perf **-nić**) vt to overwhelm; (przeciwnika) to overpower.

obezwładniający adj paralyzing, incapacitating.

obficie adv (jeść) heavily; (padać) hard, heavily; (krwawić, pocić się) profusely.

obfitoś|ć (-ci) f abundance.

obfit|ować (-uję, -ujesz) vi: **obfitować w** +acc to abound in lub with.

obfity adj abundant, heavy; **obfity (w** +acc) rich (in).

obgad|ywać (-uję, -ujesz) (perf **-ać**) (pot) vt (omawiać) to talk over; (obmawiać) to backbite.

obgryz|ać (-am, -asz) (perf **obgryźć**) vt (kość: o psie) to gnaw at; (: o człowieku) to pick; (liście) to eat (up); **obgryzać paznokcie** to bite one's nails.

obi|ad (-adu, -ady) (loc sg -edzie) m (wczesny) lunch; (późny) dinner; (też: **obiad proszony**) dinner (party); **jeść obiad** to have lunch/dinner, to lunch/dine.

obiadowy adj lunch attr, dinner attr.

obi|cie (-cia, -cia) (gen pl -ć) nt upholstery, padding.

obie (*see* **Table 13b**) *num* both; **obie kobiety** both women.

obiecan|ka (**-ki, -ki**) (*dat sg* **-ce**, *gen pl* **-ek**) *f* (*vain lub* empty) promise; „**obiecanki cacanki!**" (*pot*) "promises, promises!" (*pot*).

obiecujący *adj* promising.

obiec|ywać (**-uję, -ujesz**) (*perf* **-ać**) *vi* to promise ♦ *vt*: **obiecywać coś (komuś)** to promise sth (to sb), to promise (sb) sth.

obie|g (**-gu**) (*instr* **-giem**) *m* (*krwi, wody, pieniądza*) circulation.

obieg|ać (**-am, -asz**) (*perf* **-nąć** *lub* **obiec**) *vt* (*biec dookoła*) to run around; (*o planecie*) to orbit, to circle; (*o plotce, sławie*) to go round.

obiegowy *adj* (*pieniądz*) current; (*opinia*) current, general; **karta obiegowa** clearance slip.

obiekcj|a (**-i, -e**) (*gen pl* **-i**) *f* objection; **obiekcje** *pl* objection(s *pl*), reservation(s *pl*).

obiek|t (**-tu, -ty**) (*loc sg* **-cie**) *m* (*przedmiot*) object; (*budynek*) structure.

obiekty|w (**-wu, -wy**) (*loc sg* **-wie**) *m* lens, objective.

obiektywiz|m (**-mu**) (*loc sg* **-mie**) *m* objectivity.

obiektywnie *adv* objectively.

obiektywny *adj* objective.

obier|ać (**-am, -asz**) (*perf* **obrać**) *vt* (*jabłko, kartofel*) to peel; (*jajko*) to shell; (*rybę*) to bone; (*wybierać*) to adopt, to choose.

obier|ki (**-ek**) *pl* peelings *pl*.

obietnic|a (**-y, -e**) *f* promise.

obieżyświa|t (**-ta, -ty**) (*loc sg* **-cie**) *m* (*pot*) globetrotter.

obij|ać (**-am, -asz**) (*perf* **obić**) *vt* (*obtłukiwać: garnek*) to chip, to crack; (: *jabłka*) to bruise; (*pokrywać materiałem: kanapę, stół*) to pad, to upholster.

►**obijać się** *vr* (*obtłukiwać się: o* garnku) to chip, to crack; (: *o jabłkach*) to bruise; (*pot: wałkonić się*) to loaf (about *lub* around) (*pot*); **obiło mi się o uszy, że ...** I heard (that) ... .

objad|ać (**-am, -asz**) (*perf* **objeść**) *vt*: **objadać kogoś** (*przen*) to sponge on *lub* from sb.

►**objadać się** *vr* to gorge *lub* stuff o.s.

objaś|niać (**-niam, -niasz**) (*perf* **-nić**) *vt* (*wyjaśniać*) to explain; (*interpretować*) to explicate.

objaśnie|nie (**-nia, -nia**) (*gen pl* **-ń**) *nt* explanation.

obja|w (**-wu, -wy**) (*loc sg* **-wie**) *m* symptom, sign.

obja|wiać (**-wiam, -wiasz**) (*perf* **-wić**) *vt* to display, to manifest.

►**objawiać się** *vr* to appear.

objawie|nie (**-nia, -nia**) (*gen pl* **-ń**) *nt* (*REL*) revelation.

obj|azd (**-azdu, -azdy**) (*loc sg* **-eździe**) *m* (*objeżdżanie*) tour; (*droga okrężna: na stałe*) by-pass; (: *tymczasowo*) (traffic) diversion (*BRIT*), detour (*US*); „**objazd**" "diverted traffic" (*BRIT*), "diversion" (*BRIT*), "detour" (*US*).

objazdowy *adj* (*teatr, wystawa, kino*) travelling *attr* (*BRIT*), traveling *attr* (*US*).

ob|jąć (**-ejmę, -ejmiesz**) (*imp* **-ejmij**) *vb perf od* **obejmować**.

objeżdż|ać (**-am, -asz**) (*perf* **objechać**) *vt* (*omijać*) to go round, to circle; (*odwiedzać*) to visit, to tour.

obję|cie (**-cia**) *nt* (*uścisk*) (*nom pl* **-cia**, *gen pl* **-ć**) embrace, hug; (*przejęcie: władzy*) assumption; (: *tronu*) accession.

objętoś|ć (**-ci**) *f* (*naczynia, torby*) capacity; (*odmierzona część*) part, measure; (*liczba stron*) length; (*GEOM, FIZ*) (cubic) volume.

oblatany adj (pot): **być oblatanym w czymś** to be at home in lub with sth.
oblat|ywać (-uję, -ujesz) (perf **oblatać**) vt (samolot) to test.
obleg|ać (-am, -asz) (perf **-nąć** lub **oblec**) vt (miasto) to besiege, to lay siege to; (przen: stoisko) to crowd at, to mob.
oble|piać (-piam, -piasz) (perf **-pić**) vt: **oblepiać coś czymś** (oklejać) to paste lub stick sth all over sth; (osmarowywać) to smear sth with sth.
obleśny adj (lubieżny) lecherous, lustful; (obrzydliwy) disgusting.
oblew|ać (-am, -asz) (perf **oblać**) vt (polewać: wodą) to sprinkle; (powlekać: czekoladą) to coat; (pot: egzamin) to fail, to flunk (pot); (: mieszkanie, awans) to celebrate.
oblęże|nie (-nia, -nia) (gen pl **-ń**) nt siege.
oblężony adj: **oblężony (przez** +acc) besieged (by), beleaguered (by).
oblicz|ać (-am, -asz) (perf **-yć**) vt (pieniądze) to count; (sumę, prędkość) to calculate, to work out; (szacować) to estimate.
oblicz|e (-a, -a) (gen pl **-y**) nt (twarz) face; (charakter) side, facet; **w obliczu trudności/śmierci** in the face of difficulty/death; **w obliczu prawa** in the eye of the law.
oblicze|nie (-nia, -nia) (gen pl **-ń**) nt (rachunek) calculation, computation; (zliczenie) count; (ocena) estimate.
obliczeniowy adj computational.
obligacj|a (-i, -e) (gen pl **-i**) f (FIN) bond.
obliz|ywać (-uję, -ujesz) (perf **-ać**) vt to lick.
▸**oblizywać się** vr to lick one's lips.
oblodzeni|e (-a) nt icing, ice-formation.
oblodzony adj icy, covered with ice.
obluzowany adj slack, loose.

obluzow|ywać (-uję, -ujesz) (perf **-ać**) vt to loosen (up), to slack(en).
▸**obluzowywać się** vr to slack(en), to come loose.
obładow|ywać (-uję, -ujesz) (perf **-ać**) vt to load, to burden.
obłaska|wiać (-wiam, -wiasz) (perf **-wić**) vt to tame.
obła|wa (-wy, -wy) (dat sg **-wie**) f (polowanie) hunt, chase; (łapanka) roundup, manhunt; (policyjna) raid.
obłąkany adj insane, mad.
obłę|d (-du, -dy) (loc sg **-dzie**) m (szaleństwo) insanity, madness; (zamieszanie) bedlam.
obłędny adj (pot: wspaniały) fantastic.
obło|k (-ku, -ki) (instr **-kiem**) m cloud.
obłożnie adv: **obłożnie chory** bed-ridden.
obłu|da (-dy) (dat sg **-dzie**) f hypocrisy.
obłudni|k (-ka, -cy) (instr sg **-kiem**) m hypocrite.
obłudny adj false.
obłu|pić (-pię, -pisz) vt perf (obrabować) to rob; (splądrować) to plunder.
obłup|ywać (-uję, -ujesz) (perf **-ać**) vt (jajko) to shell; (korę, tynk) to peel.
obły adj (walcowaty) cylindrical; (jajowaty) oval.
obmac|ywać (-uję, -ujesz) (perf **-ać**) vt to feel, to finger; (pej) to paw, to grope.
obmawi|ać (-am, -asz) (perf **obmówić**) vt to backbite.
obmyśl|ać (-am, -asz) (perf **-ić**) vt to think over lub up.
obmyw|ać (-am, -asz) (perf **obmyć**) vt (myć) to wash; (przemywać) to rinse.
obnaż|ać (-am, -asz) (perf **-yć**) vt to expose, to bare.
▸**obnażać się** vr to expose o.s.
obniż|ać (-am, -asz) (perf **-yć**) vt

(*poziom, głos*) to lower, to reduce; (*półkę, obraz*) to lower.

►**obniżać się** *vr* (*o wodzie, temperaturze*) to fall; (*o kosztach, cenach*) to fall, to drop.

obniż|ka (**-ki, -ki**) (*dat sg* **-ce**) *f* reduction, cut.

obnośny *adj*: **handel obnośny** peddling.

obojczy|k (**-ka, -ki**) (*instr* **-kiem**) *m* (*ANAT*) collarbone, clavicle.

oboje (*like*: **dwoje**) *num* both.

obojętnie *adv* (*z obojętnością*) indifferently; **obojętnie kto** (*nieważne kto*) no matter who; (*ktokolwiek*) anybody, anyone; **obojętnie kiedy** no matter when, any time.

obojętnie|ć (**-ję, -jesz**) (*perf* **z-**) *vi*: **obojętnieć na coś** to become *lub* grow indifferent to sth.

obojętnoś|ć (**-ci**) *f* indifference.

obojętny *adj* indifferent.

obok *prep* +*gen* (*blisko*) by, near, close to; (*oprócz*) beside ♦ *adv*: (**tuż**) **obok** nearby, (very) close; **przeszła obok (nas)** she walked past (us); **obok siebie** side by side.

obolały *adj* (*plecy, noga*) aching; (*gardło*) sore; (*pacjent*) suffering (from pain).

obopólny *adj* mutual.

ob|ora (**-ory, -ory**) (*dat sg* **-orze**, *gen pl* **-ór**) *f* cowshed.

obostrz|ać (**-am, -asz**) (*perf* **-yć**) *vt* (*przepisy, areszt*) to tighten; (*karę*) to augment.

obowiąz|ek (**-ku, -ki**) (*instr* **-kiem**) *m* duty, obligation; **obowiązki** *pl* duties *pl*; **pełniący obowiązki prezesa** acting chairperson.

obowiązkowo *adj* (*przymusowo*) obligatorily; (*pot. koniecznie*) whatever happens.

obowiązkowy *adj* (*służba wojskowa,*

zajęcia) obligatory, mandatory; (*pracownik*) diligent, conscientious.

obowiązujący *adj* (*rozkład jazdy*) (currently) valid, current; (*ustawa, umowa*) (currently) in force, (legally) binding.

obowiąz|ywać (**-uje**) *vi* to be in force; **obowiązuje strój wieczorowy** ≈ black tie suggested.

oboz|ować (**-uję, -ujesz**) *vi* to camp.

obozowis|ko (**-ka, -ka**) (*instr* **-kiem**) *nt* camp(site).

ob|ój (**-oju, -oje**) *m* oboe.

ob|óz (**-ozu, -ozy**) (*loc sg* **-ozie**) *m* camp; **obóz koncentracyjny** concentration camp; **obóz dla uchodźców** refugee camp.

obrabi|ać (**-am, -asz**) (*perf* **obrobić**) *vt* (*poddawać obróbce*) to machine; (*wykańczać: brzeg materiału*) to hem.

obrabiar|ka (**-ki, -ki**) (*dat sg* **-ce**, *gen pl* **-ek**) *f* machine tool.

obrab|ować (**-uję, -ujesz**) *vt perf* to rob.

obrac|ać (**-am, -asz**) (*perf* **obrócić**) *vt* (*śrubę*) to turn, to rotate; (*wzrok*) to turn; (*szafę*) to move (around) ♦ *vi* (*iść tam i z powrotem*) to go there and back; **obracać pieniędzmi/kapitałem** to put money/capital to profit.

►**obracać się** *vr* (*o kole*) to turn, to revolve; (*w towarzystwie, środowisku*) to move.

obrad|ować (**-uję, -ujesz**) *vi*: **obradować (nad czymś)** to debate (sth).

obrad|y (**-**) *pl* proceedings *pl*.

obra|z (**-zu, -zy**) (*loc sg* **-zie**) *m* (*malowidło*) painting, picture; (*widok, scena*) sight; (*opis: epoki, wypadków*) picture; (*widok na ekranie*) image, picture; (*film*) film; (*FIZ, FOT*) image.

obra|za (**-zy**) (*dat sg* **-zie**) *f* offence

(*BRIT*), offense (*US*); (*zniewaga*) insult.

obraz|ek (**-ka, -ki**) (*instr sg* **-kiem**) *m* (*mały obraz*) (little) picture; (*ilustracja*) picture; (*scenka*) scene, picture.

obrazkowy *adj* (*ilustrowany*) picture *attr*, pictorial.

obraz|ować (**-uję, -ujesz**) *vt* (*opisywać*) to illustrate; (*wyrażać*) to represent.

obrazowo *adv* graphically, vividly.

obrazowy *adj* vivid.

obraźliwy *adj* (*obrażający*) insulting, offensive; (*skłonny do obrażania się*) touchy, easily offended.

obraż|ać (**-am, -asz**) (*perf* **obrazić**) *vt* to offend.

▸**obrażać się** *vr*: **obrażać się na kogoś** to be offended with sb; **obrażać się o coś** to be offended at sth, to take offence (*BRIT*) *lub* offense (*US*) at sth.

obraże|nie (**-nia, -nia**) (*gen pl* **-ń**) *nt* injury.

obrażony *adj* offended; **być obrażonym na** +*acc* to be offended with.

obręcz|ka (**-ki, -ki**) (*dat sg* **-ce**) *f* (*też*: **obrączka ślubna**) wedding ring; (*do znakowania zwierząt*) ring.

obręb (**-bu**) (*loc sg* **-bie**) *m* (*obszar: miasta, fabryki*) grounds *pl*, limits *pl*; (*zakres: zainteresowań*) range, sphere; (*granica: społeczeństwa*) limits; (*brzeg tkaniny*) hem; **w obrębie czegoś** within (the limits of) sth.

obręcz (**-y, -e**) (*gen pl* **-y**) *f* hoop; (*koła*) rim.

obro|bić (**-bię, -bisz**) (*imp* **obrób**) *vt perf* (*pot. okraść*) to rob.

obro|dzić (**-dzi**) *vi perf* (*o drzewie*) to bear a rich crop; (*o zbożu*) to give *lub* yield a good harvest; (*o owocach, warzywach*) to be plentiful.

obro|na (**-ny**) (*dat sg* **-nie**) *f* defence (*BRIT*), defense (*US*); (*ochrona*) protection; **w obronie własnej** in self-defence.

obro|nić (**-nię, -nisz**) (*imp* **-ń**) *vb perf od* **bronić**.

obronny *adj* (*akcja, postawa*) defensive; (*mur, zamek*) fortified; **mury obronne** battlements, ramparts.

obrońc|a (**-y, -y**) *m decl like f in sg* defender; (*zwolennik*) advocate; (*PRAWO*) barrister, counsel for the defence.

obrończy|ni (**-ni, -nie**) (*gen pl* **-ń**) *f* defender; (*zwolenniczka*) advocate.

obrotnoś|ć (**-ci**) *f* (*przedsiębiorczość*) enterprise, industry; (*zaradność*) resourcefulness.

obrotny *adj* (*przedsiębiorczy*) enterprising, industrious; (*zaradny*) resourceful.

obrotomierz (**-a, -e**) (*gen pl* **-y**) *m* (*TECH*) tachometer, rev counter.

obrotowy *adj* (*ruch*) rotary; (*drzwi, scena*) revolving; (*kapitał*) circulating; **podatek obrotowy** turnover tax.

obroż|a (**-y, -e**) (*gen pl* **-y**) *f* collar.

obrób|ka (**-ki, -ki**) (*dat sg* **-ce**, *gen sg* **-ek**) *f* (*materiału*) processing; (*chemiczna*) treatment.

obró|cić (**-cę, -cisz**) (*imp* **-ć**) *vb perf od* **obracać**.

obr|ót (**-otu, -oty**) (*loc sg* **-ocie**) *m* (*śruby, planety*) revolution; (*tok sprawy*) turn; (*EKON, HANDEL*) turnover; **obroty silnika** revolutions.

obru|s (**-sa** *lub* **-su, -sy**) (*loc sg* **-sie**) *m* tablecloth.

obry|s (**-su, -sy**) (*loc sg* **-sie**) *m* contour, outline.

obrysow|ywać (**-uję, -ujesz**) (*perf* **-ać**) *vt* to outline.

obryw|ać (**-am, -asz**) (*perf* **oberwać**) *vt* (*guziki*) to tear off; (*tynk*) to peel

(off); (*owoce*) to pick ♦ *vi*
(*pot: dostawać lanie*) to get a beating.
▶**obrywać się** *vr* (*o guziku*) to tear
off, to come off.
obrząd|ek (**-ku, -ki**) (*instr* **-kiem**) *m*
(*ceremonia*) ceremony, ritual;
(*obyczaj*) custom; (*REL*) rite.
obrzeza|nie (**-nia**) *nt* (*REL*)
circumcision.
obrzeż|e (**-a, -a**) (*gen pl* **-y**) *nt* edge.
obrzęd (**-du, -dy**) (*loc sg* **-dzie**) *m*
(*ceremonia*) ceremony; (*rytuał*) ritual.
obrzędowy *adj* (*muzyka*)
ceremonial, ritual; (*taniec*) ritual;
(*strój*) ceremonial.
obrzę|k (**-ku, -ki**) (*instr* **-kiem**) *m*
swelling.
obrzmie|nie (**-nia, -nia**) (*gen pl* **-ń**) *nt*
swelling.
obrzu|cać (**-cam, -casz**) (*perf* **-cić**)
vt: **obrzucać kogoś/coś czymś** to
throw sth at sb/sth, to pelt sb/sth
with sth.
obrzydliwoś|ć (**-ci, -ci**) (*gen pl* **-ci**) *f*
(*coś brzydkiego*) abomination;
(*uczucie wstrętu*) disgust.
obrzydliwy *adj* abominable,
disgusting.
obrzydły *adj* loathsome.
obrzy|dzać (**-dzam, -dzasz**) (*perf*
-dzić) *vt*: **obrzydzać komuś coś** to
put sb off sth.
obrzydzeni|e (**-a**) *nt* disgust,
abomination.
obsa|da (**-dy, -dy**) (*dat sg* **-dzie**) *f*
(*obsadzenie stanowiska*)
appointment, assignment; (*personel*)
staff; (*załoga*) crew; (*TEATR, FILM*)
cast.
obsad|ka (**-ki, -ki**) (*dat sg* **-ce**) *f*
penholder.
obsa|dzać (**-dzam, -dzasz**) (*perf*
-dzić) *vt* (*teren: drzewami, trawą*) to
plant; (*stanowisko*) to fill.
obsceniczny *adj* obscene.
obserwacj|a (**-i, -e**) (*gen pl* **-i**) *f*

(*obserwowanie*) observation; (*: przez
policję*) observation, surveillance;
(*spostrzeżenie, uwaga*) observation.
obserwacyjny *adj* observational;
punkt obserwacyjny vantage point.
obserwato|r (**-ra, -rzy**) (*loc sg* **-rze**)
m observer.
obserwatori|um (**-um, -a**) (*gen pl*
-ów) *nt inv in sg* observatory.
obserw|ować (**-uję, -ujesz**) *vt* to
observe, to watch.
obsesj|a (**-i, -e**) (*gen pl* **-i**) *f* obsession.
obsesyjny *adj* obsessive, obsessional.
obskurny *adj* dilapidated, run down.
obsłu|ga (**-gi**) (*dat sg* **-dze**) *f*
(*maszyny*) service, maintenance;
(*klientów*) service; (*personel, załoga*)
staff, personnel.
obsłu|giwać (**-guję, -gujesz**) (*perf*
-żyć) *vt* (*klienta, gościa*) to serve, to
attend to; (*maszynę*) to operate, to
work ♦ *vi* (*obsługiwać do stołu*) to
wait at the table.
▶**obsługiwać się** *vr*: **obsłuż się
sam** help yourself.
obsmaż|ać (**-am, -asz**) (*perf* **-yć**) *vt*
(*mięso*) to seal, to sear; (*cebulę*) to
fry quickly.
obsta|wa (**-wy, -wy**) (*dat sg* **-wie**) *f*
(*więźnia*) guard; (*ważnej osoby*)
bodyguard.
obsta|wać (**-ję, -jesz**) (*imp* **-waj**) *vi*:
obstawać przy czymś to persist in
sth, to stick to sth.
obsta|wiać (**-wiam, -wiasz**) (*perf*
-wić) *vt* (*otaczać*) to surround; (*na
wyścigach, loterii*) to bet on, to back;
(*SPORT*) to surround, to guard.
obstrukcj|a (**-i, -e**) (*gen pl* **-i**) *f* (*POL*)
obstruction; (*MED*) constipation.
obstrza|ł (**-łu**) (*loc sg* **-le**) *m* (gun)fire.
obsuw|ać się (**-am, -asz**) (*perf*
obsunąć) *vr* (*opadać*) to sink, to
drop; (*o ziemi*) to slide, to cave in.
obsza|r (**-ru, -ry**) (*loc sg* **-rze**) *m*

(*powierzchnia*) area; (*terytorium*) territory.

obszarni|k (-ka, -cy) (*instr sg* -kiem) *m* landowner.

obszarpany *adj* (*o człowieku*) tattered; (*o ubiorze*) ragged, tattered.

obszerny *adj* (*mieszkanie*) large, spacious; (*płaszcz, koszula*) loose; (*artykuł, sprawozdanie*) extensive.

obszu|kiwać (-kuję, -kujesz) (*perf* -kać) *vt* (*podejrzanego*) to search; (*kieszenie, dom*) to search, to go through.

obszy|cie (-cia, -cia) (*gen pl* -ć) *nt* hem.

obtar|cie (-cia, -cia) (*gen pl* -ć) *nt* sore.

obtłu|kiwać (-kuję, -kujesz) (*perf* **obtłuc**) *vt* to chip.

obud|owa (-owy, -owy) (*gen pl* -ów) *f* casing, housing.

obudow|ywać (-uję, -ujesz) (*perf* -ać) *vt* (*otaczać budynkami*) to build round, to surround (with buildings); (*zaopatrywać w osłonę*) to encase; (*wyposażać w meble wbudowane na stałe*) to have fitted.

obu|dzić (-dzę, -dzisz) (*imp* -dź) *vb perf od* **budzić**.

obumarły *adj* dead.

obunóż *adv* with both feet.

oburącz *adv* with both hands.

oburz|ać (-am, -asz) (*perf* -yć) *vt* (*złość*) to revolt, to appal (*BRIT*), to appall (*US*).

▸**oburzać się** *vr*: **oburzać się (na kogoś/coś)** to be *lub* feel indignant (with sb/at sth).

oburzający *adj* outrageous.

oburzeni|e (-a) *nt* indignation.

oburzony *adj*: **oburzony (na kogoś/coś)** indignant (with sb/at sth).

obustronny *adj* (*korzyść, porozumienie*) bilateral, mutual; (*pomoc, niechęć*) mutual, reciprocal.

obuwi|e (-a) *nt* footwear.

obuwniczy *adj* shoe *attr*.

obwarzan|ek (-ka, -ki) (*instr sg* -kiem) *m* pretzel.

obwą|chiwać (-chuję, -chujesz) (*perf* -chać) *vt* to sniff at.

obwiąz|ywać (-uję, -ujesz) (*perf* -ać) *vt* (*sznurkiem, bandażem*) to tie; (*szalikiem*) to wrap round.

obwieszcz|ać (-am, -asz) (*perf* **obwieścić**) *vt* to announce.

obwieszcze|nie (-nia, -nia) (*gen pl* -ń) *nt* announcement.

obwi|niać (-niam, -niasz) (*perf* -nić) *vt*: **obwiniać kogoś (o coś)** to accuse sb (of sth).

obwisły *adj* (*wąsy, uszy*) droopy; (*gałąź*) drooping.

obwodnic|a (-y, -e) *f* bypass, ring road (*BRIT*), beltway (*US*).

obwodowy *adj* district *attr*.

obwolu|ta (-ty, -ty) (*dat sg* -cie) *f* dust cover.

obwoźny *adj*: **handel obwoźny** house-to-house selling, door-to-door sales.

obw|ód (-odu, -ody) (*loc sg* -odzie) *m* (*GEOM: okręgu*) circumference; (*wielokąta*) periphery; (*ELEKTR*) circuit; (*okręg*) district.

obwód|ka (-ki, -ki) (*dat sg* -ce) *f* border(ing).

oby *part*: **oby tak było** I wish it were so; **obyś był szczęśliwy** may you be happy ▸ *excl*: **oby!** if only it were so!

obyci|e (-a) *nt* manners *pl*.

obyczaj (-u, -e) *m* (*zwyczaj*) custom; (*nawyk, przyzwyczajenie*) habit; **obyczaje** *pl* (*maniery*) manners *pl*; (*sposób życia*) morals *pl*.

obyczajowoś|ć (-ci) *f* (*obyczaje*) customs *pl*; (*moralność*) morals *pl*; (*maniery*) manners *pl*.

obyczajowy *adj* (*swoboda*) moral; **film obyczajowy** ≈ (film) drama;

powieść/komedia obyczajowa a novel/comedy of manners; **policja obyczajowa** vice squad.

obydwa (like: **dwa**) num both; patrz też **oba**.

obydwaj (like: **dwaj**) num both; patrz też **obaj**.

obydwie (like: **dwie**) num both; patrz też **obie**.

obydwoje (like: **dwoje**) num both; patrz też **oboje**.

obyty adj (towarzysko) well-mannered; **być obytym z czymś** to be familiar with sth.

obyw|ać się (-am, -asz) (perf **obyć**) vr. **obywać się bez czegoś** to do lub go without sth, to dispense with sth.

obywatel (-a, -e) (gen pl -i) m citizen; **szary obywatel** the man in the street.

obywatelski adj (prawo) civil; (obowiązek, komitet) civic.

obywatelstw|o (-wa) (loc sg -wie) nt citizenship.

obżarstw|o (-wa) (loc sg -wie) nt gluttony.

obżartuch (-a, -y) m glutton, gourmand.

obżer|ać się (-am, -asz) (perf **obeżreć**) vr. **obżerać się czymś** (pot) to gorge o.s. on lub with sth.

ocal|ać (-am, -asz) (perf -**ić**) vt to save.

ocal|eć (-ję, -jesz) vi perf to survive.

ocea|n (-nu, -ny) (loc sg -nie) m ocean; (przen: mnóstwo) oceans pl, sea; **Ocean Atlantycki** the Atlantic (Ocean); **Ocean Spokojny** the Pacific (Ocean); **Ocean Indyjski** the Indian Ocean.

Oceani|a (-i) f Oceania, South Sea Islands pl.

oce|na (-ny, -ny) (dat sg -nie) f (osąd) assessment, opinion; (SZKOL: stopień) mark (BRIT), grade

(US); (oszacowanie) estimate, evaluation.

oce|niać (-niam, -niasz) (perf -**nić**) vt (osądzać) to judge, to assess; (szacować) to estimate, to evaluate.

oc|et (-tu, -ty) (loc sg -cie) m (KULIN) vinegar.

ochlap|ywać (-uję, -ujesz) (perf -**ać**) vt (opryskiwać) to splash; (plamić) to splash, to spatter.

ochładz|ać (-am, -asz) (perf **ochłodzić**) vt (mleko, wodę) to cool; (wino) to chill; (orzeźwiać) to cool, to refresh.

▸**ochładzać się** vr (stawać się chłodnym) to cool; (oziębiać się) to cool (down); (orzeźwiać się) to cool off; (o stosunkach) to cool, to chill; **ochładza się** it's getting colder.

ochło|da (-dy) (dat sg -dzie) f refreshment; **dla ochłody** for refreshment.

ochłodze|nie (-nia) nt (METEO) cold(er) weather; (stosunków) cooling.

ochło|nąć (-nę, -niesz) (imp -**ń**) vi perf (ochłodzić się) to cool off; (oprzytomnieć, uspokoić się) to cool down.

ocho|ta (-ty) (dat sg -cie) f (chęć) willingness, readiness; (radość) cheerfulness; **z ochotą** eagerly, willingly; **mieć ochotę na coś** to feel like sth; **mieć ochotę coś zrobić** to feel like doing sth; **czy masz ochotę na ...?** would you like ...?

ochotniczy adj voluntary, volunteer attr.

ochotni|k (-ka, -cy) (instr sg -kiem) m volunteer.

ochraniacz (-a, -e) (gen pl -y) m guard; (na kolano, ramię) pad.

ochrani|ać (-am, -asz) (perf **ochronić**) vt: **ochraniać kogoś/coś (od czegoś)** to protect sb/sth (from sth); **ochraniać kogoś/coś przed kimś/czymś** to protect sb/sth against *lub* from sb/sth.

▸**ochraniać się** *vr*: **ochraniać się przed czymś** to protect o.s. from sth, to guard o.s. against sth.

ochro|na (-ny) (*dat sg* -**nie**) *f* (*zabezpieczenie*) protection; (*straż*) guard; **ochrona przyrody** nature conservation *lub* preservation; **ochrona środowiska** environment(al) protection; **ochrona osobista** bodyguard.

ochroniarz (-a, -e) (*gen pl* -**y**) *m* (*pot*) bodyguard.

ochronny *adj* protective; **znak ochronny** (*HANDEL*) trademark.

ochryp|nąć (-nę, -niesz) (*imp* -**nij**, *pt* -**nął** *lub* -**ł**, -**ła**, -**nęli** *lub* -**li**) *vi perf* to get hoarse.

ochrypnięty *adj* hoarse.

ochrza|nić (-nię, -nisz) (*imp* -**ń**) *vt perf* (*pot*) to dress down (*pot*).

ociąg|ać się (-am, -asz) *vr*: **ociągać się (z czymś)** to delay (doing sth).

ociek|ać (-am, -asz) (*perf* -**nąć**) *vi*: **ociekać wodą/krwią** to drip with water/blood.

ociemniały *adj* blind ◊ *m decl like adj* blind person; **ociemniali** the blind.

ociepl|ać (-am, -asz) (*perf* -**ić**) *vt* (*ogrzewać*) to warm; (*izolować od zimna*) to insulate.

▸**ocieplać się** *vr*: **ociepla się** it's getting warmer.

ociepleni|e (-a) *nt* (*klimatu*) warming up; (*w pogodzie*) warmer weather.

ocier|ać (-am, -asz) (*perf* **otrzeć**) *vt* (*wycierać*) to wipe (away); (*ścierać skórę*) to graze.

ociężały *adj* languid.

ock|nąć (-nę, -niesz) (*imp* -**nij**) *vt perf* (*przebudzić*) to wake (up), to awake; (*wyrwać z zadumy*) to rouse.

▸**ocknąć się** *vr* to rouse o.s.;

ocknąć się ze snu to be roused from sleep, to awake.

ocuc|ać (-am, -asz) (*perf* **ocucić**) *vt* to revive, to bring round.

oczarow|ywać (-uję, -ujesz) (*perf* -**ać**) *vt* (*zachwycać*) to charm, to enchant; (*ujmować*) to put *lub* cast a spell on.

ocze|kiwać (-kuję, -kujesz) *vt*: **oczekiwać kogoś/czegoś** (*czekać*) to await sb/sth, to wait for sb/sth; (*spodziewać się*) to expect sb/sth.

oczekiwa|nie (-nia, -nia) (*gen pl* -**ń**) *nt* awaiting; **oczekiwania** *pl* (*nadzieje*) expectations *pl*, hopes *pl*; (*przypuszczenia*) expectations *pl*.

oczer|niać (-niam, -niasz) (*perf* -**nić**) *vt* to defame.

ocz|ko (-ka, -ka) (*instr sg* -**kiem**, *gen pl* -**ek**) *nt dimin od* **oko**; (*kamień w pierścionku*) stone; (*w sitku, tarce*) mesh; (*DZIEWIARSTWO*) stitch; (*w pończosze*) ladder (*BRIT*), run (*US*); (*KARTY*) blackjack.

oczod|ół (-ołu, -oły) (*loc sg* -**ole**) *m* eye socket *lub* hole, orbit (*MED*).

oczyszcz|ać (-am, -asz) (*perf* **oczyścić**) *vt* (*ranę*) to clean; (*powietrze, wodę*) to purify.

▸**oczyszczać się** *vr* to get cleaned.

oczyszczal|nia (-ni, -nie) (*gen pl* -**ni**) *f* (*też*: **oczyszczalnia ścieków**) sewage treatment plant.

oczytany *adj* well-read.

oczywisty *adj* (*twierdzenie, dowód*) obvious; (*kłamstwo, nonsens*) outright, obvious.

oczywiście *adv* obviously, certainly; **oczywiście!** of course!

───SŁOWO KLUCZOWE───

od *prep* +*gen* **1** (*kierunek*) from; **od okna** from the window; **od zachodu** from the west; **na zachód od Polski** west of Poland. **2** (*czas trwania*) for; **od trzech dni** for three days; **od**

dawna for a long time. **3** (*początek*) since; **od poniedziałku** since Monday; **od wczoraj** since yesterday; **od jutra** starting tomorrow, as of *lub* from tomorrow; **od poniedziałku do piątku** Monday to Friday (*BRIT*), Monday through Friday (*US*); **od rana do nocy** from morning till night. **4** (*odległość*) (away) from; **100 metrów od brzegu** a hundred meters off *lub* away from the shore. **5** (*dolna granica zakresu*) from; **od trzech do czterech godzin dziennie** (from) three to four hours a day. **6** (*początkowa granica skali*) (starting) from; **od wierszy (aż) po powieści** from poems to novels. **7** (*przyczyna*) with, from; **twarz mokra od łez/potu** face damp with tears/sweat; **ochrypł od krzyku** his voice grew hoarse from shouting. **8** (*pochodzenie*) from; **list od mojego brata** a letter from my brother. **9** (*przeznaczenie*): **kluczyki od samochodu** car keys; **pudełko od zapałek** matchbox; **syrop od kaszlu** cough mixture; **ubezpieczenie od ognia/kradzieży** insurance against theft/fire. **10** (*specjalizacja*): **nauczyciel od angielskiego** English teacher; **fachowiec od lodówek** fridge technician. **11** (*przy porównaniach*) than; **ona jest starsza od brata** she is older than her brother; **on jest wyższy ode mnie** he is taller than me *lub* I.

odbar|wiać (-wiam, -wiasz) (*perf* -wić) *vt* to discolour (*BRIT*), to discolor (*US*).
▶**odbarwiać się** *vr* to discolour (*BRIT*), to discolor (*US*).
odbezpiecz|ać (-am, -asz) (*perf* -yć) *vt* to unlock.

odbi|cie (-cia, -cia) (*gen pl* -ć) *nt* (*obraz odbity*) reflection; (*podobizna*) image; (*FIZ*) reflection; (*odcisk*) print; (*ciosu*) parry.
odbieg|ać (-am, -asz) (*perf* **odbiec** *lub* -nąć) *vi* to run off *lub* away; **odbiegać od czegoś** (*przen*) to depart *lub* differ from sth.
odbier|ać (-am, -asz) (*perf* **odebrać**) *vt* (*odzyskiwać*) to get back, to reclaim; (*otrzymywać*) to receive; (*zgłaszać się po: paczkę, bagaż, list*) to collect; (: *dziecko, chorego, znajomego*) to pick up; (*telefon*) to pick up, to answer; (*pozbawiać: głos, rozum, apetyt, chęć*) to deprive of, to take away; (: *prawo, przywilej*) to withdraw, to take away; (*zabierać przemocą*) to seize, to confiscate; (*stację, fale*) to receive; (*odczuwać*) to experience; **odebrać** (*perf*) **komuś/sobie życie** to take away sb's/one's life.
odbij|ać (-am, -asz) (*perf* **odbić**) *vt* (*światło, fale, obraz*) to reflect; (*piłkę: z powrotem*) to return; (: *o ziemię*) to bounce; (*pieczęć, stempel*) to put; (*ślady*) to leave; (*więźnia, jeńca*) to rescue ♦ *vi* (*odłączać się od grupy*) to break away; **odbijać od czegoś** (*kontrastować*) to stand out against sth.
▶**odbijać się** *vr* to be reflected; (*o śladach, wzorze*) to leave traces; (*o piłce*) to bounce (off); **odbijać się na czymś** to have an impact on sth; **odbiło mu się** he belched *lub* burped.
odbiorc|a (-y, -y) *m decl like f in sg* (*informacji*) recipient, receiver; (*przesyłki*) addressee; (*energii*) consumer; (*sztuki, literatury*) audience.
odbiornik (-a, -i) *m* (*ELEKTR*) receiver; (*też*: **odbiornik radiowy**)

radio set *lub* receiver; (*też*: **odbiornik telewizyjny**) TV set.

odbi|ór (-oru) (*loc sg* -orze) *m* (*listu, bagażu, towaru*) receipt, collection; (*filmu, sztuki*) reception; (*RADIO, TV, TEL*) reception; **odbiór!** (*TEL*) over!

odbit|ka (-ki, -ki) (*dat sg* -ce) *f* print.

odblas|k (-ku, -ki) *m* reflex, reflection.

odblaskowy *adj*: **światło odblaskowe** reflector.

odblokow|ywać (-uję, -ujesz) (*perf* -ać) *vt* (*drogę*) to clear; (*koła, kierownicę*) to free; (*konto*) to unblock.

odbudo|wa (-wy) (*dat sg* -wie) *f* reconstruction.

odbudow|ywać (-uję, -ujesz) (*perf* -ać) *vt* (*dom, miasto*) to reconstruct, to rebuild; (*przen: zaufanie, wiarę*) to restore.

odby|t (-tu, -ty) (*loc sg* -cie) *m* anus.

odbytnic|a (-y, -e) *f* rectum.

odbyw|ać (-am, -asz) (*perf* **odbyć**) *vt* (*kurs*) to do; (*służbę wojskową*) to serve; **odbywać praktykę** (*w fabryce*) to serve one's apprenticeship; (*w szkole*) to do teaching practice.

▶**odbywać się** *vr* to take place.

odce|dzać (-dzam, -dzasz) (*perf* -dzić) *vt* to strain, to drain.

odchod|y (-ów) *pl* (*ekskrementy*) excrement, feaces (*BRIT*), feces (*US*).

odcho|dzić (-dzę, -dzisz) (*imp* -dź, *perf* **odejść**) *vi* (*oddalać się*) to go away, to walk away; (*o pociągu, transporcie*) to leave, to depart; (*umierać*) to pass away; (*zwalniać się z pracy*) to leave; (*o gałęziach*) to spread out; (*o ulicach*) to diverge, to branch off; (*o lakierze, farbie*) to come *lub* flake off, to peel (off).

odchrzą|kiwać (-kuję, -kujesz) (*perf* -knąć) *vi* to clear one's throat ♦ *vt* (*flegmę*) to spit; (*krew*) to cough up.

odchu|dzać się (-dzam, -dzasz) (*perf* -dzić) *vr* to slim, to diet.

odchudzani|e (-a) *nt* slimming, dieting.

odchyl|ać (-am, -asz) (*perf* -ić) *vt* (*gałąź, firankę*) to pull *lub* draw back; (*głowę*) to tilt.

odchyle|nie (-nia, -nia) (*gen pl* -ń) *nt* deviation.

odciąć (**odetnę, odetniesz**) (*imp* **odetnij**) *vb perf od* **odcinać**.

odciąg|ać (-am, -asz) (*perf* -nąć) *vt* (*przesuwać*) to pull away.

odciąż|ać (-am, -asz) (*perf* -yć) *vt* (*osobę, konia*) to relieve; (*centralę*) to lighten the load of.

odcie|ń (-nia, -nie) (*gen pl* -ni) *m* (*barwa*) tint, shade; (*niuans*) shade.

odcięty *adj*: **być odciętym od świata** to be cut off from the rest of the world.

odcin|ać (-am, -asz) (*perf* **odciąć**) *vt* to cut off; (*gałąź, przewód*) to cut off, to sever; (*rękę, palec*) to sever, to amputate; (*dostęp, odwrót*) to cut *lub* seal off.

▶**odcinać się** *vr* (*ostro odpowiadać*) to retort, to answer back; **odcinać się od** +*gen* (*dystansować się*) to distance o.s. from; (*kontrastować*) to be in contrast with.

odcin|ek (-ka, -ki) (*instr sg* -kiem) *m* (*drogi, przewodu*) section; (*czasu*) period; (*kwit*) stub, receipt; (*powieści, serialu*) episode; (*MAT*) segment; (*dziedzina, zakres*) field, area.

odcis|k (-ku, -ki) (*instr sg* -kiem) *m* (*ślad*) imprint; (*stopy*) footprint; (*palca*) fingerprint; (*nagniotek*) corn.

odcis|kać (-kam, -kasz) (*perf* -nąć) *vt* to impress.

odcyfrow|ywać (-uję, -ujesz) (*perf* -ać) *vt* (*pismo, podpis*) to decipher, to make out; (*szyfr*) to decipher, to decode.

odcze|kiwać (**-kuję, -kujesz**) (*perf* **-kać**) *vi* to wait.

odcze|piać (**-piam, -piasz**) (*perf* **-pić**) *vt* (*odpinać*) to unfasten, to unbutton; (*łódkę, wagon*) to detach.

▸**odczepiać się** *vr* (*odpinać się*) to come off, to become unfastened; (*o łódce, wagonie*) to become detached.

odczu|cie (**-cia, -cia**) (*gen pl* **-ć**) *nt* feeling; (*wrażenie*) feeling, sense.

odczuw|ać (**-am, -asz**) (*perf* **odczuć**) *vt* to feel; (*wrogość, zmiany*) to sense.

odczuwalny *adj* noticeable.

odczynni|k (**-ka, -ki**) (*instr sg* **-kiem**) *m* (*CHEM*) reagent.

odczy|t (**-tu, -ty**) (*loc sg* **-cie**) *m* (*wykład, prelekcja*) lecture; (*wyników, danych w komputerze*) reading.

odczyt|ywać (**-uję, -ujesz**) (*perf* **-ać**) *vt* to read; (*czytać na głos*) to read out.

odd|ać (**-am, -asz**) (*3 pl* **-adzą**) *vb perf od* **oddawać**.

oddal|ać (**-am, -asz**) (*perf* **-ić**) *vt* (*wniosek, powództwo*) to dismiss.

▸**oddalać się** *vr* (*odchodzić*) to walk *lub* go away; (*odjeżdżać: o samochodzie*) to drive away; (*o koniu, rowerze*) to ride away; (*odlatywać*) to fly away; (*odpływać: o statku*) to sail away; (*o brzegu*) to vanish away.

oddali *inv*: **w oddali** in the distance; **z oddali** from a distance.

oddalony *adj* remote, distant.

oddani|e (**-a**) *nt* (*poświęcenie*) devotion; (*gorliwość*) dedication.

oddany *adj*: **być oddanym komuś/czemuś** (*być przywiązanym*) to be devoted to sb/sth; (*być zaabsorbowanym*) to be dedicated to sb/sth.

odd|awać (**-aję, -ajesz**) (*imp* **-awaj**, *perf* **-ać**) *vt* (*książkę*) to return; (*resztę*) to give; (*dług, pożyczkę*) to give *lub* pay back; (*zostawiać w celu wykonania usługi: buty, bagaż, film*) to leave; (*zostawiać na przechowanie: pieniądze, biżuterię*) to deposit; (*powierzać opiece: chorego, ucznia*) to send (*to school, hospital*); (*głos, pierwszeństwo*) to give; (*majątek, bogactwo*) to renounce; (*uścisk, pocałunek*) to return; (*cios*) to return, to hit back; (*uczucia, znaczenie*) to express.

▸**oddawać się** *vr* (*poddawać się*) to give o.s. in; (*o kobiecie*) to give o.s.; **oddawać się czemuś** (*smutkowi, nałogowi*) to take to sth; (*pracy, rozmyślaniu*) to devote o.s. to sth; (*lenistwu*) to indulge in sth.

oddech (**-u, -y**) *m* breath; **wstrzymywać (wstrzymać** *perf*) **oddech** to hold one's breath.

oddechowy *adj* respiratory.

oddelegow|ywać (**-uję, -ujesz**) (*perf* **-ać**) *vt*: **oddelegowywać kogoś do** +*gen* to second *lub* assign sb to.

oddych|ać (**-am, -asz**) *vi* to breathe.

oddychani|e (**-a**) *nt* breathing; **sztuczne oddychanie** artificial respiration.

oddzia|ł (**-łu, -ły**) (*loc sg* **-le**) *m* (*WOJSK*) unit; (*POLICJA*) squad; (*fabryki, urzędu*) department; (*banku, linii lotniczej*) branch; (*część szpitala*) ward, unit.

oddział|ywać (**-uję, -ujesz**) *vi*: **oddziaływać na** +*acc* to influence, to affect.

oddziaływani|e (**-a**) *nt* (*wpływ*) influence; (*działanie*) effect; (*wzajemne*) interaction.

oddziel|ać (**-am, -asz**) (*perf* **-ić**) *vt* (*odgradzać*) to separate; (*odłączać od całości*) to separate, to detach.

oddzielnie *adv* separately, apart.

oddzielny *adj* separate.

oddzier|ać (**-am, -asz**) (*perf* **odedrzeć**) *vt* to tear off *lub* away.

oddzwani|ać (**-am, -asz**) (*perf* **oddzwonić**) *vi*: **oddzwaniać (do kogoś)** to ring *lub* call (sb) back.

oddźwię|k (**-ku, -ki**) *m* response.

ode *prep* = **od; jest starszy ode mnie** he is older that I am *lub* me.

odebrać (**odbiorę, odbierzesz**) (*imp* **odbierz**) *vb perf od* **odbierać**.

odechciew|ać się (**-a**) (*perf* **odechcieć**) *vr*: **komuś odechciewa się czegoś** sb feels no longer like doing sth; **odechciało mi się pić** I feel no longer thirsty.

odejm|ować (**-uję, -ujesz**) (*perf* **odjąć**) *vt* (*MAT*) to subtract; (*podatek, nadwyżkę*) to deduct; (*szklankę od ust*) to take away.

odejmowani|e (**-a**) *nt* (*MAT*) subtraction.

odejści|e (**-a**) *nt* departure, leaving; **odejście od zasad/norm** departure from principles/(the) norms *lub* (the) standards.

odej|ść (**-dę, -dziesz**) (*imp* **-dź**, *pt* **odszedł, odeszła, odeszli**) *vb perf od* **odchodzić**.

odep|rzeć (**-rę, -rzesz**) (*imp* **-rzyj**, *pt* **odparł**) *vi perf* (*odpowiedzieć*) to reply; **odparł, że nic nie wie** he replied that he did not know anything.

oder|wać (**-wę, -wiesz**) (*imp* **-wij**) *vb perf od* **odrywać**.

oderwany *adj* (*fakty, słowa*) out of context; (*pojęcie*) abstract.

odetch|nąć (**-nę, -niesz**) (*imp* **-nij**) *vi perf* (*uspokoić się*) to calm down; (*odpocząć*) to relax; **odetchnąć z ulgą** to breathe a sigh of relief.

odetk|ać (**-am, -asz**) *vt perf* (*butelkę*) to open; (*wannę, zlew*) to unblock.

odez|wa (**-wy, -wy**) (*dat sg* **-wie**) *f* (*manifest*) manifesto.

odfajkow|ywać (**-uję, -ujesz**) *vt* (*zaznaczać*) to tick (off); (*wykonywać byle jak*) to skimp.

odfru|nąć (**-nę, -niesz**) *vi perf* to fly away.

odgad|nąć (**-nę, -niesz**) (*imp* **-nij**, *pt* **-ł**) *vb perf* (*zagadkę*) to solve; (*prawdę, zamiary*) to guess.

odgałęzie|nie (**-nia, -nia**) (*gen pl* **-ń**) *nt* (*kabla*) offshoot; (*torów*) branch line; (*drogi*) fork.

odgani|ać (**-am, -asz**) (*perf* **odgonić** *lub* **odegnać**) *vt* to drive away.

odgarni|ać (**-am, -asz**) (*perf* **odgarnąć**) *vt* (*śnieg*) to shove aside; (*włosy*) to brush aside.

odgin|ać (**-am, -asz**) (*perf* **odgiąć**) *vt* (*gwóźdź, pręt*) to straighten, to unbend; (*mankiet*) to pull *lub* fold down.

odgło|s (**-su, -sy**) (*loc sg* **-sie**) *m* sound.

odgotow|ywać (**-uję, -ujesz**) (*perf* **-ać**) *vt* to boil off.

odgradz|ać (**-am, -asz**) (*perf* **odgrodzić**) *vt* (*płotem*) to fence off; (*murem*) to wall off.

odgraż|ać się (**-am, -asz**) *vr* to make threats; **odgrażać się komuś** to threaten sb.

odgruzow|ywać (**-uję, -ujesz**) (*perf* **-ać**) *vt* to clear of rubble *lub* debris.

odgryw|ać (**-am, -asz**) (*perf* **odegrać**) *vt* (*MUZ, TEATR*) to play; (*wydarzenie, scenę*) to act out.

▸**odgrywać się** *vr* (*po przegranej*) to get one's revenge; **odgrywać się na kimś (za coś)** to revenge o.s. *lub* take revenge on sb (for sth); **odgrywać rolę w czymś** to play a role *lub* part in sth.

odgryz|ać (**-am, -asz**) (*perf* **odgryźć**) *vt* to bite off.

▸**odgryzać się** *vr* (*przen: pot*) to strike back.

odgrzew|ać (**-am, -asz**) (*perf*

odgrzać) *vt* to warm up;
(*przen*: *wspomnienia, dowcip*) to
rehash.

odhacz|ać (-am, -asz) (*perf* -yć) *vt* to
check off, to tick off.

odj|azd (-azdu, -azdy) (*loc sg*
-eździe) *m* departure; **odjazd!** all
aboard!

odjeżdż|ać (-am, -asz) (*perf*
odjechać) *vi* (*o osobie*) to leave; (*o
autobusie, pociągu*) to depart, to
leave; (*samochodem*) to drive away
lub off; (*na rowerze, konno*) to ride
away *lub* off; **pociąg odjechał (ze
stacji)** the train drew *lub* pulled out
(of the station).

odkaż|ać (-am, -asz) (*perf* **odkazić**)
vt to disinfect; (*WOJSK*) to
decontaminate.

odkąd *pron* since; **odkąd?** since
when?; **odkąd mam zacząć?** where
shall I start from?; **odkąd wyjechała**
(ever) since she left.

odklej|ać (-am, -asz) (*perf* **odkleić**)
vt to unstick.

►**odklejać się** *vr* to come unstick.

odkład|ać (-am, -asz) (*perf* **odłożyć**)
vt (*książkę, pióro*) to put away *lub*
aside; (*egzamin, podjęcie decyzji*) to
postpone, to put off; (*pieniądze*) to
put aside; **odkładać słuchawkę** to
hang up (the phone).

►**odkładać się** *vr* to accumulate.

odkop|ywać (-uję, -ujesz) (*perf* -ać)
vt to dig up, to unearth.

odkorkow|ywać (-uję, -ujesz) (*perf*
-ać) *vt* to uncork.

odkraw|ać (-am, -asz) (*perf* **odkroić**
lub **odkrajać**) *vt* to cut off.

odkręc|ać (-am, -asz) (*perf* **odkręcić**)
vt (*śrubę itp.*) to unscrew; (*wieczko,
zakrętkę*) to twist off; (*kurek, wodę,
gaz*) to turn on; (*przen*) to undo.

odkry|cie (-cia, -cia) (*gen pl* -ć) *nt*
discovery.

odkryty *adj* (*wagon, samochód,
teren*) open; (*basen*) outdoor.

odkryw|ać (-am, -asz) (*perf* **odkryć**)
vt (*twarz*) to uncover; (*garnek,
skrzynię*) to open; (*nowy ląd,
metodę, talent*) to discover; (*sekret,
tajemnicę*) to uncover, to disclose;
(*plany, zamiary*) to unveil, to reveal.

odkrywc|a (-y, -y) *m decl like f in sg*
(*naukowiec*) discoverer; (*podróżnik*)
explorer.

odkrywczy *adj* (*wyprawa*)
exploratory; (*spostrzeżenie*)
revealing, insightful.

odkształc|ać (-am, -asz) (*perf*
odkształcić) *vt* to deform.

odkup|ywać (-uję, -ujesz) (*perf*
odkupić) *vt* (*odzyskiwać przez
kupno*) to buy back, to repurchase;
(*winę, zbrodnię*) to expiate, to atone
for.

odkurzacz (-a, -e) (*gen pl* -y) *m*
vacuum cleaner, hoover ® (*BRIT*).

odkurz|ać (-am, -asz) (*perf* -yć) *vt*
(*wycierać z kurzu*) to dust; (*czyścić
odkurzaczem*) to vacuum, to hoover
(*BRIT*).

odlat|ywać (-uję, -ujesz) (*perf*
odlecieć) *vi* (*o samolocie*) to take
off; (*o ptaku*) to fly away *lub* off;
(*odpadać*) to fall off.

odległościomierz (-a, -e) (*gen pl* -y)
m (*FOT*) rangefinder.

odległoś|ć (-ci, -ci) *f* distance; **na
odległość ramienia** at arm's length;
w niewielkiej odległości od +*gen*
not far away from.

odległy *adj* distant, remote.

odle|piać (-piam, -piasz) (*perf* -pić)
vt to unstick.

odle|w (-wu, -wy) (*loc sg* -wie) *m*
cast, casting.

odlew|ać (-am, -asz) (*perf* **odlać**) *vt*
(*wykonywać odlew*) to cast; (: *z
metalu*) to cast, to found.

odleży|na (-ny, -ny) (*dat sg* -nie) *f*
bedsore.

odlicz|ać (-am, -asz) (*perf* -yć) *vt*
(*pieniądze, krople*) to count; (*koszty*)
to deduct.

odlo|t (-tu, -ty) (*loc sg* -cie) *m*
(*samolotu*) departure; (*ptaków*)
migration; **godziny odlotów**
departure times.

odlud|ek (-ka, -ki) (*instr sg* -kiem) *m*
recluse.

odludny *adj* (*dom*) desolate; (*okolica,
droga, szlak*) lonely.

odlu|dzie (-dzia, -dzia) (*gen pl* -dzi)
nt secluded spot; **na odludziu** off
the beaten track.

odła|m (-mu, -my) (*loc sg* -mie) *m*
(*skalny, lodu*) block; (*przen*) splinter
group; (*POL*) faction.

odłam|ek (-ka, -ki) (*instr sg* -kiem) *m*
(*szkła itp.*) sliver; (*granatu, pocisku*)
shrapnel.

odłam|ywać (-uję, -ujesz) (*perf* -ać)
vt to break off.

odłącz|ać (-am, -asz) (*perf* -yć) *vt*
(*oddzielać*) to separate; (*wagon,
prąd, telewizor*) to disconnect;
odłączyć dziecko od piersi to wean
a child.

▶**odłączać się** *vr* (*od grupy,
wycieczki*) to straggle.

odł|óg (-ogu, -ogi) *m* uncultivated
land; **leżeć odłogiem** (*o ziemi*) to lie
fallow.

odmarz|ać (-a) (*perf* -nąć) *vi* (*o
mięsie*) to defrost, to thaw; (*o rzece*)
to thaw.

odmawi|ać (-am, -asz) (*perf*
odmówić) *vi* to refuse, to decline ♦
vt (*wizytę, spotkanie*) to cancel;
odmawiać modlitwę to say one's
prayers; **odmawiać komuś czegoś**
to refuse sb sth; **odmawiać
zrobienia czegoś** to refuse to do
sth; **odmawiać zgody** to refuse (to
give one's) permission.

odmia|na (-ny, -ny) (*dat sg* -nie) *f*
(*zmiana*) change; (*wariant*) variety;
(*BOT, ZOOL*) strain, variety; (*JĘZ*)
inflection; **dla odmiany** for a change.

odmie|niać (-niam, -niasz) (*perf*
-nić) *vt* (*człowieka, życie*) to
transform; (*wyraz*) to inflect.

▶**odmieniać się** *vr* (*o wyrazach*) to
inflect.

odmienny *adj* (*inny*) different,
dissimilar; (*odrębny*) distinct; (*JĘZ*)
inflected.

odmierz|ać (-am, -asz) (*perf* -yć) *vt*
(*mierzyć*) to measure; (*wydzielać*) to
measure out; **odmierzać takt** to beat
time.

odmładz|ać (-am, -asz) (*perf*
odmłodzić) *vt* (*o fryzurze, uśmiechu*)
to make look younger; (*czynić
młodszym*) to rejuvenate; (*zespół,
kadrę*) to bring new blood into.

odmładzający *adj*: **kuracja
odmładzająca** rejuvenating
treatment.

odmo|wa (-wy, -wy) (*dzt sg* -wie, *gen
pl* **odmów**) *f* refusal.

odmownie *adv*: **odpowiedzieć** (*perf*)
**odmownie na czyjeś
podanie/czyjąś prośbę** to reject *lub*
turn down sb's application/request.

odmowny *adj* (*odpowiedź*) negative.

odmrażacz (-a, -e) (*gen pl* -y) *m*
defroster.

odmraż|ać (-am, -asz) (*perf*
odmrozić) *vt* (*szybę, przewód*) to
defrost; (*kadłub samolotu*) to de-ice;
odmroziłam sobie ręce/uszy my
hands/ears are frostbitten.

odmroże|nie (-nia) *nt* (*MED*) (*nom pl*
-nia, *gen pl* -ń) frostbite; (: na
palcach rąk lub nóg) chilblain.

odnajd|ować (-uję, -ujesz) (*perf*
odnaleźć) *vt* to find.

▶**odnajdować się** *vr* (*zjawiać się z
powrotem*) to show up, to turn up;

(*w nowych warunkach*) to find one's feet.

odnajm|ować (**-uję, -ujesz**) (*perf* **odnająć**) *vt* (*brać w użytkowanie*) to rent; (*odstępować*) to let (out), to rent out.

odnawi|ać (**-am, -asz**) (*perf* **odnowić**) *vt* (*budynek, mieszkanie*) to renovate, to refurbish; (*obraz*) to restore; (*sojusz, znajomość*) to renew.

odniesie|nie (**-nia, -nie**) (*gen pl* **-ń**) *nt*: **w odniesieniu do** +*gen* (*książk*) with reference to; **punkt/układ odniesienia** point/frame of reference.

odno|ga (**-gi, -gi**) (*dat sg* **-dze**) *f* (*pnia, drogi*) branch; (*rzeki*) arm.

odno|sić (**-szę, -sisz**) (*imp* **-ś**, *perf* **odnieść**) *vt* (*zabierać z powrotem*) to take (back), to carry (back); (*zwycięstwo, sukces*) to achieve; (*porażkę*) to suffer; (*rany, obrażenia*) to sustain.

▸**odnosić się** *vr*: **odnosić się do kogoś/czegoś** to treat sb/sth; (*ustosunkowywać się*) to feel about sb/sth; (*dotyczyć*) to relate to sb/sth, to apply to sb/sth; **odnosić skutek** to bring results, to work.

odnośnie *adv*: **odnośnie czegoś** (*książk*) regarding sth, with regard to sth.

odnośni|k (**-ka, -ki**) (*instr sg* **-kiem**) *m* (*znak*) reference (mark); (*przypis*) footnote.

odnośny *adj* (*przepis*) pertinent; (*dane, literatura*) relevant.

odnotow|ywać (**-uję, -ujesz**) (*perf* **-ać**) *vt* to write down, to take down.

odno|wa (**-wy**) (*dat sg* **-wie**) *f* (*zabytków*) renovation, restoration; (*regeneracja*) renovation.

odosobnieni|e (**-a**) *nt*: **żyć w odosobnieniu** to live in seclusion *lub* solitude.

odosobniony *adj* (*miejsce*)

secluded, isolated; (*życie*) secluded; (*fakt, przypadek, zjawisko*) isolated.

od|ór (**-oru, -ory**) (*loc sg* **-orze**) *m* stench, reek.

odpad|ać (**-am, -asz**) (*perf* **odpaść**) *vi* to come off; (*z zawodów, na egzaminie*) to drop out; (*w wyborach*) to lose (out), to be defeated.

odpad|ki (**-ków**) *pl* (*przemysłowe*) waste; (*kuchenne*) waste, garbage.

odpad|y (**-ów**) *pl* waste (material), scrap material.

odpakow|ywać (**-uję, -ujesz**) (*perf* **-ać**) *vt* to unwrap.

odparow|ywać (**-uję, -ujesz**) (*perf* **-ać**) *vt* (*roztwór, wodę*) to evaporate ▸ *vi* (*o wilgoci, wodzie*) to evaporate.

odparz|ać (**-am, -asz**) (*perf* **-yć**) *vt* (*skórę, nogi*) to chafe.

odparze|nie (**-nia, -nia**) (*gen pl* **-ń**) *nt* (*MED*) chafe.

odpędz|ać (**-am, -asz**) (*perf* **odpędzić**) *vt* (*odganiać*) to chase away, to repel; (*zmuszać do cofnięcia się*) to drive *lub* force back, to ward off.

odpieczętow|ywać (**-uję, -ujesz**) (*perf* **-ać**) *vt* to unseal.

odpier|ać (**-am, -asz**) (*perf* **odeprzeć**) *vt* (*atak, natarcie*) to fight off, to ward off; (*nieprzyjaciela*) to fight back, to repulse; (*ciosy*) to fight off; (*argumenty*) to refute, to rebut.

odpin|ać (**-am, -asz**) (*perf* **odpiąć**) *vt* (*zamek, guzik*) to undo, to unfasten; (*koszulę, spodnie*) to unbutton, to undo; (*szelki, pas*) to unbuckle, to take off; (*broszkę*) to unclasp.

▸**odpinać się** *vr* to get undone.

odpi|s (**-su, -sy**) (*loc sg* **-sie**) *m* (*kopia*) copy, transcript; (*KSIĘGOWOŚĆ*) deduction.

odpis|ywać (**-uję, -ujesz**) (*perf* **-ać**) *vt* (*tekst, zadanie*) to copy;

(*SZKOL*: *ściągać*) to copy, to crib; (*KSIĘGOWOŚĆ*) to deduct ♦ *vi*: **odpisywać (na list)** to answer (a letter).

odplamiacz (**-a, -e**) (*gen pl* **-y**) *m* (*do prania*) stain remover; (*przed praniem*) (laundry) prespotter.

odpła|cać (się) (**-cam, -casz**) (*perf* **-cić**) *vt* (*vr*): **odpłacać (się) komuś za coś (czymś)** to repay sb for sth (with sth).

odpłatnie *adv* for a payment *lub* fee.

odpłatność (**-ci**) *f* payment.

odpłatny *adj* payed.

odpły|w (**-wu, -wy**) (*loc sg* **-wie**) *m* (*pary, gazu*) outflow; (*ludności*) emigration; (*morza*) low tide.

odpływ|ać (**-am, -asz**) (*perf* **odpłynąć**) *vi* (*o statku*) to sail away *lub* out; (*o pływaku, rybie*) to swim away; (*o przedmiocie*) to float away; (*o wodzie*) to flow away, to drain.

odpoczyn|ek (**-ku**) *m* rest.

odpoczyw|ać (**-am, -asz**) (*perf* **odpocząć**) *vi* to rest, to have *lub* take a rest.

odporność (**-ci**) *f* resistance; (*MED*) resistance, immunity.

odporny *adj*: **odporny (na coś)** (*nie poddający się*) unaffected (by sth), resistant (to sth); (*wytrzymały*) resistant (to sth); (*MED*) immune (to sth); (*o roślinie*) tolerant (of sth).

odpowiad|ać (**-am, -asz**) (*perf* **odpowiedzieć**) *vi* to answer, to reply; (*SZKOL*: *no perf*) to give a report, to say one's lesson; (*reagować*) to respond; **odpowiadać na coś** to answer sth, to reply to sth; **odpowiadać komuś** to answer sb, to reply to sb; **odpowiadać na pukanie** to answer the door; **odpowiadać za coś** (*być odpowiedzialnym*) to be responsible for sth; (*ponosić karę*) to answer for sth.

odpowiedni *adj* (*kandydat, moment*) suitable, right; (*miejsce, rubryka*) appropriate, right; (*słowo*) right, adequate; (*kwalifikacje*) adequate; (*zachowanie, strój*) proper.

odpowiedni|k (**-ka, -ki**) (*instr sg* **-kiem**) *m* equivalent; (*przen*: *człowiek na takim samym stanowisku*) counterpart.

odpowiednio *adv* suitably, adequately; **odpowiednio do czasu/okoliczności** in accordance with time/circumstances.

odpowiedzialność (**-ci**) *f* responsibility; **spółka z ograniczoną odpowiedzialnością** (*EKON*) limited (liability) company; **ponosić odpowiedzialność (za coś)** to bear responsibility (for sth).

odpowiedzialny *adj* (*pracownik, człowiek*) reliable, trustworthy; (*decyzja, praca*) responsible.

odpowie|dź (**-dzi, -dzi**) (*gen pl* **-dzi**) *f* (*na pytanie*) answer, reply; (*na list*) answer; (*na krytykę, cios*) response; (*na podanie, prośbę*) reply; (*SZKOL*) report; **w odpowiedzi na Pański list** in reply to your letter.

odpra|wa (**-wy, -wy**) (*dat sg* **-wie**) *f* (*zebranie instruktażowe*) briefing; (*wynagrodzenie*) severance pay; (*autobusu, samolotu*) clearance, dispatch; (*pasażerów*) check-in, clearance; **odprawa celna** customs (clearance).

odpra|wiać (**-wiam, -wiasz**) (*perf* **-wić**) *vt* (*odsyłać*) to send away *lub* off; (*zwalniać z pracy*) to dismiss, to discharge.

odpręż|ać (**-am, -asz**) (*perf* **-yć**) *vt* (*mięśnie, myśli*) to relax; (*sznur, sprężynę*) to release, to slacken.

▶**odprężać się** *vr* (*o człowieku, nerwach, umyśle*) to relax, to unwind.

odpręże|nie (-nia) *nt* relaxation; (*POL*) détente.

odprowadz|ać (-am, -asz) (*perf* **odprowadzić**) *vt* (*towarzyszyć*) to escort, to accompany; (*gaz, ścieki, wodę*) to pipe away *lub* off; **odprowadzać kogoś do domu/na dworzec** to see sb home/to the station.

odpruw|ać (-am, -asz) (*perf* **odpruć**) *vt* to rip away *lub* off.

▸**odpruwać się** *vr* to come off.

odprys|k (-ku, -ki) (*instr sg* -**kiem**) *m* (*szkła, kamienia*) splinter, chip; (*farby*) flake.

odpu|st (-stu, -sty) (*loc sg* -**ście**) *m* (*uroczystość kościelna, zabawa*) church fete; (*REL: darowanie grzechów*) indulgence, pardon.

odpuszcz|ać (-am, -asz) (*perf* **odpuścić**) *vt*: **odpuszczać komuś coś** to absolve sb of *lub* from sth.

odpych|ać (-am, -asz) *vt* (*odsuwać pchnięciem*) (*perf* **odepchnąć**) to push back *lub* away; (*wywoływać niechęć*) to repel, to disgust.

▸**odpychać się** *vr* (*odsuwać się pchnięciem*) to push back.

odpychający *adj* disgusting, repulsive.

Od|ra (-ry) (*dat sg* -**rze**) *f* (*GEOG*) the Oder.

od|ra (-ry) (*dat sg* -**rze**) *f* (*MED*) measles.

odrabi|ać (-am, -asz) (*perf* **odrobić**) *vt* (*pracę*) to catch up on; (*zaległości, dzień wolny*) to make up for; **odrabiać lekcje** to do homework.

odracz|ać (-am, -asz) (*perf* **odroczyć**) *vt* (*posiedzenie, sprawę*) to postpone, to adjourn; (*wykonanie wyroku*) to respite, to requite; (*służbę wojskową*) to defer.

odradz|ać[1] (-am, -asz) (*perf* **odradzić**) *vt*: **odradzać komuś coś** to advise sb against sth, to dissuade sb from sth.

odradz|ać[2] (-am, -asz) (*perf* **odrodzić**) *vt* (*dawać nowe życie*) to bring back to life, to revitalize; (*zainteresowanie, tradycje*) to revive.

▸**odradzać się** *vr* (*odżywać*) to come back to life, to regenerate.

odra|za (-zy) (*dat sg* -**zie**) *f* disgust, repugnance.

odrażający *adj* disgusting, revolting.

odrdzewiacz (-a, -e) (*gen pl* -**y**) *m* rust remover.

odreagow|ywać (-uję, -ujesz) (*perf* -**ać**) *vt* to get over.

▸**odreagowywać się** *vr* to recover from stress.

odrębnoś|ć (-ci, -ci) *f* (*właściwość*) autonomy; (*cecha różniąca*) distinction.

odrębny *adj* separate, distinct.

odręcznie *adv* by hand, manually.

odręczny *adj* (*rysunek*) free-hand; (*podpis*) hand-written; (*sprzedaż, pożyczka*) instant; (*naprawa*) while-you-wait.

odrętwiały *adj* numb.

odrętwieni|e (-a) *nt* (*brak czucia*) numbness; (*otępienie*) stupor, trance; (*MED*) numbness.

odrobi|na (-ny, -ny) (*dat sg* -**nie**) *f* (*cząsteczka*) particle; (*mała ilość*) bit; **ani odrobinę** not a bit; **przy odrobinie szczęścia** with a bit of luck.

odrocze|nie (-nia, -nia) (*gen pl* -**ń**) *nt* (*posiedzenia, sprawy*) adjournment; (*wykonania wyroku*) respite, reprieve; (*służby wojskowej*) deferment.

odrodzeni|e (-a) *nt* rebirth, revival; **Odrodzenie** (*HIST*) Renaissance.

odróż|niać (-niam, -niasz) (*perf* -**nić**) *vt* (*rozpoznawać*) to distinguish; (*wyróżniać*) to differentiate, to discriminate.

►**odróżniać się** vr (wyróżniać się) to be distinct.

odróżnieni|e (-a) nt: w odróżnieniu od +gen as opposed lub distinct from.

odruch (-u, -y) m (MED, PSYCH) reflex; (żywiołowa reakcja) impulse.

odruchowy adj (czynność, skurcz) reflex attr, reflexive; (mimowolny, niezamierzony) involuntary, instinctive.

odryw|ać (-am, -asz) (perf **oderwać**) vt (guzik, deskę) to tear off, to rip off.

►**odrywać się** vr (odpadać) to come off; **nie mogłem się oderwać od pracy/książki** I couldn't get away from my work/book.

odrze|c (-knę, -kniesz) (imp -knij, pt -kł) vi perf to reply.

odrzuc|ać (-am, -asz) (perf **odrzucić**) vt (śnieg, kamienie) to throw aside; (piłkę) to throw back; (braki, śmieci) to discard, to reject; (dar, ofertę, zaproszenie) to reject, to turn down; (warunki, wniosek, artykuł, książkę) to reject.

odrzuto|wiec (-wca, -wce) m jet aeroplane (BRIT) lub airplane (US).

odrzutowy adj jet attr.

odsącz|ać (-am, -asz) (perf -yć) vt to drain off.

odset|ek (-ka, -ki) (instr sg -kiem) m percentage; **znaczny odsetek ludności** a significant percentage lub proportion of the people.

odset|ki (-ek) pl: odsetki (od +gen) interest (on).

odsiad|ywać (-uję, -ujesz) (perf **odsiedzieć**) vt (spędzać siedząc) to sit out; (wyrok) to do (pot).

odsiecz (-y, -e) (gen pl -y) f relief.

odsiew|ać (-am, -asz) (perf **odsiać**) vt to sift.

odska|kiwać (-kuję, -kujesz) (perf **odskoczyć**) vi (odsuwać się: w bok)

to dodge, to jump aside; (: w tył) to jump back.

odskocz|nia (-ni, -nie) (gen pl -ni) f springboard; (okazja do wypoczynku) retreat.

odsłani|ać (-am, -asz) (perf **odsłonić**) vt (zęby, piersi, ramiona) to expose, to bare; (pomnik, tablicę pamiątkową) to unveil; (prawdę, tajemnicę) to reveal, to disclose.

odsło|na (-ny, -ny) (dat sg -nie) f (TEATR) scene.

odsprzed|awać (-aję, -ajesz) (imp -awaj, perf -ać) vt to resell.

odstający adj: odstające uszy protruding ears.

odsta|wać (-ję, -jesz) (imp -waj) vi (o uszach) to protrude; (odróżniać się) to stand out.

►**odstawać się** (perf **odstać**) vr (o cieczy) to settle; (wracać do pierwotnego stanu) to be undone.

odsta|wiać (-wiam, -wiasz) (perf -wić) vt (odkładać na bok) to put away; (towar) to deliver; (lek, zastrzyki) to discontinue; (odwozić gdzieś) to take; **odstawiać dziecko (od piersi)** to wean a baby.

odstę|p (-pu, -py) (loc sg -pie) m (w przestrzeni) distance, space; (w czasie) interval; (w maszynie do pisania) space.

odstęp|ować (-uję, -ujesz) (perf **odstąpić**) vt: odstępować coś komuś (udostępniać) to give sb sth lub sth to sb; (odsprzedawać) to sell sb sth lub sth to sb ♦ vi: odstępować (od +gen) (o osobie) to withdraw (from); **odstępować od czegoś** (umowy) to withdraw lub retract from sth; (zamiaru) to abandon sth; (żądań) to waive sth; (zasad) to depart from sth.

odstępst|wo (-wa, -wa) (loc sg -wie) nt (od zwyczaju, zasady, reguły) departure.

odstrasz|ać (-am, -asz) (*perf* -yć) *vt*
(*odpędzać*) to scare away; (*nie
dopuszczać*) to keep away;
odstraszać kogoś (od czegoś)
(*zniechęcać*) to deter sb (from sth).

odstraszający *adj*: **środek** *lub*
czynnik odstraszający deterrent;
środek odstraszający owady insect
repellent.

odsuw|ać (-am, -asz) *vt* (*krzesło,
szafę*) to move away *lub* back;
(*zasłonę*) to draw (back); (*zasuwkę*)
to pull back; (*myśli*) to brush aside
lub away; (*niebezpieczeństwo*) to
ward off, to avert.

▶**odsuwać się** *vr* (*cofać się*) to
move *lub* stand back; (*robić miejsce*)
to move *lub* step aside.

odsyłacz (-a, -e) (*gen pl* -y) *m* (*znak
graficzny*) reference mark; (*przypis*)
reference; (*w słowniku, encyklopedii*)
cross-reference.

odsył|ać (-am, -asz) (*perf* **odesłać**) *vt*
(*przesyłać*) to send, to forward;
(*zwracać*) to send back, to return;
(*kierować*) to refer, to send.

odszkodowa|nie (-nia, -nia) (*gen pl*
-ń) *nt* (*ubezpieczenie*) indemnity,
compensation; (*kara*) damages *pl*,
compensation; (*zadośćuczynienie*)
settlement.

odszuk|ać (-am, -asz) *vt perf* to find.

odszyfrow|ywać (-uję, -ujesz) (*perf
-ać*) *vt* (*wiadomość*) to decode;
(*pismo*) to decipher.

odśnież|ać (-am, -asz) (*perf* -yć) *vt*
to clear (of snow).

odśrodkowy *adj* (*tendencja*)
decentralizing; (*siła*) centrifugal.

odśwież|ać (-am, -asz) (*perf* -yć) *vt*
(*twarz, ciało*) to refresh; (*mieszkanie*)
to spruce up; (*ubranie*) to restore;
(*wspomnienia, pamięć*) to refresh;
(*wiadomości, znajomość czegoś*) to
brush up (on); (*znajomość z kimś*) to
renew.

▶**odświeżać się** *vr* to refresh o.s., to
freshen up.

odświętny *adj* (*posiłek*) special;
(*nastrój*) festive; **odświętne ubranie**
one's (Sunday) best.

odtąd *adv* (*od tamtego czasu: do
chwili obecnej*) since then; (*od tego
momentu*) from now on; (*poczynając
od tamtej chwili*) from that time on,
from then on; (*od tego miejsca*)
(starting) from here.

odtrą|cać (-cam, -casz) (*perf* -cić) *vt*
(*odpychać*) to shove away; (*pomoc,
przyjaźń, kochankę*) to reject.

odtrut|ka (-ki, -ki) (*dat sg* -ce, *gen pl*
-ek) *f* antidote.

odtwarzacz (-a, -e) (*gen pl* -y) *m*
(*kasetowy*) (audio) cassette player;
(*video*) video (cassette) player;
(*kompaktowy*) CD player.

odtwarz|ać (-am, -asz) (*perf*
odtworzyć) *vt*
(*odbudowywać: całkowicie*) to
recreate; (: *częściowo*) to regenerate;
(*skórę, nabłonek*) to regenerate;
(*malowidło, bieg wypadków*) to
reconstruct; (*rolę*) to perform;
(*zapisany obraz, dźwięk*) to
reproduce.

odtwarzani|e (-a) *nt*
(*odradzanie: całkowite*) recreation;
(: *częściowe*) regeneration;
(*rekonstrukcja*) reconstruction;
(*dźwięku, obrazu*) reproduction.

odtwórc|a (-y, -y) *m decl like f in sg*
(*wykonawca*) performer.

oducz|ać (-am, -asz) (*perf* -yć) *vt*:
oduczać kogoś robienia czegoś to
teach sb not to do sth.

▶**oduczać się** *vr*: **oduczać się
czegoś** to unlearn sth.

odurz|ać (-am, -asz) (*perf* -yć) *vt* (*o
trunkach, narkotykach, powodzeniu*)
to intoxicate; (*o powietrzu*) to make
dizzy.

odurzający *adj*: **środki odurzające**
intoxicants *pl*, drugs *pl*.

odwa|ga (**-gi**) (*dat sg* **-dze**) *f* courage;
mieć odwagę coś zrobić to have
the courage to do sth; **dodawać
(dodać** *perf***) komuś odwagi** to
bolster up sb's courage; **zdobyć się**
(*perf*) **na odwagę** to muster up one's
courage.

odważ|ać (**-am, -asz**) (*perf* **-yć**) *vt*
(*ważyć*) to weigh out.

►**odważać się** *vr* to dare; **odważyć
się coś zrobić** to dare (to) do sth,
to have the courage to do sth;
odważyć się na coś to risk sth.

odważni|k (**-ka, -ki**) (*instr sg* **-kiem**)
m weight.

odważny *adj* (*człowiek*) brave,
courageous; (*czyn, słowa*) brave,
daring.

odwdzięcz|ać się (**-am, -asz**) (*perf*
-yć) *vr*: **odwdzięczać się komuś za
coś** to pay sb back for sth, to repay
sb for sth.

odwe|t (**-tu**) (*loc sg* **-cie**) *m*
retaliation; **brać (wziąć** *perf***) na
kimś odwet** to take revenge on sb.

odwiąz|ywać (**-uję, -ujesz**) (*perf* **-ać**)
vt to undo, to untie.

odwieczny *adj* (*zamek, puszcza*)
ancient; (*spór, zwyczaj*) everlasting.

odwie|dzać (**-dzam, -dzasz**) (*perf*
-dzić) *vt* (*przychodzić z wizytą*) to
visit; (*bywać*) to frequent, to visit;
odwiedź mnie jutro come and see
me tomorrow.

odwiedzin|y (**-**) *pl* visit; **przychodzić
(przyjść** *perf***) do kogoś w
odwiedziny** to come to visit sb.

odwiesz|ać (**-am, -asz**) (*perf*
odwiesić) *vt* (*słuchawkę*) to hang up.

odwij|ać (**-am, -asz**) (*perf* **odwinąć**)
vt (*paczkę*) to unwrap; (*sznurek, nici,
film*) to unreel, to unwind; (*rękaw,
mankiet*) to unroll.

odwilż (**-y, -e**) (*gen pl* **-y**) *f* thaw.

odwlek|ać (**-am, -asz**) (*perf* **odwlec**)
vt (*opóźniać*) to delay, to stall.

►**odwlekać się** *vr* to be put off.

odwło|k (**-ka** *lub* **-ku, -ki**) (*instr sg*
-kiem) *m* (*ZOOL*) abdomen.

odwodnieni|e (**-a**) *nt* dehydration.

odwo|dzić (**-dzę, -dzisz**) (*imp*
odwódź, *perf* **odwieść**) *vt*
(*odprowadzać*) to take; (*kurek
pistoletu*) to cock; **odwodzić kogoś
na bok** *lub* **na stronę** to take sb
aside; **odwodzić kogoś od
zrobienia czegoś** to dissuade sb
from doing sth.

odwoła|nie (**-nia, -nia**) (*gen pl* **-ń**) *nt*
(*urzędnika*) dismissal; (*ambasadora*)
recall; (*zarządzenia, alarmu*)
cancellation; (*od decyzji sądu*)
appeal; **aż do odwołania** until
further notice.

odwoł|ywać (**-uję, -ujesz**) (*perf* **-ać**)
vt (*usuwać ze stanowiska*) to
dismiss; (: *ambasadora*) to recall;
(*alarm, rozkaz, zajęcia*) to cancel;
(*obietnicę, słowa*) to retract, to
withdraw.

►**odwoływać się** *vr* (*PRAWO*) to
appeal; **odwoływać się od decyzji**
to appeal against a decision.

odwo|zić (**-żę, -zisz**) (*imp* **-ź**, *perf*
odwieźć) *vt* (*zawozić*) to take;
(*zawozić z powrotem*) to take back.

odwrac|ać (**-am, -asz**) (*perf*
odwrócić) *vt* (*głowę*) to turn away;
(*wzrok*) to avert; (*bieg rzeki*) to
reverse.

►**odwracać się** *vr* to turn away.

odwrotnie *adv* (*na odwrót*) inversely;
(*przeciwnie*) conversely; (*do góry
nogami*) upside down; **odwrotnie
niż** contrary to.

odwrotnoś|ć (**-ci**) *f* (*przeciwieństwo*)
the opposite, the reverse; (*MAT*)
reciprocal, inverse.

odwrotny *adj* (*zjawisko, kierunek*)

opposite, reverse; (*strona: ulicy*)
opposite; (: *płaszczyzny*) reverse.
odwr|ót (**-otu, -oty**) (*loc sg* **-ocie**) *m*
(*WOJSK*) retreat, withdrawal.
odwyk|ać (**-am, -asz**) (*perf* **-nąć**) *vi*:
odwykać od *+gen* to lose the habit
of, to get out of the habit of.
odwzajem|niać (**-niam, -niasz**) (*perf*
-nić) *vt* (*uczucie, niechęć*) to
reciprocate, to return; (*przysługę*) to
return, to repay; (*uśmiech*) to return.
▸**odwzajemniać się** *vr* to return, to
reciprocate.
odze|w (**-wu, -wy**) (*loc sg* **-wie**) *m*
response; (*WOJSK*) countersign.
odziedzicz|yć (**-ę, -ysz**) *vb perf od*
dziedziczyć ♦ *vt perf* to inherit.
odzież (**-y**) *f* clothing.
odznacz|ać (**-am, -asz**) (*perf* **-yć**) *vt*
(*dekorować odznaczeniem*) to
decorate, to honour (*BRIT*), to honor
(*US*).
▸**odznaczać się** *vr*: **odznaczać się**
czymś to be characterized by sth.
odznacze|nie (**-nia, -nia**) (*gen pl* **-ń**)
nt decoration, distinction.
odzna|ka (**-ki, -ki**) (*dat sg* **-ce**) *f*
(*wyróżnienie*) distinction, decoration;
(*znak przynależności*) badge.
odzwierciedl|ać (**-am, -asz**) (*perf*
-ić) *vt* to reflect, to mirror.
▸**odzwierciedlać się** *vr* to be
reflected.
odzwyczaj|jać (**-jam, -jasz**) (*perf* **-ić**):
odzwyczajać kogoś od czegoś to
break sb of their habit of doing sth.
▸**odzwyczajać się** *vr*: **odzwyczajać**
się (od czegoś) to get out of the
habit (of doing sth).
odzys|kiwać (**-kuję, -kujesz**) (*perf*
-kać) *vt* (*własność*) to get *lub* win
back; (*niepodległość*) to regain;
(*przytomność, spokój*) to recover, to
regain.
odzyw|ać się (**-am, -asz**) (*perf*
odezwać) *vr* (*przemówić*) to speak;

(*o uczuciach, doznaniach*) to awake;
(*o dzwonku, głosie*) to sound.
odżał|ować (**-uję, -ujesz**) *vt perf*
(*stratę*) to get over.
odżyw|ać (**-am, -asz**) (*perf* **odżyć**) *vi*
(*wracać do życia*) to come back to
life; (*przen: o nadziei,*
wspomnieniach) to be revived.
odżywczy *adj* (*potrawa, produkty*)
nutritious, nourishing; (*składnik,*
substancja) nutritious; (*wartość*)
nutritive; (*krem*) nourishing.
odży|wiać (**-wiam, -wiasz**) (*perf* **-wić**)
vt (*karmić, żywić*) to feed, to nourish.
▸**odżywiać się** *vr* (*o człowieku*) to
feed o.s., to eat; (*zwierzę*) to feed.
odżywiani|e (**-e**) *nt* nutrition,
nourishment.
odżyw|ka (**-ki, -ki**) (*dat sg* **-ce**, *gen pl*
-ek) *f* (*pokarm*) nutrient; (*do włosów*)
conditioner; (*dla dzieci*) baby-food,
(baby) formula (*US*).
ofensy|wa (**-wy, -wy**) (*dat sg* **-wie**) *f*
offensive.
ofer|ma (**-my, -my**) (*dat sg* **-mie**) *f/m*
decl like f in sg (*pot*) duffer (*pot*).
ofer|ować (**-uję, -ujesz**) (*perf* **za-**) *vt*
to offer.
ofer|ta (**-ty, -ty**) (*dat sg* **-cie**) *f* offer,
proposal.
ofi|ara (**-ary, -ary**) (*dat sg* **-erze**) *f*
(*dar*) gift, present; (: *pieniężny*)
contribution, donation; (*REL*)
offering; (*poświęcenie*) sacrifice;
(*osoba poszkodowana*) victim;
(*pot: niezdara*) duffer (*pot*).
ofiarnoś|ć (**-ci**) *f* (*szczodrość*)
generosity; (*gotowość do poświęceń*)
dedication, devotion.
ofiarny *adj* (*człowiek*) giving,
selfless; (*praca*) hard, dedicated;
(*ogień, stos, zwierzę*) sacrificial.
ofiarodawc|a (**-y, -y**) *m decl like f in*
sg benefactor, donor.
ofiarow|ywać (**-uję, -ujesz**) (*perf*
-ać) *vt* (*dawać*) to give (as a present

lub gift); (*proponować*) to offer; (*datki*) to donate; (*składać w ofierze*) to offer.

office|r (**-ra, -rowie**) (*loc sg* **-rze**) *m* officer.

oficjalny *adj* (*urzędowy*) official, formal; (*sztywny, bezduszny*) formal, proper.

oficy|na (**-ny, -ny**) (*dat sg* **-nie**) *f* (*dobudówka*) lean-to, annexe (*BRIT*), annex (*US*); (*wydawnictwo*) publishing house.

ogani|ać (**-am, -asz**) *vt* (*odganiać*) to brush away.

►**oganiać się** *vr:* **oganiać się przed kimś/czymś** to brush sb/sth away *lub* off.

ogarni|ać (**-am, -asz**) (*perf* **ogarnąć**) *vt* (*o ciemnościach, mgle*) to surround, to encompass; (*o radości, niepokoju*) to overtake, to overcome; (*o wojnie, pożarze*) to spread across.

ogień (**ognia, ognie**) (*gen pl* **ogni**) *m* (*zjawisko*) fire; (*do papierosa*) light; (*przen: zapał*) fervour (*BRIT*), fervor (*US*); (: *namiętność*) passion; **sztuczne ognie** fireworks; **zimne ognie** sparklers *pl*; **ognia!** (*WOJSK*) fire!; **krzyżowy ogień pytań** cross-examination.

ogie|r (**-ra, -ry**) (*loc sg* **-rze**) *m* stallion.

oglą|dać (**-am, -asz**) (*perf* **obejrzeć**) *vt* (*obraz, książkę*) to look at, to examine; (*film*) to watch; (*wystawę, zabytki*) to see.

►**oglądać się** *vr* (*patrzeć na samego siebie*) to look at o.s.; (*spoglądać do tyłu*) to look back; (*spoglądać na boki*) to look around.

ogła|da (**-dy**) (*dat sg* **-dzie**) *f* good manners *pl*.

ogłasz|ać (**-am, -asz**) (*perf* **ogłosić**) *vt* to announce; (*manifest, odezwę*) to publish, to issue; (*amnestię, niepodległość*) to declare; (*konkurs*) to announce; (*wyrok, pracę*

naukową) to publish; (*stan wyjątkowy*) to declare, to proclaim.

►**ogłaszać się** *vr* (*dawać ogłoszenie*) to advertise.

ogłosze|nie (**-nia, -nia**) (*gen pl* **-ń**) *nt* announcement; (*pisemne*) notice; (*wiadomość w gazecie*) ad, announcement; (*reklama*) ad, advertisement.

ogłusz|ać (**-am, -asz**) (*perf* **-yć**) *vt* (*o hałasie*) to deafen; (*pozbawiać przytomności*) to knock unconscious *lub* out.

ognioodporny *adj* fire-resistant.

ogniotrwały *adj* fireproof.

ognis|ko (**-ka, -ka**) (*instr sg* **-kiem**) *nt* (*ogień*) bonfire; (*impreza harcerska*) (camp-)fire; (*ośrodek, centrum*) centre (*BRIT*), center (*US*); (*kółko zainteresowań*) group, circle; (*FIZ, FOT, MED*) focus.

ogniskow|a (**-ej, -e**) *f decl like adj* (*FIZ, FOT*) focal length *lub* distance.

ognisk|ować (**-uję, -ujesz**) (*perf* **z-**) to focus.

ogni|wo (**-wa, -wa**) (*loc sg* **-wie**) *nt* link; (*komórka organizacji*) cell; (*FIZ, CHEM*) cell.

ogol|ić (**-ę, -isz**) (*imp* **ogol** *lub* **ogól**) *vb perf od* **golić**.

ogoła|cać (**-am, -asz**) (*perf* **ogołocić**) *vt:* **ogołacać coś z** +*gen* to strip sth of.

ogo|n (**-na, -ny**) (*loc sg* **-nie**) *m* tail.

ogon|ek (**-ka, -ki**) (*instr sg* **-kiem**) *m* (*mały ogon*) tail; (*pot: kolejka*) queue (*BRIT*), line (*US*); (*liścia*) stalk; (*owocu*) stem; (*litery*) hook.

ogólnie *adv* (*powszechnie*) generally, universally; (*ogólnikowo*) generally; **ogólnie biorąc** in general, on the whole; **ogólnie mówiąc** generally speaking.

ogólni|k (**-ka, -ki**) (*instr sg* **-kiem**) *m* (*truizm*) generality; (*frazes*) cliché.

ogólnikowy *adj* general, vague.

ogólnokrajowy *adj* nationwide,
country-wide.

ogólnokształcący *adj* (*szkoła,
przedmiot*) general education *attr.*

ogólnonarodowy *adj* nationwide.

ogólnoś|ć (**-ci**) *f* generality.

ogólny *adj* (*powszechny*) general,
universal; (*publiczny*) public,
common; (*nie szczegółowy*) general;
(*suma, wynik*) total, global.

ogó|ł (**-łu**) (*loc sg* **-le**) *m* (*całość*)
totality; (*społeczeństwo*) the
(general) public; **ogółem** all in all,
overall; **na ogół** in general; **w ogóle**
(*ogólnie biorąc*) generally; (*wcale*)
(not) at all.

ogór|ek (**-ka**, **-ki**) (*instr sg* **-kiem**) *m*
cucumber.

ogra|biać (**-biam**, **-biasz**) (*perf* **-bić**)
vt to rob.

ogradz|ać (**-am**, **-asz**) (*perf*
ogrodzić) *vt* (*płotem*) to fence in;
(*murem*) to wall in.

ogranicz|ać (**-am**, **-asz**) (*perf* **-yć**) *vt*
(*pole, obszar*) to delimit, to mark
off; (*zakres*) to limit; (*krępować*) to
restrict, to constrain; (*wydatki*) to
reduce, to cut down; (*prędkość,
władzę*) to limit, to restrict.

▶**ograniczać się** *vr* (*oszczędzać*) to
cut down on spending; **ograniczać
się do** +*gen* (*zadowalać się*) to limit
o.s. to; (*obejmować jedynie*) to be
limited *lub* restricted to;
(*sprowadzać się do*) to boil down to.

ogranicze|nie (**-nia**, **-nia**) (*gen pl* **-ń**)
nt (*przepis, norma*) restriction,
limitation; (*tępota*) limitations *pl*;
ograniczenie prędkości speed limit.

ograniczony *adj* (*widoczność, pole
działania*) limited, restricted; (*środki,
możliwości*) limited; (*tępy*)
slow-witted.

ogrodnict|wo (**-wa**) (*loc sg* **-wie**) *nt*
horticulture, gardening.

ogrodnicz|ki (**-ek**) *pl* (*spodnie*)
dungarees *pl.*

ogrodni|k (**-ka**, **-cy**) (*instr sg* **-kiem**)
pl gardener.

ogrodowy *adj* garden *attr.*

ogrodze|nie (**-nia**, **-nia**) (*gen pl* **-ń**) *nt*
fence.

ogro|m (**-mu**) (*loc sg* **-mie**) *m* (*wielki
rozmiar*) enormity, vastness; (*wielka
ilość*) multitude.

ogromnie *adv* enormously,
immensely.

ogromny *adj* (*dom, drzewo, ilość*)
huge; (*pustynia, ocean*) vast;
(*znaczenie, radość, trudności*)
immense, enormous.

ogr|ód (**-odu**, **-ody**) (*loc sg* **-odzie**) *m*
garden; **ogród botaniczny** botanical
garden(s *pl*); **ogród zoologiczny**
zoo, zoological garden(s *pl*).

ogród|ek (**-ka**, **-ki**) (*instr sg* **-kiem**) *m*
(*mały ogród*) garden; (*przy kawiarni*)
open-air café; **ogródek działkowy**
allotment.

ogryw|ać (**-am**, **-asz**) (*perf* **ograć**) *vt*
to beat, to outplay.

ogryz|ek (**-ka**, **-ki**) (*instr sg* **-kiem**) *m*
core.

ogrzewacz (**-a**, **-e**) (*gen pl* **-y**) *m*
heater.

ogrzew|ać (**-am**, **-asz**) (*perf* **ogrzać**)
vt (*wodę, pomieszczenie*) to heat;
(*ręce*) to warm up.

▶**ogrzewać się** *vr* to get warm.

ogrzewani|e (**-a**) *nt* heating;
centralne ogrzewanie central
heating.

ogumieni|e (**-a**) *nt* (*MOT*) tyres *pl*
(*BRIT*), tires *pl* (*US*).

ohydny *adj* hideous, monstrous.

oj|ciec (**-ca**, **-cowie**) (*dat sg* **-cu**, *voc
sg* **-cze**) *m* father; (*założyciel*)
(founding) father, originator;
ojcowie *pl* (*przodkowie*) forefathers,
ancestors; **ojciec chrzestny**

godfather; **Ojciec Święty** Holy Father.

ojcost|wo (**-wa**) (*loc sg* **-wie**) *nt* paternity, fatherhood.

ojczy|m (**-ma, -mowie** *lub* **-mi**) (*loc sg* **-mie**) *m* stepfather.

ojczysty *adj* native.

ojczy|zna (**-zny, -zny**) (*dat sg* **-źnie**) *f* (*kraj*) homeland; (*przen: kolebka*) home.

ok. *abbr* (= *około*) about, ca. (= circa).

okalecz|ać (**-am, -asz**) (*perf* **-yć**) *vt* (*czynić kaleką*) to cripple, to mutilate; (*ranić*) to injure.

okamgnieni|e (**-a**) *nt* twinkling of an eye; **w okamgnieniu** in a flash, in the twinkling of an eye.

oka|p (**-pu, -py**) (*loc sg* **-pie**) *m* (*część dachu*) eaves *pl*.

oka|z (**-zu, -zy**) (*loc sg* **-zie**) *m* (*egzemplarz*) specimen; (*wzór*) exemplar, paragon.

okazały *adj* (*duży*) impressive; (*człowiek*) big; (*pałac*) magnificent; (*przyjęcie*) grand.

okaziciel (**-a, -e**) (*gen pl* **-i**) *m* bearer; **czek na okaziciela** cheque (*BRIT*) *lub* check (*US*) to bearer.

okazj|a (**-i, -e**) (*gen pl* **-i**) *f* (*sposobność*) chance, opportunity; (*korzystnego kupna*) bargain; (*okoliczność*) occasion; **a przy okazji ...** by the way, ...; **z okazji** *+gen* on the occasion of.

okazyjny *adj* bargain *attr*.

okaz|ywać (**-uję, -ujesz**) (*perf* **-ać**) *vt* (*kwit, bilet, paszport*) to present, to show; (*gniew, niepokój, współczucie, zdumienie*) to demonstrate, to show; (*odwagę, zainteresowanie*) to demonstrate, to manifest.

▸**okazywać się** *vr* to turn out (to be); **okazało się, że ...** it turned out that ... .

okien|ko (**-ka, -ka**) (*instr sg* **-kiem**, *gen pl* **-ek**) *nt dimin od* **okno**; (*w*

kasie, urzędzie, na poczcie) counter; (*w kopercie*) window; (*SZKOL: wolna godzina*) gap.

okiennic|a (**-y, -e**) *f* shutter.

oklas|ki (**-ków**) *pl* applause, clapping.

oklas|kiwać (**-kuję, -kujesz**) *vt* to applaud.

oklei|na (**-ny, -ny**) (*dat sg* **-nie**) *f* veneer.

okła|d (**-du, -dy**) (*loc sg* **-dzie**) *m* (*MED*) compress.

okład|ać (**-am, -asz**) (*perf* **obłożyć**) *vt* (*pokrywać*) to cover; (*książkę, zeszyt*) to wrap; **okładać chleb serem** to make a cheese sandwich; (*bić*) to beat; **okładać podatkiem/grzywną** to impose tax/fine on.

okład|ka (**-ki, -ki**) (*dat sg* **-ce**, *gen pl* **-ek**) *f* cover.

okłam|ywać (**-uję, -ujesz**) (*perf* **-ać**) *vt* to deceive, to lie to.

okno (**okna, okna**) (*loc sg* **oknie**, *gen pl* **okien**) *nt* window; **okno wystawowe** shop window.

oko[1] (**oka, oczy**) (*gen pl* **oczu**, *dat pl* **oczom**, *instr pl* **oczami** *lub* **oczyma**) *nt* (*narząd wzroku*) eye; (*wzrok*) (eye)sight; **na oko** roughly; **na pierwszy rzut oka** at first glance *lub* sight, on the face of it; **w cztery oczy** in private; **mieć kogoś/coś na oku** to keep an eye on sb/sth; **nie spuszczać kogoś/czegoś z oka** to keep an eye on sb/sth; **przymykać (przymknąć** *perf***) na coś oczy** to turn a blind eye to sth; **rzucać się (rzucić się** *perf***) w oczy** to stand out, to be conspicuous.

oko[2] (**oka, oka**) *nt* (*w sieci*) mesh; (*cyklonu*) eye.

okolic|a (**-y, -e**) *f* (*otoczenie*) surroundings *pl*, neighbourhood (*BRIT*), neighborhood (*US*); (*obszar*) region, district.

okoliczni|k (-ka, -ki) (*instr sg* -kiem) *m* adverbial.

okoliczność (-ci, -ci) *f* (*sytuacja*) circumstance; (*sposobność*) occasion; **okoliczności** *pl* circumstances; **okoliczności łagodzące** extenuating *lub* mitigating circumstances.

okoliczny *adj* (*lasy, miasta*) surrounding, neighbouring (*BRIT*), neighboring (*US*); (*ludność*) local.

około *prep* +gen about.

oko|ń (-nia, -nie) (*gen pl* -ni) *m* perch.

oko|p (-pu, -py) (*loc sg* -pie) *m* trench.

okólni|k (-ka, -ki) (*instr sg* -kiem) *m* circular.

okrad|ać (-am, -asz) (*perf* okraść) *vt*: **okradać kogoś (z czegoś)** to rob sb (of sth).

okrakiem *adv* astride.

okr|ąg (-ęgu, -ęgi) (*instr sg* -ęgiem) *m* circle; *patrz też* **okręg**.

okrągły *adj* round, circular; (*liczba, suma*) round.

okrąż|ać (-am, -asz) (*perf* -yć) *vt* to surround; (*zataczać krąg*) to circle; (*przeszkodę*) to go (a)round.

okrąże|nie (-nia, -nia) (*gen pl* -ń) *nt* (*SPORT*) lap; (*WOJSK*) envelopment.

okre|s (-su, -sy) (*loc sg* -sie) *m* (*czas trwania*) period; (*pora*) time; (*stadium*) stage; (*epoka*) era; (*SZKOL*) term, semester; (*miesiączka*) period; (*ASTRON, FIZ*) period.

okresowy *adj* (*badania, deszcze*) periodic(al); (*pobyt, zameldowanie*) temporary; **bilet okresowy** season ticket (*BRIT*), commutation ticket (*US*).

określ|ać (-am, -asz) (*perf* -ić) *vt* (*opisywać*) to describe, to characterize; (*wiek, pochodzenie*) to determine; (*datę, termin*) to determine, to specify; (*znaczenie*) to define.

określe|nie (-nie, -nia) (*gen pl* -ń) *nt* (*epitet*) qualification; (*JĘZ*) modifier.

określony *adj* specific, given; **przedimek określony** definite article.

okręc|ać (-am, -asz) (*perf* okręcić) *vt* (*owijać*) to wrap, to twist; (*obracać*) to turn (round *lub* around), to spin.

▸**okręcać się** *vr* (*oplatać się*) to twist *lub* coil around; (*obracać się wkoło*) to turn (round *lub* around), to spin.

okrę|g (-gu, -gi) (*instr sg* -giem) *m* (*jednostka administracyjna*) district; (*obszar, region*) region; **okręg wyborczy** constituency; *patrz też* **okrąg**.

okręgowy *adj* district *attr*, regional.

okrę|t (-tu, -ty) (*loc sg* -cie) *m* (*statek wojenny*) battleship; (*pot: duży statek*) ship; **okręt podwodny** submarine.

okrężny *adj* (*droga, ulica*) roundabout; (*ruch*) circular; (*handel*) door-to-door *attr*.

okropnoś|ć (-ci) *f* horror; **okropności** *pl* atrocities *pl*.

okropny *adj* (*widok*) terrible, horrible; (*ból, mróz, trema*) terrible; (*charakter, człowiek*) horrible; (*pogoda*) awful.

okruch|y (-ów) *pl* (*chleba*) crumbs; (*szkła*) pieces; (*złota*) nuggets; (*przen: resztki*) scraps.

okrucieństw|o (-wa) (*loc sg* -wie) *nt* cruelty; **okrucieństwa** *pl* atrocities *pl*.

okrutny *adj* cruel.

okry|cie (-cia, -cia) (*gen pl* -ć) *nt* (*przykrycie*) cover(ing); (*ubranie*) coat.

okryw|ać (-am, -asz) (*perf* okryć) *vt* to cover.

okrzy|k (-ku, -ki) (*instr sg* -kiem) *m* shout, cry.

Oksfor|d (-du) (loc sg -dzie) m Oxford.

oktanowy adj: **liczba** lub **zawartość oktanowa** octane number lub rating.

okta|wa (-wy, -wy) (dat sg -wie) f octave.

oku|cie (-cia, -cia) (gen pl -ć) nt fitting.

okula|r (-ru, -ry) (loc sg -rze) m (w mikroskopie, teleskopie) eyepiece.

okular|y (-ów) pl glasses pl, spectacles pl; **okulary (przeciw)słoneczne** sunglasses pl; **okulary ochronne** (safety) goggles pl; **patrzeć (na coś) przez różowe okulary** to look (at sth) through rose-colo(u)red spectacles; patrz też **okular**.

okule|ć (-ję, -jesz) vi perf to become lame.

okuli|sta (-sty, -ści) (dat sg -ście) m decl like f in sg eye doctor, ophthalmologist, optometrist (US).

okultyz|m (-mu) (loc sg -mie) m occultism.

oku|p (-pu) (loc sg -pie) m ransom.

okupacj|a (-i, -e) (gen pl -i) f (WOJSK) occupation; (PRAWN) occupancy.

okup|ować (-uję, -ujesz) vt (kraj, fabrykę, magazyn) to occupy.

olbrzy|m (-ma, -my lub -mi) (loc sg -mie) m giant.

olbrzymi adj (drzewo, budynek, kolekcja) enormous, gigantic; (dochód) colossal, huge; (powodzenie, siła) enormous, huge; (znaczący) enormous.

ol|cha (-chy, -chy) (dat sg -sze) f alder.

ole|j (-ju, -je) (gen pl -i lub -jów) m oil; (obraz olejny) oil painting; **olej jadalny** cooking oil; **olej napędowy** diesel oil.

olej|ek (-ku, -ki) (instr sg -kiem) m oil; **olejek do opalania** sun-tan oil.

olejny adj oil attr.

olejowy adj oil attr; **miska olejowa** (MOT) (oil) sump (BRIT), oil pan (US).

olew|ać (-am, -asz) (perf **olać**) vt (pot!) not to give a shit for (pot!).

olimpia|da (-dy, -dy) (dat sg -dzie) f (igrzyska olimpijskie) the Olympics pl, the Olympic Games pl; (konkurs) contest.

olimpijski adj (medal, stadion) Olympic; (postawa, spokój) Olympian.

oli|wa (-wy) (dat sg -wie) f (olej z oliwek) olive oil; (olej jadalny) (salad lub cooking) oil; (olej mineralny) oil (lubricant).

oliwiar|ka (-ki, -ki) (dat sg -ce) f oilcan.

oli|wić (-wię, -wisz) (perf na-) vt to oil, to lubricate.

oliw|ka (-ki, -ki) (dat sg -ce, gen pl -ek) f (drzewo) olive (tree); (owoc) olive.

oliwkowy adj olive attr; (kolor) olive (green).

olśniew|ać (-am, -asz) (perf **olśnić**) vt (oślepiać) to blind, to dazzle; (zachwycać) to dazzle.

ołowiany adj (blacha, żołnierzyk) lead attr.

ołowiowy adj: **benzyna ołowiowa** leaded petrol (BRIT) lub gas(oline) (US).

oł|ów (-owiu) m lead.

ołów|ek (-ka, -ki) (instr sg -kiem) m (lead) pencil; **ołówek automatyczny** propelling pencil; **ołówek do brwi** eyebrow pencil.

ołtarz (-a, -e) (gen pl -y) m altar.

omal adv: **omal nie** almost, (very) nearly; **omal nie upadł** he almost fell.

oma|mić (-mię, -misz) vt perf to beguile.

omawi|ać (-am, -asz) (*perf* omówić) *vt* to discuss, to talk over.

omdle|nie (-nia, -nia) (*gen pl* -ń) *nt* fainting.

omdlew|ać (-am, -asz) (*perf* omdleć) *vi* to faint.

ome|n (-nu) (*loc sg* -nie) *m* omen, portent.

omieszk|ać (-am, -asz) *vi perf*: **nie omieszkać coś zrobić** to remember to do sth.

omij|ać (-am, -asz) (*perf* ominąć) *vt* (*okrążać*) to go (a)round, to skirt; (*unikać: sąsiadów*) to avoid; (*przeszkody, niebezpieczeństwa*) to avoid, to steer clear of; (*zakaz, prawo*) to dodge, to evade.

omle|t (-tu *lub* -ta, -ty) (*loc sg* -cie) *m* omelette (*BRIT*), omelet (*US*).

omył|ka (-ki, -ki) (*dat sg* -ce, *gen pl* -ek) *f* (*błąd*) mistake; (*niedopatrzenie*) oversight; **przez omyłkę** by mistake.

omyłkowo *adv* by mistake, wrongly.

on (*see* **Table 1**) *pron* (*o człowieku: w pozycji podmiotu*) he; (*w innych pozycjach*) him; (*o zwierzęciu, przedmiocie, pojęciu*) it; **to on!** that's him!

ona (*see* **Table 1**) *pron* (*o człowieku: w pozycji podmiotu*) she; (*w innych pozycjach*) her; (*o zwierzęciu, przedmiocie, pojęciu*) it; **to ona!** that's her!

onaniz|m (-mu) (*loc sg* -mie) *m* masturbation.

onaniz|ować się (-uję, -ujesz) *vr* to masturbate.

ondulacj|a (-i, -e) (*gen pl* -i) *f* perm.

one (*see* **Table 2**) *pron* (*w pozycji podmiotu*) they; (*w innych pozycjach*) them.

oni (*see* **Table 2**) *pron* (*w pozycji podmiotu*) they; (*w innych pozycjach*) them.

oniemie|ć (-ję, -jesz) *vi perf* to be left speechless.

onieśmiel|ać (-am, -asz) (*perf* -ić) *vt* to embarrass.

onieśmielony *adj* embarrassed, shy.

onkologi|a (-i) *f* oncology.

ono (*see* **Table 1**) *pron* it.

ONZ (ONZ-etu) (*loc sg* ONZ-ecie) *m abbr* (= Organizacja Narodów Zjednoczonych) UN.

opact|wo (-wa, -wa) (*loc sg* -wie) *nt* abbey.

opa|d (-du, -dy) (*loc* -dzie) *m* (*opadanie*) fall, drop; (*też*: **opad radioaktywny**) (radioactive) fallout; **opady** *pl* (*ogólnie*) precipitation; (*deszcz*) rain(fall), showers *pl*; (*śnieg*) snow(fall).

opad|ać (-am, -asz) (*perf* opaść) *vi* (*o liściach*) to fall; (*o mgle*) to descend; (*o zawiesinie*) to settle; (*o kwiatach*) to die; (*o temperaturze, poziomie*) to fall; (*o samolocie*) to descend; (*o gorączce, wietrze, entuzjazmie*) to subside.

opak: **na opak** wrong, the wrong *lub* other way round.

opakowa|nie (-nia, -nia) (*gen pl* -ń) *nt* (*paczka, pudełko*) box, packaging; (*wraz z zawartością*) packet.

opal|ać (-am, -asz) (*perf* -ić) *vt* (*mieszkanie*) to heat.

▶**opalać się** *vr* to sunbathe.

opaleni|zna (-zny) (*dat sg* -źnie) *f* (sun)tan.

opalony *adj* (sun)tanned.

opa|ł (-łu) (*loc sg* -le) *m* fuel; **opały** *pl* trouble.

opamięt|ać się (-am, -asz) *vr perf* to come to one's senses.

opancerzony *adj* armoured (*BRIT*), armored (*US*).

opanowany *adj* calm, composed.

opanow|ywać (-uję, -ujesz) (*perf* -ać) *vt* (*miasto, twierdzę*) to capture; (*żywioł, sytuację*) to bring under

control; (*gniew, radość*) to contain; (*język, technikę*) to master; (*o uczuciu, nastroju*) to overcome.
▸**opanowywać się** *vr* (*zapanowywać nad sobą*) to control o.s.; (*uspokajać się*) to contain o.s.

opar|cie (**-cia, -cia**) (*gen pl* **-ć**) *nt* (*część mebla: na plecy*) back(rest); (: *na ramię*) arm(rest); (: *na głowę*) headrest; (*podpora*) support; (*przen*) support; **w oparciu o** +*acc* on the strength *lub* basis of.

oparze|nie (**-nia, -nia**) (*gen pl* **-ń**) *nt* burn.

oparz|yć (**-ę, -ysz**) *vt perf* (*ogniem, gorącym przedmiotem*) to burn; (*gorącym płynem*) to scald; (*żrącą substancją*) to burn, to scorch.
▸**oparzyć się** *vr perf* to get burned; **oparzyć się w palec** to burn one's finger.

opas|ka (**-ki, -ki**) (*dat sg* **-ce**, *gen pl* **-ek**) *f* band; (*na głowę*) (head)band; (*na oczy*) patch, blindfold; (*na czoło*) sweatband; (*na rękę*) armband; (*opatrunek*) bandage, dressing; **opaska uciskowa** tourniquet; **opaska żałobna** (black) armband.

opas|ywać (**-uję, -ujesz**) (*perf* **-ać**) *vt* (*pasem*) to belt, to gird(le); (*tasiemką*) to tie; (*przen*) to gird.

opa|t (**-ta, -ci**) (*loc sg* **-cie**) *m* abbot.

opatent|ować (**-uję, -ujesz**) *vt perf* to patent.

opatrun|ek (**-ku, -ki**) (*instr sg* **-kiem**) *m* dressing, bandage.

opatr|ywać (**-uję, -ujesz**) (*perf* **opatrzyć**) *vt* (*ranę*) to dress; (*rannego*) to bandage; **opatrywać coś czymś** to provide *lub* equip sth with sth.

opatrznoś|ć (**-ci**) *f* Providence.

opcj|a (**-i, -e**) (*gen pl* **-i**) *f* option.

ope|ra (**-ry, -ry**) (*dat sg* **-rze**) *f* opera; (*gmach*) opera house.

operacj|a (**-i, -e**) (*gen pl* **-i**) *f* (*zabieg*) operation, surgery; (*transakcja*) transaction; (*WOJSK*) operation; **operacja plastyczna** (*MED*) plastic *lub* cosmetic surgery.

operato|r (**-ra, -rzy**) (*loc sg* **-rze**) *m* (*filmowy*) cameraman; (*dźwigu, maszyny*) operator.

operet|ka (**-ki, -ki**) (*dat sg* **-ce**, *gen pl* **-ek**) *f* operetta.

oper|ować (**-uję, -ujesz**) *vi* to operate ♦ *vt* (*perf* **z-**) (*MED*) to operate on; **operować czymś** (*głosem, metaforą, narzędziem*) to use sth, to manipulate sth; (*kapitałem, papierami, kredytem*) to circulate sth.

opęt|ać (**-am, -asz**) *vt perf* (*o gniewie, żądzy, idei*) to get a hold on, to come over; (*o człowieku*) to captivate.

opie|ka (**-ki**) (*dat sg* **-ce**) *f* (*troszczenie się*) care, protection; (*dozór*) care, charge; (*pomoc: lekarska*) care, assistance; (: *prawna*) protection; (*PRAWO*) custody, guardianship; **opieka społeczna** social welfare.

opiekacz (**-a, -e**) (*gen pl* **-y**) *m* toaster.

opiek|ować się (**-uję, -ujesz**) (*perf* **za-**) *vr*: **opiekować się kimś/czymś** (*troszczyć się*) to take care of sb/sth; (*zajmować się*) to look after sb/sth.

opieku|n (**-na, -nowie**) (*loc sg* **-nie**) *m* (*osoba opiekująca się*) carer; (*kurator*) guardian; **opiekun społeczny** social worker.

opiekun|ka (**-ki, -ki**) (*dat sg* **-ce**, *gen pl* **-ek**) *f* carer; **opiekunka (do) dziecka** child-minder, baby-sitter.

opiekuńczy *adj* (*troskliwy*) caring, protective; (*władza, instytucja*) welfare *attr*.

opier|ać (**-am, -asz**) (*perf* **oprzeć**) *vt*: **opierać coś o** +*acc* to prop *lub* lean sth against; **opierać coś na** +*loc* to rest sth against, to put sth on; (*przen*) to base sth on.

▸**opierać się** *vr*: **opierać się komuś/czemuś** to resist sb/sth; **opierać się o** +*acc* to lean against; **opierać się na** +*loc* (*lasce*) to lean on; (*dowodach, źródłach, zeznaniach*) to be based on; (*przyjaciołach, rodzicach*) to rely on.

opieszały *adj* sluggish.

opiew|ać (-am, -asz) *vt* (*książk*) to exalt; **opiewać na** +*acc* (*o rachunku, czeku, wyroku*) to amount to.

opił|ek (-ka, -ki) (*instr* -kiem) *m* shaving; **opiłki** *pl* filings *pl*.

opini|a (-i, -e) (*gen pl* -i) *f* (*pogląd*) opinion, view; (*reputacja*) opinion, reputation; (*ocena*) judgement; **opinia publiczna** public opinion.

opini|ować (-uję, -ujesz) (*perf* za-) *vt* (*podanie*) to endorse; (*projekt*) to give an opinion on.

opi|s (-su, -sy) (*loc sg* -sie) *m* description; (*relacja*) account.

opis|ywać (-uję, -ujesz) (*perf* -ać) *vt* to describe; (*charakteryzować*) to characterize.

opium (-) *nt inv* opium.

opłac|ać (-am, -asz) (*perf* opłacić) *vt* (*czynsz, pracownika*) to pay; (*przekupywać*) to pay off.

▸**opłacać się** *vr* to pay; **nie opłaca się tego robić** it's not worth doing; **to się nie opłaca** it's not worth the trouble; **opłaciło się!** it was worth my while!

opłacalny *adj* profitable.

opła|kiwać (-kuję, -kuję) (*perf* -kać) *vt* (*stratę*) to lament, to bemoan; (*zmarłego*) to mourn (for).

opła|ta (-ty, -ty) (*dat sg* -cie) *f* (*kwota do zapłacenia*) payment, charge; (*za naukę*) fee; (*za przejazd*) fare; (*urzędowa*) payment.

opłat|ek (-ka, -ki) (*instr sg* -kiem) *m* wafer.

opłucn|a (-ej) *f decl like adj* pleura.

opływowy *adj* streamlined.

opodal *adv* nearby ▸ *prep* +*gen* near (to); **nie opodal (czegoś)** nearby (sth).

opo|na (-ny, -ny) (*dat sg* -nie) *f* tyre (*BRIT*), tire (*US*); **opony** *pl*: **zapalenie opon mózgowych** meningitis.

oponen|t (-ta, -ci) (*loc sg* -cie) *m* opponent.

oporni|k (-ka, -ki) (*instr sg* -kiem) *m* (*ELEKTR*) resistor.

oporność (-ci) *f* resistance.

oporny *adj* (*nieposłuszny*) disobedient; (*nieustępliwy*) unyielding, relentless; (*stawiający opór*) resistant.

oportuni|sta (-sty, -ści) (*loc sg* -ście) *m decl like f in sg* opportunist.

opowiad|ać (-am, -asz) (*perf* **opowiedzieć**) *vi*: **opowiadać (o** +*loc*) to talk (about) ▸ *vt* to tell.

▸**opowiadać się** *vr*: **opowiadać się za** +*instr* to opt for, to subscribe to.

opowiada|nie (-nia, -nia) (*gen pl* -ń) *nt* (*opowieść*) story; (*utwór literacki*) short story.

opowieś|ć (-ci, -ci) (*gen pl* -ci) *f* tale, story.

opozycj|a (-i, -e) (*gen pl* -i) *f* opposition.

opozycyjny *adj* (*partia, ugrupowanie*) opposition *attr*; (*działanie*) oppositional.

op|ór (-oru) (*loc sg* -orze) *m* resistance; **ruch oporu** the Resistance.

opóź|niać (-niam, -niasz) (*perf* -nić) *vt* (*wyjazd*) to postpone, to delay; (*dojrzewanie*) to retard.

opóźnie|nie (-nia, -nia) (*gen pl* -ń) *nt* delay.

opóźniony *adj* (*pociąg*) delayed; (*w rozwoju*) retarded.

opracowa|nie (-nia, -nia) (*gen pl* -ń) *nt* study.

opracow|ywać (-uję, -ujesz) (*perf* -ać) *vt* to work out, to draw up.

opra|wa (-wy, -wy) (*dat sg* -wie) *f* (*książki*) binding; (*obrazu, zdjęcia*) frame; (*klejnotu*) setting; (*okularów*) frame, rim.

opra|wiać (-wiam, -wiasz) (*perf* -wić) *vt* (*książkę*) to bind; (*obraz*) to frame; (*klejnot*) to set.

opraw|ka (-ki, -ki) (*dat sg* -ce, *gen pl* -ek) *f* (*okularów*) frame, rim; (*żarówki*) socket.

opresj|a (-i, -e) (*gen pl* -i) *f*: **wybawić** (*perf*) **kogoś z opresji** to let sb off the hook.

oprocentowa|nie (-nia, -nia) (*gen pl* -ń) *nt* interest (rate).

oprogramowa|nie (-nia, -nia) (*gen pl* -ń) *nt* software.

oprowadz|ać (-am, -asz) (*perf* oprowadzić) *vt* to show round.

oprócz *prep* +*gen* (*w uzupełnieniu*) apart *lub* aside from, beside(s); (*z wyjątkiem*) except; **oprócz tego** besides.

opróż|niać (-niam, -niasz) (*perf* -nić) *vt* (*butelkę, szufladę*) to empty; (*wagon*) to unload; (*mieszkanie*) to vacate.

opryskiwacz (-a, -e) (*gen pl* -y) *m* (*do trawników*) sprinkler; (*do nawozów, środków ochrony*) sprayer.

oprys|kiwać (-kuję, -kujesz) (*perf* -kać) *vt* (*wodą, błotem*) to splash; (*ROL*) to spray.

opryskliwy *adj* surly.

opryszcz|ka (-ki, -ki) (*dat sg* -ce, *gen pl* -ek) *f* cold sore.

optimum *nt inv* optimum.

opt|ować (-uję, -ujesz) *vi*: **optować za** +*instr* to opt for.

optyczny *adj* optical.

opty|k (-ka, -cy) (*instr sg* -kiem) *m* optician.

opty|ka (-ki) (*dat sg* -ce) *f* optics.

optymaliz|ować (-uję, -ujesz) (*perf* z-) *vt* to optimize.

optymalny *adj* optimal, optimum *attr*.

optymi|sta (-sty, -ści) (*loc sg* -ście) *m decl like f in sg* optimist.

optymist|ka (-ki, -ki) (*dat sg* -ce) *f* optimist.

optymistyczny *adj* optimistic.

optymiz|m (-mu) (*loc sg* -mie) *m* optimism.

opuchli|zna (-zny) (*dat sg* -źnie) *f* swelling.

opuchnięty *adj* swollen.

opustoszały *adj* deserted.

opustosze|ć (-je) *vi perf* to empty, to become deserted.

opuszcz|ać (-am, -asz) (*perf* opuścić) *vt* (*flagę, oczy, cenę*) to lower; (*szybę w samochodzie*) to wind down; (*rodzinę*) to abandon, to desert, to leave; (*pokój, szkołę, miejsce zamieszkania*) to leave; (*lekcje*) to cut *lub* miss; (*pomijać*) to skip, to leave out; **nie opuszczać kogoś** to stand *lub* stick by sb.

▸**opuszczać się** *vr* (*obniżać się*) to lower; (*na linie*) to let o.s. down; (*zaniedbywać się*) to neglect one's duties.

opuszczony *adj* (*dom, wieś*) deserted; (*człowiek*) desolate, forlorn.

opusz|ka (-ki, -ki) (*dat sg* -ce) *f*: **opuszki palców** fingertips.

orać (**orzę, orzesz**) (*imp* **orz**) *vt* to plough (*BRIT*), to plow (*US*).

oranguta|n (-na, -ny) (*loc sg* -nie) *m* orang-(o)utan(g).

oranża|da (-dy, -dy) (*dat sg* -dzie) *f* orangeade.

oranżeri|a (-i, -e) (*gen pl* -i) *f* orangery.

orato|r (-ra, -rzy) (*loc sg* -rze) *m* (*książk*) orator.

oraz *conj* as well as.

orbi|ta (-ty, -ty) (*dat sg* -cie) *f* orbit.

orchide|a (-i, -e) (*gen pl* -i) *f* orchid.

orczykowy *adj*: **wyciąg orczykowy** T-bar lift.

orde|r (-ru, -ry) (*loc sg* -rze) *m* decoration, medal.

ordynacj|a (-i, -e) (*gen pl* -i) *f*: **ordynacja wyborcza** electoral law.

ordynarny *adj* (*wulgarny*) vulgar; (*nieokrzesany*) rude.

ordynato|r (-ra, -rzy) (*loc sg* -rze) *m* head of a hospital ward.

orga|n (-nu, -ny) (*loc sg* -nie) *m* organ; **organy** *pl* (*MUZ*) organ.

organiczny *adj* organic.

organi|sta (-sty, -ści) (*loc sg* -ście) *m decl like f in sg* organist.

organizacj|a (-i, -e) (*gen pl* -i) *f* organization.

organizato|r (-ra, -rzy) (*loc sg* -rze) *m* organizer.

organiz|m (-mu, -my) (*loc sg* -mie) *m* organism; **organizm człowieka** the human body.

organiz|ować (-uję, -ujesz) (*perf* z-) *vt* (*wycieczkę, bal, pracę*) to organize; (*spotkanie*) to arrange; (*komitet, spółkę*) to set up; (*pot. załatwiać*) to fix (up).

►**organizować się** *vr* to organize.

organ|ki (-ków) *pl* mouth organ, harmonica.

orgaz|m (-mu, -my) (*loc sg* -mie) *m* orgasm, climax.

orgi|a (-i, -e) (*gen pl* -i) *f* orgy.

orientacj|a (-i, -e) (*gen pl* -i) *f* orientation; **bieg na orientację** orienteering.

orientacyjny *adj* (*znak, punkt*) reference *attr*; (*przybliżony*) rough.

orientalny *adj* oriental.

orient|ować (-uję, -ujesz) (*perf* z-) *vt* (*osobę*) to inform, to brief; (*mapę*) to orientate.

►**orientować się** *vr* (*rozpoznawać strony świata*) to orientate o.s.

or|ka (-ki) (*dat sg* -ce) *f* (*ROL*)

ploughing (*BRIT*), plowing (*US*); (*ZOOL*) (*nom pl* -ki, *gen pl* -ek) orca, killer whale.

orkiest|ra (-ry, -ry) (*dat sg* -rze) *f* orchestra; (*na dancingu*) band.

ormiański *adj* Armenian.

ornamen|t (-tu, -ty) (*loc sg* -cie) *m* ornament.

orsza|k (-ku, -ki) (*instr sg* -kiem) *m* (*świta*) retinue; (*pochód*) procession.

ortodoksyjny *adj* orthodox.

ortografi|a (-i, -e) (*gen pl* -i) *f* (*nauka*) orthography; (*pisownia*) spelling.

ortograficzny *adj*: **błąd/słownik ortograficzny** spelling mistake/dictionary.

oryginalny *adj* (*pierwotny, niezwykły, osobliwy*) original; (*autentyczny*) genuine; (*swoisty*) unique.

orygina|ł (-łu, -ły) (*loc sg* -le) *m* (*obrazu, dokumentu*) original; (*dziwak*) eccentric.

orzech (-a, -y) *m* (*owoc*) nut; (*drzewo: włoski*) walnut tree; (: *laskowy*) hazel; **orzech włoski** walnut; **orzech laskowy** hazelnut; **orzech ziemny** peanut.

orzechowy *adj* (*kolor*) nut-brown; **masło orzechowe** peanut butter; **czekolada orzechowa** nut chocolate.

orzecze|nie (-nia, -nia) (*gen pl* -ń) *nt* (*opinia*) judg(e)ment; (*decyzja*) decree; (*PRAWO*) verdict, ruling; (*JĘZ*) predicate.

orzek|ać (-am, -asz) (*perf* orzec) *vi* (*oświadczać*) to state; (*PRAWO*) to rule, to adjudicate ♦ *vt* (*stwierdzać*) to state.

orzekający *adj*: **tryb orzekający** indicative mood.

orze|ł (orła, orły) (*loc sg* orle) *m* eagle; (*przen*) high-flier; **orzeł czy reszka?** heads or tails?

orzesz|ek (-ka, -ki) (*instr sg* -kiem) *m*

(small) nut; **orzeszki ziemne** *lub* **arachidowe** peanuts.

orzeź|wiać (**-wiam, -wiasz**) (*perf* **-wić**) *vt* to refresh.

►**orzeźwiać się** *vr* to refresh o.s.

osa (**osy, osy**) (*dat sg* **osie**) *f* wasp.

osacz|ać (**-am, -asz**) (*perf* **-yć**) *vt* (*otaczać*) to corner; (*o myślach, niepokoju*) to haunt.

osa|d (**-du, -dy**) (*loc sg* **-dzie**) *m* sediment; (*CHEM*) precipitate.

osa|da (**-dy, -dy**) (*dat sg* **-dzie**) *f* (*wioska*) settlement.

osadni|k (**-ka, -cy**) (*instr sg* **-kiem**) *m* settler.

osamotniony *adj* (*samotny*) lonely; (*opuszczony*) forlorn.

osą|d (**-du, -dy**) (*loc sg* **-dzie**) *m* (*książk*) judg(e)ment.

oschły *adj* dry.

oscyl|ować (**-uję, -ujesz**) *vi* to oscillate.

oset (**ostu, osty**) (*loc sg* **oście**) *m* thistle.

osiad|ać (**-am, -asz**) (*perf* **osiąść**) *vi* to settle.

osiadły *adj* (*człowiek*) settled; (*ptak*) resident.

osiąg|ać (**-am, -asz**) (*perf* **-nąć**) *vt* (*sukces, cel, wynik*) to achieve, to accomplish; (*szczyt, nakład*) to reach.

osiągalny *adj* attainable.

osiągnię|cie (**-cia, -cia**) (*gen pl* **-ć**) *nt* achievement.

osiedl|ać (**-am, -asz**) (*perf* **-ić**) *vt* to settle.

►**osiedlać się** *vr* to settle.

osiedl|e (**-a, -a**) (*gen pl* **-i**) *nt* (*też*: **osiedle mieszkaniowe**) (housing) estate (*BRIT*), housing development (*US*).

osiem (*like*: **pięć**) *num* eight.

osiemdziesiąt (*like*: **dziesięć**) *num* eighty.

osiemdziesiąty *adj* eightieth.

osiemnasty *adj* eighteenth.

osiemnaście (*like*: **jedenaście**) *num* eighteen.

osiemset (*like*: **pięćset**) *num* eight hundred.

osi|ka (**-ki, -ki**) (*dat sg* **-ce**) *f* (*BOT*) aspen.

osioł (**osła, osły**) (*loc sg* **ośle**) *m* donkey, ass; (*pot*: *głupi człowiek*) ass (*pot*).

oskarż|ać (**-am, -asz**) (*perf* **-yć**) *vt*: **oskarżać kogoś** (**o coś**) to accuse sb (of sth); (*PRAWO*) to charge sb (with sth).

oskarże|nie (**-nia, -nia**) (*gen pl* **-ń**) *nt* (*zarzut*) accusation; (*PRAWO*: *strona oskarżająca*) prosecution; **akt oskarżenia** indictment.

oskarżon|a (**-ej, -e**) *f decl like adj* (*PRAWO*) (the) accused, (the) defendant.

oskarż|ony (**-onego, -eni**) *m decl like adj* (*PRAWO*) (the) accused, (the) defendant.

oskarżyciel (**-a, -e**) *m* (*PRAWO*) prosecutor.

oskrob|ywać (**-uję, -ujesz**) (*perf* **-ać**) *vt* (*warzywa*) to scrape; (*rybę*) to scale.

oskrzel|a (**-i**) *pl* (*ANAT*) bronchial tubes *pl*, bronchi *pl*; **zapalenie oskrzeli** bronchitis.

osła|biać (**-biam, -biasz**) (*perf* **-bić**) *vt* (*człowieka, serce, fundament*) to weaken; (*wrażenie*) to reduce, to lessen; (*cios, upadek*) to soften, to cushion.

osłabieni|e (**-a**) *nt* weakness.

osłabiony *adj* weak.

osładz|ać (**-am, -asz**) (*perf* **osłodzić**) *vt* to sweeten.

osłani|ać (**-am, -asz**) (*perf* **osłonić**) *vt* to cover.

osło|na (**-ny, -ny**) (*dat sg* **-nie**) *f* (*okrycie*) cover, shield; (*ochrona*) protection.

osłupi|eć (**-eję, -ejesz**) *vi perf* to be stunned.

osłupieni|e (**-a**) *nt* bewilderment.

os|oba (**-oby, -oby**) (*dat sg* **-obie**, *gen pl* **-ób**) *f* (*człowiek*) person, individual; (*kobieta*) woman; (*JĘZ*) person; (*postać dramatu*) character; **stół/obiad na cztery osoby** table/dinner for four; **osoba fizyczna** private person; **osoba prawna** legal entity *lub* person, body corporate; **osoba trzecia** third party.

osobistoś|ć (**-ci, -ci**) (*gen pl* **-ci**) *f* (*znana osoba*) celebrity, personality; (*ważna osoba*) personage.

osobisty *adj* personal; **komputer osobisty** personal computer; **dowód osobisty** ≈ identity card.

osobiście *adv* personally, in person.

osobliwy *adj* (*dziwny*) odd, curious; (*specyficzny*) peculiar.

osobni|k (**-ka**) (*instr sg* **-kiem**) *m* (*BIO*) (*nom pl* **-ki**) specimen; (*mężczyzna*) (*nom pl* **-cy**) individual.

osobno *adv* separately.

osobny *adj* separate; **z osobna** separately, individually.

osobowoś|ć (**-ci, -ci**) (*gen pl* **-ci**) *f* personality.

osobowy *adj* (*winda, pojazd*) passenger *attr*; (*JĘZ*) personal; **pociąg osobowy** slow train; **dział osobowy** personnel department.

osol|ić (**-ę, -isz**) (*imp* **osól**) *vb perf od* **solić**.

os|pa (**-py**) (*dat sg* **-pie**) *f* (*MED*) smallpox; **ospa wietrzna** chickenpox.

ostatecznie *adv* (*w końcu*) finally, ultimately; (*ewentualnie*) after all.

ostatecznoś|ć (**-ci**) *f* (*konieczność*) necessity; (*wyjątkowa sytuacja*) extremity; **w ostateczności** as a last resort.

ostateczny *adj* final.

ostatni *adj* (*końcowy*) last; (*najnowszy*) latest; (*ostateczny*) final; (*spośród wymienionych*) (the) latter.

ostatnio *adv* recently, lately.

ostro (*comp* **ostrzej**) *adv* sharply.

ostro|ga (**-gi, -gi**) (*dat sg* **-dze**) *f* spur.

ostroś|ć (**-ci**) *f* sharpness; (*FOT*) focus.

ostrożnie *adv* carefully, cautiously; **ostrożnie!** watch out!; „**ostrożnie**" (*na paczce*) "(handle) with care".

ostrożnoś|ć (**-ci**) *f* caution.

ostrożny *adj* (*człowiek, postępowanie*) careful, cautious.

ostry (*comp* **ostrzejszy**) *adj* sharp; (*zima*) severe, hard; (*papryka*) hot; (*kąt*) acute; (*MED*) acute.

ostry|ga (**-gi, -gi**) (*dat sg* **-dze**) *f* oyster.

ostrz|e (**-a, -a**) (*gen pl* **-y**) *nt* (*podłużne*) blade, edge; (*spiczaste*) point.

ostrzeg|ać (**-am, -asz**) (*perf* **ostrzec**) *vt*: **ostrzegać kogoś (o czymś)** to warn sb (of sth); **ostrzegać kogoś przed kimś/czymś** to warn *lub* caution sb against sb/sth.

ostrzegawczy *adj* warning *attr*.

ostrzeże|nie (**-nia, -nia**) (*gen pl* **-ń**) *nt* warning.

ostrz|yć (**-ę, -ysz**) (*perf* **na-**) *vt* to sharpen.

ostudz|ać (**-am, -asz**) (*perf* **ostudzić**) *vt* to cool down.

osusz|ać (**-am, -asz**) (*perf* **-yć**) *vt* (*oczy, łzy*) to wipe, to dry; (*bagno*) to drain.

oswaj|ać (**-am, -asz**) (*perf* **oswoić**) *vt* (*zwierzę*) to tame, to domesticate.

▶**oswajać się** *vr* (*o zwierzęciu*) to become tame; **oswajać się z czymś** to get used to sth, to grow accustomed to sth.

oswobadz|ać, oswabadz|ać (**-am, -asz**) (*perf* **oswobodzić**) *vt* (*przywracać wolność*) to liberate, to

(set) free; (*uwalniać: od obowiązku*)
to release, to free.

▶**oswobadzać się** *vr* to free *lub*
liberate o.s.

oswojony *adj* tame, domesticated.

oszac|ować (**-uję, -ujesz**) *vb perf od*
szacować.

oszale|ć (**-ję, -jesz**) *vi perf* to go mad.

oszałami|ać (**-am, -asz**) (*perf*
oszołomić) *vt* (*odurzać*) to stupefy;
(*urzekać*) to stun.

oszcze|p (**-pu, -py**) (*loc sg* **-pie**) *m*
(*SPORT*) javelin; **rzut oszczepem**
javelin throw.

oszczerst|wo (**-wa, -wa**) (*loc sg*
-wie) *nt* slander.

oszczędnościowy *adj* (*model,
wersja*) economy *attr*; (*rachunek*)
savings *attr*.

oszczędnoś|ć (**-ci**) *f* (*cecha
charakteru*) thrift(iness); (*oszczędne
używanie*) economy; **oszczędności**
pl savings *pl*.

oszczędny *adj* (*człowiek*) thrifty;
(*gospodarka, metoda*) economical;
(*samochód*) fuel-efficient.

oszczędz|ać (**-am, -asz**) *vt* (*czas*) to
save; (*pieniądze*) to put away, to
save; (*energię, wodę*) to conserve, to
save; (*siły, ręce, człowieka, konia*) to
spare ♦ *vi* (*oszczędzać pieniądze*) to
save (up); (*żyć oszczędnie*) to
economize.

▶**oszczędzać się** *vr* to take it easy.

oszczę|dzić (**-dzę, -dzisz**) (*imp* **-dź**)
vt perf: **oszczędzić kogoś** to spare
sb; **katastrofa nie oszczędziła
nikogo** the catastrophe spared
nobody; **oszczędzić komuś
kłopotów** to save sb trouble.

oszroniony *adj* frosted.

oszu|kiwać (**-kuję, -kujesz**) (*perf*
-kać) *vi* to cheat ♦ *vt* to deceive.

oszu|st (**-sta, -ści**) (*loc sg* **-ście**) *m*
fraud, cheat.

oszust|ka (**-ki, -ki**) (*dat sg* **-ce**, *gen pl*
-ek) *f* fraud, cheat.

oszust|wo (**-wa, -wa**) (*loc sg* **-wie**) *nt*
deception, fraud.

oś (**osi, osie**) (*gen pl* **osi**) *f* axis;
(*TECH*) axle; (*przen*) pivot.

oś|ć (**-ci, -ci**) (*gen pl* **-ci**) *f* fishbone.

ośka (**ośki, ośki**) (*dat sg* **ośce**, *gen pl*
osiek) *f* axle.

oślep *adv* blindly; **robić coś na
oślep** to do sth blindfold.

ośle|piać (**-piam, -piasz**) (*perf* **-pić**)
vt to blind; (*razić*) to dazzle.

oślepiający *adj* dazzling, glaring.

ośmiel|ać (**-am, -asz**) (*perf* **-ić**) *vt* to
encourage.

▶**ośmielać się** *vr* (*nabierać odwagi*)
to gain confidence; (*zdobywać się
na odwagę*) to dare; (*mieć czelność*)
to dare.

ośmiesz|ać (**-am, -asz**) (*perf* **-yć**) *vt*
to ridicule.

▶**ośmieszać się** *vr* to make a fool
of o.s.

ośmioletni *adj* eight-year-old.

ośmiornic|a (**-y, -e**) *f* octopus.

ośmioro (*like*: **czworo**) *num* eight.

ośrod|ek (**-ka, -ki**) (*instr sg* **-kiem**) *m*
centre (*BRIT*), center (*US*); **ośrodek
zdrowia** health centre (*BRIT*) *lub*
center (*US*); **ośrodek
wypoczynkowy** resort, holiday camp.

oświadcz|ać (**-am, -asz**) (*perf* **-yć**) *vt*
to state, to declare.

▶**oświadczać się** *vr*: **oświadczać
się komuś** to propose to sb.

oświadcze|nie (**-nia, -nia**) (*gen pl*
-ń) *nt* statement, announcement.

oświadczyn|y (**-**) *pl* proposal (*of
marriage*).

oświa|ta (**-ty**) (*dat sg* **-cie**) *f* education.

oświe|cać (**-cam, -casz**) (*perf* **-cić**)
(*książk*) *vt* to enlighten.

oświeceni|e (**-a**) *nt*: **Oświecenie** the
Enlightenment.

oświetl|ać (-am, -asz) (*perf* -ić) *vt* to light (up).

oświetleni|e (-a) *nt* (*światło*) lighting, illumination; (*instalacja oświetleniowa*) lighting system.

Oświęci|m (-mia) (*loc sg* -miu) *m* Auschwitz.

otacz|ać (-am, -asz) (*perf* otoczyć) *vt* to surround; (*o płocie, lesie*) to enclose.

▶**otaczać się** *vr*: otaczać się kimś/czymś to surround o.s. with sb/sth.

otchła|ń (-ni, -nie) (*gen pl* -ni) *f* (*przepaść*) abyss; (*głębia*) the depths *pl*; (*przen*: piekielna) abyss; (: *rozpaczy*) the depths *pl*.

otępieni|e (-a) *nt* (*zobojętnienie*) stupefaction; (*MED*) dementia.

oto *part.* oto nasz dom that's our house; oto jestem here I am; oto wszystko, co wiem that's all I know.

otoczeni|e (-a) *nt* (*okolica*) surroundings *pl*; (*środowisko*) environment.

otóż *part.* otóż, ... well, ...; otóż i ona there she is; otóż to exactly!, that's just it!

otręb|y (-ów) *pl* bran; otręby pszenne wheat bran.

otru|ć (-ję, -jesz) *vt perf* to poison.

▶**otruć się** *vr perf* to poison o.s.

otrzep|ywać (-uję, -ujesz) (*perf* -ać) *vt*: otrzepywać coś (z czegoś) to brush sth (off sth).

▶**otrzepywać się** *vr*: otrzepywać się z czegoś to brush sth off.

otrzym|ywać (-uję, -ujesz) (*perf* -ać) *vt* to receive.

otu|cha (-chy) (*dat sg* -sze) *f* comfort, reassurance; dodawać (dodać *perf*) komuś otuchy to cheer sb up.

otul|ać (-am, -asz) (*perf* -ić) *vt*

(*osobę*) to wrap; (*krzew, drzewo*) to sheathe.

otwarcie¹ *adv* openly.

otwar|cie² (-cia, -cia) (*gen pl* -ć) *nt* opening; godziny otwarcia opening hours, opening time.

otwartoś|ć (-ci) *f* openness, frankness.

otwarty *adj* open; list otwarty open letter; grać w otwarte karty (*przen*) to play with one's cards on the table; posiedzenie przy drzwiach otwartych open meeting; u otwarte (*JĘZ*) the letter u.

otwieracz (-a, -e) (*gen pl* -y) *m* opener; otwieracz do puszek *lub* konserw tin-opener (*BRIT*), can-opener (*US*); otwieracz do butelek bottle-opener.

otwier|ać (-am, -asz) (*perf* otworzyć) *vt* to open; (*zamek, kłódkę*) to unlock; (*wodę, gaz*) to turn on.

▶**otwierać się** *vr* to open; (*o widoku, perspektywach*) to open up.

otw|ór (-oru, -ory) (*loc sg* -orze) *m* opening.

otyłoś|ć (-ci) *f* obesity.

otyły *adj* obese.

owa (*see* Table 10) *pron* (*książk*) that.

owacj|a (-i, -e) (*gen pl* -i) *f* ovation.

owa|d (-da, -dy) (*loc sg* -dzie) *m* insect.

owadobójczy *adj*: środek owadobójczy insecticide.

owalny *adj* oval.

owca (owcy, owce) (*gen pl* owiec) *f* sheep; czarna owca (*przen*) black sheep.

owczar|ek (-ka, -ki) (*instr sg* -kiem) *m* sheepdog, shepherd dog; owczarek alzacki *lub* niemiecki Alsatian (*BRIT*), German shepherd (*US*); owczarek szkocki collie.

owies (owsa, owsy) (*loc sg* owsie) *m* oats *pl*.

owij|ać (-am, -asz) (*perf* owinąć) *vt*

(*sznurkiem, bandażem*) to wrap around; (*papierem*) to wrap up; (*okrywać, otulać*) to wrap (up); **nie owijaj w bawełnę** don't beat about the bush.

owłosieni|e (**-a**) *nt* hair; (*na zwierzęciu*) coat.

owłosiony *adj* hairy.

owo (*see* **Table 10**) *pron* (*książk*) that.

owoc (**-u, -e**) *m* fruit; **owoce** *pl* fruit, fruits *pl*.

owocny *adj* fruitful.

owoc|ować (**-uje**) (*perf* **za-**) *vi* (*rodzić owoce*) to fruit; (*przen*) to bear fruit.

owocowy *adj* fruit *attr*.

owrzodze|nie (**-nia, -nia**) (*gen pl* **-ń**) *nt* ulceration.

owsian|ka (**-ki, -ki**) (*dat sg* **-ce**) *f* porridge.

owszem *adv* (*książk*) naturally, of course.

owulacj|a (**-i**) *f* ovulation.

ozdabi|ać (**-am, -asz**) (*perf* **ozdobić**) *vt* to decorate.

ozd|oba (**-oby, -oby**) (*dat sg* **-obie**, *gen pl* **-ób**) *f* (*dekoracja*) decoration; (*chluba*) jewel.

ozdobny *adj* decorative.

ozię|biać (**-biam, -biasz**) (*perf* **-bić**) *vt* to cool (down).

▶**oziębiać się** *vr* to cool down; **oziębia się** (*o pogodzie*) it's getting colder.

oziębieni|e (**-a**) *nt* (*METEO*) cold weather; (*przen: w stosunkach itp.*) cooling.

oziębłoś|ć (**-ci**) *f* (*obojętność*) coldness; **oziębłość płciowa** frigidity.

oziębły *adj* (*obojętny*) cold; (*płciowo*) frigid.

ozimi|na (**-ny, -ny**) (*dat sg* **-nie**) *f* winter crops *pl*.

oznacz|ać (**-am, -asz**) *vt* (*znaczyć*) to mean; (*wyrażać*) to represent, to signify; (*o literze, skrócie*) to stand

for; (*robić znak*) (*perf* **-yć**) to mark; **co to oznacza?** what does this mean?; **oznacza to, że ...** this means that ... .

oznacze|nie (**-nia, -nia**) (*gen pl* **-ń**) *nt* sign, symbol.

oznaczony *adj* (*godzina*) appointed.

oznaj|miać (**-miam, -miasz**) (*perf* **-mić**) *vt* to announce ▸ *vi* to declare; **oznajmiać komuś coś** to inform sb about sth.

oznajmujący *adj* (*JĘZ*) indicative.

ozna|ka (**-ki, -ki**) (*dat sg* **-ce**) *f* (*choroby*) symptom; (*gniewu, postępu*) sign.

ozo|n (**-nu**) (*loc sg* **-nie**) *m* ozone.

ozonowy *adj*: **warstwa** *lub* **powłoka ozonowa** the ozone layer.

ozor|ek (**-ka, -ki**) (*instr sg* **-kiem**) *m* (*KULIN*) tongue.

ożyw|ać (**-am, -asz**) (*perf* **ożyć**) *vi* (*o człowieku, przyrodzie*) to come to life; (*o wspomnieniach, urazach*) to come back.

ożywczy *adj* invigorating, refreshing.

oży|wiać (**-wiam, -wiasz**) (*perf* **-wić**) *vt* (*przywracać do życia*) to revive; (*urozmaicać*) to enliven; (*gospodarkę*) to revive, to liven up.

▶**ożywiać się** *vr* (*nabierać życia*) to liven up; (*o oczach*) to light up; (*o twarzy*) to brighten up.

ożywieni|e (**-a**) *nt* (*podniecenie*) liveliness; **ożywienie gospodarcze** economic revival.

ożywiony *adj* (*intensywny*) animated, lively; (*żyjący*) living.

Ó

ósem|ka (**-ki, -ki**) (*dat sg* **-ce**) *f* eight; (*kształt, ewolucja*) figure of eight (*BRIT*), figure eight (*US*); (*MUZ*) quaver (*BRIT*), eighth note (*US*).

ósmy *adj* eighth; **jedna ósma** one-eighth; **jest (godzina) ósma** it's eight o'clock.

ów (*see* Table 10) *pron* (*książk*) that; **w owych czasach** in those days, at that time; **ni z tego, ni z owego** out of the blue.

ówczesny *adj*: **ówczesny premier** the then Prime Minister.

P

p. *abbr* (= *pan*) Mr; (= *pani*) Mrs.

pa|cha (-chy, -chy) (*dat sg* -sze) *f* armpit.

pach|nieć (-nę, -niesz) (*imp* -nij) *vi* to smell; **pachnieć czymś** to smell of sth.

pachoł|ek (-ka, -ki) (*instr sg* -kiem) *m* (*słupek*) bollard.

pachwi|na (-ny, -ny) (*dat sg* -nie) *f* groin.

pacierz (-a, -e) (*gen pl* -y) *m* prayer.

pacjen|t (-ta, -ci) (*loc sg* -cie) *m* patient.

pacjent|ka (-ki, -ki) (*dat sg* -ce, *gen pl* -ek) *f* patient.

Pacyfi|k (-ku) (*instr sg* -kiem) *m* the Pacific.

pacyfikacj|a (-i, -e) (*gen pl* -i) *f* pacification.

pacyfi|sta (-sty, -ści) (*dat sg* -ście) *m* *decl like f in sg* pacifist.

pacyfistyczny *adj* (*ruch*) pacifist *attr*.

pacz|ka (-ki, -ki) (*dat sg* -ce, *gen pl* -ek) *f* (*pakunek*) package; (*POCZTA*) parcel; (*papierosów, płatków*) packet (*BRIT*), pack(age) (*US*).

padacz|ka (-ki) (*dat sg* -ce) *f* epilepsy.

pad|ać (-am, -asz) (*perf* **paść**) *vi* (*przewracać się*) to drop, to fall; (*ginąć*) to fall, to perish; **pada**

(*deszcz*) it's raining; **pada śnieg/grad** it's snowing/hailing.

padal|ec (-ca, -ce) *m* (*ZOOL*) blindworm, slow-worm.

padli|na (-ny) (*dat sg* -nie) *f* carrion.

page|r (-ra, -ry) (*loc sg* -rze) *m* (*TEL*) pager.

pagór|ek (-ka, -ki) (*instr sg* -kiem) *m* hillock, knoll.

pajac (-a, -e) *m* (*błazen, arlekin*) clown; (*zabawka*) puppet; (*pot. przen*) buffoon.

pają|k (-ka, -ki) (*instr sg* -kiem) *m* spider.

pajęczy|na (-ny, -ny) (*dat sg* -nie) *f* cobweb.

Pakista|n (-nu) (*loc sg* -nie) *m* Pakistan.

pakistański *adj* Pakistani.

pak|ować (-uję, -ujesz) *vt* (*walizkę, plecak*) (*perf* **s-** *lub* **za-**) to pack; (*owijać*) (*perf* **o-**) to wrap (up).

▶**pakować się** *vr* (*perf* **s-** *lub* **za-**) (*pakować swoje rzeczy*) to pack (up); (*pot. wchodzić*) (*perf* **w-**) to barge (into).

pakowny *adj* capacious.

pak|t (-tu, -ty) (*loc sg* -cie) *m* pact.

pakun|ek (-ku, -ki) (*instr sg* -kiem) *m* package.

pal (-a, -e) (*gen pl* -i *lub* -ów) *m* (*słup ogrodzeniowy*) pale, stake; (*słup konstrukcyjny*) pile.

palacz (-a, -e) (*gen pl* -y) *m* (*robotnik*) stoker; (*tytoniu*) smoker.

palar|nia (-ni, -nie) (*gen pl* -ni) *f* smoke *lub* smoking room.

palący *adj* (*słońce*) blazing; (*przen: problem*) urgent ♦ *m decl like adj* (*palacz*) smoker; **przedział/wagon dla palących** smoking compartment/carriage.

pal|ec (-ca, -ce) *m* (*u ręki*) finger; (*u nogi*) toe; **maczać w czymś palce** (*przen*) to have a hand in sth; **mieć coś w małym palcu** (*przen*) to know sth inside out; **chodzić na palcach** to tiptoe, to walk on tiptoe.

paleni|e (**-a**) *nt* (*tytoniu*) smoking; (*zwłok, śmieci*) incineration; „**palenie wzbronione**" "no smoking".

palenis|ko (**-ka, -ka**) (*instr sg* **-kiem**) *nt* hearth.

Palesty|na (**-ny**) (*dat sg* **-nie**) *f* Palestine.

Palestyńczy|k (**-ka, -cy**) (*instr sg* **-kiem**) *m* Palestinian.

palestyński *adj* Palestinian.

pale|ta (**-ty, -ty**) (*dat sg* **-cie**) *f* palette.

pal|ić (**-ę, -isz**) *vt* (*papierosy, fajkę*) to smoke; (*świecę*) to burn; (*światło*) to keep on; (*niszczyć ogniem*) (*perf* **s-**) to burn (down) ♦ *vi* (*palić papierosy*) to smoke; (*o słońcu, gorączce*) to burn.

▶**palić się** *vr* (*płonąć*) to burn; (*o domu, mieście*) to be on fire; (*o świetle*) to be on; **pali się!** fire!

pali|wo (**-wa, -wa**) (*loc sg* **-wie**) *nt* fuel; (*MOT*) petrol (*BRIT*), gas(oline) (*US*).

pal|ma (**-my, -my**) (*dat sg* **-mie**) *f* palm (tree).

palmowy *adj* palm *attr*; **Niedziela Palmowa** Palm Sunday.

palni|k (**-ka, -ki**) (*instr sg* **-kiem**) *m* burner; (*TECH*) torch.

palny *adj* (*materiał*) flammable; **łatwo palny** (highly) flammable; **broń palna** firearms *pl*.

pal|to (**-ta, -ta**) (*loc sg* **-cie**) *nt* overcoat.

palusz|ek (**-ka, -ki**) (*instr sg* **-kiem**) *m dimin od* **palec**; **paluszki** *pl*: **słone paluszki** savoury sticks; **paluszki rybne** (*KULIN*) fish fingers, fish sticks (*US*).

pałac (**-u, -e**) *m* palace.

pałecz|ka (**-ki, -ki**) (*dat sg* **-ce**, *gen pl* **-ek**) *f dimin od* **pałka**; (*do gry na bębnie*) (drum)stick; (*dyrygenta,*

sztafetowa) baton; **pałeczki** *pl* (*do jedzenia*) chopsticks.

pał|ka (**-ki, -ki**) (*dat sg* **-ce**, *gen pl* **-ek**) *f* club; (*POLICJA*) baton, truncheon (*BRIT*), nightstick (*US*).

pamfle|t (**-tu, -ty**) (*loc sg* **-cie**) *m* lampoon.

pamiąt|ka (**-ki, -ki**) (*dat sg* **-ce**, *gen pl* **-ek**) *f* (*przedmiot*) souvenir, memento; (*znak, symbol*) token; **sklep z pamiątkami** souvenir shop; **na pamiątkę (czegoś)** in memory (of sth).

pamię|ć (**-ci**) *f* memory; (*wspomnienie*) memory, remembrance; **z pamięci** from memory; **uczyć się (nauczyć się** *perf*) **czegoś na pamięć** to learn sth by heart.

pamięt|ać (**-am, -asz**) *vt* (*perf* **za-**) to remember ♦ *vi*: **pamiętać o kimś/czymś** to keep sb/sth in mind; **pamiętać(, żeby) coś zrobić** to remember to do sth.

pamiętni|k (**-ka, -ki**) (*instr sg* **-kiem**) *m* diary; **pamiętniki** *pl* (*LIT*) memoirs *pl*.

pamiętny *adj* memorable.

pa|n (**-na, -nowie**) (*dat sg* **-nu**, *voc sg* **-nie**) *m* (*mężczyzna*) gentleman, man; (*przy zwracaniu się*) you; (*arystokrata*) lord; (*Bóg*) Lord; (*pot: nauczyciel*) master, teacher; (*właściciel psa*) master; **Pan Kowalski** Mr Kowalski; **czy wiedział Pan o tym?** did you know about it, sir?; **czy to Pana parasol?** is this your umbrella?; **być panem czegoś/kogoś** to be master of sth/sb; **proszę Pana!** excuse me, sir!; **Pan Bóg** Lord; **pan młody** (bride)groom.

Pana|ma (**-my**) (*dat sg* **-mie**) *f* Panama.

panamski *adj* Panamanian; **Kanał Panamski** the Panama Canal.

pancerny adj (wojska, samochód)
armoured (BRIT), armored (US);
szafa lub kasa pancerna safe.

pancerz (-a, -e) (gen pl -y) m armour
(BRIT), armor (US); (żółwia) shell.

pan|da (-dy, -dy) (dat sg -dzie) f
panda.

pa|ni (-ni, -nie) (acc sg -nią, gen pl -ń)
f (kobieta) lady, woman; (przy
zwracaniu się) you;
(pot. nauczycielka) mistress, teacher;
Pani Kowalska Mrs Kowalski; **czy
wiedziała Pani o tym?** did you
know about it (, madam)?; **czy to
Pani płaszcz?** is this your coat,
madam?; **proszę Pani!** madam!

panicznie adv. **bać się panicznie
(kogoś/czegoś)** to be terrified (of
sb/sth).

paniczny adj (strach) mortal.

panieński adj. **nazwisko panieńskie**
maiden name.

panierowany adj breaded, in
breadcrumbs.

pani|ka (-ki) (dat sg -ce) f panic.

panik|ować (-uję, -ujesz) (perf s-) vi
(pot) to panic.

pa|nna (-nny, -nny) (dat sg -nnie, gen
pl -nien) f girl; (stan cywilny)
unmarried woman; **Panna Kowalska**
Miss Kowalski; **panna młoda** bride;
stara panna (pej) old maid,
spinster; **Panna** (ASTROLOGIA)
Virgo.

panora|ma (-my, -my) (dat sg -mie) f
(widok) panorama.

panoramiczny adj (ekran) wide;
(widok) panoramic; (film)
wide-screen.

pan|ować (-uję, -ujesz) vi (o królu,
dynastii) to rule, to reign; (o ciszy,
terrorze) (perf za-) to reign; (o
zwyczajach, poglądach) to prevail;
panować nad kimś/czymś to be
master of sb/sth; **panować nad
sobą** to be in control of o.s.

panowani|e (-a) nt (rządy) rule,
reign; (kontrola) control; **za
panowania** +gen during the reign of.

pante|ra (-ry, -ry) (dat sg -rze) f
leopard, panther.

panter|ka (-ki, -ki) (dat sg -ce, gen pl
-ek) f (ubiór wojskowy) camouflage
jacket.

pantof|el (-la, -le) (gen pl -li) m
slipper.

pantomi|ma (-my, -my) (dat sg -mie)
f mime show.

panujący adj (monarcha, dynastia)
reigning, ruling; (klasa) ruling;
(upały, susza) current; (pogląd,
religia) prevailing.

pański adj your.

państ|wo (-wa) (loc sg -wie) nt (kraj)
(pl -wa) state; (forma
grzecznościowa) you; **Państwo
Kowalscy** the Kowalskis; **czy mają
Państwo rezerwację?** have you got
a reservation?; **proszę Państwa!**
Ladies and Gentlemen!; **państwo
młodzi** the bride and the
bridegroom; (po ślubie) the
newly-weds.

państwowy adj (hymn, święto)
national; (szkoła, przedsiębiorstwo)
state attr, state-owned.

pańszczy|zna (-zny) (dat sg -źnie) f
(HIST) serfdom, serfhood.

pa|pa (-py, -py) (dat sg -pie) f (BUD)
asphalt roofing.

papeteri|a (-i, -e) (gen pl -i) f
stationery.

papie|r (-ru, -ry) (loc sg -rze) m
paper; **arkusz papieru** a sheet of
paper; **papier firmowy** letterhead;
papier toaletowy toilet lub lavatory
paper; **papiery** pl (dokumenty,
notatki) papers pl; **papiery
wartościowe** (FIN) securities pl.

papier|ek (-ka, -ki) (instr sg -kiem) m
piece of paper.

papierniczy adj (przemysł, zakład)

paper *attr*; **sklep papierniczy**
stationer('s).

papiero|s (-sa, -sy) (*loc sg* -**sie**) *m*
cigarette; **palić papierosy** to smoke
cigarettes.

papierośnic|a (-y, -e) *f* cigarette
case.

papierowy *adj* paper *attr*.

papież (-a, -e) (*gen pl* -y) *m* pope.

papilarny *adj*: **linie papilarne**
fingerprints *pl*.

papilot|y (-ów) *pl* curlpapers *pl*.

papiru|s (-su) (*loc sg* -**sie**) *m* papyrus.

pap|ka (-ki, -ki) (*dat sg* -**ce**, *gen pl*
-**ek**) *f* (*masa*) pulp; (*do jedzenia*) pap.

paproć (-ci, -cie) (*gen pl* -ci) *f* fern.

papry|ka (-ki, -ki) (*dat sg* -**ce**) *f*
(*suszona*) paprika; **papryka
czerwona/zielona** red/green pepper.

papu|ga (-gi, -gi) (*dat sg* -**dze**) *f*
parrot; (*przen*) copycat.

papug|ować (-uję, -ujesz) (*perf* **s-**)
vt (*pot*) to parrot.

papuż|ka (-ki, -ki) (*dat sg* -**ce**, *gen pl*
-**ek**) *f*: **papużka falista** budgerigar,
budgie (*pot*); *patrz też* **papuga**.

pa|ra (-ry) (*dat sg* -**rze**) *f* (*butów, rąk,
zwierząt*) (*nom pl* -**ry**) pair; (*dwoje
ludzi*) (*nom pl* -**ry**) pair, couple; (*FIZ*)
vapour (*BRIT*), vapor (*US*); (*też*: **para
wodna**) steam; **nie puszczać
(puścić** *perf*) **pary z ust** (*przen*) not
to breathe a word; **młoda para** (*w
czasie ślubu*) the bride and the
bridegroom; (*po ślubie*) the
newly-weds; **parami** (*iść, siedzieć*)
in twos *lub* pairs; **iść w parze z
czymś** (*przen*) to go hand in hand
with sth.

par|ać się (-am, -asz) *vr*: **parać się
czymś** to dabble in sth.

para|da (-dy, -dy) (*dat sg* -**dzie**) *f*
parade.

paradok|s (-su, -sy) (*loc sg* -**sie**) *m*
paradox.

paradoksalny *adj* paradoxical.

parad|ować (-uję, -ujesz) *vi* to
parade.

parafi|a (-i, -e) (*gen pl* -i) *f* parish.

parafialny *adj* parish *attr*.

parafia|nin (-nina, -nie) (*loc sg*
-**ninie**, *gen pl* -**n**) *m* parishioner.

parafi|na (-ny) (*dat sg* -**nie**) *f* paraffin.

paraf|ka (-ki, -ki) (*loc sg* -**ce**, *gen pl*
-**ek**) *f* (*podpis*) initials *pl*.

parafra|za (-zy, -zy) (*dat sg* -**zie**) *f*
paraphrase.

parafraz|ować (-uję, -ujesz) (*perf* **s-**)
vt to paraphrase.

parago|n (-nu, -ny) (*loc sg* -**nie**) *m*
receipt.

paragra|f (-fu, -fy) (*loc sg* -**fie**) *m*
(*PRAWO*) article; (*akapit*) paragraph.

Paragwaj (-u) *m* Paraguay.

parality|k (-ka, -cy) (*instr sg* -**kiem**)
m paralytic.

paraliż (-u) *m* paralysis.

paraliż|ować (-uję, -ujesz) (*perf* **s-**)
vt to paralyse (*BRIT*), to paralyze
(*US*).

paramet|r (-ru, -ry) (*loc sg* -**rze**) *m*
parameter.

parano|ja (-i) *f* paranoia.

parape|t (-tu, -ty) (*loc sg* -**cie**) *m*
(window)sill.

parapsychologi|a (-i) *f*
parapsychology.

parasol (-a, -e) (*gen pl* -i) *m* (*od
deszczu*) umbrella; (*od słońca*)
parasol, sunshade.

parasol|ka (-ki, -ki) (*dat sg* -**ce**, *gen
pl* -**ek**) *f* umbrella.

parawa|n (-nu, -ny) (*loc sg* -**nie**) *m*
screen.

parcel|a (-i, -e) (*gen pl* -i *lub* -) *f* plot.

parci|e (-a) *nt* (*wody*) pressure.

parę (*like*: **ile**) *num* a few, several;
parę dni temu the other day; **parę
godzin/dni/miesięcy** a few
hours/days/months; **od paru
godzin/dni/miesięcy** for a few

hours/days/months; **za parę minut**
in a few minutes.
par|k (**-ku, -ki**) (*instr sg* **-kiem**) *m*
park; **park narodowy** national park.
parkie|t (**-tu, -ty**) (*loc sg* **-cie**) *m*
(*posadzka*) parquet floor(ing); (*do
tańca*) dance-floor.
parkin|g (**-gu, -gi**) (*instr sg* **-giem**) *m*
car park (*BRIT*), parking lot (*US*);
parking strzeżony/nie strzeżony
attended/unattended car park;
parking płatny/bezpłatny paid/free
parking.
parkomet|r (**-ru, -ry**) (*loc sg* **-rze**) *m*
parking meter.
park|ować (**-uję, -ujesz**) (*perf* **za-**)
vt/vi to park.
parkowani|e (**-a**) *n* parking.
parlamen|t (**-tu, -ty**) (*loc sg* **-cie**) *m*
parliament.
parlamentarny *adj* parliamentary.
parno *adv*: **jest parno** it's close *lub*
sultry.
parny *adj* sultry.
parodi|a (**-i, -e**) (*gen pl* **-i**) *f* parody;
parodia sprawiedliwości a travesty
of justice.
parodi|ować (**-uję, -ujesz**) (*perf* **s-**)
vt to parody.
parodniowy *adj* a few days' *attr*.
parokrotny *num* repeated.
paroletni *adj* (*trwający parę lat*) a
few years' *attr*; (*mający parę lat*) a
few-year-old *attr*.
par|ować (**-uję, -ujesz**) *vt* (*cios,
uderzenie, atak*) (*perf* **od-**) to parry ◂
vi (*zamieniać się w parę*) (*perf* **wy-**)
to evaporate.
paro|wiec (**-wca, -wce**) *m* steamer.
parow|óz (**-ozu, -ozy**) (*loc sg* **-ozie**)
m steam engine.
parowy *adj* steam *attr*.
par|ów (**-owu, -owy**) (*loc sg* **-owie**) *m*
ravine.
parów|ka (**-ki, -ki**) (*dat sg* **-ce**, *gen pl*

-ek) *f* (breakfast) sausage (*BRIT*), hot
dog (*US*).
parsk|ać (**-am, -asz**) (*perf* **-nąć**) *vi* to
snort.
parszywy *adj* (*pot*) lousy (*pot*), rotten
(*pot*).
partacz|yć (**-ę, -ysz**) (*perf* **s-**) *vt* to
bungle, to botch (up).
parte|r (**-ru, -ry**) (*loc sg* **-rze**) *m*
(*najniższe piętro*) ground floor *lub*
level (*BRIT*), first floor (*US*); (*w
kinie, teatrze*) stalls *pl* (*BRIT*),
orchestra (*US*).
parterowy *adj*: **dom parterowy**
bungalow.
parti|a (**-i, -e**) (*gen pl* **-i**) *f* (*POL*)
party; (*towaru*) batch; (*szachów,
warcabów*) game; (*rola*) part.
partne|r (**-ra, -rzy**) (*loc sg* **-rze**) *m*
partner.
partner|ka (**-ki, -ki**) (*dat sg* **-ce**, *gen pl*
-ek) *f* partner.
partnerski *adj* based on partnership.
partnerst|wo (**-wa**) (*loc sg* **-wie**) *nt*
partnership.
party *nt inv* (*przyjęcie*) party.
partyjny *adj* party *attr*.
partyku|ła (**-ły, -ły**) (*dat sg* **-le**) *f*
(*JĘZ*) particle.
partytu|ra (**-ry, -ry**) (*dat sg* **-rze**) *f*
score.
partyzan|t (**-ta, -ci**) (*loc sg* **-cie**) *m*
guerrilla.
paryski *adj* Parisian; **bułka paryska**
French stick, French loaf (*BRIT*).
Paryż (**-a**) *m* Paris.
parz|yć (**-ę, -ysz**) *vt* (*o słońcu,
piasku*) (*perf* **po-**) to burn; (*o
pokrzywie*) (*perf* **po-**) to sting;
(*kapustę, pomidory*) (*perf* **s-**) to
blanch; (*herbatę, kawę*) (*perf* **za-**) to
brew.
▸**parzyć się** *vr* (*o zwierzętach*) to
mate.
parzysty *adj* even.
pa|s (**-sa, -sy**) (*loc sg* **-sie**) *m* (*do

spodni) belt; (*lasu, materiału*) strip; (*talia*) waist; (*też*: **pas ruchu**) lane; **pas bezpieczeństwa** seat belt; **pas ratunkowy** lifebelt; **pas startowy** runway; **w pasy** (*materiał, sukienka*) striped; **rozebrać się** *(perf)* **do pasa** to undress from the waist up; **brać (wziąć** *perf***) nogi za pas** to show a clean pair of heels; **pasy** *pl* (*dla pieszych*) zebra crossing.

pasaż (**-u, -e**) (*gen pl* **-y**) *m* (*przejście*) passage(way); (*MUZ*) passage.

pasaże|r (**-ra, -rowie**) (*loc sg* **-rze**) *m* passenger.

pasażer|ka (**-ki, -ki**) (*loc sg* **-ce**, *gen pl* **-ek**) *f* passenger.

pasażerski *adj* passenger *attr*.

pas|ek (**-ka, -ki**) (*instr sg* **-kiem**) *m* *dimin od* **pas**; (*do spodni*) belt; **pasek do zegarka** watch strap; **pasek klinowy** (*MOT*) fan belt; **w paski** (*materiał, sukienka*) striped.

pase|r (**-ra, -rzy**) (*loc sg* **-rze**) *m* fence (*pot*).

pasiasty *adj* striped.

pasi|eka (**-eki, -eki**) (*dat sg* **-ece**, *gen pl* **-ek**) *f* apiary.

pasier|b (**-ba, -bowie**) (*loc sg* **-bie**) *m* stepson.

pasierbic|a (**-y, -e**) *f* stepdaughter.

pasikoni|k (**-ka, -ki**) (*instr sg* **-kiem**) *m* grasshopper.

pasj|a (**-i, -e**) (*gen pl* **-i**) *f* passion; (*gniew*) rage; **wpadać (wpaść** *perf***) w pasję** to fly into a fury *lub* rage.

pasjan|s (**-sa, -se**) (*loc sg* **-sie**) *m* (*KARTY*) patience (*BRIT*), solitaire (*US*).

pasjon|ować (**-uję, -ujesz**) *vt* to fascinate.

►**pasjonować się** *vr*: **pasjonować się czymś** to be very keen on sth.

pasjonujący *adj* fascinating, thrilling.

paskowy *adj*: **kod paskowy** bar code.

paskudny *adj* nasty.

pasmanteri|a (**-i**) *f* haberdashery (*BRIT*), dry goods (*US*).

pa|smo (**-sma, -sma**) (*loc sg* **-smie** *lub* **-śmie**, *gen pl* **-sm** *lub* **-sem**) *nt* (*włosów*) strand; (*nici*) thread; (*lądu, lasu*) strip; (*przen: wydarzeń, nieszczęść*) series; **pasmo gór** *lub* **górskie** mountain range.

pas|ować (**-uję, -ujesz**) *vi* to fit; (*KARTY*) (*perf* **s-**) to pass.

pasoży|t (**-ta, -ty**) (*loc sg* **-cie**) *m* parasite.

pas|sa (**-sy, -sy**) (*dat sg* **-sie**) *f*: **dobra/zła passa** a run of good/bad luck, winning/losing streak.

pa|sta (**-sty, -sty**) (*dat sg* **-ście**) *f*: **pasta mięsna/pomidorowa** meat/tomato spread; **pasta do zębów** toothpaste; **pasta do butów** shoe polish.

pastelowy *adj* pastel.

pasteryzacj|a (**-i**) *f* pasteurization.

pasteryz|ować (**-uję, -ujesz**) *vt* to pasteurize.

pasteryzowany *adj* pasteurized.

pasterz (**-a, -e**) (*gen pl* **-y**) *m* shepherd.

pastisz (**-u, -e**) (*gen pl* **-y** *lub* **-ów**) *m* pastiche.

pasto|r (**-ra, -rzy** *lub* **-rowie**) (*loc sg* **-rze**) *m* pastor.

past|ować (**-uję, -ujesz**) (*perf* **wy-**) *vt* (*buty*) to polish; (*podłogę*) to wax.

past|wić się (**-wię, -wisz**) *vr*: **pastwić się nad kimś** to torment sb.

pastwis|ko (**-ka, -ka**) (*instr sg* **-kiem**) *nt* pasture.

pastyl|ka (**-ki, -ki**) (*dat sg* **-ce**, *gen pl* **-ek**) *f* (*lek*) pill, tablet; (*cukierek*) pastille, drop.

pasywny *adj* passive.

pasz|a (**-y, -e**) *f* fodder.

paszcz|a (**-y, -e**) *f* jaws *pl*.

paszpor|t (**-tu, -ty**) (*loc sg* **-cie**) *m* passport.

paszportowy *adj* passport *attr*;

kontrola paszportowa passport control.

paszteci|k (-ka, -ki) (*instr sg* -kiem) *m dimin od* **pasztet**; (*do barszczu, rosołu*) patty, pasty (*BRIT*).

paszte|t (-tu, -ty) (*loc sg* -cie) *m* pâté.

pasztetow|a (-ej, -e) *f decl like adj* liver sausage (*BRIT*), liverwurst (*US*).

pa|ść¹ (-dnę, -dniesz) (*imp* -dnij, *pt* -dł) *vb perf od* **padać**.

pa|ść² (-sę, -siesz) (*imp* -ś, *pt* -sł, -śli) *vt* (*pilnować na pastwisku*) to graze; (*tuczyć*) to fatten.

▸**paść się** *vr* to graze.

pa|t (-ta, -ty) (*loc sg* -cie) *m* (*SZACHY*) stalemate; (*przen*) stalemate, deadlock.

patel|nia (-ni, -nie) (*gen pl* -ni) *f* frying pan.

paten|t (-tu, -ty) (*loc sg* -cie) *m* patent.

patentowy *adj*: **urząd patentowy** patent office; **zamek patentowy** yale lock.

patetyczny *adj* pompous.

patologiczny *adj* pathological.

patrio|ta (-ty, -ci) (*dat sg* -cie) *m decl like f in sg* patriot.

patriotyczny *adj* patriotic.

patriotyz|m (-mu) (*loc sg* -mie) *m* patriotism.

patrol (-u, -e) (*gen pl* -i) *m* patrol.

patrol|ować (-uję, -ujesz) *vt* to patrol.

patro|n (-na, -nowie *lub* -ni) (*loc sg* -nie) *m* (*opiekun*) patron; (*REL*) patron saint.

patrona|t (-tu) (*loc sg* -cie) *m* patronage.

patrosz|yć (-ę, -ysz) (*perf* wy-) *vt* to gut.

patrz|eć, patrz|yć (-ę, -ysz) *vi* to look; **patrzeć na coś trzeźwo/optymistycznie** to view sth with objectivity/optimism; **patrzeć na coś przez palce** (*przen*) to turn a

blind eye to sth; **patrzeć na kogoś z góry** (*przen*) to look down on sb.

paty|k (-ka, -ki) (*instr sg* -kiem) *m* stick.

pau|za (-zy, -zy) (*dat sg* -zie) *f* (*przerwa*) pause; (*SZKOL*) break; (*MUZ*) rest.

pa|w (-wia, -wie) (*gen pl* -wi) *m* peacock; **dumny jak paw** (as) proud as a peacock.

pawia|n (-na, -ny) (*loc sg* -nie) *m* baboon.

pawilo|n (-nu, -ny) (*loc sg* -nie) *m* pavilion.

pazerny *adj* (*pot*): **pazerny (na coś)** greedy (for sth).

pazno|kieć (-kcia, -kcie) (*gen pl* -kci) *m* (*u ręki*) (finger)nail; (*u nogi*) (toe)nail.

pazu|r (-ra, -ry) (*loc sg* -rze) *m* claw.

październi|k (-ka, -ki) (*instr sg* -kiem) *m* October.

pącz|ek (-ka, -ki) (*instr sg* -kiem) *m* (*BOT*: pąk) bud; (*ciastko*) doughnut, donut (*US*).

pączk|ować (-uje) *vi* to bud.

pą|k (-ka, -ki) (*instr sg* -kiem) *m* bud; **wypuszczać** (**wypuścić** *perf*) **pąki** to bud.

pąsowy *adj* crimson.

pch|ać (-am, -asz) *vt* (*perf* -nąć) to push; (*wpychać*) to thrust, to stuff; „**pchać**" "push".

▸**pchać się** *vr* (*tłoczyć się*) to force *lub* push one's way.

pcheł|ka (-ki, -ki) (*dat sg* -ce, *gen pl* -ek) *f dimin od* **pchła**; **pchełki** *pl* (*gra*) tiddlywinks *pl*.

pchli *adj*: **pchli targ** flea market.

pch|ła (-ły, -ły) (*dat sg* -le, *gen pl* -eł) *f* flea.

pch|nąć (-nę, -niesz) (*imp* -nij) *vb perf od* **pchać** ♦ *vt perf* (*nożem, sztyletem*) to stab.

pchnię|cie (-cia, -cia) (*gen pl* -ć) *nt*

(*nożem, sztyletem*) stab; **pchnięcie
kulą** (*SPORT*) shot put.
pech (**-a**) *m* bad luck; **mieć pecha** to
be unlucky.
pecho|wiec (**-wca, -wcy**) *m* unlucky
person.
pechowy *adj* unlucky.
pedago|g (**-ga, -gowie** *lub* **-dzy**)
(*instr sg* **-giem**) *m* educator.
pedagogi|ka (**-ki**) (*dat sg* **-ce**) *f*
pedagogy.
peda|ł (*loc sg* **-le**, *nom pl* **-ły**) *m* (*przy
rowerze, pianinie*) (*gen sg* **-łu**) pedal;
(*pej: homoseksualista*) (*gen sg* **-ła**)
queer (*pej*).
pedałować (**-uję, -ujesz**) *vi* to pedal.
pedantyczny *adj* pedantic.
pediat|ra (**-ry, -rzy**) (*dat sg* **-rze**) *m
decl like f in sg* paediatrician (*BRIT*),
pediatrician (*US*).
pedicu|re (**-re'u**) (*instr sg* **-re'em**, *loc
sg* **-rze**) *m* = **pedikiur**.
pedikiu|r (**-ru**) (*loc sg* **-rze**) *m*
pedicure.
pejcz (**-a, -e**) (*gen pl* **-y**) *m* whip.
pejoratywny *adj* pejorative.
pejzaż (**-u, -e**) (*gen pl* **-y**) *m*
landscape.
Peki|n (**-nu**) (*loc sg* **-nie**) *m* Beijing,
Peking.
pekińczy|k (**-ka, -ki**) (*instr sg* **-kiem**)
m (*pies*) pekin(g)ese, peke (*pot*).
pekl|ować (**-uję, -ujesz**) (*perf* **za-**) *vt*
to corn.
pelargoni|a (**-i, -e**) (*gen pl* **-i**) *f*
geranium.
pelery|na (**-ny, -ny**) (*dat sg* **-nie**) *f*
cloak, cape.
pelika|n (**-na, -ny**) (*loc sg* **-nie**) *m*
pelican.
pełen *adj* = **pełny**.
peł|nia (**-ni, -nie**) (*gen pl* **-ni**) *f*
(*księżyca*) full moon; (*obfitość*)
fullness; **pełnia sezonu** high *lub*
peak season; **pełnia lata** the height
of summer; **pełnia**

szczęścia/zadowolenia complete
happiness/satisfaction; **w pełni się z
tobą zgadzam** I fully agree with
you.
peł|nić (**-nię, -nisz**) (*imp* **-nij** *lub* **-ń**) *vt*
(*rolę, obowiązki*) to fulfil (*BRIT*), to
fulfill (*US*); **pełniący obowiązki
premiera** acting prime minister.
pełno *adv* (*wiele*) a lot *lub* plenty of;
w butelce jest pełno wody the
bottle is full of water; **w autobusie
było pełno** the bus was full.
pełnoletni *adj* of age.
pełnometrażowy *adj*: **film
pełnometrażowy** feature film.
pełnomocnict|wo (**-wa, -wa**) (*loc sg*
-wie) *nt* power of attorney, proxy.
pełnomocni|k (**-ka, -cy**) (*instr sg*
-kiem) *m* proxy, plenipotentiary.
pełnopłatny *adj* full price *lub*
payment *attr*.
pełnoprawny *adj* rightful.
pełnotłusty *adj* (*mleko*) full-cream
attr.
pełnoziarnisty *adj* (*chleb*)
wholemeal.
pełny, pełen *adj* (*kubek, worek*) full;
(*szczęście, zaufanie*) complete; **ten
kubek jest pełen (wody)** this cup is
full (of water); **pełen entuzjazmu**
enthusiastic; **pełen nadziei** hopeful;
pełne mleko full-cream milk; **pełne
morze** open *lub* high sea; **do pełna
proszę!** fill her up, please!
pełz|ać (**-am, -asz**) *vi* (*o ludziach,
zwierzętach*) to crawl; (*o ogniu,
mgle*) to creep.
penetr|ować (**-uję, -ujesz**) (*perf* **s-**)
vt to penetrate.
penicyli|na (**-ny**) (*dat sg* **-nie**) *f*
penicillin.
peni|s (**-sa, -sy**) (*loc sg* **-sie**) *m* penis.
pen|s (**-sa, -sy**) (*loc sg* **-sie**) *m* penny;
20 pensów 20 pence.
pensj|a (**-i, -e**) (*gen pl* **-i**) *f* (*płaca*)
salary, pay.

pensjona|t (-tu, -ty) (*loc sg* -cie) *m*
guest-house, boarding-house.

perfekcj|a (-i) *f* perfection.

perfekcjoni|sta (-sty, -ści) (*dat sg*
-ście) *m decl like f in sg*
perfectionist.

perfekcyjny *adj* perfect.

perfidny *adj* perfidious.

perforacj|a (-i, -e) (*gen pl* -i) *f*
perforation.

perfum|ować (-uję, -ujesz) (*perf*
wy-) *vt* to perfume.
▶**perfumować się** *vr* to put on (a)
perfume.

perfum|y (-) *pl* perfume.

pergami|n (-nu, -ny) (*loc sg* -nie) *m*
parchment.

periody|k (-ku, -ki) (*instr sg* -kiem) *m*
periodical.

perko|z (-za, -zy) (*loc sg* -zie) *m*
grebe.

perkusi|sta (-sty, -ści) (*dat sg* -ście)
m decl like f in sg drummer.

perkusj|a (-i, -e) (*gen pl* -i) *f* drums *pl.*

perlicz|ka (-ki, -ki) (*dat sg* -ce, *gen pl*
-ek) *f* (*ZOOL*) guinea fowl.

per|ła (-ły, -ły) (*dat sg* -le, *gen pl* -eł) *f*
pearl.

perłowy *adj* (*z pereł: naszyjnik*) pearl
attr; **masa perłowa** mother-of-pearl.

pero|n (-nu, -ny) (*loc sg* -nie) *m*
platform.

perski *adj* Persian; **Zatoka Perska**
the (Persian) Gulf.

personalny *adj* (*dane*) personal;
(*dział, polityka*) personnel *attr.*

personel (-u) *m* personnel, staff.

perspekty|wa (-wy, -wy) (*dat sg*
-wie) *f* (*w obrazie*) perspective;
(*widok, panorama*) view, vista;
(*odległość w czasie*) prospect.

perswad|ować (-uję, -ujesz) (*perf*
wy-) *vt*: **perswadować komuś coś**
to try to persuade sb of sth.

perswazj|a (-i) *f* persuasion.

pertraktacj|e (-i) *pl* negotiations *pl.*

pertrakt|ować (-uję, -ujesz) *vi* to
negotiate.

Peru *nt inv* Peru.

peru|ka (-ki, -ki) (*dat sg* -ce) *f* wig.

perwersj|a (-i, -e) (*gen pl* -i) *f*
perversion.

perwersyjny *adj* perverse.

peryferi|e (-i) *pl* (*zewnętrzne części*)
periphery; (*krańce miasta*) outskirts
pl.

peryferyjny *adj* (*leżący na uboczu*)
peripheral.

perypeti|e (-i) *pl* ups and downs *pl*,
vicissitudes *pl.*

perysko|p (-pu, -py) (*loc sg* -pie) *m*
periscope.

pest|ka (-ki, -ki) (*dat sg* -ce, *gen pl*
-ek) *f* (*śliwki, wiśni*) stone; (*jabłka,
pomarańczy*) pip; (*dyni, słonecznika*)
seed; **to (dla mnie) pestka** (*pot*) it's
a piece of cake (*pot*).

pesymi|sta (-sty, -ści) (*dat sg* -ście)
m decl like f in sg pessimist.

pesymistyczny *adj* pessimistic.

pesymiz|m (-mu) (*loc sg* -mie) *m*
pessimism.

pesz|yć (-ę, -ysz) (*perf* **s-**) *vt* to
disconcert, to put off balance.
▶**peszyć się** *vr* to get disconcerted,
to lose countenance.

pe|t (-ta, -ty) (*loc sg* -cie) *m* (*pot*) fag
end (*pot*).

petar|da (-dy, -dy) (*dat sg* -dzie) *f*
firecracker, squib.

peten|t (-ta, -ci) (*loc sg* -cie) *m*
inquirer.

petrochemiczny *adj* petrochemical.

petycj|a (-i, -e) (*gen pl* -i) *f* petition.

pewien (*f* **pewna**, *nt* **pewne**) *adj*
(*jakiś*) a (certain); (*pewny*) sure,
certain; **pewien pan** a (certain)
gentleman; **pewnego dnia** one day;
pewnego razu once (upon a time);
przez pewien czas for some time;
w pewnym stopniu to some extent;
w pewnym sensie in a sense.

pewnie adv (zdecydowanie) firmly; (sprawnie) confidently; (niezawodnie) dependably, reliably; (prawdopodobnie) probably; **(no) pewnie!** (pot) you bet! (pot), sure! (pot).

pewni|k (-ka, -ki) (instr sg -kiem) m (a) certainty.

pewno adv (prawdopodobnie) probably; **na pewno** certainly, surely.

pewnoś|ć (-ci) f (przekonanie) certainty; (zdecydowanie) firmness; (sprawność) confidence; (niezawodność) dependability, reliability; **dla pewności** to be on the safe side, to make sure; **pewność siebie** self-assurance, self-confidence; **z pewnością** surely.

pewny adj (zguba, śmierć) certain, sure; (dowód, wniosek) unquestionable; (krok, ruch) firm; (ręka, oko) steady; (urządzenie, człowiek) dependable, reliable; (bezpieczny) secure; **być pewnym czegoś** to be sure of sth, to be positive about sth; **pewny siebie** self-assured, self-confident; **on jest pewny** lub **pewien, że ...** he's sure (that) ... .

pęcherz (-a, -e) (gen pl -y) m (na skórze) blister; (ANAT) bladder.

pęcherzy|k (-ka, -ki) (instr sg -kiem) m (na skórze) blister; (powietrza) bubble; **pęcherzyk żółciowy** gall bladder.

pęcz|ek (-ka, -ki) (instr sg -kiem) m bunch.

pęczni|eć (-eję, -ejesz) (perf na-) vi to swell.

pęd (-u) (loc sg -dzie) m (szybki ruch) speed; (BOT) (nom pl -dy) shoot; **pęd do czegoś** drive for sth.

pędz|el (-la, -le) (gen pl -li) m (do malowania) (paint)brush; (do golenia) (shaving) brush.

pę|dzić (-dzę, -dzisz) (imp -dź) vt (bydło, więźniów) to drive ♦ vi (perf po-) to speed along, to race.

pę|k (-ku, -ki) (instr sg -kiem) m bunch.

pęk|ać (-am, -asz) (perf -nąć) vi (o lodzie, szybie) to crack; (o sznurku, strunie) to burst; (o koszuli, worku) to rip; **głowa mi pęka** (przen) my head is splitting; **pękać ze śmiechu** (przen) to burst with laughter, to be in stitches.

pęknię|cie (-cia, -cia) (gen pl -ć) nt (kości) fracture; (rysa) crack.

pęp|ek (-ka, -ki) (instr sg -kiem) m navel.

pępowi|na (-ny, -ny) (dat sg -nie) f umbilical cord.

pęse|ta (-ty, -ty) (dat sg -cie) f tweezers pl.

pętl|a (-i, -e) (gen pl -i) f (na sznurze) loop, noose; (autobusowa, tramwajowa) terminus.

piać (pieję, piejesz) (pt piali lub pieli, perf za-) vi (o kogucie) to crow.

pia|na (-ny) (dat sg -nie) f foam, froth; (z mydła) lather.

piani|no (-na, -na) (loc sg -nie) nt piano.

piani|sta (-sty, -ści) (dat sg -ście) m decl like f in sg pianist.

pianist|ka (-ki, -ki) (dat sg -ce, gen pl -ek) f pianist.

pian|ka (-ki) (dat sg -ce) f dimin od piana; **pianka do włosów** styling mousse; **pianka do golenia** shaving foam.

pias|ek (-ku, -ki) (instr sg -kiem) m sand.

piasko|wiec (-wca, -wce) m sandstone.

piaskownic|a (-y, -e) f sandpit, sandbox.

piaskowy adj (gleba, kolor) sandy; **burza piaskowa** sandstorm.

pia|sta (-sty, -sty) (*dat sg* -ście) *f*
(*TECH*) hub.

piast|ować (-uję, -ujesz) (*książk*) *vt*:
piastować urząd/godność to hold
an office/a position.

piaszczysty *adj* sandy.

piąć się (pnę, pniesz) (*imp* pnij) *vr*
to climb (up).

piąt|ek (-ku, -ki) (*instr sg* -kiem) *m*
Friday; **Wielki Piątek** Good Friday.

piąt|ka (-ki, -ki) (*dat sg* -ce, *gen pl*
-ek) *f* five; (*SZKOL*) ≈ A.

piąty *num decl like adj* fifth.

pi|cie (-cia) *nt* (*czynność*) drinking;
(*pot: napój*) drink; **ta woda jest do
picia** this water is drinkable; **daj mi
coś do picia** give me sth to drink.

pi|ć (-ję, -jesz) *vt* (*perf* **wy**-) to drink ♦
vi to drink; **chce mi się pić** I'm
thirsty.

piec¹ (-a, -e) *m* (*grzewczy, kuchenny*)
stove; (*piekarniczy*) oven; (*hutniczy,
odlewniczy*) furnace.

pie|c² (-kę, -czesz) (*imp* -cz) *vt*
(*ciasto*) (*perf* **u**-) to bake; (*mięso*)
(*perf* **u**-) to roast ♦ *vi* (*o słońcu*) to
beat down.

▸**piec się** *vr* (*perf* **u**-) (*o cieście*) to
bake; (*o mięsie*) to roast.

piecho|ta (-ty) (*dat sg* -cie) *f*
(*WOJSK*) infantry; **piechota morska**
Royal Marines *pl* (*BRIT*), Marine
Corps (*US*), Marines *pl* (*US*); **iść
piechotą** *lub* **na piechotę** to walk,
to go on foot.

piecy|k (-ka, -ki) (*instr sg* -kiem) *m*
heater.

piecza|ra (-ry, -ry) (*dat sg* -rze) *f*
cave, cavern.

pieczar|ka (-ki, -ki) (*dat sg* -ce, *gen pl*
-ek) *f* (meadow) mushroom.

pieczą|tka (-ki, -ki) (*dat sg* -ce, *gen pl*
-ek) *f* (*przyrząd*) (rubber) stamp;
(*znak*) stamp.

piecze|ń (-ni, -nie) (*gen pl* -ni) *f*
roast; **pieczeń wołowa** roast beef.

pieczę|ć (-ci, -cie) (*gen pl* -ci) *f*
stamp; (*lakowa*) seal.

pieczęt|ować (-uję, -ujesz) *vt*
(*meble, mieszkanie*) (*perf* **za**-) to
seal; (*przen: przyjaźń*) (*perf* **przy**-) to
seal.

pieczy|wo (-wa) (*loc sg* -wie) *nt*
bread.

piedesta|ł (-łu, -ły) (*loc sg* -le) *m*
pedestal.

pie|gi (-gów) *pl* freckles *pl*.

piegowaty *adj* freckled.

piekar|nia (-ni, -nie) (*gen pl* -ni) *f*
(*zakład*) bakery; (*sklep*) the baker's
(shop), bakery.

piekarni|k (-ka, -ki) (*instr sg* -kiem)
m oven.

piekarz (-a, -e) (*gen pl* -y) *m* baker; **u
piekarza** at the baker's.

piekący *adj* (*słońce*) scorching; (*ból*)
stinging.

piekielny *adj* (*ogień, moce*) infernal;
(*ból, hałas*) dreadful, hellish.

piek|ło (-ła) (*loc sg* -le) *nt* hell.

pielęgnacj|a (-i) *f* (*roślin*) nurturing;
(*chorych*) nursing; (*zwierząt*)
tending; **krem do pielęgnacji
twarzy/rąk** face/hand cream.

pielęgniar|ka (-ki, -ki) (*dat sg* -ce,
gen pl -ek) *f* nurse.

pielęgniarst|wo (-wa) (*loc sg* -wie)
nt nursing.

pielęgniarz (-a, -e) (*gen pl* -y) *m*
male nurse.

pielęgn|ować (-uję, -ujesz) *vt* (*ludzi*)
to nurse; (*rośliny*) to take care of, to
look after; (*ogródek*) to tend; (*ręce,
twarz*) to take care of; (*tradycje,
obyczaje*) to foster.

pielgrzy|m (-ma, -mi) (*loc sg* -mie) *m*
pilgrim.

pielgrzym|ka (-ki, -ki) (*dat sg* -ce,
gen pl -ek) *f* pilgrimage.

pielić, **pleć** (**pielę, pielisz**) *vt* (*perf*
wy-) to weed ♦ *vi* to weed.

pielu|cha (-chy, -chy) (*dat sg* -sze) *f* nappy (*BRIT*), diaper (*US*).

pielusz|ka (-ki, -ki) (*dat sg* -ce, *gen pl* -ek) *f* nappy (*BRIT*), diaper (*US*).

pieni|ądz (-ądza, -ądze) (*gen pl* -ędzy) *m* (*moneta, banknot*) money; **pieniądze** *pl* money; **mam mało pieniędzy** I have little money.

pie|nić się (-nię, -nisz) (*imp* -ń) *vr* (*perf* s-) (*o mydle*) to lather; (*o piwie*) to froth.

pieniężny *adj* money *attr*; (*finansowy*) financial; (*kara*) pecuniary; (*zasoby*) monetary, pecuniary; **świadczenia pieniężne** (cash) benefits; **wygrana pieniężna** prize money.

pień (pnia, pnie) (*gen pl* pni) *m* (*część drzewa*) trunk; (*drzewo po ścięciu*) stump.

pieprz (-u) *m* pepper.

pieprz|yć (-ę, -ysz) *vt* (*posypywać pieprzem*) (*perf* po-) to pepper; (*pot!: psuć*) (*perf* s-) to screw up (*pot!*).

pieprzy|k (-ka *lub* -ku, -ki) (*instr sg* -kiem) *m* (*na skórze*) mole.

pierni|k (-ka, -ki) (*instr sg* -kiem) *m* gingerbread.

piero|gi (-gów) *pl boiled dough pockets filled with meat, cheese or fruit.*

piersiowy *adj*: **klatka piersiowa** chest; (*ANAT*) ribcage.

pier|ś (-si, -si) (*gen pl* -si) *f* (*klatka piersiowa*) chest, breast; (*u kobiety*) breast; **karmić dziecko piersią** to breast-feed a child; **pierś kurza/indycza** chicken/turkey breast.

pierście|ń (-nia, -nie) (*gen pl* -ni) *m* ring.

pierścion|ek (-ka, -ki) (*instr sg* -kiem) *m* ring.

pierwiast|ek (-ka, -ki) (*instr sg* -kiem) *m* (*CHEM*) element; (*MAT*) root; **pierwiastek kwadratowy** square root; **pierwiastek sześcienny** cube root.

pierwiosn|ek (-ka, -ki) (*instr sg* -kiem) *m* primrose.

pierwotnie *adv* originally.

pierwotny *adj* (*człowiek, kultura*) primitive; (*las, puszcza*) primeval, primaeval (*BRIT*); (*plan, kolor*) original.

pierwowz|ór (-oru, -ory) (*loc sg* -orze) *m* (*urządzenie*) prototype; (*archetyp*) archetype; (*oryginał*) original.

pierwszeńst|wo (-wa) (*loc sg* -wie) *nt* (*prawo, przywilej*) precedence; (*MOT*): **pierwszeństwo przejazdu** right of way.

pierwszoplanowy *adj* (*sprawa, zadanie*) crucial; (*postać*) leading.

pierwszorzędny *adj* first-class, first-rate.

pierwszy *num decl like adj* first; **pierwszy stycznia** the first of January; **pierwsze piętro** first floor (*BRIT*), second floor (*US*); **pierwsza pomoc** first aid; **pierwsze danie** first course; **pierwsza litera** initial; **pierwsza wojna światowa** the First World War, World War One; **pierwsza w prawo/lewo** the next on the right/left; **po pierwsze** first, firstly; **pierwszy raz** *lub* **po raz pierwszy** for the first time.

pierz|e (-a) *nt* feathers *pl*.

pierzy|na (-ny, -ny) (*dat sg* -nie) *f* feather bed.

pies (psa, psy) (*loc sg* psie) *m* dog.

pieszczo|ta (-ty, -ty) (*dat sg* -cie) *f* caress.

pieszczotliwy *adj* (*głos*) gentle; (*spojrzenie*) tender.

pieszo *adv* on foot; **iść (pójść** *perf*) **pieszo** to go on foot, to walk.

pieszy *adj* (*żołnierz*) foot *attr*; (*oddział*) infantry *attr*; **piesza wycieczka** hike; **pieszy turysta**

hiker, backpacker ♦ *m decl like adj*
pedestrian; **przejście dla pieszych**
(pedestrian) crossing.
pie|ścić (**-szczę, -ścisz**) (*imp* **-ść**) *vt*
to pet, to caress.
▸**pieścić się** *vr* to pet, to caress.
pieś|ń (**-ni, -ni**) (*gen pl* **-ni**) *f* song.
pietrusz|ka (**-ki, -ki**) (*dat sg* **-ce**, *gen
pl* **-ek**) *f* (*roślina*) parsley; (*korzeń*)
parsley-root.
pięciobo|k (**-ku, -ki**) (*instr sg* **-kiem**)
m pentagon.
pięciob|ój (**-oju, -oje**) (*gen pl* **-oi** *lub*
-ojów) *m*: **pięciobój nowoczesny**
pentathlon.
pięciodniowy *adj* five-day *attr*,
five-days' *attr*.
pięcioką|t (**-ta, -ty**) (*loc sg* **-cie**) *m*
pentagon.
pięciokrotny *adj* five-times *attr*.
pięcioletni *adj* (*chłopiec, samochód*)
five-year-old *attr*; (*plan, studia*)
five-year *attr*, five years' *attr*.
pięciolini|a (**-i, -e**) (*gen pl* **-i**) *f* (*MUZ*)
staff, stave (*BRIT*).
pięcioracz|ki (**-ków**) *pl* quintuplets *pl*.
pięcioro (*like*: **czworo**) *num* (*dzieci*)
five.
pięć (*see* Table 15) *num* five.
pięćdziesiąt (*like*: **dziesięć**) *num*
fifty.
pięćdziesiąty *num decl like adj*
fiftieth.
pięćset (*see* Table 19) *num* five
hundred.
pięknie *adv* beautifully; **pięknie
wyglądać** to look beautiful.
piękni|eć (**-eję, -ejesz**) (*perf* **wy-**) *vi*
to become more and more beautiful.
piękn|o (**-na**) (*loc sg* **-nie**) *nt* beauty.
pięknoś|ć (**-ci**) *f* (*cecha*) beauty;
(*piękna kobieta*) (*nom pl* **-ci**, *gen pl*
-ci) beauty.
piękny *adj* beautiful; **literatura
piękna** belles-lettres; **sztuki piękne**
fine arts.

pięściarst|wo (**-wa**) (*loc sg* **-wie**) *nt*
boxing.
pięś|ć (**-ci, -ci**) (*gen pl* **-ci**) *f* fist.
pię|ta (**-ty, -ty**) (*dat sg* **-cie**) *f* heel;
pięta Achillesa *lub* **achillesowa**
Achilles heel.
piętnasty *num decl like adj* fifteenth.
piętnaście *num* fifteen; **za
piętnaście czwarta** a quarter to four.
pięt|no (**-na, -na**) (*loc sg* **-nie**) *nt*
(*znak na zwierzęciu*) brand; (*przen*)
stamp, imprint.
pięt|ro (**-ra, -ra**) (*loc sg* **-rze**, *gen pl*
-er) *nt* (*budynku*) floor, storey
(*BRIT*), story (*US*); **mieszkać na
drugim piętrze** to live on the
second (*BRIT*) *lub* third (*US*) floor;
na piętrze upstairs; **iść na piętro** to
go upstairs.
piętrowy *adj*: **dom piętrowy** storeyed
(*BRIT*) *lub* storied (*US*) house; **łóżko
piętrowe** bunk beds *pl*; **autobus
piętrowy** double-decker.
piętrz|yć (**-ę, -ysz**) (*perf* **s-**) *vt* (*wodę*)
to dam up; (*przen: trudności*) to pile
up.
▸**piętrzyć się** *vr* to accumulate.
pigmen|t (**-tu, -ty**) (*loc sg* **-cie**) *m*
pigment.
piguł|ka (**-ki, -ki**) (*dat sg* **-ce**, *gen pl*
-ek) *f* pill; **pigułka nasenna**
sleeping pill; **pigułka
antykoncepcyjna** contraceptive pill,
the pill.
pija|k (**-ka, -cy** *lub* **-ki**) (*instr sg* **-kiem**)
m drunk, drunkard.
pijany *adj* drunk(en) ♦ *m decl like adj*
drunk.
pijaństw|o (**-wa**) (*loc sg* **-wie**) *nt*
(*nałóg*) drunkenness; (*libacja*)
drunken party.
pijaw|ka (**-ki, -ki**) (*dat sg* **-ce**, *gen pl*
-ek) *f* (*ZOOL*) leech.
pi|k (**-ka, -ki**) (*instr sg* **-kiem**) *m*
(*KARTY*) spade; **dama pik** the queen
of spades.

pikantny adj (sos) piquant; (przyprawa) hot; (przen: szczegół, historia) juicy; (dowcip) bawdy.

pikie|ta (-ty, -ty) (dat sg -cie) f picket.

pikni|k (-ku, -ki) (instr sg -kiem) m picnic.

pik|ować (-uję, -ujesz) vt (KRAWIECTWO) (perf prze-) to quilt ♦ vi (LOT) to nose-dive.

pilni|k (-ka, -ki) (instr sg -kiem) m file; **pilnik do paznokci** nail file.

piln|ować (-uję, -ujesz) vt (dzieci, domu) to look after, to mind; (interesów) to look after; (uczniów, robotników) (perf przy-) to supervise; (porządku, prawa) to maintain.

▶**pilnować się** vr to look after o.s., to take care of o.s.

pilny adj (uczeń) diligent; (sprawa) urgent.

pilo|t (-ta) (loc sg -cie) m (samolotu) (nom pl -ci) pilot; (wycieczek) (nom pl -ci) guide; (do telewizora) (nom pl -ty) remote control.

pilot|ować (-uję, -ujesz) vt (samolot, statek) to pilot; (wycieczkę) to guide.

pi|ła (-ły, -ły) (dat sg -le) f saw.

pił|ka (-ki, -ki) (dat sg -ce, gen pl -ek) f (do gier i zabaw) ball; (do piłowania) saw; **grać w piłkę** to play ball; **piłka nożna** (association) football, soccer; **piłka ręczna** (SPORT) handball.

piłkarski adj football attr, soccer attr.

piłkarz (-a, -e) (gen pl -y) m football lub soccer player, footballer.

pił|ować (-uję, -ujesz) vt (piłą) to saw; (pilnikiem) (perf s-) to file.

pince|ta (-ty, -ty) f (dat sg -cie) f tweezers pl.

pinez|ka (-ki, -ki) (dat sg -ce, gen pl -ek) f drawing pin (BRIT), thumbtack (US).

ping-pon|g (-ga) (instr sg -giem) m ping-pong.

pingwi|n (-na, -ny) (loc sg -nie) m penguin.

pio|n (-nu, -ny) (loc sg -nie) m (kierunek) the perpendicular; (przyrząd) plumb-line; (SZACHY) pawn.

pion|ek (-ka, -ki) (instr sg -kiem) m pawn; (w warcabach) draughtsman (BRIT), checker (US).

pionie|r (-ra, -rzy) (loc sg -rze) m pioneer.

pionowo adv vertically; (w krzyżówce) down.

pionowy adj vertical, perpendicular; (stojący w pozycji pionowej) upright.

pioru|n (-na, -ny) (loc sg -nie) m (thunder)bolt, lightning; **burza z piorunami** thunderstorm.

piorunochro|n (-nu, -ny) (loc sg -nie) m lightning conductor lub rod.

piosen|ka (-ki, -ki) (dat sg -ce, gen pl -ek) f song.

piosenkar|ka (-ki, -ki) (dat sg -ce, gen pl -ek) f singer.

piosenkarz (-a, -e) (gen pl -y) m singer.

piór|ko (-ka, -ka) (instr sg -kiem) f feather; **lekki jak piórko** (as) light as a feather.

piórni|k (-ka, -ki) (instr sg -kiem) m pencil case.

pió|ro (-ra, -ra) (loc sg -rze) nt (ptaka) feather; (też: **wieczne pióro**) fountain pen; (wiosła, wycieraczki) blade.

pióropusz (-a, -e) (gen pl -y) m plume.

piracki adj (statek, radiostacja) pirate attr; (nagranie) pirated.

pirami|da (-dy, -dy) (dat sg -dzie) f pyramid.

pira|t (-ta, -ci) (loc sg -cie) m pirate; **pirat drogowy** speeder.

Pirenej|e (-ów) pl the Pyrenees.

pirue|t (-tu, -ty) (loc sg -cie) m pirouette.

pi|sać (-szę, -szesz) *vt* (*perf* **na-**) to write ♦ *vi* to write; **pisać na maszynie** to type.

►**pisać się** *vr*: **jak to się pisze?** how do you spell it?

pisa|k (-ka, -ki) (*instr sg* **-kiem**) *m* felt-tip (pen).

pisan|ka (-ki, -ki) (*dat sg* **-ce**, *gen pl* **-ek**) *f* Easter egg.

pisar|ka (-ki, -ki) (*dat sg* **-ce**, *gen pl* **-ek**) *f* writer.

pisarst|wo (-wa) (*loc sg* **-wie**) *nt* writing.

pisarz (-a, -e) (*gen pl* **-y**) *m* writer.

pisemnie *adv* in writing, on paper.

pisemny *adj* written.

pis|k (-ku, -ki) (*instr sg* **-kiem**) *m* (*opon*) screech; (*dzieci, myszy*) squeak, squeal.

piskl|ę (-ęcia, -ęta) (*gen pl* **-ąt**) *nt* nestling.

piskliwy *adj* shrill, squeaky.

pi|smo (-sma) (*loc sg* **-śmie**) *nt* writing; (*alfabet*) alphabet; (*charakter pisma*) hand(writing); (*dokument*) (*nom pl* **-sma**) letter; (*czasopismo*) (*nom pl* **-sma**) magazine; **na piśmie** in writing, on paper; **mieć ładny/czytelny charakter pisma** to write a good/legible hand(writing); **Pismo Święte** the (Holy) Scriptures; **pismo pochyłe** italics.

pisow|nia (-ni, -nie) (*gen pl* **-ni**) *f* spelling.

pistole|t (-tu, -ty) (*loc sg* **-cie**) *m* gun; **pistolet maszynowy** submachine gun.

pisua|r (-ru, -ry) (*loc sg* **-rze**) *m* urinal.

piszczał|ka (-ki, -ki) (*dat sg* **-ce**, *gen pl* **-ek**) *f* pipe (*musical instrument*).

piszcz|eć (-ę, -ysz) (*perf* **pisnąć**) *vi* (*o dziecku, myszy*) to squeal; (*o kole, zawiasach*) to screech.

piśmienny *adj* (*umiejący pisać*) literate; **artykuły** *lub* **materiały piśmienne** stationery.

pitny *adj* (*woda*) drinking *attr*; **miód pitny** mead.

piwiar|nia (-ni, -nie) (*gen pl* **-ni**) *f* pub.

piwnic|a (-y, -e) *f* cellar.

piwny *adj* beer *attr*; (*oczy*) hazel.

pi|wo (-wa, -wa) (*loc sg* **-wie**) *nt* (*napój*) beer; (*porcja*) pint, beer; **piwo jasne/ciemne** lager/brown ale.

piwoni|a (-i, -e) (*gen pl* **-i**) *f* peony.

pizz|a (-y, -e) *f* pizza.

pizzeri|a (-i, -e) (*dat sg* **-i**) *f* pizzeria, pizza place.

piża|ma (-my, -my) (*dat sg* **-mie**) *f* pyjamas *pl* (*BRIT*), pajamas *pl* (*US*).

piż|mo (-ma) (*loc sg* **-mie**) *nt* musk.

PKP *abbr* (= *Polskie Koleje Państwowe*) Polish State Railways.

PKS *abbr* (= *Państwowa Komunikacja Samochodowa*) National Transport Company.

pkt *abbr* (= *punkt*) pt. (= point).

pl. *abbr* (= *plac*) sq. (= square).

plac (-u, -e) *m* square; **plac budowy** building site; **plac zabaw** playground.

plac|ek (-ka, -ki) (*instr sg* **-kiem**) *m* (*ciasto*) cake; **placek drożdżowy** yeast cake; **placki kartoflane** potato pancakes.

placów|ka (-ki, -ki) (*dat sg* **-ce**, *gen pl* **-ek**) *f* (*przedstawicielstwo*) post; **placówka naukowa/kulturalna** research/cultural institution.

pla|ga (-gi, -gi) (*dat sg* **-dze**) *f* plague.

plagia|t (-tu, -ty) (*loc sg* **-cie**) *m* plagiarism.

plaj|ta (-ty, -ty) (*dat sg* **-cie**) *f* (*pot*) bankruptcy.

plajt|ować (-uję, -ujesz) (*perf* **s-**) *vi* (*pot*) to go broke (*pot*).

plaka|t (-tu, -ty) (*loc sg* **-cie**) *m* poster.

plakiet|ka (-ki, -ki) (*dat sg* **-ce**, *gen pl* **-ek**) *f* badge.

pla|ma (-my, -my) (*dat sg* -mie) *f*
stain; **tłusta plama** greasy spot.

pla|mić (-mię, -misz) *vt* (*brudzić*)
(*perf* **po-**) to stain; (*okrywać hańbą*)
(*perf* **s-**) to stain, to tarnish.

▸**plamić się** *vr* (*brudzić się*) (*perf*
po-) to soil; (*okrywać się hańbą*)
(*perf* **s-**) to tarnish one's reputation.

plam|ka (-ki, -ki) (*dat sg* -ce) *f dimin*
od **plama**.

pla|n (-nu, -ny) (*loc sg* -nie) *m*
(*zamiar*) plan; (*urlopów*) schedule;
(*działania*) scheme; (*wypracowania,
wykładu*) outline; (*mapa*) street map;
(*FILM*) set; (: *plener*) location; **mieć
coś w planie** to plan to do sth; **plan
zajęć** (*godzinowy*) timetable;
(*tematyczny*) syllabus; **według planu**
lub **zgodnie z planem** according to
plan; **plan miasta** street map.

plane|ta (-ty, -ty) (*dat sg* -cie) *f* planet.

planetari|um (-um, -a) (*gen pl* -ów)
nt inv in sg planetarium.

planetarny *adj* planetary.

plan|ować (-uję, -ujesz) (*perf* za-) *vt*
(*zamierzać*) to plan; (*ustalać czas*)
to schedule.

plantacj|a (-i, -e) (*gen pl* -i) *f*
plantation.

plasteli|na (-ny) (*dat sg* -nie) *f*
Plasticine ®.

plast|er (-ra, -ry) (*loc sg* -rze) *m*
(*przylepiec*) (sticking) plaster (*BRIT*),
bandaid ® (*US*); (*szynki, sera*) slice.

plaster|ek (-ka, -ki) (*instr sg* -kiem)
m dimin od **plaster**.

plasti|k (-ku, -ki) (*instr sg* -kiem) *m*
plastic.

plastikowy *adj* plastic.

plastyczny *adj* (*substancja*) plastic;
(*praca*) artistic; (*gestykulacja, opis*)
vivid; **operacja plastyczna** (*MED*)
plastic *lub* cosmetic surgery.

plasty|k (-ka, -cy) (*instr sg* -kiem) *m*
artist.

plasty|ka (-ki) (*dat sg* -ce) *f* fine *lub*
plastic arts *pl*.

platfor|ma (-my, -my) (*dat sg* -mie) *f*
platform.

platfu|s (-sa, -sy) (*loc sg* -sie) *m*
flatfoot.

platy|na (-ny) (*dat sg* -nie) *f* platinum.

playba|ck (-cku, -cki) (*instr sg*
-ckiem) *m*: **śpiewać z playbacku** to
lip-sync, to mime.

plaz|ma (-my) (*dat sg* -mie) *f* plasma.

plaż|a (-y, -e) *f* beach.

plażowy *adj* beach *attr*.

plądr|ować (-uję, -ujesz) (*perf* s-) *vt*
to plunder.

plą|tać (-czę, -czesz) *vt* (*włosy, nici*)
(*perf* **po-** *lub* za-) to tangle (up);
(*pot: daty, nazwiska*) (*perf* **po-**) to
mix up (*pot*).

▸**plątać się** *vr* (*o niciach, włosach*)
(*perf* **po-** *lub* za-) to tangle; (*o
mówcy*) to falter.

plebani|a (-i, -e) (*gen pl* -i) *f*
presbytery.

pleca|k (-ka, -ki) (*instr sg* -kiem) *m*
rucksack, backpack (*US*).

plec|y (-ów) *nt* back; **mieć plecy** to
have friends in high places.

plemienny *adj* tribal.

plemi|ę (-enia, -ona) (*gen pl* -on) *nt*
tribe.

plemni|k (-ka, -ki) (*instr sg* -kiem) *m*
sperm (cell).

plen|um (-um, -a) (*gen pl* -ów) *nt inv
in sg* joint assembly.

pl|eść (-otę, -eciesz) (*imp* -eć, *pt*
plótł, plotła, pletli) *vt* (*łączyć*) (*perf*
s- *lub* za-) to plait; (*pot: mówić bez
sensu*) (*perf* **na-**) to blabber (*pot*).

pleśnie|ć (-je) (*perf* s-) *vi* to get *lub*
grow mouldy (*BRIT*), to get *lub*
grow moldy (*US*).

pleś|ń (-ni) *f* mould (*BRIT*), mold
(*US*).

pli|k (-ku, -ki) (*instr sg* -kiem) *m*
bundle; (*KOMPUT*) file.

plom|ba (-by, -by) (*dat sg* -bie) *f*
(*zabezpieczenie*) seal; (*w zębie*)
filling.

plomb|ować (-uję, -ujesz) (*perf* za-)
vt (*towary*) to seal; (*ząb*) to fill.

plo|n (-nu, -ny) (*loc sg* -nie) *m* crop;
(*wydajność*) yield; (*przen*) fruit.

plot|ka (-ki, -ki) (*dat sg* -ce, *gen pl*
-ek) *f* rumour (*BRIT*), rumor (*US*);
plotki *pl* gossip *sg*.

plotk|ować (-uję, -ujesz) *vi* to gossip.

plu|cha (-chy, -chy) (*dat sg* -sze) *f*
wet weather.

pl|uć (-uję, -ujesz) (*perf* -unąć) *vi* to
spit.

plugawy *adj* filthy, foul.

pluraliz|m (-mu) (*loc sg* -mie) *m*
pluralism.

plu|s (-sa, -sy) (*loc sg* -sie) *m* (*MAT*)
plus; (*zaleta*) plus, advantage; **dwa
plus dwa równa się cztery** two plus
two equals four; **plus minus** more
or less; **plusy i minusy** pros and
cons.

plus|kać (-kam, -kasz) (*imp* -kaj, *perf*
-nąć) *vi* to splash.

►**pluskać się** *vr* to splash about.

pluskiew|ka (-ki, -ki) (*dat sg* -ce, *gen
pl* -ek) *f* drawing pin (*BRIT*),
thumbtack (*US*).

plus|kwa (-kwy, -kwy) (*dat sg* -kwie,
gen pl -kiew) *f* bedbug.

plusz (-u, -e) *m* plush.

pluszowy *adj* plush *attr*; **pluszowy
niedźwiadek** teddy bear.

pluto|n (-nu) (*loc sg* -nie) *m*
(*WOJSK*) (*nom pl* -ny) platoon.

płac|a (-y, -e) *f* (*ogólnie*) pay,
earnings *pl*; (*pracownika fizycznego*)
wage, wages *pl*; (*pracownika
umysłowego*) salary.

płach|ta (-ty, -ty) (*dat sg* -cie) *f*
(*płótna, materiału*) cloth; (*papieru*)
sheet.

pła|cić (-cę, -cisz) (*imp* -ć, *perf* za-)

vt/vi to pay; **płacić za coś** to pay for
sth.

płacz (-u, -e) *m* crying, weeping.

płaczliwy *adj* (*dziecko*) weepy,
tearful; (*głos*) tearful; (*melodia*)
moving, touching.

pła|kać (-czę, -czesz) *vi* to cry, to
weep.

płaski *adj* flat; **płaski talerz** dinner
plate.

płaskorzeź|ba (-by, -by) (*dat sg*
-bie) *f* bas-relief.

płaskosto|pie (-pia, -pia) (*gen pl* -pi)
nt: **mieć płaskostopie** to be
flat-footed.

płastu|ga (-gi, -gi) (*gen sg* -dze) *f*
plaice.

płaszcz (-a, -e) (*gen pl* -y) *m*
(*okrycie*) (over)coat.

płaszcz|yć się (-ę, -ysz) *vr*:
płaszczyć się przed kimś to crawl
to sb, to fawn on sb.

płaszczy|zna (-zny, -zny) (*loc sg*
-źnie) *f* (*GEOM*) plane.

pła|t (-ta, -ty) (*loc sg* -cie) *m*
(*materiału*) piece; (*szynki, sera*) slice.

płat|ek (-ka, -ki) (*instr sg* -kiem) *m*
(*kwiatu*) petal; **płatek śniegu**
snowflake; **płatki kukurydziane**
cornflakes; **płatki owsiane** oatmeal.

płatniczy *adj*: **środek płatniczy** legal
tender; **bilans płatniczy** balance of
payments; **nakaz płatniczy** demand
for payment.

płatni|k (-ka, -cy) (*instr sg* -kiem) *m*
payer.

płatnoś|ć (-ci, -ci) (*gen pl* -ci) *f*
payment.

płatny *adj* paid; **dobrze/nisko płatny**
well-/low-paid.

pła|z (-za, -zy) (*loc sg* -zie) *m*
amphibian.

płciowy *adj* sexual.

płd. *abbr* (= *południowy*) s., S. (=
southern, South).

płeć (-ci, -ci) (*gen pl* -ci) *f* sex, gender.

płetwa (-wy, -wy) (*dat sg* -wie) *f* (*ryby*) fin; (*płetwonurka*) flipper.

płetwonurek (-ka, -kowie *lub* -ki) (*instr sg* -kiem) *m* scuba diver.

płk *abbr* (= *pułkownik*) Col. (= Colonel).

płn. *abbr* (= *północny*) n., N. (= northern, North).

płoć (-ci, -cie) (*gen pl* -ci) *f* (*ZOOL*) roach.

płodność (-ci) *f* fertility; (*przen*) productivity.

płodny *adj* fertile; (*pisarz*) prolific.

płodzić (-odzę, -odzisz) (*imp* -ódź, *perf* s-) *vt* (*książk: syna*) to beget.

płomień (-nia, -nie) (*gen pl* -ni) *m* (*ogień*) flame; (*blask*) blaze; (*namiętność*) flame, passion.

płomyk (-ka, -ki) (*instr sg* -kiem) *m* *dimin od* **płomień**.

płonąć (-nę, -niesz) (*imp* -ń) *vi* to burn.

płoszyć (-ę, -ysz) (*perf* s-) *vt* to frighten away *lub* off.

▸**płoszyć się** *vr* (*wpadać w popłoch*) to take fright, to panic; (*uciekać*) to flee, to take flight.

płot (-tu, -ty) (*loc sg* -cie) *m* fence.

płotek (-ka, -ki) (*instr sg* -kiem) *m* *dimin od* **płot**; (*SPORT*) hurdle; **bieg przez płotki** (*SPORT*) hurdles *pl*.

płowieć (-eję, -ejesz) (*perf* wy-) *vi* (*o tkaninie, papierze*) to fade, to lose colour (*BRIT*) *lub* color (*US*); (*o trawie, włosach*) to bleach.

płoza (-ozy, -ozy) (*dat sg* -ozie, *gen pl* -óz) *f* (*sań*) runner; (*samolotu*) ski.

płód (-odu, -ody) (*loc sg* -odzie) *m* foetus (*BRIT*), fetus (*US*); **płody** *pl* (*rolne*) produce *sg*.

płótno (-tna, -tna) (*loc sg* -tnie, *gen pl* -cien) *nt* (*na pościel, obrusy*) linen; (*żaglowe, namiotowe*) canvas; (*obraz*) canvas.

płuco (-a, -a) *nt* lung; **zapalenie płuc** pneumonia.

pług (-ga, -gi) (*instr sg* -giem) *m* plough (*BRIT*), plow (*US*).

płukać (-czę, -czesz) *vt* (*bieliznę*) (*perf* wy-) to rinse; (*warzywa, naczynia*) (*perf* o- *lub* wy-) to rinse; (*usta*) (*perf* wy- *lub* prze-) to rinse, to wash; **płukać gardło** to gargle.

Płw. *abbr* (= *półwysep*) Pen. (= Peninsula).

płyn (-nu, -ny) (*loc sg* -nie) *m* liquid; **płyn do mycia naczyń** washing-up liquid; **płyn po goleniu** aftershave lotion; **płyn hamulcowy** brake fluid.

płynąć (-nę, -niesz) (*imp* -ń) *vi* to flow; (*o człowieku, rybie, ptaku*) to swim; (*o statku, jachcie*) to sail.

płynnie *adv* (*mówić, czytać*) fluently; (*poruszać się*) smoothly.

płynność (-ci) *f* (*ruchów, kroku*) smoothness; (*stylu, mowy*) fluency; (*FIN*) liquidity.

płynny *adj* (*ciekły*) liquid; (*ruch, krok*) smooth; (*styl, wymowa*) fluent.

płyta (-ty, -ty) (*dat sg* -cie) *f* (*z kamienia, metalu: cienka*) plate; (*: gruba*) slab; (*gramofonowa*) record; **płyta kompaktowa** compact disc.

płytka (-ki, -ki) (*dat sg* -ce, *gen pl* -ek) *f* plate; (*ceramiczna*) tile.

płytki *adj* shallow; (*przen*) superficial.

pływaczka (-ki, -ki) (*dat sg* -ce, *gen pl* -ek) *f* swimmer.

pływać (-am, -asz) *vi* (*o człowieku, zwierzęciu*) to swim; (*o statku, jachcie*) to sail; (*o korku, oliwie*) to float.

pływak (-ka) (*instr sg* -kiem) *m* (*człowiek*) (*nom pl* -cy) swimmer; (*przyrząd*) (*nom pl* -ki) float.

pływalnia (-ni, -nie) (*gen pl* -ni) *f* swimming-pool.

pływanie (-a) *nt* swimming.

pnącz|e (-a, -a) (gen pl -y) nt
climber, creeper.

p.n.e. abbr (= przed naszą erą) B.C.

pneumatyczny adj pneumatic; **młot
pneumatyczny** pneumatic drill.

┌──────SŁOWO KLUCZOWE──────┐

po prep +loc **1** (czas) after; **po
obiedzie** after dinner; **po chwili**
after a while, a moment later; **pięć
po ósmej** five past lub after (US)
eight. **2** (kolejność) after; **jeden po
drugim** one after another; **butelka
po piwie/winie** beer/wine bottle. **3**
(na podstawie) by; **rozpoznać
kogoś po głosie** to recognize sb by
his voice. **4** (dziedziczenie) from;
ma urodę po matce she gets her
beauty from her mother; **spadek po
dziadku** inheritance from one's
grandfather. **5** (hierarchia) after; **po
Szekspirze** after Shakespeare;
pierwszy po Bogu next to God. **6**:
chodzić po lesie/górach to walk in
the woods/mountains; **po niebie** in
the sky; **chodzić po trawie/piasku**
to walk on grass/sand; **po szynach**
on rails; **jeździć po mieście/kraju** to
travel around the town/ country;
spacerować po korytarzu to walk
in lub along the corridor; **po całym
pokoju** all over the room; **po
drugiej stronie** on the other side;
głaskać kogoś po włosach to
stroke sb's hair; **schodzić po
drabinie/schodach** to go down the
ladder/stairs. **7 po kawałku** piece by
piece ♦ prep +acc **1** (kres, zasięg)
to; **wody było po kolana** the water
was knee-deep; **po brzegi** to the
rim. **2** (cel) for; **przyjść po książkę**
to come to get a book; **posłać po
lekarza** to send for a doctor; **po co?**
what for?; **po dwadzieścia sztuk w
paczce** twenty items per pack; **po
dwa złote za sztukę** (at) two złoty a

piece ♦ prep +dat: **po cichu**
(bezgłośnie) quietly, silently;
(potajemnie) on the quiet, secretly;
po trochu bit by bit, little by little;
po polsku/angielsku in
Polish/English; **mówić po
polsku/angielsku** to speak
Polish/English.

└────────────────────┘

po|bić (-biję, -bijesz) vb perf od
pobijać ♦ vt perf (pokonać) to
defeat, to beat; (zbić) to beat up.
►**pobić się** vr perf to have a fight.

pobie|c (-gnę, -gniesz) (imp -gnij, pt
-gł) vi perf (o człowieku, zwierzęciu)
to run; (o wzroku, spojrzeniu) to go.

pobier|ać (-am, -asz) (perf **pobrać**)
vt (pensję, narzędzia) to collect;
(krew, próbkę) to take; (tlen,
pokarm) to take (in).
►**pobierać się** vr to get married, to
marry.

pobieżnie adv cursorily;
(zapoznawać się) briefly.

pobieżny adj cursory.

pobij|ać (-am, -asz) (perf **pobić**) vt
(rekordy) to beat, to break.

pobliski adj nearby attr.

pobliż|e (-a) nt: **w pobliżu** nearby.

pobłaż|ać (-am, -asz) vi: **pobłażać
komuś** to be lenient with sb.

pobłażliwy adj indulgent, forgiving.

pobocz|e (-a, -a) (gen pl -y) nt
(miękkie) verge (BRIT), shoulder
(US); (twarde) hard shoulder (BRIT),
shoulder (US).

poborowy adj (wiek) military attr;
komisja poborowa recruitment
board ♦ m decl like adj conscript.

pobor|y (-ów) pl (pensja) salary.

pobożność|ć (-ci) f piety.

pobożny adj pious, devout.

pob|ór (-oru, -ory) (loc sg -orze) m
(WOJSK) conscription, draft (US);

(*energii, gazu, mocy*) consumption; (*opłat, podatków*) collection.

pobud|ka (-ki, -ki) (*dat sg* -ce, *gen pl* -ek) *f* (*sygnał*) reveille; **pobudki** *pl* (*powody*) motives.

pobudliwy *adj* excitable.

pobu|dzać (-dzam, -dzasz) (*perf* -dzić) *vt* (*apetyt, organizm*) to stimulate.

poby|t (-tu, -ty) (*loc sg* -cie) *m* stay.

pocał|ować (-uję, -ujesz) *vb perf od* **całować**.

pocałun|ek (-ku, -ki) (*instr sg* -kiem) *m* kiss.

pochlebc|a (-y, -y) *m decl like f in sg* flatterer.

pochle|biać (-biam, -biasz) (*perf* -bić) *vt +dat* (*podlizywać się*) to flatter; (*chwalić*) to speak highly of.

pochlebny *adj* flattering.

pochlebst|wo (-wa, -wa) (*loc sg* -wie) *nt* compliment; **pochlebstwa** *pl* flattery *sg*.

pochłani|ać (-am, -asz) (*perf* **pochłonąć**) *vt* to absorb; (*pot: jedzenie, książki*) to devour.

pochmurno *adj*: **jest pochmurno** it's cloudy.

pochmurny *adj* (*dzień*) cloudy; (*twarz, wzrok*) gloomy.

pochod|nia (-ni, -nie) (*gen pl* -ni) *f* torch.

pochodzeni|e (-a) *nt* origin; **on jest Polakiem z pochodzenia** he is of Polish descent.

pocho|dzić (-dzę, -dzisz) *vi*: **pochodzę z Polski/bogatej rodziny** I come from Poland/a rich family.

pochopny *adj* rash.

pochow|ać (-am, -asz) *vb perf od* **chować**.

pochód (-odu, -ody) (*loc sg* -odzie) *m* parade.

pochwa (-wy, -wy) (*dat sg* -wie, *gen pl* -ew) *f* (*ANAT*) vagina; (*książk: futerał*) sheath.

pochwal|ać (-am, -asz) *vt* (*aprobować*) to approve of; **nie pochwalać czegoś** to disapprove of sth.

pochwal|ić (-ę, -isz) *vb perf od* **chwalić**.

pochwalny *adj* laudatory.

pochwa|ła (-ły, -ły) (*dat sg* -le) *f* (*wyraz uznania*) praise; (*na piśmie*) citation.

pochyl|ać (-am, -asz) (*perf* -ić) *vt* (*głowę*) to bend, to incline; (*słup*) to tip.

▶**pochylać się** *vr* (*o człowieku, drzewie*) to bend down; (*o budynku*) to lean.

pochyły *adj* (*drzewo*) leaning; (*pismo*) slanting; (*grunt*) sloping; **pochyłym drukiem** in italics.

po|ciąć (-tnę, -tniesz) (*imp* -tnij) *vt perf* to cut up.

pociąg (-gu, -gi) (*instr sg* -giem) *m* (*pojazd*) train; (*skłonność*) attraction; **jechać pociągiem** to go by train; **pociąg towarowy** goods (*BRIT*) *lub* freight (*US*) train.

pociąg|ać (-am, -asz) *vt* to attract ‹ *vi* (*perf* -nąć): **pociągać za coś** to pull (at) sth; **pociągać za sobą** to entail; **pociągać nosem** to sniff.

pociąg|nąć (-nę, -niesz) (*imp* -nij) *vb perf od* **pociągać, ciągnąć**.

pociągowy *adj*: **zwierzę pociągowe** beast of burden.

po|cić się (-cę, -cisz) (*imp* -ć) *vr* (*o człowieku, rękach*) (*perf* s-) to sweat; (*o szkle, okularach*) (*perf* za-) to steam up.

pocie|cha (-chy) (*dat sg* -sze) *f* (*pocieszenie*) comfort, consolation; (*pot: dziecko*) (*nom pl* -chy) kid.

pocier|ać (-am, -asz) (*perf* **potrzeć**) *vt* to rub.

pociesz|ać (-am, -asz) (*perf* -yć) *vt* to comfort, to console.

▶**pocieszać się** *vr* to console o.s.

pocis|k (-ku, -ki) (*instr sg* -kiem) *m*
(*karabinowy*) bullet; (*artyleryjski*)
shell; (*rakietowy*) missile.

począt|ek (-ku, -ki) (*instr sg* -kiem) *m*
beginning, start; **na początek** for a
start, to begin with; **na początku** at
the beginning; **od początku** from
the beginning; **z początku** at first.

początkowo *adv* initially, originally.

początkowy *adj* initial.

początkujący *adj* (*literat,
dziennikarz*) novice *attr* ♦ *m decl like
adj* beginner.

począwszy *inv.* **począwszy od
środy** (*w przeszłości*) as early as
Wednesday; (*w przyszłości*) as of *lub*
from Wednesday, from Wednesday
on.

poczciwy *adj* kind-hearted.

poczek|ać (-am, -asz) *vb perf od*
czekać.

poczekal|nia (-ni, -nie) (*gen pl* -ni) *f*
waiting-room.

poczekaniu *inv.* **na poczekaniu**
while you wait.

poczę|cie (-cia, -cia) (*gen pl* -ć) *nt*
conception.

poczęst|ować (-uję, -ujesz) *vb perf
od* częstować.

poczęstun|ek (-ku, -ki) (*instr sg*
-kiem) *m* food and drinks.

pocz|ta (-ty, -ty) (*dat sg* -cie) *f* (*urząd
pocztowy*) post office;
(*korespondencja*) post (*BRIT*), mail
(*US*); **poczta elektroniczna** e-mail;
pocztą lotniczą (by) airmail.

pocztowy *adj* postal; **urząd
pocztowy** post office; **znaczek
pocztowy** postage stamp; **skrzynka
pocztowa** *lub* **na listy** (*na drzwiach
domu, przed domem*) letter-box
(*BRIT*), mailbox (*US*); **skrzynka
pocztowa** (*na poczcie, ulicy*)
post-box (*BRIT*), mailbox (*US*).

pocztów|ka (-ki, -ki) (*dat sg* -ce, *gen
pl* -ek) *f* postcard.

poczuci|e (-a) *nt* (*bezpieczeństwa,
winy, niższości*) feeling; (*obowiązku,
czasu, sprawiedliwości*) sense;
poczucie humoru sense of
humo(u)r.

pocz|uć (-uję, -ujesz) *vb perf od* czuć.

poczyna|nia (-ń) *pl* actions.

poczytalny *adj* of sound mind.

poczytny *adj* widely read.

───────SŁOWO KLUCZOWE───────

pod *prep* +*instr* **1** (*poniżej*) under;
pod stołem under the table; **pod
wodą/ziemią** underwater/
underground; **pod spodem** below,
underneath. **2** (*obok*) by; **pod
ścianą** by the wall; **pod drzwiami** at
the door. **3** (*w pobliżu*) near; **wieś
pod Warszawą** a village near
Warsaw; **bitwa pod Grunwaldem**
the Battle of Grunwald. **4** (*dla
wyrażenia przyczyny*) under; **pod
wpływem/przymusem** under the
influence/pressure ♦ *prep* +*acc* **1**
(*kierunek*) under; **kot wszedł pod
stół** the cat went under the table;
pod wiatr/prąd against the
wind/stream; **iść pod górę** to walk
uphill; **wpaść** (*perf*) **pod samochód**
to be hit by a car, to get run over
by a car. **2** (*dla wyrażenia czasu*):
pod wieczór/koniec towards the
evening/end; **pod czyjąś
nieobecność** in sb's absence. **3**:
pod kierunkiem nauczyciela under
the teacher's supervision; **pod
czyjąś opieką** in sb's care; **pod
nazwiskiem Kowalski** under the
name of Kowalski; **pod warunkiem,
że ...** on condition (that) ...,
provided *lub* providing (that) ...;
książka pod tytułem ... a book
entitled ... .

pod|ać (**-am, -asz**) *vb perf od* **podawać**.

poda|nie (**-nia, -nia**) (*gen pl* **-ń**) *nt* (*wniosek*) application; (*SPORT*: *w piłce nożnej, hokeju*) pass; (: *w tenisie, siatkówce*) service.

podar|ować (**-uję, -ujesz**) *vt perf*: **podarować coś komuś** (*dać w prezencie*) to give sth to sb as a present; (*przebaczyć*) to forgive sb sth.

podarty *adj* torn, tattered.

podarun|ek (**-ku, -ki**) (*instr sg* **-kiem**) *m* gift.

podat|ek (**-ku, -ki**) (*instr sg* **-kiem**) *m* tax; **podatek dochodowy** income tax; **podatek od wartości dodanej** value added tax, VAT.

podatkowy *adj* (*system, przepisy, rok*) tax *attr*.

podatni|k (**-ka, -cy**) (*instr sg* **-kiem**) *m* taxpayer.

podatnoś|ć (**-ci**) *f*: **podatność (na coś)** susceptibility (to sth).

podatny *adj*: **podatny (na coś)** susceptible (to sth).

pod|awać (**-aję, -ajesz**) (*perf* **-ać**) *vt* (*książkę, cukier*) to pass; (*nazwisko, cenę, przykład*) to give; (*wiadomość, rezultaty*) to announce; (*lekarstwo*) to administer; (*piłkę: w tenisie, siatkówce*) to serve; (: *w piłce nożnej*) to pass; **podawać coś komuś** to pass sb sth *lub* sth to sb; **podawać do stołu** to wait at table; **podawać (do wiadomości), że ...** to announce that ... .

▸**podawać się** *vr*: **podawać się za kogoś** to pose as sb; **podać się do dymisji** to hand in one's resignation.

podaż (**-y**) *f* supply.

podąż|ać (**-am, -asz**) (*perf* **-yć**) *vi* to proceed; **podążać za kimś** to follow sb.

podbiegunowy *adj* polar; **koło podbiegunowe** **północne/południowe** Arctic/Antarctic Circle.

podbij|ać (**-am, -asz**) (*perf* **podbić**) *vt* (*kraj*) to conquer; (*piłkę: posyłać w górę*) to flick up; (*cenę*) to push up.

podb|ój (**-oju, -oje**) *m* conquest.

podbród|ek (**-ka, -ki**) (*instr sg* **-kiem**) *m* chin.

podbrzusz|e (**-a, -a**) (*gen pl* **-y**) *nt* (*u człowieka*) abdomen; (*u zwierzęcia*) underbelly.

podburz|ać (**-am, -asz**) (*perf* **-yć**) *vt* to instigate.

podcho|dzić (**-dzę, -dzisz**) (*imp* **-dź**, *perf* **podejść**) *vt* (*tropić: zwierzynę, przestępcę*) to stalk ▸ *vi*: **podchodzić do** *+gen* to approach, to come up to.

podchorąż|y (**-ego, -owie**) *m decl like adj* (*WOJSK*) officer trainee (*BRIT*) *lub* cadet (*US*).

podchwytliwy *adj*: **podchwytliwe pytanie** trick question.

podciąg|ać (**-am, -asz**) (*perf* **-nąć**) *vt* (*spodnie, rękaw, kolana*) to pull up; (*poziom*) to raise.

▸**podciągać się** *vr* (*na rękach*) to pull o.s. up; (*przen: w nauce*) to lift one's grades.

podczas *prep* *+gen* during; **podczas gdy** ((*wtedy*) *kiedy*) while; (*natomiast*) whereas.

podda|ny (**-nego, -ni**) *m decl like adj* subject.

poddasz|e (**-a, -a**) (*gen pl* **-y**) *nt* loft; **pokój na poddaszu** attic, garret.

podd|awać (**-aję, -ajesz**) (*perf* **-ać**) *vt* (*miasto*) to surrender; (*myśl, temat*) to suggest; (*projekt, wniosek*) to put forward, to propose.

▸**poddawać się** *vr* (*rezygnować*) to give up; **poddawać się** (*+dat*) (*nieprzyjacielowi*) to surrender (to); (*wpływowi, urokowi*) to surrender *lub* give in (to).

podejm|ować (**-uję, -ujesz**) (*perf*

podjąć vt (*kroki, wezwanie, ryzyko*) to take; (*pracę*) to take up; (*walkę*) to put up; (*dyskusję, wątek*) to take up; (*gości*) to receive; (*pieniądze*) to withdraw; **podejmować decyzję** to take *lub* make a decision.

►**podejmować się** vr: **podejmować się czegoś/coś zrobić** to undertake sth/to do sth.

podejrzany adj suspicious ♦ m decl like adj suspect.

podejrze|nie (-nia, -nia) (*gen pl* -ń) nt suspicion.

podejrzew|ać (-am, -asz) vt to suspect; **podejrzewać kogoś o coś** to suspect sb of sth.

podejrzliwy adj suspicious.

podejś|cie (-cia, -cia) (*gen pl* -ć) nt (*droga pod górę*) climb; **podejście (do** +gen) (*stosunek*) attitude (to *lub* towards); (*interpretacja*) approach (to).

podekscytowany adj excited.

podenerwowany adj nervous.

podeszły adj: **w podeszłym wieku** advanced in years, of advanced years *lub* age; **osoby w podeszłym wieku** the aged.

podesz|wa (-wy, -wy) (*dat sg* -wie) f sole.

podgląd|ać (-am, -asz) (*perf* **podejrzeć**) vt to spy on.

podgłów|ek (-ka, -ki) (*instr sg* -kiem) m bolster.

podgrzew|ać (-am, -asz) (*perf* **podgrzać**) vt (*wodę*) to heat; (*zupę, obiad*) to heat up.

podi|um (-um, -a) (*gen pl* -ów) nt inv in sg podium.

podj|azd (-azdu, -azdy) (*loc sg* -eździe) m (*do budynku*) drive(way).

podj|jąć (-ejmę, -ejmiesz) (*imp* -ejmij) vb perf od **podejmować**.

podjeżdż|ać (-am, -asz) (*perf* **podjechać**) vt (*do miejsca*) to draw

up, to drive up; (*pod górę*) to go uphill.

podju|dzać (-dzam, -dzasz) (*perf* -dzić) vt to incite.

podkła|d (-du, -dy) (*loc sg* -dzie) m (*pod farbę*) undercoat; (*pod makijaż*) foundation (cream); (*KOLEJ*) sleeper (*BRIT*), tie (*US*).

podkład|ać (-am, -asz) (*perf* **podłożyć**) vt (*kłaść*): **podkładać coś pod** +acc to put sth under; **podkładać bombę** to plant a bomb; **podkładać ogień pod coś** to set fire to sth.

podkład|ka (-ki, -ki) (*dat sg* -ce, *gen pl* -ek) f (*pod talerz*) mat; (*pod kieliszek*) coaster; (*TECH*) washer.

podkolanów|ki (-ek) pl knee-length socks.

podkoszul|ek (-ka, -ki) (*instr sg* -kiem) m vest (*BRIT*), undershirt (*US*).

podk|owa (-owy, -owy) (*dat sg* -owie, *gen pl* -ów) f horseshoe.

podkrad|ać (-am, -asz) (*perf* **podkraść**) vt to steal.

►**podkradać się** vr: **podkradać się (do kogoś)** to creep up (on sb).

podkrążony adj: **mieć podkrążone oczy** to have dark rings round one's eyes.

podkreśl|ać (-am, -asz) (*perf* -ić) vt (*tekst, błąd*) to underline, to underscore; (*uwydatniać*) to emphasize, to stress.

podleg|ać (-am, -asz) vi: **podlegać komuś/czemuś** (*instytucji, kierownictwu*) to be subordinate to sb/sth; **podlegać czemuś** (*karze, opłacie, obowiązkowi, wpływowi*) to be subject to sth.

podległy adj: **podległy komuś/czemuś** subordinate to sb/sth.

podlew|ać (-am, -asz) (*perf* **podlać**) vt to water.

podliz|ywać się (-uję, -ujesz) (*perf*

-**ać**) *vr.* **podlizywać się komuś** (*pot*) to suck up to sb (*pot*), to toady to sb.

podłącz|ać (-**am**, -**asz**) (*perf* -**yć**) *vt* to connect, to hook up.

podł|oga (-**ogi**, -**ogi**) (*dat sg* -**odze**, *gen pl* -**óg**) *f* floor.

podłoś|ć (-**ci**) *f* (*cecha*) meanness; (*uczynek*) mean trick.

podłoż|e (-**a**, -**a**) (*gen pl* -**y**) *nt* (*ziemia*) ground; (*podstawa*) basis.

podłużny *adj* (*kształt*) elongated; (*przekrój*) longitudinal.

podły *adj* (*człowiek*) mean; (*czyn*) mean, base.

podmiejski *adj* suburban.

podmio|t (-**tu**, -**ty**) (*loc sg* -**cie**) *m* (*JĘZ*) subject; (*PRAWO*) entity.

podmokły *adj* boggy, marshy.

podmu|ch (-**chu**, -**chy**) *m* (*wiatru*) gust.

podnaj|mować (-**muję**, -**mujesz**) (*perf* -**ąć**) *vt* to sublet.

podniebie|nie (-**nia**, -**nia**) (*gen pl* -**ń**) *nt* palate.

podnie|cać (-**cam**, -**casz**) (*perf* -**cić**) *vt* (*ożywiać*) to excite, to thrill; (*pobudzać seksualnie*) to excite, to arouse; (*wyobraźnię, nadzieję, apetyt*) to stimulate.

▸**podniecać się** *vr* (*ożywiać się*) to get excited; (*pobudzać się seksualnie*) to become excited *lub* aroused.

podniecający *adj* exciting.

podniece|nie (-**nia**) *nt* excitement; (*seksualne*) arousal.

podniecony *adj* (*ożywiony*) excited; (*pobudzony seksualnie*) excited, aroused.

pod|nieść (-**niosę**, -**niesiesz**) (*imp* -**nieś**, *pt* -**niósł**, -**niosła**, -**nieśli**) *vb perf od* **podnosić**.

podniosły *adj* (*styl*) lofty, elevated; (*nastrój, chwila*) solemn.

podno|sić (-**szę**, -**sisz**) (*imp* -**ś**, *perf* **podnieść**) *vt* (*unosić*) to raise; (*z* wysiłkiem) to lift; (*zbierać*) to pick up; (*pomagać wstać*) to lift; (*poziom, płace, alarm*) to raise; (*problem, kwestię*) to raise, to bring up; **podnosić głos** to raise one's voice.

▸**podnosić się** *vr* (*wstawać*) to lift o.s.; (*o dochodach, cenach*) to rise.

podnośni|k (-**ka**, -**ki**) (*instr sg* -**kiem**) *m* (*TECH*) lift; (*lewarek*) jack.

podnóż|e (-**a**, -**a**) (*gen pl* -**y**) *nt*: **u podnóża góry** at the foot of the mountain.

podnóż|ek (-**ka**, -**ki**) (*instr sg* -**kiem**) *m* footstool.

podob|ać się (-**am**, -**asz**) *vr*: **ona mi się podoba** I like her; **to mi się nie podoba** I don't like it.

podobieńst|wo (-**wa**, -**wa**) (*loc sg* -**wie**) *nt* similarity; (*wyglądu*) likeness, resemblance.

podobnie *adv* (*w podobny sposób*) similarly, alike; (*równie*) as; **podobnie jak** like.

podobno *adv* supposedly, reportedly.

podobny *adj* similar; (*o dwóch lub więcej osobach/rzeczach*) alike, similar; **być podobnym do kogoś/czegoś** to resemble sb/sth; **i tym podobne** and the like.

podoł|ać (-**am**, -**asz**) *vi perf*: **nie podołam temu** I'm not up to it.

podopiecz|ny (-**nego**, -**ni**) *m decl like adj*: **mój podopieczny** my charge.

podpal|ać (-**am**, -**asz**) (*perf* -**ić**) *vt*: **podpalać coś** to set fire to sth, to set sth on fire.

podpas|ka (-**ki**, -**ki**) (*dat sg* -**ce**, *gen pl* -**ek**) *f* (*też*: **podpaska higieniczna**) sanitary towel (*BRIT*) *lub* napkin (*US*).

podpatr|ywać (-**uję**, -**ujesz**) (*perf* **podpatrzyć**) *vt* to watch.

podpier|ać (-**am**, -**asz**) *vt* (*głowę, chorego*) (*perf* **podeprzeć**) to

support; (*stół, biurko*) (*perf*
podeprzeć) to prop up; (*stanowić
podporę*) to support.
podpin|ka (**-ki, -ki**) (*dat sg* **-ce**, *gen pl*
-ek) *f* (detachable) lining.
podpi|s (**-su, -sy**) (*loc sg* **-sie**) *m*
(*czyjś*) signature; (*pod ilustracją*)
caption.
podpis|ywać (**-uję, -ujesz**) (*perf* **-ać**)
vt to sign.
►**podpisywać się** *vr* to sign one's
name.
podp|ora (**-ory, -ory**) (*loc sg* **-orze**,
gen pl **-ór**) *f* support.
podporuczni|k (**-ka, -cy**) (*instr sg*
-kiem) *m* Second Lieutenant; (*w
marynarce wojennej*) Acting
Sub-Lieutenant (*BRIT*), Ensign (*US*).
podporządkow|ywać (**-uję, -ujesz**)
(*perf* **-ać**) *vt* to subordinate.
►**podporządkowywać się** *vr*:
podporządkowywać się czemuś to
conform to sth, to comply with sth;
podporządkowywać się komuś to
defer to sb.
podpowiad|ać (**-am , -asz**) (*perf*
podpowiedzieć) *vt* to suggest ♦ *vi*:
podpowiadać komuś to prompt sb.
podpór|ka (**-ki, -ki**) (*dat sg* **-ce**, *gen pl*
-ek) *f* support.
podpułkowni|k (**-ka, -cy**) (*instr sg*
-kiem) *m* Lieutenant Colonel.
podrabi|ać (**-am, -asz**) (*perf*
podrobić) *vt* to forge.
podrabiany *adj* fake.
podraż|niać (**-niam, -niasz**) (*perf*
-nić) *vt* to irritate.
podręczni|k (**-ka, -ki**) (*instr sg* **-kiem**)
m textbook.
podręczny *adj* (*słownik*) concise;
bagaż podręczny hand *lub* carry-on
luggage.
podrobiony *adj* forged, counterfeit.
podróż (**-y, -e**) (*gen pl* **-y**) *f* (*długa*)
journey; (*krótka*) trip; **biuro podróży**
travel agency; **szczęśliwej podróży!**

have a safe journey *lub* trip!;
podróże *pl* travels *pl*, voyages *pl*.
podróżni|k (**-ka, -cy**) (*instr sg* **-kiem**)
m traveller (*BRIT*), traveler (*US*).
podróżny *adj*: **torba podróżna**
travelling (*BRIT*) *lub* traveling (*US*)
bag; **czek podróżny** traveller's
cheque (*BRIT*), traveler's check (*US*)
♦ *m decl like adj* passenger.
podróż|ować (**-uję, -ujesz**) *vi* to
travel.
podryw|ać (**-am, -asz**) (*perf*
poderwać) *vt* (*pot*) to pick up (*pot*).
podrzędny *adj* second-rate; **zdanie
podrzędne** subordinate clause.
podrzu|cać (**-cam, -casz**) (*perf* **-cić**)
vt (*w górę*) to toss *lub* throw (into
the air); (*podsuwać ukradkiem*) to
plant; (*dostarczać*) to drop round;
podrzucić kogoś (do domu/szkoły)
to give sb a lift (home/to school).
podska|kiwać (**-kuję, -kujesz**) (*perf*
podskoczyć) *vi* to jump (up).
podsłuch (**-u, -y**) *m* (*na linii*) tap; (*w
pomieszczeniu*) bug.
podsłuch|ać (**-am, -asz**) *vb perf od*
podsłuchiwać ♦ *vt perf*
(*przypadkiem*) to overhear.
podsłuch|iwać (**-uję, -ujesz**) (*perf*
-ać) *vt* to eavesdrop on ♦ *vi* to
eavesdrop.
podsta|wa (**-wy, -wy**) (*loc sg* **-wie**) *f*
basis; (*GEOM*) base; **podstawy** *pl*
the basics *pl*; **na podstawie czegoś**
on the basis of sth.
podstawowy *adj* basic; **szkoła
podstawowa** primary (*BRIT*) *lub*
elementary (*US*) school.
podstę|p (**-pu, -py**) (*loc sg* **-pie**) *m*
ruse, trick.
podstępny *adj* (*człowiek*) sneaky,
insidious; (*pytanie*) tricky.
podsumowa|nie (**-nia, -nia**) (*gen pl*
-ń) *nt* summary, résumé.
podsumow|ywać (**-uję, -ujesz**) (*perf*

podsumować vt (dodawać) to add up; (streszczać) to sum up.

podsuw|ać (-am, -asz) (perf **podsunąć**) vt to offer.

podszew|ka (-ki, -ki) (dat sg -ce, gen pl -ek) f lining.

podszyw|ać (-am, -asz) (perf **podszyć**) vt (płaszcz) to line.

►**podszywać się** vr: podszywać się pod kogoś to pretend to be sb, to impersonate sb.

podświadomoś|ć (-ci) f the subconscious.

podświadomy adj subconscious.

podtrzym|ywać (-uję, -ujesz) (perf -ać) vt (chorego) to support; (rozmowę) to keep going; (przyjaźń) to maintain; (żądania, opinię) to stand by; **podtrzymywać kogoś na duchu** to buoy sb up.

podupad|ać (-am, -asz) (perf **podupaść**) vi (o przedsiębiorstwie) to go downhill, to fall into decline; (o autorytecie) to erode.

podusz|ka (-ki, -ki) (dat sg -ce, gen pl -ek) f (część pościeli) pillow; (na kanapie, fotelu) cushion; (do stempli) ink-pad; **poduszka powietrzna** airbag.

poduszko|wiec (-wca, -wce) m hovercraft.

podwaj|ać (-am, -asz) (perf **podwoić**) vt to double.

podważ|ać (-am, -asz) (perf -yć) vt (wieko, pokrywę) to lever up; (wiarę, zaufanie) to undermine; (hipotezę, teorię) to challenge; (czyjąś wiarygodność) to question.

podwiąz|ka (-ki, -ki) (dat sg -ce, gen pl -ek) f garter.

podwieczor|ek (-ku, -ki) (instr sg -kiem) m tea (meal).

podwij|ać (-am. -asz) (perf **podwinąć**) vt (rękaw, nogawkę) to roll up.

podwład|ny (-nego, -ni) m decl like adj subordinate.

podwodny adj (świat, skała) underwater attr; **okręt podwodny** submarine.

podw|ozić (-ożę, -ozisz) (imp -oź lub -óź) vt: **podwozić kogoś (do domu/szkoły)** to give sb a lift (home/to school).

podwo|zie (-zia, -zia) (gen pl -zi) nt (MOT) chassis; (AVIAT) undercarriage.

podwójnie adv doubly; **płacić/kosztować podwójnie** to pay/cost double.

podwójny adj double.

podwór|ko (-ka, -ka) (instr sg -kiem, gen pl -ek) nt yard; (za domem) backyard.

podwórz|e (-a, -a) (gen pl -y) nt yard.

podwyż|ka (-ki, -ki) (dat sg -ce, gen pl -ek) f (pensji) rise (BRIT), raise (US); (cen) rise.

podwyższ|ać (-am, -asz) (perf -yć) vt to raise; (walory, zalety) to increase.

podzia|ł (-łu, -ły) (loc sg -le) m division; (BIO) fission.

podział|ka (-ki, -ki) (dat sg -ce, gen pl -ek) f scale.

podziel|ić (-ę, -isz) vb perf od **dzielić**.

podzie|mie (-mia, -mia) (gen pl -mi) nt (POL) the underground; **podziemia** pl (zamku, budynku) basement.

podziemny adj underground attr; **przejście podziemne** subway (BRIT), underpass (US).

podzięk|ować (-uję, -ujesz) vb perf od **dziękować**.

podziękowa|nie (-nia, -nia) (gen pl -ń) nt thanks pl.

podzi|w (-wu) (loc sg -wie) m admiration.

podziwi|ać (-am, -asz) vt to admire.

podzwrotnikowy adj subtropical.

poema|t (-tu, -ty) (*loc sg* -cie) *m* poem.

poe|ta (-ty, -ci) (*dat sg* -cie) *m decl like f in sg* poet.

poetycki *adj* poetic(al).

poezj|a (-i, -e) (*gen pl* -i) *f* poetry.

pofałdowany *adj* (*teren*) undulating; (*skóra*) wrinkled.

pogadan|ka (-ki, -ki) (*dat sg* -ce, *gen pl* -ek) *f* talk.

pogani|ać (-am, -asz) (*perf* **pogonić**) *vt* to urge.

poga|nin (-nina, -nie) (*loc sg* -ninie, *gen pl* -n) *m* pagan, heathen.

pogański *adj* pagan, heathen.

pogar|da (-dy) (*dat sg* -dzie) *f* contempt.

pogardliwy *adj* contemptuous.

pogar|dzać (-dzam, -dzasz) (*perf* -dzić) *vi*: pogardzać kimś/czymś (*odnosić się z pogardą*) to hold sb/sth in contempt; (*lekceważyć*) to disdain sb/sth.

pogardzenia *inv*: nie do pogardzenia not to be sneezed at.

pogarsz|ać (-am, -asz) (*perf* **pogorszyć**) *vt* to worsen.

▶**pogarszać się** *vr* to deteriorate, to worsen.

pogawęd|ka (-ki, -ki) (*dat sg* -ce, *gen pl* -ek) *f* chat.

poglą|d (-du, -dy) (*loc sg* -dzie) *m* view.

pogłę|biać (-biam, -biasz) (*perf* -bić) *vt* to deepen.

▶**pogłębiać się** *vr* to deepen.

pogłos|ka (-ki, -ki) (*dat sg* -ce, *gen pl* -ek) *f* rumour (*BRIT*), rumor (*US*).

pogni|eść (-otę, -eciesz) (*imp* -eć) *vb perf od* **gnieść**.

pogo|da (-dy) (*dat sg* -dzie) *f* weather; (*słoneczna pora*) sunny weather; pogoda ducha cheerfulness.

pogodny *adj* bright; (*niebo*) clear.

pog|odzić (-odzę, -odzisz) (*imp* -ódź) *vb perf od* **godzić**.

▶**pogodzić się** *vr perf*: pogodzić się z kimś to be reconciled with sb; pogodzić się z czymś to reconcile o.s. to sth.

pogo|ń (-ni, -nie) (*gen pl* -ni) *f* (*pościg*) chase, pursuit.

pogorszeni|e (-a) *nt* deterioration.

pogotowi|e (-a) *nt* (*stan gotowości*) alert; (*instytucja*) emergency service; (*karetka*) ambulance; być w pogotowiu to be on stand-by; pogotowie ratunkowe ambulance service.

pogranicz|e (-a, -a) (*gen pl* -y) *nt* borderland.

pogro|m (-mu, -my) (*loc sg* -mie) *m* (*książk*: klęska) rout.

pogromc|a (-y, -y) *m decl like f in sg* (*zwycięzca*) conqueror; (*treser*) tamer.

pogróż|ka (-ki, -ki) (*dat sg* -ce, *gen pl* -ek) *f* threat.

pogry|źć (-zę, -ziesz) (*imp* -ź) *vt perf* (*pokąsać*) to bite; (*rozdrobnić zębami*) to chew.

pogrze|b (-bu, -by) (*loc sg* -bie) *m* funeral.

pogrzebacz (-a, -e) (*gen pl* -y) *m* poker.

pogrzebowy *adj* funeral *attr*; dom *lub* zakład pogrzebowy funeral parlour (*BRIT*) *lub* home (*US*).

pogwał|cać (-cam, -casz) (*perf* -cić) *vt* to violate.

pogwałceni|e (-a) *nt* breach, violation.

po|ić (-ję, -isz) (*imp* pój) *vt* (*dawać pić*) (*perf* na-) to water; (*pot*: upijać) (*perf* s-): poić kogoś to ply sb with drink.

poinformowany *adj*: dobrze/źle poinformowany well-/ill-informed.

poin|ta (-ty, -ty) (*dat sg* -cie) *f patrz* puenta.

poja|wiać się (-wiam, -wiasz) (*perf* -wić) *vr* to appear.

poj|azd (-azdu, -azdy) (*loc sg* -eździe) *m* vehicle.

pojedna|nie (-nia, -nia) (*gen pl* -ń) *nt* reconciliation.

pojednawczy *adj* conciliatory.

pojedn|ywać (-uję, -ujesz) (*perf* -ać) *vt* to reconcile.

pojedynczy *adj* single; (*jeden z wielu*) individual; **liczba pojedyncza** the singular; **gra pojedyncza** singles *pl*.

pojedyn|ek (-ku, -ki) (*instr sg* -kiem) *m* duel.

pojedynkę *inv*. **w pojedynkę** by oneself, solo.

pojemni|k (-ka, -ki) (*instr sg* -kiem) *m* container, receptacle; **pojemnik na śmieci** rubbish bin (*BRIT*), trash *lub* garbage can (*US*).

pojemnoś|ć (-ci) *f* capacity; **pojemność pamięci** (*KOMPUT*) storage capacity.

pojemny *adj* capacious, voluminous.

poję|cie (-cia, -cia) (*gen pl* -ć) *nt* concept; (*pot*) idea; **nie mieć (zielonego *lub* najmniejszego) pojęcia o czymś** not to have the foggiest *lub* faintest idea of sth.

pojętny *adj* clever.

pojm|ować (-uję, -ujesz) (*perf* pojąć) *vt* to comprehend, to grasp.

pojutrze *adv* the day after tomorrow.

pokar|m (-mu, -my) (*loc sg* -mie) *m* (*pożywienie*) food; (*mleko matki*) milk.

pokarmowy *adj*: **treść pokarmowa** chyme; **zatrucie pokarmowe** food poisoning; **przewód pokarmowy** alimentary canal.

poka|z (-zu, -zy) (*loc sg* -zie) *m* demonstration; **robić coś na pokaz** to do sth for show; **pokaz mody/lotniczy** fashion/air show.

poka|zać (-żę, -żesz) (*vb perf od* pokazywać).

pokaz|ywać (-uję, -ujesz) (*perf* -ać) *vt* to show.

▶**pokazywać się** *vr* (*pojawiać się*) to turn up.

pokaźny *adj* sizeable.

pokątny *adj* (*sprzedawca*) illegal; (*handel*) illicit; (*doradca, lekarz*) back-street *attr*.

poklep|ywać (-uję, -ujesz) (*perf* -ać) *vt* to pat.

pokła|d (-du, -dy) (*loc sg* -dzie) *m* (*na statku*) deck; (*warstwa*) layer; (*GEOL*) bed, stratum; **na pokładzie (statku/samolotu)** on board (a ship/a plane).

pokło|n (-nu, -ny) (*loc sg* -nie) *m* (*książk*) bow.

pokłó|cić (-cę, -cisz) (*imp* -ć) *vt perf*: **pokłócić kogoś z kimś** to turn sb against sb.

▶**pokłócić się** *vr perf*: **pokłócić się z kimś** to have a row *lub* quarrel with sb.

pokoch|ać (-am, -asz) *vt perf* to come to love.

pokojowy *adj* (*polityka*) peaceful; (*traktat*) peace *attr*; (*temperatura*) room *attr*.

pokojów|ka (-ki, -ki) (*dat sg* -ce, *gen pl* -ek) *f* (chamber)maid.

pokole|nie (-nia, -nia) (*gen pl* -ń) *nt* generation.

pokon|ywać (-uję, -ujesz) (*perf* -ać) *vt* (*wroga*) to defeat; (*rywali*) to beat; (*przen: strach, nieśmiałość*) to overcome.

poko|ra (-ry) (*dat sg* -rze) *f* humility.

pokorny *adj* humble.

poko|st (-stu) (*loc sg* -ście) *m* varnish.

pok|ój (-oju) *m* (*część mieszkania*) (*nom pl* -oje, *gen pl* -oi *lub* -ojów) room; (*POL, WOJSK*) peace; **pokój gościnny** living room; **pokój**

jadalny dining room; **pokój jednoosobowy/dwuosobowy** single/double room.

pokraczny adj clumsy.

pokrewieńst|wo (-wa) (loc sg -wie) nt (między ludźmi) kinship; (przen: podobieństwo) affinity; (BIO, ZOOL) affinity.

pokrewny adj (nauki, języki) related; (charaktery) similar.

pokręt|ło (-ła, -ła) (loc sg -le, gen pl -eł) nt (regulator) dial.

pokrętny adj twisted.

pokr|oić (-oję, -oisz) (imp -ój) vb perf od **kroić**.

pokro|wiec (-wca, -wce) m cover.

pokry|cie (-cia, -cia) (gen pl -ć) nt: **pokrycie dachu** roofing; **pokrycie ściany** facing; **czek bez pokrycia** dud cheque; **słowa/obietnice bez pokrycia** (przen) empty words/promises.

pokry|wa (-wy, -wy) (loc sg -wie) f (wieko) lid; (lodowa) sheet; (śnieżna) layer.

pokryw|ka (-ki, -ki) (dat sg -ce, gen pl -ek) f lid.

pokrze|piać (-piam, -piasz) vt (wzmacniać) to sustain; (orzeźwiać) to refresh.

pokrzy|wa (-wy, -wy) (loc sg -wie) f nettle.

poku|sa (-sy, -sy) (dat sg -sie) f temptation.

poku|ta (-ty, -ty) (dat sg -cie) f penance.

pokwitowa|nie (-nia, -nia) (gen pl -ń) nt receipt.

Pola|k (-ka, -cy) (instr sg -kiem) m Pole.

pola|na (-ny, -ny) (dat sg -nie) f clearing.

polarny adj polar; **zorza polarna** aurora; (na biegunie północnym) northern lights; (na biegunie południowym) southern lights; **Gwiazda Polarna** Pole Star.

pol|e (-a, -a) (gen pl pól) nt field; (MAT) area; **pole namiotowe** camping site (BRIT), campsite (BRIT), campground (US).

pole|c (-gnę, -gniesz) (imp -gnij, pt -gł) vi perf (książk) to fall, to be killed.

pole|cać (-cam, -casz) (perf -cić) vt (rekomendować) to recommend; (kazać) to command; (powierzać) to entrust.

polecający adj: **list polecający** letter of recommendation.

polece|nie (-nia, -nia) (gen pl -ń) nt (rozkaz) command, order; (rekomendacja) recommendation.

polecony adj: **list polecony** registered letter, recorded delivery letter (BRIT), certified letter (US); **przesyłka polecona** registered mail, recorded delivery (BRIT), certified mail (US).

poleg|ać (-am, -asz) vi: **polegać na** +loc (ufać) to depend on, to rely on; (zasadzać się) to consist in; **nie można na nim polegać** he is unreliable.

poleg|ły (-łego, -li) m decl like adj casualty.

polemi|ka (-ki, -ki) (dat sg -ce) f polemic.

polepsz|ać (-am, -asz) (perf -yć) vt to improve.

▶**polepszać się** vr to improve.

polepszeni|e (-a) nt improvement.

poler|ować (-uję, -ujesz) (perf wy-) vt to polish.

pole|wa (-wy, -wy) (dat sg -wie) f (glazura, szkliwo) glaze; (na cieście) icing.

polewacz|ka (-ki, -ki) (dat sg -ce, gen pl -ek) f (samochód) street-cleaning lorry (BRIT) lub truck (US);

(*konewka*) watering can, watering pot (*US*).

polew|ać (**-am, -asz**) (*perf* **polać**) *vt* to pour water on; (*emaliować*) to glaze.

polędwic|a (**-y**) *f* loin; (*befsztyk*) sirloin (steak).

policj|a (**-i**) *f* police.

policjan|t (**-ta, -ci**) (*loc sg* **-cie**) *m* policeman, (police) officer.

policjant|ka (**-ki, -ki**) (*dat sg* **-ce**, *gen pl* **-ek**) *f* policewoman, (police) officer.

policyjny *adj* police *attr*; **godzina policyjna** curfew.

policzalny *adj* countable.

policz|ek (**-ka, -ki**) (*instr sg* **-kiem**) *m* (*część twarzy*) cheek.

policzk|ować (**-uję, -ujesz**) (*perf* **s-**) *vt*: **spoliczkować** (*perf*) **kogoś** to slap sb across the face.

poligami|a (**-i**) *f* polygamy.

poliglo|ta (**-ty, -ci**) (*dat sg* **-cie**) *m* polyglot.

poligo|n (**-nu, -ny**) (*loc sg* **-nie**) *m* military training ground.

poligrafi|a (**-i**) *f* printing.

poli|sa (**-sy, -sy**) (*dat sg* **-sie**) *f*: **polisa ubezpieczeniowa** insurance policy.

politechni|ka (**-ki, -ki**) (*dat sg* **-ce**) *f* polytechnic.

politologi|a (**-i**) *f* political science.

politowani|e (**-a**) *nt* disdain; **godny politowania** pitiable.

polityczny *adj* political.

polity|k (**-ka, -cy**) (*instr sg* **-kiem**) *m* politician.

polity|ka (**-ka**) (*dat sg* **-ce**) *f* politics; (*plan działania*) policy.

pol|ka (**-ki, -ki**) (*dat sg* **-ce**, *gen pl* **-ek**) *f* polka; **Polka** Pole, Polish woman.

polo *nt inv* (*SPORT*) polo; (*bluzka*) polo shirt.

polone|z (**-za, -zy**) (*loc sg* **-zie**) *m* polonaise (*dance*).

Poloni|a (**-i**) *f* **Polonia Amerykańska** Polish Americans *pl*.

polonisty|ka (**-ka, -ki**) (*dat sg* **-ce**) *f* (*dyscyplina*) Polish language and literature; (*wydział*) Polish Department *lub* Faculty.

pol|ować (**-uję, -ujesz**) *vi* to hunt; **polować na** +*acc* to hunt; (*pot: szukać*) to hunt for.

polowa|nie (**-nia, -nia**) (*gen pl* **-ń**) *nt* hunt.

polowy *adj*: **łóżko polowe** camp bed (*BRIT*), cot (*US*); **mundur polowy** battledress; **kuchnia polowa** soup kitchen.

Pols|ka (**-ki**) (*dat sg* **-ce**) *f* Poland.

polski *adj* Polish; **Rzeczpospolita Polska** the Republic of Poland.

polu|bić (**-bię, -bisz**) *vt perf* to come to like, to take (a liking) to.

▸**polubić się** *vr perf* to grow to like each other.

polubowny *adj* arbitrational.

połącze|nie (**-nia, -nia**) (*gen pl* **-ń**) *nt* (*kolejowe, telefoniczne*) connection; (*zespół elementów*) combination; (*element łączący*) joint.

połącz|yć (**-ę, -ysz**) *vt perf*: **połączyć kogoś z kimś** (*TEL*) to put sb through to sb.

▸**połączyć się** *vr perf*: **połączyć się z kimś** (*TEL*) to get through to sb.

połk|nąć (**-nę, -niesz**) (*imp* **-nij**) *vb perf od* **połykać**.

poło|wa (**-wy, -wy**) (*dat sg* **-wie**) *f* (*część*) half; (*środek*) middle; **do połowy pusty** half empty; **na połowę** in half; **o połowę więcej** half as much again; **o połowę mniej** half as much; **po połowie** fifty-fifty; **w połowie drogi** halfway, midway.

położe|nie (**-nia**) *nt* (*miejsce*) location; (*warunki*) position, situation.

położn|a (**-ej, -e**) *f decl like adj* midwife.

położnict|wo (-wa) (*loc sg* -wie) *nt*
obstetrics.

położniczy *adj*: oddział/szpital
położniczy maternity *lub* obstetric
ward/hospital.

położony *adj*: wieś położona jest
nad rzeką the village is situated on
the river.

poł|ożyć (-ożę, -ożysz) (*imp* -óż) *vb
perf od* **kłaść**.

poł|ów (-owu, -owy) (*loc sg* -owie) *m*
(*łowienie*) fishing; (*ryby*) catch.

połów|ka (-ki, -ki) (*dat sg* -ce, *gen pl*
-ek) *f* half.

południ|e (-a) *nt* (*godzina dwunasta*)
noon, midday; (*strona świata*) south;
(*kraje południowe*) the South; **przed
południem** in the morning; **po
południu** in the afternoon; **w
południe** at noon *lub* midday; **na
południe od** +*gen* south of.

południ|k (-ka, -ki) (*instr sg* -kiem) *m*
meridian; **południk zerowy**
Greenwich *lub* prime meridian.

południowo-wschodni *adj*
south-east(ern).

południowo-zachodni *adj*
south-west(ern).

południowy *adj* (*kraj, półkula,
akcent*) southern; (*wiatr*) south,
southerly; **przerwa południowa**
midday break; **południowy zachód**
south-west; **południowy wschód**
south-east.

połyk|ać (-am, -asz) (*perf* **połknąć**)
vt to swallow; (*pot. książkę, wiedzę*)
to devour.

połys|k (-ku) (*instr sg* -kiem) *m* gloss;
(*metalu*) lustre.

pomad|ka (-ki, -ki) (*dat sg* -ce, *gen pl*
-ek) *f*: **pomadka (do ust)** lipstick.

pomag|ać (-am, -asz) (*perf* **pomóc**)
vi to help; **pomagać komuś w
czymś** to help sb with sth; **w czym
mogę pomóc?** how can I help

you?; **płacz/krzyk nic nie pomoże**
crying/shouting won't help (you).

pomału *adv* slowly; **pomału!** slow
down!

pomarańcz|a (-y, -e) (*gen pl* -y) *f*
orange.

pomarańczowy *adj* orange *attr.*

pomarszczony *adj* wrinkled.

pomia|r (-ru, -ry) (*loc sg* -rze) *m*
measurement.

pomido|r (-ra, -ry) (*loc sg* -rze) *m*
tomato.

pomidorowy *adj* tomato *attr.*

pomieszcze|nie (-nia, -nia) (*gen pl*
-ń) *nt* room.

pomiędzy *prep* +*instr* = **między**.

pomij|ać (-am, -asz) (*perf* **pominąć**)
vt (*opuszczać*) to omit; (*nie
uwzględniać*) to pass over.

pomimo *prep* +*gen* in spite of,
despite; **pomimo że** even though;
pomimo to *lub* **wszystko** all the
same, nevertheless; *patrz też* **mimo**.

pomniejsz|ać (-am, -asz) (*perf* -yć)
vt to diminish, to lessen; (*przen*) to
diminish, to belittle.

pomni|k (-ka, -ki) (*instr sg* -kiem) *m*
monument.

pomoc (-y) *f* (*pomaganie*) help,
assistance; (*ratunek*) help, rescue;
(*wsparcie*) aid; (*osoba*) (*nom pl* -e)
help; (*SPORT*) full(-)backs *pl*; **na
pomoc!** help!; **przy pomocy** +*gen*
with the help *lub* aid of; **za pomocą**
+*gen* by means of; **pomoc drogowa**
emergency road service; **pomoc
domowa** domestic (help); **pierwsza
pomoc** first aid; **pomoc
humanitarna** humanitarian aid.

pomocniczy *adj* auxiliary.

pomocni|k (-ka, -cy) (*instr sg* -kiem)
m helper; (*SPORT*) full(-)back.

pomocz|yć (-ę, -ysz) *vt perf* to wet.
▸**pomoczyć się** *vr perf* to get wet.

Pomorz|e (-a) *nt* Pomerania (*region
in north-western Poland*).

pomo|st (-stu, -sty) (*loc sg* -ście) *m* (*na jeziorze*) pier, jetty.

pom|óc (-ogę, -ożesz) (*imp* -óż) *vb perf od* **pomagać**.

pomówie|nie (-nia, -nia) (*gen pl* -ń) *nt* slander.

pom|pa (-py) (*dat sg* -pie) *f* (*urządzenie*) (*nom pl* -py) pump; (*wystawność*) pomp; **pompa paliwowa** fuel pump.

pompatyczny *adj* pompous.

pomp|ka (-ki, -ki) (*dat sg* -ce, *gen pl* -ek) *f* pump; (*ćwiczenie*) press-up (*BRIT*), push-up (*US*).

pompo|n (-nu, -ny) (*loc sg* -nie) *m* pompom.

pomp|ować (-uję, -ujesz) (*perf* na-) *vt* to pump (up).

pom|ścić (-szczę, -ścisz) (*imp* -ścij) *vt perf* to avenge.

pomyj|e (-) *pl* swill.

pomylony *adj* (*pot*) crazy (*pot*), loony (*pot*).

pomył|ka (-ki, -ki) (*dat sg* -ce, *gen pl* -ek) *f* mistake; (*TEL*) wrong number; **przez pomyłkę** by mistake.

pomy|sł (-słu, -sły) (*loc sg* -śle) *m* idea.

pomysłowy *adj* (*rozwiązanie*) ingenious; (*człowiek*) inventive, ingenious.

pomyśl|eć (-ę, -isz) *vi perf*: **pomyśleć o** +*instr* (*zastanowić się*) to think of *lub* about; (*zatroszczyć się*) to think of.

pomyślność|ć (-ci) *f* well-being.

pomyślny *adj* (*początek, wróżba, znak*) auspicious, favourable (*BRIT*), favorable (*US*); (*wiadomość*) good.

ponad *prep* +*instr* (*dla oznaczenia miejsca*) above, over ♦ *prep* +*acc* (*dla oznaczenia kierunku*) over; (*więcej niż*) above, over; (*dłużej niż*) over.

ponaddźwiękowy *adj* supersonic.

ponadto *adv* (*książk*) further(more), moreover.

ponagl|ać (-am, -asz) (*perf* -ić) *vt*: **ponaglać kogoś** to hurry *lub* rush sb; **ponaglać kogoś, żeby coś zrobił** to press sb to do sth.

ponawi|ać (-am, -asz) (*perf* **ponowić**) *vt* to renew, to repeat.

ponętny *adj* alluring.

poniedział|ek (-ku, -ki) (*instr sg* -kiem) *m* Monday; **lany poniedziałek** *Easter Monday, on which a custom in Poland is for people to sprinkle each other with water.*

ponieważ *conj* because, since.

poniewier|ać (-am, -asz) *vt*: **poniewierać kimś** to treat sb badly.

▸**poniewierać się** *vr* (*tułać się*) to knock about *lub* around; (*o rzeczach*) to lie about *lub* around.

poniż|ać (-am, -asz) (*perf* -yć) *vt* to demean, to put down (*pot*).

▸**poniżać się** *vr* to demean o.s.

poniżej *prep* +*gen* (*niżej niż*) below, beneath; (*mniej niż*) below, under ♦ *adv* (*w tekście*) below; **pięć stopni poniżej zera** five degrees below zero *lub* freezing.

poniżeni|e (-a) *nt* humiliation.

poniższy *adj*: **poniższe uwagi** the following remarks.

pono|sić (-szę, -sisz) (*imp* -ś, *perf* **ponieść**) *vt* (*odpowiedzialność, koszty*) to bear; (*ryzyko, stratę*) to incur; (*porażkę*) to suffer.

ponownie *adv* again.

ponowny *adj* renewed, repeated.

ponto|n (-nu, -ny) (*loc sg* -nie) *m* pontoon.

pontyfika|t (-tu, -ty) (*loc sg* -cie) *m* pontificate.

ponury *adj* (*osoba, wiadomość*) gloomy; (*wygląd*) bleak; (*miejsce*) bleak, dreary; (*myśli*) dismal.

pończo|cha (-chy, -chy) (*dat sg*
-sze) *f* stocking.

po|p (-pa, -pi) (*loc sg* -pie) *m* pope
(*parish priest in the Orthodox Church*).

popad|ać (-am, -asz) (*perf* **popaść**)
vi: **popadać w długi** to fall into
debt; **popadać w
nędzę/ruinę/niełaskę** to fall into
poverty/disrepair/disgrace.

poparci|e (-a) *nt* support, backing.

poparze|nie (-nia, -nia) (*gen pl* -ń) *nt*
burn.

poparz|yć (-ę, -ysz) *vt perf* to burn.
▸**poparzyć się** *vr perf* to burn o.s.

popeł|niać (-niam, -niasz) (*perf* -nić)
vt (*grzech, przestępstwo*) to commit;
(*błąd, nietakt*) to make; **popełnić
samobójstwo** to commit suicide.

popę|d (-du, -dy) (*loc sg* -dzie) *m*:
popęd płciowy sex(ual) drive.

popędliwy *adj* impetuous,
short-tempered.

popę|dzać (-dzam, -dzasz) (*perf*
-dzić) *vt* to rush, to hurry.

popielaty *adj* grey, gray (*US*).

popielcowy *adj*: **środa popielcowa**
Ash Wednesday.

Popiel|ec (-ca) *m* Ash Wednesday.

popielnicz|ka (-ki, -ki) (*dat sg* -ce,
gen pl -ek) *f* ashtray.

popier|ać (-am, -asz) (*perf* **poprzeć**)
vt to support, to back up; (*wniosek*)
to second; (*prośbę: ustnie*) to back;
(: *na piśmie*) to support.

popier|sie (-sia, -sia) (*gen pl* -si) *nt*
bust.

popi|ół (-ołu, -oły) (*loc sg* -ele) *m* ash.

popisowy *adj* spectacular.

popis|ywać się (-uję, -ujesz) (*perf*
-ać się) *vr* to show off.

popłoch (-u) *m* panic; **wpaść** (*perf*)
w popłoch to panic.

popojutrze *adv* in three days' time.

popołudni|e (-a, -a) *nt* afternoon.

popra|wa (-wy, -wy) (*dat sg* -wie) *f*
improvement.

poprawcza|k (-ka, -ki) (*instr sg*
-kiem) *m* (*pot*) borstal (*BRIT*),
reformatory (*US*).

poprawczy *adj*: **dom poprawczy**
borstal (*BRIT*), reformatory (*US*).

popra|wiać (-wiam, -wiasz) (*perf*
-wić) *vt* (*strój, krawat*) to adjust, to
straighten; (*wynik, rekord*) to better,
to improve (up)on; (*błąd, rozmówcę*)
to correct.
▸**poprawiać się** *vr* (*polepszać się*)
to improve; (*wyrażać się inaczej*) to
correct o.s.

popraw|ka (-ki, -ki) (*dat sg* -ce, *gen
pl* -ek) *f* correction.

poprawkowy *adj*: **egzamin
poprawkowy** repeat *lub* resit
examination.

poprawnie *adv* correctly.

poprawnoś|ć (-ci) *f* correctness.

poprawny *adj* (*odpowiedź*) correct;
(*maniery*) proper.

popro|sić (-szę, -sisz) (*imp* -ś) *vb
perf od* **prosić**.

poprzecz|ka (-ki, -ki) (*dat sg* -ce, *gen
pl* -ek) *f* (*belka*) crossbeam;
(*SPORT*) crossbar.

poprzeczny *adj* (*running*) crosswise,
cross *attr*; (*TECH*) transverse.

poprzedni *adj* (*dyrektor, małżeństwo*)
previous; (*rozdział, miesiąc*)
preceding, previous.

poprzedni|k (-ka, -cy) (*instr sg*
-kiem) *m* predecessor.

poprzednio *adv* previously, before.

poprze|dzać (-dzam, -dzasz) (*perf*
-dzić) *vt* to precede.

poprzedzający *adj*: **poprzedzający
(coś)** preceding (sth).

poprzek: **w poprzek** *adv* crosswise.

poprzez *prep* +*acc* through; *patrz też*
przez.

popsu|ć (-ję, -jesz) *vb perf od* **psuć**.
▸**popsuć się** *vr* (*o samochodzie itp.*)
to break down; (*o pogodzie,
atmosferze*) to deteriorate.

populacj|a (-**i**, -**e**) (*gen pl* -**i**) *f*
population.

popularnonaukowy *adj* popular
science *attr.*

popularność (-**ci**) *f* popularity.

popularny *adj* popular.

popularyz|ować (-**uję**, -**ujesz**) (*perf*
s-) *vt* to popularize.

popuszcz|ać (-**am**, -**asz**) (*perf*
popuścić) *vt* to loosen; **nie**
popuszczę mu (*pot*) I won't let him
get away with it.

popych|ać (-**am**, -**asz**) (*perf*
popchnąć) *vt* to push, to shove;
patrz też **pchać**.

popy|t (-**tu**) (*loc sg* -**cie**) *m* (*HANDEL*)
demand; **popyt na coś** demand for
sth.

po|r (-**ra**, -**ry**) (*loc sg* -**rze**) *m* (*ANAT,
BIO*) (*gen sg also* -**ru**) pore; (*BOT,
KULIN*) leek.

por. *abbr* (= *porucznik*) Lt, Lieut (=
lieutenant); (= *porównaj*) cf. (=
confer (compare)).

po|ra (-**ry**, -**ry**) (*dat sg* -**rze**, *gen pl*
pór) *f* (*okres, właściwy moment*)
time; **pora roku** season; **do tej pory**
until now, so far; **od tej pory** from
now on; **w (samą) porę** (just) in
time, in the nick of time;
wizyta/uwaga nie w porę an
untimely *lub* ill-timed visit/remark.

porabi|ać (-**am**, -**asz**) *vi*: **co**
porabiasz? what are you up to
(these days)?

pora|da (-**dy**, -**dy**) (*dat sg* -**dzie**) *f*
(piece) of advice; **porada**
lekarska/prawna medical/legal
advice.

porad|nia (-**ni**, -**nie**) (*gen pl* -**ni**) *f*:
poradnia lekarska out-patient clinic.

poradni|k (-**ka**, -**ki**) (*instr sg* -**kiem**) *m*
guide, handbook.

pora|dzić (-**dzę**, -**dzisz**) (*imp* -**dź**) *vi*
perf: **poradzić sobie z czymś** to
manage sth.

poran|ek (-**ka**, -**ki**) (*instr sg* -**kiem**) *m*
morning.

poranny *adj* morning *attr.*

poraż|ać (-**am**, -**asz**) (*perf* **porazić**) *vt*
(*o truciźnie*) to paralyse; to paralyze
(*US*); (*o prądzie*) to give a shock; (*o
blasku*) to dazzle.

poraże|nie (-**nia**, -**nia**) (*gen pl* -**ń**) *nt*
(*prądem*) electric shock; (*MED*)
paralysis; **porażenie słoneczne**
sunstroke.

poraż|ka (-**ki**, -**ki**) (*dat sg* -**ce**, *gen pl*
-**ek**) *f* (*przegrana bitwa*) defeat;
(*niepowodzenie*) failure.

porcela|na (-**ny**) (*dat sg* -**nie**) *f* china,
porcelain.

porcelanowy *adj* china *attr,*
porcelain *attr.*

porcj|a (-**i**, -**e**) (*gen pl* -**i**) *f* portion,
helping.

poręcz (-**y**, -**e**) (*gen pl* -**y**) *f* (*schodów*)
banister, handrail; (*fotela*) arm; (*na
balkonie*) railing, balustrade.

poręcz|ać (-**am**, -**asz**) (*perf* -**yć**) *vt*
(*weksel, kwit*) to guarantee, to
underwrite ♦ *vi*: **poręczać za kogoś**
to vouch for sb.

poręcze|nie (-**nia**, -**nia**) (*gen pl* -**ń**) *nt*
guarantee.

poręczny *adj* handy.

porno *adj inv* (*pot*): **film/czasopismo**
porno porn(ographic)
movie/magazine.

pornografi|a (-**i**) *f* pornography.

pornograficzny *adj* pornographic.

porodowy *adj*: **bóle porodowe**
labour (*BRIT*) *lub* labor (*US*) pains.

poro|nić (-**nię**, -**nisz**) (*imp* -**ń**) *vi perf*
to miscarry.

poronie|nie (-**nia**, -**nia**) (*gen pl* -**ń**) *nt*
miscarriage; (*sztuczne*) abortion.

poro|st (-**stu**, -**sty**) (*loc sg* -**ście**) *m*
(*wzrost*) growth.

porowaty *adj* porous.

porozmawi|ać (-**am**, -**asz**) (*imp* -**aj**)
vi perf: **porozmawiać (z kimś o**

czymś) to talk *lub* speak (to sb about *lub* of sth).

porozumie|nie (-nia, -nia) (*gen pl* -ń) *nt* agreement; **w porozumieniu z kimś** in consultation with sb.

porozumiew|ać się (-am, -asz) (*perf* **porozumieć**) *vr* (*komunikować się*) to communicate; (*dogadywać się*) to come to *lub* reach an agreement.

porozumiewawczy *adj* (*spojrzenie*) knowing.

por|ód (-odu, -ody) (*loc sg* -odzie) *m* (child)birth, delivery.

porówna|nie (-nia, -nia) (*gen pl* -ń) *nt* comparison; **w porównaniu z** +*instr* in comparison with *lub* to, compared with *lub* to.

porówn|ywać (-uję, -ujesz) (*perf* -ać) *vt* to compare; **porównywać kogoś/coś z** +*instr* to compare sb/sth with *lub* to.

porównywalny *adj* comparable.

por|t (-tu, -ty) (*loc sg* -cie) *m* port, harbour (*BRIT*), harbor (*US*); **port lotniczy** airport.

portal (-u, -e) (*gen pl* -i) *m* (*ARCHIT*) portal.

portfel (-a, -e) (*gen pl* -i) *m* wallet, billfold (*US*); (*EKON*) portfolio.

portie|r (-ra, -rzy) (*loc sg* -rze) *m* (*odźwierny*) porter, doorman; (*recepcjonista*) receptionist.

portier|nia (-ni, -nie) (*gen pl* -ni) *f* porter's lodge, reception desk.

portmonet|ka (-ki, -ki) (*dat sg* -ce, *gen pl* -ek) *f* purse.

portre|t (-tu, -ty) (*loc sg* -cie) *m* portrait.

portret|ować (-uję, -ujesz) (*perf* s-) *vt* to paint a portrait of; (*przen*) to portray.

Portugalczy|k (-ka, -cy) (*instr sg* -kiem) *m* Portuguese.

Portugali|a (-i) *f* Portugal.

Portugal|ka (-ki, -ki) (*dat sg* -ce, *gen pl* -ek) *f* Portuguese.

portugalski *adj* Portuguese.

poruczni|k (-ka, -cy) (*instr sg* -kiem) *m* lieutenant (*BRIT*), (1st) lieutenant (*US*).

porusz|ać (-am, -asz) (*perf* -yć) *vt*: **poruszać czymś** to move sth; **poruszać coś** (*omawiać*) to bring sth up, to touch (up)on sth; (*napędzać*) to drive *lub* propel sth; **poruszać kogoś** to move sb.

▸**poruszać się** *vr* to move; **nie poruszać się** to keep still, to be motionless.

poruszeni|e (-a) *nt* (*wzburzenie*) agitation; (*zamieszanie*) commotion, stir.

poruszony *adj* (*wzburzony*) agitated; (*wzruszony*) touched, moved.

porwa|nie (-nia, -nia) (*gen pl* -ń) *nt* (*człowieka*) abduction, kidnapping; (*samolotu itp.*) hijacking.

porywacz (-a, -e) (*gen pl* -y) *m* (*ludzi*) kidnapper; (*samolotu*) hijacker.

poryw|ać (-am, -asz) (*perf* **porwać**) *vt* (*człowieka*) to abduct, to kidnap; (*samolot itp.*) to hijack; (*o wietrze*) to sweep away; (*przen*) to carry away.

▸**porywać się** *vr*: **porywać się na kogoś** to make an attempt on sb's life; **porywać się na coś** to attempt sth.

porywczy *adj* impetuous, quick- *lub* hot-tempered.

porywisty *adj* (*wiatr*) gusty.

porząd|ek (-ku, -ki) (*instr sg* -kiem) *m* order; **w porządku!** all right!; **doprowadzać (doprowadzić** *perf*) **coś do porządku** to put sth in order, to clean *lub* tidy sth up; **porządek dzienny/obrad** the agenda; (*POL*) the order of the day; **być na porządku dziennym** to be the order of the day; **porządki** *pl* (*sprzątanie*) cleaning.

porządk|ować (**-uję, -ujesz**) (*perf* **u-**) *vt* (*układać*) to order; (*sprzątać*) to clean, to tidy.

porządkowy *adj* (*liczebnik*) ordinal; (*numer*) serial.

porządny *adj* (*lubiący porządek*) tidy; (*obywatel*) respectable; (*mróz*) severe; (*pot: ulewa*) heavy; (*: posiłek*) square, decent.

porzecz|ka (**-ki, -ki**) (*dat sg* **-ce**, *gen pl* **-ek**) *f* currant; **czarna porzeczka** blackcurrant; **czerwona porzeczka** redcurrant.

porzu|cać (**-cam, -casz**) (*perf* **-cić**) *vt* (*kraj, dzieci*) to abandon, to leave; (*pracę, naukę*) to quit.

posa|da (**-dy, -dy**) (*dat sg* **-dzie**) *f* job, situation; **wolna posada** vacancy.

posa|dzić (**-dzę, -dzisz**) (*imp* **-dź**) *vb perf od* **sadzać, sadzić**.

posadz|ka (**-ki, -ki**) (*dat sg* **-ce**, *gen pl* **-ek**) *f* floor.

posą|g (**-gu, -gi**) (*instr sg* **-giem**) *m* dowry.

posą|dzać (**-dzam, -dzasz**) (*perf* **-dzić**) *vt*: **posądzać kogoś (o coś)** to suspect sb (of sth).

posą|g (**-gu, -gi**) (*instr sg* **-giem**) *m* statue.

poselski *adj* parliamentary.

po|seł (**-sła, -słowie**) (*loc sg* **-śle**) *m* (*członek parlamentu*) ≈ Member of Parliament (*BRIT*), ≈ Representative (*US*); (*wysłannik*) envoy.

posesj|a (**-i, -e**) (*gen pl* **-i**) *f* property.

posępny *adj* (*człowiek, nastrój*) gloomy, sombre (*BRIT*), somber (*US*); (*krajobraz*) bleak, forbidding.

posiadacz (**-a, -e**) (*gen pl* **-y**) *m* owner.

posiad|ać (**-am, -asz**) *vt* (*majątek*) to own; (*właściwości, umiejętności*) to possess.

posiadani|e (**-a**) *nt* possession, ownership.

posiadłoś|ć (**-ci, -ci**) (*gen pl* **-ci**) *f* estate, property.

posią|ść (**-dę, -dziesz**) (*imp* **-dź**) *vt perf* (*znajomość języka, wiedzę*) to acquire.

posiedze|nie (**-nia, -nia**) (*gen pl* **-ń**) *nt* sitting, session.

posił|ek (**-ku, -ki**) (*instr sg* **-kiem**) *m* meal; **posiłki** *pl* reinforcements *pl*.

posiłkowy *adj*: **czasownik posiłkowy** auxiliary verb.

poskrami|ać (**-am, -asz**) (*perf* **poskromić**) *vt* (*gniew*) to curb; (*namiętność, ciekawość*) to restrain; (*zwierzęta*) to tame.

posła|nie (**-nia, -nia**) (*gen pl* **-ń**) *nt* (*legowisko*) bedding; (*pismo*) message.

posła|niec (**-ńca, -ńcy**) *m* messenger.

posłan|ka (**-ki, -ki**) (*dat sg* **-ce**, *gen pl* **-ek**) *f* ≈ Member of Parliament (*BRIT*), ≈ Representative (*US*).

posło|wie (**-wia, -wia**) (*gen pl* **-wi**) *nt* afterword.

posłu|giwać się (**-guję, -gujesz**) (*perf* **posłużyć**) *vr*: **posługiwać się czymś/kimś** to use sth/sb.

posłuszeństw|o (**-wa**) (*loc sg* **-wie**) *nt* obedience.

posłusznie *adv* obediently.

posłuszny *adj* obedient; **być posłusznym komuś/rozkazowi** to obey sb/an order.

posma|k (**-ku**) (*instr sg* **-kiem**) *m* aftertaste.

posmar|ować (**-uję, -ujesz**) *vb perf od* **smarować**.

posmutni|eć (**-eję, -ejesz**) *vi perf* to become sad.

pos|olić (**-olę, -olisz**) (*imp* **-ól**) *vb perf od* **solić**.

pospieszny *itd. patrz* **pośpieszny** *itd.*.

pospolity *adj* common; **rzeczownik pospolity** common noun.

posprząt|ać (**-am, -asz**) *vb perf od* **sprzątać**.

posprzecz|ać się (**-am, -asz**) *vr perf*. **posprzeczać się (z kimś) (o coś)** to have a tiff (with sb) (over sth).

posrebrzany *adj* silver-plated.

po|st (**-stu, -sty**) (*loc sg* **-ście**) *m* fast; **wielki post** Lent.

posta|ć (**-ci, -cie** *lub* **-ci**) (*gen pl* **-ci**) *m* (*forma*) form; (*sylwetka, osoba*) figure; (*w utworze literackim*) character.

postanawi|ać (**-am, -asz**) (*perf* **postanowić**) *vt* to decide on ♦ *vi* to decide; **postanowić coś zrobić** to decide to do *lub* on doing sth; **postanowić czegoś nie robić** to decide against doing sth; **postanowić, że ...** to decide that ...; (*PRAWO*) to rule that ... .

postanowie|nie (**-nia, -nia**) (*gen pl* **-ń**) *nt* (*decyzja*) decision; (*zamiar*) resolution, resolve; (*PRAWO*) ruling.

postar|ać się (**-am, -asz**) *vb perf od* **starać się** ♦ *vr perf*: **postarać się o coś** (*uzyskać, zdobyć*) to obtain sth.

posta|wa (**-wy, -wy**) (*loc sg* **-wie**) *f* (*wygląd człowieka*) bearing, stance; (*postura*) posture; (*stosunek*) attitude, stance; **postawa wobec kogoś/czegoś** attitude towards sb/sth.

poste restante *inv* poste restante (*BRIT*), general delivery (*US*).

posterun|ek (**-ku, -ki**) (*instr sg* **-kiem**) *m* post; **posterunek policji/straży pożarnej** police/fire station.

postę|p (**-pu**) (*loc sg* **-pie**) *m* progress; **postępy** *pl* progress.

postęp|ować (**-uję, -ujesz**) *vi* (*perf* **postąpić**) (*o pracy*) to proceed; (*o chorobie*) to progress; (*zachowywać się*) to act, to behave.

postępowa|nie (**-nia**) *nt* conduct,

behaviour; **postępowanie prawne/sądowe** legal action *lub* proceedings.

postępowy *adj* (*działacz, umysł*) progressive.

postkomunistyczny *adj* postcommunist.

postojowy *adj*: **światła postojowe** parking lights.

post|ój (**-oju, -oje**) (*gen pl* **-ojów** *lub* **-oi**) *m* (*przerwa w podróży*) stopover; (*miejsce*) (road) stop; **postój taksówek** taxi rank; „**zakaz postoju**" "no waiting".

postrach (**-u**) *m* terror.

postrzałowy *adj*: **rana postrzałowa** gunshot wound.

postrzeg|ać (**-am, -asz**) (*perf* **postrzec**) *vt* to perceive.

postrzelony *adj* (*pot: szalony*) wacky (*pot*).

postula|t (**-tu, -ty**) (*loc sg* **-cie**) *m* postulate.

postul|ować (**-uję, -ujesz**) *vt* to postulate.

posunię|cie (**-cia, -cia**) (*gen pl* **-ć**) *nt* move.

posuw|ać (**-am, -asz**) (*perf* **posunąć**) *vt* to move forward.

▶**posuwać się** *vr* to move along *lub* forward; **posuwać się do czegoś** not to stop short of (doing) sth; **posuwać się za daleko** (*przen*) to go too far.

posył|ać (**-am, -asz**) (*perf* **posłać**) *vt* to send; **posłać (kogoś) po coś/kogoś** to send (sb) for sth/sb; **posłać kogoś dokądś** to send sb somewhere.

posyp|ywać (**-uję, -ujesz**) (*perf* **-ać**) *vt*: **posypywać coś czymś** to sprinkle sth with sth.

poszczególny *adj* individual.

poszczę|ścić się (**-ści**) *vr perf*: (**nie**) **poszczęściło mu się** he was (un)lucky.

poszedł *itd. vb patrz* **pójść.**

poszerz|ać (**-am, -asz**) (*perf* **-yć**) *vt* to widen, to broaden; (*spodnie, sukienkę*) to let out.

▸**poszerzać się** *vr* to widen.

poszew|ka (**-ki, -ki**) (*dat sg* **-ce**, *gen pl* **-ek**) *f* pillowcase.

poszkodowa|ny (**-nego, -ni**) *m decl like adj* (*PRAWO*) injured party; **być poszkodowanym w wypadku/przez los** to be injured in an accident/wronged by fate.

poszla|ka (**-ki, -ki**) (*dat sg* **-ce**) *f* circumstantial evidence.

poszuk|ać (**-am, -asz**) *vt perf:* **poszukać kogoś/czegoś** to find sb/sth.

poszukiwacz (**-a, -e**) (*gen pl* **-y**) *m* searcher.

poszu|kiwać (**-kuję, -kujesz**) *vt:* **poszukiwać kogoś/czegoś** to search for sb/sth.

poszukiwa|nie (**-nia, -nia**) (*gen pl* **-ń**) *nt* (*pracy*) search, hunt; (*złota*) digging; (*prawdy, szczęścia*) quest; **poszukiwania** *pl* (*zaginionej osoby*) search; (*zbiega*) hunt; **poszukiwania geologiczne** prospecting.

poszukiwany *adj* (*mający popyt, ceniony*) sought-after; (*ścigany*) wanted.

posz|wa (**-wy, -wy**) (*loc sg* **-wie**, *gen pl* **-ew**) *f* quilt cover.

poszy|cie (**-cia, -cia**) (*gen pl* **-ć**) *nt* (*dachu*) roofing; (*samolotu, statku*) sheathing, plating; (*leśne*) undergrowth.

po|ścić (**-szczę, -ścisz**) (*imp* **-ść**) *vi* to fast.

pościel (**-i, -e**) (*gen pl* **-i**) *f* bedclothes, bedding.

pościelowy *adj:* **bielizna pościelowa** bed linen.

pości|g (**-gu, -gi**) (*instr sg* **-giem**) *m* chase, pursuit; (*przen*) pursuit.

poślad|ek (**-ka, -ki**) (*instr sg* **-kiem**) *m* buttock.

pośliz|g (**-gu, -gi**) (*instr sg* **-giem**) *m* skid; (*pot*) delay; **wpaść** (*perf*) **w poślizg** to go into a skid.

poślizg|nąć się (**-nę, -niesz**) (*imp* **-nij**) *vr perf* to slip.

poślu|bić (**-bię, -bisz**) *vt perf* to wed.

poślubny *adj:* **noc poślubna** wedding night; **podróż poślubna** honeymoon.

pośmiertny *adj* posthumous.

pośpiech (**-u**) *m* hurry, haste; **bez pośpiechu** without haste; **w pośpiechu** hurriedly, in haste.

pośpieszny *adj* hurried, hasty; **pociąg pośpieszny** fast train.

pośpiesz|yć (**-ę, -ysz**) *vb perf od* **śpieszyć.**

▸**pośpieszyć się** *vr perf:* **pośpiesz się!** hurry up!

pośredni *adj* (*wpływ, związek, skutek*) indirect; (*stadium, etap*) intermediate.

pośrednict|wo (**-wa**) (*loc sg* **-wie**) *nt* mediation; (*HANDEL*) agency; **biuro pośrednictwa pracy** employment agency.

pośrednicz|yć (**-ę, -ysz**) *vi* to mediate.

pośredni|k (**-ka, -cy**) (*instr sg* **-kiem**) *m* mediator; (*HANDEL*) agent; (*też:* **pośrednik handlu nieruchomościami**) (real) estate agent.

pośrodku *prep +gen* in the middle of.

pośród *prep +gen* in the midst of.

poświadcz|ać (**-am, -asz**) (*perf* **-yć**) *vt* to authenticate, to certify.

poświadcze|nie (**-nia, -nia**) (*gen pl* **-ń**) *nt* authentication, certification.

poświa|ta (**-ty, -ty**) (*dat sg* **-cie**) *f* glow.

poświę|cać (**-cam, -casz**) (*perf* **-cić**) *vt* (*REL*) to consecrate; **poświęcać**

coś komuś (*składać w ofierze*) to
sacrifice sth to sb; (*dedykować*) to
dedicate sth to sb; **poświęcić
czas/wysiłki na coś** to spend
time/effort on sth; **konferencja była
poświęcona energii atomowej** the
conference was devoted to nuclear
energy.

▶**poświęcać się** *vr*: poświęcać się
dla kogoś to make sacrifices for sb;
poświęcać się czemuś to devote
lub dedicate o.s. to sth.

po|t (-tu, -ty) (*loc sg* -cie) *m* sweat,
perspiration.

pot. *abbr* (= *potocznie*) inf. (=
informally).

potajemnie *adv* secretly.

potajemny *adj* secret.

pota|s (-su) (*loc sg* -sie) *m* potassium.

potem *adv* (*następnie*) then, next,
afterwards; (*później*) later,
afterwards; **na potem** for later.

potencjalny *adj* potential.

potencja|ł (-łu, -ły) (*loc sg* -le) *m*
potential.

potenta|t (-ta, -ci) (*loc sg* -cie) *m*
potentate.

potę|ga (-gi) (*dat sg* -dze) *f* power;
(*mocarstwo*) (*nom pl* -gi) power; **dwa
do potęgi trzeciej** two to the power
of three.

potęg|ować (-uję, -ujesz) (*perf* s-) *vt*
(*MAT*) to exponentiate, to raise to a
power; (*wzmacniać*) to heighten.

▶**potęgować się** *vr* to heighten.

potę|piać (-piam, -piasz) (*perf* -pić)
vt: **potępiać coś** to condemn sth;
potępiać kogoś (za coś) to
condemn sb (for sth).

potępie|nie (-nia) *nt* condemnation;
(*REL*) damnation.

potężny *adj* (*władca, cios*) powerful,
mighty; (*drzewo*) mighty, huge.

potknię|cie (-cia, -cia) (*gen pl* -ć) *nt*
stumble; (*przen*) slip-up.

potłu|c się (-kę, -czesz) (*pt* -kł, -kła,
-kli) *vr perf* to get bruised.

potocznie *adv* popularly.

potoczny *adj* (*nazwa, rozumienie*)
popular; (*język*) colloquial, informal.

poto|k (-ku, -ki) (*instr sg* -kiem) *m*
stream.

potom|ek (-ka, -kowie) (*instr sg*
-kiem) *m* descendant.

potomst|wo (-wa) (*loc sg* -wie) *nt*
offspring.

poto|p (-pu) (*loc sg* -pie) *m* deluge;
(*REL*) the Flood.

potra|fić (-fię, -fisz) *vi*: **on potrafi to
zrobić** (*umie*) he can do it; (*jest
zdolny*) he can do it, he is capable
of doing it.

potraj|ać (-am, -asz) (*perf* **potroić**) *vt*
to treble, to triple.

▶**potrajać się** *vr* to treble, to triple.

potra|wa (-wy, -wy) (*dat sg* -wie) *f*
dish; **spis potraw** menu.

potrą|cać (-cam, -casz) (*imp* -cić) *vt*
(*szturchać*) to jostle, to jog;
(*odliczać*) to deduct.

potrójny *adj* treble, triple.

potrw|ać (-a) *vi perf* (*zająć czas*) to
take; (*przetrwać*) to last; **jak długo
to potrwa?** how long is it going to
take?; **to nie potrwa długo** it won't
take long.

potrzą|sać (-am, -asz) (*perf* -nąć) *vt*
to shake.

potrze|ba¹ (-by, -by) (*dat sg* -bie) *f*
need; **potrzeby** *pl* needs *pl*; **bez
potrzeby** unnecessarily; **w razie
potrzeby** if necessary *lub* required,
should the need arise; **nie ma
potrzeby się spieszyć** there's no
need to hurry; **w potrzebie** in need.

potrzeba² *inv* **potrzeba nam
pieniędzy/czasu** we need
money/time;: **czego ci potrzeba?**
what do you need?

potrzebny *adj* necessary, needed; **to
mi jest potrzebne** I need that;

jestem ci potrzebny? do you need me?; **to nie jest potrzebne** this isn't necessary.

potrzeb|ować (-uję, -ujesz) *vt perf*: **potrzebować czegoś** *lub* **coś** to need sth; **nie potrzebujesz tego robić** you don't need to do this.

potulny *adj* meek.

potwarz (-y, -e) *f* slander, calumny.

potwier|dzać (-dzam, -dzasz) (*imp* -dź, *perf* -dzić) *vt* to confirm; (*odbiór przesyłki*) to acknowledge.

▶**potwierdzać się** *vr* to be confirmed.

potwierdze|nie (-nia, -nia) (*gen pl* -ń) *nt* confirmation.

potworny *adj* monstrous.

potw|ór (-ora, -ory) (*loc sg* -orze) *m* monster.

potyk|ać się (-am, -asz) (*perf* **potknąć**) *vr* to stumble, to trip (up); (*przen*) to slip.

poucz|ać (-am, -asz) (*perf* -yć) *vt* (*informować*) to instruct; (*upominać*) to admonish; (*dawać niepotrzebne rady*) to patronize.

poucze|nie (-nia, -nia) (*gen pl* -ń) *nt* (*informacja*) instruction; (*ostrzeżenie*) admonition.

poufały *adj* familiar.

poufny *adj* confidential.

pow. *abbr* (= *powierzchnia*) area.

powabny *adj* (*książk*) alluring.

powa|ga (-gi) (*dat sg* -dze) *f* seriousness; (*urzędu, stanowiska*) authority; **z powagą** seriously; **zachować** (*perf*) **powagę** to keep serious.

poważ|ać (-am, -asz) *vt* (*cenić*) to esteem, to hold in high regard; (*szanować*) to respect.

poważa|nie (-nia) *nt* esteem; „**z poważaniem**" "yours sincerely *lub* faithfully".

poważnie *adv* seriously; **wyglądać poważnie** to look serious;

poważnie? seriously?; **mówisz poważnie?** are you serious?

poważny *adj* (*mina, błąd, strata, choroba*) serious; (*rola*) substantial; (*instytucja*) reputable; **muzyka poważna** classical music.

powet|ować (-uję, -ujesz) *vt perf*: **powetować (sobie) coś** to make up for sth.

powiadami|ać (-am, -asz) (*perf* **powiadomić**) *vt*: **powiadamiać kogoś (o czymś)** to notify sb (of sth).

powi|at (-atu, -aty) (*loc sg* -ecie) *m* Polish administrative unit.

powiąza|nie (-nia, -nia) (*gen pl* -ń) *nt* connection; **mieć powiązanie z** +*instr* to be connected with; **powiązania** *pl*: (**mieć**) **powiązania z** +*instr* (to have) connections with.

powiązany *adj*: **powiązany z** +*instr* connected with *lub* to, related to.

powid|ła (-eł) *pl* (*KULIN*) plum jam.

powiedze|nie (-nia, -nia) (*gen pl* -ń) *nt* (*aforyzm*) saying; **mieć coś do powiedzenia** (*chcieć coś wyjaśnić*) to have sth to say; (*liczyć się*) to have some say.

powi|edzieć (-em, -esz) (*3 pl* -edzą, *imp* -edz) *vt perf*: **powiedzieć coś/, że ...** to say sth/(that) ... ♦ *vi perf* to say; **powiedzieć komuś coś/o czymś/, że ...** to tell sb sth/about sth/(that) ...; **co chcesz przez to powiedzieć?** what do you mean by that?; **co powiesz na** +*acc***?** how *lub* what about ...?; **że tak powiem** so to speak.

powie|ka (-ki, -ki) (*dat sg* -ce) *f* eyelid.

powiel|ać (-am, -asz) (*perf* -ić) *vt* to duplicate.

powierniczy *adj*: **fundusz powierniczy** trust fund.

powierz|ać (-am, -asz) (*perf* -yć) *vt*:

powierzać coś komuś to entrust sth to sb, to entrust sb with sth.

powierzch|nia (-ni, -nie) (*gen pl* -ni) *f* (*strona zewnętrzna*) surface; (*obszar, teren*) area; (*MAT, GEOM*) area.

powierzchowny *adj* superficial.

powie|sić (-szę, -sisz) (*imp* -ś) *vt perf* to hang.

▸**powiesić się** *vr perf* to hang o.s.

powieściopisarz (-a, -e) (*gen pl* -y) *m* novelist.

powieś|ć¹ (-ci, -ci) (*gen pl* -ci) *f* novel.

powi|eść² (-odę, -edziesz) (*imp* -edź, *pt* -ódł, -odła, -edli) *vb perf od* **wieść** ◂ *vt perf* (*przesunąć*): **powiódł wzrokiem po pokoju** his eyes *lub* gaze swept round the room; **powiódł palcem po mapie** he traced the route on the map with his finger.

▸**powieść się** *vb perf od* **wieść się** ◂ *vr perf* (*udać się*) to succeed, to be successful; **nie powiodło mi się** I didn't succeed; **powiodło mi się** I made it.

powietrz|e (-a) *nt* air; **na (wolnym) powietrzu** in the open air, outdoors.

powietrzny *adj* air *attr*; **obszar powietrzny** airspace; **trąba powietrzna** whirlwind; **poduszka powietrzna** (*MOT*) airbag; **siły powietrzne** Air Force.

powie|w (-wu, -wy) (*loc sg* -wie) *m* breath, puff.

powiew|ać (-a) *vi* (*o wietrze*) (*perf* **powiać**) to blow; (*o fladze*) to fly, to wave.

powiększ|ać (-am, -asz) (*perf* -yć) *vt* (*teren, obszar*) to expand; (*ilość, dostawy, deficyt*) to increase; (*organizację, zespół*) to enlarge; (*obraz*) to magnify; (*FOT*) to enlarge, to blow up.

▸**powiększać się** *vr* (*o zasobach*) to

increase; (*o obszarze*) to expand; (*o grupie*) to grow.

powiększający *adj*: **szkło powiększające** magnifying glass.

powiększe|nie (-nia, -nia) (*gen pl* -ń) *nt* (*obszaru*) expansion; (*deficytu*) increase; (*FOT*) enlargement, blow-up.

powiększ|yć (-ę, -ysz) *vb perf od* **powiększać**.

powikła|nie (-nia, -nia) (*gen pl* -ń) *nt* complication.

powinien (*f* **powinna**, *nt* **powinno**): **on powinien/ona powinna tam pójść** he/she should go there, he/she ought to go there; **powinieneś (powinnaś** *f*) **mu powiedzieć** you should tell him; **powinienem był (powinnam była** *f*) **zaczekać** I should have waited; **on powinien zaraz wrócić** he should be back any moment; **słońce powinno zajść o dziewiątej** the sun should set at nine; **powinno się pomagać innym** one *lub* you should help others.

powinnoś|ć (-ci, -ci) (*gen pl* -ci) *f* (*książk*) duty.

powit|ać (-am, -asz) *vb perf od* **witać**.

powitalny *adj* (*gest, uśmiech*) welcoming *attr*; (*oklaski*) greeting *attr*; (*mowa*) opening *attr*.

powita|nie (-nia, -nia) (*gen pl* -ń) *nt* welcome, greeting.

powlek|ać (-am, -asz) (*perf* **powlec**) *vt*: **powlekać (czymś)** to coat (with sth).

powło|ka (-ki, -ki) (*dat sg* -ce) *f* (*farby*) coat(ing); (*ozonu*) layer.

powod|ować (-uję, -ujesz) (*perf* s-) *vt* to cause, to bring about; **spowodować, że coś się stanie** to cause sth to happen.

powodze|nie (-nia) *nt* (*sukces*) success; (*popularność*) popularity; **powodzenia!** good luck!; **z powodzeniem** successfully.

powo|dzić się (-dzi) *vr:* **dobrze/źle jej się powodzi** she is doing well/badly; (*finansowo*) she is well/badly off.

powojenny *adj* postwar *attr.*

powoli *adv* slowly.

powolny *adj* slow.

powoła|nie (-nia, -nia) (*gen pl* -ń) *nt* (*rządu*) formation; (*ministra*) appointment; (*zamiłowanie*) calling; **powołanie do wojska** call-up (*BRIT*) *lub* draft (*US*) (papers).

powoł|ywać (-uję, -ujesz) (*perf* -ać) *vt* (*wyznaczać*) to appoint; **powoływać kogoś do wojska** to conscript sb (*BRIT*), to call sb up (*BRIT*), to draft sb (*US*).

▸**powoływać się** *vr:* **powoływać się na** +acc (*źródło*) to cite, to quote; (*przywilej, prawo*) to invoke.

pow|ód¹ (-odu, -ody) (*loc sg* -odzie) *m* (*przyczyna*) cause; (*uzasadnienie*) reason; **z powodu** +gen because of, due to; **z tego powodu** for this reason.

pow|ód² (-oda, -odowie) (*loc sg* -odzie) *m* (*PRAWO*) plaintiff.

pow|ódź (-odzi, -odzie) (*gen pl* -odzi) *f* (*woda*) flood(ing).

pow|óz (-ozu, -ozy) (*loc sg* -ozie) *m* carriage.

powrac|ać (-am, -asz) (*perf* **powrócić**) *vi* to return, to come back.

powrotny *adj:* **bilet powrotny** return (*BRIT*) *lub* round-trip (*US*) ticket; **w drodze powrotnej** on the way back.

powr|ót (-otu, -oty) (*loc sg* -ocie) *m* return; **z powrotem** (*w kierunku powrotnym*) back; (*na nowo*) again; **tam i z powrotem** back and forth.

powsta|nie (-nia) *nt* (*utworzenie*) rise, origin; (*rewolta*) (*nom pl* -nia, *gen pl* -ń) uprising.

powsta|niec (-ńca, -ńcy) *m* insurgent.

powst|awać (-aję, -ajesz) (*imp* -awaj, *perf* -ać) *vi* (*zaczynać istnieć*) to arise, to come into being; (*wstawać*) to stand (up); (*buntować się*) to rise (up).

powstrzym|ywać (-uję, -ujesz) (*perf* -ać) *vt* (*zatrzymywać*) to restrain, to hold back; (*śmiech, łzy*) to hold back, to check; (*nieprzyjaciela*) to hold off; **powstrzymywać kogoś od (robienia) czegoś** to stop *lub* keep sb from (doing) sth.

▸**powstrzymywać się** *vr:* **powstrzymywać się od** +gen (*picia*) to abstain from; (*komentarza*) to refrain from.

powszechnie *adv* (*znany, lubiany*) generally; (*używany*) commonly.

powszechny *adj* (*opinia*) common; (*wybory*) general; (*szkoła, edukacja*) primary *attr* (*BRIT*), elementary *attr* (*US*).

powszedni *adj* commonplace; **dzień powszedni** weekday; (*przen*) average day.

powściągliwoś|ć (-ci) *f* (*umiar*) restraint, moderation; (*opanowanie*) reserve, self-restraint.

powściągliwy *adj* (*wymijający*) evasive; (*opanowany*) restrained.

powtarz|ać (-am, -asz) (*perf* **powtórzyć**) *vt* to repeat; (*TV, RADIO*) to repeat, to rebroadcast; (*materiał, lekcje*) to revise (*BRIT*), to review (*US*); **czy mógłbyś powtórzyć?** could you say that again?

▸**powtarzać się** *vr* (*odbywać się ponownie*) to recur; (*o historii*) to repeat itself; (*o człowieku*) to repeat o.s.

powtór|ka (-ki, -ki) (*dat sg* -ce, *gen pl* -ek) *f* (*SZKOL*) revision (*BRIT*), review (*US*); (*programu*) repeat, re-run; **powtórka akcji** action replay.

powtórnie *adv* again, a second time.

powtórny *adj* second.

powtórze|nie (-nia, -nia) (gen pl -ń)
nt repetition; (materiału) revision
(BRIT), review (US); (programu)
repeat, re-run.

powyżej prep +gen (wyżej niż)
above, over; (ponad) over ♦ adv
above.

powyższy adj (książk)
above-mentioned, foregoing.

pow|ziąć (-ezmę, -eźmiesz) (imp
-eźmij) vt perf: **powziąć decyzję** to
take lub make a decision; **powziąć
postanowienie** lub **zamiar** to make
up one's mind.

po|za[^1] (-zy, -zy) (dat sg -zie, gen pl
póz) f pose.

poza[^2] prep +acc (dalej niż) beyond ♦
prep +instr (na zewnątrz) outside;
(oprócz) apart from, beside;
przebywać poza domem to be out;
poza tym (zresztą) besides;
(również) also.

pozba|wiać (-wię, -wisz) (perf -wić)
vt: **pozbawiać kogoś czegoś** to
deprive sb of sth; **pozbawić kogoś
złudzeń** to disillusion sb.

▸**pozbawiać się** vr +gen
(przyjemności) to deny o.s.; (szansy)
to lose; **pozbawić się/kogoś życia**
to take one's own/sb's life.

pozbawie|nie (-nia) nt: **kara
pozbawienia wolności** (PRAWO)
imprisonment.

pozbawiony adj: **pozbawiony
czegoś** devoid of sth.

pozbier|ać (-am, -asz) vb perf od
zbierać.

▸**pozbierać się** vr perf (pot) to pull
o.s. together.

pozbyw|ać się (-am, -asz) (perf
pozbyć) vr +gen to get rid of.

pozdrawi|ać (-am, -asz) (perf
pozdrowić) vt to greet; **pozdrów
(ode mnie) Janka** give my regards
to John, remember me to John.

pozdrowie|nie (-nia, -nia) (gen pl -ń)

nt (powitanie) greeting;
pozdrowienia pl regards pl.

poz|ew (-wu, -wy) (loc sg -wie) m
(PRAWO) suit, petition.

pozio|m (-mu, -my) (loc sg -mie) m
(wysokość) level; (stopień) standard;
(zawartość) content; **poziom życia**
living standards.

poziomic|a (-y, -e) f (GEOG)
contour (line); (TECH) spirit level.

poziom|ka (-ki, -ki) (dat sg -ce, gen pl
-ek) f wild strawberry.

poziomo adv horizontally; (w
krzyżówce) across.

poziomy adj horizontal.

pozłacany adj (rama) gilt, gilded;
(pierścionek, styki) gold-plated.

pozn|ać (-am, -asz) vb perf od
poznawać ♦ vt perf (zawrzeć
znajomość) to meet; **poznać kogoś
z kimś drugim** to introduce sb to sb
else; **miło mi Pana/Panią poznać**
nice lub pleased to meet you; **miło
(mi) było Pana/Panią poznać** it was
nice meeting you.

▸**poznać się** vr perf (zawrzeć
znajomość) to meet; **poznać się
dobrze/bliżej** to get to know each
other well/better.

pozna|nie (-nia) nt (zapoznanie się)
meeting; **nie do poznania** (być)
unrecognizable; (zmienić się)
beyond recognition.

pozn|awać (-aję, -ajesz) (perf -ać) vt
(miasto, ludzi) to get to know;
(świat) to see; (języki) to learn;
(rozpoznawać) to recognize;
(doświadczać) to experience; (plany,
tajemnice) to find out.

▸**poznawać się** vr (rozpoznawać
siebie) to recognize o.s.;
(rozpoznawać jeden drugiego) to
recognize one another; (dowiadywać
się o sobie) to get to know one
another; **poznałem się na nim** I
knew him for what he was.

[^1]: 1
[^2]: 2

pozornie *adv* seemingly.

pozorny *adj* seeming, apparent.

pozor|ować (**-uję, -ujesz**) (*perf* **u-**) *vt* (*chorobę, śmierć*) to feign; (*wypadek, walkę*) to simulate.

pozostałoś|ć (**-ci, -ci**) (*gen pl* **-ci**) *f* remnant; (*relikt*) relic; **pozostałości** *pl* (*resztki*) remains *pl*.

pozostały *adj* remaining; (*drugi*) the other *attr*.

pozost|awać (**-aję, -ajesz**) (*imp* **-awaj**, *perf* **-ać**) *vi* (*przebywać*) to stay; (*być nadal*) to remain, to continue; **pozostawać niedostępnym/wiernym/na wolności** to remain inaccessible/faithful/at large; **pozostawać w tyle** to lag behind.

pozosta|wiać (**-wiam, -wiasz**) *vt* (*perf* **-wić**) to leave.

poz|ować (**-uję, -ujesz**) *vi* (*do zdjęcia*) to pose; (*o modelce*) to model; (*zachowywać się sztucznie*) to pose.

poz|ór (**-oru, -ory**) (*loc sg* **-orze**) *m* pretence (*BRIT*), pretense (*US*), false appearance; **na pozór** *lub* **z pozoru** on the surface, outwardly; **pod żadnym pozorem** on no account.

pozwal|ać (**-am, -asz**) (*perf* **pozwolić**) *vi*: **pozwalać komuś coś robić** to allow sb to do sth, to let sb do sth; **pozwalać na coś** to permit sth; **pozwalać komuś na coś** to allow *lub* permit sb sth; **nie mogę sobie na to pozwolić** I can't afford it.

pozwole|nie (**-nia, -nia**) (*gen pl* **-ń**) *nt* (*zgoda*) permission; (*zezwolenie*) permit.

pozw|olić (**-olę, -olisz**) (*imp* **-ól**) *vb perf od* **pozwalać**; **Pan/Pani pozwoli, że się przedstawię** let me introduce myself.

pozycj|a (**-i, -e**) (*gen pl* **-i**) *f* position; (*w spisie, kolekcji*) item.

pozycyjny *adj*: **światła pozycyjne** (*MOT*) sidelights *pl* (*BRIT*), parking lights *pl* (*US*).

pozys|kiwać (**-kuję, -kujesz**) (*perf* **-kać**) *vt* (*przychylność, zaufanie*) to win; (*przyjaciół*) to win over.

pozyty|w (**-wu, -wy**) (*loc sg* **-wie**) *m* positive.

pozytywiz|m (**-mu**) (*loc sg* **-mie**) *m* positivism.

pozytyw|ka (**-ki, -ki**) (*dat sg* **-ce**, *gen pl* **-ek**) *f* musical box (*BRIT*), music box (*US*).

pozytywnie *adv* favourably (*BRIT*), favorably (*US*).

pozytywny *adj* (*reakcja, nastawienie*) positive; (*rezultat*) favourable (*BRIT*), favorable (*US*).

poża|r (**-ru, -ry**) (*loc sg* **-rze**) *m* fire (*of building etc*).

pożarny *adj*: **straż pożarna** (*instytucja*) fire brigade (*BRIT*), fire department (*US*); (*budynek*) fire station; (*wóz*) fire engine (*BRIT*), fire truck (*US*).

pożąd|ać (**-am, -asz**) *vt* to covet, to lust after.

pożąda|nie (**-nia**) *nt* desire.

pożądany *adj* (*skutek*) desirable; (*gość*) welcome.

pożegn|ać (**-am, -asz**) *vb perf od* **żegnać**.

pożegnalny *adj* farewell *attr*.

pożegna|nie (**-nia, -nia**) (*gen pl* **-ń**) *nt* farewell, leave-taking.

pożer|ać (**-am, -asz**) (*perf* **pożreć**) *vt* to devour.

poży|cie (**-cia**) *nt*: **pożycie małżeńskie/seksualne** married/sex life.

pożycz|ać (**-am, -asz**) (*perf* **-yć**) *vt*: **pożyczać coś komuś** to lend sb sth, to lend sth to sb; **pożyczać coś (od kogoś)** to borrow sth (from sb).

pożycz|ka (**-ki, -ki**) (*dat sg* **-ce**, *gen pl* **-ek**) *f* loan.

pożyteczny adj useful.

pożyt|ek (-ku, -ki) (instr sg -kiem) m benefit, advantage.

pożywie|nie (-nia) nt food, nourishment.

pój|ść (-dę, -dziesz) (imp -dź, pt poszedł, poszła, poszli) vb perf od iść.

póki conj as long as; **póki nie** until; **póki nie wrócę** until I come back; **póki czas** before it's too late.

pół inv half; **pół jabłka/szklanki** half an apple/a glass; **pół godziny** half an hour; **dwa i pół** two and a half.

półbu|t (-ta, -ty) (loc sg -cie) m (low) shoe.

półciężarów|ka (-ki, -ki) (dat sg -ce, gen pl -ek) f van.

półfina|ł (-łu, -ły) (loc sg -le) m the semi-finals pl.

półgodzinny adj thirty-minute attr, thirty minutes' attr; **przyszedł z półgodzinnym opóźnieniem** he was half an hour late.

pół|ka (-ki, -ki) (dat sg -ce, gen pl -ek) f shelf; (na książki) bookshelf; (na bagaż) rack.

półkol|e (-a, -a) (gen pl -i) nt semicircle.

półksiężyc (-a, -e) m crescent.

półkul|a (-i, -e) f hemisphere.

półmet|a (-ka) (instr sg -kiem) m half-way point.

półmis|ek (-ka, -ki) (instr sg -kiem) m platter, dish.

półmro|k (-ku) (instr sg -kiem) m semidarkness.

północ (-y) f (godzina) midnight; (strona świata) north; **na północ od** +gen (to the) north of.

północno-wschodni adj north-east(ern).

północno-zachodni adj north-west(ern).

północny adj (klimat, półkula) northern; (wiatr, kierunek) northerly;

północny wschód north-east; **północny zachód** north-west; **Ameryka Północna** North America; **Irlandia Północna** Northern Ireland.

półnu|ta (-ty, -ty) (loc sg -cie) f minim (BRIT), half-note (US).

półokr|ąg (-ęgu, -ęgi) (instr sg -ęgiem) m semicircle.

półpięt|ro (-ra, -ra) (loc sg -rze, gen pl -er) nt landing.

półproduk|t (-tu, -ty) (loc sg -cie) m semi-finished article.

półprzewodni|k (-ka, -ki) (instr sg -kiem) m semiconductor.

półśrod|ek (-ka, -ki) (instr sg -kiem) m half-measure.

półto|n (-nu, -ny) (loc sg -nie) m (odcień) halftone; (MUZ) semitone, halftone (US).

półtora num one and a half; **półtora kilograma** one and a half kilogram; **półtorej godziny** an hour and a half.

półwys|ep (-pu, -py) (loc sg -pie) m peninsula.

póty conj: **póty ... póki nie ...** until, till.

później adv comp od późno; (następnie) later; **prędzej czy później** sooner or later; **dwa dni później** two days later.

późniejszy adj comp od późny; (następny) subsequent; **późniejszy prezydent** the future president.

późno (comp później) adv late; **za późno** too late.

późny adj late.

prabab|ka (-ki, -ki) (dat sg -ce, gen pl -ek) f great-grandmother.

prac|a (-y, -e) f work; **praca klasowa** (classroom) test, test paper; **praca domowa** homework; **praca magisterska** M.A. thesis; **praca doktorska** doctoral lub Ph.D. dissertation; **iść do pracy** to go to work; **być w pracy** to be at work.

pracochłonny adj laborious.

pracodawc|a (**-y, -y**) *m decl like f in sg* employer.

prac|ować (**-uję, -ujesz**) *vi* (*wykonywać pracę*) to work; (*mieć posadę*) to have a job; (*funkcjonować*) to work, to operate.

pracowitoś|ć (**-ci**) *f* diligence.

pracowity *adj* (*uczeń*) hard-working, diligent; (*dzień*) arduous.

pracow|nia (**-ni, -nie**) (*gen pl* **-ni**) *f* (*malarza, rzeźbiarza*) studio, atelier; (*chemiczna, techniczna*) laboratory; (*warsztat*) workshop.

pracowni|k (**-ka, -cy**) (*instr sg* **-kiem**) *m* worker, employee.

prać (**piorę, pierzesz**) *vt* (*usuwać brud*) (*perf* **wy-**) to wash; (*chemicznie*) to dry-clean; (*pot. bić*) (*perf* **s-**) to thrash ♦ *vi* to wash (clothes), to do the laundry.

pradawny *adj* primeval.

pradziad|ek (**-ka, -kowie**) (*instr sg* **-kiem**) *m* great-grandfather.

Pra|ga (**-gi**) (*dat sg* **-dze**) *f* Prague.

pragmatyczny *adj* pragmatic.

prag|nąć (**-nę, -niesz**) (*imp* **-nij**) *vt* (*życzyć sobie*) to desire; (*pożądać*) to lust for; **pragnąć coś zrobić** to wish to do sth.

pragnie|nie (**-nia**) *nt* (*suchość w ustach*) thirst; (*gorąca chęć*) (*nom pl* **-nia**, *gen pl* **-ń**) desire; **mieć pragnienie** to be thirsty.

praktycznie *adv* practically; (*doświadczalnie*) practically, in practice.

praktyczny *adj* (*człowiek, metoda*) practical; (*strój*) practical, sensible.

prakty|ka (**-ki**) (*dat sg* **-ce**) *f* practice; (*staż: w firmie*) training period; (: *w szkole*) teacher practice; (: *u rzemieślnika*) apprenticeship.

praktykan|t (**-ta, -ci**) (*loc sg* **-cie**) *m* (*w firmie*) trainee; (*w szkole*) practice teacher; (*u rzemieślnika*) apprentice.

praktyk|ować (**-uję, -ujesz**) *vi* (*o lekarzu*) to practise (*BRIT*) *lub* practice (*US*) medicine; (*o adwokacie*) to practise (*BRIT*) *lub* practice (*US*) law; (*być na praktyce*) to be in training.

pral|ka (**-ki, -ki**) (*dat sg* **-ce**, *gen pl* **-ek**) *f* washing machine.

pral|nia (**-ni, -nie**) (*gen pl* **-ni**) *f* laundry; (*chemiczna*) dry-cleaner's; (*samoobsługowa*) launderette, laundromat (*US*).

pra|nie (**-nia**) *nt* (*czynność*) washing; (*porcja bielizny*) (*nom pl* **-nia**, *gen pl* **-ń**) washing, laundry.

pra|sa (**-sy**) (*dat sg* **-sie**) *f* press; (*dziennikarze*) the Press.

pras|ować (**-uję, -ujesz**) *vt* (*bieliznę*) (*perf* **wy-**) to iron, to press; (*blachę*) (*perf* **s-**) to press.

prasowy *adj* press *attr*; **agencja prasowa** press *lub* news agency.

prastary *adj* (*las*) primeval; (*ród, pomnik*) ancient.

praw|da (**-dy, -dy**) (*dat sg* **-dzie**) *f* truth; **prawdę mówiąc** to tell the truth; **co prawda** as a matter of fact; **to prawda** it's true; **czy to prawda?** is that true?; **jest zimno, prawda?** it's cold, isn't it?; **lubisz go, prawda?** you like him, don't you?

prawdomówny *adj* truthful.

prawdopodobieńst|wo (**-wa**) (*loc sg* **-wie**) *nt* probability, likelihood.

prawdopodobnie *adv* (*chyba*) probably; (*autentycznie*) plausibly.

prawdopodobny *adj* (*bliski prawdy*) probable; (*możliwy*) probable, likely.

prawdziwy *adj* (*kłopot, przyjemność*) real; (*skóra, perła*) genuine; (*opowieść*) true, truthful; (*zdarzenie*) authentic.

prawic|a (**-y**) *f* (*POL*) the Right.

prawicowy *adj* rightist, right-wing.

prawid|ło (-ła, -ła) (*loc sg* -le, *gen pl* -eł) *nt* (*zasada*) rule.

prawidłowoś|ć (-ci, -ci) (*gen pl* -ci) *f* regularity.

prawidłowy *adj* (*poprawny*) correct; (*należyty*) proper; (*normalny*) normal.

prawie *adv* almost, nearly; **prawie go nie znam** I hardly know him; **prawie nic** next to nothing; **prawie nigdzie/nigdy** hardly anywhere/ever; **prawie nikt** scarcely anybody; **prawie skończyłem** I've just about finished.

prawniczy *adj* (*zawód, wykształcenie*) legal; (*studia, wydział*) law *attr*.

prawni|k (-ka, -cy) (*instr sg* -kiem) *m* lawyer.

prawnucz|ka (-ki, -ki) (*dat sg* -ce, *gen pl* -ek) *f* great-granddaughter.

prawnu|k (-ka, -ki) (*instr sg* -kiem) *m* great-grandson; **prawnuki** *pl* great-grandchildren.

prawny *adj* (*radca, porada, moc*) legal; (*akt*) legislative; (*właściciel*) lawful, rightful; **osoba prawna** legal entity *lub* person, body corporate.

pra|wo¹ (-wa) (*loc sg* -wie) *nt* (*prawodawstwo*) law; (*ustawa*) (*nom pl* -wa) law; (: *zapisana w dzienniku ustaw*) statute; (*uprawnienie*) (*nom pl* -wa) right; (*zasada*) principle, law; **prawo cywilne/karne** civil/criminal law; **prawo jazdy** (*MOT*) driving licence (*BRIT*), driver's license (*US*); **prawa człowieka** human rights; **prawo autorskie** copyright; **mieć prawo do czegoś/coś zrobić** to be entitled to sth/to do sth, to have a right to sth/to do sth; **nie masz prawa tak mówić!** you have no right to talk like this!; **zgodnie z prawem** in compliance with the law.

prawo² *adv:* **w prawo** (*w prawą stronę*) to the right; **na prawo** (*w*

prawą stronę) to the right; (*po prawej stronie*) on *lub* to the right; **na prawo i lewo** right and left, all over the place.

prawodawc|a (-y, -y) *m decl like f in sg* legislator.

prawodawst|wo (-wie) *nt* legislation.

prawomocny *adj* legally valid.

praworęczny *adj* right-handed.

praworządnoś|ć (-ci) *f* law and order.

praworządny *adj* (*postępujący zgodnie z prawem*) law-abiding; (*zgodny z prawem*) legal.

prawosławi|e (-a) *nt* Orthodox Church.

prawosławny *adj* Orthodox.

prawy *adj* right; (*uczciwy*) honest; **prawa strona** the right-hand side; **z prawej strony** *lub* **po prawej stronie** on the right side; **czyjaś prawa ręka** (*przen*) sb's right hand.

prą|cie (-cia, -cia) (*gen pl* -ci) *nt* penis.

prą|d (-du, -dy) (*loc sg* -dzie) *m* current, stream; (*elektryczny*) current; (*elektryczność*) electricity; (*przen: kierunek*) current, trend; **iść pod prąd** to go against the stream *lub* tide; **iść z prądem** to go with the stream *lub* tide; **prąd stały/zmienny** (*ELEKTR*) direct/alternating current.

prądnic|a (-y, -e) *f* generator.

prąż|ek (-ka, -ki) (*instr sg* -kiem) *m* line, stripe.

prążkowany *adj* striped.

preceden|s (-su, -sy) (*loc sg* -sie) *m* precedent; **bez precedensu** unprecedented.

precel|ek (-ka, -ki) (*instr sg* -kiem) *m* pretzel.

precyzj|a (-i) *f* precision, accuracy.

precyz|ować (-uję, -ujesz) (*perf* s-) *vt* to specify.

precyzyjny *adj* (*ruch, definicja*)

precise; (*narzędzia, instrumenty*)
precision *attr*.

precz *excl*: **precz!** go away!; **precz z X!** down with X!

predyspozycj|a (-i, -e) (*gen pl* -i) *f* predisposition.

prefabryka|t (-tu, -ty) (*loc sg* -cie) *m* prefabricated element.

prefer|ować (-uję, -ujesz) *vt* (*książk*) to prefer, to favour (*BRIT*), to favor (*US*).

prehistoryczny *adj* prehistoric(al).

prekurso|r (-ra, -rzy) (*loc sg* -rze) *m* (*poprzednik*) predecessor, precursor; (*zwiastun*) harbinger, forerunner.

prelekcj|a (-i, -e) (*gen pl* -i) *f* (*książk*) (public) lecture.

preludi|um (-um, -a) (*gen pl* -ów) *nt inv in sg* prelude.

premi|a (-i, -e) (*gen pl* -i) *f* (*dodatek do płacy*) bonus; (*nagroda*) prize.

premie|r (-ra, -rzy) (*loc sg* -rze) *m* prime minister, premier.

premie|ra (-ry, -ry) (*dat sg* -rze) *f* première.

prenumera|ta (-ty, -ty) (*loc sg* -cie) *f* subscription.

prenumer|ować (-uję, -ujesz) (*perf za-*) *vt*: **prenumerować czasopismo** to subscribe to a magazine.

prepara|t (-tu, -ty) (*loc sg* -cie) *m* (*substancja*) preparation; (*BIO, MED*) specimen.

preri|a (-i, -e) (*gen pl* -i) *f* prairie.

presj|a (-i) *f* pressure.

prestiż (-u) *m* prestige.

pretek|st (-stu, -sty) (*loc sg* -ście) *m* pretext; **pod pretekstem czegoś** under the pretext of sth.

pretend|ować (-uję, -ujesz) *vi*: **pretendować do czegoś** to aspire to sth; **pretendować do urzędu** (*w wyborach*) to run for an office.

pretensj|a (-i, -e) (*gen pl* -i) *f* (*roszczenie*) claim; (*żal*) resentment;

mieć pretensję do kogoś to hold a grudge against sb.

pretensjonalny *adj* (*pełen pretensji*) pretentious; (*sztuczny*) affected.

prewencyjny *adj* preventive.

prezen|t (-tu, -ty) (*loc sg* -cie) *m* present, gift.

prezentacj|a (-i, -e) (*gen pl* -i) *f* (*osób*) introduction; (*pokaz*) presentation.

prezente|r (-ra, -rzy) (*loc sg* -rze) *m* (*TV, RADIO*) presenter (*BRIT*), announcer (*US*).

prezent|ować (-uję, -ujesz) (*perf za-*) *vt* (*ludzi*) to introduce; **prezentować coś (komuś)** to show sth (to sb).

▸**prezentować się** *vr*: **dobrze się prezentować** to look presentable.

prezerwaty|wa (-wy, -wy) (*dat sg* -wie) *f* condom, sheath (*BRIT*).

preze|s (-sa, -si) (*loc sg* -sie) *m* chairman (*BRIT*), president (*US*); **prezes Rady Ministrów** Prime Minister.

prezyden|t (-ta, -ci) (*loc sg* -cie) *m* (*państwa*) president; (*miasta*) mayor.

prezydentu|ra (-ry, -ry) (*dat sg* -rze) *f* presidency.

prezydi|um (-um, -a) (*gen pl* -ów) *nt inv in sg* presidium.

prędki *adj* (*nurt, chód*) fast; (*koniec, reakcja*) quick.

prę|dko (*comp* -dzej) *adv* (*szybko*) quickly; (*niebawem*) soon; **prędko!** quick(ly)!

prędkoś|ć (-ci) *f* (*samochodu, zmian*) speed; (*FIZ*) velocity.

prędzej *adv comp od* **prędko**; **prędzej czy później** sooner or later; **im prędzej tym lepiej** the sooner the better.

prę|ga (-gi, -gi) (*dat sg* -dze) *f* streak; **krwawa pręga** a bloody welt *lub* weal.

prę|t (-ta, -ty) (*loc sg* -cie) *m* rod.

prężny adj (przen: gospodarka itp.) resilient, buoyant.

prężyć (-ę, -ysz) vt (ramiona, grzbiet) (perf **na-**) to flex.

▶**prężyć się** vr (napinać mięśnie) (perf **na-**) to flex one's muscles.

prima aprilis m inv April Fool's Day.

priorytet (-tu, -ty) (loc sg **-cie**) m priority; **priorytety** pl priorities pl.

PRL abbr (= Polska Rzeczpospolita Ludowa) (HIST) the Polish People's Republic.

pro... pref (z przymiotnikami) pro-; **prokomunistyczny** pro-communist.

problem (-mu, -my) (loc sg **-mie**) m problem; **bez problemu** without any problem; **nie ma problemu** (pot) no problem.

problematyczny adj (budzący wątpliwości) questionable.

problematyka (-ki) (dat sg **-ce**) f: **problematyka społeczna/polityczna** social/political issues.

proboszcz (-a, -owie) m rector.

probówka (-ki, -ki) (dat sg **-ce**, gen pl **-ek**) f test tube.

proc. abbr (= procent) percent.

proca (-y, -e) f sling, catapult (BRIT), slingshot (US).

procedura (-ry, -ry) (dat sg **-rze**) f procedure.

procent (-tu, -ty) (loc sg **-cie**) m (setna część) percent, per cent (BRIT); (odsetki) interest; **pewien/duży procent** a certain/high percentage.

procentować (-uje) vi (perf **za-**) to pay dividends, to bear lub yield interest; (przen) to pay (dividends).

procentowy adj: **stopa procentowa** interest rate; **punkt procentowy** percentage point.

proces (-su, -sy) (loc sg **-sie**) m process; (PRAWO) (law)suit.

procesja (-i, -e) (gen pl **-i**) f (REL) procession.

procesować się (-uję, -ujesz) vr: **procesować się (z kimś) (o coś)** to fight (sb) in court (over sth).

proch (-u) m (strzelniczy) gunpowder; (pył) dust.

prochowiec (-wca, -wce) m trench coat.

producent (-ta, -ci) (loc sg **-cie**) m producer, manufacturer; **producent (filmowy)** (film) producer.

produkcja (-i) f (wytwarzanie) production, manufacture; (wyroby) production, output, manufacture; (FILM) production.

produkować (-uję, -ujesz) (perf **wy-**) (wytwarzać) vt to produce, to manufacture, to make; (tworzyć) to produce.

produkt (-tu, -ty) (loc sg **-cie**) m product; **produkty rolne** farm produce; **produkty spożywcze** foodstuffs; **produkt uboczny** by-product.

produktywny adj productive.

prof. abbr (= profesor) prof.

profanacja (-i) f profanation, desecration.

profesja (-i, -e) (gen pl **-i**) f profession.

profesjonalista (-sty, -ści) (loc sg **-ście**) m decl like f in sg professional.

profesjonalnie adv professionally.

profesjonalny adj professional.

profesor (-ra, -rowie) (loc sg **-rze**) m professor.

profil (-u, -e) m profile; (kontur, zarys) outline.

profilaktyczny adj (leczniczy) prophylactic; (działalność) preventive.

profilaktyka (-ki) (dat sg **-ce**) f (MED) prevention, prophylaxis.

profit (-tu, -ty) (loc sg **-cie**) m (książk) profit.

progno|za (**-zy, -zy**) (*dat sg* **-zie**) *f* (*przewidywanie*) forecast; (*zapowiedź*) prognosis; **prognoza pogody** weather forecast.

progra|m (**-mu, -my**) (*loc sg* **-mie**) *m* programme (*BRIT*), program (*US*); (*wyborczy*) manifesto, platform; (*spotkania*) agenda; (*nauczania*) curriculum, syllabus; (*KOMPUT*) program.

programi|sta (**-sty, -ści**) (*loc sg* **-ście**) *m decl like f in sg* (*KOMPUT*) programmer.

program|ować (**-uję, -ujesz**) (*perf* **za-**) *vt* to programme (*BRIT*), to program (*US*) ♦ *vi* (*KOMPUT*) to program.

projekcj|a (**-i, -e**) (*gen pl* **-i**) *f* projection.

projek|t (**-tu, -ty**) (*loc sg* **-cie**) *m* (*plan działania*) project; (*rysunek*) design.

projektan|t (**-ta, -ci**) (*loc sg* **-cie**) *m* designer; **projektant mody/wnętrz** fashion/interior designer.

projekto|r (**-ra, -ry**) (*loc sg* **-rze**) *m* (cine-)projector.

projekt|ować (**-uję, -ujesz**) (*perf* **za-**) *vt* to design.

proklamacj|a (**-i, -e**) (*gen pl* **-i**) *f* proclamation.

prokurato|r (**-ra, -rzy**) (*loc sg* **-rze**) *m* prosecutor, prosecuting attorney.

prokuratu|ra (**-ry, -ry**) (*dat sg* **-rze**) *f* public prosecutor's office.

proletaria|t (**-tu**) (*loc sg* **-cie**) *m* the proletariat.

prolo|g (**-gu, -gi**) (*instr sg* **-giem**) *m* prologue.

prolong|ować (**-uję, -ujesz**) (*perf* **s-**) *vt* (*umowę itp.*) to prolong.

pro|m (**-mu, -my**) (*loc sg* **-mie**) *m* ferry; **prom kosmiczny** space shuttle.

promienie|ć (**-ję, -jesz**) *vi*: **promienieć radością** *itp.* to radiate joy *itp.*.

promieniotwórczy *adj* radioactive.

promieni|ować (**-uję, -ujesz**) *vi* (*o bólu*) to radiate; **promieniowała z niego energia** he radiated energy.

promieniowani|e (**-a**) *nt* radiation; **promieniowanie słoneczne** solar radiation.

promie|ń (**-nia, -nie**) (*gen pl* **-ni**) *m* (*światła, Roentgena*) ray; (*okręgu*) radius; **promień słońca** sunbeam; **w promieniu stu metrów od** *+gen* within a radius of 100 m from.

promil (**-a, -e**) (*gen pl* **-i**) *m* per mill.

promocj|a (**-i, -e**) (*gen pl* **-i**) *f* promotion.

prom|ować (**-uję, -ujesz**) *vt* (*perf* **wy-**) to promote; (*przen: nagradzać*) to reward.

propagan|da (**-dy**) (*dat sg* **-dzie**) *f* propaganda.

propag|ować (**-uję, -ujesz**) (*perf* **roz-**) *vt* to propagate, to disseminate.

propa|n (**-nu**) (*loc sg* **-nie**) *m* (*CHEM*) propane; **propan-butan** bottled gas, LPG (= liquefied petroleum gas), Calor gas ® (*BRIT*).

propon|ować (**-uję, -ujesz**) (*perf* **za-**) *vt* to suggest, to propose; **proponować coś komuś** to offer sth to sb.

proporcj|a (**-i, -e**) (*gen pl* **-i**) *f* proportion.

proporcjonalnie *adv*: **proporcjonalnie do czegoś** in proportion to *lub* with sth.

proporcjonalny *adj* (*harmonijny*) well-proportioned; **(wprost/odwrotnie) proporcjonalny (do** *+gen***)** (directly/inversely) proportional (to).

proporczy|k (**-ka, -ki**) (*instr sg* **-kiem**) *m* pennant.

propos *inv*: **a propos** by the way.

propozycj|a (**-i, -e**) (*gen pl* **-i**) *f* (*pomysł*) suggestion, proposal; (*oferta*) offer, proposal.

proroct|wo (-wa, -wa) (*loc sg* -wie) *nt* prophecy.

proro|k (-ka, -cy) (*instr sg* -kiem) *m* prophet.

pro|sić (-szę, -sisz) (*imp* -ś) *vt* (*perf* po-): **prosić kogoś (o coś/, żeby coś zrobić)** to ask sb ((for) sth/to do sth); **proszę Pana/Pani** sir/madam; **proszę Pani, ...** (*SZKOL*) please miss, ...; **proszę Państwa** ladies and gentlemen; **proszę (bardzo)** (*odpowiedź na „dziękuję"*) not at all, you're welcome; (*podając coś*) here you are; (*wyrażając zgodę*) please do, go ahead; **proszę usiąść** please be seated; **proszę za mną** follow me, please.

prosi|ę (-ęcia, -ęta) (*gen pl* -ąt) *nt* piglet.

pro|so (-sa) (*loc sg* -sie) *nt* millet.

prospek|t (-tu, -ty) (*loc sg* -cie) *m* (*broszura*) prospectus, brochure.

prosper|ować (-uję, -ujesz) *vi* to prosper, to thrive.

prostacki *adj* (*pej*) boorish, coarse.

prosta|k (-ka, -cy) (*instr sg* -kiem) *m* (*pej*) boor, simpleton.

prosto *adv* (*iść, jechać*) straight (ahead); (*chodzić, trzymać się*) upright; (*tłumaczyć*) clearly; (*bezpośrednio*) straight.

prostoką|t (-ta, -ty) (*loc sg* -cie) *m* rectangle.

prostokątny *adj* rectangular.

prostolinijny *adj* (*człowiek*) straightforward.

prostopadły *adj*: **prostopadły (do** +*gen*) perpendicular (to).

prosto|ta (-ty) (*loc sg* -cie) *f* simplicity.

prost|ować (-uję, -ujesz) *vt* (*wyrównywać*) (*perf* wy-) to straighten; (*błąd, wiadomość*) (*perf* s-) to straighten out, to rectify.

▶**prostować się** *vr* (*perf* wy-) (*o człowieku*) to straighten up.

prostowni|k (-ka, -ki) (*instr sg* -kiem) *m* (*TECH*) rectifier; (*do akumulatorów*) battery charger.

prostu *inv*: **po prostu** (*zwyczajnie*) simply; (*wprost*) straight.

prosty *adj* (*włosy, droga*) straight; (*człowiek, maszyna, zdanie*) simple; (*wyprostowany*) erect; **kąt prosty** right angle.

prostytucj|a (-i) *f* prostitution.

prostytut|ka (-ki, -ki) (*dat sg* -ce, *gen pl* -ek) *f* prostitute.

prosz|ek (-ku, -ki) (*instr sg* -kiem) *m* (*substancja*) powder; (*lekarstwo*) pill; **proszek do prania** washing powder; **mleko w proszku** powdered milk; **proszek do pieczenia** baking powder.

pr|ośba (-ośby, -ośby) (*dat sg* -ośbie, *gen pl* -ośb) *f* request; **mam do ciebie prośbę** I have a favour (*BRIT*) *lub* favor (*US*) to ask of you.

proteg|ować (-uję, -ujesz) *vt*: **protegować kogoś** to pull strings *lub* open doors for sb.

protekcj|a (-i, -e) (*gen pl* -i) *f* favouritism (*BRIT*), favoritism (*US*).

protekcjonalny *adj* patronizing, condescending.

prote|st (-stu, -sty) (*loc sg* -ście) *m* protest.

protestancki *adj* Protestant.

protestan|t (-ta, -ci) (*loc sg* -cie) *m* Protestant.

protest|ować (-uję, -ujesz) (*perf* za-) *vi*: **protestować (przeciwko czemuś)** to protest (against *lub* about sth).

prote|za (-zy, -zy) (*dat sg* -zie) *f* (*ortopedyczna*) artificial limb; (*zębowa*) dentures *pl*.

protokoł|ować, protokół|ować (-uję, -ujesz) *vt* (*perf* za-) to minute ♦ *vi* to take the minutes.

protok|ół (-ołu, -oły) (*loc sg* -ole) *m*

(*pisemne sprawozdanie*) minutes *pl*;
(*akt urzędowy*) (official) report.

prototy|p (-pu, -py) (*loc sg* -pie) *m*
prototype.

prowadzący *adj* leading ♦ *m decl*
like adj (*TV, RADIO*) compere, host.

prowadzeni|e (-a) *nt* (*domu, sklepu*)
running; (*samochodu*) driving.

prowa|dzić (-dzę, -dzisz) (*imp* -dź) *vt*
(*dziecko, życie*) to lead; (*samochód*)
to drive; (*samolot*) to fly; (*rozmowę*)
to carry on; (*spotkanie*) to chair;
(*badania*) to conduct; (*śledztwo*) to
hold; (*dom*) to keep, to run; (*zakład*)
to run; (*interesy*) to do;
(*korespondencję, dokumentację*) to
keep; (*wojnę*) to wage ♦ *vi* (*o
drodze, korytarzu*) to lead; (*SPORT*)
to lead, to be in the lead; **prowadzić
(doprowadzić** *perf*) **do czegoś** to
lead (up) to sth.

prowian|t (-tu, -ty) (*loc sg* -cie) *m*
provisions (*pl*).

prowincj|a (-i, -e) (*gen pl* -i) *f*
(*jednostka administracyjna*) province;
(*część kraju poza stolicą*) provinces
pl.

prowincjonalny *adj* (*pej*) provincial.

prowizj|a (-i, -e) (*gen pl* -i) *f*
(*HANDEL*) commission.

prowizor|ka (-ki, -ki) (*dat sg* -ce, *gen
pl* -ek) *f* (*pot*) makeshift,
improvisation.

prowizoryczny *adj* makeshift *attr*,
rough-and-ready.

prowokacj|a (-i, -e) (*gen pl* -i) *f*
provocation.

prowok|ować (-uję, -ujesz) (*perf* s-)
vt to provoke; **prowokować kogoś
do dyskusji/działania** to provoke sb
into discussion/action.

pro|za (-zy) (*dat sg* -zie) *f* (*LIT*) prose.

prozaiczny *adj* (*powszedni*) prosaic.

pró|ba (-by, -by) (*loc sg* -bie) *f*
(*wytrzymałości itp*.) test; (*TEATR*)
rehearsal; **próba głosu** voice check;

próba (zrobienia czegoś) attempt
(at doing sth); **próba generalna**
dress rehearsal.

prób|ka (-ki, -ki) (*dat sg* -ce, *gen pl*
-ek) *f* (*towaru*) sample; (*gleby itp*.)
specimen; (*krwi*) sample, specimen.

próbny *adj*: **lot próbny** test flight;
zdjęcia próbne screen test; **okres
próbny** trial period.

prób|ować (-uję, -ujesz) (*perf* s-) *vt*
(*zupę*) to taste; (*samochód,
instrument*) to test; **próbować coś
zrobić** to try to do sth; **próbować
szczęścia/sił (w czymś)** to try one's
luck/hand (at sth).

próchnic|a (-y) *f* (*MED*) caries;
(*ROL*) humus.

próchni|eć (-eje) (*perf* s-) *vt* (*o
drzewach*) to rot; (*o zębie*) to decay.

próch|no (-na) (*loc sg* -nie) *nt*
(*produkt rozkładu*) rotten wood.

prócz *prep* +*gen* (*książk*) = **oprócz**.

pr|óg (-ogu, -ogi) (*instr sg* -ogiem) *m*
(*domu, drzwi*) doorstep, threshold;
(*przen: życia, dojrzałości*) threshold.

prósz|yć (-y) *vi*: **prószy śnieg** it's
snowing lightly.

próż|nia (-ni, -nie) (*gen pl* -ni) *f* (*FIZ*)
vacuum; (*pot: pustka*) void.

próżnia|k (-ka, -cy *lub* -ki) (*instr sg*
-kiem) *m* idler.

próżno *adv* (*książk*): **na próżno** in
vain, to no avail.

próżn|ować (-uję, -ujesz) *vi* to loaf.

próżny *adj* (*człowiek, trud*) vain;
(*gadanie, słowa*) futile.

pru|ć (-ję, -jesz) *vt* (*sweter*) (*perf* s-)
to undo, to unravel; (*sukienkę*) (*perf*
s-) to unpick ♦ *vi* (*pot: pędzić*) to
belt (*pot*).

▶**pruć się** *vr* (*perf* po-) (*o swetrze*) to
run; (*o sukience*) to come apart.

pruderi|a (-i) *f* prudery.

pruderyjny *adj* prudish.

prycz|a (-y, -e) (*gen pl* - *lub* -y) *f* bunk.

pryma|s (-sa, -si *lub* -sowie) (*loc sg* -sie) *m* primate.

pryma|t (-tu) (*loc sg* -cie) *m* primacy.

prymitywny *adj* primitive.

prymu|s (-sa, -si) (*loc sg* -sie) *m* top student.

prys|kać (-kam, -kasz) (*perf* -nąć) *vt*: **pryskać czymś** (*wodą*) to splash, to spray; (*środkiem owadobójczym*) to spray ♦ *vi* to splutter; (*przen: znikać*) to vanish.

pryszcz (-a, -e) (*gen pl* -y) *m* spot, pimple.

prysznic (-u, -e) *m* shower; **brać (wziąć** *perf***) prysznic** to shower, to take *lub* have a shower.

prywat|ka (-ki, -ki) (*dat sg* -ce, *gen pl* -ek) *f* party.

prywatnie *adv* privately.

prywatny *adj* private; (*szkoła*) private, public (*BRIT*); (*użytek*) personal.

prywatyzacj|a (-i) *f* privatization.

prywatyz|ować (-uję, -ujesz) (*perf* s-) *vt* to privatize.

prz|ąść (-ędę, -ędziesz) (*imp* -ędź *lub* -ądź) *vt* (*perf* u-) to spin.

przebacz|ać (-am, -asz) (*perf* -yć) *vt*: **przebaczyć (coś) komuś** to forgive sb (sth).

przebaczeni|e (-a) *nt* forgiveness.

przebie|c (-gnę, -gniesz) (*imp* -gnij) *vb perf od* **przebiegać**.

przebie|g (-gu) (*instr sg* -giem) *m* (*rozmowy, procesu*) course; (*szlaku*) route; (*MOT*) mil(e)age.

przebieg|ać (-am, -asz) (*trasę, odcinek*) (*perf* **przebiec**) *vt* to run ♦ *vi* (*o zjawisku, chorobie, rozmowie*) (*perf* **przebiec**) to proceed; (*o człowieku, zwierzęciu: przemykać*) (*perf* **przebiec**) to rush *lub* dash (across); (*o linii, drodze*) to go.

przebiegłość|ć (-ci) *f* cunning, guile.

przebiegły *adj* cunning, crafty.

przebier|ać (-am, -asz) *vt* (*sortować*) (*perf* **przebrać**) to sift; **przebierać (przebrać** *perf***) kogoś** (*zmieniać ubranie*) to change sb's clothes; **przebierać kogoś za** +*acc* to disguise sb as ♦ *vi*: **przebierać (w czymś)** to be fussy (about sth); **przebierać palcami** to tap one's fingers; **przebierać nogami** to hop from one leg to the other.

▸**przebierać się** (*perf* **przebrać się**) *vr* to change (one's clothes); **przebierać się (za kogoś)** to dress up *lub* disguise o.s. (as sb).

przebieralni|a (-, -e) (*gen pl* -) *f* dressing room.

przebij|ać (-am, -asz) (*perf* **przebić**) *vt* (*deskę, skórę*) to pierce; (*oponę, zbiornik*) to puncture; (*przekopywać: ulicę*) to dig up; (*przewiercać*) to drill; (*KARTY*) to beat ♦ *vi* (*o świetle, farbie*) to show through.

▸**przebijać się** *vr* (*przez gąszcz*) to fight *lub* push one's way through; (*przez tłum*) to elbow one's way through; (*przez wrogie oddziały*) to fight one's way through.

przebiśnie|g (-gu, -gi) (*instr sg* -giem) *m* snowdrop.

przebłys|k (-ku, -ki) (*instr sg* -kiem) *m* (*światła*) glimmer; (*geniuszu*) stroke; (*intuicji, świadomości*) flash.

przebojowy *adj* (*osoba*) go-ahead *attr*; (*piosenka, nagranie*) hit *attr*.

przeb|ój (-oju, -oje) *m* (*piosenka*) hit; (*sukces*) success; **lista przebojów** (*spis utworów*) the charts *pl*; (*program*) hit parade.

prze|brać (-biorę, -bierzesz) *vb perf od* **przebierać**.

przebra|nie (-nia, -nia) (*gen pl* -ń) *nt* (*kostium*) disguise; **w przebraniu** in disguise.

przebudo|wa (-wy) (*dat sg* -wie) *f* (*domu*) conversion; (*ulicy*) rebuilding.

przebudow|ywać (-uję, -ujesz) (*perf*

-ać *vt* (*dom*) to convert; (*ulicę*) to rebuild.

przebu|dzić (**-dzę**, **-dzisz**) (*imp* **-dź**) *vb perf* to rouse, to awaken.

▸**przebudzić się** *vr* to awaken.

przeb|yć (**-ędę**, **-ędziesz**) (*imp* **-ądź**) *vb perf od* **przebywać**.

przebyty *adj* (*odległość, dystans*) covered; (*choroba*) past.

przebyw|ać (**-am**, **-asz**) *vt* (*perf* **przebyć**) (*granicę, rzekę*) to cross; (*trudny okres, chorobę*) to suffer, to go through ♦ *vi* to stay; **przebywać z kimś** to spend time with sb; **przebywać w szpitalu** to be in hospital (*BRIT*) *lub* the hospital (*US*); **przebywać za granicą** to stay abroad.

przece|dzać (**-dzam**, **-dzasz**) (*perf* **-dzić**) *vt* to strain.

przece|na (**-ny**) (*dat sg* **-nie**) *f* reduction in prices.

przece|niać (**-niam**, **-niasz**) (*perf* **-nić**) *vt* (*oceniać zbyt wysoko*) to overestimate; (*towar*) to reduce.

przeceniony *adj* discounted, cut-price, cut-rate (*US*).

przechadz|ać się (**-am**, **-asz**) *vr* to stroll.

przechadz|ka (**-ki**, **-ki**) (*dat sg* **-ce**, *gen pl* **-ek**) *f* stroll.

przechodni *adj* (*pokój*) connecting; (*nagroda*) challenge *attr*; (*JĘZ*) transitive.

przecho|dzić (**-dzę**, **-dzisz**) (*imp* **-dź**, *perf* **przejść**) *vt* (*rzekę, ulicę*) to cross; (*chorobę, wstrząs*) to suffer, to go through; (*trasę*) to cover; (*koleje losu*) to experience; (*operację*) to undergo, to go through ♦ *vi* (*iść dalej*) to pass on, to move on; (*iść obok*) to pass by; (*mijać: o bólu*) to pass, to ease; (: *o czasie*) to pass, to go by; (*zostawać zaakceptowanym: o propozycji, wniosku*) to go through; (*o ustawie*) to be passed; (*o pomyśle*) to be accepted.

przecho|dzień (**-dnia**, **-dnie**) *m* passer-by.

przechowal|nia (**-ni**, **-nie**) (*gen pl* **-ni**) *f*: **przechowalnia bagażu** left-luggage office (*BRIT*), checkroom (*US*).

przechow|ywać (**-uję**, **-ujesz**) (*perf* **-ać**) *vt* (*żywność*) to keep, to store; (*pamiątki, dokumenty*) to keep.

przechwal|ać się (**-am**, **-asz**) *vr*: **przechwalać się (czymś)** to boast (of *lub* about sth).

przechwyt|ywać (**-uję**, **-ujesz**) (*perf* **przechwycić**) *vt* to intercept; (*władzę*) to seize; (*piłkę*) to win.

przechyl|ać (**-am**, **-asz**) (*perf* **-ić**) *vt* (*przedmiot, głowę*) to tilt; **przechylać szalę (na czyjąś stronę)** to tip the balance *lub* scales (in sb's favour (*BRIT*) *lub* favor (*US*)).

▸**przechylać się** *vr* (*przekrzywiać się*) to tilt; (*wychylać się*) to lean (over).

przechytrz|yć (**-ę**, **-ysz**) *vt perf* (*oszukać*) to outwit, to outsmart.

prze|ciąć (**-tnę**, **-tniesz**) (*imp* **-tnij**) *vb perf od* **ciąć, przecinać**.

przeciąg (**-gu**, **-gi**) (*instr sg* **-giem**) *m* (*prąd powietrza*) draught (*BRIT*), draft (*US*).

przeciąg|ać (**-am**, **-asz**) (*perf* **-nąć**) *vt* (*przewlekać: nić*) to thread; (: *sznur*) to pull through; (*przesuwać*) to drag; (*rozmowę, zebranie*) to prolong, to protract.

▸**przeciągać się** *vr* (*o zebraniu: przedłużać się*) to overrun, to be drawn out; (*o człowieku: prostować kości*) to stretch (o.s.).

przeciąż|ać (**-am**, **-asz**) (*perf* **-yć**) *vt* (*pojazd*) to overload; (*pracą, obowiązkami*) to overburden.

przeciąże|nie (-nia) nt (LOT) G-force.

przecie|k (-ku, -ki) (instr sg -kiem) m (awaria) leak(age); (miejsce) leak; (przen: informacji) leak.

przeciek|ać (-a) (perf **przeciec**) vi (o dachu, naczyniu) to leak; (pot: o informacjach) to leak out.

przecie|r (-ru, -ry) (loc sg -rze) m purée.

przecier|ać (-am, -asz) (perf **przetrzeć**) vt (jarzyny, owoce) to purée, to rice (US); **przecierać coś** (**czymś**) to wipe sth (with sth).

▶**przecierać się** vr (o tkaninie) to wear through.

przecież adv but, yet; **nie wierzycie mi, a przecież to prawda** you don't believe me, but lub yet it's true; **przecież wiesz** you do know, don't you?

przeciętnie adv (wynosić, zarabiać) on (the) average.

przeciętny adj (pensja, obywatel) average; (zdolności) mediocre.

przecin|ać (-am, -asz) (perf **przeciąć**) vt (nitkę, skórę) to cut; (ciszę) to break; (dyskusję) to cut short.

▶**przecinać się** vr (o dwóch ulicach, liniach) to cross; (o wielu ulicach, liniach) to criss-cross.

przecin|ek (-ka, -ki) (instr sg -kiem) m (JĘZ) comma; (MAT) ≈ (decimal) point.

przecisk|ać (-am, -asz) (perf **przecisnąć**) vt: **przeciskać coś** (**przez** +acc) to squeeze lub force sth (through).

▶**przeciskać się** vr: **przecisnąć się pod czymś/przez coś** to squeeze o.s. under/through sth.

przeciw, przeciwko prep +dat against; (argumenty) **za i przeciw** pros and cons; **nie mam nic przeciwko temu** I don't mind it;

czy ma Pan(i) coś przeciwko temu, żebym zapalił? would you mind if I smoked?

przeciw... pref anti-, counter-.

przeciwbólowy adj (MED) analgesic; **środek przeciwbólowy** painkiller, analgesic.

przeciwdeszczowy adj: **płaszcz przeciwdeszczowy** raincoat.

przeciwdział|ać (-am, -asz) vi: **przeciwdziałać czemuś** to counteract sth.

przeciwieńst|wo (-wa, -wa) (loc sg -wie) nt (sprzeczność) contrast; (coś odwrotnego) opposite, contradiction; **w przeciwieństwie do** +gen in contrast to, unlike.

przeciwko prep = przeciw.

przeciwległy adj opposite.

przeciwlotniczy adj (działo, obrona) anti-aircraft; (schron) air-raid attr.

przeciwnie adv (na odwrót) in reverse; (w przeciwnych kierunkach) in opposite directions; **wprost** lub **wręcz przeciwnie** on the contrary.

przeciwni|k (-ka, -cy) (instr sg -kiem) m (wróg) enemy; (oponent) adversary, opponent; (współzawodnik) opponent.

przeciwnoś|ci (-ci) pl: **przeciwności losu** adversities pl.

przeciwny adj (ściana, płeć) opposite; (poglądy, zdania) contrary; **w przeciwnym razie** otherwise, or else; **być przeciwnym czemuś** to oppose sth, to be against sth.

przeciwpancerny adj antitank.

przeciwpożarowy adj fire attr.

przeciwsłoneczny adj: **okulary przeciwsłoneczne** sunglasses, dark glasses.

przeciwsta|wiać (-wiam, -wiasz) (perf -**wić**) vt: **przeciwstawiać coś czemuś** to contrast sth with sth.

▶**przeciwstawiać się** vr: **przeciwstawiać się komuś** to stand

up to sb, to oppose sb;
przeciwstawiać się czemuś to
oppose sth.
przeciwstawny *adj* opposing.
przeczący (*zdanie, odpowiedź*)
negative.
przecze|nie (**-nia, -nia**) (*gen pl* **-ń**) *nt*
(*JĘZ*) negative.
przecznic|a (**-y, -e**) *f*: **druga
przecznica** the second street across;
trzy przecznice stąd three blocks
from here.
przeczu|cie (**-cia, -cia**) (*gen pl* **-ć**) *nt*
intuition, hunch; **złe przeczucie**
premonition.
przeczulony *adj*: **przeczulony (na
punkcie** *+gen*) oversensitive (about),
touchy (about).
przeczuw|ać (**-am, -asz**) (*perf*
przeczuć) *vt* to sense, to have an
inkling of.
przecz|yć (**-ę, -ysz**) (*perf* **za-**) *vi*:
przeczyć czemuś to deny sth.
przeczyszczający *adj*: **środek
przeczyszczający** laxative.
przeczyt|ać (**-am, -asz**) *vb perf od*
czytać.
prze|ć (**prę, przesz**) (*imp* **przyj**, *pt*
parł) *vi* (*MED*) to push; **przeć na
coś** to exert pressure on sth; (: *w
dół*) to push sth down; **przeć na
kogoś, żeby coś zrobił** to pressure
lub urge sb to do sth; **przeć do
czegoś** to push for sth; **parli
naprzód** they pressed on.

───── SŁOWO KLUCZOWE ─────

przed *prep* +*instr* **1** (*miejsce*) in front
of; **przed domem** in front of the
house. **2** (*czas*) before; **przed
obiadem/wojną** before dinner/the
war; **przed czasem** ahead of time;:
przed dwoma miesiącami two
months ago. **3** (*w obronie przed*):
przed chorobą/zimnem against
disease/cold; **uciekać/chronić się**

przed czymś to flee/shelter from
sth. **5** (*wobec*): **stawić się przed
sędzią** to appear before the judge;
ukrywać coś przed kimś to hide sth
from sb ♦ *prep* +*acc* (*kierunek*):
zajechać (*perf*) **przed dom** to pull
up in front of the house; **iść przed
siebie** to walk ahead.

przed... *pref* pre... .
przedawk|ować (**-uję, -ujesz**) *vt perf*
to overdose.
przedawnie|nie (**-nia, -nia**) (*gen pl*
-ń) *nt* (*PRAWO*) limitation,
prescription.
przed|dzień (*loc sg* **-edniu**) *m*: **w
przeddzień** *lub* **przededniu** +*gen*
the day before, on the eve of;
(*przen*: *tuż przed*) shortly before.
przede *prep* = **przed**; **przede mną** (*w
czasie*) before me; (*w przestrzeni*) in
front of me; **przede wszystkim** (*w
pierwszej kolejności*) first of all, first
and foremost.
przedim|ek (**-ka, -ki**) (*instr sg* **-kiem**)
m (*JĘZ*) article; **przedimek
określony/nieokreślony**
definite/indefinite article.
przedkład|ać (**-am, -asz**) *vt*
(*wniosek, plan*) (*perf* **przedłożyć**) to
submit, to put forward; (*argumenty,
racje*) (*perf* **przedłożyć**) to present;
przedkładać coś (nad +*acc*) (*woleć*)
to prefer sth (to sth).
przedłużacz (**-a, -e**) (*gen pl* **-y**) *m*
(*ELEKTR*) extension lead (*BRIT*),
extension cord (*US*).
przedłuż|ać (**-am, -asz**) (*perf* **-yć**) *vt*
(*ulicę, paszport*) to extend; (*urlop,
pobyt*) to extend, to prolong.
▸**przedłużać się** *vr* to overrun, to
get drawn out.
przedłuże|nie (**-nia, -nia**) (*gen pl* **-ń**)
nt extension.

przedmieś|cie (-cia, -cia) (*gen pl* -ć)
nt suburb(s) (*pl*).

przedmio|t (-tu, -ty) (*loc sg* -cie) *m*
object; (*dyskusji*) topic; (*badań*)
subject.

przedm|owa (-owy, -owy) (*dat sg*
-owie, *gen pl* -ów) *f* preface,
foreword.

przedmówc|a (-y, -y) *m decl like adj*
in sg the preceding speaker.

przedni *adj* (*znajdujący się z przodu*)
front *attr*; (*książk: wyśmienity*)
exquisite, outstanding; **przednia**
szyba (*MOT*) windscreen (*BRIT*),
windshield (*US*).

przedostatni *adj* last but one (*BRIT*),
next to last (*US*); (*sylaba*)
penultimate.

przedost|awać się (-aję, -ajesz)
(*imp* -awaj, *perf* -ać) *vr*:
przedostawać się gdzieś to find
one's way somewhere; (*przenikać*)
to penetrate, to get through.

przedpła|ta (-ty, -ty) (*dat sg* -cie) *f*
advance *lub* down payment.

przedpok|ój (-oju, -oje) (*gen pl* -oi
lub -ojów) *m* hall.

przedpołud|nie (-nia, -nia) (*gen pl*
-ni) *nt* morning.

przedrami|ę (-enia, -ona) (*gen pl*
-on) *nt* forearm.

przedru|k (-ku, -ki) (*instr sg* -kiem) *m*
reprint.

przedrzeźni|ać (-am, -asz) *vt* to
mimic, to mock.

przedsiębiorc|a (-y, -y) *m decl like*
adj in sg entrepreneur;
przedsiębiorca budowlany
(building) contractor;
przedsiębiorca pogrzebowy
undertaker (*BRIT*), funeral director
(*US*).

przedsiębiorczoś|ć (-ci) *f* (*cecha*)
enterprise; (*działalność gospodarcza*)
entrepreneurship.

przedsiębiorczy *adj* enterprising.

przedsiębiorst|wo (-wa, -wa) (*loc sg*
-wie) *nt* enterprise, company.

przedsię|brać (-biorę, -bierzesz)
(*perf* -wziąć) *vt* to undertake.

przedsięwzię|cie (-cia, -cia) (*gen pl*
-ć) *nt* undertaking, venture.

przedsion|ek (-ka, -ki) (*instr sg*
-kiem) *m* (*pomieszczenie*) vestibule;
(*serca*) atrium.

przedsma|k (-ku) (*instr sg* -kiem) *m*:
mieć przedsmak czegoś to have a
foretaste of sth.

przedsta|wiać (-wiam, -wiasz) (*perf*
-wić) *vt* (*gościa*) to introduce;
(*plany, wniosek*) to put forward, to
present; (*film, sytuację*) to present;
(*ukazywać*) to depict, to show;
przedstawić kogoś (komuś) to
introduce sb (to sb); **Pan pozwoli,**
że Panu przedstawię ... let me
introduce to you ... .

▶**przedstawiać się** *vr* (*wymieniać*
swoje nazwisko) to introduce o.s.

przedstawiciel (-a, -e) (*gen pl* -i) *m*
representative; (*PRAWO*) proxy;
(*HANDEL*) representative, agent.

przedstawicielst|wo (-wa, -wa) (*gen*
pl -wie) *nt* (*HANDEL*) sales *lub*
branch office, agency; (*POL*)
diplomatic post.

przedstawie|nie (-nia, -nia) (*gen pl*
-ń) *nt* (*widowisko*) show.

przedszkola|k (-ka, -ki) (*instr sg*
-kiem) *m* nursery school pupil
(*BRIT*), kindergartener (*US*).

przedszkol|e (-a, -a) (*gen pl* -i) *nt*
nursery school (*BRIT*), kindergarten
(*US*).

przedtem *adv* (*wcześniej*) earlier,
before; (*dawniej*) formerly, before.

przedwczesny *adj* premature,
untimely.

przedwczoraj *adv* the day before
yesterday.

przedwioś|nie (-nia, -nia) (*gen pl*
-ni) *nt* early spring.

przedwojenny *adj* pre-war *attr*.
przedyskut|ować (**-uję, -ujesz**) *vt perf* to discuss, to talk over.
przedział|ł (**-łu, -ły**) (*loc sg* **-le**) *m* (*KOLEJ*) compartment; (*liczbowy, cenowy*) range, bracket.
przedział|ek (**-ka, -ki**) (*instr sg* **-kiem**) *m* parting.
przedzie *n patrz* **przód**.
przedziel|ać (**-am, -asz**) (*perf* **-ić**) *vt* (*pokój*) to divide; (*wyraz*) to hyphenate.
przedzier|ać (**-am, -asz**) (*perf* **przedrzeć**) *vt* to tear.
▸**przedzierać się** *vr* (*o papierze itp.*) to tear; (*o słońcu*) to break through; (*o człowieku*): **przedzierać się przez coś** to struggle through sth.
przedziwny *adj* bizarre.
przedzwo|nić (**-nię, -nisz**) (*imp* **-ń**) *vi perf* (*pot*): **przedzwonić do kogoś** to give sb a ring (*pot*).
przefors|ować (**-uję, -ujesz**) *vb perf od* **forsować**.
przegani|ać (**-am, -asz**) *vt* (*wypędzać*) (*perf* **przegnać** *lub* **przegonić**) to chase away; (*prześcigać*) (*perf* **przegonić**) to outrun.
przega|pić (**-pię, -pisz**) *vt perf* (*pot*) to overlook.
przeglą|d (**-du, -dy**) (*loc sg* **-dzie**) *m* (*kontrola*) inspection; (*filmów, prasy*) review; (*wiadomości*) roundup; (*literatury na dany temat*) survey; **przegląd techniczny** service.
przegląd|ać (**-am, -asz**) (*perf* **przejrzeć**) *vt* to look through.
▸**przeglądać się** *vr*: **przeglądać się (w lustrze)** to examine o.s. in the mirror.
przegłosow|ywać (**-uję, -ujesz**) (*perf* **-ać**) *vt* (*projekt, ustawę*) to put to the vote; (*osobę*) to outvote; (*oponentów*) to vote down.

przego|nić (**-nię, -nisz**) (*imp* **-ń**) *vb perf od* **przeganiać**.
przegot|ować (**-uję, -ujesz**) *vt perf* (*mleko, wodę*) to boil.
przegran|a (**-ej, -e**) *f decl like adj* (*kwota, rzecz*) loss; (*porażka*) defeat.
przegrany *adj* (*mecz, zakład, sprawa*) lost; (*człowiek*) defeated.
przegr|oda (**-ody, -ody**) (*dat sg* **-odzie**, *gen pl* **-ód**) *f* (*ściana*) partition; (*bariera*) division.
przegród|ka (**-ki, -ki**) (*dat sg* **-ce**, *gen pl* **-ek**) *f* compartment.
przegryw|ać (**-am, -asz**) (*perf* **przegrać**) *vt* (*mecz, zakład, wybory*) to lose; (*kasetę, utwór*) to copy ▸ *vi* to lose.
przegrzew|ać (**-am, -asz**) (*perf* **przegrzać**) *vt* to overheat.
▸**przegrzewać się** *vr* to overheat.
przegu|b (**-bu, -by**) (*loc sg* **-bie**) *m* (*dłoni*) wrist; (*TECH*) joint.
przegubowy *adj* articulated.
przehol|ować (**-uję, -ujesz**) *vi perf* (*pot*) to go over the top (*pot*).
przeistacz|ać (**-am, -asz**) (*perf* **przeistoczyć**) *vt* to transform.
▸**przeistaczać się** *vr*: **przeistaczać się (w kogoś/coś)** to transform o.s. (into sb/sth).
przejaskra|wiać (**-wiam, -wiasz**) (*perf* **-wić**) *vt* to exaggerate.
przejaś|niać się (**-nia**) (*perf* **-nić**) *vr*: **przejaśnia/przejaśniło się** it's clearing/it's cleared up.
przejaśnie|nia (**-ń**) *pl* sunny intervals *pl*.
przeja|w (**-wu, -wy**) (*loc sg* **-wie**) *m* manifestation; (*choroby*) symptom.
przeja|wiać (**-wiam, -wiasz**) (*perf* **-wić**) *vt* to display.
▸**przejawiać się** *vr*: **przejawiać się w czymś** to manifest itself in sth.
przej|azd (**-azdu, -azdy**) (*loc sg* **-eździe**) *m* (*samochodem*) drive; (*pociągiem*) ride; (*miejsce*) crossing;

opłata za przejazd fare; **przejazd kolejowy (strzeżony/niestrzeżony)** (protected/unprotected) level (*BRIT*) *lub* grade (*US*) crossing; **są w mieście przejazdem** they're passing through town.

przejażdż|ka (-ki, -ki) (*dat sg* -ce, *gen pl* -ek) *f* ride.

przej|echać (-adę, -edziesz) (*imp* -edź) *vb perf od* **przejeżdżać**; (*przebyć*) to travel; (*najechać, rozjechać*) to run over.

▶**przejechać się** *vr* to go for a ride.

przejezdny *adj* passable.

przejeżdż|ać (-am, -asz) (*perf* **przejechać**) *vt* (*przekraczać*) to cross; (*mijać*) to pass; **przejechać przystanek/stację** to miss one's stop/station.

przeję|cie (-cia) *nt* (*władzy*) taking over; (*piłki, krążka, pałeczki*) (*nom pl* -cia, *gen pl* -ć) taking over; (*wzruszenie*) excitement; **z przejęciem** with excitement.

przejęty *adj* excited.

przejęzycz|ać się (-am, -asz) (*perf* -yć) *vr* to make a slip.

przejęzycze|nie (-nia, -nia) (*gen pl* -ń) *nt* a slip of the tongue.

przejm|ować (-uję, -ujesz) (*perf* **przejąć**) *vt* (*majątek, obowiązki, piłkę*) to take over; (*list, przesyłkę, transport*) to intercept, to seize; (*obyczaje, tradycje*) to adopt.

▶**przejmować się** *vr*: **przejmować się (czymś)** to be concerned (about sth); **nie przejmuj się** don't worry.

przejmujący *adj* piercing.

przejrz|eć (-ę, -ysz) (*imp* -yj) *vb perf od* **przeglądać** ▸ *vt perf* (*osobę, zamiary*) to see through.

przejrzysty *adj* transparent.

przejś|cie (-cia, -cia) (*gen pl* -ć) *nt* (*miejsce*) passage; (*stadium pośrednie*) transition; (*przeżycie*) ordeal; **przejście dla pieszych**

(pedestrian) crossing; **przejście podziemne** subway (*BRIT*), underpass (*US*); **przejście graniczne** border checkpoint; **„przejście wzbronione"** *lub* **„przejścia nie ma"** "no entry".

przejściowy *adj* (*krótkotrwały*) passing, transitory; (*pośredni*) transitional.

przej|ść (-dę, -dziesz) (*imp* -dź) *vb perf od* **przechodzić**.

▶**przejść się** *vr* to take a walk.

przeka|z (-zu, -zy) (*loc sg* -zie) *m* (*też*: **przekaz pieniężny** *lub* **pocztowy**) money *lub* postal order; (*obrazu, dźwięku, tradycji*) transmission; **środki (masowego) przekazu** the (mass) media.

przekaz|ywać (-uję, -ujesz) (*perf* -ać) *vt* (*list, wiadomość, polecenie*) to pass on; (*urząd, uprawnienia*) to hand over; **przekazać coś komuś** (*ofiarować*) to donate sth to sb; **przekazywać komuś pozdrowienia** to give one's regards to sb.

przekaźni|k (-ka, -ki) (*instr sg* -kiem) *m* (*TECH*) relay.

przekąs|ka (-ki, -ki) (*dat sg* -ce, *gen pl* -ek) *f* snack.

przekątn|a (-ej, -e) *f decl like adj* diagonal; **po przekątnej** diagonally.

przekleńst|wo (-wa, -wa) (*loc sg* -wie) *nt* (*wyraz*) swearword; (*książk: klątwa*) curse.

przeklęty *adj* (*okropny*) damn.

przeklin|ać (-am, -asz) (*perf* **przekląć**) *vt* to curse ▸ *vi* to swear.

przekła|d (-du, -dy) (*loc sg* -dzie) *m* translation.

przekład|ać (-am, -asz) (*perf* **przełożyć**) *vt* (*układać inaczej*) to rearrange; (*wkładać w środek*) to sandwich; (*zmieniać termin*) to reschedule; (*tłumaczyć*) to translate.

przekład|nia (-ni, -nie) (*gen pl* -ni) *f* transmission (gear).

przekłuw|ać (**-am, -asz**) (*perf* **przekłuć**) *vt* (*balonik*) to prick; (*uszy*) to pierce.

przekon|ać (**-am, -asz**) *vb perf od* **przekonywać**.

►**przekonać się** *vr perf:* **przekonać się do kogoś/czegoś** to get to like sb/sth.

przekona|nie (**-nia, -nia**) (*gen pl* **-ń**) *nt* belief, conviction; **przekonania polityczne/religijne** political/religious beliefs; **dochodzić** (**dojść** *perf*) **do przekonania, że ...** to become convinced that ... .

przekonany *adj* convinced; **być przekonanym o czymś** to be convinced of sth.

przekonujący *adj* convincing.

przekon|ywać (**-uję, -ujesz**) (*perf* **-ać**) *vt* to convince; **przekonywać kogoś o czymś** to convince sb of sth.

►**przekonywać się** *vr* to become convinced.

przekonywający *adj* = **przekonujący**.

przeko|ra (**-ry**) (*dat sg* **-rze**) *f* perversity.

przekorny *adj* perverse, contrary.

przekór *inv:* **na przekór** +*dat* in defiance of.

przekracz|ać (**-am, -asz**) (*perf* **przekroczyć**) *vt* (*próg, granicę*) to cross; (*normę, limit, wiek*) to exceed; (*prawo*) to transgress.

przekraw|ać (**-am, -asz**) (*perf* **przekroić**) *vt* to cut (in half).

przekreśl|ać (**-am, -asz**) (*perf* **-ić**) *vt* to cross out; (*przen*) to write off.

przekrę|cać (**-cam, -casz**) (*perf* **-cić**) *vt* to turn; (*przen*) to twist.

przekrocze|nie (**-nia, -nia**) (*gen pl* **-ń**) *nt* (*prawa, przepisów*) infringement; (*granicy państwa*) crossing; **przekroczenie salda**

overdraft; **przekroczenie szybkości** speeding.

przekr|oić (**-oję, -oisz**) (*imp* **-ój**) *vb perf od* **przekrawać**.

przekr|ój (**-oju, -oje**) *m* section.

przekrwiony *adj* bloodshot.

przekrzy|wiać (**-wiam, -wiasz**) (*perf* **-wić**) *vt* to tilt.

►**przekrzywiać się** *vr* to tilt.

przekształ|cać (**-cam, -casz**) (*perf* **-cić**) *vt* (*zakład, pomieszczenie*) to convert; (*produkcję*) to reprofile; (*rzeczywistość*) to reshape, to transform.

►**przekształcać się** *vr:* **przekształcać się (w coś)** to evolve (into sth).

przekształce|nie (**-nia, -nia**) (*gen pl* **-ń**) *nt* (*pomieszczenia, zakładu*) conversion.

przekupny *adj* corruptible.

przekupst|wo (**-wa, -wa**) (*loc sg* **-wie**) *nt* bribery.

przeku|pywać (**-puję, -pujesz**) (*perf* **-pić**) *vt* to bribe.

przekwalifik|ować (**-uję, -ujesz**) *vt perf* to retrain.

►**przekwalifikować się** *vr perf* to retrain.

przekwit|ać (**-a**) (*perf* **-nąć**) *vi* to lose *lub* shed blossom; (*przen: o urodzie*) to wither.

przekwitani|e (**-a**) *nt* (*MED*) menopause.

przelat|ywać (**-uję, -ujesz**) (*perf* **przelecieć**) *vi* (*o samolocie, ptaku*) to fly (past); (*o wodzie, piasku: przedostawać się*) to seep through; (*pot: przebiegać*) to run.

przele|cieć (**-cę, -cisz**) (*imp* **-ć**) *vb perf od* **przelatywać**; (*pot: o czasie*) to fly (by).

przele|w (**-wu, -wy**) (*loc sg* **-wie**) *m* (*EKON*) transfer.

przelew|ać (**-am, -asz**) (*perf* **przelać**) *vt* (*płyn*) to pour; (*pieniądze*) to

transfer; **przelewać krew** (*książk*) to
spill blood.
▸**przelewać się** *vr* to overflow.
przelicz|ać (**-am, -asz**) (*perf* **-yć**)
(*zamieniać*) to convert; (*zliczać*) to
count.
przeliczni|k (**-ka, -ki**) (*instr sg* **-kiem**)
m conversion rate.
przelicz|yć (**-ę, -ysz**) *vb perf od*
przeliczać.
▸**przeliczyć się** *vr* to miscalculate.
przelo|t (**-tu, -ty**) (*loc sg* **-cie**) *m*
(*samolotu*) flight.
przelotny *adj* (*chwila, znajomość*)
fleeting; (*deszcz, opady*) occasional.
przelotowy *adj*: **trasa przelotowa**
arterial highway.
przeludnieni|e (**-a**) *nt*
overpopulation.
przeludniony *adj* overpopulated.
przeładowany *adj* overloaded.
przeładun|ek (**-ku, -ki**) (*instr sg*
-kiem) *m* reloading.
przełaj (**-u, -e**) *m* (*SPORT*)
cross-country; **iść/biec na przełaj** to
take a short cut.
przełajowy *adj*: **bieg/wyścig**
przełajowy cross-country (race).
przełam|ywać (**-uję, -ujesz**) (*perf*
-ać) *vt* to break; (*przen*) to
overcome.
przełącz|ać (**-am, -asz**) (*perf* **-yć**) *vt*
to switch (over).
przełączni|k (**-ka, -ki**) (*instr sg* **-kiem**)
m switch.
przełęcz (**-y, -e**) (*gen pl* **-y**) *f* pass.
przeło|m (**-mu, -my**) (*loc sg* **-mie**) *m*
(*moment zwrotny*) breakthrough;
(*GEOL*) gorge; **na przełomie**
wieków at the turn of the century.
przełomowy *adj* (*moment,*
znaczenie) crucial, critical; (*dzieło*)
breakthrough *attr*.
przełożony *adj*: **siostra przełożona**
(*zakonnica*) Mother Superior;

(*pielęgniarka*) matron ♦ *m decl like*
adj superior.
przeł|ożyć (**-ożę, -ożysz**) (*imp* **-óż**)
vb perf od **przekładać**.
przeły|k (**-ku, -ki**) (*instr sg* **-kiem**) *m*
gullet, oesophagus.
przełyk|ać (**-am, -asz**) (*perf*
przełknąć) *vt* to swallow.
przemak|ać (**-am, -asz**) (*perf*
przemoknąć) *vi* (*moknąć*) to get
soaked *lub* drenched; (*przepuszczać*
wilgoć) to let water through; **mój**
płaszcz kompletnie przemókł my
coat is completely soaked.
przemarz|ać (**-am, -asz**) (*perf* **-nąć**)
vi to freeze.
przemarznięty *adj* (*ziemia*) frozen;
(*człowiek*) chilled.
przemawi|ać (**-am, -asz**) (*perf*
przemówić) *vi* (*wygłaszać mowę*) to
give *lub* make a speech; (*odzywać*
się) to speak.
przemądrzały *adj* bigheaded.
przemęcz|ać (**-am, -asz**) (*perf* **-yć**) *vt*
to (over)strain.
▸**przemęczać się** *vr* to overexert
o.s.; **nie przemęczaj się!** take it
easy!
przemęczeni|e (**-a**) *nt* exhaustion,
fatigue.
przemęczony *adj* exhausted,
fatigued.
przemian *inv*: **na przemian**
alternately.
przemia|na (**-ny, -ny**) (*dat sg* **-nie**) *f*
transformation; **przemiana materii**
metabolism.
przemie|niać (**-niam, -niasz**) (*perf*
-nić) *vt* to transform, to change.
▸**przemieniać się** *vr*: **przemienić**
się w +*acc* to change into.
przemieszcz|ać (**-am, -asz**) (*perf*
przemieścić) *vt* to move.
▸**przemieszczać się** *vr* to get about
lub around.
przemij|ać (**-a**) (*perf* **przeminąć**) *vi* (*o*

życiu, czasie) to go by; (*o urodzie*)
to fade.

przemilcz|ać (-am, -asz) (*perf* -eć) *vt*
(*zbywać milczeniem*) to pass over (in
silence); (*nie wspominać*) to leave
unsaid.

przemk|nąć (-nę, -niesz) (*imp* -nij)
vb perf od **przemykać**.

przemoc (-y) *f* violence; **przemocą**
forcibly, through violence.

przemocz|yć (-ę, -ysz) *vt perf*:
przemoczyć płaszcz to get one's
coat soaked through.

przemoknięty *adj* soaked, drenched.

przem|owa (-owy, -owy) (*dat sg*
-owie, *gen pl* -ów) *f* speech.

przemó|wić (-wię, -wisz) *vb perf od*
przemawiać.

przemówie|nie (-nia, -nia) (*gen pl*
-ń) *nt* speech; **wygłosić** (*perf*)
przemówienie to give *lub* make a
speech.

przemy|cać (-cam, -casz) (*perf* -cić)
vt to smuggle.

przemyk|ać (-am, -asz) (*perf*
przemknąć) *vi* (*o człowieku,
zwierzęciu, cieniu*) to steal by; (*o
myśli, wspomnieniu*) to flit.

przemy|sł (-słu, -sły) (*loc sg* -śle) *m*
industry.

przemysło|wiec (-wca, -wcy) *m*
industrialist.

przemysłowy *adj* industrial.

przemyślany *adj* well-thought-out.

przemyśl|eć (-ę, -isz) *vt perf od*
przemyśliwać; **przemyśleć sprawę**
to think the matter over.

przemyśliw|ać (-am, -asz) (*perf*
przemyśleć) *vt* to think over *lub*
through ♦ *vi*: **przemyśliwać nad
czymś** to ponder upon sth.

przemyślny *adj* clever.

przemy|t (-tu) (*loc sg* -cie) *m*
smuggling.

przemytni|k (-ka, -cy) (*instr sg*
-kiem) *m* smuggler.

przemyw|ać (-am, -asz) (*perf*
przemyć) *vt* to bathe.

przen. *abbr* (= *przenośnie*) fig.

prze|nieść (-niosę, -niesiesz) (*imp*
-nieś, *pt* -niósł, -niosła) *vb perf od*
przenosić.

przenik|ać (-a) (*perf* -nąć) *vt*
(*przedostawać się*) to penetrate;
(*nasycać*) to pervade; **przeniknął go
strach** he was overcome by fear.

przenikliwy *adj* penetrating.

przenoc|ować (-uję, -ujesz) *vb perf
od* **nocować** ♦ *vt perf* to put up.

przeno|sić (-szę, -sisz) (*imp* -ś, *perf*
przenieść) *vt* (*dziecko, bagaż*) to
carry; (*siedzibę, stolicę*) to move;
(*zarazki*) to transmit.

▶**przenosić się** *vr* (*przeprowadzać
się*) to move; (*o ogniu, wojnie*) to
spread.

przenoś|nia (-ni, -nie) (*gen pl* -ni) *f*
metaphor; **w przenośni**
metaphorically speaking.

przenośny *adj* (*radio, komputer*)
portable; (*wyrażenie, zwrot*)
figurative, metaphorical; **w
znaczeniu przenośnym** in a
figurative sense.

przeobraż|ać (-am, -asz) (*perf*
przeobrazić) *vt* to transform.

▶**przeobrażać się** *vr* to be
transformed.

przeocze|nie (-nia, -nia) (*gen pl* -ń)
nt oversight.

przeocz|yć (-ę, -ysz) *vt perf* to
overlook.

przepad|ać (-am, -asz) (*perf*
przepaść) *vi* (*o osobie, przedmiocie*)
to disappear; (*o majątku, szansie*) to
be lost; **przepadać za** +*instr* to be
very fond of.

przepal|ać (-a) (*perf* -ić) *vt* to burn
(through).

▶**przepalać się** *vr* (*o żarówce,
bezpieczniku*) to blow.

przepas|ka (-ki, -ki) (*dat sg* -ce, *gen*

pl **-ek**) *f* (*na czoło*) sweatband; (*na oczy*) blindfold; (*na jedno oko*) patch; (*na biodra*) loincloth.

przepaś|ć¹ (**-ci, -ci**) (*gen pl* **-ci**) *f* precipice.

przepa|ść² (**-dnę, -dniesz**) (*imp* **-dnij**) *vb perf od* **przepadać**.

przepełniony *adj* (*ludźmi*) overcrowded; (*wodą itp.*) overflowing.

przepę|dzać (**-dzam, -dzasz**) (*perf* **-dzić**) *vt* (*wyganiać*) to drive off.

przepiękny *adj* exquisite.

przepiór|ka (**-ki, -ki**) (*dat sg* **-ce**, *gen pl* **-ek**) *f* quail.

przepi|s (**-su, -sy**) (*loc sg* **-sie**) *m* (*KULIN*) recipe; (*zarządzenie*) regulation; **przepisy ruchu drogowego** traffic regulations.

przepisowy *adj*: **przepisowy mundur/strój** regulation uniform/outfit.

przepis|ywać (**-uję, -ujesz**) (*perf* **-ać**) *vt* (*pisać jeszcze raz*) to copy out; (*na maszynie, komputerze*) to type out; (*MED*) to prescribe.

przepła|cać (**-cam, -casz**) (*perf* **-cić**) *vi* to pay too much.

przepłu|kiwać (**-kuję, -kujesz**) (*perf* **-kać**) *vt* to rinse; **przepłukać gardło** (*pot. napić się*) to wet one's whistle (*pot*).

przepły|w (**-wu**) (*loc sg* **-wie**) *m* flow.

przepływ|ać (**-am, -asz**) (*perf* **przepłynąć**) *vt* (*o człowieku*) to swim; (*o statku*) to sail ♦ *vi* (*o człowieku*) to swim; (*o statku*) to sail; (*o prądzie, wodzie*) to flow.

przepocony *adj* sweaty.

przepoła|wiać (**-wiam, -wiasz**) (*perf* **przepołowić**) *vt* to halve.

przepo|na (**-ny, -ny**) (*dat sg* **-nie**) *f* diaphragm.

przepowiad|ać (**-am, -asz**) (*perf* **przepowiedzieć**) *vt* to prophesy, to foretell; (*pogodę*) to predict.

przepowied|nia (**-ni, -nie**) (*gen pl* **-ni**) *f* (*proroctwo*) prophecy; (*prognoza*) prediction.

przepracowany *adj* overworked.

przepracow|ywać (**-uję, -ujesz**) (*perf* **-ać**) *vt* (*godzinę, rok*) to work for.

▸**przepracowywać się** *vr* to overwork.

przeprasz|ać (**-am, -asz**) (*perf* **przeprosić**) *vt*: **przepraszać (kogoś/za coś)** to apologize (to sb/for sth); **przepraszam!** (I'm) sorry!; **przepraszam, która (jest) godzina?** excuse me, what's the time?

przepra|wa (**-wy, -wy**) (*dat sg* **-wie**) *f* (*podróż*) crossing.

przepra|wiać (**-wiam, -wiasz**) (*perf* **-wić**) *vt* to ferry.

▸**przeprawiać się** *vr* to get to the other side; **przeprawiać się przez rzekę** to ford a river.

przeprosi|ny (**-n**) *pl* apology.

przeprowa|dzać (**-dzam, -dzasz**) (*perf* **-dzić**) *vt* (*z miejsca na miejsce*) to take; (*realizować*) to carry out.

▸**przeprowadzać się** *vr* to move.

przeprowadz|ka (**-ki, -ki**) (*dat sg* **-ce**, *gen pl* **-ek**) *f* move.

przepukli|na (**-ny, -ny**) (*dat sg* **-nie**) *f* hernia, rupture.

przepust|ka (**-ki, -ki**) (*dat sg* **-ce**, *gen pl* **-ek**) *f* pass.

przepustnic|a (**-y, -e**) *f* throttle; (*MOT*).

przepuszcz|ać (**-am, -asz**) (*perf* **przepuścić**) *vt* (*pozwalać przejść/przejechać*) to let through; (*przez maszynkę, filtr*) to put; (*światło, wilgoć*) to let in; (*pieniądze, majątek*) to throw away.

przepu|ścić (**-szczę, -ścisz**) (*imp* **-ść**) *vb perf od* **przepuszczać**; (*błąd w tekście*) to miss; (*okazję*) to pass up.

przepych (-u) *m* splendour (*BRIT*), splendor (*US*).

przepych|ać (-am, -asz) (*perf* **przepchać** *lub* **przepchnąć**) *vt* (*przesuwać*) to shove (through); (*rurę*) to unclog; (*fajkę*) to clean out.

▶**przepychać się** *vr* to elbow one's way.

przerabi|ać (-am, -asz) (*perf* **przerobić**) *vt* (*płaszcz*) to alter; (*powieść*) to rewrite; (*surowiec*) to process; (*SZKOL: materiał, lekturę*) to do.

przeradz|ać się (-a) (*perf* **przerodzić**) *vr*: **przeradzać się w** +*acc* to turn into.

przerast|ać (-am, -asz) (*perf* **przerosnąć**) *vt* (*wzrostem*) to outgrow; (*przen: umiejętnościami*) to surpass; **to przerasta ich możliwości** it is beyond their capabilities.

przeraźliwy *adj* frightful.

przeraż|ać (-am, -asz) (*perf* **przerazić**) *vt* to horrify, to terrify.

▶**przerażać się** *vr* to be terrified.

przerażający *adj* horrifying, terrifying.

przerażeni|e (-a) *nt* terror.

przerażony *adj* terrified.

przero|st (-stu, -sty) (*loc sg* -**ście**) *m* (*przen*) excess.

przerób|ka (-ki, -ki) (*dat sg* -**ce**, *gen pl* -**ek**) *f* (*odzieży*) alteration; (*książki na film itp.*) adaptation.

przeróżny *adj* various.

przer|wa (-wy, -wy) (*dat sg* -**wie**) *f* (*pauza*) break; (*SZKOL*) break, playtime (*BRIT*), recess (*US*); (*TEATR*) interval; (*FILM*) intermission; (*SPORT*) half-time; (*luka, szpara*) gap; **bez przerwy** (*bez odpoczynku*) without a break; (*ciągle*) continuously; **przerwa obiadowa** lunch break.

przeryw|ać (-am, -asz) (*perf*

przerwać) *vt* (*nitkę, front*) to break; (*połączenie, rozmowę*) to interrupt; (*produkcję*) to discontinue ♦ *vi* (*milknąć*) to pause; **przerywać komuś (w pół słowa)** to interrupt sb (in the middle of a sentence); **przerywać ciążę** to have an abortion *lub* a termination.

▶**przerywać się** *vr* to break.

przerywany *adj* (*oddech, głos*) broken; (*linia*) dashed.

przerze|dzać (*perf* -**dzić**) *vt* to thin; (*przen: zapasy itp.*) to deplete.

▶**przerzedzać się** *vr* (*o roślinach, włosach*) to thin; (*przen: o tłumie*) to thin out.

przerzu|cać (-cam, -casz) (*perf* -**cić**) *vt* (*piłkę itp.*) to throw (over); (*broń, żołnierzy*) to redeploy; (*strony*) to leaf *lub* thumb through; (*ubrania, rzeczy*) to dig through.

▶**przerzucać się** *vr*: **przerzucać się na** +*acc* to switch over to; (*o ogniu itp.*) to spread to.

przerzu|t (-tu, -ty) (*loc sg* -**cie**) *m* (*żołnierzy*) redeployment; (*MED*) metastasis.

przerzut|ka (-ki, -ki) (*dat sg* -**ce**, *gen pl* -**ek**) *f* (derailleur) gears *pl*.

przesa|da (-dy) (*dat sg* -**dzie**) *f* exaggeration; **to już przesada!** this is going too far!

przesadnie *adv* excessively.

przesadny *adj* exaggerated.

przesa|dzać (-dzam, -dzasz) (*perf* -**dzić**) *vt* (*rośliny*) to transplant; (*ucznia, widza*) to move (to another seat) ♦ *vi* to exaggerate.

przesą|d (-du, -dy) (*loc sg* -**dzie**) *m* (*zabobon*) superstition; (*uprzedzenie*) prejudice.

przesądny *adj* superstitious.

przesą|dzać (-dzam, -dzasz) (*perf* -**dzić**) *vt* (*sprawę*) to settle; **przesądzać o czymś** to determine sth.

przesiad|ać się (-am, -asz) (*perf* **przesiąść**) *vr* (*zmieniać miejsce*) to move to another seat; (*zmieniać środek lokomocji*) to change.

przesiad|ka (-ki, -ki) (*dat sg* -ce, *gen pl* -ek) *f* change.

przesiąk|ać (-am, -asz) (*perf* -nąć) *vi* to soak (through).

przesiąk|nąć (-nę, -niesz) (*imp* -nij) *vb perf od* **przesiąkać ♦** *vt perf* +instr to become saturated with.

przesiedl|ać (-am, -asz) (*perf* -ić) *vt* to displace.

przesiew|ać (-am, -asz) (*perf* **przesiać**) *vt* to sift.

przesile|nie (-nia, -nia) (*gen pl* -ń) *nt* turning point; (*ASTRON*) solstice; (*MED*) crisis.

przeska|kiwać (-kuję, -kujesz) (*perf* **przeskoczyć**) *vt* to jump (over); (*przen*) to skip.

prze|słać (-ślę, -ślesz) (*imp* -ślij) *vb perf od* **przesyłać**.

przesła|nie (-nia, -nia) (*gen pl* -ń) *nt* (*książk*) message.

przesłan|ka (-ki, -ki) (*dat sg* -ce, *gen pl* -ek) *f* (*okoliczność*) circumstance; (*FILOZOFIA*) premise.

przesło|na (-ny, -ny) (*dat sg* -nie) *f* (*zasłona*) screen; (*FOT*) aperture.

przesłucha|nie (-nia, -nia) (*gen pl* -ń) *nt* (*świadków*) examination; (*zatrzymanego*) interrogation, questioning; (*artysty*) audition.

przesłu|chiwać (-chuję, -chujesz) (*perf* -chać) *vt* (*świadka*) to examine; (*zatrzymanego*) to interrogate, to question; (*artystę*) to audition; (*płytę*) to listen to.

przesłysz|eć się (-ę, -ysz) *vr perf* to mishear.

przesmy|k (-ku, -ki) (*instr sg* -kiem) *m* pass; (*GEOG*) isthmus.

przestarzały *adj* obsolete.

przest|awać (-aję, -ajesz) (*imp* -awaj) *vi* (*perf* -ać): **przestawać coś**

robić to stop doing sth; **przestań!** stop it!

przesta|wiać (-wiam, -wiasz) (*perf* -wić) *vt* (*mebel, wazon*) to move; (*meble*) to rearrange; (*zmieniać kolejność*) to reorder.

przestawny *adj*: **szyk przestawny** inversion.

przestępc|a (-y, -y) *m decl like f in sg* criminal.

przestępczość| (-ci) *f* crime.

przestępczy *adj* criminal.

przestępny *adj*: **rok przestępny** leap year.

przestępst|wo (-wa, -wa) (*loc sg* · -wie) *nt* crime; **popełniać** (**popełnić** *perf*) **przestępstwo** to commit a crime.

przest|ój (-oju, -oje) *m* stoppage.

przestrach (-u) *m* fright.

przestraszony *adj* frightened.

przestrasz|yć (-ę, -ysz) *vt perf* to frighten, to scare.

▶**przestraszyć się** *vr perf* to get scared.

przestr|oga (-ogi, -ogi) (*dat sg* -odze, *gen pl* -óg) *f* (fore)warning.

przestronny *adj* spacious.

przestrzeg|ać (-am, -asz) *vt* (*przepisów*) to obey; (*prawa*) to abide by; (*zwyczaju*) to observe; (*udzielać przestrogi*) (*perf* **przestrzec**): **przestrzegać kogoś** (**przed czymś**) to (fore)warn sb (of sth).

przestrze|ń (-ni, -nie) (*gen pl* -ni) *f* (*obszar*) space; (*powierzchnia*) expanse; **przestrzeń kosmiczna** (outer) space; **na przestrzeni pięciu lat** within the space of five years.

przesuw|ać (-am, -asz) (*perf* **przesunąć**) *vt* (*przestawiać*) to move, to shift; (*przen*: *zmieniać termin*) to reschedule; (*przenosić*: *pracownika*) to transfer.

►**przesuwać się** vr (*o przedmiotach*)
to shift; (*o człowieku*) to move over.

przesył|ać (**-am, -asz**) (*perf*
przesłać) vt to send; **przesyłać**
komuś pozdrowienia *lub* **ukłony** to
give one's regards to sb.

przesył|ka (**-ki, -ki**) (*dat sg* **-ce**, *gen pl*
-ek) f (*pocztowa*) (piece of) mail;
przesyłka lotnicza/polecona
air/registered mail; **przesyłka**
pieniężna money *lub* postal order.

przesy|t (**-tu**) (*loc sg* **-cie**) m surfeit.

przeszcze|p (**-pu, -py**) (*loc sg* **-pie**)
m transplant; **przeszczep skóry** skin
graft.

przeszcze|piać (**-piam, -piasz**) (*perf*
-pić) vt to transplant.

przeszkadz|ać (**-am, -asz**) (*perf*
przeszkodzić) vi: **przeszkadzać**
komuś to disturb sb; **przeszkadzać**
w czymś to interfere with sth;
proszę sobie nie przeszkadzać
don't let me disturb you; **mnie to**
nie przeszkadza I don't mind (that).

przeszk|oda (**-ody, -ody**) (*dat sg*
-odzie, *gen pl* **-ód**) f (*przedmiot*)
obstruction; (*trudność*) obstacle.

przeszkole|nie (**-nia, -nia**) (*gen pl*
-ń) nt training.

przeszkol|ić (**-ę, -isz**) vt perf to train.

przeszło prep +acc more than, over.

przeszłoś|ć (**-ci**) f the past.

przeszły adj past.

przeszu|kiwać (**-kuję, -kujesz**) (*perf*
-kać) vt to search.

przeszyw|ać (**-am, -asz**) (*perf*
przeszyć) vt (*o szpadzie, zimnie,*
bólu) to pierce.

prześcierad|ło (**-ła, -ła**) (*loc sg* **-le**,
gen pl **-eł**) nt sheet.

prześcig|ać (**-am, -asz**) vt (*perf* **-nąć**)
to outrun; **prześcigać kogoś w**
czymś (*przen*) to beat sb at sth.

prześlad|ować (**-uję, -ujesz**) vt
(*szykanować*) to persecute;

(*przen: dręczyć*) to pester; (*o myśli,*
wspomnieniach itp.) to haunt.

prześladowc|a (**-y, -y**) m decl like f
in sg persecutor.

prześliczny adj very lovely.

przeświadczeni|e (**-a**) nt conviction.

przeświadczony adj:
przeświadczony (o czymś)
convinced (of sth).

prześwietl|ać (**-am, -asz**) (*perf* **-ić**) vt
(*MED*) to X-ray; (*FOT*) to
overexpose.

prześwietle|nie (**-nia, -nia**) (*gen pl*
-ń) nt X-ray.

przetacz|ać (**-am, -asz**) (*perf*
przetoczyć) vt (*beczki*) to roll;
przetaczać komuś krew to give sb
a (blood) transfusion.

przetar|g (**-gu, -gi**) (*instr sg* **-giem**) m
(*wybór ofert*) tender; (*licytacja*)
auction.

przetłumacz|yć (**-ę, -ysz**) vb perf od
tłumaczyć.

przetrw|ać (**-am, -asz**) vt/vi perf to
survive.

przetrząs|ać (**-am, -asz**) (*perf* **-nąć**)
vt to scour, to rummage through.

przet|rzeć (**-rę, -rzesz**) (*imp* **-rzyj**) vb
perf od **przecierać**.

przetrzym|ywać (**-uję, -ujesz**) (*perf*
-ać) vt (*książkę*) to keep; (*lekarstwa*)
to hoard; (*osobę, zakładnika*) to
hold, to detain; (*atak, ból*) to endure.

przetwarz|ać (**-am, -asz**) (*perf*
przetworzyć) vt to process.

przetwor|y (**-ów**) pl (*KULIN*)
preserves.

przetwór|nia (**-ni, -nie**) (*gen pl* **-ni**) f
food processing plant *lub* factory.

przewa|ga (**-gi**) (*dat sg* **-dze**) f
advantage; (*wyższość*) superiority.

przeważ|ać (**-am, -asz**) (*perf* **-yć**) vi
to overweigh, to prevail, to
predominate.

przeważający adj (*siła, liczba*)

overwhelming; (*dominujący*)
predominant, prevailing.

przeważnie *adv* mostly.

przewidujący *adj* foreseeing,
far-sighted.

przewid|ywać (**-uję, -ujesz**) (*perf*
przewidzieć) *vt* (*przyszłość*) to
foresee, to predict; (*pogodę*) to
forecast; (*planować*) to anticipate, to
expect; (*uwzględniać*) to provide for.

przewidywalny *adj* predictable,
foreseeable.

przewidywa|nie (**-nia, -nia**) (*gen pl*
-ń) *nt* expectation.

przewidze|nie (**-nia**) *nt*: **to było do
przewidzenia** it was predictable *lub*
foreseeable.

przewietrz|yć (**-ę, -ysz**) *vb perf od*
wietrzyć.

▸**przewietrzyć się** *vr perf* to take a
breath of fresh air.

przewie|w (**-wu, -wy**) (*loc sg* **-wie**) *m*
draught (*BRIT*), draft (*US*).

przewiewny *adj* (*mieszkanie*) airy;
(*suknia*) cool.

prze|wieźć (**-wiozę, -wieziesz**) (*imp*
-wieź) *vb perf od* **przewozić**.

przewij|ać (**-am, -asz**) (*perf*
przewinąć) *vt* (*bandaż, kabel*) to
rewind; (*ranę*) to put a new dressing
on; **przewijać dziecko** to change a
baby; **przewijać taśmę do
przodu/do tyłu** to
fast-forward/rewind a tape.

przewinie|nie (**-nia, -nia**) (*gen pl* **-ń**)
nt (*wykroczenie*) offence (*BRIT*),
offense (*US*); (*SPORT*) foul.

przewlekły *adj* chronic.

przewodni *adj* leading *attr*.

przewodnicząc|y (**-ego, -y**) *m decl
like adj* (*kierujący obradami*)
chair(man); (*spółdzielni, samorządu*)
chairman, president; (*SZKOL*) class
leader.

przewodnicz|yć (**-ę, -ysz**) *vi* to be
in the chair; **przewodniczyć**

zebraniu to chair a meeting, to
preside over a meeting.

przewodni|k (**-ka**) (*instr sg* **-kiem**) *m*
(*człowiek*) (*nom pl* **-cy**) guide;
(*książka*) (*nom pl* **-ki**) guidebook;
(*FIZ*) (*nom pl* **-ki**) conductor;
przewodnik wycieczek tour guide.

przew|odzić (**-odzę, -odzisz**) (*imp*
-ódź) *vt* +*dat* (*dowodzić, kierować*) to
lead ♦ *vt* +*acc* (*FIZ*) to conduct.

przew|ozić (**-ożę, -ozisz**) (*imp* **-oź** *lub*
-óź, *perf* **przewieźć**) *vt*
(*transportować*) to transport;
(*zabierać*) to take.

przewoźni|k (**-ka, -cy**) (*instr sg*
-kiem) *m* (*lotniczy*) carrier;
(*spedycyjny*) haulier (*BRIT*), hauler
(*US*).

przew|ód (**-odu, -ody**) (*loc sg* **-odzie**)
m (*ELEKTR*) wire; (*kanalizacyjny,
gazowy*) pipe; (*paliwowy*) line;
(*pokarmowy, oddechowy*) canal.

przew|óz (**-ozu, -ozy**) (*loc sg* **-ozie**)
m transport; (*samochodowy*)
haulage, trucking (*US*).

przewrac|ać (**-am, -asz**) (*perf*
przewrócić) *vt* (*przestawiać do góry
nogami*) to overturn; (*wywracać*) to
knock over; (*kartkę*) to turn.

▸**przewracać się** *vr* (*wywracać się*)
to fall over; (*na plecy, bok*) to turn
lub roll over; (*o łodzi*) to capsize.

przewrażliwiony *adj* touchy.

przewrotny *adj* perverse.

przewr|ót (**-otu, -oty**) (*loc sg* **-ocie**)
m (*nagły zwrot*) revolution; (*POL*)
coup (d'etat); (*SPORT*) somersault.

przewyższ|ać (**-am, -asz**) *vt* (*być
wyższym*) to be taller than; (*pod
względem wartości, znaczenia*) (*perf*
-yć) to outstrip, to surpass; (*być
lepszym*) (*perf* **-yć**) to be better than.

───────SŁOWO KLUCZOWE───────

przez *prep* +*acc* **1** (*na drugą stronę*)
across; **przechodzić (przejść** *perf*)

przez ulicę to walk across the street, to cross the street; **przez granicę/rzekę** across *lub* over the border/river. **2** (*poprzez*) through; **przez park/pustynię** through *lub* across the park/desert. **3** (*ponad*) over; **przeskakiwać przez mur** to jump over the wall. **4** (*za pomocą*): **przez radio/telefon** over *lub* on the radio/phone; **to się pisze przez dwa „l"** it's spelt with double "l"; **co przez to rozumiesz?** what do you mean by that? **5** (*czas trwania*) for; **chorowałem przez tydzień** I was ill for a week; **przez ten rok wiele się zmieniło** a lot has changed for *lub* in this past year; **przez cały (ten) czas** all this time; **robić (zrobić** *perf***) coś przez niedzielę/wakacje** to do sth over Sunday/the holidays. **6** (*z powodu*): **przez niego** because of him; **przez pomyłkę/przypadek** by mistake/accident. **7** (*w konstrukcjach biernych*) by; **skomponowany przez Chopina** composed by Chopin. **8** (*w działaniach arytmetycznych*): **mnożyć/dzielić przez 2** to multiply/divide by 2.

przeze *prep* = przez.
przeziębiać się (**-biam, -biasz**) (*perf* **-bić**) *vr* to catch (a) cold.
przeziębie|nie (**-nia, -nia**) (*gen pl* **-ń**) *nt* cold.
przeziębiony *adj*: **być przeziębionym** to have a cold.
przeznacz|ać (**-am, -asz**) (*perf* **-yć**) *vt* to intend, to destine; (*pieniądze*) to allocate.
przeznacze|nie (**-nia**) *nt* (*los*) destiny, fate.
przeznaczony *adj*: **to jest przeznaczone do** +*gen* it is designed for; **to było przeznaczone dla** +*gen* it was meant for.

przezorność (**-ci**) *f* foresight.
przezorny *adj*
(*człowiek: zapobiegliwy*) foreseeing, far-sighted; (: *ostrożny*) circumspect; (*rada*) cautious.
przezrocz|e, przeźrocz|e (**-a, -a**) (*gen pl* **-y**) *nt* slide.
przezroczysty *adj* (*woda, szyba*) transparent; (*suknia, materiał*) see-through, transparent.
przezwis|ko (**-ka, -ka**) (*instr sg* **-kiem**) *nt* nickname.
przezwycięż|ać (**-am, -asz**) (*perf* **-yć**) *vt* to overcome.
przezyw|ać (**-am, -asz**) *vt* (*nadawać przydomek*) (*perf* **przezwać**) to nickname; **przezywać kogoś** (*ubliżać*) to call sb names.
przeżegn|ać się (**-am, -asz**) *vb perf od* żegnać się.
przeżuw|ać (**-am, -asz**) *vt* (*przed połknięciem*) (*perf* **przeżuć**) to chew ♦ *vi* (*o krowie*) to ruminate.
przeży|cie (**-cia, -cia**) (*gen pl* **-ć**) *nt* experience.
przeży|ć (**-yję, -yjesz**) *vb perf od* przeżywać ♦ *vt perf* (*wojnę, więzienie*) to survive; (*człowieka*) to outlive, to survive ♦ *vi perf* (*utrzymać się przy życiu*) to survive.
przeżyt|ek (**-ku, -ki**) (*instr sg* **-kiem**) *m* anachronism.
przeżyw|ać (**-am, -asz**) (*perf* **przeżyć**) *vt* (*doświadczać*) to experience, to live through.
przędz|a (**-y, -e**) *f* yarn.
przę|sło (**-sła, -sła**) (*loc sg* **-śle**, *gen pl* **-seł**) *nt* span (*in a bridge*).
przod|ek (**-ka, -kowie**) (*instr sg* **-kiem**) *m* ancestor, forefather.
przod|ować (**-uję, -ujesz**) *vi*: **przodować w czymś** to excel in *lub* at sth.
prz|ód (**-odu, -ody**) (*loc sg* **-odzie**) *m* front; **do przodu** forward; **z przodu** in front; **na przedzie** in front.

przy *prep +loc* **1** (*w pobliżu*): **przy oknie** by the window; **przy biurku/stole** at the desk/table; **głowa przy głowie** head to head; **nie mam przy sobie pieniędzy** I don't have any money on me; **ręce przy sobie!** (keep your) hands off! **2** (*w czasie, podczas*): **przy śniadaniu/pracy** at breakfast/work; **przy kawie** over coffee; **przy świecach** by candlelight. **3** (*w obecności*) in front of; **przy świadkach** in the presence of witnesses.

przybieg|ać (-am, -asz) (*perf* -nąć *lub* **przybiec**) *vi* to come running.

przybier|ać (-am, -asz) (*perf* **przybrać**) *vt* (*tytuł, nazwisko, pozę*) to assume; (*stół, choinkę*) to decorate; (*potrawę*) to garnish ♦ *vi* (*o wodzie*) to rise; **przybierać na wadze** to put on weight, to gain weight.

przybij|ać (-am, -asz) (*perf* **przybić**) *vt* (*gwóźdź*) to hammer, to drive; (*deskę*) to nail ♦ *vi*: **przybijać do portu/brzegu** to reach port/the shore.

przybity *adj* (*pot. zmartwiony*) dejected, downcast.

przybliż|ać (-am, -asz) (*perf* -yć) *vt* to bring closer; (*termin, zwycięstwo*) to bring nearer; (*o lornetce*) to magnify.

▶**przybliżać się** *vr* to come closer.

przybliże|nie (-nia, -nia) (*gen pl* -ń) *nt* (*wyniku*) approximation; **w przybliżeniu** approximately, roughly.

przybliżony *adj* approximate.

przybor|y (-ów) *pl* (*osobno*) accessories; (*zestaw*) kit, gear; **przybory piśmienne** *lub* **do pisania** stationery.

przybrany *adj* (*dziecko, rodzice*) foster *attr*, adoptive; (*nazwisko*) assumed.

przybyci|e (-a) *nt* arrival.

przybysz (-a, -e) (*gen pl* -ów) *m* newcomer.

przybyw|ać (-am, -asz) (*perf* **przybyć**) *vi* (*przyjeżdżać*) to arrive; **przybywa ludzi** there are more and more people coming.

przychod|nia (-ni, -nie) (*gen pl* -ni) *f* (*MED*) out-patient clinic; **przychodnia rejonowa** ≈ community health centre (*BRIT*) *lub* center (*US*).

przycho|dzić (-dzę, -dzisz) (*imp* -dź, *perf* **przyjść**) *vi* to come; (*o listach, przesyłkach*) to arrive; **przychodzić na świat** to be born; **przyjść do siebie** to recover.

przych|ód (-odu, -ody) (*loc sg* -odzie) *m* income.

przychylny *adj* favourable (*BRIT*), favorable (*US*).

przyciąg|ać (-am, -asz) (*perf* -nąć) *vt* to attract; (*przysuwać*) to pull closer.

przyciągani|e (-a) *nt* attraction; **przyciąganie ziemskie** gravity.

przycin|ać (-am, -asz) (*perf* **przyciąć**) *vt* (*włosy, gałęzie*) to clip, to trim; (*blachę*) to cut (to size) ♦ *vi*: **przycinać komuś** to gibe at sb; **przyciąć sobie palec** to catch one's finger; **przyciąć sobie język** to bite one's tongue.

przycis|k (-ku, -ki) (*instr sg* -kiem) *m* (*guzik*) button; **przycisk do papieru** paper-weight.

przycisk|ać (-am, -asz) (*perf* **przycisnąć**) *vt* (*naciskać*) to press.

przycisz|ać (-am, -asz) (*perf* -yć) *vt* to turn down.

przycze|pa (-py, -py) (*dat sg* -pie) *f* trailer; (*motocyklowa*) sidecar; **przyczepa kempingowa** *lub*

campingowa caravan (*BRIT*), trailer (*US*).

przycze|piać (-piam, -piasz) (*perf* -pić) *vt* to attach.

▸**przyczepiać się** *vr* (*pot*): **przyczepiać się do kogoś** (*mieć pretensje*) to pick on sb; (*narzucać się*) to tag along with sb.

przyczół|ek (-ka *lub* -ku, -ki) (*instr sg* -kiem) *m* bridgehead.

przyczy|na (-ny, -ny) (*dat sg* -nie) *f* reason, cause; **z tej przyczyny** for that reason.

przyczy|niać się (-niam, -niasz) (*perf* -nić) *vr*: **przyczyniać się do czegoś** to contribute to sth.

przyd|ać (-am, -asz) *vb perf od* **przydawać**.

przydarz|ać się (-a) (*perf* -yć) *vr*: **coś mu się przydarzyło** something (has) happened to him.

przydatnoś|ć (-ci) *f* usefulness.

przydatny *adj* useful, helpful.

przyda|wać (-ję, -jesz) (*imp* -waj, *perf* **przydać**) *vt* +gen (*powagi, autorytetu*) to add.

▸**przydawać się** *vr* (*być przydatnym*) to come in useful.

przydaw|ka (-ki, -ki) (*dat sg* -ce, *pl* -ek) *f* (*JĘZ*) attribute.

przydech (-u, -y) *m* (*JĘZ*) aspiration.

przydom|ek (-ka *lub* -ku, -ki) (*instr sg* -kiem) *m* nickname.

przydrożny *adj* wayside *attr*.

przydzia|ł (-łu, -ły) (*loc sg* -le) *m* (*czynność*) allotment; (*przydzielona część*) ration.

przydziel|ać (-am, -asz) (*perf* -ić) *vt* (*mieszkanie, pieniądze*) to allocate; (*stanowisko, zajęcie*) to assign.

przygad|ywać (-uję, -ujesz) (*perf* -ać) *vi*: **przygadywać komuś** (*pot*) to gibe at sb.

przygarni|ać (-am, -asz) (*perf* **przygarnąć**) *vt* (*tulić*) to take in

one's arms; (*dawać schronienie*) to take in, to take under one's roof.

przygląd|ać się (-am, -asz) (*perf* **przyjrzeć**) *vr*: **przyglądać się komuś/czemuś** to watch *lub* observe sb/sth.

przygnę|biać (-biam, -biasz) (*perf* -bić) *vt* to depress.

przygnębiający *adj* depressing.

przygnębieni|e (-a) *nt* depression.

przygnębiony *adj* depressed.

przygniat|ać (-am, -asz) (*perf* **przygnieść**) *vt* (*o drzewie, ciężarze*) to crush, to squash; (*o odpowiedzialności*) to overwhelm.

przygniatający *adj* overwhelming.

przyg|oda (-ody, -ody) (*dat sg* -odzie, *gen pl* -ód) *f* adventure.

przygodny *adj*: **przygodna znajomość** a passing acquaintance.

przygodowy *adj* adventure *attr*.

przygotowa|nie (-nia, -nia) (*gen pl* -ń) *nt* preparation.

przygotowany *adj*: **przygotowany (do** +gen / **na** +acc) prepared (for).

przygotow|ywać (-uję, -ujesz) (*perf* -ać) *vt* to prepare; **przygotowywać kogoś na coś** to prepare sb for sth.

▸**przygotowywać się** *vr* to get (o.s.) ready, to prepare o.s.; **przygotowywać się do egzaminu** to study for an exam.

przyim|ek (-ka, -ki) (*instr sg* -kiem) *m* preposition.

przyjaci|el (-ela, -ele) (*gen pl* -ół, *dat pl* -ołom, *instr pl* -ółmi, *loc pl* -ołach) *m* friend.

przyjacielski *adj* friendly.

przyjació|łka (-łki, -łki) (*dat sg* -ce, *gen pl* -ek) *f* (girl)friend.

przyj|azd (-azdu, -azdy) (*loc sg* -eździe) *m* arrival.

przyjazny *adj* friendly.

przyjaź|nić się (-nię, -nisz) (*imp* -nij) *vr* to be friends.

przyjaźnie *adv* (*powitać, uśmiechać*

się) amicably; (*nastawiony, usposobiony*) favourably (*BRIT*), favorably (*US*).

przyjaź|ń (-ni, -nie) (*gen pl* -ni) *f* friendship.

przyj|ąć (-mę, -miesz) (*imp* -mij) *vb perf od* przyjmować.

przyj|echać (-adę, -edziesz) (*imp* -edź) *vb perf od* przyjeżdżać.

przyjemnie *adv* pleasantly; **byłoby mi bardzo przyjemnie** I'd be delighted, I would be delighted.

przyjemnoś|ć (-ci, -ci) (*gen pl* -ci) *f* pleasure; **z przyjemnością** with pleasure; **cała przyjemność po mojej stronie** the pleasure is all mine, my pleasure.

przyjemny *adj* pleasant.

przyjezdny *adj* visiting ♦ *m decl like adj* visitor.

przyjeżdż|ać (-am, -asz) (*perf* przyjechać) *vi* to arrive.

przyję|cie (-cia, -cia) (*gen pl* -ć) *f* reception; (*zamówienia*) taking; (*prezentu*) acceptance; (*kandydata, studenta*) admission; (*pomysłu, wniosku*) adoption; **przyjęcie towaru** delivery.

przyjęty *adj* (*zwyczaj, praktyka*) established; (*kandydat*) admitted.

przyjm|ować (-uję, -ujesz) (*perf* przyjąć) *vt* to accept; (*dostawę*) to receive; (*uchodźców, uciekinierów*) to admit; (*obywatelstwo*) to assume; (*propozycję, plan, wniosek, rezolucję*) to adopt; (*pracownika, ucznia, kandydata, chorego*) to admit; (*gości, delegację*) to receive; (*pacjentów*) to see; (*sytuację, rozwój wypadków*) to assume ♦ *vi* (*zakładać*) to assume; (*o lekarzu*) to see (one's) patients.

▸**przyjmować się** *vr* (*o modzie, zwyczajach*) to catch on; (*o sadzonkach, kwiatach*) to take root.

przyjrz|eć się (-ę, -ysz) (*imp* -yj) *vb perf od* przyglądać się.

przyj|ść (-dę, -dziesz) (*imp* -dź) *vb perf od* przychodzić.

przykaza|nie (-nia, -nia) (*gen pl* -ń) *nt* commandment.

przyklej|ać (-am, -asz) (*perf* przykleić) *vt* to stick.

▸**przyklejać się** *vr* to stick.

przykła|d (-du, -dy) (*loc sg* -dzie) *m* example; **na przykład** for example, for instance.

przykład|ać (-am, -asz) (*perf* przyłożyć) *vt*: **przykładać coś (do** +*gen*) to put sth (against).

▸**przykładać się** *vr*: **przykładać się do czegoś** to apply o.s. to sth.

przykładny *adj* exemplary.

przykładowo *adv* for example, for instance.

przykładowy *adj* hypothetical.

przykrę|cać (-cam, -casz) (*perf* -cić) *vt* (*śrubę, hak*) to screw in; (*półkę, osłonę*) to screw.

przykro *adv*: **przykro mi** I'm sorry.

przykroś|ć (-ci) *f* (*uczucie niezadowolenia*) distress; (*nieprzyjemne zdarzenie*) (*nom pl* -ci) unpleasantness, trouble.

przykry *adj* unpleasant.

przykry|ć (-ję, -jesz) *vb perf od* przykrywać.

przykryw|ać (-am, -asz) (*perf* przykryć) *vt* to cover (up); (*zamykać od góry*) to cover.

▸**przykrywać się** *vr*: **przykrywać się (kocem)** to cover o.s. up (with a blanket).

przykryw|ka (-ki, -ki) (*dat sg* -ce, *gen pl* -ek) *f* lid, cover.

przykrz|yć się (-y) (*perf* s-) *vr*: **przykrzy mi się ta praca** I'm tired of this job.

przylat|ywać (-uję, -ujesz) (*perf* przylecieć) *vi* (*o samolocie*) to arrive; (*o ptakach*) to fly in; (*o* *ludziach*) to arrive by plane; (*pot*) to come running.

przyląd|ek (-ka, -ki) (*instr sg* -kiem) *m* cape.

przyleg|ać (-am, -asz) *vi*: **przylegać do czegoś** (*przywierać*) to stick to sth; (*stykać się*) to border on sth.

przylegający *adj*: **przylegający (do** +*gen*) adjacent (to).

przyległy *adj* (*sąsiedni*) adjoining.

przyle|piać (-piam, -piasz) (*perf* -pić) *vt* to stick.

▸**przylepiać się** *vr* to stick.

przylep|iec (-ca, -ce) *m* (*rzep przy ubraniu*) Velcro ®; (*plaster*) (sticking) plaster (*BRIT*), Band-Aid ® (*US*).

przylo|t (-tu, -ty) (*loc sg* -cie) *m* arrival.

przyła|pać (-pię, -piesz) *vt perf*: **przyłapać kogoś na czymś** to catch sb doing sth.

przyłącz|ać (-am, -asz) (*perf* -yć) *vt* (*dołączać, dodawać*) to attach; (*budynek*) to wire; (*komputer*) to link.

▸**przyłączać się** *vr* to join in; **przyłączyłem się do nich** I joined them.

przymiar|ka (-ki, -ki) (*dat sg* -ce, *gen pl* -ek) *f* (*próba*) trial run; (*u krawca*) fitting.

przymier|ać (-am, -asz) *vi*: **przymierać głodem** to starve.

przymierz|ać (-am, -asz) (*perf* -yć) *vt* to try on.

przymierzal|nia (-ni, -nie) (*gen pl* -ni) *f* fitting room.

przymierz|e (-a, -a) (*gen pl* -y) *nt* alliance.

przymiotni|k (-ka, -ki) (*instr sg* -kiem) *m* adjective.

przymocow|ywać (-uję, -ujesz) (*perf* -ać) *vt* to fasten, to fix.

przymroz|ek (-ku *lub* -ka, -ki) (*instr sg* -kiem) *m* ground frost.

przymrużeni|e (-a) *nt*: **z przymrużeniem oka** (*opowiadać*) with tongue in cheek; (*traktować*) with a pinch of salt.

przymu|s (-su) (*loc sg* -sie) *m* compulsion.

przymusowy *adj* (*pobyt*) enforced; (*lądowanie, praca*) forced; (*bezrobocie*) compulsory.

przymusz|ać (-am, -asz) (*perf* **przymusić**) *vt*: **przymuszać kogoś do (robienia) czegoś** to force sb to do sth.

▸**przymuszać się** *vr* to force o.s.

przymyk|ać (-am, -asz) (*perf* **przymknąć**) *vt* (*zamykać niecałkowicie*) to push to; (*pot: zamykać w areszcie*) to arrest, to pinch (*pot*).

przynagl|ać (-am, -asz) (*perf* -ić) *vt* to rush.

przynajmniej *adv* at least.

przynależnoś|ć (-ci, -ci) (*gen pl* -ci) *f* membership.

przynę|ta (-ty, -ty) (*dat sg* -cie) *f* bait.

przyni|eść (-osę, -esiesz) (*imp* -eś, *pt* -ósł, -osła, -eśli) *vb perf od* **przynosić**.

przyno|sić (-szę, -sisz) (*imp* -ś, *perf* **przynieść**) *vt* to bring.

przypad|ać (-am, -asz) (*perf* **przypaść**) *vi*: **przypadać w niedzielę** to fall on (a) Sunday; **przypadać komuś** (*o zaszczycie, obowiązku*) to fall to sb.

przypad|ek (*instr sg* -kiem, *nom pl* -ki) *m* (*traf*) (*gen sg* -ku) coincidence; (*MED*) (*gen sg* -ku) case; (*JĘZ*) (*gen sg* -ka) case; **przypadkiem** *lub* **przez przypadek** by accident, by chance; **w przypadku** +*gen* in case of, in the event of.

przypadkowo *adv* accidentally.

przypadkowy *adj* accidental.

przypal|ać (-am, -asz) (*perf* -ić) *vt*

(*mleko, mięso*) to burn; (*materiał*) to
singe.

►**przypalać się** *vr* to burn.

przypatr|ywać się (-uję, -ujesz)
(*perf* **przypatrzyć się**) *vr.*
przypatrywać się (komuś/czemuś)
to scrutinize (sb/sth).

przypiek|ać (-am, -asz) (*perf*
przypiec) *vi* (*o słońcu*) to beat
down; (*rumienić*) to brown.

przypin|ać (-am, -asz) (*perf*
przypiąć) *vt* (*broszkę*) to pin; (*narty*)
to put on; (*pasami*) to strap.

przypi|s (-su, -sy) (*loc sg* -**sie**) *m*
note; (*na dole strony*) footnote; (*na
końcu tekstu*) endnote.

przypis|ywać (-uję, -ujesz) (*perf* -**ać**)
vt. **przypisywać coś komuś** to
ascribe *lub* attribute sth to sb.

przypły|w (-wu, -wy) (*loc sg* -**wie**) *m*
(*morski*) high tide; (*energii, uczuć*)
surge.

przypły|wać (-wam, -wasz) (*perf*
-**nąć**) *vi* (*o statku, pasażerach*) to
arrive, to come in; (*o pływaku*) to
swim up.

przypomin|ać (-am, -asz) (*perf*
przypomnieć) *vt.* **przypominać
kogoś/coś** to resemble sb/sth, to be
like sb/sth; **przypominać komuś
coś** to make sb think of sth;
przypominać sobie to recall, to
recollect; **przypomnieć komuś o
czymś** to remind sb of sth.

►**przypominać się** *vr.*
przypomniało mi się, że ... I
remembered that ... .

przypowieś|ć (-ci, -ci) (*gen pl* -**ci**) *f*
parable.

przypra|wa (-wy, -wy) (*dat sg* -**wie**) *f*
spice, seasoning.

przypra|wiać (-wiam, -wiasz) (*perf*
-**wić**) *vt* to spice (up).

przyprowa|dzać (-dzam, -dzasz)
(*perf* -**dzić**) *vt* to bring (along).

przypuszcz|ać (-am, -asz) (*perf*

przypuścić) *vi* (*snuć domysły*) to
suppose; (*zakładać*) to presume.

przypuszczający *adj* (*JĘZ*)
conditional.

przypuszczalnie *adv* presumably.

przypuszczalny *adj* presumable.

przypuszcze|nie (-nia, -nia) (*gen pl*
-**ń**) *nt* presumption.

przyro|da (-dy) (*dat sg* -**dzie**) *f* nature.

przyrodni *adj.* **przyrodni brat**
half-brother; **przyrodnia siostra**
half-sister.

przyrodniczy *adj* (*film*) nature *attr*;
(*nauki*) natural.

przyrodni|k (-ka, -cy) (*instr sg* -**kiem**)
m naturalist.

przyro|st (-stu, -sty) (*loc sg* -**ście**) *m*
increase; **przyrost naturalny**
population growth (rate).

przyrost|ek (-ka, -ki) (*instr sg* -**kiem**)
m suffix.

przyrówn|ywać (-uję, -ujesz) (*perf*
-**ać**) *vt.* **przyrównywać kogoś/coś
do** +*gen* to equate sb/sth to.

przyrzą|d (-du, -dy) (*loc sg* -**dzie**) *m*
instrument, device; **przyrządy** *pl*
apparatus.

przyrzą|dzać (-dzam, -dzasz) (*perf*
-**dzić**) *vt* to prepare.

przyrze|c (-knę, -kniesz) (*imp* -**knij**)
vb perf od **przyrzekać**.

przyrzecze|nie (-nia, -nia) (*gen pl*
-**ń**) *nt* promise.

przyrzek|ać (-am, -asz) (*perf*
przyrzec) *vt.* **przyrzekać coś komuś**
to promise sth to sb, to promise sb
sth.

przysia|d (-du, -dy) (*loc sg* -**dzie**) *m*
knee bend.

przysiad|ać się (-am, -asz) (*perf*
przysiąść) *vr.* **przysiadać się (do
kogoś)** to join (sb).

przysią|c (-**ęgnę, -ęgniesz**) (*imp*
-**ęgnij**, *pt* -**ągł, -ęgła, -ęgli**) *vb perf
od* **przysięgać**.

przysi|ęga (-ęgi, -ęgi) (*dat sg* -ędze, *gen pl* -ąg) *f* oath.

przysięg|ać (-am, -asz) (*perf* **przysiąc**) *vt/vi* to swear.

przysięgły *adj*: **tłumacz przysięgły** certified translator; (*w sądzie*) court interpreter ♦ *m decl like adj* juror.

przy|słać (-ślę, -ślesz) (*imp* -ślij) *vb perf od* **przysyłać**.

przysłani|ać (-am, -asz) (*perf* **przysłonić**) *vt* (*oczy, lampę, słońce*) to shade; (*widok*) to obscure.

przysło|na (-ny, -ny) (*dat sg* -nie) *f* aperture.

przysł|owie (-owia, -owia) (*gen pl* -ów) *nt* proverb.

przysłów|ek (-ka, -ki) (*instr sg* -kiem) *m* adverb.

przysłuch|iwać się (-uję, -ujesz) *vr*: **przysłuchiwać się (komuś/czemuś)** to listen in (to sb/sth).

przysłu|ga (-gi, -gi) (*dat sg* -dze) *f* favour (*BRIT*), favor (*US*); **wyświadczać (wyświadczyć** *perf*) **komuś przysługę** to do sb a favo(u)r; **prosić (poprosić** *perf*) **kogoś o przysługę** to ask a favo(u)r of sb.

przysłu|giwać (-guje) *vi*: **coś przysługuje komuś** sb is entitled to sth.

przysma|k (-ku, -ki) (*instr sg* -kiem) *m* delicacy.

przysparz|ać (-am, -asz) (*perf* **przysporzyć**) *vt*: **przysparzać komuś sławy** to make sb famous; **przysparzać komuś kłopotów** to cause sb trouble.

przyspiesz|ać, przyśpiesz|ać (-am, -asz) (*perf* -yć) *vt* (*tempo, działanie*) to speed up, to accelerate; (*wyjazd, egzaminy*) to advance ♦ *vi* (*zwiększać szybkość*) to speed up, to accelerate.

przyspiesze|nie, przyśpiesze|nie (-nia) *nt* (*zwiększenie tempa*) acceleration; (*przybliżenie terminu*) advancing.

przyspieszony, przyśpieszony *adj* (*oddech, ruch*) accelerated; (*tryb*) summary; (*autobus*) ≈ express *attr*.

przystan|ek (-ku, -ki) (*instr sg* -kiem) *m*: **przystanek autobusowy/tramwajowy** bus/tram stop.

przysta|ń (-ni, -nie) (*gen pl* -ni) *f* marina; (*przen*) haven.

przyst|awać (-aję, -ajesz) (*imp* -awaj) *vi* (*zatrzymywać się*) (*perf* -anąć) to stop; **przystawać (przystać** *perf*) **na coś** to accede to sth.

przysta|wiać (-wiam, -wiasz) (*perf* -wić) *vt*: **przystawiać coś do** +gen to put sth against.

przystaw|ka (-ki, -ki) (*dat sg* -ce, *gen pl* -ek) *f* (*potrawa*) starter, hors d'oeuvre (*BRIT*), appetizer (*US*).

przystępny *adj* (*język, styl, sposób*) accessible; (*człowiek*) approachable; (*cena*) affordable.

przystęp|ować (-uję, -ujesz) (*perf* **przystąpić**) *vi*: **przystępować do** +gen to begin, to start.

przystojny *adj* handsome.

przystosowani|e (-a) *nt* (*BIO*) adaptation; (*PSYCH*) adjustment.

przystosow|ywać (-uję, -ujesz) (*perf* -ać) *vt*: **przystosowywać coś do** +gen to adapt sth to.

▶**przystosowywać się** *vr*: **przystosowywać się (do czegoś)** to adapt (to sth).

przysuw|ać (-am, -asz) (*perf* **przysunąć**) *vt*: **przysuwać coś do czegoś** to push sth nearer to sth.

▶**przysuwać się** *vr* to move closer.

przyswaj|ać (-am, -asz) (*perf* **przyswoić**) *vt*: **przyswajać coś sobie** (*wiedzę, wiadomości*) to absorb sth; (*język*) to learn sth.

przysył|ać (-am, -asz) (*perf*

przysłać) *vt* (*wiadomość*) to send; (*katalog*) to mail; (*mechanika*) to send in.

przyszłoś|ć (**-ci**) *f* future.

przyszły *adj* (*student*) prospective; (*czas*) future; (*poniedziałek, miesiąc*) next; **w przyszłym tygodniu/roku** next week/year.

przyszyw|ać (**-am, -asz**) (*perf* **przyszyć**) *vt* to sew (on).

przyśpiesz|ać (**-am, -asz**) (*perf* **-yć**) *vt* = **przyspieszać**.

przytacz|ać (**-am, -asz**) (*perf* **przytoczyć**) *vt* to quote.

przyta|kiwać (**-kuję, -kujesz**) (*perf* **-knąć**) *vi* to nod.

przytłacz|ać (**-am, -asz**) (*perf* **przytłoczyć**) *vt* to crush; (*przen*) to overwhelm.

przytłaczający *adj* overwhelming.

przytomnoś|ć (**-ci**) *f* consciousness; **tracić (stracić** *perf*) **przytomność** to lose consciousness.

przytomny *adj* (*świadomy*) conscious; (*bystry, rozsądny*) astute.

przytra|fiać się (**-fia**) (*perf* **-fić**) *vr*: **przytrafiać się komuś** to happen to sb.

przytrzym|ywać (**-uję, -ujesz**) (*perf* **-ać**) *vt* (*wstrzymywać*) to hold back; (*obezwładniać*) to hold down; (*podtrzymywać*) to support.

przytul|ać (**-am, -asz**) (*perf* **-ić**) *vt* to hug, to give a hug *lub* cuddle.

▸**przytulać się** *vr* to cuddle; **przytulić się do kogoś** to cuddle *lub* snuggle up to sb.

przytulnie *adv*: **w pokoju było przytulnie** the room was cosy *lub* cozy (*US*).

przytulny *adj* cosy, cozy (*US*).

przytwier|dzać (**-dzam, -dzasz**) (*perf* **-dzić**) *vt* to attach.

przyty|ć (**-ję, -jesz**) *vi perf* to put on weight.

przyty|k (**-ku, -ki**) (*instr sg* **-kiem**) *m* dig (*remark*).

przytyk|ać (**-am, -asz**) (*perf* **przytknąć**) *vt*: **przytykać coś (do** **+gen)** to put sth (against).

przywiązani|e (**-a**) *nt*: **przywiązanie (do kogoś/czegoś)** attachment (to sb/sth).

przywiązany *adj*: **przywiązany (do kogoś/czegoś)** attached (to sb/sth).

przywiąz|ywać (**-uję, -ujesz**) (*perf* **-ać**) *vt*: **przywiązywać kogoś/coś do** **+gen** to tie sb/sth to; **przywiązywać wagę/znaczenie do czegoś** to attach weight/importance to sth.

▸**przywiązywać się** *vr*: **przywiązywać się do czegoś** to tie o.s. to sth; **przywiązywać się do kogoś/czegoś** (*przen*) to become attached to sb/sth.

przywidze|nie (**-nia, -nia**) (*gen pl* **-ń**) *nt* illusion.

przywi|dzieć się (**-dzi**) *vr perf*: **coś mi się przywidziało** I must have been seeing things.

przywier|ać (**-am, -asz**) (*perf* **przywrzeć**) *vi*: **przywierać do** **+gen** to cling to.

przywilej (**-u, -e**) *m* privilege.

przywit|ać (**-am, -asz**) *vb perf od* **witać**.

przywłaszcz|ać (**-am, -asz**) (*perf* **-yć**) *vt*: **przywłaszczać coś sobie** to appropriate sth.

przyw|odzić (**-odzę, -odzisz**) (*imp* **-ódź**, *perf* **przywieść**) *vt* (*książk*) to bring; **przywodzić na myśl** to bring to mind.

przywoł|ywać (**-uję, -ujesz**) (*perf* **-ać**) *vt* to call.

przyw|ozić (**-ożę, -ozisz**) (*imp* **-oź** *lub* **-óź**, *perf* **przywieźć**) *vt* to bring.

przywódc|a (**-y, -y**) *m decl like f in sg* leader.

przyw|óz (**-ozu, -ozy**) (*loc sg* **-ozie**)

m (*dostawa*) delivery; (*import*) importation.

przywrac|ać (-am, -asz) (*perf* **przywrócić**) *vt* to restore;
przywracać komuś życie to bring sb back to life.

przywyk|ać (-am, -asz) (*perf* -**nąć**) *vi*: **przywykać do kogoś/czegoś** to get accustomed *lub* used to sb/sth.

przywykły *adj*: **przywykły do** +*gen* accustomed to.

przyziemny *adj* down-to-earth, mundane.

przyzn|awać (-aję, -ajesz) (*perf* -**ać**) *vt*: **przyznawać coś komuś** (*kredyt, obywatelstwo, status*) to grant sb sth; (*nagrodę, wyróżnienie*) to award sb sth ◆ *vi*: **przyznawać, że ...** to admit *lub* grant that ... .

▶**przyznawać się** *vr*: **przyznawać się do** +*gen* to own up *lub* confess to; **(nie) przyznać się do winy** (*PRAWO*) to plead (not) guilty.

przyzwoitoś|ć (-ci) *f* decency.

przyzwoity *adj* decent.

przyzwyczaj|ać (-am, -asz) (*perf* **przyzwyczaić**) *vt*: **przyzwyczajać kogoś do czegoś** to accustom sb to sth.

▶**przyzwyczajać się** *vr*: **przyzwyczajać się do czegoś** to get accustomed *lub* used to sth.

przyzwyczaje|nie (-nia, -nia) (*gen pl* -ń) *nt* habit; **z przyzwyczajenia** out of habit.

przyzwyczajony *adj*: **(nie) być przyzwyczajonym do** +*gen* (not) to be accustomed *lub* used to.

PS *abbr* (= *postscriptum*) P.S.

psa *itd*. *n patrz* **pies**.

psal|m (-mu, -my) (*loc sg* -**mie**) *m* psalm.

pseudo... *pref* pseudo... .

pseudoni|m (-mu, -my) (*loc sg* -**mie**) *m* pseudonym.

psiku|s (-sa, -sy) (*loc sg* -**sie**) *m* prank.

pso|cić (-cę, -cisz) (*imp* -**ć**) *vi* to play tricks.

pstrą|g (-ga, -gi) (*instr sg* -**giem**) *m* trout.

psu|ć (-ję, -jesz) (*perf* **ze-** *lub* **po-**) *vt* (*maszynę, zabawkę*) to break; (*nastrój, zabawę*) to spoil; (*reputację*) to ruin.

▶**psuć się** *vr* (*o maszynach*) to break down; (*o żywności*) to go bad; (*o pogodzie*) to get worse; (*o stosunkach, układach, wzroku*) to deteriorate, to get worse.

psychiat|ra (-ry, -rzy) (*loc sg* -**rze**) *m decl like f in sg* psychiatrist.

psychiatri|a (-i) *f* psychiatry.

psychiatryczny *adj* psychiatric.

psychicznie *adv* mentally.

psychiczny *adj* (*choroba, rozwój*) mental; (*uraz*) psychological.

psychi|ka (-ki) (*dat sg* -**ce**) *f* psyche.

psychoanality|k (-ka, -cy) (*instr sg* -**kiem**) *m* (psycho)analyst.

psycholo|g (-ga, -dzy *lub* -**gowie**) (*instr sg* -**giem**) *m* psychologist.

psychologi|a (-i) *f* psychology.

psychologiczny *adj* psychological.

psychopa|ta (-ty, -ci) (*loc sg* -**cie**) *m decl like f in sg* psychopath.

psychoterapi|a (-i) *f* psychotherapy.

pszczelarz (-a, -e) (*gen pl* -**y**) *m* beekeeper.

pszcz|oła (-oły, -oły) (*dat sg* -**ole**, *gen pl* -**ół**) *f* bee.

pszenic|a (-y, -e) *f* wheat.

pszenny *adj*: **mąka pszenna** wheat-flour.

pt. *abbr* (= *pod tytułem*) entitled.

ptact|wo (-wa) (*loc sg* -**wie**) *nt* birds *pl*.

pta|k (-ka, -ki) (*instr sg* -**kiem**) *m* bird; **widok z lotu ptaka** bird's eye view.

ptasz|ek (-ka, -ki) (*instr sg* -**kiem**) *m dimin od* **ptak**.

publicy|sta (-sty, -ści) (*loc sg* -ście)
m decl like f in sg (political)
commentator.

publicysty|ka (-ki) (*dat sg* -ce) *f*
(political) commentary.

publicznie *adv* publicly, in public.

publiczność (-ci) *f* audience.

publiczny *adj* public; **dom**
publiczny brothel.

publikacj|a (-i, -e) (*gen pl* -i) *f*
publication.

publik|ować (-uję, -ujesz) (*perf* o-)
vt to publish.

puch (-u) *m* down; (*miękka warstwa*)
fluff.

puchacz (-a, -e) (*gen pl* -y *lub* -ów)
m eagle owl.

pucha|r (-ru, -ry) (*loc sg* -rze) *m* cup.

puch|nąć (-nę, -niesz) (*imp* -nij, *pt* -ł
lub -nął, -ła, -li, *perf* s-) *vi* to swell.

puchowy *adj*: **kurtka puchowa** down
jacket; **kołdra puchowa** down-filled
quilt.

puc|ować (-uję, -ujesz) (*perf* wy-) *vt*
(*pot: buty*) to shine.

pucz (-u, -e) *m* coup.

pud|el (-la, -le) (*gen pl* -li) *m* poodle.

pudeł|ko (-ka, -ka) (*instr sg* -kiem,
gen pl -ek) *nt* box; **pudełko od**
zapałek matchbox.

pud|er (-ru, -ry) (*loc sg* -rze) *m*
powder; **cukier puder** icing sugar.

pudernicz|ka (-ki, -ki) (*dat sg* -ce,
gen pl -ek) *f* (powder) compact.

pud|ło (-ła, -ła) (*loc sg* -le, *gen pl* -eł)
nt box; (*pot: chybiony strzał*) miss.

pudł|ować (-uję, -ujesz) (*perf* s-) *vi*
(*pot*) to miss.

pudr|ować (-uję, -ujesz) (*perf* wy-) *vt*
to powder.

▶**pudrować się** *vr* to powder one's
face.

puen|ta (-ty, -ty) (*dat sg* -cie) *f*
punchline.

puk|ać (-am, -asz) (*perf* -nąć) *vi* to

knock; **pukać do drzwi** to knock at
lub on the door.

pul|a (-i, -e) *f* pool.

pulchny *adj* (*twarz, ciało*) plump;
(*ciasto*) spongy.

pulowe|r (-ru *lub* -ra, -ry) (*loc sg*
-rze) *m* pullover, jumper (*BRIT*).

pulpi|t (-tu, -ty) (*loc sg* -cie) *m* (*do*
nut) music stand; (*część ławki*) desk
top; (*sterowniczy*) console.

pul|s (-su, -sy) (*loc sg* -sie) *m* pulse.

puls|ować (-uje) *vi* to pulsate.

puła|p (-pu, -py) (*loc sg* -pie) *m*
ceiling.

pułap|ka (-ki, -ki) (*dat sg* -ce, *gen pl*
-ek) *f* trap.

puł|k (-ku, -ki) (*instr sg* -kiem) *m*
regiment.

pułkowni|k (-ka, -cy) (*instr sg* -kiem)
m colonel.

pu|ma (-my, -my) (*dat sg* -mie) *f*
puma.

pumek|s (-su, -sy) (*loc sg* -sie) *m*
pumice.

pun|k (-ka, -ki) (*instr sg* -kiem) *m*
punk.

punk|t¹ (-tu, -ty) (*loc sg* -cie) *m*
point; (*usługowy, sprzedaży*) outlet;
(*programu, dokumentu*) item; **punkt**
widzenia viewpoint, point of view;
punkt zwrotny turning point; **w**
martwym punkcie at a standstill.

punkt² *adv* (*pot*): **punkt czwarta** four
o'clock sharp.

punktacj|a (-i, -e) (*gen pl* -i) *f*
(*zasady*) grading scale; (*suma*
punktów) score.

punktualnie *adv* on time;
punktualnie o drugiej at two
o'clock sharp.

punktualność (-ci) *f* punctuality.

punktualny *adj* punctual.

pu|pa (-py, -py) (*dat sg* -pie) *f* (*pot*)
bottom (*pot*).

purée *nt inv* (*też*: **purée**
ziemniaczane) mashed potatoes.

purpurowy adj purplish red.

puryta|nin (-nina, -nie) m puritan.

pustelni|k (-ka, -cy) (instr sg -kiem) m hermit.

pust|ka (-ki, -ki) (dat sg -ce, gen pl -ek) f emptiness.

pustko|wie (-wia, -wia) (gen pl -wi) nt wastes pl.

pusto adv: **na ulicach jest pusto** the streets are empty; **pusto brzmiący** hollow.

pustosz|eć (-eje) (perf o-) vi to empty.

pustosz|yć (-ę, -ysz) (perf s-) vt to ravage.

pusty adj empty; (przen: człowiek, śmiech) hollow; **pusty w środku** hollow.

pusty|nia (-ni, -nie) (gen pl -ń) f desert.

puszcz|a (-y, -e) f (primeval) forest, jungle.

puszcz|ać (-am, -asz) (perf **puścić**) vt (linę, czyjąś rękę) to let go of; (więźnia, zakładnika) to let go; (sok itp.) to ooze; (wodę, strumień) to let out; (płytę, kasetę, piosenkę) to play; (pot: maszynę) to run ♦ vi (o zamku itp.) to give way; (o plamie) to come off; (pot: o bluzce itp.) to bleed.

►**puszczać się** vr (przestawać się trzymać) to let go; (pot: prowadzić rozwiązłe życie) to sleep around.

pusz|ek (-ku, -ki) (instr sg -kiem) m (na policzkach itp.) down.

pusz|ka (-ki, -ki) (dat sg -ce, gen pl -ek) f (pojemnik) tin (BRIT), can (US); **puszka piwa/coca-coli** a can of beer/coke; **puszka po piwie** beer can; **ryba z puszki** canned lub tinned fish.

puszysty adj fluffy.

puzo|n (-nu, -ny) (loc sg -nie) m trombone.

py|cha (-chy) f (duma) (dat sg -sze) pride; **pycha!** (pot) yum(-yum)! (pot).

py|ł (-łu, -ły) (loc sg -le) m dust.

py|łek (-ku, -ki) (instr sg -kiem) m (drobina) a speck of dust; (kwiatowy) pollen.

pys|k (-ka, -ki) (instr sg -kiem) m muzzle; **stul pysk!** (pot!) shut your trap! (pot!).

pyskaty adj (pej) cheeky.

pysk|ować (-uję, -ujesz) vi (pot) to talk back.

pyszny adj (wyniosły) proud; (smaczny) delicious, scrumptious (pot); (zabawa) excellent.

pyt|ać (-am, -asz) (perf **za-** lub **s-**) vt/vi to ask; **pytać kogoś (o coś/czy ...)** to ask sb (about sth/if ...); **pytać kogoś z fizyki/z historii Anglii** to give sb an oral in physics/on English history.

►**pytać się** vr to ask.

pytający adj (wzrok) questioning; (JĘZ) interrogative.

pytajni|k (-ka, -ki) (instr sg -kiem) m question mark.

pyta|nie (-nia, -nia) (gen pl -ń) nt question; **zadawać (zadać** perf**) pytanie** to ask a question.

pyto|n (-na, -ny) (loc sg -nie) m python.

py|za (-zy, -zy) (dat sg -zie) f dumpling.

Q

Quebe|c (-cu) (instr sg -kiem) m Quebec.

qui|z (-zu, -zy) (loc sg -zie) m quiz (show).

R

r. *abbr* y. (= year).

rabarba|r (-ru, -ry) (*loc sg* -rze) *m* rhubarb.

raba|t (-tu, -ty) (*loc sg* -cie) *m* discount.

rabi|n (-na, -ni) (*loc sg* -nie) *m* rabbi.

rab|ować (-uję, -ujesz) *vt* (*złoto, pieniądze*) (*perf* z-) to steal; (*osobę, bank*) (*perf* ob-) to rob.

rabun|ek (-ku, -ki) (*instr sg* -kiem) *m* robbery.

rabunkowy *adj*: **napad rabunkowy** hold-up.

rachun|ek (-ku, -ki) (*instr sg* -kiem) *m* (*obliczenie*) calculation; (*konto*) account; (*spis należności*) bill; (*w restauracji*) bill (*BRIT*), check (*US*); **rachunek bieżący** current account; **rachunek oszczędnościowo-rozliczeniowy** cheque account.

rachunkowoś|ć (-ci) *f* (*dziedzina*) accountancy; (*dział*) accounting.

racj|a (-i, -e) (*gen pl* -i) *f* (*słuszność*) right; (*powód*) reason; (*porcja*) ration; **racje** *pl* (*argumenty*) arguments; **masz rację** you are right; **nie masz racji** you are wrong.

racjonalizacj|a (-i) *f* (*usprawnianie*) rationalization, streamlining.

racjonalnie *adv* rationally.

racjonalny *adj* rational.

raczej *adv* rather.

racz|yć (-ę, -ysz) *vt*: **raczyć kogoś czymś** (*książk*) (*perf* u-) to treat sb to sth; **nawet nie raczył odpowiedzieć** he wouldn't even bother to answer.

rad (*pl* **radzi**) *adj*: **rad jestem, że cię widzę** I am glad to see you; **rad bym ci pomóc** I would be glad to help you; **rad nierad** willy-nilly.

ra|da (-dy, -dy) (*dat sg* -dzie) *f*

(*porada*) a piece of advice, tip; (*instytucja*) council; **nie ma rady** there's nothing we can do about it; **nie da rady** this can't be done; **nie ma innej rady, tylko ...** there is no other solution, but ...; **rada nadzorcza** board of supervisors, supervisory board; **Rada Ministrów** the Cabinet.

rada|r (-ru, -ry) (*loc sg* -rze) *m* radar.

radc|a (-y, -y *lub* -owie) *m decl like f in sg*: **radca prawny** legal adviser *lub* advisor, legal counsellor (*BRIT*) *lub* counselor (*US*); **radca handlowy** commercial counsel(lor).

radieste|ta (-ty, -ci) (*dat sg* -cie) *m decl like f in sg* water diviner.

radi|o (-a, -a) *nt* radio; **słuchać radia** to listen to the radio; **w radio** *lub* **radiu** on the radio.

radioaktywnoś|ć (-ci) *f* radioactivity.

radioaktywny *adj* radioactive.

radiologi|a (-i) *f* radiology.

radiomagnetofo|n (-nu, -ny) (*loc sg* -nie) *m* cassette radio, radio cassette recorder.

radioodbiorni|k (-ka, -ki) (*instr sg* -kiem) *m* radio.

radiosłuchacz (-a, -e) (*gen pl* -y) *m* listener.

radiostacj|a (-i, -e) (*gen pl* -i) *f* radio station.

radiotelefo|n (-nu, -ny) (*loc sg* -nie) *m* radiotelephone.

radiow|óz (-ozu, -ozy) (*loc sg* -ozie) *m* police car.

radiowy *adj* radio *attr*.

rad|ny (-nego, -ni) *m decl like adj* councillor.

radosny *adj* cheerful, joyful.

radoś|ć (-ci) *f* happiness, joy.

rad|ować (-uję, -ujesz) (*perf* u-) *vt* (*książk*) to gladden.

▶**radować się** *vr* to rejoice.

radykalny *adj* dramatic, radical *attr*.

ra|dzić (-dzę, -dzisz) (*imp* -dź) *vt*:

radzić komuś (*perf* **po-**) to advise sb
♦ *vi* (*obradować*) to debate; **nie
radzę ci tego robić** I wouldn't do
that (if I were you); **radzić sobie z
czymś** to cope with sth.
►**radzić się** *vr*: **radzić się (kogoś)**
(*perf* **po-**) to seek (sb's) advice.
radziecki *adj* Soviet *attr*; **Związek
Radziecki** the Soviet Union.
ra|fa (**-fy, -fy**) (*loc sg* **-fie**) *f* reef.
rafineri|a (**-i, -e**) (*gen pl* **-i**) *f* refinery.
raj (**-u**) *m* paradise.
raj|d (**-du, -dy**) (*loc sg* **-dzie**) *m* rally.
rajski *adj* blissful.
rajstop|y (**-**) *pl* tights (*BRIT*),
pantihose (*US*).
rajtuz|y (**-ów**) *pl* tights (*BRIT*),
pantihose (*US*).
ra|k (**-ka, -ki**) (*instr sg* **-kiem**) *m*
(*ZOOL*) crayfish, crawfish (*US*);
(*nowotwór*) cancer; **Rak**
(*ASTROLOGIA*) Cancer.
rakie|ta (**-ty, -ty**) (*dat sg* **-cie**) *f* (*statek
kosmiczny*) rocket; (*pocisk*) rocket;
(*SPORT*) racket, racquet.
rakiet|ka (**-ki, -ki**) (*dat sg* **-ce**, *gen pl*
-ek) *f* bat.
rakotwórczy *adj* carcinogenic.
ra|ma (**-my, -my**) (*dat sg* **-mie**) *f*
frame; **ramy** *pl* (*granice*) confines *pl*,
framework.
ramiącz|ko (**-ka, -ka**) (*instr sg* **-kiem**)
nt (*halki, stanika*) (shoulder) strap;
(*wieszak*) (coat) hanger.
ra|mię (**-mienia, -miona**) (*gen pl*
-mion) *nt* arm; (*bark*) shoulder;
(*świecznika*) branch.
ram|ka (**-ki, -ki**) (*dat sg* **-ce**, *gen pl*
-ek) *f* frame; (*w tekście*) box.
ram|pa (**-py, -py**) (*dat sg* **-pie**) *f*
(*pomost*) (loading) platform;
(*TEATR*) footlights *pl*.
ra|na (**-ny, -ny**) (*dat sg* **-nie**) *f* wound,
injury.
rand|ka (**-ki, -ki**) (*dat sg* **-ce**, *gen pl*
-ek) *f* date; **mieć randkę z kimś** to

have a date with sb; **randka w
ciemno** blind date.
ran|ga (**-gi, -gi**) (*dat sg* **-dze**) *f* rank;
(*przen*) importance; **sprawa
najwyższej rangi** a matter of (the)
utmost importance.
ra|nić (**-nię, -nisz**) (*imp* **-ń**, *perf* **z-**) *vt
imperf* to wound, to injure; (*przen*)
to hurt; **ranić czyjeś uczucia** to hurt
sb's feelings ♦ *vt perf* = **zranić**.
rankin|g (**-gu, -gi**) (*instr sg* **-giem**) *m*
ranking, rating.
ranny¹ *adj* (*człowiek, zwierzę*)
wounded ♦ *m decl like adj* casualty.
ranny² *adj* (*spacer, słońce, rosa*)
morning *attr*.
ra|no¹ (**-na**) (*loc sg* **-nie**) *nt* morning;
co rano every morning.
rano² *adv* in the morning; **dziś/jutro
rano** this/tomorrow morning.
rapor|t (**-tu, -ty**) (*loc sg* **-cie**) *m* report.
raptem *adv* all of a sudden; **miał
raptem siedemnaście lat** he was
barely seventeen.
raptowny *adj* (*hamowanie, zmiana*)
abrupt, sudden; (*wiatr, deszcz*)
sudden.
raryta|s (**-su, -sy**) (*loc sg* **-sie**) *m*
(*rzadkość*) rarity; (*smakołyk*)
delicacy.
ra|sa (**-sy, -sy**) (*dat sg* **-sie**) *f* (*ludzi*)
race; (*zwierząt*) breed.
rasi|sta (**-sty, -ści**) (*dat sg* **-ście**) *decl
like f in sg m* racist.
rasistowski *adj* racist.
rasiz|m (**-mu**) (*loc sg* **-mie**) *m* racism.
rasowy *adj* (*przesądy, dyskryminacja*)
racial; **rasowy pies** pedigree dog.
ra|ta (**-ty, -ty**) (*dat sg* **-cie**) *f*
instalment (*BRIT*), installment (*US*);
kupować (**kupić** *perf*) **coś na raty** to
buy sth on hire purchase (*BRIT*) *lub*
on the installment plan (*US*).
ratalny *adj*: **sprzedaż ratalna** hire
purchase (*BRIT*), installment plan
(*US*).

rat|ować (-uję, -ujesz) (*perf* **u-**) *vt* to save; (*tonącego*) to rescue; (*chorego*) to resuscitate; (*mienie*) to salvage, to rescue.

ratowniczy *adj*: **ekipa ratownicza** rescue party.

ratowni|k (-ka, -cy) (*instr sg* -kiem) *m* (*na plaży*) lifeguard, life-saver; (*górski itp.*) rescuer.

ratun|ek (-ku, -ki) (*instr sg* -kiem) *m* (*pomoc w niebezpieczeństwie*) help; (*wybawienie*) salvation, rescue; **ratunku!** help!

ratunkowy *adj*: **kamizelka ratunkowa** life jacket; **łódź ratunkowa** lifeboat; **pogotowie ratunkowe** ambulance service; **ekipa/akcja ratunkowa** rescue party/operation.

ratusz (-a, -e) (*gen pl* -y *lub* -ów) *m* town hall.

ratyfikacj|a (-i, -e) (*gen pl* -i) *f* ratification.

ratyfik|ować (-uję, -ujesz) *vt (im)perf* to ratify.

ra|z (-zu, -zy) (*loc sg* -zie) *m* (*przy oznaczaniu wielokrotności, porównywaniu itp.*) time; **(jeden) raz** once; **dwa razy** twice; **dwa razy więcej** (*osób, książek*) twice as many; (*wody, pieniędzy, rozumu*) twice as much; **dwa razy dwa** two times two; **raz na tydzień/rok** once a week/year; **ile razy?** how many times?; **jeszcze raz** one more time, once again; **na razie** (*do tej pory*) as yet; (*tymczasem*) for the moment, for the time being; **na razie!** (*pot*) so long!; **od razu** straight away *lub* off, at once; **na raz** at a time; **pewnego razu** once (upon a time); **po raz pierwszy/trzeci** for the first/third time; **tym/innym razem** this/another time; **za każdym razem** each *lub* every time; **za jednym razem** at a time; **w razie potrzeby** if

necessary *lub* required, should the need arise; **w każdym (bądź) razie** at any rate, in any case; **w sam raz** just right; **na drugi raz** next time ♦ *num* one; **raz, dwa, trzy ...** one, two, three ... ♦ *adv* (*pewnego razu*) once (upon a time).

razem *adv* together.

ra|zić (-żę, -zisz) (*imp* -ź) *vt* (*oślepiać*) to dazzle; (*obrażać*) to offend; (*książk*: *uderzać*) to smite.

razow|iec (-ca, -ce) *m* (*też*: **chleb razowy**) wholemeal (*BRIT*) *lub* wholewheat (*US*) bread.

raźnie, raźno *adv* (*szybko, żwawo*) briskly, jauntily; (*ochoczo*) enthusiastically; **czułam się** *lub* **było mi raźniej** I felt safer.

raźny *adj* (*szybki, ochoczy*) brisk, jaunty; (*rześki*) lively.

rażący *adj* (*światło*) dazzling, glaring; (*kontrast*) glaring, striking; (*niesprawiedliwość*) glaring, flagrant; (*błąd*) glaring, gross; (*zachowanie*) gross, crass.

rą|bać (-bię, -biesz) *vt* (*łupać*) (*perf* **po-**) to chop; (*uderzać*) (*perf* **rąbnąć**) to whack.

rąb|ek (-ka, -ki) (*instr sg* -kiem) *m* (*chustki, spódnicy*) hem.

rącz|ka (-ki, -ki) (*dat sg* -ce, *gen pl* -ek) *f dimin od* **ręka**; (*uchwyt*) handle; **złota rączka** handyman.

rdz|a (-y) *f* rust.

rdzawy *adj* rust.

rdzenny *adj* indigenous.

rdze|ń (-nia, -nie) (*gen pl* -ni) *m* core; (*JĘZ*) root; **rdzeń kręgowy** spinal cord.

rdzewie|ć (-je) (*perf* **za-**) *vi* to rust.

reag|ować (-uję, -ujesz) (*perf* **za-**) *vi*: **reagować (na** +*acc*) to react *lub* respond (to); **reagować (z** +*instr*) (*CHEM*) to react (with).

reakcj|a (-i, -e) (*gen pl* -i) *f* reaction, response; (*BIO, CHEM*) reaction.

reakto|r (-ra, -ry) (*loc sg* -rze) *m* reactor.

reaktyw|ować (-uję, -ujesz) *vt* (*im*)*perf* to reactivate.

reali|a (-ów) *pl* realities *pl*.

reali|sta (-sty, -ści) (*dat sg* -ście) *m decl like f in sg* realist.

realistyczny *adj* realistic.

realizacj|a (-i, -e) (*gen pl* -i) *f* (*marzeń, celów*) realization; (*planu*) execution; (*czeku*) cashing.

realiz|m (-mu) (*loc sg* -mie) *m* realism.

realiz|ować (-uję, -ujesz) (*perf* z-) *vt* (*cel, marzenie*) to realize; (*plan*) to execute; (*film, przedstawienie*) to produce; (*czek*) to cash.

realny *adj* (*rzeczywisty*) real; (*wykonalny, osiągalny*) viable, feasible.

reanimacj|a (-i) *f* resuscitation.

reanim|ować (-uję, -ujesz) *vt* to resuscitate.

rebu|s (-su, -sy) (*loc sg* -sie) *m* rebus.

recenzen|t (-ta, -ci) (*loc sg* -cie) *m* reviewer.

recenzj|a (-i, -e) (*gen pl* -i) *m* review.

recenz|ować (-uję, -ujesz) (*perf* z-) *vt* to review.

recepcj|a (-i, -e) (*gen pl* -i) *f* (*w hotelu*) reception (desk), front desk (*US*).

recepcjoni|sta (-sty, -ści) (*dat sg* -ście) *m decl like f in sg* receptionist.

recepcjonist|ka (-ki, -ki) (*dat sg* -ce, *gen pl* -ek) *f* receptionist.

recep|ta (-ty, -ty) (*dat sg* -cie) *f* prescription; (*przen*) recipe.

recesj|a (-i) *f* recession.

recho|tać (-czę, -czesz) *vi* (*o żabach*) to croak; (*o człowieku: śmiać się*) to cackle.

recital (-u, -e) (*gen pl* -i) *m* recital.

recydywi|sta (-sty, -ści) (*dat sg* -ście) *m decl like f in sg* recidivist.

recyklin|g (-gu) (*instr sg* -giem) *m* recycling.

recyt|ować (-uję, -ujesz) (*perf* wy-) *vt* to recite.

redag|ować (-uję, -ujesz) (*perf* z-) *vt* (*czasopismo, książkę*) to edit; (*list, odpowiedź*) to draw up.

redakcj|a (-i, -e) (*gen pl* -i) *f* (*redagowanie*) editing; (*zespół redaktorski*) editorial staff; (*lokal redakcyjny*) editor's office.

redakcyjny *adj* editorial.

redakto|r (-ra, -rzy) (*loc sg* -rze) *m* editor; (*RADIO, TV: programu informacyjnego*) newscaster; (*: programu sportowego*) sportscaster; **redaktor naczelny** editor-in-chief.

redukcj|a (-i, -e) (*gen pl* -i) *f* reduction; (*zwalnianie z pracy*) layoff, redundancy.

reduk|ować (-uję, -ujesz) (*perf* z-) *vt* (*wydatki, dochody*) to reduce, to cut; (*pot. zwalniać z pracy*) to lay off, to make redundant.

refera|t (-tu, -ty) (*loc sg* -cie) *m* (*naukowy*) paper; (*sprawozdanie*) report.

referencj|e (-i) *pl* references, credentials.

referend|um (-um, -a) (*gen pl* -ów) *nt inv in sg* referendum.

refer|ować (-uję, -ujesz) (*perf* z-) *vt*: **referować coś** to report on sth.

reflek|s (-su, -sy) (*loc sg* -sie) *m* (*reakcja*) reflex; (*odblask*) reflection; **mieć dobry/słaby refleks** to have good/slow reflexes.

refleksj|a (-i, -e) (*gen pl* -i) *f* reflection.

reflekto|r (-ra, -ry) (*loc sg* -rze) *m* (*lampa*) searchlight; (*MOT*) headlight.

reflekt|ować (-uję, -ujesz) *vi*: **reflektować na coś** *lub* **kupno czegoś** to be interested in buying sth.

refor|ma (-my, -my) (*dat sg* -mie) *f* reform.

reformacj|a (-i) *f* (*HIST*) the Reformation.

reformato|r (-ra, -rzy) (*loc sg* -rze) *m* reformer.

reformatorski *adj* reformist.

reform|ować (-uję, -ujesz) (*perf* z-) *vt* to reform.

refre|n (-nu, -ny) (*loc sg* -nie) *m* refrain, chorus.

refundacj|a (-i, -e) *f* reimbursement.

rega|ł (-łu, -ły) (*loc sg* -le) *m* bookshelf.

regat|y (-) *pl* regatta *sg*.

regeneracj|a (-i, -e) (*gen pl* -i) *f* regeneration.

regener|ować (-uję, -ujesz) (*perf* z-) *vt* to regenerate.

regio|n (-nu, -ny) (*loc sg* -nie) *m* region.

regionalny *adj* regional.

reglamentacj|a (-i) *f* rationing.

regre|s (-su) (*loc sg* -sie) *m* (*książk*) regress, regression.

regulacj|a (-i, -e) (*gen pl* -i) *f* (*normowanie*) control; (*należności, rachunków*) settlement; (*zegarka, przyrządu*) (re)adjustment; **regulacja siły głosu** volume control.

regulami|n (-nu, -ny) (*loc sg* -nie) *m* regulations *pl*.

regularnie *adv* regularly.

regularnoś|ć (-ci) *f* regularity.

regularny *adj* regular.

regulato|r (-ra, -ry) (*loc sg* -rze) *m* regulator.

regul|ować (-uję, -ujesz) *vt* (*perf* wy-) (*nastawiać: grzejnik*) to regulate; (: *zegarek*) to set, to adjust; (: *radio, zapłon*) to tune; (*płacić*) (*perf* u-) to pay, to settle.

regu|ła (-ły, -ły) (*dat sg* -le) *f* rule; **z reguły** as a (general) rule.

rehabilitacj|a (-i) *f* rehabilitation.

rehabilit|ować (-uję, -ujesz) (*perf* z-) *vt* to rehabilitate.

reinkarnacj|a (-i) *f* reincarnation.

rej *m inv*: **wodzić rej** to call the tune.

rejen|t (-ta, -ci) (*loc sg* -cie) *m* notary.

rejest|r (-ru, -ry) (*loc sg* -rze) *m* register.

rejestracj|a (-i, -e) (*gen pl* -i) *f* (*spisanie*) registration; (*w przychodni: czynność*) registration; (: *miejsce*) reception; (*TECH, RADIO, TV*) recording; (*pot: MOT*) plates *pl*.

rejestracyjny *adj*: **numer rejestracyjny** registration number; **tablica rejestracyjna** number (*BRIT*) *lub* license (*US*) plate; **dowód rejestracyjny** registration.

rejestr|ować (-uję, -ujesz) (*perf* za-) *vt* (*spisywać*) to register; (*TECH, RADIO, TV*) to record.

▸**rejestrować się** *vr* to register.

rejo|n (-nu, -ny) (*loc sg* -nie) *m* (*jednostka administracyjna*) district, region; (*okolica*) area.

rej|s (-su, -sy) (*loc sg* -sie) *m* (*statku*) voyage; (: *turystyczny*) cruise; (*samolotu*) flight.

reki|n (-na, -ny) (*loc sg* -nie) *m* shark.

rekla|ma (-my, -my) (*loc sg* -mie) *f* (*reklamowanie*) advertising; (*kampania*) promotion; (*ogłoszenie w TV, radiu*) commercial; (*ogłoszenie w prasie*) advertisement; (*tablica reklamowa*) billboard; (*rozgłos*) publicity.

reklamacj|a (-i, -e) (*gen pl* -i) *f* complaint.

reklam|ować (-uję, -ujesz) (*perf* za-) *vt* (*propagować*) to advertise; (*składać reklamację*) to complain about.

reklamów|ka (-ki, -ki) (*dat sg* -ce, *gen pl* -ek) *f* (*pot: film reklamowy*) commercial, infomercial (*pot*); (: *torba plastikowa*) plastic bag.

rekompensa|ta (-ty) (*dat sg* -cie) *f*
compensation.

rekompens|ować (-uję, -ujesz) (*perf*
z-) *vt*: **rekompensować coś komuś**
to compensate sb for sth.

rekonstrukcj|a (-i, -e) (*gen pl* -i) *f*
reconstruction.

rekonstru|ować (-uję, -ujesz) (*perf*
z-) to reconstruct.

rekonwalescencj|a (-i) *f*
convalescence.

rekor|d (-du, -dy) (*loc sg* -dzie) *m*
record.

rekordowy *adj* record(-breaking) *attr*.

rekordzi|sta (-sty, -ści) (*dat sg* -ście)
m decl like f in sg record holder.

rekreacj|a (-i) *f* recreation.

rekreacyjny *adj* recreational.

rekru|t (-ta, -ci) (*loc sg* -cie) *m* recruit.

rekrutacj|a (-i, -e) (*gen pl* -i) *f*
(*SZKOL*) enrolment; (*WOJSK*)
recruitment, conscription (*BRIT*),
draft (*US*).

rekto|r (-ra, -rzy) (*loc sg* -rze) *m*
(*UNIW*) ≈ vice chancellor (*BRIT*), ≈
president (*US*).

rekwir|ować (-uję, -ujesz) (*perf* za-)
vt to requisition, to commandeer.

rekwizy|t (-tu, -ty) (*loc sg* -cie) *m*
(*FILM, TEATR*) prop.

relacj|a (-i, -e) (*gen pl* -i) *f*
(*sprawozdanie*) report; (*związek*)
relationship.

relacjon|ować (-uję, -ujesz) (*perf* z-)
vt to report on, to relate.

relak|s (-su) (*loc sg* -sie) *m* relaxation.

relaks|ować się (-uję, -ujesz) (*perf*
z-) *vr* to relax.

religi|a (-i, -e) (*gen pl* -i) *f* religion;
(*nauka religii*) religious instruction.

religijny *adj* religious.

reli|kt (-tu, -ty) (*loc sg* -cie) *m* relic.

remanen|t (-tu, -ty) (*loc sg* -cie) *m*
(*HANDEL*) stocktaking.

reminiscencj|a (-i, -e) (*gen pl* -i) *f*
(*książk*) reminiscence.

remi|s (-su, -sy) (*loc sg* -sie) *m* draw.

remis|ować (-uję, -ujesz) (*perf* z-) *vi*
to draw.

remi|za (-zy, -zy) (*dat sg* -zie) *f*:
remiza strażacka fire station.

remon|t (-tu, -ty) (*loc sg* -cie) *m*
(*mieszkania*) redecoration;
(*maszyny, statku*) repair.

remont|ować (-uję, -ujesz) (*perf* wy-
lub od-) *vt* (*mieszkanie*) to
redecorate; (*maszynę, statek*) to
repair.

renci|sta (-sty, -ści) (*dat sg* -ście) *m*
decl like f in sg pensioner.

renesan|s (-su) (*loc sg* -sie) *m*
Renaissance; (*rozkwit*) renaissance.

renesansowy *adj* Renaissance.

renife|r (-ra, -ry) (*loc sg* -rze) *m*
reindeer.

reno|ma (-my) (*dat sg* -mie) *f*
reputation.

renomowany *adj* famous.

renowacj|a (-i, -e) (*gen pl* -i) *f*
renovation.

ren|ta (-ty, -ty) (*dat sg* -cie) *f* pension;
renta emerytalna/inwalidzka old
age/disability pension; **być na
rencie** to receive a pension.

rentge|n (-na, -ny) (*loc sg* -nie) *m*
(*pot: aparat*) X-ray machine;
(*prześwietlenie*) X-ray.

rentgenowski *adj* X-ray *attr*.

rentownoś|ć (-ci) *f* (*EKON*)
profitability.

rentowny *adj* profitable.

reorganizacj|a (-i, -e) (*gen pl* -i) *f*
reorganization.

reorganiz|ować (-uję, -ujesz) (*perf*
z-) *vt* to reorganize.

reperkusj|e (-i) *pl* (*książk*)
repercussions *pl*.

reper|ować (-uję, -ujesz) (*perf* z-) *vt*
to repair, to mend.

repertua|r (-ru, -ry) (*loc sg* -rze) *m*
repertoire.

repli|ka (-ki, -ki) (*dat sg* -ce) *f*

(*odpowiedź*) rejoinder; (*kopia*) replica.

reportaż (-u, -e) (*gen pl* -y) *m* report, reportage.

reporte|r (-ra, -rzy) (*loc sg* -rze) *m* reporter.

reporter|ka (-ki, -ki) (*dat sg* -ce, *gen pl* -ek) *f* reporter.

represj|e *pl* repressive measures.

represjon|ować (-uję, -ujesz) *vt* to persecute, to victimize.

represyjny *adj* repressive.

reprezentacj|a (-i, -e) (*gen pl* -i) *f* representation; (*SPORT*): **reprezentacja kraju** national team.

reprezentacyjny *adj* (*fundusz*) entertainment *attr*; (*strój, dzielnica*) elegant.

reprezentan|t (-ta, -ci) (*loc sg* -cie) *m* (*przedstawiciel*) representative; **Izba Reprezentantów** the House of Representatives.

reprezentant|ka (-ki, -ki) (*dat sg* -ce, *gen pl* -ek) *f* (*przedstawicielka*) representative.

reprezentatywny *adj*: **reprezentatywny (dla** +*gen*) representative (of).

reprezent|ować (-uję, -ujesz) *vt* to represent.

reprodukcj|a (-i, -e) (*gen pl* -i) *f* reproduction.

reprywatyzacj|a (-i) *f* reprivatization.

reprywatyz|ować (-uję, -ujesz) (*perf* z-) *vt* to reprivatize.

republi|ka (-ki, -ki) (*dat sg* -ce) *f* republic; **Republika Czeska** the Czech Republic; **Republika Federalna Niemiec** the Federal Republic of Germany.

republikański *adj* republican.

reputacj|a (-i) *f* reputation.

reset|ować (-uję, -ujesz) (*perf* z-) *vt* (*KOMPUT*) to reboot, to reset.

resocjalizacj|a (-i) *f* rehabilitation.

reso|r (-ru, -ry) (*loc sg* -rze) *m* (*MOT*) (suspension) spring.

resor|t (-tu, -ty) (*loc sg* -cie) *m* department.

respek|t (-tu) (*loc sg* -cie) *m* (*poważanie*) respect; (*obawa*) awe.

respekt|ować (-uję. -ujesz) *vt* to respect.

restauracj|a (-i, -e) (*gen pl* -i) *f* (*lokal gastronomiczny*) restaurant; (*renowacja*) restoration; (*HIST*) the Restoration.

restauracyjny *adj*: **wagon restauracyjny** dining *lub* restaurant car.

restaur|ować (-uję, -ujesz) (*perf* od-) *vt* to restore.

restrukturyz|ować (-uję, -ujesz) (*perf* z-) *vt* to restructure.

restrykcj|e (-i) *pl* restrictions *pl*.

resz|ka (-ki, -ki) (*dat sg* -ce, *gen pl* -ek) *f* heads; **orzeł czy reszka?** heads or tails?

resz|ta (-ty, -ty) (*dat sg* -cie) *f* (*pozostałość*) rest, remainder; (*pieniądze*) change; **reszty nie trzeba!** keep the change!

reszt|ka (-ki, -ki) (*dat sg* -ce, *gen pl* -ek) *f* remainder; **resztki** *pl* leftovers *pl*.

retoryczny *adj*: **pytanie retoryczne** rhetorical question.

retro *adj inv* retro *attr*.

retusz (-u, -e) *m* touch-up, retouch.

reumatyz|m (-mu) (*loc sg* -mie) *m* rheumatism.

rewaloryzacj|a (-i) *f* (*EKON*) revaluation.

rewanż (-u, -e) *m* (*SPORT*) return match.

rewanż|ować się (-uję, -ujesz) (*perf* z-) *vr*: **rewanżować się komuś za coś** to repay sb for sth.

rewelacj|a (-i, -e) (*gen pl* -i) *f* hit, revelation.

rewelacyjny *adj* amazing, sensational.

rewer|s (-su, -sy) (*loc sg* -sie) *m* (*monety*) reverse; (*pokwitowanie*) receipt; (*w bibliotece*) (check-out) slip.

rewi|a (-i, -e) (*gen pl* -i) *f* (*widowisko*) revue; (*przegląd, pokaz*) parade.

rewid|ować (-uję, -ujesz) (*perf* z-) *vt* (*przeszukiwać*) to search, to frisk; (*zmieniać*) to revise; (*FIN*) to audit.

rewizj|a (-i, -e) (*gen pl* -i) *f* (*przeszukiwanie*) search; (*modyfikacja*) review; (*PRAWO*) appeal.

rewolucj|a (-i, -e) (*gen pl* -i) *f* revolution.

rewolucjoniz|ować (-uję, -ujesz) (*perf* z-) *vt* to revolutionize.

rewolucyjny *adj* revolutionary.

rewolwe|r (-ru, -ry) (*loc sg* -rze) *m* revolver.

rezer|wa (-wy) (*dat sg* -wie) *f* (*zapas*) (*nom pl* -wy) reserve; (*powściągliwość*) reserve; (*WOJSK*) (the) reserve.

rezerwacj|a (-i, -e) (*gen pl* -i) *f* reservation, booking (*BRIT*).

rezerwa|t (-tu, -ty) (*loc sg* -cie) *m* (*przyrody*) reserve; (*Indian*) reservation.

rezerw|ować (-uję, -ujesz) (*perf* za-) *vt* (*pokój, stolik, czas*) to reserve; (*pieniądze*) to earmark.

rezerwowy *adj* reserve ♦ *m* (*SPORT: decl like adj*) sub(stitute), reserve player.

rezolucj|a (-i, -e) (*gen pl* -i) *f* resolution.

rezolutny *adj* self-assured; (*bystry*) clever.

rezonan|s (-su, -se) (*loc sg* -sie) *m* resonance.

rezulta|t (-tu, -ty) (*loc sg* -cie) *m* result; **w rezultacie** as a result,

consequently; **bez rezultatu** without result.

rezydencj|a (-i, -e) (*gen pl* -i) *f* residence.

rezygnacj|a (-i, -e) (*gen pl* -i) *f* resignation.

rezygn|ować (-uję, -ujesz) (*perf* z-) *vi* (*dać za wygraną*) to give up; **rezygnować z czegoś** to give sth up; **rezygnować ze stanowiska** to resign from one's post.

reżi|m, reży|m (-mu, -my) (*loc sg* -mie) *m* regime.

reżyse|r (-ra, -rzy) (*loc sg* -rze) *m* director.

reżyseri|a (-i) *f.* „reżyseria: Stephen Spielberg" "directed by Steven Spielberg".

reżyser|ować (-uję, -ujesz) (*perf* wy-) *vt* to direct.

ręcznie *adv* manually, by hand; **ręcznie malowany** hand-painted.

ręczni|k (-ka, -ki) (*instr sg* -kiem) *m* towel.

ręczny *adj* hand *attr*; **piłka ręczna** (*SPORT*) handball; **ręczny hamulec** handbrake (*BRIT*), emergency brake (*US*); **ręcznej roboty** handmade.

ręcz|yć (-ę, -ysz) (*perf* za-) *vi.* ręczyć **za kogoś/coś** to vouch for sb/sth.

rę|ka (-ki, -ce) (*dat sg* -ce, *loc sg* -ce, *gen pl* rąk, *instr pl* -kami *lub* -koma, *loc pl* -kach) *f* hand; (*ramię*) arm; (*dłoń*) palm; **na ręce** *lub* **do rąk** ... care of ...; **od ręki** while you wait; **pod ręką** (close *lub* near) at hand; **z pierwszej ręki** (*wiadomość, informacja*) first-hand; (*słyszeć, dowiedzieć się*) at first hand; **iść (pójść** *perf*) **komuś na rękę** to be accommodating with sb; **z pustymi rękoma** empty-handed; **siedzieć z założonymi rękoma** to sit on one's hands; **ręce do góry!** hands up!; **iść z kimś pod rękę** to walk arm in arm with sb; **prosić kogoś o rękę**

to propose to sb; **ręce przy sobie!** (keep your) hands off!

ręka|w (-wa, -wy) (*loc sg* -wie) *m* sleeve.

rękawic|a (-y, -e) *f* glove.

rękawicz|ka (-ki, -ki) (*dat sg* -ce, *gen pl* -ek) *f* glove; (*z jednym palcem*) mitten.

rękojeś|ć (-ci, -ci) (*gen pl* -ci) *f* (*noża, łopaty*) handle; (*pistoletu*) grip; (*miecza*) hilt.

rękopi|s (-su, -sy) (*loc sg* -sie) *m* manuscript.

RFN (RFN-u) *abbr* (= Republika Federalna Niemiec) FRG (*Federal Republic of Germany*).

Rh *abbr*: **mieć dodatnie/ujemne Rh** to be rhesus positive/negative.

rin|g (-gu, -gi) (*instr sg* -giem) *m* ring.

risot|to (-ta) (*loc sg* -cie) *nt* risotto.

r-k *abbr* (= rachunek) a/c.

r.m. *abbr* (= rodzaj męski) m (= masculine).

r.nij. *abbr* (= rodzaj nijaki) nt (= neuter).

robact|wo (-wa) (*loc sg* -wie) *nt* bugs *pl*.

robaczywy *adj* wormy.

roba|k (-ka, -ki) (*instr sg* -kiem) *m* worm; **robaki** *pl* (*pasożyty*) worms *pl*.

ro|bić (-bię, -bisz) (*imp* rób, *perf* z-) *vt* (*herbatę, meble, majątek*) to make; (*pranie, zakupy, lekcje*) to do; (*wywoływać: zamieszanie, hałas*) to cause ♦ *vi* (*działać*) to act, to act; (*pot: pracować*) to work; **co robisz?** what are you doing?

▸**robić się** *vr* (*stawać się*) to become; **robi się ciemno/zimno** it's getting dark/cold; **robi mi się niedobrze** I'm beginning to feel sick.

roboci|zna (-zny) (*dat sg* -źnie) *f* (*EKON*) labour (*BRIT*) *lub* labor (*US*) (cost).

roboczy *adj* (*ubranie, tytuł*) working;

(*spotkanie, wizyta*) working, business *attr*; **dzień roboczy** weekday; **siła robocza** workforce, labour (*BRIT*) *lub* labor (*US*) force.

robo|t (-ta, -ty) (*loc sg* -cie) *m* robot; **robot kuchenny** food processor.

rob|ota (-oty, -oty) (*dat sg* -ocie, *gen pl* -ót) *f* (*robienie czegoś*) job; (*praca*) work; (*pot: zatrudnienie*) job; **roboty** *pl*: **roboty drogowe** road works *pl* (*BRIT*), roadwork (*US*).

robotnic|a (-y, -e) *f* (*pracownica*) worker; (*mrówka*) worker ant; (*pszczoła*) worker bee.

robotniczy *adj* working-class *attr*.

robotni|k (-ka, -cy) (*instr sg* -kiem) *m* worker; **robotnik rolny** farmhand.

rockowy *adj* rock *attr*.

rocznic|a (-y, -e) *f* anniversary; **rocznica ślubu** wedding anniversary.

roczni|k (-ka, -ki) (*instr sg* -kiem) *m* (*pokolenie*) generation; (*SZKOL*) class.

roczny *adj* (*trwający rok*) year-long; (*liczący rok*) year-old.

rodacz|ka (-ki, -ki) (*dat sg* -ce, *gen pl* -ek) *f* compatriot, fellow countrywoman.

roda|k (-ka, -cy) (*instr sg* -kiem) *m* compatriot, fellow countryman.

rodowity *adj* native.

rodow|ód (-odu, -ody) (*loc sg* -odzie) *m* (*dzieła, wyrazu*) origin; (*genealogia*) lineage; (*psa, konia*) pedigree.

rodza|j (-ju, -je) (*gen pl* -jów) *m* (*gatunek*) kind, type; (*BIO*) genus; (*JĘZ*: *też*: **rodzaj gramatyczny**) gender.

rodzajni|k (-ka, -ki) (*instr sg* -kiem) *m* article; **rodzajnik określony/nieokreślony** definite/indefinite article.

rodzeńst|wo (-wa, -wa) (*loc sg* -wie) *nt* siblings *pl*; **czy masz jakieś**

rodzeństwo? do you have any brothers or sisters?

rodzic|e (-ów) *pl* parents *pl*.

rodzicielski *adj* parental.

ro|dzić (-dzę, -dzisz) *(imp* **rodź** *lub* **ródź)** *vt (wydawać na świat) (perf* **u-)** *(o kobiecie, samicy)* to give birth to; *(o ziemi)* to bear; *(przen: wywoływać) (perf* **z-)** to give rise to.

▸**rodzić się** *vr (przychodzić na świat) (perf* **u-)** to be born; *(przen: powstawać) (perf* **z-)** to be born *(przen)*, to arise.

rodzimy *adj* native.

rodzi|na (-ny, -ny) *(dat sg* **-nie)** *f* family.

rodzinny *adj (miasto)* home *attr*; *(uroczystość, wartości)* family *attr*.

rodzony *adj*: **mój rodzony brat** my own brother.

rodzyn|ek (-ka, -ki) *(instr sg* **-kiem)** *m* raisin.

rogacz (-a, -e) *(gen pl* **-y** *lub* **-ów)** *m* stag; *(przen)* cuckold.

rogal (-a, -e) *(gen pl* **-i** *lub* **-ów)** *m (KULIN)* croissant.

rogali|k (-ka, -ki) *(instr sg* **-kiem)** *m* croissant.

rogat|ka (-ki, -ki) *(dat sg* **-ce**, *gen pl* **-ek)** *f* barrier.

rogów|ka (-ki, -ki) *(dat sg* **-ce**, *gen pl* **-ek)** *f (ANAT)* cornea.

ro|ić (-ję, -isz) *(imp* **rój)** *vi*: **roić o czymś** *(marzyć) (perf* **u-)** to dream of sth.

▸**roić się** *vr (o owadach)* to swarm; *(przen: występować licznie)* to swarm, to crawl.

ro|k (-ku, lata) *(instr sg* **-kiem)** *m decl like nt in pl* year; **co roku** every *lub* each year; **w zeszłym/przyszłym roku** last/next year; **w tym roku** this year; **rok szkolny/akademicki** school/academic year; **Nowy Rok** New Year.

rok|ować (-uję, -ujesz) *vi (pertraktować)* to negotiate ⧫ *vt (zapowiadać)* to augur.

rokowa|nie (-nia, -nia) *(gen pl* **-ń)** *nt* prognosis; **rokowania** *pl* negotiations *pl*.

rokrocznie *adv* every year.

rol|a (-i, -e) *(gen pl* **ról)** *f* part, role; **to nie gra roli** it doesn't matter.

rola|da (-dy, -dy) *(dat sg* **-dzie)** *f (KULIN: danie mięsne)* roulade; *(ciasto)* Swiss roll *(BRIT)*, (jelly) roll *(US)*.

role|ta (-ty, -ty) *(dat sg* **-cie)** *f* roller blind.

rol|ka (-ki, -ki) *(dat sg* **-ce**, *gen pl* **-ek)** *f* roll.

rolnict|wo (-wa) *(loc sg* **-wie)** *nt* agriculture.

rolniczy *adj (kraj, wystawa, produkt)* agricultural; *(spółdzielnia)* farming.

rolni|k (-ka, -cy) *(instr sg* **-kiem)** *m* farmer.

rolny *adj (produkt, reforma)* agricultural; **gospodarstwo rolne** farm.

roman|s (-su, -se) *(loc sg* **-sie)** *m (LIT)* love story; *(MUZ)* romance; *(przygoda miłosna)* (love) affair.

romantyczny *adj* romantic.

romanty|k (-ka, -cy) *(instr sg* **-kiem)** *m* romantic(ist).

romantyz|m (-mu) *(loc sg* **-mie)** *m* romanticism.

romański *adj* Romanesque.

rond|el (-la, -le) *(gen pl* **-li)** *m* saucepan.

ron|do (-da, -da) *(loc sg* **-dzie)** *nt (kapelusza)* brim; *(skrzyżowanie)* roundabout *(BRIT)*, traffic circle *(US)*; *(MUZ)* rondo.

ro|pa (-py) *(dat sg* **-pie)** *f (MED)* pus; *(CHEM: też: ropa naftowa)* crude oil, petroleum.

rop|ień (-nia, -nie) *(gen pl* **-ni)** *m (MED)* abscess.

ropu|cha (-chy, -chy) (*dat sg* -sze) *f* toad.

ro|sa (-sy) (*dat sg* -sie) *f* dew.

Rosj|a (-i) *f* Russia.

Rosja|nin (-nina, -nie) (*loc sg* -ninie, *gen pl* -n) *m* Russian.

Rosjan|ka (-ki, -ki) (*dat sg* -ce, *gen pl* -ek) *f* Russian.

ro|snąć (-snę, -śniesz) (*imp* -śnij) *vi* (*o żywych organizmach, roślinach*) (*perf* u-) to grow; (*dorastać*) (*perf* wy-) to grow up; (*o cenach, o stratach*) (*perf* wz-) to rise.

rosołowy *adj*: kostka rosołowa stock (*BRIT*) *lub* bouillon (*US*) cube.

ros|ół (-ołu, -oły) (*loc sg* -ole) *m* broth, consommé.

rostbe|f (-fu, -fy) (*loc sg* -fie) *m* (*potrawa*) roast beef; (*część tuszy wołowej*) rump cut.

rosyjski *adj* Russian; mówić po rosyjsku to speak Russian.

roszcze|nie (-nia, -nia) (*gen pl* -ń) *nt* claim.

ro|ścić (-szczę, -ścisz) (*imp* -ść) *vt*: rościć sobie prawo do czegoś to claim a right to sth.

rośli|na (-ny, -ny) (*dat sg* -nie) *f* plant.

roślinnoś|ć (-ci) *f* vegetation.

roślinny *adj* vegetable *attr*.

rotacj|a (-i, -e) (*gen pl* -i) *f* rotation.

row|ek (-ka, -ki) (*instr sg* -kiem) *m* groove.

rowe|r (-ru, -ry) (*loc sg* -rze) *m* bicycle, bike; jechać na rowerze to cycle.

rowerzy|sta (-sty, -ści) (*loc sg* -ście) *m* cyclist.

rozba|wiać (-wiam, -wiasz) (*perf* -wić) *vt* to amuse.

rozbieg|ać się (-ają) (*perf* rozbiec) *vr* (*o ludziach*) to disperse; (*o drogach*) to diverge.

rozbier|ać (-am, -asz) (*perf* rozebrać) *vt* (*zdejmować ubranie*) to undress; (*rozkładać*) to take apart, to disassemble; (*budynek*) to pull down.

▶**rozbierać się** *vr* to undress, to take off one's clothes.

rozbieżnoś|ć (-ci, -ci) (*gen pl* -ci) *f* discrepancy.

rozbieżny *adj* divergent.

rozbij|ać (-am, -asz) (*perf* rozbić) *vt* (*tłuc na kawałki*) to break; (*ranić*) to bruise; (*rozgramiać*) to crush; (*przen: rodzinę*) to break up; rozbić samochód to smash a car; rozbijać namiot to pitch a tent.

▶**rozbijać się** *vr* (*o talerzu, jajku*) to break; (*o samochodzie*) to smash; (*o samolocie*) to crash.

rozbiór|ka (-ki, -ki) (*dat sg* -ce, *gen pl* -ek) *f* demolition.

rozbit|ek (-ka, -kowie) (*instr sg* -kiem) *m* castaway.

rozbity *adj* (*talerz, rodzina, dom*) broken; (*samochód*) smashed; (*nos*) bruised.

rozbol|eć (-i) *vi perf*: rozbolała go głowa he got a headache.

rozbraj|ać (-am, -asz) (*perf* rozbroić) *vt* to disarm; (*pocisk, minę*) to defuse.

rozbrajający *adj* disarming.

rozbroje|nie (-nia) *nt* disarmament.

rozbrzmiew|ać (-a) (*perf* rozbrzmieć) *vi*: rozbrzmiewać (czymś) to resound (with sth).

rozbudo|wa (-wy) (*dat sg* -wie) *f* (*dzielnicy, miasta*) extension; (*gospodarki, potencjału*) development.

rozbudow|ywać (-uję, -ujesz) (*perf* -ać) *vt* (*dzielnicę, miasto*) to extend; (*potencjał, przemysł*) to develop.

rozbu|dzać (-dzam, -dzasz) (*perf* -dzić) *vt* to arouse.

rozchmurz|ać się (-am, -asz) (*perf* -yć) *vr* (*o pogodzie*) to clear up; (*przen: o człowieku*) to cheer up.

rozcho|dzić się (-dzę, -dzisz) (*imp* -dź, *perf* rozejść) *vr* (*o tłumie*) to

disperse, to scatter; (*o małżeństwie*)
to split; (*o wiadomościach, plotkach*)
to spread; (*o głosie, zapachu*) to
travel.

rozchor|ować się (-uję, -ujesz) *vr*
perf to fall ill, to be taken ill.

rozchwytywany *adj* (much)
sought-after.

rozchyl|ać (-am, -asz) (*perf* -ić) *vt* to
part.

▸**rozchylać się** *vr* to part.

roz|ciąć (-etnę, -etniesz) (*imp* -etnij)
vt perf (*skaleczyć*) to cut.

rozciąg|ać (-am, -asz) (*perf* -nąć) *vt*
(*sprężynę, sweter*) to stretch; (*koc*)
to spread; (*władzę*) to extend.

rozcieńcz|ać (-am, -asz) (*perf* -yć) *vt*
to dilute, to thin (down).

rozcin|ać (-am, -asz) (*perf* rozciąć)
vt to cut; *patrz też* **rozciąć**.

rozczarowa|nie (-nia, -nia) (*gen pl*
-ń) *nt* disappointment.

rozczarowany *adj*: **być**
rozczarowanym (kimś/czymś) to be
disappointed (with sb/sth).

rozczarow|ywać (-uję, -ujesz) (*perf*
-ać) *vt* to disappoint.

▸**rozczarowywać się** *vr*:
rozczarować się (co do
kogoś/czegoś) to become
disappointed *lub* disillusioned (with
sb/sth).

rozdar|cie (-cia, -cia) (*gen pl* -ć) *nt*
(*w materiale*) rip, tear.

rozd|awać (-aję, -ajesz) (*perf* -ać) *vt*
(*prospekty, ulotki*) to distribute, to
give *lub* hand out; (*pieniądze*) to
give away; (*karty*) to deal.

rozdept|ywać (-uję, -ujesz) (*perf*
-ać) *vt* (*ścieżkę, uprawy*) to trample
down; (*niedopałek*) to trample on.

rozdmu|chiwać (-chuję, -chujesz)
(*perf* -chać) *vt* (*liście, śmieci*) to
blow about; (*ogień, ognisko*) to fan;
(*przen: aferę, sprawę*) to blow up.

rozdrabni|ać (-am, -asz) (*perf*

rozdrobnić *vt* (*chleb*) to crumble;
(*majątek*) to break up.

▸**rozdrabniać się** *vr*
(*pot: rozpraszać się*) to get
sidetracked *lub* distracted.

rozdrażni|ać (-am, -asz) (*perf* -ć) *vt*
to irritate, to annoy.

rozdrażniony *adj* irritated, annoyed.

rozdwaj|ać (-am, -asz) (*perf*
rozdwoić) *vt* to split.

▸**rozdwajać się** *vr* (*o drodze*) to
fork; (*o włosach*) to split.

rozdwoje|nie (-nia, -nia) (*gen pl* -ń)
nt: **rozdwojenie jaźni** split
personality.

rozdzia|ł (-łu, -ły) (*loc sg* -le) *m*
(*część książki*) chapter;
(*rozdzielanie*) distribution;
(*rozgraniczenie*) separation.

rozdzielacz (-a, -e) (*gen pl* -y) *m*
(*MOT*) distributor.

rozdziel|ać (-am, -asz) (*perf* -ić) *vt*
(*rozdawać*) to distribute; (*dzielić*) to
separate.

▸**rozdzielać się** *vr* (*o grupie*) to split
up; (*o rzece*) to fork, to branch.

rozdzielczy *adj*: **deska rozdzielcza**
dashboard; **tablica rozdzielcza**
control panel.

rozdzier|ać (-am, -asz) (*perf*
rozedrzeć) *vt* to tear (apart).

▸**rozdzierać się** *vr* to tear, to rip.

rozdźwię|k (-ku, -ki) (*instr sg* -kiem)
m dissonance, discrepancy.

rozed|ma (-my) (*dat sg* -mie) *f* (*też*:
rozedma płuc) emphysema.

rozej|m (-mu, -my) (*loc sg* -mie) *m*
truce, armistice.

roześmi|ać się (-eję, -ejesz) *vr perf*
to laugh out loud.

rozetkowa *adj*: **drukarka rozetkowa**
daisy-wheel printer.

rozezn|awać się (-aję, -ajesz) (*perf*
-ać) *vr*: **rozeznawać się w czymś** to
know one's way around in sth.

rozgad|ać się (-am, -asz) *vr perf* to start chattering away.

rozgałęziacz (-a, -e) (*pl* -y) *m* (*z kablem*) trailing socket (*BRIT*), extension cord (*US*); (*bez kabla*) 2-way/3-way *itp.* adapter.

rozgani|ać (-am, -asz) (*perf* **rozgonić** *lub* **rozegnać**) *vt* to disperse.

rozgarni|ać (-am, -asz) (*perf* **rozgarnąć**) *vt* (*trawę, włosy*) to part; (*kupkę liści*) to brush *lub* rake aside.

rozgin|ać (-am, -asz) (*perf* **rozgiąć**) *vt* (*drut*) to unbend; (*palce*) to unclasp.

rozgląd|ać się (-am, -asz) (*perf* **rozejrzeć**) *vr* to (have a) look around.

rozgłasz|ać (-am, -asz) (*perf* **rozgłosić**) *vt*: **rozgłaszać coś** to make sth known *lub* public.

rozgło|s (-su) (*loc sg* -**sie**) *m* publicity.

rozgniat|ać (-am, -asz) (*perf* **rozgnieść**) *vt* to crush; (*orzech*) to crack; (*robaka*) to squash; (*niedopałek*) to stub out.

rozgniew|ać (-am, -asz) *vt perf*: **rozgniewać kogoś** to make sb angry, to anger sb.

▸**rozgniewać się** *vr* to get angry.

rozgorączkowany *adj* frantic, feverish.

rozgorycze|nie (-nia) *nt* bitterness.

rozgoryczony *adj* embittered.

rozgo|ścić się (-szczę, -ścisz) (*imp* -**ść**) *vr perf* to make o.s. comfortable; **proszę się rozgościć!** make yourself at home!

rozgotowany *adj* overboiled.

rozgotow|ywać (-uję, -ujesz) (*perf* -**ać**) *vt* to overcook.

rozgra|biać (-biam, -biasz) (*perf* -**bić**) *vt* (*rozkradać*) to steal (away).

rozgranicz|ać (-am, -asz) (*perf* -**yć**) *vt* to differentiate, to discriminate.

rozgranicze|nie (-nia, -nia) (*gen pl* -ń) *nt* distinction.

rozgryw|ać (-am, -asz) (*perf* **rozegrać**) *vt* to play.

▸**rozgrywać się** *vr*: **akcja filmu rozgrywa się w Londynie** the film is set in London.

rozgryw|ka (-ki, -ki) (*dat sg* -**ce**, *gen pl* -**ek**) *f* (*SPORT*) game; **rozgrywki** *pl* (*POL*) games *pl*.

rozgrzany *adj* hot.

rozgrzeb|ywać (-uję, -ujesz) *vt* (*rozkopywać*) to dig up; (*rozwalać*) to turn upside down.

rozgrzesz|ać (-am, -asz) (*perf* -**yć**) *vt* (*REL*) to absolve.

rozgrzesze|nie (-nia, -nia) (*gen pl* -ń) *nt* (*REL*) absolution; **udzielać** (**udzielić** *perf*) **komuś rozgrzeszenia** to grant absolution to sb.

rozgrzew|ać (-am, -asz) (*perf* **rozgrzać**) *vt* (*dłonie*) to warm (up); (*blachę*) to heat (up).

▸**rozgrzewać się** *vr* (*o człowieku*) to warm o.s. up; (*o dachu*) to heat up; (*o silniku*) to warm up.

rozgrzew|ka (-ki, -ki) (*dat sg* -**ce**, *gen pl* -**ek**) *f* warm-up.

rozgwi|azda (-azdy, -azdy) (*dat sg* -**eździe**) *f* starfish.

rozjaśni|ać (-am, -asz) (*perf* -**ć**) *vt* (*oświetlać*) to light up; (*czynić jaśniejszym*) to brighten; **rozjaśniać włosy** to bleach one's hair.

▸**rozjaśniać się** *vr*: **rozjaśnia się** (*dnieje*) it's getting light; (*przejaśnia się*) it's clearing up.

rozj|azd (-azdu, -azdy) (*loc sg* -**eździe**) *m* junction.

rozj|echać (-adę, -edziesz) (*imp* -**edź**) *vt perf* to run over.

rozjemc|a (-y, -y) *m* (*POL*) peacemaker.

rozka|z (-zu, -zy) (*loc sg* -**zie**) *m* order; **wydać** (*perf*) **rozkaz** to give an order; **wykonać** (perf) **rozkaz** to obey an order.

rozkazujący adj (głos, ton) commanding; **tryb rozkazujący** (JĘZ) the imperative.

rozkaz|ywać (**-uję, -ujesz**) (perf **-ać**) vt to order; **rozkazać komuś, żeby coś zrobił** to order sb to do sth.

rozklej|ać (**-am, -asz**) (perf **rozkleić**) vt (plakaty) to put up; (coś sklejonego) to unstick.

rozkła|d (**-du, -dy**) (loc sg **-dzie**) m (harmonogram) schedule, timetable; (mieszkania, biura) layout; (BIO) decomposition, decay; (upadek) disintegration; **rozkład jazdy** timetable (BRIT), schedule (US).

rozkład|ać (**-am, -asz**) (perf **rozłożyć**) vt (obrus) to spread, to unfold; (towar) to lay out; (parasol) to open; (tapczan) to unfold; (pracę, koszty) to divide; (maszynę) to take to pieces.

rozkosz (**-y, -e**) (gen pl **-y**) f (radość) joy, delight; (przyjemność) pleasure.

rozkoszny adj delightful.

rozkosz|ować się (**-uję, -ujesz**) vr: **rozkoszować się czymś** to delight in sth, to relish sth.

rozkrę|cać (**-cam, -casz**) (perf **-cić**) vt (maszynę, mebel) to take apart lub to pieces; (sznurek) to untwist; **rozkręcać interes** to start up a business.

▸**rozkręcać się** vr (o interesie, firmie) to be thriving.

rozkro|k (**-ku, -ki**) (instr sg **-kiem**) m: **w rozkroku** astride, with one's legs apart.

rozkwi|t (**-tu**) m heyday, prime.

rozkwit|ać (**-a**) (perf **-nąć**) vt (o kwiatach) to bloom; (o drzewach) to blossom; (o handlu, przemyśle) to flourish.

rozlega|ć się (**-a**) (perf **rozlec się**) vr

to ring out, to reverberate; **rozległ się huk wystrzału** a shot was heard.

rozległy adj (równina, widok) wide, broad; (plany, projekty) extensive.

rozle|w (**-wu**) (loc sg **-wie**) m: **rozlew krwi** bloodshed.

rozlew|ać (**-am, -asz**) (perf **rozlać**) vt (na stół) to spill; (do naczyń) to pour (out).

▸**rozlewać się** vr to spill.

rozlicz|ać (**-am, -asz**) (perf **-yć**) vt (koszty) to account for.

▸**rozliczać się** vr: **rozliczać się z kimś** to settle lub square up with sb; **rozliczać się z czegoś** to account for sth.

rozliczny adj (książk) various, manifold.

rozluź|niać (**-niam, -niasz**) (perf **-nić**) vt (kołnierzyk, pasek) to loosen; (mięśnie, dyscyplinę) to relax.

▸**rozluźniać się** vr (o człowieku) to loosen up; (o śrubach, związkach) to loosen.

rozładow|ywać (**-uję, -ujesz**) (perf **-ać**) vt (towar, wagon, broń) to unload; (kondensator) to discharge.

▸**rozładowywać się** vr (o akumulatorze, baterii) to go flat (BRIT) lub dead (US).

rozładun|ek (**-ku, -ki**) (instr sg **-kiem**) m unloading.

rozła|m (**-mu, -my**) (loc sg **-mie**) m split.

rozłącz|ać (**-am, -asz**) (perf **-yć**) vt (przewody) to disconnect; (rodzinę, walczących) to separate.

▸**rozłączać się** vr (o przewodach) to disconnect; (TEL) to ring off (BRIT), to hang up (US).

rozłą|ka (**-ki**) (dat sg **-ce**) f separation.

rozłup|ywać (**-uję, -ujesz**) (perf **-ać**) vt to crack, to split.

▸**rozłupywać się** vr to crack.

rozmach (**-u**) m (energiczny ruch) swing; (dynamika) momentum; **brać**

(wziąć *perf***) rozmach** to take a swing; **nabierać (nabrać** *perf***) rozmachu** to gather momentum.

rozmaitoś|ć (-ci) *f* variety.

rozmaity *adj* various, diverse.

rozmary|n (-nu, -ny) (*loc sg* **-nie**) *m* (*BOT, KULIN*) rosemary.

rozmawia|ć (-am, -asz) *vi* to speak, to talk; **rozmawiać z kimś (o czymś)** to talk to *lub* with sb (about sth); **rozmawiać przez telefon** to be on the phone; **oni ze sobą nie rozmawiają** they are not on speaking terms.

rozma|z (-zu, -zy) (*loc sg* **-zie**) *m* (*MED*) smear.

rozmaz|ywać (-uję, -ujesz) (*perf* **-ać**) *vt* to smear, to smudge.

▸**rozmazywać się** *vr* (*o plamie*) to smudge; (*o konturach*) to blur.

rozmia|r (-ru, -ry) (*loc sg* **-rze**) *m* (*wielkość*) size; (*zakres*) extent.

rozmie|niać (-niam, -niasz) (*perf* **-nić**) *vt* to change.

rozmieszcz|ać (-am, -asz) (*perf* **rozmieścić**) *vt* to place, to site; (*oddziały*) to deploy.

rozmiękcz|ać (-am, -asz) (*perf* **-yć**) *vt* to soften.

rozmnaż|ać (-am, -asz) (*perf* **rozmnożyć**) *vt* to reproduce.

▸**rozmnażać się** *vr* (*BIO*) to reproduce; (*zwiększać się liczebnie*) to multiply.

rozmnaża|nie (-nia) *nt* reproduction.

rozmontow|ywać (-uję, -ujesz) (*perf* **-ać**) *vt* to disassemble, to take apart.

rozm|owa (-owy, -owy) (*dat sg* **-owie**, *gen pl* **-ów**) *f* conversation, talk; **rozmowy** *pl* negotiations *pl*; **rozmowa telefoniczna** phone call; **rozmowa międzymiastowa** long-distance call; **rozmowa kwalifikacyjna** interview.

rozmowny *adj* talkative.

rozmówc|a (-y, -y) *m decl like f in sg* interlocutor.

rozmówczy|ni (-ni, -nie) (*gen pl* **-ń**) *f* interlocutor.

rozmó|wić się (-wię, -wisz) *vr perf*: **rozmówić się z kimś** to have a word with sb.

rozmów|ki (-ek) *pl* phrase book.

rozmraż|ać (-am, -asz) (*perf* **rozmrozić**) *vt* to defrost.

rozmyśl|ać (-am, -asz) *vi imperf*: **rozmyślać o** +*loc lub* **nad** +*loc* to meditate on, to ponder on.

rozmyśl|ić się (-ę, -isz) *vr perf* to change one's mind.

rozmyślnie *adv* on purpose, deliberately.

roznie|cać (-cam, -casz) (*perf* **-cić**) *vt* (*ogień*) to start, to kindle; (*uczucie*) to stir up.

rozno|sić (-szę, -sisz) (*imp* **-ś**) *vt* (*dostarczać*) to deliver; (*rozgłaszać*) to spread.

rozpacz (-y) *f* despair.

rozpacz|ać (-am, -asz) *vi* to despair.

rozpaczliwy *adj* (*walka, sytuacja*) desperate; (*krzyk*) anguished.

rozpa|d (-du) (*loc sg* **-dzie**) *m* (*imperium*) break-up; (*FIZ*) disintegration, decay.

rozpad|ać się (-am, -asz) (*perf* **rozpaść**) *vr* (*o budynku, meblu*) to fall apart; (*o małżeństwie*) to disintegrate.

rozpakow|ywać (-uję, -ujesz) (*perf* **-ać**) *vt* to unpack.

▸**rozpakowywać się** *vr* to unpack.

rozpal|ać (-am, -asz) (*perf* **-ić**) *vt* (*ogień*) to light; (*uczucia, zapał*) to kindle.

rozpał|ka (-ki) (*dat sg* **-ce**) *f*: **drewno na rozpałkę** kindling.

rozpamięt|ywać (-uję, -ujesz) *vt imperf* to brood on.

rozpatr|ywać (-uję, -ujesz) (*perf* **rozpatrzyć**) *vt* to consider.

rozpę|d (-du) (*loc sg* -dzie) *m*
momentum.

rozpę|dzać (-dzam, -dzasz) (*perf*
-dzić) *vt* (*pojazd*) to speed up, to
accelerate; (*tłum*) to disperse.

►**rozpędzać się** *vr* (*nabierać
szybkości*) to speed up, to pick up
speed.

rozpieszcz|ać (-am, -asz) (*perf*
rozpieścić) *vt* to pamper, to spoil.

rozpieszczony *adj* pampered, spoilt
(*BRIT*), spoiled (*US*).

rozpiętoś|ć (-ci) *f* (*odległość*) span;
(*skala*) range; **rozpiętość skrzydeł**
wingspan.

rozpin|ać (-am, -asz) (*perf* **rozpiąć**)
vt (*guzik, zamek*) to undo.

rozplat|ać (-am, -asz) (*perf* **rozpleść**)
vt to unbraid.

rozpląt|ywać (-uję, -ujesz) (*perf* -ać)
vt (*nici, węzeł*) to untangle;
(*zagadkę*) to unravel.

rozpła|kać się (-czę, -czesz) *vr perf*
to burst into tears.

rozpłaszcz|yć (-ę, -ysz) *vt perf* to
flatten.

rozpływ|ać się (-am, -asz) (*perf*
rozpłynąć) *vt* (*rozlewać się*) to
spread out; (*topić się*) to melt.

rozpoczęci|e (-a) *nt* beginning, start.

rozpoczyn|ać (-am, -asz) (*perf*
rozpocząć) *vt* to begin, to start.

►**rozpoczynać się** *vr* to begin, to
start.

rozpogadz|ać się (-a) (*perf*
rozpogodzić) *vr*: **wieczorem
rozpogodziło się** it cleared up in
the evening.

rozpogodze|nie (-nia, -nia) (*gen pl*
-ń) *nt* bright *lub* sunny spell.

rozpor|ek (-ka, -ki) (*instr sg* -kiem) *m*
flies *pl* (*BRIT*), fly (*US*).

rozporzą|dzać (-dzam, -dzasz) (*perf*
-dzić) *vt*: **rozporządzać czymś**
(*zarządzać*) to manage sth; (*mieć do*

dyspozycji) to have sth at one's
disposal.

rozporządze|nie (-nia, -nia) (*gen pl*
-ń) *nt* (*akt prawny*) decree;
(*polecenie*) order.

rozpościer|ać (-am, -asz) (*perf*
rozpostrzeć) *vt* to spread.

►**rozpościerać się** *vr* to stretch.

rozpowszech|niać (-niam, -niasz)
(*perf* -nić) *vt* (*wiadomości*) to diffuse,
to spread.

►**rozpowszechniać się** *vr* (*o
plotce*) to get around, to spread.

rozpozn|awać (-aję, -ajesz) (*perf*
-ać) *vt* (*ludzi, twarze*) to recognize,
to identify; (*chorobę*) to diagnose.

rozpracow|ywać (-uję, -ujesz) (*perf*
-ać) (*pot*) *vt* to work out, to suss out
(*pot*).

rozprasz|ać (-am, -asz) (*perf*
rozproszyć) *vt* (*człowieka, uwagę*) to
distract; (*tłum*) to disperse;
(*wątpliwości*) to dispel.

►**rozpraszać się** *vr* to get distracted.

rozpra|wa (-wy, -wy) (*dat sg* -wie) *f*
(*PRAWO*) trial, hearing; (*praca
naukowa*) dissertation, thesis.

rozpra|wiać (-wiam, -wiasz) *vi*
(*opowiadać*): **rozprawiać (o +instr)**
to speak at length (about);
rozprawiać nad czymś to debate sth.

►**rozprawiać się** (*perf* -wić) *vr*:
rozprawiać się z kimś to get even
with sb; **rozprawiać się z czymś** to
crack down on sth.

rozprostow|ywać (-uję, -ujesz) (*perf*
-ać) *vt* to stretch.

rozprowa|dzać (-dzam, -dzasz) (*perf*
-dzić) to distribute; (*masło, farbę*) to
spread; (*rozcieńczać*) to dilute.

rozpruw|ać (-am, -asz) (*perf*
rozpruć) *vt* (*rękaw, brzuch*) to rip;
(*szew*) to unpick; (*kasę*) to crack.

rozprzestrze|niać (-niam, -niasz)
(*perf* -nić) *vt* to spread.

►**rozprzestrzeniać się** *vr* to spread.

rozprzęże|nie (-nia) nt (chaos)
disorder; (brak dyscypliny)
indiscipline; (obyczajów) laxity.

rozpu|sta (-sty) (dat sg -ście) f
debauchery.

rozpuszcz|ać (-am, -asz) (perf
rozpuścić) vt (rozcieńczać) to
dissolve; (topić) to melt;
(rozpowszechniać) to spread.

▸**rozpuszczać się** vr (o cukrze) to
dissolve; (o lodzie) to melt.

rozpuszczalni|k (-ka, -ki) (instr sg
-kiem) m (TECH) solvent.

rozpuszczalny adj (kawa) instant;
(CHEM) soluble.

rozpych|ać (-am, -asz) vt to jostle.

▸**rozpychać się** vr to jostle.

rozpyl|ać (-am, -asz) (perf -ić) vt to
spray.

rozrabi|ać (-am, -asz) vt (KULIN)
(perf **rozrobić**) to cream, to mix
together; (farbę) (perf **rozrobić**) to
dilute ♦ vi (pot) to stir things up (pot).

rozradowany adj jubilant.

rozrast|ać się (-am, -asz) (perf
rozrosnąć) vr to grow.

rozrodczy adj reproductive.

rozróż|niać (-niam, -niasz) (perf
-nić) vt to distinguish.

rozróżnie|nie (-nia, -nia) (gen pl -ń)
nt distinction.

rozruch (-u) m (silnika) starting;
rozruchy pl (zamieszki) riots pl.

rozrusz|ać (-am, -asz) vt perf
(towarzystwo) to liven up; **rozruszać
nogi/nadgarstek** to work off the
stiffness in one's legs/wrist.

▸**rozruszać się** vr (poprzez
ćwiczenia) to loosen up; (ożywić się)
to liven up.

rozruszni|k (-ka, -ki) (instr sg -kiem)
m (MOT) starter.

rozryw|ać (-am, -asz) (perf
rozerwać) vt (materiał) to tear
(apart); (tamę, linę) to burst; (o
bombie) to tear apart.

▸**rozrywać się** vr (o materiale) to
tear (apart); (o tamie, linie) to burst;
(zabawiać się) to have fun.

rozryw|ka (-ki, -ki) (dat sg -ce, gen pl
-ek) f entertainment.

rozrywkowy adj: **lokal rozrywkowy**
nightclub; **muzyka rozrywkowa**
light music; **program rozrywkowy**
show; **przemysł rozrywkowy**
entertainment industry, show
business.

rozrze|dzać (-dzam, -dzasz) (perf
-dzić) vt to dilute, to thin down.

rozrzu|cać (-cam, -casz) (perf -cić)
vt (zabawki) to scatter; (nawóz) to
spread; (ulotki) to drop.

rozrzutnoś|ć (-ci) f wastefulness,
extravagance.

rozrzutny adj wasteful, extravagant.

rozsąd|ek (-ku) (instr sg -kiem) m
reason, sense; **zdrowy rozsądek**
common sense.

rozsądny adj reasonable, sensible.

rozsiew|ać (-am, -asz) (perf **rozsiać**)
vt (nasiona) to sow; (zarazki, plotki)
to spread; (zapach) to give out lub
off.

rozsła|wiać (-wiam, -wiasz) (perf
-wić) vt to praise.

rozsmarow|ywać (-uję, -ujesz) (perf
-ać) vt to spread.

rozsta|nie (-nia, -nia) (gen pl -ń) nt
parting.

rozst|awać się (-aję, -ajesz) (perf
-ać) vt: **rozstawać się z kimś** to
part from sb, to part company with
sb; **(nie) rozstawać się z czymś**
(not) to part with sth.

rozsta|wiać (-wiam, -wiasz) (perf
-wić) vt (talerze) to lay out; (krzesła)
to arrange; (leżak, stół) to set up;
rozstawiać nogi to spread one's
feet lub legs.

rozstęp|ować się (-uję, -ujesz) (perf
rozstąpić) vr (o tłumie) to part.

rozstrojony *adj* out of tune, out-of-tune *attr.*

rozstr|ój (-oju, -oje) *m*: **rozstrój nerwowy** nervous breakdown; **rozstrój żołądka** stomach upset.

rozstrzeliw|ać (-uję, -ujesz) (*perf* **rozstrzelać**) *vt* to put before the firing squad, to execute by firing squad.

rozstrzyg|ać (-am, -asz) (*perf* -nąć) *vt* to decide, to settle.

rozstrzygający *adj* (*bitwa*) decisive; **rozstrzygający głos** casting vote.

rozsuw|ać (-am, -asz) (*perf* **rozsunąć**) *vt* (*firanki, zasłony*) to draw (aside); (*stół*) to extend.

▸**rozsuwać się** *vr* (*o kurtynie*) to draw aside.

rozsyp|ywać (-uję, -ujesz) (*perf* -ać) *vt* to spill.

▸**rozsypywać się** *vr* to spill.

rozszale|ć się (-je) *vr perf* (*o tłumie, zwierzętach*) to go wild; (*o epidemii, burzy*) to break out.

rozszcze|p (-pu, -py) (*loc sg* -pie) *m*: **rozszczep podniebienia** cleft palate.

rozszerz|ać (-am, -asz) (*perf* -yć) *vt* to widen, to broaden.

▸**rozszerzać się** *vr* (*powiększać się*) to widen; (*rozprzestrzeniać się*) to expand, to spread (out).

rozszyfrow|ywać (-uję, -ujesz) (*perf* -ać) *vt* (*wiadomość*) to decipher, to decode; (*tajemnicę, zagadkę*) to unravel.

rozśmiesz|ać (-am, -asz) (*perf* -yć) *vt*: **rozśmieszać kogoś** to make sb laugh.

roztacz|ać (-am, -asz) (*perf* **roztoczyć**) *vt* (*perspektywy, wizję*) to unfold; (*blask, zapach*) to spread.

roztapi|ać (-am, -asz) (*perf* **roztopić**) *vt* to melt.

roztargnie|nie (-nia) *nt* absent-mindedness; **przez roztargnienie** absent-mindedly.

roztargniony *adj* absent-minded.

rozter|ka (-ki, -ki) (*dat sg* -ce, *gen pl* -ek) *f* quandary, dilemma.

roztropnoś|ć (-ci) *f* prudence.

roztropny *adj* prudent.

roztrzas|kiwać (-kuję, -kujesz) (*perf* -kać) *vt* to smash (up).

roztrzą́s|ać (-am, -asz) *vt* (*kwestie, zagadnienie*) to deliberate over; (*obornik, siano*) (*perf* -nąć) to spread.

roztrzepany *adj* scatterbrained.

roztrzęsiony *adj* jittery.

roztw|ór (-oru, -ory) (*loc sg* -orze) *m* solution.

rozty|ć się (-ję, -jesz) *vr perf* to grow fat.

rozu|m (-mu, -my) (*loc sg* -mie) *m* reason; **na chłopski** *lub* **zdrowy rozum, ...** common sense suggests that ...; **być niespełna rozumu** to be out of one's mind.

rozumi|eć (-em, -esz) (*perf* z-) *vt* to understand; **rozumiem** I understand *lub* see; **co przez to rozumiesz?** what do you mean by that?; **to rozumiem!** now you're talking!; **rozumieć po angielsku** to understand English; **rozumiem, że nie przyjdziesz** I understand you won't be coming.

▸**rozumieć się** *vr*: **rozumieć się (ze sobą)** to understand each other.

rozumny *adj* rational.

rozum|ować (-uję, -ujesz) *vi imperf* to reason.

rozwa|ga (-gi) (*dat sg* -dze) *f* judiciousness; **brać (wziąć** *perf***) coś pod rozwagę** to take sth into consideration; **z rozwagą** with deliberation.

rozwal|ać (-am, -asz) (*perf* -ić) (*pot*) *vt* (*rozbijać*) to smash up, to shatter; (*rozrzucać*) to throw about.

▸**rozwalać się** *vr* (*rozpadać się*) to fall apart; (*siedzieć, leżeć*) to loll (about).

rozważ|ać (-am, -asz) (*perf* -yć) *vt* to consider.

rozważny *adj* judicious.

rozwesel|ać (-am, -asz) (*perf* -ić) *vt* to cheer up.

►**rozweselać się** *vr* to cheer *lub* brighten up.

rozwiąza|nie (-nia, -nia) (*gen pl* -ń) *nt* (*zadania, zagadki, problemu*) solution; (*parlamentu, małżeństwa*) dissolution; (*MED*) delivery.

rozwiązłoś|ć (-ci) *f* promiscuity.

rozwiązły *adj* promiscuous.

rozwiąz|ywać (-uję, -ujesz) (*perf* -ać) *vt* (*sznurowadło, węzeł*) to undo, to untie; (*kogoś/coś związanego*) to untie; (*zadanie, zagadkę, równanie*) to solve; (*umowę*) to terminate; (*parlament, małżeństwo*) to dissolve.

rozwidl|ać się (-a) (*perf* -ić) *vr* to fork.

rozwiedziony *adj* divorced.

rozwiesz|ać (-am, -asz) (*perf* **rozwiesić**) *vt* (*bieliznę*) to hang out; (*obrazy*) to hang.

rozwiew|ać (-am, -asz) (*perf* **rozwiać**) *vt* (*dym, mgłę*) to disperse; (*przen: nadzieje, wątpliwości*) to dispel; (*włosy*) to blow through.

►**rozwiewać się** *vr* (*o dymie, mgle*) to disperse; (*o nadziejach, wątpliwościach*) to be dispelled.

rozwi|jać (-jam, -jasz) (*perf* -nąć) *vt* (*rolkę, film*) to unroll; (*paczkę*) to unwrap; (*temat, zamiłowanie, zdolności*) to develop; (*działalność*) to expand.

►**rozwijać się** *vr* (*o drucie*) to uncoil; (*o wątku*) to unfold; (*rosnąć*) to grow; (*doskonalić się, przybierać na sile*) to develop.

rozwikł|ać (-am, -asz) *vt perf* to unravel.

rozwinięty *adj* (fully) developed.

rozwlekły *adj* verbose, wordy.

rozwodni|k (-ka, -cy) (*instr sg* -kiem) *m* divorcee.

roz|wodzić się (-wodzę, -wodzisz) (*imp* -wódź, *perf* -wieść) *vr* to get divorced; **rozwodzić się z kimś** to divorce sb; **rozwodzić się nad czymś** to dwell on sth.

rozwolnie|nie (-nia) *nt* diarrhoea (*BRIT*), diarrhea (*US*).

rozwo|zić (-żę, -zisz) (*perf* **rozwieźć**) *vt* to deliver.

rozw|ód (-odu, -ody) (*loc sg* -odzie) *m* divorce; **wziąć** *(perf)* **rozwód** to get a divorce.

rozwód|ka (-ki, -ki) (*dat sg* -ce, *gen pl* -ek) *f* divorcee.

rozw|ój (-oju) *m* (*techniki, organizmu*) development; (*akcji, wypadków*) progress.

rozzłoszczony *adj* angered, angry.

rozzło|ścić (-szczę, -ścisz) (*imp* -ść) *vt perf* to anger.

►**rozłościć się** *vr* to get angry.

rozzuchwalony *adj* impudent.

rozżalony *adj* embittered.

roż|en (-na, -ny) (*loc sg* -nie) *m* (rotating) spit; **kurczak/pieczeń z rożna** spitroasted chicken/meat.

rożny *adj*: **rzut rożny** (*SPORT*) corner kick.

rób *itd. vb patrz* **robić**.

ród (**rodu, rody**) (*loc sg* **rodzie**) *m* (*rodzina*) family; (*dynastia, linia*) house.

róg (**rogu, rogi**) (*instr sg* **rogiem**) *m* (*u bydła*) horn; (*u jelenia, sarny*) antler, horn; (*kąt*) corner; (*zbieg ulic*) corner; (*MUZ*) horn; (*SPORT*) corner; **na rogu** on *lub* at the corner; **za rogiem** round the corner.

rój (**roju, roje**) *m* swarm.

rów (**rowu, rowy**) (*loc sg* **rowie**) *m* ditch; (*GEOL*) trough.

rówieśni|k (-ka, -cy) (*instr sg* -kiem) *m* peer.

równ|ać (-am, -asz) *vt* (*powierzchnię*)

(*perf* **wy-**) to level, to flatten; (*prawa, obowiązki*) (*perf* **z-**) to equalize.

►**równać się** *vr*: **dwa plus dwa równa się cztery** two plus two equals four; **równać się z kimś/czymś** (*dorównywać*) to equal sb/sth; **równać się z czymś** (*być jednoznacznym*) to be tantamount to sth, to amount to sth.

równa|nie (**-nia, -nia**) (*gen pl* **-ń**) *nt* (*MAT*) equation.

równie *adv* (*tak samo*): **równie ... (jak...)** as ... (as ...); (*aż tak*) equally.

również *adv* also, as well; **jak również ...** and also ... .

równi|k (**-ka, -ki**) (*instr sg* **-kiem**) *m* equator.

równi|na (**-ny, -ny**) (*dat sg* **-nie**) *f* plain.

równo *adv* (*gładko*) evenly; (*jednakowo*) evenly, equally; (*dokładnie*) exactly.

równoczesny *adj* simultaneous.

równocześnie *adv* (*w tym samym czasie*) at the same time, simultaneously; (*zarazem*) at the same time.

równoległy *adj* parallel.

równoleżni|k (**-ka, -ki**) (*instr sg* **-kiem**) *m* parallel.

równomiernie *adv* evenly.

równomierny *adj* even.

równorzędny *adj* equivalent.

równoś|ć (**-ci**) *f* equality; **znak równości** equals sign.

równouprawnie|nie (**-nia**) *nt* equality of rights; **równouprawnienie kobiet** women's rights, equal rights for women.

równowa|ga (**-gi**) (*dat sg* **-dze**) *f* balance; (*opanowanie*) balance, poise; (*TENIS*) deuce.

równowartoś|ć (**-ci**) *f* equivalent.

równoważny *adj*: **równoważny (z +instr)** equivalent (to).

równoważ|yć (**-ę, -ysz**) (*perf* **z-**) *vt* to balance.

►**równoważyć się** *vr* to be in balance.

równoznaczny *adj*: **równoznaczny (z +instr)** equivalent (to).

równy *adj* (*gładki*) even, flat; (*jednakowy*) equal; (*rytmiczny*) even, steady; **stopień równy** (*JĘZ*) positive degree.

róż (**-u, -e**) *m* (*kolor*) pink; (*kosmetyk*) rouge, blusher.

róż|a (**-y, -e**) *f* rose; **dzika róża** briar.

róża|niec (**-ńca, -ńce**) *m* rosary.

różdżkarst|wo (**-wa**) (*loc sg* **-wie**) *nt* dowsing, water divining.

różdżkarz (**-a, -e**) (*gen pl* **-y**) *m* water diviner, water finder (*US*).

różnic|a (**-y, -e**) *f* difference; (*MAT*) remainder, difference.

róż|nić (**-nię, -nisz**) (*imp* **-nij**) *vt*: **różnić kogoś/coś od +gen** to distinguish sb/sth from.

►**różnić się** *vr*: **różnić się (od kogoś/czegoś)** to differ (from sb/sth).

różnie *adj* variously.

różnobarwny *adj* multicoloured (*BRIT*), multicolored (*US*).

różnorodnoś|ć (**-ci**) *f* diversity, variety.

różnorodny *adj* varied, diverse.

różny *adj* (*rozmaity*) various, different; (*odmienny*) different, distinct.

różowy *adj* (*kolor*) pink; (*przen: przyszłość*) rosy.

różycz|ka (**-ki**) (*dat sg* **-ce**) *f* (*MED*) German measles.

RP *abbr* = **Rzeczpospolita Polska**.

rtę|ć (**-ci**) *f* mercury.

RTV *abbr* = **Radio i Telewizja**.

rub|el (**-la, -le**) (*gen pl* **-li**) *m* rouble, ruble.

rubi|n (**-nu, -ny**) (*loc sg* **-nie**) *m* ruby.

rubry|ka (**-ki, -ki**) (*dat sg* **-ce**) *f* (*w*

formularzu) blank, blank space; (*w gazecie*) column.

ruch (-**u**, -**y**) *m* (*zmiana położenia*) movement, motion; (*wysiłek fizyczny*) exercise; (*ożywienie*) boom; (*na drogach*) traffic; (*w grze*) move; (*FIZ*) motion; (*SZTUKA, POL*) movement.

ruchliwy *adj* (*oczy*) restless; (*ulica, port*) busy; (*dziecko*) lively, active.

ruchomy *adj* (*cel, punkt*) moving; (*przegroda, majątek, święto*) movable; **ruchome schody** escalator.

ru|da (-**dy**, -**dy**) (*dat sg* -**dzie**) *f* ore.

rudowłosy *adj* redheaded.

rudy *adj* red.

ru|fa (-**fy**, -**fy**) (*dat sg* -**fie**) *f* stern.

rugby *nt inv* (*SPORT*) rugby.

rui|na (-**ny**) (*dat sg* -**nie**) *f* ruin.

rujn|ować (-**uję**, -**ujesz**) (*perf* **z-**) *vt* to ruin.

rulet|ka (-**ki**, -**ki**) (*dat sg* -**ce**, *gen pl* -**ek**) *f* roulette.

rulo|n (-**nu**, -**ny**) (*loc sg* -**nie**) *m* roll.

ru|m (-**mu**, -**my**) (*loc sg* -**mie**) *m* rum.

rumian|ek (-**ku**, -**ki**) (*instr sg* -**kiem**) *m* (*BOT*) c(h)amomile.

rumiany *adj* (*twarz*) ruddy; (*jabłko*) red; (*pieczywo, mięso z kurczaka*) golden brown.

rumie|nić (-**nię**, -**nisz**) (*imp* -**ń**) *vt* (*przypiekać*) (*perf* **przy-**) to brown.

▸**rumienić się** (*perf* **za-**) *vr* to blush, to flush.

rumie|niec (-**ńca**, -**ńce**) *m* blush.

rumowis|ko (-**ka**, -**ka**) (*instr sg* -**kiem**) *nt* rubble.

rumszty|k (-**ku**, -**ki**) (*instr sg* -**kiem**) *m* rump steak.

Rumu|n (-**na**, -**ni**) (*loc sg* -**nie**) *m* Romanian.

Rumuni|a (-**i**) *f* Romania.

Rumun|ka (-**ki**, -**ki**) (*dat sg* -**ce**, *gen pl* -**ek**) *f* Romanian.

rumuński *adj* Romanian.

ru|nąć (-**nę**, -**niesz**) (*imp* -**ń**) *vi perf* (*o*

budynku, człowieku) to collapse; (*o samolocie*) to plummet (down); (*przen: o planach*) to collapse, to fall to the ground.

run|da (-**dy**, -**dy**) (*dat sg* -**dzie**) *f* round.

rupie|ć (-**cia**, -**cie**) (*gen pl* -**ci**) *m* (piece of) junk; **rupiecie** *pl* junk, lumber.

ru|ra (-**ry**, -**ry**) (*dat sg* -**rze**) *f* pipe; **rura wydechowa** exhaust (pipe) (*BRIT*), tailpipe (*US*).

rur|ka (-**ki**, -**ki**) (*dat sg* -**ce**, *gen pl* -**ek**) *f* tube.

rurociąg (-**gu**, -**gi**) (*instr sg* -**giem**) *m* pipeline.

ruski *adj* (*pot!*) Russian.

rusz|ać (-**am**, -**asz**) (*perf* -**ył**) *vt*: **ruszać czymś** to move sth ▸ *vi* (*o samochodzie, pociągu*) to pull out; (*o człowieku*) to set off; (*o maszynie, silniku*) to start.

rusz|t (-**tu**, -**ty**) (*loc sg* -**cie**) *m* (*na jedzenie*) grill; (*na opał*) grate; **mięso/ryba z rusztu** grilled meat/fish.

rusztowa|nie (-**nia**, -**nia**) (*gen pl* -**ń**) *nt* scaffolding.

ruty|na (-**ny**) (*dat sg* -**nie**) *f* (*doświadczenie, wprawa*) experience; **popadać** (**popaść** *perf*) **w rutynę** to fall *lub* get into a rut.

rutynowy *adj*: **postępowanie rutynowe** routine procedure.

rwać (**rwę**, **rwiesz**) (*imp* **rwij**) *vt* (*kwiaty*) (*perf* **ze-**) to pick; (*zęby*) (*perf* **wy-**) to pull (out); (*ubranie, sieć*) (*perf* **po-**) to tear ▸ *vi imperf* (*o zębie, stawach*) to shoot; (*pot: pędzić*) to tear.

▸**rwać się** *vr* (*o tkaninie*) to tear; (*o głosie, wątku*) to break (off).

ry|ba (-**by**, -**by**) (*dat sg* -**bie**) *f* fish; **zdrów jak ryba** (as) right as rain; **gruba ryba** (*przen*) bigwig (*pot*), big

shot (*pot*); **iść na ryby** to go fishing;
Ryby *pl* (*ASTROLOGIA*) Pisces.

ryba|k (**-ka, -cy**) (*instr sg* **-kiem**) *m*
fisherman.

rybit|wa (**-wy, -wy**) (*dat sg* **-wie**) *f*
tern.

rybny *adj* fish *attr*; **sklep rybny**
fishmonger's (shop).

rybołówst|wo (**-wa**) (*loc sg* **-wie**) *nt*
fishing, fishery.

rycerski *adj* (*turniej, zbroja*) knight's
attr; (*zachowanie*) knightly,
chivalrous; **zakon rycerski** order of
knights.

rycerz (**-a, -e**) (*gen pl* **-y**) *m* knight.

ryczałtowy *adj* flat-rate *attr*.

rycz|eć (**-ę, -ysz**) (*perf* **ryknąć**) *vi* (*o
lwie*) to roar; (*o ośle*) to bray; (*o
byku*) to bellow; (*o krowie*) to moo;
(*o syrenie, radiu*) to blare;
(*wrzeszczeć*) to yell; (*pot. płakać*) to
blubber.

ry|ć (**-ję, -jesz**) *vt* (*kopać*) (*perf* **z-**) to
burrow; (*rzeźbić*) (*perf* **wy-**) to
engrave.

ry|giel (**-gla, -gle**) (*gen pl* **-gli** *lub*
-glów) *m* bolt.

rygl|ować (**-uję, -ujesz**) (*perf* **za-**) *vt*
to bolt.

rygo|r (**-ru, -ry**) (*loc sg* **-rze**) *m* strict
discipline; **pod rygorem aresztu**
(*PRAWO*) on penalty of arrest.

rygorystyczny *adj* rigorous.

ryj (**-a, -e**) *m* (*świni*) snout;
(*pot!: twarz*) mug (*pot*).

ry|k (**-ku, -ki**) (*instr sg* **-kiem**) *m* (*lwa*)
roar; (*krowy*) moo; (*osła*) bray;
(*syreny, radia*) blare; (*pot. płacz*)
howl (*pot*).

ry|m (**-mu, -my**) (*loc sg* **-mie**) *m*
rhyme.

rym|ować (**-uję, -ujesz**) *vt* to rhyme.
►**rymować się** *vr* to rhyme.

ryn|ek (**-ku, -ki**) (*instr sg* **-kiem**) *m*
(*plac*) marketplace; (*FIN, HANDEL*)
market; **czarny rynek** black market;

wolny rynek free market; **Wspólny
Rynek** the Common Market.

ry|nna (**-nny, -nny**) (*dat sg* **-nnie**, *gen
pl* **-nien**) *f* gutter.

ry|s (**-su, -sy**) (*loc sg* **-sie**) *m*
(*charakteru*) trait, feature;
(*streszczenie*) outline; **rysy** *pl* (*też:*
rysy twarzy) (facial) features *pl*.

rys. *abbr* (= *rysunek*) fig. (= figure).

ry|sa (**-sy, -sy**) (*dat sg* **-sie**) *f*
(*zadrapanie*) scratch; (*pęknięcie*)
crack.

rysi|k (**-ka, -ki**) (*instr sg* **-kiem**) *m*
pencil lead.

rys|ować (**-uję, -ujesz**) (*perf* **na-**) *vt*
to draw; (*przen: przedstawiać*) to
picture; (*robić rysy*) to scratch.
►**rysować się** (*perf* **za-**) *vr*
(*uwidaczniać się*) to appear;
(*pokrywać się rysami*) to scratch.

rysownic|a (**-y, -e**) *f* drawing board.

rysowni|k (**-ka, -cy**) (*instr sg* **-kiem**)
m draughtsman.

rysun|ek (**-ku, -ki**) (*instr sg* **-kiem**) *m*
drawing.

rysunkowy *adj* drawing *attr*; **film
rysunkowy** cartoon.

ry|ś (**-sia, -sie**) *m* lynx.

ryt|m (**-mu, -my**) (*loc sg* **-mie**) *m*
rhythm.

rytmiczny *adj* (*piosenka, wiersz,
oddech*) rhythmic(al); (*dostawy*)
regular.

rytualny *adj* ritual.

rytua|ł (**-łu, -ły**) (*loc sg* **-le**) *m* ritual.

rywal (**-a, -e**) (*gen pl* **-i**) *m* rival.

rywalizacj|a (**-i**) *f* rivalry.

rywaliz|ować (**-uję, -ujesz**) *vi:*
rywalizować z kimś o coś to
compete with sb for sth;
rywalizować (ze sobą) to compete.

ryzy|ko (**-ka**) (*instr sg* **-kiem**) *m* risk.

ryzyk|ować (**-uję, -ujesz**) (*perf* **za-**)
vt to risk ♦ *vi* to take a risk *lub*
chance.

ryzykowny *adj* risky.

ryż (-u) *m* rice.

rz. *abbr* (= *rzeka*) R. (= river).

rzad|ki (*comp* -szy) *adj* (*nie gęsty*) thin; (*niezczęsty*) rare.

rza|dko (*comp* rzadziej) *adv* (*niezczęsto*) rarely, seldom; (*w dużych odstępach*) sparsely; **rzadko kto** hardly anyone; **rzadko kiedy** hardly ever.

rzadkoś|ć (-ci) *f* rarity.

rząd¹ (rzędu, rzędy) (*loc sg* rzędzie) *m* (*szereg*) row, line; (*BOT, ZOOL*) order; **w pierwszym rzędzie** primarily.

rzą|d² (-du, -dy) (*loc sg* -dzie) *m* government; **rządy** *pl* rule.

rządowy *adj* government *attr*.

rzą|dzić (-dzę, -dzisz) (*imp* -dź) *vt*: **rządzić** +*instr* to rule over, to govern ♦ *vi* (*sprawować rządy*) to rule, to govern; (*kierować*) to be in charge.

▸**rządzić się** *vr* to throw one's weight about.

rzecz (-y, -y) (*gen pl* -y) *f* thing; **rzeczy** *pl* (*dobytek, ubrania*) things *pl*; **to nie ma nic do rzeczy** that's beside the point; **mówić od rzeczy** to talk nonsense; **na rzecz** +*gen* (*składka*) in aid of; (*zrzeczenie się*) in favour (*BRIT*) *lub* favor (*US*) of; **ogólnie rzecz biorąc** in general; **w gruncie rzeczy** in fact, essentially.

rzecznicz|ka (-ki, -ki) (*dat sg* -ce, *gen pl* -ek) *f* spokeswoman.

rzeczni|k (-ka, -cy) (*instr sg* -kiem) *m* spokesman; **rzecznik prasowy** spokesperson.

rzeczowni|k (-ka, -ki) (*instr sg* -kiem) *m* noun.

rzeczowy *adj* matter-of-fact; **dowód rzeczowy** (*PRAWO*) exhibit.

rzeczoznawc|a (-y, -y) *m* expert.

rzeczywistoś|ć (-ci) *f* reality; **odpowiadać rzeczywistości** to correspond with the facts; **w rzeczywistości** in reality *lub* fact.

rzeczywisty *adj* real.

rzeczywiście *adv* really.

rze|ka (-ki, -ki) (*dat sg* -ce) *f* river; **nad rzeką** on *lub* by the river; **w dół/górę rzeki** up/down the river.

rzekomo *adv* allegedly.

rzekomy *adj* alleged.

rzemieślni|k (-ka, -cy) (*instr sg* -kiem) *m* craftsman, artisan.

rzemio|sło (-sła, -sła) (*loc sg* -śle) *nt* (*drobna wytwórczość*) craftsmanship, artisanship; (*zawód*) trade.

rze|p (-pu, -py) (*loc sg* -pie) *m* (*BOT*) burr; (*zapięcie*) Velcro ®; **przyczepić się jak rzep do psiego ogona** (*pot*) to stick like a leech.

rze|pa (-py, -py) (*dat sg* -pie) *f* turnip.

rzepa|k (-ku, -ki) (*instr sg* -kiem) *m* (*BOT*) rape.

rzep|ka (-ki, -ki) (*dat sg* -ce, *gen pl* -ek) *f* (*ANAT*) kneecap.

rześki *adj* brisk.

rzetelny *adj* reliable.

rze|ź (-zi, -zie) (*gen pl* -zi) *f* (*ubój zwierząt*) slaughter; (*przen*) slaughter, carnage.

rzeź|ba (-by, -by) (*dat sg* -bie) *f* sculpture.

rzeźbiarst|wo (-wa) (*loc sg* -wie) *nt* sculpture.

rzeźbiarz (-a, -e) (*gen pl* -y) *m* sculptor.

rzeź|bić (-bię, -bisz) (*perf* wy-) *vt* to sculpt.

rzeź|nia (-ni, -nie) (*gen pl* -ni) *f* slaughterhouse, abattoir.

rzeźni|k (-ka, -cy) (*instr sg* -kiem) *m* butcher; (*pot. sklep*) butcher's (shop).

rzeżącz|ka (-ki) (*dat sg* -ce) *f* gonorrhoea (*BRIT*), gonorrhea (*US*).

rzeżu|cha (-chy, -chy) (*dat sg* -sze) *f* cress.

rzę|sa (-sy, -sy) (*dat sg* -sie) *f* (eye)lash.

rzęsisty adj (deszcz) torrential;
(oklaski) thunderous.

rzę|zić (-żę, -zisz) (imp -ź) vi to
wheeze.

rzodkiew|ka (-ki, -ki) (dat sg -ce, gen
pl -ek) f radish.

rzu|cać (-cam, -casz) (perf -cić) vt
(piłkę, kamień) to throw; (cień,
kostkę, spojrzenie) to throw, to cast;
(rodzinę, dom) to abandon, to desert;
(chłopaka, dziewczynę) to drop, to
jilt; (palenie, wódkę, pracę) to quit;
(uwagę, słówko) to throw in ♦ vi (o
autobusie, o samochodzie) to toss.

rzu|t (-tu, -ty) (loc sg -cie) m
(rzucenie) throw; (porcja, etap)
batch; (GEOM) projection; (TECH,
ARCHIT) projection, view; **rzut
dyskiem/oszczepem** the
discus/javelin; **rzut młotem**
(SPORT) hammer throw; **rzut
karny/rożny/wolny**
penalty/corner/free kick; **na
pierwszy rzut oka** at first glance lub
sight, on the face of it.

rzutni|k (-ka, -ki) (instr sg -kiem) m
projector.

rzut|ować (-uje) vi: **rzutować na coś**
to impinge on sth.

rzyg|ać (-am, -asz) (perf -nąć) vi
(pot) to puke (pot).

Rzy|m (-mu) (loc sg -mie) m Rome.

Rzymia|nin (-nina, -nie) (loc sg
-ninie, gen pl -n) m Roman.

rzymski adj Roman.

rzymskokatolicki adj Roman
Catholic.

rż|eć (-ę, -ysz) (imp -yj, perf za-) vi to
neigh.

rż|nąć (-nę, -niesz) (imp -nij, perf u-)
vt (piłować) to saw; (ciąć) to cut.

S

s. abbr (= strona) p. (= page).

SA, S.A. abbr (= spółka akcyjna) Co.
(= Company).

sabotaż (-u, -e) (gen pl -y) m
sabotage.

sabot|ować (-uję, -ujesz) vt to
sabotage.

sa|d (-du, -dy) (loc sg -dzie) m
orchard.

sad|ło (-ła) (loc sg -le) nt (na ciele)
fat; (produkt) suet.

sadownict|wo (-wa) (loc sg -wie) nt
fruit-growing, orcharding.

sady|sta (-sty, -ści) (loc sg -ście) m
decl like f in sg sadist.

sadystyczny adj sadistic.

sadyz|m (-mu) (loc sg -mie) m
sadism.

sadz|a (-y, -e) (gen pl -y) f soot.

sadzaw|ka (-ki, -ki) (dat sg -ce, gen
pl -ek) f pond.

sa|dzić (-dzę, -dzisz) (imp -dź) vt
(perf po- lub za-) to plant.

sadzon|ka (-ki, -ki) (dat sg -ce, gen pl
-ek) f (flanca) seedling.

sadzony adj: **jajko sadzone** fried
egg.

sa|ga (-gi, -gi) (dat sg -dze) f saga.

Saha|ra (-ry) (dat sg -rze) f the
Sahara.

sakramen|t (-tu, -ty) (loc sg -cie) m
(REL) sacrament.

saksofo|n (-nu, -ny) (loc sg -nie) m
sax(ophone).

sal|a (-i, -e) f (duża) hall; (mała)
room; (przen: publiczność) (the)
audience; **sala lekcyjna** classroom;
sala wykładowa lecture hall; **sala
gimnastyczna** gymnasium, gym
(pot); **sala operacyjna** (operating)
theatre (BRIT), operating room (US).

salamand|ra (-ry, -ry) (dat sg -rze,
gen pl -er) f salamander.

salami nt inv (wędlina) salami.

salater|ka (-ki, -ki) (dat sg -ce, gen pl -ek) f salad bowl.

salceso|n (-nu, -ny) (loc sg -nie) m (czarny) black lub blood pudding (BRIT), blood sausage (US); (biały) brawn (BRIT), headcheese (US).

sal|do (-da, -da) (loc sg -dzie) nt (KSIĘGOWOŚĆ) balance.

salmonell|a (-i, -e) (gen pl -i) f salmonella.

salo|n (-nu, -ny) (loc sg -nie) m (pokój) living lub sitting lub drawing room, lounge; (też: **salon wystawowy**) showroom; **salon fryzjerski** hair(dressing) salon; **salon piękności** lub **kosmetyczny** beauty salon lub parlour (BRIT) lub shop (US); **salon gier** amusement arcade; **salon gry** casino.

salow|a (-ej, -e) f decl like adj orderly.

sal|to (-ta, -ta) (loc sg -cie) nt somersault.

salu|t (-tu, -ty) (loc sg -cie) m (WOJSK) salute.

salut|ować (-uję, -ujesz) (perf za-) vi (WOJSK): **salutować (komuś)** to salute (sb).

sal|wa (-wy, -wy) (dat sg -wie) f volley, salvo; **salwy śmiechu** peals of laughter.

sała|ta (-ty, -ty) (dat sg -cie) f lettuce.

sałat|ka (-ki, -ki) (dat sg -ce, gen pl -ek) f salad; **sałatka owocowa/warzywna** lub **z warzyw** fruit/vegetable salad.

---SŁOWO KLUCZOWE---

sam[1] pron decl like adj **1** (samodzielnie): **sam to zrobiłem** I did it myself; **talerz sam się rozbił** the plate broke by itself. **2** (samotny): **przyszła sama** she came alone lub on her own. **3** (uściśla czas, miejsce, termin): **na samej górze** at the very top; **to jest w sam raz** this is just right; **w samą porę** just in time. **4** (bez dodatków): **same kłopoty** nothing but trouble; **same drobne (pieniądze)** only small change. **5** (o wystarczającej przyczynie/racji): **na samą myśl o czymś** at the very lub mere thought of sth. **6** (podkreślenie ważności): **sam prezydent tam był** the President himself was there. **7** (w połączeniach z „sobie", „siebie", „się"): **sam sobie wszystko zawdzięczam** I owe everything to myself. **8** (w połączeniach z „ten", „taki"): **taki sam** identical; **ten sam** the same; **w tym samym czasie** at the same time.

sa|m[2] (-mu, -my) (loc sg -mie) m self-service shop.

samic|a (-y, -e) f female.

sa|miec (-mca, -mce) m male.

samo pron decl like adj patrz **sam** ↓ pron inv: **tak samo** (podobnie) similarly, likewise; (w ten sam sposób) in the same way.

samobójc|a (-y, -y) m suicide (person).

samobójczy adj (akt, nastrój) suicidal.

samobójst|wo (-wa, -wa) (loc sg -wie) nt suicide; **popełniać (popełnić perf) samobójstwo** to commit suicide.

samochodowy adj: **wypadek samochodowy** car crash lub accident; **pojazd/przemysł samochodowy** motor vehicle/industry; **mapa samochodowa** road map; **wyścigi samochodowe** motor racing.

samochodzi|k (-ku, -ki) (instr sg -kiem) m dimin od **samochód**; (zabawka) toy car; **samochodziki** pl (*w wesołym miasteczku*) dodgems *pl* (*BRIT*), bumper cars *pl* (*US*).

samoch|ód (-odu, -ody) (*loc sg* -odzie) *m* (motor)car, automobile; **samochód ciężarowy** lorry (*BRIT*), truck (*US*); **samochód osobowy** car; **(jechać) samochodem** (to go) by car.

samodzielnie *adv* (*bez pomocy*) single-handed(ly), unaided; (*odrębnie*) independently.

samodzielnoś|ć (-ci) *f* independence.

samodzielny *adj* (*człowiek*) independent, self-reliant; (*praca, dzieło*) independent; (*mieszkanie*) self-contained.

samogłos|ka (-ki, -ki) (*dat sg* -ce, *gen pl* -ek) *f* vowel.

samogwał|t (-tu) (*loc sg* -cie) *m* masturbation.

samokrytyczny *adj* self-critical.

samolo|t (-tu, -ty) (*loc sg* -cie) *m* (aero)plane (*BRIT*), (air)plane (*US*); **(lecieć) samolotem** (to go) by plane.

samolubny *adj* selfish.

samoobro|na (-ny) (*dat sg* -nie) *f* (*obrona samego siebie*) self-defence; (*obrona cywilna*) civil defence.

samoobsłu|ga (-gi) (*dat sg* -dze) *f* self-service.

samopoczuci|e (-a) *nt* mood.

samorzą|d (-du, -dy) (*loc sg* -dzie) *m*: **samorząd miejski** town/city council; **samorząd terytorialny** local government.

samorządnoś|ć (-ci) *f* self-government.

samorządny *adj* self-governing.

samorządowy *adj* council *attr*.

samorzutny *adj* spontaneous.

samosą|d (-du) (*loc sg* -dzie) *m* lynch law.

samotni|k (-ka, -cy) (*instr sg* -kiem) *m* loner.

samotnoś|ć (-ci) *f* loneliness, solitude.

samotny *adj* (*człowiek, spacer, życie*) lonely; (*drzewo, dom*) solitary, lone; (*matka, ojciec*) single, lone.

samoucz|ek (-ka, -ki) (*instr sg* -kiem) *m*: **samouczek języka angielskiego** a "Teach Yourself English" book.

samou|k (-ka, -cy *lub* -ki) (*instr sg* -kiem) *m*: **być samoukiem** to be self-educated *lub* self-taught.

samowol|a (-i) *f* licence (*BRIT*), license (*US*), wilfulness (*BRIT*), willfulness (*US*).

samowolny *adj* (*człowiek*) wilful (*BRIT*), willful (*US*), self-willed; (*decyzja, postępowanie*) arbitrary.

samowystarczalny *adj* self-sufficient.

samowyzwalacz (-a, -e) (*gen pl* -y) *m* (*FOT*) self-timer.

samozaparci|e (-a) *nt* persistence.

samozwańczy *adj* self-appointed, self-styled.

sanatori|um (-um, -a) (*gen pl* -ów) *nt inv in sg* sanatorium.

sandał (-a, -y) *m* sandal; **sandały** *pl* sandals *pl*.

sa|nie (-ń *lub* -ni) *nt* sleigh.

sanitariusz (-a, -e) (*gen pl* -y) *m* orderly.

sanitarny *adj* (*warunki, urządzenia*) sanitary; **punkt sanitarny** (*WOJSK*) dressing station.

sankcj|a (-i, -e) (*gen pl* -i) *f* sanction.

sankcjon|ować (-uję, -ujesz) (*perf* u-) *vt* to sanction, to legitimize.

san|ki (-ek) *pl* sledge (*BRIT*), sled (*US*); **jeździć na sankach** to sledge (*BRIT*), to sled (*US*).

sanktuari|um (-um, -a) (*gen pl* -ów) *nt inv in sg* shrine, sanctuary.

sa|pać (-pię, -piesz) (*perf* -pnąć) *vi* to pant, to puff.

sape|r (-ra, -rzy) (*loc sg* -rze) *m* sapper.

saper|ka (-ki, -ki) (*dat sg* -ce, *gen pl* -ek) *f* camp shovel.

sardyn|ka (-ki, -ki) (*dat sg* -ce, *gen pl* -ek) *f* sardine.

sarkastyczny *adj* sarcastic.

sarkaz|m (-mu) (*loc sg* -mie) *m* sarcasm.

sarkofa|g (-gu, -gi) (*instr sg* -giem) *m* sarcophagus.

sar|na (-ny, -ny) (*loc sg* -nie, *gen pl* -en) *f* roe (deer).

saszet|ka (-ki, -ki) (*dat sg* -ce, *gen pl* -ek) *f* travel document organizer.

satani|sta (-sty, -ści) (*loc sg* -ście) *m decl like f in sg* Satanist.

sataniz|m (-mu) (*loc sg* -mie) *m* Satanism.

sateli|ta (-ty, -ty) (*loc sg* -cie) *m decl like f in sg* (*obiekt, państwo*) satellite; (*pot. antena satelitarna*) (satellite) dish.

satelitarny *adj*: telewizja/antena satelitarna satellite television/dish.

saty|ra (-ry, -ry) (*dat sg* -rze) *f* satire.

satyryczny *adj* (*program*) comedy *attr*; (*utwór*) satirical.

satyry|k (-ka, -cy) (*instr sg* -kiem) *m* (*występujący*) comedian; (*piszący*) satirist.

satysfakcj|a (-i) *f* satisfaction.

satysfakcjon|ować (-uję, -ujesz) (*perf* u-) *vt* to satisfy.

sau|na (-ny, -ny) (*dat sg* -nie) *f* sauna.

są *vb patrz* być.

sącz|yć (-ę, -ysz) *vt* (*pić powoli*) (*perf* wy-) to sip.
►**sączyć się** *vr* (*wypływać*) to ooze, to trickle; (*przeciekać*) to leak.

są|d (-du, -dy) (*loc sg* -dzie) *m* (*instytucja, budynek*) court (of justice *lub* law), law court; (*rozprawa*) trial.

sądownict|wo (-wa) (*loc sg* -wie) *nt* the judiciary, judicature.

sądowniczy *adj* judiciary.

sądownie *adv* (*zająć lokal*) legally; (*dochodzić praw*) through legal

action, in court; **ścigać kogoś sądownie** to prosecute *lub* sue sb.

sądowy *adj* (*system*) judicial; (*procedura, koszty*) legal; (*medycyna*) forensic.

są|dzić (-dzę, -dzisz) (*imp* -dź) *vt* (*perf* o-) (PRAWO) to try ♦ *vi* to suppose, to think; **tak sądzę** I suppose so; **nie sądzę** (*raczej nie*) I don't think so; **co o tym sądzisz?** what do you think (of that)?

sąsi|ad (-ada, -edzi) *m* neighbour (*BRIT*), neighbor (*US*).

sąsiad|ować (-uję, -ujesz) *vi*: sąsiadować z +*instr* (*być sąsiadem*) to live next door to; (*graniczyć*) to neighbour (*BRIT*) *lub* neighbor (*US*) on.

sąsiedni *adj* (*pokój*) next, adjoining; (*kraj*) neighbouring (*BRIT*), neighboring (*US*).

sąsiedzki *adj* neighbourly (*BRIT*), neighborly (*US*).

sąsiedzt|wo (-wa) (*loc sg* -wie) *nt* (*sąsiadowanie*) neighbourhood (*BRIT*), neighborhood (*US*); (*pobliże*): **w sąsiedztwie** +*gen* in the neighbo(u)rhood *lub* vicinity of.

S.C. *abbr* = spółka cywilna.

scalony *adj*: układ *lub* obwód scalony integrated circuit.

sce|na (-ny, -ny) (*dat sg* -nie) *f* scene; (*podwyższenie w teatrze*) stage; (*przen: teatr*) the stage; **scena polityczna** political scene.

scenariusz (-a, -e) (*gen pl* -y) *n* (*filmowy*) screenplay, script; (*przen*) scenario.

scenarzy|sta (-sty, -ści) (*loc sg* -ście) *m decl like f in sg* screenwriter, scriptwriter.

sceneri|a (-i, -e) (*gen pl* -i) *f* scenery.

scenogra|f (-fa, -fowie) (*loc sg* -fie) *m* (TEATR) set *lub* stage designer; (FILM) set designer *lub* decorator.

scenografi|a (-i, -e) (*gen pl* -i) *f*

(*TEATR*) set *lub* stage design; (*FILM*) set design *lub* decoration.

scentralizowany *adj* centralized.

sceptycyz|m (-mu) (*loc sg* -mie) *m* scepticism, skepticism (*US*).

sceptyczny *adj* sceptical, skeptical (*US*).

scepty|k (-ka, -cy) (*instr sg* -kiem) *m* sceptic, skeptic (*US*).

scha|b (-bu, -by) (*loc sg* -bie) *m* pork loin.

schabowy *adj*: (kotlet) schabowy pork chop.

schema|t (-tu, -ty) (*loc sg* -cie) *m* (*postępowania*) pattern; (*urządzenia*) diagram, chart.

schematycznie *adv* (*przedstawić*) schematically; (*działać, grać*) conventionally.

schematyczny *adj* (*rysunek, mapa*) schematic; (*szablonowy*) conventional.

schizofreni|a (-i) *f* schizophrenia.

schizofreni|k (-ka, -cy) (*instr sg* -kiem) *m* schizophrenic.

schle|biać (-biam, -biasz) (*perf* -bić) *vi*: schlebiać komuś to flatter sb.

schludny *adj* neat, tidy.

sch|nąć (-nę, -niesz) (*imp* -nij) *vi* (*o bieliźnie, farbie*) (*perf* wy-) to dry; (*o chlebie*) to become *lub* get stale; (*o kwiatach*) (*perf* u-) to wither.

schod|ek (-ka, -ki) (*instr sg* -kiem) *m* (*stopień*) step.

schodowy *adj*: klatka schodowa staircase.

schod|y (-ów) *pl* stairs *pl*; ruchome schody escalator.

scho|dzić (-dzę, -dzisz) (*imp* -dź, *perf* zejść) *vi* (*iść w dół*) to go down; (*z konia, roweru*) to dismount, to get off; (*z fotela, kanapy*) to get off; (*o plamie, pierścionku*) to come off.

►**schodzić się** *vr* (*gromadzić się*) to gather; (*o drogach, liniach*) to join.

schorowany *adj* ailing.

schorze|nie (-nia, -nia) (*gen pl* -ń) *nt* illness.

schow|ać (-am, -asz) *vb perf od* chować.

schow|ek (-ka, -ki) (*instr sg* -kiem) *m* (*kryjówka*) hiding place; (*w samochodzie*) glove compartment.

schro|n (-nu, -ny) (*loc sg* -nie) *m* (*WOJSK*) shelter.

schronie|nie (-nia, -nia) (*gen pl* -ń) *nt* shelter.

schronis|ko (-ka, -ka) (*instr sg* -kiem) *nt* (*górskie*) chalet, hut; (*turystyczne, młodzieżowe*) hostel; (*dla zwierząt*) shelter.

schud|nąć (-nę, -niesz) (*imp* -nij) *vb perf od* chudnąć.

schwy|cić (-cę, -cisz) (*imp* -ć) *vt perf* (*złapać*) to catch.

schwyt|ać (-am, -asz) *vb perf od* chwytać; (*zbiega, przestępcę*) to capture; schwytać kogoś na gorącym uczynku to catch sb red-handed *lub* in the act.

schyl|ać (-am, -asz) (*perf* -ić) *vt*: schylać głowę to bow one's head.

►**schylać się** *vr* to stoop.

scyzory|k (-ka, -ki) (*instr sg* -kiem) *m* penknife.

sean|s (-su, -se) (*loc sg* -sie) *m* (*FILM, TV*) show.

secesj|a (-i) *f* (*książk*) secession; (*SZTUKA*) art nouveau.

secesyjny *adj* (*SZTUKA*) art nouveau *attr*; wojna secesyjna (*HIST*) the Civil War (*1861-65*).

sede|s (-su, -sy) (*loc sg* -sie) *m* (*muszla klozetowa*) toilet bowl; (*deska klozetowa*) toilet seat.

sed|no (-na) (*loc sg* -nie) *nt* (*istota*) essence; sedno sprawy heart of the matter.

segmen|t (-tu, -ty) (*loc sg* -cie) *m* (*element*) segment; (*mebel*) wall unit set.

segregacj|a (-i) *f* segregation.

segregato|r (**-ra**, **-ry**) (*loc sg* **-rze**) *m* (*teczka*) file binder.

segreg|ować (**-uję**, **-ujesz**) (*perf* **po-**) *vt* to file.

sej|f (**-fu**, **-fy**) (*loc sg* **-fie**) *m* safe.

sej|m (**-mu**, **-my**) (*loc sg* **-mie**) *m* the Seym (*lower house of the Polish Parliament*).

sejsmiczny *adj* seismic.

sejsmologiczny *adj* seismological.

sek. *abbr* (= *sekunda*) sec.

sekato|r (**-ra**, **-ry**) (*loc sg* **-rze**) *m* garden shears *pl*.

sekcj|a (**-i**, **-e**) (*gen pl* **-i**) *f* (*dział, oddział*) section; (*też:* **sekcja zwłok**) autopsy, post-mortem.

sekre|t (**-tu**, **-ty**) (*loc sg* **-cie**) *m* secret.

sekretaria|t (**-tu**, **-ty**) (*loc sg* **-cie**) *m* (*zespół ludzi*) secretarial staff, secretariat; (*pomieszczenie*) secretary's office, secretariat.

sekretar|ka (**-ki**, **-ki**) (*dat sg* **-ce**, *gen pl* **-ek**) *f* secretary; **automatyczna sekretarka** answering machine.

sekretarz (**-a**, **-e**) (*gen pl* **-y**) *m* secretary.

sekretarzy|k (**-ka**, **-ki**) (*instr sg* **-kiem**) *m* writing desk.

sek|s (**-su**) (*loc sg* **-sie**) *m* sex.

seksowny *adj* (*pot*) sexy.

sekste|t (**-tu**, **-ty**) (*loc sg* **-cie**) *m* sextet.

seksualny *adj* sexual.

seksuolo|g (**-ga**, **-dzy** *lub* **-gowie**) (*instr sg* **-giem**) *m* sexologist.

sek|ta (**-ty**, **-ty**) (*loc sg* **-cie**) *f* sect.

sekto|r (**-ra**, **-ry**) (*loc sg* **-rze**) *m* sector.

sekun|da (**-dy**, **-dy**) (*dat sg* **-dzie**) *f* second; **sekundę!** (*pot*) just a sec(ond)! (*pot*).

sekundni|k (**-ka**, **-ki**) (*instr sg* **-kiem**) *m* second hand.

Sekwa|na (**-ny**) (*dat sg* **-nie**) *f* the Seine.

sekwencj|a (**-i**, **-e**) (*gen pl* **-i**) *f* sequence.

sekwo|ja (**-i**, **-je**) (*gen pl* **-i**) *f* (*BOT*) sequoia.

seledynowy *adj* celadon (green), willow-green.

selekcj|a (**-i**) *f* selection.

selekcjon|ować (**-uję**, **-ujesz**) (*perf* **wy-**) *vt* to sort, to size.

selektywny *adj* selective.

sele|r (**-ra**, **-ry**) (*loc sg* **-rze**) *m* (*korzeniowy*) celeriac; (*łodygowy*) celery.

semafo|r (**-ra**, **-ry**) (*loc sg* **-rze**) *m* semaphore.

semantyczny *adj* (*JĘZ*) semantic.

semest|r (**-ru**, **-ry**) (*loc sg* **-rze**) *m* semester.

semicki *adj* Semitic.

seminari|um (**-um**, **-a**) (*gen pl* **-ów**) *nt inv in sg* seminar; (*też:* **seminarium duchowne**) seminary.

sen (**snu**, **sny**) (*loc sg* **śnie**) *m* sleep; (*marzenie senne*) dream; **mieć zły sen** to have a bad dream; **we śnie** in one's sleep; **sen zimowy** (*ZOOL*) hibernation.

sena|t (**-tu**, **-ty**) (*loc sg* **-cie**) *m* senate.

senato|r (**-ra**, **-rowie** *lub* **-rzy**) (*loc sg* **-rze**) *m* senator.

senio|r (**-ra**, **-rzy**) (*loc sg* **-rze**) *m* senior.

sennoś|ć (**-ci**) *f* sleepiness, drowsiness.

senny *adj* sleepy, drowsy.

sen|s (**-su**) (*loc sg* **-sie**) *m* (*racjonalność*) point; (*znaczenie*) sense; **bez sensu** pointless; **w pewnym sensie** in a sense; **to nie ma sensu** there's no point in it; **nie ma sensu płakać** there's no point in crying, it *lub* there is no use crying.

sensacj|a (**-i**, **-e**) (*gen pl* **-i**) *f* sensation.

sensacyjny *adj* (*wiadomość, artykuł*) sensational; (*film, powieść*) detective *attr*.

sensowny *adj* sensible, reasonable.
sentencj|a (-i, -e) (*gen pl* -i) *f* maxim,
saying.
sentymen|t (-tu, -ty) (*loc sg* -cie) *m*
fondness.
sentymentalny *adj* sentimental.
separacj|a (-i) *f* (*PRAWO*)
separation; **być/żyć w separacji** to
be separated.
separat|ka (-ki, -ki) (*dat sg* -ce, *gen
pl* -ek) *f* (*MED*) isolation room.
separatystyczny *adj* (*POL*)
separatist.
separ|ować (-uję, -ujesz) (*perf* od-)
vt (*chorych*) to isolate; (*małżonków*)
to separate.
▸**separować się** *vr.* **separować się
(od kogoś/czegoś)** to isolate o.s.
(from sb/sth).
seple|nić (-nię, -nisz) (*imp* -ń) *vi* to
lisp.
se|r (-ra, -ry) (*loc sg* -rze) *m* cheese;
biały ser cottage cheese; **żółty ser**
hard cheese.
Ser|b (-ba, -bowie) (*loc sg* -bie) *m*
Serb.
Serbi|a (-i) *f* Serbia.
serbski *adj* Serb(ian).
serbsko-chorwacki *adj*
Serbo-Croat(ian) ▸ *m decl like adj*
(*język*) Serbo-Croat(ian).
serc|e (-a, -a) *nt* (*nom pl* -a) heart;
bez serca heartless; **całym sercem**
lub **z całego serca** wholeheartedly,
with all one's heart; **z głębi serca**
from the bottom of one's heart;
ktoś nie ma do czego serca sb's
heart is not in sth.
serdecznie *adv* (*witać, dziękować*)
cordially, warmly; (*uśmiać się,
ubawić się*) heartily.
serdeczny *adj* (*przyjaciel*) bosom
attr; (*list*) warm; (*śmiech*) hearty;
serdeczny palec ring finger;
serdeczne pozdrowienia best
greetings.

ser|ek (-ka, -ki) (*instr sg* -kiem) *m*
dimin od **ser** cheese; **serek topiony**
processed cheese; **serek grani**
cottage cheese.
serena|da (-dy, -dy) (*dat sg* -dzie) *f*
serenade.
seri|a (-i, -e) (*gen pl* -i) *f* (*nieszczęść,
wypadków*) series; (*zastrzyków*)
course; (*znaczków*) set; (*rozmów*)
round; (*produktu*) batch; **seria
wystrzałów** a burst of fire.
serial (-u, -e) (*gen pl* -i) *m* series,
serial.
serio *adv* seriously; **mówisz (na)
serio?** are you (being) serious?
serni|k (-ka, -ki) (*instr sg* -kiem) *m*
cheesecake.
serpenty|na (-ny, -ny) (*dat sg* -nie) *f*
(*droga*) hairpin road, switchback;
(*taśma*) streamer.
ser|w (-wu, -wy) (*loc sg* -wie) *m*
(*SPORT*) serve.
serwe|ta (-ty, -ty) (*dat sg* -cie) *f*
tablecloth.
serwet|ka (-ki, -ki) (*dat sg* -ce, *gen pl*
-ek) *f dimin od* **serweta**; (*do ust, rąk*)
napkin; **serwetka papierowa** paper
napkin.
serwi|s (-su, -sy) (*loc sg* -sie) *m*
(*komplet naczyń*) service, set; (*też:*
serwis informacyjny) news bulletin;
(*obsługa*) service; (*TENIS*) serve.
serw|ować (-uję, -ujesz) (*perf* za-) *vt*
to serve; (*dowcipy, wiadomości*) to
tell ▸ *vi* (*SPORT*) to serve.
serwus *inv.* **serwus!** (*pot. cześć!*) hi!
(*pot*), howdy! (*pot: US*).
seryjny *adj* (*numer*) serial;
(*produkcja*) mass *attr*; (*produkt*)
mass-produced.
sesj|a (-i, -e) (*gen pl* -i) *f* session;
(*UNIW: też:* **sesja egzaminacyjna**)
end-of-term examinations *pl*;
(*GIEŁDA*) trading session.
se|t (-ta, -ty) (*loc sg* -cie) *m* set.
sete|r (-ra, -ry) (*loc sg* -rze) *m* setter.

set|ka (-ki, -ki) (*dat sg* -ce, *gen pl* -ek)
f hundred; (*pot: kieliszek alkoholu*)
shot; **setki** (*+gen*) hundreds (of).

setn|a (-ej, -e) f *decl like adj*: **pięć**
setnych five hundredths.

setny *num decl like adj* hundredth.

seza|m (-mu, -my) (*loc sg* -mie) m
sesame.

sezam|ki (-ków) *pl* sesame seed
snaps.

sezo|n (-nu, -ny) (*loc sg* -nie) m
season; **w/po sezonie** in/off season.

sezonowy *adj* seasonal.

sę|dzia (-dziego *lub* -dzi, -dziowie) m
decl like adj lub f *in sg* (*w sądzie*)
judge; (*w konkursie*) juror; (*w piłce
nożnej, boksie, hokeju*) referee; (*w
tenisie, krykiecie*) umpire.

sędzi|ować (-uję, -ujesz) vi (*w
meczu piłki nożnej, hokeja*) to
referee; (*w meczu tenisowym,
krykieta*) to umpire; (*PRAWO*) to
judge.

sędziwy *adj* aged.

sę|k (-ku, -ki) (*instr sg* -kiem) m knot
(*in wood*).

sę|p (-pa, -py) (*loc sg* -pie) m vulture;
(*przen*) predator.

sfałsz|ować (-uję, -ujesz) vb perf od
fałszować.

sfe|ra (-ry, -ry) (*dat sg* -rze) f (*obszar,
strefa*) zone; (*dziedzina, krąg, kula*)
sphere; (*warstwa społeczna*) class.

sfinans|ować (-uję, -ujesz) vb perf
od **finansować**.

sfink|s (-sa, -sy) (*loc sg* -sie) m
sphinx.

sfo|ra (-ry, -ry) (*dat sg* -rze) f pack.

sformułowa|nie (-nia, -nia) (*gen pl*
-ń) nt expression.

sfotograf|ować (-uję, -ujesz) vb perf
od **fotografować**.

sfrustrowany *adj* frustrated.

show-bizne|s (-su) (*loc sg* -sie) m
show business.

siać (**sieję, siejesz**) vt (*rzucać ziarno*)

(*perf* **za-** *lub* **po-**) to sow;
(*przen: szerzyć*) (*perf* **za-**) (*panikę*)
to spread.

siad|ać (-am, -asz) (*perf* **siąść**) vi to
sit (down); **proszę siadać!** please
sit down.

siak *inv*: **tak czy siak** one way or the
other.

sia|no (-na) (*loc sg* -nie) nt hay.

sianokos|y (-ów) *pl* haymaking.

siarcza|n (-nu, -ny) (*loc sg* -nie) m
(*CHEM*) sulphate (*BRIT*) *lub* sulfate
(*US*).

siarczysty *adj* (*mróz*) biting, sharp;
(*policzek*) stinging; (*uderzenie*)
powerful.

siar|ka (-ki) (*dat sg* -ce) f (*CHEM*)
sulphur (*BRIT*) *lub* sulfur (*US*).

siarkowy *adj*: **kwas siarkowy**
sulphuric (*BRIT*) *lub* sulfuric (*US*)
acid.

siat|ka (-ki, -ki) (*dat sg* -ce, *gen pl*
-ek) f (*materiał z plecionki*) mesh,
net; (*ogrodzenie*) (wire) fence;
(*rozmieszczenie, rozkład*) network;
(*SPORT*) net; **siatka na zakupy**
string bag.

siatkarz (-a, -e) (*gen pl* -y) m
volleyball player.

siatkowy *adj*: **piłka siatkowa**
volleyball.

siatków|ka (-ki) (*dat sg* -ce) f (*ANAT*)
(*nom pl* -ki, *gen pl* -ek) retina;
(*SPORT*) volleyball.

sią|ść (-dę, -dziesz) (*imp* -dź) vb perf
od **siadać**.

sid|ła (-eł) *pl* snare; (*przen*) trap.

siebie (*see* **Table 3**) *pron* (*też*: **siebie**
samego) oneself; (*też*: **siebie**
wzajemnie) each other, one another;
przed siebie right *lub* straight
ahead; **być u siebie** (*w domu*) to be
at home; (*w swoim pokoju*) to be in
one's room; **czuj się jak u siebie (w
domu)** make yourself at home;
jesteście o siebie zazdrośni you

are jealous of each other; **mów za siebie!** speak for yourself!; **obok siebie** side by side.

sie|ć (**-ci, -ci**) (*gen pl* **-ci**) *f* (*do połowu ryb*) net; (*pająka*) (cob)web; (*telefoniczna, komputerowa*) network; (*sklepów, restauracji*) chain; (*przen: pułapka*) trap.

siedem (*like:* **pięć**) *num* seven.

siedemdziesiąt (*like:* **dziesięć**) *num* seventy.

siedemdziesiąty *num decl like adj* seventieth; **siedemdziesiąty pierwszy** seventy-first.

siedemnasty *num decl like adj* seventeenth; **jest (godzina) siedemnasta** it's 5 P.M.

siedemnaście (*like:* **jedenaście**) *num* seventeen.

siedemset (*like:* **pięćset**) *num* seven hundred.

siedlis|ko (**-ka, -ka**) (*instr sg* **-kiem**) *nt* (*miejsce zamieszkania*) home; (*przen*) hotbed.

siedmiokrotny *adj* (*wzrost*) sevenfold; (*zwycięzca*) seven-times *attr*.

siedmioletni *adj* (*dziecko, samochód*) seven-year-old; (*plan*) seven-year.

siedmioro (*like:* **czworo**) *num* seven.

siedząco *adv*: **robić coś na siedząco** to do sth sitting down.

siedzący *adj* (*osoba*) sitting; (*praca*) sedentary; (*postawa*) sitting, sedentary; **miejsce siedzące** seat.

siedze|nie (**-nia, -nia**) (*gen pl* **-ń**) *nt* (*miejsce siedzące*) seat; (*pot: pośladki*) bottom.

siedzi|ba (**-by, -by**) (*dat sg* **-bie**) *f* seat, base; **główna siedziba** headquarters *pl*, head office; **firma ma swoją siedzibę w Warszawie** the firm is based *lub* seated in Warsaw.

sie|dzieć (**-dzę, -dzisz**) (*imp* **-dź**) *vi*

(*znajdować się w pozycji siedzącej*) to sit; (*pot: przebywać*) to stay; (*pot: być w więzieniu*) to do time; (*SZKOL: powtarzać rok*) to repeat.

siekacz (**-a, -e**) (*gen pl* **-y**) *m* (*ANAT*) incisor.

siek|ać (**-am, -asz**) (*perf* **po-**) *vt* to chop.

siekie|ra (**-ry, -ry**) (*dat sg* **-rze**) *f* axe (*BRIT*), ax (*US*).

sielan|ka (**-ki, -ki**) (*dat sg* **-ce**, *gen pl* **-ek**) *f* idyll.

sie|mię (**-mienia**) *nt* birdseed; **siemię lniane** flaxseed, linseed.

sienny *adj*: **katar sienny** hay fever.

sie|ń (**-ni, -nie**) (*gen pl* **-ni**) *f* hall, vestibule.

sieroci|niec (**-ńca, -ńce**) *m* orphanage.

siero|ta (**-ty, -ty**) (*dat sg* **-cie**) *f lub m decl like f* orphan.

sier|p (**-pa, -py**) (*loc sg* **-pie**) *m* (*narzędzie*) sickle.

sier|pień (**-pnia, -pnie**) *m* August.

sierś|ć (**-ci**) *f* fur, coat.

sierżan|t (**-ta, -ci**) (*loc sg* **-cie**) *m* sergeant.

sie|w (**-wu, -wy**) (*loc sg* **-wie**) *m* sowing.

siewni|k (**-ka, -ki**) (*instr sg* **-kiem**) *m* (*ROL*) seeder.

---SŁOWO KLUCZOWE---

się (*see* **Table 3**) *pron inv* **1** (*siebie samego*) oneself; **widział/widzieli się w lustrze** he saw himself/they saw themselves in the mirror. **2** (*siebie wzajemnie*) each other, one another; **X i Y znają się dobrze** X and Y know each other very well. **3** (*tworzy stronę zwrotną czasownika*): **położyć się** to lie down; **czesać się** to comb one's hair; **zgubiłem się** I got lost. **4** (*jako odpowiednik strony biernej*): **ta książka sprzedaje się świetnie** this book sells very well. **5**

(*bezosobowo*): **zrobiło się późno** it's got late.

sięg|ać (**-am**, **-asz**) (*perf* **-nąć**) *vt/vi* to reach; **sięgać po coś** to reach (out) for sth; **sięgać do słownika/notatek** to refer to a dictionary/one's notes.

sik|ać (**-am**, **-asz**) (*perf* **-nąć**) *vi* (*pot:* *tryskać*) to squirt; (*pot:* *oddawać mocz*) to piss.

sikor|ka (**-ki**, **-ki**) (*dat sg* **-ce**, *gen pl* **-ek**) *f* (*ZOOL*) tit.

silikon (**-nu**, **-ny**) (*loc sg* **-nie**) *m* silicone.

silnie *adv* (*uderzać*) hard; (*oddziaływać*) strongly; **silnie to przeżyła** she took it badly.

silni|k (**-ka**, **-ki**) (*instr sg* **-kiem**) *m* engine; **silnik elektryczny** electric motor.

silny *adj* strong; (*ból*) intense; (*lekarstwo, okulary*) strong, powerful; (*accent*) strong, thick.

silo|s (**-su**, **-su**) (*loc sg* **-sie**) *m* silo.

si|ła (**-ły**, **-ły**) (*dat sg* **-le**) *f* (*moc*) strength, power; (*intensywność*) intensity, strength; (*FIZ*) force; **siłą** by force; **w sile wieku** in one's prime; **siły** *pl* forces; **siły zbrojne** armed forces; **o własnych siłach** on one's own, unaided; (**nie**) **czuć się na siłach (coś zrobić)** (not) to feel up to doing sth.

siłacz (**-a**, **-e**) (*gen pl* **-y**) *m* strongman.

siłow|nia (**-ni**, **-nie**) (*gen pl* **-ni**) *f* (*SPORT*) body building gym; (*zakład energetyczny*) power plant.

siłowy *adj:* **ćwiczenia siłowe** weight training; **sport siłowy** weight lifting.

Singapu|r (**-ru**) (*loc sg* **-rze**) *m* Singapore.

sin|gel, sin|giel (**-gla**, **-gle**) (*gen pl* **-gli**) *m* (*płyta*) single; (*SPORT*) singles *pl.*

sinia|k (**-ka**, **-ki**) (*instr sg* **-kiem**) *m* bruise; (*pod okiem*) black eye.

sini|eć (**-eję**, **-ejesz**) (*perf* **z-** *lub* **po-**) *vi* to become *lub* turn blue.

sinu|s (**-sa**, **-sy**) (*loc sg* **-sie**) *m* (*MAT*) sine.

siny *adj* blue.

siodeł|ko (**-ka**, **-ka**) (*instr sg* **-kiem**) *nt* saddle.

siodł|ać (**-am**, **-asz**) (*perf* **o-**) *vt* to saddle.

siod|ło (**-ła**, **-ła**) (*loc sg* **-le**, *gen pl* **-eł**) *nt* saddle.

si|ostra (**-ostry**, **-ostry**) (*dat sg* **-ostrze**, *gen pl* **-óstr**) *f* sister; (*też:* **siostra zakonna**) nun, sister; (*pielęgniarka*) nurse; **siostra oddziałowa** ward sister.

siostrzenic|a (**-y**, **-e**) *f* niece.

siostrze|niec (**-ńca**, **-ńcy**) *m* nephew.

siódem|ka (**-ki**, **-ki**) (*dat sg* **-ce**, *gen pl* **-ek**) *f* seven.

siódmy *num decl like adj* seventh; **jest (godzina) siódma** it is seven (o'clock); **na stronie siódmej** on page seven.

sit|ko (**-ka**, **-ka**) (*instr sg* **-kiem**) *nt* *dimin od* **sito**; **sitko do herbaty** tea strainer.

si|to (**-ta**, **-ta**) (*loc sg* **-cie**) *nt* sieve; (*kuchenne*) sieve, strainer.

sitowi|e (**-a**) *nt* bulrush.

siusi|ać (**-am**, **-asz**) *vi* (*pot*) to pee (*pot*).

siusiu *nt inv* (*pot*): **robić (zrobić** *perf*) **siusiu** to pee (*pot*).

siwi|eć (**-eję**, **-ejesz**) (*perf* **o-** *lub* **po-**) *vi* to grey (*BRIT*) *lub* gray (*US*), to turn grey (*BRIT*) *lub* gray (*US*).

siwi|zna (**-zny**) (*dat sg* **-źnie**) *f* grey (*BRIT*) *lub* gray (*US*) hair.

siwy *adj* grey (*BRIT*), gray (*US*).

skafand|er (**-ra**, **-ry**) (*loc sg* **-rze**) *m* (*kurtka*) anorak (*BRIT*), wind breaker (*US*); (*nurka*) diving suit; (*astronauty*) spacesuit.

skaj (-u) *m* artificial leather, leatherette (*BRIT*).

ska|kać (-czę, -czesz) (*perf* skoczyć) *vi* (*wykonywać skok*) to jump; (*podskakiwać*) to skip, to jump up and down; (*o cenach*) to shoot up, to jump.

skakan|ka (-ki, -ki) (*dat sg* -ce, *gen pl* -ek) *f* (*zabawka*) skipping rope (*BRIT*), jump rope (*US*).

skal|a (-i, -e) *f* scale; (*przen: zainteresowań, barw*) range; (*talentu*) breadth; **na małą/wielką skalę** on a small/large scale.

skalecze|nie (-nia, -nia) (*gen pl* -ń) *nt* cut.

skalecz|yć (-ę, -ysz) *vt perf* to cut. ▸**skaleczyć się** *vr perf* to cut o.s.

skalisty *adj* rocky.

skalny *adj* rocky; **ogród skalny** rock-garden, rockery.

skal|p (-pu, -py) (*loc sg* -pie) *m* scalp.

skalpel (-a, -e) (*gen pl* -i *lub* -ów) *m* scalpel.

ska|ła (-ły, -ły) (*dat sg* -le) *f* rock.

skamieniałoś|ć (-ci) *f* fossil.

skamieniały *adj* (*rośliny, zwierzęta*) fossilized; (*przen: ze strachu*) petrified.

skaml|ać, skaml|eć (-am, -asz *lub* -ę, -esz) *vi* (*o psie*) to whine; (*pot*) to whimper.

skandal (-u, -e) (*gen pl* -i *lub* -ów) *m* scandal.

skandaliczny *adj* scandalous.

skand|ować (-uję, -ujesz) *vt* to chant.

Skandyna|w (-wa, -wowie) (*loc sg* -wie) *m* Scandinavian.

Skandynawi|a (-i) *f* Scandinavia.

skandynawski *adj* Scandinavian; **Półwysep Skandynawski** Scandinavian Peninsula.

skane|r (-ra, -ry) (*loc sg* -rze) *m* (*KOMPUT*) scanner.

skanse|n (-nu, -ny) (*loc sg* -nie) *m* heritage park.

skar|b (-bu, -by) (*loc sg* -bie) *m* treasure; **skarb państwa** (*EKON*) the treasury.

skar|biec (-bca, -bce) *m* vault.

skarbni|k (-ka, -cy) (*instr sg* -kiem) *m* treasurer.

skarbon|ka (-ki, -ki) (*dat sg* -ce, *gen pl* -ek) *f* money-box, piggy bank.

skarbowy *adj* (*przepisy*) treasury *attr*; **urząd skarbowy** (*EKON*) ≈ Inland Revenue (*BRIT*), ≈ Internal Revenue Service (*US*).

skar|ga (-gi, -gi) (*dat sg* -dze) *f* complaint.

skarpe|ta (-ty, -ty) (*dat sg* -cie) *f* sock.

skarpet|ka (-ki, -ki) (*dat sg* -ce, *gen pl* -ek) *f* sock.

skarż|yć (-ę, -ysz) *vt*: **skarżyć kogoś (do sądu)** to sue sb ▸ *vi* (*perf* na-): **skarżyć na kogoś** to tell on sb. ▸**skarżyć się** *vr* (*perf* po-) to complain; (*MED*): **skarżyć się na coś** to complain of sth; **skarżyć się na kogoś/coś** to complain about sb/sth.

skarżypy|ta (-ty, -ty) (*dat sg* -cie) *m decl like f in sg* (*pot*) telltale (*pot*).

skau|t (-ta, -ci) (*loc sg* -cie) *m* (boy) scout.

ska|za (-zy, -zy) (*dat sg* -zie) *f* flaw.

skaza|niec (-ńca, -ńcy) *m* (death row) convict.

skazany *adj* (*PRAWO*) convicted; (*przen*): **skazany na porażkę** *lub* **niepowodzenie** doomed to failure ▸ *m decl like adj* (*PRAWO*) convict.

skaz|ywać (-uję, -ujesz) (*perf* -ać) *vt* (*PRAWO*) to sentence; **skazać kogoś na 5 lat więzienia** to sentence sb to 5 years' imprisonment.

skażeni|e (-a) *nt* contamination.

skażony *adj* contaminated.

skąd *pron* where ... from; **skąd jesteś?** where are you from?; **skąd wiesz?** how do you know?

skądinąd *adv*: **wiem skądinąd, że ...** I know from other sources that ...; **człowiek skądinąd znany** a man who isn't unknown.

skądś *pron* from somewhere.

ską|pić (**-pię, -pisz**) (*perf* **po-**) *vt*: **skąpić komuś czegoś** to grudge sb sth; **nie skąpić wysiłków** to spare no pains *lub* trouble.

ską|piec (**-pca, -pcy**) *m* miser.

skąpo *adv* (*oszczędnie*) sparingly; (*ubrany*) scantily.

skąpst|wo (**-wa**) (*loc sg* **-wie**) *nt* miserliness, tight-fistedness.

skąpy *adj* (*człowiek*) stingy, miserly; (*strój, informacje, światło*) scant.

skecz (**-u, -e**) (*gen pl* **-y** *lub* **-ów**) *m* skit.

skier|ować (**-uję, -ujesz**) *vb perf od* **kierować**.

skierowa|nie (**-nia, -nia**) (*gen pl* **-ń**) *nt* (*do lekarza, szpitala*) referral; (*do pracy*) appointment.

ski|n (**-na, -ni** *lub* **-ny**) (*loc sg* **-nie**) *m* skinhead.

ski|nąć (**-nę, -niesz**) (*imp* **-ń**) *vi perf* (*ręką*) to beckon; (*głową*) to nod; **skinąć na kogoś** to beckon sb.

sklej|ać (**-am, -asz**) (*perf* **skleić**) *vt* to glue together.

sklej|ka (**-ki, -ki**) (*dat sg* **-ce**, *gen pl* **-ek**) *f* plywood.

skle|p (**-pu, -py**) (*loc sg* **-pie**) *m* shop (*BRIT*), store (*US*); **sklep spożywczy** grocer's shop, grocery; **sklep mięsny** butcher's shop.

sklepie|nie (**-nia, -nia**) (*gen pl* **-ń**) *nt* (*ARCHIT*) vault.

sklepikarz (**-a, -e**) (*gen pl* **-y**) *m* shopkeeper (*BRIT*), storekeeper (*US*).

sklero|za (**-zy**) (*dat sg* **-zie**) *f* sclerosis.

skła|d (**-du, -dy**) (*loc sg* **-dzie**) *m* (*węgla, złomu*) (*magazyn*) warehouse; (*zbiór składników*) makeup, composition; (*CHEM*) composition; (*DRUK*) typesetting;

(*drużyny*) lineup; (*komisji*) makeup; **wchodzić (wejść** *perf***) w skład czegoś** to be part of sth, to be included in sth.

skład|ać (**-am, -asz**) (*perf* **złożyć**) *vt* (*papier, leżak*) to fold; (*parasol*) to furl; (*silnik, mebel*) to put together, to assemble; (*węgiel, towar*) to store; (*dokumenty*) to turn *lub* hand in; (*ofertę, obietnicę*) to make; (*zażalenie*) to file; (*podziękowanie, kondolencje*) to offer, to express; (*wizytę, hołd*) to pay; **składać jaja** to lay eggs; **składać komuś wizytę** to pay sb a visit; **składać wniosek** to apply.

▸**składać się** *vr* (*o krześle, leżaku*) to fold up; (*pot*: *robić składkę*) to chip in (*pot*); **składać się z czegoś** to be made up of sth, to consist of sth; **dobrze/źle się składa, że ...** it's fortunate/unfortunate that ... .

składa|k (**-ka, -ki**) (*instr sg* **-kiem**) *m* (*rower*) folding *lub* fold-up *lub* collapsible bike; (*kajak*) inflatable canoe.

składan|ka (**-ki, -ki**) (*dat sg* **-ce**, *gen pl* **-ek**) *f* medley.

składany *adj* (*urządzenie, mebel*) folding, fold-up, collapsible; **łóżko składane** foldaway bed.

skład|ka (**-ki, -ki**) (*dat sg* **-ce**, *gen pl* **-ek**) *f* (*członkowska*) fee; (*ubezpieczeniowa*) premium; (*publiczna*) collection.

skład|nia (**-ni**) *f* (*JĘZ*) syntax.

składnic|a (**-y, -e**) *f* (*skład, magazyn*) storehouse; **składnica złomu** scrapyard.

składni|k (**-ka, -ki**) (*instr sg* **-kiem**) *m* (*element*) component, ingredient; (*MAT*) element.

skład|ować (**-uję, -ujesz**) *vt* to store.

składowy *adj* component *attr*.

skła|mać (**-mię, -miesz**) *vb perf od* **kłamać**.

skłani|ać (-am, -asz) (perf **skłonić**)
vt: **skłaniać kogoś do zrobienia
czegoś** to induce lub persuade sb to
do sth.
▶**skłaniać się** vr: **skłaniać się ku
czemuś** lub **do czegoś** to incline lub
lean towards sth.
skło|n (-nu, -ny) (loc sg -**nie**) m
(ćwiczenie) (forward) bend.
skłonnoś|ć (-ci, -ci) (gen pl -ci) f
(podatność) susceptibility;
(zamiłowanie, pociąg) penchant.
skłonny adj: **skłonny do przeziębień**
prone lub susceptible to colds;
skłonny do płaczu given to crying.
skłó|cać (-cam, -casz) (perf -**cić**) vt
to divide.
skne|ra (-ry, -ry) (dat sg -**rze**) f/m
decl like f (pot) skinflint (pot).
skocz|ek (-ka) (instr sg -**kiem**) m
(SPORT) (nom pl -**kowie**) jumper;
(SZACHY) (nom pl -**ki**) knight;
skoczek spadochronowy
parachutist.
skocz|nia (-ni, -nie) (gen pl -**ni**) f
(też: **skocznia narciarska**) ski jump.
skoczny adj (taniec, muzyka) lively.
skocz|yć (-ę, -ysz) vb perf od **skakać**.
skojarze|nie (-nia, -nia) (gen pl -**ń**)
nt association.
sko|k (-ku, -ki) (instr sg -**kiem**) m
jump; **skok w dal/wzwyż** long/high
jump; **skoki narciarskie**
ski-jumping; **skok o tyczce** pole
vault.
skombin|ować (-uję, -ujesz) vt perf
(pot. załatwić) to wangle (pot).
skomplikowany adj complicated.
skompromit|ować (-uję, -ujesz) vb
perf od **kompromitować**.
skoncentrowany adj (sok)
concentrated; (uwaga) concentrated,
focused.
skondensowany adj (zagęszczony)
condensed; **mleko skondensowane**
evaporated milk.

skontakt|ować (-uję, -ujesz) vb perf
od **kontaktować**.
skończony adj (zakończony)
finished; (kompletny) utter, absolute;
(MAT) finite.
skończ|yć (-ę, -ysz) vb perf od
kończyć.
skor|ek (-ka, -ki) (instr sg -**kiem**) m
(ZOOL) earwig.
skoro conj (ponieważ) since, as;
skoro tylko as soon as.
skoroszy|t (-tu, -ty) (loc sg -**cie**) m
file.
skorowidz (-a, -e) m index.
skorpio|n (-na, -ny) (loc sg -**nie**) m
(ZOOL) scorpion; (ASTROLOGIA)
Scorpio.
skorumpowany adj corrupt.
skoru|pa (-py, -py) (dat sg -**pie**) f
(orzecha, ślimaka) shell; **skorupa
ziemska** the earth's crust.
skorupia|k (-ka, -ki) (instr sg -**kiem**)
m (ZOOL) crustacean.
skorup|ka (-ki, -ki) (dat sg -**ce**, gen pl
-**ek**) f shell; **skorupka (od) jajka**
eggshell; **obrać** (perf) **ze skorupki**
to shell.
skory adj: **skory do nauki/pomocy**
willing to learn/help.
sko|s (-su, -sy) (loc sg -**sie**) m
(ukośna powierzchnia) slant; **na** lub
w skos at lub on a slant.
skostniały adj (zdrętwiały) stiff;
(tradycyjny, stały) fossilized.
skośny adj (oczy) slanting; (pasek,
promień) diagonal.
skowron|ek (-ka, -ki) (instr sg -**kiem**)
m lark.
skowycz|eć (-y) (perf za-) vi (o psie)
to yelp.
skó|ra (-ry, -ry) (dat sg -**rze**) f (u
człowieka, zwierząt) skin; (u zwierząt
gruboskórnych) hide; (materiał)
leather; **torba ze skóry** leather bag.
skór|ka (-ki, -ki) (dat sg -**ce**, gen pl
-**ek**) f dimin od **skóra**; (przy

paznokciu) cuticle; (*zadzior przy paznokciu)* hangnail; (*chleba)* crust; (*cytryny, pomarańczy, banana)* peel; (*winogrona, ziemniaka)* skin; (*melona)* rind; (*futerko)* pelt; **gęsia skórka** gooseflesh, goose(-)pimples.

skórzany *adj* leather *attr.*

skrac|ać (**-am, -asz**) (*perf* **skrócić**) *vt* to shorten; (*artykuł, książkę, film*) to shorten, to abridge; (*wyraz*) to abbreviate.

skrad|ać się (**-am, -asz**) *vr* to sneak, to steal.

skraj (**-u, -e**) *m* edge; **na skraju nędzy/przepaści** on the brink of poverty/a precipice.

skrajnoś|ć (**-ci, -ci**) (*gen pl* **-ci**) *f* extremity.

skrajny *adj* extreme.

skrapl|ać (**-am, -asz**) (*perf* **skroplić**) *vt* to condense.

▶**skraplać się** *vr* to condense.

skrawani|e (**-a**) *nt* (*TECH*) machine cutting.

skraw|ek (**-ka, -ki**) (*instr sg* **-kiem**) *m* (*papieru, tkaniny*) scrap; (*nieba, ziemi*) patch.

skreśl|ać (**-am, -asz**) (*perf* **-ić**) *vt* (*usuwać*) to delete, to remove; (*zaznaczać*) to cross out, to strike off.

skrę|cać (**-cam, -casz**) (*perf* **-cić**) *vt* (*linę, sznurek*) to weave, to twine; (*papierosa*) to roll; (*meble*) to screw together ♦ *vi* (*o pojeździe, drodze*) to turn; **skręcać w lewo/ulicę Długą** to turn left/into Długa street; **skręć w drugą w prawo** take the second (turn to the) right.

skrę|cić (**-cę, -cisz**) (*imp* **-ć**) *vb perf od* **skręcać** ♦ *vt perf* (*nogę, ramię*) to sprain.

skrępowany *adj* (*onieśmielony*) ill-at-ease, embarrassed; (*związany*) tied (up).

skrę|t (**-tu, -ty**) (*loc sg* **-cie**) *m* (*ruch*) turn; (*miejsce*) bend, turn.

skro|bać (**-bię, -biesz**) *vt* (*farbę, brud*) (*perf* **ze-**) to scrape off; (*ziemniaki, rybę*) (*perf* **o-**) to scrape; (*drapać*) (*perf* **po-**) to scratch.

skroban|ka (**-ki, -ki**) (*dat sg* **-ce**, *gen pl* **-ek**) *f* (*zabieg*) abortion.

skro|bia (**-bi**) *f* starch.

skr|oić (**-oję, -oisz**) (*imp* **-ój**) *vb perf od* **kroić, skrawać**; (*KRAWIECTWO*) to tailor.

skromnie *adv* modestly.

skromnoś|ć (**-ci**) *f* modesty.

skromny *adj* modest.

skro|ń (**-ni, -nie**) (*gen pl* **-ni**) *f* temple.

skró|t (**-tu, -ty**) (*loc sg* **-cie**) *m* (*JĘZ*) abbreviation; (*przemówienia, artykułu*) summary; (*w powieści, filmie*) cut; (*krótsza droga*) short cut; **w skrócie** in short.

skru|cha (**-chy**) (*dat sg* **-sze**) *f* repentance; **okazywać (okazać** *perf*) **skruchę** to repent.

skrupulatny *adj* meticulous.

skrupuł|y (**-ów**) *pl* scruples *pl*.

skruszony *adj* apologetic.

skrycie *adv* secretly.

skryp|t (**-tu, -ty**) (*loc sg* **-cie**) *m printed series of course lectures.*

skryt|ka (**-ki, -ki**) (*dat sg* **-ce**, *gen pl* **-ek**) *f* (*w biurku, ścianie*) hiding place; (*w samochodzie*) glove compartment; **skrytka pocztowa** post-office box.

skryty *adj* (*człowiek*) secretive; (*uczucia, zamiary*) secret.

skrytyk|ować (**-uję, -ujesz**) *vb perf od* **krytykować**.

skryw|ać (**-am, -asz**) (*perf* **skryć**) *vt* to conceal.

▶**skrywać się** *vr* to hide (away *lub* up).

skrza|t (**-ta, -ty**) (*loc sg* **-cie**) *m* goblin.

skrzecz|eć (**-ę, -ysz**) *vi* to croak.

skrze|k (-ku) (*instr sg* -**kiem**) *m*
(*odgłos*) croak; (*ZOOL*) spawn.

skrzel|e (-a, -a) (*gen pl* -i) *nt* (*ZOOL*)
gill.

skrze|p (-pu, -py) (*loc sg* -**pie**) *m* (*też*:
skrzep krwi) blood clot.

skrzycz|eć (-ę, -ysz) *vt perf* to scold.

skrzydlaty *adj* winged.

skrzyd|ło (-ła, -ła) (*loc sg* -**le**, *gen pl*
-**eł**) *nt* wing; (*wentylatora, śruby*)
blade; (*okna*) sash.

skrzy|nia (-ni, -nie) (*gen pl* -ń) *f*
chest, crate; **skrzynia biegów** (*MOT*)
gearbox.

skrzyn|ka (-ki, -ki) (*dat sg* -**ce**, *gen pl*
-**ek**) *f dimin od* **skrzynia**; (*na rośliny*)
window box; (*obudowa*) case;
skrzynka pocztowa *lub* **na listy** (*na
drzwiach domu*) letter-box (*BRIT*),
mailbox (*US*); **skrzynka pocztowa**
(*na poczcie, ulicy*) post-box (*BRIT*),
mailbox (*US*); **czarna skrzynka**
black box.

skrzypacz|ka (-ki, -ki) (*dat sg* -**ce**,
gen pl -**ek**) *f* violinist.

skrzy|pce (-piec) *pl* violin *sg*.

skrzyp|ek (-ka, -kowie) (*instr sg*
-**kiem**) *m* violinist.

skrzy|pieć (-pi) (*perf* -**pnąć**) *vi* (*o
drzwiach*) to creak; (*o butach*) to
squeak; (*o śniegu*) to crunch.

skrzyw|dzić (-dzę, -dzisz) (*imp* -**dź**)
vb perf od **krzywdzić**.

skrzy|wić (-wię, -wisz) *vb perf od*
krzywić ♦ *vt perf* (*prawdę, słowa*) to
twist; (*rzeczywistość, prawdę*) to
distort.

skrzywieni|e (-a) *nt* (*grymas*) (wry)
face; **skrzywienie kręgosłupa**
curvature of the spine.

skrzyżowa|nie (-nia, -nia) (*gen pl* -ń)
nt intersection.

sku|bać (-bię, -biesz) *vt* (*szarpać*)
(*perf* -**bnąć**) to pluck; (*wyrywać*)
(*perf* **wy-**) to pluck; (*o

zwierzętach: *zrywać i jeść*) (*perf*
-**bnąć**) to nibble.

skunk|s (-sa, -sy) (*loc sg* -**sie**) *m*
skunk.

sku|p (-pu, -py) (*loc sg* -**pie**) *m*
purchase; **skup butelek** bottle
return; **skup makulatury** *paper
recycling*.

sku|piać (-piam, -piasz) (*perf* -**pić**) *vt*
(*gromadzić*) to assemble, to gather;
(*koncentrować*) to concentrate;
skupiać myśli to collect one's
thoughts; **skupiać uwagę na czymś**
to focus one's attention on sth.

▸**skupiać się** *vr* (*gromadzić się*) to
assemble, to gather; (*o życiu,
działalności*) to concentrate; (*o
człowieku*) to concentrate.

skupie|nie (-nia) *nt* concentration.

skupiony *adj* (*człowiek*) focused,
concentrated; (*wyraz twarzy*) intent.

skupis|ko (-ka, -ka) (*instr sg* -**kiem**)
nt cluster.

sku|pować (-puję, -pujesz) (*perf*
-**pić**) *vt* to buy; (*butelki*) to buy
(back).

skurcz (-u, -e) *m* cramp.

skurcz|yć (-ę, -ysz) *vb perf od*
kurczyć.

sku|sić (-szę, -sisz) (*imp* -**ś**) *vt perf*
to tempt.

▸**skusić się** *vr*: **skusić się (na coś)**
to feel *lub* be tempted (to do sth).

skuteczność (-ci) *f* effectiveness,
efficacy.

skuteczny *adj* (*działanie, lekarstwo*)
effective, efficacious; (*broń*)
effective.

skut|ek (-ku, -ki) (*instr sg* -**kiem**) *m*
result, effect; (**aż**) **do skutku** to the
bitter end; **bez skutku** to no effect;
dojść (*perf*) **do skutku** to come into
effect; **na skutek czegoś** as a result
of sth.

skute|r (-ra, -ry) (*loc sg* -**rze**) *m*
scooter.

skutk|ować (**-uje**) (*perf* **po-**) *vi* to be
effective *lub* efficacious, to work.

skwapliwy *adj* eager.

skwa|r (**-ru**) (*loc sg* **-rze**) *m* heat.

skwarny *adj* sweltering.

skwe|r (**-ru**, **-ry**) (*loc sg* **-rze**) *m*
square.

skwiercz|eć (**-y**) *vi* to sizzle.

slaj|d (**-du**, **-dy**) (*loc sg* **-dzie**) *m* slide.

slalo|m (**-mu**, **-my**) (*loc sg* **-mie**) *m*
slalom.

slip|y (**-ów**) *pl* briefs *pl*.

sloga|n (**-nu**, **-ny**) (*loc sg* **-nie**) *m*
slogan.

slums|y (**-ów**) *pl* slums *pl*.

słab|nąć (**-nę**, **-niesz**) (*imp* **-nij**, *perf*
o-) *vi* (*tracić siły*) to weaken, to
grow weaker; (*o zainteresowaniu*) to
diminish, to decline; (*o wietrze,
ruchu*) to die down; (*o bólu,
trudnościach*) to ease off.

słabo *adv* weakly; (*widoczny,
zaludniony*) poorly; (*marnie*) poorly;
słabo mi I feel faint.

słaboś|ć (**-ci**) *f* weakness; (*wada*)
(*nom pl* **-ci**, *gen pl* **-ci**) weakness;
mieć słabość do +*gen* to have a
weakness for.

słaby *adj* weak; (*uczeń, zdrowie*)
poor.

słać[1] (**ślę, ślesz**) (*imp* **ślij**, *perf* **po-**
lub **wy-**) *vt* (*książk*) to send.

słać[2] (**ścielę, ścielisz**) (*perf* **po-** *lub*
za-) *vt*: **słać łóżko** to make the bed.

słani|ać się (**-am**, **-asz**) *vr* (*też*:
słaniać się na nogach) to stagger.

sła|wa (**-wy**) (*dat sg* **-wie**) *f* (*rozgłos*)
fame; (*reputacja*) reputation;
światowej sławy muzyk a
world-famous musician.

sławny *adj* famous.

słodki *adj* sweet; **słodka woda** fresh
water.

słodkowodny *adj* fresh-water *attr*.

słodycz (**-y**) *f* sweetness; **słodycze** *pl*
sweets *pl* (*BRIT*), candy (*US*).

sł|odzić (**-odzę, -odzisz**) (*imp* **-ódź**
lub **-odź**, *perf* **o-** *lub* **po-**) *vt* to
sweeten; **czy słodzisz herbatę?** do
you take sugar in your tea?

słoi|k (**-ka**, **-ki**) (*instr sg* **-kiem**) *m* jar.

sło|ma (**-my**) (*dat sg* **-mie**) *f* straw.

słomiany *adj* straw *attr*; **słomiany
zapał** *lub* **ogień** (*przen*) a flash in
the pan; **słomiany wdowiec** (*przen*)
grass widower.

słom|ka (**-ki**, **-ki**) (*dat sg* **-ce**, *gen pl*
-ek) *f* straw.

słonecznie *adv*: **jest słonecznie** it is
sunny.

słoneczni|k (**-ka**, **-ki**) (*instr sg* **-kiem**)
m sunflower.

słoneczny *adj* (*dzień, pokój*) sunny;
(*energia*) solar; **światło słoneczne**
sunlight; **porażenie słoneczne**
sunstroke; **zegar słoneczny** sundial;
okulary słoneczne sunglasses *pl*;
Układ Słoneczny solar system.

słoni|na (**-ny**) (*dat sg* **-nie**) *f* pork fat.

słoniowy *adj*: **kość słoniowa** ivory.

słony *adj* (*potrawa*) salty; (*woda*) salt
attr; (*przen: cena*) steep.

sło|ń (**-nia**, **-nie**) (*gen pl* **-ni**) *m*
(*ZOOL*) elephant.

słońc|e (**-a**) *nt* (*ASTRON*) (*nom pl* **-a**)
sun; (*światło słoneczne*) sun(light),
sunshine; **w** *lub* **na słońcu** in the
sun *lub* sunshine.

Słowacj|a (**-i**) *f* Slovakia.

słowacki *adj* Slovak(ian) ♦ *m decl*
like adj (*język*) Slovak.

Słowacz|ka (**-ki**, **-ki**) (*dat sg* **-ce**, *gen
pl* **-ek**) *f* Slovak.

Słowa|k (**-ka**, **-cy**) (*instr sg* **-kiem**) *m*
Slovak.

Słoweni|a (**-i**) *f* Slovenia.

Słowe|niec (**-ńca**, **-ńcy**) *m* Slovene,
Slovenian.

słoweński *adj* Slovene, Slovenian.

Słowia|nin (**-nina**, **-nie**) (*loc sg*
-ninie, *gen pl* **-n**) *m* Slav.

Słowian|ka (-ki, -ki) (*dat sg* -ce, *gen pl* -ek) *f* Slav.

słowiański *adj* (*rasa, kultura*) Slavic; (*język*) Slavonic.

słowi|k (-ka, -ki) (*instr sg* -kiem) *m* nightingale.

słownict|wo (-wa) (*loc sg* -wie) *nt* vocabulary.

słownicz|ek (-ka, -ki) (*instr sg* -kiem) *m* glossary.

słownie *adv*: **napisać** *perf* **sumę słownie** to write the amount in words.

słowni|k (-ka, -ki) (*instr sg* -kiem) *m* (*książka*) dictionary.

słowny *adj* (*wyjaśnienie*) verbal; (*człowiek*) dependable, reliable; **słowny człowiek** a man of his word.

sł|owo (-owa, -owa) (*loc sg* -owie, *gen pl* -ów) *nt* word; **słowem** in a word; **innymi słowy** in other words; **słowo w słowo** word for word; **słowo honoru!** my word of honour (*BRIT*) *lub* honor (*US*)!; **dawać** (**dać** *perf*) (**komuś**) **słowo** to give (sb) one's word; **brak mi słów** I'm lost for words; **dotrzymywać** (**dotrzymać** *perf*) **słowa** to keep one's word; **słowa** *pl* (*tekst piosenki*) lyrics *pl*.

sł|ój (-oja, -oje) (*gen pl* -ojów *lub* -oi) *m* (*naczynie*) jar; (*w drewnie*) ring.

słów|ko (-ka, -ka) (*instr sg* -kiem) *nt dimin od* **słowo**; **słówka** *pl* (*SZKOL*) vocabulary.

słuch (-u) *m* (*zmysł*) hearing; (*muzyczny*) (an) ear for music; **słuchy** *pl*: **chodzą słuchy, że ...** rumour (*BRIT*) *lub* rumor (*US*) has it that ... .

słuchacz (-a, -e) (*gen pl* -y) *m* (*radiowy*) listener; (*uczestnik studium*) student; (*uczestnik kursu*) (course) participant.

słuch|ać (-am, -asz) *vt* +*gen* to listen to; (*być posłusznym*) (*perf* **u-** *lub*

po-) to obey ♦ *vi* to obey; **słuchać radia** to listen to the radio; **słuchać muzyki** to listen to music; **słucham?** (*halo?*) hallo?, hello?; (*nie dosłyszałem*) sorry?, pardon?; **słuchaj!** look (here)!; **nie słuchać** (**posłuchać** *perf*) to disobey.

słuchaw|ka (-ki, -ki) (*dat sg* -ce, *gen pl* -ek) *f* (*telefoniczna*) receiver; (*do radia*) earphone; **słuchawki** *pl* (*na uszy*) headphones *pl*, earphones *pl*.

słuchowis|ko (-ka, -ka) (*instr sg* -kiem) *nt* radio drama.

słuchowy *adj* auditory *attr*; **aparat słuchowy** hearing aid.

słu|ga (-gi, -dzy) (*dat sg* -dze) *m decl like f* (*książk*) servant.

słu|p (-pa, -py) (*loc sg* -pie) *m* (*telefoniczny*) pole; (*wysokiego napięcia*) pylon; (*latarni*) post; (*dymu, ognia*) column.

słup|ek (-ka, -ki) (*instr sg* -kiem) *m* (*mały słup*) post; (*blokujący wjazd*) bollard; (*SPORT*: *bramki*) (goal)post.

słupkowy *adj*: **wykres słupkowy** bar chart.

słusznie *adv* (*sprawiedliwie*) rightly; **słusznie!** (that's) right!

słusznoś|ć (-ci) *f* (*uzasadnienie*) legitimacy; **mieć słuszność** to be right; **nie mieć słuszności** to be wrong.

słuszny *adj* (*rozumowanie, pogląd*) correct; (*pretensje*) legitimate; (*wyrok*) justified.

służalczy *adj* (*pej*) servile.

służąc|a (-ej, -e) *f decl like adj* servant, maid.

służąc|y (-ego, -y) *m decl like adj* servant.

służ|ba (-by, -by) (*dat sg* -bie) *f* service; (*obowiązki, dyżur*) duty; (*służący*) servants *pl*; **służba zdrowia/wojskowa** health/military service.

służbowo *adv* on business.

służbowy adj (*wyjazd*) business attr; (*stopień, tajemnica*) official; **samochód służbowy** company car.

służ|yć (-ę, -ysz) vi to serve; (*o psie*) to beg; (*o odzieży, sprzęcie*) to be useful; **służyć (komuś) radą/pomocą** to offer one's advice/help (to sb); **służyć do czegoś** to be designed for sth; **czym mogę (Panu/Pani) służyć?** can I help you (, Sir/Madam)?; **do czego to służy?** what's this for?

słychać vi inv: **słychać było muzykę** music could be heard; **słychać, że ...** there's news that ...; **nic nie słychać** I can't hear a thing; **co słychać?** how are things? (*BRIT*), what's up? (*US*).

sły|nąć (-nę, -niesz) (*imp* -ń) vi: **słynąć (z czegoś)** to be famous (for sth).

słynny adj famous.

słyszalny adj audible.

słysz|eć (-ę, -ysz) vt (*perf* u-) (*głos, hałas*) to hear ♦ vi (*mieć słuch*) to hear; **słyszysz mnie?** can you hear me?; **nigdy nie słyszałam o tym filmie** I've never heard of that film.

słyszeni|e (-a) nt: **znać kogoś/coś ze słyszenia** to have heard of sb/sth.

smaczny adj (*obiad, zupa*) tasty; **smacznego!** bon appétit!; (*kelner do gościa*) enjoy your meal!

smagły adj swarthy.

sma|k (-ku) (*instr sg* -kiem) m taste; (*potrawy*) (*nom pl* -ki) taste, flavour (*BRIT*), flavor (*US*); **bez smaku** tasteless.

smakoły|k (-ku, -ki) (*instr sg* -kiem) m delicacy.

smakosz (-a, -e) (*gen pl* -y lub -ów) m gourmet.

smak|ować (-uję, -ujesz) vt (*próbować*) (*perf* po-) to taste ♦ vi: **smakować świetnie** to taste

excellent; **to mi nie smakuje** I don't like it.

smal|ec (-cu) m lard.

sma|r (-ru, -ry) (*loc sg* -rze) m (*TECH*) grease, lubricant.

smarkacz (-a, -e) (*gen pl* -y lub -ów) m (*pot. pej*) snotnose (*pot*).

smark|ać (-am, -asz) (*perf* -nąć) vi (*pot*) to blow one's nose.

smar|ować (-uję, -ujesz) vt (*chleb masłem*) (*perf* po-) to butter; (*zawiasy*) (*perf* na-) to grease, to lubricate.

smażal|nia (-ni, -nie) (*gen pl* -ni) f fried food stand.

smażony adj fried.

smaż|yć (-ę, -ysz) (*perf* u-) vt to fry.

smecz (-u, -e) (*gen pl* -ów) m (*SPORT*) smash.

smocz|ek (-ka, -ki) (*instr sg* -kiem) m dummy (*BRIT*), pacifier (*US*), comforter (*US*); (*na butelkę*) teat.

smo|g (-gu, -gi) (*instr sg* -giem) m smog.

smo|k (-ka, -ki) (*instr sg* -kiem) m dragon.

smokin|g (-gu, -gi) (*instr sg* -giem) m dinner jacket (*BRIT*), tuxedo (*US*).

sm|oła (-oły, -oły) (*dat sg* -ole, *gen pl* -ół) f tar.

smro|dzić (-dzę, -dzisz) (*imp* -dź) vi to give off a stench.

smr|ód (-odu, -ody) (*loc sg* -odzie) m stench, stink.

smu|cić (-cę, -cisz) (*imp* -ć, *perf* za-) vt to sadden.

▶**smucić się** vr to be sad.

smu|ga (-gi, -gi) (*dat sg* -dze) f (*samolotu, dymu*) trail.

smukły adj slender.

smut|ek (-ku, -ki) (*instr sg* -kiem) m sadness, sorrow.

smutni|eć (-eję, -ejesz) (*pt* -ał, -eli, *perf* po-) vi to grow sad.

smutno adv (*patrzeć, kiwać głową*)

sadly, sorrowfully; **smutno mi** I feel sad.

smutny *adj* sad.

smycz (-y, -e) (*gen pl* -y) *f* lead, leash.

smycz|ek (-ka, -ki) (*instr sg* -kiem) *m* (*MUZ*) bow; **smyczki** *pl* (*w orkiestrze*) strings *pl*.

smyczkowy *adj*: **kwartet smyczkowy** string quartet; **instrumenty smyczkowe** stringed instruments.

snajpe|r (-ra, -rzy) (*loc sg* -rze) *m* sniper.

sno|b (-ba, -bi *lub* -by) (*loc sg* -bie) *m* snob.

snobiz|m (-mu) (*loc sg* -mie) *m* snobbery.

sno|p (-pa, -py) (*loc sg* -pie) *m* (*żyta*) sheaf; (*światła*) beam.

snu *itp. n patrz* **sen**.

sobą (*see* **Table 3**) *pron* (*sobą samym*) oneself; (*sobą wzajemnie*) each other, one another; **być sobą** to be oneself; **chodzili ze sobą przez trzy lata** they went out for 3 years; **mamy ze sobą coś wspólnego** we have sth in common; **mieszkać ze sobą** to live together.

sob|ek (-ka, -ki) (*instr sg* -kiem) *m* egoist.

sobie (*see* **Table 3**) *pron* (*sobie samemu*) oneself; (*sobie nawzajem*) each other, one another; **idź sobie!** go away!; **ręce przy sobie!** hands off!; **czego Pan sobie życzy?** what would you like, sir?; **mieć coś na sobie** to wear sth, to have sth on; **mówić o sobie** to talk about oneself; **tak sobie** (*pot*) so-so (*pot*).

sob|ota (-oty, -oty) (*dat sg* -ocie, *gen pl* -ót) *f* Saturday.

sobowtó|r (-ra, -ry) (*loc sg* -rze) *m* double, look-alike.

sob|ór (-oru, -ory) (*loc sg* -orze) *m* (*REL: zgromadzenie*) council;

(: *cerkiew*) cathedral (*in the Orthodox Church*).

socjaldemokracj|a (-i, -e) (*gen pl* -i) *f* (*POL*) social democratic party.

socjaldemokra|ta (-ty, -ci) (*dat sg* -cie) *m decl like f in sg* social democrat.

socjali|sta (-sty, -ści) (*dat sg* -ście) *m decl like f in sg* socialist.

socjalistyczny *adj* socialist.

socjaliz|m (-mu) (*loc sg* -mie) *m* socialism.

socjalny *adj* social.

socjolo|g (-ga, -gowie *lub* -dzy) (*instr sg* -giem) *m* sociologist.

socjologi|a (-i) *f* sociology.

soczew|ka (-ki, -ki) (*dat sg* -ce, *gen pl* -ek) *f* lens; **soczewki kontaktowe** contact lenses.

soczysty *adj* (*owoc, dowcip*) juicy; (*barwa*) rich.

so|da (-dy) (*dat sg* -dzie) *f* soda.

sodowy *adj*: **woda sodowa** soda (water).

so|fa (-fy, -fy) (*dat sg* -fie) *f* sofa, couch.

Sofi|a (-i) *f* Sofia.

so|ja (-i) *f* soya bean (*BRIT*), soybean (*US*).

sojowy *adj*: **sos sojowy** soya (*BRIT*) *lub* soy (*US*) sauce; **olej sojowy** soya (*BRIT*) *lub* soybean (*US*) oil.

sojusz (-u, -e) *m* alliance.

sojuszni|k (-ka, -cy) (*instr sg* -kiem) *m* ally.

so|k (-ku, -ki) (*instr sg* -kiem) *m* (*owocowy, warzywny*) juice; (*roślinny*) sap.

sokowirów|ka (-ki, -ki) (*dat sg* -ce, *gen pl* -ek) *f* juice extractor (*BRIT*), juicer (*US*).

sok|ół (-oła, -oły) (*loc sg* -ole) *m* falcon.

solari|um (-um, -a) (*gen pl* -ów) *nt inv in sg* solarium.

solenizan|t (-ta, -ci) (*loc sg* -cie) *m*

person celebrating his birthday or nameday.

soli *itp. n patrz* **sól.**

solić (**solę, solisz**) (*imp* **sól,** *perf* **o-** *lub* **po-**) *vt* (*podczas gotowania, konserwowania*) to salt, to add salt to; (*potrawę na talerzu, kanapkę*) to put salt on.

solidarnoś|ć (**-ci**) *f* solidarity.

solidarny *adj* solid.

solidaryz|ować się (**-uję, -ujesz**) *vr imp:* **solidaryzować się z kimś** to be on sb's side, to sympathize with sb.

solidny *adj* (*firma, człowiek*) solid, reliable; (*budowla*) solid, sturdy; (*podstawy*) solid; (*wiedza*) deep, thorough; (*posiłek, porcja*) substantial.

soli|sta (**-sty, -ści**) (*dat sg* **-ście**) *m decl like f in sg* soloist.

solnicz|ka (**-ki, -ki**) (*dat sg* **-ce,** *gen pl* **-ek**) *f* salt cellar, saltshaker (*US*).

solny *adj* (*roztwór, złoża*) saline; **kwas solny** hydrochloric acid; **zalewa solna** brine.

sol|o (**-a, -a**) *nt lub inv* (*utwór*) solo ♦ *adv* solo.

solony *adj* (*orzeszki, masło*) salted.

solowy *adj* solo *attr.*

solów|ka (**-ki, -ki**) (*dat sg* **-ce,** *gen pl* **-ek**) *f* (*pot: występ*) solo.

sołty|s (**-sa, -si**) (*loc sg* **-sie**) *m elected chair of a village council.*

Somali|a (**-i**) *f* Somalia.

somalijski *adj* Somali.

sona|ta (**-ty, -ty**) (*dat sg* **-cie**) *f* sonata.

son|da (**-dy, -dy**) (*dat sg* **-dzie**) *f* (*TECH, MED*) probe; (*sondaż*) (opinion) poll; **sonda kosmiczna** space probe.

sondaż (**-u, -e**) (*gen pl* **-y**) *m* (opinion) poll.

sond|ować (**-uję, -ujesz**) (*perf* **wy-**) *vt* to probe; (*przen*) to probe, to sound out.

sone|t (**-tu, -ty**) (*loc sg* **-cie**) *m* sonnet.

sop|el (**-la, -le**) (*gen pl* **-li**) *m* icicle.

sopra|n (**-nu, -ny**) (*loc sg* **-nie**) *m* soprano.

sort|ować (**-uję, -ujesz**) (*perf* **po-**) *vt* to sort.

SOS *nt inv* SOS (call), mayday, distress signal.

so|s (**-su, -sy**) (*loc sg* **-sie**) *m* sauce; (*mięsny*) gravy; (*do sałatek*) dressing.

sosjer|ka (**-ki, -ki**) (*dat sg* **-ce,** *gen pl* **-ek**) *f* gravy boat.

so|sna (**-sny, -sny**) (*dat sg* **-śnie,** *gen pl* **-sen**) *f* pine.

so|wa (**-wy, -wy**) (*loc sg* **-wie,** *gen pl* **sów**) *f* owl.

sód (**sodu**) (*loc sg* **sodzie**) *m* sodium.

sój|ka (**-ki, -ki**) (*dat sg* **-ce,** *gen pl* **-ek**) *f* jay.

sól (**soli**) *f* salt; **sól kamienna/kuchenna** rock/table salt; **sole** *pl* (*CHEM*) salts *pl*; **sole mineralne** mineral salts.

space|r (**-ru, -ry**) (*loc sg* **-rze**) *m* walk, stroll; **iść (pójść** *perf*) **na spacer** to go for a walk *lub* stroll, to take a walk *lub* stroll.

spacer|ować (**-uję, -ujesz**) *vi* to stroll.

spacerów|ka (**-ki, -ki**) (*dat sg* **-ce,** *gen pl* **-ek**) *f* pushchair (*BRIT*), stroller (*US*).

spacj|a (**-i, -e**) (*gen pl* **-i**) *f* (*DRUK*) space.

spać (**śpię, śpisz**) (*imp* **śpij**) *vi* to sleep; **ona śpi/nie śpi** she's asleep/awake; **iść (pójść** *perf*) **spać** to go to bed; **chce mi się spać** I am *lub* feel sleepy; **spać z kimś** to sleep with sb.

spad|ać (**-am, -asz**) *vi* (*perf* **spaść**) (*o przedmiocie, człowieku*) to fall (down); (*o cenach, temperaturze*) to fall, to drop; **spadaj!** (*pot!*) get lost! (*pot!*).

spad|ek (**-ku, -ki**) (*instr sg* **-kiem**) *m* (*temperatury, cen*) fall, drop;

(*terenu*) slope; (*gospodarczy*) decline; (*PRAWO*) inheritance, legacy.

spadkobierc|a (**-y, -y**) *m decl like f in sg* heir.

spadkobierczy|ni (**-ni, -nie**) (*gen pl* **-ń**) *f* heiress.

spadochro|n (**-nu, -ny**) (*loc sg* **-nie**) *m* parachute.

spadochroniarz (**-a, -e**) (*gen pl* **-y**) *m* parachutist.

spadzisty *adj* (*dach, zbocze*) steep.

spaghetti *nt inv* spaghetti.

spaj|ać (**-am, -asz**) (*perf* **spoić**) *vt* to join.

spak|ować (**-uję, -ujesz**) *vb perf od* **pakować**.

spal|ać (**-am, -asz**) (*perf* **-ić**) *vt* to burn.

▸**spalać się** *vr* (*płonąć*) to burn.

spalani|e (**-a**) *nt* (*TECH*) combustion.

spaleni|zna (**-zny, -zny**) (*dat sg* **-źnie**) *f*: **czuję spaleniznę** I can smell something burning.

spal|ić (**-ę, -isz**) *vb perf od* **palić, spalać** ◆ *vt perf* (*skórę, pieczeń*) to burn; (*bezpiecznik*) to blow; (*silnik, żarówkę*) to burn (out).

spalinowy *adj*: **silnik spalinowy** internal combustion engine; **lokomotywa spalinowa** diesel locomotive.

spali|ny (**-n**) *pl* (exhaust) fumes *pl*.

spalony *adj* burnt ◆ *m decl like adj* (*też*: **pozycja spalona**) offside.

spaniel (**-a, -e**) (*gen pl* **-i**) *m* spaniel.

sparaliż|ować (**-uję, -ujesz**) *vb perf od* **paraliżować**.

spawacz (**-a, -e**) (*gen pl* **-y**) *m* welder.

spaw|ać (**-am, -asz**) (*perf* **ze-**) *vt* to weld.

specjali|sta (**-sty, -ści**) (*dat sg* **-ście**) *m decl like f in sg* (*znawca*) expert, specialist; (*lekarz*) specialist.

specjalistyczny *adj* (*sprzęt,*

badanie) specialist; (*doradztwo*) expert, specialist.

specjalizacj|a (**-i, -e**) (*gen pl* **-i**) *f* specialization.

specjaliz|ować się (**-uję, -ujesz**) (*perf* **wy-**) *vr*: **specjalizować się w czymś** to specialize in sth.

specjalnie *adv* specially.

specjalnoś|ć (**-ci, -ci**) (*gen pl* **-ci**) *f* specialty, speciality (*BRIT*).

specjalny *adj* special; **nic specjalnego** nothing special.

specja|ł (**-łu, -ły**) (*loc sg* **-le**) *m* delicacy.

specyficzny *adj* (*zapach, smak*) peculiar; **specyficzny dla czegoś** specific *lub* peculiar to sth.

specyfi|k (**-ku, -ki**) (*instr sg* **-kiem**) *m* patent medicine.

specyfi|ka (**-ki**) (*dat sg* **-ce**) *f* specificity, peculiarity.

spedycj|a (**-i**) *f* forwarding, shipping.

spedyto|r (**-ra, -rzy**) (*loc sg* **-rze**) *m* forwarder, shipper.

spektakl (**-u, -e**) (*gen pl* **-i**) *m* (*TEATR*) performance.

spektakularny *adj* spectacular.

spekulacj|a (**-i, -e**) (*gen pl* **-i**) *f* (*myślenie*) speculation; (*nieuczciwe przedsięwzięcie*) speculation, profiteering.

spekulan|t (**-ta, -ci**) (*loc sg* **-cie**) *m* speculator, profiteer.

spekul|ować (**-uję, -ujesz**) *vi* (*uprawiać spekulację*) to speculate, to profiteer; **spekulować (na temat czegoś)** to speculate (about sth).

spełni|ać (**-niam, -niasz**) (*perf* **-nić**) *vt* (*obowiązek*) to fulfil (*BRIT*), to fulfill (*US*); (*prośbę, polecenie*) to carry out; (*wymagania*) to meet; (*oczekiwania*) to live *lub* come up to.

▸**spełniać się** *vr* to come true.

sper|ma (**-my**) (*loc sg* **-mie**) *f* sperm.

spesz|yć (**-ę, -ysz**) *vb perf od* **peszyć**.

spędz|ać (**-am, -asz**) (*perf* **-ić**) *vt*

(*czas, wakacje*) to spend; (*owce, ludzi*) to round up; **spędziliśmy trzy godziny na rozmowie** we spent three hours talking.

spiąć (**zepnę, zepniesz**) (*imp* **zepnij**) *vb perf od* **spinać**.

spiczasty *adj* pointed.

spienięż|ać (**-am, -asz**) (*perf* **-yć**) *vt* to cash in.

spier|ać się (**-am, -asz**) *vr*. **spierać się (o coś)** to argue (about sth).

spiesz|yć (**-ę, -ysz**) *vi* = **śpieszyć**.

spięty *adj* (*pot*: **zdenerwowany**) uptight (*pot*).

spike|r (**-ra, -rzy**) (*loc sg* **-rze**) *m* announcer.

spinacz (**-a, -e**) (*gen pl* **-y**) *m* paper clip.

spin|ać (**-am, -asz**) (*perf* **spiąć**) *vt* (*kartki*) to clip; (*włosy*) to pin.

spin|ka (**-ki, -ki**) (*dat sg* **-ce**, *gen pl* **-ek**) *f* pin; **spinka do krawata** tie pin; **spinka do mankietu** cuff link; **spinka do włosów** (*wsuwka*) hairpin; (*ozdoba*) hair clip.

spiral|a (**-i, -e**) *f* spiral.

spiralny *adj* spiral.

spirytu|s (**-su, -sy**) (*loc sg* **-sie**) *m* spirit.

spi|s (**-su, -sy**) (*loc sg* **-sie**) *m* list; **spis treści** (table of) contents; **spis ludności** census; **spis potraw** menu.

spis|ek (**-ku, -ki**) (*instr sg* **-kiem**) *m* conspiracy, plot.

spisk|ować (**-uję, -ujesz**) *vi* to conspire, to plot.

spis|ywać (**-uję, -ujesz**) (*perf* **-ać**) *vt* (*sporządzać wykaz*) to make a list of; (*umowę, protokół*) to draw up.

▸**spisywać się** *vr*: **dobrze/źle się spisywać** (*o człowieku*) to do well/badly; (*o samochodzie*) to run well/badly.

spity *adj* (*pot*) soaked (*pot*).

spiżar|nia (**-ni, -nie**) (*gen pl* **-ni**) *f* pantry.

splat|ać (**-am, -asz**) (*perf* **spleść**) *vt* to plait (*BRIT*), to braid (*US*).

▸**splatać się** *vr* to intertwine.

spleśniały *adj* mouldy (*BRIT*), moldy (*US*).

splo|t (**-tu, -ty**) (*loc sg* **-cie**) *m* (*liny*) coil; (*gałęzi, korzeni*) tangle; (*przen*: *wydarzeń*) series.

splu|wać (**-wam, -wasz**) (*perf* **-nąć**) *vi* to spit.

spła|cać (**-cam, -casz**) (*perf* **-cić**) *vt* to pay off.

spłaszcz|ać (**-am, -asz**) (*perf* **-yć**) *vt* to flatten.

spła|ta (**-ty, -ty**) (*dat sg* **-cie**) *f* repayment.

spławi|ać (**-am, -asz**) (*perf* **-ć**) *vt* (*człowieka*: *pot*) to get rid of.

spławi|k (**-ka, -ki**) (*instr sg* **-kiem**) *m* float.

spłoszony *adj* frightened.

spłucz|ka (**-ki, -ki**) (*dat sg* **-ce**, *gen pl* **-ek**) *f* (toilet) cistern.

spłu|kiwać (**-kuję, -kujesz**) (*perf* **-kać**) *vt* to rinse off.

spły|cać (**-cam, -casz**) (*perf* **-cić**) *vt* (*upraszczać*) to (over)simplify.

spły|w (**-wu, -wy**) (*loc sg* **-wie**) *m* (*tratwą*) (white-water) rafting; (*też*: **spływ kajakowy**) canoeing trip.

spły|wać (**-wam, -wasz**) (*perf* **-nąć**) *vi* (*o wodzie, kroplach*) to flow (down); (*o łodzi, barce*) to float; **spływaj!** (*pot*) beat it! (*pot*).

spocony *adj* sweaty.

spocz|ąć (**-nę, -niesz**) (*imp* **-nij**) *vb perf od* **spoczywać**; **spocznij!** (*WOJSK*) at ease!; **proszę spocząć!** take *lub* have a seat, please!

spoczyn|ek (**-ku**) (*instr sg* **-kiem**) *m* (*odpoczynek, brak ruchu*) rest; (*sen*) sleep.

spoczyw|ać (**-am, -asz**) (*perf* **spocząć**) *vi* (*książk*: **siedzieć**) to sit; (*leżeć*) to lie; (*o przedmiocie*) to sit; (*o wzroku*) to fall.

spod prep +gen from under; **spod Warszawy** from somewhere around Warsaw; **spod czyjejś opieki** from under sb's care; **być spod znaku Skorpiona** to be Scorpio.

spod|ek (-ka, -ki) (instr sg -kiem) m saucer.

spoden|ki (-ek) pl dimin od **spodnie**; (też: **krótkie spodenki**) shorts pl.

spodni adj: **spodnia warstwa** bottom layer.

spod|nie (-ni) pl trousers pl (BRIT), pants pl (US).

spodziew|ać się (-am, -asz) vr. **spodziewać się kogoś/czegoś** to be expecting sb/sth.

spogląd|ać (-am, -asz) (perf **spojrzeć**) vi to look.

spojów|ka (-ki, -ki) (dat sg -ce, gen pl -ek) f. **zapalenie spojówek** conjunctivitis.

spojrz|eć (-ę, -ysz) (imp **spójrz** lub **spojrzyj**) vb perf od **spoglądać**.

spojrze|nie (-nia, -nia) (gen pl -ń) nt look, glance.

spokojnie adv (z opanowaniem) calmly; (powoli) slowly; (w spokoju) quietly; (bez pośpiechu) at leisure; (bez problemów) smoothly.

spokojny adj (człowiek, morze) calm; (charakter) placid; (kolor) sober; **być spokojnym o kogoś/coś** to be confident of sb/sth.

spok|ój (-oju) m (stan psychiczny) calmness; (cisza) calm, quiet; (pokój) peace; **daj spokój!** come off it! (pot); **dać** (perf) **komuś spokój, zostawić** (perf) **kogoś w spokoju** to leave sb alone; **proszę o spokój!** quiet, please!, order!

spokrewniony adj related.

społeczeńst|wo (-wa, -wa) (loc sg -wie) nt society; **społeczeństwo polskie** (ogół Polaków) the Polish people; (struktura) Polish society.

społeczność (-ci, -ci) (gen pl -ci) f community.

społeczny adj: **klasa/drabina/opieka społeczna** social class/ladder/welfare; **dobro/poparcie społeczne** public good/support; **pochodzenie społeczne** social background; **ubezpieczenie społeczne** national insurance (BRIT), social security (US); **praca społeczna** community service.

spomiędzy prep +gen from among.

sponad prep +gen from above.

sponso|r (-ra, -rzy) (loc sg -rze) m sponsor.

sponsor|ować (-uję, -ujesz) vt to sponsor.

spontaniczność (-ci) f spontaneity.

spontaniczny adj spontaneous.

sporadyczny adj sporadic.

sporo adv a good lub great deal.

spor|t (-tu, -ty) (loc sg -cie) m sport(s pl); **uprawiać sport** to practice (BRIT) lub practise (US) sports.

sporto|wiec (-wca, -wcy) m athlete.

sportowy adj (klub, samochód, marynarka) sports attr; (zachowanie) sporting attr.

spory adj substantial.

sporzą|dzać (-dzam, -dzasz) (perf -dzić) vt (testament, umowę) to draw up.

sposobność (-ci) f opportunity.

spos|ób (-obu, -oby) (loc sg -obie) m (metoda) way, manner; (środek) means; **w ten sposób** in this way; **sposób bycia** manners.

spostrzeg|ać (-am, -asz) (perf **spostrzec**) vt (zauważać) to notice; (zdawać sobie sprawę) to become aware of; **spostrzegła, że była sama** she realized (that) she was alone.

spostrzegawczy adj perceptive, observant.

spostrzeże|nie (-nia, -nia) (*gen pl* -ń) *nt* (*uwaga*) observation; (*akt psychiczny*) perception.

sposród *prep* +*gen* from among.

spotka|nie (-nia, -nia) (*gen pl* -ń) *nt* meeting; (*zawody sportowe*) meet(ing).

spotyk|ać (-am, -asz) (*perf* **spotkać**) *vt* (*natykać się*) to come across; (*poznawać*) to meet; (*zdarzać się*) to happen to.

►**spotykać się** *vr* to meet.

spoufal|ać się (-am, -asz) (*perf* -**ić**) *vr*: **spoufalać się z kimś** to take liberties with sb.

spowiad|ać (-am, -asz) (*perf* **wy-**) *vt*: **spowiadać kogoś** to hear sb's confession.

►**spowiadać się** *vr* to confess.

spowie|dź (-dzi, -dzi) (*gen pl* -**dzi**) *f* confession.

spoza *prep* +*gen* (*zza*) from behind; (*z innego środowiska*) (from) outside.

spożyci|e (-a) *nt* (*alkoholu, paliwa*) consumption; (*witamin, tłuszczów*) intake.

spożyw|ać (-am, -asz) (*perf* **spożyć**) *vt* (*książk*) to consume.

spożywczy *adj*: **przemysł spożywczy** food industry; **sklep spożywczy** grocer's (shop) (*BRIT*), grocery (store) (*US*); **artykuły spożywcze** groceries.

sp|ód (-odu, -ody) (*loc sg* -**odzie**) *m* (*dno*) bottom; (*spodnia strona*) underside.

spódnic|a (-y, -e) *f* skirt.

spódnicz|ka (-ki, -ki) (*dat sg* -**ce**, *gen pl* -**ek**) *f dimin od* **spódnica**.

spójni|k (-ka, -ki) (*instr sg* -**kiem**) *m* (*JĘZ*) conjunction.

spójnoś|ć (-ci) *f* (*teorii*) cohesion.

spójny *adj* (*teoria*) coherent.

spółdzielczy *adj* cooperative.

spółdziel|nia (-ni, -nie) (*gen pl* -ni) *f* cooperative; **spółdzielnia mieszkaniowa** ≈ housing association.

spółgłos|ka (-ki, -ki) (*dat sg* -**ce**, *gen pl* -**ek**) *f* consonant.

spół|ka (-ki, -ki) (*dat sg* -**ce**, *gen pl* -**ek**) *f* company; **spółka akcyjna** joint-stock company; **spółka z ograniczoną odpowiedzialnością** (*EKON*) limited (liability) company; **spółka cywilna** civil partnership.

sp|ór (-oru, -ory) (*loc sg* -**orze**) *m* dispute; (*PRAWO*) litigation.

spóź|niać się (-niam, -niasz) (*perf* -**nić**) *vr* (*o osobie, pociągu*) to be late; (*o zegarze*) to be late *lub* slow; (*odbywać się z opóźnieniem*) to be (running) late; **spóźnić się na pociąg** to miss one's train.

spóźnie|nie (-nia, -nia) (*gen pl* -ń) *nt* (*niepunktualność*) lateness; (*zaległość*) delay; **pociąg ma spóźnienie** the train is delayed *lub* late.

spóźniony *adj* (*pociąg, wiosna*) late; (*przesyłka, samolot*) delayed; (*życzenia*) belated.

spragniony *adj* thirsty.

spra|wa (-wy, -wy) (*dat sg* -**wie**) *f* (*wydarzenie*) matter, affair; (*interes*) business; (*PRAWO*) case; **(to) nie twoja sprawa** it's none of your business; **zdawać (zdać** *perf***) sobie sprawę z czegoś** to be (become) aware of sth.

sprawc|a (-y, -y) *m decl like f in sg* perpetrator.

spraw|dzać (-dzam, -dzasz) (*perf* -**dzić**) *vt* (*zabezpieczenia, paszport*) to check; (*wyraz w słowniku*) to look up.

►**sprawdzać się** *vr* (*spełniać się*) to come true; (*okazywać się przydatnym*) to turn out to be useful.

sprawdzia|n (-nu, -ny) (*loc sg* -**nie**) *m* (*SZKOL*) test (*BRIT*), quiz (*US*); (*miernik*) test.

spra|wiać (-wiam, -wiasz) (*perf* -wić)
vt (*ból*) to inflict; (*niespodziankę*) to
give; (*kłopot*) to cause; **sprawić, że
coś się stanie** to make sth happen.
sprawiedliwie *adv* fairly, justly.
sprawiedliwoś|ć (-ci) *f* fairness,
justice; (*sądownictwo*) (system of)
justice.
sprawiedliwy *adj* fair, just.
sprawnoś|ć (-ci, -ci) (*gen pl* -ci) *f*
(*kondycja fizyczna*) fitness;
(*zręczność*) dexterity; (*sprawne
działanie*) efficiency.
sprawny *adj* (*zdolny do działania*) fit;
(*zręczny*) adroit; (*dobrze
działający. człowiek*) efficient;
(: *maszyna, urządzenie*) in working
order.
spraw|ować (-uję, -ujesz) vt (*urząd*)
to hold; (*władzę*) to wield.
▸**sprawować się** vr to behave.
sprawowani|e (-a) nt (*urzędu*)
holding; (*władzy*) wielding; (*SZKOL*)
conduct.
sprawozda|nie (-nia, -nia) (*gen pl*
-ń) nt report; **sprawozdanie roczne**
annual report; **sprawozdanie
telewizyjne/radiowe** television/radio
coverage.
sprawozdawc|a (-y, -y) m *decl like f
in sg*: **sprawozdawca
radiowy/telewizyjny** radio/television
commentator.
spray (-u, -e) (*gen pl* -ów) m spray.
spręż|ać (-am, -asz) (*perf* -yć) vt to
compress.
▸**sprężać się** vr (*zwierać się w
sobie*) to brace o.s.; (*TECH*) to be
compressed.
sprężony *adj* (*powietrze*) compressed.
spręży|na (-ny, -ny) (*dat sg* -nie) *f*
spring.
sprężyn|ować (-uje) vi to spring
back.
sprężysty *adj* springy, resilient.
sprin|t (-tu, -ty) (*loc sg* -cie) m sprint.

sprost|ać (-am, -asz) vi *perf*:
sprostać czemuś to be up to sth;
sprostać komuś to match sb.
sprostowa|nie (-nia, -nia) (*gen pl* -ń)
nt correction.
sprośny *adj* bawdy.
sprowa|dzać (-dzam, -dzasz) (*perf*
-dzić) vt (*lekarza, pomoc*) to get;
(*towary*) to import; (*cierpienie, głód*)
to bring; (*pomagać zejść w dół*)
to take down; **sprowadzać coś do
czegoś** to reduce sth to sth.
▸**sprowadzać się** vr (*o ludziach*) to
move in; **sprowadzać się do
czegoś** to boil down *lub* amount to
sth.
sprób|ować (-uję, -ujesz) vb *perf od*
próbować.
spróchniały *adj* rotten.
spryskiwacz (-a, -e) (*gen pl* -y) m (*w
ogrodzie*) sprinkler, spray(er); (*MOT*)
windscreen (*BRIT*) *lub* windshield
(*US*) washer.
sprys|kiwać (-kuję, -kujesz) (*perf*
-kać) vt (*włosy, bieliznę*) to sprinkle.
spry|t (-tu) (*loc sg* -cie) m shrewdness.
sprytny *adj* (*człowiek*) shrewd;
(*mechanizm, rozwiązanie*) clever.
sprzącz|ka (-ki, -ki) (*dat sg* -ce, *gen
pl* -ek) *f* buckle.
sprzątacz|ka (-ki, -ki) (*dat sg* -ce,
gen pl -ek) *f* cleaning lady, charlady.
sprząt|ać (-am, -asz) (*perf* -nąć) vt
(*mieszkanie, ulice*) to clean; (*książki*)
to clear ▸ vi to clean.
sprzątani|e (-a) nt cleaning.
sprząt|nąć (-nę, -niesz) (*imp* -nij) vb
perf od **sprzątać**; (*pot. zabrać*) to
snatch; (*pot. zabić*) to knock off
(*pot.*).
sprzeci|w (-wu, -wy) (*loc sg* -wie) m
(*opór*) opposition.
sprzeci|wiać się (-wiam, -wiasz)
(*perf* -wić) vr: **sprzeciwiać się
komuś/czemuś** (*przeciwstawiać się*)
to oppose sb/sth; **sprzeciwiać się**

czemuś (*wyrażać sprzeciw*) to object to sth.

sprzecz|ać się (-am, -asz) (*perf* po-) *vr* to argue.

sprzecz|ka (-ki, -ki) (*dat sg* -ce, *gen pl* -ek) *f* argument.

sprzeczność (-ci, -ci) (*gen pl* -ci) *f* contradiction.

sprzeczny *adj* (*uczucia*) conflicting; (*opinie, interesy*) contradictory; **to jest sprzeczne z prawem** it's illegal *lub* against the law.

sprzed *prep* +gen (*domu, sklepu*) from in front of; **budynki sprzed wojny** prewar buildings; **gazeta sprzed tygodnia** a week-old newspaper.

sprzed|ać (-am, -asz) *vb perf od* sprzedawać.

sprzedany *adj* sold.

sprzed|awać (-aję, -ajesz) (*imp* -awaj, *perf* -ać) *vt* to sell ♦ *vi* to sell.
▸**sprzedawać się** *vr* (*o towarze*) to sell; (*o człowieku*) to sell out.

sprzedawc|a (-y, -y) *m decl like f in sg* salesman, shop *lub* sales assistant (*BRIT*), salesclerk (*US*).

sprzedawczy|ni (-ni, -nie) (*gen pl* -ń) *f* saleswoman, shop *lub* sales assistant (*BRIT*), salesclerk (*US*).

sprzedaż (-y) *f* sale; **na sprzedaż** for sale.

sprzęg|ło (-ła, -ła) (*loc sg* -gle, *gen pl* -gieł) *nt* clutch.

sprzę|t (-tu) (*loc sg* -cie) *m* (*zestaw przedmiotów*) equipment; (*mebel*) (*nom pl* -ty) piece of furniture; **sprzęt sportowy** sports equipment; **sprzęt elektroniczny** home electronics.

sprzęże|nie (-nia, -nia) (*gen pl* -ń) *nt* coupling; **sprzężenie zwrotne** feedback.

sprzyj|ać (-am, -asz) *vi*: **sprzyjać komuś** (*być przychylnym*) to favour (*BRIT*) *lub* favor (*US*) sb;

(*dopisywać*) to be favourable (*BRIT*) *lub* favorable (*US*) to sb; **sprzyjać czemuś** to be conducive to sth.

sprzyjający *adj* favourable (*BRIT*), favorable (*US*).

sprzykrz|yć się (-ę, -ysz) *vr perf*: **sprzykrzyło mi się ...** I am tired of ... .

sprzymierze|niec (-ńca, -ńcy) *m* ally.

sprzymierzony *adj* allied.

spuchnięty *adj* swollen.

spu|st (-stu, -sty) (*loc sg* -ście) *m* (*rewolweru*) trigger; **spust migawki** (*FOT*) shutter release.

spustosze|nie (-nia, -nia) (*gen pl* -ń) *nt* devastation.

spuszcz|ać (-am, -asz) (*perf* spuścić) *vt* (*opuszczać*) to lower; (*odprowadzać: wodę, powietrze*) to let out; **spuszczać cenę** to bring down the price; **spuszczać psa ze smyczy** to unleash a dog; **spuszczać wodę** (*w toalecie*) to flush the toilet.
▸**spuszczać się** *vr* (*opuszczać się*) to come down.

spychacz (-a, -e) (*gen pl* -y) *m* bulldozer.

spych|ać (-am, -asz) (*perf* zepchnąć) *vt* to push aside; (*zmuszać do wycofania się*) to drive back.

spyt|ać (-am, -asz) *vb perf od* pytać.

sp. z o.o. *abbr* (= spółka z ograniczoną odpowiedzialnością) Ltd.

srebrny *adj* silver.

sreb|ro (-ra, -ra) (*loc sg* -rze, *gen pl* -er) *nt* silver.

srogi *adj* (*władca*) stern; (*mróz*) severe.

sro|ka (-ki, -ki) (*dat sg* -ce) *f* magpie.

ssać (ssę, ssiesz) (*imp* ssij) *vt* to suck (on).

ssa|k (-ka, -ki) (*instr sg* -kiem) *m* mammal.

ssani|e (-a) *nt* (*MOT*) choke; (*zasysanie*) suction.

stabilizacj|a (-i) *f* stabilization.

stabiliz|ować (-uję, -ujesz) (*perf* u-) *vt* to stabilize.

▸**stabilizować się** *vr* to stabilize.

stabilny *adj* stable.

stacj|a (-i, -e) (*gen pl* -i) *f* station; **stacja kolejowa/autobusowa** railway (*BRIT*) *lub* railroad (*US*)/bus station; **stacja telewizyjna/radiowa** TV/radio station; **stacja benzynowa** filling station, petrol (*BRIT*) *lub* gas (*US*) station; **stacja obsługi** service station; **stacja dysków** (*KOMPUT*) disk drive.

stacyj|ka (-ki, -ki) (*dat sg* -ce, *gen pl* -ek) *f dimin od* **stacja**; (*pot. MOT*) ignition.

stacz|ać (-am, -asz) (*perf* **stoczyć**) *vt* (*kamień, bryłę*) to roll down; (*walkę, pojedynek*) to fight.

▸**staczać się** *vr* to roll down, to tumble (down); (*przen*) to go downhill.

st|ać (-oję, -oisz) (*imp* -ój, *perf* -anąć) *vi* to stand; (*o fabryce*) to be at a standstill; **stój!** halt!; **mój zegarek stoi** my watch has stopped; **stać w kolejce** to queue (up) (*BRIT*), to line up (*US*); **nie stać mnie na to** I can't afford it.

stadio|n (-nu, -ny) (*loc sg* -nie) *m* stadium.

stadi|um (-um, -a) (*gen pl* -ów) *nt inv in sg* stage.

sta|do (-da, -da) (*loc sg* -dzie) *nt* (*bydła*) herd; (*wilków*) pack; (*ptaków*) flock.

stagnacj|a (-i) *f* stagnation.

staj|nia (-ni, -nie) (*gen pl* -ni) *f* stable.

stal (-i) *f* steel; **stal nierdzewna** stainless steel.

stale *adv* constantly.

stalowy *adj* (*ze stali*) steel; (*w*

kolorze stali) steely; **mieć stalowe nerwy** to have nerves of steel.

stałoś|ć (-ci) *f* (*uczuć, charakteru*) constancy; (*zatrudnienia, dochodów*) permanence.

stały *adj* (*ciało, stan skupienia*) solid; (*mieszkaniec, praca, pobyt*) permanent; (*klient*) regular; (*komisja*) standing; (*wysokość, uczucie, charakter*) constant; (*cena*) fixed; (*postęp*) steady; **na stałe** permanently; **prąd stały** direct current.

stamtąd *adv* from (over) there.

sta|n (-nu) (*loc sg* -nie) *m* (*położenie*) state; (*kondycja*) (*nom pl* -ny) condition; (*część państwa*) (*nom pl* -ny) state; **w dobrym/złym stanie** in good/poor condition; **stan konta** balance (of account); **stan cywilny** marital status; **stan wojenny** martial law; **być w stanie coś zrobić** to be capable of doing sth.

sta|nąć (-nę, -niesz) (*imp* -ń) *vb perf od* **stać, stawać**; (*o pomniku, budynku*) to be erected.

standar|d (-du, -dy) (*loc sg* -dzie) *m* standard.

standardowy *adj* standard.

stani|k (-ka, -ki) (*instr sg* -kiem) *m* bra.

stanowczo *adv* firmly.

stanowczy *adj* firm.

stan|owić (-owię, -owisz) (*imp* -ów) *vt* (*całość*) to make up; (*problem*) to pose, to present; (*naruszenie praw, wyjątek*) to constitute; **stanowić przykład czegoś** to exemplify sth; **stanowić o czymś** to determine sth.

stanowis|ko (-ka, -ka) (*instr sg* -kiem) *nt* (*posada*) position, post; (*miejsce*) position; (*na dworcu autobusowym*) bay; (*pogląd*) stance, standpoint; **stać na stanowisku, że ...** to take the position *lub* view that ... .

Stany Zjednoczone (Ameryki)
(*Stanów Zjednoczonych*) *pl* the
United States (of America).

stapi|ać (**-am, -asz**) (*perf* **stopić**) *vt*
(*rozpuszczać*) to melt; (*łączyć*) to
fuse.

▶**stapiać się** *vr* (*rozpuszczać się*) to
melt; (*łączyć się*) to fuse.

star|ać się (**-am, -asz**) (*perf* **po-**) *vr*
to try; **staram się o pracę** I'm
looking for a job.

stara|nia (**-ń**) *pl* efforts *pl*.

starannie *adv* carefully.

staranność (**-ci**) *f* care.

staranny *adj* careful.

star|cie (**-cia, -cia**) (*gen pl* **-ć**) *nt*
(*bitwa*) clash, scuffle; (*kłótnia*)
squabble.

starcz|ać (**-a**) (*perf* **-yć**) *vi* to be
enough; (*do końca miesiąca, na
długo*) to last; **starczy!** that's
enough!, that'll do!

starczy *adj* senile.

staro|cie (**-ci**) *pl* (*antyki*) antiques *pl*;
(*graty*) (old) junk.

starodawny *adj* antique.

staromodny *adj* old-fashioned.

starość (**-ci**) *f* (*człowieka*) old age;
(*budynku*) age.

staroświecki *adj* (*człowiek, poglądy*)
old-fashioned, antiquated; (*dom,
ubranie*) old-fashioned.

starożytność (**-ci**) *f* antiquity.

starożytny *adj* ancient.

starszy *adj comp od* **stary**; **starszy
brat** elder *lub* older brother.

star|t (**-tu, -ty**) (*loc sg* **-cie**) *m*
(*początek działalności, biegu*) start;
(*samolotu*) take-off; (*rakiety*) launch,
lift-off; **start!** go!

start|ować (**-uję, -ujesz**) (*perf* **wy-**) *vi*
to start; (*rozpoczynać lot*) to take off.

startowy *adj* (*stanowisko*) take-off
attr, **pas startowy** runway.

starusz|ek (**-ka, -kowie**) (*instr sg*
-kiem) *m* old man.

starusz|ka (**-ki, -ki**) (*dat sg* **-ce**, *gen pl*
-ek) *f* old lady.

stary *adj* old; (*chleb itp.*) stale ♦ *m*
(*pot: decl like adj: kolega*) old boy
(*pot*); (*szef*) boss; (*ojciec*) old man
(*pot*).

sta|rzec (**-rca, -rcy**) *m* old man; **dom
starców** old people's home; **dom
spokojnej starości** nursing *lub* rest
home.

starz|eć się (**-eję, -ejesz**) *vr* (*perf*
ze-) (*o człowieku*) to age; (*o tytoniu,
żywności*) to go stale; (*przen: o
dziele, teorii*) to become stale.

stateczny *adj* (*człowiek, zachowanie*)
staid, sedate; (*łódź, samolot*) stable.

stat|ek (**-ku, -ki**) (*instr sg* **-kiem**) *m*
(*ŻEGL*) ship; **statek
handlowy/pasażerski**
merchant/passenger ship; **statek
kosmiczny** spaceship.

statuet|ka (**-ki, -ki**) (*dat sg* **-ce**, *gen pl*
-ek) *f* statuette.

statu|s (**-su**) (*loc sg* **-sie**) *m* status.

statu|t (**-tu, -ty**) (*loc sg* **-cie**) *m*
(*organizacji*) charter; (*też*: **statut
spółki**) statute(s *pl*) *lub* articles *pl* of
association.

statyczny *adj* static.

staty|sta (**-sty, -ści**) (*dat sg* **-ście**) *m*
decl like f in sg (*FILM*) extra.

statystyczny *adj* (*badanie, tabela*)
statistical; (*Polak, czytelnik*) average.

statysty|ka (**-ki, -ki**) (*dat sg* **-ce**) *f*
(*nauka*) statistics; (*dane*) statistics *pl*.

staty|w (**-wu, -wy**) (*loc sg* **-wie**) *m*
tripod.

sta|w (**-wu, -wy**) (*loc sg* **-wie**) *m*
(*zbiornik wodny*) pond; (*ANAT*) joint.

sta|wać (**-ję, -jesz**) (*imp* **-waj**, *perf*
-nąć) *vi* (*wstawać*) to stand up; (*być
ustawianym pionowo*) to stand;
(*zatrzymywać się, przestawać
funkcjonować*) to stop; **stawać
rzędem/szeregiem** *lub* **w
rzędzie/szeregu** to stand in a

line/row; **stawać do wyborów (prezydenckich)** to run (for president).

sta|wać się (-ję, -jesz) (*imp* -**waj**, *perf* **stać**) *vr* (*przed przymiotnikiem*) to get, to grow, to become; (*przed rzeczownikiem, zaimkiem*): **stawać się kimś/czymś** to become sb/sth; (*zdarzać się*) to happen; **co się stało?** what happened?

stawi|ać (-am, -asz) (*perf* **postawić**) *vt* (*umieszczać*) to put, to place; (*budowlę*) to put up; (*kołnierz*) to raise; (*pytanie*) to ask; (*diagnozę, wniosek*) to make; (*dawać jako stawkę*) to bet, to wager; (*fundować*) to stand, to buy ♦ *vi*: **stawiać na kogoś/coś** to place a bet on sb/sth; (*przen*) to back sb/sth.

stawi|ać się (-am, -asz) *vr* (*zgłaszać się*) (*perf* **stawić się**) to report; (*pot. przeciwstawiać się*) (*perf* **postawić się**) to put one's foot down.

sta|wić (-wię, -wisz) *vt perf*: **stawić czoło komuś/czemuś** to face (up to) sb/sth.

staw|ka (-ki, -ki) (*dat sg* -**ce**, *gen pl* -**ek**) *f* (*podstawa płatności*) rate; (*w grze, rozgrywce*) stake.

staż (-u) *m* (*praktyka*) training; **staż pracy** (job) seniority.

staży|sta (-sty, -ści) (*dat sg* -**ście**) *m decl like f in sg* trainee; **lekarz stażysta** houseman (*BRIT*), intern (*US*).

stąd *adv* (*z tego miejsca*) from here; (*z tego powodu*) hence; **niedaleko stąd** not far from here, near here; **to daleko stąd** it's far from here, it's a long way off *lub* away; **nie jestem stąd** I'm a stranger here.

stąp|ać (-am, -asz) (*perf* -**nąć**) *vi* to tread.

stchórz|yć (-ę, -ysz) *vb perf od* **tchórzyć**.

ste|k (-ku) (*instr sg* -**kiem**) *m* (*KULIN*) (*nom pl* -**ki**) steak; **stek wyzwisk** a hail of abuse.

stelaż (-a *lub* -u, -e) (*gen pl* -**y**) *m* (*rama*) frame.

stemp|el (-la, -le) (*gen pl* -**li**) *m* stamp; **stempel pocztowy** postmark.

stempl|ować (-uję, -ujesz) (*perf* **o-** *lub* **pod-**) *vt* to stamp.

stenogra|f (-fa, -fowie) (*loc sg* -**fie**) *m* shorthand typist (*BRIT*), stenographer (*US*).

stenografi|a (-i) *f* shorthand (*BRIT*), stenography (*US*).

ste|p (-pu, -py) (*loc sg* -**pie**) *m* steppe.

step|ować (-uję, -ujesz) *vi* to tap-dance.

ste|r (-ru, -ry) (*loc sg* -**rze**) *m* (*ŻEGL, LOT*) rudder; (*przen: kierowanie*) helm.

stercz|eć (-ę, -ysz) *vi* (*wystawać*) to jut *lub* stick out, to protrude; (*pot. tkwić w jednym miejscu*) to hang around (*pot*).

stereo *nt inv* (*efekt*) stereo ♦ *adj inv* stereo *attr*.

stereofoniczny *adj* stereo(phonic).

stereoty|p (-pu, -py) (*loc sg* -**pie**) *m* stereotype.

stereotypowy *adj* stereotypical, stereotyped.

sterni|k (-ka, -cy) (*instr sg* -**kiem**) *m* (*ŻEGL*) helmsman; (*SPORT*) cox(swain).

ster|ować (-uję, -ujesz) *vt +instr* (*statkiem*) to steer; (*mechanizmem*) to control.

sterowani|e (-a) *nt*: **zdalne sterowanie** remote control.

sterowy *adj*: **koło sterowe** steering wheel; **drążek sterowy** joystick.

ster|ta (-ty, -ty) (*dat sg* -**cie**) *f* (*książek, ubrań*) heap, pile.

steryliz|ować (-uję, -ujesz) (*perf* **wy-**) *vt* to sterilize.

sterylny *adj* sterile.

stewar|d (-da, -dzi *lub* -dowie) (*loc sg* -dzie) *m* (*ŻEGL*) steward; (*LOT*) flight attendant.

stewardes|sa (-sy, -sy) (*dat sg* -sie) *f* (*LOT*) flight attendant; (*ŻEGL*) stewardess.

stęchły *adj* musty.

stęk|ać (-am, -asz) (*perf* -nąć) *vi* (*wzdychać, jęczeć*) to groan, to moan; (*pot: narzekać*) to moan (*pot*), to bellyache (*pot*).

stę|piać (-piam, -piasz) (*perf* -pić) *vt* to blunt.

►**stępiać się** *vr* to become blunt.

stęsk|nić się (-nię, -nisz) (*imp* -nij) *vr perf*: **stęskniłam się za Markiem/domem** I miss Mark/home.

stęże|nie (-nia, -nia) (*gen pl* -ń) *nt* (*CHEM*) concentration.

stężony *adj* concentrated.

stłu|c (-kę, -czesz) *vb perf od* **tłuc**.

stłucze|nie (-nia, -nia) (*gen pl* -ń) *nt* bruise.

stłucz|ka (-ki, -ki) (*dat sg* -ce, *gen pl* -ek) *f* (*wypadek*) bump, fender bender (*US: pot*).

stłumiony *adj* (*odgłos itp.*) muted, muffled.

sto (*like*: **dwadzieścia**) *num* hundred; **sto dwadzieścia** a hundred and twenty; **sto osób/stu mężczyzn** a hundred people/men; „**sto lat!**" (*życzenie*) "many happy returns (of the day)"; (*piosenka: urodzinowa*) ≈ "Happy Birthday"; (: *śpiewana przy różnych okazjach*) ≈ "For He's a Jolly Good Fellow".

stocz|nia (-ni, -nie) (*gen pl* -ni) *f* shipyard.

stoczniowy *adj*: **przemysł stoczniowy** shipbuilding (industry).

stod|oła (-oły, -oły) (*dat sg* -ole, *gen pl* -ół) *f* barn.

stois|ko (-ka, -ka) (*instr sg* -kiem) *nt* (*w sklepie*) department; (*stragan*) stall, stand.

stoja|k (-ka, -ki) (*instr sg* -kiem) *m* (*na ubrania, parasole, do mikrofonu*) stand; (*na rowery, buty*) rack.

stojąco *adv*: **na stojąco** standing up.

stojący *adj*: **lampa stojąca** standard lamp (*BRIT*), floor lamp (*US*); **miejsca stojące** standing room; **dom wolno stojący** detached house.

stoję *itp. vb patrz* **stać**.

sto|k (-ku, -ki) (*instr sg* -kiem) *m* slope.

stokrot|ka (-ki, -ki) (*dat sg* -ce, *gen pl* -ek) *f* daisy.

stolarst|wo (-wa) (*loc sg* -wie) *nt* carpentry; (*artystyczne*) cabinet-making.

stolarz (-a, -e) (*gen pl* -y) *m* carpenter; (*artystyczny*) cabinet-maker.

stolic|a (-y, -e) *f* capital.

stoli|k (-ka, -ki) (*instr sg* -kiem) *m* (small) table; (*w restauracji*) table.

stołeczny *adj* (*miasto*) capital *attr*; (*urząd*) central.

stoł|ek (-ka, -ki) (*instr sg* -kiem) *m* (*mebel*) stool; (*pot: stanowisko*) berth (*pot*).

stołowy *adj* (*woda, wino, tenis*) table *attr*; **zastawa/łyżka stołowa** tableware/tablespoon; **pokój stołowy** dining room.

stołów|ka (-ki, -ki) (*dat sg* -ce, *gen pl* -ek) *f* canteen.

stomatolo|g (-ga, -dzy *lub* -gowie) (*instr sg* -giem) *m* (*MED*) dental surgeon, dentist.

stomatologi|a (-i) *f* (*MED*) dentistry.

stomatologiczny *adj*: **gabinet stomatologiczny** dentist's (surgery); **leczenie stomatologiczne** dental treatment.

ston|ka (-ki, -ki) (*dat sg* -ce, *gen pl* -ek) *f* (*też*: **stonka ziemniaczana**) Colorado *lub* potato beetle.

ston|oga (-ogi, -ogi) (*dat sg* -odze, *gen pl* -óg) *f* wood louse, centipede.

sto|p¹ (-pu, -py) (*loc sg* -pie) *m*
(*metalı*) alloy.

stop² *excl*: stop! (*stój!*) hold it!, stop!

st|opa (-opy, -opy) (*dat sg* -opie, *gen
pl* -óp) *f* foot; **od stóp do głów**
from head to foot; **stopa życiowa**
standard of living, living standard;
stopa procentowa/inflacji
interest/inflation rate.

stope|r (-ra, -ry) (*loc sg* -rze) *m*
(*zegarek*) stopwatch.

sto|pień (-pnia, -pnie) (*gen pl* -pni)
m (*schodów*) stair, step; (*w
hierarchii*) rank; (*ocena*) mark
(*BRIT*), grade (*US*); (*jednostka miary*)
degree; (*poziom, intensywność*)
degree, extent; **stopień naukowy**
(university) degree; **stopień
wojskowy** military rank; **20 stopni
Celsjusza** 20 degrees centigrade *lub*
Celsius; **w pewnym stopniu** *lub* **do
pewnego stopnia** to some degree
lub extent; **„uwaga stopień!"** "mind
the step".

stopni|eć (-eje) (*pt* -ał) *vb perf od*
topnieć.

stopniowani|e (-a) *nt* (*JĘZ*)
comparison; (*zwiększanie*) gradual
increase; (*gradacja*) gradation.

stopniowo *adv* gradually.

stopniowy *adj* gradual.

storczy|k (-ka, -ki) (*instr sg* -kiem) *m*
orchid.

sto|s (-su, -sy) (*loc sg* -sie) *m*
(*śmieci, ubrań*) heap, pile; (*talerzy,
książek*) stack; (*ofiarny*) pyre.

stos|ować (-uję, -ujesz) (*perf* za-) *vt*
(*metody, przepisy, siłę*) to apply;
(*leki*) to administer.

▸**stosować się** *vr*: stosować się do
+*gen* (*mieć zastosowanie*) to apply
to; (*przestrzegać*) to comply with.

stosowany *adj* applied.

stosownie *adv* (*odpowiednio*)
appropriately, suitably; (*przyzwoicie*)

properly; **stosownie do czegoś** in
accordance with sth.

stosowny *adj* appropriate, suitable;
uważać *lub* **uznać za stosowne coś
zrobić** to see *lub* think fit to do sth.

stosun|ek (-ku, -ki) (*instr sg* -kiem)
m (*zależność*) relation, relationship;
(*traktowanie*) attitude; (*liczbowy*)
ratio; (*też*: **stosunek płciowy**)
intercourse; **w stosunku do** +*gen* (*w
porównaniu z*) in *lub* with relation
to; (*w odniesieniu do*) with reference
to.

stosunkowo *adv* relatively,
comparatively.

stowarzysze|nie (-nia, -nia) (*gen pl*
-ń) *nt* association.

stoż|ek (-ka, -ki) (*instr sg* -kiem) *m*
cone.

st|óg (-ogu, -ogi) (*instr sg* -ogiem) *m*
haystack.

st|ół (-ołu, -oły) (*loc sg* -ole) *m* table;
przy stole at the table; **sprzątać ze
stołu** to clear the table.

str. *abbr* (= *strona*) p. (= page); (=
strony) pp. (= pages).

straceni|e (-a) *nt*: **nie mieć
nic/chwili do stracenia** to have
nothing/no time to lose.

stra|ch (-chu) *m* (*lęk*) fear; (*kukła*)
(*nom pl* -chy): **strach na wróble**
scarecrow.

stra|cić (-cę, -cisz) (*imp* -ć) *vb perf
od* **tracić**.

stracony *adj* (*przegrany*) lost;
(*skazany na porażkę*) doomed.

straga|n (-nu, -ny) (*loc sg* -nie) *m*
stall.

straj|k (-ku, -ki) (*instr sg* -kiem) *m*
strike.

strajk|ować (-uję, -ujesz) *vi*:
strajkować to be on strike, to strike.

strasznie *adv* terribly, awfully.

straszny *adj* (*przerażający*) scary,
frightening; (*zły, okropny*) dreadful,
terrible; (*bardzo duży*) tremendous.

strasz|yć (**-ę**, **-ysz**) *vt* to scare, to frighten ♦ *vi*: **w tym domu straszy** this house is haunted.

stra|ta (**-ty**, **-ty**) (*dat sg* **-cie**) *f* (*materialna*, *moralna*) loss; **strata czasu/pieniędzy** a waste of time/money; **ponieść** *(perf)* **stratę** to incur *lub* suffer a loss; **straty w ludziach** casualties.

strategi|a (**-i**, **-e**) (*gen pl* **-i**) *f* strategy.

strategiczny *adj* strategic.

stra|wić (**-wię**, **-wisz**) *vb perf od* trawić.

strawny *adj* digestible; **lekko/ciężko strawny** easy/hard to digest.

straż (**-y**, **-e**) (*gen pl* **-y**) *f* guard; **trzymać** *lub* **pełnić straż** to stand guard, to be on guard; **straż pożarna** (*instytucja*) fire brigade (*BRIT*), fire department (*US*); (*budynek*) fire station; (*wóz*) fire engine (*BRIT*), fire truck (*US*); **straż miejska** municipal police.

straża|k (**-ka**, **-cy**) (*instr sg* **-kiem**) *m* fireman, fire fighter.

strażni|k (**-ka**, **-cy**) (*instr sg* **-kiem**) *m* (*w instytucji*) (security) guard; (*więzienny*) warder; **strażnik leśny** (forest) ranger.

strą|cać (**-cam**, **-casz**) (*perf* **-cić**) *vt* (*wazon*) to knock off; (*liść: z rękawa*) to shake off; (*samolot*) to shoot *lub* bring down.

strą|k (**-ka**, **-ki**) (*instr sg* **-kiem**) *m* pod.

stre|fa (**-fy**, **-fy**) (*dat sg* **-fie**) *f* zone.

stre|s (**-su**, **-sy**) (*loc sg* **-sie**) *m* stress; **żyć w stresie** to live under stress.

stresujący *adj* stressful.

streszcz|ać (**-am**, **-asz**) (*perf* **streścić**) *vt* to summarize.

streszcze|nie (**-nia**, **-nia**) (*gen pl* **-ń**) *nt* summary.

stripti|z (**-zu**) (*loc sg* **-zie**) *m* striptease.

stro|fa (**-fy**, **-fy**) (*dat sg* **-fie**) *f* (*LIT*) verse, stanza.

str|oić (**-oję**, **-oisz**) (*imp* **-ój**) *vt* (*dziecko*) (*perf* **wy-**) to dress up; (*radio*, *instrument*) (*perf* **na-**) to tune; (*choinkę*) (*perf* **u-**) to decorate.

►**stroić się** *vr* (*ubierać się*) (*perf* **wy-**) to dress up.

stromy *adj* steep.

stro|na (**-ny**, **-ny**) (*dat sg* **-nie**) *f* side; (*stronica*) page; (*kierunek*) direction; **po lewej/prawej stronie** on the left/right(-hand) side; **po obu stronach** on either side; **po drugiej stronie ulicy** across the street; **przejść** *(perf)* **na drugą stronę (ulicy)** to cross the street; **z jednej strony ..., z drugiej strony ...** on (the) one hand ..., on the other hand ...; **bilet w jedną stronę/w obie strony** single/return ticket (*BRIT*), one-way/round-trip ticket (*US*); **w którą stronę?** which way?; **druga strona** (*odwrotna*) the reverse (side); **strony** *pl* (*okolica*) parts *pl*.

stronic|a (**-y**, **-e**) *f* page.

stro|nić (**-nię**, **-nisz**) (*imp* **-ń**) *vi*: **stronić od** +*gen* to shun.

stronnict|wo (**-wa**, **-wa**) (*loc sg* **-wie**) *nt* (*POL*) party.

stronniczoś|ć (**-ci**) *f* partiality, bias.

stronniczy *adj* partial, biased.

stro|p (**-pu**, **-py**) (*loc sg* **-pie**) *m* ceiling.

strosz|yć (**-ę**, **-ysz**) (*perf* **na-**) *vt* to ruffle.

►**stroszyć się** *vr* to bristle.

str|ój (**-oju**, **-oje**) *m* (*ubiór*) dress, attire; (*MUZ*) key; **strój kąpielowy** bathing *lub* swimming costume (*BRIT*), swimsuit (*US*); **strój ludowy/narodowy** national dress.

stróż (**-a**, **-e**) *m* porter (*BRIT*), janitor (*US*); (*przen*) guardian; **stróż nocny** night watchman.

stru|g (**-ga**, **-gi**) (*instr sg* **-giem**) *m* plane (*tool*).

stru|ga (**-gi**, **-gi**) (*dat sg* **-dze**) *f* stream.

strug|ać (-am, -asz) vt (deskę) (perf o-) to plane; (kij) (perf o-) to whittle; (figurkę) (perf wy-) to carve.

struktu|ra (-ry, -ry) (dat sg -rze) f structure.

strukturalny adj structural.

strumie|ń (-nia, -nie) (gen pl -ni) m stream.

strumy|k (-ka, -ki) (instr sg -kiem) m brook.

stru|na (-ny, -ny) (dat sg -nie) f string; **struny głosowe** vocal cords.

strunowy adj: **instrument strunowy** stringed instrument.

stru|p (-pa, -py) (loc sg -pie) m scab.

stru|ś (-sia, -sie) m ostrich.

strych (-u, -y) m attic, loft (BRIT).

strycz|ek (-ka, -ki) (instr sg -kiem) m (sznur) halter; (pot. kara śmierci) the rope.

stryj (-a, -owie) m uncle (father's brother).

strzał (-łu, -ły) (loc sg -le) m shot.

strzała (-ły, -ły) (dat sg -le) f arrow.

strzał|ka (-ki, -ki) (dat sg -ce, gen pl -ek) f (znak) arrow; (kompasu, barometru) pointer.

strzas|ać (-am, -asz) (perf -nąć) vt (owoce) to shake off; (popiół) to flick (off).

strze|c (-gę, -żesz) vt +gen to guard. ►**strzec się** vr +gen to beware of.

strze|cha (-chy, -chy) (dat sg -sze) f thatched roof, thatch.

strzel|ać (-am, -asz) (perf -ić) vt (bramkę) to shoot ♦ vi (z broni) to shoot; (palcami) to snap.

strzelani|na (-ny) (dat sg -nie) f shoot-out, shooting.

strzel|ba (-by, -by) (dat sg -bie) f rifle.

strzel|ec (-ca, -cy) m shooter; (WOJSK) rifleman; (SPORT) scorer; **Strzelec** (ASTROLOGIA) Sagittarius.

strzelect|wo (-wa) (loc sg -wie) nt shooting.

strzelnic|a (-y, -e) f rifle-range; (w wesołym miasteczku) shooting gallery.

strzemi|ę (-enia, -ona) nt stirrup.

strzep|ywać (-uję, -ujesz) (perf -nąć) vt (okruchy) to shake off; (kurz, śnieg) to brush off; (termometr) to shake down.

strzeżony adj guarded.

strzę|p (-pu, -py) (loc sg -pie) m (kawałek) shred.

strzę|pić (-pię, -pisz) (perf wy-) vt (materiał) to fray.

strzy|c (-gę, -żesz) vt (perf o-) (człowieka): **strzyc kogoś** to cut sb's hair; (owcę) to shear; (trawę) to mow.

►**strzyc się** vr (perf o-) to have one's hair cut.

strzykaw|ka (-ki, -ki) (dat sg -ce, gen pl -ek) f syringe.

strzyże|nie (-nia, -nia) (gen pl -ń) nt (włosów, głowy) hair-cutting; (owiec) shearing; (trawy) mowing.

studencki adj (teatr, stołówka) students'; (życie) student attr; **dom studencki** hall of residence (BRIT), dormitory (US).

studen|t (-ta, -ci) (loc sg -cie) m student.

student|ka (-ki, -ki) (dat sg -ce, gen pl -ek) f student.

studi|a (-ów) pl (nauka na uczelni) studies pl; (praca badawcza) research.

studi|o (-a, -a) (gen pl -ów) nt/inv studio.

studi|ować (-uję, -ujesz) vt (prawo, chemię) to study; (mapę, rozkład jazdy) (perf prze-) to study.

studi|um (-um, -a) (gen pl -ów) nt inv in sg (rozprawa, dzieło) study; (uczelnia) college.

stu|dnia (-dni, -dnie) (gen pl -dni lub -dzien) f well.

studniów|ka (-ki, -ki) (dat sg -ce, gen

pl **-ek**) *f traditional party organized by secondary school students a hundred days before final exams.*

stu|dzić (**-dzę, -dzisz**) (*imp* **-dź**, *perf* **o-**) *vt* to cool (down).

studzien|ka (**-ki, -ki**) (*dat sg* **-ce**, *gen pl* **-ek**) *f* (*niewielka studnia*) well; (*właz kanalizacyjny*) manhole, inspection chamber.

stu|k (**-ku, -ki**) (*instr sg* **-kiem**) *m* clatter.

stuk|ać (**-am, -asz**) (*perf* **-nąć**) *vi* (*pukać*) to knock; (*uderzać*) to clatter; **stukać do drzwi** to knock at *lub* on the door.

stuknięty *adj* (*pot*) cracked (*pot*).

stuko|t (**-tu, -ty**) (*loc sg* **-cie**) *m* clatter.

stule|cie (**-cia, -cia**) (*gen pl* **-ci**) *nt* (*wiek*) century; (*setna rocznica*) centenary.

stuletni *adj* (*człowiek*) hundred-year-old; (*okres*) hundred-year *attr*.

stuprocentowy *adj* (*wełna, spirytus*) 100 per cent *attr*; (*pot. mężczyzna*) complete; (*zaufanie*) absolute, complete.

stwarz|ać (**-am, -asz**) (*perf* **stworzyć**) *vt* to create; (*warunki*) to offer.

stwier|dzać (**-dzam, -dzasz**) (*perf* **-dzić**) *vt* to affirm ♦ *vi* to state.

stwierdze|nie (**-nia, -nia**) (*gen pl* **-ń**) *nt* (*poświadczenie*) assertion; (*wypowiedź*) statement.

stworze|nie (**-nia, -nia**) (*gen pl* **-ń**) *nt* (*czynność*) creation; (*istota*) creature.

stw|ór (**-ora, -ory**) (*loc sg* **-orze**) *m* creature.

stwórc|a (**-y, -y**) *m decl like f in sg* creator.

stycz|eń (**-nia, -nie**) *m* January.

styczność (**-ci**) *f*: **mieć styczność z** +*instr* to be in contact with.

styg|nąć (**-nie**) (*perf* **o-**) *vi* to cool (down).

sty|k (**-ku, -ki**) (*instr sg* **-kiem**) *m* point of contact; (*ELEKTR*) contact.

styk|ać (**-am, -asz**) (*perf* **zetknąć**) *vt* (*przykładać, przytykać*) to connect.

▶**stykać się** *vr* (*przylegać*) to adjoin, to adhere; **stykać się z kimś/czymś** to encounter sb/sth.

styl (**-u, -e**) *m* style; (*w pływaniu*) stroke; **styl życia** life style.

stylistyczny *adj* stylistic.

stylowy *adj* period *attr*.

stymulato|r (**-ra, -ry**) (*loc sg* **-rze**) *m* (*książk*) stimulus; **stymulator serca** pacemaker.

stymul|ować (**-uję, -ujesz**) *vt* to stimulate.

sty|pa (**-py, -py**) (*dat sg* **-pie**) *f* funeral banquet.

stypendi|um (**-um, -a**) (*gen pl* **-ów**) *nt inv in sg* (*pieniądze*) scholarship, stipend; (*studia*) scholarship.

stypendy|sta (**-sty, -ści**) (*loc sg* **-ście**) *m decl like f in sg* scholarship *lub* grant holder, stipendiary.

styropia|n (**-nu**) (*loc sg* **-nie**) *m* polystyrene (foam) (*BRIT*), Styrofoam ® (*US*).

subiektywny *adj* subjective.

sublokato|r (**-ra, -rzy**) (*loc sg* **-rze**) *m* lodger, subtenant.

subskrypcj|a (**-i, -e**) (*gen pl* **-i**) *f* subscription.

substancj|a (**-i, -e**) (*gen pl* **-i**) *f* substance.

substytu|t (**-tu, -ty**) (*loc sg* **-cie**) *m* substitute, stopgap.

subtelność (**-ci**) *f* subtlety.

subtelny *adj* subtle.

subtropikalny *adj* subtropical.

subwencj|a (**-i, -e**) (*gen pl* **-i**) *f* subsidy, subvention.

suchar|ek (**-ka, -ki**) (*instr sg* **-kiem**) *m* rusk.

sucho *adv* drily.

suchy *adj* dry.

Suda|n (**-nu**) (*loc sg* **-nie**) *m* Sudan.

Sudet|y (**-ów**) *pl* the Sudety Mountains *pl*.

Sueski *adj*: **Kanał Sueski** the Suez Canal.

sufi|t (**-tu, -ty**) (*loc sg* **-cie**) *m* ceiling.

sufle|r (**-ra, -rzy**) (*loc sg* **-rze**) *m* prompter.

sufle|t (**-tu, -ty**) (*loc sg* **-cie**) *m* soufflé.

suger|ować (**-uję, -ujesz**) (*perf* **za-**) *vt*: **sugerować coś (komuś)** to suggest sth (to sb), to imply sth (to sb).

sugesti|a (**-i, -e**) (*gen pl* **-i**) *f* hint, suggestion.

sugestywny *adj* eloquent, suggestive.

sui|ta (**-ty, -ty**) (*dat sg* **-cie**) *f* suite.

su|ka (**-ki, -ki**) (*dat sg* **-ce**) *f* bitch.

sukce|s (**-su, -sy**) (*loc sg* **-sie**) *m* success; **odnieść** (*perf*) **sukces** to succeed, to be a success.

sukcesywny *adj* successive.

sukien|ka (**-ki, -ki**) (*dat sg* **-ce**, *gen pl* **-ek**) *f* dress.

su|knia (**-kni, -knie**) (*gen pl* **-kni** *lub* **-kien**) *f* dress, gown.

su|kno (**-kna, -kna**) (*loc sg* **-knie**, *gen pl* **-kien**) *nt* cloth.

sułta|n (**-na, -ni** *lub* **-nowie**) (*loc sg* **-nie**) *m* sultan.

su|m (**-ma, -my**) (*loc sg* **-mie**) *m* catfish.

su|ma (**-my, -my**) (*dat sg* **-mie**) *f* sum, total; (*kwota*) amount, sum of money; **w sumie** all things considered, all in all.

sumie|nie (**-nia, -nia**) (*gen pl* **-ń**) *nt* conscience.

sumienność|ć (**-ci**) *f* conscientiousness.

sumienny *adj* conscientious.

sum|ować (**-uję, -ujesz**) (*perf* **z-**) *vt* (*liczby*) to add (up); (*pieniądze*) to total (up), to sum (up); (*doświadczenia, wrażenia*) to accumulate.

▶**sumować się** *vr* to sum up.

su|nąć (**-nę, -niesz**) (*imp* **-ń**) *vi* to glide, to slide.

sup|eł (**-ła, -ły**) (*loc sg* **-le**) *m* knot, tangle.

superlatyw|y (**-**) *pl*: **wyrażać się o kimś w (samych) superlatywach** to speak highly of sb.

supermarke|t (**-tu, -ty**) (*loc sg* **-cie**) *m* supermarket.

supermocarst|wo (**-wa, -wa**) (*loc sg* **-wie**) *nt* superpower.

supersa|m (**-mu, -my**) (*loc sg* **-mie**) *m* supermarket.

suplemen|t (**-tu, -ty**) (*loc sg* **-cie**) *m* supplement.

supremacj|a (**-i, -e**) (*gen pl* **-i**) *f* supremacy.

surfingowy *adj*: **deska surfingowa** surfboard.

surowic|a (**-y, -e**) *f* (*też*: **surowica krwi**) serum.

suro|wiec (**-wca, -wce**) *m* (*do produkcji*) raw material; **surowce** *pl* (*do produkcji*) raw materials; (*zasoby*) resources; **surowce naturalne** natural resources; **surowce wtórne** recyclable materials.

surowo *adv* (*kategorycznie*) harshly, severely; (*urządzony, ubrany*) austerely; „**Palenie surowo wzbronione**" "No smoking".

surowy *adj* (*mleko, owoce, mięso*) raw, uncooked; (*drewno*) unseasoned; (*mina*) stern; (*nauczyciel*) strict, severe; (*krytyka, wyrok*) severe; (*wnętrze, strój*) austere; (*klimat, zima*) harsh, severe; (*warunki, życie*) severe, austere.

surów|ka (**-ki, -ki**) (*dat sg* **-ce**, *gen pl* **-ek**) *f* (*KULIN*) salad; (*TECH*) pig-iron.

surrealistyczny *adj* (*sztuka, malarz*) surrealist; (*nierealny*) surrealistic, surreal.

surrealiz|m (-mu) (*loc śg* -mie) *m* surrealism.

su|seł (-sła, -sły) (*loc sg* -śle) *m* (*ZOOL*) gopher.

susz|a (-y, -e) *f* drought, dry weather.

suszar|ka (-ki, -ki) (*dat sg* -ce, *gen pl* -ek) *f* dryer; **suszarka do włosów** hair dryer; **suszarka do naczyń** dish drainer.

suszony *adj* dried; (*owoc*) desiccated.

susz|yć (-ę, -ysz) *vt* (*włosy, bieliznę*) (*perf* **wy-**) to dry; (*kwiaty, grzyby*) (*perf* **u-**) to dry.

►**suszyć się** *vr* to dry, to get dry.

sutan|na (-ny, -ny) (*dat sg* -nie) *f* cassock, soutane.

sut|ek (-ka, -ki) (*instr sg* -kiem) *m* (*pierś*) breast; (*brodawka*) nipple.

sutene|r (-ra, -rzy) (*loc sg* -rze) *m* pimp.

sutere|na (-ny, -ny) (*loc sg* -nie) *f* basement.

suwa|k (-ka, -ki) (*instr sg* -kiem) *m* (*pot. zamek błyskawiczny*) zip (*BRIT*), zipper (*US*).

suwerennoś|ć (-ci) *f* sovereignty, independence.

suwerenny *adj* sovereign.

suwmiar|ka (-ki, -ki) (*dat sg* -ce, *gen pl* -ek) *f* vernier calliper gauge (*BRIT*) *lub* caliper gage (*US*).

swasty|ka (-ki, -ki) (*dat sg* -ce) *f* swastika.

swat|ać (-am, -asz) (*perf* **wy-**) *vt*: **swatać kogoś z kimś** to arrange for sb to marry sb.

swawolny *adj* rollicking.

sw|ąd (-ędu) (*loc sg* -ędzie) *m* smell of burning.

swet|er (-ra, -ry) (*loc sg* -rze) *m* sweater, jumper (*BRIT*).

swę|dzić, swę|dzieć (-dzi) (*pt* -dził *lub* -dział) *vi* to itch.

swobo|da (-dy) (*dat sg* -dzie) *f* (*wolność*) liberty; (*niezależność*)

freedom; (*śmiałość*) familiarity; (*łatwość*) ease.

swobodnie *adv* freely; (*zachowywać się*) freely, without restraint; (*czuć się*) at ease, comfortable; (*ubrany*) informally, casually.

swobodny *adj* (*wybór*) free; (*rozwój*) unconstrained; (*rytm, akcent*) free; (*nastrój, rozmowa*) casual, informal; (*strój*) informal.

swoisty *adj* peculiar.

swoja *itd.* *pron patrz* **swój**.

swojski *adj* (*znajomy*) familiar; (*domowej roboty*) home-made.

swojsko *adv*: **brzmieć swojsko** to sound familiar; **czuć się swojsko** to feel at home.

sworz|eń (-nia, -nie) (*gen pl* -ni) *m* pivot.

swój (*like*: **mój**) *pron* one's; (*mój*) my; (*twój*) your; (*jego*) his; (*jej*) her; (*nasz*) our; (*wasz*) your; (*ich*) their; (*pot. swojski*) home-made; **na swój sposób** in a way; **swoją drogą ...** still, ...

Syberi|a (-i) *f* Siberia.

syberyjski *adj* Siberian.

sy|cić (-cę, -cisz) (*imp* -ć, *perf* **na-**) *vt* to satiate.

Sycyli|a (-i) *f* Sicily.

sycylijski *adj* Sicilian.

sycz|eć (-ę, -ysz) *vi* (*wydawać syk*) (*perf* **syknąć** *lub* **zasyczeć**) to hiss.

syfili|s (-su) (*loc sg* -sie) *m* syphilis.

syfo|n (-nu, -ny) (*loc sg* -nie) *m* (*butelka*) siphon bottle; (*TECH*) U-bend.

sygnalizacj|a (-i) *f* (*przekazywanie sygnałów*) signalling; (*urządzenia sygnalizacyjne*) signalling equipment; **sygnalizacja świetlna** traffic lights *lub* signals.

sygnaliz|ować (-uję, -ujesz) (*perf* **za-**) *vt* (*dawać sygnały*) to signal; (*wskazywać*) to indicate.

sygna|ł (-łu, -ły) (*loc sg* -le) *m* signal;

(*TEL*) tone; (*programu*) signature tune.

sygnatariusz (-a, -e) (*gen pl* -y) *m* signatory.

sygnatu|ra (-ry, -ry) (*loc sg* -rze) *f* (*podpis*) signature; (*na książce*) catalogue number.

sygne|t (-tu, -ty) (*loc sg* -cie) *m* signet ring.

sygn|ować (-uję, -ujesz) *vt* to sign.

syjamski *adj* Siamese.

syjoni|sta (-sty, -ści) (*dat sg* -ście) *m decl like f in sg* Zionist.

sy|k (-ku, -ki) (*instr sg* -kiem) *m* (*pojedynczy*) hiss; (*ciągły*) hissing.

syla|ba (-by, -by) (*dat sg* -bie) *f* syllable.

sylabiz|ować (-uję, -ujesz) (*perf* **prze-**) *vt* to read letter by letter.

sylwest|er (-ra, -ry) (*loc sg* -rze) *m* New Year's Eve.

sylwet|ka (-ki, -ki) (*dat sg* -ce, *gen pl* -ek) *f* (*figura*) figure; (*zarys postaci*) silhouette, profile; (*opis osoby*) profile.

symbio|za (-zy) (*dat sg* -zie) *f* symbiosis.

symbol (-u, -e) *m* symbol.

symbolicznie *adv* (*przedstawiać, rozumieć*) metaphorically, symbolically; (*wynagradzać, płacić*) nominally.

symboliczny *adj* (*sens, znaczenie, powieść*) symbolic; (*upominek, wynagrodzenie*) nominal.

symboliz|ować (-uje) *vt* to symbolize, to represent.

symetri|a (-i) *f* symmetry.

symetryczny *adj* symmetrical.

symfoni|a (-i, -e) (*gen pl* -i) *f* symphony.

symfoniczny *adj* (*utwór, poemat*) symphonic; **orkiestra symfoniczna** symphony orchestra.

sympati|a (-i, -e) (*gen pl* -i) *f*

(*uczucie*) liking; (*pot. dziewczyna*) girlfriend; (: *chłopak*) boyfriend.

sympatyczny *adj* pleasant, nice.

sympaty|k (-ka, -cy) (*instr sg* -kiem) *m* sympathizer.

sympatyz|ować (-uję, -ujesz) *vi*: **sympatyzować z** +*instr* to sympathize with.

sympozj|um (-um, -a) (*gen pl* -ów) *nt inv in sg* symposium.

sympto|m (-mu, -my) (*loc sg* -mie) *m* symptom.

symulacj|a (-i, -e) (*gen pl* -i) *f* simulation.

symulan|t (-ta, -ci) (*loc sg* -cie) *m* malingerer.

symul|ować (-uję, -ujesz) *vt* (*udawać*) to fake; (*naśladować*) to simulate ♦ *vi* to malinger.

sy|n (-na, -nowie) (*loc sg* -nu) *m* son.

synago|ga (-gi, -gi) (*dat sg* -dze) *f* synagogue.

synchroniczny *adj* synchronous; **pływanie synchroniczne** synchronized swimming.

synchroniz|ować (-uję, -ujesz) (*perf* **z-**) *vt* to synchronize.

syndyka|t (-tu, -ty) (*loc sg* -cie) *m* syndicate.

syno|d (-du, -dy) (*loc sg* -dzie) *m* synod.

synoni|m (-mu, -my) (*loc sg* -mie) *m* synonym.

synow|a (-ej, -e) *f decl like adj* daughter-in-law.

syntetyczny *adj* synthetic.

synte|za (-zy, -zy) (*dat sg* -zie) *f* synthesis.

syntezato|r (-ra, -ry) (*loc sg* -rze) *m* synthesizer.

sy|pać (-pię, -piesz) (*perf* -**pnąć**) *vt* (*piasek, mąkę*) to pour, to sprinkle; (*pot. zdradzać*) to inform on *lub* against ♦ *vi* (*pot*) to inform against one's accomplices; **śnieg sypie** it's snowing.

►**sypać się** vr (o tynku) to fall off;
(o iskrach) to fly; (o liściach) to fall;
(o ciosach) to rain down;
(pot: rozpadać się) (perf **roz-**) to fall
apart.

sypi|ać (**-am, -asz**) vi to sleep.

sypial|nia (**-ni, -nie**) (gen pl **-ni**) f
bedroom.

sypialny adj: **wagon sypialny**
sleeping car; **pokój sypialny**
bedroom.

sypki adj loose.

syre|na (**-ny, -ny**) (dat sg **-nie**) f
(przyrząd) siren; (nimfa) mermaid,
siren.

Syri|a (**-i**) f Syria.

syro|p (**-pu, -py**) (loc sg **-pie**) m syrup.

syryjski adj Syrian.

syste|m (**-mu, -my**) (loc sg **-mie**) m
system.

systematyczność|ć (**-ci**) f
(regularność) regularity; (cecha
charakteru) orderly manner.

systematyczny adj (praca, nauka)
systematic; (uczeń) methodical.

systemowy adj (rozwiązanie)
comprehensive.

sytuacj|a (**-i, -e**) (gen pl **-i**) f situation.

sytu|ować (**-uję, -ujesz**) (perf **u-**) vt
to locate, to place.

sytuowany adj: **dobrze/źle
sytuowany** well/badly off.

syty adj replete, satiated;
najeść/napić się do syta to
eat/drink one's fill.

syzyfowy adj: **syzyfowa praca** a
never-ending job.

szabl|a (**-i, -e**) (gen pl **-i**) f sword,
sabre (BRIT), saber (US).

szablo|n (**-nu, -ny**) (loc sg **-nie**) m
(literniczy) stencil; (techniczny)
template; (wzór) pattern; (przen)
stereotype, routine.

szach m (w szachach) (gen sg **-u** lub
-a) check; **szach-mat** checkmate.

szachi|sta (**-sty, -ści**) (dat sg **-ście**)
m decl like f in sg chess player.

szachownic|a (**-y, -e**) f chessboard.

szach|y (**-ów**) pl (gra) chess; (zestaw
do gry) chess set.

szac|ować (**-uję, -ujesz**) (perf **o-**) vt
(majątek, straty) to estimate, to
assess.

szacun|ek (**-ku**) (instr sg **-kiem**) m
(poważanie) respect, reverence;
(ocena) assessment, estimate.

szacunkowy adj estimated.

sza|fa (**-fy, -fy**) (dat sg **-fie**) f (na
ubrania) wardrobe; (na akta,
dokumenty) cabinet; **szafa grająca**
jukebox, music box.

szafi|r (**-ru, -ry**) (loc sg **-rze**) m
(kamień) sapphire.

szaf|ka (**-ki, -ki**) (dat sg **-ce**, gen pl
-ek) f (na buty) cabinet; **szafka
ścienna** wall cupboard; **szafka
kuchenna** kitchen unit, cupboard.

szaf|ować (**-uję, -ujesz**) vt: **szafować
czymś** to be careless with sth.

szaj|ka (**-ki, -ki**) (dat sg **-ce**, gen pl
-ek) f band (of thieves).

szakal (**-a, -e**) (gen pl **-i**) m jackal.

szal (**-a, -e**) (gen pl **-i**) m scarf, shawl.

szal|a (**-i, -e**) f (wagi) scale (pan);
przechylić (perf) **szalę zwycięstwa
na czyjąś stronę** to tip the scales in
favo(u)r of sb.

szal|eć (**-eję, -ejesz**) vi (wariować)
(perf **o-**) to go mad; (o burzy,
powodzi, epidemii) to rage; (hulać) to
revel.

szalenie adv extremely.

szale|niec (**-ńca, -ńcy**) m madman,
maniac.

szaleńczy adj (myśl, zamiar) mad,
insane; (radość, gniew) mad.

szaleństw|o (**-wa, -wa**) (loc sg **-wie**)
nt (szalony czyn) madness, insanity;
(szał) frenzy.

szale|t (**-tu, -ty**) (loc sg **-cie**) m public
toilet.

szali|k (-ka, -ki) (*instr sg* -kiem) *m* scarf.

szalony *adj* (*człowiek*) mad, insane; (*zamiar, myśl*) mad, crazy; (*życie, taniec, gniew*) mad.

szalu|pa (-py, -py) (*dat sg* -pie) *f* lifeboat.

sza|ł (-łu) (*loc sg* -le) *m* (*furia*) madness; (*stan podniecenia*) frenzy, rage; (*mania: zakupów, porządków*) folly.

szała|s (-su, -sy) (*dat sg* -sie) *m* shelter.

szałwi|a (-i, -e) (*gen pl* -i) *f* sage.

szam|bo (-ba, -ba) (*loc sg* -bie) *nt* cesspool, cesspit.

szampa|n (-na, -ny) (*loc sg* -nie) *m* champagne.

szampo|n (-nu, -ny) (*loc sg* -nie) *m* shampoo.

szan|ować (-uję, -ujesz) *vt* (*cenić*) to respect, to look up to; (*chronić*) to take care of.

▶szanować się *vr* (*mieć poczucie własnej godności*) to have self-respect; (*poważać jeden drugiego*) to respect one another.

szanowny *adj* honourable, respectable; **Szanowny Panie!/Szanowna Pani!** (*w liście*) Dear Sir/Madam,, Dear Mr/Mrs X,; **Szanowny Państwo!** Ladies and Gentlemen!

szan|sa (-sy, -se) (*dat sg* -sie) *f* chance.

szantaż (-u) *m* blackmail.

szantaż|ować (-uję, -ujesz) *vt*: **szantażować kogoś (czymś)** to blackmail sb (with sth).

szantaży|sta (-sty, -ści) (*dat sg* -ście) *m decl like f in sg* blackmailer.

szara|da (-dy, -dy) (*dat sg* -dzie) *f* charade.

szarańcz|a (-y) *f* locust.

szar|fa (-fy, -fy) (*dat sg* -fie) *f* sash.

szarlata|n (-na, -ni) (*loc sg* -nie) *m* charlatan.

szarlot|ka (-ki, -ki) (*dat sg* -ce, *gen pl* -ek) *f* apple-pie.

szarot|ka (-ki, -ki) (*dat sg* -ce, *gen pl* -ek) *f* (*BOT*) edelweiss.

szar|pać (-pię, -piesz) *vt* (*ciągnąć*) (*perf* -pnąć) to pull at; (*rozdzierać*) (*perf* po-) to tear (apart) ♦ *vi* (*o pojazdach*) (*perf* -pnąć) to jerk.

szary *adj* (*kolor*) grey (*BRIT*), gray (*US*); (*dzień*) gloomy; (*papier, koperta*) brown; (*życie*) ordinary.

szarż|a (-y, -e) *f* (*atak*) charge.

szarż|ować (-uję, -ujesz) *vi* (*nacierać*) to charge.

szast|ać (-am, -asz) *vt*: **szastać pieniędzmi** to be extravagant with one's money; **szastać obietnicami** to be lavish with promises.

szaszły|k (-ka, -ki) (*instr sg* -kiem) *m* shashlik, shish kebab.

sza|ta (-ty, -ty) (*dat sg* -cie) *f* (*książk*) garment, vestment.

szata|n (-na, -ny *lub* -ni) (*loc sg* -nie) *m* (*REL*) satan; (*pot: człowiek nieznośny*) devil; (: *człowiek energiczny*) ball of fire.

szatk|ować (-uję, -ujesz) (*perf* po-) *vt* to shred.

szat|nia (-ni, -nie) (*gen pl* -ni) *f* (*przebieralnia*) changing room; (*w teatrze, kinie*) cloakroom.

szatniarz (-a, -e) (*gen pl* -y) *m* cloakroom attendant.

szaty|n (-na, -ni) (*loc sg* -nie) *m* dark-haired man.

szatyn|ka (-ki, -ki) (*dat sg* -ce, *gen pl* -ek) *f* dark-haired woman.

szcza|w (-wiu, -wie) *m* sorrel.

szcząt|ki (-ków) *pl* (*samolotu*) debris *sg*; (*ludzkie*) remains.

szczeb|el (-la, -le) (*gen pl* -li) *m* (*drabiny*) rung; (*hierarchii*) grade.

szczebio|tać (-czę, -czesz) *vi* to chirp.

szczeci|na (-ny) (*dat sg* -nie) *f*
bristle; (*przen: zarost*) stubble.

szczególnie *adv* (*zwłaszcza*)
especially, particularly; (*osobliwie*)
peculiarly.

szczególnoś|ć (-ci) *f*: **w
szczególności** in particular.

szczególny *adj* (*uprawnienia*)
special; (*gust, zamiłowania*) peculiar;
(*cecha*) characteristic.

szczegó|ł (-łu, -ły) (*loc sg* -le) *m*
detail; **szczegóły** *pl* details *pl*,
particulars *pl*.

szczegółowo *adv* in detail.

szczegółowy *adj* detailed.

szczek|ać (-a) (*perf* -nąć) *vi* to bark.

szczeli|na (-ny, -ny) (*dat sg* -nie) *f*
crack.

szczelnie *adv* (*zamykać*) tight(ly);
(*wypełniać*) to capacity.

szczelny *adj* tight.

szczenia|k (-ka, -ki) (*instr sg* -kiem)
m pup(py); (*pej*) whippersnapper.

szczeni|ę (-ęcia, -ęta) (*gen pl* -ąt) *nt*
pup(py).

szcze|p (-pu, -py) (*loc sg* -pie) *m*
(*plemię*) tribe.

szcze|pić (-pię, -pisz) (*perf* za-) *vt*
(*ludzi*) to vaccinate, to inoculate;
(*drzewa*) to graft.

szczepie|nie (-nia, -nia) (*gen pl* -ń)
nt vaccination, inoculation.

szczepion|ka (-ki, -ki) (*dat sg* -ce,
gen pl -ek) *f* vaccine.

szczer|ba (-by, -by) (*dat sg* -bie) *f* (*w
zębach*) gap; (*w ostrzu, murze*) chip.

szczerbaty *adj* (*bez zębów*)
gap-toothed.

szczeroś|ć (-ci) *f* sincerity.

szczery *adj* (*przyjaciel, uśmiech*)
sincere; (*podziw, żal*) genuine;
(*prawda*) plain; (*złoto*) pure.

szczerze *adv* sincerely; **szczerze
mówiąc** frankly, in all honesty.

szczę|dzić (-dzę, -dzisz) (*imp* -dź) *vt*:

nie szczędzić czegoś to be
generous with sth.

szczę|ka (-ki, -ki) (*dat sg* -ce) *f* jaw;
sztuczna szczęka false teeth,
dentures.

szczęk|ać (-am, -asz) (*perf* -nąć) *vi*
to clash; **szczękałem zębami** my
teeth were chattering.

szczęściarz (-a, -e) (*gen pl* -y) *m*
(*pot*) lucky chap (*pot*).

szczęści|e (-a) *nt* (*pomyślny traf*)
(good) luck; (*stan ducha*) happiness;
mieć szczęście to be lucky *lub* in
luck; **nie mieć szczęścia** to be
unlucky *lub* of luck; **na szczęście**
fortunately, luckily.

szczęśliwie *adv* (*skończyć się*)
happily; (*składać się*) fortunately;
(*na szczęście*) luckily, fortunately.

szczęśliwy *adj* (*pomyślny*) fortunate,
lucky; (*zadowolony*) happy;
Szczęśliwego Nowego Roku!
Happy New Year!; **szczęśliwej
podróży!** have a safe journey *lub*
trip!

szczodry *adj* (*książk*) generous.

szczotecz|ka (-ki, -ki) (*dat sg* -ce,
gen pl -ek) *f* brush; **szczoteczka do
zębów** toothbrush.

szczot|ka (-ki, -ki) (*dat sg* -ce, *gen pl*
-ek) *f* (*do zamiatania*) broom;
szczotka do włosów hairbrush;
szczotka do butów shoebrush;
szczotka do ubrania clothes brush.

szczotk|ować (-uję, -ujesz) (*perf*
wy-) *vt* to brush.

szczu|ć (-ję, -jesz) *vt* (*perf* po-):
szczuć kogoś psem to set a dog on
sb.

szczud|ła (-eł) *pl* stilts *pl*.

szczupa|k (-ka, -ki) (*instr sg* -kiem)
m pike.

szczupl|eć (-eję, -ejesz) (*perf* wy-, *pt*
-ał, -eli) *vi* to grow slim.

szczupły *adj* (*człowiek, nogi*) slim;
(*fundusze, zapasy*) slender.

szczu|r (-ra, -ry) (*loc sg* -rze) *m* rat.
szczy|cić się (-cę, -cisz) (*imp* -**ć**, *perf* **po-**) *vr*: **szczycić się** +*instr* to pride o.s. on, to boast of.
szczy|pać (-pię, -piesz) *vt* to pinch; **dym szczypie mnie w oczy** the smoke is stinging my eyes.
szczy|pce (-piec *lub* -pców) *pl* (*narzędzie*) pliers *pl*, pincers *pl*.
szczypior|ek (-ku) (*instr sg* -**kiem**) *m* chives *pl*.
szczyp|ta (-ty, -ty) (*dat sg* -**cie**) *f* pinch; (*przen: rozumu, szczęścia*) speck.
szczy|t (-tu, -ty) (*loc sg* -**cie**) *m* (*góry*) top, peak; (*drzewa, schodów*) top; (*sławy, kariery, formy*) peak; (*stołu*) head; **godziny szczytu** peak *lub* rush hours; **spotkanie na szczycie** summit (meeting).
szczytowy *adj*: **okres szczytowy** peak period; **punkt szczytowy** climax.
szedł *itd. vb patrz* **iść**.
sze|f (-fa, -fowie) (*loc sg* -**fie**) *m* boss; **szef rządu** Prime Minister; **szef sztabu** Chief of Staff; **szef kuchni** chef.
szej|k (-ka, -kowie) (*instr sg* -**kiem**) *m* sheik(h).
szele|st (-stu, -sty) (*loc sg* -**ście**) *m* rustle.
szele|ścić (-szczę, -ścisz) (*imp* -**ść**) *vi* (*o liściach itp.*) to rustle; **szeleścić papierami** to rustle the papers.
szel|ki (-ek) *pl* (*do spodni*) braces *pl* (*BRIT*), suspenders *pl* (*US*); (*przy fartuchu, sukience*) straps *pl*.
szem|rać (-rzę, -rzesz) *vi* to murmur.
szep|t (-tu) (*loc sg* -**cie**) *m* whisper; **szeptem** in a whisper; **mówić szeptem** to whisper.
szep|tać (-czę, -czesz) (*perf* -**nąć**) *vt* to whisper ♦ *vi* to whisper.
szere|g (-gu, -gi) (*instr sg* -**giem**) *m* (*liczb, krzeseł, ludzi*) row; (*osób,*

spraw, dni) a number of; **ustawiać się w szeregu** to line up; **szeregi** *pl* ranks *pl*.
szereg|ować (-uję, -ujesz) (*perf* **u-**) *vt* to rank.
szerego|wiec (-wca, -wcy) *m* (*WOJSK*) private.
szeregowy *adj* (*domek, zabudowa*) terrace *attr* (*BRIT*), row *attr* (*US*); (*ELEKTR*) serial ♦ *m decl like adj* (*szeregowiec*) private.
szermier|ka (-ki) (*dat sg* -**ce**) *f* fencing.
szer|oki (*comp* -**szy**) *adj* (*rzeka, brama, ekran, rękaw*) wide; (*widok, uśmiech, gest ręki, czoło*) broad; (*przen: plany, zakres, horyzonty*) broad; (: *publiczność, grono*) wide; **szeroki na 2 metry** two metres (*BRIT*) *lub* meters (*US*) wide.
sze|roko (*comp* -**rzej**) *adv* (*rozlegle wszerz*) widely; (*na wszystkie strony*) broadly; (*obszernie*) at length; **otworzyć** (*perf*) **szeroko okno/usta** to open the window/mouth wide.
szerokoś|ć (-ci, -ci) (*gen pl* -**ci**) *f* width, breadth; **mieć 5 m szerokości** to be 5 m wide; **szerokość geograficzna** latitude.
szersze|ń (-nia, -nie) (*gen pl* -**ni**) *m* hornet.
szery|f (-fa, -fowie) (*loc sg* -**fie**) *m* sheriff.
szerz|yć (-ę, -ysz) *vt* (*oświatę, hasła*) to disseminate, to propagate; (*plotki*) to spread; (*zniszczenie, postrach*) to cause.
▸**szerzyć się** *vr* to spread.
szesnasty *num decl like adj* sixteenth; **strona szesnasta** page sixteen; (**godzina**) **szesnasta** 4 p.m.
szesnaście (*like*: **jedenaście**) *num* sixteen.
sześcia|n (-nu, -ny) (*loc sg* -**nie**) *m* cube.

sześcienny *adj:* **metr sześcienny** cubic metre (*BRIT*) *lub* meter (*US*); **pierwiastek sześcienny** cube root.

sześciokąl|t (**-ta, -ty**) (*loc sg* **-cie**) *m* hexagon.

sześciokrotny *adj* six-time *attr*.

sześcioletni *adj* (*dziecko, samochód*) six-year-old; (*plan, studia*) six-year *attr*.

sześcioro (*like:* **czworo**) *num* six.

sześć (*like:* **pięć**) *num* six.

sześćdziesiąt (*like:* **dziesięć**) *num* sixty.

sześćdziesiąty *num* sixtieth; **lata sześćdziesiąte** the sixties.

sześćset (*like:* **pięćset**) *num* six hundred.

szew (**szwu, szwy**) (*loc sg* **szwie**) *m* (*KRAWIECTWO*) seam; (*MED*) suture, stitch.

szewc (**-a, -y**) *m* shoemaker, cobbler.

szkal|ować (**-uję, -ujesz**) (*perf* **o-**) *vt* to vilify.

szkaradny *adj* hideous.

szkarlaty|na (**-ny**) (*dat sg* **-nie**) *f* scarlet fever.

szkarłatny *adj* dark red.

szkatuł|ka (**-ki, -ki**) (*dat sg* **-ce**, *gen pl* **-ek**) *f* casket.

szkic (**-u, -e**) *m* (*plan, projekt*) draft; (*SZTUKA*) sketch.

szkic|ować (**-uję, -ujesz**) (*perf* **na-**) *vt* to sketch.

szkiele|t (**-tu, -ty**) (*loc sg* **-cie**) *m* (*człowieka, zwierzęcia*) skeleton; (*budowli, konstrukcji*) frame(work).

szkieł|ko (**-ka, -ka**) (*instr sg* **-kiem**) *nt* glass.

szklan|ka (**-ki, -ki**) (*dat sg* **-ce**, *gen pl* **-ek**) *f* glass; (*KULIN: miarka*) ≈ cup.

szklany *adj* glass *attr*.

szklar|nia (**-ni, -nie**) (*gen pl* **-ni**) *f* glasshouse, greenhouse.

szklarz (**-a, -e**) (*gen pl* **-y**) *m* glazier.

szklisty *adj* (*powierzchnia*) glassy; (*oczy*) glassy, glazed.

szkli|wo (**-wa, -wa**) (*loc sg* **-wie**) *nt* (*glazura*) glaze; (*na zębach*) enamel.

sz|kło (**-kła**) (*loc sg* **-kle**) *nt* glass; (*szklane przedmioty*) (*nom pl* **-kła**, *gen pl* **-kieł**) glass(ware); **szkła** *pl* glasses *pl*; **szkła kontaktowe** contact lenses.

Szkocj|a (**-i**) *f* Scotland.

szkocki *adj* Scottish, Scots.

szk|oda (**-ody, -ody**) (*dat sg* **-odzie**, *gen pl* **-ód**) *f* damage ♦ *adv:* **szkoda, że ...** (it's a) pity (that) ...; **szkoda twoich słów/twego czasu** you're wasting your breath/time; **(jaka) szkoda!** what a pity!

szkodliwie *adv* harmfully.

szkodliwoś|ć (**-ci**) *f* harm(fulness).

szkodliwy *adj* harmful, damaging.

szkodni|k (**-ka, -ki**) (*instr sg* **-kiem**) *m* pest.

szko|dzić (**-dzę, -dzisz**) *vi:* **szkodzić komuś/czemuś** to be bad for sb/sth; **palenie szkodzi** smoking is bad for you *lub* your health; **(nic) nie szkodzi!** never mind!, that's OK!

szkole|nie (**-nia, -nia**) (*gen pl* **-ń**) *nt* training.

szkoleniowy *adj:* **kurs/ośrodek szkoleniowy** training course/centre (*BRIT*) *lub* center (*US*).

szk|olić (**-olę, -olisz**) (*imp* **-ol** *lub* **-ól**, *perf* **wy-**) *vt* to train.

▶**szkolić się** *vr* to train.

szkolnict|wo (**-wa**) (*loc sg* **-wie**) *nt* education.

szkolny *adj* (*rok, budynek, świadectwo*) school *attr*; **dziecko w wieku szkolnym** schoolchild.

szk|oła (**-oły, -oły**) (*dat sg* **-ole**, *gen pl* **-ół**) *f* school; **szkoła podstawowa** primary (*BRIT*) *lub* elementary (*US*) school; **szkoła średnia** secondary (*BRIT*) *lub* high (*US*) school; **szkoła wieczorowa** night school; **chodzić do szkoły** to go to school; **w szkole** at school.

Szko|t (-ta, -ci) (*loc sg* -**cie**) *m* Scot(sman).

Szkot|ka (-ki, -ki) (*dat sg* -**ce**, *gen pl* -**ek**) *f* Scot(swoman).

szlaba|n (-nu, -ny) (*loc sg* -**nie**) *m* barrier, gate.

szlachcic (-a, -e) *m* nobleman.

szlachecki *adj* noble.

szlachect|wo (-wa) (*loc sg* -**wie**) *nt* nobility.

szlachetnie *adv* nobly.

szlachetnoś|ć (-ci) *f* (*urodzenia*) nobility; (*człowieka, czynu, charakteru*) nobleness.

szlachetny *adj* noble; (*kamień*) precious.

szlach|ta (-ty) (*dat sg* -**cie**) *f* nobility.

szlafro|k (-ka, -ki) (*instr sg* -**kiem**) *m* dressing gown, (bath)robe.

szla|k (-ku, -ki) (*instr sg* -**kiem**) *m* (*komunikacyjny*) route; (*turystyczny*) trail.

szli *vb patrz* **iść**.

szlifier|ka (-ki, -ki) (*dat sg* -**ce**, *gen pl* -**ek**) *f* grinder.

szlifierz (-a, -e) (*gen pl* -**y**) *m* grinder.

szlif|ować (-uję, -ujesz) *vt* (*nadawać kształt*) (*perf* **o**-) (*kamień, szkło*) to grind; (*kryształ*) to cut; (*polerować*) (*perf* **wy**-) (*kamień, szkło*) to polish; (*kryształ*) to sand; (*przen: wykańczać, doskonalić*) (*perf* **wy**-) to polish up.

szloch (-u) *m* sob.

szloch|ać (-am, -asz) *vi* to sob.

szluf|ka (-ki, -ki) (*dat sg* -**ce**, *gen pl* -**ek**) *f* (*część odzieży*) belt loop (*BRIT*), belt carrier (*US*); (*część paska*) keeper (*BRIT*), carrier (*US*).

szła *itd. vb patrz* **iść**.

szmarag|d (-du, -dy) (*loc sg* -**dzie**) *m* emerald.

szma|ta (-ty, -ty) (*dat sg* -**cie**) *f* rag; **szmaty** *pl* (*pot*) rags *pl* (*pot*).

szmat|ka (-ki, -ki) (*dat sg* -**ce**, *gen pl* -**ek**) *f* cloth, rag.

szme|r (-ru, -ry) (*loc sg* -**rze**) *m* murmur.

szmin|ka (-ki, -ki) (*dat sg* -**ce**, *gen pl* -**ek**) *f* (*też*: **szminka do ust**) lipstick.

szmu|giel (-glu) *m* smuggling.

szmugl|ować (-uję, -ujesz) (*perf* **prze**-) *vt* to smuggle.

sznu|r (-ra, -ry) (*loc sg* -**rze**) *m* (*cienki powróz*) string; (*samochodów*) line; (*ptaków, korali*) string; (*pot: elektryczny*) lead, cord.

sznur|ek (-ka, -ki) (*instr sg* -**kiem**) *m* string.

sznur|ować (-uję, -ujesz) (*perf* **za**-) *vt* to lace (up).

sznurowad|ło (-ła, -ła) (*loc sg* -**le**, *gen pl* -**eł**) *nt* shoelace.

sznurowy *adj*: **drabinka sznurowa** rope ladder.

sznyc|el (-la, -le) (*gen pl* -**li** *lub* -**lów**) *m* rissole.

szofe|r (-ra, -rzy) (*loc sg* -**rze**) *m* chauffeur.

szo|k (-ku) (*instr sg* -**kiem**) *m* shock.

szok|ować (-uję, -ujesz) (*perf* **za**-) *vt* to shock.

szokujący *adj* shocking.

szo|pa (-py, -py) (*dat sg* -**pie**) *f* (*pomieszczenie*) shed.

szor|ować (-uję, -ujesz) *vt* (*perf* **wy**-) to scrub.

szorstki *adj* (*powierzchnia*) rough; (*materiał, człowiek, uwaga*) coarse; (*dźwięk, głos*) harsh.

szort|y (-ów) *pl* shorts *pl*.

szo|sa (-sy, -sy) (*dat sg* -**sie**) *f* road.

szowini|sta (-sty, -ści) (*dat sg* -**ście** *m decl like f in sg* chauvinist.

szowinistyczny *adj* chauvinistic.

szowiniz|m (-mu) (*loc sg* -**mie**) *m* chauvinism.

szóst|ka (-ki, -ki) (*dat sg* -**ce**, *gen pl* -**ek**) *f* six; (*SZKOL*) outstanding (*mark*).

szósty *num decl like adj* sixth; **strona szósta** page six.

szpa|da (-dy, -dy) (*dat sg* -dzie) *f* (*broń*) sword.

szpad|el (-la, -le) (*gen pl* -li) *m* spade.

szpaga|t (-tu, -ty) (*loc sg* -cie) *m* (*sznurek*) twine; (*SPORT*) the splits *pl*.

szpa|k (-ka, -ki) (*instr sg* -kiem) *m* starling.

szpale|r (-ru, -ry) (*loc sg* -rze) *m* line.

szpal|ta (-ty, -ty) (*dat sg* -cie) *f* column.

szpa|n (-nu) (*loc sg* -nie) *m* (*pot*) swank (*pot*).

szpan|ować (-uję, -ujesz) *vi* (*pot*) to swank (*pot*).

szpa|ra (-ry, -ry) (*dat sg* -rze) *f* gap, space.

szpara|g (-ga, -gi) (*instr sg* -giem) *m* asparagus; **szparagi** *pl* (*KULIN*) asparagus (spears *pl*).

szpe|cić (-cę, -cisz) (*imp* -ć, *perf* **o-** *lub* **ze-**) *vt* to mar.

szper|ać (-am, -asz) (*perf* **wy-**) *vi* to browse; **szperać po kieszeniach** to rummage through one's pockets.

szpetny *adj* unsightly.

szpic|el (-la, -le) (*gen pl* -li *lub* -lów) *m* (*pej*: *szpieg*) snooper.

szpie|g (-ga, -dzy) (*instr sg* -giem) *m* spy.

szpiegost|wo (-wa) (*loc sg* -wie) *nt* espionage.

szpieg|ować (-uję, -ujesz) (*perf* **wy-**) *vt*: **szpiegować kogoś** to spy on sb ♦ *vi* to spy.

szpi|k (-ku) (*instr sg* -kiem) *m* (*też*: **szpik kostny**) (bone) marrow.

szpikul|ec (-ca, -ce) *m* skewer.

szpil|ka (-ki, -ki) (*dat sg* -ce, *gen pl* -ek) *f* (*KRAWIECTWO*) pin; (*też*: **szpilka do włosów**) hairpin; **szpilki** *pl* (*buty*) stilettos *pl*.

szpina|k (-ku) (*instr sg* -kiem) *m* spinach.

szpital (-a, -e) (*gen pl* -i) *m* hospital; **być** *lub* **leżeć w szpitalu** to be in

(the (*US*)) hospital; **zabrać** *(perf)* **kogoś do szpitala** to take sb to (the (*US*)) hospital.

szpo|n (-na *lub* -nu, -ny) (*loc sg* -nie) *m* talon, claw.

szprot|ka (-ki, -ki) (*dat sg* -ce, *gen pl* -ek) *f* sprat.

szpry|cha (-chy, -chy) (*dat sg* -sze) *f* spoke.

szpul|a (-i, -e) *f* spool, reel.

szpul|ka (-ki, -ki) (*dat sg* -ce, *gen pl* -ek) *f* bobbin.

szpulowy *adj*: **magnetofon szpulowy** reel-to-reel tape recorder.

szra|ma (-my, -my) (*dat sg* -mie) *f* scar.

szro|n (-nu) (*loc sg* -nie) *m* (white) frost, hoarfrost.

szta|b (-bu, -by) (*loc sg* -bie) *m* staff; **sztab główny** *lub* **generalny** general headquarters.

szta|ba (-by, -by) (*dat sg* -bie) *f* bar.

sztab|ka (-ki, -ki) (*dat sg* -ce, *gen pl* -ek) *f* bar.

sztafe|ta (-ty, -ty) (*dat sg* -cie) *f* relay.

sztafetowy *adj*: **bieg sztafetowy** relay (race).

sztalu|gi (-g) *pl* easel.

sztanda|r (-ru, -ry) (*loc sg* -rze) *m* standard (*flag*).

sztandarowy *adj* (*główny*) leading; **poczet sztandarowy** colour (*BRIT*) *lub* color (*US*) guard.

sztan|ga (-gi, -gi) (*dat sg* -dze) *f* (*SPORT*) weight.

sztangi|sta (-sty, -ści) (*loc sg* -ście) *m decl like f in sg* weight-lifter.

szterlin|g (-ga, -gi) (*instr sg* -giem) *m*: **funt szterling** (pound) sterling.

Sztokhol|m (-mu) (*loc sg* -mie) *m* Stockholm.

sztorc (-a, -e) *m*: **na sztorc** on end.

sztor|m (-mu, -my) (*loc sg* -mie) *m* storm.

sztormowy *adj* (*pogoda*) stormy.

sztruk|s (-su, -sy) (*loc sg* -sie) *m*
corduroy, cord; **sztruksy** *pl* cords *pl*.

sztuce|r (-ra, -ry) (*loc sg* -rze) *m* rifle.

sztucz|ka (-ki, -ki) (*dat sg* -ce, *gen pl*
-ek) *f* (*fortel*) ploy, trick; (*karciana,
magiczna*) trick.

sztucznie *adv* artificially.

sztuczny *adj* artificial; **tworzywo
sztuczne** plastic; **sztuczne ognie**
fireworks; **sztuczne oddychanie**
artificial respiration.

sztućc|e (-ów) *pl* cutlery.

sztu|ka (-ki, -ki) (*dat sg* -ce) *f*
(*twórczość, kunszt, umiejętność*) art;
(*TEATR*) play; (*karciana, cyrkowa*)
trick; (*egzemplarz*) piece; **sztuka
ludowa** folk art; **sztuki
piękne/plastyczne** the fine/plastic
arts; **po 2 złote sztuka** *lub* **za
sztukę** 2 zloty apiece.

sztukmistrz (-a, -e) *m* conjurer.

sztuk|ować (-uję, -ujesz) (*perf* nad-)
vt to lengthen.

szturch|ać (-am, -asz) (*perf* -nąć) *vt*
to nudge.

sztur|m (-mu, -my) (*loc sg* -mie) *m*:
przypuścić (*perf*) **szturm na** +*acc* to
launch an assault against.

szturm|ować (-uję, -ujesz) *vt*
(*WOJSK*) to storm; (*przen*) to invade.

sztyle|t (-tu, -ty) (*loc sg* -cie) *m*
dagger.

sztywni|eć (-eję, -ejesz) (*perf* ze-) *vi*
to stiffen.

sztywno *adv* (*sterczeć, zamocować*)
rigidly; (*chodzić, zachowywać się*)
stiffly.

sztywny *adj* (*kołnierzyk, część ciała,
ruch*) stiff; (*konstrukcja, przepisy*)
rigid; (*ceny*) fixed; (*wygląd*) prim.

szubienic|a (-y, -e) *f* gallows.

szufel|ka (-ki, -ki) (*dat sg* -ce, *gen pl*
-ek) *f* (*do śmieci*) dustpan; (*do
węgla*) shovel.

szufl|a (-i, -e) (*gen pl* -i) *f* shovel.

szufla|da (-dy, -dy) (*dat sg* -dzie) *f*
drawer.

szufladk|ować (-uję, -ujesz) (*perf*
za-) *vt* to pigeonhole.

szuk|ać (-am, -asz) (*perf* po-) *vt* +*gen*
(*miejsca, złodzieja, okazji, pociechy*)
to look for; (*przygód,
sprawiedliwości, zemsty, szczęścia*)
to seek.

szule|r (-ra, -rzy) (*loc sg* -rze) *m*
cardsharp.

szu|m (-mu, -my) (*loc sg* -mie) *m* (*fal,
głosów, miasta*) hum; (*drzew,
deszczu*) rustle; (*nieuzasadniona
popularność*) hype; (*w głośniku*)
noise; **szumy** *pl* (*RADIO*) static.

szumi|eć (-) (*pt* -ał) *vi* (*o falach,
wietrze, wentylatorze*) to hum; **szumi
mi w głowie** my head is buzzing.

szumny *adj* high-sounding.

szuwar|y (-ów) *pl* rushes *pl*.

szwa|gier (-gra, -growie) (*loc sg*
-grze) *m* brother-in-law.

szwagier|ka (-ki, -ki) (*dat sg* -ce, *gen
pl* -ek) *f* sister-in-law.

Szwajca|r (-ra, -rzy) (*loc sg* -rze) *m*
Swiss.

Szwajcari|a (-i) *f* Switzerland.

Szwajcar|ka (-ki, -ki) (*dat sg* -ce, *gen
pl* -ek) *f* Swiss.

szwajcarski *adj* Swiss.

szwan|k (-ku) (*instr sg* -kiem) *m*:
narazić (*perf*) **kogoś /coś na
szwank** to jeopardize sb/sth; **wyjść**
(*perf*) **(z czegoś) bez szwanku** to
escape unharmed.

szwank|ować (-uje) (*perf* za-) *vi* to
be failing.

Szwecj|a (-i) *f* Sweden.

Szwe|d (-da, -dzi) (*loc sg* -dzie) *m*
Swede.

Szwed|ka (-ki, -ki) (*dat sg* -ce, *gen pl*
-ek) *f* Swede.

szwedzki *adj* Swedish ♦ *m decl like
adj* Swedish.

szy|b (-bu, -by) (*loc sg* -bie) *m* shaft; **szyb naftowy** oil rig *lub* well.

szy|ba (-by, -by) (*dat sg* -bie) *f* (*szklana tafla*) (window) pane; (*okno*) window; **przednia szyba** (*MOT*) windscreen (*BRIT*), windshield (*US*).

szyb|ki (*comp* -szy) *adj* fast; (*decyzja, koniec, zysk*) quick; **bar szybkiej obsługi** fast food restaurant.

szyb|ko (*comp* -ciej) *adv* (*jechać, iść*) fast; (*reagować, odpowiadać*) quickly; **szybko!** (be) quick!

szybkoś|ć (-ci, -ci) (*gen pl* -ci) *f* (*pojazdu, wiatru, zmian*) speed; (*decyzji*) promptness; (*wystrzałów*) rapidity.

szybkowa|r (-ru, -ry) (*loc sg* -rze) *m* pressure cooker.

szyb|ować (-uję, -ujesz) (*perf* po-) *vi* to glide.

szybo|wiec (-wca, -wce) *m* glider.

szyci|e (-a) *nt* sewing; **maszyna do szycia** sewing machine.

szy|ć (-ję, -jesz) *vt* (*wytwarzać*) (*perf* u-) to sew; (*zszywać*) (*perf* z-) to stitch; (*MED*) (*perf* z-) to suture, to stitch; **szyć na maszynie** to machine.

szydeł|ko (-ka, -ka) (*instr sg* -kiem, *gen pl* -ek) *nt* crochet-hook.

szydełk|ować (-uję, -ujesz) *vt* to crochet.

szyderczy *adj* derisive, sneering.

szyd|ło (-ła, -ła) (*loc sg* -le, *gen pl* -eł) *f* awl.

szy|dzić (-dzę, -dzisz) (*imp* -dź) *vi*: **szydzić z** +*gen* to deride, to sneer at.

szyf|r (-ru, -ry) (*loc sg* -rze) *m* (*secret*) code, cipher.

szyfr|ować (-uję, -ujesz) (*perf* za-) *vt* to code, to cipher.

szyfrowy *adj*: **zamek szyfrowy** combination lock.

szy|ja (-i, -je) *f* neck.

szyj|ka (-ki, -ki) (*dat sg* -ce, *gen pl* -ek) *f* (*butelki, instrumentu*) neck.

szy|k (-ku) (*instr sg* -kiem) *m* (*elegancja*) style; **pokrzyżować** (*perf*) *lub* **popsuć** (*perf*) **komuś szyki** to thwart *lub* cross sb's plans.

szykan|ować (-uję, -ujesz) *vt* to persecute.

szykan|y (-) *pl* persecution.

szyk|ować (-uję, -ujesz) (*śniadanie, obiad*) (*perf* przy- *lub* na- *lub* u-) *vt* to prepare; (*niespodziankę*) (*perf* przy-) to prepare.

▸**szykować się** *vr* (*perf* przy-): **szykować się (do czegoś)** to prepare (for sth).

szylin|g (-ga, -gi) (*instr sg* -giem) *m* shilling.

szympan|s (-sa, -sy) (*loc sg* -sie) *m* chimp(anzee).

szy|na (-ny, -ny) (*dat sg* -nie) *f* rail; (*MED*) splint; **szyny** *pl* rail(s *pl*).

szyn|ka (-ki, -ki) (*dat sg* -ce, *gen pl* -ek) *f* ham.

szypuł|ka (-ki, -ki) (*dat sg* -ce, *gen pl* -ek) *f* stalk.

szysz|ka (-ki, -ki) (*dat sg* -ce, *gen pl* -ek) *f* cone.

szyty *adj*: **szyty na miarę** tailor-made, made-to-measure.

Ś

ścia|na (-ny, -ny) (*dat sg* -nie) *f* wall; (*strome zbocze*) face.

ściąć (zetnę, zetniesz) (*imp* zetnij) *vb perf od* **ścinać**.

ścią|ga (-gi, -gi) (*dat sg* -dze) *f* crib sheet.

ściąg|ać (-am, -asz) (*perf* -nąć) *vt* (*buty, koszulę*) to pull off; (*flagę*) to take down; (*mocno związywać*) to pull tight; (*pot. odpisywać*) to crib ▸

vi (*przybywać*) to come flocking; (*pot. odpisywać*) to crib.

ściągaw|ka (**-ki, -ki**) (*dat sg* **-ce**, *gen pl* **-ek**) *f* crib sheet.

ściąg|nąć (**-nę, -niesz**) (*imp* **-nij**) *vb perf od* **ściągać**.

ście|g (**-gu, -gi**) (*instr sg* **-giem**) *m* stitch.

ście|k (**-ku, -ki**) (*instr sg* **-kiem**) *m* (*kanał*) sewer; **ścieki** *pl* sewage *sg*.

ściek|ać (**-a**) (*perf* **ściec** *lub* **ścieknąć**) *vi* to trickle (down).

ściel|ić (**-ę, -isz**) *vt* (*perf* **po-**): **ścielić łóżko** to make the bed.

ściem|niać się (**-niam, -niasz**) (*perf* **-nić**) *vr* (*o obrazie*) to go dark; **ściemnia się** it is getting dark.

ściemni|eć (**-eje**) *vi perf* (*o kolorze*) to darken; (*o obrazie, niebie*) to go dark, to darken; (*o świetle*) to dim.

ścienny *adj* wall *attr.*

ścier|ać (**-am, -asz**) (*perf* **zetrzeć**) *vt* (*napis, rysunek*) to rub off; (*resztki cieczy*) to wipe away *lub* off; **ścierać kurze** to dust.

▶**ścierać się** *vr* (*o armiach, poglądach*) to clash; (*o materiale, dywanie*) to get worn, to wear thin; (*o butach*) to wear out.

ścier|ka (**-ki, -ki**) (*dat sg* **-ce**, *gen pl* **-ek**) *f* cloth; (*do naczyń*) dishcloth; (*do kurzu*) duster.

ścierny *adj*: **papier ścierny** sandpaper.

ścier|pieć (**-pię, -pisz**) *vt perf*: **nie mogę go ścierpieć** I can't stand him.

ścierpnięty *adj* numb(ed).

ścież|ka (**-ki, -ki**) (*dat sg* **-ce**, *gen pl* **-ek**) *f* path; (*na taśmie magnetofonowej*) track; **ścieżka dźwiękowa** soundtrack; **ścieżka zdrowia** fitness trail.

ścię|gno (**-gna, -gna**) (*loc sg* **-gnie**, *gen pl* **-gien**) *nt* (*ANAT*) tendon.

ścig|ać (**-am, -asz**) *vt* (*gonić*) to chase, to pursue; (*o policji*) to hunt for.

▶**ścigać się** *vr* to race.

ścin|ać (**-am, -asz**) (*perf* **ściąć**) *vt* (*drzewo*) to cut down, to fell; (*włosy*) to cut; (*skazańca*) to behead.

▶**ścinać się** *vr* (*o białku*) to set; (*przen: o krwi w żyłach*) to curdle.

ściół|ka (**-ki, -ki**) (*dat sg* **-ce**, *gen pl* **-ek**) *f* (*dla zwierząt*) bedding; **ściółka leśna** forest bed.

ścis|k (**-ku**) (*instr sg* **-kiem**) *m* (*pot*) crush.

ścis|kać (**-kam, -kasz**) *vt* (*dłońmi*) (*perf* **-nąć**) to squeeze; (*imadłem*) (*perf* **-nąć**) to grip; (*mocno trzymać*) (*perf* **-nąć**) to clasp tightly; (*obejmować*) (*perf* **u-**) to hug.

▶**ściskać się** *vr* (*obejmować się*) (*perf* **u-**) to hug.

ścisłoś|ć (**-ci**) *f* (*dokładność*) exactness.

ścisły *adj* (*instrukcja, informacja, nauka*) exact; (*dyscyplina, dieta*) strict; (*związek, zależność*) close; **nauki ścisłe** the sciences.

ścisz|ać (**-am, -asz**) (*perf* **-yć**) *vt* (*radio*) to turn down.

ściśle *adv* (*określać, wyrażać, przestrzegać*) exactly; (*wykonywać, badać*) rigorously; (*przylegać, pakować*) closely, tightly; **ściśle tajny** top-secret.

śla|d (**-du, -dy**) (*loc sg* **-dzie**) *m* (*stopy*) footprint, footmark; (*zwierzęcia*) track; (*kopyta*) hoof-print; (*pozostałość*) trace.

ślamazarny *adj* sluggish.

Śląs|k (**-ka**) (*instr sg* **-kiem**) *m* Silesia.

Śląza|k (**-ka, -cy**) (*instr sg* **-kiem**) *m* Silesian.

śle|dzić (**-dzę, -dzisz**) (*imp* **-dź**) *vt* to follow; (*ruchy wojsk*) to monitor; (*o radarze*) to track.

śledzio|na (**-ny, -ny**) (*loc sg* **-nie**) *f* spleen.

śledzt|wo (**-wa, -wa**) (*loc sg* **-wie**) *nt* investigation, inquiry.

śle|dź (-dzia, -dzie) (*gen pl* -dzi) *m*
(*ZOOL*) herring; (*do namiotu*) tent
peg.

śle|piec (-pca, -pcy) *m* blind man.

ślep|nąć (-nę, -niesz) (*imp* -nij, *pt* -ł,
perf o-) *vi* to go blind.

ślepo *adv* blindly; **na ślepo**
randomly.

ślepo|ta (-ty) (*dat sg* -cie) *f* blindness.

ślepy *adj* blind; **ślepa ulica**
cul-de-sac, dead end; **ślepa kiszka**
(*ANAT: pot*) (vermiform) appendix.

ślę, ślesz *itd. vb patrz* **słać**.

ślęcz|eć (-ę, -ysz) *vi*: **ślęczeć nad
czymś** (*aktami, książką*) to pore
over sth; (*szyciem*) to labour (*BRIT*)
lub labor (*US*) over sth.

śliczny *adj* (*bardzo ładny*) lovely.

ślima|k (-ka, -ki) (*instr sg* -kiem) *m*
(*ZOOL*) snail; (*bez skorupy*) slug.

śli|na (-ny) (*dat sg* -nie) *f* saliva, spit.

ślinia|k (-ka, -ki) (*instr sg* -kiem) *m* bib.

śli|nić (-nię, -nisz) (*imp* śliń, *perf* po-)
vt (*palec*) to moisten (*with saliva*).

▶**ślinić się** *vr* (*o człowieku,
zwierzęciu*) to drool; (*o dziecku*) to
dribble.

śliski *adj* (*droga, posadzka*) slippery.

ślisko *adv*: **na drogach jest ślisko**
the roads are slippery.

śli|wa (-wy, -wy) (*dat sg* -wie) *f* plum
(tree).

śliw|ka (-ki, -ki) (*dat sg* -ce, *gen pl*
-ek) *f* (*owoc*) plum; (*drzewo*) plum
tree; **suszona śliwka** prune.

ślizg|ać się (-am, -asz) *vr* (*na
łyżwach*) to skate; (*na butach*) to
slide; (*nie móc utrzymać równowagi*)
to slither; (*o samochodzie*) to skid.

ślizgaw|ka (-ki, -ki) (*dat sg* -ce, *gen
pl* -ek) *f* slide.

ślu|b (-bu, -by) (*loc sg* -bie) *m*
marriage, wedding; **ślub kościelny**
church wedding; **ślub cywilny** civil
marriage; **brać (wziąć** *perf*) **ślub** to

get married, to marry; **śluby
zakonne** (*REL*) holy orders.

ślubny *adj* wedding *attr*.

ślub|ować (-uję, -ujesz) *vt* (*miłość*)
to pledge; (*zemstę*) to swear.

ślusarz (-a, -e) (*gen pl* -y) *m*
locksmith.

ślu|z (-zu, -zy) (*loc sg* -zie) *m* mucus.

ślu|za (-zy, -zy) (*dat sg* -zie) *f*
(*zapora*) sluice; (*na szlaku wodnym*)
lock.

śmiać się (śmieję, śmiejesz) (*perf*
za-) *vr* to laugh; **śmiać się z
kogoś/czegoś** to laugh at sb/sth.

śmi|ało *adv* (*comp* -elej) (*odważnie*)
boldly; (*bez trudu*) easily; **śmiało!**
come on!; **mogę śmiało
powiedzieć, że ...** I can safely say
that ... .

śmiałoś|ć (-ci) *f* boldness.

śmi|ały (*comp* -elszy) *adj* bold, daring.

śmiech (-u, -y) *m* laughter.

śmieciar|ka (-ki, -ki) (*dat sg* -ce, *gen
pl* -ek) *f* dustcart (*BRIT*), garbage
truck (*US*).

śmieciarz (-a, -e) (*gen pl* -y) *m*
dustman (*BRIT*), garbage collector
(*US*).

śmie|cić (-cę, -cisz) (*imp* -ć) *vi* to
throw litter about.

śmieć¹ (śmiecia, śmieci *lub* śmiecie)
m (*odpadek*) piece of litter; **śmieci**
pl (*odpadki*) rubbish, garbage (*US*);
(*na ulicy, w parku*) litter *sg*.

śmieć² (śmiem, śmiesz) (*3 pl* śmią
lub śmieją, *imp* śmiej) *vi* to dare; **jak
śmiesz!** how dare you!

śmiercionośny *adj* lethal, deadly.

śmier|ć (-ci) *f* death; **ponieść** (*perf*)
śmierć to die; **kara śmierci** capital
punishment, the death penalty.

śmierdzący *adj* stinking.

śmier|dzieć (-dzę, -dzisz) (*imp* -dź)
vi: **śmierdzieć (czymś)** to stink (of
sth).

śmiertelnie *adv* (*blady, zimny*)

deathly; (*chory*) terminally; (*ranny*) mortally, fatally; **śmiertelnie znudzony/przerażony** bored/frightened to death.

śmiertelny *adj* (*dawka*) lethal; (*trucizna*) deadly; (*bladość, cisza*) deathly; (*choroba*) terminal, fatal; (*istota, niebezpieczeństwo, wróg*) mortal; (*rana*) fatal, mortal; **wypadek śmiertelny** fatality; **grzech śmiertelny** mortal sin.

śmiesznie *adv* (*zabawnie*) comically; **śmiesznie tani** ridiculously cheap.

śmieszny *adj* (*zabawny*) funny, amusing; (*absurdalny*) ridiculous, laughable.

śmiesz|yć (-ę, -ysz) (*perf* **rozśmieszyć**) *vt* to amuse.

śmieta|na (-ny) (*dat sg* -**nie**) *f* cream; **bita śmietana** whipped cream.

śmietan|ka (-ki) (*dat sg* -**ce**, *gen pl* -**ek**) *f* cream.

śmietnicz|ka (-ki, -ki) (*dat sg* -**ce**, *gen pl* -**ek**) *f* (*szufelka*) dustpan.

śmietni|k (-ka, -ki) (*instr sg* -**kiem**) *m* (*miejsce*) the bins *pl*; (*pojemnik*) skip (*BRIT*), dumpster (*US*).

śmietnis|ko (-ka, -ka) (*instr sg* -**kiem**) *nt* rubbish (*BRIT*) *lub* garbage (*US*) dump.

śmi|gło (-gła, -gła) (*loc sg* -**gle**, *gen pl* -**gieł**) *nt* propeller.

śmigło|wiec (-wca, -wce) *m* helicopter, chopper (*pot*).

śniada|nie (-nia, -nia) (*gen pl* -**ń**) *nt* breakfast; **jeść śniadanie** to have breakfast; **drugie śniadanie** (*posiłek*) elevenses (*BRIT*), midmorning snack (*US*); (*kanapki*) packed lunch (*BRIT*), box *lub* bag lunch (*US*).

śniadaniowy *adj*: **płatki śniadaniowe** breakfast cereal; **papier śniadaniowy** sandwich paper.

śniady *adj* tawny.

śnić (**śnię, śnisz**) *vt* (*perf* **wy-**) to dream ♦ *vi*: **śnić o kimś/czymś** to dream of *lub* about sb/sth.

▶**śnić się** *vr* (*perf* **przy-**): **śniło mu się, że ...** he dreamt that ...; **śniłaś mi się** I had a dream about you.

śnie *n patrz* **sen**.

śnie|g (-gu, -gi) (*instr sg* -**giem**) *m* snow; **pada śnieg** it's snowing; **śnieg z deszczem** sleet; **opady śniegu** snowfall.

śnież|ka (-ki, -ki) (*dat sg* -**ce**, *gen pl* -**ek**) *f* snowball.

śnieżnobiały *adj* snow-white.

śnieżny *adj*: **zamieć śnieżna** snowstorm, blizzard; **pług śnieżny** snowplough (*BRIT*), snowplow (*US*).

śnieżyc|a (-y, -e) *f* snowstorm.

śnieżyn|ka (-ki, -ki) (*dat sg* -**ce**, *gen pl* -**ek**) *f* snowflake.

śp. *abbr* (= **świętej pamięci**) *abbreviation put before the name of a late Christian*.

śpiący *adj* (*pogrążony we śnie*) asleep, sleeping; (*senny*) sleepy, drowsy; **Śpiąca Królewna** Sleeping Beauty.

śpiącz|ka (-ki) (*dat sg* -**ce**) *f* (*MED*) coma.

śpiesz|yć, spiesz|yć (-ę, -ysz) (*perf* **po-**) *vi*: **śpieszyć komuś z pomocą** to rush to the aid of sb.

▶**śpieszyć się** *vr* (*o człowieku*) to (be in a) rush, to (be in a) hurry; (*o zegarze*) to be fast; **śpieszyć się dokądś** to be in a hurry to get somewhere; **śpieszy mi się** I'm in a hurry; **nie śpiesz się!** take your time!

śpie|w (-wu, -wy) (*loc sg* -**wie**) *m* singing; (*napis na płycie, kasecie*) vocals *pl*.

śpiewacz|ka (-ki, -ki) (*dat sg* -**ce**, *gen pl* -**ek**) *f* singer.

śpiew|ać (-am, -asz) (*perf* **za-**) *vt/vi* to sing.

śpiewa|k (**-ka, -cy**) (*instr sg* **-kiem**) *m* singer.

śpiewni|k (**-ka, -ki**) (*instr sg* **-kiem**) *m* songbook.

śpioch (**-a, -y**) *m* late riser.

śpiosz|ki (**-ków**) *pl* rompers *pl*.

śpiw|ór (**-ora, -ory**) (*loc sg* **-orze**) *m* sleeping bag.

śr. *abbr* (= *średni, średnio*) av. (= average, on average); (= *średnica* d. (= diameter); (= *środa*) Wed. (= Wednesday).

średni *adj* (*przeciętny*) average; (*rozmiar*) medium; **średniego wzrostu** of medium *lub* average height; **w średnim wieku** middle-aged; **klasa średnia** the middle class; **szkoła średnia** secondary (*BRIT*) *lub* high (*US*) school; **średnie wykształcenie** secondary education; **fale średnie** medium wave.

średni|a (**-ej, -e**) *f decl like adj* mean, average; **poniżej/powyżej średniej** below/above (the) average.

średnic|a (**-y, -e**) *f* diameter.

średni|k (**-ka, -ki**) (*instr sg* **-kiem**) *m* semicolon.

średnio *adv* on average.

średniowiecz|e (**-a**) *nt* the Middle Ages.

średniowieczny *adj* (*HIST*) medieval; (*przestarzały*) antiquated.

średniozaawansowany *adj* intermediate.

śr|oda (**-ody, -ody**) (*dat sg* **-odzie**, *gen pl* **-ód**) *f* Wednesday; **środa popielcowa** Ash Wednesday.

środ|ek (**-ka, -ki**) (*instr sg* **-kiem**) *m* (*punkt centralny*) middle, centre (*BRIT*), center (*US*); (*wnętrze*) inside; (*sposób*) means; (*forma działania*) measure; (*preparat chemiczny*) agent; (*lek: MED*) medication; (: *przen*) remedy; **w środku** (*w centrum*) in the middle; (*wewnątrz*)

inside; **do środka** (*do wewnątrz*) inward(s); **poprosić** (*perf*) **kogoś do środka** to ask sb in; **wejść** (*perf*) **do środka** to go inside; **środek transportu** means of transport (*BRIT*) *lub* transportation (*US*);

środki *pl* (*zasoby materialne*) means *pl*; **środki finansowe** *lub* **pieniężne** finance *sg*, (financial) resources; **środki ostrożności** precautions; **środki masowego przekazu** mass-media.

środkowoeuropejski *adj* Central European.

środkowy *adj* central, middle *attr*.

środowis|ko (**-ka, -ka**) (*instr sg* **-kiem**) *nt* environment; **środowisko naturalne** the environment; **ochrona środowiska** environment(al) protection.

śródmieś|cie (**-cia, -cia**) (*gen pl* **-ci**) *nt* city centre (*BRIT*), downtown (*US*).

śródziemnomorski *adj* Mediterranean *attr*.

śródziemny *adj*: **Morze Śródziemne** the Mediterranean (sea).

śru|ba (**-by, -by**) (*dat sg* **-bie**) *f* screw; (*do łączenia elementów*) bolt; (*okrętowa*) propeller.

śrub|ka (**-ki, -ki**) (*dat sg* **-ce**) *f dimin od* **śruba**.

śrubokrę|t (**-tu, -ty**) (*loc sg* **-cie**) *m* screwdriver.

śru|t (**-tu**) (*loc sg* **-cie**) *m* shot.

św. *abbr* (= *święty, święta*) St.

świadcze|nie (**-nia, -nia**) (*gen pl* **-ń**) *nt*: **świadczenie usług** provision of services; **świadczenia** *pl* (*obowiązkowe usługi*) services *pl*; (*pomoc materialna*) benefit *sg*; **świadczenia socjalne** welfare benefit *sg*.

świadcz|yć (**-ę, -ysz**) *vt* (*usługi*) to provide ♦ *vi* (*zeznawać*) to testify; (*wskazywać*) to show.

świadect|wo (**-wa, -wa**) (*loc sg* **-wie**)

nt (*dokument*) certificate; (*dowód, wypowiedź*) testimony; **świadectwo szkolne** school report (*BRIT*), report card (*US*); **świadectwo dojrzałości** *certificate of secondary education*; ≈ GCSE (*BRIT*), ≈ High School Diploma (*US*).

świad|ek (**-ka, -kowie**) (*instr sg* **-kiem**) *m* witness; (*na ślubie: mężczyzna*) ≈ best man; (: *kobieta*) ≈ maid of honour (*BRIT*) *lub* honor (*US*); **być świadkiem czegoś** to witness sth; **naoczny świadek** eye witness.

świadomie *adv* knowingly.

świadomoś|ć (**-ci**) *f* consciousness, awareness.

świadomy *adj* (*celowy*) conscious; **świadomy czegoś** aware *lub* conscious of sth.

świa|t (**-ta, -ty**) (*loc sg* **świecie**) *m* world; **na całym świecie** all over the world.

świat|ło (**-ła, -ła**) (*loc sg* **świetle**, *gen pl* **-eł**) *nt* light; **światło dzienne** daylight; **w świetle czegoś** (*przen*) in the light of sth; **światło przednie/tylne** (*MOT*) headlight/rear light; **światło odblaskowe** reflector; **światła** *pl* (*pot: na skrzyżowaniu*) traffic lights; **światła drogowe** *lub* **długie** full (*BRIT*) *lub* high (*US*) beam; **światła mijania** *lub* **krótkie** dipped (*BRIT*) *lub* dimmed (*US*) (head)lights; **światła awaryjne** hazard (warning) lights; **światła cofania** reversing lights; **światła postojowe** parking lights; **światła stopu** stoplights.

światłomierz (**-a, -e**) (*gen pl* **-y**) *m* light *lub* exposure meter.

światły *adj* (*książk*) enlightened.

światopoglą|d (**-du, -dy**) (*loc sg* **-dzie**) *m* outlook.

światowy *adj* (*wojna, potęga, premiera*) world *attr*; (*sława, rozgłos,* *kryzys*) world-wide; (*życie, towarzystwo*) high *attr*; **pierwsza/druga wojna światowa** World War One/Two, the First/Second World War.

świąteczny *adj* (*odświętny*) festive; (*bożonarodzeniowy*) Christmas *attr*; (*wielkanocny*) Easter *attr*.

świątobliwy *adj* saintly.

świąty|nia (**-ni, -nie**) (*gen pl* **-ń**) *f* temple.

świd|er (**-ra, -ry**) (*loc sg* **-rze**) *m* drill.

świdr|ować (**-uję, -ujesz**) *vt* (*deski, skałę*) to drill holes in ♦ *vi* to drill.

świec|a (**-y, -e**) *f* candle; **świeca (zapłonowa)** (*MOT*) spark plug, sparking plug (*BRIT*).

świecący *adj* (*palący się: słońce, lampa*) shining; (*błyszczący*) shiny; (*fosforyzujący*) luminous.

świe|cić (**-cę, -cisz**) (*imp* **-ć**) *vi* (*wysyłać światło: o lampie, słońcu*) to shine; (*lśnić*) to gleam, to shine.

▸**świecić się** *vr* (*o lampie*) to be on; (*lśnić*) to shine, to gleam.

świecie *n patrz* **świat**.

świecki *adj* (*szkoła, władza*) secular; (*człowiek*) lay.

świecz|ka (**-ki, -ki**) (*dat sg* **-ce**, *gen pl* **-ek**) *f* candle.

świeczni|k (**-ka, -ki**) (*instr sg* **-kiem**) *m* candlestick.

świergo|tać (**-cze**) *vi* to twitter.

świer|k (**-ku** *lub* **-ka, -ki**) (*instr sg* **-kiem**) *m* spruce.

świerszcz (**-a, -e**) (*gen pl* **-y**) *m* cricket.

świetlany *adj* bright.

świetle *n patrz* **światło**.

świetlic|a (**-y, -e**) *f* (*SZKOL*) common room.

świetli|k (**-ka, -ki**) (*instr sg* **-kiem**) *m* (*ZOOL*) glow-worm; (*okno w dachu*) skylight.

świetlny *adj* (*sygnał, rok, pióro*) light *attr*; (*efekt*) luminous.

świetlów|ka (-ki, -ki) (*dat sg* -ce, *gen pl* -ek) *f* fluorescent light.

świetnie *adv*: czuć się świetnie to feel great; świetnie nam idzie we're doing very well; ona świetnie gotuje/gra she's an excellent cook/player; świetnie! great!

świetnoś|ć (-ci) *f* (*pałacu*) magnificence, splendour (*BRIT*), splendor (*US*); (*tradycji, rodu*) glory, greatness.

świetny *adj* (*pomysł, praca, pisarz*) excellent; (*ród, tradycja*) fine.

świeżo *adv* (*przygotowany*) freshly; (*odkryty*) newly; „świeżo malowane" "wet paint".

świeżoś|ć (-ci) *f* freshness.

świeży *adj* fresh; na świeżym powietrzu in the open (air).

święce|nia (-ń) *pl*: święcenia kapłańskie ordination.

świę|cić (-cę, -cisz) (*imp* -ć) *vt* (*jubileusz, rocznicę*) to celebrate; (*kaplicę, kościół*) (*perf* po-) to consecrate; (*mieszkanie, potrawy*) (*perf* po-) to bless.

▶**święcić się** *vr*: coś się święci there's something in the air.

święcon|ka (-ki, -ki) (*dat sg* -ce, *gen pl* -ek) *f* food traditionally blessed in church before Easter.

święcony *adj*: woda święcona holy water.

świę|to (-ta, -ta) (*loc sg* -cie, *gen pl* świąt) *nt* holiday; święto państwowe/kościelne national/religious holiday; święta *pl*: święta (Bożego Narodzenia) Christmas; Święta Wielkanocne Easter; Wesołych Świąt! (*Bożego Narodzenia*) Merry *lub* Happy Christmas!; (*Wielkanocnych*) Happy Easter!

świętoś|ć (-ci) *f* (*cecha*) holiness, sacredness.

święt|ować (-uję, -ujesz) *vt* to celebrate ♦ *vi* (*obchodzić święto*) to have a holiday; (*bawić się*) to celebrate.

święty *adj* (*REL*: *księga, obraz*) holy, sacred; (: *przed imieniem*) saint; (*człowiek: cnotliwy*) saintly; (*prawo*) sacred, sacrosanct; Pismo Święte the (Holy) Scriptures; Duch Święty Holy Spirit *lub* Ghost; Ojciec Święty Holy Father; Święty Mikołaj Father Christmas (*BRIT*), Santa (Claus) (*US*); świętej pamięci pan Kowalski the late Mr Kowalski ♦ *m decl like adj* saint; Wszystkich Świętych All Saints' Day.

świ|nia (-ni, -nie) (*gen pl* -ń) *nt* (*ZOOL*) pig; (*pot!*: *o człowieku*) pig (*pot!*), swine (*pot*).

świn|ka (-ki, -ki) (*dat sg* -ce, *gen pl* -ek) *f dimin od* świnia; (*MED*) mumps; świnka morska guinea pig.

świński *adj* (*pot. żart*) dirty (*pot*); (*pot. postępek*) dirty (*pot*), rotten (*pot*); świńska skóra pigskin.

świńst|wo (-wa, -wa) (*loc sg* -wie) *nt* (*pot. podły czyn*) dirty *lub* rotten trick (*pot*); (: *obrzydliwe jedzenie*) muck (*pot*); co za świństwo! that's disgusting!; świństwa *pl* filth.

świ|st (-stu, -sty) (*loc sg* -ście) *m* (*bata, pocisku*) swish; (*wiatru*) whistle.

świst|ek (-ka, -ki) (*instr sg* -kiem) *m*: świstek papieru a scrap of paper.

świszcz|eć (-y) *vi* to whistle.

świ|t (-tu, -ty) (*loc sg* -cie) *m* dawn, daybreak.

świ|ta (-ty, -ty) (*dat sg* -cie) *f* retinue, entourage.

świt|ać (-a) (*perf* za-) *vi* (*o dniu*) to dawn; coś mi (w głowie) świta it sounds familiar; zaświtała mi myśl, że/żeby ... it crossed my mind that/to ... .

T

ta (*see* **Table 9**) *pron* (*bliżej*) this;
(*dalej*) that.

taba|ka (-ki, -ki) (*dat sg* -ce) *f* snuff.

tabel|a (-i, -e) *f* table.

tabel|ka (-ki, -ki) (*dat sg* -ce, *gen pl*
-ek) *f dimin od* **tabela**.

tablet|ka (-ki, -ki) (*dat sg* -ce, *gen pl*
-ek) *f* tablet.

tablic|a (-y, -e) *f* (*SZKOL*)
blackboard; (*tabela*) chart; **tablica
ogłoszeń** noticeboard (*BRIT*),
bulletin board (*US*); **tablice
rejestracyjne** (number) plates *pl*
(*BRIT*), (license) plates *pl* (*US*).

tablicz|ka (-ki, -ki) (*dat sg* -ce, *gen pl*
-ek) *f dimin od* **tablica**; (*z
nazwiskiem na drzwiach*) nameplate;
tabliczka czekolady a bar of
chocolate; **tabliczka mnożenia**
multiplication table.

tabore|t (-tu, -ty) (*loc sg* -cie) *m* stool.

tabu *nt inv* taboo.

tac|a (-y, -e) *f* tray.

tac|ka (-ki, -ki) (*dat sg* -ce, *gen pl* -ek)
f dimin od **taca**.

tacy *pron decl like adj patrz* **taki**.

tacz|ka (-ki, -ki) (*dat sg* -ce, *gen pl*
-ek) *f* wheelbarrow.

taf|la (-li, -le) (*gen pl* -li) *f* (*jeziora*)
surface; (*lodu*) sheet.

ta|ić (-ję, -isz) (*perf* **za-**) *vt* to conceal,
to hide.

taj|ać (-e) (*perf* **od-**) *vi* to thaw.

tajemnic|a (-y, -e) *f* secret; (*zagadka*)
mystery.

tajemniczy *adj* mysterious; **w
tajemniczy sposób** mysteriously.

tajemny *adj* secret; **wiedza tajemna**
the occult.

tajfu|n (-nu, -ny) (*loc sg* -nie) *m*
typhoon.

taj|ga (-gi, -gi) (*dat sg* -dze) *f* taiga

(*coniferous forest of subarctic Eurasia
and North America*).

Tajlandi|a (-i) *f* Thailand.

tajlandzki *adj* Thai.

tajnia|k (-ka, -cy) (*instr sg* -kiem) *m*
(*pot*) undercover agent.

tajni|ki (-ków) *pl* secrets *pl*; **tajniki
sztuki** tricks of the trade; **tajniki
nauki** secrets of science.

tajny *adj* (*układ, przejście, głosowanie,
policja*) secret; (*dokument, akta*)
classified; (*nauczanie, organizacja*)
underground; „**ściśle tajne**" "top
secret".

Tajwa|n (-nu) (*loc sg* -nie) *m* Taiwan.

tajwański *adj* Taiwanese.

─────── SŁOWO KLUCZOWE───────

tak *pron* **1** (*potwierdzenie*) yes; **tak
jest!** (*WOJSK*) yes, sir! ♦ *adv* **1** (*w
taki sposób*): **zrób to tak** do it like
this; **zrobił to tak, jak ja** he did it
just like I did; **zrobił to tak jak
kazali** he did it as he was told; **i tak
dalej** and so on; **tak zwany**
so-called; **tak czy owak** (*pot*)
anyhow, in any case. **2** (*nasilenie*):
tak mocno/mocny (, że ...) so
strongly/strong (that ...); **tak sobie**
(*pot*) so-so (*pot*).

─────── SŁOWO KLUCZOWE───────

taki *pron decl like adj* **1** (*tego rodzaju*)
such; **taki sam** the same; **taki jak**
such as; **jest taki jak chciałeś** it's
just what you wanted; **on już taki
jest** that's the way he is; **taki a taki**
(*pot*) so-and-so (*pot*); **w takim razie
...** in that case ... . **2** (*w połączeniach
zdaniowych*): **była taka mgła, że ...**
it was so foggy that ..., the fog was
so dense that ... . **3** (*wzmacniająco*):
on jest taki młody he is so young;
taki mądry człowiek such a wise

man; **taka ładna pogoda** such nice weather.

tako *pron*: **jako tako** (*nieźle*) quite well; (*tak sobie*) so-so.

taksów|ka (-ki, -ki) (*dat sg* -ce, *gen pl* -ek) *f* (*osobowa*) taxi, cab; **taksówka bagażowa** ≈ removal van.

taksówkarz (-a, -e) (*gen pl* -y) *m* taxi driver, cab driver.

tak|t (-tu) (*loc sg* -cie) *m* tact; (*MUZ*) (*nom pl* -ty) bar.

taktowny *adj* tactful.

taktyczny *adj* tactical.

takty|ka (-ki) (*dat sg* -ce) *f* tactics *pl*.

także *adv* also, too, as well.

talen|t (-tu, -ty) (*loc sg* -cie) *m* (*zdolności*) talent, gift; (*człowiek uzdolniony*) talent.

talerz (-a, -e) (*gen pl* -y) *m* plate; **latający talerz** flying saucer.

talerzy|k (-ka, -ki) (*instr sg* -kiem) *m* dimin od **talerz**; (*pod filiżankę*) saucer.

tali|a (-i, -e) (*gen pl* -i) *f* (*KARTY*) deck, pack; (*kibić*) waist.

talizma|n (-nu, -ny) (*loc sg* -nie) *m* charm, talisman.

tal|k (-ku) (*instr sg* -kiem) *m* talc.

talo|n (-nu, -ny) (*loc sg* -nie) *m* coupon, voucher (*BRIT*); **talon książkowy** book token.

tam *adv* there; **tam i z powrotem** back and forth; **gdzie tam!** (*pot*) nothing of the kind!

ta|ma (-my, -my) (*loc sg* -mie) *f* dam.

tamci (*like*: **ci**) *pron* those.

Tami|za (-zy) (*dat sg* -zie) *f* the Thames.

tam|ować (-uję, -ujesz) (*perf* za-) *vt* (*krew, krwotok*) to stem, to staunch; (*ruch*) to hamper.

tampo|n (-nu, -ny) (*loc sg* -nie) *m* tampon.

tamta (*like*: **ta**) *pron* that.

tamte (*like*: **te**) *pron* those.

tamtejszy *adj* local.

tamten (*like*: **ten**) *pron* that.

tamtędy *adv* (down) that way.

tamto (*like*: **to**) *pron* that.

tancer|ka (-ki, -ki) (*dat sg* -ce, *gen pl* -ek) *f* dancer.

tancerz (-a, -e) (*gen pl* -y) *m* dancer.

tande|m (-mu, -my) (*loc sg* -mie) *m* tandem.

tande|ta (-ty) (*dat sg* -cie) *f* trash.

tandetny *adj* (*wyrób*) tacky, shoddy; (*książka, film*) trashy.

taneczny *adj*: **muzyka taneczna** dance music; **zespół taneczny** (dancing) chorus.

tangen|s (-sa, -sy) (*loc sg* -sie) *m* tangent.

tan|go (-ga, -ga) (*instr sg* -giem) *nt* tango.

ta|ni (*comp* -ńszy) *adj* cheap.

ta|niec (-ńca, -ńce) *m* (*czynność*) dancing; (*kompozycja*) dance.

tani|eć (-eje) (*perf* po- lub s-) *vi* to get cheaper.

tanio *adv*: **kupować/sprzedawać coś tanio** to buy/sell sth cheaply lub cheap.

tank|ować (-uję, -ujesz) *vt* (*wodę, paliwo*) (*perf* za-) to get; (*samochód*) (*perf* za-) to refuel ♦ *vi* (*perf* za-) to get fuel (*BRIT*) lub gas (*US*); (*pot*: *pić alkohol*) to hit the bottle (*pot*).

tanko|wiec (-wca, -wce) *m* tanker.

tantiem|y (-) *pl* royalties *pl*.

tańcz|yć (-ę, -ysz) (*perf* za-) *vt*: **tańczyć walca/tango** to waltz/tango ♦ *vi* to dance.

tańszy *itd. adj comp od* **tani**.

tapcza|n (-nu, -ny) (*loc sg* -nie) *m* backless sofa bed.

tape|ta (-ty, -ty) (*dat sg* -cie) *f* wallpaper.

tapice|r (-ra, -rzy) (*loc sg* -rze) *m* upholsterer.

tapicer|ka (-ki) (*dat sg* -ce) *f* upholstery.

taran|ować (**-uję, -ujesz**) (*perf* **s-**) *vt* (*barykadę, drzwi*) to ram; (*osobę*) to crush.

tarantul|a (**-i, -e**) *f* tarantula.

tarapat|y (**-ów**) *pl* trouble.

tara|s (**-su, -sy**) (*loc sg* **-sie**) *m* terrace; **taras widokowy** viewing area; (*na dachu*) observation deck.

taras|ować (**-uję, -ujesz**) (*perf* **za-**) *vt* to block.

tar|cie (**-cia**) *nt* friction; **tarcia** *pl* (*nieporozumienia*) friction.

tarcz|a (**-y, -e**) *f* (*uzbrojenie, osłona*) shield; (*telefonu*) dial; (*zegar(k)a*) face; (*strzelecka*) target.

tarczowy *adj*: **hamulec tarczowy** disc brake; **piła tarczowa** circular saw.

tarczyc|a (**-y, -e**) *f* thyroid (gland).

tar|g (**-gu, -gi**) (*instr sg* **-giem**) *m* market; **targi** *pl* (trade) fair; **dobić** *(perf)* **targu (z kimś)** to strike a bargain (with sb).

targ|ować się (**-uję, -ujesz**) (*perf* **po-**) *vr*: **targować się (z kimś/o coś)** to haggle (with sb/over sth).

targowis|ko (**-ka, -ka**) (*instr sg* **-kiem**) *nt* market(place).

tar|ka (**-ki, -ki**) (*dat sg* **-ce**, *gen pl* **-ek**) *f* (*do owoców, warzyw*) grater.

tarł *itd. vb patrz* **trzeć**.

taro|t (**-ta**) (*loc sg* **-cie**) *m* tarot.

tarta|k (**-ku, -ki**) (*instr sg* **-kiem**) *m* sawmill.

tarta|n (**-nu**) (*loc sg* **-nie**) *m* tartan.

tarty *adj* (*ser itp.*) grated; **bułka tarta** breadcrumbs.

tary|fa (**-fy, -fy**) (*dat sg* **-fie**) *f* (*pocztowa, telekomunikacyjna*) rates *pl*; **taryfa kolejowa** table of fares; **taryfa opłat** scale of charges; **taryfa celna** tariff of duties; **taryfa ulgowa** (*przen*) leniency.

tarz|ać się (**-am, -asz**) (*perf* **wy-**) *vr* to wallow.

tasa|k (**-ka, -ki**) (*instr sg* **-kiem**) *m* cleaver.

tasie|miec (**-mca, -mce**) *m* tapeworm.

tasiem|ka (**-ki, -ki**) (*dat sg* **-ce**, *gen pl* **-ek**) *f* tape.

tas|ować (**-uję, -ujesz**) (*perf* **po-**) *vt* to shuffle.

taś|ma (**-my, -my**) (*dat sg* **-mie**) *f* tape; (*w fabryce*) assembly line *lub* belt; (*do maszyny do pisania*) (fabric *lub* carbon) ribbon; **taśma filmowa** film; **taśma klejąca** Sellotape ® (*BRIT*), Scotch tape ® (*US*).

taśmociąg (**-gu, -gi**) (*instr sg* **-giem**) *m* conveyor belt.

taśmowy *adj*: **produkcja taśmowa** assembly line production.

ta|ta, tat|o (**-ty**) (*dat sg* **-cie**) *m decl like f* dad.

Tata|r (**-ra**) (*loc sg* **-rze**, *nom pl* **-rzy**) Tartar.

tata|r (**-ra**) (*loc sg* **-rze**, *nom pl* **-ry**) *m* (*KULIN*) tartar(e) steak.

tatara|k (**-ku, -ki**) (*instr sg* **-kiem**) *m* sweet flag.

tatarski *adj* (*KULIN*): **sos/befsztyk tatarski** tartar(e) sauce/steak.

taternict|wo (**-wa**) (*loc sg* **-wie**) *nt* mountaineering.

taterni|k (**-ka, -cy**) (*instr sg* **-kiem**) *m* mountaineer.

ta|to (**-ty, -towie**) (*loc sg* **-cie**) *m* = **tata**.

Tatr|y (**-**) *pl* the Tatra Mountains *pl*.

tatuaż (**-u, -e**) (*gen pl* **-y**) *m* tattoo.

tatu|ować (**-uję, -ujesz**) *vt* (*perf* **wy-**) to tattoo.

tatu|ś (**-sia, -siowie**) *m* dad(dy).

tą *pron acc, instr od* **ta**.

tchawic|a (**-y, -e**) *f* windpipe, trachea.

tchórz (**-a, -e**) (*gen pl* **-y**) *m* (*osoba*) coward; (*ZOOL*) polecat; **tchórz go obleciał** (*pot*) he got cold feet (*pot*).

tchórzliwy *adj* cowardly.

tchórzost|wo (**-wa**) (*loc sg* **-wie**) *nt* cowardice.

tchórz|yć (**-ę, -ysz**) (*perf* **s-**) *vi* to chicken out.

tchu *itd. n patrz* **dech**.

te (*see* **Table 9**) *pron* these; **te dzieci/książki** these children/books.

tea|m (**-mu, -my**) (*loc sg* **-mie**) *m* team.

teat|r (**-ru, -ry**) (*loc sg* **-rze**) *m* theatre (*BRIT*), theater (*US*).

teatralny *adj* (*aktor, przedstawienie*) theatre *attr* (*BRIT*), theater *attr* (*US*); (*krytyk*) drama *attr*.

techniczny *adj* (*literatura, opis, środki*) technical; (*postęp*) technological.

techni|k (**-ka, -cy**) (*instr sg* **-kiem**) *m* technician; **technik laboratoryjny/dentystyczny** lab/dental technician.

techni|ka (**-ki, -ki**) (*dat sg* **-ce**) *f* (*dział cywilizacji*) technology; (*metoda*) technique.

technik|um (**-um, -a**) (*gen pl* **-ów**) *nt inv in sg* (*SZKOL*) technical college.

technologi|a (**-i**) *f* technology.

technologiczny *adj* technological.

tecz|ka (**-ki, -ki**) (*dat sg* **-ce**, *gen pl* **-ek**) *f* (*ze skóry*) briefcase, portfolio; (*z papieru*) folder.

teflo|n ® (*loc sg* **-nie**) *m* Teflon ®.

tego *pron gen, acc od* **ten, to**.

tegoroczny *adj* this year's.

tej *pron gen, dat od* **ta**.

te|ka (**-ki, -ki**) (*dat sg* **-ce**) *f* (*też*: **teka ministerialna**) portfolio.

Teksa|s (**-su**) (*loc sg* **-sie**) *m* Texas.

tek|st (**-stu, -sty**) (*loc sg* **-ście**) *m* text; (*piosenki*) lyrics *pl*.

tekstylny *adj* textile.

tektu|ra (**-ry, -ry**) (*dat sg* **-rze**) *f* cardboard.

tekturowy *adj* cardboard *attr*.

tel. *abbr* (= *telefon*) tel., ph.

teledys|k (**-ku, -ki**) (*instr sg* **-kiem**) *m* video clip.

telefo|n (**-nu, -ny**) (*loc sg* **-nie**) *m* (*urządzenie*) telephone, phone; (*rozmowa*) phone call; (*numer telefonu*) phone number; **rozmawiać przez telefon** to be on the phone; **rozmawiać z kimś przez telefon** to talk to sb on the phone; **telefon komórkowy** cell(ular) phone; **telefon zaufania** helpline; **odbierać (odebrać** *perf***) telefon** to pick up *lub* answer the phone.

telefoniczny *adj* (*centrala, rozmowa*) (tele)phone *attr*; **budka/kabina telefoniczna** phone booth/box; **karta telefoniczna** phonecard; **książka telefoniczna** phone book, (telephone) directory.

telefonist|ka (**-ki, -ki**) (*dat sg* **-ce**, *gen pl* **-ek**) *f* (switchboard) operator.

telefon|ować (**-uję, -ujesz**) (*perf* **za-**) *vi* (*korzystać z telefonu*) to make a (phone) call; **telefonować do kogoś** to phone *lub* call sb.

telegaze|ta (**-ty, -ty**) (*dat sg* **-cie**) *f* teletext.

telegra|f (**-fu, -fy**) (*loc sg* **-fie**) *m* telegraph.

telegraficzny *adj* telegraph *attr*.

telegraf|ować (**-uję, -ujesz**) (*perf* **za-**) *vi* to telegraph, to cable.

telegra|m (**-mu, -my**) (*loc sg* **-mie**) *m* telegram, cable.

telekomunikacj|a (**-i**) *f* telecommunications.

telek|s (**-su, -sy**) (*loc sg* **-sie**) *m* telex.

teleobiekty|w (**-wu, -wy**) (*loc sg* **-wie**) *m* (*FOT*) telephoto lens.

telepati|a (**-i**) *f* telepathy.

telesko|p (**-pu, -py**) (*loc sg* **-pie**) *m* (*ASTRON*) telescope.

teleturniej (**-u, -e**) *m* quiz show.

telewidz (**-a, -owie**) (*gen pl* **-ów**) *m* viewer.

telewizj|a (**-i, -e**) (*gen pl* **-i**) *f* television, TV; **oglądać telewizję** to watch TV; **telewizja satelitarna**

satellite television; **telewizja kablowa** cable television.

telewizo|r (-ra, -ry) (*loc sg* -rze) *m* TV (set), television (set).

telewizyjny *adj* TV *attr*, television *attr*.

tema|t (-tu, -ty) (*loc sg* -cie) *m* subject, topic; (*MUZ*) theme.

tematy|ka (-ki) (*dat sg* -ce) *f* subject matter.

tembla|k (-ka *lub* -ku, -ki) (*instr sg* -kiem) *m* (*MED*) sling.

temp. *abbr* (= *temperatura*) temp.

temperamen|t (-tu, -ty) (*loc sg* -cie) *m* temperament.

temperatu|ra (-ry, -ry) (*dat sg* -rze) *f* temperature; (*pot: gorączka*) fever; **mieć temperaturę** (*MED*) to have *lub* run a temperature.

temper|ować (-uję, -ujesz) (*perf* za-) *vt* to sharpen.

temperów|ka (-ki, -ki) (*dat sg* -ce, *gen pl* -ek) *f* (pencil) sharpener.

tem|po (-pa, -pa) (*loc sg* -pie) *nt* pace; (*MUZ*) tempo.

temu *pron dat od* **ten, to.**

temu *adv:* **dwa lata temu** two years ago; **dawno temu** long ago; **jak dawno temu?** how long ago?; **parę dni temu** the other day.

ten (*see* Table 9) *pron* (*z rzeczownikiem*) this; (*bez rzeczownika*) this one; (*tamten*) that; **ten sam** the same; **ten jest zbyt drogi** this one is too expensive; **w ten czwartek** this Thursday.

tendencj|a (-i, -e) (*gen pl* -i) *f* tendency, trend.

tendencyjny *adj* biased.

teni|s (-sa) (*loc sg* -sie) *m* (*SPORT*) tennis.

tenisi|sta (-sty, -ści) (*dat sg* -ście) *m decl like f in sg* tennis player.

tenisist|ka (-ki, -ki) (*dat sg* -ce, *gen pl* -ek) *f* tennis player.

tenisów|ki (-ek) *pl* tennis shoes, plimsolls (*BRIT*), sneakers (*US*).

teno|r (*loc sg* -rze) *m* (*głos*) (*gen sg* -ru, *nom pl* -ry) tenor; (*śpiewak*) (*gen sg* -ra, *nom pl* -rzy) tenor.

teologi|a (-i) *f* theology.

teoretycznie *adv* theoretically, in theory.

teoretyczny *adj* theoretical.

teori|a (-i, -e) (*gen pl* -i) *f* theory.

terapeu|ta (-ty, -ci) (*dat sg* -cie) *m decl like f in sg* therapist.

terapi|a (-i, -e) (*gen pl* -i) *f* therapy.

teraz *adv* (*w tej chwili*) now; (*obecnie*) nowadays.

teraźniejszoś|ć (-ci) *f* the present.

teraźniejszy *adj* present, today's *attr*; **czas teraźniejszy** (*JĘZ*) present tense.

terce|t (-tu, -ty) (*loc sg* -cie) *m* (*MUZ*) trio.

tere|n (-nu, -ny) (*loc sg* -nie) *m* ground, terrain.

terenowy *adj* (*pracownik, badanie*) field *attr*; (*władze*) local *attr*; **samochód terenowy** off-road vehicle.

terie|r (-ra, -ry) (*loc sg* -rze) *m* terrier.

terko|tać (-czę, -czesz) (*perf* za-) *vi* to clatter.

termi|n (-nu, -ny) (*loc sg* -nie) *m* (*czas*) deadline, time limit; (*umówione spotkanie*) appointment; (*wyraz*) term.

terminal (-u *lub* -a, -e) (*gen pl* -i *lub* -ów) *m* (*KOMPUT, LOT*) terminal.

terminarz (-a, -e) (*gen pl* -y) *m* (*plan*) schedule; (*kalendarz*) diary.

terminologi|a (-i, -e) (*gen pl* -i) *f* terminology.

terminowy *adj* (*praca, zadanie*) with a deadline.

termofo|r (-ra, -ry) (*loc sg* -rze) *m* hot-water bottle.

termomet|r (-ru, -ry) (*loc sg* -rze) *m* thermometer.

termo|s (-su, -sy) (*loc sg* -sie) *m*
Thermos ® (flask), (vacuum (*BRIT*))
flask.

termosta|t (-tu, -ty) (*loc sg* -cie) *m*
thermostat.

terro|r (-ru) (*loc sg* -rze) *m* terror.

terrory|sta (-sty, -ści) (*loc sg* -ście)
m decl like f in sg terrorist.

terrorystyczny *adj* terrorist *attr*.

terroryz|m (-mu) (*loc sg* -mie) *m*
terrorism.

terroryz|ować (-uję, -ujesz) (*perf* s-)
vt to terrorize.

terytorialny *adj* territorial.

terytori|um (-um, -a) (*gen pl* -ów) *nt*
inv in sg territory.

te|st (-stu, -sty) (*loc sg* -ście) *m* test.

testamen|t (-tu, -ty) (*loc sg* -cie) *m*
will, testament; **Stary/Nowy
Testament** the Old/New Testament.

test|ować (-uję, -ujesz) (*perf* prze-)
vt to test.

teściow|a (-ej, -e) *f decl like adj*
mother-in-law.

teś|ć (-cia, -ciowie) *m* father-in-law;
teściowie *pl* in-laws *pl*.

te|za (-zy, -zy) (*dat sg* -zie) *f* thesis.

też *adv* too, also; **ja też** me too; **ja
też nie** me neither; **dlatego też** that
is why.

tę *pron acc od* **ta**.

tęcz|a (-y, -e) *f* rainbow.

tęczów|ka (-ki, -ki) (*dat sg* -ce, *gen pl*
-ek) *f* (*ANAT*) iris.

tędy *adv* this way.

tę|gi (*comp* -ższy) *adj* stout.

tę|pić (-pię, -pisz) *vt* (*szkodniki*) (*perf*
wy-) to kill (off); (*poglądy*) (*perf*
wy-) to eradicate; (*noże*) (*perf* s-) to
blunt.

▶**tępić się** *vr* (*o ludziach*) to fight
one another; (*o nożu*) (*perf* s-) to
become blunt.

tępy *adj* (*nóż, czubek*) blunt;
(*człowiek*) dense, obtuse, dull;
(*spojrzenie*) vacant; (*ból*) dull.

tęsk|nić (-nię, -nisz) (*imp* -nij, *perf*
za-) *vi*: **tęsknić za kimś/czymś** *lub*
do kogoś/czegoś to miss sb/sth;
tęsknić za czymś *lub* **do czegoś**
(*pragnąć*) to long *lub* yearn for sth.

tęskno|ta (-ty, -ty) (*dat sg* -cie) *f*:
tęsknota (za czymś) longing (for
sth).

tęskny *adj* longing.

tętnic|a (-y, -e) *f* artery.

tęt|nić (-ni) *vi* (*o krokach, kopytach*)
to rattle; (*o krwi*) to pulsate.

tęt|no (-na, -na) (*loc sg* -nie) *nt* pulse.

tęż|ec (-ca) *m* (*MED*) tetanus.

tęży|zna (-zny) (*dat sg* -źnie) *m*:
tężyzna (fizyczna) (physical) fitness.

ti|r (-ra, -ry) (*loc sg* -rze) *m* heavy
lorry (*BRIT*) *lub* truck (*US*), HGV
(*BRIT*).

tiul (-u, -e) (*gen pl* -ów) *m* tulle.

tj. *abbr* (= *to jest*) i.e.

tkacz|ka (-ki, -ki) (*dat sg* -ce, *gen pl*
-ek) *f* weaver.

tk|ać (-am, -asz) (*perf* u-) *vt* to weave.

tkani|na (-ny, -ny) (*dat sg* -nie) *f*
fabric.

tkan|ka (-ki, -ki) (*dat sg* -ce, *gen pl*
-ek) *f* tissue.

tkliwy *adj* affectionate.

tk|nąć (-nę, -niesz) (*imp* -nij) *vb perf
od* **tykać** ♦ *vt perf*: **coś mnie tknęło** I
got a strange feeling.

tk|wić (-wię, -wisz) (*imp* -wij) *vi* (*o
kluczu*) to be sitting; (*o strzale*) to
be sticking; (*pot: o osobie*) to stick
around (*pot*); (*o problemie itp.*):
tkwić w +*loc* to lie *lub* reside in.

tle|n (-nu) (*loc sg* -nie) *m* oxygen.

tlen|ek (-ku, -ki) (*instr sg* -kiem) *m*
oxide.

tleniony *adj* (*włosy*) bleached.

tl|ić się (-i) *vr* to smoulder (*BRIT*), to
smolder (*US*).

tło (tła, tła) (*loc sg* tle, *gen pl* teł) *nt*
background.

tłoczno adv: w pokoju było tłoczno the room was crowded.

tłocz|yć (-ę, -ysz) vt (olej) (perf **wy-**) to press; (wodę, gaz) (perf **w-**) to force; (wzór, napis) (perf **wy-**) to (im)print.

▸**tłoczyć się** (perf **s-**) vr to crowd.

tło|k (instr sg **-kiem**) m (ścisk) (gen sg **-ku**) crowd; (TECH) (gen sg **-ka**, nom pl **-ki**) piston.

tłu|c (-kę, -czesz) (imp **-cz**, pt **-kł**) vt (szklanki itp.) (perf **s-**) to break; (uderzać): **tłuc w** lub **o coś** to pound at sth; (pot) (perf **s-**): **tłuc kogoś** to bash sb about (pot).

▸**tłuc się** vr (o szklance, szybie) (perf **s-**) to break; (pot: bić się) (perf **s-**) to scrap (pot).

tłu|m (-mu, -my) (loc sg **-mie**) m crowd.

tłumacz (-a, -e) (gen pl **-y**) m (pisemny) translator; (ustny) interpreter; **tłumacz przysięgły** certified translator; (w sądzie) court interpreter.

tłumacze|nie (-nia) nt (pisemne) translation; (ustne) interpreting; (tekst) (nom pl **-nia**, gen pl **-ń**) translation.

tłumacz|yć (-ę, -ysz) vt (perf **wy-**) (wyjaśniać) to explain; (przekładać) (perf **prze-**) (pisemnie) to translate; (ustnie) to interpret.

▸**tłumaczyć się** (perf **wy-**) vr to excuse o.s.

tłu|mić (-mię, -misz) (perf **s-**) vt (ogień, uczucie, śmiech) to smother; (hałas) to muffle; (opozycję) to suppress.

tłumi|k (-ka, -ki) (instr sg **-kiem**) m (MOT) silencer (BRIT), muffler (US); (trąbki) mute; (pianina) damper.

tłusty adj (mięso, obiad) fatty; (talerz, plama, włosy) greasy; (osoba) fat; (druk, czcionka) bold; **tłuste mleko** full-cream milk; **tłusty czwartek** the last Thursday before Lent.

tłuszcz (-u, -e) m fat; **tłuszcz roślinny/zwierzęcy** vegetable/animal fat.

to (see Table 9) pron 1 (zaimek wskazujący) this; **to dziecko** this child. 2 (w funkcji podmiotu): **to fakt** it's a fact; **to jest lampa** this lub it is a lamp; **co/kto to jest?** what's/who's this?; **czy to ty?** is that you? 3 (w funkcji ekspresywnej): **a to łobuz!** what a rascal! 4: **jak to?** how so?, how come?; **no to co?** so what?; **otóż to!** exactly! ♦ conj: **jeśli chcesz, to idź** go if you like ♦ inv (w funkcji łącznika): **czas to pieniądz** time is money.

toale|ta (-ty, -ty) (dat sg **-cie**) f toilet, lavatory (BRIT), rest room (US); **toaleta damska** the ladies' (room); **toaleta męska** the gents.

toalet|ka (-ki, -ki) (dat sg **-ce**, gen pl **-ek**) f dressing table.

toaletowy adj toilet attr.

toa|st (-stu, -sty) (loc sg **-ście**) m toast; **wznosić (wznieść** perf**) toast za kogoś/coś** to raise a glass to sb/sth.

tobie pron patrz **ty**.

toboł|ek (-ka, -ki) (instr sg **-kiem**) m bundle.

tocz|yć (-ę, -ysz) vt (kulkę, beczkę) (perf **po-**) to roll; (rokowania) to conduct; (spór) to carry on; (wojnę) to wage; (bitwę) to fight.

▸**toczyć się** vr (perf **po-**) (turlać się) to roll; (dziać się) to go on.

toffi n lub m inv toffee.

to|ga (-gi, -gi) (dat sg **-dze**, gen pl **tóg**) f gown.

to|k (-ku) (instr sg **-kiem**) m (przebieg)

progress; (*wydarzeń*) course; (*myśli*) train.

tokar|ka (-ki, -ki) (*dat sg* -ce, *gen pl* -ek) *f* lathe.

tokarz (-a, -e) (*gen pl* -y) *m* turner.

Tokio *nt inv* Tokyo.

toksyczność (-ci) *f* toxicity.

toksyczny *adj* toxic.

toksy|na (-ny, -ny) (*dat sg* -nie) *f* toxin.

tolerancj|a (-i) *f* tolerance, toleration; (*TECH*) (*nom pl* -e, *gen pl* -i) tolerance.

tolerancyjny *adj* tolerant.

toler|ować (-uję, -ujesz) *vt* to tolerate.

to|m (-mu, -my) (*loc sg* -mie) *m* volume; **tom pierwszy/drugi** volume one/two.

tomografi|a (-i) *f* (*też:* **tomografia komputerowa**) CAT scanning.

to|n (-nu, -ny) (*loc sg* -nie) *m* (*MUZ*) tone; (*brzmienie*) sound.

to|na (-ny, -ny) (*dat sg* -nie) *f* tonne, (metric) ton.

tonacj|a (-i, -e) (*gen pl* -i) *f* (*MUZ*) key; **(utrzymany) w czerwonej tonacji** predominantly red.

tonaż (-u) *m* tonnage.

to|nąć (-nę, -niesz) (*imp* -ń) *vi* (*o statku*) (*perf* **za-**) to sink; (*o człowieku*) (*perf* **u-**) to drown.

toni|k (-ku, -ki) (*instr sg* -kiem) *m* (*napój*) tonic (water); (*kosmetyk*) (skin) tonic.

to|pić (-pię, -pisz) *vt* (*zanurzać*) (*perf* **u-**) to drown; (*rozpuszczać*) (*perf* **s-**) to melt.

▸**topić się** *vr* (*tonąć*) (*perf* **u-**) to drown; (*rozpuszczać się*) (*perf* **s-**) to melt.

topni|eć (-eje) (*perf* **s-**) *vi* (*o lodzie, śniegu*) to melt, to thaw; (*o metalu*) to melt; (*przen: o pieniądzach*) to dwindle (away); (*: o siłach*) to ebb (away).

topografi|a (-i) *f* topography.

top|ola (-oli, -ole) (*gen pl* -oli *lub* -ól) *f* poplar.

topor|ek (-ka, -ki) (*instr sg* -kiem) *m* hatchet.

toporny *adj* (*pej*) coarse, gross.

top|ór (-ora, -ory) (*loc sg* -orze) *m* axe (*BRIT*), ax (*US*).

to|r (-ru, -ry) (*loc sg* -rze) *m* (*trasa, droga*) path; (*: pocisku*) trajectory; (*kolejowy itp.*) track; (*wyścigowy*) racecourse (*BRIT*), racetrack (*US*); (*na bieżni, basenie*) lane; (*saneczkowy, bobslejowy*) run, chute.

tor|ba (-by, -by) (*dat sg* -bie, *gen pl* -eb) *f* bag; (*podróżna*) holdall.

torbiel (-i, -e) (*gen pl* -i) *f* (*MED*) cyst.

toreado|r (-ra, -rzy) (*loc sg* -rze) *m* bullfighter.

toreb|ka (-ki, -ki) (*dat sg* -ce, *gen pl* -ek) *f* (*papierowa*) (paper) bag; (*damska*) handbag, purse (*US*).

tor|f (-fu, -fy) (*loc sg* -fie) *m* peat.

torfowis|ko (-ka, -ka) (*instr sg* -kiem) *nt* peat bog.

torna|do (-da, -da) (*loc sg* -dzie) *nt* tornado.

tornist|er (-ra, -ry) (*loc sg* -rze) *m* satchel.

tor|ować (-uję, -ujesz) (*perf* **u-**) *vt* (*drogę*) to clear; **torować drogę do czegoś** (*przen*) to pave the way for sth.

torpe|da (-dy, -dy) (*dat sg* -dzie) *f* torpedo.

tor|s (-su, -sy) (*loc sg* -sie) *m* torso.

tor|t (-tu, -ty) (*loc sg* -cie) *m* cream cake (*BRIT*), layer cake (*US*).

tortowy *adj:* **mąka tortowa** cake flour.

tortu|ra (-ry, -ry) (*dat sg* -rze) *f* torture.

tortur|ować (-uję, -ujesz) *vt* to torture.

to|st (-stu, -sty) (*loc sg* -ście) *m* (a) piece *lub* slice of toast.

toste|r (**-ra, -ry**) (*loc sg* **-rze**) *m* toaster.

totalitarny *adj* totalitarian.

totalizato|r (**-ra, -ry**) (*loc sg* **-rze**) *m* (*na wyścigach konnych*) sweepstake; (*piłkarski*) the pools *pl*; **totalizator sportowy** ≈ National Lottery (*BRIT*), ≈ Lotto (*US*).

totalnie *adv* totally.

totalny *adj* total.

toteż *conj* (and) so, which is why.

totolot|ek (**-ka**) (*instr sg* **-kiem**) *m* ≈ National Lottery (*BRIT*), ≈ Lotto (*US*).

tournée *nt inv* tour.

towa|r (**-ru, -ry**) (*loc sg* **-rze**) *m* commodity; **towary konsumpcyjne** consumer goods.

towarowy *adj*: **pociąg towarowy** goods (*BRIT*) *lub* freight (*US*) train; **wymiana towarowa** barter; **dom towarowy** department store.

towarzyski *adj* (*człowiek*) sociable; (*kontakty, spotkanie, życie*) social; **rozmowa towarzyska** small talk; **agencja towarzyska** escort agency.

towarzyst|wo (**-wa**) (*loc sg* **-wie**) *nt* (*obecność*) company, companionship; (*otoczenie*) company; (*stowarzyszenie*) (*nom pl* **-wa**) society.

towarzysz (**-a, -e**) (*gen pl* **-y**) *m* companion.

towarzyszący *adj*: **towarzyszący komuś/czemuś** accompanying sb/sth; **osoba towarzysząca** escort.

towarzysz|yć (**-ę, -ysz**) *vi*: **towarzyszyć komuś/czemuś** to accompany sb/sth.

tożsamoś|ć (**-ci**) *f* identity; **dowód tożsamości** (means of) identification, ID.

tra|cić (**-cę, -cisz**) (*imp* **-ć**) *vt* (*przestawać mieć*) (*perf* **s-** *lub* **u-**) to lose; (*marnować*) (*perf* **s-**) (*okazję*) to miss; (*czas, pieniądze*) to waste ◗

vi (*ponosić stratę*) (*perf* **s-**) to suffer a loss, to lose out; **tracić przytomność** to lose consciousness; **tracić ważność** to expire, to run out.

tradycj|a (**-i, -e**) (*gen pl* **-i**) *f* tradition.

tradycyjny *adj* traditional.

tra|f (**-fu, -fy**) (*loc sg* **-fie**) *m* chance; **ślepy traf** pure chance; **szczęśliwym trafem** by a stroke of luck, by a lucky chance.

tra|fiać (**-fiam, -fiasz**) (*perf* **-fiaj**, *perf* **-fić**) *vt* (*żołnierza, samolot*) to hit ◗ *vi* (*nie chybiać*) to hit the target; (*znajdować drogę*) to find one's way, to get there; **nie trafiać** to miss; **trafiać do szpitala/na posterunek policji** to land in (the (*US*)) hospital/at a police station; **trafić w dziesiątkę** to hit the bull's-eye; (*przen*) to be spot-on; **na chybił trafił** (*strzelać*) at random; (*strzał*) hit-or-miss.

▸**trafiać się** *vr* to come up.

trafie|nie (**-nia, -nia**) (*gen pl* **-ń**) *nt* (*trafny rzut itp.*) (direct) hit; (*w grze liczbowej*) lucky number.

trafnoś|ć (**-ci**) *f* (*ciosu, strzału*) accuracy; (*uwagi*) aptness; (*wyboru*) rightness.

trafny *adj* (*cios, strzał*) accurate; (*uwaga*) apt; (*wybór*) right; (*słowo, wyrażenie*) felicitous, well-chosen.

tragarz (**-a, -e**) (*gen pl* **-y**) *m* porter.

tragedi|a (**-i, -e**) (*gen pl* **-i**) *f* tragedy.

tragiczny *adj* tragic; (*pot. wygląd*) terrible (*pot*).

tragiz|m (**-mu**) (*loc sg* **-mie**) *m* tragic nature, tragedy.

trajko|tać (**-czę, -czesz**) (*imp* **-cz**) *vi* (*pot*) to chatter.

trak|t (**-tu, -ty**) (*loc sg* **-cie**) *m* (*droga*) track; **być w trakcie (robienia) czegoś** to be in the middle of (doing) sth.

trakta|t (**-tu, -ty**) (*loc sg* **-cie**) *m* (*POL*) treaty.

trakto|r (-ra, -ry) (*loc sg* -rze) *m*
tractor.

trakt|ować (-uję, -ujesz) *vt* (*perf* po-)
to treat; **traktować kogoś źle** to
treat sb badly, to ill-treat sb ♦ *vi*:
traktować o czymś to deal with sth.

traktowa|nie (-nia) *nt* treatment.

tramp|ek (-ka, -ki) (*instr sg* -kiem, *gen
pl* -ek) *m* gym shoe (*BRIT*), sneaker
(*US*); **trampki** *pl* gym shoes *pl*
(*BRIT*), sneakers *pl* (*US*).

trampoli|na (-ny, -ny) (*dat sg* -nie) *f*
(*na basenie*) diving board,
springboard; (*na sali gimnastycznej*)
springboard, trampoline.

tramwa|j (-ju, -je) (*gen pl* -jów *lub* -i)
m tram (*BRIT*), streetcar (*US*).

tra|n (-nu, -ny) (*loc sg* -nie) *m*
cod-liver oil.

tran|s (-su, -sy) (*loc sg* -sie) *m* trance.

transakcj|a (-i, -e) (*gen pl* -i) *f*
transaction; **dokonywać (dokonać
perf) transakcji** to close a deal.

transatlantycki *adj* transatlantic.

transatlanty|k (-ku, -ki) (*instr sg*
-kiem) *m* transatlantic (liner).

transfe|r (-ru, -ry) (*loc sg* -rze) *m*
transfer.

transformacj|a (-i, -e) (*gen pl* -i) *f*
transformation.

transformato|r (-ra, -ry) (*loc sg* -rze)
m (*ELEKTR*) transformer.

transfuzj|a (-i, -e) (*gen pl* -i) *f* (*MED*)
(blood) transfusion.

transmisj|a (-i, -e) (*gen pl* -i) *f* (*TV,
RADIO*) transmission.

transmit|ować (-uję, -ujesz) *vt*
(*mecz, koncert*) to broadcast (live);
(*sygnał*) to transmit.

transparen|t (-tu, -ty) (*loc sg* -cie) *m*
banner.

transplantacj|a (-i, -e) (*gen pl* -i) *f*
(*MED*) transplant; **operacja
transplantacji serca** heart transplant
operation.

transpor|t (-tu, -ty) (*loc sg* -cie) *m*

(*przewóz*) transport (*BRIT*),
transportation (*US*); (*ładunek*)
shipment; **transport publiczny**
public transport.

transport|ować (-uję, -ujesz) (*perf*
prze-) *vt* to transport.

transportowy *adj* (*firma, usługi*)
shipping *attr*, forwarding *attr*.

tranzysto|r (-ra, -ry) (*loc sg* -rze) *m*
transistor.

tranzy|t (-tu) (*loc sg* -cie) *m* transit.

tranzytowy *adj* (*hala, wiza*) transit
attr; (*przejazd, droga*) through *attr*.

tra|p (-pu, -py) (*loc sg* -pie) *m* (*ŻEGL*)
gangplank, gangway.

trape|z (-zu, -zy) (*loc sg* -zie) *m*
(*GEOM*) trapezium (*BRIT*), trapezoid
(*US*); (*SPORT*) trapeze.

tra|sa (-sy, -sy) (*loc sg* -sie) *f* route;
(*wycieczki*) itinerary; **trasa
narciarska** ski run; **być w trasie** to
be on the road.

trat|ować (-uję, -ujesz) (*perf* s-) *vt* to
trample.

trat|wa (-wy, -wy) (*loc sg* -wie) *f* raft;
tratwa ratunkowa life raft.

tra|wa (-wy, -wy) (*loc sg* -wie) *f*
(*roślina*) grass; (*trawnik*) lawn.

tra|wić (-wię, -wisz) *vt* (*pokarm*) (*perf*
s-) to digest; (*o chorobie, ogniu*)
(*perf* s-) to consume; (*CHEM, TECH*)
(*perf* wy-) to etch.

trawie|nie (-nia) *nt* digestion;
(*CHEM, TECH*) etching.

trawni|k (-ka, -ki) (*instr sg* -kiem) *m*
lawn.

trą|ba (-by, -by) (*dat sg* -bie) *f* (*MUZ*)
horn; (*słonia*) trunk.

trą|bić (-bię, -bisz) (*perf* wy-) *vt*
(*pot: pić*) to guzzle (*pot*) ♦ *vi* (*perf*
za-) (*grać na trąbce*) to blow the
trumpet; (*używać klaksonu*) to blow
lub sound the horn.

trąb|ka (-ki, -ki) (*dat sg* -ce, *gen pl*
-ek) *m* trumpet.

trąc|ać (-am, -asz) (*imp* -aj, *perf*

trącić) *vt* (*łokciem*) to nudge; (*strunę*) to strike.

tra|cić (**-cę, -cisz**) (*imp* **-ć**) *vb perf od* **trącać ♦** *vi*: **trącić czymś** to smack of sth.

tra|d (**-du**) (*loc sg* **-dzie**) *m* leprosy.

trądzi|k (**-ku, -ki**) (*instr sg* **-kiem**) *m* acne.

trefl (**-a, -e**) (*gen pl* **-i**) *m* clubs (*pl*).

tre|ma (**-my**) (*dat sg* **-mie**) *f* stage fright.

tren|d (**-du, -dy**) (*loc sg* **-dzie**) *m* trend.

trene|r (**-ra, -rzy**) (*loc sg* **-rze**) *m* coach, trainer.

trenin|g (**-gu, -gi**) (*instr sg* **-giem**) *m* training, practice (*BRIT*), practise (*US*).

tren|ować (**-uję, -ujesz**) *vt* (*zawodników*) (*perf* **wy-**) to train, to coach.

tres|ować (**-uję, -ujesz**) (*perf* **wy-**) *vt* to train.

treś|ć (**-ci, -ci**) (*gen pl* **-ci**) *f* (*wypowiedzi, artykułu*) content; (*książki*) contents *pl*; (*sens*) essence; **spis treści** (table of) contents.

trę *itd. vb patrz* **trzeć**.

trębacz (**-a, -e**) (*gen pl* **-y**) *m* trumpeter.

trędowa|ty (**-tego, -ci**) *m decl like adj* leper.

tri|k (**-ku, -ki**) (*instr sg* **-kiem**) *m* trick.

tri|o (**-a, -a**) *nt* (*MUZ*) trio.

trium|f (**-fu, -fy**) (*instr sg* **-fie**) *n* triumph; **święcić triumfy** to be successful.

triumfalny *adj* (*okrzyk, uśmiech*) triumphant; (*marsz, łuk*) triumphal.

triumf|ować (**-uję, -ujesz**) (*perf* **za-**) *vi* to triumph.

trochę *adv* a little, a bit; (*niedługo*) (for) a while; **ani trochę** not a bit; **po trochu** bit by bit, little by little.

trocin|y (**-**) *pl* sawdust.

trofe|um (**-um, -a**) (*gen pl* **-ów**) *nt inv in sg* trophy.

tr|oić się (**-oję, -oisz**) (*imp* **-ój**, *perf* **po-**) *vr* to triple.

trojacz|ki (**-ków**) *pl* triplets *pl*.

trojaki *adj* threefold.

troje (*like*: **dwoje**) *num* three.

trolejbu|s (**-su, -sy**) (*loc sg* **-sie**) *m* trolley bus.

tro|n (**-nu, -ny**) (*loc sg* **-nie**) *m* (*fotel*) throne; (*władza królewska*) (the) throne.

tro|p (**-pu, -py**) (*loc sg* **-pie**) *m* tracks *pl*, trail; **być na czyimś tropie** to be on sb's trail.

tro|pić (**-pię, -pisz**) *vt* to track, to trail.

tropi|k (**-ku, -ki**) (*instr sg* **-kiem**) *m* (*GEOG*) the tropics *pl*; (*nad namiotem*) flysheet.

tropikalny *adj*, *adj* (*klimat, choroba*) tropical; **hełm tropikalny** pith helmet.

tros|ka (**-ki, -ki**) (*dat sg* **-ce**) *f* (*kłopot*) worry, care; (*dbałość*) care, concern.

troskliwie *adv* with care.

troskliwoś|ć (**-ci**) *f* care.

troskliwy *adj* caring, loving.

troszcz|yć się (**-ę, -ysz**) *vr*: **troszczyć się o kogoś/coś** (*opiekować się*) to take care of sb/sth; (*martwić się*) to care about sb/sth.

troszkę *adv dimin od* **trochę**.

trotyl (**-u**) *m* TNT, trotyl.

trójc|a (**-y**) *f*: **Trójca Święta** the Holy Trinity.

trój|ka (**-ki, -ki**) (*dat sg* **-ce**, *gen pl* **-ek**) *f* three; (*SZKOL*) ≈ C; (*pot. tramwaj*) the number three.

trójką|t (**-ta, -ty**) (*loc sg* **-cie**) *m* triangle; **trójkąt odblaskowy** *lub* **ostrzegawczy** warning triangle; **trójkąt małżeński** the eternal triangle.

trójkątny *adj* triangular.

trójni|k (-ka, -ki) (*instr sg* -kiem) *m*
(*ELEKTR*) (three-way) adapter.

trójn|óg (-ogu, -ogi) (*instr sg* -ogiem)
m tripod.

trójsko|k (-ku, -ki) (*instr sg* -kiem) *m*
triple jump.

trójwymiarowy *adj*
three-dimensional.

truchle|ć (-ję, -jesz) (*perf* s-) *vi* to be
terrified.

truch|t (-tu) (*loc sg* -cie) *m* trot.

truci|zna (-zny, -zny) (*dat sg* -źnie) *f*
poison.

tru|ć (-ję, -jesz) *vt* to give poison to.
►**truć się** *vr* to take poison.

tru|d (-du, -dy) (*loc sg* -dzie) *m*
(*życiowy*) hardship; (*trudność*)
difficulty; **z trudem** with difficulty.

trud|nić się (-nię, -nisz) (*imp* -nij) *vr*:
trudnić się czymś to do sth for a
living.

trudno *adv*: **trudno powiedzieć** it's
hard to tell; **(mówi się) trudno**
tough luck.

trudnoś|ć (-ci, -ci) (*gen pl* -ci) *f*
difficulty; **mieć trudności ze
zrobieniem czegoś** to have
difficulty (in) doing sth.

trudny *adj* difficult.

tru|dzić (-dzę, -dzisz) (*imp* -dź) *vt* to
bother, to trouble.
►**trudzić się** *vr* (*ciężko pracować*) to
toil; **nie trudź się!** don't bother!

trujący *adj* poisonous, toxic.

tru|mna (-mny, -mny) (*dat sg* -mnie,
gen pl -mien) *f* coffin, casket (*US*).

trun|ek (-ku, -ki) (*instr sg* -kiem) *m*
alcoholic beverage.

tru|p (-pa, -py) (*loc sg* -pie) *m* dead
body, corpse.

truskaw|ka (-ki, -ki) (*dat sg* -ce, *gen
pl* -ek) *f* strawberry.

trut|eń (-nia, -nie) (*gen pl* -ni) *m*
drone.

trw|ać (-am, -asz) *vt*: **trwać
godzinę/tydzień** to last (for) an

hour/a week ♦ *vi* to last; (*o
rozmowie, wymianie*) to go on; (*nie
ulegać*) (*perf* wy-) to persist; **trwać
w bezruchu** to stay still; **trwać w
milczeniu** to keep *lub* stay silent.

trwał|a (-ej, -e) *f decl like adj*
(*pot. też*: **trwała ondulacja**) perm.

trwałoś|ć (-ci) *f* durability.

trwały *adj* (*produkt*) durable; (*pokój,
uczucie*) lasting; **trwała ondulacja**
perm.

trw|oga (-ogi, -ogi) (*dat sg* -odze, *gen
pl* -óg) *f* fear.

trwo|nić (-nię, -nisz) (*imp* -ń) *vt*
(*czas, zdolności*) to waste; (*zdrowie*)
to ruin; (*pieniądze*) (*perf* roz-) to
squander, to waste.

try|b (-bu, -by) (*loc sg* -bie) *m* mode;
(*JĘZ*) mood; **tryby** *pl* (*TECH*) gears
pl, cog-wheels *pl*; **siedzący tryb
życia** a sedentary life; **tryb
postępowania** a course of action.

trybu|na (-ny, -ny) (*dat sg* -nie) *f*
(*mównica*) rostrum; (*na defiladzie*)
parade stand; **trybuny** *pl* (*SPORT*)
(grand) stand.

trybuna|ł (-łu, -ły) (*loc sg* -le) *m*
tribunal.

trygonometri|a (-i) *f* trigonometry.

tryko|t (-tu, -ty) (*loc sg* -cie) *m*
(*materiał*) tricot; (*strój gimnastyczny*)
leotard.

trysk|ać (-am, -asz) (*perf* trysnąć) *vi*
(*o krwi*) to gush; (*o fontannie*) to
spout water; **tryskać
energią/zdrowiem** to be bursting
with energy/health.

trywialny *adj* (*banalny*) trivial;
(*ordynarny*) vulgar.

trzas|k (-ku, -ki) (*instr sg* -kiem) *m*
(*drzwi*) bang, slam; (*gałęzi*) snap;
(*ognia*) crackle; **trzaski** *pl* (*RADIO*)
static.

trzask|ać (-am, -asz) (*perf* trzasnąć)
vt (*pot. uderzać*) to hit, to smack ♦ *vi*
(*o drzwiach*) to bang, to slam; (*o*

ogniu) to crackle; **trzaskać drzwiami** to slam the door; **trzaskać pięścią w stół** to bang one's fist on the table.

trz|ąść (**-ęsę, -ęsiesz**) (*imp -ęś lub -ąś*, *pt -ąsł, -ęsła, -ęśli*) *vt/vi* to shake; (*rządzić*) to keep a firm grip on.

►**trząść się** (*perf* **za-**) *vr* (*o człowieku, ziemi*) to shake, to tremble; (*o głosie, ustach*) to quiver; **trząść się z zimna** to shake *lub* shiver with cold.

trzci|na (**-ny, -ny**) (*dat sg* **-nie**) *f* (*BOT*) reed; (*surowiec*) cane; **trzcina cukrowa** sugar cane.

trzeba *part inv* it is necessary to ...; **trzeba mu pomóc** we should help him, he's got to be helped; **trzeba było mu pomóc** we should have helped him; **trzeba przyznać, że ...** admittedly ..., it should be admitted that ...; **jeśli trzeba** if necessary; **trzeba ci czegoś?** do you need anything?; **dziękuję, nie trzeba** no, thanks.

trzech *num gen, loc od* **trzy, trzej, troje**.

trzechsetny *adj* three-hundredth.

trzeci *num* third; **jedna trzecia** a *lub* one third; **po trzecie** third(ly); **co trzeci dzień** every three days.

trzeć (**trę, trzesz**) (*imp* **trzyj**, *pt* **tarł**) *vt* (*czoło, powieki*) (*perf* **po-**) to rub; (*marchew, ziemniaki*) (*perf* **ze-**) to grate.

trzej (*see* **Table 14**) *pron* three.

trzepacz|ka (**-ki, -ki**) (*dat sg* **-ce**, *gen pl* **-ek**) *f* (*do dywanów*) carpet beater; (*do ubijania jajek*) egg beater, whisk.

trze|pać (**-pię, -piesz**) *vt* (*chodnik, dywan*) (*perf* **wy-**) to beat.

trzep|nąć (**-nę, -niesz**) (*imp* **-nij**) *vb perf od* **trzepać**.

►**trzepnąć się** *vr perf* (*pot*) to hit o.s.

trzepo|tać (**-czę, -czesz**) *vi* to flutter.

trzeszcz|eć (**-ę, -ysz**) *vi* to creak.

trzewi|a (**-**) *pl* intestines *pl*, guts *pl*.

trzeźwie|ć (**-ję, -jesz**) (*perf* **wy-**) *vi* to come round, to sober (up).

trzeźwo *adv* soberly.

trzeźwoś|ć (**-ci**) *f* sobriety.

trzeźwy *adj* sober.

trzęsawis|ko (**-ka, -ka**) (*instr sg* **-kiem**) *nt* swamp.

trzęsie|nie (**-nia, -nia**) (*gen pl* **-ń**) *nt*: **trzęsienie ziemi** earthquake.

trzmiel (**-a, -e**) (*gen pl* **-i**) *m* bumblebee.

trzon|ek (**-ka, -ki**) (*instr sg* **-kiem**) *m* handle.

trzonowy *adj*: **ząb trzonowy** molar (tooth).

trzust|ka (**-ki, -ki**) (*dat sg* **-ce**, *gen pl* **-ek**) *f* (*ANAT*) pancreas.

trzy (*see* **Table 14**) *num* three.

trzydziest|ka (**-ki, -ki**) (*dat sg* **-ce**, *gen pl* **-ek**) *f* thirty; **ona jest po trzydziestce** she's in her thirties.

trzydziestoletni *adj* (*okres*) thirty-year *attr*; (*osoba*) thirty-year-old.

trzydziesty *num* thirtieth; **trzydziesty pierwszy** thirty-first.

trzydzieści (*like*: **dwadzieścia**) *num* thirty.

trzykrotnie *adv* (*wzrosnąć*) threefold; (*próbować*) three times.

trzyletni *adj* (*okres*) three-year *attr*; (*dziecko*) three-year-old.

trzym|ać (**-am, -asz**) *vt* (*w rękach*) to hold; (*jedzenie, zwierzęta, więźnia*) to keep ♦ *vi* (*o kleju, szwach*) to hold; **trzymać ręce w kieszeniach** to have one's hands in one's pockets; **trzymać kogoś w niepewności/napięciu** to keep sb in suspense; **trzymać coś (przed kimś) w sekrecie** to keep sth secret (from sb); **trzymać z kimś** to join up with sb.

►**trzymać się** *vr*: **trzymać się**

czegoś (*poręczy, gałęzi*) to hold on to; (*drogi, szlaku*) to follow; (*przepisów, reguł*) to keep to, to stick to; **trzymać się za głowę** to hold one's head; **trzymać się razem** to stick together; **trzymać się kogoś** (*przen*) to keep with sb, to stick with sb; **trzymaj się!** take care!

trzynasty *num* thirteenth.

trzynaście (*like*: **jedenaście**) *num* thirteen.

trzysta (*like*: **dwadzieścia**) *num* three hundred.

tu *adv* here; **tu (mówi) Nowak** this is Nowak (speaking).

tu|ba (-by, -by) (*dat sg* -bie) f (*kremu, pasty*) tube; (*do wzmacniania głosu*) loudhailer (*BRIT*), bullhorn (*US*); (*MUZ*) tuba.

tub|ka (-ki, -ki) (*dat sg* -ce, *gen pl* -ek) f tube.

tubyl|ec (-ca, -cy) (*gen pl* -ców) *m* native.

tucz|yć (-ę, -ysz) (*perf* u-) *vt* to fatten ♦ *vi* (*o pokarmach*) to be fattening.

tule|ja (-i, -je) (*gen pl* -i) f (*TECH*) sleeve.

tul|ić (-ę, -isz) *vt* (*obejmować*) to hug, to cuddle.

►**tulić się** *vr*: **tulić się do kogoś/czegoś** (*perf* **przy-**) to nestle *lub* snuggle up to sb/sth.

tulipa|n (-na, -ny) (*loc sg* -nie) *m* tulip.

tułacz (-a, -e) (*gen pl* -y) *m* wanderer, drifter.

tuł|ać się (-am, -asz) *vr* to wander, to drift.

tuł|ów (-owia, -owie) (*gen pl* -owi) *m* trunk.

tuma|n (-nu, -ny) (*loc sg* -nie) *m* (*kurzu*) cloud; (*pot*) (*gen sg* -na) twerp (*pot*), wally (*pot*: *BRIT*).

tunel (-u, -e) (*gen pl* -i *lub* -ów) *m* tunnel.

tune|r (-ra, -ry) (*loc sg* -rze) *m* tuner.

Tunezj|a (-i) f Tunisia.

tuńczy|k (-ka, -ki) (*instr sg* -kiem) *m* tuna (fish).

tu|pać (-pię, -piesz) (*perf* **tupnąć**) *vi*: **tupać (nogami)** to stamp one's feet.

tupeci|k (-ku, -ki) (*instr sg* -kiem) *m* toupée.

tupe|t (-tu) (*loc sg* -cie) *m* impudence, cheek; **mieć tupet** to have a nerve.

tu|ra (-ry, -ry) (*dat sg* -rze) f round; **druga tura** run-off.

turba|n (-nu, -ny) (*loc sg* -nie) *m* turban.

turbi|na (-ny, -ny) (*dat sg* -nie) f turbine.

Turcj|a (-i) f Turkey.

Turczyn|ka (-ki, -ki) (*dat sg* -ce, *gen pl* -ek) f Turk.

turecki *adj* Turkish ♦ *n* (*język*) Turkish; **siedzieć po turecku** to sit cross-legged.

Tur|ek (-ka, -cy) (*instr sg* -kiem) *m* Turk.

turko|tać (-cze) *vi* to rattle.

turku|s (-su *lub* -sa, -sy) (*loc sg* -sie) *m* turquoise.

turkusowy *adj* turquoise (blue).

turniej (-u, -e) *m* tournament.

turnu|s (-su, -sy) (*loc sg* -sie) *m* period.

tury|sta (-sty, -ści) (*dat sg* -ście) *m decl like* f *in sg* tourist; **turysta pieszy** backpacker, hiker; **turysta zmotoryzowany** motoring tourist.

turystyczny *adj* tourist *attr*; **biuro turystyczne** tourist (information) office; **klasa turystyczna** tourist *lub* economy class.

turysty|ka (-ki) (*dat sg* -ce) f tourism.

tusz (-u, -e) *m* Indian ink; **tusz do rzęs** mascara.

tusz|a (-y) f (*otyłość*) fatness; (*ubite zwierzę*) (*nom pl* -e) carcass, carcase (*BRIT*).

tusz|ować (**-uję**, **-ujesz**) (*perf* **za-**) *vt* to gloss over.

tutaj *adv* here.

tutejszy *adj* local.

tuzi|n (**-na**, **-ny**) (*loc sg* **-nie**) *m* dozen.

tuzinkowy *adj* common, ordinary.

tuż *adv* (*w przestrzeni*) close by, nearby; (*w czasie*) close on, just; **tuż za rogiem** just round the corner.

TVP *abbr* (= *Telewizja Polska*) Polish Television.

twardnie|ć (**-ję**, **-jesz**) (*perf* **s-**) *vi* to harden.

twardo *adv* (*domagać się*) firmly; (*powiedzieć coś, spojrzeć*) sternly; (*walczyć*) hard; (*wychowywać*) strictly; **spać twardo** to be fast *lub* sound asleep; **jajko na twardo** hard-boiled egg.

twardy *adj* (*krzesło*) hard; (*mięso*) tough; (*zasady*) rigid, firm; (*zahartowany*) hardened, toughened; (*przen*: *spojrzenie*) stern.

twaroż|ek (**-ku**, **-ki**) (*instr sg* **-kiem**) *m dimin od* **twaróg**.

twar|óg (**-ogu**, **-ogi**) (*instr sg* **-ogiem**) *m* cottage cheese.

twarz (**-y**, **-e**) (*gen pl* **-y**) *m* face; **być zwróconym twarzą do kogoś/czegoś** to face sb/sth; **jest ci w tym do twarzy** it suits you; **nie jest ci w tym do twarzy** it doesn't flatter you, it doesn't suit you.

twarzowy *adj* (*fryzura, kapelusz*) becoming, flattering; (*nerw*) facial.

twierdz|a (**-y**, **-e**) *f* fortress.

twierdzący *adj* affirmative.

twierdze|nie (**-nia**, **-nia**) (*gen pl* **-ń**) *nt* (*zdanie*) statement; (*MAT*) theorem.

twier|dzić (**-dzę**, **-dzisz**) (*imp* **-dź**, *perf* **s-**) *vi* to claim, to say.

twoja *itd.* *pron patrz* **twój**.

tworz|yć (**-ę**, **-ysz**) (*imp* **twórz**) *vt* (*świat, podstawy*) (*perf* **s-**) to create; (*oddział, rząd*) (*perf* **u-** *lub* **s-**) to form; (*komponować*) (*perf* **s-**) to produce; (*stanowić*) (*perf* **u-**) to form, to make up.

►**tworzyć się** *vr* (*powstawać*) to be formed; (*formować się*) to form.

tworzy|wo (**-wa**, **-wa**) (*loc sg* **-wie**) *nt* (*materiał*) material; **tworzywo sztuczne** plastic.

twój (*like*: **mój**) *possessive pron* (*przed rzeczownikiem*) your; (*bez rzeczownika*) yours; **czy to są twoje książki?** are these your books?; **czy te książki są twoje?** are these books yours?

twórc|a (**-y**, **-y**) *m decl like f in sg* creator; (*artysta*) artist; (*pisarz, autor*) author; (*inicjator, sprawca*) originator; (*organizacji*) founder.

twórczoś|ć (**-ci**) *f* (*działanie*) creation, production; (*dzieła*) (artistic) works.

twórczy *adj* (*talent*) creative; (*środowisko, praca*) artistic.

ty (*see* **Table 1**) *pron* you; **być z kimś na** *lub* **per „ty"** to be on first-name terms with sb.

tych *pron gen, loc od* **ci, te**.

tycz|ka (**-ki**, **-ki**) (*dat sg* **-ce**, *gen pl* **-ek**) *f* pole; **skok o tyczce** pole vault.

tyć (**tyję**, **tyjesz**) (*perf* **u-**) *vi* to get *lub* grow fat, to put on weight.

ty|dzień (**-godnia**, **-godnie**) (*gen pl* **-godni**) *m* week; **co tydzień** every week, weekly; **za tydzień** in a week('s time); **w przyszłym/zeszłym tygodniu** next/last week; **Wielki Tydzień** Holy Week.

tyfu|s (**-su**) (*loc sg* **-sie**) *m* typhus.

tygodni|k (**-ka**, **-ki**) (*instr sg* **-kiem**) *m* weekly.

tygodniowo *adv* weekly.

tygodniowy *adj* (*pobyt, urlop*) week's *attr*, week-long; (*zarobek*) weekly, week's *attr*.

tygry|s (**-sa**, **-sy**) (*loc sg* **-sie**) *m* tiger.

tyk|ać[1] (**-am**, **-asz**) (*perf* **tknąć**) *vt* (*dotykać*) to touch.

tyk|ać[2] (**-a**) (*perf* **-nąć**) *vi* (*o zegarze*) to tick.

tyle (*like:* **ile**) *pron* (*z rzeczownikiem: ludzi, samochodów, faktów*) so many; (: *mleka, miłości, pieniędzy*) so much; (*bez rzeczownika*) this many, this much; **straciłem tyle czasu** I wasted so much time; **tylu mężczyzn/chłopców** so many men/boys; **mam tyle pieniędzy/problemów co i ty** I've got as much money/as many problems as you; **ona tyle przeżyła!** she has been through so much!; **dwa razy tyle piwa/jabłek** twice as much beer/as many apples.

tylko *part* only, just; **posłuchaj tylko** just listen; **tylko nie on!** anybody *lub* anyone but him! ♦ *conj*: **gdyby/jeśli tylko** if only; **jak tylko** as soon as; **kiedy tylko miałem okazję** whenever I had a chance; **kiedy tylko wstałem, on usiadł** as soon as I stood up, he sat down; **nie tylko ..., ale (również)** ... not only ..., but (also) ... .

tylny *adj* (*wyjście*) back, rear; (*koła, siedzenie*) rear; (*kieszeń*) hip, back; (*łapy*) hind, back; **tylne światło** tail light.

tylu *pron patrz* **tyle**.

ty|ł (**-łu**, **-ły**) (*loc sg* **-le**) *m* back; (*domu, samochodu*) back, rear; **tyłem do kogoś/czegoś** with one's back towards sb/sth; **iść tyłem** to walk backwards, to retreat; **jechać tyłem** to drive backwards, to reverse; **z tyłu** in the back *lub* rear; **zrobić** (*perf*) **krok w tył** *lub* **do tyłu** to step back; **w tył zwrot!** about turn (*BRIT*) *lub* face! (*US*); **tyły** *pl* (*WOJSK*) rear.

tył|ek (**-ka**, **-ki**) (*instr sg* **-kiem**) *m* (*pot*) bottom (*pot*).

tym[1] *pron instr, loc od* **ten, to** ♦ *pron dat od* **ci, te**.

tym[2] *part:* **im więcej, tym lepiej** the more, the better; **tym bardziej** all the more; **tym lepiej/gorzej dla ciebie** all *lub* so much the better/worse for you.

tymczasem *adv* (*w tym samym czasie*) meanwhile, while; (*na razie*) for the meantime ♦ *conj* (*jednak*) yet.

tymczasowo *adv* temporarily.

tymczasowy *adj* (*praca, rozwiązanie*) temporary; (*rząd*) interim, provisional; (*rozwiązanie, kontrakt*) provisional.

tymian|ek (**-ku**, **-ki**) (*instr sg* **-kiem**) *m* thyme.

tyn|k (**-ku**, **-ki**) (*instr sg* **-kiem**) *m* plaster.

tynk|ować (**-uję**, **-ujesz**) (*perf* **o-**) *vt* to plaster.

ty|p (*loc sg* **-pie**, *nom pl* **-py**) *m* (*gen sg* **-pu**) type; (*pej: człowiek*) (*gen sg* **-pa**) character; **być w czyimś typie** to be sb's type.

typ|ować (**-uję**, **-ujesz**) (*perf* **wy-**) *vt* (*na wyścigach*) to put one's money on.

typowy *adj* (*charakterystyczny*) typical; (*standardowy*) standard; **typowy dla kogoś/czegoś** typical of sb/sth.

tyra|n (**-na**, **-ni**) (*loc sg* **-nie**) *m* tyrant.

tyrani|a (**-i**, **-e**) (*dat sg* **-i**, *gen pl* **-i**) *f* tyranny.

tys. *abbr* (= *tysiące*) thou. (= thousand).

tysi|ąc (**-ąca**, **-ące**) (*gen pl* **-ęcy**) *m* thousand.

tysiączny *num* thousandth.

tyta|n (*loc sg* **-nie**) *m* (*superman*) (*gen sg* **-na**, *nom pl* **-ni**) titan; **tytan pracy** (*przen*) demon for work.

tyto|ń (-niu, -nie) (gen pl -ni lub -niów) m tobacco.

tytu|ł (-łu, -ły) (loc sg -le) m title; **otrzymać** (perf) **pieniądze tytułem czegoś** to receive money by way of sth; **książka pod tytułem ...** a book entitled ...; **tytuł szlachecki** knighthood; **tytuły sportowe** sporting honours (BRIT) lub honors (US); **tytuł magistra** Master's degree; **tytuł naukowy/hrabiego/ mistrza** academic/earl's/champion's title.

tytuł|ować (-uję, -ujesz) vt (nadawać tytuł) to entitle; (zwracać się) to address.

tytułowy adj title attr.

tzn. abbr (= to znaczy) i.e.

tzw. abbr (= tak zwany) so-called.

U

─────SŁOWO KLUCZOWE─────

u prep +gen **1** (w pobliżu) at; **stać u drzwi** to stand by the door; **być u władzy** to be in power; **szukać pomocy u kogoś** to seek help from sb. **2** (część całości): **klamka u drzwi** doorhandle. **3** (przynależność): **zostawić** (perf) **wiadomość u kogoś** to leave a message with sb; **u Dickensa** in Dickens; **co u ciebie słychać?** how are things with you? **4** (dla określenia miejsca): **u Marka** at Mark's (place); **u moich rodziców** at my parents' (place); **u siebie (w domu)** (pot) at one's place.

uaktual|niać (-niam, -niasz) (perf -nić) vt to update, to bring up to date.

uaktyw|niać (-niam, -niasz) (perf -nić) vt to rouse, to stimulate to action.

►**uaktywniać się** vr to become active.

ubar|wiać (-wiam, -wiasz) (perf -wić) vt (historię, relację) to embroider, to embellish.

ubarwieni|e (-a, -a) nt coloration, colouring (BRIT), coloring (US).

uba|wić (-wię, -wisz) vt perf to amuse.

►**ubawić się** vr to have fun.

ubezpiecz|ać (-am, -asz) (perf -yć) vt (mieszkanie, pracownika) to insure; (w czasie walki) to cover; (w czasie wspinaczki) to cover for; **ubezpieczać coś od kradzieży/pożaru** to insure sth against theft/fire.

►**ubezpieczać się** vr (ubezpieczać siebie) to insure o.s.; (w czasie walki) to cover one another.

ubezpiecze|nie (-nia, -nia) (gen pl -ń) nt insurance; **ubezpieczenie od kradzieży/na życie** theft/life insurance; **ubezpieczenie międzynarodowe** (MOT) green card; **ubezpieczenie społeczne** national insurance (BRIT), social security (US); **ubezpieczenie od nieszczęśliwych wypadków** accident insurance; **ubezpieczenie od odpowiedzialności cywilnej** third-party insurance.

ubieg|ać (-am, -asz) (perf ubiec lub ubiegnąć) vt to forestall.

►**ubiegać się** vr: **ubiegam się o pracę/wizę** I have applied for a job/visa; **ubiegać się o azyl/wybór** to seek asylum/election.

ubiegłoroczny adj last year's.

ubiegły adj past, last; **w ubiegłym roku/miesiącu** last year/month.

ubier|ać (-am, -asz) vt (perf **ubrać**)

(*dziecko, osobę*) to dress; (*płaszcz, spodnie*) to put on; (*choinkę, tort*) to decorate.

▶**ubierać się** *vr* (*perf* **ubrać**) (*wkładać ubranie*) to get dressed; **ładnie się ubierać** to dress well.

ubij|ać (**-am, -asz**) (*perf* **ubić**) *vt* (*śmietanę*) to whip; (*jajko, białko*) to whisk, to beat; **ubijać** (**ubić** *perf*) **interes** (*pot*) to strike a deal.

ubikacj|a (**-i, -e**) (*dat sg* **-i**) *f* toilet.

ubi|ór (**-oru, -ory**) (*loc sg* **-orze**) *m* clothing, dress.

ubliż|ać (**-am, -asz**) (*perf* **-yć**) *vi*: **ubliżać komuś** to insult sb; **ubliżać czemuś** to offend sth.

ubocz|e (**-a**) *nt*: **na uboczu** out of the way.

uboczny *adj*: **efekt uboczny** side effect; **produkt uboczny** by-product.

ubogi *adj* poor.

ubolew|ać (**-am, -asz**) *vi* to grieve, to lament; **ubolewać nad czymś** (*żałować*) to lament sth; (*potępiać*) to deplore sth.

ubolewa|nie (**-nia**) *nt* regret, sorrow.

uboż|eć (**-eję, -ejesz**) (*perf* **z-**) *vi* to become impoverished.

ub|ój (**-oju, -oje**) *m* slaughter.

ubóstwi|ać (**-am, -asz**) *vt* (*uwielbiać*) to adore; (*uważać za bóstwo*) to idolize.

ubóst|wo (**-wa**) (*loc sg* **-wie**) *nt* poverty.

ubrać (**ubiorę, ubierzesz**) (*imp* **ubierz**) *vb perf od* **ubierać**.

ubra|nie (**-nia, -nia**) (*gen pl* **-ń**) *nt* (*ubiór*) clothing; (*garnitur*) suit.

ubrany *adj* dressed; **być ubranym w** +*acc* to wear ..., to be dressed in ... .

ubyt|ek (**-ku, -ki**) (*instr sg* **-kiem**) *m* (*krwi, paliwa*) loss; (*w zębie*) cavity.

ubyw|ać (**-a**) (*perf* **ubyć**) *vi* (*odchodzić*) to go away; (*znikać*) to disappear; **ubywa wody** there is less and less water; **ubywa**

pracowników there are fewer and fewer workers.

ucał|ować (**-uję, -ujesz**) *vt perf* to kiss.

ucho¹ (**ucha, uszy**) (*gen pl* **uszu**, *dat pl* **uszom**, *instr pl* **uszami**, *loc pl* **uszach**) *nt* ear; **mieć czegoś/kogoś powyżej uszu** (*pot*) to be fed up with sth/sb (*pot*).

uch|o² (**-a, -a**) (*garnka, kubka*) handle; (*igły*) eye.

ucho|dzić (**-dzę, -dzisz**) (*imp* **-dź**, *perf* **ujść**) *vi* (*o dymie, gazie*) to escape; **uchodzić za kogoś** to pass as sb; **coś komuś uchodzi bezkarnie** sb gets away with sth.

uchodźc|a (**-y, -y**) *m decl like f in sg* refugee.

uchro|nić (**-nię, -nisz**) (*imp* **-ń**) *vt perf* to save, to preserve.

▶**uchronić się** *vr* to protect o.s.

uchwal|ać (**-am, -asz**) (*perf* **-ić**) *vt* to pass.

uchwa|ła (**-ły, -ły**) (*loc sg* **-le**) *f* resolution.

uchwy|cić (**-cę, -cisz**) (*imp* **-ć**) *vt perf* (*ramię, władzę, sposobność*) to seize; (*myśl, intencję*) to grasp.

▶**uchwycić się** *vr*: **uchwycić się czegoś** *lub* **za coś** to get hold of sth.

uchwy|t (**-tu, -ty**) (*loc sg* **-cie**) *m* handle.

uchwytny *adj* (*różnica, zmiana*) noticeable, perceptible; (*pot*: *o człowieku*) reachable.

uchybie|nie (**-nia, -nia**) (*gen pl* **-ń**) *nt* (*błąd*) inadvertence; (*niewłaściwy czyn*) transgression.

uchyl|ać (**-am, -asz**) (*perf* **-ić**) *vt* (*PRAWO: ustawę*) to repeal; (: *sprzeciw, decyzję*) to overrule.

▶**uchylać się** *vr* (*o drzwiach, oknie*) to open a little; (*o człowieku*) to dodge; **uchylać się od odpowiedzialności** to evade responsibility.

uciąć (**utnę, utniesz**) (*imp* **utnij**, *pt* **uciął, ucięła, ucięli**) *vb perf od* **ucinać**.

uciążliwy *adj* (*obowiązki, zadanie*) burdensome, onerous; (*człowiek, hałas*) bothersome, troublesome.

ucie|cha (**-chy**) (*dat sg* **-sze**) *f* (*radość*) delight, joy; (*przyjemność*) (*nom pl* **-chy**) joy, pleasure.

uciecz|ka (**-ki, -ki**) (*dat sg* **-ce**, *gen pl* **-ek**) *f* escape.

uciek|ać (**-am, -asz**) (*perf* **uciec**) *vi* to run away, to escape; **uciekł mi autobus** I missed my bus.

►**uciekać się** *vr:* **uciekać się do czegoś** to resort to sth.

uciekinie|r (**-ra, -rzy**) (*loc sg* **-rze**) *m* runaway, fugitive.

ucieleśnie|nie (**-nia**) *nt* incarnation, embodiment.

ucie|rać (**-am, -asz**) (*perf* **utrzeć**) *vt* (*ciasto, żółtka*) to mix; (*buraki, marchew*) to grate.

ucier|pieć (**-pię, -pisz**) *vi perf* to suffer; **nie ucierpieliśmy na tym** we're none the worse for it.

ucieszny *adj* droll.

uciesz|yć (**-ę, -ysz**) *vb perf od* **cieszyć**.

ucin|ać (**-am, -asz**) (*perf* **uciąć**) *vt* (*gałąź, sznurek*) to cut (off); (*dyskusję, rozmowę*) to cut short; **uciąć sobie pogawędkę/drzemkę** to have a chat/nap.

ucis|k (**-ku**) (*instr sg* **-kiem**) *m* (*przyciskanie*) pressure; (*w gardle, piersiach*) constriction; (*polityczny*) oppression.

ucisk|ać (**-am, -asz**) (*perf* **ucisnąć**) *vt* (*przyciskać*) to press; (*ograniczać wolność*) to oppress; (*o bucie*) to pinch; (*o pasku*) to squeeze.

uciskowy *adj:* **opaska uciskowa** tourniquet.

ucisz|ać (**-am, -asz**) (*perf* **-yć**) *vt* to silence.

►**uciszać się** *vr* (*o morzu, wietrze*) to calm down; (*ludziach*) to fall silent.

ucz|cić (**-czę, -cisz**) (*imp* **-cij**) *vt perf* to celebrate; *patrz też* **czcić**.

uczciwie *adv* honestly.

uczciwoś|ć (**-ci**) *f* honesty.

uczciwy *adj* honest.

uczel|nia (**-ni, -nie**) (*dat sg* **-ni**, *gen pl* **-ni**) *f* university, college.

uczeni|e (**-a**) *nt* teaching.

uczennic|a (*dat sg* **-y**) *f* (*w szkole*) schoolgirl, pupil, student (*US*).

ucz|eń (**-nia, -niowie**) (*loc sg* **-niu**) *m* schoolboy, pupil, student (*US*).

ucze|sać (**-szę, -szesz**) *vb perf od* **czesać**.

uczesa|nie (**-nia, -nia**) (*gen pl* **-ń**) *nt* hairstyle, hairdo.

uczestnict|wo (**-wa**) (*loc sg* **-wie**) *nt* participation.

uczestnicz|yć (**-ę, -ysz**) *vi* to participate.

uczestni|k (**-ka, -cy**) (*instr sg* **-kiem**) *m* participant.

uczęszcz|ać (**-am, -asz**) *vi* (*książk*): **uczęszczać do szkoły** to attend school.

uczony *adj* learned.

ucz|ony (**-onego, -eni**) *m decl like adj* scholar; (*w naukach przyrodniczych i ścisłych*) scientist, scholar.

ucz|ta (**-ty, -ty**) (*dat sg* **-cie**) *f* feast.

uczu|cie (**-cia, -cia**) (*gen pl* **-ć**) *nt* (*miłość, nienawiść, smutek itp.*) emotion; (*samotności, strachu*) feeling; (*głodu, zimna*) sensation; (*miłość*) affection.

uczuciowy *adj* emotional.

uczule|nie (**-nia**) *nt:* **uczulenie (na coś)** allergy (to sth); **mieć uczulenie na coś** to be allergic to sth.

uczulony *adj:* **uczulony na coś** allergic to sth.

ucz|yć (**-ę, -ysz**) (*perf* **na-**) *vt* to teach

◆ *vi* to teach; **uczyć (kogoś) matematyki/polskiego** to teach (sb) mathematics/Polish.

▸**uczyć się** *vr* to learn, to study; **uczyć się dobrze/źle** to be a good/bad student; **uczyć się do egzaminu** to study for an exam.

uczyn|ek (**-ku, -ki**) (*instr sg* **-kiem**) *m*: **dobry/zły uczynek** a good/bad deed; **złapać** (*perf*) **kogoś na gorącym uczynku** to catch sb red-handed.

uczynnoś|ć (**-ci**) (*dat sg* **-ci**) *f* obligingness.

uczynny *adj* obliging.

udany *adj* (*taki, który się udał*) successful; (*udawany*) feigned; **spotkanie było udane** the meeting was a success.

uda|r (**-ru, -ry**) (*loc sg* **-rze**) *m*: **udar cieplny** heat-stroke; **udar słoneczny** sunstroke; **udar mózgu** *lub* **mózgowy** stroke, apoplexy.

udarem|niać (**-niam, -niasz**) (*perf* **-nić**) *vt* to foil.

udawać (**udaję, udajesz**) (*imp* **udawaj**, *perf* **udać**) *vt* (*symulować*) to fake, to pretend; (*naśladować*) to imitate ◆ *vi*: **udawał, że śpi** he pretended to be asleep, he pretended he was sleeping; **udawała, że mnie nie zna** she pretended not to know me, she pretended (that) she didn't know me.

▸**udawać się** *vr* (*o przyjęciu, wycieczce*) to be a success; (*książk: iść, jechać*) to go; **udało mi się go odnaleźć** I managed to find him.

udawany *adj* feigned.

uderz|ać (**-am, -asz**) (*perf* **-yć**) *vt*: **uderzać kogoś (w coś)** to hit sb (in *lub* on sth) ◆ *vi* (*pięścią*) to bang; (*narzędziem*) to hit; **uderzać (na kogoś/coś)** to strike (at sb/sth).

▸**uderzać się** *vr* (*samemu*) to hit o.s.; (*wzajemnie*) to hit one another.

uderzający *adj* striking.

uderze|nie (**-nia, -nia**) (*gen pl* **-ń**) *nt* (*cios*) blow; (*dźwięk*) bang.

ud|ko (**-ka, -ka**) (*instr* **-kiem**) *nt* (*KULIN*) leg.

udła|wić się (**-wię, -wisz**) *vr perf* to choke to death.

udo (**uda, uda**) (*loc sg* **udzie**) *nt* thigh.

udobruch|ać (**-am, -asz**) *vt perf* to placate, to mollify.

▸**udobruchać się** *vr* to be placated *lub* mollified.

udogodnie|nie (**-nia, -nia**) (*gen pl* **-ń**) *nt* convenience, help.

udokument|ować (**-uję, -ujesz**) *vt perf* to substantiate.

udoma|wiać (**-wiam, -wiasz**) (*perf* **udomowić**) *vt* to domesticate.

udomowiony *adj* domesticated.

udoskonal|ać (**-am, -asz**) (*perf* **-ić**) *vt* to refine, to improve.

udoskonale|nie (**-nia, -nia**) (*gen pl* **-ń**) *nt* refinement, improvement.

udostęp|niać (**-niam, -niasz**) (*perf* **-nić**) *vt*: **udostępniać coś komuś** to make sth available to sb.

udowad|niać (**-niam, -niasz**) (*perf* **udowodnić**) *vt* to prove.

udrę|ka (**-ki, -ki**) (*dat sg* **-ce**) *f* torment, distress.

udusze|nie (**-nia**) *nt* (*zabójstwo*) strangulation; (*też:* **uduszenie się**) suffocation.

udzia|ł (**-łu**) (*loc sg* **-le**) *m* participation; (*FIN*) (*nom pl* **-ły**) share; **brać udział w czymś** to take part in sth.

udziało|wiec (**-wca, -wcy**) *m* shareholder.

udziec (**udźca, udźce**) *m* (*KULIN*) leg.

udziel|ać (**-am, -asz**) (*perf* **-ić**) *vt*: **udzielać czegoś (komuś)** to give sth (to sb), to give (sb) sth; **udzielać komuś głosu** to give the floor to sb.

▸**udzielać się** *vr* (*o nastroju,*

chorobie) to be infectious; **udzielać się komuś** to infect sb; **udzielać się towarzysko** to socialize.

udzier|ać (-am, -asz) (*perf* **udrzeć**) *vt* to tear off.

udźwig|nąć (-nę, -niesz) (*imp* -**nij**) *vt perf*: **ledwo mógł to udźwignąć** he could barely carry it; **wzięła tyle, ile mogła udźwignąć** she took as much as she could carry.

uf|ać (-am, -asz) (*perf* **za-**) *vi*: **ufać komuś/czemuś** to trust sb/sth; **ufać, że ...** to trust (that) ... .

ufnie *adv* trustingly.

ufnoś|ć (-ci) *f* trust; **z ufnością** trustingly; **pokładać ufność w kimś/czymś** to put one's trust in sb/sth.

ufny *adj* trusting.

uga|niać się (-niam, -niasz) *vr* to run around; **uganiać się za kimś/czymś** to chase sb/sth.

uga|sić (-szę, -sisz) (*imp* -**ś**) *vb perf od* **gasić** ♦ *vt perf*: **ugasić pragnienie** to quench one's thirst.

ugin|ać się (-am, -asz) (*perf* **ugiąć się**) *vr* to bend; **uginać się od czegoś** to be laden with sth; **uginać się** (**ugiąć się** *perf*) **przed kimś/czymś** (*przen*) to bow to sb/sth.

ugniat|ać (-am, -asz) *vt*: **te buty mnie ugniatają** these shoes pinch.

ug|oda (-ody, -ody) (*dat sg* -**odzie**, *gen pl* -**ód**) *f* compromise; **zawrzeć** (*perf*) **ugodę** to arrive at *lub* reach a compromise.

ugodowy *adj* conciliatory.

ugot|ować (-uję, -ujesz) *vb perf od* **gotować**.

ugrupowa|nie (-nia, -nia) (*gen pl* -**ń**) *nt* (*POL*) group.

ugry|źć (-zę, -ziesz) (*imp* -**ź**) *vb perf od* **gryźć**.

▸**ugryźć się** *vr*: **ugryźć się w język** (*przen*) to bite it back.

uhonor|ować (-uję, -ujesz) *vt perf* to honour (*BRIT*), to honor (*US*).

uiszcz|ać (-am, -asz) (*perf* **uiścić**) *vt* (*książk: należność, opłatę*) to pay.

ujad|ać (-a) *vi* to yap.

ujarz|miać (-miam, -miasz) (*perf* -**mić**) *vt* (*kraj*) to conquer; (*naród*) to subjugate; (*przen*) to tame.

ujaw|niać (-niam, -niasz) (*perf* -**nić**) *vt* (*dane, tajemnicę*) to disclose.

▸**ujawniać się** *vr* (*o osobie*) to come out.

uj|ąć (-mę, -miesz) (*imp* -**mij**) *vb perf od* **ujmować**; (*aresztować*) to capture.

ujednoli|cać (-cam, -casz) (*perf* -**cić**) *vt* to standardize.

ujemny *adj* (*wpływ ,wynik, biegun, liczba*) negative; (*temperatura*) sub-zero.

uję|cie (-cia, -cia) (*gen pl* -**ć**) *nt* (*postaci, tematu*) depiction; (*FILM*) take.

uj|ma (-my, -my) (*loc sg* -**mie**) *f*: **przynosić komuś ujmę** to be a blot on sb's reputation.

ujm|ować (-uję, -ujesz) (*perf* **ująć**) *vt* (*brać*) to take; (*formułować*) to express.

▸**ujmować się** *vr*: **ujmować się za głowę** to hold one's head in one's hands; **ujęli się za ręce** they clasped hands; **ujmować się za kimś** to plead sb's case.

ujmujący *adj* winsome, charming.

ujrz|eć (-ę, -ysz) (*imp* -**yj**) *vt perf* (*książk*) to see.

ujś|cie (-cia, -cia) (*gen pl* -**ć**) *nt* (*rynny*) outlet; (*rzeki*) estuary, mouth.

uka|rać (-rzę, -rzesz) *vb perf od* **karać**.

ukart|ować (-uję, -ujesz) *vt perf* to plot, to contrive.

ukaz|ywać (-uję, -ujesz) (*perf* -**ać**) *vt* (*prezentować*) to portray.

▸**ukazywać się** *vr* (*o duchu, słońcu*)

to appear; (*o publikacji*) to come out, to appear.

uką|sić (**-szę, -sisz**) (*imp* **-ś**) *vb perf od* **kąsać**.

ukąsze|nie (**-nia, -nia**) (*gen pl* **-ń**) *nt* bite.

UKF *abbr* (= *ultrakrótkie fale*) ≈ FM (*frequency modulation*).

uklęk|nąć (**-nę, -niesz**) (*imp* **-nij**) *vb perf od* **klękać**.

ukła|d (**-du, -dy**) (*loc sg* **-dzie**) *m* (*porządek*) arrangement; (*ANAT, TECH, CHEM*) system; (*umowa*) agreement; (: *POL*) treaty; **Układ Słoneczny** solar system; **układ scalony** integrated circuit.

układ|ać (**-am, -asz**) (*perf* **ułożyć**) *vt* (*książki, papiery, bukiet*) to arrange; (*wiersz, melodię*) to compose; (*rannego*) to lay down; **układać kogoś do snu** to put sb to bed.

▸**układać się** *vr* (*kłaść się*) to lie down; (*o stosunkach, sprawach*) to shape up well; **układać się (z kimś)** to negotiate *lub* bargain (with sb).

układan|ka (**-ki, -ki**) (*dat sg* **-ce**, *gen pl* **-ek**) *f* jigsaw (puzzle).

układny *adj* polite, courteous.

ukło|n (**-nu, -ny**) (*loc sg* **-nie**) *m* (*głową*) nod; (*głęboki*) bow; **złożyć** (*perf*) **ukłon** to make a bow.

ukło|nić się (**-nię, -nisz**) (*imp* **-ń**) *vb perf od* **kłaniać się**.

ukłu|cie (**-cia, -cia**) (*gen pl* **-ć**) *nt* (*igły, kolców*) prick; (*owada*) sting.

ukł|uć (**-uję, -ujesz**) *vb perf od* **kłuć**.

ukochan|a (**-ej, -e**) *f decl like adj* beloved, sweetheart.

ukochany *adj* beloved ▸ *m decl like adj* beloved, sweetheart.

ukończe|nie (**-nia**) *nt* completion; **być na ukończeniu** to be near *lub* nearing completion.

ukończ|yć (**-ę, -ysz**) *vt perf* to complete, to finish.

ukoronowa|nie (**-nia**) *nt* (*koronacja*)

crowning; (*szczytowe osiągnięcie*) crowning achievement; **być ukoronowaniem czegoś** to be the crown of sth.

uko|s (**-su, -sy**) (*loc sg* **-sie**) *m*: **na ukos** at a slant; **patrzeć na kogoś z ukosa** (*przen*) to look askance at sb.

ukośnie *adv* obliquely.

ukośni|k (**-ka, -ki**) (*instr sg* **-kiem**) *m* slash; **ukośnik wsteczny** backslash.

ukośny *adj* slanting, oblique.

ukradkiem *adv* (*spoglądać*) furtively; (*przemykać się*) stealthily.

ukradkowy *adj* (*spojrzenie*) furtive; (*spotkanie*) clandestine.

Ukrai|na (**-ny**) (*loc sg* **-nie**) *f* the Ukraine.

Ukrai|niec (**-ńca, -ńcy**) *m* Ukrainian.

Ukrain|ka (**-ki, -ki**) (*dat sg* **-ce**, *gen pl* **-ek**) *f* Ukrainian.

ukraiński *adj* Ukrainian ▸ *n* (*język*) Ukrainian.

ukra|ść (**-dnę, -dniesz**) (*imp* **-dnij**, *pt* **-dł**) *vb perf od* **kraść**.

ukrę|cić (**-cę, -cisz**) (*imp* **-ć**) *vt perf* (*guzik, gałkę*) to wrench off; (*krem*) to mix; (*powróz*) to plait.

ukr|oić (**-oję, -oisz**) (*imp* **-ój**) *vb perf od* **kroić**.

ukro|p (**-pu**) (*loc sg* **-pie**) *m* boiling water.

ukrusz|yć (**-ę, -ysz**) *vt perf* to break off.

▸**ukruszyć się** *vr perf* to break off.

ukry|cie (**-a, -a**) *nt*: **w ukryciu** in hiding; **z ukrycia** from hiding.

ukry|ć (**-ję, -jesz**) *vb perf od* **ukrywać**.

ukryty *adj* (*cel, myśl, wada*) hidden; (*motyw*) ulterior.

ukryw|ać (**-am, -asz**) (*perf* **ukryć**) *vt* (*osobę, przedmiot*) to hide; (*niechęć, rozpacz*) to conceal, to hide; **ukrywać coś przed kimś** to hide sth from sb.

▸**ukrywać się** *vr* (*chować się*) to hide (o.s.); (*przebywać w ukryciu*) to be in hiding; **ukrywać się przed kimś** to hide from sb.

ukrzyżowa|nie (-nia) *nt* crucifixion.

ukształt|ować (-uję, -ujesz) *vb perf od* **kształtować**.

uku|ć (-ję, -jesz) *vt perf* (*wyraz, termin*) to coin.

ul (-a, -e) (*gen pl* -i *lub* -ów) *m* (bee)hive.

ul. *abbr* (= *ulica*) St (= Street).

ulatni|ać się (-am, -asz) (*perf* **ulotnić się**) *vr* (*o gazie*) to leak; (*przen: o złym nastroju*) to vanish, to evaporate; (*pot: o człowieku*) to make o.s. scarce.

uleczalny *adj* curable.

uleg|ać (-am, -asz) (*perf* **ulec**) *vi*: **ulegać czemuś** (*naciskom, przemocy*) to give in *lub* yield to sth; (*pokusie, pragnieniu*) to yield *lub* succumb to sth; **ulec komuś** to be defeated by sb; **ulegać nastrojom** to be moody; **ulegać przemianom** to undergo changes; **nie ulega wątpliwości, że ...** there's no doubt that ... .

uległoś|ć (-ci) *f* docility, submission.

uległy *adj* docile, submissive.

ule|pić (-pię, -pisz) *vb perf od* **lepić**.

ulepsz|ać (-am, -asz) (*perf* -yć) *vt* to improve, to better.

ulepsze|nie (-nia, -nia) (*gen pl* -ń) *nt* improvement.

ule|wa (-wy, -wy) (*loc sg* -wie) *f* downpour, rainstorm.

ulewny *adj* (*deszcz*) torrential, pouring.

ul|ga (-gi) (*dat sg* -dze) *f* (*uczucie*) relief; (*zniżka*) (*nom pl* -gi) concession, allowance; **ulga podatkowa** tax relief *lub* allowance.

ulgowy *adj* (*bilet*) reduced, cheap; (*traktowanie*) preferential; **opłata ulgowa** half *lub* reduced fare.

ulic|a (-y, -e) *f* street; **na ulicy** in the street (*BRIT*), on the street (*US*);

iść/jechać ulicą to walk/drive down the street; **przechodzić przez ulicę** to cross the street.

ulicz|ka (-ki, -ki) (*dat sg* -ce, *gen pl* -ek) *f dimin od* **ulica**; **ślepa uliczka** (*przen*) dead end, blind alley.

uliczny *adj* street *attr*; **latarnia uliczna** streetlight, streetlamp; **ruch uliczny** traffic; **korek uliczny** traffic jam.

ulot|ka (-ki, -ki) (*dat sg* -ce, *gen pl* -ek) *f* leaflet.

ulotny *adj* (*woń*) faint; (*chwila*) transient, fleeting.

ultradźwiękowy *adj* ultrasonic.

ultrafioletowy *adj* ultraviolet.

ultrasonogra|f (-fu, -fy) (*loc sg* -fie) *m* ultrasound scanner.

ulubienic|a (-y, -e) *f* favourite (*BRIT*), favorite (*US*).

ulubie|niec (-ńca, -ńcy) *m* favourite (*BRIT*), favorite (*US*).

ulubiony *adj* favourite (*BRIT*), favorite (*US*).

uła|mać (-mię, -miesz) (*imp* **ułam**) *vb perf od* **łamać**, **ułamywać**.

uła|mek (-ka, -ki) (*instr sg* -kiem) *m* (*MAT*) fraction; (*część*) fragment (*small part*).

ułam|ywać (-uję, -ujesz) (*perf* -ać) *vt* to break off.

ułaska|wiać (-wiam, -wiasz) (*perf* -wić) *vt* (*PRAWO*) to pardon.

ułaskawie|nie (-nia, -nia) (*gen pl* -ń) *nt* (*PRAWO*) pardon.

ułat|wiać (-wiam, -wiasz) (*perf* -wić) *vt* to make easier, to facilitate.

ułatwie|nie (-nia, -nia) (*gen pl* -ń) *nt* help, convenience.

ułomnoś|ć (-ci) *f* (*kalectwo*) handicap; (*wada*) (*nom pl* -ci, *gen pl* -ci) flaw.

ułomny *adj* (*kaleki*) handicapped; (*niedoskonały*) flawed.

ułoże|nie (-nia) *nt* arrangement.

umac|niać (-niam, -niasz) (*perf*

umocnić) *vt* (*mur, rusztowanie, przewagę*) to reinforce, to strengthen; (*przyjaźń*) to consolidate; (*WOJSK*) to fortify.

▸**umacniać się** *vr* to be strengthened.

umal|ować (**-uję, -ujesz**) *vt perf* (*twarz*) to make up; (*usta*) to paint.

▸**umalować się** *vr* to make (o.s.) up.

umar|ły (**-łego, -li**) *m decl like adj* the deceased; **umarli** *pl* the dead.

umarz|ać (**-am, -asz**) (*perf* **umorzyć**) *vt* (*dług, należność*) to write off; (*postępowanie, śledztwo*) to discontinue.

uma|wiać (**-wiam, -wiasz**) (*perf* **umówić**) *vt*: **umawiać kogoś z kimś** to make an appointment for sb with sb.

▸**umawiać się** *vr*: **umawiać się (z kimś)** to make an appointment (with sb).

umeblowany *adj* furnished.

umia|r (**-ru**) (*loc sg* **-rze**) *m* moderation; **z umiarem** in moderation.

umiarkowany *adj* moderate; (*klimat, strefa*) temperate.

umieć (**umiem, umiesz**) *vi*: **umieć coś robić** to know how to do sth, to be able to do sth; **nie umiem pływać/prowadzić samochodu** I can't swim/drive; **umieć po polsku** (*pot*) to know Polish.

umiejętnie *adv* ably, skilfully (*BRIT*), skillfully (*US*).

umiejętnoś|ć (**-ci, -ci**) (*gen pl* **-ci**) *f* (*zdolność*) ability; (*biegłość*) skill.

umier|ać (**-am, -asz**) (*perf* **umrzeć**) *vi* to die; **umierać na raka** to die of cancer; **umierać z głodu** to die of starvation; **umierać z nudów** to be bored stiff *lub* to death.

umieszcz|ać (**-am, -asz**) (*perf* **umieścić**) *vt* to place.

umil|ać (**-am, -asz**) (*perf* **-ić**) *vt*:

umilać komuś czas to make the time pass more pleasantly for sb.

umniejsz|ać (**-am, -asz**) (*perf* **-yć**) *vt* (*wartość, zasługi*) to diminish.

um|owa (**-owy, -owy**) (*loc sg* **-owie**, *gen pl* **-ów**) *f* agreement; **zawierać (zawrzeć** *perf*) **umowę** to enter into an agreement; **umowa handlowa** trade contract; **umowa o pracę** contract of employment *lub* service.

umowny *adj* (*zgodny z umową*) contracted, agreed; (*w teatrze, literaturze*) conventional.

umożli|wiać (**-wiam, -wiasz**) (*perf* **-wić**) *vt* to make possible; **umożliwić komuś zrobienie czegoś** to enable sb to do sth.

umówiony *adj* prearranged.

um|rzeć (**-rę, -rzesz**) (*imp* **-rzyj**, *pt* **-arł**) *vb perf od* **umierać**.

umy|ć (**-ję, -jesz**) *vb perf od* **myć**.

umyk|ać (**-am, -asz**) (*perf* **umknąć**) *vi* to escape, to make off; **umknąć czyjejś uwadze** to escape sb's attention.

umy|sł (**-słu, -sły**) (*loc sg* **-śle**) *m* mind, intellect.

umysłowo *adv* (*rozwijać się*) intellectually; **chory/upośledzony umysłowo** mentally ill/handicapped.

umysłowy *adj* (*rozwój*) intellectual; (*wysiłek, choroba*) mental; **pracownik umysłowy** office worker, white-collar worker.

umyślnie *adv* deliberately.

umyślny *adj* deliberate.

umywal|ka (**-ki, -ki**) (*dat sg* **-ce**, *gen pl* **-ek**) *f* washbasin.

uncj|a (**-i, -e**) (*gen pl* **-i**) *f* ounce.

uni|a (**-i, -e**) (*loc sg* **-i**) *f* union; **Unia Europejska** European Union.

unicest|wiać (**-wiam, -wiasz**) (*perf* **-wić**) *vt* to annihilate.

uniemożli|wiać (**-wiam, -wiasz**) (*perf* **-wić**) *vt* to make impossible, to prevent.

unierucha|miać (-miam, -miasz)
(*perf* **unieruchomić**) *vt* to
immobilize.

uniesie|nie (-nie, -nia) (*gen pl* -ń) *nt*
(*euforia*) elation; (*poryw uczuć*)
passion.

unieszczęśli|wiać (-wiam, -wiasz)
(*perf* -wić) *vt* to make unhappy.

unieszkodli|wiać (-wiam, -wiasz)
(*perf* -wić) *vt* (*napastnika*) to make
powerless; (*truciznę*) to neutralize;
(*bombę*) to defuse.

uni|eść (-osę, -esiesz) (*imp* -eś, *pt*
-ósł, -osła, -eśli) *vb perf od* **unosić** ♦
vt perf (*zdołać udźwignąć*) to be able
to lift.

unieważ|niać (-niam, -niasz) (*perf*
-nić) *vt* (*zapis, małżeństwo*) to
annul; (*argument, kontrakt*) to
invalidate; (*zamówienie*) to cancel.

unieważnie|nie (-nia) *nt* (*zapisu,
małżeństwa*) annulment; (*argumentu,
kontraktu*) invalidation; (*zamówienia*)
cancellation.

uniewin|niać (-niam, -niasz) (*perf*
-nić) *vt* to acquit.

uniewinnieni|e (-a) *nt* acquittal.

uni|k (-ku, -ki) (*instr sg* -kiem) *m*
dodge, evasion.

unik|ać (-am, -asz) (*perf* -nąć) *vt*
+gen (*osoby, tematu, kłótni*) to
avoid; (*ciosu*) to dodge; (*kary*) to
escape.

unikalny *adj* unique.

unika|t (-tu, -ty) (*loc sg* -cie) *m* rarity.

unikatowy *adj* unique.

uniwersalny *adj* universal; **klucz
uniwersalny** master *lub* skeleton key.

uniwersytecki *adj* university *attr*;
miasteczko uniwersyteckie campus.

uniwersyte|t (-tu, -ty) (*loc sg* -cie) *m*
university.

uno|sić (-szę, -sisz) (*imp* -ś, *perf*
unieść) *vt* (*głowę, rękę*) to raise; (*o
rzece, wietrze*) to carry off *lub* away.

▶**unosić się** *vr* (*nad ziemią*) to

hover; (*na wodzie*) to float;
(*wstawać*) to rise; (*o kurtynie, mgle*)
to go up; (*irytować się*) to get hot
under the collar (*pot*), to get worked
up (*pot*).

unowocześ|niać (-niam, -niasz)
(*perf* -nić) *vt* to modernize.

uodpor|niać (-niam, -niasz) (*perf*
-nić) *vt*: **uodporniać kogoś na coś**
lub **przeciwko czemuś** to make sb
immune to sth.

▶**uodporniać się** *vr*: **uodporniać
się na coś** to become immune to
sth.

uogól|niać (-niam, -niasz) (*perf* -nić)
vt to generalize.

uogólnie|nie (-nia, -nia) (*gen pl* -ń)
nt generalization.

uosa|biać (-biam, -biasz) (*perf*
uosobić) *vt* (*reprezentować typ*) to
epitomize; (*personifikować*) to
personify, to embody.

uosobie|nie (-nia) *nt* (*ideał*)
epitome; (*ucieleśnienie*) embodiment.

upad|ać (-am, -asz) (*perf* **upaść**) *vi*
(*przewracać się*) to fall (down);
(*chylić się ku upadkowi*) to decline;
upadać ze zmęczenia to be dead
tired.

upad|ek (-ku, -ki) (*instr sg* -kiem) *m*
(*przewrócenie się*) fall; (*sztuki,
moralności*) decadence, decay;
(*klęska*) downfall.

upadl|ać (-am, -asz) (*perf* **upodlić**) *vt*
to debase.

upadłoś|ć (-ci) *f* bankruptcy.

upaj|ać się (-am, -asz) (*perf* **upoić
się**) *vr*: **upajać się czymś**
(*sukcesem*) to revel in sth;
(*pięknem*) to take delight in sth.

upalny *adj* sweltering.

upa|ł (-łu, -ły) (*loc sg* -le) *m* heat.

upamięt|niać (-niam, -niasz) (*perf*
-nić) *vt* to commemorate.

upaństw|awiać (-awiam, -awiasz)
(*perf* -owić) *vt* to nationalize.

uparcie *adv* stubbornly.

uparł *itd. vb patrz* **uprzeć się**.

uparty *adj* stubborn, obstinate.

upa|ść (**-dnę, -dniesz**) (*imp* **-dnij**, *pt* **-dł**) *vb perf od* **upadać** ♦ *vi perf* (*spaść*) to fall.

upatrz|yć (**-ę, -ysz**) *vt perf*: **upatrzyć sobie kogoś/coś** to set one's sights on sb/sth.

upew|niać (**-niam, -niasz**) (*perf* **-nić**) *vt*: **upewniać kogoś o czymś** to assure sb of sth.

▸**upewniać się** *vr* to make sure *lub* certain.

upie|c (**-kę, -czesz**) (*pt* **-kł**) *vb perf od* **piec**.

upier|ać się (**-am, -asz**) (*perf* **uprzeć**) *vr* to insist; **upierać się przy czymś** to insist on sth.

upiększ|ać (**-am, -asz**) (*perf* **-yć**) *vt* (*pokój*) to beautify; (*przen: fakty*) to embellish.

upij|ać (**-am, -asz**) *vt* (*herbatę*) to take a sip of; (*osobę*) to make drunk.

▸**upijać się** *vr* to get drunk.

upiln|ować (**-uję, -ujesz**) *vt perf* (*dzieci*) to take good care of; (*samochód, dom*) to protect against.

upin|ać (**-am, -asz**) (*perf* **upiąć**) *vt* to pin up.

upiorny *adj* ghastly.

upi|ór (**-ora, -ory**) (*loc sg* **-orze**) *m* ghost, spectre (*BRIT*), specter (*US*).

upły|w (**-wu**) (*loc sg* **-wie**) *m* (*czasu*) passage; **po upływie godziny/miesiąca** after an hour/a month; **przed upływem roku** (*przez rok*) within a *lub* one year; (*przed końcem roku*) before the end of the year; **zmarł z upływu krwi** he died of loss of blood.

upływ|ać (**-a**) (*perf* **upłynąć**) *vi* (*o czasie*) to go by; (*o terminie*) to expire; **termin upływa pierwszego lipca** the deadline is July 1st.

upodabni|ać (**-am, -asz**) (*perf* **upodobnić**) *vt* to make alike.

▸**upodabniać się** *vr*: **upodabniać się do kogoś** to imitate sb.

upodl|ić (**-ę, -isz**) (*imp* **-ij**) *vb perf od* **upadlać**.

upodob|ać (**-am, -asz**) *vt perf*: **upodobać sobie kogoś/coś** to take a liking to sb/sth.

upodoba|nie (**-nia, -nia**) (*gen pl* **-ń**) *nt* inclination; **upodobanie do czegoś** a liking for sth.

upoje|nie (**-nia**) *nt* rapture, ecstasy; **upojenie alkoholowe** intoxication.

upokarz|ać (**-am, -asz**) (*perf* **upokorzyć**) *vt* to humiliate.

▸**upokarzać się** *vr* to humiliate o.s.

upokarzający *adj* humiliating.

upokorze|nie (**-nia, -nia**) (*gen pl* **-ń**) *nt* humiliation.

upol|ować (**-uję, -ujesz**) *vt perf* (*zwierzynę*) to shoot, to kill.

upomin|ać (**-am, -asz**) (*perf* **upomnieć**) *vt* to rebuke, to admonish.

▸**upominać się** *vr*: **upominać się o coś** to demand *lub* claim sth.

upomin|ek (**-ku, -ki**) (*instr sg* **-kiem**) *f* gift.

upomnie|nie (**-nia, -nia**) (*gen pl* **-ń**) *nt* (*uwaga*) rebuke, reproof; (*pismo*) reminder.

upor|ać się (**-am, -asz**) *vr perf*: **uporać się z kimś/czymś** to deal with sb/sth (successfully).

uporczywie *adv* (*odmawiać*) persistently, repeatedly; (*wpatrywać się*) intensely.

uporczywy *adj* (*ból*) stubborn, persistent; (*hałas*) persistent.

uporządkowany *adj* ordered, orderly.

uposaże|nie (**-nia, -nia**) (*gen pl* **-ń**) *nt* salary.

upośledze|nie (**-nia, -nia**) (*gen pl* **-ń**) *nt* (*słuchu*) defect, impairment;

(*wzroku*) impairment; **uposledzenie umysłowe** mental handicap.

uposledzony *adj* handicapped ♦ *m decl like adj* handicapped person.

upoważ|niać (-niam, -niasz) (*perf* -nić) *vt*: **upoważniać kogoś do zrobienia czegoś** to authorize sb to do sth.

upoważnie|nie (-nia, -nia) (*gen pl* -ń) *nt* authorization.

upowszech|niać (-niam, -niasz) (*perf* -nić) *vt* to disseminate.

► **upowszechniać się** *vr* to become widespread.

up|ór (-oru) (*loc sg* -orze) *m* obstinacy, stubbornness; **z uporem** obstinately, stubbornly.

upragniony *adj* longed for.

uprasz|ać (-am, -asz) *vi*: „**uprasza się o ciszę**" "silence".

upraszcz|ać (-am, -asz) (*perf* **uprościć**) *vt* (*czynić prostszym*) to simplify; (*spłycać*) to oversimplify.

upra|wa (-wy, -wy) (*dat sg* -wie) *f* (*zboża, warzyw, roli*) cultivation; (*uprawiana roślina*) crop.

uprawi|ać (-am, -asz) *vt* (*warzywa, zboże, rolę*) to cultivate; (*sport, turystykę*) to go in for.

upraw|niać (-niam, -niasz) (*perf* -nić) *vt*: **uprawniać kogoś do czegoś** to entitle sb to sth.

uprawnie|nie (-nia, -nia) (*gen pl* -ń) *nt* entitlement, right.

uprawniony *adj* entitled; **być uprawnionym do czegoś** to be entitled to sth.

uprawny *adj* arable.

uproszcze|nie (-nia, -nia) (*gen pl* -ń) *nt* simplification.

uproszczony *adj* simplified; **uproszczony rachunek VAT** *simplified VAT invoice*.

uprowadz|ać (-am, -asz) (*perf* **uprowadzić**) *vt* to abduct.

uprowadze|nie (-nia, -nia) (*gen pl* -ń) *nt* abduction.

uprząt|ać (-am, -asz) (*perf* -nąć) *vt* (*mieszkanie*) to tidy (up); (*śmieci*) to remove.

uprz|ąż (-ęży, -ęże) (*gen pl* -ęży) *f* harness.

uprzedni *adj* previous.

uprzednio *adv* previously.

uprze|dzać (-dzam, -dzasz) (*perf* -dzić) *vt* (*prośbę, zamiar*) to anticipate; (*ostrzegać*) to warn; **uprzedzać kogoś o czymś** to warn sb of *lub* about sth; **uprzedzać kogoś do kogoś/czegoś** to prejudice sb against sb/sth; **uprzedzić kogoś** (*ubiec*) to beat sb to it.

► **uprzedzać się** *vr*: **uprzedzać się do kogoś/czegoś** to get prejudiced against sb/sth.

uprzedze|nie (-nia, -nia) (*gen pl* -ń) *nt* prejudice, bias; **mieć uprzedzenie do kogoś/czegoś** to be prejudiced *lub* biased against sb/sth; **bez uprzedzenia** without warning.

uprzedzony *adj*: **uprzedzony (do** +*gen*) prejudiced (against).

uprzejmie *adv* politely, courteously; **proszę uprzejmie** (*odpowiedź na „dziękuję"*) (it was) a pleasure, my pleasure; (*przy podawaniu czegoś*) here you are; **dziękuję uprzejmie** thank you very much.

uprzejmoś|ć (-ci) *f* (*cecha*) politeness, courtesy; (*czyn*) (*nom pl* -ci, *gen pl* -ci) courtesy; **dzięki uprzejmości pana Kowalskiego** (by) courtesy of Mr Kowalski; **wyświadczyć** (*perf*) **komuś uprzejmość** to do sb a favour (*BRIT*) *lub* favor (*US*).

uprzejmy *adj* (*człowiek, traktowanie*) polite, courteous; (*odmowa*) polite; **bądź tak uprzejmy i zrób to teraz**

would you be so kind as to do it now?

uprzemysłowiony adj industrialized.

uprzyjem|niać (-niam, -niasz) (perf -nić) vt: **uprzyjemniać coś** to make sth enjoyable.

uprzykrz|ać (-am, -asz) (perf -yć) vt to spoil; **ktoś/coś uprzykrza komuś życie** sb/sth is a pain in the neck (pot).

uprzykrzony adj irritating.

uprzywilejowany adj (osoba, grupa) privileged.

UPT abbr (= Urząd Pocztowo-Telekomunikacyjny) ≈ post office.

upuszcz|ać (-am, -asz) (perf **upuścić**) vt to drop.

upych|ać (-am, -asz) (perf **upchnąć** lub **upchać**) vt to stuff.

ur. abbr (= urodzony) b. (= born).

urabi|ać (-am, -asz) (perf **urobić**) vt (ciasto) to knead; (glinę, osobę, opinię publiczną) to mould (BRIT), to mold (US).

uradowany adj joyful, overjoyed.

ura|dzić (-dzę, -dzisz) (imp -dź) vt perf to decide.

Ural (-u) m the Ural Mountains pl.

ura|n (-nu) (loc sg -nie) m (CHEM) uranium; **Uran** (ASTRON) Uranus.

urat|ować (-uję, -ujesz) vb perf od **ratować**.

ura|z (-zu, -zy) (loc sg -zie) m (MED) injury; (PSYCH) trauma.

ura|żać (-żam, -żasz) (perf -zić) vt (obrażać) to offend.

urażony adj (człowiek) offended; (duma, ambicja) hurt; **czuć się urażonym** to feel offended.

urbanisty|ka (-ki) (dat sg -ce) f town planning.

urbanizacj|a (-i) f urban development.

uregul|ować (-uję, -ujesz) vb perf od **regulować**.

urlo|p (-pu, -py) (loc sg -pie) m (przerwa w pracy) leave (of absence); (wakacje) vacation, holiday; **być na urlopie** (nie w pracy) to be on leave; (na wakacjach) to be on vacation lub holiday; **urlop dziekański** dean's leave; **urlop macierzyński** maternity leave; **urlop zdrowotny** sick leave.

urlopowicz (-a, -e) m holiday-maker.

ur|na (-ny, -ny) (dat sg -nie) f urn; **urna wyborcza** ballot box.

uroczy adj charming.

uroczystoś|ć (-ci, -ci) (gen pl -ci) f ceremony.

uroczysty adj solemn.

uroczyście adv solemnly.

uro|da (-dy) (dat sg -dzie) f beauty.

urodzaj (-u, -e) (gen pl -ów) m bumper crop.

urodzajny adj (ziemia) fertile; (rok) good.

urodze|nie (-nia) nt birth; **data/miejsce urodzenia** date/place of birth.

uro|dzić (-dzę, -dzisz) (imp **urodź** lub **uródź**) vb perf od **rodzić**.

urodzinowy adj birthday attr.

urodzin|y (-) pl birthday; **wszystkiego najlepszego w dniu urodzin!** happy birthday!

urodzony adj born; (rodowity) born and bred.

uroje|nie (-nia, -nia) (gen pl -ń) nt (wymysł) fantasy; (PSYCH) delusion.

urojony adj imaginary.

uro|k (-ku, -ki) (instr sg -kiem) m (piękno) charm.

urozmai|cać (-cam, -casz) (perf -cić) vt to vary.

urozmaiceni|e (-a, -a) nt variety, diversity.

urozmaicony adj varied, diversified.

uruch|amiać (-amiam, -amiasz) (perf -omić) vt (silnik, pojazd) to start;

(*mechanizm*) to activate; (*proces*) to set in motion.

Urugwaj (-u) *m* Uruguay.

urwis|ko (-ka, -ka) (*instr sg* -kiem) *nt* precipice.

urwisty *adj* precipitous.

uryw|ać (-am, -asz) (*perf* **urwać**) *vt* (*guzik, rękaw*) to tear off; (*rozmowę*) to cut short.

▶**urywać się** *vr* (*o guziku*) to come off; (*o rozmowie*) to break off.

uryw|ek (-ka, -ki) (*instr sg* -kiem) *m* fragment.

urzą|d (-ędu, -ędy) (*loc sg* -ędzie) *m* (*organ władzy*) department; (*biuro*) office; (*stanowisko*) post; **urząd pocztowy** post office; **urząd zatrudnienia** employment agency; **Urząd Skarbowy** ≈ Internal Revenue (*BRIT*), ≈ the IRS (*US*); **Urząd Rady Ministrów** Office of the Council of Ministers; **urząd stanu cywilnego** register *lub* registry (*BRIT*) office; **pełnić** *lub* **sprawować urząd** +*gen* to hold the office of; **obrońca z urzędu** public defender (*US*), court-appointed lawyer (*BRIT*).

urzą|dzać (-dzam, -dzasz) (*perf* -dzić) *vt* (*mieszkanie*) to furnish; (*wycieczkę, koncert*) to organize.

▶**urządzać się** *vr* (*w nowym mieszkaniu itp.*) to settle down.

urządze|nie (-nia, -nia) (*gen pl* -ń) *nt* device, appliance; **urządzenia** *pl* equipment.

urzeczywist|niać (-niam, -niasz) (*perf* -nić) *vt* (*plany*) to implement; (*marzenia*) to realize.

urzek|ać (-am, -asz) (*perf* **urzec**) *vt* to bewitch, to captivate.

urzekający *adj* bewitching, captivating.

urzędnicz|ka (-ki, -ki) (*dat sg* -ce, *gen pl* -ek) *f* clerk, office worker.

urzędni|k (-ka, -cy) (*instr sg* -kiem)

m clerk, office worker; (*wysoki rangą*) official.

urzęd|ować (-uję, -ujesz) *vi* to work (*in an office*).

urzędowani|e (-a) *nt*: **godziny urzędowania** office hours.

urzędowy *adj* official; (*czas*) standard.

usadawi|ać (-am, -asz) (*perf* **usadowić**) *vt*: **usadawiać kogoś w fotelu/przy stole** to put *lub* place sb in an armchair/by the table.

▶**usadawiać się** *vr* to settle (o.s.).

usamodziel|niać się (-niam, -niasz) (*perf* -nić) *vr* to become self-dependent.

usatysfakcjonowany *adj* satisfied.

usch|nąć (-nę, -niesz) (*imp* -nij, *pt* -nął *lub* usechł, -ła) *vb perf od* usychać.

usią|ść (-dę, -dziesz) (*imp* -dź) *vb perf od* siadać.

usie|dzieć (-dzę, -dzisz) (*imp* -dź) *vt perf*: **nie móc usiedzieć** (*przen*) to be restless.

usilnie *adv* (*prosić*) insistently; (*starać się*) hard, strenuously.

usilny *adj* (*praca*) hard; (*prośba, żądanie*) insistent.

usił|ować (-uję, -ujesz) *vt*: **usiłować coś zrobić** to try *lub* attempt to do sth.

usiłowa|nie (-nia, -nia) (*gen pl* -ń) *nt* attempt.

uska|kiwać (-kuję, -kujesz) (*perf* **uskoczyć**) *vi* to dodge.

uskarż|ać się (-am, -asz) *vr*: **uskarżać się na kogoś/coś** to complain about *lub* of sb/sth.

usko|k (-ku, -ki) (*instr sg* -kiem) *m* (*skok*) dodge; (*GEOL*) fault.

usłuch|ać (-am, -asz) *vb perf od* słuchać.

usłu|ga (-gi, -gi) (*dat sg* -dze) *f* (*przysługa*) favour (*BRIT*), favor (*US*); **usługi** *pl* services.

usłu|giwać (-guję, -gujesz) *vi*:
usługiwać komuś (*o kelnerze,
służącym*) to wait on sb; (*choremu,
potrzebującemu*) to minister to sb.

usługowy *adj*: punkt *lub* zakład
usługowy shop; działalność
usługowa service, services *pl*.

usłużny *adj* attentive.

usłysz|eć (-ę, -ysz) *vb perf od*
słyszeć ♦ *vt perf*: źle usłyszeć to
mishear; usłyszeć przypadkiem to
overhear.

usmaż|yć (-ę, -ysz) *vb perf od*
smażyć.

usnąć (usnę, uśniesz) (*imp* uśnij) *vb*
perf od usypiać.

uspokaj|ać (-am, -asz) (*perf*
uspokoić) *vt* to calm down; (*dzieci*)
to quieten (*BRIT*), to quiet (*US*);
(*nerwy*) to calm.

▸**uspokajać się** *vr* to calm down; (*o
dzieciach*) to quieten (*BRIT*), to quiet
(*US*); (*o wietrze*) to calm.

uspokajający *adj*: lek *lub* środek
uspokajający tranquillizer (*BRIT*),
tranquilizer (*US*).

usposabi|ać (-am, -asz) (*perf*
usposobić) *vt*: usposabiać kogoś
przychylnie/nieprzychylnie do +*acc*
to leave sb well-/ill-disposed
towards; usposabiać kogoś do
marzeń/płaczu to make sb feel like
dreaming/crying.

usposobie|nie (-nia) *nt* (*natura*)
disposition; (*nastrój*) mood.

usposobiony *adj* disposed.

usprawiedli|wiać (-wiam, -wiasz)
(*perf* -wić) *vt* (*tłumaczyć*) to excuse;
(*potwierdzać słuszność*) to justify.

▸**usprawiedliwiać się** *vr* to excuse
o.s.

usprawiedliwie|nie (-nia, -nia) (*gen*
pl -ń) *nt* (*wymówka*) excuse;
(*argument na uzasadnienie*)
justification; (*SZKOL*) excuse note.

usprawiedliwiony *adj* (*żądanie,*

gniew) justified; (*nieobecność*)
excused.

usপraw|niać (-niam, -niasz) (*perf*
-nić) *vt* to rationalize; (*ulepszać*) to
improve.

usprawnie|nie (-nia) (*gen pl* -ń) *nt*
(*poprawienie*) rationalization;
(*wynalazek*) improvement.

ust|a (-) *pl* mouth *sg*; oddychanie
usta-usta mouth-to-mouth
resuscitation, the kiss of life (*BRIT*).

ustal|ać (-am, -asz) (*perf* -ić) *vt* to
establish; (*termin*) to fix.

▸**ustalać się** *vr* (*o zwyczaju*) to
become established; pogoda się
ustaliła the weather is settled.

ustale|nie (-nia, -nia) (*gen pl* -ń) *nt*
(*decyzja*) decision; ustalenia *pl*
(*plan*) arrangement *sg*; (*werdykt*)
findings.

ustalony *adj* (*termin*) fixed; (*fakty*)
established; (*zasady, normy*) set,
established.

ustanawi|ać (-am, -asz) (*perf*
ustanowić) *vt* (*prawo, regułę*) to
make; (*rekord*) to set.

usta|wa (-wy, -wy) (*dat sg* -wie) *f* act;
projekt ustawy bill; ustawa
zasadnicza constitution.

usta|wać (-ję, -jesz) (*imp* -waj, *perf*
ustać) *vi* (*książk: kończyć się*) to
cease.

usta|wiać (-wiam, -wiasz) (*perf* -wić)
vt (*umieszczać*) to put, to place;
(*rozmieszczać*) to arrange; (*wznosić*)
to put up; (*regulować*) to adjust.

▸**ustawiać się** *vr*: ustawiać się w
szeregu to line up; ustawiać się
przodem do czegoś to stand facing
sth.

ustawicznie *adv* persistently.

ustawiczny *adj* persistent.

ustawieni|e (-a) *nt* arrangement.

ustawodawczy *adj* legislative.

ustawodawst|wo (-wa, -wa) (*loc sg*
-wie) *nt* legislation.

ustawowy adj statutory.

uster|ka (-ki, -ki) (dat sg -ce, gen pl -ek) f (w urządzeniu) fault; (w wypracowaniu, raporcie) error.

ustę|p (-pu, -py) (loc sg -pie) m (ubikacja) toilet; (urywek) paragraph.

ustępliwy adj compliant.

ustęp|ować (-uję, -ujesz) vi (perf **ustąpić**) (wycofywać się) to retreat; (ze stanowiska, urzędu) to resign; (mijać: o chorobie, gorączce) to recede; (: o bólu) to subside; (ulegać) to give in; **ustępować komuś/czemuś** not to be as good as sb/sth; **ustępować** (**ustąpić** perf) **pierwszeństwa przejazdu** to give way (BRIT), to yield (US); **ustępować komuś miejsce** (w autobusie) to give up one's seat to sb.

ustępst|wo (-wa, -wa) (loc sg -wie) nt concession.

ustnie adv (przekazać, zawiadomić) verbally; (egzaminować) orally.

ustni|k (-ka, -ki) (instr sg -kiem) m (papierosa) filter tip; (fajki, instrumentu) mouthpiece.

ustny adj (egzamin) oral; (zgoda) verbal; **jama ustna** the oral lub mouth cavity; **harmonijka ustna** harmonica, mouth organ.

ustosunkow|ywać się (-uję, -ujesz) (perf -ać) vr: **ustosunkowywać się do czegoś** to take a position on sth.

ustro|nie (-nia, -nia) (gen pl -ni) nt retreat, seclusion.

ustronny adj secluded.

ustr|ój (-oju, -oje) m (POL) political system; (organizm) system.

usu|wać (-wam, -wasz) (perf -nąć) vt to remove; (z partii, wojska) to expel; (pozbawiać urzędu) to remove, to dismiss; (ząb) to extract.

▶**usuwać się** vr (odchodzić) to

withdraw; (o gruncie, ziemi) to sink; **usuwać się na bok** to step aside.

usych|ać (-am, -asz) (perf **uschnąć**) vi to wither.

usypi|ać (-am, -asz) vt (perf **uśpić**) to put to sleep ♦ vi (perf **usnąć**) to fall asleep, to go to sleep.

uszanowani|e (-a) nt respect; **moje uszanowanie!** good day!

uszczel|ka (-ki, -ki) (dat sg -ce, gen pl -ek) f gasket, seal; (w kranie) washer.

uszczel|niać (-niam, -niasz) (perf -nić) vt to seal.

uszczęśli|wiać (-wiam, -wiasz) (perf -wić) vt to make happy.

uszczupl|ać (-am, -asz) (perf -ić) vt to reduce, to deplete.

uszczypliwoś|ć (-ci) nt (złośliwość) acerbity; (uwaga) (nom pl -ci) biting remark.

uszczypliwy adj biting, acerbic.

uszczypnię|cie (-cia, -cia) (gen pl -ć) nt pinch.

uszkadz|ać (-am, -asz) (perf **uszkodzić**) vt to damage.

usz|ko (-ka, -ka) (instr sg -kiem, gen pl -ek) nt dimin od **ucho**; (KULIN) ravioli.

uszkodze|nie (-nia, -nia) (gen pl -ń) nt (maszyny, budynku) damage; (ciała) injury, harm.

uszkodzony adj damaged.

uszlachet|niać (-niam, -niasz) (perf -nić) vt (o cierpieniu, uczuciu) to ennoble, to dignify; (surowiec) to purify, to refine.

usztyw|niać (-niam, -niasz) (perf -nić) vt to stiffen; (przen: stanowisko) to stiffen, to harden.

uszy itd. n patrz **ucho**.

uszy|ć (-ję, -jesz) vb perf od **szyć**.

uścis|k (-ku, -ki) (instr sg -kiem) m grip; **uścisk dłoni** handshake;

przesyłać (przesłać *perf***) komuś uściski** to send love to sb.

uścisk|ać (**-am, -asz**) *vt perf*: **uściskać kogoś** to hug sb; **uściskaj ode mnie swoją siostrę** give my love to your sister.

uści|snąć (**-snę, -śniesz**) (*imp* **-śnij**) *vt perf* to hug; **uścisnąć czyjąś dłoń** to shake hands with sb.

uściśl|ać (**-am, -asz**) (*perf* **-ić**) *vt* (*powody*) to specify; (*wypowiedź*) to qualify.

uśmi|ać się (**-eję, -ejesz**) *vr perf* to have a good laugh.

uśmiech (**-u, -y**) *m* smile.

uśmiech|ać się (**-am, -asz**) (*perf* **-nąć**) *vr* to smile.

uśmiechnięty *adj* smiling.

uśmier|cać (**-cam, -casz**) (*perf* **-cić**) *vt* to put to death.

uśmierz|ać (**-am, -asz**) (*perf* **-yć**) *vt* (*ból*) to relieve, to soothe; (*rozruchy*) to quell.

uświad|amiać (**-amiam, -amiasz**) (*perf* **-omić**) *vt*: **uświadamiać coś komuś** to make sb aware of sth, to make sb realize sth; **uświadamiać sobie coś** to make o.s. aware of sth; **uświadamiać sobie, że ...** to realize that ...; **uświadamiać kogoś** to tell sb the facts of life.

utajony *adj* latent.

utalentowany *adj* talented, gifted.

utar|g (**-gu, -gi**) (*instr sg* **-giem**) *m* (*HANDEL*) takings *pl*.

utarty *adj* (*opinia*) common; (*zwrot*) set *attr*.

utk|wić (**-wię, -wisz**) (*imp* **-wij**) *vt perf* to stick.

utle|niać (**-niam, -niasz**) (*perf* **-nić**) *vt* (*CHEM*) to oxidize; (*włosy*) to bleach.

►**utleniać się** *vr* to oxidize.

utleniony *adj*: **woda utleniona** hydrogen peroxide.

uto|nąć (**-nę, -niesz**) (*imp* **-ń**) *vi perf* to drown.

utopi|a (**-i, -e**) (*gen pl* **-i**) *f* utopia.

utopijny *adj* utopian.

utożsa|miać (**-miam, -miasz**) (*perf* **-mić**) *vt* to identify.

►**utożsamiać się** *vr* to identify.

utra|fić (**-fię, -fisz**) *vi perf*: **utrafić (w** +*acc***)** to hit (sth).

utrapie|nie (**-nia, -nia**) (*gen pl* **-ń**) *nt* nuisance.

utra|ta (**-ty**) (*loc sg* **-cie**) *f* loss.

utrud|niać (**-niam, -niasz**) (*perf* **-nić**) *vt*: **utrudniać coś komuś** to make sth difficult for sb.

utrudnie|nie (**-nia, -nia**) (*gen pl* **-ń**) *nt* difficulty.

utrwalacz (**-a, -e**) (*gen pl* **-y**) *m* (*FOT*) fixative.

utrwa|lać (**-lam, -lasz**) (*perf* **-lić**) *vt* (*pozycję*) to strengthen; (*przyjaźń*) to cement; (*FOT*) to fix.

►**utrwalać się** *vr* to become established, to take root.

ut|rzeć (**-rę, -rzesz**) (*imp* **-rzyj**) *vb perf od* **ucierać**.

►**utrzeć się** *vr* to become established.

utrzyma|nie (**-nia**) *nt* maintenance; (*środki do życia*) keep.

utrzymany *adj*: **dobrze utrzymany** well-kept.

utrzym|ywać (**-uję, -ujesz**) (*perf* **-ać**) *vt* (*ciężar*) to bear, to carry; (*dom, dzieci, rodzinę*) to provide for; (*równowagę, porządek*) to keep ♦ *vi* to claim.

►**utrzymywać się** *vr* (*w pewnej pozycji*) to remain; (*na stanowisku*) to stay; (*o pogodzie*) to hold; (*o zwyczaju*) to survive; **utrzymywać się z czegoś** to make a living by *lub* off doing sth.

utwier|dzać (**-dzam, -dzasz**) (*perf* **-dzić**) *vt*: **utwierdzać kogoś w czymś** to strengthen sb in sth.

►**utwierdzać się** *vr*: **utwierdzać się**

w czymś to strengthen o.s. in sth;
**utwierdzać się w przekonaniu, że
...** to confirm o.s. in the conviction
that ... .

utworz|yć (-ę, -ysz) (*imp* **utwórz**) *vb
perf od* **tworzyć**.

utw|ór (-oru, -ory) (*loc sg* **-orze**) *m*
piece, work.

uty|ć (-ję, -jesz) *vb perf od* **tyć**.

utyk|ać (-am, -asz) *vi* (*kuleć*) to limp;
(*grzęznąć*) (*perf* **utknąć**) to get stuck.

utys|kiwać (-kuję, -kujesz) *vi* to
gripe.

uwa|ga (-gi, -gi) (*dat sg* **-dze**) *f*
(*koncentracja świadomości*)
attention; (*komentarz*) comment,
remark; (*napomnienie*) reproof;
uwaga! (*ostrożnie!*) be careful!; (*w
obliczu niebezpieczeństwa*) look
out!; „**Uwaga! Stopień!**" "Mind the
step!"; „**Uwaga! Wysokie napięcie!**"
"Danger! High voltage!"; **brać
(wziąć** *perf*) **coś pod uwagę** to take
sth into consideration; **zwracać
(zwrócić** *perf*) **uwagę na kogoś/coś**
to pay attention to sb/sth; **z uwagi
na coś** owing to sth.

uwal|niać (-niam, -niasz) (*perf
uwolnić*) *vt* to free; (*więźnia,
zwierzę*) to free, to set free.

►**uwalniać się** *vr* (*wyzwalać się*) to
free o.s.

uważ|ać (-am, -asz) *vt:* **uważać
kogoś za przyjaciela** to consider sb
(to be) a friend ♦ *vi* (*być ostrożnym*)
to be careful; (*sądzić*) to think;
uważać na kogoś/coś to mind
sb/sth; **rób jak uważasz** do as you
wish; **uważaj na siebie** take care;
uważaj! (*bądź ostrożny*) be careful!;
(*w obliczu niebezpieczeństwa*) look
out!

►**uważać się** *vr:* **on się uważa za
geniusza** he considers himself a
genius.

uważnie *adv* (*patrzeć*) attentively;
(*czytać*) carefully.

uważny *adj* (*spojrzenie*) attentive;
(*obserwator*) careful.

uwertu|ra (-ry, -ry) (*dat sg* **-rze**) *f*
overture.

uwiąz|ywać (-uję, -ujesz) (*perf* **-ać**)
vt to tie up.

uwidacz|niać, uwidocz|niać
(-niam, -niasz) (*perf* **uwidocznić**) *vt*
to demonstrate.

►**uwidaczniać się** *vr* to appear.

uwiecz|niać (-niam, -niasz) (*perf*
-nić) *vt* to immortalize.

uwielbi|ać (-am, -asz) *vt* to adore.

uwielbie|nie (-nia) *nt* adoration.

uwier|ać (-a) *vi* (*o kołnierzyku*) to
pinch; (*o plecaku*) to dig into one's
back.

uwierzeni|e (-a) *nt:* **nie do
uwierzenia** unbelievable.

uwierz|yć (-ę, -ysz) *vi perf* to start
believing.

uwię|zić (-żę, -zisz) (*imp* **-ź**) *vt perf*
(*w więzieniu*) to imprison;
(*unieruchomić*) to trap.

uwię|ź (-zi) *f:* **na uwięzi** (*pies: na
smyczy*) on a leash; (: *na łańcuchu*)
on a chain; (*krowa*) on a tether.

uwij|ać się (-am, -asz) *vr* to bustle
about.

uwłacz|ać (-am, -asz) *vt:* **uwłaczać
komuś/czemuś** to bring discredit
onto sb/sth.

uwłaczający *adj* discreditable.

uwodziciel (-a, -e) (*gen pl* **-i**) *m*
seducer.

uwodziciel|ka (-ki, -ki) (*dat sg* **-ce**,
gen pl **-ek**) *f* seducer.

uwodzicielski *adj* seductive.

uwo|dzić (-dzę, -dzisz) (*imp* **uwódź**,
perf **uwieść**) *vt* to seduce.

uwydat|niać (-niam, -niasz) (*perf*
-nić) *vt* to emphasize.

►**uwydatniać się** *vr* to be prominent.

uwzględ|niać (-niam, -niasz) (*perf*

-nić vt (okoliczności, warunki) to take into consideration; (prośbę, życzenie) to respect.

uwzględnieni|e (-a) nt: z uwzględnieniem czegoś taking sth into consideration.

uw|ziąć się (-ezmę, -eźmiesz) (imp -eźmij) vi perf: uwziąć się na kogoś to have it in for sb.

uzależ|niać (-niam, -niasz) (perf -nić) vt: uzależniać coś od czegoś to make sth dependent lub conditional on sth.

▸**uzależniać się** vr: uzależniać się od kogoś/czegoś to become dependent on sb/sth; uzależniać się od narkotyków to become addicted to drugs.

uzależnieni|e (-a) nt addiction.

uzależniony adj: być uzależnionym od kogoś/czegoś to be dependent on sb/sth.

uzasad|niać (-niam, -niasz) (perf -nić) vt to justify.

uzasadnie|nie (-nia, -nia) (gen pl -ń) nt justification.

uzasadniony adj justified.

uzbraj|ać (-am, -asz) (perf uzbroić) vt (ludzi) to arm; (teren) to develop.

▸**uzbrajać się** vr: uzbrajać się w coś to arm o.s. with sth.

uzbrojeni|e (-a) nt (WOJSK) weapons pl, armament.

uzbrojony adj (posiadający broń) armed.

uz|da (-dy, -dy) (dat sg uździe) f bridle.

uzdolnie|nie (-nia, -nia) (gen pl -ń) nt aptitude, talent.

uzdolniony adj talented, gifted.

uzdr|awiać (-awiam, -awiasz) (perf -owić) vt to heal, to cure.

uzdrowi|sko (-ska, -ska) (instr sg -skiem) nt health resort; (z wodami mineralnymi) spa.

uzewnętrz|niać (-niam, -niasz) (perf -nić) vt to manifest.

▸**uzewnętrzniać się** vr to manifest o.s.

uzębieni|e (-a) nt dentition.

uzgad|niać (-niam, -niasz) (perf uzgodnić) vt (treść, warunki) to negotiate; uzgodniliśmy, że ... we have agreed that ... .

uzgodnie|nie (-nia, -nia) (gen pl -ń) nt agreement; do uzgodnienia negotiable.

uziemieni|e (-a) nt (TECH) earth, ground (US).

uzmysł|awiać (-awiam, -awiasz) (perf -owić) vt: uzmysławiać coś komuś to make sb aware of sth.

uzna|nie (-nia) nt (przyjęcie za słuszne) recognition; (poważanie) respect; według czyjegoś uznania at sb's discretion.

uznany adj recognized.

uzn|awać (-aję, -ajesz) (imp -awaj, perf -ać) vt to recognize; uznawać kogoś za oszusta to regard sb as a crook; uznawać coś za zaszczyt to deem sth as an honour (BRIT) lub honor (US); uznać coś za konieczne to judge sth necessary.

uzupeł|niać (-niam, -niasz) (perf -nić) vt (zapasy) to replenish; (dietę, wyposażenie) to supplement; (wypowiedź, strój) to complete.

▸**uzupełniać się** vr: uzupełniać się wzajemnie to complement one another.

uzys|kiwać (-kuję, -kujesz) (perf -kać) vt (pomoc) to get; (przewagę) to gain; (zgodę, stopień naukowy) to get, to obtain; (stypendium) to get, to receive.

użal|ać się (-am, -asz) (perf -ić) vr: użalać się na kogoś/coś to complain about sb/sth; użalać się nad kimś to pity sb.

użer|ać się (-am, -asz) *vr.* użerać
się z kimś (*pot*) to wrangle with sb.
uży|cie (-cia, -cia) (*gen pl* -ć) *nt* use;
gotowy do użycia ready for use;
łatwy w użyciu easy to use; **sposób
użycia** usage.
użyteczno|ść (-ci) *f* (*przydatność*)
usefulness.
użyteczny *adj* useful.
użyt|ek (-ku) *m* use; **do użytku
wewnętrznego/zewnętrznego** for
internal/external use; **robić (zrobić
perf) użytek z czegoś** to make use
of sth.
użytk|ować (-uję, -ujesz) *vt* to use.
użytkowni|k (-ka, -cy) (*instr sg*
-kiem) *m* user.
używ|ać (-am, -asz) *vt* (*perf* użyć) to
use; (*lekarstwa*) to take.
używany *adj* used, secondhand.
używk|a (-ki, -ki) (*dat sg* -ce, *gen pl*
-ek) *f* ≈ stimulant.
użyź|niać (-niam, -niasz) (*perf* -nić)
vt to fertilize.

V

V *abbr* = **Volt**.
vel *prep* also known as, a.k.a.
verte *inv* please turn over, PTO.
ve|to (-ta, -ta) (*instr sg* -cie) *nt* = **weto**.
video *nt inv* = **wideo**.
vol|t (-ta, -ty) (*instr sg* -cie) *m* = **wolt**.

W

w *prep* +*loc* **1** (*położenie*) in; **w
domu/szkole** at home/school; **w
kino/teatrze** at the cinema/theatre;

w telewizji/radiu on television/the
radio. **2** (*ubiór*): **człowiek w
okularach** a man in glasses; **kobieta
w czerni** a woman in black. **3**
(*postać*): **cukier w kostkach** sugar
cubes *lub* lumps; **mydło w płynie**
liquid soap; **5 tys. zł w gotówce**
5,000 zloty in cash. **4** (*czas*): **w
roku 2000** in the year 2000; **w
poniedziałek** on Monday; **w maju**
in May ↓ *prep* +*acc* **1** (*kierunek*)
in(to); **patrzyć w niebo** to look into
the sky; **wpadać (wpaść *perf*) w
kłopoty/kałużę** to get into trouble/a
puddle; **złapać w pułapkę** to catch
in a trap; **w lewo/prawo** to the
left/right; **w dół/górę** up/down. **2**
(*deseń, kształt*): **koszula w paski**
striped shirt; **pokroić coś w
kostkę/plasterki** to dice/slice sth. **3**
(*cel*): **uderzyć kogoś w głowę** to hit
sb on the head; **uderzyć w
drzewo/mur** to hit a tree/wall;
zimno mi w nogi my feet are cold.
4 (*czynność*): **grać w karty/tenisa** to
play cards/tennis; **iść w odwiedziny**
to go visiting.

w. *abbr* (= *wiek*) c. (= *century*); (=
wewnętrzny) ext. (= *extension*).
wa|bić (-bię, -bisz) (*perf* z-) *vt* to
attract; (*zwierzę*) to lure.
▶**wabić się** *vr imperf* to be called.
wachlarz (-a, -e) (*gen pl* -y) *m* fan;
(*przen*) range.
wachl|ować (-uję, -ujesz) *vt* to fan.
▶**wachlować się** *vr* to fan o.s.
wa|da (-dy, -dy) (*dat sg* -dzie) *f*
(*ujemna cecha*) disadvantage;
(*defekt*) defect; (*przywara*) fault,
shortcoming.
wademekum *nt inv* handbook,
manual.
wadliwy *adj* defective.
waf|el (-la, -le) (*gen pl* -li) *m* (*do*

lodów) cone, cornet (*BRIT*); (*ciastko*) wafer.

wa|ga (**-gi**, **-gi**) (*dat sg* **-dze**) *f* (*łazienkowa, kuchenna*) scales *pl*; (*laboratoryjna*) balance; (*ciężar*) weight; (*doniosłość*) importance, significance; **Waga** (*ASTROLOGIA*) Libra.

wagar|ować (**-uję**, **-ujesz**) *vi* (*pot*) to play truant (*BRIT*) *lub* hooky (*US*).

wagarowicz (**-a**, **-e**) *m* (*pot*) truant.

wagar|y (**-ów**) *pl* (*pot*) truancy; **iść** (**pójść** *perf*) **na wagary** to play truant (*BRIT*) *lub* hooky (*US*).

wago|n (**-nu**, **-ny**) (*loc sg* **-nie**) *m* (*pasażerski*) carriage (*BRIT*), coach (*BRIT*), car (*US*); (*towarowy*) wagon (*BRIT*), truck.

wah|ać się (**-am**, **-asz**) *vr* (*o człowieku*) (*perf* **za-**) to hesitate; (*o wskazówce*) (*perf* **-nąć**) to waver; (*o temperaturze*) to vary.

wahadł|o (**-ła**, **-ła**) (*loc sg* **-le**, *gen pl* **-eł**) *nt* pendulum.

wahadłow|iec (**-ca**, **-ce**) *m* space shuttle.

wahadłowy *adj*: **drzwi wahadłowe** swing door.

waha|nie (**-nia**, **-nia**) (*gen pl* **-ń**) *nt* hesitation; (*cen, temperatury*) fluctuations *pl*.

wakacj|e (**-i**) *pl* (*letnie, zimowe*) holiday(s) (*BRIT*), vacation (*US*); **na wakacjach** on holidays *lub* vacation.

walc (**-a**, **-e**) *m* waltz.

walcz|yć (**-ę**, **-ysz**) *vi* to fight; (*rywalizować*) to compete; (*zmagać się*) to struggle.

wal|ec (**-ca**, **-ce**) *m* (*GEOM*) cylinder; (*też*: **walec drogowy**) steamroller.

waleczny *adj* brave.

waleria|na (**-ny**) (*dat sg* **-nie**) *f* valerian.

wale|t (**-ta**, **-ty**) (*loc sg* **-cie**) *m* (*KARTY*) jack, knave.

Wali|a (**-i**) *f* Wales.

wal|ić (**-ę**, **-isz**) (*perf* **-nąć**) *vt/vi* (*pot*) to bang.

▸**walić się** *vr* (*rozpadać się*) to collapse; (*przewracać się*) to fall down, to collapse.

Walijczy|k (**-ka**, **-cy**) (*instr sg* **-kiem**) *m* Welshman.

walijski *adj* Welsh.

waliz|ka (**-ki**, **-ki**) (*dat sg* **-ce**, *gen pl* **-ek**) *f* suitcase.

wal|ka (**-ki**, **-ki**) (*dat sg* **-ce**, *gen pl* **-k**) *f* fight; (*ciągła*) warfare; **walka o władzę/niepodległość** struggle for power/independence.

walkma|n® (**-na**, **-ny**) (*loc sg* **-nie**) *m* portable cassette player, walkman ®.

walkowe|r (**-ru**) (*loc sg* **-rze**) *m* walkover.

walnie *adv* largely.

walny *adj* (*zebranie, zgromadzenie*) general; (*zwycięstwo*) overwhelming.

walo|r (**-ru**, **-ry**) (*loc sg* **-rze**) *m* virtue.

waloryzacj|a (**-i**) *f* valorization.

walu|ta (**-ty**, **-ty**) (*dat sg* **-cie**) *f* currency; **waluty obce** foreign exchange.

wa|ł (**-łu**, **-ły**) (*loc sg* **-le**) *m* (*wzdłuż rzeki, drogi*) embankment; **wał korbowy** crankshaft; **wał napędowy** drive shaft.

wał|ek (**-ka**, **-ki**) (*instr sg* **-kiem**) *m* (*do ciasta*) rolling-pin; (*TECH*) roller.

wałęs|ać się (**-am**, **-asz**) *vr* to wander.

wałk|ować (**-uję**, **-ujesz**) *vt* (*ciasto*) (*perf* **roz-**) to roll out; (*pot*: *kwestię, temat*) to go over and over.

wam *pron dat od* **wy** (to) you.

wampi|r (**-ra**, **-ry**) (*loc sg* **-rze**) *m* vampire.

wandal (**-a**, **-e**) (*gen pl* **-i** *lub* **-ów**) *m* vandal.

wandaliz|m (**-mu**) (*loc sg* **-mie**) *m* vandalism.

wanili|a (**-i**) *f* vanilla.

waniliowy *adj* vanilla *attr*.

wan|na (-ny, -ny) (*dat sg* -nie) *f*
bath(tub).

wapie|ń (-nia, -nie) (*gen pl* -ni) *m*
limestone.

wap|no (-na) (*loc sg* -nie) *nt* lime.

wap|ń (-nia) *m* calcium.

warcab|y (-ów) *pl* draughts (*BRIT*),
checkers (*US*).

war|czeć (-czę, -czysz) (*perf* -knąć
lub za-) *vi* to growl; (*o silniku*) to
whir(r).

war|ga (-gi, -gi) (*dat sg* -dze) *f* lip.

wariacki *adj* (*pot*) crazy; (*tempo*)
breakneck *attr*.

wariact|wo (-wa, -wa) (*loc sg* -wie)
nt madness.

warian|t (-tu, -ty) (*loc sg* -cie) *m*
variant.

waria|t (-ta, -ci) (*loc sg* -cie) *m* (*pot*)
madman, lunatic (*pot*), nut (*pot*);
dom wariatów (*pot*) madhouse.

wari|ować (-uję, -ujesz) (*perf* z-) *vi*
(*pot: tracić zmysły*) to go mad.

warkocz (-a, -e) (*gen pl* -y) *m* (*z
włosów*) plait, braid (*US*).

warkoczy|k (-ka, -ki) (*instr sg* -kiem)
m pigtail.

warko|t (-tu, -ty) (*loc sg* -cie) *m*
throb, rattle.

warst|wa (-wy, -wy) (*dat sg* -wie) *f*
(*pokład: atmosfery, izolacji*) layer;
(*zewnętrzna: farby*) coat; **warstwa
społeczna** social stratum.

Warsza|wa (-wy) (*dat sg* -wie) *f*
Warsaw.

warszta|t (-tu, -ty) (*loc sg* -cie) *m*
shop; (*SZTUKA*) technique; **warsztat
samochodowy** service station,
garage (*BRIT*).

wart *adj*: **wart 2000 złotych** worth
2,000 zloty; **wart zaufania**
trustworthy; **ta książka jest warta
przeczytania** this book is worth
reading; **nic nie wart** worthless.

war|ta (-ty, -ty) (*dat sg* -cie) *f*
(*oddział*) guard; (*służba*) guard

(duty), sentry duty; **stać na warcie**
to be on guard *lub* on sentry duty.

wartki *adj* swift.

warto *inv*: **warto spróbować/kupić**
it's worth trying/buying.

wartościowy *adj* valuable; **papiery
wartościowe** (*FIN*) securities *pl*.

wartoś|ć (-ci) *f* value, worth; **towar
o wartości 100 funtów** goods worth
100 pounds, 100 pounds' worth of
goods; **wartość nabywcza**
purchasing value; **wartość rynkowa**
market value; **wartość użytkowa**
utility value; **mieć poczucie
własnej wartości** to have a high
self-esteem; **wartości** *pl* values *pl*.

wartowni|k (-ka, -cy) (*instr sg* -kiem)
m sentry.

warun|ek (-ku, -ki) (*instr sg* -kiem) *m*
condition; **pod warunkiem, że ...** on
condition (that) ..., provided *lub*
providing (that) ...; **warunek
wstępny** precondition, prerequisite;
warunki *pl* conditions *pl*.

warunk|ować (-uję, -ujesz) (*perf* u-)
vt to condition, to determine.

warunkowo *adv* conditionally.

warunkowy *adj* conditional;
zwolnienie warunkowe parole.

warz|yć (-ę, -ysz) *vt* (*perf* u-) (*piwo*)
to brew.

▸**warzyć się** (*perf* z-) *vr* (*o mleku*) to
turn (sour).

warzywniczy *adj*: **sklep
warzywniczy** greengrocer('s).

warzywny *adj* vegetable *attr*; **sklep
warzywny** greengrocer('s).

warzy|wo (-wa, -wa) (*loc sg* -wie) *nt*
vegetable.

was *pron gen, acc, loc od* **wy** you.

wasz (*like: nasz*) *possessive pron* (*z
rzeczownikiem*) your; (*bez
rzeczownika*) yours; **wasz
samochód** your car; **wasz jest
większy** yours is bigger.

Waszyngto|n (**-nu**) (*loc sg* **-nie**) *m* Washington.

wa|t (**-ta, -ty**) (*loc sg* **-cie**) *m* (*FIZ*) watt.

wa|ta (**-ty, -ty**) (*dat sg* **-cie**) *f* cotton wool (*BRIT*), (absorbent) cotton (*US*); **wata cukrowa** candy-floss (*BRIT*), cotton candy (*US*).

watowany *adj* wadded.

watowy *adj*: **żarówka 60-watowa** a 60 watt bulb.

Watyka|n (**-nu**) (*loc sg* **-nie**) *m* the Vatican.

wa|za (**-zy, -zy**) (*dat sg* **-zie**) *f* (*do zupy*) tureen; (*ozdobna*) vase.

wazeli|na (**-ny**) (*dat sg* **-nie**) *f* petroleum jelly, Vaseline ®.

wazo|n (**-nu, -ny**) (*loc sg* **-nie**) *m* vase.

wazoni|k (**-ka, -ki**) (*instr sg* **-kiem**) *m* dimin od **wazon**.

waż|ka (**-ki, -ki**) (*dat sg* **-ce**, *gen pl* **-ek**) *f* dragonfly.

ważki *adj* (*książk*) important.

ważnoś|ć (**-ci**) *f* (*paszportu, wizy*) validity; (*doniosłość*) importance; **data ważności** sell-by date; **stracić** (*perf*) **ważność** (*o artykule spożywczym*) to be past the sell-by date; (*o wizie, paszporcie*) to expire.

ważny *adj* important; (*paszport, wiza*) valid; (*pot: mina*) self-important.

waż|yć (**-ę, -ysz**) *vt* (*perf* **z-**) to weigh ♦ *vi*: **ważyć 70 kg** to weigh 70 kg.

▸**ważyć się** *vr* to weigh o.s.; (*decydować się*) to hang in the balance.

wąch|ać (**-am, -asz**) (*perf* **po-**) *vt* to smell; (*o psie*) to sniff.

wą|s (**-sa, -sy**) (*loc sg* **-sie**) *m* moustache (*BRIT*), mustache (*US*); **wąsy** *pl* (*u mężczyzny*) moustache (*BRIT*), mustache (*US*); (*u kota, myszy*) whiskers *pl*.

wąsaty *adj* moustached (*BRIT*), mustached (*US*).

wąski (*comp* **węższy**) *adj* narrow.

wąskotorowy *adj* narrow-gauge *attr*.

wąt|ek (**-ku, -ki**) (*instr sg* **-kiem**) *m* (*myśli*) train; (*wykładu, filmu, powieści*) thread; (*sztuki, książki*) plot, main story.

wątły *adj* (*chłopiec, drzewko*) frail; (*płomień, ślad*) faint.

wąt|pić (**-pię, -pisz**) *vi* to doubt; **wątpić w coś** to doubt sth; **wątpić o czymś** to be doubtful about sth; **wątpię** I doubt it.

wątpieni|e (**-a**) *nt*: **bez wątpienia** undoubtedly.

wątpliwoś|ć (**-ci, -ci**) (*gen pl* **-ci**) *f* doubt; **mieć wątpliwości (co do czegoś)** to have one's doubt(s) (about sth).

wątpliwy *adj* (*problematyczny*) questionable; (*podejrzany*) doubtful, dubious.

wątr|oba (**-oby, -oby**) (*dat sg* **-obie**, *gen pl* **-ób**) *f* liver.

wątrobian|ka (**-ki, -ki**) (*dat sg* **-ce**, *gen pl* **-ek**) *f* (*pot*) liver sausage, liverwurst (*US*).

wątrób|ka (**-ki, -ki**) (*dat sg* **-ce**, *gen pl* **-ek**) *f* (*KULIN*) liver.

wąw|óz (**-ozu, -ozy**) (*loc sg* **-ozie**) *m* ravine.

wąż (**węża, węże**) (*gen pl* **węży** *lub* **wężów**) *m* (*ZOOL*) snake; (*gumowy*) hose.

wbieg|ać (**-am, -asz**) (*perf* **wbiec**) *vi* to run (into).

wbij|ać (**-am, -asz**) (*perf* **wbić**) *vt* (*gwóźdź, kołek*) to hammer in, to drive in; (*nóż, sztylet*) to plunge; (*zęby, paznokcie*) to sink, to dig.

▸**wbijać się** *vr* to stick in.

wbrew *prep* +*dat* contrary to, in defiance of; **wbrew czyjejś woli** against sb's will; **wbrew sobie** despite o.s.

WC, w.c. *abbr* WC.

wcale *adv* (*w ogóle*) (not) at all; (*całkiem*) quite; **wcale nie!** not at all!

wchłani|ać (-am, -asz) (*perf* **wchłonąć**) *vt* to absorb.

wchłaniani|e (-a) *nt* absorption.

wcho|dzić (-dzę, -dzisz) (*imp* -**dź**, *perf* **wejść**) *vi* (*do sali, budynku, wody*) to walk into, to enter; (*do samochodu*) to get in; **wchodzić na drzewo/po schodach** to climb a tree/the stairs; **(proszę) wejść!** come in!; **w skład załogi wchodziło dwóch Brytyjczyków** the crew included two Britons; **wchodzić w życie** (*przen*) to come into effect, to take effect; **to nie wchodzi w grę** *lub* **rachubę** this is out of the question.

wciąg|ać (-am, -asz) (*perf* -**nąć**) *vt* to pull (into); (*linę, żagiel, flagę*) to hoist; (*dym, powietrze*) to breathe in; (*o bagnie, wirze*) to suck in *lub* down; (*o książce, filmie*) to absorb; (*bluzę, spodnie*) to pull on.

wciąż *adv* still.

wciel|ać (-am, -asz) (*perf* -**ić**) *vt* (*włączać*) to incorporate; **wcielać coś w życie** to put *lub* carry sth into effect.

▸**wcielać się** *vr*: **wcielać się w kogoś** to impersonate sb.

wciele|nie (-nia, -nia) (*gen pl* -**ń**) *nt* incarnation.

wcier|ać (-am, -asz) (*perf* **wetrzeć**) *vt*: **wcierać coś (w coś)** to rub sth in(to sth).

wcię|cie (-cia, -cia) (*gen pl* -**ć**) *nt* (*wgłębienie*) notch; (*DRUK*) indentation.

wcisk|ać (-am, -asz) (*perf* **wcisnąć**) *vt* (*wtłaczać*) to squeeze in; (*wsuwać*) to drive in.

▸**wciskać się** *vr*: **wciskać się (do sali)** to crowd in(to a room).

wczasowicz (-a, -e) *m* holidaymaker (*BRIT*), vacationer (*US*).

wczas|y (-ów) *pl* holiday *sg* (*BRIT*), vacation *sg* (*US*); **jechać na wczasy** to go on holiday (*BRIT*) *lub* vacation (*US*).

wcze|sny (*comp* -**śniejszy**) *adj* early; (*poród*) premature.

wcześnia|k (-ka, -ki) (*instr sg* -**kiem**) *m* premature baby.

wcześnie *adv* early.

wcześniej *adv comp od* **wcześnie** earlier; (*uprzednio*) in advance.

wcześniejszy *adj comp od* **wczesny** earlier; (*uprzedni*) prior.

wczoraj *adv* yesterday; **wczoraj rano/wieczorem** yesterday morning/evening; **wczoraj w nocy** last night.

wczorajszy *adj* (*z wczoraj*) yesterday *attr*, yesterday's; (*książk: przeszły*) yesterday's, of yesterday.

wczuw|ać się (-am, -asz) (*perf* **wczuć**) *vr*: **wczuwać się w sytuację/rolę** to identify with a situation/role.

wd|awać się (-aję, -ajesz) (*perf* -**ać**) *vr*: **wdawać się w coś** (*bójkę, dyskusję*) to get into; (*szczegóły*) to go into.

wdech (-u, -y) *m* inhalation; **robić (zrobić** *perf***) wdech** to inhale, to breathe in.

wdep|nąć (-nę, -niesz) (*imp* -**nij**) *vi perf*: **wdepnąć w coś** to step into sth.

wd|owa (-owy, -owy) (*dat sg* -**owie**, *gen pl* -**ów**) *f* widow.

wdo|wiec (-wca, -wcy) *m* widower.

wdrap|ywać się (-uję, -ujesz) (*perf* -**ać**) *vr*: **wdrapywać się na coś** to climb (up) sth.

wdych|ać (-am, -asz) *vt* to breathe in, to inhale.

wdzier|ać się (-am, -asz) (*perf* **wedrzeć**) *vr* (*o żołnierzach*) to force one's way in; (*o wodzie*) to rush in.

wdzięcznoś|ć (-ci) *f* gratitude.

wdzięczny *adj* grateful; (*ujmujący*)

graceful; (*dający satysfakcję*)
rewarding.

wdzięcz|yć się (-**ę**, -**ysz**) *vr* (*pot*):
wdzięczyć się do kogoś to flirt
with sb.

wdzię|k (-**ku**, -**ki**) (*instr sg* -**kiem**) *m*
grace.

we *prep +acc* = **w**.

wedle *prep* (*książk*) according to.

według *prep +gen* according to;
według mnie in my opinion.

weeken|d (-**du**, -**dy**) (*loc sg* -**dzie**) *m*
weekend.

wegetacj|a (-**i**) *f* vegetation.

wegetaria|nin (-**nina**, -**nie**) (*gen pl*
-**n**) *m* vegetarian.

wegetarianiz|m (-**mu**) (*loc sg* -**mie**)
m vegetarianism.

wegetariański *adj* vegetarian.

weget|ować (-**uję**, -**ujesz**) *vi* to
vegetate.

wehiku|ł (-**łu**, -**ły**) (*loc sg* -**le**) *m*
(*książk*) vehicle.

wejrze|nie (-**nia**, -**nia**) (-*gen pl* -**ń**) *nt*:
miłość od pierwszego wejrzenia
love at first sight.

wejś|cie (-**cia**) *m* (*czynność*)
entrance, entry; (*drzwi*) (*nom pl* -**cia**,
gen pl -**ć**) entrance; (*wstęp*) entry;
„wejście" "way in".

wejściowy *adj* (*drzwi*) front *attr*;
(*bilet*) entrance *attr*.

wej|ść (-**dę**, -**dziesz**) (*imp* -**dź**, *pt*
wszedł, weszła, weszli) *vb perf od*
wchodzić.

weks|el (-**la**, -**le**) (*gen pl* -**li**) *m* bill of
exchange.

wekto|r (-**ra**, -**ry**) (*loc sg* -**rze**) *m*
vector.

welo|n (-**nu**, -**ny**) (*loc sg* -**nie**) *m*
(*część stroju*) veil.

welu|r (-**ru**, -**ry**) (*loc sg* -**rze**) *m* velour.

weł|na (-**ny**, -**ny**) (*dat sg* -**nie**, *gen pl*
-**en**) *f* wool.

wełniany *adj* (*czapka, nić*) woollen;
(*dywan*) wool *attr*.

Wenecj|a (-**i**) *f* Venice.

weneryczny *adj*: choroba
weneryczna venereal disease.

Wenezuel|a (-**i**) *f* Venezuela.

wentyl (-**a**, -**e**) (*gen pl* -**i** *lub* -**ów**) *m*
valve.

wentylacj|a (-**i**) *f* ventilation.

wentylato|r (-**ra**, -**ry**) (*loc sg* -**rze**) *m*
fan, ventilator.

Wenus *f inv* Venus.

weran|da (-**dy**, -**dy**) (*dat sg* -**dzie**) *f*
veranda, porch.

werb|el (-**la**, -**le**) (*gen pl* -**li**) *m*
(*instrument*) snare drum; (*odgłos*)
drum roll.

werb|ować (-**uję**, -**ujesz**) (*perf* z-) *vt*
to recruit, to enlist.

werdyk|t (-**tu**, -**ty**) (*loc sg* -**cie**) *m*
verdict.

wermu|t (-**tu**, -**ty**) (*loc sg* -**cie**) *m*
vermouth.

wernisaż (-**u**, -**e**) (*gen pl* -**y**) *m*
opening day (*of an exhibition*),
vernissage.

wer|s (-**su**, -**sy**) (*loc sg* -**sie**) *m* verse.

wersal|ka (-**ki**, -**ki**) (*dat sg* -**ce**, *gen pl*
-**ek**) *f* sofa bed.

werse|t (-**tu**, -**ty**) (*loc sg* -**cie**) *m* verse.

wersj|a (-**i**, -**e**) (*gen pl* -**i**) *f* version.

wert|ować (-**uję**, -**ujesz**) (*perf* prze-)
vt (*powierzchownie*) to browse
through; (*pilnie*) to pore over.

wer|wa (-**wy**) (*dat sg* -**wie**) *f* verve.

weryfik|ować (-**uję**, -**ujesz**) (*perf* z-)
vt (*fakty, opinie*) to verify;
(*pracowników*) to vet.

wesel|e (-**a**, -**a**) *nt* wedding.

wesel|ić się (-**ę**, -**isz**) *vr* to rejoice.

weselny *adj* wedding *attr*.

wes|oło (*comp* -**elej**) *adv* (*śmiać się*)
cheerfully; (*bawić się, spędzać czas*)
happily; było bardzo wesoło there
was a lot of fun.

wesoły *adj* cheerful; wesołe
miasteczko funfair (*BRIT*),
amusement park (*US*); „Wesołych

Świąt!" (na Boże Narodzenie)
"Merry Christmas!"; (na Wielkanoc)
"Happy Easter!".

wesp|rzeć (-rę, -rzesz) (imp -rzyj, pt
wsparł) vb perf od **wspierać**.

westch|nąć (-nę, -niesz) (imp -nij)
vb perf od **wzdychać**.

westchnie|nie (-nia, -nia) (gen pl -ń)
nt sigh.

wester|n (-nu, -ny) (loc sg -nie) m
western.

wesz (wszy, wszy) (dat sg, gen pl
wszy) f louse.

weszła itd. vb patrz **wejść**.

wetera|n (-na, -ni) (loc sg -nie) m
veteran.

weterynari|a (-i) f veterinary
medicine lub science.

weterynarz (-a, -e) (gen pl -y) m vet
(BRIT), veterinary surgeon (BRIT),
veterinarian (US).

we|to (-ta, -ta) (loc sg -cie) nt veto;
prawo weta power of veto.

wet|rzeć (-rę, -rzesz) (imp -rzyj, pt
wtarł) vb perf od **wcierać**.

wew. abbr (= wewnętrzny) ext.
(extension).

wewnątrz prep +gen inside, within ♦
adv inside; **od** lub **z wewnątrz** from
within, from the inside.

wewnętrznie adv internally.

wewnętrzny adj internal; (okno,
drzwi) interior; (handel) domestic;
(spokój, dyscyplina) inner ♦ m decl
like adj (też: **numer** lub **telefon
wewnętrzny**) extension;
wewnętrzna strona the inside;
wewnętrzna kieszeń inside pocket;
Ministerstwo Spraw Wewnętrznych
Ministry of the Interior, ≈ Home
Office (BRIT).

wezmę itd. vb patrz **wziąć**.

wez|wać (-wę, -wiesz) (imp -wij) vb
perf od **wzywać**.

wezwa|nie (-nia, -nia) (gen pl -ń) nt
summons; (lekarza, policji) call;

wezwanie do sądu citation,
subpoena; **wezwanie do wojska**
call-up (BRIT), draft (US); **kościół
pod wezwaniem Św. Marcina** St.
Martin's Church.

weź itd. vb patrz **wziąć**.

węch (-u) m (zmysł) (sense of) smell;
(przen) nose (przen).

węd|ka (-ki, -ki) (dat sg -ce, gen pl
-ek) f fishing rod.

wędkarst|wo (-wa) (loc sg -wie) nt
fishing, angling.

wędkarz (-a, -e) (gen pl -y) m angler.

wędli|na (-ny, -ny) (dat sg -nie) f
cured lub smoked meat(s pl).

wędr|ować (-uję, -ujesz) vi
(przemieszczać się) to wander, to
roam; (podróżować) to travel;
(: pieszo) to hike.

wędro|wiec (-wca, -wcy) m
(podróżnik) wanderer; (turysta) hiker.

wędrów|ka (-ki, -ki) (dat sg -ce, gen
pl -ek) f (podróż) travel; (piesza)
hike.

wę|dzić (-dzę, -dzisz) (imp -dź, perf
u-) vt to smoke.

►**wędzić się** vr (o wędlinie) to be
smoked.

wędzony adj smoked.

wę|giel (-gla) m (paliwo) coal;
(CHEM) carbon; (do rysowania,
drzewny) charcoal; **węgiel
kamienny/brunatny** hard/brown
coal; **węgle** pl embers pl.

Wę|gier (-gra, -grzy) (loc sg -grze) m
Hungarian.

węgier|ka (-ki, -ki) (dat sg -ce, gen pl
-ek) f a kind of plum; **Węgierka**
Hungarian.

węgierski adj Hungarian ♦ m decl
like adj (język) Hungarian.

węglowoda|n (-nu, -ny) (loc sg -nie)
m carbohydrate.

węglowod|ór (-oru, -ory) (loc sg
-orze) m hydrocarbon.

węgorz (-a, -e) (gen pl -y) m eel.

Wę|gry (-gier) (*loc pl* -grzech) *pl* Hungary.

węsz|yć (-ę, -ysz) *vt* (*perf* z-) *vi* (*o zwierzęciu*) to sniff; (*pot: o detektywie itp.*) to nose around *lub* about.

wę|zeł (-zła, -zły) (*loc sg* -źle) *m* (*supeł, jednostka prędkości*) knot; (*kolejowy, komunikacyjny*) junction; **węzeł chłonny** lymph gland *lub* node.

węzłowy *adj* (*punkt, stacja*) junction *attr*; (*problem, sprawa*) crucial.

węża *itd. n patrz* **wąż**.

węższy *adj comp od* **wąski**.

WF, wf. *abbr* (= *wychowanie fizyczne*) PE (= physical education).

wg *abbr* (= *według*) according to.

wgię|cie (-cia, -cia) (*gen pl* -ć) *nt* dent.

wgi|nać (-nam, -nasz) (*perf* -ąć) *vt* to dent.

▸**wginać się** *vr* to get dented.

wglą|d (-du) (*loc sg* -dzie) *m* (*PSYCH*) insight; **mieć wgląd do** +*gen*/**w** +*acc* to have the right to inspect.

wgłę|biać się (-biam, -biasz) (*perf* -bić) *vr*: **wgłębiać się w coś** (*w ziemię, skałę itp.*) to sink into sth; (*przen: wnikać*) to go into sth.

wgłębie|nie (-nia, -nia) (*gen pl* -ń) *nt* hollow.

wgniat|ać (-am, -asz) (*perf* **wgnieść**) *vt* (*wginać*) to dent; **wgniatać coś w ziemię** to press sth into the ground.

wgniece|nie (-nia, -nia) (*gen pl* -ń) *nt* dent.

wgryz|ać się (-am, -asz) (*perf* **wgryźć**) *vr*: **wgryzać się w coś** to bite into sth; (*przen*) to get into sth.

whisky *f inv* (*szkocka*) whisky; (*irlandzka, amerykańska*) whiskey.

wi|ać (-eję, -ejesz) *vi* (*o wietrze*) to blow; (*pot: uciekać*) (*perf* z-) to

scram (*pot*); **wiał silny wiatr** there was a strong wind (blowing).

wiader|ko (-ka, -ka) (*instr sg* -kiem, *gen pl* -ek) *nt* bucket.

wiadomo *inv.* **wiadomo, że...** it's common knowledge that... ▸ *adv* (*oczywiście*) sure; **nie wiadomo gdzie/kiedy** nobody knows where/when; **nigdy (nic) nie wiadomo** you never know.

wiadomoś|ć (-ci, -ci) (*gen pl* -ci) *f* (*informacja*) a piece of news; (*dla/od kogoś*) message; (*RADIO, TV*) news item; **wiadomości** *pl* (*wiedza*) knowledge; (*RADIO, TV*) the news; **podawać coś (komuś) do wiadomości** to make sth known (to sb).

wiad|ro (-ra, -ra) (*loc sg* -rze, *gen pl* -er) *nt* bucket; (*zawartość*) bucket(ful).

wiaduk|t (-tu, -ty) (*loc sg* -cie) *m* (*nad drogą*) flyover (*BRIT*), overpass (*US*); (*nad doliną*) viaduct.

wian|ek (-ka, -ki) (*instr sg* -kiem) *m* (*z kwiatów*) garland.

wi|ara (-ary) (*dat sg* -erze) *f* faith, belief; (*REL: wyznanie*) (*nom pl* -ary) faith; **wiara w kogoś/coś** faith in sb/sth; **wiara w siebie** self-confidence.

wiarygodnoś|ć, wiarogodnoś|ć (-ci) *f* credibility.

wiarygodny, wiarogodny *adj* (*wiadomość, człowiek*) credible; (*źródło*) reliable.

wi|atr (-atru, -atry) (*loc sg* -etrze) *m* wind; **pod wiatr** into *lub* against the wind; **z wiatrem** with the wind; **wiatry** *pl*: **puszczać wiatry** to break wind.

wiatra|k (-ka, -ki) (*instr sg* -kiem) *m* windmill.

wiatrów|ka (-ki, -ki) (*dat sg* -ce, *gen pl* -ek) *f* (*kurtka*) windcheater (*BRIT*), windbreaker (*US*); (*broń*) airgun.

wią|z (-zu, -zy) (*loc sg* -zie) *m* elm.
wią|zać (-żę, -żesz) (*imp* -ż, *perf* z-) *vt*
(*supeł, chustę, sznurowadło*) (*perf*
za-) to tie; (*ręce, paczkę*) (*perf* z-) to
tie; (*kojarzyć, łączyć*) (*perf* z-) to
combine; (*o obietnicy, słowie*) to
bind; **wiązać koniec z końcem**
(*przen*) to make ends meet.
▶**wiązać się** *vr* (*perf* z-): **wiązać się
z kimś** to become involved with sb;
to się wiąże z wydatkami it
involves expenses.
wiązad|ło (-ła, -ła) (*loc sg* -le, *gen pl*
-eł) *nt* (ANAT) ligament; **wiązadła
głosowe** vocal cords.
wiąza|nie (-nia, -nia) (*gen pl* -ń) *nt*
(*narciarskie*) binding; (ARCHIT) truss.
wiązan|ka (-ki, -ki) (*dat sg* -ce, *gen pl*
-ek) *f* (*kwiatów*) bunch; (*melodii*)
medley; **wiązanka wyzwisk/
przekleństw** a volley of abuse/
curses.
wiąz|ka (-ki, -ki) (*dat sg* -ce, *gen pl*
-ek) *f* (*siana, słomy*) bundle;
(*elektronów, światła*) beam.
wiążący *adj* binding.
wibracj|a (-i, -e) (*gen pl* -i) *f* vibration.
wibr|ować (-uję, -ujesz) *vi* to vibrate.
wicedyrekto|r (-ra, -rzy) (*loc sg* -rze)
m deputy manager; (*szkoły*) deputy
head.
wiceminist|er (-ra, -rowie) (*loc sg*
-rze) *m* ≈ under-secretary of state
(*BRIT*), ≈ undersecretary (*US*).
wicemistrz (-a, -owie) *m* (SPORT)
runner-up.
wicemistrzost|wo (-wa, -wa) (*loc sg*
-wie) *nt* second place (*in a
championship*).
wicepremie|r (-ra, -rzy) (*loc sg* -rze)
m ≈ deputy prime minister (*BRIT*).
wicepreze|s (-sa, -si) (*loc sg* -sie) *m*
vice-chairman (*BRIT*), vice-president
(*US*).
wiceprezyden|t (-ta, -ci) (*loc sg* -cie)

m (*państwa*) vice-president; (*miasta*)
deputy mayor.
wich|er (-ru, -ry) (*loc sg* -rze) *m* gale.
wichrz|yć (-ę, -ysz) *vt* (*włosy,
czuprynę*) (*perf* z-) to ruffle ♦ *vi* to
stir up trouble.
wichu|ra (-ry, -ry) (*dat sg* -rze) *f* gale.
wić (wiję, wijesz) *vt* (*perf* u-)
(*gniazdo*) to build; (*wianek*) to
weave.
widać *adv*: widać nie mógł przyjść
apparently he couldn't come ♦ *inv*:
widać światło I can see some light;
nie było go nigdzie widać he was
nowhere to be seen; **to widać** it
shows; **jak widać** as you can see.
widel|ec (-ca, -ce) *m* fork.
wideł|ki (-ek) *pl* (*telefonu*) cradle.
wideo *nt inv* video ♦ *adj*: **kaseta
wideo** video cassette; **kamera wideo**
camcorder.
wideokli|p (-pu, -py) (*loc sg* -pie) *m*
video.
wid|ły (-eł) *pl* fork.
wid|mo (-ma, -ma) (*loc sg* -mie) *nt*
(*zjawa*) phantom, spectre (*BRIT*),
specter (*US*); (FIZ) spectrum.
widni|eć (-eje) (*pt* -ał) *vi* (*być
widocznym*) to be visible.
widno *adv*: jest widno it is light.
widnokr|ąg (-ęgu, -ęgi) (*instr sg*
-ęgiem) *m* horizon.
widny *adj* (*mieszkanie, pokój*) light.
widocznie *adv* (*zapewne*)
apparently; (*wyraźnie*) clearly,
visibly.
widocznoś|ć (-ci) *f* visibility.
widoczny *adj* visible.
wido|k (-ku, -ki) (*instr sg* -kiem) *m*
(*panorama*) view; (*scena*) sight.
widokowy *adj*: **taras widokowy**
viewing area; (*na dachu*)
observation deck; **punkt widokowy**
viewpoint (*BRIT*), overlook (*US*).
widoków|ka (-ki, -ki) (*dat sg* -ce, *gen
pl* -ek) *f* (picture) postcard.

widowis|ko (-ka, -ka) (*instr sg* -kiem) *nt* spectacle.

widowiskowy *adj* spectacular.

widow|nia (-ni, -nie) (*gen pl* -ni) *f* (*publiczność*) audience; (*miejsce*) auditorium.

wid|ywać (-uję, -ujesz) *vt* to see (*occasionally*).

►**widywać się** *vr* to see one another.

widz (-a, -owie) *m* viewer, spectator; (*świadek*) bystander, onlooker; **widzowie** *pl* (*publiczność*) audience.

widze|nie (-nia) *nt* (*wizja*) vision; (*odwiedziny w więzieniu*) visit; **do widzenia!** good-bye!; **punkt widzenia** viewpoint, point of view; **znać kogoś z widzenia** to know sb by sight.

widzialnoś|ć (-ci) *f* visibility.

widziany *adj*: **mile widziany** (very) welcome; **źle widziany** unwelcome.

wi|dzieć (-dzę, -dzisz) *vt/vi* to see; **widzę dwoje ludzi** I (can) see two people; **widziałem już ten film** I have already seen this film; **źle/dobrze widzę** I see poorly/well; **widzę, że ...** I can see (that) ...; **kto to widział!** (*pot*) well, I never!; **sam widzisz** there you are *lub* go.

►**widzieć się** *vr* (*samego siebie*) to see o.s.; (*spotykać się*) to see each other; **widzieć się z kimś** to see sb.

wiec (-u, -e) *m* mass meeting, rally.

wiecz|ko (-ka, -ka) (*instr sg* -kiem, *gen pl* -ek) *nt* (*pudełka*) top, cover; (*słoika*) lid.

wiecznie *adv* (*trwać, żyć*) eternally, forever; (*narzekać, przeszkadzać*) always, perpetually.

wiecznoś|ć (-ci) *f* eternity.

wieczny *adj* eternal; **wieczne pióro** fountain pen.

wieczorny *adj* (*wczesnym wieczorem*) evening *attr*; (*późnym wieczorem*) night *attr*.

wieczorowy *adj* evening *attr*; (*szkoła*) night *attr*.

wiecz|ór (-oru, -ory) (*loc sg* -orze) *m* (*wczesny*) evening; (*późny*) night; (*impreza: muzyki, poezji*) soirée; **dobry wieczór!** good evening!; **(dzisiaj) wieczorem** tonight, this evening; **wczoraj wieczorem** last night; **co wieczór** every evening.

Wied|eń (-nia) *m* (*GEOG*) Vienna.

wiedz|a (-y) *f* knowledge; (*specjalistyczna*) expertise; (*technologiczna*) know-how.

wiedzieć (**wiem, wiesz**) (*imp* **wiedz**) *vt* to know ♦ *vi*: **wiedzieć (o kimś/czymś)** to know (about sb/sth); **wiem (to) od mamy** I know it from my mother; **o ile wiem** as far as I know.

wiedź|ma (-my, -my) (*loc sg* -mie) *f* witch.

wiejski *adj* (*droga, powietrze, okolica*) country *attr*; (*szkoła*) village *attr*; (*zwyczaje*) rural.

wie|k (-ku, -ki) (*instr sg* -kiem) *m* age; (*stulecie*) century; **XX wiek** the 20th century; **wiek szkolny** school age; **w wieku dwudziestu lat** at (the age of) twenty.

wie|ko (-ka, -ka) (*instr sg* -kiem) *nt* lid.

wiekowy *adj* (*dotyczący wieku*) age *attr*; (*stary*) aged.

wielbiciel (-a, -e) (*gen pl* -i) *m* (*miłośnik*) fan, enthusiast; (*adorator*) admirer.

wiel|bić (-bię, -bisz) *vt* (*czcić*) to worship; (*uwielbiać*) to adore.

wielbłą|d (-da, -dy) (*loc sg* -dzie) *m* camel.

wiele (*like*: **ile**) *pron* (*comp* **więcej**): **wiele** (+*gen*) (*z rzeczownikami policzalnymi*) a lot (of), many; (*z rzeczownikami niepoliczalnymi*) a lot (of), much; **wiele kobiet** a lot of *lub* many women; **wiele czasu/ pieniędzy** a lot of *lub* much

time/money; **wiele rozumieć** to
understand a lot; **wielu ludzi/
studentów** a lot of *lub* many
people/students ♦ *adv* much, a lot; **o
wiele lepszy** much better, a lot
better.

wielebny *adj*: **wielebny X** the
Reverend X.

Wielka Brytania (**Wielkiej Brytanii**)
f Great Britain, the United Kingdom.

Wielkanoc (-y, -e) *f* Easter.

wielkanocny *adj* Easter *attr.*

wielki *adj* (*bardzo duży*) big, large;
(*intensywny*) intense; (*przen*) great;
wielki palec (*u nogi*) big toe; **Wielki
Tydzień** (*REL*) Holy Week; **Wielki
Piątek** (*REL*) Good Friday; **Wielki
Post** (*REL*) Lent; **na wielką skalę**
on a large scale; **wielka szkoda!** too
bad!; **Piotr Wielki** Peter the Great.

wielkomiejski *adj* (big) city *attr*,
urban.

Wielkopols|ka (-ki) (*dat sg* -ce) *f a
province in western Poland.*

wielkoś|ć (-ci) *f* (*rozmiar*) (*nom pl* -ci,
gen pl -ci) size; (*popytu, zamówienia*)
scale; (*ogrom*) greatness; (*waga*)
magnitude; (*MAT, FIZ*) quantity.

wielobarwny *adj* multicolour(ed)
(*BRIT*), multicolor(ed) (*US*).

wielodzietny *adj* with many children.

wielokąt|t (-ta, -ty) (*loc sg* -cie) *m*
(*GEOM*) polygon.

wielokrop|ek (-ka, -ki) (*instr sg*
-kiem) *m* ellipsis, suspension points
pl.

wielokrotnie *pron* repeatedly.

wielokrotny *adj* repeated *attr*,
multiple *attr.*

wieloletni *adj* long-term, of many
years' standing; (*roślina*) perennial.

wieloowocowy *adj* multi-fruit *attr.*

wielopiętrowy *adj* high-rise,
multi-storey *attr* (*BRIT*), multistory
attr (*US*).

wieloraki *adj* multiple *attr.*

wielorasowy *adj* multiracial.

wielory|b (-ba, -by) (*loc sg* -bie) *m*
whale.

wielostronny *adj* (*zainteresowania*)
versatile; (*rokowania*) multilateral.

wielowiekowy *adj* centuries old, of
many centuries.

wielozmianowy *adj*: **praca
wielozmianowa** shiftwork.

wieloznacznoś|ć (-ci) *f* ambiguity.

wieloznaczny *adj* ambiguous.

wielu *pron patrz* **wiele.**

wie|niec (-ńca, -ńce) *m* wreath.

wieńcowy *adj* (*ANAT*) coronary;
choroba wieńcowa (*MED*) coronary
heart disease.

wieprz (-a, -e) (*gen pl* -ów *lub* -y) *m*
hog.

wieprzowi|na (-ny) (*dat sg* -nie) *f*
pork.

wieprzowy *adj* pork *attr.*

wier|cić (-cę, -cisz) (*imp* -ć) *vt/vi* (*perf
wy-*) to drill, to bore.
▸**wiercić się** *vr* to fidget.

wiernie *adv* faithfully.

wiernoś|ć (-ci) *f* faithfulness;
(*TECH*) fidelity.

wierny *adj* faithful ♦ *m decl like adj*:
wierni (*REL*) the faithful.

wiersz (-a, -e) (*gen pl* -y) *m* (*utwór*)
poem; (*linijka pisma*) line; (*wers*)
verse.

wierszy|k (-ka, -ki) (*instr sg* -kiem)
m: **wierszyk (dla dzieci)** (nursery)
rhyme.

wiertar|ka (-ki, -ki) (*dat sg* -ce, *gen pl*
-ek) *f* drill.

wiert|ło (-ła, -ła) (*loc sg* -le, *gen pl* -eł)
nt drill, bit.

wierzący *adj*: **osoba wierząca**
believer ♦ *m decl like adj* believer.

wierz|ba (-by, -by) (*dat sg* -bie) *f*
willow.

wierzch (-u, -y) *m* (*stołu, pudełka*)
top; (*dłoni*) back; (*ubrania*) outside;
(*buta*) upper; **być/leżeć na wierzchu**

to be/lie on top; **jechać wierzchem** to ride on horseback.

wierzchni *adj* outer, top.

wierzchoł|ek (-ka, -ki) (*instr sg* **-kiem**) *m* (*drzewa*) top; (*góry*) top, peak; (*figury geometrycznej*) point.

wierze *n patrz* **wiara**.

wierzg|ać (-am, -asz) (*perf* **-nąć**) *vi* to kick.

wierzyciel (-a, -e) (*gen pl* **-i**) *m* creditor.

wierz|yć (-ę, -ysz) *vi*: **wierzyć w Boga/duchy** to believe in God/ghosts; **wierzyć (uwierzyć** *perf*) **komuś** to believe sb; **wierzyć w kogoś/coś** to have faith *lub* confidence in sb/sth.

wiesz|ać (-am, -asz) (*perf* **powiesić**) *vt* to hang.

▶**wieszać się** *vr* to hang o.s.

wiesza|k (-ka, -ki) (*instr sg* **-kiem**) *m* (*stojący*) stand; (*deska z kołkami*) (coat) rack; (*pojedynczy kołek*) peg; (*ramiączko*) (coat) hanger; (*przy płaszczu itp.*) loop.

wieś (wsi, wsie) (*gen pl* **wsi**) *f* (*okolica*) country; (*miejscowość*) village; **na wsi** in the country.

wieś|ć[1] (-ci, -ci) (*gen pl* **-ci**) *f* (*książk*) news.

wi|eść[2] (-odę, -edziesz) (*imp* **-edź**, *pt* **-ódł, -odła, -edli**) *vt* (*życie*) to lead; (*spór*) to have; (*o przywódcy, przewodniku: kierować*) (*perf* **po-**) to lead ♦ *vi* (*książk: o drodze itp.*) to lead.

▶**wieść się** *vr* (*perf* **po-**): **wiedzie mi się dobrze/źle** I'm doing well/badly.

Wietna|m (-mu) (*loc sg* **-mie**) *m* Vietnam.

Wietnamczy|k (-ka, -cy) (*instr sg* **-kiem**) *m* Vietnamese.

wietnamski *adj* Vietnamese ♦ *m decl like adj* (*język*) Vietnamese.

wietrze *n patrz* **wiatr**.

wietrzny *adj* windy; **ospa wietrzna** chickenpox.

wietrz|yć (-ę, -ysz) *vt* (*mieszkanie, pokój*) (*perf* **wy-** *lub* **prze-**) to air; (*wyczuwać*) (*perf* **z-**) to smell.

▶**wietrzyć się** *vr* (*o mieszkaniu, ubraniu*) (*perf* **wy-** *lub* **prze-**) to be aired.

wiewiór|ka (-ki, -ki) (*dat sg* **-ce**, *gen pl* **-ek**) *f* squirrel.

wi|eźć (-ozę, -eziesz) (*imp* **-eź**, *pt* **-ózł, -ozła, -eźli**, *perf* **za-**) *vt* (*przewozić*) to carry, to transport; (*podwozić*) to drive.

wież|a (-y, -e) *f* (*ARCHIT*) tower; (*SZACHY*) castle, rook; **wieża kontrolna** control tower.

wieżo|wiec (-wca, -wce) *m* high-rise (building), tower block (*BRIT*).

więc *conj* so; **tak więc** thus; **a więc, ... well, ...**; **wszyscy, a więc dzieci, rodzice i nauczyciele, ...** everybody, that is children, parents and teachers, ...

więcej *adv comp od* **dużo, wiele** more; **nikt więcej** nobody else; **nic więcej** nothing more *lub* else; **nigdy więcej!** never again!; **nigdy więcej wojny!** no more war!; **więcej nie przyszła** she never came back; **co więcej** what's more, furthermore.

wi|ędnąć (-ędnie) (*pt* **-ądł, -ędła, -ędły**, *perf* **z-**) *vi* (*o kwiatach*) to wilt, to wither.

większoś|ć (-ci) *f* majority; **większość ludzi** most people; **w większości przypadków** in most cases.

większy *adj comp od* **duży, wielki**; (*budynek, część, objętość*) larger, bigger; (*doświadczenie, kłopot, wysiłek*) greater; (*znaczny: problem itp.*) major.

wię|zić (-żę, -zisz) (*imp* **-ź**) *vt*: **więzić kogoś** to keep sb in prison.

więzie|nie (-nia) *nt* (*zakład karny*)

(*nom pl* **-nia**, *gen pl* **-ń**) prison, jail, gaol (*BRIT*); (*kara*) imprisonment, prison.

wię|zień (**-źnia**, **-źniowie**) *m* prisoner.

więz|y (**-ów**) *pl* (*sznury*) bonds *pl*; (*przyjaźni, rodzinne*) ties *pl*.

wię|ź (**-zi**, **-zi**) (*gen pl* **-zi**) *f* bond.

wigili|a (**-i**, **-e**) (*gen pl* **-i**) *f* (*święto*): **Wigilia** Christmas Eve.

wigilijny *adj*: **wieczór wigilijny** Christmas Eve; **wieczerza wigilijna** Christmas Eve Supper.

wigo|r (**-ru**) (*loc sg* **-rze**) *m* vigour (*BRIT*), vigor (*US*).

wikin|g (**-ga**, **-gowie**) (*instr sg* **-giem**) *m* viking.

wikli|na (**-ny**) (*dat sg* **-nie**) *f* wicker.

wiklinowy *adj*: **wiklinowy kosz/fotel** wicker basket/chair.

wilczu|r (**-ra**, **-ry**) (*loc sg* **-rze**) *m* Alsatian (*BRIT*), German shepherd (*US*).

wilczy *adj* (*przen*: *apetyt*) wolfish.

wilgo|ć (**-ci**) *f* (*woda*) moisture; (*nasycenie wodą*) humidity; (*w piwnicy, na ścianie*) damp(ness).

wilgotnoś|ć (**-ci**) *f* humidity.

wilgotny *adj* (*ubranie, ściana*) damp; (*powietrze, klimat*) humid, damp; (*oczy*) moist.

wil|k (**-ka**, **-ki**) (*instr sg* **-kiem**) *m* wolf; **głodny jak wilk** (as) hungry as a wolf *lub* horse; **o wilku mowa!** speak *lub* talk of the devil!

wilkoła|k (**-ka**, **-ki**) (*instr sg* **-kiem**) *m* werewolf.

will|a (**-i**, **-e**) (*gen pl* **-i** *lub* **-**) *f* (detached) house.

Wil|no (**-na**) (*loc sg* **-nie**) *nt* Vilnius.

wi|na (**-ny**, **-ny**) (*dat sg* **-nie**) *f* (*przewinienie*) fault; (*uczucie*) guilt; (*odpowiedzialność*) guilt, blame; **to (nie) twoja wina** it is (not) your fault; **to wina systemu** the system is to blame.

win|da (**-dy**, **-dy**) (*dat sg* **-dzie**) *f* lift (*BRIT*), elevator (*US*).

windsurfin|g (**-gu**) (*instr sg* **-giem**) *m* windsurfing.

winia|k (**-ku**, **-ki**) (*instr sg* **-kiem**) *m* brandy.

winiar|nia (**-ni**, **-nie**) (*gen pl* **-ni**) *f* wine bar.

wi|nić (**-nię**, **-nisz**) (*imp* **-ń**) *vt*: **winić kogoś za coś** to blame sb for sth.

winien *adj* = **winny**.

winnic|a (**-y**, **-e**) *f* vineyard.

winny *adj*, **winien** (*f* **winna**, *nt* **winne**) (*odpowiedzialny*) guilty; (*dłużny*): **jest mi winien 50 złotych** he owes me 50 zloty ♦ *m decl like adj* culprit; **być winnym czegoś** to be guilty of sth.

wi|no (**-na**, **-na**) (*loc sg* **-nie**) *nt* wine.

winogro|no (**-na**, **-na**) (*loc sg* **-nie**) *nt* grape.

winoroś|l (**-i**, **-e**) (*gen pl* **-i**) *f* (grape)vine.

winowajc|a (**-y**, **-y**) *m decl like f in sg* culprit.

winsz|ować (**-uję**, **-ujesz**) (*perf* **po-**) *vi*: **winszować komuś czegoś** to congratulate sb on sth; **winszować komuś z okazji imienin/rocznicy ślubu** to wish sb a happy nameday/anniversary.

wiolonczel|a (**-i**, **-e**) (*gen pl* **-i** *lub* **-**) *f* cello.

wiosenny *adj* spring *attr*.

wios|ka (**-ki**, **-ki**) (*dat sg* **-ce**, *gen pl* **-ek**) *f* village.

wio|sło (**-sła**, **-sła**) (*loc sg* **-śle**, *gen pl* **-seł**) *nt* (*do łodzi*) oar; (*do kajaka*) paddle.

wiosł|ować (**-uję**, **-ujesz**) *vi* (*z łodzi*) to row; (*z kajaka*) to paddle.

wio|sna (**-sny**, **-sny**) (*dat sg* **-śnie**, *gen pl* **-sen**) *f* spring; **wiosną** *lub* **na wiosnę** in the spring.

wioślarst|wo (**-wa**) (*loc sg* **-wie**) *nt* rowing.

wioślarz (-a, -e) (*gen pl* -y) *m* rower,
oarsman.

wiotcz|eć (-eje) (*perf* z-) *vi* (*o
mięśniach*) to grow flabby; (*o
skórze*) to get slack.

wiotki *adj* (*mięsień*) flabby; (*skóra*)
slack; (*cienki, szczupły*) slender.

wiozę *itp.* *vb* *patrz* **wieźć**.

wió|r (-ra, -ry) (*loc sg* -rze) *m*
shaving; **wióry** *pl* shavings *pl*.

wiór|ki (-ków) *pl* chips *pl*; **wiórki
kokosowe** desiccated coconut.

wi|r (-ru, -ry) (*loc sg* -rze) *m* whirl; (*w
wodzie*) whirlpool.

wiraż (-u, -e) (*gen pl* -y *lub* -ów) *m*
(*zakręt*) tight bend; (*skręt*) turning.

wirni|k (-ka, -ki) (*instr sg* -kiem) *m*
rotor.

wir|ować (-uję, -ujesz) *vt* (*perf* od-)
(*bieliznę*) to spin-dry; (*mleko*) to
centrifuge ♦ *vi* (*perf* za-) to whirl.

wirów|ka (-ki, -ki) (*dat sg* -ce, *gen pl*
-ek) *f* (*do bielizny*) spin-dryer.

wirtuo|z (-za, -zi *lub* -zowie) (*loc sg*
-zie) *m* virtuoso.

wiru|s (-sa, -sy) (*loc sg* -sie) *m* virus.

wirusowy *adj* viral.

wi|sieć (-szę, -sisz) (*imp* -ś) *vi* to
hang; (*o helikopterze*) to hover.

wisiel|ec (-ca, -cy) *m* hanged person.

wisior|ek (-ka, -ki) (*instr sg* -kiem) *m*
pendant.

wisko|za (-zy) (*loc sg* -zie) *f* viscose.

Wi|sła (-sły) (*dat sg* -śle) *f* Vistula.

wiszący *adj*: **wiszący most**
suspension bridge.

wi|śnia (-śni, -śnie) (*gen pl* -śni *lub*
-sien) *f* (*owoc*) cherry; (*drzewo*)
cherry (tree).

wiśniowy *adj* (*sad, dżem, napój*)
cherry *attr*; (*kolor*) cherry red.

wit|ać (-am, -asz) *vt* (*perf* po- *lub*
przy-) (*pozdrawiać*) to greet;
(*przybysza, zmiany*) to welcome;
witamy w Poznaniu! welcome to

Poznań!; **witaj/witajcie/witam!** nice
to see you!

►**witać się** *vr* (*perf* przy-): **witać się
(z kimś)** to exchange greetings (with
sb).

witalnoś|ć (-ci) *f* vitality.

witami|na (-ny, -ny) (*dat sg* -nie) *f*
vitamin; **witamina C** vitamin C.

witraż (-a *lub* -u, -e) (*gen pl* -y) *m*
stained glass.

witry|na (-ny, -ny) (*dat sg* -nie) *f*
(shop) window; (*w muzeum, na
wystawie*) glass case.

wiwa|t (-tu, -ty) (*loc sg* -cie) *m* cheer.

wiwat|ować (-uję, -ujesz) *vi* to
cheer; **wiwatować na czyjąś cześć**
to cheer sb.

wi|za (-zy, -zy) (*dat sg* -zie) *f* visa.

wizerun|ek (-ku, -ki) (*instr sg* -kiem)
m (*książk: osoby*) image; (*czasów*)
picture.

wizj|a (-i, -e) (*gen pl* -i) *f*
(*wyobrażenie, majak*) vision; **wizja
lokalna** (*PRAWO*) inspection at the
scene of the crime.

wizje|r (-ra, -ry) (*loc sg* -rze) *m* (*FOT*)
viewfinder; (*w drzwiach*) peephole;
(*w broni*) sight.

wizualny *adj* (*książk*) visual.

wizy|ta (-ty, -ty) (*dat sg* -cie) *f* visit;
(*u lekarza itp.*) appointment; **składać
(złożyć *perf*) komuś wizytę** to pay
sb a visit.

wizytacj|a (-i, -e) (*gen pl* -i) *f*
inspection.

wizytato|r (-ra, -rzy) (*loc sg* -rze) *m*
(*SZKOL*) inspector.

wizytowy *adj* (*strój*) formal.

wizytów|ka (-ki, -ki) (*dat sg* -ce, *gen
pl* -ek) *f* (business) card; (*przen*)
showcase.

wj|azd (-azdu, -azdy) (*loc sg* -eździe)
m (*czynność*) entering; (*brama*)
gateway; (*do garażu*) drive; (*na
autostradę*) slip road (*BRIT*),

entrance ramp (US); „zakaz wjazdu" "no entry".

wjazdowy adj: **wiza/opłata wjazdowa** entry visa/fee; **brama wjazdowa** gateway.

wj|echać (-adę, -edziesz) (imp -edź) vb perf od **wjeżdżać**.

wjeżdż|ać (-am, -asz) (perf **wjechać**) vi (do wewnątrz) to drive in; (windą) to go up, to ascend; (o pociągu: na stację) to pull in; **wjeżdżać na/w** +acc (wpadać) to drive into.

wkalkulow|ywać (-uję, -ujesz) (perf -ać) vt: **wkalkulowywać coś w cenę/koszt** to include sth in the price/cost.

wklej|ać (-am, -asz) (perf **wkleić**) vt to stick in.

wklęsły adj (brzuch, klatka piersiowa) hollow; (zwierciadło, policzki) concave.

wkła|d (-du, -dy) (loc sg -dzie) m (finansowy, pracy) input, contribution; (element wymienny) refill (insert); (w banku) deposit.

wkład|ać (-am, -asz) (perf **włożyć**) vt to insert, to put in; **wkładać coś do szuflady/na półkę** to put sth in the drawer/on the shelf; **wkładać buty/spodnie** to put on one's shoes/trousers.

wkład|ka (-ki, -ki) (dat sg -ce, gen pl -ek) f insert.

wkoło prep +gen around.

wkop|ywać (-uję, -ujesz) (perf -ać) vt (słup, pal) to sink into the ground.

wkracz|ać (-am, -asz) (perf **wkroczyć**) vi (wchodzić uroczyście) to enter, to make an entrance; (o wojsku) to move lub march in; (przen: interweniować) to step in.

wkrad|ać się (-am, -asz) (perf **wkraść**) vr (o osobie) to sneak in, to slip in.

wkrę|cać (-cam, -casz) (perf -cić) vt (śrubkę, wkręt, żarówkę) to screw in.

►**wkręcać się** vr (o śrubie, wkręcie) to screw; (o materiale, włosach) to catch, to get caught.

wkrę|cić (-cę, -cisz) (imp -ć) vb perf od **wkręcać**.

►**wkręcić się** vr perf (pot: o człowieku): **wkręcać się (do** +gen**)** to wangle one's way (into).

wkrę|t (-tu, -ty) (loc sg -cie) m screw.

wkro|ić (-ję, -isz) vt perf: **wkroić warzywa** (w przepisie) add chopped vegetables.

wkrótce adv soon.

wku|pić się (-pię, -pisz) vr perf: **wkupić się (do** +gen**)** to buy one's way (into); **wkupić się w czyjeś łaski** (przen) to buy sb's favours (BRIT) lub favors (US).

wkuw|ać (-am, -asz) (perf **wkuć**) vt (pot: matematykę, chemię) to swot up (on) ♦ vi (pot) to swot.

wlat|ywać (-uję, -ujesz) (perf **wlecieć**) vi (o ptaku, owadzie) to fly in; (o dymie) to get lub pour in; (o piłce) to shoot in; **wlatywać na kogoś/coś** (pot) to bump into sb/sth.

wl|ec (-okę, -eczesz) (pt -ókł, -okła, -ekli) vt to drag, to haul.

►**wlec się** vr (o człowieku) to drag along; (o czasie, sukni) to drag; (o pojeździe) to crawl; (o dymie) to hang.

wle|piać (-piam, -piasz) (perf -pić) vt (wklejać) to stick in; **wlepić komuś mandat** (pot) to give sb a ticket.

wlew|ać (-am, -asz) (perf **wlać**) vt: **wlewać coś (do czegoś)** to pour sth (into sth).

►**wlewać się** vr to flow in, to pour in.

wl|eźć (-ezę, -eziesz) (imp -eź, pt -azł, -eźli) vb perf od **włazić**.

wlicz|ać (-am, -asz) (perf -yć) vt: **wliczać coś w cenę/koszty** to include sth in the price/costs.

wlo|t (-tu, -ty) (loc sg -cie) m inlet.

wład|ać (-am, -asz) *vt +instr*
(*książk: krainą, państwem*) to rule;
(*bronią, mieczem*) to wield; (*nogą,
ręką*) to have the use of; (*obcym
językiem*) to have a good command
of.

władc|a (-y, -y) *m decl like f in sg*
ruler.

wład|ować (-uję, -ujesz) *vb perf od*
ładować.

władz|a (-y) *f* (*panowanie*) rule,
reign; (*oddziaływanie*) power;
władze *pl* (*państwowe, lokalne*) the
authorities; **być w pełni władz
umysłowych** to be of sound mind.

włama|nie (-nia, -nia) (*gen pl* -ń) *nt*
burglary.

włamywacz (-a, -e) (*gen pl* -y) *m*
burglar.

włam|ywać się (-uję, -ujesz) (*perf
-ać*) *vr* to break in.

własnoręczny *adj:* **własnoręczny
podpis** personal signature.

własnościowy *adj:* **mieszkanie
własnościowe** owner-occupied flat;
**Ministerstwo Przekształceń
Własnościowych** Ministry of
Privatization.

własność|ć (-ci) *f* (*mienie*) property;
(*prawo do rozporządzania*)
ownership.

własny *adj:* **mój/jego/jej własny**
my/his/her own; **nazwa własna**
proper noun; **w obronie własnej** in
self-defence; **na koszt własny** at
one's own expense; **we własnej
osobie** in person *lub* the flesh.

właściciel (-a, -e) (*gen pl* -i) *m*
owner; (*domu*) landlord; (*firmy,
hotelu, patentu*) proprietor.

właściciel|ka (-ki, -ki) (*dat sg* -ce,
gen pl -ek) *f* owner; (*domu*)
landlady; (*firmy, hotelu, patentu*)
proprietress.

właściwie *adv* (*należycie*) properly;

(*poprawnie*) correctly; (*prawdę
mówiąc*) actually, as a matter of fact.

właściwość|ć (-ci, -ci) (*gen pl* -ci) *f*
property, characteristic.

właściwy *adj* (*zachowanie,
traktowanie*) proper; (*człowiek*) right;
(*odpowiedź*) correct; (*faktyczny*)
actual; **właściwy komuś** *lub* **dla
kogoś** characteristic of sb.

właśnie *adv:* **właśnie
wtedy/tam/dlatego** this is
when/where/why; **to właśnie** *lub*
właśnie to powiedział/zrobił that's
just what he said/did; **właśnie
idzie/przyjechała** she is just
coming/has just come; **właśnie
miałem zatelefonować** I was (just)
about to phone; **i o to właśnie
chodzi!** that's what it's all about!

wła|z (-zu, -zy) (*loc sg* -zie) *m*
(*czołgu*) hatch(way); (*kanału*)
manhole.

wła|zić (-żę, -zisz) (*imp* -ź, *imp* wleźć)
vi (*pot*): **włazić do środka** to get
inside; **włazić na drzewo/po
drabinie** to climb a tree/ladder.

włącz|ać (-am, -asz) (*perf* -yć) *vt*
(*silnik, światło*) to switch *lub* turn on;
włączać coś (do czegoś) to include
sth (in sth).

▸**włączać się** *vr* (*o maszynie,
świetle*) to come on; **włączać się do
dyskusji/pracy** to join in the
discussion/work.

włącznie *adv:* **od poniedziałku do
środy włącznie** (from) Monday to
Wednesday inclusive; **włącznie ze
mną** *lub* **ze mną włącznie** myself
included.

włączony *adj:* **być włączonym** to be
on.

Wło|ch (-cha, -si) *m* Italian.

włochaty *adj* (*dywan*) pile *attr*;
(*niedźwiedź*) hairy.

Wło|chy (-ch) (*loc* -szech) *pl* Italy.

wło|s (-sa, -sy) (*loc sg* -sie) *m* hair;
włosy *pl* hair *no pl*.

włos|ek (-ka, -ki) (*instr sg* -kiem) *m*
dimin od włos; **wisieć na włosku** to
hang by a thread.

włosi|e (-a) *nt* bristle, bristles *pl*.

włoski *adj* Italian ♦ *m* (*język*) Italian;
orzech włoski walnut; **kapusta**
włoska savoy (cabbage).

włoszczy|zna (-zny) (*dat sg* -źnie) *f*
a bunch of mixed vegetables
(*usually carrot, leek, celeriac,*
parsley).

Włosz|ka (-ki, -ki) (*dat sg* -ce, *gen pl*
-ek) *f* Italian.

wł|ożyć (-ożę, -ożysz) (*imp* -óż) *vb*
perf od wkładać.

włóczę|ga (-gi, -dzy *lub* -gi) (*loc sg*
-dze) *m decl like f in sg* (*osoba*)
wanderer, vagabond.

włócz|ka (-ki, -ki) (*dat sg* -ce, *gen pl*
-ek) *f* yarn (*knitting thread*).

włócz|nia (-ni, -nie) (*gen pl* -ni) *f*
spear.

włócz|yć (-ę, -ysz) *vt* to drag, to haul.
►**włóczyć się** *vr* to ramble, to rove.

włókienniczy *adj* textile.

włó|kno (-kna, -kna) (*loc sg* -knie,
gen pl -kien) *nt* fibre (*BRIT*), fiber
(*US*).

wmawi|ać (-am, -asz) (*perf* mówić)
vt: **wmawiać coś komuś** *lub* w
kogoś to make sb believe sth;
wmawiać sobie, że ... to persuade
o.s. that ... .

wmiesz|ać się (-am, -asz) *vr perf*:
wmieszać się w coś (*przen*) to get
mixed up in sth.

wnę|ka (-ki, -ki) (*dat sg* -ce) *f* recess.

wnętrz|e (-a, -a) *nt* interior, inside;
(*ARCHIT*) interior.

wnętrzności (-i) *pl* entrails, bowels.

wniebowstąpieni|e (-a) *nt* (*REL*)
Ascension.

wniebowzięci|e (-a) *nt* (*REL*)
Assumption.

wniebowzięty *adj* (*przen*) entranced.

wni|eść (-osę, -esiesz) (*imp* -eś, *pt*
-ósł, -osła, -eśli) *vb perf od* wnosić.

wnik|ać (-am, -asz) (*perf* -nąć) *vi*:
wnikać w coś (*o płynie,*
świetle: przenikać) to penetrate sth;
(*o człowieku: zgłębiać*) to get to the
core of sth.

wnikliwoś|ć (-ci) *f* penetration.

wnikliwy *adj* (*analiza, czytelnik*)
careful; (*wzrok*) penetrating.

wnios|ek (-ku, -ki) (*instr sg* -kiem) *m*
(*propozycja*) motion, proposal;
(*konkluzja*) conclusion; (*podanie*)
application; **dochodzić (dojść** *perf*)
do wniosku to come to a
conclusion; **wyciągać (wyciągnąć**
perf) **wniosek** to draw a conclusion.

wnioskodawc|a (-y, -y) *m decl like f*
in sg mover.

wniosk|ować (-uję, -ujesz) (*perf*
wy-) *vt*: **wnioskować (z czegoś), że**
... to conclude (from sth) that ... .

wno|sić (-szę, -sisz) (*imp* -ś, *perf*
wnieść) *vt* (*walizki, meble*) to carry
in; (*zapach*) to bring in;
(*przen: radość, życie*) to bring;
(*opłatę, składkę*) to pay; (*podanie*) to
put in.

WNP *abbr* (= *Wspólnota*
Niepodległych Państw) CIS (=
Commonwealth of Independent
States).

wnucz|ek (-ka, -kowie) (*instr sg*
-kiem) *m* grandson.

wnucz|ka (-ki, -ki) (*dat sg* -ce, *gen pl*
-ek) *f* granddaughter.

wnu|k (-ka, -kowie *lub* -ki) (*instr sg*
-kiem) *m* grandson; **wnuki** *pl*
grandchildren.

woal|ka (-ki, -ki) (*dat sg* -ce, *gen pl*
-ek) *f* veil.

wobec *prep* +*gen* (*w obecności*) in
the presence of; (*w obliczu*) in the
face of; (*w stosunku do*) to,
toward(s); (*w porównaniu z*) in

comparison with; (*z powodu*) because of; **wobec tego** in that case.

wo|da (-dy, -dy) (*dat sg* -dzie, *gen pl* wód) *f* water; **woda sodowa/mineralna** soda/mineral water; **woda słodka/morska** fresh/sea water; **woda (zdatna) do picia** drinking water; **woda kolońska** (eau de) cologne; **pod wodą** underwater; **spuszczać (spuścić** *perf*) **wodę** to flush the toilet.

wodni|k (-ka, -ki) (*instr sg* -kiem) *m* (*w bajkach*) sprite; **Wodnik** (*ASTROLOGIA*) Aquarius.

wodny *adj* (*zbiornik, turbina*) water *attr*; (*roztwór*) water *attr*, aqueous *attr*; (*sporty*) aquatic; **elektrownia wodna** hydroelectric power station; **narty wodne** water skis; **znak wodny** watermark.

wodociąg (-gu, -gi) (*instr sg* -giem) *m* water-supply (system).

wodolo|t (-tu, -ty) (*loc sg* -cie) *m* hydrofoil.

wodoodporny *adj* waterproof, water-resistant; (*materiał, kurtka*) water-repellent.

wodoro|st (-stu, -sty) (*loc sg* -ście) *m* seaweed.

wodorowy *adj* (*CHEM*) hydrogen *attr*; **bomba wodorowa** hydrogen bomb, H-bomb.

wodospa|d (-du, -dy) (*loc sg* -dzie) *m* waterfall; **Wodospad Niagara** the Niagara Falls *pl*.

wodoszczelny *adj* (*zegarek*) waterproof; (*łódź*) watertight.

wodotrys|k (-ku, -ki) (*instr sg* -kiem) *m* fountain.

wod|ować (-uję, -ujesz) *vt* (*perf* z-) (*ŻEGL*) to launch ♦ *vi* (*KOSMOS*) to splash down.

wodowa|nie (-nia, -nia) (*gen pl* -ń) *nt* (*ŻEGL*) launch, launching;

(*KOSMOS*) splashdown; (*LOT*) landing on water.

wod|ór (-oru) (*loc sg* -orze) *m* hydrogen.

wodz|a (-y, -e) (*gen pl* -y) *f*: **pod wodzą kogoś** under sb's command; **wodze** *pl* reins *pl*.

wo|dzić (-dzę, -dzisz) (*imp* wódź) *vt* (*książk: prowadzić*) to lead; **wodzić palcem/wzrokiem po czymś** to run one's finger/eye over sth.

wodzirej (-a, -e) *m* (*na zabawie*) dance leader.

woj. *abbr* (= województwo): **woj. poznańskie** Poznań Province.

wojaż (-u, -e) (*gen pl* -y) *m* (*pot*) travel.

wojenny *adj* (*korespondent, inwalida, weteran*) war *attr*; (*port*) military; **stan wojenny** (*POL*) martial law; **marynarka wojenna** navy; **jeniec wojenny** prisoner of war; **sąd wojenny** court martial.

wojewo|da (-dy, -dowie) (*dat sg* -dzie) *m decl like f in sg* governor (*of a province*).

wojewódzki *adj* provincial; **miasto wojewódzkie** provincial capital, capital of a province.

województ|wo (-wa, -wa) (*loc sg* -wie) *nt* province; **województwo poznańskie** Poznań Province.

woj|na (-ny, -ny) (*dat sg* -nie, *gen pl* -en) *f* war; **pierwsza/druga wojna światowa** World War One/Two, the First/Second World War; **wojna domowa** civil war.

wojowniczy *adj* (*naród, plemię*) warlike; (*zachowanie*) belligerent.

wojowni|k (-ka, -cy) (*instr sg* -kiem) *m* warrior.

wojs|ko (-ka, -ka) (*instr sg* -kiem) *nt* (*siły zbrojne*) (armed) forces *pl*; (*armia*) army; (*pot*) military service; **służyć w wojsku** to serve in the army.

wojskowy adj military ♦ m decl like adj military man.

wokali|sta (-sty, -ści) (dat sg -ście) m decl like f in sg (zespołu) vocalist; (indywidualny) singer.

wokalist|ka (-ki, -ki) (dat sg -ce, gen pl -ek) f (zespołu) vocalist; (indywidualna) singer.

wokoło, wokół prep +gen (dokoła) round ♦ adv (dookoła) all around.

wol|a (-i) f will; **dobra wola** goodwill; **zła wola** ill will; **mieć silną/słabą wolę** to have strong/weak will; **mimo woli** unintentionally, involuntarily; **do woli** at will.

wol|eć (-ę, -isz) vt/vi to prefer; **wolę kawę niż herbatę** lub **od herbaty** I prefer coffee to tea; **wolę iść pieszo (niż jechać samochodem)** I prefer walking (to driving); **wolę o tym nie mówić** I'd rather not talk about it; **wolę, żebyś ty to zrobił** I'd rather you did it.

wolej (-a, -e) m volley.

wolno[1] adv (pomału) slowly; (luzem) freely; **dom wolno stojący** detached house.

wolno[2] inv: **tu nie wolno palić** you are not allowed to smoke here; **nie wolno mu palić** he mustn't smoke; **jeśli wolno spytać** if I may ask.

wolnocłowy adj duty-free.

wolnorynkowy adj: **ceny wolnorynkowe** free-market prices.

wolnoś|ć (-ci) f freedom, liberty.

wolny (człowiek, rynek, wybór, przekład) free; (czas) free, spare; (etat, pokój) free, vacant; (krok, tempo) slow; (nieżonaty/niezamężna) single; **wolny dzień** a day off; **rzut wolny** free kick; **„wstęp wolny"** "admission free"; **gotować na wolnym ogniu** cook on a low heat.

wol|t (-ta, -ty) (loc sg -cie) m volt.

wołacz (-a, -e) (gen pl -y) m (JĘZ) vocative.

woł|ać (-am, -asz) (perf za-) vt to call ♦ vi to call.

wołowi|na (-ny) (dat sg -nie) f beef.

wołowy adj: **pieczeń wołowa** roast beef.

wo|ń (-ni, -nie) (gen pl -ni) f scent, fragrance; **przykra woń** unpleasant odour (BRIT) lub odor (US).

worecz|ek (-ka, -ki) (instr sg -kiem) m bag; **woreczek żółciowy** gall bladder.

wor|ek (-ka, -ki) (instr sg -kiem) m sack; **worki** pl: **worki pod oczami** bags under the eyes.

workowaty adj baggy.

wos|k (-ku, -ki) (instr sg -kiem) m wax.

wosk|ować (-uję, -ujesz) (perf wy-) vt to wax.

woskowy adj wax attr; (przen: cera) waxen.

wot|um (-um) nt inv in sg (POL): **wotum zaufania/nieufności** a vote of confidence/no confidence; (REL) (nom pl -a) vote offering.

wo|zić (-żę, -zisz) (imp **woź** lub **wóź**) vt to transport; (samochodem) to drive.

woźn|a (-ej, -e) f decl like adj caretaker (BRIT), janitor (US).

woźnic|a (-y, -e) m decl like f in sg coachman.

woź|ny (-nego, -ni) m decl like adj (SZKOL) caretaker (BRIT), janitor (US); (sądowy) usher.

wód|ka (-ki, -ki) (dat sg -ce, gen pl -ek) f vodka.

wódz (wodza, wodzowie) m (przywódca) leader; (plemienia, indiański) chief.

wół (wołu, woły) (loc sg wole) m ox.

wówczas adv then.

wóz (wozu, wozy) (loc sg wozie) m (konny) cart, wagon; (ilość towaru)

cartload, wagonload; (*tramwajowy*)
tram (*BRIT*), streetcar (*US*);
(*cygański*) caravan; (*pot. samochód*)
car.

wóz|ek (**-ka, -ki**) (*instr sg* **-kiem**) *m*
(*głęboki*) pram (*BRIT*), baby carriage
(*US*); (*spacerówka*) pushchair (*BRIT*),
stroller (*US*); (*szpitalny*) trolley;
(*inwalidzki*) wheelchair.

WP *abbr* (= *Wojsko Polskie*) Polish
Army; (= *Wielmożny Pan*) Mr; (=
Wielmożna Pani) Mrs, Ms; (=
Wielmożni Państwo) Mr and Mrs.

wpad|ać (**-am, -asz**) (*perf* **wpaść**) *vt*
(*do dołu, wody*) to fall; (*do bramki*)
to go; (*do pokoju*) to rush.

wpaj|ać (**-am, -asz**) (*perf* **wpoić**) *vt*:
wpajać coś komuś to inculcate sth
into sb.

wpa|ść (**-dnę, -dniesz**) (*imp* **-dnij**, *pt*
-dł, -dła, -dli) *vb perf od* **wpadać**;
wpaść na drzewo to run into a tree;
wpaść w poślizg to go into a skid;
wpaść pod samochód to be
knocked down *lub* over by a car, to
be run over by a car; **wpaść komuś
w oko** to catch *lub* take sb's fancy;
coś mi wpadło do oka sth has got
into my eye.

wpatr|ywać się (**-uję, -ujesz**) (*perf*
wpatrzyć się) *vr*: **wpatrywać się w**
+acc to gaze *lub* stare at.

wpę|dzać (**-dzam, -dzasz**) (*perf*
-dzić) *vt*: **wpędzać kogoś/coś
gdzieś** to drive sb/sth in(to) sth.

wpin|ać (**-am, -asz**) (*perf* **wpiąć**) *vt*:
wpinać kwiaty we włosy to stick
flowers in one's hair.

wpi|s (**-su, -sy**) (*loc sg* **-sie**) *m*
registration.

wpisow|e (**-ego**) *nt decl like adj*
entrance fee (*to an organization*).

wpis|ywać (**-uję, -ujesz**) (*perf* **-ać**) *vt*
to write down; (*wciągać do rejestru*)
to list; (*GEOM*) to inscribe.

wplat|ać (**-am, -asz**) (*perf* **wpleść**) *vt*:

wplatać kwiaty/wstążki we włosy to
plait (*BRIT*) *lub* braid (*US*) one's hair
with flowers/ribbons.

wpląt|ywać (**-uję, -ujesz**) (*perf* **-ać**)
vt: **wplątywać kogoś w coś** (*przen*)
to entangle sb in sth.
▶**wplątywać się** *vr*: **wplątywać się
w coś** to become entangled *lub*
embroiled in sth.

wpła|cać (**-cam, -casz**) (*perf* **-cić**) *vt*
to pay (in).

wpła|ta (**-ty, -ty**) (*dat sg* **-cie**) *f*
payment; **dokonywać (dokonać
perf) wpłaty** to make a payment.

wpły|w (**-wu, -wy**) (*loc sg* **-wie**) *m*
influence, impact; **wpływy** *pl*
(*przychody*) receipts *pl*, takings *pl*;
(*znajomości*) influential friends *pl*;
mieć wpływ na *+acc* to have an
influence on.

wpływ|ać (**-am, -asz**) (*perf* **wpłynąć**)
vi (*o korespondencji, pieniądzach*) to
come in; **wpływać do portu** (*o
statku*) to make port; **wpływać na**
+acc to influence, to affect.

wpływowy *adj* influential.

wpół *adv*: **trzymać kogoś wpół** to
hold sb round their waist; **zgiąć się
wpół** to bend double; **wpół do
szóstej** half past five; **na wpół
żywy** half-alive.

wprasz|ać się (**-am -asz**) (*perf*
wprosić) *vr*: **wpraszać się (do**
+gen) to invite o.s. (to).

wpra|wa (**-wy**) (*dat sg* **-wie**) *f* skill,
proficiency; **mieć wprawę w czymś**
to be adept at (doing) sth;
wychodzić (wyjść perf) z wprawy to
be out of practice; **dla wprawy** for
practice.

wprawi|ać (**-am, -asz**) (*perf* **-ć**) *vt*
(*szybę, brylant*) to set; **wprawiać
kogoś w dobry nastrój** to put sb in
a good mood; **wprawiać kogoś w
zakłopotanie** to disconcert sb.

►**wprawiać się** vr: **wprawiać się (w czymś)** to get practice (in sth).

wprost adv directly; (powiedzieć, spytać) outright, point-blank; **na wprost kościoła** opposite the church ♦ part: **wprost przeciwnie** just the opposite.

wprowa|dzać (-dzam, -dzasz) (perf -dzić) vt (gości) to bring lub show in; (zwyczaj, reformy) to introduce; (umieszczać wewnątrz) to insert; **wprowadzić kogoś w coś** (zaznajomić) to introduce sb to sth; **wprowadzić kogoś w dobry nastrój** to put sb in a good mood; **wprowadzić kogoś w błąd** to mislead sb; **wprowadzać coś w życie** (przen) to put lub bring sth into effect.

►**wprowadzać się** vr to move in.

wpuszcz|ać (-am, -asz) (perf **wpuścić**) vt (pozwalać wejść) to let in; (umieszczać) to let in(to).

wpych|ać (-am, -asz) (perf **wepchnąć**) vt (wtłaczać) to shove in; **wpychać komuś coś** (przen) to push sth on sb (przen).

►**wpychać się** vr to push in.

wrabi|ać (-am, -asz) (perf **wrobić**) vt: **wrabiać kogoś w coś** (pot) to drop sb in sth.

►**wrabiać się** vr: **wrabiać się w coś** (pot) to land o.s. into sth.

wrac|ać (-am, -asz) (perf **wrócić**) vi (przybywać ponownie) to return, to come back; (odchodzić z powrotem) to go back; **kiedy wrócisz?** when will you be back?; **wracać do zdrowia** to recover, to recuperate.

wra|k (-ku, -ki) (instr sg -kiem) m wreck.

wrast|ać (-am, -asz) (perf **wrosnąć** lub **wróść**) vi: **wrastać w** +acc (o roślinach, paznokciu) to grow into; (przen: zespolić się) to blend into.

wraz adv: **wraz z kimś/czymś** (książk) along with sb/sth.

wraże|nie (-nia, -nia) (gen pl -ń) nt (reakcja) sensation; (odczucie) impression; **mam** lub **odnoszę wrażenie, że ...** I have the impression that ...; **miałem wrażenie, że ...** I was under the impression that ... .

wrażliwoś|ć (-ci) f sensitivity, sensibility.

wrażliwy adj sensitive; **wrażliwy na krzywdę** compassionate; **wrażliwy na ból** (o człowieku) susceptible to pain; (o nosie, oku) sensitive to pain; **wrażliwy na wstrząsy/zmiany temperatury** sensitive to shocks/temperature changes.

wreszcie adv (nareszcie) at (long) last; **no wreszcie jesteście!** you're here at last!

wręcz adj: **walka wręcz** unarmed combat, hand-to-hand combat ♦ part (zupełnie) completely; (nawet) not to say; **wręcz przeciwnie** on the contrary.

wręcz|ać (-am, -asz) (perf -yć) vt: **wręczać komuś coś** (dyplom, medal) to present sb with sth; (kwiaty, prezent) to give sb sth, to give sth to sb.

wrodzony adj (zdolności) inborn, innate; (wada, choroba) congenital.

wrogi adj (państwo, wojsko) enemy attr; (stosunek, spojrzenie) hostile.

wrogo adv with hostility.

wro|na (-ny, -ny) (dat sg -nie) f crow.

wrot|ka (-ki, -ki) (dat sg -ce, gen pl -ek) f roller skate.

wrób|el (-la, -le) (gen pl -li) m sparrow.

wró|cić (-cę, -cisz) (imp -ć) vb perf od **wracać**.

wr|óg (-oga, -ogowie) (instr sg -ogiem) m (nieprzyjaciel) enemy; (przeciwnik) (fierce) opponent.

wróż|ba (**-by**, **-by**) (*dat sg* **-bie**) *f*
(*przepowiednia*) prediction (*as told by
a fortune-teller*); (*zapowiedź*) omen;
wróżby *pl* fortune-telling.

wróż|ka (**-ki**, **-ki**) (*dat sg* **-ce**, *gen pl*
-ek) *f* (*czarodziejka*) fairy;
(*wróżbiarka*) fortune-teller.

wróż|yć (**-ę**, **-ysz**) *vt* (*przepowiadać*)
(*perf* **wy-**) (*przewidywać*) to predict,
to foretell; (*być zapowiedzią*) to
herald ♦ *vi*: **wróżyć komuś** (*perf* **po-**)
to tell sb's fortune; **to dobrze wróży
dla kogoś/czegoś** it augurs *lub*
bodes well for sb/sth.

wrzas|k (**-ku**, **-ki**) (*instr sg* **-kiem**) *m*
scream, yell.

wrzaskliwy *adj* noisy.

wrza|wa (**-wy**) (*dat sg* **-wie**) *f* uproar;
wywoływać (wywołać *perf***) wrzawę**
to create an uproar.

wrząt|ek (**-ku**) (*instr sg* **-kiem**) *m*
boiling water.

wrzeć (**wrę**, **wrzesz**) (*3 sg* **wre** *lub*
wrze, *imp* **wrzyj**) *vi* to boil; (*przen: o
bitwie, walce*) to rage.

wrze|sień (**-śnia**, **-śnie**) (*gen pl*
-śniów *lub* **-śni**) *m* September.

wrzeszcz|eć (**-ę**, **-ysz**) (*perf*
wrzasnąć) *vi*: **wrzeszczeć (na
kogoś)** to scream *lub* yell (at sb).

wrzodowy *adj*: **choroba wrzodowa**
peptic ulcer disease.

wrzo|s (**-su**, **-sy**) (*loc sg* **-sie**) *m*
heather.

wrzosowis|ko (**-ka**, **-ka**) (*instr sg*
-kiem) *nt* heath, moors *pl* (*BRIT*).

wrz|ód (**-odu**, **-ody**) (*loc sg* **-odzie**) *m*
ulcer; (*pot: ropień*) abscess; **wrzód
dwunastnicy/żołądka**
duodenal/gastric ulcer.

wrzu|cać (**-cam**, **-casz**) (*perf* **-cić**) *vt*:
wrzucać coś do czegoś to throw
sth into sth.

wsa|dzać (**-dzam**, **-dzasz**) (*perf*
-dzić) *vt* (*umieszczać*) to put, to
insert; (*pot: zamykać w więzieniu*) to

lock up, to put away (*pot*); **wsadzać
kogoś do taksówki/na samolot** to
put sb in a taxi/on a plane.

wsch. *abbr* (= **wschodni, wschód**) E.
(= Eastern, East).

wschodni *adj* (*kierunek, wiatr*)
easterly; (*półkula, obyczaj, potrawa*)
eastern; **Europa Wschodnia** Eastern
Europe.

wschodnioeuropejski *adj* Eastern
European.

wscho|dzić (**-dzi**) (*perf* **wzejść**) *vi* (*o
księżycu, słońcu*) to rise; (*o
roślinach*) to sprout.

wsch|ód (**-odu**) (*loc sg* **-odzie**) *m*
(*słońca*) (*nom pl* **-ody**) sunrise;
(*strona świata*) (the) east; **Wschód**
(*kraje wschodnie*) the East.

wsi *itd. n patrz* **wieś**.

wsiad|ać (**-am**, **-asz**) (*perf* **wsiąść**) *vi*:
wsiadać do czegoś (*autobusu,
pociągu, samolotu*) to get on; (*łodzi,
samochodu*) to get in; **wsiadać na
coś** (*statek*) to get on sth, to embark
on sth; (*konia, motocykl, rower*) to
get on sth.

wsiąk|ać (**-am**, **-asz**) (*perf* **-nąć**) *vi*:
wsiąkać w coś to soak into sth.

wska|kiwać (**-kuję**, **-kujesz**) (*perf*
wskoczyć) *vi*: **wskakiwać na coś**
(*ławkę*) to jump onto sth; (*konia,
rower*) to leap on sth; **wskakiwać do
czegoś** (*autobusu, pociągu*) to jump
on sth; (*wody*) to plunge into sth;
wskoczyć do kogoś (*pot*) to drop in
on sb, to call on sb.

wskazany *adj* advisable.

wskazów|ka (**-ki**, **-ki**) (*dat sg* **-ce**, *gen
pl* **-ek**) *f* (*zegara*) hand; (*rada*) hint;
**zgodnie z ruchem wskazówek
zegara** clockwise; **przeciwnie do
ruchu wskazówek zegara**
anticlockwise (*BRIT*),
counterclockwise (*US*).

wskazujący *adj*: **palec wskazujący**

index finger, forefinger; **zaimek wskazujący** demonstrative pronoun.

wskaz|ywać (**-uję, -ujesz**) (*perf* **-ać**) *vt* to show ♦ *vi*: **wskazywać na kogoś/coś** (*pokazywać*) to point at sb/sth; (*informować*) to point to sb/sth; (*oznaczać*) to indicate sth; **czy może mi Pan wskazać drogę do ...?** could you show me the way to ...?, could you tell me how to get to ...?

wskaźni|k (**-ka, -ki**) (*instr sg* **-kiem**) *m* (*przyrząd*) pointer; (*kontrolka*) indicator; (*produkcji, rozwoju*) index; (*umieralności*) rate; **wskaźnik poziomu paliwa** fuel gauge *lub* gage (*US*).

wskroś *adv*: **na wskroś** (*na wylot*) through; (*do głębi*) through and through.

wskutek *prep*: **wskutek czegoś** as a result of sth.

wsłuch|iwać się (**-uję, -ujesz**) (*perf* **-ać**) *vr*: **wsłuchiwać się w kogoś/coś** to listen intently to sb/sth.

wspaniale *adv* magnificently, splendidly; **to wspaniale!** that's fantastic!

wspaniałomyślny *adj* generous, magnanimous.

wspaniałoś|ć (**-ci, -ci**) (*gen pl* **-ci**) *f* (*natury, klejnotu*) magnificence; (*przyjęcia*) splendour (*BRIT*), splendor (*US*); **wspaniałości** *pl* splendours *pl* (*BRIT*), splendors *pl* (*US*).

wspaniały *adj* (*niepospolity*) wonderful; (*zwycięstwo*) splendid; (*przyjęcie*) grand; (*strój*) magnificent.

wsparci|e (**-a**) *nt* support.

wspier|ać (**-am, -asz**) (*perf* **wesprzeć**) *vt* (*podtrzymywać*) to support; (*pomagać*) to aid.

▸**wspierać się** *vr* (*pomagać sobie nawzajem*) to support one another;

wspierać się na czymś (*opierać się*) to lean on sth; (*spoczywać*) to rest (up)on sth.

wspinacz|ka (**-ki, -ki**) (*dat sg* **-ce**, *gen pl* **-ek**) *f* climbing; **wspinaczka górska** mountaineering.

wspin|ać się (**-am, -asz**) (*perf* **wspiąć**) *vr* to climb.

wspomagani|e (**-a**) *nt* (*MOT*): **hamulce ze wspomaganiem** servo brakes; **kierownica ze wspomaganiem** power steering.

wspomin|ać (**-am, -asz**) (*perf* **wspomnieć**) *vt* (*przypominać sobie*) to remember, to recall; (*napomykać*) to mention ♦ *vi*: **wspominać o czymś** to mention sth; **nie wspominając o** +*loc* not to mention.

wspomnie|nie (**-nia, -nia**) (*gen pl* **-ń**) *nt* memory, recollection; **wspomnienia** *pl* (*LIT*) memoirs *pl*.

wsporni|k (**-ka, -ki**) (*instr sg* **-kiem**) *m* (*ARCHIT*) truss, corbel.

wspólnie *adv* jointly, together; **wspólnie z kimś** together with sb.

wspólni|k (**-ka, -cy**) (*instr sg* **-kiem**) *m* (*EKON*) partner; (*PRAWO*) accomplice.

wspólno|ta (**-ty, -ty**) (*loc sg* **-cie**) *f* (*społeczność*) community; **wspólnota interesów** community of interests; **Wspólnota Brytyjska** the Commonwealth (of Nations).

wspólny *adj* (*język, granica, cel*) common; (*kuchnia*) shared, communal; (*pokój*) shared; (*zainteresowanie, znajomy*) mutual; (*przedsięwzięcie, fundusz, rachunek*) joint; **Wspólny Rynek** the Common Market; **to nie ma nic wspólnego z tobą** this has nothing to do with you; **mieć wiele wspólnego (z kimś)** to have a lot in common (with sb).

współauto|r (**-ra, -rzy**) (*loc sg* **-rze**) *m* co-author.

współczesnoś|ć (-ci) *f* the present day *lub* time.

współczesny *adj* contemporary.

współczuci|e (-a) *nt* compassion, sympathy; **wyrazy współczucia** condolences.

współcz|uć (-uję, -ujesz) *vi*: **współczuć komuś** to feel sorry for sb; **współczuć komuś (z powodu czegoś)** to commiserate with sb (over sth).

współczynni|k (-ka, -ki) (*instr sg* -kiem) *m* coefficient.

współdział|ać (-am, -asz) *vi* to co-operate.

współdziała|nie (-nia, -nia) (*gen pl* -ń) *nt* co-operation.

współgr|ać (-am, -asz) *vi*: **współgrać (z czymś)** to harmonize (with sth).

współlokato|r (-ra, -rzy) (*loc sg* -rze) *m* = **współmieszkaniec**.

współmałżon|ek (-ka, -kowie) (*instr sg* -kiem) *m* spouse.

współodpowiedzialny *adj*: **być współodpowiedzialnym za coś** to share the responsibility for sth.

współorganizato|r (-ra, -rzy) (*loc sg* -rze) *m* co-organizer.

współprac|a (-y) *f* cooperation; (*artystyczna, naukowa, z wrogiem*) collaboration.

współprac|ować (-uję, -ujesz) *vi* to co-operate; (*o artystach, naukowcach, zdrajcach*) to collaborate; (*o częściach mechanizmu*) to interact.

współpracowni|k (-ka, -cy) (*instr sg* -kiem) *m* (*w pracy*) co-worker, associate; (*policji, wywiadu*) informer.

współrzędn|a (-ej, -e) *f decl like adj* co-ordinate.

współuczestnicz|yć (-ę, -ysz) *vi*: **współuczestniczyć w czymś** to participate in sth.

współudzia|ł (-łu) (*loc sg* -le) *m*:

współudział (w czymś) participation (in sth); (*PRAWO*) complicity (in sth).

współwłaściciel (-a, -e) (*gen pl* -i) *m* co-owner, joint owner.

współzawodnict|wo (-wa) (*loc sg* -wie) *nt* rivalry, competition.

współzawodnicz|yć (-ę, -ysz) *vi*: **współzawodniczyć (z kimś) (o coś)** to compete (with sb) (for sth).

współżyci|e (-a) *nt*: **współżycie społeczne/płciowe** social/sexual intercourse.

współż|yć (-yję, -yjesz) *vi*: **współżyć (z kimś)** (*obcować*) to interact (with sb); (*płciowo*) to have sex (with sb); (*BIO*) to live in symbiosis.

wst|awać (-aję, -ajesz) (*imp* -awaj, *perf* -ać) *vi* (*rano, z łóżka*) to get up, to rise; (*z krzesła, podłogi*) to stand up, to rise.

wsta|wiać (-wiam, -wiasz) (*perf* -wić) *vt* (*szybę*) to set; (*ząb*) to replace; (*ryż, wodę, czajnik*) to put on; **wstawiać coś do czegoś** to put sth in(to) sth.

▸**wstawiać się** *vr*: **wstawiać się za kimś** to put in a (good) word for sb, to plead sb's case.

wstążecz|ka (-ki, -ki) (*dat sg* -ce, *gen pl* -ek) *f* ribbon.

wstąż|ka (-ki, -ki) (*dat sg* -ce, *gen pl* -ek) *f* (*do włosów*) ribbon.

wstecz *adv* (*ruszyć, spojrzeć*) back(wards).

wsteczny *adj* (*zacofany*) backward; (*poglądy, polityk*) reactionary; **wsteczny bieg** reverse gear; **lusterko wsteczne** rear-view mirror.

wstę|ga (-gi, -gi) (*dat sg* -dze) *f* (*z materiału*) band, ribbon; (*przen: drogi, rzeki, dymu*) ribbon.

wstę|p (-pu, -py) (*loc sg* -pie) *m* (*prawo wejścia*) entry, admission; (*przygotowanie, początek*) introduction; (*LIT*) preface; **„wstęp wzbroniony!"** "no entry".

wstępnie *adv* (*ocenić, opracować, ustalić*) tentatively, provisionally.

wstępny *adj* (*przygotowawczy*) preliminary; (*początkowy*) initial; (*tymczasowy*) tentative, provisional; **egzamin wstępny** entrance exam(ination); **warunek wstępny** precondition.

wstęp|ować (**-uję, -ujesz**) (*perf* **wstąpić**) *vi*: **wstępować do biura/kawiarni** to stop by *lub* call (by) the office/café; **wstępować do organizacji** to join an organization; **wstąpić do wojska** to join the army, to join up (*BRIT*).

wstręt (**-tu**) (*loc sg* **-cie**) *m* revulsion, repulsion; **mieć** *lub* **czuć wstręt do kogoś/czegoś** to find sb/sth repulsive.

wstrętny *adj* (*człowiek, czyn*) repulsive; (*smak, zapach*) revolting.

wstrzą|s (**-su, -sy**) (*loc sg* **-sie**) *m* (*tektoniczny*) tremor; (*psychiczny*) shock; **wstrząs mózgu** concussion.

wstrząs|ać (**-am, -asz**) (*perf* **-nąć**) *vt* +*instr* (*butelką*) to shake; (*człowiekiem*) to shake, to shock.

wstrząsający *adj* shocking.

wstrzemięźliwoś|ć (**-ci**) *f* temperance, abstinence.

wstrzemięźliwy *adj* (*reakcja*) reserved; (*życie*) temperate, abstemious.

wstrzy|kiwać (**-kuję, -kujesz**) (*perf* **-knąć**) *vt*: **wstrzykiwać coś komuś/sobie** to inject sb/o.s. with sth.

wstrzym|ywać (**-uję, -ujesz**) (*perf* **-ać**) *vt* (*bieg, napór, ruch*) to arrest; (*prace*) to discontinue; (*wypłatę, wydanie*) to withhold.

▸**wstrzymywać się** *vr* (*podczas głosowania*) to abstain;

wstrzymywać się z decyzją to defer decision.

wsty|d (**-du**) (*loc sg* **-dzie**) *m* shame; **wstyd mi, jest mi wstyd** I am *lub* feel ashamed; **jak ci nie wstyd?** you should be ashamed of yourself!

wstydliwy *adj* bashful, shy.

wsty|dzić się (**-dzę, -dzisz**) (*imp* **-dź**) *vr*: **wstydzić się (za kogoś/coś)** to be ashamed (of sb/sth); **wstydzić się czegoś** to be ashamed of sth; **wstydzić się kogoś** to feel embarrassed in front of sb; **wstydzić się coś zrobić** to be ashamed to do sth.

wsuw|ać (**-am, -asz**) (*perf* **wsunąć**) *vt* (*kartkę: do książki*) to insert, to slip; (: *pod drzwiami*) to slip; (*monetę: do otworu*) to insert; (: *do kieszeni*) to slip; (*pot: jeść*) to tuck in (*pot*).

▸**wsuwać się** *vr* (*wchodzić cicho*) to slip in; (*wpełzać*) to creep in.

wsuw|ka (**-ki, -ki**) (*dat sg* **-ce**, *gen pl* **-ek**) *f* (*też*: **wsuwka do włosów**) hairpin.

wsyp|ywać (**-uję, -ujesz**) (*perf* **-ać**) *vt* to pour (in).

wszcze|piać (**-piam, -piasz**) (*perf* **-pić**) *vt* to implant.

wszczyn|ać (**-am, -asz**) (*perf* **wszcząć**) *vt* (*postępowanie prawne, śledztwo*) to institute, to initiate; (*poszukiwania*) to institute, to instigate; (*negocjacje*) to enter into; (*alarm, awanturę, wojnę*) to start.

wszechmogący *adj*: **Bóg wszechmogący** God Almighty.

wszechstronny *adj* (*artysta, zawodnik*) versatile; (*wykształcenie*) broad; (*zainteresowania*) wide-ranging.

wszechświa|t (**-ata**) (*loc sg* **-ecie**) *m* universe.

wszedł *itd. vb patrz* **wejść**.

wszelki *adj* (*każdy*) every;

(*jakikolwiek*) any; **na wszelki wypadek** just in case, to be on the safe side; **za wszelką cenę** at all cost(s); **„wszelkie prawa zastrzeżone"** "all rights reserved".

wszerz *adv* (*przeciąć, przepłynąć*) widthways; **zjeździć** (*perf*) **Polskę wzdłuż i wszerz** to travel the length and breadth of Poland.

wszędzie *adv* everywhere.

wszy *n patrz* **wesz**.

wszyscy *pron decl like adj* all; (*wszyscy ludzie*) everybody, everyone; **wszyscy wiedzą** everybody *lub* everyone knows; **wszyscy studenci** all (the) students; **wszyscy razem** all together.

wszystek *pron* (*cały*) all.

wszystkie *pron decl like adj* all; **wszystkie książki** all (the) books; **czy masz wszystkie?** do you have all of them?

wszystko *pron decl like adj* everything; **mimo wszystko** still; **przede wszystkim** (*w pierwszej kolejności*) first of all, first and foremost; **wszystko mi jedno** it's all the same to me; **kawa czy herbata? – wszystko jedno** tea or coffee? – I don't mind; **wszystko w porządku?** is everything all right *lub* O.K.?; **wszystkiego najlepszego!** all the best!

wścibski *adj* nosy.

wściek|ać się (-**am**, -**asz**) *vr imperf* (*pot*) to rage; **wściekać się na kogoś** to be furious with sb.

wściekli|zna (-**zny**) (*dat sg* -**źnie**) *f* rabies.

wściekłoś|ć (-**ci**) *f* rage, fury.

wściekły *adj* (*rozgniewany*) furious, mad; (*chory na wściekliznę*) rabid; (*atak, kłótnia*) furious, fierce.

wśród *prep* among, amid.

wtacz|ać (-**am**, -**asz**) (*perf* **wtoczyć**) *vt* to roll in.

▸**wtaczać się** *vr* to roll.

wtajemnicz|ać (-**am**, -**asz**) (*perf* -**yć**) *vt*: **wtajemniczać kogoś w coś** to initiate sb into sth.

wtajemnicze|nie (-**nia**, -**nia**) (*gen pl* -**ń**) *nt* initiation.

wtarg|nąć (-**nę**, -**niesz**) (*imp* -**nij**) *vi perf*: **wtargnąć dokądś** (*o osobie, grupie*) to burst into sth; (*o wojsku*) to invade sth.

wtedy *pron* then; **wtedy, kiedy ...** when ... .

wtem *adv* suddenly, all of a sudden.

wtłacz|ać (-**am**, -**asz**) (*perf* **wtłoczyć**) *vt* (*powietrze, wodę*) to force in; (*ludzi, przedmioty*) to cram.

wtor|ek (-**ku**, -**ki**) (*instr sg* -**kiem**) *m* Tuesday.

wtórny *adj* (*pochodny*) derivative; (*drugorzędny*) secondary; **surowce wtórne** recyclable materials.

wtór|ować (-**uję**, -**ujesz**) *vi*: **wtórować komuś** to accompany sb.

wtrą|cać (-**cam**, -**casz**) (*perf* -**cić**) *vt* (*obce wyrazy*) to throw in.

▸**wtrącać się** *vr*: **wtrącać się (do czegoś)** to interfere *lub* meddle (in sth).

wtrys|k (-**ku**, -**ki**) (*instr sg* -**kiem**) *m*: **wtrysk paliwa** fuel injection.

wtul|ać (-**am**, -**asz**) (*perf* -**ić**) *vt* (*głowę*) to nestle.

▸**wtulać się** *vr*: **wtulać się w coś** to nestle in sth.

wtycz|ka (-**ki**, -**ki**) (*dat sg* -**ce**, *gen pl* -**ek**) *f* plug; (*pot: szpieg*) mole (*pot*).

wtyk|ać (-**am**, -**asz**) (*perf* **wetknąć**) *vt* (*pot: wsadzać*) to stick (in).

wuj (-**a**, -**owie**) *m* uncle.

wuj|ek (-**ka**, -**kowie**) (*instr sg* -**kiem**) *m* uncle.

wulgarny *adj* vulgar.

wulka|n (-**nu**, -**ny**) (*loc sg* -**nie**) *m* volcano.

wulkanizacj|a (-**i**) *f* (*dętek, opon*) retreading.

ww. *abbr* (= *wyżej wymieniony*) above-mentioned.

W-wa *abbr* (= *Warszawa*) Warsaw.

ww|ozić (**-ożę, -ozisz**) (*imp* **-oź** *lub* **-óź**, *perf* **wwieźć**) *vt* (*na górę*) to bring up; (*do wnętrza*) to bring in.

ww|óz (**-ozu**) (*loc sg* **-ozie**) *m* importation.

wy (*see* **Table 2**) *pron* you.

wybacz|ać (**-am, -asz**) (*perf* **-yć**) *vt*: **wybaczać (komuś) coś** to forgive (sb) sth.

wybaczeni|e (**-a**) *nt* forgiveness.

wybad|ać (**-am, -asz**) *vt perf* (*osobę, zamiary*) to sound out.

wyba|wiać (**-wiam, -wiasz**) (*perf* **-wić**) *vt* to save; **wybawiać kogoś z kłopotu** to get sb out of trouble.

wybie|g (**-gu, -gi**) (*instr sg* **-giem**) *m* (*dla koni*) paddock; (*fortel*) subterfuge; (*na pokazie mody*) catwalk.

wybieg|ać (**-am, -asz**) *vi* (*perf* **wybiec**): **wybiegać (z domu/pokoju)** to run out (of the house/room).

wybielacz (**-a, -e**) (*gen pl* **-y**) *m* bleach.

wybier|ać (**-am, -asz**) (*perf* **wybrać**) *vt* to choose; (*spośród innych osób/rzeczy tego samego rodzaju*) to select, to pick (out); (*posła, prezydenta*) to elect.

▸**wybierać się** *vr*: **wybieram się do biura/do Anglii** I'm going to the office/to England; **wybieramy się w podróż/na spacer** we're going away/for a walk.

wybij|ać (**-am, -asz**) (*perf* **wybić**) *vt* (*czop, korek, gwóźdź*) to knock out; (*szybę*) to break; (*takt, rytm*) to beat; (*muchy, wilki*) to kill (off); (*piłkę: na aut, w pole*) to clear; (*o zegarze: siódmą itp.*) to strike; **wybić komuś ząb** to knock sb's tooth out; **wybić komuś coś z**

głowy (*przen*) to get sth out of sb's head.

▸**wybijać się** *vr* (*wyróżniać się*) to stand out.

wybiórczo *adv* selectively.

wybitnie *adv* outstandingly.

wybitny *adj* outstanding.

wyblakły *adj* faded.

wyblak|nąć (**-nie**) (*pt* **-ł**) *vb perf od* **blaknąć** ▸ *vi perf* to fade (away).

wyboisty *adj* bumpy.

wyborc|a (**-y, -y**) *m decl like f in sg* voter.

wyborczy *adj*: **kampania wyborcza** election campaign; **komisja wyborcza** electoral committee; **okręg wyborczy** constituency; **bierne/czynne prawo wyborcze** right to be elected/to vote.

wyborowy *adj*: **strzelec wyborowy** sharpshooter, marksman.

wyb|ój (**-oju, -oje**) (*gen pl* **-oi** *lub* **-ojów**) *m* pothole.

wyb|ór (**-oru, -ory**) (*loc sg* **-orze**) *m* (*zawodu*) choice; (*kandydata, prezydenta*) election; (*ćwiczeń, towarów*) selection; **nie mieć wyboru** to have no choice; **wybory** *pl* election(s *pl*).

wybrakowany *adj* defective; **towar wybrakowany** second.

wybredny *adj* choosy, fussy.

wybr|nąć (**-nę, -niesz**) (*imp* **-nij**) *vi perf*: **wybrnąć z** +*gen* (*sytuacji, kłopotów*) to get out of.

wybry|k (**-ku, -ki**) (*instr sg* **-kiem**) *m* excess.

wybrzeż|e (**-a, -a**) (*gen pl* **-y**) *nt* coast.

wybrzydz|ać (**-am, -asz**) *vi*: **wybrzydzać na coś** to turn one's nose up at sth.

wybuch (**-u, -y**) *m* (*gazu, bomby*) explosion; (*wulkanu*) eruption; (*pożaru, wojny, epidemii*) outbreak; (*płaczu, radości, śmiechu*) outburst.

wybuch|ać (**-am, -asz**) (*perf* **-nąć**) *vi*

(*o bombie, granacie*) to explode, to go off; (*o wojnie, pożarze, epidemii*) to break out; (*o wulkanie*) to erupt; **wybuchać płaczem** to burst into tears; **wybuchać śmiechem** to burst out laughing.

wybuchowy *adj* (*substancja*) explosive; (*człowiek, usposobienie*) short-tempered; **materiały wybuchowe** explosives.

wycel|ować (**-uję, -ujesz**) *vb perf od* **celować**.

wyce|na (**-ny, -ny**) (*dat sg* **-nie**) *f* valuation.

wyce|niać (**-niam, -niasz**) (*perf* **-nić**) *vt* to value.

wycho|dzić (**-dzę, -dzisz**) (*imp* **-dź**, *perf* **wyjść**) *vi* (*z domu, pokoju, wojska*) to leave; (*spędzać czas poza domem*) to go out; (*o zdjęciach, słońcu, publikacji, włosach*) to come out; (*o planach*) to work (out); (*o żyłach, bieliźnie*) to show; **wychodzić (z pokoju)** (*patrząc od wewnątrz*) to go out (of the room), to leave (the room); (*patrząc od zewnątrz*) to come out (of the room); **wychodzić na spacer** to go out for a walk; **wychodzić z opresji, długów** to get out of trouble/debt; **wychodzić za mąż** to get married; **wychodzić na zachód/na morze** to look west/(out) onto the sea; **wychodzić z użycia/mody** to go out of use/fashion.

wychowan|ek (**-ka, -kowie**) (*instr sg* **-kiem**) *m* (*absolwent*) old boy (*BRIT*), alumnus (*US*); (*uczeń*) pupil; (*domu dziecka*) charge.

wychowani|e (**-a**) *nt* (*nauka*) education; (*proces wychowawczy*) upbringing; (*ogłada*) manners *pl*; **wychowanie fizyczne** physical education.

wychowan|ka (**-ki, -ki**) (*dat sg* **-ce**,

gen pl **-ek**) *f* (*absolwentka*) old girl (*BRIT*), alumna (*US*); (*uczennica*) pupil; (*domu dziecka*) charge.

wychowany *adj*: **dobrze/źle wychowany** well/ill-mannered.

wychowawc|a (**-y, -y**) *m decl like f in sg* (*SZKOL*) form tutor (*BRIT*), home-room teacher (*US*).

wychowawczy *adj* (*metody, sukces*) educational; **urlop wychowawczy** parental leave, child care leave; **lekcja wychowawcza** *weekly class meeting*.

wychowawczy|ni (**-ni, -nie**) (*gen pl* **-ń**) *f* (*SZKOL*) form tutor (*BRIT*), home-room teacher (*US*).

wychow|ywać (**-uję, -ujesz**) (*perf* **-ać**) *vt* (*o rodzicach*) to bring up; (*kształcić*) to educate.

▸**wychowywać się** *vr* to be brought up.

wychudły *adj* (*ręce*) skinny; (*twarz*) drawn.

wychwal|ać (**-am, -asz**) *vt* to extol.

wychwy|tywać (**-tuję, -tujesz**) (*perf* **-cić**) *vt* (*błędy*) to pick up.

wychyl|ać (**-am, -asz**) (*perf* **-ić**) *vt* (*wysunąć*) to stick out; (*wypić szybko*) to down.

▸**wychylać się** *vr* (*wyglądać*): **wychylać się (z okna)** to lean out (of the window).

wycią|g (**-gu, -gi**) (*instr sg* **-giem**) *m* (*też*: **wyciąg narciarski**) ski lift; (*też*: **wyciąg z konta**) bank statement; (*dźwig*) hoist; (*z roślin itp.*) extract; (*wypis*) abstract; (*MED*) traction.

wyciąg|ać (**-am, -asz**) (*perf* **-nąć**) *vt* (*wydobywać*) to pull out, to draw; (*prostować: nogi, ręce*) to stretch; **wyciągnąć rękę do kogoś** to reach out to sb; **wyciągać kogoś z kłopotów/wody/** to get sb out of trouble/the water; **wyciągać z czegoś wnioski** to draw conclusions from sth.

wyciecz|ka (-ki, -ki) (*dat sg* -ce, *gen pl* -ek) *f* trip, excursion; **wycieczka piesza** hike; **wycieczka po mieście** a tour of the city.

wycieczkowicz (-a, -e) *m* tripper.

wycie|k (-ku, -ki) (*instr sg* -kiem) *m* leakage.

wyciek|ać (-a) (*perf* **wyciec**) *vi* to leak.

wycieńczeni|e (-a) *nt* emaciation.

wycieńczony *adj* emaciated.

wycieracz|ka (-ki, -ki) (*dat sg* -ce, *gen pl* -ek) *f* (*przed drzwiami*) doormat; (*MOT*) windscreen (*BRIT*) *lub* windshield (*US*) wiper.

wycier|ać (-am, -asz) (*perf* **wytrzeć**) *vt* (*ręce, tablicę*) to wipe; (*mleko, brud*) to wipe up.

►**wycierać się** *vr* (*o człowieku*) to dry o.s.; (*o kołnierzyku*) to wear; (*o butach*) to wear out.

wycin|ać (-am, -asz) (*perf* **wyciąć**) *vt* to cut out; (*migdały, wyrostek*) to take out.

wycinan|ka (-ki, -ki) (*dat sg* -ce, *gen pl* -ek) *f* cutout.

wycin|ek (-ka, -ki) (*instr sg* -kiem) *m* (*z gazety*) cutting, clipping.

wycinkowy *adj* fragmentary.

wycisk|ać (-am, -asz) (*perf* **wycisnąć**) *vt* (*cytrynę, pastę*) to squeeze (out); (*gąbkę, ubranie*) to wring out; (*pieczęć, znak*) to impress.

wycof|ywać (-uję, -ujesz) (*perf* -ać) *vt* to withdraw.

►**wycofywać się** *vr* to withdraw.

wyczar|ować (-uję, -ujesz) *vt perf* to conjure up.

wycze|kiwać (-kuję, -kujesz) *vt*: **wyczekiwać kogoś/czegoś** to wait for sb/sth; **wyczekiwać czegoś** (*z przyjemnością*) to look forward to ◄ *vi*: **wyczekiwać na kogoś/coś** to wait for sb/sth.

wyczekujący *adj* (*postawa*) expectant; (*polityka*) wait-and-see *attr*.

wyczerpany *adj* (*człowiek, zapasy*) exhausted; (*bateria*) flat, dead.

wyczerpujący *adj* (*praca*) exhausting; (*odpowiedź*) exhaustive.

wyczerp|ywać (-uję, -ujesz) (*perf* -ać) *vt* to exhaust.

►**wyczerpywać się** *vr* (*o zapasach*) to run low; (*o baterii*) to run down; (*o cierpliwości*) to wear thin.

wyczuci|e (-a) *nt*: **wyczucie rytmu/sytuacji** a feeling for rhythm/the situation; **robić coś na wyczucie** to follow one's nose in doing sth.

wyczuw|ać (-am, -asz) (*perf* **wyczuć**) *vt* (*dotykiem*) to feel; (*węchem*) to smell, to scent; (*intuicyjnie*) to sense.

wyczuwalny *adj* (*zapach, puls*) perceptible; (*nerwowość, smutek*) noticeable.

wyczy|n (-nu, -ny) (*loc sg* -nie) *m* (*osiągnięcie*) achievement, feat.

wyczyno|wiec (-wca, -wcy) *m* (*SPORT*) professional.

wyczynowy *adj* professional.

wyczy|ścić (-szczę, -ścisz) (*imp* -ść) *vb perf od* **czyścić**.

wyczyt|ywać (-uję, -ujesz) (*perf* -ać) *vt* (*wymieniać*) to read out.

wyć (**wyję, wyjesz**) *vi* (*o człowieku, psie*) to howl; (*o silniku, syrenie*) to scream; (*o syrenie*) to wail.

wyćwiczony *adj* (*człowiek, wojsko*) trained; (*mięśnie*) exercised.

wydajnie *adv* efficiently, effectively.

wydajnoś|ć (-ci) *f* efficiency, productivity.

wydajny *adj* (*praca*) efficient; (*MOT*: *silnik*) fuel-efficient; (*ROL*: *odmiana, zboże*) highly productive.

wydal|ać (-am, -asz) (*perf* -ić) *vt* (*ze szkoły, kraju*) to expel; (*BIO*) to excrete.

wyda|nie (-nia, -nia) (*gen pl* -ń) *nt*
edition; (*opublikowanie*) publication;
(*PRASA*) issue.

wydarz|ać się (-a) (*perf* -yć) *vr* to
happen, to occur.

wydarze|nie (-nia, -nia) (*gen pl* -ń) *nt*
event; **wydarzenie sezonu/roku**
event of the season/year.

wydat|ek (-ku, -ki) (*instr sg* -kiem) *m*
expense; **wydatki** *pl* expenses *pl*,
expenditure(s *pl*).

wydatnie *adv* considerably.

wydatny *adj* (*biust, nos*) prominent;
(*pomoc, wkład*) considerable.

wyd|awać (-aję, -ajesz) (*perf* -ać) *vt*
(*pieniądze, pensję*) to spend;
(*gazetę, książkę*) to publish;
(*posiłek*) to serve; (*kwit,
zaświadczenie*) to give, to issue;
(*dekret, proklamację*) to issue;
(*opinię*) to give, to pass; (*werdykt*) to
return, to deliver; (*wyrok*) to pass, to
pronounce; (*polecenie, towar,
przyjęcie*) to give; (*szpiega*) to give
away.

▶**wydawać się** *vr* (*wyglądać*) to
seem, to appear; (*o tajemnicy*) to
come out; **wydaje mi się, że ...** it
seems to me that ...; **wydaje się
prawdopodobne, że ...** it seems
probable that ... .

wydawc|a (-y, -y) *m* publisher.

wydawnict|wo (-wa, -wa) (*loc sg*
-wie) *nt* (*instytucja*) publishing
house; (*publikacja*) publication.

wydech (-u, -y) *m* exhalation;
(*TECH, MOT*) exhaust.

wydechowy *adj*: **rura wydechowa**
exhaust (pipe) (*BRIT*), tailpipe (*US*).

wydłuż|ać (-am, -asz) (*perf* -yć) *vt*
(*cykl, krok*) to lengthen; (*czas,
pobyt*) to prolong, to extend;
(*podróż*) to prolong, to lengthen.

wydłużony *adj* elongated.

wyd|ma (-my, -my) (*dat sg* -mie) *f*
(sand) dune.

wydmu|chiwać (-chuję, -chujesz)
(*perf* -chać) *vt* (*powietrze*) to exhale;
wydmuchiwać nos to blow one's
nose.

wydobrz|eć (-eję, -ejesz) *vi perf* to
recover, to get better.

wydobyw|ać (-am, -asz) (*perf
wydobyć*) *vt* (*wyciągać*) to get *lub*
bring out; (*rudę, węgiel*) to extract,
to mine.

▶**wydobywać się** *vr* (*o gazie, płynie*)
to get out, to escape; (*o jęku,
płaczu*) to come out.

wydolnoś|ć (-ci) *f* efficiency.

wydorośl|eć (-eję, -ejesz) *vi perf* to
grow up.

wydost|awać (-aję, -ajesz) (*imp*
-awaj, *perf* -ać) *vt*: **wydostawać coś
(z** +*gen*) get sth out (of).

▶**wydostawać się** *vr* to get out.

wyd|ra (-ry, -ry) (*dat sg* -rze) *f* otter.

wydrąż|ać (-am, -asz) (*perf* -yć) *vt* to
hollow (out).

wydrążony *adj* hollow.

wydru|k (-ku, -ki) (*instr sg* -kiem) *m*
printout.

wydruk|ować (-uję, -ujesz) *vb perf*
od drukować.

wydumany *adj* (*problem*) invented.

wydusz|ać (-am, -asz) (*perf
wydusić*) *vt* (*wyciskać*) to squeeze
out; **wyduszać coś z kogoś** to
extract sth from sb.

wydych|ać (-am, -asz) *vt* to breathe
out, to exhale.

wydzia|ł (-łu, -ły) (*loc sg* -le) *m* (*w
urzędzie*) department; (*na uczelni*)
faculty.

wydziedzicz|ać (-am, -asz) (*perf*
-yć) *vt* to disinherit.

wydziel|ać (-am, -asz) (*perf* -ić) *vt*
(*hormon, żółć*) to secrete; (*zapach*)
to give off; (*ciepło, promieniowanie*)
to emit; (*prowiant, pieniądze*) to
ration out, to dispense.

▶**wydzielać się** *vr* (*powstawać*) to

be produced; (*o pocie, żywicy*) to exude.

wydzieli|na (**-ny, -ny**) (*dat sg* **-nie**) *f* secretion.

wydzier|ać (**-am, -asz**) (*perf* **wydrzeć**) *vt* (*kartkę*) to tear out; **wydzierać coś (komuś)** to tear sth away (from sb).

▸**wydzierać się** *vr* (*pot*) to holler (*pot*).

wydzierża|wić (**-wię, -wisz**) *vb perf od* **dzierżawić**.

wydziwi|ać (**-am, -asz**) *vi* (*pot*): **wydziwiać (na coś)** to make a fuss (about sth).

wydźwię|k (**-ku**) (*instr sg* **-kiem**) *m* overtone.

wyeksploat|ować (**-uję, -ujesz**) *vt perf* to use up.

wyeksport|ować (**-uję, -ujesz**) *vb perf od* **eksportować**.

wyelimin|ować (**-uję, -ujesz**) *vb perf od* **eliminować**.

wyemigr|ować (**-uję, -ujesz**) *vb perf od* **emigrować**.

wyfru|nąć (**-nę, -niesz**) (*imp* **-ń**) *vi perf* to fly away.

wygad|ać (**-am, -asz**) *vt perf* (*pot: sekret*) to let slip, to let out.

▸**wygadać się** *vr* (*pot: nagadać się*) to chat *lub* talk to one's heart's content; (*: zdradzić się*) to spill the beans (*pot*), to blab (*pot*).

wygadany *adj* (*pot*): **być wygadanym** to have the gift of (the) gab.

wygad|ywać (**-uję, -ujesz**) *vt* (*pot*): **wygadywać bzdury** to talk nonsense.

wygani|ać (**-am, -asz**) (*perf* **wygonić** *lub* **wygnać**) *vt* to drive (out), to chase (away).

wygas|ać (**-a**) (*perf* **wygasnąć**) *vi* (*o ogniu*) to fizzle out; (*o uczuciach*) to fade; (*o umowie*) to expire.

wygaśnięci|e (**-a**) *nt* (*umowy, kontraktu*) expiry, termination.

wygięty *adj* bent, curved.

wygimnastykowany *adj* supple.

wygin|ać (**-am, -asz**) (*perf* **wygiąć**) *vt* to bend.

▸**wyginać się** *vr* to bend.

wygi|nąć (**-nie**) *vi perf* to become extinct.

wyglą|d (**-du**) (*loc sg* **-dzie**) *m* (*zwierzęcia, przedmiotu*) appearance; (*człowieka*) appearance, looks *pl*.

wygląd|ać (**-am, -asz**) *vt*: **wyglądać kogoś/czegoś** to be on the lookout for sb/sth ♦ *vi*: **wyglądać (wyjrzeć** *perf*) **przez okno** to look through *lub* out (of) the window; **wyglądać świetnie/źle** to look great/bad; **wygląda jak twój ojciec** he looks like your father; **wyglądasz na zmęczonego/zmartwionego** you look tired/worried; **jak ona wygląda?** what does she look like?; **wygląda na to, że ...** it looks as if ...

wygłasz|ać (**-am, -asz**) (*perf* **wygłosić**) *vt* to deliver (*a speech*).

wygłodniały *adj* ravenous, starving.

wygłupi|ać się (**-am, -asz**) *vr* to fool about *lub* around.

wygłu|pić się (**-pię, -pisz**) *vr perf* to make a fool of o.s.

wygłup|y (**-ów**) *pl* clowning *sg*, tomfoolery *sg*.

wygnani|e (**-a**) *nt* exile.

wygna|niec (**-ńca, -ńcy**) *m* exile.

wygnieciony *adj* wrinkled, crumpled.

wygni|eść (**-otę, -eciesz**) (*imp* **-eć**, *pt* **-ótł, -otła, -etli**) *vt perf* to crumple.

▸**wygnieść się** *vr perf* to crumple, to wrinkle.

wyg|oda (**-ody, -ody**) (*dat sg* **-odzie**, *gen pl* **-ód**) *f* (*dogodność*) convenience; (*funkcjonalność*) comfort; **wygody** *pl* amenities *pl*.

wygodnie *adv* comfortably.

wygodny *adj* (*mebel, odzież*)

comfortable; (*pretekst, tłumaczenie*) convenient; (*człowiek*) lazy.

wygolony *adj*: **(gładko) wygolony** (clean-)shaven.

wygórowany *adj* (*suma*) exorbitant; (*ambicje, żądania*) excessive.

wygran|a (-ej, -e) *f decl like adj* (*rzecz*) prize; (*pieniądze*) winnings *pl*; (*zwycięstwo*) victory; **(nie) dawać (dać perf) za wygraną** (not) to give up.

wygraż|ać (-am, -asz) *vi*: **wygrażać (komuś) pięścią/kijem** to shake one's fist/a stick (at sb).

wygryw|ać (-am, -asz) *vt* (*nagrodę, wojnę*) (*perf* **wygrać**) to win; (*melodię*) to play ♦ *vi* (*zwyciężać*) (*perf* **wygrać**) to win.

wygrzew|ać się (-am, -asz) *vr* to warm o.s.

wygwi|zdać (-żdżę, -żdżesz) *vt perf* to boo.

wyidealizowany *adj* idealized.

wyimaginowany *adj* imaginary.

wyjad|ać (-am, -asz) (*perf* **wyjeść**) *vt* to eat up.

wyjałowiony *adj* sterile; (*ziemia*) impoverished.

wyjaś|niać (-niam, -niasz) (*perf* **-nić**) *vt* (*znaczenie, teorię*) to explain; (*sprawę, nieporozumienie*) to straighten out.

▸**wyjaśniać się** *vr* (*o sytuacji*) to be cleared up.

wyjaśnie|nie (-nia, -nia) (*gen pl* **-ń**) *nt* explanation, clarification.

wyja|wiać (-wiam, -wiasz) (*perf* **-wić**) *vt* to reveal.

wyj|azd (-azdu, -azdy) (*loc sg* **-eździe**) *m* (*odjazd*) departure; (*podróż*) trip; (*droga wyjazdowa*) exit.

wyj|ąć (-mę, -miesz) (*imp* **-mij**) *vb perf od* **wyjmować**.

wyjąt|ek (-ku, -ki) (*instr sg* **-kiem**) *m* (*odstępstwo*) exception; (*książk: urywek*) excerpt; **z(a)**

wyjątkiem +*gen* except (for), with the exception of.

wyjątkowo *adv* exceptionally.

wyjątkowy *adj* exceptional, unusual; **stan wyjątkowy** (*POL*) state of emergency.

wyj|echać (-adę, -edziesz) (*imp* **-edź**) *vb perf od* **wyjeżdżać**.

wyjeżdż|ać (-am, -asz) (*perf* **wyjechać**) *vi* (*z bramy, garażu*) to go *lub* drive out; (*w podróż*) to leave.

wyjm|ować (-uję, -ujesz) (*perf* **wyjąć**) *vt* (*wyciągać*) to take out; (*wydostawać: kulę*) to get out; (*listy*) to collect.

wyjrz|eć (-ę, -ysz) (*imp* **-yj**) *vb perf od* **wyglądać**.

wyjś|cie (-cia) *nt* (*czynność*) departure; (*miejsce*) (*nom pl* **-cia**, *gen pl* **-ć**) exit, way out; (*rozwiązanie*) (*nom pl* **-cia**, *gen pl* **-ć**) solution; **po jej wyjściu ...** after she left, ...; **nie miałem (innego) wyjścia, jak tylko to zrobić** I had no (other) choice, but to do it.

wyjściowy *adj* (*drzwi*) exit *attr*; (*sytuacja, pozycja, materiał*) initial *attr*.

wyj|ść (-dę, -dziesz) (*imp* **-dź**, *pt* **wyszedł, wyszła, wyszli**) *vb perf od* **wychodzić**.

wykałacz|ka (-ki, -ki) (*dat sg* **-ce**, *gen pl* **-ek**) *f* toothpick.

wykańcz|ać (-am, -asz) (*perf* **wykończyć**) *vt* (*doprowadzać do końca*) to put the finishing touches to; (*pot. zabijać*) to do in (*pot*); (: *męczyć*) to finish (off).

▸**wykańczać się** *vr*: **wykańczać się nerwowo** to become a nervous wreck.

wyka|z (-zu, -zy) (*loc sg* **-zie**) *m* (*nazwisk, osób*) list, register; (*należności, kosztów*) statement.

wykaz|ywać (-uję, -ujesz) (*perf* **-ać**) *vt* (*przejawiać*) to show;

(*udowadniać*) to prove; (*ujawniać*) to reveal.

▸**wykazywać się** *vr* (*dowodzić swojej wartości*) to prove o.s.; **wykazywać się czymś** to show sth.

wyką|pać (**-pię**, **-piesz**) *vb perf od* **kąpać**.

wykiw|ać (**-am**, **-asz**) *vt perf*: **wykiwać kogoś** (*pot: oszukać*) to dupe, to fool.

wyklucz|ać (**-am**, **-asz**) (*perf* **-yć**) *vt* (*ewentualność: o człowieku*) to rule out, to exclude; (: *o okolicznościach*) to preclude.

▸**wykluczać się** *vr* (*też*: **wykluczać się wzajemnie**) to be mutually exclusive.

wykluczony *adj*: **to jest wykluczone** it's out of the question.

wykluw|ać się (**-a**) (*perf* **wykluć**) *vr* (*o kurczętach, ptakach*) to hatch (out).

wykła|d (**-du**, **-dy**) (*loc sg* **-dzie**) *m* lecture.

wykład|ać (**-am**, **-asz**) *vt* (*perf* **wyłożyć**) (*wyjmować*) to lay out; **wykładać podłogę kafelkami/dywanem** to tile/carpet the floor; **wykładać pudełko/szufladę czymś** to line a box/drawer with sth; **on wykłada literaturę** he lectures in literature.

wykładni|k (**-ka**, **-ki**) (*instr sg* **-kiem**) *m* (*kultury, wartości*) indication, index; (*MAT: potęgi*) exponent, index; (: *pierwiastka*) degree, index.

wykładowc|a (**-y**, **-y**) *m decl like f in sg* lecturer.

wykładowy *adj*: **sala wykładowa** lecture hall; **język wykładowy** language of instruction.

wykładzi|na (**-ny**, **-ny**) (*dat sg* **-nie**) *f* (*dywanowa*) fitted carpet; (*podłogowa*) lino(leum).

wykolej|ać (**-am**, **-asz**) (*perf* **wykoleić**) *vt* (*pociąg*) to derail.

▸**wykolejać się** *vr* (*o pociągu*) to be derailed.

wykombin|ować (**-uję**, **-ujesz**) *vt perf* (*pot: sposób, pieniądze*) to come up with.

wykon|ać (**-am**, **-asz**) *vb perf od* **wykonywać**.

wykonalny *adj* feasible, workable.

wykona|nie (**-nia**) *nt* (*czynność*) execution; (*jakość*) workmanship; (*utworu, piosenki*) (*nom pl* **-nia**, *gen pl* **-ń**) performance, rendition; **niemożliwy do wykonania** unfeasible.

wykonany *adj*: **wykonany z** +*gen* made of.

wykonawc|a (**-y**, **-y**) *m decl like f in sg* (*robót*) contractor; (*testamentu, zlecenia, projektu*) executor; (*roli, utworu*) performer.

wykonawczy *adj* executive *attr*.

wykon|ywać (**-uję**, **-ujesz**) (*perf* **-ać**) *vt* (*plan, polecenie*) to carry out, to execute; (*operację, eksperyment, obowiązki*) to perform, to carry out; (*robotę, ćwiczenie*) to do; (*odlew, otwór, obrót*) to make; (*koncert, utwór, taniec*) to perform; (*rzut karny*) to take.

wykończony *adj* (*dom*) completed; (*przedmiot*) finished; (*pot: człowiek*) dog-tired (*pot*).

wyko|p (**-pu**, **-py**) (*loc sg* **-pie**) *m* (*pod fundamenty*) pit; (*pod instalację*) trench.

wyko|pać (**-pię**, **-piesz**) *vt perf* to dig up.

wykopalis|ko (**-ka**, **-ka**) (*instr sg* **-kiem**) *nt* (*przedmiot*) find; **wykopaliska** *pl* excavations *pl*.

wykorze|niać (**-niam**, **-niasz**) (*perf* **-nić**) *vt* to root out, to eradicate.

wykorzyst|ywać (**-uję**, **-ujesz**) (*perf* **-ać**) *vt* (*pożytkować*) to use, to make use of; (*korzystać z*) to take

advantage of; (*wyzyskiwać*) to
exploit; (*nadużywać*) to abuse.

wyk|pić (**-pię, -pisz**) (*imp* **-pij**) *vt perf*
(*osobę, wady*) to ridicule, to mock.

wykracz|ać (**-am, -asz**) *vi* (*perf*
wykroczyć): **wykraczać przeciw(ko)**
+*dat* to violate, to contravene;
wykraczać poza +*acc* to go beyond.

wykrad|ać (**-am, -asz**) (*perf* **wykraść**)
vt (*dokumenty*) to steal away.

►**wykradać się** *vr* to steal out *lub*
away.

wykraw|ać (**-am, -asz**) (*perf* **wykroić**)
vt to cut out.

wykre|s (**-su, -sy**) (*loc sg* **-sie**) *m*
(*rysunek*) chart, graph; (*MAT*) graph.

wykreśl|ać (**-am, -asz**) (*perf* **-ić**) *vt*
(*wymazywać*) to cross out *lub* off;
(*rysować*) to draw.

wykrę|cać (**-cam, -casz**) (*perf* **-cić**) *vt*
(*śrubę, żarówkę*) to unscrew; (*głowę,
szyję*) to turn; (*bieliznę*) to wring;
(*numer*) to dial.

►**wykręcać się** *vr* (*pot*): **wykręcać
się od obowiązków** to evade one's
responsibilities; **wykręcił się z tego**
he got out of it.

wykrę|t (**-tu, -ty**) (*loc sg* **-cie**) *m*
(*wymówka*) excuse; (*unik*) hedge.

wykrętny *adj* evasive.

wykrocze|nie (**-nia, -nia**) (*gen pl* **-ń**)
nt offence (*BRIT*), offense (*US*).

wykr|ój (**-oju, -oje**) *m*
(*KRAWIECTWO*) pattern.

wykrywacz (**-a, -e**) (*gen pl* **-y**) *m*
detector; **wykrywacz kłamstw** lie
detector.

wykryw|ać (**-am, -asz**) (*perf* **wykryć**)
vt (*błąd, zarazki, oszustwa*) to detect;
(*sprawcę*) to find.

wykrze|sać (**-szę, -szesz**) *vb perf od*
krzesać ♦ *vt perf*: **wykrzesać coś z
siebie** to summon sth (up), to
muster sth (up).

wykrztu|sić (**-szę, -sisz**) (*imp* **-ś**) *vt
perf* to cough up.

wykrztuśny *adj*: **środek wykrztuśny**
expectorant.

wykrzy|kiwać (**-kuję, -kujesz**) (*perf*
-knąć) *vt* to shout (out) ♦ *vi* to
bellow, to shout.

wykrzykni|k (**-ka, -ki**) (*instr sg* **-kiem**)
m (*znak interpunkcyjny*) exclamation
mark; (*część mowy*) interjection.

wykrzy|wiać (**-wiam, -wiasz**) (*perf*
-wić) *vt* to contort, to twist.

►**wykrzywiać się** *vr* (*o twarzy,
ustach*) to contort, to twist; (*o
człowieku*) to grimace, to make *lub*
pull a face.

wykrzywiony *adj* contorted, twisted.

wykształ|cać (**-cam, -casz**) (*perf*
-cić) *vt* (*rozwijać*) to develop;
(*nadawać kształt*) to shape.

►**wykształcać się** *vr* (*rozwijać się*)
to develop; (*nabierać kształtu*) to
form, to take shape.

wykształceni|e (**-a**) *nt* education;
wykształcenie podstawowe primary
lub elementary (*US*) education;
wykształcenie średnie secondary
education; **wykształcenie wyższe**
higher education.

wykształ|cić (**-cę, -cisz**) (*imp* **-ć**) *vb
perf od* **kształcić, wykształcać** ♦ *vt
perf* to educate.

wykształcony *adj* (*o człowiek*)
educated; (*narząd*) (fully-)developed.

wyku|pywać (**-puję, -pujesz**) (*perf*
-pić) *vt* (*cały zapas, nakład*) to buy
up; (*swoją własność*) to buy back;
(*przedsiębiorstwo*) to buy out;
(*abonament, prenumeratę*) to take
out; (*z lombardu*) to redeem.

wykuw|ać (**-am, -asz**) (*perf* **wykuć**)
vt (*z metalu*) to forge; (*z kamienia*)
to sculpture, to sculpt; (*otwór, tunel*)
to cut.

wykwalifikowany *adj* (*położna,
pomoc domowa*) qualified; **robotnik
wykwalifikowany** skilled worker.

wykwintny *adj* (very) fine, exquisite.

wylat|ywać (**-uję, -ujesz**) (*perf*
wylecieć) *vi* to fly out; (*o dymie,
gazie*) to escape; (*pot: o szybie*) to
fall out; **wylatywać w powietrze** to
blow up; **wyleciało mi to z głowy**
(*pot*) it slipped my mind; **wylecieć
(z pracy)** (*pot*) to get the sack (*pot*).

wyląd|ować (**-uję, -ujesz**) *vb perf od*
lądować.

wylecz|yć (**-ę, -ysz**) *vb perf od* **leczyć**.

wyle|w (**-wu, -wy**) (*loc sg* **-wie**) *m*:
wylew krwi do mózgu cerebral
hemorrhage, stroke.

wylew|ać (**-am, -asz**) (*perf* **wylać**) *vt*
(*płyn*) to pour (out); (: *rozlewać*) to
spill; (*łzy*) to shed.

►**wylewać się** *vr* (*rozlewać się*) to
spill.

wylewnie *adv* effusivelly, profusely.

wylewny *adj* effusive.

wylęg|ać się (**-a**) (*perf* **-nąć, wyląc**)
vr (*o ptakach*) to hatch; (*przen: o
pomysłach*) to be hatched.

wylicz|ać (**-am, -asz**) (*perf* **-yć**) *vt*
(*wymieniać*) to enumerate; (*obliczać*)
to calculate, to work out.

wylicze|nie (**-nia, -nia**) (*gen pl* **-ń**) *nt*
(*obliczenie*) estimate, calculation;
(*zestawienie*) specification.

wyliz|ywać (**-uję, -ujesz**) (*perf* **-ać**) *vt*
(*miskę*) to lick clean; (*mleko*) to lick
out.

wylos|ować (**-uję, -ujesz**) *vb perf od*
losować ♦ *vt perf* (*los*) to draw;
(*nagrodę*) to win.

wylo|t (**-tu, -ty**) (*loc sg* **-cie**) *m* (*lufy*)
muzzle; (*tunelu*) mouth; (*ulicy*) exit;
na wylot straight through.

wyludniony *adj* depopulated.

wyładowa|nie (**-nia, -nia**) (*gen pl* **-ń**)
nt (*towaru*) unloading; **wyładowanie
elektryczne** electric discharge;
wyładowanie atmosferyczne
lightning.

wyładow|ywać (**-uję, -ujesz**) (*perf*

-ać) *vt* (*towar, statek, wagon*) to
unload; (*frustracje, złość*) to vent.

►**wyładowywać się** *vr* (*o człowieku*)
to let off steam; (*o baterii*) to run
down.

wyładun|ek (**-ku, -ki**) (*instr sg* **-kiem**)
m unloading, disembarkation.

wyłam|ywać (**-uję, -ujesz**) (*perf* **-ać**)
vt (*drzwi*) to break down; (*zamek*) to
force; (*ząb*) to break.

►**wyłamywać się** *vr* (*o szczeblu,
zębie*) to break; (*przen*) to break
ranks.

wyłani|ać (**-am, -asz**) (*perf* **wyłonić**)
vt (*kandydata, komisję*) to appoint.

►**wyłaniać się** *vr* to emerge.

wyłap|ywać (**-uję, -ujesz**) (*perf* **-ać**)
vt to catch.

wyławi|ać (**-am, -asz**) (*perf* **wyłowić**)
vt to fish out; (*przen: błędy*) to pick
up.

wyła|zić (**-żę, -zisz**) (*imp* **-ź,** *perf*
wyleźć) *vt* (*pot*) to get out.

wyłącz|ać (**-am, -asz**) (*perf* **-yć**) *vt*
(*silnik, telewizor, światło*) to switch
lub turn off; (*prąd, gaz, telefon*) to
cut off; **wyłączać kogoś/coś (z
+gen)** to exclude sb/sth (from);
wyłączać z prądu *lub* **sieci** to
unplug, to disconnect; **wyłączać
sprzęgło** to declutch; **nie
wyłączając** +gen not excluding.

►**wyłączać się** *vr* (*TEL*) to hang up;
wyłączać się wzajemnie to be
mutually exclusive *lub* incompatible.

wyłącznie *adv* exclusively, solely.

wyłączni|k (**-ka, -ki**) (*instr sg* **-kiem**)
m switch.

wyłączność (**-ci**) *f*: **mieć
wyłączność na coś** to have
exclusive rights to sth.

wyłączny *adj* exclusive.

wyłączony *adj* (switched *lub* turned)
off.

wyło|m (**-mu, -my**) (*loc sg* **-mie**) *m* (*w
murze*) breach; (*w szeregach*) break.

wyłu|dzać (-dzam, -dzasz) (perf -dzić) vt: **wyłudzać coś (od kogoś)** to wheedle sth (out of sb).

wyłuszcz|ać (-am, -asz) (perf -yć) vt (argumenty, racje) to set forth.

wyłysi|eć (-eję, -ejesz) vb perf od **łysieć**

wymach (-u, -y) m swing.

wyma|chiwać (-chuję, -chujesz) vt +instr (kijem, ręką) to swing; (szablą) to brandish.

wymag|ać (-am, -asz) vt: **wymagać czegoś** (domagać się) to require; (potrzebować) to need, to require.

wymagający adj demanding.

wymaga|nia (-ń) pl demands, requirements.

wymagany adj required.

wymarły adj (zwierzę) extinct; (dom, miasto) deserted.

wymarzony adj ideal, dream attr.

wymarz|yć (-ę, -ysz) vt perf: **wymarzyć coś sobie** to set one's heart on sth.

wymawi|ać (-am, -asz) (perf **wymówić**) vt (dźwięk, głoskę) to pronounce; (nazwę, wyraz) to utter; **wymawiać komuś coś** to reproach sb for sth.

wyma|z (-zu, -zy) (loc sg -zie) m (MED) smear test.

wymaz|ywać (-uję, -ujesz) (perf -ać) vt (rysunek, napis) to rub out, to erase.

wymądrz|ać się (-am, -asz) vr to act a wise guy.

wymeldow|ywać się (-uję, -ujesz) (perf -ać) vr to check out.

wymia|na (-ny, -ny) (dat -nie) f exchange; (rury, części) replacement, change.

wymia|r (-ru, -ry) (loc sg -rze) m dimension, measurement; **wymiary** pl (człowieka) measurements; (boiska, maszyny) dimensions, measurements.

wymie|niać (-niam, -niasz) (perf -nić) vt to exchange; (olej, rurę) to replace, to change; (nazwisko, tytuł) to mention; (wyliczać) to list, to enumerate; (pieniądze, walutę) to change; **wymieniać coś na coś** to exchange sth for sth.

wymienialny adj convertible.

wymieniony adj: **wyżej/niżej wymieniony** mentioned above/below.

wymienny adj (element) replaceable; **handel wymienny** barter.

wymier|ać (-a) (perf **wymrzeć**) vi to die out.

wymierny adj measurable.

wymierz|ać (-am, -asz) (perf -yć) vt (długość, deskę) to measure; (podatek, opłatę) to assess; (karę) to mete out; (cios) to deliver.

wymiesz|ać (-am, -asz) vb perf od **mieszać**.

wymi|ę (-enia, -ona) (instr sg -eniem) nt udder.

wymi|giwać się (-guję, -gujesz) (perf -gać) vr: **wymigiwać się od** +gen (pot) to evade sth.

wymij|ać (-am, -asz) (perf **wyminąć**) vt to pass.

▶**wymijać się** vr to pass by one another.

wymijająco adv evasively, noncommittally.

wymijający adj evasive, noncommittal.

wymiot|ować (-uję, -ujesz) (perf z-) vi to vomit.

wymiot|y (-ów) pl vomiting sg.

wymontow|ywać (-uję, -ujesz) (perf -ać) vt to remove.

wymo|wa (-wy) (dat sg -wie) f (JĘZ) pronunciation; (znaczenie) significance.

wymownie adv meaningfully.

wymowny adj (cisza, gest, spojrzenie) meaningful; (tytuł) telling.

wym|óc (-ogę, -ożesz) (pt -ógł,

-ogła, -ogli) *vt perf*: **wymóc coś na kimś** to extract sth from sb.

wym|óg (**-ogu, -ogi**) (*instr sg* **-ogiem**) *m* requirement.

wymówie|nie (**-nia, -nia**) (*gen pl* **-ń**) *nt* (*z pracy*) notice.

wymów|ka (**-ki, -ki**) (*dat sg* **-ce**, *gen pl* **-ek**) *f* (*wykręt*) excuse; (*wyrzut*) reproach.

wymusz|ać (**-am, -asz**) (*perf* **wymusić**) *vt* (*pieniądze, zeznania, okup*) to extract (by force); **wymuszać coś na kimś** to extract sth from sb.

wymyk|ać się (**-am, -asz**) (*perf* **wymknąć**) *vr* to slip out.

wymy|sł (**-słu, -sły**) (*loc sg* **-śle**) *m* invention.

wymyśl|ać (**-am, -asz**) *vt* (*perf* **-ić**) (*wynajdywać*) to think up; (*zmyślać*) to invent, to make up ♦ *vi*: **wymyślać komuś** to swear at sb.

wymyślny *adj* sophisticated, fancy *attr*.

wynagradz|ać (**-am, -asz**) (*perf* **wynagrodzić**) *vt*: **wynagradzać coś komuś** to recompense sb for sth; **wynagradzać komuś stratę** to make up for sb's loss; **wynagradzać kogoś** (**za coś**) to reward sb (for sth).

wynagrodze|nie (**-nia, -nia**) (*gen pl* **-ń**) *nt* pay.

wynajd|ywać (**-uję, -ujesz**) (*perf* **wynaleźć**) *vt* to find.

wynaj|em (**-mu**) (*loc sg* **-mie**) *m* (*lokalu*) renting; (*maszyny, samochodu*) hiring.

wynajęci|e (**-a**) *nt* = **wynajem; do wynajęcia** (*mieszkanie, pokój*) to let, for rent (*US*); (*samochód*) for hire.

wynajm|ować (**-uję, -ujesz**) (*perf* **wynająć**) *vt* (*robotnika, mordercę*) to hire; (*dom, pokój*) to rent, to let; (*samochód*) to hire, to rent.

wynalazc|a (**-y, -y**) *m decl like f in sg* inventor.

wynalaz|ek (**-ku, -ki**) (*instr sg* **-kiem**) *m* invention.

wynalezieni|e (**-a**) *nt* invention.

wyna|leźć (**-jdę, -jdziesz**) (*imp* **-jdź**, *pt* **-lazł, -lazła, -leźli**) *vb perf od* **wynajdywać** ♦ *vt perf* (*wymyślić*) to invent.

wynaturze|nie (**-nia, -nia**) (*gen pl* **-ń**) *nt* degeneration.

wynegocj|ować (**-uję, -ujesz**) *vt perf* to negotiate.

wyni|eść (**-osę, -esiesz**) (*imp* **-eś**, *pt* **-ósł, -osła, -eśli**) *vb perf od* **wynosić**.

wyni|k (**-ku, -ki**) (*instr sg* **-kiem**) *m* result; (*konferencji, śledztwa*) result, outcome; (*meczu*) score; **w wyniku tego** as a result (of that), consequently.

wynik|ać (**-a**) (*perf* **-nąć**) *vi*: **wynikać z czegoś** (*o sytuacji*) to result from sth; (*o konflikcie, sprawie*) to ensue sth; (*o wniosku*) to follow *lub* stem from sth.

wyniosły *adj* (*człowiek, spojrzenie*) haughty.

wynos *inv*: **danie na wynos** a take-away (*BRIT*) *lub* take-out (*US*) meal.

wyno|sić (**-szę, -sisz**) (*imp* **-ś**, *perf* **wynieść**) *vt* (*w inne miejsce*) to take *lub* carry away; (*na zewnątrz*) to take *lub* carry out; (*balon, rakietę*) to carry up; (*MAT*) to amount to.

►**wynosić się** *vr* (*pot. odchodzić*) to clear out; **wynosić się ponad innych** to look down on others.

wynurz|ać (**-am, -asz**) (*perf* **-yć**) *vt* (*głowę, rękę*) to stick out of the water.

►**wynurzać się** *vr* (*z wody*) to surface, to emerge; (*z bramy, ciemności*) to emerge.

wyobcowany *adj*: **wyobcowany (z**

czegoś) alienated *lub* isolated (from sth).

wyobraź|nia (-ni) *f* imagination.

wyobraż|ać (-am, -asz) (*perf* **wyobrazić**) *vt* (*przedstawiać*) to represent; **wyobrażać sobie** to imagine.

wyobraże|nie (-nia, -nia) (*gen pl* -ń) *nt* (*pogląd*) idea.

wyodręb|niać (-niam, -niasz) (*perf* -nić) *vt* (*części*) to separate; (*substancję*) to isolate; (*fragment*) to mark off.

wyolbrzy|miać (-miam, -miasz) (*perf* -mić) *vt* to exaggerate.

wypacz|ać (-am, -asz) (*perf* -yć) *vt* (*intencje, obraz*) to distort; (*charakter, drzwi*) to warp.

▸**wypaczać się** *vr* (*o drzwiach, oknie*) to warp; (*o charakterze*) to get warped.

wypad|ać (-am, -asz) (*perf* **wypaść**) *vi* to fall out; (*wybiegać*): **wypadać (z pokoju)** to burst out (of the room); (*przypadać*): **wypadać w czwartek** to fall on (a) Thursday; (*w wyliczeniach*): **wypada po dwa na głowę** it works out at two each; **wypadł Pani długopis** your pen has slipped, you dropped your pen; **dobrze/źle wypaść** (*o egzaminie, próbie, operacji*) to go well/badly; (*o człowieku, kandydacie*) to do well/badly; **(spóźnił się, bo) coś mu wypadło** (*pot*) (he was late because) something came up *lub* cropped up; **wypada na nich poczekać** we should wait for them, the proper thing to do is wait for them; **nie wypada ci tam iść** you shouldn't go there; **wypada, żebyś sam to zrobił** you should do it yourself.

wypad|ek (-ku, -ki) (*instr sg* -kiem) *m* (*katastrofa*) accident; (*zdarzenie, fakt*) event; (*przykład*) instance;

wypadek drogowy traffic accident; **na wypadek wojny/pożaru** in case of war/fire; **w żadnym wypadku** on no account; **w tym wypadku** in that case; **na wszelki wypadek** just in case.

wypakow|ywać (-uję, -ujesz) (*perf* -ać) *vt* to unpack.

wypal|ać (-am, -asz) (*perf* -ić) *vt* (*papierosa*) to smoke; (*dziurę*) to burn; (*cegły*) to bake; (*znak*) to brand.

wypal|ić (-ę, -isz) *vb perf od* **wypalać** ▸ *vi perf* (*wystrzelić*) to fire.

▸**wypalić się** *vr perf* to burn out.

wypar|ować (-uję, -ujesz) *vi perf* (*przen: zniknąć*) to vanish into thin air.

wyparow|ywać (-uje) (*perf* -ać) *vi* to evaporate.

wypat|rywać (-ruję, -rujesz) *vt imperf*: **wypatrywać kogoś/czegoś** to look out for sb/sth.

wypatrz|yć (-ę, -ysz) *vt perf* (*wykryć*) to spot.

wypełniacz (-a, -e) *m* filler.

wypeł|niać (-niam, -niasz) (*perf* -nić) *vt* (*naczynie, dziurę*) to fill; (*druk, formularz*) to fill in *lub* out; (*rozkaz, zobowiązanie*) to fulfil (*BRIT*), to fulfill (*US*).

▸**wypełniać się** *vr*: **sala wypełniła się (ludźmi)** the room filled (up) (with people).

wypełniony *adj* full.

wyperswad|ować (-uję, -ujesz) *vt perf*: **wyperswadować komuś coś** to persuade sb out of doing sth.

wypę|dzać (-dzam, -dzasz) (*perf* -dzić) *vt* (*z domu*) to throw out; (*z kraju*) to drive out.

wy|pić (-piję, -pijesz) *vb perf od* **pić**, **wypijać**.

wypieczony *adj*: **dobrze/słabo wypieczony** light/brown crusted.

wypie|k (-ku, -ki) (*instr sg* -kiem) *m*

(*pieczenie*) baking; (*porcja*) batch; **wypieki** *pl* (*rumieńce*) flush.

wypier|ać (-am, -asz) (*perf* **wyprzeć**) *vt* (*nieprzyjaciela*) to dislodge; (*konkurencję, towary*) to squeeze out; (*ciecz, ciało*) to displace.

▸**wypierać się** *vr* +*gen* (*ojczyzny, rodziny*) to deny, to disown; (*obietnicy, danego słowa*) to go back on.

wypij|ać (-am, -asz) (*perf* **wypić**) *vt* to drink up.

wypin|ać (-am, -asz) (*perf* **wypiąć**) *vt* (*wysuwać*) to stick out.

wypi|s (-su, -sy) (*loc sg* -**sie**) *m* (*wyciąg*) extract; **wypisy** *pl* (*SZKOL*) reader.

wypis|ywać (-uję, -ujesz) (*perf* -**ać**) *vt* (*czek*) to make out, to write out; (*dyplom*) to fill out; (*zapisywać*) to write down; (*pisać*) to write; **wypisywać kogoś ze szpitala** to discharge sb from (a) hospital.

▸**wypisywać się** *vr* (*o długopisie*) to run out; **wypisać się (z czegoś)** to withdraw (from sth).

wyplą|tać (-czę, -czesz) *vt perf* to disentangle.

▸**wyplątać się** *vr.* **wyplątać się (z czegoś)** to disentangle o.s. (from sth), to extricate o.s. (from sth).

wyple|nić (-nię, -nisz) (*imp* -**ń**) *vt perf* (*chwasty*) to kill; (*nawyki*) to stamp out, to eradicate.

wypluw|ać (-am, -asz) (*perf* **wypluć**) *vt* to spit out.

wypła|cać (-cam, -casz) (*perf* -**cić**) *vt.* **wypłacać coś (komuś)** to pay (sb) sth, to pay sth (to sb); **wypłacać pieniądze z banku** to draw *lub* withdraw money from a bank.

wypłacalnoś|ć (-**ci**) *f* solvency.

wypłacalny *adj* solvent.

wypła|ta (-ty, -ty) (*dat sg* -**cie**) *f* (*wypłacanie, należność*) payment;

(*podjęcie pieniędzy*) withdrawal; (*też*: **dzień wypłaty**) payday.

wypłosz|yć (-ę, -ysz) *vb perf od* **płoszyć** ◂ *vt perf* to scare away *lub* off.

wypłowiały *adj* faded.

wypłu|kiwać (-kuję, -kujesz) (*perf* -**kać**) *vt* to wash away.

wypływ|ać (-am, -asz) (*perf* **wypłynąć**) *vi* (*o łodzi, statku*) to set sail; (*o pływaku*) to set off; (*wynurzać się*) to surface; (*wydobywać się*) to flow (out); (*wynikać*) to follow.

wypocz|ąć (-nę, -niesz) (*imp* -**nij**) *vi perf* to get some rest.

wypoczęty *adj* rested, well-rested.

wypoczyn|ek (-ku) (*instr sg* -**kiem**) *m* rest.

wypoczyw|ać (-am, -asz) (*perf* **wypocząć**) *vi* to rest.

wypogadz|ać się (-a) (*perf* **wypogodzić**) *vr.* **wypogadza się** it's clearing up.

wypomin|ać (-am, -asz) (*perf* **wypomnieć**) *vt.* **wypominać coś komuś** to rub sb's nose in sth (*przen*).

wypompow|ywać (-uję, -ujesz) (*perf* -**ać**) *vt* to pump out.

wypornoś|ć (-**ci**) *f* (*ŻEGL*) draught, displacement.

wyposaż|ać (-am, -asz) (*perf* -**yć**) *vt.* **wyposażać coś w** +*acc* to fit sth with; **wyposażać kogoś w coś** to equip sb with sth.

wyposażeni|e (-a) *nt* (*biura*) furnishings *pl*; (*pracowni, szpitala, żołnierza*) equipment; (*roweru, miksera*) accessories *pl*.

wyposażony *adj.* **dobrze wyposażony** well-equipped; **być wyposażonym w coś** to be equipped with sth.

wypowiad|ać (-am, -asz) (*perf* **wypowiedzieć**) *vt* (*słowa, życzenie*)

to utter; (*poglądy*) to voice;
**wypowiadać komuś
(mieszkanie/pracę)** to give sb
notice, to give notice to sb;
wypowiedzieć wojnę Polsce to
declare war on Poland.
▸**wypowiadać się** *vr* to express
one's opinion.
wypowiedze|nie (-nia, -nia) (*gen pl*
-ń) *nt* notice.
wypowie|dź (-dzi, -dzi) (*gen pl* -dzi) *f*
(*stwierdzenie*) statement;
(*komentarz*) comment.
wypożycz|ać (-am, -asz) (*perf* -yć)
vt: **wypożyczać coś (komuś)** to
lend sth (to sb); **wypożyczać coś
(od kogoś)** to borrow sth (from sb).
wypożyczal|nia (-ni, -nie) (*gen pl*
-ni) *f*: **wypożyczalnia książek**
lending library; **wypożyczalnia
samochodów** car hire (*BRIT*),
automobile rental (*US*).
wypracowa|nie (-nia) *nt* (*metody,
stylu*) development; (*SZKOL: praca
pisemna*) (*nom pl* -nia, *gen pl* -ń)
essay, composition.
wypracow|ywać (-uję, -ujesz) (*perf*
-ać) *vt* (*metody, zasady*) to work
out, to develop.
wy|prać (-piorę, -pierzesz) *vb perf od*
prać.
wypras|ować (-uję, -ujesz) *vb perf
od* prasować.
wyprasz|ać (-am, -asz) (*perf*
wyprosić) *vt*: **wypraszać kogoś (z
pokoju/domu)** to ask sb to leave (a
room/house); **wypraszam sobie!** I
beg your pardon! (*expressing anger*);
wypraszać kogoś za drzwi to show
sb the door.
wypra|wa (-wy, -wy) (*dat sg* -wie) *f*
(*ekspedycja*) expedition.
wypra|wiać (-wiam, -wiasz) (*perf*
-wić) *vt* (*bal*) to organize; (*przyjęcie*)
to give, to throw; **co ty**

wyprawiasz? (*pot*) what do you
think you're doing? (*pot*).
wypręż|ać (-am, -asz) (*perf* -yć) *vt*
(*grzbiet*) to arch; (*ramiona*) to stiffen.
▸**wyprężać się** *vr* to stiffen.
wyproduk|ować (-uję, -ujesz) *vb
perf od* produkować.
wyprost|ować (-uję, -ujesz) *vb perf
od* prostować.
wyprostowany *adj* erect.
wyprowa|dzać (-dzam, -dzasz) (*perf*
-dzić) *vt* (*na zewnątrz*) to take out;
(*twierdzenie, wzór*) to derive;
wyprowadzać psa (na spacer) to
take a dog for a walk, to walk a dog.
▸**wyprowadzać się** *vr* to move out.
wyprób|ować (-uję, -ujesz) *vb perf
od* próbować ♦ *vt perf* (*człowieka,
odwagę*) to try out.
wypróbowany *adj* tried, tested.
wypróż|niać (-niam, -niasz) (*perf*
-nić) *vt* to empty.
▸**wypróżniać się** *vr* to defecate.
wyprzedany *adj* sold out.
wyprzed|awać (-aję, -ajesz) (*imp*
-awaj, *perf* -ać) *vt* (*towar*) to clear.
wyprzedaż (-y, -e) *f* (*HANDEL*)
(clearance) sale.
wyprze|dzać (-dzam, -dzasz) (*perf*
-dzić) *vt* (*jechać szybciej*) to pass, to
overtake; (*być bardziej postępowym*)
to be ahead of.
wyprzedzani|e (-a) *nt* (*MOT*)
passing, overtaking; **„zakaz
wyprzedzania**" "passing
prohibited", "no passing (zone)".
wyprzedzeni|e (-a) *nt*: **z
wyprzedzeniem** in advance.
wypukły *adj* (*kształt*) convex; (*czoło*)
protruding.
wypuszcz|ać (-am, -asz) (*perf*
wypuścić) *vt* (*ptaka, więźnia*) to set
free, to release; (*powietrze, wodę*) to
let out; **wypuszczać coś (z ręki)** to
let go of sth; (*liście, pędy*) to send
out; (*znaczek, pieniądze*) to issue.

wypych|ać (-am, -asz) *vt* (*wyciskać*)
(*perf* **wypchnąć**) to push (out);
(*zwierzę*) (*perf* **wypchać**) to stuff.

wypyt|ywać (-uję, -ujesz) (*perf* -ać)
vt: **wypytywać kogoś (o** +*acc*) to
question sb (about).

wyrabi|ać (-am, -asz) (*perf* **wyrobić**)
vt (*produkować*) to produce; (*ciasto*)
to knead; (*charakter, wolę*) to
develop; (*paszport, przepustkę*) to
obtain; **co ty wyrabiasz?** (*pot*) what
do you think you're doing? (*pot*).

►**wyrabiać się** *vr* (*kształtować się*) to
develop.

wyrachowani|e (-a) *nt* calculation.

wyrachowany *adj* (*człowiek*)
calculating; (*posunięcie*) calculated.

wyrafinowany *adj* sophisticated.

wyrast|ać (-am, -asz) (*perf*
wyrosnąć) *vt* to grow.

wyra|z (-zu, -zy) (*loc sg* -zie) *m*
(*słowo*) word; (*objaw*) sign;
(*ekspresja*) expression; **wyraz
twarzy** (facial) expression; „**wyrazy
uznania**" "congratulations";
„**wyrazy współczucia**" "my
sympathies".

wyrazisty *adj* (*gest, rysy*) expressive;
(*nos, podbródek*) distinct.

wyraźnie *adv* (*słyszeć, czytać*)
clearly; (*zdenerwowany*) visibly.

wyraźny *adj* (*pismo, rozkaz, błąd*)
clear; (*odgłos, ślad, zapach*) distinct.

wyraż|ać (-am, -asz) (*perf* **wyrazić**)
vt to express; **wyrażać zgodę (na
coś)** to give one's assent (to sth);
wyrażać coś słowami to put sth
into words; **wyrażać swoje zdanie**
to speak one's mind.

►**wyrażać się** *vr* (*wysławiać się*) to
express o.s.; **że się tak wyrażę** so to
say.

wyraże|nie (-nia, -nia) (*gen pl* -ń) *nt*
expression, phrase.

wyrąb|ywać (-uję, -ujesz) (*perf* -ać)
vt (*drzewa, las*) to cut (down).

wyregul|ować (-uję, -ujesz) *vb perf*
od **regulować**.

wyremont|ować (-uję, -ujesz) *vb*
perf od **remontować**.

wyręcz|ać (-am, -asz) (*perf* -yć) *vt*:
wyręczać kogoś (w czymś) to help
sb out (in doing sth).

►**wyręczać się** *vr*: **wyręczać się
kimś** to have one's work done by sb
else.

wyrobiony *adj* (*publiczność*)
discerning; (*mechanizm*) worn.

wyrocz|nia (-ni, -nie) (*gen pl* -ni) *f*
oracle.

wyrodny *adj* (*pej*) wayward.

wyro|k (-ku, -ki) (*instr sg* -kiem) *m*
verdict, sentence; **wyrok śmierci**
death sentence.

wyrost *m*: **na wyrost** (*obawy*)
premature; (*ubrania*) outsized.

wyrost|ek (-ka, -ki) (*instr sg* -kiem) *m*
(*też*: **wyrostek robaczkowy**)
appendix; (*młokos*) youngster.

wyrośnięty *adj* (*chłopak*) big;
(*ciasto*) well-risen.

wyrozumiałoś|ć (-ci) *f*
understanding.

wyrozumiały *adj* understanding.

wyr|ób (-obu) (*loc sg* -obie) *m*
(*produkt*) (*nom pl* -oby) product;
(*wyrabianie*) production; **wyroby** *pl*
products *pl*.

wyrówna|nie (-nia, -nia) (*gen pl* -ń)
nt (*rekompensata*) compensation.

wyrównany *adj* even.

wyrówn|ywać (-uję, -ujesz) (*perf*
-ać) *vt* (*wygładzać*) to level;
(*ujednolicać*) to even out;
(*rekompensować*) to compensate.

►**wyrównywać się** *vr* (*stabilizować
się*) to even out *lub* level out.

wyróż|niać (-niam, -niasz) (*perf* -nić)
vt (*zwracać uwagę na*) to single out;
(*wyodrębniać*) to distinguish;
(*nagradzać*) to honour (*BRIT*), to
honor (*US*).

►**wyróżniać się** *vr.* wyróżniać się czymś to be distinguished by sth.

wyróżniający *adj* (*SZKOL*) very good; **wyróżniający się** (*wybitny*) outstanding; (*cecha*) distinctive, distinguishing.

wyróżnie|nie (-nia, -nia) (*gen pl* -ń) *nt* (*w konkursie*) honourable (*BRIT*) *lub* honorable (*US*) mention; **dyplom z wyróżnieniem** (*UNIW*) ≈ first class hono(u)rs.

wyrusz|ać (-am, -asz) (*perf* -yć) *vi* to set out *lub* off.

wyr|yć (-yję, -yjesz) *vb perf od* ryć.

wyryw|ać (-am, -asz) (*perf* wyrwać) *vt* to pull (out); **wyrwał mi (z ręki) książkę** he snatched the book from my hand; **wyrwać komuś ząb** to pull out sb's tooth.

►**wyrywać się** *vr* (*z okrążenia*) to break free; (*z czyichś rąk*) to wrench o.s. free; (*z domu, pracy*) to get away.

wyrywkowo *adv* randomly, at random.

wyrywkowy *adj* (*badania*) random; **wyrywkowa kontrola** spot check.

wyrzą|dzać (-dzam, -dzasz) (*perf* -dzić) *vt*: **wyrządzać komuś krzywdę/szkodę** to inflict harm/damage on sb; **wyrządzić komuś przykrość** to upset sb.

wyrzecze|nie (-nia, -nia) (*gen pl* -ń) *nt* sacrifice.

wyrzek|ać się (-am, -asz) (*perf* wyrzec) *vr* +*gen* (*zrywać z*) to renounce; (*wypierać się*) to disown.

wyrzeź|bić (-bię, -bisz) *vb perf od* rzeźbić.

wyrzu|cać (-cam, -casz) *vt* (*perf* -cić) (*pozbywać się*) to throw away *lub* out; (*wypędzać*) to throw out; (*ciskać*) to throw; **wyrzucać coś komuś** to reproach sb for sth; **wyrzucić kogoś z pracy** to fire *lub*

sack sb; **wyrzucić kogoś ze szkoły** to expel sb from school.

wyrzu|t (-tu, -ty) (*loc sg* -cie) *m* (*piłki*) throw; (*ramion*) fling; (*karcąca uwaga*) reproach; **(mieć) wyrzuty sumienia** (to be full of) remorse.

wyrzut|nia (-ni, -nie) (*gen pl* -ni) *f* launcher.

wysa|dzać (-dzam, -dzasz) (*perf* -dzić) *vt* (*z samochodu*) to drop (off); (*ze statku*) to disembark; (*dziecko*) to put on the potty; (*też*: **wysadzać w powietrze**) to blow up.

wysch|nąć (-nę, -niesz) (*imp* -nij, *pt* -nął *lub* wysechł, -ła, -li) *vb perf od* schnąć, wysychać.

wysep|ka (-ki, -ki) (*dat sg* -ce, *gen pl* -ek) *f* island; (*tramwajowa itp.*) traffic (*BRIT*) *lub* safety (*US*) island.

wysiad|ać (-am, -asz) (*perf* wysiąść) *vi* (*z autobusu/pociągu*) to get off; (*z samochodu*) to get out.

wysiad|ywać (-uję, -ujesz) *vt* (*perf* wysiedzieć) (*jaja*) to incubate, to brood.

wysiedl|ać (-am, -asz) (*perf* -ić) *vt* (*lokatorów*) to evict; (*ludność*) to displace.

wysiew|ać (-am, -asz) (*perf* wysiać) *vt* to sow.

wysięgni|k (-ka, -ki) (*instr sg* -kiem) *m* jib.

wysil|ać (-am, -asz) (*perf* -ić) *vt*: **wysilać mózg/pamięć** to rack one's brains/memory; **wysilać słuch** to strain one's ears.

►**wysilać się** *vr* to strain *lub* exert o.s.; **wysilać się, by coś zrobić** to strain to do sth.

wysił|ek (-ku) (*instr sg* -kiem) *m* effort; **bez (żadnego) wysiłku** without (any) effort, effortlessly; **wysiłki** *pl* efforts *pl*.

wyska|kiwać (-kuję, -kujesz) (*perf* wyskoczyć) *vi*: **wyskakiwać (przez okno/z auta)** to jump out (of the window/of the car); **wyskoczę po gazetę** (*pot*) I'll pop out for the paper (*pot*).

wysko|k (**-ku, -ki**) (*instr sg* **-kiem**) *m* (*w górę*) jump.

wy|słać¹ (**-ślę, -ślesz**) (*imp* **-ślij**) *vb perf od* **wysyłać**.

wy|słać² (**-ścielę, -ścielisz**) (*imp* **-ściel**) *vb perf od* **wyścielać**.

wysłanni|k (**-ka, -cy**) (*instr sg* **-kiem**) *m* (*POL*) envoy; (*PRASA*) correspondent.

wysławi|ać (**-am, -asz**) *vt* to glorify.

► **wysławiać się** (*perf* **wysłowić**) *vr* to express o.s.

wysłuch|ać (**-am, -asz**) *vt perf* (*koncertu, wykładu, próśb*) to hear; (*kogoś do końca*) to hear out.

wysłu|chiwać (**-chuję, -chujesz**): **musieć wysłuchiwać** +*gen* to have to listen to.

wysłu|giwać się (**-guję, -gujesz**) *vr*: **wysługiwać się komuś** to lackey sb; **wysługiwać się kimś** to use sb.

wysłużony *adj* well-worn.

wysmukły *adj* slender.

wysnuw|ać (**-am, -asz**) (*perf* **wysnuć**) *vt* (*wniosek*) to draw; **wysnuwać domysł** to surmise.

wysoce *adv* highly.

wy|soki (*comp* **-ższy**) *adj* high; (*człowiek, drzewo, szklanka*) tall; (*urzędnik*) high(-ranking); (*głos, ton*) high(-pitched); **wysoki na 2 metry** 2 metres (*BRIT*) *lub* meters (*US*) high.

wy|soko (*comp* **-żej**) *adv* high (up); **wysoko kogoś cenić** to rate sb highly.

wysokoprężny *adj*: **silnik wysokoprężny** diesel engine.

wysoko|ść (**-ci**) *f* (*domu, drzewa, figury geometrycznej*) height; (*lotu*) (*nom pl* **-ci**) altitude; (*dźwięku, głosu, tonu*) (*nom pl* **-ci**) pitch; **mieć 20 metrów wysokości** to be 20 metres (*BRIT*) *lub* meters (*US*) high; **jaka**

jest wysokość grzywny/temperatury? what is the fine/temperature?; **jaka jest wysokość nakładu?** how big is the input?; **opłata w wysokości 50 złotych** a fee of 50 zloty.

wys|pa (**-py, -py**) (*dat sg* **-pie**) *f* island; **Wyspy Brytyjskie** the British Isles.

wyspany *adj*: **jestem wyspany** I (have) had a good night's sleep; **jesteś wyspany?** did you get enough sleep?, did you sleep well?

wyspecjalizowany *adj* specialized, dedicated.

wysportowany *adj* athletic.

wysprząt|ać (**-am, -asz**) *vt perf* to tidy (up).

wystający *adj* protruding.

wystar|ać się (**-am, -asz**) *vr perf*: **wystarać się o coś** to arrange sth, to fix sth up.

wystarcz|ać (**-a**) (*perf* **-yć**) *vt*: **wystarczy czasu/łóżek** we have enough time/beds; **dwa krzesła wystarczą** two chairs will be enough *lub* will do; **czy 5 wystarczy?** will 5 be enough?; **wystarczyło ci pieniędzy?** did you have enough money?; **to wystarczy** that will do, that's enough.

wystarczająco *adv*: **wystarczająco długi** long enough; **wystarczająco dużo** enough.

wystarczający *adj* sufficient.

wystart|ować (**-uję, -ujesz**) *vb perf od* **startować**.

wysta|wa (**-wy, -wy**) (*dat sg* **-wie**) *f* (*malarstwa, mebli*) exhibition; (*psów, kotów*) show; (*sklepowa*) shop window.

wysta|wać (**-ję, -jesz**) (*imp* **-waj**) *vi* (*sterczeć*) to protrude, to stick out.

wystawc|a (**-y, -y**) *f decl like f in sg* (*na targach, wystawie*) exhibitor; (*rachunku, czeku*) drawer.

wysta|wiać (-wiam, -wiasz) (*perf*
-wić) *vt* (*głowę, nos*) to poke (out);
(*meble, butelkę*) to put *lub* take
out(side); (*obrazy*) to exhibit;
(*komedię*) to stage; (*paszport,
świadectwo*) to issue; (*rachunek,
czek*) to make out, to write out ♦ *vr*:
wystawiać się na coś to expose o.s.
to sth.

wystawny *adj* sumptuous.

wystawowy *adj* exhibition *attr*;
salon/teren wystawowy
showroom/showground; **okno
wystawowe** shop window.

wystąpie|nie (-nia, -nia) (*gen pl* -ń)
nt (*przemowa*) speech; (*pojawienie
się*) appearance.

wystę|p (-pu, -py) (*loc sg* -pie) *m*
(*impreza*) performance; (*udział*)
appearance; (*krawędź*) ledge,
projection; **występy** *pl* show.

występ|ek (-ku, -ki) (*instr sg* -kiem)
m misdemeanour (*BRIT*),
misdemeanor (*US*).

występ|ować (-uję, -ujesz) (*perf*
wystąpić) *vi* to occur; (*zabierać
głos*) to speak, to take the floor;
(*TV, FILM, TEATR*) to appear, to
star; (*SPORT*) to take part; (*o
objawach*) to appear; **wystąpić na
środek** to step out to the center;
wystąpić z szeregu to drop out of
line; **występować z
koncertem/recitalem** to give *lub*
hold a concert/recital.

występowani|e (-a) *nt* (*roślinności*)
occurrence; (*objawów*) appearance;
(*przypadków choroby, przestępstw*)
incidence.

wystos|ować (-uję, -ujesz) *vt perf*
(*książk*) to send in, to submit.

wystrasz|yć (-ę, -ysz) *vt perf* to
scare, to frighten.

▸**wystraszyć się** *vr perf* to get
scared, to get frightened.

wystrojony *adj* (*sala*) adorned;
(*człowiek*) spruced up, dressed up.

wystr|ój (-oju, -oje) *m* decor.

wystrza|ł (-łu, -ły) (*loc sg* -le) *m*
firing, (gun)shot.

wystrzeg|ać się (-am, -asz) *vr*:
wystrzegać się kogoś/czegoś to
beware of sb/sth.

wystrzel|ić (-ę, -isz) *vb perf od*
wystrzeliwać ♦ *vi perf* (*z karabinu,
pistoletu*) to fire.

wystrzeliw|ać (-uję, -ujesz) (*perf
wystrzelić*) *vt* (*strzałę, pocisk*) to
shoot; (*rakietę*) to launch.

wystyg|nąć (-nie) *vb perf od* **stygnąć**.

wysusz|yć (-ę, -ysz) *vb perf od*
suszyć.

wysuw|ać (-am, -asz) (*perf
wysunąć*) *vt* (*szufladę*) to pull out;
(*rękę, głowę*) to stick out; (*stół,
szafkę*) to move; (*propozycje,
zarzuty, żądania*) to put forward.

▸**wysuwać się** *vr* (*ukazywać się*) to
appear; (*dawać się przesuwać*) to
pull out; **płyta wysunęła mu się z
ręki** the record slipped out of his
hand.

wysych|ać (-a) (*perf* **wyschnąć**) *vi* to
dry up.

wysył|ać (-am, -asz) (*perf* **wysłać**) *vt*
to send; (*promienie, światło*) to send
(out).

wysył|ka (-ki, -ki) (*dat sg* -ce, *gen pl*
-ek) *f* dispatch.

wysyłkowy *adj*: **sprzedaż
wysyłkowa** mail order; **firma
wysyłkowa** mail-order firm *lub*
company.

wysypi|ać się (-am, -asz) (*perf
wyspać*) *vr* to get enough sleep.

wysypis|ko (-ka, -ka) (*instr sg* -kiem)
nt (*małe*) dump; (: *duże*) landfill
(site).

wysyp|ka (-ki, -ki) (*dat sg* -ce, *gen pl*
-ek) *f* rash.

wysyp|ywać (-uję, -ujesz) (*perf* -ać)
vt (*piasek, śmieci*) to dump.
►**wysypywać się** *vr.* wysypywać
się (z +*gen*) to spill out (of).
wysys|ać (-am, -asz) (*perf* **wyssać**)
vt to suck (out).
wyszczegól|niać (-niam, -niasz)
(*perf* -**nić**) *vt* to detail, to specify.
wyszczer|bić (-bię, -bisz) *vt perf* to
chip.
wyszczerz|ać (-am, -asz) (*perf* -**yć**)
vt **wyszczerzać zęby** (w uśmiechu)
to grin; **wyszczerzać zęby/kły** (*o*
zwierzęciu) to bare its teeth/fangs.
wyszczupl|ać (-a) (*perf* -**ić**) *vt.*
wyszczuplać kogoś to make sb
look slimmer.
wyszczupl|eć (-eję, -ejesz) *vi perf* to
slim down.
wyszedł *itd. vb patrz* **wyjść**.
wyszep|tać (-czę, -czesz) (*imp* -**cz**)
vb perf od **szeptać**.
wyszkoleni|e (-a) *nt* training.
wyszkol|ić (-ę, -isz) *vb perf od*
szkolić.
wyszkolony *adj* trained.
wyszła *itd. vb patrz* **wyjść**.
wyszukany *adj* sophisticated, fine.
wyszu|kiwać (-kuję, -kujesz) *vt* (*perf*
-**kać**) (*kandydata*) to search out;
(*słówka*) to look up; (*odkrywać*) to
discover.
wyszy|dzać (-dzam, -dzasz) (*perf*
-**dzić**) *vt* to scoff at.
wyszyw|ać (-am, -asz) (*perf* **wyszyć**)
vt/vi to embroider.
wyściełany *adj* padded.
wyści|g (-gu, -gi) (*instr sg* -**giem**) *m*
race.
wyścigowy *adj:* **koń wyścigowy**
racehorse; **samochód/rower**
wyścigowy racing car/bike; **tor**
wyścigowy (*konny*) racecourse
(*BRIT*), racetrack (*US*);
(*samochodowy*) racetrack.

wyśle|dzić (-dzę, -dzisz) (*imp* -**dź**) *vt*
perf to track down.
wyśliz|giwać się (-guję, -gujesz)
(*perf* -**nąć** *lub* -**gnąć**) *vr* to slip (out).
wyśmienicie *adv* (*udać się, spisać*
się) excellently; **smakować**
wyśmienicie to taste delicious.
wyśmienity *adj* (*humor, nastrój*)
excellent; (*deser*) delicious.
wyśmiew|ać (-am, -asz) (*perf*
wyśmiać) *vt* to jeer (at).
►**wyśmiewać się** *vr.* wyśmiewać
się z kogoś to make fun of sb.
wyśniony *adj* (*książk*) dream *attr.*
wyśrubowany *adj* (*cena*) inflated,
steep (*pot*); (*normy, wymagania*)
exacting.
wyświadcz|ać (-am, -asz) (*perf* -**yć**)
vt. **wyświadczać komuś**
grzeczność *lub* **przysługę** to do sb
a favour (*BRIT*) *lub* favor (*US*).
wyświechtany *adj* shabby,
threadbare; (*dowcip*) stale,
threadbare; (*frazes*) hackneyed.
wyświetlacz (-a, -e) *m* (*TECH*)
display.
wyświetl|ać (-am, -asz) (*perf* -**ić**) *vt*
(*film, przezrocza*) to project, to
show; (*komunikat, informację*) to
display.
wytacz|ać (-am, -asz) (*perf*
wytoczyć) *vt* (*beczkę*) to roll out;
(*armatę, wóz*) to wheel out;
(*argumenty, racje*) to bring forward;
wytoczyć komuś sprawę *lub*
proces to bring an action *lub* a suit
against sb.
wytarty *adj* (*obicie, spodnie*)
threadbare.
wytchnieni|e (-a) *nt* pause, break;
bez wytchnienia without pausing
for breath.
wytę|pić (-pię, -pisz) *vb perf od* **tępić**.
wytęż|ać (-am, -asz) (*perf* -**yć**) *vt*
(*siły, słuch, wzrok*) to strain.
wytężony *adj* strenuous.

wytłacz|ać (-am, -asz) (perf **wytłoczyć**) vt (napis, znak) to imprint, to impress.

wytłaczany adj embossed.

wytłumaczeni|e (-a) nt explanation.

wytłumacz|yć (-ę, -ysz) vb perf od **tłumaczyć**.

wytrawny adj (oszust, polityk) expert attr, master attr; (wino, wódka) dry.

wytrą|cać (-cam, -casz) (perf -cić) vt: **wytrącać komuś coś (z ręki)** to knock sth out of sb's hand; **wytrącić kogoś z równowagi** to throw sb off balance.

▸**wytrącać się** vr (CHEM) to precipitate.

wytrenowany adj trained.

wytro|pić (-pię, -pisz) vt perf to track (down).

wytrw|ać (-am, -asz) vi perf to hold out, to last out.

wytrwale adv persistently.

wytrwałoś|ć (-ci) f persistence, perseverance.

wytrwały adj persistent.

wytrych (-a lub -u, -y) m skeleton key.

wytrys|kiwać (-kuje) (perf **wytrysnąć**) vi (o ropie, wodzie) to gush, to spurt (out).

wyt|rzeć (-rę, -rzesz) (imp -rzyj, pt -arł) vb perf od **wycierać**.

wytrzep|ywać (-uję, -ujesz) (perf -ać) vt (piasek, popiół) to shake off; (dywan) to beat.

wytrzeźwi|eć (-eję, -ejesz) vb perf od **trzeźwieć**.

wytrzym|ać (-am, -asz) vi perf: **nie wytrzymać** (o moście, budowli) to give way; (o człowieku) to lose one's cool.

wytrzymałoś|ć (-ci) f endurance; (TECH) durability.

wytrzymały adj (człowiek) tough, resilient; (materiał) durable; (sprzęt, urządzenie) heavy-duty.

wytrzymani|e (-a) nt: **nie do wytrzymania** unbearable.

wytrzym|ywać (-uję, -ujesz) (perf -ać) vt to bear, to stand ▸ vi to hold on.

wytwarz|ać (-am, -asz) (perf **wytworzyć**) vt (meble, energię, jad) to produce; (atmosferę, sytuację) to create.

▸**wytwarzać się** vr to be formed lub created.

wytwarzani|e (-a) nt production.

wytworny adj (osoba, maniery) refined; (apartament, kapelusz) smart.

wytw|ór (-oru, -ory) (loc sg -orze) m product, creation; **wytwór czyjejś wyobraźni** a figment of sb's imagination.

wytwórc|a (-y, -y) m decl like f in sg producer.

wytwór|nia (-ni, -nie) (gen pl -ni) f factory; **wytwórnia filmowa/płytowa** film/record company.

wytycz|ać (-am, -asz) (perf **wytyczyć**) vt (drogę, szlak) to mark out; (przen: kierunek, linię postępowania) to lay.

wytyczn|a (-ej, -e) f decl like adj guideline.

wytyk|ać (-am, -asz) (perf **wytknąć**) vt (wysuwać) to stick out; **wytykać coś komuś** to reproach sb for sth.

wytyp|ować (-uję, -ujesz) vb perf od **typować**.

wyuzdany adj promiscuous.

wywabiacz (-a, -e) (gen pl -y) m: **wywabiacz plam** stain remover.

wywa|biać (-biam, -biasz) (perf -bić) vt (plamy) to remove.

wywal|ać (-am, -asz) (perf -ić) vt (pot: wyrzucać) to throw out; (drzwi) to smash down.

wywalcz|yć (-ę, -ysz) vt perf to win.

wywa|r (-ru, -ry) (loc sg -rze) m (z jarzyn, mięsa) stock; (z ziół) infusion.

wyważ|ać (**-am, -asz**) (*perf* **-yć**) *vt*
(*drzwi*) to force, to break down *lub*
open.

wywia|d (**-du, -dy**) (*loc sg* **-dzie**) *m*
(*rozmowa*) interview; (*POL,
WOJSK*) intelligence;
**przeprowadzać (przeprowadzić
perf) wywiad z kimś** to interview sb.

wywiadowczy *adj*: **służba
wywiadowcza** intelligence service.

wywiadów|ka (**-ki, -ki**) (*dat sg* **-ce,
gen pl* **-ek**) *f* (*pot: SZKOL*)
parents-teacher meeting.

wywiąz|ywać się (**-uję, -ujesz**) (*perf*
-ać) *vr* (*powstawać*) to ensue;
wywiązywać się z obowiązków to
do one's duty; **wywiązywać się z
obietnic** *lub* **obietnicy** to deliver
(the goods) (*przen*).

wywier|ać (**-am, -asz**) (*perf*
wywrzeć) *vt* to exert.

wywiesz|ać (**-am, -asz**) (*perf*
wywiesić) *vt* (*flagę*) to display;
(*ogłoszenie*) to post up.

wywiesz|ka (**-ki, -ki**) (*dat sg* **-ce,* *gen
pl* **-ek**) *f* sign, notice.

wywietrzni|k (**-ka, -ki**) (*instr sg*
-kiem) *m* ventilator.

wywietrz|yć (**-ę, -ysz**) *vb perf od*
wietrzyć.

wywiew|ać (**-a**) (*perf* **wywiać**) *vt* to
blow away.

wywlek|ać (**-am, -asz**) (*perf* **wywlec**)
vt (*pot*) to drag (out); **wywlec coś
(na światło dzienne)** (*przen*) to drag
sth up.

wywniosk|ować (**-uję, -ujesz**) *vb
perf od* **wnioskować**.

wyw|odzić (**-odzę, -odzisz**) (*imp*
-ódź, *perf* **wywieść**) *vt*: **wywodzić
coś od czegoś** to derive sth from
sth.

▸**wywodzić się** *vr*: **wywodzić się z**
lub **od** +*gen* to come from, to derive
from.

wywoławczy *adj*: **cena wywoławcza**
starting price.

wywoływacz (**-a, -e**) (*gen pl* **-y**) *m*
(*FOT*) developer.

wywoł|ywać (**-uję, -ujesz**) (*perf* **-ać**)
vt (*wzywać*) to call;
(*powodować: przerażenie, podziw*) to
evoke; (*: powstanie, rozruchy,
dyskusję*) to trigger off; (*FOT*) to
develop.

wyw|ozić (**-ożę, -ozisz**) (*imp* **-oź** *lub*
-óź, *perf* **wywieźć**) *vt* (*gruz, śmieci*)
to remove; (*ludzi*) to take away;
(*towary*) to export.

wyw|ód (**-odu, -ody**) (*loc sg* **-odzie**)
m argument.

wyw|óz (**-ozu, -ozy**) (*loc sg* **-ozie**) *m*
(*gruzu, śmieci*) removal, disposal;
(*towarów*) export.

wywrac|ać (**-am, -asz**) (*perf*
wywrócić) *vt* (*domy, drzewa*) to
overturn; (*łódź*) to capsize;
(*kieszenie*) to turn out.

▸**wywracać się** *vr* (*o człowieku,
drzewie*) to fall (down); (*o
przedmiocie*) to overturn; (*o łodzi*) to
capsize.

wywrot|ka (**-ki, -ki**) (*dat sg* **-ce,* *gen pl*
-ek) *f* (*ciężarówka*) dumper (truck)
(*BRIT*), dump truck (*US*);
(*pot: upadek*) fall.

wywrotowy *adj* subversive.

wywró|cić (**-cę, -cisz**) (*imp* **-ć**) *vb
perf od* **wywracać**.

wyzio|nąć (**-nę, -niesz**) (*imp* **-ń**) *vt
perf*: **wyzionąć ducha** to give up the
ghost.

wyznacz|ać (**-am, -asz**) (*perf* **-yć**) *vt*
(*miejsce, termin*) to fix, to
determine; (*osobę*) to appoint, to
designate; (*obliczać*) to calculate.

wyznaczony *adj* appointed.

wyzn|ać (**-am, -asz**) *vt perf*: **wyznać
coś (komuś)** to confess sth (to sb).

wyzna|nie (**-nia, -nia**) (*gen pl* **-ń**) *nt*

(*miłości, sekretu*) confession; (*religia*) religion.

wyzn|awać (-aję, -ajesz) (*imp* -awaj) *vt* (*filozofię, pogląd*) to subscribe to.

wyznawc|a (-y, -y) *m decl like f in sg* (*REL*) believer; (*zwolennik*) advocate.

wyznawczy|ni (-ni, -nie) (*gen pl* -ń) *f* (*REL*) believer; (*zwolenniczka*) advocate.

wyzwal|ać (-am, -asz) (*perf* **wyzwolić**) *vt* to release; (*kraj, więźniów*) to liberate.

►**wyzwalać się** *vr* (*o kraju*) to be liberated; **wyzwalać się z czegoś** to free o.s. of sth.

wyzwa|nie (-nia, -nia) (*gen pl* -ń) *nt* challenge.

wyzwisk|a (-) *pl* abuse, curses *pl.*

wyzwoleni|e (-a) *nt* liberation.

wyzys|k (-ku) (*instr sg* -kiem) *m* exploitation.

wyzys|kiwać (-kuję, -kujesz) (*perf* -kać) *vt* to exploit.

wyzyw|ać (-am, -asz) (*perf* **wyzwać**) *vt* (*wymyślać*): **wyzywać kogoś** to call sb names; **wyzywać kogoś na pojedynek** to challenge sb to a duel.

wyzywająco *adv* provocatively.

wyzywający *adj* provocative.

wyż (-u, -e) *m* high, anticyclone.

wyżej *adv comp od* **wysoko** ♦ *adv* (*w tekście*) above.

wyższoś|ć (-ci) *f* superiority.

wyższy *adj comp od* **wysoki** ♦ *adj* (*szkolnictwo, wykształcenie, stopień*) higher; (*urzędnik*) high-ranking; **stopień wyższy** (*JĘZ*) comparative degree.

wyż|yć (-yję, -yjesz) *vi* to survive; **wyżyć z czegoś** (*pot*) to get by on sth.

wyżym|ać (-am, -asz) (*perf* **wyżąć**) *vt* to wring.

wyży|na (-ny, -ny) (*dat sg* -nie) *f* (*GEOG*) upland, uplands *pl.*

wyżynny *adj* upland *attr.*

wyży|wić (-wię, -wisz) *vr perf* to feed.

►**wyżywić się** *vr perf* to subsist.

wyżywieni|e (-a) *nt* food.

wzajemnie *adv* mutually, reciprocally; **pomagamy sobie wzajemnie** we help each other; **dziękuję, wzajemnie!** thank you, the same to you!

wzajemnoś|ć (-ci) *f* mutuality, reciprocation.

wzajemny *adj* mutual, reciprocal.

wzbier|ać (-a) (*perf* **wezbrać**) *vi* to rise.

wzbij|ać (-am, -asz) (*perf* **wzbić**) *vt* (*kurz, tumany*) to raise, to stir *lub* kick up.

►**wzbijać się** *vr* to rise.

wzboga|cać (-cam, -casz) (*perf* -cić) *vt* to enrich.

►**wzbogacać się** *vr* (*o człowieku*) to grow rich; **wzbogacać się (o coś)** (*o kolekcji*) to be enriched (by sth).

wzbrani|ać (-am, -asz) (*perf* **wzbronić**) *vt*: **wzbraniać komuś czegoś** to forbid sb to do sth.

►**wzbraniać się** *vr*: **wzbraniać się przed czymś/robieniem czegoś** to shrink from sth/doing sth.

wzbroniony *adj* prohibited; „palenie wzbronione" "no smoking"; „wstęp wzbroniony" "no entry".

wzbu|dzać (-dzam, -dzasz) (*perf* -dzić) *vt* (*ciekawość, entuzjazm, gniew*) to arouse, to stir up.

wzburz|ać (-am, -asz) (*perf* -yć) *vt* to agitate, to whip up.

►**wzburzać się** *vr* (*o morzu*) to be agitated; (*o człowieku, umyśle, tłumie*) to become agitated.

wzburzony *adj* (*morze, woda*) agitated, troubled; (*człowiek, umysł*) agitated.

wzdę|cie (-cia, -cia) (*gen pl* -ć) *nt* (*MED*) flatulence.

wzdłuż *prep* +*gen* along ♦ *adv* (*przeciąć*) lengthways.

wzdrag|ać się (-am, -asz) *vr.*
wzdragać się przed
czymś/zrobieniem czegoś to flinch
from sth/doing sth.

wzdryg|ać się (-am, -asz) (*perf*
-nąć) *vr* to flinch, to shudder.

wzdych|ać (-am, -asz) (*perf*
westchnąć) *vi* to sigh; **westchnął z
ulgą** he heaved a sigh of relief.

wze|jść (-jdzie) (*pt* -szedł, -szła,
-szły) *vb perf od* **wschodzić**.

wzgar|da (-dy) (*dat sg* -dzie) *f*
(*książk*) disdain, scorn.

wzgar|dzić (-dzę, -dzisz) (*imp* -dź)
vb perf od **gardzić** ♦ *vt perf.*
wzgardzić czymś to turn one's nose
up at sth.

wzgl|ąd (-ędu, -ędy) (*loc sg* -ędzie)
m. **pod względem czegoś** as
regards sth; **ze względu** *lub* **przez
wzgląd na kogoś/coś** for the sake
of sb/sth, for sb's/sth's sake; **z tego
względu** for that reason; **bez
względu na coś** regardless of sth;
pod tym względem in this respect;
pod każdym/żadnym względem in
every/no respect; **względy** *pl*
(*okoliczności, powody*)
considerations; (*przychylność*)
favours (*BRIT*), favors (*US*).

względnie *adv* (*stosunkowo*)
relatively, comparatively; (*albo*) or.

względny *adj* (*wartość, wysokość*)
relative; (*cisza, spokój*) comparative;
zaimek względny (*JĘZ*) relative
pronoun.

wzgór|ek (-ka, -ki) (*instr sg* -kiem) *m*
hillock.

wzgórz|e (-a, -a) *nt* hill.

wzi|ąć (wezmę, weźmiesz) (*imp* weź)
vb perf od **brać**.

wzięci|e (-a) *nt* (*powodzenie*)
popularity.

wzięty *adj* (much) sought after.

wzlat|ywać (-uję, -ujesz) (*perf*
wzlecieć) *vi* (*o ptakach, owadach*) to

fly up; (*o samolocie, balonie,
fajerwerku*) to rise.

wzmacniacz (-a, -e) (*gen pl* -y) *m*
amplifier.

wzmacni|ać (-am, -asz) (*perf
wzmocnić*) *vt* (*siły, zdrowie,
człowieka*) to strengthen; (*ścianę,
tamę, straże*) to reinforce, to
strengthen; (*głos, impuls, sygnał*) to
amplify.
►**wzmacniać się** *vr* (*nabierać sił*) to
get stronger.

wzmag|ać (-am, -asz) (*perf* **wzmóc**)
vt (*czujność, represje, wysiłki*) to
increase.
►**wzmagać się** *vr* (*o wietrze, burzy*)
to strengthen; (*o upale, gniewie*) to
increase; (*o walce, ostrzale*) to
escalate.

wzmian|ka (-ki, -ki) (*dat sg* -ce, *gen
pl* -ek) *f*. **wzmianka** (*o kimś/czymś*)
mention. (of sb/sth).

wzmocnie|nie (-nia) *nt* (*umocnienie*)
reinforcement, strengthening;
(*dodatkowy element*) (*nom pl* -nia,
gen pl -ń) reinforcement.

wzmożony *adj* increased.

wznak *adv*. **leżeć na wznak** to lie
supine.

wznawi|ać (-am, -asz) (*perf
wznowić*) *vt* (*dyskusję, obrady*) to
resume, to reopen; (*publikację*) to
reissue.

wznie|cać (-cam, -casz) (*perf* -cić) *vt*
(*ogień, pożar*) to start; (*kurz, tuman*)
to stir up, to kick up; (*przen: bunt,
niepokój*) to incite.

wzniesie|nie (-nia, -nia) (*gen pl* -ń)
nt hill.

wzniosłoś|ć (-ci) *f* loftiness.

wzniosły *adj* lofty.

wzno|sić (-szę, -sisz) (*imp* -ś) *vt*
(*perf* **wznieść**) (*podnosić*) to raise;
(*budować*) to erect; **wznosić toast
za kogoś/coś** to propose a toast to
sb/sth, to toast sb/sth.

▶**wznosić się** *vr* (*o ramionach, ptaku*) (*perf* **wznieść**) to rise; (*o drodze, schodach*) to rise, to ascend; (*o budowli, górach*) to tower.

wznowie|nie (-**nia**, -**nia**) (*gen pl* -**ń**) *nt* (*książki*) reissue.

wzorcowy *adj* model *attr*.

wzor|ek (-**ku**, -**ki**) (*instr sg* -**kiem**) *m* pattern; **we wzorki** patterned.

wzor|ować się (-**uję**, -**ujesz**) *vr*: **wzorować się na kimś** to model o.s. on sb.

wzorowy *adj* model *attr*, exemplary; **wzorowe sprawowanie** (*SZKOL*) good conduct.

wzo|rzec (-**rca**, -**rce**) *m* (*schemat*) pattern; (*pierwowzór*) prototype; (*godny naśladowania*) exemplar.

wz|ór (-**oru**, -**ory**) (*loc sg* -**orze**) *m* (*rysunek, deseń*) pattern; (*konfekcji, obuwia*) model; (*cnót, skromności*) paragon; (*przejrzystości, jasności*) model; (*MAT, CHEM, FIZ*) formula; **brać wzór z kogoś** to follow sb's example.

wzrast|ać (-**am**, -**asz**) (*perf* **wzrosnąć**) *vi* (*o dochodach, liczbie, spożyciu*) to rise; (*o człowieku*) to grow up; (*o gorączce, gniewie, hałasie*) to grow.

wzrastający *adj* rising, growing.

wzro|k (-**ku**) (*instr sg* -**kiem**) *m* (*zmysł*) (eye)sight, vision; (*spojrzenie*) gaze, eyes *pl*.

wzrokowy *adj* (*pamięć, wrażenie*) visual.

wzro|st (-**stu**) (*loc sg* -**ście**) *m* (*człowieka*) height; (*organizmu, roślin*) growth; **być niskiego/średniego** to be short/medium height; **być wysokiego wzrostu** to be tall; **ile masz wzrostu?** how tall are you?; **wzrost gospodarczy** economic growth.

wzrusz|ać (-**am**, -**asz**) (*perf* -**yć**) *vt* (*człowieka*) to move; (*ziemię*) to loosen; **wzruszać ramionami** to shrug (one's shoulders).

wzruszający *adj* moving.

wzrusze|nie (-**nia**, -**nia**) (*gen pl* -**ń**) *nt* emotion.

wzruszony *adj* moved.

wzwyż *adv* up(wards); **skok wzwyż** high jump; **od 5 wzwyż** 5 and over.

wzyw|ać (-**am**, -**asz**) (*perf* **wezwać**) *vt* (*lekarza, pogotowie, policję*) to call; **wzywać kogoś (do sądu)** to cite sb, to summon sb (before the magistrate); **wzywać kogoś do zrobienia czegoś** to call on sb to do sth; **wzywać pomocy** to call for help.

Z

───SŁOWO KLUCZOWE───

z, **ze** *prep* +*gen* **1** (*punkt wyjścia*) from; **z domu/góry/drzewa** from home/above/a tree. **2** (*źródło*) from; **z prasy/książki/doświadczenia** from the press/the book/experience. **3** (*czas*) from; **z grudnia/ubiegłego roku** from December/last year. **4** (*zbiorowość*) from; **kolega ze szkoły** friend from school; **niektórzy z was** some of you. **5** (*przyczyna*) (out) of; **z głodu/wdzięczności** (out) of hunger/gratitude. **6** (*materiał*): **stół z drewna** a wooden table; **zrobiony z drewna/wełny** made of wood/wool; **bukiet z róż** a bunch of roses; **sok z czarnych porzeczek** blackcurrant juice. **7** (*pod względem*): **ona jest dobra z matematyki** she is good at maths; **on jest z zawodu ślusarzem** he is a locksmith by profession; **egzamin z angielskiego** an

examination in English. **8**
(*nasilenie*): **z całych sił** with all
one's might; **z całego serca**
wholeheartedly ♦ *prep +instr* **1** (*w
towarzystwie*) with; **chodź ze mną**
come with me. **2** (*z dodatkiem*)
with; **kawa z mlekiem** coffee with
milk; **chleb z masłem** bread and
butter. **3** (*z zawartością*) of;
dzbanek z wodą a jar of water;
skrzynka z narzędziami a toolbox.
4 (*określenie rzeczownika*) with;
chłopiec z długimi włosami a boy
with long hair; **sklep z zabawkami**
toyshop.

───SŁOWO KLUCZOWE───

za *prep +instr* **1** (*miejsce*) behind; **za
drzewem/oknem** behind the
tree/window; **za burtą** overboard; **za
miastem** out of town. **2**
(*następstwo*) after; **jeden za drugim**
one after another, one by one. **3** (*cel
czynności*) for, after; **tęsknić za
kimś** to miss sb; **gonić za zyskiem**
to seek profit ♦ *prep +acc* **1**
(*miejsce*) behind; **schować się za
drzewo** to hide behind a tree;
wyjechać za miasto to go out of
town. **2**: **chwycić** (*perf*) **kogoś za
rękę** to take hold of sb's hand, to
grab sb's hand. **3** (*cel czynności*)
for; **walczyć za wolność** to fight for
freedom; **wznosić** (**wznieść** *perf*)
toast za czyjeś zdrowie to drink (a
toast) to sb's health. **4** (*po upływie
jakiegoś czasu*) in; **za trzy godziny**
in three hours; **za dwa lata** in two
years' time; **jest za dziesięć piąta**
it's ten to five. **5** (*w zamian za*) for;
kupiłem to za 5 złotych I bought
this for 5 zloty; **za to, że ...** in
return for ... . **6** (*w zastępstwie*) in
place of; **pracować za dwóch** to do

the work of two ♦ *adv* **1** (*zbyt*) too;
za późno/wcześnie too late/early;
za dużo ludzi too many people; **on
jest za młody na to stanowisko**
he's too young for the post. **2** (*w
zdaniach wykrzyknikowych*): **co za
dzień!** what a day!

---

zaadres|ować (-*uję*, -*ujesz*) *vb perf
od* **adresować**.

zaakcept|ować (-*uję*, -*ujesz*) *vb perf
od* **akceptować**.

zaangaż|ować (-*uję*, -*ujesz*) *vb perf
od* **angażować**.

zaapel|ować (-*uję*, -*ujesz*) *vb perf od*
apelować.

zaareszt|ować (-*uję*, -*ujesz*) *vb perf
od* **aresztować**.

zaatak|ować (-*uję*, -*ujesz*) *vb perf od*
atakować.

zaawansowany *adj* advanced ♦ *n
decl like adj* advanced learner.

zabar|wiać (-*wiam*, -*wiasz*) (*perf
-wić*) *vt* to dye.

►**zabarwiać się** *vr*: **zabarwiać się
na niebiesko** to turn blue.

zabarwieni|e (-*a*) *nt* tint;
(*brzmienie głosu*) tone;
(*przen: charakter*) overtone.

zaba|wa (-*wy*, -*wy*) (*dat sg* -*wie*) *f*
(*zajęcie*) play; (*gra*) game; (*bal*)
party; **coś do zabawy** something to
play with; **dla zabawy** for fun; **plac
zabaw** playground; **przyjemnej
zabawy!** have a good time!

zaba|wiać (-*wiam*, -*wiasz*) (*perf* -*wić*)
vt to entertain.

►**zabawiać się** *vr* to amuse o.s.

zabaw|ka (-*ki*, -*ki*) (*dat sg* -*ce*, *gen pl*
-*ek*) *f* toy.

zabawny *adj* amusing.

zabezpiecz|ać (-*am*, -*asz*) (*perf* -*yć*)
vt (*chronić*) to protect, to guard;
(*czynić bezpiecznym*) to secure;

zabezpieczać coś przed czymś to guard sth against sth.
▸**zabezpieczać się** vr.
zabezpieczyć się (przed czymś) to protect o.s. (against sth).
zabezpiecze|nie (-nia, -nia) (gen pl -ń) nt protection.
zabi|ć (-ję, -jesz) vb perf od **zabijać** ▸ vi perf (o zegarze) to strike.
▸**zabić się** vr perf (odebrać sobie życie) to kill o.s.; (stracić życie) to get killed.
zabie|g (-gu, -gi) (instr sg -giem) m procedure; (operacja) (minor) operation; **zabiegi** pl endeavours pl (BRIT), endeavors pl (US).
zabieg|ać (-am, -asz) vi: **zabiegać (zabiec perf) komuś drogę** to bar sb's way; **zabiegać o coś** to strive for sth.
zabiegowy adj (oddział) surgical; (gabinet) surgery attr.
zabier|ać (-am, -asz) (perf **zabrać**) vt (brać ze sobą) to take; (przynosić ze sobą) to bring; (usuwać) to take away; (podnosić) to pick up; (miejsce, czas) to take; (o autobusie, statku: mieścić) to take; **zabierać coś komuś** to take sth away from sb.
▸**zabierać się** vr. **zabierać się do czegoś** to get down to sth.
zabij|ać (-am, -asz) (perf **zabić**) vt to kill.
▸**zabijać się** vr to kill one another.
zabity adj killed; **spać jak zabity** to sleep like a log.
zabłą|dzić (-dzę, -dzisz) (imp -dź) vi perf to lose one's way, to get lost.
zabłąk|ać się (-am, -asz) vr perf to stray.
zabły|snąć (-snę, -śniesz) (imp -śnij) vi perf (wydać błysk) to flash; (zapalić się) to come on; (przen) to shine; patrz też **błysnąć**.

zabobo|n (-nu, -ny) (loc sg -nie) m superstition.
zabobonny adj superstitious.
zabol|eć (-i) vi perf to hurt.
zaborczy adj (polityka, władza) aggressive; (człowiek, charakter, miłość) possessive.
zabójc|a (-y, -y) m decl like f in sg killer, assassin.
zabójczy adj (kula, cios) lethal, fatal; (klimat, praca, tryb życia) destructive.
zabójst|wo (-wa, -wa) (loc sg -wie) nt killing, assassination.
za|brać (-biorę, -bierzesz) vb perf od **zabierać**.
▸**zabrać się** vr perf. **zabrać się z kimś** (pot) to get a lift from sb (pot).
zabrak|nąć (-nie) (pt -ło) vi perf. **zabrakło nam chleba/pieniędzy** we've run out of bread/money.
zabrani|ać (-am, -asz) (perf **zabronić**) vt. **zabraniać czegoś** to forbid lub prohibit sth; **zabraniać komuś robić coś** to forbid sb to do sth, to prohibit sb from doing sth.
zabroniony adj prohibited.
zabru|dzić (-dzę, -dzisz) (imp -dź) vb perf od **brudzić**.
zabudowa|nia (-ń) pl buildings pl.
zabudow|ywać (-uję, -ujesz) (perf -ać) vt (teren) to develop; (ścianę, kuchnię) to furnish.
zaburz|ać (-am, -asz) (perf -yć) vt (równowagę) to upset; (spokój) to disturb.
zaburze|nia (-ń) pl (psychiczne) disturbance; (żołądkowe) disorder, upset; (atmosferyczne) disturbance.
zabyt|ek (-ku, -ki) (instr sg -kiem) m (historic) monument; **zabytki przyrody** monuments of nature.
zabytkowy adj (budynek) historic; (mebel) antique.
zach. abbr (= zachodni) W. (= West, western).

zachcian|ka (-ki, -ki) (*dat sg* -ce, *gen pl* -ek) *f* whim.

zachciew|ać się (-a) (*perf* **zachcieć się**) *vi*: **zachciało mi się spać/jeść** I got sleepy/hungry.

zachę|cać (-cam, -casz) (*pt* -cić) *vt*: **zachęcać kogoś do czegoś** to encourage sb to do sth.

zachęcający *adj* encouraging, inviting.

zachę|ta (-ty, -ty) (*dat sg* -cie) *f* encouragement, incentive.

zachłanno|ść (-ci) *f* avarice, avariciousness.

zachłanny *adj* avaricious, acquisitive.

zachłyst|ywać się (-uję, -ujesz) (*perf* **zachłysnąć**) *vr* to choke.

zachmurzeni|e (-a) *nt* clouds *pl*.

zachmurzony *adj* clouded.

zachmurz|yć się (-ę, -ysz) *vr perf* (*o niebie, twarzy*) to cloud over; (*o człowieku*) to become gloomy.

zachodni *adj* (*kierunek*) west, western; (*wiatr*) west, westerly; (*państwa, kultura, prasa, półkula*) western; **Europa Zachodnia** Western Europe; **zachodnia Polska** the west of Poland, western Poland.

zacho|dzić (-dzę, -dzisz) (*imp* -dź, *perf* **zajść**) *vt*: **zachodzić kogoś** to steal on sb ♦ *vi* (*o słońcu, księżycu*) to set; (*docierać*) to get; (*odwiedzać*) to look *lub* drop in; (*o zdarzeniu, pomyłce*) to occur; **zachodzić na siebie** to overlap; **zajść w ciążę** to become pregnant.

zachor|ować (-uję, -ujesz) *vi perf* to be taken ill, to fall ill.

zachowani|e (-a) *nt* (*sposób bycia*) behaviour (*BRIT*), behavior (*US*); (*maniery*) manners *pl*; (*uchronienie*) preservation.

zachowawczy *adj* conservative.

zachow|ywać (-uję, -ujesz) (*perf* -ać) *vt* (*pamiątki, rzeczy*) to retain,

to keep; (*siły, wdzięczność*) to retain; (*tradycje*) to preserve.

►**zachowywać się** *vr* (*postępować*) to act, to behave; (*o dokumentach, tradycjach, legendach*) to survive.

zach|ód (-odu, -ody) (*loc sg* -odzie) *m* (*też*: **zachód słońca**) sunset; (*strona świata*) west; (*Europa Zachodnia*) the West; **na zachód od** +*gen* west of.

zachrypnięty *adj* hoarse.

zachwal|ać (-am, -asz) *vt* to praise.

zachwy|cać (-cam, -casz) (*perf* -cić) *vt* to delight, to enchant.

►**zachwycać się** *vr*: **zachwycać się czymś** to marvel at sth.

zachwycający *adj* delightful.

zachwycony *adj* delighted; **jestem zachwycony przedstawieniem** I am delighted with the performance.

zachwy|t (-tu, -ty) (*dat sg* -cie) *m* delight.

zaciąg|ać (-am, -asz) (*perf* -nąć) *vt* (*wlec*) to drag; (*firankę*) to draw; (*pasek*) to tighten.

►**zaciągać się** *vr* (*wstępować do służby*) to enlist; (*dymem papierosowym*) to inhale.

zacie|k (-ku, -ki) (*instr sg* -kiem) *m* water stain (*on wall*).

zaciekawieni|e (-a) *nt* (*zainteresowanie*) interest; (*ciekawość*) curiosity.

zaciekły *adj* (*walka, dyskusja*) fierce; (*atak*) ferocious; (*przeciwnik*) sworn.

zacier|ać (-am, -asz) (*perf* **zatrzeć**) *vt* (*ślady, szczegóły*) to cover (up); (*złe wrażenie*) to efface.

►**zacierać się** *vr* (*o napisie, wspomnieniach*) to fade (away); (*TECH*) to seize up.

zacieś|niać (-niam, -niasz) (*perf* -nić) *vt* to tighten.

►**zacieśniać się** *vr* to tighten.

zacietrzewiony *adj* furious.

zacię|cie (-cia, -cia) (*gen pl* -ć) *nt*

(*predyspozycja*) bent; (*werwa, zapał*) verve.

zacięty *adj* (*opór*) stiff; (*bój*) hard-fought.

zacin|ać (**-am, -asz**) (*perf* **zaciąć**) *vt* (*ranić*) to cut; (*wargi, usta*) to set ♦ *vi* (*o deszczu*) to whip.

►**zacinać się** *vr* (*kaleczyć się*) to cut o.s.; (*o mechanizmach, szufladzie*) to jam, to get stuck; (*jąkać się*) to stammer.

zacis|k (**-ku, -ki**) (*instr sg* **-kiem**) *m* (*ELEKTR*) terminal; (*TECH*) clamp.

zacisk|ać (**-am, -asz**) (*perf* **zacisnąć**) *vt* to tighten; **zacisnąć pasa** to tighten one's belt; **zacisnąć zęby** (*przen*) to clench *lub* set one's teeth.

zacisz|e (**-a, -a**) (*gen pl* **-y**) *nt* (*miejsce osłonięte*) sheltered spot; (*miejsce ustronne*) secluded spot.

zaciszny *adj* (*spokojny*) quiet; (*ustronny*) secluded.

zacofani|e (**-a**) *nt* backwardness.

zacofany *adj* backward.

zaczaj|ać się (**-am, -asz**) (*perf* **zaczaić**) *vr*: **zaczajać się na** +*acc* to lie in ambush for.

zaczar|ować (**-uję, -ujesz**) *vt perf* to cast *lub* put a spell on.

zaczarowany *adj* magic.

zaczą|ć (**-nę, -niesz**) (*imp* **-nij**) *vb perf od* **zaczynać**.

zaczek|ać (**-am, -asz**) *vb perf od* **czekać**.

zacze|piać (**-piam, -piasz**) (*perf* **-pić**) *vt* (*przyczepiać*) to fasten; (*zatrzymywać*) to accost; (*atakować*) to attack ♦ *vi*: **zaczepiać o coś** to catch on sth.

►**zaczepiać się** *vr*: **zaczepiać się o coś** (*chwytać się*) to catch hold of sth; (*zahaczać się*) to catch on sth.

zaczepny *adj* (*ton, uwaga*) aggressive; (*człowiek*) truculent, aggressive.

zaczerwienie|nie (**-nia, -nia**) (*gen pl* **-ń**) *nt* (*na skórze*) red mark.

zaczyn|ać (**-am, -asz**) (*perf* **zacząć**) *vt* to begin, to start; **zaczynać coś robić** to begin *lub* start doing *lub* to do sth.

►**zaczynać się** *vr* to start, to begin.

zaćma (**-my**) (*dat sg* **-mie**) *f* cataract.

zaćmie|nie (**-nia, -nia**) (*gen pl* **-ń**) *nt* (*Słońca, Księżyca*) eclipse; (*pot: zamroczenie*) (mental) block.

zaćmiew|ać (**-am, -asz**) (*perf* **zaćmić**) *vt* (*światło*) to darken; (*przen*) to outshine, to eclipse.

za|d (**-du, -dy**) (*loc sg* **-dzie**) *m* rump.

zadamawi|ać się (**-am, -asz**) (*perf* **zadomowić**) *vr* to get settled.

zada|nie (**-nia, -nia**) (*gen pl* **-ń**) *nt* (*coś do wykonania*) task; (*SZKOL*) task, exercise; (*z matematyki, fizyki*) problem; **zadanie domowe** homework.

zadarty *adj*: **zadarty nos** a snub nose.

zad|awać (**-aję, -ajesz**) (*perf* **-ać**) *vt* (*pytanie*) to ask; (*lekcje, czytankę*) to assign; (*cios*) to deal; **zadać komuś pytanie** to ask sb a question.

►**zadawać się** *vr* (*pot*): **zadawać się z kimś** to hang around with sb.

zadbany *adj* (*człowiek*) well-groomed; (*ogród, dom*) neat (and tidy).

zadecyd|ować (**-uję, -ujesz**) *vb perf od* **decydować**.

zademonstr|ować (**-uję, -ujesz**) *vb perf od* **demonstrować**.

zadept|ywać (**-uję, -ujesz**) (*perf* **-ać**) *vt* (*ścieżkę, kwiaty*) to trample.

zadła|wić się (**-wię, -wisz**) *vr perf* to choke.

zadłuż|ać się (**-am, -asz**) (*perf* **-yć**) *vr* to get into debt.

zadłużeni|e (**-a**) *nt* debt.

zadłużony *adj* indebted.

zadość *inv*: **czynić** (**uczynić** *perf*)

zadość prośbie/wymaganiom to satisfy a request/demands.

zadośćuczynieni|e (-a) *nt* satisfaction.

zadowal|ać (-am, -asz) (*perf* **zadowolić**) *vt* to satisfy; (*cieszyć*) to please.

▸**zadowalać się** *vr:* **zadowalać się czymś** to make do with sth, to settle for sth.

zadowalający *adj* satisfactory.

zadowoleni|e (-a) *nt* satisfaction.

zadowolony *adj* (*szczęśliwy*) glad, pleased; (*usatysfakcjonowany*) satisfied, contented.

zadrapa|nie (-nia, -nia) (*gen pl* -**ń**) *nt* scratch.

zadraśnię|cie (-cia, -cia) (*gen pl* -**ć**) *nt* graze.

zadrażnie|nia (-**ń**) *pl* frictions *pl*.

zadręcz|ać (-am, -asz) (*perf* -**yć**) *vt* to badger, to pester.

▸**zadręczać się** *vr:* **zadręczać się (czymś)** to torture *lub* torment o.s. (with sth).

zadrż|eć (-ę, -ysz) (*imp* -**yj**) *vb perf od* **drżeć**.

zaduch (-u) *m* stuffy air.

zadu|ma (-my) (*dat sg* -**mie**) *f* reflection, meditation.

zadum|ać się (-am, -asz) *vr perf* (*książk*) to muse.

zadumany *adj* (*książk*) reflective, thoughtful.

Zadusz|ki (-ek) *pl* (*REL*) All Souls' Day.

zadymiony *adj* smoky.

zadym|ka (-ki, -ki) (*dat sg* -**ce**, *gen pl* -**ek**) *f* snowstorm, blizzard.

zadyszany *adj* breathless.

zadysz|ka (-ki, -ki) (*dat sg* -**ce**, *gen pl* -**ek**) *f* breathlessness; **dostać** (*perf*) **zadyszki** to lose one's breath.

zadział|ać (-am, -asz) *vb perf od* **działać** ▸ *vi perf* (*podjąć działanie*) to take action.

zadzier|ać (-am, -asz) *vt* (*perf* **zadrzeć**) (*paznokieć*) to tear; (*pot: spódnicę*) to pull up ▸ *vi:* **zadzierać z kimś** (*pot*) to mess with sb (*pot*).

zadziorny *adj* (*pot: kłótliwy*) quarrelsome; (: *nieustępliwy*) defiant.

zadzi|wiać (-wiam, -wiasz) (*perf* -**wić**) *vt* to astonish, to amaze.

zadziwiający *adj* astonishing, amazing.

zadzwo|nić (-nię, -nisz) (*imp* -**ń**) *vb perf od* **dzwonić**.

zafascynowani|e (-a) *nt* fascination.

zafascynowany *adj* fascinated.

zafund|ować (-uję, -ujesz) *vb perf od* **fundować**.

zagad|ka (-ki, -ki) (*dat sg* -**ce**, *gen pl* -**ek**) *f* (*zadanie*) riddle, puzzle; (*tajemnica*) mystery.

zagadkowy *adj* puzzling, enigmatic.

zagadnie|nie (-nia, -nia) (*gen pl* -**ń**) *nt* problem, issue.

zagad|ywać (-uję, -ujesz) *vt* (*zwracać się*) (*perf* -**nąć**) to speak to, to address; (*pot: zagłuszać*) (*perf* **zagadać**) to talk down ▸ *vi* (*odzywać się*) (*perf* -**nąć**) to start speaking.

zagajni|k (-ka, -ki) (*instr sg* -**kiem**) *m* woods *pl*.

zagani|ać (-am, -asz) (*perf* **zagnać** *lub* **zagonić**) *vt* to drive.

zagap|ić się (-pię, -pisz) *vr perf* (*pot*): **zagapiłem się** I wasn't paying attention.

zagar|niać (-niam, -niasz) (*perf* -**nąć**) *vt* (*zbierać*) to gather; (*przywłaszczać*) to seize.

zagęszcz|ać (-am, -asz) (*perf* **zagęścić**) *vt* to thicken.

zagęszczeni|e (-a) *nt* concentration.

zagię|cie (-cia, -cia) (*gen pl* -**ć**) *nt* (*materiału*) fold; (*drutu*) bend.

zagin|ać (-am, -asz) (*perf* **zagiąć**) *vt* (*kartkę*) to fold; (*drut*) to bend; (*pot: osobę*) to confuse.

zagi|nąć (-nę, -niesz) (*imp* -ń) *vi perf*
to go missing, to disappear; **ślad po
nim zaginął** there is no trace left of
him.

zaginiony *adj* missing ♦ *m decl like
adj* missing person.

zagląd|ać (-am, -asz) (*perf* **zajrzeć**)
vi to look in.

zagła|da (-dy, -dy) (*dat sg* -dzie) *f*
extermination, annihilation.

zagła|dzać (-dzam, -dzasz) (*perf*
zagłodzić) *vt* to starve.

zagłę|biać (-biam, -biasz) (*perf* -bić)
vt (*w wodzie*) to immerse; (*w
kieszeniach, masie czegoś*) to sink.

▸**zagłębiać się** *vr* (*w wodzie*) to
immerse o.s.; (*w fotelu*) to sink.

zagłę|bie (-bia, -bia) (*gen pl* -bi) *nt*:
zagłębie węglowe coalfield.

zagłębie|nie (-nia, -nia) (*gen pl* -ń) *nt*
hollow.

zagłów|ek (-ka, -ki) (*instr sg* -kiem)
m headrest.

zagłusz|ać (-am, -asz) (*perf* -yć) *vt*
(*dźwięk, głos*) to drown out;
(*wyrzuty sumienia*) to deaden; (*stację
radiową*) to jam.

zagmatw|ać (-am, -asz) *vb perf od*
gmatwać.

zagmatwany *adj* tangled, confused.

zag|oić (-oję, -oisz) (*imp* -ój) *vb perf
od* **goić**.

zago|n (-nu, -ny) (*loc sg* -nie) *m*
patch (*of cabbages etc*).

zagoniony *adj* (*pot*) busy, on the go.

zagorzały *adj* (*zwolennik, fan*) ardent,
fervent; (*przeciwnik*) fierce;
(*dyskusja*) heated.

zagospodarow|ywać (-uję, -ujesz)
(*perf* -ać) *vt* (*teren*) to develop.

▸**zagospodarowywać się** *vr* to
settle in.

zago|ścić (-szczę, -ścisz) (*imp* -ść)
vi perf (*książk*: *o radości, spokoju*) to
settle.

zagot|ować (-uję, -ujesz) *vb perf od*
gotować.

zagra|biać (-biam, -biasz) (*perf* -bić)
vt (*liście, ścieżkę*) to rake;
(*przen*: *ziemię, majątek*) to seize.

zagra|cać (-cam, -casz) (*perf* -cić) *vt*
(*pot*) to clutter.

zagradz|ać (-am, -asz) (*perf*
zagrodzić) *vt* to obstruct, to bar.

zagranic|a (-y) *f* foreign countries *pl*.

zagraniczny *adj* foreign; **handel
zagraniczny** foreign commerce *lub*
trade; **Ministerstwo Spraw
Zagranicznych** Ministry of Foreign
Affairs, ≈ Foreign Office (*BRIT*), ≈
State Department (*US*).

zagra|nie (-nia, -nia) (*gen pl* -ń) *nt*
move.

zagraż|ać (-am, -asz) (*perf* **zagrozić**)
vi: **zagrażać komuś/czemuś** to
threaten sb/sth.

zagr|oda (-ody, -ody) (*dat sg* -odzie,
gen pl -ód) *f* (*gospodarstwo*) farm;
(*dla krów itp.*) pen, corral (*US*).

zagroże|nie (-nia, -nia) (*gen pl* -ń) *nt*
threat, danger.

zagryw|ka (-ki, -ki) (*dat sg* -ce, *gen pl*
-ek) *f* (*SPORT*) serve.

zagryz|ać (-am, -asz) (*perf* **zagryźć**)
vt (*o zwierzętach*) to bite to death;
(*o człowieku*: *wargi*) to bite.

▸**zagryzać się** *vr* (*o zwierzętach*) to
bite each other to death;
(*pot*: *martwić się*) to worry.

zagrzeb|ywać (-uję, -ujesz) (*perf*
-ać) *vt* to bury.

▸**zagrzebywać się** *vr* to burrow, to
bury o.s.

zagrzew|ać (-am, -asz) (*perf*
zagrzać) *vt* (*podgrzewać*) to warm
lub heat up; **zagrzewać kogoś do
czegoś** to spur sb on to (do) sth.

▸**zagrzewać się** *vr* (*podgrzewać się*)
to warm *lub* heat up.

zagu|bić (-bię, -bisz) *vt perf* to lose.

▸**zagubić się** *vr* to get lost.

zagubiony adj (człowiek) lost; (osada, wyspa) remote.

zahacz|ać (-am, -asz) (perf -yć) vt: **zahaczać coś o coś** to hook sth (on)to sth ♦ vi: **zahaczać o coś** (zaczepiać) to catch on sth; (pot. w rozmowie) to touch (up)on sth; **zahaczyć o Pragę/znajomego** (pot. wstąpić na krótko) to stop off in Prague/at a friend's place.

▶**zahaczać się** vr (pot): **zahaczyć się gdzieś** to land a job somewhere.

zaham|ować (-uję, -ujesz) vt perf to bring to a stop ♦ vi perf to come to a stop.

zahamowa|nie (-nia, -nia) (gen pl -ń) nt inhibition, hang-up (pot).

zahartowany adj hardened.

zaim|ek (-ka, -ki) (instr sg -kiem) m pronoun.

zaimprowizowany adj improvised, impromptu.

zaintereso|wać (-uję, -ujesz) vb perf od **interesować**.

▶**zainteresować się** vr perf: **zainteresować się czymś** to become interested in sth, to take an interest in sth.

zainteresowa|nie (-nia) nt interest; **zainteresowania** pl interests pl.

zainteresowany adj: **być czymś zainteresowanym** to be interested in sth.

zainwest|ować (-uję, -ujesz) vb perf od **inwestować**.

zaistni|eć (-eję, -ejesz) vi perf to come into being lub existence; (o trudnościach) to arise.

zaja|d (-du, -dy) (loc sg -dzie) m (MED): **zajady** perleche.

zajad|ać (-am, -asz) vt (pot) to tuck into (BRIT), to chow (down) (US).

▶**zajadać się** vr: **zajadać się czymś** to gorge o.s. on lub with sth.

zajadły adj virulent.

zaj|azd (-azdu, -azdy) (loc sg -eździe) m wayside inn.

zaj|ąc (-ąca, -ące) (gen pl -ęcy) m hare.

zaj|ąć (-mę, -miesz) (imp -mij) vb perf od **zajmować**.

▶**zająć się** vr perf: **zajmę się tym** I'll see to that; **zająć się aktorstwem/medycyną** to take up acting/medicine.

zajezd|nia (-ni, -nie) (gen pl -ni) f depot.

zajeżdż|ać (-am, -asz) vt (konia) (perf **zajeździć**) to override ♦ vi (perf **zajechać**): **zajeżdżać do domu/na stację** to arrive home/at the station; **zajeżdżać komuś drogę** (MOT) to cut in on sb.

zaj|ęcie (-ęcia, -ęcia) (gen pl -ęć) nt (czynność) occupation, pursuit; (praca) occupation; **zajęcia** pl (UNIW) classes pl; **(szkolny) plan** lub **rozkład zajęć** (school) timetable.

zajęczy adj: **zajęcza warga** harelip.

zajęty adj (człowiek) busy; (miejsce) taken, occupied; (TEL) busy, engaged (BRIT); **teraz jestem zajęta** I'm busy now; **być zajętym robieniem czegoś** to be busy doing sth.

zajm|ować (-uję, -ujesz) (perf **zająć**) vt (powierzchnię) to occupy, to take up; (pokój, dom) to occupy; (miasto, kraj) to seize; (wzbudzać ciekawość) to engage; **zajmie (mi) to dwie godziny** it'll take (me) two hours; **zająć miejsce** to take one's seat; **zająć komuś miejsce** to keep a seat for sb.

▶**zajmować się** vr (zapalać się) to catch fire; **zajmować się czymś/robieniem czegoś** to busy o.s. with sth/doing sth; **czym się zajmujesz?** what do you do (for a living)?; **zajmować się kimś/czymś** (opiekować się) to look after sb/sth.

zajmujący *adj* (*opowieść*) engrossing, absorbing; (*praca*) absorbing; (*człowiek*) interesting.

zajrz|eć (**-ę, -ysz**) (*imp* **-yj**) *vb perf od* **zaglądać**.

zajś|cie (**-cia, -cia**) (*gen pl* **-ć**) *nt* incident.

zakal|ec (**-ca, -ce**) *m*: **ciasto z zakalcem** slack-baked cake.

zakamar|ek (**-ka, -ki**) (*instr sg* **-kiem**) *m* recess, corner.

zaka|z (**-zu, -zy**) (*loc sg* **-zie**) *m* ban, prohibition; „**zakaz postoju**" "no waiting"; „**zakaz skrętu w lewo/prawo**" "no left/right turn"; „**zakaz wjazdu**" "no entry"; „**zakaz wstępu**" "no entry".

zakaz|ywać (**-uję, -ujesz**) (*perf* **-ać**) *vt* to forbid, to prohibit; **zakazywać komuś czegoś** to forbid sb (to do) sth, to prohibit sb from doing sth.

zakaźny *adj* (*choroba*) infectious; **oddział zakaźny** isolation ward.

zakaż|ać (**-am, -asz**) (*perf* **zakazić**) *vt* to infect.

zakaże|nie (**-nia, -nia**) (*gen pl* **-ń**) *nt* infection.

zakąs|ka (**-ki, -ki**) (*dat sg* **-ce**, *gen pl* **-ek**) *f* (*zimna*) appetizer, hors d'oeuvre; (*ciepła*) appetizer.

zakąt|ek (**-ka, -ki**) (*instr sg* **-kiem**) *m* nook.

zakl|ąć (**-nę, -niesz**) (*imp* **-nij**) *vb perf od* **kląć, zaklinać**.

zaklej|ać (**-am, -asz**) (*perf* **zakleić**) *vt* to seal.

zaklę|cie (**-cia, -cia**) (*gen pl* **-ć**) *nt* (*formuła*) spell, charm; (*prośba*) entreaty.

zaklin|ać (**-am, -asz**) (*perf* **zakląć**) *vt* (*błagać*) to beg, to entreat; (*rzucać urok*) to put a spell on, to cast a spell over.

▶**zaklinać się** *vr* to swear.

zakła|d (**-du, -dy**) (*loc sg* **-dzie**) *m* (*umowa*) bet; **zakład przemysłowy** industrial plant; **zakład fryzjerski** hairdresser's; (*męski*) barber's; **zakład badawczy** research institute; **zakład poprawczy** borstal (*BRIT*), reformatory (*US*).

zakład|ać (**-am, -asz**) (*perf* **założyć**) *vt* (*miasto*) to found; (*towarzystwo, spółkę*) to establish, to found; (*płaszcz, buty, okulary*) to put on; (*gaz, telefon*) to install ▶ *vi* to assume, to suppose.

▶**zakładać się** *vr* to bet.

zakład|ka (**-ki, -ki**) (*dat sg* **-ce**, *gen pl* **-ek**) *f* (*do książki*) bookmark; (*KRAWIECTWO*) tuck.

zakładni|k (**-ka, -cy**) (*instr sg* **-kiem**) *m* hostage.

zakładowy *adj* (*teren, magazyn*) factory *attr*.

zakłopo|tać (**-czę, -czesz**) *vt perf* to embarrass.

▶**zakłopotać się** *vr* to get embarrassed.

zakłopotani|e (**-a**) *nt* embarrassment.

zakłopotany *adj* embarrassed.

zakłó|cać (**-cam, -casz**) (*perf* **-cić**) *vt* (*ciszę, nastrój*) to disturb; (*działalność, proces*) to disrupt; (*sygnał, łączność*) to cause interference to.

zakłóce|nie (**-nia, -nia**) (*gen pl* **-ń**) *nt* (*RADIO*) interference; **zakłócenia w produkcji/transporcie** disruption in production/transport services.

zakoch|ać się (**-am, -asz**) *vb perf od* **zakochiwać się**.

zakochany *adj*: **zakochany (w kimś/czymś)** in love (with sb/sth) ▶ *m decl like adj* lover.

zakoch|iwać się (**-uję, -ujesz**) (*perf* **zakochać**) *vr*: **zakochiwać się (w kimś/czymś)** to fall in love (with sb/sth).

zakol|e (**-a, -a**) (*gen pl* **-i**) *nt* (*drogi, rzeki*) bend.

zako|n (**-nu, -ny**) (*loc sg* **-nie**) *m* order.

zakonnic|a (-y, -e) f nun.

zakonni|k (-ka, -cy) (*instr sg* -kiem) m friar.

zakończe|nie (-nia, -nia) (*gen pl* -ń) nt (*pracy, współpracy*) end; (*opowiadania*) ending; (*wypracowania*) conclusion.

zakończ|yć (-ę, -ysz) vb perf od **kończyć, zakańczać**.

zakop|ywać (-uję, -ujesz) (*perf* -ać) vt to bury.

▸**zakopywać się** vr to bury o.s.

zakorze|niać się (-nia) (*perf* -nić) vr (*o roślinach*) to (take) root; (*przen: o zwyczajach, nawykach*) to take root.

zakrad|ać się (-am, -asz) (*perf* **zakraść**) vr to sneak in.

zakraplacz (-a, -e) (*gen pl* -y) m dropper.

zakrapl|ać (-am, -asz) (*perf* **zakroplić**) vt: **zakraplać oczy/nos** to put eyedrops/nosedrops in.

zakre|s (-su, -sy) (*loc sg* -sie) m (*środków, obowiązków, działania*) range; (*uprawnień*) extent; (*tematyczny*) scope; (*RADIO*) waveband.

zakreśl|ać (-am, -asz) (*perf* -ić) vt (*fragment tekstu*) to mark, to highlight; (*czek*) to cross.

zakrę|cać (-cam, -casz) (*perf* -cić) vt (*słoik*) to twist on; (*kran*) to turn off; (*drut*) to twist; (*włosy*) to curl ♦ vi to turn.

zakrę|t (-tu, -ty) (*loc sg* -cie) m bend, corner; **zakręt w lewo/prawo** left/right bend.

zakręt|ka (-ki, -ki) (*dat sg* -ce, *gen pl* -ek) f (bottle) cap.

zakrwawiony adj bloody, bloodstained.

zakrysti|a (-i, -e) (*gen pl* -i) f sacristy, vestry.

zakryw|ać (-am, -asz) (*perf* **zakryć**) vt to cover.

▸**zakrywać się** vr to cover o.s.

zakrze|p (-pu, -py) (*loc sg* -pie) m (*MED*) clot.

zakrzy|kiwać (-kuję, -kujesz) (*perf* **zakrzyczeć**) vt to shout down.

zakrzy|wiać (-wiam, -wiasz) (*perf* -wić) vt to bend.

▸**zakrzywiać się** vr (*o gwoździu, gałęzi*) to bend; (*o drodze, ustach*) to curve.

zakrzywiony adj bent, curved.

zaku|p (-pu, -py) (*loc sg* -pie) m purchase; **iść na zakupy** to go shopping; **robić zakupy** to shop; **torba na zakupy** shopping bag.

zakurzony adj dusty.

zakuw|ać (-am, -asz) (*perf* **zakuć**) vt (*SZKOL: pot*) to swot up (on) (*pot: BRIT*); (*więźnia*) to clap in irons *lub* chains ♦ vi (*pot*) to cram (*pot*), to swot (*pot: BRIT*).

zakwaterowani|e (-a) nt accommodation, lodgings pl.

zakwit|ać (-a) (*perf* -nąć) vi to blossom, to bloom.

zalany adj flooded; (*pot: pijany*) drunk, sloshed (*pot*).

zalatany adj (*pot*) run off one's feet (*pot*).

zalat|ywać (-uje) (*perf* **zalecieć**) vi (*o zapachu*) to waft; **zalatywać** (**czymś**) (*pot*) to smell (of sth).

zaląż|ek (-ka, -ki) (*instr sg* -kiem) m germ.

zale|cać (-cam, -casz) vt (*polecać*) (*perf* -cić): **zalecać coś (komuś)** to recommend sth (to sb).

▸**zalecać się** vr: **zalecać się do kogoś** to court *lub* woo sb, to make advances to sb.

zalece|nie (-nia, -nia) (*gen pl* -ń) nt recommendation.

zaledwie adv merely ♦ conj: **zaledwie przyjechał, ...** no sooner had he arrived than ...; **zaledwie wczoraj** only yesterday.

zaleg|ać (-am, -asz) vi (*o kurzu,*

śniegu, tłumie) to linger; **zalegać z czymś** to be behind with sth.

zaległoś|ci (-ci) *pl* (*w nauce, pracy*) backlog; (*w płaceniu*) arrears *pl*; **mieć zaległości (w czymś)** to be behind (with sth).

zaległy *adj* overdue, outstanding.

zale|piać (-piam, -piasz) (*perf* -pić) *vt* (*dziurę*) to block, to fill.

zale|ta (-ty, -ty) (*dat sg* -cie) *f* virtue, advantage.

zale|w (-wu, -wy) (*loc sg* -wie) *m* (*sztuczne jezioro*) reservoir; (*zatoka morska*) bay; (*przen*) flood.

zale|wa (-wy, -wy) (*dat sg* -wie) *f* (*octowa*) marinade; (*słona*) brine.

zalew|ać (-am, -asz) (*perf* zalać) *vt* (*o rzece, świetle, tłumie*) to flood.

zależ|eć (-y) *vi*: **zależeć (od kogoś/czegoś)** to depend (on sb/sth); **bardzo jej na nim zależy** she cares deeply about him; **to zależy** it depends; **to zależy od ciebie** it's up to you.

zależnie *adv*: **zależnie od czegoś** depending on sth.

zależnoś|ć (-ci, -ci) (*gen pl* -ci) *f* relationship, link; **zależność (od +gen)** dependence (on); **w zależności od czegoś** depending on sth.

zależny *adj* dependent; **mowa zależna** reported *lub* indirect speech.

zalicz|ać (-am, -asz) (*perf* -yć) *vt* (*UNIW*: *egzamin*) to pass; (: *semestr, rok*) to complete (successfully); **zaliczać kogoś/coś do +gen** to rate sb/sth among; **zaliczać komuś coś** to give sb credit for sth.

▸**zaliczać się** *vr*: **zaliczać się do +gen** to be numbered among.

zalicze|nie (-nia, -nia) (*gen pl* -ń) *nt* (*SZKOL, UNIW*) credit; **za zaliczeniem pocztowym** ≈ COD.

zalicz|ka (-ki, -ki) (*dat sg* -ce, *gen pl* -ek) *f* advance.

zalotny *adj* coquettish.

zalot|y (-ów) *pl* (*książk*) courtship, advances *pl*.

zalud|niać (-niam, -niasz) (*perf* -nić) *vt* to populate, to people.

▸**zaludniać się** *vr* to come alive (with people).

zaludnieni|e (-a) *nt* population.

zał. *abbr* (= *założony*) est., estab.

załad|ować (-uję, -ujesz) *vb perf od* ładować, załadowywać.

załadow|ywać (-uję, -ujesz) (*perf* -ać) *vt* to load.

załadun|ek (-ku, -ki) (*instr sg* -kiem) *m* loading.

załago|dzić (-dzę, -dzisz) (*imp* -dź) *vb perf od* łagodzić.

załama|nie (-nia, -nia) (*gen pl* -ń) *nt* (*zagięcie*) bend; (*w gospodarce*) slump; **załamanie psychiczne** (nervous) breakdown; **załamanie się** (*dachu, mostu, lodu*) collapse.

załam|ywać (-uję, -ujesz) (*perf* -ać) *vt* (*zaginać*) to bend.

▸**załamywać się** *vr* (*wyginać się*) to bend; (*o głosie*) to break; (*o człowieku*) to break down; (*o świetle, fali*) to be refracted.

załat|wiać (-wiam, -wiasz) (*perf* -wić) *vt* (*sprawy, interesy*) to take care of; (*pot*: *klientów*) to serve; **załatwić komuś coś** (*pot*) to fix sb up with sth (*pot*); **ja to załatwię** let me handle that.

▸**załatwiać się** *vr* (*pot*) to relieve o.s.

załat|wić (-wię, -wisz) *vb perf od* załatwiać ◂ *vt perf*: **załatwić kogoś** (*rozprawić się*) to fix sb (*pot*); (*zabić*) to dispose of sb, to take care of sb (*pot*).

załatwiony *adj*: **załatwione!** done!

załącz|ać (-am, -asz) (*perf* -yć) *vt* to enclose.

załącze|nie (-nia, -nia) (*gen pl* -ń) *nt*: **w załączeniu ...** please find enclosed ... .

załączni|k (-ka, -ki) (*instr sg* -kiem) *m* (*do listu*) enclosure.

zał|oga (-ogi, -ogi) (*dat sg* -odze, *gen pl* -óg) *f* (*statku, samolotu*) crew; (*fabryki*) staff.

założe|nie (-nia, -nia) (*gen pl* -ń) *nt* assumption, premise; **w założeniu** originally; **założenia** *pl* (*wytyczne*) guidelines *pl*.

założyciel (-a, -e) (*gen pl* -i) *m* founder.

zamach (-u, -y) *m* (*próba zamordowania*) assassination attempt; (*zamordowanie*) assassination; (*bombowy*) attack; **zamach stanu** coup (d'état); **za jednym zamachem** at one go.

zamach|nąć się (-nę, -niesz) (*imp* -nij) *vr perf* to swing one's arm.

zamacho|wiec (-wca, -wcy) *m* (*zabójca*) assassin; (*napastnik*) attacker; (*podkładający bombę*) bomber.

zamachowy *adj*: **koło zamachowe** flywheel.

zamacz|ać (-am, -asz) (*perf* **zamoczyć**) *vt* (*przypadkowo*) to get wet; (*celowo*) to soak.

▸**zamaczać się** *vr* to get wet.

zamak|ać (-am, -asz) (*perf* **zamoknąć**) *vi* to get soaked.

zamart|wiać się (-wiam, -wiasz) (*perf* -wić) *vr*: **zamartwiać się (czymś** *lub* **z powodu czegoś)** to worry (about sth).

zamarz|ać (-am, -asz) (*perf* -nąć) *vi* (*o wodzie*) to freeze; (*o rzece, jeziorze*) to freeze (over).

zamarz|nąć (-nę, -niesz) (*imp* -nij) *vb perf od* **marznąć, zamarzać** ◆ *vi perf* (*umrzeć*) to freeze to death.

zamarznięty *adj* frozen.

zamaskowany *adj* (*wejście*) concealed; (*twarz, bandyta*) masked.

zamaszysty *adj* (*ruch, gest*) sweeping; (*krok*) vigorous.

zamawi|ać (-am, -asz) (*perf* **zamówić**) *vt* (*danie, towar*) to order; (*bilety, stolik*) to book, to reserve; (*rozmowę telefoniczną*) to place.

zamaz|ywać (-uję, -ujesz) (*perf* -ać) *vt* (*napis*) to smear.

Zambi|a (-i) *f* Zambia.

zam|ek (-ku, -ki) (*instr sg* -kiem) *m* (*budowla*) castle; (*w drzwiach, karabinie*) lock; (*też*: **zamek błyskawiczny**) zip (fastener), zipper (*US*).

zamęcz|ać (-am, -asz) (*perf* -yć) *vt*: **zamęczać kogoś czymś** to badger *lub* plague sb with.

zamę|t (-tu) (*loc sg* -cie) *m* confusion.

zamężna *adj* married.

zamglony *adj* misty, hazy.

zamian *m inv*: **w zamian za** +*acc* in exchange *lub* return for.

zamia|na (-ny, -ny) (*dat sg* -nie) *f* (*wymiana*) exchange; (*przekształcenie*) conversion.

zamia|r (-ru, -ry) (*loc sg* -rze) *m* intention; **mieć zamiar coś zrobić** to intend to do sth.

zamiast *prep* +*gen* instead of; **zamiast pójść z nami ...** instead of joining us ..., rather than go with us ...; **zamiast tego** instead.

zamiat|ać (-am, -asz) (*perf* **zamieść**) *vt* to sweep.

zamie|ć (-ci, -cie) (*gen pl* -ci) *f* snowstorm, blizzard.

zamiejscowy *adj* (*rozmowa*) long-distance.

zamie|niać (-niam, -niasz) (*perf* -nić) *vt*: **zamieniać coś (na** +*acc*) to exchange sth (for); **zamieniać kogoś/coś w** +*acc* to turn sb/sth into.

▸**zamieniać się** *vr*: **zamieniać się (czymś** *lub* **na coś)** to swap (sth); **zamieniać się w** +*acc* to turn into.

zamienny *adj*: **części zamienne** spare *lub* replacement parts.

zamier|ać (-am, -asz) (*perf* **zamrzeć**) *vi* (*o dźwięku, głosie*) to die lub fade away; (*o człowieku: nieruchomieć*) to freeze; (*o życiu gospodarczym*) to come to a standstill.

zamierz|ać (-am, -asz) (*perf* -yć) *vt*: **zamierzać coś zrobić** to intend to do sth.

▸**zamierzać się** *vr*: **zamierzać się na kogoś** to aim a blow at sb.

zamierze|nie (-nia, -nia) (*gen pl* -ń) *nt* intention.

zamierzony *adj* (*skutek, efekt*) intended; (*atak*) deliberate.

zamiesz|ać (-am, -asz) *vb perf od* **mieszać** ♦ *vt perf*: **zamieszać kogoś w coś** to implicate sb in sth.

zamieszani|e (-a) *nt* confusion, chaos; **robić zamieszanie** to cause lub create confusion.

zamieszany *adj*: **zamieszany w** +acc implicated in.

zamieszcz|ać (-am, -asz) (*perf* **zamieścić**) *vt* (*w prasie*) to run.

zamieszk|ać (-am, -asz) *vi perf* to take up residence.

zamieszkały *adj* (*dom, dzielnica*) inhabited; **zamieszkały w Londynie** resident in London.

zamieszkani|e (-a) *nt*: **miejsce zamieszkania** (place of) residence.

zamiesz|ki (-ek) *pl* riots *pl*.

zamiesz|kiwać (-kuję, -kujesz) *vt* (*o zwierzętach*) to inhabit ♦ *vi* (*książk: mieszkać*) to dwell.

zamiłowa|nie (-nia, -nia) (*gen pl* -ń) *nt* passion; **mieć zamiłowanie do czegoś** to have a passion for sth.

zamiłowany *adj* keen.

zamk|nąć (-nę, -niesz) (*imp* -nij) *vb perf od* **zamykać**.

zamknię|cie (-cia) *nt* (*na stałe*) closure; (*na noc*) closing; (*zamek*) (*nom pl* -cia, *gen pl* -ć) lock; **w zamknięciu** under lock and key.

zamknięty *adj* closed; (*pokój, sala*)

locked; (*system*) self-contained; **zamknięty na klucz** locked; „zamknięte" "closed".

zamocow|ywać (-uję, -ujesz) (*perf* -ać) *vt* to mount, to fix.

zamontow|ywać (-uję, -ujesz) (*perf* -ać) *vt* to fit, to mount.

zamord|ować (-uję, -ujesz) *vb perf od* **mordować**.

zamorski *adj* overseas *attr*.

zamożnoś|ć (-ci) *f* affluence, wealth.

zamożny *adj* affluent, wealthy.

zamó|wić (-wię, -wisz) *vb perf od* **zamawiać**.

zamówie|nie (-nia, -nia) (*gen pl* -ń) *nt* order; **zrobiony na zamówienie** made to order, custom-made.

zamraż|ać (-am, -asz) (*perf* **zamrozić**) *vt* to freeze.

zamrażalni|k (-ka, -ki) (*instr sg* -kiem) *m* freezer compartment.

zamrażar|ka (-ki, -ki) (*dat sg* -ce, *gen pl* -ek) *f* freezer, deep freeze.

zamroczony *adj* dazed.

zamrocz|yć (-ę, -ysz) *vt perf* to daze.

zamsz (-u, -e) *m* suede.

zamszowy *adj* suede *attr*.

zamurow|ywać (-uję, -ujesz) (*perf* -ać) *vt* (*drzwi, okno*) to brick up; **zamurowało mnie** (*pot*) I was speechless.

zamyk|ać (-am, -asz) (*perf* **zamknąć**) *vt* (*drzwi, oczy, książkę*) to close, to shut; (*na klucz*) to lock; (*sklep, biuro, granicę*) to close; (*dyskusję, dochodzenie*) to close; (*wsadzać do więzienia*) to lock up; (*szkołę, fabrykę*) to close lub shut down.

▸**zamykać się** *vr* (*w pokoju, łazience*) to lock o.s.; (*o drzwiach*) to shut; (*o zamku*) to lock; (*o kwiatach*) to fold (up); (*o roku, działalności*) to close; **zamknąć się w sobie** (*przen*) to withdraw into o.s.

zamy|sł (-słu, -sły) (*loc sg* -śle) *m* (*książk*) intention, plan.

zamyśl|ać się (-am, -asz) (*perf* -ić) *vr* to be lost in thought.

zamyślony *adj* thoughtful, pensive.

zanadrzu *inv*: (trzymać/mieć coś) w **zanadrzu** (to keep/have sth) up one's sleeve.

zanadto *adv* excessively.

zaniech|ać (-am, -asz) *vt perf* +*gen*: **zaniechać czegoś** to give sth up, to desist from sth.

zanieczyszcz|ać (-am, -asz) (*perf* **zanieczyścić**) *vt* to pollute, to contaminate.

zanieczyszcze|nie (-nia, -nia) (*gen pl* -ń) *nt* (*stan*) pollution, contamination.

zaniedba|nie (-nia, -nia) (*gen pl* -ń) *nt* neglect, negligence.

zaniedbany *adj* run-down, neglected.

zaniedb|ywać (-uję, -ujesz) (*perf* -ać) *vt* to neglect.

▸**zaniedbywać się** *vr* to let o.s. go; **zaniedbywać się w obowiązkach** to be negligent in one's duty.

zaniem|óc (-ogę, -ożesz) (*pt* -ógł, -ogła, -ogli) *vi perf* (*książk*) to fall ill.

zaniemó|wić (-wię, -wisz) *vi perf*: **zaniemówił (z oburzenia)** he was speechless (with indignation).

zaniepok|oić (-oję, -oisz) (*imp* -ój) *vt perf* to alarm, to disturb.

▸**zaniepokoić się** *vr perf* to become alarmed *lub* anxious.

zaniepokojeni|e (-a) *nt* alarm.

zani|eść (-osę, -esiesz) (*imp* -eś, *pt* -ósł, -osła, -eśli) *vb perf od* **nieść**, **zanosić**.

zani|k (-ku) (*instr sg* -kiem) *m* disappearance; (*MED*) atrophy; **zanik pamięci** memory loss.

zanik|ać (-a) (*perf* -nąć) *vi* (*o tradycji, uczuciach, gatunku*) to disappear, to die out; (*o głosie, obrazie, tętnie*) to die away, to fade.

zanim *conj* before; **zanim zadzwonię/zadzwoniłam ...** before I make/made the call ...; **zanim nie sprawdzę** before I check *lub* have checked.

zaniż|ać (-am, -asz) (*perf* -yć) *vt* (*stawki, poziom*) to lower; **zaniżać cenę czegoś** to underprice sth.

zano|sić (-szę, -sisz) (*imp* -ś, *perf* **zanieść**) *vt* to take, to carry.

▸**zanosić się** *vr*: **zanosi się na deszcz** it looks like (it's going to) rain.

zanot|ować (-uję, -ujesz) *vb perf od* **notować**.

zanu|dzać (-dzam, -dzasz) (*perf* -dzić) *vt* to bore.

zanurz|ać (-am, -asz) (*perf* -yć) *vt* to dip, to immerse.

▸**zanurzać się** *vr* (*o pływaku*) to dive; (*o przedmiotach*) to sink; (*o łodzi podwodnej*) to submerge.

zaoczny *adj* (*wyrok*) in absentia; (*UNIW*) part-time, extramural.

zaofer|ować (-uję, -ujesz) *vb perf od* **oferować**.

zaog|nić (-nię, -nisz) (*imp* -nij) *vt perf* to inflame.

▸**zaognić się** *vr* to become inflamed.

zaokrągl|ać (-am, -asz) (*perf* -ić) *vt* (*nadawać okrągły kształt*) to round; (*ceny, liczby*: *w górę*) to round up; (: *w dół*) to round down.

▸**zaokrąglać się** *vr* (*o twarzy, człowieku*) to fill out.

zaokrągle|nie (-nia, -nia) (*gen pl* -ń) *nt* (*kształt*) curvature; **w zaokrągleniu** in round figures.

zaopatr|ywać (-uję, -ujesz) (*perf* **zaopatrzyć**) *vt*: **zaopatrywać kogoś w coś** (*dostarczać*) to provide *lub* supply sb with sth; (*wyposażać*) to supply *lub* equip sb with sth.

▸**zaopatrywać się** *vr*: **zaopatrywać się w wodę** to stock up on water.

zaopatrzeni|e (-a) *nt* (*HANDEL*) delivery; **dział zaopatrzenia** delivery (department).

zaopatrzony adj: **dobrze/słabo zaopatrzony** well/poorly stocked.

zaopiek|ować się (-uję, -ujesz) vb perf od **opiekować się**.

zaostrz|ać (-am, -asz) (perf **-yć**) vt (patyk, ołówek, kontury) to sharpen; (apetyt) to whet, to sharpen; (przepisy, sankcje) to tighten; (konflikt, polemikę) to inflame.

▸**zaostrzać się** vr to sharpen; (o konflikcie, sporze) to escalate.

zaoszczę|dzić (-dzę, -dzisz) (imp **-dź**) vt perf +acc (pieniądze, czas) to save ◆ vt perf +gen: **zaoszczędziło mu to pracy** it saved him some work; **zaoszczędzić na prądzie/opale** to save on electricity/fuel.

zapach (-u, -y) m smell, odour (BRIT), odor (US); (kwiatów) fragrance.

zapad|ać (-am, -asz) (perf **zapaść**) vi (o kurtynie, nocy, ciszy) to fall; (o decyzji) to be made lub reached; (o uchwale, rezolucji) to be passed.

▸**zapadać się** vr (w błocie, bagnie) to sink; (o dachu, podłodze) to cave in, to fall in.

zapad|ka (-ki, -ki) (dat sg **-ce**, gen pl **-ek**) f (TECH) catch.

zapadły adj (pot: dziura, wioska) godforsaken; (boki, policzki) sunken.

zapadnięty adj (twarz, policzki) sunken.

zapak|ować (-uję, -ujesz) vb perf od **pakować**.

zapal|ać (-am, -asz) (perf **-ić**) vt (zapałkę, papierosa, fajkę) to light; (silnik) to start; (światło, lampę) to turn on, to switch on.

▸**zapalać się** vr (zaczynać się palić) to catch fire; (włączać się) to come on; **zapalić się do czegoś** (przen) to become enthusiastic over lub about sth.

zapalczywość (-ci) f quick temper.

zapalczywy adj (człowiek) quick-tempered; (dyskusja) heated.

zapaleni|e (-a) nt (MED) inflammation; **zapalenie płuc** pneumonia; **zapalenie wyrostka robaczkowego** appendicitis.

zapale|niec (-ńca, -ńcy) m enthusiast.

zapalnicz|ka (-ki, -ki) (dat sg **-ce**, gen pl **-ek**) f lighter.

zapalni|k (-ka, -ki) (instr sg **-kiem**) m (WOJSK) fuse, fuze (US).

zapalny adj (materiał, substancja) inflammable, flammable; (charakter, stan) inflammatory; **punkt zapalny** (przen) hot lub trouble spot.

zapalony adj (światło) turned on, switched on; (zapałka, świeca) lighted, lit; (zwolennik, myśliwy) keen.

zapał (-łu, -ły) (loc sg **-le**) m zeal, eagerness; **z zapałem** eagerly.

zapał|ka (-ki, -ki) (dat sg **-ce**, gen pl **-ek**) f match.

zapamiętały adj passionate.

zapamięt|ywać (-uję, -ujesz) (perf **-ać**) vt (zachowywać w pamięci) to remember; (uczyć się na pamięć) to memorize.

zapar|cie (-cia, -cia) (gen pl **-ć**) nt (MED) constipation.

zapark|ować (-uję, -ujesz) vb perf od **parkować**.

zapar|ować (-uje) vi perf to mist over (BRIT), to steam lub fog over (US).

zaparowany adj misty (BRIT), steamy (US).

zaparty adj: **z zapartym tchem** with bated breath.

zaparz|ać (-am, -asz) (perf **-yć**) vt (herbatę, zioła) to brew, to infuse.

zapa|s (-su, -sy) (loc sg **-sie**) m (spare) supply, reserve; **mieć coś w zapasie** to have sth in reserve; **na zapas** (martwić się, cieszyć się) prematurely; **zapasy** pl provisions pl; (SPORT) wrestling.

zapasowy adj (koło, część) spare; (wyjście, schody) emergency attr.

zapaść[1] (-ci) f (MED) collapse.

zapaść[2] (-dnę, -dniesz) (imp -dnij, pt -dł) vb perf od **zapadać**.

zapaśni|k (-ka, -cy) (instr sg -kiem) m wrestler.

zapatrywa|nia (-ń) pl views pl.

zapatrz|yć się (-ę, -ysz) vr perf: **zapatrzyć się** (w +acc) to stare (at).

zapchany adj blocked (up).

zapeł|niać (-niam, -niasz) (perf -nić) vt to fill.

▸**zapełniać się** vr to fill (up).

zapewne adv (prawdopodobnie) probably; (niewątpliwie) undoubtedly.

zapew|niać (-niam, -niasz) (perf -nić) vt (osobę) to assure; (bezpieczeństwo) to ensure; **zapewniać kogoś o czymś** to assure sb of sth; **zapewniać komuś coś** to secure sth for sb.

zapewnie|nie (-nia, -nia) (gen pl -ń) nt assurance.

zapęd|y (-ów) pl (pot) leanings pl, inclinations pl.

za|piąć (-pnę, -pniesz) (imp -pnij) vb perf od **zapinać**.

zapiekan|ka (-ki, -ki) (dat sg -ce, gen pl -ek) f casserole.

zapier|ać (-am, -asz) (perf **zaprzeć**) vt (oddech) to take away; **dech mi zaparło** it took my breath away.

▸**zapierać się** vr to dig one's heels in.

zapię|cie (-cia, -cia) (gen pl -ć) nt (czynność) fastening; (zamek, klamra) fastener.

zapin|ać (-am, -asz) vt (perf **zapiąć**) (ogólnie) to fasten; (na guziki) to button up; (na zamek) to zip up; (guziki, zamek) to do up.

▸**zapinać się** vr (perf **zapiąć**) (na guziki) to button up; (na zamek) to zip up; (mieć zapięcie) to fasten.

zapin|ka (-ki, -ki) (dat sg -ce, gen pl -ek) f clasp.

zapi|s (-su, -sy) (loc sg -sie) m (czynność) recording; (tekst) record; (nagranie) record, recording; (sposób zapisywania) notation; (w testamencie) bequest; **zapisy** pl (na uczelnię) registration; (kolejka) waiting list.

zapis|ki (-ków) pl (notatki) notes pl; (pamiętnik) diary.

zapis|ywać (-uję, -ujesz) (perf -ać) vt (wiadomość, notatkę) to write down, to take down; (kandydatów) to register; (TECH) to record; (KOMPUT) to save, to write; **zapisywać coś komuś** (PRAWO) to bequeath sth to sb; (o lekarzu) to prescribe sth to sb.

▸**zapisywać się** vr: **zapisywać się do szkoły** to enrol (BRIT) lub enroll (US) at a school; **zapisywać się na kurs** to sign up for a course.

zaplanowany adj (wyjazd, wycieczka) planned; (konferencja, wykład) scheduled.

zaplat|ać (-am, -asz) (perf **zapleść**) vt (warkocz) to plait (BRIT), to braid (US).

zaplą|tać (-czę, -czesz) vb perf od **plątać**.

▸**zaplątać się** vr perf (zostać unieruchomionym) to become tangled (up) lub entangled; (zgubić wątek) to lose the thread; **zaplątać się w coś** (przen) to become entangled in sth.

zaplecz|e (-a, -a) (gen pl -y) nt (sklepu, pracowni) (the) back.

zapła|cić (-cę, -cisz) (imp -ć) vb perf od **płacić**.

zapładni|ać (-am, -asz) (perf **zapłodnić**) vt (BIO) to fertilize.

zapłakany adj tearful.

zapła|ta (-ty, -ty) (*dat sg* -**cie**) *f*
payment; (*przen*) reward.

zapłodnie|nie (-nia, -nia) (*loc sg*
-**niu**, *gen pl* -**ń**) *nt* fertilization.

zapło|n (-nu, -ny) (*loc sg* -**nie**) *m*
ignition.

zapło|nąć (-nę, -niesz) (*imp* -**ń**) *vi*
perf (*książk*) to flare up.

zapłonowy *adj*: **świeca zapłonowa**
spark(ing) plug.

zapobieg|ać (-am, -asz) (*perf*
zapobiec) *vi*: **zapobiegać czemuś**
to prevent sth.

zapobiegani|e (-a) *nt* prevention;
zapobieganie ciąży contraception.

zapobiegawczy *adj* preventive.

zapobiegliwy *adj* far-sighted,
provident.

zapoczątkow|ywać (-uję, -ujesz)
(*perf* -**ać**) *vt* to initiate.

zapodzi|ać (-eję, -ejesz) *vt perf* to
misplace, to mislay.

▸**zapodziać się** *vr* to be misplaced
lub mislaid.

zapomin|ać (-am, -asz) (*perf*
zapomnieć) *vt* +*gen* (*przestawać*
pamiętać) to forget; (*zostawiać*) to
leave behind ♦ *vi*: **zapominać o** +*loc*
to forget (about).

▸**zapominać się** *vr* to forget o.s.

zapominalski *adj* (*pot*)
scatterbrained (*pot*).

zapom|nieć (-nę, -nisz) (*imp* -**nij**) *vb*
perf od **zapominać**.

zapom|oga (-ogi, -ogi) (*dat sg* -**odze**,
gen pl -**óg**) *f* subsistence allowance.

zap|ora (-ory, -ory) (*dat sg* -**orze**, *gen*
pl -**ór**) *f* (*tama*) dam; (*przeszkoda*)
barrier.

zapotrzebowa|nie (-nia, -nia) (*gen*
pl -**ń**) *nt*: **zapotrzebowanie (na coś)**
demand (for sth).

zapowiad|ać (-am, -asz) *vt*
(*oznajmiać*) (*perf* **zapowiedzieć**) to
announce; (*wróżyć*) to herald, to
portend.

▸**zapowiadać się** *vr* (*uprzedzać o*
przyjściu) to announce one's visit;
zapowiada się mroźna zima it
looks we're going to have harsh
winter.

zapowie|dź (-dzi, -dzi) (*gen pl* -**dzi**) *f*
(*ogłoszenie*) announcement; (*wiosny*)
herald; (*wojny, nieszczęścia*) portent;
zapowiedzi *pl* (*REL*) banns *pl*.

zapozn|awać (-aję, -ajesz) (*imp*
-**awaj**, *perf* -**ać**) *vt*: **zapoznawać**
kogoś z czymś to acquaint *lub*
familiarize sb with sth; **zapoznawać**
kogoś z kimś to introduce sb to sb.

▸**zapoznawać się** *vr*: **zapoznawać**
się z czymś to acquaint *lub*
familiarize o.s. with sth;
zapoznawać się z kimś to make
sb's acquaintance.

zapożycz|ać (-am, -asz) (*perf* -**yć**) *vt*
to borrow.

▸**zapożyczać się** *vr* to get into debt.

zapożycze|nie (-nia, -nia) (*gen pl* -**ń**)
nt (*JĘZ*) borrowing.

zapracowany *adj* (*człowiek*) very
busy, up to one's eyes in work
(*pot*); (*sukces, pochwała*)
well-earned.

zapracow|ywać (-uję, -ujesz) (*perf*
-**ać**) *vi*: **zapracowywać na coś** to
earn sth.

▸**zapracowywać się** *vr* to overwork.

zaprag|nąć (-nę, -niesz) (*imp* -**nij**) *vt*
perf: **zapragnąć kogoś/czegoś** to
desire sb/sth; **zapragnąć coś zrobić**
to desire to do sth.

zaprasz|ać (-am, -asz) *vt* (*perf*
zaprosić): **zapraszać kogoś (na**
coś) to invite sb (to sth); **zapraszać**
kogoś do stołu to invite sb to the
table.

▸**zapraszać się** *vr* (*wpraszać się*) to
invite o.s.; (*wzajemnie*) to exchange
mutual invitations.

zapra|wa (-wy, -wy) (*dat sg* -**wie**) *f*

(*BUD*) mortar; (*SPORT*) training, practice.

zapra|wiać (**-wiam, -wiasz**) (*perf* **-wić**) *vt* (*przyprawiać*) to season.

▸**zaprawiać się** *vr*: **zaprawiać się do walki** to train o.s. to fight; (*pot*) to go on the booze (*pot*).

zapro|sić (**-szę, -sisz**) (*imp* **-ś**) *vb perf od* **zapraszać**.

zaprosze|nie (**-nia, -nia**) (*gen pl* **-ń**) *nt* invitation; **na czyjeś zaproszenie** at sb's invitation.

zaprowa|dzać (**-dzam, -dzasz**) (*perf* **-dzić**) *vt* (*osobę*) to lead, to take; (*porządek, ład*) to introduce.

zaprósz|yć (**-ę, -ysz**) *vt perf*: **piasek zaprószył mi oczy** sand got into my eyes; **zaprószyć ogień** to start a fire.

zaprząt|ać (**-am, -asz**) (*perf* **-nąć**) *vt* to occupy.

zaprzecz|ać (**-am, -asz**) (*perf* **-yć**) *vi* (*nie zgadzać się*) to disagree; **zaprzeczać komuś** to contradict sb; **zaprzeczać czemuś** to deny sth.

zaprzecze|nie (**-a**) *nt* denial.

zaprzepa|ścić (**-szczę, -ścisz**) (*imp* **-ść**) *vt perf* to squander.

zaprzest|awać (**-aję, -ajesz**) (*imp* **-awaj**, *perf* **-ać**) *vt* to stop, to cease.

zaprzeszły *adj*: **czas zaprzeszły** the past perfect.

zaprzę|g (**-gu, -gi**) (*instr sg* **-giem**) *m* (horse-drawn) cart.

zaprzęg|ać (**-am, -asz**) (*perf* **zaprząc** *lub* **zaprzęgnąć**) *vt* to harness.

zaprzyjaź|nić się (**-nię, -nisz**) (*imp* **-nij**) *vr perf*: **zaprzyjaźnić się (z kimś)** to make friends (with sb).

zaprzyjaźniony *adj*: **zaprzyjaźniony lekarz** a doctor friend; **kraje zaprzyjaźnione** friendly countries; **być zaprzyjaźnionym z kimś** to be friends *lub* friendly with sb.

zaprzysięg|ać (**-am, -asz**) (*perf* **zaprzysiąc** *lub* **zaprzysięgnąć**) *vt*

(*posłuszeństwo, wierność*) to swear; (*świadków*) to swear in.

zaprzysiężony *adj* (*posłuszeństwo*) sworn; (*świadek*) sworn in.

zapuk|ać (**-am, -asz**) *vb perf od* **pukać**.

zapuszcz|ać (**-am, -asz**) (*perf* **zapuścić**) *vt* (*włosy, brodę*) to grow; (*krople do oczu*) to instil; (*żaluzje*) to draw; (*pot: silnik*) to start.

▸**zapuszczać się** *vr*: **zapuszczać się gdzieś** to venture somewhere.

zapuszczony *adj* run-down, neglected.

zapych|ać (**-am, -asz**) (*perf* **zapchać**) *vt* (*odpływ, rurę*) to block up; (*samochód*) to push-start.

▸**zapychać się** *vr* to block up.

zapyl|ać (**-am, -asz**) (*perf* **-ić**) *vt* (*BOT*) to pollinate.

zapyleni|e (**-a**) *nt* (*BOT*) pollination; (*zanieczyszczenie*) dust.

zapyt|ać (**-am, -asz**) *vb perf od* **pytać, zapytywać**.

zapyta|nie (**-nia, -nia**) (*gen pl* **-ń**) *nt* inquiry, enquiry; **znak zapytania** question mark.

zapyt|ywać (**-uję, -ujesz**) (*perf* **-ać**) *vt*: **zapytywać kogoś o coś** to inquire *lub* enquire sth of sb ♦ *vi* to inquire, to enquire.

▸**zapytywać się** *vr* to inquire, to enquire.

zarabi|ać (**-am, -asz**) *vt* (*perf* **zarobić**) to earn ♦ *vi* (*osiągać zysk*) to make a profit; (*pracować za pieniądze*) to earn; **zarabiać na czymś** to make money *lub* a profit on sth; **zarabiać na życie** to earn a living.

zaradczy *adj*: **środki zaradcze** remedial measures *lub* steps.

zaradnoś|ć (**-ci**) *f* resourcefulness.

zaradny *adj* resourceful.

zara|dzić (**-dzę, -dzisz**) (*imp* **-dź**) *vi* *perf*: **zaradzić czemuś** to remedy sth.

zarast|ać (**-a**) (*perf* **zarosnąć**) *vt* to overgrow ♦ *vi* (*o ranie*) to skin over; **zarastać chwastami/trzciną** to become overgrown with weeds/reeds.

zaraz *adv* (*natychmiast*) at once, right away; (*za chwilę*) soon; **zaraz za rogiem** just round the corner; **zaraz po Świętach** right after Christmas; **zaraz wracam** I'll be right back; **zaraz, zaraz!** wait a minute!

zara|za (**-zy**, **-zy**) (*dat sg* **-zie**) *f* plague.

zaraz|ek (**-ka**, **-ki**) (*instr sg* **-kiem**) *m* germ.

zarazem *adv* at the same time.

zaraźliwy *adj* contagious, infectious.

zaraż|ać (**-am**, **-asz**) (*perf* **zarazić**) *vt* to infect.

►**zarażać się** *vr* to get infected; **zarazić się czymś (od kogoś)** to catch sth (from sb).

zardzewiały *adj* rusty.

zarejestrowany *adj* (*samochód*) registered; **czy jest Pan zarejestrowany?** have you made an appointment?

zarezerw|ować (**-uję**, **-ujesz**) *vb perf od* **rezerwować**.

zarezerwowany *adj* reserved.

zaręcz|ać (**-am**, **-asz**) (*perf* **-yć**) *vt* to guarantee, to vouch for; **zaręczam (ci), że ...** I warrant (you) (that) ... .

►**zaręczać się** *vr*: **zaręczać się (z kimś)** to get engaged (to sb).

zaręczynowy *adj*: **pierścionek zaręczynowy** engagement ring.

zaręczyn|y (**-**) *pl* engagement.

zarob|ek (**-ku**, **-ki**) (*instr sg* **-kiem**) *m* (*wynagrodzenie*) earnings *pl*, wage; (*praca*) job; (*zysk*) profit; **zarobki** *pl* earnings *pl*.

zarobkowy *adj*: **praca zarobkowa** paid work.

zarod|ek (**-ka**, **-ki**) (*instr sg* **-kiem**) *m* embryo.

zarodni|k (**-ka**, **-ki**) (*instr sg* **-kiem**) *m* (*BOT*) spore.

zaro|st (**-stu**) (*loc sg* **-ście**) *m* facial hair; **trzydniowy zarost** three days' (growth of) stubble.

zarośl|a (**-i**) *pl* thicket.

zarośnięty *adj* unshaven.

zarozumiały *adj* conceited.

zarówno *adv*: **zarówno X, jak (i) Y** both X and Y, X as well as Y.

zary|s (**-su**, **-sy**) (*loc sg* **-sie**) *m* outline.

zarysow|ywać (**-uję**, **-ujesz**) (*perf* **-ać**) *vt* (*arkusz, zeszyt*) to cover with drawings; (*posadzkę, karoserię*) to scratch.

►**zarysowywać się** *vr* (*pękać*) to crack; (*stawać się widocznym*) to be outlined.

zarzą|d (**-du**, **-dy**) (*loc sg* **-dzie**) *m* (*zespół ludzi*) board (of directors); (*zarządzanie*) management.

zarzą|dzać (**-dzam**, **-dzasz**) *vt* (*kierować*): **zarządzać czymś** to manage sth; (*wydawać polecenia*) (*perf* **-dzić**) to order.

zarządzani|e (**-a**) *nt* management.

zarządze|nie (**-nia**, **-nia**) (*gen pl* **-ń**) *nt* (*polecenie*) order, instruction.

zarzu|cać (**-cam**, **-casz**) (*perf* **-cić**) *vt* (*rzucając zawieszać*) to throw over; (*nakładać na siebie*) to throw on; (*porzucać*) to give up, to abandon; **zarzucać coś papierami/kwiatami** to scatter papers/flowers all over sth; **zarzucać komuś coś** to accuse sb of sth ♦ *vi* (*o pojeździe*) to skid.

zarzu|t (**-tu**, **-ty**) (*loc sg* **-cie**) *m* accusation; **bez zarzutu** beyond reproach.

zarzyn|ać (**-am**, **-asz**) (*perf* **zarżnąć**) *vt* to butcher.

►**zarzynać się** *vr* (*kaleczyć się*) to cut o.s.

zasa|da (**-dy**, **-dy**) (*dat sg* **-dzie**) *f* (*reguła*) principle; (*CHEM*) alkali;

dla zasady on principle; **w zasadzie** in principle.

zasadniczo adv (*całkowicie*) fundamentally; (*w zasadzie*) in principle.

zasadniczy adj (*podstawowy*) fundamental; (*pryncypialny*) principled; **zasadnicza służba wojskowa** national service; **ustawa zasadnicza** constitution.

zasadny adj legitimate.

zasadz|ka (-ki, -ki) (*dat sg* -ce, *gen pl* -ek) f ambush.

zasa|pać się (-pię, -piesz) vr perf to lose one's breath.

zasapany adj breathless.

zasą|dzać (-dzam, -dzasz) (*perf* -dzić) vt to award, to adjudge.

zasępiony adj gloomy.

zasiad|ać (-am, -asz) (*perf* **zasiąść**) vi (*siadać wygodnie*) to settle (o.s.); **zasiadać do czegoś** to settle down to sth; **zasiadać w komisji** to sit on a committee.

zasiedl|ać (-am, -asz) (*perf* -ić) vt to settle.

zasie|dzieć się (-dzę, -dzisz) (*imp* -dź) vr perf to linger.

zasie|ki (-ków) pl wire entanglements pl.

zasię|g (-gu) (*instr sg* -giem) m range; **w zasięgu wzroku/ręki** within sight/one's grasp.

zasięg|ać (-am, -asz) (*perf* -nąć) vt: **zasięgać informacji/rady** to seek information/advice.

zasilacz (-a, -e) (*gen pl* -y) m (*też*: **zasilacz sieciowy**) power supply adaptor.

zasil|ać (-am, -asz) (*perf* -ić) vt (*zaopatrywać*): **zasilać coś czymś** to supply sth with sth; (*wzmacniać, powiększać*) to reinforce.

zasilani|e (-a) nt power (supply); **włączyć/wyłączyć zasilanie** to turn on/off the power.

zasił|ek (-ku, -ki) (*instr sg* -kiem) m benefit; **zasiłek dla bezrobotnych** unemployment benefit, dole; **przechodzić (przejść** *perf***) na zasiłek** to go on the dole.

zaska|kiwać (-kuję, -kujesz) (*perf* **zaskoczyć**) vt to surprise, to take by surprise ♦ vi (*o mechanizmie*) to click; (*o silniku*) to start.

zaskakujący adj surprising.

zaskarż|ać (-am, -asz) (*perf* -yć) vt (*osobę*) to sue; (*wyrok*) to appeal against *lub* from.

zaskoczeni|e (-a) nt surprise.

zaskro|niec (-ńca, -ńce) m grass snake.

zasłab|nąć (-nę, -niesz) (*imp* -nij, *pt* -ł *lub* -nął, -ła, -li) vi perf to collapse, to faint.

za|słać (-ścielę, -ścielisz) vb perf od **słać**.

zasłani|ać (-am, -asz) (*perf* **zasłonić**) vt (*twarz*) to cover; (*widok, światło*) to block (out); (*bronić*) to shield.

▸**zasłaniać się** vr (*zakrywać się*) to cover o.s.; (*bronić się*) to shield o.s.

zasło|na (-ny, -ny) (*dat sg* -nie) f (*w oknie*) curtain (*BRIT*), drape (*US*); **zasuwać/rozsuwać zasłony** to draw the curtains; **zasłona dymna** smokescreen.

zasłu|ga (-gi, -gi) (*dat sg* -dze) f merit.

zasłu|giwać (-guję, -gujesz) (*perf* **zasłużyć**) vi: **zasługiwać na coś** to deserve sth; **zasłużyłeś sobie na to!** it serves you right!

zasłużony adj (*obywatel*) of merit; (*order, zwycięstwo*) well-deserved, well-earned.

zasłuż|yć (-ę, -ysz) vb perf od **zasługiwać**.

▸**zasłużyć się** vr: **zasłużyć się komuś czymś** to bring credit to sb by doing sth.

zasły|nąć (-nę, -niesz) (*imp* -ń) vi

perf: **zasłynąć z czegoś** *lub* **czymś** to make o.s. *lub* become famous for sth; **zasłynąć jako mówca/kucharz** to make a name for o.s. as an orator/a chef.

zasmu|cać (**-cam, -casz**) (*perf* **-cić**) *vt* to sadden, to make sad.

▸**zasmucać się** *vr* to grow sad.

zasobny *adj:* **zasobny (w coś)** rich (in sth).

zas|ób (**-obu, -oby**) (*loc sg* **-obie**) *m* (*zapas*) reserve; **zasoby** *pl* resources *pl*; **bogaty zasób słów** a rich vocabulary; **zasoby naturalne** natural resources.

zas|pa (**-py, -py**) (*dat sg* **-pie**) *f* snowdrift.

za|spać (**-śpię, -śpisz**) (*imp* **-śpij**) *vb perf od* **zasypiać**.

zaspany *adj* sleepy.

zaspokaj|ać (**-am, -asz**) (*perf* **zaspokoić**) *vt* to satisfy.

zastanawi|ać (**-am, -asz**) (*perf* **zastanowić**) *vt* to puzzle; **zastanawia mnie jego odpowiedź** his answer puzzles me *lub* makes me wonder.

▸**zastanawiać się** *vr* to think; **zastanawiać się nad czymś** to think sth over.

zastanawiający *adj* puzzling.

zastanowieni|e (**-a**) *nt:* **bez zastanowienia** without thinking; **po zastanowieniu** upon reflection, on second thought(s).

zasta|w (**-wu, -wy**) (*loc sg* **-wie**) *m* deposit, security.

zasta|wa (**-wy, -wy**) (*dat sg* **-wie**) *f:* **zastawa stołowa** tableware; **zastawa do herbaty** tea service.

zast|awać (**-aję, -ajesz**) (*imp* **-awaj**, *perf* **-ać**) *vt* to find.

zasta|wiać (**-wiam, -wiasz**) (*perf* **-wić**) *vt* (*drogę*) to block; (*pułapkę, sidła*) to lay, to set; (*oddawać w zastaw*) to pawn; (*otaczać*) to

surround; **zastawiać pokój meblami** to cram the room full of furniture.

zastaw|ka (**-ki, -ki**) (*dat sg* **-ce**, *gen pl* **-ek**) *f* (*ANAT*) valve.

zastę|p (**-pu, -py**) (*loc sg* **-pie**) *m* (*HARCERSTWO*) patrol.

zastępc|a (**-y, -y**) *m decl like f in sg* replacement, substitute; **zastępca dyrektora** assistant *lub* deputy manager.

zastępczy *adj* (*opakowanie, środek*) substitute *attr*; (*matka*) surrogate *attr*.

zastęp|ować (**-uję, -ujesz**) (*perf* **zastąpić**) *vt:* **zastępować kogoś** to stand in *lub* fill in *lub* substitute for sb; **zastępować coś czymś innym** to replace sth with sth else, to substitute sth else for sth; **zastąpić komuś drogę** to bar sb's way *lub* path.

zastępst|wo (**-wa, -wa**) (*loc sg* **-wie**) *nt* replacement, substitution.

zastosowa|nie (**-nia, -nia**) (*gen pl* **-ń**) *nt* application.

zastosow|ywać (**-uję, -ujesz**) (*perf* **-ać**) *vt* to apply.

▸**zastosowywać się** *vr:* **zastosowywać się do czegoś** to comply with sth.

zast|ój (**-oju**) *m:* **panuje zastój w interesach** business is slow *lub* slack *lub* at a standstill.

zastrasz|ać (**-am, -asz**) (*perf* **-yć**) *vt* to intimidate.

zastraszający *adj* (*widok*) awesome, awe inspiring; (*brak rozwagi*) appalling.

zastrzeg|ać (**-am, -asz**) (*perf* **zastrzec**) *vt:* **zastrzegać (sobie), że ...** to stipulate that ...; **zastrzegać sobie prawo do czegoś** to reserve the right to sth.

zastrzel|ić (**-ę, -isz**) *vt perf:* **zastrzelić kogoś** to shoot sb (down *lub* dead).

▸**zastrzelić się** *vr* to shoot o.s.

zastrzeże|nie (**-nia**, **-nia**) (*gen pl* **-ń**) *nt* reservation; **mieć zastrzeżenia co do czegoś/wobec kogoś** to have reservations about sth/sb.

zastrzeżony *adj* (*numer, telefon*) ex-directory (*BRIT*), unlisted (*US*); **wszelkie prawa zastrzeżone** all rights reserved.

zastrzy|k (**-ku**, **-ki**) (*instr sg* **-kiem**) *m* injection, shot; (*przen*) boost, a shot in the arm.

zastyg|ać (**-am**, **-asz**) (*perf* **-nąć**) *vi* (*twardnieć*) to set; (*nieruchomieć*) to freeze.

zasu|wa (**-wy**, **-wy**) (*dat sg* **-wie**) *f* bolt.

zasuw|ać (**-am**, **-asz**) (*perf* **zasunąć**) *vt* (*firanki, zasuwę*) to draw; (*pot. iść lub biec szybko*) to go like the wind.

zasych|ać (**-a**) (*perf* **zaschnąć**) *vi* (*o farbie, błocie*) to dry (out); (*o kwiatach*) to wither.

zasył|ać (**-am**, **-asz**) *vt*: **zasyłam pozdrowienia** best wishes (*in letter*).

zasypi|ać (**-am**, **-asz**) *vi* (*zapadać w sen*) (*perf* **zasnąć**) to go (off) to sleep, to fall asleep; (*nie budzić się w porę*) (*perf* **zaspać**) to oversleep; **zaspać do pracy/na pierwszą lekcję** to oversleep for work/the first class.

zasyp|ka (**-ki**, **-ki**) (*dat sg* **-ce**, *gen pl* **-ek**) *f* (*MED*) powder; **zasypka dla niemowląt** baby powder.

zasyp|ywać (**-uję**, **-ujesz**) (*perf* **-ać**) *vt* (*wypełniać: dół, rów*) to fill; (*o śniegu, piasku: pokrywać*) to cover; (*o ziemi, węglu: przygniatać*) to bury; **zasypywać kogoś prezentami/pochwałami** to shower sb with gifts/praise, to shower gifts/praise on sb; **zasypywać kogoś pytaniami** to rain sb with questions.

zaszcze|piać (**-piam**, **-piasz**) (*perf* **-pić**) *vt* (*drzewo*) to graft; (*MED*) to vaccinate, to inoculate; (*przen*) to inculcate, to instil (*BRIT*) *lub* instill (*US*); **zaszczepiać kogoś przeciwko czemuś** to vaccinate *lub* inoculate sb against sth.

▶**zaszczepiać się** *vr*: **zaszczepiać się (przeciwko czemuś)** to get vaccinated *lub* inoculated (against sth).

zaszczy|cać (**-cam**, **-casz**) (*perf* **-cić**) *vt*: **zaszczycać kogoś czymś** to honour (*BRIT*) *lub* honor (*US*) sb with sth.

zaszczy|t (**-tu**, **-ty**) (*loc sg* **-cie**) *m* honour (*BRIT*), honor (*US*); **zaszczyty** *pl* (*książk*) hono(u)rs *pl*.

zaszczytny *adj* honourable (*BRIT*), honorable (*US*); **zaszczytne miejsce** a place of honour (*BRIT*) *lub* honor (*US*).

zaszyw|ać (**-am**, **-asz**) (*perf* **zaszyć**) *vt* to sew up, to stitch up.

▶**zaszywać się** *vr* (*ukrywać się*) to hole up; **zaszyć się na wsi** to bury o.s. in the country.

zaś *conj* while ♦ *part*: **szczególnie zaś** particularly, especially.

zaściankowy *adj* parochial.

zaślepiony *adj* blind (*przen*).

zaśmie|cać (**-cam**, **-casz**) *vt* (*perf* **-cić**) (*park*) to litter; (*pokój, pamięć*) to clutter (up).

zaśnieżony *adj* snowy, snow-covered *attr*.

zaświadcz|ać (**-am**, **-asz**) (*perf* **-yć**) *vt* (*pisemnie*) to certify; (*ustnie*) to testify.

zaświadcze|nie (**-nia**, **-nia**) (*gen pl* **-ń**) *nt* certificate; **zaświadczenie lekarskie** medical *lub* doctor's certificate.

zaświe|cić (**-cę**, **-cisz**) (*imp* **-ć**) *vt perf* (*lampę*) to turn *lub* switch on; (*zapałkę*) to light ♦ *vi* (*o słońcu*) to come out; (*o oczach*) to light up.

▶**zaświecić się** *vr* to light up.

zatacz|ać (-am, -asz) (perf **zatoczyć**) vt (koło, łuk) to describe.

▸**zataczać się** vr to stagger.

zataj|ać (-am, -asz) (perf **zataić**) vt to conceal, to withhold.

zatapi|ać (-am, -asz) (perf **zatopić**) vt (statek, zęby) to sink; (piwnicę, ulice) to flood.

zatar|g (-gu, -gi) (instr sg -giem) m dispute.

zatelefon|ować (-uję, -ujesz) vb perf od **telefonować**.

zatem adv (książk) therefore, thus.

zatęchły adj musty, mouldy (BRIT), moldy (US).

zatłoczony adj crowded.

zatłuszczony adj greasy.

zatocz|ka (-ki, -ki) (dat sg -ce, gen pl -ek) f dimin od **zatoka**.

zato|ka (-ki, -ki) (dat sg -ce) f (część morza) bay, gulf; (część jeziora) bay; (ANAT) sinus; (MOT) lay-by.

zato|nąć (-nę, -niesz) (imp -ń) vb perf od **tonąć**.

zato|r (-ru, -ry) (loc sg -rze) m (MOT) (traffic) jam, hold-up; (MED) embolism.

zatru|cie (-cia, -cia) (gen pl -ć) nt poisoning.

zatrud|niać (-niam, -niasz) (perf -nić) vt to employ; „**zatrudnię kucharza**" "cook wanted".

▸**zatrudniać się** vr to get a job.

zatrudnieni|e (-a) nt employment.

zatrudni|ony (-onego, -eni) m decl like adj employee.

zatruw|ać (-am, -asz) (perf **zatruć**) vt (wodę, środowisko) to poison; (ząb) to devitalize.

▸**zatruwać się** vr to get poisoned.

zatrważający adj alarming.

zatrwożony adj (książk) alarmed.

zatrzas|k (-ku, -ki) (instr sg -kiem) m (przy ubraniu) press stud, snap fastener; (w drzwiach) latch.

zatrzas|kiwać (-kuję, -kujesz) (perf

zatrzasnąć) vt (drzwi) to slam; (osobę) to lock in.

▸**zatrzaskiwać się** vr (o drzwiach) to slam; (o osobie) to lock o.s. in.

zatrz|ąść (-ęsę, -ęsiesz) (imp -ąś lub -eś) vb perf od **trząść**.

zatrzym|ywać (-uję, -ujesz) (perf -ać) vt (osobę, maszynę) to stop; (o policji: podejrzanego) to arrest; (: samochód) to pull over; (zachowywać) to keep; (powodować spóźnienie) to detain, to delay.

▸**zatrzymywać się** vr (o osobie, samochodzie) to stop; (o urządzeniu, maszynie) to (come to a) stop; (zamieszkać chwilowo) to put up.

zatwardzeni|e (-a) nt constipation.

zatwardziały adj (kawaler) confirmed; (przestępca) hardened.

zatwier|dzać (-dzam, -dzasz) (perf -dzić) vt to approve.

zatycz|ka (-ki, -ki) (dat sg -ce, gen pl -ek) f stopper, plug; **zatyczki do uszu** earplugs.

zatyk|ać (-am, -asz) vt (perf **zatkać**) (zakorkowywać) to stop (up); (zapychać) to clog (up).

▸**zatykać się** vr (perf **zatkać się**) to get clogged.

zaufl|ać (-am, -asz) vb perf od **ufać**.

zaufani|e (-a) nt confidence, trust; **mieć do kogoś zaufanie** to have confidence in sb; **telefon zaufania** helpline; **wotum zaufania** vote of confidence.

zaufany adj trusted.

zauł|ek (-ka, -ki) (instr sg -kiem) m lane.

zaurocz|yć (-ę, -ysz) vt perf to enchant.

zauważ|ać (-am, -asz) (perf -yć) vt to notice, to spot ♦ vi to observe.

zauważalny adj noticeable.

zawa|dzać (-dzam, -dzasz) (perf -dzić) vi: **zawadzać o coś** to knock against sth; **zawadzać komuś** to be

lub stand in sb's way; **zawadzać
komuś w czymś** to make it difficult
for sb to do sth.

zawah|ać się (**-am, -asz**) *vb perf od*
wahać się.

zawal|ać (**-am, -asz**) *vt* (*zaśmiecać*)
(*perf* **-ić**) to litter; (*tarasować*) to
block; (*pot. plan, robotę*) (*perf* **-ić**) to
botch (*pot*).

▸**zawalać się** (*perf* **-ić**) *vr* to collapse.

zawa|ł (**-łu, -ły**) (*loc sg* **-le**) *m* (*też:*
zawał serca) coronary (attack),
heart attack; **mieć zawał** to have a
heart attack.

zawartoś|ć (**-ci**) *f* (*torebki, artykułu*)
contents *pl*; (*alkoholu, tłuszczu*)
content; **produkty o niskiej
zawartości tłuszczu** low-fat
products.

zaważ|yć (**-ę, -ysz**) *vi perf*: **zaważyć
na czymś** to influence sth.

zawdzięcz|ać (**-am, -asz**) *vt*:
zawdzięczać coś komuś to owe sth
to sb.

zawę|żać (**-żam, -żasz**) (*perf* **-zić**) *vt*
to narrow down.

zawiadami|ać (**-am, -asz**) (*perf*
zawiadomić) *vt* to notify, to inform.

zawiadomie|nie (**-nia, -nia**) (*gen pl*
-ń) *nt* notification.

zawiadowc|a (**-y, -y**) *m decl like f in
sg* stationmaster.

zawia|s (**-su, -sy**) (*loc sg* **-sie**) *m*
hinge.

zawiąz|ywać (**-uję, -ujesz**) (*perf* **-ać**)
vt to tie.

▸**zawiązywać się** *vr* (*powstawać*) to
form.

zawiedziony *adj* (*osoba*)
disappointed.

zawie|ja (**-i, -je**) (*gen pl* **-i**) *f*
snowstorm, blizzard.

zawier|ać (**-am, -asz**) (*perf* **zawrzeć**)
vt (*mieścić w sobie*) to include;
(*umowę, kompromis*) to reach;
(*pokój*) to make; **zawierać z kimś**

znajomość to make sb's
acquaintance.

zawiesisty *adj* thick.

zawiesz|ać (**-am, -asz**) (*perf*
zawiesić) *vt* (*obraz, firankę*) to hang;
(*działalność, karę*) to suspend.

zawiesze|nie (**-nia, -nia**) (*gen pl* **-ń**)
nt (*MOT*) suspension; **wyrok z
zawieszeniem** *lub* **w zawieszeniu**
suspended sentence; **zawieszenie
broni** ceasefire.

zawij|ać (**-am, -asz**) (*perf* **zawinąć**) *vt*
(*paczkę, kanapkę*) to wrap (up);
(*rękawy, nogawki*) to roll up ▸ *vi*:
zawijać do portu to call at a port.

▸**zawijać się** *vr* (*o kołnierzyku, rogu
kartki*) to curl up.

zawikłany *adj* involved.

zawiły *adj* complex, complicated.

zawiniąt|ko (**-ka, -ka**) (*instr sg* **-kiem,**
gen pl **-ek**) *nt* bundle.

zawi|nić (**-nię, -nisz**) (*imp* **-ń**) *vi perf*
to be at fault.

zawistny *adj* envious.

zawiś|ć (**-ci**) *f* envy.

zawład|nąć (**-nę, -niesz**) (*imp* **-nij**) *vi
perf*: **zawładnąć czymś** (*o władcy,
plemieniu*) to capture sth; **zawładnąć
kimś** (*o myślach, uczuciach*) to take
possession of sb.

zawodnicz|ka (**-ki, -ki**) (*dat sg* **-ce,**
gen pl **-ek**) *f* (*w sporcie*) competitor;
(*w teleturnieju*) contestant.

zawodni|k (**-ka, -cy**) (*instr sg* **-kiem**)
m (*w lekkiej atletyce, tenisie*)
competitor; (*w boksie, teleturnieju*)
contestant.

zawodny *adj* (*urządzenie*) unreliable;
(*pamięć*) fallible.

zawodo|wiec (**-wca, -wcy**) *m*
professional.

zawodowy *adj* professional; **szkoła
zawodowa** vocational school;
związek zawodowy trade union
(*BRIT*), labor union (*US*); **choroba
zawodowa** occupational disease.

zawod|y (-ów) *pl* (*SPORT*)
competition, contest; *patrz też* **zawód**.
zaw|odzić (-odzę, -odzisz) (*imp*
-ódź) *vt* (*sprawiać zawód*) (*perf*
zawieść) to let down, to disappoint
♦ *vi* (*o urządzeniu, pamięci*) (*perf*
zawieść) to fail; (*o człowieku,*
wietrze: lamentować, wyć) to wail.
▸**zawodzić się** *vr* (*perf* **zawieść**):
zawodzić się (na kimś/czymś) to be
disappointed (with sb/sth).
zawoł|ać (-am, -asz) *vb perf od*
wołać.
zaw|ozić (-ożę, -ozisz) (*imp* -óź *lub*
-oź, *perf* **zawieźć**) *vt* (*samochodem*)
to drive; (*pociągiem*) to take.
zaw|ód (-odu, -ody) (*loc sg* -odzie) *m*
(*fach*) profession; (*rozczarowanie*)
letdown, disappointment.
zaw|ór (-oru, -ory) (*loc sg* -orze) *m*
valve.
zawrac|ać (-am, -asz) (*perf*
zawrócić) *vt* to turn round *lub* back
♦ *vi* to turn round *lub* back;
zawracać sobie głowę to bother
(one's head); **zawracać komuś**
głowę to bother sb.
zawrotny *adj* staggering.
zawr|ót (-otu, -oty) (*loc sg* -ocie) *m*:
zawroty głowy dizziness, vertigo;
mieć zawroty głowy to suffer from
vertigo *lub* dizzy spells.
zawsty|dzać (-dzam, -dzasz) (*perf*
-dzić) *vt* to shame, to put to shame.
▸**zawstydzać się** *vr* to be ashamed.
zawstydzony *adj* ashamed.
zawsze *adv* always ♦ *part*: **ale**
zawsze but still; **na zawsze** for
ever; **tyle co zawsze** same as usual;
zawsze gdy whenever.
zawyż|ać (-am, -asz) (*perf* -yć) *vt*
(*ceny*) to inflate; (*dane*) to overstate.
zaw|ziąć się (-ezmę, -eźmiesz) (*imp*
-eźmij) *vr perf* to dig in one's heels;
zawziąć się na kogoś to have it in
for sb.

zawzięcie *adv* (*pracować*)
relentlessly; (*kłócić się*) vehemently.
zawzięty *adj* (*opór*) dogged; (*mina*)
determined; (*przeciwnik*) sworn.
zazdrosny *adj* jealous; **zazdrosny o**
kogoś/coś jealous of sb/sth.
zazdro|ścić (-szczę, -ścisz) (*imp*
-ść) *vi*: **zazdrościć komuś czegoś**
to envy sb sth.
zazdroś|ć (-ci) *f* jealousy.
zazę|biać się (-bia) (*perf* -bić) *vr* (*o*
mechanizmach) to mesh; (*przen: o*
sprawach, problemach) to be
interrelated *lub* interconnected.
zazię|biać się (-biam, -biasz) (*perf*
-bić) *vr* to catch a cold.
zaziębie|nie (-nia, -nia) (*gen pl* -ń) *nt*
cold.
zaziębiony *adj*: **jestem zaziębiony** I
have a cold.
zaznacz|ać (-am, -asz) (*perf* -yć) *vt*
(*wyróżniać znakiem*) to mark;
(*uwydatniać*) to stress ♦ *vi*:
zaznaczać, że ... to stress that ... .
▸**zaznaczać się** *vr* to be evident.
zaznajami|ać (-am, -asz) (*perf*
zaznajomić) *vt*: **zaznajamiać kogoś**
z czymś to acquaint sb with sth.
▸**zaznajamiać się** *vr*: **zaznajamiać**
się z czymś to familiarize o.s. with
sth.
zazn|awać (-aję, -ajesz) (*perf* -ać) *vt*:
zaznawać czegoś to experience sth.
zazwyczaj *adv* usually.
zażale|nie (-nia, -nia) (*gen pl* -ń) *nt*
complaint; **składać (złożyć** *perf*)
zażalenie (na kogoś/coś) to file a
complaint (against sb/about sth).
zażarty *adj* (*walka, dyskusja*) fierce;
(*wróg*) sworn.
zażegn|ywać (-uję, -ujesz) (*perf* -ać)
vt to prevent, to head off.
zażenowani|e (-a) *nt* embarrassment.
zażenowany *adj* embarrassed.
zażycz|yć (-ę, -ysz) *vi perf*: **zażyczyć**
sobie czegoś to request sth.

zażyłoś|ć (-ci) f intimacy.

zażyły adj intimate.

zażyw|ać (-am, -asz) (perf **zażyć**) vt (tabletki itp.) to take; **zażywać czegoś** (przen: bogactw, przyjemności) to enjoy sth.

ząb (zęba, zęby) (loc sg **zębie**) m tooth; **boli mnie ząb** I have a (a) toothache.

ząb|ek (-ka, -ki) (instr sg **-kiem**) m dimin od **ząb**; **ząbek czosnku** a clove of garlic; **ząbki** pl (wycięcia) notches pl; **w ząbki** notched.

ząbk|ować (-uję, -ujesz) vi to teethe.

zbacz|ać (-am, -asz) (perf **zboczyć**) vi to deviate, to diverge; **zbaczać z tematu** to digress, to deviate from the subject.

zbawc|a (-y, -y) m decl like f in sg saviour (BRIT), savior (US).

zba|wiać (-wiam, -wiasz) (perf **-wić**) vt (REL) to redeem; (książk: wybawiać) to save, to deliver.

Zbawiciel (-a) m (REL) Saviour (BRIT), Savior (US).

zbawieni|e (-a) nt (REL) redemption, salvation.

zbawienny adj beneficial.

zbędny adj (wysiłek) useless; (słowa) needless; (rzecz) superfluous, redundant.

zbi|ć (-ję, -jesz) vb perf od **bić**, **zbijać ♦** vt perf (szybę) to break; **zbić kogoś** to give sb a thrashing.

►zbić się vr perf to break.

zbie|c (-gnę, -gniesz) (imp **-gnij**, pt **-gł, -gła, -gli**) vb perf od **zbiegać ♦** vi perf (uciec) to run away.

zbie|g¹ (-ga, -gowie) (instr sg **-giem**) m (uciekinier) fugitive, runaway.

zbie|g² (-gu, -gi) (instr sg **-giem**) m (ulic, alejek) junction; **zbieg okoliczności** coincidence.

zbieg|ać (-am, -asz) (perf **zbiec** lub **-nąć**) vi (uciekać) to run away; (biec w dół) to run downhill; **zbiegać po schodach** to run downstairs.

►zbiegać się vr (gromadzić się) to gather; (łączyć się w przestrzeni) to converge; (zdarzać się jednocześnie) to coincide; (kurczyć się) to shrink.

zbiegowis|ko (-ka, -ka) (instr sg **-kiem**) nt gathering, crowd.

zbieracz (-a, -e) (gen pl **-y**) m (kolekcjoner) collector; (grzybów) picker.

zbier|ać (-am, -asz) (perf **zebrać**) vt (gromadzić) to collect; (zwoływać) to gather, to assemble; (sprzątać) to gather; (zrywać) to pick; (wodę) to mop up.

►zbierać się vr (gromadzić się) to gather; **zbierać się (do czegoś)** to brace o.s. (for sth); **zbiera się na deszcz** it's going to rain.

zbieżnoś|ć (-ci) (gen pl **-ci**) f convergence; **zbieżność kół** (MOT) toe-in.

zbieżny adj convergent.

zbij|ać (-am, -asz) (perf **zbić**) vt (gwoździami) to nail together; (piłkę) to smash; **zbić majątek** to make a fortune.

zbiorni|k (-ka, -ki) (instr sg **-kiem**) m (pojemnik) container; (GEOG) reservoir; **zbiornik paliwa** (MOT) fuel tank.

zbiorowis|ko (-ka, -ka) (instr sg **-kiem**) nt gathering.

zbiorowoś|ć (-ci, -ci) (gen pl **-ci**) f community.

zbiorowy adj (wysiłek) collective.

zbi|ór (-oru, -ory) (loc sg **-orze**) m (wierszy, znaczków) collection; (owoców, zboża) harvest; (MAT) set; (KOMPUT) file; **zbiory** pl (plon) crop.

zbiór|ka (-ki, -ki) (dat sg **-ce**, gen pl **-ek**) f (oddziału) assembly; (makulatury) collection; (pieniędzy) fund-raising, collection; **zbiórka!** fall in!

zbity adj (pobity) beaten up; (zwarty) packed.

zbliż|ać (-am, -asz) (perf -yć) vt (przybliżać) to bring nearer lub closer; (przen) to bring together.

▸**zbliżać się** vr to approach; (przen: zaprzyjaźniać się) to become close; (o terminie, godzinie, burzy) to approach; **nie zbliżaj się!** stand away!

zbliże|nie (-nia, -nia) (gen pl -ń) nt (bliskie stosunki) close lub friendly relations; (FOT) close-up.

zbliżony adj similar.

zbłąkany adj stray.

zbocz|e (-a, -a) (gen pl -y) nt slope.

zbocze|nie (-nia, -nia) (gen pl -ń) nt perversion.

zbocze|niec (-ńca, -ńcy) m pervert.

zboczony adj perverted.

zb|oże (-oża, -oża) (gen pl -óż) nt cereal, corn (BRIT).

zbożowy adj cereal attr; **kawa zbożowa** chicory coffee.

zbój (-a, -e) m robber.

zb|ór (-oru, -ory) (loc sg -orze) m (REL) (Protestant) church.

zbrod|nia (-ni, -nie) (gen pl -ni) f crime.

zbrodniarz (-a, -e) (gen pl -y) m criminal.

zbr|oić (-oję, -oisz) (imp -ój, perf u-) vt (wojsko) to arm; (beton) to reinforce; (teren) to develop.

▸**zbroić się** vr to arm.

zbro|ja (-i, -je) (gen pl -i) f (a suit of) armour (BRIT), armor (US).

zbrojeni|e (-a) nt (wojska) armament; **zbrojenia** pl armaments pl.

zbrojny adj armed, military.

zbud|ować (-uję, -ujesz) vb perf od budować.

zbu|dzić (-dzę, -dzisz) (imp -dź) vb perf od budzić.

zburz|yć (-ę, -ysz) vb perf od burzyć.

zby|t¹ (-tu) (loc sg -cie) m (popyt)

market; (sprzedaż) sale(s pl); **cena zbytu** selling price; **rynek zbytu** market.

zbyt² adv too.

zbyteczny adj unnecessary.

zbyt|ek (-ku) (instr sg -kiem) m (przepych) luxury.

zbytni adj excessive.

zbytnio adv excessively, unduly.

zbyw|ać (-am, -asz) (perf zbyć) vt (sprzedawać) to sell off lub up; **zbywać kogoś** to get rid of sb.

zbzikowany adj (pot) crazy, loony.

zd|ać (-am, -asz) vb perf od zdawać ▸ vt perf: **zdać egzamin** to pass an exam; **zdać na uniwersytet** to get into college; **zdać do następnej klasy** to be promoted (to a higher class).

zdalnie adv: **zdalnie kierowany** lub **sterowany** remote-controlled.

zdalny adj: **zdalne sterowanie** remote control.

zda|nie (-nia, -nia) (gen pl -ń) nt (opinia) opinion; (JĘZ) sentence; **moim zdaniem** in my opinion.

zdarz|ać się (-a) (perf -yć) vr to happen, to occur.

zdarze|nie (-nia, -nia) (gen pl -ń) nt (wydarzenie) event, occurrence.

zdatny adj: **zdatny do czegoś** fit lub suitable for sth; „**zdatny do spożycia**" "fit for human consumption"; **woda zdatna do picia** drinkable water.

zda|wać (-ję, -jesz) (imp -waj) vt (przekazywać) (perf **zdać**) to turn over; (oddawać) (perf **zdać**) to return ▸ vi: **zdawać (na uniwersytet/do liceum)** to take (one's) entrance exams (to college/secondary (BRIT) lub high (US) school); **zdawać sobie sprawę z czegoś** to realize sth, to be aware of sth; **zdawać egzamin (z fizyki)** to take an exam (in physics).

▶**zdawać się** *vr* to seem, to appear;
zdaje (mi) się, że ... it seems (to
me) that ...; **zdawać się na
kogoś/coś** to depend on sb/sth;
zdawało ci się you must have
imagined it.

zdawkowy *adj (odpowiedź,
komentarz)* trite; *(uprzejmość)*
superficial.

zdąż|ać (**-am, -asz**) *(perf* **-yć)** *vi
(przybywać na czas)* to be *lub* make
it in time; *(dotrzymywać kroku)* to
keep pace; **zdążyć coś zrobić** to
manage to do sth (on time); **zdążać
do ...** *(książk)* to head for ...; **nie
zdążyć na samolot** to miss the
plane; **nie zdążyć do szkoły** to be
late for school.

zdechły *adj* dead.

zdecyd|ować (**-uję, -ujesz**) *vb perf
od* **decydować**.

zdecydowani|e[1] **(-a)** *nt*
determination, resoluteness.

zdecydowanie[2] *adv (stanowczo)*
strongly, decidedly; *(wyraźnie)*
definitely; **zdecydowanie najlepszy**
by far the best.

zdecydowany *adj (człowiek)* firm,
determined; *(posunięcie)* decisive;
(niewątpliwy) unquestionable;
zdecydowany na coś intent *lub* bent
on doing sth, determined to do sth.

zdegustowany *adj* disgusted.

zdejm|ować (**-uję, -ujesz**) *(perf*
zdjąć) *vt (ubranie)* to take off;
(książkę z półki) to take down; **zdjąć
nogę z pedału** to take one's foot
off the pedal.

zdenerw|ować (**-uję, -ujesz**) *vb perf
od* **denerwować**.

zdenerwowani|e (**-a**) *nt (niepokój)*
nervousness; *(złość)* anger,
annoyance.

zdenerwowany *adj (niespokojny)*
nervous; **zdenerwowany czymś/na**

kogoś angry *lub* annoyed at sth/with
sb.

zderz|ać się (**-am, -asz**) *(perf* **-yć)** *vr*
to collide, to crash.

zderza|k (**-ka, -ki**) *(instr sg* **-kiem)** *m
(MOT)* bumper.

zderze|nie (**-nia, -nia**) *(gen pl* **-ń)** *nt
(wypadek)* collision, crash;
(przen: kultur, postaw) clash.

zdesperowany *adj* desperate.

zdeterminowany *adj* determined.

zdezorientowany *adj* disorientated
(BRIT), disoriented *(US)*.

zd|jąć (**-ejmę, -ejmiesz**) *(imp* **-ejmij)**
vb perf od **zdejmować**.

zdję|cie (**-cia, -cia**) *(gen pl* **-ć)** *nt
(fotografia)* photo(graph), picture;
(usunięcie) removal; **robić (zrobić
perf) komuś zdjęcie** to take a
photo(graph) *lub* picture of sb.

zdmuch|iwać (**-uję, -ujesz**) *(perf
-nąć)* *vt (kurz)* to blow off; *(zapałkę)*
to blow out.

zd|obić (**-obię, -obisz**) *(imp* **-ób)** *vt
(ozdabiać)* to decorate; *(być ozdobą)*
to grace.

zdobyci|e (**-a**) *nt (miasta)* capture;
(majątku) acquisition; *(szacunku)*
earning, winning; *(bramki)* scoring.

zdobycz (**-y, -e**) *(gen pl* **-y)** *f (łup)*
loot, booty; *(drapieżnika)* prey;
zdobycze *pl* achievements *pl*,
accomplishments *pl*.

zdob|yć (**-ędę, -ędziesz**) *(imp* **-ądź)**
vb perf od **zdobywać**.

▶**zdobyć się** *vr*: **zdobyć się na
zrobienie czegoś** to bring o.s. to do
sth; **zdobyć się na odwagę/wysiłek**
to summon up the courage/strength.

zdobyw|ać (**-am, -asz**) *(perf* **zdobyć**)
vt (łupy, miasto) to capture;
(majątek) to gain; *(bilety)* to get;
(szacunek, przyjaciół) to win;
(bramkę) to score.

zdobywc|a (**-y, -y**) *m decl like f in sg*

(*łupów, miasta*) conqueror; (*nagrody*) winner; (*bramki*) scorer.

zdolnoś|ć (**-ci, -ci**) (*gen pl* **-ci**) *f* ability; **zdolności** *pl* skills *pl*, gift.

zdolny *adj* (*uczeń*) capable, gifted; **zdolny do (zrobienia) czegoś** capable of (doing) sth.

zdoł|ać (**-am, -asz**) *vi perf*: **zdołać coś zrobić** to be able to do sth, to manage to do sth.

zdrabni|ać (**-am, -asz**) (*perf* **zdrobnić**) *vt* (*JĘZ*) to use the diminutive form of (*a word, name etc*).

zdra|da (**-dy, -dy**) (*dat sg* **-dzie**) *f* (*nielojalność*) betrayal, treachery; (*przestępstwo*) treason; **zdrada małżeńska** adultery, marital infidelity *lub* unfaithfulness.

zdradliwy *adj* treacherous.

zdra|dzać (**-dzam, -dzasz**) (*perf* **-dzić**) *vt* (*kraj, zasady*) to betray; (*dziewczynę, męża*) to be unfaithful to; (*tajemnicę*) to give away; (*zdolności, podobieństwo*) to show. ▸**zdradzać się** *vr* (*wzajemnie*) to be unfaithful to each other; (*demaskować się*) to give o.s. away.

zdradziecki *adj* treacherous.

zdrajc|a (**-y, -y**) *m decl like f in sg* traitor.

zdrap|ywać (**-uję, -ujesz**) (*perf* **-ać**) *vt* to scrape off *lub* away.

zdrętwiały *adj* numb.

zdrobnie|nie (**-nia, -nia**) (*gen pl* **-ń**) *nt* diminutive.

zdrowi|e (**-a**) *nt* health; **ośrodek zdrowia** health centre (*BRIT*) *lub* center (*US*); **jak zdrowie?** how are you (doing)?; **na zdrowie!** (*toast*) cheers!; (*po kichnięciu*) (God) bless you!; **wracać (wrócić** *perf***) do zdrowia** to regain one's health, to recover; **(za) twoje zdrowie!** here's to your health!

zdrowi|eć (**-eję, -ejesz**) (*perf* **wy-**) *vi* to get better.

zdrowo *adv* (*odżywiać się*) healthily; (*wyglądać*) healthy, well.

zdrowotny *adj* (*warunki*) sanitary; (*klimat*) healthy; **opieka zdrowotna** healthcare; **urlop zdrowotny** sick leave.

zdrowy *adj* healthy; **zdrowy rozsądek** common sense.

zdr|ój (**-oju, -oje**) *m* spring.

zdrów *adj patrz* **zdrowy**; **jest Pan zdrów** you are healthy *lub* in good health.

zdrzem|nąć się (**-nę, -niesz**) (*imp* **-nij**) *vr perf* to have *lub* take a nap; (*mimowolnie*) to doze off.

zdumieni|e (**-a**) *nt* astonishment; **ku memu zdumieniu ...** to my astonishment, ...

zdumiew|ać (**-am, -asz**) (*perf* **zdumieć**) *vt* to astonish, to amaze. ▸**zdumiewać się** *vr* to be amazed.

zdumiewający *adj* astonishing, amazing.

zdumiony *adj* astonished, amazed.

zdwaj|ać (**-am, -asz**) (*perf* **zdwoić**) *vt* to double.

zdych|ać (**-am, -asz**) (*perf* **zdechnąć**) *vi* to die.

zdyscyplinowani|e (**-a**) *nt* discipline.

zdyscyplinowany *adj* disciplined.

zdyszany *adj* breathless, winded.

zdział|ać (**-am, -asz**) *vt perf* to accomplish, to achieve.

zdzier|ać (**-am, -asz**) (*perf* **zedrzeć**) *vt* (*zrywać*) to tear off; (*odzież, opony*) to wear out; (*zelówki*) to tear down. ▸**zdzierać się** *vr* (*o odzieży, oponach*) to wear out; (*o zelówkach*) to tear down.

zdzierst|wo (**-wa**) (*loc sg* **-wie**) *nt* rip-off (*pot*).

zdziwieni|e (**-a**) *nt* surprise, astonishment.

zdziwiony *adj* surprised, astonished.

ze *prep* = **z**.

zeb|ra (-ry, -ry) (*dat sg* -rze) *f* (*ZOOL*) zebra; (*przejście*) zebra crossing (*BRIT*), crosswalk (*US*).

zebra|nie (-nia, -nia) (*gen pl* -ń) *nt* meeting.

zech|cieć (-cę, -cesz) (*imp* -ciej) *vi perf*. **zechcieć coś zrobić** to be willing to do sth.

zega|r (-ra, -ry) (*loc sg* -rze) *m* clock.

zegar|ek (-ka, -ki) (*instr sg* -kiem) *m* watch; **mój zegarek się śpieszy/spóźnia** my watch is fast/slow.

zegarmistrz (-a, -e *lub* -owie) *m* watchmaker.

zegarowy *adj*: **wieża zegarowa** clock tower; **bomba zegarowa** time bomb.

zegaryn|ka (-ki, -ki) (*dat sg* -ce, *gen pl* -ek) *f* speaking clock.

zejś|cie (-cia, -cia) (*gen pl* -ć) *nt* (*droga*) descent; (*MED*) decease; **zejście do piwnicy/na dolny pokład** stairs to the cellar/lower deck.

zej|ść (-dę, -dziesz) (*imp* -dź, *pt* zszedł *lub* zeszedł, zeszła, zeszli) *vb perf od* **schodzić**.

zelów|ka (-ki, -ki) (*dat sg* -ce, *gen pl* -ek) *f* sole.

zelż|eć (-eje) *vi perf* (*o bólu*) to ease, to subside; (*o gniewie*) to subside.

zemdl|eć (-eję, -ejesz) *vb perf od* **mdleć**.

zem|sta (-sty) (*dat sg* -ście) *f* revenge, vengeance.

zeni|t (-tu) (*loc sg* -cie) *m* zenith.

zepsuci|e (-a) *nt* (*moralne*) depravity, corruption.

zepsu|ć (-ję, -jesz) *vb perf od* **psuć**.

zepsuty *adj* (*uszkodzony*) broken; (*zdemoralizowany*) depraved, corrupt.

zerk|ać (-am, -asz) (*perf* -nąć) *vi* to peek, to peep; **zerkać na kogoś/coś**

to peek at sb/sth, to have *lub* take a peek *lub* peep at sb/sth.

ze|ro (-ra, -ra) (*loc sg* -rze) *nt* (*MAT*) zero; (*w numerach*) o(h), zero; (*nic*) nought; (*SPORT*: *w piłce*) nil (*BRIT*), nothing (*US*); (*w tenisie*) love; (*przen*: *o człowieku*) (a) nobody, nonentity (*BRIT*), no-(ac)count (*US*); **5 stopni poniżej/powyżej zera** 5 (degrees) below/above freezing *lub* zero.

zerowy *adj* (*godzina, punkt, przyrost*) zero *attr*; (*ELEKTR*) neutral.

zeska|kiwać (-kuję, -kujesz) (*perf* **zeskoczyć**) *vi* to jump down.

zeskrob|ywać (-uję, -ujesz) (*perf* -ać) *vt* to scrape (off).

zesłani|e (-a) *nt* exile; **Zesłanie Ducha Świętego** Pentecost.

zespal|ać (-am, -asz) (*imp* **zespolić**) *vt* to join.

zespołowy *adj*: **praca zespołowa** teamwork; **gry zespołowe** team games.

zesp|ół (-ołu, -oły) (*loc pl* -ole) *m* (*ludzi*) group, team; (*budynków*) complex, set; (*TEATR*) company; (*część urządzenia*) unit; **zespół ludowy/rockowy** folk/rock band *lub* group.

zesta|w (-wu, -wy) (*loc sg* -wie) *m* (*pytań*) set; (*kolorów*) combination; (*mebli*) suite; (*narzędzi*) kit.

zesta|wiać (-wiam, -wiasz) (*perf* -wić) *vt* (*stawiać niżej*) to take down; (*stawiać blisko siebie*) to put *lub* set together; (*składać w całość*) to put together; **zestawiać coś z czymś** to set sth against sth, to juxtapose sth with sth.

zestawie|nie (-nia, -nia) (*gen pl* -ń) *nt* (*układ*) combination; (*wykaz*) breakdown.

zestrzeliw|ać (-uję, -ujesz) (*perf* **zestrzelić**) *vt* to shoot down.

zeszłoroczny *adj* last year's *attr*.

zeszły *adj* last; **w zeszłym roku/tygodniu** last year/week; **w zeszły czwartek** last Thursday; **zeszłej nocy** last night.

zeszy|t (-tu, -ty) (*loc sg* -**cie**) *m* (*do ćwiczeń*) exercise book (*BRIT*), notebook (*BRIT*); (*egzemplarz*) book.

zeszyw|ać (-am, -asz) (*perf* **zeszyć**) *vt* to sew *lub* stitch together.

ześliz|giwać się (-guję, -gujesz) (*perf* -**gnąć** *lub* **ześliznąć**) *vr* to slide down.

zgaszony *adj* (*o człowieku*) downcast; (*o kolorze*) subdued.

zewnątrz *adv*: **na zewnątrz** outside; **z** *lub* **od zewnątrz** from (the) outside.

zewnętrzny *adj* (*ściana, powierzchnia*) outside, exterior; (*cecha, wygląd*) outward; „**do użytku zewnętrznego**" "for external use only", "not to be taken internally".

zewsząd *adv* from everywhere, from far and wide.

ze|z (-za) (*loc sg* -**zie**) *m* squint.

zezna|nie (-nia, -nia) (*gen pl* -**ń**) *nt* (*w sądzie*) testimony; **zeznanie podatkowe** tax return.

zezn|awać (-aję, -ajesz) (*imp* -**awaj**, *perf* -**ać**) *vt* to testify ♦ *vi* to testify, to give evidence.

zez|ować (-uję, -ujesz) *vi* to squint.

zezowaty *adj* cross-eyed.

zezwal|ać (-am, -asz) (*perf* **zezwolić**) *vi*: **zezwalać na coś** to allow *lub* permit sth; **zezwalać komuś na coś** to allow sb to do sth.

zezwole|nie (-nia, -nia) (*gen pl* -**ń**) *nt* (*zgoda*) permission; (*dokument*) permit, licence (*BRIT*), license (*US*).

zęba *itd. n patrz* **ząb**.

zębaty *adj*: **koło zębate** cog(wheel).

zgad|ywać (-uję, -ujesz) (*perf* -**nąć**) *vt* to guess ♦ *vi* to guess, to take *lub* have a guess.

zgadz|ać się (-am, -asz) (*perf* **zgodzić**) *vr*: **zgadzać się na coś** to agree *lub* consent to sth; **zgadzać się z kimś** to agree with sb; **zgadzać się, że ...** to agree that ...; **zgadzać się (z czymś)** (*wykazywać zgodność*) to tally (with sth).

zga|ga (-gi) (*dat sg* -**dze**) *f* (*MED*) heartburn.

zgarni|ać (-am, -asz) (*perf* **zgarnąć**) *vt* (*gromadzić*) to gather; (*odsuwać*) to push aside *lub* to the side; (*przen: wygraną itp.*) to rake in.

zgiąć (**zegnę, zegniesz**) (*imp* **zegnij**, *pt* **zgiął, zgięła, zgięli**) *vb perf od* **zginać, giąć**.

zgieł|k (-ku) (*instr sg* -**kiem**) *m* tumult.

zgię|cie (-cia, -cia) (*gen pl* -**ć**) *nt* bend.

zgin|ać (-am, -asz) (*perf* **zgiąć**) *vt* to bend.

►**zginać się** *vr* to bend.

zgła|dzić (-dzę, -dzisz) (*imp* -**dź**) *vt perf* (*książk*) to slay.

zgłasz|ać (-am, -asz) (*perf* **zgłosić**) *vt* (*projekt, wniosek: na piśmie*) to submit; (*ofertę*) to extend; (*kandydaturę*) to propose; **zgłaszać wniosek** (*na zebraniu*) to make a motion; **zgłaszać coś do oclenia** to declare sth.

►**zgłaszać się** *vr* (*przychodzić*) to report; (*zapisywać się*) to apply; (*TEL*) to answer; **zgłaszać się do kogoś** to report to sb.

zgłę|biać (-biam, -biasz) (*perf* -**bić**) *vt* (*tajemnice*) to fathom; (*dziedzinę wiedzy*) to explore.

zgłos|ka (-ki, -ki) (*dat sg* -**ce**, *gen pl* -**ek**) *f* syllable.

zgłosze|nie (-nia, -nia) (*gen pl* -**ń**) *nt* application; **Pan X proszony jest o zgłoszenie się do informacji** Mr X is requested to report to the information desk.

zgniat|ać (-am, -asz) (*perf* **zgnieść**) *vt* (*miażdżyć*) to squash, to crush.

zgnili|zna (-zny) (*dat sg* -**źnie**) *f* (*wet*)

rot; (*przen: moralna*) depravity, corruption.

zgniły *adj* rotten.

zgo|da (**-dy**) (*dat sg* **-dzie**) *f* (*brak konfliktów*) harmony, concord; (*pozwolenie*) assent, consent; (*wspólne zdanie*) agreement, consensus; (*pojednanie*) reconciliation.

zgodnie *adv* (*bez konfliktów*) in harmony *lub* concord; **zgodnie z planem** according to plan; **zgodnie z przepisami/prawem** in accordance with the rules/law.

zgodnoś|ć (**-ci**) *f* (*brak odstępstw, rozbieżności*) conformity; (*brak konfliktów*) harmony; (*jednomyślność*) unanimity; (*KOMPUT*) compatibility.

zgodny *adj* (*niekłótliwy*) agreeable; (*jednomyślny*) unanimous; (*pasujący*) compatible; (*niesprzeczny*): **zgodny z czymś** consistent with sth.

zgo|n (**-nu, -ny**) (*loc sg* **-nie**) *m* decease, demise.

zgorszeni|e (**-a**) *nt* scandal.

zgorszony *adj* scandalized.

zgorzkniały *adj* bitter.

zgra|biać (**-biam, -biasz**) (*perf* **-bić**) *vt* to rake.

zgrabi|eć (**-eję, -ejesz**) *vi perf* to go numb.

zgrabny *adj* (*dziewczyna, nogi*) shapely; (*ruchy, kelner*) deft; (*sformułowanie*) neat.

zgrany *adj* harmonious.

zgromadze|nie (**-nia, -nia**) (*gen pl* **-ń**) *nt* gathering, assembly.

zgro|za (**-zy**) (*dat sg* **-zie**) *f* horror.

zgrubie|nie (**-nia, -nia**) (*gen pl* **-ń**) *nt* (*wypukłość*) swelling.

zgryw|ać się (**-am, -asz**) *vr* (*o aktorze*) to ham it up; (*pot: udawać*) to put on an act (*pot*).

zgry|z (**-zu**) (*loc sg* **-zie**) *m* bite.

zgry|źć (**-zę, -ziesz**) (*imp* **-ź**, *pt* **-zł, -źli**) *vt perf* to crack.

zgryźliwy *adj* (*człowiek*) snappish, snappy; (*uwaga*) cutting.

zgrz|ać (**-eję, -ejesz**) *vb perf od* **zgrzewać**.

►**zgrzać się** *vr* to become hot.

zgrzany *adj* hot.

zgrzesz|yć (**-ę, -ysz**) *vb perf od* **grzeszyć**.

zgrz|ewać (**-ewam, -ewasz**) (*perf* **-ać**) *vt* to seal (*by heating*).

zgrzy|t (**-tu, -ty**) (*loc sg* **-cie**) *m* grate, rasp.

zgrzyt|ać (**-am, -asz**) (*perf* **-nąć**) *vi* to grate.

zgu|ba (**-by, -by**) (*dat sg* **-bie**) *f* (*rzecz*) lost property; (*zagłada*) undoing.

zgubny *adj* (*wpływ, nałóg*) destructive; (*skutek*) pernicious.

zgwał|cić (**-cę, -cisz**) (*imp* **-ć**) *vb perf od* **gwałcić**.

ziar|no (**-na, -na**) (*loc sg* **-nie**, *gen pl* **-en**) *nt* grain; (*nasienie*) seed.

zią|b (**-bu**) (*loc sg* **-bie**) *m* chill.

zi|ele (**-ela, -oła**) (*gen pl* **-ół**) *nt* herb.

zielenia|k (**-ka, -ki**) (*instr sg* **-kiem**) *m* (*sklep*) greengrocer; (*stragan*) greengrocer's stall.

zieleni|eć (**-eje**) *vi* (*stawać się zielonym*) (*perf* **z-**) to turn green; (*mieć zielony kolor*) to show green.

zieleni|na (*dat sg* **-nie**) *f* greens *pl*.

ziele|ń (**-ni**) *f* (*kolor*) green; (*roślinność*) greenery.

zielonkawy *adj* greenish.

zielony *adj* green; **Zielone Świątki** Pentecost, Whitsun(day).

ziels|ko (**-ka, -ka**) (*instr sg* **-kiem**) *nt* weed.

zie|mia (**-mi**) *f* (*kula ziemska*): **Ziemia** earth, Earth; (*gleba*) (*pl* **-mie**) soil; (*grunt pod nogami*) ground; (*podłoga*) floor; (*własność, kraina*) (*pl* **-mie**) land; **trzęsienie ziemi**

earthquake; **do (samej) ziemi**
(*zasłony itp.*) full-length *attr*; **pod
ziemią** underground; **Ziemia Święta**
the Holy Land; **ziemia ojczysta**
homeland.

ziemia|nin (**-nina, -nie**) (*gen pl* **-n**) *m*
(*właściciel majątku*) landowner;
(*mieszkaniec Ziemi*): **Ziemianin**
terrestrial; (*w science-fiction*)
earthling.

ziemisty *adj* (*cera, twarz*) sallow.

ziemniaczany *adj*: **mąka/zupa
ziemniaczana** potato flour/soup;
stonka ziemniaczana Colorado
(potato) beetle.

ziemnia|k (**-ka, -ki**) (*instr sg* **-kiem**) *m*
potato.

ziemny *adj*: **roboty ziemne**
earthwork; **gaz ziemny** natural gas;
orzeszki ziemne peanuts.

ziemski *adj* (*atmosfera, klimat,
skorupa*) earth's *attr*; (*sprawy, troski*)
earthly, worldly; **posiadłość
ziemska** landed estate; **kula
ziemska** the globe.

ziew|ać (**-am, -asz**) (*perf* **-nąć**) *vi* to
yawn.

ziewnięci|e (**-a, -a**) *nt* yawn.

zięb|nąć (**-nę, -niesz**) (*imp* **-nij**, *pt*
-nął *lub* **ziąbł, -ła, -li**, *perf* **z-**) *vi* to
freeze.

zię|ć (**-cia, -ciowie**) *m* son-in-law.

zi|ma (**-my, -my**) (*dat sg* **-mie**) *f*
winter.

zim|no¹ (**-na**) (*loc sg* **-nie**) *nt* (*niska
temperatura*) cold.

zimno² *adv* cold; (*przen: niechętnie*)
coldly; **zimno mi** I am *lub* feel cold;
zimno mi w nogi my feet are cold.

zimny *adj* cold; **zimne ognie**
sparklers *pl*; **zimna wojna** (*HIST*)
the cold war; **z zimną krwią** in cold
blood.

zim|ować (**-uję, -ujesz**) *vi* (*trwać
przez zimę*) (*perf* **prze-**) to winter.

zimowis|ko (**-ka, -ka**) (*instr sg* **-kiem**)
nt winter camp.

zimowy *adj* (*krajobraz, niebo, sport*)
winter *attr*.

zi|oło (**-oła, -oła**) (*loc sg* **-ole**, *gen pl*
-ół) *nt* herb.

ziołowy *adj* herbal.

zio|nąć (**-nę, -niesz**) (*imp* **-ń**) *vi* =
ziać.

zjad|ać (**-am, -asz**) (*perf* **zjeść**) *vt*
(*spożywać*) to eat.

zjadliwy *adj* (*krytyk, uwaga*) virulent,
scathing; (*pot: dość smaczny*)
eatable.

zja|wa (**-wy, -wy**) (*dat sg* **-wie**) *f*
apparition, phantom.

zja|wiać się (**-wiam, -wiasz**) (*perf*
-wić) *vr* (*przybywać*) to show up, to
turn up; (*pojawiać się*) to appear.

zjawis|ko (**-ka, -ka**) (*instr sg* **-kiem**)
nt phenomenon.

zj|azd (**-azdu, -azdy**) (*loc sg* **-eździe**)
m (*jazda z góry*) downhill drive;
(*zgromadzenie*) convention;
(*SPORT*) run; **zjazd z autostrady**
(*miejsce*) exit; (*droga*) slip road
(*BRIT*), (exit) ramp (*US*).

zjazdowy *adj* (*bieg, narciarstwo*)
downhill *attr*.

zj|echać (**-adę, -edziesz**) (*imp* **-edź**)
vb perf od **zjeżdżać**; (*przemierzyć*)
to travel all through; (*pot: skrytykować*)
to slam (*pot*), to knock (*pot*).

zjednocze|nie (**-nia, -nia**) (*gen pl* **-ń**)
nt (*partii, grup*) unification;
(*organizacja*) union.

zjednoczony *adj* united;
**Zjednoczone Królestwo Wielkiej
Brytanii i Irlandii Północnej** the
United Kingdom of Great Britain
and Northern Ireland.

zjedn|ywać (**-uję, -ujesz**) (*perf* **-ać**)
vt (*ludzi*) to win over; (*sympatię,
poparcie*) to win.

zjełczały *adj* rancid.

zj|eść (-em, -esz) (*pt* -adł, -adła, -edli) *vb perf od* jeść, zjadać.

zjeżdż|ać (-am, -asz) (*perf* zjechać) *vi* (*windą*) to go down; (*na nartach, sankach*) to go downhill; (*samochodem*) to drive downhill; (*na rowerze*) to ride downhill; (*jadąc zboczyć*) to turn; (*przybywać*) to arrive; **zjeżdżaj (stąd)!** (*pot*) get out (of here)! (*pot*).

▸**zjeżdżać się** *vr* (*przybywać*) to arrive.

zjeżdżal|nia (-ni, -nie) (*gen pl* -ni) *f* slide.

zl|ać (-eję, -ejesz) *vb perf od* lać, zlewać.

▸**zlać się** *vb perf od* zlewać się; (*pot*) to wet one's pants (*pot*).

zlat|ywać (-uję, -ujesz) (*perf* zlecieć) *vi* (*sfruwać*) to fly off *lub* down; (*spadać*) to fall off *lub* down.

▸**zlatywać się** *vr* to flock.

zl|ąc się (-ęknę, -ękniesz) (*imp* -ęknij, *pt* -ąkł, -ękła, -ękli) *vr perf* = **zlęknąć się**.

zle|cać (-cam, -casz) (*perf* -cić) *vt* to commission; **zlecać komuś coś/zrobienie czegoś** to commission sb to do sth.

zlece|nie (-nia, -nia) (*gen pl* -ń) *nt* order.

zle|piać (-piam, -piasz) (*perf* -pić) *vt* to glue *lub* stick together.

zle|w (-wu, -wy) (*loc sg* -wie) *m* sink.

zlew|ać (-am, -asz) (*perf* zlać) *vt* (*ulewać z wierzchu*) to decant; (*do jednego naczynia*) to pour together; **zlać kogoś wodą** to drench sb with water.

zlew|ki (-ków) *pl* slops *pl*.

zlewozmywa|k (-ka, -ki) (*instr sg* -kiem) *m* sink (unit).

zlęk|nąć się (-nę, -niesz) (*imp* -nij, *pt* zląkł, zlękła, zlękli) *vr perf*. **zlęknąć się (czegoś)** to take fright (at sth).

zlicz|ać (-am, -asz) (*perf* -yć) *vt* to count.

zlikwid|ować (-uję, -ujesz) *vb perf od* likwidować.

zliz|ywać (-uję, -ujesz) (*perf* -ać) *vt* to lick up.

zlo|t (-tu, -ty) (*loc sg* -cie) *m* rally.

zł *abbr* (= złoty) zł. (= zloty).

zła|mać (-mię, -miesz) *vb perf od* łamać.

złama|nie (-nia, -nia) (*gen pl* -ń) *nt* (*MED*) fracture.

złamany *adj* broken.

zła|pać (-pię, -piesz) *vb perf od* łapać.

złącz|e (-a, -a) (*gen pl* -y) *nt* (*TECH*) joint, coupling.

zł|o (-a) *nt* evil.

złocisty *adj* golden.

złocony *adj* gilt *attr*, gilded; (*metal*) gold-plated.

złoczyńc|a (-y, -y) *m decl like f in sg* (*książk*) villain.

złodziej|j (-ja, -je) (*gen pl* -i) *m* thief; **złodziej kieszonkowy** pickpocket.

zło|m (-mu) (*loc sg* -mie) *m* scrap (metal).

złomowis|ko (-ka, -ka) (*instr sg* -kiem) *nt* scrap yard.

złorzecz|yć (-ę, -ysz) *vi* to curse.

zło|ścić (-szczę, -ścisz) (*imp* -ść, *perf* roz- *lub* ze-) *vt* to anger.

▸**złościć się** *vr*: **złościć się (na kogoś/o coś)** to be angry (with sb/about sth).

złoś|ć (-ci) *f* anger; **na złość komuś** to spite sb; **jak na złość** as if out of spite.

złośliwoś|ć (-ci) *f* malice.

złośliwy *adj* malicious; (*MED*) malignant.

złotni|k (-ka, -cy) (*instr sg* -kiem) *m* goldsmith.

zło|to (-ta) (*loc sg* -cie) *nt* gold; **być na wagę złota** to be worth one's weight in gold.

złotów|ka (-ki, -ki) (*dat sg* -ce, *gen pl*

-ek) *f* one zloty; (*moneta*) one zloty coin.

złot|y¹ (**-ego, -e**) *m decl like adj* zloty.

złoty² *adj* (*ze złota*) gold; (*w kolorze złota*) gold, golden; **złoty medal** gold medal; **złoty wiek** golden age; **złota rączka** handyman; **złota rybka** goldfish.

złowieszczy *adj* ominous, sinister.

złowrogi *adj* ominous, sinister.

zł|oże (**-oża, -oża**) (*gen pl* **-óż**) *nt* deposit.

złożony *adj* (*problem*) complex, complicated; (*układ*) complex; (*cząsteczka*) compound; **być złożonym z** +*gen* to be composed of; **wyraz złożony** compound (word); **zdanie złożone współrzędnie/podrzędnie** a sentence with co-ordinate clauses/with a subordinate clause.

złudny *adj* illusory.

złudze|nie (**-nia, -nia**) (*gen pl* **-ń**) *nt* illusion.

złuszcz|ać się (**-a**) (*perf* **-yć**) *vr* to flake, to peel (off).

zły *adj* (*niedobry, negatywny, niepomyślny*) bad; (*gniewny*) angry; (*niemoralny*) evil, wicked; (*niewłaściwy*) wrong; (*kiepski, nieudolny, słaby*) poor; **w złym humorze** in a (bad) mood; **w złym guście** in bad taste; **„uwaga, zły pies"** "beware of the dog"; **zrobić** (*perf*) **sobie coś złego** to hurt o.s.

zmag|ać się (**-am, -asz**) *vr:* **zmagać się (z czymś)** to struggle (with sth).

zmal|eć (**-eję, -ejesz**) *vb perf od* maleć.

zmanierowany *adj* mannered.

zmarł|a (**-ej, -e**) *f decl like adj* the deceased.

zmarły *adj* dead, deceased ♦ *m decl like adj* the deceased; **zmarły pan X** the late Mr X; **zmarli** *pl* the dead *pl*.

zmarn|ować (**-uję, -ujesz**) *vb perf od* marnować.

zmarszcz|ka (**-ki, -ki**) (*dat sg* **-ce**, *gen pl* **-ek**) *f* (*na skórze*) wrinkle; (*na wodzie*) ripple; (*na materiale*) wrinkle, crease.

zmarszcz|yć (**-ę, -ysz**) *vb perf od* marszczyć.

zmart|wić (**-wię, -wisz**) *vb perf od* martwić.

zmartwie|nie (**-nia, -nia**) (*gen pl* **-ń**) *nt* worry.

zmartwiony *adj* worried, troubled.

zmartwychwstani|e (**-a**) *nt:* **Zmartwychwstanie** the Resurrection.

zmartwychwst|awać (**-aję, -ajesz**) (*imp* **-awaj**, *perf* **-ać**) *vi* to rise from the dead.

zmarz|nąć (**-nę, -niesz**) (*imp* **-nij**, *pt* **-ł**) *vb perf od* marznąć.

zmarznięty *adj* (*ziemia*) frozen; (*ręce, człowiek*) cold.

zma|zać (**-żę, -żesz**) *vb perf od* mazać, zmazywać.

zmaz|ywać (**-uję, -ujesz**) (*perf* **-ać**) *vt* (*rysunek, napis: wykonany kredą*) to wipe off, to erase; (: *wykonany ołówkiem*) to rub out, to erase; (*przen: winę*) to wipe away, to expiate.

zmądrz|eć (**-eję, -ejesz**) *vb perf od* mądrzeć.

zmęczeni|e (**-a**) *nt* tiredness, fatigue.

zmęczony *adj* tired.

zmęcz|yć (**-ę, -ysz**) *vb perf od* męczyć.

zmia|na (**-ny, -ny**) (*dat sg* **-nie**) *f* change; **zmiana na lepsze/gorsze** a change for the better/worse; **dzienna/nocna zmiana** day/night shift.

zmiat|ać (**-am, -asz**) *vt* (*perf* **zmieść**) to sweep.

zmiażdż|yć (**-ę, -ysz**) *vb perf od* miażdżyć.

zmiąć (**zemnę, zemniesz**) (*imp*

zemnij, *pt* **zmiął, zmięła, zmięli)** *vb perf od* **miąć**.

zmie|niać (-niam, -niasz) *(perf* **-nić)** *vt* to change; **zmieniać zdanie** to change one's mind; **zmieniać bieg/pas** *(MOT)* to change gear/lanes.

►**zmieniać się** *vr (przeobrażać się)* to change; *(wymieniać się)* to take turns.

zmienn|a (-ej, -e) *f decl like adj* variable.

zmiennoś|ć (-ci) *f* changeability.

zmienny *adj* changeable; **prąd zmienny** alternating current.

zmierz|ać (-am, -asz) *vi (książk:* **zmierzać do** +*genl* **w stronę** +*gen* to head for/towards; **do czego zmierzasz?** *(przen)* what are you driving at?

zmierzch (-u, -y) *m* dusk, twilight; *(przen)* twilight; **o zmierzchu** at dusk.

zmierz|yć (-ę, -ysz) *vb perf od* **mierzyć**.

zmiesz|ać (-am, -asz) *vb perf od* **mieszać**.

zmieszani|e (-a) *nt* confusion.

zmieszany *adj* confused.

zmie|ścić (-szczę, -ścisz) *(imp* **-ść)** *vb perf od* **mieścić**.

zmiękcz|ać (-am, -asz) *(perf* **-yć)** *vt* to soften.

zmił|ować się (-uję, -ujesz) *vr perf (książk:* **zmiłować się nad kimś** to have mercy on sb.

zmniejsz|ać (-am, -asz) *(perf* **-yć)** *vt* to decrease, to lessen.

►**zmniejszać się** *vr* to decrease, to lessen.

zmobiliz|ować (-uję, -ujesz) *vb perf od* **mobilizować**.

zmocz|yć (-ę, -ysz) *vb perf od* **moczyć**.

zmok|nąć (-nę, -niesz) *(imp* **-nij,** *pt* **-nął** *lub* **zmókł, -ła, -li)** *vb perf od* **moknąć**.

zmoknięty *adj* wet.

zm|ora (-ory, -ory) *(dat sg* **-orze,** *gen pl* **-or** *lub* **-ór)** *f (widmo, zjawa)* phantom, apparition; *(przen: bezrobocia, inflacji)* spectre *(BRIT),* specter *(US).*

zmotoryzowany *adj (WOJSK)* motorized ♦ *m decl like adj (kierowca)* motorist.

zm|owa (-owy, -owy) *(dat sg* **-owie,** *gen pl* **-ów)** *f* conspiracy.

zmó|wić (-wię, -wisz) *vb perf od* **zmawiać**.

zmro|k (-ku) *(instr sg* **-kiem)** *m* dusk, nightfall; **po zmroku** after dark.

zmusz|ać (-am, -asz) *(perf* **zmusić)** *vt* to force; **zmuszać kogoś do zrobienia czegoś** to force sb to do sth, to make sb do sth.

►**zmuszać się** *vr:* **zmuszać się do zrobienia czegoś** to force o.s. to do sth.

zm|yć (-yję, -yjesz) *vb perf od* **myć, zmywać; zmyć komuś głowę** *(przen)* to give sb a dressing-down.

zmyk|ać (-am, -asz) *vi* to scamper away.

zmyl|ić (-ę, -isz) *vb perf od* **mylić.**

zmy|sł (-słu, -sły) *(loc sg* **-śle)** *m* sense; **zmysł artystyczny** artistic sense.

zmysłowy *adj (wrażenie)* sensory; *(usta itp.)* sensual, sensuous.

zmyśl|ać (-am, -asz) *(perf* **-ić)** *vt* to invent, to make up.

zmyślny *adj* clever.

zmywacz (-a, -e) *(gen pl* **-y)** *m:* **zmywacz do paznokci** nail polish remover; **zmywacz do farb** paint-stripper.

zmyw|ać (-am, -asz) *(perf* **zmyć)** *vt (podłogę)* to wash; *(brud, krew)* to wash off; *(o rzece, powodzi: dom, most)* to wash away; *(przen: hańbę,* *winę*) to wipe away; **zmywać (pozmywać** *perf*) **naczynia** to wash *lub* do the dishes, to wash up.

►**zmywać się** *vr* (*o brudzie, plamach*) to wash off; (*pot: uciekać*) to clear off (*pot*).

zmywa|k (**-ka, -ki**) (*instr sg* **-kiem**) *m* (*też:* **zmywak do naczyń:** *szmatka*) dishcloth; (*na rączce*) mop.

zmywalny *adj* washable.

zmywar|ka (**-ki, -ki**) (*dat sg* **-ce**, *gen pl* **-ek**) *f* dishwasher.

znacho|r (**-ra, -rzy**) (*loc sg* **-rze**) *m* quack.

znaczący *adj* (*mrugnięcie, uśmiech*) meaningful, significant; (*rola, pozycja*) significant.

znacz|ek (**-ka, -ki**) (*instr sg* **-kiem**) *m* *dimin od* **znak;** (*też:* **znaczek pocztowy**) (postage) stamp; (*odznaka*) badge; (*w tekście itp.*) mark; **naklejać (nakleić** *perf*) **znaczek na list** to stamp a letter.

znacze|nie (**-nia, -nia**) (*gen pl* **-ń**) *nt* (*sens*) meaning; (*ważność*) importance, significance; **to nie ma znaczenia** it doesn't matter; **to jest bez znaczenia** it is of no importance *lub* significance.

znacznie *adv* considerably, significantly.

znaczny *adj* considerable, significant.

znacz|yć (**-ę, -ysz**) *vt* (*wyrażać*) to mean; (*mieć wagę*) to matter; (*znakować*) (*perf* **o-**) to mark; **co to znaczy?** what does this mean?; **to znaczy, ...** (*to jest*) that is (to say), ...

zn|ać (**-am, -asz**) *vt* to know; **dawać (dać** *perf*) **komuś znać (o czymś)** to let sb know (of sth); **znać kogoś z widzenia** to know sb by sight.

►**znać się** *vr* (*siebie samego*) to know o.s.; (*nawzajem*) to know each other; **znać się na czymś** to be knowledgeable about sth.

znad *prep* +*gen* from above; **znad morza** from the seaside.

znajd|ować (**-uję, -ujesz**) (*perf* **znaleźć**) *vt* to find; (*poparcie, zrozumienie*) to meet with.

►**znajdować się** *vr* (*mieścić się*) to be located *lub* situated; (*zostawać odszukanym*) to be found; (*pojawiać się*) to turn up.

znajomoś|ć (**-ci, -ci**) *f* (*z kimś*) acquaintance; (*wiedza*) knowledge; **mieć znajomości** to have connections; **zawierać (zawrzeć** *perf*) **z kimś znajomość** to make sb's acquaintance; **znajomość historii/polskiego** a knowledge of history/Polish.

znajomy *adj* familiar ♦ *m decl like adj* acquaintance; **pewna moja znajoma** a woman I know; **znajomy lekarz powiedział mi ...** a doctor I know has told me ... .

zna|k (**-ku, -ki**) (*instr sg* **-kiem**) *m* sign; **znak drogowy** traffic *lub* road sign; **znak zapytania** question mark; **znak Zodiaku** sign of the Zodiac; **być spod znaku Barana** to be Aries; **znaki szczególne** distinguishing marks.

znakomitoś|ć (**-ci, -ci**) (*gen pl* **-ci**) *f* (*osoba*) celebrity.

znakomity *adj* superb.

znak|ować (**-uję, -ujesz**) (*perf* **o-**) *vt* (*ołówkiem, długopisem*) to mark; (*naklejką*) to label; (*zwierzęta*) to brand.

znalazc|a (**-y, -y**) *m decl like f in sg* finder.

zna|leźć (**-jdę, -jdziesz**) (*imp* **-jdź**, *pt* **-lazł, -lazła, -leźli**) *vb perf od* **znajdować**.

znamienny *adj:* **znamienny (dla** +*gen*) characteristic (of).

zna|mię (**-mienia, -miona**) (*gen pl* **-mion**) *nt* (*wrodzone*) birthmark; (*cecha*) trait.

znany adj (otoczenie, środowisko) (well-)known, familiar; (aktor, pisarz) well-known, famous; (oszust) notorious.

znawc|a (-y, -y) m decl like f in sg: **znawca (czegoś)** expert (on sth).

znęc|ać się (-am, -asz) vr: **znęcać się nad** +instr to abuse.

znicz (-a, -e) (gen pl **-y** lub **-ów**) m (nagrobkowy) candle; **znicz olimpijski** the Olympic torch.

zniechę|cać (-cam, -casz) (perf **-cić**) vt: **zniechęcać kogoś (do czegoś)** to discourage sb (from doing sth).

▶**zniechęcać się** vr to become discouraged.

zniechęceni|e (-a) nt discouragement.

zniecierpliwieni|e (-a) nt impatience.

zniecierpliwiony adj impatient.

znieczul|ać (-am, -asz) (perf **-ić**) vt to anaesthetize (BRIT), to anesthetize (US).

znieczulający adj: **środek znieczulający** anaesthetic (BRIT), anesthetic (US).

znieczule|nie (-nia, -nia) (gen pl **-ń**) nt anaesthetic (BRIT), anesthetic (US).

zniekształ|cać (-cam, -casz) (perf **-cić**) vt to deform; (słowa, prawdę) to distort, to twist.

znienacka adv unawares.

zniesieni|e (-a) nt (prawa, przepisu) abolition; **nie do zniesienia** unbearable, intolerable.

zniesła|wiać (-wiam, -wiasz) (perf **-wić**) vt (na piśmie) to libel; (w mowie) to slander.

zniewa|ga (-gi, -gi) (dat sg **-dze**) f insult.

znieważ|ać (-am, -asz) (perf **-yć**) vt to insult.

znik|ać (-am, -asz) (perf **-nąć**) vi to disappear, to vanish.

znikomy adj slight.

zniszcze|nie (-nia, -nia) (gen pl **-ń**) nt destruction.

zniszczony adj: **zniszczone ręce** toil-worn hands.

zniż|ać (-am, -asz) (perf **-yć**) vt to lower; **zniżać głos** to lower one's voice; **zniżać lot** to descend.

▶**zniżać się** vr (opuszczać się) to descend.

zniż|ka (-ki, -ki) (dat sg **-ce**, gen pl **-ek**) f reduction, discount.

zniżkowy adj: **cena zniżkowa** reduced lub discount price; **tendencja zniżkowa** downward trend; **bilet zniżkowy** (do kina, muzeum) concession.

zno|sić (-szę, -sisz) (imp **-ś**, perf **znieść**) vt (nieść w dół) to carry down; (gromadzić) to gather; (jajka) to lay; (o prądzie wody, powietrza) to carry; (ból, niewygody) to endure, to tolerate; (prawo, dekret) to abolish; (kontrolę, ograniczenia) to lift; **nie znoszę go** I can't stand lub bear him.

▶**znosić się** vr (neutralizować się) to cancel each other out; **oni się nie znoszą** they hate each other.

znoszony adj (odzież) worn(-out).

znośny adj bearable, tolerable.

znowu adv again ♦ part (właściwie) after all; **znowu to zrobił** he did it again.

znudzeni|e (-a) nt boredom.

znudzony adj bored.

znużeni|e (-a) nt weariness.

znużony adj weary.

zob. abbr (= zobacz) see, cf.

zobaczeni|e (-a) nt: **do zobaczenia!** see you!; **do zobaczenia wkrótce/wieczorem!** (I'll) see you soon/tonight!

zobacz|yć (-ę, -ysz) vt perf to see.

▶**zobaczyć się** vr: **zobaczyć się z kimś** to see sb.

zobowiąza|nie (-nia, -nia) (*gen pl* -ń)
nt commitment, obligation.

zobowiązany *adj*: **być
zobowiązanym do czegoś** to be
obliged to do sth; **jestem Panu/Pani
bardzo zobowiązany** I'm much
obliged (to you).

zobowiąz|ywać (-uję, -ujesz) (*perf*
-ać) *vt*: **zobowiązywać kogoś do
czegoś** to oblige sb to do sth.

►**zobowiązywać się** *vr*:
zobowiązywać się do czegoś to
commit o.s. to (doing) sth.

zodia|k (-ku) (*instr sg* -kiem) *m*
zodiac; **znak zodiaku** sign of the
zodiac, zodiacal sign.

zoo *nt inv* zoo.

z o.o. *abbr* (= z ograniczoną
odpowiedzialnością) Ltd.

zoolo|g (-ga, -gowie *lub* -dzy) (*instr
sg* -giem) *m* zoologist.

zoologi|a (-i) *f* zoology.

zoologiczny *adj* zoological; **ogród
zoologiczny** zoo, zoological
garden(s *pl*).

zorganizowany *adj* (*grupa*)
organized; (*wycieczka*) guided.

zorientowany *adj*: **być (dobrze)
zorientowanym w czymś** to be
well-versed in sth.

zorza (zorzy, zorze) (*gen pl* zórz) *f*:
zorza polarna aurora; (*na biegunie
północnym*) northern lights; (*na
biegunie południowym*) southern
lights.

zost|awać (-aję, -ajesz) (*imp* -awaj,
perf -ać) *vi* (*pozostawać*) to stay, to
remain; **zostawać w domu/łóżku** to
stay at home/in bed; **zostać na noc**
to stay overnight *lub* the night;
zostać na obiedzie to stay for *lub* to
dinner; **zostawać bez grosza/na
bruku** to be left penniless/out in the
street.

zosta|wiać (-wiam, -wiasz) (*perf*
-wić) *vt* (*opuszczać, powodować*) to

leave; (*nie zabierać*) to leave
(behind); **zostaw ją w spokoju**
leave her alone; **zostaw to mnie**
leave it to me; **zostawić
wiadomość dla kogoś/u kogoś** to
leave word *lub* a message for
sb/with sb.

zra|nić (-nię, -nisz) (*imp* -ń) *vb perf
od* **ranić**.

zrast|ać się (-am, -asz) (*perf*
zrosnąć) *vr* (*o kościach*) to knit
(together).

zraszacz (-a, -e) (*gen pl* -y) *m*
sprinkler.

zrasz|ać (-am, -asz) (*perf* **zrosić**) *vt*
to sprinkle.

zra|z (-za, -zy) (*loc sg* -zie) *m* (*KULIN*)
beef roulade.

zraż|ać (-am, -asz) (*perf* **zrazić**) *vt* to
alienate, to antagonize.

►**zrażać się** *vr* (*rozczarowywać się*)
to become disaffected; (*w obliczu
trudności itp.*) to lose heart.

zrelaksowany *adj* relaxed.

zresztą *adv* in any case.

zrezygn|ować (-uję, -ujesz) *vb perf
od* **rezygnować**.

zręcznie *adv* (*zwinnie*) adroitly;
(*sprytnie*) cleverly, skilfully (*BRIT*),
skillfully (*US*).

zręcznoś|ć (-ci, -ci) (*gen pl* -ci) *f*
(*zwinność*) agility; (*rąk*) dexterity;
(*spryt*) cleverness.

zręczny *adj* (*zwinny*) agile; (*sprytny*)
clever, skilful (*BRIT*), skillful (*US*).

zr|obić (-obię, -obisz) (*imp* -ób) *vb
perf od* **robić**.

zrozpaczony *adj* (*człowiek,
spojrzenie*) desperate; **być
zrozpaczonym** to be in despair.

zrozumiały *adj* (*artykuł, wykład*)
comprehensible, intelligible;
(*niechęć, powód*) understandable.

zrozumi|eć (-em, -esz) (*3 pl* -eją) *vb
perf od* **rozumieć**.

zrozumieni|e (-a) *nt* (*pojmowanie*)

understanding, comprehension; (*uświadomienie sobie*) realization; (*współczucie*) understanding, empathy; **dawać (dać** *perf*) **komuś do zrozumienia, że ...** to give sb to understand that ...; **ze zrozumieniem** with understanding.

zrównoważony *adj* (*człowiek*) even-tempered; (*charakter*) equable; (*budżet*) balanced.

zróżnicowani|e (-a) *nt* diversity.

zróżnicowany *adj* diverse.

zryw|ać (-am, -asz) (*perf* **zerwać**) *vt* (*kwiaty, owoce*) to pick; (*plakat, plaster*) to tear off; (*więzy, linę*) to break; (*umowę, zaręczyny*) to break off; (*stosunki, związki*) to break off, to sever ♦ *vi*: **zrywać (z kimś)** to break *lub* split up (with sb); **zrywać z paleniem/piciem** to give up *lub* quit smoking/drinking.

►**zrywać się** *vr* (*o linie, nici*) to break; (*o człowieku*) to jump *lub* leap up; (*o wichurze, oklaskach*) to break out.

zrzek|ać się (-am, -asz) (*perf* **zrzec**) *vr* (*tytułu, przywilejów itp.*) to relinquish.

zrzesz|ać (-am, -asz) (*perf* **-yć**) *vt* to associate.

►**zrzeszać się** *vr* to organize.

zrzesze|nie (-nia, -nia) (*gen pl* **-ń**) *nt* association.

zrzę|da (-dy, -dy) (*dat sg* **-dzie**) *m decl like f* (*pot*) grouch (*pot*).

zrzę|dzić (-dzę, -dzisz) (*imp* **-dź**) *vi* (*pot*) to grouch (*pot*).

zrzu|cać (-cam, -casz) (*perf* **-cić**) *vt* (*strącać, zdejmować*) to throw off; **zrzucać na kogoś winę** to pin the blame on sb.

►**zrzucać się** *vr* (*pot*: *robić składkę*) to chip in (*pot*).

zrzut|ka (-ki, -ki) (*dat sg* **-ce**, *gen pl* **-ek**) *f* (*pot*) whip-round (*pot*).

zrzyn|ać (-am, -asz) (*perf* **zerżnąć**) *vt* (*pot*: *odpisywać*) to crib (*pot*).

zsiad|ać (-am, -asz) (*perf* **zsiąść**) *vi*: **zsiadać (z konia/roweru)** to get off (a horse/bicycle).

►**zsiadać się** *vr* (*o mleku*) to curdle.

zsiadły *adj*: **zsiadłe mleko** curds *pl*.

zstęp|ować (-uję, -ujesz) (*perf* **zstąpić**) *vi* to descend.

zsuw|ać (-am, -asz) (*perf* **zsunąć**) *vt* (*w dół*) to slide (down); (*ławki, stoły*) to put together.

►**zsuwać się** *vr* (*z półki itp.*) to slide (off); (*o bucie*) to slip off.

zsył|ać (-am, -asz) (*perf* **zesłać**) *vt* (*książk*: *ratunek, karę*) to send (down); (*deportować*) to send into exile.

zsy|p (-pu, -py) (*loc sg* **-pie**) *m* (rubbish (*BRIT*) *lub* garbage (*US*)) chute.

zszedł *itd. vb patrz* **zejść**.

zszywacz (-a, -e) (*gen pl* **-y**) *m* stapler.

zszyw|ać (-am, -asz) (*perf* **zszyć**) *vt* (*materiał*) to sew (together); (*ranę*) to suture, to stitch; (*kartki*) to staple.

zszyw|ka (-ki, -ki) (*dat sg* **-ce**, *gen pl* **-ek**) *f* staple.

zubaż|ać (-am, -asz) (*perf* **zubożyć**) *vt* to impoverish.

zuch (-a, -y) *m* (*HARCERSTWO*) Cub (Scout).

zuchwałoś|ć (-ci) *f* impudence, impertinence.

zuchwały *adj* (*bezczelny*) impertinent; (*brawurowy*) bold, daring.

zu|pa (-py, -py) (*dat sg* **-pie**) *f* soup; **zupa błyskawiczna** *lub* **w proszku** instant *lub* powdered soup; **zupa w puszce** *lub* **z puszki** canned *lub* tinned soup.

zupełnie *adv* completely, utterly.

zupełnoś|ć (-ci) *f*: **w zupełności** completely.

zupełny *adj* complete, utter.

ZUS *abbr* (= Zakład Ubezpieczeń Społecznych) ≈ Social Security.

zużyci|e (-a) *nt* (paliwa, energii) consumption; (stopień zniszczenia) wear.

zużytk|ować (-uję, -ujesz) *vt perf* (zużyć) to use (up); (wykorzystać) to utilize.

zużyw|ać (-am, -asz) (perf **zużyć**) *vt* to use up.

►**zużywać się** *vr* to wear.

zwa|biać (-biam, -biasz) (perf **-bić**) *vt* to lure.

zwać (zwę, zwiesz) (imp **zwij**) *vt* to call.

zwal|ać (-am, -asz) (perf **-ić**) *vt* (strącać: książki, doniczki) to knock down; **zwalać coś na kogoś** (pot. obowiązki, pracę) to load sb down with sth; (: winę) to pin sth on sb.

►**zwalać się** *vr* (pot. spadać) to fall *lub* come down; (: przewracać się) to come a cropper (pot); (: przybywać) to show up (pot).

zwalcz|ać (-am, -asz) *vt imperf* to fight (against).

►**zwalczać się** *vr* to fight each other.

zwalcz|yć (-ę, -ysz) *vt perf* to overcome; (robactwo) to exterminate.

zwalni|ać (-am, -asz) (perf **zwolnić**) *vt* (tempo) to slow (down); (uścisk) to relax; (więźnia, zakładnika) to release, to set free; (pokój, miejsce) to vacate; (z pracy) to dismiss, to fire ♦ *vi* (zmniejszać szybkość) to slow down; **zwalniać kogoś z czegoś** to exempt sb from sth.

►**zwalniać się** *vr* (z pracy, zajęć) to take a day itp. off; (rezygnować z pracy) to quit; (o pokoju, miejscu) to become vacant.

zwany *adj*: **tak zwany** so-called.

zwarci|e (-a) *nt* (ELEKTR) short circuit.

zwari|ować (-uję, -ujesz) *vi perf* (pot) to go mad (pot).

zwariowany *adj* (pot) mad (pot).

zwarty *adj* (zabudowa) close; (tłum) tight; (zarośla) thick; (kompozycja, struktura) compact.

zwarz|yć się (-ę, -ysz) *vr perf* (o mleku) to turn sour, to go sour.

zważ|ać (-am, -asz) (perf **-yć**) *vi*: **(nie) zważać na kogoś/coś** (not) to pay attention to sb/sth.

zwąt|pić (-pię, -pisz) *vb perf od* **wątpić**.

zwątpie|nie (-nia, -nia) (gen pl **-ń**) *nt* pessimism.

zwęglony *adj* charred.

zwęż|ać (-am, -asz) (perf **zwęzić**) *vt* to narrow; (sukienkę) to take in.

►**zwężać się** *vr* to narrow.

zwęże|nie (-nia, -nia) (gen pl **-ń**) *nt* narrowing.

zwiast|ować (-uję, -ujesz) *vt* (książk) to herald, to portend.

zwiastu|n (-na, -ny) (loc sg **-nie**) *m* (książk) omen; (TV) trailer.

zwią|zać (-żę, -żesz) *vb perf od* **wiązać**, **związywać** ♦ *vt perf*: **nie mogliśmy związać końca z końcem** we couldn't make ends meet.

►**związać się** *vr perf*: **związać się (z** +*instr*) to associate (with).

związany *adj* (sznurem) tied (up); (umową, obietnicą) bound; **związany z** +*instr* connected with.

związ|ek (-ku, -ki) (instr sg **-kiem**) *m* (powiązanie) connection; (organizacja) association; (stosunek) relationship; (CHEM) compound; **związek zawodowy** trade union (BRIT), labor union (US); **związek małżeński** marriage, matrimony; **w związku z czymś** in connection with sth.

związ|ywać (-uję, -ujesz) (perf **-ać**) *vt* to tie (up).

zwich|nąć (-nę, -niesz) (*imp* -nij) *vt perf* (*nogę*) to dislocate.

zwichnię|cie (-cia, -cia) (*gen pl* -ć) *nt* dislocation (*of bones*).

zwie|dzać (-dzam, -dzasz) (*perf* -dzić) *vt* to tour, to visit.

zwier|ać (-am, -asz) (*perf* zewrzeć) *vt* (*mocno stykać*) to press together; (*zaciskać*) to clench.

▶**zwierać się** *vr* (*zaciskać się*) to clench; (*o grupie ludzi*) to close ranks.

zwierz|ać (-am, -asz) (*perf* -yć) *vt* to confide, to reveal.

▶**zwierzać się** *vr*: **zwierzać się komuś** to confide to *lub* in sb.

zwierza|k (-ka, -ki) (*instr sg* -kiem) *m* (*pot*) animal.

zwierzchnict|wo (-wa) (*loc sg* -wie) *nt* supervision; **pracować pod czyimś zwierzchnictwem** to work under sb's supervision.

zwierzchni|k (-ka, -cy) (*instr sg* -kiem) *m* superior.

zwierze|nie (-nia, -nia) (*gen pl* -ń) *nt* confession.

zwierz|ę (-ęcia, -ęta) (*gen pl* -ąt) *nt* animal; (*przen*) beast, animal; **zwierzę domowe** domestic animal.

zwierzęcy *adj* animal *attr*.

zwierzy|na (-ny) (*dat sg* -nie) *f* game.

zwiesz|ać (-am, -asz) (*perf* zwiesić) *vt*: **zwiesić głowę** to hang one's head.

▶**zwieszać się** *vr* to hang down.

zwietrzały *adj* (*napój gazowany*) flat; (*kawa*) stale; (*skała*) weathered.

zwiew|ać (-am, -asz) (*perf* zwiać) *vt* (*o wietrze*) to blow off *lub* away ♦ *vi* (*pot*. *uciekać*) to run away *lub* off.

zwiędnięty *adj* withered.

zwiększ|ać (-am, -asz) (*perf* -yć) *vt* to increase.

▶**zwiększać się** *vr* to increase.

zwięzły *adj* concise, succinct.

zwij|ać (-am, -asz) (*perf* zwinąć) *vt* (*linę*) to coil; (*dywan*) to roll up; **zwijać obóz** to break camp.

▶**zwijać się** *vr* (*skręcać się*) to coil; (*pot*. *krzątać się*) to rush about *lub* around.

zwilż|ać (-am, -asz) (*perf* -yć) *vt* to moisten, to dampen.

zwinnoś|ć (-ci) *f* agility.

zwinny *adj* agile, nimble.

zwis|ać (-am, -asz) (*perf* -nąć) *vi* to hang down; **zwisa mi to** (*pot!*) I don't give a shit (about it) (*pot!*).

zwit|ek (-ka, -ki) (*instr sg* -kiem) *m* roll.

zwlek|ać (-am, -asz) *vi*: **zwlekać (z czymś)** to delay (doing sth).

▶**zwlekać się** *vr*: **zwlekać się z łóżka** to drag o.s. out of bed.

zwłaszcza *adv* especially.

zwło|ka (-ki) (*dat sg* -ce) *f* delay; **grać na zwłokę** to play for time.

zwło|ki (-k) *pl* (dead) body, corpse.

zwodniczy *adj* deceptive, delusive.

zw|odzić (-odzę, -odzisz) (*imp* -ódź, *perf* zwieść) *vt* to delude.

▶**zwodzić się** *vr* to delude o.s.

zwodzony *adj*: **most zwodzony** drawbridge.

zwolenni|k (-ka, -cy) (*instr sg* -kiem) *m* follower, supporter.

zwol|nić (-nię, -nisz) (*imp* -nij) *vb perf od* zwalniać.

zwolnie|nie (-nia, -nia) (*gen pl* -ń) *nt* (*wymówienie*) dismissal; **zwolnienie lekarskie** sick leave; **zwolnienie podatkowe** tax exemption; **zwolnienie warunkowe** parole.

zwoł|ywać (-uję, -ujesz) (*perf* -ać) *vt* (*ludzi*) to call together; (*zebranie*) to call; (*parlament*) to summon.

zw|ozić (-ożę, -ozisz) (*imp* -oź *lub* -óź, *perf* zwieźć) *vt* (*na określone miejsce*) to bring; (*z góry na dół*) to take down.

zw|ód (-odu, -ody) (*loc sg* -odzie) *m* (*SPORT*) feint.

zw|ój (-oju, -oje) *m* (*pętla*) coil, twist; (*papieru*) scroll.

zwrac|ać (-am, -asz) (*perf* **zwrócić**) *vt* (*głowę, wzrok*) to turn; (*pieniądze, książkę*) to return; (*pokarm*) to bring up; **zwrócić komuś uwagę** to admonish sb; **zwrócić czyjąś uwagę na coś** to draw sb's attention to sth, to bring sth to sb's attention; **zwrócić uwagę (na kogoś/coś)** to take note (of sb/sth).

▸**zwracać się** *vr* (*kierować się*) to turn (towards); (*o kosztach, inwestycji*) to pay off; **zwracać się do kogoś** to turn to sb.

zwro|t (-tu, -ty) (*loc sg* -cie) *m* (*obrót, odmiana*) turn; (*pieniędzy, książek*) return; (*wyrażenie*) expression; **w lewo/tył zwrot!** left/about turn!

zwrot|ka (-ki, -ki) (*dat sg* -ce, *gen pl* -ek) *f* stanza.

zwrotnic|a (-y, -e) *f* (*KOLEJ*) points *pl* (*BRIT*), switch (*US*).

zwrotni|k (-ka, -ki) (*instr sg* -kiem) *m* tropic.

zwrotny *adj* (*samochód*) responsive; (*JĘZ*) reflexive; (*pożyczka*) returnable, repayable; **punkt zwrotny** (*przen*) turning point; **adres zwrotny** return address; **sprzężenie zwrotne** feedback.

zwycięski *adj* winning, victorious.

zwycięst|wo (-wa, -wa) (*loc sg* -wie) *nt* victory; **odnieść** (*perf*) **zwycięstwo (nad kimś/czymś)** to win a victory (over sb/sth).

zwycięzc|a (-y, -y) *m decl like f in sg* winner.

zwycięż|ać (-am, -asz) (*perf* -yć) *vt* to overcome ▸ *vi* to win.

zwyczaj (-u, -e) *m* (*obyczaj*) custom; (*nawyk*) habit.

zwyczajnie *adv* (*normalnie*) as usual; (*po prostu*) simply.

zwyczajny *adj* (*normalny*) ordinary, regular; (*oczekiwany*) usual; (*często* spotykany*) common, regular; (*niewyszukany*) common, simple; (*głupota, oszust*) downright, mere.

zwyczajowy *adj* customary.

zwykle *adv* usually; **jak zwykle** as usual.

zwykły *adj* (*normalny*) ordinary, regular; (*oczekiwany*) usual; (*częsty*) common; (*prosty*) common, simple; (*głupota, oszust*) downright, sheer.

zwyż|ka (-ki, -ki) (*dat sg* -ce, *gen pl* -ek) *f* (*wzrost*) rise; (*gwałtowny wzrost*) surge.

zwyżk|ować (-uje) *vi* (*rosnąć*) to rise; (*gwałtownie rosnąć*) to surge.

zygza|k (-ka, -ki) (*instr sg* -kiem) *m* zigzag.

zys|k (-ku, -ki) (*instr sg* -kiem) *m* (*EKON*) profit; (*korzyść*) gain.

zys|kiwać (-kuję, -kujesz) (*perf* -kać) *vt* (*popularność, zaufanie*) to gain, to earn; (*przyjaciół, zwolenników*) to win ▸ *vi*: **zyskiwać na czymś** to profit by *lub* from sth; **zyskać na czasie** to gain time.

zyskowny *adj* profitable.

zza *prep* +*gen*: **zza drzewa** from behind a tree; **zza rogu** from around the corner; **zza okna** through the window.

zziębnięty *adj* chilled, cold.

zżyty *adj* intimate, close.

zżyw|ać się (-am, -asz) (*perf* **zżyć**) *vr* (*o osobach*) to become close; **zżyć się z kimś** to become intimate with sb.

Ź

źdźb|ło (-ła, -ła) (*loc sg* -le, *gen pl* -eł) *nt* (*trawy*) blade; (*zbóż*) straw.

źle (*comp* **gorzej**) *adv* (*błędnie*) wrongly; (*byle jak*) poorly, badly;

źle wyglądasz you look bad *lub* ill; **źle się czuć** to be *lub* feel unwell.

źreba|k (**-ka, -ki**) (*instr sg* **-kiem**) *m* foal.

źrenic|a (**-y, -e**) *f* (*ANAT*) pupil.

źród|ło (**-ła, -ła**) (*loc sg* **-le**, *gen pl* **-eł**) *nt* (*informacji, wiedzy, energii*) source; (*rzeki*) spring, source; (*zdrój*) spring; (*przyczyna*) source.

Ż

ża|ba (**-by, -by**) (*dat sg* **-bie**) *f* frog.

żab|ka (**-ki, -ki**) (*dat sg* **-ce**, *gen pl* **-ek**) *f dimin od* **żaba**; (*styl pływacki*) breaststroke.

żaden (*f* **żadna**, *nt* **żadne**) *pron* (*przed rzeczownikiem*) no; (*zamiast rzeczownika*) none; (*ani jeden ani drugi*) neither; **w żaden sposób** at all; **w żadnym razie** *lub* **wypadku** in no case, in *lub* under no circumstances; **w żadnym wypadku!** no way!; **jego zasługi są żadne** his merits are none; **żaden z nich** none of them; (*spośród dwóch*) neither of them.

ża|giel (**-gla, -gle**) (*gen pl* **-gli**) *m* sail.

żaglo|wiec (**-wca, -wce**) *m* sailing ship.

żaglów|ka (**-ki, -ki**) (*dat sg* **-ce**, *gen pl* **-ek**) *f* sailing boat (*BRIT*), sailboat (*US*).

żakie|t (**-tu, -ty**) (*loc sg* **-cie**) *m* jacket.

żal (**-u, -e**) *m* (*smutek*) sorrow; (*skrucha*) regret; (*rozgoryczenie*) bitterness; **było mi go żal** I felt sorry for him; **mieć do kogoś żal** to have *lub* bear a grudge against sth; **żale** *pl* complaints *pl*.

żal|ić się (**-ę, -isz**) (*perf* **po-**) *vr* to grumble.

żaluzj|a (**-i, -e**) (*gen pl* **-i**) *f* (*z* listewek) Venetian blind; (*roleta*) roller blind (*BRIT*) *lub* shade (*US*).

żało|ba (**-by**) (*dat sg* **-bie**) *f* mourning.

żałobny *adj* (*kondukt*) funeral *attr*; **ubiór żałobny** mourning; **msza żałobna** requiem (mass).

żałosny *adj* (*płacz*) piteous; (*spojrzenie, stan*) pitiful.

żałośnie *adv* piteously.

żał|ować (**-uję, -ujesz**) (*perf* **po-**) *vt*: **żałować czegoś** to regret sth; **żałować kogoś** to feel sorry for sb; **żałować komuś czegoś** to stint sb of sth ♦ *vi* to regret; **żałuję, że to zrobiłem** I wish I hadn't done that.

żandar|m (**-ma, -mi**) (*loc sg* **-mie**) *m* (*policjant wojskowy*) military policeman, MP.

żandarmeri|a (**-i**) *f* (*też*: **żandarmeria wojskowa**) military police.

ża|r (**-ru**) (*loc sg* **-rze**) *m* (*upał*) heat; (*uczuć*) fervour (*BRIT*), fervor (*US*).

żarci|e (**-a**) *nt* (*pot*: *jedzenie*) chow (*pot*), grub (*pot*).

żargo|n (**-nu, -ny**) (*loc sg* **-nie**) *m* (*język specjalistyczny*) jargon; (*język ulicy*) slang.

żarliwoś|ć (**-ci**) *f* fervour (*BRIT*), fervor (*US*).

żarliwy *adj* (*zwolennik*) fervent; (*mowa*) impassioned.

żarłoczny *adj* voracious, gluttonous.

żaroodporny *adj* (*naczynie*) ovenproof; (*szkło*) heat resistant.

żarów|ka (**-ki, -ki**) (*dat sg* **-ce**, *gen pl* **-ek**) *f* (light) bulb.

żar|t (**-tu, -ty**) (*loc sg* **-cie**) *m* joke; **dla żartu** for laughs; **robić sobie z kogoś żarty** to make fun of sb.

żartobliwy *adj* humorous.

żart|ować (**-uję, -ujesz**) (*perf* **za-**) *vi* to joke; **żartować z kogoś/czegoś** to make fun of sb/sth.

żarz|yć się (**-y**) *vr* to glow.

żąd|ać (**-am, -asz**) (*perf* **za-**) *vt*:

żądać czegoś to demand sth, to insist upon sth.

żąda|nie (-nia, -nia) (*gen pl* -ń) *nt* demand; **przystanek na żądanie** request stop (*BRIT*), flag stop (*US*).

żądl|ić (-i) (*perf* u-) *vt* to sting.

żąd|ło (-ła, -ła) (*loc sg* -le, *gen pl* -eł) *nt* sting.

żądny *adj*: **żądny czegoś** hungry for sth.

żądz|a (-y, -e) *f* lust.

żbi|k (-ka, -ki) (*instr sg* -kiem) *m* (*ZOOL*) wildcat.

że *conj* that; **dlatego że** because; **był tak słaby, że upadł** he was so weak that he collapsed ♦ *part*: **(po)mimo że** although; **jako że** as, since; **tyle że** but, only; **chyba że** unless.

żeber|ko (-ka, -ka) (*instr sg* -kiem) *nt dimin od* **żebro**; **żeberka** *pl* (*KULIN*) (spare)ribs *pl*.

żeb|rać (-rzę, -rzesz) *vi* to beg.

żebra|k (-ka, -cy) (*instr sg* -kiem) *m* beggar.

żeb|ro (-ra, -ra) (*loc sg* -rze, *gen pl* -er) *nt* rib.

żeby *conj* (*cel*) (in order) to, so that; **jest zbyt nieśmiała, żeby próbować** she's too shy to try; **żeby nie przestraszyć dziecka** so as not to frighten the child; **żeby nie on, przegralibyśmy** but for him we would have lost, if it wasn't *lub* weren't for him we would have lost; **nie chcę, żebyś to robił** I don't want you to do it ♦ *part*: **żeby tylko nam się udało** if only we could make it; **żebyś mi był cicho!** keep quiet, understand?

żeglarst|wo (-wa) (*loc sg* -wie) *nt* sailing, yachting.

żeglarz (-a, -e) (*gen pl* -y) *m* (*SPORT*) yachtsman.

żegl|ować (-uję, -ujesz) *vi* to sail.

żeglu|ga (-gi) (*dat sg* -dze) *f* navigation; **żegluga morska** maritime *lub* sea navigation.

żegn|ać (-am, -asz) *vt* (*perf* po-): **żegnać kogoś** to say goodbye to sb; **żegnaj(cie)!** farewell!

▶**żegnać się** *vr* (*przy rozstaniu*) (*perf* po-) to say goodbye; (*REL*: kreślić znak krzyża) (*perf* prze-) to cross o.s.

żel (-u, -e) (*gen pl* -i) *m* gel; **żel do włosów** hair gel, styling gel.

żelaty|na (-ny) (*dat sg* -nie) *f* gelatine (*BRIT*), gelatin (*US*).

żelaz|ko (-ka, -ka) (*instr sg* -kiem, *gen pl* -ek) *nt* iron (*for pressing clothes*).

żelazny *adj* iron; (*zdrowie*) robust; **żelazne nerwy** nerves of steel.

żela|zo (-za) (*loc sg* -zie) *nt* iron.

żeliwny *adj* cast iron *attr*.

żeli|wo (-wa) (*loc sg* -wie) *nt* cast iron.

że|nić (-nię, -nisz) (*imp* -ń, *perf* o-) *vt* to marry (off).

▶**żenić się** *vr* to get married.

żen|ować (-uję, -ujesz) (*perf* za-) *vt* to embarrass.

▶**żenować się** *vr* to be embarrassed.

żenujący *adj* pathetic.

żeński *adj* (*szkoła*) girls' *attr*; (*komórka, osobnik, chór*) female; **rodzaj żeński** (*JĘZ*) feminine (gender).

że|r (-ru) (*loc sg* -rze) *m* (*pokarm*) food; (*czynność*) feeding.

żer|dź (-dzi, -dzie) (*gen pl* -dzi) *f* (*tyczka*) pole; (*dla kury, papugi*) perch.

żeto|n (-nu, -ny) (*loc sg* -nie) *m* (*do telefonu*) token; (*w kasynie*) chip.

żłob|ek (-ka, -ki) (*instr sg* -kiem) *m* (*instytucja*) crèche (*BRIT*), day nursery (*US*).

żł|obić (-obię, -obisz) (*imp* -ób, *perf* wy-) *vt* to groove.

żłób|ek (-ka, -ki) (*instr sg* -kiem) *m* (*REL*) crib.

żmi|ja (-i, -je) (*gen pl* -i) *f* viper, adder.

żmudny *adj* arduous.

żniw|a (-) *pl* harvest.

żni|wo (-wa, -wa) (*loc sg* -**wie**) *nt* (*przen: śmierci*) toll.

żołąd|ek (-ka, -ki) (*instr sg* -**kiem**) *m* stomach; **żołądki** *pl* (*KULIN*) gizzards *pl*.

żołądkowy *adj* stomach *attr*; (*soki*) gastric.

żołądź (-ędzi, -ędzie) (*gen pl* -**ędzi**) *f* (*BOT*) acorn.

żołd (-du) (*loc sg* -**dzie**) *m* (soldier's) pay.

żołnierz (-a, -e) (*gen pl* -**y**) *m* soldier.

żo|na (-ny, -ny) (*dat sg* -**nie**) *f* wife.

żonaty *adj* married.

żongl|ować (-**uję**, -**ujesz**) *vt*: **żonglować czymś** to juggle with sth.

żółciowy *adj*: **kamień żółciowy** gallstone; **pęcherzyk żółciowy** gall bladder.

żół|ć (-ci) *f* (*ANAT*) bile.

żółtacz|ka (-ki) (*dat sg* -**ce**) *f* jaundice.

żółtawy *adj* yellowish.

żółt|ko (-ka, -ka) (*instr sg* -**kiem**, *gen pl* -**ek**) *nt* yolk.

żółtodzi|ób (-oba, -oby) (*loc sg* -**obie**) *m* greenhorn.

żółty *adj* yellow; **żółty ser** hard cheese.

żół|w (-wia, -wie) (*gen pl* -**wi**) *m* (*lądowy*) tortoise, turtle (*US*); **morski** turtle.

żrący *adj* caustic.

żr|eć (-ę, -esz) (*imp* -**yj**) *vt* (*o zwierzęciu*) to eat; (*pot. o człowieku*) to gobble.

żub|r (-ra, -ry) (*loc sg* -**rze**) *m* (European) bison, wisent.

żuch|wa (-wy, -wy) (*dat sg* -**wie**) *f* (lower) jaw.

żuci|e (-a) *nt* mastication, chew(ing); **guma do żucia** chewing gum.

żu|ć (-**ję**, -**jesz**) *vt* to chew, to masticate.

żu|k (-ka, -ki) (*instr sg* -**kiem**) *m* (*ZOOL*) beetle.

żura|w (-wia, -wie) (*gen pl* -**wi**) *m* crane.

żurawi|na (-ny, -ny) (*dat sg* -**nie**) *f* cranberry.

żur|ek (-ku, -ki) (*instr sg* -**kiem**) *m* (*KULIN*) *traditional Polish soup made from fermented rye*.

żurnal (-a *lub* -u, -e) (*gen pl* -**i**) *m* fashion magazine.

żuż|el (-la *lub* -lu) *m* (*substancja*) cinders *pl*, clinker; (*tor wyścigowy*) cinder track; **wyścigi na żużlu** speedway.

żużlowy *adj* (*nawierzchnia*) cinder *attr*; (*wyścigi*) speedway *attr*.

żwawy *adj* brisk.

żwi|r (-ru, -ry) (*loc sg* -**rze**) *m* gravel.

życi|e (-a) *nt* life; (*pot. utrzymanie, wyżywienie*) living, living costs; **tryb życia** life style; **życie osobiste** personal *lub* private life; **ubezpieczenie na życie** life insurance; **wprowadzać coś w życie** to put sth into effect.

życiory|s (-su, -sy) (*loc sg* -**sie**) *m* (*dokument*) CV, curriculum vitae; (*opis życia*) biography.

życiowy *adj* (*funkcje, energia*) vital; (*doświadczenie*) life *attr*; (*pot. praktyczny*) realistic.

życze|nie (-nia, -nia) (*gen pl* -**ń**) *nt* (*pragnienie*) wish; **na życzenie** on request; **życzenia** *pl* wishes; **składać komuś życzenia** to wish sb (all the best).

życzliwoś|ć (-ci) *f* kindness, friendliness.

życzliwy *adj* kind, friendly.

życz|yć (-ę, -ysz) *vt*: **życzyć komuś czegoś** to wish sb sth; **czego pan(i) sobie życzy?** can I help you?

ży|ć (-**ję**, -**jesz**) *vi* to live; **niech żyje X!** long live X!; **żyć z czegoś** to make a living out of *lub* from sth, to live by sth.

Ży|d (-da, -dzi) (*loc sg* -**dzie**) *m* Jew.

żydowski *adj* Jewish.

żyla|k (**-ka, -ki**) (*instr sg* **-kiem**) *m* varicose vein.

żylasty *adj* (*mięso*) stringy; (*człowiek, ręka*) veiny, sinewy.

żylet|ka (**-ki, -ki**) (*dat sg* **-ce**, *gen pl* **-ek**) *f* razor blade.

żył|a (**-ly, -ły**) (*loc sg* **-le**) *f* vein.

żył|ka (**-ki, -ki**) (*dat sg* **-ce**, *gen pl* **-ek**) *f* small vein, veinlet; (*nić*) fishing line; (*przen: zamiłowanie*) bent.

żyra|fa (**-fy, -fy**) (*loc sg* **-fie**) *f* giraffe.

żyrandol (**-a, -e**) (*gen pl* **-i**) *m* chandelier.

żyran|t (**-ta, -ci**) (*loc sg* **-cie**) *m* guarantor.

żytni *adj* rye *attr*.

żytniów|ka (**-ki, -ki**) (*dat sg* **-ce**) *f* vodka distilled from rye.

ży|to (**-ta, -ta**) (*loc sg* **-cie**) *nt* rye.

żywic|a (**-y, -e**) *f* resin.

żywiciel (**-a, -e**) (*gen pl* **-i**) *m* (*rodziny*) breadwinner.

ży|wić (**-wię, -wisz**) *vt* (*karmić*) to feed; (*przen: utrzymywać*) (*perf* **wy-**) to support; (: *nadzieję*) to cherish; (: *niechęć, nienawiść*) to feel.

▸**żywić się** *vr*. **żywić się czymś** to feed on sth.

ży|wiec (**-wca**) *m* (*zwierzęta hodowlane*) livestock.

żywieni|e (**-a**) *nt* feeding.

żywio|ł (**-łu, -ły**) (*loc sg* **-le**) *m* element.

żywiołowy *adj* (*rozwój*) spontaneous; (*temperament*) impetuous; **klęska żywiołowa** natural disaster.

żywnościowy *adj* (*artykuł, produkt*) food *attr*.

żywnoś|ć (**-ci**) *f* food.

żywo *adj* (*energicznie: poruszać się*) briskly; (*intensywnie: interesować się*) keenly; (: *reagować*) strongly; **na żywo** (*przekazywać, transmitować*) live.

żywopło|t (**-tu, -ty**) (*loc sg* **-cie**) *m* hedge.

żywotny *adj* vital.

żywy *adj* (*żyjący*) living; (*dziecko, taniec, fabuła*) lively; (*kolor, wspomnienie*) vivid; **to on, jak żywy** it's him to the life.

żyzny *adj* fertile.

COLLINS
Słownik angielsko-polski
i polsko-angielski

To dwutomowy, nowoczesny słownik, opracowany współcześnie przez angielskich i polskich lingwistów, wykorzystujących najnowsze osiągnięcia światowej leksykografii i doświadczenia największego brytyjskiego wydawcy słowników dwujęzycznych.

Zawiera 80 000 haseł i 120 000 znaczeń, występujących pod tymi hasłami. Tysiące idiomów i utartych zwrotów dokładnie ilustrują użycie wyrazów w określonym kontekście.

Obszerne słownictwo pomaga zrozumieć język gazet, czasopism, telewizji i współczesnej literatury angielskiej.

Pomocny będzie tym, których interesują zagadnienia biznesu, polityki, handlu i współczesne techniki komputerowe.

Tanie – niezastąpione narzędzie zarówno w ręku zawodowego tłumacza, jak i ucznia, studenta, biznesmena, handlowca, nauczyciela czy zwykłego użytkownika języka. Umieszczony w domowej bibliotece może stać się naszym przyjacielem na wiele lat.

Polska Oficyna Wydawnicza „BGW”, brytyjskie Wydawnictwo HarperCollins wraz z polskimi i angielskimi autorami słownika zapraszają do korzystania z tego unikatowego dzieła – pierwszego słownika angielsko-polskiego i polsko-angielskiego służącego pomocą nie tylko w zrozumieniu, ale także w czynnym opanowaniu języka.